Wichtige Wirtschaftsgesetze

Digitale Inhalte für Sie!

NWB Gesetze – jederzeit aktuell und mobil nutzbar:

 Online-Version   App ✓

 Online-Training   Digitale Lernkarten

 Aktualisierung im Internet   WissensCheck

 Zusatz-Downloads

So einfach geht's:

Scannen Sie den QR-Code **oder** rufen Sie die Seite **go.nwb.de/gta** für weitere Informationen zur App auf.

Ihr Freischaltcode

TJ6VOT5QG8OL269

Übrigens: Sie können die Gesetze auch in der NWB Datenbank kostenlos nutzen.
Rufen Sie dazu einfach **datenbank.nwb.de** auf und klicken Sie auf das Icon „Gesetze".

Wichtige Wirtschaftsgesetze

34. Auflage

Bearbeitet von der NWB Gesetzesredaktion

Stand: 1. Januar 2021

▶ **nwb** TEXTAUSGABE

ISBN 978-3-482-67254-5 – 34. Auflage 2021

© NWB Verlag GmbH & Co. KG, Herne 1972
www.nwb.de

Alle Rechte vorbehalten.

Dieses Buch und alle in ihm enthaltenen Beiträge und Abbildungen sind urheberrechtlich geschützt. Mit Ausnahme der gesetzlich zugelassenen Fälle ist eine Verwertung ohne Einwilligung des Verlages unzulässig.

Satz: PMGi Agentur für intelligente Medien GmbH, Hamm
Druck: GGP Media GmbH, Pößneck

Vorwort

Die Textausgabe „Wichtige Wirtschaftsgesetze" enthält die Wirtschaftsgesetze, welche in der Praxis besonders häufig gebraucht werden. So dient die seit Jahren bewährte Sammlung dem Praktiker als handliches Hilfsmittel bei seiner täglichen Arbeit und ist gleichzeitig als Lehrausgabe für Studienzwecke geeignet.

Die 34. Auflage befindet sich auf dem **Stand vom 1. Januar 2021**. Sämtliche bis zu diesem Zeitpunkt ergangene Rechtsänderungen sind berücksichtigt. Um die inhaltlichen Änderungen und Ergänzungen gegenüber der Vorauflage schneller erfassen zu können, sind diese durch einen senkrechten Strich am Seitenrand hervorgehoben.

Die alphabetische Anordnung, Griffmarken und §§/Art.-Angaben in der Kolumnenzeile sowie das ausführliche Stichwortverzeichnis erleichtern Ihnen das schnelle Auffinden der benötigen Vorschriften. Durch den kostenlosen Freischaltcode haben Sie zudem stets die Möglichkeit, aktualisierte Texte in der App abzurufen.

Im Rahmen der „NWB Textausgaben" sind u. a. erschienen:

1. Wichtige Steuergesetze (Verlags-Nr. 6845);
2. Wichtige Steuerrichtlinien (Verlags-Nr. 6514);
3. Wichtige Steuererlasse und Steuerrichtlinien – Kanzlei-Edition (Verlags-Nr. 6831);
4. Wichtige Gesetze des Wirtschaftsprivatrechts (Verlags-Nr. 6846);
5. Wichtige Wirtschaftsgesetze für Bachelor/Master, Band 1 – Grundlagen (Verlags-Nr. 6759);
6. Wichtige Wirtschaftsgesetze für Bachelor/Master, Band 2 – Neben- und Verfahrensrecht (Verlags-Nr. 6760);
7. Wichtige Wirtschaftsgesetze für Bachelor/Master, Band 3 – Compliance und Datenschutz (Verlags-Nr. 6735);
8. Wirtschaftsgesetze für Wirtschaftsschulen und die kaufmännische Ausbildung (Verlags-Nr. 6509);
9. Wichtige Datenschutzbestimmungen (Verlags-Nr. 6754);
10. Wichtige Arbeitsgesetze (Verlags-Nr. 6523);
11. Wichtige aushangpflichtige Gesetze (Verlags-Nr. 6777);
12. Wichtige Gesetze für Wirtschaftsverwaltung und die Öffentliche Wirtschaft (Verlags-Nr. 6758);
13. IAS/IFRS-Texte (Verlags-Nr. 6730);
14. Textausgabe Umsatzsteuer (Verlags-Nr. 6468).

Herne, im Januar 2021   Redaktion und Verlag

Inhaltsverzeichnis

		Seite
I.	Aktiengesetz (AktG)	1
II.	Einführungsgesetz zum Aktiengesetz (EGAktG) – Auszug	148
III.	Gesetz über die Anfechtung von Rechtshandlungen eines Schuldners außerhalb des Insolvenzverfahrens (Anfechtungsgesetz – AnfG)	160
IV.	Bürgerliches Gesetzbuch (BGB) – Auszug	165
V.	Gesetz über die Eröffnungsbilanz in Deutscher Mark und die Kapitalneufestsetzung (D-Markbilanzgesetz – DMBilG)	475
VI.	Gesetz über die Drittelbeteiligung der Arbeitnehmer im Aufsichtsrat (Drittelbeteiligungsgesetz – DrittelbG)	511
VII.	Verordnung (EWG) Nr. 2137/85 des Rates über die Schaffung einer Europäischen wirtschaftlichen Interessenvereinigung (EWIV-VO)	515
VIII.	Gesetz zur Ausführung der EWG-Verordnung über die Europäische wirtschaftliche Interessenvereinigung (EWIV-Ausführungsgesetz – EWIV-AG)	526
IX.	Gesetz betreffend die Erwerbs- und Wirtschaftsgenossenschaften (Genossenschaftsgesetz – GenG)	530
X.	Gesetz betreffend die Gesellschaften mit beschränkter Haftung (GmbHG)	584
XI.	Einführungsgesetz zum Gesetz betreffend die Gesellschaften mit beschränkter Haftung (GmbHG-Einführungsgesetz – EGGmbHG)	622
XII.	Handelsgesetzbuch (HGB) – Auszug	625
XIII.	Einführungsgesetz zum Handelsgesetzbuch (EGHGB) – Auszug	824
XIV.	Insolvenzordnung (InsO) + Anhang: Art. 103k-130m, 107a EGInsO	829
XV.	Gesetz über die Mitbestimmung der Arbeitnehmer bei einer grenzüberschreitenden Verschmelzung (MgVG)	937
XVI.	Gesetz über die Mitbestimmung der Arbeitnehmer (Mitbestimmungsgesetz – MitbestG)	951
XVII.	Gesetz über Partnerschaftsgesellschaften Angehöriger Freier Berufe (Partnerschaftsgesellschaftsgesetz – PartGG)	966
XVIII.	Gesetz über die Rechnungslegung von bestimmten Unternehmen und Konzernen (Publizitätsgesetz – PublG)	970
XIX.	Scheckgesetz (SchG)	983
XX.	Verordnung EG Nr. 2157/2001 des Rates vom 8. Oktober 2001 über das Statut der Europäischen Gesellschaft (SE) (SE-VO)	995
XXI.	Gesetz zur Ausführung der Verordnung (EG) Nr. 2157/2001 des Rates vom 8. Oktober 2001 über das Statut der Europäischen Gesellschaft (SE) (SE-Ausführungsgesetz – SEAG)	1021
XXII.	Gesetz über das gesellschaftsrechtliche Spruchverfahren (Spruchverfahrensgesetz – SpruchG)	1040

XXIII. Umwandlungsgesetz (UmwG) 1047
XXIV. Wechselgesetz (WG) 1132
XXV. Gesetz über den Wertpapierhandel (Wertpapierhandelsgesetz – WpHG) 1152

Stichwortverzeichnis 1303

I. Aktiengesetz (AktG)
v. 6.9.1965 (BGBl I S. 1089) mit späteren Änderungen

Das Aktiengesetz (AktG) v. 6.9.1965 (BGBl I S. 1089) ist zuletzt geändert worden durch Art. 15 Gesetz zur Fortentwicklung des Sanierungs- und Insolvenzrechts (Sanierungs- und Insolvenzrechtsfortentwicklungsgesetz – SanInsFoG)[*)] v. 22.12.2020 (BGBl I S. 3256).

Nichtamtliche Fassung
Inhaltsübersicht[1)]

		§§
Erstes Buch:	**Aktiengesellschaft (§§ 1-277)**	
Erster Teil:	Allgemeine Vorschriften	1-22
Zweiter Teil:	Gründung der Gesellschaft	23-53
Dritter Teil:	Rechtsverhältnisse der Gesellschaft und der Gesellschafter	53a-75
Vierter Teil:	Verfassung der Aktiengesellschaft	76-149
1. Abschnitt:	Vorstand	76-94
2. Abschnitt:	Aufsichtsrat	95-116
3. Abschnitt:	Benutzung des Einflusses auf die Gesellschaft	117
4. Abschnitt:	Hauptversammlung	118-149
1. Unterabschnitt:	Rechte der Hauptversammlung	118-120a
2. Unterabschnitt:	Einberufung der Hauptversammlung	121-128
3. Unterabschnitt:	Verhandlungsniederschrift, Auskunftsrecht	129-132
4. Unterabschnitt:	Stimmrecht	133-137
5. Unterabschnitt:	Sonderbeschluss	138
6. Unterabschnitt:	Vorzugsaktien ohne Stimmrecht	139-141
7. Unterabschnitt:	Sonderprüfung, Geltendmachung von Ersatzansprüchen	142-149
Fünfter Teil:	**Rechnungslegung, Gewinnverwendung**	150-178
1. Abschnitt:	Jahresabschluss und Lagebericht; Entsprechenserklärung und Vergütungsbericht	150-161
2. Abschnitt:	Prüfung des Jahresabschlusses	162-171
1. Unterabschnitt:	(weggefallen)	163-169
2. Unterabschnitt:	Prüfung durch den Aufsichtsrat	170, 171
3. Abschnitt:	Feststellung des Jahresabschlusses, Gewinnverwendung	172-176
1. Unterabschnitt:	Feststellung des Jahresabschlusses	172, 173
2. Unterabschnitt:	Gewinnverwendung	174
3. Unterabschnitt:	Ordentliche Hauptversammlung	175, 176
4. Abschnitt:	(weggefallen)	177, 178

---

*) **Amtl. Anm.:** Dieses Gesetz dient der weiteren Umsetzung der Richtlinie (EU) 2019/1023 des Europäischen Parlaments und des Rates vom 20. Juni 2019 über präventive Restrukturierungsrahmen, über Entschuldung und über Tätigkeitsverbote sowie über Maßnahmen zur Steigerung der Effizienz von Restrukturierungs-, Insolvenz- und Entschuldungsverfahren und zur Änderung der Richtlinie (EU) 2017/1132 (Richtlinie über Restrukturierung und Insolvenz) (ABl L 172 vom 26.6.2019, S. 18).

1) **Anm. d. Red.:** Inhaltsübersicht i. d. F. des Gesetzes v. 12.12.2019 (BGBl I S. 2637) mit Wirkung v. 1.1.2020.

I. Aktiengesetz

Sechster Teil:	Satzungsänderung, Maßnahmen der Kapitalbeschaffung und Kapitalherabsetzung	179-240
1. Abschnitt:	Satzungsänderung	179-181
2. Abschnitt:	Maßnahmen der Kapitalbeschaffung	182-221
1. Unterabschnitt:	Kapitalerhöhung gegen Einlagen	182-191
2. Unterabschnitt:	Bedingte Kapitalerhöhung	192-201
3. Unterabschnitt:	Genehmigtes Kapital	202-206
4. Unterabschnitt:	Kapitalerhöhung aus Gesellschaftsmitteln	207-220
5. Unterabschnitt:	Wandelschuldverschreibungen, Gewinnschuldverschreibungen	221
3. Abschnitt:	Maßnahmen der Kapitalherabsetzung	222-240
1. Unterabschnitt:	Ordentliche Kapitalherabsetzung	222-228
2. Unterabschnitt:	Vereinfachte Kapitalherabsetzung	229-236
3. Unterabschnitt:	Kapitalherabsetzung durch Einziehung von Aktien; Ausnahme von Stückaktien	237-239
4. Unterabschnitt:	Ausweis der Kapitalherabsetzung	240
Siebenter Teil:	Nichtigkeit von Hauptversammlungsbeschlüssen und des festgestellten Jahresabschlusses, Sonderprüfung wegen unzulässiger Unterbewertung	241-261a
1. Abschnitt:	Nichtigkeit von Hauptversammlungsbeschlüssen	241-255
1. Unterabschnitt:	Allgemeines	241-249
2. Unterabschnitt:	Nichtigkeit bestimmter Hauptversammlungsbeschlüsse	250-255
2. Abschnitt:	Nichtigkeit des festgestellten Jahresabschlusses	256, 257
3. Abschnitt:	Sonderprüfung wegen unzulässiger Unterbewertung	258-261a
Achter Teil:	Auflösung und Nichtigerklärung der Gesellschaft	262-277
1. Abschnitt:	Auflösung	262-274
1. Unterabschnitt:	Auflösungsgründe und Anmeldung	262, 263
2. Unterabschnitt:	Abwicklung	264-274
2. Abschnitt:	Nichtigerklärung der Gesellschaft	275-277
Zweites Buch:	**Kommanditgesellschaft auf Aktien (§§ 278-290)**	
Drittes Buch:	**Verbundene Unternehmen (§§ 291-393)**	
Erster Teil:	Unternehmensverträge	291-307
1. Abschnitt:	Arten von Unternehmensverträgen	291, 292
2. Abschnitt:	Abschluss, Änderung und Beendigung von Unternehmensverträgen	293-299
3. Abschnitt:	Sicherung der Gesellschaft und der Gläubiger	300-303
4. Abschnitt:	Sicherung der außenstehenden Aktionäre bei Beherrschungs- und Gewinnabführungsverträgen	304-307
Zweiter Teil:	Leitungsmacht und Verantwortlichkeit bei Abhängigkeit von Unternehmen	308-318
1. Abschnitt:	Leitungsmacht und Verantwortlichkeit bei Bestehen eines Beherrschungsvertrags	308-310
2. Abschnitt:	Verantwortlichkeit bei Fehlen eines Beherrschungsvertrags	311-318

Dritter Teil:	Eingegliederte Gesellschaften	319-327
Vierter Teil:	Ausschluss von Minderheitsaktionären	327a-327f
Fünfter Teil:	Wechselseitig beteiligte Unternehmen	328
Sechster Teil:	Rechnungslegung im Konzern	329-393
Viertes Buch:	Sonder-, Straf- und Schlussvorschriften (§§ 394-410)	
Erster Teil:	Sondervorschriften bei Beteiligung von Gebietskörperschaften	394, 395
Zweiter Teil:	Gerichtliche Auflösung	396-398
Dritter Teil:	Straf- und Bußgeldvorschriften, Schlussvorschriften	399-410

Erstes Buch: Aktiengesellschaft
Erster Teil: Allgemeine Vorschriften

§ 1 Wesen der Aktiengesellschaft

(1) ¹Die Aktiengesellschaft ist eine Gesellschaft mit eigener Rechtspersönlichkeit. ²Für die Verbindlichkeiten der Gesellschaft haftet den Gläubigern nur das Gesellschaftsvermögen.

(2) Die Aktiengesellschaft hat ein in Aktien zerlegtes Grundkapital.

§ 2 Gründerzahl[1]

An der Feststellung des Gesellschaftsvertrags (der Satzung) müssen sich eine oder mehrere Personen beteiligen, welche die Aktien gegen Einlagen übernehmen.

§ 3 Formkaufmann; Börsennotierung[2]

(1) Die Aktiengesellschaft gilt als Handelsgesellschaft, auch wenn der Gegenstand des Unternehmens nicht im Betrieb eines Handelsgewerbes besteht.

(2) Börsennotiert im Sinne dieses Gesetzes sind Gesellschaften, deren Aktien zu einem Markt zugelassen sind, der von staatlich anerkannten Stellen geregelt und überwacht wird, regelmäßig stattfindet und für das Publikum mittelbar oder unmittelbar zugänglich ist.

§ 4 Firma[3]

Die Firma der Aktiengesellschaft muss, auch wenn sie nach § 22 des Handelsgesetzbuchs oder nach anderen gesetzlichen Vorschriften fortgeführt wird, die Bezeichnung „Aktiengesellschaft" oder eine allgemein verständliche Abkürzung dieser Bezeichnung enthalten.

§ 5 Sitz[4]

Sitz der Gesellschaft ist der Ort im Inland, den die Satzung bestimmt.

§ 6 Grundkapital[5]

Das Grundkapital muss auf einen Nennbetrag in Euro lauten.

---

1) **Anm. d. Red.:** § 2 i. d. F. des Gesetzes v. 2. 8. 1994 (BGBl I S. 1961) mit Wirkung v. 10. 8. 1994.
2) **Anm. d. Red.:** § 3 i. d. F. des Gesetzes v. 16. 7. 1998 (BGBl I S. 1842) mit Wirkung v. 23. 7. 1998.
3) **Anm. d. Red.:** § 4 i. d. F. des Gesetzes v. 22. 6. 1998 (BGBl I S. 1474) mit Wirkung v. 1. 7. 1998.
4) **Anm. d. Red.:** § 5 i. d. F. des Gesetzes v. 23. 10. 2008 (BGBl I S. 2026) mit Wirkung v. 1. 11. 2008.
5) **Anm. d. Red.:** § 6 i. d. F. des Gesetzes v. 9. 6. 1998 (BGBl I S. 1242) mit Wirkung v. 1. 1. 1999.

§ 7 Mindestnennbetrag des Grundkapitals[1])
Der Mindestnennbetrag des Grundkapitals ist fünfzigtausend Euro.

§ 8 Form und Mindestbeträge der Aktien[2])
(1) Die Aktien können entweder als Nennbetragsaktien oder als Stückaktien begründet werden.

(2) ¹Nennbetragsaktien müssen auf mindestens einen Euro lauten. ²Aktien über einen geringeren Nennbetrag sind nichtig. ³Für den Schaden aus der Ausgabe sind die Ausgeber den Inhabern als Gesamtschuldner verantwortlich. ⁴Höhere Aktiennennbeträge müssen auf volle Euro lauten.

(3) ¹Stückaktien lauten auf keinen Nennbetrag. ²Die Stückaktien einer Gesellschaft sind am Grundkapital in gleichem Umfang beteiligt. ³Der auf die einzelne Aktie entfallende anteilige Betrag des Grundkapitals darf einen Euro nicht unterschreiten. ⁴Absatz 2 Satz 2 und 3 findet entsprechende Anwendung.

(4) Der Anteil am Grundkapital bestimmt sich bei Nennbetragsaktien nach dem Verhältnis ihres Nennbetrags zum Grundkapital, bei Stückaktien nach der Zahl der Aktien.

(5) Die Aktien sind unteilbar.

(6) Diese Vorschriften gelten auch für Anteilscheine, die den Aktionären vor der Ausgabe der Aktien erteilt werden (Zwischenscheine).

§ 9 Ausgabebetrag der Aktien[3])
(1) Für einen geringeren Betrag als den Nennbetrag oder den auf die einzelne Stückaktie entfallenden anteiligen Betrag des Grundkapitals dürfen Aktien nicht ausgegeben werden (geringster Ausgabebetrag).

(2) Für einen höheren Betrag ist die Ausgabe zulässig.

§ 10 Aktien und Zwischenscheine[4])
(1) ¹Die Aktien lauten auf Namen. ²Sie können auf den Inhaber lauten, wenn
1. die Gesellschaft börsennotiert ist oder
2. der Anspruch auf Einzelverbriefung ausgeschlossen ist und die Sammelurkunde bei einer der folgenden Stellen hinterlegt wird:
   a) einer Wertpapiersammelbank im Sinne des § 1 Absatz 3 Satz 1 des Depotgesetzes,
   b) einem zugelassenen Zentralverwahrer oder einem anerkannten Drittland-Zentralverwahrer gemäß der Verordnung (EU) Nr. 909/2014 des Europäischen Parlaments und des Rates vom 23. Juli 2014 zur Verbesserung der Wertpapierlieferungen und -abrechnungen in der Europäischen Union und über Zentralverwahrer sowie zur Änderung der Richtlinien 98/26/EG und 2014/65/EU und der Verordnung (EU) Nr. 236/2012 (ABl L 257 vom 28. 8. 2014, S. 1) oder
   c) einem sonstigen ausländischen Verwahrer, der die Voraussetzungen des § 5 Absatz 4 Satz 1 des Depotgesetzes erfüllt.

³Solange im Fall des Satzes 2 Nummer 2 die Sammelurkunde nicht hinterlegt ist, ist § 67 entsprechend anzuwenden.

(2) ¹Die Aktien müssen auf Namen lauten, wenn sie vor der vollen Leistung des Ausgabebetrags ausgegeben werden. ²Der Betrag der Teilleistungen ist in der Aktie anzugeben.

---

1) **Anm. d. Red.:** § 7 i. d. F. des Gesetzes v. 9. 6. 1998 (BGBl I S. 1242) mit Wirkung v. 1. 1. 1999.
2) **Anm. d. Red.:** § 8 i. d. F. des Gesetzes v. 16. 7. 1998 (BGBl I S. 1842) mit Wirkung v. 1. 1. 1999.
3) **Anm. d. Red.:** § 9 i. d. F. des Gesetzes v. 25. 3. 1998 (BGBl I S. 590) mit Wirkung v. 1. 4. 1998.
4) **Anm. d. Red.:** § 10 i. d. F. des Gesetzes v. 22. 12. 2015 (BGBl I S. 2565) mit Wirkung v. 31. 12. 2015.

(3) Zwischenscheine müssen auf Namen lauten.

(4) ¹Zwischenscheine auf den Inhaber sind nichtig. ²Für den Schaden aus der Ausgabe sind die Ausgeber den Inhabern als Gesamtschuldner verantwortlich.

(5) In der Satzung kann der Anspruch des Aktionärs auf Verbriefung seines Anteils ausgeschlossen oder eingeschränkt werden.

§ 11 Aktien besonderer Gattung

¹Die Aktien können verschiedene Rechte gewähren, namentlich bei der Verteilung des Gewinns und des Gesellschaftsvermögens. ²Aktien mit gleichen Rechten bilden eine Gattung.

§ 12 Stimmrecht, keine Mehrstimmrechte[1]

(1) ¹Jede Aktie gewährt das Stimmrecht. ²Vorzugsaktien können nach den Vorschriften dieses Gesetzes als Aktien ohne Stimmrecht ausgegeben werden.

(2) Mehrstimmrechte sind unzulässig.

§ 13 Unterzeichnung der Aktien

¹Zur Unterzeichnung von Aktien und Zwischenscheinen genügt eine vervielfältigte Unterschrift. ²Die Gültigkeit der Unterzeichnung kann von der Beachtung einer besonderen Form abhängig gemacht werden. ³Die Formvorschrift muss in der Urkunde enthalten sein.

§ 14 Zuständigkeit

Gericht im Sinne dieses Gesetzes ist, wenn nichts anderes bestimmt ist, das Gericht des Sitzes der Gesellschaft.

§ 15 Verbundene Unternehmen

Verbundene Unternehmen sind rechtlich selbständige Unternehmen, die im Verhältnis zueinander in Mehrheitsbesitz stehende Unternehmen und mit Mehrheit beteiligte Unternehmen (§ 16), abhängige und herrschende Unternehmen (§ 17), Konzernunternehmen (§ 18), wechselseitig beteiligte Unternehmen (§ 19) oder Vertragsteile eines Unternehmensvertrags (§§ 291, 292) sind.

§ 16 In Mehrheitsbesitz stehende Unternehmen und mit Mehrheit beteiligte Unternehmen[2]

(1) Gehört die Mehrheit der Anteile eines rechtlich selbständigen Unternehmens einem anderen Unternehmen oder steht einem anderen Unternehmen die Mehrheit der Stimmrechte zu (Mehrheitsbeteiligung), so ist das Unternehmen ein in Mehrheitsbesitz stehendes Unternehmen, das andere Unternehmen ein an ihm mit Mehrheit beteiligtes Unternehmen.

(2) ¹Welcher Teil der Anteile einem Unternehmen gehört, bestimmt sich bei Kapitalgesellschaften nach dem Verhältnis des Gesamtnennbetrags der ihm gehörenden Anteile zum Nennkapital, bei Gesellschaften mit Stückaktien nach der Zahl der Aktien. ²Eigene Anteile sind bei Kapitalgesellschaften vom Nennkapital, bei Gesellschaften mit Stückaktien von der Zahl der Aktien abzusetzen. ³Eigenen Anteilen des Unternehmens stehen Anteile gleich, die einem anderen für Rechnung des Unternehmens gehören.

(3) ¹Welcher Teil der Stimmrechte einem Unternehmen zusteht, bestimmt sich nach dem Verhältnis der Zahl der Stimmrechte, die es aus den ihm gehörenden Anteilen ausüben kann, zur Gesamtzahl aller Stimmrechte. ²Von der Gesamtzahl aller Stimmrechte sind die Stimmrechte

---

1) **Anm. d. Red.:** § 12 i. d. F. des Gesetzes v. 27. 4. 1998 (BGBl I S. 786) mit Wirkung v. 1. 5. 1998.
2) **Anm. d. Red.:** § 16 i. d. F. des Gesetzes v. 25. 3. 1998 (BGBl I S. 590) mit Wirkung v. 1. 4. 1998.

aus eigenen Anteilen sowie aus Anteilen, die nach Absatz 2 Satz 3 eigenen Anteilen gleichstehen, abzusetzen.

(4) Als Anteile, die einem Unternehmen gehören, gelten auch die Anteile, die einem von ihm abhängigen Unternehmen oder einem anderen für Rechnung des Unternehmens oder eines von diesem abhängigen Unternehmens gehören und, wenn der Inhaber des Unternehmens ein Einzelkaufmann ist, auch die Anteile, die sonstiges Vermögen des Inhabers sind.

§ 17 Abhängige und herrschende Unternehmen

(1) Abhängige Unternehmen sind rechtlich selbständige Unternehmen, auf die ein anderes Unternehmen (herrschendes Unternehmen) unmittelbar oder mittelbar einen beherrschenden Einfluss ausüben kann.

(2) Von einem in Mehrheitsbesitz stehenden Unternehmen wird vermutet, dass es von dem an ihm mit Mehrheit beteiligten Unternehmen abhängig ist.

§ 18 Konzern und Konzernunternehmen

(1) ¹Sind ein herrschendes und ein oder mehrere abhängige Unternehmen unter der einheitlichen Leitung des herrschenden Unternehmens zusammengefasst, so bilden sie einen Konzern; die einzelnen Unternehmen sind Konzernunternehmen. ²Unternehmen, zwischen denen ein Beherrschungsvertrag (§ 291) besteht oder von denen das eine in das andere eingegliedert ist (§ 319), sind als unter einheitlicher Leitung zusammengefasst anzusehen. ³Von einem abhängigen Unternehmen wird vermutet, dass es mit dem herrschenden Unternehmen einen Konzern bildet.

(2) Sind rechtlich selbständige Unternehmen, ohne dass das eine Unternehmen von dem anderen abhängig ist, unter einheitlicher Leitung zusammengefasst, so bilden sie auch einen Konzern; die einzelnen Unternehmen sind Konzernunternehmen.

§ 19 Wechselseitig beteiligte Unternehmen[1]

(1) ¹Wechselseitig beteiligte Unternehmen sind Unternehmen mit Sitz im Inland in der Rechtsform einer Kapitalgesellschaft, die dadurch verbunden sind, dass jedem Unternehmen mehr als der vierte Teil der Anteile des anderen Unternehmens gehört. ²Für die Feststellung, ob einem Unternehmen mehr als der vierte Teil der Anteile des anderen Unternehmens gehört, gilt § 16 Abs. 2 Satz 1, Abs. 4.

(2) Gehört einem wechselseitig beteiligten Unternehmen an dem anderen Unternehmen eine Mehrheitsbeteiligung oder kann das eine auf das andere Unternehmen unmittelbar oder mittelbar einen beherrschenden Einfluss ausüben, so ist das eine als herrschendes, das andere als abhängiges Unternehmen anzusehen.

(3) Gehört jedem der wechselseitig beteiligten Unternehmen an dem anderen Unternehmen eine Mehrheitsbeteiligung oder kann jedes auf das andere unmittelbar oder mittelbar einen beherrschenden Einfluss ausüben, so gelten beide Unternehmen als herrschend und als abhängig.

(4) § 328 ist auf Unternehmen, die nach Absatz 2 oder 3 herrschende oder abhängige Unternehmen sind, nicht anzuwenden.

§ 20 Mitteilungspflichten[2]

(1) ¹Sobald einem Unternehmen mehr als der vierte Teil der Aktien einer Aktiengesellschaft mit Sitz im Inland gehört, hat es dies der Gesellschaft unverzüglich schriftlich mitzuteilen. ²Für die Feststellung, ob dem Unternehmen mehr als der vierte Teil der Aktien gehört, gilt § 16 Abs. 2 Satz 1, Abs. 4.

---

1) **Anm. d. Red.:** § 19 i. d. F. des Gesetzes v. 25. 3. 1998 (BGBl I S. 590) mit Wirkung v. 1. 4. 1998.
2) **Anm. d. Red.:** § 20 i. d. F. des Gesetzes v. 23. 6. 2017 (BGBl I S. 1693) mit Wirkung v. 3. 1. 2018.

(2) Für die Mitteilungspflicht nach Absatz 1 rechnen zu den Aktien, die dem Unternehmen gehören, auch Aktien,
1. deren Übereignung das Unternehmen, ein von ihm abhängiges Unternehmen oder ein anderer für Rechnung des Unternehmens oder eines von diesem abhängigen Unternehmens verlangen kann;
2. zu deren Abnahme das Unternehmen, ein von ihm abhängiges Unternehmen oder ein anderer für Rechnung des Unternehmens oder eines von diesem abhängigen Unternehmens verpflichtet ist.

(3) Ist das Unternehmen eine Kapitalgesellschaft, so hat es, sobald ihm ohne Hinzurechnung der Aktien nach Absatz 2 mehr als der vierte Teil der Aktien gehört, auch dies der Gesellschaft unverzüglich schriftlich mitzuteilen.

(4) Sobald dem Unternehmen eine Mehrheitsbeteiligung (§ 16 Abs. 1) gehört, hat es auch dies der Gesellschaft unverzüglich schriftlich mitzuteilen.

(5) Besteht die Beteiligung in der nach Absatz 1, 3 oder 4 mitteilungspflichtigen Höhe nicht mehr, so ist dies der Gesellschaft unverzüglich schriftlich mitzuteilen.

(6) ¹Die Gesellschaft hat das Bestehen einer Beteiligung, die ihr nach Absatz 1 oder 4 mitgeteilt worden ist, unverzüglich in den Gesellschaftsblättern bekannt zu machen; dabei ist das Unternehmen anzugeben, dem die Beteiligung gehört. ²Wird der Gesellschaft mitgeteilt, dass die Beteiligung in der nach Absatz 1 oder 4 mitteilungspflichtigen Höhe nicht mehr besteht, so ist auch dies unverzüglich in den Gesellschaftsblättern bekannt zu machen.

(7) ¹Rechte aus Aktien, die einem nach Absatz 1 oder 4 mitteilungspflichtigen Unternehmen gehören, bestehen für die Zeit, für die das Unternehmen die Mitteilungspflicht nicht erfüllt, weder für das Unternehmen noch für ein von ihm abhängiges Unternehmen oder für einen anderen, der für Rechnung des Unternehmens oder eines von diesem abhängigen Unternehmens handelt. ²Dies gilt nicht für Ansprüche nach § 58 Abs. 4 und § 271, wenn die Mitteilung nicht vorsätzlich unterlassen wurde und nachgeholt worden ist.

(8) Die Absätze 1 bis 7 gelten nicht für Aktien eines Emittenten im Sinne des § 33 Absatz 4 des Wertpapierhandelsgesetzes.

§ 21 Mitteilungspflichten der Gesellschaft[1]

(1) ¹Sobald der Gesellschaft mehr als der vierte Teil der Anteile einer anderen Kapitalgesellschaft mit Sitz im Inland gehört, hat sie dies dem Unternehmen, an dem die Beteiligung besteht, unverzüglich schriftlich mitzuteilen. ²Für die Feststellung, ob der Gesellschaft mehr als der vierte Teil der Anteile gehört, gilt § 16 Abs. 2 Satz 1, Abs. 4 sinngemäß.

(2) Sobald der Gesellschaft eine Mehrheitsbeteiligung (§ 16 Abs. 1) an einem anderen Unternehmen gehört, hat sie dies dem Unternehmen, an dem die Mehrheitsbeteiligung besteht, unverzüglich schriftlich mitzuteilen.

(3) Besteht die Beteiligung in der nach Absatz 1 oder 2 mitteilungspflichtigen Höhe nicht mehr, hat die Gesellschaft dies dem anderen Unternehmen unverzüglich schriftlich mitzuteilen.

(4) ¹Rechte aus Anteilen, die einer nach Absatz 1 oder 2 mitteilungspflichtigen Gesellschaft gehören, bestehen nicht für die Zeit, für die sie die Mitteilungspflicht nicht erfüllt. ²§ 20 Abs. 7 Satz 2 gilt entsprechend.

(5) Die Absätze 1 bis 4 gelten nicht für Aktien eines Emittenten im Sinne des § 33 Absatz 4 des Wertpapierhandelsgesetzes.

---

1) **Anm. d. Red.:** § 21 i. d. F. des Gesetzes v. 23. 6. 2017 (BGBl I S. 1693) mit Wirkung v. 3. 1. 2018.

§ 22 Nachweis mitgeteilter Beteiligungen

Ein Unternehmen, dem eine Mitteilung nach § 20 Abs. 1, 3 oder 4, § 21 Abs. 1 oder 2 gemacht worden ist, kann jederzeit verlangen, dass ihm das Bestehen der Beteiligung nachgewiesen wird.

Zweiter Teil: Gründung der Gesellschaft

§ 23 Feststellung der Satzung[1]

(1) ¹Die Satzung muss durch notarielle Beurkundung festgestellt werden. ²Bevollmächtigte bedürfen einer notariell beglaubigten Vollmacht.

(2) In der Urkunde sind anzugeben
1. die Gründer;
2. bei Nennbetragsaktien der Nennbetrag, bei Stückaktien die Zahl, der Ausgabebetrag und, wenn mehrere Gattungen bestehen, die Gattung der Aktien, die jeder Gründer übernimmt;
3. der eingezahlte Betrag des Grundkapitals.

(3) Die Satzung muss bestimmen
1. die Firma und den Sitz der Gesellschaft;
2. den Gegenstand des Unternehmens; namentlich ist bei Industrie- und Handelsunternehmen die Art der Erzeugnisse und Waren, die hergestellt und gehandelt werden sollen, näher anzugeben;
3. die Höhe des Grundkapitals;
4. die Zerlegung des Grundkapitals entweder in Nennbetragsaktien oder in Stückaktien, bei Nennbetragsaktien deren Nennbeträge und die Zahl der Aktien jeden Nennbetrags, bei Stückaktien deren Zahl, außerdem, wenn mehrere Gattungen bestehen, die Gattung der Aktien und die Zahl der Aktien jeder Gattung;
5. ob die Aktien auf den Inhaber oder auf den Namen ausgestellt werden;
6. die Zahl der Mitglieder des Vorstands oder die Regeln, nach denen diese Zahl festgelegt wird.

(4) Die Satzung muss ferner Bestimmungen über die Form der Bekanntmachungen der Gesellschaft enthalten.

(5) ¹Die Satzung kann von den Vorschriften dieses Gesetzes nur abweichen, wenn es ausdrücklich zugelassen ist. ²Ergänzende Bestimmungen der Satzung sind zulässig, es sei denn, dass dieses Gesetz eine abschließende Regelung enthält.

§ 24 (weggefallen)[2]

§ 25 Bekanntmachungen der Gesellschaft[3]

Bestimmt das Gesetz oder die Satzung, dass eine Bekanntmachung der Gesellschaft durch die Gesellschaftsblätter erfolgen soll, so ist sie in den Bundesanzeiger einzurücken.

§ 26 Sondervorteile, Gründungsaufwand[4]

(1) Jeder einem einzelnen Aktionär oder einem Dritten eingeräumte besondere Vorteil muss in der Satzung unter Bezeichnung des Berechtigten festgesetzt werden.

---

1) **Anm. d. Red.:** § 23 i. d. F. des Gesetzes v. 25. 3. 1998 (BGBl I S. 590) mit Wirkung v. 1. 4. 1998.
2) **Anm. d. Red.:** § 24 weggefallen gem. Gesetz v. 22. 12. 2015 (BGBl I S. 2565) mit Wirkung v. 31. 12. 2015.
3) **Anm. d. Red.:** § 25 i. d. F. des Gesetzes v. 22. 12. 2015 (BGBl I S. 2565) mit Wirkung v. 31. 12. 2015.
4) **Anm. d. Red.:** § 26 i. d. F. des Gesetzes v. 13. 12. 1978 (BGBl I S. 1959) mit Wirkung v. 1. 7. 1979.

(2) Der Gesamtaufwand, der zu Lasten der Gesellschaft an Aktionäre oder an andere Personen als Entschädigung oder als Belohnung für die Gründung oder ihre Vorbereitung gewährt wird, ist in der Satzung gesondert festzusetzen.

(3) ¹Ohne diese Festsetzung sind die Verträge und die Rechtshandlungen zu ihrer Ausführung der Gesellschaft gegenüber unwirksam. ²Nach der Eintragung der Gesellschaft in das Handelsregister kann die Unwirksamkeit nicht durch Satzungsänderung geheilt werden.

(4) Die Festsetzungen können erst geändert werden, wenn die Gesellschaft fünf Jahre im Handelsregister eingetragen ist.

(5) Die Satzungsbestimmungen über die Festsetzungen können durch Satzungsänderung erst beseitigt werden, wenn die Gesellschaft dreißig Jahre im Handelsregister eingetragen ist und wenn die Rechtsverhältnisse, die den Festsetzungen zugrunde liegen, seit mindestens fünf Jahren abgewickelt sind.

§ 27 Sacheinlagen. Sachübernahmen; Rückzahlung von Einlagen[1]

(1) ¹Sollen Aktionäre Einlagen machen, die nicht durch Einzahlung des Ausgabebetrags der Aktien zu leisten sind (Sacheinlagen), oder soll die Gesellschaft vorhandene oder herzustellende Anlagen oder andere Vermögensgegenstände übernehmen (Sachübernahmen), so müssen in der Satzung festgesetzt werden der Gegenstand der Sacheinlage oder der Sachübernahme, die Person, von der die Gesellschaft den Gegenstand erwirbt, und der Nennbetrag, bei Stückaktien die Zahl der bei der Sacheinlage zu gewährenden Aktien oder die bei der Sachübernahme zu gewährende Vergütung. ²Soll die Gesellschaft einen Vermögensgegenstand übernehmen, für den eine Vergütung gewährt wird, die auf die Einlage eines Aktionärs angerechnet werden soll, so gilt dies als Sacheinlage.

(2) Sacheinlagen oder Sachübernahmen können nur Vermögensgegenstände sein, deren wirtschaftlicher Wert feststellbar ist; Verpflichtungen zu Dienstleistungen können nicht Sacheinlagen oder Sachübernahmen sein.

(3) ¹Ist eine Geldeinlage eines Aktionärs bei wirtschaftlicher Betrachtung und auf Grund einer im Zusammenhang mit der Übernahme der Geldeinlage getroffenen Abrede vollständig oder teilweise als Sacheinlage zu bewerten (verdeckte Sacheinlage), so befreit dies den Aktionär nicht von seiner Einlageverpflichtung. ²Jedoch sind die Verträge über die Sacheinlage und die Rechtshandlungen zu ihrer Ausführung nicht unwirksam. ³Auf die fortbestehende Geldeinlagepflicht des Aktionärs wird der Wert des Vermögensgegenstandes im Zeitpunkt der Anmeldung der Gesellschaft zur Eintragung in das Handelsregister oder im Zeitpunkt seiner Überlassung an die Gesellschaft, falls diese später erfolgt, angerechnet. ⁴Die Anrechnung erfolgt nicht vor Eintragung der Gesellschaft in das Handelsregister. ⁵Die Beweislast für die Werthaltigkeit des Vermögensgegenstandes trägt der Aktionär.

(4) ¹Ist vor der Einlage eine Leistung an den Aktionär vereinbart worden, die wirtschaftlich einer Rückzahlung der Einlage entspricht und die nicht als verdeckte Sacheinlage im Sinne von Absatz 3 zu beurteilen ist, so befreit dies den Aktionär von seiner Einlageverpflichtung nur dann, wenn die Leistung durch einen vollwertigen Rückgewähranspruch gedeckt ist, der jederzeit fällig ist oder durch fristlose Kündigung durch die Gesellschaft fällig werden kann. ²Eine solche Leistung oder die Vereinbarung einer solchen Leistung ist in der Anmeldung nach § 37 anzugeben.

(5) Für die Änderung rechtswirksam getroffener Festsetzungen gilt § 26 Abs. 4, für die Beseitigung der Satzungsbestimmungen § 26 Abs. 5.

§ 28 Gründer

Die Aktionäre, die die Satzung festgestellt haben, sind die Gründer der Gesellschaft.

---

1) **Anm. d. Red.:** § 27 i. d. F. des Gesetzes v. 30. 7. 2009 (BGBl I S. 2479) mit Wirkung v. 1. 9. 2009.

§ 29 Errichtung der Gesellschaft
Mit der Übernahme aller Aktien durch die Gründer ist die Gesellschaft errichtet.

§ 30 Bestellung des Aufsichtsrats, des Vorstands und des Abschlussprüfers[1]
(1) ¹Die Gründer haben den ersten Aufsichtsrat der Gesellschaft und den Abschlussprüfer für das erste Voll- oder Rumpfgeschäftsjahr zu bestellen. ²Die Bestellung bedarf notarieller Beurkundung.

(2) Auf die Zusammensetzung und die Bestellung des ersten Aufsichtsrats sind die Vorschriften über die Bestellung von Aufsichtsratsmitgliedern der Arbeitnehmer nicht anzuwenden.

(3) ¹Die Mitglieder des ersten Aufsichtsrats können nicht für längere Zeit als bis zur Beendigung der Hauptversammlung bestellt werden, die über die Entlastung für das erste Voll- oder Rumpfgeschäftsjahr beschließt. ²Der Vorstand hat rechtzeitig vor Ablauf der Amtszeit des ersten Aufsichtsrats bekannt zu machen, nach welchen gesetzlichen Vorschriften der nächste Aufsichtsrat nach seiner Ansicht zusammenzusetzen ist; §§ 96 bis 99 sind anzuwenden.

(4) Der Aufsichtsrat bestellt den ersten Vorstand.

§ 31 Bestellung des Aufsichtsrats bei Sachgründung[2]
(1) ¹Ist in der Satzung als Gegenstand einer Sacheinlage oder Sachübernahme die Einbringung oder Übernahme eines Unternehmens oder eines Teils eines Unternehmens festgesetzt worden, so haben die Gründer nur so viele Aufsichtsratsmitglieder zu bestellen, wie nach den gesetzlichen Vorschriften, die nach ihrer Ansicht nach der Einbringung oder Übernahme für die Zusammensetzung des Aufsichtsrats maßgebend sind, von der Hauptversammlung ohne Bindung an Wahlvorschläge zu wählen sind. ²Sie haben jedoch, wenn dies nur zwei Aufsichtsratsmitglieder sind, drei Aufsichtsratsmitglieder zu bestellen.

(2) Der nach Absatz 1 Satz 1 bestellte Aufsichtsrat ist, soweit die Satzung nichts anderes bestimmt, beschlussfähig, wenn die Hälfte, mindestens jedoch drei seiner Mitglieder an der Beschlussfassung teilnehmen.

(3) ¹Unverzüglich nach der Einbringung oder Übergabe des Unternehmens oder des Unternehmensteils hat der Vorstand bekannt zu machen, nach welchen gesetzlichen Vorschriften nach seiner Ansicht der Aufsichtsrat zusammengesetzt sein muss. ²§§ 97 bis 99 gelten sinngemäß. ³Das Amt der bisherigen Aufsichtsratsmitglieder erlischt nur, wenn der Aufsichtsrat nach anderen als den von den Gründern für maßgebend gehaltenen Vorschriften zusammenzusetzen ist oder wenn die Gründer drei Aufsichtsratsmitglieder bestellt haben, der Aufsichtsrat aber auch aus Aufsichtsratsmitgliedern der Arbeitnehmer zu bestehen hat.

(4) Absatz 3 gilt nicht, wenn das Unternehmen oder der Unternehmensteil erst nach der Bekanntmachung des Vorstands nach § 30 Abs. 3 Satz 2 eingebracht oder übernommen wird.

(5) § 30 Abs. 3 Satz 1 gilt nicht für die nach Absatz 3 bestellten Aufsichtsratsmitglieder der Arbeitnehmer.

§ 32 Gründungsbericht
(1) Die Gründer haben einen schriftlichen Bericht über den Hergang der Gründung zu erstatten (Gründungsbericht).

(2) ¹Im Gründungsbericht sind die wesentlichen Umstände darzulegen, von denen die Angemessenheit der Leistungen für Sacheinlagen oder Sachübernahmen abhängt. ²Dabei sind anzugeben
1. die vorausgegangenen Rechtsgeschäfte, die auf den Erwerb durch die Gesellschaft hingezielt haben;

---

1) **Anm. d. Red.:** § 30 i. d. F. des Gesetzes v. 19. 12. 1985 (BGBl I S. 2355) mit Wirkung v. 1. 1. 1986.
2) **Anm. d. Red.:** § 31 i. d. F. des Gesetzes v. 2. 8. 1994 (BGBl I S. 1961) mit Wirkung v. 10. 8. 1994.

2. die Anschaffungs- und Herstellungskosten aus den letzten beiden Jahren;
3. beim Übergang eines Unternehmens auf die Gesellschaft die Betriebserträge aus den letzten beiden Geschäftsjahren.

(3) Im Gründungsbericht ist ferner anzugeben, ob und in welchem Umfang bei der Gründung für Rechnung eines Mitglieds des Vorstands oder des Aufsichtsrats Aktien übernommen worden sind und ob und in welcher Weise ein Mitglied des Vorstands oder des Aufsichtsrats sich einen besonderen Vorteil oder für die Gründung oder ihre Vorbereitung eine Entschädigung oder Belohnung ausbedungen hat.

§ 33 Gründungsprüfung, Allgemeines[1)]

(1) Die Mitglieder des Vorstands und des Aufsichtsrats haben den Hergang der Gründung zu prüfen.

(2) Außerdem hat eine Prüfung durch einen oder mehrere Prüfer (Gründungsprüfer) stattzufinden, wenn
1. ein Mitglied des Vorstands oder des Aufsichtsrats zu den Gründern gehört oder
2. bei der Gründung für Rechnung eines Mitglieds des Vorstands oder des Aufsichtsrats Aktien übernommen worden sind oder
3. ein Mitglied des Vorstands oder des Aufsichtsrats sich einen besonderen Vorteil oder für die Gründung oder ihre Vorbereitung eine Entschädigung oder Belohnung ausbedungen hat oder
4. eine Gründung mit Sacheinlagen oder Sachübernahmen vorliegt.

(3) ¹In den Fällen des Absatzes 2 Nr. 1 und 2 kann der beurkundende Notar (§ 23 Abs. 1 Satz 1) anstelle eines Gründungsprüfers die Prüfung im Auftrag der Gründer vornehmen; die Bestimmungen über die Gründungsprüfung finden sinngemäße Anwendung. ²Nimmt nicht der Notar die Prüfung vor, so bestellt das Gericht die Gründungsprüfer. ³Gegen die Entscheidung ist die Beschwerde zulässig.

(4) Als Gründungsprüfer sollen, wenn die Prüfung keine anderen Kenntnisse fordert, nur bestellt werden
1. Personen, die in der Buchführung ausreichend vorgebildet und erfahren sind;
2. Prüfungsgesellschaften, von deren gesetzlichen Vertretern mindestens einer in der Buchführung ausreichend vorgebildet und erfahren ist.

(5) ¹Als Gründungsprüfer darf nicht bestellt werden, wer nach § 143 Abs. 2 nicht Sonderprüfer sein kann. ²Gleiches gilt für Personen und Prüfungsgesellschaften, auf deren Geschäftsführung die Gründer oder Personen, für deren Rechnung die Gründer Aktien übernommen haben, maßgebenden Einfluss haben.

§ 33a Sachgründung ohne externe Gründungsprüfung[2)]

(1) Von einer Prüfung durch Gründungsprüfer kann bei einer Gründung mit Sacheinlagen oder Sachübernahmen (§ 33 Abs. 2 Nr. 4) abgesehen werden, soweit eingebracht werden sollen:
1. übertragbare Wertpapiere oder Geldmarktinstrumente im Sinne des § 2 Absatz 1 und 2 des Wertpapierhandelsgesetzes, wenn sie mit dem gewichteten Durchschnittspreis bewertet werden, zu dem sie während der letzten drei Monate vor dem Tag ihrer tatsächlichen Einbringung auf einem oder mehreren organisierten Märkten im Sinne von § 2 Absatz 11 des Wertpapierhandelsgesetzes gehandelt worden sind,
2. andere als die in Nummer 1 genannten Vermögensgegenstände, wenn eine Bewertung zu Grunde gelegt wird, die ein unabhängiger, ausreichend vorgebildeter und erfahrener Sach-

---

1) **Anm. d. Red.:** § 33 i. d. F. des Gesetzes v. 17. 12. 2008 (BGBl I S. 2586) mit Wirkung v. 1. 9. 2009.
2) **Anm. d. Red.:** § 33a i. d. F. des Gesetzes v. 23. 6. 2017 (BGBl I S. 1693) mit Wirkung v. 3. 1. 2018.

verständiger nach den allgemein anerkannten Bewertungsgrundsätzen mit dem beizulegenden Zeitwert ermittelt hat und wenn der Bewertungsstichtag nicht mehr als sechs Monate vor dem Tag der tatsächlichen Einbringung liegt.

(2) Absatz 1 ist nicht anzuwenden, wenn der gewichtete Durchschnittspreis der Wertpapiere oder Geldmarktinstrumente (Absatz 1 Nr. 1) durch außergewöhnliche Umstände erheblich beeinflusst worden ist oder wenn anzunehmen ist, dass der beizulegende Zeitwert der anderen Vermögensgegenstände (Absatz 1 Nr. 2) am Tag ihrer tatsächlichen Einbringung auf Grund neuer oder neu bekannt gewordener Umstände erheblich niedriger ist als der von dem Sachverständigen angenommene Wert.

§ 34 Umfang der Gründungsprüfung[1)]

(1) Die Prüfung durch die Mitglieder des Vorstands und des Aufsichtsrats sowie die Prüfung durch die Gründungsprüfer haben sich namentlich darauf zu erstrecken,

1. ob die Angaben der Gründer über die Übernahme der Aktien, über die Einlagen auf das Grundkapital und über die Festsetzungen nach §§ 26 und 27 richtig und vollständig sind;
2. ob der Wert der Sacheinlagen oder Sachübernahmen den geringsten Ausgabebetrag der dafür zu gewährenden Aktien oder den Wert der dafür zu gewährenden Leistungen erreicht.

(2) ¹Über jede Prüfung ist unter Darlegung dieser Umstände schriftlich zu berichten. ²In dem Bericht ist der Gegenstand jeder Sacheinlage oder Sachübernahme zu beschreiben sowie anzugeben, welche Bewertungsmethoden bei der Ermittlung des Wertes angewandt worden sind. ³In dem Prüfungsbericht der Mitglieder des Vorstands und des Aufsichtsrats kann davon sowie von Ausführungen zu Absatz 1 Nr. 2 abgesehen werden, soweit nach § 33a von einer externen Gründungsprüfung abgesehen wird.

(3) ¹Je ein Stück des Berichts der Gründungsprüfer ist dem Gericht und dem Vorstand einzureichen. ²Jedermann kann den Bericht bei dem Gericht einsehen.

§ 35 Meinungsverschiedenheiten zwischen Gründern und Gründungsprüfern, Vergütung und Auslagen der Gründungsprüfer[2)]

(1) Die Gründungsprüfer können von den Gründern alle Aufklärungen und Nachweise verlangen, die für eine sorgfältige Prüfung notwendig sind.

(2) ¹Bei Meinungsverschiedenheiten zwischen den Gründern und den Gründungsprüfern über den Umfang der Aufklärungen und Nachweise, die von den Gründern zu gewähren sind, entscheidet das Gericht. ²Die Entscheidung ist unanfechtbar. ³Solange sich die Gründer weigern, der Entscheidung nachzukommen, wird der Prüfungsbericht nicht erstattet.

(3) ¹Die Gründungsprüfer haben Anspruch auf Ersatz angemessener barer Auslagen und auf Vergütung für ihre Tätigkeit. ²Die Auslagen und die Vergütung setzt das Gericht fest. ³Gegen die Entscheidung ist die Beschwerde zulässig; die Rechtsbeschwerde ist ausgeschlossen. ⁴Aus der rechtskräftigen Entscheidung findet die Zwangsvollstreckung nach der Zivilprozessordnung statt.

§ 36 Anmeldung der Gesellschaft[3)]

(1) Die Gesellschaft ist bei dem Gericht von allen Gründern und Mitgliedern des Vorstands und des Aufsichtsrats zur Eintragung in das Handelsregister anzumelden.

(2) Die Anmeldung darf erst erfolgen, wenn auf jede Aktie, soweit nicht Sacheinlagen vereinbart sind, der eingeforderte Betrag ordnungsgemäß eingezahlt worden ist (§ 54 Abs. 3) und, so-

---

1) **Anm. d. Red.:** § 34 i. d. F. des Gesetzes v. 30. 7. 2009 (BGBl I S. 2479) mit Wirkung v. 1. 9. 2009.
2) **Anm. d. Red.:** § 35 i. d. F. des Gesetzes v. 17. 12. 2008 (BGBl I S. 2586) mit Wirkung v. 1. 9. 2009.
3) **Anm. d. Red.:** § 36 i. d. F. des Gesetzes v. 23. 10. 2008 (BGBl I S. 2026) mit Wirkung v. 1. 11. 2008.

weit er nicht bereits zur Bezahlung der bei der Gründung angefallenen Steuern und Gebühren verwandt wurde, endgültig zur freien Verfügung des Vorstands steht.

§ 36a Leistung der Einlagen[1)]

(1) Bei Bareinlagen muss der eingeforderte Betrag (§ 36 Abs. 2) mindestens ein Viertel des geringsten Ausgabebetrags und bei Ausgabe der Aktien für einen höheren als diesen auch den Mehrbetrag umfassen.

(2) [1]Sacheinlagen sind vollständig zu leisten. [2]Besteht die Sacheinlage in der Verpflichtung, einen Vermögensgegenstand auf die Gesellschaft zu übertragen, so muss diese Leistung innerhalb von fünf Jahren nach der Eintragung der Gesellschaft in das Handelsregister zu bewirken sein. [3]Der Wert muss dem geringsten Ausgabebetrag und bei Ausgabe der Aktien für einen höheren als diesen auch dem Mehrbetrag entsprechen.

§ 37 Inhalt der Anmeldung[2)]

(1) [1]In der Anmeldung ist zu erklären, dass die Voraussetzungen des § 36 Abs. 2 und des § 36a erfüllt sind; dabei sind der Betrag, zu dem die Aktien ausgegeben werden, und der darauf eingezahlte Betrag anzugeben. [2]Es ist nachzuweisen, dass der eingezahlte Betrag endgültig zur freien Verfügung des Vorstands steht. [3]Ist der Betrag gemäß § 54 Abs. 3 durch Gutschrift auf ein Konto eingezahlt worden, so ist der Nachweis durch eine Bestätigung des kontoführenden Instituts zu führen. [4]Für die Richtigkeit der Bestätigung ist das Institut der Gesellschaft verantwortlich. [5]Sind von dem eingezahlten Betrag Steuern und Gebühren bezahlt worden, so ist dies nach Art und Höhe der Beträge nachzuweisen.

(2) [1]In der Anmeldung haben die Vorstandsmitglieder zu versichern, dass keine Umstände vorliegen, die ihrer Bestellung nach § 76 Abs. 3 Satz 2 Nr. 2 und 3 sowie Satz 3 entgegenstehen, und dass sie über ihre unbeschränkte Auskunftspflicht gegenüber dem Gericht belehrt worden sind. [2]Die Belehrung nach § 53 Abs. 2 des Bundeszentralregistergesetzes kann schriftlich vorgenommen werden; sie kann auch durch einen Notar oder einen im Ausland bestellten Notar, durch einen Vertreter eines vergleichbaren rechtsberatenden Berufs oder einen Konsularbeamten erfolgen.

(3) In der Anmeldung sind ferner anzugeben
1. eine inländische Geschäftsanschrift,
2. Art und Umfang der Vertretungsbefugnis der Vorstandsmitglieder.

(4) Der Anmeldung sind beizufügen
1. die Satzung und die Urkunden, in denen die Satzung festgestellt worden ist und die Aktien, die von den Gründern übernommen worden sind;
2. im Fall der §§ 26 und 27 die Verträge, die den Festsetzungen zugrunde liegen oder zu ihrer Ausführung geschlossen worden sind, und eine Berechnung des der Gesellschaft zur Last fallenden Gründungsaufwands; in der Berechnung sind die Vergütungen nach Art und Höhe und die Empfänger einzeln anzuführen;
3. die Urkunden über die Bestellung des Vorstands und des Aufsichtsrats;
3a. eine Liste der Mitglieder des Aufsichtsrats, aus welcher Name, Vorname, ausgeübter Beruf und Wohnort der Mitglieder ersichtlich ist;
4. der Gründungsbericht und die Prüfungsberichte der Mitglieder des Vorstands und des Aufsichtsrats sowie der Gründungsprüfer nebst ihren urkundlichen Unterlagen.

(5) Für die Einreichung von Unterlagen nach diesem Gesetz gilt § 12 Abs. 2 des Handelsgesetzbuchs entsprechend.

---

1) **Anm. d. Red.:** § 36a i. d. F. des Gesetzes v. 25. 3. 1998 (BGBl I S. 590) mit Wirkung v. 1. 4. 1998.
2) **Anm. d. Red.:** § 37 i. d. F. des Gesetzes v. 23. 10. 2008 (BGBl I S. 2026) mit Wirkung v. 1. 11. 2008.

§ 37a Anmeldung bei Sachgründung ohne externe Gründungsprüfung[1)]

(1) ¹Wird nach § 33a von einer externen Gründungsprüfung abgesehen, ist dies in der Anmeldung zu erklären. ²Der Gegenstand jeder Sacheinlage oder Sachübernahme ist zu beschreiben. ³Die Anmeldung muss die Erklärung enthalten, dass der Wert der Sacheinlagen oder Sachübernahmen den geringsten Ausgabebetrag der dafür zu gewährenden Aktien oder den Wert der dafür zu gewährenden Leistungen erreicht. ⁴Der Wert, die Quelle der Bewertung sowie die angewandte Bewertungsmethode sind anzugeben.

(2) In der Anmeldung haben die Anmeldenden außerdem zu versichern, dass ihnen außergewöhnliche Umstände, die den gewichteten Durchschnittspreis der einzubringenden Wertpapiere oder Geldmarktinstrumente im Sinne von § 33a Abs. 1 Nr. 1 während der letzten drei Monate vor dem Tag ihrer tatsächlichen Einbringung erheblich beeinflusst haben könnten, oder Umstände, die darauf hindeuten, dass der beizulegende Zeitwert der Vermögensgegenstände im Sinne von § 33a Abs. 1 Nr. 2 am Tag ihrer tatsächlichen Einbringung auf Grund neuer oder neu bekannt gewordener Umstände erheblich niedriger ist als der von dem Sachverständigen angenommene Wert, nicht bekannt geworden sind.

(3) Der Anmeldung sind beizufügen:
1. Unterlagen über die Ermittlung des gewichteten Durchschnittspreises, zu dem die einzubringenden Wertpapiere oder Geldmarktinstrumente während der letzten drei Monate vor dem Tag ihrer tatsächlichen Einbringung auf einem organisierten Markt gehandelt worden sind,
2. jedes Sachverständigengutachten, auf das sich die Bewertung in den Fällen des § 33a Abs. 1 Nr. 2 stützt.

§ 38 Prüfung durch das Gericht[2)]

(1) ¹Das Gericht hat zu prüfen, ob die Gesellschaft ordnungsgemäß errichtet und angemeldet ist. ²Ist dies nicht der Fall, so hat es die Eintragung abzulehnen.

(2) ¹Das Gericht kann die Eintragung auch ablehnen, wenn die Gründungsprüfer erklären oder es offensichtlich ist, dass der Gründungsbericht oder der Prüfungsbericht der Mitglieder des Vorstands und des Aufsichtsrats unrichtig oder unvollständig ist oder den gesetzlichen Vorschriften nicht entspricht. ²Gleiches gilt, wenn die Gründungsprüfer erklären oder das Gericht der Auffassung ist, dass der Wert der Sacheinlagen oder Sachübernahmen nicht unwesentlich hinter dem geringsten Ausgabebetrag der dafür zu gewährenden Aktien oder dem Wert der dafür zu gewährenden Leistungen zurückbleibt.

(3) ¹Enthält die Anmeldung die Erklärung nach § 37a Abs. 1 Satz 1, hat das Gericht hinsichtlich der Werthaltigkeit der Sacheinlagen oder Sachübernahmen ausschließlich zu prüfen, ob die Voraussetzungen des § 37a erfüllt sind. ²Lediglich bei einer offenkundigen und erheblichen Überbewertung kann das Gericht die Eintragung ablehnen.

(4) Wegen einer mangelhaften, fehlenden oder nichtigen Bestimmung der Satzung darf das Gericht die Eintragung nach Absatz 1 nur ablehnen, soweit diese Bestimmung, ihr Fehlen oder ihre Nichtigkeit
1. Tatsachen oder Rechtsverhältnisse betrifft, die nach § 23 Abs. 3 oder aufgrund anderer zwingender gesetzlicher Vorschriften in der Satzung bestimmt sein müssen oder die in das Handelsregister einzutragen oder von dem Gericht bekannt zu machen sind,
2. Vorschriften verletzt, die ausschließlich oder überwiegend zum Schutze der Gläubiger der Gesellschaft oder sonst im öffentlichen Interesse gegeben sind, oder
3. die Nichtigkeit der Satzung zur Folge hat.

---

1) **Anm. d. Red.:** § 37a eingefügt gem. Gesetz v. 30. 7. 2009 (BGBl I S. 2479) mit Wirkung v. 1. 9. 2009.
2) **Anm. d. Red.:** § 38 i. d. F. des Gesetzes v. 30. 7. 2009 (BGBl I S. 2479) mit Wirkung v. 1. 9. 2009.

§ 39 Inhalt der Eintragung[1]

(1) ¹Bei der Eintragung der Gesellschaft sind die Firma und der Sitz der Gesellschaft, eine inländische Geschäftsanschrift, der Gegenstand des Unternehmens, die Höhe des Grundkapitals, der Tag der Feststellung der Satzung und die Vorstandsmitglieder anzugeben. ²Wenn eine Person, die für Willenserklärungen und Zustellungen an die Gesellschaft empfangsberechtigt ist, mit einer inländischen Anschrift zur Eintragung in das Handelsregister angemeldet wird, sind auch diese Angaben einzutragen; Dritten gegenüber gilt die Empfangsberechtigung als fortbestehend, bis sie im Handelsregister gelöscht und die Löschung bekannt gemacht worden ist, es sei denn, dass die fehlende Empfangsberechtigung dem Dritten bekannt war. ³Ferner ist einzutragen, welche Vertretungsbefugnis die Vorstandsmitglieder haben.

(2) Enthält die Satzung Bestimmungen über die Dauer der Gesellschaft oder über das genehmigte Kapital, so sind auch diese Bestimmungen einzutragen.

§ 40 (weggefallen)[2]

§ 41 Handeln im Namen der Gesellschaft vor der Eintragung, Verbotene Aktienausgabe

(1) ¹Vor der Eintragung in das Handelsregister besteht die Aktiengesellschaft als solche nicht. ²Wer vor der Eintragung der Gesellschaft in ihrem Namen handelt, haftet persönlich; handeln mehrere, so haften sie als Gesamtschuldner.

(2) Übernimmt die Gesellschaft eine vor ihrer Eintragung in ihrem Namen eingegangene Verpflichtung durch Vertrag mit dem Schuldner in der Weise, dass sie an die Stelle des bisherigen Schuldners tritt, so bedarf es zur Wirksamkeit der Schuldübernahme der Zustimmung des Gläubigers nicht, wenn die Schuldübernahme binnen drei Monaten nach der Eintragung der Gesellschaft vereinbart und dem Gläubiger von der Gesellschaft oder dem Schuldner mitgeteilt wird.

(3) Verpflichtungen aus nicht in der Satzung festgesetzten Verträgen über Sondervorteile, Gründungsaufwand, Sacheinlagen oder Sachübernahmen kann die Gesellschaft nicht übernehmen.

(4) ¹Vor der Eintragung der Gesellschaft können Anteilsrechte nicht übertragen, Aktien oder Zwischenscheine nicht ausgegeben werden. ²Die vorher ausgegebenen Aktien oder Zwischenscheine sind nichtig. ³Für den Schaden aus der Ausgabe sind die Ausgeber den Inhabern als Gesamtschuldner verantwortlich.

§ 42 Einpersonen-Gesellschaft[3]

Gehören alle Aktien allein oder neben der Gesellschaft einem Aktionär, ist unverzüglich eine entsprechende Mitteilung unter Angabe von Name, Vorname, Geburtsdatum und Wohnort des alleinigen Aktionärs zum Handelsregister einzureichen.

§§ 43 und 44 (weggefallen)[4]

§ 45 Sitzverlegung[5]

(1) Wird der Sitz der Gesellschaft im Inland verlegt, so ist die Verlegung beim Gericht des bisherigen Sitzes anzumelden.

---

1) **Anm. d. Red.:** § 39 i. d. F. des Gesetzes v. 23. 10. 2008 (BGBl I S. 2026) mit Wirkung v. 1. 11. 2008.
2) **Anm. d. Red.:** § 40 weggefallen gem. Gesetz v. 10. 11. 2006 (BGBl I S. 2553) mit Wirkung v. 1. 1. 2007.
3) **Anm. d. Red.:** § 42 i. d. F. des Gesetzes v. 22. 6. 1998 (BGBl I S. 1474) mit Wirkung v. 1. 7. 1998.
4) **Anm. d. Red.:** §§ 43 und 44 weggefallen gem. Gesetz v. 22. 7. 1993 (BGBl I S. 1282) mit Wirkung v. 1. 11. 1993.
5) **Anm. d. Red.:** § 45 i. d. F. des Gesetzes v. 10. 11. 2006 (BGBl I S. 2553) mit Wirkung v. 1. 1. 2007.

(2) ¹Wird der Sitz aus dem Bezirk des Gerichts des bisherigen Sitzes verlegt, so hat dieses unverzüglich von Amts wegen die Verlegung dem Gericht des neuen Sitzes mitzuteilen. ²Der Mitteilung sind die Eintragungen für den bisherigen Sitz sowie die bei dem bisher zuständigen Gericht aufbewahrten Urkunden beizufügen; bei elektronischer Registerführung sind die Eintragungen und die Dokumente elektronisch zu übermitteln. ³Das Gericht des neuen Sitzes hat zu prüfen, ob die Verlegung ordnungsgemäß beschlossen und § 30 des Handelsgesetzbuchs beachtet ist. ⁴Ist dies der Fall, so hat es die Sitzverlegung einzutragen und hierbei die ihm mitgeteilten Eintragungen ohne weitere Nachprüfung in sein Handelsregister zu übernehmen. ⁵Mit der Eintragung wird die Sitzverlegung wirksam. ⁶Die Eintragung ist dem Gericht des bisherigen Sitzes mitzuteilen. ⁷Dieses hat die erforderlichen Löschungen von Amts wegen vorzunehmen.

(3) ¹Wird der Sitz an einen anderen Ort innerhalb des Bezirks des Gerichts des bisherigen Sitzes verlegt, so hat das Gericht zu prüfen, ob die Sitzverlegung ordnungsgemäß beschlossen und § 30 des Handelsgesetzbuchs beachtet ist. ²Ist dies der Fall, so hat es die Sitzverlegung einzutragen. ³Mit der Eintragung wird die Sitzverlegung wirksam.

§ 46 Verantwortlichkeit der Gründer

(1) ¹Die Gründer sind der Gesellschaft als Gesamtschuldner verantwortlich für die Richtigkeit und Vollständigkeit der Angaben, die zum Zwecke der Gründung der Gesellschaft über Übernahme der Aktien, Einzahlung auf die Aktien, Verwendung eingezahlter Beträge, Sondervorteile, Gründungsaufwand, Sacheinlagen und Sachübernahmen gemacht worden sind. ²Sie sind ferner dafür verantwortlich, dass eine zur Annahme von Einzahlungen auf das Grundkapital bestimmte Stelle (§ 54 Abs. 3) hierzu geeignet ist und dass die eingezahlten Beträge zur freien Verfügung des Vorstands stehen. ³Sie haben, unbeschadet der Verpflichtung zum Ersatz des sonst entstehenden Schadens, fehlende Einzahlungen zu leisten und eine Vergütung, die nicht unter den Gründungsaufwand aufgenommen ist, zu ersetzen.

(2) Wird die Gesellschaft von Gründern durch Einlagen, Sachübernahmen oder Gründungsaufwand vorsätzlich oder aus grober Fahrlässigkeit geschädigt, so sind ihr alle Gründer als Gesamtschuldner zum Ersatz verpflichtet.

(3) Von diesen Verpflichtungen ist ein Gründer befreit, wenn er die die Ersatzpflicht begründenden Tatsachen weder kannte noch bei Anwendung der Sorgfalt eines ordentlichen Geschäftsmannes kennen musste.

(4) Entsteht der Gesellschaft ein Ausfall, weil ein Aktionär zahlungsunfähig oder unfähig ist, eine Sacheinlage zu leisten, so sind ihr zum Ersatz als Gesamtschuldner die Gründer verpflichtet, welche die Beteiligung des Aktionärs in Kenntnis seiner Zahlungsunfähigkeit oder Leistungsunfähigkeit angenommen haben.

(5) ¹Neben den Gründern sind in gleicher Weise Personen verantwortlich, für deren Rechnung die Gründer Aktien übernommen haben. ²Sie können sich auf ihre eigene Unkenntnis nicht wegen solcher Umstände berufen, die ein für ihre Rechnung handelnder Gründer kannte oder kennen musste.

§ 47 Verantwortlichkeit anderer Personen neben den Gründern

Neben den Gründern und den Personen, für deren Rechnung die Gründer Aktien übernommen haben, ist als Gesamtschuldner der Gesellschaft zum Schadenersatz verpflichtet,

1. wer bei Empfang einer Vergütung, die entgegen den Vorschriften nicht in den Gründungsaufwand aufgenommen ist, wusste oder nach den Umständen annehmen musste, dass die Verheimlichung beabsichtigt oder erfolgt war, oder wer zur Verheimlichung wissentlich mitgewirkt hat;
2. wer im Fall einer vorsätzlichen oder grobfahrlässigen Schädigung der Gesellschaft durch Einlagen oder Sachübernahmen an der Schädigung wissentlich mitgewirkt hat;
3. wer vor Eintragung der Gesellschaft in das Handelsregister oder in den ersten zwei Jahren nach der Eintragung die Aktien öffentlich ankündigt, um sie in den Verkehr einzuführen,

wenn er die Unrichtigkeit oder Unvollständigkeit der Angaben, die zum Zwecke der Gründung der Gesellschaft gemacht worden sind (§ 46 Abs. 1), oder die Schädigung der Gesellschaft durch Einlagen oder Sachübernahmen kannte oder bei Anwendung der Sorgfalt eines ordentlichen Geschäftsmannes kennen musste.

§ 48 Verantwortlichkeit des Vorstands und des Aufsichtsrats

¹Mitglieder des Vorstands und des Aufsichtsrats, die bei der Gründung ihre Pflichten verletzen, sind der Gesellschaft zum Ersatz des daraus entstehenden Schadens als Gesamtschuldner verpflichtet; sie sind namentlich dafür verantwortlich, dass eine zur Annahme von Einzahlungen auf die Aktien bestimmte Stelle (§ 54 Abs. 3) hierzu geeignet ist, und dass die eingezahlten Beträge zur freien Verfügung des Vorstands stehen. ²Für die Sorgfaltspflicht und Verantwortlichkeit der Mitglieder des Vorstands und des Aufsichtsrats bei der Gründung gelten im Übrigen §§ 93 und 116 mit Ausnahme von § 93 Abs. 4 Satz 3 und 4 und Abs. 6.

§ 49 Verantwortlichkeit der Gründungsprüfer[1)]

§ 323 Abs. 1 bis 4 des Handelsgesetzbuchs über die Verantwortlichkeit des Abschlussprüfers gilt sinngemäß.

§ 50 Verzicht und Vergleich[2)]

¹Die Gesellschaft kann auf Ersatzansprüche gegen die Gründer, die neben diesen haftenden Personen und gegen die Mitglieder des Vorstands und des Aufsichtsrats (§§ 46 bis 48) erst drei Jahre nach der Eintragung der Gesellschaft in das Handelsregister und nur dann verzichten oder sich über sie vergleichen, wenn die Hauptversammlung zustimmt und nicht eine Minderheit, deren Anteile zusammen den zehnten Teil des Grundkapitals erreichen, zur Niederschrift Widerspruch erhebt. ²Die zeitliche Beschränkung gilt nicht, wenn der Ersatzpflichtige zahlungsunfähig ist und sich zur Abwendung des Insolvenzverfahrens mit seinen Gläubigern vergleicht oder wenn die Ersatzpflicht in einem Insolvenzplan geregelt wird.

§ 51 Verjährung der Ersatzansprüche[3)]

¹Ersatzansprüche der Gesellschaft nach den §§ 46 bis 48 verjähren in fünf Jahren. ²Die Verjährung beginnt mit der Eintragung der Gesellschaft in das Handelsregister oder, wenn die zum Ersatz verpflichtende Handlung später begangen worden ist, mit der Vornahme der Handlung.

§ 52 Nachgründung[4)]

(1) ¹Verträge der Gesellschaft mit Gründern oder mit mehr als 10 vom Hundert des Grundkapitals an der Gesellschaft beteiligten Aktionären, nach denen sie vorhandene oder herzustellende Anlagen oder andere Vermögensgegenstände für eine den zehnten Teil des Grundkapitals übersteigende Vergütung erwerben soll, und die in den ersten zwei Jahren seit der Eintragung der Gesellschaft in das Handelsregister geschlossen werden, werden nur mit Zustimmung der Hauptversammlung und durch Eintragung in das Handelsregister wirksam. ²Ohne die Zustimmung der Hauptversammlung oder die Eintragung im Handelsregister sind auch die Rechtshandlungen zu ihrer Ausführung unwirksam.

(2) ¹Ein Vertrag nach Absatz 1 bedarf der schriftlichen Form, soweit nicht eine andere Form vorgeschrieben ist. ²Er ist von der Einberufung der Hauptversammlung an, die über die Zustimmung beschließen soll, in dem Geschäftsraum der Gesellschaft zur Einsicht der Aktionäre auszulegen. ³Auf Verlangen ist jedem Aktionär unverzüglich eine Abschrift zu erteilen. ⁴Die Ver-

---

1) **Anm. d. Red.:** § 49 i. d. F. des Gesetzes v. 19.12.1985 (BGBl I S. 2355) mit Wirkung v. 1.1.1986.
2) **Anm. d. Red.:** § 50 i. d. F. des Gesetzes v. 5.10.1994 (BGBl I S. 2911) mit Wirkung v. 1.1.1999.
3) **Anm. d. Red.:** § 51 i. d. F. des Gesetzes v. 9.12.2004 (BGBl I S. 3214) mit Wirkung v. 15.12.2004.
4) **Anm. d. Red.:** § 52 i. d. F. des Gesetzes v. 30.7.2009 (BGBl I S. 2479) mit Wirkung v. 1.9.2009.

pflichtungen nach den Sätzen 2 und 3 entfallen, wenn der Vertrag für denselben Zeitraum über die Internetseite der Gesellschaft zugänglich ist. ⁵In der Hauptversammlung ist der Vertrag zugänglich zu machen. ⁶Der Vorstand hat ihn zu Beginn der Verhandlung zu erläutern. ⁷Der Niederschrift ist er als Anlage beizufügen.

(3) ¹Vor der Beschlussfassung der Hauptversammlung hat der Aufsichtsrat den Vertrag zu prüfen und einen schriftlichen Bericht zu erstatten (Nachgründungsbericht). ²Für den Nachgründungsbericht gilt sinngemäß § 32 Abs. 2 und 3 über den Gründungsbericht.

(4) ¹Außerdem hat vor der Beschlussfassung eine Prüfung durch einen oder mehrere Gründungsprüfer stattzufinden. ²§ 33 Abs. 3 bis 5, §§ 34, 35 über die Gründungsprüfung gelten sinngemäß. ³Unter den Voraussetzungen des § 33a kann von einer Prüfung durch Gründungsprüfer abgesehen werden.

(5) ¹Der Beschluss der Hauptversammlung bedarf einer Mehrheit, die mindestens drei Viertel des bei der Beschlussfassung vertretenen Grundkapitals umfasst. ²Wird der Vertrag im ersten Jahr nach der Eintragung der Gesellschaft in das Handelsregister geschlossen, so müssen außerdem die Anteile der zustimmenden Mehrheit mindestens ein Viertel des gesamten Grundkapitals erreichen. ³Die Satzung kann an Stelle dieser Mehrheiten größere Kapitalmehrheiten und weitere Erfordernisse bestimmen.

(6) ¹Nach Zustimmung der Hauptversammlung hat der Vorstand den Vertrag zur Eintragung in das Handelsregister anzumelden. ²Der Anmeldung ist der Vertrag mit dem Nachgründungsbericht und dem Bericht der Gründungsprüfer mit den urkundlichen Unterlagen beizufügen. ³Wird nach Absatz 4 Satz 3 von einer externen Gründungsprüfung abgesehen, gilt § 37a entsprechend.

(7) ¹Bestehen gegen die Eintragung Bedenken, weil die Gründungsprüfer erklären oder weil es offensichtlich ist, dass der Nachgründungsbericht unrichtig oder unvollständig ist oder den gesetzlichen Vorschriften nicht entspricht oder dass die für die zu erwerbenden Vermögensgegenstände gewährte Vergütung unangemessen hoch ist, so kann das Gericht die Eintragung ablehnen. ²Enthält die Anmeldung die Erklärung nach § 37a Abs. 1 Satz 1, gilt § 38 Abs. 3 entsprechend.

(8) Einzutragen sind der Tag des Vertragsschlusses und der Zustimmung der Hauptversammlung sowie der oder die Vertragspartner der Gesellschaft.

(9) Vorstehende Vorschriften gelten nicht, wenn der Erwerb der Vermögensgegenstände im Rahmen der laufenden Geschäfte der Gesellschaft, in der Zwangsvollstreckung oder an der Börse erfolgt.

§ 53 Ersatzansprüche bei der Nachgründung

¹Für die Nachgründung gelten die §§ 46, 47, 49 bis 51 über die Ersatzansprüche der Gesellschaft sinngemäß. ²An die Stelle der Gründer treten die Mitglieder des Vorstands und des Aufsichtsrats. ³Sie haben die Sorgfalt eines ordentlichen und gewissenhaften Geschäftsleiters anzuwenden. ⁴Soweit Fristen mit der Eintragung der Gesellschaft in das Handelsregister beginnen, tritt an deren Stelle die Eintragung des Vertrags über die Nachgründung.

Dritter Teil: Rechtsverhältnisse der Gesellschaft und der Gesellschafter

§ 53a Gleichbehandlung der Aktionäre[1]

Aktionäre sind unter gleichen Voraussetzungen gleich zu behandeln.

---

1) **Anm. d. Red.:** § 53a i. d. F. des Gesetzes v. 13. 12. 1978 (BGBl I S. 1959) mit Wirkung v. 1. 7. 1979.

§ 54 Hauptverpflichtung der Aktionäre[1)]

(1) Die Verpflichtung der Aktionäre zur Leistung der Einlagen wird durch den Ausgabebetrag der Aktien begrenzt.

(2) Soweit nicht in der Satzung Sacheinlagen festgesetzt sind, haben die Aktionäre den Ausgabebetrag der Aktien einzuzahlen.

(3) ¹Der vor der Anmeldung der Gesellschaft eingeforderte Betrag kann nur in gesetzlichen Zahlungsmitteln oder durch Gutschrift auf ein Konto bei einem Kreditinstitut oder einem nach § 53 Abs. 1 Satz 1 oder § 53b Abs. 1 Satz 1 oder Abs. 7 des Gesetzes über das Kreditwesen tätigen Unternehmen der Gesellschaft oder des Vorstands zu seiner freien Verfügung eingezahlt werden. ²Forderungen des Vorstands aus diesen Einzahlungen gelten als Forderungen der Gesellschaft.

(4) ¹Der Anspruch der Gesellschaft auf Leistung der Einlagen verjährt in zehn Jahren von seiner Entstehung an. ²Wird das Insolvenzverfahren über das Vermögen der Gesellschaft eröffnet, so tritt die Verjährung nicht vor Ablauf von sechs Monaten ab dem Zeitpunkt der Eröffnung ein.

§ 55 Nebenverpflichtungen der Aktionäre

(1) ¹Ist die Übertragung der Aktien an die Zustimmung der Gesellschaft gebunden, so kann die Satzung Aktionären die Verpflichtung auferlegen, neben den Einlagen auf das Grundkapital wiederkehrende, nicht in Geld bestehende Leistungen zu erbringen. ²Dabei hat sie zu bestimmen, ob die Leistungen entgeltlich oder unentgeltlich zu erbringen sind. ³Die Verpflichtung und der Umfang der Leistungen sind in den Aktien und Zwischenscheinen anzugeben.

(2) Die Satzung kann Vertragsstrafen für den Fall festsetzen, dass die Verpflichtung nicht oder nicht gehörig erfüllt wird.

§ 56 Keine Zeichnung eigener Aktien; Aktienübernahme für Rechnung der Gesellschaft oder durch ein abhängiges oder in Mehrheitsbesitz stehendes Unternehmen[2)]

(1) Die Gesellschaft darf keine eigenen Aktien zeichnen.

(2) ¹Ein abhängiges Unternehmen darf keine Aktien der herrschenden Gesellschaft, ein in Mehrheitsbesitz stehendes Unternehmen keine Aktien der an ihm mit Mehrheit beteiligten Gesellschaft als Gründer oder Zeichner oder in Ausübung eines bei einer bedingten Kapitalerhöhung eingeräumten Umtausch- oder Bezugsrechts übernehmen. ²Ein Verstoß gegen diese Vorschrift macht die Übernahme nicht unwirksam.

(3) ¹Wer als Gründer oder Zeichner oder in Ausübung eines bei einer bedingten Kapitalerhöhung eingeräumten Umtausch- oder Bezugsrechts eine Aktie für Rechnung der Gesellschaft oder eines abhängigen oder in Mehrheitsbesitz stehenden Unternehmens übernommen hat, kann sich nicht darauf berufen, dass er die Aktie nicht für eigene Rechnung übernommen hat. ²Er haftet ohne Rücksicht auf Vereinbarungen mit der Gesellschaft oder dem abhängigen oder in Mehrheitsbesitz stehenden Unternehmen auf die volle Einlage. ³Bevor er die Aktie für eigene Rechnung übernommen hat, stehen ihm keine Rechte aus der Aktie zu.

(4) ¹Werden bei einer Kapitalerhöhung Aktien unter Verletzung der Absätze 1 oder 2 gezeichnet, so haftet auch jedes Vorstandsmitglied der Gesellschaft auf die volle Einlage. ²Dies gilt nicht, wenn das Vorstandsmitglied beweist, dass es kein Verschulden trifft.

---

1) **Anm. d. Red.:** § 54 i. d. F. des Gesetzes v. 9.12.2004 (BGBl I S. 3214) mit Wirkung v. 15.12.2004.
2) **Anm. d. Red.:** § 56 i. d. F. des Gesetzes v. 13.12.1978 (BGBl I S. 1959) mit Wirkung v. 1.7.1979.

§ 57 Keine Rückgewähr, keine Verzinsung der Einlagen[1]

(1) ¹Den Aktionären dürfen die Einlagen nicht zurückgewährt werden. ²Als Rückgewähr gilt nicht die Zahlung des Erwerbspreises beim zulässigen Erwerb eigener Aktien. ³Satz 1 gilt nicht bei Leistungen, die bei Bestehen eines Beherrschungs- oder Gewinnabführungsvertrags (§ 291) erfolgen oder durch einen vollwertigen Gegenleistungs- oder Rückgewähranspruch gegen den Aktionär gedeckt sind. ⁴Satz 1 ist zudem nicht anzuwenden auf die Rückgewähr eines Aktionärsdarlehens und Leistungen auf Forderungen aus Rechtshandlungen, die einem Aktionärsdarlehen wirtschaftlich entsprechen.

(2) Den Aktionären dürfen Zinsen weder zugesagt noch ausgezahlt werden.

(3) Vor Auflösung der Gesellschaft darf unter die Aktionäre nur der Bilanzgewinn verteilt werden.

§ 58 Verwendung des Jahresüberschusses[2]

(1) ¹Die Satzung kann nur für den Fall, dass die Hauptversammlung den Jahresabschluss feststellt, bestimmen, dass Beträge aus dem Jahresüberschuss in andere Gewinnrücklagen einzustellen sind. ²Aufgrund einer solchen Satzungsbestimmung kann höchstens die Hälfte des Jahresüberschusses in andere Gewinnrücklagen eingestellt werden. ³Dabei sind Beträge, die in die gesetzliche Rücklage einzustellen sind, und ein Verlustvortrag vorab vom Jahresüberschuss abzuziehen.

(2) ¹Stellen Vorstand und Aufsichtsrat den Jahresabschluss fest, so können sie einen Teil des Jahresüberschusses, höchstens jedoch die Hälfte, in andere Gewinnrücklagen einstellen. ²Die Satzung kann Vorstand und Aufsichtsrat zur Einstellung eines größeren oder kleineren Teils des Jahresüberschusses ermächtigen. ³Aufgrund einer solchen Satzungsbestimmung dürfen Vorstand und Aufsichtsrat keine Beträge in andere Gewinnrücklagen einstellen, wenn die anderen Gewinnrücklagen die Hälfte des Grundkapitals übersteigen oder soweit sie nach der Einstellung die Hälfte übersteigen würden. ⁴Absatz 1 Satz 3 gilt sinngemäß.

(2a) ¹Unbeschadet der Absätze 1 und 2 können Vorstand und Aufsichtsrat den Eigenkapitalanteil von Wertaufholungen bei Vermögensgegenständen des Anlage- und Umlaufvermögens in andere Gewinnrücklagen einstellen. ²Der Betrag dieser Rücklagen ist in der Bilanz gesondert auszuweisen; er kann auch im Anhang angegeben werden.

(3) ¹Die Hauptversammlung kann im Beschluss über die Verwendung des Bilanzgewinns weitere Beträge in Gewinnrücklagen einstellen oder als Gewinn vortragen. ²Sie kann ferner, wenn die Satzung sie hierzu ermächtigt, auch eine andere Verwendung als nach Satz 1 oder als die Verteilung unter die Aktionäre beschließen.

(4) ¹Die Aktionäre haben Anspruch auf den Bilanzgewinn, soweit er nicht nach Gesetz oder Satzung, durch Hauptversammlungsbeschluss nach Absatz 3 oder als zusätzlicher Aufwand aufgrund des Gewinnverwendungsbeschlusses von der Verteilung unter die Aktionäre ausgeschlossen ist. ²Der Anspruch ist am dritten auf den Hauptversammlungsbeschluss folgenden Geschäftstag fällig. ³In dem Hauptversammlungsbeschluss oder in der Satzung kann eine spätere Fälligkeit festgelegt werden.

(5) Sofern die Satzung dies vorsieht, kann die Hauptversammlung auch eine Sachausschüttung beschließen.

§ 59 Abschlagszahlung auf den Bilanzgewinn[3]

(1) Die Satzung kann den Vorstand ermächtigen, nach Ablauf des Geschäftsjahrs auf den voraussichtlichen Bilanzgewinn einen Abschlag an die Aktionäre zu zahlen.

---

1) **Anm. d. Red.:** § 57 i. d. F. des Gesetzes v. 23.10.2008 (BGBl I S. 2026) mit Wirkung v. 1.11.2008.
2) **Anm. d. Red.:** § 58 i. d. F. des Gesetzes v. 22.12.2015 (BGBl I S. 2565) mit Wirkung v. 1.1.2017.
3) **Anm. d. Red.:** § 59 i. d. F. des Gesetzes v. 19.12.1985 (BGBl I S. 2355) mit Wirkung v. 1.1.1986.

(2) ¹Der Vorstand darf einen Abschlag nur zahlen, wenn ein vorläufiger Abschluss für das vergangene Geschäftsjahr einen Jahresüberschuss ergibt. ²Als Abschlag darf höchstens die Hälfte des Betrags gezahlt werden, der von dem Jahresüberschuss nach Abzug der Beträge verbleibt, die nach Gesetz oder Satzung in Gewinnrücklagen einzustellen sind. ³Außerdem darf der Abschlag nicht die Hälfte des vorjährigen Bilanzgewinns übersteigen.

(3) Die Zahlung eines Abschlags bedarf der Zustimmung des Aufsichtsrats.

§ 60 Gewinnverteilung[1]

(1) Die Anteile der Aktionäre am Gewinn bestimmen sich nach ihren Anteilen am Grundkapital.

(2) ¹Sind die Einlagen auf das Grundkapital nicht auf alle Aktien in demselben Verhältnis geleistet, so erhalten die Aktionäre aus dem verteilbaren Gewinn vorweg einen Betrag von vier vom Hundert der geleisteten Einlagen. ²Reicht der Gewinn dazu nicht aus, so bestimmt sich der Betrag nach einem entsprechend niedrigeren Satz. ³Einlagen, die im Laufe des Geschäftsjahrs geleistet wurden, werden nach dem Verhältnis der Zeit berücksichtigt, die seit der Leistung verstrichen ist.

(3) Die Satzung kann eine andere Art der Gewinnverteilung bestimmen.

§ 61 Vergütung von Nebenleistungen

Für wiederkehrende Leistungen, zu denen Aktionäre nach der Satzung neben den Einlagen auf das Grundkapital verpflichtet sind, darf eine den Wert der Leistungen nicht übersteigende Vergütung ohne Rücksicht darauf gezahlt werden, ob ein Bilanzgewinn ausgewiesen wird.

§ 62 Haftung der Aktionäre beim Empfang verbotener Leistungen[2]

(1) ¹Die Aktionäre haben der Gesellschaft Leistungen, die sie entgegen den Vorschriften dieses Gesetzes von ihr empfangen haben, zurückzugewähren. ²Haben sie Beträge als Gewinnanteile bezogen, so besteht die Verpflichtung nur, wenn sie wussten oder infolge von Fahrlässigkeit nicht wussten, dass sie zum Bezuge nicht berechtigt waren.

(2) ¹Der Anspruch der Gesellschaft kann auch von den Gläubigern der Gesellschaft geltend gemacht werden, soweit sie von dieser keine Befriedigung erlangen können. ²Ist über das Vermögen der Gesellschaft das Insolvenzverfahren eröffnet, so übt währenddessen Dauer der Insolvenzverwalter oder der Sachwalter das Recht der Gesellschaftsgläubiger gegen die Aktionäre aus.

(3) ¹Die Ansprüche nach diesen Vorschriften verjähren in zehn Jahren seit dem Empfang der Leistung. ²§ 54 Abs. 4 Satz 2 findet entsprechende Anwendung.

§ 63 Folgen nicht rechtzeitiger Einzahlung

(1) ¹Die Aktionäre haben die Einlagen nach Aufforderung durch den Vorstand einzuzahlen. ²Die Aufforderung ist, wenn die Satzung nichts anderes bestimmt, in den Gesellschaftsblättern bekannt zu machen.

(2) ¹Aktionäre, die den eingeforderten Betrag nicht rechtzeitig einzahlen, haben ihn vom Eintritt der Fälligkeit an mit fünf vom Hundert für das Jahr zu verzinsen. ²Die Geltendmachung eines weiteren Schadens ist nicht ausgeschlossen.

(3) Für den Fall nicht rechtzeitiger Einzahlung kann die Satzung Vertragsstrafen festsetzen.

---

1) **Anm. d. Red.:** § 60 i. d. F. des Gesetzes v. 25. 3. 1998 (BGBl I S. 590) mit Wirkung v. 1. 4. 1998.
2) **Anm. d. Red.:** § 62 i. d. F. des Gesetzes v. 9. 12. 2004 (BGBl I S. 3214) mit Wirkung v. 15. 12. 2004.

§ 64 Ausschluss säumiger Aktionäre

(1) Aktionären, die den eingeforderten Betrag nicht rechtzeitig einzahlen, kann eine Nachfrist mit der Androhung gesetzt werden, dass sie nach Fristablauf ihrer Aktien und der geleisteten Einzahlungen für verlustig erklärt werden.

(2) ¹Die Nachfrist muss dreimal in den Gesellschaftsblättern bekannt gemacht werden. ²Die erste Bekanntmachung muss mindestens drei Monate, die Letzte mindestens einen Monat vor Fristablauf ergehen. ³Zwischen den einzelnen Bekanntmachungen muss ein Zeitraum von mindestens drei Wochen liegen. ⁴Ist die Übertragung der Aktien an die Zustimmung der Gesellschaft gebunden, so genügt an Stelle der öffentlichen Bekanntmachungen die einmalige Einzelaufforderung an die säumigen Aktionäre; dabei muss eine Nachfrist gewährt werden, die mindestens einen Monat seit dem Empfang der Aufforderung beträgt.

(3) ¹Aktionäre, die den eingeforderten Betrag trotzdem nicht zahlen, werden durch Bekanntmachung in den Gesellschaftsblättern ihrer Aktien und der geleisteten Einzahlungen zugunsten der Gesellschaft für verlustig erklärt. ²In der Bekanntmachung sind die für verlustig erklärten Aktien mit ihren Unterscheidungsmerkmalen anzugeben.

*(4) ¹An Stelle der alten Urkunden werden neue ausgegeben; diese haben außer den geleisteten Teilzahlungen den rückständigen Betrag anzugeben. ²Für den Ausfall der Gesellschaft an diesem Betrag oder an den später eingeforderten Beträgen haftet ihr der ausgeschlossene Aktionär.

§ 65 Zahlungspflicht der Vormänner[1)]

(1) ¹Jeder im Aktienregister verzeichnete Vormann des ausgeschlossenen Aktionärs ist der Gesellschaft zur Zahlung des rückständigen Betrags verpflichtet, soweit dieser von seinen Nachmännern nicht zu erlangen ist. ²Von der Zahlungsaufforderung an einen früheren Aktionär hat die Gesellschaft seinen unmittelbaren Vormann zu benachrichtigen. ³Dass die Zahlung nicht zu erlangen ist, wird vermutet, wenn sie nicht innerhalb eines Monats seit der Zahlungsaufforderung und der Benachrichtigung des Vormanns eingegangen ist. ⁴Gegen Zahlung des rückständigen Betrags wird die neue Urkunde ausgehändigt.

(2) ¹Jeder Vormann ist nur zur Zahlung der Beträge verpflichtet, die binnen zwei Jahren eingefordert werden. ²Die Frist beginnt mit dem Tage, an dem die Übertragung der Aktie zum Aktienregister der Gesellschaft angemeldet wird.

(3) ¹Ist die Zahlung des rückständigen Betrags von Vormännern nicht zu erlangen, so hat die Gesellschaft die Aktie unverzüglich zum Börsenpreis und beim Fehlen eines Börsenpreises durch öffentliche Versteigerung zu verkaufen. ²Ist von der Versteigerung am Sitz der Gesellschaft kein angemessener Erfolg zu erwarten, so ist die Aktie an einem geeigneten Ort zu verkaufen. ³Zeit, Ort und Gegenstand der Versteigerung sind öffentlich bekannt zu machen. ⁴Der ausgeschlossene Aktionär und seine Vormänner sind besonders zu benachrichtigen; die Benachrichtigung kann unterbleiben, wenn sie untunlich ist. ⁵Bekanntmachung und Benachrichtigung müssen mindestens zwei Wochen vor der Versteigerung ergehen.

§ 66 Keine Befreiung der Aktionäre von ihren Leistungspflichten

(1) ¹Die Aktionäre und ihre Vormänner können von ihren Leistungspflichten nach den §§ 54 und 65 nicht befreit werden. ²Gegen eine Forderung der Gesellschaft nach den §§ 54 und 65 ist die Aufrechnung nicht zulässig.

(2) Absatz 1 gilt entsprechend für die Verpflichtung zur Rückgewähr von Leistungen, die entgegen den Vorschriften dieses Gesetzes empfangen sind, für die Ausfallhaftung des ausgeschlossenen Aktionärs sowie für die Schadenersatzpflicht des Aktionärs wegen nicht gehöriger Leistung einer Sacheinlage.

---

1) **Anm. d. Red.:** § 65 i. d. F. des Gesetzes v. 21. 6. 2002 (BGBl I S. 2010) mit Wirkung v. 1. 7. 2002.

(3) Durch eine ordentliche Kapitalherabsetzung oder durch eine Kapitalherabsetzung durch Einziehung von Aktien können die Aktionäre von der Verpflichtung zur Leistung von Einlagen befreit werden, durch eine ordentliche Kapitalherabsetzung jedoch höchstens in Höhe des Betrags, um den das Grundkapital herabgesetzt worden ist.

§ 67 Eintragung im Aktienregister[1)]

(1) ¹Namensaktien sind unabhängig von einer Verbriefung unter Angabe des Namens, Geburtsdatums und einer Postanschrift sowie einer elektronischen Adresse des Aktionärs sowie der Stückzahl oder der Aktiennummer und bei Nennbetragsaktien des Betrags in das Aktienregister der Gesellschaft einzutragen. ²Der Aktionär ist verpflichtet, der Gesellschaft die Angaben nach Satz 1 mitzuteilen. ³Die Satzung kann Näheres dazu bestimmen, unter welchen Voraussetzungen Eintragungen im eigenen Namen für Aktien, die einem anderen gehören, zulässig sind. ⁴Aktien, die zu einem inländischen, EU- oder ausländischen Investmentvermögen nach dem Kapitalanlagegesetzbuch gehören, dessen Anteile oder Aktien nicht ausschließlich von professionellen und semiprofessionellen Anlegern gehalten werden, gelten als Aktien des inländischen, EU- oder ausländischen Investmentvermögens, auch wenn sie im Miteigentum der Anleger stehen; verfügt das Investmentvermögen über keine eigene Rechtspersönlichkeit, gelten sie als Aktien der Verwaltungsgesellschaft des Investmentvermögens.

(2) ¹Im Verhältnis zur Gesellschaft bestehen Rechte und Pflichten aus Aktien nur für und gegen den im Aktienregister Eingetragenen. ²Jedoch bestehen Stimmrechte aus Eintragungen nicht, die eine nach Absatz 1 Satz 3 bestimmte satzungsmäßige Höchstgrenze überschreiten oder hinsichtlich derer eine satzungsmäßige Pflicht zur Offenlegung, dass die Aktien einem anderen gehören, nicht erfüllt wird. ³Ferner bestehen Stimmrechte aus Aktien nicht, solange ein Auskunftsverlangen gemäß Absatz 4 Satz 2 nach Fristablauf und Androhung des Stimmrechtsverlustes nicht erfüllt ist.

(3) ¹Löschung und Neueintragung im Aktienregister erfolgen auf Mitteilung und Nachweis. ²Die Gesellschaft kann eine Eintragung auch auf Mitteilung nach § 67d Absatz 4 vornehmen.

(4) ¹Die bei Übertragung oder Verwahrung von Namensaktien mitwirkenden Intermediäre sind verpflichtet, der Gesellschaft die für die Führung des Aktienregisters erforderlichen Angaben gegen Erstattung der notwendigen Kosten zu übermitteln. ²Der Eingetragene hat der Gesellschaft auf ihr Verlangen unverzüglich mitzuteilen, inwieweit ihm die Aktien, für die er im Aktienregister eingetragen ist, auch gehören; soweit dies nicht der Fall ist, hat er die in Absatz 1 Satz 1 genannten Angaben zu demjenigen zu übermitteln, für den er die Aktien hält. ³Dies gilt entsprechend für denjenigen, dessen Daten nach Satz 2 oder diesem Satz übermittelt werden. ⁴Absatz 1 Satz 4 gilt entsprechend; für die Kostentragung gilt Satz 1. ⁵Wird der Inhaber von Namensaktien nicht in das Aktienregister eingetragen, so ist der depotführende Intermediär auf Verlangen der Gesellschaft verpflichtet, sich gegen Erstattung der notwendigen Kosten durch die Gesellschaft an dessen Stelle gesondert in das Aktienregister eintragen zu lassen. ⁶Wird ein Intermediär im Rahmen eines Übertragungsvorgangs von Namensaktien nur vorübergehend gesondert in das Aktienregister eingetragen, so löst diese Eintragung keine Pflichten infolge des Absatzes 2 aus und führt nicht zur Anwendung von satzungsmäßigen Beschränkungen nach Absatz 1 Satz 3. ⁷§ 67d bleibt unberührt.

(5) ¹Ist jemand nach Ansicht der Gesellschaft zu Unrecht als Aktionär in das Aktienregister eingetragen worden, so kann die Gesellschaft die Eintragung nur löschen, wenn sie vorher die Beteiligten von der beabsichtigten Löschung benachrichtigt und ihnen eine angemessene Frist zur Geltendmachung eines Widerspruchs gesetzt hat. ²Widerspricht ein Beteiligter innerhalb der Frist, so hat die Löschung zu unterbleiben.

(6) ¹Der Aktionär kann von der Gesellschaft Auskunft über die zu seiner Person in das Aktienregister eingetragenen Daten verlangen. ²Bei nichtbörsennotierten Gesellschaften kann die Sat-

---

1) **Anm. d. Red.:** § 67 i. d. F. des Gesetzes v. 12.12.2019 (BGBl I S. 2637) mit Wirkung v. 1.1.2020. – Zur Anwendung siehe § 26j Abs. 4 EGAktG.

zung Weiteres bestimmen. ³Die Gesellschaft darf die Registerdaten sowie die nach Absatz 4 Satz 2 und 3 mitgeteilten Daten für ihre Aufgaben im Verhältnis zu den Aktionären verwenden. ⁴Zur Werbung für das Unternehmen darf sie die Daten nur verwenden, soweit der Aktionär nicht widerspricht. ⁵Die Aktionäre sind in angemessener Weise über ihr Widerspruchsrecht zu informieren.

(7) Diese Vorschriften gelten sinngemäß für Zwischenscheine.

§ 67a Übermittlung von Informationen über Unternehmensereignisse; Begriffsbestimmungen[1)]

(1) ¹Börsennotierte Gesellschaften haben Informationen über Unternehmensereignisse gemäß Absatz 6, die den Aktionären nicht direkt oder von anderer Seite mitgeteilt werden, zur Weiterleitung an die Aktionäre wie folgt zu übermitteln:

1. an die im Aktienregister Eingetragenen, soweit die Gesellschaft Namensaktien ausgegeben hat,

2. im Übrigen an die Intermediäre, die Aktien der Gesellschaft verwahren.

²Für Informationen zur Einberufung der Hauptversammlung gilt § 125.

(2) ¹Die Informationen können durch beauftragte Dritte übermittelt werden. ²Die Informationen sind den Intermediären elektronisch zu übermitteln. ³Format, Inhalt und Frist der Informationsübermittlung nach Absatz 1 richten sich nach der Durchführungsverordnung (EU) 2018/1212 der Kommission vom 3. September 2018 zur Festlegung von Mindestanforderungen zur Umsetzung der Bestimmungen der Richtlinie 2007/36/EG des Europäischen Parlaments und des Rates in Bezug auf die Identifizierung der Aktionäre, die Informationsübermittlung und die Erleichterung der Ausübung der Aktionärsrechte (ABl L 223 vom 4.9.2018, S. 1) in der jeweils geltenden Fassung. ⁴Die Übermittlung der Informationen kann gemäß den Anforderungen nach Artikel 8 Absatz 4 in Verbindung mit Tabelle 8 der Durchführungsverordnung (EU) 2018/1212 beschränkt werden.

(3) ¹Ein Intermediär in der Kette hat Informationen nach Absatz 1 Satz 1, die er von einem anderen Intermediär oder der Gesellschaft erhält, innerhalb der Fristen nach Artikel 9 Absatz 2 Unterabsatz 2 oder 3 und Absatz 7 der Durchführungsverordnung (EU) 2018/1212 dem nächsten Intermediär weiterzuleiten, es sei denn, ihm ist bekannt, dass der nächste Intermediär sie von anderer Seite erhält. ²Dies gilt auch für Informationen einer börsennotierten Gesellschaft mit Sitz in einem anderen Mitgliedstaat der Europäischen Union. ³Absatz 2 Satz 1 gilt entsprechend.

(4) Intermediär ist eine Person, die Dienstleistungen der Verwahrung oder der Verwaltung von Wertpapieren oder der Führung von Depotkonten für Aktionäre oder andere Personen erbringt, wenn die Dienstleistungen im Zusammenhang mit Aktien von Gesellschaften stehen, die ihren Sitz in einem Mitgliedstaat der Europäischen Union oder in einem anderen Vertragsstaat des Abkommens über den Europäischen Wirtschaftsraum haben.

(5) ¹Intermediär in der Kette ist ein Intermediär, der Aktien der Gesellschaft für einen anderen Intermediär verwahrt. ²Letztintermediär ist, wer als Intermediär für einen Aktionär Aktien einer Gesellschaft verwahrt.

(6) Unternehmensereignisse sind Ereignisse gemäß Artikel 1 Nummer 3 der Durchführungsverordnung (EU) 2018/1212.

---

1) **Anm. d. Red.:** § 67a eingefügt gem. Gesetz v. 12.12.2019 (BGBl I S. 2637) mit Wirkung v. 1.1.2020. – Zur Anwendung siehe § 26j Abs. 4 EGAktG.

§ 67b Übermittlung von Informationen durch Intermediäre an die Aktionäre[1]

(1) ¹Der Letztintermediär hat dem Aktionär die nach § 67a Absatz 1 Satz 1 erhaltenen Informationen nach Artikel 2 Absatz 1 und 4, Artikel 9 Absatz 2 Unterabsatz 1 sowie Absatz 3 und 4 Unterabsatz 3 sowie Artikel 10 der Durchführungsverordnung (EU) 2018/1212 zu übermitteln. ²§ 67a Absatz 2 Satz 1 und 4 gilt entsprechend.

(2) Absatz 1 gilt auch für Informationen einer börsennotierten Gesellschaft mit Sitz in einem anderen Mitgliedstaat der Europäischen Union.

§ 67c Übermittlung von Informationen durch Intermediäre an die Gesellschaft; Nachweis des Anteilsbesitzes[2]

(1) ¹Der Letztintermediär hat die vom Aktionär einer börsennotierten Gesellschaft erhaltenen Informationen über die Ausübung seiner Rechte als Aktionär entweder direkt an die Gesellschaft oder an einen Intermediär in der Kette zu übermitteln. ²Intermediäre haben die nach Satz 1 erhaltenen Informationen entweder direkt an die Gesellschaft oder an den jeweils nächsten Intermediär weiterzuleiten. ³Die Sätze 1 und 2 gelten entsprechend für die Weiterleitung von Weisungen des Aktionärs zur Ausübung von Rechten aus Namensaktien börsennotierter Gesellschaften an den im Aktienregister eingetragenen Intermediär.

(2) ¹Der Aktionär kann Anweisungen zur Informationsübermittlung nach Absatz 1 erteilen. ²§ 67a Absatz 2 Satz 1 gilt entsprechend. ³Format, Inhalt und Frist der Informationsübermittlung nach Absatz 1 richten sich nach den Anforderungen in Artikel 2 Absatz 1 und 3, Artikel 8 und 9 Absatz 4 der Durchführungsverordnung (EU) 2018/1212. ⁴Eine rechtzeitige gesammelte Informationsübermittlung und -weiterleitung ist möglich. ⁵Die Absätze 1 und 2 gelten auch für Informationen einer börsennotierten Gesellschaft mit Sitz in einem anderen Mitgliedstaat der Europäischen Union.

(3) Der Letztintermediär hat dem Aktionär für die Ausübung seiner Rechte in der Hauptversammlung auf Verlangen über dessen Anteilsbesitz unverzüglich einen Nachweis in Textform gemäß den Anforderungen nach Artikel 5 der Durchführungsverordnung (EU) 2018/1212 auszustellen oder diesen nach Absatz 1 der Gesellschaft zu übermitteln.

§ 67d Informationsanspruch der Gesellschaft gegenüber Intermediären[3]

(1) ¹Die börsennotierte Gesellschaft kann von einem Intermediär, der Aktien der Gesellschaft verwahrt, Informationen über die Identität der Aktionäre und über den nächsten Intermediär verlangen. ²Format und Inhalt dieses Verlangens richten sich nach der Durchführungsverordnung (EU) 2018/1212.

(2) ¹Informationen über die Identität der Aktionäre sind die Daten nach Artikel 3 Absatz 2 in Verbindung mit Tabelle 2 Buchstabe C der Durchführungsverordnung (EU) 2018/1212. ²Bei nicht eingetragenen Gesellschaften sind deren Gesellschafter mit den Informationen nach Satz 1 zu nennen. ³Steht eine Aktie mehreren Berechtigten zu, sind diese mit den Informationen nach Satz 1 zu nennen.

(3) Das Informationsverlangen der Gesellschaft ist von einem Intermediär innerhalb der Frist nach Artikel 9 Absatz 6 Unterabsatz 1, 2 oder 3 Satz 3 und Absatz 7 der Durchführungsverordnung (EU) 2018/1212 an den jeweils nächsten Intermediär weiterzuleiten, bis der Letztintermediär erreicht ist.

---

1) **Anm. d. Red.:** § 67b eingefügt gem. Gesetz v. 12.12.2019 (BGBl I S. 2637) mit Wirkung v. 1.1.2020. – Zur Anwendung siehe § 26j Abs. 4 EGAktG.

2) **Anm. d. Red.:** § 67c eingefügt gem. Gesetz v. 12.12.2019 (BGBl I S. 2637) mit Wirkung v. 1.1.2020. – Zur Anwendung siehe § 26j Abs. 4 EGAktG.

3) **Anm. d. Red.:** § 67d eingefügt gem. Gesetz v. 12.12.2019 (BGBl I S. 2637) mit Wirkung v. 1.1.2020. – Zur Anwendung siehe § 26j Abs. 4 EGAktG.

(4) ¹Der Letztintermediär hat die Informationen zur Beantwortung des Informationsverlangens der Gesellschaft zu übermitteln. ²Das gilt nicht, wenn die Gesellschaft die Übermittlung von einem anderen Intermediär in der Kette verlangt; in diesem Fall sind Intermediäre verpflichtet, die Informationen unverzüglich diesem Intermediär oder dem jeweils nächsten Intermediär weiterzuleiten. ³Der Intermediär, von dem die Gesellschaft die Übermittlung verlangt, ist verpflichtet, der Gesellschaft die erhaltenen Informationen unverzüglich zu übermitteln. ⁴Format, Inhalt und Frist der Antwort auf das Informationsverlangen richten sich nach den Artikeln 2, 3, 9 Absatz 6 Unterabsatz 2 und 3 und Absatz 7 der Durchführungsverordnung (EU) 2018/1212.

(5) ¹Die Absätze 1 bis 4 gelten auch für das Informationsverlangen einer börsennotierten Gesellschaft mit Sitz in einem anderen Mitgliedstaat der Europäischen Union. ²§ 67a Absatz 2 Satz 1 gilt für die Absätze 1 bis 5 Satz 1 entsprechend.

§ 67e Verarbeitung und Berichtigung personenbezogener Daten der Aktionäre[1]

(1) Gesellschaften und Intermediäre dürfen personenbezogene Daten der Aktionäre für die Zwecke der Identifikation, der Kommunikation mit den Aktionären, den Gesellschaften und den Intermediären, der Ausübung der Rechte der Aktionäre, der Führung des Aktienregisters und für die Zusammenarbeit mit den Aktionären verarbeiten.

(2) ¹Erlangen Gesellschaften oder Intermediäre Kenntnis davon, dass ein Aktionär nicht mehr Aktionär der Gesellschaft ist, dürfen sie dessen personenbezogene Daten vorbehaltlich anderer gesetzlicher Regelungen nur noch für höchstens zwölf Monate speichern. ²Eine längere Speicherung durch die Gesellschaft ist zudem zulässig, solange dies für Rechtsverfahren erforderlich ist.

(3) Mit der Offenlegung von Informationen über die Identität von Aktionären gegenüber der Gesellschaft oder weiterleitungspflichtigen Intermediären nach § 67d verstoßen Intermediäre nicht gegen vertragliche oder gesetzliche Verbote.

(4) Wer mit unvollständigen oder unrichtigen Informationen als Aktionär identifiziert wurde, kann von der Gesellschaft und von dem Intermediär, der diese Informationen erteilt hat, die unverzügliche Berichtigung verlangen.

§ 67f Kosten; Verordnungsermächtigung[2]

(1) ¹Vorbehaltlich der Regelungen in Satz 2 trägt die Gesellschaft die Kosten für die nach den §§ 67a bis 67d, auch in Verbindung mit § 125 Absatz 1, 2 und 5, und nach § 118 Absatz 1 Satz 3 bis 5 sowie Absatz 2 Satz 2 notwendigen Aufwendungen der Intermediäre, soweit diese auf Methoden beruhen, die dem jeweiligen Stand der Technik entsprechen. ²Die folgenden Kosten sind hiervon ausgenommen:
1. die Kosten für die notwendigen Aufwendungen der Letztintermediäre für die nichtelektronische Übermittlung von Informationen an den Aktionär gemäß § 67b Absatz 1 Satz 1 und
2. bei der Gesellschaft, die Namensaktien ausgegeben hat, die Kosten für die notwendigen Aufwendungen der Intermediäre für die Übermittlung und Weiterleitung von Informationen vom im Aktienregister eingetragenen Intermediär an den Aktionär nach § 125 Absatz 2 und 5 in Verbindung mit den §§ 67a und 67b.

³Die Intermediäre legen die Entgelte für die Aufwendungen für jede Dienstleistung, die nach den §§ 67a bis 67e, § 118 Absatz 1 Satz 3 bis 5 sowie Absatz 2 Satz 2, § 125 Absatz 1 Satz 1, Absatz 2 und 5 und § 129 Absatz 5 erbracht wird, offen. ⁴Die Offenlegung erfolgt getrennt gegenüber der Gesellschaft und denjenigen Aktionären, für die sie die Dienstleistung erbringen. ⁵Unterschiede zwischen den Entgelten für die Ausübung von Rechten im Inland und in grenzüberschreitenden Fällen sind nur zulässig, wenn sie gerechtfertigt sind und den Unterschieden bei

---

1) **Anm. d. Red.:** § 67e eingefügt gem. Gesetz v. 12.12.2019 (BGBl I S. 2637) mit Wirkung v. 1.1.2020. – Zur Anwendung siehe § 26j Abs. 4 EGAktG.

2) **Anm. d. Red.:** § 67f eingefügt gem. Gesetz v. 12.12.2019 (BGBl I S. 2637) mit Wirkung v. 1.1.2020. – Zur Anwendung siehe § 26j Abs. 4 EGAktG.

den tatsächlichen Kosten, die für die Erbringung der Dienstleistungen entstanden sind, entsprechen.

(2) Unbeschadet sonstiger Regelungen nach diesem Gesetz sind für die Pflichten nach den §§ 67a bis 67e, 125 Absatz 1 Satz 1, Absatz 2 und 5 sowie für die Bestätigungen nach § 118 Absatz 1 Satz 3 bis 5 sowie Absatz 2 Satz 2 und § 129 Absatz 5 die Anforderungen der Durchführungsverordnung (EU) 2018/1212 zu beachten.

(3) ¹Das Bundesministerium der Justiz und für Verbraucherschutz wird ermächtigt, im Einvernehmen mit dem Bundesministerium für Wirtschaft und Energie und dem Bundesministerium der Finanzen durch Rechtsverordnung die Einzelheiten für den Ersatz von Aufwendungen der Intermediäre durch die Gesellschaft für die folgenden Handlungen zu regeln:
1. die Übermittlung der Angaben gemäß § 67 Absatz 4,
2. die Übermittlung und Weiterleitung von Informationen und Mitteilungen gemäß den §§ 67a bis 67d, 118 Absatz 1 Satz 3 bis 5 sowie Absatz 2 Satz 2 und § 129 Absatz 5 und
3. die Vervielfältigung, Übermittlung und Weiterleitung der Mitteilungen gemäß § 125 Absatz 1, 2 und 5 in Verbindung mit den §§ 67a und 67b.

²Es können Pauschbeträge festgesetzt werden. ³Die Rechtsverordnung bedarf nicht der Zustimmung des Bundesrates.

§ 68 Übertragung von Namensaktien, Vinkulierung[1]

(1) ¹Namensaktien können auch durch Indossament übertragen werden. ²Für die Form des Indossaments, den Rechtsausweis des Inhabers und seine Verpflichtung zur Herausgabe gelten sinngemäß Artikel 12, 13 und 16 des Wechselgesetzes.

(2) ¹Die Satzung kann die Übertragung an die Zustimmung der Gesellschaft binden. ²Die Zustimmung erteilt der Vorstand. ³Die Satzung kann jedoch bestimmen, dass der Aufsichtsrat oder die Hauptversammlung über die Erteilung der Zustimmung beschließt. ⁴Die Satzung kann die Gründe bestimmen, aus denen die Zustimmung verweigert werden darf.

(3) Bei Übertragung durch Indossament ist die Gesellschaft verpflichtet, die Ordnungsmäßigkeit der Reihe der Indossamente, nicht aber die Unterschriften zu prüfen.

(4) Diese Vorschriften gelten sinngemäß für Zwischenscheine.

§ 69 Rechtsgemeinschaft an einer Aktie

(1) Steht eine Aktie mehreren Berechtigten zu, so können sie die Rechte aus der Aktie nur durch einen gemeinschaftlichen Vertreter ausüben.

(2) Für die Leistungen auf die Aktie haften sie als Gesamtschuldner.

(3) ¹Hat die Gesellschaft eine Willenserklärung dem Aktionär gegenüber abzugeben, so genügt, wenn die Berechtigten der Gesellschaft keinen gemeinschaftlichen Vertreter benannt haben, die Abgabe der Erklärung gegenüber einem Berechtigten. ²Bei mehreren Erben eines Aktionärs gilt dies nur für Willenserklärungen, die nach Ablauf eines Monats seit dem Anfall der Erbschaft abgegeben werden.

§ 70 Berechnung der Aktienbesitzzeit[2]

¹Ist die Ausübung von Rechten aus der Aktie davon abhängig, dass der Aktionär während eines bestimmten Zeitraums Inhaber der Aktie gewesen ist, so steht dem Eigentum ein Anspruch auf Übereignung gegen ein Kreditinstitut, Finanzdienstleistungsinstitut oder ein nach § 53 Abs. 1 Satz 1 oder § 53b Abs. 1 Satz 1 oder Abs. 7 des Gesetzes über das Kreditwesen tätiges Unternehmen gleich. ²Die Eigentumszeit eines Rechtsvorgängers wird dem Aktionär zugerechnet, wenn er die Aktie unentgeltlich, von seinem Treuhänder, als Gesamtrechtsnachfolger, bei Aus-

---

1) **Anm. d. Red.:** § 68 i. d. F. des Gesetzes v. 18. 1. 2001 (BGBl I S. 123) mit Wirkung v. 25. 1. 2001.
2) **Anm. d. Red.:** § 70 i. d. F. des Gesetzes v. 1. 4. 2015 (BGBl I S. 434) mit Wirkung v. 1. 1. 2016.

§ 71 I. Aktiengesetz

einandersetzung einer Gemeinschaft oder bei einer Bestandsübertragung nach § 13 des Versicherungsaufsichtsgesetzes oder § 14 des Gesetzes über Bausparkassen erworben hat.

§ 71 Erwerb eigener Aktien[1)]

(1) Die Gesellschaft darf eigene Aktien nur erwerben,

1. wenn der Erwerb notwendig ist, um einen schweren, unmittelbar bevorstehenden Schaden von der Gesellschaft abzuwenden,
2. wenn die Aktien Personen, die im Arbeitsverhältnis zu der Gesellschaft oder einem mit ihr verbundenen Unternehmen stehen oder standen, zum Erwerb angeboten werden sollen,
3. wenn der Erwerb geschieht, um Aktionäre nach § 305 Abs. 2, § 320b oder nach § 29 Abs. 1, § 125 Satz 1 in Verbindung mit § 29 Abs. 1, § 207 Abs. 1 Satz 1 des Umwandlungsgesetzes abzufinden,
4. wenn der Erwerb unentgeltlich geschieht oder ein Kreditinstitut mit dem Erwerb eine Einkaufskommission ausführt,
5. durch Gesamtrechtsnachfolge,
6. aufgrund eines Beschlusses der Hauptversammlung zur Einziehung nach den Vorschriften über die Herabsetzung des Grundkapitals,
7. wenn sie ein Kreditinstitut, Finanzdienstleistungsinstitut oder Finanzunternehmen ist, aufgrund eines Beschlusses der Hauptversammlung zum Zwecke des Wertpapierhandels. ²Der Beschluss muss bestimmen, dass der Handelsbestand der zu diesem Zweck zu erwerbenden Aktien fünf vom Hundert des Grundkapitals am Ende jeden Tages nicht übersteigen darf; er muss den niedrigsten und höchsten Gegenwert festlegen. ³Die Ermächtigung darf höchstens fünf Jahre gelten; oder
8. aufgrund einer höchstens fünf Jahre geltenden Ermächigung der Hauptversammlung, die den niedrigsten und höchsten Gegenwert sowie den Anteil am Grundkapital, der zehn vom Hundert nicht übersteigen darf, festlegt. ²Als Zweck ist der Handel in eigenen Aktien ausgeschlossen. ³§ 53a ist auf Erwerb und Veräußerung anzuwenden. ⁴Erwerb und Veräußerung über die Börse genügen dem. ⁵Eine andere Veräußerung kann die Hauptversammlung beschließen; § 186 Abs. 3, 4 und § 193 Abs. 2 Nr. 4 sind in diesem Fall entsprechend anzuwenden. ⁶Die Hauptversammlung kann den Vorstand ermächtigen, die eigenen Aktien ohne weiteren Hauptversammlungsbeschluss einzuziehen.

(2) ¹Auf die zu den Zwecken nach Absatz 1 Nr. 1 bis 3, 7 und 8 erworbenen Aktien dürfen zusammen mit anderen Aktien der Gesellschaft, welche die Gesellschaft bereits erworben hat und noch besitzt, nicht mehr als zehn vom Hundert des Grundkapitals entfallen. ²Dieser Erwerb ist ferner nur zulässig, wenn die Gesellschaft im Zeitpunkt des Erwerbs eine Rücklage in Höhe der Aufwendungen für den Erwerb bilden könnte, ohne das Grundkapital oder eine nach Gesetz oder Satzung zu bildende Rücklage zu mindern, die nicht zur Zahlung an die Aktionäre verwandt werden darf. ³In den Fällen des Absatzes 1 Nr. 1, 2, 4, 7 und 8 ist der Erwerb nur zulässig, wenn auf die Aktien der Ausgabebetrag voll geleistet ist.

(3) ¹In den Fällen des Absatzes 1 Nr. 1 und 8 hat der Vorstand die nächste Hauptversammlung über die Gründe und den Zweck des Erwerbs, über die Zahl der erworbenen Aktien und den auf sie entfallenden Betrag des Grundkapitals, über deren Anteil am Grundkapital sowie über den Gegenwert der Aktien zu unterrichten. ²Im Falle des Absatzes 1 Nr. 2 sind die Aktien innerhalb eines Jahres nach ihrem Erwerb an die Arbeitnehmer auszugeben.

(4) ¹Ein Verstoß gegen die Absätze 1 oder 2 macht den Erwerb eigener Aktien nicht unwirksam. ²Ein schuldrechtliches Geschäft über den Erwerb eigener Aktien ist jedoch nichtig, soweit der Erwerb gegen die Absätze 1 oder 2 verstößt.

---

1) **Anm. d. Red.:** § 71 i. d. F. des Gesetzes v. 30. 7. 2009 (BGBl I S. 2479) mit Wirkung v. 1. 9. 2009.

§ 71a Umgehungsgeschäfte[1]

(1) ¹Ein Rechtsgeschäft, das die Gewährung eines Vorschusses oder eines Darlehens oder die Leistung einer Sicherheit durch die Gesellschaft an einen anderen zum Zweck des Erwerbs von Aktien dieser Gesellschaft zum Gegenstand hat, ist nichtig. ²Dies gilt nicht für Rechtsgeschäfte im Rahmen der laufenden Geschäfte von Kreditinstituten oder Finanzdienstleistungsinstituten sowie für die Gewährung eines Vorschusses oder eines Darlehens oder für die Leistung einer Sicherheit zum Zweck des Erwerbs von Aktien durch Arbeitnehmer der Gesellschaft oder eines mit ihr verbundenen Unternehmens; auch in diesen Fällen ist das Rechtsgeschäft jedoch nichtig, wenn die Gesellschaft im Zeitpunkt des Erwerbs eine Rücklage in Höhe der Aufwendungen für den Erwerb nicht bilden könnte, ohne das Grundkapital oder eine nach Gesetz oder Satzung zu bildende Rücklage zu mindern, die nicht zur Zahlung an die Aktionäre verwandt werden darf. ³Satz 1 gilt zudem nicht für Rechtsgeschäfte bei Bestehen eines Beherrschungs- oder Gewinnabführungsvertrags (§ 291).

(2) Nichtig ist ferner ein Rechtsgeschäft zwischen der Gesellschaft und einem anderen, nach dem dieser berechtigt oder verpflichtet sein soll, Aktien der Gesellschaft für Rechnung der Gesellschaft oder eines abhängigen oder eines in ihrem Mehrheitsbesitz stehenden Unternehmens zu erwerben, soweit der Erwerb durch die Gesellschaft gegen § 71 Abs. 1 oder 2 verstoßen würde.

§ 71b Rechte aus eigenen Aktien[2]

Aus eigenen Aktien stehen der Gesellschaft keine Rechte zu.

§ 71c Veräußerung und Einziehung eigener Aktien[3]

(1) Hat die Gesellschaft eigene Aktien unter Verstoß gegen § 71 Abs. 1 oder 2 erworben, so müssen sie innerhalb eines Jahres nach ihrem Erwerb veräußert werden.

(2) Entfallen auf die Aktien, welche die Gesellschaft nach § 71 Abs. 1 in zulässiger Weise erworben hat und noch besitzt, mehr als zehn vom Hundert des Grundkapitals, so muss der Teil der Aktien, der diesen Satz übersteigt, innerhalb von drei Jahren nach dem Erwerb der Aktien veräußert werden.

(3) Sind eigene Aktien innerhalb der in den Absätzen 1 und 2 vorgesehenen Fristen nicht veräußert worden, so sind sie nach § 237 einzuziehen.

§ 71d Erwerb eigener Aktien durch Dritte[4]

¹Ein im eigenen Namen, jedoch für Rechnung der Gesellschaft handelnder Dritter darf Aktien der Gesellschaft nur erwerben oder besitzen, soweit dies der Gesellschaft nach § 71 Abs. 1 Nr. 1 bis 5, 7 und 8 und Abs. 2 gestattet wäre. ²Gleiches gilt für den Erwerb oder den Besitz von Aktien der Gesellschaft durch ein abhängiges oder ein im Mehrheitsbesitz der Gesellschaft stehendes Unternehmen sowie für den Erwerb oder den Besitz durch einen Dritten, der im eigenen Namen, jedoch für Rechnung eines abhängigen oder eines im Mehrheitsbesitz der Gesellschaft stehenden Unternehmens handelt. ³Bei der Berechnung des Anteils am Grundkapital nach § 71 Abs. 2 Satz 1 und § 71c Abs. 2 gelten diese Aktien als Aktien der Gesellschaft. ⁴Im Übrigen gelten § 71 Abs. 3 und 4, §§ 71a bis 71c sinngemäß. ⁵Der Dritte oder das Unternehmen hat der Gesellschaft auf ihr Verlangen das Eigentum an den Aktien zu verschaffen. ⁶Die Gesellschaft hat den Gegenwert der Aktien zu erstatten.

---

1) **Anm. d. Red.:** § 71a i. d. F. des Gesetzes v. 25. 5. 2009 (BGBl I S. 1102) mit Wirkung v. 29. 5. 2009.
2) **Anm. d. Red.:** § 71b eingefügt gem. Gesetz v. 13. 12. 1978 (BGBl I S. 1959) mit Wirkung v. 1. 7. 1979.
3) **Anm. d. Red.:** § 71c i. d. F. des Gesetzes v. 25. 3. 1998 (BGBl I S. 590) mit Wirkung v. 1. 4. 1998.
4) **Anm. d. Red.:** § 71d i. d. F. des Gesetzes v. 27. 4. 1998 (BGBl I S. 786) mit Wirkung v. 1. 5. 1998.

§ 71e Inpfandnahme eigener Aktien[1]

(1) ¹Dem Erwerb eigener Aktien nach § 71 Abs. 1 und 2, § 71d steht es gleich, wenn eigene Aktien als Pfand genommen werden. ²Jedoch darf ein Kreditinstitut oder Finanzdienstleistungsinstitut im Rahmen der laufenden Geschäfte eigene Aktien bis zu dem in § 71 Abs. 2 Satz 1 bestimmten Anteil am Grundkapital als Pfand nehmen. ³§ 71a gilt sinngemäß.

(2) ¹Ein Verstoß gegen Absatz 1 macht die Inpfandnahme eigener Aktien unwirksam, wenn auf sie der Ausgabebetrag noch nicht voll geleistet ist. ²Ein schuldrechtliches Geschäft über die Inpfandnahme eigener Aktien ist nichtig, soweit der Erwerb gegen Absatz 1 verstößt.

§ 72 Kraftloserklärung von Aktien im Aufgebotsverfahren[2]

(1) ¹Ist eine Aktie oder ein Zwischenschein abhanden gekommen oder vernichtet, so kann die Urkunde im Aufgebotsverfahren nach dem Gesetz über das Verfahren in Familiensachen und in den Angelegenheiten der freiwilligen Gerichtsbarkeit für kraftlos erklärt werden. ²§ 799 Abs. 2 und § 800 des Bürgerlichen Gesetzbuchs gelten sinngemäß.

(2) Sind Gewinnanteilscheine auf den Inhaber ausgegeben, so erlischt mit der Kraftloserklärung der Aktie oder des Zwischenscheins auch der Anspruch aus den noch nicht fälligen Gewinnanteilscheinen.

(3) Die Kraftloserklärung einer Aktie nach §§ 73 oder 226 steht der Kraftloserklärung der Urkunde nach Absatz 1 nicht entgegen.

§ 73 Kraftloserklärung von Aktien durch die Gesellschaft[3]

(1) ¹Ist der Inhalt von Aktienurkunden durch eine Veränderung der rechtlichen Verhältnisse unrichtig geworden, so kann die Gesellschaft die Aktien, die trotz Aufforderung nicht zur Berichtigung oder zum Umtausch bei ihr eingereicht sind, mit Genehmigung des Gerichts für kraftlos erklären. ²Beruht die Unrichtigkeit auf einer Änderung des Nennbetrags der Aktien, so können sie nur dann für kraftlos erklärt werden, wenn der Nennbetrag zur Herabsetzung des Grundkapitals herabgesetzt ist. ³Namensaktien können nicht deshalb für kraftlos erklärt werden, weil die Bezeichnung des Aktionärs unrichtig geworden ist. ⁴Gegen die Entscheidung des Gerichts ist die Beschwerde zulässig; eine Anfechtung der Entscheidung, durch die die Genehmigung erteilt wird, ist ausgeschlossen.

(2) ¹Die Aufforderung, die Aktien einzureichen, hat die Kraftloserklärung anzudrohen und auf die Genehmigung des Gerichts hinzuweisen. ²Die Kraftloserklärung kann nur erfolgen, wenn die Aufforderung in der in § 64 Abs. 2 für die Nachfrist vorgeschriebenen Weise bekannt gemacht worden ist. ³Die Kraftloserklärung geschieht durch Bekanntmachung in den Gesellschaftsblättern. ⁴In der Bekanntmachung sind die für kraftlos erklärten Aktien so zu bezeichnen, dass sich aus der Bekanntmachung ohne weiteres ergibt, ob eine Aktie für kraftlos erklärt ist.

(3) ¹An Stelle der für kraftlos erklärten Aktien sind, vorbehaltlich einer Satzungsregelung nach § 10 Abs. 5, neue Aktien auszugeben und dem Berechtigten auszuhändigen oder, wenn ein Recht zur Hinterlegung besteht, zu hinterlegen. ²Die Aushändigung oder Hinterlegung ist dem Gericht anzuzeigen.

(4) Soweit zur Herabsetzung des Grundkapitals Aktien zusammengelegt werden, gilt § 226.

§ 74 Neue Urkunden an Stelle beschädigter oder verunstalteter Aktien oder Zwischenscheine

¹Ist eine Aktie oder ein Zwischenschein so beschädigt oder verunstaltet, dass die Urkunde zum Umlauf nicht mehr geeignet ist, so kann der Berechtigte, wenn der wesentliche Inhalt und

---

1) **Anm. d. Red.:** § 71e i. d. F. des Gesetzes v. 25. 3. 1998 (BGBl I S. 590) mit Wirkung v. 1. 4. 1998.
2) **Anm. d. Red.:** § 72 i. d. F. des Gesetzes v. 17. 12. 2008 (BGBl I S. 2586) mit Wirkung v. 1. 9. 2009.
3) **Anm. d. Red.:** § 73 i. d. F. des Gesetzes v. 17. 12. 2008 (BGBl I S. 2586) mit Wirkung v. 1. 9. 2009.

die Unterscheidungsmerkmale der Urkunde noch sicher zu erkennen sind, von der Gesellschaft die Erteilung einer neuen Urkunde gegen Aushändigung der alten verlangen. ²Die Kosten hat er zu tragen und vorzuschießen.

§ 75 Neue Gewinnanteilscheine

Neue Gewinnanteilscheine dürfen an den Inhaber des Erneuerungsscheins nicht ausgegeben werden, wenn der Besitzer der Aktie oder des Zwischenscheins der Ausgabe widerspricht; sie sind dem Besitzer der Aktie oder des Zwischenscheins auszuhändigen, wenn er die Haupturkunde vorlegt.

Vierter Teil: Verfassung der Aktiengesellschaft

Erster Abschnitt: Vorstand

§ 76 Leitung der Aktiengesellschaft[1)]

(1) Der Vorstand hat unter eigener Verantwortung die Gesellschaft zu leiten.

(2) ¹Der Vorstand kann aus einer oder mehreren Personen bestehen. ²Bei Gesellschaften mit einem Grundkapital von mehr als drei Millionen Euro hat er aus mindestens zwei Personen zu bestehen, es sei denn, die Satzung bestimmt, dass er aus einer Person besteht. ³Die Vorschriften über die Bestellung eines Arbeitsdirektors bleiben unberührt.

(3) ¹Mitglied des Vorstands kann nur eine natürliche, unbeschränkt geschäftsfähige Person sein. ²Mitglied des Vorstands kann nicht sein, wer
1. als Betreuter bei der Besorgung seiner Vermögensangelegenheiten ganz oder teilweise einem Einwilligungsvorbehalt (§ 1903 des Bürgerlichen Gesetzbuchs) unterliegt,
2. aufgrund eines gerichtlichen Urteils oder einer vollziehbaren Entscheidung einer Verwaltungsbehörde einen Beruf, einen Berufszweig, ein Gewerbe oder einen Gewerbezweig nicht ausüben darf, sofern der Unternehmensgegenstand ganz oder teilweise mit dem Gegenstand des Verbots übereinstimmt,
3. wegen einer oder mehrerer vorsätzlich begangener Straftaten
    a) des Unterlassens der Stellung des Antrags auf Eröffnung des Insolvenzverfahrens (Insolvenzverschleppung),
    b) nach den §§ 283 bis 283d des Strafgesetzbuchs (Insolvenzstraftaten),
    c) der falschen Angaben nach § 399 dieses Gesetzes oder § 82 des Gesetzes betreffend die Gesellschaften mit beschränkter Haftung,
    d) der unrichtigen Darstellung nach § 400 dieses Gesetzes, § 331 des Handelsgesetzbuchs, § 313 des Umwandlungsgesetzes oder § 17 des Publizitätsgesetzes,
    e) nach den §§ 263 bis 264a oder den §§ 265b bis 266a des Strafgesetzbuchs zu einer Freiheitsstrafe von mindestens einem Jahr

verurteilt worden ist; dieser Ausschluss gilt für die Dauer von fünf Jahren seit der Rechtskraft des Urteils, wobei die Zeit nicht eingerechnet wird, in welcher der Täter auf behördliche Anordnung in einer Anstalt verwahrt worden ist.

³Satz 2 Nr. 3 gilt entsprechend bei einer Verurteilung im Ausland wegen einer Tat, die mit den in Satz 2 Nr. 3 genannten Taten vergleichbar ist.

(4) ¹Der Vorstand von Gesellschaften, die börsennotiert sind oder der Mitbestimmung unterliegen, legt für den Frauenanteil in den beiden Führungsebenen unterhalb des Vorstands Zielgrößen fest. ²Liegt der Frauenanteil bei Festlegung der Zielgrößen unter 30 Prozent, so dürfen die Zielgrößen den jeweils erreichten Anteil nicht mehr unterschreiten. ³Gleichzeitig sind Fristen

---

1) **Anm. d. Red.:** § 76 i. d. F. des Gesetzes v. 24. 4. 2015 (BGBl I S. 642) mit Wirkung v. 1. 5. 2015.

zur Erreichung der Zielgrößen festzulegen. ⁴Die Fristen dürfen jeweils nicht länger als fünf Jahre sein.

§ 77 Geschäftsführung

(1) ¹Besteht der Vorstand aus mehreren Personen, so sind sämtliche Vorstandsmitglieder nur gemeinschaftlich zur Geschäftsführung befugt. ²Die Satzung oder die Geschäftsordnung des Vorstands kann Abweichendes bestimmen; es kann jedoch nicht bestimmt werden, dass ein oder mehrere Vorstandsmitglieder Meinungsverschiedenheiten im Vorstand gegen die Mehrheit seiner Mitglieder entscheiden.

(2) ¹Der Vorstand kann sich eine Geschäftsordnung geben, wenn nicht die Satzung den Erlass der Geschäftsordnung dem Aufsichtsrat übertragen hat oder der Aufsichtsrat eine Geschäftsordnung für den Vorstand erlässt. ²Die Satzung kann Einzelfragen der Geschäftsordnung bindend regeln. ³Beschlüsse des Vorstands über die Geschäftsordnung müssen einstimmig gefasst werden.

§ 78 Vertretung[1]

(1) ¹Der Vorstand vertritt die Gesellschaft gerichtlich und außergerichtlich. ²Hat eine Gesellschaft keinen Vorstand (Führungslosigkeit), wird die Gesellschaft für den Fall, dass ihr gegenüber Willenserklärungen abgegeben oder Schriftstücke zugestellt werden, durch den Aufsichtsrat vertreten.

(2) ¹Besteht der Vorstand aus mehreren Personen, so sind, wenn die Satzung nichts anderes bestimmt, sämtliche Vorstandsmitglieder nur gemeinschaftlich zur Vertretung der Gesellschaft befugt. ²Ist eine Willenserklärung gegenüber der Gesellschaft abzugeben, so genügt die Abgabe gegenüber einem Vorstandsmitglied oder im Fall des Absatzes 1 Satz 2 gegenüber einem Aufsichtsratsmitglied. ³An die Vertreter der Gesellschaft nach Absatz 1 können unter der im Handelsregister eingetragenen Geschäftsanschrift Willenserklärungen gegenüber der Gesellschaft abgegeben und Schriftstücke für die Gesellschaft zugestellt werden. ⁴Unabhängig hiervon können die Abgabe und die Zustellung auch unter der eingetragenen Anschrift der empfangsberechtigten Person nach § 39 Abs. 1 Satz 2 erfolgen.

(3) ¹Die Satzung kann auch bestimmen, dass einzelne Vorstandsmitglieder allein oder in Gemeinschaft mit einem Prokuristen zur Vertretung der Gesellschaft befugt sind. ²Dasselbe kann der Aufsichtsrat bestimmen, wenn die Satzung ihn hierzu ermächtigt hat. ³Absatz 2 Satz 2 gilt in diesen Fällen sinngemäß.

(4) ¹Zur Gesamtvertretung befugte Vorstandsmitglieder können einzelne von ihnen zur Vornahme bestimmter Geschäfte oder bestimmter Arten von Geschäften ermächtigen. ²Dies gilt sinngemäß, wenn ein einzelnes Vorstandsmitglied in Gemeinschaft mit einem Prokuristen zur Vertretung der Gesellschaft befugt ist.

§ 79 (weggefallen)[2]

§ 80 Angaben auf Geschäftsbriefen[3]

(1) ¹Auf allen Geschäftsbriefen gleichviel welcher Form, die an einen bestimmten Empfänger gerichtet werden, müssen die Rechtsform und der Sitz der Gesellschaft, das Registergericht des Sitzes der Gesellschaft und die Nummer, unter der die Gesellschaft in das Handelsregister eingetragen ist, sowie alle Vorstandsmitglieder und der Vorsitzende des Aufsichtsrats mit dem Familiennamen und mindestens einem ausgeschriebenen Vornamen angegeben werden. ²Der Vorsitzende des Vorstands ist als solcher zu bezeichnen. ³Werden Angaben über das Kapital der Gesellschaft gemacht, so müssen in jedem Falle das Grundkapital sowie, wenn auf die Aktien

---

1) **Anm. d. Red.:** § 78 i. d. F. des Gesetzes v. 23. 10. 2008 (BGBl I S. 2026) mit Wirkung v. 1. 11. 2008.
2) **Anm. d. Red.:** § 79 weggefallen gem. Gesetz v. 23. 10. 2008 (BGBl I S. 2026) mit Wirkung v. 1. 11. 2008.
3) **Anm. d. Red.:** § 80 i. d. F. des Gesetzes v. 23. 10. 2008 (BGBl I S. 2026) mit Wirkung v. 1. 11. 2008.

der Ausgabebetrag nicht vollständig eingezahlt ist, der Gesamtbetrag der ausstehenden Einlagen angegeben werden.

(2) Der Angaben nach Absatz 1 Satz 1 und 2 bedarf es nicht bei Mitteilungen oder Berichten, die im Rahmen einer bestehenden Geschäftsverbindung ergehen und für die üblicherweise Vordrucke verwendet werden, in denen lediglich die im Einzelfall erforderlichen besonderen Angaben eingefügt zu werden brauchen.

(3) ¹Bestellscheine gelten als Geschäftsbriefe im Sinne des Absatzes 1. ²Absatz 2 ist auf sie nicht anzuwenden.

(4) ¹Auf allen Geschäftsbriefen und Bestellscheinen, die von einer Zweigniederlassung einer Aktiengesellschaft mit Sitz im Ausland verwendet werden, müssen das Register, bei dem die Zweigniederlassung geführt wird, und die Nummer des Registereintrags angegeben werden; im Übrigen gelten die Vorschriften der Absätze 1 bis 3 für die Angaben bezüglich der Haupt- und der Zweigniederlassung, soweit nicht das ausländische Recht Abweichungen nötig macht. ²Befindet sich die ausländische Gesellschaft in Abwicklung, so sind auch diese Tatsache sowie alle Abwickler anzugeben.

§ 81 Änderung des Vorstands und der Vertretungsbefugnis seiner Mitglieder[1]

(1) Jede Änderung des Vorstands oder der Vertretungsbefugnis eines Vorstandsmitglieds hat der Vorstand zur Eintragung in das Handelsregister anzumelden.

(2) Der Anmeldung sind die Urkunden über die Änderung in Urschrift oder öffentlich beglaubigter Abschrift beizufügen.

(3) ¹Die neuen Vorstandsmitglieder haben in der Anmeldung zu versichern, dass keine Umstände vorliegen, die ihrer Bestellung nach § 76 Abs. 3 Satz 2 Nr. 2 und 3 sowie Satz 3 entgegenstehen, und dass sie über ihre unbeschränkte Auskunftspflicht gegenüber dem Gericht belehrt worden sind. ²§ 37 Abs. 2 Satz 2 ist anzuwenden.

§ 82 Beschränkungen der Vertretungs- und Geschäftsführungsbefugnis

(1) Die Vertretungsbefugnis des Vorstands kann nicht beschränkt werden.

(2) Im Verhältnis der Vorstandsmitglieder zur Gesellschaft sind diese verpflichtet, die Beschränkungen einzuhalten, die im Rahmen der Vorschriften über die Aktiengesellschaft die Satzung, der Aufsichtsrat, die Hauptversammlung und die Geschäftsordnungen des Vorstands und des Aufsichtsrats für die Geschäftsführungsbefugnis getroffen haben.

§ 83 Vorbereitung und Ausführung von Hauptversammlungsbeschlüssen

(1) ¹Der Vorstand ist auf Verlangen der Hauptversammlung verpflichtet, Maßnahmen, die in die Zuständigkeit der Hauptversammlung fallen, vorzubereiten. ²Das Gleiche gilt für die Vorbereitung und den Abschluss von Verträgen, die nur mit Zustimmung der Hauptversammlung wirksam werden. ³Der Beschluss der Hauptversammlung bedarf der Mehrheiten, die für die Maßnahmen oder für die Zustimmung zu dem Vertrag erforderlich sind.

(2) Der Vorstand ist verpflichtet, die von der Hauptversammlung im Rahmen ihrer Zuständigkeit beschlossenen Maßnahmen auszuführen.

§ 84 Bestellung und Abberufung des Vorstands[2]

(1) ¹Vorstandsmitglieder bestellt der Aufsichtsrat auf höchstens fünf Jahre. ²Eine wiederholte Bestellung oder Verlängerung der Amtszeit, jeweils für höchstens fünf Jahre, ist zulässig. ³Sie bedarf eines erneuten Aufsichtsratsbeschlusses, der frühestens ein Jahr vor Ablauf der bisherigen Amtszeit gefasst werden kann. ⁴Nur bei einer Bestellung auf weniger als fünf Jahre kann

---

1) **Anm. d. Red.:** § 81 i. d. F. des Gesetzes v. 23. 10. 2008 (BGBl I S. 2026) mit Wirkung v. 1. 11. 2008.
2) **Anm. d. Red.:** § 84 i. d. F. des Gesetzes v. 24. 4. 2015 (BGBl I S. 642) mit Wirkung v. 1. 5. 2015.

eine Verlängerung der Amtszeit ohne neuen Aufsichtsratsbeschluss vorgesehen werden, sofern dadurch die gesamte Amtszeit nicht mehr als fünf Jahre beträgt. ⁵Dies gilt sinngemäß für den Anstellungsvertrag; er kann jedoch vorsehen, dass er für den Fall einer Verlängerung der Amtszeit bis zu deren Ablauf weitergilt.

(2) Werden mehrere Personen zu Vorstandsmitgliedern bestellt, so kann der Aufsichtsrat ein Mitglied zum Vorsitzenden des Vorstands ernennen.

(3) ¹Der Aufsichtsrat kann die Bestellung zum Vorstandsmitglied und die Ernennung zum Vorsitzenden des Vorstands widerrufen, wenn ein wichtiger Grund vorliegt. ²Ein solcher Grund ist namentlich grobe Pflichtverletzung, Unfähigkeit zur ordnungsmäßigen Geschäftsführung oder Vertrauensentzug durch die Hauptversammlung, es sei denn, dass das Vertrauen aus offenbar unsachlichen Gründen entzogen worden ist. ³Dies gilt auch für den vom ersten Aufsichtsrat bestellten Vorstand. ⁴Der Widerruf ist wirksam, bis seine Unwirksamkeit rechtskräftig festgestellt ist. ⁵Für die Ansprüche aus dem Anstellungsvertrag gelten die allgemeinen Vorschriften.

(4) Die Vorschriften des Gesetzes über die Mitbestimmung der Arbeitnehmer in den Aufsichtsräten und Vorständen der Unternehmen des Bergbaus und der Eisen und Stahl erzeugenden Industrie in der im Bundesgesetzblatt Teil III, Gliederungsnummer 801-2, veröffentlichten bereinigten Fassung – Montan-Mitbestimmungsgesetz – über die besonderen Mehrheitserfordernisse für einen Aufsichtsratsbeschluss über die Bestellung eines Arbeitsdirektors oder den Widerruf seiner Bestellung bleiben unberührt.

§ 85 Bestellung durch das Gericht[1]

(1) ¹Fehlt ein erforderliches Vorstandsmitglied, so hat in dringenden Fällen das Gericht auf Antrag eines Beteiligten das Mitglied zu bestellen. ²Gegen die Entscheidung ist die Beschwerde zulässig.

(2) Das Amt des gerichtlich bestellten Vorstandsmitglieds erlischt in jedem Fall, sobald der Mangel behoben ist.

(3) ¹Das gerichtlich bestellte Vorstandsmitglied hat Anspruch auf Ersatz angemessener barer Auslagen und auf Vergütung für seine Tätigkeit. ²Einigen sich das gerichtlich bestellte Vorstandsmitglied und die Gesellschaft nicht, so setzt das Gericht die Auslagen und die Vergütung fest. ³Gegen die Entscheidung ist die Beschwerde zulässig; die Rechtsbeschwerde ist ausgeschlossen. ⁴Aus der rechtskräftigen Entscheidung findet die Zwangsvollstreckung nach der Zivilprozessordnung statt.

§ 86 (weggefallen)[2]

§ 87 Grundsätze für die Bezüge der Vorstandsmitglieder[3]

(1) ¹Der Aufsichtsrat hat bei der Festsetzung der Gesamtbezüge des einzelnen Vorstandsmitglieds (Gehalt, Gewinnbeteiligungen, Aufwandsentschädigungen, Versicherungsentgelte, Provisionen, anreizorientierte Vergütungszusagen wie zum Beispiel Aktienbezugsrechte und Nebenleistungen jeder Art) dafür zu sorgen, dass diese in einem angemessenen Verhältnis zu den Aufgaben und Leistungen des Vorstandsmitglieds sowie zur Lage der Gesellschaft stehen und die übliche Vergütung nicht ohne besondere Gründe übersteigen. ²Die Vergütungsstruktur ist bei börsennotierten Gesellschaften auf eine nachhaltige und langfristige Entwicklung der Gesellschaft auszurichten. ³Variable Vergütungsbestandteile sollen daher eine mehrjährige Bemessungsgrundlage haben; für außerordentliche Entwicklungen soll der Aufsichtsrat eine Begrenzungsmöglichkeit vereinbaren. ⁴Satz 1 gilt sinngemäß für Ruhegehalt, Hinterbliebenenbezüge und Leistungen verwandter Art.

---

1) **Anm. d. Red.:** § 85 i. d. F. des Gesetzes v. 17.12.2008 (BGBl I S. 2586) mit Wirkung v. 1.9.2009.
2) **Anm. d. Red.:** § 86 weggefallen gem. Gesetz v. 19.7.2002 (BGBl I S. 2681) mit Wirkung v. 26.7.2002.
3) **Anm. d. Red.:** § 87 i. d. F. des Gesetzes v. 12.12.2019 (BGBl I S. 2637) mit Wirkung v. 1.1.2020.

(2) ¹Verschlechtert sich die Lage der Gesellschaft nach der Festsetzung so, dass die Weitergewährung der Bezüge nach Absatz 1 unbillig für die Gesellschaft wäre, so soll der Aufsichtsrat oder im Falle des § 85 Absatz 3 das Gericht auf Antrag des Aufsichtsrats die Bezüge auf die angemessene Höhe herabsetzen. ²Ruhegehalt, Hinterbliebenenbezüge und Leistungen verwandter Art können nur in den ersten drei Jahren nach Ausscheiden aus der Gesellschaft nach Satz 1 herabgesetzt werden. ³Durch eine Herabsetzung wird der Anstellungsvertrag im Übrigen nicht berührt. ⁴Das Vorstandsmitglied kann jedoch seinen Anstellungsvertrag für den Schluss des nächsten Kalendervierteljahrs mit einer Kündigungsfrist von sechs Wochen kündigen.

(3) Wird über das Vermögen der Gesellschaft das Insolvenzverfahren eröffnet und kündigt der Insolvenzverwalter den Anstellungsvertrag eines Vorstandsmitglieds, so kann es Ersatz für den Schaden, der ihm durch die Aufhebung des Dienstverhältnisses entsteht, nur für zwei Jahre seit dem Ablauf des Dienstverhältnisses verlangen.

(4) Die Hauptversammlung kann auf Antrag nach § 122 Absatz 2 Satz 1 die nach § 87a Absatz 1 Satz 2 Nummer 1 festgelegte Maximalvergütung herabsetzen.

§ 87a Vergütungssystem börsennotierter Gesellschaften[1]

(1) ¹Der Aufsichtsrat der börsennotierten Gesellschaft beschließt ein klares und verständliches System zur Vergütung der Vorstandsmitglieder. ²Dieses Vergütungssystem enthält mindestens die folgenden Angaben, in Bezug auf Vergütungsbestandteile jedoch nur, soweit diese tatsächlich vorgesehen sind:
1. die Festlegung einer Maximalvergütung der Vorstandsmitglieder;
2. den Beitrag der Vergütung zur Förderung der Geschäftsstrategie und zur langfristigen Entwicklung der Gesellschaft;
3. alle festen und variablen Vergütungsbestandteile und ihren jeweiligen relativen Anteil an der Vergütung;
4. alle finanziellen und nichtfinanziellen Leistungskriterien für die Gewährung variabler Vergütungsbestandteile einschließlich
    a) einer Erläuterung, wie diese Kriterien zur Förderung der Ziele gemäß Nummer 2 beitragen, und
    b) einer Darstellung der Methoden, mit denen die Erreichung der Leistungskriterien festgestellt wird;
5. Aufschubzeiten für die Auszahlung von Vergütungsbestandteilen;
6. Möglichkeiten der Gesellschaft, variable Vergütungsbestandteile zurückzufordern;
7. im Falle aktienbasierter Vergütung:
    a) Fristen,
    b) die Bedingungen für das Halten von Aktien nach dem Erwerb und
    c) eine Erläuterung, wie diese Vergütung zur Förderung der Ziele gemäß Nummer 2 beiträgt;
8. hinsichtlich vergütungsbezogener Rechtsgeschäfte:
    a) die Laufzeiten und die Voraussetzungen ihrer Beendigung, einschließlich der jeweiligen Kündigungsfristen,
    b) etwaige Zusagen von Entlassungsentschädigungen und
    c) die Hauptmerkmale der Ruhegehalts- und Vorruhestandsregelungen;
9. eine Erläuterung, wie die Vergütungs- und Beschäftigungsbedingungen der Arbeitnehmer bei der Festsetzung des Vergütungssystems berücksichtigt wurden, einschließlich einer Erläuterung, welcher Kreis von Arbeitnehmern einbezogen wurde.

---

[1] **Anm. d. Red.:** § 87a i. d. F. des Gesetzes v. 12.12.2019 (BGBl I S. 2637) mit Wirkung v. 1.1.2020. – Zur Anwendung siehe § 26j Abs. 1 EGAktG.

10. eine Darstellung des Verfahrens zur Fest- und zur Umsetzung sowie zur Überprüfung des Vergütungssystems, einschließlich der Rolle eventuell betroffener Ausschüsse und der Maßnahmen zur Vermeidung und zur Behandlung von Interessenkonflikten;
11. im Fall der Vorlage eines gemäß § 120a Absatz 3 überprüften Vergütungssystems:
    a) eine Erläuterung aller wesentlichen Änderungen und
    b) eine Übersicht, inwieweit Abstimmung und Äußerungen der Aktionäre in Bezug auf das Vergütungssystem und die Vergütungsberichte berücksichtigt wurden.

(2) ¹Der Aufsichtsrat der börsennotierten Gesellschaft hat die Vergütung der Vorstandsmitglieder in Übereinstimmung mit einem der Hauptversammlung nach § 120a Absatz 1 zur Billigung vorgelegten Vergütungssystem festzusetzen. ²Der Aufsichtsrat kann vorübergehend von dem Vergütungssystem abweichen, wenn dies im Interesse des langfristigen Wohlergehens der Gesellschaft notwendig ist und das Vergütungssystem das Verfahren des Abweichens sowie die Bestandteile des Vergütungssystems, von denen abgewichen werden kann, benennt.

§ 88 Wettbewerbsverbot[1)]

(1) ¹Die Vorstandsmitglieder dürfen ohne Einwilligung des Aufsichtsrats weder ein Handelsgewerbe betreiben noch im Geschäftszweig der Gesellschaft für eigene oder fremde Rechnung Geschäfte machen. ²Sie dürfen ohne Einwilligung auch nicht Mitglied des Vorstands oder Geschäftsführer oder persönlich haftender Gesellschafter einer anderen Handelsgesellschaft sein. ³Die Einwilligung des Aufsichtsrats kann nur für bestimmte Handelsgewerbe oder Handelsgesellschaften oder für bestimmte Arten von Geschäften erteilt werden.

(2) ¹Verstößt ein Vorstandsmitglied gegen dieses Verbot, so kann die Gesellschaft Schadensersatz fordern. ²Sie kann stattdessen von dem Mitglied verlangen, dass es die für eigene Rechnung gemachten Geschäfte als für Rechnung der Gesellschaft eingegangen gelten lässt und die aus Geschäften für fremde Rechnung bezogene Vergütung herausgibt oder seinen Anspruch auf die Vergütung abtritt.

(3) ¹Die Ansprüche der Gesellschaft verjähren in drei Monaten seit dem Zeitpunkt, in dem die übrigen Vorstandsmitglieder und die Aufsichtsratsmitglieder von der zum Schadensersatz verpflichtenden Handlung Kenntnis erlangen oder ohne grobe Fahrlässigkeit erlangen müssten. ²Sie verjähren ohne Rücksicht auf diese Kenntnis oder grob fahrlässige Unkenntnis in fünf Jahren von ihrer Entstehung an.

§ 89 Kreditgewährung an Vorstandsmitglieder[2)]

(1) ¹Die Gesellschaft darf ihren Vorstandsmitgliedern Kredit nur aufgrund eines Beschlusses des Aufsichtsrats gewähren. ²Der Beschluss kann nur für bestimmte Kreditgeschäfte oder Arten von Kreditgeschäften und nicht für länger als drei Monate im Voraus gefasst werden. ³Er hat die Verzinsung und Rückzahlung des Kredits zu regeln. ⁴Der Gewährung eines Kredits steht die Gestattung einer Entnahme gleich, die über die dem Vorstandsmitglied zustehenden Bezüge hinausgeht, namentlich auch die Gestattung der Entnahme von Vorschüssen auf Bezüge. ⁵Dies gilt nicht für Kredite, die ein Monatsgehalt nicht übersteigen.

(2) ¹Die Gesellschaft darf ihren Prokuristen und zum gesamten Geschäftsbetrieb ermächtigten Handlungsbevollmächtigten Kredit nur mit Einwilligung des Aufsichtsrats gewähren. ²Eine herrschende Gesellschaft darf Kredite an gesetzliche Vertreter, Prokuristen oder zum gesamten Geschäftsbetrieb ermächtigte Handlungsbevollmächtigte eines abhängigen Unternehmens nur mit Einwilligung ihres Aufsichtsrats, eine abhängige Gesellschaft darf Kredite an gesetzliche Vertreter, Prokuristen oder zum gesamten Geschäftsbetrieb ermächtigte Handlungsbevollmächtigte des herrschenden Unternehmens nur mit Einwilligung des Aufsichtsrats des herrschenden Unternehmens gewähren. ³Absatz 1 Satz 2 bis 5 gilt sinngemäß.

---

1) **Anm. d. Red.:** § 88 i. d. F. des Gesetzes v. 9.12.2004 (BGBl I S. 3214) mit Wirkung v. 15.12.2004.
2) **Anm. d. Red.:** § 89 i. d. F. des Gesetzes v. 16.2.2001 (BGBl I S. 266) mit Wirkung v. 1.8.2001.

(3) ¹Absatz 2 gilt auch für Kredite an den Ehegatten, Lebenspartner oder an ein minderjähriges Kind eines Vorstandsmitglieds, eines anderen gesetzlichen Vertreters, eines Prokuristen oder eines zum gesamten Geschäftsbetrieb ermächtigten Handlungsbevollmächtigten. ²Er gilt ferner für Kredite an einen Dritten, der für Rechnung dieser Personen oder für Rechnung eines Vorstandsmitglieds, eines anderen gesetzlichen Vertreters, eines Prokuristen oder eines zum gesamten Geschäftsbetrieb ermächtigten Handlungsbevollmächtigten handelt.

(4) ¹Ist ein Vorstandsmitglied, ein Prokurist oder ein zum gesamten Geschäftsbetrieb ermächtigter Handlungsbevollmächtigter zugleich gesetzlicher Vertreter oder Mitglied des Aufsichtsrats einer anderen juristischen Person oder Gesellschafter einer Personenhandelsgesellschaft, so darf die Gesellschaft der juristischen Person oder der Personenhandelsgesellschaft Kredit nur mit Einwilligung des Aufsichtsrats gewähren; Absatz 1 Satz 2 und 3 gilt sinngemäß. ²Dies gilt nicht, wenn die juristische Person oder die Personenhandelsgesellschaft mit der Gesellschaft verbunden ist oder wenn der Kredit für die Bezahlung von Waren gewährt wird, welche die Gesellschaft der juristischen Person oder der Personenhandelsgesellschaft liefert.

(5) Wird entgegen den Absätzen 1 bis 4 Kredit gewährt, so ist der Kredit ohne Rücksicht auf entgegenstehende Vereinbarungen sofort zurückzugewähren, wenn nicht der Aufsichtsrat nachträglich zustimmt.

(6) Ist die Gesellschaft ein Kreditinstitut oder Finanzdienstleistungsinstitut, auf das § 15 des Gesetzes über das Kreditwesen anzuwenden ist, gelten anstelle der Absätze 1 bis 5 die Vorschriften des Gesetzes über das Kreditwesen.

§ 90 Berichte an den Aufsichtsrat[1)]

(1) ¹Der Vorstand hat dem Aufsichtsrat zu berichten über
1. die beabsichtigte Geschäftspolitik und andere grundsätzliche Fragen der Unternehmensplanung (insbesondere die Finanz-, Investitions- und Personalplanung), wobei auf Abweichungen der tatsächlichen Entwicklung von früher berichteten Zielen unter Angabe von Gründen einzugehen ist;
2. die Rentabilität der Gesellschaft, insbesondere die Rentabilität des Eigenkapitals;
3. den Gang der Geschäfte, insbesondere den Umsatz, und die Lage der Gesellschaft;
4. Geschäfte, die für die Rentabilität oder Liquidität der Gesellschaft von erheblicher Bedeutung sein können.

²Ist die Gesellschaft Mutterunternehmen (§ 290 Abs. 1, 2 des Handelsgesetzbuchs), so hat der Bericht auch auf Tochterunternehmen und auf Gemeinschaftsunternehmen (§ 310 Abs. 1 des Handelsgesetzbuchs) einzugehen. ³Außerdem ist dem Vorsitzenden des Aufsichtsrats aus sonstigen wichtigen Anlässen zu berichten; als wichtiger Anlass ist auch ein dem Vorstand bekannt gewordener geschäftlicher Vorgang bei einem verbundenen Unternehmen anzusehen, der auf die Lage der Gesellschaft von erheblichem Einfluss sein kann.

(2) Die Berichte nach Absatz 1 Satz 1 Nr. 1 bis 4 sind wie folgt zu erstatten:
1. die Berichte nach Nummer 1 mindestens einmal jährlich, wenn nicht Änderungen der Lage oder neue Fragen eine unverzügliche Berichterstattung gebieten;
2. die Berichte nach Nummer 2 in der Sitzung des Aufsichtsrats, in der über den Jahresabschluss verhandelt wird;
3. die Berichte nach Nummer 3 regelmäßig, mindestens vierteljährlich;
4. die Berichte nach Nummer 4 möglichst so rechtzeitig, dass der Aufsichtsrat vor Vornahme der Geschäfte Gelegenheit hat, zu ihnen Stellung zu nehmen.

(3) ¹Der Aufsichtsrat kann vom Vorstand jederzeit einen Bericht verlangen über Angelegenheiten der Gesellschaft, über ihre rechtlichen und geschäftlichen Beziehungen zu verbundenen Unternehmen sowie über geschäftliche Vorgänge bei diesen Unternehmen, die auf die Lage der

---

1) **Anm. d. Red.:** § 90 i. d. F. des Gesetzes v. 22.12.2015 (BGBl I S. 2565) mit Wirkung v. 31.12.2015.

Gesellschaft von erheblichem Einfluss sein können. ²Auch ein einzelnes Mitglied kann einen Bericht, jedoch nur an den Aufsichtsrat, verlangen.

(4) ¹Die Berichte haben den Grundsätzen einer gewissenhaften und getreuen Rechenschaft zu entsprechen. ²Sie sind möglichst rechtzeitig und, mit Ausnahme des Berichts nach Absatz 1 Satz 3, in der Regel in Textform zu erstatten.

(5) ¹Jedes Aufsichtsratsmitglied hat das Recht, von den Berichten Kenntnis zu nehmen. ²Soweit die Berichte in Textform erstattet worden sind, sind sie auch jedem Aufsichtsratsmitglied auf Verlangen zu übermitteln, soweit der Aufsichtsrat nichts anderes beschlossen hat. ³Der Vorsitzende des Aufsichtsrats hat die Aufsichtsratsmitglieder über die Berichte nach Absatz 1 Satz 3 spätestens in der nächsten Aufsichtsratssitzung zu unterrichten.

§ 91 Organisation; Buchführung[1)]

(1) Der Vorstand hat dafür zu sorgen, dass die erforderlichen Handelsbücher geführt werden.

(2) Der Vorstand hat geeignete Maßnahmen zu treffen, insbesondere ein Überwachungssystem einzurichten, damit den Fortbestand der Gesellschaft gefährdende Entwicklungen früh erkannt werden.

§ 92 Vorstandspflichten bei Verlust, Überschuldung oder Zahlungsunfähigkeit[2)]

(1) Ergibt sich bei Aufstellung der Jahresbilanz oder einer Zwischenbilanz oder ist bei pflichtmäßigem Ermessen anzunehmen, dass ein Verlust in Höhe der Hälfte des Grundkapitals besteht, so hat der Vorstand unverzüglich die Hauptversammlung einzuberufen und ihr dies anzuzeigen.

(2) (weggefallen)

§ 93 Sorgfaltspflicht und Verantwortlichkeit der Vorstandsmitglieder[3)]

(1) ¹Die Vorstandsmitglieder haben bei ihrer Geschäftsführung die Sorgfalt eines ordentlichen und gewissenhaften Geschäftsleiters anzuwenden. ²Eine Pflichtverletzung liegt nicht vor, wenn das Vorstandsmitglied bei einer unternehmerischen Entscheidung vernünftigerweise annehmen durfte, auf der Grundlage angemessener Information zum Wohle der Gesellschaft zu handeln. ³Über vertrauliche Angaben und Geheimnisse der Gesellschaft, namentlich Betriebs- oder Geschäftsgeheimnisse, die den Vorstandsmitgliedern durch ihre Tätigkeit im Vorstand bekannt geworden sind, haben sie Stillschweigen zu bewahren. ⁴Die Pflicht des Satzes 3 gilt nicht gegenüber einer nach § 342b des Handelsgesetzbuchs anerkannten Prüfstelle im Rahmen einer von dieser durchgeführten Prüfung.

(2) ¹Vorstandsmitglieder, die ihre Pflichten verletzen, sind der Gesellschaft zum Ersatz des daraus entstehenden Schadens als Gesamtschuldner verpflichtet. ²Ist streitig, ob sie die Sorgfalt eines ordentlichen und gewissenhaften Geschäftsleiters angewandt haben, so trifft sie die Beweislast. ³Schließt die Gesellschaft eine Versicherung zur Absicherung eines Vorstandsmitglieds gegen Risiken aus dessen beruflicher Tätigkeit für die Gesellschaft ab, ist ein Selbstbehalt von mindestens 10 Prozent des Schadens bis mindestens zur Höhe des Eineinhalbfachen der festen jährlichen Vergütung des Vorstandsmitglieds vorzusehen.

---

1) **Anm. d. Red.:** § 91 i. d. F. des Gesetzes v. 27. 4. 1998 (BGBl I S. 786) mit Wirkung v. 1. 5. 1998.
2) **Anm. d. Red.:** § 92 i. d. F. des Gesetzes v. 22.12.2020 (BGBl I S. 3256) mit Wirkung v. 1.1.2021.
3) **Anm. d. Red.:** § 93 i. d. F. des Gesetzes v. 22.12.2020 (BGBl I S. 3256) mit Wirkung v. 1.1.2021.

(3) Die Vorstandsmitglieder sind namentlich zum Ersatz verpflichtet, wenn entgegen diesem Gesetz
1. Einlagen an die Aktionäre zurückgewährt werden,
2. den Aktionären Zinsen oder Gewinnanteile gezahlt werden,
3. eigene Aktien der Gesellschaft oder einer anderen Gesellschaft gezeichnet, erworben, als Pfand genommen oder eingezogen werden,
4. Aktien vor der vollen Leistung des Ausgabebetrags ausgegeben werden,
5. Gesellschaftsvermögen verteilt wird,
6. (weggefallen)
7. Vergütungen an Aufsichtsratsmitglieder gewährt werden,
8. Kredit gewährt wird,
9. bei der bedingten Kapitalerhöhung außerhalb des festgesetzten Zwecks oder vor der vollen Leistung des Gegenwerts Bezugsaktien ausgegeben werden.

(4) [1]Der Gesellschaft gegenüber tritt die Ersatzpflicht nicht ein, wenn die Handlung auf einem gesetzmäßigen Beschluss der Hauptversammlung beruht. [2]Dadurch, dass der Aufsichtsrat die Handlung gebilligt hat, wird die Ersatzpflicht nicht ausgeschlossen. [3]Die Gesellschaft kann erst drei Jahre nach der Entstehung des Anspruchs und nur dann auf Ersatzansprüche verzichten oder sich über sie vergleichen, wenn die Hauptversammlung zustimmt und nicht eine Minderheit, deren Anteile zusammen den zehnten Teil des Grundkapitals erreichen, zur Niederschrift Widerspruch erhebt. [4]Die zeitliche Beschränkung gilt nicht, wenn der Ersatzpflichtige zahlungsunfähig ist und sich zur Abwendung des Insolvenzverfahrens mit seinen Gläubigern vergleicht oder wenn die Ersatzpflicht in einem Insolvenzplan geregelt wird.

(5) [1]Der Ersatzanspruch der Gesellschaft kann auch von den Gläubigern der Gesellschaft geltend gemacht werden, soweit sie von dieser keine Befriedigung erlangen können. [2]Dies gilt jedoch in anderen Fällen als denen des Absatzes 3 nur dann, wenn die Vorstandsmitglieder die Sorgfalt eines ordentlichen und gewissenhaften Geschäftsleiters gröblich verletzt haben; Absatz 2 Satz 2 gilt sinngemäß. [3]Den Gläubigern gegenüber wird die Ersatzpflicht weder durch einen Verzicht oder Vergleich der Gesellschaft noch dadurch aufgehoben, dass die Handlung auf einem Beschluss der Hauptversammlung beruht. [4]Ist über das Vermögen der Gesellschaft das Insolvenzverfahren eröffnet, so übt während dessen Dauer der Insolvenzverwalter oder der Sachwalter das Recht der Gläubiger gegen die Vorstandsmitglieder aus.

(6) Die Ansprüche aus diesen Vorschriften verjähren bei Gesellschaften, die zum Zeitpunkt der Pflichtverletzung börsennotiert sind, in zehn Jahren, bei anderen Gesellschaften in fünf Jahren.

§ 94 Stellvertreter von Vorstandsmitgliedern
Die Vorschriften für die Vorstandsmitglieder gelten auch für ihre Stellvertreter.

Zweiter Abschnitt: Aufsichtsrat

§ 95 Zahl der Aufsichtsratsmitglieder[1)]
[1]Der Aufsichtsrat besteht aus drei Mitgliedern. [2]Die Satzung kann eine bestimmte höhere Zahl festsetzen. [3]Die Zahl muss durch drei teilbar sein, wenn dies zur Erfüllung mitbestimmungsrechtlicher Vorgaben erforderlich ist. [4]Die Höchstzahl der Aufsichtsratsmitglieder beträgt bei Gesellschaften mit einem Grundkapital

bis zu	1 500 000	Euro neun,
von mehr als	1 500 000	Euro fünfzehn,
von mehr als	10 000 000	Euro einundzwanzig.

---

1) **Anm. d. Red.:** § 95 i. d. F. des Gesetzes v. 22. 12. 2015 (BGBl I S. 2565) mit Wirkung v. 31. 12. 2015.

§ 96   I. Aktiengesetz

⁵Durch die vorstehenden Vorschriften werden hiervon abweichende Vorschriften des Mitbestimmungsgesetzes vom 4. Mai 1976 (BGBl I S. 1153), des Montan-Mitbestimmungsgesetzes und des Gesetzes zur Ergänzung des Gesetzes über die Mitbestimmung der Arbeitnehmer in den Aufsichtsräten und Vorständen der Unternehmen des Bergbaus und der Eisen und Stahl erzeugenden Industrie in der im Bundesgesetzblatt Teil III, Gliederungsnummer 801-3, veröffentlichten bereinigten Fassung – Mitbestimmungsergänzungsgesetz – nicht berührt.

§ 96   Zusammensetzung des Aufsichtsrats[1)]

(1) Der Aufsichtsrat setzt sich zusammen

bei Gesellschaften, für die das Mitbestimmungsgesetz gilt, aus Aufsichtsratsmitgliedern der Aktionäre und der Arbeitnehmer,

bei Gesellschaften, für die das Montan-Mitbestimmungsgesetz gilt, aus Aufsichtsratsmitgliedern der Aktionäre und der Arbeitnehmer und aus weiteren Mitgliedern,

bei Gesellschaften, für die die §§ 5 bis 13 des Mitbestimmungsergänzungsgesetzes gelten, aus Aufsichtsratsmitgliedern der Aktionäre und der Arbeitnehmer und aus einem weiteren Mitglied,

bei Gesellschaften, für die das Drittelbeteiligungsgesetz gilt, aus Aufsichtsratsmitgliedern der Aktionäre und der Arbeitnehmer,

bei Gesellschaften für die das Gesetz über die Mitbestimmung der Arbeitnehmer bei einer grenzüberschreitenden Verschmelzung vom 21. Dezember 2006 (BGBl I S. 3332) gilt, aus Aufsichtsratsmitgliedern der Aktionäre und der Arbeitnehmer,

bei den übrigen Gesellschaften nur aus Aufsichtsratsmitgliedern der Aktionäre.

(2) ¹Bei börsennotierten Gesellschaften, für die das Mitbestimmungsgesetz, das Montan-Mitbestimmungsgesetz oder das Mitbestimmungsergänzungsgesetz gilt, setzt sich der Aufsichtsrat zu mindestens 30 Prozent aus Frauen und zu mindestens 30 Prozent aus Männern zusammen. ²Der Mindestanteil ist vom Aufsichtsrat insgesamt zu erfüllen. ³Widerspricht die Seite der Anteilseigner- oder Arbeitnehmervertreter auf Grund eines mit Mehrheit gefassten Beschlusses vor der Wahl der Gesamterfüllung gegenüber dem Aufsichtsratsvorsitzenden, so ist der Mindestanteil für diese Wahl von der Seite der Anteilseigner und der Seite der Arbeitnehmer getrennt zu erfüllen. ⁴Es ist in allen Fällen auf volle Personenzahlen mathematisch auf- beziehungsweise abzurunden. ⁵Verringert sich bei Gesamterfüllung der höhere Frauenanteil einer Seite nachträglich und widerspricht sie nun der Gesamterfüllung, so wird dadurch die Besetzung auf der anderen Seite nicht unwirksam. ⁶Eine Wahl der Mitglieder des Aufsichtsrats durch die Hauptversammlung und eine Entsendung in den Aufsichtsrat unter Verstoß gegen das Mindestanteilsgebot ist nichtig. ⁷Ist eine Wahl aus anderen Gründen für nichtig erklärt, so verstoßen zwischenzeitlich erfolgte Wahlen insoweit nicht gegen das Mindestanteilsgebot. ⁸Auf die Wahl der Aufsichtsratsmitglieder der Arbeitnehmer sind die in Satz 1 genannten Gesetze zur Mitbestimmung anzuwenden.

(3) ¹Bei börsennotierten Gesellschaften, die aus einer grenzüberschreitenden Verschmelzung hervorgegangen sind und bei denen nach dem Gesetz über die Mitbestimmung der Arbeitnehmer bei einer grenzüberschreitenden Verschmelzung das Aufsichts- oder Verwaltungsorgan aus derselben Zahl von Anteilseigner- und Arbeitnehmervertretern besteht, müssen in dem Aufsichts- oder Verwaltungsorgan Frauen und Männer jeweils mit einem Anteil von mindestens 30 Prozent vertreten sein. ²Absatz 2 Satz 2, 4, 6 und 7 gilt entsprechend.

(4) Nach anderen als den zuletzt angewandten gesetzlichen Vorschriften kann der Aufsichtsrat nur zusammengesetzt werden, wenn nach § 97 oder nach § 98 die in der Bekanntmachung des Vorstands oder in der gerichtlichen Entscheidung angegebenen gesetzlichen Vorschriften anzuwenden sind.

---

1) **Anm. d. Red.:** § 96 i. d. F. des Gesetzes v. 24. 4. 2015 (BGBl I S. 642) mit Wirkung v. 1. 5. 2015.

§ 97 Bekanntmachung über die Zusammensetzung des Aufsichtsrats[1)]

(1) ¹Ist der Vorstand der Ansicht, dass der Aufsichtsrat nicht nach den für ihn maßgebenden gesetzlichen Vorschriften zusammengesetzt ist, so hat er dies unverzüglich in den Gesellschaftsblättern und gleichzeitig durch Aushang in sämtlichen Betrieben der Gesellschaft und ihrer Konzernunternehmen bekannt zu machen. ²In der Bekanntmachung sind die nach Ansicht des Vorstands maßgebenden gesetzlichen Vorschriften anzugeben. ³Es ist darauf hinzuweisen, dass der Aufsichtsrat nach diesen Vorschriften zusammengesetzt wird, wenn nicht Antragsberechtigte nach § 98 Abs. 2 innerhalb eines Monats nach der Bekanntmachung im Bundesanzeiger das nach § 98 Abs. 1 zuständige Gericht anrufen.

(2) ¹Wird das nach § 98 Abs. 1 zuständige Gericht nicht innerhalb eines Monats nach der Bekanntmachung im Bundesanzeiger angerufen, so ist der neue Aufsichtsrat nach den in der Bekanntmachung des Vorstands angegebenen gesetzlichen Vorschriften zusammenzusetzen. ²Die Bestimmungen der Satzung über die Zusammensetzung des Aufsichtsrats, über die Zahl der Aufsichtsratsmitglieder sowie über die Wahl, Abberufung und Entsendung von Aufsichtsratsmitgliedern treten mit der Beendigung der ersten Hauptversammlung, die nach Ablauf der Anrufungsfrist einberufen wird, spätestens sechs Monate nach Ablauf dieser Frist insoweit außer Kraft, als sie den nunmehr anzuwendenden gesetzlichen Vorschriften widersprechen. ³Mit demselben Zeitpunkt erlischt das Amt der bisherigen Aufsichtsratsmitglieder. ⁴Eine Hauptversammlung, die innerhalb der Frist von sechs Monaten stattfindet, kann an Stelle der außer Kraft tretenden Satzungsbestimmungen mit einfacher Stimmenmehrheit neue Satzungsbestimmungen beschließen.

(3) Solange ein gerichtliches Verfahren nach §§ 98, 99 anhängig ist, kann eine Bekanntmachung über die Zusammensetzung des Aufsichtsrats nicht erfolgen.

§ 98 Gerichtliche Entscheidung über die Zusammensetzung des Aufsichtsrats[2)]

(1) Ist streitig oder ungewiss, nach welchen gesetzlichen Vorschriften der Aufsichtsrat zusammenzusetzen ist, so entscheidet darüber auf Antrag ausschließlich das Landgericht, in dessen Bezirk die Gesellschaft ihren Sitz hat.

(2) ¹Antragsberechtigt sind

1. der Vorstand,
2. jedes Aufsichtsratsmitglied,
3. jeder Aktionär,
4. der Gesamtbetriebsrat der Gesellschaft oder, wenn in der Gesellschaft nur ein Betriebsrat besteht, der Betriebsrat,
5. der Gesamt- oder Unternehmenssprecherausschuss der Gesellschaft oder, wenn in der Gesellschaft nur ein Sprecherausschuss besteht, der Sprecherausschuss,
6. der Gesamtbetriebsrat eines anderen Unternehmens, dessen Arbeitnehmer nach den gesetzlichen Vorschriften, deren Anwendung streitig oder ungewiss ist, selbst oder durch Delegierte an der Wahl von Aufsichtsratsmitgliedern der Gesellschaft teilnehmen, oder, wenn in dem anderen Unternehmen nur ein Betriebsrat besteht, der Betriebsrat,
7. der Gesamt- oder Unternehmenssprecherausschuss eines anderen Unternehmens, dessen Arbeitnehmer nach den gesetzlichen Vorschriften, deren Anwendung streitig oder ungewiss ist, selbst oder durch Delegierte an der Wahl von Aufsichtsratsmitgliedern der Gesellschaft teilnehmen, oder, wenn in dem anderen Unternehmen nur ein Sprecherausschuss besteht, der Sprecherausschuss,

---

1) **Anm. d. Red.:** § 97 i. d. F. des Gesetzes v. 22. 12. 2011 (BGBl I S. 3044) mit Wirkung v. 1. 4. 2012.
2) **Anm. d. Red.:** § 98 i. d. F. des Gesetzes v. 17. 12. 2008 (BGBl I S. 2586) mit Wirkung v. 1. 9. 2009.

8. mindestens ein Zehntel oder einhundert der Arbeitnehmer, die nach den gesetzlichen Vorschriften, deren Anwendung streitig oder ungewiss ist, selbst oder durch Delegierte an der Wahl von Aufsichtsratsmitgliedern der Gesellschaft teilnehmen,
9. Spitzenorganisationen der Gewerkschaften, die nach den gesetzlichen Vorschriften, deren Anwendung streitig oder ungewiss ist, ein Vorschlagsrecht hätten,
10. Gewerkschaften, die nach den gesetzlichen Vorschriften, deren Anwendung streitig oder ungewiss ist, ein Vorschlagsrecht hätten.

²Ist die Anwendung des Mitbestimmungsgesetzes oder die Anwendung von Vorschriften des Mitbestimmungsgesetzes streitig oder ungewiss, so sind außer den nach Satz 1 Antragsberechtigten auch je ein Zehntel der wahlberechtigten in § 3 Abs. 1 Nr. 1 des Mitbestimmungsgesetzes bezeichneten Arbeitnehmer oder der wahlberechtigten leitenden Angestellten im Sinne des Mitbestimmungsgesetzes antragsberechtigt.

(3) Die Absätze 1 und 2 gelten sinngemäß, wenn streitig ist, ob der Abschlussprüfer das nach § 3 oder § 16 des Mitbestimmungsergänzungsgesetzes maßgebliche Umsatzverhältnis richtig ermittelt hat.

(4) ¹Entspricht die Zusammensetzung des Aufsichtsrats nicht der gerichtlichen Entscheidung, so ist der neue Aufsichtsrat nach den in der Entscheidung angegebenen gesetzlichen Vorschriften zusammenzusetzen. ²§ 97 Abs. 2 gilt sinngemäß mit der Maßgabe, dass die Frist von sechs Monaten mit dem Eintritt der Rechtskraft beginnt.

§ 99 Verfahren[1)]

(1) Auf das Verfahren ist das Gesetz über das Verfahren in Familiensachen und in den Angelegenheiten der freiwilligen Gerichtsbarkeit anzuwenden, soweit in den Absätzen 2 bis 5 nichts anderes bestimmt ist.

(2) ¹Das Landgericht hat den Antrag in den Gesellschaftsblättern bekannt zu machen. ²Der Vorstand und jedes Aufsichtsratsmitglied sowie die nach § 98 Abs. 2 antragsberechtigten Betriebsräte, Sprecherausschüsse, Spitzenorganisationen und Gewerkschaften sind zu hören.

(3) ¹Das Landgericht entscheidet durch einen mit Gründen versehenen Beschluss. ²Gegen die Entscheidung des Landgerichts findet die Beschwerde statt. ³Sie kann nur auf eine Verletzung des Rechts gestützt werden; § 72 Abs. 1 Satz 2 und § 74 Abs. 2 und 3 des Gesetzes über das Verfahren in Familiensachen und in den Angelegenheiten der freiwilligen Gerichtsbarkeit sowie § 547 der Zivilprozessordnung gelten sinngemäß. ⁴Die Beschwerde kann nur durch die Einreichung einer von einem Rechtsanwalt unterzeichneten Beschwerdeschrift eingelegt werden. ⁵Die Landesregierung kann durch Rechtsverordnung die Entscheidung über die Beschwerde für die Bezirke mehrerer Oberlandesgerichte einem der Oberlandesgerichte oder dem Obersten Landesgericht übertragen, wenn dies der Sicherung einer einheitlichen Rechtsprechung dient. ⁶Die Landesregierung kann die Ermächtigung auf die Landesjustizverwaltung übertragen.

(4) ¹Das Gericht hat seine Entscheidung dem Antragsteller und der Gesellschaft zuzustellen. ²Es hat sie ferner ohne Gründe in den Gesellschaftsblättern bekannt zu machen. ³Die Beschwerde steht jedem nach § 98 Abs. 2 Antragsberechtigten zu. ⁴Die Beschwerdefrist beginnt mit der Bekanntmachung der Entscheidung im Bundesanzeiger, für den Antragsteller und die Gesellschaft jedoch nicht vor der Zustellung der Entscheidung.

(5) ¹Die Entscheidung wird erst mit der Rechtskraft wirksam. ²Sie wirkt für und gegen alle. ³Der Vorstand hat die rechtskräftige Entscheidung unverzüglich zum Handelsregister einzureichen.

(6) ¹Die Kosten können ganz oder zum Teil dem Antragsteller auferlegt werden, wenn dies der Billigkeit entspricht. ²Kosten der Beteiligten werden nicht erstattet.

---

1) **Anm. d. Red.:** § 99 i. d. F. des Gesetzes v. 23. 7. 2013 (BGBl I S. 2586) mit Wirkung v. 1. 8. 2013.

§ 100 Persönliche Voraussetzungen für Aufsichtsratsmitglieder[1)]

(1) ¹Mitglied des Aufsichtsrats kann nur eine natürliche, unbeschränkt geschäftsfähige Person sein. ²Ein Betreuter, der bei der Besorgung seiner Vermögensangelegenheiten ganz oder teilweise einem Einwilligungsvorbehalt (§ 1903 des Bürgerlichen Gesetzbuchs) unterliegt, kann nicht Mitglied des Aufsichtsrats sein.

(2) ¹Mitglied des Aufsichtsrats kann nicht sein, wer
1. bereits in zehn Handelsgesellschaften, die gesetzlich einen Aufsichtsrat zu bilden haben, Aufsichtsratsmitglied ist,
2. gesetzlicher Vertreter eines von der Gesellschaft abhängigen Unternehmens ist,
3. gesetzlicher Vertreter einer anderen Kapitalgesellschaft ist, deren Aufsichtsrat ein Vorstandsmitglied der Gesellschaft angehört, oder
4. in den letzten zwei Jahren Vorstandsmitglied derselben börsennotierten Gesellschaft war, es sei denn, seine Wahl erfolgt auf Vorschlag von Aktionären, die mehr als 25 Prozent der Stimmrechte an der Gesellschaft halten.

²Auf die Höchstzahl nach Satz 1 Nr. 1 sind bis zu fünf Aufsichtsratssitze nicht anzurechnen, die ein gesetzlicher Vertreter (beim Einzelkaufmann der Inhaber) des herrschenden Unternehmens eines Konzerns in zum Konzern gehörenden Handelsgesellschaften, die gesetzlich einen Aufsichtsrat zu bilden haben, inne hat. ³Auf die Höchstzahl nach Satz 1 Nr. 1 sind Aufsichtsratsämter im Sinne der Nummer 1 doppelt anzurechnen, für die das Mitglied zum Vorsitzenden gewählt worden ist.

(3) Die anderen persönlichen Voraussetzungen der Aufsichtsratsmitglieder der Arbeitnehmer sowie der weiteren Mitglieder bestimmen sich nach dem Mitbestimmungsgesetz, dem Montan-Mitbestimmungsgesetz, dem Mitbestimmungsergänzungsgesetz, dem Drittelbeteiligungsgesetz und dem Gesetz über die Mitbestimmung der Arbeitnehmer bei einer grenzüberschreitenden Verschmelzung.

(4) Die Satzung kann persönliche Voraussetzungen nur für Aufsichtsratsmitglieder fordern, die von der Hauptversammlung ohne Bindung an Wahlvorschläge gewählt oder aufgrund der Satzung in den Aufsichtsrat entsandt werden.

(5) Bei Gesellschaften, die kapitalmarktorientiert im Sinne des § 264d des Handelsgesetzbuchs, die CRR-Kreditinstitute im Sinne des § 1 Absatz 3d Satz 1 des Kreditwesengesetzes, mit Ausnahme der in § 2 Absatz 1 Nummer 1 und 2 des Kreditwesengesetzes genannten Institute, oder die Versicherungsunternehmen im Sinne des Artikels 2 Absatz 1 der Richtlinie 91/674/EWG des Rates vom 19. Dezember 1991 über den Jahresabschluß und den konsolidierten Abschluß von Versicherungsunternehmen (ABl L 374 vom 31. 12. 1991, S. 7), die zuletzt durch die Richtlinie 2006/46/EG (ABl L 224 vom 16. 8. 2006, S. 1) geändert worden ist, sind, muss mindestens ein Mitglied des Aufsichtsrats über Sachverstand auf den Gebieten Rechnungslegung oder Abschlussprüfung verfügen; die Mitglieder müssen in ihrer Gesamtheit mit dem Sektor, in dem die Gesellschaft tätig ist, vertraut sein.

§ 101 Bestellung der Aufsichtsratsmitglieder[2)]

(1) ¹Die Mitglieder des Aufsichtsrats werden von der Hauptversammlung gewählt, soweit sie nicht in den Aufsichtsrat zu entsenden oder als Aufsichtsratsmitglieder der Arbeitnehmer nach dem Mitbestimmungsgesetz, dem Mitbestimmungsergänzungsgesetz, dem Drittelbeteiligungsgesetz oder dem Gesetz über die Mitbestimmung der Arbeitnehmer bei einer grenzüberschreitenden Verschmelzung zu wählen sind. ²An Wahlvorschläge ist die Hauptversammlung nur gemäß §§ 6 und 8 des Montan-Mitbestimmungsgesetzes gebunden.

---

1) **Anm. d. Red.:** § 100 i. d. F. des Gesetzes v. 10. 5. 2016 (BGBl I S. 1142) mit Wirkung v. 17. 6. 2016. — Zur Anwendung siehe § 12 Abs. 5 EGAktG.

2) **Anm. d. Red.:** § 101 i. d. F. des Gesetzes v. 8. 12. 2008 (BGBl I S. 2369) mit Wirkung v. 11. 12. 2008.

(2) ¹Ein Recht, Mitglieder in den Aufsichtsrat zu entsenden, kann nur durch die Satzung und nur für bestimmte Aktionäre oder für die jeweiligen Inhaber bestimmter Aktien begründet werden. ²Inhabern bestimmter Aktien kann das Entsendungsrecht nur eingeräumt werden, wenn die Aktien auf Namen lauten und ihre Übertragung an die Zustimmung der Gesellschaft gebunden ist. ³Die Aktien der Entsendungsberechtigten gelten nicht als eine besondere Gattung. ⁴Die Entsendungsrechte können insgesamt höchstens für ein Drittel der sich aus dem Gesetz oder der Satzung ergebenden Zahl der Aufsichtsratsmitglieder der Aktionäre eingeräumt werden.

(3) ¹Stellvertreter von Aufsichtsratsmitgliedern können nicht bestellt werden. ²Jedoch kann für jedes Aufsichtsratsmitglied mit Ausnahme des weiteren Mitglieds, das nach dem Montan-Mitbestimmungsgesetz oder dem Mitbestimmungsergänzungsgesetz auf Vorschlag der übrigen Aufsichtsratsmitglieder gewählt wird, ein Ersatzmitglied bestellt werden, das Mitglied des Aufsichtsrats wird, wenn das Aufsichtsratsmitglied vor Ablauf seiner Amtszeit wegfällt. ³Das Ersatzmitglied kann nur gleichzeitig mit dem Aufsichtsratsmitglied bestellt werden. ⁴Auf seine Bestellung sowie die Nichtigkeit und Anfechtung seiner Bestellung sind die für das Aufsichtsratsmitglied geltenden Vorschriften anzuwenden.

§ 102 Amtszeit der Aufsichtsratsmitglieder

(1) ¹Aufsichtsratsmitglieder können nicht für längere Zeit als bis zur Beendigung der Hauptversammlung bestellt werden, die über die Entlastung für das vierte Geschäftsjahr nach dem Beginn der Amtszeit beschließt. ²Das Geschäftsjahr, in dem die Amtszeit beginnt, wird nicht mitgerechnet.

(2) Das Amt des Ersatzmitglieds erlischt spätestens mit Ablauf der Amtszeit des weggefallenen Aufsichtsratsmitglieds.

§ 103 Abberufung der Aufsichtsratsmitglieder[1)]

(1) ¹Aufsichtsratsmitglieder, die von der Hauptversammlung ohne Bindung an einen Wahlvorschlag gewählt worden sind, können von ihr vor Ablauf der Amtszeit abberufen werden. ²Der Beschluss bedarf einer Mehrheit, die mindestens drei Viertel der abgegebenen Stimmen umfasst. ³Die Satzung kann eine andere Mehrheit und weitere Erfordernisse bestimmen.

(2) ¹Ein Aufsichtsratsmitglied, das aufgrund der Satzung in den Aufsichtsrat entsandt ist, kann von dem Entsendungsberechtigten jederzeit abberufen und durch ein anderes ersetzt werden. ²Sind die in der Satzung bestimmten Voraussetzungen des Entsendungsrechts weggefallen, so kann die Hauptversammlung das entsandte Mitglied mit einfacher Stimmenmehrheit abberufen.

(3) ¹Das Gericht hat auf Antrag des Aufsichtsrats ein Aufsichtsratsmitglied abzuberufen, wenn in dessen Person ein wichtiger Grund vorliegt. ²Der Aufsichtsrat beschließt über die Antragstellung mit einfacher Mehrheit. ³Ist das Aufsichtsratsmitglied aufgrund der Satzung in den Aufsichtsrat entsandt worden, so können auch Aktionäre, deren Anteile zusammen den zehnten Teil des Grundkapitals oder den anteiligen Betrag von einer Million Euro erreichen, den Antrag stellen. ⁴Gegen die Entscheidung ist die Beschwerde zulässig.

(4) Für die Abberufung der Aufsichtsratsmitglieder, die weder von der Hauptversammlung ohne Bindung an einen Wahlvorschlag gewählt worden sind noch aufgrund der Satzung in den Aufsichtsrat entsandt sind, gelten außer Absatz 3 das Mitbestimmungsgesetz, das Montan-Mitbestimmungsgesetz oder dem Mitbestimmungsergänzungsgesetz, das Drittelbeteiligungsgesetz, das SE-Beteiligungsgesetz und das Gesetz über die Mitbestimmung der Arbeitnehmer bei einer grenzüberschreitenden Verschmelzung.

(5) Für die Abberufung eines Ersatzmitglieds gelten die Vorschriften über die Abberufung des Aufsichtsratsmitglieds, für das es bestellt ist.

---

1) **Anm. d. Red.:** § 103 i. d. F. des Gesetzes v. 17. 12. 2008 (BGBl I S. 2586) mit Wirkung v. 1. 9. 2009.

§ 104 Bestellung durch das Gericht[1]

(1) ¹Gehört dem Aufsichtsrat die zur Beschlussfähigkeit nötige Zahl von Mitgliedern nicht an, so hat ihn das Gericht auf Antrag des Vorstands, eines Aufsichtsratsmitglieds oder eines Aktionärs auf diese Zahl zu ergänzen. ²Der Vorstand ist verpflichtet, den Antrag unverzüglich zu stellen, es sei denn, dass die rechtzeitige Ergänzung vor der nächsten Aufsichtsratssitzung zu erwarten ist. ³Hat der Aufsichtsrat auch aus Aufsichtsratsmitgliedern der Arbeitnehmer zu bestehen, so können auch den Antrag stellen

1. der Gesamtbetriebsrat der Gesellschaft oder, wenn in der Gesellschaft nur ein Betriebsrat besteht, der Betriebsrat, sowie, wenn die Gesellschaft herrschendes Unternehmen eines Konzerns ist, der Konzernbetriebsrat,
2. der Gesamt- oder Unternehmenssprecherausschuss der Gesellschaft oder, wenn in der Gesellschaft nur ein Sprecherausschuss besteht, der Sprecherausschuss sowie, wenn die Gesellschaft herrschendes Unternehmen eines Konzerns ist, der Konzernsprecherausschuss,
3. der Gesamtbetriebsrat eines anderen Unternehmens, dessen Arbeitnehmer selbst oder durch Delegierte an der Wahl teilnehmen, oder, wenn in dem anderen Unternehmen nur ein Betriebsrat besteht, der Betriebsrat,
4. der Gesamt- oder Unternehmenssprecherausschuss eines anderen Unternehmens, dessen Arbeitnehmer selbst oder durch Delegierte an der Wahl teilnehmen, oder, wenn in dem anderen Unternehmen nur ein Sprecherausschuss besteht, der Sprecherausschuss,
5. mindestens ein Zehntel oder einhundert der Arbeitnehmer, die selbst oder durch Delegierte an der Wahl teilnehmen,
6. Spitzenorganisationen der Gewerkschaften, die das Recht haben, Aufsichtsratsmitglieder der Arbeitnehmer vorzuschlagen,
7. Gewerkschaften, die das Recht haben, Aufsichtsratsmitglieder der Arbeitnehmer vorzuschlagen.

⁴Hat der Aufsichtsrat nach dem Mitbestimmungsgesetz auch aus Aufsichtsratsmitgliedern der Arbeitnehmer zu bestehen, so sind außer den nach Satz 3 Antragsberechtigten auch je ein Zehntel der wahlberechtigten in § 3 Abs. 1 Nr. 1 des Mitbestimmungsgesetzes bezeichneten Arbeitnehmer oder der wahlberechtigten leitenden Angestellten im Sinne des Mitbestimmungsgesetzes antragsberechtigt. ⁵Gegen die Entscheidung ist die Beschwerde zulässig.

(2) ¹Gehören dem Aufsichtsrat länger als drei Monate weniger Mitglieder als die durch Gesetz oder Satzung festgesetzte Zahl an, so hat ihn das Gericht auf Antrag auf diese Zahl zu ergänzen. ²In dringenden Fällen hat das Gericht auf Antrag den Aufsichtsrat auch vor Ablauf der Frist zu ergänzen. ³Das Antragsrecht bestimmt sich nach Absatz 1. ⁴Gegen die Entscheidung ist die Beschwerde zulässig.

(3) Absatz 2 ist auf einen Aufsichtsrat, in dem die Arbeitnehmer ein Mitbestimmungsrecht nach dem Mitbestimmungsgesetz, dem Montan-Mitbestimmungsgesetz oder dem Mitbestimmungsergänzungsgesetz haben, mit der Maßgabe anzuwenden,

1. dass das Gericht den Aufsichtsrat hinsichtlich des weiteren Mitglieds, das nach dem Montan-Mitbestimmungsgesetz oder dem Mitbestimmungsergänzungsgesetz auf Vorschlag der übrigen Aufsichtsratsmitglieder gewählt wird, nicht ergänzen kann,
2. dass es stets ein dringender Fall ist, wenn dem Aufsichtsrat, abgesehen von dem in Nummer 1 genannten weiteren Mitglied, nicht alle Mitglieder angehören, aus denen er nach Gesetz oder Satzung zu bestehen hat.

(4) ¹Hat der Aufsichtsrat auch aus Aufsichtsratsmitgliedern der Arbeitnehmer zu bestehen, so hat das Gericht ihn so zu ergänzen, dass das für seine Zusammensetzung maßgebende zahlenmäßige Verhältnis hergestellt wird. ²Wenn der Aufsichtsrat zur Herstellung seiner Beschlussfähigkeit ergänzt wird, gilt dies nur, soweit die zur Beschlussfähigkeit nötige Zahl der Aufsichts-

---

[1] **Anm. d. Red.:** § 104 i. d. F. des Gesetzes v. 24. 4. 2015 (BGBl I S. 642) mit Wirkung v. 1. 5. 2015.

ratsmitglieder die Wahrung dieses Verhältnisses möglich macht. ³Ist ein Aufsichtsratsmitglied zu ersetzen, das nach Gesetz oder Satzung in persönlicher Hinsicht besonderen Voraussetzungen entsprechen muss, so muss auch das vom Gericht bestellte Aufsichtsratsmitglied diesen Voraussetzungen entsprechen. ⁴Ist ein Aufsichtsratsmitglied zu ersetzen, bei dessen Wahl eine Spitzenorganisation der Gewerkschaften, eine Gewerkschaft oder die Betriebsräte ein Vorschlagsrecht hätten, so soll das Gericht Vorschläge dieser Stellen berücksichtigen, soweit nicht überwiegende Belange der Gesellschaft oder der Allgemeinheit der Bestellung des Vorgeschlagenen entgegenstehen; das Gleiche gilt, wenn das Aufsichtsratsmitglied durch Delegierte zu wählen wäre, für gemeinsame Vorschläge der Betriebsräte der Unternehmen, in denen Delegierte zu wählen sind.

(5) Die Ergänzung durch das Gericht ist bei börsennotierten Gesellschaften, für die das Mitbestimmungsgesetz, das Montan-Mitbestimmungsgesetz oder das Mitbestimmungsergänzungsgesetz gilt, nach Maßgabe des § 96 Absatz 2 Satz 1 bis 5 vorzunehmen.

(6) Das Amt des gerichtlich bestellten Aufsichtsratsmitglieds erlischt in jedem Fall, sobald der Mangel behoben ist.

(7) ¹Das gerichtlich bestellte Aufsichtsratsmitglied hat Anspruch auf Ersatz angemessener barer Auslagen und, wenn den Aufsichtsratsmitgliedern der Gesellschaft eine Vergütung gewährt wird, auf Vergütung für seine Tätigkeit. ²Auf Antrag des Aufsichtsratsmitglieds setzt das Gericht die Auslagen und die Vergütung fest. ³Gegen die Entscheidung ist die Beschwerde zulässig; die Rechtsbeschwerde ist ausgeschlossen. ⁴Aus der rechtskräftigen Entscheidung findet die Zwangsvollstreckung nach der Zivilprozessordnung statt.

§ 105 Unvereinbarkeit der Zugehörigkeit zum Vorstand und zum Aufsichtsrat[1]

(1) Ein Aufsichtsratsmitglied kann nicht zugleich Vorstandsmitglied, dauernd Stellvertreter von Vorstandsmitgliedern, Prokurist oder zum gesamten Geschäftsbetrieb ermächtigter Handlungsbevollmächtigter der Gesellschaft sein.

(2) ¹Nur für einen im Voraus begrenzten Zeitraum, höchstens für ein Jahr, kann der Aufsichtsrat einzelne seiner Mitglieder zu Stellvertretern von fehlenden oder verhinderten Vorstandsmitgliedern bestellen. ²Eine wiederholte Bestellung oder Verlängerung der Amtszeit ist zulässig, wenn dadurch die Amtszeit insgesamt ein Jahr nicht übersteigt. ³Während ihrer Amtszeit als Stellvertreter von Vorstandsmitgliedern können die Aufsichtsratsmitglieder keine Tätigkeit als Aufsichtsratsmitglied ausüben. ⁴Das Wettbewerbsverbot des § 88 gilt für sie nicht.

§ 106 Bekanntmachung der Änderungen im Aufsichtsrat[2]

Der Vorstand hat bei jeder Änderung in den Personen der Aufsichtsratsmitglieder unverzüglich eine Liste der Mitglieder des Aufsichtsrats, aus welcher Name, Vorname, ausgeübter Beruf und Wohnort der Mitglieder ersichtlich ist, zum Handelsregister einzureichen; das Gericht hat nach § 10 des Handelsgesetzbuchs einen Hinweis darauf bekannt zu machen, dass die Liste zum Handelsregister eingereicht worden ist.

§ 107 Innere Ordnung des Aufsichtsrats[3]

(1) ¹Der Aufsichtsrat hat nach näherer Bestimmung der Satzung aus seiner Mitte einen Vorsitzenden und mindestens einen Stellvertreter zu wählen. ²Der Vorstand hat zum Handelsregister anzumelden, wer gewählt ist. ³Der Stellvertreter hat nur dann die Rechte und Pflichten des Vorsitzenden, wenn dieser verhindert ist.

(2) ¹Über die Sitzungen des Aufsichtsrats ist eine Niederschrift anzufertigen, die der Vorsitzende zu unterzeichnen hat. ²In der Niederschrift sind der Ort und der Tag der Sitzung, die Teil-

---

1) **Anm. d. Red.:** § 105 i. d. F. des Gesetzes v. 23. 10. 2008 (BGBl I S. 2026) mit Wirkung v. 1. 11. 2008.
2) **Anm. d. Red.:** § 106 i. d. F. des Gesetzes v. 10. 11. 2006 (BGBl I S. 2553) mit Wirkung v. 1. 1. 2007.
3) **Anm. d. Red.:** § 107 i. d. F. des Gesetzes v. 12.12.2019 (BGBl I S. 2637) mit Wirkung v. 1.1.2020.

nehmer, die Gegenstände der Tagesordnung, der wesentliche Inhalt der Verhandlungen und die Beschlüsse des Aufsichtsrats anzugeben. ³Ein Verstoß gegen Satz 1 oder Satz 2 macht einen Beschluss nicht unwirksam. ⁴Jedem Mitglied des Aufsichtsrats ist auf Verlangen eine Abschrift der Sitzungsniederschrift auszuhändigen.

(3) ¹Der Aufsichtsrat kann aus seiner Mitte einen oder mehrere Ausschüsse bestellen, namentlich, um seine Verhandlungen und Beschlüsse vorzubereiten oder die Ausführung seiner Beschlüsse zu überwachen. ²Er kann insbesondere einen Prüfungsausschuss bestellen, der sich mit der Überwachung des Rechnungslegungsprozesses, der Wirksamkeit des internen Kontrollsystems, des Risikomanagementsystems und des internen Revisionssystems sowie der Abschlussprüfung, hier insbesondere der Auswahl und der Unabhängigkeit des Abschlussprüfers und der vom Abschlussprüfer zusätzlich erbrachten Leistungen, befasst. ³Der Prüfungsausschuss kann Empfehlungen oder Vorschläge zur Gewährleistung der Integrität des Rechnungslegungsprozesses unterbreiten. ⁴Der Aufsichtsrat der börsennotierten Gesellschaft kann außerdem einen Ausschuss bestellen, der über die Zustimmung nach § 111b Absatz 1 beschließt. ⁵An dem Geschäft beteiligte nahestehende Personen im Sinne des § 111a Absatz 1 Satz 2 können nicht Mitglieder des Ausschusses sein. ⁶Er muss mehrheitlich aus Mitgliedern zusammengesetzt sein, bei denen keine Besorgnis eines Interessenkonfliktes auf Grund ihrer Beziehungen zu einer nahestehenden Person besteht. ⁷Die Aufgaben nach Absatz 1 Satz 1, § 59 Abs. 3, § 77 Abs. 2 Satz 1, § 84 Abs. 1 Satz 1 und 3, Abs. 2 und Abs. 3 Satz 1, § 87 Abs. 1 und Abs. 2 Satz 1 und 2, § 111 Abs. 3, §§ 171, 314, Abs. 2 und 3 sowie Beschlüsse, dass bestimmte Arten von Geschäften nur mit Zustimmung des Aufsichtsrats vorgenommen werden dürfen, können einem Ausschuss nicht an Stelle des Aufsichtsrats zur Beschlussfassung überwiesen werden. ⁸Dem Aufsichtsrat ist regelmäßig über die Arbeit der Ausschüsse zu berichten.

(4) Richtet der Aufsichtsrat einer Gesellschaft, die kapitalmarktorientiert im Sinne des § 264d des Handelsgesetzbuchs, die CRR-Kreditinstitut im Sinne des § 1 Absatz 3d Satz 1 des Kreditwesengesetzes, mit Ausnahme der in § 2 Absatz 1 Nummer 1 und 2 des Kreditwesengesetzes genannten Institute, oder die Versicherungsunternehmen im Sinne des Artikels 2 Absatz 1 der Richtlinie 91/674/EWG ist, einen Prüfungsausschuss im Sinn des Absatzes 3 Satz 2 ein, so müssen die Voraussetzungen des § 100 Absatz 5 erfüllt sein.

§ 108 Beschlussfassung des Aufsichtsrats[1)]

(1) Der Aufsichtsrat entscheidet durch Beschluss.

(2) ¹Die Beschlussfähigkeit des Aufsichtsrats kann, soweit sie nicht gesetzlich geregelt ist, durch die Satzung bestimmt werden. ²Ist sie weder gesetzlich noch durch die Satzung geregelt, so ist der Aufsichtsrat nur beschlussfähig, wenn mindestens die Hälfte der Mitglieder, aus denen er nach Gesetz oder Satzung insgesamt zu bestehen hat, an der Beschlussfassung teilnimmt. ³In jedem Fall müssen mindestens drei Mitglieder an der Beschlussfassung teilnehmen. ⁴Der Beschlussfähigkeit steht nicht entgegen, dass dem Aufsichtsrat weniger Mitglieder als die durch Gesetz oder Satzung festgesetzte Zahl angehören, auch wenn das für seine Zusammensetzung maßgebende zahlenmäßige Verhältnis nicht gewahrt ist.

(3) ¹Abwesende Aufsichtsratsmitglieder können dadurch an der Beschlussfassung des Aufsichtsrats und seiner Ausschüsse teilnehmen, dass sie schriftliche Stimmabgaben überreichen lassen. ²Die schriftlichen Stimmabgaben können durch andere Aufsichtsratsmitglieder überreicht werden. ³Sie können auch durch Personen, die nicht dem Aufsichtsrat angehören, übergeben werden, wenn es sich nach § 109 Abs. 3 zur Teilnahme an der Sitzung berechtigte sind.

(4) Schriftliche, fernmündliche oder andere vergleichbare Formen der Beschlussfassung des Aufsichtsrats und seiner Ausschüsse sind vorbehaltlich einer näheren Regelung durch die Satzung oder eine Geschäftsordnung des Aufsichtsrats nur zulässig, wenn kein Mitglied diesem Verfahren widerspricht.

---

1) **Anm. d. Red.:** § 108 i. d. F. des Gesetzes v. 18. 1. 2001 (BGBl I S. 123) mit Wirkung v. 25. 1. 2001.

§ 109 Teilnahme an Sitzungen des Aufsichtsrats und seiner Ausschüsse[1]

(1) ¹An den Sitzungen des Aufsichtsrats und seiner Ausschüsse sollen Personen, die weder dem Aufsichtsrat noch dem Vorstand angehören, nicht teilnehmen. ²Sachverständige und Auskunftspersonen können zur Beratung über einzelne Gegenstände zugezogen werden.

(2) Aufsichtsratsmitglieder, die dem Ausschuss nicht angehören, können an den Ausschusssitzungen teilnehmen, wenn der Vorsitzende des Aufsichtsrats nichts anderes bestimmt.

(3) Die Satzung kann zulassen, dass an den Sitzungen des Aufsichtsrats und seiner Ausschüsse Personen, die dem Aufsichtsrat nicht angehören, an Stelle von verhinderten Aufsichtsratsmitgliedern teilnehmen können, wenn diese sie hierzu in Textform ermächtigt haben.

(4) Abweichende gesetzliche Vorschriften bleiben unberührt.

§ 110 Einberufung des Aufsichtsrats[2]

(1) ¹Jedes Aufsichtsratsmitglied oder der Vorstand kann unter Angabe des Zwecks und der Gründe verlangen, dass der Vorsitzende des Aufsichtsrats unverzüglich den Aufsichtsrat einberuft. ²Die Sitzung muss binnen zwei Wochen nach der Einberufung stattfinden.

(2) Wird dem Verlangen nicht entsprochen, so kann das Aufsichtsratsmitglied oder der Vorstand unter Mitteilung des Sachverhalts und der Angabe einer Tagesordnung selbst den Aufsichtsrat einberufen.

(3) ¹Der Aufsichtsrat muss zwei Sitzungen im Kalenderhalbjahr abhalten. ²In nichtbörsennotierten Gesellschaften kann der Aufsichtsrat beschließen, dass eine Sitzung im Kalenderhalbjahr abzuhalten ist.

§ 111 Aufgaben und Rechte des Aufsichtsrats[3]

(1) Der Aufsichtsrat hat die Geschäftsführung zu überwachen.

(2) ¹Der Aufsichtsrat kann die Bücher und Schriften der Gesellschaft sowie die Vermögensgegenstände, namentlich die Gesellschaftskasse und die Bestände an Wertpapieren und Waren, einsehen und prüfen. ²Er kann damit auch einzelne Mitglieder oder für bestimmte Aufgaben besondere Sachverständige beauftragen. ³Er erteilt dem Abschlussprüfer den Prüfungsauftrag für den Jahres- und den Konzernabschluss gemäß § 290 des Handelsgesetzbuchs. ⁴Er kann darüber hinaus eine externe inhaltliche Überprüfung der nichtfinanziellen Erklärung oder des gesonderten nichtfinanziellen Berichts (§ 289b des Handelsgesetzbuchs), der nichtfinanziellen Konzernerklärung oder des gesonderten nichtfinanziellen Konzernberichts (§ 315b des Handelsgesetzbuchs) beauftragen.

(3) ¹Der Aufsichtsrat hat eine Hauptversammlung einzuberufen, wenn das Wohl der Gesellschaft es fordert. ²Für den Beschluss genügt die einfache Mehrheit.

(4) ¹Maßnahmen der Geschäftsführung können dem Aufsichtsrat nicht übertragen werden. ²Die Satzung oder der Aufsichtsrat hat jedoch zu bestimmen, dass bestimmte Arten von Geschäften nur mit seiner Zustimmung vorgenommen werden dürfen. ³Verweigert der Aufsichtsrat seine Zustimmung, so kann der Vorstand verlangen, dass die Hauptversammlung über die Zustimmung beschließt. ⁴Der Beschluss, durch den die Hauptversammlung zustimmt, bedarf einer Mehrheit, die mindestens drei Viertel der abgegebenen Stimmen umfasst. ⁵Die Satzung kann weder eine andere Mehrheit noch weitere Erfordernisse bestimmen.

(5) ¹Der Aufsichtsrat von Gesellschaften, die börsennotiert sind oder der Mitbestimmung unterliegen, legt für den Frauenanteil im Aufsichtsrat und im Vorstand Zielgrößen fest. ²Liegt der Frauenanteil bei Festlegung der Zielgrößen unter 30 Prozent, so dürfen die Zielgrößen den je-

---

1) **Anm. d. Red.:** § 109 i. d. F. des Gesetzes v. 13. 7. 2001 (BGBl I S. 1542) mit Wirkung v. 1. 8. 2001.
2) **Anm. d. Red.:** § 110 i. d. F. des Gesetzes v. 19. 7. 2002 (BGBl I S. 2681) mit Wirkung v. 26. 7. 2002.
3) **Anm. d. Red.:** § 111 i. d. F. des Gesetzes v. 11. 4. 2017 (BGBl I S. 802) mit Wirkung v. 19. 4. 2017. – Zur Anwendung siehe § 26i EGAktG.

weils erreichten Anteil nicht mehr unterschreiten. ³Gleichzeitig sind Fristen zur Erreichung der Zielgrößen festzulegen. ⁴Die Fristen dürfen jeweils nicht länger als fünf Jahre sein. ⁵Soweit für den Aufsichtsrat bereits eine Quote nach § 96 Absatz 2 gilt, sind die Festlegungen nur für den Vorstand vorzunehmen.

(6) Die Aufsichtsratsmitglieder können ihre Aufgaben nicht durch andere wahrnehmen lassen.

§ 111a Geschäfte mit nahestehenden Personen[1)]

(1) ¹Geschäfte mit nahestehenden Personen sind Rechtsgeschäfte oder Maßnahmen,
1. durch die ein Gegenstand oder ein anderer Vermögenswert entgeltlich oder unentgeltlich übertragen oder zur Nutzung überlassen wird und
2. die mit nahestehenden Personen gemäß Satz 2 getätigt werden.

²Nahestehende Personen sind nahestehende Unternehmen oder Personen im Sinne der internationalen Rechnungslegungsstandards, die durch die Verordnung (EG) Nr. 1126/2008 der Kommission vom 3. November 2008 zur Übernahme bestimmter internationaler Rechnungslegungsstandards gemäß der Verordnung (EG) Nr. 1606/2002 des Europäischen Parlaments und des Rates (ABl L 320 vom 29.11.2008, S. 1; L 29 vom 2.2.2010, S. 34), die zuletzt durch die Verordnung (EU) 2019/412 (ABl L 73 vom 15.3.2019, S. 93) geändert worden ist, in der jeweils geltenden Fassung übernommen wurden. ³Ein Unterlassen ist kein Geschäft im Sinne des Satzes 1.

(2) ¹Geschäfte, die im ordentlichen Geschäftsgang und zu marktüblichen Bedingungen mit nahestehenden Personen getätigt werden, gelten nicht als Geschäfte mit nahestehenden Personen im Sinne der §§ 107 und 111a bis 111c. ²Um regelmäßig zu bewerten, ob die Voraussetzungen nach Satz 1 vorliegen, richtet die börsennotierte Gesellschaft ein internes Verfahren ein, von dem die an dem Geschäft beteiligten nahestehenden Personen ausgeschlossen sind. ³Die Satzung kann jedoch bestimmen, dass Satz 1 nicht anzuwenden ist.

(3) Nicht als Geschäfte mit nahestehenden Personen im Sinne der §§ 107 und 111a bis 111c gelten ferner
1. Geschäfte mit Tochterunternehmen im Sinne der internationalen Rechnungslegungsstandards, die durch die Verordnung (EG) Nr. 1126/2008 übernommen wurden, die unmittelbar oder mittelbar in 100-prozentigem Anteilsbesitz der Gesellschaft stehen oder an denen keine andere der Gesellschaft nahestehende Person beteiligt ist oder die ihren Sitz in einem Mitgliedstaat der Europäischen Union haben und deren Aktien zum Handel an einem in einem Mitgliedstaat gelegenen oder dort betriebenen geregelten Markt im Sinne des Artikels 4 Absatz 1 Nummer 21 der Richtlinie 2014/65/EU des Europäischen Parlaments und des Rates vom 15. Mai 2014 über Märkte für Finanzinstrumente sowie zur Änderung der Richtlinien 2002/92/EG und 2011/61/EU (ABl L 173 vom 12.6.2014, S. 349; L 74 vom 18.3.2015, S. 38; L 188 vom 13.7.2016, S. 28; L 273 vom 8.10.2016, S. 35; L 64 vom 10.3.2017, S. 116; L 278 vom 27.10.2017, S. 56), die zuletzt durch die Richtlinie (EU) 2016/1034 (ABl L 175 vom 30.6.2016, S. 8) geändert worden ist, zugelassen sind;
2. Geschäfte, die einer Zustimmung oder Ermächtigung der Hauptversammlung bedürfen;
3. alle in Umsetzung der Hauptversammlungszustimmung oder -ermächtigung vorgenommenen Geschäfte und Maßnahmen, insbesondere
   a) Maßnahmen der Kapitalbeschaffung oder Kapitalherabsetzung (§§ 182 bis 240), Unternehmensverträge (§§ 291 bis 307) und Geschäfte auf Grundlage eines solchen Vertrages,
   b) die Übertragung des ganzen Gesellschaftsvermögens gemäß § 179a,
   c) der Erwerb eigener Aktien nach § 71 Absatz 1 Nummer 7 und 8 Satzteil vor Satz 2,
   d) Verträge der Gesellschaft mit Gründern im Sinne des § 52 Absatz 1 Satz 1,

---

[1)] **Anm. d. Red.:** § 111a eingefügt gem. Gesetz v. 12.12.2019 (BGBl I S. 2637) mit Wirkung v. 1.1.2020.

e) der Ausschluss von Minderheitsaktionären nach den §§ 327a bis 327f sowie
f) Geschäfte im Rahmen einer Umwandlung im Sinne des Umwandlungsgesetzes;
4. Geschäfte, die die Vergütung betreffen, die den Mitgliedern des Vorstands oder Aufsichtsrats im Einklang mit § 113 Absatz 3 oder § 87a Absatz 2 gewährt oder geschuldet wird;
5. Geschäfte von Kreditinstituten, die zur Sicherung ihrer Stabilität durch die zuständige Behörde angeordnet oder gebilligt wurden;
6. Geschäfte, die allen Aktionären unter den gleichen Bedingungen angeboten werden.

§ 111b Zustimmungsvorbehalt des Aufsichtsrats bei Geschäften mit nahestehenden Personen[1]

(1) Ein Geschäft der börsennotierten Gesellschaft mit nahestehenden Personen, dessen wirtschaftlicher Wert allein oder zusammen mit den innerhalb des laufenden Geschäftsjahres vor Abschluss des Geschäfts mit derselben Person getätigten Geschäften 1,5 Prozent der Summe aus dem Anlage- und Umlaufvermögen der Gesellschaft gemäß § 266 Absatz 2 Buchstabe A und B des Handelsgesetzbuchs nach Maßgabe des zuletzt festgestellten Jahresabschlusses übersteigt, bedarf der vorherigen Zustimmung des Aufsichtsrats oder eines gemäß § 107 Absatz 3 Satz 4 bis 6 bestellten Ausschusses.

(2) Bei der Beschlussfassung des Aufsichtsrats nach Absatz 1 können diejenigen Mitglieder des Aufsichtsrats ihr Stimmrecht nicht ausüben, die an dem Geschäft als nahestehende Personen beteiligt sind oder bei denen die Besorgnis eines Interessenkonfliktes auf Grund ihrer Beziehungen zu der nahestehenden Person besteht.

(3) Ist die Gesellschaft Mutterunternehmen (§ 290 Absatz 1 und 2 des Handelsgesetzbuchs) und nicht gemäß § 290 Absatz 5 oder den §§ 291 bis 293 des Handelsgesetzbuchs von der Konzernrechnungslegungspflicht befreit, so tritt an die Stelle der Summe des Anlage- und Umlaufvermögens der Gesellschaft die Summe aus dem Anlage- und Umlaufvermögen des Konzerns gemäß § 298 Absatz 1 in Verbindung mit § 266 Absatz 2 Buchstabe A und B des Handelsgesetzbuchs nach Maßgabe des zuletzt gebilligten Konzernabschlusses oder in den Fällen des § 315e des Handelsgesetzbuchs die Summe aus den entsprechenden Vermögenswerten des Konzernabschlusses nach den internationalen Rechnungslegungsstandards.

(4) [1]Verweigert der Aufsichtsrat seine Zustimmung, so kann der Vorstand verlangen, dass die Hauptversammlung über die Zustimmung beschließt. [2]Die an dem Geschäft beteiligten nahestehenden Personen dürfen ihr Stimmrecht bei der Beschlussfassung der Hauptversammlung weder für sich noch für einen anderen ausüben.

§ 111c Veröffentlichung von Geschäften mit nahestehenden Personen[2]

(1) [1]Die börsennotierte Gesellschaft hat Angaben zu solchen Geschäften mit nahestehenden Personen, die gemäß § 111b Absatz 1 der Zustimmung bedürfen, unverzüglich gemäß Absatz 2 zu veröffentlichen. [2]Ist die Zustimmungsbedürftigkeit eines Geschäfts nach § 111b Absatz 1 durch Zusammenrechnung mehrerer Geschäfte ausgelöst worden, so sind auch diese Geschäfte zu veröffentlichen.

(2) [1]Die Veröffentlichung hat in einer Art und Weise zu erfolgen, die der Öffentlichkeit einen leichten Zugang zu den Angaben ermöglicht. [2]Die Veröffentlichung hat entsprechend den Regelungen in § 3a Absatz 1 bis 4 der Wertpapierhandelsanzeigeverordnung vom 13. Dezember 2004 (BGBl I S. 3376), die zuletzt durch Artikel 1 der Verordnung vom 19. Oktober 2018 (BGBl I S. 1758) geändert worden ist, zu erfolgen. [3]Die Veröffentlichung muss alle wesentlichen Informationen enthalten, die erforderlich sind, um zu bewerten, ob das Geschäft aus Sicht der Gesellschaft und der Aktionäre, die keine nahestehenden Personen sind, angemessen ist. [4]Dies umfasst mindestens Informationen zur Art des Verhältnisses zu den nahestehenden Personen, die

---

1) **Anm. d. Red.:** § 111b eingefügt gem. Gesetz v. 12.12.2019 (BGBl I S. 2637) mit Wirkung v. 1.1.2020.
2) **Anm. d. Red.:** § 111c eingefügt gem. Gesetz v. 12.12.2019 (BGBl I S. 2637) mit Wirkung v. 1.1.2020.

Namen der nahestehenden Personen sowie das Datum und den Wert des Geschäfts. ⁵Die Angaben sind zudem auf der Internetseite der Gesellschaft für einen Zeitraum von mindestens fünf Jahren öffentlich zugänglich zu machen.

(3) ¹Handelt es sich bei dem Geschäft mit einer nahestehenden Person um eine Insiderinformation gemäß Artikel 17 der Verordnung (EU) Nr. 596/2014 des Europäischen Parlaments und des Rates vom 16. April 2014 über Marktmissbrauch (Marktmissbrauchsverordnung) und zur Aufhebung der Richtlinie 2003/6/EG des Europäischen Parlaments und des Rates und der Richtlinien 2003/124/EG, 2003/125/EG und 2004/72/EG der Kommission (ABl L 173 vom 12.6.2014, S. 1; L 287 vom 21.10.2016, S. 320; L 348 vom 21.12.2016, S. 83), die zuletzt durch die Verordnung (EU) 2016/1033 (ABl L 175 vom 30.6.2016, S. 1) geändert worden ist, sind die nach Absatz 2 erforderlichen Angaben in die Mitteilung gemäß Artikel 17 der Verordnung (EU) Nr. 596/2014 aufzunehmen. ²In diesem Fall entfällt die Verpflichtung nach Absatz 1. ³Artikel 17 Absatz 4 und 5 der Verordnung (EU) Nr. 596/2014 gilt sinngemäß.

(4) Ist die Gesellschaft Mutterunternehmen im Sinne der internationalen Rechnungslegungsstandards, die durch die Verordnung (EG) Nr. 1126/2008 übernommen wurden, gelten Absatz 1 Satz 1 sowie die Absätze 2 und 3 entsprechend für ein Geschäft eines Tochterunternehmens mit der Gesellschaft nahestehenden Personen, sofern dieses Geschäft, wenn es von der Gesellschaft vorgenommen worden wäre, nach § 111b Absatz 1 und 3 einer Zustimmung bedürfte.

§ 112 Vertretung der Gesellschaft gegenüber Vorstandsmitgliedern[1]

¹Vorstandsmitgliedern gegenüber vertritt der Aufsichtsrat die Gesellschaft gerichtlich und außergerichtlich. ²§ 78 Abs. 2 Satz 2 gilt entsprechend.

§ 113 Vergütung der Aufsichtsratsmitglieder[2]

(1) ¹Den Aufsichtsratsmitgliedern kann für ihre Tätigkeit eine Vergütung gewährt werden. ²Sie kann in der Satzung festgesetzt oder von der Hauptversammlung bewilligt werden. ³Sie soll in einem angemessenen Verhältnis zu den Aufgaben der Aufsichtsratsmitglieder und zur Lage der Gesellschaft stehen.

(2) ¹Den Mitgliedern des ersten Aufsichtsrats kann nur die Hauptversammlung eine Vergütung für ihre Tätigkeit bewilligen. ²Der Beschluss kann erst in der Hauptversammlung gefasst werden, die über die Entlastung der Mitglieder des ersten Aufsichtsrats beschließt.

(3) ¹Bei börsennotierten Gesellschaften ist mindestens alle vier Jahre über die Vergütung der Aufsichtsratsmitglieder Beschluss zu fassen. ²Ein die Vergütung bestätigender Beschluss ist zulässig; im Übrigen gilt Absatz 1 Satz 2. ³In dem Beschluss sind die nach § 87a Absatz 1 Satz 2 erforderlichen Angaben sinngemäß und in klarer und verständlicher Form zu machen oder in Bezug zu nehmen. ⁴Die Angaben können in der Satzung unterbleiben, wenn die Vergütung in der Satzung festgesetzt wird. ⁵Der Beschluss ist wegen eines Verstoßes gegen Satz 3 nicht anfechtbar. ⁶§ 120a Absatz 2 und 3 ist sinngemäß anzuwenden.

§ 114 Verträge mit Aufsichtsratsmitgliedern

(1) Verpflichtet sich ein Aufsichtsratsmitglied außerhalb seiner Tätigkeit im Aufsichtsrat durch einen Dienstvertrag, durch den ein Arbeitsverhältnis nicht begründet wird, oder durch einen Werkvertrag gegenüber der Gesellschaft zu einer Tätigkeit höherer Art, so hängt die Wirksamkeit des Vertrags von der Zustimmung des Aufsichtsrats ab.

(2) ¹Gewährt die Gesellschaft aufgrund eines solchen Vertrags dem Aufsichtsratsmitglied eine Vergütung, ohne dass der Aufsichtsrat dem Vertrag zugestimmt hat, so hat das Aufsichtsratsmitglied die Vergütung zurückzugewähren, es sei denn, dass der Aufsichtsrat den Vertrag

---

1) **Anm. d. Red.:** § 112 i. d. F. des Gesetzes v. 23.10.2008 (BGBl I S. 2026) mit Wirkung v. 1.11.2008.
2) **Anm. d. Red.:** § 113 i. d. F. des Gesetzes v. 12.12.2019 (BGBl I S. 2637) mit Wirkung v. 1.1.2020. – Zur Anwendung siehe § 26j Abs. 1 EGAktG.

genehmigt. ²Ein Anspruch des Aufsichtsratsmitglieds gegen die Gesellschaft auf Herausgabe der durch die geleistete Tätigkeit erlangten Bereicherung bleibt unberührt; der Anspruch kann jedoch nicht gegen den Rückgewähranspruch aufgerechnet werden.

§ 115 Kreditgewährung an Aufsichtsratsmitglieder[1)]

(1) ¹Die Gesellschaft darf ihren Aufsichtsratsmitgliedern Kredit nur mit Einwilligung des Aufsichtsrats gewähren. ²Eine herrschende Gesellschaft darf Kredite an Aufsichtsratsmitglieder eines abhängigen Unternehmens nur mit Einwilligung ihres Aufsichtsrats, eine abhängige Gesellschaft darf Kredite an Aufsichtsratsmitglieder des herrschenden Unternehmens nur mit Einwilligung des Aufsichtsrats des herrschenden Unternehmens gewähren. ³Die Einwilligung kann nur für bestimmte Kreditgeschäfte oder Arten von Kreditgeschäften und nicht für länger als drei Monate im Voraus erteilt werden. ⁴Der Beschluss über die Einwilligung hat die Verzinsung und Rückzahlung des Kredits zu regeln. ⁵Betreibt das Aufsichtsratsmitglied ein Handelsgewerbe als Einzelkaufmann, so ist die Einwilligung nicht erforderlich, wenn der Kredit für die Bezahlung von Waren gewährt wird, welche die Gesellschaft seinem Handelsgeschäft liefert.

(2) Absatz 1 gilt auch für Kredite an den Ehegatten, Lebenspartner oder an ein minderjähriges Kind eines Aufsichtsratsmitglieds und für Kredite an einen Dritten, der für Rechnung dieser Personen oder für Rechnung eines Aufsichtsratsmitglieds handelt.

(3) ¹Ist ein Aufsichtsratsmitglied zugleich gesetzlicher Vertreter einer anderen juristischen Person oder Gesellschafter einer Personenhandelsgesellschaft, so darf die Gesellschaft der juristischen Person oder der Personenhandelsgesellschaft Kredit nur mit Einwilligung des Aufsichtsrats gewähren; Absatz 1 Satz 3 und 4 gilt sinngemäß. ²Dies gilt nicht, wenn die juristische Person oder die Personenhandelsgesellschaft mit der Gesellschaft verbunden ist oder wenn der Kredit für die Bezahlung von Waren gewährt wird, welche die Gesellschaft der juristischen Person oder der Personenhandelsgesellschaft liefert.

(4) Wird entgegen den Absätzen 1 bis 3 Kredit gewährt, so ist der Kredit ohne Rücksicht auf entgegenstehende Vereinbarungen sofort zurückzugewähren, wenn nicht der Aufsichtsrat nachträglich zustimmt.

(5) Ist die Gesellschaft ein Kreditinstitut oder Finanzdienstleistungsinstitut, auf das § 15 des Gesetzes über das Kreditwesen anzuwenden ist, gelten anstelle der Absätze 1 bis 4 die Vorschriften des Gesetzes über das Kreditwesen.

§ 116 Sorgfaltspflicht und Verantwortlichkeit der Aufsichtsratsmitglieder[2)]

¹Für die Sorgfaltspflicht und Verantwortlichkeit der Aufsichtsratsmitglieder gelten § 93 mit Ausnahme des Absatzes 2 Satz 3 über die Sorgfaltspflicht und Verantwortlichkeit der Vorstandsmitglieder und § 15b der Insolvenzordnung sinngemäß. ²Die Aufsichtsratsmitglieder sind insbesondere zur Verschwiegenheit über erhaltene vertrauliche Berichte und vertrauliche Beratungen verpflichtet. ³Sie sind namentlich zum Ersatz verpflichtet, wenn sie eine unangemessene Vergütung festsetzen (§ 87 Absatz 1).

Dritter Abschnitt: Benutzung des Einflusses auf die Gesellschaft

§ 117 Schadenersatzpflicht[3)]

(1) ¹Wer vorsätzlich unter Benutzung seines Einflusses auf die Gesellschaft ein Mitglied des Vorstands oder des Aufsichtsrats, einen Prokuristen oder einen Handlungsbevollmächtigten dazu bestimmt, zum Schaden der Gesellschaft oder ihrer Aktionäre zu handeln, ist der Gesellschaft zum Ersatz des ihr daraus entstehenden Schadens verpflichtet. ²Er ist auch den Aktionären zum Ersatz des ihnen daraus entstehenden Schadens verpflichtet, soweit sie, abgesehen

---

1) **Anm. d. Red.:** § 115 i. d. F. des Gesetzes v. 16. 2. 2001 (BGBl I S. 266) mit Wirkung v. 1. 8. 2001.
2) **Anm. d. Red.:** § 116 i. d. F. des Gesetzes v. 22.12.2020 (BGBl I S. 3256) mit Wirkung v. 1.1.2021.
3) **Anm. d. Red.:** § 117 i. d. F. des Gesetzes v. 22. 9. 2005 (BGBl I S. 2802) mit Wirkung v. 1. 11. 2005.

von einem Schaden, der ihnen durch Schädigung der Gesellschaft zugefügt worden ist, geschädigt worden sind.

(2) ¹Neben ihm haften als Gesamtschuldner die Mitglieder des Vorstands und des Aufsichtsrats, wenn sie unter Verletzung ihrer Pflichten gehandelt haben. ²Ist streitig, ob sie die Sorgfalt eines ordentlichen und gewissenhaften Geschäftsleiters angewandt haben, so trifft sie die Beweislast. ³Der Gesellschaft und auch den Aktionären gegenüber tritt die Ersatzpflicht der Mitglieder des Vorstands und des Aufsichtsrats nicht ein, wenn die Handlung auf einem gesetzmäßigen Beschluss der Hauptversammlung beruht. ⁴Dadurch, dass der Aufsichtsrat die Handlung gebilligt hat, wird die Ersatzpflicht nicht ausgeschlossen.

(3) Neben ihm haftet ferner als Gesamtschuldner, wer durch die schädigende Handlung einen Vorteil erlangt hat, sofern er die Beeinflussung vorsätzlich veranlasst hat.

(4) Für die Aufhebung der Ersatzpflicht gegenüber der Gesellschaft gilt sinngemäß § 93 Abs. 4 Satz 3 und 4.

(5) ¹Der Ersatzanspruch der Gesellschaft kann auch von den Gläubigern der Gesellschaft geltend gemacht werden, soweit sie von dieser keine Befriedigung erlangen können. ²Den Gläubigern gegenüber wird die Ersatzpflicht weder durch einen Verzicht oder Vergleich der Gesellschaft noch dadurch aufgehoben, dass die Handlung auf einem Beschluss der Hauptversammlung beruht. ³Ist über das Vermögen der Gesellschaft das Insolvenzverfahren eröffnet, so übt während dessen Dauer der Insolvenzverwalter oder der Sachwalter das Recht der Gläubiger aus.

(6) Die Ansprüche aus diesen Vorschriften verjähren in fünf Jahren.

(7) Diese Vorschriften gelten nicht, wenn das Mitglied des Vorstands oder des Aufsichtsrats, der Prokurist oder der Handlungsbevollmächtigte durch Ausübung
1. der Leitungsmacht aufgrund eines Beherrschungsvertrags oder
2. der Leitungsmacht einer Hauptgesellschaft (§ 319), in die die Gesellschaft eingegliedert ist,

zu der schädigenden Handlung bestimmt worden ist.

Vierter Abschnitt: Hauptversammlung

Erster Unterabschnitt: Rechte der Hauptversammlung

§ 118 Allgemeines[1]

(1) ¹Die Aktionäre üben ihre Rechte in den Angelegenheiten der Gesellschaft in der Hauptversammlung aus, soweit das Gesetz nichts anderes bestimmt. ²Die Satzung kann vorsehen oder den Vorstand dazu ermächtigen vorzusehen, dass die Aktionäre an der Hauptversammlung auch ohne Anwesenheit an deren Ort und ohne einen Bevollmächtigten teilnehmen und sämtliche oder einzelne ihrer Rechte ganz oder teilweise im Wege elektronischer Kommunikation ausüben können. ³Bei elektronischer Ausübung des Stimmrechts ist dem Abgebenden der Zugang der elektronisch abgegebenen Stimme nach den Anforderungen gemäß Artikel 7 Absatz 1 und Artikel 9 Absatz 5 Unterabsatz 1 der Durchführungsverordnung (EU) 2018/1212 von der Gesellschaft elektronisch zu bestätigen. ⁴Sofern die Bestätigung einem Intermediär erteilt wird, hat dieser die Bestätigung unverzüglich dem Aktionär zu übermitteln. ⁵§ 67a Absatz 2 Satz 1 und Absatz 3 gilt entsprechend.

(2) ¹Die Satzung kann vorsehen oder den Vorstand dazu ermächtigen vorzusehen, dass Aktionäre ihre Stimmen, auch ohne an der Versammlung teilzunehmen, schriftlich oder im Wege elektronischer Kommunikation abgeben dürfen (Briefwahl). ²Absatz 1 Satz 3 bis 5 gilt entsprechend.

---

1) **Anm. d. Red.:** § 118 i. d. F. des Gesetzes v. 12.12.2019 (BGBl I S. 2637) mit Wirkung v. 1.1.2020. – Zur Anwendung siehe § 26j Abs. 4 EGAktG.

(3) ¹Die Mitglieder des Vorstands und des Aufsichtsrats sollen an der Hauptversammlung teilnehmen. ²Die Satzung kann jedoch bestimmte Fälle vorsehen, in denen die Teilnahme von Mitgliedern des Aufsichtsrats im Wege der Bild- und Tonübertragung erfolgen darf.

(4) Die Satzung oder die Geschäftsordnung gemäß § 129 Abs. 1 kann vorsehen oder den Vorstand oder den Versammlungsleiter dazu ermächtigen vorzusehen, die Bild- und Tonübertragung der Versammlung zuzulassen.

§ 119 Rechte der Hauptversammlung[1]

(1) Die Hauptversammlung beschließt in den im Gesetz und in der Satzung ausdrücklich bestimmten Fällen, namentlich über

1. die Bestellung der Mitglieder des Aufsichtsrats, soweit sie nicht in den Aufsichtsrat zu entsenden oder als Aufsichtsratsmitglieder der Arbeitnehmer nach dem Mitbestimmungsgesetz, dem Mitbestimmungsergänzungsgesetz, dem Drittelbeteiligungsgesetz oder dem Gesetz über die Mitbestimmung der Arbeitnehmer bei einer grenzüberschreitenden Verschmelzung zu wählen sind;
2. die Verwendung des Bilanzgewinns;
3. das Vergütungssystem und den Vergütungsbericht für Mitglieder des Vorstands und des Aufsichtsrats der börsennotierten Gesellschaft;
4. die Entlastung der Mitglieder des Vorstands und des Aufsichtsrats;
5. die Bestellung des Abschlussprüfers;
6. Satzungsänderungen;
7. Maßnahmen der Kapitalbeschaffung und der Kapitalherabsetzung;
8. die Bestellung von Prüfern zur Prüfung von Vorgängen bei der Gründung oder der Geschäftsführung;
9. die Auflösung der Gesellschaft.

(2) Über Fragen der Geschäftsführung kann die Hauptversammlung nur entscheiden, wenn der Vorstand es verlangt.

§ 120 Entlastung[2]

(1) ¹Die Hauptversammlung beschließt alljährlich in den ersten acht Monaten des Geschäftsjahrs über die Entlastung der Mitglieder des Vorstands und über die Entlastung der Mitglieder des Aufsichtsrats. ²Über die Entlastung eines einzelnen Mitglieds ist gesondert abzustimmen, wenn die Hauptversammlung es beschließt oder eine Minderheit es verlangt, deren Anteile zusammen den zehnten Teil des Grundkapitals oder den anteiligen Betrag von einer Million Euro erreichen.

(2) ¹Durch die Entlastung billigt die Hauptversammlung die Verwaltung der Gesellschaft durch die Mitglieder des Vorstands und des Aufsichtsrats. ²Die Entlastung enthält keinen Verzicht auf Ersatzansprüche.

(3) Die Verhandlung über die Entlastung soll mit der Verhandlung über die Verwendung des Bilanzgewinns verbunden werden.

§ 120a Votum zum Vergütungssystem und zum Vergütungsbericht[3]

(1) ¹Die Hauptversammlung der börsennotierten Gesellschaft beschließt über die Billigung des vom Aufsichtsrat vorgelegten Vergütungssystems für die Vorstandsmitglieder bei jeder we-

---

1) **Anm. d. Red.:** § 119 i. d. F. des Gesetzes v. 12.12.2019 (BGBl I S. 2637) mit Wirkung v. 1.1.2020.
2) **Anm. d. Red.:** § 120 i. d. F. des Gesetzes v. 12.12.2019 (BGBl I S. 2637) mit Wirkung v. 1.1.2020.
3) **Anm. d. Red.:** § 120a eingefügt gem. Gesetz v. 12.12.2019 (BGBl I S. 2637) mit Wirkung v. 1.1.2020. – Zur Anwendung siehe § 26j Abs. 1 und Abs. 2 Satz 3 EGAktG.

sentlichen Änderung des Vergütungssystems, mindestens jedoch alle vier Jahre. ²Der Beschluss begründet weder Rechte noch Pflichten. ³Er ist nicht nach § 243 anfechtbar. ⁴Ein das Vergütungssystem bestätigender Beschluss ist zulässig.

(2) Beschluss und Vergütungssystem sind unverzüglich auf der Internetseite der Gesellschaft zu veröffentlichen und für die Dauer der Gültigkeit des Vergütungssystems, mindestens jedoch für zehn Jahre, kostenfrei öffentlich zugänglich zu halten.

(3) Hat die Hauptversammlung das Vergütungssystem nicht gebilligt, so ist spätestens in der darauf folgenden ordentlichen Hauptversammlung ein überprüftes Vergütungssystem zum Beschluss vorzulegen.

(4) ¹Die Hauptversammlung der börsennotierten Gesellschaft beschließt über die Billigung des nach § 162 erstellten und geprüften Vergütungsberichts für das vorausgegangene Geschäftsjahr. ²Absatz 1 Satz 2 und 3 ist anzuwenden.

(5) Bei börsennotierten kleinen und mittelgroßen Gesellschaften im Sinne des § 267 Absatz 1 und 2 des Handelsgesetzbuchs bedarf es keiner Beschlussfassung nach Absatz 4, wenn der Vergütungsbericht des letzten Geschäftsjahres als eigener Tagesordnungspunkt in der Hauptversammlung zur Erörterung vorgelegt wird.

Zweiter Unterabschnitt: Einberufung der Hauptversammlung

§ 121 Allgemeines[1)]

(1) Die Hauptversammlung ist in den durch Gesetz oder Satzung bestimmten Fällen sowie dann einzuberufen, wenn das Wohl der Gesellschaft es fordert.

(2) ¹Die Hauptversammlung wird durch den Vorstand einberufen, der darüber mit einfacher Mehrheit beschließt. ²Personen, die in das Handelsregister als Vorstand eingetragen sind, gelten als befugt. ³Das auf Gesetz oder Satzung beruhende Recht anderer Personen, die Hauptversammlung einzuberufen, bleibt unberührt.

(3) ¹Die Einberufung muss die Firma, den Sitz der Gesellschaft sowie Zeit und Ort der Hauptversammlung enthalten. ²Zudem ist die Tagesordnung anzugeben. ³Bei börsennotierten Gesellschaften hat der Vorstand oder, wenn der Aufsichtsrat die Versammlung einberuft, der Aufsichtsrat in der Einberufung ferner anzugeben:
1. die Voraussetzungen für die Teilnahme an der Versammlung und die Ausübung des Stimmrechts sowie gegebenenfalls den Nachweisstichtag nach § 123 Absatz 4 Satz 2 und dessen Bedeutung;
2. das Verfahren für die Stimmabgabe
   a) durch einen Bevollmächtigten unter Hinweis auf die Formulare, die für die Erteilung einer Stimmrechtsvollmacht zu verwenden sind, und auf die Art und Weise, wie der Gesellschaft ein Nachweis über die Bestellung eines Bevollmächtigten elektronisch übermittelt werden kann sowie
   b) durch Briefwahl oder im Wege der elektronischen Kommunikation gemäß § 118 Abs. 1 Satz 2, soweit die Satzung eine entsprechende Form der Stimmrechtsausübung vorsieht;
3. die Rechte der Aktionäre nach § 122 Abs. 2, § 126 Abs. 1, den §§ 127, 131 Abs. 1; die Angaben können sich auf die Fristen für die Ausübung der Rechte beschränken, wenn in der Einberufung im Übrigen auf weitergehende Erläuterungen auf der Internetseite der Gesellschaft hingewiesen wird;
4. die Internetseite der Gesellschaft, über die die Informationen nach § 124a zugänglich sind.

(4) ¹Die Einberufung ist in den Gesellschaftsblättern bekannt zu machen. ²Sind die Aktionäre der Gesellschaft namentlich bekannt, so kann die Hauptversammlung mit eingeschriebenem

---

1) **Anm. d. Red.:** § 121 i. d. F. des Gesetzes v. 12.12.2019 (BGBl I S. 2637) mit Wirkung v. 1.1.2020. – Zur Anwendung siehe § 26j Abs. 4 EGAktG.

Brief einberufen werden, wenn die Satzung nichts anderes bestimmt; der Tag der Absendung gilt als Tag der Bekanntmachung. ³Die Mitteilung an die im Aktienregister Eingetragenen genügt.

(4a) Bei börsennotierten Gesellschaften, die nicht ausschließlich Namensaktien ausgegeben haben oder welche die Einberufung den Aktionären nicht unmittelbar nach Absatz 4 Satz 2 übersenden, ist die Einberufung spätestens zum Zeitpunkt der Bekanntmachung solchen Medien zur Veröffentlichung zuzuleiten, bei denen davon ausgegangen werden kann, dass sie die Information in der gesamten Europäischen Union verbreiten.

(5) ¹Wenn die Satzung nichts anderes bestimmt, soll die Hauptversammlung am Sitz der Gesellschaft stattfinden. ²Sind die Aktien der Gesellschaft an einer deutschen Börse zum Handel im regulierten Markt zugelassen, so kann, wenn die Satzung nichts anderes bestimmt, die Hauptversammlung auch am Sitz der Börse stattfinden.

(6) Sind alle Aktionäre erschienen oder vertreten, kann die Hauptversammlung Beschlüsse ohne Einhaltung der Bestimmungen dieses Unterabschnitts fassen, soweit kein Aktionär der Beschlussfassung widerspricht.

(7) ¹Bei Fristen und Terminen, die von der Versammlung zurückberechnet werden, ist der Tag der Versammlung nicht mitzurechnen. ²Eine Verlegung von einem Sonntag, einem Sonnabend oder einem Feiertag auf einen zeitlich vorausgehenden oder nachfolgenden Werktag kommt nicht in Betracht. ³Die §§ 187 bis 193 des Bürgerlichen Gesetzbuchs sind nicht entsprechend anzuwenden. ⁴Bei nichtbörsennotierten Gesellschaften kann die Satzung eine andere Berechnung der Frist bestimmen.

§ 122 Einberufung auf Verlangen einer Minderheit[1)]

(1) ¹Die Hauptversammlung ist einzuberufen, wenn Aktionäre, deren Anteile zusammen den zwanzigsten Teil des Grundkapitals erreichen, die Einberufung schriftlich unter Angabe des Zwecks und der Gründe verlangen; das Verlangen ist an den Vorstand zu richten. ²Die Satzung kann das Recht, die Einberufung der Hauptversammlung zu verlangen, an eine andere Form und an den Besitz eines geringeren Anteils am Grundkapital knüpfen. ³Die Antragsteller haben nachzuweisen, dass sie seit mindestens 90 Tagen vor dem Tag des Zugangs des Verlangens Inhaber der Aktien sind und dass sie die Aktien bis zur Entscheidung des Vorstands über den Antrag halten. ⁴§ 121 Absatz 7 ist entsprechend anzuwenden.

(2) ¹In gleicher Weise können Aktionäre, deren Anteile zusammen den zwanzigsten Teil des Grundkapitals oder den anteiligen Betrag von 500 000 Euro erreichen, verlangen, dass Gegenstände auf die Tagesordnung gesetzt und bekannt gemacht werden. ²Jedem neuen Gegenstand muss eine Begründung oder eine Beschlussvorlage beiliegen. ³Das Verlangen im Sinne des Satzes 1 muss der Gesellschaft mindestens 24 Tage, bei börsennotierten Gesellschaften mindestens 30 Tage vor der Versammlung zugehen; der Tag des Zugangs ist nicht mitzurechnen.

(3) ¹Wird dem Verlangen nicht entsprochen, so kann das Gericht die Aktionäre, die das Verlangen gestellt haben, ermächtigen, die Hauptversammlung einzuberufen oder den Gegenstand bekannt zu machen. ²Zugleich kann das Gericht den Vorsitzenden der Versammlung bestimmen. ³Auf die Ermächtigung muss bei der Einberufung oder Bekanntmachung hingewiesen werden. ⁴Gegen die Entscheidung ist die Beschwerde zulässig. ⁵Die Antragsteller haben nachzuweisen, dass sie die Aktien bis zur Entscheidung des Gerichts halten.

(4) Die Gesellschaft trägt die Kosten der Hauptversammlung und im Fall des Absatzes 3 auch die Gerichtskosten, wenn das Gericht dem Antrag stattgegeben hat.

---

1) **Anm. d. Red.:** § 122 i. d. F. des Gesetzes v. 22. 12. 2015 (BGBl I S. 2565) mit Wirkung v. 31. 12. 2015.

§ 123 Frist, Anmeldung zur Hauptversammlung, Nachweis[1)]

(1) ¹Die Hauptversammlung ist mindestens dreißig Tage vor dem Tage der Versammlung einzuberufen. ²Der Tag der Einberufung ist nicht mitzurechnen.

(2) ¹Die Satzung kann die Teilnahme an der Hauptversammlung oder die Ausübung des Stimmrechts davon abhängig machen, dass die Aktionäre sich vor der Versammlung anmelden. ²Die Anmeldung muss der Gesellschaft unter der in der Einberufung hierfür mitgeteilten Adresse mindestens sechs Tage vor der Versammlung zugehen. ³In der Satzung oder in der Einberufung auf Grund einer Ermächtigung durch die Satzung kann eine kürzere, in Tagen zu bemessende Frist vorgesehen werden. ⁴Der Tag des Zugangs ist nicht mitzurechnen. ⁵Die Mindestfrist des Absatzes 1 verlängert sich um die Tage der Anmeldefrist.

(3) Die Satzung kann bestimmen, wie die Berechtigung zur Teilnahme an der Versammlung oder zur Ausübung des Stimmrechts nachzuweisen ist; Absatz 2 Satz 5 gilt in diesem Fall entsprechend.

(4) ¹Bei Inhaberaktien börsennotierter Gesellschaften reicht ein Nachweis gemäß § 67c Absatz 3 aus. ²Der Nachweis des Anteilsbesitzes nach § 67c Absatz 3 hat sich bei börsennotierten Gesellschaften auf den Beginn des 21. Tages vor der Versammlung zu beziehen und muss der Gesellschaft unter der in der Einberufung hierfür mitgeteilten Adresse mindestens sechs Tage vor der Versammlung zugehen. ³In der Satzung oder in der Einberufung auf Grund einer Ermächtigung durch die Satzung kann eine kürzere, in Tagen zu bemessende Frist vorgesehen werden. ⁴Der Tag des Zugangs ist nicht mitzurechnen. ⁵Im Verhältnis zur Gesellschaft gilt für die Teilnahme an der Versammlung oder für die Ausübung des Stimmrechts als Aktionär nur, wer den Nachweis erbracht hat.

(5) Bei Namensaktien börsennotierter Gesellschaften folgt die Berechtigung zur Teilnahme an der Versammlung oder zur Ausübung des Stimmrechts gemäß § 67 Absatz 2 Satz 1 aus der Eintragung im Aktienregister.

§ 124 Bekanntmachung von Ergänzungsverlangen; Vorschläge zur Beschlussfassung[2)]

(1) ¹Hat die Minderheit nach § 122 Abs. 2 verlangt, dass Gegenstände auf die Tagesordnung gesetzt werden, so sind diese entweder bereits mit der Einberufung oder andernfalls unverzüglich nach Zugang des Verlangens bekannt zu machen. ²§ 121 Abs. 4 gilt sinngemäß; zudem gilt bei börsennotierten Gesellschaften § 121 Abs. 4a entsprechend. ³Bekanntmachung und Zuleitung haben dabei in gleicher Weise wie bei der Einberufung zu erfolgen.

(2) ¹Steht die Wahl von Aufsichtsratsmitgliedern auf der Tagesordnung, so ist in der Bekanntmachung anzugeben, nach welchen gesetzlichen Vorschriften sich der Aufsichtsrat zusammensetzt; ist die Hauptversammlung an Wahlvorschläge gebunden, so ist auch dies anzugeben. ²Die Bekanntmachung muss bei einer Wahl von Aufsichtsratsmitgliedern börsennotierter Gesellschaften, für die das Mitbestimmungsgesetz, das Montan-Mitbestimmungsgesetz oder das Mitbestimmungsergänzungsgesetz gilt, ferner enthalten:
1. Angabe, ob der Gesamterfüllung nach § 96 Absatz 2 Satz 3 widersprochen wurde, und
2. Angabe, wie viele der Sitze im Aufsichtsrat mindestens jeweils von Frauen und Männern besetzt sein müssen, um das Mindestanteilsgebot nach § 96 Absatz 2 Satz 1 zu erfüllen.

³Soll die Hauptversammlung über eine Satzungsänderung, das Vergütungssystem für die Vorstandsmitglieder, die Vergütung des Aufsichtsrats nach § 113 Absatz 3, den Vergütungsbericht oder über einen Vertrag beschließen, der nur mit Zustimmung der Hauptversammlung wirksam wird, so ist bei einer Satzungsänderung der Wortlaut der Satzungsänderung, bei einem vor-

---

1) **Anm. d. Red.:** § 123 i. d. F. des Gesetzes v. 12.12.2019 (BGBl I S. 2637) mit Wirkung v. 1.1.2020. – Zur Anwendung siehe § 26j Abs. 4 EGAktG.

2) **Anm. d. Red.:** § 124 i. d. F. des Gesetzes v. 12.12.2019 (BGBl I S. 2637) mit Wirkung v. 1.1.2020. – Zur Anwendung siehe § 26j Abs. 3 EGAktG.

bezeichneten Vertrag dessen wesentlicher Inhalt, im Übrigen der vollständige Inhalt der Unterlagen zu den jeweiligen Beschlussgegenständen bekanntzumachen. ⁴Satz 3 gilt auch im Fall des § 120a Absatz 5.

(3) ¹Zu jedem Gegenstand der Tagesordnung, über den die Hauptversammlung beschließen soll, haben der Vorstand und der Aufsichtsrat, zur Beschlussfassung nach § 120a Absatz 1 Satz 1 und zur Wahl von Aufsichtsratsmitgliedern und Prüfern nur der Aufsichtsrat, in der Bekanntmachung Vorschläge zur Beschlussfassung zu machen. ²Bei Gesellschaften, die kapitalmarktorientiert im Sinne des § 264d des Handelsgesetzbuchs, die CRR-Kreditinstitute im Sinne des § 1 Absatz 3d Satz 1 des Kreditwesengesetzes, mit Ausnahme der in § 2 Absatz 1 Nummer 1 und 2 des Kreditwesengesetzes genannten Institute, oder die Versicherungsunternehmen im Sinne des Artikels 2 Absatz 1 der Richtlinie 91/674/EWG sind, ist der Vorschlag des Aufsichtsrats zur Wahl des Abschlussprüfers auf die Empfehlung des Prüfungsausschusses zu stützen. ³Satz 1 findet keine Anwendung, wenn die Hauptversammlung bei der Wahl von Aufsichtsratsmitgliedern nach § 6 des Montan-Mitbestimmungsgesetzes an Wahlvorschläge gebunden ist, oder wenn der Gegenstand der Beschlussfassung auf Verlangen einer Minderheit auf die Tagesordnung gesetzt worden ist. ⁴Der Vorschlag zur Wahl von Aufsichtsratsmitgliedern oder Prüfern hat deren Namen, ausgeübten Beruf und Wohnort anzugeben. ⁵Hat der Aufsichtsrat auch aus Aufsichtsratsmitgliedern der Arbeitnehmer zu bestehen, so bedürfen Beschlüsse des Aufsichtsrats über Vorschläge zur Wahl von Aufsichtsratsmitgliedern nur der Mehrheit der Stimmen der Aufsichtsratsmitglieder der Aktionäre; § 8 des Montan-Mitbestimmungsgesetzes bleibt unberührt.

(4) ¹Über Gegenstände der Tagesordnung, die nicht ordnungsgemäß bekannt gemacht sind, dürfen keine Beschlüsse gefasst werden. ²Zur Beschlussfassung über den in der Versammlung gestellten Antrag auf Einberufung einer Hauptversammlung, zu Anträgen, die zu Gegenständen der Tagesordnung gestellt werden, und zu Verhandlungen ohne Beschlussfassung bedarf es keiner Bekanntmachung.

§ 124a Veröffentlichungen auf der Internetseite der Gesellschaft[1]

¹Bei börsennotierten Gesellschaften müssen alsbald nach der Einberufung der Hauptversammlung über die Internetseite der Gesellschaft zugänglich sein:
1. der Inhalt der Einberufung;
2. eine Erläuterung, wenn zu einem Gegenstand der Tagesordnung kein Beschluss gefasst werden soll;
3. die der Versammlung zugänglich zu machenden Unterlagen;
4. die Gesamtzahl der Aktien und der Stimmrechte im Zeitpunkt der Einberufung, einschließlich getrennter Angaben zur Gesamtzahl für jede Aktiengattung;
5. gegebenenfalls die Formulare, die bei Stimmabgabe durch Vertretung oder bei Stimmabgabe mittels Briefwahl zu verwenden sind, sofern diese Formulare den Aktionären nicht direkt übermittelt werden.

²Ein nach Einberufung der Versammlung bei der Gesellschaft eingegangenes Verlangen von Aktionären im Sinne von § 122 Abs. 2 ist unverzüglich nach seinem Eingang bei der Gesellschaft in gleicher Weise zugänglich zu machen.

§ 125 Mitteilungen für die Aktionäre und an Aufsichtsratsmitglieder[2]

(1) ¹Der Vorstand einer Gesellschaft, die nicht ausschließlich Namensaktien ausgegeben hat, hat die Einberufung der Hauptversammlung mindestens 21 Tage vor derselben wie folgt mitzuteilen:
1. den Intermediären, die Aktien der Gesellschaft verwahren,

---

1) **Anm. d. Red.:** § 124a eingefügt gem. Gesetz v. 30. 7. 2009 (BGBl I S. 2479) mit Wirkung v. 1. 9. 2009.

2) **Anm. d. Red.:** § 125 i. d. F. des Gesetzes v. 12.12.2019 (BGBl I S. 2637) mit Wirkung v. 1.1.2020. – Zur Anwendung siehe § 26j Abs. 4 EGAktG.

I. Aktiengesetz § 126

2. den Aktionären und Intermediären, die die Mitteilung verlangt haben, und
3. den Vereinigungen von Aktionären, die die Mitteilung verlangt haben oder die in der letzten Hauptversammlung Stimmrechte ausgeübt haben.

²Der Tag der Mitteilung ist nicht mitzurechnen. ³Ist die Tagesordnung nach § 122 Abs. 2 zu ändern, so ist bei börsennotierten Gesellschaften die geänderte Tagesordnung mitzuteilen. ⁴In der Mitteilung ist auf die Möglichkeiten der Ausübung des Stimmrechts durch einen Bevollmächtigten, auch durch eine Vereinigung von Aktionären, hinzuweisen. ⁵Bei börsennotierten Gesellschaften sind einem Vorschlag zur Wahl von Aufsichtsratsmitgliedern Angaben zu deren Mitgliedschaft in anderen gesetzlich zu bildenden Aufsichtsräten beizufügen; Angaben zu ihrer Mitgliedschaft in vergleichbaren in- und ausländischen Kontrollgremien von Wirtschaftsunternehmen sollen beigefügt werden.

(2) Die gleiche Mitteilung hat der Vorstand einer Gesellschaft, die Namensaktien ausgegeben hat, den zu Beginn des 21. Tages vor der Hauptversammlung im Aktienregister Eingetragenen zu machen sowie den Aktionären und Intermediären, die die Mitteilung verlangt haben, und den Vereinigungen von Aktionären, die die Mitteilung verlangt oder die in der letzten Hauptversammlung Stimmrechte ausgeübt haben.

(3) Jedes Aufsichtsratsmitglied kann verlangen, dass ihm der Vorstand die gleichen Mitteilungen übersendet.

(4) Jedem Aufsichtsratsmitglied und jedem Aktionär sind auf Verlangen die in der Hauptversammlung gefassten Beschlüsse mitzuteilen.

(5) ¹Für Inhalt und Format eines Mindestgehaltes an Informationen in den Mitteilungen gemäß Absatz 1 Satz 1 und Absatz 2 gelten die Anforderungen der Durchführungsverordnung (EU) 2018/1212. ²§ 67a Absatz 2 Satz 1 gilt für die Absätze 1 und 2 entsprechend. ³Bei börsennotierten Gesellschaften sind die Intermediäre, die Aktien der Gesellschaft verwahren, entsprechend den §§ 67a und 67b zur Weiterleitung und Übermittlung der Informationen nach den Absätzen 1 und 2 verpflichtet, es sei denn, dem Intermediär ist bekannt, dass der Aktionär sie von anderer Seite erhält. ⁴Das Gleiche gilt für nichtbörsennotierte Gesellschaften mit der Maßgabe, dass die Bestimmungen der Durchführungsverordnung (EU) 2018/1212 anzuwenden sind.

§ 126 Anträge von Aktionären[1)]

(1) ¹Anträge von Aktionären einschließlich des Namens des Aktionärs, der Begründung und einer etwaigen Stellungnahme der Verwaltung sind den in § 125 Abs. 1 bis 3 genannten Berechtigten unter den dortigen Voraussetzungen zugänglich zu machen, wenn der Aktionär mindestens 14 Tage vor der Versammlung der Gesellschaft einen Gegenantrag gegen einen Vorschlag von Vorstand und Aufsichtsrat zu einem bestimmten Punkt der Tagesordnung mit Begründung an die in der Einberufung hierfür mitgeteilte Adresse übersandt hat. ²Der Tag des Zugangs ist nicht mitzurechnen. ³Bei börsennotierten Gesellschaften hat das Zugänglichmachen über die Internetseite der Gesellschaft zu erfolgen. ⁴§ 125 Abs. 3 gilt entsprechend.

(2) ¹Ein Gegenantrag und dessen Begründung brauchen nicht zugänglich gemacht zu werden,
1. soweit sich der Vorstand durch das Zugänglichmachen strafbar machen würde,
2. wenn der Gegenantrag zu einem gesetz- oder satzungswidrigen Beschluss der Hauptversammlung führen würde,
3. wenn die Begründung in wesentlichen Punkten offensichtlich falsche oder irreführende Angaben oder wenn sie Beleidigungen enthält,
4. wenn ein auf denselben Sachverhalt gestützter Gegenantrag des Aktionärs bereits zu einer Hauptversammlung der Gesellschaft nach § 125 zugänglich gemacht worden ist,
5. wenn derselbe Gegenantrag des Aktionärs mit wesentlich gleicher Begründung in den letzten fünf Jahren bereits zu mindestens zwei Hauptversammlungen der Gesellschaft nach

---
1) **Anm. d. Red.:** § 126 i. d. F. des Gesetzes v. 30. 7. 2009 (BGBl I S. 2479) mit Wirkung v. 1. 9. 2009.

§ 125 zugänglich gemacht worden ist und in der Hauptversammlung weniger als der zwanzigste Teil des vertretenen Grundkapitals für ihn gestimmt hat,

6. wenn der Aktionär zu erkennen gibt, dass er an der Hauptversammlung nicht teilnehmen und sich nicht vertreten lassen wird, oder

7. wenn der Aktionär in den letzten zwei Jahren in zwei Hauptversammlungen einen von ihm mitgeteilten Gegenantrag nicht gestellt hat oder nicht hat stellen lassen.

²Die Begründung braucht nicht zugänglich gemacht zu werden, wenn sie insgesamt mehr als 5 000 Zeichen beträgt.

(3) Stellen mehrere Aktionäre zu demselben Gegenstand der Beschlussfassung Gegenanträge, so kann der Vorstand die Gegenanträge und ihre Begründungen zusammenfassen.

§ 127 Wahlvorschläge von Aktionären[1]

¹Für den Vorschlag eines Aktionärs zur Wahl von Aufsichtsratsmitgliedern oder von Abschlussprüfern gilt § 126 sinngemäß. ²Der Wahlvorschlag braucht nicht begründet zu werden. ³Der Vorstand braucht den Wahlvorschlag auch dann nicht zugänglich zu machen, wenn der Vorschlag nicht die Angaben nach § 124 Absatz 3 Satz 4 und § 125 Abs. 1 Satz 5 enthält. ⁴Der Vorstand hat den Vorschlag eines Aktionärs zur Wahl von Aufsichtsratsmitgliedern börsennotierter Gesellschaften, für die das Mitbestimmungsgesetz, das Montan-Mitbestimmungsgesetz oder das Mitbestimmungsergänzungsgesetz gilt, mit folgenden Inhalten zu versehen:

1. Hinweis auf die Anforderungen des § 96 Absatz 2,
2. Angabe, ob der Gesamterfüllung nach § 96 Absatz 2 Satz 3 widersprochen wurde und
3. Angabe, wie viele der Sitze im Aufsichtsrat mindestens jeweils von Frauen und Männern besetzt sein müssen, um das Mindestanteilsgebot nach § 96 Absatz 2 Satz 1 zu erfüllen.

§ 127a Aktionärsforum[2]

(1) Aktionäre oder Aktionärsvereinigungen können im Aktionärsforum des Bundesanzeigers andere Aktionäre auffordern, gemeinsam oder in Vertretung einen Antrag oder ein Verlangen nach diesem Gesetz zu stellen oder in einer Hauptversammlung das Stimmrecht auszuüben.

(2) Die Aufforderung hat folgende Angaben zu enthalten:
1. den Namen und eine Anschrift des Aktionärs oder der Aktionärsvereinigung,
2. die Firma der Gesellschaft,
3. den Antrag, das Verlangen oder einen Vorschlag für die Ausübung des Stimmrechts zu einem Tagesordnungspunkt,
4. den Tag der betroffenen Hauptversammlung.

(3) Die Aufforderung kann auf eine Begründung auf der Internetseite des Auffordernden und dessen elektronische Adresse hinweisen.

(4) Die Gesellschaft kann im Bundesanzeiger auf eine Stellungnahme zu der Aufforderung auf ihrer Internetseite hinweisen.

(5) Das Bundesministerium der Justiz und für Verbraucherschutz wird ermächtigt, durch Rechtsverordnung die äußere Gestaltung des Aktionärsforums und weitere Einzelheiten insbesondere zu der Aufforderung, dem Hinweis, den Entgelten, zu Löschungsfristen, Löschungsanspruch, zu Missbrauchsfällen und zur Einsichtnahme zu regeln.

---

1) **Anm. d. Red.:** § 127 i. d. F. des Gesetzes v. 22. 12. 2015 (BGBl I S. 2565) mit Wirkung v. 31. 12. 2015.
2) **Anm. d. Red.:** § 127a i. d. F. der VO v. 31. 8. 2015 (BGBl I S. 1474) mit Wirkung v. 8. 9. 2015.

§ 128 (weggefallen)[1]

Dritter Unterabschnitt: Verhandlungsniederschrift, Auskunftsrecht

§ 129 Geschäftsordnung; Verzeichnis der Teilnehmer; Nachweis der Stimmzählung[2]

(1) ¹Die Hauptversammlung kann sich mit einer Mehrheit, die mindestens drei Viertel des bei der Beschlussfassung vertretenen Grundkapitals umfasst, eine Geschäftsordnung mit Regeln für die Vorbereitung und Durchführung der Hauptversammlung geben. ²In der Hauptversammlung ist ein Verzeichnis der erschienenen oder vertretenen Aktionäre und der Vertreter von Aktionären mit Angabe ihres Namens und Wohnorts sowie bei Nennbetragsaktien des Betrags, bei Stückaktien der Zahl der von jedem vertretenen Aktien unter Angabe ihrer Gattung aufzustellen.

(2) ¹Sind einem Intermediär oder einer in § 135 Abs. 8 bezeichneten Person Vollmachten zur Ausübung des Stimmrechts erteilt worden und übt der Bevollmächtigte das Stimmrecht im Namen dessen, den es angeht, aus, so sind bei Nennbetragsaktien der Betrag, bei Stückaktien die Zahl und die Gattung der Aktien, für die ihm Vollmachten erteilt worden sind, zur Aufnahme in das Verzeichnis gesondert anzugeben. ²Die Namen der Aktionäre, welche Vollmachten erteilt haben, brauchen nicht angegeben zu werden.

(3) ¹Wer von einem Aktionär ermächtigt ist, im eigenen Namen das Stimmrecht für Aktien auszuüben, die ihm nicht gehören, hat bei Nennbetragsaktien den Betrag, bei Stückaktien die Zahl und die Gattung dieser Aktien zur Aufnahme in das Verzeichnis gesondert anzugeben. ²Dies gilt auch für Namensaktien, als deren Aktionär der Ermächtigte im Aktienregister eingetragen ist.

(4) ¹Das Verzeichnis ist vor der ersten Abstimmung allen Teilnehmern zugänglich zu machen. ²Jedem Aktionär ist auf Verlangen bis zu zwei Jahren nach der Hauptversammlung Einsicht in das Teilnehmerverzeichnis zu gewähren.

(5) ¹Der Abstimmende kann von der Gesellschaft innerhalb eines Monats nach dem Tag der Hauptversammlung eine Bestätigung darüber verlangen, ob und wie seine Stimme gezählt wurde. ²Die Gesellschaft hat die Bestätigung gemäß den Anforderungen in Artikel 7 Absatz 2 und Artikel 9 Absatz 5 Unterabsatz 2 der Durchführungsverordnung (EU) 2018/1212 zu erteilen. ³Sofern die Bestätigung einem Intermediär erteilt wird, hat dieser die Bestätigung unverzüglich dem Aktionär zu übermitteln. ⁴§ 67a Absatz 2 Satz 1 und Absatz 3 gilt entsprechend.

§ 130 Niederschrift[3]

(1) ¹Jeder Beschluss der Hauptversammlung ist durch eine über die Verhandlung notariell aufgenommene Niederschrift zu beurkunden. ²Gleiches gilt für jedes Verlangen einer Minderheit nach § 120 Abs. 1 Satz 2, § 137. ³Bei nichtbörsennotierten Gesellschaften reicht eine vom Vorsitzenden des Aufsichtsrats zu unterzeichnende Niederschrift aus, soweit keine Beschlüsse gefasst werden, für die das Gesetz eine Dreiviertel- oder größere Mehrheit bestimmt.

(2) ¹In der Niederschrift sind der Ort und der Tag der Verhandlung, der Name des Notars sowie die Art und das Ergebnis der Abstimmung und die Feststellung des Vorsitzenden über die Beschlussfassung anzugeben. ²Bei börsennotierten Gesellschaften umfasst die Feststellung über die Beschlussfassung für jeden Beschluss auch

1. die Zahl der Aktien, für die gültige Stimmen abgegeben wurden,

---

1) **Anm. d. Red.:** § 128 weggefallen gem. Gesetz v. 12.12.2019 (BGBl I S. 2637) mit Wirkung v. 1.1.2020. – Zur Anwendung siehe § 26j Abs. 4 EGAktG.
2) **Anm. d. Red.:** § 129 i. d. F. des Gesetzes v. 12.12.2019 (BGBl I S. 2637) mit Wirkung v. 1.1.2020. – Zur Anwendung siehe § 26j Abs. 4 EGAktG.
3) **Anm. d. Red.:** § 130 i. d. F. des Gesetzes v. 22.12.2015 (BGBl I S. 2565) mit Wirkung v. 31.12.2015.

§ 131 I. Aktiengesetz

2. den Anteil des durch die gültigen Stimmen vertretenen Grundkapitals am eingetragenen Grundkapital,
3. die Zahl der für einen Beschluss abgegebenen Stimmen, Gegenstimmen und gegebenenfalls die Zahl der Enthaltungen.

³Abweichend von Satz 2 kann der Versammlungsleiter die Feststellung über die Beschlussfassung für jeden Beschluss darauf beschränken, dass die erforderliche Mehrheit erreicht wurde, falls kein Aktionär eine umfassende Feststellung gemäß Satz 2 verlangt.

(3) Die Belege über die Einberufung der Versammlung sind der Niederschrift als Anlage beizufügen, wenn sie nicht unter Angabe ihres Inhalts in der Niederschrift aufgeführt sind.

(4) ¹Die Niederschrift ist von dem Notar zu unterschreiben. ²Die Zuziehung von Zeugen ist nicht nötig.

(5) Unverzüglich nach der Versammlung hat der Vorstand eine öffentlich beglaubigte, im Falle des Absatzes 1 Satz 3 eine vom Vorsitzenden des Aufsichtsrats unterzeichnete Abschrift der Niederschrift und ihrer Anlagen zum Handelsregister einzureichen.

(6) Börsennotierte Gesellschaften müssen innerhalb von sieben Tagen nach der Versammlung die festgestellten Abstimmungsergebnisse einschließlich der Angaben nach Absatz 2 Satz 2 auf ihrer Internetseite veröffentlichen.

§ 131 Auskunftsrecht des Aktionärs[1)]

(1) ¹Jedem Aktionär ist auf Verlangen in der Hauptversammlung vom Vorstand Auskunft über Angelegenheiten der Gesellschaft zu geben, soweit sie zur sachgemäßen Beurteilung des Gegenstands der Tagesordnung erforderlich ist. ²Die Auskunftspflicht erstreckt sich auch auf die rechtlichen und geschäftlichen Beziehungen der Gesellschaft zu einem verbundenen Unternehmen. ³Macht eine Gesellschaft von den Erleichterungen nach § 266 Absatz 1 Satz 3, § 276 oder § 288 des Handelsgesetzbuchs Gebrauch, so kann jeder Aktionär verlangen, dass ihm in der Hauptversammlung über den Jahresabschluss der Jahresabschluss in der Form vorgelegt wird, die er ohne diese Erleichterungen hätte. ⁴Die Auskunftspflicht des Vorstands eines Mutterunternehmens (§ 290 Abs. 1, 2 des Handelsgesetzbuchs) in der Hauptversammlung, auf der Konzernabschluss und der Konzernlagebericht vorgelegt werden, erstreckt sich auch auf die Lage des Konzerns und der in den Konzernabschluss einbezogenen Unternehmen.

(2) ¹Die Auskunft hat den Grundsätzen einer gewissenhaften und getreuen Rechenschaft zu entsprechen. ²Die Satzung oder die Geschäftsordnung gemäß § 129 kann den Versammlungsleiter ermächtigen, das Frage- und Rederecht des Aktionärs zeitlich angemessen zu beschränken, und Näheres dazu bestimmen.

(3) ¹Der Vorstand darf die Auskunft verweigern,
1. soweit die Erteilung der Auskunft nach vernünftiger kaufmännischer Beurteilung geeignet ist, der Gesellschaft oder einem verbundenen Unternehmen einen nicht unerheblichen Nachteil zuzufügen;
2. soweit sie sich auf steuerliche Wertansätze oder die Höhe einzelner Steuern bezieht;
3. über den Unterschied zwischen dem Wert, mit dem Gegenstände in der Jahresbilanz angesetzt worden sind, und einem höheren Wert dieser Gegenstände, es sei denn, dass die Hauptversammlung den Jahresabschluss feststellt;
4. über die Bilanzierungs- und Bewertungsmethoden, soweit die Angabe dieser Methoden im Anhang ausreicht, um ein den tatsächlichen Verhältnissen entsprechendes Bild der Vermögens-, Finanz- und Ertragslage der Gesellschaft im Sinne des § 264 Abs. 2 des Handelsgesetzbuchs zu vermitteln; dies gilt nicht, wenn die Hauptversammlung den Jahresabschluss feststellt;
5. soweit sich der Vorstand durch die Erteilung der Auskunft strafbar machen würde;

---

1) **Anm. d. Red.:** § 131 i. d. F. des Gesetzes v. 22. 12. 2015 (BGBl I S. 2565) mit Wirkung v. 31. 12. 2015.

6. soweit bei einem Kreditinstitut oder Finanzdienstleistungsinstitut Angaben über angewandte Bilanzierungs- und Bewertungsmethoden sowie vorgenommene Verrechnungen im Jahresabschluss, Lagebericht, Konzernabschluss oder Konzernlagebericht nicht gemacht zu werden brauchen;
7. soweit die Auskunft auf der Internetseite der Gesellschaft über mindestens sieben Tage vor Beginn und in der Hauptversammlung durchgängig zugänglich ist.
²Aus anderen Gründen darf die Auskunft nicht verweigert werden.

(4) ¹Ist einem Aktionär wegen seiner Eigenschaft als Aktionär eine Auskunft außerhalb der Hauptversammlung gegeben worden, so ist sie jedem anderen Aktionär auf dessen Verlangen in der Hauptversammlung zu geben, auch wenn sie zur sachgemäßen Beurteilung des Gegenstands der Tagesordnung nicht erforderlich ist. ²Der Vorstand darf die Auskunft nicht nach Absatz 3 Satz 1 Nr. 1 bis 4 verweigern. ³Sätze 1 und 2 gelten nicht, wenn ein Tochterunternehmen (§ 290 Abs. 1, 2 des Handelsgesetzbuchs), ein Gemeinschaftsunternehmen (§ 310 Abs. 1 des Handelsgesetzbuchs) oder ein assoziiertes Unternehmen (§ 311 Abs. 1 des Handelsgesetzbuchs) die Auskunft einem Mutterunternehmen (§ 290 Abs. 1, 2 des Handelsgesetzbuchs) zum Zwecke der Einbeziehung der Gesellschaft in den Konzernabschluss des Mutterunternehmens erteilt und die Auskunft für diesen Zweck benötigt wird.

(5) Wird einem Aktionär eine Auskunft verweigert, so kann er verlangen, dass seine Frage und der Grund, aus dem die Auskunft verweigert worden ist, in die Niederschrift über die Verhandlung aufgenommen werden.

§ 132 Gerichtliche Entscheidung über das Auskunftsrecht[1]

(1) Ob der Vorstand die Auskunft zu geben hat, entscheidet auf Antrag ausschließlich das Landgericht, in dessen Bezirk die Gesellschaft ihren Sitz hat.

(2) ¹Antragsberechtigt ist jeder Aktionär, dem die verlangte Auskunft nicht gegeben worden ist, und, wenn über den Gegenstand der Tagesordnung, auf den sich die Auskunft bezog, Beschluss gefasst worden ist, jeder in der Hauptversammlung erschienene Aktionär, der in der Hauptversammlung Widerspruch zur Niederschrift erklärt hat. ²Der Antrag ist binnen zwei Wochen nach der Hauptversammlung zu stellen, in der die Auskunft abgelehnt worden ist.

(3) ¹§ 99 Abs. 1, 3 Satz 1, 2 und 4 bis 6 sowie Abs. 5 Satz 1 und 3 gilt entsprechend. ²Die Beschwerde findet nur statt, wenn das Landgericht sie in der Entscheidung für zulässig erklärt. ³§ 70 Abs. 2 des Gesetzes über das Verfahren in Familiensachen und in den Angelegenheiten der freiwilligen Gerichtsbarkeit ist entsprechend anzuwenden.

(4) ¹Wird dem Antrag stattgegeben, so ist die Auskunft auch außerhalb der Hauptversammlung zu geben. ²Aus der Entscheidung findet die Zwangsvollstreckung nach den Vorschriften der Zivilprozessordnung statt.

(5) Das mit dem Verfahren befasste Gericht bestimmt nach billigem Ermessen, welchem Beteiligten die Kosten des Verfahrens aufzuerlegen sind.

Vierter Unterabschnitt: Stimmrecht

§ 133 Grundsatz der einfachen Stimmenmehrheit

(1) Die Beschlüsse der Hauptversammlung bedürfen der Mehrheit der abgegebenen Stimmen (einfache Stimmenmehrheit), soweit nicht Gesetz oder Satzung eine größere Mehrheit oder weitere Erfordernisse bestimmen.

(2) Für Wahlen kann die Satzung andere Bestimmungen treffen.

---

1) **Anm. d. Red.:** § 132 i. d. F. des Gesetzes v. 23. 7. 2013 (BGBl I S. 2586) mit Wirkung v. 1. 8. 2013.

§ 134 Stimmrecht[1]

(1) ¹Das Stimmrecht wird nach Aktiennennbeträgen, bei Stückaktien nach deren Zahl ausgeübt. ²Für den Fall, dass einem Aktionär mehrere Aktien gehören, kann bei einer nichtbörsennotierten Gesellschaft die Satzung das Stimmrecht durch Festsetzung eines Höchstbetrags oder von Abstufungen beschränken. ³Die Satzung kann außerdem bestimmen, dass zu den Aktien, die dem Aktionär gehören, auch die Aktien rechnen, die einem anderen für seine Rechnung gehören. ⁴Für den Fall, dass der Aktionär ein Unternehmen ist, kann sie ferner bestimmen, dass zu den Aktien, die ihm gehören, auch die Aktien rechnen, die einem von ihm abhängigen oder ihn beherrschenden oder mit ihm konzernverbundenen Unternehmen oder für Rechnung solcher Unternehmen einem Dritten gehören. ⁵Die Beschränkungen können nicht für einzelne Aktionäre angeordnet werden. ⁶Bei der Berechnung einer nach Gesetz oder Satzung erforderlichen Kapitalmehrheit bleiben die Beschränkungen außer Betracht.

(2) ¹Das Stimmrecht beginnt mit der vollständigen Leistung der Einlage. ²Entspricht der Wert einer verdeckten Sacheinlage nicht dem in § 36a Abs. 2 Satz 3 genannten Wert, so steht dies dem Beginn des Stimmrechts nicht entgegen; das gilt nicht, wenn der Wertunterschied offensichtlich ist. ³Die Satzung kann bestimmen, dass das Stimmrecht beginnt, wenn auf die Aktie die gesetzliche oder höhere satzungsmäßige Mindesteinlage geleistet ist. ⁴In diesem Fall gewährt die Leistung der Mindesteinlage eine Stimme; bei höheren Einlagen richtet sich das Stimmenverhältnis nach der Höhe der geleisteten Einlagen. ⁵Bestimmt die Satzung nicht, dass das Stimmrecht vor der vollständigen Leistung der Einlage beginnt, und ist noch auf keine Aktie die Einlage vollständig geleistet, so richtet sich das Stimmenverhältnis nach der Höhe der geleisteten Einlagen; dabei gewährt die Leistung der Mindesteinlage eine Stimme. ⁶Bruchteile von Stimmen werden in diesen Fällen nur berücksichtigt, soweit sie für den stimmberechtigten Aktionär volle Stimmen ergeben. ⁷Die Satzung kann Bestimmungen nach diesem Absatz nicht für einzelne Aktionäre oder für einzelne Aktiengattungen treffen.

(3) ¹Das Stimmrecht kann durch einen Bevollmächtigten ausgeübt werden. ²Bevollmächtigt der Aktionär mehr als eine Person, so kann die Gesellschaft eine oder mehrere von diesen zurückweisen. ³Die Erteilung der Vollmacht, ihr Widerruf und der Nachweis der Bevollmächtigung gegenüber der Gesellschaft bedürfen der Textform, wenn in der Satzung oder in der Einberufung auf Grund einer Ermächtigung durch die Satzung nichts Abweichendes und bei börsennotierten Gesellschaften nicht eine Erleichterung bestimmt wird. ⁴Die börsennotierte Gesellschaft hat zumindest einen Weg elektronischer Kommunikation für die Übermittlung des Nachweises anzubieten. ⁵Werden von der Gesellschaft benannte Stimmrechtsvertreter bevollmächtigt, so ist die Vollmachtserklärung von der Gesellschaft drei Jahre nachprüfbar festzuhalten; § 135 Abs. 5 gilt entsprechend.

(4) Die Form der Ausübung des Stimmrechts richtet sich nach der Satzung.

§ 134a Begriffsbestimmungen; Anwendungsbereich[2]

(1) Im Sinne der §§ 134b bis 135 ist
1. institutioneller Anleger:
    a) ein Unternehmen mit Erlaubnis zum Betrieb der Lebensversicherung im Sinne des § 8 Absatz 1 in Verbindung mit Anlage 1 Nummer 19 bis 24 des Versicherungsaufsichtsgesetzes,
    b) ein Unternehmen mit Erlaubnis zum Betrieb der Rückversicherung im Sinne des § 8 Absatz 1 und 4 des Versicherungsaufsichtsgesetzes, sofern sich diese Tätigkeiten auf Lebensversicherungsverpflichtungen beziehen,
    c) eine Einrichtung der betrieblichen Altersversorgung gemäß den §§ 232 bis 244d des Versicherungsaufsichtsgesetzes;

---

1) **Anm. d. Red.:** § 134 i. d. F. des Gesetzes v. 30. 7. 2009 (BGBl I S. 2479) mit Wirkung v. 1. 9. 2009.
2) **Anm. d. Red.:** § 134a eingefügt gem. Gesetz v. 12.12.2019 (BGBl I S. 2637) mit Wirkung v. 1.1.2020.

2. Vermögensverwalter:
   a) ein Finanzdienstleistungsinstitut mit Erlaubnis zur Erbringung der Finanzportfolioverwaltung im Sinne des § 1 Absatz 1a Satz 2 Nummer 3 des Kreditwesengesetzes,
   b) eine Kapitalverwaltungsgesellschaft mit Erlaubnis gemäß § 20 Absatz 1 des Kapitalanlagegesetzbuchs;
3. Stimmrechtsberater:
   ein Unternehmen, das gewerbsmäßig und entgeltlich Offenlegungen und andere Informationen von börsennotierten Gesellschaften analysiert, um Anleger zu Zwecken der Stimmausübung durch Recherchen, Beratungen oder Stimmempfehlungen zu informieren.

(2) Für institutionelle Anleger, Vermögensverwalter und Stimmrechtsberater sind die §§ 134b bis 135 nur anwendbar, soweit sie den folgenden Bestimmungen der Richtlinie 2007/36/EG des Europäischen Parlaments und des Rates vom 11. Juli 2007 über die Ausübung bestimmter Rechte von Aktionären in börsennotierten Gesellschaften (ABl L 184 vom 14.7.2007, S. 17), die zuletzt durch die Richtlinie (EU) 2017/828 (ABl L 132 vom 20.5.2017, S. 1) geändert worden ist, unterfallen:
1. für institutionelle Anleger: Artikel 1 Absatz 2 Buchstabe a und Absatz 6 Buchstabe a,
2. für Vermögensverwalter: Artikel 1 Absatz 2 Buchstabe a und Absatz 6 Buchstabe b, und
3. für Stimmrechtsberater: Artikel 1 Absatz 2 Buchstabe b und Absatz 6 Buchstabe c sowie Artikel 3j Absatz 4.

§ 134b Mitwirkungspolitik, Mitwirkungsbericht, Abstimmungsverhalten[1]

(1) Institutionelle Anleger und Vermögensverwalter haben eine Politik, in der sie ihre Mitwirkung in den Portfoliogesellschaften beschreiben (Mitwirkungspolitik), und in der insbesondere folgende Punkte behandelt werden, zu veröffentlichen:
1. die Ausübung von Aktionärsrechten, insbesondere im Rahmen ihrer Anlagestrategie,
2. die Überwachung wichtiger Angelegenheiten der Portfoliogesellschaften,
3. der Meinungsaustausch mit den Gesellschaftsorganen und den Interessenträgern der Gesellschaft,
4. die Zusammenarbeit mit anderen Aktionären sowie
5. der Umgang mit Interessenkonflikten.

(2) ¹Institutionelle Anleger und Vermögensverwalter haben jährlich über die Umsetzung der Mitwirkungspolitik zu berichten. ²Der Bericht enthält Erläuterungen allgemeiner Art zum Abstimmungsverhalten, zu den wichtigsten Abstimmungen und zum Einsatz von Stimmrechtsberatern.

(3) Institutionelle Anleger und Vermögensverwalter haben ihr Abstimmungsverhalten zu veröffentlichen, es sei denn, die Stimmabgabe war wegen des Gegenstands der Abstimmung oder des Umfangs der Beteiligung unbedeutend.

(4) Erfüllen institutionelle Anleger und Vermögensverwalter eine oder mehrere der Vorgaben der Absätze 1 bis 3 nicht oder nicht vollständig, haben sie zu erklären, warum sie dies nicht tun.

(5) ¹Die Informationen nach den Absätzen 1 bis 4 sind für mindestens drei Jahre auf der Internetseite der institutionellen Anleger und der Vermögensverwalter öffentlich zugänglich zu machen und mindestens jährlich zu aktualisieren. ²Davon abweichend können institutionelle Anleger auf die Internetseite der Vermögensverwalter oder andere kostenfrei und öffentlich zugängliche Internetseiten verweisen, wenn dort die Informationen nach den Absätzen 1 bis 4 verfügbar sind.

---

[1] **Anm. d. Red.:** § 134b eingefügt gem. Gesetz v. 12.12.2019 (BGBl I S. 2637) mit Wirkung v. 1.1.2020.

§ 134c Offenlegungspflichten von institutionellen Anlegern und Vermögensverwaltern[1)]

(1) Institutionelle Anleger haben offenzulegen, inwieweit die Hauptelemente ihrer Anlagestrategie dem Profil und der Laufzeit ihrer Verbindlichkeiten entsprechen und wie sie zur mittel- bis langfristigen Wertentwicklung ihrer Vermögenswerte beitragen.

(2) [1]Handelt ein Vermögensverwalter für einen institutionellen Anleger, hat der institutionelle Anleger solche Angaben über die Vereinbarungen mit dem Vermögensverwalter offenzulegen, die erläutern, wie der Vermögensverwalter seine Anlagestrategie und Anlageentscheidungen auf das Profil und die Laufzeit der Verbindlichkeiten des institutionellen Anlegers abstimmt. [2]Die Offenlegung umfasst insbesondere Angaben

1. zur Berücksichtigung der mittel- bis langfristigen Entwicklung der Gesellschaft bei der Anlageentscheidung,
2. zur Mitwirkung in der Gesellschaft, insbesondere durch Ausübung der Aktionärsrechte, einschließlich der Wertpapierleihe,
3. zu Methode, Leistungsbewertung und Vergütung des Vermögensverwalters,
4. zur Überwachung des vereinbarten Portfolioumsatzes und der angestrebten Portfolioumsatzkosten durch den institutionellen Anleger,
5. zur Laufzeit der Vereinbarung mit dem Vermögensverwalter.

[3]Wurde zu einzelnen Angaben keine Vereinbarung getroffen, hat der institutionelle Anleger zu erklären, warum dies nicht geschehen ist.

(3) [1]Institutionelle Anleger haben die Informationen nach den Absätzen 1 und 2 im Bundesanzeiger oder auf ihrer Internetseite für einen Zeitraum von mindestens drei Jahren öffentlich zugänglich zu machen und mindestens jährlich zu aktualisieren. [2]Die Veröffentlichung kann auch durch den Vermögensverwalter auf dessen Internetseite oder auf einer anderen kostenfrei und öffentlich zugänglichen Internetseite erfolgen; in diesem Fall genügt die Angabe der Internetseite, auf der die Informationen zu finden sind.

(4) [1]Vermögensverwalter, die eine Vereinbarung nach Absatz 2 geschlossen haben, haben den institutionellen Anlegern jährlich zu berichten, wie ihre Anlagestrategie und deren Umsetzung mit dieser Vereinbarung im Einklang stehen und zur mittel- bis langfristigen Wertentwicklung der Vermögenswerte beitragen. [2]Statt des Berichts an den institutionellen Anleger kann auch eine Veröffentlichung des Berichts entsprechend Absatz 3 Satz 2 erfolgen. [3]Der Bericht enthält Angaben

1. über die wesentlichen mittel- bis langfristigen Risiken,
2. über die Zusammensetzung des Portfolios, die Portfolioumsätze und die Portfolioumsatzkosten,
3. zur Berücksichtigung der mittel- bis langfristigen Entwicklung der Gesellschaft bei der Anlageentscheidung,
4. zum Einsatz von Stimmrechtsberatern,
5. zur Handhabung der Wertpapierleihe und zum Umgang mit Interessenkonflikten im Rahmen der Mitwirkung in den Gesellschaften, insbesondere durch Ausübung von Aktionärsrechten.

§ 134d Offenlegungspflichten der Stimmrechtsberater[2)]

(1) [1]Stimmrechtsberater haben jährlich zu erklären, dass sie den Vorgaben eines näher bezeichneten Verhaltenskodex entsprochen haben und entsprechen oder welche Vorgaben des Verhaltenskodex sie nicht eingehalten haben und einhalten und welche Maßnahmen sie statt-

---

1) **Anm. d. Red.:** § 134c eingefügt gem. Gesetz v. 12.12.2019 (BGBl I S. 2637) mit Wirkung v. 1.1.2020.
2) **Anm. d. Red.:** § 134d eingefügt gem. Gesetz v. 12.12.2019 (BGBl I S. 2637) mit Wirkung v. 1.1.2020.

dessen getroffen haben. ²Wenn Stimmrechtsberater keinen Verhaltenskodex einhalten, haben sie zu erklären, warum nicht.

(2) Stimmrechtsberater veröffentlichen jährlich Informationen
1. zu den wesentlichen Merkmalen der eingesetzten Methoden und Modelle sowie ihren Hauptinformationsquellen,
2. zu den zur Qualitätssicherung sowie zur Vermeidung und zur Behandlung von potentiellen Interessenkonflikten eingesetzten Verfahren,
3. zur Qualifikation der an der Stimmrechtsberatung beteiligten Mitarbeiter,
4. zur Art und Weise, wie nationale Marktbedingungen sowie rechtliche, regulatorische und unternehmensspezifische Bedingungen berücksichtigt werden,
5. zu den wesentlichen Merkmalen der verfolgten Stimmrechtspolitik für die einzelnen Märkte,
6. dazu, wie und wie oft das Gespräch mit den betroffenen Gesellschaften und deren Interessenträgern gesucht wird.

(3) Die Informationen nach den Absätzen 1 und 2 sind gesondert oder gebündelt auf der Internetseite des Stimmrechtsberaters für mindestens drei Jahre öffentlich zugänglich zu machen und jährlich zu aktualisieren.

(4) Stimmrechtsberater haben ihre Kunden unverzüglich über Interessenkonflikte sowie über diesbezügliche Gegenmaßnahmen zu informieren.

§ 135 Ausübung des Stimmrechts durch Intermediäre und geschäftsmäßig Handelnde[1)]

(1) ¹Ein Intermediär darf das Stimmrecht für Aktien, die ihm nicht gehören und als deren Inhaber er nicht im Aktienregister eingetragen ist, nur ausüben, wenn er bevollmächtigt ist. ²Die Vollmacht darf nur einem bestimmten Intermediär erteilt werden und ist von diesem nachprüfbar festzuhalten. ³Die Vollmachtserklärung muss vollständig sein und darf nur mit der Stimmrechtsausübung verbundene Erklärungen enthalten. ⁴Erteilt der Aktionär keine ausdrücklichen Weisungen, so kann eine generelle Vollmacht nur die Berechtigung des Intermediärs zur Stimmrechtsausübung
1. entsprechend eigenen Abstimmungsvorschlägen (Absätze 2 und 3) oder
2. entsprechend den Vorschlägen des Vorstands oder des Aufsichtsrats oder für den Fall voneinander abweichender Vorschläge den Vorschlägen des Aufsichtsrats (Absatz 4)

vorsehen. ⁵Bietet der Intermediär die Stimmrechtsausübung gemäß Satz 4 Nr. 1 oder Nr. 2 an, so hat er sich zugleich zu erbieten, im Rahmen des Zumutbaren und bis auf Widerruf einer Aktionärsvereinigung oder einem sonstigen Vertreter nach Wahl des Aktionärs die zur Stimmrechtsausübung erforderlichen Unterlagen zuzuleiten. ⁶Der Intermediär hat den Aktionär jährlich und deutlich hervorgehoben auf die Möglichkeiten des jederzeitigen Widerrufs der Vollmacht und der Änderung des Bevollmächtigten hinzuweisen. ⁷Die Erteilung von Weisungen zu den einzelnen Tagesordnungspunkten, die Erteilung und der Widerruf einer generellen Vollmacht nach Satz 4 und eines Auftrags nach Satz 5 einschließlich seiner Änderung sind dem Aktionär durch ein Formblatt oder Bildschirmformular zu erleichtern.

(2) ¹Ein Intermediär, der das Stimmrecht auf Grund einer Vollmacht nach Absatz 1 Satz 4 Nr. 1 ausüben will, hat dem Aktionär rechtzeitig eigene Vorschläge für die Ausübung des Stimmrechts zu den einzelnen Gegenständen der Tagesordnung zugänglich zu machen. ²Bei diesen Vorschlägen hat sich der Intermediär vom Interesse des Aktionärs leiten zu lassen und organisatorische Vorkehrungen dafür zu treffen, dass Eigeninteressen aus anderen Geschäftsbereichen nicht einfließen; er hat ein Mitglied der Geschäftsleitung zu benennen, das die Einhaltung dieser Pflichten sowie die ordnungsgemäße Ausübung des Stimmrechts und deren Dokumentation

---

1) **Anm. d. Red.:** § 135 i. d. F. des Gesetzes v. 12.12.2019 (BGBl I S. 2637) mit Wirkung v. 1.1.2020.

§ 135 I. Aktiengesetz

zu überwachen hat. ³Zusammen mit seinen Vorschlägen hat der Intermediär darauf hinzuweisen, dass er das Stimmrecht entsprechend den eigenen Vorschlägen ausüben werde, wenn der Aktionär nicht rechtzeitig eine andere Weisung erteilt. ⁴Gehört ein Vorstandsmitglied oder ein Mitarbeiter des Intermediärs dem Aufsichtsrat der Gesellschaft oder ein Vorstandsmitglied oder ein Mitarbeiter der Gesellschaft dem Aufsichtsrat des Intermediärs an, so hat der Intermediär hierauf hinzuweisen. ⁵Gleiches gilt, wenn der Intermediär an der Gesellschaft eine Beteiligung hält, die nach § 33 des Wertpapierhandelsgesetzes meldepflichtig ist, oder einem Konsortium angehörte, das die innerhalb von fünf Jahren zeitlich letzte Emission von Wertpapieren der Gesellschaft übernommen hat.

(3) ¹Hat der Aktionär dem Intermediär keine Weisung für die Ausübung des Stimmrechts erteilt, so hat der Intermediär im Falle des Absatzes 1 Satz 4 Nr. 1 das Stimmrecht entsprechend seinen eigenen Vorschlägen auszuüben, es sei denn, dass er den Umständen nach annehmen darf, dass der Aktionär bei Kenntnis der Sachlage die abweichende Ausübung des Stimmrechts billigen würde. ²Ist der Intermediär bei der Ausübung des Stimmrechts von einer Weisung des Aktionärs oder, wenn der Aktionär keine Weisung erteilt hat, von seinem eigenen Vorschlag abgewichen, so hat es dies dem Aktionär mitzuteilen und die Gründe anzugeben. ³In der eigenen Hauptversammlung darf der bevollmächtigte Intermediär das Stimmrecht auf Grund der Vollmacht nur ausüben, soweit der Aktionär eine ausdrückliche Weisung zu den einzelnen Gegenständen der Tagesordnung erteilt hat. ⁴Gleiches gilt in der Versammlung einer Gesellschaft, an der er mit mehr als 20 Prozent des Grundkapitals unmittelbar oder mittelbar beteiligt ist; für die Berechnung der Beteiligungsschwelle bleiben mittelbare Beteiligungen im Sinne des § 35 Absatz 3 bis 6 des Wertpapierhandelsgesetzes außer Betracht.

(4) ¹Ein Intermediär, der in der Hauptversammlung das Stimmrecht auf Grund einer Vollmacht nach Absatz 1 Satz 4 Nr. 2 ausüben will, hat den Aktionären die Vorschläge des Vorstands und des Aufsichtsrats zugänglich zu machen, sofern dies nicht anderweitig erfolgt. ²Absatz 2 Satz 3 sowie Absatz 3 Satz 1 bis 3 gelten entsprechend.

(5) ¹Wenn die Vollmacht dies gestattet, darf der Intermediär Personen, die nicht seine Angestellten sind, unterbevollmächtigen. ²Wenn es die Vollmacht nicht anders bestimmt, übt der Intermediär das Stimmrecht im Namen dessen aus, den es angeht. ³Ist die Briefwahl bei der Gesellschaft zugelassen, so darf der bevollmächtigte Intermediär sich ihrer bedienen. ⁴Zum Nachweis seiner Stimmberechtigung gegenüber der Gesellschaft genügt bei börsennotierten Gesellschaften die Vorlegung eines Berechtigungsnachweises gemäß § 123 Abs. 3; im Übrigen sind die in der Satzung für die Ausübung des Stimmrechts vorgesehenen Erfordernisse zu erfüllen.

(6) ¹Ein Intermediär darf das Stimmrecht für Namensaktien, die ihm nicht gehören, als deren Inhaber er aber im Aktienregister eingetragen ist, nur auf Grund einer Ermächtigung ausüben. ²Auf die Ermächtigung sind die Absätze 1 bis 5 entsprechend anzuwenden.

(7) Die Wirksamkeit der Stimmabgabe wird durch einen Verstoß gegen Absatz 1 Satz 2 bis 7, die Absätze 2 bis 6 nicht beeinträchtigt.

(8) Die Absätze 1 bis 7 gelten sinngemäß für Aktionärsvereinigungen, für Stimmrechtsberater sowie für Personen, die sich geschäftsmäßig gegenüber Aktionären zur Ausübung des Stimmrechts in der Hauptversammlung erbieten; dies gilt nicht, wenn derjenige, der das Stimmrecht ausüben will, gesetzlicher Vertreter, Ehegatte oder Lebenspartner des Aktionärs oder mit ihm bis zum vierten Grad verwandt oder verschwägert ist.

(9) Die Verpflichtung des Intermediärs, der Stimmrechtsberater sowie der Personen, die sich geschäftsmäßig gegenüber Aktionären zur Ausübung des Stimmrechts in der Hauptversammlung erbieten, zum Ersatz eines aus der Verletzung der Absätze 1 bis 6 entstehenden Schadens kann im Voraus weder ausgeschlossen noch beschränkt werden.

§ 136 Ausschluss des Stimmrechts[1)]

(1) ¹Niemand kann für sich oder für einen anderen das Stimmrecht ausüben, wenn darüber Beschluss gefasst wird, ob er zu entlasten oder von einer Verbindlichkeit zu befreien ist oder ob die Gesellschaft gegen ihn einen Anspruch geltend machen soll. ²Für Aktien, aus denen der Aktionär nach Satz 1 das Stimmrecht nicht ausüben kann, kann das Stimmrecht auch nicht durch einen anderen ausgeübt werden.

(2) ¹Ein Vertrag, durch den sich ein Aktionär verpflichtet, nach Weisung der Gesellschaft, des Vorstands oder des Aufsichtsrats der Gesellschaft oder nach Weisung eines abhängigen Unternehmens das Stimmrecht auszuüben, ist nichtig. ²Ebenso ist ein Vertrag nichtig, durch den sich ein Aktionär verpflichtet, für die jeweiligen Vorschläge des Vorstands oder des Aufsichtsrats der Gesellschaft zu stimmen.

§ 137 Abstimmung über Wahlvorschläge von Aktionären

Hat ein Aktionär einen Vorschlag zur Wahl von Aufsichtsratsmitgliedern nach § 127 gemacht und beantragt er in der Hauptversammlung die Wahl des von ihm Vorgeschlagenen, so ist über seinen Antrag vor dem Vorschlag des Aufsichtsrats zu beschließen, wenn es eine Minderheit der Aktionäre verlangt, deren Anteile zusammen den zehnten Teil des vertretenen Grundkapitals erreichen.

Fünfter Unterabschnitt: Sonderbeschluss

§ 138 Gesonderte Versammlung, gesonderte Abstimmung

¹In diesem Gesetz oder in der Satzung vorgeschriebene Sonderbeschlüsse gewisser Aktionäre sind entweder in einer gesonderten Versammlung dieser Aktionäre oder in einer gesonderten Abstimmung zu fassen, soweit das Gesetz nichts anderes bestimmt. ²Für die Einberufung der gesonderten Versammlung und die Teilnahme an ihr sowie für das Auskunftsrecht gelten die Bestimmungen über die Hauptversammlung, für die Sonderbeschlüsse die Bestimmungen über Hauptversammlungsbeschlüsse sinngemäß. ³Verlangen Aktionäre, die an der Abstimmung über den Sonderbeschluss teilnehmen können, die Einberufung einer gesonderten Versammlung oder die Bekanntmachung eines Gegenstands zur gesonderten Abstimmung, so genügt es, wenn ihre Anteile, mit denen sie an der Abstimmung über den Sonderbeschluss teilnehmen können, zusammen den zehnten Teil der Anteile erreichen, aus denen bei der Abstimmung über den Sonderbeschluss das Stimmrecht ausgeübt werden kann.

Sechster Unterabschnitt: Vorzugsaktien ohne Stimmrecht

§ 139 Wesen[2)]

(1) ¹Für Aktien, die mit einem Vorzug bei der Verteilung des Gewinns ausgestattet sind, kann das Stimmrecht ausgeschlossen werden (Vorzugsaktien ohne Stimmrecht). ²Der Vorzug kann insbesondere in einem auf die Aktie vorweg entfallenden Gewinnanteil (Vorabdividende) oder einem erhöhten Gewinnanteil (Mehrdividende) bestehen. ³Wenn die Satzung nichts anderes bestimmt, ist eine Vorabdividende nachzuzahlen.

(2) Vorzugsaktien ohne Stimmrecht dürfen nur bis zur Hälfte des Grundkapitals ausgegeben werden.

---

1) **Anm. d. Red.:** § 136 i. d. F. des Gesetzes v. 25. 10. 1982 (BGBl I S. 1425) mit Wirkung v. 1. 1. 1983.
2) **Anm. d. Red.:** § 139 i. d. F. des Gesetzes v. 22. 12. 2015 (BGBl I S. 2565) mit Wirkung v. 31. 12. 2015.

§ 140 Rechte der Vorzugsaktionäre[1]

(1) Die Vorzugsaktien ohne Stimmrecht gewähren mit Ausnahme des Stimmrechts die jedem Aktionär aus der Aktie zustehenden Rechte.

(2) ¹Ist der Vorzug nachzuzahlen und wird der Vorzugsbetrag in einem Jahr nicht oder nicht vollständig gezahlt und im nächsten Jahr nicht neben dem vollen Vorzug für dieses Jahr nachgezahlt, so haben die Aktionäre das Stimmrecht, bis die Rückstände gezahlt sind. ²Ist der Vorzug nicht nachzuzahlen und wird der Vorzugsbetrag in einem Jahr nicht oder nicht vollständig gezahlt, so haben die Vorzugsaktionäre das Stimmrecht, bis der Vorzug in einem Jahr vollständig gezahlt ist. ³Solange das Stimmrecht besteht, sind die Vorzugsaktien auch bei der Berechnung einer nach Gesetz oder Satzung erforderlichen Kapitalmehrheit zu berücksichtigen.

(3) Soweit die Satzung nichts anderes bestimmt, entsteht dadurch, dass der nachzuzahlende Vorzugsbetrag in einem Jahr nicht oder nicht vollständig gezahlt wird, noch kein durch spätere Beschlüsse über die Gewinnverteilung bedingter Anspruch auf den rückständigen Vorzugsbetrag.

§ 141 Aufhebung oder Beschränkung des Vorzugs

(1) Ein Beschluss, durch den der Vorzug aufgehoben oder beschränkt wird, bedarf zu seiner Wirksamkeit der Zustimmung der Vorzugsaktionäre.

(2) ¹Ein Beschluss über die Ausgabe von Vorzugsaktien, die bei der Verteilung des Gewinns oder des Gesellschaftsvermögens den Vorzugsaktien ohne Stimmrecht vorgehen oder gleichstehen, bedarf gleichfalls der Zustimmung der Vorzugsaktionäre. ²Der Zustimmung bedarf es nicht, wenn die Ausgabe bei Einräumung des Vorzugs oder, falls das Stimmrecht später ausgeschlossen wurde, bei der Ausschließung ausdrücklich vorbehalten worden war und das Bezugsrecht der Vorzugsaktionäre nicht ausgeschlossen wird.

(3) ¹Über die Zustimmung haben die Vorzugsaktionäre in einer gesonderten Versammlung einen Sonderbeschluss zu fassen. ²Er bedarf einer Mehrheit, die mindestens drei Viertel der abgegebenen Stimmen umfasst. ³Die Satzung kann weder eine andere Mehrheit noch weitere Erfordernisse bestimmen. ⁴Wird in dem Beschluss über die Ausgabe von Vorzugsaktien, die bei der Verteilung des Gewinns oder des Gesellschaftsvermögens den Vorzugsaktien ohne Stimmrecht vorgehen oder gleichstehen, das Bezugsrecht der Vorzugsaktionäre auf den Bezug solcher Aktien ganz oder zum Teil ausgeschlossen, so gilt für den Sonderbeschluss § 186 Abs. 3 bis 5 sinngemäß.

(4) Ist der Vorzug aufgehoben, so gewähren die Aktien das Stimmrecht.

Siebenter Unterabschnitt: Sonderprüfung, Geltendmachung von Ersatzansprüchen

§ 142 Bestellung der Sonderprüfer[2]

(1) ¹Zur Prüfung von Vorgängen bei der Gründung oder der Geschäftsführung, namentlich auch bei Maßnahmen der Kapitalbeschaffung und Kapitalherabsetzung, kann die Hauptversammlung mit einfacher Stimmenmehrheit Prüfer (Sonderprüfer) bestellen. ²Bei der Beschlussfassung kann ein Mitglied des Vorstands oder des Aufsichtsrats weder für sich noch für einen anderen mitstimmen, wenn die Prüfung sich auf Vorgänge erstrecken soll, die mit der Entlastung eines Mitglieds des Vorstands oder des Aufsichtsrats oder der Einleitung eines Rechtsstreits zwischen der Gesellschaft und einem Mitglied des Vorstands oder des Aufsichtsrats zusammenhängen. ³Für ein Mitglied des Vorstands oder des Aufsichtsrats, das nach Satz 2 nicht mitstimmen kann, kann das Stimmrecht auch nicht durch einen anderen ausgeübt werden.

(2) ¹Lehnt die Hauptversammlung einen Antrag auf Bestellung von Sonderprüfern zur Prüfung eines Vorgangs bei der Gründung oder eines nicht über fünf Jahre zurückliegenden Vor-

---

1) **Anm. d. Red.:** § 140 i. d. F. des Gesetzes v. 22.12.2015 (BGBl I S. 2565) mit Wirkung v. 31.12.2015.
2) **Anm. d. Red.:** § 142 i. d. F. des Gesetzes v. 12.12.2019 (BGBl I S. 2637) mit Wirkung v. 1.1.2020

gangs bei der Geschäftsführung ab, so hat das Gericht auf Antrag von Aktionären, deren Anteile bei Antragstellung zusammen den hundertsten Teil des Grundkapitals oder einen anteiligen Betrag von 100 000 Euro erreichen, Sonderprüfer zu bestellen, wenn Tatsachen vorliegen, die den Verdacht rechtfertigen, dass bei dem Vorgang Unredlichkeiten oder grobe Verletzungen des Gesetzes oder der Satzung vorgekommen sind; dies gilt auch für nicht über zehn Jahre zurückliegende Vorgänge, sofern die Gesellschaft zur Zeit des Vorgangs börsennotiert war. ²Die Antragsteller haben nachzuweisen, dass sie seit mindestens drei Monaten vor dem Tag der Hauptversammlung Inhaber der Aktien sind und dass sie die Aktien bis zur Entscheidung über den Antrag halten. ³Für eine Vereinbarung zur Vermeidung einer solchen Sonderprüfung gilt § 149 entsprechend.

(3) Die Absätze 1 und 2 gelten nicht für Vorgänge, die Gegenstand einer Sonderprüfung nach § 258 sein können.

(4) ¹Hat die Hauptversammlung Sonderprüfer bestellt, so hat das Gericht auf Antrag von Aktionären, deren Anteile bei Antragstellung zusammen den hundertsten Teil des Grundkapitals oder einen anteiligen Betrag von 100 000 Euro erreichen, einen anderen Sonderprüfer zu bestellen, wenn dies aus einem in der Person des bestellten Sonderprüfers liegenden Grund geboten erscheint, insbesondere, wenn der bestellte Sonderprüfer nicht die für den Gegenstand der Sonderprüfung erforderlichen Kenntnisse hat, seine Befangenheit zu besorgen ist oder Bedenken wegen seiner Zuverlässigkeit bestehen. ²Der Antrag ist binnen zwei Wochen seit dem Tage der Hauptversammlung zu stellen.

(5) ¹Das Gericht hat außer den Beteiligten auch den Aufsichtsrat und im Fall des Absatzes 4 den von der Hauptversammlung bestellten Sonderprüfer zu hören. ²Gegen die Entscheidung ist die Beschwerde zulässig. ³Über den Antrag gemäß den Absätzen 2 und 4 entscheidet das Landgericht, in dessen Bezirk die Gesellschaft ihren Sitz hat.

(6) ¹Die vom Gericht bestellten Sonderprüfer haben Anspruch auf Ersatz angemessener barer Auslagen und auf Vergütung für ihre Tätigkeit. ²Die Auslagen und die Vergütung setzt das Gericht fest. ³Gegen die Entscheidung ist die Beschwerde zulässig; die Rechtsbeschwerde ist ausgeschlossen. ⁴Aus der rechtskräftigen Entscheidung findet die Zwangsvollstreckung nach der Zivilprozessordnung statt.

(7) Ist für die Gesellschaft als Emittentin von zugelassenen Wertpapieren im Sinne des § 2 Absatz 1 des Wertpapierhandelsgesetzes mit Ausnahme von Anteilen und Aktien an offenen Investmentvermögen im Sinne des § 1 Absatz 4 des Kapitalanlagegesetzbuchs die Bundesrepublik Deutschland der Herkunftsstaat (§ 2 Absatz 13 des Wertpapierhandelsgesetzes), so hat im Falle des Absatzes 1 Satz 1 der Vorstand und im Falle des Absatzes 2 Satz 1 das Gericht der Bundesanstalt für Finanzdienstleistungsaufsicht die Bestellung des Sonderprüfers und dessen Prüfungsbericht mitzuteilen; darüber hinaus hat das Gericht den Eingang eines Antrags auf Bestellung eines Sonderprüfers mitzuteilen.

(8) Auf das gerichtliche Verfahren nach den Absätzen 2 bis 6 sind die Vorschriften des Gesetzes über das Verfahren in Familiensachen und in den Angelegenheiten der freiwilligen Gerichtsbarkeit anzuwenden, soweit in diesem Gesetz nichts anderes bestimmt ist.

§ 143 Auswahl der Sonderprüfer[1)]

(1) Als Sonderprüfer sollen, wenn der Gegenstand der Sonderprüfung keine anderen Kenntnisse fordert, nur bestellt werden
1. Personen, die in der Buchführung ausreichend vorgebildet und erfahren sind;
2. Prüfungsgesellschaften, von deren gesetzlichen Vertretern mindestens einer in der Buchführung ausreichend vorgebildet und erfahren ist.

(2) ¹Sonderprüfer darf nicht sein, wer nach § 319 Abs. 2, 3, § 319a Abs. 1, § 319b des Handelsgesetzbuchs nicht Abschlussprüfer sein darf oder während der Zeit, in der sich der zu prüfende

---

1) **Anm. d. Red.:** § 143 i. d. F. des Gesetzes v. 25. 5. 2009 (BGBl I S. 1102) mit Wirkung v. 29. 5. 2009.

Vorgang ereignet hat, hätte sein dürfen. ²Eine Prüfungsgesellschaft darf nicht Sonderprüfer sein, wenn sie nach § 319 Abs. 2, 4, § 319a Abs. 1, § 319b des Handelsgesetzbuchs nicht Abschlussprüfer sein darf oder während der Zeit, in der sich der zu prüfende Vorgang ereignet hat, hätte sein dürfen.

§ 144 Verantwortlichkeit der Sonderprüfer[1]

§ 323 des Handelsgesetzbuchs über die Verantwortlichkeit des Abschlussprüfers gilt sinngemäß.

§ 145 Rechte der Sonderprüfer, Prüfungsbericht[2]

(1) Der Vorstand hat den Sonderprüfern zu gestatten, die Bücher und Schriften der Gesellschaft sowie die Vermögensgegenstände, namentlich die Gesellschaftskasse und die Bestände an Wertpapieren und Waren, zu prüfen.

(2) Die Sonderprüfer können von den Mitgliedern des Vorstands und des Aufsichtsrats alle Aufklärungen und Nachweise verlangen, welche die sorgfältige Prüfung der Vorgänge notwendig macht.

(3) Die Sonderprüfer haben die Rechte nach Absatz 2 auch gegenüber einem Konzernunternehmen sowie gegenüber einem abhängigen oder herrschenden Unternehmen.

(4) Auf Antrag des Vorstands hat das Gericht zu gestatten, dass bestimmte Tatsachen nicht in den Bericht aufgenommen werden, wenn überwiegende Belange der Gesellschaft dies gebieten und sie zur Darlegung der Unredlichkeiten oder groben Verletzungen gemäß § 142 Abs. 2 nicht unerlässlich sind.

(5) ¹Über den Antrag gemäß Absatz 4 entscheidet das Landgericht, in dessen Bezirk die Gesellschaft ihren Sitz hat. ²§ 142 Abs. 5 Satz 2, Abs. 8 gilt entsprechend.

(6) ¹Die Sonderprüfer haben über das Ergebnis der Prüfung schriftlich zu berichten. ²Auch Tatsachen, deren Bekanntwerden geeignet ist, der Gesellschaft oder einem verbundenen Unternehmen einen nicht unerheblichen Nachteil zuzufügen, müssen in den Prüfungsbericht aufgenommen werden, wenn ihre Kenntnis zur Beurteilung des zu prüfenden Vorgangs durch die Hauptversammlung erforderlich ist. ³Die Sonderprüfer haben den Bericht zu unterzeichnen und unverzüglich dem Vorstand und zum Handelsregister des Sitzes der Gesellschaft einzureichen. ⁴Auf Verlangen hat der Vorstand jedem Aktionär eine Abschrift des Prüfungsberichts zu erteilen. ⁵Der Vorstand hat den Bericht dem Aufsichtsrat vorzulegen und bei der Einberufung der nächsten Hauptversammlung als Gegenstand der Tagesordnung bekannt zu machen.

§ 146 Kosten[3]

¹Bestellt das Gericht Sonderprüfer, so trägt die Gesellschaft die Gerichtskosten und die Kosten der Prüfung. ²Hat der Antragsteller die Bestellung durch vorsätzlich oder grob fahrlässig unrichtigen Vortrag erwirkt, so hat der Antragsteller der Gesellschaft die Kosten zu erstatten.

§ 147 Geltendmachung von Ersatzansprüchen[4]

(1) ¹Die Ersatzansprüche der Gesellschaft aus der Gründung gegen die nach den §§ 46 bis 48, 53 verpflichteten Personen oder aus der Geschäftsführung gegen die Mitglieder des Vorstands und des Aufsichtsrats oder aus § 117 müssen geltend gemacht werden, wenn es die Hauptversammlung mit einfacher Stimmenmehrheit beschließt. ²Der Ersatzanspruch soll binnen sechs Monaten seit dem Tage der Hauptversammlung geltend gemacht werden.

---

1) **Anm. d. Red.:** § 144 i. d. F. des Gesetzes v. 19. 12. 1985 (BGBl I S. 2355) mit Wirkung v. 1. 1. 1986.
2) **Anm. d. Red.:** § 145 i. d. F. des Gesetzes v. 17. 12. 2008 (BGBl I S. 2586) mit Wirkung v. 1. 9. 2009.
3) **Anm. d. Red.:** § 146 i. d. F. des Gesetzes v. 22. 9. 2005 (BGBl I S. 2802) mit Wirkung v. 1. 11. 2005.
4) **Anm. d. Red.:** § 147 i. d. F. des Gesetzes v. 17. 12. 2008 (BGBl I S. 2586) mit Wirkung v. 1. 9. 2009.

I. Aktiengesetz §148

(2) ¹Zur Geltendmachung des Ersatzanspruchs kann die Hauptversammlung besondere Vertreter bestellen. ²Das Gericht (§ 14) hat auf Antrag von Aktionären, deren Anteile zusammen den zehnten Teil des Grundkapitals oder den anteiligen Betrag von einer Million Euro erreichen, als Vertreter der Gesellschaft zur Geltendmachung des Ersatzanspruchs andere als die nach den §§ 78, 112 oder nach Satz 1 zur Vertretung der Gesellschaft berufenen Personen zu bestellen, wenn ihm dies für eine gehörige Geltendmachung zweckmäßig erscheint. ³Gibt das Gericht dem Antrag statt, so trägt die Gesellschaft die Gerichtskosten. ⁴Gegen die Entscheidung ist die Beschwerde zulässig. ⁵Die gerichtlich bestellten Vertreter können von der Gesellschaft den Ersatz angemessener barer Auslagen und eine Vergütung für ihre Tätigkeit verlangen. ⁶Die Auslagen und die Vergütung setzt das Gericht fest. ⁷Gegen die Entscheidung ist die Beschwerde zulässig; die Rechtsbeschwerde ist ausgeschlossen. ⁸Aus der rechtskräftigen Entscheidung findet die Zwangsvollstreckung nach der Zivilprozessordnung statt.

§ 148 Klagezulassungsverfahren[1)]

(1) ¹Aktionäre, deren Anteile im Zeitpunkt der Antragstellung zusammen den einhundertsten Teil des Grundkapitals oder einen anteiligen Betrag von 100 000 Euro erreichen, können die Zulassung beantragen, im eigenen Namen die in § 147 Abs. 1 Satz 1 bezeichneten Ersatzansprüche der Gesellschaft geltend zu machen. ²Das Gericht lässt die Klage zu, wenn

1. die Aktionäre nachweisen, dass sie die Aktien vor dem Zeitpunkt erworben haben, in dem sie oder im Falle der Gesamtrechtsnachfolge ihre Rechtsvorgänger von den behaupteten Pflichtverstößen oder dem behaupteten Schaden aufgrund einer Veröffentlichung Kenntnis erlangen mussten,
2. die Aktionäre nachweisen, dass sie die Gesellschaft unter Setzung einer angemessenen Frist vergeblich aufgefordert haben, selbst Klage zu erheben,
3. Tatsachen vorliegen, die den Verdacht rechtfertigen, dass der Gesellschaft durch Unredlichkeit oder grobe Verletzung des Gesetzes oder der Satzung ein Schaden entstanden ist, und
4. der Geltendmachung des Ersatzanspruchs keine überwiegenden Gründe des Gesellschaftswohls entgegenstehen.

(2) ¹Über den Antrag auf Klagezulassung entscheidet das Landgericht, in dessen Bezirk die Gesellschaft ihren Sitz hat, durch Beschluss. ²Ist bei dem Landgericht eine Kammer für Handelssachen gebildet, so entscheidet diese anstelle der Zivilkammer. ³Die Landesregierung kann die Entscheidung durch Rechtsverordnung für die Bezirke mehrerer Landgerichte einem der Landgerichte übertragen, wenn dies der Sicherung einer einheitlichen Rechtsprechung dient. ⁴Die Landesregierung kann die Ermächtigung auf die Landesjustizverwaltung übertragen. ⁵Die Antragstellung hemmt die Verjährung des streitgegenständlichen Anspruchs bis zur rechtskräftigen Antragsabweisung oder bis zum Ablauf der Frist für die Klageerhebung. ⁶Vor der Entscheidung hat das Gericht dem Antragsgegner Gelegenheit zur Stellungnahme zu geben. ⁷Gegen die Entscheidung findet die sofortige Beschwerde statt. ⁸Die Rechtsbeschwerde ist ausgeschlossen. ⁹Die Gesellschaft ist im Zulassungsverfahren und im Klageverfahren beizuladen.

(3) ¹Die Gesellschaft ist jederzeit berechtigt, ihren Ersatzanspruch selbst gerichtlich geltend zu machen; mit Klageerhebung durch die Gesellschaft wird ein anhängiges Zulassungs- oder Klageverfahren von Aktionären über diesen Ersatzanspruch unzulässig. ²Die Gesellschaft ist nach ihrer Wahl berechtigt, ein anhängiges Klageverfahren über ihren Ersatzanspruch in der Lage zu übernehmen, in der sich das Verfahren zur Zeit der Übernahme befindet. ³Die bisherigen Antragsteller oder Kläger sind in den Fällen der Sätze 1 und 2 beizuladen.

(4) ¹Hat das Gericht dem Antrag stattgegeben, kann die Klage nur binnen drei Monaten nach Eintritt der Rechtskraft der Entscheidung und sofern die Aktionäre die Gesellschaft nochmals unter Setzung einer angemessenen Frist vergeblich aufgefordert haben, selbst Klage zu erheben, vor dem nach Absatz 2 zuständigen Gericht erhoben werden. ²Sie ist gegen die in § 147

---

1) **Anm. d. Red.:** § 148 i. d. F. des Gesetzes v. 17. 12. 2008 (BGBl I S. 2586) mit Wirkung v. 1. 9. 2009.

Abs. 1 Satz 1 genannten Personen und auf Leistung an die Gesellschaft zu richten. ³Eine Nebenintervention durch Aktionäre ist nach Zulassung der Klage nicht mehr möglich. ⁴Mehrere Klagen sind zur gleichzeitigen Verhandlung und Entscheidung zu verbinden.

(5) ¹Das Urteil wirkt, auch wenn es auf Klageabweisung lautet, für und gegen die Gesellschaft und die übrigen Aktionäre. ²Entsprechendes gilt für einen nach § 149 bekannt zu machenden Vergleich; für und gegen die Gesellschaft wirkt dieser aber nur nach Klagezulassung.

(6) ¹Die Kosten des Zulassungsverfahrens hat der Antragsteller zu tragen, soweit sein Antrag abgewiesen wird. ²Beruht die Abweisung auf entgegenstehenden Gründen des Gesellschaftswohls, die die Gesellschaft vor Antragstellung hätte mitteilen können, aber nicht mitgeteilt hat, so hat sie dem Antragsteller die Kosten zu erstatten. ³Im Übrigen ist über die Kostentragung im Endurteil zu entscheiden. ⁴Erhebt die Gesellschaft selbst Klage oder übernimmt sie ein anhängiges Klageverfahren von Aktionären, so trägt sie etwaige bis zum Zeitpunkt ihrer Klageerhebung oder Übernahme des Verfahrens entstandene Kosten des Antragstellers und kann die Klage nur unter den Voraussetzungen des § 93 Abs. 4 Satz 3 und 4 mit Ausnahme der Sperrfrist zurücknehmen. ⁵Wird die Klage ganz oder teilweise abgewiesen, hat die Gesellschaft den Klägern die von diesen zu tragenden Kosten zu erstatten, sofern nicht die Kläger die Zulassung durch vorsätzlich oder grob fahrlässig unrichtigen Vortrag erwirkt haben. ⁶Gemeinsam als Antragsteller oder als Streitgenossen handelnde Aktionäre erhalten insgesamt nur die Kosten eines Bevollmächtigten erstattet, soweit nicht ein weiterer Bevollmächtigter zur Rechtsverfolgung unerlässlich war.

§ 149 Bekanntmachungen zur Haftungsklage¹⁾

(1) Nach rechtskräftiger Zulassung der Klage gemäß § 148 sind der Antrag auf Zulassung und die Verfahrensbeendigung von der börsennotierten Gesellschaft unverzüglich in den Gesellschaftsblättern bekannt zu machen.

(2) ¹Die Bekanntmachung der Verfahrensbeendigung hat deren Art, alle mit ihr im Zusammenhang stehenden Vereinbarungen einschließlich Nebenabreden im vollständigen Wortlaut sowie die Namen der Beteiligten zu enthalten. ²Etwaige Leistungen der Gesellschaft und ihr zurechenbare Leistungen Dritter sind gesondert zu beschreiben und hervorzuheben. ³Die vollständige Bekanntmachung ist Wirksamkeitsvoraussetzung für alle Leistungspflichten. ⁴Die Wirksamkeit von verfahrensbeendigenden Prozesshandlungen bleibt hiervon unberührt. ⁵Trotz Unwirksamkeit bewirkte Leistungen können zurückgefordert werden.

(3) Die vorstehenden Bestimmungen gelten entsprechend für Vereinbarungen, die zur Vermeidung eines Prozesses geschlossen werden.

Fünfter Teil: Rechnungslegung, Gewinnverwendung

Erster Abschnitt: Jahresabschluss und Lagebericht; Entsprechenserklärung und Vergütungsbericht²⁾

§ 150 Gesetzliche Rücklage, Kapitalrücklage³⁾

(1) In der Bilanz des nach den §§ 242, 264 des Handelsgesetzbuchs aufzustellenden Jahresabschlusses ist eine gesetzliche Rücklage zu bilden.

(2) In diese ist der zwanzigste Teil des um einen Verlustvortrag aus dem Vorjahr geminderten Jahresüberschusses einzustellen, bis die gesetzliche Rücklage und die Kapitalrücklagen nach § 272 Abs. 2 Nr. 1 bis 3 des Handelsgesetzbuchs zusammen den zehnten oder den in der Satzung bestimmten höheren Teil des Grundkapitals erreichen.

---

1) **Anm. d. Red.:** § 149 eingefügt gem. Gesetz v. 22. 9. 2005 (BGBl I S. 2802) mit Wirkung v. 1. 11. 2005.
2) **Anm. d. Red.:** Überschrift i. d. F. des Gesetzes v. 12.12.2019 (BGBl I S. 2637) mit Wirkung v. 1.1.2020.
3) **Anm. d. Red.:** § 150 i. d. F. des Gesetzes v. 19. 12. 1985 (BGBl I S. 2355) mit Wirkung v. 1. 1. 1986.

(3) Übersteigen die gesetzliche Rücklage und die Kapitalrücklagen nach § 272 Abs. 2 Nr. 1 bis 3 des Handelsgesetzbuchs zusammen nicht den zehnten oder den in der Satzung bestimmten höheren Teil des Grundkapitals, so dürfen sie nur verwandt werden

1. zum Ausgleich eines Jahresfehlbetrags, soweit er nicht durch einen Gewinnvortrag aus dem Vorjahr gedeckt ist und nicht durch Auflösung anderer Gewinnrücklagen ausgeglichen werden kann;
2. zum Ausgleich eines Verlustvortrags aus dem Vorjahr, soweit er nicht durch einen Jahresüberschuss gedeckt ist und nicht durch Auflösung anderer Gewinnrücklagen ausgeglichen werden kann.

(4) ¹Übersteigen die gesetzliche Rücklage und die Kapitalrücklagen nach § 272 Abs. 2 Nr. 1 bis 3 des Handelsgesetzbuchs zusammen den zehnten oder den in der Satzung bestimmten höheren Teil des Grundkapitals, so darf der übersteigende Betrag verwandt werden

1. zum Ausgleich eines Jahresfehlbetrags, soweit er nicht durch einen Gewinnvortrag aus dem Vorjahr gedeckt ist;
2. zum Ausgleich eines Verlustvortrags aus dem Vorjahr, soweit er nicht durch einen Jahresüberschuss gedeckt ist;
3. zur Kapitalerhöhung aus Gesellschaftsmitteln nach den §§ 207 bis 220.

²Die Verwendung nach den Nummern 1 und 2 ist nicht zulässig, wenn gleichzeitig Gewinnrücklagen zur Gewinnausschüttung aufgelöst werden.

§§ 150a und 151 (weggefallen)[1]

§ 152 Vorschriften zur Bilanz[2]

(1) ¹Das Grundkapital ist in der Bilanz als gezeichnetes Kapital auszuweisen. ²Dabei ist der auf jede Aktiengattung entfallende Betrag des Grundkapitals gesondert anzugeben. ³Bedingtes Kapital ist mit dem Nennbetrag zu vermerken. ⁴Bestehen Mehrstimmrechtsaktien, so sind beim gezeichneten Kapital die Gesamtstimmzahl der Mehrstimmrechtsaktien und die der übrigen Aktien zu vermerken.

(2) Zu dem Posten „Kapitalrücklage" sind in der Bilanz oder im Anhang gesondert anzugeben
1. der Betrag, der während des Geschäftsjahrs eingestellt wurde;
2. der Betrag, der für das Geschäftsjahr entnommen wird.

(3) Zu den einzelnen Posten der Gewinnrücklagen sind in der Bilanz oder im Anhang jeweils gesondert anzugeben
1. die Beträge, die die Hauptversammlung aus dem Bilanzgewinn des Vorjahrs eingestellt hat;
2. die Beträge, die aus dem Jahresüberschuss des Geschäftsjahrs eingestellt werden;
3. die Beträge, die für das Geschäftsjahr entnommen werden.

(4) ¹Die Absätze 1 bis 3 sind nicht anzuwenden auf Aktiengesellschaften, die Kleinstkapitalgesellschaften im Sinne des § 267a des Handelsgesetzbuchs sind, wenn sie von der Erleichterung nach § 266 Absatz 1 Satz 4 des Handelsgesetzbuchs Gebrauch machen. ²Kleine Aktiengesellschaften im Sinne des § 267 Absatz 1 des Handelsgesetzbuchs haben die Absätze 2 und 3 mit der Maßgabe anzuwenden, dass die Angaben in der Bilanz zu machen sind.

§§ 153 bis 157 (weggefallen)[3]

---

1) **Anm. d. Red.:** §§ 150a und 151 weggefallen gem. Gesetz v. 19. 12. 1985 (BGBl I S. 2355) mit Wirkung v. 1. 1. 1986.

2) **Anm. d. Red.:** § 152 i. d. F. des Gesetzes v. 17. 7. 2015 (BGBl I S. 1245) mit Wirkung v. 23. 7. 2015.

3) **Anm. d. Red.:** §§ 153 bis 157 weggefallen gem. Gesetz v. 19. 12. 1985 (BGBl I S. 2355) mit Wirkung v. 1. 1. 1986.

§ 158 Vorschriften zur Gewinn- und Verlustrechnung[1)]

(1) ¹Die Gewinn- und Verlustrechnung ist nach dem Posten „Jahresüberschuss/Jahresfehlbetrag" in Fortführung der Nummerierung um die folgenden Posten zu ergänzen:
1. Gewinnvortrag/Verlustvortrag aus dem Vorjahr
2. Entnahmen aus der Kapitalrücklage
3. Entnahmen aus Gewinnrücklagen
   a) aus der gesetzlichen Rücklage
   b) aus der Rücklage für Anteile an einem herrschenden oder mehrheitlich beteiligten Unternehmen
   c) aus satzungsmäßigen Rücklagen
   d) aus anderen Gewinnrücklagen
4. Einstellungen in Gewinnrücklagen
   a) in die gesetzliche Rücklage
   b) in die Rücklage für Anteile an einem herrschenden oder mehrheitlich beteiligten Unternehmen
   c) in satzungsmäßige Rücklagen
   d) in andere Gewinnrücklagen
5. Bilanzgewinn/Bilanzverlust.

²Die Angaben nach Satz 1 können auch im Anhang gemacht werden.

(2) ¹Von dem Ertrag aus einem Gewinnabführungs- oder Teilgewinnabführungsvertrag ist ein vertraglich zu leistender Ausgleich für außenstehende Gesellschafter abzusetzen; übersteigt dieser den Ertrag, so ist der übersteigende Betrag unter den Aufwendungen aus Verlustübernahme auszuweisen. ²Andere Beträge dürfen nicht abgesetzt werden.

(3) Die Absätze 1 und 2 sind nicht anzuwenden auf Aktiengesellschaften, die Kleinstkapitalgesellschaften im Sinne des § 267a des Handelsgesetzbuchs sind, wenn sie von der Erleichterung nach § 275 Absatz 5 des Handelsgesetzbuchs Gebrauch machen.

§ 159 (weggefallen)[2)]

§ 160 Vorschriften zum Anhang[3)]

(1) In jedem Anhang sind auch Angaben zu machen über
1. den Bestand und den Zugang an Aktien, die ein Aktionär für Rechnung der Gesellschaft oder eines abhängigen oder eines im Mehrheitsbesitz der Gesellschaft stehenden Unternehmens oder ein abhängiges oder im Mehrheitsbesitz der Gesellschaft stehendes Unternehmen als Gründer oder Zeichner oder in Ausübung eines bei einer bedingten Kapitalerhöhung eingeräumten Umtausch- oder Bezugsrechts übernommen hat; sind solche Aktien im Geschäftsjahr verwertet worden, so ist auch über die Verwertung unter Angabe des Erlöses und die Verwendung des Erlöses zu berichten;
2. den Bestand an eigenen Aktien der Gesellschaft, die sie, ein abhängiges oder im Mehrheitsbesitz der Gesellschaft stehendes Unternehmen oder ein anderer für Rechnung der Gesellschaft oder eines abhängigen oder eines im Mehrheitsbesitz der Gesellschaft stehenden Unternehmens erworben oder als Pfand genommen hat; dabei sind die Zahl dieser Aktien und der auf sie entfallende Betrag des Grundkapitals sowie deren Anteil am Grundkapital, für erworbene Aktien ferner der Zeitpunkt des Erwerbs und die Gründe für den Erwerb anzugeben. ²Sind solche Aktien im Geschäftsjahr erworben oder veräußert worden, so ist

---

1) **Anm. d. Red.:** § 158 i. d. F. des Gesetzes v. 20. 12. 2012 (BGBl I S. 2751) mit Wirkung v. 28. 12. 2012.
2) **Anm. d. Red.:** § 159 weggefallen gem. Gesetz v. 19. 12. 1985 (BGBl I S. 2355) mit Wirkung v. 1. 1. 1986.
3) **Anm. d. Red.:** § 160 i. d. F. des Gesetzes v. 23. 6. 2017 (BGBl I S. 1693) mit Wirkung v. 3. 1. 2018.

auch über den Erwerb oder die Veräußerung unter Angabe der Zahl dieser Aktien, des auf sie entfallenden Betrags des Grundkapitals, des Anteils am Grundkapital und des Erwerbs- oder Veräußerungspreises, sowie über die Verwendung des Erlöses zu berichten;

3. die Zahl der Aktien jeder Gattung, wobei zu Nennbetragsaktien der Nennbetrag und zu Stückaktien der rechnerische Wert für jede von ihnen anzugeben ist, sofern sich diese Angaben nicht aus der Bilanz ergeben; davon sind Aktien, die bei einer bedingten Kapitalerhöhung oder einem genehmigten Kapital im Geschäftsjahr gezeichnet wurden, jeweils gesondert anzugeben;
4. das genehmigte Kapital;
5. die Zahl der Bezugsrechte gemäß § 192 Absatz 2 Nummer 3;
6. (weggefallen)
7. das Bestehen einer wechselseitigen Beteiligung unter Angabe des Unternehmens;
8. das Bestehen einer Beteiligung, die nach § 20 Abs. 1 oder 4 dieses Gesetzes oder nach § 33 Absatz 1 oder Absatz 2 des Wertpapierhandelsgesetzes mitgeteilt worden ist; dabei ist der nach § 20 Abs. 6 dieses Gesetzes oder der nach § 40 Absatz 1 des Wertpapierhandelsgesetzes veröffentlichte Inhalt der Mitteilung anzugeben.

(2) Die Berichterstattung hat insoweit zu unterbleiben, als es für das Wohl der Bundesrepublik Deutschland oder eines ihrer Länder erforderlich ist.

(3) ¹Absatz 1 Nummer 1 und 3 bis 8 ist nicht anzuwenden auf Aktiengesellschaften, die kleine Kapitalgesellschaften im Sinne des § 267 Absatz 1 des Handelsgesetzbuchs sind. ²Absatz 1 Nummer 2 ist auf diese Aktiengesellschaften mit der Maßgabe anzuwenden, dass die Gesellschaft nur Angaben zu von ihr selbst oder durch eine andere Person für Rechnung der Gesellschaft erworbenen und gehaltenen eigenen Aktien machen muss und über die Verwendung des Erlöses aus der Veräußerung eigener Aktien nicht zu berichten braucht.

§ 161 Erklärung zum Corporate Governance Kodex[1)]

(1) ¹Vorstand und Aufsichtsrat der börsennotierten Gesellschaft erklären jährlich, dass den vom Bundesministerium der Justiz und für Verbraucherschutz im amtlichen Teil des Bundesanzeigers bekannt gemachten Empfehlungen der „Regierungskommission Deutscher Corporate Governance Kodex" entsprochen wurde und wird oder welche Empfehlungen nicht angewendet werden oder wurden und warum nicht. ²Gleiches gilt für Vorstand und Aufsichtsrat einer Gesellschaft, die ausschließlich andere Wertpapiere als Aktien zum Handel an einem organisierten Markt im Sinn des § 2 Absatz 11 des Wertpapierhandelsgesetzes ausgegeben hat und deren ausgegebene Aktien auf eigene Veranlassung über ein multilaterales Handelssystem im Sinn des § 2 Absatz 8 Satz 1 Nummer 8 des Wertpapierhandelsgesetzes gehandelt werden.

(2) Die Erklärung ist auf der Internetseite der Gesellschaft dauerhaft öffentlich zugänglich zu machen.

§ 162 Vergütungsbericht[2)]

(1) ¹Vorstand und Aufsichtsrat der börsennotierten Gesellschaft erstellen jährlich einen klaren und verständlichen Bericht über die im letzten Geschäftsjahr jedem einzelnen gegenwärtigen oder früheren Mitglied des Vorstands und des Aufsichtsrats von der Gesellschaft und von Unternehmen desselben Konzerns (§ 290 des Handelsgesetzbuchs) gewährte und geschuldete Ver-

---

1) **Anm. d. Red.:** § 161 i. d. F. des Gesetzes v. 23. 6. 2017 (BGBl I S. 1693) mit Wirkung v. 3. 1. 2018.
2) **Anm. d. Red.:** § 162 i. d. F. des Gesetzes v. 12.12.2019 (BGBl I S. 2637) mit Wirkung v. 1.1.2020. – Zur Anwendung siehe § 26j Abs. 2 EGAktG.

§ 162 I. Aktiengesetz

gütung. ²Der Vergütungsbericht hat unter Namensnennung der in Satz 1 genannten Personen die folgenden Angaben zu enthalten, soweit sie inhaltlich tatsächlich vorliegen:

1. alle festen und variablen Vergütungsbestandteile, deren jeweiliger relativer Anteil sowie eine Erläuterung, wie sie dem maßgeblichen Vergütungssystem entsprechen, wie die Vergütung die langfristige Entwicklung der Gesellschaft fördert und wie die Leistungskriterien angewendet wurden;
2. eine vergleichende Darstellung der jährlichen Veränderung der Vergütung, der Ertragsentwicklung der Gesellschaft sowie der über die letzten fünf Geschäftsjahre betrachteten durchschnittlichen Vergütung von Arbeitnehmern auf Vollzeitäquivalenzbasis, einschließlich einer Erläuterung, welcher Kreis von Arbeitnehmern einbezogen wurde;
3. die Anzahl der gewährten oder zugesagten Aktien und Aktienoptionen und die wichtigsten Bedingungen für die Ausübung der Rechte, einschließlich Ausübungspreis, Ausübungsdatum und etwaiger Änderungen dieser Bedingungen;
4. Angaben dazu, ob und wie von der Möglichkeit Gebrauch gemacht wurde, variable Vergütungsbestandteile zurückzufordern;
5. Angaben zu etwaigen Abweichungen vom Vergütungssystem des Vorstands, einschließlich einer Erläuterung der Notwendigkeit der Abweichungen, und der Angabe der konkreten Bestandteile des Vergütungssystems, von denen abgewichen wurde;
6. eine Erläuterung, wie der Beschluss der Hauptversammlung nach § 120a Absatz 4 oder die Erörterung nach § 120a Absatz 5 berücksichtigt wurde;
7. eine Erläuterung, wie die festgelegte Maximalvergütung der Vorstandsmitglieder eingehalten wurde.

(2) Hinsichtlich der Vergütung jedes einzelnen Mitglieds des Vorstands hat der Vergütungsbericht ferner Angaben zu solchen Leistungen zu enthalten, die

1. einem Vorstandsmitglied von einem Dritten im Hinblick auf seine Tätigkeit als Vorstandsmitglied zugesagt oder im Geschäftsjahr gewährt worden sind,
2. einem Vorstandsmitglied für den Fall der vorzeitigen Beendigung seiner Tätigkeit zugesagt worden sind, einschließlich während des letzten Geschäftsjahres vereinbarter Änderungen dieser Zusagen,
3. einem Vorstandsmitglied für den Fall der regulären Beendigung seiner Tätigkeit zugesagt worden sind, mit ihrem Barwert und dem von der Gesellschaft während des letzten Geschäftsjahres hierfür aufgewandten oder zurückgestellten Betrag, einschließlich während des letzten Geschäftsjahres vereinbarter Änderungen dieser Zusagen,
4. einem früheren Vorstandsmitglied, das seine Tätigkeit im Laufe des letzten Geschäftsjahres beendet hat, in diesem Zusammenhang zugesagt und im Laufe des letzten Geschäftsjahres gewährt worden sind.

(3) ¹Der Vergütungsbericht ist durch den Abschlussprüfer zu prüfen. ²Er hat zu prüfen, ob die Angaben nach den Absätzen 1 und 2 gemacht wurden. ³Er hat einen Vermerk über die Prüfung des Vergütungsberichts zu erstellen. ⁴Dieser ist dem Vergütungsbericht beizufügen. ⁵§ 323 des Handelsgesetzbuchs gilt entsprechend.

(4) Der Vergütungsbericht und der Vermerk nach Absatz 3 Satz 3 sind nach dem Beschluss gemäß § 120a Absatz 4 Satz 1 oder nach der Vorlage gemäß § 120a Absatz 5 von der Gesellschaft zehn Jahre lang auf ihrer Internetseite kostenfrei öffentlich zugänglich zu machen.

(5) ¹Der Vergütungsbericht darf keine Daten enthalten, die sich auf die Familiensituation einzelner Mitglieder des Vorstands oder des Aufsichtsrats beziehen. ²Personenbezogene Angaben zu früheren Mitgliedern des Vorstands oder des Aufsichtsrats sind in allen Vergütungsberichten, die nach Ablauf von zehn Jahren nach Ablauf des Geschäftsjahres, in dem das jeweilige Mitglied seine Tätigkeit beendet hat, zu erstellen sind, zu unterlassen. ³Im Übrigen sind personenbezogene Daten nach Ablauf der Frist des Absatzes 4 aus Vergütungsberichten zu entfernen, die über die Internetseite zugänglich sind.

(6) ¹In den Vergütungsbericht brauchen keine Angaben aufgenommen zu werden, die nach vernünftiger kaufmännischer Beurteilung geeignet sind, der Gesellschaft einen nicht unerheblichen Nachteil zuzufügen. ²Macht die Gesellschaft von der Möglichkeit nach Satz 1 Gebrauch und entfallen die Gründe für die Nichtaufnahme der Angaben nach der Veröffentlichung des Vergütungsberichts, sind die Angaben in den darauf folgenden Vergütungsbericht aufzunehmen.

Zweiter Abschnitt: Prüfung des Jahresabschlusses

Erster Unterabschnitt: Prüfung durch Abschlussprüfer

§§ 163 bis 169 (weggefallen)[1]

Zweiter Unterabschnitt: Prüfung durch den Aufsichtsrat

§ 170 Vorlage an den Aufsichtsrat[2]

(1) ¹Der Vorstand hat den Jahresabschluss und den Lagebericht unverzüglich nach ihrer Aufstellung dem Aufsichtsrat vorzulegen. ²Satz 1 gilt entsprechend für einen Einzelabschluss nach § 325 Abs. 2a des Handelsgesetzbuchs sowie bei Mutterunternehmen (§ 290 Abs. 1, 2 des Handelsgesetzbuchs) für den Konzernabschluss und den Konzernlagebericht. ³Nach Satz 1 vorzulegen sind auch der gesonderte nichtfinanzielle Bericht (§ 289b des Handelsgesetzbuchs) und der gesonderte nichtfinanzielle Konzernbericht (§ 315b des Handelsgesetzbuchs), sofern sie erstellt wurden.

(2) ¹Zugleich hat der Vorstand dem Aufsichtsrat den Vorschlag vorzulegen, den er der Hauptversammlung für die Verwendung des Bilanzgewinns machen will. ²Der Vorschlag ist, sofern er keine abweichende Gliederung bedingt, wie folgt zu gliedern:
1. Verteilung an die Aktionäre ......
2. Einstellung in Gewinnrücklagen ......
3. Gewinnvortrag ......
4. Bilanzgewinn ......

(3) ¹Jedes Aufsichtsratsmitglied hat das Recht, von den Vorlagen und Prüfungsberichten Kenntnis zu nehmen. ²Die Vorlagen und Prüfungsberichte sind auch jedem Aufsichtsratsmitglied oder, soweit der Aufsichtsrat dies beschlossen hat, den Mitgliedern eines Ausschusses zu übermitteln.

§ 171 Prüfung durch den Aufsichtsrat[3]

(1) ¹Der Aufsichtsrat hat den Jahresabschluss, den Lagebericht und den Vorschlag für die Verwendung des Bilanzgewinns zu prüfen, bei Mutterunternehmen (§ 290 Abs. 1, 2 des Handelsgesetzbuchs) auch den Konzernabschluss und den Konzernlagebericht. ²Ist der Jahresabschluss oder der Konzernabschluss durch einen Abschlussprüfer zu prüfen, so hat dieser an den Verhandlungen des Aufsichtsrats oder des Prüfungsausschusses über diese Vorlagen teilzunehmen und über die wesentlichen Ergebnisse seiner Prüfung, insbesondere wesentliche Schwächen des internen Kontroll- und des Risikomanagementsystems bezogen auf den Rechnungslegungsprozess, zu berichten. ³Er informiert über Umstände, die seine Befangenheit besorgen lassen und

---

1) **Anm. d. Red.:** §§ 163 bis 169 weggefallen gem. Gesetz v. 19.12.1985 (BGBl I S. 2355) mit Wirkung v. 1.1.1986.

2) **Anm. d. Red.:** § 170 i. d. F. des Gesetzes v. 11.4.2017 (BGBl I S. 802) mit Wirkung v. 19.4.2017. – Zur Anwendung siehe § 26i EGAktG.

3) **Anm. d. Red.:** § 171 i. d. F. des Gesetzes v. 11.4.2017 (BGBl I S. 802) mit Wirkung v. 19.4.2017. – Zur Anwendung siehe § 26i EGAktG.

über Leistungen, die er zusätzlich zu den Abschlussprüfungsleistungen erbracht hat. ⁴Der Aufsichtsrat hat auch den gesonderten nichtfinanziellen Bericht (§ 289b des Handelsgesetzbuchs) und den gesonderten nichtfinanziellen Konzernbericht (§ 315b des Handelsgesetzbuchs) zu prüfen, sofern sie erstellt wurden.

(2) ¹Der Aufsichtsrat hat über das Ergebnis der Prüfung schriftlich an die Hauptversammlung zu berichten. ²In dem Bericht hat der Aufsichtsrat auch mitzuteilen, in welcher Art und in welchem Umfang er die Geschäftsführung der Gesellschaft während des Geschäftsjahrs geprüft hat; bei börsennotierten Gesellschaften hat er insbesondere anzugeben, welche Ausschüsse gebildet worden sind, sowie die Zahl seiner Sitzungen und die der Ausschüsse mitzuteilen. ³Ist der Jahresabschluss durch einen Abschlussprüfer zu prüfen, so hat der Aufsichtsrat ferner zu dem Ergebnis der Prüfung des Jahresabschlusses durch den Abschlussprüfer Stellung zu nehmen. ⁴Am Schluss des Berichts hat der Aufsichtsrat zu erklären, ob nach dem abschließenden Ergebnis seiner Prüfung Einwendungen zu erheben sind und ob er den vom Vorstand aufgestellten Jahresabschluss billigt. ⁵Bei Mutterunternehmen (§ 290 Abs. 1, 2 des Handelsgesetzbuchs) finden die Sätze 3 und 4 entsprechende Anwendung auf den Konzernabschluss.

(3) ¹Der Aufsichtsrat hat seinen Bericht innerhalb eines Monats, nachdem ihm die Vorlagen zugegangen sind, dem Vorstand zuzuleiten. ²Wird der Bericht dem Vorstand nicht innerhalb der Frist zugeleitet, hat der Vorstand dem Aufsichtsrat unverzüglich eine weitere Frist von nicht mehr als einem Monat zu setzen. ³Wird der Bericht dem Vorstand nicht vor Ablauf der weiteren Frist zugeleitet, gilt der Jahresabschluss als vom Aufsichtsrat nicht gebilligt; bei Mutterunternehmen (§ 290 Abs. 1, 2 des Handelsgesetzbuchs) gilt das Gleiche hinsichtlich des Konzernabschlusses.

(4) ¹Die Absätze 1 bis 3 gelten auch hinsichtlich eines Einzelabschlusses nach § 325 Abs. 2a des Handelsgesetzbuchs. ²Der Vorstand darf den in Satz 1 genannten Abschluss erst nach dessen Billigung durch den Aufsichtsrat offen legen.

Dritter Abschnitt: Feststellung des Jahresabschlusses, Gewinnverwendung
Erster Unterabschnitt: Feststellung des Jahresabschlusses
§ 172 Feststellung durch Vorstand und Aufsichtsrat

¹Billigt der Aufsichtsrat den Jahresabschluss, so ist dieser festgestellt, sofern nicht Vorstand und Aufsichtsrat beschließen, die Feststellung des Jahresabschlusses der Hauptversammlung zu überlassen. ²Die Beschlüsse des Vorstands und des Aufsichtsrats sind in den Bericht des Aufsichtsrats an die Hauptversammlung aufzunehmen.

§ 173 Feststellung durch die Hauptversammlung[1)]

(1) ¹Haben Vorstand und Aufsichtsrat beschlossen, die Feststellung des Jahresabschlusses der Hauptversammlung zu überlassen, oder hat der Aufsichtsrat den Jahresabschluss nicht gebilligt, so stellt die Hauptversammlung den Jahresabschluss fest. ²Hat der Aufsichtsrat eines Mutterunternehmens (§ 290 Abs. 1, 2 des Handelsgesetzbuchs) den Konzernabschluss nicht gebilligt, so entscheidet die Hauptversammlung über die Billigung.

(2) ¹Auf den Jahresabschluss sind bei der Feststellung die für seine Aufstellung geltenden Vorschriften anzuwenden. ²Die Hauptversammlung darf bei der Feststellung des Jahresabschlusses nur die Beträge in Gewinnrücklagen einstellen, die nach Gesetz oder Satzung einzustellen sind.

(3) ¹Ändert die Hauptversammlung einen von einem Abschlussprüfer aufgrund gesetzlicher Verpflichtung geprüften Jahresabschluss, so werden vor der erneuten Prüfung nach § 316 Abs. 3 des Handelsgesetzbuchs von der Hauptversammlung gefasste Beschlüsse über die Feststellung des Jahresabschlusses und die Gewinnverwendung erst wirksam, wenn aufgrund der erneuten Prüfung ein hinsichtlich der Änderungen uneingeschränkter Bestätigungsvermerk erteilt wor-

---

1) **Anm. d. Red.:** § 173 i. d. F. des Gesetzes v. 19. 7. 2002 (BGBl I S. 2681) mit Wirkung v. 26. 7. 2002.

den ist. ²Sie werden nichtig, wenn nicht binnen zwei Wochen seit der Beschlussfassung ein hinsichtlich der Änderungen uneingeschränkter Bestätigungsvermerk erteilt wird.

Zweiter Unterabschnitt: Gewinnverwendung

§ 174[1)]

(1) ¹Die Hauptversammlung beschließt über die Verwendung des Bilanzgewinns. ²Sie ist hierbei an den festgestellten Jahresabschluss gebunden.

(2) In dem Beschluss ist die Verwendung des Bilanzgewinns im Einzelnen darzulegen, namentlich sind anzugeben
1. der Bilanzgewinn;
2. der an die Aktionäre auszuschüttende Betrag oder Sachwert;
3. die in Gewinnrücklagen einzustellenden Beträge;
4. ein Gewinnvortrag;
5. der zusätzliche Aufwand aufgrund des Beschlusses.

(3) Der Beschluss führt nicht zu einer Änderung des festgestellten Jahresabschlusses.

Dritter Unterabschnitt: Ordentliche Hauptversammlung

§ 175 Einberufung[2)]

(1) ¹Unverzüglich nach Eingang des Berichts des Aufsichtsrats hat der Vorstand die Hauptversammlung zur Entgegennahme des festgestellten Jahresabschlusses und des Lageberichts, eines vom Aufsichtsrat gebilligten Einzelabschlusses nach § 325 Abs. 2a des Handelsgesetzbuchs sowie zur Beschlussfassung über die Verwendung eines Bilanzgewinns, bei einem Mutterunternehmen (§ 290 Abs. 1, 2 des Handelsgesetzbuchs) auch zur Entgegennahme des vom Aufsichtsrat gebilligten Konzernabschlusses und des Konzernlageberichts, einzuberufen. ²Die Hauptversammlung hat in den ersten acht Monaten des Geschäftsjahrs stattzufinden.

(2) ¹Der Jahresabschluss, ein vom Aufsichtsrat gebilligter Einzelabschluss nach § 325 Absatz 2a des Handelsgesetzbuchs, der Lagebericht, der Bericht des Aufsichtsrats und der Vorschlag des Vorstands für die Verwendung des Bilanzgewinns sind von der Einberufung an in dem Geschäftsraum der Gesellschaft zur Einsicht durch die Aktionäre auszulegen. ²Auf Verlangen ist jedem Aktionär unverzüglich eine Abschrift der Vorlagen zu erteilen. ³Bei einem Mutterunternehmen (§ 290 Abs. 1, 2 des Handelsgesetzbuchs) gelten die Sätze 1 und 2 auch für den Konzernabschluss, den Konzernlagebericht und den Bericht des Aufsichtsrats hierüber. ⁴Die Verpflichtungen nach den Sätzen 1 bis 3 entfallen, wenn die dort bezeichneten Dokumente für denselben Zeitraum über die Internetseite der Gesellschaft zugänglich sind.

(3) ¹Hat die Hauptversammlung den Jahresabschluss festzustellen oder hat sie über die Billigung des Konzernabschlusses zu entscheiden, so gelten für die Einberufung der Hauptversammlung zur Feststellung des Jahresabschlusses oder zur Billigung des Konzernabschlusses und für das Zugänglichmachen der Vorlagen und die Erteilung von Abschriften die Absätze 1 und 2 sinngemäß. ²Die Verhandlungen über die Feststellung des Jahresabschlusses und über die Verwendung des Bilanzgewinns sollen verbunden werden.

(4) ¹Mit der Einberufung der Hauptversammlung zur Entgegennahme des festgestellten Jahresabschlusses oder, wenn die Hauptversammlung den Jahresabschluss festzustellen hat, der Hauptversammlung zur Feststellung des Jahresabschlusses sind Vorstand und Aufsichtsrat an die in dem Bericht des Aufsichtsrats enthaltenen Erklärungen über den Jahresabschluss (§§ 172, 173 Abs. 1) gebunden. ²Bei einem Mutterunternehmen (§ 290 Abs. 1, 2 des Handelsgesetzbuchs)

---

1) **Anm. d. Red.:** § 174 i. d. F. des Gesetzes v. 19. 7. 2002 (BGBl I S. 2681) mit Wirkung v. 26. 7. 2002.
2) **Anm. d. Red.:** § 175 i. d. F. des Gesetzes v. 22. 12. 2015 (BGBl I S. 2565) mit Wirkung v. 31. 12. 2015.

gilt Satz 1 für die Erklärung des Aufsichtsrats über die Billigung des Konzernabschlusses entsprechend.

§ 176 Vorlagen, Anwesenheit des Abschlussprüfers[1]

(1) ¹Der Vorstand hat der Hauptversammlung die in § 175 Abs. 2 genannten Vorlagen sowie bei börsennotierten Gesellschaften einen erläuternden Bericht zu den Angaben nach den §§ 289a und 315a des Handelsgesetzbuchs zugänglich zu machen. ²Zu Beginn der Verhandlung soll der Vorstand seine Vorlagen, der Vorsitzende des Aufsichtsrats den Bericht des Aufsichtsrats erläutern. ³Der Vorstand soll dabei auch zu einem Jahresfehlbetrag oder einem Verlust Stellung nehmen, der das Jahresergebnis wesentlich beeinträchtigt hat. ⁴Satz 3 ist auf Kreditinstitute nicht anzuwenden.

(2) ¹Ist der Jahresabschluss von einem Abschlussprüfer zu prüfen, so hat der Abschlussprüfer an den Verhandlungen über die Feststellung des Jahresabschlusses teilzunehmen. ²Satz 1 gilt entsprechend für die Verhandlungen über die Billigung eines Konzernabschlusses. ³Der Abschlussprüfer ist nicht verpflichtet, einem Aktionär Auskunft zu erteilen.

Vierter Abschnitt: Bekanntmachung des Jahresabschlusses
§§ 177 und 178 (weggefallen)[2]

Sechster Teil: Satzungsänderung, Maßnahmen der Kapitalbeschaffung und Kapitalherabsetzung
Erster Abschnitt: Satzungsänderung

§ 179 Beschluss der Hauptversammlung

(1) ¹Jede Satzungsänderung bedarf eines Beschlusses der Hauptversammlung. ²Die Befugnis zu Änderungen, die nur die Fassung betreffen, kann die Hauptversammlung dem Aufsichtsrat übertragen.

(2) ¹Der Beschluss der Hauptversammlung bedarf einer Mehrheit, die mindestens drei Viertel des bei der Beschlussfassung vertretenen Grundkapitals umfasst. ²Die Satzung kann eine andere Kapitalmehrheit, für eine Änderung des Gegenstands des Unternehmens jedoch nur eine größere Kapitalmehrheit bestimmen. ³Sie kann weitere Erfordernisse aufstellen.

(3) ¹Soll das bisherige Verhältnis mehrerer Gattungen von Aktien zum Nachteil einer Gattung geändert werden, so bedarf der Beschluss der Hauptversammlung zu seiner Wirksamkeit der Zustimmung der benachteiligten Aktionäre. ²Über die Zustimmung haben die benachteiligten Aktionäre einen Sonderbeschluss zu fassen. ³Für diesen gilt Absatz 2.

§ 179a Verpflichtung zur Übertragung des ganzen Gesellschaftsvermögens[3]

(1) ¹Ein Vertrag, durch den sich eine Aktiengesellschaft zur Übertragung des ganzen Gesellschaftsvermögens verpflichtet, ohne dass die Übertragung unter die Vorschriften des Umwandlungsgesetzes fällt, bedarf auch dann eines Beschlusses der Hauptversammlung nach § 179, wenn damit nicht eine Änderung des Unternehmensgegenstandes verbunden ist. ²Die Satzung kann nur eine größere Kapitalmehrheit bestimmen.

(2) ¹Der Vertrag ist von der Einberufung der Hauptversammlung an, die über die Zustimmung beschließen soll, in dem Geschäftsraum der Gesellschaft zur Einsicht der Aktionäre auszulegen.

---

1) **Anm. d. Red.:** § 176 i. d. F. des Gesetzes v. 12.12.2019 (BGBl I S. 2637) mit Wirkung v. 1.1.2020.
2) **Anm. d. Red.:** §§ 177 und 178 weggefallen gem. Gesetz v. 19.12.1985 (BGBl I S. 2355) mit Wirkung v. 1.1.1986.
3) **Anm. d. Red.:** § 179a i. d. F. des Gesetzes v. 30. 7. 2009 (BGBl I S. 2479) mit Wirkung v. 1. 9. 2009.

²Auf Verlangen ist jedem Aktionär unverzüglich eine Abschrift zu erteilen. ³Die Verpflichtungen nach den Sätzen 1 und 2 entfallen, wenn der Vertrag für denselben Zeitraum über die Internetseite der Gesellschaft zugänglich ist. ⁴In der Hauptversammlung ist der Vertrag zugänglich zu machen. ⁵Der Vorstand hat ihn zu Beginn der Verhandlung zu erläutern. ⁶Der Niederschrift ist er als Anlage beizufügen.

(3) Wird aus Anlass der Übertragung des Gesellschaftsvermögens die Gesellschaft aufgelöst, so ist der Anmeldung der Auflösung der Vertrag in Ausfertigung oder öffentlich beglaubigter Abschrift beizufügen.

§ 180 Zustimmung der betroffenen Aktionäre

(1) Ein Beschluss, der Aktionären Nebenverpflichtungen auferlegt, bedarf zu seiner Wirksamkeit der Zustimmung aller betroffenen Aktionäre.

(2) Gleiches gilt für einen Beschluss, durch den die Übertragung von Namensaktien oder Zwischenscheinen an die Zustimmung der Gesellschaft gebunden wird.

§ 181 Eintragung der Satzungsänderung[1]

(1) ¹Der Vorstand hat die Satzungsänderung zur Eintragung in das Handelsregister anzumelden. ²Der Anmeldung ist der vollständige Wortlaut der Satzung beizufügen; er muss mit der Bescheinigung eines Notars versehen sein, dass die geänderten Bestimmungen der Satzung mit dem Beschluss über die Satzungsänderung und die unveränderten Bestimmungen mit dem zuletzt zum Handelsregister eingereichten vollständigen Wortlaut der Satzung übereinstimmen.

(2) Soweit nicht die Änderung Angaben nach § 39 betrifft, genügt bei der Eintragung die Bezugnahme auf die beim Gericht eingereichten Urkunden.

(3) Die Änderung wird erst wirksam, wenn sie in das Handelsregister des Sitzes der Gesellschaft eingetragen worden ist.

Zweiter Abschnitt: Maßnahmen der Kapitalbeschaffung

Erster Unterabschnitt: Kapitalerhöhung gegen Einlagen

§ 182 Voraussetzungen[2]

(1) ¹Eine Erhöhung des Grundkapitals gegen Einlagen kann nur mit einer Mehrheit beschlossen werden, die mindestens drei Viertel des bei der Beschlussfassung vertretenen Grundkapitals umfasst. ²Die Satzung kann eine andere Kapitalmehrheit, für die Ausgabe von Vorzugsaktien ohne Stimmrecht jedoch nur eine größere Kapitalmehrheit bestimmen. ³Sie kann weitere Erfordernisse aufstellen. ⁴Die Kapitalerhöhung kann nur durch Ausgabe neuer Aktien ausgeführt werden. ⁵Bei Gesellschaften mit Stückaktien muss sich die Zahl der Aktien in demselben Verhältnis wie das Grundkapital erhöhen.

(2) ¹Sind mehrere Gattungen von stimmberechtigten Aktien vorhanden, so bedarf der Beschluss der Hauptversammlung zu seiner Wirksamkeit der Zustimmung der Aktionäre jeder Gattung. ²Über die Zustimmung haben die Aktionäre jeder Gattung einen Sonderbeschluss zu fassen. ³Für diesen gilt Absatz 1.

(3) Sollen die neuen Aktien für einen höheren Betrag als den geringsten Ausgabebetrag ausgegeben werden, so ist der Mindestbetrag, unter dem sie nicht ausgegeben werden sollen, im Beschluss über die Erhöhung des Grundkapitals festzusetzen.

(4) ¹Das Grundkapital soll nicht erhöht werden, solange ausstehende Einlagen auf das bisherige Grundkapital noch erlangt werden können. ²Für Versicherungsgesellschaften kann die Sat-

---

1) **Anm. d. Red.:** § 181 i. d. F. des Gesetzes v. 30. 7. 2009 (BGBl I S. 2479) mit Wirkung v. 1. 9. 2009.
2) **Anm. d. Red.:** § 182 i. d. F. des Gesetzes v. 25. 3. 1998 (BGBl I S. 590) mit Wirkung v. 1. 4. 1998.

zung etwas anderes bestimmen. ³Stehen Einlagen in verhältnismäßig unerheblichem Umfang aus, so hindert dies die Erhöhung des Grundkapitals nicht.

§ 183 Kapitalerhöhung mit Sacheinlagen; Rückzahlung von Einlagen[1]

(1) ¹Wird eine Sacheinlage (§ 27 Abs. 1 und 2) gemacht, so müssen ihr Gegenstand, die Person, von der die Gesellschaft den Gegenstand erwirbt, und der Nennbetrag, bei Stückaktien die Zahl der bei der Sacheinlage zu gewährenden Aktien im Beschluss über die Erhöhung des Grundkapitals festgesetzt werden. ²Der Beschluss darf nur gefasst werden, wenn die Einbringung von Sacheinlagen und die Festsetzungen nach Satz 1 ausdrücklich und ordnungsgemäß bekannt gemacht worden sind.

(2) § 27 Abs. 3 und 4 gilt entsprechend.

(3) ¹Bei der Kapitalerhöhung mit Sacheinlagen hat eine Prüfung durch einen oder mehrere Prüfer stattzufinden. ²§ 33 Abs. 3 bis 5, die §§ 34, 35 gelten sinngemäß.

§ 183a Kapitalerhöhung mit Sacheinlagen ohne Prüfung[2]

(1) ¹Von einer Prüfung der Sacheinlage (§ 183 Abs. 3) kann unter den Voraussetzungen des § 33a abgesehen werden. ²Wird hiervon Gebrauch gemacht, so gelten die folgenden Absätze.

(2) ¹Der Vorstand hat das Datum des Beschlusses über die Kapitalerhöhung sowie die Angaben nach § 37a Abs. 1 und 2 in den Gesellschaftsblättern bekannt zu machen. ²Die Durchführung der Erhöhung des Grundkapitals darf nicht in das Handelsregister eingetragen werden vor Ablauf von vier Wochen seit der Bekanntmachung.

(3) ¹Liegen die Voraussetzungen des § 33a Abs. 2 vor, hat das Amtsgericht auf Antrag von Aktionären, die am Tag der Beschlussfassung über die Kapitalerhöhung gemeinsam fünf vom Hundert des Grundkapitals hielten und am Tag der Antragstellung noch halten, einen oder mehrere Prüfer zu bestellen. ²Der Antrag kann bis zum Tag der Eintragung der Durchführung der Erhöhung des Grundkapitals (§ 189) gestellt werden. ³Das Gericht hat vor der Entscheidung über den Antrag den Vorstand zu hören. ⁴Gegen die Entscheidung ist die Beschwerde gegeben.

(4) Für das weitere Verfahren gelten § 33 Abs. 4 und 5, die §§ 34, 35 entsprechend.

§ 184 Anmeldung des Beschlusses[3]

(1) ¹Der Vorstand und der Vorsitzende des Aufsichtsrats haben den Beschluss über die Erhöhung des Grundkapitals zur Eintragung in das Handelsregister anzumelden. ²In der Anmeldung ist anzugeben, welche Einlagen auf das bisherige Grundkapital noch nicht geleistet sind und warum sie nicht erlangt werden können. ³Soll von einer Prüfung der Sacheinlage abgesehen werden und ist das Datum des Beschlusses der Kapitalerhöhung vorab bekannt gemacht worden (§ 183a Abs. 2), müssen die Anmeldenden in der Anmeldung nur noch versichern, dass ihnen seit der Bekanntmachung keine Umstände im Sinne von § 37a Abs. 2 bekannt geworden sind.

(2) Der Anmeldung sind der Bericht über die Prüfung von Sacheinlagen (§ 183 Abs. 3) oder die in § 37a Abs. 3 bezeichneten Anlagen beizufügen.

(3) ¹Das Gericht kann die Eintragung ablehnen, wenn der Wert der Sacheinlage nicht unwesentlich hinter dem geringsten Ausgabebetrag der dafür zu gewährenden Aktien zurückbleibt. ²Wird von einer Prüfung der Sacheinlage nach § 183a Abs. 1 abgesehen, gilt § 38 Abs. 3 entsprechend.

---

1) **Anm. d. Red.:** § 183 i. d. F. des Gesetzes v. 30. 7. 2009 (BGBl I S. 2479) mit Wirkung v. 1. 9. 2009.
2) **Anm. d. Red.:** § 183a eingefügt gem. Gesetz v. 30. 7. 2009 (BGBl I S. 2479) mit Wirkung v. 1. 9. 2009.
3) **Anm. d. Red.:** § 184 i. d. F. des Gesetzes v. 30. 7. 2009 (BGBl I S. 2479) mit Wirkung v. 1. 9. 2009.

§ 185 Zeichnung der neuen Aktien[1]

(1) ¹Die Zeichnung der neuen Aktien geschieht durch schriftliche Erklärung (Zeichnungsschein), aus der die Beteiligung nach der Zahl und bei Nennbetragsaktien dem Nennbetrag und, wenn mehrere Gattungen ausgegeben werden, der Gattung der Aktien hervorgehen muss. ²Der Zeichnungsschein soll doppelt ausgestellt werden. ³Er hat zu enthalten
1. den Tag, an dem die Erhöhung des Grundkapitals beschlossen worden ist;
2. den Ausgabebetrag der Aktien, den Betrag der festgesetzten Einzahlungen sowie den Umfang von Nebenverpflichtungen;
3. die bei einer Kapitalerhöhung mit Sacheinlagen vorgesehenen Festsetzungen und, wenn mehrere Gattungen ausgegeben werden, den auf jede Aktiengattung entfallenden Betrag des Grundkapitals;
4. den Zeitpunkt, an dem die Zeichnung unverbindlich wird, wenn nicht bis dahin die Durchführung der Erhöhung des Grundkapitals eingetragen ist.

(2) Zeichnungsscheine, die diese Angaben nicht vollständig oder die außer dem Vorbehalt in Absatz 1 Nr. 4 Beschränkungen der Verpflichtung des Zeichners enthalten, sind nichtig.

(3) Ist die Durchführung der Erhöhung des Grundkapitals eingetragen, so kann sich der Zeichner auf die Nichtigkeit oder Unverbindlichkeit des Zeichnungsscheins nicht berufen, wenn er aufgrund des Zeichnungsscheins als Aktionär Rechte ausgeübt oder Verpflichtungen erfüllt hat.

(4) Jede nicht im Zeichnungsschein enthaltene Beschränkung ist der Gesellschaft gegenüber unwirksam.

§ 186 Bezugsrecht[2]

(1) ¹Jedem Aktionär muss auf sein Verlangen ein seinem Anteil an dem bisherigen Grundkapital entsprechender Teil der neuen Aktien zugeteilt werden. ²Für die Ausübung des Bezugsrechts ist eine Frist von mindestens zwei Wochen zu bestimmen.

(2) ¹Der Vorstand hat den Ausgabebetrag oder die Grundlagen für seine Festlegung und zugleich eine Bezugsfrist gemäß Absatz 1 in den Gesellschaftsblättern bekannt zu machen und gemäß § 67a zu übermitteln. ²Sind nur die Grundlagen der Festlegung angegeben, so hat er spätestens drei Tage vor Ablauf der Bezugsfrist den Ausgabebetrag in den Gesellschaftsblättern und über ein elektronisches Informationsmedium bekannt zu machen.

(3) ¹Das Bezugsrecht kann ganz oder zum Teil nur im Beschluss über die Erhöhung des Grundkapitals ausgeschlossen werden. ²In diesem Fall bedarf der Beschluss neben den in Gesetz oder Satzung für die Kapitalerhöhung aufgestellten Erfordernissen einer Mehrheit, die mindestens drei Viertel des bei der Beschlussfassung vertretenen Grundkapitals umfasst. ³Die Satzung kann eine größere Kapitalmehrheit und weitere Erfordernisse bestimmen. ⁴Ein Ausschluss des Bezugsrechts ist insbesondere dann zulässig, wenn die Kapitalerhöhung gegen Bareinlagen zehn vom Hundert des Grundkapitals nicht übersteigt und der Ausgabebetrag den Börsenpreis nicht wesentlich unterschreitet.

(4) ¹Ein Beschluss, durch den das Bezugsrecht ganz oder zum Teil ausgeschlossen wird, darf nur gefasst werden, wenn die Ausschließung ausdrücklich und ordnungsgemäß bekannt gemacht worden ist. ²Der Vorstand hat der Hauptversammlung einen schriftlichen Bericht über den Grund für den teilweisen oder vollständigen Ausschluss des Bezugsrechts zugänglich zu machen; in dem Bericht ist der vorgeschlagene Ausgabebetrag zu begründen.

(5) ¹Als Ausschluss des Bezugsrechts ist es nicht anzusehen, wenn nach dem Beschluss die neuen Aktien von einem Kreditinstitut oder einem nach § 53 Abs. 1 Satz 1 oder § 53b Abs. 1 Satz 1 oder Abs. 7 des Gesetzes über das Kreditwesen tätigen Unternehmen mit der Verpflich-

---
1) **Anm. d. Red.:** § 185 i. d. F. des Gesetzes v. 25. 3. 1998 (BGBl I S. 590) mit Wirkung v. 1. 4. 1998.
2) **Anm. d. Red.:** § 186 i. d. F. des Gesetzes v. 12.12.2019 (BGBl I S. 2637) mit Wirkung v. 1.1.2020. – Zur Anwendung siehe § 26j Abs. 4 EGAktG.

tung übernommen werden sollen, sie den Aktionären zum Bezug anzubieten. ²Der Vorstand hat dieses Bezugsangebot mit den Angaben gemäß Absatz 2 Satz 1 und einen endgültigen Ausgabebetrag gemäß Absatz 2 Satz 2 bekannt zu machen; gleiches gilt, wenn die neuen Aktien von einem anderen als einem Kreditinstitut oder Unternehmen im Sinne des Satzes 1 mit der Verpflichtung übernommen werden sollen, sie den Aktionären zum Bezug anzubieten.

§ 187 Zusicherung von Rechten auf den Bezug neuer Aktien

(1) Rechte auf den Bezug neuer Aktien können nur unter Vorbehalt des Bezugsrechts der Aktionäre zugesichert werden.

(2) Zusicherungen vor dem Beschluss über die Erhöhung des Grundkapitals sind der Gesellschaft gegenüber unwirksam.

§ 188 Anmeldung und Eintragung der Durchführung[1)]

(1) Der Vorstand und der Vorsitzende des Aufsichtsrats haben die Durchführung der Erhöhung des Grundkapitals zur Eintragung in das Handelsregister anzumelden.

(2) ¹Für die Anmeldung gelten sinngemäß § 36 Abs. 2, § 36a und § 37 Abs. 1. ²Durch Gutschrift auf ein Konto des Vorstands kann die Einzahlung nicht geleistet werden.

(3) Der Anmeldung sind beizufügen
1. die Zweitschriften der Zeichnungsscheine und ein vom Vorstand unterschriebenes Verzeichnis der Zeichner, das die auf jeden entfallenden Aktien und die auf sie geleisteten Einzahlungen angibt;
2. bei einer Kapitalerhöhung mit Sacheinlagen die Verträge, die den Festsetzungen nach § 183 zugrunde liegen oder zu ihrer Ausführung geschlossen worden sind;
3. eine Berechnung der Kosten, die für die Gesellschaft durch die Ausgabe der neuen Aktien entstehen werden.

(4) Anmeldung und Eintragung der Durchführung der Erhöhung des Grundkapitals können mit Anmeldung und Eintragung des Beschlusses über die Erhöhung verbunden werden.

§ 189 Wirksamwerden der Kapitalerhöhung

Mit der Eintragung der Durchführung der Erhöhung des Grundkapitals ist das Grundkapital erhöht.

§ 190 (weggefallen)[2)]

§ 191 Verbotene Ausgabe von Aktien und Zwischenscheinen

¹Vor der Eintragung der Durchführung der Erhöhung des Grundkapitals können die neuen Anteilsrechte nicht übertragen, neue Aktien und Zwischenscheine nicht ausgegeben werden. ²Die vorher ausgegebenen neuen Aktien und Zwischenscheine sind nichtig. ³Für den Schaden aus der Ausgabe sind die Ausgeber den Inhabern als Gesamtschuldner verantwortlich.

Zweiter Unterabschnitt: Bedingte Kapitalerhöhung

§ 192 Voraussetzungen[3)]

(1) Die Hauptversammlung kann eine Erhöhung des Grundkapitals beschließen, die nur so weit durchgeführt werden soll, wie von einem Umtausch- oder Bezugsrecht Gebrauch gemacht

---

1) **Anm. d. Red.:** § 188 i. d. F. des Gesetzes v. 30. 7. 2009 (BGBl I S. 2479) mit Wirkung v. 1. 9. 2009.
2) **Anm. d. Red.:** § 190 weggefallen gem. Gesetz v. 10. 11. 2006 (BGBl I S. 2553) mit Wirkung v. 1. 1. 2007.
3) **Anm. d. Red.:** § 192 i. d. F. des Gesetzes v. 22. 12. 2015 (BGBl I S. 2565) mit Wirkung v. 31. 12. 2015.

wird, das die Gesellschaft hat oder auf die neuen Aktien (Bezugsaktien) einräumt (bedingte Kapitalerhöhung).

(2) Die bedingte Kapitalerhöhung soll nur zu folgenden Zwecken beschlossen werden:
1. zur Gewährung von Umtausch- oder Bezugsrechten auf Grund von Wandelschuldverschreibungen;
2. zur Vorbereitung des Zusammenschlusses mehrerer Unternehmen;
3. zur Gewährung von Bezugsrechten an Arbeitnehmer und Mitglieder der Geschäftsführung der Gesellschaft oder eines verbundenen Unternehmens im Wege des Zustimmungs- oder Ermächtigungsbeschlusses.

(3) ¹Der Nennbetrag des bedingten Kapitals darf die Hälfte und der Nennbetrag des nach Absatz 2 Nr. 3 beschlossenen Kapitals den zehnten Teil des Grundkapitals, das zur Zeit der Beschlussfassung über die bedingte Kapitalerhöhung vorhanden ist, nicht übersteigen. ²§ 182 Abs. 1 Satz 5 gilt sinngemäß. ³Satz 1 gilt nicht für eine bedingte Kapitalerhöhung nach Absatz 2 Nummer 1, die nur zu dem Zweck beschlossen wird, der Gesellschaft einen Umtausch zu ermöglichen, zu dem sie für den Fall ihrer drohenden Zahlungsunfähigkeit oder zum Zweck der Abwendung einer Überschuldung berechtigt ist. ⁴Ist die Gesellschaft ein Institut im Sinne des § 1 Absatz 1b des Kreditwesengesetzes, gilt Satz 1 ferner nicht für eine bedingte Kapitalerhöhung nach Absatz 2 Nummer 1, die zu dem Zweck beschlossen wird, der Gesellschaft einen Umtausch zur Erfüllung bankaufsichtsrechtlicher oder zum Zweck der Restrukturierung oder Abwicklung erlassener Anforderungen zu ermöglichen. ⁵Eine Anrechnung von bedingtem Kapital, auf das Satz 3 oder Satz 4 Anwendung findet, auf sonstiges bedingtes Kapital erfolgt nicht.

(4) Ein Beschluss der Hauptversammlung, der dem Beschluss über die bedingte Kapitalerhöhung entgegensteht, ist nichtig.

(5) Die folgenden Vorschriften über das Bezugsrecht gelten sinngemäß für das Umtauschrecht.

§ 193 Erfordernisse des Beschlusses[1]

(1) ¹Der Beschluss über die bedingte Kapitalerhöhung bedarf einer Mehrheit, die mindestens drei Viertel des bei der Beschlussfassung vertretenen Grundkapitals umfasst. ²Die Satzung kann eine größere Kapitalmehrheit und weitere Erfordernisse bestimmen. ³§ 182 Abs. 2 und § 187 Abs. 2 gelten.

(2) Im Beschluss müssen auch festgestellt werden
1. der Zweck der bedingten Kapitalerhöhung;
2. der Kreis der Bezugsberechtigten;
3. der Ausgabebetrag oder die Grundlagen, nach denen dieser Betrag errechnet wird; bei einer bedingten Kapitalerhöhung für die Zwecke des § 192 Abs. 2 Nr. 1 genügt es, wenn in dem Beschluss oder in dem damit verbundenen Beschluss nach § 221 der Mindestausgabebetrag oder die Grundlagen für die Festlegung des Ausgabebetrags oder des Mindestausgabebetrags bestimmt werden; sowie
4. bei Beschlüssen nach § 192 Abs. 2 Nr. 3 auch die Aufteilung der Bezugsrechte auf Mitglieder der Geschäftsführungen und Arbeitnehmer, Erfolgsziele, Erwerbs- und Ausübungszeiträume und Wartezeit für die erstmalige Ausübung (mindestens vier Jahre).

§ 194 Bedingte Kapitalerhöhung mit Sacheinlagen; Rückzahlung von Einlagen[2]

(1) ¹Wird eine Sacheinlage gemacht, so müssen ihr Gegenstand, die Person, von der die Gesellschaft den Gegenstand erwirbt, und der Nennbetrag, bei Stückaktien die Zahl der bei der Sacheinlage zu gewährenden Aktien im Beschluss über die bedingte Kapitalerhöhung fest-

---

1) **Anm. d. Red.:** § 193 i. d. F. des Gesetzes v. 31. 7. 2009 (BGBl I S. 2509) mit Wirkung v. 5. 8. 2009.
2) **Anm. d. Red.:** § 194 i. d. F. des Gesetzes v. 22. 12. 2015 (BGBl I S. 2565) mit Wirkung v. 31. 12. 2015.

gesetzt werden. ²Als Sacheinlage gilt nicht der Umtausch von Schuldverschreibungen gegen Bezugsaktien. ³Der Beschluss darf nur gefasst werden, wenn die Einbringung von Sacheinlagen ausdrücklich und ordnungsgemäß bekannt gemacht worden ist.

(2) § 27 Abs. 3 und 4 gilt entsprechend; an die Stelle des Zeitpunkts der Anmeldung nach § 27 Abs. 3 Satz 3 und der Eintragung nach § 27 Abs. 3 Satz 4 tritt jeweils der Zeitpunkt der Ausgabe der Bezugsaktien.

(3) Die Absätze 1 und 2 gelten nicht für die Einlage von Geldforderungen, die Arbeitnehmern der Gesellschaft aus einer ihnen von der Gesellschaft eingeräumten Gewinnbeteiligung zustehen.

(4) ¹Bei der Kapitalerhöhung mit Sacheinlagen hat eine Prüfung durch einen oder mehrere Prüfer stattzufinden. ²§ 33 Abs. 3 bis 5, die §§ 34, 35 gelten sinngemäß.

(5) § 183a gilt entsprechend.

§ 195 Anmeldung des Beschlusses[1]

(1) ¹Der Vorstand und der Vorsitzende des Aufsichtsrats haben den Beschluss über die bedingte Kapitalerhöhung zur Eintragung in das Handelsregister anzumelden. ²§ 184 Abs. 1 Satz 3 gilt entsprechend.

(2) Der Anmeldung sind beizufügen
1. bei einer bedingten Kapitalerhöhung mit Sacheinlagen die Verträge, die den Festsetzungen nach § 194 zugrunde liegen oder zu ihrer Ausführung geschlossen worden sind, und der Bericht über die Prüfung von Sacheinlagen (§ 194 Abs. 4) oder die in § 37a Abs. 3 bezeichneten Anlagen;
2. eine Berechnung der Kosten, die für die Gesellschaft durch die Ausgabe der Bezugsaktien entstehen werden.

(3) ¹Das Gericht kann die Eintragung ablehnen, wenn der Wert der Sacheinlage nicht unwesentlich hinter dem geringsten Ausgabebetrag der dafür zu gewährenden Aktien zurückbleibt. ²Wird von einer Prüfung der Sacheinlage nach § 183a Abs. 1 abgesehen, gilt § 38 Abs. 3 entsprechend.

§ 196 (weggefallen)[2]

§ 197 Verbotene Aktienausgabe

¹Vor der Eintragung des Beschlusses über die bedingte Kapitalerhöhung können die Bezugsaktien nicht ausgegeben werden. ²Ein Anspruch des Bezugsberechtigten entsteht vor diesem Zeitpunkt nicht. ³Die vorher ausgegebenen Bezugsaktien sind nichtig. ⁴Für den Schaden aus der Ausgabe sind die Ausgeber den Inhabern als Gesamtschuldner verantwortlich.

§ 198 Bezugserklärung[3]

(1) ¹Das Bezugsrecht wird durch schriftliche Erklärung ausgeübt. ²Die Erklärung (Bezugserklärung) soll doppelt ausgestellt werden. ³Sie hat die Beteiligung nach der Zahl und bei Nennbetragsaktien dem Nennbetrag und, wenn mehrere Gattungen ausgegeben werden, der Gattung der Aktien, die Feststellungen nach § 193 Abs. 2, die nach § 194 bei der Einbringung von Sacheinlagen vorgesehenen Festsetzungen sowie den Tag anzugeben, an dem der Beschluss über die bedingte Kapitalerhöhung gefasst worden ist.

---

1) **Anm. d. Red.:** § 195 i. d. F. des Gesetzes v. 22.12.2015 (BGBl I S. 2565) mit Wirkung v. 31.12.2015.
2) **Anm. d. Red.:** § 196 weggefallen gem. Gesetz v. 10.11.2006 (BGBl I S. 2553) mit Wirkung v. 1.1.2007.
3) **Anm. d. Red.:** § 198 i. d. F. des Gesetzes v. 25.3.1998 (BGBl I S. 590) mit Wirkung v. 1.4.1998.

(2) ¹Die Bezugserklärung hat die gleiche Wirkung wie eine Zeichnungserklärung. ²Bezugserklärungen, deren Inhalt nicht dem Absatz 1 entspricht oder die Beschränkungen der Verpflichtung des Erklärenden enthalten, sind nichtig.

(3) Werden Bezugsaktien ungeachtet der Nichtigkeit einer Bezugserklärung ausgegeben, so kann sich der Erklärende auf die Nichtigkeit nicht berufen, wenn er aufgrund der Bezugserklärung als Aktionär Rechte ausgeübt oder Verpflichtungen erfüllt hat.

(4) Jede nicht in der Bezugserklärung enthaltene Beschränkung ist der Gesellschaft gegenüber unwirksam.

§ 199 Ausgabe der Bezugsaktien[1]

(1) Der Vorstand darf die Bezugsaktien nur in Erfüllung des im Beschluss über die bedingte Kapitalerhöhung festgesetzten Zwecks und nicht vor der vollen Leistung des Gegenwerts ausgeben, der sich aus dem Beschluss ergibt.

(2) ¹Der Vorstand darf Bezugsaktien gegen Wandelschuldverschreibungen nur ausgeben, wenn der Unterschied zwischen dem Ausgabebetrag der zum Umtausch eingereichten Schuldverschreibungen und dem höheren geringsten Ausgabebetrag der für sie zu gewährenden Bezugsaktien aus einer anderen Gewinnrücklage, soweit sie zu diesem Zweck verwandt werden kann, oder durch Zuzahlung des Umtauschberechtigten gedeckt ist. ²Dies gilt nicht, wenn der Gesamtbetrag, zu dem die Schuldverschreibungen ausgegeben sind, den geringsten Ausgabebetrag der Bezugsaktien insgesamt erreicht oder übersteigt.

§ 200 Wirksamwerden der bedingten Kapitalerhöhung

Mit der Ausgabe der Bezugsaktien ist das Grundkapital erhöht.

§ 201 Anmeldung der Ausgabe von Bezugsaktien[2]

(1) Der Vorstand meldet ausgegebene Bezugsaktien zur Eintragung in das Handelsregister mindestens einmal jährlich bis spätestens zum Ende des auf den Ablauf des Geschäftsjahrs folgenden Kalendermonats an.

(2) ¹Der Anmeldung sind die Zweitschriften der Bezugserklärungen und ein vom Vorstand unterschriebenes Verzeichnis der Personen, die das Bezugsrecht ausgeübt haben, beizufügen. ²Das Verzeichnis hat die auf jeden Aktionär entfallenden Aktien und die auf sie gemachten Einlagen anzugeben.

(3) In der Anmeldung hat der Vorstand zu erklären, dass die Bezugsaktien nur in Erfüllung des im Beschluss über die bedingte Kapitalerhöhung festgesetzten Zwecks und nicht vor der vollen Leistung des Gegenwerts ausgegeben worden sind, der sich aus dem Beschluss ergibt.

Dritter Unterabschnitt: Genehmigtes Kapital

§ 202 Voraussetzungen[3]

(1) Die Satzung kann den Vorstand für höchstens fünf Jahre nach Eintragung der Gesellschaft ermächtigen, das Grundkapital bis zu einem bestimmten Nennbetrag (genehmigtes Kapital) durch Ausgabe neuer Aktien gegen Einlagen zu erhöhen.

(2) ¹Die Ermächtigung kann auch durch Satzungsänderung für höchstens fünf Jahre nach Eintragung der Satzungsänderung erteilt werden. ²Der Beschluss der Hauptversammlung bedarf einer Mehrheit, die mindestens drei Viertel des bei der Beschlussfassung vertretenen Grundkapitals umfasst. ³Die Satzung kann eine größere Kapitalmehrheit und weitere Erfordernisse bestimmen. ⁴§ 182 Abs. 2 gilt.

---

1) **Anm. d. Red.:** § 199 i. d. F. des Gesetzes v. 25. 3. 1998 (BGBl I S. 590) mit Wirkung v. 1. 4. 1998.
2) **Anm. d. Red.:** § 201 i. d. F. des Gesetzes v. 22. 12. 2015 (BGBl I S. 2565) mit Wirkung v. 31. 12. 2015.
3) **Anm. d. Red.:** § 202 i. d. F. des Gesetzes v. 25. 3. 1998 (BGBl I S. 590) mit Wirkung v. 1. 4. 1998.

(3) ¹Der Nennbetrag des genehmigten Kapitals darf die Hälfte des Grundkapitals, das zurzeit der Ermächtigung vorhanden ist, nicht übersteigen. ²Die neuen Aktien sollen nur mit Zustimmung des Aufsichtsrats ausgegeben werden. ³§ 182 Abs. 1 Satz 5 gilt sinngemäß.

(4) Die Satzung kann auch vorsehen, dass die neuen Aktien an Arbeitnehmer der Gesellschaft ausgegeben werden.

§ 203 Ausgabe der neuen Aktien

(1) ¹Für die Ausgabe der neuen Aktien gelten sinngemäß, soweit sich aus den folgenden Vorschriften nichts anderes ergibt, §§ 185 bis 191 über die Kapitalerhöhung gegen Einlagen. ²An die Stelle des Beschlusses über die Erhöhung des Grundkapitals tritt die Ermächtigung der Satzung zur Ausgabe neuer Aktien.

(2) ¹Die Ermächtigung kann vorsehen, dass der Vorstand über den Ausschluss des Bezugsrechts entscheidet. ²Wird eine Ermächtigung, die dies vorsieht, durch Satzungsänderung erteilt, so gilt § 186 Abs. 4 sinngemäß.

(3) ¹Die neuen Aktien sollen nicht ausgegeben werden, solange ausstehende Einlagen auf das bisherige Grundkapital noch erlangt werden können. ²Für Versicherungsgesellschaften kann die Satzung etwas anderes bestimmen. ³Stehen Einlagen in verhältnismäßig unerheblichem Umfang aus, so hindert dies die Ausgabe der neuen Aktien nicht. ⁴In der ersten Anmeldung der Durchführung der Erhöhung des Grundkapitals ist anzugeben, welche Einlagen auf das bisherige Grundkapital noch nicht geleistet sind und warum sie nicht erlangt werden können.

(4) Absatz 3 Satz 1 und 4 gilt nicht, wenn die Aktien an Arbeitnehmer der Gesellschaft ausgegeben werden.

§ 204 Bedingungen der Aktienausgabe[1]

(1) ¹Über den Inhalt der Aktienrechte und die Bedingungen der Aktienausgabe entscheidet der Vorstand, soweit die Ermächtigung keine Bestimmungen enthält. ²Die Entscheidung des Vorstands bedarf der Zustimmung des Aufsichtsrats; gleiches gilt für die Entscheidung des Vorstands nach § 203 Abs. 2 über den Ausschluss des Bezugsrechts.

(2) Sind Vorzugsaktien ohne Stimmrecht vorhanden, so können Vorzugsaktien, die bei der Verteilung des Gewinns oder des Gesellschaftsvermögens ihnen vorgehen oder gleichstehen, nur ausgegeben werden, wenn die Ermächtigung es vorsieht.

(3) ¹Weist ein Jahresabschluss, der mit einem uneingeschränkten Bestätigungsvermerk versehen ist, einen Jahresüberschuss aus, so können Aktien an Arbeitnehmer der Gesellschaft auch in der Weise ausgegeben werden, dass die auf sie zu leistende Einlage aus dem Teil des Jahresüberschusses gedeckt wird, den nach § 58 Abs. 2 Vorstand und Aufsichtsrat in andere Gewinnrücklagen einstellen könnten. ²Für die Ausgabe der neuen Aktien gelten die Vorschriften über eine Kapitalerhöhung gegen Bareinlagen, ausgenommen § 188 Abs. 2. ³Der Anmeldung der Durchführung der Erhöhung des Grundkapitals ist außerdem der festgestellte Jahresabschluss mit Bestätigungsvermerk beizufügen. ⁴Die Anmeldenden haben ferner die Erklärung nach § 210 Abs. 1 Satz 2 abzugeben.

§ 205 Ausgabe gegen Sacheinlagen; Rückzahlung von Einlagen[2]

(1) Gegen Sacheinlagen dürfen Aktien nur ausgegeben werden, wenn die Ermächtigung es vorsieht.

(2) ¹Der Gegenstand der Sacheinlage, die Person, von der die Gesellschaft den Gegenstand erwirbt, und der Nennbetrag, bei Stückaktien die Zahl der bei der Sacheinlage zu gewährenden Aktien sind, wenn sie nicht in der Ermächtigung festgesetzt sind, vom Vorstand festzusetzen

---

1) **Anm. d. Red.:** § 204 i. d. F. des Gesetzes v. 19. 12. 1985 (BGBl I S. 2355) mit Wirkung v. 1. 1. 1986.
2) **Anm. d. Red.:** § 205 i. d. F. des Gesetzes v. 30. 7. 2009 (BGBl I S. 2479) mit Wirkung v. 1. 9. 2009.

und in den Zeichnungsschein aufzunehmen. ²Der Vorstand soll die Entscheidung nur mit Zustimmung des Aufsichtsrats treffen.

(3) § 27 Abs. 3 und 4 gilt entsprechend.

(4) Die Absätze 2 und 3 gelten nicht für die Einlage von Geldforderungen, die Arbeitnehmern der Gesellschaft aus einer ihnen von der Gesellschaft eingeräumten Gewinnbeteiligung zustehen.

(5) ¹Bei Ausgabe der Aktien gegen Sacheinlagen hat eine Prüfung durch einen oder mehrere Prüfer stattzufinden; § 33 Abs. 3 bis 5, die §§ 34, 35 gelten sinngemäß. ²§ 183a ist entsprechend anzuwenden. ³Anstelle des Datums des Beschlusses über die Kapitalerhöhung hat der Vorstand seine Entscheidung über die Ausgabe neuer Aktien gegen Sacheinlagen sowie die Angaben nach § 37a Abs. 1 und 2 in den Gesellschaftsblättern bekannt zu machen.

(6) Soweit eine Prüfung der Sacheinlage nicht stattfindet, gilt für die Anmeldung der Durchführung der Kapitalerhöhung zur Eintragung in das Handelsregister (§ 203 Abs. 1 Satz 1, § 188) auch § 184 Abs. 1 Satz 3 und Abs. 2 entsprechend.

(7) ¹Das Gericht kann die Eintragung ablehnen, wenn der Wert der Sacheinlage nicht unwesentlich hinter dem geringsten Ausgabebetrag der dafür zu gewährenden Aktien zurückbleibt. ²Wird von einer Prüfung der Sacheinlage nach § 183a Abs. 1 abgesehen, gilt § 38 Abs. 3 entsprechend.

§ 206 Verträge über Sacheinlagen vor Eintragung der Gesellschaft[1]

¹Sind vor Eintragung der Gesellschaft Verträge geschlossen worden, nach denen auf das genehmigte Kapital eine Sacheinlage zu leisten ist, so muss die Satzung die Festsetzungen enthalten, die für eine Ausgabe gegen Sacheinlagen vorgeschrieben sind. ²Dabei gelten sinngemäß § 27 Abs. 3 und 5, die §§ 32 bis 35, 37 Abs. 4 Nr. 2, 4 und 5, die §§ 37a, 38 Abs. 2 und 3 sowie § 49 über die Gründung der Gesellschaft. ³An die Stelle der Gründer tritt der Vorstand und an die Stelle der Anmeldung und Eintragung der Gesellschaft die Anmeldung und Eintragung der Durchführung der Erhöhung des Grundkapitals.

Vierter Unterabschnitt: Kapitalerhöhung aus Gesellschaftsmitteln

§ 207 Voraussetzungen[2]

(1) Die Hauptversammlung kann eine Erhöhung des Grundkapitals durch Umwandlung der Kapitalrücklage und von Gewinnrücklagen in Grundkapital beschließen.

(2) ¹Für den Beschluss und für die Anmeldung des Beschlusses gelten § 182 Abs. 1, § 184 Abs. 1 sinngemäß. ²Gesellschaften mit Stückaktien können ihr Grundkapital auch ohne Ausgabe neuer Aktien erhöhen; der Beschluss über die Kapitalerhöhung muss die Art der Erhöhung angeben.

(3) Dem Beschluss ist eine Bilanz zugrunde zu legen.

§ 208 Umwandlungsfähigkeit von Kapital- und Gewinnrücklagen[3]

(1) ¹Die Kapitalrücklage und die Gewinnrücklagen, die in Grundkapital umgewandelt werden sollen, müssen in der letzten Jahresbilanz und, wenn dem Beschluss eine andere Bilanz zugrunde gelegt wird, auch in dieser Bilanz unter „Kapitalrücklage" oder „Gewinnrücklagen" oder im letzten Beschluss über die Verwendung des Jahresüberschusses oder des Bilanzgewinns als Zuführung zu diesen Rücklagen ausgewiesen sein. ²Vorbehaltlich des Absatzes 2 können andere Gewinnrücklagen und deren Zuführungen in voller Höhe, die Kapitalrücklage und die gesetzliche Rücklage sowie deren Zuführungen nur, soweit sie zusammen den zehnten oder den in der

---

[1] **Anm. d. Red.:** § 206 i. d. F. des Gesetzes v. 30. 7. 2009 (BGBl I S. 2479) mit Wirkung v. 1. 9. 2009.
[2] **Anm. d. Red.:** § 207 i. d. F. des Gesetzes v. 19. 7. 2002 (BGBl I S. 2681) mit Wirkung v. 26. 7. 2002.
[3] **Anm. d. Red.:** § 208 i. d. F. des Gesetzes v. 19. 12. 1985 (BGBl I S. 2355) mit Wirkung v. 1. 1. 1986.

Satzung bestimmten höheren Teil des bisherigen Grundkapitals übersteigen, in Grundkapital umgewandelt werden.

(2) ¹Die Kapitalrücklage und die Gewinnrücklagen sowie deren Zuführungen können nicht umgewandelt werden, soweit in der zugrunde gelegten Bilanz ein Verlust einschließlich eines Verlustvortrags ausgewiesen ist. ²Gewinnrücklagen und deren Zuführungen, die für einen bestimmten Zweck bestimmt sind, dürfen nur umgewandelt werden, soweit dies mit ihrer Zweckbestimmung vereinbar ist.

§ 209 Zugrunde gelegte Bilanz[1]

(1) Dem Beschluss kann die letzte Jahresbilanz zugrunde gelegt werden, wenn die Jahresbilanz geprüft und die festgestellte Jahresbilanz mit dem uneingeschränkten Bestätigungsvermerk des Abschlussprüfers versehen ist und wenn ihr Stichtag höchstens acht Monate vor der Anmeldung des Beschlusses zur Eintragung in das Handelsregister liegt.

(2) ¹Wird dem Beschluss nicht die letzte Jahresbilanz zugrunde gelegt, so muss die Bilanz §§ 150, 152 dieses Gesetzes, §§ 242 bis 256a, 264 bis 274a des Handelsgesetzbuchs entsprechen. ²Der Stichtag der Bilanz darf höchstens acht Monate vor der Anmeldung des Beschlusses zur Eintragung in das Handelsregister liegen.

(3) ¹Die Bilanz muss durch einen Abschlussprüfer darauf geprüft werden, ob sie §§ 150, 152 dieses Gesetzes, §§ 242 bis 256a, 264 bis 274a des Handelsgesetzbuchs entspricht. ²Sie muss mit einem uneingeschränkten Bestätigungsvermerk versehen sein.

(4) ¹Wenn die Hauptversammlung keinen anderen Prüfer wählt, gilt der Prüfer als gewählt, der für die Prüfung des letzten Jahresabschlusses von der Hauptversammlung gewählt oder vom Gericht bestellt worden ist. ²Soweit sich aus der Besonderheit des Prüfungsauftrags nichts anderes ergibt, sind auf die Prüfung § 318 Abs. 1 Satz 3 und 4, § 319 Abs. 1 bis 4, § 319a Abs. 1, § 319b Abs. 1, § 320 Abs. 1, 2, § 321, 322 Abs. 7 und § 323 des Handelsgesetzbuchs entsprechend anzuwenden.

(5) ¹Bei Versicherungsgesellschaften wird der Prüfer vom Aufsichtsrat bestimmt; Absatz 4 Satz 1 gilt sinngemäß. ²Soweit sich aus der Besonderheit des Prüfungsauftrags nichts anderes ergibt, ist auf die Prüfung § 341k des Handelsgesetzbuchs anzuwenden.

(6) Im Fall der Absätze 2 bis 5 gilt für das Zugänglichmachen der Bilanz und für die Erteilung von Abschriften § 175 Abs. 2 sinngemäß.

§ 210 Anmeldung und Eintragung des Beschlusses[2]

(1) ¹Der Anmeldung des Beschlusses zur Eintragung in das Handelsregister ist die der Kapitalerhöhung zugrunde gelegte Bilanz mit Bestätigungsvermerk, im Fall des § 209 Abs. 2 bis 6 außerdem die letzte Jahresbilanz, sofern sie noch nicht nach § 325 Abs. 1 des Handelsgesetzbuchs eingereicht ist, beizufügen. ²Die Anmeldenden haben dem Gericht gegenüber zu erklären, dass nach ihrer Kenntnis seit dem Stichtag der zugrunde gelegten Bilanz bis zum Tag der Anmeldung keine Vermögensminderung eingetreten ist, die der Kapitalerhöhung entgegenstünde, wenn sie am Tag der Anmeldung beschlossen worden wäre.

(2) Das Gericht darf den Beschluss nur eintragen, wenn die der Kapitalerhöhung zugrunde gelegte Bilanz auf einen höchstens acht Monate vor der Anmeldung liegenden Stichtag aufgestellt und eine Erklärung nach Absatz 1 Satz 2 abgegeben worden ist.

(3) Das Gericht braucht nicht zu prüfen, ob die Bilanzen den gesetzlichen Vorschriften entsprechen.

(4) Bei der Eintragung des Beschlusses ist anzugeben, dass es sich um eine Kapitalerhöhung aus Gesellschaftsmitteln handelt.

---

1) **Anm. d. Red.:** § 209 i. d. F. des Gesetzes v. 17. 7. 2015 (BGBl I S. 1245) mit Wirkung v. 23. 7. 2015.
2) **Anm. d. Red.:** § 210 i. d. F. des Gesetzes v. 10. 11. 2006 (BGBl I S. 2553) mit Wirkung v. 1. 1. 2007.

§ 211 Wirksamwerden der Kapitalerhöhung[1]

(1) Mit der Eintragung des Beschlusses über die Erhöhung des Grundkapitals ist das Grundkapital erhöht.

(2) (weggefallen)

§ 212 Aus der Kapitalerhöhung Berechtigte[2]

¹Neue Aktien stehen den Aktionären im Verhältnis ihrer Anteile am bisherigen Grundkapital zu. ²Ein entgegenstehender Beschluss der Hauptversammlung ist nichtig.

§ 213 Teilrechte

(1) Führt die Kapitalerhöhung dazu, dass auf einen Anteil am bisherigen Grundkapital nur ein Teil einer neuen Aktie entfällt, so ist dieses Teilrecht selbständig veräußerlich und vererblich.

(2) Die Rechte aus einer neuen Aktie einschließlich des Anspruchs auf Ausstellung einer Aktienurkunde können nur ausgeübt werden, wenn Teilrechte, die zusammen eine volle Aktie ergeben, in einer Hand vereinigt sind oder wenn sich mehrere Berechtigte, deren Teilrechte zusammen eine volle Aktie ergeben, zur Ausübung der Rechte zusammenschließen.

§ 214 Aufforderung an die Aktionäre[3]

(1) ¹Nach der Eintragung des Beschlusses über die Erhöhung des Grundkapitals durch Ausgabe neuer Aktien hat der Vorstand unverzüglich die Aktionäre aufzufordern, die neuen Aktien abzuholen. ²Die Aufforderung ist in den Gesellschaftsblättern bekannt zu machen und gemäß § 67a zu übermitteln. ³In der Bekanntmachung ist anzugeben,
1. um welchen Betrag das Grundkapital erhöht worden ist,
2. in welchem Verhältnis auf die alten Aktien neue Aktien entfallen.

⁴In der Bekanntmachung ist ferner darauf hinzuweisen, dass die Gesellschaft berechtigt ist, Aktien, die nicht innerhalb eines Jahres seit der Bekanntmachung der Aufforderung abgeholt werden, nach dreimaliger Androhung für Rechnung der Beteiligten zu verkaufen.

(2) ¹Nach Ablauf eines Jahres seit der Bekanntmachung der Aufforderung hat die Gesellschaft den Verkauf der nicht abgeholten Aktien anzudrohen. ²Die Androhung ist dreimal in Abständen von mindestens einem Monat in den Gesellschaftsblättern bekannt zu machen. ³Die letzte Bekanntmachung muss vor dem Ablauf von achtzehn Monaten seit der Aufforderung ergehen.

(3) ¹Nach Ablauf eines Jahres seit der letzten Bekanntmachung der Androhung hat die Gesellschaft die nicht abgeholten Aktien für Rechnung der Beteiligten zum Börsenpreis und beim Fehlen eines Börsenpreises durch öffentliche Versteigerung zu verkaufen. ²§ 226 Abs. 3 Satz 2 bis 6 gilt sinngemäß.

(4) ¹Die Absätze 1 bis 3 gelten sinngemäß für Gesellschaften, die keine Aktienurkunden ausgegeben haben. ²Die Gesellschaften haben die Aktionäre aufzufordern, sich die neuen Aktien zuteilen zu lassen.

§ 215 Eigene Aktien, teileingezahlte Aktien[4]

(1) Eigene Aktien nehmen an der Erhöhung des Grundkapitals teil.

---

1) **Anm. d. Red.:** § 211 i. d. F. des Gesetzes v. 28. 10. 1994 (BGBl I S. 3210) mit Wirkung v. 1.1.1995.

2) **Anm. d. Red.:** § 212 i. d. F. des Gesetzes v. 25. 3. 1998 (BGBl I S. 590) mit Wirkung v. 1. 4. 1998.

3) **Anm. d. Red.:** § 214 i. d. F. des Gesetzes v. 12.12.2019 (BGBl I S. 2637) mit Wirkung v. 1.1.2020. – Zur Anwendung siehe § 26j Abs. 4 EGAktG.

4) **Anm. d. Red.:** § 215 i. d. F. des Gesetzes v. 25. 3. 1998 (BGBl I S. 590) mit Wirkung v. 1. 4. 1998.

(2) ¹Teileingezahlte Aktien nehmen entsprechend ihrem Anteil am Grundkapital an der Erhöhung des Grundkapitals teil. ²Bei ihnen kann die Kapitalerhöhung nicht durch Ausgabe neuer Aktien ausgeführt werden, bei Nennbetragsaktien wird deren Nennbetrag erhöht. ³Sind neben teileingezahlten Aktien volleingezahlte Aktien vorhanden, so kann bei volleingezahlten Nennbetragsaktien die Kapitalerhöhung durch Erhöhung des Nennbetrags der Aktien und durch Ausgabe neuer Aktien ausgeführt werden; der Beschluss über die Erhöhung des Grundkapitals muss die Art der Erhöhung angeben. ⁴Soweit die Kapitalerhöhung durch Erhöhung des Nennbetrags der Aktien ausgeführt wird, ist sie so zu bemessen, dass durch sie auf keine Aktie Beträge entfallen, die durch eine Erhöhung des Nennbetrags der Aktien nicht gedeckt werden können.

§ 216 Wahrung der Rechte der Aktionäre und Dritter[1]

(1) Das Verhältnis der mit den Aktien verbundenen Rechte zueinander wird durch die Kapitalerhöhung nicht berührt.

(2) ¹Soweit sich einzelne Rechte teileingezahlter Aktien, insbesondere die Beteiligung am Gewinn oder das Stimmrecht, nach der auf die Aktie geleisteten Einlage bestimmen, stehen diese Rechte den Aktionären bis zur Leistung der noch ausstehenden Einlagen nur nach der Höhe der geleisteten Einlage, erhöht um den auf den Nennbetrag des Grundkapitals berechneten Hundertsatz der Erhöhung des Grundkapitals zu. ²Werden weitere Einzahlungen geleistet, so erweitern sich diese Rechte entsprechend. ³Im Fall des § 271 Abs. 3 gelten die Erhöhungsbeträge als voll eingezahlt.

(3) ¹Der wirtschaftliche Inhalt vertraglicher Beziehungen der Gesellschaft zu Dritten, die von der Gewinnausschüttung der Gesellschaft, dem Nennbetrag oder Wert ihrer Aktien oder ihres Grundkapitals oder sonst von den bisherigen Kapital- oder Gewinnverhältnissen abhängen, wird durch die Kapitalerhöhung nicht berührt. ²Gleiches gilt für Nebenverpflichtungen der Aktionäre.

§ 217 Beginn der Gewinnbeteiligung[2]

(1) Neue Aktien nehmen, wenn nichts anderes bestimmt ist, am Gewinn des ganzen Geschäftsjahrs teil, in dem die Erhöhung des Grundkapitals beschlossen worden ist.

(2) ¹Im Beschluss über die Erhöhung des Grundkapitals kann bestimmt werden, dass die neuen Aktien bereits am Gewinn des letzten vor der Beschlussfassung über die Kapitalerhöhung abgelaufenen Geschäftsjahrs teilnehmen. ²In diesem Fall ist die Erhöhung des Grundkapitals zu beschließen, bevor über die Verwendung des Bilanzgewinns des letzten vor der Beschlussfassung abgelaufenen Geschäftsjahrs Beschluss gefasst ist. ³Der Beschluss über die Verwendung des Bilanzgewinns des letzten vor der Beschlussfassung über die Kapitalerhöhung abgelaufenen Geschäftsjahrs wird erst wirksam, wenn das Grundkapital erhöht ist. ⁴Der Beschluss über die Erhöhung des Grundkapitals und der Beschluss über die Verwendung des Bilanzgewinns des letzten vor der Beschlussfassung über die Kapitalerhöhung abgelaufenen Geschäftsjahrs sind nichtig, wenn der Beschluss über die Kapitalerhöhung nicht binnen drei Monaten nach der Beschlussfassung in das Handelsregister eingetragen worden ist. ⁵Der Lauf der Frist ist gehemmt, solange eine Anfechtungs- oder Nichtigkeitsklage rechtshängig ist.

§ 218 Bedingtes Kapital[3]

¹Bedingtes Kapital erhöht sich im gleichen Verhältnis wie das Grundkapital. ²Ist das bedingte Kapital zur Gewährung von Umtauschrechten an Gläubiger von Wandelschuldverschreibungen beschlossen worden, so ist zur Deckung des Unterschieds zwischen dem Ausgabebetrag der

---

1) **Anm. d. Red.:** § 216 i. d. F. des Gesetzes v. 23.10.2008 (BGBl I S. 2026) mit Wirkung v. 1.11.2008.
2) **Anm. d. Red.:** § 217 i. d. F. des Gesetzes v. 30.7.2009 (BGBl I S. 2479) mit Wirkung v. 1.9.2009.
3) **Anm. d. Red.:** § 218 i. d. F. des Gesetzes v. 25.3.1998 (BGBl I S. 590) mit Wirkung v. 1.4.1998.

Schuldverschreibungen und dem höheren geringsten Ausgabebetrag der für sie zu gewährenden Bezugsaktien insgesamt eine Sonderrücklage zu bilden, soweit nicht Zuzahlungen der Umtauschberechtigten vereinbart sind.

§ 219 Verbotene Ausgabe von Aktien und Zwischenscheinen

Vor der Eintragung des Beschlusses über die Erhöhung des Grundkapitals in das Handelsregister dürfen neue Aktien und Zwischenscheine nicht ausgegeben werden.

§ 220 Wertansätze[1)]

¹Als Anschaffungskosten der vor der Erhöhung des Grundkapitals erworbenen Aktien und der auf sie entfallenen neuen Aktien gelten die Beträge, die sich für die einzelnen Aktien ergeben, wenn die Anschaffungskosten der vor der Erhöhung des Grundkapitals erworbenen Aktien auf diese und auf die auf sie entfallenen neuen Aktien nach dem Verhältnis der Anteile am Grundkapital verteilt werden. ²Der Zuwachs an Aktien ist nicht als Zugang auszuweisen.

Fünfter Unterabschnitt: Wandelschuldverschreibungen, Gewinnschuldverschreibungen

§ 221[2)]

(1) ¹Schuldverschreibungen, bei denen den Gläubigern oder der Gesellschaft ein Umtausch- oder Bezugsrecht auf Aktien eingeräumt wird (Wandelschuldverschreibungen), und Schuldverschreibungen, bei denen die Rechte der Gläubiger mit Gewinnanteilen von Aktionären in Verbindung gebracht werden (Gewinnschuldverschreibungen), dürfen nur aufgrund eines Beschlusses der Hauptversammlung ausgegeben werden. ²Der Beschluss bedarf einer Mehrheit, die mindestens drei Viertel des bei der Beschlussfassung vertretenen Grundkapitals umfasst. ³Die Satzung kann eine andere Kapitalmehrheit und weitere Erfordernisse bestimmen. ⁴§ 182 Abs. 2 gilt.

(2) ¹Eine Ermächtigung des Vorstandes zur Ausgabe von Wandelschuldverschreibungen kann höchstens für fünf Jahre erteilt werden. ²Der Vorstand und der Vorsitzende des Aufsichtsrats haben den Beschluss über die Ausgabe der Wandelschuldverschreibungen sowie eine Erklärung über deren Ausgabe beim Handelsregister zu hinterlegen. ³Ein Hinweis auf den Beschluss und die Erklärung ist in den Gesellschaftsblättern bekannt zu machen.

(3) Absatz 1 gilt sinngemäß für die Gewährung von Genussrechten.

(4) ¹Auf Wandelschuldverschreibungen, Gewinnschuldverschreibungen und Genussrechte haben die Aktionäre ein Bezugsrecht. ²Die §§ 186 und 193 Abs. 2 Nr. 4 gelten sinngemäß.

Dritter Abschnitt: Maßnahmen der Kapitalherabsetzung

Erster Unterabschnitt: Ordentliche Kapitalherabsetzung

§ 222 Voraussetzungen[3)]

(1) ¹Eine Herabsetzung des Grundkapitals kann nur mit einer Mehrheit beschlossen werden, die mindestens drei Viertel des bei der Beschlussfassung vertretenen Grundkapitals umfasst. ²Die Satzung kann eine größere Kapitalmehrheit und weitere Erfordernisse bestimmen.

(2) ¹Sind mehrere Gattungen von stimmberechtigten Aktien vorhanden, so bedarf der Beschluss der Hauptversammlung zu seiner Wirksamkeit der Zustimmung der Aktionäre jeder Gattung. ²Über die Zustimmung haben die Aktionäre jeder Gattung einen Sonderbeschluss zu fassen. ³Für diesen gilt Absatz 1.

---

1) **Anm. d. Red.:** § 220 i. d. F. des Gesetzes v. 25. 3. 1998 (BGBl I S. 590) mit Wirkung v. 1. 4. 1998.
2) **Anm. d. Red.:** § 221 i. d. F. des Gesetzes v. 22. 12. 2015 (BGBl I S. 2565) mit Wirkung v. 31. 12. 2015.
3) **Anm. d. Red.:** § 222 i. d. F. des Gesetzes v. 25. 3. 1998 (BGBl I S. 590) mit Wirkung v. 1. 4. 1998.

§§ 223 – 226 I. Aktiengesetz

(3) In dem Beschluss ist festzusetzen, zu welchem Zweck die Herabsetzung stattfindet, namentlich ob Teile des Grundkapitals zurückgezahlt werden sollen.

(4) ¹Die Herabsetzung des Grundkapitals erfordert bei Gesellschaften mit Nennbetragsaktien die Herabsetzung des Nennbetrags der Aktien. ²Soweit der auf die einzelne Aktie entfallende anteilige Betrag des herabgesetzten Grundkapitals den Mindestbetrag nach § 8 Abs. 2 Satz 1 oder Abs. 3 Satz 3 unterschreiten würde, erfolgt die Herabsetzung durch Zusammenlegung der Aktien. ³Der Beschluss muss die Art der Herabsetzung angeben.

§ 223 Anmeldung des Beschlusses

Der Vorstand und der Vorsitzende des Aufsichtsrats haben den Beschluss über die Herabsetzung des Grundkapitals zur Eintragung in das Handelsregister anzumelden.

§ 224 Wirksamwerden der Kapitalherabsetzung

Mit der Eintragung des Beschlusses über die Herabsetzung des Grundkapitals ist das Grundkapital herabgesetzt.

§ 225 Gläubigerschutz[1]

(1) ¹Den Gläubigern, deren Forderungen begründet worden sind, bevor die Eintragung des Beschlusses bekannt gemacht worden ist, ist, wenn sie sich binnen sechs Monaten nach der Bekanntmachung zu diesem Zweck melden, Sicherheit zu leisten, soweit sie nicht Befriedigung verlangen können. ²Die Gläubiger sind in der Bekanntmachung der Eintragung auf dieses Recht hinzuweisen. ³Das Recht, Sicherheitsleistung zu verlangen, steht Gläubigern nicht zu, die im Fall des Insolvenzverfahrens ein Recht auf vorzugsweise Befriedigung aus einer Deckungsmasse haben, die nach gesetzlicher Vorschrift zu ihrem Schutz errichtet und staatlich überwacht ist.

(2) ¹Zahlungen an die Aktionäre dürfen aufgrund der Herabsetzung des Grundkapitals erst geleistet werden, nachdem seit der Bekanntmachung der Eintragung sechs Monate verstrichen sind und nachdem den Gläubigern, die sich rechtzeitig gemeldet haben, Befriedigung oder Sicherheit gewährt worden ist. ²Auch eine Befreiung der Aktionäre von der Verpflichtung zur Leistung von Einlagen wird nicht vor dem bezeichneten Zeitpunkt und nicht vor Befriedigung oder Sicherstellung der Gläubiger wirksam, die sich rechtzeitig gemeldet haben.

(3) Das Recht der Gläubiger, Sicherheitsleistung zu verlangen, ist unabhängig davon, ob Zahlungen an die Aktionäre aufgrund der Herabsetzung des Grundkapitals geleistet werden.

§ 226 Kraftloserklärung von Aktien[2]

(1) ¹Sollen zur Durchführung der Herabsetzung des Grundkapitals Aktien durch Umtausch, Abstempelung oder durch ein ähnliches Verfahren zusammengelegt werden, so kann die Gesellschaft die Aktien für kraftlos erklären, die trotz Aufforderung nicht bei ihr eingereicht worden sind. ²Gleiches gilt für eingereichte Aktien, welche die zum Ersatz durch neue Aktien nötige Zahl nicht erreichen und der Gesellschaft nicht zur Verwertung für Rechnung der Beteiligten zur Verfügung gestellt sind.

(2) ¹Die Aufforderung, die Aktien einzureichen, hat die Kraftloserklärung anzudrohen. ²Die Kraftloserklärung kann nur erfolgen, wenn die Aufforderung in der in § 64 Abs. 2 für die Nachfrist vorgeschriebenen Weise bekannt gemacht worden ist. ³Die Kraftloserklärung geschieht durch Bekanntmachung in den Gesellschaftsblättern. ⁴In der Bekanntmachung sind die für kraftlos erklärten Aktien so zu bezeichnen, dass sich aus der Bekanntmachung ohne weiteres ergibt, ob eine Aktie für kraftlos erklärt ist.

(3) ¹Die neuen Aktien, die an Stelle der für kraftlos erklärten Aktien auszugeben sind, hat die Gesellschaft unverzüglich für Rechnung der Beteiligten zum Börsenpreis und beim Fehlen eines

---

1) **Anm. d. Red.:** § 225 i. d. F. des Gesetzes v. 5. 10. 1994 (BGBl I S. 2911) mit Wirkung v. 1. 1. 1999.
2) **Anm. d. Red.:** § 226 i. d. F. des Gesetzes v. 21. 6. 2002 (BGBl I S. 2010) mit Wirkung v. 1. 7. 2002.

Börsenpreises durch öffentliche Versteigerung zu verkaufen. ²Ist von der Versteigerung am Sitz der Gesellschaft kein angemessener Erfolg zu erwarten, so sind die Aktien an einem geeigneten Ort zu verkaufen. ³Zeit, Ort und Gegenstand der Versteigerung sind öffentlich bekannt zu machen. ⁴Die Beteiligten sind besonders zu benachrichtigen; die Benachrichtigung kann unterbleiben, wenn sie untunlich ist. ⁵Bekanntmachung und Benachrichtigung müssen mindestens zwei Wochen vor der Versteigerung ergehen. ⁶Der Erlös ist den Beteiligten auszuzahlen oder, wenn ein Recht zur Hinterlegung besteht, zu hinterlegen.

§ 227 Anmeldung der Durchführung

(1) Der Vorstand hat die Durchführung der Herabsetzung des Grundkapitals zur Eintragung in das Handelsregister anzumelden.

(2) Anmeldung und Eintragung der Durchführung der Herabsetzung des Grundkapitals können mit Anmeldung und Eintragung des Beschlusses über die Herabsetzung verbunden werden.

§ 228 Herabsetzung unter den Mindestnennbetrag[1)]

(1) Das Grundkapital kann unter den in § 7 bestimmten Mindestnennbetrag herabgesetzt werden, wenn dieser durch eine Kapitalerhöhung wieder erreicht wird, die zugleich mit der Kapitalherabsetzung beschlossen ist und bei der Sacheinlagen nicht festgesetzt sind.

(2) ¹Die Beschlüsse sind nichtig, wenn sie und die Durchführung der Erhöhung nicht binnen sechs Monaten nach der Beschlussfassung in das Handelsregister eingetragen worden sind. ²Der Lauf der Frist ist gehemmt, solange eine Anfechtungs- oder Nichtigkeitsklage rechtshängig ist. ³Die Beschlüsse und die Durchführung der Erhöhung des Grundkapitals sollen nur zusammen in das Handelsregister eingetragen werden.

Zweiter Unterabschnitt: Vereinfachte Kapitalherabsetzung

§ 229 Voraussetzungen[2)]

(1) ¹Eine Herabsetzung des Grundkapitals, die dazu dienen soll, Wertminderungen auszugleichen, sonstige Verluste zu decken oder Beträge in die Kapitalrücklage einzustellen, kann in vereinfachter Form vorgenommen werden. ²Im Beschluss ist festzusetzen, dass die Herabsetzung zu diesen Zwecken stattfindet.

(2) ¹Die vereinfachte Kapitalherabsetzung ist nur zulässig, nachdem der Teil der gesetzlichen Rücklage und der Kapitalrücklage, um den diese zusammen über zehn vom Hundert des nach der Herabsetzung verbleibenden Grundkapitals hinausgehen, sowie die Gewinnrücklagen vorweg aufgelöst sind. ²Sie ist nicht zulässig, solange ein Gewinnvortrag vorhanden ist.

(3) § 222 Abs. 1, 2 und 4, §§ 223, 224, 226 bis 228 über die ordentliche Kapitalherabsetzung gelten sinngemäß.

§ 230 Verbot von Zahlungen an die Aktionäre[3)]

¹Die Beträge, die aus der Auflösung der Kapital- oder Gewinnrücklagen und aus der Kapitalherabsetzung gewonnen werden, dürfen nicht zu Zahlungen an die Aktionäre und nicht dazu verwandt werden, die Aktionäre von der Verpflichtung zur Leistung von Einlagen zu befreien. ²Sie dürfen nur verwandt werden, um Wertminderungen auszugleichen, sonstige Verluste zu decken und Beträge in die Kapitalrücklage oder in die gesetzliche Rücklage einzustellen. ³Auch eine Verwendung zu einem dieser Zwecke ist nur zulässig, soweit sie im Beschluss als Zweck der Herabsetzung angegeben ist.

---

1) **Anm. d. Red.:** § 228 i. d. F. des Gesetzes v. 30. 7. 2009 (BGBl I S. 2479) mit Wirkung v. 1. 9. 2009.
2) **Anm. d. Red.:** § 229 i. d. F. des Gesetzes v. 19. 12. 1985 (BGBl I S. 2355) mit Wirkung v. 1. 1. 1986.
3) **Anm. d. Red.:** § 230 i. d. F. des Gesetzes v. 19. 12. 1985 (BGBl I S. 2355) mit Wirkung v. 1. 1. 1986.

§§ 231–234   I. Aktiengesetz

§ 231 Beschränkte Einstellung in die Kapitalrücklage und in die gesetzliche Rücklage[1)]

¹Die Einstellung der Beträge, die aus der Auflösung von anderen Gewinnrücklagen gewonnen werden, in die gesetzliche Rücklage und der Beträge, die aus der Kapitalherabsetzung gewonnen werden, in die Kapitalrücklage ist nur zulässig, soweit die Kapitalrücklage und die gesetzliche Rücklage zusammen zehn vom Hundert des Grundkapitals nicht übersteigen. ²Als Grundkapital gilt dabei der Nennbetrag, der sich durch die Herabsetzung ergibt, mindestens aber der in § 7 bestimmte Mindestnennbetrag. ³Bei der Bemessung der zulässigen Höhe bleiben Beträge, die in der Zeit nach der Beschlussfassung über die Kapitalherabsetzung in die Kapitalrücklage einzustellen sind, auch dann außer Betracht, wenn ihre Zahlung auf einem Beschluss beruht, der zugleich mit dem Beschluss über die Kapitalherabsetzung gefasst wird.

§ 232 Einstellung von Beträgen in die Kapitalrücklage bei zu hoch angenommenen Verlusten[2)]

Ergibt sich bei Aufstellung der Jahresbilanz für das Geschäftsjahr, in dem der Beschluss über die Kapitalherabsetzung gefasst wurde, oder für eines der beiden folgenden Geschäftsjahre, dass Wertminderungen und sonstige Verluste in der bei der Beschlussfassung angenommenen Höhe tatsächlich nicht eingetreten oder ausgeglichen waren, so ist der Unterschiedsbetrag in die Kapitalrücklage einzustellen.

§ 233 Gewinnausschüttung, Gläubigerschutz[3)]

(1) ¹Gewinn darf nicht ausgeschüttet werden, bevor die gesetzliche Rücklage und die Kapitalrücklage zusammen zehn vom Hundert des Grundkapitals erreicht haben. ²Als Grundkapital gilt dabei der Nennbetrag, der sich durch die Herabsetzung ergibt, mindestens aber der in § 7 bestimmte Mindestnennbetrag.

(2) ¹Die Zahlung eines Gewinnanteils von mehr als vier vom Hundert ist erst für ein Geschäftsjahr zulässig, das später als zwei Jahre nach der Beschlussfassung über die Kapitalherabsetzung beginnt. ²Dies gilt nicht, wenn die Gläubiger, deren Forderungen vor der Bekanntmachung der Eintragung des Beschlusses begründet worden waren, befriedigt oder sichergestellt sind, soweit sie sich binnen sechs Monaten nach der Bekanntmachung des Jahresabschlusses, aufgrund dessen die Gewinnverteilung beschlossen ist, zu diesem Zweck gemeldet haben. ³Einer Sicherstellung der Gläubiger bedarf es nicht, die im Fall des Insolvenzverfahrens ein Recht auf vorzugsweise Befriedigung aus einer Deckungsmasse haben, die nach gesetzlicher Vorschrift zu ihrem Schutz errichtet und staatlich überwacht ist. ⁴Die Gläubiger sind in der Bekanntmachung nach § 325 Abs. 2 des Handelsgesetzbuchs auf die Befriedigung oder Sicherstellung hinzuweisen.

(3) Die Beträge, die aus der Auflösung von Kapital- und Gewinnrücklagen und aus der Kapitalherabsetzung gewonnen sind, dürfen auch nach diesen Vorschriften nicht als Gewinn ausgeschüttet werden.

§ 234 Rückwirkung der Kapitalherabsetzung[4)]

(1) Im Jahresabschluss für das letzte vor der Beschlussfassung über die Kapitalherabsetzung abgelaufene Geschäftsjahr können das gezeichnete Kapital sowie die Kapital- und Gewinnrücklagen in der Höhe ausgewiesen werden, in der sie nach der Kapitalherabsetzung bestehen sollen.

---

1) **Anm. d. Red.:** § 231 i. d. F. des Gesetzes v. 19.12.1985 (BGBl I S. 2355) mit Wirkung v. 1.1.1986.
2) **Anm. d. Red.:** § 232 i. d. F. des Gesetzes v. 19.12.1985 (BGBl I S. 2355) mit Wirkung v. 1.1.1986.
3) **Anm. d. Red.:** § 233 i. d. F. des Gesetzes v. 10.11.2006 (BGBl I S. 2553) mit Wirkung v. 1.1.2007.
4) **Anm. d. Red.:** § 234 i. d. F. des Gesetzes v. 30.7.2009 (BGBl I S. 2479) mit Wirkung v. 1.9.2009.

(2) ¹In diesem Fall beschließt die Hauptversammlung über die Feststellung des Jahresabschlusses. ²Der Beschluss soll zugleich mit dem Beschluss über die Kapitalherabsetzung gefasst werden.

(3) ¹Die Beschlüsse sind nichtig, wenn der Beschluss über die Kapitalherabsetzung nicht binnen drei Monaten nach der Beschlussfassung in das Handelsregister eingetragen worden ist. ²Der Lauf der Frist ist gehemmt, solange eine Anfechtungs- oder Nichtigkeitsklage rechtshängig ist.

§ 235 Rückwirkung einer gleichzeitigen Kapitalerhöhung[1]

(1) ¹Wird im Fall des § 234 zugleich mit der Kapitalherabsetzung eine Erhöhung des Grundkapitals beschlossen, so kann auch die Kapitalerhöhung in dem Jahresabschluss als vollzogen berücksichtigt werden. ²Die Beschlussfassung ist nur zulässig, wenn die neuen Aktien gezeichnet, keine Sacheinlagen festgesetzt sind und wenn auf jede Aktie die Einzahlung geleistet ist, die nach § 188 Abs. 2 zurzeit der Anmeldung der Durchführung der Kapitalerhöhung bewirkt sein muss. ³Die Zeichnung und die Einzahlung sind dem Notar nachzuweisen, der den Beschluss über die Erhöhung des Grundkapitals beurkundet.

(2) ¹Sämtliche Beschlüsse sind nichtig, wenn die Beschlüsse über die Kapitalherabsetzung und die Kapitalerhöhung und die Durchführung der Erhöhung nicht binnen drei Monaten nach der Beschlussfassung in das Handelsregister eingetragen worden sind. ²Der Lauf der Frist ist gehemmt, solange eine Anfechtungs- oder Nichtigkeitsklage rechtshängig ist. ³Die Beschlüsse und die Durchführung der Erhöhung des Grundkapitals sollen nur zusammen in das Handelsregister eingetragen werden.

§ 236 Offenlegung[2]

Die Offenlegung des Jahresabschlusses nach § 325 des Handelsgesetzbuchs darf im Fall des § 234 erst nach Eintragung des Beschlusses über die Kapitalherabsetzung, im Fall des § 235 erst ergehen, nachdem die Beschlüsse über die Kapitalherabsetzung und Kapitalerhöhung und die Durchführung der Kapitalerhöhung eingetragen worden sind.

Dritter Unterabschnitt: Kapitalherabsetzung durch Einziehung von Aktien, Ausnahme für Stückaktien[3]

§ 237 Voraussetzungen[4]

(1) ¹Aktien können zwangsweise oder nach Erwerb durch die Gesellschaft eingezogen werden. ²Eine Zwangseinziehung ist nur zulässig, wenn sie in der ursprünglichen Satzung oder durch eine Satzungsänderung vor Übernahme oder Zeichnung der Aktien angeordnet oder gestattet war.

(2) ¹Bei der Einziehung sind die Vorschriften über die ordentliche Kapitalherabsetzung zu befolgen. ²In der Satzung oder in dem Beschluss der Hauptversammlung sind die Voraussetzungen für eine Zwangseinziehung und die Einzelheiten ihrer Durchführung festzulegen. ³Für die Zahlung des Entgelts, das Aktionären bei einer Zwangseinziehung oder bei einem Erwerb von Aktien zum Zwecke der Einziehung gewährt wird, und für die Befreiung dieser Aktionäre von der Verpflichtung zur Leistung von Einlagen gilt § 225 Abs. 2 sinngemäß.

---

1) **Anm. d. Red.:** § 235 i. d. F. des Gesetzes v. 30. 7. 2009 (BGBl I S. 2479) mit Wirkung v. 1. 9. 2009.
2) **Anm. d. Red.:** § 236 i. d. F. des Gesetzes v. 19. 12. 1985 (BGBl I S. 2355) mit Wirkung v. 1. 1. 1986.
3) **Anm. d. Red.:** Überschrift i. d. F. des Gesetzes v. 19. 7. 2002 (BGBl I S. 2681) mit Wirkung v. 26. 7. 2002.
4) **Anm. d. Red.:** § 237 i. d. F. des Gesetzes v. 11. 4. 2017 (BGBl I S. 802) mit Wirkung v. 19. 4. 2017. – Zur Anwendung siehe § 26i EGAktG.

(3) Die Vorschriften über die ordentliche Kapitalherabsetzung brauchen nicht befolgt zu werden, wenn Aktien, auf die der Ausgabebetrag voll geleistet ist,
1. der Gesellschaft unentgeltlich zur Verfügung gestellt oder
2. zu Lasten des Bilanzgewinns oder einer frei verfügbaren Rücklage, soweit sie zu diesem Zweck verwandt werden können, eingezogen werden oder
3. Stückaktien sind und der Beschluss der Hauptversammlung bestimmt, dass sich durch die Einziehung der Anteil der übrigen Aktien am Grundkapital gemäß § 8 Abs. 3 erhöht; wird der Vorstand zur Einziehung ermächtigt, so kann er auch zur Anpassung der Angabe der Zahl in der Satzung ermächtigt werden.

(4) ¹Auch in den Fällen des Absatzes 3 kann die Kapitalherabsetzung durch Einziehung nur von der Hauptversammlung beschlossen werden. ²Für den Beschluss genügt die einfache Stimmenmehrheit. ³Die Satzung kann eine größere Mehrheit und weitere Erfordernisse bestimmen. ⁴Im Beschluss ist der Zweck der Kapitalherabsetzung festzusetzen. ⁵Der Vorstand und der Vorsitzende des Aufsichtsrats haben den Beschluss zur Eintragung in das Handelsregister anzumelden.

(5) In den Fällen des Absatzes 3 Nr. 1 und 2 ist in die Kapitalrücklage ein Betrag einzustellen, der dem auf die eingezogenen Aktien entfallenden Betrag des Grundkapitals gleichkommt.

(6) ¹Soweit es sich um eine durch die Satzung angeordnete Zwangseinziehung handelt, bedarf es eines Beschlusses der Hauptversammlung nicht. ²In diesem Fall tritt für die Anwendung der Vorschriften über die ordentliche Kapitalherabsetzung an die Stelle des Hauptversammlungsbeschlusses die Entscheidung des Vorstands über die Einziehung.

§ 238 Wirksamwerden der Kapitalherabsetzung[1)]

¹Mit der Eintragung des Beschlusses oder, wenn die Einziehung nachfolgt, mit der Einziehung ist das Grundkapital um den auf die eingezogenen Aktien entfallenden Betrag herabgesetzt. ²Handelt es sich um eine durch die Satzung angeordnete Zwangseinziehung, so ist, wenn die Hauptversammlung nicht über die Kapitalherabsetzung beschließt, das Grundkapital mit der Zwangseinziehung herabgesetzt. ³Zur Einziehung bedarf es einer Handlung der Gesellschaft, die auf Vernichtung der Rechte aus bestimmten Aktien gerichtet ist.

§ 239 Anmeldung der Durchführung

(1) ¹Der Vorstand hat die Durchführung der Herabsetzung des Grundkapitals zur Eintragung in das Handelsregister anzumelden. ²Dies gilt auch dann, wenn es sich um eine durch die Satzung angeordnete Zwangseinziehung handelt.

(2) Anmeldung und Eintragung der Durchführung der Herabsetzung können mit Anmeldung und Eintragung des Beschlusses über die Herabsetzung verbunden werden.

Vierter Unterabschnitt: Ausweis der Kapitalherabsetzung

§ 240[2)]

¹Der aus der Kapitalherabsetzung gewonnene Betrag ist in der Gewinn- und Verlustrechnung als „Ertrag aus der Kapitalherabsetzung" gesondert, und zwar hinter dem Posten „Entnahmen aus Gewinnrücklagen", auszuweisen. ²Eine Einstellung in die Kapitalrücklage nach § 229 Abs. 1 und § 232 ist als „Einstellung in die Kapitalrücklage nach den Vorschriften über die vereinfachte Kapitalherabsetzung" gesondert auszuweisen. ³Im Anhang ist zu erläutern, ob und in welcher

---

1) **Anm. d. Red.:** § 238 i. d. F. des Gesetzes v. 25. 3. 1998 (BGBl I S. 590) mit Wirkung v. 1. 4. 1998.
2) **Anm. d. Red.:** § 240 i. d. F. des Gesetzes v. 17. 7. 2015 (BGBl I S. 1245) mit Wirkung v. 23. 7. 2015.

Höhe die aus der Kapitalherabsetzung und aus der Auflösung von Gewinnrücklagen gewonnenen Beträge
1. zum Ausgleich von Wertminderungen,
2. zur Deckung von sonstigen Verlusten oder
3. zur Einstellung in die Kapitalrücklage

verwandt werden. ⁴Ist die Gesellschaft eine kleine Kapitalgesellschaft (§ 267 Absatz 1 des Handelsgesetzbuchs), braucht sie Satz 3 nicht anzuwenden.

Siebenter Teil: Nichtigkeit von Hauptversammlungsbeschlüssen und des festgestellten Jahresabschlusses, Sonderprüfung wegen unzulässiger Unterbewertung

Erster Abschnitt: Nichtigkeit von Hauptversammlungsbeschlüssen

Erster Unterabschnitt: Allgemeines

§ 241 Nichtigkeitsgründe[1]

Ein Beschluss der Hauptversammlung ist außer in den Fällen des § 192 Abs. 4, §§ 212, 217 Abs. 2, § 228 Abs. 2, § 234 Abs. 3 und § 235 Abs. 2 nur dann nichtig, wenn er
1. in einer Hauptversammlung gefasst worden ist, die unter Verstoß gegen § 121 Abs. 2 und 3 Satz 1 oder Abs. 4 einberufen war,
2. nicht nach § 130 Abs. 1 und 2 Satz 1 und Abs. 4 beurkundet ist,
3. mit dem Wesen der Aktiengesellschaft nicht zu vereinbaren ist oder durch seinen Inhalt Vorschriften verletzt, die ausschließlich oder überwiegend zum Schutze der Gläubiger der Gesellschaft oder sonst im öffentlichen Interesse gegeben sind,
4. durch seinen Inhalt gegen die guten Sitten verstößt,
5. auf Anfechtungsklage durch Urteil rechtskräftig für nichtig erklärt worden ist,
6. nach § 398 des Gesetzes über das Verfahren in Familiensachen und in den Angelegenheiten der freiwilligen Gerichtsbarkeit aufgrund rechtskräftiger Entscheidung als nichtig gelöscht worden ist.

§ 242 Heilung der Nichtigkeit[2]

(1) Die Nichtigkeit eines Hauptversammlungsbeschlusses, der entgegen § 130 Abs. 1 und 2 Satz 1 und Abs. 4 nicht oder nicht gehörig beurkundet worden ist, kann nicht mehr geltend gemacht werden, wenn der Beschluss in das Handelsregister eingetragen worden ist.

(2) ¹Ist ein Hauptversammlungsbeschluss nach § 241 Nr. 1, 3 oder 4 nichtig, so kann die Nichtigkeit nicht mehr geltend gemacht werden, wenn der Beschluss in das Handelsregister eingetragen worden ist und seitdem drei Jahre verstrichen sind. ²Ist bei Ablauf der Frist eine Klage auf Feststellung der Nichtigkeit des Hauptversammlungsbeschlusses rechtshängig, so verlängert sich die Frist, bis über die Klage rechtskräftig entschieden ist oder sie sich auf andere Weise endgültig erledigt hat. ³Eine Löschung des Beschlusses von Amts wegen nach § 398 des Gesetzes über das Verfahren in Familiensachen und in den Angelegenheiten der freiwilligen Gerichtsbarkeit wird durch den Zeitablauf nicht ausgeschlossen. ⁴Ist ein Hauptversammlungsbeschluss wegen Verstoßes gegen § 121 Abs. 4 Satz 2 nach § 241 Nr. 1 nichtig, so kann die Nichtigkeit auch dann nicht mehr geltend gemacht werden, wenn der nicht geladene Aktionär den Beschluss genehmigt. ⁵Ist ein Hauptversammlungsbeschluss nach § 241 Nr. 5 oder § 249 nichtig, so kann das Urteil nach § 248 Abs. 1 Satz 3 nicht mehr eingetragen werden, wenn gemäß § 246a

---

1) **Anm. d. Red.:** § 241 i. d. F. des Gesetzes v. 30. 7. 2009 (BGBl I S. 2479) mit Wirkung v. 1. 9. 2009.
2) **Anm. d. Red.:** § 242 i. d. F. des Gesetzes v. 30. 7. 2009 (BGBl I S. 2479) mit Wirkung v. 1. 9. 2009.

§§ 243 – 245   I. Aktiengesetz

Abs. 1 rechtskräftig festgestellt wurde, dass Mängel des Hauptversammlungsbeschlusses die Wirkung der Eintragung unberührt lassen; § 398 des Gesetzes über das Verfahren in Familiensachen und in den Angelegenheiten der freiwilligen Gerichtsbarkeit findet keine Anwendung.

(3) Absatz 2 gilt entsprechend, wenn in den Fällen des § 217 Abs. 2, § 228 Abs. 2, § 234 Abs. 3 und § 235 Abs. 2 die erforderlichen Eintragungen nicht fristgemäß vorgenommen worden sind.

§ 243 Anfechtungsgründe[1]

(1) Ein Beschluss der Hauptversammlung kann wegen Verletzung des Gesetzes oder der Satzung durch Klage angefochten werden.

(2) ¹Die Anfechtung kann auch darauf gestützt werden, dass ein Aktionär mit der Ausübung des Stimmrechts für sich oder einen Dritten Sondervorteile zum Schaden der Gesellschaft oder der anderen Aktionäre zu erlangen suchte und der Beschluss geeignet ist, diesem Zweck zu dienen. ²Dies gilt nicht, wenn der Beschluss den anderen Aktionären einen angemessenen Ausgleich für ihren Schaden gewährt.

(3) Die Anfechtung kann nicht gestützt werden:
1. auf die durch eine technische Störung verursachte Verletzung von Rechten, die nach § 118 Abs. 1 Satz 2, Abs. 2 Satz 1 und § 134 Abs. 3 auf elektronischem Wege wahrgenommen worden sind, es sei denn, der Gesellschaft ist grobe Fahrlässigkeit oder Vorsatz vorzuwerfen; in der Satzung kann ein strengerer Verschuldensmaßstab bestimmt werden,
2. auf eine Verletzung der §§ 67a, 67b, 121 Absatz 4a oder des § 124a,
3. auf Gründe, die ein Verfahren nach § 318 Abs. 3 des Handelsgesetzbuchs rechtfertigen.

(4) ¹Wegen unrichtiger, unvollständiger oder verweigerter Erteilung von Informationen kann nur angefochten werden, wenn ein objektiv urteilender Aktionär die Erteilung der Information als wesentliche Voraussetzung für die sachgerechte Wahrnehmung seiner Teilnahme- und Mitgliedschaftsrechte angesehen hätte. ²Auf unrichtige, unvollständige oder unzureichende Informationen in der Hauptversammlung über die Ermittlung, Höhe oder Angemessenheit von Ausgleich, Abfindung, Zuzahlung oder über sonstige Kompensationen kann eine Anfechtungsklage nicht gestützt werden, wenn das Gesetz für Bewertungsrügen ein Spruchverfahren vorsieht.

§ 244 Bestätigung anfechtbarer Hauptversammlungsbeschlüsse

¹Die Anfechtung kann nicht mehr geltend gemacht werden, wenn die Hauptversammlung den anfechtbaren Beschluss durch einen neuen Beschluss bestätigt hat und dieser Beschluss innerhalb der Anfechtungsfrist nicht angefochten oder die Anfechtung rechtskräftig zurückgewiesen worden ist. ²Hat der Kläger ein rechtliches Interesse, dass der anfechtbare Beschluss für die Zeit bis zum Bestätigungsbeschluss für nichtig erklärt wird, so kann er die Anfechtung weiterhin mit dem Ziel geltend machen, den anfechtbaren Beschluss für diese Zeit für nichtig zu erklären.

§ 245 Anfechtungsbefugnis[2]

Zur Anfechtung ist befugt
1. jeder in der Hauptversammlung erschienene Aktionär, wenn er die Aktien schon vor der Bekanntmachung der Tagesordnung erworben hatte und gegen den Beschluss Widerspruch zur Niederschrift erklärt hat;
2. jeder in der Hauptversammlung nicht erschienene Aktionär, wenn er zu der Hauptversammlung zu Unrecht nicht zugelassen worden ist oder die Versammlung nicht ordnungsgemäß einberufen oder der Gegenstand der Beschlussfassung nicht ordnungsgemäß bekannt gemacht worden ist;

---

1) **Anm. d. Red.:** § 243 i. d. F. des Gesetzes v. 12.12.2019 (BGBl I S. 2637) mit Wirkung v. 1.1.2020. – Zur Anwendung siehe § 26j Abs. 4 EGAktG.

2) **Anm. d. Red.:** § 245 i. d. F. des Gesetzes v. 22.9.2005 (BGBl I S. 2802) mit Wirkung v. 1.11.2005.

3. im Fall des § 243 Abs. 2 jeder Aktionär, wenn er die Aktien schon vor der Bekanntmachung der Tagesordnung erworben hatte;
4. der Vorstand;
5. jedes Mitglied des Vorstands und des Aufsichtsrats, wenn durch die Ausführung des Beschlusses Mitglieder des Vorstands oder des Aufsichtsrats eine strafbare Handlung oder eine Ordnungswidrigkeit begehen oder wenn sie ersatzpflichtig werden würden.

§ 246 Anfechtungsklage[1]

(1) Die Klage muss innerhalb eines Monats nach der Beschlussfassung erhoben werden.

(2) ¹Die Klage ist gegen die Gesellschaft zu richten. ²Die Gesellschaft wird durch Vorstand und Aufsichtsrat vertreten. ³Klagt der Vorstand oder ein Vorstandsmitglied, wird die Gesellschaft durch den Aufsichtsrat, klagt ein Aufsichtsratsmitglied, wird sie durch den Vorstand vertreten.

(3) ¹Zuständig für die Klage ist ausschließlich das Landgericht, in dessen Bezirk die Gesellschaft ihren Sitz hat. ²Ist bei dem Landgericht eine Kammer für Handelssachen gebildet, so entscheidet diese an Stelle der Zivilkammer. ³§ 148 Abs. 2 Satz 3 und 4 gilt entsprechend. ⁴Die mündliche Verhandlung findet nicht vor Ablauf der Monatsfrist des Absatzes 1 statt. ⁵Die Gesellschaft kann unmittelbar nach Ablauf der Monatsfrist des Absatzes 1 eine eingereichte Klage bereits vor Zustellung einsehen und sich von der Geschäftsstelle Auszüge und Abschriften erteilen lassen. ⁶Mehrere Anfechtungsprozesse sind zur gleichzeitigen Verhandlung und Entscheidung zu verbinden.

(4) ¹Der Vorstand hat die Erhebung der Klage unverzüglich in den Gesellschaftsblättern bekannt zu machen. ²Ein Aktionär kann sich als Nebenintervenient nur innerhalb eines Monats nach der Bekanntmachung an der Klage beteiligen.

§ 246a Freigabeverfahren[2]

(1) ¹Wird gegen einen Hauptversammlungsbeschluss über eine Maßnahme der Kapitalbeschaffung, der Kapitalherabsetzung (§§ 182 bis 240) oder einen Unternehmensvertrag (§§ 291 bis 307) Klage erhoben, so kann das Gericht auf Antrag der Gesellschaft durch Beschluss feststellen, dass die Erhebung der Klage der Eintragung nicht entgegensteht und Mängel des Hauptversammlungsbeschlusses die Wirkung der Eintragung unberührt lassen. ²Auf das Verfahren sind § 247, die §§ 82, 83 Abs. 1 und § 84 der Zivilprozessordnung sowie die im ersten Rechtszug für das Verfahren vor den Landgerichten geltenden Vorschriften der Zivilprozessordnung entsprechend anzuwenden, soweit nichts Abweichendes bestimmt ist. ³Über den Antrag entscheidet ein Senat des Oberlandesgerichts, in dessen Bezirk die Gesellschaft ihren Sitz hat.

(2) Ein Beschluss nach Absatz 1 ergeht, wenn
1. die Klage unzulässig oder offensichtlich unbegründet ist,
2. der Kläger nicht binnen einer Woche nach Zustellung des Antrags durch Urkunden oder durch einen Nachweis nach § 67c Absatz 3 belegt hat, dass er seit Bekanntmachung der Einberufung einen anteiligen Betrag von mindestens 1 000 Euro hält oder
3. das alsbaldige Wirksamwerden des Hauptversammlungsbeschlusses vorrangig erscheint, weil die vom Antragsteller dargelegten wesentlichen Nachteile für die Gesellschaft und ihre Aktionäre nach freier Überzeugung des Gerichts die Nachteile für den Antragsgegner überwiegen, es sei denn, es liegt eine besondere Schwere des Rechtsverstoßes vor.

(3) ¹Eine Übertragung auf den Einzelrichter ist ausgeschlossen; einer Güteverhandlung bedarf es nicht. ²In dringenden Fällen kann auf eine mündliche Verhandlung verzichtet werden. ³Die vorgebrachten Tatsachen, aufgrund deren der Beschluss ergehen kann, sind glaubhaft zu ma-

---

1) **Anm. d. Red.:** § 246 i. d. F. des Gesetzes v. 22. 12. 2015 (BGBl I S. 2565) mit Wirkung v. 31. 12. 2015.
2) **Anm. d. Red.:** § 246a i. d. F. des Gesetzes v. 12.12.2019 (BGBl I S. 2637) mit Wirkung v. 1.1.2020. – Zur Anwendung siehe § 26j Abs. 4 EGAktG.

chen. ⁴Der Beschluss ist unanfechtbar. ⁵Er ist für das Registergericht bindend; die Feststellung der Bestandskraft der Eintragung wirkt für und gegen jedermann. ⁶Der Beschluss soll spätestens drei Monate nach Antragstellung ergehen; Verzögerungen der Entscheidung sind durch unanfechtbaren Beschluss zu begründen.

(4) ¹Erweist sich die Klage als begründet, so ist die Gesellschaft, die den Beschluss erwirkt hat, verpflichtet, dem Antragsgegner den Schaden zu ersetzen, der ihm aus einer auf dem Beschluss beruhenden Eintragung des Hauptversammlungsbeschlusses entstanden ist. ²Nach der Eintragung lassen Mängel des Beschlusses seine Durchführung unberührt; die Beseitigung dieser Wirkung der Eintragung kann auch nicht als Schadensersatz verlangt werden.

§ 247 Streitwert[1)]

(1) ¹Den Streitwert bestimmt das Prozessgericht unter Berücksichtigung aller Umstände des einzelnen Falles, insbesondere der Bedeutung der Sache für die Parteien, nach billigem Ermessen. ²Er darf jedoch ein Zehntel des Grundkapitals oder, wenn dieses Zehntel mehr als 500 000 Euro beträgt, 500 000 Euro nur insoweit übersteigen, als die Bedeutung der Sache für den Kläger höher zu bewerten ist.

(2) ¹Macht eine Partei glaubhaft, dass die Belastung mit den Prozesskosten nach dem gemäß Absatz 1 bestimmten Streitwert ihre wirtschaftliche Lage erheblich gefährden würde, so kann das Prozessgericht auf ihren Antrag anordnen, dass ihre Verpflichtung zur Zahlung von Gerichtskosten sich nach einem ihrer Wirtschaftslage angepassten Teil des Streitwerts bemisst. ²Die Anordnung hat zur Folge, dass die begünstigte Partei die Gebühren ihres Rechtsanwalts ebenfalls nur nach diesem Teil des Streitwerts zu entrichten hat. ³Soweit ihr Kosten des Rechtsstreits auferlegt werden oder soweit sie diese übernimmt, hat sie die von dem Gegner entrichteten Gerichtsgebühren und die Gebühren seines Rechtsanwalts nur nach dem Teil des Streitwerts zu erstatten. ⁴Soweit die außergerichtlichen Kosten dem Gegner auferlegt oder von ihm übernommen werden, kann der Rechtsanwalt der begünstigten Partei seine Gebühren von dem Gegner nach dem für diesen geltenden Streitwert beitreiben.

(3) ¹Der Antrag nach Absatz 2 kann vor der Geschäftsstelle des Prozessgerichts zur Niederschrift erklärt werden. ²Er ist vor der Verhandlung zur Hauptsache anzubringen. ³Später ist er nur zulässig, wenn der angenommene oder festgesetzte Streitwert durch das Prozessgericht heraufgesetzt wird. ⁴Vor der Entscheidung über den Antrag ist der Gegner zu hören.

§ 248 Urteilswirkung[2)]

(1) ¹Soweit der Beschluss durch rechtskräftiges Urteil für nichtig erklärt ist, wirkt das Urteil für und gegen alle Aktionäre sowie die Mitglieder des Vorstands und des Aufsichtsrats, auch wenn sie nicht Partei sind. ²Der Vorstand hat das Urteil unverzüglich zum Handelsregister einzureichen. ³War der Beschluss in das Handelsregister eingetragen, so ist auch das Urteil einzutragen. ⁴Die Eintragung des Urteils ist in gleicher Weise wie die des Beschlusses bekannt zu machen.

(2) Hatte der Beschluss eine Satzungsänderung zum Inhalt, so ist mit dem Urteil der vollständige Wortlaut der Satzung, wie er sich unter Berücksichtigung des Urteils und aller bisherigen Satzungsänderungen ergibt, mit der Bescheinigung eines Notars über diese Tatsache zum Handelsregister einzureichen.

---

1) **Anm. d. Red.:** § 247 i. d. F. des Gesetzes v. 27. 4. 2001 (BGBl I S. 751) mit Wirkung v. 1. 1. 2002.

2) **Anm. d. Red.:** § 248 i. d. F. des Gesetzes v. 15. 8. 1969 (BGBl I S. 1146) mit Wirkung v. 1. 9. 1969.

§ 248a Bekanntmachungen zur Anfechtungsklage[1]

¹Wird der Anfechtungsprozess beendet, hat die börsennotierte Gesellschaft die Verfahrensbeendigung unverzüglich in den Gesellschaftsblättern bekannt zu machen. ²§ 149 Abs. 2 und 3 ist entsprechend anzuwenden.

§ 249 Nichtigkeitsklage[2]

(1) ¹Erhebt ein Aktionär, der Vorstand oder ein Mitglied des Vorstands oder des Aufsichtsrats Klage auf Feststellung der Nichtigkeit eines Hauptversammlungsbeschlusses gegen die Gesellschaft, so finden § 246 Abs. 2, Abs. 3 Satz 1 bis 5, Abs. 4, §§ 246a, 247, 248 und 248a entsprechende Anwendung. ²Es ist nicht ausgeschlossen, die Nichtigkeit auf andere Weise als durch Erhebung der Klage geltend zu machen. ³Schafft der Hauptversammlungsbeschluss Voraussetzungen für eine Umwandlung nach § 1 des Umwandlungsgesetzes und ist der Umwandlungsbeschluss eingetragen, so gilt § 20 Abs. 2 des Umwandlungsgesetzes für den Hauptversammlungsbeschluss entsprechend.

(2) ¹Mehrere Nichtigkeitsprozesse sind zur gleichzeitigen Verhandlung und Entscheidung zu verbinden. ²Nichtigkeits- und Anfechtungsprozesse können verbunden werden.

Zweiter Unterabschnitt: Nichtigkeit bestimmter Hauptversammlungsbeschlüsse

§ 250 Nichtigkeit der Wahl von Aufsichtsratsmitgliedern[3]

(1) Die Wahl eines Aufsichtsratsmitglieds durch die Hauptversammlung ist außer im Falle des § 241 Nr. 1, 2 und 5 nur dann nichtig, wenn

1. der Aufsichtsrat unter Verstoß gegen § 96 Absatz 4, § 97 Abs. 2 Satz 1 oder § 98 Abs. 4 zusammengesetzt wird;
2. die Hauptversammlung, obwohl sie an Wahlvorschläge gebunden ist (§§ 6 und 8 des Montan-Mitbestimmungsgesetzes), eine nicht vorgeschlagene Person wählt;
3. durch die Wahl die gesetzliche Höchstzahl der Aufsichtsratsmitglieder überschritten wird (§ 95);
4. die gewählte Person nach § 100 Abs. 1 und 2 bei Beginn ihrer Amtszeit nicht Aufsichtsratsmitglied sein kann;
5. die Wahl gegen § 96 Absatz 2 verstößt.

(2) Für die Klage auf Feststellung, dass die Wahl eines Aufsichtsratsmitglieds nichtig ist, sind parteifähig

1. der Gesamtbetriebsrat der Gesellschaft oder, wenn in der Gesellschaft nur ein Betriebsrat besteht, der Betriebsrat, sowie, wenn die Gesellschaft herrschendes Unternehmen eines Konzerns ist, der Konzernbetriebsrat,
2. der Gesamt- oder Unternehmenssprecherausschuss der Gesellschaft oder, wenn in der Gesellschaft nur ein Sprecherausschuss besteht, der Sprecherausschuss sowie, wenn die Gesellschaft herrschendes Unternehmen eines Konzerns ist, der Konzernsprecherausschuss,
3. der Gesamtbetriebsrat eines anderen Unternehmens, dessen Arbeitnehmer selbst oder durch Delegierte an der Wahl von Aufsichtsratsmitgliedern der Gesellschaft teilnehmen, oder, wenn in dem anderen Unternehmen nur ein Betriebsrat besteht, der Betriebsrat,
4. der Gesamt- oder Unternehmenssprecherausschuss eines anderen Unternehmens, dessen Arbeitnehmer selbst oder durch Delegierte an der Wahl von Aufsichtsratsmitgliedern der Gesellschaft teilnehmen, oder, wenn in dem anderen Unternehmen nur ein Sprecherausschuss besteht, der Sprecherausschuss,

---

1) **Anm. d. Red.:** § 248a eingefügt gem. Gesetz v. 22. 9. 2005 (BGBl I S. 2802) mit Wirkung v. 1. 11. 2005.
2) **Anm. d. Red.:** § 249 i. d. F. des Gesetzes v. 30. 7. 2009 (BGBl I S. 2479) mit Wirkung v. 1. 9. 2009.
3) **Anm. d. Red.:** § 250 i. d. F. des Gesetzes v. 24. 4. 2015 (BGBl I S. 642) mit Wirkung v. 1. 5. 2015.

5. jede in der Gesellschaft oder in einem Unternehmen, dessen Arbeitnehmer selbst oder durch Delegierte an der Wahl von Aufsichtsratsmitgliedern der Gesellschaft teilnehmen, vertretene Gewerkschaft sowie deren Spitzenorganisation.

(3) ¹Erhebt ein Aktionär, der Vorstand, ein Mitglied des Vorstands oder des Aufsichtsrats oder eine in Absatz 2 bezeichnete Organisation oder Vertretung der Arbeitnehmer gegen die Gesellschaft Klage auf Feststellung, dass die Wahl eines Aufsichtsratsmitglieds nichtig ist, so gelten § 246 Abs. 2, Abs. 3 Satz 1 bis 4, Abs. 4, §§ 247, 248 Abs. 1 Satz 2, §§ 248a und 249 Abs. 2 sinngemäß. ²Es ist nicht ausgeschlossen, die Nichtigkeit auf andere Weise als durch Erhebung der Klage geltend zu machen.

§ 251 Anfechtung der Wahl von Aufsichtsratsmitgliedern[1]

(1) ¹Die Wahl eines Aufsichtsratsmitglieds durch die Hauptversammlung kann wegen Verletzung des Gesetzes oder der Satzung durch Klage angefochten werden. ²Ist die Hauptversammlung an Wahlvorschläge gebunden, so kann die Anfechtung auch darauf gestützt werden, dass der Wahlvorschlag gesetzwidrig zustande gekommen ist. ³§ 243 Abs. 4 und § 244 gelten.

(2) ¹Für die Anfechtungsbefugnis gilt § 245 Nr. 1, 2 und 4. ²Die Wahl eines Aufsichtsratsmitglieds, das nach dem Montan-Mitbestimmungsgesetz auf Vorschlag der Betriebsräte gewählt worden ist, kann auch von jedem Betriebsrat eines Betriebs der Gesellschaft, jeder in den Betrieben der Gesellschaft vertretenen Gewerkschaft oder deren Spitzenorganisation angefochten werden. ³Die Wahl eines weiteren Mitglieds, das nach dem Montan- Mitbestimmungsgesetz oder dem Mitbestimmungsergänzungsgesetz auf Vorschlag der übrigen Aufsichtsratsmitglieder gewählt worden ist, kann auch von jedem Aufsichtsratsmitglied angefochten werden.

(3) Für das Anfechtungsverfahren gelten die §§ 246, 247, 248 Abs. 1 Satz 2 und § 248a.

§ 252 Urteilswirkung[2]

(1) Erhebt ein Aktionär, der Vorstand, ein Mitglied des Vorstands oder des Aufsichtsrats oder eine in § 250 Abs. 2 bezeichnete Organisation oder Vertretung der Arbeitnehmer gegen die Gesellschaft Klage auf Feststellung, dass die Wahl eines Aufsichtsratsmitglieds durch die Hauptversammlung nichtig ist, so wirkt ein Urteil, das die Nichtigkeit der Wahl rechtskräftig feststellt, für und gegen alle Aktionäre und Arbeitnehmer der Gesellschaft, alle Arbeitnehmer von anderen Unternehmen, deren Arbeitnehmer selbst oder durch Delegierte an der Wahl von Aufsichtsratsmitgliedern der Gesellschaft teilnehmen, die Mitglieder des Vorstands und des Aufsichtsrats sowie die in § 250 Abs. 2 bezeichneten Organisationen und Vertretungen der Arbeitnehmer, auch wenn sie nicht Partei sind.

(2) ¹Wird die Wahl eines Aufsichtsratsmitglieds durch die Hauptversammlung durch rechtskräftiges Urteil für nichtig erklärt, so wirkt das Urteil für und gegen alle Aktionäre sowie die Mitglieder des Vorstands und Aufsichtsrats, auch wenn sie nicht Partei sind. ²Im Fall des § 251 Abs. 2 Satz 2 wirkt das Urteil auch für und gegen die nach dieser Vorschrift anfechtungsberechtigten Betriebsräte, Gewerkschaften und Spitzenorganisationen, auch wenn sie nicht Partei sind.

§ 253 Nichtigkeit des Beschlusses über die Verwendung des Bilanzgewinns

(1) ¹Der Beschluss über die Verwendung des Bilanzgewinns ist außer in den Fällen des § 173 Abs. 3, des § 217 Abs. 2 und des § 241 nur dann nichtig, wenn die Feststellung des Jahresabschlusses, auf dem er beruht, nichtig ist. ²Die Nichtigkeit des Beschlusses aus diesem Grunde kann nicht mehr geltend gemacht werden, wenn die Nichtigkeit der Feststellung des Jahresabschlusses nicht mehr geltend gemacht werden kann.

(2) Für die Klage auf Feststellung der Nichtigkeit gegen die Gesellschaft gilt § 249.

---

1) **Anm. d. Red.:** § 251 i. d. F. des Gesetzes v. 22. 9. 2005 (BGBl I S. 2802) mit Wirkung v. 1. 11. 2005.
2) **Anm. d. Red.:** § 252 i. d. F. des Gesetzes v. 26. 6. 1990 (BGBl I S. 1206) mit Wirkung v. 1. 7. 1990.

§ 254 Anfechtung des Beschlusses über die Verwendung des Bilanzgewinns[1]

(1) Der Beschluss über die Verwendung des Bilanzgewinns kann außer nach § 243 auch angefochten werden, wenn die Hauptversammlung aus dem Bilanzgewinn Beträge in Gewinnrücklagen einstellt oder als Gewinn vorträgt, die nicht nach Gesetz oder Satzung von der Verteilung unter die Aktionäre ausgeschlossen sind, obwohl die Einstellung oder der Gewinnvortrag bei vernünftiger kaufmännischer Beurteilung nicht notwendig ist, um die Lebens- und Widerstandsfähigkeit der Gesellschaft für einen hinsichtlich der wirtschaftlichen und finanziellen Notwendigkeiten übersehbaren Zeitraum zu sichern und dadurch unter die Aktionäre kein Gewinn in Höhe von mindestens vier vom Hundert des Grundkapitals abzüglich von noch nicht eingeforderten Einlagen verteilt werden kann.

(2) ¹Für die Anfechtung gelten die §§ 244 bis 246, 247 bis 248a. ²Die Anfechtungsfrist beginnt auch dann mit der Beschlussfassung, wenn der Jahresabschluss nach § 316 Abs. 3 des Handelsgesetzbuchs erneut zu prüfen ist. ³Zu einer Anfechtung nach Absatz 1 sind Aktionäre nur befugt, wenn ihre Anteile zusammen den zwanzigsten Teil des Grundkapitals oder den anteiligen Betrag von 500 000 Euro erreichen.

§ 255 Anfechtung der Kapitalerhöhung gegen Einlagen[2]

(1) Der Beschluss über eine Kapitalerhöhung gegen Einlagen kann nach § 243 angefochten werden.

(2) ¹Die Anfechtung kann, wenn das Bezugsrecht der Aktionäre ganz oder zum Teil ausgeschlossen worden ist, auch darauf gestützt werden, dass der sich aus dem Erhöhungsbeschluss ergebende Ausgabebetrag oder der Mindestbetrag, unter dem die neuen Aktien nicht ausgegeben werden sollen, unangemessen niedrig ist. ²Dies gilt nicht, wenn die neuen Aktien von einem Dritten mit der Verpflichtung übernommen werden sollen, sie den Aktionären zum Bezug anzubieten.

(3) Für die Anfechtung gelten die §§ 244 bis 248a.

Zweiter Abschnitt: Nichtigkeit des festgestellten Jahresabschlusses

§ 256 Nichtigkeit[3]

(1) Ein festgestellter Jahresabschluss ist außer in den Fällen des § 173 Abs. 3, § 234 Abs. 3 und § 235 Abs. 2 nichtig, wenn
1. er durch seinen Inhalt Vorschriften verletzt, die ausschließlich oder überwiegend zum Schutze der Gläubiger der Gesellschaft gegeben sind,
2. er im Falle einer gesetzlichen Prüfungspflicht nicht nach § 316 Abs. 1 und 3 des Handelsgesetzbuchs geprüft worden ist,
3. er im Falle einer gesetzlichen Prüfungspflicht von Personen geprüft worden ist, die nach § 319 Absatz 1 des Handelsgesetzbuchs oder nach Artikel 25 des Einführungsgesetzes zum Handelsgesetzbuch nicht Abschlussprüfer sind oder aus anderen Gründen als den folgenden nicht zum Abschlussprüfer bestellt sind:
    a) Verstoß gegen § 319 Absatz 2, 3 oder 4 des Handelsgesetzbuchs,
    b) Verstoß gegen § 319a Absatz 1 oder 3 des Handelsgesetzbuchs,
    c) Verstoß gegen § 319b Absatz 1 des Handelsgesetzbuchs,
    d) Verstoß gegen die Verordnung (EU) Nr. 537/2014 des Europäischen Parlaments und des Rates vom 16. April 2014 über spezifische Anforderungen an die Abschlussprüfung bei

---

1) **Anm. d. Red.:** § 254 i. d. F. des Gesetzes v. 22. 9. 2005 (BGBl I S. 2802) mit Wirkung v. 1. 11. 2005.
2) **Anm. d. Red.:** § 255 i. d. F. des Gesetzes v. 22. 9. 2005 (BGBl I S. 2802) mit Wirkung v. 1. 11. 2005.
3) **Anm. d. Red.:** § 256 i. d. F. des Gesetzes v. 12.12.2019 (BGBl I S. 2637) mit Wirkung v. 1.1.2020.

§ 256

I. Aktiengesetz

Unternehmen von öffentlichem Interesse und zur Aufhebung des Beschlusses 2005/909/EG der Kommission (ABl L 158 vom 27. 5. 2014, S. 77, L 170 vom 11. 6. 2014, S. 66),

4. bei seiner Feststellung die Bestimmungen des Gesetzes oder der Satzung über die Einstellung von Beträgen in Kapital- oder Gewinnrücklagen oder über die Entnahme von Beträgen aus Kapital- oder Gewinnrücklagen verletzt worden sind.

(2) Ein von Vorstand und Aufsichtsrat festgestellter Jahresabschluss ist außer nach Absatz 1 nur nichtig, wenn der Vorstand oder der Aufsichtsrat bei seiner Feststellung nicht ordnungsgemäß mitgewirkt hat.

(3) Ein von der Hauptversammlung festgestellter Jahresabschluss ist außer nach Absatz 1 nur nichtig, wenn die Feststellung

1. in einer Hauptversammlung beschlossen worden ist, die unter Verstoß gegen § 121 Abs. 2 und 3 Satz 1 oder Abs. 4 einberufen war,

2. nicht nach § 130 Abs. 1 und 2 Satz 1 und Abs. 4 beurkundet ist,

3. auf Anfechtungsklage durch Urteil rechtskräftig für nichtig erklärt worden ist.

(4) Wegen Verstoßes gegen die Vorschriften über die Gliederung des Jahresabschlusses sowie wegen der Nichtbeachtung von Formblättern, nach denen der Jahresabschluss zu gliedern ist, ist der Jahresabschluss nur nichtig, wenn seine Klarheit und Übersichtlichkeit dadurch wesentlich beeinträchtigt sind.

(5) ¹Wegen Verstoßes gegen die Bewertungsvorschriften ist der Jahresabschluss nur nichtig, wenn

1. Posten überbewertet oder

2. Posten unterbewertet sind und dadurch die Vermögens- und Ertragslage der Gesellschaft vorsätzlich unrichtig wiedergegeben oder verschleiert wird.

²Überbewertet sind Aktivposten, wenn sie mit einem höheren Wert, Passivposten, wenn sie mit einem niedrigeren Betrag angesetzt sind, als nach §§ 253 bis 256a des Handelsgesetzbuchs zulässig ist. ³Unterbewertet sind Aktivposten, wenn sie mit einem niedrigeren Wert, Passivposten, wenn sie mit einem höheren Betrag angesetzt sind, als nach §§ 253 bis 256a des Handelsgesetzbuchs zulässig ist. ⁴Bei Kreditinstituten oder Finanzdienstleistungsinstituten sowie bei Kapitalverwaltungsgesellschaften im Sinn des § 17 des Kapitalanlagegesetzbuchs liegt ein Verstoß gegen die Bewertungsvorschriften nicht vor, soweit die Abweichung nach den für sie geltenden Vorschriften, insbesondere den §§ 340e bis 340g des Handelsgesetzbuchs zulässig ist; dies gilt entsprechend für Versicherungsunternehmen nach Maßgabe der für sie geltenden Vorschriften, insbesondere der §§ 341b bis 341h des Handelsgesetzbuchs.

(6) ¹Die Nichtigkeit nach Absatz 1 Nr. 1, 3 und 4, Absatz 2, Absatz 3 Nr. 1 und 2, Absatz 4 und 5 kann nicht mehr geltend gemacht werden, wenn seit der Bekanntmachung nach § 325 Abs. 2 des Handelsgesetzbuchs in den Fällen des Absatzes 1 Nr. 3 und 4, des Absatzes 2 und des Absatzes 3 Nr. 1 und 2 sechs Monate, in den anderen Fällen drei Jahre verstrichen sind. ²Ist bei Ablauf der Frist eine Klage auf Feststellung der Nichtigkeit des Jahresabschlusses rechtshängig, so verlängert sich die Frist, bis über die Klage rechtskräftig entschieden ist oder sie sich auf andere Weise endgültig erledigt hat.

(7) ¹Für die Klage auf Feststellung der Nichtigkeit gegen die Gesellschaft gilt § 249 sinngemäß. ²Ist für die Gesellschaft als Emittentin von zugelassenen Wertpapieren im Sinne des § 2 Absatz 1 des Wertpapierhandelsgesetzes mit Ausnahme von Anteilen und Aktien an offenen Investmentvermögen im Sinne des § 1 Absatz 4 des Kapitalanlagegesetzbuchs die Bundesrepublik Deutschland der Herkunftsstaat (§ 2 Absatz 13 des Wertpapierhandelsgesetzes), so hat das Gericht der Bundesanstalt für Finanzdienstleistungsaufsicht den Eingang einer Klage auf Feststellung der Nichtigkeit sowie jede rechtskräftige Entscheidung über diese Klage mitzuteilen.

§ 257 Anfechtung der Feststellung des Jahresabschlusses durch die Hauptversammlung[1]

(1) ¹Die Feststellung des Jahresabschlusses durch die Hauptversammlung kann nach § 243 angefochten werden. ²Die Anfechtung kann jedoch nicht darauf gestützt werden, dass der Inhalt des Jahresabschlusses gegen Gesetz oder Satzung verstößt.

(2) ¹Für die Anfechtung gelten die §§ 244 bis 246, 247 bis 248a. ²Die Anfechtungsfrist beginnt auch dann mit der Beschlussfassung, wenn der Jahresabschluss nach § 316 Abs. 3 des Handelsgesetzbuchs erneut zu prüfen ist.

Dritter Abschnitt: Sonderprüfung wegen unzulässiger Unterbewertung

§ 258 Bestellung der Sonderprüfer[2]

(1) ¹Besteht Anlass für die Annahme, dass

1. in einem festgestellten Jahresabschluss bestimmte Posten nicht unwesentlich unterbewertet sind (§ 256 Abs. 5 Satz 3) oder
2. der Anhang die vorgeschriebenen Angaben nicht oder nicht vollständig enthält und der Vorstand in der Hauptversammlung die fehlenden Angaben, obwohl nach ihnen gefragt worden ist, nicht gemacht hat und die Aufnahme der Frage in die Niederschrift verlangt worden ist,

so hat das Gericht auf Antrag Sonderprüfer zu bestellen. ²Die Sonderprüfer haben die bemängelten Posten darauf zu prüfen, ob sie nicht unwesentlich unterbewertet sind. ³Sie haben den Anhang darauf zu prüfen, ob die vorgeschriebenen Angaben nicht oder nicht vollständig gemacht worden sind und der Vorstand in der Hauptversammlung die fehlenden Angaben, obwohl nach ihnen gefragt worden ist, nicht gemacht hat und die Aufnahme der Frage in die Niederschrift verlangt worden ist.

(1a) Bei Kreditinstituten oder Finanzdienstleistungsinstituten sowie bei Kapitalverwaltungsgesellschaften im Sinn des § 17 des Kapitalanlagegesetzbuchs kann ein Sonderprüfer nach Absatz 1 nicht bestellt werden, soweit die Unterbewertung oder die fehlenden Angaben im Anhang auf der Anwendung des § 340f des Handelsgesetzbuchs beruhen.

(2) ¹Der Antrag muss innerhalb eines Monats nach der Hauptversammlung über den Jahresabschluss gestellt werden. ²Dies gilt auch, wenn der Jahresabschluss nach § 316 Abs. 3 des Handelsgesetzbuchs erneut zu prüfen ist. ³Er kann nur von Aktionären gestellt werden, deren Anteile zusammen den Schwellenwert des § 142 Abs. 2 erreichen. ⁴Die Antragsteller haben die Aktien bis zur Entscheidung über den Antrag zu hinterlegen oder eine Versicherung des depotführenden Instituts vorzulegen, dass die Aktien so lange nicht veräußert werden, und glaubhaft zu machen, dass sie seit mindestens drei Monaten vor dem Tage der Hauptversammlung Inhaber der Aktien sind. ⁵Zur Glaubhaftmachung genügt eine eidesstattliche Versicherung vor einem Notar.

(3) ¹Vor der Bestellung hat das Gericht den Vorstand, den Aufsichtsrat und den Abschlussprüfer zu hören. ²Gegen die Entscheidung ist die Beschwerde zulässig. ³Über den Antrag gemäß Absatz 1 entscheidet das Landgericht, in dessen Bezirk die Gesellschaft ihren Sitz hat.

(4) ¹Sonderprüfer nach Absatz 1 können nur Wirtschaftsprüfer und Wirtschaftsprüfungsgesellschaften sein. ²Für die Auswahl gelten § 319 Abs. 2 bis 4, § 319a Abs. 1 und § 319b Abs. 1 des Handelsgesetzbuchs sinngemäß. ³Der Abschlussprüfer der Gesellschaft und Personen, die in den letzten drei Jahren vor der Bestellung Abschlussprüfer der Gesellschaft waren, können nicht Sonderprüfer nach Absatz 1 sein.

---

1) **Anm. d. Red.:** § 257 i. d. F. des Gesetzes v. 22. 9. 2005 (BGBl I S. 2802) mit Wirkung v. 1. 11. 2005.
2) **Anm. d. Red.:** § 258 i. d. F. des Gesetzes v. 4. 7. 2013 (BGBl I S. 1981) mit Wirkung v. 22. 7. 2013.

(5) ¹§ 142 Abs. 6 über den Ersatz angemessener barer Auslagen und die Vergütung gerichtlich bestellter Sonderprüfer, § 145 Abs. 1 bis 3 über die Rechte der Sonderprüfer, § 146 über die Kosten der Sonderprüfung und § 323 des Handelsgesetzbuchs über die Verantwortlichkeit des Abschlussprüfers gelten sinngemäß. ²Die Sonderprüfer nach Absatz 1 haben die Rechte nach § 145 Abs. 2 auch gegenüber dem Abschlussprüfer der Gesellschaft.

§ 259 Prüfungsbericht, abschließende Feststellungen[1]

(1) ¹Die Sonderprüfer haben über das Ergebnis der Prüfung schriftlich zu berichten. ²Stellen die Sonderprüfer bei Wahrnehmung ihrer Aufgaben fest, dass Posten überbewertet sind (§ 256 Abs. 5 Satz 2), oder dass gegen die Vorschriften über die Gliederung des Jahresabschlusses verstoßen ist oder Formblätter nicht beachtet sind, so haben sie auch darüber zu berichten. ³Für den Bericht gilt § 145 Abs. 4 bis 6 sinngemäß.

(2) ¹Sind nach dem Ergebnis der Prüfung die bemängelten Posten nicht unwesentlich unterbewertet (§ 256 Abs. 5 Satz 3), so haben die Sonderprüfer am Schluss ihres Berichts in einer abschließenden Feststellung zu erklären,

1. zu welchem Wert die einzelnen Aktivposten mindestens und mit welchem Betrag die einzelnen Passivposten höchstens anzusetzen waren;
2. um welchen Betrag der Jahresüberschuss sich beim Ansatz dieser Werte oder Beträge erhöht oder der Jahresfehlbetrag sich ermäßigt hätte.

²Die Sonderprüfer haben ihrer Beurteilung die Verhältnisse am Stichtag des Jahresabschlusses zugrunde zu legen. ³Sie haben für den Ansatz der Werte und Beträge nach Nummer 1 diejenige Bewertungs- und Abschreibungsmethode zugrunde zu legen, nach der die Gesellschaft die zu bewertenden Gegenstände oder vergleichbare Gegenstände zuletzt in zulässiger Weise bewertet hat.

(3) Sind nach dem Ergebnis der Prüfung die bemängelten Posten nicht oder nur unwesentlich unterbewertet (§ 256 Abs. 5 Satz 3), so haben die Sonderprüfer am Schluss ihres Berichts in einer abschließenden Feststellung zu erklären, dass nach ihrer pflichtmäßigen Prüfung und Beurteilung die bemängelten Posten nicht unzulässig unterbewertet sind.

(4) ¹Hat nach dem Ergebnis der Prüfung der Anhang die vorgeschriebenen Angaben nicht oder nicht vollständig enthalten und der Vorstand in der Hauptversammlung die fehlenden Angaben, obwohl nach ihnen gefragt worden ist, nicht gemacht und ist die Aufnahme der Frage in die Niederschrift verlangt worden, so haben die Sonderprüfer am Schluss ihres Berichts in einer abschließenden Feststellung die fehlenden Angaben zu machen. ²Ist die Angabe von Abweichungen von Bewertungs- oder Abschreibungsmethoden unterlassen worden, so ist in der abschließenden Feststellung auch der Betrag anzugeben, um den der Jahresüberschuss oder Jahresfehlbetrag ohne die Abweichung, deren Angabe unterlassen wurde, höher oder niedriger gewesen wäre. ³Sind nach dem Ergebnis der Prüfung keine Angaben nach Satz 1 unterlassen worden, so haben die Sonderprüfer in einer abschließenden Feststellung zu erklären, dass nach ihrer pflichtmäßigen Prüfung und Beurteilung im Anhang keine der vorgeschriebenen Angaben unterlassen worden ist.

(5) Der Vorstand hat die abschließenden Feststellungen der Sonderprüfer nach den Absätzen 2 bis 4 unverzüglich in den Gesellschaftsblättern bekannt zu machen.

§ 260 Gerichtliche Entscheidung über die abschließenden Feststellungen der Sonderprüfer[2]

(1) ¹Gegen abschließende Feststellungen der Sonderprüfer nach § 259 Abs. 2 und 3 können die Gesellschaft oder Aktionäre, deren Anteile zusammen den zwanzigsten Teil des Grundkapitals oder den anteiligen Betrag von 500 000 Euro erreichen, innerhalb eines Monats nach der

---

1) **Anm. d. Red.:** § 259 i. d. F. des Gesetzes v. 22. 9. 2005 (BGBl I S. 2802) mit Wirkung v. 1. 11. 2005.
2) **Anm. d. Red.:** § 260 i. d. F. des Gesetzes v. 23. 7. 2013 (BGBl I S. 2586) mit Wirkung v. 1. 8. 2013.

Veröffentlichung im Bundesanzeiger den Antrag auf Entscheidung durch das nach § 132 Abs. 1 zuständige Gericht stellen. ²§ 258 Abs. 2 Satz 4 und 5 gilt sinngemäß. ³Der Antrag muss auf Feststellung des Betrags gerichtet sein, mit dem die im Antrag zu bezeichnenden Aktivposten mindestens oder die im Antrag zu bezeichnenden Passivposten höchstens anzusetzen waren. ⁴Der Antrag der Gesellschaft kann auch auf Feststellung gerichtet sein, dass der Jahresabschluss die in der abschließenden Feststellung der Sonderprüfer festgestellten Unterbewertungen nicht enthielt.

(2) ¹Über den Antrag entscheidet das Gericht unter Würdigung aller Umstände nach freier Überzeugung. ²§ 259 Abs. 2 Satz 2 und 3 ist anzuwenden. ³Soweit die volle Aufklärung aller maßgebenden Umstände mit erheblichen Schwierigkeiten verbunden ist, hat das Gericht die anzusetzenden Werte oder Beträge zu schätzen.

(3) ¹§ 99 Abs. 1, Abs. 2 Satz 1, Abs. 3 und 5 gilt sinngemäß. ²Das Gericht hat seine Entscheidung der Gesellschaft und, wenn Aktionäre den Antrag nach Absatz 1 gestellt haben, auch diesen zuzustellen. ³Es hat sie ferner ohne Gründe in den Gesellschaftsblättern bekannt zu machen. ⁴Die Beschwerde steht der Gesellschaft und Aktionären zu, deren Anteile zusammen den zwanzigsten Teil des Grundkapitals oder den anteiligen Betrag von 500 000 Euro erreichen. ⁵§ 258 Abs. 2 Satz 4 und 5 gilt sinngemäß. ⁶Die Beschwerdefrist beginnt mit der Bekanntmachung der Entscheidung im Bundesanzeiger, jedoch für die Gesellschaft und, wenn Aktionäre den Antrag nach Absatz 1 gestellt haben, auch für diese nicht vor der Zustellung der Entscheidung.

(4) ¹Die Kosten sind, wenn dem Antrag stattgegeben wird, der Gesellschaft, sonst dem Antragsteller aufzuerlegen. ²§ 247 gilt sinngemäß.

§ 261 Entscheidung über den Ertrag aufgrund höherer Bewertung[1]

(1) ¹Haben die Sonderprüfer in ihrer abschließenden Feststellung erklärt, dass Posten unterbewertet sind, und ist gegen diese Feststellung nicht innerhalb der in § 260 Abs. 1 bestimmten Frist der Antrag auf gerichtliche Entscheidung gestellt worden, so sind die Posten in dem ersten Jahresabschluss, der nach Ablauf dieser Frist aufgestellt wird, mit den von den Sonderprüfern festgestellten Werten oder Beträgen anzusetzen. ²Dies gilt nicht, soweit aufgrund veränderter Verhältnisse, namentlich bei Gegenständen, die der Abnutzung unterliegen, aufgrund der Abnutzung, nach §§ 253 bis 256a des Handelsgesetzbuchs oder nach den Grundsätzen ordnungsmäßiger Buchführung für Aktivposten ein niedriger Wert oder für Passivposten ein höherer Betrag anzusetzen ist. ³In diesem Fall sind im Anhang die Gründe anzugeben und in einer Sonderrechnung die Entwicklung des von den Sonderprüfern festgestellten Wertes oder Betrags auf den nach Satz 2 angesetzten Wert oder Betrag darzustellen. ⁴Sind die Gegenstände nicht mehr vorhanden, so ist darüber und über die Verwendung des Ertrags aus dem Abgang der Gegenstände im Anhang zu berichten. ⁵Bei den einzelnen Posten der Jahresbilanz sind die Unterschiedsbeträge zu vermerken, um die aufgrund von Satz 1 und 2 Aktivposten zu einem höheren Wert oder Passivposten mit einem niedrigeren Betrag angesetzt worden sind. ⁶Die Summe der Unterschiedsbeträge ist auf der Passivseite der Bilanz und in der Gewinn- und Verlustrechnung als „Ertrag aufgrund höherer Bewertung gemäß dem Ergebnis der Sonderprüfung" gesondert auszuweisen. ⁷Ist die Gesellschaft eine kleine Kapitalgesellschaft (§ 267 Absatz 1 des Handelsgesetzbuchs), hat sie die Sätze 3 und 4 nur anzuwenden, wenn die Voraussetzungen des § 264 Absatz 2 Satz 2 des Handelsgesetzbuchs unter Berücksichtigung der nach diesem Abschnitt durchgeführten Sonderprüfung vorliegen.

(2) ¹Hat das gemäß § 260 angerufene Gericht festgestellt, dass Posten unterbewertet sind, so gilt für den Ansatz der Posten in dem ersten Jahresabschluss, der nach Rechtskraft der gerichtlichen Entscheidung aufgestellt wird, Absatz 1 sinngemäß. ²Die Summe der Unterschiedsbeträge ist als „Ertrag aufgrund höherer Bewertung gemäß gerichtlicher Entscheidung" gesondert auszuweisen.

---

[1] **Anm. d. Red.:** § 261 i. d. F. des Gesetzes v. 17. 7. 2015 (BGBl I S. 1245) mit Wirkung v. 23. 7. 2015.

§§ 261a – 263   I. Aktiengesetz

(3) ¹Der Ertrag aus höherer Bewertung nach Absätzen 1 und 2 rechnet für die Anwendung des § 58 nicht zum Jahresüberschuss. ²Über die Verwendung des Ertrags abzüglich der auf ihn zu entrichtenden Steuern entscheidet die Hauptversammlung, soweit nicht in dem Jahresabschluss ein Bilanzverlust ausgewiesen wird, der nicht durch Kapital- oder Gewinnrücklagen gedeckt ist.

§ 261a Mitteilungen an die Bundesanstalt für Finanzdienstleistungsaufsicht[1)]

Das Gericht hat der Bundesanstalt für Finanzdienstleistungsaufsicht den Eingang eines Antrags auf Bestellung eines Sonderprüfers, jede rechtskräftige Entscheidung über die Bestellung von Sonderprüfern, den Prüfungsbericht sowie eine rechtskräftige gerichtliche Entscheidung über abschließende Feststellungen der Sonderprüfer nach § 260 mitzuteilen, wenn für die Gesellschaft als Emittentin von zugelassenen Wertpapieren im Sinne des § 2 Absatz 1 des Wertpapierhandelsgesetzes mit Ausnahme von Anteilen und Aktien an offenen Investmentvermögen im Sinne des § 1 Absatz 4 des Kapitalanlagegesetzbuchs die Bundesrepublik Deutschland der Herkunftsstaat (§ 2 Absatz 13 des Wertpapierhandelsgesetzes) ist.

Achter Teil: Auflösung und Nichtigerklärung der Gesellschaft
Erster Abschnitt: Auflösung
Erster Unterabschnitt: Auflösungsgründe und Anmeldung
§ 262 Auflösungsgründe[2)]

(1) Die Aktiengesellschaft wird aufgelöst
1. durch Ablauf der in der Satzung bestimmten Zeit;
2. durch Beschluss der Hauptversammlung; dieser bedarf einer Mehrheit, die mindestens drei Viertel des bei der Beschlussfassung vertretenen Grundkapitals umfasst; die Satzung kann eine größere Kapitalmehrheit und weitere Erfordernisse bestimmen;
3. durch die Eröffnung des Insolvenzverfahrens über das Vermögen der Gesellschaft;
4. mit der Rechtskraft des Beschlusses, durch den die Eröffnung des Insolvenzverfahrens mangels Masse abgelehnt wird;
5. mit der Rechtskraft einer Verfügung des Registergerichts, durch welche nach § 399 des Gesetzes über das Verfahren in Familiensachen und in den Angelegenheiten der freiwilligen Gerichtsbarkeit ein Mangel der Satzung festgestellt worden ist;
6. durch Löschung der Gesellschaft wegen Vermögenslosigkeit nach § 394 des Gesetzes über das Verfahren in Familiensachen und in den Angelegenheiten der freiwilligen Gerichtsbarkeit.

(2) Dieser Abschnitt gilt auch, wenn die Aktiengesellschaft aus anderen Gründen aufgelöst wird.

§ 263 Anmeldung und Eintragung der Auflösung[3)]

¹Der Vorstand hat die Auflösung der Gesellschaft zur Eintragung in das Handelsregister anzumelden. ²Dies gilt nicht in den Fällen der Eröffnung und der Ablehnung der Eröffnung des Insolvenzverfahrens (§ 262 Abs. 1 Nr. 3 und 4) sowie im Falle der gerichtlichen Feststellung eines Mangels der Satzung (§ 262 Abs. 1 Nr. 5). ³In diesen Fällen hat das Gericht die Auflösung und ihren Grund von Amts wegen einzutragen. ⁴Im Falle der Löschung der Gesellschaft (§ 262 Abs. 1 Nr. 6) entfällt die Eintragung der Auflösung.

---

1) **Anm. d. Red.:** § 261a i. d. F. des Gesetzes v. 12.12.2019 (BGBl I S. 2637) mit Wirkung v. 1.1.2020.
2) **Anm. d. Red.:** § 262 i. d. F. des Gesetzes v. 17.12.2008 (BGBl I S. 2586) mit Wirkung v. 1.9.2009.
3) **Anm. d. Red.:** § 263 i. d. F. des Gesetzes v. 5.10.1994 (BGBl I S. 2911) mit Wirkung v. 1.1.1999.

Zweiter Unterabschnitt: Abwicklung

§ 264 Notwendigkeit der Abwicklung[1]

(1) Nach der Auflösung der Gesellschaft findet die Abwicklung statt, wenn nicht über das Vermögen der Gesellschaft das Insolvenzverfahren eröffnet worden ist.

(2) ¹Ist die Gesellschaft durch Löschung wegen Vermögenslosigkeit aufgelöst, so findet eine Abwicklung nur statt, wenn sich nach der Löschung herausstellt, dass Vermögen vorhanden ist, das der Verteilung unterliegt. ²Die Abwickler sind auf Antrag eines Beteiligten durch das Gericht zu ernennen.

(3) Soweit sich aus diesem Unterabschnitt oder aus dem Zweck der Abwicklung nichts anderes ergibt, sind auf die Gesellschaft bis zum Schluss der Abwicklung die Vorschriften weiterhin anzuwenden, die für nicht aufgelöste Gesellschaften gelten.

§ 265 Abwickler[2]

(1) Die Abwicklung besorgen die Vorstandsmitglieder als Abwickler.

(2) ¹Die Satzung oder ein Beschluss der Hauptversammlung kann andere Personen als Abwickler bestellen. ²Für die Auswahl der Abwickler gilt § 76 Abs. 3 Satz 2 und 3 sinngemäß. ³Auch eine juristische Person kann Abwickler sein.

(3) ¹Auf Antrag des Aufsichtsrats oder einer Minderheit von Aktionären, deren Anteile zusammen den zwanzigsten Teil des Grundkapitals oder den anteiligen Betrag von 500 000 Euro erreichen, hat das Gericht bei Vorliegen eines wichtigen Grundes die Abwickler zu bestellen und abzuberufen. ²Die Aktionäre haben glaubhaft zu machen, dass sie seit mindestens drei Monaten Inhaber der Aktien sind. ³Zur Glaubhaftmachung genügt eine eidesstattliche Versicherung vor einem Gericht oder Notar. ⁴Gegen die Entscheidung ist die Beschwerde zulässig.

(4) ¹Die gerichtlich bestellten Abwickler haben Anspruch auf Ersatz angemessener barer Auslagen und auf Vergütung für ihre Tätigkeit. ²Einigen sich der gerichtlich bestellte Abwickler und die Gesellschaft nicht, so setzt das Gericht die Auslagen und die Vergütung fest. ³Gegen die Entscheidung ist die Beschwerde zulässig; die Rechtsbeschwerde ist ausgeschlossen. ⁴Aus der rechtskräftigen Entscheidung findet die Zwangsvollstreckung nach der Zivilprozessordnung statt.

(5) ¹Abwickler, die nicht vom Gericht bestellt sind, kann die Hauptversammlung jederzeit abberufen. ²Für die Ansprüche aus dem Anstellungsvertrag gelten die allgemeinen Vorschriften.

(6) Die Absätze 2 bis 5 gelten nicht für den Arbeitsdirektor, soweit sich seine Bestellung und Abberufung nach den Vorschriften des Montan-Mitbestimmungsgesetzes bestimmen.

§ 266 Anmeldung der Abwickler[3]

(1) Die ersten Abwickler sowie ihre Vertretungsbefugnis hat der Vorstand, jeden Wechsel der Abwickler und jede Änderung ihrer Vertretungsbefugnis haben die Abwickler zur Eintragung in das Handelsregister anzumelden.

(2) Der Anmeldung sind die Urkunden über die Bestellung oder Abberufung sowie über die Vertretungsbefugnis in Urschrift oder öffentlich beglaubigter Abschrift beizufügen.

(3) ¹In der Anmeldung haben die Abwickler zu versichern, dass keine Umstände vorliegen, die ihrer Bestellung nach § 265 Abs. 2 Satz 2 entgegenstehen, und dass sie über ihre unbeschränkte Auskunftspflicht gegenüber dem Gericht belehrt worden sind. ²§ 37 Abs. 2 Satz 2 ist anzuwenden.

---

1) **Anm. d. Red.:** § 264 i. d. F. des Gesetzes v. 5.10.1994 (BGBl I S. 2911) mit Wirkung v. 1.1.1999.
2) **Anm. d. Red.:** § 265 i. d. F. des Gesetzes v. 17.12.2008 (BGBl I S. 2586) mit Wirkung v. 1.9.2009.
3) **Anm. d. Red.:** § 266 i. d. F. des Gesetzes v. 10.11.2006 (BGBl I S. 2553) mit Wirkung v. 1.1.2007.

(4) Die Bestellung oder Abberufung von Abwicklern durch das Gericht wird von Amts wegen eingetragen.

§ 267 Aufruf der Gläubiger[1)]

¹Die Abwickler haben unter Hinweis auf die Auflösung der Gesellschaft die Gläubiger der Gesellschaft aufzufordern, ihre Ansprüche anzumelden. ²Die Aufforderung ist in den Gesellschaftsblättern bekannt zu machen.

§ 268 Pflichten der Abwickler[2)]

(1) ¹Die Abwickler haben die laufenden Geschäfte zu beenden, die Forderungen einzuziehen, das übrige Vermögen in Geld umzusetzen und die Gläubiger zu befriedigen. ²Soweit es die Abwicklung erfordert, dürfen sie auch neue Geschäfte eingehen.

(2) ¹Im Übrigen haben die Abwickler innerhalb ihres Geschäftskreises die Rechte und Pflichten des Vorstands. ²Sie unterliegen wie dieser der Überwachung durch den Aufsichtsrat.

(3) Das Wettbewerbsverbot des § 88 gilt für sie nicht.

(4) ¹Auf allen Geschäftsbriefen, die an einen bestimmten Empfänger gerichtet werden, müssen die Rechtsform und der Sitz der Gesellschaft, die Tatsache, dass die Gesellschaft sich in Abwicklung befindet, das Registergericht des Sitzes der Gesellschaft und die Nummer, unter der die Gesellschaft in das Handelsregister eingetragen ist, sowie alle Abwickler und der Vorsitzende des Aufsichtsrats mit dem Familiennamen und mindestens einem ausgeschriebenen Vornamen angegeben werden. ²Werden Angaben über das Kapital der Gesellschaft gemacht, so müssen in jedem Falle das Grundkapital sowie, wenn auf die Aktien der Ausgabebetrag nicht vollständig eingezahlt ist, der Gesamtbetrag der ausstehenden Einlagen angegeben werden. ³Der Angaben nach Satz 1 bedarf es nicht bei Mitteilungen oder Berichten, die im Rahmen einer bestehenden Geschäftsverbindung ergehen und für die üblicherweise Vordrucke verwendet werden, in denen lediglich die im Einzelfall erforderlichen besonderen Angaben eingefügt zu werden brauchen. ⁴Bestellscheine gelten als Geschäftsbriefe im Sinne des Satzes 1; Satz 3 ist auf sie nicht anzuwenden.

§ 269 Vertretung durch die Abwickler

(1) Die Abwickler vertreten die Gesellschaft gerichtlich und außergerichtlich.

(2) ¹Sind mehrere Abwickler bestellt, so sind, wenn die Satzung oder die sonst zuständige Stelle nichts anderes bestimmt, sämtliche Abwickler nur gemeinschaftlich zur Vertretung der Gesellschaft befugt. ²Ist eine Willenserklärung gegenüber der Gesellschaft abzugeben, so genügt die Abgabe gegenüber einem Abwickler.

(3) ¹Die Satzung oder die sonst zuständige Stelle kann auch bestimmen, dass einzelne Abwickler allein oder in Gemeinschaft mit einem Prokuristen zur Vertretung der Gesellschaft befugt sind. ²Dasselbe kann der Aufsichtsrat bestimmen, wenn die Satzung oder ein Beschluss der Hauptversammlung ihn hierzu ermächtigt hat. ³Absatz 2 Satz 2 gilt in diesen Fällen sinngemäß.

(4) ¹Zur Gesamtvertretung befugte Abwickler können einzelne von ihnen zur Vornahme bestimmter Geschäfte oder bestimmter Arten von Geschäften ermächtigen. ²Dies gilt sinngemäß, wenn ein einzelner Abwickler in Gemeinschaft mit einem Prokuristen zur Vertretung der Gesellschaft befugt ist.

(5) Die Vertretungsbefugnis der Abwickler kann nicht beschränkt werden.

(6) Abwickler zeichnen für die Gesellschaft, indem sie der Firma einen die Abwicklung andeutenden Zusatz und ihre Namensunterschrift hinzufügen.

---

1) **Anm. d. Red.:** § 267 i. d. F. des Gesetzes v. 30. 7. 2009 (BGBl I S. 2479) mit Wirkung v. 1. 9. 2009.
2) **Anm. d. Red.:** § 268 i. d. F. des Gesetzes v. 25. 3. 1998 (BGBl I S. 590) mit Wirkung v. 1. 4. 1998.

§ 270 Eröffnungsbilanz, Jahresabschluss und Lagebericht[1)]

(1) Die Abwickler haben für den Beginn der Abwicklung eine Bilanz (Eröffnungsbilanz) und einen die Eröffnungsbilanz erläuternden Bericht sowie für den Schluss eines jeden Jahres einen Jahresabschluss und einen Lagebericht aufzustellen.

(2) ¹Die Hauptversammlung beschließt über die Feststellung der Eröffnungsbilanz und des Jahresabschlusses sowie über die Entlastung der Abwickler und der Mitglieder des Aufsichtsrats. ²Auf die Eröffnungsbilanz und den erläuternden Bericht sind die Vorschriften über den Jahresabschluss entsprechend anzuwenden. ³Vermögensgegenstände des Anlagevermögens sind jedoch wie Umlaufvermögen zu bewerten, soweit ihre Veräußerung innerhalb eines übersehbaren Zeitraums beabsichtigt ist oder diese Vermögensgegenstände nicht mehr dem Geschäftsbetrieb dienen; dies gilt auch für den Jahresabschluss.

(3) ¹Das Gericht kann von der Prüfung des Jahresabschlusses und des Lageberichts durch einen Abschlussprüfer befreien, wenn die Verhältnisse der Gesellschaft so überschaubar sind, dass eine Prüfung im Interesse der Gläubiger und Aktionäre nicht geboten erscheint. ²Gegen die Entscheidung ist die Beschwerde zulässig.

§ 271 Verteilung des Vermögens[2)]

(1) Das nach der Berichtigung der Verbindlichkeiten verbleibende Vermögen der Gesellschaft wird unter die Aktionäre verteilt.

(2) Das Vermögen ist nach den Anteilen am Grundkapital zu verteilen, wenn nicht Aktien mit verschiedenen Rechten bei der Verteilung des Gesellschaftsvermögens vorhanden sind.

(3) ¹Sind die Einlagen auf das Grundkapital nicht auf alle Aktien in demselben Verhältnis geleistet, so werden die geleisteten Einlagen erstattet und ein Überschuss nach den Anteilen am Grundkapital verteilt. ²Reicht das Vermögen zur Erstattung der Einlagen nicht aus, so haben die Aktionäre den Verlust nach ihren Anteilen am Grundkapital zu tragen; die noch ausstehenden Einlagen sind, soweit nötig, einzuziehen.

§ 272 Gläubigerschutz[3)]

(1) Das Vermögen darf nur verteilt werden, wenn ein Jahr seit dem Tage verstrichen ist, an dem der Aufruf der Gläubiger bekannt gemacht worden ist.

(2) Meldet sich ein bekannter Gläubiger nicht, so ist der geschuldete Betrag für ihn zu hinterlegen, wenn ein Recht zur Hinterlegung besteht.

(3) Kann eine Verbindlichkeit zurzeit nicht berichtigt werden oder ist sie streitig, so darf das Vermögen nur verteilt werden, wenn dem Gläubiger Sicherheit geleistet ist.

§ 273 Schluss der Abwicklung[4)]

(1) ¹Ist die Abwicklung beendet und die Schlussrechnung gelegt, so haben die Abwickler den Schluss der Abwicklung zur Eintragung in das Handelsregister anzumelden. ²Die Gesellschaft ist zu löschen.

(2) Die Bücher und Schriften der Gesellschaft sind an einem vom Gericht bestimmten sicheren Ort zur Aufbewahrung auf zehn Jahre zu hinterlegen.

(3) Das Gericht kann den Aktionären und den Gläubigern die Einsicht der Bücher und Schriften gestatten.

---

1) **Anm. d. Red.:** § 270 i. d. F. des Gesetzes v. 17. 12. 2008 (BGBl I S. 2586) mit Wirkung v. 1. 9. 2009.
2) **Anm. d. Red.:** § 271 i. d. F. des Gesetzes v. 25. 3. 1998 (BGBl I S. 590) mit Wirkung v. 1. 4. 1998.
3) **Anm. d. Red.:** § 272 i. d. F. des Gesetzes v. 30. 7. 2009 (BGBl I S. 2479) mit Wirkung v. 1. 9. 2009.
4) **Anm. d. Red.:** § 273 i. d. F. des Gesetzes v. 17. 12. 2008 (BGBl I S. 2586) mit Wirkung v. 1. 9. 2009.

(4) ¹Stellt sich nachträglich heraus, dass weitere Abwicklungsmaßnahmen nötig sind, so hat auf Antrag eines Beteiligten das Gericht die bisherigen Abwickler neu zu bestellen oder andere Abwickler zu berufen. ²§ 265 Abs. 4 gilt.

(5) Gegen die Entscheidungen nach den Absätzen 2, 3 und 4 Satz 1 ist die Beschwerde zulässig.

§ 274 Fortsetzung einer aufgelösten Gesellschaft[1]

(1) ¹Ist eine Aktiengesellschaft durch Zeitablauf oder durch Beschluss der Hauptversammlung aufgelöst worden, so kann die Hauptversammlung, solange noch nicht mit der Verteilung des Vermögens unter die Aktionäre begonnen ist, die Fortsetzung der Gesellschaft beschließen. ²Der Beschluss bedarf einer Mehrheit, die mindestens drei Viertel des bei der Beschlussfassung vertretenen Grundkapitals umfasst. ³Die Satzung kann eine größere Kapitalmehrheit und weitere Erfordernisse bestimmen.

(2) Gleiches gilt, wenn die Gesellschaft

1. durch die Eröffnung des Insolvenzverfahrens aufgelöst, das Verfahren aber auf Antrag des Schuldners eingestellt oder nach der Bestätigung eines Insolvenzplans, der den Fortbestand der Gesellschaft vorsieht, aufgehoben worden ist;
2. durch die gerichtliche Feststellung eines Mangels der Satzung nach § 262 Abs. 1 Nr. 5 aufgelöst worden ist, eine den Mangel behebende Satzungsänderung aber spätestens zugleich mit der Fortsetzung der Gesellschaft beschlossen wird.

(3) ¹Die Abwickler haben die Fortsetzung der Gesellschaft zur Eintragung in das Handelsregister anzumelden. ²Sie haben bei der Anmeldung nachzuweisen, dass noch nicht mit der Verteilung des Vermögens der Gesellschaft unter die Aktionäre begonnen worden ist.

(4) ¹Der Fortsetzungsbeschluss wird erst wirksam, wenn er in das Handelsregister des Sitzes der Gesellschaft eingetragen worden ist. ²Im Falle des Absatzes 2 Nr. 2 hat der Fortsetzungsbeschluss keine Wirkung, solange er und der Beschluss über die Satzungsänderung nicht in das Handelsregister des Sitzes der Gesellschaft eingetragen worden sind; die beiden Beschlüsse sollen nur zusammen in das Handelsregister eingetragen werden.

Zweiter Abschnitt: Nichtigerklärung der Gesellschaft

§ 275 Klage auf Nichtigerklärung[2]

(1) ¹Enthält die Satzung keine Bestimmungen über die Höhe des Grundkapitals oder über den Gegenstand des Unternehmens oder sind die Bestimmungen der Satzung über den Gegenstand des Unternehmens nichtig, so kann jeder Aktionär und jedes Mitglied des Vorstands und des Aufsichtsrats darauf klagen, dass die Gesellschaft für nichtig erklärt werde. ²Auf andere Gründe kann die Klage nicht gestützt werden.

(2) Kann der Mangel nach § 276 geheilt werden, so kann die Klage erst erhoben werden, nachdem ein Klageberechtigter die Gesellschaft aufgefordert hat, den Mangel zu beseitigen, und sie binnen drei Monaten dieser Aufforderung nicht nachgekommen ist.

(3) ¹Die Klage muss binnen drei Jahren nach Eintragung der Gesellschaft erhoben werden. ²Eine Löschung der Gesellschaft von Amts wegen nach § 397 Abs. 1 des Gesetzes über das Verfahren in Familiensachen und in den Angelegenheiten der freiwilligen Gerichtsbarkeit wird durch den Zeitablauf nicht ausgeschlossen.

(4) ¹Für die Anfechtung gelten § 246 Abs. 2 bis 4, §§ 247, 248 Abs. 1 Satz 1, §§ 248a, 249 Abs. 2 sinngemäß. ²Der Vorstand hat eine beglaubigte Abschrift der Klage und das rechtskräftige Ur-

---

1) **Anm. d. Red.:** § 274 i. d. F. des Gesetzes v. 5. 10. 1994 (BGBl I S. 2911) mit Wirkung v. 1. 1. 1999.
2) **Anm. d. Red.:** § 275 i. d. F. des Gesetzes v. 17. 12. 2008 (BGBl I S. 2586) mit Wirkung v. 1. 9. 2009.

teil zum Handelsregister einzureichen. ³Die Nichtigkeit der Gesellschaft aufgrund rechtskräftigen Urteils ist einzutragen.

§ 276 Heilung von Mängeln[1)]

Ein Mangel, der die Bestimmungen über den Gegenstand des Unternehmens betrifft, kann unter Beachtung der Bestimmungen des Gesetzes und der Satzung über Satzungsänderungen geheilt werden.

§ 277 Wirkung der Eintragung der Nichtigkeit

(1) Ist die Nichtigkeit einer Gesellschaft aufgrund rechtskräftigen Urteils oder einer Entscheidung des Registergerichts in das Handelsregister eingetragen, so findet die Abwicklung nach den Vorschriften über die Abwicklung bei Auflösung statt.

(2) Die Wirksamkeit der im Namen der Gesellschaft vorgenommenen Rechtsgeschäfte wird durch die Nichtigkeit nicht berührt.

(3) Die Gesellschafter haben die Einlagen zu leisten, soweit es zur Erfüllung der eingegangenen Verbindlichkeiten nötig ist.

Zweites Buch: Kommanditgesellschaft auf Aktien

§ 278 Wesen der Kommanditgesellschaft auf Aktien

(1) Die Kommanditgesellschaft auf Aktien ist eine Gesellschaft mit eigener Rechtspersönlichkeit, bei der mindestens ein Gesellschafter den Gesellschaftsgläubigern unbeschränkt haftet (persönlich haftender Gesellschafter) und die übrigen an dem in Aktien zerlegten Grundkapital beteiligt sind, ohne persönlich für die Verbindlichkeiten der Gesellschaft zu haften (Kommanditaktionäre).

(2) Das Rechtsverhältnis der persönlich haftenden Gesellschafter untereinander und gegenüber der Gesamtheit der Kommanditaktionäre sowie gegenüber Dritten, namentlich die Befugnis der persönlich haftenden Gesellschafter zur Geschäftsführung und zur Vertretung der Gesellschaft, bestimmt sich nach den Vorschriften des Handelsgesetzbuchs über die Kommanditgesellschaft.

(3) Im Übrigen gelten für die Kommanditgesellschaft auf Aktien, soweit sich aus den folgenden Vorschriften oder aus dem Fehlen eines Vorstands nichts anderes ergibt, die Vorschriften des Ersten Buchs über die Aktiengesellschaft sinngemäß.

§ 279 Firma[2)]

(1) Die Firma der Kommanditgesellschaft auf Aktien muss, auch wenn sie nach § 22 des Handelsgesetzbuchs oder nach anderen gesetzlichen Vorschriften fortgeführt wird, die Bezeichnung „Kommanditgesellschaft auf Aktien" oder eine allgemein verständliche Abkürzung dieser Bezeichnung enthalten.

(2) Wenn in der Gesellschaft keine natürliche Person persönlich haftet, muss die Firma, auch wenn sie nach § 22 des Handelsgesetzbuchs oder nach anderen gesetzlichen Vorschriften fortgeführt wird, eine Bezeichnung enthalten, welche die Haftungsbeschränkung kennzeichnet.

§ 280 Feststellung der Satzung, Gründer[3)]

(1) ¹Die Satzung muss durch notarielle Beurkundung festgestellt werden. ²In der Urkunde sind bei Nennbetragsaktien der Nennbetrag, bei Stückaktien die Zahl, der Ausgabebetrag und,

---

1) **Anm. d. Red.:** § 276 i. d. F. des Gesetzes v. 15. 8. 1969 (BGBl I S. 1146) mit Wirkung v. 1. 9. 1969.
2) **Anm. d. Red.:** § 279 i. d. F. des Gesetzes v. 22. 6. 1998 (BGBl I S. 1474) mit Wirkung v. 1. 7. 1998.
3) **Anm. d. Red.:** § 280 i. d. F. des Gesetzes v. 22. 9. 2005 (BGBl I S. 2802) mit Wirkung v. 1. 11. 2005.

wenn mehrere Gattungen bestehen, die Gattung der Aktien anzugeben, die jeder Beteiligte übernimmt. ³Bevollmächtigte bedürfen einer notariell beglaubigten Vollmacht.

(2) ¹Alle persönlich haftenden Gesellschafter müssen sich bei der Feststellung der Satzung beteiligen. ²Außer ihnen müssen die Personen mitwirken, die als Kommanditaktionäre Aktien gegen Einlagen übernehmen.

(3) Die Gesellschafter, die die Satzung festgestellt haben, sind die Gründer der Gesellschaft.

§ 281 Inhalt der Satzung[1]

(1) Die Satzung muss außer den Festsetzungen nach § 23 Abs. 3 und 4 den Namen, Vornamen und Wohnort jedes persönlich haftenden Gesellschafters enthalten.

(2) Vermögenseinlagen der persönlich haftenden Gesellschafter müssen, wenn sie nicht auf das Grundkapital geleistet werden, nach Höhe und Art in der Satzung festgesetzt werden.

§ 282 Eintragung der persönlich haftenden Gesellschafter[2]

¹Bei der Eintragung der Gesellschaft in das Handelsregister sind statt der Vorstandsmitglieder die persönlich haftenden Gesellschafter anzugeben. ²Ferner ist einzutragen, welche Vertretungsbefugnis die persönlich haftenden Gesellschafter haben.

§ 283 Persönlich haftende Gesellschafter[3]

Für die persönlich haftenden Gesellschafter gelten sinngemäß die für den Vorstand der Aktiengesellschaft geltenden Vorschriften über

1. die Anmeldungen, Einreichungen, Erklärungen und Nachweise zum Handelsregister sowie über Bekanntmachungen;
2. die Gründungsprüfung;
3. die Sorgfaltspflicht und Verantwortlichkeit;
4. die Pflichten gegenüber dem Aufsichtsrat;
5. die Zulässigkeit einer Kreditgewährung;
6. die Einberufung der Hauptversammlung;
7. die Sonderprüfung;
8. die Geltendmachung von Ersatzansprüchen wegen der Geschäftsführung;
9. die Aufstellung, Vorlegung und Prüfung des Jahresabschlusses und des Vorschlags für die Verwendung des Bilanzgewinns;
10. die Vorlage und Prüfung des Lageberichts, eines gesonderten nichtfinanziellen Berichts sowie eines Konzernabschlusses, eines Konzernlageberichts und eines gesonderten nichtfinanziellen Konzernberichts;
11. die Vorlegung, Prüfung und Offenlegung eines Einzelabschlusses nach § 325 Abs. 2a des Handelsgesetzbuchs;
12. die Ausgabe von Aktien bei bedingter Kapitalerhöhung, bei genehmigtem Kapital und bei Kapitalerhöhung aus Gesellschaftsmitteln;
13. die Nichtigkeit und Anfechtung von Hauptversammlungsbeschlüssen;
14. den Antrag auf Eröffnung des Insolvenzverfahrens.

---

1) **Anm. d. Red.:** § 281 i. d. F. des Gesetzes v. 22. 6. 1998 (BGBl I S. 1474) mit Wirkung v. 1. 1. 1999.

2) **Anm. d. Red.:** § 282 i. d. F. des Gesetzes v. 15. 8. 1969 (BGBl I S. 1146) mit Wirkung v. 1. 9. 1969.

3) **Anm. d. Red.:** § 283 i. d. F. des Gesetzes v. 11. 4. 2017 (BGBl I S. 802) mit Wirkung v. 19. 4. 2017. – Zur Anwendung siehe § 26i EGAktG.

§ 284 Wettbewerbsverbot[1]

(1) ¹Ein persönlich haftender Gesellschafter darf ohne ausdrückliche Einwilligung der übrigen persönlich haftenden Gesellschafter und des Aufsichtsrats weder im Geschäftszweig der Gesellschaft für eigene oder fremde Rechnung Geschäfte machen noch Mitglied des Vorstands oder Geschäftsführer oder persönlich haftender Gesellschafter einer anderen gleichartigen Handelsgesellschaft sein. ²Die Einwilligung kann nur für bestimmte Arten von Geschäften oder für bestimmte Handelsgesellschaften erteilt werden.

(2) ¹Verstößt ein persönlich haftender Gesellschafter gegen dieses Verbot, so kann die Gesellschaft Schadenersatz fordern. ²Sie kann stattdessen von dem Gesellschafter verlangen, dass er die für eigene Rechnung gemachten Geschäfte als für Rechnung der Gesellschaft eingegangen gelten lässt und die aus Geschäften für fremde Rechnung bezogene Vergütung herausgibt oder seinen Anspruch auf die Vergütung abtritt.

(3) ¹Die Ansprüche der Gesellschaft verjähren in drei Monaten seit dem Zeitpunkt, in dem die übrigen persönlich haftenden Gesellschafter und die Aufsichtsratsmitglieder von der zum Schadensersatz verpflichtenden Handlung Kenntnis erlangen oder ohne grobe Fahrlässigkeit erlangen müssten. ²Sie verjähren ohne Rücksicht auf diese Kenntnis oder grob fahrlässige Unkenntnis in fünf Jahren von ihrer Entstehung an.

§ 285 Hauptversammlung

(1) ¹In der Hauptversammlung haben die persönlich haftenden Gesellschafter nur ein Stimmrecht für ihre Aktien. ²Sie können das Stimmrecht weder für sich noch für einen anderen ausüben bei Beschlussfassungen über

1. die Wahl und Abberufung des Aufsichtsrats;
2. die Entlastung der persönlich haftenden Gesellschafter und der Mitglieder des Aufsichtsrats;
3. die Bestellung von Sonderprüfern;
4. die Geltendmachung von Ersatzansprüchen;
5. den Verzicht auf Ersatzansprüche;
6. die Wahl von Abschlussprüfern.

³Bei diesen Beschlussfassungen kann ihr Stimmrecht auch nicht durch einen anderen ausgeübt werden.

(2) ¹Die Beschlüsse der Hauptversammlung bedürfen der Zustimmung der persönlich haftenden Gesellschafter, soweit sie Angelegenheiten betreffen, für die bei einer Kommanditgesellschaft das Einverständnis der persönlich haftenden Gesellschafter und der Kommanditisten erforderlich ist. ²Die Ausübung der Befugnisse, die der Hauptversammlung oder einer Minderheit von Kommanditaktionären bei der Bestellung von Prüfern und der Geltendmachung von Ansprüchen der Gesellschaft aus der Gründung oder der Geschäftsführung zustehen, bedarf nicht der Zustimmung der persönlich haftenden Gesellschafter.

(3) ¹Beschlüsse der Hauptversammlung, die der Zustimmung der persönlich haftenden Gesellschafter bedürfen, sind zum Handelsregister erst einzureichen, wenn die Zustimmung vorliegt. ²Bei Beschlüssen, die in das Handelsregister einzutragen sind, ist die Zustimmung in der Verhandlungsniederschrift oder in einem Anhang zur Niederschrift zu beurkunden.

§ 286 Jahresabschluss, Lagebericht[2]

(1) ¹Die Hauptversammlung beschließt über die Feststellung des Jahresabschlusses. ²Der Beschluss bedarf der Zustimmung der persönlich haftenden Gesellschafter.

---

1) **Anm. d. Red.:** § 284 i. d. F. des Gesetzes v. 9. 12. 2004 (BGBl I S. 3214) mit Wirkung v. 15. 12. 2004.
2) **Anm. d. Red.:** § 286 i. d. F. des Gesetzes v. 25. 5. 2009 (BGBl I S. 1102) mit Wirkung v. 29. 5. 2009.

(2) ¹In der Jahresbilanz sind die Kapitalanteile der persönlich haftenden Gesellschafter nach dem Posten „Gezeichnetes Kapital" gesondert auszuweisen. ²Der auf den Kapitalanteil eines persönlich haftenden Gesellschafters für das Geschäftsjahr entfallende Verlust ist von dem Kapitalanteil abzuschreiben. ³Soweit der Verlust den Kapitalanteil übersteigt, ist er auf der Aktivseite unter der Bezeichnung „Einzahlungsverpflichtungen persönlich haftender Gesellschafter" unter den Forderungen gesondert auszuweisen, soweit eine Zahlungsverpflichtung besteht; besteht keine Zahlungsverpflichtung, so ist der Betrag als „Nicht durch Vermögenseinlagen gedeckter Verlustanteil persönlich haftender Gesellschafter" zu bezeichnen und gemäß § 268 Abs. 3 des Handelsgesetzbuchs auszuweisen. ⁴Unter § 89 fallende Kredite, die die Gesellschaft persönlich haftenden Gesellschaftern, deren Ehegatten, Lebenspartnern oder minderjährigen Kindern oder Dritten, die für Rechnung dieser Personen handeln, gewährt hat, sind auf der Aktivseite bei den entsprechenden Posten unter der Bezeichnung „davon an persönlich haftende Gesellschafter und deren Angehörige" zu vermerken.

(3) In der Gewinn- und Verlustrechnung braucht der auf die Kapitalanteile der persönlich haftenden Gesellschafter entfallende Gewinn oder Verlust nicht gesondert ausgewiesen zu werden.

(4) § 285 Nr. 9 Buchstabe a und b des Handelsgesetzbuchs gilt für die persönlich haftenden Gesellschafter mit der Maßgabe, dass der auf den Kapitalanteil eines persönlich haftenden Gesellschafters entfallende Gewinn nicht angegeben zu werden braucht.

§ 287 Aufsichtsrat

(1) Die Beschlüsse der Kommanditaktionäre führt der Aufsichtsrat aus, wenn die Satzung nichts anderes bestimmt.

(2) ¹In Rechtsstreitigkeiten, die die Gesamtheit der Kommanditaktionäre gegen die persönlich haftenden Gesellschafter oder diese gegen die Gesamtheit der Kommanditaktionäre führen, vertritt der Aufsichtsrat die Kommanditaktionäre, wenn die Hauptversammlung keine besonderen Vertreter gewählt hat. ²Für die Kosten des Rechtsstreits, die den Kommanditaktionären zur Last fallen, haftet die Gesellschaft unbeschadet ihres Rückgriffs gegen die Kommanditaktionäre.

(3) Persönlich haftende Gesellschafter können nicht Aufsichtsratsmitglieder sein.

§ 288 Entnahmen der persönlich haftenden Gesellschafter, Kreditgewährung¹⁾

(1) ¹Entfällt auf einen persönlich haftenden Gesellschafter ein Verlust, der seinen Kapitalanteil übersteigt, so darf er keinen Gewinn auf seinen Kapitalanteil entnehmen. ²Er darf ferner keinen solchen Gewinnanteil und kein Geld auf seinen Kapitalanteil entnehmen, solange die Summe aus Bilanzverlust, Einzahlungsverpflichtungen, Verlustanteilen persönlich haftender Gesellschafter und Forderungen aus Krediten an persönlich haftende Gesellschafter und deren Angehörige die Summe aus Gewinnvortrag, Kapital- und Gewinnrücklagen sowie Kapitalanteilen der persönlich haftenden Gesellschafter übersteigt.

(2) ¹Solange die Voraussetzung von Absatz 1 Satz 2 vorliegt, darf die Gesellschaft keinen unter § 286 Abs. 2 Satz 4 fallenden Kredit gewähren. ²Ein trotzdem gewährter Kredit ist ohne Rücksicht auf entgegenstehende Vereinbarungen sofort zurückzugewähren.

(3) ¹Ansprüche persönlich haftender Gesellschafter auf nicht vom Gewinn abhängige Tätigkeitsvergütungen werden durch diese Vorschriften nicht berührt. ²Für eine Herabsetzung solcher Vergütungen gilt § 87 Abs. 2 Satz 1 und 2 sinngemäß.

§ 289 Auflösung²⁾

(1) Die Gründe für die Auflösung der Kommanditgesellschaft auf Aktien und das Ausscheiden eines von mehreren persönlich haftenden Gesellschaftern aus der Gesellschaft richten sich, so-

---

1) **Anm. d. Red.:** § 288 i. d. F. des Gesetzes v. 31. 7. 2009 (BGBl I S. 2509) mit Wirkung v. 5. 8. 2009.
2) **Anm. d. Red.:** § 289 i. d. F. des Gesetzes v. 17. 12. 2008 (BGBl I S. 2586) mit Wirkung v. 1. 9. 2009.

weit in den Absätzen 2 bis 6 nichts anderes bestimmt ist, nach den Vorschriften des Handelsgesetzbuchs über die Kommanditgesellschaft.

(2) Die Kommanditgesellschaft auf Aktien wird auch aufgelöst
1. mit der Rechtskraft des Beschlusses, durch den die Eröffnung des Insolvenzverfahrens mangels Masse abgelehnt wird;
2. mit der Rechtskraft einer Verfügung des Registergerichts, durch welche nach § 399 des Gesetzes über das Verfahren in Familiensachen und in den Angelegenheiten der freiwilligen Gerichtsbarkeit ein Mangel der Satzung festgestellt worden ist;
3. durch die Löschung der Gesellschaft wegen Vermögenslosigkeit nach § 394 des Gesetzes über das Verfahren in Familiensachen und in den Angelegenheiten der freiwilligen Gerichtsbarkeit.

(3) ¹Durch die Eröffnung des Insolvenzverfahrens über das Vermögen eines Kommanditaktionärs wird die Gesellschaft nicht aufgelöst. ²Die Gläubiger eines Kommanditaktionärs sind nicht berechtigt, die Gesellschaft zu kündigen.

(4) ¹Für die Kündigung der Gesellschaft durch die Kommanditaktionäre und für ihre Zustimmung zur Auflösung der Gesellschaft ist ein Beschluss der Hauptversammlung nötig. ²Gleiches gilt für den Antrag auf Auflösung der Gesellschaft durch gerichtliche Entscheidung. ³Der Beschluss bedarf einer Mehrheit, die mindestens drei Viertel des bei der Beschlussfassung vertretenen Grundkapitals umfasst. ⁴Die Satzung kann eine größere Kapitalmehrheit und weitere Erfordernisse bestimmen.

(5) Persönlich haftende Gesellschafter können außer durch Ausschließung nur ausscheiden, wenn es die Satzung für zulässig erklärt.

(6) ¹Die Auflösung der Gesellschaft und das Ausscheiden eines persönlich haftenden Gesellschafters ist von allen persönlich haftenden Gesellschaftern zur Eintragung in das Handelsregister anzumelden. ²§ 143 Abs. 3 des Handelsgesetzbuchs gilt sinngemäß. ³In den Fällen des Absatzes 2 hat das Gericht die Auflösung und ihren Grund von Amts wegen einzutragen. ⁴Im Falle des Absatzes 2 Nr. 3 entfällt die Eintragung der Auflösung.

§ 290 Abwicklung[1]

(1) Die Abwicklung besorgen alle persönlich haftenden Gesellschafter und eine oder mehrere von der Hauptversammlung gewählte Personen als Abwickler, wenn die Satzung nichts anderes bestimmt.

(2) Die Bestellung oder Abberufung von Abwicklern durch das Gericht kann auch jeder persönlich haftende Gesellschafter beantragen.

(3) ¹Ist die Gesellschaft durch Löschung wegen Vermögenslosigkeit aufgelöst, so findet eine Abwicklung nur statt, wenn sich nach der Löschung herausstellt, dass Vermögen vorhanden ist, das der Verteilung unterliegt. ²Die Abwickler sind auf Antrag eines Beteiligten durch das Gericht zu ernennen.

Drittes Buch: Verbundene Unternehmen
Erster Teil: Unternehmensverträge
Erster Abschnitt: Arten von Unternehmensverträgen
§ 291 Beherrschungsvertrag, Gewinnabführungsvertrag[2]

(1) ¹Unternehmensverträge sind Verträge, durch die eine Aktiengesellschaft oder Kommanditgesellschaft auf Aktien die Leitung ihrer Gesellschaft einem anderen Unternehmen unterstellt

---

1) **Anm. d. Red.:** § 290 i. d. F. des Gesetzes v. 5.10.1994 (BGBl I S. 2911) mit Wirkung v. 1.1.1999.
2) **Anm. d. Red.:** § 291 i. d. F. des Gesetzes v. 23.10.2008 (BGBl I S. 2026) mit Wirkung v. 1.11.2008.

(Beherrschungsvertrag) oder sich verpflichtet, ihren ganzen Gewinn an ein anderes Unternehmen abzuführen (Gewinnabführungsvertrag). ²Als Vertrag über die Abführung des ganzen Gewinns gilt auch ein Vertrag, durch den eine Aktiengesellschaft oder Kommanditgesellschaft auf Aktien es übernimmt, ihr Unternehmen für Rechnung eines anderen Unternehmens zu führen.

(2) Stellen sich Unternehmen, die voneinander nicht abhängig sind, durch Vertrag unter einheitliche Leitung, ohne dass dadurch eines von ihnen von einem anderen vertragschließenden Unternehmen abhängig wird, so ist dieser Vertrag kein Beherrschungsvertrag.

(3) Leistungen der Gesellschaft bei Bestehen eines Beherrschungs- oder eines Gewinnabführungsvertrags gelten nicht als Verstoß gegen die §§ 57, 58 und 60.

§ 292 Andere Unternehmensverträge

(1) Unternehmensverträge sind ferner Verträge, durch die eine Aktiengesellschaft oder Kommanditgesellschaft auf Aktien
1. sich verpflichtet, ihren Gewinn oder den Gewinn einzelner ihrer Betriebe ganz oder zum Teil mit dem Gewinn anderer Unternehmen oder einzelner Betriebe anderer Unternehmen zur Aufteilung eines gemeinschaftlichen Gewinns zusammenzulegen (Gewinngemeinschaft),
2. sich verpflichtet, einen Teil ihres Gewinns oder den Gewinn einzelner ihrer Betriebe ganz oder zum Teil an einen anderen abzuführen (Teilgewinnabführungsvertrag),
3. den Betrieb ihres Unternehmens einem anderen verpachtet oder sonst überlässt (Betriebspachtvertrag, Betriebsüberlassungsvertrag).

(2) Ein Vertrag über eine Gewinnbeteiligung mit Mitgliedern von Vorstand und Aufsichtsrat oder mit einzelnen Arbeitnehmern der Gesellschaft sowie eine Abrede über eine Gewinnbeteiligung im Rahmen von Verträgen des laufenden Geschäftsverkehrs oder Lizenzverträgen ist kein Teilgewinnabführungsvertrag.

(3) ¹Ein Betriebspacht- oder Betriebsüberlassungsvertrag und der Beschluss, durch den die Hauptversammlung dem Vertrag zugestimmt hat, sind nicht deshalb nichtig, weil der Vertrag gegen die §§ 57, 58 und 60 verstößt. ²Satz 1 schließt die Anfechtung des Beschlusses wegen dieses Verstoßes nicht aus.

Zweiter Abschnitt: Abschluss, Änderung und Beendigung von Unternehmensverträgen

§ 293 Zustimmung der Hauptversammlung[1]

(1) ¹Ein Unternehmensvertrag wird nur mit Zustimmung der Hauptversammlung wirksam. ²Der Beschluss bedarf einer Mehrheit, die mindestens drei Viertel des bei der Beschlussfassung vertretenen Grundkapitals umfasst. ³Die Satzung kann eine größere Kapitalmehrheit und weitere Erfordernisse bestimmen. ⁴Auf den Beschluss sind die Bestimmungen des Gesetzes und der Satzung über Satzungsänderungen nicht anzuwenden.

(2) ¹Ein Beherrschungs- oder ein Gewinnabführungsvertrag wird, wenn der andere Vertragsteil eine Aktiengesellschaft oder Kommanditgesellschaft auf Aktien ist, nur wirksam, wenn auch die Hauptversammlung dieser Gesellschaft zustimmt. ²Für den Beschluss gilt Absatz 1 Satz 2 bis 4 sinngemäß.

(3) Der Vertrag bedarf der schriftlichen Form.

§ 293a Bericht über den Unternehmensvertrag[2]

(1) ¹Der Vorstand jeder an einem Unternehmensvertrag beteiligten Aktiengesellschaft oder Kommanditgesellschaft auf Aktien hat, soweit die Zustimmung der Hauptversammlung nach

---

1) **Anm. d. Red.:** § 293 i. d. F. des Gesetzes v. 28.10.1994 (BGBl I S. 3210) mit Wirkung v. 1.1.1995.
2) **Anm. d. Red.:** § 293a i. d. F. des Gesetzes v. 28.10.1994 (BGBl I S. 3210) mit Wirkung v. 1.1.1995.

§ 293 erforderlich ist, einen ausführlichen schriftlichen Bericht zu erstatten, in dem der Abschluss des Unternehmensvertrags, der Vertrag im Einzelnen und insbesondere Art und Höhe des Ausgleichs nach § 304 und der Abfindung nach § 305 rechtlich und wirtschaftlich erläutert und begründet werden; der Bericht kann von den Vorständen auch gemeinsam erstattet werden. ²Auf besondere Schwierigkeiten bei der Bewertung der vertragschließenden Unternehmen sowie auf die Folgen für die Beteiligungen der Aktionäre ist hinzuweisen.

(2) ¹In den Bericht brauchen Tatsachen nicht aufgenommen zu werden, deren Bekanntwerden geeignet ist, einem der vertragschließenden Unternehmen oder einem verbundenen Unternehmen einen nicht unerheblichen Nachteil zuzufügen. ²In diesem Falle sind in dem Bericht die Gründe, aus denen die Tatsachen nicht aufgenommen worden sind, darzulegen.

(3) Der Bericht ist nicht erforderlich, wenn alle Anteilsinhaber aller beteiligten Unternehmen auf seine Erstattung durch öffentlich beglaubigte Erklärung verzichten.

§ 293b Prüfung des Unternehmensvertrags[1]

(1) Der Unternehmensvertrag ist für jede vertragschließende Aktiengesellschaft oder Kommanditgesellschaft auf Aktien durch einen oder mehrere sachverständige Prüfer (Vertragsprüfer) zu prüfen, es sei denn, dass sich alle Aktien der abhängigen Gesellschaft in der Hand des herrschenden Unternehmens befinden.

(2) § 293a Abs. 3 ist entsprechend anzuwenden.

§ 293c Bestellung der Vertragsprüfer[2]

(1) ¹Die Vertragsprüfer werden jeweils auf Antrag der Vorstände der vertragschließenden Gesellschaften vom Gericht ausgewählt und bestellt. ²Sie können auf gemeinsamen Antrag der Vorstände für alle vertragschließenden Gesellschaften gemeinsam bestellt werden. ³Zuständig ist das Landgericht, in dessen Bezirk die abhängige Gesellschaft ihren Sitz hat. ⁴Ist bei dem Landgericht eine Kammer für Handelssachen gebildet, so entscheidet deren Vorsitzender an Stelle der Zivilkammer. ⁵Für den Ersatz von Auslagen und für die Vergütung der vom Gericht bestellten Prüfer gilt § 318 Abs. 5 des Handelsgesetzbuchs.

(2) § 10 Abs. 3 bis 5 des Umwandlungsgesetzes gilt entsprechend.

§ 293d Auswahl, Stellung und Verantwortlichkeit der Vertragsprüfer[3]

(1) ¹Für die Auswahl und das Auskunftsrecht der Vertragsprüfer gelten § 319 Abs. 1 bis 4, § 319a Abs. 1, § 319b Abs. 1, § 320 Abs. 1 Satz 2 und Abs. 2 Satz 1 und 2 des Handelsgesetzbuchs entsprechend. ²Das Auskunftsrecht besteht gegenüber den vertragschließenden Unternehmen und gegenüber einem Konzernunternehmen sowie einem abhängigen und einem herrschenden Unternehmen.

(2) ¹Für die Verantwortlichkeit der Vertragsprüfer, ihrer Gehilfen und der bei der Prüfung mitwirkenden gesetzlichen Vertreter einer Prüfungsgesellschaft gilt § 323 des Handelsgesetzbuchs entsprechend. ²Die Verantwortlichkeit besteht gegenüber den vertragschließenden Unternehmen und deren Anteilsinhabern.

§ 293e Prüfungsbericht[4]

(1) ¹Die Vertragsprüfer haben über das Ergebnis der Prüfung schriftlich zu berichten. ²Der Prüfungsbericht ist mit einer Erklärung darüber abzuschließen, ob der vorgeschlagene Ausgleich oder die vorgeschlagene Abfindung angemessen ist. ³Dabei ist anzugeben,

---

1) **Anm. d. Red.:** § 293b i. d. F. des Gesetzes v. 27. 4. 1998 (BGBl I S. 786) mit Wirkung v. 1. 5. 1998.
2) **Anm. d. Red.:** § 293c i. d. F. des Gesetzes v. 17. 12. 2008 (BGBl I S. 2586) mit Wirkung v. 1. 9. 2009.
3) **Anm. d. Red.:** § 293d i. d. F. des Gesetzes v. 25. 5. 2009 (BGBl I S. 1102) mit Wirkung v. 29. 5. 2009.
4) **Anm. d. Red.:** § 293e eingefügt gem. Gesetz v. 28. 10. 1994 (BGBl I S. 3210) mit Wirkung v. 1. 1. 1995.

1. nach welchen Methoden Ausgleich und Abfindung ermittelt worden sind;
2. aus welchen Gründen die Anwendung dieser Methoden angemessen ist;
3. welcher Ausgleich oder welche Abfindung sich bei der Anwendung verschiedener Methoden, sofern mehrere angewandt worden sind, jeweils ergeben würde; zugleich ist darzulegen, welches Gewicht den verschiedenen Methoden bei der Bestimmung des vorgeschlagenen Ausgleichs oder der vorgeschlagenen Abfindung und der ihnen zugrunde liegenden Werte beigemessen worden ist und welche besonderen Schwierigkeiten bei der Bewertung der vertragschließenden Unternehmen aufgetreten sind.

(2) § 293a Abs. 2 und 3 ist entsprechend anzuwenden.

§ 293f Vorbereitung der Hauptversammlung[1]

(1) Von der Einberufung der Hauptversammlung an, die über die Zustimmung zu dem Unternehmensvertrag beschließen soll, sind in dem Geschäftsraum jeder der beteiligten Aktiengesellschaften oder Kommanditgesellschaften auf Aktien zur Einsicht der Aktionäre auszulegen

1. der Unternehmensvertrag;
2. die Jahresabschlüsse und die Lageberichte der vertragschließenden Unternehmen für die letzten drei Geschäftsjahre;
3. die nach § 293a erstatteten Berichte der Vorstände und die nach § 293e erstatteten Berichte der Vertragsprüfer.

(2) Auf Verlangen ist jedem Aktionär unverzüglich und kostenlos eine Abschrift der in Absatz 1 bezeichneten Unterlagen zu erteilen.

(3) Die Verpflichtungen nach den Absätzen 1 und 2 entfallen, wenn die in Absatz 1 bezeichneten Unterlagen für denselben Zeitraum über die Internetseite der Gesellschaft zugänglich sind.

§ 293g Durchführung der Hauptversammlung[2]

(1) In der Hauptversammlung sind die in § 293f Abs. 1 bezeichneten Unterlagen zugänglich zu machen.

(2) ¹Der Vorstand hat den Unternehmensvertrag zu Beginn der Verhandlung mündlich zu erläutern. ²Er ist der Niederschrift als Anlage beizufügen.

(3) Jedem Aktionär ist auf Verlangen in der Hauptversammlung Auskunft auch über alle für den Vertragschluss wesentlichen Angelegenheiten des anderen Vertragsteils zu geben.

§ 294 Eintragung, Wirksamwerden[3]

(1) ¹Der Vorstand der Gesellschaft hat das Bestehen und die Art des Unternehmensvertrages sowie den Namen des anderen Vertragsteils zur Eintragung in das Handelsregister anzumelden; beim Bestehen einer Vielzahl von Teilgewinnabführungsverträgen kann anstelle des Namens des anderen Vertragsteils auch eine andere Bezeichnung eingetragen werden, die den jeweiligen Teilgewinnabführungsvertrag konkret bestimmt. ²Der Anmeldung sind der Vertrag sowie, wenn er nur mit Zustimmung der Hauptversammlung des anderen Vertragsteils wirksam wird, die Niederschrift dieses Beschlusses und ihre Anlagen in Urschrift, Ausfertigung oder öffentlich beglaubigter Abschrift beizufügen.

(2) Der Vertrag wird erst wirksam, wenn sein Bestehen in das Handelsregister des Sitzes der Gesellschaft eingetragen worden ist.

---

1) **Anm. d. Red.:** § 293f i. d. F. des Gesetzes v. 30. 7. 2009 (BGBl I S. 2479) mit Wirkung v. 1. 9. 2009.
2) **Anm. d. Red.:** § 293g i. d. F. des Gesetzes v. 30. 7. 2009 (BGBl I S. 2479) mit Wirkung v. 1. 9. 2009.
3) **Anm. d. Red.:** § 294 i. d. F. des Gesetzes v. 10. 12. 2001 (BGBl I S. 3422) mit Wirkung v. 15. 12. 2001.

§ 295 Änderung[1]

(1) ¹Ein Unternehmensvertrag kann nur mit Zustimmung der Hauptversammlung geändert werden. ²§§ 293 bis 294 gelten sinngemäß.

(2) ¹Die Zustimmung der Hauptversammlung der Gesellschaft zu einer Änderung der Bestimmungen des Vertrags, die zur Leistung eines Ausgleichs an die außenstehenden Aktionäre der Gesellschaft oder zum Erwerb ihrer Aktien verpflichten, bedarf, um wirksam zu werden, eines Sonderbeschlusses der außenstehenden Aktionäre. ²Für den Sonderbeschluss gilt § 293 Abs. 1 Satz 2 und 3. ³Jedem außenstehenden Aktionär ist auf Verlangen in der Versammlung, die über die Zustimmung beschließt, Auskunft auch über alle für die Änderung wesentlichen Angelegenheiten des anderen Vertragsteils zu geben.

§ 296 Aufhebung

(1) ¹Ein Unternehmensvertrag kann nur zum Ende des Geschäftsjahrs oder des sonst vertraglich bestimmten Abrechnungszeitraums aufgehoben werden. ²Eine rückwirkende Aufhebung ist unzulässig. ³Die Aufhebung bedarf der schriftlichen Form.

(2) ¹Ein Vertrag, der zur Leistung eines Ausgleichs an die außenstehenden Aktionäre oder zum Erwerb ihrer Aktien verpflichtet, kann nur aufgehoben werden, wenn die außenstehenden Aktionäre durch Sonderbeschluss zustimmen. ²Für den Sonderbeschluss gilt § 293 Abs. 1 Satz 2 und 3, § 295 Abs. 2 Satz 3 sinngemäß.

§ 297 Kündigung

(1) ¹Ein Unternehmensvertrag kann aus wichtigem Grunde ohne Einhaltung einer Kündigungsfrist gekündigt werden. ²Ein wichtiger Grund liegt namentlich vor, wenn der andere Vertragsteil voraussichtlich nicht in der Lage sein wird, seine aufgrund des Vertrags bestehenden Verpflichtungen zu erfüllen.

(2) ¹Der Vorstand der Gesellschaft kann einen Vertrag, der zur Leistung eines Ausgleichs an die außenstehenden Aktionäre der Gesellschaft oder zum Erwerb ihrer Aktien verpflichtet, ohne wichtigen Grund nur kündigen, wenn die außenstehenden Aktionäre durch Sonderbeschluss zustimmen. ²Für den Sonderbeschluss gilt § 293 Abs. 1 Satz 2 und 3, § 295 Abs. 2 Satz 3 sinngemäß.

(3) Die Kündigung bedarf der schriftlichen Form.

§ 298 Anmeldung und Eintragung

Der Vorstand der Gesellschaft hat die Beendigung eines Unternehmensvertrags, den Grund und den Zeitpunkt der Beendigung unverzüglich zur Eintragung in das Handelsregister anzumelden.

§ 299 Ausschluss von Weisungen

Aufgrund eines Unternehmensvertrags kann der Gesellschaft nicht die Weisung erteilt werden, den Vertrag zu ändern, aufrechtzuerhalten oder zu beendigen.

Dritter Abschnitt: Sicherung der Gesellschaft und der Gläubiger

§ 300 Gesetzliche Rücklage[2]

In die gesetzliche Rücklage sind an Stelle des in § 150 Abs. 2 bestimmten Betrags einzustellen,
1. wenn ein Gewinnabführungsvertrag besteht, aus dem ohne die Gewinnabführung entstehenden, um einen Verlustvortrag aus dem Vorjahr geminderten Jahresüberschuss der Be-

---

1) **Anm. d. Red.:** § 295 i. d. F. des Gesetzes v. 28. 10. 1994 (BGBl I S. 3210) mit Wirkung v. 1. 1. 1995.
2) **Anm. d. Red.:** § 300 i. d. F. des Gesetzes v. 19. 12. 1985 (BGBl I S. 2355) mit Wirkung v. 1. 1. 1986.

trag, der erforderlich ist, um die gesetzliche Rücklage unter Hinzurechnung einer Kapitalrücklage innerhalb der ersten fünf Geschäftsjahre, die während des Bestehens des Vertrags oder nach Durchführung einer Kapitalerhöhung beginnen, gleichmäßig auf den zehnten oder den in der Satzung bestimmten höheren Teil des Grundkapitals aufzufüllen, mindestens aber der in Nummer 2 bestimmte Betrag;
2. wenn ein Teilgewinnabführungsvertrag besteht, der Betrag, der nach § 150 Abs. 2 aus dem ohne die Gewinnabführung entstehenden, um einen Verlustvortrag aus dem Vorjahr geminderten Jahresüberschuss in die gesetzliche Rücklage einzustellen wäre;
3. wenn ein Beherrschungsvertrag besteht, ohne dass die Gesellschaft auch zur Abführung ihres ganzen Gewinns verpflichtet ist, der zur Auffüllung der gesetzlichen Rücklage nach Nummer 1 erforderliche Betrag, mindestens aber der in § 150 Abs. 2 oder, wenn die Gesellschaft verpflichtet ist, ihren Gewinn zum Teil abzuführen, der in Nummer 2 bestimmte Betrag.

§ 301 Höchstbetrag der Gewinnabführung[1)]

¹Eine Gesellschaft kann, gleichgültig welche Vereinbarungen über die Berechnung des abzuführenden Gewinns getroffen worden sind, als ihren Gewinn höchstens den ohne die Gewinnabführung entstehenden Jahresüberschuss, vermindert um einen Verlustvortrag aus dem Vorjahr, um den Betrag, der nach § 300 in die gesetzlichen Rücklagen einzustellen ist, und den nach § 268 Abs. 8 des Handelsgesetzbuchs ausschüttungsgesperrten Betrag, abführen. ²Sind während der Dauer des Vertrags Beträge in andere Gewinnrücklagen eingestellt worden, so können diese Beträge den anderen Gewinnrücklagen entnommen und als Gewinn abgeführt werden.

§ 302 Verlustübernahme[2)]

(1) Besteht ein Beherrschungs- oder ein Gewinnabführungsvertrag, so hat der andere Vertragsteil jeden während der Vertragsdauer sonst entstehenden Jahresfehlbetrag auszugleichen, soweit dieser nicht dadurch ausgeglichen wird, dass den anderen Gewinnrücklagen Beträge entnommen werden, die während der Vertragsdauer in sie eingestellt worden sind.

(2) Hat eine abhängige Gesellschaft den Betrieb ihres Unternehmens dem herrschenden Unternehmen verpachtet oder sonst überlassen, so hat das herrschende Unternehmen jeden während der Vertragsdauer sonst entstehenden Jahresfehlbetrag auszugleichen, soweit die vereinbarte Gegenleistung das angemessene Entgelt nicht erreicht.

(3) ¹Die Gesellschaft kann auf den Anspruch auf Ausgleich erst drei Jahre nach dem Tage, an dem die Eintragung der Beendigung des Vertrags in das Handelsregister nach § 10 des Handelsgesetzbuchs bekannt gemacht worden ist, verzichten oder sich über ihn vergleichen. ²Dies gilt nicht, wenn der Ausgleichspflichtige zahlungsunfähig ist und sich zur Abwendung des Insolvenzverfahrens mit seinen Gläubigern vergleicht oder wenn die Ersatzpflicht in einem Insolvenzplan oder Restrukturierungsplan geregelt wird. ³Der Verzicht oder Vergleich wird nur wirksam, wenn die außenstehenden Aktionäre durch Sonderbeschluss zustimmen und nicht eine Minderheit, deren Anteile zusammen den zehnten Teil des bei der Beschlussfassung vertretenen Grundkapitals erreichen, zur Niederschrift Widerspruch erhebt.

(4) Die Ansprüche aus diesen Vorschriften verjähren in zehn Jahren seit dem Tag, an dem die Eintragung der Beendigung des Vertrags in das Handelsregister nach § 10 des Handelsgesetzbuchs bekannt gemacht worden ist.

---

1) **Anm. d. Red.:** § 301 i. d. F. des Gesetzes v. 25. 5. 2009 (BGBl I S. 1102) mit Wirkung v. 29. 5. 2009.
2) **Anm. d. Red.:** § 302 i. d. F. des Gesetzes v. 22.12.2020 (BGBl I S. 3256) mit Wirkung v. 1.1.2021.

§ 303 Gläubigerschutz[1)]

(1) ¹Endet ein Beherrschungs- oder ein Gewinnabführungsvertrag, so hat der andere Vertragsteil den Gläubigern der Gesellschaft, deren Forderungen begründet worden sind, bevor die Eintragung der Beendigung des Vertrags in das Handelsregister nach § 10 des Handelsgesetzbuchs bekannt gemacht worden ist, Sicherheit zu leisten, wenn sie sich binnen sechs Monaten nach der Bekanntmachung der Eintragung zu diesem Zweck bei ihm melden. ²Die Gläubiger sind in der Bekanntmachung der Eintragung auf dieses Recht hinzuweisen.

(2) Das Recht, Sicherheitsleistung zu verlangen, steht Gläubigern nicht zu, die im Fall des Insolvenzverfahrens ein Recht auf vorzugsweise Befriedigung aus einer Deckungsmasse haben, die nach gesetzlicher Vorschrift zu ihrem Schutz errichtet und staatlich überwacht ist.

(3) ¹Statt Sicherheit zu leisten, kann der andere Vertragsteil sich für die Forderung verbürgen. ²§ 349 des Handelsgesetzbuchs über den Ausschluss der Einrede der Vorausklage ist nicht anzuwenden.

Vierter Abschnitt: Sicherung der außenstehenden Aktionäre bei Beherrschungs- und Gewinnabführungsverträgen

§ 304 Angemessener Ausgleich[2)]

(1) ¹Ein Gewinnabführungsvertrag muss einen angemessenen Ausgleich für die außenstehenden Aktionäre durch eine auf die Anteile am Grundkapital bezogene wiederkehrende Geldleistung (Ausgleichszahlung) vorsehen. ²Ein Beherrschungsvertrag muss, wenn die Gesellschaft nicht auch zur Abführung ihres ganzen Gewinns verpflichtet ist, den außenstehenden Aktionären als angemessenen Ausgleich einen bestimmten jährlichen Gewinnanteil nach der für die Ausgleichszahlung bestimmten Höhe garantieren. ³Von der Bestimmung eines angemessenen Ausgleichs kann nur abgesehen werden, wenn die Gesellschaft im Zeitpunkt der Beschlussfassung ihrer Hauptversammlung über den Vertrag keinen außenstehenden Aktionär hat.

(2) ¹Als Ausgleichszahlung ist mindestens die jährliche Zahlung des Betrags zuzusichern, der nach der bisherigen Ertragslage der Gesellschaft und ihren künftigen Ertragsaussichten unter Berücksichtigung angemessener Abschreibungen und Wertberichtigungen, jedoch ohne Bildung anderer Gewinnrücklagen, voraussichtlich als durchschnittlicher Gewinnanteil auf die einzelne Aktie verteilt werden könnte. ²Ist der andere Vertragsteil eine Aktiengesellschaft oder Kommanditgesellschaft auf Aktien, so kann als Ausgleichszahlung auch die Zahlung des Betrags zugesichert werden, der unter Herstellung eines angemessenen Umrechnungsverhältnisses auf Aktien der anderen Gesellschaft jeweils als Gewinnanteil entfällt. ³Die Angemessenheit der Umrechnung bestimmt sich nach dem Verhältnis, in dem bei einer Verschmelzung auf eine Aktie der Gesellschaft Aktien der anderen Gesellschaft zu gewähren wären.

(3) ¹Ein Vertrag, der entgegen Absatz 1 überhaupt keinen Ausgleich vorsieht, ist nichtig. ²Die Anfechtung des Beschlusses, durch den die Hauptversammlung der Gesellschaft dem Vertrag oder einer unter § 295 Abs. 2 fallenden Änderung des Vertrags zugestimmt hat, kann nicht auf § 243 Abs. 2 oder darauf gestützt werden, dass der im Vertrag bestimmte Ausgleich nicht angemessen ist. ³Ist der im Vertrag bestimmte Ausgleich nicht angemessen, so hat das in § 2 des Spruchverfahrensgesetzes bestimmte Gericht auf Antrag den vertraglich geschuldeten Ausgleich zu bestimmen, wobei es, wenn der Vertrag einen nach Absatz 2 Satz 2 berechneten Ausgleich vorsieht, den Ausgleich nach dieser Vorschrift zu bestimmen hat.

(4) Bestimmt das Gericht den Ausgleich, so kann der andere Vertragsteil den Vertrag binnen zwei Monaten nach Rechtskraft der Entscheidung ohne Einhaltung einer Kündigungsfrist kündigen.

---

1) **Anm. d. Red.:** § 303 i. d. F. des Gesetzes v. 10. 11. 2006 (BGBl I S. 2553) mit Wirkung v. 1. 1. 2007.
2) **Anm. d. Red.:** § 304 i. d. F. des Gesetzes v. 12. 6. 2003 (BGBl I S. 838) mit Wirkung v. 1. 9. 2003.

§ 305 Abfindung[1)]

(1) Außer der Verpflichtung zum Ausgleich nach § 304 muss ein Beherrschungs- oder ein Gewinnabführungsvertrag die Verpflichtung des anderen Vertragsteils enthalten, auf Verlangen eines außenstehenden Aktionärs dessen Aktien gegen eine im Vertrag bestimmte angemessene Abfindung zu erwerben.

(2) Als Abfindung muss der Vertrag,
1. wenn der andere Vertragsteil eine nicht abhängige und nicht in Mehrheitsbesitz stehende Aktiengesellschaft oder Kommanditgesellschaft auf Aktien mit Sitz in einem Mitgliedstaat der Europäischen Union oder in einem anderen Vertragsstaat des Abkommens über den Europäischen Wirtschaftsraum ist, die Gewährung eigener Aktien dieser Gesellschaft,
2. wenn der andere Vertragsteil eine abhängige oder in Mehrheitsbesitz stehende Aktiengesellschaft oder Kommanditgesellschaft auf Aktien und das herrschende Unternehmen eine Aktiengesellschaft oder Kommanditgesellschaft auf Aktien mit Sitz in einem Mitgliedstaat der Europäischen Union oder in einem anderen Vertragsstaat des Abkommens über den Europäischen Wirtschaftsraum ist, entweder die Gewährung von Aktien der herrschenden oder mit Mehrheit beteiligten Gesellschaft oder eine Barabfindung,
3. in allen anderen Fällen eine Barabfindung

vorsehen.

(3) ¹Werden als Abfindung Aktien einer anderen Gesellschaft gewährt, so ist die Abfindung als angemessen anzusehen, wenn die Aktien in dem Verhältnis gewährt werden, in dem bei einer Verschmelzung auf eine Aktie der Gesellschaft Aktien der anderen Gesellschaft zu gewähren wären, wobei Spitzenbeträge durch bare Zuzahlungen ausgeglichen werden können. ²Die angemessene Barabfindung muss die Verhältnisse der Gesellschaft im Zeitpunkt der Beschlussfassung ihrer Hauptversammlung über den Vertrag berücksichtigen. ³Sie ist nach Ablauf des Tages, an dem der Beherrschungs- oder Gewinnabführungsvertrag wirksam geworden ist, mit jährlich 5 Prozentpunkten über dem jeweiligen Basiszinssatz nach § 247 des Bürgerlichen Gesetzbuchs zu verzinsen; die Geltendmachung eines weiteren Schadens ist nicht ausgeschlossen.

(4) ¹Die Verpflichtung zum Erwerb der Aktien kann befristet werden. ²Die Frist endet frühestens zwei Monate nach dem Tage, an dem die Eintragung des Bestehens des Vertrags im Handelsregister nach § 10 des Handelsgesetzbuchs bekannt gemacht worden ist. ³Ist ein Antrag auf Bestimmung des Ausgleichs oder der Abfindung durch das in § 2 Spruchverfahrensgesetzes bestimmte Gericht gestellt worden, so endet die Frist frühestens zwei Monate nach dem Tage, an dem die Entscheidung über den zuletzt beschiedenen Antrag im Bundesanzeiger bekannt gemacht worden ist.

(5) ¹Die Anfechtung des Beschlusses, durch den die Hauptversammlung der Gesellschaft dem Vertrag oder einer unter § 295 Abs. 2 fallenden Änderung des Vertrags zugestimmt hat, kann nicht darauf gestützt werden, dass der Vertrag keine angemessene Abfindung vorsieht. ²Sieht der Vertrag überhaupt keine oder eine den Absätzen 1 bis 3 nicht entsprechende Abfindung vor, so hat das in § 2 des Spruchverfahrensgesetzes bestimmte Gericht auf Antrag die vertraglich zu gewährende Abfindung zu bestimmen. ³Dabei hat es in den Fällen des Absatzes 2 Nr. 2, wenn der Vertrag die Gewährung von Aktien der herrschenden oder mit Mehrheit beteiligten Gesellschaft vorsieht, das Verhältnis, in dem diese Aktien zu gewähren sind, wenn der Vertrag nicht die Gewährung von Aktien der herrschenden oder mit Mehrheit beteiligten Gesellschaft vorsieht, die angemessene Barabfindung zu bestimmen. ⁴§ 304 Abs. 4 gilt sinngemäß.

§ 306 (weggefallen)[2)]

---

1) **Anm. d. Red.:** § 305 i. d. F. des Gesetzes v. 22. 12. 2011 (BGBl I S. 3044) mit Wirkung v. 1. 4. 2012.
2) **Anm. d. Red.:** § 306 weggefallen gem. Gesetz v. 12. 6. 2003 (BGBl I S. 838) mit Wirkung v. 1. 9. 2003.

§ 307 Vertragsbeendigung zur Sicherung außenstehender Aktionäre

Hat die Gesellschaft im Zeitpunkt der Beschlussfassung ihrer Hauptversammlung über einen Beherrschungs- oder Gewinnabführungsvertrag keinen außenstehenden Aktionär, so endet der Vertrag spätestens zum Ende des Geschäftsjahrs, in dem ein außenstehender Aktionär beteiligt ist.

Zweiter Teil: Leitungsmacht und Verantwortlichkeit bei Abhängigkeit von Unternehmen

Erster Abschnitt: Leitungsmacht und Verantwortlichkeit bei Bestehen eines Beherrschungsvertrags

§ 308 Leitungsmacht

(1) ¹Besteht ein Beherrschungsvertrag, so ist das herrschende Unternehmen berechtigt, dem Vorstand der Gesellschaft hinsichtlich der Leitung der Gesellschaft Weisungen zu erteilen. ²Bestimmt der Vertrag nichts anderes, so können auch Weisungen erteilt werden, die für die Gesellschaft nachteilig sind, wenn sie den Belangen des herrschenden Unternehmens oder der mit ihm und der Gesellschaft konzernverbundenen Unternehmen dienen.

(2) ¹Der Vorstand ist verpflichtet, die Weisungen des herrschenden Unternehmens zu befolgen. ²Er nicht berechtigt, die Befolgung einer Weisung zu verweigern, weil sie nach seiner Ansicht nicht den Belangen des herrschenden Unternehmens oder der mit ihm und der Gesellschaft konzernverbundenen Unternehmen dient, es sei denn, dass sie offensichtlich nicht diesen Belangen dient.

(3) ¹Wird der Vorstand angewiesen, ein Geschäft vorzunehmen, das nur mit Zustimmung des Aufsichtsrats der Gesellschaft vorgenommen werden darf, und wird diese Zustimmung nicht innerhalb einer angemessenen Frist erteilt, so hat der Vorstand dies dem herrschenden Unternehmen mitzuteilen. ²Wiederholt das herrschende Unternehmen nach dieser Mitteilung die Weisung, so ist die Zustimmung des Aufsichtsrats nicht mehr erforderlich; die Weisung darf, wenn das herrschende Unternehmen einen Aufsichtsrat hat, nur mit dessen Zustimmung wiederholt werden.

§ 309 Verantwortlichkeit der gesetzlichen Vertreter des herrschenden Unternehmens[1]

(1) Besteht ein Beherrschungsvertrag, so haben die gesetzlichen Vertreter (beim Einzelkaufmann der Inhaber) des herrschenden Unternehmens gegenüber der Gesellschaft bei der Erteilung von Weisungen an diese die Sorgfalt eines ordentlichen und gewissenhaften Geschäftsleiters anzuwenden.

(2) ¹Verletzen sie ihre Pflichten, so sind sie der Gesellschaft zum Ersatz des daraus entstehenden Schadens als Gesamtschuldner verpflichtet. ²Ist streitig, ob sie die Sorgfalt eines ordentlichen und gewissenhaften Geschäftsleiters angewandt haben, so trifft sie die Beweislast.

(3) ¹Die Gesellschaft kann erst drei Jahre nach der Entstehung des Anspruchs und nur dann auf Ersatzansprüche verzichten oder sich über sie vergleichen, wenn die außenstehenden Aktionäre durch Sonderbeschluss zustimmen und nicht eine Minderheit, deren Anteile zusammen den zehnten Teil des bei der Beschlussfassung vertretenen Grundkapitals erreichen, zur Niederschrift Widerspruch erhebt. ²Die zeitliche Beschränkung gilt nicht, wenn der Ersatzpflichtige zahlungsunfähig ist und sich zur Abwendung des Insolvenzverfahrens mit seinen Gläubigern vergleicht oder wenn die Ersatzpflicht in einem Insolvenzplan geregelt wird.

(4) ¹Der Ersatzanspruch der Gesellschaft kann auch von jedem Aktionär geltend gemacht werden. ²Der Aktionär kann jedoch nur Leistung an die Gesellschaft fordern. ³Der Ersatzanspruch

---

1) **Anm. d. Red.:** § 309 i. d. F. des Gesetzes v. 5. 10. 1994 (BGBl I S. 2911) mit Wirkung v. 1. 1. 1999.

kann ferner von den Gläubigern der Gesellschaft geltend gemacht werden, soweit sie von dieser keine Befriedigung erlangen können. ⁴Den Gläubigern gegenüber wird die Ersatzpflicht durch einen Verzicht oder Vergleich der Gesellschaft nicht ausgeschlossen. ⁵Ist über das Vermögen der Gesellschaft das Insolvenzverfahren eröffnet, so übt während dessen Dauer der Insolvenzverwalter oder der Sachwalter das Recht der Aktionäre und Gläubiger, den Ersatzanspruch der Gesellschaft geltend zu machen, aus.

(5) Die Ansprüche aus diesen Vorschriften verjähren in fünf Jahren.

§ 310 Verantwortlichkeit der Verwaltungsmitglieder der Gesellschaft

(1) ¹Die Mitglieder des Vorstands und des Aufsichtsrats der Gesellschaft haften neben dem Ersatzpflichtigen nach § 309 als Gesamtschuldner, wenn sie unter Verletzung ihrer Pflichten gehandelt haben. ²Ist streitig, ob sie die Sorgfalt eines ordentlichen und gewissenhaften Geschäftsleiters angewandt haben, so trifft sie die Beweislast.

(2) Dadurch, dass der Aufsichtsrat die Handlung gebilligt hat, wird die Ersatzpflicht nicht ausgeschlossen.

(3) Eine Ersatzpflicht der Verwaltungsmitglieder der Gesellschaft besteht nicht, wenn die schädigende Handlung auf einer Weisung beruht, die nach § 308 Abs. 2 zu befolgen war.

(4) § 309 Abs. 3 bis 5 ist anzuwenden.

Zweiter Abschnitt: Verantwortlichkeit bei Fehlen eines Beherrschungsvertrags

§ 311 Schranken des Einflusses[1]

(1) Besteht kein Beherrschungsvertrag, so darf ein herrschendes Unternehmen seinen Einfluss nicht dazu benutzen, eine abhängige Aktiengesellschaft oder Kommanditgesellschaft auf Aktien zu veranlassen, ein für sie nachteiliges Rechtsgeschäft vorzunehmen oder Maßnahmen zu ihrem Nachteil zu treffen oder zu unterlassen, es sei denn, dass die Nachteile ausgeglichen werden.

(2) ¹Ist der Ausgleich nicht während des Geschäftsjahrs tatsächlich erfolgt, so muss spätestens am Ende des Geschäftsjahrs, in dem der abhängigen Gesellschaft der Nachteil zugefügt worden ist, bestimmt werden, wann und durch welche Vorteile der Nachteil ausgeglichen werden soll. ²Auf die zum Ausgleich bestimmten Vorteile ist der abhängigen Gesellschaft ein Rechtsanspruch zu gewähren.

(3) Die §§ 111a bis 111c bleiben unberührt.

§ 312 Bericht des Vorstands über Beziehungen zu verbundenen Unternehmen[2]

(1) ¹Besteht kein Beherrschungsvertrag, so hat der Vorstand einer abhängigen Gesellschaft in den ersten drei Monaten des Geschäftsjahrs einen Bericht über die Beziehungen der Gesellschaft zu verbundenen Unternehmen aufzustellen. ²In dem Bericht sind alle Rechtsgeschäfte, welche die Gesellschaft im vergangenen Geschäftsjahr mit dem herrschenden Unternehmen oder einem mit ihm verbundenen Unternehmen oder auf Veranlassung oder im Interesse dieser Unternehmen vorgenommen hat, und alle anderen Maßnahmen, die sie auf Veranlassung oder im Interesse dieser Unternehmen im vergangenen Geschäftsjahr getroffen oder unterlassen hat, aufzuführen. ³Bei den Rechtsgeschäften sind Leistung und Gegenleistung, bei den Maßnahmen die Gründe der Maßnahme und deren Vorteile und Nachteile für die Gesellschaft anzugeben. ⁴Bei einem Ausgleich von Nachteilen ist im Einzelnen anzugeben, wie der Ausgleich während des Geschäftsjahrs tatsächlich erfolgt ist, oder auf welche Vorteile der Gesellschaft ein Rechtsanspruch gewährt worden ist.

---

1) **Anm. d. Red.:** § 311 i. d. F. des Gesetzes v. 12.12.2019 (BGBl I S. 2637) mit Wirkung v. 1.1.2020.
2) **Anm. d. Red.:** § 312 i. d. F. des Gesetzes v. 19.12.1985 (BGBl I S. 2355) mit Wirkung v. 1.1.1986.

(2) Der Bericht hat den Grundsätzen einer gewissenhaften und getreuen Rechenschaft zu entsprechen.

(3) ¹Am Schluss des Berichts hat der Vorstand zu erklären, ob die Gesellschaft nach den Umständen, die ihm in dem Zeitpunkt bekannt waren, in dem das Rechtsgeschäft vorgenommen oder die Maßnahme getroffen oder unterlassen wurde, bei jedem Rechtsgeschäft eine angemessene Gegenleistung erhielt und dadurch, dass die Maßnahme getroffen oder unterlassen wurde, nicht benachteiligt wurde. ²Wurde die Gesellschaft benachteiligt, so hat er außerdem zu erklären, ob die Nachteile ausgeglichen worden sind. ³Die Erklärung ist auch in den Lagebericht aufzunehmen.

§ 313 Prüfung durch den Abschlussprüfer[1)]

(1) ¹Ist der Jahresabschluss durch einen Abschlussprüfer zu prüfen, so ist gleichzeitig mit dem Jahresabschluss und dem Lagebericht auch der Bericht über die Beziehungen zu verbundenen Unternehmen dem Abschlussprüfer vorzulegen. ²Er hat zu prüfen, ob

1. die tatsächlichen Angaben des Berichts richtig sind,
2. bei den im Bericht aufgeführten Rechtsgeschäften nach den Umständen, die im Zeitpunkt ihrer Vornahme bekannt waren, die Leistung der Gesellschaft nicht unangemessen hoch war; soweit sie dies war, ob die Nachteile ausgeglichen worden sind,
3. bei den im Bericht aufgeführten Maßnahmen keine Umstände für eine wesentlich andere Beurteilung als die durch den Vorstand sprechen.

³§ 320 Abs. 1 Satz 2 und Abs. 2 Satz 1 und 2 des Handelsgesetzbuchs gilt sinngemäß. ⁴Die Rechte nach dieser Vorschrift hat der Abschlussprüfer auch gegenüber einem Konzernunternehmen sowie gegenüber einem abhängigen oder herrschenden Unternehmen.

(2) ¹Der Abschlussprüfer hat über das Ergebnis der Prüfung schriftlich zu berichten. ²Stellt er bei der Prüfung des Jahresabschlusses, des Lageberichts und des Berichts über die Beziehungen zu verbundenen Unternehmen fest, dass dieser Bericht unvollständig ist, so hat er auch hierüber zu berichten. ³Der Abschlussprüfer hat seinen Bericht zu unterzeichnen und dem Aufsichtsrat vorzulegen; dem Vorstand ist vor der Zuleitung Gelegenheit zur Stellungnahme zu geben.

(3) ¹Sind nach dem abschließenden Ergebnis der Prüfung keine Einwendungen zu erheben, so hat der Abschlussprüfer dies durch folgenden Vermerk zum Bericht über die Beziehungen zu verbundenen Unternehmen zu bestätigen:
Nach meiner/unserer pflichtmäßigen Prüfung und Beurteilung bestätige ich/bestätigen wir, dass

1. die tatsächlichen Angaben des Berichts richtig sind,
2. bei den im Bericht aufgeführten Rechtsgeschäften die Leistung der Gesellschaft nicht unangemessen hoch war oder Nachteile ausgeglichen worden sind,
3. bei den im Bericht aufgeführten Maßnahmen keine Umstände für eine wesentlich andere Beurteilung als die durch den Vorstand sprechen.

²Führt der Bericht kein Rechtsgeschäft auf, so ist Nummer 2, führt er keine Maßnahme auf, so ist Nummer 3 des Vermerks fortzulassen. ³Hat der Abschlussprüfer bei keinem im Bericht aufgeführten Rechtsgeschäft festgestellt, dass die Leistung der Gesellschaft unangemessen hoch war, so ist Nummer 2 des Vermerks auf diese Bestätigung zu beschränken.

(4) ¹Sind Einwendungen zu erheben oder hat der Abschlussprüfer festgestellt, dass der Bericht über die Beziehungen zu verbundenen Unternehmen unvollständig ist, so hat er die Bestätigung einzuschränken oder zu versagen. ²Hat der Vorstand selbst erklärt, dass die Gesellschaft durch bestimmte Rechtsgeschäfte oder Maßnahmen benachteiligt worden ist, ohne dass die Nachteile ausgeglichen worden sind, so ist dies in dem Vermerk anzugeben und der Vermerk auf die übrigen Rechtsgeschäfte oder Maßnahmen zu beschränken.

---

1) **Anm. d. Red.:** § 313 i. d. F. des Gesetzes v. 24. 2. 2000 (BGBl I S. 154) mit Wirkung v. 9. 3. 2000.

(5) ¹Der Abschlussprüfer hat den Bestätigungsvermerk mit Angabe von Ort und Tag zu unterzeichnen. ²Der Bestätigungsvermerk ist auch in den Prüfungsbericht aufzunehmen.

§ 314 Prüfung durch den Aufsichtsrat[1]

(1) ¹Der Vorstand hat den Bericht über die Beziehungen zu verbundenen Unternehmen unverzüglich nach dessen Aufstellung dem Aufsichtsrat vorzulegen. ²Dieser Bericht und, wenn der Jahresabschluss durch einen Abschlussprüfer zu prüfen ist, der Prüfungsbericht des Abschlussprüfers sind auch jedem Aufsichtsratsmitglied oder, wenn der Aufsichtsrat dies beschlossen hat, den Mitgliedern eines Ausschusses zu übermitteln.

(2) ¹Der Aufsichtsrat hat den Bericht über die Beziehungen zu verbundenen Unternehmen zu prüfen und in seinem Bericht an die Hauptversammlung (§ 171 Abs. 2) über das Ergebnis der Prüfung zu berichten. ²Ist der Jahresabschluss durch einen Abschlussprüfer zu prüfen, so hat der Aufsichtsrat in diesem Bericht ferner zu dem Ergebnis der Prüfung des Berichts über die Beziehungen zu verbundenen Unternehmen durch den Abschlussprüfer Stellung zu nehmen. ³Ein von dem Abschlussprüfer erteilter Bestätigungsvermerk ist in den Bericht aufzunehmen, eine Versagung des Bestätigungsvermerks ausdrücklich mitzuteilen.

(3) Am Schluss des Berichts hat der Aufsichtsrat zu erklären, ob nach dem abschließenden Ergebnis seiner Prüfung Einwendungen gegen die Erklärung des Vorstands am Schluss des Berichts über die Beziehungen zu verbundenen Unternehmen zu erheben sind.

(4) Ist der Jahresabschluss durch einen Abschlussprüfer zu prüfen, so hat dieser an den Verhandlungen des Aufsichtsrats oder eines Ausschusses über den Bericht über die Beziehungen zu verbundenen Unternehmen teilzunehmen und über die wesentlichen Ergebnisse seiner Prüfung zu berichten.

§ 315 Sonderprüfung[2]

¹Auf Antrag eines Aktionärs hat das Gericht Sonderprüfer zur Prüfung der geschäftlichen Beziehungen der Gesellschaft zu dem herrschenden Unternehmen oder einem mit ihm verbundenen Unternehmen zu bestellen, wenn

1. der Abschlussprüfer den Bestätigungsvermerk zum Bericht über die Beziehungen zu verbundenen Unternehmen eingeschränkt oder versagt hat,
2. der Aufsichtsrat erklärt hat, dass Einwendungen gegen die Erklärung des Vorstands am Schluss des Berichts über die Beziehungen zu verbundenen Unternehmen zu erheben sind,
3. der Vorstand selbst erklärt hat, dass die Gesellschaft durch bestimmte Rechtsgeschäfte oder Maßnahmen benachteiligt worden ist, ohne dass die Nachteile ausgeglichen worden sind.

²Liegen sonstige Tatsachen vor, die den Verdacht einer pflichtwidrigen Nachteilszufügung rechtfertigen, kann der Antrag auch von Aktionären gestellt werden, deren Anteile zusammen den Schwellenwert des § 142 Abs. 2 erreichen, wenn sie glaubhaft machen, dass sie seit mindestens drei Monaten vor dem Tage der Antragstellung Inhaber der Aktien sind. ³Über den Antrag entscheidet das Landgericht, in dessen Bezirk die Gesellschaft ihren Sitz hat. ⁴§ 142 Abs. 8 gilt entsprechend. ⁵Gegen die Entscheidung ist die Beschwerde zulässig. ⁶Hat die Hauptversammlung zur Prüfung derselben Vorgänge Sonderprüfer bestellt, so kann jeder Aktionär den Antrag nach § 142 Abs. 4 stellen.

§ 316 Kein Bericht über Beziehungen zu verbundenen Unternehmen bei Gewinnabführungsvertrag

§§ 312 bis 315 gelten nicht, wenn zwischen der abhängigen Gesellschaft und dem herrschenden Unternehmen ein Gewinnabführungsvertrag besteht.

---

1) **Anm. d. Red.:** § 314 i. d. F. des Gesetzes v. 19. 7. 2002 (BGBl I S. 2681) mit Wirkung v. 26. 7. 2002.
2) **Anm. d. Red.:** § 315 i. d. F. des Gesetzes v. 17. 12. 2008 (BGBl I S. 2586) mit Wirkung v. 1. 9. 2009.

§ 317 Verantwortlichkeit des herrschenden Unternehmens und seiner gesetzlichen Vertreter

(1) ¹Veranlasst ein herrschendes Unternehmen eine abhängige Gesellschaft, mit der kein Beherrschungsvertrag besteht, ein für sie nachteiliges Rechtsgeschäft vorzunehmen oder zu ihrem Nachteil eine Maßnahme zu treffen oder zu unterlassen, ohne dass es den Nachteil bis zum Ende des Geschäftsjahrs tatsächlich ausgleicht oder der abhängigen Gesellschaft einen Rechtsanspruch auf einen zum Ausgleich bestimmten Vorteil gewährt, so ist es der Gesellschaft zum Ersatz des ihr daraus entstehenden Schadens verpflichtet. ²Es ist auch den Aktionären zum Ersatz des ihnen daraus entstehenden Schadens verpflichtet, soweit sie, abgesehen von einem Schaden, der ihnen durch Schädigung der Gesellschaft zugefügt worden ist, geschädigt worden sind.

(2) Die Ersatzpflicht tritt nicht ein, wenn auch ein ordentlicher und gewissenhafter Geschäftsleiter einer unabhängigen Gesellschaft das Rechtsgeschäft vorgenommen oder die Maßnahme getroffen oder unterlassen hätte.

(3) Neben dem herrschenden Unternehmen haften als Gesamtschuldner die gesetzlichen Vertreter des Unternehmens, die die Gesellschaft zu dem Rechtsgeschäft oder der Maßnahme veranlasst haben.

(4) § 309 Abs. 3 bis 5 gilt sinngemäß.

§ 318 Verantwortlichkeit der Verwaltungsmitglieder der Gesellschaft

(1) ¹Die Mitglieder des Vorstands der Gesellschaft haften neben den nach § 317 Ersatzpflichtigen als Gesamtschuldner, wenn sie es unter Verletzung ihrer Pflichten unterlassen haben, das nachteilige Rechtsgeschäft oder die nachteilige Maßnahme in dem Bericht über die Beziehungen der Gesellschaft zu verbundenen Unternehmen aufzuführen oder anzugeben, dass die Gesellschaft durch das Rechtsgeschäft oder die Maßnahme benachteiligt wurde und der Nachteil nicht ausgeglichen worden war. ²Ist streitig, ob sie die Sorgfalt eines ordentlichen und gewissenhaften Geschäftsleiters angewandt haben, so trifft sie die Beweislast.

(2) Die Mitglieder des Aufsichtsrats der Gesellschaft haften neben den nach § 317 Ersatzpflichtigen als Gesamtschuldner, wenn sie hinsichtlich des nachteiligen Rechtsgeschäfts oder der nachteiligen Maßnahme ihre Pflicht, den Bericht über die Beziehungen zu verbundenen Unternehmen zu prüfen und über das Ergebnis der Prüfung an die Hauptversammlung zu berichten (§ 314), verletzt haben; Absatz 1 Satz 2 gilt sinngemäß.

(3) Der Gesellschaft und auch den Aktionären gegenüber tritt die Ersatzpflicht nicht ein, wenn die Handlung auf einem gesetzmäßigen Beschluss der Hauptversammlung beruht.

(4) § 309 Abs. 3 bis 5 gilt sinngemäß.

Dritter Teil: Eingegliederte Gesellschaften

§ 319 Eingliederung[1)]

(1) ¹Die Hauptversammlung einer Aktiengesellschaft kann die Eingliederung der Gesellschaft in eine andere Aktiengesellschaft mit Sitz im Inland (Hauptgesellschaft) beschließen, wenn sich alle Aktien der Gesellschaft in der Hand der zukünftigen Hauptgesellschaft befinden. ²Auf den Beschluss sind die Bestimmungen des Gesetzes und der Satzung über Satzungsänderungen nicht anzuwenden.

(2) ¹Der Beschluss über die Eingliederung wird nur wirksam, wenn die Hauptversammlung der zukünftigen Hauptgesellschaft zustimmt. ²Der Beschluss über die Zustimmung bedarf einer Mehrheit, die mindestens drei Viertel des bei der Beschlussfassung vertretenen Grundkapitals umfasst. ³Die Satzung kann eine größere Kapitalmehrheit und weitere Erfordernisse bestimmen. ⁴Absatz 1 Satz 2 ist anzuwenden.

---

1) **Anm. d. Red.:** § 319 i. d. F. des Gesetzes v. 30. 7. 2009 (BGBl I S. 2479) mit Wirkung v. 1. 9. 2009.

§ 319 I. Aktiengesetz

(3) ¹Von der Einberufung der Hauptversammlung der zukünftigen Hauptgesellschaft an, die über die Zustimmung zur Eingliederung beschließen soll, sind in dem Geschäftsraum dieser Gesellschaft zur Einsicht der Aktionäre auszulegen
1. der Entwurf des Eingliederungsbeschlusses;
2. die Jahresabschlüsse und die Lageberichte der beteiligten Gesellschaften für die letzten drei Geschäftsjahre;
3. ein ausführlicher schriftlicher Bericht des Vorstands der zukünftigen Hauptgesellschaft, in dem die Eingliederung rechtlich und wirtschaftlich erläutert und begründet wird (Eingliederungsbericht).

²Auf Verlangen ist jedem Aktionär der zukünftigen Hauptgesellschaft unverzüglich und kostenlos eine Abschrift der in Satz 1 bezeichneten Unterlagen zu erteilen. ³Die Verpflichtungen nach den Sätzen 1 und 2 entfallen, wenn die in Satz 1 bezeichneten Unterlagen für denselben Zeitraum über die Internetseite der zukünftigen Hauptgesellschaft zugänglich sind. ⁴In der Hauptversammlung sind diese Unterlagen zugänglich zu machen. ⁵Jedem Aktionär ist in der Hauptversammlung auf Verlangen Auskunft auch über alle im Zusammenhang mit der Eingliederung wesentlichen Angelegenheiten der einzugliedernden Gesellschaft zu geben.

(4) ¹Der Vorstand der einzugliedernden Gesellschaft hat die Eingliederung und die Firma der Hauptgesellschaft zur Eintragung in das Handelsregister anzumelden. ²Der Anmeldung sind die Niederschriften der Hauptversammlungsbeschlüsse und ihre Anlagen in Ausfertigung oder öffentlich beglaubigter Abschrift beizufügen.

(5) ¹Bei der Anmeldung nach Absatz 4 hat der Vorstand zu erklären, dass eine Klage gegen die Wirksamkeit eines Hauptversammlungsbeschlusses nicht oder nicht fristgemäß erhoben oder eine solche Klage rechtskräftig abgewiesen oder zurückgenommen worden ist; hierüber hat der Vorstand dem Registergericht auch nach der Anmeldung Mitteilung zu machen. ²Liegt die Erklärung nicht vor, so darf die Eingliederung nicht eingetragen werden, es sei denn, dass die klageberechtigten Aktionäre durch notariell beurkundete Verzichtserklärung auf die Klage gegen die Wirksamkeit des Hauptversammlungsbeschlusses verzichten.

(6) ¹Der Erklärung nach Absatz 5 Satz 1 steht es gleich, wenn nach Erhebung einer Klage gegen die Wirksamkeit eines Hauptversammlungsbeschlusses das Gericht auf Antrag der Gesellschaft, gegen deren Hauptversammlungsbeschluss sich die Klage richtet, durch Beschluss festgestellt hat, dass die Erhebung der Klage der Eintragung nicht entgegensteht. ²Auf das Verfahren sind § 247, die §§ 82, 83 Abs. 1 und § 84 der Zivilprozessordnung sowie die im ersten Rechtszug für das Verfahren vor den Landgerichten geltenden Vorschriften der Zivilprozessordnung entsprechend anzuwenden, soweit nichts Abweichendes bestimmt ist. ³Ein Beschluss nach Satz 1 ergeht, wenn
1. die Klage unzulässig oder offensichtlich unbegründet ist,
2. der Kläger nicht binnen einer Woche nach Zustellung des Antrags durch Urkunden nachgewiesen hat, dass er seit Bekanntmachung der Einberufung einen anteiligen Betrag von mindestens 1 000 Euro hält oder
3. das alsbaldige Wirksamwerden des Hauptversammlungsbeschlusses vorrangig erscheint, weil die vom Antragsteller dargelegten wesentlichen Nachteile für die Gesellschaft und ihre Aktionäre nach freier Überzeugung des Gerichts die Nachteile für den Antragsgegner überwiegen, es sei denn, es liegt eine besondere Schwere des Rechtsverstoßes vor.

⁴Der Beschluss kann in dringenden Fällen ohne mündliche Verhandlung ergehen. ⁵Der Beschluss soll spätestens drei Monate nach Antragstellung ergehen; Verzögerungen der Entscheidung sind durch unanfechtbaren Beschluss zu begründen. ⁶Die vorgebrachten Tatsachen, aufgrund derer der Beschluss nach Satz 3 ergehen kann, sind glaubhaft zu machen. ⁷Über den Antrag entscheidet ein Senat des Oberlandesgerichts, in dessen Bezirk die Gesellschaft ihren Sitz hat. ⁸Eine Übertragung auf den Einzelrichter ist ausgeschlossen; einer Güteverhandlung bedarf es nicht. ⁹Der Beschluss ist unanfechtbar. ¹⁰Erweist sich die Klage als begründet, so ist die Gesellschaft, die den Beschluss erwirkt hat, verpflichtet, dem Antragsgegner den Schaden zu ersetzen, der

ihm aus einer auf dem Beschluss beruhenden Eintragung der Eingliederung entstanden ist. ¹¹Nach der Eintragung lassen Mängel des Beschlusses seine Durchführung unberührt; die Beseitigung dieser Wirkung der Eintragung kann auch nicht als Schadenersatz verlangt werden.

(7) Mit der Eintragung der Eingliederung in das Handelsregister des Sitzes der Gesellschaft wird die Gesellschaft in die Hauptgesellschaft eingegliedert.

§ 320 Eingliederung durch Mehrheitsbeschluss[1]

(1) ¹Die Hauptversammlung einer Aktiengesellschaft kann die Eingliederung der Gesellschaft in eine andere Aktiengesellschaft mit Sitz im Inland auch dann beschließen, wenn sich Aktien der Gesellschaft, auf die zusammen fünfundneunzig vom Hundert des Grundkapitals entfallen, in der Hand der zukünftigen Hauptgesellschaft befinden. ²Eigene Aktien und Aktien, die einem anderen für Rechnung der Gesellschaft gehören, sind vom Grundkapital abzusetzen. ³Für die Eingliederung gelten außer § 319 Abs. 1 Satz 2, Abs. 2 bis 7 die Absätze 2 bis 4.

(2) ¹Die Bekanntmachung der Eingliederung als Gegenstand der Tagesordnung ist nur ordnungsgemäß, wenn
1. sie die Firma und den Sitz der zukünftigen Hauptgesellschaft enthält,
2. ihr eine Erklärung der zukünftigen Hauptgesellschaft beigefügt ist, in der diese den ausscheidenden Aktionären als Abfindung für ihre Aktien eigene Aktien, im Falle des § 320b Abs. 1 Satz 3 außerdem eine Barabfindung anbietet.

²Satz 1 Nr. 2 gilt auch für die Bekanntmachung der zukünftigen Hauptgesellschaft.

(3) ¹Die Eingliederung ist durch einen oder mehrere sachverständige Prüfer (Eingliederungsprüfer) zu prüfen. ²Diese werden auf Antrag des Vorstands der zukünftigen Hauptgesellschaft vom Gericht ausgewählt und bestellt. ³§ 293a Abs. 3, §§ 293c bis 293e sind sinngemäß anzuwenden.

(4) ¹Die in § 319 Abs. 3 Satz 1 bezeichneten Unterlagen sowie der Prüfungsbericht nach Absatz 3 sind jeweils von der Einberufung der Hauptversammlung an, die über die Zustimmung zur Eingliederung beschließen soll, in dem Geschäftsraum der einzugliedernden Gesellschaft und der Hauptgesellschaft zur Einsicht der Aktionäre auszulegen. ²In dem Eingliederungsbericht sind auch Art und Höhe der Abfindung nach § 320b rechtlich und wirtschaftlich zu erläutern und zu begründen; auf besondere Schwierigkeiten bei der Bewertung der beteiligten Gesellschaften sowie auf die Folgen für die Beteiligungen der Aktionäre ist hinzuweisen. ³§ 319 Abs. 3 Satz 2 bis 5 gilt sinngemäß für die Aktionäre beider Gesellschaften.

§ 320a Wirkungen der Eingliederung[2]

¹Mit der Eintragung der Eingliederung in das Handelsregister gehen alle Aktien, die sich nicht in der Hand der Hauptgesellschaft befinden, auf diese über. ²Sind über diese Aktien Aktienurkunden ausgegeben, so verbriefen sie bis zu ihrer Aushändigung an die Hauptgesellschaft nur den Anspruch auf Abfindung.

§ 320b Abfindung der ausgeschiedenen Aktionäre[3]

(1) ¹Die ausgeschiedenen Aktionäre der eingegliederten Gesellschaft haben Anspruch auf angemessene Abfindung. ²Als Abfindung sind ihnen eigene Aktien der Hauptgesellschaft zu gewähren. ³Ist die Hauptgesellschaft eine abhängige Gesellschaft, so sind den ausgeschiedenen Aktionären nach deren Wahl eigene Aktien der Hauptgesellschaft oder eine angemessene Barabfindung zu gewähren. ⁴Werden als Abfindung Aktien der Hauptgesellschaft gewährt, so ist die Abfindung als angemessen anzusehen, wenn die Aktien in dem Verhältnis gewährt werden, in dem bei einer Verschmelzung auf eine Aktie der Gesellschaft Aktien der Hauptgesellschaft zu

---

1) **Anm. d. Red.:** § 320 i. d. F. des Gesetzes v. 30. 7. 2009 (BGBl I S. 2479) mit Wirkung v. 1. 9. 2009.
2) **Anm. d. Red.:** § 320a eingefügt gem. Gesetz v. 28. 10. 1994 (BGBl I S. 3210) mit Wirkung v. 1. 1. 1995.
3) **Anm. d. Red.:** § 320b i. d. F. des Gesetzes v. 30. 7. 2009 (BGBl I S. 2479) mit Wirkung v. 1. 9. 2009.

gewähren wären, wobei Spitzenbeträge durch bare Zuzahlungen ausgeglichen werden können. ⁵Die Barabfindung muss die Verhältnisse der Gesellschaft im Zeitpunkt der Beschlussfassung ihrer Hauptversammlung über die Eingliederung berücksichtigen. ⁶Die Barabfindung sowie bare Zuzahlungen sind von der Bekanntmachung der Eintragung der Eingliederung an mit jährlich 5 Prozentpunkten über dem jeweiligen Basiszinssatz nach § 247 des Bürgerlichen Gesetzbuchs zu verzinsen; die Geltendmachung eines weiteren Schadens ist nicht ausgeschlossen.

(2) ¹Die Anfechtung des Beschlusses, durch den die Hauptversammlung der eingegliederten Gesellschaft die Eingliederung der Gesellschaft beschlossen hat, kann nicht auf § 243 Abs. 2 oder darauf gestützt werden, dass die von der Hauptgesellschaft nach § 320 Abs. 2 Nr. 2 angebotene Abfindung nicht angemessen ist. ²Ist die angebotene Abfindung nicht angemessen, so hat das in § 2 des Spruchverfahrensgesetzes bestimmte Gericht auf Antrag die angemessene Abfindung zu bestimmen. ³Das Gleiche gilt, wenn die Hauptgesellschaft eine Abfindung nicht oder nicht ordnungsgemäß angeboten hat und eine hierauf gestützte Anfechtungsklage innerhalb der Anfechtungsfrist nicht erhoben oder zurückgenommen oder rechtskräftig abgewiesen worden ist.

§ 321 Gläubigerschutz[1)]

(1) ¹Den Gläubigern der eingegliederten Gesellschaft, deren Forderungen begründet worden sind, bevor die Eintragung der Eingliederung in das Handelsregister bekannt gemacht worden ist, ist, wenn sie sich binnen sechs Monaten nach der Bekanntmachung zu diesem Zweck melden, Sicherheit zu leisten, soweit sie nicht Befriedigung verlangen können. ²Die Gläubiger sind in der Bekanntmachung der Eintragung auf dieses Recht hinzuweisen.

(2) Das Recht, Sicherheitsleistung zu verlangen, steht Gläubigern nicht zu, die im Falle des Insolvenzverfahrens ein Recht auf vorzugsweise Befriedigung aus einer Deckungsmasse haben, die nach gesetzlicher Vorschrift zu ihrem Schutz errichtet und staatlich überwacht ist.

§ 322 Haftung der Hauptgesellschaft

(1) ¹Von der Eingliederung an haftet die Hauptgesellschaft für die vor diesem Zeitpunkt begründeten Verbindlichkeiten der eingegliederten Gesellschaft den Gläubigern dieser Gesellschaft als Gesamtschuldner. ²Die gleiche Haftung trifft sie für alle Verbindlichkeiten der eingegliederten Gesellschaft, die nach der Eingliederung begründet werden. ³Eine entgegenstehende Vereinbarung ist Dritten gegenüber unwirksam.

(2) Wird die Hauptgesellschaft wegen einer Verbindlichkeit der eingegliederten Gesellschaft in Anspruch genommen, so kann sie Einwendungen, die nicht in ihrer Person begründet sind, nur insoweit geltend machen, als sie von der eingegliederten Gesellschaft erhoben werden können.

(3) ¹Die Hauptgesellschaft kann die Befriedigung des Gläubigers verweigern, solange der eingegliederten Gesellschaft das Recht zusteht, das ihrer Verbindlichkeit zugrunde liegende Rechtsgeschäft anzufechten. ²Die gleiche Befugnis hat die Hauptgesellschaft, solange sich der Gläubiger durch Aufrechnung gegen eine fällige Forderung der eingegliederten Gesellschaft befriedigen kann.

(4) Aus einem gegen die eingegliederte Gesellschaft gerichteten vollstreckbaren Schuldtitel findet die Zwangsvollstreckung gegen die Hauptgesellschaft nicht statt.

§ 323 Leitungsmacht der Hauptgesellschaft und Verantwortlichkeit der Vorstandsmitglieder

(1) ¹Die Hauptgesellschaft ist berechtigt, dem Vorstand der eingegliederten Gesellschaft hinsichtlich der Leitung der Gesellschaft Weisungen zu erteilen. ²§ 308 Abs. 2 Satz 1, Abs. 3, §§ 309, 310 gelten sinngemäß. ³§§ 311 bis 318 sind nicht anzuwenden.

---

1) **Anm. d. Red.:** § 321 i. d. F. des Gesetzes v. 5. 10. 1994 (BGBl I S. 2911) mit Wirkung v. 1. 1. 1999.

(2) Leistungen der eingegliederten Gesellschaft an die Hauptgesellschaft gelten nicht als Verstoß gegen die §§ 57, 58 und 60.

§ 324 Gesetzliche Rücklage, Gewinnabführung, Verlustübernahme[1]

(1) Die gesetzlichen Vorschriften über die Bildung einer gesetzlichen Rücklage, über ihre Verwendung und über die Einstellung von Beträgen in die gesetzliche Rücklage sind auf eingegliederte Gesellschaften nicht anzuwenden.

(2) [1]Auf einen Gewinnabführungsvertrag, eine Gewinngemeinschaft oder einen Teilgewinnabführungsvertrag zwischen der eingegliederten Gesellschaft und der Hauptgesellschaft sind die §§ 293 bis 296, 298 bis 303 nicht anzuwenden. [2]Der Vertrag, seine Änderung und seine Aufhebung bedürfen der schriftlichen Form. [3]Als Gewinn kann höchstens der ohne die Gewinnabführung entstehende Bilanzgewinn abgeführt werden. [4]Der Vertrag endet spätestens zum Ende des Geschäftsjahrs, in dem die Eingliederung endet.

(3) Die Hauptgesellschaft ist verpflichtet, jeden bei der eingegliederten Gesellschaft sonst entstehenden Bilanzverlust auszugleichen, soweit dieser den Betrag der Kapitalrücklagen und der Gewinnrücklagen übersteigt.

§ 325 (weggefallen)[2]

§ 326 Auskunftsrecht der Aktionäre der Hauptgesellschaft

Jedem Aktionär der Hauptgesellschaft ist über Angelegenheiten der eingegliederten Gesellschaft ebenso Auskunft zu erteilen wie über Angelegenheiten der Hauptgesellschaft.

§ 327 Ende der Eingliederung[3]

(1) Die Eingliederung endet
1. durch Beschluss der Hauptversammlung der eingegliederten Gesellschaft,
2. wenn die Hauptgesellschaft nicht mehr eine Aktiengesellschaft mit Sitz im Inland ist,
3. wenn sich nicht mehr alle Aktien der eingegliederten Gesellschaft in der Hand der Hauptgesellschaft befinden,
4. durch Auflösung der Hauptgesellschaft.

(2) Befinden sich nicht mehr alle Aktien der eingegliederten Gesellschaft in der Hand der Hauptgesellschaft, so hat die Hauptgesellschaft dies der eingegliederten Gesellschaft unverzüglich schriftlich mitzuteilen.

(3) Der Vorstand der bisher eingegliederten Gesellschaft hat das Ende der Eingliederung, seinen Grund und seinen Zeitpunkt unverzüglich zur Eintragung in das Handelsregister des Sitzes der Gesellschaft anzumelden.

(4) [1]Endet die Eingliederung, so haftet die frühere Hauptgesellschaft für die bis dahin begründeten Verbindlichkeiten der bisher eingegliederten Gesellschaft, wenn sie vor Ablauf von fünf Jahren nach dem Ende der Eingliederung fällig und daraus Ansprüche gegen die frühere Hauptgesellschaft in einer in § 197 Abs. 1 Nr. 3 bis 5 des Bürgerlichen Gesetzbuchs bezeichneten Art festgestellt sind oder eine gerichtliche oder behördliche Vollstreckungshandlung vorgenommen oder beantragt wird; bei öffentlich-rechtlichen Verbindlichkeiten genügt der Erlass eines Verwaltungsakts. [2]Die Frist beginnt mit dem Tag, an dem die Eintragung des Endes der Eingliederung in das Handelsregister nach § 10 des Handelsgesetzbuchs bekannt gemacht worden ist. [3]Die für die Verjährung geltenden §§ 204, 206, 210, 211 und 212 Abs. 2 und 3 des Bürgerlichen Gesetzbuchs sind entsprechend anzuwenden. [4]Einer Feststellung in einer in § 197 Abs. 1 Nr. 3

---

1) **Anm. d. Red.:** § 324 i. d. F. des Gesetzes v. 19. 12. 1985 (BGBl I S. 2355) mit Wirkung v. 1. 1. 1986.
2) **Anm. d. Red.:** § 325 weggefallen gem. Gesetz v. 19. 12. 1985 (BGBl I S. 2355) mit Wirkung v. 1. 1. 1986.
3) **Anm. d. Red.:** § 327 i. d. F. des Gesetzes v. 10. 11. 2006 (BGBl I S. 2553) mit Wirkung v. 1. 1. 2007.

bis 5 des Bürgerlichen Gesetzbuchs bezeichneten Art bedarf es nicht, soweit die frühere Hauptgesellschaft den Anspruch schriftlich anerkannt hat.

Vierter Teil: Ausschluss von Minderheitsaktionären[1)]

§ 327a Übertragung von Aktien gegen Barabfindung

(1) ¹Die Hauptversammlung einer Aktiengesellschaft oder einer Kommanditgesellschaft auf Aktien kann auf Verlangen eines Aktionärs, dem Aktien der Gesellschaft in Höhe von 95 vom Hundert des Grundkapitals gehören (Hauptaktionär), die Übertragung der Aktien der übrigen Aktionäre (Minderheitsaktionäre) auf den Hauptaktionär gegen Gewährung einer angemessenen Barabfindung beschließen. ²§ 285 Abs. 2 Satz 1 findet keine Anwendung.

(2) Für die Feststellung, ob dem Hauptaktionär 95 vom Hundert der Aktien gehören, gilt § 16 Abs. 2 und 4.

§ 327b Barabfindung[2)]

(1) ¹Der Hauptaktionär legt die Höhe der Barabfindung fest; sie muss die Verhältnisse der Gesellschaft im Zeitpunkt der Beschlussfassung ihrer Hauptversammlung berücksichtigen. ²Der Vorstand hat dem Hauptaktionär alle dafür notwendigen Unterlagen zur Verfügung zu stellen und Auskünfte zu erteilen.

(2) Die Barabfindung ist von der Bekanntmachung der Eintragung des Übertragungsbeschlusses in das Handelsregister an mit jährlich 5 Prozentpunkten über dem jeweiligen Basiszinssatz nach § 247 des Bürgerlichen Gesetzbuchs zu verzinsen; die Geltendmachung eines weiteren Schadens ist nicht ausgeschlossen.

(3) Vor Einberufung der Hauptversammlung hat der Hauptaktionär dem Vorstand die Erklärung eines im Geltungsbereich dieses Gesetzes zum Geschäftsbetrieb befugten Kreditinstituts zu übermitteln, durch die das Kreditinstitut die Gewährleistung für die Erfüllung der Verpflichtung des Hauptaktionärs übernimmt, den Minderheitsaktionären nach Eintragung des Übertragungsbeschlusses unverzüglich die festgelegte Barabfindung für die übergegangenen Aktien zu zahlen.

§ 327c Vorbereitung der Hauptversammlung[3)]

(1) Die Bekanntmachung der Übertragung als Gegenstand der Tagesordnung hat folgende Angaben zu enthalten:
1. Firma und Sitz des Hauptaktionärs, bei natürlichen Personen Name und Adresse;
2. die vom Hauptaktionär festgelegte Barabfindung.

(2) ¹Der Hauptaktionär hat der Hauptversammlung einen schriftlichen Bericht zu erstatten, in dem die Voraussetzungen für die Übertragung dargelegt und die Angemessenheit der Barabfindung erläutert und begründet werden. ²Die Angemessenheit der Barabfindung ist durch einen oder mehrere sachverständige Prüfer zu prüfen. ³Diese werden auf Antrag des Hauptaktionärs vom Gericht ausgewählt und bestellt. ⁴§ 293a Abs. 2 und 3, § 293c Abs. 1 Satz 3 bis 5, Abs. 2 sowie die §§ 293d und 293e sind sinngemäß anzuwenden.

(3) Von der Einberufung der Hauptversammlung an sind in dem Geschäftsraum der Gesellschaft zur Einsicht der Aktionäre auszulegen
1. der Entwurf des Übertragungsbeschlusses;
2. die Jahresabschlüsse und Lageberichte für die letzten drei Geschäftsjahre;

---

1) **Anm. d. Red.:** Vierter Teil eingefügt gem. Gesetz v. 20.12.2001 (BGBl I S. 3822) mit Wirkung v. 23.12.2001.

2) **Anm. d. Red.:** § 327b i. d. F. des Gesetzes v. 30.7.2009 (BGBl I S. 2479) mit Wirkung v. 1.9.2009.

3) **Anm. d. Red.:** § 327c i. d. F. des Gesetzes v. 30.7.2009 (BGBl I S. 2479) mit Wirkung v. 1.9.2009.

3. der nach Absatz 2 Satz 1 erstattete Bericht des Hauptaktionärs;
4. der nach Absatz 2 Satz 2 bis 4 erstattete Prüfungsbericht.

(4) Auf Verlangen ist jedem Aktionär unverzüglich und kostenlos eine Abschrift der in Absatz 3 bezeichneten Unterlagen zu erteilen.

(5) Die Verpflichtungen nach den Absätzen 3 und 4 entfallen, wenn die in Absatz 3 bezeichneten Unterlagen für denselben Zeitraum über die Internetseite der Gesellschaft zugänglich sind.

§ 327d Durchführung der Hauptversammlung[1]

¹In der Hauptversammlung sind die in § 327c Abs. 3 bezeichneten Unterlagen zugänglich zu machen. ²Der Vorstand kann dem Hauptaktionär Gelegenheit geben, den Entwurf des Übertragungsbeschlusses und die Bemessung der Höhe der Barabfindung zu Beginn der Verhandlung mündlich erläutern.

§ 327e Eintragung des Übertragungsbeschlusses

(1) ¹Der Vorstand hat den Übertragungsbeschluss zur Eintragung in das Handelsregister anzumelden. ²Der Anmeldung sind die Niederschrift des Übertragungsbeschlusses und seine Anlagen in Ausfertigung oder öffentlich beglaubigter Abschrift beizufügen.

(2) § 319 Abs. 5 und 6 gilt sinngemäß.

(3) ¹Mit der Eintragung des Übertragungsbeschlusses in das Handelsregister gehen alle Aktien der Minderheitsaktionäre auf den Hauptaktionär über. ²Sind über diese Aktien Aktienurkunden ausgegeben, so verbriefen sie bis zu ihrer Aushändigung an den Hauptaktionär nur den Anspruch auf Barabfindung.

§ 327f Gerichtliche Nachprüfung der Abfindung[2]

¹Die Anfechtung des Übertragungsbeschlusses kann nicht auf § 243 Abs. 2 oder darauf gestützt werden, dass die durch den Hauptaktionär festgelegte Barabfindung nicht angemessen ist. ²Ist die Barabfindung nicht angemessen, so hat das in § 2 des Spruchverfahrensgesetzes bestimmte Gericht auf Antrag die angemessene Barabfindung zu bestimmen. ³Das Gleiche gilt, wenn der Hauptaktionär eine Barabfindung nicht oder nicht ordnungsgemäß angeboten hat und eine hierauf gestützte Anfechtungsklage innerhalb der Anfechtungsfrist nicht erhoben, zurückgenommen oder rechtskräftig abgewiesen worden ist.

Fünfter Teil: Wechselseitig beteiligte Unternehmen[3]

§ 328 Beschränkung der Rechte[4]

(1) ¹Sind eine Aktiengesellschaft oder Kommanditgesellschaft auf Aktien und ein anderes Unternehmen wechselseitig beteiligte Unternehmen, so können, sobald dem einen Unternehmen das Bestehen der wechselseitigen Beteiligung bekannt geworden ist oder ihm das andere Unternehmen eine Mitteilung nach § 20 Abs. 3 oder § 21 Abs. 1 gemacht hat, Rechte aus den Anteilen, die ihm an dem anderen Unternehmen gehören, nur für höchstens den vierten Teil aller Anteile des anderen Unternehmens ausgeübt werden. ²Dies gilt nicht für das Recht auf neue Aktien bei einer Kapitalerhöhung aus Gesellschaftsmitteln. ³§ 16 Abs. 4 ist anzuwenden.

(2) Die Beschränkung des Absatzes 1 gilt nicht, wenn das Unternehmen seinerseits dem anderen Unternehmen eine Mitteilung nach § 20 Abs. 3 oder § 21 Abs. 1 gemacht hatte, bevor es von

---

1) **Anm. d. Red.:** § 327d i. d. F. des Gesetzes v. 30. 7. 2009 (BGBl I S. 2479) mit Wirkung v. 1. 9. 2009.
2) **Anm. d. Red.:** § 327f i. d. F. des Gesetzes v. 12. 6. 2003 (BGBl I S. 838) mit Wirkung v. 1. 9. 2003.
3) **Anm. d. Red.:** Früherer Vierter Teil zu Fünftem Teil geworden gem. Gesetz v. 20. 12. 2001 (BGBl I S. 3822) mit Wirkung v. 23. 12. 2001.
4) **Anm. d. Red.:** § 328 i. d. F. des Gesetzes v. 27. 4. 1998 (BGBl I S. 786) mit Wirkung v. 1. 5. 1998.

dem anderen Unternehmen eine solche Mitteilung erhalten hat und bevor ihm das Bestehen der wechselseitigen Beteiligung bekannt geworden ist.

(3) In der Hauptversammlung einer börsennotierten Gesellschaft kann ein Unternehmen, dem die wechselseitige Beteiligung gemäß Absatz 1 bekannt ist, sein Stimmrecht zur Wahl von Mitgliedern in den Aufsichtsrat nicht ausüben.

(4) Sind eine Aktiengesellschaft oder Kommanditgesellschaft auf Aktien und ein anderes Unternehmen wechselseitig beteiligte Unternehmen, so haben die Unternehmen einander unverzüglich die Höhe ihrer Beteiligung und jede Änderung schriftlich mitzuteilen.

Sechster Teil: Rechnungslegung im Konzern[1]

§§ 329 bis 336 (weggefallen)[2]

§ 337 (weggefallen)[3]

§ 338 (weggefallen)[4]

§§ 339 bis 393 (weggefallen)[5]

Viertes Buch: Sonder-, Straf- und Schlussvorschriften[6]

Erster Teil: Sondervorschriften bei Beteiligung von Gebietskörperschaften

§ 394 Berichte der Aufsichtsratsmitglieder[7]

¹Aufsichtsratsmitglieder, die auf Veranlassung einer Gebietskörperschaft in den Aufsichtsrat gewählt oder entsandt worden sind, unterliegen hinsichtlich der Berichte, die sie der Gebietskörperschaft zu erstatten haben, keiner Verschwiegenheitspflicht. ²Für vertrauliche Angaben und Geheimnisse der Gesellschaft, namentlich Betriebs- oder Geschäftsgeheimnisse, gilt dies nicht, wenn ihre Kenntnis für die Zwecke der Berichte nicht von Bedeutung ist. ³Die Berichtspflicht nach Satz 1 kann auf Gesetz, auf Satzung oder auf dem Aufsichtsrat in Textform mitgeteiltem Rechtsgeschäft beruhen.

§ 395 Verschwiegenheitspflicht

(1) Personen, die damit betraut sind, die Beteiligungen einer Gebietskörperschaft zu verwalten oder für eine Gebietskörperschaft die Gesellschaft, die Betätigung der Gebietskörperschaft als Aktionär oder die Tätigkeit der auf Veranlassung der Gebietskörperschaft gewählten oder entsandten Aufsichtsratsmitglieder zu prüfen, haben über vertrauliche Angaben und Geheimnisse der Gesellschaft, namentlich Betriebs- oder Geschäftsgeheimnisse, die ihnen aus Berichten nach § 394 bekannt geworden sind, Stillschweigen zu bewahren; dies gilt nicht für Mitteilungen im dienstlichen Verkehr.

---

1) **Anm. d. Red.:** Früherer Fünfter Teil zu Sechstem Teil geworden gem. Gesetz v. 20.12.2001 (BGBl I S. 3822) mit Wirkung v. 23.12.2001.

2) **Anm. d. Red.:** §§ 329 bis 336 weggefallen gem. Gesetz v. 19.12.1985 (BGBl I S. 2355) mit Wirkung v. 1.1.1986.

3) **Anm. d. Red.:** § 337 weggefallen gem. Gesetz v. 19.7.2002 (BGBl I S. 2681) mit Wirkung v. 26.7.2002.

4) **Anm. d. Red.:** § 338 weggefallen gem. Gesetz v. 19.12.1985 (BGBl I S. 2355) mit Wirkung v. 1.1.1986.

5) **Anm. d. Red.:** Früheres Viertes Buch (§§ 339 bis 393) weggefallen gem. Gesetz v. 28.10.1994 (BGBl I S. 3210) mit Wirkung v. 1.1.1995.

6) **Anm. d. Red.:** Früheres Fünftes Buch zu Viertem Buch geworden gem. Gesetz v. 28.10.1994 (BGBl I S. 3210) mit Wirkung v. 1.1.1995.

7) **Anm. d. Red.:** § 394 i. d. F. des Gesetzes v. 22.12.2015 (BGBl I S. 2565) mit Wirkung v. 31.12.2015.

(2) Bei der Veröffentlichung von Prüfungsergebnissen dürfen vertrauliche Angaben und Geheimnisse der Gesellschaft, namentlich Betriebs- oder Geschäftsgeheimnisse, nicht veröffentlicht werden.

Zweiter Teil: Gerichtliche Auflösung

§ 396 Voraussetzungen

(1) ¹Gefährdet eine Aktiengesellschaft oder Kommanditgesellschaft auf Aktien durch gesetzwidriges Verhalten ihrer Verwaltungsträger das Gemeinwohl und sorgen der Aufsichtsrat und die Hauptversammlung nicht für eine Abberufung der Verwaltungsträger, so kann die Gesellschaft auf Antrag der zuständigen obersten Landesbehörde des Landes, in dem die Gesellschaft ihren Sitz hat, durch Urteil aufgelöst werden. ²Ausschließlich zuständig für die Klage ist das Landgericht, in dessen Bezirk die Gesellschaft ihren Sitz hat.

(2) ¹Nach der Auflösung findet die Abwicklung nach den §§ 264 bis 273 statt. ²Den Antrag auf Abberufung oder Bestellung der Abwickler aus einem wichtigen Grund kann auch die in Absatz 1 Satz 1 bestimmte Behörde stellen.

§ 397 Anordnungen bei der Auflösung

Ist die Auflösungsklage erhoben, so kann das Gericht auf Antrag der in § 396 Abs. 1 Satz 1 bestimmten Behörde durch einstweilige Verfügung die nötigen Anordnungen treffen.

§ 398 Eintragung

¹Die Entscheidungen des Gerichts sind dem Registergericht mitzuteilen. ²Dieses trägt sie, soweit sie eintragungspflichtige Rechtsverhältnisse betreffen, in das Handelsregister ein.

Dritter Teil: Straf- und Bußgeldvorschriften, Schlussvorschriften

§ 399 Falsche Angaben[1)]

(1) Mit Freiheitsstrafe bis zu drei Jahren oder mit Geldstrafe wird bestraft, wer
1. als Gründer oder als Mitglied des Vorstands oder des Aufsichtsrats zum Zweck der Eintragung der Gesellschaft oder eines Vertrags nach § 52 Absatz 1 Satz 1 über die Übernahme der Aktien, die Einzahlung auf Aktien, die Verwendung eingezahlter Beträge, den Ausgabebetrag der Aktien, über Sondervorteile, Gründungsaufwand, Sacheinlagen, und Sachübernahmen oder in der nach § 37a Absatz 2, auch in Verbindung mit § 52 Absatz 6 Satz 3, abzugebenden Versicherung,
2. als Gründer oder als Mitglied des Vorstands oder des Aufsichtsrats im Gründungsbericht, im Nachgründungsbericht oder im Prüfungsbericht,
3. in der öffentlichen Ankündigung nach § 47 Nr. 3,
4. als Mitglied des Vorstands oder des Aufsichtsrats zum Zweck der Eintragung einer Erhöhung des Grundkapitals (§§ 182 bis 206) über die Einbringung des bisherigen, die Zeichnung oder Einbringung des neuen Kapitals, den Ausgabebetrag der Aktien, die Ausgabe der Bezugsaktien, über Sacheinlagen, in der Bekanntmachung nach § 183a Abs. 2 Satz 1 in Verbindung mit § 37a Abs. 2 oder in der nach § 184 Abs. 1 Satz 3 abzugebenden Versicherung,
5. als Abwickler zum Zweck der Eintragung der Fortsetzung der Gesellschaft in dem nach § 274 Abs. 3 zu führenden Nachweis oder
6. als Mitglied des Vorstands einer Aktiengesellschaft oder des Leitungsorgans einer ausländischen juristischen Person in der nach § 37 Abs. 2 Satz 1 oder § 81 Abs. 3 Satz 1 abzugeben-

---

1) Anm. d. Red.: § 399 i. d. F. des Gesetzes v. 22. 12. 2015 (BGBl I S. 2565) mit Wirkung v. 31. 12. 2015.

den Versicherung oder als Abwickler in der nach § 266 Abs. 3 Satz 1 abzugebenden Versicherung falsche Angaben macht oder erhebliche Umstände verschweigt.

(2) Ebenso wird bestraft, wer als Mitglied des Vorstands oder des Aufsichtsrats zum Zweck der Eintragung einer Erhöhung des Grundkapitals die in § 210 Abs. 1 Satz 2 vorgeschriebene Erklärung der Wahrheit zuwider abgibt.

§ 400 Unrichtige Darstellung[1]

(1) Mit Freiheitsstrafe bis zu drei Jahren oder mit Geldstrafe wird bestraft, wer als Mitglied des Vorstands oder des Aufsichtsrats oder als Abwickler

1. die Verhältnisse der Gesellschaft einschließlich ihrer Beziehungen zu verbundenen Unternehmen im Vergütungsbericht nach § 162 Absatz 1 oder 2, in Darstellungen oder Übersichten über den Vermögensstand oder in Vorträgen oder Auskünften in der Hauptversammlung unrichtig wiedergibt oder verschleiert, wenn die Tat nicht in § 331 Nr. 1 oder 1a des Handelsgesetzbuchs mit Strafe bedroht ist, oder

2. in Aufklärungen oder Nachweisen, die nach den Vorschriften dieses Gesetzes einem Prüfer der Gesellschaft oder eines verbundenen Unternehmens zu geben sind, falsche Angaben macht oder die Verhältnisse der Gesellschaft unrichtig wiedergibt oder verschleiert, wenn die Tat nicht in § 331 Nr. 4 des Handelsgesetzbuchs mit Strafe bedroht ist.

(2) Ebenso wird bestraft, wer als Gründer oder Aktionär in Aufklärungen oder Nachweisen, die nach den Vorschriften dieses Gesetzes einem Gründungsprüfer oder sonstigen Prüfer zu geben sind, falsche Angaben macht oder erhebliche Umstände verschweigt.

§ 401 Pflichtverletzung bei Verlust, Überschuldung oder Zahlungsunfähigkeit[2]

(1) Mit Freiheitsstrafe bis zu drei Jahren oder mit Geldstrafe wird bestraft, wer es als Mitglied des Vorstands entgegen § 92 Abs. 1 unterlässt, bei einem Verlust in Höhe der Hälfte des Grundkapitals die Hauptversammlung einzuberufen und ihr dies anzuzeigen.

(2) Handelt der Täter fahrlässig, so ist die Strafe Freiheitsstrafe bis zu einem Jahr oder Geldstrafe.

§ 402 Falsche Ausstellung von Berechtigungsnachweisen[3]

(1) Wer Bescheinigungen, die zum Nachweis des Stimmrechts in einer Hauptversammlung oder in einer gesonderten Versammlung dienen sollen, falsch ausstellt oder verfälscht, wird mit Freiheitsstrafe bis zu drei Jahren oder mit Geldstrafe bestraft, wenn die Tat nicht in anderen Vorschriften über Urkundenstraftaten mit schwererer Strafe bedroht ist.

(2) Ebenso wird bestraft, wer von einer falschen oder verfälschten Bescheinigung der in Absatz 1 bezeichneten Art zur Ausübung des Stimmrechts Gebrauch macht.

(3) Der Versuch ist strafbar.

§ 403 Verletzung der Berichtspflicht[4]

(1) Mit Freiheitsstrafe bis zu drei Jahren oder mit Geldstrafe wird bestraft, wer als Prüfer oder als Gehilfe eines Prüfers über das Ergebnis der Prüfung falsch berichtet oder erhebliche Umstände im Bericht verschweigt.

---

1) **Anm. d. Red.:** § 400 i. d. F. des Gesetzes v. 12.12.2019 (BGBl I S. 2637) mit Wirkung v. 1.1.2020.
2) **Anm. d. Red.:** § 401 i. d. F. des Gesetzes v. 23.10.2008 (BGBl I S. 2026) mit Wirkung v. 1.11.2008.
3) **Anm. d. Red.:** § 402 i. d. F. des Gesetzes v. 22.9.2005 (BGBl I S. 2802) mit Wirkung v. 1.11.2005.
4) **Anm. d. Red.:** § 403 i. d. F. des Gesetzes v. 2.3.1974 (BGBl I S. 469) mit Wirkung v. 1.1.1975.

I. Aktiengesetz §§ 404, 404a

(2) Handelt der Täter gegen Entgelt oder in der Absicht, sich oder einen anderen zu bereichern oder einen anderen zu schädigen, so ist die Strafe Freiheitsstrafe bis zu fünf Jahren oder Geldstrafe.

§ 404 Verletzung der Geheimhaltungspflicht[1)]

(1) Mit Freiheitsstrafe bis zu einem Jahr, bei börsennotierten Gesellschaften bis zu zwei Jahren, oder mit Geldstrafe wird bestraft, wer ein Geheimnis der Gesellschaft, namentlich ein Betriebs- oder Geschäftsgeheimnis, das ihm in seiner Eigenschaft als

1. Mitglied des Vorstands oder des Aufsichtsrats oder Abwickler,
2. Prüfer oder Gehilfe eines Prüfers

bekannt geworden ist, unbefugt offenbart; im Falle der Nummer 2 jedoch nur, wenn die Tat nicht in § 333 des Handelsgesetzbuchs mit Strafe bedroht ist.

(2) ¹Handelt der Täter gegen Entgelt oder in der Absicht, sich oder einen anderen zu bereichern oder einen anderen zu schädigen, so ist die Strafe Freiheitsstrafe bis zu zwei Jahren, bei börsennotierten Gesellschaften bis zu drei Jahren, oder Geldstrafe. ²Ebenso wird bestraft, wer ein Geheimnis der in Absatz 1 bezeichneten Art, namentlich ein Betriebs- oder Geschäftsgeheimnis, das ihm unter den Voraussetzungen des Absatzes 1 bekannt geworden ist, unbefugt verwertet.

(3) ¹Die Tat wird nur auf Antrag der Gesellschaft verfolgt. ²Hat ein Mitglied des Vorstands oder ein Abwickler die Tat begangen, so ist der Aufsichtsrat, hat ein Mitglied des Aufsichtsrats die Tat begangen, so sind der Vorstand oder die Abwickler antragsberechtigt.

§ 404a Verletzung der Pflichten bei Abschlussprüfungen[2)]

(1) Mit Freiheitsstrafe bis zu einem Jahr oder mit Geldstrafe wird bestraft, wer als Mitglied des Aufsichtsrats oder als Mitglied eines Prüfungsausschusses einer Gesellschaft, die kapitalmarktorientiert im Sinne des § 264d des Handelsgesetzbuchs, die CRR-Kreditinstitut im Sinne des § 1 Absatz 3d Satz 1 des Kreditwesengesetzes, mit Ausnahme der in § 2 Absatz 1 Nummer 1 und 2 des Kreditwesengesetzes genannten Institute, oder die Versicherungsunternehmen ist im Sinne des Artikels 2 Absatz 1 der Richtlinie 91/674/EWG des Rates vom 19. Dezember 1991 über den Jahresabschluß und den konsolidierten Abschluß von Versicherungsunternehmen (ABl L 374 vom 31.12.1991, S. 7), die zuletzt durch die Richtlinie 2006/46/EG (ABl L 224 vom 16. 8. 2006, S. 1) geändert worden ist,
1. eine in § 405 Absatz 3b bezeichnete Handlung begeht und dafür einen Vermögensvorteil erhält oder sich versprechen lässt oder
2. eine in § 405 Absatz 3b bezeichnete Handlung beharrlich wiederholt.

(2) Ebenso wird bestraft, wer als Mitglied des Aufsichtsrats oder als Mitglied eines Prüfungsausschusses einer Gesellschaft, die kapitalmarktorientiert im Sinne des § 264d des Handelsgesetzbuchs oder die CRR-Kreditinstitut ist im Sinne des § 1 Absatz 3d Satz 1 des Kreditwesengesetzes, mit Ausnahme der in § 2 Absatz 1 Nummer 1 und 2 des Kreditwesengesetzes genannten Institute,
1. eine in § 405 Absatz 3c oder 3d bezeichnete Handlung begeht und dafür einen Vermögensvorteil erhält oder sich versprechen lässt oder
2. eine in § 405 Absatz 3c oder 3d bezeichnete Handlung beharrlich wiederholt.

---

1) **Anm. d. Red.:** § 404 i. d. F. des Gesetzes v. 19. 7. 2002 (BGBl I S. 2681) mit Wirkung v. 26. 7. 2002.
2) **Anm. d. Red.:** § 404a i. d. F. des Gesetzes v. 17. 7. 2017 (BGBl I S. 2446) mit Wirkung v. 22. 7. 2017.

§ 405 Ordnungswidrigkeiten[1)]

(1) Ordnungswidrig handelt, wer als Mitglied des Vorstands oder des Aufsichtsrats oder als Abwickler
1. Namensaktien ausgibt, in denen der Betrag der Teilleistung nicht angegeben ist, oder Inhaberaktien ausgibt, bevor auf sie der Ausgabebetrag voll geleistet ist,
2. Aktien oder Zwischenscheine ausgibt, bevor die Gesellschaft oder im Fall einer Kapitalerhöhung die Durchführung der Erhöhung des Grundkapitals oder im Fall einer bedingten Kapitalerhöhung oder einer Kapitalerhöhung aus Gesellschaftsmitteln der Beschluss über die bedingte Kapitalerhöhung oder die Kapitalerhöhung aus Gesellschaftsmitteln eingetragen ist,
3. Aktien oder Zwischenscheine ausgibt, die auf einen geringeren als den nach § 8 Abs. 2 Satz 1 zulässigen Mindestnennbetrag lauten oder auf die bei einer Gesellschaft mit Stückaktien ein geringerer anteiliger Betrag des Grundkapitals als der nach § 8 Abs. 3 Satz 3 zulässige Mindestbetrag entfällt,
4. a) entgegen § 71 Abs. 1 Nr. 1 bis 4 oder Abs. 2 eigene Aktien der Gesellschaft erwirbt oder, in Verbindung mit § 71e Abs. 1, als Pfand nimmt,
   b) zu veräußernde eigene Aktien (§ 71c Abs. 1 und 2) nicht anbietet oder
   c) die zur Vorbereitung der Beschlussfassung über die Einziehung eigener Aktien (§ 71c Abs. 3) erforderlichen Maßnahmen nicht trifft,
5. entgegen § 120a Absatz 2 eine Veröffentlichung nicht, nicht richtig, nicht vollständig oder nicht rechtzeitig vornimmt oder
6. entgegen § 162 Absatz 4 einen dort genannten Bericht oder Vermerk nicht oder nicht mindestens zehn Jahre zugänglich macht.

(2) Ordnungswidrig handelt auch, wer als Aktionär oder als Vertreter eines Aktionärs die nach § 129 in das Verzeichnis aufzunehmenden Angaben nicht oder nicht richtig macht.

(2a) Ordnungswidrig handelt, wer
1. entgegen § 67 Absatz 4 Satz 2 erster Halbsatz, auch in Verbindung mit Satz 3, eine Mitteilung nicht, nicht richtig, nicht vollständig oder nicht rechtzeitig macht,
2. entgegen § 67a Absatz 3 Satz 1, auch in Verbindung mit Satz 2, jeweils auch in Verbindung mit § 125 Absatz 5 Satz 3, oder entgegen § 67c Absatz 1 Satz 2 oder § 67d Absatz 4 Satz 2 zweiter Halbsatz eine dort genannte Information nicht, nicht richtig, nicht vollständig oder nicht rechtzeitig weiterleitet,
3. entgegen § 67b Absatz 1 Satz 1, auch in Verbindung mit Absatz 2, jeweils auch in Verbindung mit § 125 Absatz 5 Satz 3, oder entgegen § 67c Absatz 1 Satz 1 oder § 67d Absatz 4 Satz 1 oder 3 eine dort genannte Information nicht, nicht richtig, nicht vollständig oder nicht rechtzeitig übermittelt,
4. entgegen § 67c Absatz 3 einen dort genannten Nachweis nicht, nicht richtig, nicht vollständig oder nicht rechtzeitig ausstellt,
5. entgegen § 67d Absatz 3 ein dort genanntes Informationsverlangen nicht, nicht richtig, nicht vollständig oder nicht rechtzeitig weiterleitet,
6. entgegen § 111c Absatz 1 Satz 1 eine Veröffentlichung nicht, nicht richtig, nicht vollständig oder nicht rechtzeitig vornimmt,
7. entgegen § 118 Absatz 1 Satz 3 oder 4, jeweils auch in Verbindung mit Absatz 2 Satz 2, oder entgegen § 129 Absatz 5 Satz 2 oder 3 eine dort genannte Bestätigung nicht, nicht richtig, nicht vollständig, nicht in der vorgeschriebenen Weise oder nicht rechtzeitig erteilt oder nicht, nicht richtig, nicht vollständig oder nicht rechtzeitig übermittelt,

---

[1)] **Anm. d. Red.:** § 405 i. d. F. des Gesetzes v. 12.12.2019 (BGBl I S. 2637) mit Wirkung v. 1.1.2020. – Zur Anwendung siehe § 26j Abs. 4 EGAktG.

I. Aktiengesetz § 405

8. entgegen § 134b Absatz 5 Satz 1 eine Information nach § 134b Absatz 1, 2 oder 4 nicht oder nicht mindestens drei Jahre zugänglich macht,
9. entgegen § 134c Absatz 3 Satz 1 eine Information nach § 134c Absatz 1 oder 2 Satz 1 oder 3 nicht oder nicht mindestens drei Jahre zugänglich macht,
10. entgegen § 134d Absatz 3 eine dort genannte Information nicht oder nicht mindestens drei Jahre zugänglich macht,
11. entgegen § 134d Absatz 4 eine Information nicht, nicht richtig, nicht vollständig oder nicht rechtzeitig gibt oder
12. entgegen § 135 Absatz 9 eine dort genannte Verpflichtung ausschließt oder beschränkt.

(3) Ordnungswidrig handelt ferner, wer
1. Aktien eines anderen, zu dessen Vertretung er nicht befugt ist, ohne dessen Einwilligung zur Ausübung von Rechten in der Hauptversammlung oder in einer gesonderten Versammlung benutzt,
2. zur Ausübung von Rechten in der Hauptversammlung oder in einer gesonderten Versammlung Aktien eines anderen benutzt, die er sich zu diesem Zweck durch Gewähren oder Versprechen besonderer Vorteile verschafft hat,
3. Aktien zu dem in Nummer 2 bezeichneten Zweck gegen Gewähren oder Versprechen besonderer Vorteile einem anderen überlässt,
4. Aktien eines anderen, für die er oder der von ihm Vertretene das Stimmrecht nach § 135 nicht ausüben darf, zur Ausübung des Stimmrechts benutzt,
5. Aktien, für die er oder der von ihm Vertretene das Stimmrecht nach § 20 Abs. 7, § 21 Abs. 4, §§ 71b, 71d Satz 4, § 134 Abs. 1, §§ 135, 136, 142 Abs. 1 Satz 2, § 285 Abs. 1 nicht ausüben darf, einem anderen zum Zweck der Ausübung des Stimmrechts überlässt oder solche ihm überlassene Aktien zur Ausübung des Stimmrechts benutzt,
6. besondere Vorteile als Gegenleistung dafür fordert, sich versprechen lässt oder annimmt, dass er bei einer Abstimmung in der Hauptversammlung oder in einer gesonderten Versammlung nicht oder in einem bestimmten Sinne stimme, oder
7. besondere Vorteile als Gegenleistung dafür anbietet, verspricht oder gewährt, dass jemand bei einer Abstimmung in der Hauptversammlung oder in einer gesonderten Versammlung nicht oder in einem bestimmten Sinne stimme.

(3a) Ordnungswidrig handelt, wer vorsätzlich oder leichtfertig
1. entgegen § 121 Abs. 4a Satz 1, auch in Verbindung mit § 124 Abs. 1 Satz 3, die Einberufung nicht, nicht richtig, nicht vollständig oder nicht rechtzeitig zuleitet oder
2. entgegen § 124a Angaben nicht, nicht richtig oder nicht vollständig zugänglich macht.

(3b) Ordnungswidrig handelt, wer als Mitglied des Aufsichtsrats oder als Mitglied eines Prüfungsausschusses einer Gesellschaft, die kapitalmarktorientiert im Sinne des § 264d des Handelsgesetzbuchs, die CRR-Kreditinstitut im Sinne des § 1 Absatz 3d Satz 1 des Kreditwesengesetzes, mit Ausnahme der in § 2 Absatz 1 Nummer 1 und 2 des Kreditwesengesetzes genannten Institute, oder die Versicherungsunternehmen ist im Sinne des Artikels 2 Absatz 1 der Richtlinie 91/674/EWG des Rates vom 19. Dezember 1991 über den Jahresabschluß und den konsolidierten Abschluß von Versicherungsunternehmen (ABl L 374 vom 31. 12. 1991, S. 7), die zuletzt durch die Richtlinie 2006/46/EG (ABl L 224 vom 16. 8. 2006, S. 1) geändert worden ist,
1. die Unabhängigkeit des Abschlussprüfers oder der Prüfungsgesellschaft nicht nach Maßgabe des Artikels 4 Absatz 3 Unterabsatz 2, des Artikels 5 Absatz 4 Unterabsatz 1 Satz 1 oder des Artikels 6 Absatz 2 der Verordnung (EU) Nr. 537/2014 des Europäischen Parlaments und des Rates vom 16. April 2014 über spezifische Anforderungen an die Abschlussprüfung bei Unternehmen von öffentlichem Interesse und zur Aufhebung des Beschlusses 2005/909/EG der Kommission (ABl L 158 vom 27. 5. 2014, S. 77, L 170 vom 11. 6. 2014, S. 66) überwacht oder

2. eine Empfehlung für die Bestellung eines Abschlussprüfers oder einer Prüfungsgesellschaft vorlegt, die nicht auf einem Verlangen der Aufsichtsbehörde nach § 36 Absatz 1 Satz 2 des Versicherungsaufsichtsgesetzes beruht und
   a) die den Anforderungen nach Artikel 16 Absatz 2 Unterabsatz 2 oder 3 der Verordnung (EU) Nr. 537/2014 nicht entspricht oder
   b) der ein Auswahlverfahren nach Artikel 16 Absatz 3 Unterabsatz 1 der Verordnung (EU) Nr. 537/2014 nicht vorangegangen ist.

(3c) Ordnungswidrig handelt, wer als Mitglied eines Aufsichtsrats, der einen Prüfungsausschuss nicht bestellt hat, einer Gesellschaft, die kapitalmarktorientiert im Sinne des § 264d des Handelsgesetzbuchs oder die CRR-Kreditinstitut ist im Sinne des § 1 Absatz 3d Satz 1 des Kreditwesengesetzes, mit Ausnahme der in § 2 Absatz 1 Nummer 1 und 2 des Kreditwesengesetzes genannten Institute, der Hauptversammlung einen Vorschlag für die Bestellung eines Abschlussprüfers oder einer Prüfungsgesellschaft vorlegt, der den Anforderungen nach Artikel 16 Absatz 5 Unterabsatz 1 der Verordnung (EU) Nr. 537/2014 nicht entspricht.

(3d) Ordnungswidrig handelt, wer als Mitglied eines Aufsichtsrats, der einen Prüfungsausschuss bestellt hat, einer in Absatz 3c genannten Gesellschaft der Hauptversammlung einen Vorschlag für die Bestellung eines Abschlussprüfers oder einer Prüfungsgesellschaft vorlegt, der den Anforderungen nach Artikel 16 Absatz 5 Unterabsatz 1 oder Unterabsatz 2 Satz 1 oder Satz 2 der Verordnung (EU) Nr. 537/2014 nicht entspricht.

(4) Die Ordnungswidrigkeit kann in den Fällen des Absatzes 2a Nummer 6 mit einer Geldbuße bis zu fünfhunderttausend Euro, in den Fällen der Absätze 3b bis 3d mit einer Geldbuße bis zu fünfzigtausend Euro, in den übrigen Fällen mit einer Geldbuße bis zu fünfundzwanzigtausend Euro geahndet werden.

(5) Verwaltungsbehörde im Sinne des § 36 Absatz 1 Satz 1 des Gesetzes über Ordnungswidrigkeiten ist

1. die Bundesanstalt für Finanzdienstleistungsaufsicht in den Fällen
   a) des Absatzes 2a Nummer 6, soweit die Handlung ein Geschäft nach § 111c Absatz 1 Satz 1 in Verbindung mit Absatz 3 Satz 1 betrifft, und
   b) der Absätze 3b bis 3d bei CRR-Kreditinstituten im Sinne des § 1 Absatz 3d Satz 1 des Kreditwesengesetzes, mit Ausnahme der in § 2 Absatz 1 Nummer 1 und 2 des Kreditwesengesetzes genannten Institute, und bei Versicherungsunternehmen im Sinne des Artikels 2 Absatz 1 der Richtlinie 91/674/EWG,

2. das Bundesamt für Justiz in den übrigen Fällen der Absätze 1 bis 3d.

§ 406 (weggefallen)[1]

§ 407 Zwangsgelder[2]

(1) ¹Vorstandsmitglieder oder Abwickler, die § 52 Abs. 2 Satz 2 bis 4, § 71c, § 73 Abs. 3 Satz 2, §§ 80, 90, 104 Abs. 1, § 111 Abs. 2, § 145, §§ 170, 171 Abs. 3 oder Abs. 4 Satz 1 in Verbindung mit Abs. 3, §§ 175, 179a Abs. 2 Satz 1 bis 3, 214 Abs. 1, § 246 Abs. 4, §§ 248a, 259 Abs. 5, § 268 Abs. 4, § 270 Abs. 1, § 273 Abs. 2, §§ 293f, 293g Abs. 1, § 312 Abs. 1, § 313 Abs. 1, § 314 Abs. 1 nicht befolgen, sind hierzu vom Registergericht durch Festsetzung von Zwangsgeld anzuhalten; § 14 des Handelsgesetzbuchs bleibt unberührt. ²Das einzelne Zwangsgeld darf den Betrag von fünftausend Euro nicht übersteigen.

(2) Die Anmeldungen zum Handelsregister nach den §§ 36, 45, 52, 181 Abs. 1, §§ 184, 188, 195, 210, 223, 237 Abs. 4, §§ 274, 294 Abs. 1, § 319 Abs. 3 werden durch Festsetzung von Zwangsgeld nicht erzwungen.

---

1) **Anm. d. Red.:** § 406 weggefallen gem. Gesetz v. 30. 7. 2009 (BGBl I S. 2479) mit Wirkung v. 1. 9. 2009.
2) **Anm. d. Red.:** § 407 i. d. F. des Gesetzes v. 30. 7. 2009 (BGBl I S. 2479) mit Wirkung v. 1. 9. 2009.

§ 407a Mitteilungen an die Abschlussprüferaufsichtsstelle[1]

(1) Die nach § 405 Absatz 5 zuständige Verwaltungsbehörde übermittelt der Abschlussprüferaufsichtsstelle beim Bundesamt für Wirtschaft und Ausfuhrkontrolle alle Bußgeldentscheidungen nach § 405 Absatz 3b bis 3d.

(2) ¹In Strafverfahren, die eine Straftat nach § 404a zum Gegenstand haben, übermittelt die Staatsanwaltschaft im Falle der Erhebung der öffentlichen Klage der Abschlussprüferaufsichtsstelle die das Verfahren abschließende Entscheidung. ²Ist gegen die Entscheidung ein Rechtsmittel eingelegt worden, ist die Entscheidung unter Hinweis auf das eingelegte Rechtsmittel zu übermitteln.

§ 408 Strafbarkeit persönlich haftender Gesellschafter einer Kommanditgesellschaft auf Aktien

¹Die §§ 399 bis 407 gelten sinngemäß für die Kommanditgesellschaft auf Aktien. ²Soweit sie Vorstandsmitglieder betreffen, gelten sie bei der Kommanditgesellschaft auf Aktien für die persönlich haftenden Gesellschafter.

§ 409 (gegenstandslos)

§ 410 Inkrafttreten

Dieses Gesetz tritt am 1. Januar 1966 in Kraft.

---

[1] **Anm. d. Red.:** § 407a eingefügt gem. Gesetz v. 10. 5. 2016 (BGBl I S. 1142) mit Wirkung v. 17. 6. 2016.

II. Einführungsgesetz zum Aktiengesetz (EGAktG)
v. 6.9.1965 (BGBl I S. 1185) mit späteren Änderungen

Das Einführungsgesetz zum Aktiengesetz (EGAktG) v. 6.9.1965 (BGBl I S. 1185) ist zuletzt geändert worden durch Art. 2 Gesetz zur Umsetzung der zweiten Aktionärsrechterichtlinie (ARUG II)[*] v. 12.12.2019 (BGBl I S. 2637).

Auszug

Erster Abschnitt: Übergangsvorschriften

§ 1 Grundkapital[1]

(1) [1]§ 6 des Aktiengesetzes gilt nicht für Aktiengesellschaften, deren Grundkapital und Aktien beim Inkrafttreten des Aktiengesetzes nicht auf einen Nennbetrag in Deutscher Mark lauten, sowie für Aktiengesellschaften, die nach dem Inkrafttreten des Aktiengesetzes nach Maßgabe des § 2 des D-Mark-Bilanzergänzungsgesetzes vom 28. Dezember 1950 (Bundesgesetzbl. S. 811) ihren Sitz in den Geltungsbereich des Aktiengesetzes verlegen. [2]Die Währung, auf die ihr Grundkapital und ihre Aktien lauten müssen, bestimmt sich nach den für sie geltenden besonderen Vorschriften.

(2) [1]Aktiengesellschaften, die vor dem 1. Januar 1999 in das Handelsregister eingetragen worden sind, dürfen die Nennbeträge ihres Grundkapitals und ihrer Aktien weiter in Deutscher Mark bezeichnen. [2]Bis zum 31. Dezember 2001 dürfen Aktiengesellschaften neu eingetragen werden, deren Grundkapital und Aktien auf Deutsche Mark lauten. [3]Danach dürfen Aktiengesellschaften nur eingetragen werden, wenn die Nennbeträge von Grundkapital und Aktien in Euro bezeichnet sind; das Gleiche gilt für Beschlüsse über die Änderung des Grundkapitals.

§ 2 Mindestbetrag des Grundkapitals[2]

[1]Für Aktiengesellschaften, die vor dem 1. Januar 1999 in das Handelsregister eingetragen oder zur Eintragung in das Handelsregister angemeldet worden sind, bleibt der bis dahin gültige Mindestbetrag des Grundkapitals maßgeblich, bis die Aktiennennbeträge an die seit diesem Zeitpunkt geltenden Beträge des § 8 des Aktiengesetzes angepasst werden. [2]Für spätere Gründungen gilt der Mindestbetrag des Grundkapitals nach § 7 des Aktiengesetzes in der ab dem 1. Januar 1999 geltenden Fassung, der bei Gründungen in Deutscher Mark zu dem vom Rat der Europäischen Union gemäß Artikel 109l Abs. 4 Satz 1 des EG-Vertrages unwiderruflich festgelegten Umrechnungskurs in Deutsche Mark umzurechnen ist.

§ 3 Mindestbetrag der Aktien[3]

(1) Aktien dürfen nur noch nach § 8 des Aktiengesetzes ausgegeben werden.

(2) [1]Aktien einer Gesellschaft, die vor dem 1. Januar 1999 in das Handelsregister eingetragen oder zur Eintragung in das Handelsregister angemeldet und bis zum 31. Dezember 2001 eingetragen worden ist, dürfen weiterhin auf einen nach den bis dahin geltenden Vorschriften zulässigen Nennbetrag lauten, Aktien, die aufgrund eines Kapitalerhöhungsbeschlusses ausgegeben werden, jedoch nur, wenn dieser bis zum 31. Dezember 2001 in das Handelsregister eingetragen worden ist. [2]Dies gilt nur einheitlich für sämtliche Aktien einer Gesellschaft. [3]Die Nenn-

---

*) **Amtl. Anm.:** Dieses Gesetz dient der Umsetzung der Richtlinie (EU) 2017/828 des Europäischen Parlaments und des Rates vom 17. Mai 2017 zur Änderung der Richtlinie 2007/36/EG im Hinblick auf die Förderung der langfristigen Mitwirkung der Aktionäre (ABl L 132 vom 20.5.2017, S. 1).

1) **Anm. d. Red.:** § 1 i. d. F. des Gesetzes v. 9.6.1998 (BGBl I S. 1242) mit Wirkung v. 1.1.1999.

2) **Anm. d. Red.:** § 2 i. d. F. des Gesetzes v. 9.6.1998 (BGBl I S. 1242) mit Wirkung v. 1.1.1999.

3) **Anm. d. Red.:** § 3 i. d. F. des Gesetzes v. 9.6.1998 (BGBl I S. 1242) mit Wirkung v. 1.1.1999.

beträge können auch zu dem vom Rat der Europäischen Union gemäß Artikel 109l Abs. 4 Satz 1 des EG-Vertrages unwiderruflich festgelegten Umrechnungskurs in Euro ausgedrückt werden.

(3) Für Aktiengesellschaften, die aufgrund einer nach dem 31. Dezember 1998 erfolgten Anmeldung zum Handelsregister bis zum 31. Dezember 2001 eingetragen werden und deren Grundkapital und Aktien nach § 1 Abs. 2 Satz 2 auf Deutsche Mark lauten, gelten die zu dem vom Rat der Europäischen Union gemäß Artikel 109l Abs. 4 Satz 1 des EG-Vertrages unwiderruflich festgelegten Umrechnungskurs in Deutsche Mark umzurechnenden Beträge nach § 8 des Aktiengesetzes in der ab dem 1. Januar 1999 geltenden Fassung.

(4) ¹Das Verhältnis der mit den Aktien verbundenen Rechte zueinander und das Verhältnis ihrer Nennbeträge zum Nennkapital wird durch Umrechnung zwischen Deutscher Mark und Euro nicht berührt. ²Nach Umrechnung gebrochene Aktiennennbeträge können auf mindestens zwei Stellen hinter dem Komma gerundet dargestellt werden; diese Rundung hat keine Rechtswirkung. ³Auf sie ist in Beschlüssen und Satzung hinzuweisen; der jeweilige Anteil der Aktie am Grundkapital soll erkennbar bleiben.

(5) Beschließt eine Gesellschaft, die die Nennbeträge ihrer Aktien nicht an § 8 des Aktiengesetzes in der ab dem 1. Januar 1999 geltenden Fassung angepasst hat, die Änderung ihres Grundkapitals, darf dieser Beschluss nach dem 31. Dezember 2001 in das Handelsregister nur eingetragen werden, wenn zugleich eine Satzungsänderung über die Anpassung der Aktiennennbeträge an § 8 des Aktiengesetzes eingetragen wird.

§ 4 Verfahren der Umstellung auf den Euro[1)]

(1) ¹Über die Umstellung des Grundkapitals und der Aktiennennbeträge sowie weiterer satzungsmäßiger Betragsangaben auf Euro zu dem gemäß Artikel 109l Abs. 4 Satz 1 des EG-Vertrages unwiderruflich festgelegten Umrechnungskurs beschließt die Hauptversammlung abweichend von § 179 Abs. 2 des Aktiengesetzes mit der einfachen Mehrheit des bei der Beschlussfassung vertretenen Grundkapitals. ²Ab dem 1. Januar 2002 ist der Aufsichtsrat zu den entsprechenden Fassungsänderungen der Satzung ermächtigt. ³Auf die Anmeldung und Eintragung der Umstellung in das Handelsregister ist § 181 Abs. 1 Satz 2 und 3 des Aktiengesetzes nicht anzuwenden.

(2) ¹Für eine Erhöhung des Grundkapitals aus Gesellschaftsmitteln oder eine Herabsetzung des Kapitals auf den nächsthöheren oder nächstniedrigeren Betrag, mit dem die Nennbeträge der Aktien auf volle Euro gestellt werden können, genügt abweichend von § 207 Abs. 2, § 182 Abs. 1 und § 222 Abs. 1 des Aktiengesetzes die einfache Mehrheit des bei der Beschlussfassung vertretenen Grundkapitals, bei der Herabsetzung jedoch nur, wenn zumindest die Hälfte des Grundkapitals vertreten ist. ²Diese Mehrheit gilt auch für Beschlüsse über die entsprechende Anpassung eines genehmigten Kapitals oder über die Teilung der auf volle Euro gestellten Aktien sowie für Änderungen der Satzungsfassung, wenn diese Beschlüsse mit der Kapitaländerung verbunden sind. ³§ 130 Abs. 1 Satz 3 des Aktiengesetzes findet keine Anwendung.

(3) ¹Eine Kapitalerhöhung aus Gesellschaftsmitteln oder eine Kapitalherabsetzung bei Umstellung auf Euro kann durch Erhöhung oder Herabsetzung des Nennbetrags der Aktien oder durch Neueinteilung der Aktiennennbeträge ausgeführt werden. ²Die Neueinteilung der Nennbeträge bedarf der Zustimmung aller betroffenen Aktionäre, auf die nicht ihrem Anteil entsprechend volle Aktien oder eine geringere Zahl an Aktien als zuvor entfallen; bei teileingezahlten Aktien ist sie ausgeschlossen.

(4) ¹Sofern Aktien aus einem bedingten Kapital nach dem Beschluss über eine Kapitalerhöhung aus Gesellschaftsmitteln oder über eine andere Satzungsänderung zur Umstellung auf Euro, die mit der Zahl der Aktien verbunden ist, ausgegeben worden sind, gelten sie für den Beschluss erst nach dessen Eintragung in das Handelsregister als ausgegeben. ²Diese aus einem bedingten Kapital ausgegebenen und die noch auszugebenden Aktien nehmen an der Änderung der Nennbeträge teil.

1) **Anm. d. Red.:** § 4 i. d. F. des Gesetzes v. 23. 10. 2008 (BGBl I S. 2026) mit Wirkung v. 1. 11. 2008.

§ 5 II. Einführungsgesetz zum Aktiengesetz

(5) ¹Für eine Kapitalerhöhung aus Gesellschaftsmitteln nach Absatz 2 können abweichend von § 208 Abs. 1 Satz 2 und § 150 Abs. 3 des Aktiengesetzes die Kapitalrücklage und die gesetzliche Rücklage sowie deren Zuführungen, auch soweit sie zusammen den zehnten Teil oder den in der Satzung bestimmten höheren Teil des bisherigen Grundkapitals nicht übersteigen, in Grundkapital umgewandelt werden. ²Auf eine Kapitalherabsetzung nach Absatz 2, die in vereinfachter Form vorgenommen werden soll, findet § 229 Abs. 2 des Aktiengesetzes keine Anwendung.

(6) ¹§ 73 Abs. 1 Satz 2 des Aktiengesetzes findet keine Anwendung. ²Im Übrigen bleiben die aktienrechtlichen Vorschriften unberührt.

§ 5 Mehrstimmrechte; Höchststimmrechte[1)]

(1) ¹Mehrstimmrechte erlöschen am 1. Juni 2003, wenn nicht zuvor die Hauptversammlung mit einer Mehrheit, die mindestens drei Viertel des bei der Beschlussfassung vertretenen Grundkapitals umfasst, ihre Fortgeltung beschlossen hat. ²Inhaber von Mehrstimmrechtsaktien sind bei diesem Beschluss von der Ausübung des Stimmrechts insgesamt ausgeschlossen.

(2) ¹Unabhängig von Absatz 1 kann die Hauptversammlung die Beseitigung der Mehrstimmrechte beschließen. ²Der Beschluss nach Satz 1 bedarf einer Mehrheit, die mindestens die Hälfte des bei der Beschlussfassung vertretenen Grundkapitals umfasst, aber nicht der Mehrheit der abgegebenen Stimmen. ³Eines Sonderbeschlusses der Aktionäre mit Mehrstimmrechten bedarf es nicht. ⁴Abweichend von § 122 Abs. 2 des Aktiengesetzes kann jeder Aktionär verlangen, dass die Beseitigung der Mehrstimmrechte auf die Tagesordnung der Hauptversammlung gesetzt wird.

(3) ¹Die Gesellschaft hat einem Inhaber von Mehrstimmrechtsaktien im Falle des Erlöschens nach Absatz 1 und der Beseitigung nach Absatz 2 einen Ausgleich zu gewähren, der den besonderen Wert der Mehrstimmrechte angemessen berücksichtigt. ²Im Falle des Absatzes 1 kann der Anspruch auf den Ausgleich nur bis zum Ablauf von zwei Monaten seit dem Erlöschen der Mehrstimmrechte gerichtlich geltend gemacht werden. ³Im Falle des Absatzes 2 hat die Hauptversammlung den Ausgleich mitzubeschließen; Absatz 2 Satz 2 und 3 ist anzuwenden.

(4) ¹Die Anfechtung des Beschlusses nach Absatz 2 kann nicht auf § 243 Abs. 2 des Aktiengesetzes oder darauf gestützt werden, dass die Beseitigung der Mehrstimmrechte oder der festgesetzte Ausgleich unangemessen sind. ²Stattdessen kann jeder in der Hauptversammlung erschienene Aktionär, der gegen den Beschluss Widerspruch zur Niederschrift erklärt hat, einen Antrag auf gerichtliche Bestimmung des angemessenen Ausgleichs stellen. ³Der Antrag kann nur binnen zwei Monaten seit dem Tage gestellt werden, an dem die Satzungsänderung im Handelsregister nach § 10 des Handelsgesetzbuchs bekannt gemacht worden ist.

(5) Für das Verfahren in den Fällen des Absatzes 3 Satz 2 und des Absatzes 4 Satz 2 gilt das Spruchverfahrensgesetz sinngemäß.

(6) ¹Der durch Beschluss der Hauptversammlung festgesetzte Ausgleich wird erst zur Leistung fällig, wenn ein Antrag auf gerichtliche Bestimmung nicht oder nicht fristgemäß gestellt oder das Verfahren durch rechtskräftige Entscheidung oder Antragsrücknahme abgeschlossen ist. ²Der Ausgleich ist seit dem Tage, an dem die Satzungsänderung im Handelsregister nach § 10 des Handelsgesetzbuchs bekannt gemacht worden ist, mit fünf vom Hundert für das Jahr zu verzinsen.

(7) Für Höchststimmrechte bei börsennotierten Gesellschaften, die vor dem 1. Mai 1998 von der Satzung bestimmt sind, gelten die Sätze 2 bis 5 des § 134 Abs. 1 des Aktiengesetzes in der vor dem 1. Mai 1998 geltenden Fassung bis zum 1. Juni 2000 fort.

---

1) **Anm. d. Red.:** § 5 i. d. F. des Gesetzes v. 10. 11. 2006 (BGBl I S. 2553) mit Wirkung v. 1. 1. 2007.

§ 6 Wechselseitig beteiligte Unternehmen

(1) Sind eine Aktiengesellschaft und ein anderes Unternehmen bereits beim Inkrafttreten des Aktiengesetzes wechselseitig beteiligte Unternehmen, ohne dass die Voraussetzungen des § 19 Abs. 2 oder 3 des Aktiengesetzes vorliegen, und haben beide Unternehmen fristgemäß (§ 7) die Mitteilung nach § 20 Abs. 3 oder § 21 Abs. 1 des Aktiengesetzes gemacht, so gilt § 328 Abs. 1 und 2 des Aktiengesetzes für sie nicht.

(2) Solange die Unternehmen wechselseitig beteiligt sind und nicht die Voraussetzungen des § 19 Abs. 2 oder 3 des Aktiengesetzes vorliegen, gilt für die Ausübung der Rechte aus den Anteilen an dem anderen Unternehmen stattdessen Folgendes:

1. Aus den Anteilen, die den Unternehmen beim Inkrafttreten des Aktiengesetzes gehört haben oder die auf diese Anteile bei einer Kapitalerhöhung aus Gesellschaftsmitteln entfallen, können alle Rechte ausgeübt werden.
2. Aus Anteilen, die bei einer Kapitalerhöhung gegen Einlagen aufgrund eines nach Nummer 1 bestehenden Bezugsrechts übernommen werden, können alle Rechte mit Ausnahme des Stimmrechts ausgeübt werden; das Gleiche gilt für Anteile, die auf diese Anteile bei einer Kapitalerhöhung aus Gesellschaftsmitteln entfallen.
3. Aus anderen Anteilen können mit Ausnahme des Rechts auf neue Aktien bei einer Kapitalerhöhung aus Gesellschaftsmitteln keine Rechte ausgeübt werden.

(3) Hat nur eines der wechselseitig beteiligten Unternehmen fristgemäß (§ 7) die Mitteilung nach § 20 Abs. 3 oder § 21 Abs. 1 des Aktiengesetzes gemacht, so gilt § 328 Abs. 1 und 2 nicht für dieses Unternehmen.

§ 7 Mitteilungspflicht von Beteiligungen

¹Die Mitteilungspflichten nach §§ 20, 21 und 328 Abs. 3 des Aktiengesetzes gelten auch für Beteiligungen, die beim Inkrafttreten des Aktiengesetzes bestehen. ²Die Beteiligungen sind binnen eines Monats nach dem Inkrafttreten des Aktiengesetzes mitzuteilen.

§ 8 Gegenstand des Unternehmens

Entspricht bei Aktiengesellschaften, die beim Inkrafttreten des Aktiengesetzes in das Handelsregister eingetragen sind, die Satzungsbestimmung über den Gegenstand des Unternehmens nicht dem § 23 Nr. 2 des Aktiengesetzes, so sind Änderungen der Satzung durch die Hauptversammlung nur einzutragen, wenn zugleich die Satzungsbestimmung über den Gegenstand des Unternehmens an § 23 Abs. 3 Nr. 2 des Aktiengesetzes angepasst wird.

§ 9 (weggefallen)[1]

§ 10 Nebenverpflichtungen der Aktionäre

¹§ 55 Abs. 1 Satz 2 des Aktiengesetzes gilt nicht für Aktiengesellschaften, die bereits beim Inkrafttreten des Aktiengesetzes in ihrer Satzung Nebenverpflichtungen der Aktionäre vorgesehen haben. ²Ändern jedoch solche Gesellschaften den Gegenstand des Unternehmens oder die Satzungsbestimmungen über die Nebenverpflichtungen, so sind diese Änderungen nur einzutragen, wenn zugleich bestimmt wird, ob die Leistungen entgeltlich oder unentgeltlich zu erbringen sind.

§ 11 Nachgründungsgeschäfte[2]

Die Unwirksamkeit gemäß § 52 Aktiengesetz eines vor dem 1. Januar 2000 geschlossenen Nachgründungsgeschäfts kann nach dem 1. Januar 2002 nur noch aufgrund der zum 1. Januar 2000 geänderten Fassung der Vorschrift geltend gemacht werden.

---

1) **Anm. d. Red.:** § 9 weggefallen gem. Gesetz v. 18. 1. 2001 (BGBl I S. 123) mit Wirkung v. 25. 1. 2001.
2) **Anm. d. Red.:** § 11 i. d. F. des Gesetzes v. 18. 1. 2001 (BGBl I S. 123) mit Wirkung v. 25. 1. 2001.

§ 12 Aufsichtsrat[1]

(1) ¹Bestimmungen der Satzung über die Zahl der Aufsichtsratsmitglieder und über Stellvertreter von Aufsichtsratsmitgliedern treten, soweit sie mit den Vorschriften des Aktiengesetzes nicht vereinbar sind, mit Beendigung der Hauptversammlung außer Kraft, die über die Entlastung der Mitglieder des Aufsichtsrats für das am 31. Dezember 1965 endende oder laufende Geschäftsjahr abgehalten wird, spätestens mit Ablauf der in § 120 Abs. 1 des Aktiengesetzes für die Beschlussfassung über die Entlastung bestimmten Frist. ²Eine Hauptversammlung, die innerhalb dieser Frist stattfindet, kann an Stelle der außer Kraft tretenden Satzungsbestimmungen mit einfacher Stimmenmehrheit neue Satzungsbestimmungen beschließen.

(2) Treten Satzungsbestimmungen nach Absatz 1 Satz 1 außer Kraft, erlischt das Amt der Aufsichtsratsmitglieder oder der Stellvertreter von Aufsichtsratsmitgliedern mit dem in Absatz 1 genannten Zeitpunkt.

(3) Hat ein Aufsichtsratsmitglied am 1. Mai 1998 eine höhere Zahl von Aufsichtsratsmandaten, als nach § 100 Abs. 2 Satz 1 Nr. 1 in Verbindung mit Satz 3 des Aktiengesetzes in der ab dem 1. Mai 1998 geltenden Fassung zulässig ist, so gilt für diese Mandate § 100 Abs. 2 Aktiengesetz in der bis zum 30. April 1998 geltenden Fassung bis zum Ablauf der jeweils für das Mandat geltenden Amtszeit fort.

(4) § 100 Abs. 5 und § 107 Abs. 4 des Aktiengesetzes in der Fassung des Bilanzrechtsmodernisierungsgesetzes vom 25. Mai 2009 (BGBl I S. 1102) finden keine Anwendung solange alle Mitglieder des Aufsichtsrats und des Prüfungsausschusses vor dem 29. Mai 2009 bestellt worden sind.

(5) § 100 Absatz 5 und § 107 Absatz 4 des Aktiengesetzes jeweils in der Fassung des Abschlussprüfungsreformgesetzes vom 10. Mai 2016 (BGBl I S. 1142) müssen so lange nicht angewandt werden, wie alle Mitglieder des Aufsichtsrats und des Prüfungsausschusses vor dem 17. Juni 2016 bestellt worden sind.

§ 13 Übergangsvorschrift zu § 175 und § 337 Abs. 2 und 3 des Aktiengesetzes[2]

¹§ 175 des Aktiengesetzes in der Fassung des Artikels 1 Nr. 21 des Transparenz- und Publizitätsgesetzes vom 19. Juli 2002 (BGBl I S. 2681) ist erstmals auf den Konzernabschluss und den Konzernlagebericht für das nach dem 31. Dezember 2001 beginnende Geschäftsjahr anzuwenden. ²Auf den Konzernabschluss und den Konzernlagebericht für ein vorangehendes Geschäftsjahr sind die §§ 175, 337 Abs. 3 des Aktiengesetzes in der bis zum 25. Juli 2002 geltenden Fassung weiterhin anzuwenden. ³§ 337 Abs. 2 des Aktiengesetzes in der bis zum 25. Juli 2002 geltenden Fassung ist letztmals auf den Konzernabschluss und den Konzernlagebericht für das nach dem 31. Dezember 2001 beginnende Geschäftsjahr anzuwenden.

§ 14 Übergangsvorschrift zu § 171 Abs. 2, 3 und § 173 Abs. 1 des Aktiengesetzes[3]

§ 171 Abs. 2 Satz 5, Abs. 3 Satz 3 zweiter Halbsatz und § 173 Abs. 1 Satz 2 des Aktiengesetzes in der Fassung des Artikels 1 Nr. 18, 19 des Transparenz- und Publizitätsgesetzes vom 19. Juli 2002 (BGBl I S. 2681) ist erstmals auf den Konzernabschluss für das nach dem 31. Dezember 2001 beginnende Geschäftsjahr anzuwenden.

§ 15 Übergangsvorschrift zu § 161 des Aktiengesetzes[4]

¹Die Erklärung nach § 161 des Aktiengesetzes ist erstmals im Jahr 2002 abzugeben. ²Sie kann in diesem Jahr aber darauf beschränkt werden, dass den Empfehlungen der „Regierungskom-

---

1) **Anm. d. Red.:** § 12 i. d. F. des Gesetzes v. 10. 5. 2016 (BGBl I S. 1142) mit Wirkung v. 17. 6. 2016.
2) **Anm. d. Red.:** § 13 i. d. F. des Gesetzes v. 19. 7. 2002 (BGBl I S. 2681) mit Wirkung v. 26. 7. 2002.
3) **Anm. d. Red.:** § 14 i. d. F. des Gesetzes v. 19. 7. 2002 (BGBl I S. 2681) mit Wirkung v. 26. 7. 2002.
4) **Anm. d. Red.:** § 15 i. d. F. des Gesetzes v. 19. 7. 2002 (BGBl I S. 2681) mit Wirkung v. 26. 7. 2002.

mission Deutscher Corporate Governance Kodex" entsprochen wird oder welche Empfehlungen nicht angewendet werden.

§ 16 Übergangsvorschrift zu § 123 Abs. 2, 3 und § 125 Abs. 2 des Aktiengesetzes[1)]

¹§ 123 Abs. 2 und 3 und § 125 Abs. 2 des Aktiengesetzes in der Fassung des Gesetzes zur Unternehmensintegrität und Modernisierung des Anfechtungsrechts gelten für Hauptversammlungen, zu denen nach dem 1. November 2005 einberufen wird. ²Solange eine börsennotierte Gesellschaft ihre Satzung noch nicht an § 123 in der Fassung des Gesetzes zur Unternehmensintegrität und Modernisierung des Anfechtungsrechts angepasst hat, gilt die bisherige Satzungsregelung für die Teilnahme an der Hauptversammlung oder die Ausübung des Stimmrechts mit der Maßgabe fort, dass für den Zeitpunkt der Hinterlegung oder der Ausstellung eines sonstigen Legitimationsnachweises auf den Beginn des einundzwanzigsten Tages vor der Versammlung abzustellen ist. ³Hat eine Gesellschaft aufgrund des Entwurfs des Gesetzes zur Unternehmensintegrität und Modernisierung des Anfechtungsrechts einen Vorratsbeschluss gefasst, ist der Vorstand mit Zustimmung des Aufsichtsrats ermächtigt, den Beschluss hinsichtlich des Zeitpunkts der Ausstellung des Legitimationsnachweises zu ändern.

§ 17 Übergangsvorschrift zu § 243 Abs. 3 Nr. 2 und § 249 Abs. 1 Satz 1 des Aktiengesetzes[2)]

§ 243 Abs. 3 Nr. 2 und § 249 Abs. 1 Satz 1 des Aktiengesetzes in der Fassung des Bilanzrechtsreformgesetzes vom 4. Dezember 2004 (BGBl I S. 3166) sind erstmals auf Anfechtungsklagen und Nichtigkeitsklagen anzuwenden, die nach dem 31. Dezember 2004 erhoben worden sind.

§ 18 Übergangsvorschrift zu den §§ 37 und 39 des Aktiengesetzes[3)]

¹Die Pflicht, die inländische Geschäftsanschrift bei dem Gericht nach § 37 des Aktiengesetzes in der ab dem Inkrafttreten des Gesetzes vom 23. Oktober 2008 (BGBl I S. 2026) am 1. November 2008 geltenden Fassung zur Eintragung in das Handelsregister anzumelden, gilt auch für Gesellschaften, die zu diesem Zeitpunkt bereits in das Handelsregister eingetragen sind, es sei denn, die inländische Geschäftsanschrift ist dem Gericht bereits nach § 24 Abs. 2 der Handelsregisterverordnung mitgeteilt worden und hat sich anschließend nicht geändert. ²In diesen Fällen ist die inländische Geschäftsanschrift mit der ersten die eingetragene Gesellschaft betreffenden Anmeldung zum Handelsregister ab dem 1. November 2008, spätestens aber bis zum 31. Oktober 2009 anzumelden. ³Wenn bis zum 31. Oktober 2009 keine inländische Geschäftsanschrift zur Eintragung in das Handelsregister angemeldet worden ist, trägt das Gericht von Amts wegen und ohne Überprüfung kostenfrei die ihm nach § 24 Abs. 2 der Handelsregisterverordnung bekannte inländische Anschrift als Geschäftsanschrift in das Handelsregister ein; in diesem Fall gilt die mitgeteilte Anschrift zudem unabhängig von dem Zeitpunkt ihrer tatsächlichen Eintragung ab dem 31. Oktober 2009 als eingetragene inländische Geschäftsanschrift der Gesellschaft, wenn sie im elektronischen Informations- und Kommunikationssystem nach § 9 Abs. 1 des Handelsgesetzbuchs abrufbar ist. ⁴Ist dem Gericht keine Mitteilung im Sinne des § 24 Abs. 2 der Handelsregisterverordnung gemacht worden, ist ihm aber in sonstiger Weise eine inländische Geschäftsanschrift bekannt geworden, so gilt Satz 3 mit der Maßgabe, dass diese Anschrift einzutragen ist, wenn sie im elektronischen Informations- und Kommunikationssystem nach § 9 Abs. 1 des Handelsgesetzbuchs abrufbar ist. ⁵Dasselbe gilt, wenn eine in sonstiger Weise bekannt gewordene inländische Anschrift von einer früher nach § 24 Abs. 2 der Handelsregisterverordnung mitgeteilten Anschrift abweicht. ⁶Eintragungen nach den Sätzen 3 bis 5 werden abweichend von § 10 des Handelsgesetzbuchs nicht bekannt gemacht.

---

1) **Anm. d. Red.:** § 16 i. d. F. des Gesetzes v. 22. 9. 2005 (BGBl I S. 2809) mit Wirkung v. 1. 11. 2005.
2) **Anm. d. Red.:** § 17 angefügt gem. Gesetz v. 4. 12. 2004 (BGBl I S. 3166) mit Wirkung v. 10. 12. 2004.
3) **Anm. d. Red.:** § 18 angefügt gem. Gesetz v. 23. 10. 2008 (BGBl I S. 2026) mit Wirkung v. 1. 11. 2008.

§ 19 Übergangsvorschrift zu § 76 Abs. 3 Satz 2 Nr. 3 und Satz 3 des Aktiengesetzes[1]

¹§ 76 Abs. 3 Satz 2 Nr. 3 Buchstabe a, c, d und e des Aktiengesetzes in der ab dem Inkrafttreten des Gesetzes vom 23. Oktober 2008 (BGBl I S. 2026) am 1. November 2008 geltenden Fassung ist auf Personen, die vor diesem Tag zum Vorstandsmitglied bestellt worden sind, nicht anzuwenden, wenn die Verurteilung vor dem 1. November 2008 rechtskräftig geworden ist. ²Entsprechendes gilt für § 76 Abs. 3 Satz 3 des Aktiengesetzes in der ab dem 1. November 2008 geltenden Fassung, soweit die Verurteilung wegen einer Tat erfolgte, die den Straftaten im Sinne des Satzes 1 vergleichbar ist.

§ 20 Übergangsvorschrift zum Gesetz zur Umsetzung der Aktionärsrechterichtlinie[2]

(1) Die §§ 121, 122, 123, 124, 124a, 125, 126, 127, 130, 134, 175, 176, 241 bis 243 des Aktiengesetzes in der Fassung des Gesetzes zur Umsetzung der Aktionärsrechterichtlinie vom 30. Juli 2009 (BGBl I S. 2479) sind erstmals auf Hauptversammlungen anzuwenden, zu denen nach dem 31. Oktober 2009 einberufen wird.

(2) Die §§ 128, 129 und 135 des Aktiengesetzes in der Fassung des Gesetzes zur Umsetzung der Aktionärsrechterichtlinie sind ab dem 1. November 2009 anzuwenden.

(3) ¹Enthält die Satzung einer Aktiengesellschaft eine Frist, die abweichend von § 123 Abs. 2 Satz 2 und 3 oder Abs. 3 Satz 3 und 4 des Aktiengesetzes in der Fassung des Gesetzes zur Umsetzung der Aktionärsrechterichtlinie nicht in Tagen ausgedrückt ist, so bleibt diese bis zur ersten ordentlichen Hauptversammlung nach Inkrafttreten des Gesetzes zur Umsetzung der Aktionärsrechterichtlinie am 1. September 2009 wirksam. ²§ 123 Abs. 4 des Aktiengesetzes in der vor Inkrafttreten des Gesetzes zur Umsetzung der Aktionärsrechterichtlinie geltenden Fassung bleibt für diese Frist anwendbar.

(4) § 246a Abs. 2 Nr. 2 und § 319 Abs. 6 Satz 3 Nr. 2 des Aktiengesetzes in der Fassung des Gesetzes zur Umsetzung der Aktionärsrechterichtlinie sind nicht auf Freigabeverfahren und Beschwerdeverfahren anzuwenden, die vor dem 1. September 2009 anhängig waren.

(5) In Fällen des § 305 Abs. 3 Satz 3, des § 320b Abs. 1 Satz 6 und des § 327b Abs. 2 des Aktiengesetzes bleibt es für die Zeit von dem 1. September 2009 bei dem bis dahin geltenden Zinssatz.

(6) § 319 Abs. 6 Satz 11 des Aktiengesetzes in der Fassung des Gesetzes zur Umsetzung der Aktionärsrechterichtlinie ist nicht anzuwenden, wenn die Klage gegen die Wirksamkeit des Hauptversammlungsbeschlusses vor dem 1. September 2009 rechtshängig war.

(7) ¹§ 27 Abs. 3 und 4 des Aktiengesetzes in der ab dem 1. September 2009 geltenden Fassung gilt auch für Einlagenleistungen, die vor diesem Zeitpunkt bewirkt worden sind, soweit sie nach der vor dem 1. September 2009 geltenden Rechtslage wegen der Vereinbarung einer Einlagenrückgewähr oder wegen einer verdeckten Sacheinlage keine Erfüllung der Einlagenverpflichtung bewirkt haben. ²Dies gilt nicht, soweit über die aus der Unwirksamkeit folgenden Ansprüche zwischen der Gesellschaft und dem Gesellschafter bereits vor dem 1. September 2009 ein rechtskräftiges Urteil ergangen oder eine wirksame Vereinbarung zwischen der Gesellschaft und dem Gesellschafter getroffen worden ist; in diesem Fall beurteilt sich die Rechtslage nach den bis zum 1. September 2009 geltenden Vorschriften.

§ 21 Heilung der Nichtigkeit von Jahresabschlüssen

¹§ 256 Abs. 6 des Aktiengesetzes über die Heilung der Nichtigkeit von Jahresabschlüssen gilt auch für Jahresabschlüsse, die vor dem Inkrafttreten des Aktiengesetzes festgestellt worden sind; jedoch bleibt es für die Heilung der Nichtigkeit nach § 256 Abs. 2 des Aktiengesetzes bei den bisherigen Vorschriften. ²Die in § 256 Abs. 6 des Aktiengesetzes bestimmten Fristen beginnen für Jahresabschlüsse, die vor dem Inkrafttreten des Aktiengesetzes festgestellt worden sind, nicht vor dem Inkrafttreten des Aktiengesetzes.

---

1) **Anm. d. Red.:** § 19 angefügt gem. Gesetz v. 23. 10. 2008 (BGBl I S. 2026) mit Wirkung v. 1. 11. 2008.
2) **Anm. d. Red.:** § 20 i. d. F. des Gesetzes v. 30. 7. 2009 (BGBl I S. 2479) mit Wirkung v. 1. 9. 2009.

II. Einführungsgesetz zum Aktiengesetz §§ 22 – 24

§ 22 Unternehmensverträge[1]

(1) ¹Für Unternehmensverträge (§§ 291, 292 des Aktiengesetzes), die vor dem Inkrafttreten des Aktiengesetzes geschlossen worden sind, gelten §§ 295 bis 303, 307 bis 310, 316 des Aktiengesetzes mit Wirkung vom Inkrafttreten des Aktiengesetzes. ²Die in § 300 Nr. 1 des Aktiengesetzes bestimmte Frist für die Auffüllung der gesetzlichen Rücklage läuft vom Beginn des nach dem 31. Dezember 1965 beginnenden Geschäftsjahrs an. ³§ 300 Nr. 1 und 3 des Aktiengesetzes gilt jedoch nicht, wenn der andere Vertragsteil beim Inkrafttreten des Aktiengesetzes aufgrund der Satzung oder von Verträgen verpflichtet ist, seine Erträge für öffentliche Zwecke zu verwenden. ⁴In die gesetzliche Rücklage ist im Falle des Satzes 3 spätestens bei Beendigung des Unternehmensvertrags oder der Verpflichtung nach Satz 3 der Betrag einzustellen, der nach § 300 des Aktiengesetzes in Verbindung mit Satz 2 in die gesetzliche Rücklage einzustellen gewesen wäre, wenn diese Vorschriften für die Gesellschaft gegolten hätten. ⁵Reichen die während des Vertrags in freie Rücklagen eingestellten Beträge hierzu nicht aus, hat der andere Vertragsteil den Fehlbetrag auszugleichen.

(2) ¹Der Vorstand der Gesellschaft hat das Bestehen und die Art des Unternehmensvertrags sowie den Namen des anderen Vertragsteils unverzüglich nach dem Inkrafttreten des Aktiengesetzes zur Eintragung in das Handelsregister anzumelden. ²Bei der Anmeldung ist das Datum des Beschlusses anzugeben, durch den die Hauptversammlung dem Vertrag zugestimmt hat. ³Bei Teilgewinnabführungsverträgen ist außerdem die Vereinbarung über die Höhe des abzuführenden Gewinns anzumelden.

§ 23 Übergangsvorschrift zum Gesetz zur Angemessenheit der Vorstandsvergütung[2]

(1) ¹§ 93 Absatz 2 Satz 3 des Aktiengesetzes in der ab dem 5. August 2009 geltenden Fassung ist ab dem 1. Juli 2010 auch auf Versicherungsverträge anzuwenden, die vor dem 5. August 2009 geschlossen wurden. ²Ist die Gesellschaft gegenüber dem Vorstand aus einer vor dem 5. August 2009 geschlossenen Vereinbarung zur Gewährung einer Versicherung ohne Selbstbehalt im Sinne des § 93 Absatz 2 Satz 3 des Aktiengesetzes verpflichtet, so darf sie diese Verpflichtung erfüllen.

(2) § 100 Absatz 2 Satz 1 Nummer 4 des Aktiengesetzes in der ab dem 5. August 2009 geltenden Fassung ist nicht auf Aufsichtsratsmitglieder anzuwenden, die ihr Mandat am 5. August 2009 bereits innehatten.

(3) § 120 Absatz 4 und § 193 des Aktiengesetzes in der ab dem 5. August 2009 geltenden Fassung ist erstmals auf Beschlüsse anzuwenden, die in Hauptversammlungen gefasst werden, die nach dem 5. August 2009 einberufen werden.

§ 24 Übergangsvorschrift zu dem Gesetz zur Restrukturierung und geordneten Abwicklung von Kreditinstituten, zur Errichtung eines Restrukturierungsfonds für Kreditinstitute und zur Verlängerung der Verjährungsfrist der aktienrechtlichen Organhaftung[3]

§ 93 Absatz 6 des Aktiengesetzes in der seit dem 15. Dezember 2010 geltenden Fassung ist auch auf die vor dem 15. Dezember 2010 entstandenen und noch nicht verjährten Ansprüche anzuwenden.

---

1) **Anm. d. Red.:** Gem. Einigungsvertrag v. 31. 8. 1990 (BGBl II S. 889, 959) gilt im Gebiet der ehemaligen **DDR** folgende Maßgabe: § 22 Abs. 1 ist für Aktiengesellschaften, die vor dem 1. Juli 1990 in das Handelsregister eingetragen wurden, mit der Maßgabe anzuwenden, dass das Datum „31. Dezember 1965" durch das Datum „30. Juni 1990" ersetzt wird. Für Aktiengesellschaften, die vor dem 1. Juli 1990 zur Eintragung in das Handelsregister angemeldet, aber noch nicht eingetragen worden sind, bleibt es bei den bisherigen Rechtsvorschriften über die Errichtung und Eintragung der Gesellschaft.

2) **Anm. d. Red.:** § 23 i. d. F. des Gesetzes v. 31. 7. 2009 (BGBl I S. 2509) mit Wirkung v. 5. 8. 2009.

3) **Anm. d. Red.:** § 24 i. d. F. des Gesetzes v. 9. 12. 2010 (BGBl I S. 1900) mit Wirkung v. 15. 12. 2010.

§ 25 Übergangsvorschrift zu dem Gesetz für die gleichberechtigte Teilhabe von Frauen und Männern an Führungspositionen in der Privatwirtschaft und im öffentlichen Dienst[1]

(1) ¹Die Festlegungen nach § 76 Absatz 4 Satz 1 und 3 sowie nach § 111 Absatz 5 Satz 1 und 3 des Aktiengesetzes haben erstmals bis spätestens 30. September 2015 zu erfolgen. ²Die nach § 76 Absatz 4 Satz 3 und die nach § 111 Absatz 5 Satz 3 des Aktiengesetzes erstmals festzulegende Frist darf nicht länger als bis zum 30. Juni 2017 dauern.

(2) ¹Der Mindestanteil von jeweils 30 Prozent an Frauen und Männern im Aufsichtsrat nach § 96 Absatz 2 des Aktiengesetzes ist bei erforderlich werdenden Neuwahlen und Entsendungen ab dem 1. Januar 2016 zur Besetzung einzelner oder mehrerer Aufsichtsratssitze zu beachten. ²Reicht die Anzahl der neu zu besetzenden Aufsichtsratssitze nicht aus, um den Mindestanteil zu erreichen, sind die Sitze mit Personen des unterrepräsentierten Geschlechts zu besetzen, um dessen Anteil sukzessive zu steigern. ³Bestehende Mandate können bis zu ihrem regulären Ende wahrgenommen werden.

(3) Für die Fälle des § 96 Absatz 3 des Aktiengesetzes gilt Absatz 2 entsprechend.

§ 26 Kommanditgesellschaften auf Aktien

Die Vorschriften dieses Abschnitts gelten sinngemäß für Kommanditgesellschaften auf Aktien.

§ 26a Ergänzung fortgeführter Firmen[2]

¹Führt eine Aktiengesellschaft gemäß § 22 Abs. 1 des Einführungsgesetzes zum Handelsgesetzbuch ihre Firma fort, ohne dass diese die Bezeichnung „Aktiengesellschaft" enthält, so muss die Gesellschaft bis zum 16. Juni 1980 diese Bezeichnung in ihre Firma aufnehmen. ²Findet bis zu diesem Tage eine Hauptversammlung nicht statt und soll die Firma nur um die Bezeichnung „Aktiengesellschaft" ergänzt werden, so ist der Aufsichtsrat zu dieser Änderung befugt.

§ 26b Änderung der Satzung[3]

Eine Änderung der Satzung, die nach § 23 des Aktiengesetzes wegen der vom 1. Juli 1979 an geltenden Fassung erforderlich wird, ist bis zum 16. Juni 1980 zur Eintragung in das Handelsregister anzumelden.

§ 26c Übergangsfristen[4]

¹Die Vorschriften des Aktiengesetzes über Sacheinlagen und Sachübernahmen sowie über deren Prüfung in der vom 1. Juli 1979 an geltenden Fassung gelten nur für Gründungen und Kapitalerhöhungen, die nach dem 16. Juni 1980 zur Eintragung in das Handelsregister angemeldet werden. ²Die Fristen, die in § 71 Abs. 3 Satz 2 und § 71c des Aktiengesetzes in der vom 1. Juli 1979 an geltenden Fassung vorgesehen sind, beginnen nicht vor dem 16. Juni 1980. ³Die nach § 150a des Aktiengesetzes vorgeschriebene Rücklage für eigene Aktien braucht nicht vor dem 16. Juni 1980 gebildet zu werden.

---

1) **Anm. d. Red.:** § 25 i. d. F. des Gesetzes v. 24. 4. 2015 (BGBl I S. 642) mit Wirkung v. 1. 5. 2015.
2) **Anm. d. Red.:** § 26a eingefügt gem. Gesetz vom 13. 12. 1978 (BGBl I S. 1959) mit Wirkung v. 1. 7. 1979.
3) **Anm. d. Red.:** § 26b eingefügt gem. Gesetz vom 13. 12. 1978 (BGBl I S. 1959) mit Wirkung v. 1. 7. 1979.
4) **Anm. d. Red.:** § 26c eingefügt gem. Gesetz vom 13. 12. 1978 (BGBl I S. 1959) mit Wirkung v. 1. 1. 1979.

§ 26d Übergangsregelung für Verschmelzungen[1]

Die Vorschriften des Aktiengesetzes über Verschmelzungen und Vermögensübertragungen in der vom 1. Januar 1983 an geltenden Fassung sind nicht auf Vorgänge anzuwenden, zu deren Vorbereitung bereits vor diesem Tage der Verschmelzungs- oder Übertragungsvertrag beurkundet oder eine Haupt-, Gesellschafter- oder Gewerkenversammlung oder eine oberste Vertretung einberufen worden ist.

§ 26e Übergangsregelung zum Gesetz zur Anpassung von Verjährungsvorschriften an das Gesetz zur Modernisierung des Schuldrechts[2]

¹§ 327 Abs. 4 des Aktiengesetzes in der ab dem 15. Dezember 2004 geltenden Fassung ist auf vor diesem Datum entstandene Verbindlichkeiten anzuwenden, wenn

1. die Eintragung des Endes der Eingliederung in das Handelsregister nach § 10 des Handelsgesetzbuchs nach diesem Datum bekannt gemacht worden ist und
2. die Verbindlichkeiten nicht später als vier Jahre nach dem Tag, an dem die Eintragung des Endes der Eingliederung in das Handelsregister nach § 10 des Handelsgesetzbuchs bekannt gemacht worden ist, fällig werden.

²Auf später fällig werdende Verbindlichkeiten im Sinne des Satzes 1 ist das bisher geltende Recht mit der Maßgabe anwendbar, dass die Verjährungsfrist ein Jahr beträgt.

§ 26f Übergangsregelungen zum Kleinstkapitalgesellschaften-Bilanzrechtsänderungsgesetz[3]

¹Die §§ 152, 158 und 160 des Aktiengesetzes in der Fassung des Kleinstkapitalgesellschaften-Bilanzrechtsänderungsgesetzes vom 20. Dezember 2012 (BGBl I S. 2751) sind erstmals auf Jahres- und Konzernabschlüsse anzuwenden, die sich auf einen nach dem 30. Dezember 2012 liegenden Abschlussstichtag beziehen. ²Auf Jahres- und Konzernabschlüsse, die sich auf einen vor dem 31. Dezember 2012 liegenden Abschlussstichtag beziehen, bleiben die §§ 152, 158 und 160 des Aktiengesetzes vom 6. September 1965 (BGBl I S. 1089) in der bis zum 27. Dezember 2012 geltenden Fassung anwendbar.

§ 26g Übergangsregelungen zum Bilanzrichtlinie-Umsetzungsgesetz[4]

¹Die §§ 58, 152, 160, 209, 240, 256 und 261 des Aktiengesetzes in der Fassung des Bilanzrichtlinie-Umsetzungsgesetzes vom 17. Juli 2015 (BGBl I S. 1245) sind erstmals auf Jahres- und Konzernabschlüsse anzuwenden, die sich auf ein nach dem 31. Dezember 2015 beginnendes Geschäftsjahr beziehen. ²Auf Jahres- und Konzernabschlüsse, die sich auf ein vor dem 1. Januar 2016 beginnendes Geschäftsjahr beziehen, bleiben die §§ 58, 152, 160, 209, 240, 256 und 261 des Aktiengesetzes in der bis zum 22. Juli 2015 geltenden Fassung anwendbar.

§ 26h Übergangsvorschrift zur Aktienrechtsnovelle 2016[5]

(1) ¹§ 10 Absatz 1 des Aktiengesetzes in der seit dem 31. Dezember 2015 geltenden Fassung ist nicht auf Gesellschaften anzuwenden, deren Satzung vor dem 31. Dezember 2015 durch notarielle Beurkundung festgestellt wurde und deren Aktien auf Inhaber lauten. ²Für diese Gesellschaften ist § 10 Absatz 1 des Aktiengesetzes in der am 30. Dezember 2015 geltenden Fassung weiter anzuwenden.

---

1) **Anm. d. Red.:** § 26d eingefügt gem. Gesetz v. 25. 10. 1982 (BGBl I S. 1425) mit Wirkung v. 1. 1. 1983.
2) **Anm. d. Red.:** § 26e i. d. F. des Gesetzes v. 10. 11. 2006 (BGBl I S. 2553) mit Wirkung v. 1. 1. 2007.
3) **Anm. d. Red.:** § 26f eingefügt gem. Gesetz v. 20. 12. 2012 (BGBl I S. 2751) mit Wirkung v. 28. 12. 2012.
4) **Anm. d. Red.:** § 26g eingefügt gem. Gesetz v. 17. 7. 2015 (BGBl I S. 1245) mit Wirkung v. 23. 7. 2015.
5) **Anm. d. Red.:** § 26h eingefügt gem. Gesetz v. 22. 12. 2015 (BGBl I S. 2565) mit Wirkung v. 31. 12. 2015.

(2) Sieht die Satzung einer Gesellschaft einen Umwandlungsanspruch gemäß § 24 des Aktiengesetzes in der bis zum 30. Dezember 2015 geltenden Fassung vor, so bleibt diese Satzungsbestimmung wirksam.

(3) ¹Bezeichnet die Satzung gemäß § 25 Satz 2 des Aktiengesetzes in der bis zum 30. Dezember 2015 geltenden Fassung neben dem Bundesanzeiger andere Informationsmedien als Gesellschaftsblätter, so bleibt diese Satzungsbestimmung auch ab dem 31. Dezember 2015 wirksam. ²Für einen Fristbeginn oder das sonstige Eintreten von Rechtsfolgen ist ab dem 1. Februar 2016 ausschließlich die Bekanntmachung im Bundesanzeiger maßgeblich.

(4) ¹§ 122 des Aktiengesetzes in der Fassung der Aktienrechtsnovelle 2016 vom 22. Dezember 2015 (BGBl I S. 2565) ist erstmals auf Einberufungs- und Ergänzungsverlangen anzuwenden, die der Gesellschaft am 1. Juni 2016 zugehen. ²Auf Ergänzungsverlangen, die der Gesellschaft vor dem 1. Juni 2016 zugehen, ist § 122 in der bis zum 30. Dezember 2015 geltenden Fassung weiter anzuwenden.

§ 26i Übergangsregelung zum CSR-Richtlinie-Umsetzungsgesetz[1]

¹Die §§ 111, 170, 171, 176, 237 und 283 des Aktiengesetzes in der Fassung des CSR-Richtlinie-Umsetzungsgesetzes vom 11. April 2017 (BGBl I S. 802) sind erstmals auf Lage- und Konzernlageberichte anzuwenden, die sich auf ein nach dem 31. Dezember 2016 beginnendes Geschäftsjahr beziehen. ²Auf Lage- und Konzernlageberichte, die sich auf vor dem 1. Januar 2017 beginnende Geschäftsjahre beziehen, bleiben die in Satz 1 bezeichneten Vorschriften in der bis zum 18. April 2017 geltenden Fassung anwendbar.

§ 26j Übergangsvorschrift zum Gesetz zur Umsetzung der zweiten Aktionärsrechterichtlinie[2]

(1) ¹Die erstmalige Beschlussfassung nach § 87a Absatz 1, § 113 Absatz 3 und § 120a Absatz 1 des Aktiengesetzes in der ab dem 1. Januar 2020 geltenden Fassung hat bis zum Ablauf der ersten ordentlichen Hauptversammlung, die auf den 31. Dezember 2020 folgt, zu erfolgen. ²Die erstmalige Beschlussfassung nach § 87a Absatz 2 Satz 1 des Aktiengesetzes in der ab dem 1. Januar 2020 geltenden Fassung hat bis zum Ablauf von zwei Monaten nach erstmaliger Billigung des Vergütungssystems durch die Hauptversammlung zu erfolgen. ³Den gegenwärtigen und hinzutretenden Vorstands- oder Aufsichtsratsmitgliedern kann bis zu dem in Satz 2 zuletzt geregelten Zeitpunkt eine Vergütung nach der bestehenden Vergütungspraxis gewährt werden; die vor diesem Zeitpunkt mit ihnen geschlossenen Verträge bleiben unberührt.

(2) ¹§ 162 des Aktiengesetzes in der ab dem 1. Januar 2020 geltenden Fassung ist erstmals für das nach dem 31. Dezember 2020 beginnende Geschäftsjahr anzuwenden. ²§ 162 Absatz 1 Satz 2 Nummer 2 ist bis zum Ablauf des fünften Geschäftsjahres, gerechnet ab dem Geschäftsjahr nach Satz 1, mit der Maßgabe anzuwenden, dass nicht die durchschnittliche Vergütung der letzten fünf Geschäftsjahre in die vergleichende Betrachtung einbezogen wird, sondern lediglich die durchschnittliche Vergütung über den Zeitraum seit dem Geschäftsjahr nach Satz 1. ³Die erstmalige Beschlussfassung nach § 120a Absatz 4 des Aktiengesetzes in der ab dem 1. Januar 2020 geltenden Fassung hat bis zum Ablauf der ersten ordentlichen Hauptversammlung, gerechnet ab Beginn des zweiten Geschäftsjahres, das auf den 31. Dezember 2020 folgt, zu erfolgen.

(3) § 124 des Aktiengesetzes in der ab dem 1. Januar 2020 geltenden Fassung ist erst ab dem 1. März 2020 und erstmals auf Hauptversammlungen anzuwenden, die nach dem 1. März 2020 einberufen werden.

(4) Die §§ 67, 67a bis 67f, 118, 121, 123, 125, 128, 129, 186 Absatz 2 Satz 1, § 214 Absatz 1 Satz 2, § 243 Absatz 3, § 246a Absatz 2 Nummer 2 und § 405 Absatz 2a Nummer 1 bis 5 und 7

---

1) **Anm. d. Red.:** § 26i eingefügt gem. Gesetz v. 11. 4. 2017 (BGBl I S. 802) mit Wirkung v. 19. 4. 2017.
2) **Anm. d. Red.:** § 26j eingefügt gem. Gesetz v. 12.12.2019 (BGBl I S. 2637) mit Wirkung v. 1.1.2020.

des Aktiengesetzes in der ab dem 1. Januar 2020 geltenden Fassung sind erst ab dem 3. September 2020 anzuwenden und sind erstmals auf Hauptversammlungen anzuwenden, die nach dem 3. September 2020 einberufen werden.

(5) ¹Die Verordnung über den Ersatz von Aufwendungen der Kreditinstitute vom 17. Juni 2003 (BGBl I S. 885), die durch Artikel 15 des Gesetzes vom 30. Juli 2009 (BGBl I S. 2479) geändert worden ist, ist in der bis einschließlich 2. September 2020 geltenden Fassung bis zum Inkrafttreten einer Verordnung auf Grundlage der Ermächtigung in § 67f Absatz 3 des Aktiengesetzes, jedoch längstens bis einschließlich 3. September 2025 weiterhin sinngemäß anzuwenden. ²Die Verordnung über den Ersatz von Aufwendungen der Kreditinstitute ist wie folgt sinngemäß anzuwenden:
1. auf Mitteilungen nach § 67 Absatz 4 Satz 1 bis 5 des Aktiengesetzes und bei börsennotierten Gesellschaften nach § 67d des Aktiengesetzes ist § 3 der Verordnung über den Ersatz von Aufwendungen der Kreditinstitute sinngemäß anzuwenden, und
2. auf Mitteilungen nach den §§ 67a bis 67c, auch in Verbindung mit § 125 Absatz 1, 2 und 5 des Aktiengesetzes ist § 1 der Verordnung über den Ersatz von Aufwendungen der Kreditinstitute sinngemäß anzuwenden.

Zweiter Abschnitt: Anwendung aktienrechtlicher Vorschriften auf Unternehmen mit anderer Rechtsform

§ 27 Entscheidung über die Zusammensetzung des Aufsichtsrats[1]
§ 96 Absatz 4, §§ 97 bis 99 des Aktiengesetzes gelten sinngemäß für Gesellschaften mit beschränkter Haftung und bergrechtliche Gewerkschaften.

§ 28 (weggefallen)[2]

§ 28a Treuhandanstalt[3]
¹Die Vorschriften des Aktiengesetzes über herrschende Unternehmen sind auf die Treuhandanstalt nicht anzuwenden. ²Dies gilt nicht für die Anwendung von Vorschriften über die Vertretung der Arbeitnehmer im Aufsichtsrat eines von der Treuhandanstalt verwalteten Unternehmens.

Dritter Abschnitt: Aufhebung und Änderung von Gesetzen (hier nicht wiedergegeben)

§§ 29 bis 44 (hier nicht wiedergegeben)

Vierter Abschnitt: Schlussvorschriften

§ 45 Geltung in Berlin (gegenstandslos)

§ 46 Inkrafttreten
Dieses Gesetz tritt am 1. Januar 1966 in Kraft.

---

1) **Anm. d. Red.:** § 27 i. d. F. des Gesetzes v. 24. 4. 2015 (BGBl I S. 642) mit Wirkung v. 1. 5. 2015.
2) **Anm. d. Red.:** § 28 weggefallen gem. Gesetz v. 9. 6. 1998 (BGBl I S. 1242) mit Wirkung v. 1. 1. 1999.
3) **Anm. d. Red.:** § 28a eingefügt gem. Gesetz v. 14. 7. 1992 (BGBl I S. 1257) mit Wirkung v. 22. 7. 1992.

III. Gesetz über die Anfechtung von Rechtshandlungen eines Schuldners außerhalb des Insolvenzverfahrens (Anfechtungsgesetz – AnfG)

v. 5.10.1994 (BGBl I S. 2911) mit späteren Änderungen

Das Gesetz über die Anfechtung von Rechtshandlungen eines Schuldners außerhalb des Insolvenzverfahrens (Anfechtungsgesetz – AnfG) ist als Art. 1 Einführungsgesetz zur Insolvenzordnung (EGInsO) v. 5.10.1994 (BGBl I S. 2911) verkündet worden und am 1.1.1999 in Kraft getreten. Es ist zuletzt geändert worden durch Art. 3 Gesetz zur Verbesserung der Rechtssicherheit bei Anfechtungen nach der Insolvenzordnung und nach dem Anfechtungsgesetz v. 29.3.2017 (BGBl I S. 654).

Nichtamtliche Fassung

§ 1 Grundsatz

(1) Rechtshandlungen eines Schuldners, die seine Gläubiger benachteiligen, können außerhalb des Insolvenzverfahrens nach Maßgabe der folgenden Bestimmungen angefochten werden.

(2) Eine Unterlassung steht einer Rechtshandlung gleich.

§ 2 Anfechtungsberechtigte

Zur Anfechtung ist jeder Gläubiger berechtigt, der einen vollstreckbaren Schuldtitel erlangt hat und dessen Forderung fällig ist, wenn die Zwangsvollstreckung in das Vermögen des Schuldners nicht zu einer vollständigen Befriedigung des Gläubigers geführt hat oder wenn anzunehmen ist, dass sie nicht dazu führen würde.

§ 3 Vorsätzliche Benachteiligung[1)]

(1) ¹Anfechtbar ist eine Rechtshandlung, die der Schuldner in den letzten zehn Jahren vor der Anfechtung mit dem Vorsatz, seine Gläubiger zu benachteiligen, vorgenommen hat, wenn der andere Teil zur Zeit der Handlung den Vorsatz des Schuldners kannte. ²Diese Kenntnis wird vermutet, wenn der andere Teil wusste, dass die Zahlungsunfähigkeit des Schuldners drohte und dass die Handlung die Gläubiger benachteiligte.

(2) Hat die Rechtshandlung dem anderen Teil eine Sicherung oder Befriedigung gewährt oder ermöglicht, beträgt der Zeitraum nach Absatz 1 Satz 1 vier Jahre.

(3) ¹Hat die Rechtshandlung dem anderen Teil eine Sicherung oder Befriedigung gewährt oder ermöglicht, welche dieser in der Art und zu der Zeit beanspruchen konnte, tritt an die Stelle der drohenden Zahlungsunfähigkeit des Schuldners nach Absatz 1 Satz 2 die eingetretene. ²Hatte der andere Teil mit dem Schuldner eine Zahlungsvereinbarung getroffen oder diesem in sonstiger Weise eine Zahlungserleichterung gewährt, wird vermutet, dass er zur Zeit der Handlung die Zahlungsunfähigkeit des Schuldners nicht kannte.

(4) ¹Anfechtbar ist ein vom Schuldner mit einer nahe stehenden Person (§ 138 der Insolvenzordnung) geschlossener entgeltlicher Vertrag, durch den seine Gläubiger unmittelbar benachteiligt werden. ²Die Anfechtung ist ausgeschlossen, wenn der Vertrag früher als zwei Jahre vor der Anfechtung geschlossen worden ist oder wenn dem anderen Teil zur Zeit des Vertragsschlusses ein Vorsatz des Schuldners, Gläubiger zu benachteiligen, nicht bekannt war.

§ 4 Unentgeltliche Leistung

(1) Anfechtbar ist eine unentgeltliche Leistung des Schuldners, es sei denn, sie ist früher als vier Jahre vor der Anfechtung vorgenommen worden.

---

1) **Anm. d. Red.:** § 3 i. d. F. des Gesetzes v. 29.3.2017 (BGBl I S. 654) mit Wirkung v. 5.4.2017.

(2) Richtet sich die Leistung auf ein gebräuchliches Gelegenheitsgeschenk geringen Werts, so ist sie nicht anfechtbar.

§ 5 Rechtshandlungen des Erben

Hat der Erbe aus dem Nachlass Pflichtteilsansprüche, Vermächtnisse oder Auflagen erfüllt, so kann ein Nachlassgläubiger, der im Insolvenzverfahren über den Nachlass dem Empfänger der Leistung im Rang vorgehen oder gleichstehen würde, die Leistung in gleicher Weise anfechten wie eine unentgeltliche Leistung des Erben.

§ 6 Gesellschafterdarlehen[1)]

(1) ¹Anfechtbar ist eine Rechtshandlung, die für die Forderung eines Gesellschafters auf Rückgewähr eines Darlehens im Sinne des § 39 Abs. 1 Nr. 5 der Insolvenzordnung oder für eine gleichgestellte Forderung

1. Sicherung gewährt hat, wenn die Handlung in den letzten zehn Jahren vor Erlangung des vollstreckbaren Schuldtitels oder danach vorgenommen worden ist, oder
2. Befriedigung gewährt hat, wenn die Handlung im letzten Jahr vor Erlangung des vollstreckbaren Schuldtitels oder danach vorgenommen worden ist.

²Wurde ein Antrag auf Eröffnung eines Insolvenzverfahrens nach § 26 Abs. 1 der Insolvenzordnung abgewiesen, bevor der Gläubiger einen vollstreckbaren Schuldtitel erlangt hat, so beginnt die Anfechtungsfrist mit dem Antrag auf Eröffnung des Insolvenzverfahrens.

(2) ¹Die Anfechtung ist ausgeschlossen, wenn nach dem Schluss des Jahres, in dem der Gläubiger den vollstreckbaren Schuldtitel erlangt hat, drei Jahre verstrichen sind. ²Wurde die Handlung später vorgenommen, so ist die Anfechtung drei Jahre nach dem Schluss des Jahres ausgeschlossen, in dem die Handlung vorgenommen worden ist.

§ 6a Gesicherte Darlehen[2)]

¹Anfechtbar ist eine Rechtshandlung, mit der eine Gesellschaft einem Dritten für eine Forderung auf Rückgewähr eines Darlehens innerhalb der in § 6 Abs. 1 Satz 1 Nr. 2 und Satz 2 genannten Fristen Befriedigung gewährt hat, wenn ein Gesellschafter für die Forderung eine Sicherheit bestellt hatte oder als Bürge haftete; dies gilt sinngemäß für Leistungen auf Forderungen, die einem Darlehen wirtschaftlich entsprechen. ²§ 39 Abs. 4 und 5 der Insolvenzordnung und § 6 Abs. 2 gelten entsprechend.

§ 7 Berechnung der Fristen[3)]

(1) Die in den §§ 3 und 4 bestimmten Fristen sind von dem Zeitpunkt zurückzurechnen, in dem die Anfechtbarkeit gerichtlich geltend gemacht wird.

(2) Hat der Gläubiger, bevor er einen vollstreckbaren Schuldtitel erlangt hatte oder seine Forderung fällig war, dem Anfechtungsgegner seine Absicht, die Rechtshandlung anzufechten, schriftlich mitgeteilt, so wird die Frist vom Zeitpunkt des Zugangs der Mitteilung zurückgerechnet, wenn schon zu dieser Zeit der Schuldner unfähig war, den Gläubiger zu befriedigen, und wenn bis zum Ablauf von zwei Jahren seit diesem Zeitpunkt die Anfechtbarkeit gerichtlich geltend gemacht wird.

(3) In die Fristen wird die Zeit nicht eingerechnet, während der Maßnahmen nach § 46 Absatz 1 Satz 2 Nummer 4 bis 6 des Kreditwesengesetzes angeordnet waren.

---

1) **Anm. d. Red.:** § 6 i. d. F. des Gesetzes v. 23. 10. 2008 (BGBl I S. 2026) mit Wirkung v. 1. 11. 2008.
2) **Anm. d. Red.:** § 6a eingefügt gem. Gesetz v. 23. 10. 2008 (BGBl I S. 2026) mit Wirkung v. 1. 11. 2008.
3) **Anm. d. Red.:** § 7 i. d. F. des Gesetzes v. 9. 12. 2010 (BGBl I S. 1900) mit Wirkung v. 1. 1. 2011.

§ 8 Zeitpunkt der Vornahme einer Rechtshandlung

(1) Eine Rechtshandlung gilt als in dem Zeitpunkt vorgenommen, in dem ihre rechtlichen Wirkungen eintreten.

(2) ¹Ist für das Wirksamwerden eines Rechtsgeschäfts eine Eintragung im Grundbuch, im Schiffsregister, im Schiffsbauregister oder im Register für Pfandrechte an Luftfahrzeugen erforderlich, so gilt das Rechtsgeschäft als vorgenommen, sobald die übrigen Voraussetzungen für das Wirksamwerden erfüllt sind, die Willenserklärung des Schuldners für ihn bindend geworden ist und der andere Teil den Antrag auf Eintragung der Rechtsänderung gestellt hat. ²Ist der Antrag auf Eintragung einer Vormerkung zur Sicherung des Anspruchs auf die Rechtsänderung gestellt worden, so gilt Satz 1 mit der Maßgabe, dass dieser Antrag an die Stelle des Antrags auf Eintragung der Rechtsänderung tritt.

(3) Bei einer bedingten oder befristeten Rechtshandlung bleibt der Eintritt der Bedingung oder des Termins außer Betracht.

§ 9 Anfechtung durch Einrede

Die Anfechtbarkeit kann im Wege der Einrede geltend gemacht werden, bevor ein vollstreckbarer Schuldtitel für die Forderung erlangt ist; der Gläubiger hat diesen jedoch vor der Entscheidung binnen einer vom Gericht zu bestimmenden Frist beizubringen.

§ 10 Vollstreckbarer Titel

Die Anfechtung wird nicht dadurch ausgeschlossen, dass für die Rechtshandlung ein vollstreckbarer Schuldtitel erlangt oder dass die Handlung durch Zwangsvollstreckung erwirkt worden ist.

§ 11 Rechtsfolgen[1)]

(1) ¹Was durch die anfechtbare Rechtshandlung aus dem Vermögen des Schuldners veräußert, weggegeben oder aufgegeben ist, muss dem Gläubiger zur Verfügung gestellt werden, soweit es zu dessen Befriedigung erforderlich ist. ²Die Vorschriften über die Rechtsfolgen einer ungerechtfertigten Bereicherung, bei der dem Empfänger der Mangel des rechtlichen Grundes bekannt ist, gelten entsprechend. ³Eine Geldschuld ist nur zu verzinsen, wenn die Voraussetzungen des Schuldnerverzugs oder des § 291 des Bürgerlichen Gesetzbuchs vorliegen; ein darüber hinausgehender Anspruch auf Herausgabe von Nutzungen eines erlangten Geldbetrags ist ausgeschlossen.

(2) ¹Der Empfänger einer unentgeltlichen Leistung hat diese nur zur Verfügung zu stellen, soweit er durch sie bereichert ist. ²Dies gilt nicht, sobald er weiß oder den Umständen nach wissen muss, dass die unentgeltliche Leistung die Gläubiger benachteiligt.

(3) ¹Im Fall der Anfechtung nach § 6a hat der Gesellschafter, der die Sicherheit bestellt hatte oder als Bürge haftete, die Zwangsvollstreckung in sein Vermögen bis zur Höhe des Betrags zu dulden, mit dem er als Bürge haftete oder der dem Wert der von ihm bestellten Sicherheit im Zeitpunkt der Rückgewähr des Darlehens oder der Leistung auf die gleichgestellte Forderung entspricht. ²Der Gesellschafter wird von der Verpflichtung frei, wenn er die Gegenstände, die dem Gläubiger als Sicherheit gedient hatten, dem Gläubiger zur Verfügung stellt.

§ 12 Ansprüche des Anfechtungsgegners

Wegen der Erstattung einer Gegenleistung oder wegen eines Anspruchs, der infolge der Anfechtung wiederauflebt, kann sich der Anfechtungsgegner nur an den Schuldner halten.

---

1) Anm. d. Red.: § 11 i. d. F. des Gesetzes v. 29. 3. 2017 (BGBl I S. 654) mit Wirkung v. 5. 4. 2017.

§ 13 Bestimmter Klageantrag

Wird der Anfechtungsanspruch im Wege der Klage geltend gemacht, so hat der Klageantrag bestimmt zu bezeichnen, in welchem Umfang und in welcher Weise der Anfechtungsgegner das Erlangte zur Verfügung stellen soll.

§ 14 Vorläufig vollstreckbarer Schuldtitel. Vorbehaltsurteil

Liegt ein nur vorläufig vollstreckbarer Schuldtitel des Gläubigers oder ein unter Vorbehalt ergangenes Urteil vor, so ist in dem Urteil, das den Anfechtungsanspruch für begründet erklärt, die Vollstreckung davon abhängig zu machen, dass die gegen den Schuldner ergangene Entscheidung rechtskräftig oder vorbehaltlos wird.

§ 15 Anfechtung gegen Rechtsnachfolger

(1) Die Anfechtbarkeit kann gegen den Erben oder einen anderen Gesamtrechtsnachfolger des Anfechtungsgegners geltend gemacht werden.

(2) Gegen einen sonstigen Rechtsnachfolger kann die Anfechtbarkeit geltend gemacht werden:
1. wenn dem Rechtsnachfolger zur Zeit seines Erwerbs die Umstände bekannt waren, welche die Anfechtbarkeit des Erwerbs seines Rechtsvorgängers begründen;
2. wenn der Rechtsnachfolger zur Zeit seines Erwerbs zu den Personen gehörte, die dem Schuldner nahe stehen (§ 138 der Insolvenzordnung), es sei denn, dass ihm zu dieser Zeit die Umstände unbekannt waren, welche die Anfechtbarkeit des Erwerbs seines Rechtsvorgängers begründen;
3. wenn dem Rechtsnachfolger das Erlangte unentgeltlich zugewendet worden ist.

(3) Zur Erstreckung der Fristen nach § 7 Abs. 2 genügt die schriftliche Mitteilung an den Rechtsnachfolger, gegen den die Anfechtung erfolgen soll.

§ 16 Eröffnung des Insolvenzverfahrens

(1) ¹Wird über das Vermögen des Schuldners das Insolvenzverfahren eröffnet, so ist der Insolvenzverwalter berechtigt, die von den Insolvenzgläubigern erhobenen Anfechtungsansprüche zu verfolgen. ²Aus dem Erstrittenen sind dem Gläubiger die Kosten des Rechtsstreits vorweg zu erstatten.

(2) Hat ein Insolvenzgläubiger bereits vor der Eröffnung des Insolvenzverfahrens aufgrund seines Anfechtungsanspruchs Sicherung oder Befriedigung erlangt, so gilt § 130 der Insolvenzordnung entsprechend.

§ 17 Unterbrechung des Verfahrens

(1) ¹Ist das Verfahren über den Anfechtungsanspruch im Zeitpunkt der Eröffnung des Insolvenzverfahrens noch rechtshängig, so wird es unterbrochen. ²Es kann vom Insolvenzverwalter aufgenommen werden. ³Wird die Aufnahme verzögert, so gilt § 239 Abs. 2 bis 4 der Zivilprozessordnung entsprechend.

(2) Der Insolvenzverwalter kann den Klageantrag nach Maßgabe der §§ 143, 144 und 146 der Insolvenzordnung erweitern.

(3) ¹Lehnt der Insolvenzverwalter die Aufnahme des Rechtsstreits ab, so kann dieser hinsichtlich der Kosten von jeder Partei aufgenommen werden. ²Durch die Ablehnung der Aufnahme wird das Recht des Insolvenzverwalters, nach den Vorschriften der Insolvenzordnung den Anfechtungsanspruch geltend zu machen, nicht ausgeschlossen.

§ 18 Beendigung des Insolvenzverfahrens[1]

(1) Nach der Beendigung des Insolvenzverfahrens können Anfechtungsansprüche, die der Insolvenzverwalter geltend machen konnte, von den einzelnen Gläubigern nach diesem Gesetz verfolgt werden, soweit nicht dem Anspruch entgegenstehende Einreden gegen den Insolvenzverwalter erlangt sind.

(2) ¹War der Anfechtungsanspruch nicht schon zur Zeit der Eröffnung des Insolvenzverfahrens gerichtlich geltend gemacht, so werden die in den §§ 3 und 4 bestimmten Fristen von diesem Zeitpunkt an berechnet, wenn der Anspruch bis zum Ablauf eines Jahres seit der Beendigung des Insolvenzverfahrens gerichtlich geltend gemacht wird. ²Satz 1 gilt für die in den §§ 6 und 6a bestimmten Fristen entsprechend mit der Maßgabe, dass an die Stelle der gerichtlichen Geltendmachung des Anfechtungsanspruchs die Erlangung des vollstreckbaren Schuldtitels tritt.

§ 19 Internationales Anfechtungsrecht

Bei Sachverhalten mit Auslandsberührung ist für die Anfechtbarkeit einer Rechtshandlung das Recht maßgeblich, dem die Wirkungen der Rechtshandlung unterliegen.

§ 20 Übergangsregeln[2]

(1) Dieses Gesetz ist auf die vor dem 1. Januar 1999 vorgenommenen Rechtshandlungen nur anzuwenden, soweit diese nicht nach dem bisherigen Recht der Anfechtung entzogen oder in geringerem Umfang unterworfen sind.

(2) ¹Das Gesetz, betreffend die Anfechtung von Rechtshandlungen eines Schuldners außerhalb des Konkursverfahrens in der im Bundesgesetzblatt Teil III, Gliederungsnummer 311-5, veröffentlichten bereinigten Fassung, zuletzt geändert durch Artikel 9 des Gesetzes vom 4. Juli 1980 (BGBl I S. 836), wird aufgehoben. ²Es ist jedoch weiter auf die Fälle anzuwenden, bei denen die Anfechtbarkeit vor dem 1. Januar 1999 gerichtlich geltend gemacht worden ist.

(3) Die Vorschriften dieses Gesetzes in der ab dem Inkrafttreten des Gesetzes vom 23. Oktober 2008 (BGBl I S. 2026) am 1. November 2008 geltenden Fassung sind auf vor dem 1. November 2008 vorgenommene Rechtshandlungen nur anzuwenden, soweit diese nicht nach dem bisherigen Recht der Anfechtung entzogen oder in geringerem Umfang unterworfen sind; andernfalls sind die bis zum 1. November 2008 anwendbaren Vorschriften weiter anzuwenden.

(4) Auf Fälle, bei denen die Anfechtbarkeit vor dem 5. April 2017 gerichtlich geltend gemacht worden ist, sind die bis dahin geltenden Vorschriften weiter anzuwenden.

---

1) **Anm. d. Red.:** § 18 i. d. F. des Gesetzes v. 23. 10. 2008 (BGBl I S. 2026) mit Wirkung v. 1. 11. 2008.
2) **Anm. d. Red.:** § 20 i. d. F. des Gesetzes v. 29. 3. 2017 (BGBl I S. 654) mit Wirkung v. 5. 4. 2017.

IV. Bürgerliches Gesetzbuch (BGB)
v. 2.1.2002 (BGBl I S. 45, ber. S. 2909, ber. 2003 I S. 738) mit späteren Änderungen

Das Bürgerliche Gesetzbuch (BGB) v. 2.1.2002 (BGBl I S. 45, ber. I S. 2909, ber. 2003 I S. 738) ist zuletzt geändert worden durch Art. 13 Gesetz zur Fortentwicklung des Sanierungs- und Insolvenzrechts (Sanierungs- und Insolvenzrechtsfortentwicklungsgesetz – SanInsFoG)[*] v. 22.12.2020 (BGBl I S. 3256).

Auszug

Inhaltsübersicht[1)2)]

Buch 1: Allgemeiner Teil (§§ 1-240)	
Abschnitt 1: Personen	1-89
Titel 1: Natürliche Personen, Verbraucher, Unternehmer	1-14
Titel 2: Juristische Personen	21-89
Untertitel 1: Vereine	21-79
Kapitel 1: Allgemeine Vorschriften	21-54
Kapitel 2: Eingetragene Vereine	55-79a
Untertitel 2: Stiftungen	80-88
Untertitel 3: Juristische Personen des öffentlichen Rechts	89
Abschnitt 2: Sachen und Tiere	90-103
Abschnitt 3: Rechtsgeschäfte	104-185
Titel 1: Geschäftsfähigkeit	104-113
Titel 2: Willenserklärung	116-144
Titel 3: Vertrag	145-157
Titel 4: Bedingung und Zeitbestimmung	158-163
Titel 5: Vertretung und Vollmacht	164-181
Titel 6: Einwilligung und Genehmigung	182-185
Abschnitt 4: Fristen, Termine	186-193
Abschnitt 5: Verjährung	194-225
Titel 1: Gegenstand und Dauer der Verjährung	194-202
Titel 2: Hemmung, Ablaufhemmung und Neubeginn der Verjährung	203-213
Titel 3: Rechtsfolgen der Verjährung	214-218
Abschnitt 6: Ausübung der Rechte, Selbstverteidigung, Selbsthilfe	226-231
Abschnitt 7: Sicherheitsleistung	232-240
Buch 2: Recht der Schuldverhältnisse (§§ 241-853)	
Abschnitt 1: Inhalt der Schuldverhältnisse	241-304
Titel 1: Verpflichtung zur Leistung	241-292
Titel 2: Verzug des Gläubigers	293-304
Abschnitt 2: Gestaltung rechtsgeschäftlicher Schuldverhältnisse durch Allgemeine Geschäftsbedingungen	305-310
Abschnitt 3: Schuldverhältnisse aus Verträgen	311-360

---

[*] **Amtl. Anm.:** Dieses Gesetz dient der weiteren Umsetzung der Richtlinie (EU) 2019/1023 des Europäischen Parlaments und des Rates vom 20. Juni 2019 über präventive Restrukturierungsrahmen, über Entschuldung und über Tätigkeitsverbote sowie über Maßnahmen zur Steigerung der Effizienz von Restrukturierungs-, Insolvenz- und Entschuldungsverfahren und zur Änderung der Richtlinie (EU) 2017/1132 (Richtlinie über Restrukturierung und Insolvenz) (ABl L 172 vom 26.6.2019, S. 18).

[1)] **Anm. d. Red.:** Bei der Abbildung des Inhaltsverzeichnisses des BGB wurde von der Darstellung der einzelnen Paragrafen abgesehen.

[2)] **Anm. d. Red.:** Inhaltsübersicht i. d. F. des Gesetzes v. 12.6.2020 (BGBl I S. 1245) mit Wirkung v. 23.12.2020.

IV. Bürgerliches Gesetzbuch

Titel 1: Begründung, Inhalt und Beendigung	311-319
Untertitel 1: Begründung	311-311c
Untertitel 2: Grundsätze bei Verbraucherverträgen und besondere Vertriebsformen	312-312k
Kapitel 1: Anwendungsbereich und Grundsätze bei Verbraucherverträgen	312, 312a
Kapitel 2: Außerhalb von Geschäftsräumen geschlossene Verträge und Fernabsatzverträge	312b-312h
Kapitel 3: Verträge im elektronischen Geschäftsverkehr	312i, 312j
Kapitel 4: Abweichende Vereinbarungen und Beweislast	312k
Untertitel 3: Anpassung und Beendigung von Verträgen	313, 314
Untertitel 4: Einseitige Leistungsbestimmungsrechte	315-319
Titel 2: Gegenseitiger Vertrag	320-327
Titel 3: Versprechen der Leistung an einen Dritten	328-335
Titel 4: Draufgabe, Vertragsstrafe	336-345
Titel 5: Rücktritt; Widerrufsrecht bei Verbraucherverträgen	346-361
Untertitel 1: Rücktritt	346-354
Untertitel 2: Widerrufsrecht bei Verbraucherverträgen	355-361
Abschnitt 4: Erlöschen der Schuldverhältnisse	362-397
Titel 1: Erfüllung	362-371
Titel 2: Hinterlegung	372-386
Titel 3: Aufrechnung	387-396
Titel 4: Erlass	397
Abschnitt 5: Übertragung einer Forderung	398-413
Abschnitt 6: Schuldübernahme	414-418
Abschnitt 7: Mehrheit von Schuldnern und Gläubigern	420-432
Abschnitt 8: Einzelne Schuldverhältnisse	433-853
Titel 1: Kauf, Tausch	433-480
Untertitel 1: Allgemeine Vorschriften	433-453
Untertitel 2: Besondere Arten des Kaufs	454-473
Kapitel 1: Kauf auf Probe	454, 455
Kapitel 2: Wiederkauf	456-462
Kapitel 3: Vorkauf	463-473
Untertitel 3: Verbrauchsgüterkauf	474-479
Untertitel 4: Tausch	480
Titel 2: Teilzeit-Wohnrechteverträge, Verträge über langfristige Urlaubsprodukte, Vermittlungsverträge und Tauschsystemverträge	481-487
Titel 3: Darlehensvertrag; Finanzierungshilfen und Ratenlieferungsverträge zwischen einem Unternehmer und einem Verbraucher	488-512
Untertitel 1: Darlehensvertrag	488-505
Kapitel 1: Allgemeine Vorschriften	488-490
Kapitel 2: Besondere Vorschriften für Verbraucherdarlehensverträge	491-505
Untertitel 2: Finanzierungshilfen zwischen einem Unternehmer und einem Verbraucher	506-509
Untertitel 3: Ratenlieferungsverträge zwischen einem Unternehmer und einem Verbraucher	510
Untertitel 4: Beratungsleistungen bei Immobilien-Verbraucherdarlehensverträgen	511
Untertitel 5: Unabdingbarkeit, Anwendung auf Existenzgründer	512, 513

IV. Bürgerliches Gesetzbuch

Untertitel 6: Unentgeltliche Darlehensverträge und unentgeltliche Finanzierungshilfen zwischen einem Unternehmer und einem Verbraucher	514, 515
Titel 4: Schenkung	516-534
Titel 5: Mietvertrag, Pachtvertrag	535-597
Untertitel 1: Allgemeine Vorschriften für Mietverhältnisse	535-548
Untertitel 2: Mietverhältnisse über Wohnraum	549-577a
Kapitel 1: Allgemeine Vorschriften	549-555
Kapitel 1a: Erhaltungs- und Modernisierungsmaßnahmen	555a-555f
Kapitel 2: Die Miete	556-561
Unterkapitel 1: Vereinbarungen über die Miete	556-556c
Unterkapitel 1a: Vereinbarungen über die Miethöhe bei Mietbeginn in Gebieten mit angespannten Wohnungsmärkten	556d-556g
Unterkapitel 2: Regelungen über die Miethöhe	557-561
Kapitel 3: Pfandrecht des Vermieters	562-562d
Kapitel 4: Wechsel der Vertragsparteien	563-567b
Kapitel 5: Beendigung des Mietverhältnisses	568-576b
Unterkapitel 1: Allgemeine Vorschriften	568-572
Unterkapitel 2: Mietverhältnisse auf unbestimmte Zeit	573-574c
Unterkapitel 3: Mietverhältnisse auf bestimmte Zeit	575, 575a
Unterkapitel 4: Werkwohnungen	576-576b
Kapitel 6: Besonderheiten bei der Bildung von Wohnungseigentum an vermieteten Wohnungen	577, 577a
Untertitel 3: Mietverhältnisse über andere Sachen	578-580a
Untertitel 4: Pachtvertrag	581-584b
Untertitel 5: Landpachtvertrag	585-597
Titel 6: Leihe	598-606
Titel 7: Sachdarlehensvertrag	607-610
Titel 8: Dienstvertrag und ähnliche Verträge	611-630h
Untertitel 1: Dienstvertrag	611-630
Untertitel 2: Behandlungsvertrag	630a-630h
Titel 9: Werkvertrag und ähnliche Verträge	631-651y
Untertitel 1: Werkvertragsrecht	631-651
Kapitel 1: Allgemeine Vorschriften	631-650
Kapitel 2: Bauvertrag	650a-650h
Kapitel 3: Verbraucherbauvertrag	650i-650n
Kapitel 4: Unabdingbarkeit	650o
Untertitel 2: Architektenvertrag und Ingenieurvertrag	650p-650t
Untertitel 3: Bauträgervertrag	650u, 650v
Untertitel 4: Pauschalreisevertrag, Reisevermittlung und Vermittlung verbundener Reiseleistungen	651a-651y
Titel 10: Maklervertrag	652-656
Untertitel 1: Allgemeine Vorschriften	652-655
Untertitel 2: Vermittlung von Verbraucherdarlehensverträgen und entgeltlichen Finanzierungshilfen	655a-655e
Untertitel 3: Ehevermittlung	656
Untertitel 4: Vermittlung von Kaufverträgen über Wohnungen und Einfamilienhäuser	656a-656d
Titel 11: Auslobung	657-661a
Titel 12: Auftrag, Geschäftsbesorgungsvertrag und Zahlungsdienste	662-675b
Untertitel 1: Auftrag	662-674

Untertitel 2: Geschäftsbesorgungsvertrag	675-675b
Untertitel 3: Zahlungsdienste	675c-676c
Kapitel 1: Allgemeine Vorschriften	675c-675e
Kapitel 2: Zahlungsdienstevertrag	675f-675i
Kapitel 3: Erbringung und Nutzung von Zahlungsdiensten	675j-676c
Unterkapitel 1: Autorisierung von Zahlungsvorgängen; Zahlungsinstrumente; Verweigerung des Zugangs zum Zahlungskonto	675j-675m
Unterkapitel 2: Ausführung von Zahlungsvorgängen	675n-675t
Unterkapitel 3: Haftung	675u-676c
Titel 13: Geschäftsführung ohne Auftrag	677-687
Titel 14: Verwahrung	688-700
Titel 15: Einbringung von Sachen bei Gastwirten	701-704
Titel 16: Gesellschaft	705-740
Titel 17: Gemeinschaft	741-758
Titel 18: Leibrente	759-761
Titel 19: Unvollkommene Verbindlichkeiten	762, 763
Titel 20: Bürgschaft	765-778
Titel 21: Vergleich	779
Titel 22: Schuldversprechen, Schuldanerkenntnis	780-782
Titel 23: Anweisung	783-792
Titel 24: Schuldverschreibung auf den Inhaber	793-808
Titel 25: Vorlegung von Sachen	809-811
Titel 26: Ungerechtfertigte Bereicherung	812-822
Titel 27: Unerlaubte Handlungen	823-853
Buch 3: Sachenrecht (§§ 854-1296)	
Abschnitt 1: Besitz	854-872
Abschnitt 2: Allgemeine Vorschriften über Rechte an Grundstücken	873-902
Abschnitt 3: Eigentum	903-1011
Titel 1: Inhalt des Eigentums	903-924
Titel 2: Erwerb und Verlust des Eigentums an Grundstücken	925-928
Titel 3: Erwerb und Verlust des Eigentums an beweglichen Sachen	929-984
Untertitel 1: Übertragung	929-936
Untertitel 2: Ersitzung	937-945
Untertitel 3: Verbindung, Vermischung, Verarbeitung	946-952
Untertitel 4: Erwerb von Erzeugnissen und sonstigen Bestandteilen einer Sache	953-957
Untertitel 5: Aneignung	958-964
Untertitel 6: Fund	965-984
Titel 4: Ansprüche aus dem Eigentum	985-1007
Titel 5: Miteigentum	1008-1011
Abschnitt 4: Dienstbarkeiten	1018-1093
Titel 1: Grunddienstbarkeiten	1018-1029
Titel 2: Nießbrauch	1030-1089
Untertitel 1: Nießbrauch an Sachen	1030-1067
Untertitel 2: Nießbrauch an Rechten	1068-1084
Untertitel 3: Nießbrauch an einem Vermögen	1085-1089
Titel 3: Beschränkte persönliche Dienstbarkeiten	1090-1093
Abschnitt 5: Vorkaufsrecht	1094-1104
Abschnitt 6: Reallasten	1105-1112

Abschnitt 7: Hypothek, Grundschuld, Rentenschuld	1113-1203
Titel 1: Hypothek	1113-1190
Titel 2: Grundschuld, Rentenschuld	1191-1203
Untertitel 1: Grundschuld	1191-1198
Untertitel 2: Rentenschuld	1199-1203
Abschnitt 8: Pfandrecht an beweglichen Sachen und an Rechten	1204-1296
Titel 1: Pfandrecht an beweglichen Sachen	1204-1259
Titel 2: Pfandrecht an Rechten	1273-1296

Buch 1: Allgemeiner Teil
Abschnitt 1: Personen
Titel 1: Natürliche Personen, Verbraucher, Unternehmer

§ 1 Beginn der Rechtsfähigkeit
Die Rechtsfähigkeit des Menschen beginnt mit der Vollendung der Geburt.

§ 2 Eintritt der Volljährigkeit
Die Volljährigkeit tritt mit der Vollendung des 18. Lebensjahres ein.

§§ 3 bis 6 (weggefallen)

§ 7 Wohnsitz; Begründung und Aufhebung
(1) Wer sich an einem Orte ständig niederlässt, begründet an diesem Orte seinen Wohnsitz.
(2) Der Wohnsitz kann gleichzeitig an mehreren Orten bestehen.
(3) Der Wohnsitz wird aufgehoben, wenn die Niederlassung mit dem Willen aufgehoben wird, sie aufzugeben.

§ 8 Wohnsitz nicht voll Geschäftsfähiger[1)]
Wer geschäftsunfähig oder in der Geschäftsfähigkeit beschränkt ist, kann ohne den Willen seines gesetzlichen Vertreters einen Wohnsitz weder begründen noch aufheben.

§ 9 Wohnsitz eines Soldaten
(1) ¹Ein Soldat hat seinen Wohnsitz am Standort. ²Als Wohnsitz eines Soldaten, der im Inland keinen Standort hat, gilt der letzte inländische Standort.
(2) Diese Vorschriften finden keine Anwendung auf Soldaten, die nur aufgrund der Wehrpflicht Wehrdienst leisten oder die nicht selbständig einen Wohnsitz begründen können.

§ 10 (weggefallen)

§ 11 Wohnsitz des Kindes
¹Ein minderjähriges Kind teilt den Wohnsitz der Eltern; es teilt nicht den Wohnsitz eines Elternteils, dem das Recht fehlt, für die Person des Kindes zu sorgen. ²Steht keinem Elternteil das Recht zu, für die Person des Kindes zu sorgen, so teilt das Kind den Wohnsitz desjenigen, dem dieses Recht zusteht. ³Das Kind behält den Wohnsitz, bis es ihn rechtsgültig aufhebt.

§ 12 Namensrecht
¹Wird das Recht zum Gebrauch eines Namens dem Berechtigten von einem anderen bestritten oder wird das Interesse des Berechtigten dadurch verletzt, dass ein anderer unbefugt den gleichen Namen gebraucht, so kann der Berechtigte von dem anderen Beseitigung der Beein-

---

1) **Anm. d. Red.:** § 8 i. d. F. des Gesetzes v. 17. 7. 2017 (BGBl I S. 2429) mit Wirkung v. 22. 7. 2017.

trächtigung verlangen. ²Sind weitere Beeinträchtigungen zu besorgen, so kann er auf Unterlassung klagen.

§ 13 Verbraucher[1]

Verbraucher ist jede natürliche Person, die ein Rechtsgeschäft zu Zwecken abschließt, die überwiegend weder ihrer gewerblichen noch ihrer selbständigen beruflichen Tätigkeit zugerechnet werden können.

§ 14 Unternehmer

(1) Unternehmer ist eine natürliche oder juristische Person oder eine rechtsfähige Personengesellschaft, die bei Abschluss eines Rechtsgeschäfts in Ausübung ihrer gewerblichen oder selbständigen beruflichen Tätigkeit handelt.

(2) Eine rechtsfähige Personengesellschaft ist eine Personengesellschaft, die mit der Fähigkeit ausgestattet ist, Rechte zu erwerben und Verbindlichkeiten einzugehen.

§§ 15 bis 20 (weggefallen)

Titel 2: Juristische Personen

Untertitel 1: Vereine

Kapitel 1: Allgemeine Vorschriften

§ 21 Nicht wirtschaftlicher Verein

Ein Verein, dessen Zweck nicht auf einen wirtschaftlichen Geschäftsbetrieb gerichtet ist, erlangt Rechtsfähigkeit durch Eintragung in das Vereinsregister des zuständigen Amtsgerichts.

§ 22 Wirtschaftlicher Verein[2]

¹Ein Verein, dessen Zweck auf einen wirtschaftlichen Geschäftsbetrieb gerichtet ist, erlangt in Ermangelung besonderer bundesgesetzlicher Vorschriften Rechtsfähigkeit durch staatliche Verleihung. ²Die Verleihung steht dem Land zu, in dessen Gebiet der Verein seinen Sitz hat.

§ 23 (weggefallen)[3]

§ 24 Sitz

Als Sitz eines Vereins gilt, wenn nicht ein anderes bestimmt ist, der Ort, an welchem die Verwaltung geführt wird.

§ 25 Verfassung

Die Verfassung eines rechtsfähigen Vereins wird, soweit sie nicht auf den nachfolgenden Vorschriften beruht, durch die Vereinssatzung bestimmt.

§ 26 Vorstand und Vertretung[4]

(1) ¹Der Verein muss einen Vorstand haben. ²Der Vorstand vertritt den Verein gerichtlich und außergerichtlich; er hat die Stellung eines gesetzlichen Vertreters. ³Der Umfang der Vertretungsmacht kann durch die Satzung mit Wirkung gegen Dritte beschränkt werden.

---

1) **Anm. d. Red.:** § 13 i. d. F. des Gesetzes v. 20. 9. 2013 (BGBl I S. 3642) mit Wirkung v. 13. 6. 2014.
2) **Anm. d. Red.:** § 22 i. d. F. des Gesetzes v. 24. 9. 2009 (BGBl I S. 3145) mit Wirkung v. 30. 9. 2009.
3) **Anm. d. Red.:** § 23 weggefallen gem. Gesetz v. 24. 9. 2009 (BGBl I S. 3145) mit Wirkung v. 30. 9. 2009.
4) **Anm. d. Red.:** § 26 i. d. F. des Gesetzes v. 24. 9. 2009 (BGBl I S. 3145) mit Wirkung v. 30. 9. 2009.

(2) ¹Besteht der Vorstand aus mehreren Personen, so wird der Verein durch die Mehrheit der Vorstandsmitglieder vertreten. ²Ist eine Willenserklärung gegenüber einem Verein abzugeben, so genügt die Abgabe gegenüber einem Mitglied des Vorstands.

§ 27 Bestellung und Geschäftsführung des Vorstandes[1]

(1) Die Bestellung des Vorstandes erfolgt durch Beschluss der Mitgliederversammlung.

(2) ¹Die Bestellung ist jederzeit widerruflich, unbeschadet des Anspruchs auf die vertragsmäßige Vergütung. ²Die Widerruflichkeit kann durch die Satzung auf den Fall beschränkt werden, dass ein wichtiger Grund für den Widerruf vorliegt; ein solcher Grund ist insbesondere grobe Pflichtverletzung oder Unfähigkeit zur ordnungsmäßigen Geschäftsführung.

(3) ¹Auf die Geschäftsführung des Vorstandes finden die für den Auftrag geltenden Vorschriften der §§ 664 bis 670 entsprechende Anwendung. ²Die Mitglieder des Vorstands sind unentgeltlich tätig.

§ 28 Beschlussfassung des Vorstands[2]

Bei einem Vorstand, der aus mehreren Personen besteht, erfolgt die Beschlussfassung nach den für die Beschlüsse der Mitglieder des Vereins geltenden Vorschriften der §§ 32 und 34.

§ 29 Notbestellung durch Amtsgericht

Soweit die erforderlichen Mitglieder des Vorstandes fehlen, sind sie in dringenden Fällen für die Zeit bis zur Behebung des Mangels auf Antrag eines Beteiligten von dem Amtsgericht zu bestellen, das für den Bezirk, in dem der Verein seinen Sitz hat, das Vereinsregister führt.

§ 30 Besondere Vertreter

¹Durch die Satzung kann bestimmt werden, dass neben dem Vorstand für gewisse Geschäfte besondere Vertreter zu bestellen sind. ²Die Vertretungsmacht eines solchen Vertreters erstreckt sich im Zweifel auf alle Rechtsgeschäfte, die der ihm zugewiesene Geschäftskreis gewöhnlich mit sich bringt.

§ 31 Haftung des Vereins für Organe

Der Verein ist für den Schaden verantwortlich, den der Vorstand, ein Mitglied des Vorstandes oder ein anderer verfassungsmäßig berufener Vertreter durch eine in Ausführung der ihm zustehenden Verrichtungen begangene, zum Schadensersatz verpflichtende Handlung einem Dritten zufügt.

§ 31a Haftung von Organmitgliedern und besonderen Vertretern[3]

(1) ¹Sind Organmitglieder oder besondere Vertreter unentgeltlich tätig oder erhalten sie für ihre Tätigkeit eine Vergütung, die 720 Euro jährlich nicht übersteigt, haften sie dem Verein für einen bei der Wahrnehmung ihrer Pflichten verursachten Schaden nur bei Vorliegen von Vorsatz oder grober Fahrlässigkeit. ²Satz 1 gilt auch für die Haftung gegenüber den Mitgliedern des Vereins. ³Ist streitig, ob ein Organmitglied oder ein besonderer Vertreter einen Schaden vorsätzlich oder grob fahrlässig verursacht hat, trägt der Verein oder das Vereinsmitglied die Beweislast.

(2) ¹Sind Organmitglieder oder besondere Vertreter nach Absatz 1 Satz 1 einem anderen zum Ersatz eines Schadens verpflichtet, den sie bei der Wahrnehmung ihrer Pflichten verursacht haben, so können sie von dem Verein die Befreiung von der Verbindlichkeit verlangen. ²Satz 1 gilt nicht, wenn der Schaden vorsätzlich oder grob fahrlässig verursacht wurde.

---

1) **Anm. d. Red.:** § 27 i. d. F. des Gesetzes v. 21. 3. 2013 (BGBl I S. 556) mit Wirkung v. 1. 1. 2015.
2) **Anm. d. Red.:** § 28 i. d. F. des Gesetzes v. 24. 9. 2009 (BGBl I S. 3145) mit Wirkung v. 30. 9. 2009.
3) **Anm. d. Red.:** § 31a i. d. F. des Gesetzes v. 21. 3. 2013 (BGBl I S. 556) mit Wirkung v. 29. 3. 2013.

§ 31b Haftung von Vereinsmitgliedern[1]

(1) ¹Sind Vereinsmitglieder unentgeltlich für den Verein tätig oder erhalten sie für ihre Tätigkeit eine Vergütung, die 720 Euro jährlich nicht übersteigt, haften sie dem Verein für einen Schaden, den sie bei der Wahrnehmung der ihnen übertragenen satzungsgemäßen Vereinsaufgaben verursachen, nur bei Vorliegen von Vorsatz oder grober Fahrlässigkeit. ²§ 31a Absatz 1 Satz 3 ist entsprechend anzuwenden.

(2) ¹Sind Vereinsmitglieder nach Absatz 1 Satz 1 einem anderen zum Ersatz eines Schadens verpflichtet, den sie bei der Wahrnehmung der ihnen übertragenen satzungsgemäßen Vereinsaufgaben verursacht haben, so können sie von dem Verein die Befreiung von der Verbindlichkeit verlangen. ²Satz 1 gilt nicht, wenn die Vereinsmitglieder den Schaden vorsätzlich oder grob fahrlässig verursacht haben.

§ 32 Mitgliederversammlung; Beschlussfassung[2]

(1) ¹Die Angelegenheiten des Vereins werden, soweit sie nicht von dem Vorstand oder einem anderen Vereinsorgan zu besorgen sind, durch Beschlussfassung in einer Versammlung der Mitglieder geordnet. ²Zur Gültigkeit des Beschlusses ist erforderlich, dass der Gegenstand bei der Berufung bezeichnet wird. ³Bei der Beschlussfassung entscheidet die Mehrheit der abgegebenen Stimmen.

(2) Auch ohne Versammlung der Mitglieder ist ein Beschluss gültig, wenn alle Mitglieder ihre Zustimmung zu dem Beschluss schriftlich erklären.

§ 33 Satzungsänderung[3]

(1) ¹Zu einem Beschluss, der eine Änderung der Satzung enthält, ist eine Mehrheit von drei Vierteln der abgegebenen Stimmen erforderlich. ²Zur Änderung des Zweckes des Vereins ist die Zustimmung aller Mitglieder erforderlich; die Zustimmung der nicht erschienenen Mitglieder muss schriftlich erfolgen.

(2) Beruht die Rechtsfähigkeit des Vereins auf Verleihung, so ist zu jeder Änderung der Satzung die Genehmigung der zuständigen Behörde erforderlich.

§ 34 Ausschluss vom Stimmrecht

Ein Mitglied ist nicht stimmberechtigt, wenn die Beschlussfassung die Vornahme eines Rechtsgeschäfts mit ihm oder die Einleitung oder Erledigung eines Rechtsstreits zwischen ihm und dem Verein betrifft.

§ 35 Sonderrechte

Sonderrechte eines Mitglieds können nicht ohne dessen Zustimmung durch Beschluss der Mitgliederversammlung beeinträchtigt werden.

§ 36 Berufung der Mitgliederversammlung

Die Mitgliederversammlung ist in den durch die Satzung bestimmten Fällen sowie dann zu berufen, wenn das Interesse des Vereins es erfordert.

§ 37 Berufung auf Verlangen einer Minderheit

(1) Die Mitgliederversammlung ist zu berufen, wenn der durch die Satzung bestimmte Teil oder in Ermangelung einer Bestimmung der zehnte Teil der Mitglieder die Berufung schriftlich unter Angabe des Zweckes und der Gründe verlangt.

---

1) **Anm. d. Red.:** § 31b eingefügt gem. Gesetz v. 21. 3. 2013 (BGBl I S. 556) mit Wirkung v. 29. 3. 2013.
2) **Anm. d. Red.:** § 32 i. d. F. des Gesetzes v. 24. 9. 2009 (BGBl I S. 3145) mit Wirkung v. 30. 9. 2009.
3) **Anm. d. Red.:** § 33 i. d. F. des Gesetzes v. 24. 9. 2009 (BGBl I S. 3145) mit Wirkung v. 30. 9. 2009.

(2) ¹Wird dem Verlangen nicht entsprochen, so kann das Amtsgericht die Mitglieder, die das Verlangen gestellt haben, zur Berufung der Versammlung ermächtigen; es kann Anordnungen über die Führung des Vorsitzes in der Versammlung treffen. ²Zuständig ist das Amtsgericht, das für den Bezirk, in dem der Verein seinen Sitz hat, das Vereinsregister führt. ³Auf die Ermächtigung muss bei der Berufung der Versammlung Bezug genommen werden.

§ 38 Mitgliedschaft

¹Die Mitgliedschaft ist nicht übertragbar und nicht vererblich. ²Die Ausübung der Mitgliedschaftsrechte kann nicht einem anderen überlassen werden.

§ 39 Austritt aus dem Verein

(1) Die Mitglieder sind zum Austritt aus dem Verein berechtigt.

(2) Durch die Satzung kann bestimmt werden, dass der Austritt nur am Schluss eines Geschäftsjahrs oder erst nach dem Ablauf einer Kündigungsfrist zulässig ist; die Kündigungsfrist kann höchstens zwei Jahre betragen.

§ 40 Nachgiebige Vorschriften[1)]

¹Die Vorschriften des § 26 Absatz 2 Satz 1, des § 27 Absatz 1 und 3, der §§ 28, 31a Abs. 1 Satz 2 sowie der §§ 32, 33 und 38 finden insoweit keine Anwendung als die Satzung ein anderes bestimmt. ²Von § 34 kann auch für die Beschlussfassung des Vorstands durch die Satzung nicht abgewichen werden.

§ 41 Auflösung des Vereins[2)]

¹Der Verein kann durch Beschluss der Mitgliederversammlung aufgelöst werden. ²Zu dem Beschluss ist eine Mehrheit von drei Vierteln der abgegebenen Stimmen erforderlich, wenn nicht die Satzung ein anderes bestimmt.

§ 42 Insolvenz[3)]

(1) ¹Der Verein wird durch die Eröffnung des Insolvenzverfahrens und mit Rechtskraft des Beschlusses, durch den die Eröffnung des Insolvenzverfahrens mangels Masse abgewiesen worden ist, aufgelöst. ²Wird das Verfahren auf Antrag des Schuldners eingestellt oder nach der Bestätigung eines Insolvenzplans, der den Fortbestand des Vereins vorsieht, aufgehoben, so kann die Mitgliederversammlung die Fortsetzung des Vereins beschließen. ³Durch die Satzung kann bestimmt werden, dass der Verein im Falle der Eröffnung des Insolvenzverfahrens als nicht rechtsfähiger Verein fortbesteht; auch in diesem Falle kann unter den Voraussetzungen des Satzes 2 die Fortsetzung als rechtskräftiger Verein beschlossen werden.

(2) ¹Der Vorstand hat im Falle der Zahlungsunfähigkeit oder der Überschuldung die Eröffnung des Insolvenzverfahrens zu beantragen. ²Wird die Stellung des Antrags verzögert, so sind die Vorstandsmitglieder, denen ein Verschulden zur Last fällt, den Gläubigern für den daraus entstehenden Schaden verantwortlich; sie haften als Gesamtschuldner.

§ 43 Entziehung der Rechtsfähigkeit[4)]

Einem Verein, dessen Rechtsfähigkeit auf Verleihung beruht, kann die Rechtsfähigkeit entzogen werden, wenn er einen anderen als den in der Satzung bestimmten Zweck verfolgt.

---

1) **Anm. d. Red.:** § 40 i. d. F. des Gesetzes v. 28. 9. 2009 (BGBl I S. 3161) mit Wirkung v. 30. 9. 2009.
2) **Anm. d. Red.:** § 41 i. d. F. des Gesetzes v. 24. 9. 2009 (BGBl I S. 3145) mit Wirkung v. 30. 9. 2009.
3) **Anm. d. Red.:** § 42 i. d. F. des Gesetzes v. 24. 9. 2009 (BGBl I S. 3145) mit Wirkung v. 30. 9. 2009.
4) **Anm. d. Red.:** § 43 i. d. F. des Gesetzes v. 24. 9. 2009 (BGBl I S. 3145) mit Wirkung v. 30. 9. 2009.

§ 44 Zuständigkeit und Verfahren[1]

Die Zuständigkeit und das Verfahren für die Entziehung der Rechtsfähigkeit nach § 43 bestimmen sich nach dem Recht des Landes, in dem der Verein seinen Sitz hat.

§ 45 Anfall des Vereinsvermögens[2]

(1) Mit der Auflösung des Vereins oder der Entziehung der Rechtsfähigkeit fällt das Vermögen an die in der Satzung bestimmten Personen.

(2) ¹Durch die Satzung kann vorgeschrieben werden, dass die Anfallberechtigten durch Beschluss der Mitgliederversammlung oder eines anderen Vereinsorgans bestimmt werden. ²Ist der Zweck des Vereins nicht auf einen wirtschaftlichen Geschäftsbetrieb gerichtet, so kann die Mitgliederversammlung auch ohne eine solche Vorschrift das Vermögen einer öffentlichen Stiftung oder Anstalt zuweisen.

(3) Fehlt es an einer Bestimmung der Anfallberechtigten, so fällt das Vermögen, wenn der Verein nach der Satzung ausschließlich den Interessen seiner Mitglieder diente, an die zurzeit der Auflösung oder der Entziehung der Rechtsfähigkeit vorhandenen Mitglieder zu gleichen Teilen, anderenfalls an den Fiskus des Landes, in dessen Gebiet der Verein seinen Sitz hatte.

§ 46 Anfall an den Fiskus

¹Fällt das Vereinsvermögen an den Fiskus, so finden die Vorschriften über eine dem Fiskus als gesetzlichem Erben anfallende Erbschaft entsprechende Anwendung. ²Der Fiskus hat das Vermögen tunlichst in einer den Zwecken des Vereins entsprechenden Weise zu verwenden.

§ 47 Liquidation

Fällt das Vereinsvermögen nicht an den Fiskus, so muss eine Liquidation stattfinden, sofern nicht über das Vermögen des Vereins das Insolvenzverfahren eröffnet ist.

§ 48 Liquidatoren[3]

(1) ¹Die Liquidation erfolgt durch den Vorstand. ²Zu Liquidatoren können auch andere Personen bestellt werden; für die Bestellung sind die für die Bestellung des Vorstands geltenden Vorschriften maßgebend.

(2) Die Liquidatoren haben die rechtliche Stellung des Vorstands, soweit sich nicht aus dem Zwecke der Liquidation ein anderes ergibt.

(3) Sind mehrere Liquidatoren vorhanden, so sind sie nur gemeinschaftlich zur Vertretung befugt und können Beschlüsse nur einstimmig fassen, sofern nicht ein anderes bestimmt ist.

§ 49 Aufgaben der Liquidatoren

(1) ¹Die Liquidatoren haben die laufenden Geschäfte zu beendigen, die Forderungen einzuziehen, das übrige Vermögen in Geld umzusetzen, die Gläubiger zu befriedigen und den Überschuss den Anfallberechtigten auszuantworten. ²Zur Beendigung schwebender Geschäfte können die Liquidatoren auch neue Geschäfte eingehen. ³Die Einziehung der Forderungen sowie die Umsetzung des übrigen Vermögens in Geld darf unterbleiben, soweit diese Maßregeln nicht zur Befriedigung der Gläubiger oder zur Verteilung des Überschusses unter die Anfallberechtigten erforderlich sind.

(2) Der Verein gilt bis zur Beendigung der Liquidation als fortbestehend, soweit der Zweck der Liquidation es erfordert.

---

1) **Anm. d. Red.:** § 44 i. d. F. des Gesetzes v. 24. 9. 2009 (BGBl I S. 3145) mit Wirkung v. 30. 9. 2009.
2) **Anm. d. Red.:** § 45 i. d. F. des Gesetzes v. 24. 9. 2009 (BGBl I S. 3145) mit Wirkung v. 30. 9. 2009.
3) **Anm. d. Red.:** § 48 i. d. F. des Gesetzes v. 24. 9. 2009 (BGBl I S. 3145) mit Wirkung v. 30. 9. 2009.

§ 50 Bekanntmachung des Vereins in Liquidation[1]

(1) ¹Die Auflösung des Vereins oder die Entziehung der Rechtsfähigkeit ist durch die Liquidatoren öffentlich bekannt zu machen. ²In der Bekanntmachung sind die Gläubiger zur Anmeldung ihrer Ansprüche aufzufordern. ³Die Bekanntmachung erfolgt durch das in der Satzung für Veröffentlichungen bestimmte Blatt. ⁴Die Bekanntmachung gilt mit dem Ablauf des zweiten Tages nach der Einrückung oder der ersten Einrückung als bewirkt.

(2) Bekannte Gläubiger sind durch besondere Mitteilung zur Anmeldung aufzufordern.

§ 50a Bekanntmachungsblatt[2]

Hat ein Verein in der Satzung kein Blatt für Bekanntmachungen bestimmt oder hat das bestimmte Bekanntmachungsblatt sein Erscheinen eingestellt, sind Bekanntmachungen des Vereins in dem Blatt zu veröffentlichen, welches für Bekanntmachungen des Amtsgerichts bestimmt ist, in dessen Bezirk der Verein seinen Sitz hat.

§ 51 Sperrjahr

Das Vermögen darf den Anfallberechtigten nicht vor dem Ablauf eines Jahres nach der Bekanntmachung der Auflösung des Vereins oder der Entziehung der Rechtsfähigkeit ausgeantwortet werden.

§ 52 Sicherung für Gläubiger

(1) Meldet sich ein bekannter Gläubiger nicht, so ist der geschuldete Betrag, wenn die Berechtigung zur Hinterlegung vorhanden ist, für den Gläubiger zu hinterlegen.

(2) Ist die Berichtigung einer Verbindlichkeit zurzeit nicht ausführbar oder ist eine Verbindlichkeit streitig, so darf das Vermögen den Anfallberechtigten nur ausgeantwortet werden, wenn dem Gläubiger Sicherheit geleistet ist.

§ 53 Schadensersatzpflicht der Liquidatoren[3]

Liquidatoren, welche die ihnen nach dem § 42 Abs. 2 und den §§ 50, 51 und 52 obliegenden Verpflichtungen verletzen oder vor der Befriedigung der Gläubiger Vermögen den Anfallberechtigten ausantworten, sind, wenn ihnen ein Verschulden zur Last fällt, den Gläubigern für den daraus entstehenden Schaden verantwortlich; sie haften als Gesamtschuldner.

§ 54 Nicht rechtsfähige Vereine

¹Auf Vereine, die nicht rechtsfähig sind, finden die Vorschriften über die Gesellschaft Anwendung. ²Aus einem Rechtsgeschäft, das im Namen eines solchen Vereins einem Dritten gegenüber vorgenommen wird, haftet der Handelnde persönlich; handeln mehrere, so haften sie als Gesamtschuldner.

Kapitel 2: Eingetragene Vereine

§ 55 Zuständigkeit für die Registereintragung[4]

Die Eintragung eines Vereins der in § 21 bezeichneten Art in das Vereinsregister hat bei dem Amtsgericht zu geschehen, in dessen Bezirke der Verein seinen Sitz hat.

---

1) **Anm. d. Red.:** § 50 i. d. F. des Gesetzes v. 23. 11. 2007 (BGBl I S. 2614) mit Wirkung v. 30. 11. 2007.
2) **Anm. d. Red.:** § 50a eingefügt gem. Gesetz v. 23. 11. 2007 (BGBl I S. 2614) mit Wirkung v. 30. 11. 2007.
3) **Anm. d. Red.:** § 53 i. d. F. des Gesetzes v. 23. 11. 2007 (BGBl I S. 2614) mit Wirkung v. 30. 11. 2007.
4) **Anm. d. Red.:** § 55 i. d. F. des Gesetzes v. 17. 12. 2008 (BGBl I S. 2586) mit Wirkung v. 1. 9. 2009.

§ 55a Elektronisches Vereinsregister[1]

(1) ¹Die Landesregierungen können durch Rechtsverordnung bestimmen, dass und in welchem Umfang das Vereinsregister in maschineller Form als automatisierte Datei geführt wird. ²Hierbei muss gewährleistet sein, dass

1. die Grundsätze einer ordnungsgemäßen Datenverarbeitung eingehalten, insbesondere Vorkehrungen gegen einen Datenverlust getroffen sowie die erforderlichen Kopien der Datenbestände mindestens tagesaktuell gehalten und die originären Datenbestände sowie deren Kopien sicher aufbewahrt werden;
2. die vorzunehmenden Eintragungen alsbald in einen Datenspeicher aufgenommen und auf Dauer inhaltlich unverändert in lesbarer Form wiedergegeben werden können und
3. die nach den Artikeln 24, 25 und 32 der Verordnung (EU) 2016/679 erforderlichen Anforderungen erfüllt sind.

³Die Landesregierungen können durch Rechtsverordnung die Ermächtigung nach Satz 1 auf die Landesjustizverwaltungen übertragen.

(2) ¹Das maschinell geführte Vereinsregister tritt für eine Seite des Registers an die Stelle des bisherigen Registers, sobald die Eintragungen dieser Seite in den für die Vereinsregistereintragungen bestimmten Datenspeicher aufgenommen und als Vereinsregister freigegeben worden sind. ²Die entsprechenden Seiten des bisherigen Vereinsregisters sind mit einem Schließungsvermerk zu versehen.

(3) ¹Eine Eintragung wird wirksam, sobald sie in den für die Registereintragungen bestimmten Datenspeicher aufgenommen ist und auf Dauer inhaltlich unverändert in lesbarer Form wiedergegeben werden kann. ²Durch eine Bestätigungsanzeige oder in anderer geeigneter Weise ist zu überprüfen, ob diese Voraussetzungen eingetreten sind. ³Jede Eintragung soll den Tag angeben, an dem sie wirksam geworden ist.

§ 56 Mindestmitgliederzahl des Vereins

Die Eintragung soll nur erfolgen, wenn die Zahl der Mitglieder mindestens sieben beträgt.

§ 57 Mindesterfordernisse an die Vereinssatzung

(1) Die Satzung muss den Zweck, den Namen und den Sitz des Vereins enthalten und ergeben, dass der Verein eingetragen werden soll.

(2) Der Name soll sich von den Namen der an demselben Orte oder in derselben Gemeinde bestehenden eingetragenen Vereine deutlich unterscheiden.

§ 58 Sollinhalt der Vereinssatzung

Die Satzung soll Bestimmungen enthalten:
1. über den Eintritt und Austritt der Mitglieder;
2. darüber, ob und welche Beiträge von den Mitgliedern zu leisten sind;
3. über die Bildung des Vorstandes;
4. über die Voraussetzungen, unter denen die Mitgliederversammlung zu berufen ist, über die Form der Berufung und über die Beurkundung der Beschlüsse.

§ 59 Anmeldung zur Eintragung[2]

(1) Der Vorstand hat den Verein zur Eintragung anzumelden.

(2) Der Anmeldung sind Abschriften der Satzung und der Urkunden über die Bestellung des Vorstands beizufügen.

---

1) **Anm. d. Red.:** § 55a i. d. F. des Gesetzes v. 20.11.2019 (BGBl I S. 1724) mit Wirkung v. 26.11.2019.
2) **Anm. d. Red.:** § 59 i. d. F. des Gesetzes v. 24.9.2009 (BGBl I S. 3145) mit Wirkung v. 30.9.2009.

(3) Die Satzung soll von mindestens sieben Mitgliedern unterzeichnet sein und die Angabe des Tages der Errichtung enthalten.

§ 60 Zurückweisung der Anmeldung[1)]

Die Anmeldung ist, wenn den Erfordernissen der §§ 56 bis 59 nicht genügt ist, von dem Amtsgericht unter Angabe der Gründe zurückzuweisen.

§§ 61 bis 63 (weggefallen)

§ 64 Inhalt der Vereinsregistereintragung

Bei der Eintragung sind der Name und der Sitz des Vereins, der Tag der Errichtung der Satzung, die Mitglieder des Vorstands und ihre Vertretungsmacht anzugeben.

§ 65 Namenszusatz

Mit der Eintragung erhält der Name des Vereins den Zusatz „eingetragener Verein".

§ 66 Bekanntmachung der Eintragung und Aufbewahrung von Dokumenten[2)]

(1) Das Amtsgericht hat die Eintragung des Vereins in das Vereinsregister durch Veröffentlichung in dem von der Landesjustizverwaltung bestimmten elektronischen Informations- und Kommunikationssystem bekannt zu machen.

(2) Die mit der Anmeldung eingereichten Dokumente werden vom Amtsgericht aufbewahrt.

§ 67 Änderung des Vorstands

(1) ¹Jede Änderung des Vorstands ist von dem Vorstand zur Eintragung anzumelden. ²Der Anmeldung ist eine Abschrift der Urkunde über die Änderung beizufügen.

(2) Die Eintragung gerichtlich bestellter Vorstandsmitglieder erfolgt von Amts wegen.

§ 68 Vertrauensschutz durch Vereinsregister

¹Wird zwischen den bisherigen Mitgliedern des Vorstands und einem Dritten ein Rechtsgeschäft vorgenommen, so kann die Änderung des Vorstands dem Dritten nur entgegengesetzt werden, wenn sie zurzeit der Vornahme des Rechtsgeschäfts im Vereinsregister eingetragen oder dem Dritten bekannt ist. ²Ist die Änderung eingetragen, so braucht der Dritte sie nicht gegen sich gelten zu lassen, wenn er sie nicht kennt, seine Unkenntnis auch nicht auf Fahrlässigkeit beruht.

§ 69 Nachweis des Vereinsvorstands

Der Nachweis, dass der Vorstand aus den im Register eingetragenen Personen besteht, wird Behörden gegenüber durch ein Zeugnis des Amtsgerichts über die Eintragung geführt.

§ 70 Vertrauensschutz bei Eintragungen zur Vertretungsmacht[3)]

Die Vorschriften des § 68 gelten auch für Bestimmungen, die den Umfang der Vertretungsmacht des Vorstands beschränken oder die Vertretungsmacht des Vorstands abweichend von der Vorschrift des § 26 Absatz 2 Satz 1 regeln.

---

1) **Anm. d. Red.:** § 60 i. d. F. des Gesetzes v. 24. 9. 2009 (BGBl I S. 3145) mit Wirkung v. 30. 9. 2009.
2) **Anm. d. Red.:** § 66 i. d. F. des Gesetzes v. 24. 9. 2009 (BGBl I S. 3145) mit Wirkung v. 30. 9. 2009.
3) **Anm. d. Red.:** § 70 i. d. F. des Gesetzes v. 24. 9. 2009 (BGBl I S. 3145) mit Wirkung v. 30. 9. 2009.

§ 71 Änderungen der Satzung[1)]

(1) ¹Änderungen der Satzung bedürfen zu ihrer Wirksamkeit der Eintragung in das Vereinsregister. ²Die Änderung ist von dem Vorstand zur Eintragung anzumelden. ³Der Anmeldung sind eine Abschrift des die Änderung enthaltenden Beschlusses und der Wortlaut der Satzung beizufügen. ⁴In dem Wortlaut der Satzung müssen die geänderten Bestimmungen mit dem Beschluss über die Satzungsänderung, die unveränderten Bestimmungen mit dem zuletzt eingereichten vollständigen Wortlaut der Satzung und, wenn die Satzung geändert worden ist, ohne dass ein vollständiger Wortlaut der Satzung eingereicht wurde, auch mit den zuvor eingetragenen Änderungen übereinstimmen.

(2) Die Vorschriften der §§ 60, 64 und des § 66 Abs. 2 finden entsprechende Anwendung.

§ 72 Bescheinigung der Mitgliederzahl[2)]

Der Vorstand hat dem Amtsgericht auf dessen Verlangen jederzeit eine schriftliche Bescheinigung über die Zahl der Vereinsmitglieder einzureichen.

§ 73 Unterschreiten der Mindestmitgliederzahl[3)]

Sinkt die Zahl der Vereinsmitglieder unter drei herab, so hat das Amtsgericht auf Antrag des Vorstands und, wenn der Antrag nicht binnen drei Monaten gestellt wird, von Amts wegen nach Anhörung des Vorstands dem Verein die Rechtsfähigkeit zu entziehen.

§ 74 Auflösung[4)]

(1) Die Auflösung des Vereins sowie die Entziehung der Rechtsfähigkeit ist in das Vereinsregister einzutragen.

(2) ¹Wird der Verein durch Beschluss der Mitgliederversammlung oder durch den Ablauf der für die Dauer des Vereins bestimmten Zeit aufgelöst, so hat der Vorstand die Auflösung zur Eintragung anzumelden. ²Der Anmeldung ist im ersteren Falle eine Abschrift des Auflösungsbeschlusses beizufügen.

§ 75 Eintragungen bei Insolvenz[5)]

(1) ¹Die Eröffnung des Insolvenzverfahrens und der Beschluss, durch den die Eröffnung des Insolvenzverfahrens mangels Masse rechtskräftig abgewiesen worden ist, sowie die Auflösung des Vereins nach § 42 Absatz 2 Satz 1 sind von Amts wegen einzutragen. ²Von Amts wegen sind auch einzutragen

1. die Aufhebung des Eröffnungsbeschlusses,
2. die Bestellung eines vorläufigen Insolvenzverwalters, wenn zusätzlich dem Schuldner ein allgemeines Verfügungsverbot auferlegt oder angeordnet wird, dass Verfügungen des Schuldners nur mit Zustimmung des vorläufigen Insolvenzverwalters wirksam sind, und die Aufhebung einer derartigen Sicherungsmaßnahme,
3. die Anordnung der Eigenverwaltung durch den Schuldner und deren Aufhebung sowie die Anordnung der Zustimmungsbedürftigkeit bestimmter Rechtsgeschäfte des Schuldners,
4. die Einstellung und die Aufhebung des Verfahrens und
5. die Überwachung der Erfüllung eines Insolvenzplans und die Aufhebung der Überwachung.

---

1) **Anm. d. Red.:** § 71 i. d. F. des Gesetzes v. 24. 9. 2009 (BGBl I S. 3145) mit Wirkung v. 30. 9. 2009.
2) **Anm. d. Red.:** § 72 i. d. F. des Gesetzes v. 24. 9. 2009 (BGBl I S. 3145) mit Wirkung v. 30. 9. 2009.
3) **Anm. d. Red.:** § 73 i. d. F. des Gesetzes v. 24. 9. 2009 (BGBl I S. 3145) mit Wirkung v. 30. 9. 2009.
4) **Anm. d. Red.:** § 74 i. d. F. des Gesetzes v. 24. 9. 2009 (BGBl I S. 3145) mit Wirkung v. 30. 9. 2009.
5) **Anm. d. Red.:** § 75 i. d. F. des Gesetzes v. 24. 9. 2009 (BGBl I S. 3145) mit Wirkung v. 30. 9. 2009.

(2) ¹Wird der Verein durch Beschluss der Mitgliederversammlung nach § 42 Absatz 1 Satz 2 fortgesetzt, so hat der Vorstand die Fortsetzung zur Eintragung anzumelden. ²Der Anmeldung ist eine Abschrift des Beschlusses beizufügen.

§ 76 Eintragungen bei Liquidation[1]

(1) ¹Bei der Liquidation des Vereins sind die Liquidatoren und ihre Vertretungsmacht in das Vereinsregister einzutragen. ²Das Gleiche gilt für die Beendigung des Vereins nach der Liquidation.

(2) ¹Die Anmeldung der Liquidatoren hat durch den Vorstand zu erfolgen. ²Bei der Anmeldung ist der Umfang der Vertretungsmacht der Liquidatoren anzugeben. ³Änderungen der Liquidatoren oder ihrer Vertretungsmacht sowie die Beendigung des Vereins sind von den Liquidatoren anzumelden. ⁴Der Anmeldung der durch Beschluss der Mitgliederversammlung bestellten Liquidatoren ist eine Abschrift des Bestellungsbeschlusses, der Anmeldung der Vertretungsmacht, die abweichend von § 48 Absatz 3 bestimmt wurde, ist eine Abschrift der diese Bestimmung enthaltenden Urkunde beizufügen.

(3) Die Eintragung gerichtlich bestellter Liquidatoren geschieht von Amts wegen.

§ 77 Anmeldepflichtige und Form der Anmeldungen[2]

¹Die Anmeldungen zum Vereinsregister sind von Mitgliedern des Vorstands sowie von den Liquidatoren, die insoweit zur Vertretung des Vereins berechtigt sind, mittels öffentlich beglaubigter Erklärung abzugeben. ²Die Erklärung kann in Urschrift oder in öffentlich beglaubigter Abschrift beim Gericht eingereicht werden.

§ 78 Festsetzung von Zwangsgeld[3]

(1) Das Amtsgericht kann die Mitglieder des Vorstands zur Befolgung der Vorschriften des § 67 Abs. 1, des § 71 Abs. 1, des § 72, des § 74 Abs. 2, des § 75 Absatz 2 und des § 76 durch Festsetzung von Zwangsgeld anhalten.

(2) In gleicher Weise können die Liquidatoren zur Befolgung der Vorschriften des § 76 angehalten werden.

§ 79 Einsicht in das Vereinsregister[4]

(1) ¹Die Einsicht des Vereinsregisters sowie der von dem Verein bei dem Amtsgericht eingereichten Dokumente ist jedem gestattet. ²Von den Eintragungen kann eine Abschrift verlangt werden; die Abschrift ist auf Verlangen zu beglaubigen. ³Wird das Vereinsregister maschinell geführt, tritt an die Stelle der Abschrift ein Ausdruck, an die der beglaubigten Abschrift ein amtlicher Ausdruck.

(2) ¹Die Einrichtung eines automatisierten Verfahrens, das die Übermittlung von Daten aus maschinell geführten Vereinsregistern durch Abruf ermöglicht, ist zulässig, wenn sichergestellt ist, dass
1. der Abruf von Daten die zulässige Einsicht nach Absatz 1 nicht überschreitet und
2. die Zulässigkeit der Abrufe auf der Grundlage einer Protokollierung kontrolliert werden kann.

²Die Länder können für das Verfahren ein länderübergreifendes elektronisches Informations- und Kommunikationssystem bestimmen.

---

1) **Anm. d. Red.:** § 76 i. d. F. des Gesetzes v. 24. 9. 2009 (BGBl I S. 3145) mit Wirkung v. 30. 9. 2009.
2) **Anm. d. Red.:** § 77 i. d. F. des Gesetzes v. 24. 9. 2009 (BGBl I S. 3145) mit Wirkung v. 30. 9. 2009.
3) **Anm. d. Red.:** § 78 i. d. F. des Gesetzes v. 24. 9. 2009 (BGBl I S. 3145) mit Wirkung v. 30. 9. 2009.
4) **Anm. d. Red.:** § 79 i. d. F. des Gesetzes v. 24. 9. 2009 (BGBl I S. 3145) mit Wirkung v. 30. 9. 2009.

(3) ¹Der Nutzer ist darauf hinzuweisen, dass er die übermittelten Daten nur zu Informationszwecken verwenden darf. ²Die zuständige Stelle hat (z. B. durch Stichproben) zu prüfen, ob sich Anhaltspunkte dafür ergeben, dass die nach Satz 1 zulässige Einsicht überschritten oder übermittelte Daten missbraucht werden.

(4) Die zuständige Stelle kann einen Nutzer, der die Funktionsfähigkeit der Abrufeinrichtung gefährdet, die nach Absatz 3 Satz 1 zulässige Einsicht überschreitet oder übermittelte Daten missbraucht, von der Teilnahme am automatisierten Abrufverfahren ausschließen; dasselbe gilt bei drohender Überschreitung oder drohendem Missbrauch.

(5) ¹Zuständige Stelle ist die Landesjustizverwaltung. ²Örtlich zuständig ist die Landesjustizverwaltung, in deren Zuständigkeitsbereich das betreffende Amtsgericht liegt. ³Die Zuständigkeit kann durch Rechtsverordnung der Landesregierung abweichend geregelt werden. ⁴Sie kann diese Ermächtigung durch Rechtsverordnung auf die Landesjustizverwaltung übertragen. ⁵Die Länder können auch die Übertragung der Zuständigkeit auf die zuständige Stelle eines anderen Landes vereinbaren.

§ 79a Anwendung der Verordnung (EU) 2016/679 im Registerverfahren[1]

(1) ¹Die Rechte nach Artikel 15 der Verordnung (EU) 2016/679 des Europäischen Parlaments und des Rates vom 27. April 2016 zum Schutz natürlicher Personen bei der Verarbeitung personenbezogener Daten, zum freien Datenverkehr und zur Aufhebung der Richtlinie 95/46/EG (Datenschutz-Grundverordnung) (ABl L 119 vom 4.5.2016, S. 1; L 314 vom 22.11.2016, S. 72; L 127 vom 23.5.2018, S. 2) werden nach § 79 und den dazu erlassenen Vorschriften der Vereinsregisterverordnung durch Einsicht in das Register oder den Abruf von Registerdaten über das länderübergreifende Informations- und Kommunikationssystem gewährt. ²Das Registergericht ist nicht verpflichtet, Personen, deren personenbezogene Daten im Vereinsregister oder in den Registerakten gespeichert sind, über die Offenlegung dieser Daten an Dritte Auskunft zu erteilen.

(2) Das Recht auf Berichtigung nach Artikel 16 der Verordnung (EU) 2016/679 kann für personenbezogene Daten, die im Vereinsregister oder in den Registerakten gespeichert sind, nur unter den Voraussetzungen und in dem Verfahren ausgeübt werden, die im Gesetz über das Verfahren in Familiensachen und in den Angelegenheiten der freiwilligen Gerichtsbarkeit sowie der Vereinsregisterverordnung für eine Löschung oder Berichtigung von Eintragungen geregelt sind.

(3) Das Widerspruchsrecht nach Artikel 21 der Verordnung (EU) 2016/679 ist auf personenbezogene Daten, die im Vereinsregister und in den Registerakten gespeichert sind, nicht anzuwenden.

Untertitel 2: Stiftungen

§ 80 Entstehung einer rechtsfähigen Stiftung[2]

(1) Zur Entstehung einer rechtsfähigen Stiftung sind das Stiftungsgeschäft und die Anerkennung durch die zuständige Behörde des Landes erforderlich, in dem die Stiftung ihren Sitz haben soll.

(2) ¹Die Stiftung ist als rechtsfähig anzuerkennen, wenn das Stiftungsgeschäft den Anforderungen des § 81 Abs. 1 genügt, die dauernde und nachhaltige Erfüllung des Stiftungszwecks gesichert erscheint und der Stiftungszweck das Gemeinwohl nicht gefährdet. ²Bei einer Stiftung, die für eine bestimmte Zeit errichtet und deren Vermögen für die Zweckverfolgung verbraucht werden soll (Verbrauchsstiftung), erscheint die dauernde Erfüllung des Stiftungszwecks gesi-

---

1) **Anm. d. Red.:** § 79a eingefügt gem. Gesetz v. 20.11.2019 (BGBl I S. 1724) mit Wirkung v. 26.11.2019.
2) **Anm. d. Red.:** § 80 i. d. F. des Gesetzes v. 21. 3. 2013 (BGBl I S. 556) mit Wirkung v. 29. 3. 2013.

chert, wenn die Stiftung für einen im Stiftungsgeschäft festgelegten Zeitraum bestehen soll, der mindestens zehn Jahre umfasst.

(3) ¹Vorschriften der Landesgesetze über kirchliche Stiftungen bleiben unberührt. ²Das gilt entsprechend für Stiftungen, die nach den Landesgesetzen kirchlichen Stiftungen gleichgestellt sind.

§ 81 Stiftungsgeschäft[1]

(1) ¹Das Stiftungsgeschäft unter Lebenden bedarf der schriftlichen Form. ²Es muss die verbindliche Erklärung des Stifters enthalten, ein Vermögen zur Erfüllung eines von ihm vorgegebenen Zweckes zu widmen, das auch zum Verbrauch bestimmt werden kann. ³Durch das Stiftungsgeschäft muss die Stiftung eine Satzung erhalten mit Regelungen über

1. den Namen der Stiftung,
2. den Sitz der Stiftung,
3. den Zweck der Stiftung,
4. das Vermögen der Stiftung,
5. die Bildung des Vorstands der Stiftung.

⁴Genügt das Stiftungsgeschäft den Erfordernissen des Satzes 3 nicht und ist der Stifter verstorben, findet § 83 Satz 2 bis 4 entsprechende Anwendung.

(2) ¹Bis zur Anerkennung der Stiftung als rechtsfähig ist der Stifter zum Widerruf des Stiftungsgeschäfts berechtigt. ²Ist die Anerkennung bei der zuständigen Behörde beantragt, so kann der Widerruf nur dieser gegenüber erklärt werden. ³Der Erbe des Stifters ist zum Widerruf nicht berechtigt, wenn der Stifter den Antrag bei der zuständigen Behörde gestellt oder im Falle der notariellen Beurkundung des Stiftungsgeschäfts den Notar bei oder nach der Beurkundung mit der Antragstellung betraut hat.

§ 82 Übertragungspflicht des Stifters[2]

¹Wird die Stiftung als rechtsfähig anerkannt, so ist der Stifter verpflichtet, das in dem Stiftungsgeschäft zugesicherte Vermögen auf die Stiftung zu übertragen. ²Rechte, zu deren Übertragung der Abtretungsvertrag genügt, gehen mit der Anerkennung auf die Stiftung über, sofern nicht aus dem Stiftungsgeschäft sich ein anderer Wille des Stifters ergibt.

§ 83 Stiftung von Todes wegen[3]

¹Besteht das Stiftungsgeschäft in einer Verfügung von Todes wegen, so hat das Nachlassgericht dies der zuständigen Behörde zur Anerkennung mitzuteilen, sofern sie nicht von dem Erben oder dem Testamentsvollstrecker beantragt wird. ²Genügt das Stiftungsgeschäft nicht den Erfordernissen des § 81 Abs. 1 Satz 3, wird der Stiftung durch die zuständige Behörde vor der Anerkennung eine Satzung gegeben oder eine unvollständige Satzung ergänzt; dabei soll der Wille des Stifters berücksichtigt werden. ³Als Sitz der Stiftung gilt, wenn nicht ein anderes bestimmt ist, der Ort, an welchem die Verwaltung geführt wird. ⁴Im Zweifel gilt der letzte Wohnsitz des Stifters im Inland als Sitz.

§ 84 Anerkennung nach Tod des Stifters[4]

Wird die Stiftung erst nach dem Tode des Stifters als rechtsfähig anerkannt, so gilt sie für die Zuwendungen des Stifters als schon vor dessen Tode entstanden.

---

1) **Anm. d. Red.:** § 81 i. d. F. des Gesetzes v. 21. 3. 2013 (BGBl I S. 556) mit Wirkung v. 29. 3. 2013.
2) **Anm. d. Red.:** § 82 i. d. F. des Gesetzes v. 15. 7. 2002 (BGBl I S. 2634) mit Wirkung v. 1. 9. 2002.
3) **Anm. d. Red.:** § 83 i. d. F. des Gesetzes v. 15. 7. 2002 (BGBl I S. 2634) mit Wirkung v. 1. 9. 2002.
4) **Anm. d. Red.:** § 84 i. d. F. des Gesetzes v. 15. 7. 2002 (BGBl I S. 2634) mit Wirkung v. 1. 9. 2002.

§ 85 Stiftungsverfassung[1]

Die Verfassung einer Stiftung wird, soweit sie nicht auf Bundes- oder Landesgesetz beruht, durch das Stiftungsgeschäft bestimmt.

§ 86 Anwendung des Vereinsrechts[2]

¹Die Vorschriften der §§ 26 und 27 Absatz 3 und der §§ 28 bis 31a und 42 finden auf Stiftungen entsprechende Anwendung, die Vorschriften des § 26 Absatz 2 Satz 1, des § 27 Absatz 3 und des § 28 jedoch nur insoweit, als sich nicht aus der Verfassung, insbesondere daraus, dass die Verwaltung der Stiftung von einer öffentlichen Behörde geführt wird, ein anderes ergibt. ²Die Vorschriften des § 26 Absatz 2 Satz 2 und des § 29 finden auf Stiftungen, deren Verwaltung von einer öffentlichen Behörde geführt wird, keine Anwendung.

§ 87 Zweckänderung; Aufhebung[3]

(1) Ist die Erfüllung des Stiftungszwecks unmöglich geworden oder gefährdet sie das Gemeinwohl, so kann die zuständige Behörde der Stiftung eine andere Zweckbestimmung geben oder sie aufheben.

(2) ¹Bei der Umwandlung des Zweckes soll der Wille des Stifters berücksichtigt werden, insbesondere soll dafür gesorgt werden, dass die Erträge des Stiftungsvermögens dem Personenkreis, dem sie zustatten kommen sollten, im Sinne des Stifters erhalten bleiben. ²Die Behörde kann die Verfassung der Stiftung ändern, soweit die Umwandlung des Zweckes es erfordert.

(3) Vor der Umwandlung des Zweckes und der Änderung der Verfassung soll der Vorstand der Stiftung gehört werden.

§ 88 Vermögensanfall[4]

¹Mit dem Erlöschen der Stiftung fällt das Vermögen an die in der Verfassung bestimmten Personen. ²Fehlt es an einer Bestimmung der Anfallberechtigten, so fällt das Vermögen an den Fiskus des Landes, in dem die Stiftung ihren Sitz hatte, oder an einen anderen nach dem Recht dieses Landes bestimmten Anfallberechtigten. ³Die Vorschriften der §§ 46 bis 53 finden entsprechende Anwendung.

Untertitel 3: Juristische Personen des öffentlichen Rechts

§ 89 Haftung für Organe; Insolvenz

(1) Die Vorschrift des § 31 findet auf den Fiskus sowie auf die Körperschaften, Stiftungen und Anstalten des öffentlichen Rechts entsprechende Anwendung.

(2) Das Gleiche gilt, soweit bei Körperschaften, Stiftungen und Anstalten des öffentlichen Rechts das Insolvenzverfahren zulässig ist, von der Vorschrift des § 42 Abs. 2.

Abschnitt 2: Sachen und Tiere

§ 90 Begriff der Sache

Sachen im Sinne des Gesetzes sind nur körperliche Gegenstände.

---

1) **Anm. d. Red.:** § 85 i. d. F. des Gesetzes v. 15. 7. 2002 (BGBl I S. 2634) mit Wirkung v. 1. 9. 2002.
2) **Anm. d. Red.:** § 86 i. d. F. des Gesetzes v. 24. 9. 2009 (BGBl I S. 3145) mit Wirkung v. 30. 9. 2009.
3) **Anm. d. Red.:** § 87 i. d. F. des Gesetzes v. 15. 7. 2002 (BGBl I S. 2634) mit Wirkung v. 1. 9. 2002.
4) **Anm. d. Red.:** § 88 i. d. F. des Gesetzes v. 15. 7. 2002 (BGBl I S. 2634) mit Wirkung v. 1. 9. 2002.

§ 90a Tiere

¹Tiere sind keine Sachen. ²Sie werden durch besondere Gesetze geschützt. ³Auf sie sind die für Sachen geltenden Vorschriften entsprechend anzuwenden, soweit nicht etwas anderes bestimmt ist.

§ 91 Vertretbare Sachen

Vertretbare Sachen im Sinne des Gesetzes sind bewegliche Sachen, die im Verkehr nach Zahl, Maß oder Gewicht bestimmt zu werden pflegen.

§ 92 Verbrauchbare Sachen

(1) Verbrauchbare Sachen im Sinne des Gesetzes sind bewegliche Sachen, deren bestimmungsmäßiger Gebrauch in dem Verbrauch oder in der Veräußerung besteht.

(2) Als verbrauchbar gelten auch bewegliche Sachen, die zu einem Warenlager oder zu einem sonstigen Sachinbegriff gehören, dessen bestimmungsmäßiger Gebrauch in der Veräußerung der einzelnen Sachen besteht.

§ 93 Wesentliche Bestandteile einer Sache

Bestandteile einer Sache, die voneinander nicht getrennt werden können, ohne dass der eine oder der andere zerstört oder in seinem Wesen verändert wird (wesentliche Bestandteile), können nicht Gegenstand besonderer Rechte sein.

§ 94 Wesentliche Bestandteile eines Grundstücks oder Gebäudes

(1) ¹Zu den wesentlichen Bestandteilen eines Grundstücks gehören die mit dem Grund und Boden fest verbundenen Sachen, insbesondere Gebäude, sowie die Erzeugnisse des Grundstücks, solange sie mit dem Boden zusammenhängen. ²Samen wird mit dem Aussäen, eine Pflanze wird mit dem Einpflanzen wesentlicher Bestandteil des Grundstücks.

(2) Zu den wesentlichen Bestandteilen eines Gebäudes gehören die zur Herstellung des Gebäudes eingefügten Sachen.

§ 95 Nur vorübergehender Zweck

(1) ¹Zu den Bestandteilen eines Grundstücks gehören solche Sachen nicht, die nur zu einem vorübergehenden Zwecke mit dem Grund und Boden verbunden sind. ²Das Gleiche gilt von einem Gebäude oder anderen Werk, das in Ausübung eines Rechts an einem fremden Grundstück von dem Berechtigten mit dem Grundstücke verbunden worden ist.

(2) Sachen, die nur zu einem vorübergehenden Zwecke in ein Gebäude eingefügt sind, gehören nicht zu den Bestandteilen des Gebäudes.

§ 96 Rechte als Bestandteile eines Grundstücks

Rechte, die mit dem Eigentum an einem Grundstück verbunden sind, gelten als Bestandteile des Grundstücks.

§ 97 Zubehör

(1) ¹Zubehör sind bewegliche Sachen, die, ohne Bestandteile der Hauptsache zu sein, dem wirtschaftlichen Zwecke der Hauptsache zu dienen bestimmt sind und zu ihr in einem dieser Bestimmung entsprechenden räumlichen Verhältnisse stehen. ²Eine Sache ist nicht Zubehör, wenn sie im Verkehr nicht als Zubehör angesehen wird.

(2) ¹Die vorübergehende Benutzung einer Sache für den wirtschaftlichen Zweck einer anderen begründet nicht die Zubehöreigenschaft. ²Die vorübergehende Trennung eines Zubehörstücks von der Hauptsache hebt die Zubehöreigenschaft nicht auf.

§ 98 Gewerbliches und landwirtschaftliches Inventar

Dem wirtschaftlichen Zwecke der Hauptsache sind zu dienen bestimmt:
1. bei einem Gebäude, das für einen gewerblichen Betrieb dauernd eingerichtet ist, insbesondere bei einer Mühle, einer Schmiede, einem Brauhaus, einer Fabrik, die zu dem Betriebe bestimmten Maschinen und sonstigen Gerätschaften;
2. bei einem Landgut das zum Wirtschaftsbetrieb bestimmte Gerät und Vieh, die landwirtschaftlichen Erzeugnisse, soweit sie zur Fortführung der Wirtschaft bis zu der Zeit erforderlich sind, zu welcher gleiche oder ähnliche Erzeugnisse voraussichtlich gewonnen werden, sowie der vorhandene, auf dem Gut gewonnene Dünger.

§ 99 Früchte

(1) Früchte einer Sache sind die Erzeugnisse der Sache und die sonstige Ausbeute, welche aus der Sache ihrer Bestimmung gemäß gewonnen wird.

(2) Früchte eines Rechts sind die Erträge, welche das Recht seiner Bestimmung gemäß gewährt, insbesondere bei einem Recht auf Gewinnung von Bodenbestandteilen die gewonnenen Bestandteile.

(3) Früchte sind auch die Erträge, welche eine Sache oder ein Recht vermöge eines Rechtsverhältnisses gewährt.

§ 100 Nutzungen

Nutzungen sind die Früchte einer Sache oder eines Rechts sowie die Vorteile, welche der Gebrauch der Sache oder des Rechtes gewährt.

§ 101 Verteilung der Früchte

Ist jemand berechtigt, die Früchte einer Sache oder eines Rechts bis zu einer bestimmten Zeit oder von einer bestimmten Zeit an zu beziehen, so gebühren ihm, sofern nicht ein anderes bestimmt ist:
1. die in § 99 Abs. 1 bezeichneten Erzeugnisse und Bestandteile, auch wenn er sie als Früchte eines Rechts zu beziehen hat, insoweit, als sie während der Dauer der Berechtigung von der Sache getrennt werden;
2. andere Früchte insoweit, als sie während der Dauer der Berechtigung fällig werden; bestehen jedoch die Früchte in der Vergütung für die Überlassung des Gebrauchs oder des Fruchtgenusses, in Zinsen, Gewinnanteilen oder anderen regelmäßig wiederkehrenden Erträgen, so gebührt dem Berechtigten ein der Dauer seiner Berechtigung entsprechender Teil.

§ 102 Ersatz der Gewinnungskosten

Wer zur Herausgabe von Früchten verpflichtet ist, kann Ersatz der auf die Gewinnung der Früchte verwendeten Kosten insoweit verlangen, als sie einer ordnungsmäßigen Wirtschaft entsprechen und den Wert der Früchte nicht übersteigen.

§ 103 Verteilung der Lasten

Wer verpflichtet ist, die Lasten einer Sache oder eines Rechts bis zu einer bestimmten Zeit oder von einer bestimmten Zeit an zu tragen, hat, sofern nicht ein anderes bestimmt ist, die regelmäßig wiederkehrenden Lasten nach dem Verhältnis der Dauer seiner Verpflichtung, andere Lasten insoweit zu tragen, als sie während der Dauer seiner Verpflichtung zu entrichten sind.

Abschnitt 3: Rechtsgeschäfte
Titel 1: Geschäftsfähigkeit
§ 104 Geschäftsunfähigkeit
Geschäftsunfähig ist:
1. wer nicht das siebente Lebensjahr vollendet hat,
2. wer sich in einem die freie Willensbestimmung ausschließenden Zustand krankhafter Störung der Geistestätigkeit befindet, sofern nicht der Zustand seiner Natur nach ein vorübergehender ist.

§ 105 Nichtigkeit der Willenserklärung
(1) Die Willenserklärung eines Geschäftsunfähigen ist nichtig.

(2) Nichtig ist auch eine Willenserklärung, die im Zustand der Bewusstlosigkeit oder vorübergehender Störung der Geistestätigkeit abgegeben wird.

§ 105a Geschäfte des täglichen Lebens[1)]
[1]Tätigt ein volljähriger Geschäftsunfähiger ein Geschäft des täglichen Lebens, das mit geringwertigen Mitteln bewirkt werden kann, so gilt der von ihm geschlossene Vertrag in Ansehung von Leistung und, soweit vereinbart, Gegenleistung als wirksam, sobald Leistung und Gegenleistung bewirkt sind. [2]Satz 1 gilt nicht bei einer erheblichen Gefahr für die Person oder das Vermögen des Geschäftsunfähigen.

§ 106 Beschränkte Geschäftsfähigkeit Minderjähriger
Ein Minderjähriger, der das siebente Lebensjahr vollendet hat, ist nach Maßgabe der §§ 107 bis 113 in der Geschäftsfähigkeit beschränkt.

§ 107 Einwilligung des gesetzlichen Vertreters
Der Minderjährige bedarf zu einer Willenserklärung, durch die er nicht lediglich einen rechtlichen Vorteil erlangt, der Einwilligung seines gesetzlichen Vertreters.

§ 108 Vertragsschluss ohne Einwilligung
(1) Schließt der Minderjährige einen Vertrag ohne die erforderliche Einwilligung des gesetzlichen Vertreters, so hängt die Wirksamkeit des Vertrags von der Genehmigung des Vertreters ab.

(2) [1]Fordert der andere Teil den Vertreter zur Erklärung über die Genehmigung auf, so kann die Erklärung nur ihm gegenüber erfolgen; eine vor der Aufforderung dem Minderjährigen gegenüber erklärte Genehmigung oder Verweigerung der Genehmigung wird unwirksam. [2]Die Genehmigung kann nur bis zum Ablauf von zwei Wochen nach dem Empfang der Aufforderung erklärt werden; wird sie nicht erklärt, so gilt sie als verweigert.

(3) Ist der Minderjährige unbeschränkt geschäftsfähig geworden, so tritt seine Genehmigung an die Stelle der Genehmigung des Vertreters.

§ 109 Widerrufsrecht des anderen Teils
(1) [1]Bis zur Genehmigung des Vertrags ist der andere Teil zum Widerruf berechtigt. [2]Der Widerruf kann auch dem Minderjährigen gegenüber erklärt werden.

(2) Hat der andere Teil die Minderjährigkeit gekannt, so kann er nur widerrufen, wenn der Minderjährige der Wahrheit zuwider die Einwilligung des Vertreters behauptet hat; er kann

---

1) **Anm. d. Red.:** § 105a eingefügt gem. Gesetz v. 23. 7. 2002 (BGBl I S. 2850) mit Wirkung v. 1. 8. 2002.

auch in diesem Falle nicht widerrufen, wenn ihm das Fehlen der Einwilligung bei dem Abschluss des Vertrags bekannt war.

§ 110 Bewirken der Leistung mit eigenen Mitteln

Ein von dem Minderjährigen ohne Zustimmung des gesetzlichen Vertreters geschlossener Vertrag gilt als von Anfang an wirksam, wenn der Minderjährige die vertragsmäßige Leistung mit Mitteln bewirkt, die ihm zu diesem Zweck oder zu freier Verfügung von dem Vertreter oder mit dessen Zustimmung von einem Dritten überlassen worden sind.

§ 111 Einseitige Rechtsgeschäfte

¹Ein einseitiges Rechtsgeschäft, das der Minderjährige ohne die erforderliche Einwilligung des gesetzlichen Vertreters vornimmt, ist unwirksam. ²Nimmt der Minderjährige mit dieser Einwilligung ein solches Rechtsgeschäft einem anderen gegenüber vor, so ist das Rechtsgeschäft unwirksam, wenn der Minderjährige die Einwilligung nicht in schriftlicher Form vorlegt und der andere das Rechtsgeschäft aus diesem Grunde unverzüglich zurückweist. ³Die Zurückweisung ist ausgeschlossen, wenn der Vertreter den anderen von der Einwilligung in Kenntnis gesetzt hatte.

§ 112 Selbständiger Betrieb eines Erwerbsgeschäfts[1]

(1) ¹Ermächtigt der gesetzliche Vertreter mit Genehmigung des Familiengerichts den Minderjährigen zum selbständigen Betrieb eines Erwerbsgeschäfts, so ist der Minderjährige für solche Rechtsgeschäfte unbeschränkt geschäftsfähig, welche der Geschäftsbetrieb mit sich bringt. ²Ausgenommen sind Rechtsgeschäfte, zu denen der Vertreter der Genehmigung des Familiengerichts bedarf.

(2) Die Ermächtigung kann von dem Vertreter nur mit Genehmigung des Familiengerichts zurückgenommen werden.

§ 113 Dienst- oder Arbeitsverhältnis[2]

(1) ¹Ermächtigt der gesetzliche Vertreter den Minderjährigen, in Dienst oder in Arbeit zu treten, so ist der Minderjährige für solche Rechtsgeschäfte unbeschränkt geschäftsfähig, welche die Eingehung oder Aufhebung eines Dienst- oder Arbeitsverhältnisses der gestatteten Art oder die Erfüllung der sich aus einem solchen Verhältnis ergebenden Verpflichtungen betreffen. ²Ausgenommen sind Verträge, zu denen der Vertreter der Genehmigung des Familiengerichts bedarf.

(2) Die Ermächtigung kann von dem Vertreter zurückgenommen oder eingeschränkt werden.

(3) ¹Ist der gesetzliche Vertreter ein Vormund, so kann die Ermächtigung, wenn sie von ihm verweigert wird, auf Antrag des Minderjährigen durch das Familiengericht ersetzt werden. ²Das Familiengericht hat die Ermächtigung zu ersetzen, wenn sie im Interesse des Mündels liegt.

(4) Die für einen einzelnen Fall erteilte Ermächtigung gilt im Zweifel als allgemeine Ermächtigung zur Eingehung von Verhältnissen derselben Art.

§§ 114 und 115 (weggefallen)

1) **Anm. d. Red.:** § 112 i. d. F. des Gesetzes v. 17. 12. 2008 (BGBl I S. 2586) mit Wirkung v. 1. 9. 2009.
2) **Anm. d. Red.:** § 113 i. d. F. des Gesetzes v. 17. 12. 2008 (BGBl I S. 2586) mit Wirkung v. 1. 9. 2009.

Titel 2: Willenserklärung

§ 116 Geheimer Vorbehalt
¹Eine Willenserklärung ist nicht deshalb nichtig, weil sich der Erklärende insgeheim vorbehält, das Erklärte nicht zu wollen. ²Die Erklärung ist nichtig, wenn sie einem anderen gegenüber abzugeben ist und dieser den Vorbehalt kennt.

§ 117 Scheingeschäft
(1) Wird eine Willenserklärung, die einem anderen gegenüber abzugeben ist, mit dessen Einverständnis nur zum Schein abgegeben, so ist sie nichtig.

(2) Wird durch ein Scheingeschäft ein anderes Rechtsgeschäft verdeckt, so finden die für das verdeckte Rechtsgeschäft geltenden Vorschriften Anwendung.

§ 118 Mangel der Ernstlichkeit
Eine nicht ernstlich gemeinte Willenserklärung, die in der Erwartung abgegeben wird, der Mangel der Ernstlichkeit werde nicht verkannt werden, ist nichtig.

§ 119 Anfechtbarkeit wegen Irrtums
(1) Wer bei der Abgabe einer Willenserklärung über deren Inhalt im Irrtum war oder eine Erklärung dieses Inhalts überhaupt nicht abgeben wollte, kann die Erklärung anfechten, wenn anzunehmen ist, dass er sie bei Kenntnis der Sachlage und bei verständiger Würdigung des Falles nicht abgegeben haben würde.

(2) Als Irrtum über den Inhalt der Erklärung gilt auch der Irrtum über solche Eigenschaften der Person oder der Sache, die im Verkehr als wesentlich angesehen werden.

§ 120 Anfechtbarkeit wegen falscher Übermittlung
Eine Willenserklärung, welche durch die zur Übermittlung verwendete Person oder Einrichtung unrichtig übermittelt worden ist, kann unter der gleichen Voraussetzung angefochten werden wie nach § 119 eine irrtümlich abgegebene Willenserklärung.

§ 121 Anfechtungsfrist
(1) ¹Die Anfechtung muss in den Fällen der §§ 119, 120 ohne schuldhaftes Zögern (unverzüglich) erfolgen, nachdem der Anfechtungsberechtigte von dem Anfechtungsgrund Kenntnis erlangt hat. ²Die einem Abwesenden gegenüber erfolgte Anfechtung gilt als rechtzeitig erfolgt, wenn die Anfechtungserklärung unverzüglich abgesendet worden ist.

(2) Die Anfechtung ist ausgeschlossen, wenn seit der Abgabe der Willenserklärung zehn Jahre verstrichen sind.

§ 122 Schadensersatzpflicht des Anfechtenden
(1) Ist eine Willenserklärung nach § 118 nichtig oder aufgrund der §§ 119, 120 angefochten, so hat der Erklärende, wenn die Erklärung einem anderen gegenüber abzugeben war, diesem, andernfalls jedem Dritten den Schaden zu ersetzen, den der andere oder der Dritte dadurch erleidet, dass er auf die Gültigkeit der Erklärung vertraut, jedoch nicht über den Betrag des Interesses hinaus, welches der andere oder der Dritte an der Gültigkeit der Erklärung hat.

(2) Die Schadensersatzpflicht tritt nicht ein, wenn der Beschädigte den Grund der Nichtigkeit oder der Anfechtbarkeit kannte oder infolge von Fahrlässigkeit nicht kannte (kennen musste).

§ 123 Anfechtbarkeit wegen Täuschung oder Drohung
(1) Wer zur Abgabe einer Willenserklärung durch arglistige Täuschung oder widerrechtlich durch Drohung bestimmt worden ist, kann die Erklärung anfechten.

(2) ¹Hat ein Dritter die Täuschung verübt, so ist eine Erklärung, die einem anderen gegenüber abzugeben war, nur dann anfechtbar, wenn dieser die Täuschung kannte oder kennen musste. ²Soweit ein anderer als derjenige, welchem gegenüber die Erklärung abzugeben war, aus der Erklärung unmittelbar ein Recht erworben hat, ist die Erklärung ihm gegenüber anfechtbar, wenn er die Täuschung kannte oder kennen musste.

§ 124 Anfechtungsfrist

(1) Die Anfechtung einer nach § 123 anfechtbaren Willenserklärung kann nur binnen Jahresfrist erfolgen.

(2) ¹Die Frist beginnt im Falle der arglistigen Täuschung mit dem Zeitpunkt, in welchem der Anfechtungsberechtigte die Täuschung entdeckt, im Falle der Drohung mit dem Zeitpunkt, in welchem die Zwangslage aufhört. ²Auf den Lauf der Frist finden die für die Verjährung geltenden Vorschriften der §§ 206, 210 und 211 entsprechende Anwendung.

(3) Die Anfechtung ist ausgeschlossen, wenn seit der Abgabe der Willenserklärung zehn Jahre verstrichen sind.

§ 125 Nichtigkeit wegen Formmangels

¹Ein Rechtsgeschäft, welches der durch Gesetz vorgeschriebenen Form ermangelt, ist nichtig. ²Der Mangel der durch Rechtsgeschäft bestimmten Form hat im Zweifel gleichfalls Nichtigkeit zur Folge.

§ 126 Schriftform

(1) Ist durch Gesetz schriftliche Form vorgeschrieben, so muss die Urkunde von dem Aussteller eigenhändig durch Namensunterschrift oder mittels notariell beglaubigten Handzeichens unterzeichnet werden.

(2) ¹Bei einem Vertrag muss die Unterzeichnung der Parteien auf derselben Urkunde erfolgen. ²Werden über den Vertrag mehrere gleichlautende Urkunden aufgenommen, so genügt es, wenn jede Partei die für die andere Partei bestimmte Urkunde unterzeichnet.

(3) Die schriftliche Form kann durch die elektronische Form ersetzt werden, wenn sich nicht aus dem Gesetz ein anderes ergibt.

(4) Die schriftliche Form wird durch die notarielle Beurkundung ersetzt.

§ 126a Elektronische Form[1)]

(1) Soll die gesetzlich vorgeschriebene schriftliche Form durch die elektronische Form ersetzt werden, so muss der Aussteller der Erklärung dieser seinen Namen hinzufügen und das elektronische Dokument mit einer qualifizierten elektronischen Signatur versehen.

(2) Bei einem Vertrag müssen die Parteien jeweils ein gleichlautendes Dokument in der in Absatz 1 bezeichneten Weise elektronisch signieren.

§ 126b Textform[2)]

¹Ist durch Gesetz Textform vorgeschrieben, so muss eine lesbare Erklärung, in der die Person des Erklärenden genannt ist, auf einem dauerhaften Datenträger abgegeben werden. ²Ein dauerhafter Datenträger ist jedes Medium, das
1. es dem Empfänger ermöglicht, eine auf dem Datenträger befindliche, an ihn persönlich gerichtete Erklärung so aufzubewahren oder zu speichern, dass sie ihm während eines für ihren Zweck angemessenen Zeitraums zugänglich ist, und
2. geeignet ist, die Erklärung unverändert wiederzugeben.

---

1) **Anm. d. Red.:** § 126a i. d. F. des Gesetzes v. 18. 7. 2017 (BGBl I S. 2745) mit Wirkung v. 29. 7. 2017.
2) **Anm. d. Red.:** § 126b i. d. F. des Gesetzes v. 20. 9. 2013 (BGBl I S. 3642) mit Wirkung v. 13. 6. 2014.

§ 127 Vereinbarte Form

(1) Die Vorschriften des § 126, des § 126a oder des § 126b gelten im Zweifel auch für die durch Rechtsgeschäft bestimmte Form.

(2) ¹Zur Wahrung der durch Rechtsgeschäft bestimmten schriftlichen Form genügt, soweit nicht ein anderer Wille anzunehmen ist, die telekommunikative Übermittlung und bei einem Vertrag der Briefwechsel. ²Wird eine solche Form gewählt, so kann nachträglich eine dem § 126 entsprechende Beurkundung verlangt werden.

(3) ¹Zur Wahrung der durch Rechtsgeschäft bestimmten elektronischen Form genügt, soweit nicht ein anderer Wille anzunehmen ist, auch eine andere als die in § 126a bestimmte elektronische Signatur und bei einem Vertrag der Austausch von Angebots- und Annahmeerklärung, die jeweils mit einer elektronischen Signatur versehen sind. ²Wird eine solche Form gewählt, so kann nachträglich eine dem § 126a entsprechende elektronische Signierung oder, wenn diese einer der Parteien nicht möglich ist, eine dem § 126 entsprechende Beurkundung verlangt werden.

§ 127a Gerichtlicher Vergleich

Die notarielle Beurkundung wird bei einem gerichtlichen Vergleich durch die Aufnahme der Erklärungen in ein nach den Vorschriften der Zivilprozessordnung errichtetes Protokoll ersetzt.

§ 128 Notarielle Beurkundung

Ist durch Gesetz notarielle Beurkundung eines Vertrags vorgeschrieben, so genügt es, wenn zunächst der Antrag und sodann die Annahme des Antrags von einem Notar beurkundet wird.

§ 129 Öffentliche Beglaubigung

(1) ¹Ist durch Gesetz für eine Erklärung öffentliche Beglaubigung vorgeschrieben, so muss die Erklärung schriftlich abgefasst und die Unterschrift des Erklärenden von einem Notar beglaubigt werden. ²Wird die Erklärung von dem Aussteller mittels Handzeichens unterzeichnet, so ist die in § 126 Abs. 1 vorgeschriebene Beglaubigung des Handzeichens erforderlich und genügend.

(2) Die öffentliche Beglaubigung wird durch die notarielle Beurkundung der Erklärung ersetzt.

§ 130 Wirksamwerden der Willenserklärung gegenüber Abwesenden

(1) ¹Eine Willenserklärung, die einem anderen gegenüber abzugeben ist, wird, wenn sie in dessen Abwesenheit abgegeben wird, in dem Zeitpunkte wirksam, in welchem sie ihm zugeht. ²Sie wird nicht wirksam, wenn dem anderen vorher oder gleichzeitig ein Widerruf zugeht.

(2) Auf die Wirksamkeit der Willenserklärung ist es ohne Einfluss, wenn der Erklärende nach der Abgabe stirbt oder geschäftsunfähig wird.

(3) Diese Vorschriften finden auch dann Anwendung, wenn die Willenserklärung einer Behörde gegenüber abzugeben ist.

§ 131 Wirksamwerden gegenüber nicht voll Geschäftsfähigen

(1) Wird die Willenserklärung einem Geschäftsunfähigen gegenüber abgegeben, so wird sie nicht wirksam, bevor sie dem gesetzlichen Vertreter zugeht.

(2) ¹Das Gleiche gilt, wenn die Willenserklärung einer in der Geschäftsfähigkeit beschränkten Person gegenüber abgegeben wird. ²Bringt die Erklärung jedoch der in der Geschäftsfähigkeit beschränkten Person lediglich einen rechtlichen Vorteil oder hat der gesetzliche Vertreter seine Einwilligung erteilt, so wird die Erklärung in dem Zeitpunkt wirksam, in welchem sie ihr zugeht.

§ 132 Ersatz des Zugehens durch Zustellung

(1) ¹Eine Willenserklärung gilt auch dann als zugegangen, wenn sie durch Vermittelung eines Gerichtsvollziehers zugestellt worden ist. ²Die Zustellung erfolgt nach den Vorschriften der Zivilprozessordnung.

(2) ¹Befindet sich der Erklärende über die Person desjenigen, welchem gegenüber die Erklärung abzugeben ist, in einer nicht auf Fahrlässigkeit beruhenden Unkenntnis oder ist der Aufenthalt dieser Person unbekannt, so kann die Zustellung nach den für die öffentliche Zustellung geltenden Vorschriften der Zivilprozessordnung erfolgen. ²Zuständig für die Bewilligung ist im ersteren Falle das Amtsgericht, in dessen Bezirk der Erklärende seinen Wohnsitz oder in Ermangelung eines inländischen Wohnsitzes seinen Aufenthalt hat, im letzteren Falle das Amtsgericht, in dessen Bezirk die Person, welcher zuzustellen ist, den letzten Wohnsitz oder in Ermangelung eines inländischen Wohnsitzes den letzten Aufenthalt hatte.

§ 133 Auslegung einer Willenserklärung

Bei der Auslegung einer Willenserklärung ist der wirkliche Wille zu erforschen und nicht an dem buchstäblichen Sinne des Ausdrucks zu haften.

§ 134 Gesetzliches Verbot

Ein Rechtsgeschäft, das gegen ein gesetzliches Verbot verstößt, ist nichtig, wenn sich nicht aus dem Gesetz ein anderes ergibt.

§ 135 Gesetzliches Veräußerungsverbot

(1) ¹Verstößt die Verfügung über einen Gegenstand gegen ein gesetzliches Veräußerungsverbot, das nur den Schutz bestimmter Personen bezweckt, so ist sie nur diesen Personen gegenüber unwirksam. ²Der rechtsgeschäftlichen Verfügung steht eine Verfügung gleich, die im Wege der Zwangsvollstreckung oder der Arrestvollziehung erfolgt.

(2) Die Vorschriften zugunsten derjenigen, welche Rechte von einem Nichtberechtigten herleiten, finden entsprechende Anwendung.

§ 136 Behördliches Veräußerungsverbot

Ein Veräußerungsverbot, das von einem Gericht oder von einer anderen Behörde innerhalb ihrer Zuständigkeit erlassen wird, steht einem gesetzlichen Veräußerungsverbot der in § 135 bezeichneten Art gleich.

§ 137 Rechtsgeschäftliches Verfügungsverbot

¹Die Befugnis zur Verfügung über ein veräußerliches Recht kann nicht durch Rechtsgeschäft ausgeschlossen oder beschränkt werden. ²Die Wirksamkeit einer Verpflichtung, über ein solches Recht nicht zu verfügen, wird durch diese Vorschrift nicht berührt.

§ 138 Sittenwidriges Rechtsgeschäft; Wucher

(1) Ein Rechtsgeschäft, das gegen die guten Sitten verstößt, ist nichtig.

(2) Nichtig ist insbesondere ein Rechtsgeschäft, durch das jemand unter Ausbeutung der Zwangslage, der Unerfahrenheit, des Mangels an Urteilsvermögen oder der erheblichen Willensschwäche eines anderen sich oder einem Dritten für eine Leistung Vermögensvorteile versprechen oder gewähren lässt, die in einem auffälligen Missverhältnis zu der Leistung stehen.

§ 139 Teilnichtigkeit

Ist ein Teil eines Rechtsgeschäfts nichtig, so ist das ganze Rechtsgeschäft nichtig, wenn nicht anzunehmen ist, dass es auch ohne den nichtigen Teil vorgenommen sein würde.

§ 140 Umdeutung

Entspricht ein nichtiges Rechtsgeschäft den Erfordernissen eines anderen Rechtsgeschäfts, so gilt das Letztere, wenn anzunehmen ist, dass dessen Geltung bei Kenntnis der Nichtigkeit gewollt sein würde.

§ 141 Bestätigung des nichtigen Rechtsgeschäfts

(1) Wird ein nichtiges Rechtsgeschäft von demjenigen, welcher es vorgenommen hat, bestätigt, so ist die Bestätigung als erneute Vornahme zu beurteilen.

(2) Wird ein nichtiger Vertrag von den Parteien bestätigt, so sind diese im Zweifel verpflichtet, einander zu gewähren, was sie haben würden, wenn der Vertrag von Anfang an gültig gewesen wäre.

§ 142 Wirkung der Anfechtung

(1) Wird ein anfechtbares Rechtsgeschäft angefochten, so ist es als von Anfang an nichtig anzusehen.

(2) Wer die Anfechtbarkeit kannte oder kennen musste, wird, wenn die Anfechtung erfolgt, so behandelt, wie wenn er die Nichtigkeit des Rechtsgeschäfts gekannt hätte oder hätte kennen müssen.

§ 143 Anfechtungserklärung

(1) Die Anfechtung erfolgt durch Erklärung gegenüber dem Anfechtungsgegner.

(2) Anfechtungsgegner ist bei einem Vertrag der andere Teil, im Falle des § 123 Abs. 2 Satz 2 derjenige, welcher aus dem Vertrag unmittelbar ein Recht erworben hat.

(3) [1]Bei einem einseitigen Rechtsgeschäft, das einem anderen gegenüber vorzunehmen war, ist der andere der Anfechtungsgegner. [2]Das Gleiche gilt bei einem Rechtsgeschäft, das einem anderen oder einer Behörde gegenüber vorzunehmen war, auch dann, wenn das Rechtsgeschäft der Behörde gegenüber vorgenommen worden ist.

(4) [1]Bei einem einseitigen Rechtsgeschäft anderer Art ist Anfechtungsgegner jeder, der aufgrund des Rechtsgeschäfts unmittelbar einen rechtlichen Vorteil erlangt hat. [2]Die Anfechtung kann jedoch, wenn die Willenserklärung einer Behörde gegenüber abzugeben war, durch Erklärung gegenüber der Behörde erfolgen; die Behörde soll die Anfechtung demjenigen mitteilen, welcher durch das Rechtsgeschäft unmittelbar betroffen worden ist.

§ 144 Bestätigung des anfechtbaren Rechtsgeschäfts

(1) Die Anfechtung ist ausgeschlossen, wenn das anfechtbare Rechtsgeschäft von dem Anfechtungsberechtigten bestätigt wird.

(2) Die Bestätigung bedarf nicht der für das Rechtsgeschäft bestimmten Form.

Titel 3: Vertrag

§ 145 Bindung an den Antrag

Wer einem anderen die Schließung eines Vertrags anträgt, ist an den Antrag gebunden, es sei denn, dass er die Gebundenheit ausgeschlossen hat.

§ 146 Erlöschen des Antrags

Der Antrag erlischt, wenn er dem Antragenden gegenüber abgelehnt oder wenn er nicht diesem gegenüber nach den §§ 147 bis 149 rechtzeitig angenommen wird.

§ 147 Annahmefrist

(1) ¹Der einem Anwesenden gemachte Antrag kann nur sofort angenommen werden. ²Dies gilt auch von einem mittels Fernsprechers oder einer sonstigen technischen Einrichtung von Person zu Person gemachten Antrag.

(2) Der einem Abwesenden gemachte Antrag kann nur bis zu dem Zeitpunkt angenommen werden, in welchem der Antragende den Eingang der Antwort unter regelmäßigen Umständen erwarten darf.

§ 148 Bestimmung einer Annahmefrist

Hat der Antragende für die Annahme des Antrags eine Frist bestimmt, so kann die Annahme nur innerhalb der Frist erfolgen.

§ 149 Verspätet zugegangene Annahmeerklärung

¹Ist eine dem Antragenden verspätet zugegangene Annahmeerklärung dergestalt abgesendet worden, dass sie bei regelmäßiger Beförderung ihm rechtzeitig zugegangen sein würde, und musste der Antragende dies erkennen, so hat er die Verspätung dem Annehmenden unverzüglich nach dem Empfang der Erklärung anzuzeigen, sofern es nicht schon vorher geschehen ist. ²Verzögert er die Absendung der Anzeige, so gilt die Annahme als nicht verspätet.

§ 150 Verspätete und abändernde Annahme

(1) Die verspätete Annahme eines Antrags gilt als neuer Antrag.

(2) Eine Annahme unter Erweiterungen, Einschränkungen oder sonstigen Änderungen gilt als Ablehnung verbunden mit einem neuen Antrag.

§ 151 Annahme ohne Erklärung gegenüber den Antragenden

¹Der Vertrag kommt durch die Annahme des Antrags zustande, ohne dass die Annahme dem Antragenden gegenüber erklärt zu werden braucht, wenn eine solche Erklärung nach der Verkehrssitte nicht zu erwarten ist oder der Antragende auf sie verzichtet hat. ²Der Zeitpunkt, in welchem der Antrag erlischt, bestimmt sich nach dem aus dem Antrag oder den Umständen zu entnehmenden Willen des Antragenden.

§ 152 Annahme bei notarieller Beurkundung

¹Wird ein Vertrag notariell beurkundet, ohne dass beide Teile gleichzeitig anwesend sind, so kommt der Vertrag mit der nach § 128 erfolgten Beurkundung der Annahme zustande, wenn nicht ein anderes bestimmt ist. ²Die Vorschrift des § 151 Satz 2 findet Anwendung.

§ 153 Tod oder Geschäftsunfähigkeit des Antragenden

Das Zustandekommen des Vertrags wird nicht dadurch gehindert, dass der Antragende vor der Annahme stirbt oder geschäftsunfähig wird, es sei denn, dass ein anderer Wille des Antragenden anzunehmen ist.

§ 154 Offener Einigungsmangel; fehlende Beurkundung

(1) ¹Solange nicht die Parteien sich über alle Punkte eines Vertrags geeinigt haben, über die nach der Erklärung auch nur einer Partei eine Vereinbarung getroffen werden soll, ist im Zweifel der Vertrag nicht geschlossen. ²Die Verständigung über einzelne Punkte ist auch dann nicht bindend, wenn eine Aufzeichnung stattgefunden hat.

(2) Ist eine Beurkundung des beabsichtigten Vertrags verabredet worden, so ist im Zweifel der Vertrag nicht geschlossen, bis die Beurkundung erfolgt ist.

§ 155 Versteckter Einigungsmangel

Haben sich die Parteien bei einem Vertrag, den sie als geschlossen ansehen, über einen Punkt, über den eine Vereinbarung getroffen werden sollte, in Wirklichkeit nicht geeinigt, so gilt das Vereinbarte, sofern anzunehmen ist, dass der Vertrag auch ohne eine Bestimmung über diesen Punkt geschlossen sein würde.

§ 156 Vertragsschluss bei Versteigerung

¹Bei einer Versteigerung kommt der Vertrag erst durch den Zuschlag zustande. ²Ein Gebot erlischt, wenn ein Übergebot abgegeben oder die Versteigerung ohne Erteilung des Zuschlags geschlossen wird.

§ 157 Auslegung von Verträgen

Verträge sind so auszulegen, wie Treu und Glauben mit Rücksicht auf die Verkehrssitte es erfordern.

Titel 4: Bedingung und Zeitbestimmung

§ 158 Aufschiebende und auflösende Bedingung

(1) Wird ein Rechtsgeschäft unter einer aufschiebenden Bedingung vorgenommen, so tritt die von der Bedingung abhängig gemachte Wirkung mit dem Eintritt der Bedingung ein.

(2) Wird ein Rechtsgeschäft unter einer auflösenden Bedingung vorgenommen, so endigt mit dem Eintritt der Bedingung die Wirkung des Rechtsgeschäfts; mit diesem Zeitpunkt tritt der frühere Rechtszustand wieder ein.

§ 159 Rückbeziehung

Sollen nach dem Inhalt des Rechtsgeschäfts die an den Eintritt der Bedingung geknüpften Folgen auf einen früheren Zeitpunkt zurückbezogen werden, so sind im Falle des Eintritts der Bedingung die Beteiligten verpflichtet, einander zu gewähren, was sie haben würden, wenn die Folgen in dem früheren Zeitpunkt eingetreten wären.

§ 160 Haftung während der Schwebezeit

(1) Wer unter einer aufschiebenden Bedingung berechtigt ist, kann im Falle des Eintritts der Bedingung Schadensersatz von dem anderen Teil verlangen, wenn dieser während der Schwebezeit das von der Bedingung abhängige Recht durch sein Verschulden vereitelt oder beeinträchtigt.

(2) Den gleichen Anspruch hat unter denselben Voraussetzungen bei einem unter einer auflösenden Bedingung vorgenommenen Rechtsgeschäft derjenige, zu dessen Gunsten der frühere Rechtszustand wieder eintritt.

§ 161 Unwirksamkeit von Verfügungen während der Schwebezeit

(1) ¹Hat jemand unter einer aufschiebenden Bedingung über einen Gegenstand verfügt, so ist jede weitere Verfügung, die er während der Schwebezeit über den Gegenstand trifft, im Falle des Eintritts der Bedingung insoweit unwirksam, als sie die von der Bedingung abhängige Wirkung vereiteln oder beeinträchtigen würde. ²Einer solchen Verfügung steht eine Verfügung gleich, die während der Schwebezeit im Wege der Zwangsvollstreckung oder der Arrestvollziehung oder durch den Insolvenzverwalter erfolgt.

(2) Dasselbe gilt bei einer auflösenden Bedingung von den Verfügungen desjenigen, dessen Recht mit dem Eintritte der Bedingung endigt.

(3) Die Vorschriften zugunsten derjenigen, welche Rechte von einem Nichtberechtigten herleiten, finden entsprechende Anwendung.

§ 162 Verhinderung oder Herbeiführung des Bedingungseintritts

(1) Wird der Eintritt der Bedingung von der Partei, zu deren Nachteil er gereichen würde, wider Treu und Glauben verhindert, so gilt die Bedingung als eingetreten.

(2) Wird der Eintritt der Bedingung von der Partei, zu deren Vorteil er gereicht, wider Treu und Glauben herbeigeführt, so gilt der Eintritt als nicht erfolgt.

§ 163 Zeitbestimmung

Ist für die Wirkung eines Rechtsgeschäfts bei dessen Vornahme ein Anfangs- oder ein Endtermin bestimmt worden, so finden im ersteren Falle die für die aufschiebende, im letzteren Falle die für die auflösende Bedingung geltenden Vorschriften der §§ 158, 160, 161 entsprechende Anwendung.

Titel 5: Vertretung und Vollmacht

§ 164 Wirkung der Erklärung des Vertreters

(1) ¹Eine Willenserklärung, die jemand innerhalb der ihm zustehenden Vertretungsmacht im Namen des Vertretenen abgibt, wirkt unmittelbar für und gegen den Vertretenen. ²Es macht keinen Unterschied, ob die Erklärung ausdrücklich im Namen des Vertretenen erfolgt oder ob die Umstände ergeben, dass sie in dessen Namen erfolgen soll.

(2) Tritt der Wille, in fremdem Namen zu handeln, nicht erkennbar hervor, so kommt der Mangel des Willens, im eigenen Namen zu handeln, nicht in Betracht.

(3) Die Vorschriften des Absatzes 1 finden entsprechende Anwendung, wenn eine gegenüber einem anderen abzugebende Willenserklärung dessen Vertreter gegenüber erfolgt.

§ 165 Beschränkt geschäftsfähiger Vertreter

Die Wirksamkeit einer von oder gegenüber einem Vertreter abgegebenen Willenserklärung wird nicht dadurch beeinträchtigt, dass der Vertreter in der Geschäftsfähigkeit beschränkt ist.

§ 166 Willensmängel; Wissenszurechnung

(1) Soweit die rechtlichen Folgen einer Willenserklärung durch Willensmängel oder durch die Kenntnis oder das Kennenmüssen gewisser Umstände beeinflusst werden, kommt nicht die Person des Vertretenen, sondern die des Vertreters in Betracht.

(2) ¹Hat im Falle einer durch Rechtsgeschäft erteilten Vertretungsmacht (Vollmacht) der Vertreter nach bestimmten Weisungen des Vollmachtgebers gehandelt, so kann sich dieser in Ansehung solcher Umstände, die er selbst kannte, nicht auf die Unkenntnis des Vertreters berufen. ²Dasselbe gilt von Umständen, die der Vollmachtgeber kennen musste, sofern das Kennenmüssen der Kenntnis gleichsteht.

§ 167 Erteilung der Vollmacht

(1) Die Erteilung der Vollmacht erfolgt durch Erklärung gegenüber dem zu Bevollmächtigenden oder dem Dritten, dem gegenüber die Vertretung stattfinden soll.

(2) Die Erklärung bedarf nicht der Form, welche für das Rechtsgeschäft bestimmt ist, auf das sich die Vollmacht bezieht.

§ 168 Erlöschen der Vollmacht

¹Das Erlöschen der Vollmacht bestimmt sich nach dem ihrer Erteilung zugrunde liegenden Rechtsverhältnis. ²Die Vollmacht ist auch bei dem Fortbestehen des Rechtsverhältnisses widerruflich, sofern sich nicht aus diesem ein anderes ergibt. ³Auf die Erklärung des Widerrufs findet die Vorschrift des § 167 Abs. 1 entsprechende Anwendung.

§ 169 Vollmacht des Beauftragten und des geschäftsführenden Gesellschafters

Soweit nach den §§ 674, 729 die erloschene Vollmacht eines Beauftragten oder eines geschäftsführenden Gesellschafters als fortbestehend gilt, wirkt sie nicht zugunsten eines Dritten, der bei der Vornahme eines Rechtsgeschäfts das Erlöschen kennt oder kennen muss.

§ 170 Wirkungsdauer der Vollmacht

Wird die Vollmacht durch Erklärung gegenüber einem Dritten erteilt, so bleibt sie diesem gegenüber in Kraft, bis ihm das Erlöschen von dem Vollmachtgeber angezeigt wird.

§ 171 Wirkungsdauer bei Kundgebung

(1) Hat jemand durch besondere Mitteilung an einen Dritten oder durch öffentliche Bekanntmachung kundgegeben, dass er einen anderen bevollmächtigt habe, so ist dieser aufgrund der Kundgebung im ersteren Falle dem Dritten gegenüber, im letzteren Falle jedem Dritten gegenüber zur Vertretung befugt.

(2) Die Vertretungsmacht bleibt bestehen, bis die Kundgebung in derselben Weise, wie sie erfolgt ist, widerrufen wird.

§ 172 Vollmachtsurkunde

(1) Der besonderen Mitteilung einer Bevollmächtigung durch den Vollmachtgeber steht es gleich, wenn dieser dem Vertreter eine Vollmachtsurkunde ausgehändigt hat und der Vertreter sie dem Dritten vorlegt.

(2) Die Vertretungsmacht bleibt bestehen, bis die Vollmachtsurkunde dem Vollmachtgeber zurückgegeben oder für kraftlos erklärt wird.

§ 173 Wirkungsdauer bei Kenntnis und fahrlässiger Unkenntnis

Die Vorschriften des § 170, des § 171 Abs. 2 und des § 172 Abs. 2 finden keine Anwendung, wenn der Dritte das Erlöschen der Vertretungsmacht bei der Vornahme des Rechtsgeschäfts kennt oder kennen muss.

§ 174 Einseitiges Rechtsgeschäft eines Bevollmächtigten

¹Ein einseitiges Rechtsgeschäft, das ein Bevollmächtigter einem anderen gegenüber vornimmt, ist unwirksam, wenn der Bevollmächtigte eine Vollmachtsurkunde nicht vorlegt und der andere das Rechtsgeschäft aus diesem Grunde unverzüglich zurückweist. ²Die Zurückweisung ist ausgeschlossen, wenn der Vollmachtgeber den anderen von der Bevollmächtigung in Kenntnis gesetzt hatte.

§ 175 Rückgabe der Vollmachtsurkunde

Nach dem Erlöschen der Vollmacht hat der Bevollmächtigte die Vollmachtsurkunde dem Vollmachtgeber zurückzugeben; ein Zurückbehaltungsrecht steht ihm nicht zu.

§ 176 Kraftloserklärung der Vollmachtsurkunde

(1) ¹Der Vollmachtgeber kann die Vollmachtsurkunde durch eine öffentliche Bekanntmachung für kraftlos erklären; die Kraftloserklärung muss nach den für die öffentliche Zustellung einer Ladung geltenden Vorschriften der Zivilprozessordnung veröffentlicht werden. ²Mit dem Ablauf eines Monats nach der letzten Einrückung in die öffentlichen Blätter wird die Kraftloserklärung wirksam.

(2) Zuständig für die Bewilligung der Veröffentlichung ist sowohl das Amtsgericht, in dessen Bezirk der Vollmachtgeber seinen allgemeinen Gerichtsstand hat, als das Amtsgericht, welches für die Klage auf Rückgabe der Urkunde, abgesehen von dem Wert des Streitgegenstands, zuständig sein würde.

(3) Die Kraftloserklärung ist unwirksam, wenn der Vollmachtgeber die Vollmacht nicht widerrufen kann.

§ 177 Vertragsschluss durch Vertreter ohne Vertretungsmacht

(1) Schließt jemand ohne Vertretungsmacht im Namen eines anderen einen Vertrag, so hängt die Wirksamkeit des Vertrags für und gegen den Vertretenen von dessen Genehmigung ab.

(2) [1]Fordert der andere Teil den Vertretenen zur Erklärung über die Genehmigung auf, so kann die Erklärung nur ihm gegenüber erfolgen; eine vor der Aufforderung dem Vertreter gegenüber erklärte Genehmigung oder Verweigerung der Genehmigung wird unwirksam. [2]Die Genehmigung kann nur bis zum Ablauf von zwei Wochen nach dem Empfang der Aufforderung erklärt werden; wird sie nicht erklärt, so gilt sie als verweigert.

§ 178 Widerrufsrecht des anderen Teils

[1]Bis zur Genehmigung des Vertrags ist der andere Teil zum Widerruf berechtigt, es sei denn, dass er den Mangel der Vertretungsmacht bei dem Abschluss des Vertrags gekannt hat. [2]Der Widerruf kann auch dem Vertreter gegenüber erklärt werden.

§ 179 Haftung des Vertreters ohne Vertretungsmacht

(1) Wer als Vertreter einen Vertrag geschlossen hat, ist, sofern er nicht seine Vertretungsmacht nachweist, dem anderen Teil nach dessen Wahl zur Erfüllung oder zum Schadensersatz verpflichtet, wenn der Vertretene die Genehmigung des Vertrags verweigert.

(2) Hat der Vertreter den Mangel der Vertretungsmacht nicht gekannt, so ist er nur zum Ersatz desjenigen Schadens verpflichtet, welchen der andere Teil dadurch erleidet, dass er auf die Vertretungsmacht vertraut, jedoch nicht über den Betrag des Interesses hinaus, welches der andere Teil an der Wirksamkeit des Vertrags hat.

(3) [1]Der Vertreter haftet nicht, wenn der andere Teil den Mangel der Vertretungsmacht kannte oder kennen musste. [2]Der Vertreter haftet auch dann nicht, wenn er in der Geschäftsfähigkeit beschränkt war, es sei denn, dass er mit Zustimmung seines gesetzlichen Vertreters gehandelt hat.

§ 180 Einseitiges Rechtsgeschäft

[1]Bei einem einseitigen Rechtsgeschäft ist Vertretung ohne Vertretungsmacht unzulässig. [2]Hat jedoch derjenige, welchem gegenüber ein solches Rechtsgeschäft vorzunehmen war, die von dem Vertreter behauptete Vertretungsmacht bei der Vornahme des Rechtsgeschäfts nicht beanstandet oder ist er damit einverstanden gewesen, dass der Vertreter ohne Vertretungsmacht handele, so finden die Vorschriften über Verträge entsprechende Anwendung. [3]Das Gleiche gilt, wenn ein einseitiges Rechtsgeschäft gegenüber einem Vertreter ohne Vertretungsmacht mit dessen Einverständnis vorgenommen wird.

§ 181 Insichgeschäft

Ein Vertreter kann, soweit nicht ein anderes ihm gestattet ist, im Namen des Vertretenen mit sich im eigenen Namen oder als Vertreter eines Dritten ein Rechtsgeschäft nicht vornehmen, es sei denn, dass das Rechtsgeschäft ausschließlich in der Erfüllung einer Verbindlichkeit besteht.

Titel 6: Einwilligung und Genehmigung

§ 182 Zustimmung

(1) Hängt die Wirksamkeit eines Vertrags oder eines einseitigen Rechtsgeschäfts, das einem anderen gegenüber vorzunehmen ist, von der Zustimmung eines Dritten ab, so kann die Erteilung sowie die Verweigerung der Zustimmung sowohl dem einen als dem anderen Teil gegenüber erklärt werden.

(2) Die Zustimmung bedarf nicht der für das Rechtsgeschäft bestimmten Form.

(3) Wird ein einseitiges Rechtsgeschäft, dessen Wirksamkeit von der Zustimmung eines Dritten abhängt, mit Einwilligung des Dritten vorgenommen, so finden die Vorschriften des § 111 Satz 2, 3 entsprechende Anwendung.

§ 183 Widerruflichkeit der Einwilligung

[1]Die vorherige Zustimmung (Einwilligung) ist bis zur Vornahme des Rechtsgeschäfts widerruflich, soweit nicht aus dem ihrer Erteilung zugrunde liegenden Rechtsverhältnis sich ein anderes ergibt. [2]Der Widerruf kann sowohl dem einen als dem anderen Teil gegenüber erklärt werden.

§ 184 Rückwirkung der Genehmigung

(1) Die nachträgliche Zustimmung (Genehmigung) wirkt auf den Zeitpunkt der Vornahme des Rechtsgeschäfts zurück, soweit nicht ein anderes bestimmt ist.

(2) Durch die Rückwirkung werden Verfügungen nicht unwirksam, die vor der Genehmigung über den Gegenstand des Rechtsgeschäfts von dem Genehmigenden getroffen worden oder im Wege der Zwangsvollstreckung oder der Arrestvollziehung oder durch den Insolvenzverwalter erfolgt sind.

§ 185 Verfügung eines Nichtberechtigten

(1) Eine Verfügung, die ein Nichtberechtigter über einen Gegenstand trifft, ist wirksam, wenn sie mit Einwilligung des Berechtigten erfolgt.

(2) [1]Die Verfügung wird wirksam, wenn der Berechtigte sie genehmigt oder wenn der Verfügende den Gegenstand erwirbt oder wenn er von dem Berechtigten beerbt wird und dieser für die Nachlassverbindlichkeiten unbeschränkt haftet. [2]In den beiden letzteren Fällen wird, wenn über den Gegenstand mehrere miteinander nicht in Einklang stehende Verfügungen getroffen worden sind, nur die frühere Verfügung wirksam.

Abschnitt 4: Fristen, Termine

§ 186 Geltungsbereich

Für die in Gesetzen, gerichtlichen Verfügungen und Rechtsgeschäften enthaltenen Frist- und Terminsbestimmungen gelten die Auslegungsvorschriften der §§ 187 bis 193.

§ 187 Fristbeginn

(1) Ist für den Anfang einer Frist ein Ereignis oder ein in den Lauf eines Tages fallender Zeitpunkt maßgebend, so wird bei der Berechnung der Frist der Tag nicht mitgerechnet, in welchen das Ereignis oder der Zeitpunkt fällt.

(2) [1]Ist der Beginn eines Tages der für den Anfang einer Frist maßgebende Zeitpunkt, so wird dieser Tag bei der Berechnung der Frist mitgerechnet. [2]Das Gleiche gilt von dem Tage der Geburt bei der Berechnung des Lebensalters.

§ 188 Fristende

(1) Eine nach Tagen bestimmte Frist endigt mit dem Ablauf des letzten Tages der Frist.

(2) Eine Frist, die nach Wochen, nach Monaten oder nach einem mehrere Monate umfassenden Zeitraum – Jahr, halbes Jahr, Vierteljahr – bestimmt ist, endigt im Falle des § 187 Abs. 1 mit dem Ablauf desjenigen Tages der letzten Woche oder des letzten Monats, welcher durch seine Benennung oder seine Zahl dem Tage entspricht, in den das Ereignis oder der Zeitpunkt fällt, im Falle des § 187 Abs. 2 mit dem Ablauf desjenigen Tages der letzten Woche oder des letzten Monats, welcher dem Tage vorhergeht, der durch seine Benennung oder seine Zahl dem Anfangstag der Frist entspricht.

(3) Fehlt bei einer nach Monaten bestimmten Frist in dem letzten Monat der für ihren Ablauf maßgebende Tag, so endigt die Frist mit dem Ablauf des letzten Tages dieses Monats.

§ 189 Berechnung einzelner Fristen

(1) Unter einem halben Jahr wird eine Frist von sechs Monaten, unter einem Vierteljahr eine Frist von drei Monaten, unter einem halben Monat eine Frist von 15 Tagen verstanden.

(2) Ist eine Frist auf einen oder mehrere ganze Monate und einen halben Monat gestellt, so sind die 15 Tage zuletzt zu zählen.

§ 190 Fristverlängerung

Im Falle der Verlängerung einer Frist wird die neue Frist von dem Ablauf der vorigen Frist an berechnet.

§ 191 Berechnung von Zeiträumen

Ist ein Zeitraum nach Monaten oder nach Jahren in dem Sinne bestimmt, dass er nicht zusammenhängend zu verlaufen braucht, so wird der Monat zu 30, das Jahr zu 365 Tagen gerechnet.

§ 192 Anfang, Mitte, Ende des Monats

Unter Anfang des Monats wird der erste, unter Mitte des Monats der 15., unter Ende des Monats der letzte Tag des Monats verstanden.

§ 193 Sonn- und Feiertag; Sonnabend

Ist an einem bestimmten Tage oder innerhalb einer Frist eine Willenserklärung abzugeben oder eine Leistung zu bewirken und fällt der bestimmte Tag oder der letzte Tag der Frist auf einen Sonntag, einen am Erklärungs- oder Leistungsort staatlich anerkannten allgemeinen Feiertag oder einen Sonnabend, so tritt an die Stelle eines solchen Tages der nächste Werktag.

Abschnitt 5: Verjährung

Titel 1: Gegenstand und Dauer der Verjährung

§ 194 Gegenstand der Verjährung[1]

(1) Das Recht, von einem anderen ein Tun oder Unterlassen zu verlangen (Anspruch), unterliegt der Verjährung.

(2) Ansprüche aus einem familienrechtlichen Verhältnis unterliegen der Verjährung nicht, soweit sie auf die Herstellung des dem Verhältnis entsprechenden Zustands für die Zukunft oder auf die Einwilligung in eine genetische Untersuchung zur Klärung der leiblichen Abstammung gerichtet sind.

§ 195 Regelmäßige Verjährungsfrist

Die regelmäßige Verjährungsfrist beträgt drei Jahre.

§ 196 Verjährungsfrist bei Rechten an einem Grundstück

Ansprüche auf Übertragung des Eigentums an einem Grundstück sowie auf Begründung, Übertragung oder Aufhebung eines Rechts an einem Grundstück oder auf Änderung des Inhalts eines solchen Rechts sowie die Ansprüche auf die Gegenleistung verjähren in zehn Jahren.

---

[1] **Anm. d. Red.:** § 194 i. d. F. des Gesetzes v. 26. 3. 2008 (BGBl I S. 441) mit Wirkung v. 1. 4. 2008.

§ 197 Dreißigjährige Verjährungsfrist[1)]
(1) In 30 Jahren verjähren, soweit nicht ein anderes bestimmt ist,
1. Schadensersatzansprüche, die auf der vorsätzlichen Verletzung des Lebens, des Körpers, der Gesundheit, der Freiheit oder der sexuellen Selbstbestimmung beruhen,
2. Herausgabeansprüche aus Eigentum, anderen dinglichen Rechten, den §§ 2018, 2130 und 2362 sowie die Ansprüche, die der Geltendmachung der Herausgabeansprüche dienen,
3. rechtskräftig festgestellte Ansprüche,
4. Ansprüche aus vollstreckbaren Vergleichen oder vollstreckbaren Urkunden,
5. Ansprüche, die durch die im Insolvenzverfahren erfolgte Feststellung vollstreckbar geworden sind, und
6. Ansprüche auf Erstattung der Kosten der Zwangsvollstreckung.

(2) Soweit Ansprüche nach Absatz 1 Nr. 3 bis 5 künftig fällig werdende regelmäßig wiederkehrende Leistungen zum Inhalt haben, tritt an die Stelle der Verjährungsfrist von 30 Jahren die regelmäßige Verjährungsfrist.

§ 198 Verjährung bei Rechtsnachfolge
Gelangt eine Sache, hinsichtlich derer ein dinglicher Anspruch besteht, durch Rechtsnachfolge in den Besitz eines Dritten, so kommt die während des Besitzes des Rechtsvorgängers verstrichene Verjährungszeit dem Rechtsnachfolger zugute.

§ 199 Beginn der regelmäßigen Verjährungsfrist und Verjährungshöchstfristen[2)]
(1) Die regelmäßige Verjährungsfrist beginnt, soweit nicht ein anderer Verjährungsbeginn bestimmt ist, mit dem Schluss des Jahres, in dem
1. der Anspruch entstanden ist und
2. der Gläubiger von den den Anspruch begründenden Umständen und der Person des Schuldners Kenntnis erlangt oder ohne grobe Fahrlässigkeit erlangen müsste.

(2) Schadensersatzansprüche, die auf der Verletzung des Lebens, des Körpers, der Gesundheit oder der Freiheit beruhen, verjähren ohne Rücksicht auf ihre Entstehung und die Kenntnis oder grob fahrlässige Unkenntnis in 30 Jahren von der Begehung der Handlung, der Pflichtverletzung oder dem sonstigen, den Schaden auslösenden Ereignis an.

(3) ¹Sonstige Schadensersatzansprüche verjähren
1. ohne Rücksicht auf die Kenntnis oder grob fahrlässige Unkenntnis in zehn Jahren von ihrer Entstehung an und
2. ohne Rücksicht auf ihre Entstehung und die Kenntnis oder grob fahrlässige Unkenntnis in 30 Jahren von der Begehung der Handlung, der Pflichtverletzung oder dem sonstigen, den Schaden auslösenden Ereignis an.

²Maßgeblich ist die früher endende Frist.

(3a) Ansprüche, die auf einem Erbfall beruhen oder deren Geltendmachung die Kenntnis einer Verfügung von Todes wegen voraussetzt, verjähren ohne Rücksicht auf die Kenntnis oder grob fahrlässige Unkenntnis in 30 Jahren von der Entstehung des Anspruchs an.

(4) Andere Ansprüche als die nach den Absätzen 2 bis 3a verjähren ohne Rücksicht auf die Kenntnis oder grob fahrlässige Unkenntnis in zehn Jahren von ihrer Entstehung an.

(5) Geht der Anspruch auf ein Unterlassen, so tritt an die Stelle der Entstehung die Zuwiderhandlung.

---

1) **Anm. d. Red.:** § 197 i. d. F. des Gesetzes v. 26. 6. 2013 (BGBl I S. 1805) mit Wirkung v. 30. 6. 2013.
2) **Anm. d. Red.:** § 199 i. d. F. des Gesetzes v. 24. 9. 2009 (BGBl I S. 3142) mit Wirkung v. 1. 1. 2010.

§ 200 Beginn anderer Verjährungsfristen

¹Die Verjährungsfrist von Ansprüchen, die nicht der regelmäßigen Verjährungsfrist unterliegen, beginnt mit der Entstehung des Anspruchs, soweit nicht ein anderer Verjährungsbeginn bestimmt ist. ²§ 199 Abs. 5 findet entsprechende Anwendung.

§ 201 Beginn der Verjährungsfrist von festgestellten Ansprüchen[1]

¹Die Verjährung von Ansprüchen der in § 197 Abs. 1 Nr. 3 bis 6 bezeichneten Art beginnt mit der Rechtskraft der Entscheidung, der Errichtung des vollstreckbaren Titels oder der Feststellung im Insolvenzverfahren, nicht jedoch vor der Entstehung des Anspruchs. ²§ 199 Abs. 5 findet entsprechende Anwendung.

§ 202 Unzulässigkeit von Vereinbarungen über die Verjährung

(1) Die Verjährung kann bei Haftung wegen Vorsatzes nicht im Voraus durch Rechtsgeschäft erleichtert werden.

(2) Die Verjährung kann durch Rechtsgeschäft nicht über eine Verjährungsfrist von 30 Jahren ab dem gesetzlichen Verjährungsbeginn hinaus erschwert werden.

Titel 2: Hemmung, Ablaufhemmung und Neubeginn der Verjährung

§ 203 Hemmung der Verjährung bei Verhandlungen

¹Schweben zwischen dem Schuldner und dem Gläubiger Verhandlungen über den Anspruch oder die den Anspruch begründenden Umstände, so ist die Verjährung gehemmt, bis der eine oder der andere Teil die Fortsetzung der Verhandlungen verweigert. ²Die Verjährung tritt frühestens drei Monate nach dem Ende der Hemmung ein.

§ 204 Hemmung der Verjährung durch Rechtsverfolgung[2]

(1) Die Verjährung wird gehemmt durch
1. die Erhebung der Klage auf Leistung oder auf Feststellung des Anspruchs, auf Erteilung der Vollstreckungsklausel oder auf Erlass des Vollstreckungsurteils,
1a. die Erhebung einer Musterfeststellungsklage für einen Anspruch, den ein Gläubiger zu dem zu der Klage geführten Klageregister wirksam angemeldet hat, wenn dem angemeldeten Anspruch derselbe Lebenssachverhalt zugrunde liegt wie den Feststellungszielen der Musterfeststellungsklage,
2. die Zustellung des Antrags im vereinfachten Verfahren über den Unterhalt Minderjähriger,
3. die Zustellung des Mahnbescheids im Mahnverfahren oder des Europäischen Zahlungsbefehls im Europäischen Mahnverfahren nach der Verordnung (EG) Nr. 1896/2006 des Europäischen Parlaments und des Rates vom 12. Dezember 2006 zur Einführung eines Europäischen Mahnverfahrens (ABl EU Nr. L 399 S. 1),
4. die Veranlassung der Bekanntgabe eines Antrags, mit dem der Anspruch geltend gemacht wird, bei einer
   a) staatlichen oder staatlich anerkannten Streitbeilegungsstelle oder
   b) anderen Streitbeilegungsstelle, wenn das Verfahren im Einvernehmen mit dem Antragsgegner betrieben wird;
   die Verjährung wird schon durch den Eingang des Antrags bei der Streitbeilegungsstelle gehemmt, wenn der Antrag demnächst bekannt gegeben wird,
5. die Geltendmachung der Aufrechnung des Anspruchs im Prozess,

---

1) **Anm. d. Red.:** § 201 i. d. F. des Gesetzes v. 9.12.2004 (BGBl I S. 3214) mit Wirkung v. 15.12.2004.
2) **Anm. d. Red.:** § 204 i. d. F. des Gesetzes v. 22.12.2020 (BGBl I S. 3256) mit Wirkung v. 1.1.2021.

6. die Zustellung der Streitverkündung,
6a. die Zustellung der Anmeldung zu einem Musterverfahren für darin bezeichnete Ansprüche, soweit diesen der gleiche Lebenssachverhalt zugrunde liegt wie den Feststellungszielen des Musterverfahrens und wenn innerhalb von drei Monaten nach dem rechtskräftigen Ende des Musterverfahrens die Klage auf Leistung oder Feststellung der in der Anmeldung bezeichneten Ansprüche erhoben wird,
7. die Zustellung des Antrags auf Durchführung eines selbständigen Beweisverfahrens,
8. den Beginn eines vereinbarten Begutachtungsverfahrens,
9. die Zustellung des Antrags auf Erlass eines Arrests, einer einstweiligen Verfügung oder einer einstweiligen Anordnung, oder, wenn der Antrag nicht zugestellt wird, dessen Einreichung, wenn der Arrestbefehl, die einstweilige Verfügung oder die einstweilige Anordnung innerhalb eines Monats seit Verkündung oder Zustellung an den Gläubiger dem Schuldner zugestellt wird,
10. die Anmeldung des Anspruchs im Insolvenzverfahren oder im Schifffahrtsrechtlichen Verteilungsverfahren,
10a. die Anordnung einer Vollstreckungssperre nach dem Unternehmensstabilisierungs- und -restrukturierungsgesetz, durch die der Gläubiger an der Einleitung der Zwangsvollstreckung wegen des Anspruchs gehindert ist,
11. den Beginn des schiedsrichterlichen Verfahrens,
12. die Einreichung des Antrags bei einer Behörde, wenn die Zulässigkeit der Klage von der Vorentscheidung dieser Behörde abhängt und innerhalb von drei Monaten nach Erledigung des Gesuchs die Klage erhoben wird; dies gilt entsprechend für bei einem Gericht oder bei einer in Nummer 4 bezeichneten Streitbeilegungsstelle zu stellende Anträge, deren Zulässigkeit von der Vorentscheidung einer Behörde abhängt,
13. die Einreichung des Antrags bei dem höheren Gericht, wenn dieses das zuständige Gericht zu bestimmen hat und innerhalb von drei Monaten nach Erledigung des Gesuchs die Klage erhoben oder der Antrag, für den die Gerichtsstandsbestimmung zu erfolgen hat, gestellt wird, und
14. die Veranlassung der Bekanntgabe des erstmaligen Antrags auf Gewährung von Prozesskostenhilfe oder Verfahrenskostenhilfe; wird die Bekanntgabe demnächst nach der Einreichung des Antrags veranlasst, so tritt die Hemmung der Verjährung bereits mit der Einreichung ein.

(2) ¹Die Hemmung nach Absatz 1 endet sechs Monate nach der rechtskräftigen Entscheidung oder anderweitigen Beendigung des eingeleiteten Verfahrens. ²Die Hemmung nach Absatz 1 Nummer 1a endet auch sechs Monate nach der Rücknahme der Anmeldung zum Klageregister. ³Gerät das Verfahren dadurch in Stillstand, dass die Parteien es nicht betreiben, so tritt an die Stelle der Beendigung des Verfahrens die letzte Verfahrenshandlung der Parteien, des Gerichts oder der sonst mit dem Verfahren befassten Stelle. ⁴Die Hemmung beginnt erneut, wenn eine der Parteien das Verfahren weiter betreibt.

(3) Auf die Frist nach Absatz 1 Nr. 6a, 9, 12 und 13 finden die §§ 206, 210 und 211 entsprechende Anwendung.

§ 205 Hemmung der Verjährung bei Leistungsverweigerungsrecht

Die Verjährung ist gehemmt, solange der Schuldner aufgrund einer Vereinbarung mit dem Gläubiger vorübergehend zur Verweigerung der Leistung berechtigt ist.

§ 206 Hemmung der Verjährung bei höherer Gewalt

Die Verjährung ist gehemmt, solange der Gläubiger innerhalb der letzten sechs Monate der Verjährungsfrist durch höhere Gewalt an der Rechtsverfolgung gehindert ist.

§ 207 Hemmung der Verjährung aus familiären und ähnlichen Gründen[1]

(1) ¹Die Verjährung von Ansprüchen zwischen Ehegatten ist gehemmt, solange die Ehe besteht. ²Das Gleiche gilt für Ansprüche zwischen
1. Lebenspartnern, solange die Lebenspartnerschaft besteht,
2. dem Kind und
   a) seinen Eltern oder
   b) dem Ehegatten oder Lebenspartner eines Elternteils
   bis zur Vollendung des 21. Lebensjahres des Kindes,
3. dem Vormund und dem Mündel während der Dauer des Vormundschaftsverhältnisses,
4. dem Betreuten und dem Betreuer während der Dauer des Betreuungsverhältnisses und
5. dem Pflegling und dem Pfleger während der Dauer der Pflegschaft.

³Die Verjährung von Ansprüchen des Kindes gegen den Beistand ist während der Dauer der Beistandschaft gehemmt.

(2) § 208 bleibt unberührt.

§ 208 Hemmung der Verjährung bei Ansprüchen wegen Verletzung der sexuellen Selbstbestimmung

¹Die Verjährung von Ansprüchen wegen Verletzung der sexuellen Selbstbestimmung ist bis zur Vollendung des 21. Lebensjahres des Gläubigers gehemmt. ²Lebt der Gläubiger von Ansprüchen wegen Verletzung der sexuellen Selbstbestimmung bei Beginn der Verjährung mit dem Schuldner in häuslicher Gemeinschaft, so ist die Verjährung auch bis zur Beendigung der häuslichen Gemeinschaft gehemmt.

§ 209 Wirkung der Hemmung

Der Zeitraum, während dessen die Verjährung gehemmt ist, wird in die Verjährungsfrist nicht eingerechnet.

§ 210 Ablaufhemmung bei nicht voll Geschäftsfähigen

(1) ¹Ist eine geschäftsunfähige oder in der Geschäftsfähigkeit beschränkte Person ohne gesetzlichen Vertreter, so tritt eine für oder gegen sie laufende Verjährung nicht vor dem Ablauf von sechs Monaten nach dem Zeitpunkt ein, in dem die Person unbeschränkt geschäftsfähig oder der Mangel der Vertretung behoben wird. ²Ist die Verjährungsfrist kürzer als sechs Monate, so tritt der für die Verjährung bestimmte Zeitraum an die Stelle der sechs Monate.

(2) Absatz 1 findet keine Anwendung, soweit eine in der Geschäftsfähigkeit beschränkte Person prozessfähig ist.

§ 211 Ablaufhemmung in Nachlassfällen

¹Die Verjährung eines Anspruchs, der zu einem Nachlass gehört oder sich gegen einen Nachlass richtet, tritt nicht vor dem Ablauf von sechs Monaten nach dem Zeitpunkt ein, in dem die Erbschaft von dem Erben angenommen oder das Insolvenzverfahren über den Nachlass eröffnet wird oder von dem an der Anspruch von einem oder gegen einen Vertreter geltend gemacht werden kann. ²Ist die Verjährungsfrist kürzer als sechs Monate, so tritt der für die Verjährung bestimmte Zeitraum an die Stelle der sechs Monate.

---

1) **Anm. d. Red.:** § 207 i. d. F. des Gesetzes v. 24. 9. 2009 (BGBl I S. 3142) mit Wirkung v. 1. 1. 2010.

§ 212 Neubeginn der Verjährung

(1) Die Verjährung beginnt erneut, wenn
1. der Schuldner dem Gläubiger gegenüber den Anspruch durch Abschlagszahlung, Zinszahlung, Sicherheitsleistung oder in anderer Weise anerkennt oder
2. eine gerichtliche oder behördliche Vollstreckungshandlung vorgenommen oder beantragt wird.

(2) Der erneute Beginn der Verjährung infolge einer Vollstreckungshandlung gilt als nicht eingetreten, wenn die Vollstreckungshandlung auf Antrag des Gläubigers oder wegen Mangels der gesetzlichen Voraussetzungen aufgehoben wird.

(3) Der erneute Beginn der Verjährung durch den Antrag auf Vornahme einer Vollstreckungshandlung gilt als nicht eingetreten, wenn dem Antrag nicht stattgegeben oder der Antrag vor der Vollstreckungshandlung zurückgenommen oder die erwirkte Vollstreckungshandlung nach Absatz 2 aufgehoben wird.

§ 213 Hemmung, Ablaufhemmung und erneuter Beginn der Verjährung bei anderen Ansprüchen

Die Hemmung, die Ablaufhemmung und der erneute Beginn der Verjährung gelten auch für Ansprüche, die aus demselben Grund wahlweise neben dem Anspruch oder an seiner Stelle gegeben sind.

Titel 3: Rechtsfolgen der Verjährung

§ 214 Wirkung der Verjährung

(1) Nach Eintritt der Verjährung ist der Schuldner berechtigt, die Leistung zu verweigern.

(2) ¹Das zur Befriedigung eines verjährten Anspruchs Geleistete kann nicht zurückgefordert werden, auch wenn in Unkenntnis der Verjährung geleistet worden ist. ²Das Gleiche gilt von einem vertragsmäßigen Anerkenntnis sowie einer Sicherheitsleistung des Schuldners.

§ 215 Aufrechnung und Zurückbehaltungsrecht nach Eintritt der Verjährung

Die Verjährung schließt die Aufrechnung und die Geltendmachung eines Zurückbehaltungsrechts nicht aus, wenn der Anspruch in dem Zeitpunkt noch nicht verjährt war, in dem erstmals aufgerechnet oder die Leistung verweigert werden konnte.

§ 216 Wirkung der Verjährung bei gesicherten Ansprüchen

(1) Die Verjährung eines Anspruchs, für den eine Hypothek, eine Schiffshypothek oder ein Pfandrecht besteht, hindert den Gläubiger nicht, seine Befriedigung aus dem belasteten Gegenstand zu suchen.

(2) ¹Ist zur Sicherung eines Anspruchs ein Recht verschafft worden, so kann die Rückübertragung nicht aufgrund der Verjährung des Anspruchs gefordert werden. ²Ist das Eigentum vorbehalten, so kann der Rücktritt vom Vertrag auch erfolgen, wenn der gesicherte Anspruch verjährt ist.

(3) Die Absätze 1 und 2 finden keine Anwendung auf die Verjährung von Ansprüchen auf Zinsen und andere wiederkehrende Leistungen.

§ 217 Verjährung von Nebenleistungen

Mit dem Hauptanspruch verjährt der Anspruch auf die von ihm abhängenden Nebenleistungen, auch wenn die für diesen Anspruch geltende besondere Verjährung noch nicht eingetreten ist.

§ 218 Unwirksamkeit des Rücktritts[1)]

(1) ¹Der Rücktritt wegen nicht oder nicht vertragsgemäß erbrachter Leistung ist unwirksam, wenn der Anspruch auf die Leistung oder der Nacherfüllungsanspruch verjährt ist und der Schuldner sich hierauf beruft. ²Dies gilt auch, wenn der Schuldner nach § 275 Absatz 1 bis 3, § 439 Absatz 4 oder § 635 Absatz 3 nicht zu leisten braucht und der Anspruch auf die Leistung oder der Nacherfüllungsanspruch verjährt wäre. ³§ 216 Abs. 2 Satz 2 bleibt unberührt.

(2) § 214 Abs. 2 findet entsprechende Anwendung.

§§ 219 bis 225 (weggefallen)

Abschnitt 6: Ausübung der Rechte, Selbstverteidigung, Selbsthilfe

§ 226 Schikaneverbot

Die Ausübung eines Rechts ist unzulässig, wenn sie nur den Zweck haben kann, einem anderen Schaden zuzufügen.

§ 227 Notwehr

(1) Eine durch Notwehr gebotene Handlung ist nicht widerrechtlich.

(2) Notwehr ist diejenige Verteidigung, welche erforderlich ist, um einen gegenwärtigen rechtswidrigen Angriff von sich oder einem anderen abzuwenden.

§ 228 Notstand

¹Wer eine fremde Sache beschädigt oder zerstört, um eine durch sie drohende Gefahr von sich oder einem anderen abzuwenden, handelt nicht widerrechtlich, wenn die Beschädigung oder die Zerstörung zur Abwendung der Gefahr erforderlich ist und der Schaden nicht außer Verhältnis zu der Gefahr steht. ²Hat der Handelnde die Gefahr verschuldet, so ist er zum Schadensersatz verpflichtet.

§ 229 Selbsthilfe

Wer zum Zwecke der Selbsthilfe eine Sache wegnimmt, zerstört oder beschädigt oder wer zum Zwecke der Selbsthilfe einen Verpflichteten, welcher der Flucht verdächtig ist, festnimmt oder den Widerstand des Verpflichteten gegen eine Handlung, die dieser zu dulden verpflichtet ist, beseitigt, handelt nicht widerrechtlich, wenn obrigkeitliche Hilfe nicht rechtzeitig zu erlangen ist und ohne sofortiges Eingreifen die Gefahr besteht, dass die Verwirklichung des Anspruchs vereitelt oder wesentlich erschwert werde.

§ 230 Grenzen der Selbsthilfe

(1) Die Selbsthilfe darf nicht weiter gehen, als zur Abwendung der Gefahr erforderlich ist.

(2) Im Falle der Wegnahme von Sachen ist, sofern nicht Zwangsvollstreckung erwirkt wird, der dingliche Arrest zu beantragen.

(3) Im Falle der Festnahme des Verpflichteten ist, sofern er nicht wieder in Freiheit gesetzt wird, der persönliche Sicherheitsarrest bei dem Amtsgericht zu beantragen, in dessen Bezirk die Festnahme erfolgt ist; der Verpflichtete ist unverzüglich dem Gericht vorzuführen.

(4) Wird der Arrestantrag verzögert oder abgelehnt, so hat die Rückgabe der weggenommenen Sachen und die Freilassung des Festgenommenen unverzüglich zu erfolgen.

---

1) **Anm. d. Red.:** § 218 i. d. F. des Gesetzes v. 28. 4. 2017 (BGBl I S. 969) mit Wirkung v. 1. 1. 2018.

§ 231 Irrtümliche Selbsthilfe

Wer eine der in § 229 bezeichneten Handlungen in der irrigen Annahme vornimmt, dass die für den Ausschluss der Widerrechtlichkeit erforderlichen Voraussetzungen vorhanden seien, ist dem anderen Teile zum Schadensersatz verpflichtet, auch wenn der Irrtum nicht auf Fahrlässigkeit beruht.

Abschnitt 7: Sicherheitsleistung

§ 232 Arten

(1) Wer Sicherheit zu leisten hat, kann dies bewirken durch

Hinterlegung von Geld oder Wertpapieren,

durch Verpfändung von Forderungen, die in das Bundesschuldbuch oder in das Landesschuldbuch eines Landes eingetragen sind,

durch Verpfändung beweglicher Sachen,

durch Bestellung von Schiffshypotheken an Schiffen oder Schiffsbauwerken, die in einem deutschen Schiffsregister oder Schiffsbauregister eingetragen sind,

durch Bestellung von Hypotheken an inländischen Grundstücken,

durch Verpfändung von Forderungen, für die eine Hypothek an einem inländischen Grundstück besteht, oder durch Verpfändung von Grundschulden oder Rentenschulden an inländischen Grundstücken.

(2) Kann die Sicherheit nicht in dieser Weise geleistet werden, so ist die Stellung eines tauglichen Bürgen zulässig.

§ 233 Wirkung der Hinterlegung

Mit der Hinterlegung erwirbt der Berechtigte ein Pfandrecht an dem hinterlegten Geld oder an den hinterlegten Wertpapieren und, wenn das Geld oder die Wertpapiere in das Eigentum des Fiskus oder der als Hinterlegungsstelle bestimmten Anstalt übergehen, ein Pfandrecht an der Forderung auf Rückerstattung.

§ 234 Geeignete Wertpapiere

(1) [1]Wertpapiere sind zur Sicherheitsleistung nur geeignet, wenn sie auf den Inhaber lauten, einen Kurswert haben und einer Gattung angehören, in der Mündelgeld angelegt werden darf. [2]Den Inhaberpapieren stehen Orderpapiere gleich, die mit Blankoindossament versehen sind.

(2) Mit den Wertpapieren sind die Zins-, Renten-, Gewinnanteil- und Erneuerungsscheine zu hinterlegen.

(3) Mit Wertpapieren kann Sicherheit nur in Höhe von drei Vierteln des Kurswerts geleistet werden.

§ 235 Umtauschrecht

Wer durch Hinterlegung von Geld oder von Wertpapieren Sicherheit geleistet hat, ist berechtigt, das hinterlegte Geld gegen geeignete Wertpapiere, die hinterlegten Wertpapiere gegen andere geeignete Wertpapiere oder gegen Geld umzutauschen.

§ 236 Buchforderungen

Mit einer Schuldbuchforderung gegen den Bund oder gegen ein Land kann Sicherheit nur in Höhe von drei Vierteln des Kurswerts der Wertpapiere geleistet werden, deren Aushändigung der Gläubiger gegen Löschung seiner Forderung verlangen kann.

§ 237 Bewegliche Sachen

¹Mit einer beweglichen Sache kann Sicherheit nur in Höhe von zwei Dritteln des Schätzungswerts geleistet werden. ²Sachen, deren Verderb zu besorgen oder deren Aufbewahrung mit besonderen Schwierigkeiten verbunden ist, können zurückgewiesen werden.

§ 238 Hypotheken, Grund- und Rentenschulden

(1) Eine Hypothekenforderung, eine Grundschuld oder eine Rentenschuld ist zur Sicherheitsleistung nur geeignet, wenn sie den Voraussetzungen entspricht, unter denen am Orte der Sicherheitsleistung Mündelgeld in Hypothekenforderungen, Grundschulden oder Rentenschulden angelegt werden darf.

(2) Eine Forderung, für die eine Sicherungshypothek besteht, ist zur Sicherheitsleistung nicht geeignet.

§ 239 Bürge

(1) Ein Bürge ist tauglich, wenn er ein der Höhe der zu leistenden Sicherheit angemessenes Vermögen besitzt und seinen allgemeinen Gerichtsstand im Inland hat.

(2) Die Bürgschaftserklärung muss den Verzicht auf die Einrede der Vorausklage enthalten.

§ 240 Ergänzungspflicht

Wird die geleistete Sicherheit ohne Verschulden des Berechtigten unzureichend, so ist sie zu ergänzen oder anderweitige Sicherheit zu leisten.

Buch 2: Recht der Schuldverhältnisse

Abschnitt 1: Inhalt der Schuldverhältnisse

Titel 1: Verpflichtung zur Leistung

§ 241 Pflichten aus dem Schuldverhältnis

(1) ¹Kraft des Schuldverhältnisses ist der Gläubiger berechtigt, von dem Schuldner eine Leistung zu fordern. ²Die Leistung kann auch in einem Unterlassen bestehen.

(2) Das Schuldverhältnis kann nach seinem Inhalt jeden Teil zur Rücksicht auf die Rechte, Rechtsgüter und Interessen des anderen Teils verpflichten.

§ 241a Unbestellte Leistungen*)1)

(1) Durch die Lieferung beweglicher Sachen, die nicht auf Grund von Zwangsvollstreckungsmaßnahmen oder anderen gerichtlichen Maßnahmen verkauft werden (Waren), oder durch die Erbringung sonstiger Leistungen durch einen Unternehmer an den Verbraucher wird ein Anspruch gegen den Verbraucher nicht begründet, wenn der Verbraucher die Waren oder sonstigen Leistungen nicht bestellt hat.

(2) Gesetzliche Ansprüche sind nicht ausgeschlossen, wenn die Leistung nicht für den Empfänger bestimmt war oder in der irrigen Vorstellung einer Bestellung erfolgte und der Empfänger dies erkannt hat oder bei Anwendung der im Verkehr erforderlichen Sorgfalt hätte erkennen können.

---

*) **Amtl. Anm.:** Diese Vorschrift dient der Umsetzung von Artikel 9 der Richtlinie 97/7/EG des Europäischen Parlaments und des Rates vom 20. Mai 1997 über den Verbraucherschutz bei Vertragsabschlüssen im Fernabsatz (ABl EG Nr. L 144 S. 19).

1) **Anm. d. Red.:** § 241a i. d. F. Gesetzes v. 20. 9. 2013 (BGBl I S. 3642) mit Wirkung v. 13. 6. 2014.

(3) ¹Von den Regelungen dieser Vorschrift darf nicht zum Nachteil des Verbrauchers abgewichen werden. ²Die Regelungen finden auch Anwendung, wenn sie durch anderweitige Gestaltungen umgangen werden.

§ 242 Leistung nach Treu und Glauben

Der Schuldner ist verpflichtet, die Leistung so zu bewirken, wie Treu und Glauben mit Rücksicht auf die Verkehrssitte es erfordern.

§ 243 Gattungsschuld

(1) Wer eine nur der Gattung nach bestimmte Sache schuldet, hat eine Sache von mittlerer Art und Güte zu leisten.

(2) Hat der Schuldner das zur Leistung einer solchen Sache seinerseits Erforderliche getan, so beschränkt sich das Schuldverhältnis auf diese Sache.

§ 244 Fremdwährungsschuld

(1) Ist eine in einer anderen Währung als Euro ausgedrückte Geldschuld im Inland zu zahlen, so kann die Zahlung in Euro erfolgen, es sei denn, dass Zahlung in der anderen Währung ausdrücklich vereinbart ist.

(2) Die Umrechnung erfolgt nach dem Kurswert, der zur Zeit der Zahlung für den Zahlungsort maßgebend ist.

§ 245 Geldsortenschuld

Ist eine Geldschuld in einer bestimmten Münzsorte zu zahlen, die sich zur Zeit der Zahlung nicht mehr im Umlauf befindet, so ist die Zahlung so zu leisten, wie wenn die Münzsorte nicht bestimmt wäre.

§ 246 Gesetzlicher Zinssatz

Ist eine Schuld nach Gesetz oder Rechtsgeschäft zu verzinsen, so sind vier vom Hundert für das Jahr zu entrichten, sofern nicht ein anderes bestimmt ist.

§ 247 Basiszinssatz*⁾

(1) ¹Der Basiszinssatz beträgt 3,62 Prozent¹⁾. ²Er verändert sich zum 1. Januar und 1. Juli eines jeden Jahres um die Prozentpunkte, um welche die Bezugsgröße seit der letzten Veränderung des Basiszinssatzes gestiegen oder gefallen ist. ³Bezugsgröße ist der Zinssatz für die jüngste Hauptrefinanzierungsoperation der Europäischen Zentralbank vor dem ersten Kalendertag des betreffenden Halbjahrs.

(2) Die Deutsche Bundesbank gibt den geltenden Basiszinssatz unverzüglich nach den in Absatz 1 Satz 2 genannten Zeitpunkten im Bundesanzeiger bekannt.

§ 248 Zinseszinsen

(1) Eine im Voraus getroffene Vereinbarung, dass fällige Zinsen wieder Zinsen tragen sollen, ist nichtig.

(2) ¹Sparkassen, Kreditanstalten und Inhaber von Bankgeschäften können im Voraus vereinbaren, dass nicht erhobene Zinsen von Einlagen als neue verzinsliche Einlagen gelten sollen. ²Kreditanstalten, die berechtigt sind, für den Betrag der von ihnen gewährten Darlehen verzins-

---

*⁾ **Amtl. Anm.:** Diese Vorschrift dient der Umsetzung von Artikel 3 der Richtlinie 2000/35/EG des Europäischen Parlaments und des Rates vom 29. Juni 2000 zur Bekämpfung von Zahlungsverzug im Geschäftsverkehr (ABl EG Nr. L 200 S. 35).

1) **Anm. d. Red.:** Der Basiszinssatz beträgt zum 1.1.2021: -0,88 Prozent.

liche Schuldverschreibungen auf den Inhaber auszugeben, können sich bei solchen Darlehen die Verzinsung rückständiger Zinsen im Voraus versprechen lassen.

§ 249 Art und Umfang des Schadensersatzes[1)]

(1) Wer zum Schadensersatz verpflichtet ist, hat den Zustand herzustellen, der bestehen würde, wenn der zum Ersatz verpflichtende Umstand nicht eingetreten wäre.

(2) ¹Ist wegen Verletzung einer Person oder wegen Beschädigung einer Sache Schadensersatz zu leisten, so kann der Gläubiger statt der Herstellung den dazu erforderlichen Geldbetrag verlangen. ²Bei der Beschädigung einer Sache schließt der nach Satz 1 erforderliche Geldbetrag die Umsatzsteuer nur mit ein, wenn und soweit sie tatsächlich angefallen ist.

§ 250 Schadensersatz in Geld nach Fristsetzung

¹Der Gläubiger kann dem Ersatzpflichtigen zur Herstellung eine angemessene Frist mit der Erklärung bestimmen, dass er die Herstellung nach dem Ablauf der Frist ablehne. ²Nach dem Ablauf der Frist kann der Gläubiger den Ersatz in Geld verlangen, wenn nicht die Herstellung rechtzeitig erfolgt; der Anspruch auf die Herstellung ist ausgeschlossen.

§ 251 Schadensersatz in Geld ohne Fristsetzung

(1) Soweit die Herstellung nicht möglich oder zur Entschädigung des Gläubigers nicht genügend ist, hat der Ersatzpflichtige den Gläubiger in Geld zu entschädigen.

(2) ¹Der Ersatzpflichtige kann den Gläubiger in Geld entschädigen, wenn die Herstellung nur mit unverhältnismäßigen Aufwendungen möglich ist. ²Die aus der Heilbehandlung eines verletzten Tieres entstandenen Aufwendungen sind nicht bereits dann unverhältnismäßig, wenn sie dessen Wert erheblich übersteigen.

§ 252 Entgangener Gewinn

¹Der zu ersetzende Schaden umfasst auch den entgangenen Gewinn. ²Als entgangen gilt der Gewinn, welcher nach dem gewöhnlichen Lauf der Dinge oder nach den besonderen Umständen, insbesondere nach den getroffenen Anstalten und Vorkehrungen, mit Wahrscheinlichkeit erwartet werden konnte.

§ 253 Immaterieller Schaden[2)]

(1) Wegen eines Schadens, der nicht Vermögensschaden ist, kann Entschädigung in Geld nur in den durch das Gesetz bestimmten Fällen gefordert werden.

(2) Ist wegen einer Verletzung des Körpers, der Gesundheit, der Freiheit oder der sexuellen Selbstbestimmung Schadensersatz zu leisten, kann auch wegen des Schadens, der nicht Vermögensschaden ist, eine billige Entschädigung in Geld gefordert werden.

§ 254 Mitverschulden

(1) Hat bei der Entstehung des Schadens ein Verschulden des Beschädigten mitgewirkt, so hängt die Verpflichtung zum Ersatz sowie der Umfang des zu leistenden Ersatzes von den Umständen, insbesondere davon ab, inwieweit der Schaden vorwiegend von dem einen oder dem anderen Teil verursacht worden ist.

(2) ¹Dies gilt auch dann, wenn sich das Verschulden des Beschädigten darauf beschränkt, dass er unterlassen hat, den Schuldner auf die Gefahr eines ungewöhnlich hohen Schadens aufmerksam zu machen, die der Schuldner weder kannte noch kennen musste, oder dass er unter-

---

1) **Anm. d. Red.:** § 249 i. d. F. des Gesetzes v. 19. 7. 2002 (BGBl I S. 2674) mit Wirkung v. 1. 8. 2002.
2) **Anm. d. Red.:** § 253 i. d. F. des Gesetzes v. 19. 7. 2002 (BGBl I S. 2674) mit Wirkung v. 1. 8. 2002.

lassen hat, den Schaden abzuwenden oder zu mindern. ²Die Vorschrift des § 278 findet entsprechende Anwendung.

§ 255 Abtretung der Ersatzansprüche

Wer für den Verlust einer Sache oder eines Rechts Schadensersatz zu leisten hat, ist zum Ersatz nur gegen Abtretung der Ansprüche verpflichtet, die dem Ersatzberechtigten aufgrund des Eigentums an der Sache oder aufgrund des Rechtes gegen Dritte zustehen.

§ 256 Verzinsung von Aufwendungen

¹Wer zum Ersatz von Aufwendungen verpflichtet ist, hat den aufgewendeten Betrag oder, wenn andere Gegenstände als Geld aufgewendet worden sind, den als Ersatz ihres Wertes zu zahlenden Betrag von der Zeit der Aufwendung an zu verzinsen. ²Sind Aufwendungen auf einen Gegenstand gemacht worden, der dem Ersatzpflichtigen herauszugeben ist, so sind Zinsen für die Zeit, für welche dem Ersatzberechtigten die Nutzungen oder die Früchte des Gegenstands ohne Vergütung verbleiben, nicht zu entrichten.

§ 257 Befreiungsanspruch

¹Wer berechtigt ist, Ersatz für Aufwendungen zu verlangen, die er für einen bestimmten Zweck macht, kann, wenn er für diesen Zweck eine Verbindlichkeit eingeht, Befreiung von der Verbindlichkeit verlangen. ²Ist die Verbindlichkeit noch nicht fällig, so kann ihm der Ersatzpflichtige, statt ihn zu befreien, Sicherheit leisten.

§ 258 Wegnahmerecht

¹Wer berechtigt ist, von einer Sache, die er einem anderen herauszugeben hat, eine Einrichtung wegzunehmen, hat im Falle der Wegnahme die Sache auf seine Kosten in den vorigen Stand zu setzen. ²Erlangt der andere den Besitz der Sache, so ist er verpflichtet, die Wegnahme der Einrichtung zu gestatten; er kann die Gestattung verweigern, bis ihm für den mit der Wegnahme verbundenen Schaden Sicherheit geleistet wird.

§ 259 Umfang der Rechenschaftspflicht

(1) Wer verpflichtet ist, über eine mit Einnahmen oder Ausgaben verbundene Verwaltung Rechenschaft abzulegen, hat dem Berechtigten eine die geordnete Zusammenstellung der Einnahmen oder der Ausgaben enthaltende Rechnung mitzuteilen und, soweit Belege erteilt zu werden pflegen, Belege vorzulegen.

(2) Besteht Grund zu der Annahme, dass die in der Rechnung enthaltenen Angaben über die Einnahmen nicht mit der erforderlichen Sorgfalt gemacht worden sind, so hat der Verpflichtete auf Verlangen zu Protokoll an Eides statt zu versichern, dass er nach bestem Wissen die Einnahmen so vollständig angegeben habe, als er dazu imstande sei.

(3) In Angelegenheiten von geringer Bedeutung besteht eine Verpflichtung zur Abgabe der eidesstattlichen Versicherung nicht.

§ 260 Pflichten bei Herausgabe oder Auskunft über Inbegriff von Gegenständen

(1) Wer verpflichtet ist, einen Inbegriff von Gegenständen herauszugeben oder über den Bestand eines solchen Inbegriffs Auskunft zu erteilen, hat dem Berechtigten ein Verzeichnis des Bestandes vorzulegen.

(2) Besteht Grund zu der Annahme, dass das Verzeichnis nicht mit der erforderlichen Sorgfalt aufgestellt worden ist, so hat der Verpflichtete auf Verlangen zu Protokoll an Eides statt zu versichern, dass er nach bestem Wissen den Bestand so vollständig angegeben habe, als er dazu imstande sei.

(3) Die Vorschrift des § 259 Abs. 3 findet Anwendung.

§ 261 Änderung der eidesstattlichen Versicherung; Kosten[1]

(1) Das Gericht kann eine den Umständen entsprechende Änderung der eidesstattlichen Versicherung beschließen.

(2) Die Kosten der Abnahme der eidesstattlichen Versicherung hat derjenige zu tragen, welcher die Abgabe der Versicherung verlangt.

§ 262 Wahlschuld; Wahlrecht

Werden mehrere Leistungen in der Weise geschuldet, dass nur die eine oder die andere zu bewirken ist, so steht das Wahlrecht im Zweifel dem Schuldner zu.

§ 263 Ausübung des Wahlrechts; Wirkung

(1) Die Wahl erfolgt durch Erklärung gegenüber dem anderen Teil.

(2) Die gewählte Leistung gilt als die von Anfang an allein geschuldete.

§ 264 Verzug des Wahlberechtigten

(1) Nimmt der wahlberechtigte Schuldner die Wahl nicht vor dem Beginn der Zwangsvollstreckung vor, so kann der Gläubiger die Zwangsvollstreckung nach seiner Wahl auf die eine oder auf die andere Leistung richten; der Schuldner kann sich jedoch, solange nicht der Gläubiger die gewählte Leistung ganz oder zum Teil empfangen hat, durch eine der übrigen Leistungen von seiner Verbindlichkeit befreien.

(2) ¹Ist der wahlberechtigte Gläubiger im Verzug, so kann der Schuldner ihn unter Bestimmung einer angemessenen Frist zur Vornahme der Wahl auffordern. ²Mit dem Ablauf der Frist geht das Wahlrecht auf den Schuldner über, wenn nicht der Gläubiger rechtzeitig die Wahl vornimmt.

§ 265 Unmöglichkeit bei Wahlschuld

¹Ist eine der Leistungen von Anfang an unmöglich oder wird sie später unmöglich, so beschränkt sich das Schuldverhältnis auf die übrigen Leistungen. ²Die Beschränkung tritt nicht ein, wenn die Leistung infolge eines Umstands unmöglich wird, den der nicht wahlberechtigte Teil zu vertreten hat.

§ 266 Teilleistungen

Der Schuldner ist zu Teilleistungen nicht berechtigt.

§ 267 Leistung durch Dritte

(1) ¹Hat der Schuldner nicht in Person zu leisten, so kann auch ein Dritter die Leistung bewirken. ²Die Einwilligung des Schuldners ist nicht erforderlich.

(2) Der Gläubiger kann die Leistung ablehnen, wenn der Schuldner widerspricht.

§ 268 Ablösungsrecht des Dritten

(1) ¹Betreibt der Gläubiger die Zwangsvollstreckung in einen dem Schuldner gehörenden Gegenstand, so ist jeder, der Gefahr läuft, durch die Zwangsvollstreckung ein Recht an dem Gegenstand zu verlieren, berechtigt, den Gläubiger zu befriedigen. ²Das gleiche Recht steht dem Besitzer einer Sache zu, wenn er Gefahr läuft, durch die Zwangsvollstreckung den Besitz zu verlieren.

(2) Die Befriedigung kann auch durch Hinterlegung oder durch Aufrechnung erfolgen.

(3) ¹Soweit der Dritte den Gläubiger befriedigt, geht die Forderung auf ihn über. ²Der Übergang kann nicht zum Nachteile des Gläubigers geltend gemacht werden.

---

1) **Anm. d. Red.:** § 261 i. d. F. des Gesetzes v. 17.12.2008 (BGBl I S. 2586) mit Wirkung v. 1.9.2009.

§ 269 Leistungsort

(1) Ist ein Ort für die Leistung weder bestimmt noch aus den Umständen, insbesondere aus der Natur des Schuldverhältnisses, zu entnehmen, so hat die Leistung an dem Orte zu erfolgen, an welchem der Schuldner zur Zeit der Entstehung des Schuldverhältnisses seinen Wohnsitz hatte.

(2) Ist die Verbindlichkeit im Gewerbebetrieb des Schuldners entstanden, so tritt, wenn der Schuldner seine gewerbliche Niederlassung an einem anderen Orte hatte, der Ort der Niederlassung an die Stelle des Wohnsitzes.

(3) Aus dem Umstand allein, dass der Schuldner die Kosten der Versendung übernommen hat, ist nicht zu entnehmen, dass der Ort, nach welchem die Versendung zu erfolgen hat, der Leistungsort sein soll.

§ 270 Zahlungsort

(1) Geld hat der Schuldner im Zweifel auf seine Gefahr und seine Kosten dem Gläubiger an dessen Wohnsitz zu übermitteln.

(2) Ist die Forderung im Gewerbebetrieb des Gläubigers entstanden, so tritt, wenn der Gläubiger seine gewerbliche Niederlassung an einem anderen Orte hat, der Ort der Niederlassung an die Stelle des Wohnsitzes.

(3) Erhöhen sich infolge einer nach der Entstehung des Schuldverhältnisses eintretenden Änderung des Wohnsitzes oder der gewerblichen Niederlassung des Gläubigers die Kosten oder die Gefahr der Übermittlung, so hat der Gläubiger im ersteren Falle die Mehrkosten, im letzteren Falle die Gefahr zu tragen.

(4) Die Vorschriften über den Leistungsort bleiben unberührt.

§ 270a Vereinbarungen über Entgelte für die Nutzung bargeldloser Zahlungsmittel[1]

¹Eine Vereinbarung, durch die der Schuldner verpflichtet wird, ein Entgelt für die Nutzung einer SEPA-Basislastschrift, einer SEPA-Firmenlastschrift, einer SEPA-Überweisung oder einer Zahlungskarte zu entrichten, ist unwirksam. ²Satz 1 gilt für die Nutzung von Zahlungskarten nur bei Zahlungsvorgängen mit Verbrauchern, wenn auf diese Kapitel II der Verordnung (EU) 2015/751 des Europäischen Parlaments und des Rates vom 29. April 2015 über Interbankenentgelte für kartengebundene Zahlungsvorgänge (ABl L 123 vom 19. 5. 2015, S. 1) anwendbar ist.

§ 271 Leistungszeit

(1) Ist eine Zeit für die Leistung weder bestimmt noch aus den Umständen zu entnehmen, so kann der Gläubiger die Leistung sofort verlangen, der Schuldner sie sofort bewirken.

(2) Ist eine Zeit bestimmt, so ist im Zweifel anzunehmen, dass der Gläubiger die Leistung nicht vor dieser Zeit verlangen, der Schuldner aber sie vorher bewirken kann.

§ 271a Vereinbarungen über Zahlungs-, Überprüfungs- oder Abnahmefristen[2]

(1) ¹Eine Vereinbarung, nach der der Gläubiger die Erfüllung einer Entgeltforderung erst nach mehr als 60 Tagen nach Empfang der Gegenleistung verlangen kann, ist nur wirksam, wenn sie ausdrücklich getroffen und im Hinblick auf die Belange des Gläubigers nicht grob unbillig ist. ²Geht dem Schuldner nach Empfang der Gegenleistung eine Rechnung oder gleichwertige Zahlungsaufstellung zu, tritt der Zeitpunkt des Zugangs dieser Rechnung oder Zahlungsaufstellung an die Stelle des in Satz 1 genannten Zeitpunkts des Empfangs der Gegenleistung. ³Es wird bis zum Beweis eines anderen Zeitpunkts vermutet, dass der Zeitpunkt des Zugangs der Rechnung

---

1) **Anm. d. Red.:** § 270a eingefügt gem. Gesetz v. 17. 7. 2017 (BGBl I S. 2446) mit Wirkung v. 13. 1. 2018.
2) **Anm. d. Red.:** § 271a i. d. F. des Gesetzes v. 17. 2. 2016 (BGBl I S. 203) mit Wirkung v. 18. 4. 2016.

oder Zahlungsaufstellung auf den Zeitpunkt des Empfangs der Gegenleistung fällt; hat der Gläubiger einen späteren Zeitpunkt benannt, so tritt dieser an die Stelle des Zeitpunkts des Empfangs der Gegenleistung.

(2) ¹Ist der Schuldner ein öffentlicher Auftraggeber im Sinne von § 99 Nummer 1 bis 3 des Gesetzes gegen Wettbewerbsbeschränkungen, so ist abweichend von Absatz 1

1. eine Vereinbarung, nach der der Gläubiger die Erfüllung einer Entgeltforderung erst nach mehr als 30 Tagen nach Empfang der Gegenleistung verlangen kann, nur wirksam, wenn die Vereinbarung ausdrücklich getroffen und aufgrund der besonderen Natur oder der Merkmale des Schuldverhältnisses sachlich gerechtfertigt ist;
2. eine Vereinbarung, nach der der Gläubiger die Erfüllung einer Entgeltforderung erst nach mehr als 60 Tagen nach Empfang der Gegenleistung verlangen kann, unwirksam.

²Absatz 1 Satz 2 und 3 ist entsprechend anzuwenden.

(3) Ist eine Entgeltforderung erst nach Überprüfung oder Abnahme der Gegenleistung zu erfüllen, so ist eine Vereinbarung, nach der die Zeit für die Überprüfung oder Abnahme der Gegenleistung mehr als 30 Tage nach Empfang der Gegenleistung beträgt, nur wirksam, wenn sie ausdrücklich getroffen und im Hinblick auf die Belange des Gläubigers nicht grob unbillig ist.

(4) Ist eine Vereinbarung nach den Absätzen 1 bis 3 unwirksam, bleibt der Vertrag im Übrigen wirksam.

(5) Die Absätze 1 bis 3 sind nicht anzuwenden auf
1. die Vereinbarung von Abschlagszahlungen und sonstigen Ratenzahlungen sowie
2. ein Schuldverhältnis, aus dem ein Verbraucher die Erfüllung der Entgeltforderung schuldet.

(6) Die Absätze 1 bis 3 lassen sonstige Vorschriften, aus denen sich Beschränkungen für Vereinbarungen über Zahlungs-, Überprüfungs- oder Abnahmefristen ergeben, unberührt.

§ 272 Zwischenzinsen

Bezahlt der Schuldner eine unverzinsliche Schuld vor der Fälligkeit, so ist er zu einem Abzug wegen der Zwischenzinsen nicht berechtigt.

§ 273 Zurückbehaltungsrecht

(1) Hat der Schuldner aus demselben rechtlichen Verhältnis, auf dem seine Verpflichtung beruht, einen fälligen Anspruch gegen den Gläubiger, so kann er, sofern nicht aus dem Schuldverhältnis sich ein anderes ergibt, die geschuldete Leistung verweigern, bis die ihm gebührende Leistung bewirkt wird (Zurückbehaltungsrecht).

(2) Wer zur Herausgabe eines Gegenstands verpflichtet ist, hat das gleiche Recht, wenn ihm ein fälliger Anspruch wegen Verwendungen auf den Gegenstand oder wegen eines ihm durch diesen verursachten Schadens zusteht, es sei denn, dass er den Gegenstand durch eine vorsätzlich begangene unerlaubte Handlung erlangt hat.

(3) ¹Der Gläubiger kann die Ausübung des Zurückbehaltungsrechts durch Sicherheitsleistung abwenden. ²Die Sicherheitsleistung durch Bürgen ist ausgeschlossen.

§ 274 Wirkungen des Zurückbehaltungsrechts

(1) Gegenüber der Klage des Gläubigers hat die Geltendmachung des Zurückbehaltungsrechts nur die Wirkung, dass der Schuldner zur Leistung gegen Empfang der ihm gebührenden Leistung (Erfüllung Zug um Zug) zu verurteilen ist.

(2) Aufgrund einer solchen Verurteilung kann der Gläubiger seinen Anspruch ohne Bewirkung der ihm obliegenden Leistung im Wege der Zwangsvollstreckung verfolgen, wenn der Schuldner im Verzug der Annahme ist.

§ 275 Ausschluss der Leistungspflicht*)

(1) Der Anspruch auf Leistung ist ausgeschlossen, soweit diese für den Schuldner oder für jedermann unmöglich ist.

(2) ¹Der Schuldner kann die Leistung verweigern, soweit diese einen Aufwand erfordert, der unter Beachtung des Inhalts des Schuldverhältnisses und der Gebote von Treu und Glauben in einem groben Missverhältnis zu dem Leistungsinteresse des Gläubigers steht. ²Bei der Bestimmung der dem Schuldner zuzumutenden Anstrengungen ist auch zu berücksichtigen, ob der Schuldner das Leistungshindernis zu vertreten hat.

(3) Der Schuldner kann die Leistung ferner verweigern, wenn er die Leistung persönlich zu erbringen hat und sie ihm unter Abwägung des seiner Leistung entgegenstehenden Hindernisses mit dem Leistungsinteresse des Gläubigers nicht zugemutet werden kann.

(4) Die Rechte des Gläubigers bestimmen sich nach den §§ 280, 283 bis 285, 311a und 326.

§ 276 Verantwortlichkeit des Schuldners

(1) ¹Der Schuldner hat Vorsatz und Fahrlässigkeit zu vertreten, wenn eine strengere oder mildere Haftung weder bestimmt noch aus dem sonstigen Inhalt des Schuldverhältnisses, insbesondere aus der Übernahme einer Garantie oder eines Beschaffungsrisikos, zu entnehmen ist. ²Die Vorschriften der §§ 827 und 828 finden entsprechende Anwendung.

(2) Fahrlässig handelt, wer die im Verkehr erforderliche Sorgfalt außer Acht lässt.

(3) Die Haftung wegen Vorsatzes kann dem Schuldner nicht im Voraus erlassen werden.

§ 277 Sorgfalt in eigenen Angelegenheiten

Wer nur für diejenige Sorgfalt einzustehen hat, welche er in eigenen Angelegenheiten anzuwenden pflegt, ist von der Haftung wegen grober Fahrlässigkeit nicht befreit.

§ 278 Verantwortlichkeit des Schuldners für Dritte

¹Der Schuldner hat ein Verschulden seines gesetzlichen Vertreters und der Personen, deren er sich zur Erfüllung seiner Verbindlichkeit bedient, in gleichem Umfange zu vertreten wie eigenes Verschulden. ²Die Vorschrift des § 276 Abs. 3 findet keine Anwendung.

§ 279 (weggefallen)

§ 280 Schadensersatz wegen Pflichtverletzung

(1) ¹Verletzt der Schuldner eine Pflicht aus dem Schuldverhältnis, so kann der Gläubiger Ersatz des hierdurch entstehenden Schadens verlangen. ²Dies gilt nicht, wenn der Schuldner die Pflichtverletzung nicht zu vertreten hat.

(2) Schadensersatz wegen Verzögerung der Leistung kann der Gläubiger nur unter der zusätzlichen Voraussetzung des § 286 verlangen.

(3) Schadensersatz statt der Leistung kann der Gläubiger nur unter den zusätzlichen Voraussetzungen des § 281, des § 282 oder des § 283 verlangen.

§ 281 Schadensersatz statt der Leistung wegen nicht oder nicht wie geschuldet erbrachter Leistung

(1) ¹Soweit der Schuldner die fällige Leistung nicht oder nicht wie geschuldet erbringt, kann der Gläubiger unter den Voraussetzungen des § 280 Abs. 1 Schadensersatz statt der Leistung verlangen, wenn er dem Schuldner erfolglos eine angemessene Frist zur Leistung oder Nach-

---

*) **Amtl. Anm.:** Diese Vorschrift dient auch der Umsetzung der Richtlinie 1999/44/EG des Europäischen Parlaments und des Rates vom 25. Mai 1999 zu bestimmten Aspekten des Verbrauchsgüterkaufs und der Garantien für Verbrauchsgüter (ABl EG Nr. L 171 S. 12).

erfüllung bestimmt hat. ²Hat der Schuldner eine Teilleistung bewirkt, so kann der Gläubiger Schadensersatz statt der ganzen Leistung nur verlangen, wenn er an der Teilleistung kein Interesse hat. ³Hat der Schuldner die Leistung nicht wie geschuldet bewirkt, so kann der Gläubiger Schadensersatz statt der ganzen Leistung nicht verlangen, wenn die Pflichtverletzung unerheblich ist.

(2) Die Fristsetzung ist entbehrlich, wenn der Schuldner die Leistung ernsthaft und endgültig verweigert oder wenn besondere Umstände vorliegen, die unter Abwägung der beiderseitigen Interessen die sofortige Geltendmachung des Schadensersatzanspruchs rechtfertigen.

(3) Kommt nach der Art der Pflichtverletzung eine Fristsetzung nicht in Betracht, so tritt an deren Stelle eine Abmahnung.

(4) Der Anspruch auf die Leistung ist ausgeschlossen, sobald der Gläubiger statt der Leistung Schadensersatz verlangt hat.

(5) Verlangt der Gläubiger Schadensersatz statt der ganzen Leistung, so ist der Schuldner zur Rückforderung des Geleisteten nach den §§ 346 bis 348 berechtigt.

§ 282 Schadensersatz statt der Leistung wegen Verletzung einer Pflicht nach § 241 Abs. 2

Verletzt der Schuldner eine Pflicht nach § 241 Abs. 2, kann der Gläubiger unter den Voraussetzungen des § 280 Abs. 1 Schadensersatz statt der Leistung verlangen, wenn ihm die Leistung durch den Schuldner nicht mehr zuzumuten ist.

§ 283 Schadensersatz statt der Leistung bei Ausschluss der Leistungspflicht

¹Braucht der Schuldner nach § 275 Abs. 1 bis 3 nicht zu leisten, kann der Gläubiger unter den Voraussetzungen des § 280 Abs. 1 Schadensersatz statt der Leistung verlangen. ²§ 281 Abs. 1 Satz 2 und 3 und Abs. 5 findet entsprechende Anwendung.

§ 284 Ersatz vergeblicher Aufwendungen

Anstelle des Schadensersatzes statt der Leistung kann der Gläubiger Ersatz der Aufwendungen verlangen, die er im Vertrauen auf den Erhalt der Leistung gemacht hat und billigerweise machen durfte, es sei denn, deren Zweck wäre auch ohne die Pflichtverletzung des Schuldners nicht erreicht worden.

§ 285 Herausgabe des Ersatzes

(1) Erlangt der Schuldner infolge des Umstands, aufgrund dessen er die Leistung nach § 275 Abs. 1 bis 3 nicht zu erbringen braucht, für den geschuldeten Gegenstand einen Ersatz oder einen Ersatzanspruch, so kann der Gläubiger Herausgabe des als Ersatz Empfangenen oder Abtretung des Ersatzanspruchs verlangen.

(2) Kann der Gläubiger statt der Leistung Schadensersatz verlangen, so mindert sich dieser, wenn er von dem in Absatz 1 bestimmten Recht Gebrauch macht, um den Wert des erlangten Ersatzes oder Ersatzanspruchs.

§ 286 Verzug des Schuldners*)¹)

(1) ¹Leistet der Schuldner auf eine Mahnung des Gläubigers nicht, die nach dem Eintritt der Fälligkeit erfolgt, so kommt er durch die Mahnung in Verzug. ²Der Mahnung stehen die Erhebung der Klage auf die Leistung sowie die Zustellung eines Mahnbescheids im Mahnverfahren gleich.

---

*) **Amtl. Anm.:** Diese Vorschrift dient zum Teil auch der Umsetzung der Richtlinie 2000/35/EG des Europäischen Parlaments und des Rates vom 29. Juni 2000 zur Bekämpfung von Zahlungsverzug im Geschäftsverkehr (ABl EG Nr. L 200 S. 35).

1) **Anm. d. Red.:** § 286 i. d. F. des Gesetzes v. 22. 7. 2014 (BGBl I S. 1218) mit Wirkung v. 29. 7. 2014.

(2) Der Mahnung bedarf es nicht, wenn
1. für die Leistung eine Zeit nach dem Kalender bestimmt ist,
2. der Leistung ein Ereignis vorauszugehen hat und eine angemessene Zeit für die Leistung in der Weise bestimmt ist, dass sie sich von dem Ereignis an nach dem Kalender berechnen lässt,
3. der Schuldner die Leistung ernsthaft und endgültig verweigert,
4. aus besonderen Gründen unter Abwägung der beiderseitigen Interessen der sofortige Eintritt des Verzugs gerechtfertigt ist.

(3) ¹Der Schuldner einer Entgeltforderung kommt spätestens in Verzug, wenn er nicht innerhalb von 30 Tagen nach Fälligkeit und Zugang einer Rechnung oder gleichwertigen Zahlungsaufstellung leistet; dies gilt gegenüber einem Schuldner, der Verbraucher ist, nur, wenn auf diese Folgen in der Rechnung oder Zahlungsaufstellung besonders hingewiesen worden ist. ²Wenn der Zeitpunkt des Zugangs der Rechnung oder Zahlungsaufstellung unsicher ist, kommt der Schuldner, der nicht Verbraucher ist, spätestens 30 Tage nach Fälligkeit und Empfang der Gegenleistung in Verzug.

(4) Der Schuldner kommt nicht in Verzug, solange die Leistung infolge eines Umstands unterbleibt, den er nicht zu vertreten hat.

(5) Für eine von den Absätzen 1 bis 3 abweichende Vereinbarung über den Eintritt des Verzugs gilt § 271a Absatz 1 bis 5 entsprechend.

§ 287 Verantwortlichkeit während des Verzugs

¹Der Schuldner hat während des Verzugs jede Fahrlässigkeit zu vertreten. ²Er haftet wegen der Leistung auch für Zufall, es sei denn, dass der Schaden auch bei rechtzeitiger Leistung eingetreten sein würde.

§ 288 Verzugszinsen und sonstiger Verzugsschaden*)1)

(1) ¹Eine Geldschuld ist während des Verzugs zu verzinsen. ²Der Verzugszinssatz beträgt für das Jahr fünf Prozentpunkte über dem Basiszinssatz.

(2) Bei Rechtsgeschäften, an denen ein Verbraucher nicht beteiligt ist, beträgt der Zinssatz für Entgeltforderungen neun Prozentpunkte über dem Basiszinssatz.

(3) Der Gläubiger kann aus einem anderen Rechtsgrund höhere Zinsen verlangen.

(4) Die Geltendmachung eines weiteren Schadens ist nicht ausgeschlossen.

(5) ¹Der Gläubiger einer Entgeltforderung hat bei Verzug des Schuldners, wenn dieser kein Verbraucher ist, außerdem einen Anspruch auf Zahlung einer Pauschale in Höhe von 40 Euro. ²Dies gilt auch, wenn es sich bei der Entgeltforderung um eine Abschlagszahlung oder sonstige Ratenzahlung handelt. ³Die Pauschale nach Satz 1 ist auf einen geschuldeten Schadensersatz anzurechnen, soweit der Schaden in Kosten der Rechtsverfolgung begründet ist.

(6) ¹Eine im Voraus getroffene Vereinbarung, die den Anspruch des Gläubigers einer Entgeltforderung auf Verzugszinsen ausschließt, ist unwirksam. ²Gleiches gilt für eine Vereinbarung, die diesen Anspruch beschränkt oder den Anspruch des Gläubigers einer Entgeltforderung auf die Pauschale nach Absatz 5 oder auf Ersatz des Schadens, der in Kosten der Rechtsverfolgung begründet ist, ausschließt oder beschränkt, wenn sie im Hinblick auf die Belange des Gläubigers grob unbillig ist. ³Eine Vereinbarung über den Ausschluss der Pauschale nach Absatz 5 oder des Ersatzes des Schadens, der in Kosten der Rechtsverfolgung begründet ist, ist im Zweifel als grob

---

*) **Amtl. Anm.:** Diese Vorschrift dient zum Teil auch der Umsetzung der Richtlinie 2000/35/EG des Europäischen Parlaments und des Rates vom 29. Juni 2000 zur Bekämpfung von Zahlungsverzug im Geschäftsverkehr (ABl EG Nr. L 200 S. 35).

1) **Anm. d. Red.:** § 288 i. d. F. des Gesetzes v. 22. 7. 2014 (BGBl I S. 1218) mit Wirkung v. 29. 7. 2014.

unbillig anzusehen. [4]Die Sätze 1 bis 3 sind nicht anzuwenden, wenn sich der Anspruch gegen einen Verbraucher richtet.

§ 289 Zinseszinsverbot
[1]Von Zinsen sind Verzugszinsen nicht zu entrichten. [2]Das Recht des Gläubigers auf Ersatz des durch den Verzug entstehenden Schadens bleibt unberührt.

§ 290 Verzinsung des Wertersatzes
[1]Ist der Schuldner zum Ersatz des Wertes eines Gegenstands verpflichtet, der während des Verzugs untergegangen ist oder aus einem während des Verzugs eingetretenen Grund nicht herausgegeben werden kann, so kann der Gläubiger Zinsen des zu ersetzenden Betrags von dem Zeitpunkt an verlangen, welcher der Bestimmung des Wertes zugrunde gelegt wird. [2]Das Gleiche gilt, wenn der Schuldner zum Ersatz der Minderung des Wertes eines während des Verzugs verschlechterten Gegenstands verpflichtet ist.

§ 291 Prozesszinsen
[1]Eine Geldschuld hat der Schuldner von dem Eintritt der Rechtshängigkeit an zu verzinsen, auch wenn er nicht im Verzug ist; wird die Schuld erst später fällig, so ist sie von der Fälligkeit an zu verzinsen. [2]Die Vorschriften des § 288 Abs. 1 Satz 2, Abs. 2, Abs. 3 und des § 289 Satz 1 finden entsprechende Anwendung.

§ 292 Haftung bei Herausgabepflicht
(1) Hat der Schuldner einen bestimmten Gegenstand herauszugeben, so bestimmt sich von dem Eintritt der Rechtshängigkeit an der Anspruch des Gläubigers auf Schadensersatz wegen Verschlechterung, Untergang oder einer aus einem anderen Grunde eintretenden Unmöglichkeit der Herausgabe nach den Vorschriften, welche für das Verhältnis zwischen dem Eigentümer und dem Besitzer von dem Eintritt der Rechtshängigkeit des Eigentumsanspruchs an gelten, soweit nicht aus dem Schuldverhältnis oder dem Verzug des Schuldners sich zugunsten des Gläubigers ein anderes ergibt.

(2) Das Gleiche gilt von dem Anspruch des Gläubigers auf Herausgabe oder Vergütung von Nutzungen und von dem Anspruch des Schuldners auf Ersatz von Verwendungen.

Titel 2: Verzug des Gläubigers

§ 293 Annahmeverzug
Der Gläubiger kommt in Verzug, wenn er die ihm angebotene Leistung nicht annimmt.

§ 294 Tatsächliches Angebot
Die Leistung muss dem Gläubiger so, wie sie zu bewirken ist, tatsächlich angeboten werden.

§ 295 Wörtliches Angebot
[1]Ein wörtliches Angebot des Schuldners genügt, wenn der Gläubiger ihm erklärt hat, dass er die Leistung nicht annehmen werde, oder wenn zur Bewirkung der Leistung eine Handlung des Gläubigers erforderlich ist, insbesondere wenn der Gläubiger die geschuldete Sache abzuholen hat. [2]Dem Angebot der Leistung steht die Aufforderung an den Gläubiger gleich, die erforderliche Handlung vorzunehmen.

§ 296 Entbehrlichkeit des Angebots
[1]Ist für die von dem Gläubiger vorzunehmende Handlung eine Zeit nach dem Kalender bestimmt, so bedarf es des Angebots nur, wenn der Gläubiger die Handlung rechtzeitig vornimmt. [2]Das Gleiche gilt, wenn der Handlung ein Ereignis vorauszugehen hat und eine angemessene

Zeit für die Handlung in der Weise bestimmt ist, dass sie sich von dem Ereignis an nach dem Kalender berechnen lässt.

§ 297 Unvermögen des Schuldners

Der Gläubiger kommt nicht in Verzug, wenn der Schuldner zur Zeit des Angebots oder im Falle des § 296 zu der für die Handlung des Gläubigers bestimmten Zeit außerstande ist, die Leistung zu bewirken.

§ 298 Zug-um-Zug-Leistungen

Ist der Schuldner nur gegen eine Leistung des Gläubigers zu leisten verpflichtet, so kommt der Gläubiger in Verzug, wenn er zwar die angebotene Leistung anzunehmen bereit ist, die verlangte Gegenleistung aber nicht anbietet.

§ 299 Vorübergehende Annahmeverhinderung

Ist die Leistungszeit nicht bestimmt oder ist der Schuldner berechtigt, vor der bestimmten Zeit zu leisten, so kommt der Gläubiger nicht dadurch in Verzug, dass er vorübergehend an der Annahme der angebotenen Leistung verhindert ist, es sei denn, dass der Schuldner ihm die Leistung eine angemessene Zeit vorher angekündigt hat.

§ 300 Wirkungen des Gläubigerverzugs

(1) Der Schuldner hat während des Verzugs des Gläubigers nur Vorsatz und grobe Fahrlässigkeit zu vertreten.

(2) Wird eine nur der Gattung nach bestimmte Sache geschuldet, so geht die Gefahr mit dem Zeitpunkt auf den Gläubiger über, in welchem er dadurch in Verzug kommt, dass er die angebotene Sache nicht annimmt.

§ 301 Wegfall der Verzinsung

Von einer verzinslichen Geldschuld hat der Schuldner während des Verzugs des Gläubigers Zinsen nicht zu entrichten.

§ 302 Nutzungen

Hat der Schuldner die Nutzungen eines Gegenstands herauszugeben oder zu ersetzen, so beschränkt sich seine Verpflichtung während des Verzugs des Gläubigers auf die Nutzungen, welche er zieht.

§ 303 Recht zur Besitzaufgabe

[1]Ist der Schuldner zur Herausgabe eines Grundstücks oder eines eingetragenen Schiffs oder Schiffsbauwerks verpflichtet, so kann er nach dem Eintritt des Verzugs des Gläubigers den Besitz aufgeben. [2]Das Aufgeben muss dem Gläubiger vorher angedroht werden, es sei denn, dass die Androhung untunlich ist.

§ 304 Ersatz von Mehraufwendungen

Der Schuldner kann im Falle des Verzugs des Gläubigers Ersatz der Mehraufwendungen verlangen, die er für das erfolglose Angebot sowie für die Aufbewahrung und Erhaltung des geschuldeten Gegenstands machen musste.

Abschnitt 2: Gestaltung rechtsgeschäftlicher Schuldverhältnisse durch Allgemeine Geschäftsbedingungen[*]

§ 305 Einbeziehung Allgemeiner Geschäftsbedingungen in den Vertrag

(1) ¹Allgemeine Geschäftsbedingungen sind alle für eine Vielzahl von Verträgen vorformulierten Vertragsbedingungen, die eine Vertragspartei (Verwender) der anderen Vertragspartei bei Abschluss eines Vertrags stellt. ²Gleichgültig ist, ob die Bestimmungen einen äußerlich gesonderten Bestandteil des Vertrags bilden oder in die Vertragsurkunde selbst aufgenommen werden, welchen Umfang sie haben, in welcher Schriftart sie verfasst sind und welche Form der Vertrag hat. ³Allgemeine Geschäftsbedingungen liegen nicht vor, soweit die Vertragsbedingungen zwischen den Vertragsparteien im Einzelnen ausgehandelt sind.

(2) Allgemeine Geschäftsbedingungen werden nur dann Bestandteil eines Vertrags, wenn der Verwender bei Vertragsschluss

1. die andere Vertragspartei ausdrücklich oder, wenn ein ausdrücklicher Hinweis wegen der Art des Vertragsschlusses nur unter unverhältnismäßigen Schwierigkeiten möglich ist, durch deutlich sichtbaren Aushang am Orte des Vertragsschlusses auf sie hinweist und
2. der anderen Vertragspartei die Möglichkeit verschafft, in zumutbarer Weise, die auch eine für den Verwender erkennbare körperliche Behinderung der anderen Vertragspartei angemessen berücksichtigt, von ihrem Inhalt Kenntnis zu nehmen,

und wenn die andere Vertragspartei mit ihrer Geltung einverstanden ist.

(3) Die Vertragsparteien können für eine bestimmte Art von Rechtsgeschäften die Geltung bestimmter Allgemeiner Geschäftsbedingungen unter Beachtung der in Absatz 2 bezeichneten Erfordernisse im Voraus vereinbaren.

§ 305a Einbeziehung in besonderen Fällen[1]

Auch ohne Einhaltung der in § 305 Abs. 2 Nr. 1 und 2 bezeichneten Erfordernisse werden einbezogen, wenn die andere Vertragspartei mit ihrer Geltung einverstanden ist,

1. die mit Genehmigung der zuständigen Verkehrsbehörde oder aufgrund von internationalen Übereinkommen erlassenen Tarife und Ausführungsbestimmungen der Eisenbahnen und die nach Maßgabe des Personenbeförderungsgesetzes genehmigten Beförderungsbedingungen der Straßenbahnen, Obusse und Kraftfahrzeuge im Linienverkehr in den Beförderungsvertrag,
2. die im Amtsblatt der Bundesnetzagentur für Elektrizität, Gas, Telekommunikation, Post und Eisenbahnen veröffentlichten und in den Geschäftsstellen des Verwenders bereitgehaltenen Allgemeinen Geschäftsbedingungen
   a) in Beförderungsverträge, die außerhalb von Geschäftsräumen durch den Einwurf von Postsendungen in Briefkästen abgeschlossen werden,
   b) in Verträge über Telekommunikations-, Informations- und andere Dienstleistungen, die unmittelbar durch Einsatz von Fernkommunikationsmitteln und während der Erbringung einer Telekommunikationsdienstleistung in einem Mal erbracht werden, wenn die Allgemeinen Geschäftsbedingungen der anderen Vertragspartei nur unter unverhältnismäßigen Schwierigkeiten vor dem Vertragsschluss zugänglich gemacht werden können.

§ 305b Vorrang der Individualabrede

Individuelle Vertragsabreden haben Vorrang vor Allgemeinen Geschäftsbedingungen.

---

[*] **Amtl. Anm.:** Dieser Abschnitt dient auch der Umsetzung der Richtlinie 93/13/EWG des Rates vom 5. April 1993 über missbräuchliche Klauseln in Verbraucherverträgen (ABl EG Nr. L 95 S. 29).
[1] **Anm. d. Red.:** § 305a i. d. F. des Gesetzes v. 7.7.2005 (BGBl I S. 1970) mit Wirkung v. 13.7.2005.

§ 305c Überraschende und mehrdeutige Klauseln

(1) Bestimmungen in Allgemeinen Geschäftsbedingungen, die nach den Umständen, insbesondere nach dem äußeren Erscheinungsbild des Vertrags, so ungewöhnlich sind, dass der Vertragspartner des Verwenders mit ihnen nicht zu rechnen braucht, werden nicht Vertragsbestandteil.

(2) Zweifel bei der Auslegung Allgemeiner Geschäftsbedingungen gehen zu Lasten des Verwenders.

§ 306 Rechtsfolgen bei Nichteinbeziehung und Unwirksamkeit

(1) Sind Allgemeine Geschäftsbedingungen ganz oder teilweise nicht Vertragsbestandteil geworden oder unwirksam, so bleibt der Vertrag im Übrigen wirksam.

(2) Soweit die Bestimmungen nicht Vertragsbestandteil geworden oder unwirksam sind, richtet sich der Inhalt des Vertrags nach den gesetzlichen Vorschriften.

(3) Der Vertrag ist unwirksam, wenn das Festhalten an ihm auch unter Berücksichtigung der nach Absatz 2 vorgesehenen Änderung eine unzumutbare Härte für eine Vertragspartei darstellen würde.

§ 306a Umgehungsverbot

Die Vorschriften dieses Abschnitts finden auch Anwendung, wenn sie durch anderweitige Gestaltungen umgangen werden.

§ 307 Inhaltskontrolle

(1) ¹Bestimmungen in Allgemeinen Geschäftsbedingungen sind unwirksam, wenn sie den Vertragspartner des Verwenders entgegen den Geboten von Treu und Glauben unangemessen benachteiligen. ²Eine unangemessene Benachteiligung kann sich auch daraus ergeben, dass die Bestimmung nicht klar und verständlich ist.

(2) Eine unangemessene Benachteiligung ist im Zweifel anzunehmen, wenn eine Bestimmung
1. mit wesentlichen Grundgedanken der gesetzlichen Regelung, von der abgewichen wird, nicht zu vereinbaren ist oder
2. wesentliche Rechte oder Pflichten, die sich aus der Natur des Vertrags ergeben, so einschränkt, dass die Erreichung des Vertragszwecks gefährdet ist.

(3) ¹Die Absätze 1 und 2 sowie die §§ 308 und 309 gelten nur für Bestimmungen in Allgemeinen Geschäftsbedingungen, durch die von Rechtsvorschriften abweichende oder diese ergänzende Regelungen vereinbart werden. ²Andere Bestimmungen können nach Absatz 1 Satz 2 in Verbindung mit Absatz 1 Satz 1 unwirksam sein.

§ 308 Klauselverbote mit Wertungsmöglichkeit[1)]

In Allgemeinen Geschäftsbedingungen ist insbesondere unwirksam
1. (Annahme- und Leistungsfrist)
   eine Bestimmung, durch die sich der Verwender unangemessen lange oder nicht hinreichend bestimmte Fristen für die Annahme oder Ablehnung eines Angebots oder die Erbringung einer Leistung vorbehält; ausgenommen hiervon ist der Vorbehalt, erst nach Ablauf der Widerrufsfrist nach § 355 Absatz 1 und 2 zu leisten;
1a. (Zahlungsfrist)
   eine Bestimmung, durch die sich der Verwender eine unangemessen lange Zeit für die Erfüllung einer Entgeltforderung des Vertragspartners vorbehält; ist der Verwender kein Ver-

---
1) **Anm. d. Red.:** § 308 i. d. F. des Gesetzes v. 22. 7. 2014 (BGBl I S. 1218) mit Wirkung v. 29. 7. 2014.

§ 308   IV. Bürgerliches Gesetzbuch

braucher, ist im Zweifel anzunehmen, dass eine Zeit von mehr als 30 Tagen nach Empfang der Gegenleistung oder, wenn dem Schuldner nach Empfang der Gegenleistung eine Rechnung oder gleichwertige Zahlungsaufstellung zugeht, von mehr als 30 Tagen nach Zugang dieser Rechnung oder Zahlungsaufstellung unangemessen lang ist;

1b. (Überprüfungs- und Abnahmefrist)

eine Bestimmung, durch die sich der Verwender vorbehält, eine Entgeltforderung des Vertragspartners erst nach unangemessen langer Zeit für die Überprüfung oder Abnahme der Gegenleistung zu erfüllen; ist der Verwender kein Verbraucher, ist im Zweifel anzunehmen, dass eine Zeit von mehr als 15 Tagen nach Empfang der Gegenleistung unangemessen lang ist;

2. (Nachfrist)

eine Bestimmung, durch die sich der Verwender für die von ihm zu bewirkende Leistung abweichend von Rechtsvorschriften eine unangemessen lange oder nicht hinreichend bestimmte Nachfrist vorbehält;

3. (Rücktrittsvorbehalt)

die Vereinbarung eines Rechts des Verwenders, sich ohne sachlich gerechtfertigten und im Vertrag angegebenen Grund von seiner Leistungspflicht zu lösen; dies gilt nicht für Dauerschuldverhältnisse;

4. (Änderungsvorbehalt)

die Vereinbarung eines Rechts des Verwenders, die versprochene Leistung zu ändern oder von ihr abzuweichen, wenn nicht die Vereinbarung der Änderung oder Abweichung unter Berücksichtigung der Interessen des Verwenders für den anderen Vertragsteil zumutbar ist;

5. (Fingierte Erklärungen)

eine Bestimmung, wonach eine Erklärung des Vertragspartners des Verwenders bei Vornahme oder Unterlassung einer bestimmten Handlung als von ihm abgegeben oder nicht abgegeben gilt, es sei denn, dass

   a) dem Vertragspartner eine angemessene Frist zur Abgabe einer ausdrücklichen Erklärung eingeräumt ist und

   b) der Verwender sich verpflichtet, den Vertragspartner bei Beginn der Frist auf die vorgesehene Bedeutung seines Verhaltens besonders hinzuweisen;

6. (Fiktion des Zugangs)

eine Bestimmung, die vorsieht, dass eine Erklärung des Verwenders von besonderer Bedeutung dem anderen Vertragsteil als zugegangen gilt;

7. (Abwicklung von Verträgen)

eine Bestimmung, nach der der Verwender für den Fall, dass eine Vertragspartei vom Vertrag zurücktritt oder den Vertrag kündigt,

   a) eine unangemessen hohe Vergütung für die Nutzung oder den Gebrauch einer Sache oder eines Rechts oder für erbrachte Leistungen oder

   b) einen unangemessen hohen Ersatz von Aufwendungen verlangen kann;

8. (Nichtverfügbarkeit der Leistung)

die nach Nummer 3 zulässige Vereinbarung eines Vorbehalts des Verwenders, sich von der Verpflichtung zur Erfüllung des Vertrags bei Nichtverfügbarkeit der Leistung zu lösen, wenn sich der Verwender nicht verpflichtet,

   a) den Vertragspartner unverzüglich über die Nichtverfügbarkeit zu informieren und

   b) Gegenleistungen des Vertragspartners unverzüglich zu erstatten.

§ 309 Klauselverbote ohne Wertungsmöglichkeit[1]

Auch soweit eine Abweichung von den gesetzlichen Vorschriften zulässig ist, ist in Allgemeinen Geschäftsbedingungen unwirksam

1. (Kurzfristige Preiserhöhungen)
   eine Bestimmung, welche die Erhöhung des Entgelts für Waren oder Leistungen vorsieht, die innerhalb von vier Monaten nach Vertragsschluss geliefert oder erbracht werden sollen; dies gilt nicht bei Waren oder Leistungen, die im Rahmen von Dauerschuldverhältnissen geliefert oder erbracht werden;
2. (Leistungsverweigerungsrechte)
   eine Bestimmung, durch die
   a) das Leistungsverweigerungsrecht, das dem Vertragspartner des Verwenders nach § 320 zusteht, ausgeschlossen oder eingeschränkt wird oder
   b) ein dem Vertragspartner des Verwenders zustehendes Zurückbehaltungsrecht, soweit es auf demselben Vertragsverhältnis beruht, ausgeschlossen oder eingeschränkt, insbesondere von der Anerkennung von Mängeln durch den Verwender abhängig gemacht wird;
3. (Aufrechnungsverbot)
   eine Bestimmung, durch die dem Vertragspartner des Verwenders die Befugnis genommen wird, mit einer unbestrittenen oder rechtskräftig festgestellten Forderung aufzurechnen;
4. (Mahnung, Fristsetzung)
   eine Bestimmung, durch die der Verwender von der gesetzlichen Obliegenheit freigestellt wird, den anderen Vertragsteil zu mahnen oder ihm eine Frist für die Leistung oder Nacherfüllung zu setzen;
5. (Pauschalierung von Schadensersatzansprüchen)
   die Vereinbarung eines pauschalierten Anspruchs des Verwenders auf Schadensersatz oder Ersatz einer Wertminderung, wenn
   a) die Pauschale den in den geregelten Fällen nach dem gewöhnlichen Lauf der Dinge zu erwartenden Schaden oder die gewöhnlich eintretende Wertminderung übersteigt oder
   b) dem anderen Vertragsteil nicht ausdrücklich der Nachweis gestattet wird, ein Schaden oder eine Wertminderung sei überhaupt nicht entstanden oder wesentlich niedriger als die Pauschale;
6. (Vertragsstrafe)
   eine Bestimmung, durch die dem Verwender für den Fall der Nichtabnahme oder verspäteten Abnahme der Leistung, des Zahlungsverzugs oder für den Fall, dass der andere Vertragsteil sich vom Vertrag löst, Zahlung einer Vertragsstrafe versprochen wird;
7. (Haftungsausschluss bei Verletzung von Leben, Körper, Gesundheit und bei grobem Verschulden)
   a) (Verletzung von Leben, Körper, Gesundheit)
      ein Ausschluss oder eine Begrenzung der Haftung für Schäden aus der Verletzung des Lebens, des Körpers oder der Gesundheit, die auf einer fahrlässigen Pflichtverletzung des Verwenders oder einer vorsätzlichen oder fahrlässigen Pflichtverletzung eines gesetzlichen Vertreters oder Erfüllungsgehilfen des Verwenders beruhen;
   b) (Grobes Verschulden)
      ein Ausschluss oder eine Begrenzung der Haftung für sonstige Schäden, die auf einer grob fahrlässigen Pflichtverletzung des Verwenders oder auf einer vorsätzlichen oder grob fahrlässigen Pflichtverletzung eines gesetzlichen Vertreters oder Erfüllungsgehilfen des Verwenders beruhen;

---

[1] **Anm. d. Red.:** § 309 i. d. F. des Gesetzes v. 28. 4. 2017 (BGBl I S. 969) mit Wirkung v. 1. 1. 2018.

§ 309

IV. Bürgerliches Gesetzbuch

die Buchstaben a und b gelten nicht für Haftungsbeschränkungen in den nach Maßgabe des Personenbeförderungsgesetzes genehmigten Beförderungsbedingungen und Tarifvorschriften der Straßenbahnen, Obusse und Kraftfahrzeuge im Linienverkehr, soweit sie nicht zum Nachteil des Fahrgastes von der Verordnung über die Allgemeinen Beförderungsbedingungen für den Straßenbahn- und Obusverkehr sowie den Linienverkehr mit Kraftfahrzeugen vom 27. Februar 1970 abweichen; Buchstabe b gilt nicht für Haftungsbeschränkungen für staatlich genehmigte Lotterie- oder Ausspielverträge;

8. (Sonstige Haftungsausschlüsse bei Pflichtverletzung)

a) (Ausschluss des Rechts, sich vom Vertrag zu lösen)

eine Bestimmung, die bei einer vom Verwender zu vertretenden, nicht in einem Mangel der Kaufsache oder des Werkes bestehenden Pflichtverletzung das Recht des anderen Vertragsteils, sich vom Vertrag zu lösen, ausschließt oder einschränkt; dies gilt nicht für die in der Nummer 7 bezeichneten Beförderungsbedingungen und Tarifvorschriften unter den dort genannten Voraussetzungen;

b) (Mängel)

eine Bestimmung, durch die bei Verträgen über Lieferungen neu hergestellter Sachen und über Werkleistungen

aa) (Ausschluss und Verweisung auf Dritte)

die Ansprüche gegen den Verwender wegen eines Mangels insgesamt oder bezüglich einzelner Teile ausgeschlossen, auf die Einräumung von Ansprüchen gegen Dritte beschränkt oder von der vorherigen gerichtlichen Inanspruchnahme Dritter abhängig gemacht werden;

bb) (Beschränkung auf Nacherfüllung)

die Ansprüche gegen den Verwender insgesamt oder bezüglich einzelner Teile auf ein Recht auf Nacherfüllung beschränkt werden, sofern dem anderen Vertragsteil nicht ausdrücklich das Recht vorbehalten wird, bei Fehlschlagen der Nacherfüllung zu mindern oder, wenn nicht eine Bauleistung Gegenstand der Mängelhaftung ist, nach seiner Wahl vom Vertrag zurückzutreten;

cc) (Aufwendungen bei Nacherfüllung)

die Verpflichtung des Verwenders ausgeschlossen oder beschränkt wird, die zum Zweck der Nacherfüllung erforderlichen Aufwendungen nach § 439 Absatz 2 und 3 oder § 635 Absatz 2 zu tragen oder zu ersetzen;

dd) (Vorenthalten der Nacherfüllung)

der Verwender die Nacherfüllung von der vorherigen Zahlung des vollständigen Entgelts oder eines unter Berücksichtigung des Mangels unverhältnismäßig hohen Teils des Entgelts abhängig macht;

ee) (Ausschlussfrist für Mängelanzeige)

der Verwender dem anderen Vertragsteil für die Anzeige nicht offensichtlicher Mängel eine Ausschlussfrist setzt, die kürzer ist als die nach dem Doppelbuchstaben ff zulässige Frist;

ff) (Erleichterung der Verjährung)

die Verjährung von Ansprüchen gegen den Verwender wegen eines Mangels in den Fällen des § 438 Abs. 1 Nr. 2 und des § 634a Abs. 1 Nr. 2 erleichtert oder in den sonstigen Fällen eine weniger als ein Jahr betragende Verjährungsfrist ab dem gesetzlichen Verjährungsbeginn erreicht wird;

9. (Laufzeit bei Dauerschuldverhältnissen)

bei einem Vertragsverhältnis, das die regelmäßige Lieferung von Waren oder die regelmäßige Erbringung von Dienst- oder Werkleistungen durch den Verwender zum Gegenstand hat,

a) eine den anderen Vertragsteil länger als zwei Jahre bindende Laufzeit des Vertrags,

b) eine den anderen Vertragsteil bindende stillschweigende Verlängerung des Vertragsverhältnisses um jeweils mehr als ein Jahr oder

c) zu Lasten des anderen Vertragsteils eine längere Kündigungsfrist als drei Monate vor Ablauf der zunächst vorgesehenen oder stillschweigend verlängerten Vertragsdauer;

dies gilt nicht für Verträge über die Lieferung als zusammengehörig verkaufter Sachen sowie für Versicherungsverträge;

10. (Wechsel des Vertragspartners)

eine Bestimmung, wonach bei Kauf-, Darlehens-, Dienst- oder Werkverträgen ein Dritter anstelle des Verwenders in die sich aus dem Vertrag ergebenden Rechte und Pflichten eintritt oder eintreten kann, es sei denn, in der Bestimmung wird

a) der Dritte namentlich bezeichnet oder

b) dem anderen Vertragsteil das Recht eingeräumt, sich vom Vertrag zu lösen;

11. (Haftung des Abschlussvertreters)

eine Bestimmung, durch die der Verwender einem Vertreter, der den Vertrag für den anderen Vertragsteil abschließt,

a) ohne hierauf gerichtete ausdrückliche und gesonderte Erklärung eine eigene Haftung oder Einstandspflicht oder

b) im Falle vollmachtsloser Vertretung eine über § 179 hinausgehende Haftung

auferlegt;

12. (Beweislast)

eine Bestimmung, durch die der Verwender die Beweislast zum Nachteil des anderen Vertragsteils ändert, insbesondere indem er

a) diesem die Beweislast für Umstände auferlegt, die im Verantwortungsbereich des Verwenders liegen, oder

b) den anderen Vertragsteil bestimmte Tatsachen bestätigen lässt;

Buchstabe b gilt nicht für Empfangsbekenntnisse, die gesondert unterschrieben oder mit einer gesonderten qualifizierten elektronischen Signatur versehen sind;

13. (Form von Anzeigen und Erklärungen)

eine Bestimmung, durch die Anzeigen oder Erklärungen, die dem Verwender oder einem Dritten gegenüber abzugeben sind, gebunden werden

a) an eine strengere Form als die schriftliche Form in einem Vertrag, für den durch Gesetz notarielle Beurkundung vorgeschrieben ist oder

b) an eine strengere Form als die Textform in anderen als den in Buchstabe a genannten Verträgen oder

c) an besondere Zugangserfordernisse;

14. (Klageverzicht)

eine Bestimmung, wonach der andere Vertragsteil seine Ansprüche gegen den Verwender gerichtlich nur geltend machen darf, nachdem er eine gütliche Einigung in einem Verfahren zur außergerichtlichen Streitbeilegung versucht hat;

15. (Abschlagszahlungen und Sicherheitsleistung)

eine Bestimmung, nach der der Verwender bei einem Werkvertrag

a) für Teilleistungen Abschlagszahlungen vom anderen Vertragsteil verlangen kann, die wesentlich höher sind als die nach § 632a Absatz 1 und § 650m Absatz 1 zu leistenden Abschlagszahlungen, oder

b) die Sicherheitsleistung nach § 650m Absatz 2 nicht oder nur in geringerer Höhe leisten muss.

§ 310 Anwendungsbereich[1]

(1) ¹§ 305 Absatz 2 und 3, § 308 Nummer 1, 2 bis 8 und § 309 finden keine Anwendung auf Allgemeine Geschäftsbedingungen, die gegenüber einem Unternehmer, einer juristischen Person des öffentlichen Rechts oder einem öffentlich-rechtlichen Sondervermögen verwendet werden. ²§ 307 Abs. 1 und 2 findet in den Fällen des Satzes 1 auch insoweit Anwendung, als dies zur Unwirksamkeit von in § 308 Nummer 1, 2 bis 8 und § 309 genannten Vertragsbestimmungen führt; auf die im Handelsverkehr geltenden Gewohnheiten und Gebräuche ist angemessen Rücksicht zu nehmen. ³In den Fällen des Satzes 1 finden § 307 Absatz 1 und 2 sowie § 308 Nummer 1a und 1b auf Verträge, in die die Vergabe- und Vertragsordnung für Bauleistungen Teil B (VOB/B) in der jeweils zum Zeitpunkt des Vertragsschlusses geltenden Fassung ohne inhaltliche Abweichungen insgesamt einbezogen ist, in Bezug auf eine Inhaltskontrolle einzelner Bestimmungen keine Anwendung.

(2) ¹Die §§ 308 und 309 finden keine Anwendung auf Verträge der Elektrizitäts-, Gas-, Fernwärme- und Wasserversorgungsunternehmen über die Versorgung von Sonderabnehmern mit elektrischer Energie, Gas, Fernwärme und Wasser aus dem Versorgungsnetz, soweit die Versorgungsbedingungen nicht zum Nachteil der Abnehmer von Verordnungen über Allgemeine Bedingungen für die Versorgung von Tarifkunden mit elektrischer Energie, Gas, Fernwärme und Wasser abweichen. ²Satz 1 gilt entsprechend für Verträge über die Entsorgung von Abwasser.

(3) Bei Verträgen zwischen einem Unternehmer und einem Verbraucher (Verbraucherverträge) finden die Vorschriften dieses Abschnitts mit folgenden Maßgaben Anwendung:
1. Allgemeine Geschäftsbedingungen gelten als vom Unternehmer gestellt, es sei denn, dass sie durch den Verbraucher in den Vertrag eingeführt wurden;
2. § 305c Abs. 2 und die §§ 306 und 307 bis 309 dieses Gesetzes sowie Artikel 46b des Einführungsgesetzes zum Bürgerlichen Gesetzbuche finden auf vorformulierte Vertragsbedingungen auch dann Anwendung, wenn diese nur zur einmaligen Verwendung bestimmt sind und soweit der Verbraucher aufgrund der Vorformulierung auf ihren Inhalt keinen Einfluss nehmen konnte;
3. bei der Beurteilung der unangemessenen Benachteiligung nach § 307 Abs. 1 und 2 sind auch die den Vertragsschluss begleitenden Umstände zu berücksichtigen.

(4) ¹Dieser Abschnitt findet keine Anwendung bei Verträgen auf dem Gebiet des Erb-, Familien- und Gesellschaftsrechts sowie auf Tarifverträge, Betriebs- und Dienstvereinbarungen. ²Bei der Anwendung auf Arbeitsverträge sind die im Arbeitsrecht geltenden Besonderheiten angemessen zu berücksichtigen; § 305 Abs. 2 und 3 ist nicht anzuwenden. ³Tarifverträge, Betriebs- und Dienstvereinbarungen stehen Rechtsvorschriften im Sinne von § 307 Abs. 3 gleich.

Abschnitt 3: Schuldverhältnisse aus Verträgen

Titel 1: Begründung, Inhalt und Beendigung

Untertitel 1: Begründung

§ 311 Rechtsgeschäftliche und rechtsgeschäftsähnliche Schuldverhältnisse

(1) Zur Begründung eines Schuldverhältnisses durch Rechtsgeschäft sowie zur Änderung des Inhalts eines Schuldverhältnisses ist ein Vertrag zwischen den Beteiligten erforderlich, soweit nicht das Gesetz ein anderes vorschreibt.

---

1) **Anm. d. Red.:** § 310 i. d. F. des Gesetzes v. 22. 7. 2014 (BGBl I S. 1218) mit Wirkung v. 29. 7. 2014.

(2) Ein Schuldverhältnis mit Pflichten nach § 241 Abs. 2 entsteht auch durch
1. die Aufnahme von Vertragsverhandlungen,
2. die Anbahnung eines Vertrags, bei welcher der eine Teil im Hinblick auf eine etwaige rechtsgeschäftliche Beziehung dem anderen Teil die Möglichkeit zur Einwirkung auf seine Rechte, Rechtsgüter und Interessen gewährt oder ihm diese anvertraut, oder
3. ähnliche geschäftliche Kontakte.

(3) [1]Ein Schuldverhältnis mit Pflichten nach § 241 Abs. 2 kann auch zu Personen entstehen, die nicht selbst Vertragspartei werden sollen. [2]Ein solches Schuldverhältnis entsteht insbesondere, wenn der Dritte in besonderem Maße Vertrauen für sich in Anspruch nimmt und dadurch die Vertragsverhandlungen oder den Vertragsschluss erheblich beeinflusst.

§ 311a Leistungshindernis bei Vertragsschluss

(1) Der Wirksamkeit eines Vertrags steht es nicht entgegen, dass der Schuldner nach § 275 Abs. 1 bis 3 nicht zu leisten braucht und das Leistungshindernis schon bei Vertragsschluss vorliegt.

(2) [1]Der Gläubiger kann nach seiner Wahl Schadensersatz statt der Leistung oder Ersatz seiner Aufwendungen in dem in § 284 bestimmten Umfang verlangen. [2]Dies gilt nicht, wenn der Schuldner das Leistungshindernis bei Vertragsschluss nicht kannte und seine Unkenntnis auch nicht zu vertreten hat. [3]§ 281 Abs. 1 Satz 2 und 3 und Abs. 5 findet entsprechende Anwendung.

§ 311b Verträge über Grundstücke, das Vermögen und den Nachlass

(1) [1]Ein Vertrag, durch den sich der eine Teil verpflichtet, das Eigentum an einem Grundstück zu übertragen oder zu erwerben, bedarf der notariellen Beurkundung. [2]Ein ohne Beachtung dieser Form geschlossener Vertrag wird seinem ganzen Inhalt nach gültig, wenn die Auflassung und die Eintragung in das Grundbuch erfolgen.

(2) Ein Vertrag, durch den sich der eine Teil verpflichtet, sein künftiges Vermögen oder einen Bruchteil seines künftigen Vermögens zu übertragen oder mit einem Nießbrauch zu belasten, ist nichtig.

(3) Ein Vertrag, durch den sich der eine Teil verpflichtet, sein gegenwärtiges Vermögen oder einen Bruchteil seines gegenwärtigen Vermögens zu übertragen oder mit einem Nießbrauch zu belasten, bedarf der notariellen Beurkundung.

(4) [1]Ein Vertrag über den Nachlass eines noch lebenden Dritten ist nichtig. [2]Das Gleiche gilt von einem Vertrag über den Pflichtteil oder ein Vermächtnis aus dem Nachlass eines noch lebenden Dritten.

(5) [1]Absatz 4 gilt nicht für einen Vertrag, der unter künftigen gesetzlichen Erben über den gesetzlichen Erbteil oder den Pflichtteil eines von ihnen geschlossen wird. [2]Ein solcher Vertrag bedarf der notariellen Beurkundung.

§ 311c Erstreckung auf Zubehör

Verpflichtet sich jemand zur Veräußerung oder Belastung einer Sache, so erstreckt sich diese Verpflichtung im Zweifel auch auf das Zubehör der Sache.

Untertitel 2: Grundsätze bei Verbraucherverträgen und besondere Vertriebsformen[1)]

Kapitel 1: Anwendungsbereich und Grundsätze bei Verbraucherverträgen[2)]

§ 312 Anwendungsbereich[3)]

(1) Die Vorschriften der Kapitel 1 und 2 dieses Untertitels sind nur auf Verbraucherverträge im Sinne des § 310 Absatz 3 anzuwenden, die eine entgeltliche Leistung des Unternehmers zum Gegenstand haben.

(2) Von den Vorschriften der Kapitel 1 und 2 dieses Untertitels ist nur § 312a Absatz 1, 3, 4 und 6 auf folgende Verträge anzuwenden:
1. notariell beurkundete Verträge
    a) über Finanzdienstleistungen, die außerhalb von Geschäftsräumen geschlossen werden,
    b) die keine Verträge über Finanzdienstleistungen sind; für Verträge, für die das Gesetz die notarielle Beurkundung des Vertrags oder einer Vertragserklärung nicht vorschreibt, gilt dies nur, wenn der Notar darüber belehrt, dass die Informationspflichten nach § 312d Absatz 1 und das Widerrufsrecht nach § 312g Absatz 1 entfallen.
2. Verträge über die Begründung, den Erwerb oder die Übertragung von Eigentum oder anderen Rechten an Grundstücken,
3. Verbraucherbauverträge nach § 650i Absatz 1,
4. (weggefallen)
5. Verträge über die Beförderung von Personen,
6. Verträge über Teilzeit-Wohnrechte, langfristige Urlaubsprodukte, Vermittlungen und Tauschsysteme nach den §§ 481 bis 481b,
7. Behandlungsverträge nach § 630a,
8. Verträge über die Lieferung von Lebensmitteln, Getränken oder sonstigen Haushaltsgegenständen des täglichen Bedarfs, die am Wohnsitz, am Aufenthaltsort oder am Arbeitsplatz eines Verbrauchers von einem Unternehmer im Rahmen häufiger und regelmäßiger Fahrten geliefert werden,
9. Verträge, die unter Verwendung von Warenautomaten und automatisierten Geschäftsräumen geschlossen werden,
10. Verträge, die mit Betreibern von Telekommunikationsmitteln mit Hilfe öffentlicher Münz- und Kartentelefone zu deren Nutzung geschlossen werden,
11. Verträge zur Nutzung einer einzelnen von einem Verbraucher hergestellten Telefon-, Internet- oder Telefaxverbindung,
12. außerhalb von Geschäftsräumen geschlossene Verträge, bei denen die Leistung bei Abschluss der Verhandlungen sofort erbracht und bezahlt wird und das vom Verbraucher zu zahlende Entgelt 40 Euro nicht überschreitet, und
13. Verträge über den Verkauf beweglicher Sachen auf Grund von Zwangsvollstreckungsmaßnahmen oder anderen gerichtlichen Maßnahmen.

(3) Auf Verträge über soziale Dienstleistungen, wie Kinderbetreuung oder Unterstützung von dauerhaft oder vorübergehend hilfsbedürftigen Familien oder Personen, einschließlich Langzeit-

---

1) **Anm. d. Red.:** Überschrift i. d. F. des Gesetzes v. 20. 9. 2013 (BGBl I S. 3642) mit Wirkung v. 13. 6. 2014.
2) **Anm. d. Red.:** Überschrift eingefügt gem. Gesetz v. 20. 9. 2013 (BGBl I S. 3642) mit Wirkung v. 13. 6. 2014.
3) **Anm. d. Red.:** § 312 i. d. F. des Gesetzes v. 17. 7. 2017 (BGBl I S. 2394) mit Wirkung v. 1. 7. 2018.

pflege, sind von den Vorschriften der Kapitel 1 und 2 dieses Untertitels nur folgende anzuwenden:
1. die Definitionen der außerhalb von Geschäftsräumen geschlossenen Verträge und der Fernabsatzverträge nach den §§ 312b und 312c,
2. § 312a Absatz 1 über die Pflicht zur Offenlegung bei Telefonanrufen,
3. § 312a Absatz 3 über die Wirksamkeit der Vereinbarung, die auf eine über das vereinbarte Entgelt für die Hauptleistung hinausgehende Zahlung gerichtet ist,
4. § 312a Absatz 4 über die Wirksamkeit der Vereinbarung eines Entgelts für die Nutzung von Zahlungsmitteln,
5. § 312a Absatz 6,
6. § 312d Absatz 1 in Verbindung mit Artikel 246a § 1 Absatz 2 und 3 des Einführungsgesetzes zum Bürgerlichen Gesetzbuche über die Pflicht zur Information über das Widerrufsrecht und
7. § 312g über das Widerrufsrecht.

(4) ¹Auf Verträge über die Vermietung von Wohnraum sind von den Vorschriften der Kapitel 1 und 2 dieses Untertitels nur die in Absatz 3 Nummer 1 bis 7 genannten Bestimmungen anzuwenden. ²Die in Absatz 3 Nummer 1, 6 und 7 genannten Bestimmungen sind jedoch nicht auf die Begründung eines Mietverhältnisses über Wohnraum anzuwenden, wenn der Mieter die Wohnung zuvor besichtigt hat.

(5) ¹Bei Vertragsverhältnissen über Bankdienstleistungen sowie Dienstleistungen im Zusammenhang mit einer Kreditgewährung, Versicherung, Altersversorgung von Einzelpersonen, Geldanlage oder Zahlung (Finanzdienstleistungen), die eine erstmalige Vereinbarung mit daran anschließenden aufeinanderfolgenden Vorgängen oder eine daran anschließende Reihe getrennter, in einem zeitlichen Zusammenhang stehender Vorgänge gleicher Art umfassen, sind die Vorschriften der Kapitel 1 und 2 dieses Untertitels nur auf die erste Vereinbarung anzuwenden. ²§ 312a Absatz 1, 3, 4 und 6 ist daneben auf jeden Vorgang anzuwenden. ³Wenn die in Satz 1 genannten Vorgänge ohne eine solche Vereinbarung aufeinanderfolgen, gelten die Vorschriften über Informationspflichten des Unternehmers nur für den ersten Vorgang. ⁴Findet jedoch länger als ein Jahr kein Vorgang der gleichen Art mehr statt, so gilt der nächste Vorgang als der erste Vorgang einer neuen Reihe im Sinne von Satz 3.

(6) Von den Vorschriften der Kapitel 1 und 2 dieses Untertitels ist auf Verträge über Versicherungen sowie auf Verträge über deren Vermittlung nur § 312a Absatz 3, 4 und 6 anzuwenden.

(7) ¹Auf Pauschalreiseverträge nach den §§ 651a und 651c sind von den Vorschriften dieses Untertitels nur § 312a Absatz 3 bis 6, die §§ 312i, 312j Absatz 2 bis 5 und § 312k anzuwenden; diese Vorschriften finden auch Anwendung, wenn der Reisende kein Verbraucher ist. ²Ist der Reisende ein Verbraucher, ist auf Pauschalreiseverträge nach § 651a, die außerhalb von Geschäftsräumen geschlossen worden sind, auch § 312g Absatz 1 anzuwenden, es sei denn, die mündlichen Verhandlungen, auf denen der Vertragsschluss beruht, sind auf vorhergehende Bestellung des Verbrauchers geführt worden.

§ 312a Allgemeine Pflichten und Grundsätze bei Verbraucherverträgen; Grenzen der Vereinbarung von Entgelten[1)]

(1) Ruft der Unternehmer oder eine Person, die in seinem Namen oder Auftrag handelt, den Verbraucher an, um mit diesem einen Vertrag zu schließen, hat der Anrufer zu Beginn des Gesprächs seine Identität und gegebenenfalls die Identität der Person, für die er anruft, sowie den geschäftlichen Zweck des Anrufs offenzulegen.

(2) ¹Der Unternehmer ist verpflichtet, den Verbraucher nach Maßgabe des Artikels 246 des Einführungsgesetzes zum Bürgerlichen Gesetzbuche zu informieren. ²Der Unternehmer kann

---

1) **Anm. d. Red.:** § 312a i. d. F. des Gesetzes v. 20. 9. 2013 (BGBl I S. 3642) mit Wirkung v. 13. 6. 2014.

§ 312b   IV. Bürgerliches Gesetzbuch

von dem Verbraucher Fracht-, Liefer- oder Versandkosten und sonstige Kosten nur verlangen, soweit er den Verbraucher über diese Kosten entsprechend den Anforderungen aus Artikel 246 Absatz 1 Nummer 3 des Einführungsgesetzes zum Bürgerlichen Gesetzbuche informiert hat. ³Die Sätze 1 und 2 sind weder auf außerhalb von Geschäftsräumen geschlossene Verträge noch auf Fernabsatzverträge noch auf Verträge über Finanzdienstleistungen anzuwenden.

(3) ¹Eine Vereinbarung, die auf eine über das vereinbarte Entgelt für die Hauptleistung hinausgehende Zahlung des Verbrauchers gerichtet ist, kann ein Unternehmer mit einem Verbraucher nur ausdrücklich treffen. ²Schließen der Unternehmer und der Verbraucher einen Vertrag im elektronischen Geschäftsverkehr, wird eine solche Vereinbarung nur Vertragsbestandteil, wenn der Unternehmer die Vereinbarung nicht durch eine Voreinstellung herbeiführt.

(4) Eine Vereinbarung, durch die ein Verbraucher verpflichtet wird, ein Entgelt dafür zu zahlen, dass er für die Erfüllung seiner vertraglichen Pflichten ein bestimmtes Zahlungsmittel nutzt, ist unwirksam, wenn

1. für den Verbraucher keine gängige und zumutbare unentgeltliche Zahlungsmöglichkeit besteht oder
2. das vereinbarte Entgelt über die Kosten hinausgeht, die dem Unternehmer durch die Nutzung des Zahlungsmittels entstehen.

(5) ¹Eine Vereinbarung, durch die ein Verbraucher verpflichtet wird, ein Entgelt dafür zu zahlen, dass der Verbraucher den Unternehmer wegen Fragen oder Erklärungen zu einem zwischen ihnen geschlossenen Vertrag über eine Rufnummer anruft, die der Unternehmer für solche Zwecke bereithält, ist unwirksam, wenn das vereinbarte Entgelt das Entgelt für die bloße Nutzung des Telekommunikationsdienstes übersteigt. ²Ist eine Vereinbarung nach Satz 1 unwirksam, ist der Verbraucher auch gegenüber dem Anbieter des Telekommunikationsdienstes nicht verpflichtet, ein Entgelt für den Anruf zu zahlen. ³Der Anbieter des Telekommunikationsdienstes ist berechtigt, das Entgelt für die bloße Nutzung des Telekommunikationsdienstes von dem Unternehmer zu verlangen, der die unwirksame Vereinbarung mit dem Verbraucher geschlossen hat.

(6) Ist eine Vereinbarung nach den Absätzen 3 bis 5 nicht Vertragsbestandteil geworden oder ist sie unwirksam, bleibt der Vertrag im Übrigen wirksam.

Kapitel 2: Außerhalb von Geschäftsräumen geschlossene Verträge und Fernabsatzverträge[1)]

§ 312b   Außerhalb von Geschäftsräumen geschlossene Verträge[2)]

(1) ¹Außerhalb von Geschäftsräumen geschlossene Verträge sind Verträge,
1. die bei gleichzeitiger körperlicher Anwesenheit des Verbrauchers und des Unternehmers an einem Ort geschlossen werden, der kein Geschäftsraum des Unternehmers ist,
2. für die der Verbraucher unter den in Nummer 1 genannten Umständen ein Angebot abgegeben hat,
3. die in den Geschäftsräumen des Unternehmers oder durch Fernkommunikationsmittel geschlossen werden, bei denen der Verbraucher jedoch unmittelbar zuvor außerhalb der Geschäftsräume des Unternehmers bei gleichzeitiger körperlicher Anwesenheit des Verbrauchers und des Unternehmers persönlich und individuell angesprochen wurde, oder
4. die auf einem Ausflug geschlossen werden, der von dem Unternehmer oder mit seiner Hilfe organisiert wurde, um beim Verbraucher für den Verkauf von Waren oder die Erbringung von Dienstleistungen zu werben und mit ihm entsprechende Verträge abzuschließen.

²Dem Unternehmer stehen Personen gleich, die in seinem Namen oder Auftrag handeln.

---

1) **Anm. d. Red.:** Überschrift eingefügt gem. Gesetz v. 20. 9. 2013 (BGBl I S. 3642) mit Wirkung v. 13. 6. 2014.
2) **Anm. d. Red.:** § 312b i. d. F. des Gesetzes v. 20. 9. 2013 (BGBl I S. 3642) mit Wirkung v. 13. 6. 2014.

(2) ¹Geschäftsräume im Sinne des Absatzes 1 sind unbewegliche Gewerberäume, in denen der Unternehmer seine Tätigkeit dauerhaft ausübt, und bewegliche Gewerberäume, in denen der Unternehmer seine Tätigkeit für gewöhnlich ausübt. ²Gewerberäume, in denen die Person, die im Namen oder Auftrag des Unternehmers handelt, ihre Tätigkeit dauerhaft oder für gewöhnlich ausübt, stehen Räumen des Unternehmers gleich.

§ 312c Fernabsatzverträge[1)]

(1) Fernabsatzverträge sind Verträge, bei denen der Unternehmer oder eine in seinem Namen oder Auftrag handelnde Person und der Verbraucher für die Vertragsverhandlungen und den Vertragsschluss ausschließlich Fernkommunikationsmittel verwenden, es sei denn, dass der Vertragsschluss nicht im Rahmen eines für den Fernabsatz organisierten Vertriebs- oder Dienstleistungssystems erfolgt.

(2) Fernkommunikationsmittel im Sinne dieses Gesetzes sind alle Kommunikationsmittel, die zur Anbahnung oder zum Abschluss eines Vertrags eingesetzt werden können, ohne dass die Vertragsparteien gleichzeitig körperlich anwesend sind, wie Briefe, Kataloge, Telefonanrufe, Telekopien, E-Mails, über den Mobilfunkdienst versendete Nachrichten (SMS) sowie Rundfunk und Telemedien.

§ 312d Informationspflichten[2)]

(1) ¹Bei außerhalb von Geschäftsräumen geschlossenen Verträgen und bei Fernabsatzverträgen ist der Unternehmer verpflichtet, den Verbraucher nach Maßgabe des Artikels 246a des Einführungsgesetzes zum Bürgerlichen Gesetzbuche zu informieren. ²Die in Erfüllung dieser Pflicht gemachten Angaben des Unternehmers werden Inhalt des Vertrags, es sei denn, die Vertragsparteien haben ausdrücklich etwas anderes vereinbart.

(2) Bei außerhalb von Geschäftsräumen geschlossenen Verträgen und bei Fernabsatzverträgen über Finanzdienstleistungen ist der Unternehmer abweichend von Absatz 1 verpflichtet, den Verbraucher nach Maßgabe des Artikels 246b des Einführungsgesetzes zum Bürgerlichen Gesetzbuche zu informieren.

§ 312e Verletzung von Informationspflichten über Kosten[3)]

Der Unternehmer kann von dem Verbraucher Fracht-, Liefer- oder Versandkosten und sonstige Kosten nur verlangen, soweit er den Verbraucher über diese Kosten entsprechend den Anforderungen aus § 312d Absatz 1 in Verbindung mit Artikel 246a § 1 Absatz 1 Satz 1 Nummer 4 des Einführungsgesetzes zum Bürgerlichen Gesetzbuche informiert hat.

§ 312f Abschriften und Bestätigungen[4)]

(1) ¹Bei außerhalb von Geschäftsräumen geschlossenen Verträgen ist der Unternehmer verpflichtet, dem Verbraucher alsbald auf Papier zur Verfügung zu stellen
1. eine Abschrift eines Vertragsdokuments, das von den Vertragsschließenden so unterzeichnet wurde, dass ihre Identität erkennbar ist, oder
2. eine Bestätigung des Vertrags, in der der Vertragsinhalt wiedergegeben ist.

²Wenn der Verbraucher zustimmt, kann für die Abschrift oder die Bestätigung des Vertrags auch ein anderer dauerhafter Datenträger verwendet werden. ³Die Bestätigung nach Satz 1 muss die in Artikel 246a des Einführungsgesetzes zum Bürgerlichen Gesetzbuche genannten Angaben nur enthalten, wenn der Unternehmer dem Verbraucher diese Informationen nicht be-

---

1) **Anm. d. Red.:** § 312c i. d. F. des Gesetzes v. 20. 9. 2013 (BGBl I S. 3642) mit Wirkung v. 13. 6. 2014.
2) **Anm. d. Red.:** § 312d i. d. F. des Gesetzes v. 20. 9. 2013 (BGBl I S. 3642) mit Wirkung v. 13. 6. 2014.
3) **Anm. d. Red.:** § 312e i. d. F. des Gesetzes v. 20. 9. 2013 (BGBl I S. 3642) mit Wirkung v. 13. 6. 2014.
4) **Anm. d. Red.:** § 312f i. d. F. des Gesetzes v. 20. 9. 2013 (BGBl I S. 3642) mit Wirkung v. 13. 6. 2014.

reits vor Vertragsschluss in Erfüllung seiner Informationspflichten nach § 312d Absatz 1 auf einem dauerhaften Datenträger zur Verfügung gestellt hat.

(2) ¹Bei Fernabsatzverträgen ist der Unternehmer verpflichtet, dem Verbraucher eine Bestätigung des Vertrags, in der der Vertragsinhalt wiedergegeben ist, innerhalb einer angemessenen Frist nach Vertragsschluss, spätestens jedoch bei der Lieferung der Ware oder bevor mit der Ausführung der Dienstleistung begonnen wird, auf einem dauerhaften Datenträger zur Verfügung zu stellen. ²Die Bestätigung nach Satz 1 muss die in Artikel 246a des Einführungsgesetzes zum Bürgerlichen Gesetzbuche genannten Angaben enthalten, es sei denn, der Unternehmer hat dem Verbraucher diese Informationen bereits vor Vertragsschluss in Erfüllung seiner Informationspflichten nach § 312 Absatz 1 auf einem dauerhaften Datenträger zur Verfügung gestellt.

(3) Bei Verträgen über die Lieferung von nicht auf einem körperlichen Datenträger befindlichen Daten, die in digitaler Form hergestellt und bereitgestellt werden (digitale Inhalte), ist auf der Abschrift oder in der Bestätigung des Vertrags nach den Absätzen 1 und 2 gegebenenfalls auch festzuhalten, dass der Verbraucher vor Ausführung des Vertrags
1. ausdrücklich zugestimmt hat, dass der Unternehmer mit der Ausführung des Vertrags vor Ablauf der Widerrufsfrist beginnt, und
2. seine Kenntnis davon bestätigt hat, dass er durch seine Zustimmung mit Beginn der Ausführung des Vertrags sein Widerrufsrecht verliert.

(4) Diese Vorschrift ist nicht anwendbar auf Verträge über Finanzdienstleistungen.

§ 312g Widerrufsrecht[1]

(1) Dem Verbraucher steht bei außerhalb von Geschäftsräumen geschlossenen Verträgen und bei Fernabsatzverträgen ein Widerrufsrecht gemäß § 355 zu.

(2) Das Widerrufsrecht besteht, soweit die Parteien nichts anderes vereinbart haben, nicht bei folgenden Verträgen:
1. Verträge zur Lieferung von Waren, die nicht vorgefertigt sind und für deren Herstellung eine individuelle Auswahl oder Bestimmung durch den Verbraucher maßgeblich ist oder die eindeutig auf die persönlichen Bedürfnisse des Verbrauchers zugeschnitten sind,
2. Verträge zur Lieferung von Waren, die schnell verderben können oder deren Verfallsdatum schnell überschritten würde,
3. Verträge zur Lieferung versiegelter Waren, die aus Gründen des Gesundheitsschutzes oder der Hygiene nicht zur Rückgabe geeignet sind, wenn ihre Versiegelung nach der Lieferung entfernt wurde,
4. Verträge zur Lieferung von Waren, wenn diese nach der Lieferung auf Grund ihrer Beschaffenheit untrennbar mit anderen Gütern vermischt wurden,
5. Verträge zur Lieferung alkoholischer Getränke, deren Preis bei Vertragsschluss vereinbart wurde, die aber frühestens 30 Tage nach Vertragsschluss geliefert werden können und deren aktueller Wert von Schwankungen auf dem Markt abhängt, auf die der Unternehmer keinen Einfluss hat,
6. Verträge zur Lieferung von Ton- oder Videoaufnahmen oder Computersoftware in einer versiegelten Packung, wenn die Versiegelung nach der Lieferung entfernt wurde,
7. Verträge zur Lieferung von Zeitungen, Zeitschriften oder Illustrierten mit Ausnahme von Abonnement-Verträgen,
8. Verträge zur Lieferung von Waren oder zur Erbringung von Dienstleistungen, einschließlich Finanzdienstleistungen, deren Preis von Schwankungen auf dem Finanzmarkt abhängt, auf die der Unternehmer keinen Einfluss hat und die innerhalb der Widerrufsfrist auftreten können, insbesondere Dienstleistungen im Zusammenhang mit Aktien, mit Anteilen an of-

---

1) **Anm. d. Red.:** § 312g i. d. F. des Gesetzes v. 17. 7. 2017 (BGBl I S. 2394) mit Wirkung v. 1. 7. 2018.

fenen Investmentvermögen im Sinne von § 1 Absatz 4 des Kapitalanlagegesetzbuchs und mit anderen handelbaren Wertpapieren, Devisen, Derivaten oder Geldmarktinstrumenten,

9. Verträge zur Erbringung von Dienstleistungen in den Bereichen Beherbergung zu anderen Zwecken als zu Wohnzwecken, Beförderung von Waren, Kraftfahrzeugvermietung, Lieferung von Speisen und Getränken sowie zur Erbringung weiterer Dienstleistungen im Zusammenhang mit Freizeitbetätigungen, wenn der Vertrag für die Erbringung einen spezifischen Termin oder Zeitraum vorsieht,

10. Verträge, die im Rahmen einer Vermarktungsform geschlossen werden, bei der der Unternehmer Verbrauchern, die persönlich anwesend sind oder denen diese Möglichkeit gewährt wird, Waren oder Dienstleistungen anbietet, und zwar in einem vom Versteigerer durchgeführten, auf konkurrierenden Geboten basierenden transparenten Verfahren, bei dem der Bieter, der den Zuschlag erhalten hat, zum Erwerb der Waren oder Dienstleistungen verpflichtet ist (öffentlich zugängliche Versteigerung),

11. Verträge, bei denen der Verbraucher den Unternehmer ausdrücklich aufgefordert hat, ihn aufzusuchen, um dringende Reparatur- oder Instandhaltungsarbeiten vorzunehmen; dies gilt nicht hinsichtlich weiterer bei dem Besuch erbrachter Dienstleistungen, die der Verbraucher nicht ausdrücklich verlangt hat, oder hinsichtlich solcher bei dem Besuch gelieferter Waren, die bei der Instandhaltung oder Reparatur nicht unbedingt als Ersatzteile benötigt werden,

12. Verträge zur Erbringung von Wett- und Lotteriedienstleistungen, es sei denn, dass der Verbraucher seine Vertragserklärung telefonisch abgegeben hat oder der Vertrag außerhalb von Geschäftsräumen geschlossen wurde, und

13. notariell beurkundete Verträge; dies gilt für Fernabsatzverträge über Finanzdienstleistungen nur, wenn der Notar bestätigt, dass die Rechte des Verbrauchers aus § 312d Absatz 2 gewahrt sind.

(3) Das Widerrufsrecht besteht ferner nicht bei Verträgen, bei denen dem Verbraucher bereits auf Grund der §§ 495, 506 bis 513 ein Widerrufsrecht nach § 355 zusteht, und nicht bei außerhalb von Geschäftsräumen geschlossenen Verträgen, bei denen dem Verbraucher bereits nach § 305 Absatz 1 bis 6 des Kapitalanlagegesetzbuchs ein Widerrufsrecht zusteht.

§ 312h Kündigung und Vollmacht zur Kündigung[1)]

Wird zwischen einem Unternehmer und einem Verbraucher nach diesem Untertitel ein Dauerschuldverhältnis begründet, das ein zwischen dem Verbraucher und einem anderen Unternehmer bestehendes Dauerschuldverhältnis ersetzen soll, und wird anlässlich der Begründung des Dauerschuldverhältnisses von dem Verbraucher

1. die Kündigung des bestehenden Dauerschuldverhältnisses erklärt und der Unternehmer oder ein von ihm beauftragter Dritter zur Übermittlung der Kündigung an den bisherigen Vertragspartner des Verbrauchers beauftragt oder

2. der Unternehmer oder ein von ihm beauftragter Dritter zur Erklärung der Kündigung gegenüber dem bisherigen Vertragspartner des Verbrauchers bevollmächtigt,

bedarf die Kündigung des Verbrauchers oder die Vollmacht zur Kündigung der Textform.

---

1) **Anm. d. Red.:** § 312h i. d. F. des Gesetzes v. 20. 9. 2013 (BGBl I S. 3642) mit Wirkung v. 13. 6. 2014.

Kapitel 3: Verträge im elektronischen Geschäftsverkehr[1]

§ 312i Allgemeine Pflichten im elektronischen Geschäftsverkehr[2]

(1) ¹Bedient sich ein Unternehmer zum Zwecke des Abschlusses eines Vertrags über die Lieferung von Waren oder über die Erbringung von Dienstleistungen der Telemedien (Vertrag im elektronischen Geschäftsverkehr), hat er dem Kunden

1. angemessene, wirksame und zugängliche technische Mittel zur Verfügung zu stellen, mit deren Hilfe der Kunde Eingabefehler vor Abgabe seiner Bestellung erkennen und berichtigen kann,
2. die in Artikel 246c des Einführungsgesetzes zum Bürgerlichen Gesetzbuche bestimmten Informationen rechtzeitig vor Abgabe von dessen Bestellung klar und verständlich mitzuteilen,
3. den Zugang von dessen Bestellung unverzüglich auf elektronischem Wege zu bestätigen und
4. die Möglichkeit zu verschaffen, die Vertragsbestimmungen einschließlich der Allgemeinen Geschäftsbedingungen bei Vertragsschluss abzurufen und in wiedergabefähiger Form zu speichern.

²Bestellung und Empfangsbestätigung im Sinne von Satz 1 Nummer 3 gelten als zugegangen, wenn die Parteien, für die sie bestimmt sind, sie unter gewöhnlichen Umständen abrufen können.

(2) ¹Absatz 1 Satz 1 Nummer 1 bis 3 ist nicht anzuwenden, wenn der Vertrag ausschließlich durch individuelle Kommunikation geschlossen wird. ²Absatz 1 Satz 1 Nummer 1 bis 3 und Satz 2 ist nicht anzuwenden, wenn zwischen Vertragsparteien, die nicht Verbraucher sind, etwas anderes vereinbart wird.

(3) Weitergehende Informationspflichten auf Grund anderer Vorschriften bleiben unberührt.

§ 312j Besondere Pflichten im elektronischen Geschäftsverkehr gegenüber Verbrauchern[3]

(1) Auf Webseiten für den elektronischen Geschäftsverkehr mit Verbrauchern hat der Unternehmer zusätzlich zu den Angaben nach § 312i Absatz 1 spätestens bei Beginn des Bestellvorgangs klar und deutlich anzugeben, ob Lieferbeschränkungen bestehen und welche Zahlungsmittel akzeptiert werden.

(2) Bei einem Verbrauchervertrag im elektronischen Geschäftsverkehr, der eine entgeltliche Leistung des Unternehmers zum Gegenstand hat, muss der Unternehmer dem Verbraucher die Informationen gemäß Artikel 246a § 1 Absatz 1 Satz 1 Nummer 1, 4, 5, 11 und 12 des Einführungsgesetzes zum Bürgerlichen Gesetzbuche, unmittelbar bevor der Verbraucher seine Bestellung abgibt, klar und verständlich in hervorgehobener Weise zur Verfügung stellen.

(3) ¹Der Unternehmer hat die Bestellsituation bei einem Vertrag nach Absatz 2 so zu gestalten, dass der Verbraucher mit seiner Bestellung ausdrücklich bestätigt, dass er sich zu einer Zahlung verpflichtet. ²Erfolgt die Bestellung über eine Schaltfläche, ist die Pflicht des Unternehmers aus Satz 1 nur erfüllt, wenn diese Schaltfläche gut lesbar mit nichts anderem als den Wörtern „zahlungspflichtig bestellen" oder mit einer entsprechenden eindeutigen Formulierung beschriftet ist.

(4) Ein Vertrag nach Absatz 2 kommt nur zustande, wenn der Unternehmer seine Pflicht aus Absatz 3 erfüllt.

---

1) **Anm. d. Red.:** Überschrift eingefügt gem. Gesetz v. 20. 9. 2013 (BGBl I S. 3642) mit Wirkung v. 13. 6. 2014.
2) **Anm. d. Red.:** § 312i i. d. F. des Gesetzes v. 20. 9. 2013 (BGBl I S. 3642) mit Wirkung v. 13. 6. 2014.
3) **Anm. d. Red.:** § 312j eingefügt gem. Gesetz v. 20. 9. 2013 (BGBl I S. 3642) mit Wirkung v. 13. 6. 2014.

(5) ¹Die Absätze 2 bis 4 sind nicht anzuwenden, wenn der Vertrag ausschließlich durch individuelle Kommunikation geschlossen wird. ²Die Pflichten aus den Absätzen 1 und 2 gelten weder für Webseiten, die Finanzdienstleistungen betreffen, noch für Verträge über Finanzdienstleistungen.

Kapitel 4: Abweichende Vereinbarungen und Beweislast[1)]

§ 312k Abweichende Vereinbarungen und Beweislast[2)]

(1) ¹Von den Vorschriften dieses Untertitels darf, soweit nichts anderes bestimmt ist, nicht zum Nachteil des Verbrauchers oder Kunden abgewichen werden. ²Die Vorschriften dieses Untertitels finden, soweit nichts anderes bestimmt ist, auch Anwendung, wenn sie durch anderweitige Gestaltungen umgangen werden.

(2) Der Unternehmer trägt gegenüber dem Verbraucher die Beweislast für die Erfüllung der in diesem Untertitel geregelten Informationspflichten.

Untertitel 3: Anpassung und Beendigung von Verträgen

§ 313 Störung der Geschäftsgrundlage

(1) Haben sich Umstände, die zur Grundlage des Vertrags geworden sind, nach Vertragsschluss schwerwiegend verändert und hätten die Parteien den Vertrag nicht oder mit anderem Inhalt geschlossen, wenn sie diese Veränderung vorausgesehen hätten, so kann Anpassung des Vertrags verlangt werden, soweit einem Teil unter Berücksichtigung aller Umstände des Einzelfalls, insbesondere der vertraglichen oder gesetzlichen Risikoverteilung, das Festhalten am unveränderten Vertrag nicht zugemutet werden kann.

(2) Einer Veränderung der Umstände steht es gleich, wenn wesentliche Vorstellungen, die zur Grundlage des Vertrags geworden sind, sich als falsch herausstellen.

(3) ¹Ist eine Anpassung des Vertrags nicht möglich oder einem Teil nicht zumutbar, so kann der benachteiligte Teil vom Vertrag zurücktreten. ²An die Stelle des Rücktrittsrechts tritt für Dauerschuldverhältnisse das Recht zur Kündigung.

§ 314 Kündigung von Dauerschuldverhältnissen aus wichtigem Grund[3)]

(1) ¹Dauerschuldverhältnisse kann jeder Vertragsteil aus wichtigem Grund ohne Einhaltung einer Kündigungsfrist kündigen. ²Ein wichtiger Grund liegt vor, wenn dem kündigenden Teil unter Berücksichtigung aller Umstände des Einzelfalls und unter Abwägung der beiderseitigen Interessen die Fortsetzung des Vertragsverhältnisses bis zur vereinbarten Beendigung oder bis zum Ablauf einer Kündigungsfrist nicht zugemutet werden kann.

(2) ¹Besteht der wichtige Grund in der Verletzung einer Pflicht aus dem Vertrag, ist die Kündigung erst nach erfolglosem Ablauf einer zur Abhilfe bestimmten Frist oder nach erfolgloser Abmahnung zulässig. ²Für die Entbehrlichkeit der Bestimmung einer Frist zur Abhilfe und für die Entbehrlichkeit einer Abmahnung findet § 323 Absatz 2 Nummer 1 und 2 entsprechende Anwendung. ³Die Bestimmung einer Frist zur Abhilfe und eine Abmahnung sind auch entbehrlich, wenn besondere Umstände vorliegen, die unter Abwägung der beiderseitigen Interessen die sofortige Kündigung rechtfertigen.

(3) Der Berechtigte kann nur innerhalb einer angemessenen Frist kündigen, nachdem er vom Kündigungsgrund Kenntnis erlangt hat.

(4) Die Berechtigung, Schadensersatz zu verlangen, wird durch die Kündigung nicht ausgeschlossen.

---

1) **Anm. d. Red.:** Überschrift eingefügt gem. Gesetz v. 20. 9. 2013 (BGBl I S. 3642) mit Wirkung v. 13. 6. 2014.
2) **Anm. d. Red.:** § 312k eingefügt gem. Gesetz v. 20. 9. 2013 (BGBl I S. 3642) mit Wirkung v. 13. 6. 2014.
3) **Anm. d. Red.:** § 314 i. d. F. des Gesetzes v. 20. 9. 2013 (BGBl I S. 3642) mit Wirkung v. 13. 6. 2014.

Untertitel 4: Einseitige Leistungsbestimmungsrechte

§ 315 Bestimmung der Leistung durch eine Partei

(1) Soll die Leistung durch einen der Vertragschließenden bestimmt werden, so ist im Zweifel anzunehmen, dass die Bestimmung nach billigem Ermessen zu treffen ist.

(2) Die Bestimmung erfolgt durch Erklärung gegenüber dem anderen Teil.

(3) ¹Soll die Bestimmung nach billigem Ermessen erfolgen, so ist die getroffene Bestimmung für den anderen Teil nur verbindlich, wenn sie der Billigkeit entspricht. ²Entspricht sie nicht der Billigkeit, so wird die Bestimmung durch Urteil getroffen; das Gleiche gilt, wenn die Bestimmung verzögert wird.

§ 316 Bestimmung der Gegenleistung

Ist der Umfang der für eine Leistung versprochenen Gegenleistung nicht bestimmt, so steht die Bestimmung im Zweifel demjenigen Teil zu, welcher die Gegenleistung zu fordern hat.

§ 317 Bestimmung der Leistung durch einen Dritten

(1) Ist die Bestimmung der Leistung einem Dritten überlassen, so ist im Zweifel anzunehmen, dass sie nach billigem Ermessen zu treffen ist.

(2) Soll die Bestimmung durch mehrere Dritte erfolgen, so ist im Zweifel Übereinstimmung aller erforderlich; soll eine Summe bestimmt werden, so ist, wenn verschiedene Summen bestimmt werden, im Zweifel die Durchschnittssumme maßgebend.

§ 318 Anfechtung der Bestimmung

(1) Die einem Dritten überlassene Bestimmung der Leistung erfolgt durch Erklärung gegenüber einem der Vertragschließenden.

(2) ¹Die Anfechtung der getroffenen Bestimmung wegen Irrtums, Drohung oder arglistiger Täuschung steht nur den Vertragschließenden zu; Anfechtungsgegner ist der andere Teil. ²Die Anfechtung muss unverzüglich erfolgen, nachdem der Anfechtungsberechtigte von dem Anfechtungsgrund Kenntnis erlangt hat. ³Sie ist ausgeschlossen, wenn 30 Jahre verstrichen sind, nachdem die Bestimmung getroffen worden ist.

§ 319 Unwirksamkeit der Bestimmung; Ersetzung

(1) ¹Soll der Dritte die Leistung nach billigem Ermessen bestimmen, so ist die getroffene Bestimmung für die Vertragschließenden nicht verbindlich, wenn sie offenbar unbillig ist. ²Die Bestimmung erfolgt in diesem Falle durch Urteil; das Gleiche gilt, wenn der Dritte die Bestimmung nicht treffen kann oder will oder wenn er sie verzögert.

(2) Soll der Dritte die Bestimmung nach freiem Belieben treffen, so ist der Vertrag unwirksam, wenn der Dritte die Bestimmung nicht treffen kann oder will oder wenn er sie verzögert.

Titel 2: Gegenseitiger Vertrag

§ 320 Einrede des nicht erfüllten Vertrags

(1) ¹Wer aus einem gegenseitigen Vertrag verpflichtet ist, kann die ihm obliegende Leistung bis zur Bewirkung der Gegenleistung verweigern, es sei denn, dass er vorzuleisten verpflichtet ist. ²Hat die Leistung an mehrere zu erfolgen, so kann dem einzelnen der ihm gebührende Teil bis zur Bewirkung der ganzen Gegenleistung verweigert werden. ³Die Vorschrift des § 273 Abs. 3 findet keine Anwendung.

(2) Ist von der einen Seite teilweise geleistet worden, so kann die Gegenleistung insoweit nicht verweigert werden, als die Verweigerung nach den Umständen, insbesondere wegen verhältnismäßiger Geringfügigkeit des rückständigen Teils, gegen Treu und Glauben verstoßen würde.

§ 321 Unsicherheitseinrede

(1) ¹Wer aus einem gegenseitigen Vertrag vorzuleisten verpflichtet ist, kann die ihm obliegende Leistung verweigern, wenn nach Abschluss des Vertrags erkennbar wird, dass sein Anspruch auf die Gegenleistung durch mangelnde Leistungsfähigkeit des anderen Teils gefährdet wird. ²Das Leistungsverweigerungsrecht entfällt, wenn die Gegenleistung bewirkt oder Sicherheit für sie geleistet wird.

(2) ¹Der Vorleistungspflichtige kann eine angemessene Frist bestimmen, in welcher der andere Teil Zug um Zug gegen die Leistung nach seiner Wahl die Gegenleistung zu bewirken oder Sicherheit zu leisten hat. ²Nach erfolglosem Ablauf der Frist kann der Vorleistungspflichtige vom Vertrag zurücktreten. ³§ 323 findet entsprechende Anwendung.

§ 322 Verurteilung zur Leistung Zug-um-Zug

(1) Erhebt aus einem gegenseitigen Vertrag der eine Teil Klage auf die ihm geschuldete Leistung, so hat die Geltendmachung des dem anderen Teil zustehenden Rechts, die Leistung bis zur Bewirkung der Gegenleistung zu verweigern, nur die Wirkung, dass der andere Teil zur Erfüllung Zug um Zug zu verurteilen ist.

(2) Hat der klagende Teil vorzuleisten, so kann er, wenn der andere Teil im Verzug der Annahme ist, auf Leistung nach Empfang der Gegenleistung klagen.

(3) Auf die Zwangsvollstreckung findet die Vorschrift des § 274 Abs. 2 Anwendung.

§ 323 Rücktritt wegen nicht oder nicht vertragsgemäß erbrachter Leistung*)1)

(1) Erbringt bei einem gegenseitigen Vertrag der Schuldner eine fällige Leistung nicht oder nicht vertragsgemäß, so kann der Gläubiger, wenn er dem Schuldner erfolglos eine angemessene Frist zur Leistung oder Nacherfüllung bestimmt hat, vom Vertrag zurücktreten.

(2) Die Fristsetzung ist entbehrlich, wenn

1. der Schuldner die Leistung ernsthaft und endgültig verweigert,
2. der Schuldner die Leistung bis zu einem im Vertrag bestimmten Termin oder innerhalb einer im Vertrag bestimmten Frist nicht bewirkt, obwohl die termin- oder fristgerechte Leistung nach einer Mitteilung des Gläubigers an den Schuldner vor Vertragsschluss oder auf Grund anderer den Vertragsabschluss begleitenden Umstände für den Gläubiger wesentlich ist, oder
3. im Falle einer nicht vertragsgemäß erbrachten Leistung besondere Umstände vorliegen, die unter Abwägung der beiderseitigen Interessen den sofortigen Rücktritt rechtfertigen.

(3) Kommt nach der Art der Pflichtverletzung eine Fristsetzung nicht in Betracht, so tritt an deren Stelle eine Abmahnung.

(4) Der Gläubiger kann bereits vor dem Eintritt der Fälligkeit der Leistung zurücktreten, wenn offensichtlich ist, dass die Voraussetzungen des Rücktritts eintreten werden.

(5) ¹Hat der Schuldner eine Teilleistung bewirkt, so kann der Gläubiger vom ganzen Vertrag nur zurücktreten, wenn er an der Teilleistung kein Interesse hat. ²Hat der Schuldner die Leistung nicht vertragsgemäß bewirkt, so kann der Gläubiger vom Vertrag nicht zurücktreten, wenn die Pflichtverletzung unerheblich ist.

(6) Der Rücktritt ist ausgeschlossen, wenn der Gläubiger für den Umstand, der ihn zum Rücktritt berechtigen würde, allein oder weit überwiegend verantwortlich ist oder wenn der vom Schuldner nicht zu vertretende Umstand zu einer Zeit eintritt, zu welcher der Gläubiger im Verzug der Annahme ist.

---

*) **Amtl. Anm.:** Diese Vorschrift dient auch der Umsetzung der Richtlinie 1999/44/EG des Europäischen Parlaments und des Rates vom 25. Mai 1999 zu bestimmten Aspekten des Verbrauchsgüterkaufs und der Garantien für Verbrauchsgüter (ABl EG Nr. L 171 S. 12).

1) **Anm. d. Red.:** § 323 i. d. F. des Gesetzes v. 20. 9. 2013 (BGBl I S. 3642) mit Wirkung v. 13. 6. 2014.

§ 324 Rücktritt wegen Verletzung einer Pflicht nach § 241 Abs. 2

Verletzt der Schuldner bei einem gegenseitigen Vertrag eine Pflicht nach § 241 Abs. 2, so kann der Gläubiger zurücktreten, wenn ihm ein Festhalten am Vertrag nicht mehr zuzumuten ist.

§ 325 Schadensersatz und Rücktritt

Das Recht, bei einem gegenseitigen Vertrag Schadensersatz zu verlangen, wird durch den Rücktritt nicht ausgeschlossen.

§ 326 Befreiung von der Gegenleistung und Rücktritt beim Ausschluss der Leistungspflicht*⁾

(1) ¹Braucht der Schuldner nach § 275 Abs. 1 bis 3 nicht zu leisten, entfällt der Anspruch auf die Gegenleistung; bei einer Teilleistung findet § 441 Abs. 3 entsprechende Anwendung. ²Satz 1 gilt nicht, wenn der Schuldner im Falle der nicht vertragsgemäßen Leistung die Nacherfüllung nach § 275 Abs. 1 bis 3 nicht zu erbringen braucht.

(2) ¹Ist der Gläubiger für den Umstand, aufgrund dessen der Schuldner nach § 275 Abs. 1 bis 3 nicht zu leisten braucht, allein oder weit überwiegend verantwortlich oder tritt dieser vom Schuldner nicht zu vertretende Umstand zu einer Zeit ein, zu welcher der Gläubiger im Verzug der Annahme ist, so behält der Schuldner den Anspruch auf die Gegenleistung. ²Er muss sich jedoch dasjenige anrechnen lassen, was er infolge der Befreiung von der Leistung erspart oder durch anderweitige Verwendung seiner Arbeitskraft erwirbt oder zu erwerben böswillig unterlässt.

(3) ¹Verlangt der Gläubiger nach § 285 Herausgabe des für den geschuldeten Gegenstand erlangten Ersatzes oder Abtretung des Ersatzanspruchs, so bleibt er zur Gegenleistung verpflichtet. ²Diese mindert sich jedoch nach Maßgabe des § 441 Abs. 3 insoweit, als der Wert des Ersatzes oder des Ersatzanspruchs hinter dem Wert der geschuldeten Leistung zurückbleibt.

(4) Soweit die nach dieser Vorschrift nicht geschuldete Gegenleistung bewirkt ist, kann das Geleistete nach den §§ 346 bis 348 zurückgefordert werden.

(5) Braucht der Schuldner nach § 275 Abs. 1 bis 3 nicht zu leisten, kann der Gläubiger zurücktreten; auf den Rücktritt findet § 323 mit der Maßgabe entsprechende Anwendung, dass die Fristsetzung entbehrlich ist.

§ 327 (weggefallen)

Titel 3: Versprechen der Leistung an einen Dritten

§ 328 Vertrag zugunsten Dritter

(1) Durch Vertrag kann eine Leistung an einen Dritten mit der Wirkung bedungen werden, dass der Dritte unmittelbar das Recht erwirbt, die Leistung zu fordern.

(2) In Ermangelung einer besonderen Bestimmung ist aus den Umständen, insbesondere aus dem Zwecke des Vertrags, zu entnehmen, ob der Dritte das Recht erwerben, ob das Recht des Dritten sofort oder nur unter gewissen Voraussetzungen entstehen und ob den Vertragschließenden die Befugnis vorbehalten sein soll, das Recht des Dritten ohne dessen Zustimmung aufzuheben oder zu ändern.

---

*⁾ **Amtl. Anm.:** Diese Vorschrift dient auch der Umsetzung der Richtlinie 1999/44/EG des Europäischen Parlaments und des Rates vom 25. Mai 1999 zu bestimmten Aspekten des Verbrauchsgüterkaufs und der Garantien für Verbrauchsgüter (ABl EG Nr. L 171 S. 12).

§ 329 Auslegungsregel bei Erfüllungsübernahme

Verpflichtet sich in einem Vertrag der eine Teil zur Befriedigung eines Gläubigers des anderen Teils, ohne die Schuld zu übernehmen, so ist im Zweifel nicht anzunehmen, dass der Gläubiger unmittelbar das Recht erwerben soll, die Befriedigung von ihm zu fordern.

§ 330 Auslegungsregel bei Leibrentenvertrag[1]

¹Wird in einem Leibrentenvertrag die Zahlung der Leibrente an einen Dritten vereinbart, ist im Zweifel anzunehmen, dass der Dritte unmittelbar das Recht erwerben soll, die Leistung zu fordern. ²Das Gleiche gilt, wenn bei einer unentgeltlichen Zuwendung dem Bedachten eine Leistung an einen Dritten auferlegt oder bei einer Vermögens- oder Gutsübernahme von dem Übernehmer eine Leistung an einen Dritten zum Zwecke der Abfindung versprochen wird.

§ 331 Leistung nach Todesfall

(1) Soll die Leistung an den Dritten nach dem Tode desjenigen erfolgen, welchem sie versprochen wird, so erwirbt der Dritte das Recht auf die Leistung im Zweifel mit dem Tode des Versprechensempfängers.

(2) Stirbt der Versprechensempfänger vor der Geburt des Dritten, so kann das Versprechen, an den Dritten zu leisten, nur dann noch aufgehoben oder geändert werden, wenn die Befugnis dazu vorbehalten worden ist.

§ 332 Änderung durch Verfügung von Todes wegen bei Vorbehalt

Hat sich der Versprechensempfänger die Befugnis vorbehalten, ohne Zustimmung des Versprechenden an die Stelle des in dem Vertrag bezeichneten Dritten einen anderen zu setzen, so kann dies im Zweifel auch in einer Verfügung von Todes wegen geschehen.

§ 333 Zurückweisung des Rechts durch den Dritten

Weist der Dritte das aus dem Vertrag erworbene Recht dem Versprechenden gegenüber zurück, so gilt das Recht als nicht erworben.

§ 334 Einwendungen des Schuldners gegenüber dem Dritten

Einwendungen aus dem Vertrag stehen dem Versprechenden auch gegenüber dem Dritten zu.

§ 335 Forderungsrecht des Versprechensempfängers

Der Versprechensempfänger kann, sofern nicht ein anderer Wille der Vertragschließenden anzunehmen ist, die Leistung an den Dritten auch dann fordern, wenn diesem das Recht auf die Leistung zusteht.

Titel 4: Draufgabe, Vertragsstrafe

§ 336 Auslegung der Draufgabe

(1) Wird bei der Eingehung eines Vertrags etwas als Draufgabe gegeben, so gilt dies als Zeichen des Abschlusses des Vertrags.

(2) Die Draufgabe gilt im Zweifel nicht als Reugeld.

§ 337 Anrechnung oder Rückgabe der Draufgabe

(1) Die Draufgabe ist im Zweifel auf die von dem Geber geschuldete Leistung anzurechnen oder, wenn dies nicht geschehen kann, bei der Erfüllung des Vertrags zurückzugeben.

---

1) **Anm. d. Red.:** § 330 i. d. F. des Gesetzes v. 23. 11. 2007 (BGBl I S. 2631) mit Wirkung v. 1. 8. 2008.

(2) Wird der Vertrag wieder aufgehoben, so ist die Draufgabe zurückzugeben.

§ 338 Draufgabe bei zu vertretender Unmöglichkeit der Leistung

¹Wird die von dem Geber geschuldete Leistung infolge eines Umstands, den er zu vertreten hat, unmöglich oder verschuldet der Geber die Wiederaufhebung des Vertrags, so ist der Empfänger berechtigt, die Draufgabe zu behalten. ²Verlangt der Empfänger Schadensersatz wegen Nichterfüllung, so ist die Draufgabe im Zweifel anzurechnen oder, wenn dies nicht geschehen kann, bei der Leistung des Schadensersatzes zurückzugeben.

§ 339 Verwirkung der Vertragsstrafe

¹Verspricht der Schuldner dem Gläubiger für den Fall, dass er seine Verbindlichkeit nicht oder nicht in gehöriger Weise erfüllt, die Zahlung einer Geldsumme als Strafe, so ist die Strafe verwirkt, wenn er in Verzug kommt. ²Besteht die geschuldete Leistung in einem Unterlassen, so tritt die Verwirkung mit der Zuwiderhandlung ein.

§ 340 Strafversprechen für Nichterfüllung

(1) ¹Hat der Schuldner die Strafe für den Fall versprochen, dass er seine Verbindlichkeit nicht erfüllt, so kann der Gläubiger die verwirkte Strafe statt der Erfüllung verlangen. ²Erklärt der Gläubiger dem Schuldner, dass er die Strafe verlange, so ist der Anspruch auf Erfüllung ausgeschlossen.

(2) ¹Steht dem Gläubiger ein Anspruch auf Schadensersatz wegen Nichterfüllung zu, so kann er die verwirkte Strafe als Mindestbetrag des Schadens verlangen. ²Die Geltendmachung eines weiteren Schadens ist nicht ausgeschlossen.

§ 341 Strafversprechen für nicht gehörige Erfüllung

(1) Hat der Schuldner die Strafe für den Fall versprochen, dass er seine Verbindlichkeit nicht in gehöriger Weise, insbesondere nicht zu der bestimmten Zeit, erfüllt, so kann der Gläubiger die verwirkte Strafe neben der Erfüllung verlangen.

(2) Steht dem Gläubiger ein Anspruch auf Schadensersatz wegen der nicht gehörigen Erfüllung zu, so finden die Vorschriften des § 340 Abs. 2 Anwendung.

(3) Nimmt der Gläubiger die Erfüllung an, so kann er die Strafe nur verlangen, wenn er sich das Recht dazu bei der Annahme vorbehält.

§ 342 Andere als Geldstrafe

Wird als Strafe eine andere Leistung als die Zahlung einer Geldsumme versprochen, so finden die Vorschriften der §§ 339 bis 341 Anwendung; der Anspruch auf Schadensersatz ist ausgeschlossen, wenn der Gläubiger die Strafe verlangt.

§ 343 Herabsetzung der Strafe

(1) ¹Ist eine verwirkte Strafe unverhältnismäßig hoch, so kann sie auf Antrag des Schuldners durch Urteil auf den angemessenen Betrag herabgesetzt werden. ²Bei der Beurteilung der Angemessenheit ist jedes berechtigte Interesse des Gläubigers, nicht bloß das Vermögensinteresse, in Betracht zu ziehen. ³Nach der Entrichtung der Strafe ist die Herabsetzung ausgeschlossen.

(2) Das Gleiche gilt auch außer in den Fällen der §§ 339, 342, wenn jemand eine Strafe für den Fall verspricht, dass er eine Handlung vornimmt oder unterlässt.

§ 344 Unwirksames Strafversprechen

Erklärt das Gesetz das Versprechen einer Leistung für unwirksam, so ist auch die für den Fall der Nichterfüllung des Versprechens getroffene Vereinbarung einer Strafe unwirksam, selbst wenn die Parteien die Unwirksamkeit des Versprechens gekannt haben.

§ 345 Beweislast

Bestreitet der Schuldner die Verwirkung der Strafe, weil er seine Verbindlichkeit erfüllt habe, so hat er die Erfüllung zu beweisen, sofern nicht die geschuldete Leistung in einem Unterlassen besteht.

Titel 5: Rücktritt; Widerrufsrecht bei Verbraucherverträgen[1)]

Untertitel 1: Rücktritt[*)]

§ 346 Wirkungen des Rücktritts[2)]

(1) Hat sich eine Vertragspartei vertraglich den Rücktritt vorbehalten oder steht ihr ein gesetzliches Rücktrittsrecht zu, so sind im Falle des Rücktritts die empfangenen Leistungen zurückzugewähren und die gezogenen Nutzungen herauszugeben.

(2) ¹Statt der Rückgewähr oder Herausgabe hat der Schuldner Wertersatz zu leisten, soweit
1. die Rückgewähr oder die Herausgabe nach der Natur des Erlangten ausgeschlossen ist,
2. er den empfangenen Gegenstand verbraucht, veräußert, belastet, verarbeitet oder umgestaltet hat,
3. der empfangene Gegenstand sich verschlechtert hat oder untergegangen ist; jedoch bleibt die durch die bestimmungsgemäße Ingebrauchnahme entstandene Verschlechterung außer Betracht.

²Ist im Vertrag eine Gegenleistung bestimmt, ist sie bei der Berechnung des Wertersatzes zugrunde zu legen; ist Wertersatz für den Gebrauchsvorteil eines Darlehens zu leisten, kann nachgewiesen werden, dass der Wert des Gebrauchsvorteils niedriger war.

(3) ¹Die Pflicht zum Wertersatz entfällt,
1. wenn sich der zum Rücktritt berechtigende Mangel erst während der Verarbeitung oder Umgestaltung des Gegenstandes gezeigt hat,
2. soweit der Gläubiger die Verschlechterung oder den Untergang zu vertreten hat oder der Schaden bei ihm gleichfalls eingetreten wäre,
3. wenn im Falle eines gesetzlichen Rücktrittsrechts die Verschlechterung oder der Untergang beim Berechtigten eingetreten ist, obwohl dieser diejenige Sorgfalt beobachtet hat, die er in eigenen Angelegenheiten anzuwenden pflegt.

²Eine verbleibende Bereicherung ist herauszugeben.

(4) Der Gläubiger kann wegen Verletzung einer Pflicht aus Absatz 1 nach Maßgabe der §§ 280 bis 283 Schadensersatz verlangen.

§ 347 Nutzungen und Verwendungen nach Rücktritt

(1) ¹Zieht der Schuldner Nutzungen entgegen den Regeln einer ordnungsmäßigen Wirtschaft nicht, obwohl ihm das möglich gewesen wäre, so ist er dem Gläubiger zum Wertersatz verpflichtet. ²Im Fall eines gesetzlichen Rücktrittsrechts hat der Berechtigte hinsichtlich der Nutzungen nur für diejenige Sorgfalt einzustehen, die er in eigenen Angelegenheiten anzuwenden pflegt.

(2) ¹Gibt der Schuldner den Gegenstand zurück, leistet er Wertersatz oder ist seine Wertersatzpflicht gemäß § 346 Abs. 3 Nr. 1 oder 2 ausgeschlossen, so sind ihm notwendige Verwen-

---

[*)] **Amtl. Anm.:** Dieser Untertitel dient auch der Umsetzung der Richtlinie 1999/44/EG des Europäischen Parlaments und des Rates vom 25. Mai 1999 zu bestimmten Aspekten des Verbrauchsgüterkaufs und der Garantien für Verbrauchsgüter (ABl EG Nr. L 171 S. 12).

[1)] **Anm. d. Red.:** Überschrift i. d. F. des Gesetzes v. 20. 9. 2013 (BGBl I S. 3642) mit Wirkung v. 13. 6. 2014.

[2)] **Anm. d. Red.:** § 346 i. d. F. des Gesetzes v. 23. 7. 2002 (BGBl I S. 2850) mit Wirkung v. 1. 8. 2002.

dungen zu ersetzen. ²Andere Aufwendungen sind zu ersetzen, soweit der Gläubiger durch diese bereichert wird.

§ 348 Erfüllung Zug-um-Zug
¹Die sich aus dem Rücktritt ergebenden Verpflichtungen der Parteien sind Zug um Zug zu erfüllen. ²Die Vorschriften der §§ 320, 322 finden entsprechende Anwendung.

§ 349 Erklärung des Rücktritts
Der Rücktritt erfolgt durch Erklärung gegenüber dem anderen Teil.

§ 350 Erlöschen des Rücktrittsrechts nach Fristsetzung
¹Ist für die Ausübung des vertraglichen Rücktrittsrechts eine Frist nicht vereinbart, so kann dem Berechtigten von dem anderen Teil für die Ausübung eine angemessene Frist bestimmt werden. ²Das Rücktrittsrecht erlischt, wenn nicht der Rücktritt vor dem Ablauf der Frist erklärt wird.

§ 351 Unteilbarkeit des Rücktrittsrechts
¹Sind bei einem Vertrag auf der einen oder der anderen Seite mehrere beteiligt, so kann das Rücktrittsrecht nur von allen und gegen alle ausgeübt werden. ²Erlischt das Rücktrittsrecht für einen der Berechtigten, so erlischt es auch für die übrigen.

§ 352 Aufrechnung nach Nichterfüllung
Der Rücktritt wegen Nichterfüllung einer Verbindlichkeit wird unwirksam, wenn der Schuldner sich von der Verbindlichkeit durch Aufrechnung befreien konnte und unverzüglich nach dem Rücktritt die Aufrechnung erklärt.

§ 353 Rücktritt gegen Reugeld
¹Ist der Rücktritt gegen Zahlung eines Reugelds vorbehalten, so ist der Rücktritt unwirksam, wenn das Reugeld nicht vor oder bei der Erklärung entrichtet wird und der andere Teil aus diesem Grunde die Erklärung unverzüglich zurückweist. ²Die Erklärung ist jedoch wirksam, wenn das Reugeld unverzüglich nach der Zurückweisung entrichtet wird.

§ 354 Verwirkungsklausel
Ist ein Vertrag mit dem Vorbehalte geschlossen, dass der Schuldner seiner Rechte aus dem Vertrag verlustig sein soll, wenn er seine Verbindlichkeit nicht erfüllt, so ist der Gläubiger bei dem Eintritt dieses Falles zum Rücktritt von dem Vertrage berechtigt.

Untertitel 2: Widerrufsrecht bei Verbraucherverträgen*)1)

§ 355 Widerrufsrecht bei Verbraucherverträgen2)

(1) ¹Wird einem Verbraucher durch Gesetz ein Widerrufsrecht nach dieser Vorschrift eingeräumt, so sind der Verbraucher und der Unternehmer an ihre auf den Abschluss des Vertrags gerichteten Willenserklärungen nicht mehr gebunden, wenn der Verbraucher seine Willenserklärung fristgerecht widerrufen hat. ²Der Widerruf erfolgt durch Erklärung gegenüber dem Unternehmer. ³Aus der Erklärung muss der Entschluss des Verbrauchers zum Widerruf des Vertrags eindeutig hervorgehen. ⁴Der Widerruf muss keine Begründung enthalten. ⁵Zur Fristwahrung genügt die rechtzeitige Absendung des Widerrufs.

(2) ¹Die Widerrufsfrist beträgt 14 Tage. ²Sie beginnt mit Vertragsschluss, soweit nichts anderes bestimmt ist.

(3) ¹Im Falle des Widerrufs sind die empfangenen Leistungen unverzüglich zurückzugewähren. ²Bestimmt das Gesetz eine Höchstfrist für die Rückgewähr, so beginnt diese für den Unternehmer mit dem Zugang und für den Verbraucher mit der Abgabe der Widerrufserklärung. ³Ein Verbraucher wahrt diese Frist durch die rechtzeitige Absendung der Waren. ⁴Der Unternehmer trägt bei Widerruf die Gefahr der Rücksendung der Waren.

§ 356 Widerrufsrecht bei außerhalb von Geschäftsräumen geschlossenen Verträgen und Fernabsatzverträgen3)

(1) ¹Der Unternehmer kann dem Verbraucher die Möglichkeit einräumen, das Muster-Widerrufsformular nach Anlage 2 zu Artikel 246a § 1 Absatz 2 Satz 1 Nummer 1 des Einführungsgesetzes zum Bürgerlichen Gesetzbuche oder eine andere eindeutige Widerrufserklärung auf der Webseite des Unternehmers auszufüllen und zu übermitteln. ²Macht der Verbraucher von dieser Möglichkeit Gebrauch, muss der Unternehmer dem Verbraucher den Zugang des Widerrufs unverzüglich auf einem dauerhaften Datenträger bestätigen.

(2) Die Widerrufsfrist beginnt

1. bei einem Verbrauchsgüterkauf,
   a) der nicht unter die Buchstaben b bis d fällt, sobald der Verbraucher oder ein von ihm benannter Dritter, der nicht Frachtführer ist, die Waren erhalten hat,
   b) bei dem der Verbraucher mehrere Waren im Rahmen einer einheitlichen Bestellung bestellt hat und die Waren getrennt geliefert werden, sobald der Verbraucher oder ein von ihm benannter Dritter, der nicht Frachtführer ist, die letzte Ware erhalten hat,
   c) bei dem die Ware in mehreren Teilsendungen oder Stücken geliefert wird, sobald der Verbraucher oder ein vom Verbraucher benannter Dritter, der nicht Frachtführer ist, die letzte Teilsendung oder das letzte Stück erhalten hat,
   d) der auf die regelmäßige Lieferung von Waren über einen festgelegten Zeitraum gerichtet ist, sobald der Verbraucher oder ein von ihm benannter Dritter, der nicht Frachtführer ist, die erste Ware erhalten hat,

---

*) **Amtl. Anm.:** Dieser Untertitel dient der Umsetzung 1. der Richtlinie 85/577/EWG des Rates vom 20. Dezember 1985 betreffend den Verbraucherschutz im Falle von außerhalb von Geschäftsräumen geschlossenen Verträgen (ABl EG Nr. L 372 S. 31), 2. der Richtlinie 94/47/EG des Europäischen Parlaments und des Rates vom 26. Oktober 1994 zum Schutz der Erwerber im Hinblick auf bestimmte Aspekte von Verträgen über den Erwerb von Teilzeitnutzungsrechten an Immobilien (ABl EG Nr. L 280 S. 82) und 3. der Richtlinie 97/7/EG des Europäischen Parlaments und des Rates vom 20. Mai 1997 über den Verbraucherschutz bei Vertragsabschlüssen im Fernabsatz (ABl EG Nr. L 144 S. 19).

1) **Anm. d. Red.:** Überschrift i. d. F. des Gesetzes v. 20. 9. 2013 (BGBl I S. 3642) mit Wirkung v. 13. 6. 2014.
2) **Anm. d. Red.:** § 355 i. d. F. des Gesetzes v. 20. 9. 2013 (BGBl I S. 3642) mit Wirkung v. 13. 6. 2014.
3) **Anm. d. Red.:** § 356 i. d. F. des Gesetzes v. 11. 3. 2016 (BGBl I S. 396) mit Wirkung v. 21. 3. 2016.

2. bei einem Vertrag, der die nicht in einem begrenzten Volumen oder in einer bestimmten Menge angebotene Lieferung von Wasser, Gas oder Strom, die Lieferung von Fernwärme oder die Lieferung von nicht auf einem körperlichen Datenträger befindlichen digitalen Inhalten zum Gegenstand hat, mit Vertragsschluss.

(3) ¹Die Widerrufsfrist beginnt nicht, bevor der Unternehmer den Verbraucher entsprechend den Anforderungen des Artikels 246a § 1 Absatz 2 Satz 1 Nummer 1 oder des Artikels 246b § 2 Absatz 1 des Einführungsgesetzes zum Bürgerlichen Gesetzbuche unterrichtet hat. ²Das Widerrufsrecht erlischt spätestens zwölf Monate und 14 Tage nach dem in Absatz 2 oder § 355 Absatz 2 Satz 2 genannten Zeitpunkt. ³Satz 2 ist auf Verträge über Finanzdienstleistungen nicht anwendbar.

(4) ¹Das Widerrufsrecht erlischt bei einem Vertrag zur Erbringung von Dienstleistungen auch dann, wenn der Unternehmer die Dienstleistung vollständig erbracht hat und mit der Ausführung der Dienstleistung erst begonnen hat, nachdem der Verbraucher dazu seine ausdrückliche Zustimmung gegeben hat und gleichzeitig seine Kenntnis davon bestätigt hat, dass er sein Widerrufsrecht bei vollständiger Vertragserfüllung durch den Unternehmer verliert. ²Bei einem außerhalb von Geschäftsräumen geschlossenen Vertrag muss die Zustimmung des Verbrauchers auf einem dauerhaften Datenträger übermittelt werden. ³Bei einem Vertrag über die Erbringung von Finanzdienstleistungen erlischt das Widerrufsrecht abweichend von Satz 1, wenn der Vertrag von beiden Seiten auf ausdrücklichen Wunsch des Verbrauchers vollständig erfüllt ist, bevor der Verbraucher sein Widerrufsrecht ausübt.

(5) Das Widerrufsrecht erlischt bei einem Vertrag über die Lieferung von nicht auf einem körperlichen Datenträger befindlichen digitalen Inhalten auch dann, wenn der Unternehmer mit der Ausführung des Vertrags begonnen hat, nachdem der Verbraucher

1. ausdrücklich zugestimmt hat, dass der Unternehmer mit der Ausführung des Vertrags vor Ablauf der Widerrufsfrist beginnt, und
2. seine Kenntnis davon bestätigt hat, dass er durch seine Zustimmung mit Beginn der Ausführung des Vertrags sein Widerrufsrecht verliert.

§ 356a Widerrufsrecht bei Teilzeit-Wohnrechteverträgen, Verträgen über ein langfristiges Urlaubsprodukt, bei Vermittlungsverträgen und Tauschsystemverträgen[1)]

(1) Der Widerruf ist in Textform zu erklären.

(2) ¹Die Widerrufsfrist beginnt mit dem Zeitpunkt des Vertragsschlusses oder des Abschlusses eines Vorvertrags. ²Erhält der Verbraucher die Vertragsurkunde oder die Abschrift des Vertrags erst nach Vertragsschluss, beginnt die Widerrufsfrist mit dem Zeitpunkt des Erhalts.

(3) ¹Sind dem Verbraucher die in § 482 Absatz 1 bezeichneten vorvertraglichen Informationen oder das in Artikel 242 § 1 Absatz 2 des Einführungsgesetzes zum Bürgerlichen Gesetzbuche bezeichnete Formblatt vor Vertragsschluss nicht, nicht vollständig oder nicht in der in § 483 Absatz 1 vorgeschriebenen Sprache überlassen worden, so beginnt die Widerrufsfrist abweichend von Absatz 2 erst mit dem vollständigen Erhalt der vorvertraglichen Informationen und des Formblatts in der vorgeschriebenen Sprache. ²Das Widerrufsrecht erlischt spätestens drei Monate und 14 Tage nach dem in Absatz 2 genannten Zeitpunkt.

(4) ¹Ist dem Verbraucher die in § 482a bezeichnete Widerrufsbelehrung vor Vertragsschluss nicht, nicht vollständig oder nicht in der in § 483 Absatz 1 vorgeschriebenen Sprache überlassen worden, so beginnt die Widerrufsfrist abweichend von Absatz 2 erst mit dem vollständigen Erhalt der Widerrufsbelehrung in der vorgeschriebenen Sprache. ²Das Widerrufsrecht erlischt gegebenenfalls abweichend von Absatz 3 Satz 2 spätestens zwölf Monate und 14 Tage nach dem in Absatz 2 genannten Zeitpunkt.

---

1) **Anm. d. Red.:** § 356a i. d. F. des Gesetzes v. 11. 3. 2016 (BGBl I S. 396) mit Wirkung v. 21. 3. 2016.

(5) ¹Hat der Verbraucher einen Teilzeit-Wohnrechtevertrag und einen Tauschsystemvertrag abgeschlossen und sind ihm diese Verträge zum gleichen Zeitpunkt angeboten worden, so beginnt die Widerrufsfrist für beide Verträge mit dem nach Absatz 2 für den Teilzeit-Wohnrechtevertrag geltenden Zeitpunkt. ²Die Absätze 3 und 4 gelten entsprechend.

§ 356b Widerrufsrecht bei Verbraucherdarlehensverträgen[1)]

(1) Die Widerrufsfrist beginnt auch nicht, bevor der Darlehensgeber dem Darlehensnehmer eine für diesen bestimmte Vertragsurkunde, den schriftlichen Antrag des Darlehensnehmers oder eine Abschrift der Vertragsurkunde oder seines Antrags zur Verfügung gestellt hat.

(2) ¹Enthält bei einem Allgemein-Verbraucherdarlehensvertrag die dem Darlehensnehmer nach Absatz 1 zur Verfügung gestellte Urkunde die Pflichtangaben nach § 492 Absatz 2 nicht, beginnt die Frist erst mit Nachholung dieser Angaben gemäß § 492 Absatz 6. ²Enthält bei einem Immobiliar-Verbraucherdarlehensvertrag die dem Darlehensnehmer nach Absatz 1 zur Verfügung gestellte Urkunde die Pflichtangaben zum Widerrufsrecht nach § 492 Absatz 2 in Verbindung mit Artikel 247 § 6 Absatz 2 des Einführungsgesetzes zum Bürgerlichen Gesetzbuche nicht, beginnt die Frist erst mit Nachholung dieser Angaben gemäß § 492 Absatz 6. ³In den Fällen der Sätze 1 und 2 beträgt die Widerrufsfrist einen Monat. ⁴Das Widerrufsrecht bei einem Immobiliar-Verbraucherdarlehensvertrag erlischt spätestens zwölf Monate und 14 Tage nach dem Vertragsschluss oder nach dem in Absatz 1 genannten Zeitpunkt, wenn dieser nach dem Vertragsschluss liegt.

(3) Die Widerrufsfrist beginnt im Falle des § 494 Absatz 7 bei einem Allgemein-Verbraucherdarlehensvertrag erst, wenn der Darlehensnehmer die dort bezeichnete Abschrift des Vertrags erhalten hat.

§ 356c Widerrufsrecht bei Ratenlieferungsverträgen[2)]

(1) Bei einem Ratenlieferungsvertrag, der weder im Fernabsatz noch außerhalb von Geschäftsräumen geschlossen wird, beginnt die Widerrufsfrist nicht, bevor der Unternehmer den Verbraucher gemäß Artikel 246 Absatz 3 des Einführungsgesetzes zum Bürgerlichen Gesetzbuche über sein Widerrufsrecht unterrichtet hat.

(2) ¹§ 356 Absatz 1 gilt entsprechend. ²Das Widerrufsrecht erlischt spätestens zwölf Monate und 14 Tage nach dem in § 355 Absatz 2 Satz 2 genannten Zeitpunkt.

§ 356d Widerrufsrecht des Verbrauchers bei unentgeltlichen Darlehensverträgen und unentgeltlichen Finanzierungshilfen[3)]

¹Bei einem Vertrag, durch den ein Unternehmer einem Verbraucher ein unentgeltliches Darlehen oder eine unentgeltliche Finanzierungshilfe gewährt, beginnt die Widerrufsfrist abweichend von § 355 Absatz 2 Satz 2 nicht, bevor der Unternehmer den Verbraucher entsprechend den Anforderungen des § 514 Absatz 2 Satz 3 über dessen Widerrufsrecht unterrichtet hat. ²Das Widerrufsrecht erlischt spätestens zwölf Monate und 14 Tage nach dem Vertragsschluss oder nach dem in Satz 1 genannten Zeitpunkt, wenn dieser nach dem Vertragsschluss liegt.

§ 356e Widerrufsrecht bei Verbraucherbauverträgen[4)]

¹Bei einem Verbraucherbauvertrag (§ 650i Absatz 1) beginnt die Widerrufsfrist nicht, bevor der Unternehmer den Verbraucher gemäß Artikel 249 § 3 des Einführungsgesetzes zum Bürgerlichen Gesetzbuche über sein Widerrufsrecht belehrt hat. ²Das Widerrufsrecht erlischt spätestens zwölf Monate und 14 Tage nach dem in § 355 Absatz 2 Satz 2 genannten Zeitpunkt.

---

1) **Anm. d. Red.:** § 356b i. d. F. des Gesetzes v. 11. 3. 2016 (BGBl I S. 396) mit Wirkung v. 21. 3. 2016.
2) **Anm. d. Red.:** § 356c eingefügt gem. Gesetz v. 20. 9. 2013 (BGBl I S. 3642) mit Wirkung v. 13. 6. 2014.
3) **Anm. d. Red.:** § 356d eingefügt gem. Gesetz v. 11. 3. 2016 (BGBl I S. 396) mit Wirkung v. 21. 3. 2016.
4) **Anm. d. Red.:** § 356e eingefügt gem. Gesetz v. 28. 4. 2017 (BGBl I S. 969) mit Wirkung v. 1. 1. 2018.

§ 357 Rechtsfolgen des Widerrufs von außerhalb von Geschäftsräumen geschlossenen Verträgen und Fernabsatzverträgen mit Ausnahme von Verträgen über Finanzdienstleistungen[1)]

(1) Die empfangenen Leistungen sind spätestens nach 14 Tagen zurückzugewähren.

(2) ¹Der Unternehmer muss auch etwaige Zahlungen des Verbrauchers für die Lieferung zurückgewähren. ²Dies gilt nicht, soweit dem Verbraucher zusätzliche Kosten entstanden sind, weil er sich für eine andere Art der Lieferung als die vom Unternehmer angebotene günstigste Standardlieferung entschieden hat.

(3) ¹Für die Rückzahlung muss der Unternehmer dasselbe Zahlungsmittel verwenden, das der Verbraucher bei der Zahlung verwendet hat. ²Satz 1 gilt nicht, wenn ausdrücklich etwas anderes vereinbart worden ist und dem Verbraucher dadurch keine Kosten entstehen.

(4) ¹Bei einem Verbrauchsgüterkauf kann der Unternehmer die Rückzahlung verweigern, bis er die Waren zurückerhalten hat oder der Verbraucher den Nachweis erbracht hat, dass er die Waren abgesandt hat. ²Dies gilt nicht, wenn der Unternehmer angeboten hat, die Waren abzuholen.

(5) Der Verbraucher ist nicht verpflichtet, die empfangenen Waren zurückzusenden, wenn der Unternehmer angeboten hat, die Waren abzuholen.

(6) ¹Der Verbraucher trägt die unmittelbaren Kosten der Rücksendung der Waren, wenn der Unternehmer den Verbraucher nach Artikel 246a § 1 Absatz 2 Satz 1 Nummer 2 des Einführungsgesetzes zum Bürgerlichen Gesetzbuche von dieser Pflicht unterrichtet hat. ²Satz 1 gilt nicht, wenn der Unternehmer sich bereit erklärt hat, diese Kosten zu tragen. ³Bei außerhalb von Geschäftsräumen geschlossenen Verträgen, bei denen die Waren zum Zeitpunkt des Vertragsschlusses zur Wohnung des Verbrauchers geliefert worden sind, ist der Unternehmer verpflichtet, die Waren auf eigene Kosten abzuholen, wenn die Waren so beschaffen sind, dass sie nicht per Post zurückgesandt werden können.

(7) Der Verbraucher hat Wertersatz für einen Wertverlust der Ware zu leisten, wenn

1. der Wertverlust auf einen Umgang mit den Waren zurückzuführen ist, der zur Prüfung der Beschaffenheit, der Eigenschaften und der Funktionsweise der Waren nicht notwendig war, und
2. der Unternehmer den Verbraucher nach Artikel 246a § 1 Absatz 2 Satz 1 Nummer 1 des Einführungsgesetzes zum Bürgerlichen Gesetzbuche über sein Widerrufsrecht unterrichtet hat.

(8) ¹Widerruft der Verbraucher einen Vertrag über die Erbringung von Dienstleistungen oder über die Lieferung von Wasser, Gas oder Strom in nicht bestimmten Mengen oder nicht begrenztem Volumen oder über die Lieferung von Fernwärme, so schuldet der Verbraucher dem Unternehmer Wertersatz für die bis zum Widerruf erbrachte Leistung, wenn der Verbraucher von dem Unternehmer ausdrücklich verlangt hat, dass dieser mit der Leistung vor Ablauf der Widerrufsfrist beginnt. ²Der Anspruch aus Satz 1 besteht nur, wenn der Unternehmer den Verbraucher nach Artikel 246a § 1 Absatz 2 Satz 1 Nummer 1 und 3 des Einführungsgesetzes zum Bürgerlichen Gesetzbuche ordnungsgemäß informiert hat. ³Bei außerhalb von Geschäftsräumen geschlossenen Verträgen besteht der Anspruch nach Satz 1 nur dann, wenn der Verbraucher sein Verlangen nach Satz 1 auf einem dauerhaften Datenträger übermittelt hat. ⁴Bei der Berechnung des Wertersatzes ist der vereinbarte Gesamtpreis zu Grunde zu legen. ⁵Ist der vereinbarte Gesamtpreis unverhältnismäßig hoch, ist der Wertersatz auf der Grundlage des Marktwerts der erbrachten Leistung zu berechnen.

(9) Widerruft der Verbraucher einen Vertrag über die Lieferung von nicht auf einem körperlichen Datenträger befindlichen digitalen Inhalten, so hat er keinen Wertersatz zu leisten.

---

1) **Anm. d. Red.:** § 357 i. d. F. des Gesetzes v. 20. 9. 2013 (BGBl I S. 3642) mit Wirkung v. 13. 6. 2014.

§ 357a Rechtsfolgen des Widerrufs von Verträgen über Finanzdienstleistungen[1]

(1) Die empfangenen Leistungen sind spätestens nach 30 Tagen zurückzugewähren.

(2) ¹Im Falle des Widerrufs von außerhalb von Geschäftsräumen geschlossenen Verträgen oder Fernabsatzverträgen über Finanzdienstleistungen ist der Verbraucher zur Zahlung von Wertersatz für die vom Unternehmer bis zum Widerruf erbrachte Dienstleistung verpflichtet, wenn er

1. vor Abgabe seiner Vertragserklärung auf diese Rechtsfolge hingewiesen worden ist und
2. ausdrücklich zugestimmt hat, dass der Unternehmer vor Ende der Widerrufsfrist mit der Ausführung der Dienstleistung beginnt.

²Im Falle des Widerrufs von Verträgen über eine entgeltliche Finanzierungshilfe, die von der Ausnahme des § 506 Absatz 4 erfasst sind, gilt auch § 357 Absatz 5 bis 8 entsprechend. ³Ist Gegenstand des Vertrags über die entgeltliche Finanzierungshilfe die Lieferung von nicht auf einem körperlichen Datenträger befindlichen digitalen Inhalten, hat der Verbraucher Wertersatz für die bis zum Widerruf gelieferten digitalen Inhalte zu leisten, wenn er

1. vor Abgabe seiner Vertragserklärung auf diese Rechtsfolge hingewiesen worden ist und
2. ausdrücklich zugestimmt hat, dass der Unternehmer vor Ende der Widerrufsfrist mit der Lieferung der digitalen Inhalte beginnt.

⁴Ist im Vertrag eine Gegenleistung bestimmt, ist sie bei der Berechnung des Wertersatzes zu Grunde zu legen. ⁵Ist der vereinbarte Gesamtpreis unverhältnismäßig hoch, ist der Wertersatz auf der Grundlage des Marktwerts der erbrachten Leistung zu berechnen.

(3) ¹Im Falle des Widerrufs von Verbraucherdarlehensverträgen hat der Darlehensnehmer für den Zeitraum zwischen der Auszahlung und der Rückzahlung des Darlehens den vereinbarten Sollzins zu entrichten. ²Bei einem Immobiliar-Verbraucherdarlehen kann nachgewiesen werden, dass der Wert des Gebrauchsvorteils niedriger war als der vereinbarte Sollzins. ³In diesem Fall ist nur der niedrigere Betrag geschuldet. ⁴Im Falle des Widerrufs von Verträgen über eine entgeltliche Finanzierungshilfe, die nicht von der Ausnahme des § 506 Absatz 4 erfasst sind, gilt auch Absatz 2 entsprechend mit der Maßgabe, dass an die Stelle der Unterrichtung über das Widerrufsrecht die Pflichtangaben nach Artikel 247 § 12 Absatz 1 in Verbindung mit § 6 Absatz 2 des Einführungsgesetzes zum Bürgerlichen Gesetzbuche, die das Widerrufsrecht betreffen, treten. ⁵Darüber hinaus hat der Darlehensnehmer dem Darlehensgeber nur die Aufwendungen zu ersetzen, die der Darlehensgeber gegenüber öffentlichen Stellen erbracht hat und nicht zurückverlangen kann.

§ 357b Rechtsfolgen des Widerrufs von Teilzeit-Wohnrechteverträgen, Verträgen über ein langfristiges Urlaubsprodukt, Vermittlungsverträgen und Tauschsystemverträgen[2]

(1) ¹Der Verbraucher hat im Falle des Widerrufs keine Kosten zu tragen. ²Die Kosten des Vertrags, seiner Durchführung und seiner Rückabwicklung hat der Unternehmer dem Verbraucher zu erstatten. ³Eine Vergütung für geleistete Dienste sowie für die Überlassung von Wohngebäuden zur Nutzung ist ausgeschlossen.

(2) Der Verbraucher hat für einen Wertverlust der Unterkunft im Sinne des § 481 nur Wertersatz zu leisten, soweit der Wertverlust auf einer nicht bestimmungsgemäßen Nutzung der Unterkunft beruht.

---

1) **Anm. d. Red.:** § 357a i. d. F. des Gesetzes v. 11. 3. 2016 (BGBl I S. 396) mit Wirkung v. 21. 3. 2016.
2) **Anm. d. Red.:** § 357b eingefügt gem. Gesetz v. 20. 9. 2013 (BGBl I S. 3642) mit Wirkung v. 13. 6. 2014.

§ 357c Rechtsfolgen des Widerrufs von weder im Fernabsatz noch außerhalb von Geschäftsräumen geschlossenen Ratenlieferungsverträgen[1)]

¹Für die Rückgewähr der empfangenen Leistungen gilt § 357 Absatz 1 bis 5 entsprechend. ²Der Verbraucher trägt die unmittelbaren Kosten der Rücksendung der empfangenen Sachen, es sei denn, der Unternehmer hat sich bereit erklärt, diese Kosten zu tragen. ³§ 357 Absatz 7 ist mit der Maßgabe entsprechend anzuwenden, dass an die Stelle der Unterrichtung nach Artikel 246a § 1 Absatz 2 Satz 1 Nummer 1 des Einführungsgesetzes zum Bürgerlichen Gesetzbuche die Unterrichtung nach Artikel 246 Absatz 3 des Einführungsgesetzes zum Bürgerlichen Gesetzbuche tritt.

§ 357d Rechtsfolgen des Widerrufs bei Verbraucherbauverträgen[2)]

¹Ist die Rückgewähr der bis zum Widerruf erbrachten Leistung ihrer Natur nach ausgeschlossen, schuldet der Verbraucher dem Unternehmer Wertersatz. ²Bei der Berechnung des Wertersatzes ist die vereinbarte Vergütung zugrunde zu legen. ³Ist die vereinbarte Vergütung unverhältnismäßig hoch, ist der Wertersatz auf der Grundlage des Marktwertes der erbrachten Leistung zu berechnen.

§ 358 Mit dem widerrufenen Vertrag verbundener Vertrag[3)]

(1) Hat der Verbraucher seine auf den Abschluss eines Vertrags über die Lieferung einer Ware oder die Erbringung einer anderen Leistung durch einen Unternehmer gerichtete Willenserklärung wirksam widerrufen, so ist er auch an seine auf den Abschluss eines mit diesem Vertrag verbundenen Darlehensvertrags gerichtete Willenserklärung nicht mehr gebunden.

(2) Hat der Verbraucher seine auf den Abschluss eines Darlehensvertrags gerichtete Willenserklärung auf Grund des § 495 Absatz 1 oder des § 514 Absatz 2 Satz 1 wirksam widerrufen, so ist er auch nicht mehr an diejenige Willenserklärung gebunden, die auf den Abschluss eines mit diesem Darlehensvertrag verbundenen Vertrags über die Lieferung einer Ware oder die Erbringung einer anderen Leistung gerichtet ist.

(3) ¹Ein Vertrag über die Lieferung einer Ware oder über die Erbringung einer anderen Leistung und ein Darlehensvertrag nach den Absätzen 1 oder 2 sind verbunden, wenn das Darlehen ganz oder teilweise der Finanzierung des anderen Vertrags dient und beide Verträge eine wirtschaftliche Einheit bilden. ²Eine wirtschaftliche Einheit ist insbesondere anzunehmen, wenn der Unternehmer selbst die Gegenleistung des Verbrauchers finanziert, oder im Falle der Finanzierung durch einen Dritten, wenn sich der Darlehensgeber bei der Vorbereitung oder dem Abschluss des Darlehensvertrags der Mitwirkung des Unternehmers bedient. ³Bei einem finanzierten Erwerb eines Grundstücks oder eines grundstücksgleichen Rechts ist eine wirtschaftliche Einheit nur anzunehmen, wenn der Darlehensgeber selbst dem Verbraucher das Grundstück oder das grundstücksgleiche Recht verschafft oder wenn er über die Zurverfügungstellung von Darlehen hinaus den Erwerb des Grundstücks oder grundstücksgleichen Rechts durch Zusammenwirken mit dem Unternehmer fördert, indem er sich dessen Veräußerungsinteressen ganz oder teilweise zu Eigen macht, bei der Planung, Werbung oder Durchführung des Projekts Funktionen des Veräußerers übernimmt oder den Veräußerer einseitig begünstigt.

(4) ¹Auf die Rückabwicklung des verbundenen Vertrags sind unabhängig von der Vertriebsform § 355 Absatz 3 und, je nach Art des verbundenen Vertrags, die §§ 357 bis 357b entsprechend anzuwenden. ²Ist der verbundene Vertrag ein Vertrag über die Lieferung von nicht auf einem körperlichen Datenträger befindlichen digitalen Inhalten und hat der Unternehmer dem Verbraucher eine Abschrift oder Bestätigung des Vertrags nach § 312f zur Verfügung gestellt, hat der Verbraucher abweichend von § 357 Absatz 9 unter den Voraussetzungen des § 356 Ab-

---

1) **Anm. d. Red.:** § 357c eingefügt gem. Gesetz v. 20. 9. 2013 (BGBl I S. 3642) mit Wirkung v. 13. 6. 2014.
2) **Anm. d. Red.:** § 357d eingefügt gem. Gesetz v. 28. 4. 2017 (BGBl I S. 969) mit Wirkung v. 1. 1. 2018.
3) **Anm. d. Red.:** § 358 i. d. F. des Gesetzes v. 11. 3. 2016 (BGBl I S. 396) mit Wirkung v. 21. 3. 2016.

satz 5 zweiter und dritter Halbsatz Wertersatz für die bis zum Widerruf gelieferten digitalen Inhalte zu leisten. ³Ist der verbundene Vertrag ein im Fernabsatz oder außerhalb von Geschäftsräumen geschlossener Ratenlieferungsvertrag, ist neben § 355 Absatz 3 auch § 357 entsprechend anzuwenden; im Übrigen gelten für verbundene Ratenlieferungsverträge § 355 Absatz 3 und § 357c entsprechend. ⁴Im Falle des Absatzes 1 sind jedoch Ansprüche auf Zahlung von Zinsen und Kosten aus der Rückabwicklung des Darlehensvertrags gegen den Verbraucher ausgeschlossen. ⁵Der Darlehensgeber tritt im Verhältnis zum Verbraucher hinsichtlich der Rechtsfolgen des Widerrufs in die Rechte und Pflichten des Unternehmers aus dem verbundenen Vertrag ein, wenn das Darlehen dem Unternehmer bei Wirksamwerden des Widerrufs bereits zugeflossen ist.

(5) Die Absätze 2 und 4 sind nicht anzuwenden auf Darlehensverträge, die der Finanzierung des Erwerbs von Finanzinstrumenten dienen.

§ 359 Einwendungen bei verbundenen Verträgen¹⁾

(1) ¹Der Verbraucher kann die Rückzahlung des Darlehens verweigern, soweit Einwendungen aus dem verbundenen Vertrag ihn gegenüber dem Unternehmer, mit dem er den verbundenen Vertrag geschlossen hat, zur Verweigerung seiner Leistung berechtigen würden. ²Dies gilt nicht bei Einwendungen, die auf einer Vertragsänderung beruhen, welche zwischen diesem Unternehmer und dem Verbraucher nach Abschluss des Darlehensvertrags vereinbart wurde. ³Kann der Verbraucher Nacherfüllung verlangen, so kann er die Rückzahlung des Darlehens erst verweigern, wenn die Nacherfüllung fehlgeschlagen ist.

(2) Absatz 1 ist nicht anzuwenden auf Darlehensverträge, die der Finanzierung des Erwerbs von Finanzinstrumenten dienen, oder wenn das finanzierte Entgelt weniger als 200 Euro beträgt.

§ 360 Zusammenhängende Verträge²⁾

(1) ¹Hat der Verbraucher seine auf den Abschluss eines Vertrags gerichtete Willenserklärung wirksam widerrufen und liegen die Voraussetzungen für einen verbundenen Vertrag nicht vor, so ist er auch an seine auf den Abschluss eines damit zusammenhängenden Vertrags gerichtete Willenserklärung nicht mehr gebunden. ²Auf die Rückabwicklung des zusammenhängenden Vertrags ist § 358 Absatz 4 Satz 1 bis 3 entsprechend anzuwenden. ³Widerruft der Verbraucher einen Teilzeit-Wohnrechtevertrag oder einen Vertrag über ein langfristiges Urlaubsprodukt, hat er auch für den zusammenhängenden Vertrag keine Kosten zu tragen; § 357b Absatz 1 Satz 2 und 3 gilt entsprechend.

(2) ¹Ein zusammenhängender Vertrag liegt vor, wenn er einen Bezug zu dem widerrufenen Vertrag aufweist und eine Leistung betrifft, die von dem Unternehmer des widerrufenen Vertrags oder einem Dritten auf der Grundlage einer Vereinbarung zwischen dem Dritten und dem Unternehmer des widerrufenen Vertrags erbracht wird. ²Ein Darlehensvertrag ist auch dann ein zusammenhängender Vertrag, wenn das Darlehen, das ein Unternehmer einem Verbraucher gewährt, ausschließlich der Finanzierung des widerrufenen Vertrags dient und die Leistung des Unternehmers aus dem widerrufenen Vertrag in dem Darlehensvertrag genau angegeben ist.

§ 361 Weitere Ansprüche, abweichende Vereinbarungen und Beweislast³⁾

(1) Über die Vorschriften dieses Untertitels hinaus bestehen keine weiteren Ansprüche gegen den Verbraucher infolge des Widerrufs.

(2) ¹Von den Vorschriften dieses Untertitels darf, soweit nicht ein anderes bestimmt ist, nicht zum Nachteil des Verbrauchers abgewichen werden. ²Die Vorschriften dieses Untertitels finden,

---

1) **Anm. d. Red.:** § 359 i. d. F. des Gesetzes v. 11. 3. 2016 (BGBl I S. 396) mit Wirkung v. 21. 3. 2016.
2) **Anm. d. Red.:** § 360 i. d. F. des Gesetzes v. 11. 3. 2016 (BGBl I S. 396) mit Wirkung v. 21. 3. 2016.
3) **Anm. d. Red.:** § 361 i. d. F. des Gesetzes v. 20. 9. 2013 (BGBl I S. 3642) mit Wirkung v. 13. 6. 2014.

soweit nichts anderes bestimmt ist, auch Anwendung, wenn sie durch anderweitige Gestaltungen umgangen werden.

(3) Ist der Beginn der Widerrufsfrist streitig, so trifft die Beweislast den Unternehmer.

Abschnitt 4: Erlöschen der Schuldverhältnisse
Titel 1: Erfüllung

§ 362 Erlöschen durch Leistung

(1) Das Schuldverhältnis erlischt, wenn die geschuldete Leistung an den Gläubiger bewirkt wird.

(2) Wird an einen Dritten zum Zwecke der Erfüllung geleistet, so finden die Vorschriften des § 185 Anwendung.

§ 363 Beweislast bei Annahme als Erfüllung

Hat der Gläubiger eine ihm als Erfüllung angebotene Leistung als Erfüllung angenommen, so trifft ihn die Beweislast, wenn er die Leistung deshalb nicht als Erfüllung gelten lassen will, weil sie eine andere als die geschuldete Leistung oder weil sie unvollständig gewesen sei.

§ 364 Annahme an Erfüllungs statt

(1) Das Schuldverhältnis erlischt, wenn der Gläubiger eine andere als die geschuldete Leistung an Erfüllungs statt annimmt.

(2) Übernimmt der Schuldner zum Zwecke der Befriedigung des Gläubigers diesem gegenüber eine neue Verbindlichkeit, so ist im Zweifel nicht anzunehmen, dass er die Verbindlichkeit an Erfüllungs statt übernimmt.

§ 365 Gewährleistung bei Hingabe an Erfüllungs statt

Wird eine Sache, eine Forderung gegen einen Dritten oder ein anderes Recht an Erfüllungs statt gegeben, so hat der Schuldner wegen eines Mangels im Recht oder wegen eines Mangels der Sache in gleicher Weise wie ein Verkäufer Gewähr zu leisten.

§ 366 Anrechnung der Leistung auf mehrere Forderungen

(1) Ist der Schuldner dem Gläubiger aus mehreren Schuldverhältnissen zu gleichartigen Leistungen verpflichtet und reicht das von ihm Geleistete nicht zur Tilgung sämtlicher Schulden aus, so wird diejenige Schuld getilgt, welche er bei der Leistung bestimmt.

(2) Trifft der Schuldner keine Bestimmung, so wird zunächst die fällige Schuld, unter mehreren fälligen Schulden diejenige, welche dem Gläubiger geringere Sicherheit bietet, unter mehreren gleich sicheren die dem Schuldner lästigere, unter mehreren gleich lästigen die ältere Schuld und bei gleichem Alter jede Schuld verhältnismäßig getilgt.

§ 367 Anrechnung auf Zinsen und Kosten

(1) Hat der Schuldner außer der Hauptleistung Zinsen und Kosten zu entrichten, so wird eine zur Tilgung der ganzen Schuld nicht ausreichende Leistung zunächst auf die Kosten, dann auf die Zinsen und zuletzt auf die Hauptleistung angerechnet.

(2) Bestimmt der Schuldner eine andere Anrechnung, so kann der Gläubiger die Annahme der Leistung ablehnen.

§ 368 Quittung

[1]Der Gläubiger hat gegen Empfang der Leistung auf Verlangen ein schriftliches Empfangsbekenntnis (Quittung) zu erteilen. [2]Hat der Schuldner ein rechtliches Interesse, dass die Quittung in anderer Form erteilt wird, so kann er die Erteilung in dieser Form verlangen.

§ 369 Kosten der Quittung

(1) Die Kosten der Quittung hat der Schuldner zu tragen und vorzuschießen, sofern nicht aus dem zwischen ihm und dem Gläubiger bestehenden Rechtsverhältnisse sich ein anderes ergibt.

(2) Treten infolge einer Übertragung der Forderung oder im Wege der Erbfolge an die Stelle des ursprünglichen Gläubigers mehrere Gläubiger, so fallen die Mehrkosten den Gläubigern zur Last.

§ 370 Leistung an den Überbringer der Quittung

Der Überbringer einer Quittung gilt als ermächtigt, die Leistung zu empfangen, sofern nicht die dem Leistenden bekannten Umstände der Annahme einer solchen Ermächtigung entgegenstehen.

§ 371 Rückgabe des Schuldscheins

¹Ist über die Forderung ein Schuldschein ausgestellt worden, so kann der Schuldner neben der Quittung Rückgabe des Schuldscheins verlangen. ²Behauptet der Gläubiger, zur Rückgabe außerstande zu sein, so kann der Schuldner das öffentlich beglaubigte Anerkenntnis verlangen, dass die Schuld erloschen sei.

Titel 2: Hinterlegung

§ 372 Voraussetzungen

¹Geld, Wertpapiere und sonstige Urkunden sowie Kostbarkeiten kann der Schuldner bei einer dazu bestimmten öffentlichen Stelle für den Gläubiger hinterlegen, wenn der Gläubiger im Verzuge der Annahme ist. ²Das Gleiche gilt, wenn der Schuldner aus einem anderen in der Person des Gläubigers liegenden Grund oder infolge einer nicht auf Fahrlässigkeit beruhenden Ungewissheit über die Person des Gläubigers seine Verbindlichkeit nicht oder nicht mit Sicherheit erfüllen kann.

§ 373 Zug-um-Zug-Leistung

Ist der Schuldner nur gegen eine Leistung des Gläubigers zu leisten verpflichtet, so kann er das Recht des Gläubigers zum Empfang der hinterlegten Sache von der Bewirkung der Gegenleistung abhängig machen.

§ 374 Hinterlegungsort; Anzeigepflicht

(1) Die Hinterlegung hat bei der Hinterlegungsstelle des Leistungsorts zu erfolgen; hinterlegt der Schuldner bei einer anderen Stelle, so hat er dem Gläubiger den daraus entstehenden Schaden zu ersetzen.

(2) ¹Der Schuldner hat dem Gläubiger die Hinterlegung unverzüglich anzuzeigen; im Falle der Unterlassung ist er zum Schadensersatz verpflichtet. ²Die Anzeige darf unterbleiben, wenn sie untunlich ist.

§ 375 Rückwirkung bei Postübersendung

Ist die hinterlegte Sache der Hinterlegungsstelle durch die Post übersendet worden, so wirkt die Hinterlegung auf die Zeit der Aufgabe der Sache zur Post zurück.

§ 376 Rücknahmerecht

(1) Der Schuldner hat das Recht, die hinterlegte Sache zurückzunehmen.

(2) Die Rücknahme ist ausgeschlossen:
1. wenn der Schuldner der Hinterlegungsstelle erklärt, dass er auf das Recht zur Rücknahme verzichte,

2. wenn der Gläubiger der Hinterlegungsstelle die Annahme erklärt,
3. wenn der Hinterlegungsstelle ein zwischen dem Gläubiger und dem Schuldner ergangenes rechtskräftiges Urteil vorgelegt wird, das die Hinterlegung für rechtmäßig erklärt.

§ 377 Unpfändbarkeit des Rücknahmerechts

(1) Das Recht zur Rücknahme ist der Pfändung nicht unterworfen.

(2) Wird über das Vermögen des Schuldners das Insolvenzverfahren eröffnet, so kann während des Insolvenzverfahrens das Recht zur Rücknahme auch nicht von dem Schuldner ausgeübt werden.

§ 378 Wirkung der Hinterlegung bei ausgeschlossener Rücknahme

Ist die Rücknahme der hinterlegten Sache ausgeschlossen, so wird der Schuldner durch die Hinterlegung von seiner Verbindlichkeit in gleicher Weise befreit, wie wenn er zur Zeit der Hinterlegung an den Gläubiger geleistet hätte.

§ 379 Wirkung der Hinterlegung bei nicht ausgeschlossener Rücknahme

(1) Ist die Rücknahme der hinterlegten Sache nicht ausgeschlossen, so kann der Schuldner den Gläubiger auf die hinterlegte Sache verweisen.

(2) Solange die Sache hinterlegt ist, trägt der Gläubiger die Gefahr und ist der Schuldner nicht verpflichtet, Zinsen zu zahlen oder Ersatz für nicht gezogene Nutzungen zu leisten.

(3) Nimmt der Schuldner die hinterlegte Sache zurück, so gilt die Hinterlegung als nicht erfolgt.

§ 380 Nachweis der Empfangsberechtigung

Soweit nach den für die Hinterlegungsstelle geltenden Bestimmungen zum Nachweis der Empfangsberechtigung des Gläubigers eine diese Berechtigung anerkennende Erklärung des Schuldners erforderlich oder genügend ist, kann der Gläubiger von dem Schuldner die Abgabe der Erklärung unter denselben Voraussetzungen verlangen, unter denen er die Leistung zu fordern berechtigt sein würde, wenn die Hinterlegung nicht erfolgt wäre.

§ 381 Kosten der Hinterlegung

Die Kosten der Hinterlegung fallen dem Gläubiger zur Last, sofern nicht der Schuldner die hinterlegte Sache zurücknimmt.

§ 382 Erlöschen des Gläubigerrechts

Das Recht des Gläubigers auf den hinterlegten Betrag erlischt mit dem Ablaufe von 30 Jahren nach dem Empfang der Anzeige von der Hinterlegung, wenn nicht der Gläubiger sich vorher bei der Hinterlegungsstelle meldet; der Schuldner ist zur Rücknahme berechtigt, auch wenn er auf das Recht zur Rücknahme verzichtet hat.

§ 383 Versteigerung hinterlegungsunfähiger Sachen

(1) ¹Ist die geschuldete bewegliche Sache zur Hinterlegung nicht geeignet, so kann der Schuldner sie im Falle des Verzugs des Gläubigers am Leistungsort versteigern lassen und den Erlös hinterlegen. ²Das Gleiche gilt in den Fällen des § 372 Satz 2, wenn der Verderb der Sache zu besorgen oder die Aufbewahrung mit unverhältnismäßigen Kosten verbunden ist.

(2) Ist von der Versteigerung am Leistungsort ein angemessener Erfolg nicht zu erwarten, so ist die Sache an einem geeigneten anderen Orte zu versteigern.

(3) ¹Die Versteigerung hat durch einen für den Versteigerungsort bestellten Gerichtsvollzieher oder zu Versteigerungen befugten anderen Beamten oder öffentlich angestellten Versteigerer

öffentlich zu erfolgen (öffentliche Versteigerung). ²Zeit und Ort der Versteigerung sind unter allgemeiner Bezeichnung der Sache öffentlich bekannt zu machen.

(4) Die Vorschriften der Absätze 1 bis 3 gelten nicht für eingetragene Schiffe und Schiffsbauwerke.

§ 384 Androhung der Versteigerung

(1) Die Versteigerung ist erst zulässig, nachdem sie dem Gläubiger angedroht worden ist; die Androhung darf unterbleiben, wenn die Sache dem Verderb ausgesetzt und mit dem Aufschub der Versteigerung Gefahr verbunden ist.

(2) Der Schuldner hat den Gläubiger von der Versteigerung unverzüglich zu benachrichtigen; im Falle der Unterlassung ist er zum Schadensersatz verpflichtet.

(3) Die Androhung und die Benachrichtigung dürfen unterbleiben, wenn sie untunlich sind.

§ 385 Freihändiger Verkauf[1)]

Hat die Sache einen Börsen- oder Marktpreis, so kann der Schuldner den Verkauf aus freier Hand durch einen zu solchen Verkäufen öffentlich ermächtigten Handelsmakler oder durch eine zur öffentlichen Versteigerung befugte Person zum laufenden Preis bewirken.

§ 386 Kosten der Versteigerung

Die Kosten der Versteigerung oder des nach § 385 erfolgten Verkaufs fallen dem Gläubiger zur Last, sofern nicht der Schuldner den hinterlegten Erlös zurücknimmt.

Titel 3: Aufrechnung

§ 387 Voraussetzungen

Schulden zwei Personen einander Leistungen, die ihrem Gegenstand nach gleichartig sind, so kann jeder Teil seine Forderung gegen die Forderung des anderen Teils aufrechnen, sobald er die ihm gebührende Leistung fordern und die ihm obliegende Leistung bewirken kann.

§ 388 Erklärung der Aufrechnung

¹Die Aufrechnung erfolgt durch Erklärung gegenüber dem anderen Teil. ²Die Erklärung ist unwirksam, wenn sie unter einer Bedingung oder einer Zeitbestimmung abgegeben wird.

§ 389 Wirkung der Aufrechnung

Die Aufrechnung bewirkt, dass die Forderungen, soweit sie sich decken, als in dem Zeitpunkt erloschen gelten, in welchem sie zur Aufrechnung geeignet einander gegenübergetreten sind.

§ 390 Keine Aufrechnung mit einredebehafteter Forderung

Eine Forderung, der eine Einrede entgegensteht, kann nicht aufgerechnet werden.

§ 391 Aufrechnung bei Verschiedenheit der Leistungsorte

(1) ¹Die Aufrechnung wird nicht dadurch ausgeschlossen, dass für die Forderungen verschiedene Leistungs- oder Ablieferungsorte bestehen. ²Der aufrechnende Teil hat jedoch den Schaden zu ersetzen, den der andere Teil dadurch erleidet, dass er infolge der Aufrechnung die Leistung nicht an dem bestimmten Orte erhält oder bewirken kann.

(2) Ist vereinbart, dass die Leistung zu einer bestimmten Zeit an einem bestimmten Orte erfolgen soll, so ist im Zweifel anzunehmen, dass die Aufrechnung einer Forderung, für die ein anderer Leistungsort besteht, ausgeschlossen sein soll.

---

1) **Anm. d. Red.:** § 385 i. d. F. des Gesetzes v. 12.6.2020 (BGBl I S. 1245). mit Wirkung v. 23.12.2020.

§ 392 Aufrechnung gegen beschlagnahmte Forderung

Durch die Beschlagnahme einer Forderung wird die Aufrechnung einer dem Schuldner gegen den Gläubiger zustehenden Forderung nur dann ausgeschlossen, wenn der Schuldner seine Forderung nach der Beschlagnahme erworben hat oder wenn seine Forderung erst nach der Beschlagnahme und später als die in Beschlag genommene Forderung fällig geworden ist.

§ 393 Keine Aufrechnung gegen Forderung aus unerlaubter Handlung

Gegen eine Forderung aus einer vorsätzlich begangenen unerlaubten Handlung ist die Aufrechnung nicht zulässig.

§ 394 Keine Aufrechnung gegen unpfändbare Forderung

¹Soweit eine Forderung der Pfändung nicht unterworfen ist, findet die Aufrechnung gegen die Forderung nicht statt. ²Gegen die aus Kranken-, Hilfs- oder Sterbekassen, insbesondere aus Knappschaftskassen und Kassen der Knappschaftsvereine, zu beziehenden Hebungen können jedoch geschuldete Beiträge aufgerechnet werden.

§ 395 Aufrechnung gegen Forderungen öffentlich-rechtlicher Körperschaften

Gegen eine Forderung des Bundes oder eines Landes sowie gegen eine Forderung einer Gemeinde oder eines anderen Kommunalverbands ist die Aufrechnung nur zulässig, wenn die Leistung an dieselbe Kasse zu erfolgen hat, aus der die Forderung des Aufrechnenden zu berichtigen ist.

§ 396 Mehrheit von Forderungen

(1) ¹Hat der eine oder der andere Teil mehrere zur Aufrechnung geeignete Forderungen, so kann der aufrechnende Teil die Forderungen bestimmen, die gegeneinander aufgerechnet werden sollen. ²Wird die Aufrechnung ohne eine solche Bestimmung erklärt oder widerspricht der andere Teil unverzüglich, so findet die Vorschrift des § 366 Abs. 2 entsprechende Anwendung.

(2) Schuldet der aufrechnende Teil dem anderen Teil außer der Hauptleistung Zinsen und Kosten, so findet die Vorschriften des § 367 entsprechende Anwendung.

Titel 4: Erlass

§ 397 Erlassvertrag, negatives Schuldanerkenntnis

(1) Das Schuldverhältnis erlischt, wenn der Gläubiger dem Schuldner durch Vertrag die Schuld erlässt.

(2) Das Gleiche gilt, wenn der Gläubiger durch Vertrag mit dem Schuldner anerkennt, dass das Schuldverhältnis nicht bestehe.

Abschnitt 5: Übertragung einer Forderung

§ 398 Abtretung

¹Eine Forderung kann von dem Gläubiger durch Vertrag mit einem anderen auf diesen übertragen werden (Abtretung). ²Mit dem Abschluss des Vertrags tritt der neue Gläubiger an die Stelle des bisherigen Gläubigers.

§ 399 Ausschluss der Abtretung bei Inhaltsänderung oder Vereinbarung

Eine Forderung kann nicht abgetreten werden, wenn die Leistung an einen anderen als den ursprünglichen Gläubiger nicht ohne Veränderung ihres Inhalts erfolgen kann oder wenn die Abtretung durch Vereinbarung mit dem Schuldner ausgeschlossen ist.

§ 400 Ausschluss bei unpfändbaren Forderungen
Eine Forderung kann nicht abgetreten werden, soweit sie der Pfändung nicht unterworfen ist.

§ 401 Übergang der Neben- und Vorzugsrechte
(1) Mit der abgetretenen Forderung gehen die Hypotheken, Schiffshypotheken oder Pfandrechte, die für sie bestehen, sowie die Rechte aus einer für sie bestellten Bürgschaft auf den neuen Gläubiger über.

(2) Ein mit der Forderung für den Fall der Zwangsvollstreckung oder des Insolvenzverfahrens verbundenes Vorzugsrecht kann auch der neue Gläubiger geltend machen.

§ 402 Auskunftspflicht; Urkundenauslieferung
Der bisherige Gläubiger ist verpflichtet, dem neuen Gläubiger die zur Geltendmachung der Forderung nötige Auskunft zu erteilen und ihm die zum Beweis der Forderung dienenden Urkunden, soweit sie sich in seinem Besitze befinden, auszuliefern.

§ 403 Pflicht zur Beurkundung
¹Der bisherige Gläubiger hat dem neuen Gläubiger auf Verlangen eine öffentlich beglaubigte Urkunde über die Abtretung auszustellen. ²Die Kosten hat der neue Gläubiger zu tragen und vorzuschießen.

§ 404 Einwendungen des Schuldners
Der Schuldner kann dem neuen Gläubiger die Einwendungen entgegensetzen, die zur Zeit der Abtretung der Forderung gegen den bisherigen Gläubiger begründet waren.

§ 405 Abtretung unter Urkundenvorlegung
Hat der Schuldner eine Urkunde über die Schuld ausgestellt, so kann er sich, wenn die Forderung unter Vorlegung der Urkunde abgetreten wird, dem neuen Gläubiger gegenüber nicht darauf berufen, dass die Eingehung oder Anerkennung des Schuldverhältnisses nur zum Schein erfolgt oder dass die Abtretung durch Vereinbarung mit dem ursprünglichen Gläubiger ausgeschlossen sei, es sei denn, dass der neue Gläubiger bei der Abtretung den Sachverhalt kannte oder kennen musste.

§ 406 Aufrechnung gegenüber dem neuen Gläubiger
Der Schuldner kann eine ihm gegen den bisherigen Gläubiger zustehende Forderung auch dem neuen Gläubiger gegenüber aufrechnen, es sei denn, dass er bei dem Erwerb der Forderung von der Abtretung Kenntnis hatte oder dass die Forderung erst nach der Erlangung der Kenntnis und später als die abgetretene Forderung fällig geworden ist.

§ 407 Rechtshandlungen gegenüber dem bisherigen Gläubiger
(1) Der neue Gläubiger muss eine Leistung, die der Schuldner nach der Abtretung an den bisherigen Gläubiger bewirkt, sowie jedes Rechtsgeschäft, das nach der Abtretung zwischen dem Schuldner und dem bisherigen Gläubiger in Ansehung der Forderung vorgenommen wird, gegen sich gelten lassen, es sei denn, dass der Schuldner die Abtretung bei der Leistung oder der Vornahme des Rechtsgeschäfts kennt.

(2) Ist in einem nach der Abtretung zwischen dem Schuldner und dem bisherigen Gläubiger anhängig gewordenen Rechtsstreit ein rechtskräftiges Urteil über die Forderung ergangen, so muss der neue Gläubiger das Urteil gegen sich gelten lassen, es sei denn, dass der Schuldner die Abtretung bei dem Eintritt der Rechtshängigkeit gekannt hat.

§ 408 Mehrfache Abtretung

(1) Wird eine abgetretene Forderung von dem bisherigen Gläubiger nochmals an einen Dritten abgetreten, so findet, wenn der Schuldner an den Dritten leistet oder wenn zwischen dem Schuldner und dem Dritten ein Rechtsgeschäft vorgenommen oder ein Rechtsstreit anhängig wird, zugunsten des Schuldners die Vorschrift des § 407 dem früheren Erwerber gegenüber entsprechende Anwendung.

(2) Das Gleiche gilt, wenn die bereits abgetretene Forderung durch gerichtlichen Beschluss einem Dritten überwiesen wird oder wenn der bisherige Gläubiger dem Dritten gegenüber anerkennt, dass die bereits abgetretene Forderung kraft Gesetzes auf den Dritten übergegangen sei.

§ 409 Abtretungsanzeige

(1) ¹Zeigt der Gläubiger dem Schuldner an, dass er die Forderung abgetreten habe, so muss er dem Schuldner gegenüber die angezeigte Abtretung gegen sich gelten lassen, auch wenn sie nicht erfolgt oder nicht wirksam ist. ²Der Anzeige steht es gleich, wenn der Gläubiger eine Urkunde über die Abtretung dem in der Urkunde bezeichneten neuen Gläubiger ausgestellt hat und dieser sie dem Schuldner vorlegt.

(2) Die Anzeige kann nur mit Zustimmung desjenigen zurückgenommen werden, welcher als der neue Gläubiger bezeichnet worden ist.

§ 410 Aushändigung der Abtretungsurkunde

(1) ¹Der Schuldner ist dem neuen Gläubiger gegenüber zur Leistung nur gegen Aushändigung einer von dem bisherigen Gläubiger über die Abtretung ausgestellten Urkunde verpflichtet. ²Eine Kündigung oder eine Mahnung des neuen Gläubigers ist unwirksam, wenn sie ohne Vorlegung einer solchen Urkunde erfolgt und der Schuldner sie aus diesem Grunde unverzüglich zurückweist.

(2) Diese Vorschriften finden keine Anwendung, wenn der bisherige Gläubiger dem Schuldner die Abtretung schriftlich angezeigt hat.

§ 411 Gehaltsabtretung

¹Tritt eine Militärperson, ein Beamter, ein Geistlicher oder ein Lehrer an einer öffentlichen Unterrichtsanstalt den übertragbaren Teil des Diensteinkommens, des Wartegeldes oder des Ruhegehalts ab, so ist die auszahlende Kasse durch Aushändigung einer von dem bisherigen Gläubiger ausgestellten, öffentlich oder amtlich beglaubigten Urkunde von der Abtretung zu benachrichtigen. ²Bis zur Benachrichtigung gilt die Abtretung als der Kasse nicht bekannt.

§ 412 Gesetzlicher Forderungsübergang

Auf die Übertragung einer Forderung kraft Gesetzes finden die Vorschriften der §§ 399 bis 404, 406 bis 410 entsprechende Anwendung.

§ 413 Übertragung anderer Rechte

Die Vorschriften über die Übertragung von Forderungen finden auf die Übertragung anderer Rechte entsprechende Anwendung, soweit nicht das Gesetz ein anderes vorschreibt.

Abschnitt 6: Schuldübernahme

§ 414 Vertrag zwischen Gläubiger und Übernehmer

Eine Schuld kann von einem Dritten durch Vertrag mit dem Gläubiger in der Weise übernommen werden, dass der Dritte an die Stelle des bisherigen Schuldners tritt.

§ 415 Vertrag zwischen Schuldner und Übernehmer

(1) ¹Wird die Schuldübernahme von dem Dritten mit dem Schuldner vereinbart, so hängt ihre Wirksamkeit von der Genehmigung des Gläubigers ab. ²Die Genehmigung kann erst erfolgen, wenn der Schuldner oder der Dritte dem Gläubiger die Schuldübernahme mitgeteilt hat. ³Bis zur Genehmigung können die Parteien den Vertrag ändern oder aufheben.

(2) ¹Wird die Genehmigung verweigert, so gilt die Schuldübernahme als nicht erfolgt. ²Fordert der Schuldner oder der Dritte den Gläubiger unter Bestimmung einer Frist zur Erklärung über die Genehmigung auf, so kann die Genehmigung nur bis zum Ablauf der Frist erklärt werden; wird sie nicht erklärt, so gilt sie als verweigert.

(3) ¹Solange nicht der Gläubiger die Genehmigung erteilt hat, ist im Zweifel der Übernehmer dem Schuldner gegenüber verpflichtet, den Gläubiger rechtzeitig zu befriedigen. ²Das Gleiche gilt, wenn der Gläubiger die Genehmigung verweigert.

§ 416 Übernahme einer Hypothekenschuld

(1) ¹Übernimmt der Erwerber eines Grundstücks durch Vertrag mit dem Veräußerer eine Schuld des Veräußerers, für die eine Hypothek an dem Grundstücke besteht, so kann der Gläubiger die Schuldübernahme nur genehmigen, wenn der Veräußerer sie ihm mitteilt. ²Sind seit dem Empfange der Mitteilung sechs Monate verstrichen, so gilt die Genehmigung als erteilt, wenn nicht der Gläubiger sie dem Veräußerer gegenüber vorher verweigert hat; die Vorschrift des § 415 Abs. 2 Satz 2 findet keine Anwendung.

(2) ¹Die Mitteilung des Veräußerers kann erst erfolgen, wenn der Erwerber als Eigentümer im Grundbuch eingetragen ist. ²Sie muss schriftlich geschehen und den Hinweis enthalten, dass der Übernehmer an die Stelle des bisherigen Schuldners tritt, wenn nicht der Gläubiger die Verweigerung innerhalb der sechs Monate erklärt.

(3) ¹Der Veräußerer hat auf Verlangen des Erwerbers dem Gläubiger die Schuldübernahme mitzuteilen. ²Sobald die Erteilung oder Verweigerung der Genehmigung feststeht, hat der Veräußerer den Erwerber zu benachrichtigen.

§ 417 Einwendungen des Übernehmers

(1) ¹Der Übernehmer kann dem Gläubiger die Einwendungen entgegensetzen, welche sich aus dem Rechtsverhältnisse zwischen dem Gläubiger und dem bisherigen Schuldner ergeben. ²Eine dem bisherigen Schuldner zustehende Forderung kann er nicht aufrechnen.

(2) Aus dem der Schuldübernahme zugrunde liegenden Rechtsverhältnisse zwischen dem Übernehmer und dem bisherigen Schuldner kann der Übernehmer dem Gläubiger gegenüber Einwendungen nicht herleiten.

§ 418 Erlöschen von Sicherungs- und Vorzugsrechten

(1) ¹Infolge der Schuldübernahme erlöschen die für die Forderung bestellten Bürgschaften und Pfandrechte. ²Besteht für die Forderung eine Hypothek oder eine Schiffshypothek, so tritt das Gleiche ein, wie wenn der Gläubiger auf die Hypothek oder die Schiffshypothek verzichtet. ³Diese Vorschriften finden keine Anwendung, wenn der Bürge oder derjenige, welchem der verhaftete Gegenstand zurzeit der Schuldübernahme gehört, in diese einwilligt.

(2) Ein mit der Forderung für den Fall des Insolvenzverfahrens verbundenes Vorzugsrecht kann nicht im Insolvenzverfahren über das Vermögen des Übernehmers geltend gemacht werden.

§ 419 (weggefallen)

Abschnitt 7: Mehrheit von Schuldnern und Gläubigern

§ 420 Teilbare Leistung

Schulden mehrere eine teilbare Leistung oder haben mehrere eine teilbare Leistung zu fordern, so ist im Zweifel jeder Schuldner nur zu einem gleichen Anteile verpflichtet, jeder Gläubiger nur zu einem gleichen Anteile berechtigt.

§ 421 Gesamtschuldner

¹Schulden mehrere eine Leistung in der Weise, dass jeder die ganze Leistung zu bewirken verpflichtet, der Gläubiger aber die Leistung nur einmal zu fordern berechtigt ist (Gesamtschuldner), so kann der Gläubiger die Leistung nach seinem Belieben von jedem der Schuldner ganz oder zu einem Teile fordern. ²Bis zur Bewirkung der ganzen Leistung bleiben sämtliche Schuldner verpflichtet.

§ 422 Wirkung der Erfüllung

(1) ¹Die Erfüllung durch einen Gesamtschuldner wirkt auch für die übrigen Schuldner. ²Das Gleiche gilt von der Leistung an Erfüllungs statt, der Hinterlegung und der Aufrechnung.

(2) Eine Forderung, die einem Gesamtschuldner zusteht, kann nicht von den übrigen Schuldnern aufgerechnet werden.

§ 423 Wirkung des Erlasses

Ein zwischen dem Gläubiger und einem Gesamtschuldner vereinbarter Erlass wirkt auch für die übrigen Schuldner, wenn die Vertragschließenden das ganze Schuldverhältnis aufheben wollten.

§ 424 Wirkung des Gläubigerverzugs

Der Verzug des Gläubigers gegenüber einem Gesamtschuldner wirkt auch für die übrigen Schuldner.

§ 425 Wirkung anderer Tatsachen

(1) Andere als die in den §§ 422 bis 424 bezeichneten Tatsachen wirken, soweit sich nicht aus dem Schuldverhältnis ein anderes ergibt, nur für und gegen den Gesamtschuldner, in dessen Person sie eintreten.

(2) Dies gilt insbesondere von der Kündigung, dem Verzug, dem Verschulden, von der Unmöglichkeit der Leistung in der Person eines Gesamtschuldners, von der Verjährung, deren Neubeginn, Hemmung und Ablaufhemmung, von der Vereinigung der Forderung mit der Schuld und von dem rechtskräftigen Urteil.

§ 426 Ausgleichungspflicht, Forderungsübergang

(1) ¹Die Gesamtschuldner sind im Verhältnisse zueinander zu gleichen Anteilen verpflichtet, soweit nicht ein anderes bestimmt ist. ²Kann von einem Gesamtschuldner der auf ihn entfallende Beitrag nicht erlangt werden, so ist der Ausfall von den übrigen zur Ausgleichung verpflichteten Schuldnern zu tragen.

(2) ¹Soweit ein Gesamtschuldner den Gläubiger befriedigt und von den übrigen Schuldnern Ausgleichung verlangen kann, geht die Forderung des Gläubigers gegen die übrigen Schuldner auf ihn über. ²Der Übergang kann nicht zum Nachteile des Gläubigers geltend gemacht werden.

§ 427 Gemeinschaftliche vertragliche Verpflichtung

Verpflichten sich mehrere durch Vertrag gemeinschaftlich zu einer teilbaren Leistung, so haften sie im Zweifel als Gesamtschuldner.

§ 428 Gesamtgläubiger

¹Sind mehrere eine Leistung in der Weise zu fordern berechtigt, dass jeder die ganze Leistung fordern kann, der Schuldner aber die Leistung nur einmal zu bewirken verpflichtet ist (Gesamtgläubiger), so kann der Schuldner nach seinem Belieben an jeden der Gläubiger leisten. ²Dies gilt auch dann, wenn einer der Gläubiger bereits Klage auf die Leistung erhoben hat.

§ 429 Wirkung von Veränderungen

(1) Der Verzug eines Gesamtgläubigers wirkt auch gegen die übrigen Gläubiger.

(2) Vereinigen sich Forderung und Schuld in der Person eines Gesamtgläubigers, so erlöschen die Rechte der übrigen Gläubiger gegen den Schuldner.

(3) ¹Im Übrigen finden die Vorschriften der §§ 422, 423, 425 entsprechende Anwendung. ²Insbesondere bleiben, wenn ein Gesamtgläubiger seine Forderung auf einen anderen überträgt, die Rechte der übrigen Gläubiger unberührt.

§ 430 Ausgleichungspflicht der Gesamtgläubiger

Die Gesamtgläubiger sind im Verhältnis zueinander zu gleichen Anteilen berechtigt, soweit nicht ein anderes bestimmt ist.

§ 431 Mehrere Schuldner einer unteilbaren Leistung

Schulden mehrere eine unteilbare Leistung, so haften sie als Gesamtschuldner.

§ 432 Mehrere Gläubiger einer unteilbaren Leistung

(1) ¹Haben mehrere eine unteilbare Leistung zu fordern, so kann, sofern sie nicht Gesamtgläubiger sind, der Schuldner nur an alle gemeinschaftlich leisten und jeder Gläubiger nur die Leistung an alle fordern. ²Jeder Gläubiger kann verlangen, dass der Schuldner die geschuldete Sache für alle Gläubiger hinterlegt oder, wenn sie sich nicht zur Hinterlegung eignet, an einen gerichtlich zu bestellenden Verwahrer abliefert.

(2) Im Übrigen wirkt eine Tatsache, die nur in der Person eines der Gläubiger eintritt, nicht für und gegen die übrigen Gläubiger.

Abschnitt 8: Einzelne Schuldverhältnisse

Titel 1: Kauf, Tausch*⁾

Untertitel 1: Allgemeine Vorschriften

§ 433 Vertragstypische Pflichten beim Kaufvertrag

(1) ¹Durch den Kaufvertrag wird der Verkäufer einer Sache verpflichtet, dem Käufer die Sache zu übergeben und das Eigentum an der Sache zu verschaffen. ²Der Verkäufer hat dem Käufer die Sache frei von Sach- und Rechtsmängeln zu verschaffen.

(2) Der Käufer ist verpflichtet, dem Verkäufer den vereinbarten Kaufpreis zu zahlen und die gekaufte Sache abzunehmen.

---

*⁾ **Amtl. Anm.:** Dieser Titel dient der Umsetzung der Richtlinie 1999/44/EG des Europäischen Parlaments und des Rates vom 25. Mai 1999 zu bestimmten Aspekten des Verbrauchsgüterkaufs und der Garantien für Verbrauchsgüter (ABl EG Nr. L 171 S. 12).

§ 434 Sachmangel

(1) ¹Die Sache ist frei von Sachmängeln, wenn sie bei Gefahrübergang die vereinbarte Beschaffenheit hat. ²Soweit die Beschaffenheit nicht vereinbart ist, ist die Sache frei von Sachmängeln,
1. wenn sie sich für die nach dem Vertrag vorausgesetzte Verwendung eignet, sonst
2. wenn sie sich für die gewöhnliche Verwendung eignet und eine Beschaffenheit aufweist, die bei Sachen der gleichen Art üblich ist und die der Käufer nach der Art der Sache erwarten kann.

³Zu der Beschaffenheit nach Satz 2 Nr. 2 gehören auch Eigenschaften, die der Käufer nach den öffentlichen Äußerungen des Verkäufers, des Herstellers (§ 4 Abs. 1 und 2 des Produkthaftungsgesetzes) oder seines Gehilfen insbesondere in der Werbung oder bei der Kennzeichnung über bestimmte Eigenschaften der Sache erwarten kann, es sei denn, dass der Verkäufer die Äußerung nicht kannte und auch nicht kennen musste, dass sie im Zeitpunkt des Vertragsschlusses in gleichwertiger Weise berichtigt war oder dass sie die Kaufentscheidung nicht beeinflussen konnte.

(2) ¹Ein Sachmangel ist auch dann gegeben, wenn die vereinbarte Montage durch den Verkäufer oder dessen Erfüllungsgehilfen unsachgemäß durchgeführt worden ist. ²Ein Sachmangel liegt bei einer zur Montage bestimmten Sache ferner vor, wenn die Montageanleitung mangelhaft ist, es sei denn, die Sache ist fehlerfrei montiert worden.

(3) Einem Sachmangel steht es gleich, wenn der Verkäufer eine andere Sache oder eine zu geringe Menge liefert.

§ 435 Rechtsmangel

¹Die Sache ist frei von Rechtsmängeln, wenn Dritte in Bezug auf die Sache keine oder nur die im Kaufvertrag übernommenen Rechte gegen den Käufer geltend machen können. ²Einem Rechtsmangel steht es gleich, wenn im Grundbuch ein Recht eingetragen ist, das nicht besteht.

§ 436 Öffentliche Lasten von Grundstücken

(1) Soweit nicht anders vereinbart, ist der Verkäufer eines Grundstücks verpflichtet, Erschließungsbeiträge und sonstige Anliegerbeiträge für die Maßnahmen zu tragen, die bis zum Tage des Vertragsschlusses bautechnisch begonnen sind, unabhängig vom Zeitpunkt des Entstehens der Beitragsschuld.

(2) Der Verkäufer eines Grundstücks haftet nicht für die Freiheit des Grundstücks von anderen öffentlichen Abgaben und von anderen öffentlichen Lasten, die zur Eintragung in das Grundbuch nicht geeignet sind.

§ 437 Rechte des Käufers bei Mängeln

Ist die Sache mangelhaft, kann der Käufer, wenn die Voraussetzungen der folgenden Vorschriften vorliegen und soweit nicht ein anderes bestimmt ist,
1. nach § 439 Nacherfüllung verlangen,
2. nach den §§ 440, 323 und 326 Abs. 5 von dem Vertrag zurücktreten oder nach § 441 den Kaufpreis mindern und
3. nach den §§ 440, 280, 281, 283 und 311a Schadensersatz oder nach § 284 Ersatz vergeblicher Aufwendungen verlangen.

§ 438 Verjährung der Mängelansprüche

(1) Die in § 437 Nr. 1 und 3 bezeichneten Ansprüche verjähren
1. in 30 Jahren, wenn der Mangel
    a) in einem dinglichen Recht eines Dritten, aufgrund dessen Herausgabe der Kaufsache verlangt werden kann, oder

b) in einem sonstigen Recht, das im Grundbuch eingetragen ist,
besteht,
2. in fünf Jahren,
   a) bei einem Bauwerk und
   b) bei einer Sache, die entsprechend ihrer üblichen Verwendungsweise für ein Bauwerk verwendet worden ist und dessen Mangelhaftigkeit verursacht hat, und
3. im Übrigen in zwei Jahren.

(2) Die Verjährung beginnt bei Grundstücken mit der Übergabe, im Übrigen mit der Ablieferung der Sache.

(3) ¹Abweichend von Absatz 1 Nr. 2 und 3 und Absatz 2 verjähren die Ansprüche in der regelmäßigen Verjährungsfrist, wenn der Verkäufer den Mangel arglistig verschwiegen hat. ²Im Fall des Absatzes 1 Nr. 2 tritt die Verjährung jedoch nicht vor Ablauf der dort bestimmten Frist ein.

(4) ¹Für das in § 437 bezeichnete Rücktrittsrecht gilt § 218. ²Der Käufer kann trotz einer Unwirksamkeit des Rücktritts nach § 218 Abs. 1 die Zahlung des Kaufpreises insoweit verweigern, als er aufgrund des Rücktritts dazu berechtigt sein würde. ³Macht er von diesem Recht Gebrauch, kann der Verkäufer vom Vertrag zurücktreten.

(5) Auf das in § 437 bezeichnete Minderungsrecht finden § 218 und Absatz 4 Satz 2 entsprechende Anwendung.

§ 439 Nacherfüllung[1]

(1) Der Käufer kann als Nacherfüllung nach seiner Wahl die Beseitigung des Mangels oder die Lieferung einer mangelfreien Sache verlangen.

(2) Der Verkäufer hat die zum Zwecke der Nacherfüllung erforderlichen Aufwendungen, insbesondere Transport-, Wege-, Arbeits- und Materialkosten zu tragen.

(3) ¹Hat der Käufer die mangelhafte Sache gemäß ihrer Art und ihrem Verwendungszweck in eine andere Sache eingebaut oder an eine andere Sache angebracht, ist der Verkäufer im Rahmen der Nacherfüllung verpflichtet, dem Käufer die erforderlichen Aufwendungen für das Entfernen der mangelhaften und den Einbau oder das Anbringen der nachgebesserten oder gelieferten mangelfreien Sache zu ersetzen. ²§ 442 Absatz 1 ist mit der Maßgabe anzuwenden, dass für die Kenntnis des Käufers an die Stelle des Vertragsschlusses der Einbau oder das Anbringen der mangelhaften Sache durch den Käufer tritt.

(4) ¹Der Verkäufer kann die vom Käufer gewählte Art der Nacherfüllung unbeschadet des § 275 Abs. 2 und 3 verweigern, wenn sie nur mit unverhältnismäßigen Kosten möglich ist. ²Dabei sind insbesondere der Wert der Sache in mangelfreiem Zustand, die Bedeutung des Mangels und die Frage zu berücksichtigen, ob auf die andere Art der Nacherfüllung ohne erhebliche Nachteile für den Käufer zurückgegriffen werden könnte. ³Der Anspruch des Käufers beschränkt sich in diesem Fall auf die andere Art der Nacherfüllung; das Recht des Verkäufers, auch diese unter den Voraussetzungen des Satzes 1 zu verweigern, bleibt unberührt.

(5) Liefert der Verkäufer zum Zwecke der Nacherfüllung eine mangelfreie Sache, so kann er vom Käufer Rückgewähr der mangelhaften Sache nach Maßgabe der §§ 346 bis 348 verlangen.

§ 440 Besondere Bestimmungen für Rücktritt und Schadensersatz[2]

¹Außer in den Fällen des § 281 Absatz 2 und des § 323 Absatz 2 bedarf es der Fristsetzung auch dann nicht, wenn der Verkäufer beide Arten der Nacherfüllung gemäß § 439 Absatz 4 verweigert oder wenn die dem Käufer zustehende Art der Nacherfüllung fehlgeschlagen oder ihm unzumutbar ist. ²Eine Nachbesserung gilt nach dem erfolglosen zweiten Versuch als fehl-

---

1) **Anm. d. Red.:** § 439 i. d. F. des Gesetzes v. 28. 4. 2017 (BGBl I S. 969) mit Wirkung v. 1. 1. 2018.
2) **Anm. d. Red.:** § 440 i. d. F. des Gesetzes v. 28. 4. 2017 (BGBl I S. 969) mit Wirkung v. 1. 1. 2018.

geschlagen, wenn sich nicht insbesondere aus der Art der Sache oder des Mangels oder den sonstigen Umständen etwas anderes ergibt.

§ 441 Minderung

(1) ¹Statt zurückzutreten, kann der Käufer den Kaufpreis durch Erklärung gegenüber dem Verkäufer mindern. ²Der Ausschlussgrund des § 323 Abs. 5 Satz 2 findet keine Anwendung.

(2) Sind auf der Seite des Käufers oder auf der Seite des Verkäufers mehrere beteiligt, so kann die Minderung nur von allen oder gegen alle erklärt werden.

(3) ¹Bei der Minderung ist der Kaufpreis in dem Verhältnis herabzusetzen, in welchem zurzeit des Vertragsschlusses der Wert der Sache in mangelfreiem Zustand zu dem wirklichen Wert gestanden haben würde. ²Die Minderung ist, soweit erforderlich, durch Schätzung zu ermitteln.

(4) ¹Hat der Käufer mehr als den geminderten Kaufpreis gezahlt, so ist der Mehrbetrag vom Verkäufer zu erstatten. ²§ 346 Abs. 1 und § 347 Abs. 1 finden entsprechende Anwendung.

§ 442 Kenntnis des Käufers

(1) ¹Die Rechte des Käufers wegen eines Mangels sind ausgeschlossen, wenn er bei Vertragsschluss den Mangel kennt. ²Ist dem Käufer ein Mangel infolge grober Fahrlässigkeit unbekannt geblieben, kann der Käufer Rechte wegen dieses Mangels nur geltend machen, wenn der Verkäufer den Mangel arglistig verschwiegen oder eine Garantie für die Beschaffenheit der Sache übernommen hat.

(2) Ein im Grundbuch eingetragenes Recht hat der Verkäufer zu beseitigen, auch wenn es der Käufer kennt.

§ 443 Garantie[1]

(1) Geht der Verkäufer, der Hersteller oder ein sonstiger Dritter in einer Erklärung oder einschlägigen Werbung, die vor oder bei Abschluss des Kaufvertrags verfügbar war, zusätzlich zu der gesetzlichen Mängelhaftung insbesondere die Verpflichtung ein, den Kaufpreis zu erstatten, die Sache auszutauschen, nachzubessern oder in ihrem Zusammenhang Dienstleistungen zu erbringen, falls die Sache nicht diejenige Beschaffenheit aufweist oder andere als die Mängelfreiheit betreffende Anforderungen nicht erfüllt, die in der Erklärung oder einschlägigen Werbung beschrieben sind (Garantie), stehen dem Käufer im Garantiefall unbeschadet der gesetzlichen Ansprüche die Rechte aus der Garantie gegenüber demjenigen zu, der die Garantie gegeben hat (Garantiegeber).

(2) Soweit der Garantiegeber eine Garantie dafür übernommen hat, dass die Sache für eine bestimmte Dauer eine bestimmte Beschaffenheit behält (Haltbarkeitsgarantie), wird vermutet, dass ein während ihrer Geltungsdauer auftretender Sachmangel die Rechte aus der Garantie begründet.

§ 444 Haftungsausschluss[2]

Auf eine Vereinbarung, durch welche die Rechte des Käufers wegen eines Mangels ausgeschlossen oder beschränkt werden, kann sich der Verkäufer nicht berufen, soweit er den Mangel arglistig verschwiegen oder eine Garantie für die Beschaffenheit der Sache übernommen hat.

§ 445 Haftungsbegrenzung bei öffentlichen Versteigerungen

Wird eine Sache aufgrund eines Pfandrechts in einer öffentlichen Versteigerung unter der Bezeichnung als Pfand verkauft, so stehen dem Käufer Rechte wegen eines Mangels nur zu, wenn

---

1) **Anm. d. Red.:** § 443 i. d. F. des Gesetzes v. 20. 9. 2013 (BGBl I S. 3642) mit Wirkung v. 13. 6. 2014.

2) **Anm. d. Red.:** § 444 i. d. F. des Gesetzes v. 2. 12. 2004 (BGBl I S. 3102) mit Wirkung v. 8. 12. 2004.

der Verkäufer den Mangel arglistig verschwiegen oder eine Garantie für die Beschaffenheit der Sache übernommen hat.

§ 445a Rückgriff des Verkäufers[1]

(1) Der Verkäufer kann beim Verkauf einer neu hergestellten Sache von dem Verkäufer, der ihm die Sache verkauft hatte (Lieferant), Ersatz der Aufwendungen verlangen, die er im Verhältnis zum Käufer nach § 439 Absatz 2 und 3 sowie § 475 Absatz 4 und 6 zu tragen hatte, wenn der vom Käufer geltend gemachte Mangel bereits beim Übergang der Gefahr auf den Verkäufer vorhanden war.

(2) Für die in § 437 bezeichneten Rechte des Verkäufers gegen seinen Lieferanten bedarf es wegen des vom Käufer geltend gemachten Mangels der sonst erforderlichen Fristsetzung nicht, wenn der Verkäufer die verkaufte neu hergestellte Sache als Folge ihrer Mangelhaftigkeit zurücknehmen musste oder der Käufer den Kaufpreis gemindert hat.

(3) Die Absätze 1 und 2 finden auf die Ansprüche des Lieferanten und der übrigen Käufer in der Lieferkette gegen die jeweiligen Verkäufer entsprechende Anwendung, wenn die Schuldner Unternehmer sind.

(4) § 377 des Handelsgesetzbuchs bleibt unberührt.

§ 445b Verjährung von Rückgriffsansprüchen[2]

(1) Die in § 445a Absatz 1 bestimmten Aufwendungsersatzansprüche verjähren in zwei Jahren ab Ablieferung der Sache.

(2) ¹Die Verjährung der in den §§ 437 und 445a Absatz 1 bestimmten Ansprüche des Verkäufers gegen seinen Lieferanten wegen des Mangels einer verkauften neu hergestellten Sache tritt frühestens zwei Monate nach dem Zeitpunkt ein, in dem der Verkäufer die Ansprüche des Käufers erfüllt hat. ²Diese Ablaufhemmung endet spätestens fünf Jahre nach dem Zeitpunkt, in dem der Lieferant die Sache dem Verkäufer abgeliefert hat.

(3) Die Absätze 1 und 2 finden auf die Ansprüche des Lieferanten und der übrigen Käufer in der Lieferkette gegen die jeweiligen Verkäufer entsprechende Anwendung, wenn die Schuldner Unternehmer sind.

§ 446 Gefahr- und Lastenübergang

¹Mit der Übergabe der verkauften Sache geht die Gefahr des zufälligen Untergangs und der zufälligen Verschlechterung auf den Käufer über. ²Von der Übergabe an gebühren dem Käufer die Nutzungen und trägt er die Lasten der Sache. ³Der Übergabe steht es gleich, wenn der Käufer im Verzug der Annahme ist.

§ 447 Gefahrübergang beim Versendungskauf

(1) Versendet der Verkäufer auf Verlangen des Käufers die verkaufte Sache nach einem anderen Ort als dem Erfüllungsort, so geht die Gefahr auf den Käufer über, sobald der Verkäufer die Sache dem Spediteur, dem Frachtführer oder der sonst zur Ausführung der Versendung bestimmten Person oder Anstalt ausgeliefert hat.

(2) Hat der Käufer eine besondere Anweisung über die Art der Versendung erteilt und weicht der Verkäufer ohne dringenden Grund von der Anweisung ab, so ist der Verkäufer dem Käufer für den daraus entstehenden Schaden verantwortlich.

---

1) **Anm. d. Red.:** § 445a eingefügt gem. Gesetz v. 28. 4. 2017 (BGBl I S. 969) mit Wirkung v. 1. 1. 2018.
2) **Anm. d. Red.:** § 445b eingefügt gem. Gesetz v. 28. 4. 2017 (BGBl I S. 969) mit Wirkung v. 1. 1. 2018.

§ 448 Kosten der Übergabe und vergleichbare Kosten

(1) Der Verkäufer trägt die Kosten der Übergabe der Sache, der Käufer die Kosten der Abnahme und der Versendung der Sache nach einem anderen Ort als dem Erfüllungsort.

(2) Der Käufer eines Grundstücks trägt die Kosten der Beurkundung des Kaufvertrags und der Auflassung, der Eintragung ins Grundbuch und der zu der Eintragung erforderlichen Erklärungen.

§ 449 Eigentumsvorbehalt

(1) Hat sich der Verkäufer einer beweglichen Sache das Eigentum bis zur Zahlung des Kaufpreises vorbehalten, so ist im Zweifel anzunehmen, dass das Eigentum unter der aufschiebenden Bedingung vollständiger Zahlung des Kaufpreises übertragen wird (Eigentumsvorbehalt).

(2) Aufgrund des Eigentumsvorbehalts kann der Verkäufer die Sache nur herausverlangen, wenn er vom Vertrag zurückgetreten ist.

(3) Die Vereinbarung eines Eigentumsvorbehalts ist nichtig, soweit der Eigentumsübergang davon abhängig gemacht wird, dass der Käufer Forderungen eines Dritten, insbesondere eines mit dem Verkäufer verbundenen Unternehmens, erfüllt.

§ 450 Ausgeschlossene Käufer bei bestimmten Verkäufen

(1) Bei einem Verkauf im Wege der Zwangsvollstreckung dürfen der mit der Vornahme oder Leitung des Verkaufs Beauftragte und die von ihm zugezogenen Gehilfen einschließlich des Protokollführers den zu verkaufenden Gegenstand weder für sich persönlich oder durch einen anderen noch als Vertreter eines anderen kaufen.

(2) Absatz 1 gilt auch bei einem Verkauf außerhalb der Zwangsvollstreckung, wenn der Auftrag zu dem Verkauf aufgrund einer gesetzlichen Vorschrift erteilt worden ist, die den Auftraggeber ermächtigt, den Gegenstand für Rechnung eines anderen verkaufen zu lassen, insbesondere in den Fällen des Pfandverkaufs und des in den §§ 383 und 385 zugelassenen Verkaufs, sowie bei einem Verkauf aus einer Insolvenzmasse.

§ 451 Kauf durch ausgeschlossenen Käufer

(1) ¹Die Wirksamkeit eines dem § 450 zuwider erfolgten Kaufs und der Übertragung des gekauften Gegenstandes hängt von der Zustimmung der bei dem Verkauf als Schuldner, Eigentümer oder Gläubiger Beteiligten ab. ²Fordert der Käufer einen Beteiligten zur Erklärung über die Genehmigung auf, so findet § 177 Abs. 2 entsprechende Anwendung.

(2) Wird infolge der Verweigerung der Genehmigung ein neuer Verkauf vorgenommen, so hat der frühere Käufer für die Kosten des neuen Verkaufs sowie für einen Mindererlös aufzukommen.

§ 452 Schiffskauf

Die Vorschriften dieses Untertitels über den Kauf von Grundstücken finden auf den Kauf von eingetragenen Schiffen und Schiffsbauwerken entsprechende Anwendung.

§ 453 Rechtskauf

(1) Die Vorschriften über den Kauf von Sachen finden auf den Kauf von Rechten und sonstigen Gegenständen entsprechende Anwendung.

(2) Der Verkäufer trägt die Kosten der Begründung und Übertragung des Rechts.

(3) Ist ein Recht verkauft, das zum Besitz einer Sache berechtigt, so ist der Verkäufer verpflichtet, dem Käufer die Sache frei von Sach- und Rechtsmängeln zu übergeben.

Untertitel 2: Besondere Arten des Kaufs
Kapitel 1: Kauf auf Probe
§ 454 Zustandekommen des Kaufvertrags
(1) ¹Bei einem Kauf auf Probe oder auf Besichtigung steht die Billigung des gekauften Gegenstandes im Belieben des Käufers. ²Der Kauf ist im Zweifel unter der aufschiebenden Bedingung der Billigung geschlossen.

(2) Der Verkäufer ist verpflichtet, dem Käufer die Untersuchung des Gegenstandes zu gestatten.

§ 455 Billigungsfrist
¹Die Billigung eines auf Probe oder auf Besichtigung gekauften Gegenstandes kann nur innerhalb der vereinbarten Frist und in Ermangelung einer solchen nur bis zum Ablauf einer dem Käufer von dem Verkäufer bestimmten angemessenen Frist erklärt werden. ²War die Sache dem Käufer zum Zwecke der Probe oder der Besichtigung übergeben, so gilt sein Schweigen als Billigung.

Kapitel 2: Wiederkauf
§ 456 Zustandekommen des Wiederkaufs
(1) ¹Hat sich der Verkäufer in dem Kaufvertrag das Recht des Wiederkaufs vorbehalten, so kommt der Wiederkauf mit der Erklärung des Verkäufers gegenüber dem Käufer, dass er das Wiederkaufsrecht ausübe, zustande. ²Die Erklärung bedarf nicht der für den Kaufvertrag bestimmten Form.

(2) Der Preis, zu welchem verkauft worden ist, gilt im Zweifel auch für den Wiederkauf.

§ 457 Haftung des Wiederverkäufers
(1) Der Wiederverkäufer ist verpflichtet, dem Wiederkäufer den gekauften Gegenstand nebst Zubehör herauszugeben.

(2) ¹Hat der Wiederverkäufer vor der Ausübung des Wiederkaufsrechts eine Verschlechterung, den Untergang oder eine aus einem anderen Grund eingetretene Unmöglichkeit der Herausgabe des gekauften Gegenstandes verschuldet oder den Gegenstand wesentlich verändert, so ist er für den daraus entstehenden Schaden verantwortlich. ²Ist der Gegenstand ohne Verschulden des Wiederverkäufers verschlechtert oder ist er nur unwesentlich verändert, so kann der Wiederkäufer Minderung des Kaufpreises nicht verlangen.

§ 458 Beseitigung von Rechten Dritter
¹Hat der Wiederverkäufer vor der Ausübung des Wiederkaufsrechts über den gekauften Gegenstand verfügt, so ist er verpflichtet, die dadurch begründeten Rechte Dritter zu beseitigen. ²Einer Verfügung des Wiederverkäufers steht eine Verfügung gleich, die im Wege der Zwangsvollstreckung oder der Arrestvollziehung oder durch den Insolvenzverwalter erfolgt.

§ 459 Ersatz von Verwendungen
¹Der Wiederverkäufer kann für Verwendungen, die er auf den gekauften Gegenstand vor dem Wiederkauf gemacht hat, insoweit Ersatz verlangen, als der Wert des Gegenstandes durch die Verwendungen erhöht ist. ²Eine Einrichtung, mit der er die herauszugebende Sache versehen hat, kann er wegnehmen.

§ 460 Wiederkauf zum Schätzungswert
Ist als Wiederkaufspreis der Schätzungswert vereinbart, den der gekaufte Gegenstand zurzeit des Wiederkaufs hat, so ist der Wiederverkäufer für eine Verschlechterung, den Untergang oder

die aus einem anderen Grund eingetretene Unmöglichkeit der Herausgabe des Gegenstandes nicht verantwortlich, der Wiederkäufer zum Ersatz von Verwendungen nicht verpflichtet.

§ 461 Mehrere Wiederkaufsberechtigte

¹Steht das Wiederkaufsrecht mehreren gemeinschaftlich zu, so kann es nur im Ganzen ausgeübt werden. ²Ist es für einen der Berechtigten erloschen oder übt einer von ihnen sein Recht nicht aus, so sind die Übrigen berechtigt, das Wiederkaufsrecht im Ganzen auszuüben.

§ 462 Ausschlussfrist

¹Das Wiederkaufsrecht kann bei Grundstücken nur bis zum Ablauf von 30, bei anderen Gegenständen nur bis zum Ablauf von drei Jahren nach der Vereinbarung des Vorbehalts ausgeübt werden. ²Ist für die Ausübung eine Frist bestimmt, so tritt diese an die Stelle der gesetzlichen Frist.

Kapitel 3: Vorkauf

§ 463 Voraussetzungen der Ausübung

Wer in Ansehung eines Gegenstandes zum Vorkauf berechtigt ist, kann das Vorkaufsrecht ausüben, sobald der Verpflichtete mit einem Dritten einen Kaufvertrag über den Gegenstand geschlossen hat.

§ 464 Ausübung des Vorkaufsrechts

(1) ¹Die Ausübung des Vorkaufsrechts erfolgt durch Erklärung gegenüber dem Verpflichteten. ²Die Erklärung bedarf nicht der für den Kaufvertrag bestimmten Form.

(2) Mit der Ausübung des Vorkaufsrechts kommt der Kauf zwischen dem Berechtigten und dem Verpflichteten unter den Bestimmungen zustande, welche der Verpflichtete mit dem Dritten vereinbart hat.

§ 465 Unwirksame Vereinbarungen

Eine Vereinbarung des Verpflichteten mit dem Dritten, durch welche der Kauf von der Nichtausübung des Vorkaufsrechts abhängig gemacht oder dem Verpflichteten für den Fall der Ausübung des Vorkaufsrechts der Rücktritt vorbehalten wird, ist dem Vorkaufsberechtigten gegenüber unwirksam.

§ 466 Nebenleistungen

¹Hat sich der Dritte in dem Vertrag zu einer Nebenleistung verpflichtet, die der Vorkaufsberechtigte zu bewirken außerstande ist, so hat der Vorkaufsberechtigte statt der Nebenleistung ihren Wert zu entrichten. ²Lässt sich die Nebenleistung nicht in Geld schätzen, so ist die Ausübung des Vorkaufsrechts ausgeschlossen; die Vereinbarung der Nebenleistung kommt jedoch nicht in Betracht, wenn der Vertrag mit dem Dritten auch ohne sie geschlossen sein würde.

§ 467 Gesamtpreis

¹Hat der Dritte den Gegenstand, auf den sich das Vorkaufsrecht bezieht, mit anderen Gegenständen zu einem Gesamtpreis gekauft, so hat der Vorkaufsberechtigte einen verhältnismäßigen Teil des Gesamtpreises zu entrichten. ²Der Verpflichtete kann verlangen, dass der Vorkauf auf alle Sachen erstreckt wird, die nicht ohne Nachteil für ihn getrennt werden können.

§ 468 Stundung des Kaufpreises

(1) Ist dem Dritten in dem Vertrag der Kaufpreis gestundet worden, so kann der Vorkaufsberechtigte die Stundung nur in Anspruch nehmen, wenn er für den gestundeten Betrag Sicherheit leistet.

(2) ¹Ist ein Grundstück Gegenstand des Vorkaufs, so bedarf es der Sicherheitsleistung insoweit nicht, als für den gestundeten Kaufpreis die Bestellung einer Hypothek an dem Grundstück vereinbart oder in Anrechnung auf den Kaufpreis eine Schuld, für die eine Hypothek an dem Grundstück besteht, übernommen worden ist. ²Entsprechendes gilt, wenn ein eingetragenes Schiff oder Schiffsbauwerk Gegenstand des Vorkaufs ist.

§ 469 Mitteilungspflicht, Ausübungsfrist

(1) ¹Der Verpflichtete hat dem Vorkaufsberechtigten den Inhalt des mit dem Dritten geschlossenen Vertrags unverzüglich mitzuteilen. ²Die Mitteilung des Verpflichteten wird durch die Mitteilung des Dritten ersetzt.

(2) ¹Das Vorkaufsrecht kann bei Grundstücken nur bis zum Ablauf von zwei Monaten, bei anderen Gegenständen nur bis zum Ablauf einer Woche nach dem Empfang der Mitteilung ausgeübt werden. ²Ist für die Ausübung eine Frist bestimmt, so tritt diese an die Stelle der gesetzlichen Frist.

§ 470 Verkauf an gesetzlichen Erben

Das Vorkaufsrecht erstreckt sich im Zweifel nicht auf einen Verkauf, der mit Rücksicht auf ein künftiges Erbrecht an einen gesetzlichen Erben erfolgt.

§ 471 Verkauf bei Zwangsvollstreckung oder Insolvenz

Das Vorkaufsrecht ist ausgeschlossen, wenn der Verkauf im Wege der Zwangsvollstreckung oder aus einer Insolvenzmasse erfolgt.

§ 472 Mehrere Vorkaufsberechtigte

¹Steht das Vorkaufsrecht mehreren gemeinschaftlich zu, so kann es nur im Ganzen ausgeübt werden. ²Ist es für einen der Berechtigten erloschen oder übt einer von ihnen sein Recht nicht aus, so sind die Übrigen berechtigt, das Vorkaufsrecht im Ganzen auszuüben.

§ 473 Unübertragbarkeit

¹Das Vorkaufsrecht ist nicht übertragbar und geht nicht auf die Erben des Berechtigten über, sofern nicht ein anderes bestimmt ist. ²Ist das Recht auf eine bestimmte Zeit beschränkt, so ist es im Zweifel vererblich.

Untertitel 3: Verbrauchsgüterkauf

§ 474 Verbrauchsgüterkauf[1)]

(1) ¹Verbrauchsgüterkäufe sind Verträge, durch die ein Verbraucher von einem Unternehmer eine bewegliche Sache kauft. ²Um einen Verbrauchsgüterkauf handelt es sich auch bei einem Vertrag, der neben dem Verkauf einer beweglichen Sache die Erbringung einer Dienstleistung durch den Unternehmer zum Gegenstand hat.

(2) ¹Für den Verbrauchsgüterkauf gelten ergänzend die folgenden Vorschriften dieses Untertitels. ²Dies gilt nicht für gebrauchte Sachen, die in einer öffentlich zugänglichen Versteigerung verkauft werden, an der der Verbraucher persönlich teilnehmen kann.

---

1) **Anm. d. Red.:** § 474 i. d. F. des Gesetzes v. 28. 4. 2017 (BGBl I S. 969) mit Wirkung v. 1. 1. 2018.

§ 475 Anwendbare Vorschriften[1]

(1) ¹Ist eine Zeit für die nach § 433 zu erbringenden Leistungen weder bestimmt noch aus den Umständen zu entnehmen, so kann der Gläubiger diese Leistungen abweichend von § 271 Absatz 1 nur unverzüglich verlangen. ²Der Unternehmer muss die Sache in diesem Fall spätestens 30 Tage nach Vertragsschluss übergeben. ³Die Vertragsparteien können die Leistungen sofort bewirken.

(2) § 447 Absatz 1 gilt mit der Maßgabe, dass die Gefahr des zufälligen Untergangs und der zufälligen Verschlechterung nur dann auf den Käufer übergeht, wenn der Käufer den Spediteur, den Frachtführer oder die sonst zur Ausführung der Versendung bestimmte Person oder Anstalt mit der Ausführung beauftragt hat und der Unternehmer dem Käufer diese Person oder Anstalt nicht zuvor benannt hat.

(3) ¹§ 439 Absatz 5 ist mit der Maßgabe anzuwenden, dass Nutzungen nicht herauszugeben oder durch ihren Wert zu ersetzen sind. ²Die §§ 445 und 447 Absatz 2 sind nicht anzuwenden.

(4) ¹Ist die eine Art der Nacherfüllung nach § 275 Absatz 1 ausgeschlossen oder kann der Unternehmer diese nach § 275 Absatz 2 oder 3 oder § 439 Absatz 4 Satz 1 verweigern, kann er die andere Art der Nacherfüllung nicht wegen Unverhältnismäßigkeit der Kosten nach § 439 Absatz 4 Satz 1 verweigern. ²Ist die andere Art der Nacherfüllung wegen der Höhe der Aufwendungen nach § 439 Absatz 2 oder Absatz 3 Satz 1 unverhältnismäßig, kann der Unternehmer den Aufwendungsersatz auf einen angemessenen Betrag beschränken. ³Bei der Bemessung dieses Betrages sind insbesondere der Wert der Sache in mangelfreiem Zustand und die Bedeutung des Mangels zu berücksichtigen.

(5) § 440 Satz 1 ist auch in den Fällen anzuwenden, in denen der Verkäufer die Nacherfüllung gemäß Absatz 4 Satz 2 beschränkt.

(6) Der Verbraucher kann von dem Unternehmer für Aufwendungen, die ihm im Rahmen der Nacherfüllung gemäß § 439 Absatz 2 und 3 entstehen und die vom Unternehmer zu tragen sind, Vorschuss verlangen.

§ 476 Abweichende Vereinbarungen[2]

(1) ¹Auf eine vor Mitteilung eines Mangels an den Unternehmer getroffene Vereinbarung, die zum Nachteil des Verbrauchers von den §§ 433 bis 435, 437, 439 bis 443, sowie von den Vorschriften dieses Untertitels abweicht, kann der Unternehmer sich nicht berufen. ²Die in Satz 1 bezeichneten Vorschriften finden auch Anwendung, wenn sie durch anderweitige Gestaltungen umgangen werden.

(2) Die Verjährung der in § 437 bezeichneten Ansprüche kann vor Mitteilung eines Mangels an den Unternehmer nicht durch Rechtsgeschäft erleichtert werden, wenn die Vereinbarung zu einer Verjährungsfrist ab dem gesetzlichen Verjährungsbeginn von weniger als zwei Jahren, bei gebrauchten Sachen von weniger als einem Jahr führt.

(3) Die Absätze 1 und 2 gelten unbeschadet der §§ 307 bis 309 nicht für den Ausschluss oder die Beschränkung des Anspruchs auf Schadensersatz.

§ 477 Beweislastumkehr[3]

Zeigt sich innerhalb von sechs Monaten seit Gefahrübergang ein Sachmangel, so wird vermutet, dass die Sache bereits bei Gefahrübergang mangelhaft war, es sei denn, diese Vermutung ist mit der Art der Sache oder des Mangels unvereinbar.

---

1) **Anm. d. Red.:** § 475 i. d. F. des Gesetzes v. 28. 4. 2017 (BGBl I S. 969) mit Wirkung v. 1. 1. 2018.

2) **Anm. d. Red.:** Bisheriger § 475 zu § 476 geworden gem. Gesetz v. 28. 4. 2017 (BGBl I S. 969) mit Wirkung v. 1. 1. 2018.

3) **Anm. d. Red.:** Bisheriger § 476 zu § 477 geworden gem. Gesetz v: 28. 4. 2017 (BGBl I S. 969) mit Wirkung v. 1. 1. 2018.

§ 478 Sonderbestimmungen für den Rückgriff des Unternehmers[1]

(1) Ist der letzte Vertrag in der Lieferkette ein Verbrauchsgüterkauf (§ 474), findet § 477 in den Fällen des § 445a Absatz 1 und 2 mit der Maßgabe Anwendung, dass die Frist mit dem Übergang der Gefahr auf den Verbraucher beginnt.

(2) ¹Auf eine vor Mitteilung eines Mangels an den Lieferanten getroffene Vereinbarung, die zum Nachteil des Unternehmers von Absatz 1 sowie von den §§ 433 bis 435, 437, 439 bis 443, 445a Absatz 1 und 2 sowie von § 445b abweicht, kann sich der Lieferant nicht berufen, wenn dem Rückgriffsgläubiger kein gleichwertiger Ausgleich eingeräumt wird. ²Satz 1 gilt unbeschadet des § 307 nicht für den Ausschluss oder die Beschränkung des Anspruchs auf Schadensersatz. ³Die in Satz 1 bezeichneten Vorschriften finden auch Anwendung, wenn sie durch anderweitige Gestaltungen umgangen werden.

(3) Die Absätze 1 und 2 finden auf die Ansprüche des Lieferanten und der übrigen Käufer in der Lieferkette gegen die jeweiligen Verkäufer entsprechende Anwendung, wenn die Schuldner Unternehmer sind.

§ 479 Sonderbestimmungen für Garantien[2]

(1) ¹Eine Garantieerklärung (§ 443) muss einfach und verständlich abgefasst sein. ²Sie muss enthalten:
1. den Hinweis auf die gesetzlichen Rechte des Verbrauchers sowie darauf, dass sie durch die Garantie nicht eingeschränkt werden, und
2. den Inhalt der Garantie und alle wesentlichen Angaben, die für die Geltendmachung der Garantie erforderlich sind, insbesondere die Dauer und den räumlichen Geltungsbereich des Garantieschutzes sowie Namen und Anschrift des Garantiegebers.

(2) Der Verbraucher kann verlangen, dass ihm die Garantieerklärung in Textform mitgeteilt wird.

(3) Die Wirksamkeit der Garantieverpflichtung wird nicht dadurch berührt, dass eine der vorstehenden Anforderungen nicht erfüllt wird.

Untertitel 4: Tausch

§ 480 Tausch
Auf den Tausch finden die Vorschriften über den Kauf entsprechende Anwendung.

Titel 2: Teilzeit-Wohnrechteverträge, Verträge über langfristige Urlaubsprodukte, Vermittlungsverträge und Tauschsystemverträge[3)*]

§ 481 Teilzeit-Wohnrechtevertrag[4]

(1) ¹Ein Teilzeit-Wohnrechtevertrag ist ein Vertrag, durch den ein Unternehmer einem Verbraucher gegen Zahlung eines Gesamtpreises das Recht verschafft oder zu verschaffen verspricht, für die Dauer von mehr als einem Jahr ein Wohngebäude mehrfach für einen bestimmten oder zu bestimmenden Zeitraum zu Übernachtungszwecken zu nutzen. ²Bei der Berechnung

---

*) **Amtl. Anm.:** Dieser Titel dient der Umsetzung der Richtlinie 94/47/EG des Europäischen Parlaments und des Rates vom 26. Oktober 1994 zum Schutz der Erwerber im Hinblick auf bestimmte Aspekte von Verträgen über den Erwerb von Teilzeitnutzungsrechten an Immobilien (ABl EG Nr. L 280 S. 82).

1) **Anm. d. Red.:** § 478 i. d. F. des Gesetzes v. 28. 4. 2017 (BGBl I S. 969) mit Wirkung v. 1. 1. 2018.
2) **Anm. d. Red.:** § 479 i. d. F. des Gesetzes v. 28. 4. 2017 (BGBl I S. 969) mit Wirkung v. 1. 1. 2018.
3) **Anm. d. Red.:** Überschrift i. d. F. des Gesetzes v. 17. 1. 2011 (BGBl I S. 34) mit Wirkung v. 23. 2. 2011.
4) **Anm. d. Red.:** § 481 i. d. F. des Gesetzes v. 17. 1. 2011 (BGBl I S. 34) mit Wirkung v. 23. 2. 2011.

der Vertragsdauer sind sämtliche im Vertrag vorgesehenen Verlängerungsmöglichkeiten zu berücksichtigen.

(2) ¹Das Recht kann ein dingliches oder anderes Recht sein und insbesondere auch durch eine Mitgliedschaft in einem Verein oder einen Anteil an einer Gesellschaft eingeräumt werden. ²Das Recht kann auch darin bestehen, aus einem Bestand von Wohngebäuden ein Wohngebäude zur Nutzung zu wählen.

(3) Einem Wohngebäude steht ein Teil eines Wohngebäudes gleich, ebenso eine bewegliche, als Übernachtungsunterkunft gedachte Sache oder ein Teil derselben.

§ 481a Vertrag über ein langfristiges Urlaubsprodukt[1]

¹Ein Vertrag über ein langfristiges Urlaubsprodukt ist ein Vertrag für die Dauer von mehr als einem Jahr, durch den ein Unternehmer einem Verbraucher gegen Zahlung eines Gesamtpreises das Recht verschafft oder zu verschaffen verspricht, Preisnachlässe oder sonstige Vergünstigungen in Bezug auf eine Unterkunft zu erwerben. ²§ 481 Absatz 1 Satz 2 gilt entsprechend.

§ 481b Vermittlungsvertrag, Tauschsystemvertrag[2]

(1) Ein Vermittlungsvertrag ist ein Vertrag, durch den sich ein Unternehmer von einem Verbraucher ein Entgelt versprechen lässt für den Nachweis der Gelegenheit zum Abschluss eines Vertrags oder für die Vermittlung eines Vertrags, durch den die Rechte des Verbrauchers aus einem Teilzeit-Wohnrechtevertrag oder einem Vertrag über ein langfristiges Urlaubsprodukt erworben oder veräußert werden sollen.

(2) Ein Tauschsystemvertrag ist ein Vertrag, durch den sich ein Unternehmer von einem Verbraucher ein Entgelt versprechen lässt für den Nachweis der Gelegenheit zum Abschluss eines Vertrags oder für die Vermittlung eines Vertrags, durch den einzelne Rechte des Verbrauchers aus einem Teilzeit-Wohnrechtevertrag oder einem Vertrag über ein langfristiges Urlaubsprodukt getauscht oder auf andere Weise erworben oder veräußert werden sollen.

§ 482 Vorvertragliche Informationen, Werbung und Verbot des Verkaufs als Geldanlage[3]

(1) ¹Der Unternehmer hat dem Verbraucher rechtzeitig vor Abgabe von dessen Vertragserklärung zum Abschluss eines Teilzeit-Wohnrechtevertrags, eines Vertrags über ein langfristiges Urlaubsprodukt, eines Vermittlungsvertrags oder eines Tauschsystemvertrags vorvertragliche Informationen nach Artikel 242 § 1 des Einführungsgesetzes zum Bürgerlichen Gesetzbuche in Textform zur Verfügung zu stellen. ²Diese müssen klar und verständlich sein.

(2) ¹In jeder Werbung für solche Verträge ist anzugeben, dass vorvertragliche Informationen erhältlich sind und wo diese angefordert werden können. ²Der Unternehmer hat bei der Einladung zu Werbe- oder Verkaufsveranstaltungen deutlich auf den gewerblichen Charakter der Veranstaltung hinzuweisen. ³Dem Verbraucher sind auf solchen Veranstaltungen die vorvertraglichen Informationen jederzeit zugänglich zu machen.

(3) Ein Teilzeit-Wohnrecht oder ein Recht aus einem Vertrag über ein langfristiges Urlaubsprodukt darf nicht als Geldanlage beworben oder verkauft werden.

§ 482a Widerrufsbelehrung[4]

¹Der Unternehmer muss den Verbraucher vor Vertragsschluss in Textform auf das Widerrufsrecht einschließlich der Widerrufsfrist sowie auf das Anzahlungsverbot nach § 486 hinweisen.

---

1) **Anm. d. Red.:** § 481a eingefügt gem. Gesetz v. 17.1.2011 (BGBl I S. 34) mit Wirkung v. 23.2.2011.
2) **Anm. d. Red.:** § 481b eingefügt gem. Gesetz v. 17.1.2011 (BGBl I S. 34) mit Wirkung v. 23.2.2011.
3) **Anm. d. Red.:** § 482 i. d. F. des Gesetzes v. 17.1.2011 (BGBl I S. 34) mit Wirkung v. 23.2.2011.
4) **Anm. d. Red.:** § 482a eingefügt gem. Gesetz v. 17.1.2011 (BGBl I S. 34) mit Wirkung v. 23.2.2011.

²Der Erhalt der entsprechenden Vertragsbestimmungen ist vom Verbraucher schriftlich zu bestätigen. ³Die Einzelheiten sind in Artikel 242 § 2 des Einführungsgesetzes zum Bürgerlichen Gesetzbuche geregelt.

§ 483 Sprache des Vertrags und der vorvertraglichen Informationen[1]

(1) ¹Der Teilzeit-Wohnrechtevertrag, der Vertrag über ein langfristiges Urlaubsprodukt, der Vermittlungsvertrag oder der Tauschsystemvertrag ist in der Amtssprache oder, wenn es dort mehrere Amtssprachen gibt, in der vom Verbraucher gewählten Amtssprache des Mitgliedstaats der Europäischen Union oder des Vertragsstaats des Abkommens über den Europäischen Wirtschaftsraum abzufassen, in dem der Verbraucher seinen Wohnsitz hat. ²Ist der Verbraucher Angehöriger eines anderen Mitgliedstaats, so kann er statt der Sprache seines Wohnsitzstaats auch die oder eine der Amtssprachen des Staats, dem er angehört, wählen. ³Die Sätze 1 und 2 gelten auch für die vorvertraglichen Informationen und für die Widerrufsbelehrung.

(2) Ist der Vertrag von einem deutschen Notar zu beurkunden, so gelten die §§ 5 und 16 des Beurkundungsgesetzes mit der Maßgabe, dass dem Verbraucher eine beglaubigte Übersetzung des Vertrags in der von ihm nach Absatz 1 gewählten Sprache auszuhändigen ist.

(3) Verträge, die Absatz 1 Satz 1 und 2 oder Absatz 2 nicht entsprechen, sind nichtig.

§ 484 Form und Inhalt des Vertrags[2]

(1) Der Teilzeit-Wohnrechtevertrag, der Vertrag über ein langfristiges Urlaubsprodukt, der Vermittlungsvertrag oder der Tauschsystemvertrag bedarf der schriftlichen Form, soweit nicht in anderen Vorschriften eine strengere Form vorgeschrieben ist.

(2) ¹Die dem Verbraucher nach § 482 Absatz 1 zur Verfügung gestellten vorvertraglichen Informationen werden Inhalt des Vertrags, sofern sie nicht einvernehmlich oder einseitig durch den Unternehmer geändert wurden. ²Der Unternehmer darf die vorvertraglichen Informationen nur einseitig ändern, um sie an Veränderungen anzupassen, die durch höhere Gewalt verursacht wurden. ³Die Änderungen nach Satz 1 müssen dem Verbraucher vor Abschluss des Vertrags in Textform mitgeteilt werden. ⁴Sie werden nur wirksam, wenn sie in die Vertragsdokumente mit dem Hinweis aufgenommen werden, dass sie von den nach § 482 Absatz 1 zur Verfügung gestellten vorvertraglichen Informationen abweichen. ⁵In die Vertragsdokumente sind aufzunehmen:

1. die vorvertraglichen Informationen nach § 482 Absatz 1 unbeschadet ihrer Geltung nach Satz 1,
2. die Namen und ladungsfähigen Anschriften beider Parteien sowie
3. Datum und Ort der Abgabe der darin enthaltenen Vertragserklärungen.

(3) ¹Der Unternehmer hat dem Verbraucher die Vertragsurkunde oder eine Abschrift des Vertrags zu überlassen. ²Bei einem Teilzeit-Wohnrechtevertrag hat er, wenn die Vertragssprache und die Amtssprache des Mitgliedstaats der Europäischen Union oder des Vertragsstaats des Abkommens über den Europäischen Wirtschaftsraum, in dem sich das Wohngebäude befindet, verschieden sind, eine beglaubigte Übersetzung des Vertrags in einer Amtssprache des Staats beizufügen, in dem sich das Wohngebäude befindet. ³Die Pflicht zur Beifügung einer beglaubigten Übersetzung entfällt, wenn sich der Teilzeit-Wohnrechtevertrag auf einen Bestand von Wohngebäuden bezieht, die sich in verschiedenen Staaten befinden.

---

1) **Anm. d. Red.:** § 483 i. d. F. des Gesetzes v. 17. 1. 2011 (BGBl I S. 34) mit Wirkung v. 23. 2. 2011.
2) **Anm. d. Red.:** § 484 i. d. F. des Gesetzes v. 17. 1. 2011 (BGBl I S. 34) mit Wirkung v. 23. 2. 2011.

§ 485 Widerrufsrecht[1]

Dem Verbraucher steht bei einem Teilzeit-Wohnrechtevertrag, einem Vertrag über ein langfristiges Urlaubsprodukt, einem Vermittlungsvertrag oder einem Tauschsystemvertrag ein Widerrufsrecht nach § 355 zu.

§ 485a (weggefallen)[2]

§ 486 Anzahlungsverbot[3]

(1) Der Unternehmer darf Zahlungen des Verbrauchers vor Ablauf der Widerrufsfrist nicht fordern oder annehmen.

(2) Es dürfen keine Zahlungen des Verbrauchers im Zusammenhang mit einem Vermittlungsvertrag gefordert oder angenommen werden, bis der Unternehmer seine Pflichten aus dem Vermittlungsvertrag erfüllt hat oder diese Vertragsbeziehung beendet ist.

§ 486a Besondere Vorschriften für Verträge über langfristige Urlaubsprodukte[4]

(1) ¹Bei einem Vertrag über ein langfristiges Urlaubsprodukt enthält das in Artikel 242 § 1 Absatz 2 des Einführungsgesetzes zum Bürgerlichen Gesetzbuche bezeichnete Formblatt einen Ratenzahlungsplan. ²Der Unternehmer darf von den dort genannten Zahlungsmodalitäten nicht abweichen. ³Er darf den laut Formblatt fälligen jährlichen Teilbetrag vom Verbraucher nur fordern oder annehmen, wenn er den Verbraucher zuvor in Textform zur Zahlung dieses Teilbetrags aufgefordert hat. ⁴Die Zahlungsaufforderung muss dem Verbraucher mindestens zwei Wochen vor Fälligkeit des jährlichen Teilbetrags zugehen.

(2) Ab dem Zeitpunkt, der nach Absatz 1 für die Zahlung des zweiten Teilbetrags vorgesehen ist, kann der Verbraucher den Vertrag innerhalb von zwei Wochen ab Zugang der Zahlungsaufforderung zum Fälligkeitstermin gemäß Absatz 1 kündigen.

§ 487 Abweichende Vereinbarungen[5]

¹Von den Vorschriften dieses Titels darf nicht zum Nachteil des Verbrauchers abgewichen werden. ²Die Vorschriften dieses Titels finden, soweit nicht ein anderes bestimmt ist, auch Anwendung, wenn sie durch anderweitige Gestaltungen umgangen werden.

---

1) **Anm. d. Red.:** § 485 i. d. F. des Gesetzes v. 20. 9. 2013 (BGBl I S. 3642) mit Wirkung v. 13. 6. 2014.
2) **Anm. d. Red.:** § 485a weggefallen gem. Gesetz v. 20. 9. 2013 (BGBl I S. 3642) mit Wirkung v. 13. 6. 2014.
3) **Anm. d. Red.:** § 486 i. d. F. des Gesetzes v. 17. 1. 2011 (BGBl I S. 34) mit Wirkung v. 23. 2. 2011.
4) **Anm. d. Red.:** § 486a eingefügt gem. Gesetz v. 17. 1. 2011 (BGBl I S. 34) mit Wirkung v. 23. 2. 2011.
5) **Anm. d. Red.:** § 487 i. d. F. des Gesetzes v. 23. 7. 2002 (BGBl I S. 2850) mit Wirkung v. 1. 8. 2002.

Titel 3: Darlehensvertrag; Finanzierungshilfen und Ratenlieferungsverträge zwischen einem Unternehmer und einem Verbraucher[*]

Untertitel 1: Darlehensvertrag

Kapitel 1: Allgemeine Vorschriften[1]

§ 488 Vertragstypische Pflichten beim Darlehensvertrag[2]

(1) ¹Durch den Darlehensvertrag wird der Darlehensgeber verpflichtet, dem Darlehensnehmer einen Geldbetrag in der vereinbarten Höhe zur Verfügung zu stellen. ²Der Darlehensnehmer ist verpflichtet, einen geschuldeten Zins zu zahlen und bei Fälligkeit das zur Verfügung gestellte Darlehen zurückzuzahlen.

(2) Die vereinbarten Zinsen sind, soweit nicht ein anderes bestimmt ist, nach dem Ablauf je eines Jahres und, wenn das Darlehen vor dem Ablauf eines Jahres zurückzuzahlen ist, bei der Rückzahlung zu entrichten.

(3) ¹Ist für die Rückzahlung des Darlehens eine Zeit nicht bestimmt, so hängt die Fälligkeit davon ab, dass der Darlehensgeber oder der Darlehensnehmer kündigt. ²Die Kündigungsfrist beträgt drei Monate. ³Sind Zinsen nicht geschuldet, so ist der Darlehensnehmer auch ohne Kündigung zur Rückzahlung berechtigt.

§ 489 Ordentliches Kündigungsrecht des Darlehensnehmers[3]

(1) Der Darlehensnehmer kann einen Darlehensvertrag mit gebundenem Sollzinssatz ganz oder teilweise kündigen,
1. wenn die Sollzinsbindung vor der für die Rückzahlung bestimmten Zeit endet und keine neue Vereinbarung über den Sollzinssatz getroffen ist, unter Einhaltung einer Kündigungsfrist von einem Monat frühestens für den Ablauf des Tages, an dem die Sollzinsbindung endet; ist eine Anpassung des Sollzinssatzes in bestimmten Zeiträumen bis zu einem Jahr vereinbart, so kann der Darlehensnehmer jeweils nur für den Ablauf des Tages, an dem die Sollzinsbindung endet, kündigen;
2. in jedem Fall nach Ablauf von zehn Jahren nach dem vollständigen Empfang unter Einhaltung einer Kündigungsfrist von sechs Monaten; wird nach dem Empfang des Darlehens eine neue Vereinbarung über die Zeit der Rückzahlung oder den Sollzinssatz getroffen, so tritt der Zeitpunkt dieser Vereinbarung an die Stelle des Zeitpunkts des Empfangs.

(2) Der Darlehensnehmer kann einen Darlehensvertrag mit veränderlichem Zinssatz jederzeit unter Einhaltung einer Kündigungsfrist von drei Monaten kündigen.

(3) Eine Kündigung des Darlehensnehmers gilt als nicht erfolgt, wenn er den geschuldeten Betrag nicht binnen zwei Wochen nach Wirksamwerden der Kündigung zurückzahlt.

(4) ¹Das Kündigungsrecht des Darlehensnehmers nach den Absätzen 1 und 2 kann nicht durch Vertrag ausgeschlossen oder erschwert werden. ²Dies gilt nicht bei Darlehen an den Bund, ein Sondervermögen des Bundes, ein Land, eine Gemeinde, einen Gemeindeverband, die Europäischen Gemeinschaften oder ausländische Gebietskörperschaften.

---

[*] **Amtl. Anm.:** Dieser Titel dient der Umsetzung der Richtlinie 87/102/EWG des Rates zur Angleichung der Rechts- und Verwaltungsvorschriften der Mitgliedstaaten über den Verbraucherkredit (ABl EG Nr. L 42 S. 48), zuletzt geändert durch die Richtlinie 98/7/EG des Europäischen Parlaments und des Rates vom 16. Februar 1998 zur Änderung der Richtlinie 87/102/EWG zur Angleichung der Rechts- und Verwaltungsvorschriften der Mitgliedstaaten über den Verbraucherkredit (ABl EG Nr. L 101 S. 17).

1) **Anm. d. Red.:** Überschrift eingefügt gem. Gesetz v. 29. 7. 2009 (BGBl I S. 2355) mit Wirkung v. 11. 6. 2010.
2) **Anm. d. Red.:** § 488 i. d. F. des Gesetzes v. 29. 7. 2009 (BGBl I S. 2355) mit Wirkung v. 11. 6. 2010.
3) **Anm. d. Red.:** § 489 i. d. F. des Gesetzes v. 29. 7. 2009 (BGBl I S. 2355) mit Wirkung v. 11. 6. 2010.

(5) ¹Sollzinssatz ist der gebundene oder veränderliche periodische Prozentsatz, der pro Jahr auf das in Anspruch genommene Darlehen angewendet wird. ²Der Sollzinssatz ist gebunden, wenn für die gesamte Vertragslaufzeit ein Sollzinssatz oder mehrere Sollzinssätze vereinbart sind, die als feststehende Prozentzahl ausgedrückt werden. ³Ist für die gesamte Vertragslaufzeit keine Sollzinsbindung vereinbart, gilt der Sollzinssatz nur für diejenigen Zeiträume als gebunden, für die er durch eine feste Prozentzahl bestimmt ist.

§ 490 Außerordentliches Kündigungsrecht[1]

(1) Wenn in den Vermögensverhältnissen des Darlehensnehmers oder in der Werthaltigkeit einer für das Darlehen gestellten Sicherheit eine wesentliche Verschlechterung eintritt oder einzutreten droht, durch die die Rückzahlung des Darlehens, auch unter Verwertung der Sicherheit, gefährdet wird, kann der Darlehensgeber den Darlehensvertrag vor Auszahlung des Darlehens im Zweifel stets, nach Auszahlung nur in der Regel fristlos kündigen.

(2) ¹Der Darlehensnehmer kann einen Darlehensvertrag, bei dem der Sollzinssatz gebunden und das Darlehen durch ein Grund- oder Schiffspfandrecht gesichert ist, unter Einhaltung der Fristen des § 488 Abs. 3 Satz 2 vorzeitig kündigen, wenn seine berechtigten Interessen dies gebieten und seit dem vollständigen Empfang des Darlehens sechs Monate abgelaufen sind. ²Ein solches Interesse liegt insbesondere vor, wenn der Darlehensnehmer ein Bedürfnis nach einer anderweitigen Verwertung der zur Sicherung des Darlehens beliehenen Sache hat. ³Der Darlehensnehmer hat dem Darlehensgeber denjenigen Schaden zu ersetzen, der diesem aus der vorzeitigen Kündigung entsteht (Vorfälligkeitsentschädigung).

(3) Die Vorschriften der §§ 313 und 314 bleiben unberührt.

Kapitel 2: Besondere Vorschriften für Verbraucherdarlehensverträge[2]

§ 491 Verbraucherdarlehensvertrag[3]

(1) ¹Die Vorschriften dieses Kapitels gelten für Verbraucherdarlehensverträge, soweit nichts anderes bestimmt ist. ²Verbraucherdarlehensverträge sind Allgemein-Verbraucherdarlehensverträge und Immobiliar-Verbraucherdarlehensverträge.

(2) ¹Allgemein-Verbraucherdarlehensverträge sind entgeltliche Darlehensverträge zwischen einem Unternehmer als Darlehensgeber und einem Verbraucher als Darlehensnehmer. ²Keine Allgemein-Verbraucherdarlehensverträge sind Verträge,
1. bei denen der Nettodarlehensbetrag (Artikel 247 § 3 Abs. 2 des Einführungsgesetzes zum Bürgerlichen Gesetzbuche) weniger als 200 Euro beträgt,
2. bei denen sich die Haftung des Darlehensnehmers auf eine dem Darlehensgeber zum Pfand übergebene Sache beschränkt,
3. bei denen der Darlehensnehmer das Darlehen binnen drei Monaten zurückzuzahlen hat und nur geringe Kosten vereinbart sind,
4. die von Arbeitgebern mit ihren Arbeitnehmern als Nebenleistung zum Arbeitsvertrag zu einem niedrigeren als dem marktüblichen effektiven Jahreszins (§ 6 der Preisangabenverordnung) abgeschlossen werden und anderen Personen nicht angeboten werden,
5. die nur mit einem begrenzten Personenkreis auf Grund von Rechtsvorschriften in öffentlichem Interesse abgeschlossen werden, wenn im Vertrag für den Darlehensnehmer günstigere als marktübliche Bedingungen und höchstens der marktübliche Sollzinssatz vereinbart sind,

---

1) **Anm. d. Red.:** § 490 i. d. F. des Gesetzes v. 29. 7. 2009 (BGBl I S. 2355) mit Wirkung v. 11. 6. 2010.
2) **Anm. d. Red.:** Überschrift eingefügt gem. Gesetz v. 29. 7. 2009 (BGBl I S. 2355) mit Wirkung v. 11. 6. 2010.
3) **Anm. d. Red.:** § 491 i. d. F. des Gesetzes v. 6. 6. 2017 (BGBl I S. 1495) mit Wirkung v. 10. 6. 2017.

6. bei denen es sich um Immobiliar-Verbraucherdarlehensverträge oder Immobilienverzehrkreditverträge gemäß Absatz 3 handelt.

(3) ¹Immobiliar-Verbraucherdarlehensverträge sind entgeltliche Darlehensverträge zwischen einem Unternehmer als Darlehensgeber und einem Verbraucher als Darlehensnehmer, die
1. durch ein Grundpfandrecht oder eine Reallast besichert sind oder
2. für den Erwerb oder die Erhaltung des Eigentumsrechts an Grundstücken, an bestehenden oder zu errichtenden Gebäuden oder für den Erwerb oder die Erhaltung von grundstücksgleichen Rechten bestimmt sind.

²Keine Immobiliar-Verbraucherdarlehensverträge sind Verträge gemäß Absatz 2 Satz 2 Nummer 4. ³Auf Immobiliar-Verbraucherdarlehensverträge gemäß Absatz 2 Satz 2 Nummer 5 ist nur § 491a Absatz 4 anwendbar. ⁴Keine Immobiliar-Verbraucherdarlehensverträge sind Immobilienverzehrkreditverträge, bei denen der Kreditgeber
1. pauschale oder regelmäßige Zahlungen leistet oder andere Formen der Kreditauszahlung vornimmt und im Gegenzug nur einen Betrag aus dem künftigen Erlös des Verkaufs einer Wohnimmobilie erhält oder ein Recht an einer Wohnimmobilie erwirbt und
2. erst nach dem Tod des Verbrauchers eine Rückzahlung fordert, außer der Verbraucher verstößt gegen die Vertragsbestimmungen, was dem Kreditgeber erlaubt, den Vertrag zu kündigen.

(4) § 358 Abs. 2 und 4 sowie die §§ 491a bis 495 und 505a bis 505e sind nicht auf Darlehensverträge anzuwenden, die in ein nach den Vorschriften der Zivilprozessordnung errichtetes gerichtliches Protokoll aufgenommen oder durch einen gerichtlichen Beschluss über das Zustandekommen und den Inhalt eines zwischen den Parteien geschlossenen Vergleichs festgestellt sind, wenn in das Protokoll oder den Beschluss der Sollzinssatz, die bei Abschluss des Vertrags in Rechnung gestellten Kosten des Darlehens sowie die Voraussetzungen aufgenommen worden sind, unter denen der Sollzinssatz oder die Kosten angepasst werden können.

§ 491a Vorvertragliche Informationspflichten bei Verbraucherdarlehensverträgen[1]

(1) Der Darlehensgeber ist verpflichtet, den Darlehensnehmer nach Maßgabe des Artikels 247 des Einführungsgesetzes zum Bürgerlichen Gesetzbuche zu informieren.

(2) ¹Der Darlehensnehmer kann vom Darlehensgeber einen Entwurf des Verbraucherdarlehensvertrags verlangen. ²Dies gilt nicht, solange der Darlehensgeber zum Vertragsabschluss nicht bereit ist. ³Unterbreitet der Darlehensgeber bei einem Immobiliar-Verbraucherdarlehensvertrag dem Darlehensnehmer ein Angebot oder einen bindenden Vorschlag für bestimmte Vertragsbestimmungen, so muss er dem Darlehensnehmer anbieten, einen Vertragsentwurf auszuhändigen oder zu übermitteln; besteht kein Widerrufsrecht nach § 495, ist der Darlehensgeber dazu verpflichtet, dem Darlehensnehmer einen Vertragsentwurf auszuhändigen oder zu übermitteln.

(3) ¹Der Darlehensgeber ist verpflichtet, dem Darlehensnehmer vor Abschluss eines Verbraucherdarlehensvertrags angemessene Erläuterungen zu geben, damit der Darlehensnehmer in die Lage versetzt wird, zu beurteilen, ob der Vertrag dem von ihm verfolgten Zweck und seinen Vermögensverhältnissen gerecht wird. ²Hierzu sind gegebenenfalls die vorvertraglichen Informationen gemäß Absatz 1, die Hauptmerkmale der vom Darlehensgeber angebotenen Verträge sowie ihre vertragstypischen Auswirkungen auf den Darlehensnehmer, einschließlich der Folgen bei Zahlungsverzug, zu erläutern. ³Werden mit einem Immobiliar-Verbraucherdarlehensvertrag Finanzprodukte oder -dienstleistungen im Paket angeboten, so muss dem Darlehensnehmer erläutert werden, ob sie gesondert gekündigt werden können und welche Folgen die Kündigung hat.

(4) ¹Bei einem Immobiliar-Verbraucherdarlehensvertrag entsprechend § 491 Absatz 2 Satz 2 Nummer 5 ist der Darlehensgeber verpflichtet, den Darlehensnehmer rechtzeitig vor Abgabe

---

1) **Anm. d. Red.:** § 491a i. d. F. des Gesetzes v. 11. 3. 2016 (BGBl I S. 396) mit Wirkung v. 21. 3. 2016.

von dessen Vertragserklärung auf einem dauerhaften Datenträger über die Merkmale gemäß den Abschnitten 3, 4 und 13 des in Artikel 247 § 1 Absatz 2 Satz 2 des Einführungsgesetzes zum Bürgerlichen Gesetzbuche genannten Musters zu informieren. ²Artikel 247 § 1 Absatz 2 Satz 6 des Einführungsgesetzes zum Bürgerlichen Gesetzbuche findet Anwendung.

§ 492 Schriftform, Vertragsinhalt[1]

(1) ¹Verbraucherdarlehensverträge sind, soweit nicht eine strengere Form vorgeschrieben ist, schriftlich abzuschließen. ²Der Schriftform ist genügt, wenn Antrag und Annahme durch die Vertragsparteien jeweils getrennt schriftlich erklärt werden. ³Die Erklärung des Darlehensgebers bedarf keiner Unterzeichnung, wenn sie mit Hilfe einer automatischen Einrichtung erstellt wird.

(2) Der Vertrag muss die für den Verbraucherdarlehensvertrag vorgeschriebenen Angaben nach Artikel 247 §§ 6 bis 13 des Einführungsgesetzes zum Bürgerlichen Gesetzbuche enthalten.

(3) ¹Nach Vertragsschluss stellt der Darlehensgeber dem Darlehensnehmer eine Abschrift des Vertrags zur Verfügung. ²Ist ein Zeitpunkt für die Rückzahlung des Darlehens bestimmt, kann der Darlehensnehmer vom Darlehensgeber jederzeit einen Tilgungsplan nach Artikel 247 § 14 des Einführungsgesetzes zum Bürgerlichen Gesetzbuche verlangen.

(4) ¹Die Absätze 1 und 2 gelten auch für die Vollmacht, die ein Darlehensnehmer zum Abschluss eines Verbraucherdarlehensvertrags erteilt. ²Satz 1 gilt nicht für die Prozessvollmacht und eine Vollmacht, die notariell beurkundet ist.

(5) Erklärungen des Darlehensgebers, die dem Darlehensnehmer gegenüber nach Vertragsabschluss abzugeben sind, müssen auf einem dauerhaften Datenträger erfolgen.

(6) ¹Enthält der Vertrag die Angaben nach Absatz 2 nicht oder nicht vollständig, können sie nach wirksamem Vertragsschluss oder in den Fällen des § 494 Absatz 2 Satz 1 nach Gültigwerden des Vertrags auf einem dauerhaften Datenträger nachgeholt werden. ²Hat das Fehlen von Angaben nach Absatz 2 zu Änderungen der Vertragsbedingungen gemäß § 494 Absatz 2 Satz 2 bis Absatz 6 geführt, kann die Nachholung der Angaben nur dadurch erfolgen, dass der Darlehensnehmer die nach § 494 Absatz 7 erforderliche Abschrift des Vertrags erhält. ³In den sonstigen Fällen muss der Darlehensnehmer spätestens im Zeitpunkt der Nachholung der Angaben eine der in § 356b Absatz 1 genannten Unterlagen erhalten. ⁴Mit der Nachholung der Angaben nach Absatz 2 ist der Darlehensnehmer auf einem dauerhaften Datenträger darauf hinzuweisen, dass die Widerrufsfrist von einem Monat nach Erhalt der nachgeholten Angaben beginnt.

(7) Die Vereinbarung eines veränderlichen Sollzinssatzes, der sich nach einem Index oder Referenzzinssatz richtet, ist nur wirksam, wenn der Index oder Referenzzinssatz objektiv, eindeutig bestimmt und für Darlehensgeber und Darlehensnehmer verfügbar und überprüfbar ist.

§ 492a Kopplungsgeschäfte bei Immobiliar-Verbraucherdarlehensverträgen[2]

(1) ¹Der Darlehensgeber darf den Abschluss eines Immobiliar-Verbraucherdarlehenvertrags unbeschadet des § 492b nicht davon abhängig machen, dass der Darlehensnehmer oder ein Dritter weitere Finanzprodukte oder -dienstleistungen erwirbt (Kopplungsgeschäft). ²Ist der Darlehensgeber zum Abschluss des Immobiliar-Verbraucherdarlehensvertrags bereit, ohne dass der Verbraucher weitere Finanzprodukte oder -dienstleistungen erwirbt, liegt ein Kopplungsgeschäft auch dann nicht vor, wenn die Bedingungen für den Immobiliar-Verbraucherdarlehensvertrag von denen abweichen, zu denen er zusammen mit den weiteren Finanzprodukten oder -dienstleistungen angeboten wird.

(2) Soweit ein Kopplungsgeschäft unzulässig ist, sind die mit dem Immobiliar-Verbraucherdarlehensvertrag gekoppelten Geschäfte nichtig; die Wirksamkeit des Immobiliar-Verbraucherdarlehensvertrags bleibt davon unberührt.

---

1) **Anm. d. Red.:** § 492 i. d. F. des Gesetzes v. 11. 3. 2016 (BGBl I S. 396) mit Wirkung v. 21. 3. 2016.
2) **Anm. d. Red.:** § 492a i. d. F. des Gesetzes v. 11. 3. 2016 (BGBl I S. 396) mit Wirkung v. 21. 3. 2016.

§ 492b Zulässige Kopplungsgeschäfte[1)]

(1) Ein Kopplungsgeschäft ist zulässig, wenn der Darlehensgeber den Abschluss eines Immobiliar-Verbraucherdarlehensvertrags davon abhängig macht, dass der Darlehensnehmer, ein Familienangehöriger des Darlehensnehmers oder beide zusammen.

1. ein Zahlungs- oder ein Sparkonto eröffnen, dessen einziger Zweck die Ansammlung von Kapital ist, um
   a) das Immobiliar-Verbraucherdarlehen zurückzuzahlen oder zu bedienen,
   b) die erforderlichen Mittel für die Gewährung des Darlehens bereitzustellen oder
   c) als zusätzliche Sicherheit für den Darlehensgeber für den Fall eines Zahlungsausfalls zu dienen;
2. ein Anlageprodukt oder ein privates Rentenprodukt erwerben oder behalten, das
   a) in erster Linie als Ruhestandseinkommen dient und
   b) bei Zahlungsausfall als zusätzliche Sicherheit für den Darlehensgeber dient oder das der Ansammlung von Kapital dient, um damit das Immobiliar-Verbraucherdarlehen zurückzuzahlen oder zu bedienen oder um damit die erforderlichen Mittel für die Gewährung des Darlehens bereitzustellen;
3. einen weiteren Darlehensvertrag abschließen, bei dem das zurückzuzahlende Kapital auf einem vertraglich festgelegten Prozentsatz des Werts der Immobilie beruht, die diese zum Zeitpunkt der Rückzahlung oder Rückzahlungen des Kapitals (Darlehensvertrag mit Wertbeteiligung) hat.

(2) Ein Kopplungsgeschäft ist zulässig, wenn der Darlehensgeber den Abschluss eines Immobiliar-Verbraucherdarlehensvertrags davon abhängig macht, dass der Darlehensnehmer im Zusammenhang mit dem Immobiliar-Verbraucherdarlehensvertrag eine einschlägige Versicherung abschließt und dem Darlehensnehmer gestattet ist, diese Versicherung auch bei einem anderen als bei dem vom Darlehensgeber bevorzugten Anbieter abzuschließen.

(3) Ein Kopplungsgeschäft ist zulässig, wenn die für den Darlehensgeber zuständige Aufsichtsbehörde die weiteren Finanzprodukte oder -dienstleistungen sowie deren Kopplung mit dem Immobiliar-Verbraucherdarlehensvertrag nach § 18a Absatz 8a des Kreditwesengesetzes genehmigt hat.

§ 493 Informationen während des Vertragsverhältnisses[2)]

(1) ¹Ist in einem Verbraucherdarlehensvertrag der Sollzinssatz gebunden und endet die Sollzinsbindung vor der für die Rückzahlung bestimmten Zeit, unterrichtet der Darlehensgeber den Darlehensnehmer spätestens drei Monate vor Ende der Sollzinsbindung darüber, ob er zu einer neuen Sollzinsbindungsabrede bereit ist. ²Erklärt sich der Darlehensgeber hierzu bereit, muss die Unterrichtung den zum Zeitpunkt der Unterrichtung vom Darlehensgeber angebotenen Sollzinssatz enthalten.

(2) ¹Der Darlehensgeber unterrichtet den Darlehensnehmer spätestens drei Monate vor Beendigung eines Verbraucherdarlehensvertrags darüber, ob er zur Fortführung des Darlehensverhältnisses bereit ist. ²Erklärt sich der Darlehensgeber zur Fortführung bereit, muss die Unterrichtung die zum Zeitpunkt der Unterrichtung gültigen Pflichtangaben gemäß § 491a Abs. 1 enthalten.

(3) ¹Die Anpassung des Sollzinssatzes eines Verbraucherdarlehensvertrags mit veränderlichem Sollzinssatz wird erst wirksam, nachdem der Darlehensgeber den Darlehensnehmer über die Einzelheiten unterrichtet hat, die sich aus Artikel 247 § 15 des Einführungsgesetzes zum Bürgerlichen Gesetzbuche ergeben. ²Abweichende Vereinbarungen über die Wirksamkeit sind im

---

1) **Anm. d. Red.:** § 492b i. d. F. des Gesetzes v. 6.6.2017 (BGBl I S. 1495) mit Wirkung v. 10.6.2017.
2) **Anm. d. Red.:** § 493 i. d. F. des Gesetzes v. 11.3.2016 (BGBl I S. 396) mit Wirkung v. 21.3.2016.

Rahmen des Artikels 247 § 15 Absatz 2 und 3 des Einführungsgesetzes zum Bürgerlichen Gesetzbuche zulässig.

(4) ¹Bei einem Vertrag über ein Immobiliar-Verbraucherdarlehen in Fremdwährung gemäß § 503 Absatz 1 Satz 1, auch in Verbindung mit Satz 3, hat der Darlehensgeber den Darlehensnehmer unverzüglich zu informieren, wenn der Wert des noch zu zahlenden Restbetrags oder der Wert der regelmäßigen Raten in der Landeswährung des Darlehensnehmers um mehr als 20 Prozent gegenüber dem Wert steigt, der bei Zugrundelegung des Wechselkurses bei Vertragsabschluss gegeben wäre. ²Die Information

1. ist auf einem dauerhaften Datenträger zu übermitteln,
2. hat die Angabe über die Veränderung des Restbetrags in der Landeswährung des Darlehensnehmers zu enthalten,
3. hat den Hinweis auf die Möglichkeit einer Währungsumstellung aufgrund des § 503 und die hierfür geltenden Bedingungen und gegebenenfalls die Erläuterung weiterer Möglichkeiten zur Begrenzung des Wechselkursrisikos zu enthalten und
4. ist so lange in regelmäßigen Abständen zu erteilen, bis die Differenz von 20 Prozent wieder unterschritten wird.

³Die Sätze 1 und 2 sind entsprechend anzuwenden, wenn ein Immobiliar-Verbraucherdarlehensvertrag in der Währung des Mitgliedstaats der Europäischen Union, in dem der Darlehensnehmer bei Vertragsschluss seinen Wohnsitz hat, geschlossen wurde und der Darlehensnehmer zum Zeitpunkt der maßgeblichen Kreditwürdigkeitsprüfung in einer anderen Währung überwiegend sein Einkommen bezieht oder Vermögenswerte hält, aus denen das Darlehen zurückgezahlt werden soll.

(5) ¹Wenn der Darlehensnehmer eines Immobiliar-Verbraucherdarlehensvertrags dem Darlehensgeber mitteilt, dass er eine vorzeitige Rückzahlung des Darlehens beabsichtigt, ist der Darlehensgeber verpflichtet, ihm unverzüglich die für die Prüfung dieser Möglichkeit erforderlichen Informationen auf einem dauerhaften Datenträger zu übermitteln. ²Diese Informationen müssen insbesondere folgende Angaben enthalten:

1. Auskunft über die Zulässigkeit der vorzeitigen Rückzahlung,
2. im Fall der Zulässigkeit die Höhe des zurückzuzahlenden Betrags und
3. gegebenenfalls die Höhe einer Vorfälligkeitsentschädigung.

³Soweit sich die Informationen auf Annahmen stützen, müssen diese nachvollziehbar und sachlich gerechtfertigt sein und als solche dem Darlehensnehmer gegenüber offengelegt werden.

(6) Wurden Forderungen aus dem Darlehensvertrag abgetreten, treffen die Pflichten aus den Absätzen 1 bis 5 auch den neuen Gläubiger, wenn nicht der bisherige Darlehensgeber mit dem neuen Gläubiger vereinbart hat, dass im Verhältnis zum Darlehensnehmer weiterhin allein der bisherige Darlehensgeber auftritt.

§ 494 Rechtsfolgen von Formmängeln[1]

(1) Der Verbraucherdarlehensvertrag und die auf Abschluss eines solchen Vertrags vom Verbraucher erteilte Vollmacht sind nichtig, wenn die Schriftform insgesamt nicht eingehalten ist oder wenn eine der in Artikel 247 §§ 6 und 10 bis 13 des Einführungsgesetzes zum Bürgerlichen Gesetzbuche für den Verbraucherdarlehensvertrag vorgeschriebenen Angaben fehlt.

(2) ¹Ungeachtet eines Mangels nach Absatz 1 wird der Verbraucherdarlehensvertrag gültig, soweit der Darlehensnehmer das Darlehen empfängt oder in Anspruch nimmt. ²Jedoch ermäßigt sich der dem Verbraucherdarlehensvertrag zugrunde gelegte Sollzinssatz auf den gesetzlichen Zinssatz, wenn die Angabe des Sollzinssatzes, des effektiven Jahreszinses oder des Gesamtbetrags fehlt.

---

1) **Anm. d. Red.:** § 494 i. d. F. des Gesetzes v. 11. 3. 2016 (BGBl I S. 396) mit Wirkung v. 21. 3. 2016.

(3) Ist der effektive Jahreszins zu niedrig angegeben, so vermindert sich der dem Verbraucherdarlehensvertrag zugrunde gelegte Sollzinssatz um den Prozentsatz, um den der effektive Jahreszins zu niedrig angegeben ist.

(4) ¹Nicht angegebene Kosten werden vom Darlehensnehmer nicht geschuldet. ²Ist im Vertrag nicht angegeben, unter welchen Voraussetzungen Kosten oder Zinsen angepasst werden können, so entfällt die Möglichkeit, diese zum Nachteil des Darlehensnehmers anzupassen.

(5) Wurden Teilzahlungen vereinbart, ist deren Höhe vom Darlehensgeber unter Berücksichtigung der verminderten Zinsen oder Kosten neu zu berechnen.

(6) ¹Fehlen im Vertrag Angaben zur Laufzeit oder zum Kündigungsrecht, ist der Darlehensnehmer jederzeit zur Kündigung berechtigt. ²Fehlen Angaben zu Sicherheiten, so können Sicherheiten nicht gefordert werden; dies gilt nicht bei Allgemein-Verbraucherdarlehensverträgen, wenn der Nettodarlehensbetrag 75 000 Euro übersteigt. ³Fehlen Angaben zum Umwandlungsrecht bei Immobiliar-Verbraucherdarlehen in Fremdwährung, so kann das Umwandlungsrecht jederzeit ausgeübt werden.

(7) Der Darlehensgeber stellt dem Darlehensnehmer eine Abschrift des Vertrags zur Verfügung, in der die Vertragsänderungen berücksichtigt sind, die sich aus den Absätzen 2 bis 6 ergeben.

§ 495 Widerrufsrecht; Bedenkzeit[1)]

(1) Dem Darlehensnehmer steht bei einem Verbraucherdarlehensvertrag ein Widerrufsrecht nach § 355 zu.

(2) Ein Widerrufsrecht besteht nicht bei Darlehensverträgen,
1. die einen Darlehensvertrag, zu dessen Kündigung der Darlehensgeber wegen Zahlungsverzugs des Darlehensnehmers berechtigt ist, durch Rückzahlungsvereinbarungen ergänzen oder ersetzen, wenn dadurch ein gerichtliches Verfahren vermieden wird und wenn der Gesamtbetrag (Artikel 247 § 3 des Einführungsgesetzes zum Bürgerlichen Gesetzbuche) geringer ist als die Restschuld des ursprünglichen Vertrags,
2. die notariell zu beurkunden sind, wenn der Notar bestätigt, dass die Rechte des Darlehensnehmers aus den §§ 491a und 492 gewahrt sind, oder
3. die § 504 Abs. 2 oder § 505 entsprechen.

(3) ¹Bei Immobiliar-Verbraucherdarlehensverträgen ist dem Darlehensnehmer in den Fällen des Absatzes 2 vor Vertragsschluss eine Bedenkzeit von zumindest sieben Tagen einzuräumen. ²Während des Laufs der Frist ist der Darlehensgeber an sein Angebot gebunden. ³Die Bedenkzeit beginnt mit der Aushändigung des Vertragsangebots an den Darlehensnehmer.

§ 496 Einwendungsverzicht, Wechsel- und Scheckverbot[2)]

(1) Eine Vereinbarung, durch die der Darlehensnehmer auf das Recht verzichtet, Einwendungen, die ihm gegenüber dem Darlehensgeber zustehen, gemäß § 404 einem Abtretungsgläubiger entgegenzusetzen oder eine ihm gegen den Darlehensgeber zustehende Forderung gemäß § 406 auch dem Abtretungsgläubiger gegenüber aufzurechnen, ist unwirksam.

(2) ¹Wird eine Forderung des Darlehensgebers aus einem Verbraucherdarlehensvertrag an einen Dritten abgetreten oder findet in der Person des Darlehensgebers ein Wechsel statt, ist der Darlehensnehmer unverzüglich darüber sowie über die Kontaktdaten des neuen Gläubigers nach Artikel 246b § 1 Absatz 1 Nummer 1, 3 und 4 des Einführungsgesetzes zum Bürgerlichen Gesetzbuche zu unterrichten. ²Die Unterrichtung ist bei Abtretungen entbehrlich, wenn der bisherige Darlehensgeber mit dem neuen Gläubiger vereinbart hat, dass im Verhältnis zum Darle-

---

1) **Anm. d. Red.:** § 495 i. d. F. des Gesetzes v. 11. 3. 2016 (BGBl I S. 396) mit Wirkung v. 21. 3. 2016.
2) **Anm. d. Red.:** § 496 i. d. F. des Gesetzes v. 11. 3. 2016 (BGBl I S. 396) mit Wirkung v. 21. 3. 2016.

hensnehmer weiterhin allein der bisherige Darlehensgeber auftritt. ³Fallen die Voraussetzungen des Satzes 2 fort, ist die Unterrichtung unverzüglich nachzuholen.

(3) ¹Der Darlehensnehmer darf nicht verpflichtet werden, für die Ansprüche des Darlehensgebers aus dem Verbraucherdarlehensvertrag eine Wechselverbindlichkeit einzugehen. ²Der Darlehensgeber darf vom Darlehensnehmer zur Sicherung seiner Ansprüche aus dem Verbraucherdarlehensvertrag einen Scheck nicht entgegennehmen. ³Der Darlehensnehmer kann vom Darlehensgeber jederzeit die Herausgabe eines Wechsels oder Schecks, der entgegen Satz 1 oder 2 begeben worden ist, verlangen. ⁴Der Darlehensgeber haftet für jeden Schaden, der dem Darlehensnehmer aus einer solchen Wechsel- oder Scheckbegebung entsteht.

§ 497 Verzug des Darlehensnehmers[1)]

(1) ¹Soweit der Darlehensnehmer mit Zahlungen, die er aufgrund des Verbraucherdarlehensvertrags schuldet, in Verzug kommt, hat er den geschuldeten Betrag nach § 288 Abs. 1 zu verzinsen. ²Im Einzelfall kann der Darlehensgeber einen höheren oder der Darlehensnehmer einen niedrigeren Schaden nachweisen.

(2) ¹Die nach Eintritt des Verzugs anfallenden Zinsen sind auf einem gesonderten Konto zu verbuchen und dürfen nicht in ein Kontokorrent mit dem geschuldeten Betrag oder anderen Forderungen des Darlehensgebers eingestellt werden. ²Hinsichtlich dieser Zinsen gilt § 289 Satz 2 mit der Maßgabe, dass der Darlehensgeber Schadensersatz nur bis zur Höhe des gesetzlichen Zinssatzes (§ 246) verlangen kann.

(3) ¹Zahlungen des Darlehensnehmers, die zur Tilgung der gesamten fälligen Schuld nicht ausreichen, werden abweichend von § 367 Abs. 1 zunächst auf die Kosten der Rechtsverfolgung, dann auf den übrigen geschuldeten Betrag (Absatz 1) und zuletzt auf die Zinsen (Absatz 2) angerechnet. ²Der Darlehensgeber darf Teilzahlungen nicht zurückweisen. ³Die Verjährung der Ansprüche auf Darlehensrückzahlung und Zinsen ist vom Eintritt des Verzugs nach Absatz 1 an bis zu ihrer Feststellung in einer in § 197 Abs. 1 Nr. 3 bis 5 bezeichneten Art gehemmt, jedoch nicht länger als zehn Jahre von ihrer Entstehung an. ⁴Auf die Ansprüche auf Zinsen findet § 197 Abs. 2 keine Anwendung. ⁵Die Sätze 1 bis 4 finden keine Anwendung, soweit Zahlungen auf Vollstreckungstitel geleistet werden, deren Hauptforderung auf Zinsen lautet.

(4) ¹Bei Immobiliar-Verbraucherdarlehensverträgen beträgt der Verzugszinssatz abweichend von Absatz 1 für das Jahr 2,5 Prozentpunkte über dem Basiszinssatz. ²Die Absätze 2 und 3 Satz 1, 2, 4 und 5 sind auf Immobiliar-Verbraucherdarlehensverträge nicht anzuwenden.

§ 498 Gesamtfälligstellung bei Teilzahlungsdarlehen[2)]

(1) ¹Der Darlehensgeber kann den Verbraucherdarlehensvertrag bei einem Darlehen, das in Teilzahlungen zu tilgen ist, wegen Zahlungsverzugs des Darlehensnehmers nur dann kündigen, wenn

1. der Darlehensnehmer

    a) mit mindestens zwei aufeinander folgenden Teilzahlungen ganz oder teilweise in Verzug ist,

    b) bei einer Vertragslaufzeit bis zu drei Jahren mit mindestens 10 Prozent oder bei einer Vertragslaufzeit von mehr als drei Jahren mit mindestens 5 Prozent des Nennbetrags des Darlehens in Verzug ist und

2. der Darlehensgeber dem Darlehensnehmer erfolglos eine zweiwöchige Frist zur Zahlung des rückständigen Betrags mit der Erklärung gesetzt hat, dass er bei Nichtzahlung innerhalb der Frist die gesamte Restschuld verlange.

---

1) **Anm. d. Red.:** § 497 i. d. F. des Gesetzes v. 11. 3. 2016 (BGBl I S. 396) mit Wirkung v. 21. 3. 2016.

2) **Anm. d. Red.:** § 498 i. d. F. des Gesetzes v. 11. 3. 2016 (BGBl I S. 396) mit Wirkung v. 21. 3. 2016.

²Der Darlehensgeber soll dem Darlehensnehmer spätestens mit der Fristsetzung ein Gespräch über die Möglichkeiten einer einverständlichen Regelung anbieten.

(2) Bei einem Immobiliar-Verbraucherdarlehensvertrag muss der Darlehensnehmer abweichend von Absatz 1 Satz 1 Nummer 1 Buchstabe b mit mindestens 2,5 Prozent des Nennbetrags des Darlehens in Verzug sein.

§ 499 Kündigungsrecht des Darlehensgebers; Leistungsverweigerung[1)]

(1) In einem Allgemein-Verbraucherdarlehensvertrag ist eine Vereinbarung über ein Kündigungsrecht des Darlehensgebers unwirksam, wenn eine bestimmte Vertragslaufzeit vereinbart wurde oder die Kündigungsfrist zwei Monate unterschreitet.

(2) ¹Der Darlehensgeber ist bei entsprechender Vereinbarung berechtigt, die Auszahlung eines Allgemein-Verbraucherdarlehens, bei dem eine Zeit für die Rückzahlung nicht bestimmt ist, aus einem sachlichen Grund zu verweigern. ²Beabsichtigt der Darlehensgeber dieses Recht auszuüben, hat er dies dem Darlehensnehmer unverzüglich mitzuteilen und ihn über die Gründe möglichst vor, spätestens jedoch unverzüglich nach der Rechtsausübung zu unterrichten. ³Die Unterrichtung über die Gründe unterbleibt, soweit hierdurch die öffentliche Sicherheit oder Ordnung gefährdet würde.

(3) ¹Der Darlehensgeber kann einen Verbraucherdarlehensvertrag nicht allein deshalb kündigen, auf andere Weise beenden oder seine Änderung verlangen, weil die vom Darlehensnehmer vor Vertragsschluss gemachten Angaben unvollständig waren oder weil die Kreditwürdigkeitsprüfung des Darlehensnehmers nicht ordnungsgemäß durchgeführt wurde. ²Satz 1 findet keine Anwendung, soweit der Mangel der Kreditwürdigkeitsprüfung darauf beruht, dass der Darlehensnehmer dem Darlehensgeber für die Kreditwürdigkeitsprüfung relevante Informationen wissentlich vorenthalten oder diese gefälscht hat.

§ 500 Kündigungsrecht des Darlehensnehmers; vorzeitige Rückzahlung[2)]

(1) ¹Der Darlehensnehmer kann einen Allgemein-Verbraucherdarlehensvertrag, bei dem eine Zeit für die Rückzahlung nicht bestimmt ist, ganz oder teilweise kündigen, ohne eine Frist einzuhalten. ²Eine Vereinbarung über eine Kündigungsfrist von mehr als einem Monat ist unwirksam.

(2) ¹Der Darlehensnehmer kann seine Verbindlichkeiten aus einem Verbraucherdarlehensvertrag jederzeit ganz oder teilweise vorzeitig erfüllen. ²Abweichend von Satz 1 kann der Darlehensnehmer eines Immobiliar-Verbraucherdarlehensvertrags, für den ein gebundener Sollzinssatz vereinbart wurde, seine Verbindlichkeiten im Zeitraum der Sollzinsbindung nur dann ganz oder teilweise vorzeitig erfüllen, wenn hierfür ein berechtigtes Interesse des Darlehensnehmers besteht.

§ 501 Kostenermäßigung[3)]

Soweit der Darlehensnehmer seine Verbindlichkeiten vorzeitig erfüllt oder die Restschuld vor der vereinbarten Zeit durch Kündigung fällig wird, vermindern sich die Gesamtkosten (§ 6 Abs. 3 der Preisangabenverordnung) um die Zinsen und sonstigen laufzeitabhängigen Kosten, die bei gestaffelter Berechnung auf die Zeit nach der Fälligkeit oder Erfüllung entfallen.

§ 502 Vorfälligkeitsentschädigung[4)]

(1) ¹Der Darlehensgeber kann im Fall der vorzeitigen Rückzahlung eine angemessene Vorfälligkeitsentschädigung für den unmittelbar mit der vorzeitigen Rückzahlung zusammenhängen-

---

1) **Anm. d. Red.:** § 499 i. d. F. des Gesetzes v. 11. 3. 2016 (BGBl I S. 396) mit Wirkung v. 21. 3. 2016.
2) **Anm. d. Red.:** § 500 i. d. F. des Gesetzes v. 11. 3. 2016 (BGBl I S. 396) mit Wirkung v. 21. 3. 2016.
3) **Anm. d. Red.:** § 501 eingefügt gem. Gesetz v. 29. 7. 2009 (BGBl I S. 2355) mit Wirkung v. 11. 6. 2010.
4) **Anm. d. Red.:** § 502 i. d. F. des Gesetzes v. 11. 3. 2016 (BGBl I S. 396) mit Wirkung v. 21. 3. 2016.

den Schaden verlangen, wenn der Darlehensnehmer zum Zeitpunkt der Rückzahlung Zinsen zu einem gebundenen Sollzinssatz schuldet. ²Bei Allgemein-Verbraucherdarlehensverträgen gilt Satz 1 nur, wenn der gebundene Sollzinssatz bei Vertragsabschluss vereinbart wurde.

(2) Der Anspruch auf Vorfälligkeitsentschädigung ist ausgeschlossen, wenn
1. die Rückzahlung aus den Mitteln einer Versicherung bewirkt wird, die auf Grund einer entsprechenden Verpflichtung im Darlehensvertrag abgeschlossen wurde, um die Rückzahlung zu sichern, oder
2. im Vertrag die Angaben über die Laufzeit des Vertrags, das Kündigungsrecht des Darlehensnehmers oder die Berechnung der Vorfälligkeitsentschädigung unzureichend sind.

(3) Bei Allgemein-Verbraucherdarlehensverträgen darf die Vorfälligkeitsentschädigung folgende Beträge jeweils nicht überschreiten:
1. 1 Prozent des vorzeitig zurückgezahlten Betrags oder, wenn der Zeitraum zwischen der vorzeitigen und der vereinbarten Rückzahlung ein Jahr nicht überschreitet, 0,5 Prozent des vorzeitig zurückgezahlten Betrags,
2. den Betrag der Sollzinsen, den der Darlehensnehmer in dem Zeitraum zwischen der vorzeitigen und der vereinbarten Rückzahlung entrichtet hätte.

§ 503 Umwandlung bei Immobiliar-Verbraucherdarlehen in Fremdwährung[1]

(1) ¹Bei einem nicht auf die Währung des Mitgliedstaats der Europäischen Union, in dem der Darlehensnehmer bei Vertragsschluss seinen Wohnsitz hat (Landeswährung des Darlehensnehmers), geschlossenen Immobiliar-Verbraucherdarlehensvertrag (Immobiliar-Verbraucherdarlehensvertrag in Fremdwährung) kann der Darlehensnehmer die Umwandlung des Darlehens in die Landeswährung des Darlehensnehmers verlangen. ²Das Recht auf Umwandlung besteht dann, wenn der Wert des ausstehenden Restbetrags oder der Wert der regelmäßigen Raten in der Landeswährung des Darlehensnehmers auf Grund der Änderung des Wechselkurses um mehr als 20 Prozent über dem Wert liegt, der bei Zugrundelegung des Wechselkurses bei Vertragsabschluss gegeben wäre. ³Im Darlehensvertrag kann abweichend von Satz 1 vereinbart werden, dass die Landeswährung des Darlehensnehmers ausschließlich oder ergänzend die Währung ist, in der er zum Zeitpunkt der maßgeblichen Kreditwürdigkeitsprüfung überwiegend sein Einkommen bezieht oder Vermögenswerte hält, aus denen das Darlehen zurückgezahlt werden soll.

(2) ¹Die Umstellung des Darlehens hat zu dem Wechselkurs zu erfolgen, der dem am Tag des Antrags auf Umstellung geltenden Marktwechselkurs entspricht. ²Satz 1 gilt nur, wenn im Darlehensvertrag nicht etwas anderes vereinbart wurde.

§ 504 Eingeräumte Überziehungsmöglichkeit[2]

(1) ¹Ist ein Verbraucherdarlehen in der Weise gewährt, dass der Darlehensgeber in einem Vertragsverhältnis über ein laufendes Konto dem Darlehensnehmer das Recht einräumt, sein Konto in bestimmter Höhe zu überziehen (Überziehungsmöglichkeit), hat der Darlehensgeber den Darlehensnehmer in regelmäßigen Zeitabständen über die Angaben zu unterrichten, die sich aus Artikel 247 § 16 des Einführungsgesetzes zum Bürgerlichen Gesetzbuche ergeben. ²Ein Anspruch auf Vorfälligkeitsentschädigung aus § 502 ist ausgeschlossen. ³§ 493 Abs. 3 ist nur bei einer Erhöhung des Sollzinssatzes anzuwenden und gilt entsprechend bei einer Erhöhung der vereinbarten sonstigen Kosten. ⁴§ 499 Abs. 1 ist nicht anzuwenden.

(2) ¹Ist in einer Überziehungsmöglichkeit in Form des Allgemein-Verbraucherdarlehensvertrags vereinbart, dass nach der Auszahlung die Laufzeit höchstens drei Monate beträgt oder der Darlehensgeber kündigen kann, ohne eine Frist einzuhalten, sind § 491a Abs. 3, die §§ 495, 499 Abs. 2 und § 500 Abs. 1 Satz 2 nicht anzuwenden. ²§ 492 Abs. 1 ist nicht anzuwenden, wenn au-

---

1) **Anm. d. Red.:** § 503 i. d. F. des Gesetzes v. 11. 3. 2016 (BGBl I S. 396) mit Wirkung v. 21. 3. 2016.
2) **Anm. d. Red.:** § 504 i. d. F. des Gesetzes v. 11. 3. 2016 (BGBl I S. 396) mit Wirkung v. 21. 3. 2016.

ßer den Sollzinsen keine weiteren laufenden Kosten vereinbart sind, die Sollzinsen nicht in kürzeren Zeiträumen als drei Monaten fällig werden und der Darlehensgeber dem Darlehensnehmer den Vertragsinhalt spätestens unverzüglich nach Vertragsabschluss auf einem dauerhaften Datenträger mitteilt.

§ 504a Beratungspflicht bei Inanspruchnahme der Überziehungsmöglichkeit[1)]

(1) [1]Der Darlehensgeber hat dem Darlehensnehmer eine Beratung gemäß Absatz 2 anzubieten, wenn der Darlehensnehmer eine ihm eingeräumte Überziehungsmöglichkeit ununterbrochen über einen Zeitraum von sechs Monaten und durchschnittlich in Höhe eines Betrags in Anspruch genommen hat, der 75 Prozent des vereinbarten Höchstbetrags übersteigt. [2]Wenn der Rechnungsabschluss für das laufende Konto vierteljährlich erfolgt, ist der maßgebliche Zeitpunkt für das Vorliegen der Voraussetzungen nach Satz 1 der jeweilige Rechnungsabschluss. [3]Das Beratungsangebot ist dem Darlehensnehmer in Textform auf dem Kommunikationsweg zu unterbreiten, der für den Kontakt mit dem Darlehensnehmer üblicherweise genutzt wird. [4]Das Beratungsangebot ist zu dokumentieren.

(2) [1]Nimmt der Darlehensnehmer das Angebot an, ist eine Beratung zu möglichen kostengünstigen Alternativen zur Inanspruchnahme der Überziehungsmöglichkeit und zu möglichen Konsequenzen einer weiteren Überziehung des laufenden Kontos durchzuführen sowie gegebenenfalls auf geeignete Beratungseinrichtungen hinzuweisen. [2]Die Beratung hat in Form eines persönlichen Gesprächs zu erfolgen. [3]Für dieses können auch Fernkommunikationsmittel genutzt werden. [4]Der Ort und die Zeit des Beratungsgesprächs sind zu dokumentieren.

(3) [1]Nimmt der Darlehensnehmer das Beratungsangebot nicht an oder wird ein Vertrag über ein geeignetes kostengünstigeres Finanzprodukt nicht geschlossen, hat der Darlehensgeber das Beratungsangebot bei erneutem Vorliegen der Voraussetzungen nach Absatz 1 zu wiederholen. [2]Dies gilt nicht, wenn der Darlehensnehmer ausdrücklich erklärt, keine weiteren entsprechenden Beratungsangebote erhalten zu wollen.

§ 505 Geduldete Überziehung[2)]

(1) [1]Vereinbart ein Unternehmer in einem Vertrag mit einem Verbraucher über ein laufendes Konto ohne eingeräumte Überziehungsmöglichkeit ein Entgelt für den Fall, dass er eine Überziehung des Kontos duldet, müssen in diesem Vertrag die Angaben nach Artikel 247 § 17 Abs. 1 des Einführungsgesetzes zum Bürgerlichen Gesetzbuche in Textform enthalten sein und dem Verbraucher in regelmäßigen Zeitabständen auf einem dauerhaften Datenträger mitgeteilt werden. [2]Satz 1 gilt entsprechend, wenn ein Darlehensgeber mit einem Darlehensnehmer in einem Vertrag über ein laufendes Konto mit eingeräumter Überziehungsmöglichkeit ein Entgelt für den Fall vereinbart, dass er eine Überziehung des Kontos über die vertraglich bestimmte Höhe hinaus duldet.

(2) [1]Kommt es im Fall des Absatzes 1 zu einer erheblichen Überziehung von mehr als einem Monat, unterrichtet der Darlehensgeber den Darlehensnehmer unverzüglich auf einem dauerhaften Datenträger über die sich aus Artikel 247 § 17 Abs. 2 des Einführungsgesetzes zum Bürgerlichen Gesetzbuche ergebenden Einzelheiten. [2]Wenn es im Fall des Absatzes 1 zu einer ununterbrochenen Überziehung von mehr als drei Monaten gekommen ist und der durchschnittliche Überziehungsbetrag die Hälfte des durchschnittlichen monatlichen Geldeingangs innerhalb der letzten drei Monate auf diesem Konto übersteigt, so gilt § 504a entsprechend. [3]Wenn der Rechnungsabschluss für das laufende Konto vierteljährlich erfolgt, ist der maßgebliche Zeitpunkt für das Vorliegen der Voraussetzungen nach Satz 1 der jeweilige Rechnungsabschluss.

(3) Verstößt der Unternehmer gegen Absatz 1 oder Absatz 2, kann der Darlehensgeber über die Rückzahlung des Darlehens hinaus Kosten und Zinsen nicht verlangen.

---

1) **Anm. d. Red.:** § 504a eingefügt gem. Gesetz v. 11. 3. 2016 (BGBl I S. 396) mit Wirkung v. 21. 3. 2016.
2) **Anm. d. Red.:** § 505 i. d. F. des Gesetzes v. 11. 3. 2016 (BGBl I S. 396) mit Wirkung v. 21. 3. 2016.

(4) Die §§ 491a bis 496 und 499 bis 502 sind auf Allgemein-Verbraucherdarlehensverträge, die unter den in Absatz 1 genannten Voraussetzungen zustande kommen, nicht anzuwenden.

§ 505a Pflicht zur Kreditwürdigkeitsprüfung bei Verbraucherdarlehensverträgen[1]

(1) ¹Der Darlehensgeber hat vor dem Abschluss eines Verbraucherdarlehensvertrags die Kreditwürdigkeit des Darlehensnehmers zu prüfen. ²Der Darlehensgeber darf den Verbraucherdarlehensvertrag nur abschließen, wenn aus der Kreditwürdigkeitsprüfung hervorgeht, dass bei einem Allgemein-Verbraucherdarlehensvertrag keine erheblichen Zweifel daran bestehen und dass es bei einem Immobiliar-Verbraucherdarlehensvertrag wahrscheinlich ist, dass der Darlehensnehmer seinen Verpflichtungen, die im Zusammenhang mit dem Darlehensvertrag stehen, vertragsgemäß nachkommen wird.

(2) Wird der Nettodarlehensbetrag nach Abschluss des Darlehensvertrags deutlich erhöht, so ist die Kreditwürdigkeit auf aktualisierter Grundlage neu zu prüfen, es sei denn, der Erhöhungsbetrag des Nettodarlehens wurde bereits in die ursprüngliche Kreditwürdigkeitsprüfung einbezogen.

(3) ¹Bei Immobiliar-Verbraucherdarlehensverträgen, die
1. im Anschluss an einen zwischen den Vertragsparteien abgeschlossenen Darlehensvertrag ein neues Kapitalnutzungsrecht zur Erreichung des von dem Darlehensnehmer mit dem vorangegangenen Darlehensvertrag verfolgten Zweckes einräumen oder
2. einen anderen Darlehensvertrag zwischen den Vertragsparteien zur Vermeidung von Kündigungen wegen Zahlungsverzugs des Darlehensnehmers oder zur Vermeidung von Zwangsvollstreckungsmaßnahmen gegen den Darlehensnehmer ersetzen oder ergänzen,

bedarf es einer erneuten Kreditwürdigkeitsprüfung nur unter den Voraussetzungen des Absatzes 2. ²Ist danach keine Kreditwürdigkeitsprüfung erforderlich, darf der Darlehensgeber den neuen Immobiliar-Verbraucherdarlehensvertrag nicht abschließen, wenn ihm bereits bekannt ist, dass der Darlehensnehmer seinen Verpflichtungen, die im Zusammenhang mit diesem Darlehensvertrag stehen, dauerhaft nicht nachkommen kann. ³Bei Verstößen gilt § 505d entsprechend.

§ 505b Grundlage der Kreditwürdigkeitsprüfung bei Verbraucherdarlehensverträgen[2]

(1) Bei Allgemein-Verbraucherdarlehensverträgen können Grundlage für die Kreditwürdigkeitsprüfung Auskünfte des Darlehensnehmers und erforderlichenfalls Auskünfte von Stellen sein, die geschäftsmäßig personenbezogene Daten, die zur Bewertung der Kreditwürdigkeit von Verbrauchern genutzt werden dürfen, zum Zweck der Übermittlung erheben, speichern, verändern oder nutzen.

(2) ¹Bei Immobiliar-Verbraucherdarlehensverträgen hat der Darlehensgeber die Kreditwürdigkeit des Darlehensnehmers auf der Grundlage notwendiger, ausreichender und angemessener Informationen zu Einkommen, Ausgaben sowie anderen finanziellen und wirtschaftlichen Umständen des Darlehensnehmers eingehend zu prüfen. ²Dabei hat der Darlehensgeber die Faktoren angemessen zu berücksichtigen, die für die Einschätzung relevant sind, ob der Darlehensnehmer seinen Verpflichtungen aus dem Darlehensvertrag voraussichtlich nachkommen kann. ³Die Kreditwürdigkeitsprüfung darf sich nicht hauptsächlich darauf stützen, dass der Wert der Wohnimmobilie den Darlehensbetrag übersteigt, oder auf die Annahme, dass der Wert der Wohnimmobilie zunimmt, es sei denn, der Darlehensvertrag dient zum Bau oder zur Renovierung der Wohnimmobilie.

(3) ¹Der Darlehensgeber ermittelt die gemäß Absatz 2 erforderlichen Informationen aus einschlägigen internen oder externen Quellen, wozu auch Auskünfte des Darlehensnehmers gehö-

---

1) **Anm. d. Red.:** § 505a i. d. F. des Gesetzes v. 17. 7. 2017 (BGBl I S. 2446) mit Wirkung v. 22. 7. 2017.
2) **Anm. d. Red.:** § 505b i. d. F. des Gesetzes v. 6. 6. 2017 (BGBl I S. 1495) mit Wirkung v. 10. 6. 2017.

ren. ²Der Darlehensgeber berücksichtigt auch die Auskünfte, die einem Darlehensvermittler erteilt wurden. ³Der Darlehensgeber ist verpflichtet, die Informationen in angemessener Weise zu überprüfen, soweit erforderlich auch durch Einsichtnahme in unabhängig nachprüfbare Unterlagen.

(4) Bei Immobiliar-Verbraucherdarlehensverträgen ist der Darlehensgeber verpflichtet, die Verfahren und Angaben, auf die sich die Kreditwürdigkeitsprüfung stützt, festzulegen, zu dokumentieren und die Dokumentation aufzubewahren.

(5) Die Bestimmungen zum Schutz personenbezogener Daten bleiben unberührt.

§ 505c Weitere Pflichten bei grundpfandrechtlich oder durch Reallast besicherten Immobiliar-Verbraucherdarlehensverträgen[1)]

Darlehensgeber, die grundpfandrechtlich oder durch Reallast besicherte Immobiliar-Verbraucherdarlehen vergeben, haben
1. bei der Bewertung von Wohnimmobilien zuverlässige Standards anzuwenden und
2. sicherzustellen, dass interne und externe Gutachter, die Immobilienbewertungen für sie vornehmen, fachlich kompetent und so unabhängig vom Darlehensvergabeprozess sind, dass sie eine objektive Bewertung vornehmen können, und
3. Bewertungen für Immobilien, die als Sicherheit für Immobiliar-Verbraucherdarlehen dienen, auf einem dauerhaften Datenträger zu dokumentieren und aufzubewahren.

§ 505d Verstoß gegen die Pflicht zur Kreditwürdigkeitsprüfung[2)]

(1) ¹Hat der Darlehensgeber gegen die Pflicht zur Kreditwürdigkeitsprüfung verstoßen, so ermäßigt sich
1. ein im Darlehensvertrag vereinbarter gebundener Sollzins auf den marktüblichen Zinssatz am Kapitalmarkt für Anlagen in Hypothekenpfandbriefe und öffentliche Pfandbriefe, deren Laufzeit derjenigen der Sollzinsbindung entspricht und
2. ein im Darlehensvertrag vereinbarter veränderlicher Sollzins auf den marktüblichen Zinssatz, zu dem europäische Banken einander Anleihen in Euro mit einer Laufzeit von drei Monaten gewähren.

²Maßgeblicher Zeitpunkt für die Bestimmung des marktüblichen Zinssatzes gemäß Satz 1 ist der Zeitpunkt des Vertragsschlusses sowie gegebenenfalls jeweils der Zeitpunkt vertraglich vereinbarter Zinsanpassungen. ³Der Darlehensnehmer kann den Darlehensvertrag jederzeit fristlos kündigen; ein Anspruch auf eine Vorfälligkeitsentschädigung besteht nicht. ⁴Der Darlehensgeber stellt dem Darlehensnehmer eine Abschrift des Vertrags zur Verfügung, in der die Vertragsänderungen berücksichtigt sind, die sich aus den Sätzen 1 bis 3 ergeben. ⁵Die Sätze 1 bis 4 finden keine Anwendung, wenn bei einer ordnungsgemäßen Kreditwürdigkeitsprüfung der Darlehensvertrag hätte geschlossen werden dürfen.

(2) Kann der Darlehensnehmer Pflichten, die im Zusammenhang mit dem Darlehensvertrag stehen, nicht vertragsgemäß erfüllen, so kann der Darlehensgeber keine Ansprüche wegen Pflichtverletzung geltend machen, wenn die Pflichtverletzung auf einem Umstand beruht, der bei ordnungsgemäßer Kreditwürdigkeitsprüfung dazu geführt hätte, dass der Darlehensvertrag nicht hätte geschlossen werden dürfen.

(3) Die Absätze 1 und 2 finden keine Anwendung, soweit der Mangel der Kreditwürdigkeitsprüfung darauf beruht, dass der Darlehensnehmer dem Darlehensgeber vorsätzlich oder grob fahrlässig Informationen im Sinne des § 505b Absatz 1 bis 3 unrichtig erteilt oder vorenthalten hat.

---

1) **Anm. d. Red.:** § 505c eingefügt gem. Gesetz v. 11. 3. 2016 (BGBl I S. 396) mit Wirkung v. 21. 3. 2016.
2) **Anm. d. Red.:** § 505d eingefügt gem. Gesetz v. 11. 3. 2016 (BGBl I S. 396) mit Wirkung v. 21. 3. 2016.

§ 505e Verordnungsermächtigung[1]

¹Das Bundesministerium der Finanzen und das Bundesministerium der Justiz und für Verbraucherschutz werden ermächtigt, durch gemeinsame Rechtsverordnung ohne Zustimmung des Bundesrates Leitlinien zu den Kriterien und Methoden der Kreditwürdigkeitsprüfung bei Immobiliar-Verbraucherdarlehensverträgen nach den §§ 505a und 505b Absatz 2 bis 4 festzulegen. ²Durch die Rechtsverordnung können insbesondere Leitlinien festgelegt werden

1. zu den Faktoren, die für die Einschätzung relevant sind, ob der Darlehensnehmer seinen Verpflichtungen aus dem Darlehensvertrag voraussichtlich nachkommen kann,
2. zu den anzuwendenden Verfahren und der Erhebung und Prüfung von Informationen.

Untertitel 2: Finanzierungshilfen zwischen einem Unternehmer und einem Verbraucher

§ 506 Zahlungsaufschub, sonstige Finanzierungshilfe[2]

(1) ¹Die für Allgemein-Verbraucherdarlehensverträge geltenden Vorschriften der §§ 358 bis 360 und 491a bis 502 sowie 505a bis 505e sind mit Ausnahme des § 492 Abs. 4 und vorbehaltlich der Absätze 3 und 4 auf Verträge entsprechend anzuwenden, durch die ein Unternehmer einem Verbraucher einen entgeltlichen Zahlungsaufschub oder eine sonstige entgeltliche Finanzierungshilfe gewährt. ²Bezieht sich der entgeltliche Zahlungsaufschub oder die sonstige entgeltliche Finanzierungshilfe auf den Erwerb oder die Erhaltung des Eigentumsrechts an Grundstücken, an bestehenden oder zu errichtenden Gebäuden oder auf den Erwerb oder die Erhaltung von grundstücksgleichen Rechten oder ist der Anspruch des Unternehmers durch ein Grundpfandrecht oder eine Reallast besichert, so sind die für Immobiliar-Verbraucherdarlehensverträge geltenden, in Satz 1 genannten Vorschriften sowie § 503 entsprechend anwendbar. ³Ein unentgeltlicher Zahlungsaufschub gilt als entgeltlicher Zahlungsaufschub gemäß Satz 2, wenn er davon abhängig gemacht wird, dass die Forderung durch ein Grundpfandrecht oder eine Reallast besichert wird.

(2) ¹Verträge zwischen einem Unternehmer und einem Verbraucher über die entgeltliche Nutzung eines Gegenstandes gelten als entgeltliche Finanzierungshilfe, wenn vereinbart ist, dass

1. der Verbraucher zum Erwerb des Gegenstandes verpflichtet ist,
2. der Unternehmer vom Verbraucher den Erwerb des Gegenstandes verlangen kann oder
3. der Verbraucher bei Beendigung des Vertrags für einen bestimmten Wert des Gegenstandes einzustehen hat.

²Auf Verträge gemäß Satz 1 Nr. 3 sind § 500 Abs. 2 und § 502 nicht anzuwenden.

(3) Für Verträge, die die Lieferung einer bestimmten Sache oder die Erbringung einer bestimmten anderen Leistung gegen Teilzahlungen zum Gegenstand haben (Teilzahlungsgeschäfte), gelten vorbehaltlich des Absatzes 4 zusätzlich die in den §§ 507 und 508 geregelten Besonderheiten.

(4) ¹Die Vorschriften dieses Untertitels sind in dem in § 491 Absatz 2 Satz 2 Nummer 1 bis 5, Absatz 3 Satz 2 und Absatz 4 bestimmten Umfang nicht anzuwenden. ²Soweit nach der Vertragsart ein Nettodarlehensbetrag (§ 491 Absatz 2 Satz 2 Nummer 1) nicht vorhanden ist, tritt an seine Stelle der Barzahlungspreis oder, wenn der Unternehmer den Gegenstand für den Verbraucher erworben hat, der Anschaffungspreis.

---

1) **Anm. d. Red.:** § 505e eingefügt gem. Gesetz v. 6.6.2017 (BGBl I S. 1495) mit Wirkung v. 10.6.2017.
2) **Anm. d. Red.:** § 506 i.d. F. des Gesetzes v. 6.6.2017 (BGBl I S. 1495) mit Wirkung v. 10.6.2017.

§ 507 Teilzahlungsgeschäfte[1)]

(1) ¹§ 494 Abs. 1 bis 3 und 6 Satz 2 zweiter Halbsatz ist auf Teilzahlungsgeschäfte nicht anzuwenden. ²Gibt der Verbraucher sein Angebot zum Vertragsabschluss im Fernabsatz auf Grund eines Verkaufsprospekts oder eines vergleichbaren elektronischen Mediums ab, aus dem der Barzahlungspreis, der Sollzinssatz, der effektive Jahreszins, ein Tilgungsplan anhand beispielhafter Gesamtbeträge sowie die zu stellenden Sicherheiten und Versicherungen ersichtlich sind, ist auch § 492 Abs. 1 nicht anzuwenden, wenn der Unternehmer dem Verbraucher den Vertragsinhalt spätestens unverzüglich nach Vertragsabschluss auf einem dauerhaften Datenträger mitteilt.

(2) ¹Das Teilzahlungsgeschäft ist nichtig, wenn die vorgeschriebene Schriftform des § 492 Abs. 1 nicht eingehalten ist oder im Vertrag eine der in Artikel 247 §§ 6, 12 und 13 des Einführungsgesetzes zum Bürgerlichen Gesetzbuche vorgeschriebenen Angaben fehlt. ²Ungeachtet eines Mangels nach Satz 1 wird das Teilzahlungsgeschäft gültig, wenn dem Verbraucher die Sache übergeben oder die Leistung erbracht wird. ³Jedoch ist der Barzahlungspreis höchstens mit dem gesetzlichen Zinssatz zu verzinsen, wenn die Angabe des Gesamtbetrags oder des effektiven Jahreszinses fehlt. ⁴Ist ein Barzahlungspreis nicht genannt, so gilt im Zweifel der Marktpreis als Barzahlungspreis. ⁵Ist der effektive Jahreszins zu niedrig angegeben, so vermindert sich der Gesamtbetrag um den Prozentsatz, um den der effektive Jahreszins zu niedrig angegeben ist.

(3) ¹Abweichend von den §§ 491a und 492 Abs. 2 dieses Gesetzes und von Artikel 247 §§ 3, 6 und 12 des Einführungsgesetzes zum Bürgerlichen Gesetzbuche müssen in der vorvertraglichen Information und im Vertrag der Barzahlungspreis und der effektive Jahreszins nicht angegeben werden, wenn der Unternehmer nur gegen Teilzahlungen Sachen liefert oder Leistungen erbringt. ²Im Fall des § 501 ist der Berechnung der Kostenermäßigung der gesetzliche Zinssatz (§ 246) zugrunde zu legen. ³Ein Anspruch auf Vorfälligkeitsentschädigung ist ausgeschlossen.

§ 508 Rücktritt bei Teilzahlungsgeschäften[2)]

¹Der Unternehmer kann von einem Teilzahlungsgeschäft wegen Zahlungsverzugs des Verbrauchers nur unter den in § 498 Absatz 1 Satz 1 bezeichneten Voraussetzungen zurücktreten. ²Dem Nennbetrag entspricht der Gesamtbetrag. ³Der Verbraucher hat dem Unternehmer auch die infolge des Vertrags gemachten Aufwendungen zu ersetzen. ⁴Bei der Bemessung der Vergütung von Nutzungen einer zurück zu gewährenden Sache ist auf die inzwischen eingetretene Wertminderung Rücksicht zu nehmen. ⁵Nimmt der Unternehmer die aufgrund des Teilzahlungsgeschäfts gelieferte Sache wieder an sich, gilt dies als Ausübung des Rücktrittsrechts, es sei denn, der Unternehmer einigt sich mit dem Verbraucher, diesem den gewöhnlichen Verkaufswert der Sache im Zeitpunkt der Wegnahme zu vergüten. ⁶Satz 5 gilt entsprechend, wenn ein Vertrag über die Lieferung einer Sache mit einem Verbraucherdarlehensvertrag verbunden ist (§ 358 Absatz 3) und wenn der Darlehensgeber die Sache an sich nimmt; im Fall des Rücktritts bestimmt sich das Rechtsverhältnis zwischen dem Darlehensgeber und dem Verbraucher nach den Sätzen 3 und 4.

§ 509 (weggefallen)[3)]

---

1) **Anm. d. Red.:** § 507 i. d. F. des Gesetzes v. 11. 3. 2016 (BGBl I S. 396) mit Wirkung v. 21. 3. 2016.
2) **Anm. d. Red.:** § 508 i. d. F. des Gesetzes v. 11. 3. 2016 (BGBl I S. 396) mit Wirkung v. 21. 3. 2016.
3) **Anm. d. Red.:** § 509 weggefallen gem. Gesetz v. 11. 3. 2016 (BGBl I S. 396) mit Wirkung v. 21. 3. 2016.

Untertitel 3: Ratenlieferungsverträge zwischen einem Unternehmer und einem Verbraucher

§ 510 Ratenlieferungsverträge[1]

(1) ¹Der Vertrag zwischen einem Verbraucher und einem Unternehmer bedarf der schriftlichen Form, wenn der Vertrag

1. die Lieferung mehrerer als zusammengehörend verkaufter Sachen in Teilleistungen zum Gegenstand hat und das Entgelt für die Gesamtheit der Sachen in Teilzahlungen zu entrichten ist,
2. die regelmäßige Lieferung von Sachen gleicher Art zum Gegenstand hat oder
3. die Verpflichtung zum wiederkehrenden Erwerb oder Bezug von Sachen zum Gegenstand hat.

²Dies gilt nicht, wenn dem Verbraucher die Möglichkeit verschafft wird, die Vertragsbestimmungen einschließlich der Allgemeinen Geschäftsbedingungen bei Vertragsschluss abzurufen und in wiedergabefähiger Form zu speichern. ³Der Unternehmer hat dem Verbraucher den Vertragsinhalt in Textform mitzuteilen.

(2) Dem Verbraucher steht vorbehaltlich des Absatzes 3 bei Verträgen nach Absatz 1, die weder im Fernabsatz noch außerhalb von Geschäftsräumen geschlossen werden, ein Widerrufsrecht nach § 355 zu.

(3) ¹Das Widerrufsrecht nach Absatz 2 gilt nicht in dem in § 491 Absatz 2 Satz 2 Nummer 1 bis 5, Absatz 3 Satz 2 und Absatz 4 bestimmten Umfang. ²Dem in § 491 Absatz 2 Satz 2 Nummer 1 genannten Nettodarlehensbetrag entspricht die Summe aller vom Verbraucher bis zum frühestmöglichen Kündigungszeitpunkt zu entrichtenden Teilzahlungen.

Untertitel 4: Beratungsleistungen bei Immobiliar-Verbraucherdarlehensverträgen[2]

§ 511 Beratungsleistungen bei Immobiliar-Verbraucherdarlehensverträgen[3]

(1) Bevor der Darlehensgeber dem Darlehensnehmer individuelle Empfehlungen zu einem oder mehreren Geschäften erteilt, die im Zusammenhang mit einem Immobiliar-Verbraucherdarlehensvertrag stehen (Beratungsleistungen), hat er den Darlehensnehmer über die sich aus Artikel 247 § 18 des Einführungsgesetzes zum Bürgerlichen Gesetzbuche ergebenden Einzelheiten in der dort vorgesehenen Form zu informieren.

(2) ¹Vor Erbringung der Beratungsleistung hat sich der Darlehensgeber über den Bedarf, die persönliche und finanzielle Situation sowie über die Präferenzen und Ziele des Darlehensnehmers zu informieren, soweit dies für eine passende Empfehlung eines Darlehensvertrags erforderlich ist. ²Auf Grundlage dieser aktuellen Informationen und unter Zugrundelegung realistischer Annahmen hinsichtlich der Risiken, die für den Darlehensnehmer während der Laufzeit des Darlehensvertrags zu erwarten sind, hat der Darlehensgeber eine ausreichende Zahl an Darlehensverträgen zumindest aus seiner Produktpalette auf ihre Geeignetheit zu prüfen.

(3) ¹Der Darlehensgeber hat dem Darlehensnehmer auf Grund der Prüfung gemäß Absatz 2 ein geeignetes oder mehrere geeignete Produkte zu empfehlen oder ihn darauf hinzuweisen, dass er kein Produkt empfehlen kann. ²Die Empfehlung oder der Hinweis ist dem Darlehensnehmer auf einem dauerhaften Datenträger zur Verfügung zu stellen.

---

1) **Anm. d. Red.:** § 510 i. d. F. des Gesetzes v. 11. 3. 2016 (BGBl I S. 396) mit Wirkung v. 21. 3. 2016.
2) **Anm. d. Red.:** Überschrift eingefügt gem. Gesetz v. 11. 3. 2016 (BGBl I S. 396) mit Wirkung v. 21. 3. 2016.
3) **Anm. d. Red.:** § 511 eingefügt gem. Gesetz v. 11. 3. 2016 (BGBl I S. 396) mit Wirkung v. 21. 3. 2016.

Untertitel 5: Unabdingbarkeit, Anwendung auf Existenzgründer[1]

§ 512 Abweichende Vereinbarungen[2]

¹Von den Vorschriften der §§ 491 bis 511, 514 und 515 darf, soweit nicht ein anderes bestimmt ist, nicht zum Nachteil des Verbrauchers abgewichen werden. ²Diese Vorschriften finden auch Anwendung, wenn sie durch anderweitige Gestaltungen umgangen werden.

§ 513 Anwendung auf Existenzgründer[3]

Die §§ 491 bis 512 gelten auch für natürliche Personen, die sich ein Darlehen, einen Zahlungsaufschub oder eine sonstige Finanzierungshilfe für die Aufnahme einer gewerblichen oder selbständigen beruflichen Tätigkeit gewähren lassen oder zu diesem Zweck einen Ratenlieferungsvertrag schließen, es sei denn, der Nettodarlehensbetrag oder Barzahlungspreis übersteigt 75 000 Euro.

Untertitel 6: Unentgeltliche Darlehensverträge und unentgeltliche Finanzierungshilfen zwischen einem Unternehmer und einem Verbraucher[4]

§ 514 Unentgeltliche Darlehensverträge[5]

(1) ¹§ 497 Absatz 1 und 3 sowie § 498 und die §§ 505a bis 505c sowie 505d Absatz 2 und 3 sowie § 505e sind entsprechend auf Verträge anzuwenden, durch die ein Unternehmer einem Verbraucher ein unentgeltliches Darlehen gewährt. ²Dies gilt nicht in dem in § 491 Absatz 2 Satz 2 Nummer 1 bestimmten Umfang.

(2) ¹Bei unentgeltlichen Darlehensverträgen gemäß Absatz 1 steht dem Verbraucher ein Widerrufsrecht nach § 355 zu. ²Dies gilt nicht, wenn bereits ein Widerrufsrecht nach § 312g Absatz 1 besteht, und nicht bei Verträgen, die § 495 Absatz 2 Nummer 1 entsprechen. ³Der Unternehmer hat den Verbraucher rechtzeitig vor der Abgabe von dessen Willenserklärung gemäß Artikel 246 Absatz 3 des Einführungsgesetzes zum Bürgerlichen Gesetzbuche über sein Widerrufsrecht zu unterrichten. ⁴Der Unternehmer kann diese Pflicht dadurch erfüllen, dass er dem Verbraucher das in der Anlage 9 zum Einführungsgesetz zum Bürgerlichen Gesetzbuche vorgesehene Muster für die Widerrufsbelehrung ordnungsgemäß ausgefüllt in Textform übermittelt.

§ 515 Unentgeltliche Finanzierungshilfen[6]

§ 514 sowie die §§ 358 bis 360 gelten entsprechend, wenn ein Unternehmer einem Verbraucher einen unentgeltlichen Zahlungsaufschub oder eine sonstige unentgeltliche Finanzierungshilfe gewährt.

---

1) **Anm. d. Red.:** Bisheriger Untertitel 4 zu neuem Untertitel 5 geworden gem. Gesetz v. 11. 3. 2016 (BGBl I S. 396) mit Wirkung v. 21. 3. 2016.
2) **Anm. d. Red.:** § 512 i. d. F. des Gesetzes v. 6. 6. 2017 (BGBl I S. 1495) mit Wirkung v. 10. 6. 2017.
3) **Anm. d. Red.:** Bisheriger § 512 zu neuem § 513 geworden und geändert gem. Gesetz v. 11. 3. 2016 (BGBl I S. 396) mit Wirkung v. 21. 3. 2016.
4) **Anm. d. Red.:** Überschrift eingefügt gem. Gesetz v. 11. 3. 2016 (BGBl I S. 396) mit Wirkung v. 21. 3. 2016.
5) **Anm. d. Red.:** § 514 i. d. F. des Gesetzes v. 6. 6. 2017 (BGBl I S. 1495) mit Wirkung v. 10. 6. 2017.
6) **Anm. d. Red.:** § 515 eingefügt gem. Gesetz v. 11. 3. 2016 (BGBl I S. 396) mit Wirkung v. 21. 3. 2016.

Titel 4: Schenkung

§ 516 Begriff der Schenkung

(1) Eine Zuwendung, durch die jemand aus seinem Vermögen einen anderen bereichert, ist Schenkung, wenn beide Teile darüber einig sind, dass die Zuwendung unentgeltlich erfolgt.

(2) ¹Ist die Zuwendung ohne den Willen des anderen erfolgt, so kann ihn der Zuwendende unter Bestimmung einer angemessenen Frist zur Erklärung über die Annahme auffordern. ²Nach dem Ablaufe der Frist gilt die Schenkung als angenommen, wenn nicht der andere sie vorher abgelehnt hat. ³Im Falle der Ablehnung kann die Herausgabe des Zugewendeten nach den Vorschriften über die Herausgabe einer ungerechtfertigten Bereicherung gefordert werden.

§ 517 Unterlassen eines Vermögenserwerbs

Eine Schenkung liegt nicht vor, wenn jemand zum Vorteil eines anderen einen Vermögenserwerb unterlässt oder auf ein angefallenes, noch nicht endgültig erworbenes Recht verzichtet oder eine Erbschaft oder ein Vermächtnis ausschlägt.

§ 518 Form des Schenkungsversprechens

(1) ¹Zur Gültigkeit eines Vertrags, durch den eine Leistung schenkweise versprochen wird, ist die notarielle Beurkundung des Versprechens erforderlich. ²Das Gleiche gilt, wenn ein Schuldversprechen oder ein Schuldanerkenntnis der in den §§ 780, 781 bezeichneten Art schenkweise erteilt wird, von dem Versprechen oder der Anerkennungserklärung.

(2) Der Mangel der Form wird durch die Bewirkung der versprochenen Leistung geheilt.

§ 519 Einrede des Notbedarfs

(1) Der Schenker ist berechtigt, die Erfüllung eines schenkweise erteilten Versprechens zu verweigern, soweit er bei Berücksichtigung seiner sonstigen Verpflichtungen außerstande ist, das Versprechen zu erfüllen, ohne dass sein angemessener Unterhalt oder die Erfüllung der ihm kraft Gesetzes obliegenden Unterhaltspflichten gefährdet wird.

(2) Treffen die Ansprüche mehrerer Beschenkten zusammen, so geht der früher entstandene Anspruch vor.

§ 520 Erlöschen eines Rentenversprechens

Verspricht der Schenker eine in wiederkehrenden Leistungen bestehende Unterstützung, so erlischt die Verbindlichkeit mit seinem Tode, sofern nicht aus dem Versprechen sich ein anderes ergibt.

§ 521 Haftung des Schenkers

Der Schenker hat nur Vorsatz und grobe Fahrlässigkeit zu vertreten.

§ 522 Keine Verzugszinsen

Zur Entrichtung von Verzugszinsen ist der Schenker nicht verpflichtet.

§ 523 Haftung für Rechtsmängel

(1) Verschweigt der Schenker arglistig einen Mangel im Rechte, so ist er verpflichtet, dem Beschenkten den daraus entstehenden Schaden zu ersetzen.

(2) ¹Hatte der Schenker die Leistung eines Gegenstandes versprochen, den er erst erwerben sollte, so kann der Beschenkte wegen eines Mangels im Rechte Schadensersatz wegen Nichterfüllung verlangen, wenn der Mangel dem Schenker bei dem Erwerbe der Sache bekannt gewesen oder infolge grober Fahrlässigkeit unbekannt geblieben ist. ²Die für die Haftung des Verkäufers für Rechtsmängel geltenden Vorschriften des § 433 Abs. 1 und der §§ 435, 436, 444, 452, 453 finden entsprechende Anwendung.

§ 524 Haftung für Sachmängel

(1) Verschweigt der Schenker arglistig einen Fehler der verschenkten Sache, so ist er verpflichtet, dem Beschenkten den daraus entstehenden Schaden zu ersetzen.

(2) [1]Hatte der Schenker die Leistung einer nur der Gattung nach bestimmten Sache versprochen, die er erst erwerben sollte, so kann der Beschenkte, wenn die geleistete Sache fehlerhaft und der Mangel dem Schenker bei dem Erwerbe der Sache bekannt gewesen oder infolge grober Fahrlässigkeit unbekannt geblieben ist, verlangen, dass ihm anstelle der fehlerhaften Sache eine fehlerfreie geliefert wird. [2]Hat der Schenker den Fehler arglistig verschwiegen, so kann der Beschenkte statt der Lieferung einer fehlerfreien Sache Schadensersatz wegen Nichterfüllung verlangen. [3]Auf diese Ansprüche finden die für die Gewährleistung wegen Fehler einer verkauften Sache geltenden Vorschriften entsprechende Anwendung.

§ 525 Schenkung unter Auflage

(1) Wer eine Schenkung unter einer Auflage macht, kann die Vollziehung der Auflage verlangen, wenn er seinerseits geleistet hat.

(2) Liegt die Vollziehung der Auflage im öffentlichen Interesse, so kann nach dem Tode des Schenkers auch die zuständige Behörde die Vollziehung verlangen.

§ 526 Verweigerung der Vollziehung der Auflage

[1]Soweit infolge eines Mangels im Rechte oder eines Mangels der verschenkten Sache der Wert der Zuwendung die Höhe der zur Vollziehung der Auflage erforderlichen Aufwendungen nicht erreicht, ist der Beschenkte berechtigt, die Vollziehung der Auflage zu verweigern, bis der durch den Mangel entstandene Fehlbetrag ausgeglichen wird. [2]Vollzieht der Beschenkte die Auflage ohne Kenntnis des Mangels, so kann er von dem Schenker Ersatz der durch die Vollziehung verursachten Aufwendungen insoweit verlangen, als sie infolge des Mangels den Wert der Zuwendung übersteigen.

§ 527 Nichtvollziehung der Auflage

(1) Unterbleibt die Vollziehung der Auflage, so kann der Schenker die Herausgabe des Geschenkes unter den für das Rücktrittsrecht bei gegenseitigen Verträgen bestimmten Voraussetzungen nach den Vorschriften über die Herausgabe einer ungerechtfertigten Bereicherung insoweit fordern, als das Geschenk zur Vollziehung der Auflage hätte verwendet werden müssen.

(2) Der Anspruch ist ausgeschlossen, wenn ein Dritter berechtigt ist, die Vollziehung der Auflage zu verlangen.

§ 528 Rückforderung wegen Verarmung des Schenkers

(1) [1]Soweit der Schenker nach der Vollziehung der Schenkung außerstande ist, seinen angemessenen Unterhalt zu bestreiten und die ihm seinen Verwandten, seinem Ehegatten, seinem Lebenspartner oder seinem früheren Ehegatten oder Lebenspartner gegenüber gesetzlich obliegende Unterhaltspflicht zu erfüllen, kann er von dem Beschenkten die Herausgabe des Geschenkes nach den Vorschriften über die Herausgabe einer ungerechtfertigten Bereicherung fordern. [2]Der Beschenkte kann die Herausgabe durch Zahlung des für den Unterhalt erforderlichen Betrags abwenden. [3]Auf die Verpflichtung des Beschenkten findet die Vorschrift des § 760 sowie die für die Unterhaltspflicht der Verwandten geltende Vorschrift des § 1613 und im Falle des Todes des Schenkers auch die Vorschrift des § 1615 entsprechende Anwendung.

(2) Unter mehreren Beschenkten haftet der früher Beschenkte nur insoweit, als der später Beschenkte nicht verpflichtet ist.

§ 529 Ausschluss des Rückforderungsanspruchs

(1) Der Anspruch auf Herausgabe des Geschenkes ist ausgeschlossen, wenn der Schenker seine Bedürftigkeit vorsätzlich oder durch grobe Fahrlässigkeit herbeigeführt hat oder wenn zur

Zeit des Eintritts seiner Bedürftigkeit seit der Leistung des geschenkten Gegenstandes zehn Jahre verstrichen sind.

(2) Das Gleiche gilt, soweit der Beschenkte bei Berücksichtigung seiner sonstigen Verpflichtungen außerstande ist, das Geschenk herauszugeben, ohne dass sein standesmäßiger Unterhalt oder die Erfüllung der ihm kraft Gesetzes obliegenden Unterhaltspflichten gefährdet wird.

§ 530 Widerruf der Schenkung

(1) Eine Schenkung kann widerrufen werden, wenn sich der Beschenkte durch eine schwere Verfehlung gegen den Schenker oder einen nahen Angehörigen des Schenkers groben Undankes schuldig macht.

(2) Dem Erben des Schenkers steht das Recht des Widerrufs nur zu, wenn der Beschenkte vorsätzlich und widerrechtlich den Schenker getötet oder am Widerruf gehindert hat.

§ 531 Widerrufserklärung

(1) Der Widerruf erfolgt durch Erklärung gegenüber dem Beschenkten.

(2) Ist die Schenkung widerrufen, so kann die Herausgabe des Geschenks nach den Vorschriften über die Herausgabe einer ungerechtfertigten Bereicherung gefordert werden.

§ 532 Ausschluss des Widerrufs

¹Der Widerruf ist ausgeschlossen, wenn der Schenker dem Beschenkten verziehen hat oder wenn seit dem Zeitpunkt, in welchem der Widerrufsberechtigte von dem Eintritte der Voraussetzungen seines Rechtes Kenntnis erlangt hat, ein Jahr verstrichen ist. ²Nach dem Tode des Beschenkten ist der Widerruf nicht mehr zulässig.

§ 533 Verzicht auf Widerrufsrecht

Auf das Widerrufsrecht kann erst verzichtet werden, wenn der Undank dem Widerrufsberechtigten bekannt geworden ist.

§ 534 Pflicht- und Anstandsschenkungen

Schenkungen, durch die einer sittlichen Pflicht oder einer auf den Anstand zu nehmenden Rücksicht entsprochen wird, unterliegen nicht der Rückforderung und dem Widerruf.

Titel 5: Mietvertrag, Pachtvertrag

Untertitel 1: Allgemeine Vorschriften für Mietverhältnisse

§ 535 Inhalt und Hauptpflichten des Mietvertrags

(1) ¹Durch den Mietvertrag wird der Vermieter verpflichtet, dem Mieter den Gebrauch der Mietsache während der Mietzeit zu gewähren. ²Der Vermieter hat die Mietsache dem Mieter in einem zum vertragsmäßen Gebrauch geeigneten Zustand zu überlassen und sie während der Mietzeit in diesem Zustand zu erhalten. ³Er hat die auf der Mietsache ruhenden Lasten zu tragen.

(2) Der Mieter ist verpflichtet, dem Vermieter die vereinbarte Miete zu entrichten.

§ 536 Mietminderung bei Sach- und Rechtsmängeln[1]

(1) ¹Hat die Mietsache zur Zeit der Überlassung an den Mieter einen Mangel, der ihre Tauglichkeit zum vertragsmäßen Gebrauch aufhebt, oder entsteht während der Mietzeit ein solcher Mangel, so ist der Mieter für die Zeit, in der die Tauglichkeit aufgehoben ist, von der Entrichtung der Miete befreit. ²Für die Zeit, während der die Tauglichkeit gemindert ist, hat er nur

---

[1] **Anm. d. Red.:** § 536 i. d. F. des Gesetzes v. 11. 3. 2013 (BGBl I S. 434) mit Wirkung v. 1. 5. 2013.

eine angemessen herabgesetzte Miete zu entrichten. ³Eine unerhebliche Minderung der Tauglichkeit bleibt außer Betracht.

(1a) Für die Dauer von drei Monaten bleibt eine Minderung der Tauglichkeit außer Betracht, soweit diese auf Grund einer Maßnahme eintritt, die einer energetischen Modernisierung nach § 555b Nummer 1 dient.

(2) Absatz 1 Satz 1 und 2 gilt auch, wenn eine zugesicherte Eigenschaft fehlt oder später wegfällt.

(3) Wird dem Mieter der vertragsgemäße Gebrauch der Mietsache durch das Recht eines Dritten ganz oder zum Teil entzogen, so gelten die Absätze 1 und 2 entsprechend.

(4) Bei einem Mietverhältnis über Wohnraum ist eine zum Nachteil des Mieters abweichende Vereinbarung unwirksam.

§ 536a Schadens- und Aufwendungsersatzanspruch des Mieters wegen eines Mangels

(1) Ist ein Mangel im Sinne des § 536 bei Vertragsschluss vorhanden oder entsteht ein solcher Mangel später wegen eines Umstandes, den der Vermieter zu vertreten hat, oder kommt der Vermieter mit der Beseitigung eines Mangels in Verzug, so kann der Mieter unbeschadet der Rechte aus § 536 Schadensersatz verlangen.

(2) Der Mieter kann den Mangel selbst beseitigen und Ersatz der erforderlichen Aufwendungen verlangen, wenn
1. der Vermieter mit der Beseitigung des Mangels in Verzug ist oder
2. die umgehende Beseitigung des Mangels zur Erhaltung oder Wiederherstellung des Bestands der Mietsache notwendig ist.

§ 536b Kenntnis des Mieters vom Mangel bei Vertragsschluss oder Annahme

¹Kennt der Mieter bei Vertragsschluss den Mangel der Mietsache, so stehen ihm die Rechte aus den §§ 536 und 536a nicht zu. ²Ist ihm der Mangel infolge grober Fahrlässigkeit unbekannt geblieben, so stehen ihm diese Rechte nur zu, wenn der Vermieter den Mangel arglistig verschwiegen hat. ³Nimmt der Mieter eine mangelhafte Sache an, obwohl er den Mangel kennt, so kann er die Rechte aus den §§ 536 und 536a nur geltend machen, wenn er sich seine Rechte bei der Annahme vorbehält.

§ 536c Während der Mietzeit auftretende Mängel; Mängelanzeige durch den Mieter

(1) ¹Zeigt sich im Laufe der Mietzeit ein Mangel der Mietsache oder wird eine Maßnahme zum Schutz der Mietsache gegen eine nicht vorhergesehene Gefahr erforderlich, so hat der Mieter dies dem Vermieter unverzüglich anzuzeigen. ²Das Gleiche gilt, wenn ein Dritter sich ein Recht an der Sache anmaßt.

(2) ¹Unterlässt der Mieter die Anzeige, so ist er dem Vermieter zum Ersatz des daraus entstehenden Schadens verpflichtet. ²Soweit der Vermieter infolge der Unterlassung der Anzeige nicht Abhilfe schaffen konnte, ist der Mieter nicht berechtigt,
1. die in § 536 bestimmten Rechte geltend zu machen,
2. nach § 536a Abs. 1 Schadensersatz zu verlangen oder
3. ohne Bestimmung einer angemessenen Frist zur Abhilfe nach § 543 Abs. 3 Satz 1 zu kündigen.

§ 536d Vertraglicher Ausschluss von Rechten des Mieters wegen eines Mangels

Auf eine Vereinbarung, durch die die Rechte des Mieters wegen eines Mangels der Mietsache ausgeschlossen oder beschränkt werden, kann sich der Vermieter nicht berufen, wenn er den Mangel arglistig verschwiegen hat.

§ 537 Entrichtung der Miete bei persönlicher Verhinderung des Mieters

(1) ¹Der Mieter wird von der Entrichtung der Miete nicht dadurch befreit, dass er durch einen in seiner Person liegenden Grund an der Ausübung seines Gebrauchsrechts gehindert wird. ²Der Vermieter muss sich jedoch den Wert der ersparten Aufwendungen sowie derjenigen Vorteile anrechnen lassen, die er aus einer anderweitigen Verwertung des Gebrauchs erlangt.

(2) Solange der Vermieter infolge der Überlassung des Gebrauchs an einen Dritten außerstande ist, dem Mieter den Gebrauch zu gewähren, ist der Mieter zur Entrichtung der Miete nicht verpflichtet.

§ 538 Abnutzung der Mietsache durch vertragsgemäßen Gebrauch

Veränderungen oder Verschlechterungen der Mietsache, die durch den vertragsgemäßen Gebrauch herbeigeführt werden, hat der Mieter nicht zu vertreten.

§ 539 Ersatz sonstiger Aufwendungen und Wegnahmerecht des Mieters

(1) Der Mieter kann vom Vermieter Aufwendungen auf die Mietsache, die der Vermieter ihm nicht nach § 536a Abs. 2 zu ersetzen hat, nach den Vorschriften über die Geschäftsführung ohne Auftrag ersetzt verlangen.

(2) Der Mieter ist berechtigt, eine Einrichtung wegzunehmen, mit der er die Mietsache versehen hat.

§ 540 Gebrauchsüberlassung an Dritte

(1) ¹Der Mieter ist ohne die Erlaubnis des Vermieters nicht berechtigt, den Gebrauch der Mietsache einem Dritten zu überlassen, insbesondere sie weiter zu vermieten. ²Verweigert der Vermieter die Erlaubnis, so kann der Mieter das Mietverhältnis außerordentlich mit der gesetzlichen Frist kündigen, sofern nicht in der Person des Dritten ein wichtiger Grund vorliegt.

(2) Überlässt der Mieter den Gebrauch einem Dritten, so hat er ein dem Dritten bei dem Gebrauch zur Last fallendes Verschulden zu vertreten, auch wenn der Vermieter die Erlaubnis zur Überlassung erteilt hat.

§ 541 Unterlassungsklage bei vertragswidrigem Gebrauch

Setzt der Mieter einen vertragswidrigen Gebrauch der Mietsache trotz einer Abmahnung des Vermieters fort, so kann dieser auf Unterlassung klagen.

§ 542 Ende des Mietverhältnisses

(1) Ist die Mietzeit nicht bestimmt, so kann jede Vertragspartei das Mietverhältnis nach den gesetzlichen Vorschriften kündigen.

(2) Ein Mietverhältnis, das auf bestimmte Zeit eingegangen ist, endet mit dem Ablauf dieser Zeit, sofern es nicht
1. in den gesetzlich zugelassenen Fällen außerordentlich gekündigt oder
2. verlängert wird.

§ 543 Außerordentliche fristlose Kündigung aus wichtigem Grund

(1) ¹Jede Vertragspartei kann das Mietverhältnis aus wichtigem Grund außerordentlich fristlos kündigen. ²Ein wichtiger Grund liegt vor, wenn dem Kündigenden unter Berücksichtigung aller Umstände des Einzelfalls, insbesondere eines Verschuldens der Vertragsparteien, und unter Abwägung der beiderseitigen Interessen die Fortsetzung des Mietverhältnisses bis zum Ablauf der Kündigungsfrist oder bis zur sonstigen Beendigung des Mietverhältnisses nicht zugemutet werden kann.

(2) ¹Ein wichtiger Grund liegt insbesondere vor, wenn
1. dem Mieter der vertragsgemäße Gebrauch der Mietsache ganz oder zum Teil nicht rechtzeitig gewährt oder wieder entzogen wird,
2. der Mieter die Rechte des Vermieters dadurch in erheblichem Maße verletzt, dass er die Mietsache durch Vernachlässigung der ihm obliegenden Sorgfalt erheblich gefährdet oder sie unbefugt einem Dritten überlässt oder
3. der Mieter
   a) für zwei aufeinander folgende Termine mit der Entrichtung der Miete oder eines nicht unerheblichen Teils der Miete in Verzug ist oder
   b) in einem Zeitraum, der sich über mehr als zwei Termine erstreckt, mit der Entrichtung der Miete in Höhe eines Betrages in Verzug ist, der die Miete für zwei Monate erreicht.

²Im Falle des Satzes 1 Nr. 3 ist die Kündigung ausgeschlossen, wenn der Vermieter vorher befriedigt wird. ³Sie wird unwirksam, wenn sich der Mieter von seiner Schuld durch Aufrechnung befreien konnte und unverzüglich nach der Kündigung die Aufrechnung erklärt.

(3) ¹Besteht der wichtige Grund in der Verletzung einer Pflicht aus dem Mietvertrag, so ist die Kündigung erst nach erfolglosem Ablauf einer zur Abhilfe bestimmten angemessenen Frist oder nach erfolgloser Abmahnung zulässig. ²Dies gilt nicht, wenn
1. eine Frist oder Abmahnung offensichtlich keinen Erfolg verspricht,
2. die sofortige Kündigung aus besonderen Gründen unter Abwägung der beiderseitigen Interessen gerechtfertigt ist oder
3. der Mieter mit der Entrichtung der Miete im Sinne des Absatzes 2 Nr. 3 in Verzug ist.

(4) ¹Auf das dem Mieter nach Absatz 2 Nr. 1 zustehende Kündigungsrecht sind die §§ 536b und 536d entsprechend anzuwenden. ²Ist streitig, ob der Vermieter den Gebrauch der Mietsache rechtzeitig gewährt oder die Abhilfe vor Ablauf der hierzu bestimmten Frist bewirkt hat, so trifft ihn die Beweislast.

§ 544 Vertrag über mehr als 30 Jahre

¹Wird ein Mietvertrag für eine längere Zeit als 30 Jahre geschlossen, so kann jede Vertragspartei nach Ablauf von 30 Jahren nach Überlassung der Mietsache das Mietverhältnis außerordentlich mit der gesetzlichen Frist kündigen. ²Die Kündigung ist unzulässig, wenn der Vertrag für die Lebenszeit des Vermieters oder des Mieters geschlossen worden ist.

§ 545 Stillschweigende Verlängerung des Mietverhältnisses

¹Setzt der Mieter nach Ablauf der Mietzeit den Gebrauch der Mietsache fort, so verlängert sich das Mietverhältnis auf unbestimmte Zeit, sofern nicht eine Vertragspartei ihren entgegenstehenden Willen innerhalb von zwei Wochen dem anderen Teil erklärt. ²Die Frist beginnt
1. für den Mieter mit der Fortsetzung des Gebrauchs,
2. für den Vermieter mit dem Zeitpunkt, in dem er von der Fortsetzung Kenntnis erhält.

§ 546 Rückgabepflicht des Mieters

(1) Der Mieter ist verpflichtet, die Mietsache nach Beendigung des Mietverhältnisses zurückzugeben.

(2) Hat der Mieter den Gebrauch der Mietsache einem Dritten überlassen, so kann der Vermieter die Sache nach Beendigung des Mietverhältnisses auch von dem Dritten zurückfordern.

§ 546a Entschädigung des Vermieters bei verspäteter Rückgabe

(1) Gibt der Mieter die Mietsache nach Beendigung des Mietverhältnisses nicht zurück, so kann der Vermieter für die Dauer der Vorenthaltung als Entschädigung die vereinbarte Miete oder die Miete verlangen, die für vergleichbare Sachen ortsüblich ist.

(2) Die Geltendmachung eines weiteren Schadens ist nicht ausgeschlossen.

§ 547 Erstattung von im Voraus entrichteter Miete

(1) ¹Ist die Miete für die Zeit nach Beendigung des Mietverhältnisses im Voraus entrichtet worden, so hat der Vermieter sie zurückzuerstatten und ab Empfang zu verzinsen. ²Hat der Vermieter die Beendigung des Mietverhältnisses nicht zu vertreten, so hat er das Erlangte nach den Vorschriften über die Herausgabe einer ungerechtfertigten Bereicherung zurückzuerstatten.

(2) Bei einem Mietverhältnis über Wohnraum ist eine zum Nachteil des Mieters abweichende Vereinbarung unwirksam.

§ 548 Verjährung der Ersatzansprüche und des Wegnahmerechts

(1) ¹Die Ersatzansprüche des Vermieters wegen Veränderungen oder Verschlechterungen der Mietsache verjähren in sechs Monaten. ²Die Verjährung beginnt mit dem Zeitpunkt, in dem er die Mietsache zurückerhält. ³Mit der Verjährung des Anspruchs des Vermieters auf Rückgabe der Mietsache verjähren auch seine Ersatzansprüche.

(2) Ansprüche des Mieters auf Ersatz von Aufwendungen oder auf Gestattung der Wegnahme einer Einrichtung verjähren in sechs Monaten nach der Beendigung des Mietverhältnisses.

Untertitel 2: Mietverhältnisse über Wohnraum

Kapitel 1: Allgemeine Vorschriften

§ 549 Auf Wohnraummietverhältnisse anwendbare Vorschriften[1]

(1) Für Mietverhältnisse über Wohnraum gelten die §§ 535 bis 548, soweit sich nicht aus den §§ 549 bis 577a etwas anderes ergibt.

(2) Die Vorschriften über die Miethöhe bei Mietbeginn in Gebieten mit angespannten Wohnungsmärkten (§§ 556d bis 556g), über die Mieterhöhung (§§ 557 bis 561) und über den Mieterschutz bei Beendigung des Mietverhältnisses sowie bei der Begründung von Wohnungseigentum (§ 568 Abs. 2, §§ 573, 573a, 573d Abs. 1, §§ 574 bis 575, 575a Abs. 1 und § 577, 577a) gelten nicht für Mietverhältnisse über
1. Wohnraum, der nur zum vorübergehenden Gebrauch vermietet ist,
2. Wohnraum, der Teil der vom Vermieter selbst bewohnten Wohnung ist und den der Vermieter überwiegend mit Einrichtungsgegenständen auszustatten hat, sofern der Wohnraum dem Mieter nicht zum dauernden Gebrauch mit seiner Familie oder mit Personen überlassen ist, mit denen er einen auf Dauer angelegten gemeinsamen Haushalt führt,
3. Wohnraum, den eine juristische Person des öffentlichen Rechts oder ein anerkannter privater Träger der Wohlfahrtspflege angemietet hat, um ihn Personen mit dringendem Wohnungsbedarf zu überlassen, wenn sie den Mieter bei Vertragsschluss auf die Zweckbestimmung des Wohnraums und die Ausnahme von den genannten Vorschriften hingewiesen hat.

(3) Für Wohnraum in einem Studenten- oder Jugendwohnheim gelten die §§ 556d bis 561 sowie die §§ 573, 573a, 573d Abs. 1 und §§ 575, 575a Abs. 1, § 577, 577a nicht.

§ 550 Form des Mietvertrags

¹Wird der Mietvertrag für längere Zeit als ein Jahr nicht in schriftlicher Form geschlossen, so gilt er für unbestimmte Zeit. ²Die Kündigung ist jedoch frühestens zum Ablauf eines Jahres nach Überlassung des Wohnraums zulässig.

---

1) **Anm. d. Red.:** § 549 i. d. F. des Gesetzes v. 21. 4. 2015 (BGBl I S. 610) mit Wirkung v. 1. 6. 2015.

§ 551 Begrenzung und Anlage von Mietsicherheiten[1]

(1) Hat der Mieter dem Vermieter für die Erfüllung seiner Pflichten Sicherheit zu leisten, so darf diese vorbehaltlich des Absatzes 3 Satz 4 höchstens das Dreifache der auf einen Monat entfallenden Miete ohne die als Pauschale oder als Vorauszahlung ausgewiesenen Betriebskosten betragen.

(2) ¹Ist als Sicherheit eine Geldsumme bereitzustellen, so ist der Mieter zu drei gleichen monatlichen Teilzahlungen berechtigt. ²Die erste Teilzahlung ist zu Beginn des Mietverhältnisses fällig. ³Die weiteren Teilzahlungen werden zusammen mit den unmittelbar folgenden Mietzahlungen fällig.

(3) ¹Der Vermieter hat eine ihm als Sicherheit überlassene Geldsumme bei einem Kreditinstitut zu dem für Spareinlagen mit dreimonatiger Kündigungsfrist üblichen Zinssatz anzulegen. ²Die Vertragsparteien können eine andere Anlageform vereinbaren. ³In beiden Fällen muss die Anlage vom Vermögen des Vermieters getrennt erfolgen und stehen die Erträge dem Mieter zu. ⁴Sie erhöhen die Sicherheit. ⁵Bei Wohnraum in einem Studenten- oder Jugendwohnheim besteht für den Vermieter keine Pflicht, die Sicherheitsleistung zu verzinsen.

(4) Eine zum Nachteil des Mieters abweichende Vereinbarung ist unwirksam.

§ 552 Abwendung des Wegnahmerechts des Mieters

(1) Der Vermieter kann die Ausübung des Wegnahmerechts (§ 539 Abs. 2) durch Zahlung einer angemessenen Entschädigung abwenden, wenn nicht der Mieter ein berechtigtes Interesse an der Wegnahme hat.

(2) Eine Vereinbarung, durch die das Wegnahmerecht ausgeschlossen wird, ist nur wirksam, wenn ein angemessener Ausgleich vorgesehen ist.

§ 553 Gestattung der Gebrauchsüberlassung an Dritte

(1) ¹Entsteht für den Mieter nach Abschluss des Mietvertrags ein berechtigtes Interesse, einen Teil des Wohnraums einem Dritten zum Gebrauch zu überlassen, so kann er von dem Vermieter die Erlaubnis hierzu verlangen. ²Dies gilt nicht, wenn in der Person des Dritten ein wichtiger Grund vorliegt, der Wohnraum übermäßig belegt würde oder dem Vermieter die Überlassung aus sonstigen Gründen nicht zugemutet werden kann.

(2) Ist dem Vermieter die Überlassung nur bei einer angemessenen Erhöhung der Miete zuzumuten, so kann er die Erlaubnis davon abhängig machen, dass der Mieter sich mit einer solchen Erhöhung einverstanden erklärt.

(3) Eine zum Nachteil des Mieters abweichende Vereinbarung ist unwirksam.

§ 554 Barrierereduzierung, E-Mobilität und Einbruchsschutz[2]

(1) ¹Der Mieter kann verlangen, dass ihm der Vermieter bauliche Veränderungen der Mietsache erlaubt, die dem Gebrauch durch Menschen mit Behinderungen, dem Laden elektrisch betriebener Fahrzeuge oder dem Einbruchsschutz dienen. ²Der Anspruch besteht nicht, wenn die bauliche Veränderung dem Vermieter auch unter Würdigung der Interessen des Mieters nicht zugemutet werden kann. ³Der Mieter kann sich im Zusammenhang mit der baulichen Veränderung zur Leistung einer besonderen Sicherheit verpflichten; § 551 Absatz 3 gilt entsprechend.

(2) Eine zum Nachteil des Mieters abweichende Vereinbarung ist unwirksam.

§ 554a (weggefallen)[3]

---

1) **Anm. d. Red.:** § 551 i. d. F. des Gesetzes v. 11. 3. 2013 (BGBl I S. 434) mit Wirkung v. 1. 5. 2013.
2) **Anm. d. Red.:** § 554 i. d. F. des Gesetzes v. 16.10.2020 (BGBl I S. 2187) Wirkung v. 1.12.2020
3) **Anm. d. Red.:** § 554a weggefallen gem. Gesetz v. 16.10.2020 (BGBl I S. 2187) mit Wirkung v. 1.12.2020.

§ 555 Unwirksamkeit einer Vertragsstrafe
Eine Vereinbarung, durch die sich der Vermieter eine Vertragsstrafe vom Mieter versprechen lässt, ist unwirksam.

Kapitel 1a: Erhaltungs- und Modernisierungsmaßnahmen[1)]

§ 555a Erhaltungsmaßnahmen[2)]
(1) Der Mieter hat Maßnahmen zu dulden, die zur Instandhaltung oder Instandsetzung der Mietsache erforderlich sind (Erhaltungsmaßnahmen).

(2) Erhaltungsmaßnahmen sind dem Mieter rechtzeitig anzukündigen, es sei denn, sie sind nur mit einer unerheblichen Einwirkung auf die Mietsache verbunden oder ihre sofortige Durchführung ist zwingend erforderlich.

(3) ¹Aufwendungen, die der Mieter infolge einer Erhaltungsmaßnahme machen muss, hat der Vermieter in angemessenem Umfang zu ersetzen. ²Auf Verlangen hat er Vorschuss zu leisten.

(4) Eine zum Nachteil des Mieters von Absatz 2 oder 3 abweichende Vereinbarung ist unwirksam.

§ 555b Modernisierungsmaßnahmen[3)]
Modernisierungsmaßnahmen sind bauliche Veränderungen,
1. durch die in Bezug auf die Mietsache Endenergie nachhaltig eingespart wird (energetische Modernisierung),
2. durch die nicht erneuerbare Primärenergie nachhaltig eingespart oder das Klima nachhaltig geschützt wird, sofern nicht bereits eine energetische Modernisierung nach Nummer 1 vorliegt,
3. durch die der Wasserverbrauch nachhaltig reduziert wird,
4. durch die der Gebrauchswert der Mietsache nachhaltig erhöht wird,
5. durch die die allgemeinen Wohnverhältnisse auf Dauer verbessert werden,
6. die auf Grund von Umständen durchgeführt werden, die der Vermieter nicht zu vertreten hat, und die keine Erhaltungsmaßnahmen nach § 555a sind, oder
7. durch die neuer Wohnraum geschaffen wird.

§ 555c Ankündigung von Modernisierungsmaßnahmen[4)]
(1) ¹Der Vermieter hat dem Mieter eine Modernisierungsmaßnahme spätestens drei Monate vor ihrem Beginn in Textform anzukündigen (Modernisierungsankündigung). ²Die Modernisierungsankündigung muss Angaben enthalten über:
1. die Art und den voraussichtlichen Umfang der Modernisierungsmaßnahme in wesentlichen Zügen,
2. den voraussichtlichen Beginn und die voraussichtliche Dauer der Modernisierungsmaßnahme,
3. den Betrag der zu erwartenden Mieterhöhung, sofern eine Erhöhung nach § 559 oder § 559c verlangt werden soll, sowie die voraussichtlichen künftigen Betriebskosten.

(2) Der Vermieter soll den Mieter in der Modernisierungsankündigung auf die Form und die Frist des Härteeinwands nach § 555d Absatz 3 Satz 1 hinweisen.

---

1) **Anm. d. Red.:** Kapitel 1a eingefügt gem. Gesetz v. 11. 3. 2013 (BGBl I S. 434) mit Wirkung v. 1. 5. 2013.
2) **Anm. d. Red.:** § 555a eingefügt gem. Gesetz v. 11. 3. 2013 (BGBl I S. 434) mit Wirkung v. 1. 5. 2013.
3) **Anm. d. Red.:** § 555b eingefügt gem. Gesetz v. 11. 3. 2013 (BGBl I S. 434) mit Wirkung v. 1. 5. 2013.
4) **Anm. d. Red.:** § 555c i. d. F. des Gesetzes v. 18.12.2018 (BGBl I S. 2648) mit Wirkung v. 1.1.2019.

(3) In der Modernisierungsankündigung für eine Modernisierungsmaßnahme nach § 555b Nummer 1 und 2 kann der Vermieter insbesondere hinsichtlich der energetischen Qualität von Bauteilen auf allgemein anerkannte Pauschalwerte Bezug nehmen.

(4) Die Absätze 1 bis 3 gelten nicht für Modernisierungsmaßnahmen, die nur mit einer unerheblichen Einwirkung auf die Mietsache verbunden sind und nur zu einer unerheblichen Mieterhöhung führen.

(5) Eine zum Nachteil des Mieters abweichende Vereinbarung ist unwirksam.

§ 555d Duldung von Modernisierungsmaßnahmen, Ausschlussfrist[1)]

(1) Der Mieter hat eine Modernisierungsmaßnahme zu dulden.

(2) ¹Eine Duldungspflicht nach Absatz 1 besteht nicht, wenn die Modernisierungsmaßnahme für den Mieter, seine Familie oder einen Angehörigen seines Haushalts eine Härte bedeuten würde, die auch unter Würdigung der berechtigten Interessen sowohl des Vermieters als auch anderer Mieter in dem Gebäude sowie von Belangen der Energieeinsparung und des Klimaschutzes nicht zu rechtfertigen ist. ²Die zu erwartende Mieterhöhung sowie die voraussichtlichen künftigen Betriebskosten bleiben bei der Abwägung im Rahmen der Duldungspflicht außer Betracht; sie sind nur nach § 559 Absatz 4 und 5 bei einer Mieterhöhung zu berücksichtigen.

(3) ¹Der Mieter hat dem Vermieter Umstände, die eine Härte im Hinblick auf die Duldung oder die Mieterhöhung begründen, bis zum Ablauf des Monats, der auf den Zugang der Modernisierungsankündigung folgt, in Textform mitzuteilen. ²Der Lauf der Frist beginnt nur, wenn die Modernisierungsankündigung den Vorschriften des § 555c entspricht.

(4) ¹Nach Ablauf der Frist sind Umstände, die eine Härte im Hinblick auf die Duldung oder die Mieterhöhung begründen, noch zu berücksichtigen, wenn der Mieter ohne Verschulden an der Einhaltung der Frist gehindert war und er dem Vermieter die Umstände sowie die Gründe der Verzögerung unverzüglich in Textform mitteilt. ²Umstände, die eine Härte im Hinblick auf die Mieterhöhung begründen, sind nur zu berücksichtigen, wenn sie spätestens bis zum Beginn der Modernisierungsmaßnahme mitgeteilt werden.

(5) ¹Hat der Vermieter in der Modernisierungsankündigung nicht auf die Form und die Frist des Härteeinwands hingewiesen (§ 555c Absatz 2), so bedarf die Mitteilung des Mieters nach Absatz 3 Satz 1 nicht der dort bestimmten Form und Frist. ²Absatz 4 Satz 2 gilt entsprechend.

(6) § 555a Absatz 3 gilt entsprechend.

(7) Eine zum Nachteil des Mieters abweichende Vereinbarung ist unwirksam.

§ 555e Sonderkündigungsrecht des Mieters bei Modernisierungsmaßnahmen[2)]

(1) ¹Nach Zugang der Modernisierungsankündigung kann der Mieter das Mietverhältnis außerordentlich zum Ablauf des übernächsten Monats kündigen. ²Die Kündigung muss bis zum Ablauf des Monats erfolgen, der auf den Zugang der Modernisierungsankündigung folgt.

(2) § 555c Absatz 4 gilt entsprechend.

(3) Eine zum Nachteil des Mieters abweichende Vereinbarung ist unwirksam.

§ 555f Vereinbarungen über Erhaltungs- oder Modernisierungsmaßnahmen[3)]

Die Vertragsparteien können nach Abschluss des Mietvertrags aus Anlass von Erhaltungs- oder Modernisierungsmaßnahmen Vereinbarungen treffen, insbesondere über die
1. zeitliche und technische Durchführung der Maßnahmen,

---

1) **Anm. d. Red.:** § 555d eingefügt gem. Gesetz v. 11.3.2013 (BGBl I S. 434) mit Wirkung v. 1.5.2013.
2) **Anm. d. Red.:** § 555e eingefügt gem. Gesetz v. 11.3.2013 (BGBl I S. 434) mit Wirkung v. 1.5.2013.
3) **Anm. d. Red.:** § 555f eingefügt gem. Gesetz v. 11.3.2013 (BGBl I S. 434) mit Wirkung v. 1.5.2013.

2. Gewährleistungsrechte und Aufwendungsersatzansprüche des Mieters,
3. künftige Höhe der Miete.

Kapitel 2: Die Miete
Unterkapitel 1: Vereinbarungen über die Miete
§ 556 Vereinbarungen über Betriebskosten[1]

(1) ¹Die Vertragsparteien können vereinbaren, dass der Mieter Betriebskosten trägt. ²Betriebskosten sind die Kosten, die dem Eigentümer oder Erbbauberechtigten durch das Eigentum oder das Erbbaurecht am Grundstück oder durch den bestimmungsmäßigen Gebrauch des Gebäudes, der Nebengebäude, Anlagen, Einrichtungen und des Grundstücks laufend entstehen. ³Für die Aufstellung der Betriebskosten gilt die Betriebskostenverordnung vom 25. November 2003 (BGBl I S. 2346, 2347) fort. ⁴Die Bundesregierung wird ermächtigt, durch Rechtsverordnung ohne Zustimmung des Bundesrates Vorschriften über die Aufstellung der Betriebskosten zu erlassen.

(2) ¹Die Vertragsparteien können vorbehaltlich anderweitiger Vorschriften vereinbaren, dass Betriebskosten als Pauschale oder als Vorauszahlung ausgewiesen werden. ²Vorauszahlungen für Betriebskosten dürfen nur in angemessener Höhe vereinbart werden.

(3) ¹Über die Vorauszahlungen für Betriebskosten ist jährlich abzurechnen; dabei ist der Grundsatz der Wirtschaftlichkeit zu beachten. ²Die Abrechnung ist dem Mieter spätestens bis zum Ablauf des zwölften Monats nach Ende des Abrechnungszeitraums mitzuteilen. ³Nach Ablauf dieser Frist ist die Geltendmachung einer Nachforderung durch den Vermieter ausgeschlossen, es sei denn, der Vermieter hat die verspätete Geltendmachung nicht zu vertreten. ⁴Der Vermieter ist zu Teilabrechnungen nicht verpflichtet. ⁵Einwendungen gegen die Abrechnung hat der Mieter dem Vermieter spätestens bis zum Ablauf des zwölften Monats nach Zugang der Abrechnung mitzuteilen. ⁶Nach Ablauf dieser Frist kann der Mieter Einwendungen nicht mehr geltend machen, es sei denn, der Mieter hat die verspätete Geltendmachung nicht zu vertreten.

(4) Eine zum Nachteil des Mieters von Absatz 1, Absatz 2 Satz 2 oder Absatz 3 abweichende Vereinbarung ist unwirksam.

§ 556a Abrechnungsmaßstab für Betriebskosten[2]

(1) ¹Haben die Vertragsparteien nichts anderes vereinbart, sind die Betriebskosten vorbehaltlich anderweitiger Vorschriften nach dem Anteil der Wohnfläche umzulegen. ²Betriebskosten, die von einem erfassten Verbrauch oder einer erfassten Verursachung durch die Mieter abhängen, sind nach einem Maßstab umzulegen, der dem unterschiedlichen Verbrauch oder der unterschiedlichen Verursachung Rechnung trägt.

(2) ¹Haben die Vertragsparteien etwas anderes vereinbart, kann der Vermieter durch Erklärung in Textform bestimmen, dass die Betriebskosten zukünftig abweichend von der getroffenen Vereinbarung ganz oder teilweise nach einem Maßstab umgelegt werden dürfen, der dem erfassten unterschiedlichen Verbrauch oder der erfassten unterschiedlichen Verursachung Rechnung trägt. ²Die Erklärung ist nur vor Beginn eines Abrechnungszeitraums zulässig. ³Sind die Kosten bislang in der Miete enthalten, so ist diese entsprechend herabzusetzen.

(3) ¹Ist Wohnungseigentum vermietet und haben die Vertragsparteien nichts anderes vereinbart, sind die Betriebskosten abweichend von Absatz 1 nach dem für die Verteilung zwischen den Wohnungseigentümern jeweils geltenden Maßstab umzulegen. ²Widerspricht der Maßstab billigem Ermessen, ist nach Absatz 1 umzulegen.

(4) Eine zum Nachteil des Mieters von Absatz 2 abweichende Vereinbarung ist unwirksam.

---

1) **Anm. d. Red.:** § 556 i. d. F. des Gesetzes v. 5. 9. 2006 (BGBl I S. 2098) mit Wirkung v. 1. 1. 2007.
2) **Anm. d. Red.:** § 556a i. d. F. des Gesetzes v. 16.10.2020 (BGBl I S. 2187) mit Wirkung v. 1.12.2020.

§ 556b Fälligkeit der Miete, Aufrechnungs- und Zurückbehaltungsrecht

(1) Die Miete ist zu Beginn, spätestens bis zum dritten Werktag der einzelnen Zeitabschnitte zu entrichten, nach denen sie bemessen ist.

(2) ¹Der Mieter kann entgegen einer vertraglichen Bestimmung gegen eine Mietforderung mit einer Forderung aufgrund der §§ 536a, 539 oder aus ungerechtfertigter Bereicherung wegen zu viel gezahlter Miete aufrechnen oder wegen einer solchen Forderung ein Zurückbehaltungsrecht ausüben, wenn er seine Absicht dem Vermieter mindestens einen Monat vor der Fälligkeit der Miete in Textform angezeigt hat. ²Eine zum Nachteil des Mieters abweichende Vereinbarung ist unwirksam.

§ 556c Kosten der Wärmelieferung als Betriebskosten, Verordnungsermächtigung[1)]

(1) ¹Hat der Mieter die Betriebskosten für Wärme oder Warmwasser zu tragen und stellt der Vermieter die Versorgung von der Eigenversorgung auf die eigenständig gewerbliche Lieferung durch einen Wärmelieferanten (Wärmelieferung) um, so hat der Mieter die Kosten der Wärmelieferung als Betriebskosten zu tragen, wenn
1. die Wärme mit verbesserter Effizienz entweder aus einer vom Wärmelieferanten errichteten neuen Anlage oder aus einem Wärmenetz geliefert wird und
2. die Kosten der Wärmelieferung die Betriebskosten für die bisherige Eigenversorgung mit Wärme oder Warmwasser nicht übersteigen.

²Beträgt der Jahresnutzungsgrad der bestehenden Anlage vor der Umstellung mindestens 80 Prozent, kann sich der Wärmelieferant anstelle der Maßnahmen nach Nummer 1 auf die Verbesserung der Betriebsführung der Anlage beschränken.

(2) Der Vermieter hat die Umstellung spätestens drei Monate zuvor in Textform anzukündigen (Umstellungsankündigung).

(3) ¹Die Bundesregierung wird ermächtigt, durch Rechtsverordnung ohne Zustimmung des Bundesrates Vorschriften für Wärmelieferverträge, die bei einer Umstellung nach Absatz 1 geschlossen werden, sowie für die Anforderungen nach den Absätzen 1 und 2 zu erlassen. ²Hierbei sind die Belange von Vermietern, Mietern und Wärmelieferanten angemessen zu berücksichtigen.

(4) Eine zum Nachteil des Mieters abweichende Vereinbarung ist unwirksam.

Unterkapitel 1a: Vereinbarungen über die Miethöhe bei Mietbeginn in Gebieten mit angespannten Wohnungsmärkten[2)]

§ 556d Zulässige Miethöhe bei Mietbeginn; Verordnungsermächtigung[3)]

(1) Wird ein Mietvertrag über Wohnraum abgeschlossen, der in einem durch Rechtsverordnung nach Absatz 2 bestimmten Gebiet mit einem angespannten Wohnungsmarkt liegt, so darf die Miete zu Beginn des Mietverhältnisses die ortsübliche Vergleichsmiete (§ 558 Absatz 2) höchstens um 10 Prozent übersteigen.

(2) ¹Die Landesregierungen werden ermächtigt, Gebiete mit angespannten Wohnungsmärkten durch Rechtsverordnung für die Dauer von jeweils höchstens fünf Jahren zu bestimmen. ²Gebiete mit angespannten Wohnungsmärkten liegen vor, wenn die ausreichende Versorgung der Bevölkerung mit Mietwohnungen in einer Gemeinde oder einem Teil der Gemeinde zu angemessenen Bedingungen besonders gefährdet ist. ³Dies kann insbesondere dann der Fall sein, wenn
1. die Mieten deutlich stärker steigen als im bundesweiten Durchschnitt,

---

1) **Anm. d. Red.:** § 556c i. d. F. des Gesetzes v. 11.3.2013 (BGBl I S. 434) mit Wirkung v. 1.7.2013.
2) **Anm. d. Red.:** Überschrift eingefügt gem. Gesetz v. 21.4.2015 (BGBl I S. 610) mit Wirkung v. 1.6.2015.
3) **Anm. d. Red.:** § 556d i. d. F. des Gesetzes v. 19.3.2020 (BGBl I S. 540) mit Wirkung v. 1.4.2020.

2. die durchschnittliche Mietbelastung der Haushalte den bundesweiten Durchschnitt deutlich übersteigt,
3. die Wohnbevölkerung wächst, ohne dass durch Neubautätigkeit insoweit erforderlicher Wohnraum geschaffen wird, oder
4. geringer Leerstand bei großer Nachfrage besteht.

⁴Eine Rechtsverordnung nach Satz 1 muss spätestens mit Ablauf des 31. Dezember 2025 außer Kraft treten. ⁵Sie muss begründet werden. ⁶Aus der Begründung muss sich ergeben, auf Grund welcher Tatsachen ein Gebiet mit einem angespannten Wohnungsmarkt im Einzelfall vorliegt. ⁷Ferner muss sich aus der Begründung ergeben, welche Maßnahmen die Landesregierung in dem nach Satz 1 durch die Rechtsverordnung jeweils bestimmten Gebiet und Zeitraum ergreifen wird, um Abhilfe zu schaffen.

§ 556e Berücksichtigung der Vormiete oder einer durchgeführten Modernisierung[1]

(1) ¹Ist die Miete, die der vorherige Mieter zuletzt schuldete (Vormiete), höher als die nach § 556d Absatz 1 zulässige Miete, so darf eine Miete bis zur Höhe der Vormiete vereinbart werden. ²Bei der Ermittlung der Vormiete unberücksichtigt bleiben Mietminderungen sowie solche Mieterhöhungen, die mit dem vorherigen Mieter innerhalb des letzten Jahres vor Beendigung des Mietverhältnisses vereinbart worden sind.

(2) ¹Hat der Vermieter in den letzten drei Jahren vor Beginn des Mietverhältnisses Modernisierungsmaßnahmen im Sinne des § 555b durchgeführt, so darf die nach § 556d Absatz 1 zulässige Miete um den Betrag überschritten werden, der sich bei einer Mieterhöhung nach § 559 Absatz 1 bis 3a und § 559a Absatz 1 bis 4 ergäbe. ²Bei der Berechnung nach Satz 1 ist von der ortsüblichen Vergleichsmiete (§ 558 Absatz 2) auszugehen, die bei Beginn des Mietverhältnisses ohne Berücksichtigung der Modernisierung anzusetzen wäre.

§ 556f Ausnahmen[2]

¹§ 556d ist nicht anzuwenden auf eine Wohnung, die nach dem 1. Oktober 2014 erstmals genutzt und vermietet wird. ²Die §§ 556d und 556e sind nicht anzuwenden auf die erste Vermietung nach umfassender Modernisierung.

§ 556g Rechtsfolgen; Auskunft über die Miete[3]

(1) ¹Eine zum Nachteil des Mieters von den Vorschriften dieses Unterkapitels abweichende Vereinbarung ist unwirksam. ²Für Vereinbarungen über die Miethöhe bei Mietbeginn gilt dies nur, soweit die zulässige Miete überschritten wird. ³Der Vermieter hat dem Mieter zu viel gezahlte Miete nach den Vorschriften über die Herausgabe einer ungerechtfertigten Bereicherung herauszugeben. ⁴Die §§ 814 und 817 Satz 2 sind nicht anzuwenden.

(1a) ¹Soweit die Zulässigkeit der Miete auf § 556e oder § 556f beruht, ist der Vermieter verpflichtet, dem Mieter vor dessen Abgabe der Vertragserklärung über Folgendes unaufgefordert Auskunft zu erteilen:
1. im Fall des § 556e Absatz 1 darüber, wie hoch die Vormiete war,
2. im Fall des § 556e Absatz 2 darüber, dass in den letzten drei Jahren vor Beginn des Mietverhältnisses Modernisierungsmaßnahmen durchgeführt wurden,
3. im Fall des § 556f Satz 1 darüber, dass die Wohnung nach dem 1. Oktober 2014 erstmals genutzt und vermietet wurde,
4. im Fall des § 556f Satz 2 darüber, dass es sich um die erste Vermietung nach umfassender Modernisierung handelt.

---

1) **Anm. d. Red.:** § 556e i. d. F. des Gesetzes v. 18.12.2018 (BGBl I S. 2648) mit Wirkung v. 1.1.2019.
2) **Anm. d. Red.:** § 556f eingefügt gem. Gesetz v. 21.4.2015 (BGBl I S. 610) mit Wirkung v. 1.6.2015.
3) **Anm. d. Red.:** § 556g i. d. F. des Gesetzes v. 19.3.2020 (BGBl I S. 540) mit Wirkung v. 1.4.2020.

²Soweit der Vermieter die Auskunft nicht erteilt hat, kann er sich nicht auf eine nach § 556e oder § 556f zulässige Miete berufen. ³Hat der Vermieter die Auskunft nicht erteilt und hat er diese in der vorgeschriebenen Form nachgeholt, kann er sich erst zwei Jahre nach Nachholung der Auskunft auf eine nach § 556e oder § 556f zulässige Miete berufen. ⁴Hat der Vermieter die Auskunft nicht in der vorgeschriebenen Form erteilt, so kann er sich auf eine nach § 556e oder § 556f zulässige Miete erst dann berufen, wenn er die Auskunft in der vorgeschriebenen Form nachgeholt hat.

(2) ¹Der Mieter kann von dem Vermieter eine nach den §§ 556d und 556e nicht geschuldete Miete nur zurückverlangen, wenn er einen Verstoß gegen die Vorschriften dieses Unterkapitels gerügt hat. ²Hat der Vermieter eine Auskunft nach Absatz 1a erteilt, so muss die Rüge sich auf diese Auskunft beziehen. ³Rügt der Mieter den Verstoß mehr als 30 Monate nach Beginn des Mietverhältnisses oder war das Mietverhältnis bei Zugang der Rüge bereits beendet, kann er nur die nach Zugang der Rüge fällig gewordene Miete zurückverlangen.

(3) ¹Der Vermieter ist auf Verlangen des Mieters verpflichtet, Auskunft über diejenigen Tatsachen zu erteilen, die für die Zulässigkeit der vereinbarten Miete nach den Vorschriften dieses Unterkapitels maßgeblich sind, soweit diese Tatsachen nicht allgemein zugänglich sind und der Vermieter hierüber unschwer Auskunft geben kann. ²Für die Auskunft über Modernisierungsmaßnahmen (§ 556e Absatz 2) gilt § 559b Absatz 1 Satz 2 und 3 entsprechend.

(4) Sämtliche Erklärungen nach den Absätzen 1a bis 3 bedürfen der Textform.

Unterkapitel 2: Regelungen über die Miethöhe

§ 557 Mieterhöhungen nach Vereinbarung oder Gesetz

(1) Während des Mietverhältnisses können die Parteien eine Erhöhung der Miete vereinbaren.

(2) Künftige Änderungen der Miethöhe können die Vertragsparteien als Staffelmiete nach § 557a oder als Indexmiete nach § 557b vereinbaren.

(3) Im Übrigen kann der Vermieter Mieterhöhungen nur nach Maßgabe der §§ 558 bis 560 verlangen, soweit nicht eine Erhöhung durch Vereinbarung ausgeschlossen ist oder sich der Ausschluss aus den Umständen ergibt.

(4) Eine zum Nachteil des Mieters abweichende Vereinbarung ist unwirksam.

§ 557a Staffelmiete[1]

(1) Die Miete kann für bestimmte Zeiträume in unterschiedlicher Höhe schriftlich vereinbart werden; in der Vereinbarung ist die jeweilige Miete oder die jeweilige Erhöhung in einem Geldbetrag auszuweisen (Staffelmiete).

(2) ¹Die Miete muss jeweils mindestens ein Jahr unverändert bleiben. ²Während der Laufzeit einer Staffelmiete ist eine Erhöhung nach den §§ 558 bis 559b ausgeschlossen.

(3) ¹Das Kündigungsrecht des Mieters kann für höchstens vier Jahre seit Abschluss der Staffelmietvereinbarung ausgeschlossen werden. ²Die Kündigung ist frühestens zum Ablauf dieses Zeitraums zulässig.

(4) ¹Die §§ 556d bis 556g sind auf jede Mietstaffel anzuwenden. ²Maßgeblich für die Berechnung der nach § 556d Absatz 1 zulässigen Höhe der zweiten und aller weiteren Mietstaffeln ist statt des Beginns des Mietverhältnisses der Zeitpunkt, zu dem die erste Miete der jeweiligen Mietstaffel fällig wird. ³Die in einer vorangegangenen Mietstaffel wirksam begründete Miethöhe bleibt erhalten.

(5) Eine zum Nachteil des Mieters abweichende Vereinbarung ist unwirksam.

---

1) **Anm. d. Red.:** § 557a i. d. F. des Gesetzes v. 21. 4. 2015 (BGBl I S. 610) mit Wirkung v. 1. 6. 2015.

§ 557b Indexmiete[1]

(1) Die Vertragsparteien können schriftlich vereinbaren, dass die Miete durch den vom Statistischen Bundesamt ermittelten Preisindex für die Lebenshaltung aller privaten Haushalte in Deutschland bestimmt wird (Indexmiete).

(2) ¹Während der Geltung einer Indexmiete muss die Miete, von Erhöhungen nach den §§ 559 bis 560 abgesehen, jeweils mindestens ein Jahr unverändert bleiben. ²Eine Erhöhung nach § 559 kann nur verlangt werden, soweit der Vermieter bauliche Maßnahmen aufgrund von Umständen durchgeführt hat, die er nicht zu vertreten hat. ³Eine Erhöhung nach § 558 ist ausgeschlossen.

(3) ¹Eine Änderung der Miete nach Absatz 1 muss durch Erklärung in Textform geltend gemacht werden. ²Dabei sind die eingetretene Änderung des Preisindexes sowie die jeweilige Miete oder die Erhöhung in einem Geldbetrag anzugeben. ³Die geänderte Miete ist mit Beginn des übernächsten Monats nach dem Zugang der Erklärung zu entrichten.

(4) Die §§ 556d bis 556g sind nur auf die Ausgangsmiete einer Indexmietvereinbarung anzuwenden.

(5) Eine zum Nachteil des Mieters abweichende Vereinbarung ist unwirksam.

§ 558 Mieterhöhung bis zur ortsüblichen Vergleichsmiete[2]

(1) ¹Der Vermieter kann die Zustimmung zu einer Erhöhung der Miete bis zur ortsüblichen Vergleichsmiete verlangen, wenn die Miete in dem Zeitpunkt, zu dem die Erhöhung eintreten soll, seit 15 Monaten unverändert ist. ²Das Mieterhöhungsverlangen kann frühestens ein Jahr nach der letzten Mieterhöhung geltend gemacht werden. ³Erhöhungen nach den §§ 559 bis 560 werden nicht berücksichtigt.

(2) ¹Die ortsübliche Vergleichsmiete wird gebildet aus den üblichen Entgelten, die in der Gemeinde oder einer vergleichbaren Gemeinde für Wohnraum vergleichbarer Art, Größe, Ausstattung, Beschaffenheit und Lage einschließlich der energetischen Ausstattung und Beschaffenheit in den letzten sechs Jahren vereinbart oder, von Erhöhungen nach § 560 abgesehen, geändert worden sind. ²Ausgenommen ist Wohnraum, bei dem die Miethöhe durch Gesetz oder im Zusammenhang mit einer Förderzusage festgelegt worden ist.

(3) ¹Bei Erhöhungen nach Absatz 1 darf sich die Miete innerhalb von drei Jahren, von Erhöhungen nach den §§ 559 bis 560 abgesehen, nicht um mehr als 20 vom Hundert erhöhen (Kappungsgrenze). ²Der Prozentsatz nach Satz 1 beträgt 15 vom Hundert, wenn die ausreichende Versorgung der Bevölkerung mit Mietwohnungen zu angemessenen Bedingungen in einer Gemeinde oder einem Teil einer Gemeinde besonders gefährdet ist und diese Gebiete nach Satz 3 bestimmt sind. ³Die Landesregierungen werden ermächtigt, diese Gebiete durch Rechtsverordnung für die Dauer von jeweils höchstens fünf Jahren zu bestimmen.

(4) ¹Die Kappungsgrenze gilt nicht,
1. wenn eine Verpflichtung des Mieters zur Ausgleichszahlung nach den Vorschriften über den Abbau der Fehlsubventionierung im Wohnungswesen wegen des Wegfalls der öffentlichen Bindung erloschen ist und
2. soweit die Erhöhung den Betrag der zuletzt zu entrichtenden Ausgleichszahlung nicht übersteigt.

²Der Vermieter kann vom Mieter frühestens vier Monate vor dem Wegfall der öffentlichen Bindung verlangen, ihm innerhalb eines Monats über die Verpflichtung zur Ausgleichszahlung und über deren Höhe Auskunft zu erteilen. ³Satz 1 gilt entsprechend, wenn die Verpflichtung des Mieters zur Leistung einer Ausgleichszahlung nach den §§ 34 bis 37 des Wohnraumförderungs-

---

1) **Anm. d. Red.:** § 557b i. d. F. des Gesetzes v. 21.4.2015 (BGBl I S. 610) mit Wirkung v. 1.6.2015.
2) **Anm. d. Red.:** § 558 i. d. F. des Gesetzes v. 21.12.2019 (BGBl I S. 2911) mit Wirkung v. 1.1.2020.

gesetzes und den hierzu ergangenen landesrechtlichen Vorschriften wegen Wegfalls der Mietbindung erloschen ist.

(5) Von dem Jahresbetrag, der sich bei einer Erhöhung auf die ortsübliche Vergleichsmiete ergäbe, sind Drittmittel im Sinne des § 559a abzuziehen, im Falle des § 559a Absatz 1 mit 8 Prozent des Zuschusses.

(6) Eine zum Nachteil des Mieters abweichende Vereinbarung ist unwirksam.

§ 558a Form und Begründung der Mieterhöhung

(1) Das Mieterhöhungsverlangen nach § 558 ist dem Mieter in Textform zu erklären und zu begründen.

(2) Zur Begründung kann insbesondere Bezug genommen werden auf
1. einen Mietspiegel (§§ 558c, 558d),
2. eine Auskunft aus einer Mietdatenbank (§ 558e),
3. ein mit Gründen versehenes Gutachten eines öffentlich bestellten und vereidigten Sachverständigen,
4. entsprechende Entgelte für einzelne vergleichbare Wohnungen; hierbei genügt die Benennung von drei Wohnungen.

(3) Enthält ein qualifizierter Mietspiegel (§ 558d Abs. 1), bei dem die Vorschrift des § 558d Abs. 2 eingehalten ist, Angaben für die Wohnung, so hat der Vermieter in seinem Mieterhöhungsverlangen diese Angaben auch dann mitzuteilen, wenn er die Mieterhöhung auf ein anderes Begründungsmittel nach Absatz 2 stützt.

(4) ¹Bei der Bezugnahme auf einen Mietspiegel, der Spannen enthält, reicht es aus, wenn die verlangte Miete innerhalb der Spanne liegt. ²Ist in dem Zeitpunkt, in dem der Vermieter seine Erklärung abgibt, kein Mietspiegel vorhanden, bei dem § 558c Abs. 3 oder § 558d Abs. 2 eingehalten ist, so kann auch ein anderer, insbesondere ein veralteter Mietspiegel oder ein Mietspiegel einer vergleichbaren Gemeinde verwendet werden.

(5) Eine zum Nachteil des Mieters abweichende Vereinbarung ist unwirksam.

§ 558b Zustimmung zur Mieterhöhung

(1) Soweit der Mieter der Mieterhöhung zustimmt, schuldet er die erhöhte Miete mit Beginn des dritten Kalendermonats nach dem Zugang des Erhöhungsverlangens.

(2) ¹Soweit der Mieter der Mieterhöhung nicht bis zum Ablauf des zweiten Kalendermonats nach dem Zugang des Verlangens zustimmt, kann der Vermieter auf Erteilung der Zustimmung klagen. ²Die Klage muss innerhalb von drei weiteren Monaten erhoben werden.

(3) ¹Ist der Klage ein Erhöhungsverlangen vorausgegangen, das den Anforderungen des § 558a nicht entspricht, so kann es der Vermieter im Rechtsstreit nachholen oder die Mängel des Erhöhungsverlangens beheben. ²Dem Mieter steht auch in diesem Fall die Zustimmungsfrist nach Absatz 2 Satz 1 zu.

(4) Eine zum Nachteil des Mieters abweichende Vereinbarung ist unwirksam.

§ 558c Mietspiegel

(1) Ein Mietspiegel ist eine Übersicht über die ortsübliche Vergleichsmiete, soweit die Übersicht von der Gemeinde oder von Interessenvertretern der Vermieter und der Mieter gemeinsam erstellt oder anerkannt worden ist.

(2) Mietspiegel können für das Gebiet einer Gemeinde oder mehrerer Gemeinden oder für Teile von Gemeinden erstellt werden.

(3) Mietspiegel sollen im Abstand von zwei Jahren der Marktentwicklung angepasst werden.

(4) ¹Gemeinden sollen Mietspiegel erstellen, wenn hierfür ein Bedürfnis besteht und dies mit einem vertretbaren Aufwand möglich ist. ²Die Mietspiegel und ihre Änderungen sollen veröffentlicht werden.

(5) Die Bundesregierung wird ermächtigt, durch Rechtsverordnung mit Zustimmung des Bundesrates Vorschriften über den näheren Inhalt und das Verfahren zur Aufstellung und Anpassung von Mietspiegeln zu erlassen.

§ 558d Qualifizierter Mietspiegel

(1) Ein qualifizierter Mietspiegel ist ein Mietspiegel, der nach anerkannten wissenschaftlichen Grundsätzen erstellt und von der Gemeinde oder von Interessenvertretern der Vermieter und der Mieter anerkannt worden ist.

(2) ¹Der qualifizierte Mietspiegel ist im Abstand von zwei Jahren der Marktentwicklung anzupassen. ²Dabei kann eine Stichprobe oder die Entwicklung des vom Statistischen Bundesamt ermittelten Preisindexes für die Lebenshaltung aller privaten Haushalte in Deutschland zugrunde gelegt werden. ³Nach vier Jahren ist der qualifizierte Mietspiegel neu zu erstellen.

(3) Ist die Vorschrift des Absatzes 2 eingehalten, so wird vermutet, dass die im qualifizierten Mietspiegel bezeichneten Entgelte die ortsübliche Vergleichsmiete wiedergeben.

§ 558e Mietdatenbank

Eine Mietdatenbank ist eine zur Ermittlung der ortsüblichen Vergleichsmiete fortlaufend geführte Sammlung von Mieten, die von der Gemeinde oder von Interessenvertretern der Vermieter und der Mieter gemeinsam geführt oder anerkannt wird und aus der Auskünfte gegeben werden, die für einzelne Wohnungen einen Schluss auf die ortsübliche Vergleichsmiete zulassen.

§ 559 Mieterhöhung nach Modernisierungsmaßnahmen[1]

(1) Hat der Vermieter Modernisierungsmaßnahmen im Sinne des § 555b Nummer 1, 3, 4, 5 oder 6 durchgeführt, so kann er die jährliche Miete um 8 Prozent der für die Wohnung aufgewendeten Kosten erhöhen.

(2) Kosten, die für Erhaltungsmaßnahmen erforderlich gewesen wären, gehören nicht zu den aufgewendeten Kosten nach Absatz 1; sie sind, soweit erforderlich, durch Schätzung zu ermitteln.

(3) Werden Modernisierungsmaßnahmen für mehrere Wohnungen durchgeführt, so sind die Kosten angemessen auf die einzelnen Wohnungen aufzuteilen.

(3a) ¹Bei Erhöhungen der jährlichen Miete nach Absatz 1 darf sich die monatliche Miete innerhalb von sechs Jahren, von Erhöhungen nach § 558 oder § 560 abgesehen, nicht um mehr als 3 Euro je Quadratmeter Wohnfläche erhöhen. ²Beträgt die monatliche Miete vor der Mieterhöhung weniger als 7 Euro pro Quadratmeter Wohnfläche, so darf sie sich abweichend von Satz 1 nicht um mehr als 2 Euro je Quadratmeter Wohnfläche erhöhen.

(4) ¹Die Mieterhöhung ist ausgeschlossen, soweit sie auch unter Berücksichtigung der voraussichtlichen künftigen Betriebskosten für den Mieter eine Härte bedeuten würde, die auch unter Würdigung der berechtigten Interessen des Vermieters nicht zu rechtfertigen ist. ²Eine Abwägung nach Satz 1 findet nicht statt, wenn
1. die Mietsache lediglich in einen Zustand versetzt wurde, der allgemein üblich ist, oder
2. die Modernisierungsmaßnahme auf Grund von Umständen durchgeführt wurde, die der Vermieter nicht zu vertreten hatte.

(5) ¹Umstände, die eine Härte nach Absatz 4 Satz 1 begründen, sind nur zu berücksichtigen, wenn sie nach § 555d Absatz 3 bis 5 rechtzeitig mitgeteilt worden sind. ²Die Bestimmungen

---

1) **Anm. d. Red.:** § 559 i. d. F. des Gesetzes v. 18.12.2018 (BGBl I S. 2648) mit Wirkung v. 1.1.2019.

rück, sofern der Vermieter die Erklärung innerhalb von drei Monaten nach Kenntnis von der Erhöhung abgibt.

(3) ¹Ermäßigen sich die Betriebskosten, so ist eine Betriebskostenpauschale vom Zeitpunkt der Ermäßigung an entsprechend herabzusetzen. ²Die Ermäßigung ist dem Mieter unverzüglich mitzuteilen.

(4) Sind Betriebskostenvorauszahlungen vereinbart worden, so kann jede Vertragspartei nach einer Abrechnung durch Erklärung in Textform eine Anpassung auf eine angemessene Höhe vornehmen.

(5) Bei Veränderungen von Betriebskosten ist der Grundsatz der Wirtschaftlichkeit zu beachten.

(6) Eine zum Nachteil des Mieters abweichende Vereinbarung ist unwirksam.

§ 561 Sonderkündigungsrecht des Mieters nach Mieterhöhung

(1) ¹Macht der Vermieter eine Mieterhöhung nach § 558 oder § 559 geltend, so kann der Mieter bis zum Ablauf des zweiten Monats nach dem Zugang der Erklärung des Vermieters das Mietverhältnis außerordentlich zum Ablauf des übernächsten Monats kündigen. ²Kündigt der Mieter, so tritt die Mieterhöhung nicht ein.

(2) Eine zum Nachteil des Mieters abweichende Vereinbarung ist unwirksam.

Kapitel 3: Pfandrecht des Vermieters

§ 562 Umfang des Vermieterpfandrechts

(1) ¹Der Vermieter hat für seine Forderungen aus dem Mietverhältnis ein Pfandrecht an den eingebrachten Sachen des Mieters. ²Es erstreckt sich nicht auf die Sachen, die der Pfändung nicht unterliegen.

(2) Für künftige Entschädigungsforderungen und für die Miete für eine spätere Zeit als das laufende und das folgende Mietjahr kann das Pfandrecht nicht geltend gemacht werden.

§ 562a Erlöschen des Vermieterpfandrechts

¹Das Pfandrecht des Vermieters erlischt mit der Entfernung der Sachen von dem Grundstück, außer wenn diese ohne Wissen oder unter Widerspruch des Vermieters erfolgt. ²Der Vermieter kann nicht widersprechen, wenn sie den gewöhnlichen Lebensverhältnissen entspricht oder wenn die zurückbleibenden Sachen zur Sicherung des Vermieters offenbar ausreichen.

§ 562b Selbsthilferecht, Herausgabeanspruch

(1) ¹Der Vermieter darf die Entfernung der Sachen, die seinem Pfandrecht unterliegen, auch ohne Anrufen des Gerichts verhindern, soweit er berechtigt ist, der Entfernung zu widersprechen. ²Wenn der Mieter auszieht, darf der Vermieter diese Sachen in seinen Besitz nehmen.

(2) ¹Sind die Sachen ohne Wissen oder unter Widerspruch des Vermieters entfernt worden, so kann er die Herausgabe zum Zwecke der Zurückschaffung auf das Grundstück und, wenn der Mieter ausgezogen ist, die Überlassung des Besitzes verlangen. ²Das Pfandrecht erlischt mit dem Ablauf eines Monats, nachdem der Vermieter von der Entfernung der Sachen Kenntnis erlangt hat, wenn er diesen Anspruch nicht vorher gerichtlich geltend gemacht hat.

§ 562c Abwendung des Pfandrechts durch Sicherheitsleistung

¹Der Mieter kann die Geltendmachung des Pfandrechts des Vermieters durch Sicherheitsleistung abwenden. ²Er kann jede einzelne Sache dadurch von dem Pfandrecht befreien, dass er in Höhe ihres Wertes Sicherheit leistet.

§§ 562d – 563b IV. Bürgerliches Gesetzbuch

§ 562d Pfändung durch Dritte

Wird eine Sache, die dem Pfandrecht des Vermieters unterliegt, für einen anderen Gläubiger gepfändet, so kann diesem gegenüber das Pfandrecht nicht wegen der Miete für eine frühere Zeit als das letzte Jahr vor der Pfändung geltend gemacht werden.

Kapitel 4: Wechsel der Vertragsparteien

§ 563 Eintrittsrecht bei Tod des Mieters[1]

(1) Der Ehegatte oder Lebenspartner, der mit dem Mieter einen gemeinsamen Haushalt führt, tritt mit dem Tod des Mieters in das Mietverhältnis ein.

(2) [1]Leben in dem gemeinsamen Haushalt Kinder des Mieters, treten diese mit dem Tod des Mieters in das Mietverhältnis ein, wenn nicht der Ehegatte oder Lebenspartner eintritt. [2]Andere Familienangehörige, die mit dem Mieter einen gemeinsamen Haushalt führen, treten mit dem Tod des Mieters in das Mietverhältnis ein, wenn nicht der Ehegatte oder der Lebenspartner eintritt. [3]Dasselbe gilt für Personen, die mit dem Mieter einen auf Dauer angelegten gemeinsamen Haushalt führen.

(3) [1]Erklären eingetretene Personen im Sinne des Absatzes 1 oder 2 innerhalb eines Monats, nachdem sie vom Tod des Mieters Kenntnis erlangt haben, dem Vermieter, dass sie das Mietverhältnis nicht fortsetzen wollen, gilt der Eintritt als nicht erfolgt. [2]Für geschäftsunfähige oder in der Geschäftsfähigkeit beschränkte Personen gilt § 210 entsprechend. [3]Sind mehrere Personen in das Mietverhältnis eingetreten, so kann jeder die Erklärung für sich abgeben.

(4) Der Vermieter kann das Mietverhältnis innerhalb eines Monats, nachdem er von dem endgültigen Eintritt in das Mietverhältnis Kenntnis erlangt hat, außerordentlich mit der gesetzlichen Frist kündigen, wenn in der Person des Eingetretenen ein wichtiger Grund vorliegt.

(5) Eine abweichende Vereinbarung zum Nachteil des Mieters oder solcher Personen, die nach Absatz 1 oder 2 eintrittsberechtigt sind, ist unwirksam.

§ 563a Fortsetzung mit überlebenden Mietern

(1) Sind mehrere Personen im Sinne des § 563 gemeinsam Mieter, so wird das Mietverhältnis beim Tod eines Mieters mit den überlebenden Mietern fortgesetzt.

(2) Die überlebenden Mieter können das Mietverhältnis innerhalb eines Monats, nachdem sie vom Tod des Mieters Kenntnis erlangt haben, außerordentlich mit der gesetzlichen Frist kündigen.

(3) Eine abweichende Vereinbarung zum Nachteil der Mieter ist unwirksam.

§ 563b Haftung bei Eintritt oder Fortsetzung

(1) [1]Die Personen, die nach § 563 in das Mietverhältnis eingetreten sind oder mit denen es nach § 563a fortgesetzt wird, haften neben dem Erben für die bis zum Tod des Mieters entstandenen Verbindlichkeiten als Gesamtschuldner. [2]Im Verhältnis zu diesen Personen haftet der Erbe allein, soweit nichts anderes bestimmt ist.

(2) Hat der Mieter die Miete für einen nach seinem Tod liegenden Zeitraum im Voraus entrichtet, sind die Personen, die nach § 563 in das Mietverhältnis eingetreten sind oder mit denen es nach § 563a fortgesetzt wird, verpflichtet, dem Erben dasjenige herauszugeben, was sie infolge der Vorausentrichtung der Miete ersparen oder erlangen.

(3) Der Vermieter kann, falls der verstorbene Mieter keine Sicherheit geleistet hat, von den Personen, die nach § 563 in das Mietverhältnis eingetreten sind oder mit denen es nach § 563a fortgesetzt wird, nach Maßgabe des § 551 eine Sicherheitsleistung verlangen.

---

[1] **Anm. d. Red.:** § 563 i. d. F. des Gesetzes v. 20. 11. 2015 (BGBl I S. 2010) mit Wirkung v. 26. 11. 2015.

§ 564 Fortsetzung des Mietverhältnisses mit dem Erben, außerordentliche Kündigung

¹Treten beim Tod des Mieters keine Personen im Sinne des § 563 in das Mietverhältnis ein oder wird es nicht mit ihnen nach § 563a fortgesetzt, so wird es mit dem Erben fortgesetzt. ²In diesem Fall ist sowohl der Erbe als auch der Vermieter berechtigt, das Mietverhältnis innerhalb eines Monats außerordentlich mit der gesetzlichen Frist zu kündigen, nachdem sie vom Tod des Mieters und davon Kenntnis erlangt haben, dass ein Eintritt in das Mietverhältnis oder dessen Fortsetzung nicht erfolgt sind.

§ 565 Gewerbliche Weitervermietung

(1) ¹Soll der Mieter nach dem Mietvertrag den gemieteten Wohnraum gewerblich einem Dritten zu Wohnzwecken weitervermieten, so tritt der Vermieter bei der Beendigung des Mietverhältnisses in die Rechte und Pflichten aus dem Mietverhältnis zwischen dem Mieter und dem Dritten ein. ²Schließt der Vermieter erneut einen Mietvertrag zur gewerblichen Weitervermietung ab, so tritt der Mieter anstelle der bisherigen Vertragspartei in die Rechte und Pflichten aus dem Mietverhältnis mit dem Dritten ein.

(2) Die §§ 566a bis 566e gelten entsprechend.

(3) Eine zum Nachteil des Dritten abweichende Vereinbarung ist unwirksam.

§ 566 Kauf bricht nicht Miete

(1) Wird der vermietete Wohnraum nach der Überlassung an den Mieter von dem Vermieter an einen Dritten veräußert, so tritt der Erwerber anstelle des Vermieters in die sich während der Dauer seines Eigentums aus dem Mietverhältnis ergebenden Rechte und Pflichten ein.

(2) ¹Erfüllt der Erwerber die Pflichten nicht, so haftet der Vermieter für den von dem Erwerber zu ersetzenden Schaden wie ein Bürge, der auf die Einrede der Vorausklage verzichtet hat. ²Erlangt der Mieter von dem Übergang des Eigentums durch Mitteilung des Vermieters Kenntnis, so wird der Vermieter von der Haftung befreit, wenn nicht der Mieter das Mietverhältnis zum ersten Termin kündigt, zu dem die Kündigung zulässig ist.

§ 566a Mietsicherheit

¹Hat der Mieter des veräußerten Wohnraums dem Vermieter für die Erfüllung seiner Pflichten Sicherheit geleistet, so tritt der Erwerber in die dadurch begründeten Rechte und Pflichten ein. ²Kann bei Beendigung des Mietverhältnisses der Mieter die Sicherheit von dem Erwerber nicht erlangen, so ist der Vermieter weiterhin zur Rückgewähr verpflichtet.

§ 566b Vorausverfügung über die Miete

(1) ¹Hat der Vermieter vor dem Übergang des Eigentums über die Miete verfügt, die auf die Zeit der Berechtigung des Erwerbers entfällt, so ist die Verfügung wirksam, soweit sie sich auf die Miete für den zur Zeit des Eigentumsübergangs laufenden Kalendermonat bezieht. ²Geht das Eigentum nach dem 15. Tag des Monats über, so ist die Verfügung auch wirksam, soweit sie sich auf die Miete für den folgenden Kalendermonat bezieht.

(2) Eine Verfügung über die Miete für eine spätere Zeit muss der Erwerber gegen sich gelten lassen, wenn er sie zur Zeit des Übergangs des Eigentums kennt.

§ 566c Vereinbarung zwischen Mieter und Vermieter über die Miete

¹Ein Rechtsgeschäft, das zwischen dem Mieter und dem Vermieter über die Mietforderung vorgenommen wird, insbesondere die Entrichtung der Miete, ist dem Erwerber gegenüber wirksam, soweit es sich nicht auf die Miete für eine spätere Zeit als den Kalendermonat bezieht, in welchem der Mieter von dem Übergang des Eigentums Kenntnis erlangt. ²Erlangt der Mieter die Kenntnis nach dem 15. Tag des Monats, so ist das Rechtsgeschäft auch wirksam, soweit es sich auf die Miete für den folgenden Kalendermonat bezieht. ³Ein Rechtsgeschäft, das nach dem

Übergang des Eigentums vorgenommen wird, ist jedoch unwirksam, wenn der Mieter bei der Vornahme des Rechtsgeschäfts von dem Übergang des Eigentums Kenntnis hat.

§ 566d Aufrechnung durch den Mieter

¹Soweit die Entrichtung der Miete an den Vermieter nach § 566c dem Erwerber gegenüber wirksam ist, kann der Mieter gegen die Mietforderung des Erwerbers eine ihm gegen den Vermieter zustehende Forderung aufrechnen. ²Die Aufrechnung ist ausgeschlossen, wenn der Mieter die Gegenforderung erworben hat, nachdem er von dem Übergang des Eigentums Kenntnis erlangt hat, oder wenn die Gegenforderung erst nach der Erlangung der Kenntnis und später als die Miete fällig geworden ist.

§ 566e Mitteilung des Eigentumsübergangs durch den Vermieter

(1) Teilt der Vermieter dem Mieter mit, dass er das Eigentum an dem vermieteten Wohnraum auf einen Dritten übertragen hat, so muss er in Ansehung der Mietforderung dem Mieter gegenüber die mitgeteilte Übertragung gegen sich gelten lassen, auch wenn sie nicht erfolgt oder nicht wirksam ist.

(2) Die Mitteilung kann nur mit Zustimmung desjenigen zurückgenommen werden, der als der neue Eigentümer bezeichnet worden ist.

§ 567 Belastung des Wohnraums durch den Vermieter

¹Wird der vermietete Wohnraum nach der Überlassung an den Mieter von dem Vermieter mit dem Recht eines Dritten belastet, so sind die §§ 566 bis 566e entsprechend anzuwenden, wenn durch die Ausübung des Rechts dem Mieter der vertragsgemäße Gebrauch entzogen wird. ²Wird der Mieter durch die Ausübung des Rechts in dem vertragsgemäßen Gebrauch beschränkt, so ist der Dritte dem Mieter gegenüber verpflichtet, die Ausübung zu unterlassen, soweit sie den vertragsgemäßen Gebrauch beeinträchtigen würde.

§ 567a Veräußerung oder Belastung vor der Überlassung des Wohnraums

Hat vor der Überlassung des vermieteten Wohnraums an den Mieter der Vermieter den Wohnraum an einen Dritten veräußert oder mit einem Recht belastet, durch dessen Ausübung der vertragsgemäße Gebrauch dem Mieter entzogen oder beschränkt wird, so gilt das Gleiche wie in den Fällen des § 566 Abs. 1 und des § 567, wenn der Erwerber dem Vermieter gegenüber die Erfüllung der sich aus dem Mietverhältnis ergebenden Pflichten übernommen hat.

§ 567b Weiterveräußerung oder Belastung durch Erwerber

¹Wird der vermietete Wohnraum von dem Erwerber weiterveräußert oder belastet, so sind § 566 Abs. 1 und die §§ 566a bis 567a entsprechend anzuwenden. ²Erfüllt der neue Erwerber die sich aus dem Mietverhältnis ergebenden Pflichten nicht, so haftet der Vermieter dem Mieter nach § 566 Abs. 2.

Kapitel 5: Beendigung des Mietverhältnisses

Unterkapitel 1: Allgemeine Vorschriften

§ 568 Form und Inhalt der Kündigung

(1) Die Kündigung des Mietverhältnisses bedarf der schriftlichen Form.

(2) Der Vermieter soll den Mieter auf die Möglichkeit, die Form und die Frist des Widerspruchs nach den §§ 574 bis 574b rechtzeitig hinweisen.

§ 569 Außerordentliche fristlose Kündigung aus wichtigem Grund[1]

(1) ¹Ein wichtiger Grund im Sinne des § 543 Abs. 1 liegt für den Mieter auch vor, wenn der gemietete Wohnraum so beschaffen ist, dass seine Benutzung mit einer erheblichen Gefährdung der Gesundheit verbunden ist. ²Dies gilt auch, wenn der Mieter die Gefahr bringende Beschaffenheit bei Vertragsschluss gekannt oder darauf verzichtet hat, die ihm wegen dieser Beschaffenheit zustehenden Rechte geltend zu machen.

(2) Ein wichtiger Grund im Sinne des § 543 Abs. 1 liegt ferner vor, wenn eine Vertragspartei den Hausfrieden nachhaltig stört, so dass dem Kündigenden unter Berücksichtigung aller Umstände des Einzelfalls, insbesondere eines Verschuldens der Vertragsparteien, und unter Abwägung der beiderseitigen Interessen die Fortsetzung des Mietverhältnisses bis zum Ablauf der Kündigungsfrist oder bis zur sonstigen Beendigung des Mietverhältnisses nicht zugemutet werden kann.

(2a) ¹Ein wichtiger Grund im Sinne des § 543 Absatz 1 liegt ferner vor, wenn der Mieter mit einer Sicherheitsleistung nach § 551 in Höhe eines Betrages im Verzug ist, der der zweifachen Monatsmiete entspricht. ²Die als Pauschale oder als Vorauszahlung ausgewiesenen Betriebskosten sind bei der Berechnung der Monatsmiete nach Satz 1 nicht zu berücksichtigen. ³Einer Abhilfefrist oder einer Abmahnung nach § 543 Absatz 3 Satz 1 bedarf es nicht. ⁴Absatz 3 Nummer 2 Satz 1 sowie § 543 Absatz 2 Satz 2 sind entsprechend anzuwenden.

(3) Ergänzend zu § 543 Abs. 2 Satz Nr. 3 gilt:
1. ¹Im Falle des § 543 Abs. 2 Satz 1 Nr. 3 Buchstabe a ist der rückständige Teil der Miete nur dann als nicht unerheblich anzusehen, wenn er die Miete für einen Monat übersteigt. ²Dies gilt nicht, wenn der Wohnraum nur zum vorübergehenden Gebrauch vermietet ist.
2. ¹Die Kündigung wird auch dann unwirksam, wenn der Vermieter spätestens bis zum Ablauf von zwei Monaten nach Eintritt der Rechtshängigkeit des Räumungsanspruchs hinsichtlich der fälligen Miete und der fälligen Entschädigung nach § 546a Abs. 1 befriedigt wird oder sich eine öffentliche Stelle zur Befriedigung verpflichtet. ²Dies gilt nicht, wenn der Kündigung vor nicht länger als zwei Jahren bereits eine nach Satz 1 unwirksam gewordene Kündigung vorausgegangen ist.
3. Ist der Mieter rechtskräftig zur Zahlung einer erhöhten Miete nach den §§ 558 bis 560 verurteilt worden, so kann der Vermieter das Mietverhältnis wegen Zahlungsverzugs des Mieters nicht vor Ablauf von zwei Monaten nach rechtskräftiger Verurteilung kündigen, wenn nicht die Voraussetzungen der außerordentlichen fristlosen Kündigung schon wegen der bisher geschuldeten Miete erfüllt sind.

(4) Der zur Kündigung führende wichtige Grund ist in dem Kündigungsschreiben anzugeben.

(5) ¹Eine Vereinbarung, die zum Nachteil des Mieters von den Absätzen 1 bis 3 dieser Vorschrift oder von § 543 abweicht, ist unwirksam. ²Ferner ist eine Vereinbarung unwirksam, nach der der Vermieter berechtigt sein soll, aus anderen als den im Gesetz zugelassenen Gründen außerordentlich fristlos zu kündigen.

§ 570 Ausschluss des Zurückbehaltungsrechts

Dem Mieter steht kein Zurückbehaltungsrecht gegen den Rückgabeanspruch des Vermieters zu.

§ 571 Weiterer Schadensersatz bei verspäteter Rückgabe von Wohnraum

(1) ¹Gibt der Mieter den gemieteten Wohnraum nach Beendigung des Mietverhältnisses nicht zurück, so kann der Vermieter einen weiteren Schaden im Sinne des § 546a Abs. 2 nur geltend machen, wenn die Rückgabe infolge von Umständen unterblieben ist, die der Mieter zu vertre-

---

[1] **Anm. d. Red.:** § 569 i. d. F. des Gesetzes v. 11. 3. 2013 (BGBl I S. 434) mit Wirkung v. 1. 5. 2013.

ten hat. ²Der Schaden ist nur insoweit zu ersetzen, als die Billigkeit eine Schadloshaltung erfordert. ³Dies gilt nicht, wenn der Mieter gekündigt hat.

(2) Wird dem Mieter nach § 721 oder § 794a der Zivilprozessordnung eine Räumungsfrist gewährt, so ist er für die Zeit von der Beendigung des Mietverhältnisses bis zum Ablauf der Räumungsfrist zum Ersatz eines weiteren Schadens nicht verpflichtet.

(3) Eine zum Nachteil des Mieters abweichende Vereinbarung ist unwirksam.

§ 572 Vereinbartes Rücktrittsrecht; Mietverhältnis unter auflösender Bedingung

(1) Auf eine Vereinbarung, nach der der Vermieter berechtigt sein soll, nach Überlassung des Wohnraums an den Mieter vom Vertrag zurückzutreten, kann der Vermieter sich nicht berufen.

(2) Ferner kann der Vermieter sich nicht auf eine Vereinbarung berufen, nach der das Mietverhältnis zum Nachteil des Mieters auflösend bedingt ist.

Unterkapitel 2: Mietverhältnisse auf unbestimmte Zeit

§ 573 Ordentliche Kündigung des Vermieters

(1) ¹Der Vermieter kann nur kündigen, wenn er ein berechtigtes Interesse an der Beendigung des Mietverhältnisses hat. ²Die Kündigung zum Zwecke der Mieterhöhung ist ausgeschlossen.

(2) Ein berechtigtes Interesse des Vermieters an der Beendigung des Mietverhältnisses liegt insbesondere vor, wenn

1. der Mieter seine vertraglichen Pflichten schuldhaft nicht unerheblich verletzt hat,
2. der Vermieter die Räume als Wohnung für sich, seine Familienangehörigen oder Angehörige seines Haushalts benötigt oder
3. der Vermieter durch die Fortsetzung des Mietverhältnisses an einer angemessenen wirtschaftlichen Verwertung des Grundstücks gehindert und dadurch erhebliche Nachteile erleiden würde; die Möglichkeit, durch eine anderweitige Vermietung als Wohnraum eine höhere Miete zu erzielen, bleibt außer Betracht; der Vermieter kann sich auch nicht darauf berufen, dass er die Mieträume im Zusammenhang mit einer beabsichtigten oder nach Überlassung an den Mieter erfolgten Begründung von Wohnungseigentum veräußern will.

(3) ¹Die Gründe für ein berechtigtes Interesse des Vermieters sind in dem Kündigungsschreiben anzugeben. ²Andere Gründe werden nur berücksichtigt, soweit sie nachträglich entstanden sind.

(4) Eine zum Nachteil des Mieters abweichende Vereinbarung ist unwirksam.

§ 573a Erleichterte Kündigung des Vermieters

(1) ¹Ein Mietverhältnis über eine Wohnung in einem vom Vermieter selbst bewohnten Gebäude mit nicht mehr als zwei Wohnungen kann der Vermieter auch kündigen, ohne dass es eines berechtigten Interesses im Sinne des § 573 bedarf. ²Die Kündigungsfrist verlängert sich in diesem Fall um drei Monate.

(2) Absatz 1 gilt entsprechend für Wohnraum innerhalb der vom Vermieter selbst bewohnten Wohnung, sofern der Wohnraum nicht nach § 549 Abs. 2 Nr. 2 vom Mieterschutz ausgenommen ist.

(3) In dem Kündigungsschreiben ist anzugeben, dass die Kündigung auf die Voraussetzungen des Absatzes 1 oder 2 gestützt wird.

(4) Eine zum Nachteil des Mieters abweichende Vereinbarung ist unwirksam.

§ 573b Teilkündigung des Vermieters

(1) Der Vermieter kann nicht zum Wohnen bestimmte Nebenräume oder Teile eines Grundstücks ohne ein berechtigtes Interesse im Sinne des § 573 kündigen, wenn er die Kündigung auf diese Räume oder Grundstücksteile beschränkt und sie dazu verwenden will,
1. Wohnraum zum Zwecke der Vermietung zu schaffen oder
2. den neu zu schaffenden und den vorhandenen Wohnraum mit Nebenräumen oder Grundstücksteilen auszustatten.

(2) Die Kündigung ist spätestens am dritten Werktag eines Kalendermonats zum Ablauf des übernächsten Monats zulässig.

(3) Verzögert sich der Beginn der Bauarbeiten, so kann der Mieter eine Verlängerung des Mietverhältnisses um einen entsprechenden Zeitraum verlangen.

(4) Der Mieter kann eine angemessene Senkung der Miete verlangen.

(5) Eine zum Nachteil des Mieters abweichende Vereinbarung ist unwirksam.

§ 573c Fristen der ordentlichen Kündigung

(1) [1]Die Kündigung ist spätestens am dritten Werktag eines Kalendermonats zum Ablauf des übernächsten Monats zulässig. [2]Die Kündigungsfrist für den Vermieter verlängert sich nach fünf und acht Jahren seit der Überlassung des Wohnraums um jeweils drei Monate.

(2) Bei Wohnraum, der nur zum vorübergehenden Gebrauch vermietet worden ist, kann eine kürzere Kündigungsfrist vereinbart werden.

(3) Bei Wohnraum nach § 549 Abs. 2 Nr. 2 ist die Kündigung spätestens am 15. eines Monats zum Ablauf dieses Monats zulässig.

(4) Eine zum Nachteil des Mieters von Absatz 1 oder 3 abweichende Vereinbarung ist unwirksam.

§ 573d Außerordentliche Kündigung mit gesetzlicher Frist

(1) Kann ein Mietverhältnis außerordentlich mit der gesetzlichen Frist gekündigt werden, so gelten mit Ausnahme der Kündigung gegenüber Erben des Mieters nach § 564 die §§ 573 und 573a entsprechend.

(2) [1]Die Kündigung ist spätestens am dritten Werktag eines Kalendermonats zum Ablauf des übernächsten Monats zulässig, bei Wohnraum nach § 549 Abs. 2 Nr. 2 spätestens am 15. eines Monats zum Ablauf dieses Monats (gesetzliche Frist). [2]§ 573a Abs. 1 Satz 2 findet keine Anwendung.

(3) Eine zum Nachteil des Mieters abweichende Vereinbarung ist unwirksam.

§ 574 Widerspruch des Mieters gegen die Kündigung

(1) [1]Der Mieter kann der Kündigung des Vermieters widersprechen und von ihm die Fortsetzung des Mietverhältnisses verlangen, wenn die Beendigung des Mietverhältnisses für den Mieter, seine Familie oder einen anderen Angehörigen seines Haushalts eine Härte bedeuten würde, die auch unter Würdigung der berechtigten Interessen des Vermieters nicht zu rechtfertigen ist. [2]Dies gilt nicht, wenn ein Grund vorliegt, der den Vermieter zur außerordentlichen fristlosen Kündigung berechtigt.

(2) Eine Härte liegt auch vor, wenn angemessener Ersatzwohnraum zu zumutbaren Bedingungen nicht beschafft werden kann.

(3) Bei der Würdigung der berechtigten Interessen des Vermieters werden nur die in dem Kündigungsschreiben nach § 573 Abs. 3 angegebenen Gründe berücksichtigt, außer wenn die Gründe nachträglich entstanden sind.

(4) Eine zum Nachteil des Mieters abweichende Vereinbarung ist unwirksam.

§ 574a Fortsetzung des Mietverhältnisses nach Widerspruch

(1) ¹Im Falle des § 574 kann der Mieter verlangen, dass das Mietverhältnis so lange fortgesetzt wird, wie dies unter Berücksichtigung aller Umstände angemessen ist. ²Ist dem Vermieter nicht zuzumuten, das Mietverhältnis zu den bisherigen Vertragsbedingungen fortzusetzen, so kann der Mieter nur verlangen, dass es unter einer angemessenen Änderung der Bedingungen fortgesetzt wird.

(2) ¹Kommt keine Einigung zustande, so werden die Fortsetzung des Mietverhältnisses, deren Dauer sowie die Bedingungen, zu denen es fortgesetzt wird, durch Urteil bestimmt. ²Ist ungewiss, wann voraussichtlich die Umstände wegfallen, aufgrund deren die Beendigung des Mietverhältnisses eine Härte bedeutet, so kann bestimmt werden, dass das Mietverhältnis auf unbestimmte Zeit fortgesetzt wird.

(3) Eine zum Nachteil des Mieters abweichende Vereinbarung ist unwirksam.

§ 574b Form und Frist des Widerspruchs

(1) ¹Der Widerspruch des Mieters gegen die Kündigung ist schriftlich zu erklären. ²Auf Verlangen des Vermieters soll der Mieter über die Gründe des Widerspruchs unverzüglich Auskunft erteilen.

(2) ¹Der Vermieter kann die Fortsetzung des Mietverhältnisses ablehnen, wenn der Mieter ihm den Widerspruch nicht spätestens zwei Monate vor der Beendigung des Mietverhältnisses erklärt hat. ²Hat der Vermieter nicht rechtzeitig vor Ablauf der Widerspruchsfrist auf die Möglichkeit des Widerspruchs sowie auf dessen Form und Frist hingewiesen, so kann der Mieter den Widerspruch noch im ersten Termin des Räumungsrechtsstreits erklären.

(3) Eine zum Nachteil des Mieters abweichende Vereinbarung ist unwirksam.

§ 574c Weitere Fortsetzung des Mietverhältnisses bei unvorhergesehenen Umständen

(1) Ist aufgrund der §§ 574 bis 574b durch Einigung oder Urteil bestimmt worden, dass das Mietverhältnis auf bestimmte Zeit fortgesetzt wird, so kann der Mieter dessen weitere Fortsetzung nur verlangen, wenn dies durch eine wesentliche Änderung der Umstände gerechtfertigt ist oder wenn Umstände nicht eingetreten sind, deren vorgesehener Eintritt für die Zeitdauer der Fortsetzung bestimmend gewesen war.

(2) ¹Kündigt der Vermieter ein Mietverhältnis, dessen Fortsetzung auf unbestimmte Zeit durch Urteil bestimmt worden ist, so kann der Mieter der Kündigung widersprechen und vom Vermieter verlangen, das Mietverhältnis auf unbestimmte Zeit fortzusetzen. ²Haben sich die Umstände verändert, die für die Fortsetzung bestimmend gewesen waren, so kann der Mieter eine Fortsetzung des Mietverhältnisses nur nach § 574 verlangen; unerhebliche Veränderungen bleiben außer Betracht.

(3) Eine zum Nachteil des Mieters abweichende Vereinbarung ist unwirksam.

Unterkapitel 3: Mietverhältnisse auf bestimmte Zeit

§ 575 Zeitmietvertrag

(1) ¹Ein Mietverhältnis kann auf bestimmte Zeit eingegangen werden, wenn der Vermieter nach Ablauf der Mietzeit
1. die Räume als Wohnung für sich, seine Familienangehörigen oder Angehörige seines Haushalts nutzen will,
2. in zulässiger Weise die Räume beseitigen oder so wesentlich verändern oder instand setzen will, dass die Maßnahmen durch eine Fortsetzung des Mietverhältnisses erheblich erschwert würden, oder
3. die Räume an einen zur Dienstleistung Verpflichteten vermieten will

und er dem Mieter den Grund der Befristung bei Vertragsschluss schriftlich mitteilt. ²Anderenfalls gilt das Mietverhältnis als auf unbestimmte Zeit abgeschlossen.

(2) ¹Der Mieter kann vom Vermieter frühestens vier Monate vor Ablauf der Befristung verlangen, dass dieser ihm binnen eines Monats mitteilt, ob der Befristungsgrund noch besteht. ²Erfolgt die Mitteilung später, so kann der Mieter eine Verlängerung des Mietverhältnisses um den Zeitraum der Verspätung verlangen.

(3) ¹Tritt der Grund der Befristung erst später ein, so kann der Mieter eine Verlängerung des Mietverhältnisses um einen entsprechenden Zeitraum verlangen. ²Entfällt der Grund, so kann der Mieter eine Verlängerung auf unbestimmte Zeit verlangen. ³Die Beweislast für den Eintritt des Befristungsgrundes und die Dauer der Verzögerung trifft den Vermieter.

(4) Eine zum Nachteil des Mieters abweichende Vereinbarung ist unwirksam.

§ 575a Außerordentliche Kündigung mit gesetzlicher Frist

(1) Kann ein Mietverhältnis, das auf bestimmte Zeit eingegangen ist, außerordentlich mit der gesetzlichen Frist gekündigt werden, so gelten mit Ausnahme der Kündigung gegenüber Erben des Mieters nach § 564 die §§ 573 und 573a entsprechend.

(2) Die §§ 574 bis 574c gelten entsprechend mit der Maßgabe, dass die Fortsetzung des Mietverhältnisses höchstens bis zum vertraglich bestimmten Zeitpunkt der Beendigung verlangt werden kann.

(3) ¹Die Kündigung ist spätestens am dritten Werktag eines Kalendermonats zum Ablauf des übernächsten Monats zulässig, bei Wohnraum nach § 549 Abs. 2 Nr. 2 spätestens am 15. eines Monats zum Ablauf dieses Monats (gesetzliche Frist). ²§ 573a Abs. 1 Satz 2 findet keine Anwendung.

(4) Eine zum Nachteil des Mieters abweichende Vereinbarung ist unwirksam.

Unterkapitel 4: Werkwohnungen

§ 576 Fristen der ordentlichen Kündigung bei Werkmietwohnungen

(1) Ist Wohnraum mit Rücksicht auf das Bestehen eines Dienstverhältnisses vermietet, so kann der Vermieter nach Beendigung des Dienstverhältnisses abweichend von § 573c Abs. 1 Satz 2 mit folgenden Fristen kündigen:
1. bei Wohnraum, der dem Mieter weniger als zehn Jahre überlassen war, spätestens am dritten Werktag eines Kalendermonats zum Ablauf des übernächsten Monats, wenn der Wohnraum für einen anderen zur Dienstleistung Verpflichteten benötigt wird;
2. spätestens am dritten Werktag eines Kalendermonats zum Ablauf dieses Monats, wenn das Dienstverhältnis seiner Art nach die Überlassung von Wohnraum erfordert hat, der in unmittelbarer Beziehung oder Nähe zur Arbeitsstätte steht, und der Wohnraum aus dem gleichen Grund für einen anderen zur Dienstleistung Verpflichteten benötigt wird.

(2) Eine zum Nachteil des Mieters abweichende Vereinbarung ist unwirksam.

§ 576a Besonderheiten des Widerspruchsrechts bei Werkmietwohnungen

(1) Bei der Anwendung der §§ 574 bis 574c auf Werkmietwohnungen sind auch die Belange des Dienstberechtigten zu berücksichtigen.

(2) Die §§ 574 bis 574c gelten nicht, wenn
1. der Vermieter nach § 576 Abs. 1 Nr. 2 gekündigt hat;
2. der Mieter das Dienstverhältnis gelöst hat, ohne dass ihm von dem Dienstberechtigten gesetzlich begründeter Anlass dazu gegeben war, oder der Mieter durch sein Verhalten dem Dienstberechtigten gesetzlich begründeten Anlass zur Auflösung des Dienstverhältnisses gegeben hat.

(3) Eine zum Nachteil des Mieters abweichende Vereinbarung ist unwirksam.

§ 576b Entsprechende Geltung des Mietrechts bei Werkdienstwohnungen

(1) Ist Wohnraum im Rahmen eines Dienstverhältnisses überlassen, so gelten für die Beendigung des Rechtsverhältnisses hinsichtlich des Wohnraums die Vorschriften über Mietverhältnisse entsprechend, wenn der zur Dienstleistung Verpflichtete den Wohnraum überwiegend mit Einrichtungsgegenständen ausgestattet hat oder in dem Wohnraum mit seiner Familie oder Personen lebt, mit denen er einen auf Dauer angelegten gemeinsamen Haushalt führt.

(2) Eine zum Nachteil des Mieters abweichende Vereinbarung ist unwirksam.

Kapitel 6: Besonderheiten bei der Bildung von Wohnungseigentum an vermieteten Wohnungen

§ 577 Vorkaufsrecht des Mieters

(1) ¹Werden vermietete Wohnräume, an denen nach der Überlassung an den Mieter Wohnungseigentum begründet worden ist oder begründet werden soll, an einen Dritten verkauft, so ist der Mieter zum Vorkauf berechtigt. ²Dies gilt nicht, wenn der Vermieter die Wohnräume an einen Familienangehörigen oder an einen Angehörigen seines Haushalts verkauft. ³Soweit sich nicht aus den nachfolgenden Absätzen etwas anderes ergibt, finden auf das Vorkaufsrecht die Vorschriften über den Vorkauf Anwendung.

(2) Die Mitteilung des Verkäufers oder des Dritten über den Inhalt des Kaufvertrags ist mit einer Unterrichtung des Mieters über sein Vorkaufsrecht zu verbinden.

(3) Die Ausübung des Vorkaufsrechts erfolgt durch schriftliche Erklärung des Mieters gegenüber dem Verkäufer.

(4) Stirbt der Mieter, so geht das Vorkaufsrecht auf diejenigen über, die in das Mietverhältnis nach § 563 Abs. 1 oder 2 eintreten.

(5) Eine zum Nachteil des Mieters abweichende Vereinbarung ist unwirksam.

§ 577a Kündigungsbeschränkung bei Wohnungsumwandlung[1]

(1) Ist an vermieteten Wohnräumen nach der Überlassung an den Mieter Wohnungseigentum begründet und das Wohnungseigentum veräußert worden, so kann sich ein Erwerber auf berechtigte Interessen im Sinne des § 573 Abs. 2 Nr. 2 oder 3 erst nach Ablauf von drei Jahren seit der Veräußerung berufen.

(1a) ¹Die Kündigungsbeschränkung nach Absatz 1 gilt entsprechend, wenn vermieteter Wohnraum nach der Überlassung an den Mieter

1. an eine Personengesellschaft oder an mehrere Erwerber veräußert worden ist oder
2. zu Gunsten einer Personengesellschaft oder mehrerer Erwerber mit einem Recht belastet worden ist, durch dessen Ausübung dem Mieter der vertragsgemäße Gebrauch entzogen wird.

²Satz 1 ist nicht anzuwenden, wenn die Gesellschafter oder Erwerber derselben Familie oder demselben Haushalt angehören oder vor Überlassung des Wohnraums an den Mieter Wohnungseigentum begründet worden ist.

(2) ¹Die Frist nach Absatz 1 oder nach Absatz 1a beträgt bis zu zehn Jahre, wenn die ausreichende Versorgung der Bevölkerung mit Mietwohnungen zu angemessenen Bedingungen in einer Gemeinde oder einem Teil einer Gemeinde besonders gefährdet ist und diese Gebiete nach Satz 2 bestimmt sind. ²Die Landesregierungen werden ermächtigt, diese Gebiete und die Frist nach Satz 1 durch Rechtsverordnung für die Dauer von jeweils höchstens zehn Jahren zu bestimmen.

---

1) **Anm. d. Red.:** § 577a i. d. F. des Gesetzes v. 11. 3. 2013 (BGBl I S. 434) mit Wirkung v. 1. 5. 2013.

(2a) Wird nach einer Veräußerung oder Belastung im Sinne des Absatzes 1a Wohnungseigentum begründet, so beginnt die Frist, innerhalb der eine Kündigung nach § 573 Absatz 2 Nummer 2 oder 3 ausgeschlossen ist, bereits mit der Veräußerung oder Belastung nach Absatz 1a.

(3) Eine zum Nachteil des Mieters abweichende Vereinbarung ist unwirksam.

Untertitel 3: Mietverhältnisse über andere Sachen

§ 578 Mietverhältnisse über Grundstücke und Räume[1]

(1) Auf Mietverhältnisse über Grundstücke sind die Vorschriften der §§ 550, 554, 562 bis 562d, 566 bis 567b sowie 570 entsprechend anzuwenden.

(2) ¹Auf Mietverhältnisse über Räume, die keine Wohnräume sind, sind die in Absatz 1 genannten Vorschriften sowie § 552 Abs. 1, § 555a Absatz 1 bis 3, §§ 555b, 555c Absatz 1 bis 4, § 555d Absatz 1 bis 6, § 555e Absatz 1 und 2, § 555f und § 569 Abs. 2 entsprechend anzuwenden. ²§ 556c Absatz 1 und 2 sowie die auf Grund des § 556c Absatz 3 erlassene Rechtsverordnung sind entsprechend anzuwenden, abweichende Vereinbarungen sind zulässig. ³Sind die Räume zum Aufenthalt von Menschen bestimmt, so gilt außerdem § 569 Abs. 1 entsprechend.

(3) ¹Auf Verträge über die Anmietung von Räumen durch eine juristische Person des öffentlichen Rechts oder einen anerkannten privaten Träger der Wohlfahrtspflege, die geschlossen werden, um die Räume Personen mit dringendem Wohnungsbedarf zum Wohnen zu überlassen, sind die in den Absätzen 1 und 2 genannten Vorschriften sowie die §§ 557, 557a Absatz 1 bis 3 und 5, § 557b Absatz 1 bis 3 und 5, die §§ 558 bis 559d, 561, 568 Absatz 1, § 569 Absatz 3 bis 5, die §§ 573 bis 573d, 575, 575a Absatz 1, 3 und 4, die §§ 577 und 577a entsprechend anzuwenden. ²Solche Verträge können zusätzlich zu den in § 575 Absatz 1 Satz 1 genannten Gründen auch dann auf bestimmte Zeit geschlossen werden, wenn der Vermieter die Räume nach Ablauf der Mietzeit für ihm obliegende oder ihm übertragene öffentliche Aufgaben nutzen will.

§ 578a Mietverhältnisse über eingetragene Schiffe

(1) Die Vorschriften der §§ 566, 566a, 566e bis 567b gelten im Falle der Veräußerung oder Belastung eines im Schiffsregister eingetragenen Schiffs entsprechend.

(2) ¹Eine Verfügung, die der Vermieter vor dem Übergang des Eigentums über die Miete getroffen hat, die auf die Zeit der Berechtigung des Erwerbers entfällt, ist dem Erwerber gegenüber wirksam. ²Das Gleiche gilt für ein Rechtsgeschäft, das zwischen dem Mieter und dem Vermieter über die Mietforderung vorgenommen wird, insbesondere die Entrichtung der Miete; ein Rechtsgeschäft, das nach dem Übergang des Eigentums vorgenommen wird, ist jedoch unwirksam, wenn der Mieter bei der Vornahme des Rechtsgeschäfts von dem Übergang des Eigentums Kenntnis hat. ³§ 566d gilt entsprechend.

§ 579 Fälligkeit der Miete[2]

(1) ¹Die Miete für ein Grundstück und für bewegliche Sachen ist am Ende der Mietzeit zu entrichten. ²Ist die Miete nach Zeitabschnitten bemessen, so ist sie nach Ablauf der einzelnen Zeitabschnitte zu entrichten. ³Die Miete für ein Grundstück ist, sofern sie nicht nach kürzeren Zeitabschnitten bemessen ist, jeweils nach Ablauf eines Kalendervierteljahres am ersten Werktag des folgenden Monats zu entrichten.

(2) Für Mietverhältnisse über Räume gilt § 556b Abs. 1 entsprechend.

---

1) **Anm. d. Red.:** § 578 i. d. F. des Gesetzes v. 16.10.2020 (BGBl I S. 2187) mit Wirkung v. 1.12.2020.
2) **Anm. d. Red.:** § 579 i. d. F. des Gesetzes v. 20. 4. 2013 (BGBl I S. 831) mit Wirkung v. 25. 4. 2013.

§ 580 Außerordentliche Kündigung bei Tod des Mieters

Stirbt der Mieter, so ist sowohl der Erbe als auch der Vermieter berechtigt, das Mietverhältnis innerhalb eines Monats, nachdem sie vom Tod des Mieters Kenntnis erlangt haben, außerordentlich mit der gesetzlichen Frist zu kündigen.

§ 580a Kündigungsfristen[1)]

(1) Bei einem Mietverhältnis über Grundstücke, über Räume, die keine Geschäftsräume sind, ist die ordentliche Kündigung zulässig,
1. wenn die Miete nach Tagen bemessen ist, an jedem Tag zum Ablauf des folgenden Tages;
2. wenn die Miete nach Wochen bemessen ist, spätestens am ersten Werktag einer Woche zum Ablauf des folgenden Sonnabends;
3. wenn die Miete nach Monaten oder längeren Zeitabschnitten bemessen ist, spätestens am dritten Werktag eines Kalendermonats zum Ablauf des übernächsten Monats, bei einem Mietverhältnis über gewerblich genutzte unbebaute Grundstücke jedoch nur zum Ablauf eines Kalendervierteljahres.

(2) Bei einem Mietverhältnis über Geschäftsräume ist die ordentliche Kündigung spätestens am dritten Werktag eines Kalendervierteljahres zum Ablauf des nächsten Kalendervierteljahres zulässig.

(3) Bei einem Mietverhältnis über bewegliche Sachen ist die ordentliche Kündigung zulässig,
1. wenn die Miete nach Tagen bemessen ist, an jedem Tag zum Ablauf des folgenden Tages;
2. wenn die Miete nach längeren Zeitabschnitten bemessen ist, spätestens am dritten Tag vor dem Tag, mit dessen Ablauf das Mietverhältnis enden soll.

(4) Absatz 1 Nr. 3, Absatz 2 und 3 Nr. 2 sind auch anzuwenden, wenn ein Mietverhältnis außerordentlich mit der gesetzlichen Frist gekündigt werden kann.

Untertitel 4: Pachtvertrag

§ 581 Vertragstypische Pflichten beim Pachtvertrag

(1) ¹Durch den Pachtvertrag wird der Verpächter verpflichtet, dem Pächter den Gebrauch des verpachteten Gegenstandes und den Genuss der Früchte, soweit sie nach den Regeln einer ordnungsmäßigen Wirtschaft als Ertrag anzusehen sind, während der Pachtzeit zu gewähren. ²Der Pächter ist verpflichtet, dem Verpächter die vereinbarte Pacht zu entrichten.

(2) Auf den Pachtvertrag mit Ausnahme des Landpachtvertrags sind, soweit sich nicht aus den §§ 582 bis 584b etwas anderes ergibt, die Vorschriften über den Mietvertrag entsprechend anzuwenden.

§ 582 Erhaltung des Inventars

(1) Wird ein Grundstück mit Inventar verpachtet, so obliegt dem Pächter die Erhaltung der einzelnen Inventarstücke.

(2) ¹Der Verpächter ist verpflichtet, Inventarstücke zu ersetzen, die infolge eines vom Pächter nicht zu vertretenden Umstandes in Abgang kommen. ²Der Pächter hat jedoch den gewöhnlichen Abgang der zum Inventar gehörenden Tiere insoweit zu ersetzen, als dies einer ordnungsmäßigen Wirtschaft entspricht.

§ 582a Inventarübernahme zum Schätzwert

(1) ¹Übernimmt der Pächter eines Grundstücks das Inventar zum Schätzwert mit der Verpflichtung, es bei Beendigung des Pachtverhältnisses zum Schätzwert zurückzugewähren, so

---

1) **Anm. d. Red.:** § 580a i. d. F. des Gesetzes v. 20. 4. 2013 (BGBl I S. 831) mit Wirkung v. 25. 4. 2013.

trägt er die Gefahr des zufälligen Untergangs und der zufälligen Verschlechterung des Inventars. ²Innerhalb der Grenzen einer ordnungsmäßigen Wirtschaft kann er über die einzelnen Inventarstücke verfügen.

(2) ¹Der Pächter hat das Inventar in dem Zustand zu erhalten und in dem Umfang laufend zu ersetzen, der den Regeln einer ordnungsmäßigen Wirtschaft entspricht. ²Die von ihm angeschafften Stücke werden mit der Einverleibung in das Inventar Eigentum des Verpächters.

(3) ¹Bei Beendigung des Pachtverhältnisses hat der Pächter das vorhandene Inventar dem Verpächter zurückzugewähren. ²Der Verpächter kann die Übernahme derjenigen von dem Pächter angeschafften Inventarstücke ablehnen, welche nach den Regeln einer ordnungsmäßigen Wirtschaft für das Grundstück überflüssig oder zu wertvoll sind; mit der Ablehnung geht das Eigentum an den abgelehnten Stücken auf den Pächter über. ³Besteht zwischen dem Gesamtschätzwert des übernommenen und dem des zurückzugewährenden Inventars ein Unterschied, so ist dieser in Geld auszugleichen. ⁴Den Schätzwerten sind die Preise im Zeitpunkt der Beendigung des Pachtverhältnisses zugrunde zu legen.

§ 583 Pächterpfandrecht am Inventar

(1) Dem Pächter eines Grundstücks steht für die Forderungen gegen den Verpächter, die sich auf das mitgepachtete Inventar beziehen, ein Pfandrecht an den in seinen Besitz gelangten Inventarstücken zu.

(2) ¹Der Verpächter kann die Geltendmachung des Pfandrechts des Pächters durch Sicherheitsleistung abwenden. ²Er kann jedes einzelne Inventarstück dadurch von dem Pfandrecht befreien, dass er in Höhe des Wertes Sicherheit leistet.

§ 583a Verfügungsbeschränkungen bei Inventar

Vertragsbestimmungen, die den Pächter eines Betriebes verpflichten, nicht oder nicht ohne Einwilligung des Verpächters über Inventarstücke zu verfügen oder Inventar an den Verpächter zu veräußern, sind nur wirksam, wenn sich der Verpächter verpflichtet, das Inventar bei der Beendigung des Pachtverhältnisses zum Schätzwert zu erwerben.

§ 584 Kündigungsfrist

(1) Ist bei dem Pachtverhältnis über ein Grundstück oder ein Recht die Pachtzeit nicht bestimmt, so ist die Kündigung nur für den Schluss eines Pachtjahres zulässig; sie hat spätestens am dritten Werktag des halben Jahres zu erfolgen, mit dessen Ablauf die Pacht enden soll.

(2) Dies gilt auch, wenn das Pachtverhältnis außerordentlich mit der gesetzlichen Frist gekündigt werden kann.

§ 584a Ausschluss bestimmter mietrechtlicher Kündigungsrechte

(1) Dem Pächter steht das in § 540 Abs. 1 bestimmte Kündigungsrecht nicht zu.

(2) Der Verpächter ist nicht berechtigt, das Pachtverhältnis nach § 580 zu kündigen.

§ 584b Verspätete Rückgabe

¹Gibt der Pächter den gepachteten Gegenstand nach der Beendigung des Pachtverhältnisses nicht zurück, so kann der Verpächter für die Dauer der Vorenthaltung als Entschädigung die vereinbarte Pacht nach dem Verhältnis verlangen, in dem die Nutzungen, die der Pächter während dieser Zeit gezogen hat oder hätte ziehen können, zu den Nutzungen des ganzen Pachtjahres stehen. ²Die Geltendmachung eines weiteren Schadens ist nicht ausgeschlossen.

Untertitel 5: Landpachtvertrag

§ 585 Begriff des Landpachtvertrags

(1) ¹Durch den Landpachtvertrag wird ein Grundstück mit den seiner Bewirtschaftung dienenden Wohn- oder Wirtschaftsgebäuden (Betrieb) oder ein Grundstück ohne solche Gebäude überwiegend zur Landwirtschaft verpachtet. ²Landwirtschaft sind die Bodenbewirtschaftung und die mit der Bodennutzung verbundene Tierhaltung, um pflanzliche oder tierische Erzeugnisse zu gewinnen, sowie die gartenbauliche Erzeugung.

(2) Für Landpachtverträge gelten § 581 Abs. 1 und die §§ 582 bis 583a sowie die nachfolgenden besonderen Vorschriften.

(3) Die Vorschriften über Landpachtverträge gelten auch für Pachtverhältnisse über forstwirtschaftliche Grundstücke, wenn die Grundstücke zur Nutzung in einem überwiegend landwirtschaftlichen Betrieb verpachtet werden.

§ 585a Form des Landpachtvertrags

Wird der Landpachtvertrag für längere Zeit als zwei Jahre nicht in schriftlicher Form geschlossen, so gilt er für unbestimmte Zeit.

§ 585b Beschreibung der Pachtsache

(1) ¹Der Verpächter und der Pächter sollen bei Beginn des Pachtverhältnisses gemeinsam eine Beschreibung der Pachtsache anfertigen, in der ihr Umfang sowie der Zustand, in dem sie sich bei der Überlassung befindet, festgestellt werden. ²Dies gilt für die Beendigung des Pachtverhältnisses entsprechend. ³Die Beschreibung soll mit der Angabe des Tages der Anfertigung versehen werden und ist von beiden Teilen zu unterschreiben.

(2) ¹Weigert sich ein Vertragsteil, bei der Anfertigung einer Beschreibung mitzuwirken, oder ergeben sich bei der Anfertigung Meinungsverschiedenheiten tatsächlicher Art, so kann jeder Vertragsteil verlangen, dass eine Beschreibung durch einen Sachverständigen angefertigt wird, es sei denn, dass seit der Überlassung der Pachtsache mehr als neun Monate oder seit der Beendigung des Pachtverhältnisses mehr als drei Monate verstrichen sind; der Sachverständige wird auf Antrag durch das Landwirtschaftsgericht ernannt. ²Die insoweit entstehenden Kosten trägt jeder Vertragsteil zur Hälfte.

(3) Ist eine Beschreibung der genannten Art angefertigt, so wird im Verhältnis der Vertragsteile zueinander vermutet, dass sie richtig ist.

§ 586 Vertragstypische Pflichten beim Landpachtvertrag

(1) ¹Der Verpächter hat die Pachtsache dem Pächter in einem zu der vertragsmäßigen Nutzung geeigneten Zustand zu überlassen und sie während der Pachtzeit in diesem Zustand zu erhalten. ²Der Pächter hat jedoch die gewöhnlichen Ausbesserungen der Pachtsache, insbesondere die der Wohn- und Wirtschaftsgebäude, der Wege, Gräben, Dränungen und Einfriedigungen, auf seine Kosten durchzuführen. ³Er ist zur ordnungsmäßigen Bewirtschaftung der Pachtsache verpflichtet.

(2) Für die Haftung des Verpächters für Sach- und Rechtsmängel der Pachtsache sowie für die Rechte und Pflichten des Pächters wegen solcher Mängel gelten die Vorschriften des § 536 Abs. 1 bis 3 und der §§ 536a bis 536d entsprechend.

§ 586a Lasten der Pachtsache

Der Verpächter hat die auf der Pachtsache ruhenden Lasten zu tragen.

§ 587 Fälligkeit der Pacht; Entrichtung der Pacht bei persönlicher Verhinderung des Pächters

(1) ¹Die Pacht ist am Ende der Pachtzeit zu entrichten. ²Ist die Pacht nach Zeitabschnitten bemessen, so ist sie am ersten Werktag nach dem Ablauf der einzelnen Zeitabschnitte zu entrichten.

(2) ¹Der Pächter wird von der Entrichtung der Pacht nicht dadurch befreit, dass er durch einen in seiner Person liegenden Grund an der Ausübung des ihm zustehenden Nutzungsrechts verhindert ist. ²§ 537 Abs. 1 Satz 2 und Abs. 2 gilt entsprechend.

§ 588 Maßnahmen zur Erhaltung oder Verbesserung

(1) Der Pächter hat Einwirkungen auf die Pachtsache zu dulden, die zu ihrer Erhaltung erforderlich sind.

(2) ¹Maßnahmen zur Verbesserung der Pachtsache hat der Pächter zu dulden, es sei denn, dass die Maßnahme für ihn eine Härte bedeuten würde, die auch unter Würdigung der berechtigten Interessen des Verpächters nicht zu rechtfertigen ist. ²Der Verpächter hat die dem Pächter durch die Maßnahme entstandenen Aufwendungen und entgangenen Erträge in einem den Umständen nach angemessenen Umfang zu ersetzen. ³Auf Verlangen hat der Verpächter Vorschuss zu leisten.

(3) Soweit der Pächter infolge von Maßnahmen nach Absatz 2 Satz 1 höhere Erträge erzielt oder bei ordnungsmäßiger Bewirtschaftung erzielen könnte, kann der Verpächter verlangen, dass der Pächter in eine angemessene Erhöhung der Pacht einwilligt, es sei denn, dass dem Pächter eine Erhöhung der Pacht nach den Verhältnissen des Betriebes nicht zugemutet werden kann.

(4) ¹Über Streitigkeiten nach den Absätzen 1 und 2 entscheidet auf Antrag das Landwirtschaftsgericht. ²Verweigert der Pächter in den Fällen des Absatzes 3 seine Einwilligung, so kann sie das Landwirtschaftsgericht auf Antrag des Verpächters ersetzen.

§ 589 Nutzungsüberlassung an Dritte

(1) Der Pächter ist ohne Erlaubnis des Verpächters nicht berechtigt,
1. die Nutzung der Pachtsache einem Dritten zu überlassen, insbesondere die Sache weiter zu verpachten,
2. die Pachtsache ganz oder teilweise einem landwirtschaftlichen Zusammenschluss zum Zwecke der gemeinsamen Nutzung zu überlassen.

(2) Überlässt der Pächter die Nutzung der Pachtsache einem Dritten, so hat er ein Verschulden, das dem Dritten bei der Nutzung zur Last fällt, zu vertreten, auch wenn der Verpächter die Erlaubnis zur Überlassung erteilt hat.

§ 590 Änderung der landwirtschaftlichen Bestimmung oder der bisherigen Nutzung

(1) Der Pächter darf die landwirtschaftliche Bestimmung der Pachtsache nur mit vorheriger Erlaubnis des Verpächters ändern.

(2) ¹Zur Änderung der bisherigen Nutzung der Pachtsache ist die vorherige Erlaubnis des Verpächters nur dann erforderlich, wenn durch die Änderung die Art der Nutzung über die Pachtzeit hinaus beeinflusst wird. ²Der Pächter darf Gebäude nur mit vorheriger Erlaubnis des Verpächters errichten. ³Verweigert der Verpächter die Erlaubnis, so kann sie auf Antrag des Pächters durch das Landwirtschaftsgericht ersetzt werden, soweit die Änderung zur Erhaltung oder nachhaltigen Verbesserung der Rentabilität des Betriebes geeignet erscheint und dem Verpächter bei Berücksichtigung seiner berechtigten Interessen zugemutet werden kann. ⁴Dies gilt nicht, wenn der Pachtvertrag gekündigt ist oder das Pachtverhältnis in weniger als drei Jahren endet. ⁵Das Landwirtschaftsgericht kann die Erlaubnis unter Bedingungen und Auflagen erset-

zen, insbesondere eine Sicherheitsleistung anordnen sowie Art und Umfang der Sicherheit bestimmen. [6]Ist die Veranlassung für die Sicherheitsleistung weggefallen, so entscheidet auf Antrag das Landwirtschaftsgericht über die Rückgabe der Sicherheit; § 109 der Zivilprozessordnung gilt entsprechend.

(3) Hat der Pächter das nach § 582a zum Schätzwert übernommene Inventar im Zusammenhang mit einer Änderung der Nutzung der Pachtsache wesentlich vermindert, so kann der Verpächter schon während der Pachtzeit einen Geldausgleich in entsprechender Anwendung des § 582a Abs. 3 verlangen, es sei denn, dass der Erlös der veräußerten Inventarstücke zu einer zur Höhe des Erlöses in angemessenem Verhältnis stehenden Verbesserung der Pachtsache nach § 591 verwendet worden ist.

§ 590a Vertragswidriger Gebrauch

Macht der Pächter von der Pachtsache einen vertragswidrigen Gebrauch und setzt er den Gebrauch ungeachtet einer Abmahnung des Verpächters fort, so kann der Verpächter auf Unterlassung klagen.

§ 590b Notwendige Verwendungen

Der Verpächter ist verpflichtet, dem Pächter die notwendigen Verwendungen auf die Pachtsache zu ersetzen.

§ 591 Wertverbessernde Verwendungen

(1) Andere als notwendige Verwendungen, denen der Verpächter zugestimmt hat, hat er dem Pächter bei Beendigung des Pachtverhältnisses zu ersetzen, soweit die Verwendungen den Wert der Pachtsache über die Pachtzeit hinaus erhöhen (Mehrwert).

(2) [1]Weigert sich der Verpächter, den Verwendungen zuzustimmen, so kann die Zustimmung auf Antrag des Pächters durch das Landwirtschaftsgericht ersetzt werden, soweit die Verwendungen zur Erhaltung oder nachhaltigen Verbesserung der Rentabilität des Betriebs geeignet sind und dem Verpächter unter Berücksichtigung seiner berechtigten Interessen zugemutet werden können. [2]Dies gilt nicht, wenn der Pachtvertrag gekündigt ist oder das Pachtverhältnis in weniger als drei Jahren endet. [3]Das Landwirtschaftsgericht kann die Zustimmung unter Bedingungen und Auflagen ersetzen.

(3) [1]Das Landwirtschaftsgericht kann auf Antrag auch über den Mehrwert Bestimmungen treffen und ihn festsetzen. [2]Es kann bestimmen, dass der Verpächter den Mehrwert nur in Teilbeträgen zu ersetzen hat, und kann Bedingungen für die Bewilligung solcher Teilzahlungen festsetzen. [3]Ist dem Verpächter ein Ersatz des Mehrwerts bei Beendigung des Pachtverhältnisses auch in Teilbeträgen nicht zuzumuten, so kann der Pächter nur verlangen, dass das Pachtverhältnis zu den bisherigen Bedingungen so lange fortgesetzt wird, bis der Mehrwert der Pachtsache abgegolten ist. [4]Kommt keine Einigung zustande, so entscheidet auf Antrag das Landwirtschaftsgericht über eine Fortsetzung des Pachtverhältnisses.

§ 591a Wegnahme von Einrichtungen

[1]Der Pächter ist berechtigt, eine Einrichtung, mit der er die Sache versehen hat, wegzunehmen. [2]Der Verpächter kann die Ausübung des Wegnahmerechts durch Zahlung einer angemessenen Entschädigung abwenden, es sei denn, dass der Pächter ein berechtigtes Interesse an der Wegnahme hat. [3]Eine Vereinbarung, durch die das Wegnahmerecht des Pächters ausgeschlossen wird, ist nur wirksam, wenn ein angemessener Ausgleich vorgesehen ist.

§ 591b Verjährung von Ersatzansprüchen

(1) Die Ersatzansprüche des Verpächters wegen Veränderung oder Verschlechterung der verpachteten Sache sowie die Ansprüche des Pächters auf Ersatz von Verwendungen oder auf Gestattung der Wegnahme einer Einrichtung verjähren in sechs Monaten.

(2) ¹Die Verjährung der Ersatzansprüche des Verpächters beginnt mit dem Zeitpunkt, in welchem er die Sache zurückerhält. ²Die Verjährung der Ansprüche des Pächters beginnt mit der Beendigung des Pachtverhältnisses.

(3) Mit der Verjährung des Anspruchs des Verpächters auf Rückgabe der Sache verjähren auch die Ersatzansprüche des Verpächters.

§ 592 Verpächterpfandrecht

¹Der Verpächter hat für seine Forderungen aus dem Pachtverhältnis ein Pfandrecht an den eingebrachten Sachen des Pächters sowie an den Früchten der Pachtsache. ²Für künftige Entschädigungsforderungen kann das Pfandrecht nicht geltend gemacht werden. ³Mit Ausnahme der in § 811 Abs. 1 Nr. 4 der Zivilprozessordnung genannten Sachen erstreckt sich das Pfandrecht nicht auf Sachen, die der Pfändung nicht unterworfen sind. ⁴Die Vorschriften der §§ 562a bis 562c gelten entsprechend.

§ 593 Änderung von Landpachtverträgen

(1) ¹Haben sich nach Abschluss des Pachtvertrages die Verhältnisse, die für die Festsetzung der Vertragsleistungen maßgebend waren, nachhaltig so geändert, dass die gegenseitigen Verpflichtungen in ein grobes Missverhältnis zueinander geraten sind, so kann jeder Vertragsteil eine Änderung des Vertrages mit Ausnahme der Pachtdauer verlangen. ²Verbessert oder verschlechtert sich infolge der Bewirtschaftung der Pachtsache durch den Pächter deren Ertrag, so kann, soweit nichts anderes vereinbart ist, eine Änderung der Pacht nicht verlangt werden.

(2) ¹Eine Änderung kann frühestens zwei Jahre nach Beginn des Pachtverhältnisses oder nach dem Wirksamwerden der letzten Änderung der Vertragsleistungen verlangt werden. ²Dies gilt nicht, wenn verwüstende Naturereignisse, gegen die ein Versicherungsschutz nicht üblich ist, das Verhältnis der Vertragsleistungen grundlegend und nachhaltig verändert haben.

(3) Die Änderung kann nicht für eine frühere Zeit als für das Pachtjahr verlangt werden, in dem das Änderungsverlangen erklärt wird.

(4) Weigert sich ein Vertragsteil, in eine Änderung des Vertrages einzuwilligen, so kann der andere Teil die Entscheidung des Landwirtschaftsgerichts beantragen.

(5) ¹Auf das Recht, eine Änderung des Vertrages nach den Absätzen 1 bis 4 zu verlangen, kann nicht verzichtet werden. ²Eine Vereinbarung, dass einem Vertragsteil besondere Nachteile oder Vorteile erwachsen sollen, wenn er die Rechte nach den Absätzen 1 bis 4 ausübt oder nicht ausübt, ist unwirksam.

§ 593a Betriebsübergabe

¹Wird bei der Übergabe eines Betriebes im Wege der vorweggenommenen Erbfolge ein zugepachtetes Grundstück, das der Landwirtschaft dient, mit übergeben, so tritt der Übernehmer anstelle des Pächters in den Pachtvertrag ein. ²Der Verpächter ist von der Betriebsübergabe jedoch unverzüglich zu benachrichtigen. ³Ist die ordnungsmäßige Bewirtschaftung der Pachtsache durch den Übernehmer nicht gewährleistet, so ist der Verpächter berechtigt, das Pachtverhältnis außerordentlich mit der gesetzlichen Frist zu kündigen.

§ 593b Veräußerung oder Belastung des verpachteten Grundstücks

Wird das verpachtete Grundstück veräußert oder mit dem Recht eines Dritten belastet, so gelten die §§ 566 bis 567b entsprechend.

§ 594 Ende und Verlängerung des Pachtverhältnisses

¹Das Pachtverhältnis endet mit dem Ablauf der Zeit, für die es eingegangen ist. ²Es verlängert sich bei Pachtverträgen, die auf mindestens drei Jahre geschlossen worden sind, auf unbestimmte Zeit, wenn auf die Anfrage eines Vertragsteils, ob der andere Teil zur Fortsetzung des Pachtverhältnisses bereit ist, dieser nicht binnen einer Frist von drei Monaten die Fortsetzung

ablehnt. ³Die Anfrage und die Ablehnung bedürfen der schriftlichen Form. ⁴Die Anfrage ist ohne Wirkung, wenn in ihr nicht auf die Folge der Nichtbeachtung ausdrücklich hingewiesen wird und wenn sie nicht innerhalb des drittletzten Pachtjahres gestellt wird.

§ 594a Kündigungsfristen

(1) ¹Ist die Pachtzeit nicht bestimmt, so kann jeder Vertragsteil das Pachtverhältnis spätestens am dritten Werktag eines Pachtjahres für den Schluss des nächsten Pachtjahres kündigen. ²Im Zweifel gilt das Kalenderjahr als Pachtjahr. ³Die Vereinbarung einer kürzeren Frist bedarf der Schriftform.

(2) Für die Fälle, in denen das Pachtverhältnis außerordentlich mit der gesetzlichen Frist vorzeitig gekündigt werden kann, ist die Kündigung nur für den Schluss eines Pachtjahres zulässig; sie hat spätestens am dritten Werktag des halben Jahres zu erfolgen, mit dessen Ablauf die Pacht enden soll.

§ 594b Vertrag über mehr als 30 Jahre

¹Wird ein Pachtvertrag für eine längere Zeit als 30 Jahre geschlossen, so kann nach 30 Jahren jeder Vertragsteil das Pachtverhältnis spätestens am dritten Werktag eines Pachtjahres für den Schluss des nächsten Pachtjahres kündigen. ²Die Kündigung ist nicht zulässig, wenn der Vertrag für die Lebenszeit des Verpächters oder des Pächters geschlossen ist.

§ 594c Kündigung bei Berufsunfähigkeit des Pächters

¹Ist der Pächter berufsunfähig im Sinne der Vorschriften der gesetzlichen Rentenversicherung geworden, so kann er das Pachtverhältnis außerordentlich mit der gesetzlichen Frist kündigen, wenn der Verpächter der Überlassung der Pachtsache zur Nutzung an einen Dritten, der eine ordnungsmäßige Bewirtschaftung gewährleistet, widerspricht. ²Eine abweichende Vereinbarung ist unwirksam.

§ 594d Tod des Pächters

(1) Stirbt der Pächter, so sind sowohl seine Erben als auch der Verpächter innerhalb eines Monats, nachdem sie vom Tod des Pächters Kenntnis erlangt haben, berechtigt, das Pachtverhältnis mit einer Frist von sechs Monaten zum Ende eines Kalendervierteljahres zu kündigen.

(2) ¹Die Erben können der Kündigung des Verpächters widersprechen und die Fortsetzung des Pachtverhältnisses verlangen, wenn die ordnungsmäßige Bewirtschaftung der Pachtsache durch sie oder durch einen von ihnen beauftragten Miterben oder Dritten gewährleistet erscheint. ²Der Verpächter kann die Fortsetzung des Pachtverhältnisses ablehnen, wenn die Erben den Widerspruch nicht spätestens drei Monate vor Ablauf des Pachtverhältnisses erklärt und die Umstände nicht mitgeteilt haben, nach denen die weitere ordnungsmäßige Bewirtschaftung der Pachtsache gewährleistet erscheint. ³Die Widerspruchserklärung und die Mitteilung bedürfen der schriftlichen Form. ⁴Kommt keine Einigung zustande, so entscheidet auf Antrag das Landwirtschaftsgericht.

(3) Gegenüber einer Kündigung des Verpächters nach Absatz 1 ist ein Fortsetzungsverlangen des Erben nach § 595 ausgeschlossen.

§ 594e Außerordentliche fristlose Kündigung aus wichtigem Grund

(1) Die außerordentliche fristlose Kündigung des Pachtverhältnisses ist in entsprechender Anwendung der §§ 543, 569 Abs. 1 und 2 zulässig.

(2) ¹Abweichend von § 543 Abs. 2 Nr. 3 Buchstabe a und b liegt ein wichtiger Grund insbesondere vor, wenn der Pächter mit der Entrichtung der Pacht oder eines nicht unerheblichen Teils der Pacht länger als drei Monate in Verzug ist. ²Ist die Pacht nach Zeitabschnitten von weniger als einem Jahr bemessen, so ist die Kündigung erst zulässig, wenn der Pächter für zwei auf-

einander folgende Termine mit der Entrichtung der Pacht oder eines nicht unerheblichen Teils der Pacht in Verzug ist.

§ 594f Schriftform der Kündigung

Die Kündigung bedarf der schriftlichen Form.

§ 595 Fortsetzung des Pachtverhältnisses

(1) ¹Der Pächter kann vom Verpächter die Fortsetzung des Pachtverhältnisses verlangen, wenn

1. bei einem Betriebspachtverhältnis der Betrieb seine wirtschaftliche Lebensgrundlage bildet,
2. bei dem Pachtverhältnis über ein Grundstück der Pächter auf dieses Grundstück zur Aufrechterhaltung seines Betriebes, der seine wirtschaftliche Lebensgrundlage bildet, angewiesen ist

und die vertragsmäßige Beendigung des Pachtverhältnisses für den Pächter oder seine Familie eine Härte bedeuten würde, die auch unter Würdigung der berechtigten Interessen des Verpächters nicht zu rechtfertigen ist. ²Die Fortsetzung kann unter diesen Voraussetzungen wiederholt verlangt werden.

(2) ¹Im Falle des Absatzes 1 kann der Pächter verlangen, dass das Pachtverhältnis so lange fortgesetzt wird, wie dies unter Berücksichtigung aller Umstände angemessen ist. ²Ist dem Verpächter nicht zuzumuten, das Pachtverhältnis nach den bisher geltenden Vertragsbedingungen fortzusetzen, so kann der Pächter nur verlangen, dass es unter einer angemessenen Änderung der Bedingungen fortgesetzt wird.

(3) Der Pächter kann die Fortsetzung des Pachtverhältnisses nicht verlangen, wenn

1. er das Pachtverhältnis gekündigt hat,
2. der Verpächter zur außerordentlichen fristlosen Kündigung oder im Falle des § 593a zur außerordentlichen Kündigung mit der gesetzlichen Frist berechtigt ist,
3. die Laufzeit des Vertrages bei einem Pachtverhältnis über einen Betrieb, der Zupachtung von Grundstücken, durch die ein Betrieb entsteht, oder bei einem Pachtverhältnis über Moor- und Ödland, das vom Pächter kultiviert worden ist, auf mindestens 18 Jahre, bei der Pacht anderer Grundstücke auf mindestens zwölf Jahre vereinbart ist,
4. der Verpächter die nur vorübergehend verpachtete Sache in eigene Nutzung nehmen oder zur Erfüllung gesetzlicher oder sonstiger öffentlicher Aufgaben verwenden will.

(4) ¹Die Erklärung des Pächters, mit der er die Fortsetzung des Pachtverhältnisses verlangt, bedarf der schriftlichen Form. ²Auf Verlangen des Verpächters soll der Pächter über die Gründe des Fortsetzungsverlangens unverzüglich Auskunft erteilen.

(5) ¹Der Verpächter kann die Fortsetzung des Pachtverhältnisses ablehnen, wenn der Pächter die Fortsetzung nicht mindestens ein Jahr vor Beendigung des Pachtverhältnisses vom Verpächter verlangt oder auf eine Anfrage des Verpächters nach § 594 die Fortsetzung abgelehnt hat. ²Ist eine zwölfmonatige oder kürzere Kündigungsfrist vereinbart, so genügt es, wenn das Verlangen innerhalb eines Monats nach Zugang der Kündigung erklärt wird.

(6) ¹Kommt keine Einigung zustande, so entscheidet auf Antrag das Landwirtschaftsgericht über eine Fortsetzung und über die Dauer des Pachtverhältnisses sowie über die Bedingungen, zu denen es fortgesetzt wird. ²Das Gericht kann die Fortsetzung des Pachtverhältnisses jedoch nur bis zu einem Zeitpunkt anordnen, der die in Absatz 3 Nr. 3 genannten Fristen, ausgehend vom Beginn des laufenden Pachtverhältnisses, nicht übersteigt. ³Die Fortsetzung kann auch auf einen Teil der Pachtsache beschränkt werden.

(7) ¹Der Pächter hat den Antrag auf gerichtliche Entscheidung spätestens neun Monate vor Beendigung des Pachtverhältnisses und im Falle einer zwölfmonatigen oder kürzeren Kündigungsfrist zwei Monate nach Zugang der Kündigung bei dem Landwirtschaftsgericht zu stellen.

²Das Gericht kann den Antrag nachträglich zulassen, wenn es zur Vermeidung einer unbilligen Härte geboten erscheint und der Pachtvertrag noch nicht abgelaufen ist.

(8) ¹Auf das Recht, die Verlängerung eines Pachtverhältnisses nach den Absätzen 1 bis 7 zu verlangen, kann nur verzichtet werden, wenn der Verzicht zur Beilegung eines Pachtstreits vor Gericht oder vor einer berufsständischen Pachtschlichtungsstelle erklärt wird. ²Eine Vereinbarung, dass einem Vertragsteil besondere Nachteile oder besondere Vorteile erwachsen sollen, wenn er die Rechte nach den Absätzen 1 bis 7 ausübt oder nicht ausübt, ist unwirksam.

§ 595a Vorzeitige Kündigung von Landpachtverträgen

(1) Soweit die Vertragsteile zur außerordentlichen Kündigung eines Landpachtverhältnisses mit der gesetzlichen Frist berechtigt sind, steht ihnen dieses Recht auch nach Verlängerung des Landpachtverhältnisses oder Änderung des Landpachtvertrages zu.

(2) ¹Auf Antrag eines Vertragsteiles kann das Landwirtschaftsgericht Anordnungen über die Abwicklung eines vorzeitig beendeten oder eines teilweise beendeten Landpachtvertrages treffen. ²Wird die Verlängerung eines Landpachtvertrages auf einen Teil der Pachtsache beschränkt, kann das Landwirtschaftsgericht die Pacht für diesen Teil festsetzen.

(3) ¹Der Inhalt von Anordnungen des Landwirtschaftsgerichts gilt unter den Vertragsteilen als Vertragsinhalt. ²Über Streitigkeiten, die diesen Vertragsinhalt betreffen, entscheidet auf Antrag das Landwirtschaftsgericht.

§ 596 Rückgabe der Pachtsache

(1) Der Pächter ist verpflichtet, die Pachtsache nach Beendigung des Pachtverhältnisses in dem Zustand zurückzugeben, der einer bis zur Rückgabe fortgesetzten ordnungsmäßigen Bewirtschaftung entspricht.

(2) Dem Pächter steht wegen seiner Ansprüche gegen den Verpächter ein Zurückbehaltungsrecht am Grundstück nicht zu.

(3) Hat der Pächter die Nutzung der Pachtsache einem Dritten überlassen, so kann der Verpächter die Sache nach Beendigung des Pachtverhältnisses auch von dem Dritten zurückfordern.

§ 596a Ersatzpflicht bei vorzeitigem Pachtende

(1) ¹Endet das Pachtverhältnis im Laufe eines Pachtjahres, so hat der Verpächter dem Pächter den Wert der noch nicht getrennten, jedoch nach den Regeln einer ordnungsmäßigen Bewirtschaftung vor dem Ende des Pachtjahres zu trennenden Früchte zu ersetzen. ²Dabei ist das Ernterisiko angemessen zu berücksichtigen.

(2) Lässt sich der in Absatz 1 bezeichnete Wert aus jahreszeitlich bedingten Gründen nicht feststellen, so hat der Verpächter dem Pächter die Aufwendungen auf diese Früchte insoweit zu ersetzen, als sie einer ordnungsmäßigen Bewirtschaftung entsprechen.

(3) ¹Absatz 1 gilt auch für das zum Einschlag vorgesehene, aber noch nicht eingeschlagene Holz. ²Hat der Pächter mehr Holz eingeschlagen, als bei ordnungsmäßiger Nutzung zulässig war, so hat er dem Verpächter den Wert der die normale Nutzung übersteigenden Holzmenge zu ersetzen. ³Die Geltendmachung eines weiteren Schadens ist nicht ausgeschlossen.

§ 596b Rücklassungspflicht

(1) Der Pächter eines Betriebes hat von den bei Beendigung des Pachtverhältnisses vorhandenen landwirtschaftlichen Erzeugnissen so viel zurückzulassen, wie zur Fortführung der Wirtschaft bis zur nächsten Ernte nötig ist, auch wenn er bei Beginn des Pachtverhältnisses solche Erzeugnisse nicht übernommen hat.

(2) Soweit der Pächter nach Absatz 1 Erzeugnisse in größerer Menge oder besserer Beschaffenheit zurückzulassen verpflichtet ist, als er bei Beginn des Pachtverhältnisses übernommen hat, kann er vom Verpächter Ersatz des Wertes verlangen.

§ 597 Verspätete Rückgabe

¹Gibt der Pächter die Pachtsache nach Beendigung des Pachtverhältnisses nicht zurück, so kann der Verpächter für die Dauer der Vorenthaltung als Entschädigung die vereinbarte Pacht verlangen. ²Die Geltendmachung eines weiteren Schadens ist nicht ausgeschlossen.

Titel 6: Leihe

§ 598 Vertragstypische Pflichten bei der Leihe

Durch den Leihvertrag wird der Verleiher einer Sache verpflichtet, dem Entleiher den Gebrauch der Sache unentgeltlich zu gestatten.

§ 599 Haftung des Verleihers

Der Verleiher hat nur Vorsatz und grobe Fahrlässigkeit zu vertreten.

§ 600 Mängelhaftung

Verschweigt der Verleiher arglistig einen Mangel im Rechte oder einen Fehler der verliehenen Sache, so ist er verpflichtet, dem Entleiher den daraus entstehenden Schaden zu ersetzen.

§ 601 Verwendungsersatz

(1) Der Entleiher hat die gewöhnlichen Kosten der Erhaltung der geliehenen Sache, bei der Leihe eines Tieres insbesondere die Fütterungskosten, zu tragen.

(2) ¹Die Verpflichtung des Verleihers zum Ersatz anderer Verwendungen bestimmt sich nach den Vorschriften über die Geschäftsführung ohne Auftrag. ²Der Entleiher ist berechtigt, eine Einrichtung, mit der er die Sache versehen hat, wegzunehmen.

§ 602 Abnutzung der Sache

Veränderungen oder Verschlechterungen der geliehenen Sache, die durch den vertragsmäßigen Gebrauch herbeigeführt werden, hat der Entleiher nicht zu vertreten.

§ 603 Vertragsmäßiger Gebrauch

¹Der Entleiher darf von der geliehenen Sache keinen anderen als den vertragsmäßigen Gebrauch machen. ²Er ist ohne die Erlaubnis des Verleihers nicht berechtigt, den Gebrauch der Sache einem Dritten zu überlassen.

§ 604 Rückgabepflicht

(1) Der Entleiher ist verpflichtet, die geliehene Sache nach dem Ablaufe der für die Leihe bestimmten Zeit zurückzugeben.

(2) ¹Ist eine Zeit nicht bestimmt, so ist die Sache zurückzugeben, nachdem der Entleiher den sich aus dem Zwecke der Leihe ergebenden Gebrauch gemacht hat. ²Der Verleiher kann die Sache schon vorher zurückfordern, wenn so viel Zeit verstrichen ist, dass der Entleiher den Gebrauch hätte machen können.

(3) Ist die Dauer der Leihe weder bestimmt noch aus dem Zwecke zu entnehmen, so kann der Verleiher die Sache jederzeit zurückfordern.

(4) Überlässt der Entleiher den Gebrauch der Sache einem Dritten, so kann der Verleiher sie nach der Beendigung der Leihe auch von dem Dritten zurückfordern.

(5) Die Verjährung des Anspruchs auf Rückgabe der Sache beginnt mit der Beendigung der Leihe.

§ 605 Kündigungsrecht
Der Verleiher kann die Leihe kündigen:
1. wenn er infolge eines nicht vorhergesehenen Umstandes der verliehenen Sache bedarf,
2. wenn der Entleiher einen vertragswidrigen Gebrauch von der Sache macht, insbesondere unbefugt den Gebrauch einem Dritten überlässt, oder die Sache durch Vernachlässigung der ihm obliegenden Sorgfalt erheblich gefährdet,
3. wenn der Entleiher stirbt.

§ 606 Kurze Verjährung
[1]Die Ersatzansprüche des Verleihers wegen Veränderungen oder Verschlechterungen der verliehenen Sache sowie die Ansprüche des Entleihers auf Ersatz von Verwendungen oder auf Gestattung der Wegnahme einer Einrichtung verjähren in sechs Monaten. [2]Die Vorschriften des § 548 Abs. 1 Satz 2 und 3, Abs. 2 finden entsprechende Anwendung.

Titel 7: Sachdarlehensvertrag

§ 607 Vertragstypische Pflichten beim Sachdarlehensvertrag
(1) [1]Durch den Sachdarlehensvertrag wird der Darlehensgeber verpflichtet, dem Darlehensnehmer eine vereinbarte vertretbare Sache zu überlassen. [2]Der Darlehensnehmer ist zur Zahlung eines Darlehensentgelts und bei Fälligkeit zur Rückerstattung von Sachen gleicher Art, Güte und Menge verpflichtet.

(2) Die Vorschriften dieses Titels finden keine Anwendung auf die Überlassung von Geld.

§ 608 Kündigung
(1) Ist für die Rückerstattung der überlassenen Sache eine Zeit nicht bestimmt, hängt die Fälligkeit davon ab, dass der Darlehensgeber oder der Darlehensnehmer kündigt.

(2) Ein auf unbestimmte Zeit abgeschlossener Sachdarlehensvertrag kann, soweit nicht ein anderes vereinbart ist, jederzeit vom Darlehensgeber oder Darlehensnehmer ganz oder teilweise gekündigt werden.

§ 609 Entgelt
Ein Entgelt hat der Darlehensnehmer spätestens bei Rückerstattung der überlassenen Sache zu bezahlen.

§ 610 (weggefallen)

Titel 8: Dienstvertrag und ähnliche Verträge*)1)

Untertitel 1: Dienstvertrag2)

§ 611 Vertragstypische Pflichten beim Dienstvertrag
(1) Durch den Dienstvertrag wird derjenige, welcher Dienste zusagt, zur Leistung der versprochenen Dienste, der andere Teil zur Gewährung der vereinbarten Vergütung verpflichtet.
(2) Gegenstand des Dienstvertrags können Dienste jeder Art sein.

§ 611a Arbeitsvertrag3)
(1) ¹Durch den Arbeitsvertrag wird der Arbeitnehmer im Dienste eines anderen zur Leistung weisungsgebundener, fremdbestimmter Arbeit in persönlicher Abhängigkeit verpflichtet. ²Das Weisungsrecht kann Inhalt, Durchführung, Zeit und Ort der Tätigkeit betreffen. ³Weisungsgebunden ist, wer nicht im Wesentlichen frei seine Tätigkeit gestalten und seine Arbeitszeit bestimmen kann. ⁴Der Grad der persönlichen Abhängigkeit hängt dabei auch von der Eigenart der jeweiligen Tätigkeit ab. ⁵Für die Feststellung, ob ein Arbeitsvertrag vorliegt, ist eine Gesamtbetrachtung aller Umstände vorzunehmen. ⁶Zeigt die tatsächliche Durchführung des Vertragsverhältnisses, dass es sich um ein Arbeitsverhältnis handelt, kommt es auf die Bezeichnung im Vertrag nicht an.
(2) Der Arbeitgeber ist zur Zahlung der vereinbarten Vergütung verpflichtet.

§ 611b (weggefallen)4)

§ 612 Vergütung5)
(1) Eine Vergütung gilt als stillschweigend vereinbart, wenn die Dienstleistung den Umständen nach nur gegen eine Vergütung zu erwarten ist.
(2) Ist die Höhe der Vergütung nicht bestimmt, so ist bei dem Bestehen einer Taxe die taxmäßige Vergütung, in Ermangelung einer Taxe die übliche Vergütung als vereinbart anzusehen.

§ 612a Maßregelungsverbot
Der Arbeitgeber darf einen Arbeitnehmer bei einer Vereinbarung oder einer Maßnahme nicht benachteiligen, weil der Arbeitnehmer in zulässiger Weise seine Rechte ausübt.

§ 613 Unübertragbarkeit
¹Der zur Dienstleistung Verpflichtete hat die Dienste im Zweifel in Person zu leisten. ²Der Anspruch auf die Dienste ist im Zweifel nicht übertragbar.

---

*) **Amtl. Anm.:** Dieser Titel dient der Umsetzung 1. der Richtlinie 76/207/EWG des Rates vom 9. Februar 1976 zur Verwirklichung des Grundsatzes der Gleichbehandlung von Männern und Frauen hinsichtlich des Zugangs zur Beschäftigung, zur Berufsbildung und zum beruflichen Aufstieg sowie in Bezug auf die Arbeitsbedingungen (ABl EG Nr. L 39 S. 40) und 2. der Richtlinie 77/187/EWG des Rates vom 14. Februar 1977 zur Angleichung der Rechtsvorschriften der Mitgliedstaaten über die Wahrung von Ansprüchen der Arbeitnehmer beim Übergang von Unternehmen, Betrieben oder Betriebsteilen (ABl EG Nr. L 61 S. 26).

1) **Anm. d. Red.:** Überschrift i. d. F. des Gesetzes v. 20. 2. 2013 (BGBl I S. 277) mit Wirkung v. 26. 2. 2013.
2) **Anm. d. Red.:** Überschrift eingefügt gem. Gesetz v. 20. 2. 2013 (BGBl I S. 277) mit Wirkung v. 26. 2. 2013.
3) **Anm. d. Red.:** § 611a eingefügt gem. Gesetz v. 21. 2. 2017 (BGBl I S. 258) mit Wirkung v. 1. 4. 2017.
4) **Anm. d. Red.:** § 611b weggefallen gem. Gesetz v. 14. 8. 2006 (BGBl I S. 1897) mit Wirkung v. 18. 8. 2006.
5) **Anm. d. Red.:** § 612 i. d. F. des Gesetzes v. 14. 8. 2006 (BGBl I S. 1897) mit Wirkung v. 18. 8. 2006.

§ 613a Rechte und Pflichten bei Betriebsübergang[1]

(1) ¹Geht ein Betrieb oder Betriebsteil durch Rechtsgeschäft auf einen anderen Inhaber über, so tritt dieser in die Rechte und Pflichten aus den im Zeitpunkt des Übergangs bestehenden Arbeitsverhältnissen ein. ²Sind diese Rechte und Pflichten durch Rechtsnormen eines Tarifvertrags oder durch eine Betriebsvereinbarung geregelt, so werden sie Inhalt des Arbeitsverhältnisses zwischen dem neuen Inhaber und dem Arbeitnehmer und dürfen nicht vor Ablauf eines Jahres nach dem Zeitpunkt des Übergangs zum Nachteil des Arbeitnehmers geändert werden. ³Satz 2 gilt nicht, wenn die Rechte und Pflichten bei dem neuen Inhaber durch Rechtsnormen eines anderen Tarifvertrags oder durch eine andere Betriebsvereinbarung geregelt werden. ⁴Vor Ablauf der Frist nach Satz 2 können die Rechte und Pflichten geändert werden, wenn der Tarifvertrag oder die Betriebsvereinbarung nicht mehr gilt oder bei fehlender beiderseitiger Tarifgebundenheit im Geltungsbereich eines anderen Tarifvertrags dessen Anwendung zwischen dem neuen Inhaber und dem Arbeitnehmer vereinbart wird.

(2) ¹Der bisherige Arbeitgeber haftet neben dem neuen Inhaber für Verpflichtungen nach Absatz 1, soweit sie vor dem Zeitpunkt des Übergangs entstanden sind und vor Ablauf von einem Jahr nach diesem Zeitpunkt fällig werden, als Gesamtschuldner. ²Werden solche Verpflichtungen nach dem Zeitpunkt des Übergangs fällig, so haftet der bisherige Arbeitgeber für sie jedoch nur in dem Umfang, der dem im Zeitpunkt des Übergangs abgelaufenen Teil ihres Bemessungszeitraums entspricht.

(3) Absatz 2 gilt nicht, wenn eine juristische Person oder eine Personenhandelsgesellschaft durch Umwandlung erlischt.

(4) ¹Die Kündigung des Arbeitsverhältnisses eines Arbeitnehmers durch den bisherigen Arbeitgeber oder durch den neuen Inhaber wegen des Übergangs eines Betriebs oder eines Betriebsteils ist unwirksam. ²Das Recht zur Kündigung des Arbeitsverhältnisses aus anderen Gründen bleibt unberührt.

(5) Der bisherige Arbeitgeber oder der neue Inhaber hat die von einem Übergang betroffenen Arbeitnehmer vor dem Übergang in Textform zu unterrichten über:
1. den Zeitpunkt oder den geplanten Zeitpunkt des Übergangs,
2. den Grund für den Übergang,
3. die rechtlichen, wirtschaftlichen und sozialen Folgen des Übergangs für die Arbeitnehmer und
4. die hinsichtlich der Arbeitnehmer in Aussicht genommenen Maßnahmen.

(6) ¹Der Arbeitnehmer kann dem Übergang des Arbeitsverhältnisses innerhalb eines Monats nach Zugang der Unterrichtung nach Absatz 5 schriftlich widersprechen. ²Der Widerspruch kann gegenüber dem bisherigen Arbeitgeber oder dem neuen Inhaber erklärt werden.

§ 614 Fälligkeit der Vergütung

¹Die Vergütung ist nach der Leistung der Dienste zu entrichten. ²Ist die Vergütung nach Zeitabschnitten bemessen, so ist sie nach dem Ablaufe der einzelnen Zeitabschnitte zu entrichten.

§ 615 Vergütung bei Annahmeverzug und bei Betriebsrisiko

¹Kommt der Dienstberechtigte mit der Annahme der Dienste in Verzug, so kann der Verpflichtete für die infolge des Verzugs nicht geleisteten Dienste die vereinbarte Vergütung verlangen, ohne zur Nachleistung verpflichtet zu sein. ²Er muss sich jedoch den Wert desjenigen anrechnen lassen, was er infolge des Unterbleibens der Dienstleistung erspart oder durch anderweitige Verwendung seiner Dienste erwirbt oder zu erwerben böswillig unterlässt. ³Die Sätze 1 und 2 gelten entsprechend in den Fällen, in denen der Arbeitgeber das Risiko des Arbeitsausfalls trägt.

---

1) **Anm. d. Red.:** § 613a i. d. F. des Gesetzes v. 23. 3. 2002 (BGBl I S. 1163) mit Wirkung v. 1. 4. 2002.

§ 616 Vorübergehende Verhinderung

¹Der zur Dienstleistung Verpflichtete wird des Anspruchs auf die Vergütung nicht dadurch verlustig, dass er für eine verhältnismäßig nicht erhebliche Zeit durch einen in seiner Person liegenden Grund ohne sein Verschulden an der Dienstleistung verhindert wird. ²Er muss sich jedoch den Betrag anrechnen lassen, welcher ihm für die Zeit der Verhinderung aus einer aufgrund gesetzlicher Verpflichtung bestehenden Kranken- oder Unfallversicherung zukommt.

§ 617 Pflicht zur Krankenfürsorge

(1) ¹Ist bei einem dauernden Dienstverhältnisse, welches die Erwerbstätigkeit des Verpflichteten vollständig oder hauptsächlich in Anspruch nimmt, der Verpflichtete in die häusliche Gemeinschaft aufgenommen, so hat der Dienstberechtigte ihm im Falle der Erkrankung die erforderliche Verpflegung und ärztliche Behandlung bis zur Dauer von sechs Wochen, jedoch nicht über die Beendigung des Dienstverhältnisses hinaus, zu gewähren, sofern nicht die Erkrankung von dem Verpflichteten vorsätzlich oder durch grobe Fahrlässigkeit herbeigeführt worden ist. ²Die Verpflegung und ärztliche Behandlung kann durch Aufnahme des Verpflichteten in eine Krankenanstalt gewährt werden. ³Die Kosten können auf die für die Zeit der Erkrankung geschuldete Vergütung angerechnet werden. ⁴Wird das Dienstverhältnis wegen der Erkrankung von dem Dienstberechtigten nach § 626 gekündigt, so bleibt die dadurch herbeigeführte Beendigung des Dienstverhältnisses außer Betracht.

(2) Die Verpflichtung des Dienstberechtigten tritt nicht ein, wenn für die Verpflegung und ärztliche Behandlung durch eine Versicherung oder durch eine Einrichtung der öffentlichen Krankenpflege Vorsorge getroffen ist.

§ 618 Pflicht zu Schutzmaßnahmen

(1) Der Dienstberechtigte hat Räume, Vorrichtungen oder Gerätschaften, die er zur Verrichtung der Dienste zu beschaffen hat, so einzurichten und zu unterhalten und Dienstleistungen, die unter seiner Anordnung oder seiner Leitung vorzunehmen sind, so zu regeln, dass der Verpflichtete gegen Gefahr für Leben und Gesundheit soweit geschützt ist, als die Natur der Dienstleistung es gestattet.

(2) Ist der Verpflichtete in die häusliche Gemeinschaft aufgenommen, so hat der Dienstberechtigte in Ansehung des Wohn- und Schlafraums, der Verpflegung sowie der Arbeits- und Erholungszeit diejenigen Einrichtungen und Anordnungen zu treffen, welche mit Rücksicht auf die Gesundheit, die Sittlichkeit und die Religion des Verpflichteten erforderlich sind.

(3) Erfüllt der Dienstberechtigte die ihm in Ansehung des Lebens und der Gesundheit des Verpflichteten obliegenden Verpflichtungen nicht, so finden auf seine Verpflichtung zum Schadensersatz die für unerlaubte Handlungen geltenden Vorschriften der §§ 842 bis 846 entsprechende Anwendung.[1)]

§ 619 Unabdingbarkeit der Fürsorgepflichten

Die dem Dienstberechtigten nach den §§ 617, 618 obliegenden Verpflichtungen können nicht im Voraus durch Vertrag aufgehoben oder beschränkt werden.

§ 619a Beweislast bei Haftung des Arbeitnehmers

Abweichend von § 280 Abs. 1 hat der Arbeitnehmer dem Arbeitgeber Ersatz für den aus der Verletzung einer Pflicht aus dem Arbeitsverhältnis entstehenden Schaden nur zu leisten, wenn er die Pflichtverletzung zu vertreten hat.

---

1) **Anm. d. Red.:** Diese Haftung entfällt aber zumeist aufgrund von §§ 104 ff. SGB VII; stattdessen bestehen Ansprüche wegen Arbeitsunfalls gegen die gesetzliche Unfallversicherung.

§ 620 Beendigung des Dienstverhältnisses

(1) Das Dienstverhältnis endigt mit dem Ablaufe der Zeit, für die es eingegangen ist.

(2) Ist die Dauer des Dienstverhältnisses weder bestimmt noch aus der Beschaffenheit oder dem Zwecke der Dienste zu entnehmen, so kann jeder Teil das Dienstverhältnis nach Maßgabe der §§ 621 bis 623 kündigen.

(3) Für Arbeitsverträge, die auf bestimmte Zeit abgeschlossen werden, gilt das Teilzeit- und Befristungsgesetz.

§ 621 Kündigungsfristen bei Dienstverhältnissen

Bei einem Dienstverhältnis, das kein Arbeitsverhältnis im Sinne des § 622 ist, ist die Kündigung zulässig,
1. wenn die Vergütung nach Tagen bemessen ist, an jedem Tag für den Ablauf des folgenden Tages;
2. wenn die Vergütung nach Wochen bemessen ist, spätestens am ersten Werktag einer Woche für den Ablauf des folgenden Sonnabends;
3. wenn die Vergütung nach Monaten bemessen ist, spätestens am 15. eines Monats für den Schluss des Kalendermonats;
4. wenn die Vergütung nach Vierteljahren oder längeren Zeitabschnitten bemessen ist, unter Einhaltung einer Kündigungsfrist von sechs Wochen für den Schluss eines Kalendervierteljahrs;
5. wenn die Vergütung nicht nach Zeitabschnitten bemessen ist, jederzeit; bei einem die Erwerbstätigkeit des Verpflichteten vollständig oder hauptsächlich in Anspruch nehmenden Dienstverhältnis ist jedoch eine Kündigungsfrist von zwei Wochen einzuhalten.

§ 622 Kündigungsfristen bei Arbeitsverhältnissen[1][2]

(1) Das Arbeitsverhältnis eines Arbeiters oder eines Angestellten (Arbeitnehmers) kann mit einer Frist von vier Wochen zum Fünfzehnten oder zum Ende eines Kalendermonats gekündigt werden.

(2) Für eine Kündigung durch den Arbeitgeber beträgt die Kündigungsfrist, wenn das Arbeitsverhältnis in dem Betrieb oder Unternehmen
1. zwei Jahre bestanden hat, einen Monat zum Ende eines Kalendermonats,
2. fünf Jahre bestanden hat, zwei Monate zum Ende eines Kalendermonats,
3. acht Jahre bestanden hat, drei Monate zum Ende eines Kalendermonats,
4. zehn Jahre bestanden hat, vier Monate zum Ende eines Kalendermonats,
5. zwölf Jahre bestanden hat, fünf Monate zum Ende eines Kalendermonats,
6. 15 Jahre bestanden hat, sechs Monate zum Ende eines Kalendermonats,
7. 20 Jahre bestanden hat, sieben Monate zum Ende eines Kalendermonats.

(3) Während einer vereinbarten Probezeit, längstens für die Dauer von sechs Monaten, kann das Arbeitsverhältnis mit einer Frist von zwei Wochen gekündigt werden.

(4) ¹Von den Absätzen 1 bis 3 abweichende Regelungen können durch Tarifvertrag vereinbart werden. ²Im Geltungsbereich eines solchen Tarifvertrages gelten die abweichenden tarifvertraglichen Bestimmungen zwischen nicht tarifgebundenen Arbeitgebern und Arbeitnehmern, wenn ihre Anwendung zwischen ihnen vereinbart ist.

---

1) **Anm. d. Red.:** § 622 i. d. F. des Gesetzes v. 18.12.2018 (BGBl I S. 2651) mit Wirkung v. 1.1.2019.

2) **Anm. d. Red.:** Bezüglich der Zulässigkeit der Kündigung vgl. das Kündigungsschutzgesetz v. 25.8.1969 (BGBl I S. 1317).

(5) ¹Einzelvertraglich kann eine kürzere als die in Absatz 1 genannte Kündigungsfrist nur vereinbart werden,
1. wenn ein Arbeitnehmer zur vorübergehenden Aushilfe eingestellt ist; dies gilt nicht, wenn das Arbeitsverhältnis über die Zeit von drei Monaten hinaus fortgesetzt wird;
2. wenn der Arbeitgeber in der Regel nicht mehr als 20 Arbeitnehmer ausschließlich der zu ihrer Berufsbildung Beschäftigten beschäftigt und die Kündigungsfrist vier Wochen nicht unterschreitet.

²Bei der Feststellung der Zahl der beschäftigten Arbeitnehmer sind teilzeitbeschäftigte Arbeitnehmer mit einer regelmäßigen wöchentlichen Arbeitszeit von nicht mehr als 20 Stunden mit 0,5 und nicht mehr als 30 Stunden mit 0,75 zu berücksichtigen. ³Die einzelvertragliche Vereinbarung längerer als der in den Absätzen 1 bis 3 genannten Kündigungsfristen bleibt hiervon unberührt.

(6) Für die Kündigung des Arbeitsverhältnisses durch den Arbeitnehmer darf keine längere Frist vereinbart werden als für die Kündigung durch den Arbeitgeber.

§ 623 Schriftform der Kündigung
Die Beendigung von Arbeitsverhältnissen durch Kündigung oder Auflösungsvertrag bedürfen zu ihrer Wirksamkeit der Schriftform; die elektronische Form ist ausgeschlossen.

§ 624 Kündigungsfrist bei Verträgen über mehr als fünf Jahre
¹Ist das Dienstverhältnis für die Lebenszeit einer Person oder für längere Zeit als fünf Jahre eingegangen, so kann es von dem Verpflichteten nach dem Ablaufe von fünf Jahren gekündigt werden. ²Die Kündigungsfrist beträgt sechs Monate.

§ 625 Stillschweigende Verlängerung
Wird das Dienstverhältnis nach dem Ablaufe der Dienstzeit von dem Verpflichteten mit Wissen des anderen Teiles fortgesetzt, so gilt es als auf unbestimmte Zeit verlängert, sofern nicht der andere Teil unverzüglich widerspricht.

§ 626 Fristlose Kündigung aus wichtigem Grund
(1) Das Dienstverhältnis kann von jedem Vertragsteil aus wichtigem Grund ohne Einhaltung einer Kündigungsfrist gekündigt werden, wenn Tatsachen vorliegen, aufgrund derer dem Kündigenden unter Berücksichtigung aller Umstände des Einzelfalles und unter Abwägung der Interessen beider Vertragsteile die Fortsetzung des Dienstverhältnisses bis zum Ablauf der Kündigungsfrist oder bis zu der vereinbarten Beendigung des Dienstverhältnisses nicht zugemutet werden kann.

(2) ¹Die Kündigung kann nur innerhalb von zwei Wochen erfolgen. ²Die Frist beginnt mit dem Zeitpunkt, in dem der Kündigungsberechtigte von den für die Kündigung maßgebenden Tatsachen Kenntnis erlangt. ³Der Kündigende muss dem anderen Teil auf Verlangen den Kündigungsgrund unverzüglich schriftlich mitteilen.

§ 627 Fristlose Kündigung bei Vertrauensstellung
(1) Bei einem Dienstverhältnis, das kein Arbeitsverhältnis im Sinne des § 622 ist, ist die Kündigung auch ohne die im § 626 bezeichnete Voraussetzung zulässig, wenn der zur Dienstleistung Verpflichtete, ohne in einem dauernden Dienstverhältnis mit festen Bezügen zu stehen, Dienste höherer Art zu leisten hat, die aufgrund besonderen Vertrauens übertragen zu werden pflegen.

(2) ¹Der Verpflichtete darf nur in der Art kündigen, dass sich der Dienstberechtigte die Dienste anderweit beschaffen kann, es sei denn, dass ein wichtiger Grund für die unzeitige Kündigung vorliegt. ²Kündigt er ohne solchen Grund zur Unzeit, so hat er dem Dienstberechtigten den daraus entstehenden Schaden zu ersetzen.

§ 628 Teilvergütung und Schadensersatz bei fristloser Kündigung[1]

(1) ¹Wird nach dem Beginn der Dienstleistung das Dienstverhältnis aufgrund des § 626 oder des § 627 gekündigt, so kann der Verpflichtete einen seinen bisherigen Leistungen entsprechenden Teil der Vergütung verlangen. ²Kündigt er, ohne durch vertragswidriges Verhalten des anderen Teiles dazu veranlasst zu sein, oder veranlasst er durch sein vertragswidriges Verhalten die Kündigung des anderen Teiles, so steht ihm ein Anspruch auf die Vergütung insoweit nicht zu, als seine bisherigen Leistungen infolge der Kündigung für den anderen Teil kein Interesse haben. ³Ist die Vergütung für eine spätere Zeit im Voraus entrichtet, so hat der Verpflichtete sie nach Maßgabe des § 346 oder, wenn die Kündigung wegen eines Umstandes erfolgt, den er nicht zu vertreten hat, nach den Vorschriften über die Herausgabe einer ungerechtfertigten Bereicherung zurückzuerstatten.

(2) Wird die Kündigung durch vertragswidriges Verhalten des anderen Teiles veranlasst, so ist dieser zum Ersatz des durch die Aufhebung des Dienstverhältnisses entstehenden Schadens verpflichtet.

§ 629 Freizeit zur Stellungssuche

Nach der Kündigung eines dauernden Dienstverhältnisses hat der Dienstberechtigte dem Verpflichteten auf Verlangen angemessene Zeit zum Aufsuchen eines anderen Dienstverhältnisses zu gewähren.

§ 630 Pflicht zur Zeugniserteilung[2]

¹Bei der Beendigung eines dauernden Dienstverhältnisses kann der Verpflichtete von dem anderen Teile ein schriftliches Zeugnis über das Dienstverhältnis und dessen Dauer fordern. ²Das Zeugnis ist auf Verlangen auf die Leistungen und die Führung im Dienst zu erstrecken. ³Die Erteilung des Zeugnisses in elektronischer Form ist ausgeschlossen. ⁴Wenn der Verpflichtete ein Arbeitnehmer ist, findet § 109 der Gewerbeordnung Anwendung.

Untertitel 2: Behandlungsvertrag[3]

§ 630a Vertragstypische Pflichten beim Behandlungsvertrag[4]

(1) Durch den Behandlungsvertrag wird derjenige, welcher die medizinische Behandlung eines Patienten zusagt (Behandelnder), zur Leistung der versprochenen Behandlung, der andere Teil (Patient) zur Gewährung der vereinbarten Vergütung verpflichtet, soweit nicht ein Dritter zur Zahlung verpflichtet ist.

(2) Die Behandlung hat nach den zum Zeitpunkt der Behandlung bestehenden, allgemein anerkannten fachlichen Standards zu erfolgen, soweit nicht etwas anderes vereinbart ist.

§ 630b Anwendbare Vorschriften[5]

Auf das Behandlungsverhältnis sind die Vorschriften über das Dienstverhältnis, das kein Arbeitsverhältnis im Sinne des § 622 ist, anzuwenden, soweit nicht in diesem Untertitel etwas anderes bestimmt ist.

---

1) **Anm. d. Red.:** § 628 i. d. F. des Gesetzes v. 23. 7. 2002 (BGBl I S. 2850) mit Wirkung v. 1. 8. 2002.
2) **Anm. d. Red.:** § 630 i. d. F. des Gesetzes v. 24. 8. 2002 (BGBl I S. 3412) mit Wirkung v. 1. 1. 2003.
3) **Anm. d. Red.:** Überschrift eingefügt gem. Gesetz v. 20. 2. 2013 (BGBl I S. 277) mit Wirkung v. 26. 2. 2013.
4) **Anm. d. Red.:** § 630a eingefügt gem. Gesetz v. 20. 2. 2013 (BGBl I S. 277) mit Wirkung v. 26. 2. 2013.
5) **Anm. d. Red.:** § 630b eingefügt gem. Gesetz v. 20. 2. 2013 (BGBl I S. 277) mit Wirkung v. 26. 2. 2013.

§ 630c Mitwirkung der Vertragsparteien; Informationspflichten[1]

(1) Behandelnder und Patient sollen zur Durchführung der Behandlung zusammenwirken.

(2) ¹Der Behandelnde ist verpflichtet, dem Patienten in verständlicher Weise zu Beginn der Behandlung und, soweit erforderlich, in deren Verlauf sämtliche für die Behandlung wesentlichen Umstände zu erläutern, insbesondere die Diagnose, die voraussichtliche gesundheitliche Entwicklung, die Therapie und die zu und nach der Therapie zu ergreifenden Maßnahmen. ²Sind für den Behandelnden Umstände erkennbar, die die Annahme eines Behandlungsfehlers begründen, hat er den Patienten über diese auf Nachfrage oder zur Abwendung gesundheitlicher Gefahren zu informieren. ³Ist dem Behandelnden oder einem seiner in § 52 Absatz 1 der Strafprozessordnung bezeichneten Angehörigen ein Behandlungsfehler unterlaufen, darf die Information nach Satz 2 zu Beweiszwecken in einem gegen den Behandelnden oder gegen seinen Angehörigen geführten Straf- oder Bußgeldverfahren nur mit Zustimmung des Behandelnden verwendet werden.

(3) ¹Weiß der Behandelnde, dass eine vollständige Übernahme der Behandlungskosten durch einen Dritten nicht gesichert ist oder ergeben sich nach den Umständen hierfür hinreichende Anhaltspunkte, muss er den Patienten vor Beginn der Behandlung über die voraussichtlichen Kosten der Behandlung in Textform informieren. ²Weitergehende Formanforderungen aus anderen Vorschriften bleiben unberührt.

(4) Der Information des Patienten bedarf es nicht, soweit diese ausnahmsweise aufgrund besonderer Umstände entbehrlich ist, insbesondere wenn die Behandlung unaufschiebbar ist oder der Patient auf die Information ausdrücklich verzichtet hat.

§ 630d Einwilligung[2]

(1) ¹Vor Durchführung einer medizinischen Maßnahme, insbesondere eines Eingriffs in den Körper oder die Gesundheit, ist der Behandelnde verpflichtet, die Einwilligung des Patienten einzuholen. ²Ist der Patient einwilligungsunfähig, ist die Einwilligung eines hierzu Berechtigten einzuholen, soweit nicht eine Patientenverfügung nach § 1901a Absatz 1 Satz 1 die Maßnahme gestattet oder untersagt. ³Weitergehende Anforderungen an die Einwilligung aus anderen Vorschriften bleiben unberührt. ⁴Kann eine Einwilligung für eine unaufschiebbare Maßnahme nicht rechtzeitig eingeholt werden, darf sie ohne Einwilligung durchgeführt werden, wenn sie dem mutmaßlichen Willen des Patienten entspricht.

(2) Die Wirksamkeit der Einwilligung setzt voraus, dass der Patient oder im Fall des Absatzes 1 Satz 2 der zur Einwilligung Berechtigte vor der Einwilligung nach Maßgabe von § 630e Absatz 1 bis 4 aufgeklärt worden ist.

(3) Die Einwilligung kann jederzeit und ohne Angabe von Gründen formlos widerrufen werden.

§ 630e Aufklärungspflichten[3]

(1) ¹Der Behandelnde ist verpflichtet, den Patienten über sämtliche für die Einwilligung wesentlichen Umstände aufzuklären. ²Dazu gehören insbesondere Art, Umfang, Durchführung, zu erwartende Folgen und Risiken der Maßnahme sowie ihre Notwendigkeit, Dringlichkeit, Eignung und Erfolgsaussichten im Hinblick auf die Diagnose oder die Therapie. ³Bei der Aufklärung ist auch auf Alternativen zur Maßnahme hinzuweisen, wenn mehrere medizinisch gleichermaßen indizierte und übliche Methoden zu wesentlich unterschiedlichen Belastungen, Risiken oder Heilungschancen führen können.

---

1) **Anm. d. Red.:** § 630c eingefügt gem. Gesetz v. 20. 2. 2013 (BGBl I S. 277) mit Wirkung v. 26. 2. 2013.
2) **Anm. d. Red.:** § 630d eingefügt gem. Gesetz v. 20. 2. 2013 (BGBl I S. 277) mit Wirkung v. 26. 2. 2013.
3) **Anm. d. Red.:** § 630e eingefügt gem. Gesetz v. 20. 2. 2013 (BGBl I S. 277) mit Wirkung v. 26. 2. 2013.

(2) ¹Die Aufklärung muss
1. mündlich durch den Behandelnden oder durch eine Person erfolgen, die über die zur Durchführung der Maßnahme notwendige Ausbildung verfügt; ergänzend kann auch auf Unterlagen Bezug genommen werden, die der Patient in Textform erhält,
2. so rechtzeitig erfolgen, dass der Patient seine Entscheidung über die Einwilligung wohlüberlegt treffen kann,
3. für den Patienten verständlich sein.

²Dem Patienten sind Abschriften von Unterlagen, die er im Zusammenhang mit der Aufklärung oder Einwilligung unterzeichnet hat, auszuhändigen.

(3) Der Aufklärung des Patienten bedarf es nicht, soweit diese ausnahmsweise aufgrund besonderer Umstände entbehrlich ist, insbesondere wenn die Maßnahme unaufschiebbar ist oder der Patient auf die Aufklärung ausdrücklich verzichtet hat.

(4) Ist nach § 630d Absatz 1 Satz 2 die Einwilligung eines hierzu Berechtigten einzuholen, ist dieser nach Maßgabe der Absätze 1 bis 3 aufzuklären.

(5) ¹Im Fall des § 630d Absatz 1 Satz 2 sind die wesentlichen Umstände nach Absatz 1 auch dem Patienten entsprechend seinem Verständnis zu erläutern, soweit dieser aufgrund seines Entwicklungsstandes und seiner Verständnismöglichkeiten in der Lage ist, die Erläuterung aufzunehmen, und soweit dies seinem Wohl nicht zuwiderläuft. ²Absatz 3 gilt entsprechend.

§ 630f Dokumentation der Behandlung[1)]

(1) ¹Der Behandelnde ist verpflichtet, zum Zweck der Dokumentation in unmittelbarem zeitlichen Zusammenhang mit der Behandlung eine Patientenakte in Papierform oder elektronisch zu führen. ²Berichtigungen und Änderungen von Eintragungen in der Patientenakte sind nur zulässig, wenn neben dem ursprünglichen Inhalt erkennbar bleibt, wann sie vorgenommen worden sind. ³Dies ist auch für elektronisch geführte Patientenakten sicherzustellen.

(2) ¹Der Behandelnde ist verpflichtet, in der Patientenakte sämtliche aus fachlicher Sicht für die derzeitige und künftige Behandlung wesentlichen Maßnahmen und deren Ergebnisse aufzuzeichnen, insbesondere die Anamnese, Diagnosen, Untersuchungen, Untersuchungsergebnisse, Befunde, Therapien und ihre Wirkungen, Eingriffe und ihre Wirkungen, Einwilligungen und Aufklärungen. ²Arztbriefe sind in die Patientenakte aufzunehmen.

(3) Der Behandelnde hat die Patientenakte für die Dauer von zehn Jahren nach Abschluss der Behandlung aufzubewahren, soweit nicht nach anderen Vorschriften andere Aufbewahrungsfristen bestehen.

§ 630g Einsichtnahme in die Patientenakte[2)]

(1) ¹Dem Patienten ist auf Verlangen unverzüglich Einsicht in die vollständige, ihn betreffende Patientenakte zu gewähren, soweit der Einsichtnahme nicht erhebliche therapeutische Gründe oder sonstige erhebliche Rechte Dritter entgegenstehen. ²Die Ablehnung der Einsichtnahme ist zu begründen. ³§ 811 ist entsprechend anzuwenden.

(2) ¹Der Patient kann auch elektronische Abschriften von der Patientenakte verlangen. ²Er hat dem Behandelnden die entstandenen Kosten zu erstatten.

(3) ¹Im Fall des Todes des Patienten stehen die Rechte aus den Absätzen 1 und 2 zur Wahrnehmung der vermögensrechtlichen Interessen seinen Erben zu. ²Gleiches gilt für die nächsten Angehörigen des Patienten, soweit sie immaterielle Interessen geltend machen. ³Die Rechte sind ausgeschlossen, soweit der Einsichtnahme der ausdrückliche oder mutmaßliche Wille des Patienten entgegensteht.

---

1) **Anm. d. Red.:** § 630f eingefügt gem. Gesetz v. 20. 2. 2013 (BGBl I S. 277) mit Wirkung v. 26. 2. 2013.
2) **Anm. d. Red.:** § 630g eingefügt gem. Gesetz v. 20. 2. 2013 (BGBl I S. 277) mit Wirkung v. 26. 2. 2013.

§ 630h Beweislast bei Haftung für Behandlungs- und Aufklärungsfehler[1]

(1) Ein Fehler des Behandelnden wird vermutet, wenn sich ein allgemeines Behandlungsrisiko verwirklicht hat, das für den Behandelnden voll beherrschbar war und das zur Verletzung des Lebens, des Körpers oder der Gesundheit des Patienten geführt hat.

(2) ¹Der Behandelnde hat zu beweisen, dass er eine Einwilligung gemäß § 630d eingeholt und entsprechend den Anforderungen des § 630e aufgeklärt hat. ²Genügt die Aufklärung nicht den Anforderungen des § 630e, kann der Behandelnde sich darauf berufen, dass der Patient auch im Fall einer ordnungsgemäßen Aufklärung in die Maßnahme eingewilligt hätte.

(3) Hat der Behandelnde eine medizinisch gebotene wesentliche Maßnahme und ihr Ergebnis entgegen § 630f Absatz 1 oder Absatz 2 nicht in der Patientenakte aufgezeichnet oder hat er die Patientenakte entgegen § 630f Absatz 3 nicht aufbewahrt, wird vermutet, dass er diese Maßnahme nicht getroffen hat.

(4) War ein Behandelnder für die von ihm vorgenommene Behandlung nicht befähigt, wird vermutet, dass die mangelnde Befähigung für den Eintritt der Verletzung des Lebens, des Körpers oder der Gesundheit ursächlich war.

(5) ¹Liegt ein grober Behandlungsfehler vor und ist dieser grundsätzlich geeignet, eine Verletzung des Lebens, des Körpers oder der Gesundheit der tatsächlich eingetretenen Art herbeizuführen, wird vermutet, dass der Behandlungsfehler für diese Verletzung ursächlich war. ²Dies gilt auch dann, wenn es der Behandelnde unterlassen hat, einen medizinisch gebotenen Befund rechtzeitig zu erheben oder zu sichern, soweit der Befund mit hinreichender Wahrscheinlichkeit ein Ergebnis erbracht hätte, das Anlass zu weiteren Maßnahmen gegeben hätte, und wenn das Unterlassen solcher Maßnahmen grob fehlerhaft gewesen wäre.

Titel 9: Werkvertrag und ähnliche Verträge
Untertitel 1: Werkvertrag
Kapitel 1: Allgemeine Vorschriften[2]

§ 631 Vertragstypische Pflichten beim Werkvertrag

(1) Durch den Werkvertrag wird der Unternehmer zur Herstellung des versprochenen Werkes, der Besteller zur Entrichtung der vereinbarten Vergütung verpflichtet.

(2) Gegenstand des Werkvertrags kann sowohl die Herstellung oder Veränderung einer Sache als auch ein anderer durch Arbeit oder Dienstleistung herbeizuführender Erfolg sein.

§ 632 Vergütung

(1) Eine Vergütung gilt als stillschweigend vereinbart, wenn die Herstellung des Werkes den Umständen nach nur gegen eine Vergütung zu erwarten ist.

(2) Ist die Höhe der Vergütung nicht bestimmt, so ist bei dem Bestehen einer Taxe die taxmäßige Vergütung, in Ermangelung einer Taxe die übliche Vergütung als vereinbart anzusehen.

(3) Ein Kostenanschlag ist im Zweifel nicht zu vergüten.

§ 632a Abschlagszahlungen[3]

(1) ¹Der Unternehmer kann von dem Besteller eine Abschlagszahlung in Höhe des Wertes der von ihm erbrachten und nach dem Vertrag geschuldeten Leistungen verlangen. ²Sind die erbrachten Leistungen nicht vertragsgemäß, kann der Besteller die Zahlung eines angemessenen Teils des Abschlags verweigern. ³Die Beweislast für die vertragsgemäße Leistung verbleibt bis

---

1) **Anm. d. Red.:** § 630h eingefügt gem. Gesetz v. 20. 2. 2013 (BGBl I S. 277) mit Wirkung v. 26. 2. 2013.
2) **Anm. d. Red.:** Überschrift eingefügt gem. Gesetz v. 28. 4. 2017 (BGBl I S. 969) mit Wirkung v. 1. 1. 2018.
3) **Anm. d. Red.:** § 632a i. d. F. des Gesetzes v. 28. 4. 2017 (BGBl I S. 969) mit Wirkung v. 1. 1. 2018.

zur Abnahme beim Unternehmer. ⁴§ 641 Abs. 3 gilt entsprechend. ⁵Die Leistungen sind durch eine Aufstellung nachzuweisen, die eine rasche und sichere Beurteilung der Leistungen ermöglichen muss. ⁶Die Sätze 1 bis 5 gelten auch für erforderliche Stoffe oder Bauteile, die angeliefert oder eigens angefertigt und bereitgestellt sind, wenn dem Besteller nach seiner Wahl Eigentum an den Stoffen oder Bauteilen übertragen oder entsprechende Sicherheit hierfür geleistet wird.

(2) Die Sicherheit nach Absatz 1 Satz 6 kann auch durch eine Garantie oder ein sonstiges Zahlungsversprechen eines im Geltungsbereich dieses Gesetzes zum Geschäftsbetrieb befugten Kreditinstituts oder Kreditversicherers geleistet werden.

§ 633 Sach- und Rechtsmangel

(1) Der Unternehmer hat dem Besteller das Werk frei von Sach- und Rechtsmängeln zu verschaffen.

(2) ¹Das Werk ist frei von Sachmängeln, wenn es die vereinbarte Beschaffenheit hat. ²Soweit die Beschaffenheit nicht vereinbart ist, ist das Werk frei von Sachmängeln,
1. wenn es sich für die nach dem Vertrag vorausgesetzte, sonst
2. für die gewöhnliche Verwendung eignet und eine Beschaffenheit aufweist, die bei Werken der gleichen Art üblich ist und die der Besteller nach der Art des Werks erwarten kann.

³Einem Sachmangel steht es gleich, wenn der Unternehmer ein anderes als das bestellte Werk oder das Werk in zu geringer Menge herstellt.

(3) Das Werk ist frei von Rechtsmängeln, wenn Dritte in Bezug auf das Werk keine oder nur die im Vertrag übernommenen Rechte gegen den Besteller geltend machen können.

§ 634 Rechte des Bestellers bei Mängeln

Ist das Werk mangelhaft, kann der Besteller, wenn die Voraussetzungen der folgenden Vorschriften vorliegen und soweit nicht ein anderes bestimmt ist,
1. nach § 635 Nacherfüllung verlangen,
2. nach § 637 den Mangel selbst beseitigen und Ersatz der erforderlichen Aufwendungen verlangen,
3. nach den §§ 636, 323 und 326 Abs. 5 von dem Vertrag zurücktreten oder nach § 638 die Vergütung mindern und
4. nach den §§ 636, 280, 281, 283 und 311a Schadensersatz oder nach § 284 Ersatz vergeblicher Aufwendungen verlangen.

§ 634a Verjährung der Mängelansprüche

(1) Die in § 634 Nr. 1, 2 und 4 bezeichneten Ansprüche verjähren
1. vorbehaltlich der Nummer 2 in zwei Jahren bei einem Werk, dessen Erfolg in der Herstellung, Wartung oder Veränderung einer Sache oder in der Erbringung von Planungs- oder Überwachungsleistungen hierfür besteht,
2. in fünf Jahren bei einem Bauwerk und einem Werk, dessen Erfolg in der Erbringung von Planungs- oder Überwachungsleistungen hierfür besteht, und
3. im Übrigen in der regelmäßigen Verjährungsfrist.

(2) Die Verjährung beginnt in den Fällen des Absatzes 1 Nr. 1 und 2 mit der Abnahme.

(3) ¹Abweichend von Absatz 1 Nr. 1 und 2 und Absatz 2 verjähren die Ansprüche in der regelmäßigen Verjährungsfrist, wenn der Unternehmer den Mangel arglistig verschwiegen hat. ²Im Fall des Absatzes 1 Nr. 2 tritt die Verjährung jedoch nicht vor Ablauf der dort bestimmten Frist ein.

(4) ¹Für das in § 634 bezeichnete Rücktrittsrecht gilt § 218. ²Der Besteller kann trotz einer Unwirksamkeit des Rücktritts nach § 218 Abs. 1 die Zahlung der Vergütung insoweit verweigern,

als er aufgrund des Rücktritt dazu berechtigt sein würde. ³Macht er von diesem Recht Gebrauch, kann der Unternehmer vom Vertrag zurücktreten.

(5) Auf das in § 634 bezeichnete Minderungsrecht finden § 218 und Absatz 4 Satz 2 entsprechende Anwendung.

§ 635 Nacherfüllung

(1) Verlangt der Besteller Nacherfüllung, so kann der Unternehmer nach seiner Wahl den Mangel beseitigen oder ein neues Werk herstellen.

(2) Der Unternehmer hat die zum Zwecke der Nacherfüllung erforderlichen Aufwendungen, insbesondere Transport-, Wege-, Arbeits- und Materialkosten zu tragen.

(3) Der Unternehmer kann die Nacherfüllung unbeschadet des § 275 Abs. 2 und 3 verweigern, wenn sie nur mit unverhältnismäßigen Kosten möglich ist.

(4) Stellt der Unternehmer ein neues Werk her, so kann er vom Besteller Rückgewähr des mangelhaften Werks nach Maßgabe der §§ 346 bis 348 verlangen.

§ 636 Besondere Bestimmungen für Rücktritt und Schadensersatz

Außer in den Fällen der §§ 281 Abs. 2 und 323 Abs. 2 bedarf es der Fristsetzung auch dann nicht, wenn der Unternehmer die Nacherfüllung gemäß § 635 Abs. 3 verweigert oder wenn die Nacherfüllung fehlgeschlagen oder dem Besteller unzumutbar ist.

§ 637 Selbstvornahme

(1) Der Besteller kann wegen eines Mangels des Werks nach erfolglosem Ablauf einer von ihm zur Nacherfüllung bestimmten angemessenen Frist den Mangel selbst beseitigen und Ersatz der erforderlichen Aufwendungen verlangen, wenn nicht der Unternehmer die Nacherfüllung zu Recht verweigert.

(2) ¹§ 323 Abs. 2 findet entsprechende Anwendung. ²Der Bestimmung einer Frist bedarf es auch dann nicht, wenn die Nacherfüllung fehlgeschlagen oder dem Besteller unzumutbar ist.

(3) Der Besteller kann von dem Unternehmer für die zur Beseitigung des Mangels erforderlichen Aufwendungen Vorschuss verlangen.

§ 638 Minderung

(1) ¹Statt zurückzutreten, kann der Besteller die Vergütung durch Erklärung gegenüber dem Unternehmer mindern. ²Der Ausschlussgrund des § 323 Abs. 5 Satz 2 findet keine Anwendung.

(2) Sind auf der Seite des Bestellers oder auf der Seite des Unternehmers mehrere beteiligt, so kann die Minderung nur von allen oder gegen alle erklärt werden.

(3) ¹Bei der Minderung ist die Vergütung in dem Verhältnis herabzusetzen, in welchem zurzeit des Vertragsschlusses der Wert des Werks in mangelfreiem Zustand zu dem wirklichen Wert gestanden haben würde. ²Die Minderung ist, soweit erforderlich, durch Schätzung zu ermitteln.

(4) ¹Hat der Besteller mehr als die geminderte Vergütung gezahlt, so ist der Mehrbetrag vom Unternehmer zu erstatten. ²§ 346 Abs. 1 und § 347 Abs. 1 finden entsprechende Anwendung.

§ 639 Haftungsausschluss[1]

Auf eine Vereinbarung, durch welche die Rechte des Bestellers wegen eines Mangels ausgeschlossen oder beschränkt werden, kann sich der Unternehmer nicht berufen, soweit er den Mangel arglistig verschwiegen oder eine Garantie für die Beschaffenheit des Werks übernommen hat.

---

1) **Anm. d. Red.:** § 639 i. d. F. des Gesetzes v. 2. 12. 2004 (BGBl I S. 3102) mit Wirkung v. 8. 12. 2004.

§ 640 Abnahme[1]

(1) ¹Der Besteller ist verpflichtet, das vertragsmäßig hergestellte Werk abzunehmen, sofern nicht nach der Beschaffenheit des Werkes die Abnahme ausgeschlossen ist. ²Wegen unwesentlicher Mängel kann die Abnahme nicht verweigert werden.

(2) ¹Als abgenommen gilt ein Werk auch, wenn der Unternehmer dem Besteller nach Fertigstellung des Werks eine angemessene Frist zur Abnahme gesetzt hat und der Besteller die Abnahme nicht innerhalb dieser Frist unter Angabe mindestens eines Mangels verweigert hat. ²Ist der Besteller ein Verbraucher, so treten die Rechtsfolgen des Satzes 1 nur dann ein, wenn der Unternehmer den Besteller zusammen mit der Aufforderung zur Abnahme auf die Folgen einer nicht erklärten oder ohne Angabe von Mängeln verweigerten Abnahme hingewiesen hat; der Hinweis muss in Textform erfolgen.

(3) Nimmt der Besteller ein mangelhaftes Werk gemäß Absatz 1 Satz 1 ab, obschon er den Mangel kennt, so stehen ihm die in § 634 Nr. 1 bis 3 bezeichneten Rechte nur zu, wenn er sich seine Rechte wegen des Mangels bei der Abnahme vorbehält.

§ 641 Fälligkeit der Vergütung[2]

(1) ¹Die Vergütung ist bei der Abnahme des Werkes zu entrichten. ²Ist das Werk in Teilen abzunehmen und die Vergütung für die einzelnen Teile bestimmt, so ist die Vergütung für jeden Teil bei dessen Abnahme zu entrichten.

(2) ¹Die Vergütung des Unternehmers für ein Werk, dessen Herstellung der Besteller einem Dritten versprochen hat, wird spätestens fällig,
1. soweit der Besteller von dem Dritten für das versprochene Werk wegen dessen Herstellung seine Vergütung oder Teile davon erhalten hat,
2. soweit das Werk des Bestellers von dem Dritten abgenommen worden ist oder als abgenommen gilt oder
3. wenn der Unternehmer dem Besteller erfolglos eine angemessene Frist zur Auskunft über die in den Nummern 1 und 2 bezeichneten Umstände bestimmt hat.

²Hat der Besteller dem Dritten wegen möglicher Mängel des Werks Sicherheit geleistet, gilt Satz 1 nur, wenn der Unternehmer dem Besteller entsprechende Sicherheit leistet.

(3) Kann der Besteller die Beseitigung eines Mangels verlangen, so kann er nach der Fälligkeit die Zahlung eines angemessenen Teils der Vergütung verweigern; angemessen ist in der Regel das Doppelte der für die Beseitigung des Mangels erforderlichen Kosten.

(4) Eine in Geld festgesetzte Vergütung hat der Besteller von der Abnahme des Werkes an zu verzinsen, sofern nicht die Vergütung gestundet ist.

§ 641a (weggefallen)[3]

§ 642 Mitwirkung des Bestellers

(1) Ist bei der Herstellung des Werkes eine Handlung des Bestellers erforderlich, so kann der Unternehmer, wenn der Besteller durch das Unterlassen der Handlung in Verzug der Annahme kommt, eine angemessene Entschädigung verlangen.

(2) Die Höhe der Entschädigung bestimmt sich einerseits nach der Dauer des Verzugs und der Höhe der vereinbarten Vergütung, andererseits nach demjenigen, was der Unternehmer infolge des Verzugs an Aufwendungen erspart oder durch anderweitige Verwendung seiner Arbeitskraft erwerben kann.

---

1) **Anm. d. Red.:** § 640 i. d. F. des Gesetzes v. 28. 4. 2017 (BGBl I S. 969) mit Wirkung v. 1. 1. 2018.
2) **Anm. d. Red.:** § 641 i. d. F. des Gesetzes v. 23. 10. 2008 (BGBl I S. 2022) mit Wirkung v. 1. 1. 2009.
3) **Anm. d. Red.:** § 641a weggefallen gem. Gesetz v. 23. 10. 2008 (BGBl I S. 2022) mit Wirkung v. 1. 1. 2009.

§ 643 Kündigung bei unterlassener Mitwirkung

¹Der Unternehmer ist im Falle des § 642 berechtigt, dem Besteller zur Nachholung der Handlung eine angemessene Frist mit der Erklärung zu bestimmen, dass er den Vertrag kündige, wenn die Handlung nicht bis zum Ablaufe der Frist vorgenommen werde. ²Der Vertrag gilt als aufgehoben, wenn nicht die Nachholung bis zum Ablaufe der Frist erfolgt.

§ 644 Gefahrtragung

(1) ¹Der Unternehmer trägt die Gefahr bis zur Abnahme des Werkes. ²Kommt der Besteller in Verzug der Annahme, so geht die Gefahr auf ihn über. ³Für den zufälligen Untergang und eine zufällige Verschlechterung des von dem Besteller gelieferten Stoffes ist der Unternehmer nicht verantwortlich.

(2) Versendet der Unternehmer das Werk auf Verlangen des Bestellers nach einem anderen Orte als dem Erfüllungsorte, so finden die für den Kauf geltenden Vorschriften des § 447 entsprechende Anwendung.

§ 645 Verantwortlichkeit des Bestellers

(1) ¹Ist das Werk vor der Abnahme infolge eines Mangels des von dem Besteller gelieferten Stoffes oder infolge einer von dem Besteller für die Ausführung erteilten Anweisung untergegangen, verschlechtert oder unausführbar geworden, ohne dass ein Umstand mitgewirkt hat, den der Unternehmer zu vertreten hat, so kann der Unternehmer einen der geleisteten Arbeit entsprechenden Teil der Vergütung und Ersatz der in der Vergütung nicht inbegriffenen Auslagen verlangen. ²Das Gleiche gilt, wenn der Vertrag in Gemäßheit des § 643 aufgehoben wird.

(2) Eine weitergehende Haftung des Bestellers wegen Verschuldens bleibt unberührt.

§ 646 Vollendung statt Abnahme

Ist nach der Beschaffenheit des Werkes die Abnahme ausgeschlossen, so tritt in den Fällen des § 634a Abs. 2 und der §§ 641, 644 und 645 an die Stelle der Abnahme die Vollendung des Werkes.

§ 647 Unternehmerpfandrecht

Der Unternehmer hat für seine Forderungen aus dem Vertrag ein Pfandrecht an den von ihm hergestellten oder ausgebesserten beweglichen Sachen des Bestellers, wenn sie bei der Herstellung oder zum Zwecke der Ausbesserung in seinen Besitz gelangt sind.

§ 647a Sicherungshypothek des Inhabers einer Schiffswerft[1]

¹Der Inhaber einer Schiffswerft kann für seine Forderungen aus dem Bau oder der Ausbesserung eines Schiffes die Einräumung einer Schiffshypothek an dem Schiffsbauwerk oder dem Schiff des Bestellers verlangen. ²Ist das Werk noch nicht vollendet, so kann er die Einräumung der Schiffshypothek für einen der geleisteten Arbeit entsprechenden Teil der Vergütung und für die in der Vergütung nicht inbegriffenen Auslagen verlangen. ³§ 647 findet keine Anwendung.

§ 648 Kündigungsrecht des Bestellers[2]

¹Der Besteller kann bis zur Vollendung des Werkes jederzeit den Vertrag kündigen. ²Kündigt der Besteller, so ist der Unternehmer berechtigt, die vereinbarte Vergütung zu verlangen; er muss sich jedoch dasjenige anrechnen lassen, was er infolge der Aufhebung des Vertrags an Aufwendungen erspart oder durch anderweitige Verwendung seiner Arbeitskraft erwirbt oder zu erwerben böswillig unterlässt. ³Es wird vermutet, dass danach dem Unternehmer 5 vom

---

1) **Anm. d. Red.:** § 647a eingefügt gem. Gesetz v. 28. 4. 2017 (BGBl I S. 969) mit Wirkung v. 1. 1. 2018.
2) **Anm. d. Red.:** Bisheriger § 649 zu § 648 geworden gem. Gesetz v. 28. 4. 2017 (BGBl I S. 969) mit Wirkung v. 1. 1. 2018.

Hundert der auf den noch nicht erbrachten Teil der Werkleistung entfallenden vereinbarten Vergütung zustehen.

§ 648a Kündigung aus wichtigem Grund[1)]

(1) ¹Beide Vertragsparteien können den Vertrag aus wichtigem Grund ohne Einhaltung einer Kündigungsfrist kündigen. ²Ein wichtiger Grund liegt vor, wenn dem kündigenden Teil unter Berücksichtigung aller Umstände des Einzelfalls und unter Abwägung der beiderseitigen Interessen die Fortsetzung des Vertragsverhältnisses bis zur Fertigstellung des Werks nicht zugemutet werden kann.

(2) Eine Teilkündigung ist möglich; sie muss sich auf einen abgrenzbaren Teil des geschuldeten Werks beziehen.

(3) § 314 Absatz 2 und 3 gilt entsprechend.

(4) ¹Nach der Kündigung kann jede Vertragspartei von der anderen verlangen, dass sie an einer gemeinsamen Feststellung des Leistungsstandes mitwirkt. ²Verweigert eine Vertragspartei die Mitwirkung oder bleibt sie einem vereinbarten oder einem von der anderen Vertragspartei innerhalb einer angemessenen Frist bestimmten Termin zur Leistungsstandfeststellung fern, trifft sie die Beweislast für den Leistungsstand zum Zeitpunkt der Kündigung. ³Dies gilt nicht, wenn die Vertragspartei infolge eines Umstands fernbleibt, den sie nicht zu vertreten hat und den sie der anderen Vertragspartei unverzüglich mitgeteilt hat.

(5) Kündigt eine Vertragspartei aus wichtigem Grund, ist der Unternehmer nur berechtigt, die Vergütung zu verlangen, die auf den bis zur Kündigung erbrachten Teil des Werks entfällt.

(6) Die Berechtigung, Schadensersatz zu verlangen, wird durch die Kündigung nicht ausgeschlossen.

§ 649 Kostenanschlag[2)]

(1) Ist dem Vertrag ein Kostenanschlag zugrunde gelegt worden, ohne dass der Unternehmer die Gewähr für die Richtigkeit des Anschlags übernommen hat, und ergibt sich, dass das Werk nicht ohne eine wesentliche Überschreitung des Anschlags ausführbar ist, so steht dem Unternehmer, wenn der Besteller den Vertrag aus diesem Grunde kündigt, nur der im § 645 Abs. 1 bestimmte Anspruch zu.

(2) Ist eine solche Überschreitung des Anschlags zu erwarten, so hat der Unternehmer dem Besteller unverzüglich Anzeige zu machen.

§ 650 Anwendung des Kaufrechts*[)3)]

¹Auf einen Vertrag, der die Lieferung herzustellender oder zu erzeugender beweglicher Sachen zum Gegenstand hat, finden die Vorschriften über den Kauf Anwendung. ²§ 442 Abs. 1 Satz 1 findet bei diesen Verträgen auch Anwendung, wenn der Mangel auf den vom Besteller gelieferten Stoff zurückzuführen ist. ³Soweit es sich bei den herzustellenden oder zu erzeugenden beweglichen Sachen um nicht vertretbare Sachen handelt, sind auch die §§ 642, 643, 645, 648 und 649 mit der Maßgabe anzuwenden, dass an die Stelle der Abnahme der nach den §§ 446 und 447 maßgebliche Zeitpunkt tritt.

---

*) **Amtl. Anm.:** Diese Vorschrift dient der Umsetzung der Richtlinie 1999/44/EG des Europäischen Parlaments und des Rates vom 25. Mai 1999 zu bestimmten Aspekten des Verbrauchsgüterkaufs und der Garantien für Verbrauchsgüter (ABl EG Nr. L 171 S. 12).

1) **Anm. d. Red.:** § 648a eingefügt gem. Gesetz v. 28. 4. 2017 (BGBl I S. 969) mit Wirkung v. 1. 1. 2018.

2) **Anm. d. Red.:** Bisheriger § 650 zu § 649 geworden gem. Gesetz v. 28. 4. 2017 (BGBl I S. 969) mit Wirkung v. 1. 1. 2018.

3) **Anm. d. Red.:** Bisheriger § 651 zu § 650 geworden gem. Gesetz v. 28. 4. 2017 (BGBl I S. 969) mit Wirkung v. 1. 1. 2018.

Kapitel 2: Bauvertrag[1]

§ 650a Bauvertrag[2]

(1) ¹Ein Bauvertrag ist ein Vertrag über die Herstellung, die Wiederherstellung, die Beseitigung oder den Umbau eines Bauwerks, einer Außenanlage oder eines Teils davon. ²Für den Bauvertrag gelten ergänzend die folgenden Vorschriften dieses Kapitels.

(2) Ein Vertrag über die Instandhaltung eines Bauwerks ist ein Bauvertrag, wenn das Werk für die Konstruktion, den Bestand oder den bestimmungsgemäßen Gebrauch von wesentlicher Bedeutung ist.

§ 650b Änderung des Vertrags; Anordnungsrecht des Bestellers[3]

(1) ¹Begehrt der Besteller
1. eine Änderung des vereinbarten Werkerfolgs (§ 631 Absatz 2) oder
2. eine Änderung, die zur Erreichung des vereinbarten Werkerfolgs notwendig ist,

streben die Vertragsparteien Einvernehmen über die Änderung und die infolge der Änderung zu leistende Mehr- oder Mindervergütung an. ²Der Unternehmer ist verpflichtet, ein Angebot über die Mehr- oder Mindervergütung zu erstellen, im Falle einer Änderung nach Satz 1 Nummer 1 jedoch nur, wenn ihm die Ausführung der Änderung zumutbar ist. ³Macht der Unternehmer betriebsinterne Vorgänge für die Unzumutbarkeit einer Anordnung nach Absatz 1 Satz 1 Nummer 1 geltend, trifft ihn die Beweislast hierfür. ⁴Trägt der Besteller die Verantwortung für die Planung des Bauwerks oder der Außenanlage, ist der Unternehmer nur dann zur Erstellung eines Angebots über die Mehr- oder Mindervergütung verpflichtet, wenn der Besteller die für die Änderung erforderliche Planung vorgenommen und dem Unternehmer zur Verfügung gestellt hat. ⁵Begehrt der Besteller eine Änderung, für die dem Unternehmer nach § 650c Absatz 1 Satz 2 kein Anspruch auf Vergütung für vermehrten Aufwand zusteht, streben die Parteien nur Einvernehmen über die Änderung an; Satz 2 findet in diesem Fall keine Anwendung.

(2) ¹Erzielen die Parteien binnen 30 Tagen nach Zugang des Änderungsbegehrens beim Unternehmer keine Einigung nach Absatz 1, kann der Besteller die Änderung in Textform anordnen. ²Der Unternehmer ist verpflichtet, der Anordnung des Bestellers nachzukommen, einer Anordnung nach Absatz 1 Satz 1 Nummer 1 jedoch nur, wenn ihm die Ausführung zumutbar ist. ³Absatz 1 Satz 3 gilt entsprechend.

§ 650c Vergütungsanpassung bei Anordnungen nach § 650b Absatz 2[4]

(1) ¹Die Höhe des Vergütungsanspruchs für den infolge einer Anordnung des Bestellers nach § 650b Absatz 2 vermehrten oder verminderten Aufwand ist nach den tatsächlich erforderlichen Kosten mit angemessenen Zuschlägen für allgemeine Geschäftskosten, Wagnis und Gewinn zu ermitteln. ²Umfasst die Leistungspflicht des Unternehmers auch die Planung des Bauwerks oder der Außenanlage, steht diesem im Fall des § 650b Absatz 1 Satz 1 Nummer 2 kein Anspruch auf Vergütung für vermehrten Aufwand zu.

(2) ¹Der Unternehmer kann zur Berechnung der Vergütung für den Nachtrag auf die Ansätze in einer vereinbarungsgemäß hinterlegten Urkalkulation zurückgreifen. ²Es wird vermutet, dass die auf Basis der Urkalkulation fortgeschriebene Vergütung der Vergütung nach Absatz 1 entspricht.

(3) ¹Bei der Berechnung von vereinbarten oder gemäß § 632a geschuldeten Abschlagszahlungen kann der Unternehmer 80 Prozent einer in einem Angebot nach § 650b Absatz 1 Satz 2 genannten Mehrvergütung ansetzen, wenn sich die Parteien nicht über die Höhe geeinigt haben

---

1) **Anm. d. Red.:** Überschrift eingefügt gem. Gesetz v. 28. 4. 2017 (BGBl I S. 969) mit Wirkung v. 1. 1. 2018.
2) **Anm. d. Red.:** § 650a eingefügt gem. Gesetz v. 28. 4. 2017 (BGBl I S. 969) mit Wirkung v. 1. 1. 2018.
3) **Anm. d. Red.:** § 650b eingefügt gem. Gesetz v. 28. 4. 2017 (BGBl I S. 969) mit Wirkung v. 1. 1. 2018.
4) **Anm. d. Red.:** § 650c eingefügt gem. Gesetz v. 28. 4. 2017 (BGBl I S. 969) mit Wirkung v. 1. 1. 2018.

oder keine anderslautende gerichtliche Entscheidung ergeht. ²Wählt der Unternehmer diesen Weg und ergeht keine anderslautende gerichtliche Entscheidung, wird die nach den Absätzen 1 und 2 geschuldete Mehrvergütung erst nach der Abnahme des Werks fällig. ³Zahlungen nach Satz 1, die die nach den Absätzen 1 und 2 geschuldete Mehrvergütung übersteigen, sind dem Besteller zurückzugewähren und ab ihrem Eingang beim Unternehmer zu verzinsen. ⁴§ 288 Absatz 1 Satz 2, Absatz 2 und § 289 Satz 1 gelten entsprechend.

§ 650d Einstweilige Verfügung[1)]

Zum Erlass einer einstweiligen Verfügung in Streitigkeiten über das Anordnungsrecht gemäß § 650b oder die Vergütungsanpassung gemäß § 650c ist es nach Beginn der Bauausführung nicht erforderlich, dass der Verfügungsgrund glaubhaft gemacht wird.

§ 650e Sicherungshypothek des Bauunternehmers[2)]

¹Der Unternehmer kann für seine Forderungen aus dem Vertrag die Einräumung einer Sicherungshypothek an dem Baugrundstück des Bestellers verlangen. ²Ist das Werk noch nicht vollendet, so kann er die Einräumung der Sicherungshypothek für einen der geleisteten Arbeit entsprechenden Teil der Vergütung und für die in der Vergütung nicht inbegriffenen Auslagen verlangen.

§ 650f Bauhandwerkersicherung[3)]

(1) ¹Der Unternehmer kann vom Besteller Sicherheit für die auch in Zusatzaufträgen vereinbarte und noch nicht gezahlte Vergütung einschließlich dazugehöriger Nebenforderungen, die mit 10 Prozent des zu sichernden Vergütungsanspruchs anzusetzen sind, verlangen. ²Satz 1 gilt in demselben Umfang auch für Ansprüche, die an die Stelle der Vergütung treten. ³Der Anspruch des Unternehmers auf Sicherheit wird nicht dadurch ausgeschlossen, dass der Besteller Erfüllung verlangen kann oder das Werk abgenommen hat. ⁴Ansprüche, mit denen der Besteller gegen den Anspruch des Unternehmers auf Vergütung aufrechnen kann, bleiben bei der Berechnung der Vergütung unberücksichtigt, es sei denn, sie sind unstreitig oder rechtskräftig festgestellt. ⁵Die Sicherheit ist auch dann als ausreichend anzusehen, wenn sich der Sicherungsgeber das Recht vorbehält, sein Versprechen im Falle einer wesentlichen Verschlechterung der Vermögensverhältnisse des Bestellers mit Wirkung für Vergütungsansprüche aus Bauleistungen zu widerrufen, die der Unternehmer bei Zugang der Widerrufserklärung noch nicht erbracht hat.

(2) ¹Die Sicherheit kann auch durch eine Garantie oder ein sonstiges Zahlungsversprechen eines im Geltungsbereich dieses Gesetzes zum Geschäftsbetrieb befugten Kreditinstituts oder Kreditversicherers geleistet werden. ²Das Kreditinstitut oder der Kreditversicherer darf Zahlungen an den Unternehmer nur leisten, soweit der Besteller den Vergütungsanspruch des Unternehmers anerkennt oder durch vorläufig vollstreckbares Urteil zur Zahlung der Vergütung verurteilt worden ist und die Voraussetzungen vorliegen, unter denen die Zwangsvollstreckung begonnen werden darf.

(3) ¹Der Unternehmer hat dem Besteller die üblichen Kosten der Sicherheitsleistung bis zu einem Höchstsatz von 2 Prozent für das Jahr zu erstatten. ²Dies gilt nicht, soweit eine Sicherheit wegen Einwendungen des Bestellers gegen den Vergütungsanspruch des Unternehmers aufrechterhalten werden muss und die Einwendungen sich als unbegründet erweisen.

(4) Soweit der Unternehmer für seinen Vergütungsanspruch eine Sicherheit nach Absatz 1 oder 2 erlangt hat, ist der Anspruch auf Einräumung einer Sicherungshypothek nach § 650e ausgeschlossen.

---

1) **Anm. d. Red.:** § 650d eingefügt gem. Gesetz v. 28. 4. 2017 (BGBl I S. 969) mit Wirkung v. 1. 1. 2018.
2) **Anm. d. Red.:** § 650e eingefügt gem. Gesetz v. 28. 4. 2017 (BGBl I S. 969) mit Wirkung v. 1. 1. 2018.
3) **Anm. d. Red.:** § 650f eingefügt gem. Gesetz v. 28. 4. 2017 (BGBl I S. 969) mit Wirkung v. 1. 1. 2018.

(5) ¹Hat der Unternehmer dem Besteller erfolglos eine angemessene Frist zur Leistung der Sicherheit nach Absatz 1 bestimmt, so kann der Unternehmer die Leistung verweigern oder den Vertrag kündigen. ²Kündigt er den Vertrag, ist der Unternehmer berechtigt, die vereinbarte Vergütung zu verlangen; er muss sich jedoch dasjenige anrechnen lassen, was er infolge der Aufhebung des Vertrages an Aufwendungen erspart oder durch anderweitige Verwendung seiner Arbeitskraft erwirbt oder böswillig zu erwerben unterlässt. ³Es wird vermutet, dass danach dem Unternehmer 5 Prozent der auf den noch nicht erbrachten Teil der Werkleistung entfallenden vereinbarten Vergütung zustehen.

(6) ¹Die Absätze 1 bis 5 finden keine Anwendung, wenn der Besteller
1. eine juristische Person des öffentlichen Rechts oder ein öffentlich-rechtliches Sondervermögen ist, über deren Vermögen ein Insolvenzverfahren unzulässig ist, oder
2. Verbraucher ist und es sich um einen Verbraucherbauvertrag nach § 650i oder um einen Bauträgervertrag nach § 650u handelt.

²Satz 1 Nummer 2 gilt nicht bei Betreuung des Bauvorhabens durch einen zur Verfügung über die Finanzierungsmittel des Bestellers ermächtigten Baubetreuer.

(7) Eine von den Absätzen 1 bis 5 abweichende Vereinbarung ist unwirksam.

§ 650g Zustandsfeststellung bei Verweigerung der Abnahme; Schlussrechnung[1)]

(1) ¹Verweigert der Besteller die Abnahme unter Angabe von Mängeln, hat er auf Verlangen des Unternehmers an einer gemeinsamen Feststellung des Zustands des Werks mitzuwirken. ²Die gemeinsame Zustandsfeststellung soll mit der Angabe des Tages der Anfertigung versehen werden und ist von beiden Vertragsparteien zu unterschreiben.

(2) ¹Bleibt der Besteller einem vereinbarten oder einem von dem Unternehmer innerhalb einer angemessenen Frist bestimmten Termin zur Zustandsfeststellung fern, so kann der Unternehmer die Zustandsfeststellung auch einseitig vornehmen. ²Dies gilt nicht, wenn der Besteller infolge eines Umstands fernbleibt, den er nicht zu vertreten hat und den er dem Unternehmer unverzüglich mitgeteilt hat. ³Der Unternehmer hat die einseitige Zustandsfeststellung mit der Angabe des Tages der Anfertigung zu versehen und sie zu unterschreiben sowie dem Besteller eine Abschrift der einseitigen Zustandsfeststellung zur Verfügung zu stellen.

(3) ¹Ist das Werk dem Besteller verschafft worden und ist in der Zustandsfeststellung nach Absatz 1 oder 2 ein offenkundiger Mangel nicht angegeben, wird vermutet, dass dieser nach der Zustandsfeststellung entstanden und vom Besteller zu vertreten ist. ²Die Vermutung gilt nicht, wenn der Mangel nach seiner Art nicht vom Besteller verursacht worden sein kann.

(4) ¹Die Vergütung ist zu entrichten, wenn
1. der Besteller das Werk abgenommen hat oder die Abnahme nach § 641 Absatz 2 entbehrlich ist und
2. der Unternehmer dem Besteller eine prüffähige Schlussrechnung erteilt hat.

²Die Schlussrechnung ist prüffähig, wenn sie eine übersichtliche Aufstellung der erbrachten Leistungen enthält und für den Besteller nachvollziehbar ist. ³Sie gilt als prüffähig, wenn der Besteller nicht innerhalb von 30 Tagen nach Zugang der Schlussrechnung begründete Einwendungen gegen ihre Prüffähigkeit erhoben hat.

§ 650h Schriftform der Kündigung[2)]

Die Kündigung des Bauvertrags bedarf der schriftlichen Form.

---

1) **Anm. d. Red.:** § 650g eingefügt gem. Gesetz v. 28. 4. 2017 (BGBl I S. 969) mit Wirkung v. 1. 1. 2018.
2) **Anm. d. Red.:** § 650h eingefügt gem. Gesetz v. 28. 4. 2017 (BGBl I S. 969) mit Wirkung v. 1. 1. 2018.

Kapitel 3: Verbraucherbauvertrag[1]

§ 650i Verbraucherbauvertrag[2]

(1) Verbraucherbauverträge sind Verträge, durch die der Unternehmer von einem Verbraucher zum Bau eines neuen Gebäudes oder zu erheblichen Umbaumaßnahmen an einem bestehenden Gebäude verpflichtet wird.

(2) Der Verbraucherbauvertrag bedarf der Textform.

(3) Für Verbraucherbauverträge gelten ergänzend die folgenden Vorschriften dieses Kapitels.

§ 650j Baubeschreibung[3]

Der Unternehmer hat den Verbraucher über die sich aus Artikel 249 des Einführungsgesetzes zum Bürgerlichen Gesetzbuche ergebenden Einzelheiten in der dort vorgesehenen Form zu unterrichten, es sei denn, der Verbraucher oder ein von ihm Beauftragter macht die wesentlichen Planungsvorgaben.

§ 650k Inhalt des Vertrags[4]

(1) Die Angaben der vorvertraglich zur Verfügung gestellten Baubeschreibung in Bezug auf die Bauausführung werden Inhalt des Vertrags, es sei denn, die Vertragsparteien haben ausdrücklich etwas anderes vereinbart.

(2) ¹Soweit die Baubeschreibung unvollständig oder unklar ist, ist der Vertrag unter Berücksichtigung sämtlicher vertragsbegleitender Umstände, insbesondere des Komfort- und Qualitätsstandards nach der übrigen Leistungsbeschreibung, auszulegen. ²Zweifel bei der Auslegung des Vertrags bezüglich der vom Unternehmer geschuldeten Leistung gehen zu dessen Lasten.

(3) ¹Der Bauvertrag muss verbindliche Angaben zum Zeitpunkt der Fertigstellung des Werks oder, wenn dieser Zeitpunkt zum Zeitpunkt des Abschlusses des Bauvertrags nicht angegeben werden kann, zur Dauer der Bauausführung enthalten. ²Enthält der Vertrag diese Angaben nicht, werden die vorvertraglich in der Baubeschreibung übermittelten Angaben zum Zeitpunkt der Fertigstellung des Werks oder zur Dauer der Bauausführung Inhalt des Vertrags.

§ 650l Widerrufsrecht[5]

¹Dem Verbraucher steht ein Widerrufsrecht gemäß § 355 zu, es sei denn, der Vertrag wurde notariell beurkundet. ²Der Unternehmer ist verpflichtet, den Verbraucher nach Maßgabe des Artikels 249 § 3 des Einführungsgesetzes zum Bürgerlichen Gesetzbuche über sein Widerrufsrecht zu belehren.

§ 650m Abschlagszahlungen; Absicherung des Vergütungsanspruchs[6]

(1) Verlangt der Unternehmer Abschlagszahlungen nach § 632a, darf der Gesamtbetrag der Abschlagszahlungen 90 Prozent der vereinbarten Gesamtvergütung einschließlich der Vergütung für Nachtragsleistungen nach § 650c nicht übersteigen.

(2) ¹Dem Verbraucher ist bei der ersten Abschlagszahlung eine Sicherheit für die rechtzeitige Herstellung des Werks ohne wesentliche Mängel in Höhe von 5 Prozent der vereinbarten Gesamtvergütung zu leisten. ²Erhöht sich der Vergütungsanspruch infolge einer Anordnung des Verbrauchers nach den §§ 650b und 650c oder infolge sonstiger Änderungen oder Ergänzungen

---

1) **Anm. d. Red.:** Überschrift eingefügt gem. Gesetz v. 28. 4. 2017 (BGBl I S. 969) mit Wirkung v. 1. 1. 2018.
2) **Anm. d. Red.:** § 650i eingefügt gem. Gesetz v. 28. 4. 2017 (BGBl I S. 969) mit Wirkung v. 1. 1. 2018.
3) **Anm. d. Red.:** § 650j eingefügt gem. Gesetz v. 28. 4. 2017 (BGBl I S. 969) mit Wirkung v. 1. 1. 2018.
4) **Anm. d. Red.:** § 650k eingefügt gem. Gesetz v. 28. 4. 2017 (BGBl I S. 969) mit Wirkung v. 1. 1. 2018.
5) **Anm. d. Red.:** § 650l eingefügt gem. Gesetz v. 28. 4. 2017 (BGBl I S. 969) mit Wirkung v. 1. 1. 2018.
6) **Anm. d. Red.:** § 650m eingefügt gem. Gesetz v. 28. 4. 2017 (BGBl I S. 969) mit Wirkung v. 1. 1. 2018.

des Vertrags um mehr als 10 Prozent, ist dem Verbraucher bei der nächsten Abschlagszahlung eine weitere Sicherheit in Höhe von 5 Prozent des zusätzlichen Vergütungsanspruchs zu leisten. ³Auf Verlangen des Unternehmers ist die Sicherheitsleistung durch Einbehalt dergestalt zu erbringen, dass der Verbraucher die Abschlagszahlungen bis zu dem Gesamtbetrag der geschuldeten Sicherheit zurückhält.

(3) Sicherheiten nach Absatz 2 können auch durch eine Garantie oder ein sonstiges Zahlungsversprechen eines im Geltungsbereich dieses Gesetzes zum Geschäftsbetrieb befugten Kreditinstituts oder Kreditversicherers geleistet werden.

(4) ¹Verlangt der Unternehmer Abschlagszahlungen nach § 632a, ist eine Vereinbarung unwirksam, die den Verbraucher zu einer Sicherheitsleistung für die vereinbarte Vergütung verpflichtet, die die nächste Abschlagszahlung oder 20 Prozent der vereinbarten Vergütung übersteigt. ²Gleiches gilt, wenn die Parteien Abschlagszahlungen vereinbart haben.

§ 650n Erstellung und Herausgabe von Unterlagen[1]

(1) ¹Rechtzeitig vor Beginn der Ausführung einer geschuldeten Leistung hat der Unternehmer diejenigen Planungsunterlagen zu erstellen und dem Verbraucher herauszugeben, die dieser benötigt, um gegenüber Behörden den Nachweis führen zu können, dass die Leistung unter Einhaltung der einschlägigen öffentlich-rechtlichen Vorschriften ausgeführt werden wird. ²Die Pflicht besteht nicht, soweit der Verbraucher oder ein von ihm Beauftragter die wesentlichen Planungsvorgaben erstellt.

(2) Spätestens mit der Fertigstellung des Werks hat der Unternehmer diejenigen Unterlagen zu erstellen und dem Verbraucher herauszugeben, die dieser benötigt, um gegenüber Behörden den Nachweis führen zu können, dass die Leistung unter Einhaltung der einschlägigen öffentlich-rechtlichen Vorschriften ausgeführt worden ist.

(3) Die Absätze 1 und 2 gelten entsprechend, wenn ein Dritter, etwa ein Darlehensgeber, Nachweise für die Einhaltung bestimmter Bedingungen verlangt und wenn der Unternehmer die berechtigte Erwartung des Verbrauchers geweckt hat, diese Bedingungen einzuhalten.

Kapitel 4: Unabdingbarkeit[2]

§ 650o Abweichende Vereinbarungen[3]

¹Von § 640 Absatz 2 Satz 2, den §§ 650i bis 650l und 650n kann nicht zum Nachteil des Verbrauchers abgewichen werden. ²Diese Vorschriften finden auch Anwendung, wenn sie durch anderweitige Gestaltungen umgangen werden.

Untertitel 2: Architektenvertrag und Ingenieurvertrag[2]

§ 650p Vertragstypische Pflichten aus Architekten- und Ingenieurverträgen[4]

(1) Durch einen Architekten- oder Ingenieurvertrag wird der Unternehmer verpflichtet, die Leistungen zu erbringen, die nach dem jeweiligen Stand der Planung und Ausführung des Bauwerks oder der Außenanlage erforderlich sind, um die zwischen den Parteien vereinbarten Planungs- und Überwachungsziele zu erreichen.

(2) ¹Soweit wesentliche Planungs- und Überwachungsziele noch nicht vereinbart sind, hat der Unternehmer zunächst eine Planungsgrundlage zur Ermittlung dieser Ziele zu erstellen. ²Er legt dem Besteller die Planungsgrundlage zusammen mit einer Kostenschätzung für das Vorhaben zur Zustimmung vor.

---

1) **Anm. d. Red.:** § 650n eingefügt gem. Gesetz v. 28. 4. 2017 (BGBl I S. 969) mit Wirkung v. 1. 1. 2018.
2) **Anm. d. Red.:** Überschrift eingefügt gem. Gesetz v. 28. 4. 2017 (BGBl I S. 969) mit Wirkung v. 1. 1. 2018.
3) **Anm. d. Red.:** § 650o eingefügt gem. Gesetz v. 28. 4. 2017 (BGBl I S. 969) mit Wirkung v. 1. 1. 2018.
4) **Anm. d. Red.:** § 650p eingefügt gem. Gesetz v. 28. 4. 2017 (BGBl I S. 969) mit Wirkung v. 1. 1. 2018.

§ 650q Anwendbare Vorschriften[1]

(1) Für Architekten- und Ingenieurverträge gelten die Vorschriften des Kapitels 1 des Untertitels 1 sowie die §§ 650b, 650e bis 650h entsprechend, soweit sich aus diesem Untertitel nichts anderes ergibt.

(2) ¹Für die Vergütungsanpassung im Fall von Anordnungen nach § 650b Absatz 2 gelten die Entgeltberechnungsregeln der Honorarordnung für Architekten und Ingenieure in der jeweils geltenden Fassung, soweit infolge der Anordnung zu erbringende oder entfallende Leistungen vom Anwendungsbereich der Honorarordnung erfasst werden. ²Im Übrigen gilt § 650c entsprechend.

§ 650r Sonderkündigungsrecht[2]

(1) ¹Nach Vorlage von Unterlagen gemäß § 650p Absatz 2 kann der Besteller den Vertrag kündigen. ²Das Kündigungsrecht erlischt zwei Wochen nach Vorlage der Unterlagen, bei einem Verbraucher jedoch nur dann, wenn der Unternehmer ihn bei der Vorlage der Unterlagen in Textform über das Kündigungsrecht, die Frist, in der es ausgeübt werden kann, und die Rechtsfolgen der Kündigung unterrichtet hat.

(2) ¹Der Unternehmer kann dem Besteller eine angemessene Frist für die Zustimmung nach § 650p Absatz 2 Satz 2 setzen. ²Er kann den Vertrag kündigen, wenn der Besteller die Zustimmung verweigert oder innerhalb der Frist nach Satz 1 keine Erklärung zu den Unterlagen abgibt.

(3) Wird der Vertrag nach Absatz 1 oder 2 gekündigt, ist der Unternehmer nur berechtigt, die Vergütung zu verlangen, die auf die bis zur Kündigung erbrachten Leistungen entfällt.

§ 650s Teilabnahme[3]

Der Unternehmer kann ab der Abnahme der letzten Leistung des bauausführenden Unternehmers oder der bauausführenden Unternehmer eine Teilabnahme der von ihm bis dahin erbrachten Leistungen verlangen.

§ 650t Gesamtschuldnerische Haftung mit dem bauausführenden Unternehmer[4]

Nimmt der Besteller den Unternehmer wegen eines Überwachungsfehlers in Anspruch, der zu einem Mangel an dem Bauwerk oder an der Außenanlage geführt hat, kann der Unternehmer die Leistung verweigern, wenn auch der ausführende Bauunternehmer für den Mangel haftet und der Besteller dem bauausführenden Unternehmer noch nicht erfolglos eine angemessene Frist zur Nacherfüllung bestimmt hat.

Untertitel 3: Bauträgervertrag[5]

§ 650u Bauträgervertrag; anwendbare Vorschriften[6]

(1) ¹Ein Bauträgervertrag ist ein Vertrag, der die Errichtung oder den Umbau eines Hauses oder eines vergleichbaren Bauwerks zum Gegenstand hat und der zugleich die Verpflichtung des Unternehmers enthält, dem Besteller das Eigentum an dem Grundstück zu übertragen oder ein Erbbaurecht zu bestellen oder zu übertragen. ²Hinsichtlich der Errichtung oder des Umbaus finden die Vorschriften des Untertitels 1 Anwendung, soweit sich aus den nachfolgenden Vorschriften nichts anderes ergibt. ³Hinsichtlich des Anspruchs auf Übertragung des Eigentums an

---

1) **Anm. d. Red.:** § 650q i. d. F. des Gesetzes v. 12.11.2020 (BGBl I S. 2392) mit Wirkung v. 19.11.2020.
2) **Anm. d. Red.:** § 650r eingefügt gem. Gesetz v. 28. 4. 2017 (BGBl I S. 969) mit Wirkung v. 1. 1. 2018.
3) **Anm. d. Red.:** § 650s eingefügt gem. Gesetz v. 28. 4. 2017 (BGBl I S. 969) mit Wirkung v. 1. 1. 2018.
4) **Anm. d. Red.:** § 650t eingefügt gem. Gesetz v. 28. 4. 2017 (BGBl I S. 969) mit Wirkung v. 1. 1. 2018.
5) **Anm. d. Red.:** Überschrift eingefügt gem. Gesetz v. 28. 4. 2017 (BGBl I S. 969) mit Wirkung v. 1. 1. 2018.
6) **Anm. d. Red.:** § 650u eingefügt gem. Gesetz v. 28. 4. 2017 (BGBl I S. 969) mit Wirkung v. 1. 1. 2018.

dem Grundstück oder auf Übertragung oder Bestellung des Erbbaurechts finden die Vorschriften über den Kauf Anwendung.

(2) Keine Anwendung finden die §§ 648, 648a, 650b bis 650e, 650k Absatz 1 sowie die §§ 650l und 650m Absatz 1.

§ 650v Abschlagszahlungen[1]

Der Unternehmer kann von dem Besteller Abschlagszahlungen nur verlangen, soweit sie gemäß einer Verordnung auf Grund von Artikel 244 des Einführungsgesetzes zum Bürgerlichen Gesetzbuche vereinbart sind.

§ 651 (zur Zeit nicht besetzt)

Untertitel 4: Pauschalreisevertrag, Reisevermittlung und Vermittlung verbundener Reiseleistungen[2]

§ 651a Vertragstypische Pflichten beim Pauschalreisevertrag[3]

(1) ¹Durch den Pauschalreisevertrag wird der Unternehmer (Reiseveranstalter) verpflichtet, dem Reisenden eine Pauschalreise zu verschaffen. ²Der Reisende ist verpflichtet, dem Reiseveranstalter den vereinbarten Reisepreis zu zahlen.

(2) ¹Eine Pauschalreise ist eine Gesamtheit von mindestens zwei verschiedenen Arten von Reiseleistungen für den Zweck derselben Reise. ²Eine Pauschalreise liegt auch dann vor, wenn
1. die von dem Vertrag umfassten Reiseleistungen auf Wunsch des Reisenden oder entsprechend seiner Auswahl zusammengestellt wurden oder
2. der Reiseveranstalter dem Reisenden in dem Vertrag das Recht einräumt, die Auswahl der Reiseleistungen aus seinem Angebot nach Vertragsschluss zu treffen.

(3) ¹Reiseleistungen im Sinne dieses Gesetzes sind
1. die Beförderung von Personen,
2. die Beherbergung, außer wenn sie Wohnzwecken dient,
3. die Vermietung
   a) von vierrädrigen Kraftfahrzeugen gemäß § 3 Absatz 1 der EG-Fahrzeuggenehmigungsverordnung vom 3. Februar 2011 (BGBl I S. 126), die zuletzt durch Artikel 7 der Verordnung vom 23. März (BGBl I S. 522) geändert worden ist, und
   b) von Krafträdern der Fahrerlaubnisklasse A gemäß § 6 Absatz 1 der Fahrerlaubnis-Verordnung vom 13. Dezember 2010 (BGBl I S. 1980), die zuletzt durch Artikel 4 der Verordnung vom 18. Mai 2017 (BGBl I S. 1282) geändert worden ist,
4. jede touristische Leistung, die nicht Reiseleistung im Sinne der Nummern 1 bis 3 ist.

²Nicht als Reiseleistungen nach Satz 1 gelten Reiseleistungen, die wesensmäßig Bestandteil einer anderen Reiseleistung sind.

(4) ¹Keine Pauschalreise liegt vor, wenn nur eine Art von Reiseleistung im Sinne des Absatzes 3 Satz 1 Nummer 1 bis 3 mit einer oder mehreren touristischen Leistungen im Sinne des Absatzes 3 Satz 1 Nummer 4 zusammengestellt wird und die touristischen Leistungen
1. keinen erheblichen Anteil am Gesamtwert der Zusammenstellung ausmachen und weder ein wesentliches Merkmal der Zusammenstellung darstellen noch als solches beworben werden oder

---

1) **Anm. d. Red.:** § 650v eingefügt gem. Gesetz v. 28. 4. 2017 (BGBl I S. 969) mit Wirkung v. 1. 1. 2018.

2) **Anm. d. Red.:** Buch 2 Abschnitt 8 Titel 9 Untertitel 4 i. d. F. des Gesetzes v. 17. 7. 2017 (BGBl I S. 2394) mit Wirkung v. 1. 7. 2018.

3) **Anm. d. Red.:** § 651a i. d. F. des Gesetzes v. 17. 7. 2017 (BGBl I S. 2394) mit Wirkung v. 1. 7. 2018.

2. erst nach Beginn der Erbringung einer Reiseleistung im Sinne des Absatzes 3 Satz 1 Nummer 1 bis 3 ausgewählt und vereinbart werden.

²Touristische Leistungen machen im Sinne des Satzes 1 Nummer 1 keinen erheblichen Anteil am Gesamtwert der Zusammenstellung aus, wenn auf sie weniger als 25 Prozent des Gesamtwertes entfallen.

(5) Die Vorschriften über Pauschalreiseverträge gelten nicht für Verträge über Reisen, die
1. nur gelegentlich, nicht zum Zwecke der Gewinnerzielung und nur einem begrenzten Personenkreis angeboten werden,
2. weniger als 24 Stunden dauern und keine Übernachtung umfassen (Tagesreisen) und deren Reisepreis 500 Euro nicht übersteigt oder
3. auf der Grundlage eines Rahmenvertrags für die Organisation von Geschäftsreisen mit einem Reisenden, der Unternehmer ist, für dessen unternehmerische Zwecke geschlossen werden.

§ 651b Abgrenzung zur Vermittlung[1]

(1) ¹Unbeschadet der §§ 651v und 651w gelten für die Vermittlung von Reiseleistungen die allgemeinen Vorschriften. ²Ein Unternehmer kann sich jedoch nicht darauf berufen, nur Verträge mit den Personen zu vermitteln, welche alle oder einzelne Reiseleistungen ausführen sollen (Leistungserbringer), wenn dem Reisenden mindestens zwei verschiedene Arten von Reiseleistungen für den Zweck derselben Reise erbracht werden sollen und
1. der Reisende die Reiseleistungen in einer einzigen Vertriebsstelle des Unternehmers im Rahmen desselben Buchungsvorgangs auswählt, bevor er sich zur Zahlung verpflichtet,
2. der Unternehmer die Reiseleistungen zu einem Gesamtpreis anbietet oder zu verschaffen verspricht oder in Rechnung stellt oder
3. der Unternehmer die Reiseleistungen unter der Bezeichnung „Pauschalreise" oder unter einer ähnlichen Bezeichnung bewirbt oder auf diese Weise zu verschaffen verspricht.

³In diesen Fällen ist der Unternehmer Reiseveranstalter. ⁴Der Buchungsvorgang im Sinne des Satzes 2 Nummer 1 beginnt noch nicht, wenn der Reisende hinsichtlich seines Reisewunsches befragt wird und zu Reiseangeboten lediglich beraten wird.

(2) ¹Vertriebsstellen im Sinne dieses Gesetzes sind
1. unbewegliche und bewegliche Gewerberäume,
2. Webseiten für den elektronischen Geschäftsverkehr und ähnliche Online-Verkaufsplattformen,
3. Telefondienste.

²Wird bei mehreren Webseiten und ähnlichen Online-Verkaufsplattformen nach Satz 1 Nummer 2 der Anschein eines einheitlichen Auftritts begründet, handelt es sich um eine Vertriebsstelle.

§ 651c Verbundene Online-Buchungsverfahren[2]

(1) Ein Unternehmer, der mittels eines Online-Buchungsverfahrens mit dem Reisenden einen Vertrag über eine Reiseleistung geschlossen hat oder ihm auf demselben Weg einen solchen Vertrag vermittelt hat, ist als Reiseveranstalter anzusehen, wenn
1. er dem Reisenden für den Zweck derselben Reise mindestens einen Vertrag über eine andere Art von Reiseleistung vermittelt, indem er den Zugriff auf das Online-Buchungsverfahren eines anderen Unternehmers ermöglicht,

---

1) **Anm. d. Red.:** § 651b i. d. F. des Gesetzes v. 17. 7. 2017 (BGBl I S. 2394) mit Wirkung v. 1. 7. 2018.
2) **Anm. d. Red.:** § 651c i. d. F. des Gesetzes v. 17. 7. 2017 (BGBl I S. 2394) mit Wirkung v. 1. 7. 2018.

2. er den Namen, die Zahlungsdaten und die E-Mail-Adresse des Reisenden an den anderen Unternehmer übermittelt und
3. der weitere Vertrag spätestens 24 Stunden nach der Bestätigung des Vertragsschlusses über die erste Reiseleistung geschlossen wird.

(2) Kommen nach Absatz 1 ein Vertrag über eine andere Art von Reiseleistung oder mehrere Verträge über mindestens eine andere Art von Reiseleistung zustande, gelten vorbehaltlich des § 651a Absatz 4 die vom Reisenden geschlossenen Verträge zusammen als ein Pauschalreisevertrag im Sinne des § 651a Absatz 1.

(3) § 651a Absatz 5 Nummer 2 ist unabhängig von der Höhe des Reisepreises anzuwenden.

§ 651d Informationspflichten; Vertragsinhalt[1)]

(1) ¹Der Reiseveranstalter ist verpflichtet, den Reisenden, bevor dieser seine Vertragserklärung abgibt, nach Maßgabe des Artikels 250 §§ 1 bis 3 des Einführungsgesetzes zum Bürgerlichen Gesetzbuche zu informieren. ²Er erfüllt damit zugleich die Verpflichtungen des Reisevermittlers aus § 651v Absatz 1 Satz 1.

(2) Dem Reisenden fallen zusätzliche Gebühren, Entgelte und sonstige Kosten nur dann zur Last, wenn er über diese vor Abgabe seiner Vertragserklärung gemäß Artikel 250 § 3 Nummer 3 des Einführungsgesetzes zum Bürgerlichen Gesetzbuche informiert worden ist.

(3) ¹Die gemäß Artikel 250 § 3 Nummer 1, 3 bis 5 und 7 des Einführungsgesetzes zum Bürgerlichen Gesetzbuche gemachten Angaben werden Inhalt des Vertrags, es sei denn, die Vertragsparteien haben ausdrücklich etwas anderes vereinbart. ²Der Reiseveranstalter hat dem Reisenden bei oder unverzüglich nach Vertragsschluss nach Maßgabe des Artikels 250 § 6 des Einführungsgesetzes zum Bürgerlichen Gesetzbuche eine Abschrift oder Bestätigung des Vertrags zur Verfügung zu stellen. ³Er hat dem Reisenden rechtzeitig vor Reisebeginn gemäß Artikel 250 § 7 des Einführungsgesetzes zum Bürgerlichen Gesetzbuche die notwendigen Reiseunterlagen zu übermitteln.

(4) Der Reiseveranstalter trägt gegenüber dem Reisenden die Beweislast für die Erfüllung seiner Informationspflichten.

(5) ¹Bei Pauschalreiseverträgen nach § 651c gelten für den als Reiseveranstalter anzusehenden Unternehmer sowie für jeden anderen Unternehmer, dem nach § 651c Absatz 1 Nummer 2 Daten übermittelt werden, die besonderen Vorschriften des Artikels 250 §§ 4 und 8 des Einführungsgesetzes zum Bürgerlichen Gesetzbuche. ²Im Übrigen bleiben die vorstehenden Absätze unberührt.

§ 651e Vertragsübertragung[2)]

(1) ¹Der Reisende kann innerhalb einer angemessenen Frist vor Reisebeginn auf einem dauerhaften Datenträger erklären, dass statt seiner ein Dritter in die Rechte und Pflichten aus dem Pauschalreisevertrag eintritt. ²Die Erklärung ist in jedem Fall rechtzeitig, wenn sie dem Reiseveranstalter nicht später als sieben Tage vor Reisebeginn zugeht.

(2) Der Reiseveranstalter kann dem Eintritt des Dritten widersprechen, wenn dieser die vertraglichen Reiseerfordernisse nicht erfüllt.

(3) ¹Tritt ein Dritter in den Vertrag ein, haften er und der Reisende dem Reiseveranstalter als Gesamtschuldner für den Reisepreis und die durch den Eintritt des Dritten entstehenden Mehrkosten. ²Der Reiseveranstalter darf eine Erstattung von Mehrkosten nur fordern, wenn und soweit diese angemessen und ihm tatsächlich entstanden sind.

(4) Der Reiseveranstalter hat dem Reisenden einen Nachweis darüber zu erteilen, in welcher Höhe durch den Eintritt des Dritten Mehrkosten entstanden sind.

---

1) **Anm. d. Red.:** § 651d i. d. F. des Gesetzes v. 17.7.2017 (BGBl I S. 2394) mit Wirkung v. 1.7.2018.
2) **Anm. d. Red.:** § 651e i. d. F. des Gesetzes v. 17.7.2017 (BGBl I S. 2394) mit Wirkung v. 1.7.2018.

§ 651f Änderungsvorbehalte; Preissenkung[1)]

(1) ¹Der Reiseveranstalter kann den Reisepreis einseitig nur erhöhen, wenn
1. der Vertrag diese Möglichkeit vorsieht und zudem einen Hinweis auf die Verpflichtung des Reiseveranstalters zur Senkung des Reisepreises nach Absatz 4 Satz 1 sowie die Angabe enthält, wie Änderungen des Reisepreises zu berechnen sind, und
2. die Erhöhung des Reisepreises sich unmittelbar ergibt aus einer nach Vertragsschluss erfolgten
    a) Erhöhung des Preises für die Beförderung von Personen aufgrund höherer Kosten für Treibstoff oder andere Energieträger,
    b) Erhöhung der Steuern und sonstigen Abgaben für vereinbarte Reiseleistungen, wie Touristenabgaben, Hafen- oder Flughafengebühren, oder
    c) Änderung der für die betreffende Pauschalreise geltenden Wechselkurse.

²Der Reiseveranstalter hat den Reisenden auf einem dauerhaften Datenträger klar und verständlich über die Preiserhöhung und deren Gründe zu unterrichten und hierbei die Berechnung der Preiserhöhung mitzuteilen. ³Eine Preiserhöhung ist nur wirksam, wenn sie diesen Anforderungen entspricht und die Unterrichtung des Reisenden nicht später als 20 Tage vor Reisebeginn erfolgt.

(2) ¹Andere Vertragsbedingungen als den Reisepreis kann der Reiseveranstalter einseitig nur ändern, wenn dies im Vertrag vorgesehen und die Änderung unerheblich ist. ²Der Reiseveranstalter hat den Reisenden auf einem dauerhaften Datenträger klar, verständlich und in hervorgehobener Weise über die Änderung zu unterrichten. ³Eine Änderung ist nur wirksam, wenn sie diesen Anforderungen entspricht und vor Reisebeginn erklärt wird.

(3) § 308 Nummer 4 und § 309 Nummer 1 sind auf Änderungsvorbehalte nach den Absätzen 1 und 2, die durch vorformulierte Vertragsbedingungen vereinbart werden, nicht anzuwenden.

(4) ¹Sieht der Vertrag die Möglichkeit einer Erhöhung des Reisepreises vor, kann der Reisende eine Senkung des Reisepreises verlangen, wenn und soweit sich die in Absatz 1 Satz 1 Nummer 2 genannten Preise, Abgaben oder Wechselkurse nach Vertragsschluss und vor Reisebeginn geändert haben und dies zu niedrigeren Kosten für den Reiseveranstalter führt. ²Hat der Reisende mehr als den hiernach geschuldeten Betrag gezahlt, ist der Mehrbetrag vom Reiseveranstalter zu erstatten. ³Der Reiseveranstalter darf von dem zu erstattenden Mehrbetrag die ihm tatsächlich entstandenen Verwaltungsausgaben abziehen. ⁴Er hat dem Reisenden auf dessen Verlangen nachzuweisen, in welcher Höhe Verwaltungsausgaben entstanden sind.

§ 651g Erhebliche Vertragsänderungen[2)]

(1) ¹Übersteigt die im Vertrag nach § 651f Absatz 1 vorbehaltene Preiserhöhung 8 Prozent des Reisepreises, kann der Reiseveranstalter sie nicht einseitig vornehmen. ²Er kann dem Reisenden jedoch eine entsprechende Preiserhöhung anbieten und verlangen, dass der Reisende innerhalb einer vom Reiseveranstalter bestimmten Frist, die angemessen sein muss,
1. das Angebot zur Preiserhöhung annimmt oder
2. seinen Rücktritt vom Vertrag erklärt.

³Satz 2 gilt für andere Vertragsänderungen als Preiserhöhungen entsprechend, wenn der Reiseveranstalter die Pauschalreise aus einem nach Vertragsschluss eingetretenen Umstand nur unter erheblicher Änderung einer der wesentlichen Eigenschaften der Reiseleistungen (Artikel 250 § 3 Nummer 1 des Einführungsgesetzes zum Bürgerlichen Gesetzbuche) oder nur unter Abweichung von besonderen Vorgaben des Reisenden, die Inhalt des Vertrags geworden sind, verschaffen kann. ⁴Das Angebot zu einer Preiserhöhung kann nicht später als 20 Tage vor Reise-

---

1) **Anm. d. Red.:** § 651f i. d. F. des Gesetzes v. 17. 7. 2017 (BGBl I S. 2394) mit Wirkung v. 1. 7. 2018.
2) **Anm. d. Red.:** § 651g i. d. F. des Gesetzes v. 17. 7. 2017 (BGBl I S. 2394) mit Wirkung v. 1. 7. 2018.

beginn, das Angebot zu sonstigen Vertragsänderungen nicht nach Reisebeginn unterbreitet werden.

(2) ¹Der Reiseveranstalter kann dem Reisenden in einem Angebot zu einer Preiserhöhung oder sonstigen Vertragsänderung nach Absatz 1 wahlweise auch die Teilnahme an einer anderen Pauschalreise (Ersatzreise) anbieten. ²Der Reiseveranstalter hat den Reisenden nach Maßgabe des Artikels 250 § 10 des Einführungsgesetzes zum Bürgerlichen Gesetzbuche zu informieren. ³Nach dem Ablauf der vom Reiseveranstalter bestimmten Frist gilt das Angebot zur Preiserhöhung oder sonstigen Vertragsänderung als angenommen.

(3) ¹Tritt der Reisende vom Vertrag zurück, findet § 651h Absatz 1 Satz 2 und Absatz 5 entsprechende Anwendung; Ansprüche des Reisenden nach § 651i Absatz 3 Nummer 7 bleiben unberührt. ²Nimmt er das Angebot zur Vertragsänderung oder zur Teilnahme an einer Ersatzreise an und ist die Pauschalreise im Vergleich zur ursprünglich geschuldeten nicht von mindestens gleichwertiger Beschaffenheit, gilt § 651m entsprechend; ist sie von gleichwertiger Beschaffenheit, aber für den Reiseveranstalter mit geringeren Kosten verbunden, ist im Hinblick auf den Unterschiedsbetrag § 651m Absatz 2 entsprechend anzuwenden.

§ 651h Rücktritt vor Reisebeginn[1]

(1) ¹Vor Reisebeginn kann der Reisende jederzeit vom Vertrag zurücktreten. ²Tritt der Reisende vom Vertrag zurück, verliert der Reiseveranstalter den Anspruch auf den vereinbarten Reisepreis. ³Der Reiseveranstalter kann jedoch eine angemessene Entschädigung verlangen.

(2) ¹Im Vertrag können, auch durch vorformulierte Vertragsbedingungen, angemessene Entschädigungspauschalen festgelegt werden, die sich nach Folgendem bemessen:
1. Zeitraum zwischen der Rücktrittserklärung und dem Reisebeginn,
2. zu erwartende Ersparnis von Aufwendungen des Reiseveranstalters und
3. zu erwartender Erwerb durch anderweitige Verwendung der Reiseleistungen.

²Werden im Vertrag keine Entschädigungspauschalen festgelegt, bestimmt sich die Höhe der Entschädigung nach dem Reisepreis abzüglich des Werts der vom Reiseveranstalter ersparten Aufwendungen sowie abzüglich dessen, was er durch anderweitige Verwendung der Reiseleistungen erwirbt. ³Der Reiseveranstalter ist auf Verlangen des Reisenden verpflichtet, die Höhe der Entschädigung zu begründen.

(3) ¹Abweichend von Absatz 1 Satz 3 kann der Reiseveranstalter keine Entschädigung verlangen, wenn am Bestimmungsort oder in dessen unmittelbarer Nähe unvermeidbare, außergewöhnliche Umstände auftreten, die die Durchführung der Pauschalreise oder die Beförderung von Personen an den Bestimmungsort erheblich beeinträchtigen. ²Umstände sind unvermeidbar und außergewöhnlich im Sinne dieses Untertitels, wenn sie nicht der Kontrolle der Partei unterliegen, die sich hierauf beruft, und sich ihre Folgen auch dann nicht hätten vermeiden lassen, wenn alle zumutbaren Vorkehrungen getroffen worden wären.

(4) ¹Der Reiseveranstalter kann vor Reisebeginn in den folgenden Fällen vom Vertrag zurücktreten:
1. für die Pauschalreise haben sich weniger Personen als die im Vertrag angegebene Mindestteilnehmerzahl angemeldet; in diesem Fall hat der Reiseveranstalter den Rücktritt innerhalb der im Vertrag bestimmten Frist zu erklären, jedoch spätestens
    a) 20 Tage vor Reisebeginn bei einer Reisedauer von mehr als sechs Tagen,
    b) sieben Tage vor Reisebeginn bei einer Reisedauer von mindestens zwei und höchstens sechs Tagen,
    c) 48 Stunden vor Reisebeginn bei einer Reisedauer von weniger als zwei Tagen,

---

1) **Anm. d. Red.:** § 651h i. d. F. des Gesetzes v. 17. 7. 2017 (BGBl I S. 2394) mit Wirkung v. 1. 7. 2018.

2. der Reiseveranstalter ist aufgrund unvermeidbarer, außergewöhnlicher Umstände an der Erfüllung des Vertrags gehindert; in diesem Fall hat er den Rücktritt unverzüglich nach Kenntnis von dem Rücktrittsgrund zu erklären.

²Tritt der Reiseveranstalter vom Vertrag zurück, verliert er den Anspruch auf den vereinbarten Reisepreis.

(5) Wenn der Reiseveranstalter infolge eines Rücktritts zur Rückerstattung des Reisepreises verpflichtet ist, hat er unverzüglich, auf jeden Fall aber innerhalb von 14 Tagen nach dem Rücktritt zu leisten.

§ 651i Rechte des Reisenden bei Reisemängeln[1]

(1) Der Reiseveranstalter hat dem Reisenden die Pauschalreise frei von Reisemängeln zu verschaffen.

(2) ¹Die Pauschalreise ist frei von Reisemängeln, wenn sie die vereinbarte Beschaffenheit hat. ²Soweit die Beschaffenheit nicht vereinbart ist, ist die Pauschalreise frei von Reisemängeln,
1. wenn sie sich für den nach dem Vertrag vorausgesetzten Nutzen eignet, ansonsten
2. wenn sie sich für den gewöhnlichen Nutzen eignet und eine Beschaffenheit aufweist, die bei Pauschalreisen der gleichen Art üblich ist und die der Reisende nach der Art der Pauschalreise erwarten kann.

³Ein Reisemangel liegt auch vor, wenn der Reiseveranstalter Reiseleistungen nicht oder mit unangemessener Verspätung verschafft.

(3) Ist die Pauschalreise mangelhaft, kann der Reisende, wenn die Voraussetzungen der folgenden Vorschriften vorliegen und soweit nichts anderes bestimmt ist,
1. nach § 651k Absatz 1 Abhilfe verlangen,
2. nach § 651k Absatz 2 selbst Abhilfe schaffen und Ersatz der erforderlichen Aufwendungen verlangen,
3. nach § 651k Absatz 3 Abhilfe durch andere Reiseleistungen (Ersatzleistungen) verlangen,
4. nach § 651k Absatz 4 und 5 Kostentragung für eine notwendige Beherbergung verlangen,
5. den Vertrag nach § 651l kündigen,
6. die sich aus einer Minderung des Reisepreises (§ 651m) ergebenden Rechte geltend machen und
7. nach § 651n Schadensersatz oder nach § 284 Ersatz vergeblicher Aufwendungen verlangen.

§ 651j Verjährung[2]

¹Die in § 651i Absatz 3 bezeichneten Ansprüche des Reisenden verjähren in zwei Jahren. ²Die Verjährungsfrist beginnt mit dem Tag, an dem die Pauschalreise dem Vertrag nach enden sollte.

§ 651k Abhilfe[3]

(1) ¹Verlangt der Reisende Abhilfe, hat der Reiseveranstalter den Reisemangel zu beseitigen. ²Er kann die Abhilfe nur verweigern, wenn sie
1. unmöglich ist oder
2. unter Berücksichtigung des Ausmaßes des Reisemangels und des Werts der betroffenen Reiseleistung mit unverhältnismäßigen Kosten verbunden ist.

(2) ¹Leistet der Reiseveranstalter vorbehaltlich der Ausnahmen des Absatzes 1 Satz 2 nicht innerhalb einer vom Reisenden bestimmten angemessenen Frist Abhilfe, kann der Reisende selbst

---

1) **Anm. d. Red.:** § 651i i. d. F. des Gesetzes v. 17. 7. 2017 (BGBl I S. 2394) mit Wirkung v. 1. 7. 2018.
2) **Anm. d. Red.:** § 651j i. d. F. des Gesetzes v. 17. 7. 2017 (BGBl I S. 2394) mit Wirkung v. 1. 7. 2018.
3) **Anm. d. Red.:** § 651k i. d. F. des Gesetzes v. 17. 7. 2017 (BGBl I S. 2394) mit Wirkung v. 1. 7. 2018.

Abhilfe schaffen und Ersatz der erforderlichen Aufwendungen verlangen. ²Der Bestimmung einer Frist bedarf es nicht, wenn die Abhilfe vom Reiseveranstalter verweigert wird oder wenn sofortige Abhilfe notwendig ist.

(3) ¹Kann der Reiseveranstalter die Beseitigung des Reisemangels nach Absatz 1 Satz 2 verweigern und betrifft der Reisemangel einen erheblichen Teil der Reiseleistungen, hat der Reiseveranstalter Abhilfe durch angemessene Ersatzleistungen anzubieten. ²Haben die Ersatzleistungen zur Folge, dass die Pauschalreise im Vergleich zur ursprünglich geschuldeten nicht von mindestens gleichwertiger Beschaffenheit ist, hat der Reiseveranstalter dem Reisenden eine angemessene Herabsetzung des Reisepreises zu gewähren; die Angemessenheit richtet sich nach § 651m Absatz 1 Satz 2. ³Sind die Ersatzleistungen nicht mit den im Vertrag vereinbarten Leistungen vergleichbar oder ist die vom Reiseveranstalter angebotene Herabsetzung des Reisepreises nicht angemessen, kann der Reisende die Ersatzleistungen ablehnen. ⁴In diesem Fall oder wenn der Reiseveranstalter außerstande ist, Ersatzleistungen anzubieten, ist § 651l Absatz 2 und 3 mit der Maßgabe anzuwenden, dass es auf eine Kündigung des Reisenden nicht ankommt.

(4) Ist die Beförderung des Reisenden an den Ort der Abreise oder an einen anderen Ort, auf den sich die Parteien geeinigt haben (Rückbeförderung), vom Vertrag umfasst und aufgrund unvermeidbarer, außergewöhnlicher Umstände nicht möglich, hat der Reiseveranstalter die Kosten für eine notwendige Beherbergung des Reisenden für einen höchstens drei Nächte umfassenden Zeitraum zu tragen, und zwar möglichst in einer Unterkunft, die der im Vertrag vereinbarten gleichwertig ist.

(5) Der Reiseveranstalter kann sich auf die Begrenzung des Zeitraums auf höchstens drei Nächte gemäß Absatz 4 in folgenden Fällen nicht berufen:
1. der Leistungserbringer hat nach unmittelbar anwendbaren Regelungen der Europäischen Union dem Reisenden die Beherbergung für einen längeren Zeitraum anzubieten oder die Kosten hierfür zu tragen,
2. der Reisende gehört zu einem der folgenden Personenkreise und der Reiseveranstalter wurde mindestens 48 Stunden vor Reisebeginn von den besonderen Bedürfnissen des Reisenden in Kenntnis gesetzt:
    a) Personen mit eingeschränkter Mobilität im Sinne des Artikels 2 Buchstabe a der Verordnung (EG) Nr. 1107/2006 des Europäischen Parlaments und des Rates vom 5. Juli 2006 über die Rechte von behinderten Flugreisenden und Flugreisenden mit eingeschränkter Mobilität (ABl L 204 vom 26. 7. 2006, S. 1; L 26 vom 26. 1. 2013, S. 34) und deren Begleitpersonen,
    b) Schwangere,
    c) unbegleitete Minderjährige,
    d) Personen, die besondere medizinische Betreuung benötigen.

§ 651l Kündigung[1)]

(1) ¹Wird die Pauschalreise durch den Reisemangel erheblich beeinträchtigt, kann der Reisende den Vertrag kündigen. ²Die Kündigung ist erst zulässig, wenn der Reiseveranstalter eine ihm vom Reisenden bestimmte angemessene Frist hat verstreichen lassen, ohne Abhilfe zu leisten; § 651k Absatz 2 Satz 2 gilt entsprechend.

(2) ¹Wird der Vertrag gekündigt, so behält der Reiseveranstalter hinsichtlich der erbrachten und nach Absatz 3 zur Beendigung der Pauschalreise noch zu erbringenden Reiseleistungen den Anspruch auf den vereinbarten Reisepreis; Ansprüche des Reisenden nach § 651i Absatz 3 Nummer 6 und 7 bleiben unberührt. ²Hinsichtlich der nicht mehr zu erbringenden Reiseleistungen entfällt der Anspruch des Reiseveranstalters auf den vereinbarten Reisepreis; insoweit bereits geleistete Zahlungen sind dem Reisenden vom Reiseveranstalter zu erstatten.

---

1) **Anm. d. Red.:** § 651l i. d. F. des Gesetzes v. 17. 7. 2017 (BGBl I S. 2394) mit Wirkung v. 1. 7. 2018.

(3) ¹Der Reiseveranstalter ist verpflichtet, die infolge der Aufhebung des Vertrags notwendigen Maßnahmen zu treffen, insbesondere, falls der Vertrag die Beförderung des Reisenden umfasste, unverzüglich für dessen Rückbeförderung zu sorgen; das hierfür eingesetzte Beförderungsmittel muss dem im Vertrag vereinbarten gleichwertig sein. ²Die Mehrkosten für die Rückbeförderung fallen dem Reiseveranstalter zur Last.

§ 651m Minderung[1)]

(1) ¹Für die Dauer des Reisemangels mindert sich der Reisepreis. ²Bei der Minderung ist der Reisepreis in dem Verhältnis herabzusetzen, in welchem zur Zeit des Vertragsschlusses der Wert der Pauschalreise in mangelfreiem Zustand zu dem wirklichen Wert gestanden haben würde. ³Die Minderung ist, soweit erforderlich, durch Schätzung zu ermitteln.

(2) ¹Hat der Reisende mehr als den geminderten Reisepreis gezahlt, so ist der Mehrbetrag vom Reiseveranstalter zu erstatten. ² § 346 Absatz 1 und § 347 Absatz 1 finden entsprechende Anwendung.

§ 651n Schadensersatz[2)]

(1) Der Reisende kann unbeschadet der Minderung oder der Kündigung Schadensersatz verlangen, es sei denn, der Reisemangel
1. ist vom Reisenden verschuldet,
2. ist von einem Dritten verschuldet, der weder Leistungserbringer ist noch in anderer Weise an der Erbringung der von dem Pauschalreisevertrag umfassten Reiseleistungen beteiligt ist, und war für den Reiseveranstalter nicht vorhersehbar oder nicht vermeidbar oder
3. wurde durch unvermeidbare, außergewöhnliche Umstände verursacht.

(2) Wird die Pauschalreise vereitelt oder erheblich beeinträchtigt, kann der Reisende auch wegen nutzlos aufgewendeter Urlaubszeit eine angemessene Entschädigung in Geld verlangen.

(3) Wenn der Reiseveranstalter zum Schadensersatz verpflichtet ist, hat er unverzüglich zu leisten.

§ 651o Mängelanzeige durch den Reisenden[3)]

(1) Der Reisende hat dem Reiseveranstalter einen Reisemangel unverzüglich anzuzeigen.

(2) Soweit der Reiseveranstalter infolge einer schuldhaften Unterlassung der Anzeige nach Absatz 1 nicht Abhilfe schaffen konnte, ist der Reisende nicht berechtigt,
1. die in § 651m bestimmten Rechte geltend zu machen oder
2. nach § 651n Schadensersatz zu verlangen.

§ 651p Zulässige Haftungsbeschränkung; Anrechnung[4)]

(1) Der Reiseveranstalter kann durch Vereinbarung mit dem Reisenden seine Haftung für solche Schäden auf den dreifachen Reisepreis beschränken, die
1. keine Körperschäden sind und
2. nicht schuldhaft herbeigeführt werden.

(2) Gelten für eine Reiseleistung internationale Übereinkünfte oder auf solchen beruhende gesetzliche Vorschriften, nach denen ein Anspruch auf Schadensersatz gegen den Leistungserbringer nur unter bestimmten Voraussetzungen oder Beschränkungen entsteht oder geltend

---

1) **Anm. d. Red.:** § 651m i. d. F. des Gesetzes v. 17. 7. 2017 (BGBl I S. 2394) mit Wirkung v. 1. 7. 2018.
2) **Anm. d. Red.:** § 651n eingefügt gem. Gesetz v. 17. 7. 2017 (BGBl I S. 2394) mit Wirkung v. 1. 7. 2018.
3) **Anm. d. Red.:** § 651o eingefügt gem. Gesetz v. 17. 7. 2017 (BGBl I S. 2394) mit Wirkung v. 1. 7. 2018.
4) **Anm. d. Red.:** § 651p eingefügt gem. Gesetz v. 17. 7. 2017 (BGBl I S. 2394) mit Wirkung v. 1. 7. 2018.

gemacht werden kann oder unter bestimmten Voraussetzungen ausgeschlossen ist, so kann sich auch der Reiseveranstalter gegenüber dem Reisenden hierauf berufen.

(3) ¹Hat der Reisende gegen den Reiseveranstalter Anspruch auf Schadensersatz oder auf Erstattung eines infolge einer Minderung zu viel gezahlten Betrages, so muss sich der Reisende den Betrag anrechnen lassen, den er aufgrund desselben Ereignisses als Entschädigung oder als Erstattung infolge einer Minderung nach Maßgabe internationaler Übereinkünfte oder von auf solchen beruhenden gesetzlichen Vorschriften erhalten hat oder nach Maßgabe

1. der Verordnung (EG) Nr. 261/2004 des Europäischen Parlaments und des Rates vom 11. Februar 2004 über eine gemeinsame Regelung für Ausgleichs- und Unterstützungsleistungen für Fluggäste im Fall der Nichtbeförderung und bei Annullierung oder großer Verspätung von Flügen und zur Aufhebung der Verordnung (EWG) Nr. 295/91 (ABl L 46 vom 17. 2. 2004, S. 1),
2. der Verordnung (EG) Nr. 1371/2007 des Europäischen Parlaments und des Rates vom 23. Oktober 2007 über die Rechte und Pflichten der Fahrgäste im Eisenbahnverkehr (ABl L 315 vom 3. 12. 2007, S. 14),
3. der Verordnung (EG) Nr. 392/2009 des Europäischen Parlaments und des Rates vom 23. April 2009 über die Unfallhaftung von Beförderern von Reisenden auf See (ABl L 131 vom 28. 5. 2009, S. 24),
4. der Verordnung (EU) Nr. 1177/2010 des Europäischen Parlaments und des Rates vom 24. November 2010 über die Fahrgastrechte im See- und Binnenschiffsverkehr und zur Änderung der Verordnung (EG) Nr. 2006/2004 (ABl L 334 vom 17. 12. 2010, S. 1) oder
5. der Verordnung (EU) Nr. 181/2011 des Europäischen Parlaments und des Rates vom 16. Februar 2011 über die Fahrgastrechte im Kraftomnibusverkehr und zur Änderung der Verordnung (EG) Nr. 2006/2004 (ABl L 55 vom 28. 2. 2011, S. 1).

²Hat der Reisende vom Reiseveranstalter bereits Schadensersatz erhalten oder ist ihm infolge einer Minderung vom Reiseveranstalter bereits ein Betrag erstattet worden, so muss er sich den erhaltenen Betrag auf dasjenige anrechnen lassen, was ihm aufgrund desselben Ereignisses als Entschädigung oder als Erstattung infolge einer Minderung nach Maßgabe internationaler Übereinkünfte oder von auf solchen beruhenden gesetzlichen Vorschriften oder nach Maßgabe der in Satz 1 genannten Verordnungen geschuldet ist.

§ 651q Beistandspflicht des Reiseveranstalters[1)]

(1) Befindet sich der Reisende im Fall des § 651k Absatz 4 oder aus anderen Gründen in Schwierigkeiten, hat der Reiseveranstalter ihm unverzüglich in angemessener Weise Beistand zu gewähren, insbesondere durch

1. Bereitstellung geeigneter Informationen über Gesundheitsdienste, Behörden vor Ort und konsularische Unterstützung,
2. Unterstützung bei der Herstellung von Fernkommunikationsverbindungen und
3. Unterstützung bei der Suche nach anderen Reisemöglichkeiten; § 651k Absatz 3 bleibt unberührt.

(2) Hat der Reisende die den Beistand erfordernden Umstände schuldhaft selbst herbeigeführt, kann der Reiseveranstalter Ersatz seiner Aufwendungen verlangen, wenn und soweit diese angemessen und ihm tatsächlich entstanden sind.

---

1) **Anm. d. Red.:** § 651q eingefügt gem. Gesetz v. 17. 7. 2017 (BGBl I S. 2394) mit Wirkung v. 1. 7. 2018.

§ 651r Insolvenzsicherung; Sicherungsschein[1]

(1) ¹Der Reiseveranstalter hat sicherzustellen, dass dem Reisenden der gezahlte Reisepreis erstattet wird, soweit im Fall der Zahlungsunfähigkeit des Reiseveranstalters
1. Reiseleistungen ausfallen oder
2. der Reisende im Hinblick auf erbrachte Reiseleistungen Zahlungsaufforderungen von Leistungserbringern nachkommt, deren Entgeltforderungen der Reiseveranstalter nicht erfüllt hat.

²Umfasst der Vertrag auch die Beförderung des Reisenden, hat der Reiseveranstalter zudem die vereinbarte Rückbeförderung und die Beherbergung bis zum Zeitpunkt der Rückbeförderung sicherzustellen. ³Der Zahlungsunfähigkeit stehen die Eröffnung des Insolvenzverfahrens über das Vermögen des Reiseveranstalters und die Abweisung eines Eröffnungsantrags mangels Masse gleich.

(2) ¹Die Verpflichtungen nach Absatz 1 kann der Reiseveranstalter nur erfüllen
1. durch eine Versicherung bei einem im Geltungsbereich dieses Gesetzes zum Geschäftsbetrieb befugten Versicherungsunternehmen oder
2. durch ein Zahlungsversprechen eines im Geltungsbereich dieses Gesetzes zum Geschäftsbetrieb befugten Kreditinstituts.

²Der Reiseveranstalter muss ohne Rücksicht auf den Wohnsitz des Reisenden, den Ort der Abreise und den Ort des Vertragsschlusses Sicherheit leisten.

(3) ¹Der Versicherer oder das Kreditinstitut (Kundengeldabsicherer) kann dem Reisenden die Fortsetzung der Pauschalreise anbieten. ²Verlangt der Reisende eine Erstattung nach Absatz 1, hat der Kundengeldabsicherer den Anspruch unverzüglich zu erfüllen. ³Er kann seine Haftung für die von ihm in einem Geschäftsjahr insgesamt nach diesem Gesetz zu erstattenden Beträge auf 110 Millionen Euro begrenzen. ⁴Übersteigen die in einem Geschäftsjahr von einem Kundengeldabsicherer insgesamt nach diesem Gesetz zu erstattenden Beträge den in Satz 3 genannten Höchstbetrag, so verringern sich die einzelnen Erstattungsansprüche in dem Verhältnis, in dem ihr Gesamtbetrag zum Höchstbetrag steht.

(4) ¹Zur Erfüllung seiner Verpflichtungen nach Absatz 1 hat der Reiseveranstalter dem Reisenden einen unmittelbaren Anspruch gegen den Kundengeldabsicherer zu verschaffen und durch eine von diesem oder auf dessen Veranlassung gemäß Artikel 252 des Einführungsgesetzes zum Bürgerlichen Gesetzbuche ausgestellte Bestätigung (Sicherungsschein) nachzuweisen. ²Der im Vertrag gemäß Artikel 250 § 6 Absatz 2 Nummer 3 des Einführungsgesetzes zum Bürgerlichen Gesetzbuche genannte Kundengeldabsicherer kann sich gegenüber dem Reisenden weder auf Einwendungen aus dem Kundengeldabsicherungsvertrag noch auf dessen Beendigung berufen, wenn die Beendigung nach Abschluss des Pauschalreisevertrags erfolgt ist. ³In den Fällen des Satzes 2 geht der Anspruch des Reisenden gegen den Reiseveranstalter auf den Kundengeldabsicherer über, soweit dieser den Reisenden befriedigt.

§ 651s Insolvenzsicherung der im Europäischen Wirtschaftsraum niedergelassenen Reiseveranstalter[2]

Hat der Reiseveranstalter im Zeitpunkt des Vertragsschlusses seine Niederlassung im Sinne des § 4 Absatz 3 der Gewerbeordnung in einem anderen Mitgliedstaat der Europäischen Union oder in einem sonstigen Vertragsstaat des Abkommens über den Europäischen Wirtschaftsraum, so genügt er seiner Verpflichtung zur Insolvenzsicherung auch dann, wenn er dem Reisenden Sicherheit in Übereinstimmung mit den Vorschriften dieses anderen Staates zur Umsetzung des Artikels 17 der Richtlinie (EU) 2015/2302 des Europäischen Parlaments und des Rates vom 25. November 2015 über Pauschalreisen und verbundene Reiseleistungen, zur Änderung

---

1) **Anm. d. Red.:** § 651r eingefügt gem. Gesetz v. 17. 7. 2017 (BGBl I S. 2394) mit Wirkung v. 1. 7. 2018.
2) **Anm. d. Red.:** § 651s eingefügt gem. Gesetz v. 17. 7. 2017 (BGBl I S. 2394) mit Wirkung v. 1. 7. 2018.

der Verordnung (EG) Nr. 2006/2004 und der Richtlinie 2011/83/EU des Europäischen Parlaments und des Rates sowie zur Aufhebung der Richtlinie 90/314/EWG des Rates (ABl L 326 vom 11.12.2015, S.1) leistet.

§ 651t Vorauszahlungen[1)]

Der Reiseveranstalter darf Zahlungen des Reisenden auf den Reisepreis vor Beendigung der Pauschalreise nur fordern oder annehmen, wenn
1. ein wirksamer Kundengeldabsicherungsvertrag besteht oder, in den Fällen des § 651s, der Reiseveranstalter nach § 651s Sicherheit leistet und
2. dem Reisenden klar, verständlich und in hervorgehobener Weise Name und Kontaktdaten des Kundengeldabsicherers oder, in den Fällen des § 651s, Name und Kontaktdaten der Einrichtung, die den Insolvenzschutz bietet, sowie gegebenenfalls der Name und die Kontaktdaten der von dem betreffenden Staat benannten zuständigen Behörde zur Verfügung gestellt wurden.

§ 651u Gastschulaufenthalte[2)]

(1) ¹Für einen Vertrag, der einen mindestens drei Monate andauernden und mit dem geregelten Besuch einer Schule verbundenen Aufenthalt des Gastschülers bei einer Gastfamilie in einem anderen Staat (Aufnahmeland) zum Gegenstand hat, gelten § 651a Absatz 1, 2 und 5, die §§ 651b, 651d Absatz 1 bis 4 und die §§ 651e bis 651t entsprechend sowie die nachfolgenden Absätze. ²Für einen Vertrag, der einen kürzeren Gastschulaufenthalt (Satz 1) oder einen mit der geregelten Durchführung eines Praktikums verbundenen Aufenthalt bei einer Gastfamilie im Aufnahmeland zum Gegenstand hat, gelten diese Vorschriften nur, wenn dies vereinbart ist.

(2) Der Anbieter des Gastschulaufenthalts ist als Reiseveranstalter bei Mitwirkung des Gastschülers verpflichtet,
1. für eine nach den Verhältnissen des Aufnahmelands angemessene Unterkunft, Beaufsichtigung und Betreuung des Gastschülers in einer Gastfamilie zu sorgen und
2. die Voraussetzungen für einen geregelten Schulbesuch des Gastschülers im Aufnahmeland zu schaffen.

(3) Tritt der Reisende vor Reisebeginn vom Vertrag zurück, findet § 651h Absatz 1 Satz 3, Absatz 2 nur Anwendung, wenn der Reiseveranstalter den Reisenden auf den Aufenthalt angemessen vorbereitet und spätestens zwei Wochen vor Antritt der Reise jedenfalls über Folgendes informiert hat:
1. Name und Anschrift der für den Gastschüler nach Ankunft bestimmten Gastfamilie und
2. Name und Erreichbarkeit eines Ansprechpartners im Aufnahmeland, bei dem auch Abhilfe verlangt werden kann.

(4) ¹Der Reisende kann den Vertrag bis zur Beendigung der Reise jederzeit kündigen. ²Kündigt der Reisende, ist der Reiseveranstalter berechtigt, den vereinbarten Reisepreis abzüglich der ersparten Aufwendungen zu verlangen. ³Der Reiseveranstalter ist verpflichtet, die infolge der Kündigung notwendigen Maßnahmen zu treffen, insbesondere, falls der Vertrag die Beförderung des Gastschülers umfasste, für dessen Rückbeförderung zu sorgen. ⁴Die Mehrkosten fallen dem Reisenden zur Last. ⁵Die vorstehenden Sätze gelten nicht, wenn der Reisende nach § 651l kündigen kann.

---

1) **Anm. d. Red.:** § 651t eingefügt gem. Gesetz v. 17.7.2017 (BGBl I S. 2394) mit Wirkung v. 1.7.2018.
2) **Anm. d. Red.:** § 651u eingefügt gem. Gesetz v. 17.7.2017 (BGBl I S. 2394) mit Wirkung v. 1.7.2018.

§ 651v Reisevermittlung[1)]

(1) ¹Ein Unternehmer, der einem Reisenden einen Pauschalreisevertrag vermittelt (Reisevermittler), ist verpflichtet, den Reisenden nach Maßgabe des Artikels 250 §§ 1 bis 3 des Einführungsgesetzes zum Bürgerlichen Gesetzbuche zu informieren. ²Er erfüllt damit zugleich die Verpflichtungen des Reiseveranstalters aus § 651d Absatz 1 Satz 1. ³Der Reisevermittler trägt gegenüber dem Reisenden die Beweislast für die Erfüllung seiner Informationspflichten.

(2) ¹Für die Annahme von Zahlungen auf den Reisepreis durch den Reisevermittler gilt § 651t Nummer 2 entsprechend. ²Ein Reisevermittler gilt als vom Reiseveranstalter zur Annahme von Zahlungen auf den Reisepreis ermächtigt, wenn er dem Reisenden eine den Anforderungen des Artikels 250 § 6 des Einführungsgesetzes zum Bürgerlichen Gesetzbuche entsprechende Abschrift oder Bestätigung des Vertrags zur Verfügung stellt oder sonstige dem Reiseveranstalter zuzurechnende Umstände ergeben, dass er von diesem damit betraut ist, Pauschalreiseverträge für ihn zu vermitteln. ³Dies gilt nicht, wenn die Annahme von Zahlungen durch den Reisevermittler in hervorgehobener Form gegenüber dem Reisenden ausgeschlossen ist.

(3) Hat der Reiseveranstalter im Zeitpunkt des Vertragsschlusses seinen Sitz nicht in einem Mitgliedstaat der Europäischen Union oder einem anderen Vertragsstaat des Abkommens über den Europäischen Wirtschaftsraum, treffen den Reisevermittler die sich aus den §§ 651i bis 651t ergebenden Pflichten des Reiseveranstalters, es sei denn, der Reisevermittler weist nach, dass der Reiseveranstalter seine Pflichten nach diesen Vorschriften erfüllt.

(4) ¹Der Reisevermittler gilt als vom Reiseveranstalter bevollmächtigt, Mängelanzeigen sowie andere Erklärungen des Reisenden bezüglich der Erbringung der Reiseleistungen entgegenzunehmen. ²Der Reisevermittler hat den Reiseveranstalter unverzüglich von solchen Erklärungen des Reisenden in Kenntnis zu setzen.

§ 651w Vermittlung verbundener Reiseleistungen[2)]

(1) ¹Ein Unternehmer ist Vermittler verbundener Reiseleistungen, wenn er für den Zweck derselben Reise, die keine Pauschalreise ist,
1. dem Reisenden anlässlich eines einzigen Besuchs in seiner Vertriebsstelle oder eines einzigen Kontakts mit seiner Vertriebsstelle Verträge mit anderen Unternehmern über mindestens zwei verschiedene Arten von Reiseleistungen vermittelt und der Reisende diese Leistungen getrennt auswählt und
   a) getrennt bezahlt oder
   b) sich bezüglich jeder Leistung getrennt zur Zahlung verpflichtet oder
2. dem Reisenden, mit dem er einen Vertrag über eine Reiseleistung geschlossen hat oder dem er einen solchen Vertrag vermittelt hat, in gezielter Weise mindestens einen Vertrag mit einem anderen Unternehmer über eine andere Art von Reiseleistung vermittelt und der weitere Vertrag spätestens 24 Stunden nach der Bestätigung des Vertragsschlusses über die erste Reiseleistung geschlossen wird.

²Eine Vermittlung in gezielter Weise im Sinne des Satzes 1 Nummer 2 liegt insbesondere dann nicht vor, wenn der Unternehmer den Reisenden lediglich mit einem anderen Unternehmer in Kontakt bringt. ³Im Übrigen findet auf Satz 1 § 651a Absatz 4 Satz 1 Nummer 1, Satz 2 und Absatz 5 Nummer 1 und 3 entsprechende Anwendung. ⁴§ 651a Absatz 5 Nummer 2 ist unabhängig von der Höhe des Reisepreises entsprechend anzuwenden.

(2) Der Vermittler verbundener Reiseleistungen ist verpflichtet, den Reisenden nach Maßgabe des Artikels 251 des Einführungsgesetzes zum Bürgerlichen Gesetzbuche zu informieren.

(3) ¹Nimmt der Vermittler verbundener Reiseleistungen Zahlungen des Reisenden auf Vergütungen für Reiseleistungen entgegen, hat er sicherzustellen, dass diese dem Reisenden erstat-

---

1) **Anm. d. Red.:** § 651v eingefügt gem. Gesetz v. 17. 7. 2017 (BGBl I S. 2394) mit Wirkung v. 1. 7. 2018.
2) **Anm. d. Red.:** § 651w eingefügt gem. Gesetz v. 17. 7. 2017 (BGBl I S. 2394) mit Wirkung v. 1. 7. 2018.

tet werden, soweit Reiseleistungen von dem Vermittler verbundener Reiseleistungen selbst zu erbringen sind oder Entgeltforderungen anderer Unternehmer im Sinne des Absatzes 1 Satz 1 noch zu erfüllen sind und im Fall der Zahlungsunfähigkeit des Vermittlers verbundener Reiseleistungen
1. Reiseleistungen ausfallen oder
2. der Reisende im Hinblick auf erbrachte Reiseleistungen Zahlungsaufforderungen nicht befriedigter anderer Unternehmer im Sinne des Absatzes 1 Satz 1 nachkommt.

²Hat sich der Vermittler verbundener Reiseleistungen selbst zur Beförderung des Reisenden verpflichtet, hat er zudem die vereinbarte Rückbeförderung und die Beherbergung bis zum Zeitpunkt der Rückbeförderung sicherzustellen. ³Der Zahlungsunfähigkeit stehen die Eröffnung des Insolvenzverfahrens über das Vermögen des Vermittlers verbundener Reiseleistungen und die Abweisung eines Eröffnungsantrags mangels Masse gleich. ⁴§ 651r Absatz 2 bis 4 sowie die §§ 651s und 651t sind entsprechend anzuwenden.

(4) Erfüllt der Vermittler verbundener Reiseleistungen seine Pflichten aus den Absätzen 2 und 3 nicht, finden auf das Rechtsverhältnis zwischen ihm und dem Reisenden § 312 Absatz 7 Satz 2 sowie die §§ 651e, 651h bis 651q und 651v Absatz 4 entsprechende Anwendung.

(5) ¹Kommen infolge der Vermittlung nach Absatz 1 ein oder mehrere Verträge über Reiseleistungen mit dem Reisenden zustande, hat der jeweilige andere Unternehmer den Vermittler verbundener Reiseleistungen über den Umstand des Vertragsschlusses zu unterrichten. ²Die Pflicht nach Satz 1 besteht nicht, wenn der Vermittler verbundener Reiseleistungen den Vertrag als Vertreter des anderen Unternehmers geschlossen hat.

§ 651x Haftung für Buchungsfehler[1)]
Der Reisende hat Anspruch auf Ersatz des Schadens,
1. der ihm durch einen technischen Fehler im Buchungssystem des Reiseveranstalters, Reisevermittlers, Vermittlers verbundener Reiseleistungen oder eines Leistungserbringers entsteht, es sei denn, der jeweilige Unternehmer hat den technischen Fehler nicht zu vertreten,
2. den einer der in Nummer 1 genannten Unternehmer durch einen Fehler während des Buchungsvorgangs verursacht hat, es sei denn, der Fehler ist vom Reisenden verschuldet oder wurde durch unvermeidbare, außergewöhnliche Umstände verursacht.

§ 651y Abweichende Vereinbarungen[2)]
¹Von den Vorschriften dieses Untertitels darf, soweit nichts anderes bestimmt ist, nicht zum Nachteil des Reisenden abgewichen werden. ²Die Vorschriften dieses Untertitels finden, soweit nichts anderes bestimmt ist, auch Anwendung, wenn sie durch anderweitige Gestaltungen umgangen werden.

Titel 10: Maklervertrag[3)]
Untertitel 1: Allgemeine Vorschriften
§ 652 Entstehung des Lohnanspruchs[4)]
(1) ¹Wer für den Nachweis der Gelegenheit zum Abschluss eines Vertrags oder für die Vermittlung eines Vertrags einen Maklerlohn verspricht, ist zur Entrichtung des Lohnes nur verpflichtet, wenn der Vertrag infolge des Nachweises oder infolge der Vermittlung des Maklers

---
1) **Anm. d. Red.:** § 651x eingefügt gem. Gesetz v. 17. 7. 2017 (BGBl I S. 2394) mit Wirkung v. 1. 7. 2018.
2) **Anm. d. Red.:** § 651y eingefügt gem. Gesetz v. 17. 7. 2017 (BGBl I S. 2394) mit Wirkung v. 1. 7. 2018.
3) **Anm. d. Red.:** Überschrift i. d. F. des Gesetzes v. 12.6.2020 (BGBl I S. 1245) mit Wirkung v. 23.12.2020.
4) **Anm. d. Red.:** § 652 i. d. F. des Gesetzes v. 12.6.2020 (BGBl I S. 1245) mit Wirkung v. 23.12.2020.

zustande kommt. ²Wird der Vertrag unter einer aufschiebenden Bedingung geschlossen, so kann der Maklerlohn erst verlangt werden, wenn die Bedingung eintritt.

(2) ¹Aufwendungen sind dem Makler nur zu ersetzen, wenn es vereinbart ist. ²Dies gilt auch dann, wenn ein Vertrag nicht zustande kommt.

§ 653 Maklerlohn[1]

(1) Ein Maklerlohn gilt als stillschweigend vereinbart, wenn die dem Makler übertragene Leistung den Umständen nach nur gegen eine Vergütung zu erwarten ist.

(2) Ist die Höhe der Vergütung nicht bestimmt, so ist bei dem Bestehen einer Taxe der taxmäßige Lohn, in Ermangelung einer Taxe der übliche Lohn als vereinbart anzusehen.

§ 654 Verwirkung des Lohnanspruchs[2]

Der Anspruch auf den Maklerlohn und den Ersatz von Aufwendungen ist ausgeschlossen, wenn der Makler dem Inhalte des Vertrags zuwider auch für den anderen Teil tätig gewesen ist.

§ 655 Herabsetzung des Maklerlohns[3]

¹Ist für den Nachweis der Gelegenheit zum Abschluss eines Dienstvertrags oder für die Vermittlung eines solchen Vertrags ein unverhältnismäßig hoher Maklerlohn vereinbart worden, so kann er auf Antrag des Schuldners durch Urteil auf den angemessenen Betrag herabgesetzt werden. ²Nach der Entrichtung des Lohnes ist die Herabsetzung ausgeschlossen.

Untertitel 2: Vermittlung von Verbraucherdarlehensverträgen und entgeltlichen Finanzierungshilfen[4]

§ 655a Darlehensvermittlungsvertrag[5]

(1) ¹Für einen Vertrag, nach dem es ein Unternehmer unternimmt, einem Verbraucher
1. gegen eine vom Verbraucher oder einem Dritten zu leistende Vergütung einen Verbraucherdarlehensvertrag oder eine entgeltliche Finanzierungshilfe zu vermitteln,
2. die Gelegenheit zum Abschluss eines Vertrags nach Nummer 1 nachzuweisen oder
3. auf andere Weise beim Abschluss eines Vertrags nach Nummer 1 behilflich zu sein,

gelten vorbehaltlich des Satzes 2 die folgenden Vorschriften dieses Untertitels. ²Bei entgeltlichen Finanzierungshilfen, die den Ausnahmen des § 491 Absatz 2 Satz 2 Nummer 1 bis 5 und Absatz 3 Satz 2 entsprechen, gelten die Vorschriften dieses Untertitels nicht.

(2) ¹Der Darlehensvermittler ist verpflichtet, den Verbraucher nach Maßgabe des Artikels 247 § 13 Absatz 2 und § 13b Absatz 1 des Einführungsgesetzes zum Bürgerlichen Gesetzbuche zu informieren. ²Der Darlehensvermittler ist gegenüber dem Verbraucher zusätzlich wie ein Darlehensgeber gemäß § 491a verpflichtet. ³Satz 2 gilt nicht für Warenlieferanten oder Dienstleistungserbringer, die in lediglich untergeordneter Funktion als Darlehensvermittler von Allgemein-Verbraucherdarlehen oder von entsprechenden entgeltlichen Finanzierungshilfen tätig werden, etwa indem sie als Nebenleistung den Abschluss eines verbundenen Verbraucherdarlehensvertrags vermitteln.

(3) ¹Bietet der Darlehensvermittler im Zusammenhang mit der Vermittlung eines Immobiliar-Verbraucherdarlehensvertrags oder entsprechender entgeltlicher Finanzierungshilfen Bera-

---

1) **Anm. d. Red.:** § 653 i. d. F. des Gesetzes v. 12.6.2020 (BGBl I S. 1245) mit Wirkung v. 23.12.2020.
2) **Anm. d. Red.:** § 654 i. d. F. des Gesetzes v. 12.6.2020 (BGBl I S. 1245) mit Wirkung v. 23.12.2020.
3) **Anm. d. Red.:** § 655 i. d. F. des Gesetzes v. 12.6.2020 (BGBl I S. 1245) mit Wirkung v. 23.12.2020.
4) **Anm. d. Red.:** Überschrift i. d. F. des Gesetzes v. 11. 3. 2016 (BGBl I S. 396) mit Wirkung v. 21. 3. 2016.
5) **Anm. d. Red.:** § 655a i. d. F. des Gesetzes v. 11. 3. 2016 (BGBl I S. 396) mit Wirkung v. 21. 3. 2016.

tungsleistungen gemäß § 511 Absatz 1 an, so gilt § 511 entsprechend. ²§ 511 Absatz 2 Satz 2 gilt entsprechend mit der Maßgabe, dass der Darlehensvermittler eine ausreichende Zahl von am Markt verfügbaren Darlehensverträgen zu prüfen hat. ³Ist der Darlehensvermittler nur im Namen und unter der unbeschränkten und vorbehaltlosen Verantwortung nur eines Darlehensgebers oder einer begrenzten Zahl von Darlehensgebern tätig, die am Markt keine Mehrheit darstellt, so braucht der Darlehensvermittler abweichend von Satz 2 nur Darlehensverträge aus der Produktpalette dieser Darlehensgeber zu berücksichtigen.

§ 655b Schriftform bei einem Vertrag mit einem Verbraucher[1]

(1) ¹Der Darlehensvermittlungsvertrag mit einem Verbraucher bedarf der schriftlichen Form. ²Der Vertrag darf nicht mit dem Antrag auf Hingabe des Darlehens verbunden werden. ³Der Darlehensvermittler hat dem Verbraucher den Vertragsinhalt in Textform mitzuteilen.

(2) Ein Darlehensvermittlungsvertrag mit einem Verbraucher, der den Anforderungen des Absatzes 1 Satz 1 und 2 nicht genügt oder vor dessen Abschluss die Pflichten aus Artikel 247 § 13 Abs. 2 sowie § 13b Absatz 1 und 3 des Einführungsgesetzes zum Bürgerlichen Gesetzbuche nicht erfüllt worden sind, ist nichtig.

§ 655c Vergütung[2]

¹Der Verbraucher ist zur Zahlung der Vergütung für die Tätigkeiten nach § 655a Absatz 1 nur verpflichtet, wenn infolge der Vermittlung, des Nachweises oder auf Grund der sonstigen Tätigkeit des Darlehensvermittlers das Darlehen an den Verbraucher geleistet wird und ein Widerruf des Verbrauchers nach § 355 nicht mehr möglich ist. ²Soweit der Verbraucherdarlehensvertrag mit Wissen des Darlehensvermittlers der vorzeitigen Ablösung eines anderen Darlehens (Umschuldung) dient, entsteht ein Anspruch auf die Vergütung nur, wenn sich der effektive Jahreszins nicht erhöht; bei der Berechnung des effektiven Jahreszinses für das abzulösende Darlehen bleiben etwaige Vermittlungskosten außer Betracht.

§ 655d Nebenentgelte[3]

¹Der Darlehensvermittler darf für Leistungen, die mit der Vermittlung des Verbraucherdarlehensvertrags oder dem Nachweis der Gelegenheit zum Abschluss eines Verbraucherdarlehensvertrags zusammenhängen, außer der Vergütung nach § 655c Satz 1 sowie eines gegebenenfalls vereinbarten Entgelts für Beratungsleistungen ein Entgelt nicht vereinbaren. ²Jedoch kann vereinbart werden, dass dem Darlehensvermittler entstandene, erforderliche Auslagen zu erstatten sind. ³Dieser Anspruch darf die Höhe oder die Höchstbeträge, die der Darlehensvermittler dem Verbraucher gemäß Artikel 247 § 13 Absatz 2 Satz 1 Nummer 4 des Einführungsgesetzes zum Bürgerlichen Gesetzbuche mitgeteilt hat, nicht übersteigen.

§ 655e Abweichende Vereinbarungen, Anwendung auf Existenzgründer[4]

(1) ¹Von den Vorschriften dieses Untertitels darf nicht zum Nachteil des Verbrauchers abgewichen werden. ²Die Vorschriften dieses Untertitels finden auch Anwendung, wenn sie durch anderweitige Gestaltungen umgangen werden.

(2) Existenzgründer im Sinne des § 513 stehen Verbrauchern in diesem Untertitel gleich.

---

1) **Anm. d. Red.:** § 655b i. d. F. des Gesetzes v. 11. 3. 2016 (BGBl I S. 396) mit Wirkung v. 21. 3. 2016.
2) **Anm. d. Red.:** § 655c i. d. F. des Gesetzes v. 11. 3. 2016 (BGBl I S. 396) mit Wirkung v. 21. 3. 2016.
3) **Anm. d. Red.:** § 655d i. d. F. des Gesetzes v. 11. 3. 2016 (BGBl I S. 396) mit Wirkung v. 21. 3. 2016.
4) **Anm. d. Red.:** § 655e i. d. F. des Gesetzes v. 11. 3. 2016 (BGBl I S. 396) mit Wirkung v. 21. 3. 2016.

Untertitel 3: Ehevermittlung

§ 656 Heiratsvermittlung[1]

(1) ¹Durch das Versprechen eines Lohnes für den Nachweis der Gelegenheit zur Eingehung einer Ehe oder für die Vermittelung des Zustandekommens einer Ehe wird eine Verbindlichkeit nicht begründet. ²Das aufgrund des Versprechens Geleistete kann nicht deshalb zurückgefordert werden, weil eine Verbindlichkeit nicht bestanden hat.

(2) Diese Vorschriften gelten auch für eine Vereinbarung, durch die der andere Teil zum Zwecke der Erfüllung des Versprechens dem Makler gegenüber eine Verbindlichkeit eingeht, insbesondere für ein Schuldanerkenntnis.

Untertitel 4: Vermittlung von Kaufverträgen über Wohnungen und Einfamilienhäuser[2]

§ 656a Textform[3]

Ein Maklervertrag, der den Nachweis der Gelegenheit zum Abschluss eines Kaufvertrags über eine Wohnung oder ein Einfamilienhaus oder die Vermittlung eines solchen Vertrags zum Gegenstand hat, bedarf der Textform.

§ 656b Persönlicher Anwendungsbereich der §§ 656c und 656d[4]

Die §§ 656c und 656d gelten nur, wenn der Käufer ein Verbraucher ist.

§ 656c Lohnanspruch bei Tätigkeit für beide Parteien[5]

(1) ¹Lässt sich der Makler von beiden Parteien des Kaufvertrags über eine Wohnung oder ein Einfamilienhaus einen Maklerlohn versprechen, so kann dies nur in der Weise erfolgen, dass sich die Parteien in gleicher Höhe verpflichten. ²Vereinbart der Makler mit einer Partei des Kaufvertrags, dass er für diese unentgeltlich tätig wird, kann er sich auch von der anderen Partei keinen Maklerlohn versprechen lassen. ³Ein Erlass wirkt auch zugunsten des jeweils anderen Vertragspartners des Maklers. ⁴Von Satz 3 kann durch Vertrag nicht abgewichen werden.

(2) ¹Ein Maklervertrag, der von Absatz 1 Satz 1 und 2 abweicht, ist unwirksam. ²§ 654 bleibt unberührt.

§ 656d Vereinbarungen über die Maklerkosten[6]

(1) ¹Hat nur eine Partei des Kaufvertrags über eine Wohnung oder ein Einfamilienhaus einen Maklervertrag abgeschlossen, ist eine Vereinbarung, die die andere Partei zur Zahlung oder Erstattung von Maklerlohn verpflichtet, nur wirksam, wenn die Partei, die den Maklervertrag abgeschlossen hat, zur Zahlung des Maklerlohns mindestens in gleicher Höhe verpflichtet bleibt. ²Der Anspruch gegen die andere Partei wird erst fällig, wenn die Partei, die den Maklervertrag abgeschlossen hat, ihrer Verpflichtung zur Zahlung des Maklerlohns nachgekommen ist und sie oder der Makler einen Nachweis hierüber erbringt.

(2) § 656c Absatz 1 Satz 3 und 4 gilt entsprechend.

---

1) **Anm. d. Red.:** § 656 i. d. F. des Gesetzes v. 12.6.2020 (BGBl I S. 1245) mit Wirkung v. 23.12.2020.

2) **Anm. d. Red.:** Untertitel 4 (§§ 656a bis 656d) eingefügt gem. Gesetz v. 12.6.2020 (BGBl I S. 1245) mit Wirkung v. 23.12.2020.

3) **Anm. d. Red.:** § 656a eingefügt gem. Gesetz v. 12.6.2020 (BGBl I S. 1245) mit Wirkung v. 23.12.2020.

4) **Anm. d. Red.:** § 656b eingefügt gem. Gesetz v. 12.6.2020 (BGBl I S. 1245) mit Wirkung v. 23.12.2020..

5) **Anm. d. Red.:** § 656c eingefügt gem. Gesetz v. 12.6.2020 (BGBl I S. 1245) mit Wirkung v. 23.12.2020..

6) **Anm. d. Red.:** § 656d eingefügt gem. Gesetz v. 12.6.2020 (BGBl I S. 1245) mit Wirkung v. 23.12.2020..

Titel 11: Auslobung

§ 657 Bindendes Versprechen

Wer durch öffentliche Bekanntmachung eine Belohnung für die Vornahme einer Handlung, insbesondere für die Herbeiführung eines Erfolges, aussetzt, ist verpflichtet, die Belohnung demjenigen zu entrichten, welcher die Handlung vorgenommen hat, auch wenn dieser nicht mit Rücksicht auf die Auslobung gehandelt hat.

§ 658 Widerruf

(1) ¹Die Auslobung kann bis zur Vornahme der Handlung widerrufen werden. ²Der Widerruf ist nur wirksam, wenn er in derselben Weise wie die Auslobung bekannt gemacht wird oder wenn er durch besondere Mitteilung erfolgt.

(2) Auf die Widerruflichkeit kann in der Auslobung verzichtet werden; ein Verzicht liegt im Zweifel in der Bestimmung einer Frist für die Vornahme der Handlung.

§ 659 Mehrfache Vornahme

(1) Ist die Handlung, für welche die Belohnung ausgesetzt ist, mehrmals vorgenommen worden, so gebührt die Belohnung demjenigen, welcher die Handlung zuerst vorgenommen hat.

(2) ¹Ist die Handlung von mehreren gleichzeitig vorgenommen worden, so gebührt jedem ein gleicher Teil der Belohnung. ²Lässt sich die Belohnung wegen ihrer Beschaffenheit nicht teilen oder soll nach dem Inhalte der Auslobung nur einer die Belohnung erhalten, so entscheidet das Los.

§ 660 Mitwirkung mehrerer

(1) ¹Haben mehrere zu dem Erfolge mitgewirkt, für den die Belohnung ausgesetzt ist, so hat der Auslobende die Belohnung unter Berücksichtigung des Anteils eines jeden an dem Erfolg nach billigem Ermessen unter sie zu verteilen. ²Die Verteilung ist nicht verbindlich, wenn sie offenbar unbillig ist; sie erfolgt in einem solchen Fall durch Urteil.

(2) Wird die Verteilung des Auslobenden von einem der Beteiligten nicht als verbindlich anerkannt, so ist der Auslobende berechtigt, die Erfüllung zu verweigern, bis die Beteiligten den Streit über ihre Berechtigung unter sich ausgetragen haben; jeder von ihnen kann verlangen, dass die Belohnung für alle hinterlegt wird.

(3) Die Vorschrift des § 659 Abs. 2 Satz 2 findet Anwendung.

§ 661 Preisausschreiben

(1) Eine Auslobung, die eine Preisbewerbung zum Gegenstande hat, ist nur gültig, wenn in der Bekanntmachung eine Frist für die Bewerbung bestimmt wird.

(2) ¹Die Entscheidung darüber, ob eine innerhalb der Frist erfolgte Bewerbung der Auslobung entspricht oder welche von mehreren Bewerbungen den Vorzug verdient, ist durch die in der Auslobung bezeichnete Person, in Ermangelung einer solchen durch den Auslobenden zu treffen. ²Die Entscheidung ist für die Beteiligten verbindlich.

(3) Bei Bewerbungen von gleicher Würdigkeit finden auf die Zuerteilung des Preises die Vorschriften des § 659 Abs. 2 Anwendung.

(4) Die Übertragung des Eigentums an dem Werke kann der Auslobende nur verlangen, wenn er in der Auslobung bestimmt hat, dass die Übertragung erfolgen soll.

§ 661a Gewinnzusagen

Ein Unternehmer, der Gewinnzusagen oder vergleichbare Mitteilungen an Verbraucher sendet und durch die Gestaltung dieser Zusendungen den Eindruck erweckt, dass der Verbraucher einen Preis gewonnen hat, hat dem Verbraucher diesen Preis zu leisten.

Titel 12: Auftrag, Geschäftsbesorgungsvertrag und Zahlungsdienste[1]

Untertitel 1: Auftrag

§ 662 Vertragstypische Pflichten beim Auftrag

Durch die Annahme eines Auftrags verpflichtet sich der Beauftragte, ein ihm von dem Auftraggeber übertragenes Geschäft für diesen unentgeltlich zu besorgen.

§ 663 Anzeigepflicht bei Ablehnung

¹Wer zur Besorgung gewisser Geschäfte öffentlich bestellt ist oder sich öffentlich erboten hat, ist, wenn er einen auf solche Geschäfte gerichteten Auftrag nicht annimmt, verpflichtet, die Ablehnung dem Auftraggeber unverzüglich anzuzeigen. ²Das Gleiche gilt, wenn sich jemand dem Auftraggeber gegenüber zur Besorgung gewisser Geschäfte erboten hat.

§ 664 Unübertragbarkeit; Haftung für Gehilfen

(1) ¹Der Beauftragte darf im Zweifel die Ausführung des Auftrags nicht einem Dritten übertragen. ²Ist die Übertragung gestattet, so hat er nur ein ihm bei der Übertragung zur Last fallendes Verschulden zu vertreten. ³Für das Verschulden eines Gehilfen ist er nach § 278 verantwortlich.

(2) Der Anspruch auf Ausführung des Auftrags ist im Zweifel nicht übertragbar.

§ 665 Abweichung von Weisungen

¹Der Beauftragte ist berechtigt, von den Weisungen des Auftraggebers abzuweichen, wenn er den Umständen nach annehmen darf, dass der Auftraggeber bei Kenntnis der Sachlage die Abweichung billigen würde. ²Der Beauftragte hat vor der Abweichung dem Auftraggeber Anzeige zu machen und dessen Entschließung abzuwarten, wenn nicht mit dem Aufschub Gefahr verbunden ist.

§ 666 Auskunfts- und Rechenschaftspflicht

Der Beauftragte ist verpflichtet, dem Auftraggeber die erforderlichen Nachrichten zu geben, auf Verlangen über den Stand des Geschäfts Auskunft zu erteilen und nach der Ausführung des Auftrags Rechenschaft abzulegen.

§ 667 Herausgabepflicht

Der Beauftragte ist verpflichtet, dem Auftraggeber alles, was er zur Ausführung des Auftrags erhält und was er aus der Geschäftsbesorgung erlangt, herauszugeben.

§ 668 Verzinsung des verwendeten Geldes

Verwendet der Beauftragte Geld für sich, das er dem Auftraggeber herauszugeben oder für ihn zu verwenden hat, so ist er verpflichtet, es von der Zeit der Verwendung an zu verzinsen.

§ 669 Vorschusspflicht

Für die zur Ausführung des Auftrags erforderlichen Aufwendungen hat der Auftraggeber dem Beauftragten auf Verlangen Vorschuss zu leisten.

§ 670 Ersatz von Aufwendungen

Macht der Beauftragte zum Zwecke der Ausführung des Auftrags Aufwendungen, die er den Umständen nach für erforderlich halten darf, so ist der Auftraggeber zum Ersatz verpflichtet.

---

1) **Anm. d. Red.:** Überschrift i. d. F. des Gesetzes v. 29. 7. 2009 (BGBl I S. 2355) mit Wirkung v. 30. 7. 2010.

§ 671 Widerruf; Kündigung

(1) Der Auftrag kann von dem Auftraggeber jederzeit widerrufen, von dem Beauftragten jederzeit gekündigt werden.

(2) ¹Der Beauftragte darf nur in der Art kündigen, dass der Auftraggeber für die Besorgung des Geschäfts anderweit Fürsorge treffen kann, es sei denn, dass ein wichtiger Grund für die unzeitige Kündigung vorliegt. ²Kündigt er ohne solchen Grund zur Unzeit, so hat er dem Auftraggeber den daraus entstehenden Schaden zu ersetzen.

(3) Liegt ein wichtiger Grund vor, so ist der Beauftragte zur Kündigung auch dann berechtigt, wenn er auf das Kündigungsrecht verzichtet hat.

§ 672 Tod oder Geschäftsunfähigkeit des Auftraggebers

¹Der Auftrag erlischt im Zweifel nicht durch den Tod oder den Eintritt der Geschäftsunfähigkeit des Auftraggebers. ²Erlischt der Auftrag, so hat der Beauftragte, wenn mit dem Aufschub Gefahr verbunden ist, die Besorgung des übertragenen Geschäfts fortzusetzen, bis der Erbe oder der gesetzliche Vertreter des Auftraggebers anderweit Fürsorge treffen kann; der Auftrag gilt insoweit als fortbestehend.

§ 673 Tod des Beauftragten

¹Der Auftrag erlischt im Zweifel durch den Tod des Beauftragten. ²Erlischt der Auftrag, so hat der Erbe des Beauftragten den Tod dem Auftraggeber unverzüglich anzuzeigen und, wenn mit dem Aufschub Gefahr verbunden ist, die Besorgung des übertragenen Geschäfts fortzusetzen, bis der Auftraggeber anderweit Fürsorge treffen kann; der Auftrag gilt insoweit als fortbestehend.

§ 674 Fiktion des Fortbestehens

Erlischt der Auftrag in anderer Weise als durch Widerruf, so gilt er zugunsten des Beauftragten gleichwohl als fortbestehend, bis der Beauftragte von dem Erlöschen Kenntnis erlangt oder das Erlöschen kennen muss.

Untertitel 2: Geschäftsbesorgungsvertrag*)

§ 675 Entgeltliche Geschäftsbesorgung[1)]

(1) Auf einen Dienstvertrag oder einen Werkvertrag, der eine Geschäftsbesorgung zum Gegenstande hat, finden, soweit in diesem Untertitel nichts Abweichendes bestimmt wird, die Vorschriften der §§ 663, 665 bis 670, 672 bis 674 und, wenn dem Verpflichteten das Recht zusteht, ohne Einhaltung einer Kündigungsfrist zu kündigen, auch die Vorschriften des § 671 Abs. 2 entsprechende Anwendung.

(2) Wer einem anderen einen Rat oder eine Empfehlung erteilt, ist, unbeschadet der sich aus einem Vertragsverhältnis, einer unerlaubten Handlung oder einer sonstigen gesetzlichen Bestimmung ergebenden Verantwortlichkeit, zum Ersatz des aus der Befolgung des Rates oder der Empfehlung entstehenden Schadens nicht verpflichtet.

(3) Ein Vertrag, durch den sich der eine Teil verpflichtet, die Anmeldung oder Registrierung des anderen Teils zur Teilnahme an Gewinnspielen zu bewirken, die von einem Dritten durchgeführt werden, bedarf der Textform.

---

*) **Amtl. Anm.:** Dieser Untertitel dient der Umsetzung 1. der Richtlinie 97/5/EG des Europäischen Parlaments und des Rates vom 27. Januar 1997 über grenzüberschreitende Überweisungen (ABl EG Nr. L 43 S. 25) und 2. Artikel 3 bis 5 der Richtlinie 98/26/EG des Europäischen Parlaments und des Rates über die Wirksamkeit von Abrechnungen in Zahlungs- und Wertpapierliefer- und -abrechnungssystemen vom 19. Mai 1998 (ABl EG Nr. L 166 S. 45).

1) **Anm. d. Red.:** § 675 i. d. F. des Gesetzes v. 1. 10. 2013 (BGBl I S. 3714) mit Wirkung v. 9. 10. 2013.

§ 675a Informationspflichten[1]

Wer zur Besorgung von Geschäften öffentlich bestellt ist oder sich dazu öffentlich erboten hat, stellt für regelmäßig anfallende standardisierte Geschäftsvorgänge (Standardgeschäfte) unentgeltlich Informationen über Entgelte und Auslagen der Geschäftsbesorgung in Textform zur Verfügung, soweit nicht eine Preisfestsetzung nach § 315 erfolgt oder die Entgelte und Auslagen gesetzlich verbindlich geregelt sind.

§ 675b Aufträge zur Übertragung von Wertpapieren in Systemen[2]

Der Teilnehmer an Wertpapierlieferungs- und Abrechnungssystemen kann einen Auftrag, der die Übertragung von Wertpapieren oder Ansprüchen auf Herausgabe von Wertpapieren im Wege der Verbuchung oder auf sonstige Weise zum Gegenstand hat, von dem in den Regeln des Systems bestimmten Zeitpunkt an nicht mehr widerrufen.

Untertitel 3: Zahlungsdienste[2]

Kapitel 1: Allgemeine Vorschriften[2]

§ 675c Zahlungsdienste und E-Geld[3]

(1) Auf einen Geschäftsbesorgungsvertrag, der die Erbringung von Zahlungsdiensten zum Gegenstand hat, sind die §§ 663, 665 bis 670 und 672 bis 674 entsprechend anzuwenden, soweit in diesem Untertitel nichts Abweichendes bestimmt ist.

(2) Die Vorschriften dieses Untertitels sind auch auf einen Vertrag über die Ausgabe und Nutzung von E-Geld anzuwenden.

(3) Die Begriffsbestimmungen des Kreditwesengesetzes und des Zahlungsdiensteaufsichtsgesetzes sind anzuwenden.

(4) Die Vorschriften dieses Untertitels sind mit Ausnahme von § 675d Absatz 2 Satz 2 sowie Absatz 3 nicht auf einen Vertrag über die Erbringung von Kontoinformationsdiensten anzuwenden.

§ 675d Unterrichtung bei Zahlungsdiensten[4]

(1) Zahlungsdienstleister haben Zahlungsdienstnutzer bei der Erbringung von Zahlungsdiensten über die in Artikel 248 §§ 1 bis 12, 13 Absatz 1, 3 bis 5 und §§ 14 bis 16 des Einführungsgesetzes zum Bürgerlichen Gesetzbuche bestimmten Umstände in der dort vorgesehenen Form zu unterrichten.

(2) ¹Zahlungsauslösedienstleister haben Zahler ausschließlich über die in Artikel 248 § 13 Absatz 1 bis 3 und § 13a des Einführungsgesetzes zum Bürgerlichen Gesetzbuche bestimmten Umstände in der Form zu unterrichten, die in Artikel 248 §§ 2 und 12 des Einführungsgesetzes zum Bürgerlichen Gesetzbuche vorgesehen ist. ²Kontoinformationsdienstleister haben Zahlungsdienstnutzer über die in Artikel 248 §§ 4 und 13 Absatz 1 des Einführungsgesetzes zum Bürgerlichen Gesetzbuche bestimmten Umstände zu unterrichten; sie können die Form und den Zeitpunkt der Unterrichtung mit dem Zahlungsdienstnutzer vereinbaren.

(3) Ist die ordnungsgemäße Unterrichtung streitig, so trifft die Beweislast den Zahlungsdienstleister.

---

1) **Anm. d. Red.:** § 675a i. d. F. des Gesetzes v. 17. 2. 2016 (BGBl I S. 233) mit Wirkung v. 24. 2. 2016.

2) **Anm. d. Red.:** §§ 676 bis 676h mit Zwischenüberschriften durch die folgenden §§ 675b bis 676c mit Zwischenüberschriften ersetzt gem. Gesetz v. 29. 7. 2009 (BGBl I S. 2355) mit Wirkung v. 31. 10. 2009.

3) **Anm. d. Red.:** § 675c i. d. F. des Gesetzes v. 17. 7. 2017 (BGBl I S. 2446) mit Wirkung v. 13. 1. 2018.

4) **Anm. d. Red.:** § 675d i. d. F. des Gesetzes v. 17. 7. 2017 (BGBl I S. 2446) mit Wirkung v. 13. 1. 2018.

(4) ¹Für die Unterrichtung darf der Zahlungsdienstleister mit dem Zahlungsdienstnutzer nur dann ein Entgelt vereinbaren, wenn die Information auf Verlangen des Zahlungsdienstnutzers erbracht wird und der Zahlungsdienstleister
1. diese Information häufiger erbringt, als in Artikel 248 §§ 1 bis 16 des Einführungsgesetzes zum Bürgerlichen Gesetzbuche vorgesehen,
2. eine Information erbringt, die über die in Artikel 248 §§ 1 bis 16 des Einführungsgesetzes zum Bürgerlichen Gesetzbuche vorgeschriebenen hinausgeht, oder
3. diese Information mithilfe anderer als der im Zahlungsdiensterahmenvertrag vereinbarten Kommunikationsmittel erbringt.

²Das Entgelt muss angemessen und an den tatsächlichen Kosten des Zahlungsdienstleisters ausgerichtet sein.

(5) ¹Zahlungsempfänger, Dienstleister, die Bargeldabhebungsdienste erbringen, und Dritte unterrichten über die in Artikel 248 §§ 17 bis 18 des Einführungsgesetzes zum Bürgerlichen Gesetzbuche bestimmten Umstände. ²Der Zahler ist nur dann verpflichtet, die Entgelte gemäß Artikel 248 § 17 Absatz 2 und § 18 des Einführungsgesetzes zum Bürgerlichen Gesetzbuche zu entrichten, wenn deren volle Höhe vor der Auslösung des Zahlungsvorgangs bekannt gemacht wurde.

(6) ¹Die Absätze 1 bis 5 sind nicht anzuwenden auf
1. die Bestandteile eines Zahlungsvorgangs, die außerhalb des Europäischen Wirtschaftsraums getätigt werden, wenn
    a) der Zahlungsvorgang in der Währung eines Staates außerhalb des Europäischen Wirtschaftsraums erfolgt und sowohl der Zahlungsdienstleister des Zahlers als auch der Zahlungsdienstleister des Zahlungsempfängers innerhalb des Europäischen Wirtschaftsraums belegen ist oder
    b) bei Beteiligung mehrerer Zahlungsdienstleister an dem Zahlungsvorgang von diesen Zahlungsdienstleistern mindestens einer innerhalb und mindestens einer außerhalb des Europäischen Wirtschaftsraums belegen ist;
2. Zahlungsvorgänge, bei denen keiner der beteiligten Zahlungsdienstleister innerhalb des Europäischen Wirtschaftsraums belegen ist.

²In den Fällen des Satzes 1 Nummer 1 sind die Informationspflichten nach Artikel 248 § 4 Absatz 1 Nummer 2 Buchstabe e, § 6 Nummer 1 sowie § 13 Absatz 1 Satz 1 Nummer 2 des Einführungsgesetzes zum Bürgerlichen Gesetzbuche auch auf die innerhalb des Europäischen Wirtschaftsraums getätigten Bestandteile des Zahlungsvorgangs nicht anzuwenden. ³Gleiches gilt im Fall des Satzes 1 Nummer 1 Buchstabe b für die Informationspflicht nach Artikel 248 § 4 Absatz 1 Nummer 5 Buchstabe g des Einführungsgesetzes zum Bürgerlichen Gesetzbuche.

§ 675e Abweichende Vereinbarungen[1)]

(1) Soweit nichts anderes bestimmt ist, darf von den Vorschriften dieses Untertitels nicht zum Nachteil des Zahlungsdienstnutzers abgewichen werden.

(2) In den Fällen des § 675d Absatz 6 Satz 1 Nummer 1 und 2
1. sind § 675s Absatz 1, § 675t Absatz 2, § 675x Absatz 1, § 675y Absatz 1 bis 4 sowie § 675z Satz 3 nicht anzuwenden;
2. darf im Übrigen zum Nachteil des Zahlungsdienstnutzers von den Vorschriften dieses Untertitels abgewichen werden.

(3) Für Zahlungsvorgänge, die nicht in Euro erfolgen, können der Zahlungsdienstnutzer und sein Zahlungsdienstleister vereinbaren, dass § 675t Abs. 1 Satz 3 und Abs. 2 ganz oder teilweise nicht anzuwenden ist.

---

1) **Anm. d. Red.:** § 675e i. d. F. des Gesetzes v. 17. 7. 2017 (BGBl I S. 2446) mit Wirkung v. 13. 1. 2018.

(4) Handelt es sich bei dem Zahlungsdienstnutzer nicht um einen Verbraucher, so können die Parteien vereinbaren, dass § 675d Absatz 1 bis 5, § 675f Absatz 5 Satz 2, die §§ 675g, 675h, 675j Absatz 2, die §§ 675p sowie 675v bis 676 ganz oder teilweise nicht anzuwenden sind; sie können auch andere als die in § 676b Absatz 2 und 4 vorgesehenen Fristen vereinbaren.

Kapitel 2: Zahlungsdienstevertrag[1)]

§ 675f Zahlungsdienstevertrag[2)]

(1) Durch einen Einzelzahlungsvertrag wird der Zahlungsdienstleister verpflichtet, für die Person, die einen Zahlungsdienst als Zahler, Zahlungsempfänger oder in beiden Eigenschaften in Anspruch nimmt (Zahlungsdienstnutzer), einen Zahlungsvorgang auszuführen.

(2) ¹Durch einen Zahlungsdiensterahmenvertrag wird der Zahlungsdienstleister verpflichtet, für den Zahlungsdienstnutzer einzelne und aufeinander folgende Zahlungsvorgänge auszuführen sowie gegebenenfalls für den Zahlungsdienstnutzer ein auf dessen Namen oder die Namen mehrerer Zahlungsdienstnutzer lautendes Zahlungskonto zu führen. ²Ein Zahlungsdiensterahmenvertrag kann auch Bestandteil eines sonstigen Vertrags sein oder mit einem anderen Vertrag zusammenhängen.

(3) ¹Der Zahlungsdienstnutzer ist berechtigt, einen Zahlungsauslösedienst oder einen Kontoinformationsdienst zu nutzen, es sei denn, das Zahlungskonto des Zahlungsdienstnutzers ist für diesen nicht online zugänglich. ²Der kontoführende Zahlungsdienstleister darf die Nutzung dieser Dienste durch den Zahlungsdienstnutzer nicht davon abhängig machen, dass der Zahlungsauslösedienstleister oder der Kontoinformationsdienstleister zu diesem Zweck einen Vertrag mit dem kontoführenden Zahlungsdienstleister abschließt.

(4) ¹Zahlungsvorgang ist jede Bereitstellung, Übermittlung oder Abhebung eines Geldbetrags, unabhängig von der zugrunde liegenden Rechtsbeziehung zwischen Zahler und Zahlungsempfänger. ²Zahlungsauftrag ist jeder Auftrag, den ein Zahler seinem Zahlungsdienstleister zur Ausführung eines Zahlungsvorgangs entweder unmittelbar oder mittelbar über einen Zahlungsauslösedienstleister oder den Zahlungsempfänger erteilt.

(5) ¹Der Zahlungsdienstnutzer ist verpflichtet, dem Zahlungsdienstleister das für die Erbringung eines Zahlungsdienstes vereinbarte Entgelt zu entrichten. ²Für die Erfüllung von Nebenpflichten nach diesem Untertitel hat der Zahlungsdienstleister nur dann einen Anspruch auf ein Entgelt, sofern dies zugelassen und zwischen dem Zahlungsdienstnutzer und dem Zahlungsdienstleister vereinbart worden ist; dieses Entgelt muss angemessen und an den tatsächlichen Kosten des Zahlungsdienstleisters ausgerichtet sein.

(6) In einem Zahlungsdiensterahmenvertrag zwischen dem Zahlungsempfänger und seinem Zahlungsdienstleister darf das Recht des Zahlungsempfängers, dem Zahler für die Nutzung eines bestimmten Zahlungsinstruments eine Ermäßigung oder einen anderweitigen Anreiz anzubieten, nicht ausgeschlossen werden.

§ 675g Änderung des Zahlungsdiensterahmenvertrags[1)]

(1) Eine Änderung des Zahlungsdiensterahmenvertrags auf Veranlassung des Zahlungsdienstleisters setzt voraus, dass dieser die beabsichtigte Änderung spätestens zwei Monate vor dem vorgeschlagenen Zeitpunkt ihres Wirksamwerdens dem Zahlungsdienstnutzer in der in Artikel 248 §§ 2 und 3 des Einführungsgesetzes zum Bürgerlichen Gesetzbuche vorgesehenen Form anbietet.

(2) ¹Der Zahlungsdienstleister und der Zahlungsdienstnutzer können vereinbaren, dass die Zustimmung des Zahlungsdienstnutzers zu einer Änderung nach Absatz 1 als erteilt gilt, wenn

---

1) **Anm. d. Red.:** §§ 676 bis 676h mit Zwischenüberschriften durch die folgenden §§ 675b bis 676c mit Zwischenüberschriften ersetzt gem. Gesetz v. 29. 7. 2009 (BGBl I S. 2355) mit Wirkung v. 31. 10. 2009.

2) **Anm. d. Red.:** § 675f i. d. F. des Gesetzes v. 17. 7. 2017 (BGBl I S. 2446) mit Wirkung v. 13. 1. 2018.

dieser dem Zahlungsdienstleister seine Ablehnung nicht vor dem vorgeschlagenen Zeitpunkt des Wirksamwerdens der Änderung angezeigt hat. ²Im Fall einer solchen Vereinbarung ist der Zahlungsdienstnutzer auch berechtigt, den Zahlungsdiensterahmenvertrag vor dem vorgeschlagenen Zeitpunkt des Wirksamwerdens der Änderung fristlos zu kündigen. ³Der Zahlungsdienstleister ist verpflichtet, den Zahlungsdienstnutzer mit dem Angebot zur Vertragsänderung auf die Folgen seines Schweigens sowie auf das Recht zur kostenfreien und fristlosen Kündigung hinzuweisen.

(3) ¹Änderungen von Zinssätzen oder Wechselkursen werden unmittelbar und ohne vorherige Benachrichtigung wirksam, soweit dies im Zahlungsdiensterahmenvertrag vereinbart wurde und die Änderungen auf den dort vereinbarten Referenzzinssätzen oder Referenzwechselkursen beruhen. ²Referenzzinssatz ist der Zinssatz, der bei der Zinsberechnung zugrunde gelegt wird und aus einer öffentlich zugänglichen und für beide Parteien eines Zahlungsdienstevertrags überprüfbaren Quelle stammt. ³Referenzwechselkurs ist der Wechselkurs, der bei jedem Währungsumtausch zugrunde gelegt und vom Zahlungsdienstleister zugänglich gemacht wird oder aus einer öffentlich zugänglichen Quelle stammt.

(4) Der Zahlungsdienstnutzer darf durch Vereinbarungen zur Berechnung nach Absatz 3 nicht benachteiligt werden.

§ 675h Ordentliche Kündigung eines Zahlungsdiensterahmenvertrags[1)]

(1) ¹Der Zahlungsdienstnutzer kann den Zahlungsdiensterahmenvertrag, auch wenn dieser für einen bestimmten Zeitraum geschlossen ist, jederzeit ohne Einhaltung einer Kündigungsfrist kündigen, sofern nicht eine Kündigungsfrist vereinbart wurde. ²Die Vereinbarung einer Kündigungsfrist von mehr als einem Monat ist unwirksam.

(2) ¹Der Zahlungsdienstleister kann den Zahlungsdiensterahmenvertrag nur kündigen, wenn der Vertrag auf unbestimmte Zeit geschlossen wurde und das Kündigungsrecht vereinbart wurde. ²Die Kündigungsfrist darf zwei Monate nicht unterschreiten. ³Die Kündigung ist in der in Artikel 248 §§ 2 und 3 des Einführungsgesetzes zum Bürgerlichen Gesetzbuche vorgesehenen Form zu erklären.

(3) ¹Im Fall der Kündigung sind regelmäßig erhobene Entgelte nur anteilig bis zum Zeitpunkt der Beendigung des Vertrags zu entrichten. ²Im Voraus gezahlte Entgelte, die auf die Zeit nach Beendigung des Vertrags fallen, sind anteilig zu erstatten.

(4) Der Zahlungsdienstleister darf mit dem Zahlungsdienstnutzer für die Kündigung des Zahlungsdiensterahmenvertrags kein Entgelt vereinbaren.

§ 675i Ausnahmen für Kleinbetragsinstrumente und E-Geld[2)]

(1) ¹Ein Zahlungsdienstevertrag kann die Überlassung eines Kleinbetragsinstruments an den Zahlungsdienstnutzer vorsehen. ²Ein Kleinbetragsinstrument ist ein Mittel,
1. mit dem nur einzelne Zahlungsvorgänge bis höchstens 30 Euro ausgelöst werden können,
2. das eine Ausgabenobergrenze von 150 Euro hat oder
3. das Geldbeträge speichert, die zu keiner Zeit 150 Euro übersteigen.

³In den Fällen der Nummern 2 und 3 erhöht sich die Betragsgrenze auf 200 Euro, wenn das Kleinbetragsinstrument nur für inländische Zahlungsvorgänge genutzt werden kann.

(2) Im Fall des Absatzes 1 können die Parteien vereinbaren, dass
1. der Zahlungsdienstleister Änderungen der Vertragsbedingungen nicht in der in § 675g Abs. 1 vorgesehenen Form anbieten muss,

---

1) **Anm. d. Red.:** § 675h i. d. F. des Gesetzes v. 17. 7. 2017 (BGBl I S. 2446) mit Wirkung v. 13. 1. 2018.
2) **Anm. d. Red.:** § 675i i. d. F. des Gesetzes v. 17. 7. 2017 (BGBl I S. 2446) mit Wirkung v. 13. 1. 2018.

2. § 675l Absatz 1 Satz 2, § 675m Absatz 1 Satz 1 Nummer 3 und 5 sowie Satz 2 und § 675v Absatz 5 nicht anzuwenden sind, wenn das Kleinbetragsinstrument nicht gesperrt oder eine weitere Nutzung nicht verhindert werden kann,
3. die §§ 675u, 675v Absatz 1 bis 3 und 5, die §§ 675w und 676 nicht anzuwenden sind, wenn die Nutzung des Kleinbetragsinstruments keinem Zahlungsdienstnutzer zugeordnet werden kann oder der Zahlungsdienstleister aus anderen Gründen, die in dem Kleinbetragsinstrument selbst angelegt sind, nicht nachweisen kann, dass ein Zahlungsvorgang autorisiert war,
4. der Zahlungsdienstleister abweichend von § 675o Abs. 1 nicht verpflichtet ist, den Zahlungsdienstnutzer von einer Ablehnung des Zahlungsauftrags zu unterrichten, wenn die Nichtausführung aus dem Zusammenhang hervorgeht,
5. der Zahler abweichend von § 675p den Zahlungsauftrag nach dessen Übermittlung oder nachdem er dem Zahlungsempfänger seine Zustimmung zum Zahlungsauftrag erteilt hat, nicht widerrufen kann, oder
6. andere als die in § 675s bestimmten Ausführungsfristen gelten.

(3) ¹Die §§ 675u und 675v sind für E-Geld nicht anzuwenden, wenn der Zahlungsdienstleister des Zahlers nicht die Möglichkeit hat, das Zahlungskonto auf dem das E-Geld gespeichert ist, oder das Kleinbetragsinstrument zu sperren. ²Satz 1 gilt nur für Zahlungskonten auf denen das E-Geld gespeichert ist, oder Kleinbetragsinstrumente mit einem Wert von höchstens 200 Euro.

Kapitel 3: Erbringung und Nutzung von Zahlungsdiensten[1]

Unterkapitel 1: Autorisierung von Zahlungsvorgängen; Zahlungsinstrumente; Verweigerung des Zugangs zum Zahlungskonto[2]

§ 675j Zustimmung und Widerruf der Zustimmung[3]

(1) ¹Ein Zahlungsvorgang ist gegenüber dem Zahler nur wirksam, wenn er diesem zugestimmt hat (Autorisierung). ²Die Zustimmung kann entweder als Einwilligung oder, sofern zwischen dem Zahler und seinem Zahlungsdienstleister zuvor vereinbart, als Genehmigung erteilt werden. ³Art und Weise der Zustimmung sind zwischen dem Zahler und seinem Zahlungsdienstleister zu vereinbaren. ⁴Insbesondere kann vereinbart werden, dass die Zustimmung mittels eines bestimmten Zahlungsinstruments erteilt werden kann.

(2) ¹Die Zustimmung kann vom Zahler durch Erklärung gegenüber dem Zahlungsdienstleister so lange widerrufen werden, wie der Zahlungsauftrag widerruflich ist (§ 675p). ²Auch die Zustimmung zur Ausführung mehrerer Zahlungsvorgänge kann mit der Folge widerrufen werden, dass jeder nachfolgende Zahlungsvorgang nicht mehr autorisiert ist.

§ 675k Begrenzung der Nutzung eines Zahlungsinstruments; Verweigerung des Zugangs zum Zahlungskonto[4]

(1) In Fällen, in denen die Zustimmung mittels eines Zahlungsinstruments erteilt wird, können der Zahler und der Zahlungsdienstleister Betragsobergrenzen für die Nutzung dieses Zahlungsinstruments vereinbaren.

---

1) **Anm. d. Red.:** §§ 676 bis 676h mit Zwischenüberschriften durch die folgenden §§ 675b bis 676c mit Zwischenüberschriften ersetzt gem. Gesetz v. 29. 7. 2009 (BGBl I S. 2355) mit Wirkung v. 31. 10. 2009.
2) **Anm. d. Red.:** Überschrift i. d. F. des Gesetzes v. 17.7.2017 (BGBl I S. 2446) mit Wirkung v. 13.1.2018.
3) **Anm. d. Red.:** § 675j i. d. F. des Gesetzes v. 17.7.2017 (BGBl I S. 2446) mit Wirkung v. 13.1.2018.
4) **Anm. d. Red.:** § 675k i. d. F. des Gesetzes v. 17. 7. 2017 (BGBl I S. 2446) mit Wirkung v. 13. 1. 2018.

(2) ¹Zahler und Zahlungsdienstleister können vereinbaren, dass der Zahlungsdienstleister das Recht hat, ein Zahlungsinstrument zu sperren, wenn
1. sachliche Gründe im Zusammenhang mit der Sicherheit des Zahlungsinstruments dies rechtfertigen,
2. der Verdacht einer nicht autorisierten oder einer betrügerischen Verwendung des Zahlungsinstruments besteht oder
3. bei einem Zahlungsinstrument mit Kreditgewährung ein wesentlich erhöhtes Risiko besteht, dass der Zahler seiner Zahlungspflicht nicht nachkommen kann.

²In diesem Fall ist der Zahlungsdienstleister verpflichtet, den Zahler über die Sperrung des Zahlungsinstruments möglichst vor, spätestens jedoch unverzüglich nach der Sperrung zu unterrichten. ³In der Unterrichtung sind die Gründe für die Sperrung anzugeben. ⁴Die Angabe von Gründen darf unterbleiben, soweit der Zahlungsdienstleister hierdurch gegen gesetzliche Verpflichtungen verstoßen würde. ⁵Der Zahlungsdienstleister ist verpflichtet, das Zahlungsinstrument zu entsperren oder dieses durch ein neues Zahlungsinstrument zu ersetzen, wenn die Gründe für die Sperrung nicht mehr gegeben sind. ⁶Der Zahlungsdienstnutzer ist über eine Entsperrung unverzüglich zu unterrichten.

(3) ¹Hat der kontoführende Zahlungsdienstleister einem Zahlungsauslöse- oder Kontoinformationsdienstleister den Zugang zum Zahlungskonto des Zahlungsdienstnutzers verweigert, ist er verpflichtet, den Zahlungsdienstnutzer in einer im Zahlungsdiensterahmenvertrag zu vereinbarenden Form über die Gründe zu unterrichten. ²Die Unterrichtung muss möglichst vor, spätestens jedoch unverzüglich nach der Verweigerung des Zugangs erfolgen. ³Die Angabe von Gründen darf unterbleiben, soweit der kontoführende Zahlungsdienstleister hierdurch gegen gesetzliche Verpflichtungen verstoßen würde.

§ 675l Pflichten des Zahlungsdienstnutzers in Bezug auf Zahlungsinstrumente[1]

(1) ¹Der Zahlungsdienstnutzer ist verpflichtet, unmittelbar nach Erhalt eines Zahlungsinstruments alle zumutbaren Vorkehrungen zu treffen, um die personalisierten Sicherheitsmerkmale vor unbefugtem Zugriff zu schützen. ²Er hat dem Zahlungsdienstleister oder einer von diesem benannten Stelle den Verlust, den Diebstahl, die missbräuchliche Verwendung oder die sonstige nicht autorisierte Nutzung eines Zahlungsinstruments unverzüglich anzuzeigen, nachdem er hiervon Kenntnis erlangt hat. ³Für den Ersatz eines verlorenen, gestohlenen, missbräuchlich verwendeten oder sonst nicht autorisiert genutzten Zahlungsinstruments darf der Zahlungsdienstleister mit dem Zahlungsdienstnutzer ein Entgelt vereinbaren, das allenfalls die ausschließlich und unmittelbar mit dem Ersatz verbundenen Kosten abdeckt.

(2) Eine Vereinbarung, durch die sich der Zahlungsdienstnutzer gegenüber dem Zahlungsdienstleister verpflichtet, Bedingungen für die Ausgabe und Nutzung eines Zahlungsinstruments einzuhalten, ist nur insoweit wirksam, als diese Bedingungen sachlich, verhältnismäßig und nicht benachteiligend sind.

§ 675m Pflichten des Zahlungsdienstleisters in Bezug auf Zahlungsinstrumente; Risiko der Versendung[2]

(1) ¹Der Zahlungsdienstleister, der ein Zahlungsinstrument ausgibt, ist verpflichtet,
1. unbeschadet der Pflichten des Zahlungsdienstnutzers gemäß § 675l Absatz 1 sicherzustellen, dass die personalisierten Sicherheitsmerkmale des Zahlungsinstruments nur der zur Nutzung berechtigten Person zugänglich sind,
2. die unaufgeforderte Zusendung von Zahlungsinstrumenten an den Zahlungsdienstnutzer zu unterlassen, es sei denn, ein bereits an den Zahlungsdienstnutzer ausgegebenes Zahlungsinstrument muss ersetzt werden,

---

1) **Anm. d. Red.:** § 675l i. d. F. des Gesetzes v. 17. 7. 2017 (BGBl I S. 2446) mit Wirkung v. 13. 1. 2018.
2) **Anm. d. Red.:** § 675m i. d. F. des Gesetzes v. 17. 7. 2017 (BGBl I S. 2446) mit Wirkung v. 13. 1. 2018.

3. sicherzustellen, dass der Zahlungsdienstnutzer durch geeignete Mittel jederzeit die Möglichkeit hat, eine Anzeige gemäß § 675l Absatz 1 Satz 2 vorzunehmen oder die Aufhebung der Sperrung gemäß § 675k Absatz 2 Satz 5 zu verlangen,
4. dem Zahlungsdienstnutzer eine Anzeige gemäß § 675l Absatz 1 Satz 2 kostenfrei zu ermöglichen und
5. jede Nutzung des Zahlungsinstruments zu verhindern, sobald eine Anzeige gemäß § 675l Absatz 1 Satz 2 erfolgt ist.

²Hat der Zahlungsdienstnutzer den Verlust, den Diebstahl, die missbräuchliche Verwendung oder die sonstige nicht autorisierte Nutzung eines Zahlungsinstruments angezeigt, stellt sein Zahlungsdienstleister ihm auf Anfrage bis mindestens 18 Monate nach dieser Anzeige die Mittel zur Verfügung, mit denen der Zahlungsdienstnutzer beweisen kann, dass eine Anzeige erfolgt ist.

(2) Die Gefahr der Versendung eines Zahlungsinstruments und der Versendung personalisierter Sicherheitsmerkmale des Zahlungsinstruments an den Zahlungsdienstnutzer trägt der Zahlungsdienstleister.

(3) Hat ein Zahlungsdienstleister, der kartengebundene Zahlungsinstrumente ausgibt, den kontoführenden Zahlungsdienstleister des Zahlers um Bestätigung ersucht, dass ein für die Ausführung eines kartengebundenen Zahlungsvorgangs erforderlicher Betrag auf dem Zahlungskonto verfügbar ist, so kann der Zahler von seinem kontoführenden Zahlungsdienstleister verlangen, ihm die Identifizierungsdaten dieses Zahlungsdienstleisters und die erteilte Antwort mitzuteilen.

Unterkapitel 2: Ausführung von Zahlungsvorgängen[1]

§ 675n Zugang von Zahlungsaufträgen[1]

(1) ¹Ein Zahlungsauftrag wird wirksam, wenn er dem Zahlungsdienstleister des Zahlers zugeht. ²Fällt der Zeitpunkt des Zugangs nicht auf einen Geschäftstag des Zahlungsdienstleisters des Zahlers, gilt der Zahlungsauftrag als am darauf folgenden Geschäftstag zugegangen. ³Der Zahlungsdienstleister kann festlegen, dass Zahlungsaufträge, die nach einem bestimmten Zeitpunkt nahe am Ende eines Geschäftstags zugehen, für die Zwecke des § 675s Abs. 1 als am darauf folgenden Geschäftstag zugegangen gelten. ⁴Geschäftstag ist jeder Tag, an dem der an der Ausführung eines Zahlungsvorgangs beteiligte Zahlungsdienstleister den für die Ausführung von Zahlungsvorgängen erforderlichen Geschäftsbetrieb unterhält.

(2) ¹Vereinbaren der Zahlungsdienstnutzer, der einen Zahlungsvorgang auslöst oder über den ein Zahlungsvorgang ausgelöst wird, und sein Zahlungsdienstleister, dass die Ausführung des Zahlungsauftrags an einem bestimmten Tag oder am Ende eines bestimmten Zeitraums oder an dem Tag, an dem der Zahler dem Zahlungsdienstleister den zur Ausführung erforderlichen Geldbetrag zur Verfügung gestellt hat, beginnen soll, so gilt der vereinbarte Termin für die Zwecke des § 675s Abs. 1 als Zeitpunkt des Zugangs. ²Fällt der vereinbarte Termin nicht auf einen Geschäftstag des Zahlungsdienstleisters des Zahlers, so gilt für die Zwecke des § 675s Abs. 1 der darauf folgende Geschäftstag als Zeitpunkt des Zugangs.

§ 675o Ablehnung von Zahlungsaufträgen[2]

(1) ¹Lehnt der Zahlungsdienstleister die Ausführung oder Auslösung eines Zahlungsauftrags ab, ist er verpflichtet, den Zahlungsdienstnutzer hierüber unverzüglich, auf jeden Fall aber innerhalb der Fristen gemäß § 675s Abs. 1 zu unterrichten. ²In der Unterrichtung sind, soweit möglich, die Gründe für die Ablehnung sowie die Möglichkeiten anzugeben, wie Fehler, die zur

---

1) **Anm. d. Red.:** §§ 676 bis 676h mit Zwischenüberschriften durch die folgenden §§ 675b bis 676c mit Zwischenüberschriften ersetzt gem. Gesetz v. 29. 7. 2009 (BGBl I S. 2355) mit Wirkung v. 31. 10. 2009.
2) **Anm. d. Red.:** § 675o i. d. F. des Gesetzes v. 17. 7. 2017 (BGBl I S. 2446) mit Wirkung v. 13. 1. 2018.

Ablehnung geführt haben, berichtigt werden können. ³Die Angabe von Gründen darf unterbleiben, soweit sie gegen sonstige Rechtsvorschriften verstoßen würde. ⁴Der Zahlungsdienstleister darf mit dem Zahlungsdienstnutzer im Zahlungsdiensterahmenvertrag ein Entgelt für den Fall vereinbaren, dass er die Ausführung eines Zahlungsauftrags berechtigterweise ablehnt.

(2) Der Zahlungsdienstleister des Zahlers ist nicht berechtigt, die Ausführung eines autorisierten Zahlungsauftrags abzulehnen, wenn die im Zahlungsdiensterahmenvertrag festgelegten Ausführungsbedingungen erfüllt sind und die Ausführung nicht gegen sonstige Rechtsvorschriften verstößt.

(3) Für die Zwecke der §§ 675s, 675y und 675z gilt ein Zahlungsauftrag, dessen Ausführung berechtigterweise abgelehnt wurde, als nicht zugegangen.

§ 675p Unwiderruflichkeit eines Zahlungsauftrags[1)]

(1) Der Zahlungsdienstnutzer kann einen Zahlungsauftrag vorbehaltlich der Absätze 2 bis 4 nach dessen Zugang beim Zahlungsdienstleister des Zahlers nicht mehr widerrufen.

(2) ¹Wurde der Zahlungsvorgang über einen Zahlungsauslösedienstleister, vom Zahlungsempfänger oder über diesen ausgelöst, so kann der Zahler den Zahlungsauftrag nicht mehr widerrufen, nachdem er dem Zahlungsauslösedienstleister die Zustimmung zur Auslösung des Zahlungsvorgangs oder dem Zahlungsempfänger die Zustimmung zur Ausführung des Zahlungsvorgangs erteilt hat. ²Im Fall einer Lastschrift kann der Zahler den Zahlungsauftrag jedoch unbeschadet seiner Rechte gemäß § 675x bis zum Ende des Geschäftstags vor dem vereinbarten Fälligkeitstag widerrufen.

(3) Ist zwischen dem Zahlungsdienstnutzer und seinem Zahlungsdienstleister ein bestimmter Termin für die Ausführung eines Zahlungsauftrags (§ 675n Abs. 2) vereinbart worden, kann der Zahlungsdienstnutzer den Zahlungsauftrag bis zum Ende des Geschäftstags vor dem vereinbarten Tag widerrufen.

(4) ¹Nach den in den Absätzen 1 bis 3 genannten Zeitpunkten kann der Zahlungsauftrag nur widerrufen werden, wenn der Zahlungsdienstnutzer und der jeweilige Zahlungsdienstleister dies vereinbart haben. ²In den Fällen des Absatzes 2 ist zudem die Zustimmung des Zahlungsempfängers zum Widerruf erforderlich. ³Der Zahlungsdienstleister darf mit dem Zahlungsdienstnutzer im Zahlungsdiensterahmenvertrag für die Bearbeitung eines solchen Widerrufs ein Entgelt vereinbaren.

(5) Der Teilnehmer an Zahlungsverkehrssystemen kann einen Auftrag zugunsten eines anderen Teilnehmers von dem in den Regeln des Systems bestimmten Zeitpunkt an nicht mehr widerrufen.

§ 675q Entgelte bei Zahlungsvorgängen[2)]

(1) Der Zahlungsdienstleister des Zahlers sowie sämtliche an dem Zahlungsvorgang beteiligte zwischengeschaltete Stellen sind verpflichtet, den Betrag, der Gegenstand des Zahlungsvorgangs ist (Zahlungsbetrag), ungekürzt an den Zahlungsdienstleister des Zahlungsempfängers zu übermitteln.

(2) ¹Der Zahlungsdienstleister des Zahlungsempfängers darf ihm zustehende Entgelte vor Erteilung der Gutschrift nur dann von dem übermittelten Betrag abziehen, wenn dies mit dem Zahlungsempfänger vereinbart wurde. ²In diesem Fall sind der vollständige Betrag des Zahlungsvorgangs und die Entgelte in den Informationen gemäß Artikel 248 §§ 8 und 15 des Einführungsgesetzes zum Bürgerlichen Gesetzbuche für den Zahlungsempfänger getrennt auszuweisen.

(3) Zahlungsempfänger und Zahler tragen jeweils die von ihrem Zahlungsdienstleister erhobenen Entgelte, wenn sowohl der Zahlungsdienstleister des Zahlers als auch der Zahlungs-

---

1) **Anm. d. Red.:** § 675p i. d. F. des Gesetzes v. 17. 7. 2017 (BGBl I S. 2446) mit Wirkung v. 13. 1. 2018.
2) **Anm. d. Red.:** § 675q i. d. F. des Gesetzes v. 17. 7. 2017 (BGBl I S. 2446) mit Wirkung v. 13. 1. 2018.

dienstleister des Zahlungsempfängers innerhalb des Europäischen Wirtschaftsraums belegen ist.

(4) Wenn einer der Fälle des § 675d Absatz 6 Satz 1 Nummer 1 vorliegt,
1. ist § 675q Absatz 1 auf die innerhalb des Europäischen Wirtschaftsraums getätigten Bestandteile des Zahlungsvorgangs nicht anzuwenden und
2. kann von § 675q Absatz 2 für die innerhalb des Europäischen Wirtschaftsraums getätigten Bestandteile des Zahlungsvorgangs abgewichen werden.

§ 675r Ausführung eines Zahlungsvorgangs anhand von Kundenkennungen[1)]

(1) ¹Die beteiligten Zahlungsdienstleister sind berechtigt, einen Zahlungsvorgang ausschließlich anhand der von dem Zahlungsdienstnutzer angegebenen Kundenkennung auszuführen. ²Wird ein Zahlungsauftrag in Übereinstimmung mit dieser Kundenkennung ausgeführt, so gilt er im Hinblick auf den durch die Kundenkennung bezeichneten Zahlungsempfänger als ordnungsgemäß ausgeführt.

(2) Eine Kundenkennung ist eine Abfolge aus Buchstaben, Zahlen oder Symbolen, die dem Zahlungsdienstnutzer vom Zahlungsdienstleister mitgeteilt wird und die der Zahlungsdienstnutzer angeben muss, damit ein anderer am Zahlungsvorgang beteiligter Zahlungsdienstnutzer oder dessen Zahlungskonto für einen Zahlungsvorgang zweifelsfrei ermittelt werden kann.

(3) Ist eine vom Zahler angegebene Kundenkennung für den Zahlungsdienstleister des Zahlers erkennbar keinem Zahlungsempfänger oder keinem Zahlungskonto zuzuordnen, ist dieser verpflichtet, den Zahler unverzüglich hierüber zu unterrichten und ihm gegebenenfalls den Zahlungsbetrag wieder herauszugeben.

§ 675s Ausführungsfrist für Zahlungsvorgänge[2)]

(1) ¹Der Zahlungsdienstleister des Zahlers ist verpflichtet sicherzustellen, dass der Zahlungsbetrag spätestens am Ende des auf den Zugangszeitpunkt des Zahlungsauftrags folgenden Geschäftstags beim Zahlungsdienstleister des Zahlungsempfängers eingeht. ²Für Zahlungsvorgänge innerhalb des Europäischen Wirtschaftsraums, die nicht in Euro erfolgen, können ein Zahler und sein Zahlungsdienstleister eine Frist von maximal vier Geschäftstagen vereinbaren. ³Für in Papierform ausgelöste Zahlungsvorgänge können die Fristen nach Satz 1 um einen weiteren Geschäftstag verlängert werden.

(2) ¹Bei einem vom oder über den Zahlungsempfänger ausgelösten Zahlungsvorgang ist der Zahlungsdienstleister des Zahlungsempfängers verpflichtet, den Zahlungsauftrag dem Zahlungsdienstleister des Zahlers innerhalb der zwischen dem Zahlungsempfänger und seinem Zahlungsdienstleister vereinbarten Fristen zu übermitteln. ²Im Fall einer Lastschrift ist der Zahlungsauftrag so rechtzeitig zu übermitteln, dass die Verrechnung an dem vom Zahlungsempfänger mitgeteilten Fälligkeitstag ermöglicht wird.

(3) ¹Wenn einer der Fälle des § 675d Absatz 6 Satz 1 Nummer 1 vorliegt, ist § 675s Absatz 1 Satz 1 und 2 auf die innerhalb des Europäischen Wirtschaftsraums getätigten Bestandteile des Zahlungsvorgangs nicht anzuwenden. ²Wenn ein Fall des § 675d Absatz 6 Satz 1 Nummer 1 Buchstabe a vorliegt,
1. ist auch § 675s Absatz 1 Satz 2 auf die innerhalb des Europäischen Wirtschaftsraums getätigten Bestandteile des Zahlungsvorgangs nicht anzuwenden und
2. kann von § 675s Absatz 2 für die innerhalb des Europäischen Wirtschaftsraums getätigten Bestandteile des Zahlungsvorgangs abgewichen werden.

---

1) **Anm. d. Red.:** § 675r i. d. F. des Gesetzes v. 17. 7. 2017 (BGBl I S. 2446) mit Wirkung v. 13. 1. 2018.
2) **Anm. d. Red.:** § 675s i. d. F. des Gesetzes v. 17. 7. 2017 (BGBl I S. 2446) mit Wirkung v. 13. 1. 2018.

§ 675t Wertstellungsdatum und Verfügbarkeit von Geldbeträgen; Sperrung eines verfügbaren Geldbetrags[1]

(1) ¹Der Zahlungsdienstleister des Zahlungsempfängers ist verpflichtet, dem Zahlungsempfänger den Zahlungsbetrag unverzüglich verfügbar zu machen, nachdem der Betrag auf dem Konto des Zahlungsdienstleisters eingegangen ist, wenn dieser

1. keine Währungsumrechnung vornehmen muss oder
2. nur eine Währungsumrechnung zwischen dem Euro und einer Währung eines Vertragsstaates des Abkommens über den Europäischen Wirtschaftsraum oder zwischen den Währungen zweier Vertragsstaaten des Abkommens über den Europäischen Wirtschaftsraum vornehmen muss.

²Sofern der Zahlungsbetrag auf einem Zahlungskonto des Zahlungsempfängers gutgeschrieben werden soll, ist die Gutschrift, auch wenn sie nachträglich erfolgt, so vorzunehmen, dass der Zeitpunkt, den der Zahlungsdienstleister für die Berechnung der Zinsen bei Gutschrift oder Belastung eines Betrags auf einem Zahlungskonto zugrunde legt (Wertstellungsdatum), spätestens der Geschäftstag ist, an dem der Zahlungsbetrag auf dem Konto des Zahlungsdienstleisters des Zahlungsempfängers eingegangen ist. ³Satz 1 gilt auch dann, wenn der Zahlungsempfänger kein Zahlungskonto unterhält.

(2) ¹Zahlt ein Verbraucher Bargeld auf ein Zahlungskonto bei einem Zahlungsdienstleister in der Währung des betreffenden Zahlungskontos ein, so stellt dieser Zahlungsdienstleister sicher, dass der Betrag dem Zahlungsempfänger unverzüglich nach dem Zeitpunkt der Entgegennahme verfügbar gemacht und wertgestellt wird. ²Ist der Zahlungsdienstnutzer kein Verbraucher, so muss dem Zahlungsempfänger der Geldbetrag spätestens an dem auf die Entgegennahme folgenden Geschäftstag verfügbar gemacht und wertgestellt werden.

(3) ¹Eine Belastung auf dem Zahlungskonto des Zahlers ist so vorzunehmen, dass das Wertstellungsdatum frühestens der Zeitpunkt ist, an dem dieses Zahlungskonto mit dem Zahlungsbetrag belastet wird. ²Das Zahlungskonto des Zahlers darf nicht belastet werden, bevor der Zahlungsauftrag seinem Zahlungsdienstleister zugegangen ist.

(4) ¹Unbeschadet sonstiger gesetzlicher oder vertraglicher Rechte ist der Zahlungsdienstleister des Zahlers im Fall eines kartengebundenen Zahlungsvorgangs berechtigt, einen verfügbaren Geldbetrag auf dem Zahlungskonto des Zahlers zu sperren, wenn

1. der Zahlungsvorgang vom oder über den Zahlungsempfänger ausgelöst worden ist und
2. der Zahler auch der genauen Höhe des zu sperrenden Geldbetrags zugestimmt hat.

²Den gesperrten Geldbetrag gibt der Zahlungsdienstleister des Zahlers unbeschadet sonstiger gesetzlicher oder vertraglicher Rechte unverzüglich frei, nachdem ihm entweder der genaue Zahlungsbetrag mitgeteilt worden oder der Zahlungsauftrag zugegangen ist.

(5) Wenn ein Fall des § 675d Absatz 6 Satz 1 Nummer 1 Buchstabe a vorliegt,

1. kann von § 675t Absatz 1 Satz 3 für die innerhalb des Europäischen Wirtschaftsraums getätigten Bestandteile des Zahlungsvorgangs abgewichen werden und
2. ist § 675t Absatz 2 auf die innerhalb des Europäischen Wirtschaftsraums getätigten Bestandteile des Zahlungsvorgangs nicht anzuwenden.

---

1) **Anm. d. Red.:** § 675t i. d. F. des Gesetzes v. 17. 7. 2017 (BGBl I S. 2446) mit Wirkung v. 13. 1. 2018.

Unterkapitel 3: Haftung[1)]

§ 675u Haftung des Zahlungsdienstleisters für nicht autorisierte Zahlungsvorgänge[2)]

[1]Im Fall eines nicht autorisierten Zahlungsvorgangs hat der Zahlungsdienstleister des Zahlers gegen diesen keinen Anspruch auf Erstattung seiner Aufwendungen. [2]Er ist verpflichtet, dem Zahler den Zahlungsbetrag unverzüglich zu erstatten und, sofern der Betrag einem Zahlungskonto belastet worden ist, dieses Zahlungskonto wieder auf den Stand zu bringen, auf dem es sich ohne die Belastung durch den nicht autorisierten Zahlungsvorgang befunden hätte. [3]Diese Verpflichtung ist unverzüglich, spätestens jedoch bis zum Ende des Geschäftstags zu erfüllen, der auf den Tag folgt, an welchem dem Zahlungsdienstleister angezeigt wurde, dass der Zahlungsvorgang nicht autorisiert ist, oder er auf andere Weise davon Kenntnis erhalten hat. [4]Hat der Zahlungsdienstleister einer zuständigen Behörde berechtigte Gründe für den Verdacht, dass ein betrügerisches Verhalten des Zahlers vorliegt, schriftlich mitgeteilt, hat der Zahlungsdienstleister seine Verpflichtung aus Satz 2 unverzüglich zu prüfen und zu erfüllen, wenn sich der Betrugsverdacht nicht bestätigt. [5]Wurde der Zahlungsvorgang über einen Zahlungsauslösedienstleister ausgelöst, so treffen die Pflichten aus den Sätzen 2 bis 4 den kontoführenden Zahlungsdienstleister.

§ 675v Haftung des Zahlers bei missbräuchlicher Nutzung eines Zahlungsinstruments[3)]

(1) Beruhen nicht autorisierte Zahlungsvorgänge auf der Nutzung eines verloren gegangenen, gestohlenen oder sonst abhandengekommenen Zahlungsinstruments oder auf der sonstigen missbräuchlichen Verwendung eines Zahlungsinstruments, so kann der Zahlungsdienstleister des Zahlers von diesem den Ersatz des hierdurch entstandenen Schadens bis zu einem Betrag von 50 Euro verlangen.

(2) Der Zahler haftet nicht nach Absatz 1, wenn
1. es ihm nicht möglich gewesen ist, den Verlust, den Diebstahl, das Abhandenkommen oder eine sonstige missbräuchliche Verwendung des Zahlungsinstruments vor dem nicht autorisierten Zahlungsvorgang zu bemerken, oder
2. der Verlust des Zahlungsinstruments durch einen Angestellten, einen Agenten, eine Zweigniederlassung eines Zahlungsdienstleisters oder eine sonstige Stelle, an die Tätigkeiten des Zahlungsdienstleisters ausgelagert wurden, verursacht worden ist.

(3) Abweichend von den Absätzen 1 und 2 ist der Zahler seinem Zahlungsdienstleister zum Ersatz des gesamten Schadens verpflichtet, der infolge eines nicht autorisierten Zahlungsvorgangs entstanden ist, wenn der Zahler
1. in betrügerischer Absicht gehandelt hat oder
2. den Schaden herbeigeführt hat durch vorsätzliche oder grob fahrlässige Verletzung
   a) einer oder mehrerer Pflichten gemäß § 675l Absatz 1 oder
   b) einer oder mehrerer vereinbarter Bedingungen für die Ausgabe und Nutzung des Zahlungsinstruments.

(4) [1]Abweichend von den Absätzen 1 und 3 ist der Zahler seinem Zahlungsdienstleister nicht zum Schadensersatz verpflichtet, wenn
1. der Zahlungsdienstleister des Zahlers eine starke Kundenauthentifizierung im Sinne des § 1 Absatz 24 des Zahlungsdiensteaufsichtsgesetzes nicht verlangt oder

---

1) **Anm. d. Red.:** §§ 676 bis 676h mit Zwischenüberschriften durch die folgenden §§ 675b bis 676c mit Zwischenüberschriften ersetzt gem. Gesetz v. 29. 7. 2009 (BGBl I S. 2355) mit Wirkung v. 31. 10. 2009.
2) **Anm. d. Red.:** § 675u i. d. F. des Gesetzes v. 17. 7. 2017 (BGBl I S. 2446) mit Wirkung v. 13. 1. 2018.
3) **Anm. d. Red.:** § 675v i. d. F. des Gesetzes v. 17. 7. 2017 (BGBl I S. 2446) mit Wirkung v. 13. 1. 2018.

2. der Zahlungsempfänger oder sein Zahlungsdienstleister eine starke Kundenauthentifizierung im Sinne des § 1 Absatz 24 des Zahlungsdiensteaufsichtsgesetzes nicht akzeptiert.

²Satz 1 gilt nicht, wenn der Zahler in betrügerischer Absicht gehandelt hat. ³Im Fall von Satz 1 Nummer 2 ist derjenige, der eine starke Kundenauthentifizierung nicht akzeptiert, verpflichtet, dem Zahlungsdienstleister des Zahlers den daraus entstehenden Schaden zu ersetzen.

(5) ¹Abweichend von den Absätzen 1 und 3 ist der Zahler nicht zum Ersatz von Schäden verpflichtet, die aus der Nutzung eines nach der Anzeige gemäß § 675l Absatz 1 Satz 2 verwendeten Zahlungsinstruments entstanden sind. ²Der Zahler ist auch nicht zum Ersatz von Schäden im Sinne des Absatzes 1 verpflichtet, wenn der Zahlungsdienstleister seiner Pflicht gemäß § 675m Abs. 1 Nr. 3 nicht nachgekommen ist. ³Die Sätze 1 und 2 sind nicht anzuwenden, wenn der Zahler in betrügerischer Absicht gehandelt hat.

§ 675w Nachweis der Authentifizierung[1)]

¹Ist die Autorisierung eines ausgeführten Zahlungsvorgangs streitig, hat der Zahlungsdienstleister nachzuweisen, dass eine Authentifizierung erfolgt ist und der Zahlungsvorgang ordnungsgemäß aufgezeichnet, verbucht sowie nicht durch eine Störung beeinträchtigt wurde. ²Eine Authentifizierung ist erfolgt, wenn der Zahlungsdienstleister die Nutzung eines bestimmten Zahlungsinstruments, einschließlich seiner personalisierten Sicherheitsmerkmale, mit Hilfe eines Verfahrens überprüft hat. ³Wurde der Zahlungsvorgang mittels eines Zahlungsinstruments ausgelöst, reicht die Aufzeichnung der Nutzung des Zahlungsinstruments einschließlich der Authentifizierung durch den Zahlungsdienstleister und gegebenenfalls einen Zahlungsauslösedienstleister allein nicht notwendigerweise aus, um nachzuweisen, dass der Zahler
1. den Zahlungsvorgang autorisiert,
2. in betrügerischer Absicht gehandelt,
3. eine oder mehrere Pflichten gemäß § 675l Absatz 1 verletzt oder
4. vorsätzlich oder grob fahrlässig gegen eine oder mehrere Bedingungen für die Ausgabe und Nutzung des Zahlungsinstruments verstoßen

hat. ⁴Der Zahlungsdienstleister muss unterstützende Beweismittel vorlegen, um Betrug, Vorsatz oder grobe Fahrlässigkeit des Zahlungsdienstnutzers nachzuweisen.

§ 675x Erstattungsanspruch bei einem vom oder über den Zahlungsempfänger ausgelösten autorisierten Zahlungsvorgang[2)]

(1) ¹Der Zahler hat gegen seinen Zahlungsdienstleister einen Anspruch auf Erstattung eines belasteten Zahlungsbetrags, der auf einem autorisierten, vom oder über den Zahlungsempfänger ausgelösten Zahlungsvorgang beruht, wenn
1. bei der Autorisierung der genaue Betrag nicht angegeben wurde und
2. der Zahlungsbetrag den Betrag übersteigt, den der Zahler entsprechend seinem bisherigen Ausgabeverhalten, den Bedingungen des Zahlungsdiensterahmenvertrags und den jeweiligen Umständen des Einzelfalls hätte erwarten können; mit einem etwaigen Währungsumtausch zusammenhängende Gründe bleiben außer Betracht, wenn der zwischen den Parteien vereinbarte Referenzwechselkurs zugrunde gelegt wurde.

²Ist der Zahlungsbetrag einem Zahlungskonto belastet worden, so ist die Gutschrift des Zahlungsbetrags auf diesem Zahlungskonto so vorzunehmen, dass die Wertstellung spätestens der Geschäftstag der Belastung ist. ³Auf Verlangen seines Zahlungsdienstleisters hat der Zahler nachzuweisen, dass die Voraussetzungen des Satzes 1 Nummer 1 und 2 erfüllt sind.

(2) Unbeschadet des Absatzes 3 hat der Zahler bei SEPA-Basislastschriften und SEPA-Firmenlastschriften ohne Angabe von Gründen auch dann einen Anspruch auf Erstattung gegen seinen

---

1) **Anm. d. Red.:** § 675w i. d. F. des Gesetzes v. 17. 7. 2017 (BGBl I S. 2446) mit Wirkung v. 13. 1. 2018.
2) **Anm. d. Red.:** § 675x i. d. F. des Gesetzes v. 17. 7. 2017 (BGBl I S. 2446) mit Wirkung v. 13. 1. 2018.

Zahlungsdienstleister, wenn die Voraussetzungen für eine Erstattung nach Absatz 1 nicht erfüllt sind.

(3) Der Zahler kann mit seinem Zahlungsdienstleister vereinbaren, dass er keinen Anspruch auf Erstattung hat, wenn er seine Zustimmung zur Ausführung des Zahlungsvorgangs direkt seinem Zahlungsdienstleister erteilt hat und er, sofern vereinbart, über den anstehenden Zahlungsvorgang mindestens vier Wochen vor dem Fälligkeitstermin vom Zahlungsdienstleister oder vom Zahlungsempfänger unterrichtet wurde.

(4) Ein Anspruch des Zahlers auf Erstattung ist ausgeschlossen, wenn er ihn nicht innerhalb von acht Wochen ab dem Zeitpunkt der Belastung des betreffenden Zahlungsbetrags gegenüber seinem Zahlungsdienstleister geltend macht.

(5) ¹Der Zahlungsdienstleister ist verpflichtet, innerhalb von zehn Geschäftstagen nach Zugang eines Erstattungsverlangens entweder den vollständigen Betrag des Zahlungsvorgangs zu erstatten oder dem Zahler die Gründe für die Ablehnung der Erstattung mitzuteilen. ²Im Fall der Ablehnung hat der Zahlungsdienstleister auf die Beschwerdemöglichkeiten gemäß den §§ 60 bis 62 des Zahlungsdiensteaufsichtsgesetzes und auf die Möglichkeit, eine Schlichtungsstelle gemäß § 14 des Unterlassungsklagengesetzes anzurufen, hinzuweisen. ³Das Recht des Zahlungsdienstleisters, eine innerhalb der Frist nach Absatz 4 geltend gemachte Erstattung abzulehnen, erstreckt sich nicht auf den Fall nach Absatz 2.

(6) Wenn ein Fall des § 675d Absatz 6 Satz 1 Nummer 1 Buchstabe b vorliegt,

1. ist § 675x Absatz 1 auf die innerhalb des Europäischen Wirtschaftsraums getätigten Bestandteile des Zahlungsvorgangs nicht anzuwenden und
2. kann von § 675x Absatz 2 bis 5 für die innerhalb des Europäischen Wirtschaftsraums getätigten Bestandteile des Zahlungsvorgangs abgewichen werden.

§ 675y Haftung der Zahlungsdienstleister bei nicht erfolgter, fehlerhafter oder verspäteter Ausführung eines Zahlungsauftrags; Nachforschungspflicht[1)]

(1) ¹Wird ein Zahlungsvorgang vom Zahler ausgelöst, kann dieser von seinem Zahlungsdienstleister im Fall einer nicht erfolgten oder fehlerhaften Ausführung des Zahlungsauftrags die unverzügliche und ungekürzte Erstattung des Zahlungsbetrags verlangen. ²Wurde der Betrag einem Zahlungskonto des Zahlers belastet, ist dieses Zahlungskonto wieder auf den Stand zu bringen, auf dem es sich ohne den fehlerhaft ausgeführten Zahlungsvorgang befunden hätte. ³Wird ein Zahlungsvorgang vom Zahler über einen Zahlungsauslösedienstleister ausgelöst, so treffen die Pflichten aus den Sätzen 1 und 2 den kontoführenden Zahlungsdienstleister. ⁴Soweit vom Zahlungsbetrag entgegen § 675q Abs. 1 Entgelte abgezogen wurden, hat der Zahlungsdienstleister des Zahlers den abgezogenen Betrag dem Zahlungsempfänger unverzüglich zu übermitteln. ⁵Weist der Zahlungsdienstleister des Zahlers nach, dass der Zahlungsbetrag ungekürzt beim Zahlungsdienstleister des Zahlungsempfängers eingegangen ist, entfällt die Haftung nach diesem Absatz.

(2) ¹Wird ein Zahlungsvorgang vom oder über den Zahlungsempfänger ausgelöst, kann dieser im Fall einer nicht erfolgten oder fehlerhaften Ausführung des Zahlungsauftrags verlangen, dass sein Zahlungsdienstleister diesen Zahlungsauftrag unverzüglich, gegebenenfalls erneut, an den Zahlungsdienstleister des Zahlers übermittelt. ²Weist der Zahlungsdienstleister des Zahlungsempfängers nach, dass er die ihm bei der Ausführung des Zahlungsvorgangs obliegenden Pflichten erfüllt hat, hat der Zahlungsdienstleister des Zahlers dem Zahler gegebenenfalls unverzüglich den ungekürzten Zahlungsbetrag entsprechend Absatz 1 Satz 1 und 2 zu erstatten. ³Soweit vom Zahlungsbetrag entgegen § 675q Abs. 1 und 2 Entgelte abgezogen wurden, hat der Zahlungsdienstleister des Zahlungsempfängers den abgezogenen Betrag dem Zahlungsempfänger unverzüglich verfügbar zu machen.

---

1) **Anm. d. Red.:** § 675y i. d. F. des Gesetzes v. 17. 7. 2017 (BGBl I S. 2446) mit Wirkung v. 13. 1. 2018.

(3) ¹Wird ein Zahlungsvorgang vom Zahler ausgelöst, kann dieser im Fall einer verspäteten Ausführung des Zahlungsauftrags verlangen, dass sein Zahlungsdienstleister gegen den Zahlungsdienstleister des Zahlungsempfängers den Anspruch nach Satz 2 geltend macht. ²Der Zahlungsdienstleister des Zahlers kann vom Zahlungsdienstleister des Zahlungsempfängers verlangen, die Gutschrift des Zahlungsbetrags auf dem Zahlungskonto des Zahlungsempfängers so vorzunehmen, als sei der Zahlungsvorgang ordnungsgemäß ausgeführt worden. ³Wird ein Zahlungsvorgang vom Zahler über einen Zahlungsauslösedienstleister ausgelöst, so trifft die Pflicht aus Satz 1 den kontoführenden Zahlungsdienstleister. ⁴Weist der Zahlungsdienstleister des Zahlers nach, dass der Zahlungsbetrag rechtzeitig beim Zahlungsdienstleister des Zahlungsempfängers eingegangen ist, entfällt die Haftung nach diesem Absatz.

(4) ¹Wird ein Zahlungsvorgang vom oder über den Zahlungsempfänger ausgelöst, kann dieser im Fall einer verspäteten Übermittlung des Zahlungsauftrags verlangen, dass sein Zahlungsdienstleister die Gutschrift des Zahlungsbetrags auf dem Zahlungskonto des Zahlungsempfängers so vornimmt, als sei der Zahlungsvorgang ordnungsgemäß ausgeführt worden. ²Weist der Zahlungsdienstleister des Zahlungsempfängers nach, dass er den Zahlungsauftrag rechtzeitig an den Zahlungsdienstleister des Zahlers übermittelt hat, ist der Zahlungsdienstleister des Zahlers verpflichtet, dem Zahler gegebenenfalls unverzüglich den ungekürzten Zahlungsbetrag nach Absatz 1 Satz 1 und 2 zu erstatten. ³Dies gilt nicht, wenn der Zahlungsdienstleister des Zahlers nachweist, dass der Zahlungsbetrag lediglich verspätet beim Zahlungsdienstleister des Zahlungsempfängers eingegangen ist. ⁴In diesem Fall ist der Zahlungsdienstleister des Zahlungsempfängers verpflichtet, den Zahlungsbetrag entsprechend Satz 1 auf dem Zahlungskonto des Zahlungsempfängers gutzuschreiben.

(5) ¹Ansprüche des Zahlungsdienstnutzers gegen seinen Zahlungsdienstleister nach Absatz 1 Satz 1 und 2 sowie Absatz 2 Satz 2 bestehen nicht, soweit der Zahlungsauftrag in Übereinstimmung mit der vom Zahlungsdienstnutzer angegebenen fehlerhaften Kundenkennung ausgeführt wurde. ²In diesem Fall kann der Zahler von seinem Zahlungsdienstleister jedoch verlangen, dass dieser sich im Rahmen seiner Möglichkeiten darum bemüht, den Zahlungsbetrag wiederzuerlangen. ³Der Zahlungsdienstleister des Zahlungsempfängers ist verpflichtet, dem Zahlungsdienstleister des Zahlers alle für die Wiedererlangung des Zahlungsbetrags erforderlichen Informationen mitzuteilen. ⁴Ist die Wiedererlangung des Zahlungsbetrags nach den Sätzen 2 und 3 nicht möglich, so ist der Zahlungsdienstleister des Zahlers verpflichtet, dem Zahler auf schriftlichen Antrag alle verfügbaren Informationen mitzuteilen, damit der Zahler einen Anspruch auf Erstattung des Zahlungsbetrags geltend machen kann. ⁵Der Zahlungsdienstleister kann mit dem Zahlungsdienstnutzer im Zahlungsdiensterahmenvertrag ein Entgelt für Tätigkeiten nach den Sätzen 2 bis 4 vereinbaren.

(6) Ein Zahlungsdienstnutzer kann von seinem Zahlungsdienstleister über die Ansprüche nach den Absätzen 1 und 2 hinaus die Erstattung der Entgelte und Zinsen verlangen, die der Zahlungsdienstleister ihm im Zusammenhang mit der nicht erfolgten oder fehlerhaften Ausführung des Zahlungsvorgangs in Rechnung gestellt oder mit denen er dessen Zahlungskonto belastet hat.

(7) Wurde ein Zahlungsauftrag nicht oder fehlerhaft ausgeführt, hat der Zahlungsdienstleister desjenigen Zahlungsdienstnutzers, der einen Zahlungsvorgang ausgelöst hat oder über den ein Zahlungsvorgang ausgelöst wurde, auf Verlangen seines Zahlungsdienstnutzers den Zahlungsvorgang nachzuvollziehen und seinen Zahlungsdienstnutzer über das Ergebnis zu unterrichten.

(8) Wenn ein Fall des § 675d Absatz 6 Satz 1 Nummer 1 Buchstabe b vorliegt, ist § 675y Absatz 1 bis 4 auf die innerhalb des Europäischen Wirtschaftsraums getätigten Bestandteile des Zahlungsvorgangs nicht anzuwenden.

§ 675z Sonstige Ansprüche bei nicht erfolgter, fehlerhafter oder verspäteter Ausführung eines Zahlungsauftrags oder bei einem nicht autorisierten Zahlungsvorgang[1]

¹Die §§ 675u und 675y sind hinsichtlich der dort geregelten Ansprüche eines Zahlungsdienstnutzers abschließend. ²Die Haftung eines Zahlungsdienstleisters gegenüber seinem Zahlungsdienstnutzer für einen wegen nicht erfolgter, fehlerhafter oder verspäteter Ausführung eines Zahlungsauftrags entstandenen Schaden, der nicht bereits von § 675y erfasst ist, kann auf 12 500 Euro begrenzt werden; dies gilt nicht für Vorsatz und grobe Fahrlässigkeit, den Zinsschaden und für Gefahren, die der Zahlungsdienstleister besonders übernommen hat. ³Zahlungsdienstleister haben hierbei ein Verschulden, das einer zwischengeschalteten Stelle zur Last fällt, wie eigenes Verschulden zu vertreten, es sei denn, dass die wesentliche Ursache bei einer zwischengeschalteten Stelle liegt, die der Zahlungsdienstnutzer vorgegeben hat. ⁴In den Fällen von Satz 3 zweiter Halbsatz haftet die von dem Zahlungsdienstnutzer vorgegebene zwischengeschaltete Stelle anstelle des Zahlungsdienstleisters des Zahlungsdienstnutzers. ⁵§ 675y Absatz 5 Satz 1 ist auf die Haftung eines Zahlungsdienstleisters nach den Sätzen 2 bis 4 entsprechend anzuwenden. ⁶Wenn ein Fall des § 675d Absatz 6 Satz 1 Nummer 1 Buchstabe b vorliegt, ist § 675z Satz 3 auf die innerhalb des Europäischen Wirtschaftsraums getätigten Bestandteile des Zahlungsvorgangs nicht anzuwenden.

§ 676 Nachweis der Ausführung von Zahlungsvorgängen[2]

Ist zwischen dem Zahlungsdienstnutzer und seinem Zahlungsdienstleister streitig, ob der Zahlungsvorgang ordnungsgemäß ausgeführt wurde, muss der Zahlungsdienstleister nachweisen, dass der Zahlungsvorgang ordnungsgemäß aufgezeichnet und verbucht sowie nicht durch eine Störung beeinträchtigt wurde.

§ 676a Ausgleichsanspruch[3]

(1) Liegt die Ursache für die Haftung eines Zahlungsdienstleisters gemäß den §§ 675u, 675y und 675z im Verantwortungsbereich eines anderen Zahlungsdienstleisters, eines Zahlungsauslösedienstleisters oder einer zwischengeschalteten Stelle, so kann der Zahlungsdienstleister von dem anderen Zahlungsdienstleister, dem Zahlungsauslösedienstleister oder der zwischengeschalteten Stelle den Ersatz des Schadens verlangen, der ihm aus der Erfüllung der Ansprüche eines Zahlungsdienstnutzers gemäß den §§ 675u, 675y und 675z entsteht.

(2) Ist zwischen dem kontoführenden Zahlungsdienstleister des Zahlers und einem Zahlungsauslösedienstleister streitig, ob ein ausgeführter Zahlungsvorgang autorisiert wurde, muss der Zahlungsauslösedienstleister nachweisen, dass in seinem Verantwortungsbereich eine Authentifizierung erfolgt ist und der Zahlungsvorgang ordnungsgemäß aufgezeichnet sowie nicht durch eine Störung beeinträchtigt wurde.

(3) Ist zwischen dem kontoführenden Zahlungsdienstleister des Zahlers und einem Zahlungsauslösedienstleister streitig, ob ein Zahlungsvorgang ordnungsgemäß ausgeführt wurde, muss der Zahlungsauslösedienstleister nachweisen, dass

1. der Zahlungsauftrag dem kontoführenden Zahlungsdienstleister gemäß § 675n zugegangen ist und
2. der Zahlungsvorgang im Verantwortungsbereich des Zahlungsauslösedienstleisters ordnungsgemäß aufgezeichnet sowie nicht durch eine Störung beeinträchtigt wurde.

---

1) **Anm. d. Red.:** § 675z i. d. F. des Gesetzes v. 17. 7. 2017 (BGBl I S. 2446) mit Wirkung v. 13. 1. 2018.
2) **Anm. d. Red.:** §§ 676 bis 676h mit Zwischenüberschriften durch die folgenden §§ 675b bis 676c mit Zwischenüberschriften ersetzt gem. Gesetz v. 29. 7. 2009 (BGBl I S. 2355) mit Wirkung v. 31. 10. 2009.
3) **Anm. d. Red.:** § 676a i. d. F. des Gesetzes v. 17. 7. 2017 (BGBl I S. 2446) mit Wirkung v. 13. 1. 2018.

§ 676b Anzeige nicht autorisierter oder fehlerhaft ausgeführter Zahlungsvorgänge[1]

(1) Der Zahlungsdienstnutzer hat seinen Zahlungsdienstleister unverzüglich nach Feststellung eines nicht autorisierten oder fehlerhaft ausgeführten Zahlungsvorgangs zu unterrichten.

(2) ¹Ansprüche und Einwendungen des Zahlungsdienstnutzers gegen den Zahlungsdienstleister nach diesem Unterkapitel sind ausgeschlossen, wenn dieser seinen Zahlungsdienstleister nicht spätestens 13 Monate nach dem Tag der Belastung mit einem nicht autorisierten oder fehlerhaft ausgeführten Zahlungsvorgang hiervon unterrichtet hat. ²Der Lauf der Frist beginnt nur, wenn der Zahlungsdienstleister den Zahlungsdienstnutzer über die den Zahlungsvorgang betreffenden Angaben gemäß Artikel 248 §§ 7, 10 oder § 14 des Einführungsgesetzes zum Bürgerlichen Gesetzbuche unterrichtet hat; anderenfalls ist für den Fristbeginn der Tag der Unterrichtung maßgeblich.

(3) Für andere als die in § 675z Satz 1 genannten Ansprüche des Zahlungsdienstnutzers gegen seinen Zahlungsdienstleister wegen eines nicht autorisierten oder fehlerhaft ausgeführten Zahlungsvorgangs gilt Absatz 2 mit der Maßgabe, dass der Zahlungsdienstnutzer diese Ansprüche auch nach Ablauf der Frist geltend machen kann, wenn er ohne Verschulden an der Einhaltung der Frist verhindert war.

(4) ¹Wurde der Zahlungsvorgang über einen Zahlungsauslösedienstleister ausgelöst, sind Ansprüche und Einwendungen des Zahlungsdienstnutzers gegen seinen kontoführenden Zahlungsdienstleister ausgeschlossen, wenn der Zahlungsdienstnutzer den kontoführenden Zahlungsdienstleister nicht spätestens 13 Monate nach dem Tag der Belastung mit einem nicht autorisierten oder fehlerhaften Zahlungsvorgang hiervon unterrichtet hat. ²Der Lauf der Frist beginnt nur, wenn der kontoführende Zahlungsdienstleister den Zahlungsdienstnutzer über die den Zahlungsvorgang betreffenden Angaben gemäß Artikel 248 §§ 7, 10 oder § 14 des Einführungsgesetzes zum Bürgerlichen Gesetzbuche unterrichtet hat; anderenfalls ist für den Fristbeginn der Tag der Unterrichtung durch den kontoführenden Zahlungsdienstleister maßgeblich.

(5) Für andere als die in § 675z Satz 1 genannten Ansprüche des Zahlungsdienstnutzers gegen seinen kontoführenden Zahlungsdienstleister oder gegen den Zahlungsauslösedienstleister wegen eines nicht autorisierten oder fehlerhaft ausgeführten Zahlungsvorgangs gilt Absatz 4 mit der Maßgabe, dass

1. die Anzeige an den kontoführenden Zahlungsdienstleister auch zur Erhaltung von Ansprüchen und Einwendungen des Zahlungsdienstnutzers gegen den Zahlungsauslösedienstleister genügt und
2. der Zahlungsdienstnutzer seine Ansprüche gegen den kontoführenden Zahlungsdienstleister oder gegen den Zahlungsauslösedienstleister auch nach Ablauf der Frist geltend machen kann, wenn er ohne Verschulden an der Einhaltung der Frist verhindert war.

§ 676c Haftungsausschluss[2]

Ansprüche nach diesem Kapitel sind ausgeschlossen, wenn die einen Anspruch begründenden Umstände

1. auf einem ungewöhnlichen und unvorhersehbaren Ereignis beruhen, auf das diejenige Partei, die sich auf dieses Ereignis beruft, keinen Einfluss hat, und dessen Folgen trotz Anwendung der gebotenen Sorgfalt nicht hätten vermieden werden können, oder
2. vom Zahlungsdienstleister auf Grund einer gesetzlichen Verpflichtung herbeigeführt wurden.

---

1) **Anm. d. Red.:** § 676b i. d. F. des Gesetzes v. 17. 7. 2017 (BGBl I S. 2446) mit Wirkung v. 13. 1. 2018.

2) **Anm. d. Red.:** §§ 676 bis 676h mit Zwischenüberschriften durch die folgenden §§ 675b bis 676c mit Zwischenüberschriften ersetzt gem. Gesetz v. 29. 7. 2009 (BGBl I S. 2355) mit Wirkung v. 31. 10. 2009.

Titel 13: Geschäftsführung ohne Auftrag

§ 677 Pflichten des Geschäftsführers

Wer ein Geschäft für einen anderen besorgt, ohne von ihm beauftragt oder ihm gegenüber sonst dazu berechtigt zu sein, hat das Geschäft so zu führen, wie das Interesse des Geschäftsherrn mit Rücksicht auf dessen wirklichen oder mutmaßlichen Willen es erfordert.

§ 678 Geschäftsführung gegen den Willen des Geschäftsherrn

Steht die Übernahme der Geschäftsführung mit dem wirklichen oder dem mutmaßlichen Willen des Geschäftsherrn in Widerspruch und musste der Geschäftsführer dies erkennen, so ist er dem Geschäftsherrn zum Ersatze des aus der Geschäftsführung entstehenden Schadens auch dann verpflichtet, wenn ihm ein sonstiges Verschulden nicht zur Last fällt.

§ 679 Unbeachtlichkeit des entgegenstehenden Willens des Geschäftsherrn

Ein der Geschäftsführung entgegenstehender Wille des Geschäftsherrn kommt nicht in Betracht, wenn ohne die Geschäftsführung eine Pflicht des Geschäftsherrn, deren Erfüllung im öffentlichen Interesse liegt, oder eine gesetzliche Unterhaltspflicht des Geschäftsherrn nicht rechtzeitig erfüllt werden würde.

§ 680 Geschäftsführung zur Gefahrenabwehr

Bezweckt die Geschäftsführung die Abwendung einer dem Geschäftsherrn drohenden dringenden Gefahr, so hat der Geschäftsführer nur Vorsatz und grobe Fahrlässigkeit zu vertreten.

§ 681 Nebenpflichten des Geschäftsführers

[1]Der Geschäftsführer hat die Übernahme der Geschäftsführung, sobald es tunlich ist, dem Geschäftsherrn anzuzeigen und, wenn nicht mit dem Aufschub Gefahr verbunden ist, dessen Entschließung abzuwarten. [2]Im Übrigen finden auf die Verpflichtungen des Geschäftsführers die für einen Beauftragten geltenden Vorschriften der §§ 666 bis 668 entsprechende Anwendung.

§ 682 Fehlende Geschäftsfähigkeit des Geschäftsführers

Ist der Geschäftsführer geschäftsunfähig oder in der Geschäftsfähigkeit beschränkt, so ist er nur nach den Vorschriften über den Schadensersatz wegen unerlaubter Handlungen und über die Herausgabe einer ungerechtfertigten Bereicherung verantwortlich.

§ 683 Ersatz von Aufwendungen

[1]Entspricht die Übernahme der Geschäftsführung dem Interesse und dem wirklichen oder dem mutmaßlichen Willen des Geschäftsherrn, so kann der Geschäftsführer wie ein Beauftragter Ersatz seiner Aufwendungen verlangen. [2]In den Fällen des § 679 steht dieser Anspruch dem Geschäftsführer zu, auch wenn die Übernahme der Geschäftsführung mit dem Willen des Geschäftsherrn in Widerspruch steht.

§ 684 Herausgabe der Bereicherung

[1]Liegen die Voraussetzungen des § 683 nicht vor, so ist der Geschäftsherr verpflichtet, dem Geschäftsführer alles, was er durch die Geschäftsführung erlangt, nach den Vorschriften über die Herausgabe einer ungerechtfertigten Bereicherung herauszugeben. [2]Genehmigt der Geschäftsherr die Geschäftsführung, so steht dem Geschäftsführer der im § 683 bestimmte Anspruch zu.

§ 685 Schenkungsabsicht

(1) Dem Geschäftsführer steht ein Anspruch nicht zu, wenn er nicht die Absicht hatte, von dem Geschäftsherrn Ersatz zu verlangen.

(2) Gewähren Eltern oder Voreltern ihren Abkömmlingen oder diese jenen Unterhalt, so ist im Zweifel anzunehmen, dass die Absicht fehlt, von dem Empfänger Ersatz zu verlangen.

§ 686 Irrtum über Person des Geschäftsherrn

Ist der Geschäftsführer über die Person des Geschäftsherrn im Irrtume, so wird der wirkliche Geschäftsherr aus der Geschäftsführung berechtigt und verpflichtet.

§ 687 Unechte Geschäftsführung

(1) Die Vorschriften der §§ 677 bis 686 finden keine Anwendung, wenn jemand ein fremdes Geschäft in der Meinung besorgt, dass es sein eigenes sei.

(2) ¹Behandelt jemand ein fremdes Geschäft als sein eigenes, obwohl er weiß, dass er nicht dazu berechtigt ist, so kann der Geschäftsherr die sich aus den §§ 677, 678, 681, 682 ergebenden Ansprüche geltend machen. ²Macht er sie geltend, so ist er dem Geschäftsführer nach § 684 Satz 1 verpflichtet.

Titel 14: Verwahrung

§ 688 Vertragstypische Pflichten bei der Verwahrung

Durch den Verwahrungsvertrag wird der Verwahrer verpflichtet, eine ihm von dem Hinterleger übergebene bewegliche Sache aufzubewahren.

§ 689 Vergütung

Eine Vergütung für die Aufbewahrung gilt als stillschweigend vereinbart, wenn die Aufbewahrung den Umständen nach nur gegen eine Vergütung zu erwarten ist.

§ 690 Haftung bei unentgeltlicher Verwahrung

Wird die Aufbewahrung unentgeltlich übernommen, so hat der Verwahrer nur für diejenige Sorgfalt einzustehen, welche er in eigenen Angelegenheiten anzuwenden pflegt.

§ 691 Hinterlegung bei Dritten

¹Der Verwahrer ist im Zweifel nicht berechtigt, die hinterlegte Sache bei einem Dritten zu hinterlegen. ²Ist die Hinterlegung bei einem Dritten gestattet, so hat der Verwahrer nur ein ihm bei dieser Hinterlegung zur Last fallendes Verschulden zu vertreten. ³Für das Verschulden eines Gehilfen ist er nach § 278 verantwortlich.

§ 692 Änderung der Aufbewahrung

¹Der Verwahrer ist berechtigt, die vereinbarte Art der Aufbewahrung zu ändern, wenn er den Umständen nach annehmen darf, dass der Hinterleger bei Kenntnis der Sachlage die Änderung billigen würde. ²Der Verwahrer hat vor der Änderung dem Hinterleger Anzeige zu machen und dessen Entschließung abzuwarten, wenn nicht mit dem Aufschub Gefahr verbunden ist.

§ 693 Ersatz von Aufwendungen

Macht der Verwahrer zum Zwecke der Aufbewahrung Aufwendungen, die er den Umständen nach für erforderlich halten darf, so ist der Hinterleger zum Ersatz verpflichtet.

§ 694 Schadensersatzpflicht des Hinterlegers

Der Hinterleger hat den durch die Beschaffenheit der hinterlegten Sache dem Verwahrer entstehenden Schaden zu ersetzen, es sei denn, dass er die Gefahr drohende Beschaffenheit der Sache bei der Hinterlegung weder kennt noch kennen muss oder dass er sie dem Verwahrer angezeigt oder dieser sie ohne Anzeige gekannt hat.

§ 695 Rückforderungsrecht des Hinterlegers

[1]Der Hinterleger kann die hinterlegte Sache jederzeit zurückfordern, auch wenn für die Aufbewahrung eine Zeit bestimmt ist. [2]Die Verjährung des Anspruchs auf Rückgabe der Sache beginnt mit der Rückforderung.

§ 696 Rücknahmeanspruch des Verwahrers

[1]Der Verwahrer kann, wenn eine Zeit für die Aufbewahrung nicht bestimmt ist, jederzeit die Rücknahme der hinterlegten Sache verlangen. [2]Ist eine Zeit bestimmt, so kann er die vorzeitige Rücknahme nur verlangen, wenn ein wichtiger Grund vorliegt. [3]Die Verjährung des Anspruchs beginnt mit dem Verlangen auf Rücknahme.

§ 697 Rückgabeort

Die Rückgabe der hinterlegten Sache hat an dem Orte zu erfolgen, an welchem die Sache aufzubewahren war; der Verwahrer ist nicht verpflichtet, die Sache dem Hinterleger zu bringen.

§ 698 Verzinsung des verwendeten Geldes

Verwendet der Verwahrer hinterlegtes Geld für sich, so ist er verpflichtet, es von der Zeit der Verwendung an zu verzinsen.

§ 699 Fälligkeit der Vergütung

(1) [1]Der Hinterleger hat die vereinbarte Vergütung bei der Beendigung der Aufbewahrung zu entrichten. [2]Ist die Vergütung nach Zeitabschnitten bemessen, so ist sie nach dem Ablauf der einzelnen Zeitabschnitte zu entrichten.

(2) Endigt die Aufbewahrung vor dem Ablaufe der für sie bestimmten Zeit, so kann der Verwahrer einen seinen bisherigen Leistungen entsprechenden Teil der Vergütung verlangen, sofern nicht aus der Vereinbarung über die Vergütung sich ein anderes ergibt.

§ 700 Unregelmäßiger Verwahrungsvertrag

(1) [1]Werden vertretbare Sachen in der Art hinterlegt, dass das Eigentum auf den Verwahrer übergehen und dieser verpflichtet sein soll, Sachen von gleicher Art, Güte und Menge zurückzugewähren, so finden bei Geld die Vorschriften über den Darlehensvertrag, bei anderen Sachen die Vorschriften über den Sachdarlehensvertrag Anwendung. [2]Gestattet der Hinterleger dem Verwahrer, hinterlegte vertretbare Sachen zu verbrauchen, so finden bei Geld die Vorschriften über den Darlehensvertrag, bei anderen Sachen die Vorschriften über den Sachdarlehensvertrag von dem Zeitpunkt an Anwendung, in welchem der Verwahrer sich die Sachen aneignet. [3]In beiden Fällen bestimmen sich jedoch Zeit und Ort der Rückgabe im Zweifel nach den Vorschriften über den Verwahrungsvertrag.

(2) Bei der Hinterlegung von Wertpapieren ist eine Vereinbarung der im Absatz 1 bezeichneten Art nur gültig, wenn sie ausdrücklich getroffen wird.

Titel 15: Einbringung von Sachen bei Gastwirten

§ 701 Haftung des Gastwirtes

(1) Ein Gastwirt, der gewerbsmäßig Fremde zur Beherbergung aufnimmt, hat den Schaden zu ersetzen, der durch den Verlust, die Zerstörung oder die Beschädigung von Sachen entsteht, die ein im Betrieb dieses Gewerbes aufgenommener Gast eingebracht hat.

(2) ¹Als eingebracht gelten
1. Sachen, welche in der Zeit, in der der Gast zur Beherbergung aufgenommen ist, in die Gastwirtschaft oder an einen von dem Gastwirt oder dessen Leuten angewiesenen oder von dem Gastwirt allgemein hierzu bestimmten Ort außerhalb der Gastwirtschaft gebracht oder sonst außerhalb der Gastwirtschaft von dem Gastwirt oder dessen Leuten in Obhut genommen sind,
2. Sachen, welche innerhalb einer angemessenen Frist vor oder nach der Zeit, in der der Gast zur Beherbergung aufgenommen war, von dem Gastwirt oder seinen Leuten in Obhut genommen sind.

²Im Falle einer Anweisung oder einer Übernahme der Obhut durch Leute des Gastwirts gilt dies jedoch nur, wenn sie dazu bestellt oder nach den Umständen als dazu bestellt anzusehen waren.

(3) Die Ersatzpflicht tritt nicht ein, wenn der Verlust, die Zerstörung oder die Beschädigung von dem Gast, einem Begleiter des Gastes oder einer Person, die der Gast bei sich aufgenommen hat, oder durch die Beschaffenheit der Sachen oder durch höhere Gewalt verursacht wird.

(4) Die Ersatzpflicht erstreckt sich nicht auf Fahrzeuge, auf Sachen, die in einem Fahrzeug belassen worden sind, und auf lebende Tiere.

§ 702 Beschränkung der Haftung; Wertsachen

(1) Der Gastwirt haftet aufgrund des § 701 nur bis zu einem Betrag, der dem Hundertfachen des Beherbergungspreises für einen Tag entspricht, jedoch mindestens bis zu dem Betrage von 600 Euro und höchstens bis zu dem Betrage von 3 500 Euro; für Geld, Wertpapiere und Kostbarkeiten tritt an die Stelle von 3 500 Euro der Betrag von 800 Euro.

(2) Die Haftung des Gastwirts ist unbeschränkt,
1. wenn der Verlust, die Zerstörung oder die Beschädigung von ihm oder seinen Leuten verschuldet ist,
2. wenn es sich um eingebrachte Sachen handelt, die er zur Aufbewahrung übernommen oder deren Übernahme zur Aufbewahrung er entgegen der Vorschrift des Absatzes 3 abgelehnt hat.

(3) ¹Der Gastwirt ist verpflichtet, Geld, Wertpapiere, Kostbarkeiten und andere Wertsachen zur Aufbewahrung zu übernehmen, es sei denn, dass sie im Hinblick auf die Größe oder den Rang der Gastwirtschaft von übermäßigem Wert oder Umfang oder dass sie gefährlich sind. ²Er kann verlangen, dass sie in einem verschlossenen oder versiegelten Behältnis übergeben werden.

§ 702a Erlass der Haftung

(1) ¹Die Haftung des Gastwirts kann im Voraus nur erlassen werden, soweit sie den nach § 702 Abs. 1 maßgeblichen Höchstbetrag übersteigt. ²Auch insoweit kann sie nicht erlassen werden für den Fall, dass der Verlust, die Zerstörung oder die Beschädigung von dem Gastwirt oder von Leuten des Gastwirts vorsätzlich oder grob fahrlässig verursacht wird oder dass es sich um Sachen handelt, deren Übernahme zur Aufbewahrung der Gastwirt entgegen der Vorschrift des § 702 Abs. 3 abgelehnt hat.

(2) Der Erlass ist nur wirksam, wenn die Erklärung des Gastes schriftlich erteilt ist und wenn sie keine anderen Bestimmungen enthält.

§ 703 Erlöschen des Schadensersatzanspruchs

¹Der dem Gast aufgrund der §§ 701, 702 zustehende Anspruch erlischt, wenn nicht der Gast unverzüglich, nachdem er von dem Verlust, der Zerstörung oder der Beschädigung Kenntnis erlangt hat, dem Gastwirt Anzeige macht. ²Dies gilt nicht, wenn die Sachen von dem Gastwirt zur Aufbewahrung übernommen waren oder wenn der Verlust, die Zerstörung oder die Beschädigung von ihm oder seinen Leuten verschuldet ist.

§ 704 Pfandrecht des Gastwirtes

¹Der Gastwirt hat für seine Forderungen für Wohnung und andere dem Gaste zur Befriedigung seiner Bedürfnisse gewährte Leistungen, mit Einschluss der Auslagen, ein Pfandrecht an den eingebrachten Sachen des Gastes. ²Die für das Pfandrecht des Vermieters geltenden Vorschriften des § 562 Abs. 1 Satz 2 und der §§ 562a bis 562d finden entsprechende Anwendung.

Titel 16: Gesellschaft

§ 705 Inhalt des Gesellschaftsvertrags

Durch den Gesellschaftsvertrag verpflichten sich die Gesellschafter gegenseitig, die Erreichung eines gemeinsamen Zweckes in der durch den Vertrag bestimmten Weise zu fördern, insbesondere die vereinbarten Beiträge zu leisten.

§ 706 Beiträge der Gesellschafter

(1) Die Gesellschafter haben in Ermangelung einer anderen Vereinbarung gleiche Beiträge zu leisten.

(2) ¹Sind vertretbare oder verbrauchbare Sachen beizutragen, so ist im Zweifel anzunehmen, dass sie gemeinschaftliches Eigentum der Gesellschafter werden sollen. ²Das Gleiche gilt von nicht vertretbaren und nicht verbrauchbaren Sachen, wenn sie nach einer Schätzung beizutragen sind, die nicht bloß für die Gewinnverteilung bestimmt ist.

(3) Der Beitrag eines Gesellschafters kann auch in der Leistung von Diensten bestehen.

§ 707 Erhöhung des vereinbarten Beitrags

Zur Erhöhung des vereinbarten Beitrags oder zur Ergänzung der durch Verlust verminderten Einlage ist ein Gesellschafter nicht verpflichtet.

§ 708 Haftung der Gesellschafter

Ein Gesellschafter hat bei der Erfüllung der ihm obliegenden Verpflichtungen nur für diejenige Sorgfalt einzustehen, welche er in eigenen Angelegenheiten anzuwenden pflegt.

§ 709 Gemeinschaftliche Geschäftsführung

(1) Die Führung der Geschäfte der Gesellschaft steht den Gesellschaftern gemeinschaftlich zu; für jedes Geschäft ist die Zustimmung aller Gesellschafter erforderlich.

(2) Hat nach dem Gesellschaftsvertrage die Mehrheit der Stimmen zu entscheiden, so ist die Mehrheit im Zweifel nach der Zahl der Gesellschafter zu berechnen.

§ 710 Übertragung der Geschäftsführung

¹Ist in dem Gesellschaftsvertrage die Führung der Geschäfte einem Gesellschafter oder mehreren Gesellschaftern übertragen, so sind die übrigen Gesellschafter von der Geschäftsführung ausgeschlossen. ²Ist die Geschäftsführung mehreren Gesellschaftern übertragen, so finden die Vorschriften des § 709 entsprechende Anwendung.

§ 711 Widerspruchsrecht

¹Steht nach dem Gesellschaftsvertrag die Führung der Geschäfte allen oder mehreren Gesellschaftern in der Art zu, dass jeder allein zu handeln berechtigt ist, so kann jeder der Vornahme eines Geschäfts durch den anderen widersprechen. ²Im Falle des Widerspruchs muss das Geschäft unterbleiben.

§ 712 Entziehung und Kündigung der Geschäftsführung

(1) Die einem Gesellschafter durch den Gesellschaftsvertrag übertragene Befugnis zur Geschäftsführung kann ihm durch einstimmigen Beschluss oder, falls nach dem Gesellschaftsvertrag die Mehrheit der Stimmen entscheidet, durch Mehrheitsbeschluss der übrigen Gesellschafter entzogen werden, wenn ein wichtiger Grund vorliegt; ein solcher Grund ist insbesondere grobe Pflichtverletzung oder Unfähigkeit zur ordnungsmäßigen Geschäftsführung.

(2) Der Gesellschafter kann auch seinerseits die Geschäftsführung kündigen, wenn ein wichtiger Grund vorliegt; die für den Auftrag geltenden Vorschrift des § 671 Abs. 2, 3 findet entsprechende Anwendung.

§ 713 Rechte und Pflichten der geschäftsführenden Gesellschafter

Die Rechte und Verpflichtungen der geschäftsführenden Gesellschafter bestimmen sich nach den für den Auftrag geltenden Vorschriften der §§ 664 bis 670, soweit sich nicht aus dem Gesellschaftsverhältnis ein anderes ergibt.

§ 714 Vertretungsmacht

Soweit einem Gesellschafter nach dem Gesellschaftsvertrag die Befugnis zur Geschäftsführung zusteht, ist er im Zweifel auch ermächtigt, die anderen Gesellschafter Dritten gegenüber zu vertreten.

§ 715 Entziehung der Vertretungsmacht

Ist im Gesellschaftsvertrag ein Gesellschafter ermächtigt, die anderen Gesellschafter Dritten gegenüber zu vertreten, so kann die Vertretungsmacht nur nach Maßgabe des § 712 Abs. 1 und, wenn sie in Verbindung mit der Befugnis zur Geschäftsführung erteilt worden ist, nur mit dieser entzogen werden.

§ 716 Kontrollrecht der Gesellschafter

(1) Ein Gesellschafter kann, auch wenn er von der Geschäftsführung ausgeschlossen ist, sich von den Angelegenheiten der Gesellschaft persönlich unterrichten, die Geschäftsbücher und die Papiere der Gesellschaft einsehen und sich aus ihnen eine Übersicht über den Stand des Gesellschaftsvermögens anfertigen.

(2) Eine dieses Recht ausschließende oder beschränkende Vereinbarung steht der Geltendmachung des Rechtes nicht entgegen, wenn Grund zu der Annahme unredlicher Geschäftsführung besteht.

§ 717 Nichtübertragbarkeit der Gesellschafterrechte

¹Die Ansprüche, die den Gesellschaftern aus dem Gesellschaftsverhältnis gegeneinander zustehen, sind nicht übertragbar. ²Ausgenommen sind die einem Gesellschafter aus seiner Geschäftsführung zustehenden Ansprüche, soweit deren Befriedigung vor der Auseinandersetzung verlangt werden kann, sowie die Ansprüche auf einen Gewinnanteil oder auf dasjenige, was dem Gesellschafter bei der Auseinandersetzung zukommt.

§ 718 Gesellschaftsvermögen

(1) Die Beiträge der Gesellschafter und die durch die Geschäftsführung für die Gesellschaft erworbenen Gegenstände werden gemeinschaftliches Vermögen der Gesellschafter (Gesellschaftsvermögen).

(2) Zu dem Gesellschaftsvermögen gehört auch, was aufgrund eines zu dem Gesellschaftsvermögen gehörenden Rechts oder als Ersatz für die Zerstörung, Beschädigung oder Entziehung eines zu dem Gesellschaftsvermögen gehörenden Gegenstandes erworben wird.

§ 719 Gesamthänderische Bindung

(1) Ein Gesellschafter kann nicht über seinen Anteil an dem Gesellschaftsvermögen und an den einzelnen dazu gehörenden Gegenständen verfügen; er ist nicht berechtigt, Teilung zu verlangen.

(2) Gegen eine Forderung, die zum Gesellschaftsvermögen gehört, kann der Schuldner nicht eine ihm gegen einen einzelnen Gesellschafter zustehende Forderung aufrechnen.

§ 720 Schutz des gutgläubigen Schuldners

Die Zugehörigkeit einer nach § 718 Abs. 1 erworbenen Forderung zum Gesellschaftsvermögen hat der Schuldner erst dann gegen sich gelten zu lassen, wenn er von der Zugehörigkeit Kenntnis erlangt; die Vorschriften der §§ 406 bis 408 finden entsprechende Anwendung.

§ 721 Gewinn- und Verlustverteilung

(1) Ein Gesellschafter kann den Rechnungsabschluss und die Verteilung des Gewinns und Verlustes erst nach der Auflösung der Gesellschaft verlangen.

(2) Ist die Gesellschaft von längerer Dauer, so hat der Rechnungsabschluss und die Gewinnverteilung im Zweifel am Schlusse jedes Geschäftsjahres zu erfolgen.

§ 722 Anteile am Gewinn und Verlust

(1) Sind die Anteile der Gesellschafter am Gewinn und Verluste nicht bestimmt, so hat jeder Gesellschafter ohne Rücksicht auf die Art und die Größe seines Beitrags einen gleichen Anteil am Gewinn und Verlust.

(2) Ist nur der Anteil am Gewinn oder am Verluste bestimmt, so gilt die Bestimmung im Zweifel für Gewinn und Verlust.

§ 723 Kündigung durch Gesellschafter

(1) [1]Ist die Gesellschaft nicht für eine bestimmte Zeit eingegangen, so kann jeder Gesellschafter sie jederzeit kündigen. [2]Ist eine Zeitdauer bestimmt, so ist die Kündigung vor dem Ablaufe der Zeit zulässig, wenn ein wichtiger Grund vorliegt. [3]Ein wichtiger Grund liegt insbesondere vor,
1. wenn ein anderer Gesellschafter eine ihm nach dem Gesellschaftsvertrag obliegende wesentliche Verpflichtung vorsätzlich oder aus grober Fahrlässigkeit verletzt hat oder wenn die Erfüllung einer solchen Verpflichtung unmöglich wird;
2. wenn der Gesellschafter das 18. Lebensjahr vollendet hat.

[4]Der volljährig Gewordene kann die Kündigung nach Nummer 2 nur binnen drei Monaten von dem Zeitpunkt an erklären, in welchem er von seiner Gesellschafterstellung Kenntnis hatte oder haben musste. [5]Das Kündigungsrecht besteht nicht, wenn der Gesellschafter bezüglich des Gegenstandes der Gesellschaft zum selbständigen Betrieb eines Erwerbsgeschäftes gemäß § 112 ermächtigt war oder der Zweck der Gesellschaft allein der Befriedigung seiner persönlichen Bedürfnisse diente. [6]Unter den gleichen Voraussetzungen ist, wenn eine Kündigungsfrist bestimmt ist, die Kündigung ohne Einhaltung der Frist zulässig.

(2) ¹Die Kündigung darf nicht zur Unzeit geschehen, es sei denn, dass ein wichtiger Grund für die unzeitige Kündigung vorliegt. ²Kündigt ein Gesellschafter ohne solchen Grund zur Unzeit, so hat er den übrigen Gesellschaftern den daraus entstehenden Schaden zu ersetzen.

(3) Eine Vereinbarung, durch welche das Kündigungsrecht ausgeschlossen oder diesen Vorschriften zuwider beschränkt wird, ist nichtig.

§ 724 Kündigung bei Gesellschaft auf Lebenszeit oder fortgesetzter Gesellschaft

¹Ist eine Gesellschaft für die Lebenszeit eines Gesellschafters eingegangen, so kann sie in gleicher Weise gekündigt werden wie eine für unbestimmte Zeit eingegangene Gesellschaft. ²Dasselbe gilt, wenn eine Gesellschaft nach dem Ablauf der bestimmten Zeit stillschweigend fortgesetzt wird.

§ 725 Kündigung durch Pfändungsgläubiger

(1) Hat ein Gläubiger eines Gesellschafters die Pfändung des Anteils des Gesellschafters an dem Gesellschaftsvermögen erwirkt, so kann er die Gesellschaft ohne Einhaltung einer Kündigungsfrist kündigen, sofern der Schuldtitel nicht bloß vorläufig vollstreckbar ist.

(2) Solange die Gesellschaft besteht, kann der Gläubiger die sich aus dem Gesellschaftsverhältnis ergebenden Rechte des Gesellschafters, mit Ausnahme des Anspruchs auf einen Gewinnanteil, nicht geltend machen.

§ 726 Auflösung wegen Erreichens oder Unmöglichwerdens des Zweckes

Die Gesellschaft endigt, wenn der vereinbarte Zweck erreicht oder dessen Erreichung unmöglich geworden ist.

§ 727 Auflösung durch Tod eines Gesellschafters

(1) Die Gesellschaft wird durch den Tod eines der Gesellschafter aufgelöst, sofern nicht aus dem Gesellschaftsvertrage sich ein anderes ergibt.

(2) ¹Im Falle der Auflösung hat der Erbe des verstorbenen Gesellschafters den übrigen Gesellschaftern den Tod unverzüglich anzuzeigen und, wenn mit dem Aufschub Gefahr verbunden ist, die seinem Erblasser durch den Gesellschaftsvertrag übertragenen Geschäfte fortzuführen, bis die übrigen Gesellschafter in Gemeinschaft mit ihm anderweit Fürsorge treffen können. ²Die übrigen Gesellschafter sind in gleicher Weise zur einstweiligen Fortführung der ihnen übertragenen Geschäfte verpflichtet. ³Die Gesellschaft gilt insoweit als fortbestehend.

§ 728 Auflösung durch Insolvenz der Gesellschaft oder eines Gesellschafters

(1) ¹Die Gesellschaft wird durch die Eröffnung des Insolvenzverfahrens über das Vermögen der Gesellschaft aufgelöst. ²Wird das Verfahren auf Antrag des Schuldners eingestellt oder nach der Bestätigung eines Insolvenzplans, der den Fortbestand der Gesellschaft vorsieht, aufgehoben, so können die Gesellschafter die Fortsetzung der Gesellschaft beschließen.

(2) ¹Die Gesellschaft wird durch die Eröffnung des Insolvenzverfahrens über das Vermögen eines Gesellschafters aufgelöst. ²Die Vorschriften des § 727 Abs. 2 Satz 2, 3 finden Anwendung.

§ 729 Fortdauer der Geschäftsführungsbefugnis

¹Wird die Gesellschaft aufgelöst, so gilt die Befugnis eines Gesellschafters zur Geschäftsführung zu seinen Gunsten gleichwohl als fortbestehend, bis er von der Auflösung Kenntnis erlangt oder die Auflösung kennen muss. ²Das Gleiche gilt bei Fortbestand der Gesellschaft für die Befugnis zur Geschäftsführung eines aus der Gesellschaft ausscheidenden Gesellschafters oder für ihren Verlust in sonstiger Weise.

§ 730 Auseinandersetzung; Geschäftsführung

(1) Nach der Auflösung der Gesellschaft findet in Ansehung des Gesellschaftsvermögens die Auseinandersetzung unter den Gesellschaftern statt, sofern nicht über das Vermögen der Gesellschaft das Insolvenzverfahren eröffnet ist.

(2) ¹Für die Beendigung der schwebenden Geschäfte, für die dazu erforderliche Eingehung neuer Geschäfte sowie für die Erhaltung und Verwaltung des Gesellschaftsvermögens gilt die Gesellschaft als fortbestehend, soweit der Zweck der Auseinandersetzung es erfordert. ²Die einem Gesellschafter nach dem Gesellschaftsvertrag zustehende Befugnis zur Geschäftsführung erlischt jedoch, wenn nicht aus dem Vertrag sich ein anderes ergibt, mit der Auflösung der Gesellschaft; die Geschäftsführung steht von der Auflösung an allen Gesellschaftern gemeinschaftlich zu.

§ 731 Verfahren bei Auseinandersetzung

¹Die Auseinandersetzung erfolgt in Ermangelung einer anderen Vereinbarung in Gemäßheit der §§ 732 bis 735. ²Im Übrigen gelten für die Teilung die Vorschriften über die Gemeinschaft.

§ 732 Rückgabe von Gegenständen

¹Gegenstände, die ein Gesellschafter der Gesellschaft zur Benutzung überlassen hat, sind ihm zurückzugeben. ²Für einen durch Zufall in Abgang gekommenen oder verschlechterten Gegenstand kann er nicht Ersatz verlangen.

§ 733 Berichtigung der Gesellschaftsschulden; Erstattung der Einlagen

(1) ¹Aus dem Gesellschaftsvermögen sind zunächst die gemeinschaftlichen Schulden mit Einschluss derjenigen zu berichtigen, welche den Gläubigern gegenüber unter den Gesellschaftern geteilt sind oder für welche einem Gesellschafter die übrigen Gesellschafter als Schuldner haften. ²Ist eine Schuld noch nicht fällig oder ist sie streitig, so ist das zur Berichtigung Erforderliche zurückzubehalten.

(2) ¹Aus dem nach der Berichtigung der Schulden übrig bleibenden Gesellschaftsvermögen sind die Einlagen zurückzuerstatten. ²Für Einlagen, die nicht in Geld bestanden haben, ist der Wert zu ersetzen, den sie zurzeit der Einbringung gehabt haben. ³Für Einlagen, die in der Leistung von Diensten oder in der Überlassung der Benutzung eines Gegenstandes bestanden haben, kann nicht Ersatz verlangt werden.

(3) Zur Berichtigung der Schulden und zur Rückerstattung der Einlagen ist das Gesellschaftsvermögen, soweit erforderlich, in Geld umzusetzen.

§ 734 Verteilung des Überschusses

Verbleibt nach der Berichtigung der gemeinschaftlichen Schulden und der Rückerstattung der Einlagen ein Überschuss, so gebührt er den Gesellschaftern nach dem Verhältnis ihrer Anteile am Gewinne.

§ 735 Nachschusspflicht bei Verlust

¹Reicht das Gesellschaftsvermögen zur Berichtigung der gemeinschaftlichen Schulden und zur Rückerstattung der Einlagen nicht aus, so haben die Gesellschafter für den Fehlbetrag nach dem Verhältnis aufzukommen, nach welchem sie den Verlust zu tragen haben. ²Kann von einem Gesellschafter der auf ihn entfallende Beitrag nicht erlangt werden, so haben die übrigen Gesellschafter den Ausfall nach dem gleichen Verhältnis zu tragen.

§ 736 Ausscheiden eines Gesellschafters, Nachhaftung

(1) Ist im Gesellschaftsvertrag bestimmt, dass, wenn ein Gesellschafter kündigt oder stirbt oder wenn das Insolvenzverfahren über sein Vermögen eröffnet wird, die Gesellschaft unter

den übrigen Gesellschaftern fortbestehen soll, so scheidet bei dem Eintritt eines solchen Ereignisses der Gesellschafter, in dessen Person es eintritt, aus der Gesellschaft aus.

(2) Die für Personenhandelsgesellschaften geltenden Regelungen über die Begrenzung der Nachhaftung gelten sinngemäß.

§ 737 Ausschluss eines Gesellschafters

¹Ist im Gesellschaftsvertrag bestimmt, dass, wenn ein Gesellschafter kündigt, die Gesellschaft unter den übrigen Gesellschaftern fortbestehen soll, so kann ein Gesellschafter, in dessen Person ein die übrigen Gesellschafter nach § 723 Abs. 1 Satz 2 zur Kündigung berechtigender Umstand eintritt, aus der Gesellschaft ausgeschlossen werden. ²Das Ausschließungsrecht steht den übrigen Gesellschaftern gemeinschaftlich zu. ³Die Ausschließung erfolgt durch Erklärung gegenüber dem auszuschließenden Gesellschafter.

§ 738 Auseinandersetzung beim Ausscheiden

(1) ¹Scheidet ein Gesellschafter aus der Gesellschaft aus, so wächst sein Anteil am Gesellschaftsvermögen den übrigen Gesellschaftern zu. ²Diese sind verpflichtet, dem Ausscheidenden die Gegenstände, die er der Gesellschaft zur Benutzung überlassen hat, nach Maßgabe des § 732 zurückzugeben, ihn von den gemeinschaftlichen Schulden zu befreien und ihm dasjenige zu zahlen, was er bei der Auseinandersetzung erhalten würde, wenn die Gesellschaft zurzeit seines Ausscheidens aufgelöst worden wäre. ³Sind gemeinschaftliche Schulden noch nicht fällig, so können die übrigen Gesellschafter dem Ausscheidenden, statt ihn zu befreien, Sicherheit leisten.

(2) Der Wert des Gesellschaftsvermögens ist, soweit erforderlich, im Wege der Schätzung zu ermitteln.

§ 739 Haftung für Fehlbetrag

Reicht der Wert des Gesellschaftsvermögens zur Deckung der gemeinschaftlichen Schulden und der Einlagen nicht aus, so hat der Ausscheidende den übrigen Gesellschaftern für den Fehlbetrag nach dem Verhältnisse seines Anteils am Verlust aufzukommen.

§ 740 Beteiligung am Ergebnis schwebender Geschäfte

(1) ¹Der Ausgeschiedene nimmt an dem Gewinn und dem Verluste teil, welcher sich aus den zur Zeit seines Ausscheidens schwebenden Geschäften ergibt. ²Die übrigen Gesellschafter sind berechtigt, diese Geschäfte so zu beendigen, wie es ihnen am vorteilhaftesten erscheint.

(2) Der Ausgeschiedene kann am Schluss jedes Geschäftsjahrs Rechenschaft über die inzwischen beendigten Geschäfte, Auszahlung des ihm gebührenden Betrags und Auskunft über den Stand der noch schwebenden Geschäfte verlangen.

Titel 17: Gemeinschaft

§ 741 Gemeinschaft nach Bruchteilen

Steht ein Recht mehreren gemeinschaftlich zu, so finden, sofern sich nicht aus dem Gesetz ein anderes ergibt, die Vorschriften der §§ 742 bis 758 Anwendung (Gemeinschaft nach Bruchteilen).

§ 742 Gleiche Anteile

Im Zweifel ist anzunehmen, dass den Teilhabern gleiche Anteile zustehen.

§ 743 Früchteanteil; Gebrauchsbefugnis

(1) Jedem Teilhaber gebührt ein seinem Anteil entsprechender Bruchteil der Früchte.

(2) Jeder Teilhaber ist zum Gebrauch des gemeinschaftlichen Gegenstandes insoweit befugt, als nicht der Mitgebrauch der übrigen Teilhaber beeinträchtigt wird.

§ 744 Gemeinschaftliche Verwaltung

(1) Die Verwaltung des gemeinschaftlichen Gegenstands steht den Teilhabern gemeinschaftlich zu.

(2) Jeder Teilhaber ist berechtigt, die zur Erhaltung des Gegenstands notwendigen Maßregeln ohne Zustimmung der anderen Teilhaber zu treffen; er kann verlangen, dass diese ihre Einwilligung zu einer solchen Maßregel im Voraus erteilen.

§ 745 Verwaltung und Benutzung durch Beschluss

(1) [1]Durch Stimmenmehrheit kann eine der Beschaffenheit des gemeinschaftlichen Gegenstandes entsprechende ordnungsmäßige Verwaltung und Benutzung beschlossen werden. [2]Die Stimmenmehrheit ist nach der Größe der Anteile zu berechnen.

(2) Jeder Teilhaber kann, sofern nicht die Verwaltung und Benutzung durch Vereinbarung oder durch Mehrheitsbeschluss geregelt ist, eine dem Interesse aller Teilhaber nach billigem Ermessen entsprechende Verwaltung und Benutzung verlangen.

(3) [1]Eine wesentliche Veränderung des Gegenstands kann nicht beschlossen oder verlangt werden. [2]Das Recht des einzelnen Teilhabers auf einen seinem Anteil entsprechenden Bruchteil der Nutzungen kann nicht ohne seine Zustimmung beeinträchtigt werden.

§ 746 Wirkung gegen Sondernachfolger

Haben die Teilhaber die Verwaltung und Benutzung des gemeinschaftlichen Gegenstandes geregelt, so wirkt die getroffene Bestimmung auch für und gegen die Sondernachfolger.

§ 747 Verfügung über Anteil und gemeinschaftliche Gegenstände

[1]Jeder Teilhaber kann über seinen Anteil verfügen. [2]Über den gemeinschaftlichen Gegenstand im Ganzen können die Teilhaber nur gemeinschaftlich verfügen.

§ 748 Lasten- und Kostentragung

Jeder Teilhaber ist den anderen Teilhabern gegenüber verpflichtet, die Lasten des gemeinschaftlichen Gegenstandes sowie die Kosten der Erhaltung, der Verwaltung und einer gemeinschaftlichen Benutzung nach dem Verhältnisse seines Anteils zu tragen.

§ 749 Aufhebungsanspruch

(1) Jeder Teilhaber kann jederzeit die Aufhebung der Gemeinschaft verlangen.

(2) [1]Wird das Recht, die Aufhebung zu verlangen, durch Vereinbarung für immer oder auf Zeit ausgeschlossen, so kann die Aufhebung gleichwohl verlangt werden, wenn ein wichtiger Grund vorliegt. [2]Unter der gleichen Voraussetzung kann, wenn eine Kündigungsfrist bestimmt wird, die Aufhebung ohne Einhaltung der Frist verlangt werden.

(3) Eine Vereinbarung, durch welche das Recht, die Aufhebung zu verlangen, diesen Vorschriften zuwider ausgeschlossen oder beschränkt wird, ist nichtig.

§ 750 Ausschluss der Aufhebung im Todesfall

Haben die Teilhaber das Recht, die Aufhebung der Gemeinschaft zu verlangen, auf Zeit ausgeschlossen, so tritt die Vereinbarung im Zweifel mit dem Tode eines Teilhabers außer Kraft.

§ 751 Ausschluss der Aufhebung und Sondernachfolger

[1]Haben die Teilhaber das Recht, die Aufhebung der Gemeinschaft zu verlangen, für immer oder auf Zeit ausgeschlossen oder eine Kündigungsfrist bestimmt, so wirkt die Vereinbarung

auch für und gegen die Sondernachfolger. ²Hat ein Gläubiger die Pfändung des Anteils eines Teilhabers erwirkt, so kann er ohne Rücksicht auf die Vereinbarung die Aufhebung der Gemeinschaft verlangen, sofern der Schuldtitel nicht bloß vorläufig vollstreckbar ist.

§ 752 Teilung in Natur

¹Die Aufhebung der Gemeinschaft erfolgt durch Teilung in Natur, wenn der gemeinschaftliche Gegenstand oder, falls mehrere Gegenstände gemeinschaftlich sind, diese sich ohne Verminderung des Wertes in gleichartige, den Anteilen der Teilhaber entsprechende Teile zerlegen lassen. ²Die Verteilung gleicher Teile unter die Teilhaber geschieht durch das Los.

§ 753 Teilung durch Verkauf

(1) ¹Ist die Teilung in Natur ausgeschlossen, so erfolgt die Aufhebung der Gemeinschaft durch Verkauf des gemeinschaftlichen Gegenstandes nach den Vorschriften über den Pfandverkauf, bei Grundstücken durch Zwangsversteigerung, und durch Teilung des Erlöses. ²Ist die Veräußerung an einen Dritten unstatthaft, so ist der Gegenstand unter den Teilhabern zu versteigern.

(2) Hat der Versuch, den Gegenstand zu verkaufen, keinen Erfolg, so kann jeder Teilhaber die Wiederholung verlangen; er hat jedoch die Kosten zu tragen, wenn der wiederholte Versuch misslingt.

§ 754 Verkauf gemeinschaftlicher Forderung

¹Der Verkauf einer gemeinschaftlichen Forderung ist nur zulässig, wenn sie noch nicht eingezogen werden kann. ²Ist die Einziehung möglich, so kann jeder Teilhaber gemeinschaftliche Einziehung verlangen.

§ 755 Berichtigung einer Gesamtschuld

(1) Haften die Teilhaber als Gesamtschuldner für eine Verbindlichkeit, die sie in Gemäßheit des § 748 nach dem Verhältnis ihrer Anteile zu erfüllen haben oder die sie zum Zwecke der Erfüllung einer solchen Verbindlichkeit eingegangen sind, so kann jeder Teilhaber bei der Aufhebung der Gemeinschaft verlangen, dass die Schuld aus dem gemeinschaftlichen Gegenstande berichtigt wird.

(2) Der Anspruch kann auch gegen die Sondernachfolger geltend gemacht werden.

(3) Soweit zur Berichtigung der Schuld der Verkauf des gemeinschaftlichen Gegenstandes erforderlich ist, hat der Verkauf nach § 753 zu erfolgen.

§ 756 Berichtigung einer Teilhaberschuld

¹Hat ein Teilhaber gegen einen anderen Teilhaber eine Forderung, die sich auf die Gemeinschaft gründet, so kann er bei der Aufhebung der Gemeinschaft die Berichtigung seiner Forderung aus dem auf den Schuldner entfallenden Teil des gemeinschaftlichen Gegenstands verlangen. ²Die Vorschriften des § 755 Abs. 2, 3 findet Anwendung.

§ 757 Gewährleistung bei Zuteilung an einen Teilhaber

Wird bei der Aufhebung der Gemeinschaft ein gemeinschaftlicher Gegenstand einem der Teilhaber zugeteilt, so hat wegen eines Mangels im Rechte oder wegen eines Mangels der Sache jeder der übrigen Teilhaber zu seinem Anteil in gleicher Weise wie ein Verkäufer Gewähr zu leisten.

§ 758 Unverjährbarkeit des Aufhebungsanspruchs

Der Anspruch auf Aufhebung der Gemeinschaft unterliegt nicht der Verjährung.

Titel 18: Leibrente

§ 759 Dauer und Betrag der Rente

(1) Wer zur Gewährung einer Leibrente verpflichtet ist, hat die Rente im Zweifel für die Lebensdauer des Gläubigers zu entrichten.

(2) Der für die Rente bestimmte Betrag ist im Zweifel der Jahresbetrag der Rente.

§ 760 Vorauszahlung

(1) Die Leibrente ist im Voraus zu entrichten.

(2) Eine Geldrente ist für drei Monate vorauszuzahlen; bei einer anderen Rente bestimmt sich der Zeitabschnitt, für den sie im Voraus zu entrichten ist, nach der Beschaffenheit und dem Zweck der Rente.

(3) Hat der Gläubiger den Beginn des Zeitabschnitts erlebt, für den die Rente im Voraus zu entrichten ist, so gebührt ihm der volle auf den Zeitabschnitt entfallende Betrag.

§ 761 Form des Leibrentenversprechens

[1]Zur Gültigkeit eines Vertrags, durch den eine Leibrente versprochen wird, ist, soweit nicht eine andere Form vorgeschrieben ist, schriftliche Erteilung des Versprechens erforderlich. [2]Die Erteilung des Leibrentenversprechens in elektronischer Form ist ausgeschlossen, soweit das Versprechen der Gewährung familienrechtlichen Unterhaltes dient.

Titel 19: Unvollkommene Verbindlichkeiten

§ 762 Spiel, Wette

(1) [1]Durch Spiel oder durch Wette wird eine Verbindlichkeit nicht begründet. [2]Das aufgrund des Spieles oder der Wette Geleistete kann nicht deshalb zurückgefordert werden, weil eine Verbindlichkeit nicht bestanden hat.

(2) Diese Vorschriften gelten auch für eine Vereinbarung, durch die der verlierende Teil zum Zwecke der Erfüllung einer Spiel- oder einer Wettschuld dem gewinnenden Teile gegenüber eine Verbindlichkeit eingeht, insbesondere für ein Schuldanerkenntnis.

§ 763 Lotterie- und Ausspielvertrag

[1]Ein Lotterievertrag oder ein Ausspielvertrag ist verbindlich, wenn die Lotterie oder die Ausspielung staatlich genehmigt ist. [2]Anderenfalls finden die Vorschriften des § 762 Anwendung.

§ 764 (weggefallen)[1)]

Titel 20: Bürgschaft

§ 765 Vertragstypische Pflichten bei der Bürgschaft

(1) Durch den Bürgschaftsvertrag verpflichtet sich der Bürge gegenüber dem Gläubiger eines Dritten, für die Erfüllung der Verbindlichkeit des Dritten einzustehen.

(2) Die Bürgschaft kann auch für eine künftige oder eine bedingte Verbindlichkeit übernommen werden.

---

1) **Anm. d. Red.:** § 764 weggefallen gem. Gesetz v. 21. 6. 2002 (BGBl I S. 2010) mit Wirkung v. 1. 7. 2002.

§ 766 Schriftform der Bürgschaftserklärung

¹Zur Gültigkeit des Bürgschaftsvertrags ist schriftliche Erteilung der Bürgschaftserklärung erforderlich. ²Die Erteilung der Bürgschaftserklärung in elektronischer Form ist ausgeschlossen. ³Soweit der Bürge die Hauptverbindlichkeit erfüllt, wird der Mangel der Form geheilt.

§ 767 Umfang der Bürgschaftsschuld

(1) ¹Für die Verpflichtung des Bürgen ist der jeweilige Bestand der Hauptverbindlichkeit maßgebend. ²Dies gilt insbesondere auch, wenn die Hauptverbindlichkeit durch Verschulden oder Verzug des Hauptschuldners geändert wird. ³Durch ein Rechtsgeschäft, das der Hauptschuldner nach der Übernahme der Bürgschaft vornimmt, wird die Verpflichtung des Bürgen nicht erweitert.

(2) Der Bürge haftet für die dem Gläubiger von dem Hauptschuldner zu ersetzenden Kosten der Kündigung und der Rechtsverfolgung.

§ 768 Einreden des Bürgen

(1) ¹Der Bürge kann die dem Hauptschuldner zustehenden Einreden geltend machen. ²Stirbt der Hauptschuldner, so kann sich der Bürge nicht darauf berufen, dass der Erbe für die Verbindlichkeit nur beschränkt haftet.

(2) Der Bürge verliert eine Einrede nicht dadurch, dass der Hauptschuldner auf sie verzichtet.

§ 769 Mitbürgschaft

Verbürgen sich mehrere für dieselbe Verbindlichkeit, so haften sie als Gesamtschuldner, auch wenn sie die Bürgschaft nicht gemeinschaftlich übernehmen.

§ 770 Einreden der Anfechtbarkeit und der Aufrechenbarkeit

(1) Der Bürge kann die Befriedigung des Gläubigers verweigern, solange dem Hauptschuldner das Recht zusteht, das seiner Verbindlichkeit zugrunde liegende Rechtsgeschäft anzufechten.

(2) Die gleiche Befugnis hat der Bürge, solange sich der Gläubiger durch Aufrechnung gegen eine fällige Forderung des Hauptschuldners befriedigen kann.

§ 771 Einrede der Vorausklage

¹Der Bürge kann die Befriedigung des Gläubigers verweigern, solange nicht der Gläubiger eine Zwangsvollstreckung gegen den Hauptschuldner ohne Erfolg versucht hat (Einrede der Vorausklage). ²Erhebt der Bürge die Einrede der Vorausklage, ist die Verjährung des Anspruchs des Gläubigers gegen den Bürgen gehemmt, bis der Gläubiger eine Zwangsvollstreckung gegen den Hauptschuldner ohne Erfolg versucht hat.

§ 772 Vollstreckungs- und Verwertungspflicht des Gläubigers

(1) Besteht die Bürgschaft für eine Geldforderung, so muss die Zwangsvollstreckung in die beweglichen Sachen des Hauptschuldners an seinem Wohnsitz und, wenn der Hauptschuldner an einem anderen Orte eine gewerbliche Niederlassung hat, auch an diesem Orte, in Ermangelung eines Wohnsitzes und einer gewerblichen Niederlassung an seinem Aufenthaltsort versucht werden.

(2) ¹Steht dem Gläubiger ein Pfandrecht oder ein Zurückbehaltungsrecht an einer beweglichen Sache des Hauptschuldners zu, so muss er auch aus dieser Sache Befriedigung suchen. ²Steht dem Gläubiger ein solches Recht an der Sache auch für eine andere Forderung zu, so gilt dies nur, wenn beide Forderungen durch den Wert der Sache gedeckt werden.

73 Ausschluss der Einrede der Vorausklage

(1) Die Einrede der Vorausklage ist ausgeschlossen:
1. wenn der Bürge auf die Einrede verzichtet, insbesondere wenn er sich als Selbstschuldner verbürgt hat,
2. wenn die Rechtsverfolgung gegen den Hauptschuldner infolge einer nach der Übernahme der Bürgschaft eingetretenen Änderung des Wohnsitzes, der gewerblichen Niederlassung oder des Aufenthaltsorts des Hauptschuldners wesentlich erschwert ist,
3. wenn über das Vermögen des Hauptschuldners das Insolvenzverfahren eröffnet ist,
4. wenn anzunehmen ist, dass die Zwangsvollstreckung in das Vermögen des Hauptschuldners nicht zur Befriedigung des Gläubigers führen wird.

(2) In den Fällen der Nummern 3, 4 ist die Einrede insoweit zulässig, als sich der Gläubiger aus einer beweglichen Sache des Hauptschuldners befriedigen kann, an der er ein Pfandrecht oder ein Zurückbehaltungsrecht hat; die Vorschrift des § 772 Abs. 2 Satz 2 findet Anwendung.

§ 774 Gesetzlicher Forderungsübergang

(1) ¹Soweit der Bürge den Gläubiger befriedigt, geht die Forderung des Gläubigers gegen den Hauptschuldner auf ihn über. ²Der Übergang kann nicht zum Nachteil des Gläubigers geltend gemacht werden. ³Einwendungen des Hauptschuldners aus einem zwischen ihm und dem Bürgen bestehen Rechtsverhältnisse bleiben unberührt.

(2) Mitbürgen haften einander nur nach § 426.

§ 775 Anspruch des Bürgen auf Befreiung

(1) Hat sich der Bürge im Auftrage des Hauptschuldners verbürgt oder stehen ihm nach den Vorschriften über die Geschäftsführung ohne Auftrag wegen der Übernahme der Bürgschaft die Rechte eines Beauftragten gegen den Hauptschuldner zu, so kann er von diesem Befreiung von der Bürgschaft verlangen:
1. wenn sich die Vermögensverhältnisse des Hauptschuldners wesentlich verschlechtert haben,
2. wenn die Rechtsverfolgung gegen den Hauptschuldner infolge einer nach der Übernahme der Bürgschaft eingetretenen Änderung des Wohnsitzes, der gewerblichen Niederlassung oder des Aufenthaltsorts des Hauptschuldners wesentlich erschwert ist,
3. wenn der Hauptschuldner mit der Erfüllung seiner Verbindlichkeit im Verzug ist,
4. wenn der Gläubiger gegen den Bürgen ein vollstreckbares Urteil auf Erfüllung erwirkt hat.

(2) Ist die Hauptverbindlichkeit noch nicht fällig, so kann der Hauptschuldner dem Bürgen, statt ihn zu befreien, Sicherheit leisten.

§ 776 Aufgabe einer Sicherheit

¹Gibt der Gläubiger ein mit der Forderung verbundenes Vorzugsrecht, eine für sie bestehende Hypothek oder Schiffshypothek, ein für sie bestehendes Pfandrecht oder das Recht gegen einen Mitbürgen auf, so wird der Bürge insoweit frei, als er aus dem aufgegebenen Recht nach § 774 hätte Ersatz erlangen können. ²Dies gilt auch dann, wenn das aufgegebene Recht erst nach der Übernahme der Bürgschaft entstanden ist.

§ 777 Bürgschaft auf Zeit

(1) ¹Hat sich der Bürge für eine bestehende Verbindlichkeit auf bestimmte Zeit verbürgt, so wird er nach dem Ablauf der bestimmten Zeit frei, wenn nicht der Gläubiger die Einziehung der Forderung unverzüglich nach Maßgabe des § 772 betreibt, das Verfahren ohne wesentliche Verzögerung fortsetzt und unverzüglich nach der Beendigung des Verfahrens dem Bürgen anzeigt, dass er ihn in Anspruch nehme. ²Steht dem Bürgen die Einrede der Vorausklage nicht zu, so

wird er nach dem Ablaufe der bestimmten Zeit frei, wenn nicht der Gläubiger ihm unverzüglich diese Anzeige macht.

(2) Erfolgt die Anzeige rechtzeitig, so beschränkt sich die Haftung des Bürgen im Falle des Absatzes 1 Satz 1 auf den Umfang, den die Hauptverbindlichkeit zur Zeit der Beendigung des Verfahrens hat, im Falle des Absatzes 1 Satz 2 auf den Umfang, den die Hauptverbindlichkeit bei dem Ablauf der bestimmten Zeit hat.

§ 778 Kreditauftrag

Wer einen anderen beauftragt, im eigenen Namen und auf eigene Rechnung einem Dritten ein Darlehen oder eine Finanzierungshilfe zu gewähren, haftet dem Beauftragten für die aus dem Darlehen oder der Finanzierungshilfe entstehende Verbindlichkeit des Dritten als Bürge.

Titel 21: Vergleich

§ 779 Begriff des Vergleichs, Irrtum über die Vergleichsgrundlage

(1) Ein Vertrag, durch den der Streit oder die Ungewissheit der Parteien über ein Rechtsverhältnis im Wege gegenseitigen Nachgebens beseitigt wird (Vergleich), ist unwirksam, wenn der nach dem Inhalte des Vertrags als feststehend zugrunde gelegte Sachverhalt der Wirklichkeit nicht entspricht und der Streit oder die Ungewissheit bei Kenntnis der Sachlage nicht entstanden sein würde.

(2) Der Ungewissheit über ein Rechtsverhältnis steht es gleich, wenn die Verwirklichung eines Anspruchs unsicher ist.

Titel 22: Schuldversprechen, Schuldanerkenntnis

§ 780 Schuldversprechen

[1]Zur Gültigkeit eines Vertrags, durch den eine Leistung in der Weise versprochen wird, dass das Versprechen die Verpflichtung selbständig begründen soll (Schuldversprechen), ist, soweit nicht eine andere Form vorgeschrieben ist, schriftliche Erteilung des Versprechens erforderlich. [2]Die Erteilung des Versprechens in elektronischer Form ist ausgeschlossen.

§ 781 Schuldanerkenntnis

[1]Zur Gültigkeit eines Vertrags, durch den das Bestehen eines Schuldverhältnisses anerkannt wird (Schuldanerkenntnis), ist schriftliche Erteilung der Anerkennungserklärung erforderlich. [2]Die Erteilung der Anerkennungserklärung in elektronischer Form ist ausgeschlossen. [3]Ist für die Begründung des Schuldverhältnisses, dessen Bestehen anerkannt wird, eine andere Form vorgeschrieben, so bedarf der Anerkennungsvertrag dieser Form.

§ 782 Formfreiheit bei Vergleich

Wird ein Schuldversprechen oder ein Schuldanerkenntnis aufgrund einer Abrechnung oder im Wege des Vergleichs erteilt, so ist die Beobachtung der in den §§ 780, 781 vorgeschriebenen schriftlichen Form nicht erforderlich.

Titel 23: Anweisung

§ 783 Rechte aus der Anweisung

Händigt jemand eine Urkunde, in der er einen anderen anweist, Geld, Wertpapiere oder andere vertretbare Sachen an einen Dritten zu leisten, dem Dritten aus, so ist dieser ermächtigt, die Leistung bei dem Angewiesenen im eigenen Namen zu erheben; der Angewiesene ist ermächtigt, für Rechnung des Anweisenden an den Anweisungsempfänger zu leisten.

§ 784 Annahme der Anweisung

(1) Nimmt der Angewiesene die Anweisung an, so ist er dem Anweisungsempfänger gegenüber zur Leistung verpflichtet; er kann ihm nur solche Einwendungen entgegensetzen, welche die Gültigkeit der Annahme betreffen oder sich aus dem Inhalt der Anweisung oder dem Inhalt der Annahme ergeben oder dem Angewiesenen unmittelbar gegen den Anweisungsempfänger zustehen.

(2) [1]Die Annahme erfolgt durch einen schriftlichen Vermerk auf der Anweisung. [2]Ist der Vermerk auf die Anweisung vor der Aushändigung an den Anweisungsempfänger gesetzt worden, so wird die Annahme diesem gegenüber erst mit der Aushändigung wirksam.

§ 785 Aushändigung der Anweisung

Der Angewiesene ist nur gegen Aushändigung der Anweisung zur Leistung verpflichtet.

§ 786 (weggefallen)

§ 787 Anweisung auf Schuld

(1) Im Falle einer Anweisung auf Schuld wird der Angewiesene durch die Leistung in deren Höhe von der Schuld befreit.

(2) Zur Annahme der Anweisung oder zur Leistung an den Anweisungsempfänger ist der Angewiesene dem Anweisenden gegenüber nicht schon deshalb verpflichtet, weil er Schuldner des Anweisenden ist.

§ 788 Valutaverhältnis

Erteilt der Anweisende die Anweisung zu dem Zwecke, um seinerseits eine Leistung an den Anweisungsempfänger zu bewirken, so wird die Leistung, auch wenn der Angewiesene die Anweisung annimmt, erst mit der Leistung des Angewiesenen an den Anweisungsempfänger bewirkt.

§ 789 Anzeigepflicht des Anweisungsempfängers

[1]Verweigert der Angewiesene vor dem Eintritt der Leistungszeit die Annahme der Anweisung oder verweigert er die Leistung, so hat der Anweisungsempfänger dem Anweisenden unverzüglich Anzeige zu machen. [2]Das Gleiche gilt, wenn der Anweisungsempfänger die Anweisung nicht geltend machen kann oder will.

§ 790 Widerruf der Anweisung

[1]Der Anweisende kann die Anweisung dem Angewiesenen gegenüber widerrufen, solange nicht der Angewiesene sie dem Anweisungsempfänger gegenüber angenommen oder die Leistung bewirkt hat. [2]Dies gilt auch dann, wenn der Anweisende durch den Widerruf einer ihm gegen den Anweisungsempfänger obliegenden Verpflichtung zuwiderhandelt.

§ 791 Tod oder Geschäftsunfähigkeit eines Beteiligten

Die Anweisung erlischt nicht durch den Tod oder den Eintritt der Geschäftsunfähigkeit eines der Beteiligten.

§ 792 Übertragung der Anweisung

(1) [1]Der Anweisungsempfänger kann die Anweisung durch Vertrag mit einem Dritten auf diesen übertragen, auch wenn sie noch nicht angenommen worden ist. [2]Die Übertragungserklärung bedarf der schriftlichen Form. [3]Zur Übertragung ist die Aushändigung der Anweisung an den Dritten erforderlich.

(2) [1]Der Anweisende kann die Übertragung ausschließen. [2]Die Ausschließung ist dem Angewiesenen gegenüber nur wirksam, wenn sie aus der Anweisung zu entnehmen ist oder wenn

sie von dem Anweisenden dem Angewiesenen mitgeteilt wird, bevor dieser die Anweisung annimmt oder die Leistung bewirkt.

(3) ¹Nimmt der Angewiesene die Anweisung dem Erwerber gegenüber an, so kann er aus einem zwischen ihm und dem Anweisungsempfänger bestehenden Rechtsverhältnis Einwendungen nicht herleiten. ²Im Übrigen finden auf die Übertragung der Anweisung die für die Abtretung einer Forderung geltenden Vorschriften entsprechende Anwendung.

Titel 24: Schuldverschreibung auf den Inhaber

§ 793 Rechte aus der Schuldverschreibung auf den Inhaber

(1) ¹Hat jemand eine Urkunde ausgestellt, in der er dem Inhaber der Urkunde eine Leistung verspricht (Schuldverschreibung auf den Inhaber), so kann der Inhaber von ihm die Leistung nach Maßgabe des Versprechens verlangen, es sei denn, dass er zur Verfügung über die Urkunde nicht berechtigt ist. ²Der Aussteller wird jedoch auch durch die Leistung an einen nicht zur Verfügung berechtigten Inhaber befreit.

(2) ¹Die Gültigkeit der Unterzeichnung kann durch eine in die Urkunde aufgenommene Bestimmung von der Beobachtung einer besonderen Form abhängig gemacht werden. ²Zur Unterzeichnung genügt eine im Wege der mechanischen Vervielfältigung hergestellte Namensunterschrift.

§ 794 Haftung des Ausstellers

(1) Der Aussteller wird aus einer Schuldverschreibung auf den Inhaber auch dann verpflichtet, wenn sie ihm gestohlen worden oder verloren gegangen oder wenn sie sonst ohne seinen Willen in den Verkehr gelangt ist.

(2) Auf die Wirksamkeit einer Schuldverschreibung auf den Inhaber ist es ohne Einfluss, wenn die Urkunde ausgegeben wird, nachdem der Aussteller gestorben oder geschäftsunfähig geworden ist.

§ 795 (weggefallen)

§ 796 Einwendungen des Ausstellers

Der Aussteller kann dem Inhaber der Schuldverschreibung nur solche Einwendungen entgegensetzen, welche die Gültigkeit der Ausstellung betreffen oder sich aus der Urkunde ergeben oder dem Aussteller unmittelbar gegen den Inhaber zustehen.

§ 797 Leistungspflicht nur gegen Aushändigung

¹Der Aussteller ist nur gegen Aushändigung der Schuldverschreibung zur Leistung verpflichtet. ²Mit der Aushändigung erwirbt er das Eigentum an der Urkunde, auch wenn der Inhaber zur Verfügung über sie nicht berechtigt ist.

§ 798 Ersatzurkunde

¹Ist eine Schuldverschreibung auf den Inhaber infolge einer Beschädigung oder einer Verunstaltung zum Umlauf nicht mehr geeignet, so kann der Inhaber, sofern ihr wesentlicher Inhalt und ihre Unterscheidungsmerkmale noch mit Sicherheit erkennbar sind, von dem Aussteller die Erteilung einer neuen Schuldverschreibung auf den Inhaber gegen Aushändigung der beschädigten oder verunstalteten verlangen. ²Die Kosten hat er zu tragen und vorzuschießen.

§ 799 Kraftloserklärung

(1) ¹Eine abhanden gekommene oder vernichtete Schuldverschreibung auf den Inhaber kann, wenn nicht in der Urkunde das Gegenteil bestimmt ist, im Wege des Aufgebotsverfahrens für kraftlos erklärt werden. ²Ausgenommen sind Zins-, Renten- und Gewinnanteilscheine sowie die auf Sicht zahlbaren unverzinslichen Schuldverschreibungen.

(2) ¹Der Aussteller ist verpflichtet, dem bisherigen Inhaber auf Verlangen die zur Erwirkung des Aufgebots oder der Zahlungssperre erforderliche Auskunft zu erteilen und die erforderlichen Zeugnisse auszustellen. ²Die Kosten der Zeugnisse hat der bisherige Inhaber zu tragen und vorzuschießen.

§ 800 Wirkung der Kraftloserklärung[1)]

¹Ist eine Schuldverschreibung auf den Inhaber für kraftlos erklärt, so kann derjenige, welcher den Ausschließungsbeschluss erwirkt hat, von dem Aussteller, unbeschadet der Befugnis, den Anspruch aus der Urkunde geltend zu machen, die Erteilung einer neuen Schuldverschreibung auf den Inhaber anstelle der für kraftlos erklärten verlangen. ²Die Kosten hat er zu tragen und vorzuschießen.

§ 801 Erlöschen; Verjährung

(1) ¹Der Anspruch aus einer Schuldverschreibung auf den Inhaber erlischt mit dem Ablauf von 30 Jahren nach dem Eintritte der für die Leistung bestimmten Zeit, wenn nicht die Urkunde vor dem Ablauf der 30 Jahre dem Aussteller zur Einlösung vorgelegt wird. ²Erfolgt die Vorlegung, so verjährt der Anspruch in zwei Jahren von dem Ende der Vorlegungsfrist an. ³Der Vorlegung steht die gerichtliche Geltendmachung des Anspruchs aus der Urkunde gleich.

(2) ¹Bei Zins-, Renten- und Gewinnanteilscheinen beträgt die Vorlegungsfrist vier Jahre. ²Die Frist beginnt mit dem Schluss des Jahres, in welchem die für die Leistung bestimmte Zeit eintritt.

(3) Die Dauer und der Beginn der Vorlegungsfrist können von dem Aussteller in der Urkunde anders bestimmt werden.

§ 802 Zahlungssperre

¹Der Beginn und der Lauf der Vorlegungsfrist sowie der Verjährung werden durch die Zahlungssperre zugunsten des Antragstellers gehemmt. ²Die Hemmung beginnt mit der Stellung des Antrags auf Zahlungssperre; sie endigt mit der Erledigung des Aufgebotsverfahrens und, falls die Zahlungssperre vor der Einleitung des Verfahrens verfügt worden ist, auch dann, wenn seit der Beseitigung des der Einleitung entgegenstehenden Hindernisses sechs Monate verstrichen sind und nicht vorher die Einleitung beantragt worden ist. ³Auf diese Frist finden die Vorschriften der §§ 206, 210, 211 entsprechende Anwendung.

§ 803 Zinsscheine

(1) Werden für eine Schuldverschreibung auf den Inhaber Zinsscheine ausgegeben, so bleiben die Scheine, sofern sie nicht eine gegenteilige Bestimmung enthalten, in Kraft, auch wenn die Hauptforderung erlischt oder die Verpflichtung zur Verzinsung aufgehoben oder geändert wird.

(2) Werden solche Zinsscheine bei der Einlösung der Hauptschuldverschreibung nicht zurückgegeben, so ist der Aussteller berechtigt, den Betrag zurückzubehalten, den er nach Absatz 1 für die Scheine zu zahlen verpflichtet ist.

§ 804 Verlust von Zins- oder ähnlichen Scheinen

(1) ¹Ist ein Zins-, Renten- oder Gewinnanteilschein abhanden gekommen oder vernichtet und hat der bisherige Inhaber den Verlust dem Aussteller vor dem Ablauf der Vorlegungsfrist angezeigt, so kann der bisherige Inhaber nach dem Ablauf der Frist die Leistung von dem Aussteller verlangen. ²Der Anspruch ist ausgeschlossen, wenn der abhanden gekommene Schein dem Aussteller zur Einlösung vorgelegt oder der Anspruch aus dem Scheine gerichtlich geltend gemacht worden ist, es sei denn, dass die Vorlegung oder die gerichtliche Geltendmachung nach dem Ablauf der Frist erfolgt ist. ³Der Anspruch verjährt in vier Jahren.

---

1) **Anm. d. Red.:** § 800 i. d. F. des Gesetzes v. 17. 12. 2008 (BGBl I S. 2586) mit Wirkung v. 1. 9. 2009.

(2) In dem Zins-, Renten- oder Gewinnanteilscheine kann der im Absatz 1 bestimmte Anspruch ausgeschlossen werden.

§ 805 Neue Zins- und Rentenscheine

¹Neue Zins- oder Rentenscheine für eine Schuldverschreibung auf den Inhaber dürfen an den Inhaber der zum Empfange der Scheine ermächtigenden Urkunde (Erneuerungsschein) nicht ausgegeben werden, wenn der Inhaber der Schuldverschreibung der Ausgabe widersprochen hat. ²Die Scheine sind in diesem Falle dem Inhaber der Schuldverschreibung auszuhändigen, wenn er die Schuldverschreibung vorlegt.

§ 806 Umschreibung auf den Namen

¹Die Umschreibung einer auf den Inhaber lautenden Schuldverschreibung auf den Namen eines bestimmten Berechtigten kann nur durch den Aussteller erfolgen. ²Der Aussteller ist zur Umschreibung nicht verpflichtet.

§ 807 Inhaberkarten und -marken

Werden Karten, Marken oder ähnliche Urkunden, in denen ein Gläubiger nicht bezeichnet ist, von dem Aussteller unter Umständen ausgegeben, aus welchen sich ergibt, dass er dem Inhaber zu einer Leistung verpflichtet sein will, so finden die Vorschriften des § 793 Abs. 1 und der §§ 794, 796, 797 entsprechende Anwendung.

§ 808 Namenspapiere mit Inhaberklausel

(1) ¹Wird eine Urkunde, in welcher der Gläubiger benannt ist, mit der Bestimmung ausgegeben, dass die in der Urkunde versprochene Leistung an jeden Inhaber bewirkt werden kann, so wird der Schuldner durch die Leistung an den Inhaber der Urkunde befreit. ²Der Inhaber ist nicht berechtigt, die Leistung zu verlangen.

(2) ¹Der Schuldner ist nur gegen Aushändigung der Urkunde zur Leistung verpflichtet. ²Ist die Urkunde abhanden gekommen oder vernichtet, so kann sie, wenn nicht ein anderes bestimmt ist, im Wege des Aufgebotsverfahrens für kraftlos erklärt werden. ³Die im § 802 für die Verjährung gegebenen Vorschriften finden Anwendung.

Titel 25: Vorlegung von Sachen

§ 809 Besichtigung einer Sache

Wer gegen den Besitzer einer Sache einen Anspruch in Ansehung der Sache hat oder sich Gewissheit verschaffen will, ob ihm ein solcher Anspruch zusteht, kann, wenn die Besichtigung der Sache aus diesem Grunde für ihn von Interesse ist, verlangen, dass der Besitzer ihm die Sache zur Besichtigung vorlegt oder die Besichtigung gestattet.

§ 810 Einsicht in Urkunden

Wer ein rechtliches Interesse daran hat, eine in fremdem Besitze befindliche Urkunde einzusehen, kann von dem Besitzer die Gestattung der Einsicht verlangen, wenn die Urkunde in seinem Interesse errichtet oder in der Urkunde ein zwischen ihm und einem anderen bestehendes Rechtsverhältnis beurkundet ist oder wenn die Urkunde Verhandlungen über ein Rechtsgeschäft enthält, die zwischen ihm und einem anderen oder zwischen einem von beiden und einem gemeinschaftlichen Vermittler gepflogen worden sind.

§ 811 Vorlegungsort, Gefahr und Kosten

(1) ¹Die Vorlegung hat in den Fällen der §§ 809, 810 an dem Orte zu erfolgen, an welchem sich die vorzulegende Sache befindet. ²Jeder Teil kann die Vorlegung an einem anderen Orte verlangen, wenn ein wichtiger Grund vorliegt.

(2) ¹Die Gefahr und die Kosten hat derjenige zu tragen, welcher die Vorlegung verlangt. ²Der Besitzer kann die Vorlegung verweigern, bis ihm der andere Teil die Kosten vorschießt und wegen der Gefahr Sicherheit leistet.

Titel 26: Ungerechtfertigte Bereicherung

§ 812 Herausgabeanspruch

(1) ¹Wer durch die Leistung eines anderen oder in sonstiger Weise auf dessen Kosten etwas ohne rechtlichen Grund erlangt, ist ihm zur Herausgabe verpflichtet. ²Diese Verpflichtung besteht auch dann, wenn der rechtliche Grund später wegfällt oder der mit einer Leistung nach dem Inhalte des Rechtsgeschäfts bezweckte Erfolg nicht eintritt.

(2) Als Leistung gilt auch die durch Vertrag erfolgte Anerkennung des Bestehens oder des Nichtbestehens eines Schuldverhältnisses.

§ 813 Erfüllung trotz Einrede

(1) ¹Das zum Zwecke der Erfüllung einer Verbindlichkeit Geleistete kann auch dann zurückgefordert werden, wenn dem Anspruch eine Einrede entgegenstand, durch welche die Geltendmachung des Anspruchs dauernd ausgeschlossen wurde. ²Die Vorschrift des § 214 Abs. 2 bleibt unberührt.

(2) Wird eine betagte Verbindlichkeit vorzeitig erfüllt, so ist die Rückforderung ausgeschlossen; die Erstattung von Zwischenzinsen kann nicht verlangt werden.

§ 814 Kenntnis der Nichtschuld

Das zum Zwecke der Erfüllung einer Verbindlichkeit Geleistete kann nicht zurückgefordert werden, wenn der Leistende gewusst hat, dass er zur Leistung nicht verpflichtet war, oder wenn die Leistung einer sittlichen Pflicht oder einer auf den Anstand zu nehmenden Rücksicht entsprach.

§ 815 Nichteintritt des Erfolgs

Die Rückforderung wegen Nichteintritts des mit einer Leistung bezweckten Erfolgs ist ausgeschlossen, wenn der Eintritt des Erfolgs von Anfang an unmöglich war und der Leistende dies gewusst hat oder wenn der Leistende den Eintritt des Erfolgs wider Treu und Glauben verhindert hat.

§ 816 Verfügung eines Nichtberechtigten

(1) ¹Trifft ein Nichtberechtigter über einen Gegenstand eine Verfügung, die dem Berechtigten gegenüber wirksam ist, so ist er dem Berechtigten zur Herausgabe des durch die Verfügung Erlangten verpflichtet. ²Erfolgt die Verfügung unentgeltlich, so trifft die gleiche Verpflichtung denjenigen, welcher aufgrund der Verfügung unmittelbar einen rechtlichen Vorteil erlangt.

(2) Wird an einen Nichtberechtigten eine Leistung bewirkt, die dem Berechtigten gegenüber wirksam ist, so ist der Nichtberechtigte dem Berechtigten zur Herausgabe des Geleisteten verpflichtet.

§ 817 Verstoß gegen Gesetz oder gute Sitten

¹War der Zweck einer Leistung in der Art bestimmt, dass der Empfänger durch die Annahme gegen ein gesetzliches Verbot oder gegen die guten Sitten verstoßen hat, so ist der Empfänger zur Herausgabe verpflichtet. ²Die Rückforderung ist ausgeschlossen, wenn dem Leistenden gleichfalls ein solcher Verstoß zur Last fällt, es sei denn, dass die Leistung in der Eingehung einer Verbindlichkeit bestand; das zur Erfüllung einer solchen Verbindlichkeit Geleistete kann nicht zurückgefordert werden.

§ 818 Umfang des Bereicherungsanspruchs

(1) Die Verpflichtung zur Herausgabe erstreckt sich auf die gezogenen Nutzungen sowie auf dasjenige, was der Empfänger aufgrund eines erlangten Rechtes oder als Ersatz für die Zerstörung, Beschädigung oder Entziehung des erlangten Gegenstands erwirbt.

(2) Ist die Herausgabe wegen der Beschaffenheit des Erlangten nicht möglich oder ist der Empfänger aus einem anderen Grunde zur Herausgabe außerstande, so hat er den Wert zu ersetzen.

(3) Die Verpflichtung zur Herausgabe oder zum Ersatz des Wertes ist ausgeschlossen, soweit der Empfänger nicht mehr bereichert ist.

(4) Von dem Eintritte der Rechtshängigkeit an haftet der Empfänger nach den allgemeinen Vorschriften.

§ 819 Verschärfte Haftung bei Kenntnis und bei Gesetzes- oder Sittenverstoß

(1) Kennt der Empfänger den Mangel des rechtlichen Grundes bei dem Empfang oder erfährt er ihn später, so ist er von dem Empfang oder der Erlangung der Kenntnis an zur Herausgabe verpflichtet, wie wenn der Anspruch auf Herausgabe zu dieser Zeit rechtshängig geworden wäre.

(2) Verstößt der Empfänger durch die Annahme der Leistung gegen ein gesetzliches Verbot oder gegen die guten Sitten, so ist er von dem Empfang der Leistung an in der gleichen Weise verpflichtet.

§ 820 Verschärfte Haftung bei ungewissem Erfolgseintritt

(1) [1]War mit der Leistung ein Erfolg bezweckt, dessen Eintritt nach dem Inhalt des Rechtsgeschäfts als ungewiss angesehen wurde, so ist der Empfänger, falls der Erfolg nicht eintritt, zur Herausgabe so verpflichtet, wie wenn der Anspruch auf Herausgabe zurzeit des Empfangs rechtshängig geworden wäre. [2]Das Gleiche gilt, wenn die Leistung aus einem Rechtsgrunde, dessen Wegfall nach dem Inhalte des Rechtsgeschäfts als möglich angesehen wurde, erfolgt ist und der Rechtsgrund wegfällt.

(2) Zinsen hat der Empfänger erst von dem Zeitpunkt an zu entrichten, in welchem er erfährt, dass der Erfolg nicht eingetreten oder dass der Rechtsgrund weggefallen ist; zur Herausgabe von Nutzungen ist er insoweit nicht verpflichtet, als er zu dieser Zeit nicht mehr bereichert ist.

§ 821 Einrede der Bereicherung

Wer ohne rechtlichen Grund eine Verbindlichkeit eingeht, kann die Erfüllung auch dann verweigern, wenn der Anspruch auf Befreiung von der Verbindlichkeit verjährt ist.

§ 822 Herausgabepflicht Dritter

Wendet der Empfänger das Erlangte unentgeltlich einem Dritten zu, so ist, soweit infolgedessen die Verpflichtung des Empfängers zur Herausgabe der Bereicherung ausgeschlossen ist, der Dritte zur Herausgabe verpflichtet, wie wenn er die Zuwendung von dem Gläubiger ohne rechtlichen Grund erhalten hätte.

Titel 27: Unerlaubte Handlungen

§ 823 Schadensersatzpflicht

(1) Wer vorsätzlich oder fahrlässig das Leben, den Körper, die Gesundheit, die Freiheit, das Eigentum oder ein sonstiges Recht eines anderen widerrechtlich verletzt, ist dem anderen zum Ersatze des daraus entstehenden Schadens verpflichtet.

(2) [1]Die gleiche Verpflichtung trifft denjenigen, welcher gegen ein den Schutz eines anderen bezweckendes Gesetz verstößt. [2]Ist nach dem Inhalt des Gesetzes ein Verstoß gegen dieses auch ohne Verschulden möglich, so tritt die Ersatzpflicht nur im Falle des Verschuldens ein.

§ 824 Kreditgefährdung

(1) Wer der Wahrheit zuwider eine Tatsache behauptet oder verbreitet, die geeignet ist, den Kredit eines anderen zu gefährden oder sonstige Nachteile für dessen Erwerb oder Fortkommen herbeizuführen, hat dem anderen den daraus entstehenden Schaden auch dann zu ersetzen, wenn er die Unwahrheit zwar nicht kennt, aber kennen muss.

(2) Durch eine Mitteilung, deren Unwahrheit dem Mitteilenden unbekannt ist, wird dieser nicht zum Schadensersatze verpflichtet, wenn er oder der Empfänger der Mitteilung an ihr ein berechtigtes Interesse hat.

§ 825 Bestimmung zu sexuellen Handlungen[1]

Wer einen anderen durch Hinterlist, Drohung oder Missbrauch eines Abhängigkeitsverhältnisses zur Vornahme oder Duldung sexueller Handlungen bestimmt, ist ihm zum Ersatz des daraus entstehenden Schadens verpflichtet.

§ 826 Sittenwidrige vorsätzliche Schädigung

Wer in einer gegen die guten Sitten verstoßenden Weise einem anderen vorsätzlich Schaden zufügt, ist dem anderen zum Ersatze des Schadens verpflichtet.

§ 827 Ausschluss und Minderung der Verantwortlichkeit

¹Wer im Zustande der Bewusstlosigkeit oder in einem die freie Willensbestimmung ausschließenden Zustande krankhafter Störung der Geistestätigkeit einem anderen Schaden zufügt, ist für den Schaden nicht verantwortlich. ²Hat er sich durch geistige Getränke oder ähnliche Mittel in einen vorübergehenden Zustand dieser Art versetzt, so ist er für den Schaden, den er in diesem Zustande widerrechtlich verursacht, in gleicher Weise verantwortlich, wie wenn ihm Fahrlässigkeit zur Last fiele; die Verantwortlichkeit tritt nicht ein, wenn er ohne Verschulden in den Zustand geraten ist.

§ 828 Minderjährige[2]

(1) Wer nicht das siebente Lebensjahr vollendet hat, ist für einen Schaden, den er einem anderen zufügt, nicht verantwortlich.

(2) ¹Wer das siebente, aber nicht das zehnte Lebensjahr vollendet hat, ist für den Schaden, den er bei einem Unfall mit einem Kraftfahrzeug, einer Schienenbahn oder einer Schwebebahn einem anderen zufügt, nicht verantwortlich. ²Dies gilt nicht, wenn er die Verletzung vorsätzlich herbeigeführt hat.

(3) Wer das 18. Lebensjahr noch nicht vollendet hat, ist, sofern seine Verantwortlichkeit nicht nach Absatz 1 oder 2 ausgeschlossen ist, für den Schaden, den er einem anderen zufügt, nicht verantwortlich, wenn er bei der Begehung der schädigenden Handlung nicht die zur Erkenntnis der Verantwortlichkeit erforderliche Einsicht hat.

§ 829 Ersatzpflicht aus Billigkeitsgründen

Wer in einem der in den §§ 823 bis 826 bezeichneten Fälle für einen von ihm verursachten Schaden aufgrund der §§ 827, 828 nicht verantwortlich ist, hat gleichwohl, sofern der Ersatz des Schadens nicht von einem aufsichtspflichtigen Dritten erlangt werden kann, den Schaden insoweit zu ersetzen, als die Billigkeit nach den Umständen, insbesondere nach den Verhältnissen der Beteiligten, eine Schadloshaltung erfordert und ihm nicht die Mittel entzogen werden, deren er zum angemessenen Unterhalte sowie zur Erfüllung seiner gesetzlichen Unterhaltspflichten bedarf.

---

1) **Anm. d. Red.:** § 825 i. d. F. des Gesetzes v. 19. 7. 2002 (BGBl I S. 2674) mit Wirkung v. 1. 8. 2002.
2) **Anm. d. Red.:** § 828 i. d. F. des Gesetzes v. 6. 4. 2004 (BGBl I S. 550) mit Wirkung v. 16. 4. 2004.

§ 830 Mittäter und Beteiligte

(1) ¹Haben mehrere durch eine gemeinschaftlich begangene unerlaubte Handlung einen Schaden verursacht, so ist jeder für den Schaden verantwortlich. ²Das Gleiche gilt, wenn sich nicht ermitteln lässt, wer von mehreren Beteiligten den Schaden durch seine Handlung verursacht hat.

(2) Anstifter und Gehilfen stehen Mittätern gleich.

§ 831 Haftung für Verrichtungsgehilfen

(1) ¹Wer einen anderen zu einer Verrichtung bestellt, ist zum Ersatz des Schadens verpflichtet, den der andere in Ausführung der Verrichtung einem Dritten widerrechtlich zufügt. ²Die Ersatzpflicht tritt nicht ein, wenn der Geschäftsherr bei der Auswahl der bestellten Person und, sofern er Vorrichtungen oder Gerätschaften zu beschaffen oder die Ausführung der Verrichtung zu leiten hat, bei der Beschaffung oder der Leitung die im Verkehr erforderliche Sorgfalt beobachtet oder wenn der Schaden auch bei Anwendung dieser Sorgfalt entstanden sein würde.

(2) Die gleiche Verantwortlichkeit trifft denjenigen, welcher für den Geschäftsherrn die Besorgung eines der im Absatz 1 Satz 2 bezeichneten Geschäfte durch Vertrag übernimmt.

§ 832 Haftung des Aufsichtspflichtigen

(1) ¹Wer kraft Gesetzes zur Führung der Aufsicht über eine Person verpflichtet ist, die wegen Minderjährigkeit oder wegen ihres geistigen oder körperlichen Zustands der Beaufsichtigung bedarf, ist zum Ersatz des Schadens verpflichtet, den diese Person einem Dritten widerrechtlich zufügt. ²Die Ersatzpflicht tritt nicht ein, wenn er seiner Aufsichtspflicht genügt oder wenn der Schaden auch bei gehöriger Aufsichtsführung entstanden sein würde.

(2) Die gleiche Verantwortlichkeit trifft denjenigen, welcher die Führung der Aufsicht durch Vertrag übernimmt.

§ 833 Haftung des Tierhalters

¹Wird durch ein Tier ein Mensch getötet oder der Körper oder die Gesundheit eines Menschen verletzt oder eine Sache beschädigt, so ist derjenige, welcher das Tier hält, verpflichtet, dem Verletzten den daraus entstehenden Schaden zu ersetzen. ²Die Ersatzpflicht tritt nicht ein, wenn der Schaden durch ein Haustier verursacht wird, das dem Berufe, der Erwerbstätigkeit oder dem Unterhalt des Tierhalters zu dienen bestimmt ist, und entweder der Tierhalter bei der Beaufsichtigung des Tieres die im Verkehr erforderliche Sorgfalt beobachtet oder der Schaden auch bei Anwendung dieser Sorgfalt entstanden sein würde.

§ 834 Haftung des Tieraufsehers

¹Wer für denjenigen, welcher ein Tier hält, die Führung der Aufsicht über das Tier durch Vertrag übernimmt, ist für den Schaden verantwortlich, den das Tier einem Dritten in der im § 833 bezeichneten Weise zufügt. ²Die Verantwortlichkeit tritt nicht ein, wenn er bei der Führung der Aufsicht die im Verkehr erforderliche Sorgfalt beobachtet oder wenn der Schaden auch bei Anwendung dieser Sorgfalt entstanden sein würde.

§ 835 (weggefallen)

§ 836 Haftung des Grundstücksbesitzers

(1) ¹Wird durch den Einsturz eines Gebäudes oder eines anderen mit einem Grundstücke verbundenen Werkes oder durch die Ablösung von Teilen des Gebäudes oder des Werkes ein Mensch getötet, der Körper oder die Gesundheit eines Menschen verletzt oder eine Sache beschädigt, so ist der Besitzer des Grundstücks, sofern der Einsturz oder die Ablösung die Folge fehlerhafter Errichtung oder mangelhafter Unterhaltung ist, verpflichtet, dem Verletzten den daraus entstehenden Schaden zu ersetzen. ²Die Ersatzpflicht tritt nicht ein, wenn der Besitzer zum Zwecke der Abwendung der Gefahr die im Verkehr erforderliche Sorgfalt beobachtet hat.

(2) Ein früherer Besitzer des Grundstücks ist für den Schaden verantwortlich, wenn der Einsturz oder die Ablösung innerhalb eines Jahres nach der Beendigung seines Besitzes eintritt, es sei denn, dass er während seines Besitzes die im Verkehr erforderliche Sorgfalt beobachtet hat oder ein späterer Besitzer durch Beobachtung dieser Sorgfalt die Gefahr hätte abwenden können.

(3) Besitzer im Sinne dieser Vorschriften ist der Eigenbesitzer.

§ 837 Haftung des Gebäudebesitzers

Besitzt jemand auf einem fremden Grundstück in Ausübung eines Rechts ein Gebäude oder ein anderes Werk, so trifft ihn an Stelle des Besitzers des Grundstücks die im § 836 bestimmte Verantwortlichkeit.

§ 838 Haftung des Gebäudeunterhaltungspflichtigen

Wer die Unterhaltung eines Gebäudes oder eines mit einem Grundstücke verbundenen Werkes für den Besitzer übernimmt oder das Gebäude oder das Werk vermöge eines ihm zustehenden Nutzungsrechts zu unterhalten hat, ist für den durch den Einsturz oder die Ablösung von Teilen verursachten Schaden in gleicher Weise verantwortlich wie der Besitzer.

§ 839 Haftung bei Amtspflichtverletzung

(1) ¹Verletzt ein Beamter vorsätzlich oder fahrlässig die ihm einem Dritten gegenüber obliegende Amtspflicht, so hat er dem Dritten den daraus entstehenden Schaden zu ersetzen. ²Fällt dem Beamten nur Fahrlässigkeit zur Last, so kann er nur dann in Anspruch genommen werden, wenn der Verletzte nicht auf andere Weise Ersatz zu erlangen vermag.

(2) ¹Verletzt ein Beamter bei dem Urteil in einer Rechtssache seine Amtspflicht, so ist er für den daraus entstehenden Schaden nur dann verantwortlich, wenn die Pflichtverletzung in einer Straftat besteht. ²Auf eine pflichtwidrige Verweigerung oder Verzögerung der Ausübung des Amtes findet diese Vorschrift keine Anwendung.

(3) Die Ersatzpflicht tritt nicht ein, wenn der Verletzte vorsätzlich oder fahrlässig unterlassen hat, den Schaden durch Gebrauch eines Rechtsmittels abzuwenden.

§ 839a Haftung des gerichtlichen Sachverständigen[1]

(1) Erstattet ein vom Gericht ernannter Sachverständiger vorsätzlich oder grob fahrlässig ein unrichtiges Gutachten, so ist er zum Ersatz des Schadens verpflichtet, der einem Verfahrensbeteiligten durch eine gerichtliche Entscheidung entsteht, die auf diesem Gutachten beruht.

(2) § 839 Abs. 3 ist entsprechend anzuwenden.

§ 840 Haftung mehrerer

(1) Sind für den aus einer unerlaubten Handlung entstehenden Schaden mehrere nebeneinander verantwortlich, so haften sie als Gesamtschuldner.

(2) Ist neben demjenigen, welcher nach den §§ 831, 832 zum Ersatze des von einem anderen verursachten Schadens verpflichtet ist, auch der andere für den Schaden verantwortlich, so ist in ihrem Verhältnisse zueinander der andere allein, im Falle des § 829 der Aufsichtspflichtige allein verpflichtet.

(3) Ist neben demjenigen, welcher nach den §§ 833 bis 838 zum Ersatze des Schadens verpflichtet ist, ein Dritter für den Schaden verantwortlich, so ist in ihrem Verhältnisse zueinander der Dritte allein verpflichtet.

---

1) **Anm. d. Red.:** § 839a eingefügt gem. Gesetz v. 19. 7. 2002 (BGBl I S. 2674) mit Wirkung v. 1. 8. 2002.

§ 841 Ausgleichung bei Beamtenhaftung

Ist ein Beamter, der vermöge seiner Amtspflicht einen anderen zur Geschäftsführung für einen Dritten zu bestellen oder eine solche Geschäftsführung zu beaufsichtigen oder durch Genehmigung von Rechtsgeschäften bei ihr mitzuwirken hat, wegen Verletzung dieser Pflichten neben dem anderen für den von diesem verursachten Schaden verantwortlich, so ist in ihrem Verhältnisse zueinander der andere allein verpflichtet.

§ 842 Umfang der Ersatzpflicht bei Verletzung einer Person

Die Verpflichtung zum Schadensersatze wegen einer gegen die Person gerichteten unerlaubten Handlung erstreckt sich auf die Nachteile, welche die Handlung für den Erwerb oder das Fortkommen des Verletzten herbeiführt.

§ 843 Geldrente oder Kapitalabfindung

(1) Wird infolge einer Verletzung des Körpers oder der Gesundheit die Erwerbsfähigkeit des Verletzten aufgehoben oder gemindert oder tritt eine Vermehrung seiner Bedürfnisse ein, so ist dem Verletzten durch Entrichtung einer Geldrente Schadensersatz zu leisten.

(2) ¹Auf die Rente finden die Vorschriften des § 760 Anwendung. ²Ob, in welcher Art und für welchen Betrag der Ersatzpflichtige Sicherheit zu leisten hat, bestimmt sich nach den Umständen.

(3) Statt der Rente kann der Verletzte eine Abfindung in Kapital verlangen, wenn ein wichtiger Grund vorliegt.

(4) Der Anspruch wird nicht dadurch ausgeschlossen, dass ein anderer dem Verletzten Unterhalt zu gewähren hat.

§ 844 Ersatzansprüche Dritter bei Tötung[1])

(1) Im Falle der Tötung hat der Ersatzpflichtige die Kosten der Beerdigung demjenigen zu ersetzen, welchem die Verpflichtung obliegt, diese Kosten zu tragen.

(2) ¹Stand der Getötete zurzeit der Verletzung zu einem Dritten in einem Verhältnisse, vermöge dessen er diesem gegenüber kraft Gesetzes unterhaltspflichtig war oder unterhaltspflichtig werden konnte, und ist dem Dritten infolge der Tötung das Recht auf den Unterhalt entzogen, so hat der Ersatzpflichtige dem Dritten durch Entrichtung einer Geldrente insoweit Schadensersatz zu leisten, als der Getötete während der mutmaßlichen Dauer seines Lebens zur Gewährung des Unterhalts verpflichtet gewesen sein würde; die Vorschriften des § 843 Abs. 2 bis 4 finden entsprechende Anwendung. ²Die Ersatzpflicht tritt auch dann ein, wenn der Dritte zurzeit der Verletzung gezeugt, aber noch nicht geboren war.

(3) ¹Der Ersatzpflichtige hat dem Hinterbliebenen, der zur Zeit der Verletzung zu dem Getöteten in einem besonderen persönlichen Näheverhältnis stand, für das dem Hinterbliebenen zugefügte seelische Leid eine angemessene Entschädigung in Geld zu leisten. ²Ein besonderes persönliches Näheverhältnis wird vermutet, wenn der Hinterbliebene der Ehegatte, der Lebenspartner, ein Elternteil oder ein Kind des Getöteten war.

§ 845 Ersatzansprüche wegen entgangener Dienste

¹Im Falle der Tötung, der Verletzung des Körpers oder der Gesundheit sowie im Falle der Freiheitsentziehung hat der Ersatzpflichtige, wenn der Verletzte kraft Gesetzes einem Dritten zur Leistung von Diensten in dessen Hauswesen oder Gewerbe verpflichtet war, dem Dritten für die entgehenden Dienste durch Entrichtung einer Geldrente Ersatz zu leisten. ²Die Vorschriften des § 843 Abs. 2 bis 4 finden entsprechende Anwendung.

---

1) **Anm. d. Red.:** § 844 i. d. F. des Gesetzes v. 17. 7. 2017 (BGBl I S. 2421) mit Wirkung v. 22. 7. 2017.

§ 846 Mitverschulden des Verletzten

Hat in den Fällen der §§ 844, 845 bei der Entstehung des Schadens, den der Dritte erleidet, ein Verschulden des Verletzten mitgewirkt, so finden auf den Anspruch des Dritten die Vorschriften des § 254 Anwendung.

§ 847 (weggefallen)[1]

§ 848 Haftung für Zufall bei Entziehung einer Sache

Wer zur Rückgabe einer Sache verpflichtet ist, die er einem anderen durch eine unerlaubte Handlung entzogen hat, ist auch für den zufälligen Untergang, eine aus einem anderen Grunde eintretende zufällige Unmöglichkeit der Herausgabe oder eine zufällige Verschlechterung der Sache verantwortlich, es sei denn, dass der Untergang, die anderweitige Unmöglichkeit der Herausgabe oder die Verschlechterung auch ohne die Entziehung eingetreten sein würde.

§ 849 Verzinsung der Ersatzsumme

Ist wegen der Entziehung einer Sache der Wert oder wegen der Beschädigung einer Sache die Wertminderung zu ersetzen, so kann der Verletzte Zinsen des zu ersetzenden Betrags von dem Zeitpunkt an verlangen, welcher der Bestimmung des Wertes zugrunde gelegt wird.

§ 850 Ersatz von Verwendungen

Macht der zur Herausgabe einer entzogenen Sache Verpflichtete Verwendungen auf die Sache, so stehen ihm dem Verletzten gegenüber die Rechte zu, die der Besitzer dem Eigentümer gegenüber wegen Verwendungen hat.

§ 851 Ersatzleistung an Nichtberechtigten

Leistet der wegen der Entziehung oder Beschädigung einer beweglichen Sache zum Schadensersatz Verpflichtete den Ersatz an denjenigen, in dessen Besitz sich die Sache zurzeit der Entziehung oder der Beschädigung befunden hat, so wird er durch die Leistung auch dann befreit, wenn ein Dritter Eigentümer der Sache war oder ein sonstiges Recht an der Sache hatte, es sei denn, dass ihm das Recht des Dritten bekannt oder infolge grober Fahrlässigkeit unbekannt ist.

§ 852 Herausgabeanspruch nach Eintritt der Verjährung

[1]Hat der Ersatzpflichtige durch eine unerlaubte Handlung auf Kosten des Verletzten etwas erlangt, so ist er auch nach Eintritt der Verjährung des Anspruchs auf Ersatz des aus einer unerlaubten Handlung entstandenen Schadens zur Herausgabe nach den Vorschriften über die Herausgabe einer ungerechtfertigten Bereicherung verpflichtet. [2]Dieser Anspruch verjährt in zehn Jahren von seiner Entstehung an, ohne Rücksicht auf die Entstehung in 30 Jahren von der Begehung der Verletzungshandlung oder dem sonstigen, den Schaden auslösenden Ereignis an.

§ 853 Arglisteinrede

Erlangt jemand durch eine von ihm begangene unerlaubte Handlung eine Forderung gegen den Verletzten, so kann der Verletzte die Erfüllung auch dann verweigern, wenn der Anspruch auf Aufhebung der Forderung verjährt ist.

---

1) **Anm. d. Red.:** § 847 weggefallen gem. Gesetz v. 19. 7. 2002 (BGBl I S. 2674) mit Wirkung v. 1. 8. 2002.

Buch 3: Sachenrecht

Abschnitt 1: Besitz

§ 854 Erwerb des Besitzes

(1) Der Besitz einer Sache wird durch die Erlangung der tatsächlichen Gewalt über die Sache erworben.

(2) Die Einigung des bisherigen Besitzers und des Erwerbers genügt zum Erwerb, wenn der Erwerber in der Lage ist, die Gewalt über die Sache auszuüben.

§ 855 Besitzdiener

Übt jemand die tatsächliche Gewalt über eine Sache für einen anderen in dessen Haushalt oder Erwerbsgeschäft oder in einem ähnlichen Verhältnis aus, vermöge dessen er den sich auf die Sache beziehenden Weisungen des anderen Folge zu leisten hat, so ist nur der andere Besitzer.

§ 856 Beendigung des Besitzes

(1) Der Besitz wird dadurch beendigt, dass der Besitzer die tatsächliche Gewalt über die Sache aufgibt oder in anderer Weise verliert.

(2) Durch eine ihrer Natur nach vorübergehende Verhinderung in der Ausübung der Gewalt wird der Besitz nicht beendigt.

§ 857 Vererblichkeit

Der Besitz geht auf den Erben über.

§ 858 Verbotene Eigenmacht

(1) Wer dem Besitzer ohne dessen Willen den Besitz entzieht oder ihn im Besitze stört, handelt, sofern nicht das Gesetz die Entziehung oder die Störung gestattet, widerrechtlich (verbotene Eigenmacht).

(2) ¹Der durch verbotene Eigenmacht erlangte Besitz ist fehlerhaft. ²Die Fehlerhaftigkeit muss der Nachfolger im Besitze gegen sich gelten lassen, wenn er Erbe des Besitzers ist oder die Fehlerhaftigkeit des Besitzes seines Vorgängers bei dem Erwerbe kennt.

§ 859 Selbsthilfe des Besitzers

(1) Der Besitzer darf sich verbotener Eigenmacht mit Gewalt erwehren.

(2) Wird eine bewegliche Sache dem Besitzer mittels verbotener Eigenmacht weggenommen, so darf er sie dem auf frischer Tat betroffenen oder verfolgten Täter mit Gewalt wieder abnehmen.

(3) Wird dem Besitzer eines Grundstücks der Besitz durch verbotene Eigenmacht entzogen, so darf er sofort nach der Entziehung sich des Besitzes durch Entsetzung des Täters wieder bemächtigen.

(4) Die gleichen Rechte stehen dem Besitzer gegen denjenigen zu, welcher nach § 858 Abs. 2 die Fehlerhaftigkeit des Besitzes gegen sich gelten lassen muss.

§ 860 Selbsthilfe des Besitzdieners

Zur Ausübung der dem Besitzer nach § 859 zustehenden Rechte ist auch derjenige befugt, welcher die tatsächliche Gewalt nach § 855 für den Besitzer ausübt.

§ 861 Anspruch wegen Besitzentziehung

(1) Wird der Besitz durch verbotene Eigenmacht dem Besitzer entzogen, so kann dieser die Wiedereinräumung des Besitzes von demjenigen verlangen, welcher ihm gegenüber fehlerhaft besitzt.

(2) Der Anspruch ist ausgeschlossen, wenn der entzogene Besitz dem gegenwärtigen Besitzer oder dessen Rechtsvorgänger gegenüber fehlerhaft war und in dem letzten Jahre vor der Entziehung erlangt worden ist.

§ 862 Anspruch wegen Besitzstörung

(1) ¹Wird der Besitzer durch verbotene Eigenmacht im Besitze gestört, so kann er von dem Störer die Beseitigung der Störung verlangen. ²Sind weitere Störungen zu besorgen, so kann der Besitzer auf Unterlassung klagen.

(2) Der Anspruch ist ausgeschlossen, wenn der Besitzer dem Störer oder dessen Rechtsvorgänger gegenüber fehlerhaft besitzt und der Besitz in dem letzten Jahre vor der Störung erlangt worden ist.

§ 863 Einwendungen des Entziehers oder Störers

Gegenüber den in den §§ 861, 862 bestimmten Ansprüchen kann ein Recht zum Besitz oder zur Vornahme der störenden Handlung nur zur Begründung der Behauptung geltend gemacht werden, dass die Entziehung oder die Störung des Besitzes nicht verbotene Eigenmacht sei.

§ 864 Erlöschen der Besitzansprüche

(1) Ein nach den §§ 861, 862 begründeter Anspruch erlischt mit dem Ablauf eines Jahres nach der Verübung der verbotenen Eigenmacht, wenn nicht vorher der Anspruch im Wege der Klage geltend gemacht wird.

(2) Das Erlöschen tritt auch dann ein, wenn nach der Verübung der verbotenen Eigenmacht durch rechtskräftiges Urteil festgestellt wird, dass dem Täter ein Recht an der Sache zusteht, vermöge dessen er die Herstellung eines seiner Handlungsweise entsprechenden Besitzstandes verlangen kann.

§ 865 Teilbesitz

Die Vorschriften der §§ 858 bis 864 gelten auch zugunsten desjenigen, welcher nur einen Teil einer Sache, insbesondere abgesonderte Wohnräume oder andere Räume, besitzt.

§ 866 Mitbesitz

Besitzen mehrere eine Sache gemeinschaftlich, so findet in ihrem Verhältnisse zueinander ein Besitzschutz insoweit nicht statt, als es sich um die Grenzen des den Einzelnen zustehenden Gebrauchs handelt.

§ 867 Verfolgungsrecht des Besitzers

¹Ist eine Sache aus der Gewalt des Besitzers auf ein im Besitz eines anderen befindliches Grundstück gelangt, so hat ihm der Besitzer des Grundstücks die Aufsuchung und die Wegschaffung zu gestatten, sofern nicht die Sache inzwischen in Besitz genommen worden ist. ²Der Besitzer des Grundstücks kann Ersatz des durch die Aufsuchung und die Wegschaffung entstehenden Schadens verlangen. ³Er kann, wenn die Entstehung eines Schadens zu besorgen ist, die Gestattung verweigern, bis ihm Sicherheit geleistet wird; die Verweigerung ist unzulässig, wenn mit dem Aufschub Gefahr verbunden ist.

§ 868 Mittelbarer Besitz

Besitzt jemand eine Sache als Nießbraucher, Pfandgläubiger, Pächter, Mieter, Verwahrer oder in einem ähnlichen Verhältnisse, vermöge dessen er einem anderen gegenüber auf Zeit zum Besitze berechtigt oder verpflichtet ist, so ist auch der andere Besitzer (mittelbarer Besitz).

§ 869 Ansprüche des mittelbaren Besitzers

¹Wird gegen den Besitzer verbotene Eigenmacht verübt, so stehen die in den §§ 861, 862 bestimmten Ansprüche auch dem mittelbaren Besitzer zu. ²Im Falle der Entziehung des Besitzes ist der mittelbare Besitzer berechtigt, die Wiedereinräumung des Besitzes an den bisherigen Besitzer zu verlangen; kann oder will dieser den Besitz nicht wieder übernehmen, so kann der mittelbare Besitzer verlangen, dass ihm selbst der Besitz eingeräumt wird. ³Unter der gleichen Voraussetzung kann er im Falle des § 867 verlangen, dass ihm die Aufsuchung und Wegschaffung der Sache gestattet wird.

§ 870 Übertragung des mittelbaren Besitzes

Der mittelbare Besitz kann dadurch auf einen anderen übertragen werden, dass diesem der Anspruch auf Herausgabe der Sache abgetreten wird.

§ 871 Mehrstufiger mittelbarer Besitz

Steht der mittelbare Besitzer zu einem Dritten in einem Verhältnisse der in § 868 bezeichneten Art, so ist auch der Dritte mittelbarer Besitzer.

§ 872 Eigenbesitz

Wer eine Sache als ihm gehörend besitzt, ist Eigenbesitzer.

Abschnitt 2: Allgemeine Vorschriften über Rechte an Grundstücken

§ 873 Erwerb durch Einigung und Eintragung

(1) Zur Übertragung des Eigentums an einem Grundstück, zur Belastung eines Grundstücks mit einem Rechte sowie zur Übertragung oder Belastung eines solchen Rechts ist die Einigung des Berechtigten und des anderen Teils über den Eintritt der Rechtsänderung und die Eintragung der Rechtsänderung in das Grundbuch erforderlich, soweit nicht das Gesetz ein anderes vorschreibt.

(2) Vor der Eintragung sind die Beteiligten an die Einigung nur gebunden, wenn die Erklärungen notariell beurkundet oder vor dem Grundbuchamt abgegeben oder bei diesem eingereicht sind oder wenn der Berechtigte dem anderen Teil eine den Vorschriften der Grundbuchordnung entsprechende Eintragungsbewilligung ausgehändigt hat.

§ 874 Bezugnahme auf die Eintragungsbewilligung[1]

¹Bei der Eintragung eines Rechtes, mit dem ein Grundstück belastet wird, kann zur näheren Bezeichnung des Inhalts des Rechtes auf die Eintragungsbewilligung Bezug genommen werden, soweit nicht das Gesetz ein anderes vorschreibt. ²Einer Bezugnahme auf die Eintragungsbewilligung steht die Bezugnahme auf die bisherige Eintragung nach § 44 Absatz 3 Satz 2 der Grundbuchordnung gleich.

§ 875 Aufhebung eines Rechts

(1) ¹Zur Aufhebung eines Rechts an einem Grundstück ist, soweit nicht das Gesetz ein anderes vorschreibt, die Erklärung des Berechtigten, dass er das Recht aufgebe, und die Löschung des

---

[1] **Anm. d. Red.:** § 874 i. d. F. des Gesetzes v. 1. 10. 2013 (BGBl I S. 3719) mit Wirkung v. 9. 10. 2013.

Rechts im Grundbuch erforderlich. ²Die Erklärung ist dem Grundbuchamt oder demjenigen gegenüber abzugeben, zu dessen Gunsten sie erfolgt.

(2) Vor der Löschung ist der Berechtigte an seine Erklärung nur gebunden, wenn er sie dem Grundbuchamte gegenüber abgegeben oder demjenigen, zu dessen Gunsten sie erfolgt, eine den Vorschriften der Grundbuchordnung entsprechende Löschungsbewilligung ausgehändigt hat.

§ 876 Aufhebung eines belasteten Rechts

¹Ist ein Recht an einem Grundstück mit dem Recht eines Dritten belastet, so ist zur Aufhebung des belasteten Rechts die Zustimmung des Dritten erforderlich. ²Steht das aufzuhebende Recht dem jeweiligen Eigentümer eines anderen Grundstücks zu, so ist, wenn dieses Grundstück mit dem Recht eines Dritten belastet ist, die Zustimmung des Dritten erforderlich, es sei denn, dass dessen Recht durch die Aufhebung nicht berührt wird. ³Die Zustimmung ist dem Grundbuchamt oder demjenigen gegenüber zu erklären, zu dessen Gunsten sie erfolgt; sie ist unwiderruflich.

§ 877 Rechtsänderungen

Die Vorschriften der §§ 873, 874, 876 finden auch auf Änderungen des Inhalts eines Rechts an einem Grundstück Anwendung.

§ 878 Nachträgliche Verfügungsbeschränkungen

Eine von dem Berechtigten in Gemäßheit der §§ 873, 875, 877 abgegebene Erklärung wird nicht dadurch unwirksam, dass der Berechtigte in der Verfügung beschränkt wird, nachdem die Erklärung für ihn bindend geworden und der Antrag auf Eintragung bei dem Grundbuchamt gestellt worden ist.

§ 879 Rangverhältnis mehrerer Rechte

(1) ¹Das Rangverhältnis unter mehreren Rechten, mit denen ein Grundstück belastet ist, bestimmt sich, wenn die Rechte in derselben Abteilung des Grundbuchs eingetragen sind, nach der Reihenfolge der Eintragungen. ²Sind die Rechte in verschiedenen Abteilungen eingetragen, so hat das unter Angabe eines früheren Tages eingetragene Recht den Vorrang; Rechte, die unter Angabe desselben Tages eingetragen sind, haben gleichen Rang.

(2) Die Eintragung ist für das Rangverhältnis auch dann maßgebend, wenn die nach § 873 zum Erwerbe des Rechtes erforderliche Einigung erst nach der Eintragung zustande gekommen ist.

(3) Eine abweichende Bestimmung des Rangverhältnisses bedarf der Eintragung in das Grundbuch.

§ 880 Rangänderung

(1) Das Rangverhältnis kann nachträglich geändert werden.

(2) ¹Zu der Rangänderung ist die Einigung des zurücktretenden und des vortretenden Berechtigten und die Eintragung der Änderung in das Grundbuch erforderlich; die Vorschriften des § 873 Abs. 2 und des § 878 finden Anwendung. ²Soll eine Hypothek, eine Grundschuld oder eine Rentenschuld zurücktreten, so ist außerdem die Zustimmung des Eigentümers erforderlich. ³Die Zustimmung ist dem Grundbuchamt oder einem der Beteiligten gegenüber zu erklären; sie ist unwiderruflich.

(3) Ist das zurücktretende Recht mit dem Recht eines Dritten belastet, so findet die Vorschrift des § 876 entsprechende Anwendung.

(4) Der dem vortretenden Recht eingeräumte Rang geht nicht dadurch verloren, dass das zurücktretende Recht durch Rechtsgeschäft aufgehoben wird.

(5) Rechte, die den Rang zwischen dem zurücktretenden und dem vortretenden Recht haben, werden durch die Rangänderung nicht berührt.

§ 881 Rangvorbehalt

(1) Der Eigentümer kann sich bei der Belastung des Grundstücks mit einem Rechte die Befugnis vorbehalten, ein anderes, dem Umfange nach bestimmtes Recht mit dem Rang vor jenem Recht eintragen zu lassen.

(2) Der Vorbehalt bedarf der Eintragung in das Grundbuch; die Eintragung muss bei dem Recht erfolgen, das zurücktreten soll.

(3) Wird das Grundstück veräußert, so geht die vorbehaltene Befugnis auf den Erwerber über.

(4) Ist das Grundstück vor der Eintragung des Rechts, dem der Vorrang beigelegt ist, mit einem Rechte ohne einen entsprechenden Vorbehalt belastet worden, so hat der Vorrang insoweit keine Wirkung, als das mit dem Vorbehalt eingetragene Recht infolge der inzwischen eingetretenen Belastung eine über den Vorbehalt hinausgehende Beeinträchtigung erleiden würde.

§ 882 Höchstbetrag des Wertersatzes

¹Wird ein Grundstück mit einem Recht belastet, für welches nach den für die Zwangsversteigerung geltenden Vorschriften dem Berechtigten im Falle des Erlöschens durch den Zuschlag der Wert aus dem Erlös zu ersetzen ist, so kann der Höchstbetrag des Ersatzes bestimmt werden. ²Die Bestimmung bedarf der Eintragung in das Grundbuch.

§ 883 Voraussetzungen und Wirkung der Vormerkung

(1) ¹Zur Sicherung des Anspruchs auf Einräumung oder Aufhebung eines Rechts an einem Grundstück oder an einem das Grundstück belastenden Recht oder auf Änderung des Inhalts oder des Ranges eines solchen Rechts kann eine Vormerkung in das Grundbuch eingetragen werden. ²Die Eintragung einer Vormerkung ist auch zur Sicherung eines künftigen oder eines bedingten Anspruchs zulässig.

(2) ¹Eine Verfügung, die nach der Eintragung der Vormerkung über das Grundstück oder das Recht getroffen wird, ist insoweit unwirksam, als sie den Anspruch vereiteln oder beeinträchtigen würde. ²Dies gilt auch, wenn die Verfügung im Wege der Zwangsvollstreckung oder der Arrestvollziehung oder durch den Insolvenzverwalter erfolgt.

(3) Der Rang des Rechts, auf dessen Einräumung der Anspruch gerichtet ist, bestimmt sich nach der Eintragung der Vormerkung.

§ 884 Wirkung gegenüber Erben

Soweit der Anspruch durch die Vormerkung gesichert ist, kann sich der Erbe des Verpflichteten nicht auf die Beschränkung seiner Haftung berufen.

§ 885 Voraussetzung für die Eintragung der Vormerkung

(1) ¹Die Eintragung einer Vormerkung erfolgt aufgrund einer einstweiligen Verfügung oder aufgrund der Bewilligung desjenigen, dessen Grundstück oder dessen Recht von der Vormerkung betroffen wird. ²Zur Erlassung der einstweiligen Verfügung ist nicht erforderlich, dass eine Gefährdung des zu sichernden Anspruchs glaubhaft gemacht wird.

(2) Bei der Eintragung kann zur näheren Bezeichnung des zu sichernden Anspruchs auf die einstweilige Verfügung oder die Eintragungsbewilligung Bezug genommen werden.

§ 886 Beseitigungsanspruch

Steht demjenigen, dessen Grundstück oder dessen Recht von der Vormerkung betroffen wird, eine Einrede zu, durch welche die Geltendmachung des durch die Vormerkung gesicherten Anspruchs dauernd ausgeschlossen wird, so kann er von dem Gläubiger die Beseitigung der Vormerkung verlangen.

§ 887 Aufgebot des Vormerkungsgläubigers[1)]

[1]Ist der Gläubiger, dessen Anspruch durch die Vormerkung gesichert ist, unbekannt, so kann er im Wege des Aufgebotsverfahrens mit seinem Recht ausgeschlossen werden, wenn die im § 1170 für die Ausschließung eines Hypothekengläubigers bestimmten Voraussetzungen vorliegen. [2]Mit der Rechtskraft des Ausschließungsbeschlusses erlischt die Wirkung der Vormerkung.

§ 888 Anspruch des Vormerkungsberechtigten auf Zustimmung

(1) Soweit der Erwerb eines eingetragenen Rechts oder eines Rechts an einem solchen Recht gegenüber demjenigen, zu dessen Gunsten die Vormerkung besteht, unwirksam ist, kann dieser von dem Erwerber die Zustimmung zu der Eintragung oder der Löschung verlangen, die zur Verwirklichung des durch die Vormerkung gesicherten Anspruchs erforderlich ist.

(2) Das Gleiche gilt, wenn der Anspruch durch ein Veräußerungsverbot gesichert ist.

§ 889 Ausschluss der Konsolidation bei dinglichen Rechten

Ein Recht an einem fremden Grundstück erlischt nicht dadurch, dass der Eigentümer des Grundstücks das Recht oder der Berechtigte das Eigentum an dem Grundstück erwirbt.

§ 890 Vereinigung von Grundstücken; Zuschreibung

(1) Mehrere Grundstücke können dadurch zu einem Grundstück vereinigt werden, dass der Eigentümer sie als ein Grundstück in das Grundbuch eintragen lässt.

(2) Ein Grundstück kann dadurch zum Bestandteil eines anderen Grundstücks gemacht werden, dass der Eigentümer es diesem im Grundbuch zuschreiben lässt.

§ 891 Gesetzliche Vermutung

(1) Ist im Grundbuch für jemand ein Recht eingetragen, so wird vermutet, dass ihm das Recht zustehe.

(2) Ist im Grundbuch ein eingetragenes Recht gelöscht, so wird vermutet, dass das Recht nicht bestehe.

§ 892 Öffentlicher Glaube des Grundbuchs

(1) [1]Zugunsten desjenigen, welcher ein Recht an einem Grundstück oder ein Recht an einem solchen Recht durch Rechtsgeschäft erwirbt, gilt der Inhalt des Grundbuchs als richtig, es sei denn, dass ein Widerspruch gegen die Richtigkeit eingetragen oder die Unrichtigkeit dem Erwerber bekannt ist. [2]Ist der Berechtigte in der Verfügung über ein im Grundbuch eingetragenes Recht zugunsten einer bestimmten Person beschränkt, so ist die Beschränkung dem Erwerber gegenüber nur wirksam, wenn sie aus dem Grundbuch ersichtlich oder dem Erwerber bekannt ist.

(2) Ist zu dem Erwerbe des Rechts die Eintragung erforderlich, so ist für die Kenntnis des Erwerbers die Zeit der Stellung des Antrags auf Eintragung oder, wenn die nach § 873 erforderliche Einigung erst später zustande kommt, die Zeit der Einigung maßgebend.

§ 893 Rechtsgeschäft mit dem Eingetragenen

Die Vorschrift des § 892 findet entsprechende Anwendung, wenn an denjenigen, für welchen ein Recht im Grundbuch eingetragen ist, aufgrund dieses Rechts eine Leistung bewirkt oder wenn zwischen ihm und einem anderen in Ansehung dieses Rechts ein nicht unter die Vorschrif-

---

1) **Anm. d. Red.:** § 887 i. d. F. des Gesetzes v. 17. 12. 2008 (BGBl I S. 2586) mit Wirkung v. 1. 9. 2009.

ten des § 892 fallendes Rechtsgeschäft vorgenommen wird, das eine Verfügung über das Recht enthält.

§ 894 Berichtigung des Grundbuchs

Steht der Inhalt des Grundbuchs in Ansehung eines Rechts an dem Grundstück, eines Rechtes an einem solchen Rechte oder einer Verfügungsbeschränkung der in § 892 Abs. 1 bezeichneten Art mit der wirklichen Rechtslage nicht im Einklang, so kann derjenige, dessen Recht nicht oder nicht richtig eingetragen oder durch die Eintragung einer nicht bestehenden Belastung oder Beschränkung beeinträchtigt ist, die Zustimmung zu der Berichtigung des Grundbuchs von demjenigen verlangen, dessen Recht durch die Berichtigung betroffen wird.

§ 895 Voreintragung des Verpflichteten

Kann die Berichtigung des Grundbuchs erst erfolgen, nachdem das Recht des nach § 894 Verpflichteten eingetragen worden ist, so hat dieser auf Verlangen sein Recht eintragen zu lassen.

§ 896 Vorlegung des Briefes

Ist zur Berichtigung des Grundbuchs die Vorlegung eines Hypotheken-, Grundschuld- oder Rentenschuldbriefs erforderlich, so kann derjenige, zu dessen Gunsten die Berichtigung erfolgen soll, von dem Besitzer des Briefes verlangen, dass der Brief dem Grundbuchamte vorgelegt wird.

§ 897 Kosten der Berichtigung

Die Kosten der Berichtigung des Grundbuchs und der dazu erforderlichen Erklärungen hat derjenige zu tragen, welcher die Berichtigung verlangt, sofern nicht aus einem zwischen ihm und dem Verpflichteten bestehenden Rechtsverhältnis sich ein anderes ergibt.

§ 898 Unverjährbarkeit der Berichtigungsansprüche

Die in den §§ 894 bis 896 bestimmten Ansprüche unterliegen nicht der Verjährung.

§ 899 Eintragung eines Widerspruchs

(1) In den Fällen des § 894 kann ein Widerspruch gegen die Richtigkeit des Grundbuchs eingetragen werden.

(2) ¹Die Eintragung erfolgt aufgrund einer einstweiligen Verfügung oder aufgrund einer Bewilligung desjenigen, dessen Recht durch die Berichtigung des Grundbuchs betroffen wird. ²Zur Erlassung der einstweiligen Verfügung ist nicht erforderlich, dass eine Gefährdung des Rechts des Widersprechenden glaubhaft gemacht wird.

§ 899a Maßgaben für die Gesellschaft bürgerlichen Rechts[1)]

¹Ist eine Gesellschaft bürgerlichen Rechts im Grundbuch eingetragen, so wird in Ansehung des eingetragenen Rechts auch vermutet, dass diejenigen Personen Gesellschafter sind, die nach § 47 Absatz 2 Satz 1 der Grundbuchordnung im Grundbuch eingetragen sind, und dass darüber hinaus keine weiteren Gesellschafter vorhanden sind. ²Die §§ 892 bis 899 gelten bezüglich der Eintragung der Gesellschafter entsprechend.

§ 900 Buchersitzung

(1) ¹Wer als Eigentümer eines Grundstücks im Grundbuch eingetragen ist, ohne dass er das Eigentum erlangt hat, erwirbt das Eigentum, wenn die Eintragung 30 Jahre bestanden und er während dieser Zeit das Grundstück im Eigenbesitz gehabt hat. ²Die dreißigjährige Frist wird in derselben Weise berechnet wie die Frist für die Ersitzung einer beweglichen Sache. ³Der Lauf der

---

1) **Anm. d. Red.:** § 899a eingefügt gem. Gesetz v. 11. 8. 2009 (BGBl I S. 2713) mit Wirkung v. 18. 8. 2009.

Frist ist gehemmt, solange ein Widerspruch gegen die Richtigkeit der Eintragung im Grundbuch eingetragen ist.

(2) ¹Diese Vorschriften finden entsprechende Anwendung, wenn für jemand ein ihm nicht zustehendes anderes Recht im Grundbuch eingetragen ist, das zum Besitz des Grundstücks berechtigt oder dessen Ausübung nach den für den Besitz geltenden Vorschriften geschützt ist. ²Für den Rang des Rechts ist die Eintragung maßgebend.

§ 901 Erlöschen nicht eingetragener Rechte

¹Ist ein Recht an einem fremden Grundstück im Grundbuch mit Unrecht gelöscht, so erlischt es, wenn der Anspruch des Berechtigten gegen den Eigentümer verjährt ist. ²Das Gleiche gilt, wenn ein kraft Gesetzes entstandenes Recht an einem fremden Grundstücke nicht in das Grundbuch eingetragen worden ist.

§ 902 Unverjährbarkeit eingetragener Rechte

(1) ¹Die Ansprüche aus eingetragenen Rechten unterliegen nicht der Verjährung. ²Dies gilt nicht für Ansprüche, die auf Rückstände wiederkehrender Leistungen oder auf Schadensersatz gerichtet sind.

(2) Ein Recht, wegen dessen ein Widerspruch gegen die Richtigkeit des Grundbuchs eingetragen ist, steht einem eingetragenen Recht gleich.

Abschnitt 3: Eigentum

Titel 1: Inhalt des Eigentums

§ 903 Befugnisse des Eigentümers

¹Der Eigentümer einer Sache kann, soweit nicht das Gesetz oder Rechte Dritter entgegenstehen, mit der Sache nach Belieben verfahren und andere von jeder Einwirkung ausschließen. ²Der Eigentümer eines Tieres hat bei der Ausübung seiner Befugnisse die besonderen Vorschriften zum Schutz der Tiere zu beachten.

§ 904 Notstand

¹Der Eigentümer einer Sache ist nicht berechtigt, die Einwirkung eines anderen auf die Sache zu verbieten, wenn die Einwirkung zur Abwendung einer gegenwärtigen Gefahr notwendig und der drohende Schaden gegenüber dem aus der Einwirkung dem Eigentümer entstehenden Schaden unverhältnismäßig groß ist. ²Der Eigentümer kann Ersatz des ihm entstehenden Schadens verlangen.

§ 905 Begrenzung des Eigentums

¹Das Recht des Eigentümers eines Grundstücks erstreckt sich auf den Raum über der Oberfläche und auf den Erdkörper unter der Oberfläche. ²Der Eigentümer kann jedoch Einwirkungen nicht verbieten, die in solcher Höhe oder Tiefe vorgenommen werden, dass er an der Ausschließung kein Interesse hat.

§ 906 Zuführung unwägbarer Stoffe

(1) ¹Der Eigentümer eines Grundstücks kann die Zuführung von Gasen, Dämpfen, Gerüchen, Rauch, Ruß, Wärme, Geräusch, Erschütterungen und ähnliche von einem anderen Grundstück ausgehende Einwirkungen insoweit nicht verbieten, als die Einwirkung die Benutzung seines Grundstücks nicht oder nur unwesentlich beeinträchtigt. ²Eine unwesentliche Beeinträchtigung liegt in der Regel vor, wenn die in Gesetzen oder Rechtsverordnungen festgelegten Grenz- oder Richtwerte von den nach diesen Vorschriften ermittelten und bewerteten Einwirkungen nicht überschritten werden. ³Gleiches gilt für Werte in allgemeinen Verwaltungsvorschriften, die

nach § 48 des Bundes-Immissionsschutzgesetzes erlassen worden sind und den Stand der Technik wiedergeben.

(2) ¹Das Gleiche gilt insoweit, als eine wesentliche Beeinträchtigung durch eine ortsübliche Benutzung des anderen Grundstücks herbeigeführt wird und nicht durch Maßnahmen verhindert werden kann, die Benutzern dieser Art wirtschaftlich zumutbar sind. ²Hat der Eigentümer hiernach eine Einwirkung zu dulden, so kann er von dem Benutzer des anderen Grundstücks einen angemessenen Ausgleich in Geld verlangen, wenn die Einwirkung eine ortsübliche Benutzung seines Grundstücks oder dessen Ertrag über das zumutbare Maß hinaus beeinträchtigt.

(3) Die Zuführung durch eine besondere Leitung ist unzulässig.

§ 907 Gefahrdrohende Anlagen

(1) ¹Der Eigentümer eines Grundstücks kann verlangen, dass auf den Nachbargrundstücken nicht Anlagen hergestellt oder gehalten werden, von denen mit Sicherheit vorauszusehen ist, dass ihr Bestand oder ihre Benutzung eine unzulässige Einwirkung auf sein Grundstück zur Folge hat. ²Genügt eine Anlage den landesgesetzlichen Vorschriften, die einen bestimmten Abstand von der Grenze oder sonstige Schutzmaßregeln vorschreiben, so kann die Beseitigung der Anlage erst verlangt werden, wenn die unzulässige Einwirkung tatsächlich hervortritt.

(2) Bäume und Sträucher gehören nicht zu den Anlagen im Sinne dieser Vorschriften.

§ 908 Drohender Gebäudeeinsturz

Droht einem Grundstücke die Gefahr, dass es durch den Einsturz eines Gebäudes oder eines anderen Werkes, das mit einem Nachbargrundstücke verbunden ist, oder durch die Ablösung von Teilen des Gebäudes oder des Werkes beschädigt wird, so kann der Eigentümer von demjenigen, welcher nach dem § 836 Abs. 1 oder den §§ 837, 838 für den eintretenden Schaden verantwortlich sein würde, verlangen, dass er die zur Abwendung der Gefahr erforderliche Vorkehrung trifft.

§ 909 Vertiefung

Ein Grundstück darf nicht in der Weise vertieft werden, dass der Boden des Nachbargrundstücks die erforderliche Stütze verliert, es sei denn, dass für eine genügende anderweitige Befestigung gesorgt ist.

§ 910 Überhang

(1) ¹Der Eigentümer eines Grundstücks kann Wurzeln eines Baumes oder eines Strauches, die von einem Nachbargrundstück eingedrungen sind, abschneiden und behalten. ²Das Gleiche gilt von herüberragenden Zweigen, wenn der Eigentümer dem Besitzer des Nachbargrundstücks eine angemessene Frist zur Beseitigung bestimmt hat und die Beseitigung nicht innerhalb der Frist erfolgt.

(2) Dem Eigentümer steht dieses Recht nicht zu, wenn die Wurzeln oder die Zweige die Benutzung des Grundstücks nicht beeinträchtigen.

§ 911 Überfall

¹Früchte, die von einem Baume oder einem Strauche auf ein Nachbargrundstück hinüberfallen, gelten als Früchte dieses Grundstücks. ²Diese Vorschrift findet keine Anwendung, wenn das Nachbargrundstück dem öffentlichen Gebrauche dient.

§ 912 Überbau; Duldungspflicht

(1) Hat der Eigentümer eines Grundstücks bei der Errichtung eines Gebäudes über die Grenze gebaut, ohne dass ihm Vorsatz oder grobe Fahrlässigkeit zur Last fällt, so hat der Nachbar den Überbau zu dulden, es sei denn, dass er vor oder sofort nach der Grenzüberschreitung Widerspruch erhoben hat.

(2) ¹Der Nachbar ist durch eine Geldrente zu entschädigen. ²Für die Höhe der Rente ist die Zeit der Grenzüberschreitung maßgebend.

§ 913 Zahlung der Überbaurente

(1) Die Rente für den Überbau ist dem jeweiligen Eigentümer des Nachbargrundstücks von dem jeweiligen Eigentümer des anderen Grundstücks zu entrichten.

(2) Die Rente ist jährlich im Voraus zu entrichten.

§ 914 Rang, Eintragung und Erlöschen der Rente

(1) ¹Das Recht auf die Rente geht allen Rechten an dem belasteten Grundstück, auch den älteren, vor. ²Es erlischt mit der Beseitigung des Überbaus.

(2) ¹Das Recht wird nicht in das Grundbuch eingetragen. ²Zum Verzicht auf das Recht sowie zur Feststellung der Höhe der Rente durch Vertrag ist die Eintragung erforderlich.

(3) Im Übrigen finden die Vorschriften Anwendung, die für eine zugunsten des jeweiligen Eigentümers eines Grundstücks bestehende Reallast gelten.

§ 915 Abkauf

(1) ¹Der Rentenberechtigte kann jederzeit verlangen, dass der Rentenpflichtige ihm gegen Übertragung des Eigentums an dem überbauten Teile des Grundstücks den Wert ersetzt, den dieser Teil zur Zeit der Grenzüberschreitung gehabt hat. ²Macht er von dieser Befugnis Gebrauch, so bestimmen sich die Rechte und Verpflichtungen beider Teile nach den Vorschriften über den Kauf.

(2) Für die Zeit bis zur Übertragung des Eigentums ist die Rente fort zu entrichten.

§ 916 Beeinträchtigung von Erbbaurecht oder Dienstbarkeit

Wird durch den Überbau ein Erbbaurecht oder eine Dienstbarkeit an dem Nachbargrundstück beeinträchtigt, so finden zugunsten des Berechtigten die Vorschriften der §§ 912 bis 914 entsprechende Anwendung.

§ 917 Notweg

(1) ¹Fehlt einem Grundstück die zur ordnungsmäßigen Benutzung notwendige Verbindung mit einem öffentlichen Wege, so kann der Eigentümer von den Nachbarn verlangen, dass sie bis zur Hebung des Mangels die Benutzung ihrer Grundstücke zur Herstellung der erforderlichen Verbindung dulden. ²Die Richtung des Notwegs und der Umfang des Benutzungsrechts werden erforderlichenfalls durch Urteil bestimmt.

(2) ¹Die Nachbarn, über deren Grundstücke der Notweg führt, sind durch eine Geldrente zu entschädigen. ²Die Vorschriften des § 912 Abs. 2 Satz 2 und der §§ 913, 914, 916 finden entsprechende Anwendung.

§ 918 Ausschluss des Notwegrechts

(1) Die Verpflichtung zur Duldung des Notwegs tritt nicht ein, wenn die bisherige Verbindung des Grundstücks mit dem öffentlichen Wege durch eine willkürliche Handlung des Eigentümers aufgehoben wird.

(2) ¹Wird infolge der Veräußerung eines Teils des Grundstücks der veräußerte oder der zurückbehaltene Teil von der Verbindung mit dem öffentlichen Wege abgeschnitten, so hat der Eigentümer desjenigen Teils, über welchen die Verbindung bisher stattgefunden hat, den Notweg zu dulden. ²Der Veräußerung eines Teils steht die Veräußerung eines von mehreren demselben Eigentümer gehörenden Grundstücken gleich.

§ 919 Grenzabmarkung

(1) Der Eigentümer eines Grundstücks kann von dem Eigentümer eines Nachbargrundstücks verlangen, dass dieser zur Errichtung fester Grenzzeichen und, wenn ein Grenzzeichen verrückt oder unkenntlich geworden ist, zur Wiederherstellung mitwirkt.

(2) Die Art der Abmarkung und das Verfahren bestimmen sich nach den Landesgesetzen; enthalten diese keine Vorschriften, so entscheidet die Ortsüblichkeit.

(3) Die Kosten der Abmarkung sind von den Beteiligten zu gleichen Teilen zu tragen, sofern nicht aus einem zwischen ihnen bestehenden Rechtsverhältnis sich ein anderes ergibt.

§ 920 Grenzverwirrung

(1) ¹Lässt sich im Falle einer Grenzverwirrung die richtige Grenze nicht ermitteln, so ist für die Abgrenzung der Besitzstand maßgebend. ²Kann der Besitzstand nicht festgestellt werden, so ist jedem der Grundstücke ein gleich großes Stück der streitigen Fläche zuzuteilen.

(2) Soweit eine diesen Vorschriften entsprechende Bestimmung der Grenze zu einem Ergebnisse führt, das mit den ermittelten Umständen, insbesondere mit der feststehenden Größe der Grundstücke, nicht übereinstimmt, ist die Grenze so zu ziehen, wie es unter Berücksichtigung dieser Umstände der Billigkeit entspricht.

§ 921 Gemeinschaftliche Benutzung von Grenzanlagen

Werden zwei Grundstücke durch einen Zwischenraum, Rain, Winkel, einen Graben, eine Mauer, Hecke, Planke oder eine andere Einrichtung, die zum Vorteile beider Grundstücke dient, voneinander geschieden, so wird vermutet, dass die Eigentümer der Grundstücke zur Benutzung der Einrichtung gemeinschaftlich berechtigt seien, sofern nicht äußere Merkmale darauf hinweisen, dass die Einrichtung einem der Nachbarn allein gehört.

§ 922 Art der Benutzung und Unterhaltung

¹Sind die Nachbarn zur Benutzung einer der im § 921 bezeichneten Einrichtungen gemeinschaftlich berechtigt, so kann jeder sie zu dem Zwecke, der sich aus ihrer Beschaffenheit ergibt, insoweit benutzen, als nicht die Mitbenutzung des anderen beeinträchtigt wird. ²Die Unterhaltungskosten sind von den Nachbarn zu gleichen Teilen zu tragen. ³Solange einer der Nachbarn an dem Fortbestand der Einrichtung ein Interesse hat, darf sie nicht ohne seine Zustimmung beseitigt oder geändert werden. ⁴Im Übrigen bestimmt sich das Rechtsverhältnis zwischen den Nachbarn nach den Vorschriften über die Gemeinschaft.

§ 923 Grenzbaum

(1) Steht auf der Grenze ein Baum, so gebühren die Früchte und, wenn der Baum gefällt wird, auch der Baum den Nachbarn zu gleichen Teilen.

(2) ¹Jeder der Nachbarn kann die Beseitigung des Baumes verlangen. ²Die Kosten der Beseitigung fallen den Nachbarn zu gleichen Teilen zur Last. ³Der Nachbar, der die Beseitigung verlangt, hat jedoch die Kosten allein zu tragen, wenn der andere auf sein Recht an dem Baume verzichtet; er erwirbt in diesem Falle mit der Trennung das Alleineigentum. ⁴Der Anspruch auf die Beseitigung ist ausgeschlossen, wenn der Baum als Grenzzeichen dient und den Umständen nach nicht durch ein anderes zweckmäßiges Grenzzeichen ersetzt werden kann.

(3) Diese Vorschriften gelten auch für einen auf der Grenze stehenden Strauch.

§ 924 Unverjährbarkeit nachbarrechtlicher Ansprüche

Die Ansprüche, die sich aus den §§ 907 bis 909, 915, dem § 917 Abs. 1, dem § 918 Abs. 2, den §§ 919, 920 und dem § 923 Abs. 2 ergeben, unterliegen nicht der Verjährung.

Titel 2: Erwerb und Verlust des Eigentums an Grundstücken

§ 925 Auflassung[1)]

(1) ¹Die zur Übertragung des Eigentums an einem Grundstück nach § 873 erforderliche Einigung des Veräußerers und des Erwerbers (Auflassung) muss bei gleichzeitiger Anwesenheit beider Teile vor einer zuständigen Stelle erklärt werden. ²Zur Entgegennahme der Auflassung ist, unbeschadet der Zuständigkeit weiterer Stellen, jeder Notar zuständig. ³Eine Auflassung kann auch in einem gerichtlichen Vergleich oder in einem rechtskräftig bestätigten Insolvenzplan oder Restrukturierungsplan erklärt werden.

(2) Eine Auflassung, die unter einer Bedingung oder einer Zeitbestimmung erfolgt, ist unwirksam.

§ 925a Urkunde über Grundgeschäft[2)]

Die Erklärung einer Auflassung soll nur entgegengenommen werden, wenn die nach § 311b Abs. 1 Satz 1 erforderliche Urkunde über den Vertrag vorgelegt oder gleichzeitig errichtet wird.

§ 926 Zubehör des Grundstücks

(1) ¹Sind der Veräußerer und der Erwerber darüber einig, dass sich die Veräußerung auf das Zubehör des Grundstücks erstrecken soll, so erlangt der Erwerber mit dem Eigentum an dem Grundstück auch das Eigentum an den zur Zeit des Erwerbs vorhandenen Zubehörstücken, soweit sie dem Veräußerer gehören. ²Im Zweifel ist anzunehmen, dass sich die Veräußerung auf das Zubehör erstrecken soll.

(2) Erlangt der Erwerber aufgrund der Veräußerung den Besitz von Zubehörstücken, die dem Veräußerer nicht gehören oder mit Rechten Dritter belastet sind, so finden die Vorschriften der §§ 932 bis 936 Anwendung; für den guten Glauben des Erwerbers ist die Zeit der Erlangung des Besitzes maßgebend.

§ 927 Aufgebotsverfahren[3)]

(1) ¹Der Eigentümer eines Grundstücks kann, wenn das Grundstück seit 30 Jahren im Eigenbesitz eines anderen ist, im Wege des Aufgebotsverfahrens mit seinem Recht ausgeschlossen werden. ²Die Besitzzeit wird in gleicher Weise berechnet wie die Frist für die Ersitzung einer beweglichen Sache. ³Ist der Eigentümer im Grundbuch eingetragen, so ist das Aufgebotsverfahren nur zulässig, wenn er gestorben oder verschollen ist und eine Eintragung in das Grundbuch, die der Zustimmung des Eigentümers bedurfte, seit dreißig Jahren nicht erfolgt ist.

(2) Derjenige, welcher den Ausschließungsbeschluss erwirkt hat, erlangt das Eigentum dadurch, dass er sich als Eigentümer in das Grundbuch eintragen lässt.

(3) Ist vor dem Erlass des Ausschließungsbeschlusses ein Dritter als Eigentümer oder wegen des Eigentums eines Dritten ein Widerspruch gegen die Richtigkeit des Grundbuchs eingetragen worden, so wirkt der Ausschließungsbeschluss nicht gegen den Dritten.

§ 928 Aufgabe des Eigentums, Aneignung des Fiskus[4)]

(1) Das Eigentum an einem Grundstücke kann dadurch aufgegeben werden, dass der Eigentümer den Verzicht dem Grundbuchamte gegenüber erklärt und der Verzicht in das Grundbuch eingetragen wird.

(2) ¹Das Recht zur Aneignung des aufgegebenen Grundstücks steht dem Fiskus des Landes zu, in dem das Grundstück liegt. ²Der Fiskus erwirbt das Eigentum dadurch, dass er sich als Eigentümer in das Grundbuch eintragen lässt.

---

1) **Anm. d. Red.:** § 925 i. d. F. des Gesetzes v. 22.12.2020 (BGBl I S. 3256) mit Wirkung v. 1.1.2021.
2) **Anm. d. Red.:** § 925a i. d. F. des Gesetzes v. 23. 7. 2002 (BGBl I S. 2850) mit Wirkung v. 1. 8. 2002.
3) **Anm. d. Red.:** § 927 i. d. F. des Gesetzes v. 17. 12. 2008 (BGBl I S. 2586) mit Wirkung v. 1. 9. 2009.
4) **Anm. d. Red.:** § 928 i. d. F. des Gesetzes v. 19. 4. 2006 (BGBl I S. 866) mit Wirkung v. 25. 4. 2006.

Titel 3: Erwerb und Verlust des Eigentums an beweglichen Sachen
Untertitel 1: Übertragung

§ 929 Einigung und Übergabe

¹Zur Übertragung des Eigentums an einer beweglichen Sache ist erforderlich, dass der Eigentümer die Sache dem Erwerber übergibt und beide darüber einig sind, dass das Eigentum übergehen soll. ²Ist der Erwerber im Besitz der Sache, so genügt die Einigung über den Übergang des Eigentums.

§ 929a Einigung bei nicht eingetragenem Seeschiff

(1) Zur Übertragung des Eigentums an einem Seeschiff, das nicht im Schiffsregister eingetragen ist, oder an einem Anteil an einem solchen Schiff ist die Übergabe nicht erforderlich, wenn der Eigentümer und der Erwerber darüber einig sind, dass das Eigentum sofort übergehen soll.

(2) Jeder Teil kann verlangen, dass ihm auf seine Kosten eine öffentlich beglaubigte Urkunde über die Veräußerung erteilt wird.

§ 930 Besitzkonstitut

Ist der Eigentümer im Besitze der Sache, so kann die Übergabe dadurch ersetzt werden, dass zwischen ihm und dem Erwerber ein Rechtsverhältnis vereinbart wird, vermöge dessen der Erwerber den mittelbaren Besitz erlangt.

§ 931 Abtretung des Herausgabeanspruchs

Ist ein Dritter im Besitz der Sache, so kann die Übergabe dadurch ersetzt werden, dass der Eigentümer dem Erwerber den Anspruch auf Herausgabe der Sache abtritt.

§ 932 Gutgläubiger Erwerb vom Nichtberechtigten

(1) ¹Durch eine nach § 929 erfolgte Veräußerung wird der Erwerber auch dann Eigentümer, wenn die Sache nicht dem Veräußerer gehört, es sei denn, dass er zu der Zeit, zu der er nach diesen Vorschriften das Eigentum erwerben würde, nicht in gutem Glauben ist. ²In dem Falle des § 929 Satz 2 gilt dies jedoch nur dann, wenn der Erwerber den Besitz von dem Veräußerer erlangt hatte.

(2) Der Erwerber ist nicht in gutem Glauben, wenn ihm bekannt oder infolge grober Fahrlässigkeit unbekannt ist, dass die Sache nicht dem Veräußerer gehört.

§ 932a Gutgläubiger Erwerb nicht eingetragener Seeschiffe

Gehört ein nach § 929a veräußertes Schiff nicht dem Veräußerer, so wird der Erwerber Eigentümer, wenn ihm das Schiff vom Veräußerer übergeben wird, es sei denn, dass er zu dieser Zeit nicht in gutem Glauben ist; ist ein Anteil an einem Schiff Gegenstand der Veräußerung, so tritt an die Stelle der Übergabe die Einräumung des Mitbesitzes an dem Schiff.

§ 933 Gutgläubiger Erwerb bei Besitzkonstitut

Gehört eine nach § 930 veräußerte Sache nicht dem Veräußerer, so wird der Erwerber Eigentümer, wenn ihm die Sache von dem Veräußerer übergeben wird, es sei denn, dass er zu dieser Zeit nicht in gutem Glauben ist.

§ 934 Gutgläubiger Erwerb bei Abtretung des Herausgabeanspruchs

Gehört eine nach § 931 veräußerte Sache nicht dem Veräußerer, so wird der Erwerber, wenn der Veräußerer mittelbarer Besitzer der Sache ist, mit der Abtretung des Anspruchs, anderenfalls dann Eigentümer, wenn er den Besitz der Sache von dem Dritten erlangt, es sei denn, dass er zur Zeit der Abtretung oder des Besitzerwerbes nicht in gutem Glauben ist.

§ 935 Kein gutgläubiger Erwerb von abhanden gekommenen Sachen[1)]

(1) ¹Der Erwerb des Eigentums aufgrund der §§ 932 bis 934 tritt nicht ein, wenn die Sache dem Eigentümer gestohlen worden, verloren gegangen oder sonst abhanden gekommen war. ²Das Gleiche gilt, falls der Eigentümer nur mittelbarer Besitzer war, dann, wenn die Sache dem Besitzer abhanden gekommen war.

(2) Diese Vorschriften finden keine Anwendung auf Geld oder Inhaberpapiere sowie auf Sachen, die im Wege öffentlicher Versteigerung oder in einer Versteigerung nach § 979 Absatz 1a veräußert werden.

§ 936 Erlöschen von Rechten Dritter

(1) ¹Ist eine veräußerte Sache mit dem Rechte eines Dritten belastet, so erlischt das Recht mit dem Erwerb des Eigentums. ²In dem Falle des § 929 Satz 2 gilt dies jedoch nur dann, wenn der Erwerber den Besitz von dem Veräußerer erlangt hatte. ³Erfolgt die Veräußerung nach § 929a oder § 930 oder war die nach § 931 veräußerte Sache nicht im mittelbaren Besitze des Veräußerers, so erlischt das Recht des Dritten erst dann, wenn der Erwerber aufgrund der Veräußerung den Besitz der Sache erlangt.

(2) Das Recht des Dritten erlischt nicht, wenn der Erwerber zu der nach Absatz 1 maßgebenden Zeit in Ansehung des Rechtes nicht in gutem Glauben ist.

(3) Steht im Falle des § 931 das Recht dem dritten Besitzer zu, so erlischt es auch dem gutgläubigen Erwerber gegenüber nicht.

Untertitel 2: Ersitzung

§ 937 Voraussetzungen, Ausschluss bei Kenntnis

(1) Wer eine bewegliche Sache zehn Jahre im Eigenbesitz hat, erwirbt das Eigentum (Ersitzung).

(2) Die Ersitzung ist ausgeschlossen, wenn der Erwerber bei dem Erwerb des Eigenbesitzes nicht in gutem Glauben ist oder wenn er später erfährt, dass ihm das Eigentum nicht zusteht.

§ 938 Vermutung des Eigenbesitzes

Hat jemand eine Sache am Anfang und am Ende eines Zeitraums im Eigenbesitze gehabt, so wird vermutet, dass sein Eigenbesitz auch in der Zwischenzeit bestanden habe.

§ 939 Hemmung der Ersitzung

(1) ¹Die Ersitzung ist gehemmt, wenn der Herausgabeanspruch gegen den Eigenbesitzer oder im Falle eines mittelbaren Eigenbesitzes gegen den Besitzer, der sein Recht zum Besitz von dem Eigenbesitzer ableitet, in einer nach den §§ 203 und 204 zur Hemmung der Verjährung geeigneten Weise geltend gemacht wird. ²Die Hemmung tritt jedoch nur zugunsten desjenigen ein, welcher sie herbeiführt.

(2) Die Ersitzung ist ferner gehemmt, solange die Verjährung des Herausgabeanspruchs nach den §§ 205 bis 207 oder ihr Ablauf nach den §§ 210 und 211 gehemmt ist.

§ 940 Unterbrechung durch Besitzverlust

(1) Die Ersitzung wird durch den Verlust des Eigenbesitzes unterbrochen.

(2) Die Unterbrechung gilt als nicht erfolgt, wenn der Eigenbesitzer den Eigenbesitz ohne seinen Willen verloren und ihn binnen Jahresfrist oder mittels einer innerhalb dieser Frist erhobenen Klage wiedererlangt hat.

---

1) **Anm. d. Red.:** § 935 i. d. F. des Gesetzes v. 30. 7. 2009 (BGBl I S. 2474) mit Wirkung v. 5. 8. 2009.

§ 941 Unterbrechung durch Vollstreckungshandlung
[1]Die Ersitzung wird durch Vornahme oder Beantragung einer gerichtlichen oder behördlichen Vollstreckungshandlung unterbrochen. [2]§ 212 Abs. 2 und 3 gilt entsprechend.

§ 942 Wirkung der Unterbrechung
Wird die Ersitzung unterbrochen, so kommt die bis zur Unterbrechung verstrichene Zeit nicht in Betracht; eine neue Ersitzung kann erst nach der Beendigung der Unterbrechung beginnen.

§ 943 Ersitzung bei Rechtsnachfolge
Gelangt die Sache durch Rechtsnachfolge in den Eigenbesitz eines Dritten, so kommt die während des Besitzes des Rechtsvorgängers verstrichene Ersitzungszeit dem Dritten zugute.

§ 944 Erbschaftsbesitzer
Die Ersitzungszeit, die zugunsten eines Erbschaftsbesitzers verstrichen ist, kommt dem Erben zustatten.

§ 945 Erlöschen von Rechten Dritter
[1]Mit dem Erwerb des Eigentums durch Ersitzung erlöschen die an der Sache vor dem Erwerb des Eigenbesitzes begründeten Rechte Dritter, es sei denn, dass der Eigenbesitzer bei dem Erwerb des Eigenbesitzes in Ansehung dieser Rechte nicht in gutem Glauben ist oder ihr Bestehen später erfährt. [2]Die Ersitzungsfrist muss auch in Ansehung des Rechts des Dritten verstrichen sein; die Vorschriften der §§ 939 bis 944 finden entsprechende Anwendung.

Untertitel 3: Verbindung, Vermischung, Verarbeitung

§ 946 Verbindung mit einem Grundstück
Wird eine bewegliche Sache mit einem Grundstück dergestalt verbunden, dass sie wesentlicher Bestandteil des Grundstücks wird, so erstreckt sich das Eigentum an dem Grundstück auf diese Sache.

§ 947 Verbindung mit beweglichen Sachen
(1) Werden bewegliche Sachen miteinander dergestalt verbunden, dass sie wesentliche Bestandteile einer einheitlichen Sache werden, so werden die bisherigen Eigentümer Miteigentümer dieser Sache; die Anteile bestimmen sich nach dem Verhältnisse des Wertes, den die Sachen zur Zeit der Verbindung haben.

(2) Ist eine der Sachen als die Hauptsache anzusehen, so erwirbt ihr Eigentümer das Alleineigentum.

§ 948 Vermischung
(1) Werden bewegliche Sachen miteinander untrennbar vermischt oder vermengt, so finden die Vorschriften des § 947 entsprechende Anwendung.

(2) Der Untrennbarkeit steht es gleich, wenn die Trennung der vermischten oder vermengten Sachen mit unverhältnismäßigen Kosten verbunden sein würde.

§ 949 Erlöschen von Rechten Dritter
[1]Erlischt nach den §§ 946 bis 948 das Eigentum an einer Sache, so erlöschen auch die sonstigen an der Sache bestehenden Rechte. [2]Erwirbt der Eigentümer der belasteten Sache Miteigentum, so bestehen die Rechte an dem Anteile fort, der an die Stelle der Sache tritt. [3]Wird der Eigentümer der belasteten Sache Alleineigentümer, so erstrecken sich die Rechte auf die hinzutretende Sache.

§ 950 Verarbeitung

(1) ¹Wer durch Verarbeitung oder Umbildung eines oder mehrerer Stoffe eine neue bewegliche Sache herstellt, erwirbt das Eigentum an der neuen Sache, sofern nicht der Wert der Verarbeitung oder der Umbildung erheblich geringer ist als der Wert des Stoffes. ²Als Verarbeitung gilt auch das Schreiben, Zeichnen, Malen, Drucken, Gravieren oder eine ähnliche Bearbeitung der Oberfläche.

(2) Mit dem Erwerbe des Eigentums an der neuen Sache erlöschen die an dem Stoffe bestehenden Rechte.

§ 951 Entschädigung für Rechtsverlust

(1) ¹Wer infolge der Vorschriften der §§ 946 bis 950 einen Rechtsverlust erleidet, kann von demjenigen, zu dessen Gunsten die Rechtsänderung eintritt, Vergütung in Geld nach den Vorschriften über die Herausgabe einer ungerechtfertigten Bereicherung fordern. ²Die Wiederherstellung des früheren Zustandes kann nicht verlangt werden.

(2) ¹Die Vorschriften über die Verpflichtung zum Schadensersatz wegen unerlaubter Handlungen sowie die Vorschriften über den Ersatz von Verwendungen und über das Recht zur Wegnahme einer Einrichtung bleiben unberührt. ²In den Fällen der §§ 946, 947 ist die Wegnahme nach den für das Wegnahmerecht des Besitzers gegenüber dem Eigentümer geltenden Vorschriften auch dann zulässig, wenn die Verbindung nicht von dem Besitzer der Hauptsache bewirkt worden ist.

§ 952 Eigentum an Schuldurkunden

(1) ¹Das Eigentum an dem über eine Forderung ausgestellten Schuldscheine steht dem Gläubiger zu. ²Das Recht eines Dritten an der Forderung erstreckt sich auf den Schuldschein.

(2) Das Gleiche gilt für Urkunden über andere Rechte, kraft deren eine Leistung gefordert werden kann, insbesondere für Hypotheken-, Grundschuld- und Rentenschuldbriefe.

Untertitel 4: Erwerb von Erzeugnissen und sonstigen Bestandteilen einer Sache

§ 953 Eigentum an getrennten Erzeugnissen und Bestandteilen

Erzeugnisse und sonstige Bestandteile einer Sache gehören auch nach der Trennung dem Eigentümer der Sache, soweit sich nicht aus den §§ 954 bis 957 ein anderes ergibt.

§ 954 Erwerb durch dinglich Berechtigten

Wer vermöge eines Rechtes an einer fremden Sache befugt ist, sich Erzeugnisse oder sonstige Bestandteile der Sache anzueignen, erwirbt das Eigentum an ihnen, unbeschadet der Vorschriften der §§ 955 bis 957, mit der Trennung.

§ 955 Erwerb durch gutgläubigen Eigenbesitzer

(1) ¹Wer eine Sache im Eigenbesitz hat, erwirbt das Eigentum an den Erzeugnissen und sonstigen zu den Früchten der Sache gehörenden Bestandteilen, unbeschadet der Vorschriften der §§ 956, 957, mit der Trennung. ²Der Erwerb ist ausgeschlossen, wenn der Eigenbesitzer nicht zum Eigenbesitz oder ein anderer vermöge eines Rechtes an der Sache zum Fruchtbezuge berechtigt ist und der Eigenbesitzer bei dem Erwerbe des Eigenbesitzes nicht in gutem Glauben ist oder vor der Trennung den Rechtsmangel erfährt.

(2) Dem Eigenbesitzer steht derjenige gleich, welcher die Sache zum Zwecke der Ausübung eines Nutzungsrechts an ihr besitzt.

(3) Auf den Eigenbesitz und den ihm gleichgestellten Besitz findet die Vorschrift des § 940 Abs. 2 entsprechende Anwendung.

§ 956 Erwerb durch persönlich Berechtigten

(1) ¹Gestattet der Eigentümer einem anderen, sich Erzeugnisse oder sonstige Bestandteile der Sache anzueignen, so erwirbt dieser das Eigentum an ihnen, wenn der Besitz der Sache ihm überlassen ist, mit der Trennung, anderenfalls mit der Besitzergreifung. ²Ist der Eigentümer zu der Gestattung verpflichtet, so kann er sie nicht widerrufen, solange sich der andere in dem ihm überlassenen Besitz der Sache befindet.

(2) Das Gleiche gilt, wenn die Gestattung nicht von dem Eigentümer, sondern von einem anderen ausgeht, dem Erzeugnisse oder sonstige Bestandteile einer Sache nach der Trennung gehören.

§ 957 Gestattung durch den Nichtberechtigten

Die Vorschriften des § 956 finden auch dann Anwendung, wenn derjenige, welcher die Aneignung einem anderen gestattet, hierzu nicht berechtigt ist, es sei denn, dass der andere, falls ihm der Besitz der Sache überlassen wird, bei der Überlassung, anderenfalls bei der Ergreifung des Besitzes der Erzeugnisse oder der sonstigen Bestandteile nicht in gutem Glauben ist oder vor der Trennung den Rechtsmangel erfährt.

Untertitel 5: Aneignung

§ 958 Eigentumserwerb an beweglichen herrenlosen Sachen

(1) Wer eine herrenlose bewegliche Sache in Eigenbesitz nimmt, erwirbt das Eigentum an der Sache.

(2) Das Eigentum wird nicht erworben, wenn die Aneignung gesetzlich verboten ist oder wenn durch die Besitzergreifung das Aneignungsrecht eines anderen verletzt wird.

§ 959 Aufgabe des Eigentums

Eine bewegliche Sache wird herrenlos, wenn der Eigentümer in der Absicht, auf das Eigentum zu verzichten, den Besitz der Sache aufgibt.

§ 960 Wilde Tiere

(1) ¹Wilde Tiere sind herrenlos, solange sie sich in der Freiheit befinden. ²Wilde Tiere in Tiergärten und Fische in Teichen oder anderen geschlossenen Privatgewässern sind nicht herrenlos.

(2) Erlangt ein gefangenes wildes Tier die Freiheit wieder, so wird es herrenlos, wenn nicht der Eigentümer das Tier unverzüglich verfolgt oder wenn er die Verfolgung aufgibt.

(3) Ein gezähmtes Tier wird herrenlos, wenn es die Gewohnheit ablegt, an den ihm bestimmten Ort zurückzukehren.

§ 961 Eigentumsverlust bei Bienenschwärmen

Zieht ein Bienenschwarm aus, so wird er herrenlos, wenn nicht der Eigentümer ihn unverzüglich verfolgt oder wenn der Eigentümer die Verfolgung aufgibt.

§ 962 Verfolgungsrecht des Eigentümers

¹Der Eigentümer des Bienenschwarms darf bei der Verfolgung fremde Grundstücke betreten. ²Ist der Schwarm in eine fremde nicht besetzte Bienenwohnung eingezogen, so darf der Eigentümer des Schwarmes zum Zwecke des Einfangens die Wohnung öffnen und die Waben herausnehmen oder herausbrechen. ³Er hat den entstehenden Schaden zu ersetzen.

§ 963 Vereinigung von Bienenschwärmen

Vereinigen sich ausgezogene Bienenschwärme mehrerer Eigentümer, so werden die Eigentümer, welche ihre Schwärme verfolgt haben, Miteigentümer des eingefangenen Gesamtschwarmes; die Anteile bestimmen sich nach der Zahl der verfolgten Schwärme.

§ 964 Vermischung von Bienenschwärmen

[1]Ist ein Bienenschwarm in eine fremde besetzte Bienenwohnung eingezogen, so erstrecken sich das Eigentum und die sonstigen Rechte an den Bienen, mit denen die Wohnung besetzt war, auf den eingezogenen Schwarm. [2]Das Eigentum und die sonstigen Rechte an dem eingezogenen Schwarme erlöschen.

Untertitel 6: Fund

§ 965 Anzeigepflicht des Finders

(1) Wer eine verlorene Sache findet und an sich nimmt, hat dem Verlierer oder dem Eigentümer oder einem sonstigen Empfangsberechtigten unverzüglich Anzeige zu machen.

(2) [1]Kennt der Finder die Empfangsberechtigten nicht oder ist ihm ihr Aufenthalt unbekannt, so hat er den Fund und die Umstände, welche für die Ermittlung der Empfangsberechtigten erheblich sein können, unverzüglich der zuständigen Behörde anzuzeigen. [2]Ist die Sache nicht mehr als zehn Euro wert, so bedarf es der Anzeige nicht.

§ 966 Verwahrungspflicht

(1) Der Finder ist zur Verwahrung der Sache verpflichtet.

(2) [1]Ist der Verderb der Sache zu besorgen oder ist die Aufbewahrung mit unverhältnismäßigen Kosten verbunden, so hat der Finder die Sache öffentlich versteigern zu lassen. [2]Vor der Versteigerung ist der zuständigen Behörde Anzeige zu machen. [3]Der Erlös tritt an die Stelle der Sache.

§ 967 Ablieferungspflicht

Der Finder ist berechtigt und auf Anordnung der zuständigen Behörde verpflichtet, die Sache oder den Versteigerungserlös an die zuständige Behörde abzuliefern.

§ 968 Umfang der Haftung

Der Finder hat nur Vorsatz und grobe Fahrlässigkeit zu vertreten.

§ 969 Herausgabe an den Verlierer

Der Finder wird durch die Herausgabe der Sache an den Verlierer auch den sonstigen Empfangsberechtigten gegenüber befreit.

§ 970 Ersatz von Aufwendungen

Macht der Finder zum Zwecke der Verwahrung oder Erhaltung der Sache oder zum Zwecke der Ermittlung eines Empfangsberechtigten Aufwendungen, die er den Umständen nach für erforderlich halten darf, so kann er von dem Empfangsberechtigten Ersatz verlangen.

§ 971 Finderlohn

(1) [1]Der Finder kann von dem Empfangsberechtigten einen Finderlohn verlangen. [2]Der Finderlohn beträgt von dem Werte der Sache bis zu 500 Euro fünf vom Hundert, von dem Mehrwert drei vom Hundert, bei Tieren drei vom Hundert. [3]Hat die Sache nur für den Empfangsberechtigten einen Wert, so ist der Finderlohn nach billigem Ermessen zu bestimmen.

(2) Der Anspruch ist ausgeschlossen, wenn der Finder die Anzeigepflicht verletzt oder den Fund auf Nachfrage verheimlicht.

§ 972 Zurückbehaltungsrecht des Finders

Auf die in den §§ 970, 971 bestimmten Ansprüche finden die für die Ansprüche des Besitzers gegen den Eigentümer wegen Verwendungen geltenden Vorschriften der §§ 1000 bis 1002 entsprechende Anwendung.

§ 973 Eigentumserwerb des Finders

(1) ¹Mit dem Ablauf von sechs Monaten nach der Anzeige des Fundes bei der zuständigen Behörde erwirbt der Finder das Eigentum an der Sache, es sei denn, dass vorher ein Empfangsberechtigter dem Finder bekannt geworden ist oder sein Recht bei der zuständigen Behörde angemeldet hat. ²Mit dem Erwerb des Eigentums erlöschen die sonstigen Rechte an der Sache.

(2) ¹Ist die Sache nicht mehr als zehn Euro wert, so beginnt die sechsmonatige Frist mit dem Fund. ²Der Finder erwirbt das Eigentum nicht, wenn er den Fund auf Nachfrage verheimlicht. ³Die Anmeldung eines Rechts bei der zuständigen Behörde steht dem Erwerb des Eigentums nicht entgegen.

§ 974 Eigentumserwerb nach Verschweigung

¹Sind vor dem Ablauf der sechsmonatigen Frist Empfangsberechtigte dem Finder bekannt geworden oder haben sie bei einer Sache, die mehr als zehn Euro wert ist, ihre Rechte bei der zuständigen Behörde rechtzeitig angemeldet, so kann der Finder die Empfangsberechtigten nach den Vorschriften des § 1003 zur Erklärung über die ihm nach den §§ 970 bis 972 zustehenden Ansprüche auffordern. ²Mit dem Ablauf der für die Erklärung bestimmten Frist erwirbt der Finder das Eigentum und erlöschen die sonstigen Rechte an der Sache, wenn nicht die Empfangsberechtigten sich rechtzeitig zu der Befriedigung der Ansprüche bereit erklären.

§ 975 Rechte des Finders nach Ablieferung

¹Durch die Ablieferung der Sache oder des Versteigerungserlöses an die zuständige Behörde werden die Rechte des Finders nicht berührt. ²Lässt die zuständige Behörde die Sache versteigern, so tritt der Erlös an die Stelle der Sache. ³Die zuständige Behörde darf die Sache oder den Erlös nur mit Zustimmung des Finders einem Empfangsberechtigten herausgeben.

§ 976 Eigentumserwerb der Gemeinde

(1) Verzichtet der Finder der zuständigen Behörde gegenüber auf das Recht zum Erwerb des Eigentums an der Sache, so geht sein Recht auf die Gemeinde des Fundorts über.

(2) Hat der Finder nach der Ablieferung der Sache oder des Versteigerungserlöses an die zuständige Behörde aufgrund der Vorschriften der §§ 973, 974 das Eigentum erworben, so geht es auf die Gemeinde des Fundorts über, wenn nicht der Finder vor dem Ablauf einer ihm von der zuständigen Behörde bestimmten Frist die Herausgabe verlangt.

§ 977 Bereicherungsanspruch

¹Wer infolge der Vorschriften der §§ 973, 974, 976 einen Rechtsverlust erleidet, kann in den Fällen der §§ 973, 974 von dem Finder, in den Fällen des § 976 von der Gemeinde des Fundorts die Herausgabe des durch die Rechtsänderung Erlangten nach den Vorschriften über die Herausgabe einer ungerechtfertigten Bereicherung fordern. ²Der Anspruch erlischt mit dem Ablauf von drei Jahren nach dem Übergange des Eigentums auf den Finder oder die Gemeinde, wenn nicht die gerichtliche Geltendmachung vorher erfolgt.

§ 978 Fund in öffentlicher Behörde oder Verkehrsanstalt

(1) ¹Wer eine Sache in den Geschäftsräumen oder den Beförderungsmitteln einer öffentlichen Behörde oder einer dem öffentlichen Verkehr dienenden Verkehrsanstalt findet und an sich nimmt, hat die Sache unverzüglich an die Behörde oder die Verkehrsanstalt oder an einen ihrer Angestellten abzuliefern. ²Die Vorschriften der §§ 965 bis 967 und 969 bis 977 finden keine Anwendung.

(2) ¹Ist die Sache nicht weniger als 50 Euro wert, so kann der Finder von dem Empfangsberechtigten einen Finderlohn verlangen. ²Der Finderlohn besteht in der Hälfte des Betrages, der sich bei Anwendung des § 971 Abs. 1 Satz 2, 3 ergeben würde. ³Der Anspruch ist ausgeschlossen, wenn der Finder Bediensteter der Behörde oder der Verkehrsanstalt ist oder der Finder die Ablieferungspflicht verletzt. ⁴Die für die Ansprüche des Besitzers gegen den Eigentümer wegen Verwendungen geltende Vorschrift des § 1001 findet auf den Finderlohnanspruch entsprechende Anwendung. ⁵Besteht ein Anspruch auf Finderlohn, so hat die Behörde oder die Verkehrsanstalt dem Finder die Herausgabe der Sache an einen Empfangsberechtigten anzuzeigen.

(3) ¹Fällt der Versteigerungserlös oder gefundenes Geld an den nach § 981 Abs. 1 Berechtigten, so besteht ein Anspruch auf Finderlohn nach Absatz 2 Satz 1 bis 3 gegen diesen. ²Der Anspruch erlischt mit dem Ablauf von drei Jahren nach seiner Entstehung gegen den in Satz 1 bezeichneten Berechtigten.

§ 979 Verwertung; Verordnungsermächtigung[1]

(1) ¹Die Behörde oder die Verkehrsanstalt kann die an sie abgelieferte Sache öffentlich versteigern lassen. ²Die öffentlichen Behörden und die Verkehrsanstalten des *Reichs*, der *Bundesstaaten* und der Gemeinden können die Versteigerung durch einen ihrer Beamten vornehmen lassen.

(1a) Die Versteigerung kann nach Maßgabe der nachfolgenden Vorschriften auch als allgemein zugängliche Versteigerung im Internet erfolgen.

(1b) ¹Die Bundesregierung wird ermächtigt, durch Rechtsverordnung ohne Zustimmung des Bundesrates für ihren Bereich Versteigerungsplattformen zur Versteigerung von Fundsachen zu bestimmen; sie kann diese Ermächtigung durch Rechtsverordnung auf die fachlich zuständigen obersten Bundesbehörden übertragen. ²Die Landesregierungen werden ermächtigt, durch Rechtsverordnung für ihren Bereich entsprechende Regelungen zu treffen; sie können die Ermächtigung auf die fachlich zuständigen obersten Landesbehörden übertragen. ³Die Länder können Versteigerungsplattformen bestimmen, die sie länderübergreifend nutzen. ⁴Sie können eine Übertragung von Abwicklungsaufgaben auf die zuständige Stelle eines anderen Landes vereinbaren.

(2) Der Erlös tritt an die Stelle der Sache.

§ 980 Öffentliche Bekanntmachung des Fundes

(1) Die Versteigerung ist erst zulässig, nachdem die Empfangsberechtigten in einer öffentlichen Bekanntmachung des Fundes zur Anmeldung ihrer Rechte unter Bestimmung einer Frist aufgefordert worden sind und die Frist verstrichen ist; sie ist unzulässig, wenn eine Anmeldung rechtzeitig erfolgt ist.

(2) Die Bekanntmachung ist nicht erforderlich, wenn der Verderb der Sache zu besorgen oder die Aufbewahrung mit unverhältnismäßigen Kosten verbunden ist.

§ 981 Empfang des Versteigerungserlöses

(1) Sind seit dem Ablauf der in der öffentlichen Bekanntmachung bestimmten Frist drei Jahre verstrichen, so fällt der Versteigerungserlös, wenn nicht ein Empfangsberechtigter sein Recht angemeldet hat, bei *Reichs*behörden und *Reichs*anstalten an den Reichsfiskus, bei Landesbehör-

---

1) **Anm. d. Red.:** § 979 i. d. F. des Gesetzes v. 30. 7. 2009 (BGBl I S. 2474) mit Wirkung v. 5. 8. 2009.

den und Landesanstalten an den Fiskus des *Bundesstaats*, bei Gemeindebehörden und Gemeindeanstalten an die Gemeinde, bei Verkehrsanstalten, die von einer Privatperson betrieben werden, an diese.

(2) ¹Ist die Versteigerung ohne die öffentliche Bekanntmachung erfolgt, so beginnt die dreijährige Frist erst, nachdem die Empfangsberechtigten in einer öffentlichen Bekanntmachung des Fundes zur Anmeldung ihrer Rechte aufgefordert worden sind. ²Das Gleiche gilt, wenn gefundenes Geld abgeliefert worden ist.

(3) Die Kosten werden von dem herauszugebenden Betrag abgezogen.

§ 982 Ausführungsvorschriften

Die in den §§ 980, 981 vorgeschriebene Bekanntmachung erfolgt bei *Reichs*behörden und *Reichs*anstalten nach den von dem Bundesrat, in den übrigen Fällen nach den von der Zentralbehörde des *Bundesstaats* erlassenen Vorschriften.

§ 983 Unanbringbare Sachen bei Behörden

Ist eine öffentliche Behörde im Besitz einer Sache, zu deren Herausgabe sie verpflichtet ist, ohne dass die Verpflichtung auf Vertrag beruht, so finden, wenn der Behörde der Empfangsberechtigte oder dessen Aufenthalt unbekannt ist, die Vorschriften der §§ 979 bis 982 entsprechende Anwendung.

§ 984 Schatzfund

Wird eine Sache, die so lange verborgen gelegen hat, dass der Eigentümer nicht mehr zu ermitteln ist (Schatz), entdeckt und infolge der Entdeckung in Besitz genommen, so wird das Eigentum zur Hälfte von dem Entdecker, zur Hälfte von dem Eigentümer der Sache erworben, in welcher der Schatz verborgen war.

Titel 4: Ansprüche aus dem Eigentum

§ 985 Herausgabeanspruch

Der Eigentümer kann von dem Besitzer die Herausgabe der Sache verlangen.

§ 986 Einwendungen des Besitzers

(1) ¹Der Besitzer kann die Herausgabe der Sache verweigern, wenn er oder der mittelbare Besitzer, von dem er sein Recht zum Besitz ableitet, dem Eigentümer gegenüber zum Besitz berechtigt ist. ²Ist der mittelbare Besitzer dem Eigentümer gegenüber zur Überlassung des Besitzes an den Besitzer nicht befugt, so kann der Eigentümer von dem Besitzer die Herausgabe der Sache an den mittelbaren Besitzer oder, wenn dieser den Besitz nicht wieder übernehmen kann oder will, an sich selbst verlangen.

(2) Der Besitzer einer Sache, die nach § 931 durch Abtretung des Anspruchs auf Herausgabe veräußert worden ist, kann dem neuen Eigentümer die Einwendungen entgegensetzen, welche ihm gegen den abgetretenen Anspruch zustehen.

§ 987 Nutzungen nach Rechtshängigkeit

(1) Der Besitzer hat dem Eigentümer die Nutzungen herauszugeben, die er nach dem Eintritt der Rechtshängigkeit zieht.

(2) Zieht der Besitzer nach dem Eintritt der Rechtshängigkeit Nutzungen nicht, die er nach den Regeln einer ordnungsmäßigen Wirtschaft ziehen könnte, so ist er dem Eigentümer zum Ersatz verpflichtet, soweit ihm ein Verschulden zur Last fällt.

§ 988 Nutzungen des unentgeltlichen Besitzers

Hat ein Besitzer, der die Sache als ihm gehörig oder zum Zwecke der Ausübung eines ihm in Wirklichkeit nicht zustehenden Nutzungsrechts an der Sache besitzt, den Besitz unentgeltlich erlangt, so ist er dem Eigentümer gegenüber zur Herausgabe der Nutzungen, die er vor dem Eintritte der Rechtshängigkeit zieht, nach den Vorschriften über die Herausgabe einer ungerechtfertigten Bereicherung verpflichtet.

§ 989 Schadensersatz nach Rechtshängigkeit

Der Besitzer ist von dem Eintritt der Rechtshängigkeit an dem Eigentümer für den Schaden verantwortlich, der dadurch entsteht, dass infolge seines Verschuldens die Sache verschlechtert wird, untergeht oder aus einem anderen Grunde von ihm nicht herausgegeben werden kann.

§ 990 Haftung des Besitzers bei Kenntnis

(1) [1]War der Besitzer bei dem Erwerb des Besitzes nicht in gutem Glauben, so haftet er dem Eigentümer von der Zeit des Erwerbs an nach den §§ 987, 989. [2]Erfährt der Besitzer später, dass er zum Besitz nicht berechtigt ist, so haftet er in gleicher Weise von der Erlangung der Kenntnis an.

(2) Eine weitergehende Haftung des Besitzers wegen Verzugs bleibt unberührt.

§ 991 Haftung des Besitzmittlers

(1) Leitet der Besitzer das Recht zum Besitz von einem mittelbaren Besitzer ab, so finden die Vorschriften des § 990 in Ansehung der Nutzungen nur Anwendung, wenn die Voraussetzungen des § 990 auch bei dem mittelbaren Besitzer vorliegen oder diesem gegenüber die Rechtshängigkeit eingetreten ist.

(2) War der Besitzer bei dem Erwerbe des Besitzes in gutem Glauben, so hat er gleichwohl von dem Erwerb an den im § 989 bezeichneten Schaden dem Eigentümer gegenüber insoweit zu vertreten, als er dem mittelbaren Besitzer verantwortlich ist.

§ 992 Haftung des deliktischen Besitzers

Hat sich der Besitzer durch verbotene Eigenmacht oder durch eine Straftat den Besitz verschafft, so haftet er dem Eigentümer nach den Vorschriften über den Schadensersatz wegen unerlaubter Handlungen.

§ 993 Haftung des redlichen Besitzers

(1) Liegen die in den §§ 987 bis 992 bezeichneten Voraussetzungen nicht vor, so hat der Besitzer die gezogenen Früchte, soweit sie nach den Regeln einer ordnungsmäßigen Wirtschaft nicht als Ertrag der Sache anzusehen sind, nach den Vorschriften über die Herausgabe einer ungerechtfertigten Bereicherung herauszugeben; im Übrigen ist er weder zur Herausgabe von Nutzungen noch zum Schadensersatze verpflichtet.

(2) Für die Zeit, für welche dem Besitzer die Nutzungen verbleiben, finden auf ihn die Vorschriften des § 101 Anwendung.

§ 994 Notwendige Verwendungen

(1) [1]Der Besitzer kann für die auf die Sache gemachten notwendigen Verwendungen von dem Eigentümer Ersatz verlangen. [2]Die gewöhnlichen Erhaltungskosten sind ihm jedoch für die Zeit, für welche ihm die Nutzungen verbleiben, nicht zu ersetzen.

(2) Macht der Besitzer nach dem Eintritt der Rechtshängigkeit oder nach dem Beginn der im § 990 bestimmten Haftung notwendige Verwendungen, so bestimmt sich die Ersatzpflicht des Eigentümers nach den Vorschriften über die Geschäftsführung ohne Auftrag.

§ 995 Lasten

¹Zu den notwendigen Verwendungen im Sinne des § 994 gehören auch die Aufwendungen, die der Besitzer zur Bestreitung von Lasten der Sache macht. ²Für die Zeit, für welche dem Besitzer die Nutzungen verbleiben, sind ihm nur die Aufwendungen für solche außerordentliche Lasten zu ersetzen, die als auf den Stammwert der Sache gelegt anzusehen sind.

§ 996 Nützliche Verwendungen

Für andere als notwendige Verwendungen kann der Besitzer Ersatz nur insoweit verlangen, als sie vor dem Eintritt der Rechtshängigkeit und vor dem Beginne der im § 990 bestimmten Haftung gemacht werden und der Wert der Sache durch sie noch zu der Zeit erhöht ist, zu welcher der Eigentümer die Sache wiedererlangt.

§ 997 Wegnahmerecht

(1) ¹Hat der Besitzer mit der Sache eine andere Sache als wesentlichen Bestandteil verbunden, so kann er sie abtrennen und sich aneignen. ²Die Vorschriften des § 258 finden Anwendung.

(2) Das Recht zur Abtrennung ist ausgeschlossen, wenn der Besitzer nach § 994 Abs. 1 Satz 2 für die Verwendung Ersatz nicht verlangen kann oder die Abtrennung für ihn keinen Nutzen hat oder ihm mindestens der Wert ersetzt wird, den der Bestandteil nach der Abtrennung für ihn haben würde.

§ 998 Bestellungskosten bei landwirtschaftlichem Grundstück

Ist ein landwirtschaftliches Grundstück herauszugeben, so hat der Eigentümer die Kosten, die der Besitzer auf die noch nicht getrennten, jedoch nach den Regeln einer ordnungsmäßigen Wirtschaft vor dem Ende des Wirtschaftsjahrs zu trennenden Früchte verwendet hat, insoweit zu ersetzen, als sie einer ordnungsmäßigen Wirtschaft entsprechen und den Wert dieser Früchte nicht übersteigen.

§ 999 Ersatz von Verwendungen des Rechtsvorgängers

(1) Der Besitzer kann für die Verwendungen eines Vorbesitzers, dessen Rechtsnachfolger er geworden ist, in demselben Umfang Ersatz verlangen, in welchem ihn der Vorbesitzer fordern könnte, wenn er die Sache herauszugeben hätte.

(2) Die Verpflichtung des Eigentümers zum Ersatze von Verwendungen erstreckt sich auch auf die Verwendungen, die gemacht worden sind, bevor er das Eigentum erworben hat.

§ 1000 Zurückbehaltungsrecht des Besitzers

¹Der Besitzer kann die Herausgabe der Sache verweigern, bis er wegen der ihm zu ersetzenden Verwendungen befriedigt wird. ²Das Zurückbehaltungsrecht steht ihm nicht zu, wenn er die Sache durch eine vorsätzlich begangene unerlaubte Handlung erlangt hat.

§ 1001 Klage auf Verwendungsersatz

¹Der Besitzer kann den Anspruch auf den Ersatz der Verwendungen nur geltend machen, wenn der Eigentümer die Sache wiedererlangt oder die Verwendungen genehmigt. ²Bis zur Genehmigung der Verwendungen kann sich der Eigentümer von dem Anspruch dadurch befreien, dass er die wiedererlangte Sache zurückgibt. ³Die Genehmigung gilt als erteilt, wenn der Eigentümer die ihm von dem Besitzer unter Vorbehalt des Anspruchs angebotene Sache annimmt.

§ 1002 Erlöschen des Verwendungsanspruchs

(1) Gibt der Besitzer die Sache dem Eigentümer heraus, so erlischt der Anspruch auf den Ersatz der Verwendungen mit dem Ablauf eines Monats, bei einem Grundstücke mit dem Ablaufe von sechs Monaten nach der Herausgabe, wenn nicht vorher die gerichtliche Geltendmachung erfolgt oder der Eigentümer die Verwendungen genehmigt.

(2) Auf diese Fristen finden die für die Verjährung geltenden Vorschriften der §§ 206, 210, 211 entsprechende Anwendung.

§ 1003 Befriedigungsrecht des Besitzers

(1) ¹Der Besitzer kann den Eigentümer unter Angabe des als Ersatz verlangten Betrags auffordern, sich innerhalb einer von ihm bestimmten angemessenen Frist darüber zu erklären, ob er die Verwendungen genehmige. ²Nach dem Ablauf der Frist ist der Besitzer berechtigt, Befriedigung aus der Sache nach den Vorschriften über den Pfandverkauf, bei einem Grundstücke nach den Vorschriften über die Zwangsvollstreckung in das unbewegliche Vermögen zu suchen, wenn nicht die Genehmigung rechtzeitig erfolgt.

(2) Bestreitet der Eigentümer den Anspruch vor dem Ablauf der Frist, so kann sich der Besitzer aus der Sache erst dann befriedigen, wenn er nach rechtskräftiger Feststellung des Betrags der Verwendungen den Eigentümer unter Bestimmung einer angemessenen Frist zur Erklärung aufgefordert hat und die Frist verstrichen ist; das Recht auf Befriedigung aus der Sache ist ausgeschlossen, wenn die Genehmigung rechtzeitig erfolgt.

§ 1004 Beseitigungs- und Unterlassungsanspruch

(1) ¹Wird das Eigentum in anderer Weise als durch Entziehung oder Vorenthaltung des Besitzes beeinträchtigt, so kann der Eigentümer von dem Störer die Beseitigung der Beeinträchtigung verlangen. ²Sind weitere Beeinträchtigungen zu besorgen, so kann der Eigentümer auf Unterlassung klagen.

(2) Der Anspruch ist ausgeschlossen, wenn der Eigentümer zur Duldung verpflichtet ist.

§ 1005 Verfolgungsrecht

Befindet sich eine Sache auf einem Grundstück, das ein anderer als der Eigentümer der Sache besitzt, so steht diesem gegen den Besitzer des Grundstücks der im § 867 bestimmte Anspruch zu.

§ 1006 Eigentumsvermutung für Besitzer

(1) ¹Zugunsten des Besitzers einer beweglichen Sache wird vermutet, dass er Eigentümer der Sache sei. ²Dies gilt jedoch nicht einem früheren Besitzer gegenüber, dem die Sache gestohlen worden, verloren gegangen oder sonst abhanden gekommen ist, es sei denn, dass es sich um Geld oder Inhaberpapiere handelt.

(2) Zugunsten eines früheren Besitzers wird vermutet, dass er während der Dauer seines Besitzes Eigentümer der Sache gewesen sei.

(3) Im Falle eines mittelbaren Besitzes gilt die Vermutung für den mittelbaren Besitzer.

§ 1007 Ansprüche des früheren Besitzers, Ausschluss bei Kenntnis

(1) Wer eine bewegliche Sache im Besitz gehabt hat, kann von dem Besitzer die Herausgabe der Sache verlangen, wenn dieser bei dem Erwerb des Besitzes nicht in gutem Glauben war.

(2) ¹Ist die Sache dem früheren Besitzer gestohlen worden, verloren gegangen oder sonst abhanden gekommen, so kann er die Herausgabe auch von einem gutgläubigen Besitzer verlangen, es sei denn, dass dieser Eigentümer der Sache ist oder die Sache ihm vor der Besitzzeit des früheren Besitzers abhanden gekommen war. ²Auf Geld und Inhaberpapiere findet diese Vorschrift keine Anwendung.

(3) ¹Der Anspruch ist ausgeschlossen, wenn der frühere Besitzer bei dem Erwerb des Besitzes nicht in gutem Glauben war oder wenn er den Besitz aufgegeben hat. ²Im Übrigen finden die Vorschriften der §§ 986 bis 1003 entsprechende Anwendung.

Titel 5: Miteigentum

§ 1008 Miteigentum nach Bruchteilen
Steht das Eigentum an einer Sache mehreren nach Bruchteilen zu, so gelten die Vorschriften der §§ 1009 bis 1011.

§ 1009 Belastung zugunsten eines Miteigentümers
(1) Die gemeinschaftliche Sache kann auch zugunsten eines Miteigentümers belastet werden.

(2) Die Belastung eines gemeinschaftlichen Grundstücks zugunsten des jeweiligen Eigentümers eines anderen Grundstücks sowie die Belastung eines anderen Grundstücks zugunsten der jeweiligen Eigentümer des gemeinschaftlichen Grundstücks wird nicht dadurch ausgeschlossen, dass das andere Grundstück einem Miteigentümer des gemeinschaftlichen Grundstücks gehört.

§ 1010 Sondernachfolger eines Miteigentümers
(1) Haben die Miteigentümer eines Grundstücks die Verwaltung und Benutzung geregelt oder das Recht, die Aufhebung der Gemeinschaft zu verlangen, für immer oder auf Zeit ausgeschlossen oder eine Kündigungsfrist bestimmt, so wirkt die getroffene Bestimmung gegen den Sondernachfolger eines Miteigentümers nur, wenn sie als Belastung des Anteils im Grundbuch eingetragen ist.

(2) Die in den §§ 755, 756 bestimmten Ansprüche können gegen den Sondernachfolger eines Miteigentümers nur geltend gemacht werden, wenn sie im Grundbuch eingetragen sind.

§ 1011 Ansprüche aus dem Miteigentum
Jeder Miteigentümer kann die Ansprüche aus dem Eigentum Dritten gegenüber in Ansehung der ganzen Sache geltend machen, den Anspruch auf Herausgabe jedoch nur in Gemäßheit des § 432.

§§ 1012 bis 1017 (weggefallen)

Abschnitt 4: Dienstbarkeiten

Titel 1: Grunddienstbarkeiten

§ 1018 Gesetzlicher Inhalt der Grunddienstbarkeit
Ein Grundstück kann zugunsten des jeweiligen Eigentümers eines anderen Grundstücks in der Weise belastet werden, dass dieser das Grundstück in einzelnen Beziehungen benutzen darf oder dass auf dem Grundstück gewisse Handlungen nicht vorgenommen werden dürfen oder dass die Ausübung eines Rechtes ausgeschlossen ist, das sich aus dem Eigentum an dem belasteten Grundstück dem anderen Grundstück gegenüber ergibt (Grunddienstbarkeit).

§ 1019 Vorteil des herrschenden Grundstücks
[1]Eine Grunddienstbarkeit kann nur in einer Belastung bestehen, die für die Benutzung des Grundstücks des Berechtigten Vorteil bietet. [2]Über das sich hieraus ergebende Maß hinaus kann der Inhalt der Dienstbarkeit nicht erstreckt werden.

§ 1020 Schonende Ausübung
[1]Bei der Ausübung einer Grunddienstbarkeit hat der Berechtigte das Interesse des Eigentümers des belasteten Grundstücks tunlichst zu schonen. [2]Hält er zur Ausübung der Dienstbarkeit auf dem belasteten Grundstück eine Anlage, so hat er sie in ordnungsmäßigem Zustande zu erhalten, soweit das Interesse des Eigentümers es erfordert.

§ 1021 Vereinbarte Unterhaltungspflicht

(1) ¹Gehört zur Ausübung einer Grunddienstbarkeit eine Anlage auf dem belasteten Grundstück, so kann bestimmt werden, dass der Eigentümer dieses Grundstücks die Anlage zu unterhalten hat, soweit das Interesse des Berechtigten es erfordert. ²Steht dem Eigentümer das Recht zur Mitbenutzung der Anlage zu, so kann bestimmt werden, dass der Berechtigte die Anlage zu unterhalten hat, soweit es für das Benutzungsrecht des Eigentümers erforderlich ist.

(2) Auf eine solche Unterhaltungspflicht finden die Vorschriften über die Reallasten entsprechende Anwendung.

§ 1022 Anlagen auf baulichen Anlagen

¹Besteht die Grunddienstbarkeit in dem Rechte, auf einer baulichen Anlage des belasteten Grundstücks eine bauliche Anlage zu halten, so hat, wenn nicht ein anderes bestimmt ist, der Eigentümer des belasteten Grundstücks seine Anlage zu unterhalten, soweit das Interesse des Berechtigten es erfordert. ²Die Vorschrift des § 1021 Abs. 2 gilt auch für diese Unterhaltungspflicht.

§ 1023 Verlegung der Ausübung

(1) ¹Beschränkt sich die jeweilige Ausübung einer Grunddienstbarkeit auf einen Teil des belasteten Grundstücks, so kann der Eigentümer die Verlegung der Ausübung auf eine andere, für den Berechtigten ebenso geeignete Stelle verlangen, wenn die Ausübung an der bisherigen Stelle für ihn besonders beschwerlich ist; die Kosten der Verlegung hat er zu tragen und vorzuschießen. ²Dies gilt auch dann, wenn der Teil des Grundstücks, auf den sich die Ausübung beschränkt, durch Rechtsgeschäft bestimmt ist.

(2) Das Recht auf die Verlegung kann nicht durch Rechtsgeschäft ausgeschlossen oder beschränkt werden.

§ 1024 Zusammentreffen mehrerer Nutzungsrechte

Trifft eine Grunddienstbarkeit mit einer anderen Grunddienstbarkeit oder einem sonstigen Nutzungsrecht an dem Grundstücke dergestalt zusammen, dass die Rechte nebeneinander nicht oder nicht vollständig ausgeübt werden können, und haben die Rechte gleichen Rang, so kann jeder Berechtigte eine den Interessen aller Berechtigten nach billigem Ermessen entsprechende Regelung der Ausübung verlangen.

§ 1025 Teilung des herrschenden Grundstücks

¹Wird das Grundstück des Berechtigten geteilt, so besteht die Grunddienstbarkeit für die einzelnen Teile fort; die Ausübung ist jedoch im Zweifel nur in der Weise zulässig, dass sie für den Eigentümer des belasteten Grundstücks nicht beschwerlicher wird. ²Gereicht die Dienstbarkeit nur einem der Teile zum Vorteile, so erlischt sie für die übrigen Teile.

§ 1026 Teilung des dienenden Grundstücks

Wird das belastete Grundstück geteilt, so werden, wenn die Ausübung der Grunddienstbarkeit auf einen bestimmten Teil des belasteten Grundstücks beschränkt ist, die Teile, welche außerhalb des Bereichs der Ausübung liegen, von der Dienstbarkeit frei.

§ 1027 Beeinträchtigung der Grunddienstbarkeit

Wird eine Grunddienstbarkeit beeinträchtigt, so stehen dem Berechtigten die im § 1004 bestimmten Rechte zu.

§ 1028 Verjährung

(1) ¹Ist auf dem belasteten Grundstück eine Anlage, durch welche die Grunddienstbarkeit beeinträchtigt wird, errichtet worden, so unterliegt der Anspruch des Berechtigten auf Beseitigung

der Beeinträchtigung der Verjährung, auch wenn die Dienstbarkeit im Grundbuch eingetragen ist. ²Mit der Verjährung des Anspruchs erlischt die Dienstbarkeit, soweit der Bestand der Anlage mit ihr in Widerspruch steht.

(2) Die Vorschriften des § 892 finden keine Anwendung.

§ 1029 Besitzschutz des Rechtsbesitzers

Wird der Besitzer eines Grundstücks in der Ausübung einer für den Eigentümer im Grundbuch eingetragenen Grunddienstbarkeit gestört, so finden die für den Besitzschutz geltenden Vorschriften entsprechende Anwendung, soweit die Dienstbarkeit innerhalb eines Jahres vor der Störung, sei es auch nur einmal, ausgeübt worden ist.

Titel 2: Nießbrauch
Untertitel 1: Nießbrauch an Sachen
§ 1030 Gesetzlicher Inhalt des Nießbrauchs an Sachen

(1) Eine Sache kann in der Weise belastet werden, dass derjenige, zu dessen Gunsten die Belastung erfolgt, berechtigt ist, die Nutzungen der Sache zu ziehen (Nießbrauch).

(2) Der Nießbrauch kann durch den Ausschluss einzelner Nutzungen beschränkt werden.

§ 1031 Erstreckung auf Zubehör

Mit dem Nießbrauch an einem Grundstück erlangt der Nießbraucher den Nießbrauch an dem Zubehör nach den für den Erwerb des Eigentums geltenden Vorschriften des § 926.

§ 1032 Bestellung an beweglichen Sachen

¹Zur Bestellung des Nießbrauchs an einer beweglichen Sache ist erforderlich, dass der Eigentümer die Sache dem Erwerber übergibt und beide darüber einig sind, dass diesem der Nießbrauch zustehen soll. ²Die Vorschriften des § 929 Satz 2, der §§ 930 bis 932 und der §§ 933 bis 936 finden entsprechende Anwendung; in den Fällen des § 936 tritt nur die Wirkung ein, dass der Nießbrauch dem Rechte des Dritten vorgeht.

§ 1033 Erwerb durch Ersitzung

¹Der Nießbrauch an einer beweglichen Sache kann durch Ersitzung erworben werden. ²Die für den Erwerb des Eigentums durch Ersitzung geltenden Vorschriften finden entsprechende Anwendung.

§ 1034 Feststellung des Zustandes

¹Der Nießbraucher kann den Zustand der Sache auf seine Kosten durch Sachverständige feststellen lassen. ²Das gleiche Recht steht dem Eigentümer zu.

§ 1035 Nießbrauch an Inbegriff von Sachen; Verzeichnis

¹Bei dem Nießbrauch an einem Inbegriff von Sachen sind der Nießbraucher und der Eigentümer einander verpflichtet, zur Aufnahme eines Verzeichnisses der Sachen mitzuwirken. ²Das Verzeichnis ist mit der Angabe des Tages der Aufnahme zu versehen und von beiden Teilen zu unterzeichnen; jeder Teil kann verlangen, dass die Unterzeichnung öffentlich beglaubigt wird. ³Jeder Teil kann auch verlangen, dass das Verzeichnis durch die zuständige Behörde oder durch einen zuständigen Beamten oder Notar aufgenommen wird. ⁴Die Kosten hat derjenige zu tragen und vorzuschießen, welcher die Aufnahme oder die Beglaubigung verlangt.

§ 1036 Besitzrecht; Ausübung des Nießbrauchs

(1) Der Nießbraucher ist zum Besitze der Sache berechtigt.

(2) Er hat bei der Ausübung des Nutzungsrechts die bisherige wirtschaftliche Bestimmung der Sache aufrechtzuerhalten und nach den Regeln einer ordnungsmäßigen Wirtschaft zu verfahren.

§ 1037 Umgestaltung

(1) Der Nießbraucher ist nicht berechtigt, die Sache umzugestalten oder wesentlich zu verändern.

(2) Der Nießbraucher eines Grundstücks darf neue Anlagen zur Gewinnung von Steinen, Kies, Sand, Lehm, Ton, Mergel, Torf und sonstigen Bodenbestandteilen errichten, sofern nicht die wirtschaftliche Bestimmung des Grundstücks dadurch wesentlich verändert wird.

§ 1038 Wirtschaftsplan für Wald und Bergwerk

(1) [1]Ist ein Wald Gegenstand des Nießbrauchs, so kann sowohl der Eigentümer als der Nießbraucher verlangen, dass das Maß der Nutzung und die Art der wirtschaftlichen Behandlung durch einen Wirtschaftsplan festgestellt werden. [2]Tritt eine erhebliche Änderung der Umstände ein, so kann jeder Teil eine entsprechende Änderung des Wirtschaftsplans verlangen. [3]Die Kosten hat jeder Teil zur Hälfte zu tragen.

(2) Das Gleiche gilt, wenn ein Bergwerk oder eine andere auf Gewinnung von Bodenbestandteilen gerichtete Anlage Gegenstand des Nießbrauchs ist.

§ 1039 Übermäßige Fruchtziehung

(1) [1]Der Nießbraucher erwirbt das Eigentum auch an solchen Früchten, die er den Regeln einer ordnungsmäßigen Wirtschaft zuwider oder die er deshalb im Übermaße zieht, weil dies infolge eines besonderen Ereignisses notwendig geworden ist. [2]Er ist jedoch, unbeschadet seiner Verantwortlichkeit für ein Verschulden, verpflichtet, den Wert der Früchte dem Eigentümer bei der Beendigung des Nießbrauchs zu ersetzen und für die Erfüllung dieser Verpflichtung Sicherheit zu leisten. [3]Sowohl der Eigentümer als der Nießbraucher kann verlangen, dass der zu ersetzende Betrag zur Wiederherstellung der Sache insoweit verwendet wird, als es einer ordnungsmäßigen Wirtschaft entspricht.

(2) Wird die Verwendung zur Wiederherstellung der Sache nicht verlangt, so fällt die Ersatzpflicht weg, soweit durch den ordnungswidrigen oder den übermäßigen Fruchtbezug die dem Nießbraucher gebührenden Nutzungen beeinträchtigt werden.

§ 1040 Schatz

Das Recht des Nießbrauchers erstreckt sich nicht auf den Anteil des Eigentümers an einem Schatze, der in der Sache gefunden wird.

§ 1041 Erhaltung der Sache

[1]Der Nießbraucher hat für die Erhaltung der Sache in ihrem wirtschaftlichen Bestande zu sorgen. [2]Ausbesserungen und Erneuerungen liegen ihm nur insoweit ob, als sie zu der gewöhnlichen Unterhaltung der Sache gehören.

§ 1042 Anzeigepflicht des Nießbrauchs

[1]Wird die Sache zerstört oder beschädigt oder wird eine außergewöhnliche Ausbesserung oder Erneuerung der Sache oder eine Vorkehrung zum Schutze der Sache gegen eine nicht vorhergesehene Gefahr erforderlich, so hat der Nießbraucher dem Eigentümer unverzüglich Anzeige zu machen. [2]Das Gleiche gilt, wenn sich ein Dritter ein Recht an der Sache anmaßt.

§ 1043 Ausbesserung oder Erneuerung

Nimmt der Nießbraucher eines Grundstücks eine erforderlich gewordene außergewöhnliche Ausbesserung oder Erneuerung selbst vor, so darf er zu diesem Zwecke innerhalb der Grenzen einer ordnungsmäßigen Wirtschaft auch Bestandteile des Grundstücks verwenden, die nicht zu den ihm gebührenden Früchten gehören.

§ 1044 Duldung von Ausbesserungen

Nimmt der Nießbraucher eine erforderlich gewordene Ausbesserung oder Erneuerung der Sache nicht selbst vor, so hat er dem Eigentümer die Vornahme und, wenn ein Grundstück Gegenstand des Nießbrauchs ist, die Verwendung der im § 1043 bezeichneten Bestandteile des Grundstücks zu gestatten.

§ 1045 Versicherungspflicht des Nießbrauchers

(1) [1]Der Nießbraucher hat die Sache für die Dauer des Nießbrauchs gegen Brandschaden und sonstige Unfälle auf seine Kosten unter Versicherung zu bringen, wenn die Versicherung einer ordnungsmäßigen Wirtschaft entspricht. [2]Die Versicherung ist so zu nehmen, dass die Forderung gegen den Versicherer dem Eigentümer zusteht.

(2) Ist die Sache bereits versichert, so fallen die für die Versicherung zu leistenden Zahlungen dem Nießbraucher für die Dauer des Nießbrauchs zur Last, soweit er zur Versicherung verpflichtet sein würde.

§ 1046 Nießbrauch an der Versicherungsforderung

(1) An der Forderung gegen den Versicherer steht dem Nießbraucher der Nießbrauch nach den Vorschriften zu, die für den Nießbrauch an einer auf Zinsen ausstehenden Forderung gelten.

(2) [1]Tritt ein unter die Versicherung fallender Schaden ein, so kann sowohl der Eigentümer als der Nießbraucher verlangen, dass die Versicherungssumme zur Wiederherstellung der Sache oder zur Beschaffung eines Ersatzes insoweit verwendet wird, als es einer ordnungsmäßigen Wirtschaft entspricht. [2]Der Eigentümer kann die Verwendung selbst besorgen oder dem Nießbraucher überlassen.

§ 1047 Lastentragung

Der Nießbraucher ist dem Eigentümer gegenüber verpflichtet, für die Dauer des Nießbrauchs die auf der Sache ruhenden öffentlichen Lasten mit Ausschluss der außerordentlichen Lasten, die als auf den Stammwert der Sache gelegt anzusehen sind, sowie diejenigen privatrechtlichen Lasten zu tragen, welche schon zur Zeit der Bestellung des Nießbrauchs auf der Sache ruhten, insbesondere die Zinsen der Hypothekenforderungen und Grundschulden sowie die aufgrund einer Rentenschuld zu entrichtenden Leistungen.

§ 1048 Nießbrauch an Grundstück mit Inventar

(1) [1]Ist ein Grundstück samt Inventar Gegenstand des Nießbrauchs, so kann der Nießbraucher über die einzelnen Stücke des Inventars innerhalb der Grenzen einer ordnungsmäßigen Wirtschaft verfügen. [2]Er hat für den gewöhnlichen Abgang sowie für die nach den Regeln einer ordnungsmäßigen Wirtschaft ausscheidenden Stücke Ersatz zu beschaffen; die von ihm angeschafften Stücke werden mit der Einverleibung in das Inventar Eigentum desjenigen, welchem das Inventar gehört.

(2) Übernimmt der Nießbraucher das Inventar zum Schätzwert mit der Verpflichtung, es bei der Beendigung des Nießbrauchs zum Schätzwert zurückzugewähren, so findet die Vorschrift des § 582a entsprechende Anwendung.

§ 1049 Ersatz von Verwendungen

(1) Macht der Nießbraucher Verwendungen auf die Sache, zu denen er nicht verpflichtet ist, so bestimmt sich die Ersatzpflicht des Eigentümers nach den Vorschriften über die Geschäftsführung ohne Auftrag.

(2) Der Nießbraucher ist berechtigt, eine Einrichtung, mit der er die Sache versehen hat, wegzunehmen.

§ 1050 Abnutzung
Veränderungen oder Verschlechterungen der Sache, welche durch die ordnungsmäßige Ausübung des Nießbrauchs herbeigeführt werden, hat der Nießbraucher nicht zu vertreten.

§ 1051 Sicherheitsleistung
Wird durch das Verhalten des Nießbrauchers die Besorgnis einer erheblichen Verletzung der Rechte des Eigentümers begründet, so kann der Eigentümer Sicherheitsleistung verlangen.

§ 1052 Gerichtliche Verwaltung mangels Sicherheitsleistung
(1) ¹Ist der Nießbraucher zur Sicherheitsleistung rechtskräftig verurteilt, so kann der Eigentümer statt der Sicherheitsleistung verlangen, dass die Ausübung des Nießbrauchs für Rechnung des Nießbrauchers einem von dem Gericht zu bestellenden Verwalter übertragen wird. ²Die Anordnung der Verwaltung ist nur zulässig, wenn dem Nießbraucher auf Antrag des Eigentümers von dem Gericht eine Frist zur Sicherheitsleistung bestimmt worden und die Frist verstrichen ist; sie ist unzulässig, wenn die Sicherheit vor dem Ablauf der Frist geleistet wird.

(2) ¹Der Verwalter steht unter der Aufsicht des Gerichts wie ein für die Zwangsverwaltung eines Grundstücks bestellter Verwalter. ²Verwalter kann auch der Eigentümer sein.

(3) Die Verwaltung ist aufzuheben, wenn die Sicherheit nachträglich geleistet wird.

§ 1053 Unterlassungsklage bei unbefugtem Gebrauch
Macht der Nießbraucher einen Gebrauch von der Sache, zu dem er nicht befugt ist, und setzt er den Gebrauch ungeachtet einer Abmahnung des Eigentümers fort, so kann der Eigentümer auf Unterlassung klagen.

§ 1054 Gerichtliche Verwaltung wegen Pflichtverletzung
Verletzt der Nießbraucher die Rechte des Eigentümers in erheblichem Maße und setzt er das verletzende Verhalten ungeachtet einer Abmahnung des Eigentümers fort, so kann der Eigentümer die Anordnung einer Verwaltung nach § 1052 verlangen.

§ 1055 Rückgabepflicht des Nießbrauchers
(1) Der Nießbraucher ist verpflichtet, die Sache nach der Beendigung des Nießbrauchs dem Eigentümer zurückzugeben.

(2) Bei dem Nießbrauch an einem landwirtschaftlichen Grundstück finden die Vorschriften des § 596 Abs. 1 und des § 596a, bei dem Nießbrauch an einem Landgut finden die Vorschriften des § 596 Abs. 1 und der §§ 596a, 596b entsprechende Anwendung.

§ 1056 Miet- und Pachtverhältnisse bei Beendigung des Nießbrauchs
(1) Hat der Nießbraucher ein Grundstück über die Dauer des Nießbrauchs hinaus vermietet oder verpachtet, so finden nach der Beendigung des Nießbrauchs die für den Fall der Veräußerung von vermietetem Wohnraum geltenden Vorschriften der §§ 566, 566a, 566b Abs. 1 und der §§ 566c bis 556e, 567b entsprechende Anwendung.

(2) ¹Der Eigentümer ist berechtigt, das Miet- oder Pachtverhältnis unter Einhaltung der gesetzlichen Kündigungsfrist zu kündigen. ²Verzichtet der Nießbraucher auf den Nießbrauch, so ist die Kündigung erst von der Zeit an zulässig, zu welcher der Nießbrauch ohne den Verzicht erlöschen würde.

(3) ¹Der Mieter oder der Pächter ist berechtigt, den Eigentümer unter Bestimmung einer angemessenen Frist zur Erklärung darüber aufzufordern, ob er von dem Kündigungsrechte Gebrauch mache. ²Die Kündigung kann nur bis zum Ablauf der Frist erfolgen.

§ 1057 Verjährung der Ersatzansprüche

¹Die Ersatzansprüche des Eigentümers wegen Veränderungen oder Verschlechterungen der Sache sowie die Ansprüche des Nießbrauchers auf Ersatz von Verwendungen oder auf Gestattung der Wegnahme einer Einrichtung verjähren in sechs Monaten. ²Die Vorschriften des § 548 Abs. 1 Satz 2 und 3, Abs. 2 finden entsprechende Anwendung.

§ 1058 Besteller als Eigentümer

Im Verhältnisse zwischen dem Nießbraucher und dem Eigentümer gilt zugunsten des Nießbrauchers der Besteller als Eigentümer, es sei denn, dass der Nießbraucher weiß, dass der Besteller nicht Eigentümer ist.

§ 1059 Unübertragbarkeit, Überlassung der Ausübung

¹Der Nießbrauch ist nicht übertragbar. ²Die Ausübung des Nießbrauchs kann einem anderen überlassen werden.

§ 1059a Übertragbarkeit bei juristischer Person oder rechtsfähiger Personengesellschaft[1)]

(1) Steht ein Nießbrauch einer juristischen Person zu, so ist er nach Maßgabe der folgenden Vorschriften übertragbar:
1. Geht das Vermögen der juristischen Person auf dem Wege der Gesamtrechtsnachfolge auf einen anderen über, so geht auch der Nießbrauch auf den Rechtsnachfolger über, es sei denn, dass der Übergang ausdrücklich ausgeschlossen ist.
2. ¹Wird sonst ein von einer juristischen Person betriebenes Unternehmen oder ein Teil eines solchen Unternehmens auf einen anderen übertragen, so kann auf den Erwerber auch ein Nießbrauch übertragen werden, sofern er den Zwecken des Unternehmens oder des Teiles des Unternehmens zu dienen geeignet ist. ²Ob diese Voraussetzungen gegeben sind, wird durch eine Erklärung der zuständigen Landesbehörde festgestellt. ³Die Erklärung bindet die Gerichte und die Verwaltungsbehörden. ⁴Die Landesregierungen bestimmen durch Rechtsverordnung die zuständige Landesbehörde. ⁵Die Landesregierungen können die Ermächtigung durch Rechtsverordnung auf die Landesjustizverwaltungen übertragen.

(2) Einer juristischen Person steht eine rechtsfähige Personengesellschaft gleich.

§ 1059b Unpfändbarkeit

Ein Nießbrauch kann aufgrund der Vorschriften des § 1059a weder gepfändet noch verpfändet noch mit einem Nießbrauch belastet werden.

§ 1059c Übergang oder Übertragung des Nießbrauchs

(1) ¹Im Falle des Übergangs oder der Übertragung des Nießbrauchs tritt der Erwerber anstelle des bisherigen Berechtigten in die mit dem Nießbrauch verbundenen Rechte und Verpflichtungen gegenüber dem Eigentümer ein. ²Sind in Ansehung dieser Rechte und Verpflichtungen Vereinbarungen zwischen dem Eigentümer und dem Berechtigten getroffen worden, so wirken sie auch für und gegen den Erwerber.

(2) Durch den Übergang oder die Übertragung des Nießbrauchs wird ein Anspruch auf Entschädigung weder für den Eigentümer noch für sonstige dinglich Berechtigte begründet.

§ 1059d Miet- und Pachtverhältnisse bei Übertragung des Nießbrauchs

Hat der bisherige Berechtigte das mit dem Nießbrauch belastete Grundstück über die Dauer des Nießbrauchs hinaus vermietet oder verpachtet, so sind nach der Übertragung des Nieß-

---

1) **Anm. d. Red.:** § 1059a i. d. F. des Gesetzes v. 19. 4. 2006 (BGBl I S. 866) mit Wirkung v. 25. 4. 2006.

brauchs die für den Fall der Veräußerung von vermietetem Wohnraum geltenden Vorschriften der §§ 566 bis 566e, 567a und 567b entsprechend anzuwenden.

§ 1059e Anspruch auf Einräumung des Nießbrauchs

Steht ein Anspruch auf Einräumung eines Nießbrauchs einer juristischen Person oder einer rechtsfähigen Personengesellschaft zu, so gelten die Vorschriften der §§ 1059a bis 1059d entsprechend.

§ 1060 Zusammentreffen mehrerer Nutzungsrechte

Trifft ein Nießbrauch mit einem anderen Nießbrauch oder mit einem sonstigen Nutzungsrecht an der Sache dergestalt zusammen, dass die Rechte nebeneinander nicht oder nicht vollständig ausgeübt werden können, und haben die Rechte gleichen Rang, so findet die Vorschrift des § 1024 Anwendung.

§ 1061 Tod des Nießbrauchers

¹Der Nießbrauch erlischt mit dem Tode des Nießbrauchers. ²Steht der Nießbrauch einer juristischen Person oder einer rechtsfähigen Personengesellschaft zu, so erlischt er mit dieser.

§ 1062 Erstreckung der Aufhebung auf das Zubehör

Wird der Nießbrauch an einem Grundstück durch Rechtsgeschäft aufgehoben, so erstreckt sich die Aufhebung im Zweifel auf den Nießbrauch an dem Zubehör.

§ 1063 Zusammentreffen mit dem Eigentum

(1) Der Nießbrauch an einer beweglichen Sache erlischt, wenn er mit dem Eigentum in derselben Person zusammentrifft.

(2) Der Nießbrauch gilt als nicht erloschen, soweit der Eigentümer ein rechtliches Interesse an dem Fortbestehen des Nießbrauchs hat.

§ 1064 Aufhebung des Nießbrauchs an beweglichen Sachen

Zur Aufhebung des Nießbrauchs an einer beweglichen Sache durch Rechtsgeschäft genügt die Erklärung des Nießbrauchers gegenüber dem Eigentümer oder dem Besteller, dass er den Nießbrauch aufgebe.

§ 1065 Beeinträchtigung des Nießbrauchrechts

Wird das Recht des Nießbrauchers beeinträchtigt, so finden auf die Ansprüche des Nießbrauchers die für die Ansprüche aus dem Eigentum geltenden Vorschriften entsprechende Anwendung.

§ 1066 Nießbrauch am Anteil eines Miteigentümers

(1) Besteht ein Nießbrauch an dem Anteil eines Miteigentümers, so übt der Nießbraucher die Rechte aus, die sich aus der Gemeinschaft der Miteigentümer in Ansehung der Verwaltung der Sache und der Art ihrer Benutzung ergeben.

(2) Die Aufhebung der Gemeinschaft kann nur von dem Miteigentümer und dem Nießbraucher gemeinschaftlich verlangt werden.

(3) Wird die Gemeinschaft aufgehoben, so gebührt dem Nießbraucher der Nießbrauch an den Gegenständen, welche an die Stelle des Anteils treten.

§ 1067 Nießbrauch an verbrauchbaren Sachen

(1) ¹Sind verbrauchbare Sachen Gegenstand des Nießbrauchs, so wird der Nießbraucher Eigentümer der Sachen; nach der Beendigung des Nießbrauchs hat er dem Besteller den Wert zu

ersetzen, den die Sachen zur Zeit der Bestellung hatten. ²Sowohl der Besteller als der Nießbraucher kann den Wert auf seine Kosten durch Sachverständige feststellen lassen.

(2) Der Besteller kann Sicherheitsleistung verlangen, wenn der Anspruch auf Ersatz des Wertes gefährdet ist.

Untertitel 2: Nießbrauch an Rechten

§ 1068 Gesetzlicher Inhalt des Nießbrauchs an Rechten

(1) Gegenstand des Nießbrauchs kann auch ein Recht sein.

(2) Auf den Nießbrauch an Rechten finden die Vorschriften über den Nießbrauch an Sachen entsprechende Anwendung, soweit sich nicht aus den §§ 1069 bis 1084 ein anderes ergibt.

§ 1069 Bestellung

(1) Die Bestellung des Nießbrauchs an einem Recht erfolgt nach den für die Übertragung des Rechtes geltenden Vorschriften.

(2) An einem Recht, das nicht übertragbar ist, kann ein Nießbrauch nicht bestellt werden.

§ 1070 Nießbrauch an Recht auf Leistung

(1) Ist ein Recht, kraft dessen eine Leistung gefordert werden kann, Gegenstand des Nießbrauchs, so finden auf das Rechtsverhältnis zwischen dem Nießbraucher und dem Verpflichteten die Vorschriften entsprechende Anwendung, welche im Falle der Übertragung des Rechtes für das Rechtsverhältnis zwischen dem Erwerber und dem Verpflichteten gelten.

(2) ¹Wird die Ausübung des Nießbrauchs nach § 1052 einem Verwalter übertragen, so ist die Übertragung dem Verpflichteten gegenüber erst wirksam, wenn er von der getroffenen Anordnung Kenntnis erlangt oder wenn ihm eine Mitteilung von der Anordnung zugestellt wird. ²Das Gleiche gilt von der Aufhebung der Verwaltung.

§ 1071 Aufhebung oder Änderung des belasteten Rechts

(1) ¹Ein dem Nießbrauch unterliegendes Recht kann durch Rechtsgeschäft nur mit Zustimmung des Nießbrauchers aufgehoben werden. ²Die Zustimmung ist demjenigen gegenüber zu erklären, zu dessen Gunsten sie erfolgt; sie ist unwiderruflich. ³Die Vorschrift des § 876 Satz 3 bleibt unberührt.

(2) Das Gleiche gilt im Falle einer Änderung des Rechtes, sofern sie den Nießbrauch beeinträchtigt.

§ 1072 Beendigung des Nießbrauchs

Die Beendigung des Nießbrauchs tritt nach den Vorschriften der §§ 1063, 1064 auch dann ein, wenn das dem Nießbrauch unterliegende Recht nicht ein Recht an einer beweglichen Sache ist.

§ 1073 Nießbrauch an einer Leibrente

Dem Nießbraucher einer Leibrente, eines Auszugs oder eines ähnlichen Rechts gebühren die einzelnen Leistungen, die aufgrund des Rechts gefordert werden können.

§ 1074 Nießbrauch an einer Forderung; Kündigung und Einziehung

¹Der Nießbraucher einer Forderung ist zur Einziehung der Forderung und, wenn die Fälligkeit von einer Kündigung des Gläubigers abhängt, zur Kündigung berechtigt. ²Er hat für die ordnungsmäßige Einziehung zu sorgen. ³Zu anderen Verfügungen über die Forderung ist er nicht berechtigt.

§ 1075 Wirkung der Leistung

(1) Mit der Leistung des Schuldners an den Nießbraucher erwirbt der Gläubiger den geleisteten Gegenstand und der Nießbraucher den Nießbrauch an dem Gegenstand.

(2) Werden verbrauchbare Sachen geleistet, so erwirbt der Nießbraucher das Eigentum; die Vorschriften des § 1067 finden entsprechende Anwendung.

§ 1076 Nießbrauch an verzinslicher Forderung

Ist eine auf Zinsen ausstehende Forderung Gegenstand des Nießbrauchs, so gelten die Vorschriften der §§ 1077 bis 1079.

§ 1077 Kündigung und Zahlung

(1) ¹Der Schuldner kann das Kapital nur an den Nießbraucher und den Gläubiger gemeinschaftlich zahlen. ²Jeder von beiden kann verlangen, dass an sie gemeinschaftlich gezahlt wird; jeder kann statt der Zahlung die Hinterlegung für beide fordern.

(2) ¹Der Nießbraucher und der Gläubiger können nur gemeinschaftlich kündigen. ²Die Kündigung des Schuldners ist nur wirksam, wenn sie dem Nießbraucher und dem Gläubiger erklärt wird.

§ 1078 Mitwirkung zur Einziehung

¹Ist die Forderung fällig, so sind der Nießbraucher und der Gläubiger einander verpflichtet, zur Einziehung mitzuwirken. ²Hängt die Fälligkeit von einer Kündigung ab, so kann jeder Teil die Mitwirkung des anderen zur Kündigung verlangen, wenn die Einziehung der Forderung wegen Gefährdung ihrer Sicherheit nach den Regeln einer ordnungsmäßigen Vermögensverwaltung geboten ist.

§ 1079 Anlegung des Kapitals

¹Der Nießbraucher und der Gläubiger sind einander verpflichtet, dazu mitzuwirken, dass das eingezogene Kapital nach den für die Anlegung von Mündelgeld geltenden Vorschriften verzinslich angelegt und gleichzeitig dem Nießbraucher der Nießbrauch bestellt wird. ²Die Art der Anlegung bestimmt der Nießbraucher.

§ 1080 Nießbrauch an Grund- oder Rentenschuld

Die Vorschriften über den Nießbrauch an einer Forderung gelten auch für den Nießbrauch an einer Grundschuld und an einer Rentenschuld.

§ 1081 Nießbrauch an Inhaber- oder Orderpapieren

(1) ¹Ist ein Inhaberpapier oder ein Orderpapier, das mit Blankoindossament versehen ist, Gegenstand des Nießbrauchs, so steht der Besitz des Papiers und des zu dem Papier gehörenden Erneuerungsscheins dem Nießbraucher und dem Eigentümer gemeinschaftlich zu. ²Der Besitz der zu dem Papier gehörenden Zins-, Renten- oder Gewinnanteilscheine steht dem Nießbraucher zu.

(2) Zur Bestellung des Nießbrauchs genügt anstelle der Übergabe des Papiers die Einräumung des Mitbesitzes.

§ 1082 Hinterlegung[1)]

Das Papier ist nebst dem Erneuerungsschein auf Verlangen des Nießbrauchers oder des Eigentümers bei einer Hinterlegungsstelle mit der Bestimmung zu hinterlegen, dass die Herausgabe nur von dem Nießbraucher und dem Eigentümer gemeinschaftlich verlangt werden kann.

---

1) **Anm. d. Red.:** § 1082 i. d. F. des Gesetzes v. 8.12.2010 (BGBl I S. 1864) mit Wirkung v. 31.10.2009.

§ 1083 Mitwirkung zur Einziehung

(1) Der Nießbraucher und der Eigentümer des Papiers sind einander verpflichtet, zur Einziehung des fälligen Kapitals, zur Beschaffung neuer Zins-, Renten- oder Gewinnanteilscheine sowie zu sonstigen Maßnahmen mitzuwirken, die zur ordnungsmäßigen Vermögensverwaltung erforderlich sind.

(2) ¹Im Falle der Einlösung des Papiers finden die Vorschriften des § 1079 Anwendung. ²Eine bei der Einlösung gezahlte Prämie gilt als Teil des Kapitals.

§ 1084 Verbrauchbare Sachen

Gehört ein Inhaberpapier oder ein Orderpapier, das mit Blankoindossament versehen ist, nach § 92 zu den verbrauchbaren Sachen, so bewendet es bei den Vorschriften des § 1067.

Untertitel 3: Nießbrauch an einem Vermögen

§ 1085 Bestellung des Nießbrauchs an einem Vermögen

¹Der Nießbrauch an dem Vermögen einer Person kann nur in der Weise bestellt werden, dass der Nießbraucher den Nießbrauch an den einzelnen zu dem Vermögen gehörenden Gegenständen erlangt. ²Soweit der Nießbrauch bestellt ist, gelten die Vorschriften der §§ 1086 bis 1088.

§ 1086 Rechte der Gläubiger des Bestellers

¹Die Gläubiger des Bestellers können, soweit ihre Forderungen vor der Bestellung entstanden sind, ohne Rücksicht auf den Nießbrauch Befriedigung aus den dem Nießbrauch unterliegenden Gegenständen verlangen. ²Hat der Nießbraucher das Eigentum an verbrauchbaren Sachen erlangt, so tritt an die Stelle der Sachen der Anspruch des Bestellers auf Ersatz des Wertes; der Nießbraucher ist den Gläubigern gegenüber zum sofortigen Ersatze verpflichtet.

§ 1087 Verhältnis zwischen Nießbraucher und Besteller

(1) ¹Der Besteller kann, wenn eine vor der Bestellung entstandene Forderung fällig ist, von dem Nießbraucher Rückgabe der zur Befriedigung des Gläubigers erforderlichen Gegenstände verlangen. ²Die Auswahl steht ihm zu; er kann jedoch nur die vorzugsweise geeigneten Gegenstände auswählen. ³Soweit die zurückgegebenen Gegenstände ausreichen, ist der Besteller dem Nießbraucher gegenüber zur Befriedigung des Gläubigers verpflichtet.

(2) ¹Der Nießbraucher kann die Verbindlichkeit durch Leistung des geschuldeten Gegenstandes erfüllen. ²Gehört der geschuldete Gegenstand nicht zu dem Vermögen, das dem Nießbraucher unterliegt, so ist der Nießbraucher berechtigt, zum Zwecke der Befriedigung des Gläubigers einen zu dem Vermögen gehörenden Gegenstand zu veräußern, wenn die Befriedigung durch den Besteller nicht ohne Gefahr abgewartet werden kann. ³Er hat einen vorzugsweise geeigneten Gegenstand auszuwählen. ⁴Soweit er zum Ersatze des Wertes verbrauchbarer Sachen verpflichtet ist, darf er eine Veräußerung nicht vornehmen.

§ 1088 Haftung des Nießbrauchers

(1) ¹Die Gläubiger des Bestellers, deren Forderungen schon zurzeit der Bestellung verzinslich waren, können die Zinsen für die Dauer des Nießbrauchs auch von dem Nießbraucher verlangen. ²Das Gleiche gilt von anderen wiederkehrenden Leistungen, die bei ordnungsmäßiger Verwaltung aus den Einkünften des Vermögens bestritten werden, wenn die Forderung vor der Bestellung des Nießbrauchs entstanden ist.

(2) Die Haftung des Nießbrauchers kann nicht durch Vereinbarung zwischen ihm und dem Besteller ausgeschlossen oder beschränkt werden.

(3) ¹Der Nießbraucher ist dem Besteller gegenüber zur Befriedigung der Gläubiger wegen der im Absatz 1 bezeichneten Ansprüche verpflichtet. ²Die Rückgabe von Gegenständen zum Zwe-

cke der Befriedigung kann der Besteller nur verlangen, wenn der Nießbraucher mit der Erfüllung dieser Verbindlichkeit in Verzug kommt.

§ 1089 Nießbrauch an einer Erbschaft

Die Vorschriften der §§ 1085 bis 1088 finden auf den Nießbrauch an einer Erbschaft entsprechende Anwendung.

Titel 3: Beschränkte persönliche Dienstbarkeiten

§ 1090 Gesetzlicher Inhalt der beschränkten persönlichen Dienstbarkeit

(1) Ein Grundstück kann in der Weise belastet werden, dass derjenige, zu dessen Gunsten die Belastung erfolgt, berechtigt ist, das Grundstück in einzelnen Beziehungen zu benutzen, oder dass ihm eine sonstige Befugnis zusteht, die den Inhalt einer Grunddienstbarkeit bilden kann (beschränkte persönliche Dienstbarkeit).

(2) Die Vorschriften der §§ 1020 bis 1024, 1026 bis 1029, 1061 finden entsprechende Anwendung.

§ 1091 Umfang

Der Umfang einer beschränkten persönlichen Dienstbarkeit bestimmt sich im Zweifel nach dem persönlichen Bedürfnis des Berechtigten.

§ 1092 Unübertragbarkeit; Überlassung der Ausübung

(1) [1]Eine beschränkte persönliche Dienstbarkeit ist nicht übertragbar. [2]Die Ausübung der Dienstbarkeit kann einem anderen nur überlassen werden, wenn die Überlassung gestattet ist.

(2) Steht eine beschränkte persönliche Dienstbarkeit oder der Anspruch auf Einräumung einer beschränkten persönlichen Dienstbarkeit einer juristischen Person oder einer rechtsfähigen Personengesellschaft zu, so gelten die Vorschriften der §§ 1059a bis 1059d entsprechend.

(3) [1]Steht einer juristischen Person oder einer rechtsfähigen Personengesellschaft eine beschränkte persönliche Dienstbarkeit zu, die dazu berechtigt, ein Grundstück für Anlagen zur Fortleitung von Elektrizität, Gas, Fernwärme, Wasser, Abwasser, Öl oder Rohstoffen einschließlich aller dazugehörigen Anlagen, die der Fortleitung unmittelbar dienen, für Telekommunikationsanlagen, für Anlagen zum Transport von Produkten zwischen Betriebsstätten eines oder mehrerer privater oder öffentlicher Unternehmen oder für Straßenbahn- oder Eisenbahnanlagen zu benutzen, so ist die Dienstbarkeit übertragbar. [2]Die Übertragbarkeit umfasst nicht das Recht, die Dienstbarkeit nach ihren Befugnissen zu teilen. [3]Steht ein Anspruch auf Einräumung einer solchen beschränkten persönlichen Dienstbarkeit einer der in Satz 1 genannten Personen zu, so ist der Anspruch übertragbar. [4]Die Vorschriften der §§ 1059b bis 1059d gelten entsprechend.

§ 1093 Wohnungsrecht

(1) [1]Als beschränkte persönliche Dienstbarkeit kann auch das Recht bestellt werden, ein Gebäude oder einen Teil eines Gebäudes unter Ausschluss des Eigentümers als Wohnung zu benutzen. [2]Auf dieses Recht finden die für den Nießbrauch geltenden Vorschriften der §§ 1031, 1034, 1036, des § 1037 Abs. 1 und der §§ 1041, 1042, 1044, 1049, 1050, 1057, 1062 entsprechende Anwendung.

(2) Der Berechtigte ist befugt, seine Familie sowie die zur standesmäßigen Bedienung und zur Pflege erforderlichen Personen in die Wohnung aufzunehmen.

(3) Ist das Recht auf einen Teil des Gebäudes beschränkt, so kann der Berechtigte die zum gemeinschaftlichen Gebrauch der Bewohner bestimmten Anlagen und Einrichtungen mitbenutzen.

Abschnitt 5: Vorkaufsrecht

§ 1094 Gesetzlicher Inhalt des dinglichen Vorkaufsrechts
(1) Ein Grundstück kann in der Weise belastet werden, dass derjenige, zu dessen Gunsten die Belastung erfolgt, dem Eigentümer gegenüber zum Vorkauf berechtigt ist.

(2) Das Vorkaufsrecht kann auch zugunsten des jeweiligen Eigentümers eines anderen Grundstücks bestellt werden.

§ 1095 Belastung eines Bruchteils
Ein Bruchteil eines Grundstücks kann mit dem Vorkaufsrecht nur belastet werden, wenn er in dem Anteil eines Miteigentümers besteht.

§ 1096 Erstreckung auf Zubehör
¹Das Vorkaufsrecht kann auf das Zubehör erstreckt werden, das mit dem Grundstück verkauft wird. ²Im Zweifel ist anzunehmen, dass sich das Vorkaufsrecht auf dieses Zubehör erstrecken soll.

§ 1097 Bestellung für einen oder mehrere Verkaufsfälle
Das Vorkaufsrecht beschränkt sich auf den Fall des Verkaufs durch den Eigentümer, welchem das Grundstück zur Zeit der Bestellung gehört, oder durch dessen Erben; es kann jedoch auch für mehrere oder für alle Verkaufsfälle bestellt werden.

§ 1098 Wirkung des Vorkaufsrechts
(1) ¹Das Rechtsverhältnis zwischen dem Berechtigten und dem Verpflichteten bestimmt sich nach den Vorschriften der §§ 463 bis 473. ²Das Vorkaufsrecht kann auch dann ausgeübt werden, wenn das Grundstück von dem Insolvenzverwalter aus freier Hand verkauft wird.

(2) Dritten gegenüber hat das Vorkaufsrecht die Wirkung einer Vormerkung zur Sicherung des durch die Ausübung des Rechtes entstehenden Anspruchs auf Übertragung des Eigentums.

(3) Steht ein nach § 1094 Abs. 1 begründetes Vorkaufsrecht einer juristischen Person oder einer rechtsfähigen Personengesellschaft zu, so gelten, wenn seine Übertragbarkeit nicht vereinbart ist, für die Übertragung des Rechts die Vorschriften der §§ 1059a bis 1059d entsprechend.

§ 1099 Mitteilungen[1]
(1) Gelangt das Grundstück in das Eigentum eines Dritten, so kann dieser in gleicher Weise wie der Verpflichtete dem Berechtigten den Inhalt des Kaufvertrags mit der im § 469 Abs. 2 bestimmten Wirkung mitteilen.

(2) Der Verpflichtete hat den neuen Eigentümer zu benachrichtigen, sobald die Ausübung des Vorkaufsrechts erfolgt oder ausgeschlossen ist.

§ 1100 Recht des Käufers
¹Der neue Eigentümer kann, wenn er der Käufer oder ein Rechtsnachfolger des Käufers ist, die Zustimmung zur Eintragung des Berechtigten als Eigentümer und die Herausgabe des Grundstücks verweigern, bis ihm der zwischen dem Verpflichteten und dem Käufer vereinbarte Kaufpreis, soweit er berichtigt ist, erstattet wird. ²Erlangt der Berechtigte die Eintragung als Eigentümer, so kann der bisherige Eigentümer von ihm die Erstattung des berichtigten Kaufpreises gegen Herausgabe des Grundstücks fordern.

---

1) **Anm. d. Red.:** § 1099 i. d. F. des Gesetzes v. 23. 7. 2002 (BGBl I S. 2850) mit Wirkung v. 1. 8. 2002.

§ 1101 Befreiung des Berechtigten

Soweit der Berechtigte nach § 1100 dem Käufer oder dessen Rechtsnachfolger den Kaufpreis zu erstatten hat, wird er von der Verpflichtung zur Zahlung des aus dem Vorkaufe geschuldeten Kaufpreises frei.

§ 1102 Befreiung des Käufers

Verliert der Käufer oder sein Rechtsnachfolger infolge der Geltendmachung des Vorkaufsrechts das Eigentum, so wird der Käufer, soweit der von ihm geschuldete Kaufpreis noch nicht berichtigt ist, von seiner Verpflichtung frei; den berichtigten Kaufpreis kann er nicht zurückfordern.

§ 1103 Subjektiv-dingliches und subjektiv-persönliches Vorkaufsrecht

(1) Ein zugunsten des jeweiligen Eigentümers eines Grundstücks bestehendes Vorkaufsrecht kann nicht von dem Eigentum an diesem Grundstücke getrennt werden.

(2) Ein zugunsten einer bestimmten Person bestehendes Vorkaufsrecht kann nicht mit dem Eigentum an einem Grundstücke verbunden werden.

§ 1104 Ausschluss unbekannter Berechtigter[1]

(1) ¹Ist der Berechtigte unbekannt, so kann er im Wege des Aufgebotsverfahrens mit seinem Rechte ausgeschlossen werden, wenn die in § 1170 für die Ausschließung eines Hypothekengläubigers bestimmten Voraussetzungen vorliegen. ²Mit der Rechtskraft des Ausschließungsbeschlusses erlischt das Vorkaufsrecht.

(2) Auf ein Vorkaufsrecht, das zugunsten des jeweiligen Eigentümers eines Grundstücks besteht, finden diese Vorschriften keine Anwendung.

Abschnitt 6: Reallasten

§ 1105 Gesetzlicher Inhalt der Reallast

(1) ¹Ein Grundstück kann in der Weise belastet werden, dass an denjenigen, zu dessen Gunsten die Belastung erfolgt, wiederkehrende Leistungen aus dem Grundstücke zu entrichten sind (Reallast). ²Als Inhalt der Reallast kann auch vereinbart werden, dass die zu entrichtenden Leistungen sich ohne weiteres an veränderte Verhältnisse anpassen, wenn anhand der in der Vereinbarung festgelegten Voraussetzungen Art und Umfang der Belastung des Grundstücks bestimmt werden können.

(2) Die Reallast kann auch zugunsten des jeweiligen Eigentümers eines anderen Grundstücks bestellt werden.

§ 1106 Belastung eines Bruchteils

Ein Bruchteil eines Grundstücks kann mit einer Reallast nur belastet werden, wenn er in dem Anteil eines Miteigentümers besteht.

§ 1107 Einzelleistungen

Auf die einzelnen Leistungen finden die für die Zinsen einer Hypothekenforderung geltenden Vorschriften entsprechende Anwendung.

§ 1108 Persönliche Haftung des Eigentümers

(1) Der Eigentümer haftet für die während der Dauer seines Eigentums fällig werdenden Leistungen auch persönlich, soweit nicht ein anderes bestimmt ist.

---

1) **Anm. d. Red.:** § 1104 i. d. F. des Gesetzes v. 17. 12. 2008 (BGBl I S. 2586) mit Wirkung v. 1. 9. 2009.

(2) Wird das Grundstück geteilt, so haften die Eigentümer der einzelnen Teile als Gesamtschuldner.

§ 1109 Teilung des herrschenden Grundstücks

(1) ¹Wird das Grundstück des Berechtigten geteilt, so besteht die Reallast für die einzelnen Teile fort. ²Ist die Leistung teilbar, so bestimmen sich die Anteile der Eigentümer nach dem Verhältnisse der Größe der Teile; ist sie nicht teilbar, so finden die Vorschriften des § 432 Anwendung. ³Die Ausübung des Rechtes ist im Zweifel nur in der Weise zulässig, dass sie für den Eigentümer des belasteten Grundstücks nicht beschwerlicher wird.

(2) ¹Der Berechtigte kann bestimmen, dass das Recht nur mit einem der Teile verbunden sein soll. ²Die Bestimmung hat dem Grundbuchamte gegenüber zu erfolgen und bedarf der Eintragung in das Grundbuch; die Vorschriften der §§ 876, 878 finden entsprechende Anwendung. ³Veräußert der Berechtigte einen Teil des Grundstücks, ohne eine solche Bestimmung zu treffen, so bleibt das Recht mit dem Teile verbunden, den er behält.

(3) Gereicht die Reallast nur einem der Teile zum Vorteil, so bleibt sie mit diesem Teile allein verbunden.

§ 1110 Subjektiv-dingliche Reallast

Eine zugunsten des jeweiligen Eigentümers eines Grundstücks bestehende Reallast kann nicht von dem Eigentum an diesem Grundstück getrennt werden.

§ 1111 Subjektiv-persönliche Reallast

(1) Eine zugunsten einer bestimmten Person bestehende Reallast kann nicht mit dem Eigentum an einem Grundstück verbunden werden.

(2) Ist der Anspruch auf die einzelne Leistung nicht übertragbar, so kann das Recht nicht veräußert oder belastet werden.

§ 1112 Ausschluss unbekannter Berechtigter

Ist der Berechtigte unbekannt, so finden auf die Ausschließung seines Rechtes die Vorschriften des § 1104 entsprechende Anwendung.

Abschnitt 7: Hypothek, Grundschuld, Rentenschuld

Titel 1: Hypothek

§ 1113 Gesetzlicher Inhalt der Hypothek

(1) Ein Grundstück kann in der Weise belastet werden, dass an denjenigen, zu dessen Gunsten die Belastung erfolgt, eine bestimmte Geldsumme zur Befriedigung wegen einer ihm zustehenden Forderung aus dem Grundstück zu zahlen ist (Hypothek).

(2) Die Hypothek kann auch für eine künftige oder eine bedingte Forderung bestellt werden.

§ 1114 Belastung eines Bruchteils

Ein Bruchteil eines Grundstücks kann außer in den in § 3 Abs. 6 der Grundbuchordnung bezeichneten Fällen mit einer Hypothek nur belastet werden, wenn er in dem Anteil eines Miteigentümers besteht.

§ 1115 Eintragung der Hypothek

(1) Bei der Eintragung der Hypothek müssen der Gläubiger, der Geldbetrag der Forderung und, wenn die Forderung verzinslich ist, der Zinssatz, wenn andere Nebenleistungen zu entrichten sind, ihr Geldbetrag im Grundbuch angegeben werden; im Übrigen kann zur Bezeichnung der Forderung auf die Eintragungsbewilligung Bezug genommen werden.

(2) Bei der Eintragung der Hypothek für ein Darlehen einer Kreditanstalt, deren Satzung von der zuständigen Behörde öffentlich bekannt gemacht worden ist, genügt zur Bezeichnung der außer den Zinsen satzungsgemäß zu entrichtenden Nebenleistungen die Bezugnahme auf die Satzung.

§ 1116 Brief- und Buchhypothek

(1) Über die Hypothek wird ein Hypothekenbrief erteilt.

(2) ¹Die Erteilung des Briefes kann ausgeschlossen werden. ²Die Ausschließung kann auch nachträglich erfolgen. ³Zu der Ausschließung ist die Einigung des Gläubigers und des Eigentümers sowie die Eintragung in das Grundbuch erforderlich; die Vorschriften des § 873 Abs. 2 und der §§ 876, 878 finden entsprechende Anwendung.

(3) Die Ausschließung der Erteilung des Briefes kann aufgehoben werden; die Aufhebung erfolgt in gleicher Weise wie die Ausschließung.

§ 1117 Erwerb der Briefhypothek

(1) ¹Der Gläubiger erwirbt, sofern nicht die Erteilung des Hypothekenbriefs ausgeschlossen ist, die Hypothek erst, wenn ihm der Brief von dem Eigentümer des Grundstücks übergeben wird. ²Auf die Übergabe finden die Vorschriften des § 929 Satz 2 und der §§ 930, 931 Anwendung.

(2) Die Übergabe des Briefes kann durch die Vereinbarung ersetzt werden, dass der Gläubiger berechtigt sein soll, sich den Brief von dem Grundbuchamt aushändigen zu lassen.

(3) Ist der Gläubiger im Besitze des Briefes, so wird vermutet, dass die Übergabe erfolgt sei.

§ 1118 Haftung für Nebenforderungen

Kraft der Hypothek haftet das Grundstück auch für die gesetzlichen Zinsen der Forderung sowie für die Kosten der Kündigung und der die Befriedigung aus dem Grundstück bezweckenden Rechtsverfolgung.

§ 1119 Erweiterung der Haftung für Zinsen

(1) Ist die Forderung unverzinslich oder ist der Zinssatz niedriger als fünf vom Hundert, so kann die Hypothek ohne Zustimmung der im Range gleich- oder nachstehenden Berechtigten dahin erweitert werden, dass das Grundstück für Zinsen bis zu fünf vom Hundert haftet.

(2) Zu einer Änderung der Zahlungszeit und des Zahlungsorts ist die Zustimmung dieser Berechtigten gleichfalls nicht erforderlich.

§ 1120 Erstreckung auf Erzeugnisse, Bestandteile und Zubehör

Die Hypothek erstreckt sich auf die von dem Grundstücke getrennten Erzeugnisse und sonstigen Bestandteile, soweit sie nicht mit der Trennung nach den §§ 954 bis 957 in das Eigentum eines anderen als des Eigentümers oder des Eigenbesitzers des Grundstücks gelangt sind, sowie auf das Zubehör des Grundstücks mit Ausnahme der Zubehörstücke, welche nicht in das Eigentum des Eigentümers des Grundstücks gelangt sind.

§ 1121 Enthaftung durch Veräußerung und Entfernung

(1) Erzeugnisse und sonstige Bestandteile des Grundstücks sowie Zubehörstücke werden von der Haftung frei, wenn sie veräußert und von dem Grundstück entfernt werden, bevor sie zugunsten des Gläubigers in Beschlag genommen worden sind.

(2) ¹Erfolgt die Veräußerung vor der Entfernung, so kann sich der Erwerber dem Gläubiger gegenüber nicht darauf berufen, dass er in Ansehung der Hypothek in gutem Glauben gewesen sei. ²Entfernt der Erwerber die Sache von dem Grundstück, so ist eine vor der Entfernung erfolgte Beschlagnahme ihm gegenüber nur wirksam, wenn er bei der Entfernung in Ansehung der Beschlagnahme nicht in gutem Glauben ist.

§ 1122 Enthaftung ohne Veräußerung

(1) Sind die Erzeugnisse oder Bestandteile innerhalb der Grenzen einer ordnungsmäßigen Wirtschaft von dem Grundstück getrennt worden, so erlischt ihre Haftung auch ohne Veräußerung, wenn sie vor der Beschlagnahme von dem Grundstück entfernt werden, es sei denn, dass die Entfernung zu einem vorübergehenden Zwecke erfolgt.

(2) Zubehörstücke werden ohne Veräußerung von der Haftung frei, wenn die Zubehöreigenschaft innerhalb der Grenzen einer ordnungsmäßigen Wirtschaft vor der Beschlagnahme aufgehoben wird.

§ 1123 Erstreckung auf Miet- oder Pachtforderung

(1) Ist das Grundstück vermietet oder verpachtet, so erstreckt sich die Hypothek auf die Miet- oder Pachtforderung.

(2) [1]Soweit die Forderung fällig ist, wird sie mit dem Ablauf eines Jahres nach dem Eintritt der Fälligkeit von der Haftung frei, wenn nicht vorher die Beschlagnahme zugunsten des Hypothekengläubigers erfolgt. [2]Ist die Miete oder Pacht im Voraus zu entrichten, so erstreckt sich die Befreiung nicht auf die Miete oder Pacht für eine spätere Zeit als den zurzeit der Beschlagnahme laufenden Kalendermonat; erfolgt die Beschlagnahme nach dem 15. Tage des Monats, so erstreckt sich die Befreiung auch auf die Miete oder Pacht für den folgenden Kalendermonat.

§ 1124 Vorausverfügung über Miete oder Pacht

(1) [1]Wird die Miete oder Pacht eingezogen, bevor sie zugunsten des Hypothekengläubigers in Beschlag genommen worden ist, oder wird vor der Beschlagnahme in anderer Weise über sie verfügt, so ist die Verfügung dem Hypothekengläubiger gegenüber wirksam. [2]Besteht die Verfügung in der Übertragung der Forderung auf einen Dritten, so erlischt die Haftung der Forderung; erlangt ein Dritter ein Recht an der Forderung, so geht es der Hypothek im Range vor.

(2) Die Verfügung ist dem Hypothekengläubiger gegenüber unwirksam, soweit sie sich auf die Miete oder Pacht für eine spätere Zeit als den zurzeit der Beschlagnahme laufenden Kalendermonat bezieht; erfolgt die Beschlagnahme nach dem fünfzehnten Tage des Monats, so ist die Verfügung jedoch insoweit wirksam, als sie sich auf die Miete oder Pacht für den folgenden Kalendermonat bezieht.

(3) Der Übertragung der Forderung auf einen Dritten steht es gleich, wenn das Grundstück ohne die Forderung veräußert wird.

§ 1125 Aufrechnung gegen Miete oder Pacht

Soweit die Einziehung der Miete oder Pacht dem Hypothekengläubiger gegenüber unwirksam ist, kann der Mieter oder der Pächter nicht eine ihm gegen den Vermieter oder den Verpächter zustehende Forderung gegen den Hypothekengläubiger aufrechnen.

§ 1126 Erstreckung auf wiederkehrende Leistungen

[1]Ist mit dem Eigentum an dem Grundstück ein Recht auf wiederkehrende Leistungen verbunden, so erstreckt sich die Hypothek auf die Ansprüche auf diese Leistungen. [2]Die Vorschriften des § 1123 Abs. 2 Satz 1, des § 1124 Abs. 1, 3 und des § 1125 finden entsprechende Anwendung. [3]Eine vor der Beschlagnahme erfolgte Verfügung über den Anspruch auf eine Leistung, die erst drei Monate nach der Beschlagnahme fällig wird, ist dem Hypothekengläubiger gegenüber unwirksam.

§ 1127 Erstreckung auf die Versicherungsforderung

(1) Sind Gegenstände, die der Hypothek unterliegen, für den Eigentümer oder den Eigenbesitzer des Grundstücks unter Versicherung gebracht, so erstreckt sich die Hypothek auf die Forderung gegen den Versicherer.

(2) Die Haftung der Forderung gegen den Versicherer erlischt, wenn der versicherte Gegenstand wiederhergestellt oder Ersatz für ihn beschafft ist.

§ 1128 Gebäudeversicherung

(1) ¹Ist ein Gebäude versichert, so kann der Versicherer die Versicherungssumme mit Wirkung gegen den Hypothekengläubiger an den Versicherten erst zahlen, wenn er oder der Versicherte den Eintritt des Schadens dem Hypothekengläubiger angezeigt hat und seit dem Empfang der Anzeige ein Monat verstrichen ist. ²Der Hypothekengläubiger kann bis zum Ablauf der Frist dem Versicherer gegenüber der Zahlung widersprechen. ³Die Anzeige darf unterbleiben, wenn sie untunlich ist; in diesem Falle wird der Monat von dem Zeitpunkt an berechnet, in welchem die Versicherungssumme fällig wird.

(2) Hat der Hypothekengläubiger seine Hypothek dem Versicherer angemeldet, so kann der Versicherer mit Wirkung gegen den Hypothekengläubiger an den Versicherten nur zahlen, wenn der Hypothekengläubiger der Zahlung schriftlich zugestimmt hat.

(3) Im Übrigen finden die für eine verpfändete Forderung geltenden Vorschriften Anwendung; der Versicherer kann sich jedoch nicht darauf berufen, dass er eine aus dem Grundbuch ersichtliche Hypothek nicht gekannt habe.

§ 1129 Sonstige Schadensversicherung

Ist ein anderer Gegenstand als ein Gebäude versichert, so bestimmt sich die Haftung der Forderung gegen den Versicherer nach den Vorschriften des § 1123 Abs. 2 Satz 1 und des § 1124 Abs. 1, 3.

§ 1130 Wiederherstellungsklausel

Ist der Versicherer nach den Versicherungsbestimmungen nur verpflichtet, die Versicherungssumme zur Wiederherstellung des versicherten Gegenstandes zu zahlen, so ist eine diesen Bestimmungen entsprechende Zahlung an den Versicherten dem Hypothekengläubiger gegenüber wirksam.

§ 1131 Zuschreibung eines Grundstücks

¹Wird ein Grundstück nach § 890 Abs. 2 einem anderen Grundstück im Grundbuch zugeschrieben, so erstrecken sich die an diesem Grundstück bestehenden Hypotheken auf das zugeschriebene Grundstück. ²Rechte, mit denen das zugeschriebene Grundstück belastet ist, gehen diesen Hypotheken im Range vor.

§ 1132 Gesamthypothek

(1) ¹Besteht für die Forderung eine Hypothek an mehreren Grundstücken (Gesamthypothek), so haftet jedes Grundstück für die ganze Forderung. ²Der Gläubiger kann die Befriedigung nach seinem Belieben aus jedem der Grundstücke ganz oder zu einem Teile suchen.

(2) ¹Der Gläubiger ist berechtigt, den Betrag der Forderung auf die einzelnen Grundstücke in der Weise zu verteilen, dass jedes Grundstück nur für den zugeteilten Betrag haftet. ²Auf die Verteilung finden die Vorschriften der §§ 875, 876, 878 entsprechende Anwendung.

§ 1133 Gefährdung der Sicherheit der Hypothek

¹Ist infolge einer Verschlechterung des Grundstücks die Sicherheit der Hypothek gefährdet, so kann der Gläubiger dem Eigentümer eine angemessene Frist zur Beseitigung der Gefährdung bestimmen. ²Nach dem Ablauf der Frist ist der Gläubiger berechtigt, sofort Befriedigung aus dem Grundstück zu suchen, wenn nicht die Gefährdung durch Verbesserung des Grundstücks oder durch anderweitige Hypothekenbestellung beseitigt worden ist. ³Ist die Forderung unverzinslich und noch nicht fällig, so gebührt dem Gläubiger nur die Summe, welche mit Hinzurech-

nung der gesetzlichen Zinsen für die Zeit von der Zahlung bis zur Fälligkeit dem Betrag der Forderung gleichkommt.

§ 1134 Unterlassungsklage

(1) Wirkt der Eigentümer oder ein Dritter auf das Grundstück in solcher Weise ein, dass eine die Sicherheit der Hypothek gefährdende Verschlechterung des Grundstücks zu besorgen ist, so kann der Gläubiger auf Unterlassung klagen.

(2) ¹Geht die Einwirkung von dem Eigentümer aus, so hat das Gericht auf Antrag des Gläubigers die zur Abwendung der Gefährdung erforderlichen Maßregeln anzuordnen. ²Das Gleiche gilt, wenn die Verschlechterung deshalb zu besorgen ist, weil der Eigentümer die erforderlichen Vorkehrungen gegen Einwirkungen Dritter oder gegen andere Beschädigungen unterlässt.

§ 1135 Verschlechterung des Zubehörs

Einer Verschlechterung des Grundstücks im Sinne der §§ 1133, 1134 steht es gleich, wenn Zubehörstücke, auf die sich die Hypothek erstreckt, verschlechtert oder den Regeln einer ordnungsmäßigen Wirtschaft zuwider von dem Grundstück entfernt werden.

§ 1136 Rechtsgeschäftliche Verfügungsbeschränkung

Eine Vereinbarung, durch die sich der Eigentümer dem Gläubiger gegenüber verpflichtet, das Grundstück nicht zu veräußern oder nicht weiter zu belasten, ist nichtig.

§ 1137 Einreden des Eigentümers

(1) ¹Der Eigentümer kann gegen die Hypothek die dem persönlichen Schuldner gegen die Forderung sowie die nach § 770 einem Bürgen zustehenden Einreden geltend machen. ²Stirbt der persönliche Schuldner, so kann sich der Eigentümer nicht darauf berufen, dass der Erbe für die Schuld nur beschränkt haftet.

(2) Ist der Eigentümer nicht der persönliche Schuldner, so verliert er eine Einrede nicht dadurch, dass dieser auf sie verzichtet.

§ 1138 Öffentlicher Glaube des Grundbuchs

Die Vorschriften der §§ 891 bis 899 gelten für die Hypothek auch in Ansehung der Forderung und der dem Eigentümer nach § 1137 zustehenden Einreden.

§ 1139 Widerspruch bei Darlehensbuchhypothek

¹Ist bei der Bestellung einer Hypothek für ein Darlehen die Erteilung des Hypothekenbriefs ausgeschlossen worden, so genügt zur Eintragung eines Widerspruchs, der sich darauf gründet, dass die Hingabe des Darlehens unterblieben sei, der von dem Eigentümer an das Grundbuchamt gerichtete Antrag, sofern er vor dem Ablauf eines Monats nach der Eintragung der Hypothek gestellt wird. ²Wird der Widerspruch innerhalb des Monats eingetragen, so hat die Eintragung die gleiche Wirkung, wie wenn der Widerspruch zugleich mit der Hypothek eingetragen worden wäre.

§ 1140 Hypothekenbrief und Unrichtigkeit des Grundbuchs

¹Soweit die Unrichtigkeit des Grundbuchs aus dem Hypothekenbrief oder einem Vermerk auf dem Brief hervorgeht, ist die Berufung auf die Vorschriften der §§ 892, 893 ausgeschlossen. ²Ein Widerspruch gegen die Richtigkeit des Grundbuchs, der aus dem Briefe oder einem Vermerk auf dem Briefe hervorgeht, steht einem im Grundbuch eingetragenen Widerspruche gleich.

§ 1141 Kündigung der Hypothek

(1) ¹Hängt die Fälligkeit der Forderung von einer Kündigung ab, so ist die Kündigung für die Hypothek nur wirksam, wenn sie von dem Gläubiger dem Eigentümer oder von dem Eigentü-

mer dem Gläubiger erklärt wird. ²Zugunsten des Gläubigers gilt derjenige, welcher im Grundbuch als Eigentümer eingetragen ist, als der Eigentümer.

(2) Hat der Eigentümer keinen Wohnsitz im Inland oder liegen die Voraussetzungen des § 132 Abs. 2 vor, so hat auf Antrag des Gläubigers das Amtsgericht, in dessen Bezirk das Grundstück liegt, dem Eigentümer einen Vertreter zu bestellen, dem gegenüber die Kündigung des Gläubigers erfolgen kann.

§ 1142 Befriedigungsrecht des Eigentümers

(1) Der Eigentümer ist berechtigt, den Gläubiger zu befriedigen, wenn die Forderung ihm gegenüber fällig geworden oder wenn der persönliche Schuldner zur Leistung berechtigt ist.

(2) Die Befriedigung kann auch durch Hinterlegung oder durch Aufrechnung erfolgen.

§ 1143 Übergang der Forderung

(1) ¹Ist der Eigentümer nicht der persönliche Schuldner, so geht, soweit er den Gläubiger befriedigt, die Forderung auf ihn über. ²Die für einen Bürgen geltende Vorschrift des § 774 Abs. 1 findet entsprechende Anwendung.

(2) Besteht für die Forderung eine Gesamthypothek, so gelten für diese die Vorschriften des § 1173.

§ 1144 Aushändigung der Urkunden

Der Eigentümer kann gegen Befriedigung des Gläubigers die Aushändigung des Hypothekenbriefs und der sonstigen Urkunden verlangen, die zur Berichtigung des Grundbuchs oder zur Löschung der Hypothek erforderlich sind.

§ 1145 Teilweise Befriedigung

(1) ¹Befriedigt der Eigentümer den Gläubiger nur teilweise, so kann er die Aushändigung des Hypothekenbriefs nicht verlangen. ²Der Gläubiger ist verpflichtet, die teilweise Befriedigung auf dem Briefe zu vermerken und den Brief zum Zwecke der Berichtigung des Grundbuchs oder der Löschung dem Grundbuchamt oder zum Zwecke der Herstellung eines Teilhypothekenbriefs für den Eigentümer der zuständigen Behörde oder einem zuständigen Notare vorzulegen.

(2) ¹Die Vorschrift des Absatzes 1 Satz 2 gilt für Zinsen und andere Nebenleistungen nur, wenn sie später als in dem Kalendervierteljahr, in welchem der Gläubiger befriedigt wird, oder dem folgenden Vierteljahre fällig werden. ²Auf Kosten, für die das Grundstück nach § 1118 haftet, findet die Vorschrift keine Anwendung.

§ 1146 Verzugszinsen

Liegen dem Eigentümer gegenüber die Voraussetzungen vor, unter denen ein Schuldner in Verzug kommt, so gebühren dem Gläubiger Verzugszinsen aus dem Grundstück.

§ 1147 Befriedigung durch Zwangsvollstreckung

Die Befriedigung des Gläubigers aus dem Grundstück und den Gegenständen, auf die sich die Hypothek erstreckt, erfolgt im Wege der Zwangsvollstreckung.

§ 1148 Eigentumsfiktion

¹Bei der Verfolgung des Rechts aus der Hypothek gilt zugunsten des Gläubigers derjenige, welcher im Grundbuch als Eigentümer eingetragen ist, als der Eigentümer. ²Das Recht des nicht eingetragenen Eigentümers, die ihm gegen die Hypothek zustehenden Einwendungen geltend zu machen, bleibt unberührt.

§ 1149 Unzulässige Befriedigungsabreden
Der Eigentümer kann, solange nicht die Forderung ihm gegenüber fällig geworden ist, dem Gläubiger nicht das Recht einräumen, zum Zwecke der Befriedigung die Übertragung des Eigentums an dem Grundstück zu verlangen oder die Veräußerung des Grundstücks auf andere Weise als im Wege der Zwangsvollstreckung zu bewirken.

§ 1150 Ablösungsrecht Dritter
Verlangt der Gläubiger Befriedigung aus dem Grundstück, so finden die Vorschriften der §§ 268, 1144, 1145 entsprechende Anwendung.

§ 1151 Rangänderung bei Teilhypotheken
Wird die Forderung geteilt, so ist zur Änderung des Rangverhältnisses der Teilhypotheken untereinander die Zustimmung des Eigentümers nicht erforderlich.

§ 1152 Teilhypothekenbrief
[1]Im Falle einer Teilung der Forderung kann, sofern nicht die Erteilung des Hypothekenbriefs ausgeschlossen ist, für jeden Teil ein Teilhypothekenbrief hergestellt werden; die Zustimmung des Eigentümers des Grundstücks ist nicht erforderlich. [2]Der Teilhypothekenbrief tritt für den Teil, auf den er sich bezieht, an die Stelle des bisherigen Briefes.

§ 1153 Übertragung von Hypothek und Forderung
(1) Mit der Übertragung der Forderung geht die Hypothek auf den neuen Gläubiger über.
(2) Die Forderung kann nicht ohne die Hypothek, die Hypothek kann nicht ohne die Forderung übertragen werden.

§ 1154 Abtretung der Forderung
(1) [1]Zur Abtretung der Forderung ist Erteilung der Abtretungserklärung in schriftlicher Form und Übergabe des Hypothekenbriefs erforderlich; die Vorschriften des § 1117 finden Anwendung. [2]Der bisherige Gläubiger hat auf Verlangen des neuen Gläubigers die Abtretungserklärung auf seine Kosten öffentlich beglaubigen zu lassen.
(2) Die schriftliche Form der Abtretungserklärung kann dadurch ersetzt werden, dass die Abtretung in das Grundbuch eingetragen wird.
(3) Ist die Erteilung des Hypothekenbriefs ausgeschlossen, so finden auf die Abtretung der Forderung die Vorschriften der §§ 873, 878 entsprechende Anwendung.

§ 1155 Öffentlicher Glaube beglaubigter Abtretungserklärungen
[1]Ergibt sich das Gläubigerrecht des Besitzers des Hypothekenbriefs aus einer zusammenhängenden, auf einen eingetragenen Gläubiger zurückführenden Reihe von öffentlich beglaubigten Abtretungserklärungen, so finden die Vorschriften der §§ 891 bis 899 in gleicher Weise Anwendung, wie wenn der Besitzer des Briefes als Gläubiger im Grundbuch eingetragen wäre. [2]Einer öffentlich beglaubigten Abtretungserklärung steht gleich ein gerichtlicher Überweisungsbeschluss und das öffentlich beglaubigte Anerkenntnis einer kraft Gesetzes erfolgten Übertragung der Forderung.

§ 1156 Rechtsverhältnis zwischen Eigentümer und neuem Gläubiger
[1]Die für die Übertragung der Forderung geltenden Vorschriften der §§ 406 bis 408 finden auf das Rechtsverhältnis zwischen dem Eigentümer und dem neuen Gläubiger in Ansehung der Hypothek keine Anwendung. [2]Der neue Gläubiger muss jedoch eine dem bisherigen Gläubiger gegenüber erfolgte Kündigung des Eigentümers gegen sich gelten lassen, es sei denn, dass die Übertragung zurzeit der Kündigung dem Eigentümer bekannt oder im Grundbuch eingetragen ist.

§ 1157 Fortbestehen der Einreden gegen die Hypothek

¹Eine Einrede, die dem Eigentümer aufgrund eines zwischen ihm und dem bisherigen Gläubiger bestehenden Rechtsverhältnisses gegen die Hypothek zusteht, kann auch dem neuen Gläubiger entgegengesetzt werden. ²Die Vorschriften der §§ 892, 894 bis 899, 1140 gelten auch für diese Einrede.

§ 1158 Künftige Nebenleistungen

Soweit die Forderung auf Zinsen oder andere Nebenleistungen gerichtet ist, die nicht später als in dem Kalendervierteljahr, in welchem der Eigentümer von der Übertragung Kenntnis erlangt, oder dem folgenden Vierteljahre fällig werden, finden auf das Rechtsverhältnis zwischen dem Eigentümer und dem neuen Gläubiger die Vorschriften der §§ 406 bis 408 Anwendung; der Gläubiger kann sich gegenüber den Einwendungen, welche dem Eigentümer nach den §§ 404, 406 bis 408, 1157 zustehen, nicht auf die Vorschriften des § 892 berufen.

§ 1159 Rückständige Nebenleistungen

(1) ¹Soweit die Forderung auf Rückstände von Zinsen oder anderen Nebenleistungen gerichtet ist, bestimmt sich die Übertragung sowie das Rechtsverhältnis zwischen dem Eigentümer und dem neuen Gläubiger nach den für die Übertragung von Forderungen geltenden allgemeinen Vorschriften. ²Das Gleiche gilt für den Anspruch auf Erstattung von Kosten, für die das Grundstück nach § 1118 haftet.

(2) Die Vorschriften des § 892 finden auf die im Absatz 1 bezeichneten Ansprüche keine Anwendung.

§ 1160 Geltendmachung der Briefhypothek

(1) Der Geltendmachung der Hypothek kann, sofern nicht die Erteilung des Hypothekenbriefs ausgeschlossen ist, widersprochen werden, wenn der Gläubiger nicht den Brief vorlegt; ist der Gläubiger nicht im Grundbuch eingetragen, so sind auch die im § 1155 bezeichneten Urkunden vorzulegen.

(2) Eine dem Eigentümer gegenüber erfolgte Kündigung oder Mahnung ist unwirksam, wenn der Gläubiger die nach Absatz 1 erforderlichen Urkunden nicht vorlegt und der Eigentümer die Kündigung oder die Mahnung aus diesem Grunde unverzüglich zurückweist.

(3) Diese Vorschriften gelten nicht für die im § 1159 bezeichneten Ansprüche.

§ 1161 Geltendmachung der Forderung

Ist der Eigentümer der persönliche Schuldner, so findet die Vorschrift des § 1160 auch auf die Geltendmachung der Forderung Anwendung.

§ 1162 Aufgebot des Hypothekenbriefs

Ist der Hypothekenbrief abhanden gekommen oder vernichtet, so kann er im Wege des Aufgebotsverfahrens für kraftlos erklärt werden.

§ 1163 Eigentümerhypothek

(1) ¹Ist die Forderung, für welche die Hypothek bestellt ist, nicht zur Entstehung gelangt, so steht die Hypothek dem Eigentümer zu. ²Erlischt die Forderung, so erwirbt der Eigentümer die Hypothek.

(2) Eine Hypothek, für welche die Erteilung des Hypothekenbriefs nicht ausgeschlossen ist, steht bis zur Übergabe des Briefes an den Gläubiger dem Eigentümer zu.

§ 1164 Übergang der Hypothek auf den Schuldner

(1) ¹Befriedigt der persönliche Schuldner den Gläubiger, so geht die Hypothek insoweit auf ihn über, als er von dem Eigentümer oder einem Rechtsvorgänger des Eigentümers Ersatz verlangen kann. ²Ist dem Schuldner nur teilweise Ersatz zu leisten, so kann der Eigentümer die Hypothek, soweit sie auf ihn übergegangen ist, nicht zum Nachteil der Hypothek des Schuldners geltend machen.

(2) Der Befriedigung des Gläubigers steht es gleich, wenn sich Forderung und Schuld in einer Person vereinigen.

§ 1165 Freiwerden des Schuldners

Verzichtet der Gläubiger auf die Hypothek oder hebt er sie nach § 1183 auf oder räumt er einem anderen Recht den Vorrang ein, so wird der persönliche Schuldner insoweit frei, als er ohne diese Verfügung nach § 1164 aus der Hypothek hätte Ersatz erlangen können.

§ 1166 Benachrichtigung des Schuldners

¹Ist der persönliche Schuldner berechtigt, von dem Eigentümer Ersatz zu verlangen, falls er den Gläubiger befriedigt, so kann er, wenn der Gläubiger die Zwangsversteigerung des Grundstücks betreibt, ohne ihn unverzüglich zu benachrichtigen, die Befriedigung des Gläubigers wegen eines Ausfalls bei der Zwangsversteigerung insoweit verweigern, als er infolge der Unterlassung der Benachrichtigung einen Schaden erleidet. ²Die Benachrichtigung darf unterbleiben, wenn sie untunlich ist.

§ 1167 Aushändigung der Berichtigungsurkunden

Erwirbt der persönliche Schuldner, falls er den Gläubiger befriedigt, die Hypothek oder hat er im Falle der Befriedigung ein sonstiges rechtliches Interesse an der Berichtigung des Grundbuchs, so stehen ihm die in den §§ 1144, 1145 bestimmten Rechte zu.

§ 1168 Verzicht auf die Hypothek

(1) Verzichtet der Gläubiger auf die Hypothek, so erwirbt sie der Eigentümer.

(2) ¹Der Verzicht ist dem Grundbuchamt oder dem Eigentümer gegenüber zu erklären und bedarf der Eintragung in das Grundbuch. ²Die Vorschriften des § 875 Abs. 2 und der §§ 876, 878 finden entsprechende Anwendung.

(3) Verzichtet der Gläubiger für einen Teil der Forderung auf die Hypothek, so stehen dem Eigentümer die im § 1145 bestimmten Rechte zu.

§ 1169 Rechtszerstörende Einrede

Steht dem Eigentümer eine Einrede zu, durch welche die Geltendmachung der Hypothek dauernd ausgeschlossen wird, so kann er verlangen, dass der Gläubiger auf die Hypothek verzichtet.

§ 1170 Ausschluss unbekannter Gläubiger[1)]

(1) ¹Ist der Gläubiger unbekannt, so kann er im Wege des Aufgebotsverfahrens mit seinem Recht ausgeschlossen werden, wenn seit der letzten sich auf die Hypothek beziehenden Eintragung in das Grundbuch zehn Jahre verstrichen sind und das Recht des Gläubigers nicht innerhalb dieser Frist von dem Eigentümer in einer nach § 212 Abs. 1 Nr. 1 zum Neubeginn der Verjährung geeigneten Weise anerkannt worden ist. ²Besteht für die Forderung eine nach dem Kalender bestimmte Zahlungszeit, so beginnt die Frist nicht vor dem Ablauf des Zahlungstags.

(2) ¹Mit der Rechtskraft des Ausschließungsbeschlusses erwirbt der Eigentümer die Hypothek. ²Der dem Gläubiger erteilte Hypothekenbrief wird kraftlos.

---

1) **Anm. d. Red.:** § 1170 i. d. F. des Gesetzes v. 17. 12. 2008 (BGBl I S. 2586) mit Wirkung v. 1. 9. 2009.

§ 1171 Ausschluss durch Hinterlegung[1]

(1) ¹Der unbekannte Gläubiger kann im Wege des Aufgebotsverfahrens mit seinem Recht auch dann ausgeschlossen werden, wenn der Eigentümer zur Befriedigung des Gläubigers oder zur Kündigung berechtigt ist und den Betrag der Forderung für den Gläubiger unter Verzicht auf das Recht zur Rücknahme hinterlegt. ²Die Hinterlegung von Zinsen ist nur erforderlich, wenn der Zinssatz im Grundbuch eingetragen ist; Zinsen für eine frühere Zeit als das vierte Kalenderjahr vor der Rechtskraft des Ausschließungsbeschlusses sind nicht zu hinterlegen.

(2) ¹Mit der Rechtskraft des Ausschließungsbeschlusses gilt der Gläubiger als befriedigt, sofern nicht nach den Vorschriften über die Hinterlegung die Befriedigung schon vorher eingetreten ist. ²Der dem Gläubiger erteilte Hypothekenbrief wird kraftlos.

(3) Das Recht des Gläubigers auf den hinterlegten Betrag erlischt mit dem Ablauf von 30 Jahren nach der Rechtskraft des Ausschließungsbeschlusses, wenn nicht der Gläubiger sich vorher bei der Hinterlegungsstelle meldet; der Hinterleger ist zur Rücknahme berechtigt, auch wenn er auf das Recht zur Rücknahme verzichtet hat.

§ 1172 Eigentümergesamthypothek

(1) Eine Gesamthypothek steht in den Fällen des § 1163 den Eigentümern der belasteten Grundstücke gemeinschaftlich zu.

(2) ¹Jeder Eigentümer kann, sofern nicht ein anderes vereinbart ist, verlangen, dass die Hypothek an seinem Grundstück auf den Teilbetrag, der dem Verhältnis des Wertes seines Grundstücks zu dem Werte der sämtlichen Grundstücke entspricht, nach § 1132 Abs. 2 beschränkt und in dieser Beschränkung ihm zugeteilt wird. ²Der Wert wird unter Abzug der Belastungen berechnet, die der Gesamthypothek im Range vorgehen.

§ 1173 Befriedigung durch einen der Eigentümer

(1) ¹Befriedigt der Eigentümer eines der mit einer Gesamthypothek belasteten Grundstücke den Gläubiger, so erwirbt er die Hypothek an seinem Grundstück; die Hypothek an den übrigen Grundstücken erlischt. ²Der Befriedigung des Gläubigers durch den Eigentümer steht es gleich, wenn das Gläubigerrecht auf den Eigentümer übertragen wird oder wenn sich Forderung und Schuld in der Person des Eigentümers vereinigen.

(2) Kann der Eigentümer, der den Gläubiger befriedigt, von dem Eigentümer eines der anderen Grundstücke oder einem Rechtsvorgänger dieses Eigentümers Ersatz verlangen, so geht in Höhe des Ersatzanspruchs auch die Hypothek an dem Grundstück dieses Eigentümers auf ihn über; sie bleibt mit der Hypothek an seinem eigenen Grundstück Gesamthypothek.

§ 1174 Befriedigung durch den persönlichen Schuldner

(1) Befriedigt der persönliche Schuldner den Gläubiger, dem eine Gesamthypothek zusteht, oder vereinigen sich bei einer Gesamthypothek Forderung und Schuld in einer Person, so geht, wenn der Schuldner nur von dem Eigentümer eines der Grundstücke oder von einem Rechtsvorgänger des Eigentümers Ersatz verlangen kann, die Hypothek an diesem Grundstück auf ihn über; die Hypothek an den übrigen Grundstücken erlischt.

(2) Ist dem Schuldner nur teilweise Ersatz zu leisten und geht deshalb die Hypothek nur zu einem Teilbetrag auf ihn über, so hat sich der Eigentümer diesen Betrag auf den ihm nach § 1172 gebührenden Teil des übrig bleibenden Betrags der Gesamthypothek anrechnen zu lassen.

§ 1175 Verzicht auf die Gesamthypothek

(1) ¹Verzichtet der Gläubiger auf die Gesamthypothek, so fällt sie den Eigentümern der belasteten Grundstücke gemeinschaftlich zu; die Vorschriften des § 1172 Abs. 2 finden Anwendung.

---

1) **Anm. d. Red.:** § 1171 i. d. F. des Gesetzes v. 17. 12. 2008 (BGBl I S. 2586) mit Wirkung v. 1. 9. 2009.

²Verzichtet der Gläubiger auf die Hypothek an einem der Grundstücke, so erlischt die Hypothek an diesem.
(2) Das Gleiche gilt, wenn der Gläubiger nach § 1170 mit seinem Rechte ausgeschlossen wird.

§ 1176 Eigentümerteilhypothek; Kollisionsklausel

Liegen die Voraussetzungen der §§ 1163, 1164, 1168, 1172 bis 1175 nur in Ansehung eines Teilbetrags der Hypothek vor, so kann die aufgrund dieser Vorschriften dem Eigentümer oder einem der Eigentümer oder dem persönlichen Schuldner zufallende Hypothek nicht zum Nachteil der dem Gläubiger verbleibenden Hypothek geltend gemacht werden.

§ 1177 Eigentümergrundschuld; Eigentümerhypothek

(1) ¹Vereinigt sich die Hypothek mit dem Eigentum in einer Person, ohne dass dem Eigentümer auch die Forderung zusteht, so verwandelt sich die Hypothek in eine Grundschuld. ²In Ansehung der Verzinslichkeit, des Zinssatzes, der Zahlungszeit, der Kündigung und des Zahlungsorts bleiben die für die Forderung getroffenen Bestimmungen maßgebend.

(2) Steht dem Eigentümer auch die Forderung zu, so bestimmen sich seine Rechte aus der Hypothek, solange die Vereinigung besteht, nach den für eine Grundschuld des Eigentümers geltenden Vorschriften.

§ 1178 Hypothek für Nebenleistungen und Kosten

(1) ¹Die Hypothek für Rückstände von Zinsen und anderen Nebenleistungen sowie für Kosten, die dem Gläubiger zu erstatten sind, erlischt, wenn sie sich mit dem Eigentum in einer Person vereinigt. ²Das Erlöschen tritt nicht ein, solange einem Dritten ein Recht an dem Anspruch auf eine solche Leistung zusteht.

(2) ¹Zum Verzicht auf die Hypothek für die im Absatz 1 bezeichneten Leistungen genügt die Erklärung des Gläubigers gegenüber dem Eigentümer. ²Solange einem Dritten ein Recht an dem Anspruch auf eine solche Leistung zusteht, ist die Zustimmung des Dritten erforderlich. ³Die Zustimmung ist demjenigen gegenüber zu erklären, zu dessen Gunsten sie erfolgt; sie ist unwiderruflich.

§ 1179 Löschungsvormerkung

Verpflichtet sich der Eigentümer einem anderen gegenüber, die Hypothek löschen zu lassen, wenn sie sich mit dem Eigentum in einer Person vereinigt, so kann zur Sicherung des Anspruchs auf Löschung eine Vormerkung in das Grundbuch eingetragen werden, wenn demjenigen, zu dessen Gunsten die Eintragung vorgenommen werden soll,
1. ein anderes gleichrangiges oder nachrangiges Recht als eine Hypothek, Grundschuld oder Rentenschuld am Grundstück zusteht oder
2. ein Anspruch auf Einräumung eines solchen anderen Rechts oder auf Übertragung des Eigentums am Grundstück zusteht; der Anspruch kann auch ein künftiger oder bedingter sein.

§ 1179a Löschungsanspruch bei fremden Rechten

(1) ¹Der Gläubiger einer Hypothek kann von dem Eigentümer verlangen, dass dieser eine vorrangige oder gleichrangige Hypothek löschen lässt, wenn sie im Zeitpunkt der Eintragung der Hypothek des Gläubigers mit dem Eigentum in einer Person vereinigt ist oder eine solche Vereinigung später eintritt. ²Ist das Eigentum nach der Eintragung der nach Satz 1 begünstigten Hypothek durch Sondernachfolge auf einen anderen übergegangen, so ist jeder Eigentümer wegen der zur Zeit seines Eigentums bestehenden Vereinigungen zur Löschung verpflichtet. ³Der Löschungsanspruch ist in gleicher Weise gesichert, als wenn zu seiner Sicherung gleichzeitig mit der begünstigten Hypothek eine Vormerkung in das Grundbuch eingetragen worden wäre.

(2) ¹Die Löschung einer Hypothek, die nach § 1163 Abs. 1 Satz 1 mit dem Eigentum in einer Person vereinigt ist, kann nach Absatz 1 erst verlangt werden, wenn sich ergibt, dass die zu sichernde Forderung nicht mehr entstehen wird; der Löschungsanspruch besteht von diesem Zeitpunkt ab jedoch auch wegen der vorher bestehenden Vereinigungen. ²Durch die Vereinigung einer Hypothek mit dem Eigentum nach § 1163 Abs. 2 wird ein Anspruch nach Absatz 1 nicht begründet.

(3) Liegen bei der begünstigten Hypothek die Voraussetzungen des § 1163 vor, ohne dass das Recht für den Eigentümer oder seinen Rechtsnachfolger im Grundbuch eingetragen ist, so besteht der Löschungsanspruch für den eingetragenen Gläubiger oder seinen Rechtsnachfolger.

(4) Tritt eine Hypothek im Range zurück, so sind auf die Löschung der ihr infolge der Rangänderung vorgehenden oder gleichstehenden Hypothek die Absätze 1 bis 3 mit der Maßgabe entsprechend anzuwenden, dass an die Stelle des Zeitpunkts der Eintragung des zurückgetretenen Rechts der Zeitpunkt der Eintragung der Rangänderung tritt.

(5) ¹Als Inhalt einer Hypothek, deren Gläubiger nach den vorstehenden Vorschriften ein Anspruch auf Löschung zusteht, kann der Ausschluss dieses Anspruchs vereinbart werden; der Ausschluss kann auf einen bestimmten Fall der Vereinigung beschränkt werden. ²Der Ausschluss ist unter Bezeichnung der Hypotheken, die dem Löschungsanspruch ganz oder teilweise nicht unterliegen, im Grundbuch anzugeben; ist der Ausschluss nicht für alle Fälle der Vereinigung vereinbart, so kann zur näheren Bezeichnung der erfassten Fälle auf die Eintragungsbewilligung Bezug genommen werden. ³Wird der Ausschluss aufgehoben, so entstehen dadurch nicht Löschungsansprüche für Vereinigungen, die nur vor dieser Aufhebung bestanden haben.

§ 1179b Löschungsanspruch bei eigenem Recht

(1) Wer als Gläubiger einer Hypothek im Grundbuch eingetragen oder nach Maßgabe des § 1155 als Gläubiger ausgewiesen ist, kann von dem Eigentümer die Löschung dieser Hypothek verlangen, wenn sie im Zeitpunkt ihrer Eintragung mit dem Eigentum in einer Person vereinigt ist oder eine solche Vereinigung später eintritt.

(2) § 1179a Abs. 1 Satz 2, 3, Abs. 2, 5 ist entsprechend anzuwenden.

§ 1180 Auswechslung der Forderung

(1) ¹An die Stelle der Forderung, für welche die Hypothek besteht, kann eine andere Forderung gesetzt werden. ²Zu der Änderung ist die Einigung des Gläubigers und des Eigentümers sowie die Eintragung in das Grundbuch erforderlich; die Vorschriften des § 873 Abs. 2 und der §§ 876, 878 finden entsprechende Anwendung.

(2) ¹Steht die Forderung, die an die Stelle der bisherigen Forderung treten soll, nicht dem bisherigen Hypothekengläubiger zu, so ist dessen Zustimmung erforderlich; die Zustimmung ist dem Grundbuchamt oder demjenigen gegenüber zu erklären, zu dessen Gunsten sie erfolgt. ²Die Vorschriften des § 875 Abs. 2 und des § 876 finden entsprechende Anwendung.

§ 1181 Erlöschen durch Befriedigung aus dem Grundstück

(1) Wird der Gläubiger aus dem Grundstück befriedigt, so erlischt die Hypothek.

(2) Erfolgt die Befriedigung des Gläubigers aus einem der mit einer Gesamthypothek belasteten Grundstücke, so werden auch die übrigen Grundstücke frei.

(3) Der Befriedigung aus dem Grundstücke steht die Befriedigung aus den Gegenständen gleich, auf die sich die Hypothek erstreckt.

§ 1182 Übergang bei Befriedigung aus der Gesamthypothek

¹Soweit im Falle einer Gesamthypothek der Eigentümer des Grundstücks, aus dem der Gläubiger befriedigt wird, von dem Eigentümer eines der anderen Grundstücke oder einem Rechtsvorgänger dieses Eigentümers Ersatz verlangen kann, geht die Hypothek an dem Grundstück dieses Eigentümers auf ihn über. ²Die Hypothek kann jedoch, wenn der Gläubiger nur teilweise befrie-

digt wird, nicht zum Nachteil der dem Gläubiger verbleibenden Hypothek und, wenn das Grundstück mit einem im Range gleich- oder nachstehenden Recht belastet ist, nicht zum Nachteile dieses Rechts geltend gemacht werden.

§ 1183 Aufhebung der Hypothek

¹Zur Aufhebung der Hypothek durch Rechtsgeschäft ist die Zustimmung des Eigentümers erforderlich. ²Die Zustimmung ist dem Grundbuchamt oder dem Gläubiger gegenüber zu erklären; sie ist unwiderruflich.

§ 1184 Sicherungshypothek

(1) Eine Hypothek kann in der Weise bestellt werden, dass das Recht des Gläubigers aus der Hypothek sich nur nach der Forderung bestimmt und der Gläubiger sich zum Beweis der Forderung nicht auf die Eintragung berufen kann (Sicherungshypothek).

(2) Die Hypothek muss im Grundbuch als Sicherungshypothek bezeichnet werden.

§ 1185 Buchhypothek; unanwendbare Vorschriften

(1) Bei der Sicherungshypothek ist die Erteilung des Hypothekenbriefs ausgeschlossen.

(2) Die Vorschriften der §§ 1138, 1139, 1141, 1156 finden keine Anwendung.

§ 1186 Zulässige Umwandlungen

¹Eine Sicherungshypothek kann in eine gewöhnliche Hypothek, eine gewöhnliche Hypothek kann in eine Sicherungshypothek umgewandelt werden. ²Die Zustimmung der im Range gleich- oder nachstehenden Berechtigten ist nicht erforderlich.

§ 1187 Sicherungshypothek für Inhaber- und Orderpapiere

¹Für die Forderung aus einer Schuldverschreibung auf den Inhaber, aus einem Wechsel oder aus einem anderen Papier, das durch Indossament übertragen werden kann, kann nur eine Sicherungshypothek bestellt werden. ²Die Hypothek gilt als Sicherungshypothek, auch wenn sie im Grundbuch nicht als solche bezeichnet ist. ³Die Vorschrift des § 1154 Abs. 3 findet keine Anwendung. ⁴Ein Anspruch auf Löschung der Hypothek nach den §§ 1179a, 1179b besteht nicht.

§ 1188 Sondervorschrift für Schuldverschreibungen auf den Inhaber

(1) Zur Bestellung einer Hypothek für die Forderung aus einer Schuldverschreibung auf den Inhaber genügt die Erklärung des Eigentümers gegenüber dem Grundbuchamt, dass er die Hypothek bestelle, und die Eintragung in das Grundbuch; die Vorschrift des § 878 findet Anwendung.

(2) ¹Die Ausschließung des Gläubigers mit seinem Rechte nach § 1170 ist nur zulässig, wenn die im § 801 bezeichnete Vorlegungsfrist verstrichen ist. ²Ist innerhalb der Frist die Schuldverschreibung vorgelegt oder der Anspruch aus der Urkunde gerichtlich geltend gemacht worden, so kann die Ausschließung erst erfolgen, wenn die Verjährung eingetreten ist.

§ 1189 Bestellung eines Grundbuchvertreters

(1) ¹Bei einer Hypothek der im § 1187 bezeichneten Art kann für den jeweiligen Gläubiger ein Vertreter mit der Befugnis bestellt werden, mit Wirkung für und gegen jeden späteren Gläubiger bestimmte Verfügungen über die Hypothek zu treffen und den Gläubiger bei der Geltendmachung der Hypothek zu vertreten. ²Zur Bestellung des Vertreters ist die Eintragung in das Grundbuch erforderlich.

(2) Ist der Eigentümer berechtigt, von dem Gläubiger eine Verfügung zu verlangen, zu welcher der Vertreter befugt ist, so kann er die Vornahme der Verfügung von dem Vertreter verlangen.

§ 1190 Höchstbetragshypothek

(1) ¹Eine Hypothek kann in der Weise bestellt werden, dass nur der Höchstbetrag, bis zu dem das Grundstück haften soll, bestimmt, im Übrigen die Feststellung der Forderung vorbehalten wird. ²Der Höchstbetrag muss in das Grundbuch eingetragen werden.

(2) Ist die Forderung verzinslich, so werden die Zinsen in den Höchstbetrag eingerechnet.

(3) Die Hypothek gilt als Sicherungshypothek, auch wenn sie im Grundbuch nicht als solche bezeichnet ist.

(4) ¹Die Forderung kann nach den für die Übertragung von Forderungen geltenden allgemeinen Vorschriften übertragen werden. ²Wird sie nach diesen Vorschriften übertragen, so ist der Übergang der Hypothek ausgeschlossen.

Titel 2: Grundschuld, Rentenschuld

Untertitel 1: Grundschuld

§ 1191 Gesetzlicher Inhalt der Grundschuld

(1) Ein Grundstück kann in der Weise belastet werden, dass an denjenigen, zu dessen Gunsten die Belastung erfolgt, eine bestimmte Geldsumme aus dem Grundstück zu zahlen ist (Grundschuld).

(2) Die Belastung kann auch in der Weise erfolgen, dass Zinsen von der Geldsumme sowie andere Nebenleistungen aus dem Grundstück zu entrichten sind.

§ 1192 Anwendbare Vorschriften[1]

(1) Auf die Grundschuld finden die Vorschriften über die Hypothek entsprechende Anwendung, soweit sich nicht daraus ein anderes ergibt, dass die Grundschuld nicht eine Forderung voraussetzt.

(1a) ¹Ist die Grundschuld zur Sicherung eines Anspruchs verschafft worden (Sicherungsgrundschuld), können Einreden, die dem Eigentümer auf Grund des Sicherungsvertrags mit dem bisherigen Gläubiger gegen die Grundschuld zustehen oder sich aus dem Sicherungsvertrag ergeben, auch jedem Erwerber der Grundschuld entgegengesetzt werden; § 1157 Satz 2 findet insoweit keine Anwendung. ²Im Übrigen bleibt § 1157 unberührt.

(2) Für Zinsen der Grundschuld gelten die Vorschriften über die Zinsen einer Hypothekenforderung.

§ 1193 Kündigung[2]

(1) ¹Das Kapital der Grundschuld wird erst nach vorgängiger Kündigung fällig. ²Die Kündigung steht sowohl dem Eigentümer als dem Gläubiger zu. ³Die Kündigungsfrist beträgt sechs Monate.

(2) ¹Abweichende Bestimmungen sind zulässig. ²Dient die Grundschuld der Sicherung einer Geldforderung, so ist eine von Absatz 1 abweichende Bestimmung nicht zulässig.

§ 1194 Zahlungsort

Die Zahlung des Kapitals sowie der Zinsen und anderen Nebenleistungen hat, soweit nicht ein anderes bestimmt ist, an dem Orte zu erfolgen, an dem das Grundbuchamt seinen Sitz hat.

---

1) **Anm. d. Red.:** § 1192 i. d. F. des Gesetzes v. 12. 8. 2008 (BGBl I S. 1666) mit Wirkung v. 19. 8. 2008.
2) **Anm. d. Red.:** § 1193 i. d. F. des Gesetzes v. 12. 8. 2008 (BGBl I S. 1666) mit Wirkung v. 19. 8. 2008.

§ 1195 Inhabergrundschuld

¹Eine Grundschuld kann in der Weise bestellt werden, dass der Grundschuldbrief auf den Inhaber ausgestellt wird. ²Auf einen solchen Brief finden die Vorschriften über Schuldverschreibungen auf den Inhaber entsprechende Anwendung.

§ 1196 Eigentümergrundschuld

(1) Eine Grundschuld kann auch für den Eigentümer bestellt werden.

(2) Zu der Bestellung ist die Erklärung des Eigentümers gegenüber dem Grundbuchamt, dass die Grundschuld für ihn in das Grundbuch eingetragen werden soll, und die Eintragung erforderlich; die Vorschrift des § 878 findet Anwendung.

(3) Ein Anspruch auf Löschung der Grundschuld nach § 1179a oder § 1179b besteht nur wegen solcher Vereinigungen der Grundschuld mit dem Eigentum in einer Person, die eintreten, nachdem die Grundschuld einem anderen als dem Eigentümer zugestanden hat.

§ 1197 Abweichungen von der Fremdgrundschuld

(1) Ist der Eigentümer der Gläubiger, so kann er nicht die Zwangsvollstreckung zum Zwecke seiner Befriedigung betreiben.

(2) Zinsen gebühren dem Eigentümer nur, wenn das Grundstück auf Antrag eines anderen zum Zwecke der Zwangsverwaltung in Beschlag genommen ist, und nur für die Dauer der Zwangsverwaltung.

§ 1198 Zulässige Umwandlungen

¹Eine Hypothek kann in eine Grundschuld, eine Grundschuld kann in eine Hypothek umgewandelt werden. ²Die Zustimmung der im Range gleich- oder nachstehenden Berechtigten ist nicht erforderlich.

Untertitel 2: Rentenschuld

§ 1199 Gesetzlicher Inhalt der Rentenschuld

(1) Eine Grundschuld kann in der Weise bestellt werden, dass in regelmäßig wiederkehrenden Terminen eine bestimmte Geldsumme aus dem Grundstücke zu zahlen ist (Rentenschuld).

(2) ¹Bei der Bestellung der Rentenschuld muss der Betrag bestimmt werden, durch dessen Zahlung die Rentenschuld abgelöst werden kann. ²Die Ablösungssumme muss im Grundbuch angegeben werden.

§ 1200 Anwendbare Vorschriften

(1) Auf die einzelnen Leistungen finden die für Hypothekenzinsen, auf die Ablösungssumme finden die für ein Grundschuldkapital geltenden Vorschriften entsprechende Anwendung.

(2) Die Zahlung der Ablösungssumme an den Gläubiger hat die gleiche Wirkung wie die Zahlung des Kapitals einer Grundschuld.

§ 1201 Ablösungsrecht

(1) Das Recht zur Ablösung steht dem Eigentümer zu.

(2) ¹Dem Gläubiger kann das Recht, die Ablösung zu verlangen, nicht eingeräumt werden. ²Im Falle des § 1133 Satz 2 ist der Gläubiger berechtigt, die Zahlung der Ablösungssumme aus dem Grundstück zu verlangen.

§ 1202 Kündigung

(1) ¹Der Eigentümer kann das Ablösungsrecht erst nach vorgängiger Kündigung ausüben. ²Die Kündigungsfrist beträgt sechs Monate, wenn nicht ein anderes bestimmt ist.

(2) Eine Beschränkung des Kündigungsrechts ist nur soweit zulässig, dass der Eigentümer nach 30 Jahren unter Einhaltung der sechsmonatigen Frist kündigen kann.

(3) Hat der Eigentümer gekündigt, so kann der Gläubiger nach dem Ablauf der Kündigungsfrist die Zahlung der Ablösungssumme aus dem Grundstück verlangen.

§ 1203 Zulässige Umwandlungen

[1]Eine Rentenschuld kann in eine gewöhnliche Grundschuld, eine gewöhnliche Grundschuld kann in eine Rentenschuld umgewandelt werden. [2]Die Zustimmung der im Range gleich- oder nachstehenden Berechtigten ist nicht erforderlich.

Abschnitt 8: Pfandrecht an beweglichen Sachen und an Rechten

Titel 1: Pfandrecht an beweglichen Sachen

§ 1204 Gesetzlicher Inhalt des Pfandrechts an beweglichen Sachen

(1) Eine bewegliche Sache kann zur Sicherung einer Forderung in der Weise belastet werden, dass der Gläubiger berechtigt ist, Befriedigung aus der Sache zu suchen (Pfandrecht).

(2) Das Pfandrecht kann auch für eine künftige oder eine bedingte Forderung bestellt werden.

§ 1205 Bestellung

(1) [1]Zur Bestellung des Pfandrechts ist erforderlich, dass der Eigentümer die Sache dem Gläubiger übergibt und beide darüber einig sind, dass dem Gläubiger das Pfandrecht zustehen soll. [2]Ist der Gläubiger im Besitz der Sache, so genügt die Einigung über die Entstehung des Pfandrechts.

(2) Die Übergabe einer im mittelbaren Besitz des Eigentümers befindlichen Sache kann dadurch ersetzt werden, dass der Eigentümer den mittelbaren Besitz auf den Pfandgläubiger überträgt und die Verpfändung dem Besitzer anzeigt.

§ 1206 Übergabeersatz durch Einräumung des Mitbesitzes

Anstelle der Übergabe der Sache genügt die Einräumung des Mitbesitzes, wenn sich die Sache unter dem Mitverschluss des Gläubigers befindet oder, falls sie im Besitz eines Dritten ist, die Herausgabe nur an den Eigentümer und den Gläubiger gemeinschaftlich erfolgen kann.

§ 1207 Verpfändung durch Nichtberechtigten

Gehört die Sache nicht dem Verpfänder, so finden auf die Verpfändung die für den Erwerb des Eigentums geltenden Vorschriften der §§ 932, 934, 935 entsprechende Anwendung.

§ 1208 Gutgläubiger Erwerb des Vorrangs

[1]Ist die Sache mit dem Rechte eines Dritten belastet, so geht das Pfandrecht dem Recht vor, es sei denn, dass der Pfandgläubiger zur Zeit des Erwerbs des Pfandrechts in Ansehung des Rechtes nicht in gutem Glauben ist. [2]Die Vorschriften des § 932 Abs. 1 Satz 2, des § 935 und des § 936 Abs. 3 finden entsprechende Anwendung.

§ 1209 Rang des Pfandrechts

Für den Rang des Pfandrechts ist die Zeit der Bestellung auch dann maßgebend, wenn es für eine künftige oder eine bedingte Forderung bestellt ist.

§ 1210 Umfang der Haftung des Pfandes

(1) [1]Das Pfand haftet für die Forderung in deren jeweiligem Bestand, insbesondere auch für Zinsen und Vertragsstrafen. [2]Ist der persönliche Schuldner nicht der Eigentümer des Pfandes, so

wird durch ein Rechtsgeschäft, das der Schuldner nach der Verpfändung vornimmt, die Haftung nicht erweitert.

(2) Das Pfand haftet für die Ansprüche des Pfandgläubigers auf Ersatz von Verwendungen, für die dem Pfandgläubiger zu ersetzenden Kosten der Kündigung und der Rechtsverfolgung sowie für die Kosten des Pfandverkaufs.

§ 1211 Einreden des Verpfänders

(1) ¹Der Verpfänder kann dem Pfandgläubiger gegenüber die dem persönlichen Schuldner gegen die Forderung sowie die nach § 770 einem Bürgen zustehenden Einreden geltend machen. ²Stirbt der persönliche Schuldner, so kann sich der Verpfänder nicht darauf berufen, dass der Erbe für die Schuld nur beschränkt haftet.

(2) Ist der Verpfänder nicht der persönliche Schuldner, so verliert er eine Einrede nicht dadurch, dass dieser auf sie verzichtet.

§ 1212 Erstreckung auf getrennte Erzeugnisse

Das Pfandrecht erstreckt sich auf die Erzeugnisse, die von dem Pfande getrennt werden.

§ 1213 Nutzungspfand

(1) Das Pfandrecht kann in der Weise bestellt werden, dass der Pfandgläubiger berechtigt ist, die Nutzungen des Pfandes zu ziehen.

(2) Ist eine von Natur Frucht tragende Sache dem Pfandgläubiger zum Alleinbesitz übergeben, so ist im Zweifel anzunehmen, dass der Pfandgläubiger zum Fruchtbezug berechtigt sein soll.

§ 1214 Pflichten des nutzungsberechtigten Pfandgläubigers

(1) Steht dem Pfandgläubiger das Recht zu, die Nutzungen zu ziehen, so ist er verpflichtet, für die Gewinnung der Nutzungen zu sorgen und Rechenschaft abzulegen.

(2) Der Reinertrag der Nutzungen wird auf die geschuldete Leistung und, wenn Kosten und Zinsen zu entrichten sind, zunächst auf diese angerechnet.

(3) Abweichende Bestimmungen sind zulässig.

§ 1215 Verwahrungspflicht

Der Pfandgläubiger ist zur Verwahrung des Pfandes verpflichtet.

§ 1216 Ersatz von Verwendungen

¹Macht der Pfandgläubiger Verwendungen auf das Pfand, so bestimmt sich die Ersatzpflicht des Verpfänders nach den Vorschriften über die Geschäftsführung ohne Auftrag. ²Der Pfandgläubiger ist berechtigt, eine Einrichtung, mit der er das Pfand versehen hat, wegzunehmen.

§ 1217 Rechtsverletzung durch den Pfandgläubiger

(1) Verletzt der Pfandgläubiger die Rechte des Verpfänders in erheblichem Maße und setzt er das verletzende Verhalten ungeachtet einer Abmahnung des Verpfänders fort, so kann der Verpfänder verlangen, dass das Pfand auf Kosten des Pfandgläubigers hinterlegt oder, wenn es sich nicht zur Hinterlegung eignet, an einen gerichtlich zu bestellenden Verwahrer abgeliefert wird.

(2) ¹Statt der Hinterlegung oder der Ablieferung der Sache an einen Verwahrer kann der Verpfänder die Rückgabe des Pfandes gegen Befriedigung des Gläubigers verlangen. ²Ist die Forderung unverzinslich und noch nicht fällig, so gebührt dem Pfandgläubiger nur die Summe, welche mit Hinzurechnung der gesetzlichen Zinsen für die Zeit von der Zahlung bis zur Fälligkeit dem Betrage der Forderung gleichkommt.

§ 1218 Rechte des Verpfänders bei drohendem Verderb

(1) Ist der Verderb des Pfandes oder eine wesentliche Minderung des Wertes zu besorgen, so kann der Verpfänder die Rückgabe des Pfandes gegen anderweitige Sicherheitsleistung verlangen; die Sicherheitsleistung durch Bürgen ist ausgeschlossen.

(2) Der Pfandgläubiger hat dem Verpfänder von dem drohenden Verderb unverzüglich Anzeige zu machen, sofern nicht die Anzeige untunlich ist.

§ 1219 Rechte des Pfandgläubigers bei drohendem Verderb

(1) Wird durch den drohenden Verderb des Pfandes oder durch eine zu besorgende wesentliche Minderung des Wertes die Sicherheit des Pfandgläubigers gefährdet, so kann dieser das Pfand öffentlich versteigern lassen.

(2) ¹Der Erlös tritt an die Stelle des Pfandes. ²Auf Verlangen des Verpfänders ist der Erlös zu hinterlegen.

§ 1220 Androhung der Versteigerung

(1) ¹Die Versteigerung des Pfandes ist erst zulässig, nachdem sie dem Verpfänder angedroht worden ist; die Androhung darf unterbleiben, wenn das Pfand dem Verderb ausgesetzt und mit dem Aufschube der Versteigerung Gefahr verbunden ist. ²Im Falle der Wertminderung ist außer der Androhung erforderlich, dass der Pfandgläubiger dem Verpfänder zur Leistung anderweitiger Sicherheit eine angemessene Frist bestimmt hat und diese verstrichen ist.

(2) Der Pfandgläubiger hat den Verpfänder von der Versteigerung unverzüglich zu benachrichtigen; im Falle der Unterlassung ist er zum Schadensersatz verpflichtet.

(3) Die Androhung, die Fristbestimmung und die Benachrichtigung dürfen unterbleiben, wenn sie untunlich sind.

§ 1221 Freihändiger Verkauf[1)]

Hat das Pfand einen Börsen- oder Marktpreis, so kann der Pfandgläubiger den Verkauf aus freier Hand durch einen zu solchen Verkäufen öffentlich ermächtigten Handelsmakler oder durch eine zur öffentlichen Versteigerung befugte Person zum laufenden Preis bewirken.

§ 1222 Pfandrecht an mehreren Sachen

Besteht das Pfandrecht an mehreren Sachen, so haftet jede für die ganze Forderung.

§ 1223 Rückgabepflicht, Einlösungsrecht

(1) Der Pfandgläubiger ist verpflichtet, das Pfand nach dem Erlöschen des Pfandrechts dem Verpfänder zurückzugeben.

(2) Der Verpfänder kann die Rückgabe des Pfandes gegen Befriedigung des Pfandgläubigers verlangen, sobald der Schuldner zur Leistung berechtigt ist.

§ 1224 Befriedigung durch Hinterlegung oder Aufrechnung

Die Befriedigung des Pfandgläubigers durch den Verpfänder kann auch durch Hinterlegung oder durch Aufrechnung erfolgen.

§ 1225 Forderungsübergang auf den Verpfänder

¹Ist der Verpfänder nicht der persönliche Schuldner, so geht, soweit er den Pfandgläubiger befriedigt, die Forderung auf ihn über. ²Die für einen Bürgen geltenden Vorschriften des § 774 finden entsprechende Anwendung.

---

1) **Anm. d. Red.:** § 1221 i. d. F. des Gesetzes v. 12.6.2020 (BGBl I S. 1245) mit Wirkung v. 23.12.2020.

§ 1226 Verjährung der Ersatzansprüche

¹Die Ersatzansprüche des Verpfänders wegen Veränderungen oder Verschlechterungen des Pfandes sowie die Ansprüche des Pfandgläubigers auf Ersatz von Verwendungen oder auf Gestattung der Wegnahme einer Einrichtung verjähren in sechs Monaten. ²Die Vorschrift des § 548 Abs. 1 Satz 2 und 3, Abs. 2 findet entsprechende Anwendung.

§ 1227 Schutz des Pfandrechts

Wird das Recht des Pfandgläubigers beeinträchtigt, so finden auf die Ansprüche des Pfandgläubigers die für die Ansprüche aus dem Eigentume geltenden Vorschriften entsprechende Anwendung.

§ 1228 Befriedigung durch Pfandverkauf

(1) Die Befriedigung des Pfandgläubigers aus dem Pfande erfolgt durch Verkauf.

(2) ¹Der Pfandgläubiger ist zum Verkauf berechtigt, sobald die Forderung ganz oder zum Teil fällig ist. ²Besteht der geschuldete Gegenstand nicht in Geld, so ist der Verkauf erst zulässig, wenn die Forderung in eine Geldforderung übergegangen ist.

§ 1229 Verbot der Verfallvereinbarung

Eine vor dem Eintritt der Verkaufsberechtigung getroffene Vereinbarung, nach welcher dem Pfandgläubiger, falls er nicht oder nicht rechtzeitig befriedigt wird, das Eigentum an der Sache zufallen oder übertragen werden soll, ist nichtig.

§ 1230 Auswahl unter mehreren Pfändern

¹Unter mehreren Pfändern kann der Pfandgläubiger, soweit nicht ein anderes bestimmt ist, diejenigen auswählen, welche verkauft werden sollen. ²Er kann nur so viele Pfänder zum Verkauf bringen, als zu seiner Befriedigung erforderlich sind.

§ 1231 Herausgabe des Pfandes zum Verkauf

¹Ist der Pfandgläubiger nicht im Alleinbesitze des Pfandes, so kann er nach dem Eintritt der Verkaufsberechtigung die Herausgabe des Pfandes zum Zwecke des Verkaufs fordern. ²Auf Verlangen des Verpfänders hat an Stelle der Herausgabe die Ablieferung an einen gemeinschaftlichen Verwahrer zu erfolgen; der Verwahrer hat sich bei der Ablieferung zu verpflichten, das Pfand zum Verkauf bereitzustellen.

§ 1232 Nachstehende Pfandgläubiger

¹Der Pfandgläubiger ist nicht verpflichtet, einem ihm im Range nachstehenden Pfandgläubiger das Pfand zum Zwecke des Verkaufs herauszugeben. ²Ist er nicht im Besitz des Pfandes, so kann er, sofern er nicht selbst den Verkauf betreibt, dem Verkauf durch einen nachstehenden Pfandgläubiger nicht widersprechen.

§ 1233 Ausführung des Verkaufs

(1) Der Verkauf des Pfandes ist nach den Vorschriften der §§ 1234 bis 1240 zu bewirken.

(2) Hat der Pfandgläubiger für sein Recht zum Verkauf einen vollstreckbaren Titel gegen den Eigentümer erlangt, so kann er den Verkauf auch nach den für den Verkauf einer gepfändeten Sache geltenden Vorschriften bewirken lassen.

§ 1234 Verkaufsandrohung; Wartefrist

(1) ¹Der Pfandgläubiger hat dem Eigentümer den Verkauf vorher anzudrohen und dabei den Geldbetrag zu bezeichnen, wegen dessen der Verkauf stattfinden soll. ²Die Androhung kann erst nach dem Eintritte der Verkaufsberechtigung erfolgen; sie darf unterbleiben, wenn sie untunlich ist.

(2) ¹Der Verkauf darf nicht vor dem Ablauf eines Monats nach der Androhung erfolgen. ²Ist die Androhung untunlich, so wird der Monat von dem Eintritte der Verkaufsberechtigung an berechnet.

§ 1235 Öffentliche Versteigerung

(1) Der Verkauf des Pfandes ist im Wege öffentlicher Versteigerung zu bewirken.

(2) Hat das Pfand einen Börsen- oder Marktpreis, so findet die Vorschrift des § 1221 Anwendung.

§ 1236 Versteigerungsort

¹Die Versteigerung hat an dem Orte zu erfolgen, an dem das Pfand aufbewahrt wird. ²Ist von einer Versteigerung an dem Aufbewahrungsort ein angemessener Erfolg nicht zu erwarten, so ist das Pfand an einem geeigneten anderen Orte zu versteigern.

§ 1237 Öffentliche Bekanntmachung

¹Zeit und Ort der Versteigerung sind unter allgemeiner Bezeichnung des Pfandes öffentlich bekannt zu machen. ²Der Eigentümer und Dritte, denen Rechte an dem Pfande zustehen, sind besonders zu benachrichtigen; die Benachrichtigung darf unterbleiben, wenn sie untunlich ist.

§ 1238 Verkaufsbedingungen

(1) Das Pfand darf nur mit der Bestimmung verkauft werden, dass der Käufer den Kaufpreis sofort bar zu entrichten hat und seiner Rechte verlustig sein soll, wenn dies nicht geschieht.

(2) ¹Erfolgt der Verkauf ohne diese Bestimmung, so ist der Kaufpreis als von dem Pfandgläubiger empfangen anzusehen; die Rechte des Pfandgläubigers gegen den Ersteher bleiben unberührt. ²Unterbleibt die sofortige Entrichtung des Kaufpreises, so gilt das Gleiche, wenn nicht vor dem Schlusse des Versteigerungstermins von dem Vorbehalt der Rechtsverwirkung Gebrauch gemacht wird.

§ 1239 Mitbieten durch Gläubiger und Eigentümer

(1) ¹Der Pfandgläubiger und der Eigentümer können bei der Versteigerung mitbieten. ²Erhält der Pfandgläubiger den Zuschlag, so ist der Kaufpreis als von ihm empfangen anzusehen.

(2) ¹Das Gebot des Eigentümers darf zurückgewiesen werden, wenn nicht der Betrag bar erlegt wird. ²Das Gleiche gilt von dem Gebote des Schuldners, wenn das Pfand für eine fremde Schuld haftet.

§ 1240 Gold- und Silbersachen

(1) Gold- und Silbersachen dürfen nicht unter dem Gold- oder Silberwerte zugeschlagen werden.

(2) Wird ein genügendes Gebot nicht abgegeben, so kann der Verkauf durch eine zur öffentlichen Versteigerung befugte Person aus freier Hand zu einem den Gold- oder Silberwert erreichenden Preis erfolgen.

§ 1241 Benachrichtigung des Eigentümers

Der Pfandgläubiger hat den Eigentümer von dem Verkauf des Pfandes und dem Ergebnis unverzüglich zu benachrichtigen, sofern nicht die Benachrichtigung untunlich ist.

§ 1242 Wirkungen der rechtmäßigen Veräußerung

(1) ¹Durch die rechtmäßige Veräußerung des Pfandes erlangt der Erwerber die gleichen Rechte, wie wenn er die Sache von dem Eigentümer erworben hätte. ²Dies gilt auch dann, wenn dem Pfandgläubiger der Zuschlag erteilt wird.

(2) ¹Pfandrechte an der Sache erlöschen, auch wenn sie dem Erwerber bekannt waren. ²Das Gleiche gilt von einem Nießbrauch, es sei denn, dass er allen Pfandrechten im Range vorgeht.

§ 1243 Rechtswidrige Veräußerung

(1) Die Veräußerung des Pfandes ist nicht rechtmäßig, wenn gegen die Vorschriften des § 1228 Abs. 2, des § 1230 Satz 2, des § 1235, des § 1237 Satz 1 oder des § 1240 verstoßen wird.

(2) Verletzt der Pfandgläubiger eine andere für den Verkauf geltende Vorschrift, so ist er zum Schadensersatz verpflichtet, wenn ihm ein Verschulden zur Last fällt.

§ 1244 Gutgläubiger Erwerb

Wird eine Sache als Pfand veräußert, ohne dass dem Veräußerer ein Pfandrecht zusteht oder den Erfordernissen genügt wird, von denen die Rechtmäßigkeit der Veräußerung abhängt, so finden die Vorschriften der §§ 932 bis 934, 936 entsprechende Anwendung, wenn die Veräußerung nach § 1233 Abs. 2 erfolgt ist oder die Vorschriften des § 1235 oder des § 1240 Abs. 2 beobachtet worden sind.

§ 1245 Abweichende Vereinbarungen

(1) ¹Der Eigentümer und der Pfandgläubiger können eine von den Vorschriften der §§ 1234 bis 1240 abweichende Art des Pfandverkaufs vereinbaren. ²Steht einem Dritten an dem Pfande ein Recht zu, das durch die Veräußerung erlischt, so ist die Zustimmung des Dritten erforderlich. ³Die Zustimmung ist demjenigen gegenüber zu erklären, zu dessen Gunsten sie erfolgt; sie ist unwiderruflich.

(2) Auf die Beobachtung der Vorschriften des § 1235, des § 1237 Satz 1 und des § 1240 kann nicht vor dem Eintritt der Verkaufsberechtigung verzichtet werden.

§ 1246 Abweichung aus Billigkeitsgründen

(1) Entspricht eine von den Vorschriften der §§ 1235 bis 1240 abweichende Art des Pfandverkaufs nach billigem Ermessen den Interessen der Beteiligten, so kann jeder von ihnen verlangen, dass der Verkauf in dieser Art erfolgt.

(2) Kommt eine Einigung nicht zustande, so entscheidet das Gericht.

§ 1247 Erlös aus dem Pfande

¹Soweit der Erlös aus dem Pfande dem Pfandgläubiger zu seiner Befriedigung gebührt, gilt die Forderung als von dem Eigentümer berichtigt. ²Im Übrigen tritt der Erlös an die Stelle des Pfandes.

§ 1248 Eigentumsvermutung

Bei dem Verkaufe des Pfandes gilt zugunsten des Pfandgläubigers der Verpfänder als der Eigentümer, es sei denn, dass der Pfandgläubiger weiß, dass der Verpfänder nicht der Eigentümer ist.

§ 1249 Ablösungsrecht

¹Wer durch die Veräußerung des Pfandes ein Recht an dem Pfande verlieren würde, kann den Pfandgläubiger befriedigen, sobald der Schuldner zur Leistung berechtigt ist. ²Die Vorschriften des § 268 Abs. 2, 3 finden entsprechende Anwendung.

§ 1250 Übertragung der Forderung

(1) ¹Mit der Übertragung der Forderung geht das Pfandrecht auf den neuen Gläubiger über. ²Das Pfandrecht kann nicht ohne die Forderung übertragen werden.

(2) Wird bei der Übertragung der Forderung der Übergang des Pfandrechts ausgeschlossen, so erlischt das Pfandrecht.

§ 1251 Wirkung des Pfandrechtsübergangs

(1) Der neue Pfandgläubiger kann von dem bisherigen Pfandgläubiger die Herausgabe des Pfandes verlangen.

(2) ¹Mit der Erlangung des Besitzes tritt der neue Pfandgläubiger an Stelle des bisherigen Pfandgläubigers in die mit dem Pfandrechte verbundenen Verpflichtungen gegen den Verpfänder ein. ²Erfüllt er die Verpflichtungen nicht, so haftet für den von ihm zu ersetzenden Schaden der bisherige Pfandgläubiger wie ein Bürge, der auf die Einrede der Vorausklage verzichtet hat. ³Die Haftung des bisherigen Pfandgläubigers tritt nicht ein, wenn die Forderung kraft Gesetzes auf den neuen Pfandgläubiger übergeht oder ihm aufgrund einer gesetzlichen Verpflichtung abgetreten wird.

§ 1252 Erlöschen mit der Forderung

Das Pfandrecht erlischt mit der Forderung, für die es besteht.

§ 1253 Erlöschen durch Rückgabe

(1) ¹Das Pfandrecht erlischt, wenn der Pfandgläubiger das Pfand dem Verpfänder oder dem Eigentümer zurückgibt. ²Der Vorbehalt der Fortdauer des Pfandrechts ist unwirksam.

(2) ¹Ist das Pfand im Besitz des Verpfänders oder des Eigentümers, so wird vermutet, dass das Pfand ihm von dem Pfandgläubiger zurückgegeben worden sei. ²Diese Vermutung gilt auch dann, wenn sich das Pfand im Besitz eines Dritten befindet, der den Besitz nach der Entstehung des Pfandrechts von dem Verpfänder oder dem Eigentümer erlangt hat.

§ 1254 Anspruch auf Rückgabe

¹Steht dem Pfandrecht eine Einrede entgegen, durch welche die Geltendmachung des Pfandrechts dauernd ausgeschlossen wird, so kann der Verpfänder die Rückgabe des Pfandes verlangen. ²Das gleiche Recht hat der Eigentümer.

§ 1255 Aufhebung des Pfandrechts

(1) Zur Aufhebung des Pfandrechts durch Rechtsgeschäft genügt die Erklärung des Pfandgläubigers gegenüber dem Verpfänder oder dem Eigentümer, dass er das Pfandrecht aufgebe.

(2) ¹Ist das Pfandrecht mit dem Recht eines Dritten belastet, so ist die Zustimmung des Dritten erforderlich. ²Die Zustimmung ist demjenigen gegenüber zu erklären, zu dessen Gunsten sie erfolgt; sie ist unwiderruflich.

§ 1256 Zusammentreffen von Pfandrecht und Eigentum

(1) ¹Das Pfandrecht erlischt, wenn es mit dem Eigentum in derselben Person zusammentrifft. ²Das Erlöschen tritt nicht ein, solange die Forderung, für welche das Pfandrecht besteht, mit dem Recht eines Dritten belastet ist.

(2) Das Pfandrecht gilt als nicht erloschen, soweit der Eigentümer ein rechtliches Interesse an dem Fortbestehen des Pfandrechts hat.

§ 1257 Gesetzliches Pfandrecht

Die Vorschriften über das durch Rechtsgeschäft bestellte Pfandrecht finden auf ein kraft Gesetzes entstandenes Pfandrecht entsprechende Anwendung.

§ 1258 Pfandrecht am Anteil eines Miteigentümers

(1) Besteht ein Pfandrecht an dem Anteil eines Miteigentümers, so übt der Pfandgläubiger die Rechte aus, die sich aus der Gemeinschaft der Miteigentümer in Ansehung der Verwaltung der Sache und der Art ihrer Benutzung ergeben.

(2) ¹Die Aufhebung der Gemeinschaft kann vor dem Eintritt der Verkaufsberechtigung des Pfandgläubigers nur von dem Miteigentümer und dem Pfandgläubiger gemeinschaftlich verlangt werden. ²Nach dem Eintritt der Verkaufsberechtigung kann der Pfandgläubiger die Aufhebung der Gemeinschaft verlangen, ohne dass es der Zustimmung des Miteigentümers bedarf; er ist nicht an eine Vereinbarung gebunden, durch welche die Miteigentümer das Recht, die Aufhebung der Gemeinschaft zu verlangen, für immer oder auf Zeit ausgeschlossen oder eine Kündigungsfrist bestimmt haben.

(3) Wird die Gemeinschaft aufgehoben, so gebührt dem Pfandgläubiger das Pfandrecht an den Gegenständen, welche an die Stelle des Anteils treten.

(4) Das Recht des Pfandgläubigers zum Verkauf des Anteils bleibt unberührt.

§ 1259 Verwertung des gewerblichen Pfandes[1]

¹Sind Eigentümer und Pfandgläubiger Unternehmer, juristische Personen des öffentlichen Rechts oder öffentlich-rechtliche Sondervermögen, können sie für die Verwertung des Pfandes, das einen Börsen- oder Marktpreis hat, schon bei der Verpfändung vereinbaren, dass der Pfandgläubiger den Verkauf aus freier Hand zum laufenden Preis selbst oder durch Dritte vornehmen kann oder dem Pfandgläubiger das Eigentum an der Sache bei Fälligkeit der Forderung zufallen soll. ²In diesem Fall gilt die Forderung in Höhe des am Tag der Fälligkeit geltenden Börsen- oder Marktpreises als von dem Eigentümer berichtigt. ³Die §§ 1229 und 1233 bis 1239 finden keine Anwendung.

§§ 1260 bis 1272 (weggefallen)

Titel 2: Pfandrecht an Rechten

§ 1273 Gesetzlicher Inhalt des Pfandrechts an Rechten

(1) Gegenstand des Pfandrechts kann auch ein Recht sein.

(2) ¹Auf das Pfandrecht an Rechten finden die Vorschriften über das Pfandrecht an beweglichen Sachen entsprechende Anwendung, soweit sich nicht aus den §§ 1274 bis 1296 ein anderes ergibt. ²Die Anwendung der Vorschriften des § 1208 und des § 1213 Abs. 2 ist ausgeschlossen.

§ 1274 Bestellung

(1) ¹Die Bestellung des Pfandrechts an einem Recht erfolgt nach den für die Übertragung des Rechts geltenden Vorschriften. ²Ist zur Übertragung des Rechts die Übergabe einer Sache erforderlich, so finden die Vorschriften der §§ 1205, 1206 Anwendung.

(2) Soweit ein Recht nicht übertragbar ist, kann ein Pfandrecht an dem Recht nicht bestellt werden.

§ 1275 Pfandrecht an Recht auf Leistung

Ist ein Recht, kraft dessen eine Leistung gefordert werden kann, Gegenstand des Pfandrechts, so finden auf das Rechtsverhältnis zwischen dem Pfandgläubiger und dem Verpflichteten die Vorschriften, welche im Falle der Übertragung des Rechts für das Rechtsverhältnis zwischen dem Erwerber und dem Verpflichteten gelten, und im Falle einer nach § 1217 Abs. 1 getroffenen gerichtlichen Anordnung die Vorschrift des § 1070 Abs. 2 entsprechende Anwendung.

---

1) **Anm. d. Red.:** § 1259 eingefügt gem. Gesetz v. 5. 4. 2004 (BGBl I S. 502) mit Wirkung v. 9. 4. 2004.

§ 1276 Aufhebung oder Änderung des verpfändeten Rechts

(1) ¹Ein verpfändetes Recht kann durch Rechtsgeschäft nur mit Zustimmung des Pfandgläubigers aufgehoben werden. ²Die Zustimmung ist demjenigen gegenüber zu erklären, zu dessen Gunsten sie erfolgt; sie ist unwiderruflich. ³Die Vorschrift des § 876 Satz 3 bleibt unberührt.

(2) Das Gleiche gilt im Falle einer Änderung des Rechtes, sofern sie das Pfandrecht beeinträchtigt.

§ 1277 Befriedigung durch Zwangsvollstreckung

¹Der Pfandgläubiger kann seine Befriedigung aus dem Recht nur aufgrund eines vollstreckbaren Titels nach den für die Zwangsvollstreckung geltenden Vorschriften suchen, sofern nicht ein anderes bestimmt ist. ²Die Vorschriften des § 1229 und des § 1245 Abs. 2 bleiben unberührt.

§ 1278 Erlöschen durch Rückgabe

Ist ein Recht, zu dessen Verpfändung die Übergabe einer Sache erforderlich ist, Gegenstand des Pfandrechts, so finden auf das Erlöschen des Pfandrechts durch die Rückgabe der Sache die Vorschriften des § 1253 entsprechende Anwendung.

§ 1279 Pfandrecht an einer Forderung[1]

¹Für das Pfandrecht an einer Forderung gelten die besonderen Vorschriften der §§ 1280 bis 1290. ²Soweit eine Forderung einen Börsen- oder Marktpreis hat, findet § 1259 entsprechende Anwendung.

§ 1280 Anzeige an den Schuldner

Die Verpfändung einer Forderung, zu deren Übertragung der Abtretungsvertrag genügt, ist nur wirksam, wenn der Gläubiger sie dem Schuldner anzeigt.

§ 1281 Leistung vor Fälligkeit

¹Der Schuldner kann nur an den Pfandgläubiger und den Gläubiger gemeinschaftlich leisten. ²Jeder von beiden kann verlangen, dass an sie gemeinschaftlich geleistet wird; jeder kann statt der Leistung verlangen, dass die geschuldete Sache für beide hinterlegt oder, wenn sie sich nicht zur Hinterlegung eignet, an einen gerichtlich zu bestellenden Verwahrer abgeliefert wird.

§ 1282 Leistung nach Fälligkeit

(1) ¹Sind die Voraussetzungen des § 1228 Abs. 2 eingetreten, so ist der Pfandgläubiger zur Einziehung der Forderung berechtigt und kann der Schuldner nur an ihn leisten. ²Die Einziehung einer Geldforderung steht dem Pfandgläubiger nur insoweit zu, als sie zu seiner Befriedigung erforderlich ist. ³Soweit er zur Einziehung berechtigt ist, kann er auch verlangen, dass ihm die Geldforderung an Zahlungs statt abgetreten wird.

(2) Zu anderen Verfügungen über die Forderung ist der Pfandgläubiger nicht berechtigt; das Recht, die Befriedigung aus der Forderung nach § 1277 zu suchen, bleibt unberührt.

§ 1283 Kündigung

(1) Hängt die Fälligkeit der verpfändeten Forderung von einer Kündigung ab, so bedarf der Gläubiger zur Kündigung der Zustimmung des Pfandgläubigers nur, wenn dieser berechtigt ist, die Nutzungen zu ziehen.

(2) Die Kündigung des Schuldners ist nur wirksam, wenn sie dem Pfandgläubiger und dem Gläubiger erklärt wird.

---

1) **Anm. d. Red.:** § 1279 i. d. F. des Gesetzes v. 5. 4. 2004 (BGBl I S. 502) mit Wirkung v. 9. 4. 2004.

(3) Sind die Voraussetzungen des § 1228 Abs. 2 eingetreten, so ist auch der Pfandgläubiger zur Kündigung berechtigt; für die Kündigung des Schuldners genügt die Erklärung gegenüber dem Pfandgläubiger.

§ 1284 Abweichende Vereinbarungen

Die Vorschriften der §§ 1281 bis 1283 finden keine Anwendung, soweit der Pfandgläubiger und der Gläubiger ein anderes vereinbaren.

§ 1285 Mitwirkung zur Einziehung

(1) Hat die Leistung an den Pfandgläubiger und den Gläubiger gemeinschaftlich zu erfolgen, so sind beide einander verpflichtet, zur Einziehung mitzuwirken, wenn die Forderung fällig ist.

(2) [1]Soweit der Pfandgläubiger berechtigt ist, die Forderung ohne Mitwirkung des Gläubigers einzuziehen, hat er für die ordnungsmäßige Einziehung zu sorgen. [2]Von der Einziehung hat er den Gläubiger unverzüglich zu benachrichtigen, sofern nicht die Benachrichtigung untunlich ist.

§ 1286 Kündigungspflicht bei Gefährdung

[1]Hängt die Fälligkeit der verpfändeten Forderung von einer Kündigung ab, so kann der Pfandgläubiger, sofern nicht das Kündigungsrecht ihm zusteht, von dem Gläubiger die Kündigung verlangen, wenn die Einziehung der Forderung wegen Gefährdung ihrer Sicherheit nach den Regeln einer ordnungsmäßigen Vermögensverwaltung geboten ist. [2]Unter der gleichen Voraussetzung kann der Gläubiger von dem Pfandgläubiger die Zustimmung zur Kündigung verlangen, sofern die Zustimmung erforderlich ist.

§ 1287 Wirkungen der Leistung

[1]Leistet der Schuldner in Gemäßheit der §§ 1281, 1282, so erwirbt mit der Leistung der Gläubiger den geleisteten Gegenstand und der Pfandgläubiger ein Pfandrecht an dem Gegenstand. [2]Besteht die Leistung in der Übertragung des Eigentums an einem Grundstück, so erwirbt der Pfandgläubiger eine Sicherungshypothek; besteht sie in der Übertragung des Eigentums an einem eingetragenen Schiff oder Schiffsbauwerk, so erwirbt der Pfandgläubiger eine Schiffshypothek.

§ 1288 Anlegung eingezogenen Geldes

(1) [1]Wird eine Geldforderung in Gemäßheit des § 1281 eingezogen, so sind der Pfandgläubiger und der Gläubiger einander verpflichtet, dazu mitzuwirken, dass der eingezogene Betrag, soweit es ohne Beeinträchtigung des Interesses des Pfandgläubigers tunlich ist, nach den für die Anlegung von Mündelgeld geltenden Vorschriften verzinslich angelegt und gleichzeitig dem Pfandgläubiger das Pfandrecht bestellt wird. [2]Die Art der Anlegung bestimmt der Gläubiger.

(2) Erfolgt die Einziehung in Gemäßheit des § 1282, so gilt die Forderung des Pfandgläubigers, soweit ihm der eingezogene Betrag zu seiner Befriedigung gebührt, als von dem Gläubiger berichtigt.

§ 1289 Erstreckung auf die Zinsen

[1]Das Pfandrecht an einer Forderung erstreckt sich auf die Zinsen der Forderung. [2]Die Vorschriften des § 1123 Abs. 2 und der §§ 1124, 1125 finden entsprechende Anwendung; an die Stelle der Beschlagnahme tritt die Anzeige des Pfandgläubigers an den Schuldner, dass er von dem Einziehungsrecht Gebrauch mache.

§ 1290 Einziehung bei mehrfacher Verpfändung

Bestehen mehrere Pfandrechte an einer Forderung, so ist zur Einziehung nur derjenige Pfandgläubiger berechtigt, dessen Pfandrecht den übrigen Pfandrechten vorgeht.

§ 1291 Pfandrecht an Grund- oder Rentenschuld

Die Vorschriften über das Pfandrecht an einer Forderung gelten auch für das Pfandrecht an einer Grundschuld und an einer Rentenschuld.

§ 1292 Verpfändung von Orderpapieren

Zur Verpfändung eines Wechsels oder eines anderen Papiers, das durch Indossament übertragen werden kann, genügt die Einigung des Gläubigers und des Pfandgläubigers und die Übergabe des indossierten Papiers.

§ 1293 Pfandrecht an Inhaberpapieren

Für das Pfandrecht an einem Inhaberpapier gelten die Vorschriften über das Pfandrecht an beweglichen Sachen.

§ 1294 Einziehung und Kündigung

Ist ein Wechsel, ein anderes Papier, das durch Indossament übertragen werden kann, oder ein Inhaberpapier Gegenstand des Pfandrechts, so ist, auch wenn die Voraussetzungen des § 1228 Abs. 2 noch nicht eingetreten sind, der Pfandgläubiger zur Einziehung und, falls Kündigung erforderlich ist, zur Kündigung berechtigt und kann der Schuldner nur an ihn leisten.

§ 1295 Freihändiger Verkauf von Orderpapieren[1)]

[1]Hat ein verpfändetes Papier, das durch Indossament übertragen werden kann, einen Börsen- oder Marktpreis, so ist der Gläubiger nach dem Eintritt der Voraussetzungen des § 1228 Abs. 2 berechtigt, das Papier nach § 1221 verkaufen zu lassen. [2]§ 1259 findet entsprechende Anwendung.

§ 1296 Erstreckung auf Zinsscheine

[1]Das Pfandrecht an einem Wertpapier erstreckt sich auf die zu dem Papier gehörenden Zins-, Renten- oder Gewinnanteilscheine nur dann, wenn sie dem Pfandgläubiger übergeben sind. [2]Der Verpfänder kann, sofern nicht ein anderes bestimmt ist, die Herausgabe der Scheine verlangen, soweit sie vor dem Eintritt der Voraussetzungen des § 1228 Abs. 2 fällig werden.

---

1) **Anm. d. Red.:** § 1295 i. d. F. des Gesetzes v. 5. 4. 2004 (BGBl I S. 502) mit Wirkung v. 9. 4. 2004.

V. Gesetz über die Eröffnungsbilanz in Deutscher Mark und die Kapitalneufestsetzung (D-Markbilanzgesetz – DMBilG)

v. 28. 7. 1994 (BGBl I S. 1843) mit späteren Änderungen

Das Gesetz über die Eröffnungsbilanz in Deutscher Mark und die Kapitalneufestsetzung (D-Markbilanzgesetz – DMBilG) v. 28. 7. 1994 (BGBl I S. 1843) wurde zuletzt geändert durch Art. 14 Abs. 1 Gesetz zur Umsetzung der prüfungsbezogenen Regelungen der Richtlinie 2014/56/EU sowie zur Ausführung der entsprechenden Vorgaben der Verordnung (EU) Nr. 537/2014 im Hinblick auf die Abschlussprüfung bei Unternehmen von öffentlichem Interesse (Abschlussprüfungsreformgesetz – AReG) v. 10. 5. 2016 (BGBl I S. 1142). — **Zur Anwendung siehe § 60.**

Nichtamtliche Fassung

Inhaltsübersicht

Abschnitt 1: Inventar. Eröffnungsbilanz. Anhang

Unterabschnitt 1: Inventar. Eröffnungsbilanz

§ 1	Pflicht zur Aufstellung
§ 2	Inventar
§ 3	Inventur
§ 3a	Nachholung der Inventur
§ 4	Aufstellung der Eröffnungsbilanz
§ 5	Anzuwendende Vorschriften

Unterabschnitt 2: Bilanzansatz- und Bewertungsvorschriften

§ 6	Allgemeine Anforderungen
§ 7	Neubewertung
§ 8	Immaterielle Vermögensgegenstände
§ 9	Grund und Boden
§ 10	Bauten und andere Anlagen
§ 11	Finanzanlagen
§ 12	Vorräte
§ 13	Forderungen
§ 14	Kassenbestand, Schecks, Guthaben bei Geldinstituten
§ 15	Rechnungsabgrenzungsposten
§ 16	Verbindlichkeiten
§ 17	Rückstellungen
§ 18	Währungsumrechnung

Unterabschnitt 3: Anhang. Vergleichende Darstellung

§ 19	Anhang
§ 20	Vergleichende Darstellung

Abschnitt 2: Konzerneröffnungsbilanz. Gesamteröffnungsbilanz

§ 21	Pflicht zur Aufstellung
§ 22	Konzernanhang
§ 23	Vorlage- und Auskunftspflichten

Abschnitt 3: Kapitalausstattung

Unterabschnitt 4: Vermögensausgleich und Eigenkapitalsicherung von bisher volkseigenen Unternehmen

§ 24	Ausgleichsforderungen

§ 25 Ausgleichsverbindlichkeiten
§ 26 Eigenkapitalsicherung

Unterabschnitt 5: Neufestsetzung der Kapitalverhältnisse privater Unternehmen

§ 27 Neufestsetzung
§ 28 Vorläufige Neufestsetzung
§ 29 Gesellschaftsrechtliche Beziehungen
§ 30 Auflösung von Kapitalentwertungskonten

Unterabschnitt 6: Vorläufige Gewinnrücklage

§ 31 Vorläufige Gewinnrücklage

Abschnitt 4: Festsetzung und Anpassung von Leistungen in Deutscher Mark

§ 32 Festsetzung und Anpassung von Leistungen in Deutscher Mark

Abschnitt 5: Verfahren
Unterabschnitt 7: Prüfung

§ 33 Prüfung
§ 34 Durchführung der Prüfung

Unterabschnitt 8: Feststellung und Berichtigung

§ 35 Feststellung
§ 36 Berichtigung von Wertansätzen

Unterabschnitt 9: Offenlegung

§ 37 Offenlegung

Abschnitt 6: Geschäftszweigbezogene Vorschriften
Unterabschnitt 10a: Vorschriften für Geldinstitute und Außenhandelsbetriebe

§ 38 Anwendungsbereich
§ 39 Eröffnungsbilanz
§ 40 Ausgleichsforderungen
§ 41 Ausgleichsverbindlichkeiten
§ 42 Vergleichende Darstellung
§ 43 Prüfung

Unterabschnitt 10b: Abführungspflicht für Geldinstitute und Außenhandelsbetriebe

§ 43a Abführungspflicht für wertberichtigte Forderungen
§ 43b Abführungspflicht für wertberichtigte Schulden
§ 43c Fälligkeit
§ 43d Prüfung der Abführung
§ 43e Außenhandelsbetriebe

Unterabschnitt 11: Vorschriften für Versicherungsunternehmen

§ 44 Anwendungsbereich
§ 45 Eröffnungsbilanz
§ 46 Prüfung. Einreichung

Abschnitt 7: Straf- und Bußgeldvorschriften. Zwangsgelder

§ 47 Strafvorschriften
§ 48 Bußgeldvorschriften
§ 49 Festsetzung von Ordnungsgeld

V. D-Markbilanzgesetz §1

Abschnitt 8: Steuern. Gebühren
§ 50 Steuerliche Eröffnungsbilanz und Folgewirkungen
§ 51 Umstellungsbedingte Vermögensänderungen
§ 52 Steuerliche Ausgangswerte in anderen Fällen
§ 53 Wirtschaftsjahre 1990 und steuerliche Schlussbilanz
§ 54 Pensionsrückstellungen
§ 55 Einlagen
§ 56 Gebühren

Abschnitt 9: Verfahren der Kapitalneufestsetzung. Sonstige Vorschriften
§ 56a Einfache Mehrheit
§ 56b Inhalt der Anmeldung. Prüfung durch das Gericht
§ 56c Umtausch und Zusammenlegung von Anteilen
§ 56d Überschuldung oder Verlust des halben gezeichneten Kapitals
§ 56e Kredite an Treuhandunternehmen
§ 57 Auflösung
§ 58 Geschäftsjahr

Abschnitt 10: Schlussvorschriften
§ 59 Ermächtigung
§ 60 Anwendung

Abschnitt 1: Inventar. Eröffnungsbilanz. Anhang

Unterabschnitt 1: Inventar. Eröffnungsbilanz

§ 1 Pflicht zur Aufstellung[1]

(1) ¹Unternehmen mit Hauptniederlassung (Sitz) in der Deutschen Demokratischen Republik am 1. Juli 1990, die als Kaufleute nach § 238 des Handelsgesetzbuchs verpflichtet sind, Bücher zu führen, haben ein Inventar und eine Eröffnungsbilanz in Deutscher Mark für den 1. Juli 1990 sowie einen Anhang nach § 19 aufzustellen, der mit der Eröffnungsbilanz eine Einheit bildet. ²Unternehmen, die ihre Eröffnungsbilanz nicht nach § 37 offen legen müssen, brauchen einen Anhang nicht aufzustellen.

(2) Als Unternehmen, die nach Absatz 1 zur Führung von Büchern verpflichtet sind, gelten auch
1. volkseigene Kombinate, Betriebe, selbständige Einrichtungen und wirtschaftsleitende Organe, zwischenbetriebliche Einrichtungen und sonstige im Register der volkseigenen Wirtschaft eingetragene Wirtschaftseinheiten sowie volkseigene Güter,
2. Aktiengesellschaften im Aufbau, Gesellschaften mit beschränkter Haftung im Aufbau,
3. Genossenschaften jeder Art einschließlich kooperativer Einrichtungen,
4. Betriebe mit oder ohne eigene Rechtspersönlichkeit des Staates, der Länder, Kreise, Städte und Gemeinden, die ein Handelsgewerbe im Sinne des § 1 des Handelsgesetzbuchs betreiben,
5. Anstalten, Stiftungen und Vereine, die ein Handelsgewerbe im Sinne des § 1 des Handelsgesetzbuchs betreiben,
6. die Deutsche Post,
7. die Deutsche Reichsbahn,
8. Zweigniederlassungen und Betriebstätten von Unternehmen nach Absatz 1 mit Hauptniederlassung außerhalb der Deutschen Demokratischen Republik.

---

[1] **Anm. d. Red.:** § 1 i. d. F. des Gesetzes v. 22. 6. 1998 (BGBl I S. 1474) mit Wirkung v. 1. 7. 1998.

(3) Absatz 1 ist auch auf die Treuhandanstalt und auf in den Absätzen 1 und 2 bezeichnete Unternehmen anzuwenden, die sich in Abwicklung befinden oder über deren Vermögen das Gesamtvollstreckungsverfahren eingeleitet worden ist.

(4) Führt ein zur Rechnungslegung verpflichtetes Unternehmen den Geschäftsbetrieb eines in den Absätzen 1 bis 3 bezeichneten Unternehmens im eigenen oder fremden Namen, aber für fremde Rechnung, so hat es auch dessen Pflichten nach diesem Gesetz zu erfüllen; die Vorschriften dieses Gesetzes sind entsprechend anzuwenden.

(5) ¹Zur Rechnungslegung verpflichtete Unternehmen, die bis 30. Juni 1991 durch Gründung, Umwandlung, Verschmelzung, Spaltung oder Entflechtung entstehen, können für die Zwecke dieses Gesetzes als zum 1. Juli 1990 entstanden angesehen werden; auf Unternehmen, die aus landwirtschaftlichen Produktionsgenossenschaften hervorgegangen sind, ist diese Regelung bis zum 31. Dezember 1991 und auf kommunale Wohnungsunternehmen, auf die Wohnzwecken dienende Grundstücke oder sonstiges Wohnungsvermögen von früher volkseigenen Wohnungswirtschaftsbetrieben oder von Kommunen übertragen worden sind, bis zum 31. Dezember 1997 anzuwenden. ²Führen Maßnahmen nach Satz 1 dazu, dass ein Unternehmen nicht mehr besteht, so braucht dieses Gesetz auf das untergegangene Unternehmen nicht angewendet zu werden. ³Satz 2 ist auch anzuwenden, wenn das Unternehmen, das eine Rechtsform im Sinne des Absatzes 2 Nr. 1 oder 3 hat, bis 30. Juni 1991 aufgelöst wird und die Fortsetzung des aufgelösten Unternehmens ausgeschlossen ist. ⁴Die Frist nach Satz 1 ist gewahrt, wenn das neue Unternehmen oder die neue Rechtsform bis zum Ablauf der Frist ordnungsgemäß zur Eintragung in das zuständige Register angemeldet ist. ⁵Sind einer fristgerechten Anmeldung nicht alle erforderlichen Unterlagen beigefügt, gilt die Anmeldung als ordnungsgemäß, wenn diese Unterlagen unverzüglich bei dem für die Anmeldung zuständigen Gericht nachgereicht werden.

§ 2 Inventar

¹Auf das Inventar zum 1. Juli 1990 ist § 240 des Handelsgesetzbuchs entsprechend anzuwenden. ²In das Inventar sind auch solche Vermögensgegenstände aufzunehmen, die dem Unternehmen nach dem 30. Juni 1990 innerhalb der Aufstellungsfrist nach § 4 Abs. 1 Satz 1 für die Eröffnungsbilanz aus ehemals volkseigenem Vermögen unentgeltlich übertragen werden.

§ 3 Inventur

(1) ¹Für die Aufstellung des Inventars braucht eine Inventur zur mengenmäßigen Erfassung der Vermögensgegenstände und Schulden nicht durchgeführt zu werden, wenn bei der Inventur zum 30. Juni 1990 die Vermögensgegenstände und Schulden vollständig aufgenommen und die in der Absätzen 2 bis 6 enthaltenen Grundsätze beachtet worden sind. ²Die erst nach dem 30. Juni 1990 erworbenen Vermögensgegenstände und Schulden, die nach § 2 Satz 2 oder nach § 4 Abs. 3 in das Inventar aufzunehmen sind, sind in die Inventur einzubeziehen oder gesondert aufzunehmen. ³War der Prüfer bei prüfungspflichtigen Unternehmen (§ 33 Abs. 1) bei der Inventur nicht anwesend, kann auf eine neue Inventur nur verzichtet werden, wenn der Prüfer die Ordnungsmäßigkeit der Inventur zum 30. Juni 1990 anerkennt.

(2) ¹Die Vermögensgegenstände sind grundsätzlich körperlich zu erfassen. ²§ 241 des Handelsgesetzbuchs darf angewandt werden, Absatz 3 Nr. 1 mit der Maßgabe, dass das Inventar in den ersten vier Monaten des Geschäftsjahrs aufgestellt werden kann. ³Die körperliche Bestandsaufnahme kann bei den Vermögensgegenständen des Anlagevermögens unterbleiben, wenn diese in einer den Grundsätzen ordnungsmäßiger Buchführung entsprechenden Weise verzeichnet sind und in den letzten zwölf Monaten eine körperliche Aufnahme stattgefunden hat.

(3) Bei Grundstücken und Gebäuden sind alle gesetzlichen oder vertraglichen Einschränkungen zu erfassen, die sich auf deren Nutzung, Verfügbarkeit oder Verwertung beziehen; es sind außerdem alle bekannten Sachverhalte festzuhalten, aus denen sich finanzielle Verpflichtungen ergeben können.

(4) ¹Forderungen und Verbindlichkeiten sind in besonderen Listen zu erfassen und in einer den Grundsätzen ordnungsmäßiger Buchführung entsprechenden Art und Weise nachzuweisen.

²Forderungen und Verbindlichkeiten gegenüber dem Staat, der Treuhandanstalt, Gesellschaftern und Tochterunternehmen (§ 21 Abs. 1 Satz 1) sind gesondert zu erfassen; der Rechtsgrund ist jeweils anzugeben. ³Bei Verbindlichkeiten gegenüber Geldinstituten und Außenhandelsbetrieben ist der Grund für die Kreditgewährung anzugeben.

(5) In besonderen Listen sind alle Sachverhalte zu erfassen, die zu einer Rückstellung nach § 249 Abs. 1 Satz 1 des Handelsgesetzbuchs für ungewisse Verbindlichkeiten oder für drohende Verluste aus schwebenden Geschäften führen können oder für die Rückstellungen nach § 249 Abs. 1 Satz 2 des Handelsgesetzbuchs zu bilden sind.

(6) In besonderen Listen sind alle Haftungsverhältnisse, die nach § 251 des Handelsgesetzbuchs zu vermerken sind, und alle sonstigen finanziellen Verpflichtungen zu erfassen, über die nach § 19 Abs. 3 Nr. 6 im Anhang zu berichten ist, soweit sie nicht nach den Absätzen 2 bis 5 berücksichtigt sind.

§ 3a Nachholung der Inventur

(1) ¹Ist die nach § 3 vorgeschriebene Inventur nicht oder nicht ordnungsgemäß durchgeführt worden, so ist eine den Anforderungen des § 3 Abs. 2 bis 6 genügende Inventur auf einen Stichtag innerhalb der Feststellungsfrist nach § 35 Abs. 1 Satz 3 durchzuführen. ²Bei prüfungspflichtigen Unternehmen muss der Prüfer bei der Inventur anwesend sein. ³Das Inventar und die Eröffnungsbilanz für den 1. Juli 1990 sind zu berichtigen oder zu ergänzen, wenn sich anhand der neuen Inventur unter Berücksichtigung der seit dem 1. Juli 1990 nach § 238 Abs. 1 des Handelsgesetzbuchs geführten Handelsbücher mengen- oder wertmäßige Abweichungen ergeben. ⁴Die Änderungen und Ergänzungen sind im Anhang betragsmäßig anzugeben und zu erläutern.

(2) Bei prüfungspflichtigen Unternehmen ist im Falle des Absatzes 1 der Bestätigungsvermerk ohne den Hinweis auf die Ordnungsmäßigkeit von Inventar und Inventur zu erteilen und, soweit er aus anderen Gründen nicht einzuschränken oder zu versagen ist, wie folgt zu fassen: „Die Buchführung, die Eröffnungsbilanz und der Anhang entsprechen nach meiner/unserer pflichtgemäßen Prüfung den gesetzlichen Vorschriften. Die Eröffnungsbilanz und der Anhang vermitteln unter Beachtung der Grundsätze ordnungsmäßiger Buchführung ein den tatsächlichen Verhältnissen entsprechendes Bild der Vermögenslage des Unternehmens. Die Inventur musste gemäß § 3a des D-Markbilanzgesetzes nachgeholt werden. Ihre Ordnungsmäßigkeit wird bestätigt."

§ 4 Aufstellung der Eröffnungsbilanz

(1) ¹Die Eröffnungsbilanz und der Anhang sind in den ersten vier Monaten des Geschäftsjahrs aufzustellen. ²Unternehmen, die in der Eröffnungsbilanz eine Bilanzsumme von höchstens drei Millionen neunhunderttausend Deutsche Mark nach Abzug eines Fehlbetrags nach § 268 Abs. 3 des Handelsgesetzbuchs ausweisen oder die am 1. Juli 1990 höchstens fünfzig Arbeitnehmer beschäftigen, dürfen die Eröffnungsbilanz und den Anhang in den ersten sechs Monaten des Geschäftsjahrs aufstellen, wenn dies einem ordnungsgemäßen Geschäftsgang entspricht.

(2) ¹Die Eröffnungsbilanz und der Anhang haben unter Beachtung der Grundsätze ordnungsmäßiger Buchführung ein den tatsächlichen Verhältnissen entsprechendes Bild der Vermögenslage im Sinne des § 264 Abs. 2 Satz 1 des Handelsgesetzbuchs zu vermitteln. ²Führen besondere Umstände dazu, dass die Eröffnungsbilanz ein den tatsächlichen Verhältnissen entsprechendes Bild nicht vermittelt, so sind im Anhang zusätzliche Angaben zu machen, sofern ein solcher aufzustellen ist.

(3) ¹Übertragen Unternehmen zum Zwecke der Neustrukturierung oder Privatisierung bis zum 30. Juni 1991 Vermögensgegenstände oder Schulden auf andere Unternehmen, so können die sich daraus ergebenden Änderungen in den Eröffnungsbilanzen und Inventaren der betroffenen Unternehmen, jedoch nur übereinstimmend, berücksichtigt werden; ist das übertragende Unternehmen eine landwirtschaftliche Produktionsgenossenschaft, tritt an die Stelle des 30. Juni 1991 der 31. Dezember 1991. ²Satz 1 ist auch anzuwenden, wenn alle Vermögensgegenstände und Schulden eines Unternehmens einschließlich der nach diesem Gesetz vorgesehenen Son-

derposten übertragen werden. ³Auf das verbleibende Unternehmen braucht bei Vermögenslosigkeit dieses Gesetz nicht angewendet zu werden; ist es in einem Register eingetragen, so ist es von Amts wegen zu löschen. ⁴Die Übertragung von Vermögensgegenständen nach Satz 1 bis zum 31. Dezember 1995 ist stets in der Eröffnungsbilanz und im Inventar zu berücksichtigen, wenn die Treuhandanstalt die Vermögensänderung von einem Unternehmen verlangt hat, dessen Anteile ihr gehören, und ein angemessenes Entgelt nicht gewährt wird. ⁵Erfolgt die Übertragung des Vermögensgegenstandes auf ein anderes Unternehmen, dessen Anteile im Zeitpunkt der Übertragung der Treuhandanstalt gehören, so ist die Vermögensänderung auch in der Eröffnungsbilanz und im Inventar des übernehmenden Unternehmens zu berücksichtigen. ⁶Die Eröffnungsbilanz gilt als geändert, sobald die Vermögensänderung in dem folgenden Jahresabschluss berücksichtigt worden ist.

§ 5 Anzuwendende Vorschriften

(1) ¹Auf die Eröffnungsbilanz sind die §§ 243 bis 261 des Handelsgesetzbuchs mit Ausnahme von § 243 Abs. 3, § 247 Abs. 3, §§ 252, 253 Abs. 1 Satz 1, Abs. 4, § 255 Abs. 3, § 256 Satz 1 entsprechend anzuwenden, soweit sie sich auf die Bilanz beziehen und dieses Gesetz keine abweichenden Regelungen enthält; Angaben über verbundene Unternehmen brauchen nicht gemacht zu werden. ²Unternehmen, die nicht Einzelkaufmann oder Personenhandelsgesellschaft sind, haben außerdem § 265 Abs. 3 bis 8, §§ 266, 268 Abs. 3 bis 7, §§ 270 bis 272, Genossenschaften die §§ 336, 337 des Handelsgesetzbuchs anzuwenden, soweit dieses Gesetz abweichende Regelungen nicht enthält oder geschäftszweigbezogene Vorschriften über Form und Inhalt der Bilanz nicht zu beachten sind.

(2) Werden in der Eröffnungsbilanz die Größenmerkmale des § 267 Abs. 1 oder 2 des Handelsgesetzbuchs bezüglich der Bilanzsumme oder der Arbeitnehmerzahl nicht überschritten, dürfen kleine Unternehmen die Erleichterungen des § 266 Abs. 1 Satz 3 des Handelsgesetzbuchs und mittelgroße Unternehmen die Erleichterungen des § 327 Nr. 1 des Handelsgesetzbuchs bereits bei der Aufstellung der Eröffnungsbilanz in Anspruch nehmen.

Unterabschnitt 2: Bilanzansatz- und Bewertungsvorschriften

§ 6 Allgemeine Anforderungen

(1) Bei der Bewertung der in der Eröffnungsbilanz ausgewiesenen Vermögensgegenstände und Schulden gilt insbesondere Folgendes:
1. Bei der Bewertung ist von der Fortführung der Unternehmenstätigkeit auszugehen, sofern dem nicht tatsächliche oder rechtliche Gegebenheiten entgegenstehen.
2. Die Vermögensgegenstände und Schulden sind zum Stichtag der Eröffnungsbilanz einzeln zu bewerten.
3. Es ist vorsichtig zu bewerten, namentlich sind alle vorhersehbaren Risiken und Verluste, die bis zum Stichtag der Eröffnungsbilanz entstanden sind, zu berücksichtigen, selbst wenn diese erst zwischen dem Stichtag und dem Tag der Aufstellung der Eröffnungsbilanz bekannt geworden sind; Gewinne sind nur zu berücksichtigen, wenn sie am Stichtag realisiert sind.

(2) ¹Die auf die in der Eröffnungsbilanz ausgewiesenen Vermögensgegenstände und Schulden angewandten Ansatz- und Bewertungsmethoden sind für die folgenden Bilanzen verbindlich, soweit nicht abgewichen werden muss oder eine Abweichung nach § 252 Abs. 2 des Handelsgesetzbuchs zulässig ist; für die erstmalige Abweichung in einem nachfolgenden Abschluss von einem in der Eröffnungsbilanz ausgeübten Wahlrecht bedarf es eines begründeten Ausnahmefalls nicht. ²Satz 1 gilt auch, wenn sich die Zulässigkeit der Methode nur aus diesem Gesetz ergibt. ³Die in der Eröffnungsbilanz angesetzten Werte dürfen jedoch in den Folgebilanzen nicht überschritten werden.

§ 7 Neubewertung

(1) ¹Vermögensgegenstände und Schulden sind neu zu bewerten. ²Vermögensgegenstände sind mit ihren Wiederbeschaffungs- oder Wiederherstellungskosten anzusetzen (Neuwert); sie dürfen jedoch höchstens mit dem Wert angesetzt werden, der ihnen beizulegen ist (Zeitwert). ³Wesentliche Werterhöhungen, die innerhalb von vier Monaten nach dem Bilanzstichtag eintreten, sind zu berücksichtigen. ⁴Die bisherige Nutzung der Vermögensgegenstände und ihr Zurückbleiben hinter dem technischen Fortschritt sind bei der Ermittlung des Zeitwerts durch einen Wertabschlag zu berücksichtigen. ⁵Die in der Eröffnungsbilanz angesetzten Werte gelten für die Folgezeit als Anschaffungs- oder Herstellungskosten, soweit Berichtigungen nach § 36 nicht vorzunehmen sind.

(2) ¹Auf die Ermittlung der Wiederbeschaffungskosten ist § 255 Abs. 1 des Handelsgesetzbuchs über die Anschaffungskosten entsprechend anzuwenden. ²Dabei ist von den Preisverhältnissen im gesamten Währungsgebiet der Deutschen Mark auszugehen.

(3) ¹Auf die Ermittlung der Wiederherstellungskosten ist § 255 Abs. 2 des Handelsgesetzbuchs über die Herstellungskosten entsprechend mit der Maßgabe anzuwenden, dass die in dessen Satz 3 bezeichneten Aufwendungen einzurechnen sind; Zinsen für Fremdkapital dürfen nicht angesetzt werden. ²Der Berechnung der Aufwendungen für den Verbrauch von Gütern und für bezogene Leistungen sind deren Wiederbeschaffungskosten gemäß Absatz 2 und der Berechnung von Aufwendungen für eigene Leistungen die Lohn- und Gehaltsverhältnisse in der Deutschen Demokratischen Republik zugrunde zu legen. ³Erhöhungen der Personalkosten innerhalb der ersten vier Monate nach dem Stichtag der Eröffnungsbilanz dürfen berücksichtigt werden.

(4) ¹Bei abnutzbaren Vermögensgegenständen ist der Wertabschlag für die bisherige Nutzung in entsprechender Anwendung des § 253 Abs. 2 Satz 1 und 2 des Handelsgesetzbuchs zu bemessen. ²Bei der Festlegung der Nutzungsdauer abnutzbarer Vermögensgegenstände sind die Zeiten zugrunde zu legen, die für die steuerliche Gewinnermittlung ab 1. Juli 1990 anzusetzen sind. ³Bei abnutzbaren Vermögensgegenständen, deren tatsächliche Nutzung die Nutzungsdauer nach Satz 2 nach vernünftiger kaufmännischer Beurteilung voraussichtlich überschreitet, darf der Wert unter Berücksichtigung der längeren Nutzungsdauer angesetzt werden, höchstens jedoch mit der Nutzungsdauer, die vor dem 1. Juli 1990 zulässig war.

(5) ¹Vermögensgegenstände, die im Unternehmen nicht mehr verwendet werden, sind mit dem zu erwartenden Verkaufserlös nach Abzug der noch anfallenden Kosten anzusetzen (Veräußerungswert). ²Vermögensgegenstände, die noch genutzt werden, aber vor dem 1. Juli 1990 bereits vollständig abgeschrieben worden sind, dürfen höchstens mit ihrem Veräußerungswert angesetzt werden.

(6) ¹Forderungen und Verbindlichkeiten nach dem Vermögensgesetz sind in die Eröffnungsbilanz mit dem Wert aufzunehmen, der dem rückgabepflichtigen Unternehmen nach § 11 oder zurückzugebenden Vermögensgegenständen nach den §§ 8 bis 18 zukommt. ²In Höhe des aktivierten Betrags ist innerhalb der Gewinnrücklagen eine Sonderrücklage zu bilden, die bis zur Erfüllung des Anspruchs nur zum Ausgleich von Verlusten verwendet werden darf, soweit sie nicht zur Bildung des gezeichneten Kapitals benötigt wird.

§ 8 Immaterielle Vermögensgegenstände

(1) ¹Das Bilanzierungsverbot des § 248 Abs. 2 des Handelsgesetzbuchs für selbst geschaffene immaterielle Vermögensgegenstände des Anlagevermögens gilt auch, wenn die Vermögensgegenstände im Wege der Umwandlung vor dem 1. Juli 1990 erworben worden sind. ²Ein unentgeltlich erworbener Geschäfts- oder Firmenwert darf nicht angesetzt werden; § 31 Abs. 1 Nr. 1 bleibt unberührt.

(2) Entgeltlich erworbene immaterielle Vermögensgegenstände des Anlagevermögens, die technisch oder wirtschaftlich überholt sind, dürfen höchstens mit ihrem Veräußerungswert angesetzt werden.

(3) ¹Statt der Summe der aus der Einzelbewertung der entgeltlich erworbenen immateriellen Vermögensgegenstände sich ergebenden Beträge kann der Betrag angesetzt werden, den ein

Käufer bei Fortführung des Unternehmens im Rahmen des Gesamtkaufpreises für die entgeltlich erworbenen immateriellen Vermögensgegenstände insgesamt zu zahlen bereit wäre. ²Der Betrag ist, soweit es sich um abnutzbare Vermögensgegenstände handelt, in entsprechender Anwendung des § 255 Abs. 4 des Handelsgesetzbuchs abzuschreiben.

§ 9 Grund und Boden

(1) ¹Grund und Boden ist mit seinem Verkehrswert anzusetzen. ²Dabei darf die Preisentwicklung im gesamten Währungsgebiet der Deutschen Mark bis zur Feststellung der Eröffnungsbilanz berücksichtigt werden. ³Bis zur Bildung von selbständigen und unabhängigen Gutachterausschüssen für die Ermittlung der Grundstückswerte und für sonstige Wertermittlungen können für die Ermittlung des Verkehrswerts die vom Ministerium für Wirtschaft empfohlenen Richtwerte herangezogen werden.

(2) ¹Bestehen Nutzungs-, Verfügungs- oder Verwertungsbeschränkungen, die den Verkehrswert nach allgemeiner Verkehrsauffassung wesentlich beeinträchtigen, so sind diese wertmindernd zu berücksichtigen. ²Dies gilt auch für künftige Rekultivierungs- und Entsorgungsverpflichtungen, soweit sie den Eigentümer betreffen. ³Aufwendungen nach Satz 2 dürfen nicht wertmindernd berücksichtigt werden, soweit eine Rückstellung nach § 17 Abs. 2a oder § 249 Abs. 2 des Handelsgesetzbuchs gebildet wird.

(3) ¹Ein unentgeltlich auf mindestens zehn Jahre unentziehbar eingeräumtes grundstücksgleiches Recht darf mit dem Barwert der üblichen Nutzungsentschädigung angesetzt werden, wenn der dazu gehörende Grund und Boden wie Anlagevermögen genutzt wird. ²Der angesetzte Betrag ist in der Bilanz oder im Anhang gesondert anzugeben.

§ 10 Bauten und andere Anlagen

(1) ¹Gebäude und andere Bauten, technische und andere Anlagen, Maschinen, Betriebs- und Geschäftsausstattung sind mit ihren Wiederherstellungskosten (§ 7 Abs. 3) oder mit ihren Wiederbeschaffungskosten (§ 7 Abs. 2) unter Berücksichtigung des Wertabschlags für zwischenzeitliche Nutzung (§ 7 Abs. 4), höchstens jedoch mit ihrem Zeitwert (§ 7 Abs. 1 Satz 2) anzusetzen. ²Unterlassene Instandhaltungen und Großreparaturen zur Erhaltung sind bei der Ermittlung des Zeitwerts wertmindernd zu berücksichtigen, soweit eine Rückstellung nach § 249 Abs. 2 des Handelsgesetzbuchs nicht gebildet wird.

(2) ¹Als Zeitwert der in Absatz 1 bezeichneten Vermögensgegenstände kann auch ihr höherer Verkehrswert angesetzt werden. ²Unterlassene Instandhaltungen und Großreparaturen zur Erhaltung des Vermögensgegenstandes dürfen bei Ansatz des Verkehrswerts nicht wertmindernd berücksichtigt werden, soweit eine Rückstellung nach § 249 Abs. 1 Satz 2 Nr. 1 oder Satz 3 oder Absatz 2 des Handelsgesetzbuchs gebildet wird.

§ 11 Finanzanlagen

(1) ¹Beteiligungen an einem anderen Unternehmen nach § 1 sind in der Eröffnungsbilanz mit dem Betrag anzusetzen, der dem ausgewiesenen anteiligen Eigenkapital (§ 26 Abs. 1) in der Eröffnungsbilanz dieses Unternehmens entspricht. ²Steht dem anderen Unternehmen eine Ausgleichsforderung oder eine Forderung auf Einzahlung von Eigenkapital gegen das beteiligte Unternehmen zu, so sind diese unter den Verbindlichkeiten gegenüber verbundenen Unternehmen gesondert auszuweisen. ³Andere Beteiligungen sind mit ihrem Verkehrswert anzusetzen. ⁴Satz 3 darf auch auf Beteiligungen nach Satz 1 angewandt werden.

(2) Aktien und andere Wertpapiere, die an einer Börse zum amtlichen Handel oder zum geregelten Markt zugelassen oder in den Freiverkehr einbezogen sind, sind mit ihrem Kurswert am Stichtag der Eröffnungsbilanz anzusetzen.

(3) Ausleihungen, die vor dem 1. Juli 1990 begründet wurden, sind mit der Wirkung auf Deutsche Mark umzustellen, dass für zwei Mark der Deutschen Demokratischen Republik eine Deutsche Mark anzusetzen ist.

§ 12 Vorräte

(1) Roh-, Hilfs- und Betriebsstoffe sind mit ihren Wiederbeschaffungs- oder Wiederherstellungskosten anzusetzen.

(2) ¹Unfertige Erzeugnisse und Leistungen sowie fertige Erzeugnisse sind mit ihren Wiederherstellungskosten anzusetzen. ²Bei fertigen Erzeugnissen darf, wenn dies einer vereinfachten Ermittlung der Wiederherstellungskosten dient, der Betrag angesetzt werden, der sich ergibt, wenn von den zu erwartenden Erlösen die Vertriebskosten und der zu erwartende Gewinn abgesetzt werden. ³Dieses Verfahren darf auch auf unfertige Erzeugnisse und Leistungen angewandt werden, wenn die bis zur Fertigstellung zusätzlich anfallenden Kosten, die ebenfalls abzusetzen sind, zuverlässig berechnet werden können.

(3) ¹Waren, die ohne Be- oder Verarbeitung zur Weiterveräußerung bestimmt sind, sind mit den Wiederbeschaffungskosten anzusetzen. ²Absatz 2 Satz 2 darf entsprechend angewandt werden.

(4) ¹Vorräte nach den Absätzen 1 bis 3 sind jedoch höchstens mit ihrem Zeitwert (§ 7 Abs. 1 Satz 1) anzusetzen. ²§ 7 Abs. 5 Satz 1 bleibt unberührt.

§ 13 Forderungen

(1) Auf Mark der Deutschen Demokratischen Republik lautende Forderungen, die vor dem 1. Juli 1990 begründet wurden, werden, soweit Absatz 2 nichts anderes bestimmt, mit der Wirkung auf Deutsche Mark umgerechnet, dass für zwei Mark der Deutschen Demokratischen Republik eine Deutsche Mark anzusetzen ist.

(2) Abweichend von Absatz 1 werden Mieten und Pachten sowie sonstige regelmäßig wiederkehrende Zahlungen, die nach dem 30. Juni 1990 fällig werden, mit der Wirkung auf Deutsche Mark umgerechnet, dass für eine Mark der Deutschen Demokratischen Republik eine Deutsche Mark anzusetzen ist.

(3) ¹Der Grundsatz der Einzelbewertung ist zu beachten. ²Minderverzinsliche oder unverzinsliche Forderungen sowie zweifelhafte Forderungen sind mit dem niedrigeren beizulegenden Wert anzusetzen; eingeräumte Sicherheiten sind zu berücksichtigen. ³Pauschalwertberichtigungen wegen des allgemeinen Kreditrisikos sind vom Gesamtbetrag der Forderungen abzusetzen.

(4) Forderungen, die Verbindlichkeiten nach § 16 Abs. 3 und 4 entsprechen, dürfen nicht angesetzt werden.

(5) Ausstehende Einlagen sind, auch wenn sie nicht eingefordert sind, wie Forderungen zu bewerten, jedoch nicht abzuzinsen.

§ 14 Kassenbestand, Schecks, Guthaben bei Geldinstituten

(1) Zahlungsmittel in Mark der Deutschen Demokratischen Republik sind nur anzusetzen, soweit sie weiterhin gesetzliche Zahlungsmittel sind.

(2) Schecks sind wie Forderungen zu behandeln.

(3) Guthaben bei Geldinstituten in Mark der Deutschen Demokratischen Republik sind mit dem Betrag anzusetzen, den das Geldinstitut in Deutscher Mark gutbringen muss.

§ 15 Rechnungsabgrenzungsposten

Aktive und passive Rechnungsabgrenzungsposten nach § 250 des Handelsgesetzbuchs sind im Verhältnis von zwei Mark der Deutschen Demokratischen Republik zu einer Deutschen Mark umzurechnen, soweit nicht ein anderes Umstellungsverhältnis vorgeschrieben ist.

§ 16 Verbindlichkeiten

(1) Auf Mark der Deutschen Demokratischen Republik lautende Verbindlichkeiten, die vor dem 1. Juli 1990 begründet wurden, werden, soweit Absatz 2 nichts anderes bestimmt, mit der

Wirkung auf Deutsche Mark umgerechnet, dass für zwei Mark der Deutschen Demokratischen Republik eine Deutsche Mark anzusetzen ist.

(2) Abweichend von Absatz 1 werden folgende auf Mark der Deutschen Demokratischen Republik lautende Verbindlichkeiten mit der Wirkung auf Deutsche Mark umgerechnet, dass für eine Mark der Deutschen Demokratischen Republik eine Deutsche Mark anzusetzen ist:
1. Löhne und Gehälter in Höhe der nach dem 1. Mai 1990 geltenden Tarifverträge sowie Stipendien, die nach dem 30. Juni 1990 fällig werden;
2. Renten, die nach dem 30. Juni 1990 fällig werden, soweit sich aus Artikel 20 des Vertrages über die Schaffung einer Währungs-, Wirtschafts- und Sozialunion zwischen der Bundesrepublik Deutschland und der Deutschen Demokratischen Republik nichts anderes ergibt;
3. Mieten und Pachten sowie sonstige regelmäßig wiederkehrende Zahlungen, die nach dem 30. Juni 1990 fällig werden, mit Ausnahme wiederkehrender Zahlungen aus und in Lebensversicherungen und privaten Rentenversicherungen.

(3) [1]Verbindlichkeiten sind in die Eröffnungsbilanz nicht aufzunehmen, wenn eine schriftliche Erklärung des Gläubigers vorliegt, dass er
1. Zahlung nur verlangen wird, soweit die Erfüllung aus dem Jahresüberschuss möglich ist, und
2. im Falle der Auflösung, Zahlungsunfähigkeit oder Überschuldung des Unternehmens hinter alle Gläubiger zurücktritt, die eine solche Erklärung nicht abgegeben haben.

[2]Der Gesamtbetrag solcher Verbindlichkeiten ist im Anhang unter den sonstigen finanziellen Verpflichtungen gesondert anzugeben, soweit sie nicht auf Grund einer Vereinbarung mit dem Unternehmen als nachrangiges Kapital ausgewiesen werden.

(4) Verbindlichkeiten, die bis zur Feststellung der Eröffnungsbilanz erlassen oder von einem Dritten unentgeltlich übernommen werden, sind nicht zu bilanzieren.

§ 17 Rückstellungen

(1) Ungewisse Verbindlichkeiten, die vor dem 1. Juli 1990 in Mark der Deutschen Demokratischen Republik begründet wurden, sind wie Verbindlichkeiten in Deutsche Mark umzurechnen und als Rückstellungen auszuweisen.

(2) [1]Rückstellungen für drohende Verluste aus schwebenden Geschäften nach § 249 Abs. 1 Satz 1 des Handelsgesetzbuchs sind in der Eröffnungsbilanz neu zu bilden. [2]Sie sind insbesondere einzustellen, wenn zu erwarten ist, dass ein Absatz- oder Beschaffungsgeschäft nach Erfüllung zu einem Aufwand führt, der die Gegenleistung übersteigt, oder zu einer Abschreibung auf den gelieferten Gegenstand führt.

(2a) [1]Rückstellungen für Maßnahmen zur Abwehr von Gefahren für Mensch und Umwelt, die von Umweltbeeinträchtigungen ausgehen, und zur Beseitigung von Umweltbeeinträchtigungen sind zu bilden, soweit eine gesetzliche oder vertragliche Verpflichtung besteht und die Art und der Umfang der notwendigen und angemessenen Maßnahmen nachgewiesen oder von der zuständigen Verwaltungsbehörde angeordnet sind. [2]Die Rückstellung ist auch zu bilden, soweit die Durchführung der Maßnahmen zu Anschaffungs- oder Herstellungskosten für Vermögensgegenstände führt, die nach § 253 Abs. 2 Satz 3 oder Absatz 3 des Handelsgesetzbuchs im Zeitpunkt der Anschaffung oder Herstellung in vollem Umfang abzuschreiben sind. [3]Die Rückstellung ist aufzulösen, wenn die Maßnahmen nicht bis zum 31. Dezember 1997 begonnen worden sind und für die Zeit danach weder ein Verwaltungsakt der zuständigen Behörde noch eine Vereinbarung mit dieser vorliegt, noch das Unternehmen diese vom Vorliegen von Gefahren oder Beeinträchtigungen im Sinne des Satzes 1 unterrichtet hat.

(3) Rückstellungen, die nicht nach Absatz 1 umzurechnen sind, sind in Höhe des Betrags in Deutscher Mark anzusetzen, der nach vernünftiger kaufmännischer Beurteilung notwendig ist, um die Verpflichtung zu erfüllen.

(4) ¹Werden Rückstellungen wegen der erstmaligen Anwendung des § 249 Abs. 1 Satz 1 des Handelsgesetzbuchs in der Eröffnungsbilanz gebildet, so ist in Höhe des Betrags dieser Rückstellungen, soweit er nicht durch eine Ausgleichsforderung nach § 24 Abs. 1 Satz 1 oder § 40 ausgeglichen wird, auf der Aktivseite ein Sonderverlustkonto aus Rückstellungsbildung gesondert auszuweisen; dies gilt nicht für Rückstellungen für ungewisse Rückgabeverpflichtungen nach § 7 Abs. 6. ²Der aktivierte Betrag ist in den Folgejahren jeweils in Höhe der Aufwendungen abzuschreiben, die zur Erfüllung der zurückgestellten Verpflichtungen entstehen. ³In Höhe des Sonderverlustkontos ist innerhalb der Gewinnrücklagen eine Sonderrücklage zu bilden, die nur zum Ausgleich von Verlusten verwendet werden darf; im Falle der Inanspruchnahme oder Auflösung der Rückstellung in einem späteren Jahresabschluss wird die Rücklage in Höhe des jeweils aufgelösten Betrags frei verfügbar, soweit sie nicht zum Ausgleich eines eingetretenen Verlustes benötigt wird. ⁴Der aktivierte Betrag ist nicht geeignet, einen nicht durch Eigenkapital gedeckten Fehlbetrag zu beseitigen oder Ausstehende Einlagen zur Bildung des gezeichneten Kapitals oder das Kapitalentwertungskonto nach § 26 Abs. 4, § 28 Abs. 1 zu ersetzen.

(4a) ¹Wird eine Rückstellung aufgelöst, ohne dass diese in Anspruch genommen wurde, wird auch das Sonderverlustkonto in Höhe des aufgelösten Betrags abgeschrieben. ²Soweit eine Rückstellung nicht in Anspruch genommen wird, weil eine Freistellung, insbesondere nach Artikel 1 § 4 Abs. 3 des Umweltrahmengesetzes, erfolgt ist oder die Verpflichtung in anderer Weise von einem Dritten wirtschaftlich getragen wird, so ist, wenn die Rückstellung zu einer Ausgleichsforderung nach § 24 geführt hat, der aufgelöste Betrag mit der Ausgleichsforderung zu verrechnen, wenn diese nach § 36 Abs. 4 nicht mehr geändert werden kann. ³Ist die Ausgleichsforderung vom Schuldner bereits getilgt oder vom Gläubiger an einen Dritten abgetreten oder verpfändet worden, ist der Betrag, der nach Satz 2 hätte verrechnet werden können, von demjenigen, der die Rückstellung aufgelöst hat, an den ursprünglichen Schuldner zurückzuzahlen. ⁴Satz 3 gilt auch, soweit eine vom Unternehmen geltend gemachte Ausgleichsforderung dadurch entfallen ist, dass der Schuldner Altkredite des Unternehmens schuldbefreiend übernommen hat.

(4b) Sind eine Ausgleichsforderung oder ein Sonderverlustkonto in den Fällen des Absatzes 4 oder 4a den Rückstellungen nicht eindeutig zuzuordnen, so ist zu vermuten, dass Rückstellungen nach Absatz 2a vorweg zu einer Ausgleichsforderung geführt haben.

(5) ¹§ 249 Abs. 1 Satz 2 Nr. 1 des Handelsgesetzbuchs braucht nicht angewandt zu werden. ²§ 249 des Handelsgesetzbuchs bleibt im Übrigen unberührt. ³An Stelle eines Wertabschlags nach § 9 Abs. 2 Satz 2 oder § 10 Abs. 1 Satz 2 oder Abs. 2 Satz 2 kann eine Rückstellung nach § 249 Abs. 1 Satz 2 Nr. 1 oder Satz 3 oder Absatz 2 des Handelsgesetzbuchs gebildet werden, wenn die Voraussetzungen hierfür erfüllt sind. ⁴§ 16 Abs. 3 und 4 ist entsprechend anzuwenden.

§ 18 Währungsumrechnung

¹Auf ausländische Währung lautende Vermögensgegenstände, Schulden und Rechnungsabgrenzungsposten sowie am Bilanzstichtag nicht abgewickelte Kassa-Geschäfte sind mit dem Kassa-Kurs am Bilanzstichtag in Deutsche Mark umzurechnen. ²Nicht abgewickelte Termingeschäfte sind zum Terminkurs am Bilanzstichtag umzurechnen. ³Forderungen und Lieferansprüche sind mit dem Geldkurs, Verbindlichkeiten und Lieferverpflichtungen mit dem Briefkurs umzurechnen.

Unterabschnitt 3: Anhang. Vergleichende Darstellung

§ 19 Anhang

(1) ¹Im Anhang sind die auf die Posten der Eröffnungsbilanz angewandten Bilanzierungs- und Bewertungsmethoden, insbesondere die bei der Neubewertung angewandten, anzugeben und so zu erläutern, dass ein sachverständiger Dritter die Wertansätze beurteilen kann; insbesondere sind bei Schätzungen die Vergleichsmaßstäbe darzustellen. ²Bei der Ausübung von Wahlrechten sind wesentliche Auswirkungen auf die Vermögenslage gesondert darzustellen. ³Außerdem sind diejenigen Angaben aufzunehmen, die zu den einzelnen Posten der Eröffnungsbilanz vor-

§ 19 V. D-Markbilanzgesetz

geschrieben oder die im Anhang zu machen sind, weil sie in Ausübung eines Wahlrechts nicht in die Eröffnungsbilanz aufgenommen wurden.

(2) ¹Im Anhang sind die Maßnahmen zu beschreiben, die für die Zeit nach dem 30. Juni 1990 getroffen oder geplant worden sind, um das Unternehmen an die veränderten Bedingungen anzupassen. ²Dazu gehören insbesondere Änderungen des Unternehmenszwecks, Aufgabe oder Neuaufnahme von Produkten, Stilllegung, die Aufspaltung oder der Zusammenschluss mit anderen Unternehmen. ³Die voraussichtlichen Kosten der Umstrukturierung sind anzugeben.

(3) Im Anhang sind ferner anzugeben:
1. zu den in der Bilanz ausgewiesenen Verbindlichkeiten
   a) der Gesamtbetrag der Verbindlichkeiten mit einer Restlaufzeit von mehr als fünf Jahren,
   b) der Gesamtbetrag der Verbindlichkeiten, die durch Pfandrechte oder ähnliche Rechte gesichert sind, unter Angabe von Art und Form der Sicherheiten;
2. die Aufgliederung der in Nummer 1 verlangten Angaben für jeden Posten der Verbindlichkeiten nach dem vorgeschriebenen Gliederungsschema, sofern sich diese Angaben nicht aus der Bilanz ergeben;
3. zu dem in der Eröffnungsbilanz ausgewiesenen Grund und Boden sowie zu den Gebäuden und anderen Bauten sind alle gesetzlichen oder vertraglichen Einschränkungen zu vermerken, die sich auf deren Nutzung, Verfügbarkeit oder Verwertung beziehen. ²Es sind außerdem alle Sachverhalte anzugeben, aus denen sich künftige finanzielle Verpflichtungen ergeben können, insbesondere für Großreparaturen, Rekultivierungs- oder Entsorgungsaufwendungen;
4. zu den in der Eröffnungsbilanz ausgewiesenen technischen Anlagen und Maschinen, anderen Anlagen sowie der Betriebs- und Geschäftsausstattung sind deren Zustand (durchschnittliche Abnutzung, technischer Stand) und deren zukünftige Einsatzmöglichkeiten zu beschreiben; der voraussichtliche Investitionsbedarf in den nächsten vier Jahren ist, soweit vorhersehbar, anzugeben;
5. Ansprüche, die sich gegen das Unternehmen ergeben können, weil die früheren Eigentümer des Unternehmens, von Unternehmensteilen, Betrieben oder von Vermögensgegenständen enteignet worden sind;
6. der Gesamtbetrag der sonstigen finanziellen Verpflichtungen, die nicht in der Bilanz erscheinen und die auch nicht nach § 251 des Handelsgesetzbuchs oder auf Grund anderer Vorschriften dieses Gesetzes anzugeben sind, sofern diese Angaben für die Beurteilung der Finanzlage von Bedeutung sind; davon sind Verpflichtungen gegenüber Gesellschaftern gesondert anzugeben;
7. die Zahl der beschäftigten Arbeitnehmer;
8. alle Mitglieder des Geschäftsführungsorgans und eines Aufsichtsrats, auch wenn sie nur vorläufig bestellt sind, mit dem Familiennamen und mindestens einem ausgeschriebenen Vornamen. ²Der Vorsitzende eines Aufsichtsrats, seine Stellvertreter und ein etwaiger Vorsitzender des Geschäftsführungsorgans sind als solche zu bezeichnen;
9. Name und Sitz anderer Unternehmen, von denen das Unternehmen oder eine für seine Rechnung handelnde Person mindestens den fünften Teil der Anteile besitzt; außerdem sind die Höhe des Anteils am Kapital und das in der Eröffnungsbilanz ausgewiesene Eigenkapital oder ein nicht durch Eigenkapital gedeckter Fehlbetrag dieser Unternehmen anzugeben; auf die Berechnung der Anteile ist § 16 Abs. 2 und 4 des Aktiengesetzes entsprechend anzuwenden;
10. Rückstellungen, die in der Bilanz unter dem Posten „sonstige Rückstellungen" nicht gesondert ausgewiesen werden, sind zu erläutern, wenn sie einen nicht unerheblichen Umfang haben. ²Aufwandrückstellungen sind stets gesondert anzugeben und zu erläutern;
11. Name und Sitz des unmittelbaren Mutterunternehmens sowie der Ort der Offenlegung der von diesem Mutterunternehmen aufgestellten Konzerneröffnungsbilanz.

(4) Die in den Absätzen 2 und 3 verlangten Angaben und Erläuterungen können unterbleiben, soweit sie
1. für die Darstellung der Vermögenslage des Unternehmens nach § 264 Abs. 2 des Handelsgesetzbuchs von untergeordneter Bedeutung sind oder
2. in den Fällen der Absätze 2 und 3 Nr. 4 und 9 nach vernünftiger kaufmännischer Beurteilung geeignet sind, dem Unternehmen einen erheblichen Nachteil zuzufügen.

§ 20 Vergleichende Darstellung

¹Unternehmen, die Geldinstitute oder Außenhandelsbetriebe sind, haben dem Anhang eine vergleichende Darstellung als Anlage beizufügen, aus der sich ergibt, in welchem Umfang die Posten der Schlussbilanz zum 30. Juni 1990 im Vergleich mit den Posten der D-Markeröffnungsbilanz zum 1. Juli 1990 sich verändert haben. ²Die sich aus der Neubewertung der Vermögensgegenstände und der Schulden ergebenden Differenzen gegenüber der Schlussbilanz sind in einem gesonderten Nachweis unter der Bezeichnung Neubewertungsdifferenzen, gegliedert nach den Posten der D-Markeröffnungsbilanz, darzustellen. ³Die Neubewertungsdifferenzen sind durch Einzelnachweise zu dokumentieren.

Abschnitt 2: Konzerneröffnungsbilanz. Gesamteröffnungsbilanz

§ 21 Pflicht zur Aufstellung[1]

(1) ¹Zur Aufstellung einer Eröffnungsbilanz verpflichtete Unternehmen, die die Mehrheit der Anteile an einem anderen Unternehmen (Tochterunternehmen) besitzen (Mutterunternehmen), haben spätestens innerhalb von zwei Monaten nach Ablauf der Feststellungsfrist für kleine Unternehmen nach § 35 Abs. 1 Satz 3 für den 1. Juli 1990 eine Konzerneröffnungsbilanz in Deutscher Mark sowie einen Anhang gemäß § 22 aufzustellen, der mit der Konzerneröffnungsbilanz eine Einheit bildet. ²Ein Mutterunternehmen ist von der Pflicht zur Aufstellung der Konzerneröffnungsbilanz und des Anhangs befreit, wenn am Stichtag die Bilanzsummen in den Eröffnungsbilanzen des Mutterunternehmens und der einzubeziehenden Tochterunternehmen nach Abzug von in den Eröffnungsbilanzen auf der Aktivseite ausgewiesenen Fehlbeträgen insgesamt fünfzig Millionen Deutsche Mark nicht überschreiten oder die Konzernunternehmen insgesamt nicht mehr als fünfhundert Arbeitnehmer beschäftigen.

(2) ¹Die Konzerneröffnungsbilanz und der Anhang sind klar und übersichtlich aufzustellen. ²Sie haben unter Beachtung der Grundsätze ordnungsmäßiger Buchführung ein den tatsächlichen Verhältnissen entsprechendes Bild der Vermögenslage des Konzerns im Sinne des § 297 Abs. 2 Satz 2 des Handelsgesetzbuchs zu vermitteln. ³Führen besondere Umstände dazu, dass die Konzerneröffnungsbilanz ein den tatsächlichen Verhältnissen entsprechendes Bild im Sinne des Satzes 2 nicht vermittelt, so sind im Konzernanhang zusätzliche Angaben zu machen.

(3) ¹In die Konzerneröffnungsbilanz sind das Mutterunternehmen und alle Tochterunternehmen ohne Rücksicht auf den Sitz der Tochterunternehmen einzubeziehen, sofern die Einbeziehung nicht nach den §§ 295, 296 des Handelsgesetzbuchs unterbleibt. ²Ändert sich die Zusammensetzung des Konzerns innerhalb der Aufstellungsfrist, so sind diese Änderungen so zu behandeln, als wären sie bereits zum 1. Juli 1990 eingetreten. ³Dies gilt auch für Unternehmen, die innerhalb der Aufstellungsfrist nach dem 1. Juli 1990 gegründet werden.

(4) ¹Auf die Konzerneröffnungsbilanz sind die §§ 5 bis 19 dieses Gesetzes sowie die §§ 296 bis 298, 300, 301, 303, 304, 307, 308, 310 bis 312 des Handelsgesetzbuchs und die für die Rechtsform und den Geschäftszweig der in die Konzerneröffnungsbilanz einbezogenen Unternehmen mit Sitz im Geltungsbereich dieses Gesetzes geltenden Vorschriften mit Ausnahme des § 296 Abs. 1 Nr. 3 des Handelsgesetzbuchs entsprechend anzuwenden, soweit sie sich auf die Bilanz großer Kapitalgesellschaften beziehen und die Konzerneröffnungsbilanz wegen ihrer Eigenart

---

1) **Anm. d. Red.:** § 21 i. d. F. des Gesetzes v. 4. 12. 2004 (BGBl I S. 3166) mit Wirkung v. 10. 12. 2004.

keine Abweichungen bedingt. ²Bei der Anwendung des § 308 des Handelsgesetzbuchs kann unterstellt werden, dass die Eröffnungsbilanzen von Tochter- und Mutterunternehmen mit Sitz im Geltungsbereich dieses Gesetzes einheitlich bewertet sind.

(5) ¹Die Treuhandanstalt und die von ihr gegründeten Treuhand-Aktiengesellschaften stellen in den ersten zwei Monaten nach Ablauf der Feststellungsfrist für die Konzerneröffnungsbilanz nach § 35 Abs. 1 Satz 3 anstatt einer Konzerneröffnungsbilanz eine Gesamteröffnungsbilanz in vereinfachter Form und anstatt eines Konzernanhangs einen Gesamtanhang auf. ²Sie fassen jeweils die Gesamt- oder Konzerneröffnungsbilanzen ihrer Tochtergesellschaften zusammen. ³Bei der Kapitalkonsolidierung nach § 301 des Handelsgesetzbuchs kann unterstellt werden, dass ein nach Verrechnung auf der Aktivseite entstehender Unterschiedsbetrag Geschäfts- oder Firmenwert oder ein auf der Passivseite entstehender Unterschiedsbetrag Eigenkapital ist, soweit er im letzteren Fall nicht auf unterlassene Rückstellungen zurückzuführen ist. ⁴§ 303 des Handelsgesetzbuchs über die Schuldenkonsolidierung braucht nur auf Geschäfte zwischen den Mutterunternehmen und ihren jeweiligen Tochterunternehmen angewandt zu werden. ⁵Auch brauchen Zwischenergebnisse nach § 304 des Handelsgesetzbuchs nur herausgerechnet zu werden, wenn sie auf Lieferungen und Leistungen zwischen den aufstellenden Mutterunternehmen und ihren jeweiligen Tochterunternehmen beruhen. ⁶Im Übrigen sind auf die Aufstellung, Prüfung, Feststellung und Offenlegung die nach diesem Gesetz für die Konzerneröffnungsbilanz und den Konzernanhang geltenden Vorschriften entsprechend anzuwenden.

§ 22 Konzernanhang

(1) ¹Auf den Konzernanhang ist § 19 entsprechend anzuwenden. ²Aus den Anhängen der Tochterunternehmen sind jedoch nur diejenigen Angaben zusammenfassend zu übernehmen, die für die Beurteilung des Konzerns von wesentlicher Bedeutung sind.

(2) ¹Im Konzernanhang sind außerdem die nach § 313 Abs. 2 des Handelsgesetzbuchs verlangten Angaben zu machen. ²§ 313 Abs. 3 des Handelsgesetzbuchs ist anzuwenden.

§ 23 Vorlage- und Auskunftspflichten

(1) ¹Jedes Mutterunternehmen kann von seinen Tochterunternehmen alle Aufklärungen und Nachweise verlangen, welche die Aufstellung der Konzerneröffnungsbilanz und des Konzernanhangs erfordert. ²Dies gilt auch für Auskünfte, die sich auf andere, dem Mutterunternehmen durch Gesetz übertragene Aufgaben beziehen.

(2) ¹Die Tochterunternehmen haben jedem Mutterunternehmen ihre Eröffnungsbilanz einschließlich Anhang und, wenn sie gleichzeitig Mutterunternehmen sind, ihre Konzerneröffnungsbilanz einschließlich Konzernanhang unverzüglich nach deren Aufstellung und die Prüfungsberichte unverzüglich nach deren Eingang einzureichen. ²Werden die einzureichenden Unterlagen nachträglich geändert, so sind die geänderten Fassungen unverzüglich nach der Änderung einzureichen. ³Werden die Unterlagen vor ihrer Feststellung eingereicht, ist die Feststellung mitzuteilen, sobald diese erfolgt ist.

Abschnitt 3: Kapitalausstattung

Unterabschnitt 4: Vermögensausgleich und Eigenkapitalsicherung von bisher volkseigenen Unternehmen

§ 24 Ausgleichsforderungen

(1) ¹Unternehmen, die als bisher volkseigenes Vermögen der Treuhandanstalt oder einem ihrer Tochterunternehmen zur Privatisierung oder dem Staat, den Gemeinden, Städten, Kreisen, Ländern oder anderen Vermögensträgern unentgeltlich übertragen wurden und sich am 1. Juli 1990 noch in deren alleinigem Anteilsbesitz befanden, und die nicht Geldinstitute, Außenhandelsbetriebe oder Versicherungsunternehmen sind, erhalten, wenn sich bei der Aufstellung der Eröffnungsbilanz ergibt, dass sie einen nicht durch Eigenkapital gedeckten Fehlbetrag auswei-

sen müssten, beginnend mit dem 1. Juli 1990 eine gesondert auszuweisende verzinsliche Forderung (Ausgleichsforderung) in Höhe des Fehlbetrags, wenn der Schuldner die Ausgleichsforderung nicht innerhalb von drei Monaten nach Einreichung der festgestellten Eröffnungsbilanz ablehnt. ²Er hat sie abzulehnen, wenn das Unternehmen nicht sanierungsfähig ist. ³Die Ablehnung ist dem Unternehmen schriftlich mitzuteilen. ⁴Die Ausgleichsforderung und die dazu gehörenden Zinsen entfallen mit dem Zugang der Ablehnungserklärung.

(2) ¹Die Ausgleichsforderung mindert sich in Höhe des Betrags, um den der Fehlbetrag durch Ausnutzung von Ansatz- oder Bewertungswahlrechten ausgeglichen werden kann. ²§ 36 bleibt unberührt. ³Die Ausgleichsforderung ist so zu verzinsen, dass eine Abwertung wegen Minderverzinsung nach § 13 Abs. 3 Satz 2 nicht notwendig wird.

(3) ¹Die Ausgleichsforderung richtet sich gegen das Unternehmen, dem zur Privatisierung und Reorganisation des volkseigenen Vermögens die Anteilsrechte an dem berechtigten Unternehmen unentgeltlich übertragen worden sind. ²Sind Unternehmen als ehemals volkseigenes Vermögen dem Staat, den Ländern, Kreisen, Städten, Gemeinden oder anderen Vermögensträgern durch Gesetz übertragen worden, richtet sich die Ausgleichsforderung gegen diese Stellen. ³Werden der Treuhandanstalt zustehende Anteilsrechte unentgeltlich auf Tochterunternehmen übertragen, so sind diese Schuldner der Ausgleichsforderung. ⁴Diese können ihrerseits Ausgleichsforderungen nach Absatz 1 gegen die Treuhandanstalt geltend machen, wenn sie ein unmittelbares Tochterunternehmen der Treuhandanstalt sind.

(4) ¹Das Unternehmen hat den Schuldner der Ausgleichsforderung zu unterrichten, sobald sich bei der Aufstellung der Eröffnungsbilanz eine solche abzeichnet. ²Dem Schuldner stehen die Rechte nach § 23 ab 1. Juli 1990 zu. ³Die Treuhandanstalt unterrichtet unverzüglich den Minister der Finanzen und das Bundesministerium der Finanzen über Ausgleichsforderungen, die gegen die Treuhandanstalt gerichtet sind.

(4a) ¹Das Unternehmen hat den Schuldner der Ausgleichsforderung auch zu unterrichten, sobald sich eine Verrechnung der Ausgleichsforderung oder eine Rückzahlungsverpflichtung nach § 17 Abs. 4a Satz 2 und 3 oder § 36 Abs. 4 Satz 5 ergibt. ²Die Einhaltung der Unterrichtung ist von dem für die Prüfung des Jahresabschlusses bestellten Prüfer im Rahmen der Prüfung des Jahresabschlusses zu prüfen. ³Er hat den Bestätigungsvermerk nach § 322 des Handelsgesetzbuchs entsprechend zu ergänzen, wenn die Unterrichtung nach Satz 1 unterblieben ist.

(5) ¹Mutterunternehmen, die Schuldner einer Ausgleichsforderung nach Absatz 1 sind, stellen in Höhe ihrer Verbindlichkeit aus dieser Ausgleichsforderung auf der Aktivseite ihrer Eröffnungsbilanz ein Beteiligungsentwertungskonto ein, soweit nicht ein nicht durch Eigenkapital gedeckter Fehlbetrag auszuweisen ist. ²Der aktivierte Betrag ist in den Folgejahren jeweils in Höhe der Tilgung der Ausgleichsforderung abzuschreiben. ³In Höhe des Beteiligungsentwertungskontos ist innerhalb der Gewinnrücklagen eine Sonderrücklage zu bilden, die nur zum Ausgleich von Verlusten verwendet werden darf; die Sonderrücklage wird entsprechend der Auflösung des Beteiligungsentwertungskontos frei verfügbar, soweit sie nicht zum Ausgleich eines eingetretenen Verlustes benötigt wird. ⁴Der aktivierte Betrag ist nicht geeignet, Ausstehende Einlagen zur Bildung des gezeichneten Kapitals oder das Kapitalentwertungskonto nach § 26 Abs. 4, § 28 Abs. 1 zu ersetzen.

§ 25 Ausgleichsverbindlichkeiten

(1) ¹Ergibt sich bei der Aufstellung der Eröffnungsbilanz von in § 24 Abs. 1 Satz 1 bezeichneten Unternehmen, dass ein höheres Eigenkapital auszuweisen wäre, als es dem für das Sachanlagevermögen auszuweisenden Betrag, vermindert um den für den zum 1. Juli 1990 übergegangenen Grund und Boden auszuweisenden Betrag, entspricht, so werden sie in Höhe des übersteigenden Betrags mit einer gesondert auszuweisenden Ausgleichsverbindlichkeit belastet. ²Das für die Rechtsform des Unternehmens oder seine Tätigkeit gesetzlich vorgeschriebene Mindestkapital darf jedoch nicht unterschritten werden. ³§ 36 bleibt unberührt. ⁴Bei der Berechnung der Ausgleichsverbindlichkeiten sind Sonderrücklagen nach § 17 Abs. 4 Satz 3, § 24 Abs. 5 Satz 3 und gezeichnetes Kapital, das über Ausstehende Einlagen oder ein Kapitalentwertungskonto nach

§ 26 Abs. 4, § 28 gebildet wird, nicht zu berücksichtigen. ⁵Vermögensgegenstände des Sachanlagevermögens, die nach dem Vermögensgesetz zurückzugeben sind, und die Verbindlichkeit oder Rückstellung für die Rückgabeverpflichtung nach § 7 Abs. 6 sind bei der Berechnung der Ausgleichsverbindlichkeit ebenfalls nicht zu berücksichtigen. ⁶§ 24 Abs. 2 Satz 1 ist entsprechend anzuwenden.

(2) ¹Gläubiger der Verbindlichkeit ist diejenige Person, die bei Entstehen einer Ausgleichsforderung nach § 24 Abs. 3 Schuldner der Ausgleichsforderung wäre. ²Auf die Verzinsung der Ausgleichsverbindlichkeit ist § 24 Abs. 2 Satz 3 entsprechend anzuwenden. ³Der Anteilseigner kann als Gläubiger die Ausgleichsverbindlichkeit ganz oder teilweise erlassen. ⁴Der erlassene Betrag ist in der Eröffnungsbilanz des Mutterunternehmens dem Beteiligungsbuchwert nach § 11 Abs. 1 Satz 1 zuzuschreiben.

(3) ¹Das Unternehmen hat den Gläubiger der Ausgleichsverbindlichkeit zu unterrichten, sobald sich bei der Aufstellung der Eröffnungsbilanz eine solche abzeichnet. ²Dem Gläubiger stehen die Rechte nach § 23 ab 1. Juli 1990 zu.

(4) ¹Mutterunternehmen, die Gläubiger einer Ausgleichsverbindlichkeit nach Absatz 1 sind, stellen in Höhe dieses Betrags auf der Aktivseite ihrer Eröffnungsbilanz eine entsprechende Forderung ein. ²Beträge, die dem Mutterunternehmen zur Tilgung der Ausgleichsverbindlichkeit des Tochterunternehmens zufließen, werden mit dieser Forderung jeweils verrechnet.

(5) ¹Sind Beteiligungen oder Grund und Boden auf ein Unternehmen mit Wirkung zum 1. Juli 1990 unentgeltlich übergegangen, so kann die Treuhandanstalt die Herausgabe der Vermögensgegenstände verlangen, wenn sich die Zahlungsunfähigkeit oder die Überschuldung des Unternehmens ergibt oder wenn die Auflösung des Unternehmens beschlossen wird. ²Soweit Gläubiger, deren Ansprüche nach dem 1. Juli 1990 entstanden sind, durch die Übertragung benachteiligt werden, sind sie von der Treuhandanstalt bis zur Höhe des Verkehrswerts der übertragenen Vermögensgegenstände schadlos zu stellen; im Falle der Eröffnung der Gesamtvollstreckung kann dieser Anspruch nur vom Verwalter geltend gemacht werden.

(6) ¹Die Treuhandanstalt kann von Unternehmen, deren Anteile ihr gehören und die nicht nach § 6 des Vermögensgesetzes zurückzugeben sind, die Übertragung von Vermögensgegenständen verlangen. ²In der Zeit vom 1. Juli 1990 bis zum Zeitpunkt der Übertragung entstandene Abschreibungen, Wertberichtigungen und Rückstellungen sind nach § 36 zu berichten. ³Absatz 5 Satz 2 ist entsprechend anzuwenden.

§ 26 Eigenkapitalsicherung

(1) Unternehmen im Sinne des § 24 Abs. 1 Satz 1 haben als Eigenkapital den Betrag auszuweisen, um den der Gesamtbetrag der auf der Aktivseite der Eröffnungsbilanz ausgewiesenen Vermögensgegenstände einschließlich der nach diesem Gesetz einzustellenden Sonderposten und der Rechnungsabgrenzungsposten höher ist als der Gesamtbetrag der auf der Passivseite ausgewiesenen Schulden und der Rechnungsabgrenzung.

(2) ¹Ist dem Unternehmen nach dem für seine Rechtsform maßgeblichen Recht die Bildung eines gezeichneten Kapitals vorgeschrieben, so ist dieses in der in der Satzung oder im Gesellschaftsvertrag vorgesehenen Höhe, zumindest aber in Höhe des gesetzlich vorgeschriebenen Mindestkapitals neu festzusetzen. ²§ 27 Abs. 2 Satz 2 bis 5, Abs. 3 und 7 ist anzuwenden.

(3) ¹Reicht das nach Absatz 1 ermittelte Eigenkapital abzüglich der Sonderrücklagen nach § 17 Abs. 4 Satz 3, § 24 Abs. 5 Satz 3 und der vorläufigen Gewinnrücklage nach § 31 Abs. 1 Satz 2 zur Bildung des gezeichneten Kapitals nicht aus, so ist der Fehlbetrag als Ausstehende Einlage auf der Aktivseite vor dem Anlagevermögen gesondert auszuweisen. ²Für die Einzahlung des Kapitals gelten die für die Rechtsform des Unternehmens maßgeblichen Vorschriften. ³Ist die Mindesteinzahlung nicht vollständig bewirkt, gilt der Fehlbetrag als eingefordert. ⁴Die Forderung entfällt, wenn der Anteilseigner die Auflösung des Unternehmens innerhalb der Feststellungsfrist für die Eröffnungsbilanz beschließt oder innerhalb dieser Frist die Eröffnung der Gesamtvollstreckung beantragt wird. ⁵§ 24 Abs. 4 Satz 3 ist entsprechend anzuwenden. ⁶§ 19 Abs. 4 des Gesetzes betreffend die Gesellschaften mit beschränkter Haftung ist nicht anzuwenden.

(4) ¹Hat der Anteilseigner nach Überführung des Unternehmens in eine private Rechtsform seine Einlage bis zum 30. Juni 1990 geleistet, so kann in den Fällen des Absatzes 3 ein Fehlbetrag dadurch ausgeglichen werden, dass auf der Aktivseite der Eröffnungsbilanz an Stelle der Ausstehenden Einlage in entsprechender Anwendung des § 28 Abs. 1 und 2 unter den dortigen Voraussetzungen ein Kapitalentwertungskonto ausgewiesen wird. ²§ 30 ist anzuwenden.

Unterabschnitt 5: Neufestsetzung der Kapitalverhältnisse privater Unternehmen

§ 27 Neufestsetzung

(1) ¹Dieser Unterabschnitt ist auf alle Unternehmen anzuwenden, auf die § 24 nach dessen Absatz 1 Satz 1 nicht anzuwenden ist, auch wenn sie nach § 1 Abs. 5 als zum 1. Juli 1990 gegründet angesehen werden oder auf sie nach § 4 Abs. 3 das gesamte Vermögen eines Unternehmens als zum 1. Juli 1990 übergegangen gilt. ²Als Eigenkapital ist der in § 26 Abs. 1 bezeichnete Betrag auszuweisen.

(2) ¹Aktiengesellschaften und Kommanditgesellschaften auf Aktien haben ihr Grundkapital, Gesellschaften mit beschränkter Haftung ihr Stammkapital in der in der Satzung oder im Gesellschaftsvertrag vorgesehenen Höhe, zumindest aber in Höhe des gesetzlich vorgeschriebenen Mindestkapitals neu festzusetzen. ²Das gezeichnete Kapital kann mit einem höheren Betrag festgesetzt werden, wenn sich bei der Aufstellung der Eröffnungsbilanz nach Abzug der Rücklage nach § 31 ein höheres Eigenkapital ergibt. ³Der übersteigende Betrag ist bei Aktiengesellschaften und Kommanditgesellschaften auf Aktien der gesetzlichen Rücklage, bei Gesellschaften mit beschränkter Haftung einer Sonderrücklage zuzuweisen, die nur zum Ausgleich von Verlusten oder zur Kapitalerhöhung aus Gesellschaftsmitteln verwendet werden darf. ⁴Eine nach Satz 3 gebildete gesetzliche Rücklage oder Sonderrücklage kann aufgelöst oder in freie Kapitalrücklagen umgegliedert werden, soweit diese Rücklage nicht zur Deckung des in der Bilanz, in der die Auflösung erfolgen soll, ausgewiesenen Anlagevermögens benötigt wird. ⁵In allen anderen Fällen ist die Auflösung oder Umgliederung in freie Kapitalrücklagen in entsprechender Anwendung der für die jeweilige Rechtsform maßgeblichen Vorschriften über die Kapitalherabsetzung zulässig.

(3) ¹Die Gesellschafter dürfen auf Grund der Neufestsetzung keine Zahlungen erhalten und von der Verpflichtung zur Leistung von Einlagen nicht befreit werden; § 57 Abs. 1 Satz 1, § 62 des Aktiengesetzes, § 30 Abs. 1, § 31 des Gesetzes betreffend die Gesellschaften mit beschränkter Haftung sind auf die in der Eröffnungsbilanz gebildeten Rücklagen entsprechend anzuwenden. ²Dies gilt nicht für Maßnahmen der Treuhandanstalt nach § 25 Abs. 5 und 6.

(4) ¹Offene Handelsgesellschaften und Kommanditgesellschaften haben die Kapitaleinlagen ihrer Gesellschafter, soweit solche im Gesellschaftsvertrag vereinbart sind, und Kommanditgesellschaften zusätzlich die Hafteinlagen ihrer Kommanditisten in entsprechender Anwendung der Absätze 2 und 3 neu festzusetzen. ²Das Entnahmerecht der Gesellschafter nach § 122 des Handelsgesetzbuchs darf nicht dazu führen, dass das in der Eröffnungsbilanz ausgewiesene Eigenkapital niedriger wird als die Summe der auf der Aktivseite ausgewiesenen Beträge nach § 31. ³Persönlich haftende Gesellschafter haben zu viel entnommene Beträge zurückzuerstatten. ⁴Führen Zahlungen an Kommanditisten zu einer solchen Minderung des Eigenkapitals, gelten diese als Rückzahlung der Einlage nach § 172 Abs. 4 des Handelsgesetzbuchs.

(5) Genossenschaften haben die Geschäftsguthaben, die Geschäftsanteile und die Haftsummen neu festzusetzen; Absatz 2 Satz 2 und 3 und Absatz 3 sind entsprechend anzuwenden.

(6) Bei der Neufestsetzung können die Anteile auf die folgenden Beträge gestellt werden:
1. Aktien auf einen Nennbetrag von fünfzig Deutsche Mark oder auf höhere Nennbeträge, die auf volle hundert Deutsche Mark lauten,
2. die Geschäftsanteile an Gesellschaften mit beschränkter Haftung auf fünfhundert Deutsche Mark oder jeden höheren Betrag, der durch hundert teilbar ist, und zwar unabhängig von der Zahl der Gesellschafter,

3. die Geschäftsanteile bei Genossenschaften auf fünfzig Deutsche Mark oder auf jeden höheren auf volle fünfzig Deutsche Mark lautenden Betrag.

(7) In der Eröffnungsbilanz sind das gezeichnete Kapital und die Rücklagen in der Höhe auszuweisen, wie sie nach der Neufestsetzung bestehen sollen.

(8) Die Absätze 2 bis 7 sind auf ein Unternehmen in einer Rechtsform nach § 1 Abs. 2 Nr. 1 bis 7 jeweils entsprechend anzuwenden, wenn es nach dem für seine Rechtsform maßgeblichen Recht zwischen einem gezeichneten Kapital und Rücklagen unterscheidet; dabei ist jeweils die Regelung für diejenige Rechtsform anzuwenden, die der des Unternehmens am nächsten kommt.

§ 28 Vorläufige Neufestsetzung

(1) An Stelle einer endgültigen Neufestsetzung nach § 27 kann von Unternehmen, die nicht Geldinstitute oder Außenhandelsbetriebe sind, die Neufestsetzung vorläufig in der Weise durchgeführt werden, dass das in der Schlussbilanz in Mark der Deutschen Demokratischen Republik ausgewiesene gezeichnete Kapital (Grundkapital, Stammkapital, Einlagen, Genussrechtskapital, Geschäftsguthaben) mit dem gleichen Betrag in Deutscher Mark in die Eröffnungsbilanz übernommen und der Unterschied, um den der Betrag des gezeichneten Kapitals das bei der Aufstellung der Eröffnungsbilanz ermittelte Eigenkapital übersteigt, als Kapitalentwertungskonto auf der Aktivseite der Eröffnungsbilanz eingestellt wird.

(2) [1]Der Betrag, der als Kapitalentwertungskonto ausgewiesen wird, darf nicht höher sein als neun Zehntel des gezeichneten Kapitals. [2]Eine Kapitalrücklage darf nicht beibehalten werden. [3]Eine Gewinnrücklage darf beibehalten werden, soweit diese nach § 31 gebildet worden ist und nach vernünftiger kaufmännischer Beurteilung erwartet werden kann, dass das Unternehmen das Kapitalentwertungskonto aus künftigen Jahresüberschüssen tilgen kann. [4]Das Unternehmen ist verpflichtet, das Kapitalentwertungskonto innerhalb von fünf Geschäftsjahren nach dem Stichtag der Eröffnungsbilanz auszugleichen. [5]Zur Tilgung sind Werterhöhungen auf Grund der Berichtigung von Wertansätzen nach § 36 sowie die Jahresüberschüsse zu verwenden. [6]Eine anderweitige Verwendung ist unzulässig, solange das Kapitalentwertungskonto besteht.

§ 29 Gesellschaftsrechtliche Beziehungen

(1) Das Verhältnis der mit den Anteilen verbundenen Rechte zueinander wird durch die Neufestsetzung nicht berührt.

(2) [1]Vertragliche Beziehungen des Unternehmens zu Dritten, die von der Gewinnausschüttung des Unternehmens, dem Nennbetrag oder dem Wert ihrer Anteile oder ihres gezeichneten Kapitals oder in sonstiger Weise von den bisherigen Kapital- oder Gewinnverhältnissen abhängen, bestimmen sich nach den durch die Neufestsetzung eingetretenen neuen Kapital- oder Gewinnverhältnissen. [2]Dritte brauchen eine durch die Neufestsetzung eintretende Kürzung ihrer Rechte nach Satz 1 nicht gegen sich gelten zu lassen, soweit sie darauf beruht, dass in der Eröffnungsbilanz das gezeichnete Kapital zu den Rücklagen in einem durch die §§ 27 und 28 nicht bedingten ungünstigeren Verhältnis steht, als dies in der Schlussbilanz der Fall ist.

(3) Wird während des Bestehens eines Kapitalentwertungskontos eine Kapitalerhöhung beschlossen, so ist jedem Anteilseigner auf sein Verlangen ein seinem Anteil an dem bisherigen gezeichneten Kapital entsprechender Teil der neuen Anteile zuzuteilen, es sei denn, dass ein Dritter die Anteile übernommen und sich verpflichtet hat, sie den Anteilseignern zum Bezug anzubieten.

§ 30 Auflösung von Kapitalentwertungskonten

(1) Wird ein Kapitalentwertungskonto nicht innerhalb der in § 28 Abs. 2 Satz 4 bestimmten Frist ausgeglichen, so hat das für Kapitalmaßnahmen zuständige Organ des Unternehmens spätestens bei der Beschlussfassung über die Verwendung des Ergebnisses aus dem Jahresabschluss des fünften Geschäftsjahrs nach dem Stichtag der Eröffnungsbilanz die Maßnahmen

zu beschließen, die erforderlich sind, um das Kapitalentwertungskonto auf andere Weise als durch Tilgung, insbesondere durch Ermäßigung des gezeichneten Kapitals, auszugleichen.

(2) ¹Die Maßnahmen gemäß Absatz 1 sind unverzüglich durchzuführen. ²Ihre Durchführung gilt als endgültige Neufestsetzung. ³Auf die Ermäßigung des gezeichneten Kapitals sind die für die Rechtsform des Unternehmens maßgeblichen Vorschriften, von Aktiengesellschaften und Kommanditgesellschaften auf Aktien die §§ 229 bis 236 des Aktiengesetzes über die vereinfachte Kapitalherabsetzung anzuwenden.

Unterabschnitt 6: Vorläufige Gewinnrücklage

§ 31 Vorläufige Gewinnrücklage

(1) ¹Unternehmen dürfen, wenn sie nicht Geldinstitute oder Außenhandelsbetriebe sind, folgende Maßnahmen treffen, um eine Gewinnrücklage bilden zu können:
1. ¹Die nicht entgeltlich erworbenen immateriellen Vermögensgegenstände des Anlagevermögens dürfen mit dem Betrag angesetzt werden, den ein Erwerber des Unternehmens bei dessen Fortführung im Rahmen des Gesamtkaufpreises für diese Vermögensgegenstände ansetzen würde. ²Ein Geschäfts- oder Firmenwert darf berücksichtigt werden.
2. ¹Die Aufwendungen für die Ingangsetzung und Erweiterung des Geschäftsbetriebs nach § 269 Satz 1 des Handelsgesetzbuchs dürfen aktiviert werden. ²Dazu gehören alle Maßnahmen, die nach dem 1. März 1990 ergriffen wurden und geeignet sind, die Wettbewerbsfähigkeit des Unternehmens herzustellen.
3. Zuschüsse, Beihilfen und andere Vermögensvorteile, die ohne Rückzahlungsverpflichtung von Dritten für Investitionen gewährt werden, dürfen aktiviert werden, sofern der Auftrag für die Investition bis zum Ablauf der Aufstellungsfrist für die Eröffnungsbilanz verbindlich erteilt worden ist.

²In Höhe der nach Satz 1 Nr. 1 bis 3 aktivierten Beträge ist auf der Passivseite eine Gewinnrücklage zu bilden, die bis zur Tilgung der aktivierten Beträge als vorläufige zu bezeichnen ist.

(2) ¹Der nach Absatz 1 Nr. 1 angesetzte Betrag ist planmäßig innerhalb der Zeit abzuschreiben, die der durchschnittlichen Restnutzungsdauer der nach § 7 neu bewerteten entgeltlich erworbenen immateriellen Vermögensgegenstände des Unternehmens entspricht. ²Fehlen Vergleichszahlen oder sind die Verhältnisse nicht vergleichbar, so ist der Betrag in jedem folgenden Geschäftsjahr zu mindestens einem Viertel durch Abschreibung zu tilgen.

(3) Für die Ingangsetzung und Erweiterung des Geschäftsbetriebs nach Absatz 1 Nr. 2 ausgewiesene Beträge sind in jedem folgenden Geschäftsjahr zu mindestens einem Viertel durch Abschreibung zu tilgen.

(4) ¹Die nach Absatz 1 Nr. 3 aktivierten Beträge sind in den Folgejahren erfolgsneutral umzubuchen, sobald deren Bilanzierungsfähigkeit eingetreten ist. ²Entfällt der Anspruch nach Absatz 1 Nr. 3 nachträglich, so ist der hierfür angesetzte Betrag unmittelbar mit den Rücklagen zu verrechnen.

(5) Von Absatz 1 Nr. 1 und 2 darf nur insoweit Gebrauch gemacht werden, als nach vernünftiger kaufmännischer Beurteilung angenommen werden kann, dass das Unternehmen in der Lage sein wird, die sich hieraus ergebenden Aufwendungen und eine Gewinnausschüttung in Höhe der Zinserträge aus einer Ausgleichsforderung nach § 24 aus den laufenden Erträgen ohne Beeinträchtigung des in der Eröffnungsbilanz ausgewiesenen Eigenkapitals zu decken.

(6) ¹Werden Beträge nach Absatz 1 Nr. 1 oder 2 aktiviert, so dürfen bis zu deren Tilgung durch Abschreibung Gewinne nur ausgeschüttet werden, wenn die nach der Ausschüttung verbleibenden, jederzeit auflösbaren Gewinnrücklagen zuzüglich eines Gewinnvortrags und abzüglich eines Verlustvortrags dem angesetzten Betrag mindestens entsprechen. ²Entstehende Verluste sind in Höhe der Abschreibungen nach den Absätzen 2 und 3 mit der Gewinnrücklage zu verrechnen. ³§ 36 bleibt unberührt.

(7) Beträge nach Absatz 1 sind bei der Berechnung von Ausgleichsforderungen und Ausgleichsverbindlichkeiten nach den §§ 24, 25, der Ausstehenden Einlage nach § 26 Abs. 3 und des Kapitalentwertungskontos nach § 26 Abs. 4, § 28 Abs. 1 nicht zu berücksichtigen.

(8) Nach Absatz 1 aktivierte Beträge und die in Höhe dieser Beträge gebildete Gewinnrücklage sind gesondert unter entsprechender Bezeichnung auszuweisen und im Anhang zu erläutern.

Abschnitt 4: Festsetzung und Anpassung von Leistungen in Deutscher Mark

§ 32 Festsetzung und Anpassung von Leistungen in Deutscher Mark[1]

(1) ¹Verweisen Verträge, die erst nach dem 30. Juni 1990 zu erfüllen sind, auf Preise, die bisher nach staatlichen Preisvorschriften festgesetzt wurden, aber einer Preisbindung nicht mehr unterliegen, so ist der Preis, wenn eine Preisfestsetzung bis zum 30. Juni 1990 nicht stattgefunden hat, von dem Gläubiger durch Erklärung gegenüber dem zur Zahlung Verpflichteten zu bestimmen. ²Die getroffene Bestimmung ist für den anderen Teil jedoch nur verbindlich, wenn sie der Billigkeit entspricht. ³Entspricht sie nicht der Billigkeit, wird die Bestimmung durch Urteil getroffen; das Gleiche gilt, wenn die Bestimmung verzögert wird.

(2) (weggefallen)

(3) Erfolgt in den Fällen der Absätze 1 und 2 die Neubestimmung nach billigem Ermessen innerhalb der Aufstellungsfrist für die Eröffnungsbilanz, so ist eine Rückstellung nach § 17 Abs. 2 nur zu bilden, wenn zu erwarten ist, dass auch das neu festgesetzte Entgelt zu einem Verlust führen wird.

Abschnitt 5: Verfahren

Unterabschnitt 7: Prüfung

§ 33 Prüfung

(1) ¹Die Eröffnungsbilanz und der Anhang, jedoch ohne die vergleichende Darstellung nach § 20, sind durch einen Prüfer zu prüfen. ²Hat keine Prüfung stattgefunden, so kann die Eröffnungsbilanz nicht festgestellt werden. ³Kapitalgesellschaften und Genossenschaften, deren Bilanzsumme in der Eröffnungsbilanz drei Millionen neunhunderttausend Deutsche Mark nach Abzug eines Fehlbetrags nach § 268 Abs. 3 des Handelsgesetzbuchs nicht übersteigt oder die am Stichtag nicht mehr als fünfzig Arbeitnehmer beschäftigen, brauchen die Eröffnungsbilanz und den Anhang nicht prüfen zu lassen, soweit sie nicht Geldinstitute oder Außenhandelsbetriebe oder Rechtsnachfolger eines prüfungspflichtigen Unternehmens nach § 1 Abs. 5 oder § 4 Abs. 3 sind. ⁴Einzelkaufleute und Personenhandelsgesellschaften brauchen die Eröffnungsbilanz nicht prüfen zu lassen, soweit sie nicht Geldinstitute sind.

(2) ¹Ist das Unternehmen in der Zeit vom 1. März 1990 bis zum 30. Juni 1991 gegründet oder durch Gesetz oder auf Grund eines Beschlusses in eine private Rechtsform umgewandelt worden, so kann in die Prüfung der Eröffnungsbilanz auch die Prüfung der Gründung oder Umwandlung einbezogen werden. ²Dies gilt auch für die Prüfung von Sacheinlagen.

(3) ¹Die Konzerneröffnungsbilanz und der Konzernanhang sind durch einen Prüfer zu prüfen. ²Hat keine Prüfung stattgefunden, so kann die Konzerneröffnungsbilanz nicht festgestellt werden.

(4) ¹Werden die geprüften Unterlagen nach Vorlage des Prüfungsberichts geändert, so hat der Prüfer diese Unterlagen erneut zu prüfen, soweit es die Änderung erfordert. ²Über das Ergebnis der Prüfung ist zu berichten; der Bestätigungsvermerk ist entsprechend zu ergänzen.

---

1) **Anm. d. Red.:** § 32 i. d. F. des Gesetzes v. 26.11.2001 (BGBl I S. 3138) mit Wirkung v. 1.1.2002.

(5) ¹§ 317 des Handelsgesetzbuchs über Gegenstand und Umfang der Prüfung ist mit der Maßgabe anzuwenden, dass auch das Inventar in die Prüfung einzubeziehen ist. ²Bei Geldinstituten und Außenhandelsbetrieben ist außerdem die vergleichende Darstellung nach § 20 zu prüfen.

(6) ¹Unbeschadet der Regelung in Absatz 1 Satz 3 brauchen Genossenschaften jeder Art einschließlich kooperativer Einrichtungen, die nach dem für sie maßgeblichen Recht zu einem späteren Zeitpunkt aufzulösen sind, wenn sie nicht umgewandelt werden, und die in ihrer Eröffnungsbilanz eine Bilanzsumme von nicht mehr als einhundertfünfundzwanzig Millionen Deutsche Mark ausweisen oder am Bilanzstichtag nicht mehr als fünftausend Arbeitnehmer beschäftigen und die nicht Geldinstitute oder Außenhandelsbetriebe sind, die Eröffnungsbilanz nicht prüfen zu lassen, wenn sie die Aufstellung der Eröffnungsbilanz und des Anhangs auf eine Person übertragen haben, die als Wirtschaftsprüfer oder vereidigter Buchprüfer nach der Wirtschaftsprüferordnung öffentlich bestellt oder als Prüfungsgesellschaft anerkannt oder als Steuerberater oder als Steuerbevollmächtigter nach dem Steuerberatungsgesetz bestellt oder als Steuerberatungsgesellschaft anerkannt worden ist oder als Vereinigung zur Führung der Bezeichnung „Landwirtschaftliche Buchstelle" befugt oder Fachanwalt für Steuerrecht ist. ²Die Pflicht zur Prüfung entfällt jedoch nur, wenn die aufstellende Person schriftlich erklärt, dass

1. die Eröffnungsbilanz auf einer ordnungsgemäßen Inventur beruht oder die Inventur nach § 3a nachgeholt worden ist und
2. die Eröffnungsbilanz und der Anhang von ihr unter Beachtung der Grundsätze ordnungsmäßiger Buchführung so aufgestellt worden ist, dass diese Unterlagen ein den tatsächlichen Verhältnissen entsprechendes Bild der Vermögenslage im Sinne des § 264 Abs. 2 Satz 1 des Handelsgesetzbuchs vermitteln.

³Der Eröffnungsbilanz ist die Erklärung nach Satz 2 und eine Erklärung der Geschäftsführung beizufügen, aus sich ergibt, dass sie der aufstellenden Person alle Unterlagen vorgelegt und alle Auskünfte erteilt hat, die für die Aufstellung erforderlich waren. ⁴§ 323 Abs. 2 des Handelsgesetzbuchs über die Haftung bei Fahrlässigkeit ist entsprechend anzuwenden. ⁵Die Sätze 1 bis 3 sind entsprechend auf die in § 34 Abs. 2 bezeichneten Prüfungsverbände anzuwenden.

§ 34 Durchführung der Prüfung[1]

(1) ¹Prüfer können nach der Wirtschaftsprüferordnung der Bundesrepublik Deutschland bestellte und vereidigte Wirtschaftsprüfer und anerkannte Wirtschaftsprüfungsgesellschaften sein. ²Gesellschaften mit beschränkter Haftung, deren Bilanzsumme in der Eröffnungsbilanz fünfzehn Millionen fünfhunderttausend Deutsche Mark nach Abzug eines Fehlbetrags nach § 268 Abs. 3 des Handelsgesetzbuchs nicht übersteigt oder die am Stichtag der Eröffnungsbilanz nicht mehr als zweihundertfünfzig Arbeitnehmer beschäftigen, können ihre Eröffnungsbilanz auch von nach der Wirtschaftsprüferordnung der Bundesrepublik Deutschland bestellten vereidigten Buchprüfern oder anerkannten Buchprüfungsgesellschaften prüfen lassen.

(2) ¹Ist das Unternehmen eine Genossenschaft, so sind unter den folgenden Voraussetzungen die nach § 33 vorgeschriebenen Prüfungen statt von den in Absatz 1 Satz 1 bezeichneten Personen von einem Prüfungsverband durchzuführen, dem das Prüfungsrecht nach § 63 des Gesetzes betreffend die Erwerbs- und Wirtschaftsgenossenschaften verliehen worden ist. ²Der Prüfungsverband ist nur prüfungsberechtigt, sofern mehr als die Hälfte der Mitglieder seines Vorstands Wirtschaftsprüfer nach Absatz 1 Satz 1 ist. ³Hat der Prüfungsverband nur zwei Vorstandsmitglieder, so muss einer von ihnen Wirtschaftsprüfer nach Absatz 1 Satz 1 sein. ⁴Hat der Verband, dem die Genossenschaft als Mitglied angehört, eine Vereinbarung über die Durchführung von Prüfungen mit einem Prüfungsverband in der Bundesrepublik Deutschland abgeschlossen, so ist dieser zuständig. ⁵§ 55 Abs. 3 des Gesetzes betreffend die Erwerbs- und Wirtschaftsgenossenschaften bleibt unberührt.

---

1) **Anm. d. Red.:** § 34 i. d. F. des Gesetzes v. 4.12.2004 (BGBl I S. 3166) mit Wirkung v. 10.12.2004.

§ 35 V. D-Markbilanzgesetz

(3) ¹Ist das Unternehmen eine Sparkasse, so dürfen die nach § 33 vorgeschriebenen Prüfungen abweichend von § 319 Abs. 1 Satz 1 des Handelsgesetzbuchs nur von der Prüfungsstelle eines Sparkassen- und Giroverbands durchgeführt werden. ²Die Prüfung darf von der Prüfungsstelle jedoch nur durchgeführt werden, wenn der Leiter der Prüfungsstelle die Voraussetzungen des § 319 des Handelsgesetzbuchs erfüllt. ³Außerdem muss sichergestellt sein, dass der Prüfer die Prüfung unabhängig von den Weisungen der Organe des Sparkassen- und Giroverbands durchführen kann.

(4) ¹Auf die Bestellung des Prüfers in den Fällen des Absatzes 1 ist § 318 des Handelsgesetzbuchs mit der Maßgabe anzuwenden, dass das geschäftsführende Organ des Unternehmens den Prüfer vorläufig bestellen kann, insbesondere um seine Anwesenheit bei der Inventur zu erreichen. ²Die Bestätigung der nach § 318 des Handelsgesetzbuchs zur Wahl des Prüfers berufenen Personen ist unverzüglich nachzuholen.

(5) Auf die Prüfung sind die §§ 317, 318, 319 Abs. 2 bis 4, § 319a Abs. 1, §§ 320 bis 323 des Handelsgesetzbuchs entsprechend anzuwenden.

Unterabschnitt 8: Feststellung und Berichtigung

§ 35 Feststellung

(1) ¹Die Eröffnungsbilanz und der Anhang sowie die Konzerneröffnungsbilanz und der Konzernanhang bedürfen der Feststellung. ²Die für die Aufstellung dieser Unterlagen geltenden Vorschriften sind auch bei der Feststellung anzuwenden. ³Die Feststellung ist bei Einzelunternehmen vom Inhaber, bei anderen Unternehmen von den Anteilseignern oder dem sonst zuständigen Organ in der für Beschlussfassungen nach der Rechtsform des Unternehmens vorgeschriebenen Form unverzüglich nach Vorlage der Unterlagen herbeizuführen; die Eröffnungsbilanz und der Anhang sind spätestens vor Ablauf des zwölften Monats und von kleinen Unternehmen nach § 4 Abs. 1 Satz 2 spätestens vor Ablauf des fünfzehnten Monats nach dem Bilanzstichtag, die Konzerneröffnungsbilanz und der Konzernanhang spätestens innerhalb von zwei Monaten nach Ablauf der Aufstellungsfrist nach § 21 Abs. 1 Satz 1 festzustellen. ⁴Die Gesamteröffnungsbilanz und der Gesamtanhang sind innerhalb von zwei Monaten nach Ablauf der Aufstellungsfrist nach § 21 Abs. 5 festzustellen. ⁵Das Geschäftsführungsorgan hat zu diesem Zweck die festzustellenden Unterlagen unverzüglich nach ihrer Aufstellung und den Prüfungsbericht unverzüglich nach seiner Vorlage dem zur Feststellung berufenen Organ vorzulegen. ⁶Hat das Unternehmen einen Aufsichtsrat, so hat der Aufsichtsrat die Unterlagen in entsprechender Anwendung des § 171 des Aktiengesetzes zu prüfen und über das Ergebnis der Prüfung schriftlich zu berichten.

(2) ¹Die in Absatz 1 Satz 1 bezeichneten Unterlagen können nicht festgestellt werden, wenn der Bestätigungsvermerk versagt worden ist. ²Die Eröffnungsbilanz oder die Konzerneröffnungsbilanz ist nichtig, wenn sie bei bestehender Prüfungspflicht in der vorgeschriebenen Form geprüft und nicht festgestellt worden ist. ³Werden die Unterlagen nach Prüfung geändert, so wird ein Beschluss über die Feststellung erst wirksam, wenn auf Grund der erneuten Prüfung ein hinsichtlich der Änderungen uneingeschränkter Bestätigungsvermerk erteilt worden ist.

(3) Das Geschäftsführungsorgan hat dem Feststellungsorgan sogleich mit den festzustellenden Unterlagen einen Bericht vorzulegen, in dem die Vorschläge zur Neufestsetzung der Kapitalverhältnisse und die wesentlichen Umstände darzulegen sind, die für die Bewertung der Vermögensgegenstände und für die Vorschläge zur Neufestsetzung maßgebend gewesen sind, soweit sich diese Erläuterungen nicht aus dem Anhang oder dem Konzernanhang ergeben.

(4) ¹Wird die Eröffnungs- oder Konzerneröffnungsbilanz vor Ablauf einer Frist festgestellt, die die Berücksichtigung von Bilanz- oder Wertansätzen zu einem späteren Zeitpunkt vorschreibt oder zulässt, so ist eine sofortige Änderung nicht erforderlich. ²Die sich ergebenden Berichtigungen können nachträglich im Rahmen der Aufstellung des nächstfolgenden Abschlusses nach § 36 berücksichtigt werden.

§ 36 Berichtigung von Wertansätzen[1]

(1) ¹Ergibt sich bei der Aufstellung späterer Jahresabschlüsse, dass Vermögensgegenstände oder Sonderposten in der Eröffnungsbilanz nicht oder mit einem zu niedrigen Wert oder Schulden oder Sonderposten zu Unrecht oder mit einem zu hohen Wert angesetzt worden sind, so ist in der späteren Bilanz der unterlassene Ansatz nachzuholen oder der Wertansatz zu berichtigen, wenn es sich um einen wesentlichen Betrag handelt; dies gilt auch, wenn die Vermögensgegenstände oder Schulden am Bilanzstichtag nicht mehr vorhanden sind, jedoch nur für den auf die Vermögensänderung folgenden Jahresabschluss. ²Der Gewinn ist in eine Sonderrücklage nach § 27 Abs. 2 Satz 3, bei Aktiengesellschaften vorweg in die gesetzliche Rücklage bis zu deren vorgeschriebenen Höhe, einzustellen, soweit er nicht mit einem Verlust aus einer Verminderung des Sonderverlustkontos aus Rückstellungsbildung nach § 17 Abs. 4 oder der Ausgleichsforderung nach § 24 Abs. 1 oder des Beteiligungsentwertungskontos nach § 24 Abs. 5 oder der Ausstehenden Einlage nach § 26 Abs. 3 oder des Kapitalentwertungskontos nach § 26 Abs. 4, § 28 Abs. 1 oder einem Verlust aus der Erhöhung der Ausgleichsverbindlichkeiten nach § 25 Abs. 1 zu verrechnen ist.

(2) ¹Ergibt sich bei der Aufstellung späterer Jahresabschlüsse, dass Vermögensgegenstände oder Sonderposten in der Eröffnungsbilanz zu Unrecht oder mit einem zu hohen Wert oder Schulden oder Sonderposten nicht oder mit einem zu geringen Wert angesetzt worden sind, so ist in der späteren Bilanz der Wertansatz zu berichtigen oder der unterlassene Ansatz nachzuholen, wenn es sich um einen wesentlichen Betrag handelt; dies gilt auch, wenn diese Vermögensgegenstände oder Schulden am Bilanzstichtag nicht mehr vorhanden sind, jedoch nur für den auf die Vermögensänderung folgenden Jahresabschluss. ²Der Verlust ist offen mit dem Eigenkapital, vorweg mit dem Jahresergebnis und den Gewinnrücklagen, zu verrechnen, soweit er nicht mit dem Gewinn aus einer Erhöhung des Sonderverlustkontos aus Rückstellungsbildung nach § 17 Abs. 4 oder der Ausgleichsforderung nach § 24 Abs. 1 oder des Beteiligungsentwertungskontos nach § 24 Abs. 5 oder der Ausstehenden Einlage nach § 26 Abs. 3 oder des Kapitalentwertungskontos nach § 26 Abs. 4, § 28 Abs. 1 oder dem Gewinn aus einer Verminderung der Ausgleichsverbindlichkeit nach § 25 Abs. 1 zu verrechnen ist.

(3) ¹Die Absätze 1 und 2 sind auch anzuwenden, wenn ein für die Eröffnungsbilanz eingeräumtes Wahlrecht nachträglich mit Wirkung für diese abweichend ausgeübt wird. ²Gewinne nach Absatz 1 können mit Verlusten nach Absatz 2 nur innerhalb des Eigenkapitals verrechnet werden. ³Absatz 1 ist auch anzuwenden, wenn nach Ablauf der Feststellungsfrist eine in der Eröffnungsbilanz berücksichtigte Schuld erlassen, von einem Dritten mit befreiender Wirkung unentgeltlich übernommen oder von diesem wirtschaftlich getragen oder in eine nachrangige Schuld nach § 16 Abs. 3 oder § 17 Abs. 5 Satz 4 umgewandelt wird. ⁴Beruht die Wert- oder Bestandsänderung auf Maßnahmen der Treuhandanstalt oder ist sie durch Verwaltungsakte zur Abwehr von Gefahren und zur Beseitigung von Beeinträchtigungen im Sinne des § 17 Abs. 2a Satz 1 oder Vereinbarungen mit der zuständigen Verwaltungsbehörde veranlasst, so gelten diese Maßnahmen als werterhellend im Sinne der Absätze 1 und 2.

(4) ¹In den Fällen der Absätze 1 bis 3 gilt die Eröffnungsbilanz als geändert. ²Die Absätze 1 bis 3 sind letztmals auf Jahresabschlüsse für Geschäftsjahre anzuwenden, die im Jahre 1994 und, wenn die Berichtigung im Zusammenhang mit Umweltbeeinträchtigungen steht, im Jahre 2000 enden; beruht die Berichtigung auf einer nach dem 31. Dezember 1994 wirksam gewordenen Abwicklung vermögensrechtlicher Angelegenheiten in Ausführung der Bestimmungen des Einigungsvertrages und der zu dessen Vollzug erlassenen Vorschriften, insbesondere auf Maßnahmen der Vermögenszuordnung, Vermögensrückgabe oder Sachenrechtsbereinigung und damit zusammenhängender Vermögensübertragungen auf die Unternehmen oder auf Maßnahmen im Vollzug des Altschuldenhilfegesetzes, so sind die Absätze 1 bis 3 bis zur Durchführung der jeweiligen Maßnahme anzuwenden. ³Forderungen und Verbindlichkeiten nach den §§ 24,

---

[1] **Anm. d. Red.:** § 36 i. d. F. des Gesetzes v. 9. 8. 1994 (BGBl I S. 2062) mit Wirkung v. 17. 8. 1994.

25 und 26 Abs. 3 können nicht mehr geändert werden, soweit sie im Zeitpunkt der Berichtigung auf eine dritte Person übergegangen sind oder Sicherungsrechte dritter Personen dadurch beeinträchtigt werden oder wenn die Mehrheit der Anteile an dem Unternehmen auf eine andere Person oder einen Rechtsnachfolger auf Grund des § 23a Abs. 1 und 2 des Treuhandgesetzes außerhalb des Bereiches der Treuhandanstalt und des von ihr verwalteten Bundesvermögens übertragen worden ist. [4]Forderungen und Verbindlichkeiten nach den §§ 24, 25 und 26 Abs. 3 oder den §§ 40, 41 können letztmals in den Jahresabschlüssen geändert werden, die zum 31. Dezember 1994 aufgestellt werden. [5]Führt eine in einer späteren Bilanz erfolgte Berichtigung dazu, dass eine Ausgleichsforderung nach § 24 oder § 40 nicht oder nicht in der ausgewiesenen Höhe entstanden wäre, so ist ein der Berichtigung entsprechender Betrag von demjenigen, der die Berichtigung durchgeführt hat, an den Schuldner der Ausgleichsforderung zu zahlen; ist der Schuldner dieser Zahlungsverpflichtung noch Gläubiger der Ausgleichsforderung nach § 24, kann er unabhängig von der Fälligkeit der Ausgleichsforderung die Verrechnung verlangen. [6]Satz 5 ist unbeschadet des § 17 Abs. 4a nicht anzuwenden, wenn die Berichtigung nach Satz 3 ausgeschlossen ist.

(5) Die Absätze 1 bis 4 sind auf die Konzerneröffnungsbilanz entsprechend anzuwenden.

(6) Die Absätze 1 bis 4 gelten auch für die übernommenen Vermögensgegenstände, Schulden und Sonderposten einschließlich der Verfügungsbeschränkungen sowie das sich daraus ergebende Eigenkapital in den Jahresabschlüssen derjenigen Unternehmen, die nach dem 1. Juli 1990 durch Gründung, Umwandlung, Verschmelzung, Spaltung oder Entflechtung aus den in § 1 Abs. 1 bis 3 bezeichneten Unternehmen unter Fortführung der Buchwerte aus deren D-Markeröffnungsbilanz hervorgegangen sind.

Unterabschnitt 9: Offenlegung

§ 37 Offenlegung

(1) [1]Unternehmen haben die Eröffnungsbilanz und den Anhang sowie die Konzerneröffnungsbilanz und den Konzernanhang innerhalb eines Monats nach Ablauf der jeweiligen Feststellungsfrist offen zu legen, wenn sie nach ihrer Rechtsform oder wegen ihres Geschäftszweigs zur Offenlegung ihrer Jahresabschlüsse verpflichtet sind oder wenn sie in ihrer Eröffnungsbilanz oder in ihrer Konzerneröffnungsbilanz eine Bilanzsumme von mehr als einhundertfünfundzwanzig Millionen Deutsche Mark ausweisen und am Bilanzstichtag mehr als fünftausend Arbeitnehmer beschäftigen. [2]Die §§ 325, 326, 328 und 339 des Handelsgesetzbuchs sind entsprechend anzuwenden; auf die Bestimmung der Größenmerkmale ist § 5 Abs. 2 anzuwenden. [3]Die vergleichende Darstellung nach § 20 braucht nicht offen gelegt zu werden. [4]§ 4 des Gesetzes über die Inkraftsetzung von Rechtsvorschriften der Bundesrepublik Deutschland in der Deutschen Demokratischen Republik vom 21. Juni 1990 (GBl I Nr. 34 S. 357) ist nicht anzuwenden.

(2) Das Registergericht prüft bei der Einreichung der Unterlagen, ob die Unterlagen vollzählig sind und, sofern vorgeschrieben, fristgerecht bekannt gemacht worden sind.

(3) Ist die Prüfung der Gründung, Umwandlung oder von Sacheinlagen in die Prüfung der Eröffnungsbilanz einbezogen worden, so kann das Gericht unterstellen, dass die Wertansätze für Vermögensgegenstände in der Eröffnungsbilanz deren tatsächlichem Wert entsprechen, wenn die Eröffnungsbilanz und der Anhang einen uneingeschränkten Bestätigungsvermerk erhalten haben.

(4) Unternehmen, die nach den bis zum 30. Juni 1990 gültigen Rechtsvorschriften gegenüber dem Statistischen Amt der Deutschen Demokratischen Republik berichtspflichtig waren, haben die D-Markeröffnungsbilanz unverzüglich nach ihrer Feststellung der Treuhandanstalt in zweifacher Ausfertigung einzureichen.

Abschnitt 6: Geschäftszweigbezogene Vorschriften

Unterabschnitt 10a: Vorschriften für Geldinstitute und Außenhandelsbetriebe

§ 38 Anwendungsbereich

(1) ¹Geldinstitute und Außenhandelsbetriebe haben die Vorschriften dieses Gesetzes zu beachten, soweit in diesem Unterabschnitt nichts anderes bestimmt ist. ²Sie dürfen die in diesem Gesetz größenabhängig zugelassenen Erleichterungen nicht in Anspruch nehmen. ³§ 19 Abs. 3 Nr. 1 Buchstabe a dieses Gesetzes und § 26 des Gesetzes über das Kreditwesen sind auf Geldinstitute nicht anzuwenden. ⁴§ 1 Abs. 5 Satz 2 und 3, § 4 Abs. 3 Satz 3 sind auf Geldinstitute und Außenhandelsbetriebe nicht anzuwenden.

(2) Geldinstitute sind Unternehmen, die vor dem 1. Juli 1990 im Währungsgebiet der Mark der Deutschen Demokratischen Republik befugt Bankgeschäfte gemäß § 1 Abs. 1 des Gesetzes über das Kreditwesen betrieben haben; die Befugnis kann auf Gesetz, Verordnung, behördlicher Anordnung oder behördlicher Erlaubnis beruhen.

(3) ¹Außenhandelsbetriebe sind Unternehmen, die vor dem 1. Juli 1990 im Währungsgebiet der Mark der Deutschen Demokratischen Republik im Auftrag staatlicher Stellen im Rahmen des Außenhandels- und Valutamonopols Geschäfte mit Unternehmen oder Ländern außerhalb des Währungsgebiets der Mark der Deutschen Demokratischen Republik betrieben haben. ²Dazu rechnen auch Unternehmen, die den Geschäftsbetrieb von Außenhandelsbetrieben ganz oder teilweise zum Zwecke der Abwicklung übernommen haben, hinsichtlich des abzuwickelnden Vermögens.

(4) ¹Die Eröffnungsbilanz und der Anhang der Geldinstitute und Außenhandelsbetriebe sind spätestens vor Ablauf des achten Monats nach dem Bilanzstichtag festzustellen. ²Bis zu diesem Zeitpunkt können Maßnahmen nach § 1 Abs. 5 Satz 1 oder § 4 Abs. 3 Satz 1 und 2 berücksichtigt werden.

§ 39 Eröffnungsbilanz

(1) Geldinstitute haben abweichend von § 247 Abs. 1, §§ 251, 265 Abs. 5 bis 7, §§ 266 bis 268 des Handelsgesetzbuchs und unbeschadet einer weiteren Gliederung die Eröffnungsbilanz gemäß der Verordnung über Formblätter für die Gliederung des Jahresabschlusses von Kreditinstituten in der Fassung der Bekanntmachung vom 14. September 1987 (BGBl I S. 2169) aufzustellen, und zwar

1. Geldinstitute, die Kapitalgesellschaft sind, nach dem Muster 1 dieser Verordnung für die Bilanz,
2. Geldinstitute, die eingetragene Genossenschaft sind, nach dem Muster 2 dieser Verordnung für die Bilanz,
3. Geldinstitute, die Sparkasse sind, und andere Geldinstitute des öffentlichen Rechts nach Mustern, die durch Änderung dieser Verordnung festgelegt werden.

(2) Geldinstitute haben in der Eröffnungsbilanz Pauschalwertberichtigungen nach § 13 Abs. 3 auf Forderungen aus Bankgeschäften in Höhe von 1 vom Hundert und auf Eventualforderungen des Bankgeschäfts aus Bürgschaften und sonstigen Gewährleistungen in Höhe von 0,5 vom Hundert vom Gesamtbetrag der Forderungen an Kunden abzusetzen, soweit diese sich nicht gegen eine Gebietskörperschaft, eine Körperschaft des öffentlichen Rechts, eine Anstalt oder ein Geldinstitut im Währungsgebiet der Deutschen Mark richten oder von ihnen verbürgt sind.

(3) Die Beibehaltung der Pauschalwertberichtigung in künftigen Bilanzen richtet sich nach den allgemeinen Bewertungsgrundsätzen.

(4) ¹Abweichend von § 16 Abs. 1 sind die nachstehend bezeichneten auf Mark der Deutschen Demokratischen Republik lautenden Verbindlichkeiten der Geldinstitute, die vor dem 1. Juli

1990 begründet wurden, mit der Wirkung auf Deutsche Mark umzurechnen, dass für eine Mark der Deutschen Demokratischen Republik eine Deutsche Mark anzusetzen ist:
Verbindlichkeiten gegenüber natürlichen Personen mit Wohnsitz in der Deutschen Demokratischen Republik,
– die nach dem 1. Juli 1976 geboren sind, bis zu zweitausend Mark,
– die zwischen dem 2. Juli 1931 und dem 1. Juli 1976 geboren sind, bis zu viertausend Mark,
– die vor dem 2. Juli 1931 geboren sind, bis zu sechstausend Mark,
sofern sie einen entsprechenden Antrag gestellt haben. ²Ferner sind die nach dem 31. Dezember 1989 begründeten Verbindlichkeiten gegenüber natürlichen oder juristischen Personen oder Stellen, deren Wohnsitz sich außerhalb der Deutschen Demokratischen Republik befindet, in der Weise umzustellen, dass für drei Mark der Deutschen Demokratischen Republik eine Deutsche Mark gutgeschrieben wird, sofern diese Personen oder Stellen einen entsprechenden Antrag gestellt haben.

§ 40 Ausgleichsforderungen

(1) ¹Geldinstituten und Außenhandelsbetrieben wird, soweit ihre Vermögenswerte in Anwendung der Bewertungsvorschriften des Unterabschnitts 2 dieses Gesetzes zur Deckung der aus der Einführung der Währung der Deutschen Mark und der Währungsumstellung in der Deutschen Demokratischen Republik hervorgehenden Verbindlichkeiten einschließlich der Rückstellungen nicht ausreichen, beginnend mit dem 1. Juli 1990 eine verzinsliche Forderung gegen den Ausgleichsfonds Währungsumstellung zugeteilt. ²Zinseszinsen werden nicht gewährt.

(2) Für Geldinstitute ist die Forderung in der Höhe anzusetzen, dass die Vermögenswerte ausreichen, um die in Absatz 1 genannten Schulden zu decken und ein Eigenkapital in der Höhe auszuweisen, dass es mindestens vier vom Hundert der Bilanzsumme und die Auslastung des gemäß § 10 des Gesetzes über das Kreditwesen vom Bundesaufsichtsamt für das Kreditwesen erlassenen Grundsatzes I in der Fassung der Bekanntmachung vom 19. Dezember 1985 (Bundesanzeiger Nr. 239 vom 24. Dezember 1985 S. 15302) höchstens das Dreizehnfache beträgt.

(3) Für Außenhandelsbetriebe ist die Ausgleichsforderung in der Höhe anzusetzen, dass die Vermögenswerte ausreichen, um die in Absatz 1 bezeichneten Schulden zu decken.

(4) ¹§ 36 ist mit der Maßgabe entsprechend anzuwenden, dass es nicht auf die Wesentlichkeit ankommt. ²§ 36 Abs. 4 Satz 3 ist nicht anzuwenden.

(5) § 24 Abs. 2 Satz 1 ist anzuwenden.

§ 41 Ausgleichsverbindlichkeiten

(1) Geldinstitute und Außenhandelsbetriebe haben in ihre Eröffnungsbilanz zum 1. Juli 1990 Verbindlichkeiten gegenüber dem Ausgleichsfonds Währungsumstellung (Ausgleichsverbindlichkeiten) in der Höhe einzustellen, in der bei Geldinstituten das Eigenkapital die in § 40 Abs. 2 genannten Grenzen und bei Außenhandelsbetrieben die Vermögenswerte die Schulden übersteigen.

(2) § 24 Abs. 2 Satz 1 und § 40 Abs. 1 Satz 2 und Absatz 4 sind entsprechend anzuwenden.

§ 42 Vergleichende Darstellung

Geldinstitute haben in der vergleichenden Darstellung nach § 20 außerdem anzugeben,
1. für welche Forderungen über zehntausend Deutsche Mark sie zum Stichtag 1. Juli 1990 Einzelwertberichtigungen gebildet oder Abschreibungen vorgenommen haben; die abgesetzten Beträge sind anzugeben und zu begründen;
2. die Anzahl der Konten, auf denen Guthaben in Mark der Deutschen Demokratischen Republik
   a) bis zu zweitausend Deutsche Mark im Verhältnis eins zu eins,
   b) bis zu viertausend Deutsche Mark im Verhältnis eins zu eins,

c) bis zu sechstausend Deutsche Mark im Verhältnis eins zu eins gutgeschrieben wurden;
3. den Gesamtbetrag der Guthaben in Mark der Deutschen Demokratischen Republik, für die ein Umstellungsantrag noch gestellt werden kann.

§ 43 Prüfung

(1) Geldinstitute und Außenhandelsbetriebe in der Rechtsform einer Kapitalgesellschaft oder des öffentlichen Rechts können abweichend von § 34 Abs. 1 nur von einem Wirtschaftsprüfer oder einer Wirtschaftsprüfungsgesellschaft geprüft werden, soweit sie nicht Sparkassen sind.

(2) Die Prüfung erstreckt sich auch auf die Frage, ob bei der nachträglichen Umstellung von Kontoguthaben natürlicher Personen die Voraussetzungen gemäß Artikel 5 Abs. 7 der Anlage I zum Vertrag über die Schaffung einer Währungs-, Wirtschafts- und Sozialunion zwischen der Bundesrepublik Deutschland und der Deutschen Demokratischen Republik für die Wiedereinsetzung in den vorigen Stand vorlagen.

Unterabschnitt 10b: Abführungspflicht für Geldinstitute und Außenhandelsbetriebe

§ 43a Abführungspflicht für wertberichtigte Forderungen

(1) ¹Ein Geldinstitut ist verpflichtet, Zins- und Tilgungsbeträge, die der Schuldner oder ein Dritter nach dem 31. Dezember 1994 und vor dem 1. Januar 2030 auf ein ihm vor dem 1. Juli 1990 gewährtes Darlehen leistet, an den Ausgleichsfonds Währungsumstellung abzuführen, wenn das Geldinstitut hierfür in seiner D-Markeröffnungsbilanz eine Wertberichtigung vorgenommen hat. ²Wurde die Forderung nur teilweise wertberichtigt, sind Zins- und Tilgungsbeträge nur insoweit abzuführen, als sie nicht zur Bedienung des werthaltigen Teils der Forderung dienen.

(2) Abzuführen sind auch Zins- und Tilgungsbeträge im Sinne des Absatzes 1, die der Schuldner oder ein Dritter auf Darlehensforderungen geleistet hat, die das Geldinstitut wegen einer Rangrücktrittsvereinbarung gemäß § 13 Abs. 4 mit dem Schuldner nicht in seine D-Markeröffnungsbilanz aufgenommen hat.

§ 43b Abführungspflicht für wertberichtigte Schulden

¹Ist eine in der D-Markeröffnungsbilanz berücksichtigte Verbindlichkeit oder Rückstellung nach dem 31. Dezember 1994 und vor dem 1. Januar 2030 ganz oder teilweise aufgelöst worden, weil die Schuld erloschen oder mit einer Inanspruchnahme nicht mehr zu rechnen ist, hat das Geldinstitut einen der Berichtigung entsprechenden Betrag an den Ausgleichsfonds Währungsumstellung abzuführen. ²Der Betrag ist vom 1. Juli 1990 an bis zu dem Tag der Abführung an den Ausgleichsfonds Währungsumstellung mit dem für Ausgleichsforderungen jeweils geltenden Zinssatz zu verzinsen.

§ 43c Fälligkeit

¹Eingehende Zins- und Tilgungsbeträge nach § 43a sind innerhalb von sechs Wochen vom Eingang der Zahlung an gerechnet an den Ausgleichsfonds Währungsumstellung zu zahlen. ²Abführungen nach § 43b sind innerhalb von sechs Wochen vom Zeitpunkt der Feststellung des Jahresabschlusses an gerechnet, in dem die Berichtigung vorgenommen wird, zu leisten.

§ 43d Prüfung der Abführung

¹Die Einhaltung der Abführung ist von dem für die Prüfung des Jahresabschlusses bestellten Prüfer im Rahmen der Prüfung des Jahresabschlusses zu prüfen. ²Er hat hierauf im Prüfungsbericht nach § 321 des Handelsgesetzbuchs einzugehen.

§ 43e Außenhandelsbetriebe

Die Vorschriften dieses Unterabschnitts sind auf Außenhandelsbetriebe entsprechend anzuwenden.

Unterabschnitt 11: Vorschriften für Versicherungsunternehmen

§ 44 Anwendungsbereich[1]

(1) ¹Versicherungsunternehmen haben die Vorschriften dieses Gesetzes zu beachten, soweit in diesem Unterabschnitt nichts anderes bestimmt ist. ²Sie dürfen die in diesem Gesetz größenabhängig zugelassenen Erleichterungen nicht in Anspruch nehmen. ³Die §§ 37 und 38 des Versicherungsaufsichtsgesetzes sind nicht anzuwenden.

(2) ¹Versicherungsunternehmen sind Unternehmen, die den Betrieb von Versicherungsgeschäften zum Gegenstand haben und nicht Träger der Sozialversicherung sind. ²Dazu gehören auch Unternehmen, die nicht der Versicherungsaufsicht unterliegen oder keine eigene Rechtspersönlichkeit haben. ³Die Vorschriften über Versicherungsunternehmen sind auch auf Unternehmen anzuwenden, die keine Erlaubnis zum Geschäftsbetrieb als Versicherungsunternehmen haben oder die sich in Abwicklung befinden.

§ 45 Eröffnungsbilanz[2]

(1) Versicherungsunternehmen haben abweichend von § 265 Abs. 6, 7, §§ 266 bis 268 des Handelsgesetzbuchs und unbeschadet einer weiteren Gliederung die Eröffnungsbilanz gemäß der Verordnung über die Rechnungslegung von Versicherungsunternehmen vom 11. Juli 1973, zuletzt geändert durch Verordnung vom 23. Dezember 1986 (BGBl 1987 I S. 2), aufzustellen.

(2) (weggefallen)

(3) Versicherungsunternehmen haben im Anhang zusätzlich die in § 12 Nr. 3 der Verordnung über die Rechnungslegung von Versicherungsunternehmen vom 11. Juli 1973 vorgeschriebenen Angaben zu machen.

§ 46 Prüfung. Einreichung

(1) Versicherungsunternehmen können abweichend von § 34 Abs. 1 nur von einem Wirtschaftsprüfer oder einer Wirtschaftsprüfungsgesellschaft geprüft werden.

(2) ¹Die D-Markeröffnungsbilanz, der Anhang sowie die Schlussbilanz zum 30. Juni 1990 sind spätestens vor Ablauf des elften Monats nach dem Bilanzstichtag, die Konzerneröffnungsbilanz und der Konzernanhang spätestens vor Ablauf des siebzehnten Monats dem Bundesaufsichtsamt für das Versicherungswesen in zweifacher Ausfertigung einzureichen. ²Der Bericht des Prüfers über die Prüfung nach § 33 Abs. 1 Satz 1 ist spätestens vor Ablauf des zwölften Monats nach dem Bilanzstichtag, der Bericht über die Prüfung nach § 33 Abs. 3 Satz 1 spätestens vor Ablauf des neunzehnten Monats dem Bundesaufsichtsamt für das Versicherungswesen in zweifacher Ausfertigung einzureichen.

Abschnitt 7: Straf- und Bußgeldvorschriften. Zwangsgelder

§ 47 Strafvorschriften

(1) ¹Die Strafvorschriften der §§ 331 bis 333 des Handelsgesetzbuchs sind auf die Eröffnungsbilanz, den Anhang, die Konzerneröffnungsbilanz, den Konzernanhang und die nach diesem Gesetz zu bestellenden Prüfer entsprechend anzuwenden. ²Satz 1 gilt auch für nicht in der Rechtsform einer Kapitalgesellschaft betriebene Unternehmen.

---

1) **Anm. d. Red.:** § 44 i. d. F. des Gesetzes v. 1. 4. 2015 (BGBl I S. 434) mit Wirkung v. 1. 1. 2016.

2) **Anm. d. Red.:** § 45 i. d. F. des Gesetzes v. 1. 4. 2015 (BGBl I S. 434) mit Wirkung v. 1. 1. 2016.

(2) § 331 des Handelsgesetzbuchs ist darüber hinaus auch anzuwenden auf die Verletzung von Pflichten durch den Geschäftsleiter (§ 1 Abs. 2 Satz 1 des Gesetzes über das Kreditwesen) eines nicht in der Rechtsform einer Kapitalgesellschaft betriebenen Geldinstituts, durch den Inhaber eines in der Rechtsform des Einzelkaufmanns betriebenen Geldinstituts oder durch den Geschäftsleiter im Sinne des § 53 Abs. 2 Nr. 1 des Gesetzes über das Kreditwesen.

§ 48 Bußgeldvorschriften[1)]

(1) Ordnungswidrig handelt, wer als Mitglied des vertretungsberechtigten Organs oder des Aufsichtsrats eines Unternehmens oder als Geschäftsleiter im Sinne des § 1 Abs. 2 Satz 1 oder des § 53 Abs. 2 Nr. 1 des Gesetzes über das Kreditwesen oder als Inhaber eines in der Rechtsform des Einzelkaufmanns betriebenen Unternehmens

1. bei der Aufstellung oder Feststellung der Eröffnungsbilanz oder des Anhangs einer Vorschrift
   a) des § 4 Abs. 2 Satz 1 oder 2 oder des § 5 Abs. 1 Satz 1 in Verbindung mit § 243 Abs. 1 oder 2, §§ 244, 245, 246, 247 Abs. 1 oder 2, §§ 248, 249 Abs. 1 Satz 1 oder Abs. 3, § 250 Abs. 1 Satz 1 oder Abs. 2 oder § 251 des Handelsgesetzbuchs über Form oder Inhalt,
   b) des § 5 Abs. 1 Satz 1 in Verbindung mit § 253 Abs. 1 Satz 2, Abs. 2 Satz 1, 2 oder 3 oder Abs. 3 Satz 1 oder 2, § 255 Abs. 1 oder 2 Satz 1, 2 oder 6 des Handelsgesetzbuchs oder der §§ 6 bis 18 über die Bewertung,
   c) des § 5 Abs. 1 Satz 2 in Verbindung mit § 265 Abs. 3 bis 8, §§ 266, 268 Abs. 3 bis 7 oder § 272 des Handelsgesetzbuchs oder des § 39 Abs. 1 oder 2 oder des § 45 über die Gliederung oder
   d) des § 19 Abs. 1 bis 3, § 20 oder 22 über die im Anhang zu machenden Angaben,
2. bei der Aufstellung der Konzerneröffnungsbilanz oder des Konzernanhangs einer Vorschrift
   a) des § 21 Abs. 3 über den Konsolidierungskreis,
   b) des § 21 Abs. 4 Satz 1 in Verbindung mit den §§ 5 bis 19 oder § 297 Abs. 2 oder 3 oder § 298 Abs. 1 des Handelsgesetzbuchs, dieser in Verbindung mit § 243 Abs. 1 oder 2, §§ 244, 245, 246, 247 Abs. 1 oder 2, §§ 248, 249 Abs. 1 Satz 1 oder Abs. 3, § 250 Abs. 1 Satz 1 oder Abs. 2 oder § 251 des Handelsgesetzbuchs, über Form oder Inhalt,
   c) des § 21 Abs. 4 Satz 1 in Verbindung mit § 300 des Handelsgesetzbuchs über die Konsolidierungsgrundsätze oder das Vollständigkeitsgebot,
   d) des § 21 Abs. 4 Satz 1 in Verbindung mit § 311 Abs. 1 Satz 1 des Handelsgesetzbuchs, dieser in Verbindung mit § 312 des Handelsgesetzbuchs, über die Behandlung assoziierter Unternehmen, oder
   e) des § 22 über die im Konzernanhang zu machenden Angaben,
3. bei der Offenlegung, Veröffentlichung oder Vervielfältigung einer Vorschrift des § 37 Abs. 1 Satz 1 in Verbindung mit § 328 des Handelsgesetzbuchs über Form oder Inhalt oder
4. der Vorschrift des § 37 Abs. 4 über die Einreichung der D-Markeröffnungsbilanz

zuwiderhandelt.

(2) Ordnungswidrig handelt auch, wer zu einer Eröffnungsbilanz oder einem Anhang oder einer Konzerneröffnungsbilanz oder einem Konzernanhang, die auf Grund gesetzlicher Vorschriften zu prüfen sind, einen Vermerk nach § 322 des Handelsgesetzbuchs erteilt, obwohl nach § 34 Abs. 5 in Verbindung mit § 319 Abs. 2, 3, 5, § 319a Abs. 1 Satz 1, Abs. 2 des Handelsgesetzbuchs er oder nach § 34 Abs. 5 in Verbindung mit § 319 Absatz 4 des Handelsgesetzbuchs, auch in Verbindung mit § 319a Absatz 1 Satz 2 des Handelsgesetzbuchs, die Wirtschaftsprüfungsgesellschaft oder Buchprüfungsgesellschaft, für die er tätig wird, nicht Prüfer sein darf.

---

1) **Anm. d. Red.:** § 48 i. d. F. des Gesetzes v. 10. 5. 2016 (BGBl I S. 1142) mit Wirkung v. 17. 6. 2016.

(3) Die Ordnungswidrigkeit kann mit einer Geldbuße bis zu fünfzigtausend Euro geahndet werden.

(4) Verwaltungsbehörde im Sinn des § 36 Abs. 1 Nr. 1 des Gesetzes über Ordnungswidrigkeiten ist in den Fällen der Absätze 1 und 2 das Bundesamt für Justiz.

§ 49 Festsetzung von Ordnungsgeld[1]

¹Gegen Mitglieder des vertretungsberechtigten Organs, bei Einzelunternehmen gegen den Inhaber, die § 37 dieses Gesetzes in Verbindung mit § 325 des Handelsgesetzbuchs über die Pflicht zur Offenlegung der Eröffnungsbilanz oder des Anhangs oder der Konzerneröffnungsbilanz oder des Konzernanhangs nicht befolgen, ist wegen des pflichtwidrigen Unterlassens der Offenlegung vom Bundesamt für Justiz ein Ordnungsgeld nach § 335 des Handelsgesetzbuchs festzusetzen. ²§ 335 Abs. 1 Satz 2 des Handelsgesetzbuchs ist entsprechend anzuwenden.

Abschnitt 8: Steuern. Gebühren

§ 50 Steuerliche Eröffnungsbilanz und Folgewirkungen[2]

(1) ¹Steuerpflichtige, die Rechtsträger eines Unternehmens nach § 1 sind, haben die Vorschriften dieses Gesetzes auch für die steuerrechtliche Gewinnermittlung zu befolgen. ²Ein Steuerpflichtiger, der Rechtsträger eines Unternehmens ist, das nach § 1 Abs. 5 als zum 1. Juli 1990 entstanden angesehen wird, ist mit dem Unternehmen vom 1. Juli 1990 an für die Steuern vom Einkommen und Ertrag steuerpflichtig. ³Wird die Übertragung von Vermögensgegenständen oder Schulden nach § 4 Abs. 3 bereits in der Eröffnungsbilanz der betroffenen Unternehmen zum 1. Juli 1990 berücksichtigt, so gilt dies auch für die Steuerpflicht der Rechtsträger der betroffenen Unternehmen.

(2) ¹Zum 1. Juli 1990 ist eine steuerliche Eröffnungsbilanz aufzustellen, die, abgesehen von den folgenden Abweichungen, der handelsrechtlichen Eröffnungsbilanz entsprechen muss. ²Ein nach § 9 Abs. 3 oder § 31 Abs. 1 Nr. 1 Satz 2 und Nr. 2 und 3 gebildeter Aktivposten ist nicht anzusetzen; als betriebsgewöhnliche Nutzungsdauer eines Aktivpostens nach § 31 Abs. 1 Nr. 1 Satz 1 gilt ein Zeitraum von 15 Jahren. ³§ 11 Abs. 1 Satz 1 ist mit der Maßgabe anzuwenden, dass der Beteiligungsbuchwert dem ausgewiesenen anteiligen Eigenkapital in der steuerlichen Eröffnungsbilanz des Unternehmens entspricht, an dem die Beteiligung besteht. ⁴§ 5 Abs. 2, 3 und 5 des Einkommensteuergesetzes ist anzuwenden. ⁵Rückstellungen nach § 5 Abs. 4 des Einkommensteuergesetzes und Rückstellungen nach § 249 Abs. 1 Satz 2 Nr. 1, Satz 3 und Abs. 2 des Handelsgesetzbuchs dürfen nicht gebildet werden. ⁶§ 9 Abs. 2 Satz 3 und § 10 Abs. 1 Satz 2 zweiter Halbsatz und Absatz 2 Satz 2 sind nicht anzuwenden. ⁷Auf die Bildung von Pensionsrückstellungen ist § 54 Abs. 1 bis 3 und 5 entsprechend anzuwenden.

(3) ¹Die Berichtigung von Ansätzen nach § 36 führt zu einer Berichtigung der steuerlichen Eröffnungsbilanz und etwaiger Folgebilanzen. ²Sind bereits Steuerbescheide erlassen worden, so sind sie zu ändern, soweit die Berichtigung von Bilanz- oder Wertansätzen zu einem geänderten Gewinn oder Verlust führt oder sich auf die Feststellung von Einheitswerten auswirkt. ³In den Fällen des § 36 Abs. 4 Satz 2 beginnt die Festsetzungsfrist mit Ablauf des Kalenderjahres, in dem die Berichtigung der steuerlichen Eröffnungsbilanz und etwaiger Folgebilanzen erfolgt.

(4) Beträge, die zum Ausgleich eines Kapitalentwertungskontos nach § 26 Abs. 4 oder § 28 Abs. 1 verwendet werden, dürfen bei der steuerrechtlichen Gewinnermittlung nicht abgezogen werden.

(5) Auf Steuerpflichtige, die freiwillig Bücher führen und regelmäßig Abschlüsse machen, sind die Absätze 1 bis 4 entsprechend anzuwenden.

---

1) **Anm. d. Red.:** § 49 i. d. F. des Gesetzes v. 10. 11. 2006 (BGBl I S. 2553) mit Wirkung v. 1. 1. 2007.
2) **Anm. d. Red.:** § 50 i. d. F. des Gesetzes v. 11. 10. 1995 (BGBl I S. 1250) mit Wirkung v. 21. 10. 1995.

§ 51 Umstellungsbedingte Vermögensänderungen

(1) ¹Die aus der Eröffnungsbilanz und der Neufestsetzung nach § 26 Abs. 2 bis 4, §§ 27, 28, 30 sich ergebenden zahlenmäßigen Veränderungen im Vermögen der in § 50 Abs. 1 oder 5 bezeichneten Steuerpflichtigen sowie deren Gesellschafter oder Mitglieder wirken sich auf die Steuern vom Einkommen und Ertrag nicht aus. ²Dies gilt insbesondere für die Bildung von Rücklagen oder die Auflösung bisheriger Unterbewertungen, wenn die Erträge auf der Neubewertung von Vermögensgegenständen und Schulden beruhen, die spätestens am 1. Juli 1990 Betriebsvermögen gewesen sind oder auf das Unternehmen mit Wirkung vom 1. Juli 1990 übertragen worden sind, oder auf dem Erlass von Schulden beruhen.

(2) Die aus der Neufestsetzung sich ergebenden zahlenmäßigen Veränderungen im Vermögen der in § 1 bezeichneten Gesellschaften und deren Gesellschafter und im Vermögen der in § 1 bezeichneten Genossenschaften und deren Genossen unterliegen nicht den Steuern vom Kapitalverkehr.

§ 52 Steuerliche Ausgangswerte in anderen Fällen

(1) ¹Bei Steuerpflichtigen, die ihren Gewinn nach § 4 Abs. 3 des Einkommensteuergesetzes ermitteln, gelten als Anschaffungs- oder Herstellungskosten der Wirtschaftsgüter, die spätestens am 1. Juli 1990 Anlagevermögen gewesen sind oder auf den Steuerpflichtigen mit Wirkung vom 1. Juli 1990 übertragen worden sind, die Werte, die sich in entsprechender Anwendung der §§ 7 bis 11 und 18 ergeben. ²Wirtschaftsgüter nach Satz 1 sind unter Angabe ihres Werts zum 1. Juli 1990 in ein besonderes Verzeichnis (Anlageverzeichnis) aufzunehmen. ³Ergibt sich bis zum 31. Dezember 1994 einschließlich, dass sie zum 1. Juli 1990 nicht angesetzt werden durften oder zu Unrecht nicht oder wesentlich zu hoch oder zu niedrig angesetzt worden sind, so ist das Anlageverzeichnis insoweit zu berichtigen; sind bereits Steuerbescheide erlassen worden, so sind sie zu ändern, soweit die Berichtigung zu einem geänderten Gewinn oder Verlust führt.

(2) ¹Absatz 1 Satz 1 und 3 ist auf Steuerpflichtige mit Einkünften aus nichtselbständiger Arbeit, Kapitalvermögen, Vermietung und Verpachtung oder mit anderen Einkünften nach den §§ 17 und 22 des Einkommensteuergesetzes entsprechend anzuwenden. ²Rückübertragungen nach dem Vermögensgesetz sind keine Anschaffungen. ³In diesen Fällen gelten als Anschaffungs- oder Herstellungskosten die Werte, die sich in entsprechender Anwendung des Absatzes 1 Satz 1 und 3 ergeben.

§ 53 Wirtschaftsjahre 1990 und steuerliche Schlussbilanz

¹Bei Steuerpflichtigen mit Einkünften nach § 2 Abs. 3 Nr. 1 bis 3 des Einkommensteuergesetzes sind Wirtschaftsjahre im Kalenderjahr 1990 die Zeiträume vom 1. Januar bis zum 30. Juni und vom 1. Juli bis zum 31. Dezember. ²In der steuerlichen Schlussbilanz zum 31. Dezember können Rückstellungen nach § 5 Abs. 4 des Einkommensteuergesetzes nicht und Pensionsrückstellungen nur unter den Voraussetzungen des § 54 gebildet werden.

§ 54 Pensionsrückstellungen

(1) Für eine Pensionsverpflichtung darf eine Rückstellung (Pensionsrückstellung) nur gebildet werden, wenn

1. der Pensionsberechtigte einen Rechtsanspruch auf einmalige oder laufende Pensionsleistungen hat,
2. die Pensionszusage keinen Vorbehalt enthält, dass die Pensionsanwartschaft oder die Pensionsleistung gemindert oder entzogen werden kann, oder ein solcher Vorbehalt sich nur auf Tatbestände erstreckt, bei deren Vorliegen nach allgemeinen Rechtsgrundsätzen unter Beachtung billigen Ermessens eine Minderung oder ein Entzug der Pensionsanwartschaft oder der Pensionsleistung zulässig ist, und
3. die Pensionszusage schriftlich erteilt ist.

§ 54 V. D-Markbilanzgesetz

(2) Eine Pensionsrückstellung darf erstmals gebildet werden
1. vor Eintritt des Versorgungsfalls für das Wirtschaftsjahr, in dem die Pensionszusage erteilt wird, frühestens jedoch für das Wirtschaftsjahr, bis zu dessen Mitte der Pensionsberechtigte das 30. Lebensjahr vollendet,
2. nach Eintritt des Versorgungsfalls für das Wirtschaftsjahr, in dem der Versorgungsfall eintritt.

(3) ¹Eine Pensionsrückstellung darf höchstens mit dem Teilwert der Pensionsverpflichtung angesetzt werden. ²Als Teilwert einer Pensionsverpflichtung gilt
1. vor Beendigung des Dienstverhältnisses des Pensionsberechtigten der Barwert der künftigen Pensionsleistungen am Schluss des Wirtschaftsjahrs abzüglich des sich auf denselben Zeitpunkt ergebenden Barwerts betragsmäßig gleich bleibender Jahresbeträge. ²Die Jahresbeträge sind so zu bemessen, dass am Beginn des Wirtschaftsjahrs, in dem das Dienstverhältnis begonnen hat, ihr Barwert gleich dem Barwert der künftigen Pensionsleistungen ist; die künftigen Pensionsleistungen sind dabei mit dem Betrag anzusetzen, der sich nach den Verhältnissen am Bilanzstichtag ergibt. ³Es sind die Jahresbeträge zugrunde zu legen, die vom Beginn des Wirtschaftsjahrs, in dem das Dienstverhältnis begonnen hat, bis zu dem in der Pensionszusage vorgesehenen Zeitpunkt des Eintritts des Versorgungsfalls rechnungsmäßig aufzubringen sind. ⁴Erhöhungen oder Verminderungen der Pensionsleistungen nach dem Schluss des Wirtschaftsjahrs, die hinsichtlich des Zeitpunkts ihres Wirksamwerdens oder ihres Umfangs ungewiss sind, sind bei der Berechnung des Barwerts der künftigen Pensionsleistungen und der Jahresbeträge erst zu berücksichtigen, wenn sie eingetreten sind. ⁵Wird die Pensionszusage erst nach dem Beginn des Dienstverhältnisses erteilt, so ist die Zwischenzeit für die Berechnung der Jahresbeträge nur insoweit als Wartezeit zu behandeln, als sie in der Pensionszusage als solche bestimmt ist. ⁶Hat das Dienstverhältnis schon vor der Vollendung des 30. Lebensjahrs des Pensionsberechtigten bestanden, so gilt es als zu Beginn des Wirtschaftsjahrs begonnen, bis zu dessen Mitte der Pensionsberechtigte das 30. Lebensjahr vollendet;
2. nach Beendigung des Dienstverhältnisses des Pensionsberechtigten unter Aufrechterhaltung seiner Pensionsanwartschaft oder nach Eintritt des Versorgungsfalls der Barwert der künftigen Pensionsleistungen am Schluss des Wirtschaftsjahrs; Nummer 1 Satz 4 gilt sinngemäß.

³Bei der Berechnung des Teilwerts der Pensionsverpflichtung sind ein Rechnungszinsfuß von sechs vom Hundert und die anerkannten Regeln der Versicherungsmathematik anzuwenden.

(4) ¹Eine Pensionsrückstellung darf höchstens um den Unterschied zwischen dem Teilwert der Pensionsverpflichtung am Schluss des am 31. Dezember 1990 endenden Wirtschaftsjahrs (Erstjahr) und dem Beginn des Wirtschaftsjahrs erhöht werden. ²Erhöht sich am Schluss des Erstjahrs gegenüber dem Beginn dieses Wirtschaftsjahrs der Barwert der künftigen Pensionsleistungen um mehr als 25 vom Hundert, so kann die für das Erstjahr zulässige Erhöhung der Pensionsrückstellung auf dieses Wirtschaftsjahr und die beiden folgenden Wirtschaftsjahre gleichmäßig verteilt werden. ³Darf am Schluss des Erstjahrs mit der Bildung einer Pensionsrückstellung begonnen werden, darf die Rückstellung bis zur Höhe des Teilwerts der Pensionsverpflichtung am Schluss dieses Wirtschaftsjahrs gebildet werden. ⁴Diese Rückstellung kann auf das Erstjahr und die beiden folgenden Wirtschaftsjahre gleichmäßig verteilt werden. ⁵Endet das Dienstverhältnis des Pensionsberechtigten unter Aufrechterhaltung seiner Pensionsanwartschaft im Erstjahr oder tritt der Versorgungsfall in diesem Wirtschaftsjahr ein, darf die Pensionsrückstellung stets bis zur Höhe des Teilwerts der Pensionsverpflichtung gebildet werden. ⁶Die für dieses Wirtschaftsjahr zulässige Erhöhung der Pensionsrückstellung kann auf das Erstjahr und die beiden folgenden Wirtschaftsjahre gleichmäßig verteilt werden.

(5) Die Absätze 3 und 4 sind entsprechend anzuwenden, wenn der Pensionsberechtigte zu dem Pensionsverpflichteten in einem anderen Rechtsverhältnis als einem Dienstverhältnis steht.

§ 55 Einlagen

Werden einem Betrieb innerhalb von drei Jahren nach dem 30. Juni 1990 Wirtschaftsgüter als Einlage zugeführt, die vor dem 1. Juli 1990 angeschafft oder hergestellt worden sind, so gilt der Betrag, den der Steuerpflichtige in einer Eröffnungsbilanz zum 1. Juli 1990 hätte ansetzen können, als Anschaffungs- oder Herstellungskosten.

§ 56 Gebühren

(1) ¹Gerichtsgebühren und notarielle Beurkundungsgebühren, die anlässlich der Feststellung der Eröffnungsbilanz und der Neufestsetzung der Kapitalverhältnisse nach diesem Gesetz entstehen, ermäßigen sich um fünfzig vom Hundert. ²Übersteigt die nach Satz 1 zu berechnende Gebühr für die Beurkundung von Versammlungsbeschlüssen zweitausend Deutsche Mark, so ermäßigt sich der zweitausend Deutsche Mark übersteigende Betrag um weitere fünfundzwanzig vom Hundert. ³Fließen die Gebühren dem Notar selbst zu, ermäßigen sich die Gebühren entsprechend § 144 Abs. 1 des Gesetzes über die Kosten in Angelegenheiten der Freiwilligen Gerichtsbarkeit (Kostenordnung) der Bundesrepublik Deutschland in der im Bundesgesetzblatt Teil III, Gliederungsnummer 361-1, veröffentlichten bereinigten Fassung, zuletzt geändert durch Artikel 5 des Gesetzes vom 5. April 1990 (BGBl I S. 701).

(2) ¹Die Ermäßigung gilt auch für die Gebühren, die bei einer Umwandlung von Gesellschaften entstehen, sofern die Umwandlung nicht später als die Neufestsetzung beschlossen wird und nach der Eröffnungsbilanz das Nennkapital einhunderttausend Deutsche Mark nicht erreicht oder das übertragene Eigenkapital der Aktiengesellschaft oder der Kommanditgesellschaft auf Aktien einhunderttausend Deutsche Mark oder das übertragene Eigenkapital der Gesellschaft mit beschränkter Haftung fünfzigtausend Deutsche Mark nicht erreicht. ²Die Ermäßigung erstreckt sich nicht auf die Gebühren, die anlässlich des Ausgleichs eines Kapitalentwertungskontos entstehen.

(3) Wird ein Beschluss, für dessen Beurkundung die Gebühren nach Absatz 1 zu ermäßigen sind, zugleich mit anderen nicht unter Absatz 1 fallenden Beschlüssen beurkundet, angemeldet oder eingetragen und ist dafür eine einheitliche Gebühr zu erheben, so ermäßigt sich nur der Teilbetrag der Gesamtgebühr, der die Gebühr, die für das nicht unter Absatz 1 fallende Geschäft bei gesonderter Vornahme zu erheben wäre, übersteigt.

(4) Die Ermäßigung erstreckt sich nicht auf die Zusatzgebühr für Beurkundungen außerhalb der Gerichtsstelle und für fremdsprachliche Erklärungen; die Gebühr für die Beurkundung außerhalb der Gerichtsstelle darf jedoch den Betrag der für das Geschäft selbst zu erhebenden (ermäßigten) Gebühr nicht übersteigen.

(5) Die Bestimmungen über die Mindestgebühr bleiben unberührt.

Abschnitt 9: Verfahren der Kapitalneufestsetzung. Sonstige Vorschriften

§ 56a Einfache Mehrheit

(1) ¹Für den Beschluss der Hauptversammlung oder der Gesellschafterversammlung von Kapitalgesellschaften über die Neufestsetzung des gezeichneten Kapitals und die Einziehung von Anteilen genügt die einfache Mehrheit des bei der Beschlussfassung vertretenen gezeichneten Kapitals ohne Rücksicht auf die Stimmenzahl. ²Eines Sonderbeschlusses der einzelnen Gattungen von Anteilen bedarf es nicht. ³Dies gilt auch dann, wenn die Satzung oder der Gesellschaftsvertrag etwas anderes bestimmt. ⁴Für eine zugleich mit der Neufestsetzung beschlossene Erhöhung des gezeichneten Kapitals gelten die für die Rechtsform maßgeblichen Vorschriften über die Kapitalerhöhung nur, wenn diese nicht aus vorhandenem Eigenkapital erfolgt.

(2) ¹Für den Beschluss der Mitgliederversammlung von Genossenschaften, durch den die Geschäftsguthaben, die Geschäftsanteile und die Haftsummen neu festgesetzt werden, genügt die einfache Mehrheit der abgegebenen Stimmen, auch wenn gesetzliche Vorschriften oder das Statut etwas anderes bestimmen. ²Wird mit der Neufestsetzung gleichzeitig eine Erhöhung der neu festgesetzten Geschäftsanteile beschlossen, so sind die Vorschriften des Gesetzes betref-

fend die Erwerbs- und Wirtschaftsgenossenschaften nur anzuwenden, wenn die Erhöhung nicht aus vorhandenem Eigenkapital erfolgt.

§ 56b Inhalt der Anmeldung. Prüfung durch das Gericht

(1) ¹Bei der Anmeldung des Beschlusses über die Neufestsetzung sind die festgestellte Eröffnungsbilanz und der Bericht des Vorstands oder der Geschäftsführer zum Handelsregister des Sitzes der Kapitalgesellschaft einzureichen; dies gilt bei Genossenschaften entsprechend für die Anmeldung zum Genossenschaftsregister. ²Bei der Anmeldung haben der Vorstand oder die Geschäftsführer zu erklären, dass die Beschlüsse über die Feststellung der Eröffnungsbilanz und die Neufestsetzung nicht angefochten sind oder die Anfechtung rechtskräftig zurückgewiesen ist.

(2) Die Geschäftsführer von Gesellschaften mit beschränkter Haftung haben eine von ihnen unterschriebene Liste der Gesellschafter beizufügen, aus der Name, Vorname, Stand und Wohnort der Gesellschafter sowie ihre Stammeinlagen und die darauf noch zu leistenden Einzahlungen hervorgehen.

(3) Das Registergericht kann die Eintragung der Neufestsetzung auch ablehnen, wenn die Prüfer den Bestätigungsvermerk für die Eröffnungsbilanz versagt haben.

(4) ¹Ist die Eröffnungsbilanz nicht geprüft worden, so kann das Gericht die Prüfung anordnen und einen Prüfer bestellen, wenn Anhaltspunkte dafür bestehen, dass bei der Aufstellung der Eröffnungsbilanz die gesetzlichen Vorschriften nicht beachtet wurden oder Unredlichkeiten vorgekommen sind. ²Vor der Anordnung sind der Vorstand oder die Geschäftsführer zu hören.

(5) ¹Der Vorstand oder die Geschäftsführer haben auch eine vorläufige Neufestsetzung nach § 28 zur Eintragung in das Handelsregister oder das Genossenschaftsregister anzumelden. ²Die Durchführung des Ausgleichs des Kapitalentwertungskontos durch Tilgung oder durch andere Maßnahmen ist gleichfalls zur Eintragung anzumelden. ³In der Anmeldung ist zu erklären, in welcher Weise der Ausgleich durchgeführt ist.

(6) Die Kapitalneufestsetzung ist bewirkt, sobald sie in das Handelsregister oder Genossenschaftsregister des Sitzes des Unternehmens eingetragen ist.

§ 56c Umtausch und Zusammenlegung von Anteilen

(1) ¹Die auf Mark der Deutschen Demokratischen Republik lautenden Aktien sind in Aktien, die auf Deutsche Mark lauten, umzutauschen oder abzustempeln. ²Müssen Aktien zusammengelegt werden, so ist auf den Umtausch und die Abstempelung § 226 des Aktiengesetzes entsprechend anzuwenden.

(2) ¹Bevor die Neufestsetzung in das Handelsregister oder in das Genossenschaftsregister eingetragen ist, dürfen die sich aus ihr ergebenden neuen Geschäftsanteile nicht gebildet werden. ²Werden im Falle der Verminderung der Zahl der Geschäftsanteile der Gesellschaft oder Genossenschaft Anteile nicht zur Verwertung für Rechnung der Beteiligten zur Verfügung gestellt, so sind die anstelle der bisherigen Geschäftsanteile zu bildenden neuen Geschäftsanteile für Rechnung der Beteiligten durch die Gesellschaft oder Genossenschaft im Wege der öffentlichen Versteigerung zu verkaufen. ³Der Erlös ist den Beteiligten nach Abzug der Kosten auszuzahlen oder, wenn ein Recht zur Hinterlegung besteht, zu hinterlegen.

§ 56d Überschuldung oder Verlust des halben gezeichneten Kapitals

(1) ¹Der Vorstand oder die Geschäftsführer sind bis zur Beschlussfassung über die Kapitalneufestsetzung durch das dafür zuständige Organ nicht verpflichtet, wegen einer bei Aufstellung der Eröffnungsbilanz sich ergebenden Überschuldung nach § 92 Abs. 2 Satz 2 des Aktiengesetzes, § 64 Abs. 1 Satz 2 des Gesetzes betreffend die Gesellschaften mit beschränkter Haftung oder § 99 Abs. 1 Satz 2 des Gesetzes betreffend die Erwerbs- und Wirtschaftsgenossenschaften die Eröffnung des Gesamtvollstreckungsverfahrens zu beantragen; dies gilt auch für Abwickler oder Liquidatoren. ²Während dieser Zeit sind der Vorstand und die Geschäftsführer auch von der Pflicht zur Einberufung einer Versammlung nach § 92 Abs. 1 des Aktiengesetzes oder § 49

Abs. 3 des Gesetzes betreffend die Gesellschaften mit beschränkter Haftung wegen eines Verlustes des gezeichneten Kapitals, der sich bei der Aufstellung der Eröffnungsbilanz ergibt, befreit.

(2) Ist eine vorläufige Neufestsetzung im Handelsregister eingetragen, so sind der Vorstand oder die Geschäftsführer wegen eines Verlustes des gezeichneten Kapitals, der sich bei der Aufstellung der Eröffnungsbilanz ergibt, für die Zeit, die zum Ausgleich des Kapitalentwertungskontos vorgesehen ist, von der Pflicht zur Einberufung einer Versammlung der Gesellschafter oder Mitglieder befreit.

(3) ¹Absatz 1 gilt auch für den Fall, dass bei einer Kapitalgesellschaft, deren Anteile der Treuhandanstalt gehören, die Überschuldung zu einem späteren Zeitpunkt, aber vor der Beschlussfassung über die Kapitalneufestsetzung oder danach auf Grund einer Berichtigung nach § 36 eintritt. ²Leitet die Treuhandanstalt die Liquidation einer Kapitalgesellschaft vor der Beschlussfassung über die Kapitalneufestsetzung ein, so ist Absatz 1 in Verbindung mit Satz 1 bis zum Abschluss der Liquidation anzuwenden.

§ 56e Kredite an Treuhandunternehmen[1]

(1) ¹Die §§ 32a und 32b des Gesetzes betreffend die Gesellschaften mit beschränkter Haftung sind nicht anzuwenden auf Kredite gemäß Artikel 25 Abs. 7 des Einigungsvertrages und auf Kredite, welche die Treuhandanstalt der Gesellschaft gewährt oder für die sie eine Sicherung bestellt oder sich verbürgt hat. ²Dies gilt nicht für Kredite, welche die Treuhandanstalt der Gesellschaft nach einer Neufestsetzung der Kapitalverhältnisse gewährt oder für die sie nach diesem Zeitpunkt eine Sicherung bestellt oder sich verbürgt.

(2) Absatz 1 ist auch anzuwenden, soweit ein Rechtsnachfolger nach § 23a Abs. 3 des Treuhandgesetzes in die Rechte und Pflichten der Treuhandanstalt in Bezug auf den Kredit eintritt.

§ 57 Auflösung

(1) ¹Aktiengesellschaften, Kommanditgesellschaften auf Aktien und Gesellschaften mit beschränkter Haftung, welche die Neufestsetzung ihrer Kapitalverhältnisse nach diesem Gesetz nicht bis zum 31. Dezember 1994 ordnungsgemäß zur Eintragung in das Handelsregister angemeldet haben, sind mit dem Ablauf dieses Tages aufgelöst. ²Ist der Beschluss über die Neufestsetzung vor dem 31. Dezember 1994 angefochten worden, so tritt an die Stelle des 31. Dezember 1994 der sechs Monate nach dem Tag der Rechtskraft der Entscheidung liegende Tag.

(2) Aktiengesellschaften, Kommanditgesellschaften auf Aktien und Gesellschaften mit beschränkter Haftung, deren Grundkapital nach der Neufestsetzung auf weniger als die nach der Rechtsform zulässigen Mindestbeträge lautet und die eine Erhöhung des Nennkapitals beschlossen haben, sind außerdem mit Ablauf des 31. Dezember 1992 aufgelöst, wenn die Erhöhung des Nennkapitals auf den zulässigen Mindestnennbetrag bis zu diesem Zeitpunkt nicht ordnungsgemäß zur Eintragung in das Handelsregister angemeldet worden ist.

(3) Aktiengesellschaften, Kommanditgesellschaften auf Aktien und Gesellschaften mit beschränkter Haftung, die von der Befugnis, ein Kapitalentwertungskonto zu bilden, Gebrauch gemacht haben, sind mit Ablauf des 31. Dezember 1997 aufgelöst, wenn die Durchführung des Ausgleichs nicht bis zu diesem Zeitpunkt in das Handelsregister eingetragen worden ist.

(4) ¹Absatz 1 Satz 1 ist entsprechend auf Erwerbs- und Wirtschaftsgenossenschaften anzuwenden, wenn die notwendigen Änderungen des Statuts nicht bis zum 31. Dezember 1992 ordnungsgemäß zur Eintragung in das Genossenschaftsregister angemeldet worden sind. ²Auf die Beschlüsse der Mitgliederversammlung ist das am 1. Juli 1990 geltende Statut der Genossenschaft mit den danach beschlossenen Änderungen anzuwenden.

---

1) **Anm. d. Red.:** § 56e i. d. F. des Gesetzes v. 9.8.1994 (BGBl I S. 2062) mit Wirkung v. 17.8.1994.

§ 58 Geschäftsjahr

(1) ¹Die Unternehmen haben ihr Geschäftsjahr neu festzusetzen. ²Das erste Geschäftsjahr kann abweichend von § 240 Abs. 2 Satz 2 des Handelsgesetzbuchs bis zu achtzehn Monate, bei Geldinstituten und Versicherungsunternehmen bis zu zwölf Monate umfassen. ³Der Beschluss über die Verlängerung des Geschäftsjahres kann nur bis zum Ablauf des 30. Juni 1991 gefasst werden. ⁴Einer Änderung der Satzung oder des Gesellschaftsvertrages bedarf es nicht, wenn das Geschäftsjahr lediglich auf Grund dieser Vorschrift verlängert wird.

(2) ¹Unternehmen, die von Absatz 1 Gebrauch machen, müssen für den 31. Dezember 1990 einen Jahresabschluss nach den für sie maßgeblichen Vorschriften des Handelsrechts aufstellen. ²Eines Anhangs bedarf es nicht. ³Der Jahresabschluss braucht weder geprüft noch offen gelegt zu werden.

Abschnitt 10: Schlussvorschriften

§ 59 Ermächtigung[1]

Das Bundesministerium der Justiz wird ermächtigt, im Einvernehmen mit dem Bundesministerium der Finanzen und dem Bundesministerium für Wirtschaft und Technologie durch Rechtsverordnung mit Zustimmung des Bundesrates Vorschriften zur Ausführung dieses Gesetzes über Form und Inhalt der nach den §§ 1, 21, 39 und 45 aufzustellenden Unterlagen, die Kapitalausstattung der Unternehmen sowie über die Durchführung der Prüfung, die Feststellung und Offenlegung dieser Unterlagen und das dabei einzuhaltenden Verfahrens zu erlassen, soweit diese Vorschriften erforderlich sind, um die Durchführung der Währungsumstellung im Sinne des Vertrages über die Schaffung einer Währungs-, Wirtschafts- und Sozialunion und der Zielsetzung dieses Gesetzes zu gewährleisten.

§ 60 Anwendung

¹Dieses Gesetz ist mit Wirkung vom 1. Juli 1990 im gesamten Bundesgebiet anzuwenden, die Bestimmungen des Abschnitts 7 jedoch erst vom 29. März 1991 an. ²Für das in Artikel 3 des Einigungsvertrages genannte Gebiet sind die Bestimmungen des Abschnitts 7 mit Ausnahme des § 48 Abs. 1 Nr. 4 mit Wirkung vom 29. September 1990 anzuwenden.

---

1) **Anm. d. Red.:** § 59 i. d. F. der VO v. 31. 10. 2006 (BGBl I S. 2407) mit Wirkung v. 8. 11. 2006.

VI. Gesetz über die Drittelbeteiligung der Arbeitnehmer im Aufsichtsrat (Drittelbeteiligungsgesetz – DrittelbG)

v. 18. 5. 2004 (BGBl I S. 974, ber. I S. 2769) mit späteren Änderungen

Das Gesetz über die Drittelbeteiligung der Arbeitnehmer im Aufsichtsrat (Drittelbeteiligungsgesetz – DrittelbG) v. 18. 5. 2004 (BGBl I S. 974, ber. I S. 2769) ist als Art. 1 Zweites Gesetz zur Vereinfachung der Wahl der Arbeitnehmervertreter in den Aufsichtsrat v. 18. 5. 2004 (a. a. O.) verkündet worden und im Wesentlichen am 1. 7. 2004 in Kraft getreten. Es ist zuletzt geändert worden durch Art. 8 Gesetz für die gleichberechtigte Teilhabe von Frauen und Männern an Führungspositionen in der Privatwirtschaft und im öffentlichen Dienst v. 24. 4. 2015 (BGBl I S. 642).

Nichtamtliche Fassung

Teil 1: Geltungsbereich

§ 1 Erfasste Unternehmen[1)]

(1) Die Arbeitnehmer haben ein Mitbestimmungsrecht im Aufsichtsrat nach Maßgabe dieses Gesetzes in

1. einer Aktiengesellschaft mit in der Regel mehr als 500 Arbeitnehmern. [2]Ein Mitbestimmungsrecht im Aufsichtsrat besteht auch in einer Aktiengesellschaft mit in der Regel weniger als 500 Arbeitnehmern, die vor dem 10. August 1994 eingetragen worden ist und keine Familiengesellschaft ist. [3]Als Familiengesellschaften gelten solche Aktiengesellschaften, deren Aktionär eine einzelne natürliche Person ist oder deren Aktionäre untereinander im Sinne von § 15 Abs. 1 Nr. 2 bis 8, Abs. 2 der Abgabenordnung verwandt oder verschwägert sind;
2. einer Kommanditgesellschaft auf Aktien mit in der Regel mehr als 500 Arbeitnehmern. [2]Nummer 1 Satz 2 und 3 gilt entsprechend;
3. einer Gesellschaft mit beschränkter Haftung mit in der Regel mehr als 500 Arbeitnehmern. [2]Die Gesellschaft hat einen Aufsichtsrat zu bilden; seine Zusammensetzung sowie seine Rechte und Pflichten bestimmen sich nach § 90 Abs. 3, 4, 5 Satz 1 und 2, nach den §§ 95 bis 114, 116, 118 Abs. 3, § 125 Abs. 3 und 4 und nach den §§ 170, 171, 268 Abs. 2 des Aktiengesetzes;
4. einem Versicherungsverein auf Gegenseitigkeit mit in der Regel mehr als 500 Arbeitnehmern, wenn dort ein Aufsichtsrat besteht;
5. einer Genossenschaft mit in der Regel mehr als 500 Arbeitnehmern. [2]§ 96 Absatz 4 und die §§ 97 bis 99 des Aktiengesetzes sind entsprechend anzuwenden. [3]Die Satzung kann nur eine durch drei teilbare Zahl von Aufsichtsratsmitgliedern festsetzen. [4]Der Aufsichtsrat muss zwei Sitzungen im Kalenderhalbjahr abhalten.

(2) [1]Dieses Gesetz findet keine Anwendung auf

1. die in § 1 Abs. 1 des Mitbestimmungsgesetzes, die in § 1 des Montan-Mitbestimmungsgesetzes und die in den §§ 1 und 3 Abs. 1 des Montan-Mitbestimmungsergänzungsgesetzes bezeichneten Unternehmen;
2. Unternehmen, die unmittelbar und überwiegend
   a) politischen, koalitionspolitischen, konfessionellen, karitativen, erzieherischen, wissenschaftlichen oder künstlerischen Bestimmungen oder
   b) Zwecken der Berichterstattung oder Meinungsäußerung, auf die Artikel 5 Abs. 1 Satz 2 des Grundgesetzes anzuwenden ist,
   dienen.

---

1) **Anm. d. Red.:** § 1 i. d. F. des Gesetzes v. 24. 4. 2015 (BGBl I S. 642) mit Wirkung v. 1. 5. 2015.

²Dieses Gesetz ist nicht anzuwenden auf Religionsgemeinschaften und ihre karitativen und erzieherischen Einrichtungen unbeschadet deren Rechtsform.

(3) Die Vorschriften des Genossenschaftsgesetzes über die Zusammensetzung des Aufsichtsrats sowie über die Wahl und die Abberufung von Aufsichtsratsmitgliedern gelten insoweit nicht, als sie den Vorschriften dieses Gesetzes widersprechen.

§ 2 Konzern

(1) An der Wahl der Aufsichtsratsmitglieder der Arbeitnehmer des herrschenden Unternehmens eines Konzerns (§ 18 Abs. 1 des Aktiengesetzes) nehmen auch die Arbeitnehmer der übrigen Konzernunternehmen teil.

(2) Soweit nach § 1 die Beteiligung der Arbeitnehmer im Aufsichtsrat eines herrschenden Unternehmens von dem Vorhandensein oder der Zahl von Arbeitnehmern abhängt, gelten die Arbeitnehmer eines Konzernunternehmens als solche des herrschenden Unternehmens, wenn zwischen den Unternehmen ein Beherrschungsvertrag besteht oder das abhängige Unternehmen in das herrschende Unternehmen eingegliedert ist.

§ 3 Arbeitnehmer, Betrieb

(1) Arbeitnehmer im Sinne dieses Gesetzes sind die in § 5 Abs. 1 des Betriebsverfassungsgesetzes bezeichneten Personen mit Ausnahme der in § 5 Abs. 3 des Betriebsverfassungsgesetzes bezeichneten leitenden Angestellten.

(2) ¹Betriebe im Sinne dieses Gesetzes sind solche des Betriebsverfassungsgesetzes. ²§ 4 Abs. 2 des Betriebsverfassungsgesetzes ist anzuwenden.

(3) ¹Die Gesamtheit der Schiffe eines Unternehmens gilt für die Anwendung dieses Gesetzes als ein Betrieb. ²Schiffe im Sinne dieses Gesetzes sind Kauffahrteischiffe, die nach dem Flaggenrechtsgesetz die Bundesflagge führen. ³Schiffe, die in der Regel binnen 48 Stunden nach dem Auslaufen an den Sitz eines Landbetriebs zurückkehren, gelten als Teil dieses Landbetriebs.

Teil 2: Aufsichtsrat

§ 4 Zusammensetzung

(1) Der Aufsichtsrat eines in § 1 Abs. 1 bezeichneten Unternehmens muss zu einem Drittel aus Arbeitnehmervertretern bestehen.

(2) ¹Ist ein Aufsichtsratsmitglied der Arbeitnehmer oder sind zwei Aufsichtsratsmitglieder der Arbeitnehmer zu wählen, so müssen diese als Arbeitnehmer im Unternehmen beschäftigt sein. ²Sind mehr als zwei Aufsichtsratsmitglieder der Arbeitnehmer zu wählen, so müssen mindestens zwei Aufsichtsratsmitglieder als Arbeitnehmer im Unternehmen beschäftigt sein.

(3) ¹Die Aufsichtsratsmitglieder der Arbeitnehmer, die Arbeitnehmer des Unternehmens sind, müssen das 18. Lebensjahr vollendet haben und ein Jahr dem Unternehmen angehören. ²Auf die einjährige Unternehmensangehörigkeit werden Zeiten der Angehörigkeit zu einem anderen Unternehmen, dessen Arbeitnehmer nach diesem Gesetz an der Wahl von Aufsichtsratsmitgliedern des Unternehmens teilnehmen, angerechnet. ³Diese Zeiten müssen unmittelbar vor dem Zeitpunkt liegen, ab dem die Arbeitnehmer zur Wahl von Aufsichtsratsmitgliedern des Unternehmens berechtigt sind. ⁴Die weiteren Wählbarkeitsvoraussetzungen des § 8 Abs. 1 des Betriebsverfassungsgesetzes müssen erfüllt sein.

(4) Unter den Aufsichtsratsmitgliedern der Arbeitnehmer sollen Frauen und Männer entsprechend ihrem zahlenmäßigen Verhältnis im Unternehmen vertreten sein.

§ 5 Wahl der Aufsichtsratsmitglieder der Arbeitnehmer

(1) Die Aufsichtsratsmitglieder der Arbeitnehmer werden nach den Grundsätzen der Mehrheitswahl in allgemeiner, geheimer, gleicher und unmittelbarer Wahl für die Zeit gewählt, die

im Gesetz oder in der Satzung für die von der Hauptversammlung zu wählenden Aufsichtsratsmitglieder bestimmt ist.

(2) ¹Wahlberechtigt sind die Arbeitnehmer des Unternehmens, die das 18. Lebensjahr vollendet haben. ²§ 7 Satz 2 des Betriebsverfassungsgesetzes gilt entsprechend.

§ 6 Wahlvorschläge

¹Die Wahl erfolgt aufgrund von Wahlvorschlägen der Betriebsräte und der Arbeitnehmer. ²Die Wahlvorschläge der Arbeitnehmer müssen von mindestens einem Zehntel der Wahlberechtigten oder von mindestens 100 Wahlberechtigten unterzeichnet sein.

§ 7 Ersatzmitglieder

(1) ¹In jedem Wahlvorschlag kann zusammen mit jedem Bewerber für diesen ein Ersatzmitglied des Aufsichtsrats vorgeschlagen werden. ²Ein Bewerber kann nicht zugleich als Ersatzmitglied vorgeschlagen werden.

(2) Wird ein Bewerber als Aufsichtsratsmitglied gewählt, so ist auch das zusammen mit ihm vorgeschlagene Ersatzmitglied gewählt.

§ 8 Bekanntmachung der Mitglieder des Aufsichtsrats[1)]

¹Das zur gesetzlichen Vertretung des Unternehmens befugte Organ hat die Namen der Mitglieder und der Ersatzmitglieder des Aufsichtsrats unverzüglich nach ihrer Bestellung in den Betrieben des Unternehmens bekannt zu machen und im Bundesanzeiger zu veröffentlichen. ²Nehmen an der Wahl der Aufsichtsratsmitglieder des Unternehmens auch die Arbeitnehmer eines anderen Unternehmens teil, so ist daneben das zur gesetzlichen Vertretung des anderen Unternehmens befugte Organ zur Bekanntmachung in seinen Betrieben verpflichtet.

§ 9 Schutz von Aufsichtsratsmitgliedern vor Benachteiligung

¹Aufsichtsratsmitglieder der Arbeitnehmer dürfen in der Ausübung ihrer Tätigkeit nicht gestört oder behindert werden. ²Sie dürfen wegen ihrer Tätigkeit im Aufsichtsrat nicht benachteiligt oder begünstigt werden. ³Dies gilt auch für ihre berufliche Entwicklung.

§ 10 Wahlschutz und Wahlkosten

(1) ¹Niemand darf die Wahl der Aufsichtsratsmitglieder der Arbeitnehmer behindern. ²Insbesondere darf niemand in der Ausübung des aktiven und passiven Wahlrechts beschränkt werden.

(2) Niemand darf die Wahlen durch Zufügung oder Androhung von Nachteilen oder durch Gewährung oder Versprechen von Vorteilen beeinflussen.

(3) ¹Die Kosten der Wahlen trägt das Unternehmen. ²Versäumnis von Arbeitszeit, die zur Ausübung des Wahlrechts oder der Betätigung im Wahlvorstand erforderlich ist, berechtigt nicht zur Minderung des Arbeitsentgelts.

§ 11 Anfechtung der Wahl von Aufsichtsratsmitgliedern der Arbeitnehmer[2)]

(1) Die Wahl eines Aufsichtsratsmitglieds oder eines Ersatzmitglieds der Arbeitnehmer kann beim Arbeitsgericht angefochten werden, wenn gegen wesentliche Vorschriften über das Wahlrecht, die Wählbarkeit oder das Wahlverfahren verstoßen worden und eine Berichtigung nicht erfolgt ist, es sei denn, dass durch den Verstoß das Wahlergebnis nicht geändert oder beeinflusst werden konnte.

---

1) **Anm. d. Red.:** § 8 i. d. F. des Gesetzes v. 22. 12. 2011 (BGBl I S. 3044) mit Wirkung v. 1. 4. 2012.
2) **Anm. d. Red.:** § 11 i. d. F. des Gesetzes v. 22. 12. 2011 (BGBl I S. 3044) mit Wirkung v. 1. 4. 2012.

(2) ¹Zur Anfechtung berechtigt sind
1. mindestens drei Wahlberechtigte,
2. die Betriebsräte,
3. das zur gesetzlichen Vertretung des Unternehmens befugte Organ.
²Die Anfechtung ist nur binnen einer Frist von zwei Wochen, vom Tag der Veröffentlichung im Bundesanzeiger an gerechnet, zulässig.

§ 12 Abberufung von Aufsichtsratsmitgliedern der Arbeitnehmer

(1) ¹Ein Aufsichtsratsmitglied der Arbeitnehmer kann vor Ablauf der Amtszeit auf Antrag eines Betriebsrats oder von mindestens einem Fünftel der Wahlberechtigten durch Beschluss abberufen werden. ²Der Beschluss der Wahlberechtigten wird in allgemeiner, geheimer, gleicher und unmittelbarer Abstimmung gefasst; er bedarf einer Mehrheit von drei Vierteln der abgegebenen Stimmen. ³Auf die Beschlussfassung findet § 2 Abs. 1 Anwendung.

(2) Absatz 1 ist für die Abberufung von Ersatzmitgliedern entsprechend anzuwenden.

Teil 3: Übergangs- und Schlussvorschriften

§ 13 Ermächtigung zum Erlass von Rechtsverordnungen

Die Bundesregierung wird ermächtigt, durch Rechtsverordnung Vorschriften über das Verfahren für die Wahl und die Abberufung von Aufsichtsratsmitgliedern der Arbeitnehmer zu erlassen, insbesondere über
1. die Vorbereitung der Wahl, insbesondere die Aufstellung der Wählerlisten und die Errechnung der Zahl der Aufsichtsratsmitglieder der Arbeitnehmer;
2. die Frist für die Einsichtnahme in die Wählerlisten und die Erhebung von Einsprüchen gegen sie;
3. die Wahlvorschläge und die Frist für ihre Einreichung;
4. das Wahlausschreiben und die Frist für seine Bekanntmachung;
5. die Teilnahme von Arbeitnehmern eines in § 3 Abs. 3 bezeichneten Betriebs an der Wahl;
6. die Stimmabgabe;
7. die Feststellung des Wahlergebnisses und die Fristen für seine Bekanntmachung;
8. die Anfechtung der Wahl;
9. die Aufbewahrung der Wahlakten.

§ 14 Verweisungen

Soweit in anderen Gesetzen auf Vorschriften verwiesen wird, die durch Artikel 6 Abs. 2 des Zweiten Gesetzes zur Vereinfachung der Wahl der Arbeitnehmervertreter in den Aufsichtsrat aufgehoben werden, treten an ihre Stelle die entsprechenden Vorschriften dieses Gesetzes.

§ 15 (weggefallen)[1]

---

[1] **Anm. d. Red.:** § 15 weggefallen gem. Gesetz v. 24. 4. 2015 (BGBl I S. 642) mit Wirkung v. 1. 5. 2015.

VII. Verordnung (EWG) Nr. 2137/85 des Rates über die Schaffung einer Europäischen wirtschaftlichen Interessenvereinigung (EWIV-VO)

v. 25. 7. 1985 (ABl EG Nr. L 199 v. 31. 7. 1985, S. 1)

Amtliche Fassung

Artikel 1

(1) Europäische wirtschaftliche Interessenvereinigungen werden unter den Voraussetzungen, in der Weise und mit den Wirkungen gegründet, die in dieser Verordnung vorgesehen sind.

Zu diesem Zweck müssen diejenigen, die eine Vereinigung gründen wollen, einen Vertrag schließen und die Eintragung nach Artikel 6 vornehmen lassen.

(2) Die so gegründete Vereinigung hat von der Eintragung nach Artikel 6 an die Fähigkeit, im eigenen Namen Träger von Rechten und Pflichten jeder Art zu sein, Verträge zu schließen oder andere Rechtshandlungen vorzunehmen und vor Gericht zu stehen.

(3) Die Mitgliedstaaten bestimmen, ob die in ihren Registern gemäß Artikel 6 eingetragenen Vereinigungen Rechtspersönlichkeit haben.

Artikel 2

(1) Vorbehaltlich dieser Verordnung ist das innerstaatliche Recht des Staates anzuwenden, in dem die Vereinigung nach dem Gründungsvertrag ihren Sitz hat, und zwar einerseits auf den Gründungsvertrag mit Ausnahme der Fragen, die den Personenstand und die Rechts-, Geschäfts- und Handlungsfähigkeit natürlicher Personen sowie die Rechts- und Handlungsfähigkeit juristischer Personen betreffen, und andererseits auf die innere Verfassung der Vereinigung.

(2) Umfasst ein Staat mehrere Gebietseinheiten, von denen jede ihre eigenen Rechtsnormen hat, die auf die in Absatz 1 bezeichneten Gegenstände anzuwenden sind, so gilt für die Bestimmung des nach diesem Artikel anzuwendenden Rechts jede Gebietseinheit als Staat.

Artikel 3

(1) Die Vereinigung hat den Zweck, die wirtschaftliche Tätigkeit ihrer Mitglieder zu erleichtern oder zu entwickeln sowie die Ergebnisse dieser Tätigkeit zu verbessern oder zu steigern; sie hat nicht den Zweck, Gewinn für sich selbst zu erzielen.

Ihre Tätigkeit muss im Zusammenhang mit der wirtschaftlichen Tätigkeit ihrer Mitglieder stehen und darf nur eine Hilfstätigkeit hierzu bilden.

(2) Die Vereinigung darf daher
a) weder unmittelbar noch mittelbar die Leitungs- oder Kontrollmacht über die eigenen Tätigkeiten ihrer Mitglieder oder die Tätigkeiten eines anderen Unternehmens, insbesondere auf den Gebieten des Personal-, Finanz- und Investitionswesens, ausüben;
b) weder unmittelbar noch mittelbar, aus welchem Grunde auch immer, Anteile oder Aktien – gleich welcher Form – an einem Mitgliedsunternehmen halten; das Halten von Anteilen oder Aktien an einem anderen Unternehmen ist nur insoweit zulässig, als es notwendig ist, um das Ziel der Vereinigung zu erreichen, und für Rechnung ihrer Mitglieder geschieht;
c) nicht mehr als fünfhundert Arbeitnehmer beschäftigen;
d) von einer Gesellschaft nicht dazu benutzt werden, einem Leiter einer Gesellschaft oder einer mit ihm verbundenen Person ein Darlehen zu gewähren, wenn solche Darlehen nach den für die Gesellschaften geltenden Gesetzen der Mitgliedstaaten einer Einschränkung

oder Kontrolle unterliegen. Auch darf eine Vereinigung nicht für die Übertragung eines Vermögensgegenstandes zwischen einer Gesellschaft und einem Leiter oder einer mit ihm verbundenen Person benutzt werden, außer soweit es nach den für die Gesellschaften geltenden Gesetzen der Mitgliedstaaten zulässig ist. Im Sinne dieser Bestimmung umfasst das Darlehen jedes Geschäft ähnlicher Wirkung und kann es sich bei dem Vermögensgegenstand um ein bewegliches oder unbewegliches Gut handeln;

e) nicht Mitglied einer anderen Europäischen wirtschaftlichen Interessenvereinigung sein.

Artikel 4

(1) Mitglieder einer Vereinigung können nur sein:

a) Gesellschaften im Sinne des Artikels 58 Absatz 2 des Vertrages sowie andere juristische Einheiten des öffentlichen oder des Privatrechts, die nach dem Recht eines Mitgliedstaats gegründet worden sind und ihren satzungsmäßigen oder gesetzlichen Sitz und ihre Hauptverwaltung in der Gemeinschaft haben; wenn nach dem Recht eines Mitgliedstaats eine Gesellschaft oder andere juristische Einheit keinen satzungsmäßigen oder gesetzlichen Sitz zu haben braucht, genügt es, dass sie ihre Hauptverwaltung in der Gemeinschaft hat;

b) natürliche Personen, die eine gewerbliche, kaufmännische, handwerkliche, landwirtschaftliche oder freiberufliche Tätigkeit in der Gemeinschaft ausüben oder dort andere Dienstleistungen erbringen.

(2) Eine Vereinigung muss mindestens bestehen aus:

a) zwei Gesellschaften oder anderen juristischen Einheiten im Sinne des Absatzes 1, die ihre Hauptverwaltung in verschiedenen Mitgliedstaaten haben;

b) zwei natürlichen Personen im Sinne des Absatzes 1, die ihre Haupttätigkeit in verschiedenen Mitgliedstaaten ausüben;

c) einer Gesellschaft oder anderen juristischen Einheit und einer natürlichen Person im Sinne des Absatzes 1, von denen erstere ihre Hauptverwaltung in einem Mitgliedstaat hat und letztere ihre Haupttätigkeit in einem anderen Mitgliedstaat ausübt.

(3) Ein Mitgliedstaat kann vorsehen, dass die in seinen Registern gemäß Artikel 6 eingetragenen Vereinigungen nicht mehr als zwanzig Mitglieder haben dürfen. Zu diesem Zweck kann der Mitgliedstaat vorsehen, dass in Übereinstimmung mit seinen Rechtsvorschriften jedes Mitglied einer nach seinen Rechtsvorschriften gebildeten rechtlichen Einheit, die keine eingetragene Gesellschaft ist, als Einzelmitglied der Vereinigung behandelt wird.

(4) Jeder Mitgliedstaat ist ermächtigt, bestimmte Gruppen von natürlichen Personen, Gesellschaften und anderen juristischen Einheiten aus Gründen seines öffentlichen Interesses von der Beteiligung an einer Vereinigung auszuschließen oder diese Beteiligung Einschränkungen zu unterwerfen.

Artikel 5

Der Gründungsvertrag muss mindestens folgende Angaben enthalten:

a) den Namen der Vereinigung mit den voran- oder nachgestellten Worten „Europäische wirtschaftliche Interessenvereinigung" oder der Abkürzung „EWIV", es sei denn, dass diese Worte oder diese Abkürzung bereits im Namen enthalten sind;

b) den Sitz der Vereinigung;

c) den Unternehmensgegenstand, für den die Vereinigung gegründet worden ist;

d) den Namen, die Firma, die Rechtsform, den Wohnsitz oder den Sitz sowie gegebenenfalls die Nummer und den Ort der Registereintragung eines jeden Mitglieds der Vereinigung;

e) die Dauer der Vereinigung, sofern sie nicht unbestimmt ist.

Artikel 6

Die Vereinigung wird im Staat des Sitzes in das nach Artikel 39 Absatz 1 bestimmte Register eingetragen.

Artikel 7

Der Gründungsvertrag ist bei dem in Artikel 6 genannten Register zu hinterlegen. Ebenso sind dort alle Urkunden und Angaben zu hinterlegen, die Folgendes betreffen:
a) jede Änderung des Gründungsvertrags, einschließlich jeder Änderung der Zusammensetzung der Vereinigung;
b) die Errichtung und die Aufhebung jeder Niederlassung der Vereinigung;
c) die gerichtliche Entscheidung, welche die Nichtigkeit der Vereinigung gemäß Artikel 15 feststellt oder ausspricht;
d) die Bestellung des Geschäftsführers oder der Geschäftsführer der Vereinigung, ihre Namen und alle anderen Angaben zur Person, die von dem Recht des Mitgliedstaates, in dem das Register geführt wird, verlangt werden, die Angabe, ob sie allein oder nur gemeinschaftlich handeln können, sowie die Beendigung der Stellung als Geschäftsführer;
e) jede Abtretung der gesamten oder eines Teils der Beteiligung an der Vereinigung durch ein Mitglied gemäß Artikel 22 Absatz 1;
f) den Beschluss der Mitglieder, der die Auflösung der Vereinigung gemäß Artikel 31 ausspricht oder feststellt, oder die gerichtliche Entscheidung, die diese Auflösung gemäß Artikel 31 oder 32 ausspricht;
g) die Bestellung des oder der in Artikel 35 genannten Abwickler der Vereinigung, ihre Namen und alle anderen Angaben zur Person, die von dem Recht des Mitgliedstaats, in dem das Register geführt wird, verlangt werden, sowie die Beendigung der Stellung als Abwickler;
h) den Schluss der in Artikel 35 Absatz 2 genannten Abwicklung der Vereinigung;
i) den in Artikel 14 Absatz 1 genannten Verlegungsplan;
j) die Klausel, die ein Mitglied gemäß Artikel 26 Absatz 2 von der Haftung für Verbindlichkeiten befreit, die vor seinem Beitritt entstanden sind.

Artikel 8

In dem in Artikel 39 Absatz 1 genannten Mitteilungsblatt ist gemäß Artikel 39 Folgendes bekannt zu machen:
a) die nach Artikel 5 zwingend vorgeschriebenen Angaben im Gründungsvertrag und ihre Änderungen;
b) Nummer, Tag und Ort der Eintragung der Vereinigung sowie die Lösung der Eintragung;
c) die in Artikel 7 Buchstaben b) bis j) bezeichneten Urkunden und Angaben.

Die unter den Buchstaben a) und b) genannten Angaben sind in Form einer vollständigen Wiedergabe bekannt zu machen. Die unter Buchstabe c) genannten Urkunden und Angaben können entsprechend dem anwendbaren einzelstaatlichen Recht entweder in Form einer vollständigen oder auszugsweisen Wiedergabe oder in Form eines Hinweises auf ihre Hinterlegung beim Register bekannt gemacht werden.

Artikel 9

(1) Die nach dieser Verordnung bekanntmachungspflichtigen Urkunden und Angaben können von der Vereinigung Dritten entsprechend den Bedingungen entgegengesetzt werden, die in den anwendbaren einzelstaatlichen Rechtsvorschriften gemäß Artikel 3 Absätze 5 und 7 der Richtlinie 68/151/EWG des Rates vom 9. März 1968 zur Koordinierung der Schutzbestimmungen, die in den Mitgliedstaaten den Gesellschaften im Sinne des Artikels 58 Absatz 2 des Ver-

trags im Interesse der Gesellschafter sowie Dritter vorgeschrieben sind, um diese Bestimmungen gleichwertig zu gestalten*), vorgesehen sind.

(2) Ist im Namen einer Vereinigung vor ihrer Eintragung gemäß Artikel 6 gehandelt worden und übernimmt die Vereinigung nach der Eintragung die sich aus diesen Handlungen ergebenden Verpflichtungen nicht, so haften die natürlichen Personen, Gesellschaften oder anderen juristischen Einheiten, die diese Handlungen vorgenommen haben, aus ihnen unbeschränkt und gesamtschuldnerisch.

Artikel 10

Jede Niederlassung der Vereinigung in einem anderen Mitgliedstaat als dem des Sitzes ist in diesem Mitgliedstaat einzutragen. Zum Zwecke dieser Eintragung hinterlegt die Vereinigung bei dem zuständigen Register dieses Mitgliedstaats eine Abschrift der Unterlagen, deren Hinterlegung bei dem Register des Mitgliedstaats des Sitzes vorgeschrieben ist, erforderlichenfalls zusammen mit einer Übersetzung entsprechend den Gepflogenheiten bei dem Register der Eintragung der Niederlassung.

Artikel 11

Nach der Bekanntmachung in dem in Artikel 39 Absatz 1 genannten Mitteilungsblatt werden die Gründung einer Vereinigung und der Schluss ihrer Abwicklung unter Angabe von Nummer, Tag und Ort der Eintragung sowie von Tag und Ort der Bekanntmachung und Titel des Mitteilungsblatts im Amtsblatt der Europäischen Gemeinschaften angezeigt.

Artikel 12

Der im Gründungsvertrag genannte Sitz muss in der Gemeinschaft gelegen sein.

Als Sitz ist zu bestimmen

a) entweder der Ort, an dem die Vereinigung ihre Hauptverwaltung hat,
b) oder der Ort, an dem eines der Mitglieder der Vereinigung seine Hauptverwaltung hat oder, wenn es sich um eine natürliche Person handelt, seine Haupttätigkeit ausübt, sofern die Vereinigung dort tatsächlich eine Tätigkeit ausübt.

Artikel 13

Der Sitz der Vereinigung kann innerhalb der Gemeinschaft verlegt werden. Hat diese Verlegung keinen Wechsel des nach Artikel 2 anwendbaren Rechts zur Folge, so wird der Beschluss über die Verlegung unter den im Gründungsvertrag vorgesehenen Bedingungen gefasst.

Artikel 14

(1) Hat die Sitzverlegung einen Wechsel des nach Artikel 2 anwendbaren Rechts zur Folge, so muss ein Verlegungsplan erstellt und gemäß den Artikeln 7 und 8 hinterlegt und bekannt gemacht werden.

Der Beschluss über die Verlegung kann erst zwei Monate nach der Bekanntmachung des Verlegungsplanes gefasst werden. Er bedarf der Einstimmigkeit der Mitglieder der Vereinigung. Die Verlegung wird zu dem Zeitpunkt wirksam, an dem die Vereinigung entsprechend Artikel 6 im Register des neuen Sitzes eingetragen wird. Diese Eintragung kann erst aufgrund des Nachweises über die Bekanntmachung des Verlegungsplanes erfolgen.

(2) Die Löschung der Eintragung der Vereinigung im Register des früheren Sitzes kann erst aufgrund des Nachweises über die Eintragung der Vereinigung im Register des neuen Sitzes erfolgen.

---

*) **Amtl. Anm.:** ABl EG Nr. L 65 vom 14. 3. 1968, S. 8.

(3) Mit Bekanntgabe der neuen Eintragung der Vereinigung kann der neue Sitz Dritten nach den in Artikel 9 Absatz 1 genannten Bedingungen entgegengesetzt werden; jedoch können sich Dritte, solange die Löschung der Eintragung im Register des früheren Sitzes nicht bekannt gemacht worden ist, weiterhin auf den alten Sitz berufen, es sei denn, dass die Vereinigung beweist, dass den Dritten der neue Sitz bekannt war.

(4) Die Rechtsvorschriften eines Mitgliedstaates können bestimmen, dass eine Sitzverlegung, die einen Wechsel des anwendbaren Rechts zur Folge hätte, im Falle von gemäß Artikel 6 in dem betreffenden Mitgliedstaat eingetragenen Vereinigung nicht wirksam wird, wenn innerhalb der in Absatz 1 genannten Frist von zwei Monaten eine zuständige Behörde dieses Staates dagegen Einspruch erhebt. Dieser Einspruch ist nur aus Gründen des öffentlichen Interesses zulässig. Gegen ihn muss ein Rechtsbehelf bei einem Gericht eingelegt werden können.

Artikel 15

(1) Sieht das nach Artikel 2 auf die Vereinigung anwendbare Recht die Nichtigkeit der Vereinigung vor, so muss sie durch gerichtliche Entscheidung festgestellt oder ausgesprochen werden. Das angerufene Gericht muss jedoch, sofern eine Behebung der Mängel der Vereinigung möglich ist, dafür eine Frist setzen.

(2) Die Nichtigkeit der Vereinigung bewirkt deren Abwicklung gemäß Artikel 35.

(3) Die Entscheidung, mit der die Nichtigkeit der Vereinigung festgestellt oder ausgesprochen wird, kann Dritten nach den in Artikel 9 Absatz 1 genannten Bedingungen entgegengesetzt werden.

Diese Entscheidung berührt für sich allein nicht die Wirksamkeit der Verpflichtungen, die zu Lasten oder zugunsten der Vereinigung vor dem Zeitpunkt entstanden sind, von dem an sie Dritten gemäß Unterabsatz 1 entgegengesetzt werden kann.

Artikel 16

(1) Die Organe der Vereinigung sind die gemeinschaftlich handelnden Mitglieder und der oder die Geschäftsführer.

Der Gründungsvertrag kann andere Organe vorsehen; er bestimmt in diesem Fall deren Befugnisse.

(2) Die als Organ handelnden Mitglieder der Vereinigung können jeden Beschluss zur Verwirklichung des Unternehmensgegenstandes der Vereinigung fassen.

Artikel 17

(1) Jedes Mitglied hat eine Stimme. Der Gründungsvertrag kann jedoch bestimmten Mitgliedern mehrere Stimmen unter der Bedingung gewähren, dass ein einziges Mitglied nicht die Stimmenmehrheit besitzt.

(2) Die Mitglieder können folgende Beschlüsse nur einstimmig fassen:

a) Änderungen des Unternehmensgegenstandes der Vereinigung;
b) Änderungen der Stimmenzahl eines jeden Mitglieds;
c) Änderungen der Bedingungen für die Beschlussfassung;
d) eine Verlängerung der Dauer der Vereinigung über den im Gründungsvertrag festgelegten Zeitpunkt hinaus;
e) Änderungen des Beitrags jedes Mitglieds oder bestimmter Mitglieder zur Finanzierung der Vereinigung;
f) Änderungen jeder anderen Verpflichtung eines Mitglieds, es sei denn, dass der Gründungsvertrag etwas anderes bestimmt;
g) jede nicht in diesem Absatz bezeichnete Änderung des Gründungsvertrags, es sei denn, dass dieser etwas anderes bestimmt.

(3) In allen Fällen, in denen diese Verordnung nicht vorsieht, dass die Beschlüsse einstimmig gefasst werden müssen, kann der Gründungsvertrag die Bedingungen für die Beschlussfähigkeit und die Mehrheit, die für die Beschlüsse oder bestimmte Beschlüsse gelten sollen, festlegen. Enthält der Vertrag keine Bestimmungen, so sind die Beschlüsse einstimmig zu fassen.

(4) Auf Veranlassung eines Geschäftsführers oder auf Verlangen eines Mitglieds haben der oder die Geschäftsführer eine Anhörung der Mitglieder durchzuführen, damit diese einen Beschluss fassen.

Artikel 18

Jedes Mitglied hat das Recht, von den Geschäftsführern Auskünfte über die Geschäfte der Vereinigung zu erhalten und in die Bücher und Geschäftsunterlagen Einsicht zu nehmen.

Artikel 19

(1) Die Geschäfte der Vereinigung werden von einer oder mehreren natürlichen Personen geführt, die durch den Gründungsvertrag oder durch Beschluss der Mitglieder bestellt werden.

Geschäftsführer einer Vereinigung können nicht Personen sein, die
- nach dem auf sie anwendbaren Recht oder
- nach dem innerstaatlichen Recht des Staates des Sitzes der Vereinigung oder
- aufgrund einer in einem Mitgliedstaat ergangenen oder anerkannten gerichtlichen Entscheidung oder Verwaltungsentscheidung

dem Verwaltungs- oder Leitungsorgan von Gesellschaften nicht angehören dürfen, Unternehmen nicht leiten dürfen oder nicht als Geschäftsführer einer Europäischen wirtschaftlichen Interessenvereinigung handeln dürfen.

(2) Ein Mitgliedstaat kann bei Vereinigungen, die nach Artikel 6 in seine Register eingetragen sind, vorsehen, dass eine juristische Person unter der Bedingung Geschäftsführer sein kann, dass sie eine oder mehrere natürliche Personen als Vertreter bestimmt, die Gegenstand der in Artikel 7 Buchstabe d) vorgesehenen Angabe sein müssen.

Macht ein Mitgliedstaat von dieser Möglichkeit Gebrauch, so hat er vorzusehen, dass dieser oder diese Vertreter so haften, als ob sie selbst Geschäftsführer der Vereinigung wären.

Die Verbote nach Absatz 1 gelten auch für diese Vertreter.

(3) Der Gründungsvertrag oder, falls dieser keine dahingehenden Bestimmungen enthält, ein einstimmiger Beschluss der Mitglieder legt die Bedingungen für die Bestellung und die Entlassung des Geschäftsführers oder der Geschäftsführer sowie deren Befugnisse fest.

Artikel 20

(1) Gegenüber Dritten wird die Vereinigung ausschließlich durch den Geschäftsführer oder, wenn es mehrere sind, durch einen jeden Geschäftsführer vertreten.

Jeder der Geschäftsführer verpflichtet die Vereinigung, wenn er in ihrem Namen handelt, gegenüber Dritten, selbst wenn seine Handlungen nicht zum Unternehmensgegenstand der Vereinigung gehören, es sei denn, die Vereinigung beweist, dass dem Dritten bekannt war oder dass er darüber nach den Umständen nicht in Unkenntnis sein konnte, dass die Handlung die Grenzen des Unternehmensgegenstandes der Vereinigung überschritt; allein die Bekanntmachung der in Artikel 5 Buchstabe c) genannten Angabe reicht nicht aus, um diesen Beweis zu erbringen.

Eine Beschränkung der Befugnisse des Geschäftsführers oder der Geschäftsführer durch den Gründungsvertrag oder durch einen Beschluss der Mitglieder kann Dritten nicht entgegengesetzt werden, selbst wenn sie bekannt gemacht worden ist.

(2) Der Gründungsvertrag kann vorsehen, dass die Vereinigung nur durch zwei oder mehr gemeinschaftlich handelnde Geschäftsführer wirksam verpflichtet werden kann. Diese Bestim-

mung kann Dritten nur dann nach den in Artikel 9 Absatz 1 genannten Bedingungen entgegengesetzt werden, wenn sie nach Artikel 8 bekannt gemacht worden ist.

Artikel 21

(1) Gewinne aus den Tätigkeiten der Vereinigung gelten als Gewinne der Mitglieder und sind auf diese in dem im Gründungsvertrag vorgesehenen Verhältnis oder, falls dieser hierüber nichts bestimmt, zu gleichen Teilen aufzuteilen.

(2) Die Mitglieder der Vereinigung tragen entsprechend dem im Gründungsvertrag vorgesehenen Verhältnis oder, falls dieser hierüber nichts bestimmt, zu gleichen Teilen zum Ausgleich des Betrages bei, um den die Ausgaben die Einnahmen übersteigen.

Artikel 22

(1) Jedes Mitglied der Vereinigung kann seine Beteiligung an der Vereinigung ganz oder teilweise an ein anderes Mitglied oder an einen Dritten abtreten; die Abtretung wird erst wirksam, wenn die übrigen Mitglieder ihr einstimmig zugestimmt haben.

(2) Ein Mitglied der Vereinigung kann eine Sicherheit an seiner Beteiligung an der Vereinigung erst dann bestellen, wenn die übrigen Mitglieder dem einstimmig zugestimmt haben, es sei denn, dass der Gründungsvertrag etwas anderes bestimmt. Der Sicherungsnehmer kann zu keinem Zeitpunkt aufgrund dieser Sicherheit Mitglied der Vereinigung werden.

Artikel 23

Die Vereinigung darf sich nicht öffentlich an den Kapitalmarkt wenden.

Artikel 24

(1) Die Mitglieder der Vereinigung haften unbeschränkt und gesamtschuldnerisch für deren Verbindlichkeit jeder Art. Das einzelstaatliche Recht bestimmt die Folgen dieser Haftung.

(2) Bis zum Schluss der Abwicklung der Vereinigung können deren Gläubiger ihre Forderungen gegenüber einem Mitglied gemäß Absatz 1 erst dann geltend machen, wenn sie die Vereinigung zur Zahlung aufgefordert haben und die Zahlung nicht innerhalb einer angemessenen Frist erfolgt ist.

Artikel 25

Briefe, Bestellscheine und ähnliche Schriftstücke müssen lesbar folgende Angaben enthalten:

a) den Namen der Vereinigung mit den voran- oder nachgestellten Worten „Europäische wirtschaftliche Interessenvereinigung" oder der Abkürzung „EWIV", es sei denn, dass diese Worte oder diese Abkürzung bereits im Namen enthalten sind;

b) den Ort des Registers nach Artikel 6, in das die Vereinigung eingetragen ist, und die Nummer der Eintragung der Vereinigung in dieses Register;

c) die Anschrift der Vereinigung an ihrem Sitz;

d) gegebenenfalls die Angabe, dass die Geschäftsführer gemeinschaftlich handeln müssen;

e) gegebenenfalls die Angabe, dass sich die Vereinigung nach Artikel 15, 31, 32 oder 36 in Abwicklung befindet.

Jede Niederlassung der Vereinigung hat, wenn sie nach Artikel 10 eingetragen ist, auf den in Absatz 1 bezeichneten Schriftstücken, die von dieser Niederlassung ausgehen, die obigen Angaben zusammen mit denen über ihre eigene Eintragung zu machen.

Artikel 26

(1) Die Mitglieder der Vereinigung entscheiden einstimmig über die Aufnahme neuer Mitglieder.

(2) Jedes neue Mitglied haftet gemäß Artikel 24 für die Verbindlichkeiten der Vereinigung einschließlich derjenigen, die sich aus der Tätigkeit der Vereinigung vor seinem Beitritt ergeben.

Er kann jedoch durch eine Klausel im Gründungsvertrag oder in dem Rechtsakt über seine Aufnahme von der Zahlung der vor seinem Beitritt entstandenen Verbindlichkeiten befreit werden. Diese Klausel kann gemäß den in Artikel 9 Absatz 1 genannten Bedingungen Dritten nur dann entgegengesetzt werden, wenn sie gemäß Artikel 8 bekannt gemacht worden ist.

Artikel 27

(1) Die Kündigung eines Mitglieds der Vereinigung ist nach Maßgabe des Gründungsvertrags oder, falls dieser hierüber nichts bestimmt, mit einstimmiger Zustimmung der übrigen Mitglieder möglich.

Jedes Mitglied der Vereinigung kann ferner aus wichtigem Grund kündigen.

(2) Jedes Mitglied der Vereinigung kann aus den im Gründungsvertrag angeführten Gründen, in jedem Fall aber dann ausgeschlossen werden, wenn es grob gegen seine Pflichten verstößt oder wenn es schwere Störungen der Arbeit der Vereinigung verursacht oder zu verursachen droht.

Dieser Ausschluss kann nur durch gerichtliche Entscheidung auf gemeinsamen Antrag der Mehrheit der übrigen Mitglieder erfolgen, es sei denn, dass der Gründungsvertrag etwas anderes bestimmt.

Artikel 28

(1) Ein Mitglied der Vereinigung scheidet aus der Vereinigung aus, wenn es verstirbt oder wenn es nicht mehr den in Artikel 4 Absatz 1 festgelegten Bedingungen entspricht.

Außerdem kann ein Mitgliedstaat für die Zwecke seiner Rechtsvorschriften über Auflösung, Abwicklung, Zahlungsunfähigkeit oder Zahlungseinstellung vorsehen, dass ein Mitglied einer Vereinigung ab dem in diesen Rechtsvorschriften bestimmten Zeitpunkt aus dieser ausscheidet.

(2) Im Falle des Todes einer natürlichen Person, die Mitglied der Vereinigung ist, kann niemand ihre Nachfolge in der Vereinigung antreten, es sei denn nach Maßgabe des Gründungsvertrags oder, wenn dieser hierüber nichts enthält, mit einstimmiger Zustimmung der verbleibenden Mitglieder.

Artikel 29

Sobald ein Mitglied aus der Vereinigung ausgeschieden ist, unterrichten der oder die Geschäftsführer hierüber die übrigen Mitglieder; der oder die Geschäftsführer erfüllen außerdem die jeweiligen Verpflichtungen nach den Artikeln 7 und 8. Ferner kann jeder Beteiligte diese Verpflichtung erfüllen.

Artikel 30

Bei Ausscheiden eines Mitglieds besteht die Vereinigung unbeschadet der von einer Person gemäß Artikel 22 Absatz 1 oder Artikel 28 Absatz 2 erworbenen Rechte unter den im Gründungsvertrag vorgesehenen oder in einem einstimmigen Beschluss der betreffenden Mitglieder festgelegten Bedingungen zwischen den verbleibenden Mitgliedern fort, es sei denn, dass der Gründungsvertrag etwas anderes bestimmt.

Artikel 31

(1) Die Vereinigung kann durch Beschluss ihrer Mitglieder aufgelöst werden, der diese Auflösung ausspricht. Dieser Beschluss muss einstimmig gefasst werden, es sei denn, dass der Gründungsvertrag etwas anderes bestimmt.

(2) Die Vereinigung muss durch Beschluss ihrer Mitglieder aufgelöst werden, der feststellt, dass

a) die im Gründungsvertrag bestimmte Dauer abgelaufen oder ein anderer in diesem Vertrag vorgesehener Auflösungsgrund eingetreten ist oder

b) der Unternehmensgegenstand der Vereinigung verwirklicht worden ist oder nicht weiter verfolgt werden kann.

Ist binnen drei Monaten nach Eintritt eines der in Unterabsatz 1 genannten Fälle kein Beschluss der Mitglieder über die Auflösung der Vereinigung ergangen, so kann jedes Mitglied bei Gericht beantragen, diese Auflösung auszusprechen.

(3) Die Vereinigung muss ferner durch Beschluss ihrer Mitglieder oder des verbleibenden Mitglieds aufgelöst werden, wenn die Bedingungen des Artikels 4 Absatz 2 nicht mehr erfüllt sind.

(4) Nach Auflösung der Vereinigung durch Beschluss ihrer Mitglieder müssen der oder die Geschäftsführer die jeweiligen Verpflichtungen nach den Artikeln 7 und 8 erfüllen. Ferner kann jeder Beteiligte diese Verpflichtung erfüllen.

Artikel 32

(1) Auf Antrag jedes Beteiligten oder einer zuständigen Behörde muss das Gericht im Falle der Verletzung des Artikels 3, des Artikels 12 oder des Artikels 31 Absatz 3 die Auflösung der Vereinigung aussprechen, es sei denn, dass die Mängel der Vereinigung behoben werden können und vor der Entscheidung in der Sache behoben werden.

(2) Auf Antrag eines Mitglieds kann das Gericht die Auflösung der Vereinigung aus wichtigem Grund aussprechen.

(3) Ein Mitgliedstaat kann vorsehen, dass das Gericht auf Antrag einer zuständigen Behörde die Auflösung einer Vereinigung, die ihren Sitz in dem Staat dieser Behörde hat, in den Fällen aussprechen kann, in denen die Vereinigung durch ihre Tätigkeit gegen das öffentliche Interesse dieses Staates verstößt, sofern diese Möglichkeit in den Rechtsvorschriften dieses Staates für eingetragene Gesellschaften oder andere juristische Einheiten, die diesen Rechtsvorschriften unterliegen, vorgesehen ist.

Artikel 33

Scheidet ein Mitglied aus einem anderen Grund als dem der Abtretung seiner Rechte gemäß Artikel 22 Absatz 1 aus der Vereinigung aus, so wird das Auseinandersetzungsguthaben dieses Mitglieds oder die Höhe der Forderungen der Vereinigung gegen dieses Mitglied auf der Grundlage des Vermögens der Vereinigung ermitteln, wie es im Zeitpunkt des Ausscheidens des Mitglieds vorhanden ist.

Der Wert der Ansprüche und Verbindlichkeiten des ausscheidenden Mitglieds darf nicht im Voraus pauschal bestimmt werden.

Artikel 34

Unbeschadet des Artikels 37 Absatz 1 haftet jedes aus der Vereinigung ausscheidende Mitglied gemäß Artikel 24 für die Verbindlichkeiten, die sich aus der Tätigkeit der Vereinigung vor seinem Ausscheiden ergeben.

Artikel 35

(1) Die Auflösung der Vereinigung führt zu deren Abwicklung.

(2) Die Abwicklung der Vereinigung und der Schluss dieser Abwicklung unterliegen dem einzelstaatlichen Rest.

(3) Die Geschäftsfähigkeit der Vereinigung im Sinne von Artikel 1 Absatz 2 besteht bis zum Schluss der Abwicklung fort.

(4) Der oder die Abwickler erfüllen die ihnen nach den Artikeln 7 und 8 obliegenden Pflichten.

Artikel 36

Europäische wirtschaftliche Interessenvereinigungen unterliegen dem einzelstaatlichen Recht über Zahlungsunfähigkeit und Zahlungseinstellung. Die Eröffnung eines Verfahrens gegen eine Vereinigung wegen Zahlungsunfähigkeit oder Zahlungseinstellung hat nicht von Rechts wegen zur Folge, dass ein solches Verfahren auch gegen die Mitglieder dieser Vereinigung eröffnet wird.

Artikel 37

(1) Jede durch das anwendbare einzelstaatliche Recht vorgesehene längere Verjährungsfrist wird durch eine Verjährungsfrist von fünf Jahren nach der in Artikel 8 vorgeschriebenen Bekanntmachung des Ausscheidens eines Mitglieds der Vereinigung für Ansprüche gegen dieses Mitglied wegen Verbindlichkeiten, die sich aus der Tätigkeit der Vereinigung vor seinem Ausscheiden ergeben haben, ersetzt.

(2) Jede durch das anwendbare einzelstaatliche Recht vorgesehene längere Verjährungsfrist wird durch eine Verjährungsfrist von fünf Jahren nach der in Artikel 8 vorgeschriebenen Bekanntmachung des Schlusses der Abwicklung der Vereinigung für Ansprüche gegen ein Mitglied der Vereinigung wegen Verbindlichkeiten, die sich aus der Tätigkeit der Vereinigung ergeben haben, ersetzt.

Artikel 38

Übt eine Vereinigung in einem Mitgliedstaat eine Tätigkeit aus, die gegen dessen öffentliches Interesse verstößt, so kann eine zuständige Behörde dieses Staates diese Tätigkeit untersagen. Gegen die Entscheidung der zuständigen Behörde muss ein Rechtsbehelf bei einem Gericht eingelegt werden können.

Artikel 39

(1) Die Mitgliedstaaten bestimmen das oder die Register, die für die in Artikel 6 und 10 genannte Eintragung zuständig sind, sowie die für die Eintragung geltenden Vorschriften. Sie legen die Bedingungen für die Hinterlegung der in Artikel 7 und 10 genannten Urkunden fest. Sie stellen sicher, dass die Urkunden und Angaben nach Artikel 8 in dem geeigneten amtlichen Mitteilungsblatt des Mitgliedstaats, in dem die Vereinigung ihren Sitz hat, bekannt gemacht werden, und sehen gegebenenfalls die Einzelheiten der Bekanntmachung für die in Artikel 8 Buchstabe c) genannten Urkunden und Angaben vor.

Ferner stellen die Mitgliedstaaten sicher, dass jeder bei dem aufgrund des Artikels 6 oder gegebenenfalls des Artikels 10 zuständigen Register die in Artikel 7 genannten Urkunden einsehen und hiervon eine Abschrift oder einen Auszug erhalten kann, welche ihm auf Verlangen zuzusenden sind.

Die Mitgliedstaaten können die Erhebung von Gebühren zur Deckung der Kosten für die in den vorstehenden Unterabsätzen genannten Maßnahmen vorsehen; diese Gebühren dürfen die Verwaltungskosten nicht übersteigen.

(2) Die Mitgliedstaaten stellen sicher, dass die nach Artikel 11 im Amtsblatt der Europäischen Gemeinschaften zu veröffentlichenden Angaben binnen eines Monats nach Bekanntmachung

in dem in Absatz 1 genannten amtlichen Mitteilungsblatt dem Amt für amtliche Veröffentlichungen der Europäischen Gemeinschaften mitgeteilt werden.

(3) Die Mitgliedstaaten sehen geeignete Maßregeln für den Fall vor, dass die Bestimmungen der Artikel 7, 8 und 10 über die Offenlegung nicht eingehalten werden oder dass gegen Artikel 25 verstoßen wird.

Artikel 40
Das Ergebnis der Tätigkeit der Vereinigung wird nur bei ihren Mitgliedern besteuert.

Artikel 41
(1) Die Mitgliedstaaten treffen die nach Artikel 39 erforderlichen Maßnahmen vor dem 1. Juli 1989. Sie teilen sie unverzüglich der Kommission mit.

(2) Die Mitgliedstaaten teilen der Kommission zur Unterrichtung mit, welche Gruppen von natürlichen Personen, Gesellschaften oder anderen juristischen Einheiten sie gemäß Artikel 4 Absatz 4 von der Beteiligung an einer Vereinigung ausgeschlossen haben. Die Kommission unterrichtet hierüber die anderen Mitgliedstaaten.

Artikel 42
(1) Bei der Kommission wird, sobald diese Verordnung genehmigt ist, ein Kontaktausschuss eingesetzt, der zur Aufgabe hat,
- a) unbeschadet der Artikel 169 und 170 des Vertrages die Durchführung dieser Verordnung durch eine regelmäßige Abstimmung, insbesondere in konkreten Durchführungsfragen, zu erleichtern;
- b) die Kommission, falls dies erforderlich sein sollte, bezüglich Ergänzungen oder Änderungen dieser Verordnung zu beraten.

(2) Der Kontaktausschuss setzt sich aus Vertretern der Mitgliedstaaten sowie Vertretern der Kommission zusammen. Der Vorsitz wird von einem Vertreter der Kommission wahrgenommen. Die Sekretariatsgeschäfte werden von den Dienststellen der Kommission geführt.

(3) Der Vorsitzende beruft den Kontaktausschuss von sich aus oder auf Antrag eines der Mitglieder des Ausschusses ein.

Artikel 43
Diese Verordnung tritt am dritten Tag nach ihrer Veröffentlichung im Amtsblatt der Europäischen Gemeinschaften in Kraft.

VIII. Gesetz zur Ausführung der EWG-Verordnung über die Europäische wirtschaftliche Interessenvereinigung (EWIV-Ausführungsgesetz – EWIV-AG)

v. 14. 4. 1988 (BGBl I S. 514) mit späteren Änderungen

Das Gesetz zur Ausführung der EWG-Verordnung über die Europäische wirtschaftliche Interessenvereinigung (EWIV-Ausführungsgesetz – EWIV-AG) v. 14. 4. 1988 (BGBl I S. 514) ist zuletzt geändert worden durch Art. 16 Gesetz zur Modernisierung des GmbH-Rechts und zur Bekämpfung von Missbräuchen (MoMiG) v. 23. 10. 2008 (BGBl I S. 2026).

Nichtamtliche Fassung

§ 1 Anzuwendende Vorschriften

Soweit nicht die Verordnung (EWG) Nr. 2137/85 des Rates vom 25. Juli 1985 über die Schaffung einer Europäischen wirtschaftlichen Interessenvereinigung (EWIV) – ABl EG Nr. L 199 S. 1 – (Verordnung) gilt, sind auf eine Europäische wirtschaftliche Interessenvereinigung (EWIV) mit Sitz im Geltungsbereich dieses Gesetzes (Vereinigung) die folgenden Vorschriften, im Übrigen entsprechend die für eine offene Handelsgesellschaft geltenden Vorschriften anzuwenden; die Vereinigung gilt als Handelsgesellschaft im Sinne des Handelsgesetzbuchs.

§ 2 Anmeldung zum Handelsregister[1)]

(1) Die Vereinigung ist bei dem Gericht, in dessen Bezirk sie ihren im Gründungsvertrag genannten Sitz hat, zur Eintragung in das Handelsregister anzumelden.

(2) Die Anmeldung zur Eintragung der Vereinigung in das Handelsregister hat zu enthalten:
1. die Firma der Vereinigung mit den voran- oder nachgestellten Worten „Europäische wirtschaftliche Interessenvereinigung" oder der Abkürzung „EWIV", es sei denn, dass diese Worte oder die Abkürzung bereits in der Firma enthalten sind;
2. den Sitz der Vereinigung;
3. den Unternehmensgegenstand;
4. den Namen, das Geburtsdatum, die Firma, die Rechtsform, den Wohnsitz oder den Sitz sowie gegebenenfalls die Nummer und den Ort der Registereintragung eines jeden Mitglieds der Vereinigung;
5. die Geschäftsführer mit Namen, Geburtsdatum und Wohnsitz sowie mit der Angabe, welche Vertretungsbefugnis sie haben;
6. die Dauer der Vereinigung, sofern die Dauer nicht unbestimmt ist.

(3) Zur Eintragung in das Handelsregister sind ferner anzumelden:
1. Änderungen der Angaben nach Absatz 2;
2. die Nichtigkeit der Vereinigung;
3. die Errichtung und die Aufhebung jeder Zweigniederlassung der Vereinigung;
4. die Auflösung der Vereinigung;
5. die Abwickler mit den in Absatz 2 Nr. 5 genannten Angaben sowie Änderungen der Personen der Abwickler und der Angaben;
6. der Schluss der Abwicklung der Vereinigung;
7. eine Klausel, die ein neues Mitglied gemäß Artikel 26 Abs. 2 der Verordnung von der Haftung für Verbindlichkeiten befreit, die vor seinem Beitritt entstanden sind.

(4) Die Verpflichtung zur Anmeldung weiterer Tatsachen aufgrund des § 1 bleibt unberührt.

---

1) **Anm. d. Red.:** § 2 i. d. F. des Gesetzes v. 22. 6. 1998 (BGBl I S. 1474) mit Wirkung v. 1. 1. 1999.

§ 3 Besonderheiten der Handelsregisteranmeldung[1]

(1) ¹Die Anmeldung zur Eintragung in das Handelsregister sind von den Geschäftsführern oder den Abwicklern vorzunehmen. ²Die Anmeldung zur Eintragung einer Vereinigung ist durch sämtliche Geschäftsführer, die Anmeldung zur Eintragung des Schlusses der Abwicklung durch sämtliche Abwickler zu bewirken.

(2) ¹Das Ausscheiden eines Mitglieds aus der Vereinigung und die Auflösung der Vereinigung durch Beschluss ihrer Mitglieder kann jeder Beteiligte anmelden. ²Die Klausel nach § 2 Abs. 3 Nr. 7 kann auch das neue Mitglied anmelden.

(3) ¹In der Anmeldung zur Eintragung haben die Geschäftsführer zu versichern, dass keine Umstände vorliegen, die nach Artikel 19 Abs. 1 der Verordnung ihrer Bestellung entgegenstehen, und dass sie über ihre unbeschränkte Auskunftspflicht gegenüber dem Gericht belehrt worden sind. ²Die Belehrung nach § 53 Abs. 2 des Bundeszentralregistergesetzes kann schriftlich vorgenommen werden; sie kann auch durch einen Notar oder einen im Ausland bestellten Notar, durch einen Vertreter eines vergleichbaren rechtsberatenden Berufs oder einen Konsularbeamten erfolgen.

(4) Absatz 3 gilt auch für neu bestellte Geschäftsführer.

§ 4 Bekanntmachungen[2]

(1) Das Gericht hat einen Verlegungsplan nach Artikel 14 Abs. 1 der Verordnung sowie die Abtretung der gesamten oder eines Teils der Beteiligung an der Vereinigung durch ein Mitglied nach Artikel 22 Abs. 1 der Verordnung gemäß § 10 des Handelsgesetzbuchs durch einen Hinweis auf die Einreichung der Urkunden beim Handelsregister bekannt zu machen.

(2) Das Gericht hat die nach Artikel 11 der Verordnung im Amtsblatt der Europäischen Gemeinschaften zu veröffentlichenden Angaben binnen eines Monats nach der Bekanntmachung nach § 10 des Handelsgesetzbuchs dem Amt für amtliche Veröffentlichungen der Europäischen Gemeinschaften mitzuteilen.

§ 5 Sorgfaltspflicht und Verantwortlichkeit der Geschäftsführer

(1) ¹Die Geschäftsführer haben bei ihrer Geschäftsführung die Sorgfalt eines ordentlichen und gewissenhaften Geschäftsleiters anzuwenden. ²Über vertrauliche Angaben und Geheimnisse der Vereinigung, namentlich Betriebs- und Geschäftsgeheimnisse, die ihnen durch ihre Tätigkeit bekannt geworden sind, haben sie Stillschweigen zu bewahren.

(2) ¹Geschäftsführer, die ihre Pflichten verletzen, sind der Vereinigung zum Ersatz des daraus entstehenden Schadens als Gesamtschuldner verpflichtet. ²Ist streitig, ob sie die Sorgfalt eines ordentlichen und gewissenhaften Geschäftsleiters angewandt haben, so trifft sie die Beweislast.

(3) Die Ansprüche aus Absatz 2 verjähren in fünf Jahren.

§ 6 Aufstellung des Jahresabschlusses

Die Geschäftsführer sind verpflichtet, für die ordnungsmäßige Buchführung der Vereinigung zu sorgen und den Jahresabschluss aufzustellen.

§ 7 Entlassung der Geschäftsführer

Sind die Bedingungen für die Entlassung der Geschäftsführer nicht gemäß Artikel 19 Abs. 3 der Verordnung festgelegt, so ist die Bestellung der Geschäftsführer zu jeder Zeit widerruflich, unbeschadet der Entschädigungsansprüche aus bestehenden Verträgen.

---

1) **Anm. d. Red.:** § 3 i. d. F. des Gesetzes v. 23. 10. 2008 (BGBl I S. 2026) mit Wirkung v. 1. 11. 2008.
2) **Anm. d. Red.:** § 4 i. d. F. des Gesetzes v. 10. 11. 2006 (BGBl I S. 2553) mit Wirkung v. 1. 1. 2007.

§ 8 Ausscheiden eines Mitglieds[1)]

Ein Mitglied scheidet außer aus den Gründen nach Artikel 28 Abs. 1 Satz 1 der Verordnung aus der Vereinigung aus, wenn über sein Vermögen das Insolvenzverfahren eröffnet wird.

§ 9 (weggefallen)[2)]

§ 10 Abwicklung der Vereinigung[3)]

(1) In den Fällen der Auflösung der Vereinigung außer im Fall des Insolvenzverfahrens über das Vermögen der Vereinigung erfolgt die Abwicklung durch die Geschäftsführer, wenn sie nicht durch den Gründungsvertrag oder durch Beschluss der Mitglieder der Vereinigung anderen Personen übertragen ist.

(2) Auf die Auswahl der Abwickler ist Artikel 19 Abs. 1 Satz 2 der Verordnung, auf die Anmeldung zur Eintragung in das Handelsregister § 3 Abs. 3 entsprechend anzuwenden.

§ 11 Eröffnung des Insolvenzverfahrens[4)]

¹Den Antrag auf Eröffnung des Insolvenzverfahrens können auch die Geschäftsführer stellen. ²Im Fall des § 15a Abs. 1 Satz 2 der Insolvenzordnung sind die Geschäftsführer und die Abwickler verpflichtet, diesen Antrag zu stellen.

§ 12 Zwangsgelder[5)]

¹Geschäftsführer oder Abwickler, die Artikel 25 der Verordnung nicht befolgen, sind hierzu vom Registergericht durch Festsetzung von Zwangsgeld anzuhalten; § 14 des Handelsgesetzbuchs bleibt unberührt. ²Das einzelne Zwangsgeld darf den Betrag von fünftausend Euro nicht übersteigen.

§ 13 Falsche Angaben

Mit Freiheitsstrafe bis zu drei Jahren oder mit Geldstrafe wird bestraft, wer als Geschäftsführer in der nach § 3 Abs. 3 Satz 1, auch in Verbindung mit Absatz 5, abzugebenden Versicherung oder als Abwickler in der nach § 3 Abs. 3 Satz 1 in Verbindung mit § 10 Abs. 2 zweiter Halbsatz abzugebenden Versicherung falsche Angaben macht.

§ 14 Verletzung der Geheimhaltungspflicht

(1) Mit Freiheitsstrafe bis zu einem Jahr oder mit Geldstrafe wird bestraft, wer ein Geheimnis der Vereinigung, namentlich ein Betriebs- oder Geschäftsgeheimnis, das ihm in seiner Eigenschaft als Geschäftsführer oder Abwickler bekannt geworden ist, unbefugt offenbart.

(2) ¹Handelt der Täter gegen Entgelt oder in der Absicht, sich oder einen anderen zu bereichern oder einen anderen zu schädigen, so ist die Strafe Freiheitsstrafe bis zu zwei Jahren oder Geldstrafe. ²Ebenso wird bestraft, wer ein Geheimnis der in Absatz 1 bezeichneten Art, namentlich ein Betriebs- oder Geschäftsgeheimnis, das ihm unter den Voraussetzungen des Absatzes 1 bekannt geworden ist, unbefugt verwertet.

(3) ¹Die Tat wird nur auf Antrag der Vereinigung verfolgt. ²Antragsberechtigt sind von den Mitgliedern bestellte besondere Vertreter.

§ 15 (weggefallen)[6)]

---

1) **Anm. d. Red.:** § 8 i. d. F. des Gesetzes v. 5. 10. 1994 (BGBl I S. 2911) mit Wirkung v. 1. 1. 1999.
2) **Anm. d. Red.:** § 9 weggefallen gem. Gesetz v. 22. 6. 1998 (BGBl I S. 1474) mit Wirkung v. 1. 7. 1998.
3) **Anm. d. Red.:** § 10 i. d. F. des Gesetzes v. 10. 11. 2006 (BGBl I S. 2553) mit Wirkung v. 1. 1. 2007.
4) **Anm. d. Red.:** § 11 i. d. F. des Gesetzes v. 23. 10. 2008 (BGBl I S. 2026) mit Wirkung v. 1. 11. 2008.
5) **Anm. d. Red.:** § 12 i. d. F. des Gesetzes v. 18. 1. 2001 (BGBl I S. 123) mit Wirkung v. 25. 1. 2001.
6) **Anm. d. Red.:** § 15 weggefallen gem. Gesetz v. 23. 10. 2008 (BGBl I S. 2026) mit Wirkung v. 1. 11. 2008.

§ 16 Änderung von Gesetzen (hier nicht wiedergegeben)
§ 17 Berlin-Klausel (gegenstandslos)
§ 18 Inkrafttreten
Dieses Gesetz tritt am 1. Januar 1989 in Kraft.

IX. Gesetz betreffend die Erwerbs- und Wirtschaftsgenossenschaften (Genossenschaftsgesetz – GenG)

v. 16.10.2006 (BGBl I S. 2231) mit späteren Änderungen

Das Gesetz betreffend die Erwerbs- und Wirtschaftsgenossenschaften (Genossenschaftsgesetz – GenG) v. 16.10.2006 (BGBl I S. 2231) ist zuletzt geändert worden durch Art. 17 Gesetz zur Fortentwicklung des Sanierungs- und Insolvenzrechts (Sanierungs- und Insolvenzrechtsfortentwicklungsgesetz – SanInsFoG)[*)] v. 22.12.2020 (BGBl I S. 3256).

Nichtamtliche Fassung

Inhaltsübersicht[1)]

Abschnitt 1: Errichtung der Genossenschaft

§ 1	Wesen der Genossenschaft
§ 2	Haftung für Verbindlichkeiten
§ 3	Firma der Genossenschaft
§ 4	Mindestzahl der Mitglieder
§ 5	Form der Satzung
§ 6	Mindestinhalt der Satzung
§ 7	Weiterer zwingender Satzungsinhalt
§ 7a	Mehrere Geschäftsanteile; Sacheinlagen
§ 8	Satzungsvorbehalt für einzelne Bestimmungen
§ 8a	Mindestkapital
§ 9	Vorstand; Aufsichtsrat
§ 10	Genossenschaftsregister
§ 11	Anmeldung der Genossenschaft
§ 11a	Prüfung durch das Gericht
§ 12	Veröffentlichung der Satzung
§ 13	Rechtszustand vor der Eintragung
§ 14	Errichtung einer Zweigniederlassung
§ 14a	(weggefallen)
§ 15	Beitrittserklärung
§ 15a	Inhalt der Beitrittserklärung
§ 15b	Beteiligung mit weiteren Geschäftsanteilen
§ 16	Änderung der Satzung

Abschnitt 2: Rechtsverhältnisse der Genossenschaft und ihrer Mitglieder

§ 17	Juristische Person; Formkaufmann
§ 18	Rechtsverhältnis zwischen Genossenschaft und Mitgliedern
§ 19	Gewinn- und Verlustverteilung
§ 20	Ausschluss der Gewinnverteilung
§ 21	Verbot der Verzinsung der Geschäftsguthaben
§ 21a	Ausnahmen vom Verbot der Verzinsung
§ 21b	Mitgliederdarlehen

[*)] **Amtl. Anm.:** Dieses Gesetz dient der weiteren Umsetzung der Richtlinie (EU) 2019/1023 des Europäischen Parlaments und des Rates vom 20. Juni 2019 über präventive Restrukturierungsrahmen, über Entschuldung und über Tätigkeitsverbote sowie über Maßnahmen zur Steigerung der Effizienz von Restrukturierungs-, Insolvenz- und Entschuldungsverfahren und zur Änderung der Richtlinie (EU) 2017/1132 (Richtlinie über Restrukturierung und Insolvenz) (ABl L 172 vom 26.6.2019, S. 18).

[1)] **Anm. d. Red.:** Inhaltsübersicht i. d. F. des Gesetzes v. 22.12.2020 (BGBl I S. 3256) mit Wirkung v. 1.1.2021.

§ 22   Herabsetzung des Geschäftsanteils; Verbot der Auszahlung des Geschäftsguthabens
§ 22a   Nachschusspflicht
§ 22b   Zerlegung des Geschäftsanteils
§ 23   Haftung der Mitglieder

Abschnitt 3: Verfassung der Genossenschaft

§ 24   Vorstand
§ 25   Vertretung, Zeichnung durch Vorstandsmitglieder
§ 25a   Angaben auf Geschäftsbriefen
§ 26   Vertretungsbefugnis des Vorstands
§ 27   Beschränkung der Vertretungsbefugnis
§ 28   Änderung des Vorstands und der Vertretungsbefugnis
§ 29   Publizität des Genossenschaftsregisters
§ 30   Mitgliederliste
§ 31   Einsicht in die Mitgliederliste
§ 32   Vorlage der Mitgliederliste beim Gericht
§ 33   Buchführung; Jahresabschluss und Lagebericht
§§ 33a bis 33i (weggefallen)
§ 34   Sorgfaltspflicht und Verantwortlichkeit der Vorstandsmitglieder
§ 35   Stellvertreter von Vorstandsmitgliedern
§ 36   Aufsichtsrat
§ 37   Unvereinbarkeit von Ämtern
§ 38   Aufgaben des Aufsichtsrats
§ 39   Vertretungsbefugnis des Aufsichtsrats
§ 40   Vorläufige Amtsenthebung von Vorstandsmitgliedern
§ 41   Sorgfaltspflicht und Verantwortlichkeit der Aufsichtsratsmitglieder
§ 42   Prokura; Handlungsvollmacht
§ 43   Generalversammlung; Stimmrecht der Mitglieder
§ 43a   Vertreterversammlung
§ 44   Einberufung der Generalversammlung
§ 45   Einberufung auf Verlangen einer Minderheit
§ 46   Form und Frist der Einberufung
§ 47   Niederschrift
§ 48   Zuständigkeit der Generalversammlung
§ 49   Beschränkungen für Kredite
§ 50   Bestimmung der Einzahlungen auf den Geschäftsanteil
§ 51   Anfechtung von Beschlüssen der Generalversammlung
§ 52   (weggefallen)

Abschnitt 4: Prüfung und Prüfungsverbände

§ 53   Pflichtprüfung
§ 53a   Vereinfachte Prüfung; Verordnungsermächtigung
§ 54   Pflichtmitgliedschaft im Prüfungsverband
§ 54a   Wechsel des Prüfungsverbandes
§ 55   Prüfung durch den Verband
§ 56   Ruhen des Prüfungsrechts des Verbandes
§ 57   Prüfungsverfahren
§ 57a   Prüfungsbegleitende Qualitätssicherung
§ 58   Prüfungsbericht
§ 59   Befassung der Generalversammlung
§ 60   Einberufungsrecht des Prüfungsverbandes
§ 61   Vergütung des Prüfungsverbandes
§ 62   Verantwortlichkeit der Prüfungsorgane
§ 63   Zuständigkeit für Verleihung des Prüfungsrechts
§ 63a   Verleihung des Prüfungsrechts
§ 63b   Rechtsform, Mitglieder und Zweck des Prüfungsverbandes
§ 63c   Satzung des Prüfungsverbandes
§ 63d   Einreichungen bei Gericht
§ 63e   Qualitätskontrolle für Prüfungsverbände
§ 63f   Prüfer für Qualitätskontrolle

IX. Genossenschaftsgesetz

§ 63g Durchführung der Qualitätskontrolle
§ 63h Inspektionen
§ 63i (weggefallen)
§ 64 Staatsaufsicht
§ 64a Entziehung des Prüfungsrechts
§ 64b Bestellung eines Prüfungsverbandes
§ 64c Prüfung aufgelöster Genossenschaften

Abschnitt 5: Beendigung der Mitgliedschaft

§ 65 Kündigung des Mitglieds
§ 66 Kündigung durch Gläubiger
§ 66a Kündigung im Insolvenzverfahren
§ 67 Beendigung der Mitgliedschaft wegen Aufgabe des Wohnsitzes
§ 67a Außerordentliches Kündigungsrecht
§ 67b Kündigung einzelner Geschäftsanteile
§ 67c Kündigungsausschluss bei Wohnungsgenossenschaften
§ 68 Ausschluss eines Mitglieds
§ 69 Eintragung in die Mitgliederliste
§§ 70 bis 72 (weggefallen)
§ 73 Auseinandersetzung mit ausgeschiedenem Mitglied
§ 74 (weggefallen)
§ 75 Fortdauer der Mitgliedschaft bei Auflösung der Genossenschaft
§ 76 Übertragung des Geschäftsguthabens
§ 77 Tod des Mitglieds
§ 77a Auflösung oder Erlöschen einer juristischen Person oder Personengesellschaft

Abschnitt 6: Auflösung und Nichtigkeit der Genossenschaft

§ 78 Auflösung durch Beschluss der Generalversammlung
§§ 78a und 78b (weggefallen)
§ 79 Auflösung durch Zeitablauf
§ 79a Fortsetzung der aufgelösten Genossenschaft
§ 80 Auflösung durch das Gericht
§ 81 Auflösung auf Antrag der obersten Landesbehörde
§ 81a Auflösung bei Insolvenz
§ 82 Eintragung der Auflösung
§ 83 Bestellung und Abberufung der Liquidatoren
§ 84 Anmeldung durch Liquidatoren
§ 85 Zeichnung der Liquidatoren
§ 86 Publizität des Genossenschaftsregisters
§ 87 Rechtsverhältnisse im Liquidationsstadium
§ 87a Zahlungspflichten bei Überschuldung
§ 87b Verbot der Erhöhung von Geschäftsanteil oder Haftsumme
§ 88 Aufgaben der Liquidatoren
§ 88a Abtretbarkeit der Ansprüche auf rückständige Einzahlungen und anteilige Fehlbeträge
§ 89 Rechte und Pflichten der Liquidatoren
§ 90 (weggefallen)
§ 91 Verteilung des Vermögens
§ 92 Unverteilbares Reinvermögen
§ 93 Aufbewahrung von Unterlagen
§§ 93a bis 93s (weggefallen)
§ 94 Klage auf Nichtigerklärung
§ 95 Nichtigkeitsgründe; Heilung von Mängeln
§ 96 Verfahren bei Nichtigkeitsklage
§ 97 Wirkung der Eintragung der Nichtigkeit

Abschnitt 7: Insolvenzverfahren; Nachschusspflicht der Mitglieder

§ 98 Eröffnung des Insolvenzverfahrens
§ 99 (weggefallen)
§ 100 (weggefallen)

§ 101 Wirkung der Eröffnung des Insolvenzverfahrens
§ 102 Eintragung der Eröffnung des Insolvenzverfahrens
§§ 103 und 104 (weggefallen)
§ 105 Nachschusspflicht der Mitglieder
§ 106 Vorschussberechnung
§ 107 Gerichtliche Erklärung über die Vorschussberechnung
§ 108 Erklärungstermin
§ 108a Abtretbarkeit von Ansprüchen der Genossenschaft
§ 109 Einziehung der Vorschüsse
§ 110 Hinterlegung oder Anlage der Vorschüsse
§ 111 Anfechtungsklage
§ 112 Verfahren bei Anfechtungsklage
§ 112a Vergleich über Nachschüsse
§ 113 Zusatzberechnung
§ 114 Nachschussberechnung
§ 115 Nachtragsverteilung
§ 115a Abschlagsverteilung der Nachschüsse
§ 115b Nachschusspflicht ausgeschiedener Mitglieder
§ 115c Beitragspflicht ausgeschiedener Mitglieder
§ 115d Einziehung und Erstattung von Nachschüssen
§ 115e Eigenverwaltung
§ 116 Insolvenzplan
§ 117 Fortsetzung der Genossenschaft
§ 118 Kündigung bei Fortsetzung der Genossenschaft

Abschnitt 8: Haftsumme

§ 119 Bestimmung der Haftsumme
§ 120 Herabsetzung der Haftsumme
§ 121 Haftsumme bei mehreren Geschäftsanteilen
§§ 122 bis 145 (weggefallen)

Abschnitt 9: Straf- und Bußgeldvorschriften

§ 146 (weggefallen)
§ 147 Falsche Angaben oder unrichtige Darstellung
§ 148 Pflichtverletzung bei Verlust
§ 149 (weggefallen)
§ 150 Verletzung der Berichtspflicht
§ 151 Verletzung der Geheimhaltungspflicht
§ 151a Verletzung der Pflichten bei Abschlussprüfungen
§ 152 Bußgeldvorschriften
§ 153 Mitteilungen an die Abschlussprüferaufsichtsstelle
§ 154 (weggefallen)

Abschnitt 10: Schlussvorschriften

§ 155 Altregister im Beitrittsgebiet
§ 156 Anwendbarkeit von Vorschriften über das Handelsregister; Bekanntmachung von Eintragungen
§ 157 Anmeldungen zum Genossenschaftsregister
§ 158 Ersatzweise Bekanntmachung
§ 159 (weggefallen)
§ 160 Zwangsgeldverfahren
§ 161 (weggefallen)
§ 162 Übergangsvorschrift für Wohnungsunternehmen
§ 163 (weggefallen)
§ 164 Übergangsregelung zur Beschränkung der Jahresabschlussprüfung
§ 165 (weggefallen)
§ 166 Übergangsregelung zum Berufsaufsichtsreformgesetz
§ 167 Übergangsvorschrift zum Bilanzrechtsmodernisierungsgesetz

§ 168 Übergangsvorschrift zu dem Gesetz für die gleichberechtigte Teilhabe von Frauen und Männern an Führungspositionen in der Privatwirtschaft und im öffentlichen Dienst
§ 169 Übergangsvorschrift zum Abschlussprüfungsreformgesetz
§ 170 Übergangsregelung zum CSR-Richtlinie-Umsetzungsgesetz
§ 171 Übergangsvorschrift zur Einführung der vereinfachten Prüfung
§ 172 Übergangsvorschrift zum Gesetz zur weiteren Umsetzung der Transparenzrichtlinie-Änderungsrichtlinie im Hinblick auf ein einheitliches elektronisches Format für Jahresfinanzberichte

Abschnitt 1: Errichtung der Genossenschaft

§ 1 Wesen der Genossenschaft

(1) Gesellschaften von nicht geschlossener Mitgliederzahl, deren Zweck darauf gerichtet ist, den Erwerb oder die Wirtschaft ihrer Mitglieder oder deren soziale oder kulturelle Belange durch gemeinschaftlichen Geschäftsbetrieb zu fördern (Genossenschaften), erwerben die Rechte einer „eingetragenen Genossenschaft" nach Maßgabe dieses Gesetzes.

(2) Eine Beteiligung an Gesellschaften und sonstigen Personenvereinigungen einschließlich der Körperschaften des öffentlichen Rechts ist zulässig, wenn sie
1. der Förderung des Erwerbes oder der Wirtschaft der Mitglieder der Genossenschaft oder deren sozialer oder kultureller Belange oder,
2. ohne den alleinigen oder überwiegenden Zweck der Genossenschaft zu bilden, gemeinnützigen Bestrebungen der Genossenschaft

zu dienen bestimmt ist.

§ 2 Haftung für Verbindlichkeiten

Für die Verbindlichkeiten der Genossenschaft haftet den Gläubigern nur das Vermögen der Genossenschaft.

§ 3 Firma der Genossenschaft

¹Die Firma der Genossenschaft muss, auch wenn sie nach § 22 des Handelsgesetzbuchs oder nach anderen gesetzlichen Vorschriften fortgeführt wird, die Bezeichnung „eingetragene Genossenschaft" oder die Abkürzung „eG" enthalten. ²§ 30 des Handelsgesetzbuchs gilt entsprechend.

§ 4 Mindestzahl der Mitglieder

Die Zahl der Mitglieder muss mindestens drei betragen.

§ 5 Form der Satzung

Die Satzung der Genossenschaft bedarf der schriftlichen Form.

§ 6 Mindestinhalt der Satzung[1]

Die Satzung muss enthalten:
1. die Firma und den Sitz der Genossenschaft;
2. den Gegenstand des Unternehmens;
3. Bestimmungen darüber, ob die Mitglieder für den Fall, dass die Gläubiger im Insolvenzverfahren über das Vermögen der Genossenschaft nicht befriedigt werden, Nachschüsse zur Insolvenzmasse unbeschränkt, beschränkt auf eine bestimmte Summe (Haftsumme) oder überhaupt nicht zu leisten haben;

---

1) **Anm. d. Red.:** § 6 i. d. F. des Gesetzes v. 17. 7. 2017 (BGBl I S. 2434) mit Wirkung v. 22. 7. 2017.

4. Bestimmungen über die Form für die Einberufung der Generalversammlung der Mitglieder sowie für die Beurkundung ihrer Beschlüsse und über den Vorsitz in der Versammlung; die Einberufung der Generalversammlung muss durch unmittelbare Benachrichtigung sämtlicher Mitglieder in Textform oder durch Bekanntmachung in einem öffentlichen Blatt erfolgen; das Gericht kann hiervon Ausnahmen zulassen; die Bekanntmachung im Bundesanzeiger oder in einem anderen öffentlich zugänglichen elektronischen Informationsmedium genügt nicht;
5. Bestimmungen über die Form der Bekanntmachungen der Genossenschaft sowie Bestimmung der öffentlichen Blätter für Bekanntmachungen, deren Veröffentlichung in öffentlichen Blättern durch Gesetz oder Satzung vorgeschrieben ist; als öffentliches Blatt kann die Satzung öffentlich zugängliche elektronische Informationsmedien bezeichnen.

§ 7 Weiterer zwingender Satzungsinhalt

Die Satzung muss ferner bestimmen:
1. den Betrag, bis zu welchem sich die einzelnen Mitglieder mit Einlagen beteiligen können (Geschäftsanteil), sowie die Einzahlungen auf den Geschäftsanteil, zu welchen jedes Mitglied verpflichtet ist; diese müssen bis zu einem Gesamtbetrage von mindestens einem Zehntel des Geschäftsanteils nach Betrag und Zeit bestimmt sein;
2. die Bildung einer gesetzlichen Rücklage, welche zur Deckung eines aus der Bilanz sich ergebenden Verlustes zu dienen hat, sowie die Art dieser Bildung, insbesondere den Teil des Jahresüberschusses, welcher in diese Rücklage einzustellen ist, und den Mindestbetrag der letzteren, bis zu dessen Erreichung die Einstellung zu erfolgen hat.

§ 7a Mehrere Geschäftsanteile; Sacheinlagen

(1) ¹Die Satzung kann bestimmen, dass sich ein Mitglied mit mehr als einem Geschäftsanteil beteiligen darf. ²Die Satzung kann eine Höchstzahl festsetzen und weitere Voraussetzungen aufstellen.

(2) ¹Die Satzung kann auch bestimmen, dass die Mitglieder sich mit mehreren Geschäftsanteilen zu beteiligen haben (Pflichtbeteiligung). ²Die Pflichtbeteiligung muss für alle Mitglieder gleich sein oder sich nach dem Umfang der Inanspruchnahme von Einrichtungen oder anderen Leistungen der Genossenschaft durch die Mitglieder oder nach bestimmten wirtschaftlichen Merkmalen der Betriebe der Mitglieder richten.

(3) Die Satzung kann Sacheinlagen als Einzahlungen auf den Geschäftsanteil zulassen.

§ 8 Satzungsvorbehalt für einzelne Bestimmungen[1)]

(1) Der Aufnahme in die Satzung bedürfen Bestimmungen, nach welchen:
1. die Genossenschaft auf eine bestimmte Zeit beschränkt wird;
2. Erwerb und Fortdauer der Mitgliedschaft an den Wohnsitz innerhalb eines bestimmten Bezirks geknüpft wird;
3. das Geschäftsjahr, insbesondere das erste, auf ein mit dem Kalenderjahr nicht zusammenfallendes Jahr oder auf eine kürzere Dauer als auf ein Jahr bemessen wird;
4. die Generalversammlung über bestimmte Gegenstände nicht mit einfacher, sondern mit einer größeren Mehrheit oder nach weiteren Erfordernissen beschließen kann;
5. die Ausdehnung des Geschäftsbetriebes auf Personen, welche nicht Mitglieder der Genossenschaft sind, zugelassen wird.

(2) ¹Die Satzung kann bestimmen, dass Personen, die für die Nutzung oder Produktion der Güter und die Nutzung oder Erbringung der Dienste der Genossenschaft nicht in Frage kommen, als investierende Mitglieder zugelassen werden können. ²Sie muss durch geeignete Rege-

---

1) **Anm. d. Red.:** § 8 i. d. F. des Gesetzes v. 17. 7. 2017 (BGBl I S. 2434) mit Wirkung v. 22. 7. 2017.

lungen sicherstellen, dass investierende Mitglieder die anderen Mitglieder in keinem Fall überstimmen können und dass Beschlüsse der Generalversammlung, für die nach Gesetz oder Satzung eine Mehrheit von mindestens drei Vierteln der abgegebenen Stimmen vorgeschrieben ist, durch investierende Mitglieder nicht verhindert werden können; zu diesem Zweck kann die Satzung das Stimmrecht investierender Mitglieder auch ganz ausschließen. ³Die Zulassung eines investierenden Mitglieds bedarf der Zustimmung der Generalversammlung; abweichend hiervon kann die Satzung die Zustimmung des Aufsichtsrats vorschreiben. ⁴Die Zahl der investierenden Mitglieder im Aufsichtsrat darf ein Viertel der Aufsichtsratsmitglieder nicht überschreiten.

§ 8a Mindestkapital

(1) In der Satzung kann ein Mindestkapital der Genossenschaft bestimmt werden, das durch die Auszahlung des Auseinandersetzungsguthabens von Mitgliedern, die ausgeschieden sind oder einzelne Geschäftsanteile gekündigt haben, nicht unterschritten werden darf.

(2) ¹Bestimmt die Satzung ein Mindestkapital, ist die Auszahlung des Auseinandersetzungsguthabens ausgesetzt, solange durch die Auszahlung das Mindestkapital unterschritten würde. ²Das Nähere regelt die Satzung.

§ 9 Vorstand; Aufsichtsrat[1]

(1) ¹Die Genossenschaft muss einen Vorstand und einen Aufsichtsrat haben. ²Bei Genossenschaften mit nicht mehr als 20 Mitgliedern kann durch Bestimmung in der Satzung auf einen Aufsichtsrat verzichtet werden. ³In diesem Fall nimmt die Generalversammlung die Rechte und Pflichten des Aufsichtsrats wahr, soweit in diesem Gesetz nichts anderes bestimmt ist.

(2) ¹Die Mitglieder des Vorstands und des Aufsichtsrats müssen Mitglieder der Genossenschaft und natürliche Personen sein. ²Gehören der Genossenschaft eingetragene Genossenschaften als Mitglieder an, können deren Mitglieder, sofern sie natürliche Personen sind, in den Vorstand oder Aufsichtsrat der Genossenschaft berufen werden; gehören der Genossenschaft andere juristische Personen oder Personengesellschaften an, gilt dies für deren zur Vertretung befugte Personen.

(3) ¹Der Vorstand einer Genossenschaft, die der Mitbestimmung unterliegt, legt für den Frauenanteil in den beiden Führungsebenen unterhalb des Vorstands Zielgrößen fest. ²Liegt der Frauenanteil bei Festlegung der Zielgrößen unter 30 Prozent, so dürfen die Zielgrößen den jeweils erreichten Anteil nicht mehr unterschreiten. ³Gleichzeitig sind Fristen zur Erreichung der Zielgrößen festzulegen. ⁴Die Fristen dürfen jeweils nicht länger als fünf Jahre sein.

(4) ¹Ist bei einer Genossenschaft, die der Mitbestimmung unterliegt, ein Aufsichtsrat bestellt, legt dieser für den Frauenanteil im Aufsichtsrat und im Vorstand Zielgrößen fest. ²Liegt der Frauenanteil bei Festlegung der Zielgrößen unter 30 Prozent, so dürfen die Zielgrößen den jeweils erreichten Anteil nicht mehr unterschreiten. ³Gleichzeitig sind Fristen zur Erreichung der Zielgrößen festzulegen. ⁴Die Fristen dürfen jeweils nicht länger als fünf Jahre sein.

§ 10 Genossenschaftsregister[2]

(1) Die Satzung sowie die Mitglieder des Vorstands sind in das Genossenschaftsregister bei dem Gericht einzutragen, in dessen Bezirk die Genossenschaft ihren Sitz hat.

(2) Andere Datensammlungen dürfen nicht unter Verwendung oder Beifügung der Bezeichnung „Genossenschaftsregister" in den Verkehr gebracht werden.

---

1) **Anm. d. Red.:** § 9 i. d. F. des Gesetzes v. 24. 4. 2015 (BGBl I S. 642) mit Wirkung v. 1. 5. 2015.
2) **Anm. d. Red.:** § 10 i. d. F. des Gesetzes v. 17. 12. 2008 (BGBl I S. 2586) mit Wirkung v. 1. 9. 2009.

§ 11 Anmeldung der Genossenschaft[1)]

(1) Der Vorstand hat die Genossenschaft bei dem Gericht zur Eintragung in das Genossenschaftsregister anzumelden.

(2) Der Anmeldung sind beizufügen:
1. die Satzung, die von mindestens drei Mitgliedern unterzeichnet sein muss;
2. eine Abschrift der Urkunden über die Bestellung des Vorstands und des Aufsichtsrats;
3. die Bescheinigung eines Prüfungsverbandes, dass die Genossenschaft zum Beitritt zugelassen ist, sowie eine gutachtliche Äußerung des Prüfungsverbandes, ob nach den persönlichen oder wirtschaftlichen Verhältnissen, insbesondere der Vermögenslage der Genossenschaft, eine Gefährdung der Belange der Mitglieder oder der Gläubiger der Genossenschaft zu besorgen ist.

(3) In der Anmeldung ist ferner anzugeben, welche Vertretungsbefugnis die Vorstandsmitglieder haben.

(4) Für die Einreichung von Unterlagen nach diesem Gesetz gilt § 12 Abs. 2 des Handelsgesetzbuchs entsprechend.

§ 11a Prüfung durch das Gericht

(1) ¹Das Gericht hat zu prüfen, ob die Genossenschaft ordnungsmäßig errichtet und angemeldet ist. ²Ist dies nicht der Fall, so hat es die Eintragung abzulehnen.

(2) ¹Das Gericht hat die Eintragung auch abzulehnen, wenn offenkundig oder auf Grund der gutachtlichen Äußerung des Prüfungsverbandes eine Gefährdung der Belange der Mitglieder oder der Gläubiger der Genossenschaft zu besorgen ist. ²Gleiches gilt, wenn der Prüfungsverband erklärt, dass Sacheinlagen überbewertet worden sind.

(3) Wegen einer mangelhaften, fehlenden oder nichtigen Bestimmung der Satzung darf das Gericht die Eintragung nach Absatz 1 nur ablehnen, soweit diese Bestimmung, ihr Fehlen oder ihre Nichtigkeit
1. Tatsachen oder Rechtsverhältnisse betrifft, die nach den §§ 6 und 7 oder auf Grund anderer zwingender gesetzlicher Vorschriften in der Satzung bestimmt sein müssen oder die in das Genossenschaftsregister einzutragen oder von dem Gericht bekannt zu machen sind,
2. Vorschriften verletzt, die ausschließlich oder überwiegend zum Schutze der Gläubiger der Genossenschaft oder sonst im öffentlichen Interesse gegeben sind, oder
3. die Nichtigkeit der Satzung zur Folge hat.

§ 12 Veröffentlichung der Satzung

(1) Die eingetragene Satzung ist von dem Gericht im Auszug zu veröffentlichen.

(2) Die Veröffentlichung muss enthalten:
1. das Datum der Satzung,
2. die Firma und den Sitz der Genossenschaft,
3. den Gegenstand des Unternehmens,
4. die Mitglieder des Vorstands sowie deren Vertretungsbefugnis,
5. die Zeitdauer der Genossenschaft, falls diese auf eine bestimmte Zeit beschränkt ist.

§ 13 Rechtszustand vor der Eintragung

Vor der Eintragung in das Genossenschaftsregister ihres Sitzes hat die Genossenschaft die Rechte einer eingetragenen Genossenschaft nicht.

[1)] Anm. d. Red.: § 11 i. d. F. des Gesetzes v. 17. 7. 2017 (BGBl I S. 2434) mit Wirkung v. 22. 7. 2017.

§ 14 Errichtung einer Zweigniederlassung[1]

(1) ¹Die Errichtung einer Zweigniederlassung ist vom Vorstand beim Gericht des Sitzes der Genossenschaft unter Angabe des Ortes der Zweigniederlassung und eines Zusatzes, falls der Firma der Zweigniederlassung ein solcher beigefügt wird, zur Eintragung in das Genossenschaftsregister anzumelden. ²In gleicher Weise sind spätere Änderungen der die Zweigniederlassung betreffenden einzutragenden Tatsachen anzumelden.

(2) Das zuständige Gericht trägt die Zweigniederlassung auf dem Registerblatt des Sitzes unter Angabe des Ortes der Zweigniederlassung und des Zusatzes, falls der Firma der Zweigniederlassung ein solcher beigefügt ist, ein, es sei denn, die Zweigniederlassung ist offensichtlich nicht errichtet worden.

(3) Die vorstehenden Vorschriften gelten sinngemäß für die Aufhebung einer Zweigniederlassung.

§ 14a (weggefallen)[2]

§ 15 Beitrittserklärung[3]

(1) ¹Die Mitgliedschaft wird durch eine schriftliche, unbedingte Beitrittserklärung und die Zulassung des Beitritts durch die Genossenschaft erworben. ²Dem Antragsteller ist vor Abgabe seiner Beitrittserklärung eine Abschrift der Satzung in der jeweils geltenden Fassung zur Verfügung zu stellen; es reicht aus, wenn die Satzung im Internet unter der Adresse der Genossenschaft abrufbar ist und dem Antragsteller ein Ausdruck der Satzung angeboten wird. ³Eine Vollmacht zur Abgabe der Beitrittserklärung bedarf der Schriftform. ⁴Bei Gründungsmitgliedern kann die Mitgliedschaft statt durch Beitrittserklärung durch Unterzeichnung der Satzung erworben werden.

(2) ¹Das Mitglied ist unverzüglich in die Mitgliederliste einzutragen und hiervon unverzüglich zu benachrichtigen. ²Lehnt die Genossenschaft die Zulassung ab, hat sie dies dem Antragsteller unverzüglich unter Rückgabe seiner Beitrittserklärung mitzuteilen.

§ 15a Inhalt der Beitrittserklärung[4]

¹Die Beitrittserklärung muss die ausdrückliche Verpflichtung des Mitglieds enthalten, die nach Gesetz und Satzung geschuldeten Einzahlungen auf den Geschäftsanteil zu leisten. ²Bestimmt die Satzung, dass die Mitglieder unbeschränkt oder beschränkt auf eine Haftsumme Nachschüsse zu leisten haben, so muss die Beitrittserklärung ferner die ausdrückliche Verpflichtung enthalten, die zur Befriedigung der Gläubiger erforderlichen Nachschüsse unbeschränkt oder bis zu der in der Satzung bestimmten Haftsumme zu zahlen. ³Bestimmt die Satzung weitere Zahlungspflichten oder eine Kündigungsfrist von mehr als einem Jahr, so muss dies in der Beitrittserklärung ausdrücklich zur Kenntnis genommen werden.

§ 15b Beteiligung mit weiteren Geschäftsanteilen

(1) ¹Zur Beteiligung mit weiteren Geschäftsanteilen bedarf es einer schriftlichen und unbedingten Beitrittserklärung. ²Für deren Inhalt gilt § 15a entsprechend.

(2) Die Beteiligung mit weiteren Geschäftsanteilen darf, außer bei einer Pflichtbeteiligung, nicht zugelassen werden, bevor alle Geschäftsanteile des Mitglieds, bis auf den zuletzt neu übernommenen, voll eingezahlt sind.

(3) ¹Die Beteiligung mit weiteren Geschäftsanteilen wird mit der Beitrittserklärung nach Absatz 1 und der Zulassung durch die Genossenschaft wirksam. ²§ 15 Abs. 2 gilt entsprechend.

---

1) **Anm. d. Red.:** § 14 i. d. F. des Gesetzes v. 10. 11. 2006 (BGBl I S. 2553) mit Wirkung v. 1. 1. 2007.
2) **Anm. d. Red.:** § 14a weggefallen gem. Gesetz v. 10. 11. 2006 (BGBl I S. 2553) mit Wirkung v. 1. 1. 2007.
3) **Anm. d. Red.:** § 15 i. d. F. des Gesetzes v. 17. 7. 2017 (BGBl I S. 2434) mit Wirkung v. 22. 7. 2017.
4) **Anm. d. Red.:** § 15a i. d. F. des Gesetzes v. 17. 7. 2017 (BGBl I S. 2434) mit Wirkung v. 22. 7. 2017.

§ 16 Änderung der Satzung[1]

(1) Eine Änderung der Satzung oder die Fortsetzung einer auf bestimmte Zeit beschränkten Genossenschaft kann nur durch die Generalversammlung beschlossen werden.

(2) ¹Für folgende Änderungen der Satzung bedarf es einer Mehrheit, die mindestens drei Viertel der abgegebenen Stimmen umfasst:
1. Änderung des Gegenstandes des Unternehmens,
2. Erhöhung des Geschäftsanteils,
3. Einführung oder Erweiterung einer Pflichtbeteiligung mit mehreren Geschäftsanteilen,
4. Einführung oder Erweiterung der Verpflichtung der Mitglieder zur Leistung von Nachschüssen,
5. Verlängerung der Kündigungsfrist auf eine längere Frist als zwei Jahre,
6. Einführung oder Erweiterung der Beteiligung ausscheidender Mitglieder an der Ergebnisrücklage nach § 73 Abs. 3,
7. Einführung oder Erweiterung von Mehrstimmrechten,
8. Zerlegung von Geschäftsanteilen,
9. Einführung oder Erhöhung eines Mindestkapitals,
10. Einschränkung des Anspruchs des Mitglieds nach § 73 Abs. 2 Satz 2 und Abs. 4 auf Auszahlung des Auseinandersetzungsguthabens,
11. Einführung der Möglichkeit nach § 8 Abs. 2 Satz 1 und 2, investierende Mitglieder zuzulassen.

²Die Satzung kann eine größere Mehrheit und weitere Erfordernisse bestimmen.

(3) ¹Zu einer Änderung der Satzung, durch die eine Verpflichtung der Mitglieder zur Inanspruchnahme von Einrichtungen oder anderen Leistungen der Genossenschaft oder zur Leistung von Sachen oder Diensten eingeführt oder erweitert wird, bedarf es einer Mehrheit, die mindestens neun Zehntel der abgegebenen Stimmen umfasst. ²Zu einer Änderung der Satzung, durch die eine Verpflichtung der Mitglieder zur Zahlung laufender Beiträge für Leistungen, welche die Genossenschaft den Mitgliedern erbringt oder zur Verfügung stellt, eingeführt oder erweitert wird, bedarf es einer Mehrheit von mindestens drei Vierteln der abgegebenen Stimmen. ³Die Satzung kann eine größere Mehrheit und weitere Erfordernisse bestimmen.

(4) Zu sonstigen Änderungen der Satzung bedarf es einer Mehrheit, die mindestens drei Viertel der abgegebenen Stimmen umfasst, sofern nicht die Satzung andere Erfordernisse aufstellt.

(5) ¹Auf die Anmeldung und Eintragung des Beschlusses finden die Vorschriften des § 11 mit der Maßgabe entsprechende Anwendung, dass der Anmeldung der Beschluss nur in Abschrift beizufügen ist. ²Der Anmeldung ist der vollständige Wortlaut der Satzung beizufügen; er muss mit der Erklärung des Vorstands versehen sein, dass die geänderten Bestimmungen der Satzung mit dem Beschluss über die Satzungsänderung und die unveränderten Bestimmungen mit dem zuletzt zum Register eingereichten vollständigen Wortlaut der Satzung übereinstimmen. ³Ist bei Satzungsänderungen der vollständige Wortlaut der Satzung bisher nicht eingereicht worden, so hat der Vorstand zu erklären, dass der eingereichte Wortlaut der Satzung mit dem zuletzt zum Register eingereichten vollständigen Wortlaut der Satzung und allen seither beschlossenen Änderungen übereinstimmt. ⁴Die Veröffentlichung des Beschlusses findet nur insoweit statt, als derselbe eine der in § 12 Abs. 2 bezeichneten Bestimmungen zum Gegenstand hat.

(6) Der Beschluss hat keine rechtliche Wirkung, bevor er in das Genossenschaftsregister des Sitzes der Genossenschaft eingetragen ist.

---

1) **Anm. d. Red.:** § 16 i. d. F. des Gesetzes v. 25. 5. 2009 (BGBl I S. 1102) mit Wirkung v. 29. 5. 2009.

Abschnitt 2: Rechtsverhältnisse der Genossenschaft und ihrer Mitglieder

§ 17 Juristische Person; Formkaufmann

(1) Die eingetragene Genossenschaft als solche hat selbständig ihre Rechte und Pflichten; sie kann Eigentum und andere dingliche Rechte an Grundstücken erwerben, vor Gericht klagen und verklagt werden.

(2) Genossenschaften gelten als Kaufleute im Sinne des Handelsgesetzbuchs.

§ 18 Rechtsverhältnis zwischen Genossenschaft und Mitgliedern

¹Das Rechtsverhältnis der Genossenschaft und ihrer Mitglieder richtet sich zunächst nach der Satzung. ²Diese darf von den Bestimmungen dieses Gesetzes nur insoweit abweichen, als dies ausdrücklich für zulässig erklärt ist.

§ 19 Gewinn- und Verlustverteilung

(1) ¹Der bei Feststellung des Jahresabschlusses für die Mitglieder sich ergebende Gewinn oder Verlust des Geschäftsjahres ist auf diese zu verteilen. ²Die Verteilung geschieht für das erste Geschäftsjahr nach dem Verhältnis ihrer auf den Geschäftsanteil geleisteten Einzahlungen, für jedes folgende nach dem Verhältnis ihrer auf durch die Zuschreibung von Gewinn oder die Abschreibung von Verlust zum Schluss des vorhergegangenen Geschäftsjahres ermittelten Geschäftsguthaben. ³Die Zuschreibung des Gewinns erfolgt so lange, als nicht der Geschäftsanteil erreicht ist.

(2) ¹Die Satzung kann einen anderen Maßstab für die Verteilung von Gewinn und Verlust aufstellen und bestimmen, inwieweit der Gewinn vor Erreichung des Geschäftsanteils an die Mitglieder auszuzahlen ist. ²Bis zur Wiederergänzung eines durch Verlust verminderten Guthabens findet eine Auszahlung des Gewinns nicht statt.

§ 20 Ausschluss der Gewinnverteilung[1])

¹Die Satzung kann bestimmen, dass der Gewinn nicht verteilt, sondern der gesetzlichen Rücklage und anderen Ergebnisrücklagen zugeschrieben wird. ²Die Satzung kann ferner bestimmen, dass der Vorstand einen Teil des Jahresüberschusses, höchstens jedoch die Hälfte, in die Ergebnisrücklagen einstellen kann.

§ 21 Verbot der Verzinsung der Geschäftsguthaben

(1) Für das Geschäftsguthaben werden vorbehaltlich des § 21a Zinsen von bestimmter Höhe nicht vergütet, auch wenn das Mitglied Einzahlungen in höheren als den geschuldeten Beträgen geleistet hat.

(2) Auch können Mitglieder, welche mehr als die geschuldeten Einzahlungen geleistet haben, im Fall eines Verlustes andere Mitglieder nicht aus dem Grunde in Anspruch nehmen, dass von letzteren nur diese Einzahlungen geleistet sind.

§ 21a Ausnahmen vom Verbot der Verzinsung

(1) ¹Die Satzung kann bestimmen, dass die Geschäftsguthaben verzinst werden. ²Bestimmt die Satzung keinen festen Zinssatz, muss sie einen Mindestzinssatz festsetzen. ³Die Zinsen berechnen sich nach dem Stand der Geschäftsguthaben am Schluss des vorhergegangenen Geschäftsjahres. ⁴Sie sind spätestens sechs Monate nach Schluss des Geschäftsjahres auszuzahlen, für das sie gewährt werden.

(2) Ist in der Bilanz der Genossenschaft für ein Geschäftsjahr ein Jahresfehlbetrag oder ein Verlustvortrag ausgewiesen, der ganz oder teilweise durch die Ergebnisrücklagen, einen Jahres-

---

1) **Anm. d. Red.:** § 20 i. d. F. des Gesetzes v. 25. 5. 2009 (BGBl I S. 1102) mit Wirkung v. 29. 5. 2009.

überschuss und einen Gewinnvortrag nicht gedeckt ist, so dürfen in Höhe des nicht gedeckten Betrags Zinsen für dieses Geschäftsjahr nicht gezahlt werden.

§ 21b Mitgliederdarlehen[1)]

(1) Zum Zweck der Finanzierung oder Modernisierung von zu ihrem Anlagevermögen gehörenden Gegenständen kann eine Genossenschaft, auch wenn sie über keine Erlaubnis zum Betreiben des Einlagengeschäfts nach dem Kreditwesengesetz verfügt, Darlehen ihrer Mitglieder entgegennehmen, wenn

1. im Darlehensvertrag vereinbart ist, dass das Darlehen zweckgebunden nur zugunsten eines konkreten Investitionsvorhabens der Genossenschaft in ihr Anlagevermögen verwendet werden darf,
2. die Darlehenssumme beim jeweiligen Mitglied, sofern es kein Unternehmer ist, 25 000 Euro nicht übersteigt,
3. der Gesamtbetrag sämtlicher von Genossenschaftsmitgliedern zu dem in Nummer 1 genannten Zweck gewährten Darlehen 2,5 Millionen Euro nicht übersteigt und
4. der vereinbarte jährliche Sollzinssatz den höheren der folgenden beiden Werte nicht übersteigt:
   a) 1,5 Prozent,
   b) die marktübliche Emissionsrendite für Anlagen am Kapitalmarkt in Hypothekenpfandbriefen mit gleicher Laufzeit.

(2) Der Vorstand der Genossenschaft hat dafür zu sorgen, dass den Mitgliedern der Genossenschaft vor Vertragsschluss die wesentlichen Informationen über das Investitionsvorhaben sowie mögliche Risiken aus der Darlehensgewährung zur Verfügung gestellt werden.

(3) [1]Der Vorstand hat während der gesamten Laufzeit des Darlehens die Einhaltung der Zweckbindung sicherzustellen. [2]Eine Änderung der Zweckbindung zugunsten eines anderen zulässigen Investitionsvorhabens der Genossenschaft ist nur gestattet, wenn das jeweilige Mitglied der Änderung schriftlich zustimmt, nachdem es die wesentlichen Informationen über das andere Investitionsvorhaben erhalten hat.

(4) [1]Das Mitglied ist an seine Willenserklärung, die auf den Abschluss des Darlehensvertrags gerichtet ist, nicht mehr gebunden, wenn es sie fristgerecht in Textform gegenüber der Genossenschaft widerrufen hat. [2]Der Widerruf muss keine Begründung enthalten. [3]Die Widerrufsfrist beträgt 14 Tage. [4]Sie beginnt mit Vertragsschluss, wenn der Vertrag einen deutlichen Hinweis auf das Widerrufsrecht enthält, sonst zu dem Zeitpunkt, zu dem das Mitglied einen solchen Hinweis in Textform erhält. [5]Ist der Beginn der Widerrufsfrist streitig, so trifft die Beweislast die Genossenschaft. [6]Das Widerrufsrecht erlischt spätestens zwölf Monate nach dem Vertragsschluss. [7]Zur Fristwahrung genügt die rechtzeitige Absendung des Widerrufs. [8]Im Fall des Widerrufs ist der empfangene Darlehensbetrag unverzüglich zurückzugewähren. [9]Für den Zeitraum zwischen der Auszahlung des Darlehensbetrages des Mitglieds an die Genossenschaft und der Rückzahlung an das Mitglied hat die Genossenschaft den vereinbarten Sollzinssatz zu zahlen.

§ 22 Herabsetzung des Geschäftsanteils; Verbot der Auszahlung des Geschäftsguthabens[2)]

(1) Werden der Geschäftsanteil oder die auf ihn zu leistenden Einzahlungen herabgesetzt oder die für die Einzahlungen festgesetzten Fristen verlängert, so ist der wesentliche Inhalt des Beschlusses der Generalversammlung durch das Gericht bei der Bekanntmachung der Eintragung in das Genossenschaftsregister anzugeben.

---

1) **Anm. d. Red.:** § 21b eingefügt gem. Gesetz v. 17. 7. 2017 (BGBl I S. 2434) mit Wirkung v. 22. 7. 2017.
2) **Anm. d. Red.:** § 22 i. d. F. des Gesetzes v. 10. 12. 2014 (BGBl I S. 2085) mit Wirkung v. 19. 12. 2014.

(2) ¹Den Gläubigern der Genossenschaft ist, wenn sie sich binnen sechs Monaten nach der Bekanntmachung bei der Genossenschaft zu diesem Zweck melden, Sicherheit zu leisten, soweit sie nicht Befriedigung verlangen können. ²In der Bekanntmachung ist darauf hinzuweisen. ³Das Recht, Sicherheitsleistung zu verlangen, steht Gläubigern nicht zu, die im Fall der Insolvenz ein Recht auf vorzugsweise Befriedigung aus einer Deckungsmasse haben, die nach gesetzlicher Vorschrift zu ihrem Schutz errichtet und staatlich überwacht ist.

(3) Mitglieder, die zur Zeit der Eintragung des Beschlusses der Genossenschaft angehörten, können sich auf die Änderung erst berufen, wenn die Bekanntmachung erfolgt ist und die Gläubiger, die sich rechtzeitig gemeldet haben, wegen der erhobenen Ansprüche befriedigt oder sichergestellt sind.

(4) ¹Das Geschäftsguthaben eines Mitglieds darf, solange es nicht ausgeschieden ist, von der Genossenschaft nicht ausgezahlt oder im geschäftlichen Betrieb zum Pfand genommen, eine geschuldete Einzahlung darf nicht erlassen werden. ²Die Genossenschaft darf den Mitgliedern keinen Kredit zum Zweck der Leistung von Einzahlungen auf den Geschäftsanteil gewähren.

(5) Gegen eine geschuldete Einzahlung kann das Mitglied nicht aufrechnen.

(6) ¹Der Anspruch der Genossenschaft auf Leistung von Einzahlungen auf den Geschäftsanteil verjährt in zehn Jahren von seiner Entstehung an. ²Wird das Insolvenzverfahren über das Vermögen der Genossenschaft eröffnet, so tritt die Verjährung nicht vor Ablauf von sechs Monaten ab dem Zeitpunkt der Eröffnung ein.

§ 22a Nachschusspflicht

(1) Wird die Verpflichtung der Mitglieder, Nachschüsse zur Insolvenzmasse zu leisten, auf eine Haftsumme beschränkt oder aufgehoben, so gilt § 22 Abs. 1 bis 3 sinngemäß.

(2) Die Einführung oder Erweiterung der Verpflichtung zur Leistung von Nachschüssen wirkt nicht gegenüber Mitgliedern, die bei Wirksamwerden der Änderung der Satzung bereits aus der Genossenschaft ausgeschieden waren.

§ 22b Zerlegung des Geschäftsanteils

(1) ¹Der Geschäftsanteil kann in mehrere Geschäftsanteile zerlegt werden. ²Die Zerlegung und eine ihr entsprechende Herabsetzung der Einzahlungen gelten nicht als Herabsetzung des Geschäftsanteils oder der Einzahlungen.

(2) ¹Mit der Eintragung des Beschlusses über die Zerlegung des Geschäftsanteils sind die Mitglieder mit der Zahl von Geschäftsanteilen beteiligt, die sich aus der Zerlegung ergibt. ²§ 15b Abs. 3 ist nicht anzuwenden. ³Die Mitgliederliste ist unverzüglich zu berichtigen.

§ 23 Haftung der Mitglieder

(1) Für die Verbindlichkeiten der Genossenschaft haften die Mitglieder nach Maßgabe dieses Gesetzes.

(2) Wer in die Genossenschaft eintritt, haftet auch für die vor seinem Eintritt eingegangenen Verbindlichkeiten.

(3) Vereinbarungen, die gegen die vorstehenden Absätze verstoßen, sind unwirksam.

Abschnitt 3: Verfassung der Genossenschaft

§ 24 Vorstand[1)]

(1) ¹Die Genossenschaft wird durch den Vorstand gerichtlich und außergerichtlich vertreten. ²Hat eine Genossenschaft keinen Vorstand (Führungslosigkeit), wird die Genossenschaft für den

---

1) **Anm. d. Red.:** § 24 i. d. F. des Gesetzes v. 23. 10. 2008 (BGBl I S. 2026) mit Wirkung v. 1. 11. 2008.

Fall, dass ihr gegenüber Willenserklärungen abgegeben oder Schriftstücke zugestellt werden, durch den Aufsichtsrat vertreten.

(2) ¹Der Vorstand besteht aus zwei Personen und wird von der Generalversammlung gewählt und abberufen. ²Die Satzung kann eine höhere Personenzahl sowie eine andere Art der Bestellung und Abberufung bestimmen. ³Bei Genossenschaften mit nicht mehr als 20 Mitgliedern kann die Satzung bestimmen, dass der Vorstand aus einer Person besteht.

(3) ¹Die Mitglieder des Vorstandes können besoldet oder unbesoldet sein. ²Ihre Bestellung ist zu jeder Zeit widerruflich, unbeschadet der Entschädigungsansprüche aus bestehenden Verträgen.

§ 25 Vertretung, Zeichnung durch Vorstandsmitglieder[1)]

(1) ¹Die Mitglieder des Vorstands sind nur gemeinschaftlich zur Vertretung der Genossenschaft befugt. ²Die Satzung kann Abweichendes bestimmen. ³Ist eine Willenserklärung gegenüber der Genossenschaft abzugeben, so genügt die Abgabe gegenüber einem Vorstandsmitglied oder im Fall des § 24 Abs. 1 Satz 2 gegenüber einem Aufsichtsratsmitglied.

(2) ¹Die Satzung kann auch bestimmen, dass einzelne Vorstandsmitglieder allein oder in Gemeinschaft mit einem Prokuristen zur Vertretung der Genossenschaft befugt sind. ²Absatz 1 Satz 3 gilt in diesen Fällen sinngemäß.

(3) ¹Zur Gesamtvertretung befugte Vorstandsmitglieder können einzelne von ihnen zur Vornahme bestimmter Geschäfte oder bestimmter Arten von Geschäften ermächtigen. ²Dies gilt sinngemäß, falls ein einzelnes Vorstandsmitglied in Gemeinschaft mit einem Prokuristen zur Vertretung der Genossenschaft befugt ist.

§ 25a Angaben auf Geschäftsbriefen[2)]

(1) Auf allen Geschäftsbriefen gleichviel welcher Form, die an einen bestimmten Empfänger gerichtet werden, müssen die Rechtsform und der Sitz der Genossenschaft, das Registergericht des Sitzes der Genossenschaft und die Nummer, unter der die Genossenschaft in das Genossenschaftsregister eingetragen ist, sowie alle Vorstandsmitglieder und, sofern der Aufsichtsrat einen Vorsitzenden hat, dieser mit dem Familiennamen und mindestens einem ausgeschriebenen Vornamen angegeben werden.

(2) Der Angaben nach Absatz 1 bedarf es nicht bei Mitteilungen oder Berichten, die im Rahmen einer bestehenden Geschäftsverbindung ergehen und für die üblicherweise Vordrucke verwendet werden, in denen lediglich die im Einzelfall erforderlichen besonderen Angaben eingefügt zu werden brauchen.

(3) ¹Bestellscheine gelten als Geschäftsbriefe im Sinne des Absatzes 1. ²Absatz 2 ist auf sie nicht anzuwenden.

§ 26 Vertretungsbefugnis des Vorstands[3)]

(1) Die Genossenschaft wird durch die von dem Vorstand in ihrem Namen geschlossenen Rechtsgeschäfte berechtigt und verpflichtet; es ist gleichgültig, ob das Geschäft ausdrücklich im Namen der Genossenschaft geschlossen worden ist, oder ob die Umstände ergeben, dass es nach dem Willen der Vertragschließenden für die Genossenschaft geschlossen werden sollte.

(2) Zur Legitimation des Vorstands Behörden gegenüber genügt eine Bescheinigung des Registergerichts, dass die darin zu bezeichnenden Personen als Mitglieder des Vorstands in das Genossenschaftsregister eingetragen sind.

---

1) **Anm. d. Red.:** § 25 i. d. F. des Gesetzes v. 23. 10. 2008 (BGBl I S. 2026) mit Wirkung v. 1. 11. 2008.
2) **Anm. d. Red.:** § 25a i. d. F. des Gesetzes v. 10. 11. 2006 (BGBl I S. 2553) mit Wirkung v. 1. 1. 2007.
3) **Anm. d. Red.:** § 26 i. d. F. des Gesetzes v. 17. 12. 2008 (BGBl I S. 2586) mit Wirkung v. 1. 9. 2009.

§ 27 Beschränkung der Vertretungsbefugnis[1]

(1) ¹Der Vorstand hat die Genossenschaft unter eigener Verantwortung zu leiten. ²Er hat dabei die Beschränkungen zu beachten, die durch die Satzung festgesetzt worden sind. ³Bei Genossenschaften mit nicht mehr als 20 Mitgliedern kann die Satzung vorsehen, dass der Vorstand an Weisungen der Generalversammlung gebunden ist.

(2) ¹Gegen dritte Personen hat eine Beschränkung der Befugnis des Vorstandes, die Genossenschaft zu vertreten, keine rechtliche Wirkung. ²Dies gilt insbesondere für den Fall, dass die Vertretung sich nur auf bestimmte Geschäfte oder Arten von Geschäften erstrecken oder nur unter bestimmten Umständen oder für eine bestimmte Zeit oder an einzelnen Orten stattfinden soll oder dass die Zustimmung der Generalversammlung, des Aufsichtsrats oder eines anderen Organs der Genossenschaft für einzelne Geschäfte erforderlich ist.

§ 28 Änderung des Vorstands und der Vertretungsbefugnis[2]

¹Jede Änderung des Vorstands oder der Vertretungsbefugnis eines Vorstandsmitglieds hat der Vorstand zur Eintragung in das Genossenschaftsregister anzumelden. ²Der Anmeldung sind die Urkunden über die Änderung in Urschrift oder Abschrift beizufügen. ³Die Eintragung ist vom Gericht bekannt zu machen.

§ 29 Publizität des Genossenschaftsregisters[3]

(1) Solange eine Änderung des Vorstands oder der Vertretungsbefugnis eines Vorstandsmitglieds nicht in das Genossenschaftsregister eingetragen und bekannt gemacht ist, kann sie von der Genossenschaft einem Dritten nicht entgegengesetzt werden, es sei denn, dass sie diesem bekannt war.

(2) ¹Ist die Änderung eingetragen und bekannt gemacht worden, so muss ein Dritter sie gegen sich gelten lassen. ²Dies gilt nicht bei Rechtshandlungen, die innerhalb von fünfzehn Tagen nach der Bekanntmachung vorgenommen werden, sofern der Dritte beweist, dass er die Änderung weder kannte noch kennen musste.

(3) Ist die Änderung unrichtig bekannt gemacht, so kann sich ein Dritter auf die Bekanntmachung der Änderung berufen, es sei denn, dass er die Unrichtigkeit kannte.

§ 30 Mitgliederliste[4]

(1) Der Vorstand ist verpflichtet, die Mitgliederliste zu führen.

(2) ¹In die Mitgliederliste ist jedes Mitglied der Genossenschaft mit folgenden Angaben einzutragen:
1. Familienname, Vornamen und Anschrift, bei juristischen Personen und Personenhandelsgesellschaften Firma und Anschrift, bei anderen Personenvereinigungen Bezeichnung und Anschrift der Vereinigung oder Familiennamen, Vornamen und Anschriften ihrer Mitglieder,
2. Zahl der von ihm übernommenen weiteren Geschäftsanteile,
3. Ausscheiden aus der Genossenschaft.

²Die Satzung kann regeln, mit welchen weiteren erforderlichen Angaben jedes Mitglied eingetragen wird. ³Der Zeitpunkt, zu dem der Beitritt, eine Veränderung der Zahl weiterer Geschäftsanteile oder das Ausscheiden wirksam wird oder geworden ist, ist anzugeben.

(3) ¹Die Unterlagen, auf Grund deren die Eintragung des Beitritts, der Veränderung der Zahl weiterer Geschäftsanteile oder des Ausscheidens in die Mitgliederliste erfolgt, sind drei Jahre

---

1) **Anm. d. Red.:** § 27 i. d. F. des Gesetzes v. 17. 7. 2017 (BGBl I S. 2434) mit Wirkung v. 22. 7. 2017.
2) **Anm. d. Red.:** § 28 i. d. F. des Gesetzes v. 10. 11. 2006 (BGBl I S. 2553) mit Wirkung v. 1. 1. 2007.
3) **Anm. d. Red.:** § 29 i. d. F. des Gesetzes v. 10. 11. 2006 (BGBl I S. 2553) mit Wirkung v. 1. 1. 2007.
4) **Anm. d. Red.:** § 30 i. d. F. des Gesetzes v. 17. 7. 2017 (BGBl I S. 2434) mit Wirkung v. 22. 7. 2017.

aufzubewahren. ²Die Frist beginnt mit dem Schluss des Kalenderjahres, in dem das Mitglied aus der Genossenschaft ausgeschieden ist. ³Im Übrigen gelten für die Aufbewahrung der Unterlagen die Regelungen für Handelsbriefe in § 257 des Handelsgesetzbuchs.

§ 31 Einsicht in die Mitgliederliste[1)]

(1) ¹Die Mitgliederliste kann von jedem Mitglied sowie von einem Dritten, der ein berechtigtes Interesse darlegt, bei der Genossenschaft eingesehen werden. ²Abschriften aus der Mitgliederliste sind dem Mitglied hinsichtlich der ihn betreffenden Eintragungen auf Verlangen zu erteilen.

(2) ¹Der Dritte darf die übermittelten Daten nur für den Zweck speichern und nutzen, zu dessen Erfüllung sie ihm übermittelt werden; eine Speicherung und Nutzung für andere Zwecke ist nur zulässig, soweit die Daten auch dafür hätten übermittelt werden dürfen. ²Ist der Empfänger eine nicht öffentliche Stelle, hat die Genossenschaft ihn darauf hinzuweisen; eine Speicherung und Nutzung für andere Zwecke bedarf in diesem Fall der Zustimmung der Genossenschaft.

§ 32 Vorlage der Mitgliederliste beim Gericht[2)]

Der Vorstand hat dem Registergericht auf dessen Verlangen eine Abschrift der Mitgliederliste unverzüglich einzureichen.

§ 33 Buchführung; Jahresabschluss und Lagebericht

(1) ¹Der Vorstand hat dafür zu sorgen, dass die erforderlichen Bücher der Genossenschaft ordnungsgemäß geführt werden. ²Der Jahresabschluss und der Lagebericht sind unverzüglich nach ihrer Aufstellung dem Aufsichtsrat und mit dessen Bemerkungen der Generalversammlung vorzulegen.

(2) Mit einer Verletzung der Vorschriften über die Gliederung der Bilanz und der Gewinn- und Verlustrechnung sowie mit einer Nichtbeachtung von Formblättern kann, wenn hierdurch die Klarheit des Jahresabschlusses nur unwesentlich beeinträchtigt wird, eine Anfechtung nicht begründet werden.

(3) Ergibt sich bei Aufstellung der Jahresbilanz oder einer Zwischenbilanz oder ist bei pflichtgemäßem Ermessen anzunehmen, dass ein Verlust besteht, der durch die Hälfte des Gesamtbetrags der Geschäftsguthaben und der Rücklagen nicht gedeckt ist, so hat der Vorstand unverzüglich die Generalversammlung einzuberufen und ihr dies anzuzeigen.

§§ 33a bis 33i (weggefallen)

§ 34 Sorgfaltspflicht und Verantwortlichkeit der Vorstandsmitglieder[3)]

(1) ¹Die Vorstandsmitglieder haben bei ihrer Geschäftsführung die Sorgfalt eines ordentlichen und gewissenhaften Geschäftsleiters einer Genossenschaft anzuwenden. ²Eine Pflichtverletzung liegt nicht vor, wenn das Vorstandsmitglied bei einer unternehmerischen Entscheidung vernünftigerweise annehmen durfte, auf Grundlage angemessener Informationen zum Wohle der Genossenschaft zu handeln. ³Über vertrauliche Angaben und Geheimnisse der Genossenschaft, namentlich Betriebs- oder Geschäftsgeheimnisse, die ihnen durch die Tätigkeit im Vorstand bekannt geworden sind, haben sie Stillschweigen zu bewahren.

(2) ¹Vorstandsmitglieder, die ihre Pflichten verletzen, sind der Genossenschaft zum Ersatz des daraus entstehenden Schadens als Gesamtschuldner verpflichtet. ²Ist streitig, ob sie die Sorgfalt eines ordentlichen und gewissenhaften Geschäftsleiters einer Genossenschaft angewandt ha-

---

1) **Anm. d. Red.:** § 31 i. d. F. des Gesetzes v. 17. 7. 2017 (BGBl I S. 2541) mit Wirkung v. 25. 5. 2018.
2) **Anm. d. Red.:** § 32 i. d. F. des Gesetzes v. 17. 12. 2008 (BGBl I S. 2586) mit Wirkung v. 1. 9. 2009.
3) **Anm. d. Red.:** § 34 i. d. F. des Gesetzes v. 17. 7. 2017 (BGBl I S. 2434) mit Wirkung v. 22. 7. 2017.

ben, tragen sie die Beweislast. ³Wenn ein Vorstandsmitglied im Wesentlichen unentgeltlich tätig ist, muss dies bei der Beurteilung seiner Sorgfalt zu seinen Gunsten berücksichtigt werden.

(3) Die Mitglieder des Vorstands sind namentlich zum Ersatz verpflichtet, wenn entgegen diesem Gesetz oder der Satzung
1. Geschäftsguthaben ausgezahlt werden,
2. den Mitgliedern Zinsen oder Gewinnanteile gewährt werden,
3. Genossenschaftsvermögen verteilt wird,
4. Zahlungen geleistet werden, nachdem die Zahlungsunfähigkeit der Genossenschaft eingetreten ist oder sich eine Überschuldung ergeben hat, die für die Genossenschaft nach § 98 Grund für die Eröffnung des Insolvenzverfahrens ist,
5. Kredit gewährt wird.

(4) ¹Der Genossenschaft gegenüber tritt die Ersatzpflicht nicht ein, wenn die Handlung auf einem gesetzmäßigen Beschluss der Generalversammlung beruht. ²Dadurch, dass der Aufsichtsrat die Handlung gebilligt hat, wird die Ersatzpflicht nicht ausgeschlossen.

(5) ¹In den Fällen des Absatzes 3 kann der Ersatzanspruch auch von den Gläubigern der Genossenschaft geltend gemacht werden, soweit sie von dieser keine Befriedigung erlangen können. ²Den Gläubigern gegenüber wird die Ersatzpflicht weder durch einen Verzicht oder Vergleich der Genossenschaft noch dadurch aufgehoben, dass die Handlung auf einem Beschluss der Generalversammlung beruht. ³Ist über das Vermögen der Genossenschaft das Insolvenzverfahren eröffnet, so übt während dessen Dauer der Insolvenzverwalter oder Sachwalter das Recht der Gläubiger gegen die Vorstandsmitglieder aus.

(6) Die Ansprüche aus diesen Vorschriften verjähren in fünf Jahren.

§ 35 Stellvertreter von Vorstandsmitgliedern

Die für Mitglieder des Vorstands gegebenen Vorschriften gelten auch für Stellvertreter von Mitgliedern.

§ 36 Aufsichtsrat[1]

(1) ¹Der Aufsichtsrat besteht, sofern nicht die Satzung eine höhere Zahl festsetzt, aus drei von der Generalversammlung zu wählenden Personen. ²Die zu einer Beschlussfassung erforderliche Zahl ist durch die Satzung zu bestimmen.

(2) Die Mitglieder des Aufsichtsrats dürfen keine nach dem Geschäftsergebnis bemessene Vergütung beziehen.

(3) ¹Die Bestellung zum Mitglied des Aufsichtsrats kann auch vor Ablauf des Zeitraums, für welchen es gewählt ist, durch die Generalversammlung widerrufen werden. ²Der Beschluss bedarf einer Mehrheit, die mindestens drei Viertel der abgegebenen Stimmen umfasst.

(4) Bei einer Genossenschaft, die kapitalmarktorientiert im Sinne des § 264d des Handelsgesetzbuchs oder die CRR-Kreditinstitut im Sinne des § 1 Absatz 3d Satz 1 des Kreditwesengesetzes ist, müssen die Mitglieder des Aufsichtsrats in ihrer Gesamtheit mit dem Sektor, in dem die Genossenschaft tätig ist, vertraut sein; mindestens ein Mitglied muss über Sachverstand auf den Gebieten Rechnungslegung oder Abschlussprüfung verfügen.

(5) ¹Abweichend von Absatz 1 Satz 1 kann die Satzung vorsehen, dass für bestimmte Mitglieder das Recht besteht, Mitglieder in den Aufsichtsrat zu entsenden. ²Die Zahl der nach Satz 1 in den Aufsichtsrat entsandten Personen darf zusammen mit der Zahl der investierenden Mitglieder im Aufsichtsrat ein Drittel der Aufsichtsratsmitglieder nicht überschreiten.

---

1) **Anm. d. Red.:** § 36 i. d. F. des Gesetzes v. 17. 7. 2017 (BGBl I S. 2434) mit Wirkung v. 22. 7. 2017.

§ 37 Unvereinbarkeit von Ämtern

(1) ¹Die Mitglieder des Aufsichtsrats dürfen nicht zugleich Vorstandsmitglieder, dauernde Stellvertreter der Vorstandsmitglieder, Prokuristen oder zum Betrieb des gesamten Geschäfts ermächtigte Handlungsbevollmächtigte der Genossenschaft sein. ²Der Aufsichtsrat kann einzelne seiner Mitglieder für einen im Voraus begrenzten Zeitraum zu Stellvertretern verhinderter Vorstandsmitglieder bestellen; während dieses Zeitraums und bis zur Erteilung der Entlastung als stellvertretendes Vorstandsmitglied darf dieses Mitglied seine Tätigkeit als Aufsichtsratsmitglied nicht ausüben.

(2) Scheiden aus dem Vorstand Mitglieder aus, so dürfen dieselben nicht vor erteilter Entlastung in den Aufsichtsrat gewählt werden.

§ 38 Aufgaben des Aufsichtsrats[1]

(1) ¹Der Aufsichtsrat hat den Vorstand bei dessen Geschäftsführung zu überwachen. ²Er kann zu diesem Zweck von dem Vorstand jederzeit Auskünfte über alle Angelegenheiten der Genossenschaft verlangen und die Bücher und Schriften der Genossenschaft sowie den Bestand der Genossenschaftskasse und die Bestände an Wertpapieren und Waren einsehen und prüfen. ³Er kann einzelne seiner Mitglieder beauftragen, die Einsichtnahme und Prüfung durchzuführen. ⁴Auch ein einzelnes Mitglied des Aufsichtsrats kann Auskünfte, jedoch nur an den Aufsichtsrat, verlangen. ⁵Der Aufsichtsrat hat den Jahresabschluss, den Lagebericht und den Vorschlag für die Verwendung des Jahresüberschusses oder die Deckung des Jahresfehlbetrags zu prüfen; über das Ergebnis der Prüfung hat er der Generalversammlung vor der Feststellung des Jahresabschlusses zu berichten.

(1a) ¹Der Aufsichtsrat kann einen Prüfungsausschuss bestellen, der sich mit der Überwachung des Rechnungslegungsprozesses sowie der Wirksamkeit des internen Kontrollsystems, des Risikomanagementsystems und des internen Revisionssystems sowie der Abschlussprüfung befasst. ²Der Prüfungsausschuss kann Empfehlungen oder Vorschläge zur Gewährleistung der Integrität des Rechnungslegungsprozesses unterbreiten. ³Richtet der Aufsichtsrat einer Genossenschaft, die kapitalmarktorientiert im Sinne des § 264d des Handelsgesetzbuchs oder die CRR-Kreditinstitut im Sinne des § 1 Absatz 3d Satz 1 des Kreditwesengesetzes ist, einen Prüfungsausschuss ein, so muss dieser die Voraussetzungen des § 36 Absatz 4 erfüllen. ⁴Artikel 6 Absatz 2 Buchstabe a der Verordnung (EU) Nr. 537/2014 des Europäischen Parlaments und des Rates vom 16. April 2014 über spezifische Anforderungen an die Abschlussprüfung bei Unternehmen von öffentlichem Interesse und zur Aufhebung des Beschlusses 2005/909/EG der Kommission (ABl L 158 vom 27.5.2014, S. 77, L 170 vom 11.6.2014, S. 66) findet mit der Maßgabe Anwendung, dass die Erklärung bezogen auf die gesetzlichen Vertreter des Verbandes und die vom Verband beschäftigten Personen, die das Ergebnis der Prüfung beeinflussen können, abzugeben ist.

(1b) Der Aufsichtsrat hat auch den gesonderten nichtfinanziellen Bericht (§ 289b des Handelsgesetzbuchs) zu prüfen, sofern er erstellt wurde.

(2) ¹Der Aufsichtsrat hat eine Generalversammlung einzuberufen, wenn dies im Interesse der Genossenschaft erforderlich ist. ²Ist nach der Satzung kein Aufsichtsrat zu bilden, gilt § 44.

(3) Weitere Aufgaben des Aufsichtsrats werden durch die Satzung bestimmt.

(4) Die Mitglieder des Aufsichtsrats können ihre Aufgaben nicht durch andere Personen wahrnehmen lassen.

§ 39 Vertretungsbefugnis des Aufsichtsrats

(1) ¹Der Aufsichtsrat vertritt die Genossenschaft gegenüber den Vorstandsmitgliedern gerichtlich und außergerichtlich. ²Ist nach der Satzung kein Aufsichtsrat zu bilden, wird die Genos-

---

1) **Anm. d. Red.:** § 38 i.d. F. des Gesetzes v. 11.4.2017 (BGBl I S. 802) mit Wirkung v. 19.4.2017. – Zur Anwendung siehe § 170.

senschaft durch einen von der Generalversammlung gewählten Bevollmächtigten vertreten.
³Die Satzung kann bestimmen, dass über die Führung von Prozessen gegen Vorstandsmitglieder die Generalversammlung entscheidet.

(2) ¹Der Genehmigung des Aufsichtsrats bedarf jede Gewährung von Kredit an ein Mitglied des Vorstands, soweit die Gewährung des Kredits nicht durch die Satzung an noch andere Erfordernisse geknüpft oder ausgeschlossen ist. ²Das Gleiche gilt von der Annahme eines Vorstandsmitglieds als Bürgen für eine Kreditgewährung.

(3) In Prozessen gegen die Mitglieder des Aufsichtsrats wird die Genossenschaft durch Bevollmächtigte vertreten, welche von der Generalversammlung gewählt werden.

§ 40 Vorläufige Amtsenthebung von Vorstandsmitgliedern

Der Aufsichtsrat ist befugt, nach seinem Ermessen von der Generalversammlung abzuberufende Mitglieder des Vorstands vorläufig, bis zur Entscheidung der unverzüglich einzuberufenden Generalversammlung, von ihren Geschäften zu entheben und wegen einstweiliger Fortführung derselben das Erforderliche zu veranlassen.

§ 41 Sorgfaltspflicht und Verantwortlichkeit der Aufsichtsratsmitglieder

Für die Sorgfaltspflicht und Verantwortlichkeit der Aufsichtsratsmitglieder gilt § 34 über die Verantwortlichkeit der Vorstandsmitglieder sinngemäß.

§ 42 Prokura; Handlungsvollmacht[1]

(1) ¹Die Genossenschaft kann Prokura nach Maßgabe der §§ 48 bis 53 des Handelsgesetzbuchs erteilen. ²An die Stelle der Eintragung in das Handelsregister tritt die Eintragung in das Genossenschaftsregister. ³§ 28 Satz 3 und § 29 gelten entsprechend.

(2) ¹Die Genossenschaft kann auch Handlungsvollmacht erteilen. ²§ 54 des Handelsgesetzbuchs ist anzuwenden.

§ 43 Generalversammlung; Stimmrecht der Mitglieder

(1) Die Mitglieder üben ihre Rechte in den Angelegenheiten der Genossenschaft in der Generalversammlung aus, soweit das Gesetz nichts anderes bestimmt.

(2) ¹Die Generalversammlung beschließt mit der Mehrheit der abgegebenen Stimmen (einfache Stimmenmehrheit), soweit nicht Gesetz oder Satzung eine größere Mehrheit oder weitere Erfordernisse bestimmen. ²Für Wahlen kann die Satzung eine abweichende Regelung treffen.

(3) ¹Jedes Mitglied hat eine Stimme. ²Die Satzung kann die Gewährung von Mehrstimmrechten vorsehen. ³Die Voraussetzungen für die Gewährung von Mehrstimmrechten müssen in der Satzung mit folgender Maßgabe bestimmt werden:

1. ¹Mehrstimmrechte sollen nur Mitgliedern gewährt werden, die den Geschäftsbetrieb besonders fördern. ²Keinem Mitglied können mehr als drei Stimmen gewährt werden. ³Bei Beschlüssen, die nach dem Gesetz zwingend einer Mehrheit von drei Vierteln der abgegebenen Stimmen oder einer größeren Mehrheit bedürfen, sowie bei Beschlüssen über die Aufhebung oder Einschränkung der Bestimmungen der Satzung über Mehrstimmrechte hat ein Mitglied, auch wenn ihm ein Mehrstimmrecht gewährt ist, nur eine Stimme.

2. ¹Auf Genossenschaften, bei denen mehr als drei Viertel der Mitglieder als Unternehmer im Sinn des § 14 des Bürgerlichen Gesetzbuchs Mitglied sind, ist Nummer 1 nicht anzuwenden. ²Bei diesen Genossenschaften können Mehrstimmrechte vom einzelnen Mitglied höchstens bis zu einem Zehntel der in der Generalversammlung anwesenden Stimmen ausgeübt werden; das Nähere hat die Satzung zu regeln.

---

1) **Anm. d. Red.:** § 42 i. d. F. des Gesetzes v. 10. 11. 2006 (BGBl I S. 2553) mit Wirkung v. 1. 1. 2007.

(3) ¹Auf Genossenschaften, deren Mitglieder ausschließlich oder überwiegend eingetragene Genossenschaften sind, sind die Nummern 1 und 2 nicht anzuwenden. ²Die Satzung dieser Genossenschaften kann das Stimmrecht der Mitglieder nach der Höhe ihrer Geschäftsguthaben oder einem anderen Maßstab abstufen.

⁴Zur Aufhebung oder Änderung der Bestimmungen der Satzung über Mehrstimmrechte bedarf es nicht der Zustimmung der betroffenen Mitglieder.

(4) ¹Das Mitglied soll sein Stimmrecht persönlich ausüben. ²Das Stimmrecht geschäftsunfähiger oder in der Geschäftsfähigkeit beschränkter natürlicher Personen sowie das Stimmrecht von juristischen Personen wird durch ihre gesetzlichen Vertreter, das Stimmrecht von Personenhandelsgesellschaften durch zur Vertretung ermächtigte Gesellschafter ausgeübt.

(5) ¹Das Mitglied oder sein gesetzlicher Vertreter können Stimmvollmacht erteilen. ²Für die Vollmacht ist die schriftliche Form erforderlich. ³Ein Bevollmächtigter kann nicht mehr als zwei Mitglieder vertreten. ⁴Die Satzung kann persönliche Voraussetzungen für Bevollmächtigte aufstellen, insbesondere die Bevollmächtigung von Personen ausschließen, die sich geschäftsmäßig zur Ausübung des Stimmrechts erbieten.

(6) Niemand kann für sich oder für einen anderen das Stimmrecht ausüben, wenn darüber Beschluss gefasst wird, ob er oder das vertretene Mitglied zu entlasten oder von einer Verbindlichkeit zu befreien ist oder ob die Genossenschaft gegen ihn oder das vertretene Mitglied einen Anspruch geltend machen soll.

(7) ¹Die Satzung kann zulassen, dass Beschlüsse der Mitglieder schriftlich oder in elektronischer Form gefasst werden; das Nähere hat die Satzung zu regeln. ²Ferner kann die Satzung vorsehen, dass in bestimmten Fällen Mitglieder des Aufsichtsrats im Wege der Bild- und Tonübertragung an der Generalversammlung teilnehmen können und dass die Generalversammlung in Bild und Ton übertragen werden darf.

§ 43a Vertreterversammlung[1]

(1) ¹Bei Genossenschaften mit mehr als 1 500 Mitgliedern kann die Satzung bestimmen, dass die Generalversammlung aus Vertretern der Mitglieder (Vertreterversammlung) besteht. ²Die Satzung kann auch bestimmen, dass bestimmte Beschlüsse der Generalversammlung vorbehalten bleiben. ³Der für die Feststellung der Mitgliederzahl maßgebliche Zeitpunkt ist für jedes Geschäftsjahr jeweils das Ende des vorausgegangenen Geschäftsjahres.

(2) ¹Als Vertreter kann jede natürliche, unbeschränkt geschäftsfähige Person, die Mitglied der Genossenschaft ist und nicht dem Vorstand oder Aufsichtsrat angehört, gewählt werden. ²Ist ein Mitglied der Genossenschaft eine juristische Person oder eine Personengesellschaft, kann jeweils eine natürliche Person, die zu deren Vertretung befugt ist, als Vertreter gewählt werden.

(3) ¹Die Vertreterversammlung besteht aus mindestens fünfzig Vertretern, die von den Mitgliedern der Genossenschaft gewählt werden. ²Die Vertreter können nicht durch Bevollmächtigte vertreten werden. ³Mehrstimmrechte können ihnen nicht eingeräumt werden.

(4) ¹Die Vertreter werden in allgemeiner, unmittelbarer, gleicher und geheimer Wahl gewählt; Mehrstimmrechte bleiben unberührt. ²Für die Vertretung von Mitgliedern bei der Wahl gilt § 43 Abs. 4 und 5 entsprechend. ³Kein Vertreter kann für längere Zeit als bis zur Beendigung der Vertreterversammlung gewählt werden, die über die Entlastung der Mitglieder des Vorstands und des Aufsichtsrats für das vierte Geschäftsjahr nach dem Beginn der Amtszeit beschließt. ⁴Das Geschäftsjahr, in dem die Amtszeit beginnt, wird nicht mitgerechnet. ⁵Die Satzung muss bestimmen,
1. auf wie viele Mitglieder ein Vertreter entfällt;
2. die Amtszeit der Vertreter.

---

1) **Anm. d. Red.:** § 43a i. d. F. des Gesetzes v. 17. 7. 2017 (BGBl I S. 2434) mit Wirkung v. 22. 7. 2017.

⁶Eine Zahl von 150 Mitgliedern ist in jedem Fall ausreichend, um einen Wahlvorschlag einreichen zu können. ⁷Nähere Bestimmungen über das Wahlverfahren einschließlich der Feststellung des Wahlergebnisses können in einer Wahlordnung getroffen werden, die vom Vorstand und Aufsichtsrat auf Grund übereinstimmender Beschlüsse erlassen wird. ⁸Sie bedarf der Zustimmung der Generalversammlung.

(5) ¹Fällt ein Vertreter vor Ablauf der Amtszeit weg, muss ein Ersatzvertreter an seine Stelle treten. ²Seine Amtszeit erlischt spätestens mit Ablauf der Amtszeit des weggefallenen Vertreters. ³Auf die Wahl des Ersatzvertreters sind die für den Vertreter geltenden Vorschriften anzuwenden.

(6) ¹Eine Liste mit den Namen sowie den Anschriften, Telefonnummern oder E-Mail-Adressen der gewählten Vertreter und Ersatzvertreter ist zur Einsichtnahme für die Mitglieder mindestens zwei Wochen lang in den Geschäftsräumen der Genossenschaft und ihren Niederlassungen auszulegen oder bis zum Ende der Amtszeit der Vertreter auf der Internetseite der Genossenschaft zugänglich zu machen. ²Die Auslegung oder die Zugänglichkeit im Internet ist in einem öffentlichen Blatt bekannt zu machen. ³Die Frist für die Auslegung oder Zugänglichmachung beginnt mit der Bekanntmachung. ⁴Jedes Mitglied kann jederzeit eine Abschrift der Liste der Vertreter und Ersatzvertreter verlangen; hierauf ist in der Bekanntmachung nach Satz 2 hinzuweisen.

(7) ¹Die Generalversammlung ist zur Beschlussfassung über die Abschaffung der Vertreterversammlung unverzüglich einzuberufen, wenn dies von mindestens einem Zehntel der Mitglieder oder dem in der Satzung hierfür bestimmten geringeren Teil in Textform beantragt wird. ²§ 45 Abs. 3 gilt entsprechend.

§ 44 Einberufung der Generalversammlung

(1) Die Generalversammlung wird durch den Vorstand einberufen, soweit nicht nach der Satzung oder diesem Gesetz auch andere Personen dazu befugt sind.

(2) Eine Generalversammlung ist außer in den in der Satzung oder diesem Gesetz ausdrücklich bestimmten Fällen einzuberufen, wenn dies im Interesse der Genossenschaft erforderlich erscheint.

§ 45 Einberufung auf Verlangen einer Minderheit[1]

(1) ¹Die Generalversammlung muss unverzüglich einberufen werden, wenn mindestens ein Zehntel der Mitglieder oder der in der Satzung hierfür bezeichnete geringere Teil in Textform unter Anführung des Zwecks und der Gründe die Einberufung verlangt. ²Mitglieder, auf deren Verlangen eine Vertreterversammlung einberufen wird, können an dieser Versammlung mit Rede- und Antragsrecht teilnehmen. ³Die Satzung kann Bestimmungen darüber treffen, dass das Rede- und Antragsrecht in der Vertreterversammlung nur von einem oder mehreren von den teilnehmenden Mitgliedern aus ihrem Kreis gewählten Bevollmächtigten ausgeübt werden kann.

(2) ¹In gleicher Weise sind die Mitglieder berechtigt zu verlangen, dass Gegenstände zur Beschlussfassung einer Generalversammlung angekündigt werden. ²Mitglieder, auf deren Verlangen Gegenstände zur Beschlussfassung einer Vertreterversammlung angekündigt werden, können an dieser Versammlung mit Rede- und Antragsrecht hinsichtlich dieser Gegenstände teilnehmen. ³Absatz 1 Satz 3 ist anzuwenden.

(3) ¹Wird dem Verlangen nicht entsprochen, kann das Gericht die Mitglieder, welche das Verlangen gestellt haben, zur Einberufung der Generalversammlung oder zur Ankündigung des Gegenstandes ermächtigen. ²Mit der Einberufung oder Ankündigung ist die gerichtliche Ermächtigung bekannt zu machen.

---

1) **Anm. d. Red.:** § 45 i. d. F. des Gesetzes v. 17. 12. 2008 (BGBl I S. 2586) mit Wirkung v. 1. 9. 2009.

§ 46 Form und Frist der Einberufung[1]

(1) ¹Die Generalversammlung muss in der durch die Satzung bestimmten Weise mit einer Frist von mindestens zwei Wochen einberufen werden. ²Bei der Einberufung ist die Tagesordnung bekannt zu machen. ³Die Tagesordnung einer Vertreterversammlung ist allen Mitgliedern durch Veröffentlichung in den Genossenschaftsblättern oder im Internet unter der Adresse der Genossenschaft oder durch unmittelbare Benachrichtigung in Textform bekannt zu machen.

(2) ¹Über Gegenstände, deren Verhandlung nicht in der durch die Satzung oder nach § 45 Abs. 3 vorgesehenen Weise mindestens eine Woche vor der Generalversammlung angekündigt ist, können Beschlüsse nicht gefasst werden. ²Dies gilt nicht, wenn sämtliche Mitglieder erschienen sind oder es sich um Beschlüsse über die Leitung der Versammlung oder um Anträge auf Einberufung einer außerordentlichen Generalversammlung handelt.

(3) Zur Stellung von Anträgen und zu Verhandlungen ohne Beschlussfassung bedarf es der Ankündigung nicht.

§ 47 Niederschrift[2]

(1) ¹Über die Beschlüsse der Generalversammlung ist eine Niederschrift anzufertigen. ²Sie soll den Ort und den Tag der Versammlung, den Namen des Vorsitzenden sowie Art und Ergebnis der Abstimmung und die Feststellung des Vorsitzenden über die Beschlussfassung enthalten.

(2) ¹Die Niederschrift ist vom Vorsitzenden und mindestens einem anwesenden Mitglied des Vorstands zu unterschreiben. ²Ihr sind die Belege über die Einberufung als Anlagen beizufügen.

(3) ¹Sieht die Satzung die Zulassung investierender Mitglieder oder die Gewährung von Mehrstimmrechten vor oder wird eine Änderung der Satzung beschlossen, die einen der in § 16 Abs. 2 Satz 1 Nr. 2 bis 5, 9 bis 11 oder Abs. 3 aufgeführten Gegenstände oder eine wesentliche Änderung des Gegenstandes des Unternehmens betrifft, oder wird die Fortsetzung der Genossenschaft nach § 117 beschlossen, ist der Niederschrift außerdem ein Verzeichnis der erschienenen oder vertretenen Mitglieder und der vertretenden Personen beizufügen. ²Bei jedem erschienenen oder vertretenen Mitglied ist dessen Stimmenzahl zu vermerken.

(4) ¹Jedes Mitglied kann jederzeit Einsicht in die Niederschrift nehmen. ²Ferner ist jedem Mitglied auf Verlangen eine Abschrift der Niederschrift einer Vertreterversammlung unverzüglich zur Verfügung zu stellen. ³Die Niederschrift ist von der Genossenschaft aufzubewahren.

§ 48 Zuständigkeit der Generalversammlung[3]

(1) ¹Die Generalversammlung stellt den Jahresabschluss fest. ²Sie beschließt über die Verwendung des Jahresüberschusses oder die Deckung eines Jahresfehlbetrags sowie über die Entlastung des Vorstands und des Aufsichtsrats. ³Die Generalversammlung hat in den ersten sechs Monaten des Geschäftsjahrs stattzufinden.

(2) ¹Auf den Jahresabschluss sind bei der Feststellung die für seine Aufstellung geltenden Vorschriften anzuwenden. ²Wird der Jahresabschluss bei der Feststellung geändert und ist die Prüfung nach § 53 bereits abgeschlossen, so werden vor der erneuten Prüfung gefasste Beschlüsse über die Feststellung des Jahresabschlusses und über die Ergebnisverwendung erst wirksam, wenn auf Grund einer erneuten Prüfung ein hinsichtlich der Änderung uneingeschränkter Bestätigungsvermerk erteilt worden ist.

(3) ¹Der Jahresabschluss, der Lagebericht sowie der Bericht des Aufsichtsrats sollen mindestens eine Woche vor der Versammlung in dem Geschäftsraum der Genossenschaft oder an einer anderen durch den Vorstand bekannt zu machenden geeigneten Stelle zur Einsichtnahme der Mitglieder ausgelegt, auf der Internetseite der Genossenschaft zugänglich gemacht oder ihnen

---

1) **Anm. d. Red.:** § 46 i. d. F. des Gesetzes v. 17. 7. 2017 (BGBl I S. 2434) mit Wirkung v. 22. 7. 2017.
2) **Anm. d. Red.:** § 47 i. d. F. des Gesetzes v. 17. 7. 2017 (BGBl I S. 2434) mit Wirkung v. 22. 7. 2017.
3) **Anm. d. Red.:** § 48 i. d. F. des Gesetzes v. 17. 7. 2017 (BGBl I S. 2434) mit Wirkung v. 22. 7. 2017.

sonst zur Kenntnis gebracht werden. ²Jedes Mitglied ist berechtigt, auf seine Kosten eine Abschrift des Jahresabschlusses, des Lageberichts und des Berichts des Aufsichtsrats zu verlangen.

(4) ¹Die Generalversammlung beschließt über die Offenlegung eines Einzelabschlusses nach § 339 Abs. 2 in Verbindung mit § 325 Abs. 2a des Handelsgesetzbuchs. ²Der Beschluss kann für das nächstfolgende Geschäftsjahr im Voraus gefasst werden. ³Die Satzung kann die in den Sätzen 1 und 2 genannten Entscheidungen dem Aufsichtsrat übertragen. ⁴Ein vom Vorstand auf Grund eines Beschlusses nach den Sätzen 1 bis 3 aufgestellter Abschluss darf erst nach seiner Billigung durch den Aufsichtsrat offengelegt werden.

§ 49 Beschränkungen für Kredite

Die Generalversammlung hat die Beschränkungen festzusetzen, die bei Gewährung von Kredit an denselben Schuldner eingehalten werden sollen.

§ 50 Bestimmung der Einzahlungen auf den Geschäftsanteil

Soweit die Satzung die Mitglieder zu Einzahlungen auf den Geschäftsanteil verpflichtet, ohne dieselben nach Betrag und Zeit festzusetzen, unterliegt ihre Festsetzung der Beschlussfassung durch die Generalversammlung.

§ 51 Anfechtung von Beschlüssen der Generalversammlung[1]

(1) ¹Ein Beschluss der Generalversammlung kann wegen Verletzung des Gesetzes oder der Satzung im Wege der Klage angefochten werden. ²Die Klage muss binnen einem Monat erhoben werden.

(2) ¹Zur Anfechtung befugt ist jedes in der Generalversammlung erschienene Mitglied, sofern es gegen den Beschluss Widerspruch zum Protokoll erklärt hat, und jedes nicht erschienene Mitglied, sofern es zu der Generalversammlung unberechtigterweise nicht zugelassen worden ist oder sofern es die Anfechtung darauf gründet, dass die Einberufung der Versammlung oder die Ankündigung des Gegenstandes der Beschlussfassung nicht ordnungsgemäß erfolgt sei. ²Ferner sind der Vorstand und der Aufsichtsrat zur Anfechtung befugt, ebenso jedes Mitglied des Vorstands und des Aufsichtsrats, wenn es durch die Ausführung des Beschlusses eine strafbare Handlung oder eine Ordnungswidrigkeit begehen oder wenn es ersatzpflichtig werden würde.

(3) ¹Die Klage ist gegen die Genossenschaft zu richten. ²Die Genossenschaft wird durch den Vorstand, sofern dieser nicht selbst klagt, und durch den Aufsichtsrat, sofern dieser nicht selbst klagt, vertreten; § 39 Abs. 1 Satz 2 ist entsprechend anzuwenden. ³Zuständig für die Klage ist ausschließlich das Landgericht, in dessen Bezirke die Genossenschaft ihren Sitz hat. ⁴Die mündliche Verhandlung erfolgt nicht vor Ablauf der im ersten Absatz bezeichneten Frist. ⁵Mehrere Anfechtungsprozesse sind zur gleichzeitigen Verhandlung und Entscheidung zu verbinden.

(4) Die Erhebung der Klage sowie der Termin zur mündlichen Verhandlung sind unverzüglich vom Vorstand in den für die Bekanntmachung der Genossenschaft bestimmten Blättern zu veröffentlichen.

(5) ¹Soweit der Beschluss durch Urteil rechtskräftig für nichtig erklärt ist, wirkt dieses Urteil auch gegenüber den Mitgliedern der Genossenschaft, die nicht Partei des Rechtsstreits waren. ²Ist der Beschluss in das Genossenschaftsregister eingetragen, hat der Vorstand dem Registergericht das Urteil einzureichen und dessen Eintragung zu beantragen. ³Eine gerichtliche Bekanntmachung der Eintragung erfolgt nur, wenn der eingetragene Beschluss veröffentlicht worden war.

§ 52 (weggefallen)

---

1) **Anm. d. Red.:** § 51 i. d. F. des Gesetzes v. 17. 12. 2008 (BGBl I S. 2586) mit Wirkung v. 1. 9. 2009.

Abschnitt 4: Prüfung und Prüfungsverbände

§ 53 Pflichtprüfung[1)]

(1) ¹Zwecks Feststellung der wirtschaftlichen Verhältnisse und der Ordnungsmäßigkeit der Geschäftsführung sind die Einrichtungen, die Vermögenslage sowie die Geschäftsführung der Genossenschaft mindestens in jedem zweiten Geschäftsjahr zu prüfen. ²Bei Genossenschaften, deren Bilanzsumme zwei Millionen Euro übersteigt, muss die Prüfung in jedem Geschäftsjahr stattfinden.

(2) ¹Im Rahmen der Prüfung nach Absatz 1 ist bei Genossenschaften, deren Bilanzsumme 1,5 Millionen Euro und deren Umsatzerlöse 3 Millionen Euro übersteigen, der Jahresabschluss unter Einbeziehung der Buchführung und des Lageberichts zu prüfen. ²§ 316 Absatz 3 Satz 1 und 2, § 317 Abs. 1 Satz 2 und 3, Abs. 2 des Handelsgesetzbuchs sind entsprechend anzuwenden; Artikel 17 der Verordnung (EU) Nr. 537/2014 findet keine Anwendung. ³Bei der Prüfung großer Genossenschaften im Sinn des § 58 Abs. 2 ist § 317 Abs. 5 und 6 des Handelsgesetzbuchs entsprechend anzuwenden.

(3) Für Genossenschaften, die kapitalmarktorientiert im Sinn des § 264d des Handelsgesetzbuchs oder die CRR-Kreditinstitut im Sinne des § 1 Absatz 3d Satz 1 des Kreditwesengesetzes sind und keinen Aufsichtsrat haben, gilt § 324 des Handelsgesetzbuchs entsprechend.

(4) Bei der Prüfung einer Genossenschaft, die als Inlandsemittent (§ 2 Absatz 14 des Wertpapierhandelsgesetzes) Wertpapiere (§ 2 Absatz 1 des Wertpapierhandelsgesetzes), aber nicht ausschließlich die von § 327a erfassten Schuldtitel, begibt, sind § 316 Absatz 3 Satz 3, § 317 Absatz 3b Satz 1, § 320 Absatz 1 Satz 3 und § 322 Absatz 1 Satz 4 des Handelsgesetzbuchs entsprechend anzuwenden.

§ 53a Vereinfachte Prüfung; Verordnungsermächtigung[2)]

(1) ¹Bei Kleinstgenossenschaften (§ 336 Absatz 2 Satz 3 des Handelsgesetzbuchs), deren Satzung keine Nachschusspflicht der Mitglieder vorsieht und die im maßgeblichen Prüfungszeitraum von ihren Mitgliedern keine Darlehen nach § 21b Absatz 1 entgegengenommen haben, beschränkt sich jede zweite Prüfung nach § 53 Absatz 1 Satz 1 auf eine vereinfachte Prüfung. ²Eine vereinfachte Prüfung umfasst die Durchsicht der in Absatz 2 Satz 1 genannten Unterlagen und die Feststellung, ob es Anhaltspunkte dafür gibt, an einer geordneten Vermögenslage oder der Ordnungsmäßigkeit der Geschäftsführung zu zweifeln. ³§ 57 Absatz 2 und 4 findet keine Anwendung.

(2) ¹Bei der vereinfachten Prüfung sind folgende Unterlagen einzureichen:
1. eine Abschrift der Satzung in der geltenden Fassung oder eine Erklärung des Vorstands, dass gegenüber der zuletzt eingereichten Fassung keine Änderung erfolgt ist;
2. die im Prüfungszeitraum festgestellten Jahresabschlüsse;
3. ein Nachweis über die im Prüfungszeitraum erfolgte Offenlegung des Jahresabschlusses im Bundesanzeiger oder darüber, dass ein entsprechender Bekanntmachungs- oder Hinterlegungsauftrag erteilt wurde;
4. eine Abschrift der Mitgliederliste;
5. eine Abschrift der im Prüfungszeitraum erstellten Niederschriften der Beschlüsse der Generalversammlung, des Vorstands und des Aufsichtsrats, wenn es einen solchen gibt;
6. sofern die Genossenschaft im Prüfungszeitraum ihren Mitgliedern Vermögensanlagen nach § 2 Absatz 1 Nummer 1a des Vermögensanlagengesetzes vom 6. Dezember 2011 (BGBl I S. 2481), das zuletzt durch Artikel 4 Absatz 54 des Gesetzes vom 18. Juli 2016 (BGBl I

---

1) **Anm. d. Red.:** § 53 i. d. F. des Gesetzes v. 12.8.2020 (BGBl I S. 1874) mit Wirkung v. 19.8.2020. – Zur Anwendung siehe Paragraph 172.

2) **Anm. d. Red.:** § 53a eingefügt gem. Gesetz v. 17.7.2017 (BGBl I S. 2434) mit Wirkung v. 22.7.2017. – Zur Anwendung siehe Paragraph 171.

S. 1666) geändert worden ist, in der jeweils geltenden Fassung angeboten hat, eine Erklärung des Vorstands, dass und auf welche Weise den Mitgliedern die nach § 2 Absatz 2 Satz 2 des Vermögensanlagengesetzes erforderlichen Informationen zur Verfügung gestellt wurden.

²Die Unterlagen sind innerhalb von zwei Monaten nach Aufforderung durch den Prüfungsverband in Textform einzureichen. ³In der Aufforderung hat der Prüfungsverband den maßgeblichen Prüfungszeitraum zu bezeichnen.

(3) ¹Werden die erforderlichen Unterlagen nicht oder nicht vollständig eingereicht, hat der Prüfungsverband das Recht, eine vollständige Prüfung nach § 53 Absatz 1 Satz 1 vorzunehmen. ²Die Generalversammlung kann jederzeit eine solche vollständige Prüfung beschließen. ³Die erstmalige Pflichtprüfung einer Genossenschaft ist stets eine vollständige Prüfung.

(4) ¹Das Bundesministerium der Justiz und für Verbraucherschutz wird ermächtigt, im Einvernehmen mit dem Bundesministerium für Wirtschaft und Energie, durch Rechtsverordnung mit Zustimmung des Bundesrates für die vereinfachte Prüfung zu bestimmen, dass abweichend von Absatz 2 dem Prüfungsverband von der Genossenschaft weitere Unterlagen einzureichen sind. ²Dabei kann nach der Branchenzugehörigkeit der Genossenschaft unterschieden werden.

§ 54 Pflichtmitgliedschaft im Prüfungsverband[1)]

¹Die Genossenschaft muss einem Verband angehören, dem das Prüfungsrecht verliehen ist (Prüfungsverband). ²Die Genossenschaft hat den Namen und den Sitz dieses Prüfungsverbandes auf ihrer Internetseite oder in Ermangelung einer solchen auf den Geschäftsbriefen anzugeben.

§ 54a Wechsel des Prüfungsverbandes[2)]

(1) ¹Scheidet eine Genossenschaft aus dem Verband aus, so hat der Verband das Registergericht unverzüglich zu benachrichtigen. ²Das Registergericht hat eine Frist zu bestimmen, innerhalb derer die Genossenschaft die Mitgliedschaft bei einem Verband zu erwerben hat. ³Die Artikel 16 und 19 der Verordnung (EU) Nr. 537/2014 finden keine Anwendung.

(2) ¹Weist die Genossenschaft nicht innerhalb der gesetzten Frist dem Registergericht nach, dass sie die Mitgliedschaft erworben hat, so hat das Registergericht von Amts wegen nach Anhörung des Vorstands die Auflösung der Genossenschaft auszusprechen. ²§ 80 Abs. 2 findet Anwendung.

§ 55 Prüfung durch den Verband[3)]

(1) ¹Die Genossenschaft wird durch den Verband geprüft, dem sie angehört. ²Der Verband bedient sich zum Prüfen der von ihm angestellten Prüfer. ³Diese sollen im genossenschaftlichen Prüfungswesen ausreichend vorgebildet und erfahren sein.

(2) ¹Ein gesetzlicher Vertreter des Verbandes oder eine vom Verband beschäftigte Person, die das Ergebnis der Prüfung beeinflussen kann, ist von der Prüfung der Genossenschaft ausgeschlossen, wenn Gründe, insbesondere Beziehungen geschäftlicher, finanzieller oder persönlicher Art, vorliegen, nach denen die Besorgnis der Befangenheit besteht. ²Dies ist insbesondere der Fall, wenn der Vertreter oder die Person

1. Mitglied der zu prüfenden Genossenschaft ist;
2. Mitglied des Vorstands oder Aufsichtsrats oder Arbeitnehmer der zu prüfenden Genossenschaft ist;

---

1) **Anm. d. Red.:** § 54 i. d. F. des Gesetzes v. 17. 7. 2017 (BGBl I S. 2434) mit Wirkung v. 22. 7. 2017.
2) **Anm. d. Red.:** § 54a i. d. F. des Gesetzes v. 10. 5. 2016 (BGBl I S. 1142) mit Wirkung v. 17. 6. 2016.
3) **Anm. d. Red.:** § 55 i. d. F. des Gesetzes v. 17. 7. 2017 (BGBl I S. 2434) mit Wirkung v. 22. 7. 2017.

3. über die Prüfungstätigkeit hinaus bei der zu prüfenden Genossenschaft oder für diese in dem zu prüfenden Geschäftsjahr oder bis zur Erteilung des Bestätigungsvermerks
   a) bei der Führung der Bücher oder der Aufstellung des zu prüfenden Jahresabschlusses mitgewirkt hat,
   b) bei der Durchführung der internen Revision in verantwortlicher Position mitgewirkt hat,
   c) Unternehmensleitungs- oder Finanzdienstleistungen erbracht hat oder
   d) eigenständige versicherungsmathematische oder Bewertungsleistungen erbracht hat, die sich auf den zu prüfenden Jahresabschluss nicht nur unwesentlich auswirken,

sofern diese Tätigkeiten nicht von untergeordneter Bedeutung sind; dies gilt auch, wenn eine dieser Tätigkeiten von einem Unternehmen für die zu prüfende Genossenschaft ausgeübt wird, bei dem der gesetzliche Vertreter des Verbandes oder die vom Verband beschäftigte Person als gesetzlicher Vertreter, Arbeitnehmer, Mitglied des Aufsichtsrats oder Gesellschafter, der mehr als 20 Prozent der den Gesellschaftern zustehenden Stimmrechte besitzt, diese Tätigkeit ausübt oder deren Ergebnis beeinflussen kann. ³Satz 2 Nr. 2 ist auf Mitglieder des Aufsichtsorgans des Verbandes nicht anzuwenden, sofern sichergestellt ist, dass der Prüfer die Prüfung unabhängig von den Weisungen durch das Aufsichtsorgan durchführen kann. ⁴Die Sätze 2 und 3 gelten auch, wenn der Ehegatte oder der Lebenspartner einen Ausschlussgrund erfüllt. ⁵Ist die zu prüfende Genossenschaft kapitalmarktorientiert im Sinne des § 264d des Handelsgesetzbuchs oder ist sie ein CRR-Kreditinstitut im Sinne des § 1 Absatz 3d Satz 1 des Kreditwesengesetzes, sind über die in den Sätzen 1 bis 4 genannten Gründe hinaus § 319a Absatz 1 und 3 des Handelsgesetzbuchs sowie Artikel 5 Absatz 1, 4 Unterabsatz 1 und Absatz 5 der Verordnung (EU) Nr. 537/2014 auf die in Satz 1 genannten Vertreter und Personen des Verbandes entsprechend anzuwenden; auf den Verband findet Artikel 5 der Verordnung (EU) Nr. 537/2014 keine Anwendung.

(2a) ¹Artikel 4 Absatz 3 Unterabsatz 1 der Verordnung (EU) Nr. 537/2014 findet auf alle in Absatz 2 Satz 1 genannten Vertreter und Personen des Verbandes entsprechende Anwendung; auf den Verband findet Artikel 4 Absatz 2 und 3 Unterabsatz 1 der Verordnung (EU) Nr. 537/2014 keine Anwendung. ²Artikel 4 Absatz 3 Unterabsatz 2 der Verordnung (EU) Nr. 537/2014 findet keine Anwendung.

(3) ¹Der Verband kann sich eines von ihm nicht angestellten Prüfers bedienen, wenn dies im Einzelfall notwendig ist, um eine gesetzmäßige sowie sach- und termingerechte Prüfung zu gewährleisten. ²Der Verband darf jedoch nur einen anderen Prüfungsverband, einen Wirtschaftsprüfer oder eine Wirtschaftsprüfungsgesellschaft mit der Prüfung beauftragen.

(4) Gehört die Genossenschaft mehreren Verbänden an, wird die Prüfung durch denjenigen Verband durchgeführt, bei dem die Genossenschaft die Mitgliedschaft zuerst erworben hat, es sei denn, dieser Verband, die Genossenschaft und der andere Verband, der künftig die Prüfung durchführen soll, einigen sich darauf, dass der andere Verband die Prüfung durchführt.

§ 56 Ruhen des Prüfungsrechts des Verbandes[1)]

(1) ¹Die Aufsichtsbehörde kann das Ruhen des Prüfungsrechts des Verbandes anordnen, wenn dieser sich einer angeordneten Untersuchung nach § 64 Absatz 2 Satz 2 Nummer 4 entzieht oder wenn nach den Ergebnissen einer solchen Untersuchung ein Ruhen des Prüfungsrechts erforderlich erscheint, um weitere Feststellungen dazu treffen zu können, ob der Verband seine Aufgaben ordnungsgemäß erfüllt. ²Das Prüfungsrecht eines Verbandes, der sich nach § 63e Absatz 1 einer Qualitätskontrolle zu unterziehen hat, ruht, wenn der Verband nicht mehr gemäß § 40a Absatz 1 Satz 1 der Wirtschaftsprüferordnung im Register eingetragen ist.

(2) ¹Ruht das Prüfungsrecht des Verbandes, so hat der Spitzenverband, dem der Verband angehört, auf Antrag des Vorstands der Genossenschaft, oder des Verbandes einen anderen Prüfungsverband, einen Wirtschaftsprüfer oder eine Wirtschaftsprüfungsgesellschaft als Prüfer zu

---

1) **Anm. d. Red.:** § 56 i. d. F. des Gesetzes v. 31. 3. 2016 (BGBl I S. 518) mit Wirkung v. 17. 6. 2016.

bestellen. ²Bestellt der Spitzenverband keinen Prüfer oder gehört der Verband keinem Spitzenverband an, so hat das Registergericht auf Antrag des Vorstands der Genossenschaft oder des Verbandes einen Prüfer im Sinne des Satzes 1 zu bestellen. ³Der Vorstand ist verpflichtet, die Anträge unverzüglich zu stellen, soweit diese nicht vom Verband gestellt werden.

(3) ¹Die Rechte und Pflichten des nach Absatz 2 bestellten Prüfers bestimmen sich nach den für den Verband geltenden Vorschriften dieses Gesetzes. ²Der Prüfer hat dem Verband eine Abschrift seines Prüfungsberichts vorzulegen.

§ 57 Prüfungsverfahren[1]

(1) ¹Der Vorstand der Genossenschaft hat dem Prüfer die Einsicht der Bücher und Schriften der Genossenschaft sowie die Untersuchung des Kassenbestandes und der Bestände an Wertpapieren und Waren zu gestatten; er hat ihm alle Aufklärungen und Nachweise zu geben, die der Prüfer für eine sorgfältige Prüfung benötigt. ²Das gilt auch, wenn es sich um die Vornahme einer vom Verband angeordneten außerordentlichen Prüfung handelt.

(2) ¹Der Verband hat dem Vorsitzenden des Aufsichtsrats der Genossenschaft den Beginn der Prüfung rechtzeitig anzuzeigen. ²Der Vorsitzende des Aufsichtsrats hat die übrigen Mitglieder des Aufsichtsrats von dem Beginn der Prüfung unverzüglich zu unterrichten und sie auf ihr Verlangen oder auf Verlangen des Prüfers zu der Prüfung zuzuziehen.

(3) Von wichtigen Feststellungen, nach denen dem Prüfer sofortige Maßnahmen des Aufsichtsrats erforderlich erscheinen, soll der Prüfer unverzüglich den Vorsitzenden des Aufsichtsrats in Kenntnis setzen.

(4) ¹In unmittelbarem Zusammenhang mit der Prüfung soll der Prüfer in einer gemeinsamen Sitzung des Vorstands und des Aufsichtsrats der Genossenschaft über das voraussichtliche Ergebnis der Prüfung mündlich berichten. ²Er kann zu diesem Zwecke verlangen, dass der Vorstand oder der Vorsitzende des Aufsichtsrats zu einer solchen Sitzung einladen; wird seinem Verlangen nicht entsprochen, so kann er selbst Vorstand und Aufsichtsrat unter Mitteilung des Sachverhalts berufen.

(5) ¹Ist eine Genossenschaft kapitalmarktorientiert im Sinne des § 264d des Handelsgesetzbuchs oder ist sie ein CRR-Kreditinstitut im Sinne des § 1 Absatz 3d Satz 1 des Kreditwesengesetzes, so hat der Prüfer an einer gemeinsamen Sitzung des Vorstands und des Aufsichtsrats der Genossenschaft über das voraussichtliche Ergebnis der Prüfung teilzunehmen und über die wesentlichen Ergebnisse seiner Prüfung, insbesondere über wesentliche Schwächen des internen Kontroll- und des Risikomanagementsystems bezogen auf den Rechnungslegungsprozess, zu berichten. ²Er informiert über Umstände, die seine Befangenheit besorgen lassen, und über Leistungen, die er zusätzlich zu den Prüfungsleistungen erbracht hat.

(6) Ist nach der Satzung kein Aufsichtsrat zu bilden, werden die Rechte und Pflichten des Aufsichtsratsvorsitzenden nach den Absätzen 2 bis 4 durch einen von der Generalversammlung aus ihrer Mitte gewählten Bevollmächtigten wahrgenommen.

§ 57a Prüfungsbegleitende Qualitätssicherung[2]

¹Ist die zu prüfende Genossenschaft kapitalmarktorientiert im Sinne des § 264d des Handelsgesetzbuchs oder ist sie ein CRR-Kreditinstitut im Sinne des § 1 Absatz 3d Satz 1 des Kreditwesengesetzes mit einer Bilanzsumme von mehr als 3 Milliarden Euro, hat in entsprechender Anwendung des Artikels 8 der Verordnung (EU) Nr. 537/2014 eine prüfungsbegleitende Qualitätssicherung stattzufinden. ²Die prüfungsbegleitende Qualitätssicherung darf nur von solchen fachlich und persönlich geeigneten Personen wahrgenommen werden, die an der Durchführung der Prüfung nicht beteiligt sind.

---

1) **Anm. d. Red.:** § 57 i. d. F. des Gesetzes v. 10. 5. 2016 (BGBl I S. 1142) mit Wirkung v. 17. 6. 2016.
2) **Anm. d. Red.:** § 57a eingefügt gem. Gesetz v. 31. 3. 2016 (BGBl I S. 518) mit Wirkung v. 17. 6. 2016.

§ 58 Prüfungsbericht[1]

(1) ¹Der Verband hat über das Ergebnis der Prüfung schriftlich zu berichten. ²Auf den Prüfungsbericht ist, soweit er den Jahresabschluss und den Lagebericht betrifft, § 321 Abs. 1 bis 3 sowie 4a des Handelsgesetzbuchs entsprechend anzuwenden. ³Im Prüfungsbericht ist Stellung dazu zu nehmen, ob und auf welche Weise die Genossenschaft im Prüfungszeitraum einen zulässigen Förderzweck verfolgt hat.

(2) ¹Auf die Prüfung von Genossenschaften, die die Größenmerkmale des § 267 Abs. 3 des Handelsgesetzbuchs erfüllen, ist § 322 des Handelsgesetzbuchs über den Bestätigungsvermerk entsprechend anzuwenden. ²Artikel 10 Absatz 2 Buchstabe g der Verordnung (EU) Nr. 537/2014 findet auf alle in § 55 Absatz 2 Satz 1 genannten Vertreter und Personen des Verbandes entsprechende Anwendung; auf den Verband findet Artikel 10 Absatz 2 Buchstabe g der Verordnung (EU) Nr. 537/2014 keine Anwendung.

(3) ¹Der Verband hat den Prüfungsbericht zu unterzeichnen und dem Vorstand der Genossenschaft sowie dem Vorsitzenden des Aufsichtsrats vorzulegen; § 57 Absatz 6 ist entsprechend anzuwenden, Artikel 11 Absatz 1, 2 Satz 1 und Absatz 4 der Verordnung (EU) Nr. 537/2014 ist nicht anzuwenden. ²Jedes Mitglied des Aufsichtsrats hat den Inhalt des Prüfungsberichts zur Kenntnis zu nehmen.

(4) ¹Über das Ergebnis der Prüfung haben Vorstand und Aufsichtsrat der Genossenschaft in gemeinsamer Sitzung unverzüglich nach Eingang des Prüfungsberichts zu beraten; ist die Genossenschaft kapitalmarktorientiert im Sinne des § 264d des Handelsgesetzbuchs oder ist sie CRR-Kreditinstitut im Sinne des § 1 Absatz 3d Satz 1 des Kreditwesengesetzes, so hat der Aufsichtsrat darzulegen, wie die Prüfung sowie die Befassung des Aufsichtsrats oder Prüfungsausschusses mit der Abschlussprüfung dazu beigetragen hat, dass die Rechnungslegung ordnungsgemäß ist. ²Verband und Prüfer sind berechtigt, an der Sitzung teilzunehmen; der Vorstand ist verpflichtet, den Verband von der Sitzung in Kenntnis zu setzen.

§ 59 Befassung der Generalversammlung[2]

(1) ¹Der Vorstand hat den Prüfungsbericht bei der Einberufung der nächsten Generalversammlung als Gegenstand der Beratung und möglichen Beschlussfassung anzukündigen. ²Jedes Mitglied hat das Recht, Einsicht in das zusammengefasste Ergebnis des Prüfungsberichts zu nehmen.

(2) In der Generalversammlung hat sich der Aufsichtsrat über wesentliche Feststellungen oder Beanstandungen der Prüfung zu erklären.

(3) Der Verband ist berechtigt, an der Generalversammlung beratend teilzunehmen; auf seinen Antrag oder auf Beschluss der Generalversammlung ist der Bericht ganz oder in bestimmten Teilen zu verlesen.

§ 60 Einberufungsrecht des Prüfungsverbandes[3]

(1) Gewinnt der Verband die Überzeugung, dass die Beratung und mögliche Beschlussfassung über den Prüfungsbericht ungebührlich verzögert wird oder dass die Generalversammlung bei der Beratung und möglichen Beschlussfassung unzulänglich über wesentliche Feststellungen oder Beanstandungen des Prüfungsberichts unterrichtet war, so ist er berechtigt, eine außerordentliche Generalversammlung der Genossenschaft auf deren Kosten zu berufen und zu bestimmen, über welche Gegenstände zwecks Beseitigung festgestellter Mängel verhandelt und beschlossen werden soll.

(2) In der von dem Verband einberufenen Generalversammlung führt eine vom Verband bestimmte Person den Vorsitz.

---

1) **Anm. d. Red.:** § 58 i. d. F. des Gesetzes v. 17. 7. 2017 (BGBl I S. 2434) mit Wirkung v. 22. 7. 2017.
2) **Anm. d. Red.:** § 59 i. d. F. des Gesetzes v. 17. 7. 2017 (BGBl I S. 2434) mit Wirkung v. 22. 7. 2017.
3) **Anm. d. Red.:** § 60 i. d. F. des Gesetzes v. 17. 7. 2017 (BGBl I S. 2434) mit Wirkung v. 22. 7. 2017.

§ 61 Vergütung des Prüfungsverbandes

Der Verband hat gegen die Genossenschaft Anspruch auf Erstattung angemessener barer Auslagen und auf Vergütung für seine Leistung.

§ 62 Verantwortlichkeit der Prüfungsorgane[1)]

(1) ¹Verbände, Prüfer und Prüfungsgesellschaften sind zur gewissenhaften und unparteiischen Prüfung und zur Verschwiegenheit verpflichtet. ²Sie dürfen Geschäfts- und Betriebsgeheimnisse, die sie bei ihrer Tätigkeit erfahren haben, nicht unbefugt verwerten. ³Wer seine Pflichten vorsätzlich oder fahrlässig verletzt, haftet der Genossenschaft für den daraus entstehenden Schaden. ⁴Mehrere Personen haften als Gesamtschuldner.

(2) ¹Die Ersatzpflicht von Personen, die fahrlässig gehandelt haben, beschränkt sich auf eine Million Euro für eine Prüfung. ²Dies gilt auch, wenn an der Prüfung mehrere Personen beteiligt gewesen oder mehrere zum Ersatz verpflichtende Handlungen begangen worden sind, und ohne Rücksicht darauf, ob andere Beteiligte vorsätzlich gehandelt haben.

(3) ¹Der Verband kann einem Spitzenverband, dem er angehört, Abschriften der Prüfungsberichte mitteilen; der Spitzenverband darf sie so verwerten, wie es die Erfüllung der ihm obliegenden Pflichten erfordert. ²Der Verband ist berechtigt, der Bundesanstalt für Finanzdienstleistungsaufsicht eine Abschrift eines Prüfungsberichts ganz oder auszugsweise zur Verfügung zu stellen, wenn sich aus diesem Anhaltspunkte dafür ergeben, dass die geprüfte Genossenschaft keinen zulässigen Förderzweck verfolgt, sondern ihr Vermögen gemäß einer festgelegten Anlagestrategie investiert, so dass ein Investmentvermögen im Sinne des § 1 Absatz 1 des Kapitalanlagegesetzbuchs vorliegen könnte.

(4) ¹Die Verpflichtung zur Verschwiegenheit nach Absatz 1 Satz 1 besteht, wenn eine Prüfungsgesellschaft die Prüfung vornimmt, auch gegenüber dem Aufsichtsrat und den Mitgliedern des Aufsichtsrats der Prüfungsgesellschaft. ²Der Vorsitzende des Aufsichtsrats der Prüfungsgesellschaft und sein Stellvertreter dürfen jedoch die von der Prüfungsgesellschaft erstatteten Berichte einsehen, die hierbei erlangten Kenntnisse aber nur verwerten, soweit es die Erfüllung der Überwachungspflicht des Aufsichtsrats erfordert.

(5) Die Haftung nach diesen Vorschriften kann durch Vertrag weder ausgeschlossen noch beschränkt werden; das Gleiche gilt von der Haftung des Verbandes für die Personen, deren er sich zur Vornahme der Prüfung bedient.

§ 63 Zuständigkeit für Verleihung des Prüfungsrechts[2)]

¹Das Prüfungsrecht wird dem Verband durch die zuständige oberste Landesbehörde (Aufsichtsbehörde) verliehen, in deren Gebiet der Verband seinen Sitz hat. ²Die Landesregierungen werden ermächtigt, die Zuständigkeiten nach Satz 1 und § 64 Abs. 1 durch Rechtsverordnung auf eine andere Behörde zu übertragen. ³Mehrere Länder können die Errichtung einer gemeinsamen Behörde oder die Ausdehnung der Zuständigkeit einer Behörde über die Landesgrenzen hinaus vereinbaren.

§ 63a Verleihung des Prüfungsrechts[3)]

(1) Dem Antrag auf Verleihung des Prüfungsrechts darf nur stattgegeben werden, wenn der Verband die Gewähr für die Erfüllung der von ihm zu übernehmenden Aufgaben bietet.

(2) Die Aufsichtsbehörde kann die Verleihung des Prüfungsrechts von der Erfüllung von Auflagen und insbesondere davon abhängig machen, dass der Verband sich gegen Schadensersatzansprüche aus der Prüfungstätigkeit in ausreichender Höhe versichert oder den Nachweis führt, dass eine andere ausreichende Sicherstellung erfolgt ist.

---

1) **Anm. d. Red.:** § 62 i. d. F. des Gesetzes v. 17. 7. 2017 (BGBl I S. 2434) mit Wirkung v. 22. 7. 2017.
2) **Anm. d. Red.:** § 63 i. d. F. des Gesetzes v. 25. 5. 2009 (BGBl I S. 1102) mit Wirkung v. 29. 5. 2009.
3) **Anm. d. Red.:** § 63a i. d. F. des Gesetzes v. 25. 5. 2009 (BGBl I S. 1102) mit Wirkung v. 29. 5. 2009.

§ 63b Rechtsform, Mitglieder und Zweck des Prüfungsverbandes[1]

(1) ¹Der Verband soll die Rechtsform des eingetragenen Vereins haben. ²Eine andere Rechtsform ist nur zulässig, wenn sichergestellt ist, dass der Verband ohne Gewinnerzielungsabsicht handelt.

(2) ¹Mitglieder des Verbandes können nur eingetragene Genossenschaften und ohne Rücksicht auf ihre Rechtsform solche Unternehmen oder andere Vereinigungen sein, die sich ganz oder überwiegend in der Hand eingetragener Genossenschaften befinden oder dem Genossenschaftswesen dienen. ²Ob diese Voraussetzungen vorliegen, entscheidet im Zweifelsfall die Aufsichtsbehörde. ³Sie kann Ausnahmen von der Vorschrift des Satzes 1 zulassen, wenn ein wichtiger Grund vorliegt.

(3) Mitglieder des Verbandes, die nicht eingetragene Genossenschaften sind und anderen gesetzlichen Prüfungsvorschriften unterliegen, bleiben trotz ihrer Zugehörigkeit zum Verband diesen anderen Prüfungsvorschriften unterworfen und unterliegen nicht der Prüfung nach diesem Gesetz.

(4) ¹Der Verband muss unbeschadet der Vorschriften des Absatzes 3 die Prüfung seiner Mitglieder und kann auch sonst die gemeinsame Wahrnehmung ihrer Interessen, insbesondere die Unterhaltung gegenseitiger Geschäftsbeziehungen zum Zweck haben. ²Andere Zwecke darf er nicht verfolgen.

(5) ¹Dem Vorstand des Prüfungsverbandes soll mindestens ein Wirtschaftsprüfer angehören. ²Gehört dem Vorstand kein Wirtschaftsprüfer an, so muss der Prüfungsverband einen Wirtschaftsprüfer als seinen besonderen Vertreter nach § 30 des Bürgerlichen Gesetzbuchs bestellen. ³Die Aufsichtsbehörde kann den Prüfungsverband bei Vorliegen besonderer Umstände von der Einhaltung der Sätze 1 und 2 befreien, jedoch höchstens für die Dauer eines Jahres. ⁴In Ausnahmefällen darf sie auch eine Befreiung auf längere Dauer gewähren, wenn und solange nach Art und Umfang des Geschäftsbetriebes der Mitglieder des Prüfungsverbandes eine Prüfung durch Wirtschaftsprüfer nicht erforderlich ist.

(6) Mitgliederversammlungen des Verbandes dürfen nur innerhalb des Verbandsbezirkes abgehalten werden.

§ 63c Satzung des Prüfungsverbandes[2]

(1) Die Satzung des Verbandes muss enthalten:
1. die Zwecke des Verbandes;
2. den Namen; er soll sich von dem Namen anderer bereits bestehender Verbände deutlich unterscheiden;
3. den Sitz;
4. den Bezirk.

(2) Die Satzung soll ferner Bestimmungen enthalten über Auswahl und Befähigungsnachweis der anzustellenden Prüfer, über Art und Umfang der Prüfungen sowie, soweit der Prüfungsverband gesetzlich vorgeschriebene Abschlussprüfungen von Genossenschaften im Sinne des § 53 Absatz 2, im Sinn des § 340k Abs. 2 Satz 1 des Handelsgesetzbuchs, im Sinn des Artikels 25 Abs. 1 Satz 1 des Einführungsgesetzes zum Handelsgesetzbuch durchführt oder den Konzernabschluss einer Genossenschaft nach § 14 Abs. 1 des Publizitätsgesetzes prüft, über die Registrierung als Abschlussprüfer, über die Bindung an die Berufsgrundsätze und die Beachtung der Prüfungsstandards entsprechend den für Wirtschaftsprüfungsgesellschaften geltenden Bestimmungen, über Berufung, Sitz, Aufgaben und Befugnisse des Vorstands und über die sonstigen Organe des Verbandes.

---

1) **Anm. d. Red.:** § 63b i. d. F. des Gesetzes v. 10. 5. 2016 (BGBl I S. 1142) mit Wirkung v. 17. 6. 2016.
2) **Anm. d. Red.:** § 63c i. d. F. des Gesetzes v. 31. 3. 2016 (BGBl I S. 518) mit Wirkung v. 17. 6. 2016.

(3) Änderungen der Satzung, die nach den Absätzen 1 und 2 notwendige Bestimmungen zum Gegenstand haben, sind der Aufsichtsbehörde unverzüglich anzuzeigen.

§ 63d Einreichungen bei Gericht[1)]

¹Der Verband hat den Registergerichten, in deren Bezirk die ihm angehörenden Genossenschaften ihren Sitz haben, die Satzung mit einer beglaubigten Abschrift der Verleihungsurkunde sowie jährlich im Monat Januar ein Verzeichnis der ihm angehörenden Genossenschaften einzureichen. ²Wurde bei einer dieser Genossenschaften im letzten sich aus § 53 Absatz 1 ergebenden Prüfungszeitraum keine Pflichtprüfung durchgeführt, ist dies in einer Anlage zum Verzeichnis unter Angabe der Gründe für die ausstehende Prüfung anzugeben. ³Liegt der Grund darin, dass die betreffende Genossenschaft auch Mitglied bei einem anderen Prüfungsverband ist und dieser andere Verband die Prüfung durchführt, ist der Name dieses anderen Verbandes anzugeben.

§ 63e Qualitätskontrolle für Prüfungsverbände[2)]

(1) ¹Die Prüfungsverbände sind verpflichtet, sich im Abstand von jeweils sechs Jahren einer Qualitätskontrolle nach Maßgabe der §§ 63f und 63g zu unterziehen. ²Prüft ein Prüfungsverband auch eine Genossenschaft, eine in Artikel 25 Abs. 1 Satz 1 Nr. 1 des Einführungsgesetzes zum Handelsgesetzbuch genannte Gesellschaft oder ein in Artikel 25 Abs. 1 Satz 1 Nr. 2 des Einführungsgesetzes zum Handelsgesetzbuch genanntes Unternehmen, die kapitalmarktorientiert im Sinne des § 264d des Handelsgesetzbuchs oder ein CRR-Kreditinstitut im Sinne des § 1 Absatz 3d Satz 1 des Kreditwesengesetzes sind, verringert sich der Abstand auf drei Jahre. ³Ein Prüfungsverband, der keine gesetzlich vorgeschriebene Abschlussprüfung durchführt, ist nicht verpflichtet, sich einer Qualitätskontrolle zu unterziehen.

(2) ¹Die Qualitätskontrolle dient der Überwachung, ob die Grundsätze und Maßnahmen zur Qualitätssicherung nach Maßgabe der gesetzlichen Vorschriften insgesamt und bei der Durchführung einzelner Aufträge eingehalten werden. ²Sie erstreckt sich auf die Prüfungen nach § 53 Abs. 1 und 2 bei den in § 53 Abs. 2 Satz 1 bezeichneten Genossenschaften und die Prüfungen bei den in Artikel 25 Abs. 1 Satz 1 des Einführungsgesetzes zum Handelsgesetzbuche genannten Gesellschaften und Unternehmen, die keine kleinen Kapitalgesellschaften im Sinne des § 267 Absatz 1 des Handelsgesetzbuchs sind.

(3) Der Prüfungsverband hat der zuständigen Aufsichtsbehörde die erfolgte Durchführung einer Qualitätskontrolle mitzuteilen.

(4) Ein Prüfungsverband, der erstmalig eine gesetzlich vorgeschriebene Abschlussprüfung durchführt, hat sich spätestens drei Jahre nach deren Beginn einer Qualitätskontrolle zu unterziehen.

§ 63f Prüfer für Qualitätskontrolle[3)]

(1) Die Qualitätskontrolle wird durch Prüfungsverbände nach Maßgabe des Absatzes 2 oder durch Wirtschaftsprüfer oder Wirtschaftsprüfungsgesellschaften durchgeführt, die nach § 57a Abs. 3 der Wirtschaftsprüferordnung als Prüfer für Qualitätskontrolle registriert sind.

(2) ¹Ein Prüfungsverband ist auf Antrag bei der Wirtschaftsprüferkammer als Prüfer für Qualitätskontrolle zu registrieren, wenn

1. ihm das Prüfungsrecht seit mindestens drei Jahren zusteht;
2. mindestens ein Mitglied seines Vorstands oder ein nach § 30 des Bürgerlichen Gesetzbuchs bestellter besonderer Vertreter ein Wirtschaftsprüfer ist, der als Prüfer für Qualitätskontrolle nach § 57a Abs. 3 der Wirtschaftsprüferordnung registriert ist;

---

1) **Anm. d. Red.:** § 63d i. d. F. des Gesetzes v. 17. 7. 2017 (BGBl I S. 2434) mit Wirkung v. 22. 7. 2017.
2) **Anm. d. Red.:** § 63e i. d. F. des Gesetzes v. 17. 7. 2017 (BGBl I S. 2434) mit Wirkung v. 22. 7. 2017.
3) **Anm. d. Red.:** § 63f i. d. F. des Gesetzes v. 31. 3. 2016 (BGBl I S. 518) mit Wirkung v. 17. 6. 2016.

3. der Prüfungsverband nach § 40a Absatz 1 Satz 1 der Wirtschaftsprüferordnung eingetragen ist.

²Wird einem Prüfungsverband der Auftrag zur Durchführung einer Qualitätskontrolle erteilt, so muss der für die Qualitätskontrolle verantwortliche Wirtschaftsprüfer die Voraussetzungen des Satzes 1 Nr. 2 erfüllen.

(3) § 57a Absatz 3a Satz 1 und Absatz 4 der Wirtschaftsprüferordnung ist entsprechend anzuwenden.

§ 63g Durchführung der Qualitätskontrolle[1)]

(1) ¹Der Prüfungsverband muss Mitglied der Wirtschaftsprüferkammer nach Maßgabe des § 58 Abs. 2 Satz 2 der Wirtschaftsprüferordnung sein. ²Er erteilt einem Prüfer für Qualitätskontrolle den Auftrag zur Durchführung der Qualitätskontrolle. ³§ 57a Abs. 7 der Wirtschaftsprüferordnung über die Kündigung des Auftrags ist entsprechend anzuwenden.

(2) ¹Auf das Prüfungsverfahren sind § 57a Absatz 5, 5b, 6, 6a Satz 1 sowie Absatz 8, die §§ 57b bis 57e Absatz 1, 2 Satz 1, Absatz 2 und 4 und Absatz 3 Satz 1, § 66a Absatz 1 Satz 1, Absatz 3 Satz 1 bis 3, Absatz 5 Satz 1 und § 66b der Wirtschaftsprüferordnung entsprechend anzuwenden. ²Die Ergebnisse einer Inspektion nach § 63h sind im Rahmen der Qualitätskontrolle zu berücksichtigen. ³Soweit dies zur Durchführung der Qualitätskontrolle erforderlich ist, ist die Pflicht zur Verschwiegenheit nach § 62 Abs. 1 eingeschränkt.

(3) Die Kommission für Qualitätskontrolle nach § 57e Absatz 1 der Wirtschaftsprüferordnung hat die zuständige Aufsichtsbehörde unverzüglich zu unterrichten, wenn ein Prüfungsverband wegen fehlender Durchführung der Qualitätskontrolle aus dem Register nach § 40a der Wirtschaftsprüferordnung gelöscht werden soll.

§ 63h Inspektionen[2)]

¹Führt ein Prüfungsverband die gesetzlich vorgeschriebene Abschlussprüfung bei einem Unternehmen durch, das kapitalmarktorientiert im Sinne des § 264d des Handelsgesetzbuchs ist, können bei diesem Prüfungsverband Inspektionen in entsprechender Anwendung des § 62b der Wirtschaftsprüferordnung stichprobenartig ohne besonderen Anlass durchgeführt werden. ²§ 57e Absatz 6 Satz 2, § 62 Absatz 4 und 5 sowie die §§ 66a und 66b der Wirtschaftsprüferordnung gelten entsprechend. ³Die Wirtschaftsprüferkammer hat der Aufsichtsbehörde das Ergebnis der Inspektion mitzuteilen. ⁴Im Übrigen findet Artikel 26 der Verordnung (EU) Nr. 537/2014 keine Anwendung.

§ 63i (weggefallen)

§ 64 Staatsaufsicht[3)]

(1) Die genossenschaftlichen Prüfungsverbände unterliegen der Aufsicht durch die zuständige Aufsichtsbehörde.

(2) ¹Die Aufsichtsbehörde kann die erforderlichen Maßnahmen ergreifen, um sicherzustellen, dass der Verband die ihm nach diesem Gesetz obliegenden Aufgaben ordnungsgemäß erfüllt. ²Die Aufsichtsbehörde ist insbesondere befugt,
1. von dem Verband Auskunft über alle seine Aufgabenerfüllung betreffenden Angelegenheiten sowie Vorlage von Prüfungsberichten und anderen geschäftlichen Unterlagen zu verlangen,
2. von dem Verband regelmäßige Berichte nach festgelegten Kriterien zu verlangen,
3. an der Mitgliederversammlung des Verbandes durch einen Beauftragten teilzunehmen,

---

1) **Anm. d. Red.:** § 63g i. d. F. des Gesetzes v. 31. 3. 2016 (BGBl I S. 518) mit Wirkung v. 17. 6. 2016.
2) **Anm. d. Red.:** § 63h i. d. F. des Gesetzes v. 31. 3. 2016 (BGBl I S. 518) mit Wirkung v. 17. 6. 2016.
3) **Anm. d. Red.:** § 64 i. d. F. des Gesetzes v. 31. 3. 2016 (BGBl I S. 518) mit Wirkung v. 17. 6. 2016.

4. bei Bedarf Untersuchungen bei dem Verband durchzuführen und hierzu Dritte heranzuziehen.

³Die mit der Durchführung von Aufsichtsmaßnahmen betrauten Personen und die mit Untersuchungen beauftragten Dritten sind berechtigt, die Geschäftsräume des Verbandes während der Geschäfts- und Arbeitszeiten zu betreten, um Untersuchungen vorzunehmen oder sonst Feststellungen zu treffen, die zur Ausübung der Aufsicht erforderlich sind. ⁴Bei einem Verband, der nur solche Genossenschaften prüft, die nicht unter § 53 Absatz 2 Satz 1 fallen, hat die Aufsichtsbehörde mindestens alle zehn Jahre eine Untersuchung nach Satz 2 Nummer 4 durchzuführen, es sei denn, der Verband weist die freiwillige Durchführung einer Qualitätskontrolle oder einer anderen geeigneten Organisationsuntersuchung nach.

(3) ¹Für Amtshandlungen nach dieser Vorschrift kann die zuständige Behörde zur Deckung des Verwaltungsaufwands Kosten (Gebühren und Auslagen) erheben. ²Die Landesregierungen werden ermächtigt, durch Verordnung die Gebührentatbestände sowie die Gebührenhöhe festzulegen. ³Sie können die Ermächtigung auf die zuständigen obersten Landesbehörden übertragen. ⁴Die Kosten, die der Aufsichtsbehörde durch eine nach Absatz 2 Satz 2 Nummer 4 vorgenommene Untersuchung entstehen, sind ihr von dem betroffenen Verband gesondert zu erstatten und auf Verlangen vorzuschießen.

§ 64a Entziehung des Prüfungsrechts[1]

¹Die Aufsichtsbehörde kann dem Verband das Prüfungsrecht entziehen, wenn der Verband nicht mehr die Gewähr für die Erfüllung seiner Aufgaben bietet. ²Vor der Entziehung ist der Vorstand des Verbandes anzuhören. ³Die Entziehung ist den in § 63d genannten Gerichten mitzuteilen.

§ 64b Bestellung eines Prüfungsverbandes[2]

¹Gehört eine Genossenschaft keinem Prüfungsverband an, so kann das Gericht einen Prüfungsverband zur Wahrnehmung der im Gesetz den Prüfungsverbänden übertragenen Aufgaben bestellen. ²Dabei sollen die fachliche Eigenart und der Sitz der Genossenschaft berücksichtigt werden.

§ 64c Prüfung aufgelöster Genossenschaften

Auch aufgelöste Genossenschaften unterliegen den Vorschriften dieses Abschnitts.

Abschnitt 5: Beendigung der Mitgliedschaft

§ 65 Kündigung des Mitglieds[3]

(1) Jedes Mitglied hat das Recht, seine Mitgliedschaft durch Kündigung zu beenden.

(2) ¹Die Kündigung kann nur zum Schluss eines Geschäftsjahres und mindestens drei Monate vor dessen Ablauf in schriftlicher Form erklärt werden. ²In der Satzung kann eine längere, höchstens fünfjährige Kündigungsfrist bestimmt werden. ³Bei Genossenschaften, bei denen mehr als drei Viertel der Mitglieder als Unternehmer im Sinne des § 14 des Bürgerlichen Gesetzbuchs Mitglied sind, kann die Satzung zum Zweck der Sicherung der Finanzierung des Anlagevermögens für die Unternehmer eine Kündigungsfrist bis zu zehn Jahre bestimmen.

(3) ¹Entgegen einer in der Satzung bestimmten Kündigungsfrist von mehr als zwei Jahren kann jedes Mitglied, das der Genossenschaft mindestens ein volles Geschäftsjahr angehört hat, seine Mitgliedschaft durch Kündigung vorzeitig beenden, wenn ihm nach seinen persönlichen oder wirtschaftlichen Verhältnissen ein Verbleib in der Genossenschaft bis zum Ablauf der Kün-

---

1) **Anm. d. Red.:** § 64a i. d. F. des Gesetzes v. 25. 5. 2009 (BGBl I S. 1102) mit Wirkung v. 29. 5. 2009.
2) **Anm. d. Red.:** § 64b i. d. F. des Gesetzes v. 17. 12. 2008 (BGBl I S. 2586) mit Wirkung v. 1. 9. 2009.
3) **Anm. d. Red.:** § 65 i. d. F. des Gesetzes v. 17. 7. 2017 (BGBl I S. 2434) mit Wirkung v. 22. 7. 2017.

digungsfrist nicht zugemutet werden kann. ²Die Kündigung ist in diesem Fall mit einer Frist von drei Monaten zum Schluss eines Geschäftsjahres zu erklären, zu dem das Mitglied nach der Satzung noch nicht kündigen kann.

(4) ¹Die Mitgliedschaft endet nicht, wenn die Genossenschaft vor dem Zeitpunkt, zu dem die Kündigung wirksam geworden wäre, aufgelöst wird. ²Die Auflösung der Genossenschaft steht der Beendigung der Mitgliedschaft nicht entgegen, wenn die Fortsetzung der Genossenschaft beschlossen wird. ³In diesem Fall wird der Zeitraum, während dessen die Genossenschaft aufgelöst war, bei der Berechnung der Kündigungsfrist mitgerechnet; die Mitgliedschaft endet jedoch frühestens zum Schluss des Geschäftsjahres, in dem der Beschluss über die Fortsetzung der Genossenschaft in das Genossenschaftsregister eingetragen wird.

(5) Vereinbarungen, die gegen die vorstehenden Absätze verstoßen, sind unwirksam.

§ 66 Kündigung durch Gläubiger

(1) ¹Der Gläubiger eines Mitglieds, der die Pfändung und Überweisung eines dem Mitglied bei der Auseinandersetzung mit der Genossenschaft zustehenden Guthabens erwirkt hat, nachdem innerhalb der letzten sechs Monate eine Zwangsvollstreckung in das Vermögen des Mitglieds fruchtlos verlaufen ist, kann das Kündigungsrecht des Mitglieds an dessen Stelle ausüben. ²Die Ausübung des Kündigungsrechts ist ausgeschlossen, solange der Schuldtitel nur vorläufig vollstreckbar ist.

(2) Der Kündigung muss eine beglaubigte Abschrift der vollstreckbaren Ausfertigung des Titels und der Bescheinigungen über den fruchtlosen Verlauf der Zwangsvollstreckung in das Vermögen des Schuldners beigefügt werden.

§ 66a Kündigung im Insolvenzverfahren[1]

Wird das Insolvenzverfahren über das Vermögen eines Mitglieds eröffnet und ein Insolvenzverwalter bestellt, so kann der Insolvenzverwalter das Kündigungsrecht des Mitglieds an dessen Stelle ausüben.

§ 67 Beendigung der Mitgliedschaft wegen Aufgabe des Wohnsitzes

¹Ist nach der Satzung die Mitgliedschaft an den Wohnsitz innerhalb eines bestimmten Bezirks geknüpft, kann ein Mitglied, das seinen Wohnsitz in diesem Bezirk aufgibt, seine Mitgliedschaft ohne Einhaltung einer Kündigungsfrist zum Schluss des Geschäftsjahres kündigen; die Kündigung bedarf der Schriftform. ²Über die Aufgabe des Wohnsitzes ist die Bescheinigung einer Behörde vorzulegen.

§ 67a Außerordentliches Kündigungsrecht

(1) ¹Wird eine Änderung der Satzung beschlossen, die einen der in § 16 Abs. 2 Satz 1 Nr. 2 bis 5, 9 bis 11 oder Abs. 3 aufgeführten Gegenstände oder eine wesentliche Änderung des Gegenstandes des Unternehmens betrifft, kann kündigen:
1. jedes in der Generalversammlung erschienene Mitglied, wenn es gegen den Beschluss Widerspruch zur Niederschrift erklärt hat oder wenn die Aufnahme seines Widerspruchs in die Niederschrift verweigert worden ist;
2. jedes in der Generalversammlung nicht erschienene Mitglied, wenn es zu der Generalversammlung zu Unrecht nicht zugelassen worden ist oder die Versammlung nicht ordnungsgemäß einberufen oder der Gegenstand der Beschlussfassung nicht ordnungsgemäß angekündigt worden ist.

²Hat eine Vertreterversammlung die Änderung der Satzung beschlossen, kann jedes Mitglied kündigen; für die Vertreter gilt Satz 1.

---

1) **Anm. d. Red.:** § 66a eingefügt gem. Gesetz v. 15. 7. 2013 (BGBl I S. 2379) mit Wirkung v. 19. 7. 2013.

(2) ¹Die Kündigung bedarf der Schriftform. ²Sie kann nur innerhalb eines Monats zum Schluss des Geschäftsjahres erklärt werden. ³Die Frist beginnt in den Fällen des Absatzes 1 Satz 1 Nr. 1 mit der Beschlussfassung, in den Fällen des Absatzes 1 Satz 1 Nr. 2 mit der Erlangung der Kenntnis von der Beschlussfassung. ⁴Ist der Zeitpunkt der Kenntniserlangung streitig, trägt die Genossenschaft die Beweislast. ⁵Im Falle der Kündigung wirkt die Änderung der Satzung weder für noch gegen das Mitglied.

§ 67b Kündigung einzelner Geschäftsanteile

(1) Ein Mitglied, das mit mehreren Geschäftsanteilen beteiligt ist, kann die Beteiligung mit einem oder mehreren seiner weiteren Geschäftsanteile zum Schluss eines Geschäftsjahres durch schriftliche Erklärung kündigen, soweit es nicht nach der Satzung oder einer Vereinbarung mit der Genossenschaft zur Beteiligung mit mehreren Geschäftsanteilen verpflichtet ist oder die Beteiligung mit mehreren Geschäftsanteilen Voraussetzung für eine von dem Mitglied in Anspruch genommene Leistung der Genossenschaft ist.

(2) § 65 Abs. 2 bis 5 gilt sinngemäß.

§ 67c Kündigungsausschluss bei Wohnungsgenossenschaften[1]

(1) Die Kündigung der Mitgliedschaft in einer Wohnungsgenossenschaft durch den Gläubiger (§ 66) oder den Insolvenzverwalter (§ 66a) ist ausgeschlossen, wenn
1. die Mitgliedschaft Voraussetzung für die Nutzung der Wohnung des Mitglieds ist und
2. das Geschäftsguthaben des Mitglieds höchstens das Vierfache des auf einen Monat entfallenden Nutzungsentgelts ohne die als Pauschale oder Vorauszahlung ausgewiesenen Betriebskosten oder höchstens 2 000 Euro beträgt.

(2) Übersteigt das Geschäftsguthaben des Mitglieds den Betrag nach Absatz 1 Nummer 2, ist die Kündigung der Mitgliedschaft nach Absatz 1 auch dann ausgeschlossen, wenn es durch Kündigung einzelner Geschäftsanteile nach § 67b auf einen nach Absatz 1 Nummer 2 zulässigen Betrag vermindert werden kann.

§ 68 Ausschluss eines Mitglieds

(1) ¹Die Gründe, aus denen ein Mitglied aus der Genossenschaft ausgeschlossen werden kann, müssen in der Satzung bestimmt sein. ²Ein Ausschluss ist nur zum Schluss eines Geschäftsjahres zulässig.

(2) ¹Der Beschluss, durch den das Mitglied ausgeschlossen wird, ist dem Mitglied vom Vorstand unverzüglich durch eingeschriebenen Brief mitzuteilen. ²Das Mitglied verliert ab dem Zeitpunkt der Absendung der Mitteilung das Recht auf Teilnahme an der Generalversammlung oder der Vertreterversammlung sowie seine Mitgliedschaft im Vorstand oder Aufsichtsrat.

§ 69 Eintragung in die Mitgliederliste

In den Fällen der §§ 65 bis 67a und 68 ist der Zeitpunkt der Beendigung der Mitgliedschaft, im Fall des § 67b sind der Zeitpunkt der Herabsetzung der Zahl der Geschäftsanteile sowie die Zahl der verbliebenen weiteren Geschäftsanteile unverzüglich in die Mitgliederliste einzutragen; das Mitglied ist hiervon unverzüglich zu benachrichtigen.

§§ 70 bis 72 (weggefallen)

§ 73 Auseinandersetzung mit ausgeschiedenem Mitglied

(1) ¹Nach Beendigung der Mitgliedschaft erfolgt eine Auseinandersetzung der Genossenschaft mit dem ausgeschiedenen Mitglied. ²Sie bestimmt sich nach der Vermögenslage der Genossenschaft und der Zahl ihrer Mitglieder zum Zeitpunkt der Beendigung der Mitgliedschaft.

---

1) **Anm. d. Red.:** § 67c eingefügt gem. Gesetz v. 15. 7. 2013 (BGBl I S. 2379) mit Wirkung v. 19. 7. 2013.

(2) ¹Die Auseinandersetzung erfolgt unter Zugrundelegung der Bilanz. ²Das Geschäftsguthaben des Mitglieds ist vorbehaltlich des Absatzes 4 und des § 8a Abs. 2 binnen sechs Monaten nach Beendigung der Mitgliedschaft auszuzahlen. ³Auf die Rücklagen und das sonstige Vermögen der Genossenschaft hat das Mitglied vorbehaltlich des Absatzes 3 keinen Anspruch. ⁴Reicht das Vermögen einschließlich der Rücklagen und aller Geschäftsguthaben zur Deckung der Schulden der Genossenschaft nicht aus, hat das ehemalige Mitglied von dem Fehlbetrag den ihn betreffenden Anteil an die Genossenschaft zu zahlen, soweit es im Falle des Insolvenzverfahrens Nachschüsse an die Genossenschaft zu leisten gehabt hätte; der Anteil wird nach der Kopfzahl der Mitglieder berechnet, soweit nicht die Satzung eine abweichende Berechnung bestimmt.

(3) ¹Die Satzung kann Mitgliedern, die ihren Geschäftsanteil voll eingezahlt haben, für den Fall der Beendigung der Mitgliedschaft einen Anspruch auf Auszahlung eines Anteils an einer zu diesem Zweck aus dem Jahresüberschuss zu bildenden Ergebnisrücklage einräumen. ²Die Satzung kann den Anspruch von einer Mindestdauer der Mitgliedschaft abhängig machen sowie weitere Erfordernisse aufstellen und Beschränkungen des Anspruchs vorsehen. ³Absatz 2 Satz 2 ist entsprechend anzuwenden.

(4) Die Satzung kann die Voraussetzungen, die Modalitäten und die Frist für die Auszahlung des Auseinandersetzungsguthabens abweichend von Absatz 2 Satz 2 regeln; eine Bestimmung, nach der über Voraussetzungen oder Zeitpunkt der Auszahlung ausschließlich der Vorstand zu entscheiden hat, ist unwirksam.

§ 74 (weggefallen)

§ 75 Fortdauer der Mitgliedschaft bei Auflösung der Genossenschaft

¹Wird die Genossenschaft binnen sechs Monaten nach Beendigung der Mitgliedschaft eines Mitglieds aufgelöst, gilt die Beendigung der Mitgliedschaft als nicht erfolgt. ²Wird die Fortsetzung der Genossenschaft beschlossen, gilt die Beendigung der Mitgliedschaft als zum Schluss des Geschäftsjahres erfolgt, in dem der Beschluss über die Fortsetzung der Genossenschaft in das Genossenschaftsregister eingetragen ist.

§ 76 Übertragung des Geschäftsguthabens

(1) ¹Jedes Mitglied kann sein Geschäftsguthaben jederzeit durch schriftliche Vereinbarung einem anderen ganz oder teilweise übertragen und hierdurch seine Mitgliedschaft ohne Auseinandersetzung beenden oder die Anzahl seiner Geschäftsanteile verringern, sofern der Erwerber, im Fall einer vollständigen Übertragung anstelle des Mitglieds, der Genossenschaft beitritt oder bereits Mitglied der Genossenschaft ist und das bisherige Geschäftsguthaben dieses Mitglieds mit dem ihm zuzuschreibenden Betrag den Geschäftsanteil nicht übersteigt. ²Eine teilweise Übertragung von Geschäftsguthaben ist unwirksam, soweit das Mitglied nach der Satzung oder einer Vereinbarung mit der Genossenschaft zur Beteiligung mit mehreren Geschäftsanteilen verpflichtet ist oder die Beteiligung mit mehreren Geschäftsanteilen Voraussetzung für eine von dem Mitglied in Anspruch genommene Leistung der Genossenschaft ist.

(2) Die Satzung kann eine vollständige oder teilweise Übertragung von Geschäftsguthaben ausschließen oder an weitere Voraussetzungen knüpfen; dies gilt nicht für die Fälle, in denen in der Satzung nach § 65 Abs. 2 Satz 3 eine Kündigungsfrist von mehr als fünf Jahren bestimmt oder nach § 8a oder § 73 Abs. 4 der Anspruch nach § 73 Abs. 2 Satz 2 auf Auszahlung des Auseinandersetzungsguthabens eingeschränkt ist.

(3) Auf die Beendigung der Mitgliedschaft und die Verringerung der Anzahl der Geschäftsanteile ist § 69 entsprechend anzuwenden.

(4) Wird die Genossenschaft binnen sechs Monaten nach der Beendigung der Mitgliedschaft aufgelöst, hat das ehemalige Mitglied im Fall der Eröffnung des Insolvenzverfahrens die Nachschüsse, zu deren Zahlung es verpflichtet gewesen sein würde, insoweit zu leisten, als der Erwerber diese nicht leisten kann.

(5) Darf sich nach der Satzung ein Mitglied mit mehr als einem Geschäftsanteil beteiligen, so gelten diese Vorschriften mit der Maßgabe, dass die Übertragung des Geschäftsguthabens auf ein anderes Mitglied zulässig ist, sofern das Geschäftsguthaben des Erwerbers nach Zuschreibung des Geschäftsguthabens des Veräußerers den Gesamtbetrag der Geschäftsanteile, mit denen der Erwerber beteiligt ist oder sich beteiligt, nicht übersteigt.

§ 77 Tod des Mitglieds

(1) [1]Mit dem Tod eines Mitglieds geht die Mitgliedschaft auf den Erben über. [2]Sie endet mit dem Schluss des Geschäftsjahres, in dem der Erbfall eingetreten ist. [3]Mehrere Erben können das Stimmrecht in der Generalversammlung nur durch einen gemeinschaftlichen Vertreter ausüben.

(2) [1]Die Satzung kann bestimmen, dass im Falle des Todes eines Mitglieds dessen Mitgliedschaft in der Genossenschaft durch dessen Erben fortgesetzt wird. [2]Die Satzung kann die Fortsetzung der Mitgliedschaft von persönlichen Voraussetzungen des Rechtsnachfolgers abhängig machen. [3]Für den Fall der Beerbung des Erblassers durch mehrere Erben kann auch bestimmt werden, dass die Mitgliedschaft endet, wenn sie nicht innerhalb einer in der Satzung festgesetzten Frist einem Miterben allein überlassen worden ist.

(3) [1]Der Tod des Mitglieds sowie der Zeitpunkt der Beendigung der Mitgliedschaft, im Falle des Absatzes 2 auch die Fortsetzung der Mitgliedschaft durch einen oder mehrere Erben, sind unverzüglich in die Mitgliederliste einzutragen. [2]Die Erben des verstorbenen Mitglieds sind unverzüglich von der Eintragung zu benachrichtigen.

(4) Bei Beendigung der Mitgliedschaft des Erben gelten die die §§ 73 und 75, im Falle der Fortsetzung der Mitgliedschaft gilt § 76 Abs. 4 entsprechend.

§ 77a Auflösung oder Erlöschen einer juristischen Person oder Personengesellschaft

[1]Wird eine juristische Person oder eine Personengesellschaft aufgelöst oder erlischt sie, so endet die Mitgliedschaft mit dem Abschluss des Geschäftsjahres, in dem die Auflösung oder das Erlöschen wirksam geworden ist. [2]Im Falle der Gesamtrechtsnachfolge wird die Mitgliedschaft bis zum Schluss des Geschäftsjahres durch den Gesamtrechtsnachfolger fortgesetzt. [3]Die Beendigung der Mitgliedschaft ist unverzüglich in die Mitgliederliste einzutragen; das Mitglied oder der Gesamtrechtsnachfolger ist hiervon unverzüglich zu benachrichtigen.

Abschnitt 6: Auflösung und Nichtigkeit der Genossenschaft

§ 78 Auflösung durch Beschluss der Generalversammlung

(1) [1]Die Genossenschaft kann durch Beschluss der Generalversammlung jederzeit aufgelöst werden; der Beschluss bedarf einer Mehrheit, die mindestens drei Viertel der abgegebenen Stimmen umfasst. [2]Die Satzung kann eine größere Mehrheit und weitere Erfordernisse bestimmen.

(2) Die Auflösung ist durch den Vorstand unverzüglich zur Eintragung in das Genossenschaftsregister anzumelden.

§§ 78a und 78b (weggefallen)

§ 79 Auflösung durch Zeitablauf

(1) Ist die Genossenschaft nach der Satzung auf eine bestimmte Zeit beschränkt, ist sie mit dem Ablauf der bestimmten Zeit aufgelöst.

(2) § 78 Abs. 2 ist anzuwenden.

§ 79a Fortsetzung der aufgelösten Genossenschaft

(1) [1]Ist die Genossenschaft durch Beschluss der Generalversammlung oder durch Zeitablauf aufgelöst worden, kann die Generalversammlung, solange noch nicht mit der Verteilung des

nach Berichtigung der Schulden verbleibenden Vermögens an die Mitglieder begonnen ist, die Fortsetzung der Genossenschaft beschließen; der Beschluss bedarf einer Mehrheit, die mindestens drei Viertel der abgegebenen Stimmen umfasst. ²Die Satzung kann eine größere Mehrheit und weitere Erfordernisse bestimmen. ³Die Fortsetzung kann nicht beschlossen werden, wenn die Mitglieder nach § 87a Abs. 2 zu Zahlungen herangezogen worden sind.

(2) Vor der Beschlussfassung ist der Prüfungsverband, dem die Genossenschaft angehört, darüber zu hören, ob die Fortsetzung der Genossenschaft mit den Interessen der Mitglieder vereinbar ist.

(3) ¹Das Gutachten des Prüfungsverbandes ist in jeder über die Fortsetzung der Genossenschaft beratenden Generalversammlung zu verlesen. ²Dem Prüfungsverband ist Gelegenheit zu geben, das Gutachten in der Generalversammlung zu erläutern.

(4) Ist die Fortsetzung der Genossenschaft nach dem Gutachten des Prüfungsverbandes mit den Interessen der Mitglieder nicht vereinbar, bedarf der Beschluss einer Mehrheit von drei Vierteln der Mitglieder in zwei mit einem Abstand von mindestens einem Monat aufeinander folgenden Generalversammlungen; Absatz 1 Satz 2 gilt entsprechend.

(5) ¹Die Fortsetzung der Genossenschaft ist durch den Vorstand unverzüglich zur Eintragung in das Genossenschaftsregister anzumelden. ²Der Vorstand hat bei der Anmeldung die Versicherung abzugeben, dass der Beschluss der Generalversammlung zu einer Zeit gefasst wurde, zu der noch nicht mit der Verteilung des nach der Berichtigung der Schulden verbleibenden Vermögens der Genossenschaft an die Mitglieder begonnen worden war.

§ 80 Auflösung durch das Gericht[1]

(1) ¹Hat die Genossenschaft weniger als drei Mitglieder, hat das Registergericht auf Antrag des Vorstands und, wenn der Antrag nicht binnen sechs Monaten erfolgt, von Amts wegen nach Anhörung des Vorstands die Auflösung der Genossenschaft auszusprechen. ²Bei der Bestimmung der Mindestmitgliederzahl nach Satz 1 bleiben investierende Mitglieder außer Betracht.

(2) ¹Der gerichtliche Beschluss ist der Genossenschaft zuzustellen. ²Gegen den Beschluss steht der Genossenschaft die sofortige Beschwerde nach der Zivilprozessordnung zu. ³Mit der Rechtskraft des Beschlusses ist die Genossenschaft aufgelöst.

§ 81 Auflösung auf Antrag der obersten Landesbehörde[2]

(1) ¹Gefährdet eine Genossenschaft durch gesetzwidriges Verhalten ihrer Verwaltungsträger das Gemeinwohl und sorgen die Generalversammlung und der Aufsichtsrat nicht für eine Abberufung der Verwaltungsträger oder ist der Zweck der Genossenschaft entgegen § 1 nicht auf die Förderung der Mitglieder gerichtet, kann die Genossenschaft auf Antrag der zuständigen obersten Landesbehörde, in deren Bezirk die Genossenschaft ihren Sitz hat, durch Urteil aufgelöst werden. ²Ausschließlich zuständig für die Klage ist das Landgericht, in dessen Bezirk die Genossenschaft ihren Sitz hat.

(2) ¹Nach der Auflösung findet die Liquidation nach den §§ 83 bis 93 statt. ²Den Antrag auf Bestellung oder Abberufung der Liquidatoren kann auch die in Absatz 1 Satz 1 bestimmte Behörde stellen.

(3) Ist die Auflösungsklage erhoben, kann das Gericht auf Antrag der in Absatz 1 Satz 1 bestimmten Behörde durch einstweilige Verfügung die nötigen Anordnungen treffen.

(4) ¹Die Entscheidungen des Gerichts sind dem Registergericht mitzuteilen. ²Dieses trägt sie, soweit eintragungspflichtige Rechtsverhältnisse betroffen sind, in das Genossenschaftsregister ein.

---

1) **Anm. d. Red.:** § 80 i. d. F. des Gesetzes v. 17. 12. 2008 (BGBl I S. 2586) mit Wirkung v. 1. 9. 2009.
2) **Anm. d. Red.:** § 81 i. d. F. des Gesetzes v. 17. 12. 2008 (BGBl I S. 2586) mit Wirkung v. 1. 9. 2009.

§ 81a Auflösung bei Insolvenz[1)]

Die Genossenschaft wird aufgelöst
1. mit der Rechtskraft des Beschlusses, durch den die Eröffnung des Insolvenzverfahrens mangels Masse abgelehnt worden ist;
2. durch die Löschung wegen Vermögenslosigkeit nach § 394 des Gesetzes über das Verfahren in Familiensachen und in den Angelegenheiten der freiwilligen Gerichtsbarkeit.

§ 82 Eintragung der Auflösung

(1) Die Auflösung der Genossenschaft ist von dem Gericht unverzüglich in das Genossenschaftsregister einzutragen.

(2) [1)]Sie muss von den Liquidatoren durch die für die Bekanntmachungen der Genossenschaft bestimmten Blätter bekannt gemacht werden. [2)]Durch die Bekanntmachung sind zugleich die Gläubiger aufzufordern, sich bei der Genossenschaft zu melden.

(3) Im Falle der Löschung der Genossenschaft wegen Vermögenslosigkeit sind die Absätze 1 und 2 nicht anzuwenden.

§ 83 Bestellung und Abberufung der Liquidatoren[2)]

(1) Die Liquidation erfolgt durch den Vorstand, wenn sie nicht durch die Satzung oder durch Beschluss der Generalversammlung anderen Personen übertragen wird.

(2) Auch eine juristische Person kann Liquidator sein.

(3) Auf Antrag des Aufsichtsrats oder mindestens des zehnten Teils der Mitglieder kann die Ernennung von Liquidatoren durch das Gericht erfolgen.

(4) [1)]Die Abberufung der Liquidatoren kann durch das Gericht unter denselben Voraussetzungen wie die Bestellung erfolgen. [2)]Liquidatoren, welche nicht vom Gericht ernannt sind, können auch durch die Beschlussfassung der Generalversammlung vor Ablauf des Zeitraums, für welchen sie bestellt sind, abberufen werden.

(5) [1)]Ist die Genossenschaft durch Löschung wegen Vermögenslosigkeit aufgelöst, so findet eine Liquidation nur statt, wenn sich nach der Löschung herausstellt, dass Vermögen vorhanden ist, das der Verteilung unterliegt. [2)]Die Liquidatoren sind auf Antrag eines Beteiligten durch das Gericht zu ernennen.

§ 84 Anmeldung durch Liquidatoren[3)]

(1) [1)]Die ersten Liquidatoren sowie ihre Vertretungsbefugnis hat der Vorstand, jede Änderung in den Personen der Liquidatoren und jede Änderung ihrer Vertretungsbefugnis haben die Liquidatoren zur Eintragung in das Genossenschaftsregister anzumelden. [2)]Der Anmeldung ist eine Abschrift der Urkunden über die Bestellung oder Abberufung sowie über die Vertretungsbefugnis beizufügen.

(2) Die Eintragung der gerichtlichen Ernennung oder Abberufung von Liquidatoren geschieht von Amts wegen.

§ 85 Zeichnung der Liquidatoren

(1) [1)]Die Liquidatoren haben in der bei ihrer Bestellung bestimmten Form ihre Willenserklärungen kundzugeben und für die Genossenschaft zu zeichnen. [2)]Ist nichts darüber bestimmt, so muss die Erklärung und Zeichnung durch sämtliche Liquidatoren erfolgen.

---

1) **Anm. d. Red.:** § 81a i. d. F. des Gesetzes v. 17. 12. 2008 (BGBl I S. 2586) mit Wirkung v. 1. 9. 2009.
2) **Anm. d. Red.:** § 83 i. d. F. des Gesetzes v. 17. 12. 2008 (BGBl I S. 2586) mit Wirkung v. 1. 9. 2009.
3) **Anm. d. Red.:** § 84 i. d. F. des Gesetzes v. 10. 11. 2006 (BGBl I S. 2553) mit Wirkung v. 1. 1. 2007.

(2) Die Bestimmung ist mit der Bestellung der Liquidatoren zur Eintragung in das Genossenschaftsregister anzumelden.

(3) Die Liquidatoren zeichnen für die Genossenschaft, indem sie der Firma einen die Liquidation andeutenden Zusatz und ihre Namensunterschrift hinzufügen.

§ 86 Publizität des Genossenschaftsregisters

Die Vorschriften in § 29 über das Verhältnis zu dritten Personen finden bezüglich der Liquidatoren Anwendung.

§ 87 Rechtsverhältnisse im Liquidationsstadium

(1) Bis zur Beendigung der Liquidation sind ungeachtet der Auflösung der Genossenschaft in Bezug auf die Rechtsverhältnisse der Genossenschaft und ihrer Mitglieder die §§ 17 bis 51 weiter anzuwenden, soweit sich aus den Vorschriften dieses Abschnitts und aus dem Wesen der Liquidation nichts anderes ergibt.

(2) Der Gerichtsstand, welchen die Genossenschaft zur Zeit ihrer Auflösung hatte, bleibt bis zur vollzogenen Verteilung des Vermögens bestehen.

§ 87a Zahlungspflichten bei Überschuldung

(1) ¹Ergibt sich bei Aufstellung der Liquidationseröffnungsbilanz, einer späteren Jahresbilanz oder einer Zwischenbilanz oder ist bei pflichtmäßigem Ermessen anzunehmen, dass das Vermögen auch unter Berücksichtigung fälliger, rückständiger Einzahlungen die Schulden nicht mehr deckt, so kann die Generalversammlung beschließen, dass die Mitglieder, die ihren Geschäftsanteil noch nicht voll eingezahlt haben, zu weiteren Einzahlungen auf den Geschäftsanteil verpflichtet sind, soweit dies zur Deckung des Fehlbetrages erforderlich ist. ²Der Beschlussfassung der Generalversammlung stehen abweichende Bestimmungen der Satzung nicht entgegen.

(2) ¹Reichen die weiteren Einzahlungen auf den Geschäftsanteil zur Deckung des Fehlbetrags nicht aus, kann die Generalversammlung beschließen, dass die Mitglieder nach dem Verhältnis ihrer Geschäftsanteile bis zur Deckung des Fehlbetrags weitere Zahlungen zu leisten haben. ²Für Genossenschaften, bei denen die Mitglieder keine Nachschüsse zur Insolvenzmasse zu leisten haben, gilt dies nur, wenn die Satzung dies bestimmt. ³Ein Mitglied kann zu weiteren Zahlungen höchstens bis zu dem Betrag in Anspruch genommen werden, dem Gesamtbetrag seiner Geschäftsanteile entspricht. ⁴Absatz 1 Satz 2 gilt entsprechend. ⁵Bei der Feststellung des Verhältnisses der Geschäftsanteile und des Gesamtbetrags der Geschäftsanteile gelten als Geschäftsanteile eines Mitglieds auch die Geschäftsanteile, die es entgegen den Bestimmungen der Satzung über eine Pflichtbeteiligung noch nicht übernommen hat.

(3) ¹Die Beschlüsse bedürfen einer Mehrheit, die mindestens drei Viertel der abgegebenen Stimmen umfasst. ²Die Satzung kann eine größere Mehrheit und weitere Erfordernisse bestimmen.

(4) Die Beschlüsse dürfen nicht gefasst werden, wenn das Vermögen auch unter Berücksichtigung der weiteren Zahlungspflichten die Schulden nicht mehr deckt.

§ 87b Verbot der Erhöhung von Geschäftsanteil oder Haftsumme

Nach Auflösung der Genossenschaft können weder der Geschäftsanteil noch die Haftsumme erhöht werden.

§ 88 Aufgaben der Liquidatoren

¹Die Liquidatoren haben die laufenden Geschäfte zu beendigen, die Verpflichtungen der aufgelösten Genossenschaft zu erfüllen, die Forderungen derselben einzuziehen und das Vermögen der Genossenschaft in Geld umzusetzen; sie haben die Genossenschaft gerichtlich und außerge-

richtlich zu vertreten. ²Zur Beendigung schwebender Geschäfte können die Liquidatoren auch neue Geschäfte eingehen.

§ 88a Abtretbarkeit der Ansprüche auf rückständige Einzahlungen und anteilige Fehlbeträge

(1) Die Liquidatoren können den Anspruch der Genossenschaft auf rückständige Einzahlungen auf den Geschäftsanteil und den Anspruch auf anteilige Fehlbeträge nach § 73 Abs. 2 Satz 4 mit Zustimmung des Prüfungsverbandes abtreten.

(2) Der Prüfungsverband soll nur zustimmen, wenn der Anspruch an eine genossenschaftliche Zentralbank oder an eine der Prüfung durch einen Prüfungsverband unterstehende Stelle abgetreten wird und schutzwürdige Belange der Mitglieder nicht entgegenstehen.

§ 89 Rechte und Pflichten der Liquidatoren

¹Die Liquidatoren haben die aus den §§ 26, 27, 33 Abs. 1 Satz 1, §§ 34, 44 bis 47, 48 Abs. 3, §§ 51, 57 bis 59 sich ergebenden Rechte und Pflichten des Vorstands und unterliegen gleich diesem der Überwachung des Aufsichtsrats. ²Sie haben für den Beginn der Liquidation eine Bilanz (Eröffnungsbilanz) sowie für den Schluss eines jeden Jahres einen Jahresabschluss und erforderlichenfalls einen Lagebericht aufzustellen. ³Die Eröffnungsbilanz ist zu veröffentlichen; die Bekanntmachung ist zu dem Genossenschaftsregister einzureichen.

§ 90 (weggefallen)[1]

§ 91 Verteilung des Vermögens

(1) ¹Die Verteilung des Vermögens unter die einzelnen Mitglieder erfolgt bis zum Gesamtbetrag ihrer auf Grund der Eröffnungsbilanz ermittelten Geschäftsguthaben nach dem Verhältnis der letzteren. ²Waren die Mitglieder nach § 87a Abs. 2 zu Zahlungen herangezogen worden, so sind zunächst diese Zahlungen nach dem Verhältnis der geleisteten Beträge zu erstatten. ³Bei Ermittlung der einzelnen Geschäftsguthaben bleiben für die Verteilung des Gewinns oder Verlustes, welcher sich für den Zeitraum zwischen dem letzten Jahresabschluss und der Eröffnungsbilanz ergeben hat, die seit dem letzten Jahresabschluss geleisteten Einzahlungen außer Betracht. ⁴Der Gewinn aus diesem Zeitraum ist dem Guthaben auch insoweit zuzuschreiben, als dadurch der Geschäftsanteil überschritten wird.

(2) Überschüsse, welche sich über den Gesamtbetrag dieser Guthaben hinaus ergeben, sind nach Köpfen zu verteilen.

(3) Durch die Satzung kann die Verteilung des Vermögens ausgeschlossen oder ein anderes Verhältnis für die Verteilung bestimmt werden.

§ 92 Unverteilbares Reinvermögen

¹Ein bei der Auflösung der Genossenschaft verbleibendes unverteilbares Reinvermögen fällt, sofern dasselbe nicht durch die Satzung einer natürlichen oder juristischen Person zu einem bestimmten Verwendungszweck überwiesen ist, an diejenige Gemeinde, in der die Genossenschaft ihren Sitz hatte. ²Die Zinsen dieses Fonds sind zu gemeinnützigen Zwecken zu verwenden.

---

1) **Anm. d. Red.:** § 90 weggefallen gem. Gesetz v. 22.12.2020 (BGBl I S. 3256) mit Wirkung v. 1.1.2021.

§ 93 Aufbewahrung von Unterlagen[1)]

¹Nach Beendigung der Liquidation sind die Bücher und Schriften der aufgelösten Genossenschaft für zehn Jahre einem ihrer ehemaligen Mitglieder oder einem Dritten in Verwahrung zu geben. ²Ist die Person weder durch Satzung noch durch einen Beschluss der Generalversammlung benannt, wird sie durch das Gericht bestimmt. ³Das Gericht kann die ehemaligen Mitglieder und deren Rechtsnachfolger sowie die Gläubiger der Genossenschaft ermächtigen, die Bücher und Schriften einzusehen.

§§ 93a bis 93s (weggefallen)

§ 94 Klage auf Nichtigerklärung

Enthält die Satzung nicht die für sie wesentlichen Bestimmungen oder ist eine dieser Bestimmungen nichtig, so kann jedes Mitglied der Genossenschaft und jedes Vorstands- oder Aufsichtsratsmitglied im Wege der Klage beantragen, dass die Genossenschaft für nichtig erklärt werde.

§ 95 Nichtigkeitsgründe; Heilung von Mängeln[2)]

(1) Als wesentlich im Sinne des § 94 gelten die in den §§ 6, 7 und 119 bezeichneten Bestimmungen der Satzung mit Ausnahme derjenigen über die Beurkundung der Beschlüsse der Generalversammlung und den Vorsitz in dieser.

(2) Ein Mangel, der eine hiernach wesentliche Bestimmung der Satzung betrifft, kann durch einen den Vorschriften dieses Gesetzes über Änderungen der Satzung entsprechenden Beschluss der Generalversammlung geheilt werden.

(3) Die Einberufung der Generalversammlung erfolgt, wenn sich der Mangel auf die Bestimmungen über die Form der Einberufung bezieht, durch Bekanntmachung im Bundesanzeiger.

(4) Betrifft bei einer Genossenschaft, bei der die Mitglieder beschränkt auf eine Haftsumme Nachschüsse zur Insolvenzmasse zu leisten haben, der Mangel die Bestimmungen über die Haftsumme, so darf durch die zur Heilung des Mangels beschlossenen Bestimmungen der Gesamtbetrag der von den einzelnen Mitgliedern übernommenen Haftung nicht vermindert werden.

§ 96 Verfahren bei Nichtigkeitsklage

Das Verfahren über die Klage auf Nichtigkeitserklärung und die Wirkungen des Urteils bestimmen sich nach den Vorschriften des § 51 Abs. 3 bis 5.

§ 97 Wirkung der Eintragung der Nichtigkeit

(1) Ist die Nichtigkeit einer Genossenschaft in das Genossenschaftsregister eingetragen, so finden zum Zweck der Abwicklung ihrer Verhältnisse die für den Fall der Auflösung geltenden Vorschriften entsprechende Anwendung.

(2) Die Wirksamkeit der im Namen der Genossenschaft mit Dritten vorgenommenen Rechtsgeschäfte wird durch die Nichtigkeit nicht berührt.

(3) Soweit die Mitglieder eine Haftung für die Verbindlichkeiten der Genossenschaft übernommen haben, sind sie verpflichtet, die zur Befriedigung der Gläubiger erforderlichen Beträge nach Maßgabe der Vorschriften des Abschnitts 7 zu leisten.

---

1) **Anm. d. Red.:** § 93 i. d. F. des Gesetzes v. 17. 12. 2008 (BGBl I S. 2586) mit Wirkung v. 1. 9. 2009.
2) **Anm. d. Red.:** § 95 i. d. F. des Gesetzes v. 17. 7. 2017 (BGBl I S. 2434) mit Wirkung v. 22. 7. 2017.

Abschnitt 7: Insolvenzverfahren; Nachschusspflicht der Mitglieder

§ 98 Eröffnung des Insolvenzverfahrens

Abweichend von § 19 Abs. 1 der Insolvenzordnung ist bei einer Genossenschaft die Überschuldung nur dann Grund für die Eröffnung des Insolvenzverfahrens, wenn
1. die Mitglieder Nachschüsse bis zu einer Haftsumme zu leisten haben und die Überschuldung ein Viertel des Gesamtbetrages der Haftsummen aller Mitglieder übersteigt,
2. die Mitglieder keine Nachschüsse zu leisten haben oder
3. die Genossenschaft aufgelöst ist.

§ 99 Zahlungsverbot bei Zahlungsunfähigkeit oder Überschuldung[1]

¹Der Vorstand darf keine Zahlung mehr leisten, sobald die Genossenschaft zahlungsunfähig geworden ist oder sich eine Überschuldung ergeben hat, die für die Genossenschaft nach § 98 Grund für die Eröffnung des Insolvenzverfahrens ist. ²Dies gilt nicht für Zahlungen, die auch nach diesem Zeitpunkt mit der Sorgfalt eines ordentlichen und gewissenhaften Geschäftsleiters einer Genossenschaft vereinbar sind.

§ 100 (weggefallen)

§ 101 Wirkung der Eröffnung des Insolvenzverfahrens

Durch die Eröffnung des Insolvenzverfahrens wird die Genossenschaft aufgelöst.

§ 102 Eintragung der Eröffnung des Insolvenzverfahrens

(1) ¹Die Eröffnung des Insolvenzverfahrens ist von Amts wegen in das Genossenschaftsregister einzutragen. ²Das Gleiche gilt für
1. die Aufhebung des Eröffnungsbeschlusses,
2. die Bestellung eines vorläufigen Insolvenzverwalters, wenn zusätzlich dem Schuldner ein allgemeines Verfügungsverbot auferlegt oder angeordnet wird, dass Verfügungen des Schuldners nur mit Zustimmung des vorläufigen Insolvenzverwalters wirksam sind, und die Aufhebung einer derartigen Sicherungsmaßnahme,
3. die Anordnung der Eigenverwaltung durch den Schuldner und deren Aufhebung sowie die Anordnung der Zustimmungsbedürftigkeit bestimmter Rechtsgeschäfte des Schuldners,
4. die Einstellung und die Aufhebung des Verfahrens und
5. die Überwachung der Erfüllung eines Insolvenzplans und die Aufhebung der Überwachung.

(2) Die Eintragungen nach Absatz 1 werden nicht bekannt gemacht.

§§ 103 und 104 (weggefallen)

§ 105 Nachschusspflicht der Mitglieder

(1) ¹Soweit die Ansprüche der Massegläubiger oder die bei der Schlussverteilung nach § 196 der Insolvenzordnung berücksichtigten Forderungen der Insolvenzgläubiger aus dem vorhandenen Vermögen der Genossenschaft nicht berichtigt werden, sind die Mitglieder verpflichtet, Nachschüsse zur Insolvenzmasse zu leisten, es sei denn, dass die Nachschusspflicht durch die Satzung ausgeschlossen ist. ²Im Falle eines rechtskräftig bestätigten Insolvenzplans besteht die Nachschusspflicht insoweit, als sie im gestaltenden Teil des Plans vorgesehen ist.

(2) Die Nachschüsse sind von den Mitgliedern nach Köpfen zu leisten, es sei denn, dass die Satzung ein anderes Beitragsverhältnis bestimmt.

---

[1] **Anm. d. Red.:** § 99 i. d. F. des Gesetzes v. 23.10.2008 (BGBl I S. 2026) mit Wirkung v. 1.11.2008.

(3) Beiträge, zu deren Leistung einzelne Mitglieder nicht in der Lage sind, werden auf die übrigen Mitglieder verteilt.

(4) ¹Zahlungen, die Mitglieder über die von ihnen nach den vorstehenden Vorschriften geschuldeten Beiträge hinaus leisten, sind ihnen nach der Befriedigung der Gläubiger aus den Nachschüssen zu erstatten. ²Das Gleiche gilt für Zahlungen der Mitglieder auf Grund des § 87a Abs. 2 nach Erstattung der in Satz 1 bezeichneten Zahlungen.

(5) Gegen die Nachschüsse kann das Mitglied eine Forderung an die Genossenschaft aufrechnen, sofern die Voraussetzungen vorliegen, unter denen es als Insolvenzgläubiger Befriedigung wegen der Forderung aus den Nachschüssen zu beanspruchen hat.

§ 106 Vorschussberechnung

(1) ¹Der Insolvenzverwalter hat unverzüglich, nachdem die Vermögensübersicht nach § 153 der Insolvenzordnung auf der Geschäftsstelle niedergelegt ist, zu berechnen, wie viel die Mitglieder zur Deckung des aus der Vermögensübersicht ersichtlichen Fehlbetrags vorzuschießen haben. ²Sind in der Vermögensübersicht Fortführungs- und Stilllegungswerte nebeneinander angegeben, ist der Fehlbetrag maßgeblich, der sich auf der Grundlage der Stilllegungswerte ergibt.

(2) ¹In der Vorschussberechnung sind alle Mitglieder namentlich zu bezeichnen und die Beiträge auf sie zu verteilen. ²Die Höhe der Beiträge ist so zu bemessen, dass durch ein vorauszusehendes Unvermögen einzelner Mitglieder zur Leistung von Beiträgen kein Ausfall an dem zu deckenden Gesamtbetrag entsteht.

(3) ¹Die Berechnung ist dem Insolvenzgericht mit dem Antrag einzureichen, dieselbe für vollstreckbar zu erklären. ²Dem Antrag ist eine beglaubigte Abschrift der Mitgliederliste und, sofern das Genossenschaftsregister nicht bei dem Insolvenzgericht geführt wird, eine beglaubigte Abschrift der Satzung beizufügen.

§ 107 Gerichtliche Erklärung über die Vorschussberechnung

(1) ¹Zur Erklärung über die Berechnung bestimmt das Gericht einen Termin, welcher nicht über zwei Wochen hinaus anberaumt werden darf. ²Der Termin ist öffentlich bekannt zu machen; die in der Berechnung aufgeführten Mitglieder sind besonders zu laden.

(2) ¹Die Berechnung ist spätestens drei Tage vor dem Termin auf der Geschäftsstelle zur Einsicht der Beteiligten niederzulegen. ²Hierauf ist in der Bekanntmachung und den Ladungen hinzuweisen.

§ 108 Erklärungstermin

(1) In dem Termin sind Vorstand und Aufsichtsrat der Genossenschaft sowie der Insolvenzverwalter und der Gläubigerausschuss und, soweit Einwendungen erhoben werden, die sonst Beteiligten zu hören.

(2) ¹Das Gericht entscheidet über die erhobenen Einwendungen, berichtigt, soweit erforderlich, die Berechnung oder ordnet die Berichtigung an und erklärt die Berechnung für vollstreckbar. ²Die Entscheidung ist in dem Termin oder in einem sofort anzuberaumenden Termin, welcher nicht über eine Woche hinaus angesetzt werden soll, zu verkünden. ³Die Berechnung mit der sie für vollstreckbar erklärenden Entscheidung ist zur Einsicht der Beteiligten auf der Geschäftsstelle niederzulegen.

(3) Gegen die Entscheidung findet ein Rechtsmittel nicht statt.

§ 108a Abtretbarkeit von Ansprüchen der Genossenschaft

(1) Der Insolvenzverwalter kann die Ansprüche der Genossenschaft auf rückständige Einzahlungen auf den Geschäftsanteil, auf anteilige Fehlbeträge nach § 73 Abs. 2 Satz 4 und auf Nachschüsse mit Genehmigung des Insolvenzgerichts abtreten.

(2) Die Genehmigung soll nur nach Anhörung des Prüfungsverbandes und nur dann erteilt werden, wenn der Anspruch an eine genossenschaftliche Zentralbank oder an eine der Prüfung durch einen Prüfungsverband unterstehende Stelle abgetreten wird.

§ 109 Einziehung der Vorschüsse

(1) Nachdem die Berechnung für vollstreckbar erklärt ist, hat der Insolvenzverwalter unverzüglich die Beiträge von den Mitgliedern einzuziehen.

(2) Die Zwangsvollstreckung gegen ein Mitglied findet nach Maßgabe der Zivilprozessordnung auf Grund einer vollstreckbaren Ausfertigung der Entscheidung und eines Auszuges aus der Berechnung statt.

(3) Für die in den Fällen der §§ 731, 767, 768 der Zivilprozessordnung zu erhebenden Klagen ist das Amtsgericht, bei welchem das Insolvenzverfahren anhängig ist und, wenn der Streitgegenstand zur Zuständigkeit der Amtsgerichte nicht gehört, das Landgericht ausschließlich zuständig, zu dessen Bezirk das Insolvenzgericht gehört.

§ 110 Hinterlegung oder Anlage der Vorschüsse

Die eingezogenen Beträge sind nach Maßgabe des § 149 der Insolvenzordnung zu hinterlegen oder anzulegen.

§ 111 Anfechtungsklage

(1) [1]Jedes Mitglied ist befugt, die für vollstreckbar erklärte Berechnung im Wege der Klage anzufechten. [2]Die Klage ist gegen den Insolvenzverwalter zu richten. [3]Sie findet nur binnen der Notfrist eines Monats seit Verkündung der Entscheidung und nur insoweit statt, als der Kläger den Anfechtungsgrund in dem nach § 107 Abs. 1 anberaumten Termin geltend gemacht hat oder ohne sein Verschulden geltend zu machen außerstande war.

(2) Das rechtskräftige Urteil wirkt für und gegen alle beitragspflichtigen Mitglieder.

§ 112 Verfahren bei Anfechtungsklage

(1) [1]Die Klage ist ausschließlich bei dem Amtsgericht zu erheben, welches die Berechnung für vollstreckbar erklärt hat. [2]Die mündliche Verhandlung erfolgt nicht vor Ablauf der bezeichneten Notfrist. [3]Mehrere Anfechtungsprozesse sind zur gleichzeitigen Verhandlung und Entscheidung zu verbinden.

(2) [1]Übersteigt der Streitgegenstand eines Prozesses die sonst für die sachliche Zuständigkeit der Amtsgerichte geltende Summe, so hat das Gericht, sofern eine Partei in einem solchen Prozess vor der Verhandlung zur Hauptsache dies beantragt, durch Beschluss die sämtlichen Streitsachen an das Landgericht, in dessen Bezirk es seinen Sitz hat, zu verweisen. [2]Gegen diesen Beschluss findet die sofortige Beschwerde statt. [3]Die Notfrist beginnt mit der Verkündung des Beschlusses.

(3) [1]Ist der Beschluss rechtskräftig, so gelten die Streitsachen als bei dem Landgericht anhängig. [2]Die im Verfahren vor dem Amtsgericht erwachsenen Kosten werden als Teil der bei dem Landgericht erwachsenen Kosten behandelt und gelten als Kosten einer Instanz.

(4) Die §§ 769 und 770 der Zivilprozessordnung über die Einstellung der Zwangsvollstreckung und die Aufhebung der Vollstreckungsmaßregeln finden entsprechende Anwendung.

§ 112a Vergleich über Nachschüsse

(1) [1]Der Insolvenzverwalter kann über den von dem Mitglied zu leistenden Nachschuss einen Vergleich abschließen. [2]Der Vergleich bedarf zu seiner Wirksamkeit der Zustimmung des Gläubigerausschusses, wenn ein solcher bestellt ist, und der Bestätigung durch das Insolvenzgericht.

(2) Der Vergleich wird hinfällig, wenn das Mitglied mit seiner Erfüllung in Verzug gerät.

§ 113 Zusatzberechnung

(1) ¹Soweit infolge des Unvermögens einzelner Mitglieder zur Leistung von Beiträgen der zu deckende Gesamtbetrag nicht erreicht wird oder auf Grund des auf eine Anfechtungsklage ergehenden Urteils oder aus anderen Gründen die Berechnung abzuändern ist, hat der Insolvenzverwalter eine Zusatzberechnung aufzustellen. ²Die Vorschriften der §§ 106 bis 112a gelten auch für die Zusatzberechnung.

(2) Die Aufstellung einer Zusatzberechnung ist erforderlichenfalls zu wiederholen.

§ 114 Nachschussberechnung

(1) ¹Sobald mit dem Vollzug der Schlussverteilung nach § 196 der Insolvenzordnung begonnen wird oder sobald nach einer Anzeige der Masseunzulänglichkeit nach § 208 der Insolvenzordnung die Insolvenzmasse verwertet ist, hat der Insolvenzverwalter schriftlich festzustellen, ob und in welcher Höhe nach der Verteilung des Erlöses ein Fehlbetrag verbleibt und inwieweit er durch die bereits geleisteten Nachschüsse gedeckt ist. ²Die Feststellung ist auf der Geschäftsstelle des Gerichts niederzulegen.

(2) Verbleibt ein ungedeckter Fehlbetrag und können die Mitglieder zu weiteren Nachschüssen herangezogen werden, so hat der Insolvenzverwalter in Ergänzung oder Berichtigung der Vorschussberechnung und der zu ihr etwa ergangenen Zusätze zu berechnen, wie viel die Mitglieder nach § 105 an Nachschüssen zu leisten haben (Nachschussberechnung).

(3) Die Nachschussberechnung unterliegt den Vorschriften der §§ 106 bis 109, 111 bis 113, der Vorschrift des § 106 Abs. 2 mit der Maßgabe, dass auf Mitglieder, deren Unvermögen zur Leistung von Beiträgen sich herausgestellt hat, Beiträge nicht verteilt werden.

§ 115 Nachtragsverteilung

(1) ¹Der Insolvenzverwalter hat, nachdem die Nachschussberechnung für vollstreckbar erklärt ist, unverzüglich den gemäß § 110 vorhandenen Bestand und, so oft von den noch einzuziehenden Beiträgen hinreichender Bestand eingegangen ist, diesen im Wege der Nachtragsverteilung nach § 203 der Insolvenzordnung unter die Gläubiger zu verteilen. ²Soweit es keiner Nachschussberechnung bedarf, hat der Insolvenzverwalter die Verteilung unverzüglich vorzunehmen, nachdem die Feststellung nach § 114 Abs. 1 auf der Geschäftsstelle des Gerichts niedergelegt ist.

(2) ¹Außer den Anteilen auf die in §§ 189 bis 191 der Insolvenzordnung bezeichneten Forderungen sind zurückzuhalten die Anteile auf Forderungen, welche im Prüfungstermin von dem Vorstand ausdrücklich bestritten worden sind. ²Dem Gläubiger bleibt überlassen, den Widerspruch des Vorstands durch Klage zu beseitigen. ³Soweit der Widerspruch rechtskräftig für begründet erklärt wird, werden die Anteile zur Verteilung unter die übrigen Gläubiger frei.

(3) Die zur Befriedigung der Gläubiger nicht erforderlichen Überschüsse hat der Insolvenzverwalter an die Mitglieder zurückzuzahlen.

§ 115a Abschlagsverteilung der Nachschüsse

(1) ¹Nimmt die Abwicklung des Insolvenzverfahrens voraussichtlich längere Zeit in Anspruch, so kann der Insolvenzverwalter mit Zustimmung des Gläubigerausschusses, wenn ein solcher bestellt ist, und des Insolvenzgerichts die nach § 110 eingezogenen Beträge schon vor dem in § 115 Abs. 1 bezeichneten Zeitpunkt im Wege der Abschlagsverteilung nach den §§ 187 bis 195 der Insolvenzordnung an die Gläubiger verteilen. ²Eine Abschlagsverteilung soll unterbleiben, soweit nach dem Verhältnis der Schulden zu dem Vermögen mit einer Erstattung eingezogener Beträge an Mitglieder nach § 105 Abs. 4 oder § 115 Abs. 3 zu rechnen ist.

(2) Sollte sich dennoch nach Befriedigung der Gläubiger ein Überschuss aus der Insolvenzmasse ergeben, so sind die zu viel gezahlten Beträge den Mitgliedern aus dem Überschuss zu erstatten.

§ 115b Nachschusspflicht ausgeschiedener Mitglieder

Sobald mit Sicherheit anzunehmen ist, dass die in § 105 Abs. 1 bezeichneten Insolvenzgläubiger auch nicht durch Einziehung der Nachschüsse von den Mitgliedern Befriedigung oder Sicherstellung erlangen, sind die hierzu erforderlichen Beiträge von den innerhalb der letzten 18 Monate vor dem Antrag auf Eröffnung des Insolvenzverfahrens oder nach diesem Antrag ausgeschiedenen Mitgliedern, welche nicht schon nach § 75 oder § 76 Abs. 4 der Nachschusspflicht unterliegen, nach Maßgabe des § 105 zur Insolvenzmasse zu leisten.

§ 115c Beitragspflicht ausgeschiedener Mitglieder

(1) Der Insolvenzverwalter hat unverzüglich eine Berechnung über die Beitragspflicht der ausgeschiedenen Mitglieder aufzustellen.

(2) In der Berechnung sind die ausgeschiedenen Mitglieder namentlich zu bezeichnen und auf sie die Beiträge zu verteilen, soweit nicht das Unvermögen einzelner zur Leistung von Beiträgen vorauszusehen ist.

(3) Im Übrigen finden die Vorschriften in § 106 Abs. 3, §§ 107 bis 109, 111 bis 113 und 115 entsprechende Anwendung.

§ 115d Einziehung und Erstattung von Nachschüssen

(1) Durch die Vorschriften der §§ 115b, 115c wird die Einziehung der Nachschüsse von den in der Genossenschaft verbliebenen Mitgliedern nicht berührt.

(2) Aus den Nachschüssen der verbliebenen Mitglieder sind den ausgeschiedenen Mitgliedern die von diesen geleisteten Beiträge zu erstatten, sobald die in § 105 Abs. 1 bezeichneten Insolvenzgläubiger vollständig befriedigt oder sichergestellt sind.

§ 115e Eigenverwaltung

Ist gemäß § 270 oder § 271 der Insolvenzordnung die Eigenverwaltung unter Aufsicht eines Sachwalters angeordnet, so gelten die §§ 105 bis 115d mit der Maßgabe, dass an die Stelle des Insolvenzverwalters der Sachwalter tritt.

§ 116 Insolvenzplan

Die Vorschriften der Insolvenzordnung über den Insolvenzplan sind mit folgenden Abweichungen anzuwenden:
1. Ein Plan wird berücksichtigt, wenn er vor der Beendigung des Nachschussverfahrens beim Insolvenzgericht eingeht;
2. im darstellenden Teil des Plans ist anzugeben, in welcher Höhe die Mitglieder bereits Nachschüsse geleistet haben und zu welchen weiteren Nachschüssen sie nach der Satzung herangezogen werden könnten;
3. bei der Bildung der Gruppen für die Festlegung der Rechte der Gläubiger im Plan kann zwischen den Gläubigern, die zugleich Mitglieder der Genossenschaft sind, und den übrigen Gläubigern unterschieden werden;
4. vor dem Erörterungstermin hat das Insolvenzgericht den Prüfungsverband, dem die Genossenschaft angehört, darüber zu hören, ob der Plan mit den Interessen der Mitglieder vereinbar ist.

§ 117 Fortsetzung der Genossenschaft

(1) ¹Ist das Insolvenzverfahren auf Antrag des Schuldners eingestellt oder nach der Bestätigung eines Insolvenzplans, der den Fortbestand der Genossenschaft vorsieht, aufgehoben worden, so kann die Generalversammlung die Fortsetzung der Genossenschaft beschließen. ²Zugleich mit dem Beschluss über die Fortsetzung der Genossenschaft ist die nach § 6 Nr. 3 notwendige Bestimmung in der Satzung zu beschließen, ob die Mitglieder für den Fall, dass die

Gläubiger im Insolvenzverfahren über das Vermögen der Genossenschaft nicht befriedigt werden, Nachschüsse zur Insolvenzmasse unbeschränkt, beschränkt auf eine Haftsumme oder überhaupt nicht zu leisten haben.

(2) ¹Die Beschlüsse nach Absatz 1 bedürfen einer Mehrheit, die mindestens drei Viertel der abgegebenen Stimmen umfasst. ²Die Satzung kann eine größere Mehrheit und weitere Erfordernisse bestimmen. ³Die Vorschriften des § 79a Abs. 2 bis 4 sind anzuwenden.

(3) Die Fortsetzung der Genossenschaft ist zusammen mit dem Beschluss über die Nachschusspflicht der Mitglieder durch den Vorstand unverzüglich zur Eintragung in das Genossenschaftsregister anzumelden.

§ 118 Kündigung bei Fortsetzung der Genossenschaft

(1) ¹Wird die Fortsetzung der Genossenschaft nach § 117 beschlossen, kann kündigen
1. jedes in der Generalversammlung erschienene Mitglied, wenn es gegen den Beschluss Widerspruch zur Niederschrift erklärt hat oder wenn die Aufnahme seines Widerspruchs in die Niederschrift verweigert worden ist;
2. jedes in der Generalversammlung nicht erschienene Mitglied, wenn es zu der Generalversammlung zu Unrecht nicht zugelassen worden ist oder die Versammlung nicht ordnungsgemäß einberufen oder der Gegenstand der Beschlussfassung nicht ordnungsgemäß angekündigt worden ist.

²Hat eine Vertreterversammlung die Fortsetzung der Genossenschaft beschlossen, kann jedes Mitglied kündigen; für die Vertreter gilt Satz 1.

(2) ¹Die Kündigung bedarf der Schriftform. ²Sie kann nur innerhalb eines Monats zum Schluss des Geschäftsjahres erklärt werden. ³Die Frist beginnt in den Fällen des Absatzes 1 Satz 1 Nr. 1 mit der Beschlussfassung, in den Fällen des Absatzes 1 Satz 1 Nr. 2 mit der Erlangung der Kenntnis von der Beschlussfassung. ⁴Ist der Zeitpunkt der Kenntniserlangung streitig, trägt die Genossenschaft die Beweislast. ⁵Im Fall der Kündigung wirkt der Beschluss über die Fortsetzung der Genossenschaft weder für noch gegen das Mitglied.

(3) Der Zeitpunkt der Beendigung der Mitgliedschaft ist unverzüglich in die Mitgliederliste einzutragen; das Mitglied ist hiervon unverzüglich zu benachrichtigen.

(4) ¹Für die Auseinandersetzung des ehemaligen Mitglieds mit der Genossenschaft ist die für die Fortsetzung der Genossenschaft aufgestellte Eröffnungsbilanz maßgeblich. ²Das Geschäftsguthaben des Mitglieds ist vorbehaltlich des § 8a Abs. 2 und des § 73 Abs. 4 binnen sechs Monaten nach Beendigung der Mitgliedschaft auszuzahlen; auf die Rücklagen und das sonstige Vermögen der Genossenschaft hat es vorbehaltlich des § 73 Abs. 3 keinen Anspruch.

Abschnitt 8: Haftsumme

§ 119 Bestimmung der Haftsumme
Bestimmt die Satzung, dass die Mitglieder beschränkt auf eine Haftsumme Nachschüsse zur Insolvenzmasse zu leisten haben, so darf die Haftsumme in der Satzung nicht niedriger als der Geschäftsanteil festgesetzt werden.

§ 120 Herabsetzung der Haftsumme[1]

(1) ¹Für die Herabsetzung der Haftsumme gilt § 22 Abs. 1 bis 3 sinngemäß. ²Das Recht nach § 22 Absatz 2 Satz 1 steht den Gläubigern jedoch nur zu, wenn sie glaubhaft machen, dass durch die Herabsetzung der Haftsumme die Erfüllung ihrer Forderung gefährdet wird.

(2) ¹Wird über das Vermögen der Genossenschaft mit herabgesetzter Haftsumme binnen zwei Jahren nach dem Tag, an dem die Eintragung der Haftsummenherabsetzung in das Genos-

---

[1] **Anm. d. Red.:** § 120 i. d. F. des Gesetzes v. 10.12.2014 (BGBl I S. 2085) mit Wirkung v. 19.12.2014.

senschaftsregister bekannt gemacht worden ist, das Insolvenzverfahren eröffnet, so ist jedes Mitglied, dessen Nachschusspflicht durch die Herabsetzung der Haftsumme reduziert wurde, in der Höhe zu Nachschüssen verpflichtet, wie es vor Herabsetzung der Haftsumme zu leisten verpflichtet war. ²Die §§ 105 bis 115b sind mit der Maßgabe entsprechend anzuwenden, dass nur solche Verbindlichkeiten zu berücksichtigen sind, die bereits im Zeitpunkt der Herabsetzung der Haftsumme begründet waren.

§ 121 Haftsumme bei mehreren Geschäftsanteilen

¹Ist ein Mitglied mit mehr als einem Geschäftsanteil beteiligt, so erhöht sich die Haftsumme, wenn sie niedriger als der Gesamtbetrag der Geschäftsanteile ist, auf den Gesamtbetrag. ²Die Satzung kann einen noch höheren Betrag festsetzen. ³Sie kann auch bestimmen, dass durch die Beteiligung mit weiteren Geschäftsanteilen eine Erhöhung der Haftsumme nicht eintritt.

§§ 122 bis 145 (weggefallen)

Abschnitt 9: Straf- und Bußgeldvorschriften

§ 146 (weggefallen)

§ 147 Falsche Angaben oder unrichtige Darstellung

(1) Mit Freiheitsstrafe bis zu drei Jahren oder mit Geldstrafe wird bestraft, wer als Mitglied des Vorstands oder als Liquidator in einer schriftlichen Versicherung nach § 79a Abs. 5 Satz 2 über den Beschluss zur Fortsetzung der Genossenschaft falsche Angaben macht oder erhebliche Umstände verschweigt.

(2) Ebenso wird bestraft, wer als Mitglied des Vorstands oder des Aufsichtsrats oder als Liquidator

1. die Verhältnisse der Genossenschaft in Darstellungen oder Übersichten über den Vermögensstand, die Mitglieder oder die Haftsummen, in Vorträgen oder Auskünften in der Generalversammlung unrichtig wiedergibt oder verschleiert, wenn die Tat nicht in § 340m in Verbindung mit § 331 Nr. 1 oder Nr. 1a des Handelsgesetzbuchs mit Strafe bedroht ist,
2. in Aufklärungen oder Nachweisen, die nach den Vorschriften dieses Gesetzes einem Prüfer der Genossenschaft zu geben sind, falsche Angaben macht oder die Verhältnisse der Genossenschaft unrichtig wiedergibt oder verschleiert, wenn die Tat nicht in § 340m in Verbindung mit § 331 Nr. 4 des Handelsgesetzbuchs mit Strafe bedroht ist.

§ 148 Pflichtverletzung bei Verlust[1]

(1) Mit Freiheitsstrafe bis zu drei Jahren oder mit Geldstrafe wird bestraft, wer entgegen § 33 Abs. 3 die Generalversammlung nicht oder nicht rechtzeitig einberuft oder eine Anzeige nicht, nicht richtig, nicht vollständig oder nicht rechtzeitig erstattet.

(2) Handelt der Täter fahrlässig, ist die Strafe Freiheitsstrafe bis zu einem Jahr oder Geldstrafe.

§ 149 (weggefallen)

§ 150 Verletzung der Berichtspflicht

(1) Mit Freiheitsstrafe bis zu drei Jahren oder mit Geldstrafe wird bestraft, wer als Prüfer oder als Gehilfe eines Prüfers über das Ergebnis der Prüfung falsch berichtet oder erhebliche Umstände im Bericht verschweigt.

---

1) **Anm. d. Red.:** § 148 i. d. F. des Gesetzes v. 23. 10. 2008 (BGBl I S. 2026) mit Wirkung v. 1. 11. 2008.

(2) Handelt der Täter gegen Entgelt oder in der Absicht, sich oder einen anderen zu bereichern oder einen anderen zu schädigen, so ist die Strafe Freiheitsstrafe bis zu fünf Jahren oder Geldstrafe.

§ 151 Verletzung der Geheimhaltungspflicht

(1) Mit Freiheitsstrafe bis zu einem Jahr oder mit Geldstrafe wird bestraft, wer ein Geheimnis der Genossenschaft, namentlich ein Betriebs- oder Geschäftsgeheimnis, das ihm in seiner Eigenschaft als
1. Mitglied des Vorstands oder des Aufsichtsrats oder Liquidator oder
2. Prüfer oder Gehilfe eines Prüfers

bekannt geworden ist, unbefugt offenbart, im Falle der Nummer 2 jedoch nur, wenn die Tat nicht in § 340m in Verbindung mit § 333 des Handelsgesetzbuchs mit Strafe bedroht ist.

(2) ¹Handelt der Täter gegen Entgelt oder in der Absicht, sich oder einen anderen zu bereichern oder einen anderen zu schädigen, so ist die Strafe Freiheitsstrafe bis zu zwei Jahren oder Geldstrafe. ²Ebenso wird bestraft, wer ein Geheimnis der in Absatz 1 bezeichneten Art, namentlich ein Betriebs- oder Geschäftsgeheimnis, das ihm unter den Voraussetzungen des Absatzes 1 bekannt geworden ist, unbefugt verwertet.

(3) ¹Die Tat wird nur auf Antrag der Genossenschaft verfolgt. ²Hat ein Mitglied des Vorstands oder ein Liquidator die Tat begangen, so ist der Aufsichtsrat, hat ein Mitglied des Aufsichtsrats die Tat begangen, so sind der Vorstand oder die Liquidatoren antragsberechtigt.

§ 151a Verletzung der Pflichten bei Abschlussprüfungen[1]

Mit Freiheitsstrafe bis zu einem Jahr oder mit Geldstrafe wird bestraft, wer als Mitglied des Aufsichtsrats oder als Mitglied eines Prüfungsausschusses einer Genossenschaft, die kapitalmarktorientiert im Sinne des § 264d des Handelsgesetzbuchs oder die CRR-Kreditinstitut im Sinne des § 1 Absatz 3d Satz 1 des Kreditwesengesetzes ist,
1. eine in § 152 Absatz 1a bezeichnete Handlung begeht und dafür einen Vermögensvorteil erhält oder sich versprechen lässt oder
2. eine in § 152 Absatz 1a bezeichnete Handlung beharrlich wiederholt.

§ 152 Bußgeldvorschriften[2]

(1) Ordnungswidrig handelt, wer
1. besondere Vorteile als Gegenleistung dafür fordert, sich versprechen lässt oder annimmt, dass er bei einer Abstimmung in der Generalversammlung oder der Vertreterversammlung oder bei der Wahl der Vertreter nicht oder in einem bestimmten Sinne stimme oder
2. besondere Vorteile als Gegenleistung dafür anbietet, verspricht oder gewährt, dass jemand bei einer Abstimmung in der Generalversammlung oder der Vertreterversammlung oder bei der Wahl der Vertreter nicht oder in einem bestimmten Sinne stimme.

(1a) Ordnungswidrig handelt, wer als Mitglied des Aufsichtsrats oder als Mitglied eines Prüfungsausschusses einer Genossenschaft, die kapitalmarktorientiert im Sinne des § 264d des Handelsgesetzbuchs oder die CRR-Kreditinstitut im Sinne des § 1 Absatz 3d Satz 1 des Kreditwesengesetzes ist, die Unabhängigkeit der in § 55 Absatz 2 Satz 1 genannten Vertreter und Personen nicht nach Maßgabe des Artikels 5 Absatz 4 Unterabsatz 1 Satz 1 der Verordnung (EU) Nr. 537/2014 des Europäischen Parlaments und des Rates vom 16. April 2014 über spezifische Anforderungen an die Abschlussprüfung bei Unternehmen von öffentlichem Interesse und zur Aufhebung des Beschlusses 2005/909/EG der Kommission (ABl L 158 vom 27. 5. 2014, S. 77, L 170 vom 11. 6. 2014, S. 66) in Verbindung mit § 55 Absatz 2 Satz 5 oder nach Maßgabe des Arti-

---

1) **Anm. d. Red.:** § 151a eingefügt gem. Gesetz v. 10. 5. 2016 (BGBl I S. 1142) mit Wirkung v. 17. 6. 2016.
2) **Anm. d. Red.:** § 152 i. d. F. des Gesetzes v. 10. 5. 2016 (BGBl I S. 1142) mit Wirkung v. 17. 6. 2016.

kels 6 Absatz 2 der Verordnung (EU) Nr. 537/2014 in Verbindung mit § 38 Absatz 1a Satz 4 überwacht.

(2) Die Ordnungswidrigkeit kann in den Fällen des Absatzes 1a mit einer Geldbuße bis zu fünfzigtausend Euro, in den übrigen Fällen mit einer Geldbuße bis zu zehntausend Euro geahndet werden.

(3) Verwaltungsbehörde im Sinne des § 36 Absatz 1 Nummer 1 des Gesetzes über Ordnungswidrigkeiten ist in den Fällen des Absatzes 1a bei CRR-Kreditinstituten im Sinne des § 1 Absatz 3d Satz 1 des Kreditwesengesetzes die Bundesanstalt für Finanzdienstleistungsaufsicht, im Übrigen das Bundesamt für Justiz.

§ 153 Mitteilungen an die Abschlussprüferaufsichtsstelle[1]

(1) Die nach § 152 Absatz 3 zuständige Verwaltungsbehörde übermittelt der Abschlussprüferaufsichtsstelle beim Bundesamt für Wirtschaft und Ausfuhrkontrolle alle Bußgeldentscheidungen nach § 152 Absatz 1a.

(2) [1]In Strafverfahren, die eine Straftat nach § 151a zum Gegenstand haben, übermittelt die Staatsanwaltschaft im Falle der Erhebung der öffentlichen Klage der Abschlussprüferaufsichtsstelle die das Verfahren abschließende Entscheidung. [2]Ist gegen die Entscheidung ein Rechtsmittel eingelegt worden, ist die Entscheidung unter Hinweis auf das eingelegte Rechtsmittel zu übermitteln.

§ 154 (weggefallen)

Abschnitt 10: Schlussvorschriften

§ 155 Altregister im Beitrittsgebiet[2]

[1]Register, in die landwirtschaftliche Produktionsgenossenschaften, Produktionsgenossenschaften des Handwerks oder andere Genossenschaften oder kooperative Einrichtungen mit Sitz in dem in Artikel 3 des Einigungsvertrages genannten Gebiet am 3. Oktober 1990 eingetragen waren, gelten als Genossenschaftsregister im Sinne dieses Gesetzes und des Gesetzes über das Verfahren in Familiensachen und in den Angelegenheiten der freiwilligen Gerichtsbarkeit. [2]Die Wirksamkeit von Eintragungen in diese Register wird nicht dadurch berührt, dass diese Eintragungen vor dem Inkrafttreten des Registerverfahrenbeschleunigungsgesetzes vom 20. Dezember 1993 (BGBl I S. 2182) am 25. Dezember 1993 von der Verwaltungsbehörde vorgenommen worden sind.

§ 156 Anwendbarkeit von Vorschriften über das Handelsregister; Bekanntmachung von Eintragungen[3]

(1) [1]§ 8 Abs. 1 sowie die §§ 8a, 9, 10a und 11 des Handelsgesetzbuchs finden auf das Genossenschaftsregister Anwendung. [2]Eine gerichtliche Bekanntmachung von Eintragungen findet nur gemäß den §§ 12, 16 Abs. 5, § 28 Satz 3, § 42 Abs. 1 Satz 3, § 51 Abs. 5 sowie in den Fällen des § 22 Abs. 1, des § 22a Abs. 1, des § 82 Abs. 1 und des § 97 statt. [3]§ 10 des Handelsgesetzbuchs ist entsprechend anzuwenden.

(2) Soweit nicht ein anderes bestimmt ist, werden die Eintragungen ihrem ganzen Inhalt nach veröffentlicht.

(3) Die Bekanntmachung gilt mit dem Ablauf des Tages als erfolgt, an dem der Bundesanzeiger oder im Falle des Absatzes 1 Satz 3 das letzte der die Bekanntmachung enthaltenden Blätter erschienen ist.

---

1) **Anm. d. Red.:** § 153 i. d. F. des Gesetzes v. 10. 5. 2016 (BGBl I S. 1142) mit Wirkung v. 17. 6. 2016.
2) **Anm. d. Red.:** § 155 i. d. F. des Gesetzes v. 17. 12. 2008 (BGBl I S. 2586) mit Wirkung v. 1. 9. 2009.
3) **Anm. d. Red.:** § 156 i. d. F. des Gesetzes v. 17. 7. 2017 (BGBl I S. 2541) mit Wirkung v. 25. 5. 2018.

§ 157 Anmeldungen zum Genossenschaftsregister[1]

Die in § 11 Abs. 1 geregelte Anmeldung zum Genossenschaftsregister ist von sämtlichen Mitgliedern des Vorstands, die anderen nach diesem Gesetz vorzunehmenden Anmeldungen sind vom Vorstand oder den Liquidatoren elektronisch in öffentlich beglaubigter Form einzureichen.

§ 158 Ersatzweise Bekanntmachung[2]

Bestimmt die Satzung einer Genossenschaft für deren Bekanntmachungen ein öffentliches Blatt, das nicht mehr zur Verfügung steht, müssen bis zu einer anderweitigen Regelung in der Satzung die Bekanntmachungen im Bundesanzeiger erfolgen.

§ 159 (weggefallen)

§ 160 Zwangsgeldverfahren[3]

(1) ¹Die Mitglieder des Vorstands sind von dem Registergericht zur Befolgung der in §§ 14, 25a, 28, 30, 32, 54 Satz 2, § 57 Absatz 1, § 59 Abs. 1, § 78 Abs. 2, § 79 Abs. 2 enthaltenen Vorschriften durch Festsetzung von Zwangsgeld anzuhalten. ²In gleicher Weise sind die Mitglieder des Vorstands und die Liquidatoren zur Befolgung der in § 33 Abs. 1 Satz 2, § 42 Abs. 1 in Verbindung mit § 53 des Handelsgesetzbuchs, §§ 47, 48 Abs. 3 und 4 Satz 4, § 51 Abs. 4 und 5, § 56 Abs. 2, §§ 84, 85 Abs. 2, § 89 dieses Gesetzes enthaltenen Vorschriften sowie die Mitglieder des Vorstands und des Aufsichtsrats und die Liquidatoren dazu anzuhalten, dafür zu sorgen, dass die Genossenschaft vorbehaltlich des § 9 Abs. 1 Satz 2 nicht länger als drei Monate ohne oder ohne beschlussfähigen Aufsichtsrat ist. ³Das einzelne Zwangsgeld darf den Betrag von fünftausend Euro nicht übersteigen.

(2) Für das Verfahren sind die Vorschriften maßgebend, welche zur Erzwingung der im Handelsgesetzbuch angeordneten Anmeldungen zum Handelsregister gelten.

§ 161 (weggefallen)[4]

§ 162 Übergangsvorschrift für Wohnungsunternehmen

Am 31. Dezember 1989 als gemeinnützige Wohnungsunternehmen oder als Organe der staatlichen Wohnungspolitik anerkannte Unternehmen, die nicht eingetragene Genossenschaften sind, bleiben Mitglieder des Prüfungsverbands, dem sie zu diesem Zeitpunkt angehören.

§ 163 (weggefallen)

§ 164 Übergangsregelung zur Beschränkung der Jahresabschlussprüfung[5]

§ 53 Abs. 2 Satz 1 in der vom 22. Juli 2017 an geltenden Fassung ist erstmals auf die Prüfung des Jahresabschlusses für ein frühestens am 31. Dezember 2017 endendes Geschäftsjahr anzuwenden.

§ 165 (weggefallen)[6]

---

1) **Anm. d. Red.:** § 157 i. d. F. des Gesetzes v. 10. 11. 2006 (BGBl I S. 2553) mit Wirkung v. 1. 1. 2007.
2) **Anm. d. Red.:** § 158 i. d. F. des Gesetzes v. 17. 7. 2017 (BGBl I S. 2434) mit Wirkung v. 22. 7. 2017.
3) **Anm. d. Red.:** § 160 i. d. F. des Gesetzes v. 17. 7. 2017 (BGBl I S. 2434) mit Wirkung v. 22. 7. 2017.
4) **Anm. d. Red.:** § 161 weggefallen gem. Gesetz v. 17. 7. 2017 (BGBl I S. 2434) mit Wirkung v. 22. 7. 2017.
5) **Anm. d. Red.:** § 164 i. d. F. des Gesetzes v. 17. 7. 2017 (BGBl I S. 2434) mit Wirkung v. 22. 7. 2017.
6) **Anm. d. Red.:** § 165 weggefallen gem. Gesetz v. 17. 7. 2017 (BGBl I S. 2434) mit Wirkung v. 22. 7. 2017.

§ 166 Übergangsregelung zum Berufsaufsichtsreformgesetz[1]

(1) Ein Prüfungsverband, dem vor dem 6. September 2007 eine Bescheinigung über die Teilnahme an der Qualitätskontrolle erteilt wurde, kann eine Verlängerung der Befristung der Teilnahmebescheinigung auf insgesamt sechs Jahre beantragen, soweit er nicht unter § 63e Abs. 1 Satz 2 fällt.

(2) Ist die Teilnahmebescheinigung auf sechs Jahre befristet worden, hat ein Prüfungsverband, der bei einer Genossenschaft, einer in Artikel 25 Abs. 1 Satz 1 Nr. 1 des Einführungsgesetzes zum Handelsgesetzbuch genannten Gesellschaft oder einem in Artikel 25 Abs. 1 Satz 1 Nr. 2 des Einführungsgesetzes zum Handelsgesetzbuch genannten Unternehmen, die einen organisierten Markt im Sinne des § 2 Absatz 11 des Wertpapierhandelsgesetzes in Anspruch nehmen, mehr als drei Jahre nach Ausstellen der Teilnahmebescheinigung eine der Qualitätskontrolle unterfallende Prüfung durchführt, innerhalb von sechs Monaten nach Annahme des Prüfungsauftrages eine Qualitätskontrolle durchführen zu lassen.

§ 167 Übergangsvorschrift zum Bilanzrechtsmodernisierungsgesetz[2]

(1) § 36 Abs. 4 und § 38 Abs. 1a Satz 2 in der Fassung des Bilanzrechtsmodernisierungsgesetzes vom 25. 5. 2009 (BGBl I S. 1102) finden keine Anwendung, solange alle Mitglieder des Aufsichtsrats und des Prüfungsausschusses vor dem 29. Mai 2009 bestellt worden sind.

(2) § 53 Abs. 3 in der Fassung des Bilanzrechtsmodernisierungsgesetzes vom 25. Mai 2009 (BGBl I S. 1102) ist erstmals ab dem 1. Januar 2010 anzuwenden.

§ 168 Übergangsvorschrift zu dem Gesetz für die gleichberechtigte Teilhabe von Frauen und Männern an Führungspositionen in der Privatwirtschaft und im öffentlichen Dienst[3]

¹Die Festlegungen nach § 9 Absatz 3 Satz 1 und 3 sowie Absatz 4 Satz 1 und 3 haben erstmals bis spätestens 30. September 2015 zu erfolgen. ²Die nach § 9 Absatz 3 Satz 3 und Absatz 4 Satz 3 erstmals festzulegende Frist darf nicht länger als bis zum 30. Juni 2017 dauern.

§ 169 Übergangsvorschrift zum Abschlussprüfungsreformgesetz[4]

§ 36 Absatz 4 und § 38 Absatz 1a Satz 3 jeweils in der Fassung des Abschlussprüfungsreformgesetzes vom 10. Mai 2016 (BGBl I S. 1142) müssen so lange nicht angewandt werden, wie alle Mitglieder des Aufsichtsrats und des Prüfungsausschusses vor dem 17. Juni 2016 bestellt worden sind.

§ 170 Übergangsregelung zum CSR-Richtlinie-Umsetzungsgesetz[5]

¹§ 38 in der Fassung des CSR-Richtlinie-Umsetzungsgesetzes vom 11. April 2017 (BGBl I S. 802) ist erstmals auf Lageberichte und Konzernlageberichte anzuwenden, die sich auf ein nach dem 31. Dezember 2016 beginnendes Geschäftsjahr beziehen. ²Auf Lage- und Konzernlageberichte, die sich auf vor dem 1. Januar 2017 beginnende Geschäftsjahre beziehen, bleibt § 38 in der bis zum 18. April 2017 geltenden Fassung anwendbar.

---

1) **Anm. d. Red.:** § 166 i. d. F. des Gesetzes v. 23. 6. 2017 (BGBl I S. 1693) mit Wirkung v. 3. 1. 2018.
2) **Anm. d. Red.:** § 167 angefügt gem. Gesetz v. 25. 5. 2009 (BGBl I S. 1102) mit Wirkung v. 29. 5. 2009.
3) **Anm. d. Red.:** § 168 angefügt gem. Gesetz v. 24. 4. 2015 (BGBl I S. 642) mit Wirkung v. 1. 5. 2015.
4) **Anm. d. Red.:** § 169 angefügt gem. Gesetz v. 10. 5. 2016 (BGBl I S. 1142) mit Wirkung v. 17. 6. 2016.
5) **Anm. d. Red.:** § 170 angefügt gem. Gesetz v. 11. 4. 2017 (BGBl I S. 802) mit Wirkung v. 19. 4. 2017.

§ 171 Übergangsvorschrift zur Einführung der vereinfachten Prüfung[1)]

§ 53a ist erstmals auf die Prüfung für ein frühestens am 31. Dezember 2017 endendes Geschäftsjahr anzuwenden.

§ 172 Übergangsvorschrift zum Gesetz zur weiteren Umsetzung der Transparenzrichtlinie-Änderungsrichtlinie im Hinblick auf ein einheitliches elektronisches Format für Jahresfinanzberichte[2)]

§ 53 in der ab dem 19. August 2020 geltenden Fassung ist erstmals auf Jahresabschlüsse und Lageberichte für das nach dem 31. Dezember 2019 beginnende Geschäftsjahr anzuwenden.

[1)] **Anm. d. Red.:** § 171 angefügt gem. Gesetz v. 17. 7. 2017 (BGBl I S. 2434) mit Wirkung v. 22. 7. 2017.
[2)] **Anm. d. Red.:** § 172 angefügt gem. Gesetz v. 12.8.2020 (BGBl I S. 1874) mit Wirkung v. 19.8.2020.

X. Gesetz betreffend die Gesellschaften mit beschränkter Haftung (GmbHG)

v. 20.4.1892 (RGBl S. 477), i. d. F. der Bek. v. 20.5.1898 (RGBl S. 369, ber. 846)

Das Gesetz betreffend die Gesellschaften mit beschränkter Haftung (GmbHG) v. 20.4.1892 (RGBl S. 477), i. d. F. der Bek. v. 20.5.1898 (RGBl S. 369, ber. 846) ist zuletzt geändert worden durch Art. 16 Gesetz zur Fortentwicklung des Sanierungs- und Insolvenzrechts (Sanierungs- und Insolvenzrechtsfortentwicklungsgesetz – SanInsFoG)*) v. 22.12.2020 (BGBl I S. 3256).

Nichtamtliche Fassung

Inhaltsübersicht[1]

Abschnitt 1: Errichtung der Gesellschaft

§ 1	Zweck; Gründerzahl
§ 2	Form des Gesellschaftsvertrags
§ 3	Inhalt des Gesellschaftsvertrags
§ 4	Firma
§ 4a	Sitz der Gesellschaft
§ 5	Stammkapital; Geschäftsanteil
§ 5a	Unternehmergesellschaft
§ 6	Geschäftsführer
§ 7	Anmeldung der Gesellschaft
§ 8	Inhalt der Anmeldung
§ 9	Überbewertung der Sacheinlagen
§ 9a	Ersatzansprüche der Gesellschaft
§ 9b	Verzicht auf Ersatzansprüche
§ 9c	Ablehnung der Eintragung
§ 10	Inhalt der Eintragung
§ 11	Rechtszustand vor der Eintragung
§ 12	Bekanntmachungen der Gesellschaft

Abschnitt 2: Rechtsverhältnisse der Gesellschaft und der Gesellschafter

§ 13	Juristische Person; Handelsgesellschaft
§ 14	Einlagepflicht
§ 15	Übertragung von Geschäftsanteilen
§ 16	Rechtsstellung bei Wechsel der Gesellschafter oder Veränderung des Umfangs ihrer Beteiligung; Erwerb vom Nichtberechtigten
§ 17	(weggefallen)
§ 18	Mitberechtigung am Geschäftsanteil
§ 19	Leistung der Einlagen
§ 20	Verzugszinsen
§ 21	Kaduzierung
§ 22	Haftung der Rechtsvorgänger
§ 23	Versteigerung des Geschäftsanteils
§ 24	Aufbringung von Fehlbeträgen
§ 25	Zwingende Vorschriften
§ 26	Nachschusspflicht
§ 27	Unbeschränkte Nachschusspflicht
§ 28	Beschränkte Nachschusspflicht

---

*) **Amtl. Anm.:** Dieses Gesetz dient der weiteren Umsetzung der Richtlinie (EU) 2019/1023 des Europäischen Parlaments und des Rates vom 20. Juni 2019 über präventive Restrukturierungsrahmen, über Entschuldung und über Tätigkeitsverbote sowie über Maßnahmen zur Steigerung der Effizienz von Restrukturierungs-, Insolvenz- und Entschuldungsverfahren und zur Änderung der Richtlinie (EU) 2017/1132 (Richtlinie über Restrukturierung und Insolvenz) (ABl L 172 vom 26.6.2019, S. 18).

1) **Anm. d. Red.:** Inhaltsübersicht i. d. F. des Gesetzes v. 22.12.2020 (BGBl I S. 3256) mit Wirkung v. 1.1.2021.

X. GmbH-Gesetz

§ 29 Ergebnisverwendung
§ 30 Kapitalerhaltung
§ 31 Erstattung verbotener Rückzahlungen
§ 32 Rückzahlung von Gewinn
§§ 32a und 32b (weggefallen)
§ 33 Erwerb eigener Geschäftsanteile
§ 34 Einziehung von Geschäftsanteilen

Abschnitt 3: Vertretung und Geschäftsführung

§ 35 Vertretung der Gesellschaft
§ 35a Angaben auf Geschäftsbriefen
§ 36 Zielgrößen und Fristen zur gleichberechtigten Teilhabe von Frauen und Männern
§ 37 Beschränkung der Vertretungsbefugnis
§ 38 Widerruf der Bestellung
§ 39 Anmeldung der Geschäftsführer
§ 40 Liste der Gesellschafter, Verordnungsermächtigung
§ 41 Buchführung
§ 42 Bilanz
§ 42a Vorlage des Jahresabschlusses und des Lageberichts
§ 43 Haftung der Geschäftsführer
§ 43a Kreditgewährung aus Gesellschaftsvermögen
§ 44 Stellvertreter von Geschäftsführern
§ 45 Rechte der Gesellschafter
§ 46 Aufgabenkreis der Gesellschafter
§ 47 Abstimmung
§ 48 Gesellschafterversammlung
§ 49 Einberufung der Versammlung
§ 50 Minderheitsrechte
§ 51 Form der Einberufung
§ 51a Auskunfts- und Einsichtsrecht
§ 51b Gerichtliche Entscheidung über das Auskunfts- und Einsichtsrecht
§ 52 Aufsichtsrat

Abschnitt 4: Abänderungen des Gesellschaftsvertrags

§ 53 Form der Satzungsänderung
§ 54 Anmeldung und Eintragung der Satzungsänderung
§ 55 Erhöhung des Stammkapitals
§ 55a Genehmigtes Kapital
§ 56 Kapitalerhöhung mit Sacheinlagen
§ 56a Leistungen auf das neue Stammkapital
§ 57 Anmeldung der Erhöhung
§ 57a Ablehnung der Eintragung
§ 57b (weggefallen)
§ 57c Kapitalerhöhung aus Gesellschaftsmitteln
§ 57d Ausweisung von Kapital- und Gewinnrücklagen
§ 57e Zugrundelegung der letzten Jahresbilanz; Prüfung
§ 57f Anforderungen an die Bilanz
§ 57g Vorherige Bekanntgabe des Jahresabschlusses
§ 57h Arten der Kapitalerhöhung
§ 57i Anmeldung und Eintragung des Erhöhungsbeschlusses
§ 57j Verteilung der Geschäftsanteile
§ 57k Teilrechte; Ausübung der Rechte
§ 57l Teilnahme an der Erhöhung des Stammkapitals
§ 57m Verhältnis der Rechte; Beziehungen zu Dritten
§ 57n Gewinnbeteiligung der neuen Geschäftsanteile
§ 57o Anschaffungskosten
§ 58 Herabsetzung des Stammkapitals
§ 58a Vereinfachte Kapitalherabsetzung
§ 58b Beträge aus Rücklagenauflösung und Kapitalherabsetzung
§ 58c Nichteintritt angenommener Verluste
§ 58d Gewinnausschüttung

§ 58e Beschluss über die Kapitalherabsetzung
§ 58f Kapitalherabsetzung bei gleichzeitiger Erhöhung des Stammkapitals
§ 59   (weggefallen)

Abschnitt 5: Auflösung und Nichtigkeit der Gesellschaft

§ 60 Auflösungsgründe
§ 61 Auflösung durch Urteil
§ 62 Auflösung durch eine Verwaltungsbehörde
§ 63 (weggefallen)
§ 64 (weggefallen)
§ 65 Anmeldung und Eintragung der Auflösung
§ 66 Liquidatoren
§ 67 Anmeldung der Liquidatoren
§ 68 Zeichnung der Liquidatoren
§ 69 Rechtsverhältnisse von Gesellschaft und Gesellschaftern
§ 70 Aufgaben der Liquidatoren
§ 71 Eröffnungsbilanz; Rechte und Pflichten
§ 72 Vermögensverteilung
§ 73 Sperrjahr
§ 74 Schluss der Liquidation
§ 75 Nichtigkeitsklage
§ 76 Heilung von Mängeln durch Gesellschafterbeschluss
§ 77 Wirkung der Nichtigkeit

Abschnitt 6: Ordnungs-, Straf- und Bußgeldvorschriften

§ 78 Anmeldepflichtige
§ 79 Zwangsgelder
§§ 80 und 81 (weggefallen)
§ 82 Falsche Angaben
§ 83 (weggefallen)
§ 84 Verletzung der Verlustanzeigepflicht
§ 85 Verletzung der Geheimhaltungspflicht
§ 86 Verletzung der Pflichten bei Abschlussprüfungen
§ 87 Bußgeldvorschriften
§ 88 Mitteilungen an die Abschlussprüferaufsichtsstelle

Anlage (zu § 2 Abs. 1a)

Abschnitt 1: Errichtung der Gesellschaft

§ 1 Zweck; Gründerzahl[1)2)]

Gesellschaften mit beschränkter Haftung können nach Maßgabe der Bestimmungen dieses Gesetzes zu jedem gesetzlich zulässigen Zweck durch eine oder mehrere Personen errichtet werden.

§ 2 Form des Gesellschaftsvertrags[3)]

(1) ¹Der Gesellschaftsvertrag bedarf notarieller Form. ²Er ist von sämtlichen Gesellschaftern zu unterzeichnen.

(1a) ¹Die Gesellschaft kann in einem vereinfachten Verfahren gegründet werden, wenn sie höchstens drei Gesellschafter und einen Geschäftsführer hat. ²Für die Gründung im vereinfachten Verfahren ist das in der Anlage bestimmte Musterprotokoll zu verwenden. ³Darüber hinaus dürfen keine vom Gesetz abweichenden Bestimmungen getroffen werden. ⁴Das Musterpro-

---

1) **Anm. d. Red.:** Die amtlichen Überschriften zu den einzelnen Paragrafen wurden eingefügt gem. Gesetz v. 23.10.2008 (BGBl I S. 2026) mit Wirkung v. 1.11.2008.
2) **Anm. d. Red.:** § 1 i. d. F. des Gesetzes v. 4.7.1980 (BGBl I S. 836) mit Wirkung v. 1.1.1981.
3) **Anm. d. Red.:** § 2 i. d. F. des Gesetzes v. 23.10.2008 (BGBl I S. 2026) mit Wirkung v. 1.11.2008.

tokoll gilt zugleich als Gesellschafterliste. ⁵Im Übrigen finden auf das Musterprotokoll die Vorschriften dieses Gesetzes über den Gesellschaftsvertrag entsprechende Anwendung.

(2) Die Unterzeichnung durch Bevollmächtigte ist nur aufgrund einer notariell errichteten oder beglaubigten Vollmacht zulässig.

§ 3 Inhalt des Gesellschaftsvertrags[1)]

(1) Der Gesellschaftsvertrag muss enthalten:
1. die Firma und den Sitz der Gesellschaft,
2. den Gegenstand des Unternehmens,
3. den Betrag des Stammkapitals,
4. die Zahl und die Nennbeträge der Geschäftsanteile, die jeder Gesellschafter gegen Einlage auf das Stammkapital (Stammeinlage) übernimmt.

(2) Soll das Unternehmen auf eine gewisse Zeit beschränkt sein oder sollen den Gesellschaftern außer der Leistung von Kapitaleinlagen noch andere Verpflichtungen gegenüber der Gesellschaft auferlegt werden, so bedürfen auch diese Bestimmungen der Aufnahme in den Gesellschaftsvertrag.

§ 4 Firma[2)]

¹Die Firma der Gesellschaft muss, auch wenn sie nach § 22 des Handelsgesetzbuchs oder nach anderen gesetzlichen Vorschriften fortgeführt wird, die Bezeichnung „Gesellschaft mit beschränkter Haftung" oder eine allgemein verständliche Abkürzung dieser Bezeichnung enthalten. ²Verfolgt die Gesellschaft ausschließlich und unmittelbar steuerbegünstigte Zwecke nach den §§ 51 bis 68 der Abgabenordnung kann die Abkürzung „gGmbH" lauten.

§ 4a Sitz der Gesellschaft[3)]

Sitz der Gesellschaft ist der Ort im Inland, den der Gesellschaftsvertrag bestimmt.

§ 5 Stammkapital; Geschäftsanteil[4)]

(1) Das Stammkapital der Gesellschaft muss mindestens fünfundzwanzigtausend Euro betragen.

(2) ¹Der Nennbetrag jedes Geschäftsanteils muss auf volle Euro lauten. ²Ein Gesellschafter kann bei Errichtung der Gesellschaft mehrere Geschäftsanteile übernehmen.

(3) ¹Die Höhe der Nennbeträge der einzelnen Geschäftsanteile kann verschieden bestimmt werden. ²Die Summe der Nennbeträge aller Geschäftsanteile muss mit dem Stammkapital übereinstimmen.

(4) ¹Sollen Sacheinlagen geleistet werden, so müssen der Gegenstand der Sacheinlage und der Nennbetrag des Geschäftsanteils, auf den sich die Sacheinlage bezieht, im Gesellschaftsvertrag festgesetzt werden. ²Die Gesellschafter haben in einem Sachgründungsbericht die für die Angemessenheit der Leistungen für Sacheinlagen wesentlichen Umstände darzulegen und beim Übergang eines Unternehmens auf die Gesellschaft die Jahresergebnisse der beiden letzten Geschäftsjahre anzugeben.

§ 5a Unternehmergesellschaft[5)]

(1) Eine Gesellschaft, die mit einem Stammkapital gegründet wird, das den Betrag des Mindeststammkapitals nach § 5 Abs. 1 unterschreitet, muss in der Firma abweichend von § 4 die

---

1) **Anm. d. Red.:** § 3 i. d. F. des Gesetzes v. 23. 10. 2008 (BGBl I S. 2026) mit Wirkung v. 1. 11. 2008.
2) **Anm. d. Red.:** § 4 i. d. F. des Gesetzes v. 21. 3. 2013 (BGBl I S. 556) mit Wirkung v. 29. 3. 2013.
3) **Anm. d. Red.:** § 4a i. d. F. des Gesetzes v. 23. 10. 2008 (BGBl I S. 2026) mit Wirkung v. 1. 11. 2008.
4) **Anm. d. Red.:** § 5 i. d. F. des Gesetzes v. 23. 10. 2008 (BGBl I S. 2026) mit Wirkung v. 1. 11. 2008.
5) **Anm. d. Red.:** § 5a eingefügt gem. Gesetz v. 23. 10. 2008 (BGBl I S. 2026) mit Wirkung v. 1. 11. 2008.

Bezeichnung „Unternehmergesellschaft (haftungsbeschränkt)" oder „UG (haftungsbeschränkt)" führen.

(2) ¹Abweichend von § 7 Abs. 2 darf die Anmeldung erst erfolgen, wenn das Stammkapital in voller Höhe eingezahlt ist. ²Sacheinlagen sind ausgeschlossen.

(3) ¹In der Bilanz des nach den §§ 242, 264 des Handelsgesetzbuchs aufzustellenden Jahresabschlusses ist eine gesetzliche Rücklage zu bilden, in die ein Viertel des um einen Verlustvortrag aus dem Vorjahr geminderten Jahresüberschusses einzustellen ist. ²Die Rücklage darf nur verwandt werden

1. für Zwecke des § 57c;
2. zum Ausgleich eines Jahresfehlbetrags, soweit er nicht durch einen Gewinnvortrag aus dem Vorjahr gedeckt ist;
3. zum Ausgleich eines Verlustvortrags aus dem Vorjahr, soweit er nicht durch einen Jahresüberschuss gedeckt ist.

(4) Abweichend von § 49 Abs. 3 muss die Versammlung der Gesellschafter bei drohender Zahlungsunfähigkeit unverzüglich einberufen werden.

(5) Erhöht die Gesellschaft ihr Stammkapital so, dass es den Betrag des Mindeststammkapitals nach § 5 Abs. 1 erreicht oder übersteigt, finden die Absätze 1 bis 4 keine Anwendung mehr; die Firma nach Absatz 1 darf beibehalten werden.

§ 6 Geschäftsführer[1]

(1) Die Gesellschaft muss einen oder mehrere Geschäftsführer haben.

(2) ¹Geschäftsführer kann nur eine natürliche, unbeschränkt geschäftsfähige Person sein. ²Geschäftsführer kann nicht sein, wer

1. als Betreuter bei der Besorgung seiner Vermögensangelegenheiten ganz oder teilweise einem Einwilligungsvorbehalt (§ 1903 des Bürgerlichen Gesetzbuchs) unterliegt,
2. aufgrund eines gerichtlichen Urteils oder einer vollziehbaren Entscheidung einer Verwaltungsbehörde einen Beruf, einen Berufszweig, ein Gewerbe oder einen Gewerbezweig nicht ausüben darf, sofern der Unternehmensgegenstand ganz oder teilweise mit dem Gegenstand des Verbots übereinstimmt,
3. wegen einer oder mehrerer vorsätzlich begangener Straftaten

    a) des Unterlassens der Stellung des Antrags auf Eröffnung des Insolvenzverfahrens (Insolvenzverschleppung),

    b) nach den §§ 283 bis 283d des Strafgesetzbuchs (Insolvenzstraftaten),

    c) der falschen Angaben nach § 82 dieses Gesetzes oder § 399 des Aktiengesetzes,

    d) der unrichtigen Darstellung nach § 400 des Aktiengesetzes, § 331 des Handelsgesetzbuchs, § 313 des Umwandlungsgesetzes oder § 17 des Publizitätsgesetzes oder

    e) nach den §§ 263 bis 264a oder den §§ 265b bis 266a des Strafgesetzbuchs zu einer Freiheitsstrafe von mindestens einem Jahr

    verurteilt worden ist; dieser Ausschluss gilt für die Dauer von fünf Jahren seit der Rechtskraft des Urteils, wobei die Zeit nicht eingerechnet wird, in welcher der Täter auf behördliche Anordnung in einer Anstalt verwahrt worden ist.

³Satz 2 Nr. 3 gilt entsprechend bei einer Verurteilung im Ausland wegen einer Tat, die mit den in Satz 2 Nr. 3 genannten Taten vergleichbar ist.

(3) ¹Zu Geschäftsführern können Gesellschafter oder andere Personen bestellt werden. ²Die Bestellung erfolgt entweder im Gesellschaftsvertrag oder nach Maßgabe der Bestimmungen des dritten Abschnitts.

---

1) **Anm. d. Red.:** § 6 i. d. F. des Gesetzes v. 23. 10. 2008 (BGBl I S. 2026) mit Wirkung v. 1. 11. 2008.

(4) Ist im Gesellschaftsvertrag bestimmt, dass sämtliche Gesellschafter zur Geschäftsführung berechtigt sein sollen, so gelten nur die der Gesellschaft bei Festsetzung dieser Bestimmung angehörenden Personen als die bestellten Geschäftsführer.

(5) Gesellschafter, die vorsätzlich oder grob fahrlässig einer Person, die nicht Geschäftsführer sein kann, die Führung der Geschäfte überlassen, haften der Gesellschaft solidarisch für den Schaden, der dadurch entsteht, dass diese Person die ihr gegenüber der Gesellschaft bestehenden Obliegenheiten verletzt.

§ 7 Anmeldung der Gesellschaft[1)]

(1) Die Gesellschaft ist bei dem Gericht, in dessen Bezirk sie ihren Sitz hat, zur Eintragung in das Handelsregister anzumelden.

(2) ¹Die Anmeldung darf erst erfolgen, wenn auf jeden Geschäftsanteil, soweit nicht Sacheinlagen vereinbart sind, ein Viertel des Nennbetrags eingezahlt ist. ²Insgesamt muss auf das Stammkapital mindestens soviel eingezahlt sein, dass der Gesamtbetrag der eingezahlten Geldeinlagen zuzüglich des Gesamtnennbetrags der Geschäftsanteile, für die Sacheinlagen zu leisten sind, die Hälfte des Mindeststammkapitals gemäß § 5 Abs. 1 erreicht.

(3) Die Sacheinlagen sind vor der Anmeldung der Gesellschaft zur Eintragung in das Handelsregister so an die Gesellschaft zu bewirken, dass sie endgültig zur freien Verfügung der Geschäftsführer stehen.

§ 8 Inhalt der Anmeldung[2)]

(1) Der Anmeldung müssen beigefügt sein:
1. der Gesellschaftsvertrag und im Fall des § 2 Abs. 2 die Vollmachten der Vertreter, welche den Gesellschaftsvertrag unterzeichnet haben, oder eine beglaubigte Abschrift dieser Urkunden,
2. die Legitimation der Geschäftsführer, sofern dieselben nicht im Gesellschaftsvertrag bestellt sind,
3. eine von den Anmeldenden unterschriebene Liste der Gesellschafter nach den Vorgaben des § 40,
4. im Fall des § 5 Abs. 4 die Verträge, die den Festsetzungen zugrunde liegen oder zu ihrer Ausführung geschlossen worden sind, und der Sachgründungsbericht,
5. wenn Sacheinlagen vereinbart sind, Unterlagen darüber, dass der Wert der Sacheinlagen den Nennbetrag der dafür übernommenen Geschäftsanteile erreicht.
6. (weggefallen)

(2) ¹In der Anmeldung ist die Versicherung abzugeben, dass die in § 7 Abs. 2 und 3 bezeichneten Leistungen auf die Geschäftsanteile bewirkt sind und dass der Gegenstand der Leistungen sich endgültig in der freien Verfügung der Geschäftsführer befindet. ²Das Gericht kann bei erheblichen Zweifeln an der Richtigkeit der Versicherung Nachweise (unter anderem Einzahlungsbelege) verlangen.

(3) ¹In der Anmeldung haben die Geschäftsführer zu versichern, dass keine Umstände vorliegen, die ihrer Bestellung nach § 6 Abs. 2 Satz 2 Nr. 2 und 3 sowie Satz 3 entgegenstehen, und dass sie über ihre unbeschränkte Auskunftspflicht gegenüber dem Gericht belehrt worden sind. ²Die Belehrung nach § 53 Abs. 2 des Bundeszentralregistergesetzes kann schriftlich vorgenommen werden; sie kann auch durch einen Notar oder einen im Ausland bestellten Notar, durch einen Vertreter eines vergleichbaren rechtsberatenden Berufs oder einen Konsularbeamten erfolgen.

---

1) **Anm. d. Red.:** § 7 i. d. F. des Gesetzes v. 23.10.2008 (BGBl I S. 2026) mit Wirkung v. 1.11.2008.
2) **Anm. d. Red.:** § 8 i. d. F. des Gesetzes v. 23.6.2017 (BGBl I S. 1822) mit Wirkung v. 26.6.2017. — Zur Anwendung siehe § 8 EGGmbHG.

(4) In der Anmeldung sind ferner anzugeben
1. eine inländische Geschäftsanschrift,
2. Art und Umfang der Vertretungsbefugnis der Geschäftsführer.

(5) Für die Einreichung von Unterlagen nach diesem Gesetz gilt § 12 Abs. 2 des Handelsgesetzbuchs entsprechend.

§ 9 Überbewertung der Sacheinlagen[1]

(1) ¹Erreicht der Wert einer Sacheinlage im Zeitpunkt der Anmeldung der Gesellschaft zur Eintragung in das Handelsregister nicht den Nennbetrag des dafür übernommenen Geschäftsanteils, hat der Gesellschafter in Höhe des Fehlbetrags eine Einlage in Geld zu leisten. ²Sonstige Ansprüche bleiben unberührt.

(2) Der Anspruch der Gesellschaft nach Absatz 1 Satz 1 verjährt in zehn Jahren seit der Eintragung der Gesellschaft in das Handelsregister.

§ 9a Ersatzansprüche der Gesellschaft[2]

(1) Werden zum Zweck der Errichtung der Gesellschaft falsche Angaben gemacht, so haben die Gesellschafter und Geschäftsführer der Gesellschaft als Gesamtschuldner fehlende Einzahlungen zu leisten, eine Vergütung, die nicht unter den Gründungsaufwand aufgenommen ist, zu ersetzen und für den sonst entstehenden Schaden Ersatz zu leisten.

(2) Wird die Gesellschaft von Gesellschaftern durch Einlagen oder Gründungsaufwand vorsätzlich oder aus grober Fahrlässigkeit geschädigt, so sind ihr alle Gesellschafter als Gesamtschuldner zum Ersatz verpflichtet.

(3) Von diesen Verpflichtungen ist ein Gesellschafter oder ein Geschäftsführer befreit, wenn er die die Ersatzpflicht begründenden Tatsachen weder kannte noch bei Anwendung der Sorgfalt eines ordentlichen Geschäftsmannes kennen musste.

(4) ¹Neben den Gesellschaftern sind in gleicher Weise Personen verantwortlich, für deren Rechnung die Gesellschafter Geschäftsanteile übernommen haben. ²Sie können sich auf ihre eigene Unkenntnis nicht wegen solcher Umstände berufen, die ein für ihre Rechnung handelnder Gesellschafter kannte oder bei Anwendung der Sorgfalt eines ordentlichen Geschäftsmannes kennen musste.

§ 9b Verzicht auf Ersatzansprüche[3]

(1) ¹Ein Verzicht der Gesellschaft auf Ersatzansprüche nach § 9a oder ein Vergleich der Gesellschaft über diese Ansprüche ist unwirksam, soweit der Ersatz zur Befriedigung der Gläubiger der Gesellschaft erforderlich ist. ²Dies gilt nicht, wenn der Ersatzpflichtige zahlungsunfähig ist und sich zur Abwendung des Insolvenzverfahrens mit seinen Gläubigern vergleicht oder wenn die Ersatzpflicht in einem Insolvenzplan geregelt wird.

(2) ¹Ersatzansprüche der Gesellschaft nach § 9a verjähren in fünf Jahren. ²Die Verjährung beginnt mit der Eintragung der Gesellschaft in das Handelsregister oder, wenn die zum Ersatz verpflichtende Handlung später begangen worden ist, mit der Vornahme der Handlung.

§ 9c Ablehnung der Eintragung[4]

(1) ¹Ist die Gesellschaft nicht ordnungsgemäß errichtet und angemeldet, so hat das Gericht die Eintragung abzulehnen. ²Dies gilt auch, wenn Sacheinlagen nicht unwesentlich überbewertet worden sind.

---

1) **Anm. d. Red.:** § 9 i. d. F. des Gesetzes v. 23. 10. 2008 (BGBl I S. 2026) mit Wirkung v. 1. 11. 2008.
2) **Anm. d. Red.:** § 9a i. d. F. des Gesetzes v. 23. 10. 2008 (BGBl I S. 2026) mit Wirkung v. 1. 11. 2008.
3) **Anm. d. Red.:** § 9b i. d. F. des Gesetzes v. 5. 10. 1994 (BGBl I S. 2911) mit Wirkung v. 1. 1. 1999.
4) **Anm. d. Red.:** § 9c i. d. F. des Gesetzes v. 23. 10. 2008 (BGBl I S. 2026) mit Wirkung v. 1. 11. 2008.

(2) Wegen einer mangelhaften, fehlenden oder nichtigen Bestimmung des Gesellschaftsvertrages darf das Gericht die Eintragung nach Absatz 1 nur ablehnen, soweit diese Bestimmung, ihr Fehlen oder ihre Nichtigkeit
1. Tatsachen oder Rechtsverhältnisse betrifft, die nach § 3 Abs. 1 oder aufgrund anderer zwingender gesetzlicher Vorschriften in dem Gesellschaftsvertrag bestimmt sein müssen oder die in das Handelsregister einzutragen oder von dem Gericht bekannt zu machen sind,
2. Vorschriften verletzt, die ausschließlich oder überwiegend zum Schutze der Gläubiger der Gesellschaft oder sonst im öffentlichen Interesse gegeben sind, oder
3. die Nichtigkeit des Gesellschaftsvertrages zur Folge hat.

§ 10 Inhalt der Eintragung[1]

(1) ¹Bei der Eintragung in das Handelsregister sind die Firma und der Sitz der Gesellschaft, eine inländische Geschäftsanschrift, der Gegenstand des Unternehmens, die Höhe des Stammkapitals, der Tag des Abschlusses des Gesellschaftsvertrages und die Personen der Geschäftsführer anzugeben. ²Ferner ist einzutragen, welche Vertretungsbefugnis die Geschäftsführer haben.

(2) ¹Enthält der Gesellschaftsvertrag Bestimmungen über die Zeitdauer der Gesellschaft oder über das genehmigte Kapital, so sind auch diese Bestimmungen einzutragen. ²Wenn eine Person, die für Willenserklärungen und Zustellungen an die Gesellschaft empfangsberechtigt ist, mit einer inländischen Anschrift zur Eintragung in das Handelsregister angemeldet wird, sind auch diese Angaben einzutragen; Dritten gegenüber gilt die Empfangsberechtigung als fortbestehend, bis sie im Handelsregister gelöscht und die Löschung bekannt gemacht worden ist, es sei denn, dass die fehlende Empfangsberechtigung dem Dritten bekannt war.

(3) (weggefallen)

§ 11 Rechtszustand vor der Eintragung

(1) Vor der Eintragung in das Handelsregister des Sitzes der Gesellschaft besteht die Gesellschaft mit beschränkter Haftung als solche nicht.

(2) Ist vor der Eintragung im Namen der Gesellschaft gehandelt worden, so haften die Handelnden persönlich und solidarisch.

§ 12 Bekanntmachungen der Gesellschaft[2]

¹Bestimmt das Gesetz oder der Gesellschaftsvertrag, dass von der Gesellschaft etwas bekannt zu machen ist, so erfolgt die Bekanntmachung im Bundesanzeiger (Gesellschaftsblatt). ²Daneben kann der Gesellschaftsvertrag andere öffentliche Blätter oder elektronische Informationsmedien als Gesellschaftsblätter bezeichnen.

Abschnitt 2: Rechtsverhältnisse der Gesellschaft und der Gesellschafter

§ 13 Juristische Person; Handelsgesellschaft

(1) Die Gesellschaft mit beschränkter Haftung als solche hat selbständig ihre Rechte und Pflichten; sie kann Eigentum und andere dingliche Rechte an Grundstücken erwerben, vor Gericht klagen und verklagt werden.

(2) Für die Verbindlichkeiten der Gesellschaft haftet den Gläubigern derselben nur das Gesellschaftsvermögen.

(3) Die Gesellschaft gilt als Handelsgesellschaft im Sinne des Handelsgesetzbuchs.

---

1) **Anm. d. Red.:** § 10 i. d. F. des Gesetzes v. 30. 7. 2009 (BGBl I S. 2479) mit Wirkung v. 1. 9. 2009.
2) **Anm. d. Red.:** § 12 i. d. F. des Gesetzes v. 22. 12. 2011 (BGBl I S. 3044) mit Wirkung v. 1. 4. 2012.

§ 14 Einlagepflicht[1]

¹Auf jeden Geschäftsanteil ist eine Einlage zu leisten. ²Die Höhe der zu leistenden Einlage richtet sich nach dem bei der Errichtung der Gesellschaft im Gesellschaftsvertrag festgesetzten Nennbetrag des Geschäftsanteils. ³Im Fall der Kapitalerhöhung bestimmt sich die Höhe der zu leistenden Einlage nach dem in der Übernahmeerklärung festgesetzten Nennbetrag des Geschäftsanteils.

§ 15 Übertragung von Geschäftsanteilen[2]

(1) Die Geschäftsanteile sind veräußerlich und vererblich.

(2) Erwirbt ein Gesellschafter zu seinem ursprünglichen Geschäftsanteil weitere Geschäftsanteile, so behalten dieselben ihre Selbständigkeit.

(3) Zur Abtretung von Geschäftsanteilen durch Gesellschafter bedarf es eines in notarieller Form geschlossenen Vertrages.

(4) ¹Der notariellen Form bedarf auch eine Vereinbarung, durch welche die Verpflichtung eines Gesellschafters zur Abtretung eines Geschäftsanteils begründet wird. ²Eine ohne diese Form getroffene Vereinbarung wird jedoch durch den nach Maßgabe des vorigen Absatzes geschlossenen Abtretungsvertrag gültig.

(5) Durch den Gesellschaftsvertrag kann die Abtretung der Geschäftsanteile an weitere Voraussetzungen geknüpft, insbesondere von der Genehmigung der Gesellschaft abhängig gemacht werden.

§ 16 Rechtsstellung bei Wechsel der Gesellschafter oder Veränderung des Umfangs ihrer Beteiligung; Erwerb vom Nichtberechtigten[3]

(1) ¹Im Verhältnis zur Gesellschaft gilt im Fall einer Veränderung in den Personen der Gesellschafter oder des Umfangs ihrer Beteiligung als Inhaber eines Geschäftsanteils nur, wer als solcher in der im Handelsregister aufgenommenen Gesellschafterliste (§ 40) eingetragen ist. ²Eine vom Erwerber in Bezug auf das Gesellschaftsverhältnis vorgenommene Rechtshandlung gilt als von Anfang an wirksam, wenn die Liste unverzüglich nach Vornahme der Rechtshandlung in das Handelsregister aufgenommen wird.

(2) Für Einlageverpflichtungen, die in dem Zeitpunkt rückständig sind, ab dem der Erwerber gemäß Absatz 1 Satz 1 im Verhältnis zur Gesellschaft als Inhaber des Geschäftsanteils gilt, haftet der Erwerber neben dem Veräußerer.

(3) ¹Der Erwerber kann einen Geschäftsanteil oder ein Recht daran durch Rechtsgeschäft wirksam vom Nichtberechtigten erwerben, wenn der Veräußerer als Inhaber des Geschäftsanteils in der im Handelsregister aufgenommenen Gesellschafterliste eingetragen ist. ²Dies gilt nicht, wenn die Liste zum Zeitpunkt des Erwerbs hinsichtlich des Geschäftsanteils weniger als drei Jahre unrichtig und die Unrichtigkeit dem Berechtigten nicht zuzurechnen ist. ³Ein gutgläubiger Erwerb ist ferner nicht möglich, wenn dem Erwerber die mangelnde Berechtigung bekannt oder infolge grober Fahrlässigkeit unbekannt ist oder der Liste ein Widerspruch zugeordnet ist. ⁴Die Zuordnung eines Widerspruchs erfolgt aufgrund einer einstweiligen Verfügung oder aufgrund

---

1) **Anm. d. Red.:** § 14 i. d. F. des Gesetzes v. 23.10.2008 (BGBl I S. 2026) mit Wirkung v. 1.11.2008.
2) **Anm. d. Red.:** § 15 i. d. F. des Gesetzes v. 28.8.1969 (BGBl I S. 1513) mit Wirkung v. 1.1.1970.
3) **Anm. d. Red.:** § 16 i. d. F. des Gesetzes v. 23.10.2008 (BGBl I S. 2026) mit Wirkung v. 1.11.2008.

einer Bewilligung desjenigen, gegen dessen Berechtigung sich der Widerspruch richtet. ⁵Eine Gefährdung des Rechts des Widersprechenden muss nicht glaubhaft gemacht werden.

§ 17 (weggefallen)[1)]

§ 18 Mitberechtigung am Geschäftsanteil

(1) Steht ein Geschäftsanteil mehreren Mitberechtigten ungeteilt zu, so können sie die Rechte aus demselben nur gemeinschaftlich ausüben.

(2) Für die auf den Geschäftsanteil zu bewirkenden Leistungen haften sie der Gesellschaft solidarisch.

(3) ¹Rechtshandlungen, welche die Gesellschaft gegenüber dem Inhaber des Anteils vorzunehmen hat, sind, sofern nicht ein gemeinsamer Vertreter der Mitberechtigten vorhanden ist, wirksam, wenn sie auch nur gegenüber einem Mitberechtigten vorgenommen werden. ²Gegenüber mehreren Erben eines Gesellschafters findet diese Bestimmung nur in Bezug auf Rechtshandlungen Anwendung, welche nach Ablauf eines Monats seit dem Anfall der Erbschaft vorgenommen werden.

§ 19 Leistung der Einlagen[2)]

(1) Die Einzahlungen auf die Geschäftsanteile sind nach dem Verhältnis der Geldeinlagen zu leisten.

(2) ¹Von der Verpflichtung zur Leistung der Einlagen können die Gesellschafter nicht befreit werden. ²Gegen den Anspruch der Gesellschaft ist die Aufrechnung nur zulässig mit einer Forderung aus der Überlassung von Vermögensgegenständen, deren Anrechnung auf die Einlageverpflichtung nach § 5 Abs. 4 Satz 1 vereinbart worden ist. ³An dem Gegenstand einer Sacheinlage kann wegen Forderungen, welche sich nicht auf den Gegenstand beziehen, kein Zurückbehaltungsrecht geltend gemacht werden.

(3) Durch eine Kapitalherabsetzung können die Gesellschafter von der Verpflichtung zur Leistung von Einlagen höchstens in Höhe des Betrags befreit werden, um den das Stammkapital herabgesetzt worden ist.

(4) ¹Ist eine Geldeinlage eines Gesellschafters bei wirtschaftlicher Betrachtung und aufgrund einer im Zusammenhang mit der Übernahme der Geldeinlage getroffenen Abrede vollständig oder teilweise als Sacheinlage zu bewerten (verdeckte Sacheinlage), so befreit dies den Gesellschafter nicht von seiner Einlageverpflichtung. ²Jedoch sind die Verträge über die Sacheinlage und die Rechtshandlungen zu ihrer Ausführung nicht unwirksam. ³Auf die fortbestehende Geldeinlagepflicht des Gesellschafters wird der Wert des Vermögensgegenstandes im Zeitpunkt der Anmeldung der Gesellschaft zur Eintragung in das Handelsregister oder im Zeitpunkt seiner Überlassung an die Gesellschaft, falls diese später erfolgt, angerechnet. ⁴Die Anrechnung erfolgt nicht vor Eintragung der Gesellschaft in das Handelsregister. ⁵Die Beweislast für die Werthaltigkeit des Vermögensgegenstandes trägt der Gesellschafter.

(5) ¹Ist vor der Einlage eine Leistung an den Gesellschafter vereinbart worden, die wirtschaftlich einer Rückzahlung der Einlage entspricht und die nicht als verdeckte Sacheinlage im Sinne von Absatz 4 zu beurteilen ist, so befreit dies den Gesellschafter von seiner Einlageverpflichtung nur dann, wenn die Leistung durch einen vollwertigen Rückgewähranspruch gedeckt ist, der jederzeit fällig ist oder durch fristlose Kündigung durch die Gesellschaft fällig werden kann. ²Eine solche Leistung oder die Vereinbarung einer solchen Leistung ist in der Anmeldung nach § 8 anzugeben.

(6) ¹Der Anspruch der Gesellschaft auf Leistung der Einlagen verjährt in zehn Jahren von seiner Entstehung an. ²Wird das Insolvenzverfahren über das Vermögen der Gesellschaft eröffnet, so tritt die Verjährung nicht vor Ablauf von sechs Monaten ab dem Zeitpunkt der Eröffnung ein.

---

1) **Anm. d. Red.:** § 17 weggefallen gem. Gesetz v. 23. 10. 2008 (BGBl I S. 2026) mit Wirkung v. 1. 11. 2008.
2) **Anm. d. Red.:** § 19 i. d. F. des Gesetzes v. 23. 10. 2008 (BGBl I S. 2026) mit Wirkung v. 1. 11. 2008.

§ 20 Verzugszinsen

Ein Gesellschafter, welcher den auf die Stammeinlage eingeforderten Betrag nicht zur rechten Zeit einzahlt, ist zur Entrichtung von Verzugszinsen von Rechts wegen verpflichtet.

§ 21 Kaduzierung

(1) ¹Im Fall verzögerter Einzahlung kann an den säumigen Gesellschafter eine erneute Aufforderung zur Zahlung binnen einer zu bestimmenden Nachfrist unter Androhung seines Ausschlusses mit dem Geschäftsanteil, auf welchen die Zahlung zu erfolgen hat, erlassen werden. ²Die Aufforderung erfolgt mittels eingeschriebenen Briefes. ³Die Nachfrist muss mindestens einen Monat betragen.

(2) ¹Nach fruchtlosem Ablauf der Frist ist der säumige Gesellschafter seines Geschäftsanteils und der geleisteten Teilzahlungen zugunsten der Gesellschaft verlustig zu erklären. ²Die Erklärung erfolgt mittels eingeschriebenen Briefes.

(3) Wegen des Ausfalls, welchen die Gesellschaft an dem rückständigen Betrag oder den später auf den Geschäftsanteil eingeforderten Beträgen der Stammeinlage erleidet, bleibt ihr der ausgeschlossene Gesellschafter verhaftet.

§ 22 Haftung der Rechtsvorgänger[1)]

(1) Für eine von dem ausgeschlossenen Gesellschafter nicht erfüllte Einlageverpflichtung haftet der Gesellschaft auch der letzte und jeder frühere Rechtsvorgänger des Ausgeschlossenen, der im Verhältnis zu ihr als Inhaber des Geschäftsanteils gilt.

(2) Ein früherer Rechtsvorgänger haftet nur, soweit die Zahlung von dessen Rechtsnachfolger nicht zu erlangen ist; dies ist bis zum Beweis des Gegenteils anzunehmen, wenn der Letztere die Zahlung nicht bis zum Ablauf eines Monats geleistet hat, nachdem an ihn die Zahlungsaufforderung und an den Rechtsvorgänger die Benachrichtigung von derselben erfolgt ist.

(3) ¹Die Haftung des Rechtsvorgängers ist auf die innerhalb der Frist von fünf Jahren auf die Einlageverpflichtung eingeforderten Leistungen beschränkt. ²Die Frist beginnt mit dem Tag, ab welchem der Rechtsnachfolger im Verhältnis zur Gesellschaft als Inhaber des Geschäftsanteils gilt.

(4) Der Rechtsvorgänger erwirbt gegen Zahlung des rückständigen Betrages den Geschäftsanteil des ausgeschlossenen Gesellschafters.

§ 23 Versteigerung des Geschäftsanteils

¹Ist die Zahlung des rückständigen Betrages von Rechtsvorgängern nicht zu erlangen, so kann die Gesellschaft den Geschäftsanteil im Wege öffentlicher Versteigerung verkaufen lassen. ²Eine andere Art des Verkaufs ist nur mit Zustimmung des ausgeschlossenen Gesellschafters zulässig.

§ 24 Aufbringung von Fehlbeträgen

¹Soweit eine Stammeinlage weder von den Zahlungspflichtigen eingezogen, noch durch Verkauf des Geschäftsanteils gedeckt werden kann, haben die übrigen Gesellschafter den Fehlbetrag nach Verhältnis ihrer Geschäftsanteile aufzubringen. ²Beiträge, welche von einzelnen Gesellschaftern nicht zu erlangen sind, werden nach dem bezeichneten Verhältnis auf die übrigen verteilt.

§ 25 Zwingende Vorschriften

Von den in den §§ 21 bis 24 bezeichneten Rechtsfolgen können die Gesellschafter nicht befreit werden.

---

1) **Anm. d. Red.:** § 22 i. d. F. des Gesetzes v. 23. 10. 2008 (BGBl I S. 2026) mit Wirkung v. 1. 11. 2008.

§ 26 Nachschusspflicht[1]

(1) Im Gesellschaftsvertrag kann bestimmt werden, dass die Gesellschafter über die Nennbeträge der Geschäftsanteile hinaus die Einforderung von weiteren Einzahlungen (Nachschüssen) beschließen können.

(2) Die Einzahlung der Nachschüsse hat nach Verhältnis der Geschäftsanteile zu erfolgen.

(3) Die Nachschusspflicht kann im Gesellschaftsvertrag auf einen bestimmten, nach Verhältnis der Geschäftsanteile festzusetzenden Betrag beschränkt werden.

§ 27 Unbeschränkte Nachschusspflicht

(1) ¹Ist die Nachschusspflicht nicht auf einen bestimmten Betrag beschränkt, so hat jeder Gesellschafter, falls er die Stammeinlage vollständig eingezahlt hat, das Recht, sich von der Zahlung des auf den Geschäftsanteil eingeforderten Nachschusses dadurch zu befreien, dass er innerhalb eines Monats nach der Aufforderung zur Einzahlung den Geschäftsanteil der Gesellschaft zur Befriedigung aus demselben zur Verfügung stellt. ²Ebenso kann die Gesellschaft, wenn der Gesellschafter binnen der angegebenen Frist weder von der bezeichneten Befugnis Gebrauch macht, noch die Einzahlung leistet, demselben mittels eingeschriebenen Briefes erklären, dass sie den Geschäftsanteil als zur Verfügung gestellt betrachte.

(2) ¹Die Gesellschaft hat den Geschäftsanteil innerhalb eines Monats nach der Erklärung des Gesellschafters oder der Gesellschaft im Wege öffentlicher Versteigerung verkaufen zu lassen. ²Eine andere Art des Verkaufs ist nur mit Zustimmung des Gesellschafters zulässig. ³Ein nach Deckung der Verkaufskosten und des rückständigen Nachschusses verbleibender Überschuss gebührt dem Gesellschafter.

(3) ¹Ist die Befriedigung der Gesellschaft durch den Verkauf nicht zu erlangen, so fällt der Geschäftsanteil der Gesellschaft zu. ²Dieselbe ist befugt, den Anteil für eigene Rechnung zu veräußern.

(4) Im Gesellschaftsvertrag kann die Anwendung der vorstehenden Bestimmungen auf den Fall beschränkt werden, dass die auf den Geschäftsanteil eingeforderten Nachschüsse einen bestimmten Betrag überschreiten.

§ 28 Beschränkte Nachschusspflicht

(1) ¹Ist die Nachschusspflicht auf einen bestimmten Betrag beschränkt, so finden, wenn im Gesellschaftsvertrag nicht ein anderes festgesetzt ist, im Fall verzögerter Einzahlung von Nachschüssen die auf die Einzahlung der Stammeinlagen bezüglichen Vorschriften der §§ 21 bis 23 entsprechende Anwendung. ²Das Gleiche gilt im Fall des § 27 Abs. 4 auch bei unbeschränkter Nachschusspflicht, soweit die Nachschüsse den im Gesellschaftsvertrag festgesetzten Betrag nicht überschreiten.

(2) Im Gesellschaftsvertrag kann bestimmt werden, dass die Einforderung von Nachschüssen, auf deren Zahlung die Vorschriften der §§ 21 bis 23 Anwendung finden, schon vor vollständiger Einforderung der Stammeinlagen zulässig ist.

§ 29 Ergebnisverwendung[2]

(1) ¹Die Gesellschafter haben Anspruch auf den Jahresüberschuss zuzüglich eines Gewinnvortrags und abzüglich eines Verlustvortrags, soweit der sich ergebende Betrag nicht nach Gesetz oder Gesellschaftsvertrag, durch Beschluss nach Absatz 2 oder als zusätzlicher Aufwand aufgrund des Beschlusses über die Verwendung des Ergebnisses von der Verteilung unter die Gesellschafter ausgeschlossen ist. ²Wird die Bilanz unter Berücksichtigung der teilweisen Ergebnisverwendung aufgestellt oder werden Rücklagen aufgelöst, so haben die Gesellschafter abweichend von Satz 1 Anspruch auf den Bilanzgewinn.

---

1) **Anm. d. Red.:** § 26 i. d. F. des Gesetzes v. 23. 10. 2008 (BGBl I S. 2026) mit Wirkung v. 1. 11. 2008.
2) **Anm. d. Red.:** § 29 i. d. F. des Gesetzes v. 17. 7. 2015 (BGBl I S. 1245) mit Wirkung v. 23. 7. 2015.

(2) Im Beschluss über die Verwendung des Ergebnisses können die Gesellschafter, wenn der Gesellschaftsvertrag nichts anderes bestimmt, Beträge in Gewinnrücklagen einstellen oder als Gewinn vortragen.

(3) ¹Die Verteilung erfolgt nach Verhältnis der Geschäftsanteile. ²Im Gesellschaftsvertrag kann ein anderer Maßstab der Verteilung festgesetzt werden.

(4) ¹Unbeschadet der Absätze 1 und 2 und abweichender Gewinnverteilungsabreden nach Absatz 3 Satz 2 können die Geschäftsführer mit Zustimmung des Aufsichtsrats oder der Gesellschafter den Eigenkapitalanteil von Wertaufholungen bei Vermögensgegenständen des Anlage- und Umlaufvermögens in andere Gewinnrücklagen einstellen. ²Der Betrag dieser Rücklagen ist in der Bilanz gesondert auszuweisen; er kann auch im Anhang angegeben werden.

§ 30 Kapitalerhaltung[1]

(1) ¹Das zur Erhaltung des Stammkapitals erforderliche Vermögen der Gesellschaft darf an die Gesellschafter nicht ausgezahlt werden. ²Satz 1 gilt nicht bei Leistungen, die bei Bestehen eines Beherrschungs- oder Gewinnabführungsvertrags (§ 291 des Aktiengesetzes) erfolgen, oder durch einen vollwertigen Gegenleistungs- oder Rückgewähranspruch gegen den Gesellschafter gedeckt sind. ³Satz 1 ist zudem nicht anzuwenden auf die Rückgewähr eines Gesellschafterdarlehens und Leistungen auf Forderungen aus Rechtshandlungen, die einem Gesellschafterdarlehen wirtschaftlich entsprechen.

(2) ¹Eingezahlte Nachschüsse können, soweit sie nicht zur Deckung eines Verlustes am Stammkapital erforderlich sind, an die Gesellschafter zurückgezahlt werden. ²Die Zurückzahlung darf nicht vor Ablauf von drei Monaten erfolgen, nachdem der Rückzahlungsbeschluss nach § 12 bekannt gemacht ist. ³Im Fall des § 28 Abs. 2 ist die Zurückzahlung von Nachschüssen vor der Volleinzahlung des Stammkapitals unzulässig. ⁴Zurückgezahlte Nachschüsse gelten als nicht eingezogen.

§ 31 Erstattung verbotener Rückzahlungen[2]

(1) Zahlungen, welche den Vorschriften des § 30 zuwider geleistet sind, müssen der Gesellschaft erstattet werden.

(2) War der Empfänger in gutem Glauben, so kann die Erstattung nur insoweit verlangt werden, als sie zur Befriedigung der Gesellschaftsgläubiger erforderlich ist.

(3) ¹Ist die Erstattung von dem Empfänger nicht zu erlangen, so haften für den zu erstattenden Betrag, soweit er zur Befriedigung der Gesellschaftsgläubiger erforderlich ist, die übrigen Gesellschafter nach Verhältnis ihrer Geschäftsanteile. ²Beiträge, welche von einzelnen Gesellschaftern nicht zu erlangen sind, werden nach dem bezeichneten Verhältnis auf die übrigen verteilt.

(4) Zahlungen, welche aufgrund der vorstehenden Bestimmungen zu leisten sind, können den Verpflichteten nicht erlassen werden.

(5) ¹Die Ansprüche der Gesellschaft verjähren in den Fällen des Absatzes 1 in zehn Jahren sowie in den Fällen des Absatzes 3 in fünf Jahren. ²Die Verjährung beginnt mit dem Ablauf des Tages, an welchem die Zahlung, deren Erstattung beansprucht wird, geleistet ist. ³In den Fällen des Absatzes 1 findet § 19 Abs. 6 Satz 2 entsprechende Anwendung.

(6) ¹Für die in den Fällen des Absatzes 3 geleistete Erstattung einer Zahlung sind den Gesellschaftern die Geschäftsführer, welchen in Betreff der geleisteten Zahlung ein Verschulden zur Last fällt, solidarisch zum Ersatz verpflichtet. ²Die Bestimmungen in § 43 Abs. 1 und 4 finden entsprechende Anwendung.

---

1) **Anm. d. Red.:** § 30 i. d. F. des Gesetzes v. 23. 10. 2008 (BGBl I S. 2026) mit Wirkung v. 1. 11. 2008.
2) **Anm. d. Red.:** § 31 i. d. F. des Gesetzes v. 9. 12. 2004 (BGBl I S. 3214) mit Wirkung v. 15. 12. 2004.

§ 32 Rückzahlung von Gewinn

Liegt die in § 31 Abs. 1 bezeichnete Voraussetzung nicht vor, so sind die Gesellschafter in keinem Fall verpflichtet, Beträge, welche sie in gutem Glauben als Gewinnanteile bezogen haben, zurückzuzahlen.

§§ 32a und 32b (weggefallen)[1)]

§ 33 Erwerb eigener Geschäftsanteile[2)]

(1) Die Gesellschaft kann eigene Geschäftsanteile, auf welche die Einlagen noch nicht vollständig geleistet sind, nicht erwerben oder als Pfand nehmen.

(2) ¹Eigene Geschäftsanteile, auf welche die Einlage vollständig geleistet ist, darf sie nur erwerben, sofern sie im Zeitpunkt des Erwerbs eine Rücklage in Höhe der Aufwendungen für den Erwerb bilden könnte, ohne das Stammkapital oder eine nach dem Gesellschaftsvertrag zu bildende Rücklage zu mindern, die nicht zur Zahlung an die Gesellschafter verwendet werden darf. ²Als Pfand nehmen darf sie solche Geschäftsanteile nur, soweit der Gesamtbetrag der durch Inpfandnahme eigener Geschäftsanteile gesicherten Forderungen oder, wenn der Wert der als Pfand genommenen Geschäftsanteile niedriger ist, dieser Betrag nicht höher ist als das über das Stammkapital hinaus vorhandene Vermögen. ³Ein Verstoß gegen die Sätze 1 und 2 macht den Erwerb oder die Inpfandnahme der Geschäftsanteile nicht unwirksam; jedoch ist das schuldrechtliche Geschäft über einen verbotswidrigen Erwerb oder eine verbotswidrige Inpfandnahme nichtig.

(3) Der Erwerb eigener Geschäftsanteile ist ferner zulässig zur Abfindung von Gesellschaftern nach § 29 Abs. 1, § 122i Abs. 1 Satz 2, § 125 Satz 1 in Verbindung mit § 29 Abs. 1 und § 207 Abs. 1 des Umwandlungsgesetzes, sofern der Erwerb binnen sechs Monaten nach dem Wirksamwerden der Umwandlung oder nach der Rechtskraft der gerichtlichen Entscheidung erfolgt und die Gesellschaft im Zeitpunkt des Erwerbs eine Rücklage in Höhe der Aufwendungen für den Erwerb bilden könnte, ohne das Stammkapital oder eine nach dem Gesellschaftsvertrag zu bildende Rücklage zu mindern, die nicht zur Zahlung an die Gesellschafter verwandt werden darf.

§ 34 Einziehung von Geschäftsanteilen

(1) Die Einziehung (Amortisation) von Geschäftsanteilen darf nur erfolgen, soweit sie im Gesellschaftsvertrag zugelassen ist.

(2) Ohne die Zustimmung des Anteilsberechtigten findet die Einziehung nur statt, wenn die Voraussetzungen derselben vor dem Zeitpunkt, in welchem der Berechtigte den Geschäftsanteil erworben hat, im Gesellschaftsvertrag festgesetzt waren.

(3) Die Bestimmung in § 30 Abs. 1 bleibt unberührt.

Abschnitt 3: Vertretung und Geschäftsführung

§ 35 Vertretung der Gesellschaft[3)]

(1) ¹Die Gesellschaft wird durch die Geschäftsführer gerichtlich und außergerichtlich vertreten. ²Hat eine Gesellschaft keinen Geschäftsführer (Führungslosigkeit), wird die Gesellschaft für den Fall, dass ihr gegenüber Willenserklärungen abgegeben oder Schriftstücke zugestellt werden, durch die Gesellschafter vertreten.

(2) ¹Sind mehrere Geschäftsführer bestellt, sind sie alle nur gemeinschaftlich zur Vertretung der Gesellschaft befugt, es sei denn, dass der Gesellschaftsvertrag etwas anderes bestimmt. ²Ist

---

1) **Anm. d. Red.:** §§ 32a und 32b weggefallen gem. Gesetz v. 23.10.2008 (BGBl I S. 2026) mit Wirkung v. 1.11.2008.
2) **Anm. d. Red.:** § 33 i. d. F. des Gesetzes v. 25.5.2009 (BGBl I S. 1102) mit Wirkung v. 29.5.2009.
3) **Anm. d. Red.:** § 35 i. d. F. des Gesetzes v. 23.10.2008 (BGBl I S. 2026) mit Wirkung v. 1.11.2008.

der Gesellschaft gegenüber eine Willenserklärung abzugeben, genügt die Abgabe gegenüber einem Vertreter der Gesellschaft nach Absatz 1. ³An die Vertreter der Gesellschaft nach Absatz 1 können unter der im Handelsregister eingetragenen Geschäftsanschrift Willenserklärungen abgegeben und Schriftstücke für die Gesellschaft zugestellt werden. ⁴Unabhängig hiervon können die Angabe und die Zustellung auch unter der eingetragenen Anschrift der empfangsberechtigten Person nach § 10 Abs. 2 Satz 2 erfolgen.

(3) ¹Befinden sich alle Geschäftsanteile der Gesellschaft in der Hand eines Gesellschafters oder daneben in der Hand der Gesellschaft und ist er zugleich deren alleiniger Geschäftsführer, so ist auf seine Rechtsgeschäfte mit der Gesellschaft § 181 des Bürgerlichen Gesetzbuchs anzuwenden. ²Rechtsgeschäfte zwischen ihm und der von ihm vertretenen Gesellschaft sind, auch wenn er nicht alleiniger Geschäftsführer ist, unverzüglich nach ihrer Vornahme in eine Niederschrift aufzunehmen.

§ 35a Angaben auf Geschäftsbriefen[1]

(1) ¹Auf allen Geschäftsbriefen gleichviel welcher Form, die an einen bestimmten Empfänger gerichtet werden, müssen die Rechtsform und der Sitz der Gesellschaft, das Registergericht des Sitzes der Gesellschaft und die Nummer, unter der die Gesellschaft in das Handelsregister eingetragen ist, sowie alle Geschäftsführer und, sofern die Gesellschaft einen Aufsichtsrat gebildet und dieser einen Vorsitzenden hat, der Vorsitzende des Aufsichtsrats mit dem Familiennamen und mindestens einem ausgeschriebenen Vornamen angegeben werden. ²Werden Angaben über das Kapital der Gesellschaft gemacht, so müssen in jedem Falle das Stammkapital sowie, wenn nicht alle in Geld zu leistenden Einlagen eingezahlt sind, der Gesamtbetrag der ausstehenden Einlagen angegeben werden.

(2) Der Angaben nach Absatz 1 Satz 1 bedarf es nicht bei Mitteilungen oder Berichten, die im Rahmen einer bestehenden Geschäftsverbindung ergehen und für die üblicherweise Vordrucke verwendet werden, in denen lediglich die im Einzelfall erforderlichen besonderen Angaben eingefügt zu werden brauchen.

(3) ¹Bestellscheine gelten als Geschäftsbriefe im Sinne des Absatzes 1. ²Absatz 2 ist auf sie nicht anzuwenden.

(4) ¹Auf allen Geschäftsbriefen und Bestellscheinen, die von einer Zweigniederlassung einer Gesellschaft mit beschränkter Haftung mit Sitz im Ausland verwendet werden, müssen das Register, bei dem die Zweigniederlassung geführt wird, und die Nummer des Registereintrags angegeben werden; im Übrigen gelten die Vorschriften der Absätze 1 bis 3 für die Angaben bezüglich der Haupt- und der Zweigniederlassung, soweit nicht das ausländische Recht Abweichungen nötig macht. ²Befindet sich die ausländische Gesellschaft in Liquidation, so sind auch diese Tatsache sowie alle Liquidatoren anzugeben.

§ 36 Zielgrößen und Fristen zur gleichberechtigten Teilhabe von Frauen und Männern[2]

¹Die Geschäftsführer einer Gesellschaft, die der Mitbestimmung unterliegt, legen für den Frauenanteil in den beiden Führungsebenen unterhalb der Geschäftsführer Zielgrößen fest. ²Liegt der Frauenanteil bei Festlegung der Zielgrößen unter 30 Prozent, so dürfen die Zielgrößen den jeweils erreichten Anteil nicht mehr unterschreiten. ³Gleichzeitig sind Fristen zur Erreichung der Zielgrößen festzulegen. ⁴Die Fristen dürfen jeweils nicht länger als fünf Jahre sein.

§ 37 Beschränkung der Vertretungsbefugnis

(1) Die Geschäftsführer sind der Gesellschaft gegenüber verpflichtet, die Beschränkungen einzuhalten, welche für den Umfang ihrer Befugnis, die Gesellschaft zu vertreten, durch den Gesell-

---

1) **Anm. d. Red.:** § 35a i. d. F. des Gesetzes v. 23. 10. 2008 (BGBl I S. 2026) mit Wirkung v. 1. 11. 2008.
2) **Anm. d. Red.:** § 36 i. d. F. des Gesetzes v. 24. 4. 2015 (BGBl I S. 642) mit Wirkung v. 1. 5. 2015.

schaftsvertrag oder, soweit dieser nicht ein anderes bestimmt, durch die Beschlüsse der Gesellschafter festgesetzt sind.

(2) ¹Gegen dritte Personen hat eine Beschränkung der Befugnis der Geschäftsführer, die Gesellschaft zu vertreten, keine rechtliche Wirkung. ²Dies gilt insbesondere für den Fall, dass die Vertretung sich nur auf gewisse Geschäfte oder Arten von Geschäften erstrecken oder nur unter gewissen Umständen oder für eine gewisse Zeit oder an einzelnen Orten stattfinden soll, oder dass die Zustimmung der Gesellschafter oder eines Organs der Gesellschaft für einzelne Geschäfte erfordert ist.

§ 38 Widerruf der Bestellung

(1) Die Bestellung der Geschäftsführer ist zu jeder Zeit widerruflich, unbeschadet der Entschädigungsansprüche aus bestehenden Verträgen.

(2) ¹Im Gesellschaftsvertrag kann die Zulässigkeit des Widerrufs auf den Fall beschränkt werden, dass wichtige Gründe denselben notwendig machen. ²Als solche Gründe sind insbesondere grobe Pflichtverletzung oder Unfähigkeit zur ordnungsmäßigen Geschäftsführung anzusehen.

§ 39 Anmeldung der Geschäftsführer[1]

(1) Jede Änderung in den Personen der Geschäftsführer sowie die Beendigung der Vertretungsbefugnis eines Geschäftsführers ist zur Eintragung in das Handelsregister anzumelden.

(2) Der Anmeldung sind die Urkunden über die Bestellung der Geschäftsführer oder über die Beendigung der Vertretungsbefugnis in Urschrift oder öffentlich beglaubigter Abschrift beizufügen.

(3) ¹Die neuen Geschäftsführer haben in der Anmeldung zu versichern, dass keine Umstände vorliegen, die ihrer Bestellung nach § 6 Abs. 2 Satz 2 Nr. 2 und 3 sowie Satz 3 entgegenstehen und dass sie über ihre unbeschränkte Auskunftspflicht gegenüber dem Gericht belehrt worden sind. ²§ 8 Abs. 3 Satz 2 ist anzuwenden.

(4) (weggefallen)

§ 40 Liste der Gesellschafter, Verordnungsermächtigung[2]

(1) ¹Die Geschäftsführer haben unverzüglich nach Wirksamwerden jeder Veränderung in den Personen der Gesellschafter oder des Umfangs ihrer Beteiligung eine von ihnen unterschriebene Liste der Gesellschafter zum Handelsregister einzureichen, aus welcher Name, Vorname, Geburtsdatum und Wohnort derselben sowie die Nennbeträge und die laufenden Nummern der von einem jeden derselben übernommenen Geschäftsanteile sowie die durch den jeweiligen Nennbetrag eines Geschäftsanteils vermittelte jeweilige prozentuale Beteiligung am Stammkapital zu entnehmen sind. ²Ist ein Gesellschafter selbst eine Gesellschaft, so sind bei eingetragenen Gesellschaften in die Liste deren Firma, Satzungssitz, zuständiges Register und Registernummer aufzunehmen, bei nicht eingetragenen Gesellschaften deren jeweilige Gesellschafter unter einer zusammenfassenden Bezeichnung mit Name, Vorname, Geburtsdatum und Wohnort. ³Hält ein Gesellschafter mehr als einen Geschäftsanteil, ist in der Liste der Gesellschafter zudem der Gesamtumfang der Beteiligung am Stammkapital als Prozentsatz gesondert anzugeben. ⁴Die Änderung der Liste durch die Geschäftsführer erfolgt auf Mitteilung und Nachweis.

(2) ¹Hat ein Notar an Veränderungen nach Absatz 1 Satz 1 mitgewirkt, hat er unverzüglich nach deren Wirksamwerden ohne Rücksicht auf etwaige später eintretende Unwirksamkeitsgründe die Liste anstelle der Geschäftsführer zu unterschreiben, zum Handelsregister einzureichen und eine Abschrift der geänderten Liste an die Gesellschaft zu übermitteln. ²Die Liste muss mit der Bescheinigung des Notars versehen sein, dass die geänderten Eintragungen den

---

1) **Anm. d. Red.:** § 39 i. d. F. des Gesetzes v. 23. 10. 2008 (BGBl I S. 2026) mit Wirkung v. 1. 11. 2008.

2) **Anm. d. Red.:** § 40 i. d. F. des Gesetzes v. 23. 6. 2017 (BGBl I S. 1822) mit Wirkung v. 26. 6. 2017. — Zur Anwendung siehe § 8 EGGmbHG.

Veränderungen entsprechen, an denen er mitgewirkt hat, und die übrigen Eintragungen mit dem Inhalt der zuletzt im Handelsregister aufgenommenen Liste übereinstimmen.

(3) Geschäftsführer, welche die ihnen nach Absatz 1 obliegende Pflicht verletzen, haften denjenigen, deren Beteiligung sich geändert hat, und den Gläubigern der Gesellschaft für den daraus entstandenen Schaden als Gesamtschuldner.

(4) Das Bundesministerium der Justiz und für Verbraucherschutz wird ermächtigt, durch Rechtsverordnung mit Zustimmung des Bundesrates nähere Bestimmungen über die Ausgestaltung der Gesellschafterliste zu treffen.

(5) ¹Die Landesregierungen werden ermächtigt, durch Rechtsverordnung zu bestimmen, dass bestimmte in der Liste der Gesellschafter enthaltene Angaben in strukturierter maschinenlesbarer Form an das Handelsregister zu übermitteln sind, soweit nicht durch das Bundesministerium der Justiz und für Verbraucherschutz nach § 387 Absatz 2 des Gesetzes über das Verfahren in Familiensachen und in den Angelegenheiten der freiwilligen Gerichtsbarkeit entsprechende Vorschriften erlassen werden. ²Die Landesregierungen können die Ermächtigung durch Rechtsverordnung auf die Landesjustizverwaltungen übertragen.

§ 41 Buchführung[1]

Die Geschäftsführer sind verpflichtet, für die ordnungsmäßige Buchführung der Gesellschaft zu sorgen.

§ 42 Bilanz[2]

(1) In der Bilanz des nach den §§ 242, 264 des Handelsgesetzbuchs aufzustellenden Jahresabschlusses ist das Stammkapital als gezeichnetes Kapital auszuweisen.

(2) ¹Das Recht der Gesellschaft zur Einziehung von Nachschüssen der Gesellschafter ist in der Bilanz insoweit zu aktivieren, als die Einziehung bereits beschlossen ist und den Gesellschaftern ein Recht, durch Verweisung auf den Geschäftsanteil sich von der Zahlung der Nachschüsse zu befreien, nicht zusteht. ²Der nachzuschießende Betrag ist auf der Aktivseite unter den Forderungen gesondert unter der Bezeichnung „Eingeforderte Nachschüsse" auszuweisen, soweit mit der Zahlung gerechnet werden kann. ³Ein dem Aktivposten entsprechender Betrag ist auf der Passivseite in dem Posten „Kapitalrücklage" gesondert auszuweisen.

(3) Ausleihungen, Forderungen und Verbindlichkeiten gegenüber Gesellschaftern sind in der Regel als solche jeweils gesondert auszuweisen oder im Anhang anzugeben; werden sie unter anderen Posten ausgewiesen, so muss diese Eigenschaft vermerkt werden.

§ 42a Vorlage des Jahresabschlusses und des Lageberichts[3]

(1) ¹Die Geschäftsführer haben den Jahresabschluss und den Lagebericht unverzüglich nach der Aufstellung den Gesellschaftern zum Zwecke der Feststellung des Jahresabschlusses vorzulegen. ²Ist der Jahresabschluss durch einen Abschlussprüfer zu prüfen, so haben die Geschäftsführer ihn zusammen mit dem Lagebericht und dem Prüfungsbericht des Abschlussprüfers unverzüglich nach Eingang des Prüfungsberichts vorzulegen. ³Hat die Gesellschaft einen Aufsichtsrat, so ist dessen Bericht über das Ergebnis seiner Prüfung ebenfalls unverzüglich vorzulegen.

(2) ¹Die Gesellschafter haben spätestens bis zum Ablauf der ersten acht Monate oder, wenn es sich um eine kleine Gesellschaft handelt (§ 267 Abs. 1 des Handelsgesetzbuchs), bis zum Ablauf der ersten elf Monate des Geschäftsjahrs über die Feststellung des Jahresabschlusses und über die Ergebnisverwendung zu beschließen. ²Der Gesellschaftsvertrag kann die Frist nicht ver-

---

1) **Anm. d. Red.:** § 41 i. d. F. des Gesetzes v. 23. 10. 2008 (BGBl I S. 2026) mit Wirkung v. 1. 11. 2008.
2) **Anm. d. Red.:** § 42 i. d. F. des Gesetzes v. 19. 12. 1985 (BGBl I S. 2355) mit Wirkung v. 1. 1. 1986.
3) **Anm. d. Red.:** § 42a i. d. F. des Gesetzes v. 4. 12. 2004 (BGBl I S. 3166) mit Wirkung v. 10. 12. 2004.

längern. ³Auf den Jahresabschluss sind bei der Feststellung die für seine Aufstellung geltenden Vorschriften anzuwenden.

(3) Hat ein Abschlussprüfer den Jahresabschluss geprüft, so hat er auf Verlangen eines Gesellschafters an den Verhandlungen über die Feststellung des Jahresabschlusses teilzunehmen.

(4) ¹Ist die Gesellschaft zur Aufstellung eines Konzernabschlusses und eines Konzernlageberichts verpflichtet, so sind die Absätze 1 bis 3 entsprechend anzuwenden. ²Das Gleiche gilt hinsichtlich eines Einzelabschlusses nach § 325 Abs. 2a des Handelsgesetzbuchs, wenn die Gesellschafter die Offenlegung eines solchen beschlossen haben.

§ 43 Haftung der Geschäftsführer[1]

(1) Die Geschäftsführer haben in den Angelegenheiten der Gesellschaft die Sorgfalt eines ordentlichen Geschäftsmannes anzuwenden.

(2) Geschäftsführer, welche ihre Obliegenheiten verletzen, haften der Gesellschaft solidarisch für den entstandenen Schaden.

(3) ¹Insbesondere sind sie zum Ersatze verpflichtet, wenn den Bestimmungen des § 30 zuwider Zahlungen aus dem zur Erhaltung des Stammkapitals erforderlichen Vermögen der Gesellschaft gemacht oder den Bestimmungen des § 33 zuwider eigene Geschäftsanteile der Gesellschaft erworben worden sind. ²Auf den Ersatzanspruch finden die Bestimmungen in § 9b Abs. 1 entsprechende Anwendung. ³Soweit der Ersatz zur Befriedigung der Gläubiger der Gesellschaft erforderlich ist, wird die Verpflichtung der Geschäftsführer dadurch nicht aufgehoben, dass dieselben in Befolgung eines Beschlusses der Gesellschafter gehandelt haben.

(4) Die Ansprüche aufgrund der vorstehenden Bestimmungen verjähren in fünf Jahren.

§ 43a Kreditgewährung aus Gesellschaftsvermögen[2]

¹Den Geschäftsführern, anderen gesetzlichen Vertretern, Prokuristen oder zum gesamten Geschäftsbetrieb ermächtigten Handlungsbevollmächtigten darf Kredit nicht aus dem zur Erhaltung des Stammkapitals erforderlichen Vermögen der Gesellschaft gewährt werden. ²Ein entgegen Satz 1 gewährter Kredit ist ohne Rücksicht auf entgegenstehende Vereinbarungen sofort zurückzugewähren.

§ 44 Stellvertreter von Geschäftsführern

Die für die Geschäftsführer gegebenen Vorschriften gelten auch für Stellvertreter von Geschäftsführern.

§ 45 Rechte der Gesellschafter

(1) Die Rechte, welche den Gesellschaftern in den Angelegenheiten der Gesellschaft, insbesondere in Bezug auf die Führung der Geschäfte zustehen, sowie die Ausübung derselben bestimmen sich, soweit nicht gesetzliche Vorschriften entgegenstehen, nach dem Gesellschaftsvertrag.

(2) In Ermangelung besonderer Bestimmungen des Gesellschaftsvertrages finden die Vorschriften der §§ 46 bis 51 Anwendung.

§ 46 Aufgabenkreis der Gesellschafter[3]

Der Bestimmung der Gesellschafter unterliegen:
1. die Feststellung des Jahresabschlusses und die Verwendung des Ergebnisses;

---

1) **Anm. d. Red.:** § 43 i. d. F. des Gesetzes v. 4. 7. 1980 (BGBl I S. 836) mit Wirkung v. 1. 1. 1981.
2) **Anm. d. Red.:** § 43a eingefügt gem. Gesetz v. 4. 7. 1980 (BGBl I S. 836). mit Wirkung v. 1. 1. 1981.
3) **Anm. d. Red.:** § 46 i. d. F. des Gesetzes v. 23. 10. 2008 (BGBl I S. 2026) mit Wirkung v. 1. 11. 2008.

1a. die Entscheidung über die Offenlegung eines Einzelabschlusses nach internationalen Rechnungslegungsstandards (§ 325 Abs. 2a des Handelsgesetzbuchs) und über die Billigung des von den Geschäftsführern aufgestellten Abschlusses;
1b. die Billigung eines von den Geschäftsführern aufgestellten Konzernabschlusses;
2. die Einforderung der Einlagen;
3. die Rückzahlung von Nachschüssen;
4. die Teilung, die Zusammenlegung sowie die Einziehung von Geschäftsanteilen;
5. die Bestellung und die Abberufung von Geschäftsführern sowie die Entlastung derselben;
6. die Maßregeln zur Prüfung und Überwachung der Geschäftsführung;
7. die Bestellung von Prokuristen und von Handlungsbevollmächtigten zum gesamten Geschäftsbetrieb;
8. die Geltendmachung von Ersatzansprüchen, welche der Gesellschaft aus der Gründung oder Geschäftsführung gegen Geschäftsführer oder Gesellschafter zustehen, sowie die Vertretung der Gesellschaft in Prozessen, welche sie gegen die Geschäftsführer zu führen hat.

§ 47 Abstimmung[1]

(1) Die von den Gesellschaftern in den Angelegenheiten der Gesellschaft zu treffenden Bestimmungen erfolgen durch Beschlussfassung nach der Mehrheit der abgegebenen Stimmen.

(2) Jeder Euro eines Geschäftsanteils gewährt eine Stimme.

(3) Vollmachten bedürfen zu ihrer Gültigkeit der Textform.

(4) ¹Ein Gesellschafter, welcher durch die Beschlussfassung entlastet oder von einer Verbindlichkeit befreit werden soll, hat hierbei kein Stimmrecht und darf ein solches auch nicht für andere ausüben. ²Dasselbe gilt von einer Beschlussfassung, welche die Vornahme eines Rechtsgeschäfts oder die Einleitung oder Erledigung eines Rechtsstreites gegenüber einem Gesellschafter betrifft.

§ 48 Gesellschafterversammlung[2]

(1) Die Beschlüsse der Gesellschafter werden in Versammlungen gefasst.

(2) Der Abhaltung einer Versammlung bedarf es nicht, wenn sämtliche Gesellschafter in Textform mit der zu treffenden Bestimmung oder mit der schriftlichen Abgabe der Stimmen sich einverstanden erklären.

(3) Befinden sich alle Geschäftsanteile der Gesellschaft in der Hand eines Gesellschafters oder daneben in der Hand der Gesellschaft, so hat er unverzüglich nach der Beschlussfassung eine Niederschrift aufzunehmen und zu unterschreiben.

§ 49 Einberufung der Versammlung

(1) Die Versammlung der Gesellschafter wird durch die Geschäftsführer berufen.

(2) Sie ist außer den ausdrücklich bestimmten Fällen zu berufen, wenn es im Interesse der Gesellschaft erforderlich erscheint.

(3) Insbesondere muss die Versammlung unverzüglich berufen werden, wenn aus der Jahresbilanz oder aus einer im Laufe des Geschäftsjahres aufgestellten Bilanz sich ergibt, dass die Hälfte des Stammkapitals verloren ist.

---

1) **Anm. d. Red.:** § 47 i. d. F. des Gesetzes v. 23. 10. 2008 (BGBl I S. 2026) mit Wirkung v. 1. 11. 2008.
2) **Anm. d. Red.:** § 48 i. d. F. des Gesetzes v. 13. 7. 2001 (BGBl I S. 1542) mit Wirkung v. 1. 8. 2001.

§ 50 Minderheitsrechte

(1) Gesellschafter, deren Geschäftsanteile zusammen mindestens dem zehnten Teil des Stammkapitals entsprechen, sind berechtigt, unter Angabe des Zwecks und der Gründe die Berufung der Versammlung zu verlangen.

(2) In gleicher Weise haben die Gesellschafter das Recht zu verlangen, dass Gegenstände zur Beschlussfassung der Versammlung angekündigt werden.

(3) ¹Wird dem Verlangen nicht entsprochen oder sind Personen, an welche dasselbe zu richten wäre, nicht vorhanden, so können die in Absatz 1 bezeichneten Gesellschafter unter Mitteilung des Sachverhältnisses die Berufung oder Ankündigung selbst bewirken. ²Die Versammlung beschließt, ob die entstandenen Kosten von der Gesellschaft zu tragen sind.

§ 51 Form der Einberufung

(1) ¹Die Berufung der Versammlung erfolgt durch Einladung der Gesellschafter mittels eingeschriebener Briefe. ²Sie ist mit einer Frist von mindestens einer Woche zu bewirken.

(2) Der Zweck der Versammlung soll jederzeit bei der Berufung angekündigt werden.

(3) Ist die Versammlung nicht ordnungsmäßig berufen, so können Beschlüsse nur gefasst werden, wenn sämtliche Gesellschafter anwesend sind.

(4) Das Gleiche gilt in Bezug auf Beschlüsse über Gegenstände, welche nicht wenigstens drei Tage vor der Versammlung in der für die Berufung vorgeschriebenen Weise angekündigt worden sind.

§ 51a Auskunfts- und Einsichtsrecht[1]

(1) Die Geschäftsführer haben jedem Gesellschafter auf Verlangen unverzüglich Auskunft über die Angelegenheiten der Gesellschaft zu geben und die Einsicht der Bücher und Schriften zu gestatten.

(2) ¹Die Geschäftsführer dürfen die Auskunft und die Einsicht verweigern, wenn zu besorgen ist, dass der Gesellschafter sie zu gesellschaftsfremden Zwecken verwenden und dadurch der Gesellschaft oder einem verbundenen Unternehmen einen nicht unerheblichen Nachteil zufügen wird. ²Die Verweigerung bedarf eines Beschlusses der Gesellschafter.

(3) Von diesen Vorschriften kann im Gesellschaftsvertrag nicht abgewichen werden.

§ 51b Gerichtliche Entscheidung über das Auskunfts- und Einsichtsrecht[2]

¹Für die gerichtliche Entscheidung über das Auskunfts- und Einsichtsrecht findet § 132 Abs. 1, 3 und 4 des Aktiengesetzes entsprechende Anwendung. ²Antragsberechtigt ist jeder Gesellschafter, dem die verlangte Auskunft nicht gegeben oder die verlangte Einsicht nicht gestattet worden ist.

§ 52 Aufsichtsrat[3]

(1) Ist nach dem Gesellschaftsvertrag ein Aufsichtsrat zu bestellen, so sind § 90 Abs. 3, 4, 5 Satz 1 und 2, § 95 Satz 1, § 100 Abs. 1 und 2 Nr. 2 und Abs. 5, § 101 Abs. 1 Satz 1, § 103 Abs. 1 Satz 1 und 2, §§ 105, 107 Absatz 3 Satz 2 und 3 und Absatz 4, §§ 110 bis 114, 116 des Aktiengesetzes in Verbindung mit § 93 Abs. 1 und 2 Satz 1 und 2 des Aktiengesetzes, § 124 Abs. 3 Satz 2, §§ 170, 171, 394 und 395 des Aktiengesetzes entsprechend anzuwenden, soweit nicht im Gesellschaftsvertrag ein anderes bestimmt ist.

---

1) **Anm. d. Red.:** § 51a eingefügt gem. Gesetz v. 4. 7. 1980 (BGBl I S. 836) mit Wirkung v. 1. 1. 1981.
2) **Anm. d. Red.:** § 51b i. d. F. des Gesetzes v. 23. 7. 2013 (BGBl I S. 2586) mit Wirkung v. 1. 8. 2013.
3) **Anm. d. Red.:** § 52 i. d. F. des Gesetzes v. 10. 5. 2016 (BGBl I S. 1142) mit Wirkung v. 17. 6. 2016. — Zur Anwendung siehe § 7 EGGmbHG.

(2) ¹Ist nach dem Drittelbeteiligungsgesetz ein Aufsichtsrat zu bestellen, so legt die Gesellschafterversammlung für den Frauenanteil im Aufsichtsrat und unter den Geschäftsführern Zielgrößen fest, es sei denn, sie hat dem Aufsichtsrat diese Aufgabe übertragen. ²Ist nach dem Mitbestimmungsgesetz, dem Montan-Mitbestimmungsgesetz oder dem Mitbestimmungsergänzungsgesetz ein Aufsichtsrat zu bestellen, so legt der Aufsichtsrat für den Frauenanteil im Aufsichtsrat und unter den Geschäftsführern Zielgrößen fest. ³Liegt der Frauenanteil bei Festlegung der Zielgrößen unter 30 Prozent, so dürfen die Zielgrößen den jeweils erreichten Anteil nicht mehr unterschreiten. ⁴Gleichzeitig sind Fristen zur Erreichung der Zielgrößen festzulegen. ⁵Die Fristen dürfen jeweils nicht länger als fünf Jahre sein.

(3) ¹Werden die Mitglieder des Aufsichtsrats vor der Eintragung der Gesellschaft in das Handelsregister bestellt, gilt § 37 Abs. 4 Nr. 3 und 3a des Aktiengesetzes entsprechend. ²Die Geschäftsführer haben bei jeder Änderung in den Personen der Aufsichtsratsmitglieder unverzüglich eine Liste der Mitglieder des Aufsichtsrats, aus welcher Name, Vorname, ausgeübter Beruf und Wohnort der Mitglieder ersichtlich ist, zum Handelsregister einzureichen; das Gericht hat nach § 10 des Handelsgesetzbuchs einen Hinweis darauf bekannt zu machen, dass die Liste zum Handelsregister eingereicht worden ist.

(4) Schadensersatzansprüche gegen die Mitglieder des Aufsichtsrats wegen Verletzung ihrer Obliegenheiten verjähren in fünf Jahren.

Abschnitt 4: Abänderungen des Gesellschaftsvertrags

§ 53 Form der Satzungsänderung[1)]

(1) Eine Abänderung des Gesellschaftsvertrages kann nur durch Beschluss der Gesellschafter erfolgen.

(2) ¹Der Beschluss muss notariell beurkundet werden, derselbe bedarf einer Mehrheit von drei Vierteilen der abgegebenen Stimmen. ²Der Gesellschaftsvertrag kann noch andere Erfordernisse aufstellen.

(3) Eine Vermehrung der den Gesellschaftern nach dem Gesellschaftsvertrag obliegenden Leistungen kann nur mit Zustimmung sämtlicher beteiligter Gesellschafter beschlossen werden.

§ 54 Anmeldung und Eintragung der Satzungsänderung[2)]

(1) ¹Die Abänderung des Gesellschaftsvertrages ist zur Eintragung in das Handelsregister anzumelden. ²Der Anmeldung ist der vollständige Wortlaut des Gesellschaftsvertrags beizufügen; er muss mit der Bescheinigung eines Notars versehen sein, dass die geänderten Bestimmungen des Gesellschaftsvertrages mit dem Beschluss über die Änderung des Gesellschaftsvertrages und die unveränderten Bestimmungen mit dem zuletzt zum Handelsregister eingereichten vollständigen Wortlaut des Gesellschaftsvertrages übereinstimmen.

(2) Bei der Eintragung genügt, sofern nicht die Abänderung die in § 10 bezeichneten Angaben betrifft, die Bezugnahme auf die bei dem Gericht eingereichten Dokumente über die Abänderung.

(3) Die Abänderung hat keine rechtliche Wirkung, bevor sie in das Handelsregister des Sitzes der Gesellschaft eingetragen ist.

---

1) **Anm. d. Red.:** § 53 i. d. F. des Gesetzes v. 28. 8. 1969 (BGBl I S. 1513) mit Wirkung v. 1. 1. 1970.
2) **Anm. d. Red.:** § 54 i. d. F. des Gesetzes v. 10. 11. 2006 (BGBl I S. 2553) mit Wirkung v. 1. 1. 2007. •

§ 55 Erhöhung des Stammkapitals[1]

(1) Wird eine Erhöhung des Stammkapitals beschlossen, so bedarf es zur Übernahme jedes Geschäftsanteils an dem erhöhten Kapital einer notariell aufgenommenen oder beglaubigten Erklärung des Übernehmers.

(2) ¹Zur Übernahme eines Geschäftsanteils können von der Gesellschaft die bisherigen Gesellschafter oder andere Personen, welche durch die Übernahme ihren Beitritt zu der Gesellschaft erklären, zugelassen werden. ²Im letzteren Falle sind außer dem Nennbetrag des Geschäftsanteils auch sonstige Leistungen, zu welchen der Beitretende nach dem Gesellschaftsvertrage verpflichtet sein soll, in der in Absatz 1 bezeichneten Urkunde ersichtlich zu machen.

(3) Wird von einem der Gesellschaft bereits angehörenden Gesellschafter ein Geschäftsanteil an dem erhöhten Kapital übernommen, so erwirbt derselbe einen weiteren Geschäftsanteil.

(4) Die Bestimmungen in § 5 Abs. 2 und 3 über die Nennbeträge der Geschäftsanteile sowie die Bestimmungen in § 19 Abs. 6 über die Verjährung des Anspruchs der Gesellschaft auf Leistung der Einlagen sind auch hinsichtlich der an dem erhöhten Kapital übernommenen Geschäftsanteile anzuwenden.

§ 55a Genehmigtes Kapital[2]

(1) ¹Der Gesellschaftsvertrag kann die Geschäftsführer für höchstens fünf Jahre nach Eintragung der Gesellschaft ermächtigen, das Stammkapital bis zu einem bestimmten Nennbetrag (genehmigtes Kapital) durch Ausgabe neuer Geschäftsanteile gegen Einlagen zu erhöhen. ²Der Nennbetrag des genehmigten Kapitals darf die Hälfte des Stammkapitals, das zur Zeit der Ermächtigung vorhanden ist, nicht übersteigen.

(2) Die Ermächtigung kann auch durch Abänderung des Gesellschaftsvertrages für höchstens fünf Jahre nach deren Eintragung erteilt werden.

(3) Gegen Sacheinlagen (§ 56) dürfen Geschäftsanteile nur ausgegeben werden, wenn die Ermächtigung es vorsieht.

§ 56 Kapitalerhöhung mit Sacheinlagen[3]

(1) ¹Sollen Sacheinlagen geleistet werden, so müssen ihr Gegenstand und der Nennbetrag des Geschäftsanteils, auf den sich die Sacheinlage bezieht, im Beschluss über die Erhöhung des Stammkapitals festgesetzt werden. ²Die Festsetzung ist in die in § 55 Abs. 1 bezeichnete Erklärung des Übernehmers aufzunehmen.

(2) Die §§ 9 und 19 Abs. 2 Satz 2 und Abs. 4 finden entsprechende Anwendung.

§ 56a Leistungen auf das neue Stammkapital[4]

Für die Leistungen der Einlagen auf das neue Stammkapital finden § 7 Abs. 2 Satz 1 und Abs. 3 sowie § 19 Abs. 5 entsprechende Anwendung.

§ 57 Anmeldung der Erhöhung[5]

(1) Die beschlossene Erhöhung des Stammkapitals ist zur Eintragung in das Handelsregister anzumelden, nachdem das erhöhte Kapital durch Übernahme von Geschäftsanteilen gedeckt ist.

(2) ¹In der Anmeldung ist die Versicherung abzugeben, dass die Einlagen auf das neue Stammkapital nach § 7 Abs. 2 Satz 1 und Abs. 3 bewirkt sind und dass der Gegenstand der Leis-

---

1) **Anm. d. Red.:** § 55 i. d. F. des Gesetzes v. 23. 10. 2008 (BGBl I S. 2026) mit Wirkung v. 1. 11. 2008.
2) **Anm. d. Red.:** § 55a eingefügt gem. Gesetz v. 23. 10. 2008 (BGBl I S. 2026) mit Wirkung v. 1. 11. 2008.
3) **Anm. d. Red.:** § 56 i. d. F. des Gesetzes v. 23. 10. 2008 (BGBl I S. 2026) mit Wirkung v. 1. 11. 2008.
4) **Anm. d. Red.:** § 56a i. d. F. des Gesetzes v. 23. 10. 2008 (BGBl I S. 2026) mit Wirkung v. 1. 11. 2008.
5) **Anm. d. Red.:** § 57 i. d. F. des Gesetzes v. 23. 10. 2008 (BGBl I S. 2026) mit Wirkung v. 1. 11. 2008.

tungen sich endgültig in der freien Verfügung der Geschäftsführer befindet. ²§ 8 Abs. 2 Satz 2 gilt entsprechend.

(3) Der Anmeldung sind beizufügen:
1. die in § 55 Abs. 1 bezeichneten Erklärungen oder eine beglaubigte Abschrift derselben;
2. eine von den Anmeldenden unterschriebene Liste der Personen, welche die neuen Geschäftsanteile übernommen haben; aus der Liste müssen die Nennbeträge der von jedem übernommenen Geschäftsanteile ersichtlich sein;
3. bei einer Kapitalerhöhung mit Sacheinlagen die Verträge, die den Festsetzungen nach § 56 zugrunde liegen oder zu ihrer Ausführung geschlossen worden sind.

(4) Für die Verantwortlichkeit der Geschäftsführer, welche die Kapitalerhöhung zur Eintragung in das Handelsregister angemeldet haben, finden § 9a Abs. 1 und 3, § 9b entsprechende Anwendung.

§ 57a Ablehnung der Eintragung[1]

Für die Ablehnung der Eintragung durch das Gericht findet § 9c Abs. 1 entsprechende Anwendung.

§ 57b (weggefallen)[2]

§ 57c Kapitalerhöhung aus Gesellschaftsmitteln[3]

(1) Das Stammkapital kann durch Umwandlung von Rücklagen in Stammkapital erhöht werden (Kapitalerhöhung aus Gesellschaftsmitteln).

(2) Die Erhöhung des Stammkapitals kann erst beschlossen werden, nachdem der Jahresabschluss für das letzte vor der Beschlussfassung über die Kapitalerhöhung abgelaufene Geschäftsjahr (letzter Jahresabschluss) festgestellt und über die Ergebnisverwendung Beschluss gefasst worden ist.

(3) Dem Beschluss über die Erhöhung des Stammkapitals ist eine Bilanz zugrunde zu legen.

(4) Neben den §§ 53 und 54 über die Abänderung des Gesellschaftsvertrags gelten die §§ 57d bis 57o.

§ 57d Ausweisung von Kapital- und Gewinnrücklagen[4]

(1) Die Kapital- und Gewinnrücklagen, die in Stammkapital umgewandelt werden sollen, müssen in der letzten Jahresbilanz und, wenn dem Beschluss eine andere Bilanz zugrunde gelegt wird, auch in dieser Bilanz unter „Kapitalrücklage" oder „Gewinnrücklagen" oder im letzten Beschluss über die Verwendung des Jahresergebnisses als Zuführung zu diesen Rücklagen ausgewiesen sein.

(2) Die Rücklagen können nicht umgewandelt werden, soweit in der zugrunde gelegten Bilanz ein Verlust, einschließlich eines Verlustvortrags, ausgewiesen ist.

(3) Andere Gewinnrücklagen, die einem bestimmten Zweck zu dienen bestimmt sind, dürfen nur umgewandelt werden, soweit dies mit ihrer Zweckbestimmung vereinbar ist.

§ 57e Zugrundelegung der letzten Jahresbilanz; Prüfung[5]

(1) Dem Beschluss kann die letzte Jahresbilanz zugrunde gelegt werden, wenn die Jahresbilanz geprüft und die festgestellte Jahresbilanz mit dem uneingeschränkten Bestätigungsver-

---

1) **Anm. d. Red.:** § 57a i. d. F. des Gesetzes v. 22. 6. 1998 (BGBl I S. 1474) mit Wirkung v. 1. 7. 1998.
2) **Anm. d. Red.:** § 57b weggefallen gem. Gesetz v. 23. 10. 2008 (BGBl I S. 2026) mit Wirkung v. 1. 11. 2008.
3) **Anm. d. Red.:** § 57c eingefügt gem. Gesetz v. 28. 10. 1994 (BGBl I S. 3210) mit Wirkung v. 1. 1. 1995.
4) **Anm. d. Red.:** § 57d eingefügt gem. Gesetz v. 28. 10. 1994 (BGBl I S. 3210) mit Wirkung v. 1. 1. 1995.
5) **Anm. d. Red.:** § 57e eingefügt gem. Gesetz v. 28. 10. 1994 (BGBl I S. 3210) mit Wirkung v. 1. 1. 1995.

merk der Abschlussprüfer versehen ist und wenn ihr Stichtag höchstens acht Monate vor der Anmeldung des Beschlusses zur Eintragung in das Handelsregister liegt.

(2) Bei Gesellschaften, die nicht große im Sinne des § 267 Abs. 3 des Handelsgesetzbuchs sind, kann die Prüfung auch durch vereidigte Buchprüfer erfolgen; die Abschlussprüfer müssen von der Versammlung der Gesellschafter gewählt sein.

§ 57f Anforderungen an die Bilanz[1]

(1) ¹Wird dem Beschluss nicht die letzte Jahresbilanz zugrunde gelegt, so muss die Bilanz den Vorschriften über die Gliederung der Jahresbilanz und über die Wertansätze in der Jahresbilanz entsprechen. ²Der Stichtag der Bilanz darf höchstens acht Monate vor der Anmeldung des Beschlusses zur Eintragung in das Handelsregister liegen.

(2) ¹Die Bilanz ist, bevor über die Erhöhung des Stammkapitals Beschluss gefasst wird, durch einen oder mehrere Prüfer darauf zu prüfen, ob sie dem Absatz 1 entspricht. ²Sind nach dem abschließenden Ergebnis der Prüfung keine Einwendungen zu erheben, so haben die Prüfer dies durch einen Vermerk zu bestätigen. ³Die Erhöhung des Stammkapitals kann nicht ohne diese Bestätigung der Prüfer beschlossen werden.

(3) ¹Die Prüfer werden von den Gesellschaftern gewählt; falls nicht andere Prüfer gewählt werden, gelten die Prüfer als gewählt, die für die Prüfung des letzten Jahresabschlusses von den Gesellschaftern gewählt oder vom Gericht bestellt worden sind. ²Im Übrigen sind, soweit sich aus der Besonderheit des Prüfungsauftrags nichts anderes ergibt, § 318 Abs. 1 Satz 2, § 319 Abs. 1 bis 4, § 319a Abs. 1, § 319b Abs. 1, § 320 Abs. 1 Satz 2, Abs. 2 und die §§ 321 und 323 des Handelsgesetzbuchs anzuwenden. ³Bei Gesellschaften, die nicht große im Sinne des § 267 Abs. 3 des Handelsgesetzbuchs sind, können auch vereidigte Buchprüfer zu Prüfern bestellt werden.

§ 57g Vorherige Bekanntgabe des Jahresabschlusses[2]

Die Bestimmungen des Gesellschaftsvertrags über die vorherige Bekanntgabe des Jahresabschlusses an die Gesellschafter sind in den Fällen des § 57f entsprechend anzuwenden.

§ 57h Arten der Kapitalerhöhung[3]

(1) ¹Die Kapitalerhöhung kann vorbehaltlich des § 57l Abs. 2 durch Bildung neuer Geschäftsanteile oder durch Erhöhung des Nennbetrags der Geschäftsanteile ausgeführt werden. ²Die neuen Geschäftsanteile und die Geschäftsanteile, deren Nennbetrag erhöht wird, müssen auf einen Betrag gestellt werden, der auf volle Euro lautet.

(2) ¹Der Beschluss über die Erhöhung des Stammkapitals muss die Art der Erhöhung angeben. ²Soweit die Kapitalerhöhung durch Erhöhung des Nennbetrags der Geschäftsanteile ausgeführt werden soll, ist sie so zu bemessen, dass durch sie auf keinen Geschäftsanteil, dessen Nennbetrag erhöht wird, Beträge entfallen, die durch die Erhöhung des Nennbetrags des Geschäftsanteils nicht gedeckt werden können.

§ 57i Anmeldung und Eintragung des Erhöhungsbeschlusses[4]

(1) ¹Der Anmeldung des Beschlusses über die Erhöhung des Stammkapitals zur Eintragung in das Handelsregister ist die der Kapitalerhöhung zugrunde gelegte, mit dem Bestätigungsvermerk der Prüfer versehene Bilanz, in den Fällen des § 57f außerdem die letzte Jahresbilanz, sofern sie noch nicht nach § 325 Abs. 1 des Handelsgesetzbuchs eingereicht ist, beizufügen. ²Die Anmeldenden haben dem Registergericht gegenüber zu erklären, dass nach ihrer Kenntnis seit dem Stichtag der zugrunde gelegten Bilanz bis zum Tag der Anmeldung keine Vermögensmin-

---

1) **Anm. d. Red.:** § 57f i. d. F. des Gesetzes v. 25. 5. 2009 (BGBl I S. 1102) mit Wirkung v. 29. 5. 2009.
2) **Anm. d. Red.:** § 57g eingefügt gem. Gesetz v. 28. 10. 1994 (BGBl I S. 3210) mit Wirkung v. 1. 1. 1995.
3) **Anm. d. Red.:** § 57h i. d. F. des Gesetzes v. 23. 10. 2008 (BGBl I S. 2026) mit Wirkung v. 1. 11. 2008.
4) **Anm. d. Red.:** § 57i i. d. F. des Gesetzes v. 10. 11. 2006 (BGBl I S. 2553) mit Wirkung v. 1. 1. 2007.

derung eingetreten ist, die der Kapitalerhöhung entgegenstünde, wenn sie am Tag der Anmeldung beschlossen worden wäre.

(2) Das Registergericht darf den Beschluss nur eintragen, wenn die der Kapitalerhöhung zugrunde gelegte Bilanz für einen höchstens acht Monate vor der Anmeldung liegenden Zeitpunkt aufgestellt und eine Erklärung nach Absatz 1 Satz 2 abgegeben worden ist.

(3) Zu der Prüfung, ob die Bilanzen den gesetzlichen Vorschriften entsprechen, ist das Gericht nicht verpflichtet.

(4) Bei der Eintragung des Beschlusses ist anzugeben, dass es sich um eine Kapitalerhöhung aus Gesellschaftsmitteln handelt.

§ 57j Verteilung der Geschäftsanteile[1]

¹Die neuen Geschäftsanteile stehen den Gesellschaftern im Verhältnis ihrer bisherigen Geschäftsanteile zu. ²Ein entgegenstehender Beschluss der Gesellschafter ist nichtig.

§ 57k Teilrechte; Ausübung der Rechte[2]

(1) Führt die Kapitalerhöhung dazu, dass auf einen Geschäftsanteil nur ein Teil eines neuen Geschäftsanteils entfällt, so ist dieses Teilrecht selbständig veräußerlich und vererblich.

(2) Die Rechte aus einem neuen Geschäftsanteil, einschließlich des Anspruchs auf Ausstellung einer Urkunde über den neuen Geschäftsanteil, können nur ausgeübt werden, wenn Teilrechte, die zusammen einen vollen Geschäftsanteil ergeben, in einer Hand vereinigt sind oder wenn sich mehrere Berechtigte, deren Teilrechte zusammen einen vollen Geschäftsanteil ergeben, zur Ausübung der Rechte (§ 18) zusammenschließen.

§ 57l Teilnahme an der Erhöhung des Stammkapitals[3]

(1) Eigene Geschäftsanteile nehmen an der Erhöhung des Stammkapitals teil.

(2) ¹Teileingezahlte Geschäftsanteile nehmen entsprechend ihrem Nennbetrag an der Erhöhung des Stammkapitals teil. ²Bei ihnen kann die Kapitalerhöhung nur durch Erhöhung des Nennbetrags der Geschäftsanteile ausgeführt werden. ³Sind neben teileingezahlten Geschäftsanteilen vollständig eingezahlte Geschäftsanteile vorhanden, so kann bei diesen die Kapitalerhöhung durch Erhöhung des Nennbetrags der Geschäftsanteile und durch Bildung neuer Geschäftsanteile ausgeführt werden. ⁴Die Geschäftsanteile, deren Nennbetrag erhöht wird, können auf jeden Betrag gestellt werden, der auf volle Euro lautet.

§ 57m Verhältnis der Rechte; Beziehungen zu Dritten[4]

(1) Das Verhältnis der mit den Geschäftsanteilen verbundenen Rechte zueinander wird durch die Kapitalerhöhung nicht berührt.

(2) ¹Soweit sich einzelne Rechte teileingezahlter Geschäftsanteile, insbesondere die Beteiligung am Gewinn oder das Stimmrecht, nach der je Geschäftsanteil geleisteten Einlage bestimmen, stehen diese Rechte den Gesellschaftern bis zur Leistung der noch ausstehenden Einlagen nur nach der Höhe der geleisteten Einlage, erhöht um den auf den Nennbetrag des Stammkapitals berechneten Hundertsatz der Erhöhung des Stammkapitals, zu. ²Werden weitere Einzahlungen geleistet, so erweitern sich diese Rechte entsprechend.

(3) Der wirtschaftliche Inhalt vertraglicher Beziehungen der Gesellschaft zu Dritten, die von der Gewinnausschüttung der Gesellschaft, dem Nennbetrag oder Wert ihrer Geschäftsanteile

---

1) **Anm. d. Red.:** § 57j eingefügt gem. Gesetz v. 28.10.1994 (BGBl I S. 3210) mit Wirkung v. 1.1.1995.
2) **Anm. d. Red.:** § 57k eingefügt gem. Gesetz v. 28.10.1994 (BGBl I S. 3210) mit Wirkung v. 1.1.1995.
3) **Anm. d. Red.:** § 57l i. d. F. des Gesetzes v. 23.10.2008 (BGBl I S. 2026) mit Wirkung v. 1.11.2008.
4) **Anm. d. Red.:** § 57m eingefügt gem. Gesetz v. 28.10.1994 (BGBl I S. 3210) mit Wirkung v. 1.1.1995.

oder ihres Stammkapitals oder in sonstiger Weise von den bisherigen Kapital- oder Gewinnverhältnissen abhängen, wird durch die Kapitalerhöhung nicht berührt.

§ 57n Gewinnbeteiligung der neuen Geschäftsanteile[1]

(1) Die neuen Geschäftsanteile nehmen, wenn nichts anderes bestimmt ist, am Gewinn des ganzen Geschäftsjahres teil, in dem die Erhöhung des Stammkapitals beschlossen worden ist.

(2) ¹Im Beschluss über die Erhöhung des Stammkapitals kann bestimmt werden, dass die neuen Geschäftsanteile bereits am Gewinn des letzten vor der Beschlussfassung über die Kapitalerhöhung abgelaufenen Geschäftsjahrs teilnehmen. ²In diesem Fall ist die Erhöhung des Stammkapitals abweichend von § 57c Abs. 2 zu beschließen, bevor über die Ergebnisverwendung für das letzte vor der Beschlussfassung abgelaufene Geschäftsjahr Beschluss gefasst worden ist. ³Der Beschluss über die Ergebnisverwendung für das letzte vor der Beschlussfassung über die Kapitalerhöhung abgelaufene Geschäftsjahr wird erst wirksam, wenn das Stammkapital erhöht worden ist. ⁴Der Beschluss über die Erhöhung des Stammkapitals und der Beschluss über die Ergebnisverwendung für das letzte vor der Beschlussfassung über die Kapitalerhöhung abgelaufene Geschäftsjahr sind nichtig, wenn der Beschluss über die Kapitalerhöhung nicht binnen drei Monaten nach der Beschlussfassung in das Handelsregister eingetragen worden ist; der Lauf der Frist ist gehemmt, solange eine Anfechtungs- oder Nichtigkeitsklage rechtshängig ist.

§ 57o Anschaffungskosten[2]

¹Als Anschaffungskosten der vor der Erhöhung des Stammkapitals erworbenen Geschäftsanteile und der auf sie entfallenden neuen Geschäftsanteile gelten die Beträge, die sich für die einzelnen Geschäftsanteile ergeben, wenn die Anschaffungskosten der vor der Erhöhung des Stammkapitals erworbenen Geschäftsanteile auf diese und auf die auf sie entfallenden neuen Geschäftsanteile nach dem Verhältnis der Nennbeträge verteilt werden. ²Der Zuwachs an Geschäftsanteilen ist nicht als Zugang auszuweisen.

§ 58 Herabsetzung des Stammkapitals[3]

(1) Eine Herabsetzung des Stammkapitals kann nur unter Beobachtung der nachstehenden Bestimmungen erfolgen:
1. der Beschluss auf Herabsetzung des Stammkapitals muss von den Geschäftsführern in den Gesellschaftsblättern bekannt gemacht werden; in dieser Bekanntmachung sind zugleich die Gläubiger der Gesellschaft aufzufordern, sich bei derselben zu melden; die aus den Handelsbüchern der Gesellschaft ersichtlichen oder in anderer Weise bekannten Gläubiger sind durch besondere Mitteilung zur Anmeldung aufzufordern;
2. die Gläubiger, welche sich bei der Gesellschaft melden und der Herabsetzung nicht zustimmen, sind wegen der erhobenen Ansprüche zu befriedigen oder sicherzustellen;
3. die Anmeldung des Herabsetzungsbeschlusses zur Eintragung in das Handelsregister erfolgt nicht vor Ablauf eines Jahres seit dem Tage, an welchem die Aufforderung der Gläubiger in den Gesellschaftsblättern stattgefunden hat;
4. mit der Anmeldung ist die Bekanntmachung des Beschlusses einzureichen; zugleich haben die Geschäftsführer die Versicherung abzugeben, dass die Gläubiger, welche sich bei der Gesellschaft gemeldet und der Herabsetzung nicht zugestimmt haben, befriedigt oder sichergestellt sind.

(2) ¹Die Bestimmung in § 5 Abs. 1 über den Mindestbetrag des Stammkapitals bleibt unberührt. ²Erfolgt die Herabsetzung zum Zweck der Zurückzahlung von Einlagen oder zum Zweck

---
1) **Anm. d. Red.:** § 57n i. d. F. des Gesetzes v. 30. 7. 2009 (BGBl I S. 2479) mit Wirkung v. 1. 9. 2009.
2) **Anm. d. Red.:** § 57o eingefügt gem. Gesetz v. 28. 10. 1994 (BGBl I S. 3210) mit Wirkung v. 1. 1. 1995.
3) **Anm. d. Red.:** § 58 i. d. F. des Gesetzes v. 30. 7. 2009 (BGBl I S. 2479) mit Wirkung v. 1. 9. 2009.

des Erlasses zu leistender Einlagen, dürfen die verbleibenden Nennbeträge der Geschäftsanteile nicht unter den in § 5 Abs. 2 und 3 bezeichneten Betrag herabgehen.

§ 58a Vereinfachte Kapitalherabsetzung[1]

(1) Eine Herabsetzung des Stammkapitals, die dazu dienen soll, Wertminderungen auszugleichen oder sonstige Verluste zu decken, kann als vereinfachte Kapitalherabsetzung vorgenommen werden.

(2) [1]Die vereinfachte Kapitalherabsetzung ist nur zulässig, nachdem der Teil der Kapital- und Gewinnrücklagen, der zusammen über zehn vom Hundert des nach der Herabsetzung verbleibenden Stammkapitals hinausgeht, vorweg aufgelöst ist. [2]Sie ist nicht zulässig, solange ein Gewinnvortrag vorhanden ist.

(3) [1]Im Beschluss über die vereinfachte Kapitalherabsetzung sind die Nennbeträge der Geschäftsanteile dem herabgesetzten Stammkapital anzupassen. [2]Die Geschäftsanteile müssen auf einen Betrag gestellt werden, der auf volle Euro lautet.

(4) [1]Das Stammkapital kann unter den in § 5 Abs. 1 bestimmten Mindestnennbetrag herabgesetzt werden, wenn dieser durch eine Kapitalerhöhung wieder erreicht wird, die zugleich mit der Kapitalherabsetzung beschlossen ist und bei der Sacheinlagen nicht festgesetzt sind. [2]Die Beschlüsse sind nichtig, wenn sie nicht binnen drei Monaten nach der Beschlussfassung in das Handelsregister eingetragen worden sind. [3]Der Lauf der Frist ist gehemmt, solange eine Anfechtungs- oder Nichtigkeitsklage rechtshängig ist. [4]Die Beschlüsse sollen nur zusammen in das Handelsregister eingetragen werden.

(5) Neben den §§ 53 und 54 über die Abänderung des Gesellschaftsvertrags gelten die §§ 58b bis 58f.

§ 58b Beträge aus Rücklagenauflösung und Kapitalherabsetzung[2]

(1) Die Beträge, die aus der Auflösung der Kapital- oder Gewinnrücklagen und aus der Kapitalherabsetzung gewonnen werden, dürfen nur verwandt werden, um Wertminderungen auszugleichen und sonstige Verluste zu decken.

(2) [1]Daneben dürfen die gewonnenen Beträge in die Kapitalrücklage eingestellt werden, soweit diese zehn vom Hundert des Stammkapitals nicht übersteigt. [2]Als Stammkapital gilt dabei der Nennbetrag, der sich durch die Herabsetzung ergibt, mindestens aber der nach § 5 Abs. 1 zulässige Mindestnennbetrag.

(3) Ein Betrag, der aufgrund des Absatzes 2 in die Kapitalrücklage eingestellt worden ist, darf vor Ablauf des fünften nach der Beschlussfassung über die Kapitalherabsetzung beginnenden Geschäftsjahrs nur verwandt werden

1. zum Ausgleich eines Jahresfehlbetrags, soweit er nicht durch einen Gewinnvortrag aus dem Vorjahr gedeckt ist und nicht durch Auflösung von Gewinnrücklagen ausgeglichen werden kann;
2. zum Ausgleich eines Verlustvortrags aus dem Vorjahr, soweit er nicht durch einen Jahresüberschuss gedeckt ist und nicht durch Auflösung von Gewinnrücklagen ausgeglichen werden kann;
3. zur Kapitalerhöhung aus Gesellschaftsmitteln.

§ 58c Nichteintritt angenommener Verluste[3]

[1]Ergibt sich bei der Aufstellung der Jahresbilanz für das Geschäftsjahr, in dem der Beschluss über die Kapitalherabsetzung gefasst wurde, oder für eines der beiden folgenden Geschäftsjah-

---

1) **Anm. d. Red.:** § 58a i. d. F. des Gesetzes v. 30. 7. 2009 (BGBl I S. 2479) mit Wirkung v. 1. 9. 2009.
2) **Anm. d. Red.:** § 58b eingefügt gem. Gesetz v. 28. 10. 1994 (BGBl I S. 3210) mit Wirkung v. 1. 1. 1995.
3) **Anm. d. Red.:** § 58c eingefügt gem. Gesetz v. 28. 10. 1994 (BGBl I S. 3210) mit Wirkung v. 1. 1. 1995.

re, dass Wertminderungen und sonstige Verluste in der bei der Beschlussfassung angenommenen Höhe tatsächlich nicht eingetreten oder ausgeglichen waren, so ist der Unterschiedsbetrag in die Kapitalrücklage einzustellen. ²Für einen nach Satz 1 in die Kapitalrücklage eingestellten Betrag gilt § 58b Abs. 3 sinngemäß.

§ 58d Gewinnausschüttung[1)]

(1) ¹Gewinn darf vor Ablauf des fünften nach der Beschlussfassung über die Kapitalherabsetzung beginnenden Geschäftsjahrs nur ausgeschüttet werden, wenn die Kapital- und Gewinnrücklagen zusammen zehn vom Hundert des Stammkapitals erreichen. ²Als Stammkapital gilt dabei der Nennbetrag, der sich durch die Herabsetzung ergibt, mindestens aber der nach § 5 Abs. 1 zulässige Mindestnennbetrag.

(2) ¹Die Zahlung eines Gewinnanteils von mehr als vier vom Hundert ist erst für ein Geschäftsjahr zulässig, das später als zwei Jahre nach der Beschlussfassung über die Kapitalherabsetzung beginnt. ²Dies gilt nicht, wenn die Gläubiger, deren Forderungen vor der Bekanntmachung der Eintragung des Beschlusses begründet worden waren, befriedigt oder sichergestellt sind, soweit sie sich binnen sechs Monaten nach der Bekanntmachung des Jahresabschlusses, aufgrund dessen die Gewinnverteilung beschlossen ist, zu diesem Zweck gemeldet haben. ³Einer Sicherstellung der Gläubiger bedarf es nicht, die im Fall des Insolvenzverfahrens ein Recht auf vorzugsweise Befriedigung aus einer Deckungsmasse haben, die nach gesetzlicher Vorschrift zu ihrem Schutz errichtet und staatlich überwacht ist. ⁴Die Gläubiger sind in der Bekanntmachung nach § 325 Abs. 2 des Handelsgesetzbuchs auf die Befriedigung oder Sicherstellung hinzuweisen.

§ 58e Beschluss über die Kapitalherabsetzung[2)]

(1) ¹Im Jahresabschluss für das letzte vor der Beschlussfassung über die Kapitalherabsetzung abgelaufene Geschäftsjahr können das Stammkapital sowie die Kapital- und Gewinnrücklagen in der Höhe ausgewiesen werden, in der sie nach der Kapitalherabsetzung bestehen sollen. ²Dies gilt nicht, wenn der Jahresabschluss anders als durch Beschluss der Gesellschafter festgestellt wird.

(2) Der Beschluss über die Feststellung des Jahresabschlusses soll zugleich mit dem Beschluss über die Kapitalherabsetzung gefasst werden.

(3) ¹Die Beschlüsse sind nichtig, wenn der Beschluss über die Kapitalherabsetzung nicht binnen drei Monaten nach der Beschlussfassung in das Handelsregister eingetragen worden ist. ²Der Lauf der Frist ist gehemmt, solange eine Anfechtungs- oder Nichtigkeitsklage rechtshängig ist.

(4) Der Jahresabschluss darf nach § 325 des Handelsgesetzbuchs erst nach Eintragung des Beschlusses über die Kapitalherabsetzung offen gelegt werden.

§ 58f Kapitalherabsetzung bei gleichzeitiger Erhöhung des Stammkapitals[3)]

(1) ¹Wird im Fall des § 58e zugleich mit der Kapitalherabsetzung eine Erhöhung des Stammkapitals beschlossen, so kann auch die Kapitalerhöhung in dem Jahresabschluss als vollzogen berücksichtigt werden. ²Die Beschlussfassung ist nur zulässig, wenn die neuen Geschäftsanteile übernommen, keine Sacheinlagen festgesetzt sind und wenn auf jeden neuen Geschäftsanteil die Einzahlung geleistet ist, die nach § 56a zur Zeit der Anmeldung der Kapitalerhöhung bewirkt

---

1) **Anm. d. Red.:** § 58d i. d. F. des Gesetzes v. 10. 11. 2006 (BGBl I S. 2553) mit Wirkung v. 1. 1. 2007.
2) **Anm. d. Red.:** § 58e i. d. F. des Gesetzes v. 30. 7. 2009 (BGBl I S. 2479) mit Wirkung v. 1. 9. 2009.
3) **Anm. d. Red.:** § 58f i. d. F. des Gesetzes v. 30. 7. 2009 (BGBl I S. 2479) mit Wirkung v. 1. 9. 2009.

sein muss. ³Die Übernahme und die Einzahlung sind dem Notar nachzuweisen, der den Beschluss über die Erhöhung des Stammkapitals beurkundet.

(2) ¹Sämtliche Beschlüsse sind nichtig, wenn die Beschlüsse über die Kapitalherabsetzung und die Kapitalerhöhung nicht binnen drei Monaten nach der Beschlussfassung in das Handelsregister eingetragen worden sind. ²Der Lauf der Frist ist gehemmt, solange eine Anfechtungs- oder Nichtigkeitsklage rechtshängig ist. ³Die Beschlüsse sollen nur zusammen in das Handelsregister eingetragen werden.

(3) Der Jahresabschluss darf nach § 325 des Handelsgesetzbuchs erst offen gelegt werden, nachdem die Beschlüsse über die Kapitalherabsetzung und Kapitalerhöhung eingetragen worden sind.

§ 59 (weggefallen)[1]

Abschnitt 5: Auflösung und Nichtigkeit der Gesellschaft

§ 60 Auflösungsgründe[2]

(1) Die Gesellschaft mit beschränkter Haftung wird aufgelöst:
1. durch Ablauf der im Gesellschaftsvertrag bestimmten Zeit;
2. durch Beschluss der Gesellschafter; derselbe bedarf, sofern im Gesellschaftsvertrag nicht ein anderes bestimmt ist, einer Mehrheit von drei Vierteilen der abgegebenen Stimmen;
3. durch gerichtliches Urteil oder durch Entscheidung des Verwaltungsgerichts oder der Verwaltungsbehörde in den Fällen der §§ 61 und 62;
4. durch die Eröffnung des Insolvenzverfahrens; wird das Verfahren auf Antrag des Schuldners eingestellt oder nach der Bestätigung eines Insolvenzplans, der den Fortbestand der Gesellschaft vorsieht, aufgehoben, so können die Gesellschafter die Fortsetzung der Gesellschaft beschließen;
5. mit der Rechtskraft des Beschlusses, durch den die Eröffnung des Insolvenzverfahrens mangels Masse abgelehnt worden ist;
6. mit der Rechtskraft einer Verfügung des Registergerichts, durch welche nach § 399 des Gesetzes über das Verfahren in Familiensachen und in den Angelegenheiten der freiwilligen Gerichtsbarkeit ein Mangel des Gesellschaftsvertrags festgestellt worden ist;
7. durch die Löschung der Gesellschaft wegen Vermögenslosigkeit nach § 394 des Gesetzes über das Verfahren in Familiensachen und in den Angelegenheiten der freiwilligen Gerichtsbarkeit.

(2) Im Gesellschaftsvertrag können weitere Auflösungsgründe festgesetzt werden.

§ 61 Auflösung durch Urteil

(1) Die Gesellschaft kann durch gerichtliches Urteil aufgelöst werden, wenn die Erreichung des Gesellschaftszweckes unmöglich wird, oder wenn andere, in den Verhältnissen der Gesellschaft liegende, wichtige Gründe für die Auflösung vorhanden sind.

(2) ¹Die Auflösungsklage ist gegen die Gesellschaft zu richten. ²Sie kann nur von Gesellschaftern erhoben werden, deren Geschäftsanteile zusammen mindestens dem zehnten Teil des Stammkapitals entsprechen.

(3) Für die Klage ist das Landgericht ausschließlich zuständig, in dessen Bezirk die Gesellschaft ihren Sitz hat.

---

1) **Anm. d. Red.:** § 59 weggefallen gem. Gesetz v. 10. 11. 2006 (BGBl I S. 2553) mit Wirkung v. 1. 1. 2007.
2) **Anm. d. Red.:** § 60 i. d. F. des Gesetzes v. 17. 12. 2008 (BGBl I S. 2586) mit Wirkung v. 1. 9. 2009.

§ 62 Auflösung durch eine Verwaltungsbehörde[1)2)]

(1) Wenn eine Gesellschaft das Gemeinwohl dadurch gefährdet, dass die Gesellschafter gesetzwidrige Beschlüsse fassen oder gesetzwidrige Handlungen der Geschäftsführer wissentlich geschehen lassen, so kann sie aufgelöst werden, ohne dass deshalb ein Anspruch auf Entschädigung stattfindet.

(2) Das Verfahren und die Zuständigkeit der Behörden richtet sich nach den für streitige Verwaltungssachen *landesgesetzlich* geltenden Vorschriften.

§ 63 (weggefallen)[3)]

§ 64 (weggefallen)[4)]

§ 65 Anmeldung und Eintragung der Auflösung[5)]

(1) ¹Die Auflösung der Gesellschaft ist zur Eintragung in das Handelsregister anzumelden. ²Dies gilt nicht in den Fällen der Eröffnung oder der Ablehnung der Eröffnung des Insolvenzverfahrens und der gerichtlichen Feststellung eines Mangels des Gesellschaftsvertrags. ³In diesen Fällen hat das Gericht die Auflösung und ihren Grund von Amts wegen einzutragen. ⁴Im Falle der Löschung der Gesellschaft (§ 60 Abs. 1 Nr. 7) entfällt die Eintragung der Auflösung.

(2) ¹Die Auflösung ist von den Liquidatoren in den Gesellschaftsblättern bekannt zu machen. ²Durch die Bekanntmachung sind zugleich die Gläubiger der Gesellschaft aufzufordern, sich bei derselben zu melden.

§ 66 Liquidatoren[6)]

(1) In den Fällen der Auflösung außer dem Fall des Insolvenzverfahrens erfolgt die Liquidation durch die Geschäftsführer, wenn nicht dieselbe durch den Gesellschaftsvertrag oder durch Beschluss der Gesellschafter anderen Personen übertragen wird.

(2) Auf Antrag von Gesellschaftern, deren Geschäftsanteile zusammen mindestens dem zehnten Teil des Stammkapitals entsprechen, kann aus wichtigen Gründen die Bestellung von Liquidatoren durch das Gericht erfolgen.

(3) ¹Die Abberufung von Liquidatoren kann durch das Gericht unter derselben Voraussetzung wie die Bestellung stattfinden. ²Liquidatoren, welche nicht vom Gericht ernannt sind, können auch durch Beschluss der Gesellschafter vor Ablauf des Zeitraums, für welchen sie bestellt sind, abberufen werden.

(4) Für die Auswahl der Liquidatoren findet § 6 Abs. 2 Satz 2 und 3 entsprechende Anwendung.

(5) ¹Ist die Gesellschaft durch Löschung wegen Vermögenslosigkeit aufgelöst, so findet eine Liquidation nur statt, wenn sich nach der Löschung herausstellt, dass Vermögen vorhanden ist, das der Verteilung unterliegt. ²Die Liquidatoren sind auf Antrag eines Beteiligten durch das Gericht zu ernennen.

---

1) **Anm. d. Red.:** § 62 i. d. F. des Gesetzes v. 23. 10. 2008 (BGBl I S. 2026) mit Wirkung v. 1. 11. 2008.
2) **Anm. d. Red.:** § 62 Abs. 2 Sätze 2 und 3 gegenstandslos gem. Gesetz v. 21. 1. 1960 (BGBl I S. 17).
3) **Anm. d. Red.:** § 63 weggefallen gem. Gesetz v. 5. 10. 1994 (BGBl I S. 2911) mit Wirkung v. 1. 1. 1999.
4) **Anm. d. Red.:** § 64 weggefallen gem. Gesetz v. 22.12.2020 (BGBl I S. 3256) mit Wirkung v. 1.1.2021.
5) **Anm. d. Red.:** § 65 i. d. F. des Gesetzes v. 30. 7. 2009 (BGBl I S. 2479) mit Wirkung v. 1. 9. 2009.
6) **Anm. d. Red.:** § 66 i. d. F. des Gesetzes v. 17. 12. 2008 (BGBl I S. 2586) mit Wirkung v. 1. 9. 2009.

§ 67 Anmeldung der Liquidatoren[1]

(1) Die ersten Liquidatoren sowie ihre Vertretungsbefugnis sind durch die Geschäftsführer, jeder Wechsel der Liquidatoren und jede Änderung ihrer Vertretungsbefugnis sind durch die Liquidatoren zur Eintragung in das Handelsregister anzumelden.

(2) Der Anmeldung sind die Urkunden über die Bestellung der Liquidatoren oder über die Änderung in den Personen derselben in Urschrift oder öffentlich beglaubigter Abschrift beizufügen.

(3) ¹In der Anmeldung haben die Liquidatoren zu versichern, dass keine Umstände vorliegen, die ihrer Bestellung nach § 66 Abs. 4 in Verbindung mit § 6 Abs. 2 Satz 2 Nr. 2 und 3 sowie Satz 3 entgegenstehen, und dass sie über ihre unbeschränkte Auskunftspflicht gegenüber dem Gericht belehrt worden sind. ²§ 8 Abs. 3 Satz 2 ist anzuwenden.

(4) Die Eintragung der gerichtlichen Ernennung oder Abberufung der Liquidatoren geschieht von Amts wegen.

§ 68 Zeichnung der Liquidatoren[2]

(1) ¹Die Liquidatoren haben in der bei ihrer Bestellung bestimmten Form ihre Willenserklärungen kundzugeben und für die Gesellschaft zu zeichnen. ²Ist nichts darüber bestimmt, so muss die Erklärung und Zeichnung durch sämtliche Liquidatoren erfolgen.

(2) Die Zeichnungen geschehen in der Weise, dass die Liquidatoren der bisherigen, nunmehr als Liquidationsfirma zu bezeichnenden Firma ihre Namensunterschrift beifügen.

§ 69 Rechtsverhältnisse von Gesellschaft und Gesellschaftern

(1) Bis zur Beendigung der Liquidation kommen ungeachtet der Auflösung der Gesellschaft in Bezug auf die Rechtsverhältnisse derselben und der Gesellschafter die Vorschriften des zweiten und dritten Abschnitts zur Anwendung, soweit sich aus den Bestimmungen des gegenwärtigen Abschnitts und aus dem Wesen der Liquidation nicht ein anderes ergibt.

(2) Der Gerichtsstand, welchen die Gesellschaft zur Zeit ihrer Auflösung hatte, bleibt bis zur vollzogenen Verteilung des Vermögens bestehen.

§ 70 Aufgaben der Liquidatoren

¹Die Liquidatoren haben die laufenden Geschäfte zu beendigen, die Verpflichtungen der aufgelösten Gesellschaft zu erfüllen, die Forderungen derselben einzuziehen und das Vermögen der Gesellschaft in Geld umzusetzen; sie haben die Gesellschaft gerichtlich und außergerichtlich zu vertreten. ²Zur Beendigung schwebender Geschäfte können die Liquidatoren auch neue Geschäfte eingehen.

§ 71 Eröffnungsbilanz; Rechte und Pflichten[3]

(1) Die Liquidatoren haben für den Beginn der Liquidation eine Bilanz (Eröffnungsbilanz) und einen die Eröffnungsbilanz erläuternden Bericht sowie für den Schluss eines jeden Jahres einen Jahresabschluss und einen Lagebericht aufzustellen.

(2) ¹Die Gesellschafter beschließen über die Feststellung der Eröffnungsbilanz und des Jahresabschlusses sowie über die Entlastung der Liquidatoren. ²Auf die Eröffnungsbilanz und den erläuternden Bericht sind die Vorschriften über den Jahresabschluss entsprechend anzuwenden. ³Vermögensgegenstände des Anlagevermögens sind jedoch wie Umlaufvermögen zu bewerten, soweit ihre Veräußerung innerhalb eines übersehbaren Zeitraums beabsichtigt ist oder diese

---

1) **Anm. d. Red.:** § 67 i. d. F. des Gesetzes v. 30. 7. 2009 (BGBl I S. 2479) mit Wirkung v. 1. 9. 2009.
2) **Anm. d. Red.:** § 68 i. d. F. des Gesetzes v. 15. 8. 1969 (BGBl I S. 1146) mit Wirkung v. 1. 9. 1969.
3) **Anm. d. Red.:** § 71 i. d. F. des Gesetzes v. 22.12.2020 (BGBl I S. 3256) mit Wirkung v. 1.1.2021.

Vermögensgegenstände nicht mehr dem Geschäftsbetrieb dienen; dies gilt auch für den Jahresabschluss.

(3) ¹Das Gericht kann von der Prüfung des Jahresabschlusses und des Lageberichts durch einen Abschlussprüfer befreien, wenn die Verhältnisse der Gesellschaft so überschaubar sind, dass eine Prüfung im Interesse der Gläubiger und der Gesellschafter nicht geboten erscheint. ²Gegen die Entscheidung ist die Beschwerde zulässig.

(4) Im Übrigen haben sie die aus §§ 37, 41, 43 Abs. 1, 2 und 4, § 49 Abs. 1 und 2 und aus § 15b der Insolvenzordnung sich ergebenden Rechte und Pflichten der Geschäftsführer.

(5) Auf den Geschäftsbriefen ist anzugeben, dass sich die Gesellschaft in Liquidation befindet; im Übrigen gilt § 35a entsprechend.

§ 72 Vermögensverteilung

¹Das Vermögen der Gesellschaft wird unter die Gesellschafter nach Verhältnis ihrer Geschäftsanteile verteilt. ²Durch den Gesellschaftsvertrag kann ein anderes Verhältnis für die Verteilung bestimmt werden.

§ 73 Sperrjahr[1)]

(1) Die Verteilung darf nicht vor Tilgung oder Sicherstellung der Schulden der Gesellschaft und nicht vor Ablauf eines Jahres seit dem Tage vorgenommen werden, an welchem die Aufforderung an die Gläubiger (§ 65 Abs. 2) in den Gesellschaftsblättern erfolgt ist.

(2) ¹Meldet sich ein bekannter Gläubiger nicht, so ist der geschuldete Betrag, wenn die Berechtigung zur Hinterlegung vorhanden ist, für den Gläubiger zu hinterlegen. ²Ist die Berichtigung einer Verbindlichkeit zurzeit nicht ausführbar oder ist eine Verbindlichkeit streitig, so darf die Verteilung des Vermögens nur erfolgen, wenn dem Gläubiger Sicherheit geleistet ist.

(3) ¹Liquidatoren, welche diesen Vorschriften zuwiderhandeln, sind zum Ersatz der verteilten Beträge solidarisch verpflichtet. ²Auf den Ersatzanspruch finden die Bestimmungen in § 43 Abs. 3 und 4 entsprechende Anwendung.

§ 74 Schluss der Liquidation[2)]

(1) ¹Ist die Liquidation beendet und die Schlussrechnung gelegt, so haben die Liquidatoren den Schluss der Liquidation zur Eintragung in das Handelsregister anzumelden. ²Die Gesellschaft ist zu löschen.

(2) ¹Nach Beendigung der Liquidation sind die Bücher und Schriften der Gesellschaft für die Dauer von zehn Jahren einem der Gesellschafter oder einem Dritten in Verwahrung zu geben. ²Der Gesellschafter oder der Dritte wird in Ermangelung einer Bestimmung des Gesellschaftsvertrags oder eines Beschlusses der Gesellschafter durch das Gericht bestimmt.

(3) ¹Die Gesellschafter und deren Rechtsnachfolger sind zur Einsicht der Bücher und Schriften berechtigt. ²Gläubiger der Gesellschaft können von dem Gericht zur Einsicht ermächtigt werden.

---

1) **Anm. d. Red.:** § 73 i. d. F. des Gesetzes v. 30. 7. 2009 (BGBl I S. 2479). mit Wirkung v. 1. 9. 2009.
2) **Anm. d. Red.:** § 74 i. d. F. des Gesetzes v. 17. 12. 2008 (BGBl I S. 2586) mit Wirkung v. 1. 9. 2009.

§ 75 Nichtigkeitsklage[1]

(1) Enthält der Gesellschaftsvertrag keine Bestimmungen über die Höhe des Stammkapitals oder über den Gegenstand des Unternehmens oder sind die Bestimmungen des Gesellschaftsvertrags über den Gegenstand des Unternehmens nichtig, so kann jeder Gesellschafter, jeder Geschäftsführer und, wenn ein Aufsichtsrat bestellt ist, jedes Mitglied des Aufsichtsrats im Wege der Klage beantragen, dass die Gesellschaft für nichtig erklärt werde.

(2) Die Vorschriften der §§ 246 bis 248 des Aktiengesetzes finden entsprechende Anwendung.

§ 76 Heilung von Mängeln durch Gesellschafterbeschluss[2]

Ein Mangel, der die Bestimmungen über den Gegenstand des Unternehmens betrifft, kann durch einstimmigen Beschluss der Gesellschafter geheilt werden.

§ 77 Wirkung der Nichtigkeit

(1) Ist die Nichtigkeit einer Gesellschaft in das Handelsregister eingetragen, so finden zum Zwecke der Abwicklung ihrer Verhältnisse die für den Fall der Auflösung geltenden Vorschriften entsprechende Anwendung.

(2) Die Wirksamkeit der im Namen der Gesellschaft mit Dritten vorgenommenen Rechtsgeschäfte wird durch die Nichtigkeit nicht berührt.

(3) Die Gesellschafter haben die versprochenen Einzahlungen zu leisten, soweit es zur Erfüllung der eingegangenen Verbindlichkeiten erforderlich ist.

Abschnitt 6: Ordnungs-, Straf- und Bußgeldvorschriften

§ 78 Anmeldepflichtige[3]

Die in diesem Gesetz vorgesehenen Anmeldungen zum Handelsregister sind durch die Geschäftsführer oder die Liquidatoren, die in § 7 Abs. 1, § 57 Abs. 1, § 57i Abs. 1, § 58 Abs. 1 Nr. 3 vorgesehenen Anmeldungen sind durch sämtliche Geschäftsführer zu bewirken.

§ 79 Zwangsgelder[4]

(1) ¹Geschäftsführer oder Liquidatoren, die §§ 35a, 71 Abs. 5 nicht befolgen, sind hierzu vom Registergericht durch Festsetzung von Zwangsgeld anzuhalten; § 14 des Handelsgesetzbuchs bleibt unberührt. ²Das einzelne Zwangsgeld darf den Betrag von fünftausend Euro nicht übersteigen.

(2) In Ansehung der in §§ 7, 54, 57 Abs. 1, § 58 Abs. 1 Nr. 3 bezeichneten Anmeldungen zum Handelsregister findet, soweit es sich um die Anmeldung zum Handelsregister des Sitzes der Gesellschaft handelt, eine Festsetzung von Zwangsgeld nach § 14 des Handelsgesetzbuchs nicht statt.

§§ 80 und 81 (weggefallen)[5]

---

1) **Anm. d. Red.:** § 75 i. d. F. des Gesetzes v. 22. 3. 2005 (BGBl I S. 837) mit Wirkung v. 1. 4. 2005.
2) **Anm. d. Red.:** § 76 i. d. F. des Gesetzes v. 15. 8. 1969 (BGBl I S. 1146) mit Wirkung v. 1. 9. 1969.
3) **Anm. d. Red.:** § 78 i. d. F. des Gesetzes v. 28. 10. 1994 (BGBl I S. 3210) mit Wirkung v. 1. 1. 1995.
4) **Anm. d. Red.:** § 79 i. d. F. des Gesetzes v. 18. 1. 2001 (BGBl I S. 123) mit Wirkung v. 25. 1. 2001.
5) **Anm. d. Red.:** §§ 80 und 81 weggefallen gem. Gesetz v. 30. 1. 1937 (RGBl I S. 166).

§ 82 Falsche Angaben[1]

(1) Mit Freiheitsstrafe bis zu drei Jahren oder mit Geldstrafe wird bestraft, wer
1. als Gesellschafter oder als Geschäftsführer zum Zweck der Eintragung der Gesellschaft über die Übernahme der Geschäftsanteile, die Leistung der Einlagen, die Verwendung eingezahlter Beträge, über Sondervorteile, Gründungsaufwand und Sacheinlagen,
2. als Gesellschafter im Sachgründungsbericht,
3. als Geschäftsführer zum Zweck der Eintragung einer Erhöhung des Stammkapitals über die Zeichnung oder Einbringung des neuen Kapitals oder über Sacheinlagen,
4. als Geschäftsführer in der in § 57i Abs. 1 Satz 2 vorgeschriebenen Erklärung oder
5. als Geschäftsführer einer Gesellschaft mit beschränkter Haftung oder als Geschäftsleiter einer ausländischen juristischen Person in der nach § 8 Abs. 3 Satz 1 oder § 39 Abs. 3 Satz 1 abzugebenden Versicherung oder als Liquidator in der nach § 67 Abs. 3 Satz 1 abzugebenden Versicherung

falsche Angaben macht.

(2) Ebenso wird bestraft, wer
1. als Geschäftsführer zum Zweck der Herabsetzung des Stammkapitals über die Befriedigung oder Sicherstellung der Gläubiger eine unwahre Versicherung abgibt oder
2. als Geschäftsführer, Liquidator, Mitglied eines Aufsichtsrats oder ähnlichen Organs in einer öffentlichen Mitteilung die Vermögenslage der Gesellschaft unwahr darstellt oder verschleiert, wenn die Tat nicht in § 331 Nr. 1 oder Nr. 1a des Handelsgesetzbuchs mit Strafe bedroht ist.

§ 83 (weggefallen)[2]

§ 84 Verletzung der Verlustanzeigepflicht[3]

(1) Mit Freiheitsstrafe bis zu drei Jahren oder mit Geldstrafe wird bestraft, wer es als Geschäftsführer unterlässt, den Gesellschaftern einen Verlust in Höhe der Hälfte des Stammkapitals anzuzeigen.

(2) Handelt der Täter fahrlässig, so ist die Strafe Freiheitsstrafe bis zu einem Jahr oder Geldstrafe.

§ 85 Verletzung der Geheimhaltungspflicht[4]

(1) Mit Freiheitsstrafe bis zu einem Jahr oder mit Geldstrafe wird bestraft, wer ein Geheimnis der Gesellschaft, namentlich ein Betriebs- oder Geschäftsgeheimnis, das ihm in seiner Eigenschaft als Geschäftsführer, Mitglied des Aufsichtsrats oder Liquidator bekannt geworden ist, unbefugt offenbart.

(2) ¹Handelt der Täter gegen Entgelt oder in der Absicht, sich oder einen anderen zu bereichern oder einen anderen zu schädigen, so ist die Strafe Freiheitsstrafe bis zu zwei Jahren oder Geldstrafe. ²Ebenso wird bestraft, wer ein Geheimnis der in Absatz 1 bezeichneten Art, namentlich ein Betriebs- oder Geschäftsgeheimnis, das ihm unter den Voraussetzungen des Absatzes 1 bekannt geworden ist, unbefugt verwertet.

(3) ¹Die Tat wird nur auf Antrag der Gesellschaft verfolgt. ²Hat ein Geschäftsführer oder ein Liquidator die Tat begangen, so sind der Aufsichtsrat und, wenn kein Aufsichtsrat vorhanden ist, von den Gesellschaftern bestellte besondere Vertreter antragsberechtigt. ³Hat ein Mitglied des

---

1) **Anm. d. Red.:** § 82 i. d. F. des Gesetzes v. 23. 10. 2008 (BGBl I S. 2026) mit Wirkung v. 1. 11. 2008.
2) **Anm. d. Red.:** § 83 weggefallen gem. Gesetz v. 24. 5. 1968 (BGBl I S. 503) mit Wirkung v. 1. 10. 1968.
3) **Anm. d. Red.:** § 84 i. d. F. des Gesetzes v. 23. 10. 2008 (BGBl I S. 2026) mit Wirkung v. 1. 11. 2008.
4) **Anm. d. Red.:** § 85 eingefügt gem. Gesetz v. 4. 7. 1980 (BGBl I S. 836) mit Wirkung v. 1. 1. 1981.

Aufsichtsrats die Tat begangen, so sind die Geschäftsführer oder die Liquidatoren antragsberechtigt.

§ 86 Verletzung der Pflichten bei Abschlussprüfungen[1)]

(1) Mit Freiheitsstrafe bis zu einem Jahr oder mit Geldstrafe wird bestraft, wer als Mitglied eines Aufsichtsrats oder als Mitglied eines Prüfungsausschusses einer Gesellschaft, die kapitalmarktorientiert im Sinne des § 264d des Handelsgesetzbuchs, die CRR-Kreditinstitut im Sinne des § 1 Absatz 3d Satz 1 des Kreditwesengesetzes, mit Ausnahme der in § 2 Absatz 1 Nummer 1 und 2 des Kreditwesengesetzes genannten Institute, oder die Versicherungsunternehmen ist im Sinne des Artikels 2 Absatz 1 der Richtlinie 91/674/EWG des Rates vom 19. Dezember 1991 über den Jahresabschluß und den konsolidierten Abschluß von Versicherungsunternehmen (ABl. L 374 vom 31. 12. 1991, S. 7), die zuletzt durch die Richtlinie 2006/46/EG (ABl L 224 vom 16. 8. 2006, S. 1) geändert worden ist,

1. eine in § 87 Absatz 1 bezeichnete Handlung begeht und dafür einen Vermögensvorteil erhält oder sich versprechen lässt oder
2. eine in § 87 Absatz 1 bezeichnete Handlung beharrlich wiederholt.

(2) Ebenso wird bestraft, wer als Mitglied eines Aufsichtsrats oder als Mitglied eines Prüfungsausschusses einer Gesellschaft, die kapitalmarktorientiert im Sinne des § 264d des Handelsgesetzbuchs oder die CRR-Kreditinstitut ist im Sinne des § 1 Absatz 3d Satz 1 des Kreditwesengesetzes, mit Ausnahme der in § 2 Absatz 1 Nummer 1 und 2 des Kreditwesengesetzes genannten Institute,

1. eine in § 87 Absatz 2 oder 3 bezeichnete Handlung begeht und dafür einen Vermögensvorteil erhält oder sich versprechen lässt oder
2. eine in § 87 Absatz 2 oder 3 bezeichnete Handlung beharrlich wiederholt.

§ 87 Bußgeldvorschriften[2)]

(1) Ordnungswidrig handelt, wer als Mitglied eines Aufsichtsrats oder als Mitglied eines Prüfungsausschusses einer Gesellschaft, die kapitalmarktorientiert im Sinne des § 264d des Handelsgesetzbuchs, die CRR-Kreditinstitut im Sinne des § 1 Absatz 3d Satz 1 des Kreditwesengesetzes, mit Ausnahme der in § 2 Absatz 1 Nummer 1 und 2 des Kreditwesengesetzes genannten Institute, oder die Versicherungsunternehmen ist im Sinne des Artikels 2 Absatz 1 der Richtlinie 91/674/EWG des Rates vom 19. Dezember 1991 über den Jahresabschluß und den konsolidierten Abschluß von Versicherungsunternehmen (ABl L 374 vom 31. 12. 1991, S. 7), die zuletzt durch die Richtlinie 2006/46/EG (ABl L 224 vom 16. 8. 2006, S. 1) geändert worden ist,

1. die Unabhängigkeit des Abschlussprüfers oder der Prüfungsgesellschaft nicht nach Maßgabe des Artikels 4 Absatz 3 Unterabsatz 2, des Artikels 5 Absatz 4 Unterabsatz 1 Satz 1 oder des Artikels 6 Absatz 2 der Verordnung (EU) Nr. 537/2014 des Europäischen Parlaments und des Rates vom 16. April 2014 über spezifische Anforderungen an die Abschlussprüfung bei Unternehmen von öffentlichem Interesse und zur Aufhebung des Beschlusses 2005/909/EG der Kommission (ABl L 158 vom 27. 5. 2014, S. 77, L 170 vom 11. 6. 2014, S. 66) überwacht oder
2. eine Empfehlung für die Bestellung eines Abschlussprüfers oder einer Prüfungsgesellschaft vorlegt, die nicht auf einem Verlangen der Aufsichtsbehörde nach § 36 Absatz 1 Satz 2 des Versicherungsaufsichtsgesetzes beruht und
   a) die den Anforderungen nach Artikel 16 Absatz 2 Unterabsatz 2 oder 3 der Verordnung (EU) Nr. 537/2014 nicht entspricht oder

---

1) **Anm. d. Red.:** § 86 i. d. F. des Gesetzes v. 17. 7. 2017 (BGBl I S. 2446) mit Wirkung v. 22. 7. 2017.
2) **Anm. d. Red.:** § 87 i. d. F. des Gesetzes v. 17. 7. 2017 (BGBl I S. 2446) mit Wirkung v. 22. 7. 2017.

b) der ein Auswahlverfahren nach Artikel 16 Absatz 3 Unterabsatz 1 der Verordnung (EU) Nr. 537/2014 nicht vorangegangen ist.

(2) Ordnungswidrig handelt, wer als Mitglied eines Aufsichtsrats, der einen Prüfungsausschuss nicht bestellt hat, einer Gesellschaft, die kapitalmarktorientiert im Sinne des § 264d des Handelsgesetzbuchs oder die CRR-Kreditinstitut ist im Sinne des § 1 Absatz 3d Satz 1 des Kreditwesengesetzes, mit Ausnahme der in § 2 Absatz 1 Nummer 1 und 2 des Kreditwesengesetzes genannten Institute, den Gesellschaftern einen Vorschlag für die Bestellung eines Abschlussprüfers oder einer Prüfungsgesellschaft vorlegt, der den Anforderungen nach Artikel 16 Absatz 5 Unterabsatz 1 der Verordnung (EU) Nr. 537/2014 nicht entspricht.

(3) Ordnungswidrig handelt, wer als Mitglied eines Aufsichtsrats, der einen Prüfungsausschuss bestellt hat, einer in Absatz 2 genannten Gesellschaft den Gesellschaftern einen Vorschlag für die Bestellung eines Abschlussprüfers oder einer Prüfungsgesellschaft vorlegt, der den Anforderungen nach Artikel 16 Absatz 5 Unterabsatz 1 oder Unterabsatz 2 Satz 1 oder Satz 2 der Verordnung (EU) Nr. 537/2014 nicht entspricht.

(4) Die Ordnungswidrigkeit kann mit einer Geldbuße bis zu fünfzigtausend Euro geahndet werden.

(5) Verwaltungsbehörde im Sinne des § 36 Absatz 1 Nummer 1 des Gesetzes über Ordnungswidrigkeiten ist bei CRR-Kreditinstituten im Sinne des § 1 Absatz 3d Satz 1 des Kreditwesengesetzes, mit Ausnahme der in § 2 Absatz 1 Nummer 1 und 2 des Kreditwesengesetzes genannten Institute, und bei Versicherungsunternehmen im Sinne des Artikels 2 Absatz 1 der Richtlinie 91/674/EWG die Bundesanstalt für Finanzdienstleistungsaufsicht, im Übrigen das Bundesamt für Justiz.

§ 88 Mitteilungen an die Abschlussprüferaufsichtsstelle[1]

(1) Die nach § 87 Absatz 5 zuständige Verwaltungsbehörde übermittelt der Abschlussprüferaufsichtsstelle beim Bundesamt für Wirtschaft und Ausfuhrkontrolle alle Bußgeldentscheidungen nach § 87 Absatz 1 bis 3.

(2) ¹In Strafverfahren, die eine Straftat nach § 86 zum Gegenstand haben, übermittelt die Staatsanwaltschaft im Falle der Erhebung der öffentlichen Klage der Abschlussprüferaufsichtsstelle die das Verfahren abschließende Entscheidung. ²Ist gegen die Entscheidung ein Rechtsmittel eingelegt worden, ist die Entscheidung unter Hinweis auf das eingelegte Rechtsmittel zu übermitteln.

---

1) **Anm. d. Red.:** § 88 eingefügt gem. Gesetz v. 10. 5. 2016 (BGBl I S. 1142) mit Wirkung v. 17. 6. 2016.

Anlage   X. GmbH-Gesetz

Anlage (zu § 2 Abs. 1a)

a)   Musterprotokoll
       für die Gründung einer Einpersonengesellschaft

UR. Nr. ....

Heute, den ....,

erschien vor mir, ...,
Notar/in mit dem Amtssitz in
....,

Herr/Frau[1]
....
....
....[2]).

1. Der Erschienene errichtet hiermit nach § 2 Abs. 1a GmbHG eine Gesellschaft mit beschränkter Haftung unter der Firma ....
....
mit dem Sitz in ....

2. Gegenstand des Unternehmens ist ....

3. Das Stammkapital der Gesellschaft beträgt .... €
(i. W. .... Euro) und wird vollständig
von Herrn/Frau[1] ....
(Geschäftsanteil Nr. 1) übernommen. Die Einlage ist in Geld zu erbringen, und zwar sofort in voller Höhe/zu 50 Prozent sofort, im Übrigen sobald die Gesellschafterversammlung ihre Einforderung beschließt[3].

4. Zum Geschäftsführer der Gesellschaft wird Herr/Frau[4] ....
....,
geboren am ...., wohnhaft in ....
...., bestellt.
Der Geschäftsführer ist von den Beschränkungen des § 181 des Bürgerlichen Gesetzbuchs befreit.

5. Die Gesellschaft trägt die mit der Gründung verbundenen Kosten bis zu einem Gesamtbetrag von 300 €, höchstens jedoch bis zum Betrag ihres Stammkapitals. Darüber hinausgehende Kosten trägt der Gesellschafter.

6. Von dieser Urkunde erhält eine Ausfertigung der Gesellschafter, beglaubigte Ablichtungen die Gesellschaft und das Registergericht (in elektronischer Form) sowie eine einfache Abschrift das Finanzamt – Körperschaftsteuerstelle –.

7. Der Erschienene wurde vom Notar/von der Notarin insbesondere auf Folgendes hingewiesen: ....

Hinweise:
[1] Nicht Zutreffendes streichen. Bei juristischen Personen ist die Anrede Herr/Frau wegzulassen.
[2] Hier sind neben der Bezeichnung des Gesellschafters und den Angaben zur notariellen Identitätsfeststellung ggf. der Güterstand und die Zustimmung des Ehegatten sowie die Angaben zu einer etwaigen Vertretung zu vermerken.
[3] Nicht Zutreffendes streichen. Bei der Unternehmergesellschaft muss die zweite Alternative gestrichen werden.
[4] Nicht Zutreffendes streichen.

X. GmbH-Gesetz

Anlage

b) Musterprotokoll
für die Gründung einer Mehrpersonengesellschaft
mit bis zu drei Gesellschaftern

UR. Nr. ....

Heute, den ....,

erschienen vor mir, ...,
Notar/in mit dem Amtssitz in
....,

Herr/Frau[1]
....
....[2]),

Herr/Frau[1]
....
....[2]),

Herr/Frau[1]
....
....[2]).

1. Die Erschienenen errichten hiermit nach § 2 Abs. 1a GmbHG eine Gesellschaft mit beschränkter Haftung unter der Firma ....
   ....
   mit dem Sitz in ....
2. Gegenstand des Unternehmens ist ....
3. Das Stammkapital der Gesellschaft beträgt .... €
   (i. W. .... Euro) und wird wie folgt übernommen:
   Herr/Frau[1] .... übernimmt einen Geschäftsanteil mit einem Nennbetrag in Höhe von ...... €
   (i. W. .... Euro) (Geschäftsanteil Nr. 1),
   Herr/Frau[1] .... übernimmt einen Geschäftsanteil mit einem Nennbetrag in Höhe von ...... €
   (i. W. .... Euro) (Geschäftsanteil Nr. 2),
   Herr/Frau[1] .... übernimmt einen Geschäftsanteil mit einem Nennbetrag in Höhe von ...... €
   (i. W. .... Euro) (Geschäftsanteil Nr. 3).
   Die Einlagen sind in Geld zu erbringen, und zwar sofort in voller Höhe/zu 50 Prozent sofort, im Übrigen sobald die Gesellschafterversammlung ihre Einforderung beschließt[3].
4. Zum Geschäftsführer der Gesellschaft wird Herr/Frau[4] ....
   ....,
   geboren am ...., wohnhaft in ....
   ...., bestellt.
   Der Geschäftsführer ist von den Beschränkungen des § 181 des Bürgerlichen Gesetzbuchs befreit.
5. Die Gesellschaft trägt die mit der Gründung verbundenen Kosten bis zu einem Gesamtbetrag von 300 €, höchstens jedoch bis zum Betrag ihres Stammkapitals. Darüber hinausgehende Kosten tragen die Gesellschafter im Verhältnis der Nennbeträge ihrer Geschäftsanteile.
6. Von dieser Urkunde erhält eine Ausfertigung jeder Gesellschafter, beglaubigte Ablichtungen die Gesellschaft und das Registergericht (in elektronischer Form) sowie eine einfache Abschrift das Finanzamt – Körperschaftsteuerstelle –.
7. Die Erschienenen wurden vom Notar/von der Notarin insbesondere auf Folgendes hingewiesen: ....

Hinweise:

[1]) Nicht Zutreffendes streichen. Bei juristischen Personen ist die Anrede Herr/Frau wegzulassen.

[2]) Hier sind neben der Bezeichnung des Gesellschafters und den Angaben zur notariellen Identitätsfeststellung ggf. der Güterstand und die Zustimmung des Ehegatten sowie die Angaben zu einer etwaigen Vertretung zu vermerken.

[3]) Nicht Zutreffendes streichen. Bei der Unternehmergesellschaft muss die zweite Alternative gestrichen werden.

[4]) Nicht Zutreffendes streichen.

XI. Einführungsgesetz zum Gesetz betreffend die Gesellschaften mit beschränkter Haftung (GmbHG-Einführungsgesetz – EGGmbHG)

v. 23.10.2008 (BGBl I S. 2026) mit späteren Änderungen

Das Einführungsgesetz zum Gesetz betreffend die Gesellschaften mit beschränkter Haftung (GmbHG-Einführungsgesetz – EGGmbHG) ist als Art. 2 Gesetz zur Modernisierung des GmbH-Rechts und zur Bekämpfung von Missbräuchen (MoMiG) v. 23.10.2008 (BGBl I S. 2026) verkündet worden und am 1.11.2008 in Kraft getreten. Es ist zuletzt geändert worden durch Art. 15 Gesetz zur Umsetzung der Vierten EU-Geldwäscherichtlinie, zur Ausführung der EU-Geldtransferverordnung und zur Neuorganisation der Zentralstelle für Finanztransaktionsuntersuchungen v. 23.6.2017 (BGBl I S. 1822).

Nichtamtliche Fassung

§ 1 Umstellung auf Euro

(1) ¹Gesellschaften, die vor dem 1. Januar 1999 in das Handelsregister eingetragen worden sind, dürfen ihr auf Deutsche Mark lautendes Stammkapital beibehalten; Entsprechendes gilt für Gesellschaften, die vor dem 1. Januar 1999 zur Eintragung in das Handelsregister angemeldet und bis zum 31. Dezember 2001 eingetragen worden sind. ²Für Mindestbetrag und Teilbarkeit von Kapital, Einlagen und Geschäftsanteilen sowie für den Umfang des Stimmrechts bleiben bis zu einer Kapitaländerung nach Satz 4 die bis dahin gültigen Beträge weiter maßgeblich. ³Dies gilt auch, wenn die Gesellschaft ihr Kapital auf Euro umgestellt hat; das Verhältnis der mit den Geschäftsanteilen verbundenen Rechte zueinander wird durch Umrechnung zwischen Deutscher Mark und Euro nicht berührt. ⁴Eine Änderung des Stammkapitals darf nach dem 31. Dezember 2001 nur eingetragen werden, wenn das Kapital auf Euro umgestellt wird.

(2) ¹Bei Gesellschaften, die zwischen dem 1. Januar 1999 und dem 31. Dezember 2001 zum Handelsregister angemeldet und in das Register eingetragen worden sind, dürfen Stammkapital und Stammeinlagen auch auf Deutsche Mark lauten. ²Für Mindestbetrag und Teilbarkeit von Kapital, Einlagen und Geschäftsanteilen sowie für den Umfang des Stimmrechts gelten die zu dem vom Rat der Europäischen Union nach Artikel 123 Abs. 4 Satz 1 des Vertrages zur Gründung der Europäischen Gemeinschaft unwiderruflich festgelegten Umrechnungskurs in Deutsche Mark umzurechnenden Beträge des Gesetzes in der ab dem 1. Januar 1999 geltenden Fassung.

(3) ¹Die Umstellung des Stammkapitals und der Geschäftsanteile sowie weiterer satzungsmäßiger Betragsangaben auf Euro zu dem nach Artikel 123 Abs. 4 Satz 1 des Vertrages zur Gründung der Europäischen Gemeinschaft unwiderruflich festgelegten Umrechnungskurs erfolgt durch Beschluss der Gesellschafter mit einfacher Stimmenmehrheit nach § 47 des Gesetzes betreffend die Gesellschaften mit beschränkter Haftung; § 53 Abs. 2 Satz 1 des Gesetzes betreffend die Gesellschaften mit beschränkter Haftung ist nicht anzuwenden. ²Auf die Anmeldung und Eintragung der Umstellung in das Handelsregister ist § 54 Abs. 1 Satz 2 und Abs. 2 Satz 2 des Gesetzes betreffend die Gesellschaften mit beschränkter Haftung nicht anzuwenden. ³Werden mit der Umstellung weitere Maßnahmen verbunden, insbesondere das Kapital verändert, bleiben die hierfür geltenden Vorschriften unberührt; auf eine Herabsetzung des Stammkapitals, mit der die Nennbeträge der Geschäftsanteile auf einen Betrag nach Absatz 1 Satz 4 gestellt werden, ist jedoch § 58 Abs. 1 des Gesetzes betreffend die Gesellschaften mit beschränkter Haftung nicht anzuwenden, wenn zugleich eine Erhöhung des Stammkapitals gegen Bareinlagen beschlossen und diese in voller Höhe vor der Anmeldung zum Handelsregister geleistet werden.

§ 2 Übergangsvorschriften zum Transparenz- und Publizitätsgesetz

§ 42a Abs. 4 des Gesetzes betreffend die Gesellschaften mit beschränkter Haftung in der Fassung des Artikels 3 Abs. 3 des Transparenz- und Publizitätsgesetzes vom 19. Juli 2002 (BGBl I

S. 2681) ist erstmals auf den Konzernabschluss und den Konzernlagebericht für das nach dem 31. Dezember 2001 beginnende Geschäftsjahr anzuwenden.

§ 3 Übergangsvorschriften zum Gesetz zur Modernisierung des GmbH-Rechts und zur Bekämpfung von Missbräuchen

(1) ¹Die Pflicht, die inländische Geschäftsanschrift bei dem Gericht nach § 8 des Gesetzes betreffend die Gesellschaften mit beschränkter Haftung in der ab dem Inkrafttreten des Gesetzes vom 23. Oktober 2008 (BGBl I S. 2026) am 1. November 2008 geltenden Fassung zur Eintragung in das Handelsregister anzumelden, gilt auch für Gesellschaften, die zu diesem Zeitpunkt bereits in das Handelsregister eingetragen sind, es sei denn, die inländische Geschäftsanschrift ist dem Gericht bereits nach § 24 Abs. 2 der Handelsregisterverordnung mitgeteilt worden und hat sich anschließend nicht geändert. ²In diesen Fällen ist die inländische Geschäftsanschrift mit der ersten die eingetragene Gesellschaft betreffenden Anmeldung zum Handelsregister ab dem 1. November 2008, spätestens aber bis zum 31. Oktober 2009 anzumelden. ³Wenn bis zum 31. Oktober 2009 keine inländische Geschäftsanschrift zur Eintragung in das Handelsregister angemeldet worden ist, trägt das Gericht von Amts wegen und ohne Überprüfung kostenfrei die ihm nach § 24 Abs. 2 der Handelsregisterverordnung bekannte inländische Anschrift als Geschäftsanschrift in das Handelsregister ein; in diesem Fall gilt die mitgeteilte Anschrift zudem unabhängig von dem Zeitpunkt ihrer tatsächlichen Eintragung ab dem 31. Oktober 2009 als eingetragene inländische Geschäftsanschrift der Gesellschaft, wenn sie im elektronischen Informations- und Kommunikationssystem nach § 9 Abs. 1 des Handelsgesetzbuchs abrufbar ist. ⁴Ist dem Gericht keine Mitteilung im Sinne des § 24 Abs. 2 der Handelsregisterverordnung gemacht worden, ist ihm aber in sonstiger Weise eine inländische Geschäftsanschrift bekannt geworden, so gilt Satz 3 mit der Maßgabe, dass diese Anschrift einzutragen ist, wenn sie im elektronischen Informations- und Kommunikationssystem nach § 9 Abs. 1 des Handelsgesetzbuchs abrufbar ist. ⁵Dasselbe gilt, wenn eine in sonstiger Weise bekannt gewordene inländische Anschrift von einer früher nach § 24 Abs. 2 der Handelsregisterverordnung mitgeteilten Anschrift abweicht. ⁶Eintragungen nach den Sätzen 3 bis 5 werden abweichend von § 10 des Handelsgesetzbuchs nicht bekannt gemacht.

(2) ¹§ 6 Abs. 2 Satz 2 Nr. 3 Buchstabe a, c, d und e des Gesetzes betreffend die Gesellschaften mit beschränkter Haftung in der ab dem 1. November 2008 geltenden Fassung ist auf Personen, die vor dem 1. November 2008 zum Geschäftsführer bestellt worden sind, nicht anzuwenden, wenn die Verurteilung vor dem 1. November 2008 rechtskräftig geworden ist. ²Entsprechendes gilt für § 6 Abs. 2 Satz 3 des Gesetzes betreffend die Gesellschaften mit beschränkter Haftung in der ab dem 1. November 2008 geltenden Fassung, soweit die Verurteilung wegen einer Tat erfolgte, die den Straftaten im Sinne des Satzes 1 vergleichbar ist.

(3) ¹Bei Gesellschaften, die vor dem 1. November 2008 gegründet worden sind, findet § 16 Abs. 3 des Gesetzes betreffend die Gesellschaften mit beschränkter Haftung in der ab dem 1. November 2008 geltenden Fassung für den Fall, dass die Unrichtigkeit in der Gesellschafterliste bereits vor dem 1. November 2008 vorhanden und dem Berechtigten zuzurechnen ist, hinsichtlich des betreffenden Geschäftsanteils frühestens auf Rechtsgeschäfte nach dem 1. Mai 2009 Anwendung. ²Ist die Unrichtigkeit dem Berechtigten im Fall des Satzes 1 nicht zuzurechnen, so ist abweichend vom 1. Mai 2009 der 1. November 2011 maßgebend.

(4) ¹§ 19 Abs. 4 und 5 des Gesetzes betreffend die Gesellschaften mit beschränkter Haftung in der ab dem 1. November 2008 geltenden Fassung gilt auch für Einlagenleistungen, die vor diesem Zeitpunkt bewirkt worden sind, soweit sie nach der vor dem 1. November 2008 geltenden Rechtslage wegen der Vereinbarung einer Einlagenrückgewähr oder wegen einer verdeckten Sacheinlage keine Erfüllung der Einlagenverpflichtung bewirkt haben. ²Dies gilt nicht, soweit über die aus der Unwirksamkeit folgenden Ansprüche zwischen der Gesellschaft und dem Gesellschafter bereits vor dem 1. November 2008 ein rechtskräftiges Urteil ergangen oder eine wirksame Vereinbarung zwischen der Gesellschaft und dem Gesellschafter getroffen worden ist; in diesem Fall beurteilt sich die Rechtslage nach den bis zum 1. November 2008 geltenden Vorschriften.

§ 4 Übergangsvorschrift zum Bilanzrechtsmodernisierungsgesetz[1]

§ 52 Abs. 1 Satz 1 des Gesetzes betreffend die Gesellschaften mit beschränkter Haftung in Verbindung mit § 100 Abs. 5 und § 107 Abs. 4 des Aktiengesetzes in der Fassung des Bilanzrechtsmodernisierungsgesetzes vom 25. Mai 2009 (BGBl I S. 1102) findet keine Anwendung, solange alle Mitglieder des Aufsichtsrats und des Prüfungsausschusses vor dem 29. Mai 2009 bestellt worden sind.

§ 5 Übergangsvorschrift zu dem Gesetz für die gleichberechtigte Teilhabe von Frauen und Männern an Führungspositionen in der Privatwirtschaft und im öffentlichen Dienst[2]

¹Die Festlegungen nach § 36 Satz 1 und 3 sowie § 52 Absatz 2 Satz 1, 2 und 4 des Gesetzes betreffend die Gesellschaften mit beschränkter Haftung haben erstmals bis spätestens 30. September 2015 zu erfolgen. ²Die nach § 36 Satz 3 und § 52 Absatz 2 Satz 4 des Gesetzes betreffend die Gesellschaften mit beschränkter Haftung erstmals festzulegende Frist darf nicht länger als bis zum 30. Juni 2017 dauern.

§ 6 Übergangsvorschriften zum Bilanzrichtlinie-Umsetzungsgesetz[3]

¹§ 29 des Gesetzes betreffend die Gesellschaften mit beschränkter Haftung in der Fassung des Bilanzrichtlinie-Umsetzungsgesetzes vom 17. Juli 2015 (BGBl I S. 1245) ist erstmals auf Jahres- und Konzernabschlüsse für ein nach dem 31. Dezember 2015 beginnendes Geschäftsjahr anzuwenden. ²Auf Jahres- und Konzernabschlüsse für ein vor dem 1. Januar 2016 beginnendes Geschäftsjahr bleibt § 29 des Gesetzes betreffend die Gesellschaften mit beschränkter Haftung in der bis zum 22. Juli 2015 geltenden Fassung anwendbar.

§ 7 Übergangsvorschrift zum Abschlussprüfungsreformgesetz[4]

§ 52 Absatz 1 des Gesetzes betreffend die Gesellschaften mit beschränkter Haftung in Verbindung mit § 100 Absatz 5 und § 107 Absatz 4 des Aktiengesetzes, jeweils in der Fassung des Abschlussprüfungsreformgesetzes vom 10. Mai 2016 (BGBl I S. 1142) müssen so lange nicht angewandt werden, wie alle Mitglieder des Aufsichtsrats und des Prüfungsausschusses vor dem 17. Juni 2016 bestellt worden sind.

§ 8 Übergangsvorschrift zum Gesetz zur Umsetzung der Vierten EU-Geldwäscherichtlinie, zur Ausführung der EU-Geldtransferverordnung und zur Neuorganisation der Zentralstelle für Finanztransaktionsuntersuchungen[5]

§ 8 Absatz 1 Nummer 3 und § 40 Absatz 1 Satz 1 bis 3 des Gesetzes betreffend die Gesellschaften mit beschränkter Haftung in der Fassung des Gesetzes zur Umsetzung der Vierten EU-Geldwäscherichtlinie, zur Ausführung der EU-Geldtransferverordnung und zur Neuorganisation der Zentralstelle für Finanztransaktionsuntersuchungen vom 23. Juni 2017 (BGBl I S. 1822) finden auf Gesellschaften mit beschränkter Haftung, die am 26. Juni 2017 in das Handelsregister eingetragen sind, mit der Maßgabe Anwendung, dass die geänderten Anforderungen an den Inhalt der Liste der Gesellschafter erst dann zu beachten sind, wenn aufgrund einer Veränderung nach § 40 Absatz 1 Satz 1 des Gesetzes betreffend die Gesellschaften mit beschränkter Haftung in der vor dem 26. Juni 2017 geltenden Fassung eine Liste einzureichen ist.

---

1) **Anm. d. Red.:** § 4 angefügt gem. Gesetz v. 25. 5. 2009 (BGBl I S. 1102) mit Wirkung v. 29. 5. 2009.
2) **Anm. d. Red.:** § 5 i. d. F. des Gesetzes v. 22. 12. 2015 (BGBl I S. 2565) mit Wirkung v. 31. 12. 2015.
3) **Anm. d. Red.:** § 6 angefügt gem. Gesetz v. 17. 7. 2015 (BGBl I S. 1245) mit Wirkung v. 23. 7. 2015.
4) **Anm. d. Red.:** § 7 angefügt gem. Gesetz v. 10. 5. 2016 (BGBl I S. 1142) mit Wirkung v. 17. 6. 2016.
5) **Anm. d. Red.:** § 8 angefügt gem. Gesetz v. 23. 6. 2017 (BGBl I S. 1822) mit Wirkung v. 26. 6. 2017.

XII. Handelsgesetzbuch (HGB)
v. 10.5.1897 (RGBl S. 219) mit späteren Änderungen – ohne Seehandel

Das Handelsgesetzbuch (HGB) v. 10.5.1897 (RGBl S. 219) ist zuletzt geändert worden durch Art. 14 Gesetz zur Fortentwicklung des Sanierungs- und Insolvenzrechts (Sanierungs- und Insolvenzrechtsfortentwicklungsgesetz – SanInsFoG)*) v. 22.12.2020 (BGBl I S. 3256).

Auszug

Inhaltsübersicht[1]

		§§
Erstes Buch:	Handelsstand	1-104a
Erster Abschnitt:	Kaufleute	1-7
Zweiter Abschnitt:	Handelsregister; Unternehmensregister	8-16
Dritter Abschnitt:	Handelsfirma	17-37a
Vierter Abschnitt:	Handelsbücher	38-47b
Fünfter Abschnitt:	Prokura und Handlungsvollmacht	48-58
Sechster Abschnitt:	Handlungsgehilfen und Handlungslehrlinge	59-83
Siebenter Abschnitt:	Handelsvertreter	84-92c
Achter Abschnitt:	Handelsmakler	93-104
Neunter Abschnitt:	Bußgeldvorschriften	104a
Zweites Buch:	**Handelsgesellschaften und stille Gesellschaft**	105-237
Erster Abschnitt:	Offene Handelsgesellschaft	105-160
Erster Titel:	Errichtung der Gesellschaft	105-108
Zweiter Titel:	Rechtsverhältnisse der Gesellschafter untereinander	109-122
Dritter Titel:	Rechtsverhältnisse der Gesellschafter zu Dritten	123-130b
Vierter Titel:	Auflösung der Gesellschaft und Ausscheiden von Gesellschaftern	131-144
Fünfter Titel:	Liquidation der Gesellschaft	145-158
Sechster Titel:	Verjährung. Zeitliche Begrenzung der Haftung	159-160
Zweiter Abschnitt:	Kommanditgesellschaft	161-229
Dritter Abschnitt:	Stille Gesellschaft	230-237
Drittes Buch:	**Handelsbücher**	238-342e
Erster Abschnitt:	Vorschriften für alle Kaufleute	238-263
Erster Unterabschnitt:	Buchführung, Inventar	238-241a
Zweiter Unterabschnitt:	Eröffnungsbilanz, Jahresabschluss	242-256a
Erster Titel:	Allgemeine Vorschriften	242-245
Zweiter Titel:	Ansatzvorschriften	246-251
Dritter Titel:	Bewertungsvorschriften	252-256a

---

*) **Amtl. Anm.:** Dieses Gesetz dient der weiteren Umsetzung der Richtlinie (EU) 2019/1023 des Europäischen Parlaments und des Rates vom 20. Juni 2019 über präventive Restrukturierungsrahmen, über Entschuldung und über Tätigkeitsverbote sowie über Maßnahmen zur Steigerung der Effizienz von Restrukturierungs-, Insolvenz- und Entschuldungsverfahren und zur Änderung der Richtlinie (EU) 2017/1132 (Richtlinie über Restrukturierung und Insolvenz) (ABl L 172 vom 26. 6. 2019, S. 18).

1) **Anm. d. Red.:** Inhaltsübersicht i. d. F. des Gesetzes v. 11.4.2017 (BGBl I S. 802) mit Wirkung v. 19.4.2017.

Dritter Unterabschnitt:	Aufbewahrung und Vorlage	257-261
Vierter Unterabschnitt:	Landesrecht	262-263
Zweiter Abschnitt:	Ergänzende Vorschriften für Kapitalgesellschaften (Aktiengesellschaften, Kommanditgesellschaften auf Aktien und Gesellschaften mit beschränkter Haftung) sowie bestimmte Personenhandelsgesellschaften	264-335b
Erster Unterabschnitt:	Jahresabschluss der Kapitalgesellschaft und Lagebericht	264-289f
Erster Titel:	Allgemeine Vorschriften	264-265
Zweiter Titel:	Bilanz	266-274a
Dritter Titel:	Gewinn- und Verlustrechnung	275-278
Vierter Titel	(weggefallen)	279-283
Fünfter Titel:	Anhang	284-288
Sechster Titel:	Lagebericht	289-289f
Zweiter Unterabschnitt:	Konzernabschluss und Konzernlagebericht	290-315e
Erster Titel:	Anwendungsbereich	290-293
Zweiter Titel:	Konsolidierungskreis	294-296
Dritter Titel:	Inhalt und Form des Konzernabschlusses	297-299
Vierter Titel:	Vollkonsolidierung	300-307
Fünfter Titel:	Bewertungsvorschriften	308-309
Sechster Titel:	Anteilmäßige Konsolidierung	310
Siebenter Titel:	Assoziierte Unternehmen	311-312
Achter Titel:	Konzernanhang	313-314
Neunter Titel:	Konzernlagebericht	315-315d
Zehnter Titel:	Konzernabschluss nach internationalen Rechnungslegungsstandards	315e
Dritter Unterabschnitt:	Prüfung	316-324a
Vierter Unterabschnitt:	Offenlegung, Prüfung durch den Betreiber des Bundesanzeigers	325-329
Fünfter Unterabschnitt:	Verordnungsermächtigung für Formblätter und andere Vorschriften	330
Sechster Unterabschnitt:	Straf- und Bußgeldvorschriften, Ordnungsgelder	331-335c
Erster Titel:	Straf- und Bußgeldvorschriften	331-334
Zweiter Titel:	Ordnungsgelder	335, 335a
Dritter Titel:	Gemeinsame Vorschriften für Straf-, Bußgeld- und Ordnungsgeldverfahren	335b, 335c
Dritter Abschnitt:	Ergänzende Vorschriften für eingetragene Genossenschaften	336-339
Vierter Abschnitt:	Ergänzende Vorschriften für Unternehmen bestimmter Geschäftszweige	340-341p
Erster Unterabschnitt:	Ergänzende Vorschriften für Kreditinstitute und Finanzdienstleistungsinstitute	340-340o
Erster Titel:	Anwendungsbereich	340
Zweiter Titel:	Jahresabschluss, Lagebericht, Zwischenabschluss	340a-340d
Dritter Titel:	Bewertungsvorschriften	340e-340g
Vierter Titel:	Währungsumrechnung	340h

Fünfter Titel:	Konzernabschluss, Konzernlagebericht, Konzernzwischenabschluss	340i, 340j
Sechster Titel:	Prüfung	340k
Siebenter Titel:	Offenlegung	340l
Achter Titel:	Straf- und Bußgeldvorschriften, Ordnungsgelder	340m-340o
Zweiter Unterabschnitt:	Ergänzende Vorschriften für Versicherungsunternehmen und Pensionsfonds	341-341p
Erster Titel:	Anwendungsbereich	341
Zweiter Titel:	Jahresabschluss, Lagebericht	341a
Dritter Titel:	Bewertungsvorschriften	341b-341d
Vierter Titel:	Versicherungstechnische Rückstellungen	341e-341h
Fünfter Titel:	Konzernabschluss, Konzernlagebericht	341i, 341j
Sechster Titel:	Prüfung	341k
Siebenter Titel:	Offenlegung	341l
Achter Titel:	Straf- und Bußgeldvorschriften, Ordnungsgelder	341m-341p
Dritter Unterabschnitt:	Ergänzende Vorschriften für bestimmte Unternehmen des Rohstoffsektors	341q-341y
Erster Titel:	Anwendungsbereich; Begriffsbestimmungen	341q, 341r
Zweiter Titel:	Zahlungsbericht, Konzernzahlungsbericht und Offenlegung	341s-341w
Dritter Titel:	Bußgeldvorschriften, Ordnungsgelder	341x, 341y
Fünfter Abschnitt:	Privates Rechnungslegungsgremium; Rechnungslegungsbeirat	342-342a
Sechster Abschnitt:	Prüfstelle für Rechnungslegung	342b-342e
Viertes Buch:	**Handelsgeschäfte**	343-475h
Erster Abschnitt:	Allgemeine Vorschriften	343-372
Zweiter Abschnitt:	Handelskauf	373-382
Dritter Abschnitt:	Kommissionsgeschäft	383-406
Vierter Abschnitt:	Frachtgeschäft	407-452d
Erster Unterabschnitt:	Allgemeine Vorschriften	407-450
Zweiter Unterabschnitt:	Beförderung von Umzugsgut	451-451h
Dritter Unterabschnitt:	Beförderung mit verschiedenartigen Beförderungsmitteln	452-452d
Fünfter Abschnitt:	Speditionsgeschäft	453-466
Sechster Abschnitt:	Lagergeschäft	467-475h
Fünftes Buch:	**Seehandel (hier nicht wiedergegeben)**	476-905
Anlage	(weggefallen)	

Erstes Buch: Handelsstand
Erster Abschnitt: Kaufleute

§ 1 Istkaufmann[1)2)]

(1) Kaufmann im Sinne dieses Gesetzbuchs ist, wer ein Handelsgewerbe betreibt.

(2) Handelsgewerbe ist jeder Gewerbebetrieb, es sei denn, dass das Unternehmen nach Art oder Umfang einen in kaufmännischer Weise eingerichteten Geschäftsbetrieb nicht erfordert.

---

1) **Anm. d. Red.:** Die Überschriften zu den einzelnen Paragrafen des HGB sind z. T. nicht amtlich.
2) **Anm. d. Red.:** § 1 i. d. F. des Gesetzes v. 22. 6. 1998 (BGBl I S. 1474) mit Wirkung v. 1. 7. 1998.

§ 2 Kannkaufmann kraft Eintragung[1]

¹Ein gewerbliches Unternehmen, dessen Gewerbebetrieb nicht schon nach § 1 Abs. 2 Handelsgewerbe ist, gilt als Handelsgewerbe im Sinne dieses Gesetzbuchs, wenn die Firma des Unternehmens in das Handelsregister eingetragen ist. ²Der Unternehmer ist berechtigt, aber nicht verpflichtet, die Eintragung nach den für die Eintragung kaufmännischer Firmen geltenden Vorschriften herbeizuführen. ³Ist die Eintragung erfolgt, so findet eine Löschung der Firma auch auf Antrag des Unternehmers statt, sofern nicht die Voraussetzung des § 1 Abs. 2 eingetreten ist.

§ 3 Land- und Forstwirtschaft; Kannkaufmann[2]

(1) Auf den Betrieb der Land- und Forstwirtschaft finden die Vorschriften des § 1 keine Anwendung.

(2) Für ein land- oder forstwirtschaftliches Unternehmen, das nach Art und Umfang einen in kaufmännischer Weise eingerichteten Geschäftsbetrieb erfordert, gilt § 2 mit der Maßgabe, dass nach Eintragung in das Handelsregister eine Löschung der Firma nur nach den allgemeinen Vorschriften stattfindet, welche für die Löschung kaufmännischer Firmen gelten.

(3) Ist mit dem Betrieb der Land- oder Forstwirtschaft ein Unternehmen verbunden, das nur ein Nebengewerbe des land- oder forstwirtschaftlichen Unternehmens darstellt, so finden auf das im Nebengewerbe betriebene Unternehmen die Vorschriften der Absätze 1 und 2 entsprechende Anwendung.

§ 4 (weggefallen)[3]

§ 5 Kaufmann kraft Eintragung[4]

Ist eine Firma im Handelsregister eingetragen, so kann gegenüber demjenigen, welcher sich auf die Eintragung beruft, nicht geltend gemacht werden, dass das unter der Firma betriebene Gewerbe kein Handelsgewerbe sei.

§ 6 Handelsgesellschaften; Formkaufmann[5]

(1) Die in Betreff der Kaufleute gegebenen Vorschriften finden auch auf die Handelsgesellschaften Anwendung.

(2) Die Rechte und Pflichten eines Vereins, dem das Gesetz ohne Rücksicht auf den Gegenstand des Unternehmens die Eigenschaft eines Kaufmanns beilegt, bleiben unberührt, auch wenn die Voraussetzungen des § 1 Abs. 2 nicht vorliegen.

§ 7 Kaufmannseigenschaft und öffentliches Recht

Durch die Vorschriften des öffentlichen Rechtes, nach welchen die Befugnis zum Gewerbebetrieb ausgeschlossen oder von gewissen Voraussetzungen abhängig gemacht ist, wird die Anwendung der die Kaufleute betreffenden Vorschriften dieses Gesetzbuchs nicht berührt.

---

1) **Anm. d. Red.:** § 2 i. d. F. des Gesetzes v. 22. 6. 1998 (BGBl I S. 1474) mit Wirkung v. 1. 7. 1998.
2) **Anm. d. Red.:** § 3 i. d. F. des Gesetzes v. 22. 6. 1998 (BGBl I S. 1474) mit Wirkung v. 1. 7. 1998.
3) **Anm. d. Red.:** § 4 weggefallen gem. Gesetz v. 22. 6. 1998 (BGBl I S. 1474) mit Wirkung v. 1. 7. 1998.
4) **Anm. d. Red.:** § 5 i. d. F. des Gesetzes v. 22. 6. 1998 (BGBl I S. 1474) mit Wirkung v. 1. 7. 1998.
5) **Anm. d. Red.:** § 6 i. d. F. des Gesetzes v. 22. 6. 1998 (BGBl I S. 1474) mit Wirkung v. 1. 7. 1998.

Zweiter Abschnitt: Handelsregister; Unternehmensregister[1)]

§ 8 Handelsregister[2)]

(1) Das Handelsregister wird von den Gerichten elektronisch geführt.

(2) Andere Datensammlungen dürfen nicht unter Verwendung oder Beifügung der Bezeichnung „Handelsregister" in den Verkehr gebracht werden.

§ 8a Eintragungen in das Handelsregister; Verordnungsermächtigung[3)]

(1) Eine Eintragung in das Handelsregister wird wirksam, sobald sie in den für die Handelsregistereintragungen bestimmten Datenspeicher aufgenommen ist und auf Dauer inhaltlich unverändert in lesbarer Form wiedergegeben werden kann.

(2) ¹Die Landesregierungen werden ermächtigt, durch Rechtsverordnung nähere Bestimmungen über die elektronische Führung des Handelsregisters, die elektronische Anmeldung, die elektronische Einreichung von Dokumenten sowie deren Aufbewahrung zu treffen, soweit nicht durch das Bundesministerium der Justiz und für Verbraucherschutz nach § 387 Abs. 2 des Gesetzes über das Verfahren in Familiensachen und in den Angelegenheiten der freiwilligen Gerichtsbarkeit entsprechende Vorschriften erlassen werden. ²Dabei können sie auch Einzelheiten der Datenübermittlung regeln sowie die Form zu übermittelnder elektronischer Dokumente festlegen, um die Eignung für die Bearbeitung durch das Gericht sicherzustellen. ³Die Landesregierungen können die Ermächtigung durch Rechtsverordnung auf die Landesjustizverwaltungen übertragen.

§ 8b Unternehmensregister[4)]

(1) Das Unternehmensregister wird vorbehaltlich einer Regelung nach § 9a Abs. 1 vom Bundesministerium der Justiz und für Verbraucherschutz elektronisch geführt.

(2) Über die Internetseite des Unternehmensregisters sind zugänglich:
1. Eintragungen im Handelsregister und deren Bekanntmachung und zum Handelsregister eingereichte Dokumente;
2. Eintragungen im Genossenschaftsregister und deren Bekanntmachung und zum Genossenschaftsregister eingereichte Dokumente;
3. Eintragungen im Partnerschaftsregister und deren Bekanntmachung und zum Partnerschaftsregister eingereichte Dokumente;
4. Unterlagen der Rechnungslegung nach den §§ 325 und 339 sowie Unterlagen nach § 341w, soweit sie bekannt gemacht wurden;
5. gesellschaftsrechtliche Bekanntmachungen im Bundesanzeiger;
6. im Aktionärsforum veröffentlichte Eintragungen nach § 127a des Aktiengesetzes;
7. Veröffentlichungen von Unternehmen nach dem Wertpapierhandelsgesetz oder dem Vermögensanlagengesetz im Bundesanzeiger, von Bietern, Gesellschaften, Vorständen und Aufsichtsräten nach dem Wertpapiererwerbs- und Übernahmegesetz im Bundesanzeiger sowie Veröffentlichungen nach der Börsenzulassungs-Verordnung im Bundesanzeiger;
8. Bekanntmachungen und Veröffentlichungen von Kapitalverwaltungsgesellschaften und extern verwalteten Investmentgesellschaften nach dem Kapitalanlagegesetzbuch, dem Investmentgesetz und dem Investmentsteuergesetz im Bundesanzeiger;

---

1) **Anm. d. Red.:** Überschrift i. d. F. des Gesetzes v. 10. 11. 2006 (BGBl I S. 2553) mit Wirkung v. 1. 1. 2007.
2) **Anm. d. Red.:** § 8 i. d. F. des Gesetzes v. 10. 11. 2006 (BGBl I S. 2553) mit Wirkung v. 1. 1. 2007.
3) **Anm. d. Red.:** § 8a i. d. F. der VO v. 31. 8. 2015 (BGBl I S. 1474) mit Wirkung v. 8. 9. 2015.
4) **Anm. d. Red.:** § 8b i. d. F. des Gesetzes v. 23. 6. 2017 (BGBl I S. 1693) mit Wirkung v. 3. 1. 2018 und i. d. F. v. 13. 4. 2017 (BGBl I S. 886) mit Wirkung v. 21. 4. 2018.

9. Veröffentlichungen und sonstige der Öffentlichkeit zur Verfügung gestellte Informationen nach den §§ 5, 26 Absatz 1 und 2, § 40 Absatz 1, den §§ 41, 46 Absatz 2, den §§ 50, 51 Absatz 2, § 114 Absatz 1 bis § 116 Absatz 2, den §§ 117, 118 Absatz 4 und § 127 des Wertpapierhandelsgesetzes, sofern die Veröffentlichung nicht bereits über Nummer 4 oder Nummer 7 in das Unternehmensregister eingestellt wird;

10. Mitteilungen über kapitalmarktrechtliche Veröffentlichungen an die Bundesanstalt für Finanzdienstleistungsaufsicht, sofern die Veröffentlichung selbst nicht bereits über Nummer 7 oder Nummer 9 in das Unternehmensregister eingestellt wird;

11. Bekanntmachungen der Insolvenzgerichte nach § 9 der Insolvenzordnung, ausgenommen Verfahren nach dem Zehnten Teil der Insolvenzordnung.

(3) ¹Zur Einstellung in das Unternehmensregister sind dem Unternehmensregister zu übermitteln:

1. die Daten nach Absatz 2 Nr. 4 bis 8 und die nach § 326 Absatz 2 von einer Kleinstkapitalgesellschaft hinterlegten Bilanzen durch den Betreiber des Bundesanzeigers;

2. die Daten nach Absatz 2 Nr. 9 und 10 durch den jeweils Veröffentlichungspflichtigen oder den von ihm mit der Veranlassung der Veröffentlichung beauftragten Dritten.

²Die Landesjustizverwaltungen übermitteln die Daten nach Absatz 2 Nr. 1 bis 3 und 11 zum Unternehmensregister, soweit die Übermittlung für die Eröffnung eines Zugangs zu den Originaldaten über die Internetseite des Unternehmensregisters erforderlich ist. ³Die Bundesanstalt für Finanzdienstleistungsaufsicht überwacht die Übermittlung der Veröffentlichungen und sonstigen der Öffentlichkeit zur Verfügung gestellten Informationen nach den §§ 5, 26 Absatz 1 und 2, § 40 Absatz 1, den §§ 41, 46 Absatz 2, den §§ 50, 51 Absatz 2, § 114 Absatz 1 bis § 116 Absatz 2, den §§ 117, 118 Absatz 4 und § 127 des Wertpapierhandelsgesetzes an das Unternehmensregister zur Speicherung und kann Anordnungen treffen, die zu ihrer Durchsetzung geeignet und erforderlich sind. ⁴Die Bundesanstalt kann die gebotene Übermittlung der in Satz 3 genannten Veröffentlichungen, der Öffentlichkeit zur Verfügung gestellten Informationen und Mitteilung auf Kosten des Pflichtigen vornehmen, wenn die Übermittlungspflicht nicht, nicht richtig, nicht vollständig oder nicht in der vorgeschriebenen Weise erfüllt wird. ⁵Für die Überwachungstätigkeit der Bundesanstalt gelten § 6 Absatz 3 Satz 1 und 3, Absatz 15 und 16, die §§ 13, 18 und 21 des Wertpapierhandelsgesetzes entsprechend.

(4) ¹Die Führung des Unternehmensregisters schließt die Erteilung von Ausdrucken sowie die Beglaubigung entsprechend § 9 Abs. 3 und 4 hinsichtlich der im Unternehmensregister gespeicherten Unterlagen der Rechnungslegung im Sinn des Absatzes 2 Nr. 4 ein. ²Gleiches gilt für die elektronische Übermittlung von zum Handelsregister eingereichten Schriftstücken nach § 9 Abs. 2, soweit sich der Antrag auf Unterlagen der Rechnungslegung im Sinn des Absatzes 2 Nr. 4 bezieht; § 9 Abs. 3 gilt entsprechend.

§ 9 Einsichtnahme in das Handelsregister und das Unternehmensregister[1)]

(1) ¹Die Einsichtnahme in das Handelsregister sowie in die zum Handelsregister eingereichten Dokumente ist jedem zu Informationszwecken gestattet. ²Die Landesjustizverwaltungen bestimmen das elektronische Informations- und Kommunikationssystem, über das die Daten aus den Handelsregistern abrufbar sind, und sind für die Abwicklung des elektronischen Abrufverfahrens zuständig. ³Die Landesregierung kann die Zuständigkeit durch Rechtsverordnung abweichend regeln; sie kann diese Ermächtigung durch Rechtsverordnung auf die Landesjustizverwaltung übertragen. ⁴Die Länder können ein länderübergreifendes, zentrales elektronisches Informations- und Kommunikationssystem bestimmen. ⁵Sie können auch eine Übertragung der Abwicklungsaufgaben auf die zuständige Stelle eines anderen Landes sowie mit dem Betreiber des Unternehmensregisters eine Übertragung der Abwicklungsaufgaben auf das Unternehmensregister vereinbaren.

---

1) **Anm. d. Red.:** § 9 i. d. F. des Gesetzes v. 18. 7. 2017 (BGBl I S. 2745) mit Wirkung v. 29. 7. 2017.

(2) Sind Dokumente nur in Papierform vorhanden, kann die elektronische Übermittlung nur für solche Schriftstücke verlangt werden, die weniger als zehn Jahre vor dem Zeitpunkt der Antragstellung zum Handelsregister eingereicht wurden.

(3) ¹Die Übereinstimmung der übermittelten Daten mit dem Inhalt des Handelsregisters und den zum Handelsregister eingereichten Dokumenten wird auf Antrag durch das Gericht beglaubigt. ²Dafür ist eine qualifizierte elektronische Signatur zu verwenden.

(4) ¹Von den Eintragungen und den eingereichten Dokumenten kann ein Ausdruck verlangt werden. ²Von den zum Handelsregister eingereichten Schriftstücken, die nur in Papierform vorliegen, kann eine Abschrift gefordert werden. ³Die Abschrift ist von der Geschäftsstelle zu beglaubigen und der Ausdruck als amtlicher Ausdruck zu fertigen, wenn nicht auf die Beglaubigung verzichtet wird.

(5) Das Gericht hat auf Verlangen eine Bescheinigung darüber zu erteilen, dass bezüglich des Gegenstandes einer Eintragung weitere Eintragungen nicht vorhanden sind oder dass eine bestimmte Eintragung nicht erfolgt ist.

(6) ¹Für die Einsichtnahme in das Unternehmensregister gilt Absatz 1 Satz 1 entsprechend. ²Anträge nach den Absätzen 2 bis 5 können auch über das Unternehmensregister an das Gericht vermittelt werden. ³Die Einsichtnahme in die Bilanz einer Kleinstkapitalgesellschaft (§ 267a), die von dem Recht nach § 326 Absatz 2 Gebrauch gemacht hat, erfolgt nur auf Antrag durch Übermittlung einer Kopie.

§ 9a Übertragung der Führung des Unternehmensregisters; Verordnungsermächtigung[1)]

(1) ¹Das Bundesministerium der Justiz und für Verbraucherschutz wird ermächtigt, durch Rechtsverordnung mit Zustimmung des Bundesrates einer juristischen Person des Privatrechts die Aufgaben nach § 8b Abs. 1 zu übertragen. ²Der Beliehene erlangt die Stellung einer Justizbehörde des Bundes. ³Zur Erstellung von Beglaubigungen führt der Beliehene ein Dienstsiegel; nähere Einzelheiten hierzu können in der Rechtsverordnung nach Satz 1 geregelt werden. ⁴Die Dauer der Beleihung ist zu befristen; sie soll fünf Jahre nicht unterschreiten; Kündigungsrechte aus wichtigem Grund sind vorzusehen. ⁵Eine juristische Person des Privatrechts darf nur beliehen werden, wenn sie grundlegende Erfahrungen mit der Veröffentlichung von kapitalmarktrechtlichen Informationen und gerichtlichen Mitteilungen, insbesondere Handelsregisterdaten, hat und ihr eine ausreichende technische und finanzielle Ausstattung zur Verfügung steht, die die Gewähr für den langfristigen und sicheren Betrieb des Unternehmensregisters bietet.

(2) ¹Das Bundesministerium der Justiz und für Verbraucherschutz wird ermächtigt, durch Rechtsverordnung mit Zustimmung des Bundesrates Einzelheiten der Datenübermittlung zwischen den Behörden der Länder und dem Unternehmensregister einschließlich Vorgaben über Datenformate zu regeln. ²Abweichungen von den Verfahrensregelungen durch Landesrecht sind ausgeschlossen.

(3) ¹Das Bundesministerium der Justiz und für Verbraucherschutz wird ermächtigt, durch Rechtsverordnung ohne Zustimmung des Bundesrates die technischen Einzelheiten zu Aufbau und Führung des Unternehmensregisters, Einzelheiten der Datenübermittlung einschließlich Vorgaben über Datenformate, die nicht unter Absatz 2 fallen, Löschungsfristen für die im Unternehmensregister gespeicherten Daten, Überwachungsrechte der Bundesanstalt für Finanzdienstleistungsaufsicht gegenüber dem Unternehmensregister hinsichtlich der Übermittlung, Einstellung, Verwaltung, Verarbeitung und des Abrufs kapitalmarktrechtlicher Daten einschließlich der Zusammenarbeit mit amtlich bestellten Speicherungssystemen anderer Mitgliedstaaten der Europäischen Union oder anderer Vertragsstaaten des Abkommens über den Europäischen Wirtschaftsraum im Rahmen des Aufbaus eines europaweiten Netzwerks zwischen den Speicherungssystemen, die Zulässigkeit sowie Art und Umfang von Auskunftsdienstleistungen

---

1) **Anm. d. Red.:** § 9a i. d. F. der VO v. 31. 8. 2015 (BGBl I S. 1474) mit Wirkung v. 8. 9. 2015.

§ 9b   XII. Handelsgesetzbuch

mit den im Unternehmensregister gespeicherten Daten, die über die mit der Führung des Unternehmensregisters verbundenen Aufgaben nach diesem Gesetz hinausgehen, zu regeln. ²Soweit Regelungen getroffen werden, die kapitalmarktrechtliche Daten berühren, ist die Rechtsverordnung nach Satz 1 im Einvernehmen mit dem Bundesministerium der Finanzen zu erlassen. ³Die Rechtsverordnung nach Satz 1 hat dem schutzwürdigen Interesse der Unternehmen am Ausschluss einer zweckändernden Verwendung der im Register gespeicherten Daten angemessen Rechnung zu tragen.

§ 9b Europäisches System der Registervernetzung; Verordnungsermächtigung[1)]

(1) ¹Die Eintragungen im Handelsregister und die zum Handelsregister eingereichten Dokumente sowie die Unterlagen der Rechnungslegung nach § 325 sind, soweit sie Kapitalgesellschaften betreffen oder Zweigniederlassungen von Kapitalgesellschaften, die dem Recht eines anderen Mitgliedstaates der Europäischen Union oder eines anderen Vertragsstaates des Abkommens über den Europäischen Wirtschaftsraum unterliegen, auch über das Europäische Justizportal zugänglich. ²Hierzu übermitteln die Landesjustizverwaltungen die Daten des Handelsregisters und der Betreiber des Unternehmensregisters übermittelt die Daten der Rechnungslegungsunterlagen jeweils an die zentrale Europäische Plattform nach Artikel 4a Absatz 1 der Richtlinie 2009/101/EG des Europäischen Parlaments und des Rates vom 16. September 2009 zur Koordinierung der Schutzbestimmungen, die in den Mitgliedstaaten den Gesellschaften im Sinne des Artikels 54 Absatz 2 des Vertrags im Interesse der Gesellschafter sowie Dritter vorgeschrieben sind, um diese Bestimmungen gleichwertig zu gestalten (ABl L 258 vom 1.10.2009, S. 11), die zuletzt durch die Richtlinie 2013/24/EU (ABl L 158 vom 10.6.2013, S. 365) geändert worden ist, soweit die Übermittlung für die Eröffnung eines Zugangs zu den Originaldaten über den Suchdienst auf der Internetseite des Europäischen Justizportals erforderlich ist.

(2) ¹Das Registergericht, bei dem das Registerblatt einer Kapitalgesellschaft oder Zweigniederlassung einer Kapitalgesellschaft im Sinne des Absatzes 1 Satz 1 geführt wird, nimmt am Informationsaustausch zwischen den Registern über die zentrale Europäische Plattform teil. ²Den Kapitalgesellschaften und Zweigniederlassungen von Kapitalgesellschaften im Sinne des Absatzes 1 Satz 1 ist zu diesem Zweck eine einheitliche europäische Kennung zuzuordnen. ³Das Registergericht übermittelt nach Maßgabe der folgenden Absätze an die zentrale Europäische Plattform die Information über

1. die Eintragung der Eröffnung, Einstellung oder Aufhebung eines Insolvenzverfahrens über das Vermögen der Gesellschaft,
2. die Eintragung der Auflösung der Gesellschaft und die Eintragung über den Schluss der Liquidation oder Abwicklung oder über die Fortsetzung der Gesellschaft,
3. die Löschung der Gesellschaft sowie
4. das Wirksamwerden einer Verschmelzung nach § 122a des Umwandlungsgesetzes.

(3) ¹Die Landesjustizverwaltungen bestimmen das elektronische Informations- und Kommunikationssystem, über das die Daten aus dem Handelsregister zugänglich gemacht (Absatz 1) und im Rahmen des Informationsaustauschs zwischen den Registern übermittelt und empfangen werden (Absatz 2), und sie sind, vorbehaltlich der Zuständigkeit des Betreibers des Unternehmensregisters nach Absatz 1 Satz 2, für die Abwicklung des Datenverkehrs nach den Absätzen 1 und 2 zuständig. ²§ 9 Absatz 1 Satz 3 bis 5 gilt entsprechend.

(4) Das Bundesministerium der Justiz und für Verbraucherschutz wird ermächtigt, durch Rechtsverordnung mit Zustimmung des Bundesrates die erforderlichen Bestimmungen zu treffen über

1. Struktur, Zuordnung und Verwendung der einheitlichen europäischen Kennung,
2. den Umfang der Mitteilungspflicht im Rahmen des Informationsaustauschs zwischen den Registern und die Liste der dabei zu übermittelnden Daten,

---

1) **Anm. d. Red.:** § 9b eingefügt gem. Gesetz v. 22.12.2014 (BGBl I S. 2409) mit Wirkung v. 31.12.2014.

3. die Einzelheiten des elektronischen Datenverkehrs nach den Absätzen 1 und 2 einschließlich Vorgaben über Datenformate und Zahlungsmodalitäten sowie
4. den Zeitpunkt der erstmaligen Datenübermittlung.

§ 10 Bekanntmachung der Eintragungen[1]

¹Das Gericht macht die Eintragungen in das Handelsregister in dem von der Landesjustizverwaltung bestimmten elektronischen Informations- und Kommunikationssystem in der zeitlichen Folge ihrer Eintragung nach Tagen geordnet bekannt; § 9 Abs. 1 Satz 4 und 5 gilt entsprechend. ²Soweit nicht ein Gesetz etwas anderes vorschreibt, werden die Eintragungen ihrem ganzen Inhalt nach veröffentlicht.

§ 10a Anwendung der Verordnung (EU) 2016/679[2]

(1) ¹Das Auskunftsrecht nach Artikel 15 Absatz 1 und das Recht auf Erhalt einer Kopie nach Artikel 15 Absatz 3 der Verordnung (EU) 2016/679 des Europäischen Parlaments und des Rates vom 27. April 2016 zum Schutz natürlicher Personen bei der Verarbeitung personenbezogener Daten, zum freien Datenverkehr und zur Aufhebung der Richtlinie 95/46/EG (Datenschutz-Grundverordnung) (ABl L 119 vom 4. 5. 2016, S. 1; L 314 vom 22. 11. 2016, S. 72) wird dadurch erfüllt, dass die betroffene Person Einsicht in das Handelsregister und in die zum Handelsregister eingereichten Dokumente sowie in das für die Bekanntmachungen der Eintragungen bestimmte elektronische Informations- und Kommunikationssystem nehmen kann. ²Eine Information der betroffenen Person über konkrete Empfänger, gegenüber denen die im Register, in Bekanntmachungen der Eintragungen oder in zum Register einzureichenden Dokumenten enthaltenen personenbezogenen Daten offengelegt werden, erfolgt nicht.

(2) Hinsichtlich der im Handelsregister, in Bekanntmachungen der Eintragungen oder in zum Handelsregister einzureichenden Dokumenten enthaltenen personenbezogenen Daten kann das Recht auf Berichtigung nach Artikel 16 der Verordnung (EU) 2016/679 nur unter den Voraussetzungen ausgeübt werden, die in den §§ 393 bis 395 und §§ 397 bis 399 des Gesetzes über das Verfahren in Familiensachen und in den Angelegenheiten der Freiwilligen Gerichtsbarkeit sowie der Rechtsverordnung nach § 387 Absatz 2 des Gesetzes über das Verfahren in Familiensachen und in den Angelegenheiten der Freiwilligen Gerichtsbarkeit für eine Löschung oder Berichtigung vorgesehen sind.

(3) Das Widerspruchsrecht gemäß Artikel 21 der Verordnung (EU) 2016/679 findet in Bezug auf die im Handelsregister, in Bekanntmachungen der Eintragungen oder in zum Handelsregister einzureichenden Dokumenten enthaltenen personenbezogenen Daten keine Anwendung.

§ 11 Offenlegung in der Amtssprache eines Mitgliedstaats der Europäischen Union[3]

(1) ¹Die zum Handelsregister einzureichenden Dokumente sowie der Inhalt einer Eintragung können zusätzlich in jeder Amtssprache eines Mitgliedstaats der Europäischen Union übermittelt werden. ²Auf die Übersetzungen ist in geeigneter Weise hinzuweisen. ³§ 9 ist entsprechend anwendbar.

(2) Im Fall der Abweichung der Originalfassung von einer eingereichten Übersetzung kann letztere einem Dritten nicht entgegengehalten werden; dieser kann sich jedoch auf die eingereichte Übersetzung berufen, es sei denn, der Eingetragene weist nach, dass dem Dritten die Originalfassung bekannt war.

---

1) **Anm. d. Red.:** § 10 i. d. F. des Gesetzes v. 10. 11. 2006 (BGBl I S. 2553) mit Wirkung v. 1. 1. 2007.
2) **Anm. d. Red.:** § 10a eingefügt gem. Gesetz v. 17. 7. 2017 (BGBl I S. 2541) mit Wirkung v. 25. 5. 2018.
3) **Anm. d. Red.:** § 11 i. d. F. des Gesetzes v. 10. 11. 2006 (BGBl I S. 2553) mit Wirkung v. 1. 1. 2007.

§ 12 Anmeldungen zur Eintragung und Einreichungen[1]

(1) ¹Anmeldungen zur Eintragung in das Handelsregister sind elektronisch in öffentlich beglaubigter Form einzureichen. ²Die gleiche Form ist für eine Vollmacht zur Anmeldung erforderlich. ³Anstelle der Vollmacht kann die Bescheinigung eines Notars nach § 21 Absatz 3 der Bundesnotarordnung eingereicht werden. ⁴Rechtsnachfolger eines Beteiligten haben die Rechtsnachfolge soweit tunlich durch öffentliche Urkunden nachzuweisen.

(2) ¹Dokumente sind elektronisch einzureichen. ²Ist eine Urschrift oder eine einfache Abschrift einzureichen oder ist für das Dokument die Schriftform bestimmt, genügt die Übermittlung einer elektronischen Aufzeichnung; ist ein notariell beurkundetes Dokument oder eine öffentlich beglaubigte Abschrift einzureichen, so ist ein mit einem einfachen elektronischen Zeugnis (§ 39a des Beurkundungsgesetzes) versehenes Dokument zu übermitteln.

§ 13 Zweigniederlassungen von Unternehmen mit Sitz im Inland[2]

(1) ¹Die Errichtung einer Zweigniederlassung ist von einem Einzelkaufmann oder einer juristischen Person beim Gericht der Hauptniederlassung, von einer Handelsgesellschaft beim Gericht des Sitzes der Gesellschaft, unter Angabe des Ortes und der inländischen Geschäftsanschrift der Zweigniederlassung und des Zusatzes, falls der Firma der Zweigniederlassung ein solcher beigefügt wird, zur Eintragung anzumelden. ²In gleicher Weise sind spätere Änderungen der die Zweigniederlassung betreffenden einzutragenden Tatsachen anzumelden.

(2) Das zuständige Gericht trägt die Zweigniederlassung auf dem Registerblatt der Hauptniederlassung oder des Sitzes unter Angabe des Ortes sowie der inländischen Geschäftsanschrift der Zweigniederlassung und des Zusatzes, falls der Firma der Zweigniederlassung ein solcher beigefügt ist, ein, es sei denn, die Zweigniederlassung ist offensichtlich nicht errichtet worden.

(3) Die Absätze 1 und 2 gelten entsprechend für die Aufhebung der Zweigniederlassung.

§§ 13a bis 13c (weggefallen)[3]

§ 13d Sitz oder Hauptniederlassung im Ausland[4]

(1) Befindet sich die Hauptniederlassung eines Einzelkaufmanns oder einer juristischen Person oder der Sitz einer Handelsgesellschaft im Ausland, so haben alle eine inländische Zweigniederlassung betreffenden Anmeldungen, Einreichungen und Eintragungen bei dem Gericht zu erfolgen, in dessen Bezirk die Zweigniederlassung besteht.

(2) Die Eintragung der Errichtung der Zweigniederlassung hat auch den Ort und die inländische Geschäftsanschrift der Zweigniederlassung zu enthalten; ist der Firma der Zweigniederlassung ein Zusatz beigefügt, so ist auch dieser einzutragen.

(3) Im Übrigen gelten für die Anmeldungen, Einreichungen, Eintragungen, Bekanntmachungen und Änderungen einzutragender Tatsachen, die die Zweigniederlassung eines Einzelkaufmanns, einer Handelsgesellschaft oder einer juristischen Person mit Ausnahme von Aktiengesellschaften, Kommanditgesellschaften auf Aktien und Gesellschaften mit beschränkter Haftung betreffen, die Vorschriften für Hauptniederlassungen oder Niederlassungen am Sitz der Gesellschaft sinngemäß, soweit nicht das ausländische Recht Abweichungen nötig macht.

---

1) **Anm. d. Red.:** § 12 i. d. F. des Gesetzes v. 26. 6. 2013 (BGBl I S. 1800) mit Wirkung v. 1. 9. 2013.
2) **Anm. d. Red.:** § 13 i. d. F. des Gesetzes v. 23. 10. 2008 (BGBl I S. 2026) mit Wirkung v. 1. 11. 2008.
3) **Anm. d. Red.:** §§ 13a bis 13c weggefallen gem. Gesetz v. 10. 11. 2006 (BGBl I S. 2553) mit Wirkung v. 1. 1. 2007.
4) **Anm. d. Red.:** § 13d i. d. F. des Gesetzes v. 23. 10. 2008 (BGBl I S. 2026) mit Wirkung v. 1. 11. 2008.

§ 13e Zweigniederlassungen von Kapitalgesellschaften mit Sitz im Ausland[1)]

(1) Für Zweigniederlassungen von Aktiengesellschaften und Gesellschaften mit beschränkter Haftung mit Sitz im Ausland gelten ergänzend zu § 13d die folgenden Vorschriften.

(2) [1]Die Errichtung einer Zweigniederlassung einer Aktiengesellschaft ist durch den Vorstand, die Errichtung einer Zweigniederlassung einer Gesellschaft mit beschränkter Haftung ist durch die Geschäftsführer zur Eintragung in das Handelsregister anzumelden. [2]Bei der Anmeldung ist das Bestehen der Gesellschaft als solcher nachzuweisen. [3]Die Anmeldung hat auch eine inländische Geschäftsanschrift und den Gegenstand der Zweigniederlassung zu enthalten. [4]Daneben kann eine Person, die für Willenserklärungen und Zustellungen an die Gesellschaft empfangsberechtigt ist, mit einer inländischen Anschrift zur Eintragung in das Handelsregister angemeldet werden; Dritten gegenüber gilt die Empfangsberechtigung als fortbestehend, bis sie im Handelsregister gelöscht und die Löschung bekannt gemacht worden ist, es sei denn, dass die fehlende Empfangsberechtigung dem Dritten bekannt war. [5]In der Anmeldung sind ferner anzugeben

1. das Register, bei dem die Gesellschaft geführt wird, und die Nummer des Registereintrags, sofern das Recht des Staates, in dem die Gesellschaft ihren Sitz hat, eine Registereintragung vorsieht;
2. die Rechtsform der Gesellschaft;
3. die Personen, die befugt sind, als ständige Vertreter für die Tätigkeit der Zweigniederlassung die Gesellschaft gerichtlich und außergerichtlich zu vertreten, unter Angabe ihrer Befugnisse;
4. wenn die Gesellschaft nicht dem Recht eines Mitgliedstaates der Europäischen Union oder eines anderen Vertragsstaates des Abkommens über den Europäischen Wirtschaftsraum unterliegt, das Recht des Staates, dem die Gesellschaft unterliegt.

(3) [1]Die in Absatz 2 Satz 5 Nr. 3 genannten Personen haben jede Änderung dieser Personen oder der Vertretungsbefugnis einer dieser Personen zur Eintragung in das Handelsregister anzumelden. [2]Für die gesetzlichen Vertreter der Gesellschaft gelten in Bezug auf die Zweigniederlassung § 76 Abs. 3 Satz 2 und 3 des Aktiengesetzes sowie § 6 Abs. 2 Satz 2 und 3 des Gesetzes betreffend die Gesellschaften mit beschränkter Haftung entsprechend.

(3a) [1]An die in Absatz 2 Satz 5 Nr. 3 genannten Personen als Vertreter der Gesellschaft können unter der im Handelsregister eingetragenen inländischen Geschäftsanschrift der Zweigniederlassung Willenserklärungen abgegeben und Schriftstücke zugestellt werden. [2]Unabhängig hiervon können die Abgabe und die Zustellung auch unter der eingetragenen Anschrift der empfangsberechtigten Person nach Absatz 2 Satz 4 erfolgen.

(4) Die in Absatz 2 Satz 5 Nr. 3 genannten Personen oder, wenn solche nicht angemeldet sind, die gesetzlichen Vertreter der Gesellschaft haben die Eröffnung oder die Ablehnung der Eröffnung eines Insolvenzverfahrens oder ähnlichen Verfahrens über das Vermögen der Gesellschaft zur Eintragung in das Handelsregister anzumelden.

(5) [1]Errichtet eine Gesellschaft mehrere Zweigniederlassungen im Inland, so brauchen die Satzung oder der Gesellschaftsvertrag sowie deren Änderungen nach Wahl der Gesellschaft nur zum Handelsregister einer dieser Zweigniederlassungen eingereicht zu werden. [2]In diesem Fall haben die nach Absatz 2 Satz 1 Anmeldepflichtigen zur Eintragung in den Handelsregistern der übrigen Zweigniederlassungen anzumelden, welches Register die Gesellschaft gewählt hat und unter welcher Nummer die Zweigniederlassung eingetragen ist.

(6) Die Landesjustizverwaltungen stellen sicher, dass die Daten einer Kapitalgesellschaft mit Sitz im Ausland, die im Rahmen des Europäischen Systems der Registervernetzung (§ 9b) empfangen werden, an das Registergericht weitergeleitet werden, das für eine inländische Zweigniederlassung dieser Gesellschaft zuständig ist.

---

1) **Anm. d. Red.:** § 13e i. d. F. des Gesetzes v. 22.12.2014 (BGBl I S. 2409) mit Wirkung v. 31.12.2014.

§ 13f Zweigniederlassungen von Aktiengesellschaften mit Sitz im Ausland[1)]

(1) Für Zweigniederlassungen von Aktiengesellschaften mit Sitz im Ausland gelten ergänzend die folgenden Vorschriften.

(2) [1]Der Anmeldung ist die Satzung in öffentlich beglaubigter Abschrift und, sofern die Satzung nicht in deutscher Sprache erstellt ist, eine beglaubigte Übersetzung in deutscher Sprache beizufügen. [2]Die Vorschriften des § 37 Abs. 2 und 3 des Aktiengesetzes finden Anwendung. [3]Soweit nicht das ausländische Recht eine Abweichung nötig macht, sind in die Anmeldung die in § 23 Abs. 3 und 4 des Aktiengesetzes vorgesehenen Bestimmungen und Bestimmungen der Satzung über die Zusammensetzung des Vorstandes aufzunehmen; erfolgt die Anmeldung in den ersten zwei Jahren nach der Eintragung der Gesellschaft in das Handelsregister ihres Sitzes, sind auch die Angaben über Festsetzungen nach den §§ 26 und 27 des Aktiengesetzes und der Ausgabebetrag der Aktien sowie Name und Wohnort der Gründer aufzunehmen. [4]Der Anmeldung ist die für den Sitz der Gesellschaft ergangene gerichtliche Bekanntmachung beizufügen.

(3) Die Eintragung der Errichtung der Zweigniederlassung hat auch die Angaben nach § 39 des Aktiengesetzes sowie die Angaben nach § 13e Abs. 2 Satz 3 bis 5 zu enthalten.

(4) [1]Änderungen der Satzung der ausländischen Gesellschaft sind durch den Vorstand zur Eintragung in das Handelsregister anzumelden. [2]Für die Anmeldung gelten die Vorschriften des § 181 Abs. 1 und 2 des Aktiengesetzes sinngemäß, soweit nicht das ausländische Recht Abweichungen nötig macht.

(5) Im Übrigen gelten die Vorschriften der §§ 81, 263 Satz 1, § 266 Abs. 1 und 2, § 273 Abs. 1 Satz 1 des Aktiengesetzes sinngemäß, soweit nicht das ausländische Recht Abweichung nötig macht.

(6) Für die Aufhebung einer Zweigniederlassung gelten die Vorschriften über ihre Errichtung sinngemäß.

(7) Die Vorschriften über Zweigniederlassungen von Aktiengesellschaften mit Sitz im Ausland gelten sinngemäß für Zweigniederlassungen von Kommanditgesellschaften auf Aktien mit Sitz im Ausland, soweit sich aus den Vorschriften der §§ 278 bis 290 des Aktiengesetzes oder aus dem Fehlen eines Vorstands nichts anderes ergibt.

§ 13g Zweigniederlassungen von Gesellschaften mit beschränkter Haftung mit Sitz im Ausland[2)]

(1) Für Zweigniederlassungen von Gesellschaften mit beschränkter Haftung mit Sitz im Ausland gelten ergänzend die folgenden Vorschriften.

(2) [1]Der Anmeldung ist der Gesellschaftsvertrag in öffentlich beglaubigter Abschrift und, sofern der Gesellschaftsvertrag nicht in deutscher Sprache erstellt ist, eine beglaubigte Übersetzung in deutscher Sprache beizufügen. [2]Die Vorschriften des § 8 Abs. 1 Nr. 2 und Abs. 3 und 4 des Gesetzes betreffend die Gesellschaften mit beschränkter Haftung sind anzuwenden. [3]Wird die Errichtung der Zweigniederlassung in den ersten zwei Jahren nach der Eintragung der Gesellschaft in das Handelsregister ihres Sitzes angemeldet, so sind in die Anmeldung auch die nach § 5 Abs. 4 des Gesetzes betreffend die Gesellschaften mit beschränkter Haftung getroffenen Festsetzungen aufzunehmen, soweit nicht das ausländische Recht Abweichungen nötig macht.

(3) Die Eintragung der Errichtung der Zweigniederlassung hat auch die Angaben nach § 10 des Gesetzes betreffend die Gesellschaften mit beschränkter Haftung sowie die Angaben nach § 13e Abs. 2 Satz 3 bis 5 zu enthalten.

(4) [1]Änderungen des Gesellschaftsvertrages der ausländischen Gesellschaft sind durch die Geschäftsführer zur Eintragung in das Handelsregister anzumelden. [2]Für die Anmeldung gelten die

---

1) **Anm. d. Red.:** § 13f i. d. F. des Gesetzes v. 22.12.2015 (BGBl I S. 2565) mit Wirkung v. 31.12.2015.

2) **Anm. d. Red.:** § 13g i. d. F. des Gesetzes v. 23.10.2008 (BGBl I S. 2026) mit Wirkung v. 1.11.2008.

Vorschriften des § 54 Abs. 1 und 2 des Gesetzes betreffend die Gesellschaften mit beschränkter Haftung sinngemäß, soweit nicht das ausländische Recht Abweichungen nötig macht.

(5) Im Übrigen gelten die Vorschriften der §§ 39, 65 Abs. 1 Satz 1, § 67 Abs. 1 und 2, § 74 Abs. 1 Satz 1 des Gesetzes betreffend die Gesellschaften mit beschränkter Haftung sinngemäß, soweit nicht das ausländische Recht Abweichungen nötig macht.

(6) Für die Aufhebung einer Zweigniederlassung gelten die Vorschriften über ihre Errichtung sinngemäß.

§ 13h Verlegung des Sitzes einer Hauptniederlassung im Inland[1)]

(1) Wird die Hauptniederlassung eines Einzelkaufmanns oder einer juristischen Person oder der Sitz einer Handelsgesellschaft im Inland verlegt, so ist die Verlegung beim Gericht der bisherigen Hauptniederlassung oder des bisherigen Sitzes anzumelden.

(2) ¹Wird die Hauptniederlassung oder der Sitz aus dem Bezirk des Gerichts der bisherigen Hauptniederlassung oder des bisherigen Sitzes verlegt, so hat dieses unverzüglich von Amts wegen die Verlegung dem Gericht der neuen Hauptniederlassung oder des neuen Sitzes mitzuteilen. ²Der Mitteilung sind die Eintragungen für die bisherige Hauptniederlassung oder den bisherigen Sitz sowie die bei dem bisher zuständigen Gericht aufbewahrten Urkunden beizufügen. ³Das Gericht der neuen Hauptniederlassung oder des neuen Sitzes hat zu prüfen, ob die Hauptniederlassung oder der Sitz ordnungsgemäß verlegt und § 30 beachtet ist. ⁴Ist dies der Fall, so hat es die Verlegung einzutragen und dabei die ihm mitgeteilten Eintragungen ohne weitere Nachprüfung in sein Handelsregister zu übernehmen. ⁵Die Eintragung ist dem Gericht der bisherigen Hauptniederlassung oder des bisherigen Sitzes mitzuteilen. ⁶Dieses hat die erforderlichen Eintragungen von Amts wegen vorzunehmen.

(3) ¹Wird die Hauptniederlassung oder der Sitz an einen anderen Ort innerhalb des Bezirks des Gerichts der bisherigen Hauptniederlassung oder des bisherigen Sitzes verlegt, so hat das Gericht zu prüfen, ob die Hauptniederlassung oder der Sitz ordnungsgemäß verlegt und § 30 beachtet ist. ²Ist dies der Fall, so hat es die Verlegung einzutragen.

§ 14 Festsetzung von Zwangsgeld[2)]

¹Wer seiner Pflicht zur Anmeldung oder zur Einreichung von Dokumenten zum Handelsregister nicht nachkommt, ist hierzu von dem Registergericht durch Festsetzung von Zwangsgeld anzuhalten. ²Das einzelne Zwangsgeld darf den Betrag von fünftausend Euro nicht übersteigen.

§ 15 Bekanntmachungswirkung; Publizität des Handelsregisters[3)]

(1) Solange eine in das Handelsregister einzutragende Tatsache nicht eingetragen und bekannt gemacht ist, kann sie von demjenigen, in dessen Angelegenheiten sie einzutragen war, einem Dritten nicht entgegengesetzt werden, es sei denn, dass sie diesem bekannt war.

(2) ¹Ist die Tatsache eingetragen und bekannt gemacht worden, so muss ein Dritter sie gegen sich gelten lassen. ²Dies gilt nicht bei Rechtshandlungen, die innerhalb von fünfzehn Tagen nach der Bekanntmachung vorgenommen werden, sofern der Dritte beweist, dass er die Tatsache weder kannte noch kennen musste.

(3) Ist eine einzutragende Tatsache unrichtig bekannt gemacht, so kann sich ein Dritter demjenigen gegenüber, in dessen Angelegenheiten die Tatsache einzutragen war, auf die bekannt gemachte Tatsache berufen, es sei denn, dass er die Unrichtigkeit kannte.

(4) Für den Geschäftsverkehr mit einer in das Handelsregister eingetragenen Zweigniederlassung eines Unternehmens mit Sitz oder Hauptniederlassung im Ausland ist im Sinne dieser Vor-

---

1) **Anm. d. Red.:** Ehemaliger § 13c zu § 13h geworden und Überschrift neu gefasst gem. Gesetz v. 22. 7. 1993 (BGBl I S. 1282) mit Wirkung v. 1. 11. 1993.
2) **Anm. d. Red.:** § 14 i. d. F. des Gesetzes v. 10. 11. 2006 (BGBl I S. 2553) mit Wirkung v. 1. 1. 2007.
3) **Anm. d. Red.:** § 15 i. d. F. des Gesetzes v. 10. 11. 2006 (BGBl I S. 2553) mit Wirkung v. 1. 1. 2007.

schriften die Eintragung und Bekanntmachung durch das Gericht der Zweigniederlassung entscheidend.

§ 15a Öffentliche Zustellung[1]

¹Ist bei einer juristischen Person, die zur Anmeldung einer inländischen Geschäftsanschrift zum Handelsregister verpflichtet ist, der Zugang einer Willenserklärung nicht unter der eingetragenen Anschrift oder einer im Handelsregister eingetragenen Anschrift einer für Zustellungen empfangsberechtigten Person oder einer ohne Ermittlungen bekannten anderen inländischen Anschrift möglich, kann die Zustellung nach den für die öffentliche Zustellung geltenden Vorschriften der Zivilprozessordnung erfolgen. ²Zuständig ist das Amtsgericht, in dessen Bezirk sich die eingetragene inländische Geschäftsanschrift der Gesellschaft befindet. ³§ 132 des Bürgerlichen Gesetzbuchs bleibt unberührt.

§ 16 Eintragung auf Entscheidung des Prozessgerichts

(1) ¹Ist durch eine rechtskräftige oder vollstreckbare Entscheidung des Prozessgerichts die Verpflichtung zur Mitwirkung bei einer Anmeldung zum Handelsregister oder ein Rechtsverhältnis, bezüglich dessen eine Eintragung zu erfolgen hat, gegen einen von mehreren bei der Vornahme der Anmeldung Beteiligten festgestellt, so genügt zur Eintragung die Anmeldung der übrigen Beteiligten. ²Wird die Entscheidung, aufgrund derer die Eintragung erfolgt ist, aufgehoben, so ist dies auf Antrag eines der Beteiligten in das Handelsregister einzutragen.

(2) Ist durch eine rechtskräftige oder vollstreckbare Entscheidung des Prozessgerichts die Vornahme einer Eintragung für unzulässig erklärt, so darf die Eintragung nicht gegen den Widerspruch desjenigen erfolgen, welcher die Entscheidung erwirkt hat.

Dritter Abschnitt: Handelsfirma

§ 17 Begriff der Firma[2]

(1) Die Firma eines Kaufmanns ist der Name, unter dem er seine Geschäfte betreibt und die Unterschrift abgibt.

(2) Ein Kaufmann kann unter seiner Firma klagen und verklagt werden.

§ 18 Grundsätze der Firmenbildung[3]

(1) Die Firma muss zur Kennzeichnung des Kaufmanns geeignet sein und Unterscheidungskraft besitzen.

(2) ¹Die Firma darf keine Angaben enthalten, die geeignet sind, über geschäftliche Verhältnisse, die für die angesprochenen Verkehrskreise wesentlich sind, irrezuführen. ²Im Verfahren vor dem Registergericht wird die Eignung zur Irreführung nur berücksichtigt, wenn sie ersichtlich ist.

§ 19 Hinweis auf Kaufmannseigenschaft oder Gesellschaftsform[4]

(1) Die Firma muss, auch wenn sie nach den §§ 21, 22, 24 oder nach anderen gesetzlichen Vorschriften fortgeführt wird, enthalten:
1. bei Einzelkaufleuten die Bezeichnung „eingetragener Kaufmann", „eingetragene Kauffrau" oder eine allgemein verständliche Abkürzung dieser Bezeichnung, insbesondere „e. K.", „e. Kfm." oder „e. Kfr";

---

1) **Anm. d. Red.:** § 15a eingefügt gem. Gesetz v. 23. 10. 2008 (BGBl I S. 2026) mit Wirkung v. 1. 11. 2008.
2) **Anm. d. Red.:** § 17 i. d. F. des Gesetzes v. 22. 6. 1998 (BGBl I S. 1474) mit Wirkung v. 1. 7. 1998.
3) **Anm. d. Red.:** § 18 i. d. F. des Gesetzes v. 22. 6. 1998 (BGBl I S. 1474) mit Wirkung v. 1. 7. 1998.
4) **Anm. d. Red.:** § 19 i. d. F. des Gesetzes v. 22. 6. 1998 (BGBl I S. 1474) mit Wirkung v. 1. 7. 1998.

2. bei einer offenen Handelsgesellschaft die Bezeichnung „offene Handelsgesellschaft" oder eine allgemein verständliche Abkürzung dieser Bezeichnung;
3. bei einer Kommanditgesellschaft die Bezeichnung „Kommanditgesellschaft" oder eine allgemein verständliche Abkürzung dieser Bezeichnung.

(2) Wenn in einer offenen Handelsgesellschaft oder Kommanditgesellschaft keine natürliche Person persönlich haftet, muss die Firma, auch wenn sie nach den §§ 21, 22, 24 oder nach anderen gesetzlichen Vorschriften fortgeführt wird, eine Bezeichnung enthalten, welche die Haftungsbeschränkung kennzeichnet.

§ 20 (weggefallen)

§ 21 Alte Firma bei Namensänderung[1]

Wird ohne eine Änderung der Person der in der Firma enthaltene Name des Geschäftsinhabers oder eines Gesellschafters geändert, so kann die bisherige Firma fortgeführt werden.

§ 22 Übertragung des Handelsgeschäfts[2]

(1) Wer ein bestehendes Handelsgeschäft unter Lebenden oder von Todes wegen erwirbt, darf für das Geschäft die bisherige Firma, auch wenn sie den Namen des bisherigen Geschäftsinhabers enthält, mit oder ohne Beifügung eines das Nachfolgeverhältnis andeutenden Zusatzes fortführen, wenn der bisherige Geschäftsinhaber oder dessen Erben in die Fortführung der Firma ausdrücklich willigen.

(2) Wird ein Handelsgeschäft aufgrund eines Nießbrauchs, eines Pachtvertrags oder eines ähnlichen Verhältnisses übernommen, so finden diese Vorschriften entsprechende Anwendung.

§ 23 Unselbständige Natur der Firma

Die Firma kann nicht ohne das Handelsgeschäft, für welches sie geführt wird, veräußert werden.

§ 24 Teilhaber-Aufnahme; Gesellschafterein- und -austritt[3]

(1) Wird jemand in ein bestehendes Handelsgeschäft als Gesellschafter aufgenommen oder tritt ein neuer Gesellschafter in eine Handelsgesellschaft ein oder scheidet aus einer solchen ein Gesellschafter aus, so kann ungeachtet dieser Veränderung die bisherige Firma fortgeführt werden, auch wenn sie den Namen des bisherigen Geschäftsinhabers oder Namen von Gesellschaftern enthält.

(2) Bei dem Ausscheiden eines Gesellschafters, dessen Name in der Firma enthalten ist, bedarf es zur Fortführung der Firma der ausdrücklichen Einwilligung des Gesellschafters oder seiner Erben.

§ 25 Haftung bei Geschäftsübergang unter Lebenden

(1) ¹Wer ein unter Lebenden erworbenes Handelsgeschäft unter der bisherigen Firma mit oder ohne Beifügung eines das Nachfolgeverhältnis andeutenden Zusatzes fortführt, haftet für alle im Betrieb des Geschäfts begründeten Verbindlichkeiten des früheren Inhabers. ²Die in dem Betriebe begründeten Forderungen gelten den Schuldnern gegenüber als auf den Erwerber übergegangen, falls der bisherige Inhaber oder seine Erben in die Fortführung der Firma gewilligt haben.

---

1) **Anm. d. Red.:** § 21 i. d. F. des Gesetzes v. 22. 6. 1998 (BGBl I S. 1474) mit Wirkung v. 1. 7. 1998.
2) **Anm. d. Red.:** § 22 i. d. F. des Gesetzes v. 22. 6. 1998 (BGBl I S. 1474) mit Wirkung v. 1. 7. 1998.
3) **Anm. d. Red.:** § 24 i. d. F. des Gesetzes v. 22. 6. 1998 (BGBl I S. 1474) mit Wirkung v. 1. 7. 1998.

(2) Eine abweichende Vereinbarung ist einem Dritten gegenüber nur wirksam, wenn sie in das Handelsregister eingetragen und bekannt gemacht oder von dem Erwerber oder dem Veräußerer dem Dritten mitgeteilt worden ist.

(3) Wird die Firma nicht fortgeführt, so haftet der Erwerber eines Handelsgeschäfts für die früheren Geschäftsverbindlichkeiten nur, wenn ein besonderer Verpflichtungsgrund vorliegt, insbesondere wenn die Übernahme der Verbindlichkeiten in handelsüblicher Weise von dem Erwerber bekannt gemacht worden ist.

§ 26 Verjährung gegenüber Veräußerer[1]

(1) ¹Ist der Erwerber des Handelsgeschäfts aufgrund der Fortführung der Firma oder aufgrund der in § 25 Abs. 3 bezeichneten Kundmachung für die früheren Geschäftsverbindlichkeiten haftbar, so haftet der frühere Geschäftsinhaber für diese Verbindlichkeiten nur, wenn sie vor Ablauf von fünf Jahren fällig und daraus Ansprüche gegen ihn in einer in § 197 Abs. 1 Nr. 3 bis 5 des Bürgerlichen Gesetzbuchs bezeichneten Art festgestellt sind oder eine gerichtliche oder behördliche Vollstreckungshandlung vorgenommen oder beantragt wird; bei öffentlich-rechtlichen Verbindlichkeiten genügt der Erlass eines Verwaltungsakts. ²Die Frist beginnt im Falle des § 25 Abs. 1 mit dem Ende des Tages, an dem der neue Inhaber der Firma in das Handelsregister des Gerichts der Hauptniederlassung eingetragen wird, im Falle des § 25 Abs. 3 mit dem Ende des Tages, an dem die Übernahme kundgemacht wird. ³Die für die Verjährung geltenden §§ 204, 206, 210, 211 und 212 Abs. 2 und 3 des Bürgerlichen Gesetzbuches sind entsprechend anzuwenden.

(2) Einer Feststellung in einer in § 197 Abs. 1 Nr. 3 bis 5 des Bürgerlichen Gesetzbuchs bezeichneten Art bedarf es nicht, soweit der frühere Geschäftsinhaber den Anspruch schriftlich anerkannt hat.

§ 27 Haftung des Erben eines Handelsgeschäfts[2]

(1) Wird ein zu einem Nachlasse gehörendes Handelsgeschäft von dem Erben fortgeführt, so finden auf die Haftung des Erben für die früheren Geschäftsverbindlichkeiten die Vorschriften des § 25 entsprechende Anwendung.

(2) ¹Die unbeschränkte Haftung nach § 25 Abs. 1 tritt nicht ein, wenn die Fortführung des Geschäfts vor dem Ablaufe von drei Monaten nach dem Zeitpunkt, in welchem der Erbe von dem Anfalle der Erbschaft Kenntnis erlangt hat, eingestellt wird. ²Auf den Lauf der Frist finden die für die Verjährung geltenden Vorschriften des § 210 des Bürgerlichen Gesetzbuchs entsprechende Anwendung. ³Ist bei dem Ablaufe der drei Monate das Recht zur Ausschlagung der Erbschaft noch nicht verloren, so endigt die Frist nicht vor dem Ablaufe der Ausschlagungsfrist.

§ 28 Haftung bei Eintritt in ein Einzelunternehmen[3]

(1) ¹Tritt jemand als persönlich haftender Gesellschafter oder als Kommanditist in das Geschäft eines Einzelkaufmanns ein, so haftet die Gesellschaft, auch wenn sie die frühere Firma nicht fortführt, für alle im Betriebe des Geschäfts entstandenen Verbindlichkeiten des früheren Geschäftsinhabers. ²Die in dem Betriebe begründeten Forderungen gelten den Schuldnern gegenüber als auf die Gesellschaft übergegangen.

(2) Eine abweichende Vereinbarung ist einem Dritten gegenüber nur wirksam, wenn sie in das Handelsregister eingetragen und bekannt gemacht oder von einem Gesellschafter dem Dritten mitgeteilt worden ist.

(3) ¹Wird der frühere Geschäftsinhaber Kommanditist und haftet die Gesellschaft für die im Betrieb seines Geschäfts entstandenen Verbindlichkeiten, so ist für die Begrenzung seiner Haf-

---

1) **Anm. d. Red.:** § 26 i. d. F. des Gesetzes v. 26. 11. 2001 (BGBl I S. 3138) mit Wirkung v. 1. 1. 2002.
2) **Anm. d. Red.:** § 27 i. d. F. des Gesetzes v. 26. 11. 2001 (BGBl I S. 3138) mit Wirkung v. 1. 1. 2002.
3) **Anm. d. Red.:** § 28 i. d. F. des Gesetzes v. 18. 3. 1994 (BGBl I S. 560) mit Wirkung v. 26. 3. 1994.

tung § 26 entsprechend mit der Maßgabe anzuwenden, dass die in § 26 Abs. 1 bestimmte Frist mit dem Ende des Tages beginnt, an dem die Gesellschaft in das Handelsregister eingetragen wird. ²Dies gilt auch, wenn er in der Gesellschaft oder einem ihr als Gesellschafter angehörenden Unternehmen geschäftsführend tätig wird. ³Seine Haftung als Kommanditist bleibt unberührt.

§ 29 Anmeldepflicht[1]

Jeder Kaufmann ist verpflichtet, seine Firma, den Ort und die inländische Geschäftsanschrift seiner Handelsniederlassung bei dem Gericht, in dessen Bezirke sich die Niederlassung befindet, zur Eintragung in das Handelsregister anzumelden.

§ 30 Ausschließlichkeit der Firma; Unterscheidbarkeit

(1) Jede neue Firma muss sich von allen an demselben Ort oder in derselben Gemeinde bereits bestehenden und in das Handelsregister oder in das Genossenschaftsregister eingetragenen Firmen deutlich unterscheiden.

(2) Hat ein Kaufmann mit einem bereits eingetragenen Kaufmanne die gleichen Vornamen und den gleichen Familiennamen und will auch er sich dieser Namen als seiner Firma bedienen, so muss er der Firma einen Zusatz beifügen, durch den sie sich von der bereits eingetragenen Firma deutlich unterscheidet.

(3) Besteht an dem Orte oder in der Gemeinde, wo eine Zweigniederlassung errichtet wird, bereits eine gleiche eingetragene Firma, so muss der Firma für die Zweigniederlassung ein der Vorschrift des Absatzes 2 entsprechender Zusatz beigefügt werden.

(4) Durch die Landesregierungen kann bestimmt werden, dass benachbarte Orte oder Gemeinden als ein Ort oder als eine Gemeinde im Sinne dieser Vorschriften anzusehen sind.

§ 31 Anmeldung und Eintragung bei bestehender Firma; Erlöschen[2]

(1) Eine Änderung der Firma oder ihrer Inhaber, die Verlegung der Niederlassung an einen anderen Ort sowie die Änderung der inländischen Geschäftsanschrift ist nach den Vorschriften des § 29 zur Eintragung in das Handelsregister anzumelden.

(2) ¹Das Gleiche gilt, wenn die Firma erlischt. ²Kann die Anmeldung des Erlöschens einer eingetragenen Firma durch die hierzu Verpflichteten nicht auf dem im § 14 bezeichneten Wege herbeigeführt werden, so hat das Gericht das Erlöschen von Amts wegen einzutragen.

§ 32 Insolvenz und Handelsregister[3]

(1) ¹Wird über das Vermögen eines Kaufmanns das Insolvenzverfahren eröffnet, so ist dies von Amts wegen in das Handelsregister einzutragen. ²Das Gleiche gilt für
1. die Aufhebung des Eröffnungsbeschlusses,
2. die Bestellung eines vorläufigen Insolvenzverwalters, wenn zusätzlich dem Schuldner ein allgemeines Verfügungsverbot auferlegt oder angeordnet wird, dass Verfügungen des Schuldners nur mit Zustimmung des vorläufigen Insolvenzverwalters wirksam sind, und die Aufhebung einer derartigen Sicherungsmaßnahme,
3. die Anordnung der Eigenverwaltung durch den Schuldner und deren Aufhebung sowie die Anordnung der Zustimmungsbedürftigkeit bestimmter Rechtsgeschäfte des Schuldners,
4. die Einstellung und die Aufhebung des Verfahrens und
5. die Überwachung der Erfüllung eines Insolvenzplans und die Aufhebung der Überwachung.

---

1) **Anm. d. Red.:** § 29 i. d. F. des Gesetzes v. 23. 10. 2008 (BGBl I S. 2026) mit Wirkung v. 1. 11. 2008.
2) **Anm. d. Red.:** § 31 i. d. F. des Gesetzes v. 23. 10. 2008 (BGBl I S. 2026) mit Wirkung v. 1. 11. 2008.
3) **Anm. d. Red.:** § 32 i. d. F. des Gesetzes v. 19. 12. 1998 (BGBl I S. 3836) mit Wirkung v. 1. 1. 1999.

(2) ¹Die Eintragungen werden nicht bekannt gemacht. ²Die Vorschriften des § 15 sind nicht anzuwenden.

§ 33 Anmeldung und Eintragung juristischer Personen[1]

(1) Eine juristische Person, deren Eintragung in das Handelsregister mit Rücksicht auf den Gegenstand oder auf die Art und den Umfang ihres Gewerbebetriebes zu erfolgen hat, ist von sämtlichen Mitgliedern des Vorstandes zur Eintragung anzumelden.

(2) ¹Der Anmeldung sind die Satzung der juristischen Person und die Urkunden über die Bestellung des Vorstandes in Urschrift oder in öffentlich beglaubigter Abschrift beizufügen; ferner ist anzugeben, welche Vertretungsmacht die Vorstandsmitglieder haben. ²Bei der Eintragung sind die Firma und der Sitz der juristischen Person, der Gegenstand des Unternehmens, die Mitglieder des Vorstandes und ihre Vertretungsmacht anzugeben. ³Besondere Bestimmungen der Satzung über die Zeitdauer des Unternehmens sind gleichfalls einzutragen.

(3) Die Errichtung einer Zweigniederlassung ist durch den Vorstand anzumelden.

(4) Für juristische Personen im Sinne von Absatz 1 gilt die Bestimmung des § 37a entsprechend.

§ 34 Änderung bei juristischen Personen[2]

(1) Jede Änderung der nach § 33 Abs. 2 Satz 2 und 3 einzutragenden Tatsachen oder der Satzung, die Auflösung der juristischen Person, falls sie nicht die Folge der Eröffnung des Insolvenzverfahrens ist, sowie die Personen der Liquidatoren, ihre Vertretungsmacht, jeder Wechsel der Liquidatoren und jede Änderung ihrer Vertretungsmacht sind zur Eintragung in das Handelsregister anzumelden.

(2) Bei der Eintragung einer Änderung der Satzung genügt, soweit nicht die Änderung die in § 33 Abs. 2 Satz 2 und 3 bezeichneten Angaben betrifft, die Bezugnahme auf die bei dem Gericht eingereichten Urkunden über die Änderung.

(3) Die Anmeldung hat durch den Vorstand oder, sofern die Eintragung erst nach der Anmeldung der ersten Liquidatoren geschehen soll, durch die Liquidatoren zu erfolgen.

(4) Die Eintragung gerichtlich bestellter Vorstandsmitglieder oder Liquidatoren geschieht von Amts wegen.

(5) Im Falle des Insolvenzverfahrens finden die Vorschriften des § 32 Anwendung.

§ 35 (weggefallen)[3]

§ 36 (weggefallen)[4]

§ 37 Firmenschutz

(1) Wer eine nach den Vorschriften dieses Abschnitts ihm nicht zustehende Firma gebraucht, ist von dem Registergerichte zur Unterlassung des Gebrauchs der Firma durch Festsetzung von Ordnungsgeld anzuhalten.

(2) ¹Wer in seinen Rechten dadurch verletzt wird, dass ein anderer eine Firma unbefugt gebraucht, kann von diesem die Unterlassung des Gebrauchs der Firma verlangen. ²Ein nach sonstigen Vorschriften begründeter Anspruch auf Schadensersatz bleibt unberührt.

---

1) **Anm. d. Red.:** § 33 i. d. F. des Gesetzes v. 10.12.2006 (BGBl I S. 2553) mit Wirkung v. 1.1.2007.
2) **Anm. d. Red.:** § 34 i. d. F. des Gesetzes v. 10.12.2001 (BGBl I S. 3422) mit Wirkung v. 15.12.2001.
3) **Anm. d. Red.:** § 35 weggefallen gem. Gesetz v. 10.11.2006 (BGBl I S. 2553) mit Wirkung v. 1.1.2007.
4) **Anm. d. Red.:** § 36 weggefallen gem. Gesetz v. 22.6.1998 (BGBl I S. 1474) mit Wirkung v. 1.7.1998.

§ 37a Angaben auf Geschäftsbriefen[1]

(1) Auf allen Geschäftsbriefen des Kaufmanns gleichviel welcher Form, die an einen bestimmten Empfänger gerichtet werden, müssen seine Firma, die Bezeichnung nach § 19 Abs. 1 Nr. 1, der Ort seiner Handelsniederlassung, das Registergericht und die Nummer, unter der die Firma in das Handelsregister eingetragen ist, angegeben werden.

(2) Der Angaben nach Absatz 1 bedarf es nicht bei Mitteilungen oder Berichten, die im Rahmen einer bestehenden Geschäftsverbindung ergehen und für die üblicherweise Vordrucke verwendet werden, in denen lediglich die im Einzelfall erforderlichen besonderen Angaben eingefügt zu werden brauchen.

(3) ¹Bestellscheine gelten als Geschäftsbriefe im Sinne des Absatzes 1. ²Absatz 2 ist auf sie nicht anzuwenden.

(4) ¹Wer seiner Pflicht nach Absatz 1 nicht nachkommt, ist hierzu von dem Registergericht durch Festsetzung von Zwangsgeld anzuhalten. ²§ 14 Satz 2 gilt entsprechend.

Vierter Abschnitt: Handelsbücher

§§ 38 bis 47b (weggefallen)[2]

Fünfter Abschnitt: Prokura und Handlungsvollmacht

§ 48 Erteilung der Prokura

(1) Die Prokura kann nur von dem Inhaber des Handelsgeschäfts oder seinem gesetzlichen Vertreter und nur mittels ausdrücklicher Erklärung erteilt werden.

(2) Die Erteilung kann an mehrere Personen gemeinschaftlich erfolgen (Gesamtprokura).

§ 49 Umfang der Prokura

(1) Die Prokura ermächtigt zu allen Arten von gerichtlichen und außergerichtlichen Geschäften und Rechtshandlungen, die der Betrieb eines Handelsgewerbes mit sich bringt.

(2) Zur Veräußerung und Belastung von Grundstücken ist der Prokurist nur ermächtigt, wenn ihm diese Befugnis besonders erteilt ist.

§ 50 Beschränkung der Prokura

(1) Eine Beschränkung des Umfanges der Prokura ist Dritten gegenüber unwirksam.

(2) Dies gilt insbesondere von der Beschränkung, dass die Prokura nur für gewisse Geschäfte oder gewisse Arten von Geschäften oder nur unter gewissen Umständen oder für eine gewisse Zeit oder an einzelnen Orten ausgeübt werden soll.

(3) ¹Eine Beschränkung der Prokura auf den Betrieb einer von mehreren Niederlassungen des Geschäftsinhabers ist Dritten gegenüber nur wirksam, wenn die Niederlassungen unter verschiedenen Firmen betrieben werden. ²Eine Verschiedenheit der Firmen im Sinne dieser Vorschrift wird auch dadurch begründet, dass für eine Zweigniederlassung der Firma ein Zusatz beigefügt wird, der sie als Firma der Zweigniederlassung bezeichnet.

§ 51 Zeichnung der Prokura

Der Prokurist hat in der Weise zu zeichnen, dass er der Firma seinen Namen mit einem die Prokura andeutenden Zusatze beifügt.

---

1) **Anm. d. Red.:** § 37a i. d. F. des Gesetzes v. 10.11.2006 (BGBl I S. 2553) mit Wirkung v. 1.1.2007.
2) **Anm. d. Red.:** §§ 38 bis 47b weggefallen gem. Gesetz v. 19.12.1985 (BGBl I S. 2355) mit Wirkung v. 1.1.1986.

§ 52 Widerruf

(1) Die Prokura ist ohne Rücksicht auf das der Erteilung zugrunde liegende Rechtsverhältnis jederzeit widerruflich, unbeschadet des Anspruchs auf die vertragsmäßige Vergütung.

(2) Die Prokura ist nicht übertragbar.

(3) Die Prokura erlischt nicht durch den Tod des Inhabers des Handelsgeschäfts.

§ 53 Registeranmeldung[1]

(1) ¹Die Erteilung der Prokura ist von dem Inhaber des Handelsgeschäfts zur Eintragung in das Handelsregister anzumelden. ²Ist die Prokura als Gesamtprokura erteilt, so muss auch dies zur Eintragung angemeldet werden.

(2) Das Erlöschen der Prokura ist in gleicher Weise wie die Erteilung zur Eintragung anzumelden.

§ 54 Handlungsvollmacht

(1) Ist jemand ohne Erteilung der Prokura zum Betrieb eines Handelsgewerbes oder zur Vornahme einer bestimmten zu einem Handelsgewerbe gehörenden Art von Geschäften oder zur Vornahme einzelner zu einem Handelsgewerbe gehöriger Geschäfte ermächtigt, so erstreckt sich die Vollmacht (Handlungsvollmacht) auf alle Geschäfte und Rechtshandlungen, die der Betrieb eines derartigen Handelsgewerbes oder die Vornahme derartiger Geschäfte gewöhnlich mit sich bringt.

(2) Zur Veräußerung oder Belastung von Grundstücken, zur Eingehung von Wechselverbindlichkeiten, zur Aufnahme von Darlehen und zur Prozessführung ist der Handlungsbevollmächtigte nur ermächtigt, wenn ihm eine solche Befugnis besonders erteilt ist.

(3) Sonstige Beschränkungen der Handlungsvollmacht braucht ein Dritter nur dann gegen sich gelten zu lassen, wenn er sie kannte oder kennen musste.

§ 55 Handelsvertreter als Handlungsbevollmächtigte

(1) Die Vorschriften des § 54 finden auch Anwendung auf Handlungsbevollmächtigte, die Handelsvertreter sind oder die als Handlungsgehilfen damit betraut sind, außerhalb des Betriebes des Prinzipals Geschäfte in dessen Namen abzuschließen.

(2) Die ihnen erteilte Vollmacht zum Abschluss von Geschäften bevollmächtigt sie nicht, abgeschlossene Verträge zu ändern, insbesondere Zahlungsfristen zu gewähren.

(3) Zur Annahme von Zahlungen sind sie nur berechtigt, wenn sie dazu bevollmächtigt sind.

(4) Sie gelten als ermächtigt, die Anzeige von Mängeln einer Ware, die Erklärung, dass eine Ware zur Verfügung gestellt werde, sowie ähnliche Erklärungen, durch die ein Dritter seine Rechte aus mangelhafter Leistung geltend macht oder sie vorbehält, entgegenzunehmen; sie können die dem Unternehmer (Prinzipal) zustehenden Rechte auf Sicherung des Beweises geltend machen.

§ 56 Vollmacht von Ladenangestellten

Wer in einem Laden oder in einem offenen Warenlager angestellt ist, gilt als ermächtigt zu Verkäufen und Empfangnahmen, die in einem derartigen Laden oder Warenlager gewöhnlich geschehen.

§ 57 Zeichnung

Der Handlungsbevollmächtigte hat sich bei der Zeichnung jedes eine Prokura andeutenden Zusatzes zu enthalten; er hat mit einem das Vollmachtsverhältnis ausdrückenden Zusatze zu zeichnen.

---

1) **Anm. d. Red.:** § 53 i. d. F. des Gesetzes v. 10. 11. 2006 (BGBl I S. 2553) mit Wirkung v. 1. 1. 2007.

§ 58 Übertragbarkeit

Der Handlungsbevollmächtigte kann ohne Zustimmung des Inhabers des Handelsgeschäfts seine Handlungsvollmacht auf einen anderen nicht übertragen.

Sechster Abschnitt: Handlungsgehilfen und Handlungslehrlinge

§ 59 Pflichten des Handlungsgehilfen

¹Wer in einem Handelsgewerbe zur Leistung kaufmännischer Dienste gegen Entgelt angestellt ist (Handlungsgehilfe), hat, soweit nicht besondere Vereinbarungen über die Art und den Umfang seiner Dienstleistungen oder über die ihm zukommende Vergütung getroffen sind, die dem Ortsgebrauch entsprechenden Dienste zu leisten sowie die dem Ortsgebrauch entsprechende Vergütung zu beanspruchen. ²In Ermangelung eines Ortsgebrauchs gelten die den Umständen nach angemessenen Leistungen als vereinbart.

§ 60 Wettbewerbsverbot

(1) Der Handlungsgehilfe darf ohne Einwilligung des Prinzipals weder ein Handelsgewerbe betreiben noch in dem Handelszweig des Prinzipals für eigene oder fremde Rechnung Geschäfte machen.

(2) Die Einwilligung zum Betrieb eines Handelsgewerbes gilt als erteilt, wenn dem Prinzipal bei der Anstellung des Gehilfen bekannt ist, dass er das Gewerbe betreibt, und der Prinzipal die Aufgabe des Betriebs nicht ausdrücklich vereinbart.

§ 61 Ansprüche bei Verletzung des Wettbewerbsverbots; Verjährung[1]

(1) Verletzt der Handlungsgehilfe die ihm nach § 60 obliegende Verpflichtung, so kann der Prinzipal Schadensersatz fordern; er kann stattdessen verlangen, dass der Handlungsgehilfe die für eigene Rechnung gemachten Geschäfte als für Rechnung des Prinzipals eingegangen gelten lasse und die aus Geschäften für fremde Rechnung bezogene Vergütung herausgebe oder seinen Anspruch auf die Vergütung abtrete.

(2) Die Ansprüche verjähren in drei Monaten von dem Zeitpunkt an, in welchem der Prinzipal Kenntnis von dem Abschluss des Geschäfts erlangt oder ohne grobe Fahrlässigkeit erlangen müsste; sie verjähren ohne Rücksicht auf diese Kenntnis oder grob fahrlässige Unkenntnis in fünf Jahren von dem Abschluss des Geschäfts an.

§ 62 Pflichten des Arbeitgebers; Fürsorgepflicht

(1) Der Prinzipal ist verpflichtet, die Geschäftsräume und die für den Geschäftsbetrieb bestimmten Vorrichtungen und Gerätschaften so einzurichten und zu unterhalten, auch den Geschäftsbetrieb und die Arbeitszeit so zu regeln, dass der Handlungsgehilfe gegen eine Gefährdung seiner Gesundheit, soweit die Natur des Betriebs es gestattet, geschützt und die Aufrechterhaltung der guten Sitten und des Anstandes gesichert ist.

(2) Ist der Handlungsgehilfe in die häusliche Gemeinschaft aufgenommen, so hat der Prinzipal in Ansehung des Wohn- und Schlafraums, der Verpflegung sowie der Arbeits- und Erholungszeit diejenigen Einrichtungen und Anordnungen zu treffen, welche mit Rücksicht auf die Gesundheit, die Sittlichkeit und die Religion des Handlungsgehilfen erforderlich sind.

(3) Erfüllt der Prinzipal die ihm in Ansehung des Lebens und der Gesundheit des Handlungsgehilfen obliegenden Verpflichtungen nicht, so finden auf seine Verpflichtung zum Schadensersatze die für unerlaubte Handlungen geltenden Vorschriften der §§ 842 bis 846 des Bürgerlichen Gesetzbuchs entsprechende Anwendung.

(4) Die dem Prinzipal hiernach obliegenden Verpflichtungen können nicht im Voraus durch Vertrag aufgehoben oder beschränkt werden.

---

[1] **Anm. d. Red.:** § 61 i. d. F. des Gesetzes v. 9. 12. 2004 (BGBl I S. 3214) mit Wirkung v. 15. 12. 2004.

§ 63 (weggefallen)[1]

§ 64 Gehaltszahlung

¹Die Zahlung des dem Handlungsgehilfen zukommenden Gehalts hat am Schlusse jedes Monats zu erfolgen. ²Eine Vereinbarung, nach der die Zahlung des Gehalts später erfolgen soll, ist nichtig.

§ 65 Provision

Ist bedungen, dass der Handlungsgehilfe für Geschäfte, die von ihm geschlossen oder vermittelt werden, Provision erhalten soll, so sind die für die Handelsvertreter geltenden Vorschriften des § 87 Abs. 1 und 3 sowie der §§ 87a bis 87c anzuwenden.

§§ 66 bis 72 (weggefallen)

§ 73 (weggefallen)[2]

§ 74 Vertraglich vereinbartes Wettbewerbsverbot; Entschädigung

(1) Eine Vereinbarung zwischen dem Prinzipal und dem Handlungsgehilfen, die den Gehilfen für die Zeit nach Beendigung des Dienstverhältnisses in seiner gewerblichen Tätigkeit beschränkt (Wettbewerbsverbot), bedarf der Schriftform und der Aushändigung einer vom Prinzipal unterzeichneten, die vereinbarten Bestimmungen enthaltenden Urkunde an den Gehilfen.

(2) Das Wettbewerbsverbot ist nur verbindlich, wenn sich der Prinzipal verpflichtet, für die Dauer des Verbots eine Entschädigung zu zahlen, die für jedes Jahr des Verbots mindestens die Hälfte der von dem Handlungsgehilfen zuletzt bezogenen vertragsmäßigen Leistungen erreicht.

§ 74a Wirksamkeit des Wettbewerbsverbots[3]

(1) ¹Das Wettbewerbsverbot ist insoweit unverbindlich, als es nicht zum Schutze eines berechtigten geschäftlichen Interesses des Prinzipals dient. ²Es ist ferner unverbindlich, soweit es unter Berücksichtigung der gewährten Entschädigung nach Ort, Zeit oder Gegenstand eine unbillige Erschwerung des Fortkommens des Gehilfen enthält. ³Das Verbot kann nicht auf einen Zeitraum von mehr als zwei Jahren von der Beendigung des Dienstverhältnisses an erstreckt werden.

(2) ¹Das Verbot ist nichtig, wenn der Gehilfe zurzeit des Abschlusses minderjährig ist oder wenn sich der Prinzipal die Erfüllung auf Ehrenwort oder unter ähnlichen Versicherungen versprechen lässt. ²Nichtig ist auch die Vereinbarung, durch die ein Dritter an Stelle des Gehilfen die Verpflichtung übernimmt, dass sich der Gehilfe nach der Beendigung des Dienstverhältnisses in seiner gewerblichen Tätigkeit beschränken werde.

(3) Unberührt bleiben die Vorschriften des § 138 des Bürgerlichen Gesetzbuchs über die Nichtigkeit von Rechtsgeschäften, die gegen die guten Sitten verstoßen.

§ 74b Entschädigung

(1) Die nach § 74 Abs. 2 dem Handlungsgehilfen zu gewährende Entschädigung ist am Schluss jedes Monats zu zahlen.

(2) ¹Soweit die dem Gehilfen zustehenden vertragsmäßigen Leistungen in einer Provision oder in anderen wechselnden Bezügen bestehen, sind sie bei der Berechnung der Entschädigung nach dem Durchschnitt der letzten drei Jahre in Ansatz zu bringen. ²Hat die für die Bezüge bei der Beendigung des Dienstverhältnisses maßgebende Vertragsbestimmung noch nicht drei Jah-

---

1) **Anm. d. Red.:** § 63 weggefallen gem. Gesetz v. 26. 5. 1994 (BGBl I S. 1014) mit Wirkung v. 1. 6. 1994.
2) **Anm. d. Red.:** § 73 weggefallen gem. Gesetz v. 24. 8. 2002 (BGBl I S. 3412) mit Wirkung v. 1. 1. 2003.
3) **Anm. d. Red.:** § 74a i. d. F. des Gesetzes v. 21. 12. 2001 (BGBl I S. 1983) mit Wirkung v. 1. 1. 2002.

re bestanden, so erfolgt der Ansatz nach dem Durchschnitt des Zeitraums, für den die Bestimmung in Kraft war.

(3) Soweit Bezüge zum Ersatze besonderer Auslagen dienen sollen, die infolge der Dienstleistung entstehen, bleiben sie außer Ansatz.

§ 74c Anrechnung anderweitiger Einkünfte auf die Entschädigung

(1) ¹Der Handlungsgehilfe muss sich auf die fällige Entschädigung anrechnen lassen, was er während des Zeitraums, für den die Entschädigung gezahlt wird, durch anderweitige Verwertung seiner Arbeitskraft erwirbt oder zu erwerben böswillig unterlässt, soweit die Entschädigung unter Hinzurechnung dieses Betrags den Betrag der zuletzt von ihm bezogenen vertragsmäßigen Leistungen um mehr als ein Zehntel übersteigen würde. ²Ist der Gehilfe durch das Wettbewerbsverbot gezwungen worden, seinen Wohnsitz zu verlegen, so tritt an die Stelle des Betrags von einem Zehntel der Betrag von einem Viertel. ³Für die Dauer der Verbüßung einer Freiheitsstrafe kann der Gehilfe eine Entschädigung nicht verlangen.

(2) Der Gehilfe ist verpflichtet, dem Prinzipal auf Erfordern über die Höhe seines Erwerbes Auskunft zu erteilen.

§ 75 Unwirksamkeit des Wettbewerbsverbots bei Kündigung des Dienstverhältnisses[1)2)]

(1) ¹Löst der Gehilfe das Dienstverhältnis gemäß den Vorschriften der §§ 70 und 71 wegen vertragswidrigen Verhaltens des Prinzipals auf, so wird das Wettbewerbsverbot unwirksam, wenn der Gehilfe vor Ablauf eines Monats nach der Kündigung schriftlich erklärt, dass er sich an die Vereinbarung nicht gebunden erachte.

(2) ¹In gleicher Weise wird das Wettbewerbsverbot unwirksam, wenn der Prinzipal das Dienstverhältnis kündigt, es sei denn, dass für die Kündigung ein erheblicher Anlass in der Person des Gehilfen vorliegt oder dass sich der Prinzipal bei der Kündigung bereit erklärt, während der Dauer der Beschränkung dem Gehilfen die vollen zuletzt von ihm bezogenen vertragsmäßigen Leistungen zu gewähren. ²Im letzteren Falle finden die Vorschriften des § 74b entsprechende Anwendung.

(3) Löst der Prinzipal das Dienstverhältnis gemäß den Vorschriften der §§ 70 und 72 wegen vertragswidrigen Verhaltens des Gehilfen auf, so hat der Gehilfe keinen Anspruch auf die Entschädigung.

§ 75a Keine Entschädigung bei Verzicht des Dienstherrn auf Wettbewerbsverbot

Der Prinzipal kann vor der Beendigung des Dienstverhältnisses durch schriftliche Erklärung auf das Wettbewerbsverbot mit der Wirkung verzichten, dass er mit dem Ablauf eines Jahres seit der Erklärung von der Verpflichtung zur Zahlung der Entschädigung frei wird.

§ 75b (weggefallen)[3)]

§ 75c Versprechen einer Vertragsstrafe

(1) ¹Hat der Handlungsgehilfe für den Fall, dass er die in der Vereinbarung übernommene Verpflichtung nicht erfüllt, eine Strafe versprochen, so kann der Prinzipal Ansprüche nur nach Maßgabe der Vorschriften des § 340 des Bürgerlichen Gesetzbuchs geltend machen. ²Die Vorschriften des Bürgerlichen Gesetzbuchs über die Herabsetzung einer unverhältnismäßig hohen Vertragsstrafe bleiben unberührt.

---

1) **Anm. d. Red.:** § 75 Abs. 3 ist gem. BAG-Urt. v. 23.2.1977 (NJW S.1357) nichtig. Diese Regelungslücke ist nach dem BAG-Urt. v. 25.6.1985 – 3 AZR 305/83 durch analoge Anwendung von § 75 Abs.1 zu schließen.

2) **Anm. d. Red.:** Da §§ 70, 71, 72 HGB aufgehoben sind, vgl. jetzt § 626 BGB.

3) **Anm. d. Red.:** § 75b weggefallen gem. Gesetz v. 21.12.2000 (BGBl I S.1983) mit Wirkung v. 1.1.2002.

(2) Ist die Verbindlichkeit der Vereinbarung nicht davon abhängig, dass sich der Prinzipal zur Zahlung einer Entschädigung an den Gehilfen verpflichtet, so kann der Prinzipal, wenn sich der Gehilfe einer Vertragsstrafe der in Absatz 1 bezeichneten Art unterworfen hat, nur die verwirkte Strafe verlangen; der Anspruch auf Erfüllung oder auf Ersatz eines weiteren Schadens ist ausgeschlossen.

§ 75d Unabdingbarkeit

¹Auf eine Vereinbarung, durch die von den Vorschriften der §§ 74 bis 75c zum Nachteil des Handlungsgehilfen abgewichen wird, kann sich der Prinzipal nicht berufen. ²Das gilt auch von Vereinbarungen, die bezwecken, die gesetzlichen Vorschriften über das Mindestmaß der Entschädigung durch Verrechnungen oder auf sonstige Weise zu umgehen.

§ 75e (weggefallen)

§ 75f Rücktrittsrecht bei Sperrabrede

¹Im Falle einer Vereinbarung, durch die sich ein Prinzipal einem anderen Prinzipal gegenüber verpflichtet, einen Handlungsgehilfen, der bei diesem im Dienst ist oder gewesen ist, nicht oder nur unter bestimmten Voraussetzungen anzustellen, steht beiden Teilen der Rücktritt frei. ²Aus der Vereinbarung findet weder Klage noch Einrede statt.

§ 75g Bevollmächtigung von Handelsvertretern im Außendienst

¹§ 55 Abs. 4 gilt auch für einen Handlungsgehilfen, der damit betraut ist, außerhalb des Betriebes des Prinzipals für diesen Geschäfte zu vermitteln. ²Eine Beschränkung dieser Rechte braucht ein Dritter gegen sich nur gelten zu lassen, wenn er sie kannte oder kennen musste.

§ 75h Wirksamkeit von Geschäften bei fehlender Vertretungsmacht

(1) Hat ein Handlungsgehilfe, der nur mit der Vermittlung von Geschäften außerhalb des Betriebes des Prinzipals betraut ist, ein Geschäft im Namen des Prinzipals abgeschlossen, und war dem Dritten der Mangel der Vertretungsmacht nicht bekannt, so gilt das Geschäft als von dem Prinzipal genehmigt, wenn dieser dem Dritten gegenüber nicht unverzüglich das Geschäft ablehnt, nachdem er von dem Handlungsgehilfen oder dem Dritten über Abschluss und wesentlichen Inhalt benachrichtigt worden ist.

(2) Das Gleiche gilt, wenn ein Handlungsgehilfe, der mit dem Abschluss von Geschäften betraut ist, ein Geschäft im Namen des Prinzipals abgeschlossen hat, zu dessen Abschluss er nicht bevollmächtigt ist.

§§ 76 bis 82 (weggefallen)

§ 82a Vereinbarung eines Wettbewerbsverbots mit Volontär[1)]

Auf Wettbewerbsverbote gegenüber Personen, die, ohne als Lehrlinge angenommen zu sein, zum Zwecke ihrer Ausbildung unentgeltlich mit kaufmännischen Diensten beschäftigt werden (Volontäre), finden die für Handlungsgehilfen geltenden Vorschriften insoweit Anwendung, als sie nicht auf das dem Gehilfen zustehende Entgelt Bezug nehmen.

§ 83 Nichtkaufmännische Angestellte

Hinsichtlich der Personen, welche in dem Betrieb eines Handelsgewerbes andere als kaufmännische Dienste leisten, bewendet es bei den für das Arbeitsverhältnis dieser Personen geltenden Vorschriften.

---

1) **Anm. d. Red.:** § 82a gegenstandslos gem. § 26 i.V. mit § 12 Abs. 1 Berufsbildungsgesetz v. 23. 3. 2005 (BGBl I S. 931).

Siebenter Abschnitt: Handelsvertreter

§ 84 Begriff des Handelsvertreters[1)]

(1) ¹Handelsvertreter ist, wer als selbständiger Gewerbetreibender ständig damit betraut ist, für einen anderen Unternehmer (Unternehmer) Geschäfte zu vermitteln oder in dessen Namen abzuschließen. ²Selbständig ist, wer im Wesentlichen frei seine Tätigkeit gestalten und seine Arbeitszeit bestimmen kann.

(2) Wer, ohne selbständig im Sinne des Absatzes 1 zu sein, ständig damit betraut ist, für einen Unternehmer Geschäfte zu vermitteln oder in dessen Namen abzuschließen, gilt als Angestellter.

(3) Der Unternehmer kann auch ein Handelsvertreter sein.

(4) Die Vorschriften dieses Abschnittes finden auch Anwendung, wenn das Unternehmen des Handelsvertreters nach Art oder Umfang einen in kaufmännischer Weise eingerichteten Geschäftsbetrieb nicht erfordert.

§ 85 Beurkundung des Vertrages

¹Jeder Teil kann verlangen, dass der Inhalt des Vertrages sowie spätere Vereinbarungen zu dem Vertrag in eine vom anderen Teil unterzeichnete Urkunde aufgenommen werden. ²Dieser Anspruch kann nicht ausgeschlossen werden.

§ 86 Pflichten des Handelsvertreters[2)]

(1) Der Handelsvertreter hat sich um die Vermittlung oder den Abschluss von Geschäften zu bemühen; er hat hierbei das Interesse des Unternehmers wahrzunehmen.

(2) Er hat dem Unternehmer die erforderlichen Nachrichten zu geben, namentlich ihm von jeder Geschäftsvermittlung und von jedem Geschäftsabschluss unverzüglich Mitteilung zu machen.

(3) Er hat seine Pflichten mit der Sorgfalt eines ordentlichen Kaufmanns wahrzunehmen.

(4) Von den Absätzen 1 und 2 abweichende Vereinbarungen sind unwirksam.

§ 86a Pflichten des Unternehmers[3)]

(1) Der Unternehmer hat dem Handelsvertreter die zur Ausübung seiner Tätigkeit erforderlichen Unterlagen, wie Muster, Zeichnungen, Preislisten, Werbedrucksachen, Geschäftsbedingungen, zur Verfügung zu stellen.

(2) ¹Der Unternehmer hat dem Handelsvertreter die erforderlichen Nachrichten zu geben. ²Er hat ihm unverzüglich die Annahme oder Ablehnung eines vom Handelsvertreter vermittelten oder ohne Vertretungsmacht abgeschlossenen Geschäfts und die Nichtausführung eines von ihm vermittelten oder abgeschlossenen Geschäfts mitzuteilen. ³Er hat ihn unverzüglich zu unterrichten, wenn er Geschäfte voraussichtlich nur in erheblich geringerem Umfange abschließen kann oder will, als der Handelsvertreter unter gewöhnlichen Umständen erwarten konnte.

(3) Von den Absätzen 1 und 2 abweichende Vereinbarungen sind unwirksam.

§ 86b Delkredereprovision

(1) ¹Verpflichtet sich ein Handelsvertreter, für die Erfüllung der Verbindlichkeit aus einem Geschäft einzustehen, so kann er eine besondere Vergütung (Delkredereprovision) beanspruchen; der Anspruch kann im Voraus nicht ausgeschlossen werden. ²Die Verpflichtung kann nur für ein

---

1) **Anm. d. Red.:** § 84 i. d. F. des Gesetzes v. 22. 6. 1998 (BGBl I S. 1474) mit Wirkung v. 1. 7. 1998.
2) **Anm. d. Red.:** § 86 i. d. F. des Gesetzes v. 23. 10. 1989 (BGBl I S. 1910) mit Wirkung v. 1. 1. 1990.
3) **Anm. d. Red.:** § 86a i. d. F. des Gesetzes v. 23. 10. 1989 (BGBl I S. 1910) mit Wirkung v. 1. 1. 1990.

bestimmtes Geschäft oder für solche Geschäfte mit bestimmten Dritten übernommen werden, die der Handelsvertreter vermittelt oder abschließt. ³Die Übernahme bedarf der Schriftform.

(2) Der Anspruch auf die Delkredereprovision entsteht mit dem Abschluss des Geschäfts.

(3) ¹Absatz 1 gilt nicht, wenn der Unternehmer oder der Dritte seine Niederlassung oder beim Fehlen einer solchen seinen Wohnsitz im Ausland hat. ²Er gilt ferner nicht für Geschäfte, zu deren Abschluss und Ausführung der Handelsvertreter unbeschränkt bevollmächtigt ist.

§ 87 Provisionspflichtige Geschäfte[1]

(1) ¹Der Handelsvertreter hat Anspruch auf Provision für alle während des Vertragsverhältnisses abgeschlossenen Geschäfte, die auf seine Tätigkeit zurückzuführen sind oder mit Dritten abgeschlossen werden, die er als Kunden für Geschäfte der gleichen Art geworben hat. ²Ein Anspruch auf Provision besteht für ihn nicht, wenn und soweit die Provision nach Absatz 3 dem ausgeschiedenen Handelsvertreter zusteht.

(2) ¹Ist dem Handelsvertreter ein bestimmter Bezirk oder ein bestimmter Kundenkreis zugewiesen, so hat er Anspruch auf Provision auch für die Geschäfte, die ohne seine Mitwirkung mit Personen seines Bezirkes oder seines Kundenkreises während des Vertragsverhältnisses abgeschlossen sind. ²Dies gilt nicht, wenn und soweit die Provision nach Absatz 3 dem ausgeschiedenen Handelsvertreter zusteht.

(3) ¹Für ein Geschäft, das erst nach Beendigung des Vertragsverhältnisses abgeschlossen ist, hat der Handelsvertreter Anspruch auf Provision nur, wenn

1. er das Geschäft vermittelt hat oder es eingeleitet und so vorbereitet hat, dass der Abschluss überwiegend auf seine Tätigkeit zurückzuführen ist, und das Geschäft innerhalb einer angemessenen Frist nach Beendigung des Vertragsverhältnisses abgeschlossen worden ist oder
2. vor Beendigung des Vertragsverhältnisses das Angebot des Dritten zum Abschluss eines Geschäfts, für das der Handelsvertreter nach Absatz 1 Satz 1 oder Absatz 2 Satz 1 Anspruch auf Provision hat, dem Handelsvertreter oder dem Unternehmer zugegangen ist.

²Der Anspruch auf Provision nach Satz 1 steht dem nachfolgenden Handelsvertreter anteilig zu, wenn wegen besonderer Umstände eine Teilung der Provision der Billigkeit entspricht.

(4) Neben dem Anspruch auf Provision für abgeschlossene Geschäfte hat der Handelsvertreter Anspruch auf Inkassoprovision für die von ihm auftragsgemäß eingezogenen Beträge.

§ 87a Voraussetzungen für Provisionsanspruch[2]

(1) ¹Der Handelsvertreter hat Anspruch auf Provision, sobald und soweit der Unternehmer das Geschäft ausgeführt hat. ²Eine abweichende Vereinbarung kann getroffen werden, jedoch hat der Handelsvertreter mit der Ausführung des Geschäfts durch den Unternehmer Anspruch auf einen angemessenen Vorschuss, der spätestens am letzten Tag des folgenden Monats fällig ist. ³Unabhängig von einer Vereinbarung hat jedoch der Handelsvertreter Anspruch auf Provision, sobald und soweit der Dritte das Geschäft ausgeführt hat.

(2) Steht fest, dass der Dritte nicht leistet, so entfällt der Anspruch auf Provision; bereits empfangene Beträge sind zurückzugewähren.

(3) ¹Der Handelsvertreter hat auch dann einen Anspruch auf Provision, wenn feststeht, dass der Unternehmer das Geschäft ganz oder teilweise nicht oder nicht so ausführt, wie es abgeschlossen worden ist. ²Der Anspruch entfällt im Falle der Nichtausführung, wenn und soweit diese auf Umständen beruht, die vom Unternehmer nicht zu vertreten sind.

(4) Der Anspruch auf Provision wird am letzten Tag des Monats fällig, in dem nach § 87c Abs. 1 über den Anspruch abzurechnen ist.

---

1) **Anm. d. Red.:** § 87 i. d. F. des Gesetzes v. 23.10.1989 (BGBl I S. 1910) mit Wirkung v. 1.1.1990.
2) **Anm. d. Red.:** § 87a i. d. F. des Gesetzes v. 23.10.1989 (BGBl I S. 1910) mit Wirkung v. 1.1.1990.

(5) Von Absatz 2 erster Halbsatz, Absätzen 3 und 4 abweichende, für den Handelsvertreter nachteilige Vereinbarungen sind unwirksam.

§ 87b Provisionshöhe

(1) Ist die Höhe der Provision nicht bestimmt, so ist der übliche Satz als vereinbart anzusehen.

(2) ¹Die Provision ist von dem Entgelt zu berechnen, das der Dritte oder der Unternehmer zu leisten hat. ²Nachlässe bei Barzahlung sind nicht abzuziehen; dasselbe gilt für Nebenkosten, namentlich für Fracht, Verpackung, Zoll, Steuern, es sei denn, dass die Nebenkosten dem Dritten besonders in Rechnung gestellt sind. ³Die Umsatzsteuer, die lediglich aufgrund der steuerrechtlichen Vorschriften in der Rechnung gesondert ausgewiesen ist, gilt nicht als besonders in Rechnung gestellt.

(3) ¹Bei Gebrauchsüberlassungs- und Nutzungsverträgen von bestimmter Dauer ist die Provision vom Entgelt für die Vertragsdauer zu berechnen. ²Bei unbestimmter Dauer ist die Provision vom Entgelt bis zu dem Zeitpunkt zu berechnen, zu dem erstmals von dem Dritten gekündigt werden kann; der Handelsvertreter hat Anspruch auf weitere entsprechend berechnete Provisionen, wenn der Vertrag fortbesteht.

§ 87c Provisionsabrechnung

(1) ¹Der Unternehmer hat über die Provision, auf die der Handelsvertreter Anspruch hat, monatlich abzurechnen; der Abrechnungszeitraum kann auf höchstens drei Monate erstreckt werden. ²Die Abrechnung hat unverzüglich, spätestens bis zum Ende des nächsten Monats, zu erfolgen.

(2) Der Handelsvertreter kann bei der Abrechnung einen Buchauszug über alle Geschäfte verlangen, für die ihm nach § 87 Provision gebührt.

(3) Der Handelsvertreter kann außerdem Mitteilung über alle Umstände verlangen, die für den Provisionsanspruch, seine Fälligkeit und seine Berechnung wesentlich sind.

(4) Wird der Buchauszug verweigert oder bestehen begründete Zweifel an der Richtigkeit oder Vollständigkeit der Abrechnung oder des Buchauszuges, so kann der Handelsvertreter verlangen, dass nach Wahl des Unternehmers entweder ihm oder einem von ihm zu bestimmenden Wirtschaftsprüfer oder vereidigten Buchsachverständigen Einsicht in die Geschäftsbücher oder die sonstigen Urkunden so weit gewährt wird, wie dies zur Feststellung der Richtigkeit oder Vollständigkeit der Abrechnung oder des Buchauszuges erforderlich ist.

(5) Diese Rechte des Handelsvertreters können nicht ausgeschlossen oder beschränkt werden.

§ 87d Ersatz der Aufwendungen

Der Handelsvertreter kann den Ersatz seiner im regelmäßigen Geschäftsbetrieb entstandenen Aufwendungen nur verlangen, wenn dies handelsüblich ist.

§ 88 (weggefallen)[1)]

§ 88a Zurückbehaltungsrecht des Handelsvertreters

(1) Der Handelsvertreter kann nicht im Voraus auf gesetzliche Zurückbehaltungsrechte verzichten.

(2) Nach Beendigung des Vertragsverhältnisses hat der Handelsvertreter ein nach allgemeinen Vorschriften bestehendes Zurückbehaltungsrecht an ihm zur Verfügung gestellten Unterlagen (§ 86a Abs. 1) nur wegen seiner fälligen Ansprüche auf Provision und Ersatz von Aufwendungen.

---

1) **Anm. d. Red.:** § 88 weggefallen gem. Gesetz v. 9. 12. 2004 (BGBl I S. 3214) mit Wirkung v. 15. 12. 2004.

§ 89 Ordentliche Kündigung[1]

(1) ¹Ist das Vertragsverhältnis auf unbestimmte Zeit eingegangen, so kann es im ersten Jahr der Vertragsdauer mit einer Frist von einem Monat, im zweiten Jahr mit einer Frist von zwei Monaten und im dritten bis fünften Jahr mit einer Frist von drei Monaten gekündigt werden. ²Nach einer Vertragsdauer von fünf Jahren kann das Vertragsverhältnis mit einer Frist von sechs Monaten gekündigt werden. ³Die Kündigung ist nur für den Schluss eines Kalendermonats zulässig, sofern keine abweichende Vereinbarung getroffen ist.

(2) ¹Die Kündigungsfristen nach Absatz 1 Satz 1 und 2 können durch Vereinbarung verlängert werden; die Frist darf für den Unternehmer nicht kürzer sein als für den Handelsvertreter. ²Bei Vereinbarung einer kürzeren Frist für den Unternehmer gilt die für den Handelsvertreter vereinbarte Frist.

(3) ¹Ein für eine bestimmte Zeit eingegangenes Vertragsverhältnis, das nach Ablauf der vereinbarten Laufzeit von beiden Teilen fortgesetzt wird, gilt als auf unbestimmte Zeit verlängert. ²Für die Bestimmung der Kündigungsfristen nach Absatz 1 Satz 1 und 2 ist die Gesamtdauer des Vertragsverhältnisses maßgeblich.

§ 89a Außerordentliche Kündigung

(1) ¹Das Vertragsverhältnis kann von jedem Teil aus wichtigem Grunde ohne Einhaltung einer Kündigungsfrist gekündigt werden. ²Dieses Recht kann nicht ausgeschlossen oder beschränkt werden.

(2) Wird die Kündigung durch ein Verhalten veranlasst, das der andere Teil zu vertreten hat, so ist dieser zum Ersatz des durch die Aufhebung des Vertragsverhältnisses entstehenden Schadens verpflichtet.

§ 89b Ausgleichsanspruch[2]

(1) ¹Der Handelsvertreter kann von dem Unternehmer nach Beendigung des Vertragsverhältnisses einen angemessenen Ausgleich verlangen, wenn und soweit
1. der Unternehmer aus der Geschäftsverbindung mit neuen Kunden, die der Handelsvertreter geworben hat, auch nach Beendigung des Vertragsverhältnisses erhebliche Vorteile hat und
2. die Zahlung eines Ausgleichs unter Berücksichtigung aller Umstände, insbesondere der dem Handelsvertreter aus Geschäften mit diesen Kunden entgehenden Provisionen, der Billigkeit entspricht.

²Der Werbung eines neuen Kunden steht es gleich, wenn der Handelsvertreter die Geschäftsverbindung mit einem Kunden so wesentlich erweitert hat, dass dies wirtschaftlich der Werbung eines neuen Kunden entspricht.

* (2) Der Ausgleich beträgt höchstens eine nach dem Durchschnitt der letzten fünf Jahre der Tätigkeit des Handelsvertreters berechnete Jahresprovision oder sonstige Jahresvergütung; bei kürzerer Dauer des Vertragsverhältnisses ist der Durchschnitt während der Dauer der Tätigkeit maßgebend.

(3) Der Anspruch besteht nicht, wenn
1. der Handelsvertreter das Vertragsverhältnis gekündigt hat, es sei denn, dass ein Verhalten des Unternehmers hierzu begründeten Anlass gegeben hat oder dem Handelsvertreter eine Fortsetzung seiner Tätigkeit wegen seines Alters oder wegen Krankheit nicht zugemutet werden kann, oder
2. der Unternehmer das Vertragsverhältnis gekündigt hat und für die Kündigung ein wichtiger Grund wegen schuldhaften Verhaltens des Handelsvertreters vorlag oder

---

1) **Anm. d. Red.:** § 89 i. d. F. des Gesetzes v. 23. 10. 1989 (BGBl I S. 1910) mit Wirkung v. 1. 1. 1990.
2) **Anm. d. Red.:** § 89b i. d. F. des Gesetzes v. 31. 7. 2009 (BGBl I S. 2512) mit Wirkung v. 5. 8. 2009.

3. aufgrund einer Vereinbarung zwischen dem Unternehmer und dem Handelsvertreter ein Dritter anstelle des Handelsvertreters in das Vertragsverhältnis eintritt; die Vereinbarung kann nicht vor Beendigung des Vertragsverhältnisses getroffen werden.

(4) ¹Der Anspruch kann im Voraus nicht ausgeschlossen werden. ²Er ist innerhalb eines Jahres nach Beendigung des Vertragsverhältnisses geltend zu machen.

(5) ¹Die Absätze 1, 3 und 4 gelten für Versicherungsvertreter mit der Maßgabe, dass an die Stelle der Geschäftsverbindung mit neuen Kunden, die der Handelsvertreter geworben hat, die Vermittlung neuer Versicherungsverträge durch den Versicherungsvertreter tritt und der Vermittlung eines Versicherungsvertrages es gleichsteht, wenn der Versicherungsvertreter einen bestehenden Versicherungsvertrag so wesentlich erweitert hat, dass dies wirtschaftlich der Vermittlung eines neuen Versicherungsvertrages entspricht. ²Der Ausgleich des Versicherungsvertreters beträgt abweichend von Absatz 2 höchstens drei Jahresprovisionen oder Jahresvergütungen. ³Die Vorschriften der Sätze 1 und 2 gelten sinngemäß für Bausparkassenvertreter.

§ 90 Schweigepflicht

Der Handelsvertreter darf Geschäfts- und Betriebsgeheimnisse, die ihm anvertraut oder als solche durch seine Tätigkeit für den Unternehmer bekannt geworden sind, auch nach Beendigung des Vertragsverhältnisses nicht verwerten oder anderen mitteilen, soweit dies nach den gesamten Umständen der Berufsauffassung eines ordentlichen Kaufmannes widersprechen würde.

§ 90a Wettbewerbsabreden[1]

(1) ¹Eine Vereinbarung, die den Handelsvertreter nach Beendigung des Vertragsverhältnisses in seiner gewerblichen Tätigkeit beschränkt (Wettbewerbsabrede), bedarf der Schriftform und der Aushändigung einer vom Unternehmer unterzeichneten, die vereinbarten Bestimmungen enthaltenden Urkunde an den Handelsvertreter. ²Die Abrede kann nur für längstens zwei Jahre von der Beendigung des Vertragsverhältnisses an getroffen werden; sie darf sich nur auf den dem Handelsvertreter zugewiesenen Bezirk oder Kundenkreis und nur auf die Gegenstände erstrecken, hinsichtlich deren sich der Handelsvertreter um die Vermittlung oder den Abschluss von Geschäften für den Unternehmer zu bemühen hat. ³Der Unternehmer ist verpflichtet, dem Handelsvertreter für die Dauer der Wettbewerbsbeschränkung eine angemessene Entschädigung zu zahlen.

(2) Der Unternehmer kann bis zum Ende des Vertragsverhältnisses schriftlich auf die Wettbewerbsbeschränkung mit der Wirkung verzichten, dass er mit dem Ablauf von sechs Monaten seit der Erklärung von der Verpflichtung zur Zahlung der Entschädigung frei wird.

(3) Kündigt ein Teil das Vertragsverhältnis aus wichtigem Grund wegen schuldhaften Verhaltens des anderen Teils, kann er sich durch schriftliche Erklärung binnen einem Monat nach der Kündigung von der Wettbewerbsabrede lossagen.

(4) Abweichende für den Handelsvertreter nachteilige Vereinbarungen können nicht getroffen werden.

§ 91 Vollmachten

(1) § 55 gilt auch für einen Handelsvertreter, der zum Abschluss von Geschäften von einem Unternehmer bevollmächtigt ist, der nicht Kaufmann ist.

(2) ¹Ein Handelsvertreter gilt, auch wenn ihm keine Vollmacht zum Abschluss von Geschäften erteilt ist, als ermächtigt, die Anzeige von Mängeln einer Ware, die Erklärung, dass eine Ware zur Verfügung gestellt werde, sowie ähnliche Erklärungen, durch die ein Dritter seine Rechte aus mangelhafter Leistung geltend macht oder sich vorbehält, entgegenzunehmen; er kann die dem Unternehmer zustehenden Rechte auf Sicherung des Beweises geltend machen. ²Eine Be-

---

1) **Anm. d. Red.:** § 90a i. d. F. des Gesetzes v. 22. 6. 1998 (BGBl I S. 1474) mit Wirkung v. 1. 7. 1998.

schränkung dieser Rechte braucht ein Dritter gegen sich nur gelten zu lassen, wenn er sie kannte oder kennen musste.

§ 91a Geschäftsabschlüsse ohne Vollmacht

(1) Hat ein Handelsvertreter, der nur mit der Vermittlung von Geschäften betraut ist, ein Geschäft im Namen des Unternehmers abgeschlossen, und war dem Dritten der Mangel an Vertretungsmacht nicht bekannt, so gilt das Geschäft als von dem Unternehmer genehmigt, wenn dieser nicht unverzüglich, nachdem er von dem Handelsvertreter oder dem Dritten über Abschluss und wesentlichen Inhalt benachrichtigt worden ist, dem Dritten gegenüber das Geschäft ablehnt.

(2) Das Gleiche gilt, wenn ein Handelsvertreter, der mit dem Abschluss von Geschäften betraut ist, ein Geschäft im Namen des Unternehmers abgeschlossen hat, zu dessen Abschluss er nicht bevollmächtigt ist.

§ 92 Versicherungsvertreter; Bausparkassenvertreter

(1) Versicherungsvertreter ist, wer als Handelsvertreter damit betraut ist, Versicherungsverträge zu vermitteln oder abzuschließen.

(2) Für das Vertragsverhältnis zwischen dem Versicherungsvertreter und dem Versicherer gelten die Vorschriften für das Vertragsverhältnis zwischen dem Handelsvertreter und dem Unternehmer vorbehaltlich der Absätze 3 und 4.

(3) [1]In Abweichung von § 87 Abs. 1 Satz 1 hat ein Versicherungsvertreter Anspruch auf Provision nur für Geschäfte, die auf seine Tätigkeit zurückzuführen sind. [2]§ 87 Abs. 2 gilt nicht für Versicherungsvertreter.

(4) Der Versicherungsvertreter hat Anspruch auf Provision (§ 87a Abs. 1), sobald der Versicherungsnehmer die Prämie gezahlt hat, aus der sich die Provision nach dem Vertragsverhältnis berechnet.

(5) Die Vorschriften der Absätze 1 bis 4 gelten sinngemäß für Bausparkassenvertreter.

§ 92a Mindestleistungen des Unternehmers[1]

(1) [1]Für das Vertragsverhältnis eines Handelsvertreters, der vertraglich nicht für weitere Unternehmen tätig werden darf oder dem dies nach Art und Umfang der von ihm verlangten Tätigkeit nicht möglich ist, kann das Bundesministerium der Justiz und für Verbraucherschutz im Einvernehmen mit dem Bundesministerium für Wirtschaft und Energie nach Anhörung von Verbänden der Handelsvertreter und der Unternehmer durch Rechtsverordnung, die nicht der Zustimmung des Bundesrates bedarf, die untere Grenze der vertraglichen Leistungen des Unternehmers festsetzen, um die notwendigen sozialen und wirtschaftlichen Bedürfnisse dieser Handelsvertreter oder einer bestimmten Gruppe von ihnen sicherzustellen. [2]Die festgesetzten Leistungen können vertraglich nicht ausgeschlossen oder beschränkt werden.

(2) [1]Absatz 1 gilt auch für das Vertragsverhältnis eines Versicherungsvertreters, der aufgrund eines Vertrages oder mehrerer Verträge damit betraut ist, Geschäfte für mehrere Versicherer zu vermitteln oder abzuschließen, die zu einem Versicherungskonzern oder zu einer zwischen ihnen bestehenden Organisationsgemeinschaft gehören, sofern die Beendigung des Vertragsverhältnisses mit einem dieser Versicherer im Zweifel auch die Beendigung des Vertragsverhältnisses mit den anderen Versicherern zur Folge haben würde. [2]In diesem Fall kann durch Rechtsverordnung, die nicht der Zustimmung des Bundesrates bedarf, außerdem bestimmt werden, ob die festgesetzten Leistungen von allen Versicherern als Gesamtschuldnern oder anteilig oder nur von einem der Versicherer geschuldet werden und wie der Ausgleich unter ihnen zu erfolgen hat.

---

[1] **Anm. d. Red.:** § 92a i. d. F. der VO v. 31. 8. 2015 (BGBl I S. 1474) mit Wirkung v. 8. 9. 2015.

§ 92b Handelsvertreter im Nebenberuf

(1) ¹Auf einen Handelsvertreter im Nebenberuf sind §§ 89 und 89b nicht anzuwenden. ²Ist das Vertragsverhältnis auf unbestimmte Zeit eingegangen, so kann es mit einer Frist von einem Monat für den Schluss eines Kalendermonats gekündigt werden; wird eine andere Kündigungsfrist vereinbart, so muss sie für beide Teile gleich sein. ³Der Anspruch auf einen angemessenen Vorschuss nach § 87a Abs. 1 Satz 2 kann ausgeschlossen werden.

(2) Auf Absatz 1 kann sich nur der Unternehmer berufen, der den Handelsvertreter ausdrücklich als Handelsvertreter im Nebenberuf mit der Vermittlung oder dem Abschluss von Geschäften betraut hat.

(3) Ob ein Handelsvertreter nur als Handelsvertreter im Nebenberuf tätig ist, bestimmt sich nach der Verkehrsauffassung.

(4) Die Vorschriften der Absätze 1 bis 3 gelten sinngemäß für Versicherungsvertreter und für Bausparkassenvertreter.

§ 92c Ausländische Handelsvertreter; Schifffahrtsvertreter[1]

(1) Hat der Handelsvertreter seine Tätigkeit für den Unternehmer nach dem Vertrag nicht innerhalb des Gebietes der Europäischen Gemeinschaft oder der anderen Vertragsstaaten des Abkommens über den Europäischen Wirtschaftsraum auszuüben, so kann hinsichtlich aller Vorschriften dieses Abschnittes etwas anderes vereinbart werden.

(2) Das Gleiche gilt, wenn der Handelsvertreter mit der Vermittlung oder dem Abschluss von Geschäften betraut wird, die die Befrachtung, Abfertigung oder Ausrüstung von Schiffen oder die Buchung von Passagen auf Schiffen zum Gegenstand haben.

Achter Abschnitt: Handelsmakler

§ 93 Begriff des Handelsmaklers[2]

(1) Wer gewerbsmäßig für andere Personen, ohne von ihnen aufgrund eines Vertragsverhältnisses ständig damit betraut zu sein, die Vermittlung von Verträgen über Anschaffung oder Veräußerung von Waren oder Wertpapieren, über Versicherungen, Güterbeförderungen, Schiffsmiete oder sonstige Gegenstände des Handelsverkehrs übernimmt, hat die Rechte und Pflichten eines Handelsmaklers.

(2) Auf die Vermittlung anderer als der bezeichneten Geschäfte, insbesondere auf die Vermittlung von Geschäften über unbewegliche Sachen, finden, auch wenn die Vermittlung durch einen Handelsmakler erfolgt, die Vorschriften dieses Abschnitts keine Anwendung.

(3) Die Vorschriften dieses Abschnittes finden auch Anwendung, wenn das Unternehmen des Handelsmaklers nach Art oder Umfang einen in kaufmännischer Weise eingerichteten Geschäftsbetrieb nicht erfordert.

§ 94 Schlussnote

(1) Der Handelsmakler hat, sofern nicht die Parteien ihm dies erlassen oder der Ortsgebrauch mit Rücksicht auf die Gattung der Ware davon entbindet, unverzüglich nach dem Abschlusse des Geschäfts jeder Partei eine von ihm unterzeichnete Schlussnote zuzustellen, welche die Parteien, den Gegenstand und die Bedingungen des Geschäfts, insbesondere bei Verkäufen von Waren oder Wertpapieren, deren Gattung und Menge sowie den Preis und die Zeit der Lieferung, enthält.

---

1) **Anm. d. Red.:** § 92c i. d. F. des Gesetzes v. 27. 4. 1993 (BGBl I S. 512) mit Wirkung v. 1. 1. 1994.
2) **Anm. d. Red.:** § 93 i. d. F. des Gesetzes v. 22. 6. 1998 (BGBl I S. 1474) mit Wirkung v. 1. 7. 1998.

(2) Bei Geschäften, die nicht sofort erfüllt werden sollen, ist die Schlussnote den Parteien zu ihrer Unterschrift zuzustellen und jeder Partei die von der anderen unterschriebene Schlussnote zu übersenden.

(3) Verweigert eine Partei die Annahme oder Unterschrift der Schlussnote, so hat der Handelsmakler davon der anderen Partei unverzüglich Anzeige zu machen.

§ 95 Vorbehalt der Bezeichnung der anderen Partei

(1) Nimmt eine Partei eine Schlussnote an, in der sich der Handelsmakler die Bezeichnung der anderen Partei vorbehalten hat, so ist sie an das Geschäft mit der Partei, welche ihr nachträglich bezeichnet wird, gebunden, es sei denn, dass gegen diese begründete Einwendungen zu erheben sind.

(2) Die Bezeichnung der anderen Partei hat innerhalb der ortsüblichen Frist, in Ermangelung einer solchen innerhalb einer den Umständen nach angemessenen Frist zu erfolgen.

(3) [1]Unterbleibt die Bezeichnung oder sind gegen die bezeichnete Person oder Firma begründete Einwendungen zu erheben, so ist die Partei befugt, den Handelsmakler auf die Erfüllung des Geschäfts in Anspruch zu nehmen. [2]Der Anspruch ist ausgeschlossen, wenn sich die Partei auf die Aufforderung des Handelsmaklers nicht unverzüglich darüber erklärt, ob sie Erfüllung verlange.

§ 96 Aufbewahrung von Proben

[1]Der Handelsmakler hat, sofern nicht die Parteien ihm dies erlassen oder der Ortsgebrauch mit Rücksicht auf die Gattung der Ware davon entbindet, von jeder durch seine Vermittlung nach Probe verkauften Ware die Probe, falls sie ihm übergeben ist, so lange aufzubewahren, bis die Ware ohne Einwendung gegen ihre Beschaffenheit angenommen oder das Geschäft in anderer Weise erledigt wird. [2]Er hat die Probe durch ein Zeichen kenntlich zu machen.

§ 97 Zahlungsempfang

Der Handelsmakler gilt nicht als ermächtigt, eine Zahlung oder eine andere im Vertrage bedungene Leistung in Empfang zu nehmen.

§ 98 Schadenshaftung

Der Handelsmakler haftet jeder der beiden Parteien für den durch sein Verschulden entstehenden Schaden.

§ 99 Maklerlohn

Ist unter den Parteien nichts darüber vereinbart, wer den Maklerlohn bezahlen soll, so ist er in Ermangelung eines abweichenden Ortsgebrauchs von jeder Partei zur Hälfte zu entrichten.

§ 100 Führung eines Tagebuches[1)]

(1) [1]Der Handelsmakler ist verpflichtet, ein Tagebuch zu führen und in dieses alle abgeschlossenen Geschäfte täglich einzutragen. [2]Die Eintragungen sind nach der Zeitfolge zu bewirken; sie haben die im § 94 Abs. 1 bezeichneten Angaben zu enthalten. [3]Das Eingetragene ist von dem Handelsmakler täglich zu unterzeichnen oder gemäß § 126a Abs. 1 des Bürgerlichen Gesetzbuchs elektronisch zu signieren.

(2) Die Vorschriften der §§ 239 und 257 über die Einrichtung und Aufbewahrung der Handelsbücher finden auf das Tagebuch des Handelsmaklers Anwendung.

---

1) **Anm. d. Red.:** § 100 i. d. F. des Gesetzes v. 13. 7. 2001 (BGBl I S. 1542) mit Wirkung v. 1. 8. 2001.

§ 101 Auszüge aus dem Tagebuch

Der Handelsmakler ist verpflichtet, den Parteien jederzeit auf Verlangen Auszüge aus dem Tagebuch zu geben, die von ihm unterzeichnet sind und alles enthalten, was von ihm in Ansehung des vermittelten Geschäfts eingetragen ist.

§ 102 Vorlegung des Tagebuches

Im Laufe eines Rechtsstreits kann das Gericht auch ohne Antrag einer Partei die Vorlegung des Tagebuchs anordnen, um es mit der Schlussnote, den Auszügen oder anderen Beweismitteln zu vergleichen.

§ 103 Ordnungswidrigkeiten[1]

(1) Ordnungswidrig handelt, wer als Handelsmakler
1. vorsätzlich oder fahrlässig ein Tagebuch über die abgeschlossenen Geschäfte zu führen unterlässt oder das Tagebuch in einer Weise führt, die dem § 100 Abs. 1 widerspricht oder
2. ein solches Tagebuch vor Ablauf der gesetzlichen Aufbewahrungsfrist vernichtet.

(2) Die Ordnungswidrigkeit kann mit einer Geldbuße bis zu fünftausend Euro geahndet werden.

§ 104 Krämermakler[2]

¹Auf Personen, welche die Vermittlung von Warengeschäften im Kleinverkehr besorgen, finden die Vorschriften über Schlussnoten und Tagebücher keine Anwendung. ²Auf Personen, welche die Vermittlung von Versicherungs- oder Bausparverträgen übernehmen, sind die Vorschriften über Tagebücher nicht anzuwenden.

Neunter Abschnitt: Bußgeldvorschriften[3]

§ 104a Bußgeldvorschrift[4]

(1) ¹Ordnungswidrig handelt, wer vorsätzlich oder leichtfertig entgegen § 8b Abs. 3 Satz 1 Nr. 2 dort genannte Daten nicht, nicht richtig oder nicht vollständig übermittelt. ²Die Ordnungswidrigkeit kann mit einer Geldbuße bis zu zweihunderttausend Euro geahndet werden.

(2) Verwaltungsbehörde im Sinne des § 36 Abs. 1 Nr. 1 des Gesetzes über Ordnungswidrigkeiten ist die Bundesanstalt für Finanzdienstleistungsaufsicht.

Zweites Buch: Handelsgesellschaften und stille Gesellschaft

Erster Abschnitt: Offene Handelsgesellschaft

Erster Titel: Errichtung der Gesellschaft

§ 105 Begriff der OHG; Anwendung der Vorschriften des BGB[5]

(1) Eine Gesellschaft, deren Zweck auf den Betrieb eines Handelsgewerbes unter gemeinschaftlicher Firma gerichtet ist, ist eine offene Handelsgesellschaft, wenn bei keinem der Gesellschafter die Haftung gegenüber den Gesellschaftsgläubigern beschränkt ist.

---

1) **Anm. d. Red.:** § 103 i. d. F. des Gesetzes v. 18. 1. 2001 (BGBl I S. 123) mit Wirkung v. 15. 1. 2001.
2) **Anm. d. Red.:** § 104 i. d. F. des Gesetzes v. 23. 10. 1989 (BGBl I S. 1910) mit Wirkung v. 1. 1. 1990.
3) **Anm. d. Red.:** Neunter Abschnitt eingefügt gem. Gesetz v. 5. 1. 2007 (BGBl I S. 10) mit Wirkung v. 20. 1. 2007.
4) **Anm. d. Red.:** § 104a eingefügt gem. Gesetz v. 5. 1. 2007 (BGBl I S. 10) mit Wirkung v. 20. 1. 2004.
5) **Anm. d. Red.:** § 105 i. d. F. des Gesetzes v. 22. 6. 1998 (BGBl I S. 1474) mit Wirkung v. 1. 7. 1998.

(2) ¹Eine Gesellschaft, deren Gewerbebetrieb nicht schon nach § 1 Abs. 2 Handelsgewerbe ist oder die nur eigenes Vermögen verwaltet, ist offene Handelsgesellschaft, wenn die Firma des Unternehmens in das Handelsregister eingetragen ist. ²§ 2 Satz 2 und 3 gilt entsprechend.

(3) Auf die offene Handelsgesellschaft finden, soweit nicht in diesem Abschnitt ein anderes vorgeschrieben ist, die Vorschriften des Bürgerlichen Gesetzbuchs über die Gesellschaft Anwendung.

§ 106 Anmeldung zur Eintragung in das Handelsregister[1]

(1) Die Gesellschaft ist bei dem Gericht, in dessen Bezirk sie ihren Sitz hat, zur Eintragung in das Handelsregister anzumelden.

(2) Die Anmeldung hat zu enthalten:
1. den Namen, Vornamen, Geburtsdatum und Wohnort jedes Gesellschafters;
2. die Firma der Gesellschaft, den Ort, an dem sie ihren Sitz hat, und die inländische Geschäftsanschrift;
3. (weggefallen)
4. die Vertretungsmacht der Gesellschafter.

§ 107 Anmeldung und Eintragung von Änderungen[2]

Wird die Firma einer Gesellschaft geändert, der Sitz der Gesellschaft an einen anderen Ort verlegt, die inländische Geschäftsanschrift geändert, tritt ein neuer Gesellschafter in die Gesellschaft ein oder ändert sich die Vertretungsmacht eines Gesellschafters, so ist dies ebenfalls zur Eintragung in das Handelsregister anzumelden.

§ 108 Anmeldepflicht aller Gesellschafter; Zeichnung[3]

¹Die Anmeldungen sind von sämtlichen Gesellschaftern zu bewirken. ²Das gilt nicht, wenn sich nur die inländische Geschäftsanschrift ändert.

Zweiter Titel: Rechtsverhältnis der Gesellschafter untereinander

§ 109 Maßgeblichkeit des Gesellschaftsvertrages

Das Rechtsverhältnis der Gesellschafter untereinander richtet sich zunächst nach dem Gesellschaftsvertrage; die Vorschriften der §§ 110 bis 122 finden nur insoweit Anwendung, als nicht durch den Gesellschaftsvertrag ein anderes bestimmt ist.

§ 110 Aufwendungsersatz

(1) Macht der Gesellschafter in den Gesellschaftsangelegenheiten Aufwendungen, die er den Umständen nach für erforderlich halten darf, oder erleidet er unmittelbar durch seine Geschäftsführung oder aus Gefahren, die mit ihr untrennbar verbunden sind, Verluste, so ist ihm die Gesellschaft zum Ersatze verpflichtet.

(2) Aufgewendetes Geld hat die Gesellschaft von der Zeit der Aufwendung an zu verzinsen.

§ 111 Pflicht zur Zahlung von Zinsen

(1) Ein Gesellschafter, der seine Geldeinlage nicht zur rechten Zeit einzahlt oder eingenommenes Gesellschaftsgeld nicht zur rechten Zeit an die Gesellschaftskasse abliefert oder unbefugt Geld aus der Gesellschaftskasse für sich entnimmt, hat Zinsen von dem Tage an zu entrich-

---

1) **Anm. d. Red.:** § 106 i. d. F. des Gesetzes v. 23.10.2008 (BGBl I S. 2026) mit Wirkung v. 1.11.2008.
2) **Anm. d. Red.:** § 107 i. d. F. des Gesetzes v. 23.10.2008 (BGBl I S. 2026) mit Wirkung v. 1.11.2008.
3) **Anm. d. Red.:** § 108 i. d. F. des Gesetzes v. 22.12.2015 (BGBl I S. 2565) mit Wirkung v. 31.12.2015.

ten, an welchem die Zahlung oder die Ablieferung hätte geschehen sollen oder die Herausnahme des Geldes erfolgt ist.

(2) Die Geltendmachung eines weiteren Schadens ist nicht ausgeschlossen.

§ 112 Gesetzliches Wettbewerbsverbot

(1) Ein Gesellschafter darf ohne Einwilligung der anderen Gesellschafter weder in dem Handelszweige der Gesellschaft Geschäfte machen noch an einer anderen gleichartigen Handelsgesellschaft als persönlich haftender Gesellschafter teilnehmen.

(2) Die Einwilligung zur Teilnahme an einer anderen Gesellschaft gilt als erteilt, wenn den übrigen Gesellschaftern bei Eingehung der Gesellschaft bekannt ist, dass der Gesellschafter an einer anderen Gesellschaft als persönlich haftender Gesellschafter teilnimmt, und gleichwohl die Aufgabe dieser Beteiligung nicht ausdrücklich bedungen wird.

§ 113 Schadensersatz bei Verletzung des Wettbewerbsverbots[1]

(1) Verletzt ein Gesellschafter die ihm nach § 112 obliegende Verpflichtung, so kann die Gesellschaft Schadensersatz fordern; sie kann stattdessen von dem Gesellschafter verlangen, dass er die für eigene Rechnung gemachten Geschäfte als für Rechnung der Gesellschaft eingegangen gelten lasse und die aus Geschäften für fremde Rechnung bezogene Vergütung herausgebe oder seinen Anspruch auf die Vergütung abtrete.

(2) Über die Geltendmachung dieser Ansprüche beschließen die übrigen Gesellschafter.

(3) Die Ansprüche verjähren in drei Monaten von dem Zeitpunkt an, in welchem die übrigen Gesellschafter von dem Abschluss des Geschäfts oder von der Teilnahme des Gesellschafters an der anderen Gesellschaft Kenntnis erlangen oder ohne grobe Fahrlässigkeit erlangen müssten; sie verjähren ohne Rücksicht auf diese Kenntnis oder grob fahrlässige Unkenntnis in fünf Jahren von ihrer Entstehung an.

(4) Das Recht der Gesellschafter, die Auflösung der Gesellschaft zu verlangen, wird durch diese Vorschriften nicht berührt.

§ 114 Geschäftsführung

(1) Zur Führung der Geschäfte der Gesellschaft sind alle Gesellschafter berechtigt und verpflichtet.

(2) Ist im Gesellschaftsvertrage die Geschäftsführung einem Gesellschafter oder mehreren Gesellschaftern übertragen, so sind die übrigen Gesellschafter von der Geschäftsführung ausgeschlossen.

§ 115 Geschäftsführungsbefugnis aller oder mehrerer Gesellschafter

(1) Steht die Geschäftsführung allen oder mehreren Gesellschaftern zu, so ist jeder von ihnen allein zu handeln berechtigt; widerspricht jedoch ein anderer geschäftsführender Gesellschafter der Vornahme einer Handlung, so muss diese unterbleiben.

(2) Ist im Gesellschaftsvertrage bestimmt, dass die Gesellschafter, denen die Geschäftsführung zusteht, nur zusammen handeln können, so bedarf es für jedes Geschäft der Zustimmung aller geschäftsführenden Gesellschafter, es sei denn, dass Gefahr im Verzug ist.

§ 116 Umfang der Geschäftsführungsbefugnis

(1) Die Befugnis zur Geschäftsführung erstreckt sich auf alle Handlungen, die der gewöhnliche Betrieb des Handelsgewerbes der Gesellschaft mit sich bringt.

(2) Zur Vornahme von Handlungen, die darüber hinausgehen, ist ein Beschluss sämtlicher Gesellschafter erforderlich.

---

1) **Anm. d. Red.:** § 113 i. d. F. des Gesetzes v. 9. 12. 2004 (BGBl I S. 3214) mit Wirkung v. 15. 12. 2004.

(3) ¹Zur Bestellung eines Prokuristen bedarf es der Zustimmung aller geschäftsführenden Gesellschafter, es sei denn, dass Gefahr im Verzug ist. ²Der Widerruf der Prokura kann von jedem der zur Erteilung oder zur Mitwirkung bei der Erteilung befugten Gesellschafter erfolgen.

§ 117 Entzug der Geschäftsführungsbefugnis

Die Befugnis zur Geschäftsführung kann einem Gesellschafter auf Antrag der übrigen Gesellschafter durch gerichtliche Entscheidung entzogen werden, wenn ein wichtiger Grund vorliegt; ein solcher Grund ist insbesondere grobe Pflichtverletzung oder Unfähigkeit zur ordnungsmäßigen Geschäftsführung.

§ 118 Überwachungsrecht der Gesellschafter[1]

(1) Ein Gesellschafter kann, auch wenn er von der Geschäftsführung ausgeschlossen ist, sich von den Angelegenheiten der Gesellschaft persönlich unterrichten, die Handelsbücher und die Papiere der Gesellschaft einsehen und sich aus ihnen eine Bilanz und einen Jahresabschluss anfertigen.

(2) Eine dieses Recht ausschließende oder beschränkende Vereinbarung steht der Geltendmachung des Rechtes nicht entgegen, wenn Grund zu der Annahme unredlicher Geschäftsführung besteht.

§ 119 Gesellschafterbeschlüsse

(1) Für die von den Gesellschaftern zu fassenden Beschlüsse bedarf es der Zustimmung aller zur Mitwirkung bei der Beschlussfassung berufenen Gesellschafter.

(2) Hat nach dem Gesellschaftsvertrage die Mehrheit der Stimmen zu entscheiden, so ist die Mehrheit im Zweifel nach der Zahl der Gesellschafter zu berechnen.

§ 120 Ermittlung des Jahresgewinns oder -verlusts; Gutschrift

(1) Am Schlusse jedes Geschäftsjahrs wird aufgrund der Bilanz der Gewinn oder der Verlust des Jahres ermittelt und für jeden Gesellschafter sein Anteil daran berechnet.

(2) Der einem Gesellschafter zukommende Gewinn wird dem Kapitalanteile des Gesellschafters zugeschrieben; der auf einen Gesellschafter entfallende Verlust sowie das während des Geschäftsjahrs auf den Kapitalanteil entnommene Geld wird davon abgeschrieben.

§ 121 Verteilung des Jahresgewinns bzw. -verlusts

(1) ¹Von dem Jahresgewinn gebührt jedem Gesellschafter zunächst ein Anteil in Höhe von vier vom Hundert seines Kapitalanteils. ²Reicht der Jahresgewinn hierzu nicht aus, so bestimmen sich die Anteile nach einem entsprechend niedrigeren Satze.

(2) ¹Bei der Berechnung des nach Absatz 1 einem Gesellschafter zukommenden Gewinnanteils werden Leistungen, die der Gesellschafter im Laufe des Geschäftsjahrs als Einlage gemacht hat, nach dem Verhältnis der seit der Leistung abgelaufenen Zeit berücksichtigt. ²Hat der Gesellschafter im Laufe des Geschäftsjahrs Geld auf seinen Kapitalanteil entnommen, so werden die entnommenen Beträge nach dem Verhältnisse der bis zur Entnahme abgelaufenen Zeit berücksichtigt.

(3) Derjenige Teil des Jahresgewinns, welcher die nach den Absätzen 1 und 2 zu berechnenden Gewinnanteile übersteigt, sowie der Verlust eines Geschäftsjahrs wird unter die Gesellschafter nach Köpfen verteilt.

---

1) **Anm. d. Red.:** § 118 i. d. F. des Gesetzes v. 19.12.1985 (BGBl I S. 2355) mit Wirkung v. 1.1.1986.

§ 122 Entnahmerecht

(1) Jeder Gesellschafter ist berechtigt, aus der Gesellschaftskasse Geld bis zum Betrage von vier vom Hundert seines für das letzte Geschäftsjahr festgestellten Kapitalanteils zu seinen Lasten zu erheben und, soweit es nicht zum offenbaren Schaden der Gesellschaft gereicht, auch die Auszahlung seines den bezeichneten Betrag übersteigenden Anteils am Gewinne des letzten Jahres zu verlangen.

(2) Im Übrigen ist ein Gesellschafter nicht befugt, ohne Einwilligung der anderen Gesellschafter seinen Kapitalanteil zu vermindern.

Dritter Titel: Rechtsverhältnis der Gesellschafter zu Dritten

§ 123 Beginn der Wirksamkeit der OHG[1]

(1) Die Wirksamkeit der offenen Handelsgesellschaft tritt im Verhältnis zu Dritten mit dem Zeitpunkt ein, in welchem die Gesellschaft in das Handelsregister eingetragen wird.

(2) Beginnt die Gesellschaft ihre Geschäfte schon vor der Eintragung, so tritt die Wirksamkeit mit dem Zeitpunkte des Geschäftsbeginns ein, soweit nicht aus § 2 oder § 105 Abs. 2 sich ein anderes ergibt.

(3) Eine Vereinbarung, dass die Gesellschaft erst mit einem späteren Zeitpunkt ihren Anfang nehmen soll, ist Dritten gegenüber unwirksam.

§ 124 Rechtsstellung der OHG; Zwangsvollstreckung in das Gesellschaftsvermögen

(1) Die offene Handelsgesellschaft kann unter ihrer Firma Rechte erwerben und Verbindlichkeiten eingehen, Eigentum und andere dingliche Rechte an Grundstücken erwerben, vor Gericht klagen und verklagt werden.

(2) Zur Zwangsvollstreckung in das Gesellschaftsvermögen ist ein gegen die Gesellschaft gerichteter vollstreckbarer Schuldtitel erforderlich.

§ 125 Vertretung der Gesellschaft; Gesamtvertretung[2]

(1) Zur Vertretung der Gesellschaft ist jeder Gesellschafter ermächtigt, wenn er nicht durch den Gesellschaftsvertrag von der Vertretung ausgeschlossen ist.

(2) ¹Im Gesellschaftsvertrage kann bestimmt werden, dass alle oder mehrere Gesellschafter nur in Gemeinschaft zur Vertretung der Gesellschaft ermächtigt sein sollen (Gesamtvertretung). ²Die zur Gesamtvertretung berechtigten Gesellschafter können einzelne von ihnen zur Vornahme bestimmter Geschäfte oder bestimmter Arten von Geschäften ermächtigen. ³Ist der Gesellschaft gegenüber eine Willenserklärung abzugeben, so genügt die Abgabe gegenüber einem der zur Mitwirkung bei der Vertretung befugten Gesellschafter.

(3) ¹Im Gesellschaftsvertrage kann bestimmt werden, dass die Gesellschafter, wenn nicht mehrere zusammen handeln, nur in Gemeinschaft mit einem Prokuristen zur Vertretung der Gesellschaft ermächtigt sein sollen. ²Die Vorschriften des Absatzes 2 Satz 2 und 3 finden in diesem Falle entsprechende Anwendung.

§ 125a Angaben auf Geschäftsbriefen[3]

(1) ¹Auf allen Geschäftsbriefen der Gesellschaft gleichviel welcher Form, die an einen bestimmten Empfänger gerichtet werden, müssen die Rechtsform und der Sitz der Gesellschaft, das Registergericht und die Nummer, unter der die Gesellschaft in das Handelsregister eingetragen ist, angegeben werden. ²Bei einer Gesellschaft, bei der kein Gesellschafter eine natürliche

---

1) **Anm. d. Red.:** § 123 i. d. F. des Gesetzes v. 22. 6. 1998 (BGBl I S. 1474) mit Wirkung v. 1. 7. 1998.
2) **Anm. d. Red.:** § 125 i. d. F. des Gesetzes v. 10. 12. 2001 (BGBl I S. 3422) mit Wirkung v. 15. 12. 2001.
3) **Anm. d. Red.:** § 125a i. d. F. des Gesetzes v. 10. 11. 2006 (BGBl I S. 2553) mit Wirkung v. 1. 1. 2007.

Person ist, sind auf den Geschäftsbriefen der Gesellschaft ferner die Firmen der Gesellschafter anzugeben sowie für die Gesellschafter die nach § 35a des Gesetzes betreffend die Gesellschaften mit beschränkter Haftung oder § 80 des Aktiengesetzes für Geschäftsbriefe vorgeschriebenen Angaben zu machen. [3]Die Angaben nach Satz 2 sind nicht erforderlich, wenn zu den Gesellschaftern der Gesellschaft eine offene Handelsgesellschaft oder Kommanditgesellschaft gehört, bei der ein persönlich haftender Gesellschafter eine natürliche Person ist.

(2) Für Vordrucke und Bestellscheine ist § 37a Abs. 2 und 3, für Zwangsgelder gegen die zur Vertretung der Gesellschaft ermächtigten Gesellschafter oder deren organschaftliche Vertreter und die Liquidatoren ist § 37a Abs. 4 entsprechend anzuwenden.

§ 126 Umfang der Vertretungsmacht der Gesellschafter

(1) Die Vertretungsmacht der Gesellschafter erstreckt sich auf alle gerichtlichen und außergerichtlichen Geschäfte und Rechtshandlungen einschließlich der Veräußerung und Belastung von Grundstücken sowie der Erteilung und des Widerrufs einer Prokura.

(2) Eine Beschränkung des Umfanges der Vertretungsmacht ist Dritten gegenüber unwirksam; dies gilt insbesondere von der Beschränkung, dass sich die Vertretung nur auf gewisse Geschäfte oder Arten von Geschäften erstrecken oder dass sie nur unter gewissen Umständen oder für eine gewisse Zeit oder an einzelnen Orten stattfinden soll.

(3) In Betreff der Beschränkung auf den Betrieb einer von mehreren Niederlassungen der Gesellschaft finden die Vorschriften des § 50 Abs. 3 entsprechende Anwendung.

§ 127 Entzug der Vertretungsmacht bei Vorliegen eines wichtigen Grundes

Die Vertretungsmacht kann einem Gesellschafter auf Antrag der übrigen Gesellschafter durch gerichtliche Entscheidung entzogen werden, wenn ein wichtiger Grund vorliegt; ein solcher Grund ist insbesondere grobe Pflichtverletzung oder Unfähigkeit zur ordnungsgemäßen Vertretung der Gesellschaft.

§ 128 Persönliche Haftung der Gesellschafter

[1]Die Gesellschafter haften für die Verbindlichkeiten der Gesellschaft den Gläubigern als Gesamtschuldner persönlich. [2]Eine entgegenstehende Vereinbarung ist Dritten gegenüber unwirksam.

§ 129 Einwendungen des Gesellschafters; Zwangsvollstreckung gegen Gesellschafter

(1) Wird ein Gesellschafter wegen einer Verbindlichkeit der Gesellschaft in Anspruch genommen, so kann er Einwendungen, die nicht in seiner Person begründet sind, nur insoweit geltend machen, als sie von der Gesellschaft erhoben werden können.

(2) Der Gesellschafter kann die Befriedigung des Gläubigers verweigern, solange der Gesellschaft das Recht zusteht, das ihrer Verbindlichkeit zugrunde liegende Rechtsgeschäft anzufechten.

(3) Die gleiche Befugnis hat der Gesellschafter, solange sich der Gläubiger durch Aufrechnung gegen eine fällige Forderung der Gesellschaft befriedigen kann.

(4) Aus einem gegen die Gesellschaft gerichteten vollstreckbaren Schuldtitel findet die Zwangsvollstreckung gegen die Gesellschafter nicht statt.

§ 129a (weggefallen)[1)]

---

1) **Anm. d. Red.:** § 129a weggefallen gem. Gesetz v. 23.10.2008 (BGBl I S. 2026) mit Wirkung v. 1.11.2008.

§ 130 Haftung bei Eintritt in eine bestehende Gesellschaft

(1) Wer in eine bestehende Gesellschaft eintritt, haftet gleich den anderen Gesellschaftern nach Maßgabe der §§ 128 und 129 für die vor seinem Eintritte begründeten Verbindlichkeiten der Gesellschaft, ohne Unterschied, ob die Firma eine Änderung erleidet oder nicht.

(2) Eine entgegenstehende Vereinbarung ist Dritten gegenüber unwirksam.

§ 130a (weggefallen)[1)]

§ 130b (weggefallen)[2)]

Vierter Titel: Auflösung der Gesellschaft und Ausscheiden von Gesellschaftern

§ 131 Gründe für die Auflösung der OHG[3)]

(1) Die offene Handelsgesellschaft wird aufgelöst:
1. durch den Ablauf der Zeit, für welche sie eingegangen ist;
2. durch Beschluss der Gesellschafter;
3. durch die Eröffnung des Insolvenzverfahrens über das Vermögen der Gesellschaft;
4. durch gerichtliche Entscheidung.

(2) ¹Eine offene Handelsgesellschaft, bei der kein persönlich haftender Gesellschafter eine natürliche Person ist, wird ferner aufgelöst:
1. mit der Rechtskraft des Beschlusses, durch den die Eröffnung des Insolvenzverfahrens mangels Masse abgelehnt worden ist;
2. durch die Löschung wegen Vermögenslosigkeit nach § 394 des Gesetzes über das Verfahren in Familiensachen und in den Angelegenheiten der freiwilligen Gerichtsbarkeit.

²Dies gilt nicht, wenn zu den persönlich haftenden Gesellschaftern eine andere offene Handelsgesellschaft oder Kommanditgesellschaft gehört, bei der ein persönlich haftender Gesellschafter eine natürliche Person ist.

(3) ¹Folgende Gründe führen mangels abweichender vertraglicher Bestimmung zum Ausscheiden eines Gesellschafters:
1. Tod des Gesellschafters,
2. Eröffnung des Insolvenzverfahrens über das Vermögen des Gesellschafters,
3. Kündigung des Gesellschafters,
4. Kündigung durch den Privatgläubiger des Gesellschafters,
5. Eintritt von weiteren im Gesellschaftsvertrag vorgesehenen Fällen,
6. Beschluss der Gesellschafter.

²Der Gesellschafter scheidet mit dem Eintritt des ihn betreffenden Ereignisses aus, im Falle der Kündigung aber nicht vor Ablauf der Kündigungsfrist.

---

1) **Anm. d. Red.:** § 130a weggefallen gem. Gesetz v. 22.12.2020 (BGBl I S. 3256) mit Wirkung v. 1.1.2021.
2) **Anm. d. Red.:** § 130b weggefallen gem. Gesetz v. 23.10.2008 (BGBl I S. 2026) mit Wirkung v. 1.11.2008.
3) **Anm. d. Red.:** § 131 i. d. F. des Gesetzes v. 17.12.2008 (BGBl I S. 2586) mit Wirkung v. 1.9.2009.

§ 132 Zeitpunkt für Kündigung

Die Kündigung eines Gesellschafters kann, wenn die Gesellschaft für unbestimmte Zeit eingegangen ist, nur für den Schluss eines Geschäftsjahrs erfolgen; sie muss mindestens sechs Monate vor diesem Zeitpunkt stattfinden.

§ 133 Auflösung der OHG durch gerichtliche Entscheidung bei Vorliegen eines wichtigen Grundes

(1) Auf Antrag eines Gesellschafters kann die Auflösung der Gesellschaft vor dem Ablaufe der für ihre Dauer bestimmten Zeit oder bei einer für unbestimmte Zeit eingegangenen Gesellschaft ohne Kündigung durch gerichtliche Entscheidung ausgesprochen werden, wenn ein wichtiger Grund vorliegt.

(2) Ein solcher Grund ist insbesondere vorhanden, wenn ein anderer Gesellschafter eine ihm nach dem Gesellschaftsvertrag obliegende wesentliche Verpflichtung vorsätzlich oder aus grober Fahrlässigkeit verletzt oder wenn die Erfüllung einer solchen Verpflichtung unmöglich wird.

(3) Eine Vereinbarung, durch welche das Recht des Gesellschafters, die Auflösung der Gesellschaft zu verlangen, ausgeschlossen oder diesen Vorschriften zuwider beschränkt wird, ist nichtig.

§ 134 Beendigung der auf Lebenszeit eines Gesellschafters eingegangenen Gesellschaft

Eine Gesellschaft, die für die Lebenszeit eines Gesellschafters eingegangen ist oder nach dem Ablaufe der für ihre Dauer bestimmten Zeit stillschweigend fortgesetzt wird, steht im Sinne der Vorschriften der §§ 132 und 133 einer für unbestimmte Zeit eingegangenen Gesellschaft gleich.

§ 135 Kündigung der OHG durch Privatgläubiger eines Gesellschafters

Hat ein Privatgläubiger eines Gesellschafters, nachdem innerhalb der letzten sechs Monate eine Zwangsvollstreckung in das bewegliche Vermögen des Gesellschafters ohne Erfolg versucht ist, aufgrund eines nicht bloß vorläufig vollstreckbaren Schuldtitels die Pfändung und Überweisung des Anspruchs auf dasjenige erwirkt, was dem Gesellschafter bei der Auseinandersetzung zukommt, so kann er die Gesellschaft ohne Rücksicht darauf, ob sie für bestimmte oder unbestimmte Zeit eingegangen ist, sechs Monate vor dem Ende des Geschäftsjahrs für diesen Zeitpunkt kündigen.

§§ 136 bis 138 (weggefallen)[1]

§ 139 Fortsetzung der Gesellschaft mit den Erben eines Gesellschafters[2]

(1) Ist im Gesellschaftsvertrage bestimmt, dass im Falle des Todes eines Gesellschafters die Gesellschaft mit dessen Erben fortgesetzt werden soll, so kann jeder Erbe sein Verbleiben in der Gesellschaft davon abhängig machen, dass ihm unter Belassung des bisherigen Gewinnanteils die Stellung eines Kommanditisten eingeräumt und der auf ihn fallende Teil der Einlage des Erblassers als seine Kommanditeinlage anerkannt wird.

(2) Nehmen die übrigen Gesellschafter einen dahingehenden Antrag des Erben nicht an, so ist dieser befugt, ohne Einhaltung einer Kündigungsfrist sein Ausscheiden aus der Gesellschaft zu erklären.

---

1) **Anm. d. Red.:** §§ 136 bis 138 weggefallen gem. Gesetz v. 22.6.1998 (BGBl I S.1474) mit Wirkung v. 1.7.1998.

2) **Anm. d. Red.:** § 139 i. d. F. des Gesetzes v. 26.11.2001 (BGBl I S.3138) mit Wirkung v. 1.1.2002.

(3) ¹Die bezeichneten Rechte können von dem Erben nur innerhalb einer Frist von drei Monaten nach dem Zeitpunkt, in welchem er von dem Anfalle der Erbschaft Kenntnis erlangt hat, geltend gemacht werden. ²Auf den Lauf der Frist finden die für die Verjährung geltenden Vorschriften des § 210 des Bürgerlichen Gesetzbuchs entsprechende Anwendung. ³Ist bei dem Ablaufe der drei Monate das Recht zur Ausschlagung der Erbschaft noch nicht verloren, so endigt die Frist nicht vor dem Ablaufe der Ausschlagungsfrist.

(4) Scheidet innerhalb der Frist des Absatzes 3 der Erbe aus der Gesellschaft aus oder wird innerhalb der Frist die Gesellschaft aufgelöst oder dem Erben die Stellung eines Kommanditisten eingeräumt, so haftet er für die bis dahin entstandenen Gesellschaftsschulden nur nach Maßgabe der die Haftung des Erben für die Nachlassverbindlichkeiten betreffenden Vorschriften des bürgerlichen Rechtes.

(5) Der Gesellschaftsvertrag kann die Anwendung der Vorschriften der Absätze 1 bis 4 nicht ausschließen; es kann jedoch für den Fall, dass der Erbe sein Verbleiben in der Gesellschaft von der Einräumung der Stellung eines Kommanditisten abhängig macht, sein Gewinnanteil anders als der des Erblassers bestimmt werden.

§ 140 Ausschluss eines Gesellschafters durch Gerichtsentscheid[1]

(1) ¹Tritt in der Person eines Gesellschafters ein Umstand ein, der nach § 133 für die übrigen Gesellschafter das Recht begründet, die Auflösung der Gesellschaft zu verlangen, so kann vom Gericht anstatt der Auflösung die Ausschließung dieses Gesellschafters aus der Gesellschaft ausgesprochen werden, sofern die übrigen Gesellschafter dies beantragen. ²Der Ausschließungsklage steht nicht entgegen, dass nach der Ausschließung nur ein Gesellschafter verbleibt.

(2) Für die Auseinandersetzung zwischen der Gesellschaft und dem ausgeschlossenen Gesellschafter ist die Vermögenslage der Gesellschaft in dem Zeitpunkte maßgebend, in welchem die Klage auf Ausschließung erhoben ist.

§§ 141 und 142 (weggefallen)[2]

§ 143 Anmeldepflicht bei Auflösung und Ausscheiden[3]

(1) ¹Die Auflösung der Gesellschaft ist von sämtlichen Gesellschaftern zur Eintragung in das Handelsregister anzumelden. ²Dies gilt nicht in den Fällen der Eröffnung oder der Ablehnung der Eröffnung des Insolvenzverfahrens über das Vermögen der Gesellschaft (§ 131 Abs. 1 Nr. 3 und Abs. 2 Nr. 1). ³In diesen Fällen hat das Gericht die Auflösung und ihren Grund von Amts wegen einzutragen. ⁴Im Falle der Löschung der Gesellschaft (§ 131 Abs. 2 Nr. 2) entfällt die Eintragung der Auflösung.

(2) Absatz 1 Satz 1 gilt entsprechend für das Ausscheiden eines Gesellschafters aus der Gesellschaft.

(3) Ist anzunehmen, dass der Tod eines Gesellschafters die Auflösung oder das Ausscheiden zur Folge gehabt hat, so kann, auch ohne dass die Erben bei der Anmeldung mitwirken, die Eintragung erfolgen, soweit einer solchen Mitwirkung besondere Hindernisse entgegenstehen.

---

1) **Anm. d. Red.:** § 140 i. d. F. des Gesetzes v. 22. 6. 1998 (BGBl I S. 1474) mit Wirkung v. 1. 7. 1998.
2) **Anm. d. Red.:** §§ 141 und 142 weggefallen gem. Gesetz v. 22. 6. 1998 (BGBl I S. 1474) mit Wirkung v. 1. 7. 1998.
3) **Anm. d. Red.:** § 143 i. d. F. des Gesetzes v. 5. 10. 1994 (BGBl I S. 2911) mit Wirkung v. 1. 1. 1999.

§ 144 Fortsetzung der Gesellschaft nach Insolvenz; Anmeldung zum Handelsregister[1]

(1) Ist die Gesellschaft durch die Eröffnung des Insolvenzverfahrens über ihr Vermögen aufgelöst, das Verfahren aber auf Antrag des Schuldners eingestellt oder nach der Bestätigung eines Insolvenzplans, der den Fortbestand der Gesellschaft vorsieht, aufgehoben, so können die Gesellschafter die Fortsetzung der Gesellschaft beschließen.

(2) Die Fortsetzung ist von sämtlichen Gesellschaftern zur Eintragung in das Handelsregister anzumelden.

Fünfter Titel: Liquidation der Gesellschaft

§ 145 Grundsatz der Liquidation; Ausnahme[2]

(1) Nach der Auflösung der Gesellschaft findet die Liquidation statt, sofern nicht eine andere Art der Auseinandersetzung von den Gesellschaftern vereinbart oder über das Vermögen der Gesellschaft das Insolvenzverfahren eröffnet ist.

(2) Ist die Gesellschaft durch Kündigung des Gläubigers eines Gesellschafters oder durch die Eröffnung des Insolvenzverfahrens über das Vermögen eines Gesellschafters aufgelöst, so kann die Liquidation nur mit Zustimmung des Gläubigers oder des Insolvenzverwalters unterbleiben; ist im Insolvenzverfahren Eigenverwaltung angeordnet, so tritt an die Stelle der Zustimmung des Insolvenzverwalters die Zustimmung des Schuldners.

(3) Ist die Gesellschaft durch Löschung wegen Vermögenslosigkeit aufgelöst, so findet eine Liquidation nur statt, wenn sich nach der Löschung herausstellt, dass Vermögen vorhanden ist, das der Verteilung unterliegt.

§ 146 Liquidation durch Gesellschafter oder andere Personen[3]

(1) ¹Die Liquidation erfolgt, sofern sie nicht durch Beschluss der Gesellschafter oder durch den Gesellschaftsvertrag einzelnen Gesellschaftern oder anderen Personen übertragen ist, durch sämtliche Gesellschafter als Liquidatoren. ²Mehrere Erben eines Gesellschafters haben einen gemeinsamen Vertreter zu bestellen.

(2) ¹Auf Antrag eines Beteiligten kann aus wichtigen Gründen die Ernennung von Liquidatoren durch das Gericht erfolgen, in dessen Bezirke die Gesellschaft ihren Sitz hat; das Gericht kann in einem solchen Falle Personen zu Liquidatoren ernennen, die nicht zu den Gesellschaftern gehören. ²Als Beteiligter gilt außer den Gesellschaftern im Falle des § 135 auch der Gläubiger, durch den die Kündigung erfolgt ist. ³Im Falle des § 145 Abs. 3 sind die Liquidatoren auf Antrag eines Beteiligten durch das Gericht zu ernennen.

(3) Ist über das Vermögen eines Gesellschafters das Insolvenzverfahren eröffnet und ist ein Insolvenzverwalter bestellt, so tritt dieser an die Stelle des Gesellschafters.

---

1) **Anm. d. Red.:** § 144 i. d. F. des Gesetzes v. 5.10.1994 (BGBl I S. 2911) mit Wirkung v. 1.1.1999.
2) **Anm. d. Red.:** § 145 i. d. F. des Gesetzes v. 5.10.1994 (BGBl I S. 2911) mit Wirkung v. 1.1.1999.
3) **Anm. d. Red.:** § 146 i. d. F. des Gesetzes v. 5.10.1994 (BGBl I S. 2911) mit Wirkung v. 1.1.1999.

§ 147 Abberufung der Liquidatoren

Die Abberufung von Liquidatoren geschieht durch einstimmigen Beschluss der nach § 146 Abs. 2 und 3 Beteiligten; sie kann auf Antrag eines Beteiligten aus wichtigen Gründen auch durch das Gericht erfolgen.

§ 148 Anmeldepflicht sowie Eintragung ins Handelsregister; Zeichnung[1]

(1) ¹Die Liquidatoren und ihre Vertretungsmacht sind von sämtlichen Gesellschaftern zur Eintragung in das Handelsregister anzumelden. ²Das Gleiche gilt von jeder Änderung in den Personen der Liquidatoren oder in ihrer Vertretungsmacht. ³Im Falle des Todes eines Gesellschafters kann, wenn anzunehmen ist, dass die Anmeldung den Tatsachen entspricht, die Eintragung erfolgen, auch ohne dass die Erben bei der Anmeldung mitwirken, soweit einer solchen Mitwirkung besondere Hindernisse entgegenstehen.

(2) Die Eintragung gerichtlich bestellter Liquidatoren sowie die Eintragung der gerichtlichen Abberufung von Liquidatoren geschieht von Amts wegen.

§ 149 Rechte und Pflichten der Liquidatoren

¹Die Liquidatoren haben die laufenden Geschäfte zu beendigen, die Forderungen einzuziehen, das übrige Vermögen in Geld umzusetzen und die Gläubiger zu befriedigen; zur Beendigung schwebender Geschäfte können sie auch neue Geschäfte eingehen. ²Die Liquidatoren vertreten innerhalb ihres Geschäftskreises die Gesellschaft gerichtlich und außergerichtlich.

§ 150 Gesamtgeschäftsführung und Gesamtvertretung bei mehreren Liquidatoren[2]

(1) Sind mehrere Liquidatoren vorhanden, so können sie die zur Liquidation gehörenden Handlungen nur in Gemeinschaft vornehmen, sofern nicht bestimmt ist, dass sie einzeln handeln können.

(2) ¹Durch die Vorschrift des Absatzes 1 wird nicht ausgeschlossen, dass die Liquidatoren einzelne von ihnen zur Vornahme bestimmter Geschäfte oder bestimmter Arten von Geschäften ermächtigen. ²Ist der Gesellschaft gegenüber eine Willenserklärung abzugeben, so findet die Vorschrift des § 125 Abs. 2 Satz 3 entsprechende Anwendung.

§ 151 Keine Beschränkung der Befugnisse der Liquidatoren

Eine Beschränkung des Umfanges der Befugnisse der Liquidatoren ist Dritten gegenüber unwirksam.

§ 152 Ausführung von Anordnungen der Beteiligten durch Liquidatoren

Gegenüber den nach § 146 Abs. 2 und 3 Beteiligten haben die Liquidatoren, auch wenn sie vom Gerichte bestellt sind, den Anordnungen Folge zu leisten, welche die Beteiligten in Betreff der Geschäftsführung einstimmig beschließen.

§ 153 Zeichnung durch Liquidation

Die Liquidatoren haben ihre Unterschrift in der Weise abzugeben, dass sie der bisherigen, als Liquidationsfirma zu bezeichnenden Firma ihren Namen beifügen.

---

1) **Anm. d. Red.:** § 148 i. d. F. des Gesetzes v. 10. 11. 2006 (BGBl I S. 2553) mit Wirkung v. 1. 1. 2007.
2) **Anm. d. Red.:** § 150 i. d. F. des Gesetzes v. 10. 12. 2001 (BGBl I S. 3422) mit Wirkung v. 15. 12. 2001.

§ 154 Verpflichtung zur Aufstellung einer Liquidationsbilanz

Die Liquidatoren haben bei dem Beginne sowie bei der Beendigung der Liquidation eine Bilanz aufzustellen.

§ 155 Verteilung des Liquidationsvermögens

(1) Das nach Berichtigung der Schulden verbleibende Vermögen der Gesellschaft ist von den Liquidatoren nach dem Verhältnisse der Kapitalanteile, wie sie sich aufgrund der Schlussbilanz ergeben, unter die Gesellschafter zu verteilen.

(2) ¹Das während der Liquidation entbehrliche Geld wird vorläufig verteilt. ²Zur Deckung noch nicht fälliger oder streitiger Verbindlichkeiten sowie zur Sicherung der den Gesellschaftern bei der Schlussverteilung zukommenden Beträge ist das Erforderliche zurückzubehalten. ³Die Vorschriften des § 122 Abs. 1 finden während der Liquidation keine Anwendung.

(3) Entsteht über die Verteilung des Gesellschaftsvermögens Streit unter den Gesellschaftern, so haben die Liquidatoren die Verteilung bis zur Entscheidung des Streites auszusetzen.

§ 156 Rechtsverhältnisse der Liquidationsgesellschafter

Bis zur Beendigung der Liquidation kommen in Bezug auf das Rechtsverhältnis der bisherigen Gesellschafter untereinander sowie der Gesellschaft zu Dritten die Vorschriften des zweiten und dritten Titels zur Anwendung, soweit sich nicht aus dem gegenwärtigen Titel oder aus dem Zwecke der Liquidation ein anderes ergibt.

§ 157 Erlöschen der Firma; Aufbewahrung der Geschäftspapiere

(1) Nach der Beendigung der Liquidation ist das Erlöschen der Firma von den Liquidatoren zur Eintragung in das Handelsregister anzumelden.

(2) ¹Die Bücher und Papiere der aufgelösten Gesellschaft werden einem der Gesellschafter oder einem Dritten in Verwahrung gegeben. ²Der Gesellschafter oder der Dritte wird in Ermangelung einer Verständigung durch das Gericht bestimmt, in dessen Bezirke die Gesellschaft ihren Sitz hat.

(3) Die Gesellschafter und deren Erben behalten das Recht auf Einsicht und Benutzung der Bücher und Papiere.

§ 158 Andere Art der Auseinandersetzung

Vereinbaren die Gesellschafter statt der Liquidation eine andere Art der Auseinandersetzung, so finden, solange noch ungeteiltes Gesellschaftsvermögen vorhanden ist, im Verhältnisse zu Dritten die für die Liquidation geltenden Vorschriften entsprechende Anwendung.

Sechster Titel: Verjährung. Zeitliche Begrenzung der Haftung[1]

§ 159 Verjährung von Ansprüchen gegen einen Gesellschafter[2]

(1) Die Ansprüche gegen einen Gesellschafter aus Verbindlichkeiten der Gesellschaft verjähren in fünf Jahren nach der Auflösung der Gesellschaft, sofern nicht der Anspruch gegen die Gesellschaft einer kürzeren Verjährung unterliegt.

---

1) **Anm. d. Red.:** Sechster Titel neu gefasst gem. Gesetz v. 18.3.1994 (BGBl I S. 560) mit Wirkung v. 26.3.1994.

2) **Anm. d. Red.:** § 159 i. d. F. des Gesetzes v. 26.11.2001 (BGBl I S. 3138) mit Wirkung v. 1.1.2002.

(2) Die Verjährung beginnt mit dem Ende des Tages, an welchem die Auflösung der Gesellschaft in das Handelsregister des für den Sitz der Gesellschaft zuständigen Gerichts eingetragen wird.

(3) Wird der Anspruch des Gläubigers gegen die Gesellschaft erst nach der Eintragung fällig, so beginnt die Verjährung mit dem Zeitpunkte der Fälligkeit.

(4) Der Neubeginn der Verjährung und ihre Hemmung nach § 204 des Bürgerlichen Gesetzbuchs gegenüber der aufgelösten Gesellschaft wirken auch gegenüber den Gesellschaftern, die der Gesellschaft zurzeit der Auflösung angehört haben.

§ 160 Haftung des Gesellschafters[1]

(1) ¹Scheidet ein Gesellschafter aus der Gesellschaft aus, so haftet er für ihre bis dahin begründeten Verbindlichkeiten, wenn sie vor Ablauf von fünf Jahren nach dem Ausscheiden fällig und daraus Ansprüche gegen ihn in einer in § 197 Abs. 1 Nr. 3 bis 5 des Bürgerlichen Gesetzbuchs bezeichneten Art festgestellt sind oder eine gerichtliche oder behördliche Vollstreckungshandlung vorgenommen oder beantragt wird; bei öffentlich-rechtlichen Verbindlichkeiten genügt der Erlass eines Verwaltungsakts. ²Die Frist beginnt mit dem Ende des Tages, an dem das Ausscheiden in das Handelsregister des für den Sitz der Gesellschaft zuständigen Gerichts eingetragen wird. ³Die für die Verjährung geltenden §§ 204, 206, 210, 211 und 212 Abs. 2 und 3 des Bürgerlichen Gesetzbuches sind entsprechend anzuwenden.

(2) Einer Feststellung in einer in § 197 Abs. 1 Nr. 3 bis 5 des Bürgerlichen Gesetzbuchs bezeichneten Art bedarf es nicht, soweit der Gesellschafter den Anspruch schriftlich anerkannt hat.

(3) ¹Wird ein Gesellschafter Kommanditist, so sind für die Begrenzung seiner Haftung für die im Zeitpunkt der Eintragung der Änderung in das Handelsregister begründeten Verbindlichkeiten die Absätze 1 und 2 entsprechend anzuwenden. ²Dies gilt auch, wenn er in der Gesellschaft oder einem ihr als Gesellschafter angehörenden Unternehmen geschäftsführend tätig wird. ³Seine Haftung als Kommanditist bleibt unberührt.

Zweiter Abschnitt: Kommanditgesellschaft

§ 161 Begriff der KG; Anwendung der Vorschriften über die OHG

(1) Eine Gesellschaft, deren Zweck auf den Betrieb eines Handelsgewerbes unter gemeinschaftlicher Firma gerichtet ist, ist eine Kommanditgesellschaft, wenn bei einem oder bei einigen von den Gesellschaftern die Haftung gegenüber den Gesellschaftsgläubigern auf den Betrag einer bestimmten Vermögenseinlage beschränkt ist (Kommanditisten), während bei dem anderen Teile der Gesellschafter eine Beschränkung der Haftung nicht stattfindet (persönlich haftende Gesellschafter).

(2) Soweit nicht in diesem Abschnitt ein anderes vorgeschrieben ist, finden auf die Kommanditgesellschaft die für die offene Handelsgesellschaft geltenden Vorschriften Anwendung.

§ 162 Anmeldung zur Eintragung in das Handelsregister; Bekanntmachung der Eintragung[2]

(1) ¹Die Anmeldung der Gesellschaft hat außer den in § 106 Abs. 2 vorgesehenen Angaben die Bezeichnung der Kommanditisten und den Betrag der Einlage eines jeden von ihnen zu enthalten. ²Ist eine Gesellschaft bürgerlichen Rechts Kommanditist, so sind auch deren Gesellschafter entsprechend § 106 Abs. 2 und spätere Änderungen in der Zusammensetzung der Gesellschafter zur Eintragung anzumelden.

(2) Bei der Bekanntmachung der Eintragung der Gesellschaft sind keine Angaben zu den Kommanditisten zu machen; die Vorschriften des § 15 sind insoweit nicht anzuwenden.

---

1) **Anm. d. Red.:** § 160 i. d. F. des Gesetzes v. 26.11.2001 (BGBl I S. 3138) mit Wirkung v. 1.1.2002.
2) **Anm. d. Red.:** § 162 i. d. F. des Gesetzes v. 10.12.2001 (BGBl I S. 3422) mit Wirkung v. 15.12.2001.

(3) Diese Vorschriften finden im Falle des Eintritts eines Kommanditisten in eine bestehende Handelsgesellschaft und im Falle des Ausscheidens eines Kommanditisten aus einer Kommanditgesellschaft entsprechende Anwendung.

§ 163 Verhältnis der Gesellschafter untereinander

Für das Verhältnis der Gesellschafter untereinander gelten in Ermangelung abweichender Bestimmungen des Gesellschaftsvertrags die besonderen Vorschriften der §§ 164 bis 169.

§ 164 Keine Geschäftsführungsbefugnis der Kommanditisten

¹Die Kommanditisten sind von der Führung der Geschäfte der Gesellschaft ausgeschlossen; sie können einer Handlung der persönlich haftenden Gesellschafter nicht widersprechen, es sei denn, dass die Handlung über den gewöhnlichen Betrieb des Handelsgewerbes der Gesellschaft hinausgeht. ²Die Vorschriften des § 116 Abs. 3 bleiben unberührt.

§ 165 Kein gesetzliches Wettbewerbsverbot für die Kommanditisten

Die §§ 112 und 113 finden auf die Kommanditisten keine Anwendung.

§ 166 Kontrollrechte des Kommanditisten[1]

(1) Der Kommanditist ist berechtigt, die abschriftliche Mitteilung des Jahresabschlusses zu verlangen und dessen Richtigkeit unter Einsicht der Bücher und Papiere zu prüfen.

(2) Die in § 118 dem von der Geschäftsführung ausgeschlossenen Gesellschafter eingeräumten weiteren Rechte stehen dem Kommanditisten nicht zu.

(3) Auf Antrag eines Kommanditisten kann das Gericht, wenn wichtige Gründe vorliegen, die Mitteilung einer Bilanz und eines Jahresabschlusses oder sonstiger Aufklärungen sowie die Vorlegung der Bücher und Papiere jederzeit anordnen.

§ 167 Gewinn- und Verlustberechnung; Verlustbeteiligung des Kommanditisten

(1) Die Vorschriften des § 120 über die Berechnung des Gewinns oder Verlustes gelten auch für den Kommanditisten.

(2) Jedoch wird der einem Kommanditisten zukommende Gewinn seinem Kapitalanteil nur so lange zugeschrieben, als dieser den Betrag der bedungenen Einlage nicht erreicht.

(3) An dem Verluste nimmt der Kommanditist nur bis zum Betrage seines Kapitalanteils und seiner noch rückständigen Einlage teil.

§ 168 Verteilung des Gewinns oder Verlusts

(1) Die Anteile der Gesellschafter am Gewinne bestimmen sich, soweit der Gewinn den Betrag von vier vom Hundert der Kapitalanteile nicht übersteigt, nach den Vorschriften des § 121 Abs. 1 und 2.

(2) In Ansehung des Gewinns, welcher diesen Betrag übersteigt, sowie in Ansehung des Verlustes gilt, soweit nicht ein anderes vereinbart ist, ein den Umständen nach angemessenes Verhältnis der Anteile als bedungen.

§ 169 Kein Entnahmerecht der Kommanditisten; Gewinnauszahlung

(1) ¹§ 122 findet auf den Kommanditisten keine Anwendung. ²Dieser hat nur Anspruch auf Auszahlung des ihm zukommenden Gewinns; er kann auch die Auszahlung des Gewinns nicht fordern, solange sein Kapitalanteil durch Verlust unter den auf die bedungene Einlage geleisteten Betrag herabgemindert ist oder durch die Auszahlung unter diesen Betrag herabgemindert werden würde.

---

1) **Anm. d. Red.:** § 166 i. d. F. des Gesetzes v. 19.12.1985 (BGBl I S. 2355) mit Wirkung v. 1.1.1986.

(2) Der Kommanditist ist nicht verpflichtet, den bezogenen Gewinn wegen späterer Verluste zurückzuzahlen.

§ 170 Keine Vertretungsbefugnis des Kommanditisten
Der Kommanditist ist zur Vertretung der Gesellschaft nicht ermächtigt.

§ 171 Haftung des Kommanditisten[1]
(1) Der Kommanditist haftet den Gläubigern der Gesellschaft bis zur Höhe seiner Einlage unmittelbar; die Haftung ist ausgeschlossen, soweit die Einlage geleistet ist.

(2) Ist über das Vermögen der Gesellschaft das Insolvenzverfahren eröffnet, so wird während der Dauer des Verfahrens das den Gesellschaftsgläubigern nach Absatz 1 zustehende Recht durch den Insolvenzverwalter oder den Sachwalter ausgeübt.

§ 172 Umfang der Haftung des Kommanditisten gegenüber Gesellschaftsgläubigern[2]
(1) Im Verhältnisse zu den Gläubigern der Gesellschaft wird nach der Eintragung in das Handelsregister die Einlage eines Kommanditisten durch den in der Eintragung angegebenen Betrag bestimmt.

(2) Auf eine nicht eingetragene Erhöhung der aus dem Handelsregister ersichtlichen Einlage können sich die Gläubiger nur berufen, wenn die Erhöhung in handelsüblicher Weise kundgemacht oder ihnen in anderer Weise von der Gesellschaft mitgeteilt worden ist.

(3) Eine Vereinbarung der Gesellschafter, durch die einem Kommanditisten die Einlage erlassen oder gestundet wird, ist den Gläubigern gegenüber unwirksam.

(4) ¹Soweit die Einlage eines Kommanditisten zurückbezahlt wird, gilt sie den Gläubigern gegenüber als nicht geleistet. ²Das Gleiche gilt, soweit ein Kommanditist Gewinnanteile entnimmt, während sein Kapitalanteil durch Verlust unter den Betrag der geleisteten Einlage herabgemindert ist, oder soweit durch die Entnahme der Kapitalanteil unter den bezeichneten Betrag herabgemindert wird. ³Bei der Berechnung des Kapitalanteils nach Satz 2 sind Beträge im Sinn des § 268 Abs. 8 nicht zu berücksichtigen.

(5) Was ein Kommanditist aufgrund einer in gutem Glauben errichteten Bilanz in gutem Glauben als Gewinn bezieht, ist er in keinem Falle zurückzuzahlen verpflichtet.

(6) ¹Gegenüber den Gläubigern einer Gesellschaft, bei der kein persönlich haftender Gesellschafter eine natürliche Person ist, gilt die Einlage eines Kommanditisten als nicht geleistet, soweit sie in Anteilen an den persönlich haftenden Gesellschaftern bewirkt ist. ²Dies gilt nicht, wenn zu den persönlich haftenden Gesellschaftern eine offene Handelsgesellschaft oder Kommanditgesellschaft gehört, bei der ein persönlich haftender Gesellschafter eine natürliche Person ist.

§ 172a (weggefallen)[3]

§ 173 Haftung bei Eintritt in eine bestehende Handelsgesellschaft
(1) Wer in eine bestehende Handelsgesellschaft als Kommanditist eintritt, haftet nach Maßgabe der §§ 171 und 172 für die vor seinem Eintritte begründeten Verbindlichkeiten der Gesellschaft, ohne Unterschied, ob die Firma eine Änderung erleidet oder nicht.

(2) Eine entgegenstehende Vereinbarung ist Dritten gegenüber unwirksam.

---

1) **Anm. d. Red.:** § 171 i. d. F. des Gesetzes v. 5. 10. 1994 (BGBl I S. 2911) mit Wirkung v. 1. 1. 1999.
2) **Anm. d. Red.:** § 172 i. d. F. des Gesetzes v. 25. 5. 2009 (BGBl I S. 1102) mit Wirkung v. 29. 5. 2009.
3) **Anm. d. Red.:** § 172a weggefallen gem. Gesetz v. 23. 10. 2008 (BGBl I S. 2026) mit Wirkung v. 1. 11. 2008.

§ 174 Herabsetzung der Einlage

Eine Herabsetzung der Einlage eines Kommanditisten ist, solange sie nicht in das Handelsregister des Gerichts, in dessen Bezirke die Gesellschaft ihren Sitz hat, eingetragen ist, den Gläubigern gegenüber unwirksam; Gläubiger, deren Forderungen zurzeit der Eintragung begründet waren, brauchen die Herabsetzung nicht gegen sich gelten zu lassen.

§ 175 Anmeldepflicht bei Erhöhung oder Herabsetzung der Einlage[1]

¹Die Erhöhung sowie die Herabsetzung einer Einlage ist durch die sämtlichen Gesellschafter zur Eintragung in das Handelsregister anzumelden. ²§ 162 Abs. 2 gilt entsprechend. ³Auf die Eintragung in das Handelsregister des Sitzes der Gesellschaft finden die Vorschriften des § 14 keine Anwendung.

§ 176 Geschäftsbeginn vor Eintragung in das Handelsregister[2]

(1) ¹Hat die Gesellschaft ihre Geschäfte begonnen, bevor sie in das Handelsregister des Gerichts, in dessen Bezirke sie ihren Sitz hat, eingetragen ist, so haftet jeder Kommanditist, der dem Geschäftsbeginne zugestimmt hat, für die bis zur Eintragung begründeten Verbindlichkeiten der Gesellschaft gleich einem persönlich haftenden Gesellschafter, es sei denn, dass seine Beteiligung als Kommanditist dem Gläubiger bekannt war. ²Diese Vorschrift kommt nicht zur Anwendung, soweit sich aus § 2 oder § 105 Abs. 2 ein anderes ergibt.

(2) Tritt ein Kommanditist in eine bestehende Handelsgesellschaft ein, so findet die Vorschrift des Absatzes 1 Satz 1 für die in der Zeit zwischen seinem Eintritt und dessen Eintragung in das Handelsregister begründeten Verbindlichkeiten der Gesellschaft entsprechende Anwendung.

§ 177 Tod eines Kommanditisten[3]

Beim Tod eines Kommanditisten wird die Gesellschaft mangels abweichender vertraglicher Bestimmung mit den Erben fortgesetzt.

§ 177a[4]

¹§ 125a gilt auch für die Gesellschaft, bei der ein Kommanditist eine natürliche Person ist. ²Der in § 125a Absatz 1 Satz 2 für die Gesellschafter vorgeschriebenen Angaben bedarf es nur für die persönlich haftenden Gesellschafter der Gesellschaft.

§§ 178 bis 229 (weggefallen)

Dritter Abschnitt: Stille Gesellschaft[5]

§ 230 Begriff und Wesen: Rechtsstellung des stillen Gesellschafters

(1) Wer sich als stiller Gesellschafter an dem Handelsgewerbe, das ein anderer betreibt, mit einer Vermögenseinlage beteiligt, hat die Einlage so zu leisten, dass sie in das Vermögen des Inhabers des Handelsgeschäfts übergeht.

(2) Der Inhaber wird aus den in dem Betriebe geschlossenen Geschäften allein berechtigt und verpflichtet.

---

1) **Anm. d. Red.:** § 175 i. d. F. des Gesetzes v. 18. 1. 2001 (BGBl I S. 123) mit Wirkung v. 25. 1. 2001.
2) **Anm. d. Red.:** § 176 i. d. F. des Gesetzes v. 22. 6. 1998 (BGBl I S. 1474) mit Wirkung v. 1. 7. 1998.
3) **Anm. d. Red.:** § 177 i. d. F. des Gesetzes v. 22. 6. 1998 (BGBl I S. 1474) mit Wirkung v. 1. 7. 1998.
4) **Anm. d. Red.:** § 177a i. d. F. des Gesetzes v. 22.12.2020 (BGBl I S. 3256) mit Wirkung v. 1.1.2021.
5) **Anm. d. Red.:** Dritter Abschnitt i. d. F. des Gesetzes v. 19.12.1985 (BGBl I S. 2355) mit Wirkung v. 1.1.1986.

§ 231 Anteil des stillen Gesellschafters am Gewinn und Verlust

(1) Ist der Anteil des stillen Gesellschafters am Gewinn und Verluste nicht bestimmt, so gilt ein den Umständen nach angemessener Anteil als bedungen.

(2) Im Gesellschaftsvertrage kann bestimmt werden, dass der stille Gesellschafter nicht am Verluste beteiligt sein soll; seine Beteiligung am Gewinne kann nicht ausgeschlossen werden.

§ 232 Gewinn- und Verlustberechnung

(1) Am Schlusse jedes Geschäftsjahrs wird der Gewinn und Verlust berechnet und der auf den stillen Gesellschafter fallende Gewinn ihm ausbezahlt.

(2) ¹Der stille Gesellschafter nimmt an dem Verluste nur bis zum Betrage seiner eingezahlten oder rückständigen Einlage teil. ²Er ist nicht verpflichtet, den bezogenen Gewinn wegen späterer Verluste zurückzuzahlen; jedoch wird, solange seine Einlage durch Verlust vermindert ist, der jährliche Gewinn zur Deckung des Verlustes verwendet.

(3) Der Gewinn, welcher von dem stillen Gesellschafter nicht erhoben wird, vermehrt dessen Einlage nicht, sofern nicht ein anderes vereinbart ist.

§ 233 Einsichts- und Kontrollrechte des stillen Gesellschafters

(1) Der stille Gesellschafter ist berechtigt, die abschriftliche Mitteilung des Jahresabschlusses zu verlangen und dessen Richtigkeit unter Einsicht der Bücher und Papiere zu prüfen.

(2) Die im § 716 des Bürgerlichen Gesetzbuchs dem von der Geschäftsführung ausgeschlossenen Gesellschafter eingeräumten weiteren Rechte stehen dem stillen Gesellschafter nicht zu.

(3) Auf Antrag des stillen Gesellschafters kann das Gericht, wenn wichtige Gründe vorliegen, die Mitteilung einer Bilanz und eines Jahresabschlusses oder sonstiger Aufklärungen sowie die Vorlegung der Bücher und Papiere jederzeit anordnen.

§ 234 Kündigung der stillen Gesellschaft, Tod des stillen Gesellschafters

(1) ¹Auf die Kündigung der Gesellschaft durch einen der Gesellschafter oder durch einen Gläubiger des stillen Gesellschafters finden die Vorschriften der §§ 132, 134 und 135 entsprechende Anwendung. ²Die Vorschriften des § 723 des Bürgerlichen Gesetzbuchs über das Recht, die Gesellschaft aus wichtigen Gründen ohne Einhaltung einer Frist zu kündigen, bleiben unberührt.

(2) Durch den Tod des stillen Gesellschafters wird die Gesellschaft nicht aufgelöst.

§ 235 Auseinandersetzung nach Auflösung der Gesellschaft, Abwicklung schwebender Geschäfte

(1) Nach der Auflösung der Gesellschaft hat sich der Inhaber des Handelsgeschäfts mit dem stillen Gesellschafter auseinander zu setzen und dessen Guthaben in Geld zu berichtigen.

(2) ¹Die zur Zeit der Auflösung schwebenden Geschäfte werden von dem Inhaber des Handelsgeschäfts abgewickelt. ²Der stille Gesellschafter nimmt teil an dem Gewinn und Verluste, der sich aus diesen Geschäften ergibt.

(3) Er kann am Schlusse jedes Geschäftsjahrs Rechenschaft über die inzwischen beendigten Geschäfte, Auszahlung des ihm gebührenden Betrags und Auskunft über den Stand der noch schwebenden Geschäfte verlangen.

§ 236 Insolvenz[1)]

(1) Wird über das Vermögen des Inhabers des Handelsgeschäfts das Insolvenzverfahren eröffnet, so kann der stille Gesellschafter wegen der Einlage, soweit sie den Betrag des auf ihn fallenden Anteils am Verlust übersteigt, seine Forderung als Insolvenzgläubiger geltend machen.

---

1) **Anm. d. Red.:** § 236 i. d. F. des Gesetzes v. 5. 10. 1994 (BGBl I S. 2911) mit Wirkung v. 1. 1. 1999.

(2) Ist die Einlage rückständig, so hat sie der stille Gesellschafter bis zu dem Betrag, welcher zur Deckung seines Anteils am Verlust erforderlich ist, zur Insolvenzmasse einzuzahlen.

§ 237 (weggefallen)[1]

Drittes Buch: Handelsbücher[2]
Erster Abschnitt: Vorschriften für alle Kaufleute
Erster Unterabschnitt: Buchführung; Inventar
§ 238 Buchführungspflicht

(1) [1]Jeder Kaufmann ist verpflichtet, Bücher zu führen und in diesen seine Handelsgeschäfte und die Lage seines Vermögens nach den Grundsätzen ordnungsmäßiger Buchführung ersichtlich zu machen. [2]Die Buchführung muss so beschaffen sein, dass sie einem sachverständigen Dritten innerhalb angemessener Zeit einen Überblick über die Geschäftsvorfälle und über die Lage des Unternehmens vermitteln kann. [3]Die Geschäftsvorfälle müssen sich in ihrer Entstehung und Abwicklung verfolgen lassen.

(2) Der Kaufmann ist verpflichtet, eine mit der Urschrift übereinstimmende Wiedergabe der abgesandten Handelsbriefe (Kopie, Abdruck, Abschrift oder sonstige Wiedergabe des Wortlauts auf einem Schrift-, Bild- oder anderen Datenträger) zurückzubehalten.

§ 239 Führung der Handelsbücher

(1) [1]Bei der Führung der Handelsbücher und bei den sonst erforderlichen Aufzeichnungen hat sich der Kaufmann einer lebenden Sprache zu bedienen. [2]Werden Abkürzungen, Ziffern, Buchstaben oder Symbole verwendet, muss im Einzelfall deren Bedeutung eindeutig festliegen.

(2) Die Eintragungen in Büchern und die sonst erforderlichen Aufzeichnungen müssen vollständig, richtig, zeitgerecht und geordnet vorgenommen werden.

(3) [1]Eine Eintragung oder eine Aufzeichnung darf nicht in einer Weise verändert werden, dass der ursprüngliche Inhalt nicht mehr feststellbar ist. [2]Auch solche Veränderungen dürfen nicht vorgenommen werden, deren Beschaffenheit es ungewiss lässt, ob sie ursprünglich oder erst später gemacht worden sind.

(4) [1]Die Handelsbücher und die sonst erforderlichen Aufzeichnungen können auch in der geordneten Ablage von Belegen bestehen oder auf Datenträgern geführt werden, soweit diese Formen der Buchführung einschließlich des dabei angewandten Verfahrens den Grundsätzen ordnungsmäßiger Buchführung entsprechen. [2]Bei der Führung der Handelsbücher und der sonst erforderlichen Aufzeichnungen auf Datenträgern muss insbesondere sichergestellt sein, dass die Daten während der Dauer der Aufbewahrungsfrist verfügbar sind und jederzeit innerhalb angemessener Frist lesbar gemacht werden können. [3]Absätze 1 bis 3 gelten sinngemäß.

§ 240 Inventar[3]

(1) Jeder Kaufmann hat zu Beginn seines Handelsgewerbes seine Grundstücke, seine Forderungen und Schulden, den Betrag seines baren Geldes sowie seine sonstigen Vermögensgegenstände genau zu verzeichnen und dabei den Wert der einzelnen Vermögensgegenstände und Schulden anzugeben.

(2) [1]Er hat demnächst für den Schluss eines jeden Geschäftsjahrs ein solches Inventar aufzustellen. [2]Die Dauer des Geschäftsjahrs darf zwölf Monate nicht überschreiten. [3]Die Aufstel-

---

1) **Anm. d. Red.:** § 237 weggefallen gem. Gesetz v. 5. 10. 1994 (BGBl I S. 2911) mit Wirkung v. 1. 1. 1999.
2) **Anm. d. Red.:** Drittes Buch i. d. F. des Gesetzes v. 19. 12. 1985 (BGBl I S. 2355) mit Wirkung v. 1. 1. 1986.
3) **Anm. d. Red.:** § 240 i. d. F. des Gesetzes v. 24. 6. 1994 (BGBl I S. 1377) mit Wirkung v. 1. 7. 1994.

lung des Inventars ist innerhalb der einem ordnungsmäßigen Geschäftsgang entsprechenden Zeit zu bewirken.

(3) ¹Vermögensgegenstände des Sachanlagevermögens sowie Roh-, Hilfs- und Betriebsstoffe können, wenn sie regelmäßig ersetzt werden und ihr Gesamtwert für das Unternehmen von nachrangiger Bedeutung ist, mit einer gleich bleibenden Menge und einem gleich bleibenden Wert angesetzt werden, sofern ihr Bestand in seiner Größe, seinem Wert und seiner Zusammensetzung nur geringen Veränderungen unterliegt. ²Jedoch ist in der Regel alle drei Jahre eine körperliche Bestandsaufnahme durchzuführen.

(4) Gleichartige Vermögensgegenstände des Vorratsvermögens sowie andere gleichartige oder annähernd gleichwertige bewegliche Vermögensgegenstände und Schulden können jeweils zu einer Gruppe zusammengefasst und mit dem gewogenen Durchschnittswert angesetzt werden.

§ 241 Inventurvereinfachungsverfahren

(1) ¹Bei der Aufstellung des Inventars darf der Bestand der Vermögensgegenstände nach Art, Menge und Wert auch mit Hilfe anerkannter mathematisch-statistischer Methoden aufgrund von Stichproben ermittelt werden. ²Das Verfahren muss den Grundsätzen ordnungsmäßiger Buchführung entsprechen. ³Der Aussagewert des auf diese Weise aufgestellten Inventars muss dem Aussagewert eines aufgrund einer körperlichen Bestandsaufnahme aufgestellten Inventars gleichkommen.

(2) Bei der Aufstellung des Inventars für den Schluss eines Geschäftsjahrs bedarf es einer körperlichen Bestandsaufnahme der Vermögensgegenstände für diesen Zeitpunkt nicht, soweit durch Anwendung eines den Grundsätzen ordnungsmäßiger Buchführung entsprechenden anderen Verfahrens gesichert ist, dass der Bestand der Vermögensgegenstände nach Art, Menge und Wert auch ohne die körperliche Bestandsaufnahme für diesen Zeitpunkt festgestellt werden kann.

(3) In dem Inventar für den Schluss eines Geschäftsjahrs brauchen Vermögensgegenstände nicht verzeichnet zu werden, wenn

1. der Kaufmann ihren Bestand aufgrund einer körperlichen Bestandsaufnahme oder aufgrund eines nach Absatz 2 zulässigen anderen Verfahrens nach Art, Menge und Wert in einem besonderen Inventar verzeichnet hat, das für einen Tag innerhalb der letzten drei Monate vor oder der ersten beiden Monate nach dem Schluss des Geschäftsjahrs aufgestellt ist, und

2. aufgrund des besonderen Inventars durch Anwendung eines den Grundsätzen ordnungsmäßiger Buchführung entsprechenden Fortschreibungs- oder Rückrechnungsverfahrens gesichert ist, dass der am Schluss des Geschäftsjahrs vorhandene Bestand der Vermögensgegenstände für diesen Zeitpunkt ordnungsgemäß bewertet werden kann.

§ 241a Befreiung von der Pflicht zur Buchführung und Erstellung eines Inventars[1]

¹Einzelkaufleute, die an den Abschlussstichtagen von zwei aufeinander folgenden Geschäftsjahren nicht mehr als jeweils 600 000 Euro Umsatzerlöse und jeweils 60 000 Euro Jahresüberschuss aufweisen, brauchen die §§ 238 bis 241 nicht anzuwenden. ²Im Fall der Neugründung treten die Rechtsfolgen schon ein, wenn die Werte des Satzes 1 am ersten Abschlussstichtag nach der Neugründung nicht überschritten werden.

---

1) **Anm. d. Red.:** § 241a i. d. F. des Gesetzes v. 28. 7. 2015 (BGBl I S. 1400) mit Wirkung v. 1. 1. 2016. — Zur Anwendung siehe Art. 76 EGHGB.

Zweiter Unterabschnitt: Eröffnungsbilanz; Jahresabschluss
Erster Titel: Allgemeine Vorschriften
§ 242 Pflicht zur Aufstellung[1)]

(1) ¹Der Kaufmann hat zu Beginn seines Handelsgewerbes und für den Schluss eines jeden Geschäftsjahrs einen das Verhältnis seines Vermögens und seiner Schulden darstellenden Abschluss (Eröffnungsbilanz, Bilanz) aufzustellen. ²Auf die Eröffnungsbilanz sind die für den Jahresabschluss geltenden Vorschriften entsprechend anzuwenden, soweit sie sich auf die Bilanz beziehen.

(2) Er hat für den Schluss eines jeden Geschäftsjahrs eine Gegenüberstellung der Aufwendungen und Erträge des Geschäftsjahrs (Gewinn- und Verlustrechnung) aufzustellen.

(3) Die Bilanz und die Gewinn- und Verlustrechnung bilden den Jahresabschluss.

(4) ¹Die Absätze 1 bis 3 sind auf Einzelkaufleute im Sinn des § 241a nicht anzuwenden. ²Im Fall der Neugründung treten die Rechtsfolgen nach Satz 1 schon ein, wenn die Werte des § 241a Satz 1 am ersten Abschlussstichtag nach der Neugründung nicht überschritten werden.

§ 243 Aufstellungsgrundsatz

(1) Der Jahresabschluss ist nach den Grundsätzen ordnungsmäßiger Buchführung aufzustellen.

(2) Er muss klar und übersichtlich sein.

(3) Der Jahresabschluss ist innerhalb der einem ordnungsmäßigen Geschäftsgang entsprechenden Zeit aufzustellen.

§ 244 Sprache; Währungseinheit[2)]

Der Jahresabschluss ist in deutscher Sprache und in Euro aufzustellen.

§ 245 Unterzeichnung

¹Der Jahresabschluss ist vom Kaufmann unter Angabe des Datums zu unterzeichnen. ²Sind mehrere persönlich haftende Gesellschafter vorhanden, so haben sie alle zu unterzeichnen.

Zweiter Titel: Ansatzvorschriften
§ 246 Vollständigkeit; Verrechnungsverbot[3)]

(1) ¹Der Jahresabschluss hat sämtliche Vermögensgegenstände, Schulden, Rechnungsabgrenzungsposten sowie Aufwendungen und Erträge zu enthalten, soweit gesetzlich nichts anderes bestimmt ist. ²Vermögensgegenstände sind in der Bilanz des Eigentümers aufzunehmen; ist ein Vermögensgegenstand nicht dem Eigentümer, sondern einem anderen wirtschaftlich zuzurechnen, hat dieser ihn in seiner Bilanz auszuweisen. ³Schulden sind in die Bilanz des Schuldners aufzunehmen. ⁴Der Unterschiedsbetrag, um den die für die Übernahme eines Unternehmens bewirkte Gegenleistung den Wert der einzelnen Vermögensgegenstände des Unternehmens abzüglich der Schulden im Zeitpunkt der Übernahme übersteigt (entgeltlich erworbener Geschäfts- oder Firmenwert), gilt als zeitlich begrenzt nutzbarer Vermögensgegenstand.

(2) ¹Posten der Aktivseite dürfen nicht mit Posten der Passivseite, Aufwendungen nicht mit Erträgen, Grundstücksrechte nicht mit Grundstückslasten verrechnet werden. ²Vermögensgegenstände, die dem Zugriff aller übrigen Gläubiger entzogen sind und ausschließlich der Erfüllung von Schulden aus Altersversorgungsverpflichtungen oder vergleichbaren langfristig fäl-

---

1) **Anm. d. Red.:** § 242 i. d. F. des Gesetzes v. 25. 5. 2009 (BGBl I S. 1102) mit Wirkung v. 29. 5. 2009.
2) **Anm. d. Red.:** § 244 i. d. F. des Gesetzes v. 9. 6. 1998 (BGBl I S. 1242) mit Wirkung v. 1. 1. 1999.
3) **Anm. d. Red.:** § 246 i. d. F. des Gesetzes v. 25. 5. 2009 (BGBl I S. 1102) mit Wirkung v. 29. 5. 2009.

ligen Verpflichtungen dienen, sind mit diesen Schulden zu verrechnen; entsprechend ist mit den zugehörigen Aufwendungen und Erträgen aus der Abzinsung und aus dem zu verrechnenden Vermögen zu verfahren. ³Übersteigt der beizulegende Zeitwert der Vermögensgegenstände den Betrag der Schulden, ist der übersteigende Betrag unter einem gesonderten Posten zu aktivieren.

(3) ¹Die auf den vorhergehenden Jahresabschluss angewandten Ansatzmethoden sind beizubehalten. ²§ 252 Abs. 2 ist entsprechend anzuwenden.

§ 247 Inhalt der Bilanz[1)]

(1) In der Bilanz sind das Anlage- und das Umlaufvermögen, das Eigenkapital, die Schulden sowie die Rechnungsabgrenzungsposten gesondert auszuweisen und hinreichend aufzugliedern.

(2) Beim Anlagevermögen sind nur die Gegenstände auszuweisen, die bestimmt sind, dauernd dem Geschäftsbetrieb zu dienen.

§ 248 Bilanzierungsverbote und -wahlrechte[2)]

(1) In die Bilanz dürfen nicht als Aktivposten aufgenommen werden:
1. Aufwendungen für die Gründung eines Unternehmens,
2. Aufwendungen für die Beschaffung des Eigenkapitals und
3. Aufwendungen für den Abschluss von Versicherungsverträgen.

(2) ¹Selbst geschaffene immaterielle Vermögensgegenstände des Anlagevermögens können als Aktivposten in die Bilanz aufgenommen werden. ²Nicht aufgenommen werden dürfen selbst geschaffene Marken, Drucktitel, Verlagsrechte, Kundenlisten oder vergleichbare immaterielle Vermögensgegenstände des Anlagevermögens.

§ 249 Rückstellungen[3)]

(1) ¹Rückstellungen sind für ungewisse Verbindlichkeiten und für drohende Verluste aus schwebenden Geschäften zu bilden. ²Ferner sind Rückstellungen zu bilden für
1. im Geschäftsjahr unterlassene Aufwendungen für Instandhaltung, die im folgenden Geschäftsjahr innerhalb von drei Monaten, oder für Abraumbeseitigung, die im folgenden Geschäftsjahr nachgeholt werden,
2. Gewährleistungen, die ohne rechtliche Verpflichtung erbracht werden.

(2) ¹Für andere als die in Absatz 1 bezeichneten Zwecke dürfen Rückstellungen nicht gebildet werden. ²Rückstellungen dürfen nur aufgelöst werden, soweit der Grund hierfür entfallen ist.

§ 250 Rechnungsabgrenzungsposten[4)]

(1) Als Rechnungsabgrenzungsposten sind auf der Aktivseite Ausgaben vor dem Abschlussstichtag auszuweisen, soweit sie Aufwand für eine bestimmte Zeit nach diesem Tag darstellen.

(2) Auf der Passivseite sind als Rechnungsabgrenzungsposten Einnahmen vor dem Abschlussstichtag auszuweisen, soweit sie Ertrag für eine bestimmte Zeit nach diesem Tag darstellen.

(3) ¹Ist der Erfüllungsbetrag einer Verbindlichkeit höher als der Ausgabebetrag, so darf der Unterschiedsbetrag in den Rechnungsabgrenzungsposten auf der Aktivseite aufgenommen werden. ²Der Unterschiedsbetrag ist durch planmäßige jährliche Abschreibungen zu tilgen, die auf die gesamte Laufzeit der Verbindlichkeit verteilt werden können.

---

1) **Anm. d. Red.:** § 247 i. d. F. des Gesetzes v. 25. 5. 2009 (BGBl I S. 1102) mit Wirkung v. 29. 5. 2009.
2) **Anm. d. Red.:** § 248 i. d. F. des Gesetzes v. 25. 5. 2009 (BGBl I S. 1102) mit Wirkung v. 29. 5. 2009.
3) **Anm. d. Red.:** § 249 i. d. F. des Gesetzes v. 25. 5. 2009 (BGBl I S. 1102) mit Wirkung v. 29. 5. 2009.
4) **Anm. d. Red.:** § 250 i. d. F. des Gesetzes v. 25. 5. 2009 (BGBl I S. 1102) mit Wirkung v. 29. 5. 2009.

§ 251 Haftungsverhältnisse

¹Unter der Bilanz sind, sofern sie nicht auf der Passivseite auszuweisen sind, Verbindlichkeiten aus der Begebung und Übertragung von Wechseln, aus Bürgschaften, Wechsel- und Scheckbürgschaften und aus Gewährleistungsverträgen sowie Haftungsverhältnisse aus der Bestellung von Sicherheiten für fremde Verbindlichkeiten zu vermerken; sie dürfen in einem Betrag angegeben werden. ²Haftungsverhältnisse sind auch anzugeben, wenn ihnen gleichwertige Rückgriffsforderungen gegenüberstehen.

Dritter Titel: Bewertungsvorschriften

§ 252 Allgemeine Bewertungsgrundsätze[1)]

(1) Bei der Bewertung der im Jahresabschluss ausgewiesenen Vermögensgegenstände und Schulden gilt insbesondere Folgendes:
1. Die Wertansätze in der Eröffnungsbilanz des Geschäftsjahrs müssen mit denen der Schlussbilanz des vorhergehenden Geschäftsjahrs übereinstimmen.
2. Bei der Bewertung ist von der Fortführung der Unternehmenstätigkeit auszugehen, sofern dem nicht tatsächliche oder rechtliche Gegebenheiten entgegenstehen.
3. Die Vermögensgegenstände und Schulden sind zum Abschlussstichtag einzeln zu bewerten.
4. Es ist vorsichtig zu bewerten, namentlich sind alle vorhersehbaren Risiken und Verluste, die bis zum Abschlussstichtag entstanden sind, zu berücksichtigen, selbst wenn diese erst zwischen dem Abschlussstichtag und dem Tag der Aufstellung des Jahresabschlusses bekannt geworden sind; Gewinne sind nur zu berücksichtigen, wenn sie am Abschlussstichtag realisiert sind.
5. Aufwendungen und Erträge des Geschäftsjahrs sind unabhängig von den Zeitpunkten der entsprechenden Zahlungen im Jahresabschluss zu berücksichtigen.
6. Die auf den vorhergehenden Jahresabschluss angewandten Bewertungsmethoden sind beizubehalten.

(2) Von den Grundsätzen des Absatzes 1 darf nur in begründeten Ausnahmefällen abgewichen werden.

§ 253 Zugangs- und Folgebewertung[2)]

(1) ¹Vermögensgegenstände sind höchstens mit den Anschaffungs- oder Herstellungskosten, vermindert um die Abschreibungen nach den Absätzen 3 bis 5, anzusetzen. ²Verbindlichkeiten sind zu ihrem Erfüllungsbetrag und Rückstellungen in Höhe des nach vernünftiger kaufmännischer Beurteilung notwendigen Erfüllungsbetrages anzusetzen. ³Soweit sich die Höhe von Altersversorgungsverpflichtungen ausschließlich nach dem beizulegenden Zeitwert von Wertpapieren im Sinn des § 266 Abs. 2 A. III. 5 bestimmt, sind Rückstellungen hierfür zum beizulegenden Zeitwert dieser Wertpapiere anzusetzen, soweit er einen garantierten Mindestbetrag übersteigt. ⁴Nach § 246 Abs. 2 Satz 2 zu verrechnende Vermögensgegenstände sind mit ihrem beizulegenden Zeitwert zu bewerten. ⁵Kleinstkapitalgesellschaften (§ 267a) dürfen eine Bewertung zum beizulegenden Zeitwert nur vornehmen, wenn sie von keiner der in § 264 Absatz 1 Satz 5, § 266 Absatz 1 Satz 4, § 275 Absatz 5 und § 326 Absatz 2 vorgesehenen Erleichterungen Gebrauch machen. ⁶Macht eine Kleinstkapitalgesellschaft von mindestens einer der in Satz 5 genannten Erleichterungen Gebrauch, erfolgt die Bewertung der Vermögensgegenstände nach Satz 1, auch soweit eine Verrechnung nach § 246 Absatz 2 Satz 2 vorgesehen ist.

---

1) **Anm. d. Red.:** § 252 i. d. F. des Gesetzes v. 25. 5. 2009 (BGBl I S. 1102) mit Wirkung v. 29. 5. 2009.
2) **Anm. d. Red.:** § 253 i. d. F. des Gesetzes v. 11. 3. 2016 (BGBl I S. 396) mit Wirkung v. 17. 3. 2016.

(2) ¹Rückstellungen mit einer Restlaufzeit von mehr als einem Jahr sind abzuzinsen mit dem ihrer Restlaufzeit entsprechenden durchschnittlichen Marktzinssatz, der sich im Falle von Rückstellungen für Altersversorgungsverpflichtungen aus den vergangenen zehn Geschäftsjahren und im Falle sonstiger Rückstellungen aus den vergangenen sieben Geschäftsjahren ergibt. ²Abweichend von Satz 1 dürfen Rückstellungen für Altersversorgungsverpflichtungen oder vergleichbare langfristig fällige Verpflichtungen pauschal mit dem durchschnittlichen Marktzinssatz abgezinst werden, der sich bei einer angenommenen Restlaufzeit von 15 Jahren ergibt. ³Die Sätze 1 und 2 gelten entsprechend für auf Rentenverpflichtungen beruhende Verbindlichkeiten, für die eine Gegenleistung nicht mehr zu erwarten ist. ⁴Der nach den Sätzen 1 und 2 anzuwendende Abzinsungszinssatz wird von der Deutschen Bundesbank nach Maßgabe einer Rechtsverordnung ermittelt und monatlich bekannt gegeben. ⁵In der Rechtsverordnung nach Satz 4, die nicht der Zustimmung des Bundesrates bedarf, bestimmt das Bundesministerium der Justiz und für Verbraucherschutz im Benehmen mit der Deutschen Bundesbank das Nähere zur Ermittlung der Abzinsungszinssätze, insbesondere die Ermittlungsmethodik und deren Grundlagen, sowie die Form der Bekanntgabe.

(3) ¹Bei Vermögensgegenständen des Anlagevermögens, deren Nutzung zeitlich begrenzt ist, sind die Anschaffungs- oder die Herstellungskosten um planmäßige Abschreibungen zu vermindern. ²Der Plan muss die Anschaffungs- oder Herstellungskosten auf die Geschäftsjahre verteilen, in denen der Vermögensgegenstand voraussichtlich genutzt werden kann. ³Kann in Ausnahmefällen die voraussichtliche Nutzungsdauer eines selbst geschaffenen immateriellen Vermögensgegenstands des Anlagevermögens nicht verlässlich geschätzt werden, sind planmäßige Abschreibungen auf die Herstellungskosten über einen Zeitraum von zehn Jahren vorzunehmen. ⁴Satz 3 findet auf einen entgeltlich erworbenen Geschäfts- oder Firmenwert entsprechende Anwendung. ⁵Ohne Rücksicht darauf, ob ihre Nutzung zeitlich begrenzt ist, sind bei Vermögensgegenständen des Anlagevermögens bei voraussichtlich dauernder Wertminderung außerplanmäßige Abschreibungen vorzunehmen, um diese mit dem niedrigeren Wert anzusetzen, der ihnen am Abschlussstichtag beizulegen ist. ⁶Bei Finanzanlagen können außerplanmäßige Abschreibungen auch bei voraussichtlich nicht dauernder Wertminderung vorgenommen werden.

(4) ¹Bei Vermögensgegenständen des Umlaufvermögens sind Abschreibungen vorzunehmen, um diese mit einem niedrigeren Wert anzusetzen, der sich aus einem Börsen- oder Marktpreis am Abschlussstichtag ergibt. ²Ist ein Börsen- oder Marktpreis nicht festzustellen und übersteigen die Anschaffungs- oder Herstellungskosten den Wert, der den Vermögensgegenständen am Abschlussstichtag beizulegen ist, so ist auf diesen Wert abzuschreiben.

(5) ¹Ein niedrigerer Wertansatz nach Absatz 3 Satz 5 oder 6 und Absatz 4 darf nicht beibehalten werden, wenn die Gründe dafür nicht mehr bestehen. ²Ein niedrigerer Wertansatz eines entgeltlich erworbenen Geschäfts- oder Firmenwertes ist beizubehalten.

(6) ¹Im Falle von Rückstellungen für Altersversorgungsverpflichtungen ist der Unterschiedsbetrag zwischen dem Ansatz der Rückstellungen nach Maßgabe des entsprechenden durchschnittlichen Marktzinssatzes aus den vergangenen zehn Geschäftsjahren und dem Ansatz der Rückstellungen nach Maßgabe des entsprechenden durchschnittlichen Marktzinssatzes aus den vergangenen sieben Geschäftsjahren in jedem Geschäftsjahr zu ermitteln. ²Gewinne dürfen nur ausgeschüttet werden, wenn die nach der Ausschüttung verbleibenden frei verfügbaren Rücklagen zuzüglich eines Gewinnvortrags und abzüglich eines Verlustvortrags mindestens dem Unterschiedsbetrag nach Satz 1 entsprechen. ³Der Unterschiedsbetrag nach Satz 1 ist in jedem Geschäftsjahr im Anhang oder unter der Bilanz darzustellen.

§ 254 Bildung von Bewertungseinheiten[1]

¹Werden Vermögensgegenstände, Schulden, schwebende Geschäfte oder mit hoher Wahrscheinlichkeit erwartete Transaktionen zum Ausgleich gegenläufiger Wertänderungen oder Zah-

---

1) Anm. d. Red.: § 254 i. d. F. des Gesetzes v. 25. 5. 2009 (BGBl I S. 1102) mit Wirkung v. 29. 5. 2009.

lungsströme aus dem Eintritt vergleichbarer Risiken mit Finanzinstrumenten zusammengefasst (Bewertungseinheit), sind § 249 Abs. 1, § 252 Abs. 1 Nr. 3 und 4, § 253 Abs. 1 Satz 1 und § 256a in dem Umfang und für den Zeitraum nicht anzuwenden, in dem die gegenläufigen Wertänderungen oder Zahlungsströme sich ausgleichen. ²Als Finanzinstrumente im Sinn des Satzes 1 gelten auch Termingeschäfte über den Erwerb oder die Veräußerung von Waren.

§ 255 Bewertungsmaßstäbe[1)]

(1) ¹Anschaffungskosten sind die Aufwendungen, die geleistet werden, um einen Vermögensgegenstand zu erwerben und ihn in einen betriebsbereiten Zustand zu versetzen, soweit sie dem Vermögensgegenstand einzeln zugeordnet werden können. ²Zu den Anschaffungskosten gehören auch die Nebenkosten sowie die nachträglichen Anschaffungskosten. ³Anschaffungspreisminderungen, die dem Vermögensgegenstand einzeln zugeordnet werden können, sind abzusetzen.

(2) ¹Herstellungskosten sind die Aufwendungen, die durch den Verbrauch von Gütern und die Inanspruchnahme von Diensten für die Herstellung eines Vermögensgegenstands, seine Erweiterung oder für eine über seinen ursprünglichen Zustand hinausgehende wesentliche Verbesserung entstehen. ²Dazu gehören die Materialkosten, die Fertigungskosten und die Sonderkosten der Fertigung sowie angemessene Teile der Materialgemeinkosten, der Fertigungsgemeinkosten und des Werteverzehrs des Anlagevermögens, soweit dieser durch die Fertigung veranlasst ist. ³Bei der Berechnung der Herstellungskosten dürfen angemessene Teile der Kosten der allgemeinen Verwaltung sowie angemessene Aufwendungen für soziale Einrichtungen des Betriebs, für freiwillige soziale Leistungen und für die betriebliche Altersversorgung einbezogen werden, soweit diese auf den Zeitraum der Herstellung entfallen. ⁴Forschungs- und Vertriebskosten dürfen nicht einbezogen werden.

(2a) ¹Herstellungskosten eines selbst geschaffenen immateriellen Vermögensgegenstands des Anlagevermögens sind die bei dessen Entwicklung anfallenden Aufwendungen nach Absatz 2. ²Entwicklung ist die Anwendung von Forschungsergebnissen oder von anderem Wissen für die Neuentwicklung von Gütern oder Verfahren oder die Weiterentwicklung von Gütern oder Verfahren mittels wesentlicher Änderungen. ³Forschung ist die eigenständige und planmäßige Suche nach neuen wissenschaftlichen oder technischen Erkenntnissen oder Erfahrungen allgemeiner Art, über deren technische Verwertbarkeit und wirtschaftliche Erfolgsaussichten grundsätzlich keine Aussagen gemacht werden können. ⁴Können Forschung und Entwicklung nicht verlässlich voneinander unterschieden werden, ist eine Aktivierung ausgeschlossen.

(3) ¹Zinsen für Fremdkapital gehören nicht zu den Herstellungskosten. ²Zinsen für Fremdkapital, das zur Finanzierung der Herstellung eines Vermögensgegenstands verwendet wird, dürfen angesetzt werden, soweit sie auf den Zeitraum der Herstellung entfallen; in diesem Falle gelten sie als Herstellungskosten des Vermögensgegenstands.

(4) ¹Der beizulegende Zeitwert entspricht dem Marktpreis. ²Soweit kein aktiver Markt besteht, anhand dessen sich der Marktpreis ermitteln lässt, ist der beizulegende Zeitwert mit Hilfe allgemein anerkannter Bewertungsmethoden zu bestimmen. ³Lässt sich der beizulegende Zeitwert weder nach Satz 1 noch nach Satz 2 ermitteln, sind die Anschaffungs- oder Herstellungskosten gemäß § 253 Abs. 4 fortzuführen. ⁴Der zuletzt nach Satz 1 oder 2 ermittelte beizulegende Zeitwert gilt als Anschaffungs- oder Herstellungskosten im Sinn des Satzes 3.

§ 256 Bewertungsvereinfachungsverfahren[2)]

¹Soweit es den Grundsätzen ordnungsmäßiger Buchführung entspricht, kann für den Wertansatz gleichartiger Vermögensgegenstände des Vorratsvermögens unterstellt werden, dass die zuerst oder dass die zuletzt angeschafften oder hergestellten Vermögensgegenstände zuerst

---

1) **Anm. d. Red.:** § 255 i. d. F. des Gesetzes v. 17. 7. 2015 (BGBl I S. 1245) mit Wirkung v. 23. 7. 2015.
2) **Anm. d. Red.:** § 256 i. d. F. des Gesetzes v. 25. 5. 2009 (BGBl I S. 1102) mit Wirkung v. 29. 5. 2009.

verbraucht oder veräußert worden sind. ²§ 240 Abs. 3 und 4 ist auch auf den Jahresabschluss anwendbar.

§ 256a Währungsumrechnung[1)]
¹Auf fremde Währung lautende Vermögensgegenstände und Verbindlichkeiten sind zum Devisenkassamittelkurs am Abschlussstichtag umzurechnen. ²Bei einer Restlaufzeit von einem Jahr oder weniger sind § 253 Abs. 1 Satz 1 und § 252 Abs. 1 Nr. 4 Halbsatz 2 nicht anzuwenden.

Dritter Unterabschnitt: Aufbewahrung und Vorlage

§ 257 Aufbewahrung von Unterlagen; Aufbewahrungsfristen[2)]
(1) Jeder Kaufmann ist verpflichtet, die folgenden Unterlagen geordnet aufzubewahren:
1. Handelsbücher, Inventare, Eröffnungsbilanzen, Jahresabschlüsse, Einzelabschlüsse nach § 325 Abs. 2a, Lageberichte, Konzernabschlüsse, Konzernlageberichte sowie die zu ihrem Verständnis erforderlichen Arbeitsanweisungen und sonstigen Organisationsunterlagen,
2. die empfangenen Handelsbriefe,
3. Wiedergaben der abgesandten Handelsbriefe,
4. Belege für Buchungen in den von ihm nach § 238 Abs. 1 zu führenden Büchern (Buchungsbelege).

(2) Handelsbriefe sind nur Schriftstücke, die ein Handelsgeschäft betreffen.

(3) ¹Mit Ausnahme der Eröffnungsbilanzen und Abschlüsse können die in Absatz 1 aufgeführten Unterlagen auch als Wiedergabe auf einem Bildträger oder auf anderen Datenträgern aufbewahrt werden, wenn dies den Grundsätzen ordnungsmäßiger Buchführung entspricht und sichergestellt ist, dass die Wiedergabe oder die Daten
1. mit den empfangenen Handelsbriefen und den Buchungsbelegen bildlich und mit den anderen Unterlagen inhaltlich übereinstimmen, wenn sie lesbar gemacht werden,
2. während der Dauer der Aufbewahrungsfrist verfügbar sind und jederzeit innerhalb angemessener Frist lesbar gemacht werden können.

²Sind Unterlagen aufgrund des § 239 Abs. 4 Satz 1 auf Datenträgern hergestellt worden, können statt des Datenträgers die Daten auch ausgedruckt aufbewahrt werden; die ausgedruckten Unterlagen können auch nach Satz 1 aufbewahrt werden.

(4) Die in Absatz 1 Nr. 1 und 4 aufgeführten Unterlagen sind zehn Jahre, die sonstigen in Absatz 1 aufgeführten Unterlagen sechs Jahre aufzubewahren.

(5) Die Aufbewahrungsfrist beginnt mit dem Schluss des Kalenderjahrs, in dem die letzte Eintragung in das Handelsbuch gemacht, das Inventar aufgestellt, die Eröffnungsbilanz oder der Jahresabschluss festgestellt, der Einzelabschluss nach § 325 Abs. 2a oder der Konzernabschluss aufgestellt, der Handelsbrief empfangen oder abgesandt worden oder der Buchungsbeleg entstanden ist.

§ 258 Vorlegung im Rechtsstreit
(1) Im Laufe eines Rechtsstreits kann das Gericht auf Antrag oder von Amts wegen die Vorlegung der Handelsbücher einer Partei anordnen.

(2) Die Vorschriften der Zivilprozessordnung über die Verpflichtung des Prozessgegners zur Vorlegung von Urkunden bleiben unberührt.

---

1) **Anm. d. Red.:** § 256a eingefügt gem. Gesetz v. 25. 5. 2009 (BGBl I S. 1102) mit Wirkung v. 29. 5. 2009.
2) **Anm. d. Red.:** § 257 i. d. F. des Gesetzes v. 4. 12. 2004 (BGBl I S. 3166) mit Wirkung v. 10. 12. 2004.

§ 259 Auszug bei Vorlegung im Rechtsstreit

¹Werden in einem Rechtsstreit Handelsbücher vorgelegt, so ist von ihrem Inhalt, soweit er den Streitpunkt betrifft, unter Zuziehung der Parteien Einsicht zu nehmen und geeignetenfalls ein Auszug zu fertigen. ²Der übrige Inhalt der Bücher ist dem Gericht insoweit offen zu legen, als es zur Prüfung ihrer ordnungsmäßigen Führung notwendig ist.

§ 260 Vorlegung bei Auseinandersetzungen

Bei Vermögensauseinandersetzungen, insbesondere in Erbschafts-, Gütergemeinschafts- und Gesellschaftsteilungssachen, kann das Gericht die Vorlegung der Handelsbücher zur Kenntnisnahme von ihrem ganzen Inhalt anordnen.

§ 261 Vorlegung von Unterlagen auf Bild- oder Datenträgern

Wer aufzubewahrende Unterlagen nur in der Form einer Wiedergabe auf einem Bildträger oder auf anderen Datenträgern vorlegen kann, ist verpflichtet, auf seine Kosten diejenigen Hilfsmittel zur Verfügung zu stellen, die erforderlich sind, um die Unterlagen lesbar zu machen; soweit erforderlich, hat er die Unterlagen auf seine Kosten auszudrucken oder ohne Hilfsmittel lesbare Reproduktionen beizubringen.

Vierter Unterabschnitt: Landesrecht[1)]

§ 262 (weggefallen)[2)]

§ 263 Vorbehalt landesrechtlicher Vorschriften

Unberührt bleiben bei Unternehmen ohne eigene Rechtspersönlichkeit einer Gemeinde, eines Gemeindeverbands oder eines Zweckverbands landesrechtliche Vorschriften, die von den Vorschriften dieses Abschnitts abweichen.

Zweiter Abschnitt: Ergänzende Vorschriften für Kapitalgesellschaften (Aktiengesellschaften, Kommanditgesellschaften auf Aktien und Gesellschaften mit beschränkter Haftung) sowie bestimmte Personenhandelsgesellschaften

Erster Unterabschnitt: Jahresabschluss der Kapitalgesellschaft und Lagebericht

Erster Titel: Allgemeine Vorschriften

§ 264 Pflicht zur Aufstellung; Befreiung[3)]

(1) ¹Die gesetzlichen Vertreter einer Kapitalgesellschaft haben den Jahresabschluss (§ 242) um einen Anhang zu erweitern, der mit der Bilanz und der Gewinn- und Verlustrechnung eine Einheit bildet, sowie einen Lagebericht aufzustellen. ²Die gesetzlichen Vertreter einer kapitalmarktorientierten Kapitalgesellschaft, die nicht zur Aufstellung eines Konzernabschlusses verpflichtet ist, haben den Jahresabschluss um eine Kapitalflussrechnung und einen Eigenkapitalspiegel zu erweitern, die mit der Bilanz, Gewinn- und Verlustrechnung und dem Anhang eine Einheit bilden; sie können den Jahresabschluss um eine Segmentberichterstattung erweitern. ³Der Jahresabschluss und der Lagebericht sind von den gesetzlichen Vertretern in den ersten

---

1) **Anm. d. Red.:** Überschrift i. d. F. des Gesetzes v. 22. 6. 1998 (BGBl I S. 1474) mit Wirkung v. 1. 7. 1998.

2) **Anm. d. Red.:** § 262 weggefallen gem. Gesetz v. 22. 6. 1998 (BGBl I S. 1474) mit Wirkung v. 1. 7. 1998.

3) **Anm. d. Red.:** § 264 i. d. F. des Gesetzes v. 12.8.2020 (BGBl I S. 1874) mit Wirkung v. 19.8.2020. – Zur Anwendung siehe Art. 84 EGHGB.

drei Monaten des Geschäftsjahrs für das vergangene Geschäftsjahr aufzustellen. ⁴Kleine Kapitalgesellschaften (§ 267 Abs. 1) brauchen den Lagebericht nicht aufzustellen; sie dürfen den Jahresabschluss auch später aufstellen, wenn dies einem ordnungsgemäßen Geschäftsgang entspricht, jedoch innerhalb der ersten sechs Monate des Geschäftsjahres. ⁵Kleinstkapitalgesellschaften (§ 267a) brauchen den Jahresabschluss nicht um einen Anhang zu erweitern, wenn sie

1. die in § 268 Absatz 7 genannten Angaben,
2. die in § 285 Nummer 9 Buchstabe c genannten Angaben und
3. im Falle einer Aktiengesellschaft die in § 160 Absatz 3 Satz 2 des Aktiengesetzes genannten Angaben

unter der Bilanz angeben.

(1a) ¹In dem Jahresabschluss sind die Firma, der Sitz, das Registergericht und die Nummer, unter der die Gesellschaft in das Handelsregister eingetragen ist, anzugeben. ²Befindet sich die Gesellschaft in Liquidation oder Abwicklung, ist auch diese Tatsache anzugeben.

(2) ¹Der Jahresabschluss der Kapitalgesellschaft hat unter Beachtung der Grundsätze ordnungsmäßiger Buchführung ein den tatsächlichen Verhältnissen entsprechendes Bild der Vermögens-, Finanz- und Ertragslage der Kapitalgesellschaft zu vermitteln. ²Führen besondere Umstände dazu, dass der Jahresabschluss ein den tatsächlichen Verhältnissen entsprechendes Bild im Sinne des Satzes 1 nicht vermittelt, so sind im Anhang zusätzliche Angaben zu machen. ³Die Mitglieder des vertretungsberechtigten Organs einer Kapitalgesellschaft, die als Inlandsemittent (§ 2 Absatz 14 des Wertpapierhandelsgesetzes) Wertpapiere (§ 2 Absatz 1 des Wertpapierhandelsgesetzes) begibt und keine Kapitalgesellschaft im Sinne des § 327a ist, haben in einer dem Jahresabschluss beizufügenden schriftlichen Erklärung zu versichern, dass der Jahresabschluss nach bestem Wissen ein den tatsächlichen Verhältnissen entsprechendes Bild im Sinne des Satzes 1 vermittelt oder der Anhang Angaben nach Satz 2 enthält. ⁴Macht eine Kleinstkapitalgesellschaft von der Erleichterung nach Absatz 1 Satz 5 Gebrauch, sind nach Satz 2 erforderliche zusätzliche Angaben unter der Bilanz zu machen. ⁵Es wird vermutet, dass ein unter Berücksichtigung der Erleichterungen für Kleinstkapitalgesellschaften aufgestellter Jahresabschluss den Erfordernissen des Satzes 1 entspricht.

(3) ¹Eine Kapitalgesellschaft, die als Tochterunternehmen in den Konzernabschluss eines Mutterunternehmens mit Sitz in einem Mitgliedstaat der Europäischen Union oder einem anderen Vertragsstaat des Abkommens über den Europäischen Wirtschaftsraum einbezogen ist, braucht die Vorschriften dieses Unterabschnitts und des Dritten und Vierten Unterabschnitts dieses Abschnitts nicht anzuwenden, wenn alle folgenden Voraussetzungen erfüllt sind:

1. alle Gesellschafter des Tochterunternehmens haben der Befreiung für das jeweilige Geschäftsjahr zugestimmt;
2. das Mutterunternehmen hat sich bereit erklärt, für die von dem Tochterunternehmen bis zum Abschlussstichtag eingegangenen Verpflichtungen im folgenden Geschäftsjahr einzustehen;
3. der Konzernabschluss und der Konzernlagebericht des Mutterunternehmens sind nach den Rechtsvorschriften des Staates, in dem das Mutterunternehmen seinen Sitz hat, und im Einklang mit folgenden Richtlinien aufgestellt und geprüft worden:
    a) Richtlinie 2013/34/EU des Europäischen Parlaments und des Rates vom 26. Juni 2013 über den Jahresabschluss, den konsolidierten Abschluss und damit verbundene Berichte von Unternehmen bestimmter Rechtsformen und zur Änderung der Richtlinie 2006/43/EG des Europäischen Parlaments und des Rates und zur Aufhebung der Richtlinien 78/660/EWG und 83/349/EWG des Rates (ABl L 182 vom 29. 6. 2013, S. 19), die zuletzt durch die Richtlinie 2014/102/EU (ABl L 334 vom 21. 11. 2014, S. 86) geändert worden ist,
    b) Richtlinie 2006/43/EG des Europäischen Parlaments und des Rates vom 17. Mai 2006 über Abschlussprüfungen von Jahresabschlüssen und konsolidierten Abschlüssen, zur Änderung der Richtlinien 78/660/EWG und 83/349/EWG des Rates und zur Aufhebung

der Richtlinie 84/253/EWG des Rates (ABl L 157 vom 9. 6. 2006, S. 87), die durch die Richtlinie 2013/34/EU (ABl L 182 vom 29. 6. 2013, S. 19) geändert worden ist;

4. die Befreiung des Tochterunternehmens ist im Anhang des Konzernabschlusses des Mutterunternehmens angegeben und

5. für das Tochterunternehmen sind nach § 325 Absatz 1 bis 1b offengelegt worden:
   a) der Beschluss nach Nummer 1,
   b) die Erklärung nach Nummer 2,
   c) der Konzernabschluss,
   d) der Konzernlagebericht und
   e) der Bestätigungsvermerk zum Konzernabschluss und Konzernlagebericht des Mutterunternehmens nach Nummer 3.

²Hat bereits das Mutterunternehmen einzelne oder alle der in Satz 1 Nummer 5 bezeichneten Unterlagen offengelegt, braucht das Tochterunternehmen die betreffenden Unterlagen nicht erneut offenzulegen, wenn sie im Bundesanzeiger unter dem Tochterunternehmen auffindbar sind; § 326 Absatz 2 ist auf diese Offenlegung nicht anzuwenden. ³Satz 2 gilt nur dann, wenn das Mutterunternehmen die betreffende Unterlage in deutscher oder in englischer Sprache offengelegt hat oder das Tochterunternehmen zusätzlich eine beglaubigte Übersetzung dieser Unterlage in deutscher Sprache nach § 325 Absatz 1 bis 1b offenlegt.

(4) Absatz 3 ist nicht anzuwenden, wenn eine Kapitalgesellschaft das Tochterunternehmen eines Mutterunternehmens ist, das einen Konzernabschluss nach den Vorschriften des Publizitätsgesetzes aufgestellt hat, und wenn in diesem Konzernabschluss von dem Wahlrecht des § 13 Absatz 3 Satz 1 des Publizitätsgesetzes Gebrauch gemacht worden ist; § 314 Absatz 3 bleibt unberührt.

§ 264a Anwendung auf bestimmte offene Handelsgesellschaften und Kommanditgesellschaften[1]

(1) Die Vorschriften des Ersten bis Fünften Unterabschnitts des Zweiten Abschnitts sind auch anzuwenden auf offene Handelsgesellschaften und Kommanditgesellschaften, bei denen nicht wenigstens ein persönlich haftender Gesellschafter

1. eine natürliche Person oder
2. eine offene Handelsgesellschaft, Kommanditgesellschaft oder andere Personengesellschaft mit einer natürlichen Person als persönlich haftendem Gesellschafter

ist oder sich die Verbindung von Gesellschaften in dieser Art fortsetzt.

(2) In den Vorschriften dieses Abschnitts gelten als gesetzliche Vertreter einer offenen Handelsgesellschaft und Kommanditgesellschaft nach Absatz 1 die Mitglieder des vertretungsberechtigten Organs der vertretungsberechtigten Gesellschaften.

§ 264b Befreiung der offenen Handelsgesellschaften und Kommanditgesellschaften im Sinne des § 264a von der Anwendung der Vorschriften dieses Abschnitts[2]

Eine Personenhandelsgesellschaft im Sinne des § 264a Absatz 1 ist von der Verpflichtung befreit, einen Jahresabschluss und einen Lagebericht nach den Vorschriften dieses Abschnitts auf-

---

1) **Anm. d. Red.:** § 264a eingefügt gem. Gesetz v. 24. 2. 2000 (BGBl I S. 154) mit Wirkung v. 9. 3. 2000.
2) **Anm. d. Red.:** § 264b i. d. F. des Gesetzes v. 17. 7. 2015 (BGBl I S. 1245) mit Wirkung v. 23. 7. 2015.

zustellen, prüfen zu lassen und offenzulegen, wenn alle folgenden Voraussetzungen erfüllt sind:
1. die betreffende Gesellschaft ist einbezogen in den Konzernabschluss und in den Konzernlagebericht
   a) eines persönlich haftenden Gesellschafters der betreffenden Gesellschaft oder
   b) eines Mutterunternehmens mit Sitz in einem Mitgliedstaat der Europäischen Union oder einem anderen Vertragsstaat des Abkommens über den Europäischen Wirtschaftsraum, wenn in diesen Konzernabschluss eine größere Gesamtheit von Unternehmen einbezogen ist;
2. die in § 264 Absatz 3 Satz 1 Nummer 3 genannte Voraussetzung ist erfüllt;
3. die Befreiung der Personenhandelsgesellschaft ist im Anhang des Konzernabschlusses angegeben und
4. für die Personenhandelsgesellschaft sind der Konzernabschluss, der Konzernlagebericht und der Bestätigungsvermerk nach § 325 Absatz 1 bis 1b offengelegt worden; § 264 Absatz 3 Satz 2 und 3 ist entsprechend anzuwenden.

§ 264c Besondere Bestimmungen für offene Handelsgesellschaften und Kommanditgesellschaften im Sinne des § 264a[1]

(1) ¹Ausleihungen, Forderungen und Verbindlichkeiten gegenüber Gesellschaftern sind in der Regel als solche jeweils gesondert auszuweisen oder im Anhang anzugeben. ²Werden sie unter anderen Posten ausgewiesen, so muss diese Eigenschaft vermerkt werden.

(2) ¹§ 266 Abs. 3 Buchstabe A ist mit der Maßgabe anzuwenden, dass als Eigenkapital die folgenden Posten gesondert auszuweisen sind:
I. Kapitalanteile
II. Rücklagen
III. Gewinnvortrag/Verlustvortrag
IV. Jahresüberschuss/Jahresfehlbetrag.

²Anstelle des Postens „Gezeichnetes Kapital" sind die Kapitalanteile der persönlich haftenden Gesellschafter auszuweisen; sie dürfen auch zusammengefasst ausgewiesen werden. ³Der auf den Kapitalanteil eines persönlich haftenden Gesellschafters für das Geschäftsjahr entfallende Verlust ist von dem Kapitalanteil abzuschreiben. ⁴Soweit der Verlust den Kapitalanteil übersteigt, ist er auf der Aktivseite unter der Bezeichnung „Einzahlungsverpflichtungen persönlich haftender Gesellschafter" unter den Forderungen gesondert auszuweisen, soweit eine Zahlungsverpflichtung besteht. ⁵Besteht keine Zahlungsverpflichtung, so ist der Betrag als „Nicht durch Vermögenseinlagen gedeckter Verlustanteil persönlich haftender Gesellschafter" zu bezeichnen und gemäß § 268 Abs. 3 auszuweisen. ⁶Die Sätze 2 bis 5 sind auf die Einlagen von Kommanditisten entsprechend anzuwenden, wobei diese insgesamt gesondert gegenüber den Kapitalanteilen der persönlich haftenden Gesellschafter auszuweisen sind. ⁷Eine Forderung darf jedoch nur ausgewiesen werden, soweit eine Einzahlungsverpflichtung besteht; dasselbe gilt, wenn ein Kommanditist Gewinnanteile entnimmt, während sein Kapitalanteil durch Verlust unter den Betrag der geleisteten Einlage herabgemindert ist, oder soweit durch die Entnahme der Kapitalanteil unter den bezeichneten Betrag herabgemindert wird. ⁸Als Rücklagen sind nur solche Beträge auszuweisen, die aufgrund einer gesellschaftsrechtlichen Vereinbarung gebildet worden sind. ⁹Im Anhang ist der Betrag der im Handelsregister gemäß § 172 Abs. 1 eingetragenen Einlagen anzugeben, soweit diese nicht geleistet sind.

(3) ¹Das sonstige Vermögen der Gesellschafter (Privatvermögen) darf nicht in die Bilanz und die auf das Privatvermögen entfallenden Aufwendungen und Erträge dürfen nicht in die Gewinn- und Verlustrechnung aufgenommen werden. ²In der Gewinn- und Verlustrechnung darf

---

[1] **Anm. d. Red.:** § 264c i. d. F. des Gesetzes v. 20.12.2012 (BGBl I S. 2751) mit Wirkung v. 28.12.2012.

jedoch nach dem Posten „Jahresüberschuss/Jahresfehlbetrag" ein dem Steuersatz der Komplementärgesellschaft entsprechender Steueraufwand der Gesellschafter offen abgesetzt oder hinzugerechnet werden.

(4) ¹Anteile an Komplementärgesellschaften sind in der Bilanz auf der Aktivseite unter den Posten A.III.1 oder A.III.3 auszuweisen. ²§ 272 Abs. 4 ist mit der Maßgabe anzuwenden, dass für diese Anteile in Höhe des aktivierten Betrags nach dem Posten „Eigenkapital" ein Sonderposten unter der Bezeichnung „Ausgleichsposten für aktivierte eigene Anteile" zu bilden ist.

(5) ¹Macht die Gesellschaft von einem Wahlrecht nach § 266 Absatz 1 Satz 3 oder Satz 4 Gebrauch, richtet sich die Gliederung der verkürzten Bilanz nach der Ausübung dieses Wahlrechts. ²Die Ermittlung der Bilanzposten nach den vorstehenden Absätzen bleibt unberührt.

§ 264d Kapitalmarktorientierte Kapitalgesellschaft[1)]

Eine Kapitalgesellschaft ist kapitalmarktorientiert, wenn sie einen organisierten Markt im Sinn des § 2 Absatz 11 des Wertpapierhandelsgesetzes durch von ihr ausgegebene Wertpapiere im Sinn des § 2 Absatz 1 des Wertpapierhandelsgesetzes in Anspruch nimmt oder die Zulassung solcher Wertpapiere zum Handel an einem organisierten Markt beantragt hat.

§ 265 Allgemeine Grundsätze für die Gliederung[2)]

(1) ¹Die Form der Darstellung, insbesondere die Gliederung der aufeinander folgenden Bilanzen und Gewinn- und Verlustrechnungen, ist beizubehalten, soweit nicht in Ausnahmefällen wegen besonderer Umstände Abweichungen erforderlich sind. ²Die Abweichungen sind im Anhang anzugeben und zu begründen.

(2) ¹In der Bilanz sowie in der Gewinn- und Verlustrechnung ist zu jedem Posten der entsprechende Betrag des vorhergehenden Geschäftsjahrs anzugeben. ²Sind die Beträge nicht vergleichbar, so ist dies im Anhang anzugeben und zu erläutern. ³Wird der Vorjahresbetrag angepasst, so ist auch dies im Anhang anzugeben und zu erläutern.

(3) Fällt ein Vermögensgegenstand oder eine Schuld unter mehrere Posten der Bilanz, so ist die Mitzugehörigkeit zu anderen Posten bei dem Posten, unter dem der Ausweis erfolgt ist, zu vermerken oder im Anhang anzugeben, wenn dies zur Aufstellung eines klaren und übersichtlichen Jahresabschlusses erforderlich ist.

(4) ¹Sind mehrere Geschäftszweige vorhanden und bedingt dies die Gliederung des Jahresabschlusses nach verschiedenen Gliederungsvorschriften, so ist der Jahresabschluss nach der für einen Geschäftszweig vorgeschriebenen Gliederung aufzustellen und nach der für die anderen Geschäftszweige vorgeschriebenen Gliederung zu ergänzen. ²Die Ergänzung ist im Anhang anzugeben und zu begründen.

(5) ¹Eine weitere Untergliederung der Posten ist zulässig; dabei ist jedoch die vorgeschriebene Gliederung zu beachten. ²Neue Posten und Zwischensummen dürfen hinzugefügt werden, wenn ihr Inhalt nicht von einem vorgeschriebenen Posten gedeckt wird.

(6) Gliederung und Bezeichnung der mit arabischen Zahlen versehenen Posten der Bilanz und der Gewinn- und Verlustrechnung sind zu ändern, wenn dies wegen Besonderheiten der Kapitalgesellschaft zur Aufstellung eines klaren und übersichtlichen Jahresabschlusses erforderlich ist.

(7) Die mit arabischen Zahlen versehenen Posten der Bilanz und der Gewinn- und Verlustrechnung können, wenn nicht besondere Formblätter vorgeschrieben sind, zusammengefasst ausgewiesen werden, wenn

1. sie einen Betrag enthalten, der für die Vermittlung eines den tatsächlichen Verhältnissen entsprechenden Bildes im Sinne des § 264 Abs. 2 nicht erheblich ist, oder

---

1) **Anm. d. Red.:** § 264d i. d. F. des Gesetzes v. 23. 6. 2017 (BGBl I S. 1693) mit Wirkung v. 3. 1. 2018.
2) **Anm. d. Red.:** § 265 i. d. F. des Gesetzes v. 17. 7. 2015 (BGBl I S. 1245) mit Wirkung v. 23. 7. 2015.

2. dadurch die Klarheit der Darstellung vergrößert wird; in diesem Falle müssen die zusammengefassten Posten jedoch im Anhang gesondert ausgewiesen werden.

(8) Ein Posten der Bilanz oder der Gewinn- und Verlustrechnung, der keinen Betrag ausweist, braucht nicht aufgeführt zu werden, es sei denn, dass im vorhergehenden Geschäftsjahr unter diesem Posten ein Betrag ausgewiesen wurde.

Zweiter Titel: Bilanz

§ 266 Gliederung der Bilanz[1)]

(1) ¹Die Bilanz ist in Kontoform aufzustellen. ²Dabei haben mittelgroße und große Kapitalgesellschaften (§ 267 Absatz 2 und 3) auf der Aktivseite die in Absatz 2 und auf der Passivseite die in Absatz 3 bezeichneten Posten gesondert und in der vorgeschriebenen Reihenfolge auszuweisen. ³Kleine Kapitalgesellschaften (§ 267 Abs. 1) brauchen nur eine verkürzte Bilanz aufzustellen, in die nur die in den Absätzen 2 und 3 mit Buchstaben und römischen Zahlen bezeichneten Posten gesondert und in der vorgeschriebenen Reihenfolge aufgenommen werden. ⁴Kleinstkapitalgesellschaften (§ 267a) brauchen nur eine verkürzte Bilanz aufzustellen, in die nur die in den Absätzen 2 und 3 mit Buchstaben bezeichneten Posten gesondert und in der vorgeschriebenen Reihenfolge aufgenommen werden.

(2) Aktivseite

A. Anlagevermögen:
  I. Immaterielle Vermögensgegenstände:
   1. Selbst geschaffene gewerbliche Schutzrechte und ähnliche Rechte und Werte;
   2. entgeltlich erworbene Konzessionen, gewerbliche Schutzrechte und ähnliche Rechte und Werte sowie Lizenzen an solchen Rechten und Werten;
   3. Geschäfts- oder Firmenwert;
   4. geleistete Anzahlungen;
  II. Sachanlagen:
   1. Grundstücke, grundstücksgleiche Rechte und Bauten einschließlich der Bauten auf fremden Grundstücken;
   2. technische Anlagen und Maschinen;
   3. andere Anlagen, Betriebs- und Geschäftsausstattung;
   4. geleistete Anzahlungen und Anlagen im Bau;
  III. Finanzanlagen:
   1. Anteile an verbundenen Unternehmen;
   2. Ausleihungen an verbundene Unternehmen;
   3. Beteiligungen;
   4. Ausleihungen an Unternehmen, mit denen ein Beteiligungsverhältnis besteht;
   5. Wertpapiere des Anlagevermögens;
   6. sonstige Ausleihungen.
B. Umlaufvermögen:
  I. Vorräte:
   1. Roh-, Hilfs- und Betriebsstoffe;
   2. unfertige Erzeugnisse, unfertige Leistungen;
   3. fertige Erzeugnisse und Waren;
   4. geleistete Anzahlungen;

---

1) **Anm. d. Red.:** § 266 i. d. F. des Gesetzes v. 17. 7. 2015 (BGBl I S. 1245) mit Wirkung v. 23. 7. 2015.

§ 266

II. Forderungen und sonstige Vermögensgegenstände:
1. Forderungen aus Lieferungen und Leistungen;
2. Forderungen gegen verbundene Unternehmen;
3. Forderungen gegen Unternehmen, mit denen ein Beteiligungsverhältnis besteht;
4. sonstige Vermögensgegenstände;

III. Wertpapiere:
1. Anteile an verbundenen Unternehmen;
2. sonstige Wertpapiere;

IV. Kassenbestand, Bundesbankguthaben, Guthaben bei Kreditinstituten und Schecks.

C. Rechnungsabgrenzungsposten.
D. Aktive latente Steuern.
E. Aktiver Unterschiedsbetrag aus der Vermögensverrechnung.

(3) Passivseite

A. Eigenkapital:
I. Gezeichnetes Kapital;
II. Kapitalrücklage;
III. Gewinnrücklagen:
1. gesetzliche Rücklage;
2. Rücklage für Anteile an einem herrschenden oder mehrheitlich beteiligten Unternehmen;
3. satzungsmäßige Rücklagen;
4. andere Gewinnrücklagen;

IV. Gewinnvortrag/Verlustvortrag;
V. Jahresüberschuss/Jahresfehlbetrag.

B. Rückstellungen:
1. Rückstellungen für Pensionen und ähnliche Verpflichtungen;
2. Steuerrückstellungen;
3. sonstige Rückstellungen.

C. Verbindlichkeiten:
1. Anleihen, davon konvertibel;
2. Verbindlichkeiten gegenüber Kreditinstituten;
3. erhaltene Anzahlungen auf Bestellungen;
4. Verbindlichkeiten aus Lieferungen und Leistungen;
5. Verbindlichkeiten aus der Annahme gezogener Wechsel und der Ausstellung eigener Wechsel;
6. Verbindlichkeiten gegenüber verbundenen Unternehmen;
7. Verbindlichkeiten gegenüber Unternehmen, mit denen ein Beteiligungsverhältnis besteht;
8. sonstige Verbindlichkeiten, davon aus Steuern, davon im Rahmen der sozialen Sicherheit.

D. Rechnungsabgrenzungsposten.
E. Passive latente Steuern.

§ 267 Umschreibung der Größenklassen[1]

(1) Kleine Kapitalgesellschaften sind solche, die mindestens zwei der drei nachstehenden Merkmale nicht überschreiten:
1. 6 000 000 Euro Bilanzsumme.
2. 12 000 000 Euro Umsatzerlöse in den zwölf Monaten vor dem Abschlussstichtag.
3. Im Jahresdurchschnitt fünfzig Arbeitnehmer.

(2) Mittelgroße Kapitalgesellschaften sind solche, die mindestens zwei der drei in Absatz 1 bezeichneten Merkmale überschreiten und jeweils mindestens zwei der drei nachstehenden Merkmale nicht überschreiten:
1. 20 000 000 Euro Bilanzsumme.
2. 40 000 000 Euro Umsatzerlöse in den zwölf Monaten vor dem Abschlussstichtag.
3. Im Jahresdurchschnitt zweihundertfünfzig Arbeitnehmer.

(3) ¹Große Kapitalgesellschaften sind solche, die mindestens zwei der drei in Absatz 2 bezeichneten Merkmale überschreiten. ²Eine Kapitalgesellschaft im Sinn des § 264d gilt stets als große.

(4) ¹Die Rechtsfolgen der Merkmale nach den Absätzen 1 bis 3 Satz 1 treten nur ein, wenn sie an den Abschlussstichtagen von zwei aufeinander folgenden Geschäftsjahren über- oder unterschritten werden. ²Im Falle der Umwandlung oder Neugründung treten die Rechtsfolgen schon ein, wenn die Voraussetzungen des Absatzes 1, 2 oder 3 am ersten Abschlussstichtag nach der Umwandlung oder Neugründung vorliegen. ³Satz 2 findet im Falle des Formwechsels keine Anwendung, sofern der formwechselnde Rechtsträger eine Kapitalgesellschaft oder eine Personenhandelsgesellschaft im Sinne des § 264a Absatz 1 ist.

(4a) ¹Die Bilanzsumme setzt sich aus den Posten zusammen, die in den Buchstaben A bis E des § 266 Absatz 2 aufgeführt sind. ²Ein auf der Aktivseite ausgewiesener Fehlbetrag (§ 268 Absatz 3) wird nicht in die Bilanzsumme einbezogen.

(5) Als durchschnittliche Zahl der Arbeitnehmer gilt der vierte Teil der Summe aus den Zahlen der jeweils am 31. März, 30. Juni, 30. September und 31. Dezember beschäftigten Arbeitnehmer einschließlich der im Ausland beschäftigten Arbeitnehmer, jedoch ohne die zu ihrer Berufsausbildung Beschäftigten.

(6) Informations- und Auskunftsrechte der Arbeitnehmervertretungen nach anderen Gesetzen bleiben unberührt.

§ 267a Kleinstkapitalgesellschaften[2]

(1) ¹Kleinstkapitalgesellschaften sind kleine Kapitalgesellschaften, die mindestens zwei der drei nachstehenden Merkmale nicht überschreiten:
1. 350 000 Euro Bilanzsumme;
2. 700 000 Euro Umsatzerlöse in den zwölf Monaten vor dem Abschlussstichtag;
3. im Jahresdurchschnitt zehn Arbeitnehmer.

²§ 267 Absatz 4 bis 6 gilt entsprechend.

(2) Die in diesem Gesetz für kleine Kapitalgesellschaften (§ 267 Absatz 1) vorgesehenen besonderen Regelungen gelten für Kleinstkapitalgesellschaften entsprechend, soweit nichts anderes geregelt ist.

(3) Keine Kleinstkapitalgesellschaften sind:
1. Investmentgesellschaften im Sinne des § 1 Absatz 11 des Kapitalanlagegesetzbuchs,
2. Unternehmensbeteiligungsgesellschaften im Sinne des § 1a Absatz 1 des Gesetzes über Unternehmensbeteiligungsgesellschaften oder

---

1) **Anm. d. Red.:** § 267 i. d. F. des Gesetzes v. 17. 7. 2015 (BGBl I S. 1245) mit Wirkung v. 23. 7. 2015.
2) **Anm. d. Red.:** § 267a i. d. F. des Gesetzes v. 17. 7. 2015 (BGBl I S. 1245) mit Wirkung v. 23. 7. 2015.

3. Unternehmen, deren einziger Zweck darin besteht, Beteiligungen an anderen Unternehmen zu erwerben sowie die Verwaltung und Verwertung dieser Beteiligungen wahrzunehmen, ohne dass sie unmittelbar oder mittelbar in die Verwaltung dieser Unternehmen eingreifen, wobei die Ausübung der ihnen als Aktionär oder Gesellschafter zustehenden Rechte außer Betracht bleibt.

§ 268 Vorschriften zu einzelnen Posten der Bilanz; Bilanzvermerke[1]

(1) ¹Die Bilanz darf auch unter Berücksichtigung der vollständigen oder teilweisen Verwendung des Jahresergebnisses aufgestellt werden. ²Wird die Bilanz unter Berücksichtigung der teilweisen Verwendung des Jahresergebnisses aufgestellt, so tritt an die Stelle der Posten „Jahresüberschuss/Jahresfehlbetrag" und „Gewinnvortrag/Verlustvortrag" der Posten „Bilanzgewinn/Bilanzverlust"; ein vorhandener Gewinn- oder Verlustvortrag ist in den Posten „Bilanzgewinn/Bilanzverlust" einzubeziehen und in der Bilanz gesondert anzugeben. ³Die Angabe kann auch im Anhang gemacht werden.

(2) (weggefallen)

(3) Ist das Eigenkapital durch Verluste aufgebraucht und ergibt sich ein Überschuss der Passivposten über die Aktivposten, so ist dieser Betrag am Schluss der Bilanz auf der Aktivseite gesondert unter der Bezeichnung „Nicht durch Eigenkapital gedeckter Fehlbetrag" auszuweisen.

(4) ¹Der Betrag der Forderungen mit einer Restlaufzeit von mehr als einem Jahr ist bei jedem gesondert ausgewiesenen Posten zu vermerken. ²Werden unter dem Posten „sonstige Vermögensgegenstände" Beträge für Vermögensgegenstände ausgewiesen, die erst nach dem Abschlussstichtag rechtlich entstehen, so müssen Beträge, die einen größeren Umfang haben, im Anhang erläutert werden.

(5) ¹Der Betrag der Verbindlichkeiten mit einer Restlaufzeit bis zu einem Jahr und der Betrag der Verbindlichkeiten mit einer Restlaufzeit von mehr als einem Jahr sind bei jedem gesondert ausgewiesenen Posten zu vermerken. ²Erhaltene Anzahlungen auf Bestellungen sind, soweit Anzahlungen auf Vorräte nicht von dem Posten „Vorräte" offen abgesetzt werden, unter den Verbindlichkeiten gesondert auszuweisen. ³Sind unter dem Posten „Verbindlichkeiten" Beträge für Verbindlichkeiten ausgewiesen, die erst nach dem Abschlussstichtag rechtlich entstehen, so müssen Beträge, die einen größeren Umfang haben, im Anhang erläutert werden.

(6) Ein nach § 250 Abs. 3 in den Rechnungsabgrenzungsposten auf der Aktivseite aufgenommener Unterschiedsbetrag ist in der Bilanz gesondert auszuweisen oder im Anhang anzugeben.

(7) Für die in § 251 bezeichneten Haftungsverhältnisse sind
1. die Angaben zu nicht auf der Passivseite auszuweisenden Verbindlichkeiten und Haftungsverhältnissen im Anhang zu machen,
2. dabei die Haftungsverhältnisse jeweils gesondert unter Angabe der gewährten Pfandrechte und sonstigen Sicherheiten anzugeben und
3. dabei Verpflichtungen betreffend die Altersversorgung und Verpflichtungen gegenüber verbundenen oder assoziierten Unternehmen jeweils gesondert zu vermerken.

(8) ¹Werden selbst geschaffene immaterielle Vermögensgegenstände des Anlagevermögens in der Bilanz ausgewiesen, so dürfen Gewinne nur ausgeschüttet werden, wenn die nach der Ausschüttung verbleibenden frei verfügbaren Rücklagen zuzüglich eines Gewinnvortrags und abzüglich eines Verlustvortrags mindestens den insgesamt angesetzten Beträgen abzüglich der hierfür gebildeten passiven latenten Steuern entsprechen. ²Werden aktive latente Steuern in der Bilanz ausgewiesen, ist Satz 1 auf den Betrag anzuwenden, um den die aktiven latenten Steuern die passiven latenten Steuern übersteigen. ³Bei Vermögensgegenständen im Sinn des § 246 Abs. 2 Satz 2 ist Satz 1 auf den Betrag abzüglich der hierfür gebildeten passiven latenten Steuern anzuwenden, der die Anschaffungskosten übersteigt.

---

1) **Anm. d. Red.:** § 268 i. d. F. des Gesetzes v. 17. 7. 2015 (BGBl I S. 1245) mit Wirkung v. 23. 7. 2015.

§ 269 (weggefallen)[1]

§ 270 Bildung bestimmter Posten[2]

(1) Einstellungen in die Kapitalrücklage und deren Auflösung sind bereits bei der Aufstellung der Bilanz vorzunehmen.

(2) Wird die Bilanz unter Berücksichtigung der vollständigen oder teilweisen Verwendung des Jahresergebnisses aufgestellt, so sind Entnahmen aus Gewinnrücklagen sowie Einstellungen in Gewinnrücklagen, die nach Gesetz, Gesellschaftsvertrag oder Satzung vorzunehmen sind oder aufgrund solcher Vorschriften beschlossen worden sind, bereits bei der Aufstellung der Bilanz zu berücksichtigen.

§ 271 Beteiligungen, Verbundene Unternehmen[3]

(1) ¹Beteiligungen sind Anteile an anderen Unternehmen, die bestimmt sind, dem eigenen Geschäftsbetrieb durch Herstellung einer dauernden Verbindung zu jenen Unternehmen zu dienen. ²Dabei ist es unerheblich, ob die Anteile in Wertpapieren verbrieft sind oder nicht. ³Eine Beteiligung wird vermutet, wenn die Anteile an einem Unternehmen insgesamt den fünften Teil des Nennkapitals dieses Unternehmens oder, falls ein Nennkapital nicht vorhanden ist, den fünften Teil der Summe aller Kapitalanteile an diesem Unternehmen überschreiten. ⁴Auf die Berechnung ist § 16 Abs. 2 und 4 des Aktiengesetzes entsprechend anzuwenden. ⁵Die Mitgliedschaft in einer eingetragenen Genossenschaft gilt nicht als Beteiligung im Sinne dieses Buches.

(2) Verbundene Unternehmen im Sinne dieses Buches sind solche Unternehmen, die als Mutter- oder Tochterunternehmen (§ 290) in den Konzernabschluss eines Mutterunternehmens nach den Vorschriften über die Vollkonsolidierung einzubeziehen sind, das als oberstes Mutterunternehmen den am weitestgehenden Konzernabschluss nach dem Zweiten Unterabschnitt aufzustellen hat, auch wenn die Aufstellung unterbleibt, oder das einen befreienden Konzernabschluss nach den §§ 291 oder 292 aufstellt oder aufstellen könnte; Tochterunternehmen, die nach § 296 nicht einbezogen werden, sind ebenfalls verbundene Unternehmen.

§ 272 Eigenkapital[4]

(1) ¹Gezeichnetes Kapital ist mit dem Nennbetrag anzusetzen. ²Die nicht eingeforderten ausstehenden Einlagen auf das gezeichnete Kapital sind von dem Posten „Gezeichnetes Kapital" offen abzusetzen; der verbleibende Betrag ist als Posten „Eingefordertes Kapital" in der Hauptspalte der Passivseite auszuweisen; der eingeforderte, aber noch nicht eingezahlte Betrag ist unter den Forderungen gesondert auszuweisen und entsprechend zu bezeichnen.

(1a) ¹Der Nennbetrag oder, falls ein solcher nicht vorhanden ist, der rechnerische Wert von erworbenen eigenen Anteilen ist in der Vorspalte offen von dem Posten „Gezeichnetes Kapital" abzusetzen. ²Der Unterschiedsbetrag zwischen dem Nennbetrag oder dem rechnerischen Wert und den Anschaffungskosten der eigenen Anteile ist mit den frei verfügbaren Rücklagen zu verrechnen. ³Aufwendungen, die Anschaffungsnebenkosten sind, sind Aufwand des Geschäftsjahres.

(1b) ¹Nach der Veräußerung der eigenen Anteile entfällt der Ausweis nach Absatz 1a Satz 1. ²Ein den Nennbetrag oder den rechnerischen Wert übersteigender Differenzbetrag aus dem Veräußerungserlös ist bis zur Höhe des mit den frei verfügbaren Rücklagen verrechneten Betrages in die jeweiligen Rücklagen einzustellen. ³Ein darüber hinausgehender Differenzbetrag ist in die Kapitalrücklage gemäß Absatz 2 Nr. 1 einzustellen. ⁴Die Nebenkosten der Veräußerung sind Aufwand des Geschäftsjahres.

---

1) **Anm. d. Red.:** § 269 weggefallen gem. Gesetz v. 25. 5. 2009 (BGBl I S. 1102) mit Wirkung v. 29. 5. 2009.
2) **Anm. d. Red.:** § 270 i. d. F. des Gesetzes v. 25. 5. 2009 (BGBl I S. 1102) mit Wirkung v. 29. 5. 2009.
3) **Anm. d. Red.:** § 271 i. d. F. des Gesetzes v. 17. 7. 2015 (BGBl I S. 1245) mit Wirkung v. 23. 7. 2015.
4) **Anm. d. Red.:** § 272 i. d. F. des Gesetzes v. 22. 12. 2015 (BGBl I S. 2565) mit Wirkung v. 31. 12. 2015.

(2) Als Kapitalrücklage sind auszuweisen
1. der Betrag, der bei der Ausgabe von Anteilen einschließlich von Bezugsanteilen über den Nennbetrag oder, falls ein Nennbetrag nicht vorhanden ist, über den rechnerischen Wert hinaus erzielt wird;
2. der Betrag, der bei der Ausgabe von Schuldverschreibungen für Wandlungsrechte und Optionsrechte zum Erwerb von Anteilen erzielt wird;
3. der Betrag von Zuzahlungen, die Gesellschafter gegen Gewährung eines Vorzugs für ihre Anteile leisten;
4. der Betrag von anderen Zuzahlungen, die Gesellschafter in das Eigenkapital leisten.

(3) ¹Als Gewinnrücklagen dürfen nur Beträge ausgewiesen werden, die im Geschäftsjahr oder in einem früheren Geschäftsjahr aus dem Ergebnis gebildet worden sind. ²Dazu gehören aus dem Ergebnis zu bildende gesetzliche oder auf Gesellschaftsvertrag oder Satzung beruhende Rücklagen und andere Gewinnrücklagen.

(4) ¹Für Anteile an einem herrschenden oder mit Mehrheit beteiligten Unternehmen ist eine Rücklage zu bilden. ²In die Rücklage ist ein Betrag einzustellen, der dem auf der Aktivseite der Bilanz für die Anteile an dem herrschenden oder mit Mehrheit beteiligten Unternehmen angesetzten Betrag entspricht. ³Die Rücklage, die bereits bei der Aufstellung der Bilanz zu bilden ist, darf aus vorhandenen frei verfügbaren Rücklagen gebildet werden. ⁴Die Rücklage ist aufzulösen, soweit die Anteile an dem herrschenden oder mit Mehrheit beteiligten Unternehmen veräußert, ausgegeben oder eingezogen werden oder auf der Aktivseite ein niedrigerer Betrag angesetzt wird.

(5) ¹Übersteigt der auf eine Beteiligung entfallende Teil des Jahresüberschusses in der Gewinn- und Verlustrechnung die Beträge, die als Dividende oder Gewinnanteil eingegangen sind oder auf deren Zahlung die Kapitalgesellschaft einen Anspruch hat, ist der Unterschiedsbetrag in eine Rücklage einzustellen, die nicht ausgeschüttet werden darf. ²Die Rücklage ist aufzulösen, soweit die Kapitalgesellschaft die Beträge vereinnahmt oder einen Anspruch auf ihre Zahlung erwirbt.

§ 273 (weggefallen)[1]

§ 274 Latente Steuern[2]

(1) ¹Bestehen zwischen den handelsrechtlichen Wertansätzen von Vermögensgegenständen, Schulden und Rechnungsabgrenzungsposten und ihren steuerlichen Wertansätzen Differenzen, die sich in späteren Geschäftsjahren voraussichtlich abbauen, so ist eine sich daraus insgesamt ergebende Steuerbelastung als passive latente Steuern (§ 266 Abs. 3 E.) in der Bilanz anzusetzen. ²Eine sich daraus insgesamt ergebende Steuerentlastung kann als aktive latente Steuern (§ 266 Abs. 2 D.) in der Bilanz angesetzt werden. ³Die sich ergebende Steuerbe- und die sich ergebende Steuerentlastung können auch unverrechnet angesetzt werden. ⁴Steuerliche Verlustvorträge sind bei der Berechnung aktiver latenter Steuern in Höhe der innerhalb der nächsten fünf Jahre zu erwartenden Verlustverrechnung zu berücksichtigen.

(2) ¹Die Beträge der sich ergebenden Steuerbe- und -entlastung sind mit den unternehmensindividuellen Steuersätzen im Zeitpunkt des Abbaus der Differenzen zu bewerten und nicht abzuzinsen. ²Die ausgewiesenen Posten sind aufzulösen, sobald die Steuerbe- oder -entlastung eintritt oder mit ihr nicht mehr zu rechnen ist. ³Der Aufwand oder Ertrag aus der Veränderung bilanzierter latenter Steuern ist in der Gewinn- und Verlustrechnung gesondert unter dem Posten „Steuern vom Einkommen und vom Ertrag" auszuweisen.

---

1) **Anm. d. Red.:** § 273 weggefallen gem. Gesetz v. 25. 5. 2009 (BGBl I S. 1102) mit Wirkung v. 29. 5. 2009.
2) **Anm. d. Red.:** § 274 i. d. F. des Gesetzes v. 25. 5. 2009 (BGBl I S. 1102) mit Wirkung v. 29. 5. 2009.

§ 274a Größenabhängige Erleichterungen[1]

Kleine Kapitalgesellschaften sind von der Anwendung der folgenden Vorschriften befreit:
1. § 268 Abs. 4 Satz 2 über die Pflicht zur Erläuterung bestimmter Forderungen im Anhang,
2. § 268 Abs. 5 Satz 3 über die Erläuterung bestimmter Verbindlichkeiten im Anhang,
3. § 268 Abs. 6 über den Rechnungsabgrenzungsposten nach § 250 Abs. 3,
4. § 274 über die Abgrenzung latenter Steuern.

Dritter Titel: Gewinn- und Verlustrechnung

§ 275 Gliederung[2]

(1) ¹Die Gewinn- und Verlustrechnung ist in Staffelform nach dem Gesamtkostenverfahren oder dem Umsatzkostenverfahren aufzustellen. ²Dabei sind die in Absatz 2 oder 3 bezeichneten Posten in der angegebenen Reihenfolge gesondert auszuweisen.

(2) Bei Anwendung des Gesamtkostenverfahrens sind auszuweisen:
1. Umsatzerlöse
2. Erhöhung oder Verminderung des Bestands an fertigen und unfertigen Erzeugnissen
3. andere aktivierte Eigenleistungen
4. sonstige betriebliche Erträge
5. Materialaufwand:
   a) Aufwendungen für Roh-, Hilfs- und Betriebsstoffe und für bezogene Waren
   b) Aufwendungen für bezogene Leistungen
6. Personalaufwand:
   a) Löhne und Gehälter
   b) soziale Abgaben und Aufwendungen für Altersversorgung und für Unterstützung, davon für Altersversorgung
7. Abschreibungen:
   a) auf immaterielle Vermögensgegenstände des Anlagevermögens und Sachanlagen
   b) auf Vermögensgegenstände des Umlaufvermögens, soweit diese die in der Kapitalgesellschaft üblichen Abschreibungen überschreiten
8. sonstige betriebliche Aufwendungen
9. Erträge aus Beteiligungen, davon aus verbundenen Unternehmen
10. Erträge aus anderen Wertpapieren und Ausleihungen des Finanzanlagevermögens, davon aus verbundenen Unternehmen
11. sonstige Zinsen und ähnliche Erträge, davon aus verbundenen Unternehmen
12. Abschreibungen auf Finanzanlagen und auf Wertpapiere des Umlaufvermögens
13. Zinsen und ähnliche Aufwendungen, davon an verbundene Unternehmen
14. Steuern vom Einkommen und vom Ertrag
15. Ergebnis nach Steuern
16. sonstige Steuern
17. Jahresüberschuss/Jahresfehlbetrag.

---

1) **Anm. d. Red.:** § 274a i. d. F. des Gesetzes v. 17. 7. 2015 (BGBl I S. 1245) mit Wirkung v. 23. 7. 2015.
2) **Anm. d. Red.:** § 275 i. d. F. des Gesetzes v. 17. 7. 2015 (BGBl I S. 1245) mit Wirkung v. 23. 7. 2015.

(3) Bei Anwendung des Umsatzkostenverfahrens sind auszuweisen:
1. Umsatzerlöse
2. Herstellungskosten der zur Erzielung der Umsatzerlöse erbrachten Leistungen
3. Bruttoergebnis vom Umsatz
4. Vertriebskosten
5. allgemeine Verwaltungskosten
6. sonstige betriebliche Erträge
7. sonstige betriebliche Aufwendungen
8. Erträge aus Beteiligungen, davon aus verbundenen Unternehmen
9. Erträge aus anderen Wertpapieren und Ausleihungen des Finanzanlagevermögens, davon aus verbundenen Unternehmen
10. sonstige Zinsen und ähnliche Erträge, davon aus verbundenen Unternehmen
11. Abschreibungen auf Finanzanlagen und auf Wertpapiere des Umlaufvermögens
12. Zinsen und ähnliche Aufwendungen, davon an verbundene Unternehmen
13. Steuern vom Einkommen und vom Ertrag
14. Ergebnis nach Steuern
15. sonstige Steuern
16. Jahresüberschuss/Jahresfehlbetrag.

(4) Veränderungen der Kapital- und Gewinnrücklagen dürfen in der Gewinn- und Verlustrechnung erst nach dem Posten „Jahresüberschuss/Jahresfehlbetrag" ausgewiesen werden.

(5) Kleinstkapitalgesellschaften (§ 267a) können anstelle der Staffelungen nach den Absätzen 2 und 3 die Gewinn- und Verlustrechnung wie folgt darstellen:
1. Umsatzerlöse,
2. sonstige Erträge,
3. Materialaufwand,
4. Personalaufwand,
5. Abschreibungen,
6. sonstige Aufwendungen,
7. Steuern,
8. Jahresüberschuss/Jahresfehlbetrag.

§ 276 Größenabhängige Erleichterungen[1)]

[1]Kleine und mittelgroße Kapitalgesellschaften (§ 267 Abs. 1, 2) dürfen die Posten § 275 Abs. 2 Nr. 1 bis 5 oder Abs. 3 Nr. 1 bis 3 und 6 zu einem Posten unter der Bezeichnung „Rohergebnis" zusammenfassen. [2]Die Erleichterungen nach Satz 1 gelten nicht für Kleinstkapitalgesellschaften (§ 267a), die von der Regelung des § 275 Absatz 5 Gebrauch machen.

§ 277 Vorschriften zu einzelnen Posten der Gewinn- und Verlustrechnung[2)]

(1) Als Umsatzerlöse sind die Erlöse aus dem Verkauf und der Vermietung oder Verpachtung von Produkten sowie aus der Erbringung von Dienstleistungen der Kapitalgesellschaft nach Abzug von Erlösschmälerungen und der Umsatzsteuer sowie sonstiger direkt mit dem Umsatz verbundener Steuern auszuweisen.

---

1) **Anm. d. Red.:** § 276 i. d. F. des Gesetzes v. 17. 7. 2015 (BGBl I S. 1245) mit Wirkung v. 23. 7. 2015.
2) **Anm. d. Red.:** § 277 i. d. F. des Gesetzes v. 17. 7. 2015 (BGBl I S. 1245) mit Wirkung v. 23. 7. 2015.

(2) Als Bestandsveränderungen sind sowohl Änderungen der Menge als auch solche des Wertes zu berücksichtigen; Abschreibungen jedoch nur, soweit diese die in der Kapitalgesellschaft sonst üblichen Abschreibungen nicht überschreiten.

(3) ¹Außerplanmäßige Abschreibungen nach § 253 Absatz 3 Satz 5 und 6 sind jeweils gesondert auszuweisen oder im Anhang anzugeben. ²Erträge und Aufwendungen aus Verlustübernahme und aufgrund einer Gewinngemeinschaft, eines Gewinnabführungs- oder eines Teilgewinnabführungsvertrags erhaltene oder abgeführte Gewinne sind jeweils gesondert unter entsprechender Bezeichnung auszuweisen.

(4) (weggefallen)

(5) ¹Erträge aus der Abzinsung sind in der Gewinn- und Verlustrechnung gesondert unter dem Posten „Sonstige Zinsen und ähnliche Erträge" und Aufwendungen gesondert unter dem Posten „Zinsen und ähnliche Aufwendungen" auszuweisen. ²Erträge aus der Währungsumrechnung sind in der Gewinn- und Verlustrechnung gesondert unter dem Posten „Sonstige betriebliche Erträge" und Aufwendungen aus der Währungsumrechnung gesondert unter dem Posten „Sonstige betriebliche Aufwendungen" auszuweisen.

§ 278 (weggefallen)[1]

Vierter Titel (weggefallen)[2]

§§ 279 bis 283 (weggefallen)[3]

Fünfter Titel: Anhang

§ 284 Erläuterung der Bilanz und der Gewinn- und Verlustrechnung[4]

(1) ¹In den Anhang sind diejenigen Angaben aufzunehmen, die zu den einzelnen Posten der Bilanz oder der Gewinn- und Verlustrechnung vorgeschrieben sind; sie sind in der Reihenfolge der einzelnen Posten der Bilanz und der Gewinn- und Verlustrechnung darzustellen. ²Im Anhang sind auch die Angaben zu machen, die in Ausübung eines Wahlrechts nicht in die Bilanz oder in die Gewinn- und Verlustrechnung aufgenommen wurden.

(2) Im Anhang müssen
1. die auf die Posten der Bilanz und der Gewinn- und Verlustrechnung angewandten Bilanzierungs- und Bewertungsmethoden angegeben werden;
2. Abweichungen von Bilanzierungs- und Bewertungsmethoden angegeben und begründet werden; deren Einfluss auf die Vermögens-, Finanz- und Ertragslage ist gesondert darzustellen;
3. bei Anwendung einer Bewertungsmethode nach § 240 Abs. 4, § 256 Satz 1 die Unterschiedsbeträge pauschal für die jeweilige Gruppe ausgewiesen werden, wenn die Bewertung im Vergleich zu einer Bewertung auf der Grundlage des letzten vor dem Abschlussstichtag bekannten Börsenkurses oder Marktpreises einen erheblichen Unterschied aufweist;
4. Angaben über die Einbeziehung von Zinsen für Fremdkapital in die Herstellungskosten gemacht werden.

---

1) **Anm. d. Red.:** § 278 weggefallen gem. Gesetz v. 17. 7. 2015 (BGBl I S. 1245) mit Wirkung v. 23. 7. 2015.
2) **Anm. d. Red.:** Vierter Titel weggefallen gem. Gesetz v. 25. 5. 2009 (BGBl I S. 1102) mit Wirkung v. 29. 5. 2009.
3) **Anm. d. Red.:** §§ 279 bis 283 weggefallen gem. Gesetz v. 25. 5. 2009 (BGBl I S. 1102) mit Wirkung v. 29. 5. 2009.
4) **Anm. d. Red.:** § 284 i. d. F. des Gesetzes v. 17. 7. 2015 (BGBl I S. 1245) mit Wirkung v. 23. 7. 2015.

(3) ¹Im Anhang ist die Entwicklung der einzelnen Posten des Anlagevermögens in einer gesonderten Aufgliederung darzustellen. ²Dabei sind, ausgehend von den gesamten Anschaffungs- und Herstellungskosten, die Zugänge, Abgänge, Umbuchungen und Zuschreibungen des Geschäftsjahrs sowie die Abschreibungen gesondert aufzuführen. ³Zu den Abschreibungen sind gesondert folgende Angaben zu machen:
1. die Abschreibungen in ihrer gesamten Höhe zu Beginn und Ende des Geschäftsjahrs,
2. die im Laufe des Geschäftsjahrs vorgenommenen Abschreibungen und
3. Änderungen in den Abschreibungen in ihrer gesamten Höhe im Zusammenhang mit Zu- und Abgängen sowie Umbuchungen im Laufe des Geschäftsjahrs.

⁴Sind in die Herstellungskosten Zinsen für Fremdkapital einbezogen worden, ist für jeden Posten des Anlagevermögens anzugeben, welcher Betrag an Zinsen im Geschäftsjahr aktiviert worden ist.

§ 285 Sonstige Pflichtangaben[1)]

Ferner sind im Anhang anzugeben:
1. zu den in der Bilanz ausgewiesenen Verbindlichkeiten
   a) der Gesamtbetrag der Verbindlichkeiten mit einer Restlaufzeit von mehr als fünf Jahren,
   b) der Gesamtbetrag der Verbindlichkeiten, die durch Pfandrechte oder ähnliche Rechte gesichert sind, unter Angabe von Art und Form der Sicherheiten;
2. die Aufgliederung der in Nummer 1 verlangten Angaben für jeden Posten der Verbindlichkeiten nach dem vorgeschriebenen Gliederungsschema;
3. Art und Zweck sowie Risiken, Vorteile und finanzielle Auswirkungen von nicht in der Bilanz enthaltenen Geschäften, soweit die Risiken und Vorteile wesentlich sind und die Offenlegung für die Beurteilung der Finanzlage des Unternehmens erforderlich ist;
3a. der Gesamtbetrag der sonstigen finanziellen Verpflichtungen, die nicht in der Bilanz enthalten sind und die nicht nach § 268 Absatz 7 oder Nummer 3 anzugeben sind, sofern diese Angabe für die Beurteilung der Finanzlage von Bedeutung ist; davon sind Verpflichtungen betreffend die Altersversorgung und Verpflichtungen gegenüber verbundenen oder assoziierten Unternehmen jeweils gesondert anzugeben;
4. die Aufgliederung der Umsatzerlöse nach Tätigkeitsbereichen sowie nach geografisch bestimmten Märkten, soweit sich unter Berücksichtigung der Organisation des Verkaufs, der Vermietung oder Verpachtung von Produkten und der Erbringung von Dienstleistungen der Kapitalgesellschaft die Tätigkeitsbereiche und geografisch bestimmten Märkte untereinander erheblich unterscheiden;
5. und 6. (weggefallen)
7. die durchschnittliche Zahl der während des Geschäftsjahrs beschäftigten Arbeitnehmer getrennt nach Gruppen;
8. bei Anwendung des Umsatzkostenverfahrens (§ 275 Abs. 3)
   a) der Materialaufwand des Geschäftsjahrs, gegliedert nach § 275 Abs. 2 Nr. 5,
   b) der Personalaufwand des Geschäftsjahrs, gegliedert nach § 275 Abs. 2 Nr. 6;
9. für die Mitglieder des Geschäftsführungsorgans, eines Aufsichtsrats, eines Beirats oder einer ähnlichen Einrichtung jeweils für jede Personengruppe
   a) die für die Tätigkeit im Geschäftsjahr gewährten Gesamtbezüge (Gehälter, Gewinnbeteiligungen, Bezugsrechte und sonstige aktienbasierte Vergütungen, Aufwandsentschädigungen, Versicherungsentgelte, Provisionen und Nebenleistungen jeder Art). ²In die Gesamtbezüge sind auch Bezüge einzurechnen, die nicht ausgezahlt, sondern in Ansprüche

---

1) **Anm. d. Red.:** § 285 i. d. F. des Gesetzes v. 12.12.2019 (BGBl I S. 2637) mit Wirkung v. 1.1.2020. – Zur Anwendung siehe Art. 83 Abs. 1 EGHGB.

anderer Art umgewandelt oder zur Erhöhung anderer Ansprüche verwendet werden. ³Außer den Bezügen für das Geschäftsjahr sind die weiteren Bezüge anzugeben, die im Geschäftsjahr gewährt, bisher aber in keinem Jahresabschluss angegeben worden sind. ⁴Bezugsrechte und sonstige aktienbasierte Vergütungen sind mit ihrer Anzahl und dem beizulegenden Zeitwert zum Zeitpunkt ihrer Gewährung anzugeben; spätere Wertveränderungen, die auf einer Änderung der Ausübungsbedingungen beruhen, sind zu berücksichtigen;

b) die Gesamtbezüge (Abfindungen, Ruhegehälter, Hinterbliebenenbezüge und Leistungen verwandter Art) der früheren Mitglieder der bezeichneten Organe und ihrer Hinterbliebenen. ²Buchstabe a Satz 2 und 3 ist entsprechend anzuwenden. ³Ferner ist der Betrag der für diese Personengruppe gebildeten Rückstellungen für laufende Pensionen und Anwartschaften auf Pensionen und der Betrag der für diese Verpflichtungen nicht gebildeten Rückstellungen anzugeben;

c) die gewährten Vorschüsse und Kredite unter Angabe der Zinssätze, der wesentlichen Bedingungen und der gegebenenfalls im Geschäftsjahr zurückgezahlten oder erlassenen Beträge sowie die zugunsten dieser Personen eingegangenen Haftungsverhältnisse;

10. alle Mitglieder des Geschäftsführungsorgans und eines Aufsichtsrats, auch wenn sie im Geschäftsjahr oder später ausgeschieden sind, mit dem Familiennamen und mindestens einem ausgeschriebenen Vornamen, einschließlich des ausgeübten Berufs und bei börsennotierten Gesellschaften auch der Mitgliedschaft in weiteren Aufsichtsräten und anderen Kontrollgremien im Sinne des § 125 Abs. 1 Satz 5 des Aktiengesetzes. ²Der Vorsitzende eines Aufsichtsrats, seine Stellvertreter und ein etwaiger Vorsitzender des Geschäftsführungsorgans sind als solche zu bezeichnen;

11. Name und Sitz anderer Unternehmen, die Höhe des Anteils am Kapital, das Eigenkapital und das Ergebnis des letzten Geschäftsjahrs dieser Unternehmen, für das ein Jahresabschluss vorliegt, soweit es sich um Beteiligungen im Sinne des § 271 Absatz 1 handelt oder ein solcher Anteil von einer Person für Rechnung der Kapitalgesellschaft gehalten wird;

11a. Name, Sitz und Rechtsform der Unternehmen, deren unbeschränkt haftender Gesellschafter die Kapitalgesellschaft ist;

11b. von börsennotierten Kapitalgesellschaften sind alle Beteiligungen an großen Kapitalgesellschaften anzugeben, die 5 Prozent der Stimmrechte überschreiten;

12. Rückstellungen, die in der Bilanz unter dem Posten „sonstige Rückstellungen" nicht gesondert ausgewiesen werden, sind zu erläutern, wenn sie einen nicht unerheblichen Umfang haben;

13. jeweils eine Erläuterung des Zeitraums, über den ein entgeltlich erworbener Geschäfts- oder Firmenwert abgeschrieben wird;

14. Name und Sitz des Mutterunternehmens der Kapitalgesellschaft, das den Konzernabschluss für den größten Kreis von Unternehmen aufstellt, sowie der Ort, wo der von diesem Mutterunternehmen aufgestellte Konzernabschluss erhältlich ist;

14a. Name und Sitz des Mutterunternehmens der Kapitalgesellschaft, das den Konzernabschluss für den kleinsten Kreis von Unternehmen aufstellt, sowie der Ort, wo der von diesem Mutterunternehmen aufgestellte Konzernabschluss erhältlich ist;

15. soweit es sich um den Anhang des Jahresabschlusses einer Personenhandelsgesellschaft im Sinne des § 264a Abs. 1 handelt, Name und Sitz der Gesellschaften, die persönlich haftende Gesellschafter sind, sowie deren gezeichnetes Kapital;

15a. das Bestehen von Genussscheinen, Genussrechten, Wandelschuldverschreibungen, Optionsscheinen, Optionen, Besserungsscheinen oder vergleichbaren Wertpapieren oder Rechten, unter Angabe der Anzahl und der Rechte, die sie verbriefen;

16. dass die nach § 161 des Aktiengesetzes vorgeschriebene Erklärung abgegeben und wo sie öffentlich zugänglich gemacht worden ist;

§ 285

17. das von dem Abschlussprüfer für das Geschäftsjahr berechnete Gesamthonorar, aufgeschlüsselt in das Honorar für
    a) die Abschlussprüfungsleistungen,
    b) andere Bestätigungsleistungen,
    c) Steuerberatungsleistungen,
    d) sonstige Leistungen,

    soweit die Angaben nicht in einem das Unternehmen einbeziehenden Konzernabschluss enthalten sind;
18. für zu den Finanzanlagen (§ 266 Abs. 2 A. III.) gehörende Finanzinstrumente, die über ihrem beizulegenden Zeitwert ausgewiesen werden, da eine außerplanmäßige Abschreibung nach § 253 Absatz 3 Satz 6 unterblieben ist,
    a) der Buchwert und der beizulegende Zeitwert der einzelnen Vermögensgegenstände oder angemessener Gruppierungen sowie
    b) die Gründe für das Unterlassen der Abschreibung einschließlich der Anhaltspunkte, die darauf hindeuten, dass die Wertminderung voraussichtlich nicht von Dauer ist;
19. für jede Kategorie nicht zum beizulegenden Zeitwert bilanzierter derivativer Finanzinstrumente
    a) deren Art und Umfang,
    b) deren beizulegender Zeitwert, soweit er sich nach § 255 Abs. 4 verlässlich ermitteln lässt, unter Angabe der angewandten Bewertungsmethode,
    c) deren Buchwert und der Bilanzposten, in welchem der Buchwert, soweit vorhanden, erfasst ist, sowie
    d) die Gründe dafür, warum der beizulegende Zeitwert nicht bestimmt werden kann;
20. für mit dem beizulegenden Zeitwert bewertete Finanzinstrumente
    a) die grundlegenden Annahmen, die der Bestimmung des beizulegenden Zeitwertes mit Hilfe allgemein anerkannter Bewertungsmethoden zugrunde gelegt wurden, sowie
    b) Umfang und Art jeder Kategorie derivativer Finanzinstrumente einschließlich der wesentlichen Bedingungen, welche die Höhe, den Zeitpunkt und die Sicherheit künftiger Zahlungsströme beeinflussen können;
21. zumindest die nicht zu marktüblichen Bedingungen zustande gekommenen Geschäfte, soweit sie wesentlich sind, mit nahe stehenden Unternehmen und Personen, einschließlich Angaben zur Art der Beziehung, zum Wert der Geschäfte sowie weiterer Angaben, die für die Beurteilung der Finanzlage notwendig sind; ausgenommen sind Geschäfte mit und zwischen mittel- oder unmittelbar in 100-prozentigem Anteilsbesitz stehenden in einen Konzernabschluss einbezogenen Unternehmen; Angaben über Geschäfte können nach Geschäftsarten zusammengefasst werden, sofern die getrennte Angabe für die Beurteilung der Auswirkungen auf die Finanzlage nicht notwendig ist;
22. im Fall der Aktivierung nach § 248 Abs. 2 der Gesamtbetrag der Forschungs- und Entwicklungskosten des Geschäftsjahres sowie der davon auf die selbst geschaffenen immateriellen Vermögensgegenstände des Anlagevermögens entfallende Betrag;
23. bei Anwendung des § 254,
    a) mit welchem Betrag jeweils Vermögensgegenstände, Schulden, schwebende Geschäfte und mit hoher Wahrscheinlichkeit erwartete Transaktionen zur Absicherung welcher Risiken in welche Arten von Bewertungseinheiten einbezogen sind sowie die Höhe der mit Bewertungseinheiten abgesicherten Risiken,
    b) für die jeweils abgesicherten Risiken, warum, in welchem Umfang und für welchen Zeitraum sich die gegenläufigen Wertänderungen oder Zahlungsströme künftig voraussichtlich ausgleichen einschließlich der Methode der Ermittlung,

c) eine Erläuterung der mit hoher Wahrscheinlichkeit erwarteten Transaktionen, die in Bewertungseinheiten einbezogen wurden,

soweit die Angaben nicht im Lagebericht gemacht werden;

24. zu den Rückstellungen für Pensionen und ähnliche Verpflichtungen das angewandte versicherungsmathematische Berechnungsverfahren sowie die grundlegenden Annahmen der Berechnung, wie Zinssatz, erwartete Lohn- und Gehaltssteigerungen und zugrunde gelegte Sterbetafeln;

25. im Fall der Verrechnung von Vermögensgegenständen und Schulden nach § 246 Abs. 2 Satz 2 die Anschaffungskosten und der beizulegende Zeitwert der verrechneten Vermögensgegenstände, der Erfüllungsbetrag der verrechneten Schulden sowie die verrechneten Aufwendungen und Erträge; Nummer 20 Buchstabe a ist entsprechend anzuwenden;

26. zu Anteilen an Sondervermögen im Sinn des § 1 Absatz 10 des Kapitalanlagegesetzbuchs oder Anlageaktien an Investmentaktiengesellschaften mit veränderlichem Kapital im Sinn der §§ 108 bis 123 des Kapitalanlagegesetzbuchs oder vergleichbaren EU-Investmentvermögen oder vergleichbaren ausländischen Investmentvermögen von mehr als dem zehnten Teil, aufgegliedert nach Anlagezielen, deren Wert im Sinn der §§ 168, 278 des Kapitalanlagegesetzbuchs oder des § 36 des Investmentgesetzes in der bis zum 21. Juli 2013 geltenden Fassung oder vergleichbarer ausländischer Vorschriften über die Ermittlung des Marktwertes, die Differenz zum Buchwert und die für das Geschäftsjahr erfolgte Ausschüttung sowie Beschränkungen in der Möglichkeit der täglichen Rückgabe; darüber hinaus die Gründe dafür, dass eine Abschreibung gemäß § 253 Absatz 3 Satz 6 unterblieben ist, einschließlich der Anhaltspunkte, die darauf hindeuten, dass die Wertminderung voraussichtlich nicht von Dauer ist; Nummer 18 ist insoweit nicht anzuwenden;

27. für nach § 268 Abs. 7 im Anhang ausgewiesene Verbindlichkeiten und Haftungsverhältnisse die Gründe der Einschätzung des Risikos der Inanspruchnahme;

28. der Gesamtbetrag der Beträge im Sinn des § 268 Abs. 8, aufgegliedert in Beträge aus der Aktivierung selbst geschaffener immaterieller Vermögensgegenstände des Anlagevermögens, Beträge aus der Aktivierung latenter Steuern und aus der Aktivierung von Vermögensgegenständen zum beizulegenden Zeitwert;

29. auf welchen Differenzen oder steuerlichen Verlustvorträgen die latenten Steuern beruhen und mit welchen Steuersätzen die Bewertung erfolgt ist;

30. wenn latente Steuerschulden in der Bilanz angesetzt werden, die latenten Steuersalden am Ende des Geschäftsjahrs und die im Laufe des Geschäftsjahrs erfolgten Änderungen dieser Salden;

31. jeweils der Betrag und die Art der einzelnen Erträge und Aufwendungen von außergewöhnlicher Größenordnung oder außergewöhnlicher Bedeutung, soweit die Beträge nicht von untergeordneter Bedeutung sind;

32. eine Erläuterung der einzelnen Erträge und Aufwendungen hinsichtlich ihres Betrags und ihrer Art, die einem anderen Geschäftsjahr zuzurechnen sind, soweit die Beträge nicht von untergeordneter Bedeutung sind;

33. Vorgänge von besonderer Bedeutung, die nach dem Schluss des Geschäftsjahrs eingetreten und weder in der Gewinn- und Verlustrechnung noch in der Bilanz berücksichtigt sind, unter Angabe ihrer Art und ihrer finanziellen Auswirkungen;

34. der Vorschlag für die Verwendung des Ergebnisses oder der Beschluss über seine Verwendung.

§ 286 Unterlassen von Angaben[1]

(1) Die Berichterstattung hat insoweit zu unterbleiben, als es für das Wohl der Bundesrepublik Deutschland oder eines ihrer Länder erforderlich ist.

(2) Die Aufgliederung der Umsatzerlöse nach § 285 Nr. 4 kann unterbleiben, soweit die Aufgliederung nach vernünftiger kaufmännischer Beurteilung geeignet ist, der Kapitalgesellschaft einen erheblichen Nachteil zuzufügen; die Anwendung der Ausnahmeregelung ist im Anhang anzugeben.

(3) ¹Die Angaben nach § 285 Nr. 11 und 11b können unterbleiben, soweit sie
1. für die Darstellung der Vermögens-, Finanz- und Ertragslage der Kapitalgesellschaft nach § 264 Abs. 2 von untergeordneter Bedeutung sind oder
2. nach vernünftiger kaufmännischer Beurteilung geeignet sind, der Kapitalgesellschaft oder dem anderen Unternehmen einen erheblichen Nachteil zuzufügen.

²Die Angabe des Eigenkapitals und des Jahresergebnisses kann unterbleiben, wenn das Unternehmen, über das zu berichten ist, seinen Jahresabschluss nicht offen zu legen hat und die berichtende Kapitalgesellschaft keinen beherrschenden Einfluss auf das betreffende Unternehmen ausüben kann. ³Satz 1 Nr. 2 ist nicht anzuwenden, wenn die Kapitalgesellschaft oder eines ihrer Tochterunternehmen (§ 290 Abs. 1 und 2) am Abschlussstichtag kapitalmarktorientiert im Sinn des § 264d ist. ⁴Im Übrigen ist die Anwendung der Ausnahmeregelung nach Satz 1 Nr. 2 im Anhang anzugeben.

(4) Bei Gesellschaften, die keine börsennotierten Aktiengesellschaften sind, können die in § 285 Nr. 9 Buchstabe a und b verlangten Angaben über die Gesamtbezüge der dort bezeichneten Personen unterbleiben, wenn sich anhand dieser Angaben die Bezüge eines Mitglieds dieser Organe feststellen lassen.

(5) (weggefallen)

§ 287 (weggefallen)[2]

§ 288 Größenabhängige Erleichterungen[3]

(1) Kleine Kapitalgesellschaften (§ 267 Absatz 1) brauchen nicht
1. die Angaben nach § 264c Absatz 2 Satz 9, § 265 Absatz 4 Satz 2, § 284 Absatz 2 Nummer 3, Absatz 3, § 285 Nummer 2, 3, 4, 8, 9 Buchstabe a und b, Nummer 10 bis 12, 14, 15, 15a, 17 bis 19, 21, 22, 24, 26 bis 30, 32 bis 34 zu machen;
2. eine Trennung nach Gruppen bei der Angabe nach § 285 Nummer 7 vorzunehmen;
3. bei der Angabe nach § 285 Nummer 14a den Ort anzugeben, wo der vom Mutterunternehmen aufgestellte Konzernabschluss erhältlich ist.

(2) ¹Mittelgroße Kapitalgesellschaften (§ 267 Absatz 2) brauchen die Angabe nach § 285 Nummer 4, 29 und 32 nicht zu machen. ²Wenn sie die Angabe nach § 285 Nummer 17 nicht machen, sind sie verpflichtet, diese der Wirtschaftsprüferkammer auf deren schriftliche Anforderung zu übermitteln. ³Sie brauchen die Angaben nach § 285 Nummer 21 nur zu machen, sofern die Geschäfte direkt oder indirekt mit einem Gesellschafter, Unternehmen, an denen die Gesellschaft selbst eine Beteiligung hält, oder Mitgliedern des Geschäftsführungs-, Aufsichts- oder Verwaltungsorgans abgeschlossen wurden.

---

1) **Anm. d. Red.:** § 286 i. d. F. des Gesetzes v. 12.12.2019 (BGBl I S. 2637) mit Wirkung v. 1.1.2020. – Zur Anwendung siehe Art. 83 Abs. 1 EGHGB.
2) **Anm. d. Red.:** § 287 weggefallen gem. Gesetz v. 25.5.2009 (BGBl I S. 1102) mit Wirkung v. 29.5.2009.
3) **Anm. d. Red.:** § 288 i. d. F. des Gesetzes v. 17.7.2015 (BGBl I S. 1245) mit Wirkung v. 23.7.2015.

Sechster Titel: Lagebericht

§ 289 Inhalt des Lageberichts[1]

(1) ¹Im Lagebericht sind der Geschäftsverlauf einschließlich des Geschäftsergebnisses und die Lage der Kapitalgesellschaft so darzustellen, dass ein den tatsächlichen Verhältnissen entsprechendes Bild vermittelt wird. ²Er hat eine ausgewogene und umfassende, dem Umfang und der Komplexität der Geschäftstätigkeit entsprechende Analyse des Geschäftsverlaufs und der Lage der Gesellschaft zu enthalten. ³In die Analyse sind die für die Geschäftstätigkeit bedeutsamsten finanziellen Leistungsindikatoren einzubeziehen und unter Bezugnahme auf die im Jahresabschluss ausgewiesenen Beträge und Angaben zu erläutern. ⁴Ferner ist im Lagebericht die voraussichtliche Entwicklung mit ihren wesentlichen Chancen und Risiken zu beurteilen und zu erläutern; zugrunde liegende Annahmen sind anzugeben. ⁵Die Mitglieder des vertretungsberechtigten Organs einer Kapitalgesellschaft, die als Inlandsemittent (§ 2 Absatz 14 des Wertpapierhandelsgesetzes) Wertpapiere (§ 2 Absatz 1 des Wertpapierhandelsgesetzes) begibt und keine Kapitalgesellschaft im Sinne des § 327a ist, haben in einer dem Lagebericht beizufügenden schriftlichen Erklärung zu versichern, dass im Lagebericht nach bestem Wissen der Geschäftsverlauf einschließlich des Geschäftsergebnisses und die Lage der Kapitalgesellschaft so dargestellt sind, dass ein den tatsächlichen Verhältnissen entsprechendes Bild vermittelt wird und dass die wesentlichen Chancen und Risiken im Sinne des Satzes 4 beschrieben sind.

(2) ¹Im Lagebericht ist auch einzugehen auf:

1. a) die Risikomanagementziele und -methoden der Gesellschaft einschließlich ihrer Methoden zur Absicherung aller wichtigen Arten von Transaktionen, die im Rahmen der Bilanzierung von Sicherungsgeschäften erfasst werden, sowie

   b) die Preisänderungs-, Ausfall- und Liquiditätsrisiken sowie die Risiken aus Zahlungsstromschwankungen, denen die Gesellschaft ausgesetzt ist,

   jeweils in Bezug auf die Verwendung von Finanzinstrumenten durch die Gesellschaft und sofern dies für die Beurteilung der Lage oder der voraussichtlichen Entwicklung von Belang ist;

2. den Bereich Forschung und Entwicklung sowie

3. bestehende Zweigniederlassungen der Gesellschaft.

²Sind im Anhang Angaben nach § 160 Absatz 1 Nummer 2 des Aktiengesetzes zu machen, ist im Lagebericht darauf zu verweisen.

(3) Bei einer großen Kapitalgesellschaft (§ 267 Abs. 3) gilt Absatz 1 Satz 3 entsprechend für nichtfinanzielle Leistungsindikatoren, wie Informationen über Umwelt- und Arbeitnehmerbelange, soweit sie für das Verständnis des Geschäftsverlaufs oder der Lage von Bedeutung sind.

(4) Kapitalgesellschaften im Sinn des § 264d haben im Lagebericht die wesentlichen Merkmale des internen Kontroll- und des Risikomanagementsystems im Hinblick auf den Rechnungslegungsprozess zu beschreiben.

§ 289a Ergänzende Vorgaben für bestimmte Aktiengesellschaften und Kommanditgesellschaften auf Aktien[2]

(1) ¹Aktiengesellschaften und Kommanditgesellschaften auf Aktien, die einen organisierten Markt im Sinne des § 2 Absatz 7 des Wertpapiererwerbs- und Übernahmegesetzes durch von

---

1) **Anm. d. Red.:** § 289 i. d. F. des Gesetzes v. 12.8.2020 (BGBl I S. 1874) mit Wirkung v. 19.8.2020. – Zur Anwendung siehe Art. 84 EGHGB.

2) **Anm. d. Red.:** § 289a i. d. F. des Gesetzes v. 12.12.2019 (BGBl I S. 2637) mit Wirkung v. 1.1.2020. – Zur Anwendung siehe Art. 83 Abs. 1 EGHGB.

ihnen ausgegebene stimmberechtigte Aktien in Anspruch nehmen, haben im Lagebericht außerdem anzugeben:
1. die Zusammensetzung des gezeichneten Kapitals unter gesondertem Ausweis der mit jeder Gattung verbundenen Rechte und Pflichten und des Anteils am Gesellschaftskapital;
2. Beschränkungen, die Stimmrechte oder die Übertragung von Aktien betreffen, auch wenn sie sich aus Vereinbarungen zwischen Gesellschaftern ergeben können, soweit sie dem Vorstand der Gesellschaft bekannt sind;
3. direkte oder indirekte Beteiligungen am Kapital, die 10 Prozent der Stimmrechte überschreiten;
4. die Inhaber von Aktien mit Sonderrechten, die Kontrollbefugnisse verleihen, und eine Beschreibung dieser Sonderrechte;
5. die Art der Stimmrechtskontrolle, wenn Arbeitnehmer am Kapital beteiligt sind und ihre Kontrollrechte nicht unmittelbar ausüben;
6. die gesetzlichen Vorschriften und Bestimmungen der Satzung über die Ernennung und Abberufung der Mitglieder des Vorstands und über die Änderung der Satzung;
7. die Befugnisse des Vorstands insbesondere hinsichtlich der Möglichkeit, Aktien auszugeben oder zurückzukaufen;
8. wesentliche Vereinbarungen der Gesellschaft, die unter der Bedingung eines Kontrollwechsels infolge eines Übernahmeangebots stehen, und die hieraus folgenden Wirkungen;
9. Entschädigungsvereinbarungen der Gesellschaft, die für den Fall eines Übernahmeangebots mit den Mitgliedern des Vorstands oder mit Arbeitnehmern getroffen sind.

²Die Angaben nach Satz 1 Nummer 1, 3 und 9 können unterbleiben, soweit sie im Anhang zu machen sind. ³Sind Angaben nach Satz 1 im Anhang zu machen, ist im Lagebericht darauf zu verweisen. ⁴Die Angaben nach Satz 1 Nummer 8 können unterbleiben, soweit sie geeignet sind, der Gesellschaft einen erheblichen Nachteil zuzufügen; die Angabepflicht nach anderen gesetzlichen Vorschriften bleibt unberührt.

(2) (weggefallen)

§ 289b Pflicht zur nichtfinanziellen Erklärung; Befreiungen[1)]

(1) ¹Eine Kapitalgesellschaft hat ihren Lagebericht um eine nichtfinanzielle Erklärung zu erweitern, wenn sie die folgenden Merkmale erfüllt:
1. die Kapitalgesellschaft erfüllt die Voraussetzungen des § 267 Absatz 3 Satz 1,
2. die Kapitalgesellschaft ist kapitalmarktorientiert im Sinne des § 264d und
3. die Kapitalgesellschaft hat im Jahresdurchschnitt mehr als 500 Arbeitnehmer beschäftigt.

²§ 267 Absatz 4 bis 5 ist entsprechend anzuwenden. ³Wenn die nichtfinanzielle Erklärung einen besonderen Abschnitt des Lageberichts bildet, darf die Kapitalgesellschaft auf die an anderer Stelle im Lagebericht enthaltenen nichtfinanziellen Angaben verweisen.

(2) ¹Eine Kapitalgesellschaft im Sinne des Absatzes 1 ist unbeschadet anderer Befreiungsvorschriften von der Pflicht zur Erweiterung des Lageberichts um eine nichtfinanzielle Erklärung befreit, wenn
1. die Kapitalgesellschaft in den Konzernlagebericht eines Mutterunternehmens einbezogen ist und
2. der Konzernlagebericht nach Nummer 1 nach Maßgabe des nationalen Rechts eines Mitgliedstaats der Europäischen Union oder eines anderen Vertragsstaats des Abkommens über den Europäischen Wirtschaftsraum im Einklang mit der Richtlinie 2013/34/EU aufgestellt wird und eine nichtfinanzielle Konzernerklärung enthält.

---

1) **Anm. d. Red.:** § 289b i. d. F. des Gesetzes v. 11.4.2017 (BGBl I S. 802) mit Wirkung v. 1.1.2019. – Zur Anwendung siehe Art. 81 EGHGB.

²Satz 1 gilt entsprechend, wenn das Mutterunternehmen im Sinne von Satz 1 einen gesonderten nichtfinanziellen Konzernbericht nach § 315b Absatz 3 oder nach Maßgabe des nationalen Rechts eines Mitgliedstaats der Europäischen Union oder eines anderen Vertragsstaats des Abkommens über den Europäischen Wirtschaftsraum im Einklang mit der Richtlinie 2013/34/EU erstellt und öffentlich zugänglich macht. ³Ist eine Kapitalgesellschaft nach Satz 1 oder 2 von der Pflicht zur Erstellung einer nichtfinanziellen Erklärung befreit, hat sie dies in ihrem Lagebericht mit einer Erläuterung anzugeben, welches Mutterunternehmen den Konzernlagebericht oder den gesonderten nichtfinanziellen Konzernbericht öffentlich zugänglich macht und wo der Bericht in deutscher oder englischer Sprache offengelegt oder veröffentlicht ist.

(3) ¹Eine Kapitalgesellschaft im Sinne des Absatzes 1 ist auch dann von der Pflicht zur Erweiterung des Lageberichts um eine nichtfinanzielle Erklärung befreit, wenn die Kapitalgesellschaft für dasselbe Geschäftsjahr einen gesonderten nichtfinanziellen Bericht außerhalb des Lageberichts erstellt und folgende Voraussetzungen erfüllt sind:

1. der gesonderte nichtfinanzielle Bericht erfüllt zumindest die inhaltlichen Vorgaben nach § 289c und
2. die Kapitalgesellschaft macht den gesonderten nichtfinanziellen Bericht öffentlich zugänglich durch
    a) Offenlegung zusammen mit dem Lagebericht nach § 325 oder
    b) Veröffentlichung auf der Internetseite der Kapitalgesellschaft spätestens vier Monate nach dem Abschlussstichtag und mindestens für zehn Jahre, sofern der Lagebericht auf diese Veröffentlichung unter Angabe der Internetseite Bezug nimmt.

²Absatz 1 Satz 3 und die §§ 289d und 289e sind auf den gesonderten nichtfinanziellen Bericht entsprechend anzuwenden.

(4) Ist die nichtfinanzielle Erklärung oder der gesonderte nichtfinanzielle Bericht inhaltlich überprüft worden, ist auch die Beurteilung des Prüfungsergebnisses in gleicher Weise wie die nichtfinanzielle Erklärung oder der gesonderte nichtfinanzielle Bericht öffentlich zugänglich zu machen.

§ 289c Inhalt der nichtfinanziellen Erklärung[1)]

(1) In der nichtfinanziellen Erklärung im Sinne des § 289b ist das Geschäftsmodell der Kapitalgesellschaft kurz zu beschreiben.

(2) Die nichtfinanzielle Erklärung bezieht sich darüber hinaus zumindest auf folgende Aspekte:

1. Umweltbelange, wobei sich die Angaben beispielsweise auf Treibhausgasemissionen, den Wasserverbrauch, die Luftverschmutzung, die Nutzung von erneuerbaren und nicht erneuerbaren Energien oder den Schutz der biologischen Vielfalt beziehen können,
2. Arbeitnehmerbelange, wobei sich die Angaben beispielsweise auf die Maßnahmen, die zur Gewährleistung der Geschlechtergleichstellung ergriffen wurden, die Arbeitsbedingungen, die Umsetzung der grundlegenden Übereinkommen der Internationalen Arbeitsorganisation, die Achtung der Rechte der Arbeitnehmerinnen und Arbeitnehmer, informiert und konsultiert zu werden, den sozialen Dialog, die Achtung der Rechte der Gewerkschaften, den Gesundheitsschutz oder die Sicherheit am Arbeitsplatz beziehen können,
3. Sozialbelange, wobei sich die Angaben beispielsweise auf den Dialog auf kommunaler oder regionaler Ebene oder auf die zur Sicherstellung des Schutzes und der Entwicklung lokaler Gemeinschaften ergriffenen Maßnahmen beziehen können,
4. die Achtung der Menschenrechte, wobei sich die Angaben beispielsweise auf die Vermeidung von Menschenrechtsverletzungen beziehen können, und

---

1) **Anm. d. Red.:** § 289c eingefügt gem. Gesetz v. 11.4.2017 (BGBl I S. 802) mit Wirkung v. 19.4.2017. – Zur Anwendung siehe Art. 80 EGHGB.

5. die Bekämpfung von Korruption und Bestechung, wobei sich die Angaben beispielsweise auf die bestehenden Instrumente zur Bekämpfung von Korruption und Bestechung beziehen können.

(3) Zu den in Absatz 2 genannten Aspekten sind in der nichtfinanziellen Erklärung jeweils diejenigen Angaben zu machen, die für das Verständnis des Geschäftsverlaufs, des Geschäftsergebnisses, der Lage der Kapitalgesellschaft sowie der Auswirkungen ihrer Tätigkeit auf die in Absatz 2 genannten Aspekte erforderlich sind, einschließlich
1. einer Beschreibung der von der Kapitalgesellschaft verfolgten Konzepte, einschließlich der von der Kapitalgesellschaft angewandten Due-Diligence-Prozesse,
2. der Ergebnisse der Konzepte nach Nummer 1,
3. der wesentlichen Risiken, die mit der eigenen Geschäftstätigkeit der Kapitalgesellschaft verknüpft sind und die sehr wahrscheinlich schwerwiegende negative Auswirkungen auf die in Absatz 2 genannten Aspekte haben oder haben werden, sowie die Handhabung dieser Risiken durch die Kapitalgesellschaft,
4. der wesentlichen Risiken, die mit den Geschäftsbeziehungen der Kapitalgesellschaft, ihren Produkten und Dienstleistungen verknüpft sind und die sehr wahrscheinlich schwerwiegende negative Auswirkungen auf die in Absatz 2 genannten Aspekte haben oder haben werden, soweit die Angaben von Bedeutung sind und die Berichterstattung über diese Risiken verhältnismäßig ist, sowie die Handhabung dieser Risiken durch die Kapitalgesellschaft,
5. der bedeutsamsten nichtfinanziellen Leistungsindikatoren, die für die Geschäftstätigkeit der Kapitalgesellschaft von Bedeutung sind,
6. soweit es für das Verständnis erforderlich ist, Hinweisen auf im Jahresabschluss ausgewiesene Beträge und zusätzliche Erläuterungen dazu.

(4) Wenn die Kapitalgesellschaft in Bezug auf einen oder mehrere der in Absatz 2 genannten Aspekte kein Konzept verfolgt, hat sie dies anstelle der auf den jeweiligen Aspekt bezogenen Angaben nach Absatz 3 Nummer 1 und 2 in der nichtfinanziellen Erklärung klar und begründet zu erläutern.

§ 289d Nutzung von Rahmenwerken[1)]

¹Die Kapitalgesellschaft kann für die Erstellung der nichtfinanziellen Erklärung nationale, europäische oder internationale Rahmenwerke nutzen. ²In der Erklärung ist anzugeben, ob die Kapitalgesellschaft für die Erstellung der nichtfinanziellen Erklärung ein Rahmenwerk genutzt hat und, wenn dies der Fall ist, welches Rahmenwerk genutzt wurde, sowie andernfalls, warum kein Rahmenwerk genutzt wurde.

§ 289e Weglassen nachteiliger Angaben[2)]

(1) Die Kapitalgesellschaft muss in die nichtfinanzielle Erklärung ausnahmsweise keine Angaben zu künftigen Entwicklungen oder Belangen, über die Verhandlungen geführt werden, aufnehmen, wenn
1. die Angaben nach vernünftiger kaufmännischer Beurteilung der Mitglieder des vertretungsberechtigten Organs der Kapitalgesellschaft geeignet sind, der Kapitalgesellschaft einen erheblichen Nachteil zuzufügen, und
2. das Weglassen der Angaben ein den tatsächlichen Verhältnissen entsprechendes und ausgewogenes Verständnis des Geschäftsverlaufs, des Geschäftsergebnisses, der Lage der Kapitalgesellschaft und der Auswirkungen ihrer Tätigkeit nicht verhindert.

---

1) **Anm. d. Red.:** § 289d eingefügt gem. Gesetz v. 11.4.2017 (BGBl I S. 802) mit Wirkung v. 19.4.2017. – Zur Anwendung siehe Art. 80 EGHGB.

2) **Anm. d. Red.:** § 289e eingefügt gem. Gesetz v. 11.4.2017 (BGBl I S. 802) mit Wirkung v. 19.4.2017. – Zur Anwendung siehe Art. 80 EGHGB.

(2) Macht eine Kapitalgesellschaft von Absatz 1 Gebrauch und entfallen die Gründe für die Nichtaufnahme der Angaben nach der Veröffentlichung der nichtfinanziellen Erklärung, sind die Angaben in die darauf folgende nichtfinanzielle Erklärung aufzunehmen.

§ 289f Erklärung zur Unternehmensführung[1]

(1) ¹Börsennotierte Aktiengesellschaften sowie Aktiengesellschaften, die ausschließlich andere Wertpapiere als Aktien zum Handel an einem organisierten Markt im Sinn des § 2 Absatz 11 des Wertpapierhandelsgesetzes ausgegeben haben und deren ausgegebene Aktien auf eigene Veranlassung über ein multilaterales Handelssystem im Sinn des § 2 Absatz 8 Satz 1 Nummer 8 des Wertpapierhandelsgesetzes gehandelt werden, haben eine Erklärung zur Unternehmensführung in ihren Lagebericht aufzunehmen, die dort einen gesonderten Abschnitt bildet. ²Sie kann auch auf der Internetseite der Gesellschaft öffentlich zugänglich gemacht werden. ³In diesem Fall ist in den Lagebericht eine Bezugnahme aufzunehmen, welche die Angabe der Internetseite enthält.

(2) In die Erklärung zur Unternehmensführung sind aufzunehmen
1. die Erklärung gemäß § 161 des Aktiengesetzes;
1a. eine Bezugnahme auf die Internetseite der Gesellschaft, auf der der Vergütungsbericht über das letzte Geschäftsjahr und der Vermerk des Abschlussprüfers gemäß § 162 des Aktiengesetzes, das geltende Vergütungssystem gemäß § 87a Absatz 1 und 2 Satz 1 des Aktiengesetzes und der letzte Vergütungsbeschluss gemäß § 113 Absatz 3 des Aktiengesetzes öffentlich zugänglich gemacht werden;
2. relevante Angaben zu Unternehmensführungspraktiken, die über die gesetzlichen Anforderungen hinaus angewandt werden, nebst Hinweis, wo sie öffentlich zugänglich sind;
3. eine Beschreibung der Arbeitsweise von Vorstand und Aufsichtsrat sowie der Zusammensetzung und Arbeitsweise von deren Ausschüssen; sind die Informationen auf der Internetseite der Gesellschaft öffentlich zugänglich, kann darauf verwiesen werden;
4. bei börsennotierten Aktiengesellschaften die Festlegungen nach § 76 Absatz 4 und § 111 Absatz 5 des Aktiengesetzes und die Angabe, ob die festgelegten Zielgrößen während des Bezugszeitraums erreicht worden sind, und wenn nicht, Angaben zu den Gründen;
5. die Angabe, ob die Gesellschaft bei der Besetzung des Aufsichtsrats mit Frauen und Männern jeweils Mindestanteile im Bezugszeitraum eingehalten hat, und wenn nicht, Angaben zu den Gründen, sofern es sich um folgende Gesellschaften handelt:
   a) börsennotierte Aktiengesellschaften, die auf Grund von § 96 Absatz 2 und 3 des Aktiengesetzes Mindestanteile einzuhalten haben oder
   b) börsennotierte Europäische Gesellschaften (SE), die auf Grund von § 17 Absatz 2 oder § 24 Absatz 3 des SE-Ausführungsgesetzes Mindestanteile einzuhalten haben;
6. bei Aktiengesellschaften im Sinne des Absatzes 1, die nach § 267 Absatz 3 Satz 1 und Absatz 4 bis 5 große Kapitalgesellschaften sind, eine Beschreibung des Diversitätskonzepts, das im Hinblick auf die Zusammensetzung des vertretungsberechtigten Organs und des Aufsichtsrats in Bezug auf Aspekte wie beispielsweise Alter, Geschlecht, Bildungs- oder Berufshintergrund verfolgt wird, sowie der Ziele dieses Diversitätskonzepts, der Art und Weise seiner Umsetzung und der im Geschäftsjahr erreichten Ergebnisse.

(3) Auf börsennotierte Kommanditgesellschaften auf Aktien sind die Absätze 1 und 2 entsprechend anzuwenden.

(4) ¹Andere Unternehmen, deren Vertretungsorgan und Aufsichtsrat nach § 36 oder § 52 des Gesetzes betreffend die Gesellschaften mit beschränkter Haftung oder nach § 76 Absatz 4 des Aktiengesetzes, auch in Verbindung mit § 188 Absatz 1 Satz 2 des Versicherungsaufsichtsgeset-

---

[1] **Anm. d. Red.:** § 289f i. d. F. des Gesetzes v. 12.12.2019 (BGBl I S. 2637) mit Wirkung v. 1.1.2020. – Zur Anwendung siehe Art. 83 Abs. 1 EGHGB.

zes, oder nach § 111 Absatz 5 des Aktiengesetzes, auch in Verbindung mit § 189 Absatz 3 Satz 1 des Versicherungsaufsichtsgesetzes, verpflichtet sind, Zielgrößen für den Frauenanteil und Fristen für deren Erreichung festzulegen, haben in ihrem Lagebericht als gesonderten Abschnitt eine Erklärung zur Unternehmensführung mit den Festlegungen und Angaben nach Absatz 2 Nummer 4 aufzunehmen; Absatz 1 Satz 2 und 3 gilt entsprechend. ²Gesellschaften, die nicht zur Offenlegung eines Lageberichts verpflichtet sind, haben eine Erklärung mit den Festlegungen und Angaben nach Absatz 2 Nummer 4 zu erstellen und gemäß Absatz 1 Satz 2 zu veröffentlichen. ³Sie können diese Pflicht auch durch Offenlegung eines unter Berücksichtigung von Satz 1 erstellten Lageberichts erfüllen.

(5) Wenn eine Gesellschaft nach Absatz 2 Nummer 6, auch in Verbindung mit Absatz 3, kein Diversitätskonzept verfolgt, hat sie dies in der Erklärung zur Unternehmensführung zu erläutern.

Zweiter Unterabschnitt: Konzernabschluss und Konzernlagebericht

Erster Titel: Anwendungsbereich

§ 290 Pflicht zur Aufstellung[1]

(1) ¹Die gesetzlichen Vertreter einer Kapitalgesellschaft (Mutterunternehmen) mit Sitz im Inland haben in den ersten fünf Monaten des Konzerngeschäftsjahres für das vergangene Konzerngeschäftsjahr einen Konzernabschluss und einen Konzernlagebericht aufzustellen, wenn diese auf ein anderes Unternehmen (Tochterunternehmen) unmittel- oder mittelbar einen beherrschenden Einfluss ausüben kann. ²Ist das Mutterunternehmen eine Kapitalgesellschaft im Sinn des § 325 Abs. 4 Satz 1, sind der Konzernabschluss sowie der Konzernlagebericht in den ersten vier Monaten des Konzerngeschäftsjahrs für das vergangene Konzerngeschäftsjahr aufzustellen.

(2) Beherrschender Einfluss eines Mutterunternehmens besteht stets, wenn
1. ihm bei einem anderen Unternehmen die Mehrheit der Stimmrechte der Gesellschafter zusteht;
2. ihm bei einem anderen Unternehmen das Recht zusteht, die Mehrheit der Mitglieder des die Finanz- und Geschäftspolitik bestimmenden Verwaltungs-, Leitungs- oder Aufsichtsorgans zu bestellen oder abzuberufen, und es gleichzeitig Gesellschafter ist;
3. ihm das Recht zusteht, die Finanz- und Geschäftspolitik auf Grund eines mit einem anderen Unternehmen geschlossenen Beherrschungsvertrages oder auf Grund einer Bestimmung in der Satzung des anderen Unternehmens zu bestimmen, oder
4. es bei wirtschaftlicher Betrachtung die Mehrheit der Risiken und Chancen eines Unternehmens trägt, das zur Erreichung eines eng begrenzten und genau definierten Ziels des Mutterunternehmens dient (Zweckgesellschaft). ²Neben Unternehmen können Zweckgesellschaften auch sonstige juristische Personen des Privatrechts oder unselbständige Sondervermögen des Privatrechts sein, ausgenommen Spezial-Sondervermögen im Sinn des § 2 Absatz 3 des Investmentgesetzes oder vergleichbare ausländische Investmentvermögen oder als Sondervermögen aufgelegte offene inländische Spezial-AIF mit festen Anlagebedingungen im Sinn des § 284 des Kapitalanlagegesetzbuchs oder vergleichbare EU-Investmentvermögen oder ausländische Investmentvermögen, die den als Sondervermögen aufgelegten offenen inländischen Spezial-AIF mit festen Anlagebedingungen im Sinn des § 284 des Kapitalanlagegesetzbuchs vergleichbar sind.

(3) ¹Als Rechte, die einem Mutterunternehmen nach Absatz 2 zustehen, gelten auch die einem anderen Tochterunternehmen zustehenden Rechte und die den für Rechnung des Mutterunternehmens oder von Tochterunternehmen handelnden Personen zustehenden Rechte. ²Den einem Mutterunternehmen an einem anderen Unternehmen zustehenden Rechten werden die

---

1) **Anm. d. Red.:** § 290 i. d. F. des Gesetzes v. 17. 7. 2015 (BGBl I S. 1245) mit Wirkung v. 23. 7. 2015.

Rechte hinzugerechnet, über die es selbst oder eines seiner Tochterunternehmen aufgrund einer Vereinbarung mit anderen Gesellschaftern dieses Unternehmens verfügen kann. ³Abzuziehen sind Rechte, die

1. mit Anteilen verbunden sind, die von dem Mutterunternehmen oder von dessen Tochterunternehmen für Rechnung einer anderen Person gehalten werden, oder
2. mit Anteilen verbunden sind, die als Sicherheit gehalten werden, sofern diese Rechte nach Weisung des Sicherungsgebers oder, wenn ein Kreditinstitut die Anteile als Sicherheit für ein Darlehen hält, im Interesse des Sicherungsgebers ausgeübt werden.

(4) ¹Welcher Teil der Stimmrechte einem Unternehmen zusteht, bestimmt sich für die Berechnung der Mehrheit nach Absatz 2 Nr. 1 nach dem Verhältnis der Zahl der Stimmrechte, die es aus den ihm gehörenden Anteilen ausüben kann, zur Gesamtzahl aller Stimmrechte. ²Von der Gesamtzahl aller Stimmrechte sind die Stimmrechte aus eigenen Anteilen abzuziehen, die dem Tochterunternehmen selbst, einem seiner Tochterunternehmen oder einer anderen Person für Rechnung dieser Unternehmen gehören.

(5) Ein Mutterunternehmen ist von der Pflicht, einen Konzernabschluss und einen Konzernlagebericht aufzustellen, befreit, wenn es nur Tochterunternehmen hat, die gemäß § 296 nicht in den Konzernabschluss einbezogen werden brauchen.

§ 291 Befreiende Wirkung von EU/EWR-Konzernabschlüssen[1)]

(1) ¹Ein Mutterunternehmen, das zugleich Tochterunternehmen eines Mutterunternehmens mit Sitz in einem Mitgliedstaat der Europäischen Union oder in einem anderen Vertragsstaat des Abkommens über den Europäischen Wirtschaftsraum ist, braucht einen Konzernabschluss und einen Konzernlagebericht nicht aufzustellen, wenn ein den Anforderungen des Absatzes 2 entsprechender Konzernabschluss und Konzernlagebericht seines Mutterunternehmens einschließlich des Bestätigungsvermerks oder des Vermerks über dessen Versagung nach den für den entfallenden Konzernabschluss und Konzernlagebericht maßgeblichen Vorschriften in deutscher oder englischer Sprache offen gelegt wird. ²Ein befreiender Konzernabschluss und ein befreiender Konzernlagebericht können von jedem Unternehmen unabhängig von seiner Rechtsform und Größe aufgestellt werden, wenn das Unternehmen als Kapitalgesellschaft mit Sitz in einem Mitgliedstaat der Europäischen Union oder in einem anderen Vertragsstaat des Abkommens über den Europäischen Wirtschaftsraum zur Aufstellung eines Konzernabschlusses unter Einbeziehung des zu befreienden Mutterunternehmens und seiner Tochterunternehmen verpflichtet wäre.

(2) ¹Der Konzernabschluss und Konzernlagebericht eines Mutterunternehmens mit Sitz in einem Mitgliedstaat der Europäischen Union oder in einem anderen Vertragsstaat des Abkommens über den Europäischen Wirtschaftsraum haben befreiende Wirkung, wenn

1. das zu befreiende Mutterunternehmen und seine Tochterunternehmen in den befreienden Konzernabschluss unbeschadet des § 296 einbezogen worden sind,
2. der befreiende Konzernabschluss nach dem auf das Mutterunternehmen anwendbaren Recht im Einklang mit der Richtlinie 2013/34/EU oder im Einklang mit den in § 315e Absatz 1 bezeichneten internationalen Rechnungslegungsstandards aufgestellt und im Einklang mit der Richtlinie 2006/43/EG geprüft worden ist,
3. der befreiende Konzernlagebericht nach dem auf das Mutterunternehmen anwendbaren Recht im Einklang mit der Richtlinie 2013/34/EU aufgestellt und im Einklang mit der Richtlinie 2006/43/EG geprüft worden ist,

---

[1)] **Anm. d. Red.:** § 291 i. d. F. des Gesetzes v. 12.12.2019 (BGBl I S. 2637) mit Wirkung v. 1.1.2020. – Zur Anwendung siehe Art. 83 Abs. 1 EGHGB.

4. der Anhang des Jahresabschlusses des zu befreienden Unternehmens folgende Angaben enthält:
   a) Name und Sitz des Mutterunternehmens, das den befreienden Konzernabschluss und Konzernlagebericht aufstellt,
   b) einen Hinweis auf die Befreiung von der Verpflichtung, einen Konzernabschluss und einen Konzernlagebericht aufzustellen, und
   c) eine Erläuterung der im befreienden Konzernabschluss vom deutschen Recht abweichend angewandten Bilanzierungs-, Bewertungs- und Konsolidierungsmethoden.

²Satz 1 gilt für Kreditinstitute und Versicherungsunternehmen entsprechend; unbeschadet der übrigen Voraussetzungen in Satz 1 hat die Aufstellung des befreienden Konzernabschlusses und des befreienden Konzernlageberichts bei Kreditinstituten im Einklang mit der Richtlinie 86/635/EWG des Rates vom 8. Dezember 1986 über den Jahresabschluss und den konsolidierten Abschluss von Banken und anderen Finanzinstituten (ABl EG Nr. L 372 S. 1) und bei Versicherungsunternehmen im Einklang mit der Richtlinie 91/674/EWG des Rates vom 19. Dezember 1991 über den Jahresabschluss und den konsolidierten Jahresabschluss von Versicherungsunternehmen (ABl EG Nr. L 374 S. 7) in ihren jeweils geltenden Fassungen zu erfolgen.

(3) Die Befreiung nach Absatz 1 kann trotz Vorliegens der Voraussetzungen nach Absatz 2 von einem Mutterunternehmen nicht in Anspruch genommen werden, wenn

1. das zu befreiende Mutterunternehmen einen organisierten Markt im Sinn des § 2 Absatz 11 des Wertpapierhandelsgesetzes durch von ihm ausgegebene Wertpapiere im Sinn des § 2 Absatz 1 des Wertpapierhandelsgesetzes in Anspruch nimmt,
2. Gesellschafter, denen bei Aktiengesellschaften und Kommanditgesellschaften auf Aktien mindestens 10 vom Hundert und bei Gesellschaften mit beschränkter Haftung mindestens 20 vom Hundert der Anteile an dem zu befreienden Mutterunternehmen gehören, spätestens sechs Monate vor dem Ablauf des Konzerngeschäftsjahrs die Aufstellung eines Konzernabschlusses und eines Konzernlageberichts beantragt haben.

§ 292 Befreiende Wirkung von Konzernabschlüssen aus Drittstaaten[1]

(1) Ein Mutterunternehmen, das zugleich Tochterunternehmen eines Mutterunternehmens mit Sitz in einem Staat, der nicht Mitglied der Europäischen Union und auch nicht Vertragsstaat des Abkommens über den Europäischen Wirtschaftsraum ist, braucht einen Konzernabschluss und einen Konzernlagebericht nicht aufzustellen, wenn dieses andere Mutterunternehmen einen dem § 291 Absatz 2 Nummer 1 entsprechenden Konzernabschluss (befreiender Konzernabschluss) und Konzernlagebericht (befreiender Konzernlagebericht) aufstellt sowie außerdem alle folgenden Voraussetzungen erfüllt sind:

1. der befreiende Konzernabschluss wird wie folgt aufgestellt:
   a) nach Maßgabe des Rechts eines Mitgliedstaats der Europäischen Union oder eines anderen Vertragsstaats des Abkommens über den Europäischen Wirtschaftsraum im Einklang mit der Richtlinie 2013/34/EU,
   b) im Einklang mit den in § 315e Absatz 1 bezeichneten internationalen Rechnungslegungsstandards,
   c) derart, dass er einem nach den in Buchstabe a bezeichneten Vorgaben erstellten Konzernabschluss gleichwertig ist, oder
   d) derart, dass er internationalen Rechnungslegungsstandards entspricht, die gemäß der Verordnung (EG) Nr. 1569/2007 der Kommission vom 21. Dezember 2007 über die Einrichtung eines Mechanismus zur Festlegung der Gleichwertigkeit der von Drittstaatemittenten angewandten Rechnungslegungsgrundsätze gemäß den Richtlinien 2003/71/EG und 2004/109/EG des Europäischen Parlaments und des Rates (ABl L 340 vom

---

1) **Anm. d. Red.:** § 292 i. d. F. des Gesetzes v. 12.12.2019 (BGBl I S. 2637) mit Wirkung v. 1.1.2020.

22.12.2007, S. 66), die durch die Delegierte Verordnung (EU) Nr. 310/2012 (ABl L 103 vom 13.4.2012, S. 11) geändert worden ist, in ihrer jeweils geltenden Fassung festgelegt wurden;

2. der befreiende Konzernlagebericht wird nach Maßgabe der in Nummer 1 Buchstabe a genannten Vorgaben aufgestellt oder ist einem nach diesen Vorgaben aufgestellten Konzernlagebericht gleichwertig;
3. der befreiende Konzernabschluss ist von einem oder mehreren Abschlussprüfern oder einer oder mehreren Prüfungsgesellschaften geprüft worden, die auf Grund der einzelstaatlichen Rechtsvorschriften, denen das Unternehmen unterliegt, das diesen Abschluss aufgestellt hat, zur Prüfung von Jahresabschlüssen zugelassen sind;
4. der befreiende Konzernabschluss, der befreiende Konzernlagebericht und der Bestätigungsvermerk sind nach den für den entfallenden Konzernabschluss und Konzernlagebericht maßgeblichen Vorschriften in deutscher oder englischer Sprache offengelegt worden.

(2) ¹Die befreiende Wirkung tritt nur ein, wenn im Anhang des Jahresabschlusses des zu befreienden Unternehmens die in § 291 Absatz 2 Satz 1 Nummer 4 genannten Angaben gemacht werden und zusätzlich angegeben wird, nach welchen der in Absatz 1 Nummer 1 genannten Vorgaben sowie gegebenenfalls nach dem Recht welchen Staates der befreiende Konzernabschluss und der befreiende Konzernlagebericht aufgestellt worden sind. ²Im Übrigen ist § 291 Absatz 2 Satz 2 und Absatz 3 entsprechend anzuwenden.

(3) ¹Ist ein nach Absatz 1 zugelassener Konzernabschluss nicht von einem in Übereinstimmung mit den Vorschriften der Richtlinie 2006/43/EG zugelassenen Abschlussprüfer geprüft worden, so kommt ihm befreiende Wirkung nur zu, wenn der Abschlussprüfer eine den Anforderungen dieser Richtlinie gleichwertige Befähigung hat und der Konzernabschluss in einer den Anforderungen des Dritten Unterabschnitts entsprechenden Weise geprüft worden ist. ²Nicht in Übereinstimmung mit den Vorschriften der Richtlinie 2006/43/EG zugelassene Abschlussprüfer von Unternehmen mit Sitz in einem Drittstaat im Sinn des § 3 Abs. 1 Satz 1 der Wirtschaftsprüferordnung, deren Wertpapiere im Sinn des § 2 Absatz 1 des Wertpapierhandelsgesetzes an einer inländischen Börse zum Handel am regulierten Markt zugelassen sind, haben nur dann eine den Anforderungen der Richtlinie gleichwertige Befähigung, wenn sie bei der Wirtschaftsprüferkammer gemäß § 134 Abs. 1 der Wirtschaftsprüferordnung eingetragen sind oder die Gleichwertigkeit gemäß § 134 Abs. 4 der Wirtschaftsprüferordnung anerkannt ist. ³Satz 2 ist nicht anzuwenden, soweit ausschließlich Schuldtitel im Sinne des § 2 Absatz 1 Nummer 3 des Wertpapierhandelsgesetzes

1. mit einer Mindeststückelung zu je 100 000 Euro oder einem entsprechenden Betrag anderer Währung an einer inländischen Börse zum Handel am regulierten Markt zugelassen sind oder
2. mit einer Mindeststückelung zu je 50 000 Euro oder einem entsprechenden Betrag anderer Währung an einer inländischen Börse zum Handel am regulierten Markt zugelassen sind und diese Schuldtitel vor dem 31. Dezember 2010 begeben worden sind.

⁴Im Falle des Satzes 2 ist mit dem Bestätigungsvermerk nach Absatz 1 Nummer 4 auch eine Bescheinigung der Wirtschaftsprüferkammer gemäß § 134 Absatz 2a der Wirtschaftsprüferordnung über die Eintragung des Abschlussprüfers oder eine Bestätigung der Wirtschaftsprüferkammer gemäß § 134 Absatz 4 Satz 8 der Wirtschaftsprüferordnung über die Befreiung von der Eintragungsverpflichtung offenzulegen.

§ 292a (weggefallen)[1)]

[1)] **Anm. d. Red.:** § 292a weggefallen gem. Gesetz v. 4.12.2004 (BGBl I S. 3166) mit Wirkung v. 10.12.2004.

§ 293 Größenabhängige Befreiungen[1]

(1) ¹Ein Mutterunternehmen ist von der Pflicht, einen Konzernabschluss und einen Konzernlagebericht aufzustellen, befreit, wenn

1. am Abschlussstichtag seines Jahresabschlusses und am vorhergehenden Abschlussstichtag mindestens zwei der drei nachstehenden Merkmale zutreffen:
   a) Die Bilanzsummen in den Bilanzen des Mutterunternehmens und der Tochterunternehmen, die in den Konzernabschluss einzubeziehen wären, übersteigen insgesamt nicht 24 000 000 Euro.
   b) Die Umsatzerlöse des Mutterunternehmens und der Tochterunternehmen, die in den Konzernabschluss einzubeziehen wären, übersteigen in den zwölf Monaten vor dem Abschlussstichtag insgesamt nicht 48 000 000 Euro.
   c) Das Mutterunternehmen und die Tochterunternehmen, die in den Konzernabschluss einzubeziehen wären, haben in den zwölf Monaten vor dem Abschlussstichtag im Jahresdurchschnitt nicht mehr als 250 Arbeitnehmer beschäftigt;
   oder
2. am Abschlussstichtag eines von ihm aufzustellenden Konzernabschlusses und am vorhergehenden Abschlussstichtag mindestens zwei der drei nachstehenden Merkmale zutreffen:
   a) Die Bilanzsumme übersteigt nicht 20 000 000 Euro.
   b) Die Umsatzerlöse in den zwölf Monaten vor dem Abschlussstichtag übersteigen nicht 40 000 000 Euro.
   c) Das Mutterunternehmen und die in den Konzernabschluss einbezogenen Tochterunternehmen haben in den zwölf Monaten vor dem Abschlussstichtag im Jahresdurchschnitt nicht mehr als 250 Arbeitnehmer beschäftigt.

²Auf die Ermittlung der durchschnittlichen Zahl der Arbeitnehmer ist § 267 Abs. 5 anzuwenden.

(2) Auf die Ermittlung der Bilanzsumme ist § 267 Absatz 4a entsprechend anzuwenden.

(3) (weggefallen)

(4) ¹Außer in den Fällen des Absatzes 1 ist ein Mutterunternehmen von der Pflicht zur Aufstellung des Konzernabschlusses und des Konzernlageberichts befreit, wenn die Voraussetzungen des Absatzes 1 nur am Abschlussstichtag oder nur am vorhergehenden Abschlussstichtag erfüllt sind und das Mutterunternehmen am vorhergehenden Abschlussstichtag von der Pflicht zur Aufstellung des Konzernabschlusses und des Konzernlageberichts befreit war. ²§ 267 Abs. 4 Satz 2 und 3 ist entsprechend anzuwenden.

(5) Die Absätze 1 und 4 sind nicht anzuwenden, wenn das Mutterunternehmen oder ein in dessen Konzernabschluss einbezogenes Tochterunternehmen am Abschlussstichtag kapitalmarktorientiert im Sinn des § 264d ist oder es den Vorschriften des Ersten oder Zweiten Unterabschnitts des Vierten Abschnitts unterworfen ist.

Zweiter Titel: Konsolidierungskreis

§ 294 Einzubeziehende Unternehmen, Vorlage- und Auskunftspflichten[2]

(1) In den Konzernabschluss sind das Mutterunternehmen und alle Tochterunternehmen ohne Rücksicht auf den Sitz und die Rechtsform der Tochterunternehmen einzubeziehen, sofern die Einbeziehung nicht nach § 296 unterbleibt.

(2) Hat sich die Zusammensetzung der in den Konzernabschluss einbezogenen Unternehmen im Laufe des Geschäftsjahrs wesentlich geändert, so sind in den Konzernabschluss Angaben

---

1) **Anm. d. Red.:** § 293 i. d. F. des Gesetzes v. 17. 7. 2015 (BGBl I S. 1245) mit Wirkung v. 23. 7. 2015.

2) **Anm. d. Red.:** § 294 i. d. F. des Gesetzes v. 11. 4. 2017 (BGBl I S. 802) mit Wirkung v. 19. 4. 2017. – Zur Anwendung siehe Art. 80 EGHGB.

aufzunehmen, die es ermöglichen, die aufeinander folgenden Konzernabschlüsse sinnvoll zu vergleichen.

(3) ¹Die Tochterunternehmen haben dem Mutterunternehmen ihre Jahresabschlüsse, Einzelabschlüsse nach § 325 Abs. 2a, Lageberichte, gesonderten nichtfinanziellen Berichte, Konzernabschlüsse, Konzernlageberichte, gesonderten nichtfinanziellen Konzernberichte und, wenn eine Abschlussprüfung stattgefunden hat, die Prüfungsberichte sowie, wenn ein Zwischenabschluss aufzustellen ist, einen auf den Stichtag des Konzernabschlusses aufgestellten Abschluss unverzüglich einzureichen. ²Das Mutterunternehmen kann von jedem Tochterunternehmen alle Aufklärungen und Nachweise verlangen, welche die Aufstellung des Konzernabschlusses, des Konzernlageberichts und des gesonderten nichtfinanziellen Konzernberichts erfordert.

§ 295 (weggefallen)[1)]

§ 296 Verzicht auf die Einbeziehung[2)]

(1) Ein Tochterunternehmen braucht in den Konzernabschluss nicht einbezogen zu werden, wenn

1. erhebliche und andauernde Beschränkungen die Ausübung der Rechte des Mutterunternehmens in Bezug auf das Vermögen oder die Geschäftsführung dieses Unternehmens nachhaltig beeinträchtigen,
2. die für die Aufstellung des Konzernabschlusses erforderlichen Angaben nicht ohne unverhältnismäßig hohe Kosten oder unangemessene Verzögerungen zu erhalten sind oder
3. die Anteile des Tochterunternehmens ausschließlich zum Zwecke ihrer Weiterveräußerung gehalten werden.

(2) ¹Ein Tochterunternehmen braucht in den Konzernabschluss nicht einbezogen zu werden, wenn es für die Verpflichtung, ein den tatsächlichen Verhältnissen entsprechendes Bild der Vermögens-, Finanz- und Ertragslage des Konzerns zu vermitteln, von untergeordneter Bedeutung ist. ²Entsprechen mehrere Tochterunternehmen der Voraussetzung des Satzes 1, so sind diese Unternehmen in den Konzernabschluss einzubeziehen, wenn sie zusammen nicht von untergeordneter Bedeutung sind.

(3) Die Anwendung der Absätze 1 und 2 ist im Konzernanhang zu begründen.

Dritter Titel: Inhalt und Form des Konzernabschlusses

§ 297 Inhalt[3)]

(1) ¹Der Konzernabschluss besteht aus der Konzernbilanz, der Konzern-Gewinn- und Verlustrechnung, dem Konzernanhang, der Kapitalflussrechnung und dem Eigenkapitalspiegel. ²Er kann um eine Segmentberichterstattung erweitert werden.

(1a) ¹Im Konzernabschluss sind die Firma, der Sitz, das Registergericht und die Nummer, unter der das Mutterunternehmen in das Handelsregister eingetragen ist, anzugeben. ²Befindet sich das Mutterunternehmen in Liquidation oder Abwicklung, ist auch diese Tatsache anzugeben.

(2) ¹Der Konzernabschluss ist klar und übersichtlich aufzustellen. ²Er hat unter Beachtung der Grundsätze ordnungsmäßiger Buchführung ein den tatsächlichen Verhältnissen entsprechendes Bild der Vermögens-, Finanz- und Ertragslage des Konzerns zu vermitteln. ³Führen besondere Umstände dazu, dass der Konzernabschluss ein den tatsächlichen Verhältnissen entsprechendes Bild im Sinne des Satzes 2 nicht vermittelt, so sind im Konzernanhang zusätzliche Angaben zu machen. ⁴Die Mitglieder des vertretungsberechtigten Organs eines Mutterunternehmens,

---

1) **Anm. d. Red.:** § 295 weggefallen gem. Gesetz v. 4.12.2004 (BGBl I S. 3166) mit Wirkung v. 10.12.2004.
2) **Anm. d. Red.:** § 296 i. d. F. des Gesetzes v. 17.7.2015 (BGBl I S. 1245) mit Wirkung v. 23.7.2015.
3) **Anm. d. Red.:** § 297 i. d. F. des Gesetzes v. 12.8.2020 (BGBl I S. 1874) mit Wirkung v. 19.8.2020. – Zur Anwendung siehe Art. 84 EGHGB.

das als Inlandsemittent (§ 2 Absatz 14 des Wertpapierhandelsgesetzes) Wertpapiere (§ 2 Absatz 1 des Wertpapierhandelsgesetzes) begibt und keine Kapitalgesellschaft im Sinne des § 327a ist, haben in einer dem Konzernabschluss beizufügenden schriftlichen Erklärung zu versichern, dass der Konzernabschluss nach bestem Wissen ein den tatsächlichen Verhältnissen entsprechendes Bild im Sinne des Satzes 2 vermittelt oder der Konzernanhang Angaben nach Satz 3 enthält.

(3) ¹Im Konzernabschluss ist die Vermögens-, Finanz- und Ertragslage der einbezogenen Unternehmen so darzustellen, als ob diese Unternehmen insgesamt ein einziges Unternehmen wären. ²Die auf den vorhergehenden Konzernabschluss angewandten Konsolidierungsmethoden sind beizubehalten. ³Abweichungen von Satz 2 sind in Ausnahmefällen zulässig. ⁴Sie sind im Konzernanhang anzugeben und zu begründen. ⁵Ihr Einfluss auf die Vermögens-, Finanz- und Ertragslage des Konzerns ist anzugeben.

§ 298 Anwendende Vorschriften, Erleichterungen[1]

(1) Auf den Konzernabschluss sind, soweit seine Eigenart keine Abweichung bedingt oder in den folgenden Vorschriften nichts anderes bestimmt ist, die §§ 244 bis 256a, 264c, 265, 266, 268 Absatz 1 bis 7, die §§ 270, 271, 272 Absatz 1 bis 4, die §§ 274, 275 und 277 über den Jahresabschluss und die für die Rechtsform und den Geschäftszweig der in den Konzernabschluss einbezogenen Unternehmen mit Sitz im Geltungsbereich dieses Gesetzes geltenden Vorschriften, soweit sie für große Kapitalgesellschaften gelten, entsprechend anzuwenden.

(2) ¹Der Konzernanhang und der Anhang des Jahresabschlusses des Mutterunternehmens dürfen zusammengefasst werden. ²In diesem Falle müssen der Konzernabschluss und der Jahresabschluss des Mutterunternehmens gemeinsam offen gelegt werden. ³Aus dem zusammengefassten Anhang muss hervorgehen, welche Angaben sich auf den Konzern und welche Angaben sich nur auf das Mutterunternehmen beziehen.

§ 299 Stichtag für die Aufstellung[2]

(1) Der Konzernabschluss ist auf den Stichtag des Jahresabschlusses des Mutterunternehmens aufzustellen.

(2) ¹Die Jahresabschlüsse der in den Konzernabschluss einbezogenen Unternehmen sollen auf den Stichtag des Konzernabschlusses aufgestellt werden. ²Liegt der Abschlussstichtag eines Unternehmens um mehr als drei Monate vor dem Stichtag des Konzernabschlusses, so ist dieses Unternehmen aufgrund eines auf den Stichtag und den Zeitraum des Konzernabschlusses aufgestellten Zwischenabschlusses in den Konzernabschluss einzubeziehen.

(3) Wird bei abweichenden Abschlussstichtagen ein Unternehmen nicht auf der Grundlage eines auf den Stichtag und den Zeitraum des Konzernabschlusses aufgestellten Zwischenabschlusses in den Konzernabschluss einbezogen, so sind Vorgänge von besonderer Bedeutung für die Vermögens-, Finanz- und Ertragslage eines in den Konzernabschluss einbezogenen Unternehmens, die zwischen dem Abschlussstichtag dieses Unternehmens und dem Abschlussstichtag des Konzernabschlusses eingetreten sind, in der Konzernbilanz und der Konzern-Gewinn- und Verlustrechnung zu berücksichtigen oder im Konzernanhang anzugeben.

Vierter Titel: Vollkonsolidierung

§ 300 Konsolidierungsgrundsätze, Vollständigkeitsgebot[3]

(1) ¹In dem Konzernabschluss ist der Jahresabschluss des Mutterunternehmens mit den Jahresabschlüssen der Tochterunternehmen zusammenzufassen. ²An die Stelle der dem Mutter-

---

1) **Anm. d. Red.:** § 298 i. d. F. des Gesetzes v. 17. 7. 2015 (BGBl I S. 1245) mit Wirkung v. 23. 7. 2015.
2) **Anm. d. Red.:** § 299 i. d. F. des Gesetzes v. 19. 7. 2002 (BGBl I S. 2681) mit Wirkung v. 26. 7. 2002.
3) **Anm. d. Red.:** § 300 i. d. F. des Gesetzes v. 25. 5. 2009 (BGBl I S. 1102) mit Wirkung v. 29. 5. 2009.

unternehmen gehörenden Anteile an den einbezogenen Tochterunternehmen treten die Vermögensgegenstände, Schulden, Rechnungsabgrenzungsposten und Sonderposten der Tochterunternehmen, soweit sie nach dem Recht des Mutterunternehmens bilanzierungsfähig sind und die Eigenart des Konzernabschlusses keine Abweichungen bedingt oder in den folgenden Vorschriften nichts anderes bestimmt ist.

(2) ¹Die Vermögensgegenstände, Schulden und Rechnungsabgrenzungsposten sowie die Erträge und Aufwendungen der in den Konzernabschluss einbezogenen Unternehmen sind unabhängig von ihrer Berücksichtigung in den Jahresabschlüssen dieser Unternehmen vollständig aufzunehmen, soweit nach dem Recht des Mutterunternehmens nicht ein Bilanzierungsverbot oder ein Bilanzierungswahlrecht besteht. ²Nach dem Recht des Mutterunternehmens zulässige Bilanzierungswahlrechte dürfen im Konzernabschluss unabhängig von ihrer Ausübung in den Jahresabschlüssen der in den Konzernabschluss einbezogenen Unternehmen ausgeübt werden. ³Ansätze, die auf der Anwendung von für Kreditinstitute oder Versicherungsunternehmen wegen der Besonderheiten des Geschäftszweigs geltenden Vorschriften beruhen, dürfen beibehalten werden; auf die Anwendung dieser Ausnahme ist im Konzernanhang hinzuweisen.

§ 301 Kapitalkonsolidierung[1]

(1) ¹Der Wertansatz der dem Mutterunternehmen gehörenden Anteile an einem in den Konzernabschluss einbezogenen Tochterunternehmen wird mit dem auf diese Anteile entfallenden Betrag des Eigenkapitals des Tochterunternehmens verrechnet. ²Das Eigenkapital ist mit dem Betrag anzusetzen, der dem Zeitwert der in den Konzernabschluss aufzunehmenden Vermögensgegenstände, Schulden, Rechnungsabgrenzungsposten und Sonderposten entspricht, der diesen an dem für die Verrechnung nach Absatz 2 maßgeblichen Zeitpunkt beizulegen ist. ³Rückstellungen sind nach § 253 Abs. 1 Satz 2 und 3, Abs. 2 und latente Steuern nach § 274 Abs. 2 zu bewerten.

(2) ¹Die Verrechnung nach Absatz 1 ist auf Grundlage der Wertansätze zu dem Zeitpunkt durchzuführen, zu dem das Unternehmen Tochterunternehmen geworden ist. ²Können die Wertansätze zu diesem Zeitpunkt nicht endgültig ermittelt werden, sind sie innerhalb der darauf folgenden zwölf Monate anzupassen. ³Stellt ein Mutterunternehmen erstmalig einen Konzernabschluss auf, sind die Wertansätze zum Zeitpunkt der Einbeziehung des Tochterunternehmens in den Konzernabschluss zugrunde zu legen, soweit das Tochterunternehmen nicht in dem Jahr Tochterunternehmen geworden ist, für das der Konzernabschluss aufgestellt wird. ⁴Das Gleiche gilt für die erstmalige Einbeziehung eines Tochterunternehmens, auf die bisher gemäß § 296 verzichtet wurde. ⁵In Ausnahmefällen dürfen die Wertansätze nach Satz 1 auch in den Fällen der Sätze 3 und 4 zugrunde gelegt werden; dies ist im Konzernanhang anzugeben und zu begründen.

(3) ¹Ein nach der Verrechnung verbleibender Unterschiedsbetrag ist in der Konzernbilanz, wenn er auf der Aktivseite entsteht, als Geschäfts- oder Firmenwert und, wenn er auf der Passivseite entsteht, unter dem Posten „Unterschiedsbetrag aus der Kapitalkonsolidierung" nach dem Eigenkapital auszuweisen. ²Der Posten und wesentliche Änderungen gegenüber dem Vorjahr sind im Konzernanhang zu erläutern.

(4) Anteile an dem Mutterunternehmen, die einem in den Konzernabschluss einbezogenen Tochterunternehmen gehören, sind in der Konzernbilanz als eigene Anteile des Mutterunternehmens mit ihrem Nennwert oder, falls ein solcher nicht vorhanden ist, mit ihrem rechnerischen Wert, in der Vorspalte offen von dem Posten „Gezeichnetes Kapital" abzusetzen.

§ 302 (weggefallen)[2]

---

1) **Anm. d. Red.:** § 301 i. d. F. des Gesetzes v. 17. 7. 2015 (BGBl I S. 1245) mit Wirkung v. 23. 7. 2015.
2) **Anm. d. Red.:** § 302 weggefallen gem. Gesetz v. 25. 5. 2009 (BGBl I S. 1102) mit Wirkung v. 29. 5. 2009.

§ 303 Schuldenkonsolidierung

(1) Ausleihungen und andere Forderungen, Rückstellungen und Verbindlichkeiten zwischen den in den Konzernabschluss einbezogenen Unternehmen sowie entsprechende Rechnungsabgrenzungsposten sind wegzulassen.

(2) Absatz 1 braucht nicht angewendet zu werden, wenn die wegzulassenden Beträge für die Vermittlung eines den tatsächlichen Verhältnissen entsprechenden Bildes der Vermögens-, Finanz- und Ertragslage des Konzerns nur von untergeordneter Bedeutung sind.

§ 304 Behandlung der Zwischenergebnisse[1)]

(1) In den Konzernabschluss zu übernehmende Vermögensgegenstände, die ganz oder teilweise auf Lieferungen oder Leistungen zwischen in den Konzernabschluss einbezogenen Unternehmen beruhen, sind in der Konzernbilanz mit einem Betrag anzusetzen, zu dem sie in der auf den Stichtag des Konzernabschlusses aufgestellten Jahresbilanz dieses Unternehmens angesetzt werden könnten, wenn die in den Konzernabschluss einbezogenen Unternehmen auch rechtlich ein einziges Unternehmen bilden würden.

(2) Absatz 1 braucht nicht angewendet zu werden, wenn die Behandlung der Zwischenergebnisse nach Absatz 1 für die Vermittlung eines den tatsächlichen Verhältnissen entsprechenden Bildes der Vermögens-, Finanz- und Ertragslage des Konzerns nur von untergeordneter Bedeutung ist.

§ 305 Aufwands- und Ertragskonsolidierung

(1) In der Konzern-Gewinn- und Verlustrechnung sind
1. bei den Umsatzerlösen die Erlöse aus Lieferungen und Leistungen zwischen den in den Konzernabschluss einbezogenen Unternehmen mit den auf sie entfallenden Aufwendungen zu verrechnen, soweit sie nicht als Erhöhung des Bestands an fertigen und unfertigen Erzeugnissen oder als andere aktivierte Eigenleistungen auszuweisen sind;
2. andere Erträge aus Lieferungen und Leistungen zwischen den in den Konzernabschluss einbezogenen Unternehmen mit den auf sie entfallenden Aufwendungen zu verrechnen, soweit sie nicht als andere aktivierte Eigenleistungen auszuweisen sind.

(2) Aufwendungen und Erträge brauchen nach Absatz 1 nicht weggelassen zu werden, wenn die wegzulassenden Beträge für die Vermittlung eines den tatsächlichen Verhältnissen entsprechenden Bildes der Vermögens-, Finanz- und Ertragslage des Konzerns nur von untergeordneter Bedeutung sind.

§ 306 Latente Steuern[2)]

¹Führen Maßnahmen, die nach den Vorschriften dieses Titels durchgeführt worden sind, zu Differenzen zwischen den handelsrechtlichen Wertansätzen der Vermögensgegenstände, Schulden oder Rechnungsabgrenzungsposten und deren steuerlichen Wertansätzen und bauen sich diese Differenzen in späteren Geschäftsjahren voraussichtlich wieder ab, so ist eine sich insgesamt ergebende Steuerbelastung als passive latente Steuern und eine sich insgesamt ergebende Steuerentlastung als aktive latente Steuern in der Konzernbilanz anzusetzen. ²Die sich ergebende Steuerbe- und die sich ergebende Steuerentlastung können auch unverrechnet angesetzt werden. ³Differenzen aus dem erstmaligen Ansatz eines nach § 301 Abs. 3 verbleibenden Unterschiedsbetrages bleiben unberücksichtigt. ⁴Das Gleiche gilt für Differenzen, die sich zwischen dem steuerlichen Wertansatz einer Beteiligung an einem Tochterunternehmen, assoziierten Unternehmen oder einem Gemeinschaftsunternehmen im Sinn des § 310 Abs. 1 und dem handelsrechtlichen Wertansatz des im Konzernabschluss angesetzten Nettovermögens erge-

---

1) **Anm. d. Red.:** § 304 i. d. F. des Gesetzes v. 19. 7. 2002 (BGBl I S. 2681) mit Wirkung v. 26. 7. 2002.
2) **Anm. d. Red.:** § 306 i. d. F. des Gesetzes v. 25. 5. 2009 (BGBl I S. 1102) mit Wirkung v. 29. 5. 2009.

ben. ⁵§ 274 Abs. 2 ist entsprechend anzuwenden. ⁶Die Posten dürfen mit den Posten nach § 274 zusammengefasst werden.

§ 307 Anteile anderer Gesellschafter[1)]

(1) In der Konzernbilanz ist für nicht dem Mutterunternehmen gehörende Anteile an in den Konzernabschluss einbezogenen Tochterunternehmen ein Ausgleichsposten für die Anteile der anderen Gesellschafter in Höhe ihres Anteils am Eigenkapital unter dem Posten „nicht beherrschende Anteile" innerhalb des Eigenkapitals gesondert auszuweisen.

(2) In der Konzern-Gewinn- und Verlustrechnung ist der im Jahresergebnis enthaltene, anderen Gesellschaftern zustehende Gewinn und der auf sie entfallende Verlust nach dem Posten „Jahresüberschuss/Jahresfehlbetrag" unter dem Posten „nicht beherrschende Anteile" gesondert auszuweisen.

Fünfter Titel: Bewertungsvorschriften

§ 308 Einheitliche Bewertung[2)]

(1) ¹Die in den Konzernabschluss nach § 300 Abs. 2 übernommenen Vermögensgegenstände und Schulden der in den Konzernabschluss einbezogenen Unternehmen sind nach den auf den Jahresabschluss des Mutterunternehmens anwendbaren Bewertungsmethoden einheitlich zu bewerten. ²Nach dem Recht des Mutterunternehmens zulässige Bewertungswahlrechte können im Konzernabschluss unabhängig von ihrer Ausübung in den Jahresabschlüssen der in den Konzernabschluss einbezogenen Unternehmen ausgeübt werden. ³Abweichungen von den auf den Jahresabschluss des Mutterunternehmens angewandten Bewertungsmethoden sind im Konzernanhang anzugeben und zu begründen.

(2) ¹Sind in den Konzernabschluss aufzunehmende Vermögensgegenstände oder Schulden des Mutterunternehmens oder der Tochterunternehmen in den Jahresabschlüssen dieser Unternehmen nach Methoden bewertet worden, die sich von denen unterscheiden, die auf den Konzernabschluss anzuwenden sind oder die von den gesetzlichen Vertretern des Mutterunternehmens in Ausübung von Bewertungswahlrechten auf den Konzernabschluss angewendet werden, so sind die abweichend bewerteten Vermögensgegenstände oder Schulden nach den auf den Konzernabschluss angewandten Bewertungsmethoden neu zu bewerten und mit den neuen Wertansätzen in den Konzernabschluss zu übernehmen. ²Wertansätze, die auf der Anwendung von für Kreditinstitute oder Versicherungsunternehmen wegen der Besonderheiten des Geschäftszweigs geltenden Vorschriften beruhen, dürfen beibehalten werden; auf die Anwendung dieser Ausnahme ist im Konzernanhang hinzuweisen. ³Eine einheitliche Bewertung nach Satz 1 braucht nicht vorgenommen zu werden, wenn ihre Auswirkungen für die Vermittlung eines den tatsächlichen Verhältnissen entsprechenden Bildes der Vermögens-, Finanz- und Ertragslage des Konzerns nur von untergeordneter Bedeutung sind. ⁴Darüber hinaus sind Abweichungen in Ausnahmefällen zulässig; sie sind im Konzernanhang anzugeben und zu begründen.

§ 308a Umrechnung von auf fremde Währung lautenden Abschlüssen[3)]

¹Die Aktiv- und Passivposten einer auf fremde Währung lautenden Bilanz sind, mit Ausnahme des Eigenkapitals, das zum historischen Kurs in Euro umzurechnen ist, zum Devisenkassamittelkurs am Abschlussstichtag in Euro umzurechnen. ²Die Posten der Gewinn- und Verlustrechnung sind zum Durchschnittskurs in Euro umzurechnen. ³Eine sich ergebende Umrechnungsdifferenz ist innerhalb des Konzerneigenkapitals nach den Rücklagen unter dem Posten „Eigenkapitaldifferenz aus Währungsumrechnung" auszuweisen. ⁴Bei teilweisem oder vollständigem Ausschei-

---

1) **Anm. d. Red.:** § 307 i. d. F. des Gesetzes v. 17. 7. 2015 (BGBl I S. 1245) mit Wirkung v. 23. 7. 2015.
2) **Anm. d. Red.:** § 308 i. d. F. des Gesetzes v. 19. 7. 2002 (BGBl I S. 2681) mit Wirkung v. 26. 7. 2002.
3) **Anm. d. Red.:** § 308a eingefügt gem. Gesetz v. 25. 5. 2009 (BGBl I S. 1102) mit Wirkung v. 29. 5. 2009.

den des Tochterunternehmens ist der Posten in entsprechender Höhe erfolgswirksam aufzulösen.

§ 309 Behandlung des Unterschiedsbetrags[1]

(1) Die Abschreibung eines nach § 301 Abs. 3 auszuweisenden Geschäfts- oder Firmenwertes bestimmt sich nach den Vorschriften des Ersten Abschnitts.

(2) Ein nach § 301 Absatz 3 auf der Passivseite auszuweisender Unterschiedsbetrag kann ergebniswirksam aufgelöst werden, soweit ein solches Vorgehen den Grundsätzen der §§ 297 und 298 in Verbindung mit den Vorschriften des Ersten Abschnitts entspricht.

Sechster Titel: Anteilmäßige Konsolidierung

§ 310 Anteilmäßige Konsolidierung[2]

(1) Führt ein in einen Konzernabschluss einbezogenes Mutter- oder Tochterunternehmen ein anderes Unternehmen gemeinsam mit einem oder mehreren nicht in den Konzernabschluss einbezogenen Unternehmen, so darf das andere Unternehmen in den Konzernabschluss entsprechend den Anteilen am Kapital einbezogen werden, die dem Mutterunternehmen gehören.

(2) Auf die anteilmäßige Konsolidierung sind die §§ 297 bis 301, §§ 303 bis 306, 308, 308a, 309 entsprechend anzuwenden.

Siebenter Titel: Assoziierte Unternehmen

§ 311 Definition, Befreiung

(1) ¹Wird von einem in den Konzernabschluss einbezogenen Unternehmen ein maßgeblicher Einfluss auf die Geschäfts- und Finanzpolitik eines nicht einbezogenen Unternehmens, an dem das Unternehmen nach § 271 Abs. 1 beteiligt ist, ausgeübt (assoziiertes Unternehmen), so ist diese Beteiligung in der Konzernbilanz unter einem besonderen Posten mit entsprechender Bezeichnung auszuweisen. ²Ein maßgeblicher Einfluss wird vermutet, wenn ein Unternehmen bei einem anderen Unternehmen mindestens den fünften Teil der Stimmrechte der Gesellschafter innehat.

(2) Auf eine Beteiligung an einem assoziierten Unternehmen brauchen Absatz 1 und § 312 nicht angewendet zu werden, wenn die Beteiligung für die Vermittlung eines den tatsächlichen Verhältnissen entsprechenden Bildes der Vermögens-, Finanz- und Ertragslage des Konzerns von untergeordneter Bedeutung ist.

§ 312 Wertansatz der Beteiligung und Behandlung des Unterschiedsbetrags[3]

(1) ¹Eine Beteiligung an einem assoziierten Unternehmen ist in der Konzernbilanz mit dem Buchwert anzusetzen. ²Der Unterschiedsbetrag zwischen dem Buchwert und dem anteiligen Eigenkapital des assoziierten Unternehmens sowie ein darin enthaltener Geschäfts- oder Firmenwert oder passiver Unterschiedsbetrag sind im Konzernanhang anzugeben.

(2) ¹Der Unterschiedsbetrag nach Absatz 1 Satz 2 ist den Wertansätzen der Vermögensgegenstände, Schulden, Rechnungsabgrenzungsposten und Sonderposten des assoziierten Unternehmens insoweit zuzuordnen, als deren beizulegender Zeitwert höher oder niedriger ist als ihr Buchwert. ²Der nach Satz 1 zugeordnete Unterschiedsbetrag ist entsprechend der Behandlung der Wertansätze dieser Vermögensgegenstände, Schulden, Rechnungsabgrenzungsposten und Sonderposten im Jahresabschluss des assoziierten Unternehmens im Konzernabschluss fortzuführen, abzuschreiben oder aufzulösen. ³Auf einen nach Zuordnung nach Satz 1 verbleiben-

---

1) **Anm. d. Red.:** § 309 i. d. F. des Gesetzes v. 17. 7. 2015 (BGBl I S. 1245) mit Wirkung v. 23. 7. 2015.
2) **Anm. d. Red.:** § 310 i. d. F. des Gesetzes v. 17. 7. 2015 (BGBl I S. 1245) mit Wirkung v. 23. 7. 2015.
3) **Anm. d. Red.:** § 312 i. d. F. des Gesetzes v. 20. 11. 2015 (BGBl I S. 2029) mit Wirkung v. 26. 11. 2015.

den Geschäfts- oder Firmenwert oder passiven Unterschiedsbetrag ist § 309 entsprechend anzuwenden. ⁴§ 301 Abs. 1 Satz 3 ist entsprechend anzuwenden.

(3) ¹Der Wertansatz der Beteiligung und der Unterschiedsbetrag sind auf der Grundlage der Wertansätze zu dem Zeitpunkt zu ermitteln, zu dem das Unternehmen assoziiertes Unternehmen geworden ist. ²Können die Wertansätze zu diesem Zeitpunkt nicht endgültig ermittelt werden, sind sie innerhalb der darauf folgenden zwölf Monate anzupassen. ³§ 301 Absatz 2 Satz 3 bis 5 gilt entsprechend.

(4) ¹Der nach Absatz 1 ermittelte Wertansatz einer Beteiligung ist in den Folgejahren um den Betrag der Eigenkapitalveränderungen, die den dem Mutterunternehmen gehörenden Anteilen am Kapital des assoziierten Unternehmens entsprechen, zu erhöhen oder zu vermindern; auf die Beteiligung entfallende Gewinnausschüttungen sind abzusetzen. ²In der Konzern-Gewinn- und Verlustrechnung ist das auf assoziierte Beteiligungen entfallende Ergebnis unter einem gesonderten Posten auszuweisen.

(5) ¹Wendet das assoziierte Unternehmen in seinem Jahresabschluss vom Konzernabschluss abweichende Bewertungsmethoden an, so können abweichend bewertete Vermögensgegenstände oder Schulden für die Zwecke der Absätze 1 bis 4 nach den auf den Konzernabschluss angewandten Bewertungsmethoden bewertet werden. ²Wird die Bewertung nicht angepasst, so ist dies im Konzernanhang anzugeben. ³Die §§ 304 und 306 sind entsprechend anzuwenden, soweit die für die Beurteilung maßgeblichen Sachverhalte bekannt oder zugänglich sind.

(6) ¹Es ist jeweils der letzte Jahresabschluss des assoziierten Unternehmens zugrunde zu legen. ²Stellt das assoziierte Unternehmen einen Konzernabschluss auf, so ist von diesem und nicht vom Jahresabschluss des assoziierten Unternehmens auszugehen.

Achter Titel: Konzernanhang

§ 313 Erläuterung der Konzernbilanz und der Konzern-Gewinn- und Verlustrechnung. Angaben zum Beteiligungsbesitz[1]

(1) ¹In den Konzernanhang sind diejenigen Angaben aufzunehmen, die zu einzelnen Posten der Konzernbilanz oder der Konzern-Gewinn- und Verlustrechnung vorgeschrieben sind; diese Angaben sind in der Reihenfolge der einzelnen Posten der Konzernbilanz und der Konzern-Gewinn- und Verlustrechnung darzustellen. ²Im Konzernanhang sind auch die Angaben zu machen, die in Ausübung eines Wahlrechts nicht in die Konzernbilanz oder in die Konzern-Gewinn- und Verlustrechnung aufgenommen wurden. ³Im Konzernanhang müssen
1. die auf die Posten der Konzernbilanz und der Konzern-Gewinn- und Verlustrechnung angewandten Bilanzierungs- und Bewertungsmethoden angegeben werden;
2. Abweichungen von Bilanzierungs-, Bewertungs- und Konsolidierungsmethoden angegeben und begründet werden; deren Einfluss auf die Vermögens-, Finanz- und Ertragslage des Konzerns ist gesondert darzustellen.

(2) Im Konzernanhang sind außerdem anzugeben:
1. ¹Name und Sitz der in den Konzernabschluss einbezogenen Unternehmen, der Anteil am Kapital der Tochterunternehmen, der dem Mutterunternehmen und den in den Konzernabschluss einbezogenen Tochterunternehmen gehört oder von einer für Rechnung dieser Unternehmen handelnden Person gehalten wird, sowie der zur Einbeziehung in den Konzernabschluss verpflichtende Sachverhalt, sofern die Einbeziehung nicht auf einer der Kapitalbeteiligung entsprechenden Mehrheit der Stimmrechte beruht. ²Diese Angaben sind auch für Tochterunternehmen zu machen, die nach § 296 nicht einbezogen worden sind;
2. ¹Name und Sitz der assoziierten Unternehmen, der Anteil am Kapital der assoziierten Unternehmen, der dem Mutterunternehmen und den in den Konzernabschluss einbezogenen Tochterunternehmen gehört oder von einer für Rechnung dieser Unternehmen handelnden

---

1) **Anm. d. Red.:** § 313 i. d. F. des Gesetzes v. 17. 7. 2015 (BGBl I S. 1245) mit Wirkung v. 23. 7. 2015.

Person gehalten wird. ²Die Anwendung des § 311 Abs. 2 ist jeweils anzugeben und zu begründen;
3. Name und Sitz der Unternehmen, die nach § 310 nur anteilmäßig in den Konzernabschluss einbezogen worden sind, der Tatbestand, aus dem sich die Anwendung dieser Vorschrift ergibt, sowie der Anteil am Kapital dieser Unternehmen, der dem Mutterunternehmen und den in den Konzernabschluss einbezogenen Tochterunternehmen gehört oder von einer für Rechnung dieser Unternehmen handelnden Person gehalten wird;
4. Name und Sitz anderer Unternehmen, die Höhe des Anteils am Kapital, das Eigenkapital und das Ergebnis des letzten Geschäftsjahrs dieser Unternehmen, für das ein Jahresabschluss vorliegt, soweit es sich um Beteiligungen im Sinne des § 271 Absatz 1 handelt oder ein solcher Anteil von einer Person für Rechnung des Mutterunternehmens oder eines anderen in den Konzernabschluss einbezogenen Unternehmens gehalten wird;
5. alle nicht nach den Nummern 1 bis 4 aufzuführenden Beteiligungen an großen Kapitalgesellschaften, die 5 Prozent der Stimmrechte überschreiten, wenn sie von einem börsennotierten Mutterunternehmen, börsennotierten Tochterunternehmen oder von einer für Rechnung eines dieser Unternehmen handelnden Person gehalten werden;
6. Name, Sitz und Rechtsform der Unternehmen, deren unbeschränkt haftender Gesellschafter das Mutterunternehmen oder ein anderes in den Konzernabschluss einbezogenes Unternehmen ist;
7. Name und Sitz des Unternehmens, das den Konzernabschluss für den größten Kreis von Unternehmen aufstellt, dem das Mutterunternehmen als Tochterunternehmen angehört, und im Falle der Offenlegung des von diesem anderen Mutterunternehmen aufgestellten Konzernabschlusses der Ort, wo dieser erhältlich ist;
8. Name und Sitz des Unternehmens, das den Konzernabschluss für den kleinsten Kreis von Unternehmen aufstellt, dem das Mutterunternehmen als Tochterunternehmen angehört, und im Falle der Offenlegung des von diesem anderen Mutterunternehmen aufgestellten Konzernabschlusses der Ort, wo dieser erhältlich ist.

(3) ¹Die in Absatz 2 verlangten Angaben brauchen insoweit nicht gemacht zu werden, als nach vernünftiger kaufmännischer Beurteilung damit gerechnet werden muss, dass durch die Angaben dem Mutterunternehmen, einem Tochterunternehmen oder einem anderen in Absatz 2 bezeichneten Unternehmen erhebliche Nachteile entstehen können. ²Die Anwendung der Ausnahmeregelung ist im Konzernanhang anzugeben. ³Satz 1 gilt nicht, wenn ein Mutterunternehmen oder eines seiner Tochterunternehmen kapitalmarktorientiert im Sinn des § 264d ist. ⁴Die Angaben nach Absatz 2 Nummer 4 und 5 brauchen nicht gemacht zu werden, wenn sie für die Vermittlung eines den tatsächlichen Verhältnissen entsprechenden Bilds der Vermögens-, Finanz- und Ertragslage des Konzerns von untergeordneter Bedeutung sind. ⁵Die Pflicht zur Angabe von Eigenkapital und Ergebnis nach Absatz 2 Nummer 4 braucht auch dann nicht erfüllt zu werden, wenn das in Anteilsbesitz stehende Unternehmen seinen Jahresabschluss nicht offenlegt.

(4) § 284 Absatz 2 Nummer 4 und Absatz 3 ist entsprechend anzuwenden.

§ 314 Sonstige Pflichtangaben[1)]

(1) Im Konzernanhang sind ferner anzugeben:
1. der Gesamtbetrag der in der Konzernbilanz ausgewiesenen Verbindlichkeiten mit einer Restlaufzeit von mehr als fünf Jahren sowie der Gesamtbetrag der in der Konzernbilanz ausgewiesenen Verbindlichkeiten, die von in den Konzernabschluss einbezogenen Unternehmen durch Pfandrechte oder ähnliche Rechte gesichert sind, unter Angabe von Art und Form der Sicherheiten;

---

1) **Anm. d. Red.:** § 314 i. d. F. des Gesetzes v. 12.12.2019 (BGBl I S. 2637) mit Wirkung v. 1.1.2020. – Zur Anwendung siehe Art. 83 Abs. 1 EGHGB.

2. Art und Zweck sowie Risiken, Vorteile und finanzielle Auswirkungen von nicht in der Konzernbilanz enthaltenen Geschäften des Mutterunternehmens und der in den Konzernabschluss einbezogenen Tochterunternehmen, soweit die Risiken und Vorteile wesentlich sind und die Offenlegung für die Beurteilung der Finanzlage des Konzerns erforderlich ist;

2a. der Gesamtbetrag der sonstigen finanziellen Verpflichtungen, die nicht in der Konzernbilanz enthalten sind und die nicht nach § 298 Absatz 1 in Verbindung mit § 268 Absatz 7 oder nach Nummer 2 anzugeben sind, sofern diese Angabe für die Beurteilung der Finanzlage des Konzerns von Bedeutung ist; davon sind Verpflichtungen betreffend die Altersversorgung sowie Verpflichtungen gegenüber Tochterunternehmen, die nicht in den Konzernabschluss einbezogen werden, oder gegenüber assoziierten Unternehmen jeweils gesondert anzugeben;

3. die Aufgliederung der Umsatzerlöse des Konzerns nach Tätigkeitsbereichen sowie nach geografisch bestimmten Märkten, soweit sich unter Berücksichtigung der Organisation des Verkaufs, der Vermietung oder Verpachtung von Produkten und der Erbringung von Dienstleistungen des Konzerns die Tätigkeitsbereiche und geografisch bestimmten Märkte untereinander erheblich unterscheiden;

4. die durchschnittliche Zahl der Arbeitnehmer der in den Konzernabschluss einbezogenen Unternehmen während des Geschäftsjahrs, getrennt nach Gruppen und gesondert für die nach § 310 nur anteilmäßig konsolidierten Unternehmen, sowie, falls er nicht gesondert in der Konzern-Gewinn- und Verlustrechnung ausgewiesen ist, der in dem Geschäftsjahr entstandene gesamte Personalaufwand, aufgeschlüsselt nach Löhnen und Gehältern, Kosten der sozialen Sicherheit und Kosten der Altersversorgung;

5. (weggefallen)

6. für die Mitglieder des Geschäftsführungsorgans, eines Aufsichtsrats, eines Beirats oder einer ähnlichen Einrichtung des Mutterunternehmens, jeweils für jede Personengruppe:

   a) die für die Wahrnehmung ihrer Aufgaben im Mutterunternehmen und den Tochterunternehmen im Geschäftsjahr gewährten Gesamtbezüge (Gehälter, Gewinnbeteiligungen, Bezugsrechte und sonstige aktienbasierte Vergütungen, Aufwandsentschädigungen, Versicherungsentgelte, Provisionen und Nebenleistungen jeder Art). ²In die Gesamtbezüge sind auch Bezüge einzurechnen, die nicht ausgezahlt, sondern in Ansprüche anderer Art umgewandelt oder zur Erhöhung anderer Ansprüche verwendet werden. ³Außer den Bezügen für das Geschäftsjahr sind die weiteren Bezüge anzugeben, die im Geschäftsjahr gewährt, bisher aber in keinem Konzernabschluss angegeben worden sind. ⁴Bezugsrechte und sonstige aktienbasierte Vergütungen sind mit ihrer Anzahl und dem beizulegenden Zeitwert zum Zeitpunkt ihrer Gewährung anzugeben; spätere Wertveränderungen, die auf einer Änderung der Ausübungsbedingungen beruhen, sind zu berücksichtigen;

   b) die für die Wahrnehmung ihrer Aufgaben im Mutterunternehmen und den Tochterunternehmen gewährten Gesamtbezüge (Abfindungen, Ruhegehälter, Hinterbliebenenbezüge und Leistungen verwandter Art) der früheren Mitglieder der bezeichneten Organe und ihrer Hinterbliebenen; Buchstabe a Satz 2 und 3 ist entsprechend anzuwenden. ²Ferner ist der Betrag der für diese Personengruppe gebildeten Rückstellungen für laufende Pensionen und Anwartschaften auf Pensionen und der Betrag der für diese Verpflichtungen nicht gebildeten Rückstellungen anzugeben;

   c) die vom Mutterunternehmen und den Tochterunternehmen gewährten Vorschüsse und Kredite unter Angabe der gegebenenfalls im Geschäftsjahr zurückgezahlten oder erlassenen Beträge sowie die zugunsten dieser Personen eingegangenen Haftungsverhältnisse;

7. der Bestand an Anteilen an dem Mutterunternehmen, die das Mutterunternehmen oder ein Tochterunternehmen oder ein anderer für Rechnung eines in den Konzernabschluss einbezogenen Unternehmens erworben oder als Pfand genommen hat; dabei sind die Zahl

§ 314

und der Nennbetrag oder rechnerische Wert dieser Anteile sowie deren Anteil am Kapital anzugeben;

7a. die Zahl der Aktien jeder Gattung der während des Geschäftsjahrs im Rahmen des genehmigten Kapitals gezeichneten Aktien des Mutterunternehmens, wobei zu Nennbetragsaktien der Nennbetrag und zu Stückaktien der rechnerische Wert für jede von ihnen anzugeben ist;

7b. das Bestehen von Genussscheinen, Wandelschuldverschreibungen, Optionsscheinen, Optionen oder vergleichbaren Wertpapieren oder Rechten, aus denen das Mutterunternehmen verpflichtet ist, unter Angabe der Anzahl und der Rechte, die sie verbriefen;

8. für jedes in den Konzernabschluss einbezogene börsennotierte Unternehmen, dass die nach § 161 des Aktiengesetzes vorgeschriebene Erklärung abgegeben und wo sie öffentlich zugänglich gemacht worden ist;

9. das von dem Abschlussprüfer des Konzernabschlusses für das Geschäftsjahr berechnete Gesamthonorar, aufgeschlüsselt in das Honorar für

   a) die Abschlussprüfungsleistungen,

   b) andere Bestätigungsleistungen,

   c) Steuerberatungsleistungen,

   d) sonstige Leistungen;

10. für zu den Finanzanlagen (§ 266 Abs. 2 A. III.) gehörende Finanzinstrumente, die in der Konzernbilanz über ihrem beizulegenden Zeitwert ausgewiesen werden, da eine außerplanmäßige Abschreibung gemäß § 253 Absatz 3 Satz 6 unterblieben ist,

    a) der Buchwert und der beizulegende Zeitwert der einzelnen Vermögensgegenstände oder angemessener Gruppierungen sowie

    b) die Gründe für das Unterlassen der Abschreibung einschließlich der Anhaltspunkte, die darauf hindeuten, dass die Wertminderung voraussichtlich nicht von Dauer ist;

11. für jede Kategorie nicht zum beizulegenden Zeitwert bilanzierter derivativer Finanzinstrumente

    a) deren Art und Umfang,

    b) deren beizulegender Zeitwert, soweit er sich nach § 255 Abs. 4 verlässlich ermitteln lässt, unter Angabe der angewandten Bewertungsmethode,

    c) deren Buchwert und der Bilanzposten, in welchem der Buchwert, soweit vorhanden, erfasst ist, sowie

    d) die Gründe dafür, warum der beizulegende Zeitwert nicht bestimmt werden kann;

12. für mit dem beizulegenden Zeitwert bewertete Finanzinstrumente

    a) die grundlegenden Annahmen, die der Bestimmung des beizulegenden Zeitwertes mit Hilfe allgemein anerkannter Bewertungsmethoden zugrunde gelegt wurden, sowie

    b) Umfang und Art jeder Kategorie derivativer Finanzinstrumente einschließlich der wesentlichen Bedingungen, welche die Höhe, den Zeitpunkt und die Sicherheit künftiger Zahlungsströme beeinflussen können;

13. zumindest die nicht zu marktüblichen Bedingungen zustande gekommenen Geschäfte des Mutterunternehmens und seiner Tochterunternehmen, soweit sie wesentlich sind, mit nahe stehenden Unternehmen und Personen, einschließlich Angaben zur Art der Beziehung, zum Wert der Geschäfte sowie weiterer Angaben, die für die Beurteilung der Finanzlage des Konzerns notwendig sind; ausgenommen sind Geschäfte zwischen in einen Konzernabschluss einbezogenen nahestehenden Unternehmen, wenn diese Geschäfte bei der Konsolidierung weggelassen werden; Angaben über Geschäfte können nach Geschäftsarten zusammengefasst werden, sofern die getrennte Angabe für die Beurteilung der Auswirkungen auf die Finanzlage des Konzerns nicht notwendig ist;

14. im Fall der Aktivierung nach § 248 Abs. 2 der Gesamtbetrag der Forschungs- und Entwicklungskosten des Geschäftsjahres der in den Konzernabschluss einbezogenen Unternehmen sowie der davon auf die selbst geschaffenen immateriellen Vermögensgegenstände des Anlagevermögens entfallende Betrag;
15. bei Anwendung des § 254 im Konzernabschluss,
    a) mit welchem Betrag jeweils Vermögensgegenstände, Schulden, schwebende Geschäfte und mit hoher Wahrscheinlichkeit erwartete Transaktionen zur Absicherung welcher Risiken in welche Arten von Bewertungseinheiten einbezogen sind sowie die Höhe der mit Bewertungseinheiten abgesicherten Risiken;
    b) für die jeweils abgesicherten Risiken, warum, in welchem Umfang und für welchen Zeitraum sich die gegenläufigen Wertänderungen oder Zahlungsströme künftig voraussichtlich ausgleichen einschließlich der Methode der Ermittlung;
    c) eine Erläuterung der mit hoher Wahrscheinlichkeit erwarteten Transaktionen, die in Bewertungseinheiten einbezogen wurden,
    soweit die Angaben nicht im Konzernlagebericht gemacht werden;
16. zu den in der Konzernbilanz ausgewiesenen Rückstellungen für Pensionen und ähnliche Verpflichtungen das angewandte versicherungsmathematische Berechnungsverfahren sowie die grundlegenden Annahmen der Berechnung, wie Zinssatz, erwartete Lohn- und Gehaltssteigerungen und zugrunde gelegte Sterbetafeln;
17. im Fall der Verrechnung von in der Konzernbilanz ausgewiesenen Vermögensgegenständen und Schulden nach § 246 Abs. 2 Satz 2 die Anschaffungskosten und der beizulegende Zeitwert der verrechneten Vermögensgegenstände, der Erfüllungsbetrag der verrechneten Schulden sowie die verrechneten Aufwendungen und Erträge; Nummer 12 Buchstabe a ist entsprechend anzuwenden;
18. zu den in der Konzernbilanz ausgewiesenen Anteilen an Sondervermögen im Sinn des § 1 Absatz 10 des Kapitalanlagegesetzbuchs oder Anlageaktien an Investmentaktiengesellschaften mit veränderlichem Kapital im Sinn der §§ 108 bis 123 des Kapitalanlagegesetzbuchs oder vergleichbaren EU-Investmentvermögen oder vergleichbaren ausländischen Investmentvermögen von mehr als dem zehnten Teil, aufgegliedert nach Anlagezielen, deren Wert im Sinn der §§ 168, 278 des Kapitalanlagegesetzbuchs oder des § 36 des Investmentgesetzes in der bis zum 21. Juli 2013 geltenden Fassung oder vergleichbarer ausländischer Vorschriften über die Ermittlung des Marktwertes, die Differenz zum Buchwert und die für das Geschäftsjahr erfolgte Ausschüttung sowie Beschränkungen in der Möglichkeit der täglichen Rückgabe; darüber hinaus die Gründe dafür, dass eine Abschreibung gemäß § 253 Absatz 3 Satz 6 unterblieben ist, einschließlich der Anhaltspunkte, die darauf hindeuten, dass die Wertminderung voraussichtlich nicht von Dauer ist; Nummer 10 ist insoweit nicht anzuwenden;
19. für nach § 268 Abs. 7 im Konzernanhang ausgewiesene Verbindlichkeiten und Haftungsverhältnisse die Gründe der Einschätzung des Risikos der Inanspruchnahme;
20. jeweils eine Erläuterung des Zeitraums, über den ein entgeltlich erworbener Geschäfts- oder Firmenwert abgeschrieben wird;
21. auf welchen Differenzen oder steuerlichen Verlustvorträgen die latenten Steuern beruhen und mit welchen Steuersätzen die Bewertung erfolgt ist;
22. wenn latente Steuerschulden in der Konzernbilanz angesetzt werden, die latenten Steuersalden am Ende des Geschäftsjahrs und die im Laufe des Geschäftsjahrs erfolgten Änderungen dieser Salden;
23. jeweils den Betrag und die Art der einzelnen Erträge und Aufwendungen von außergewöhnlicher Größenordnung oder außergewöhnlicher Bedeutung, soweit die Beträge nicht von untergeordneter Bedeutung sind;
24. eine Erläuterung der einzelnen Erträge und Aufwendungen hinsichtlich ihres Betrages und ihrer Art, die einem anderen Konzerngeschäftsjahr zuzurechnen sind, soweit die Beträge für

die Beurteilung der Vermögens-, Finanz- und Ertragslage des Konzerns nicht von untergeordneter Bedeutung sind;
25. Vorgänge von besonderer Bedeutung, die nach dem Schluss des Konzerngeschäftsjahrs eingetreten und weder in der Konzern-Gewinn- und Verlustrechnung noch in der Konzernbilanz berücksichtigt sind, unter Angabe ihrer Art und ihrer finanziellen Auswirkungen;
26. der Vorschlag für die Verwendung des Ergebnisses des Mutterunternehmens oder gegebenenfalls der Beschluss über die Verwendung des Ergebnisses des Mutterunternehmens.

(2) Mutterunternehmen, die den Konzernabschluss um eine Segmentberichterstattung erweitern (§ 297 Abs. 1 Satz 2), sind von der Angabepflicht gemäß Absatz 1 Nr. 3 befreit.

(3) Für die Angabepflicht gemäß Absatz 1 Nummer 6 Buchstabe a und b gilt § 286 Absatz 4 entsprechend.

Neunter Titel: Konzernlagebericht

§ 315 Inhalt des Konzernlageberichts[1)]

(1) [1]Im Konzernlagebericht sind der Geschäftsverlauf einschließlich des Geschäftsergebnisses und die Lage des Konzerns so darzustellen, dass ein den tatsächlichen Verhältnissen entsprechendes Bild vermittelt wird. [2]Er hat eine ausgewogene und umfassende, dem Umfang und der Komplexität der Geschäftstätigkeit entsprechende Analyse des Geschäftsverlaufs und der Lage des Konzerns zu enthalten. [3]In die Analyse sind die für die Geschäftstätigkeit bedeutsamsten finanziellen Leistungsindikatoren einzubeziehen und unter Bezugnahme auf die im Konzernabschluss ausgewiesenen Beträge und Angaben zu erläutern. [4]Ferner ist im Konzernlagebericht die voraussichtliche Entwicklung mit ihren wesentlichen Chancen und Risiken zu beurteilen und zu erläutern; zugrunde liegende Annahmen sind anzugeben. [5]Die Mitglieder des vertretungsberechtigten Organs eines Mutterunternehmens, das als Inlandsemittent (§ 2 Absatz 14 des Wertpapierhandelsgesetzes) Wertpapiere (§ 2 Absatz 1 des Wertpapierhandelsgesetzes) begibt und keine Kapitalgesellschaft im Sinne des § 327a ist, haben in einer dem Konzernlagebericht beizufügenden schriftlichen Erklärung zu versichern, dass im Konzernlagebericht nach bestem Wissen der Geschäftsverlauf einschließlich des Geschäftsergebnisses und die Lage des Konzerns so dargestellt sind, dass ein den tatsächlichen Verhältnissen entsprechendes Bild vermittelt wird und dass die wesentlichen Chancen und Risiken im Sinne des Satzes 4 beschrieben sind.

(2) [1]Im Konzernlagebericht ist auch einzugehen auf:
1. a) die Risikomanagementziele und -methoden des Konzerns einschließlich seiner Methoden zur Absicherung aller wichtigen Arten von Transaktionen, die im Rahmen der Bilanzierung von Sicherungsgeschäften erfasst werden, sowie

    b) die Preisänderungs-, Ausfall- und Liquiditätsrisiken sowie die Risiken aus Zahlungsstromschwankungen, denen der Konzern ausgesetzt ist,

    jeweils in Bezug auf die Verwendung von Finanzinstrumenten durch den Konzern und sofern dies für die Beurteilung der Lage oder der voraussichtlichen Entwicklung von Belang ist;
2. den Bereich Forschung und Entwicklung des Konzerns und
3. für das Verständnis der Lage des Konzerns wesentliche Zweigniederlassungen der insgesamt in den Konzernabschluss einbezogenen Unternehmen.

[2]Ist das Mutterunternehmen eine Aktiengesellschaft, hat es im Konzernlagebericht auf die nach § 160 Absatz 1 Nummer 2 des Aktiengesetzes im Anhang zu machenden Angaben zu verweisen.

---

1) **Anm. d. Red.:** § 315 i. d. F. des Gesetzes v. 12.8.2020 (BGBl I S. 1874) mit Wirkung v. 19.8.2020. – Zur Anwendung siehe Art. 84 EGHGB.

(3) Absatz 1 Satz 3 gilt entsprechend für nichtfinanzielle Leistungsindikatoren, wie Informationen über Umwelt- und Arbeitnehmerbelange, soweit sie für das Verständnis des Geschäftsverlaufs oder der Lage des Konzerns von Bedeutung sind.

(4) Ist das Mutterunternehmen oder ein in den Konzernabschluss einbezogenes Tochterunternehmen kapitalmarktorientiert im Sinne des § 264d, ist im Konzernlagebericht auch auf die wesentlichen Merkmale des internen Kontroll- und Risikomanagementsystems im Hinblick auf den Konzernrechnungslegungsprozess einzugehen.

(5) § 298 Absatz 2 über die Zusammenfassung von Konzernanhang und Anhang ist entsprechend anzuwenden.

§ 315a Ergänzende Vorschriften für bestimmte Aktiengesellschaften und Kommanditgesellschaften auf Aktien[1]

(1) ¹Mutterunternehmen (§ 290), die einen organisierten Markt im Sinne des § 2 Absatz 7 des Wertpapiererwerbs- und Übernahmegesetzes durch von ihnen ausgegebene stimmberechtigte Aktien in Anspruch nehmen, haben im Konzernlagebericht außerdem anzugeben:

1. die Zusammensetzung des gezeichneten Kapitals unter gesondertem Ausweis der mit jeder Gattung verbundenen Rechte und Pflichten und des Anteils am Gesellschaftskapital;
2. Beschränkungen, die Stimmrechte oder die Übertragung von Aktien betreffen, auch wenn sie sich aus Vereinbarungen zwischen Gesellschaftern ergeben können, soweit die Beschränkungen dem Vorstand der Gesellschaft bekannt sind;
3. direkte oder indirekte Beteiligungen am Kapital, die 10 Prozent der Stimmrechte überschreiten;
4. die Inhaber von Aktien mit Sonderrechten, die Kontrollbefugnisse verleihen, und eine Beschreibung dieser Sonderrechte;
5. die Art der Stimmrechtskontrolle, wenn Arbeitnehmer am Kapital beteiligt sind und ihre Kontrollrechte nicht unmittelbar ausüben;
6. die gesetzlichen Vorschriften und Bestimmungen der Satzung über die Ernennung und Abberufung der Mitglieder des Vorstands und über die Änderung der Satzung;
7. die Befugnisse des Vorstands insbesondere hinsichtlich der Möglichkeit, Aktien auszugeben oder zurückzukaufen;
8. wesentliche Vereinbarungen des Mutterunternehmens, die unter der Bedingung eines Kontrollwechsels infolge eines Übernahmeangebots stehen, und die hieraus folgenden Wirkungen;
9. Entschädigungsvereinbarungen des Mutterunternehmens, die für den Fall eines Übernahmeangebots mit den Mitgliedern des Vorstands oder mit Arbeitnehmern getroffen sind.

²Die Angaben nach Satz 1 Nummer 1, 3 und 9 können unterbleiben, soweit sie im Konzernanhang zu machen sind. ³Sind Angaben nach Satz 1 im Konzernanhang zu machen, ist im Konzernlagebericht darauf zu verweisen. ⁴Die Angaben nach Satz 1 Nummer 8 können unterbleiben, soweit sie geeignet sind, dem Mutterunternehmen einen erheblichen Nachteil zuzufügen; die Angabepflicht nach anderen gesetzlichen Vorschriften bleibt unberührt.

(2) (weggefallen)

---

[1] **Anm. d. Red.:** § 315a i. d. F. des Gesetzes v. 12.12.2019 (BGBl I S. 2637) mit Wirkung v. 1.1.2020. – Zur Anwendung siehe Art. 83 Abs. 1 EGHGB.

§ 315b Pflicht zur nichtfinanziellen Konzernerklärung; Befreiungen[1]

(1) ¹Eine Kapitalgesellschaft, die Mutterunternehmen (§ 290) ist, hat ihren Konzernlagebericht um eine nichtfinanzielle Konzernerklärung zu erweitern, wenn die folgenden Merkmale erfüllt sind:
1. die Kapitalgesellschaft ist kapitalmarktorientiert im Sinne des § 264d,
2. für die in den Konzernabschluss einzubeziehenden Unternehmen gilt:
   a) sie erfüllen die in § 293 Absatz 1 Satz 1 Nummer 1 oder 2 geregelten Voraussetzungen für eine größenabhängige Befreiung nicht und
   b) bei ihnen sind insgesamt im Jahresdurchschnitt mehr als 500 Arbeitnehmer beschäftigt.

²§ 267 Absatz 4 bis 5 sowie § 298 Absatz 2 sind entsprechend anzuwenden. ³Wenn die nichtfinanzielle Konzernerklärung einen besonderen Abschnitt des Konzernlageberichts bildet, darf die Kapitalgesellschaft auf die an anderer Stelle im Konzernlagebericht enthaltenen nichtfinanziellen Angaben verweisen.

(2) ¹Ein Mutterunternehmen im Sinne des Absatzes 1 ist unbeschadet anderer Befreiungsvorschriften von der Pflicht zur Erweiterung des Konzernlageberichts um eine nichtfinanzielle Konzernerklärung befreit, wenn
1. das Mutterunternehmen zugleich ein Tochterunternehmen ist, das in den Konzernlagebericht eines anderen Mutterunternehmens einbezogen ist, und
2. der Konzernlagebericht nach Nummer 1 nach Maßgabe des nationalen Rechts eines Mitgliedstaats der Europäischen Union oder eines anderen Vertragsstaats des Abkommens über den Europäischen Wirtschaftsraum im Einklang mit der Richtlinie 2013/34/EU aufgestellt wird und eine nichtfinanzielle Konzernerklärung enthält.

²Satz 1 gilt entsprechend, wenn das andere Mutterunternehmen im Sinne des Satzes 1 einen gesonderten nichtfinanziellen Konzernbericht nach Absatz 3 oder nach Maßgabe des nationalen Rechts eines Mitgliedstaats der Europäischen Union oder eines anderen Vertragsstaats des Abkommens über den Europäischen Wirtschaftsraum im Einklang mit der Richtlinie 2013/34/EU erstellt und öffentlich zugänglich macht. ³Ist ein Mutterunternehmen nach Satz 1 oder 2 von der Pflicht zur Erstellung einer nichtfinanziellen Konzernerklärung befreit, hat es dies in seinem Konzernlagebericht mit der Erläuterung anzugeben, welches andere Mutterunternehmen den Konzernlagebericht oder den gesonderten nichtfinanziellen Konzernbericht öffentlich zugänglich macht und wo der Bericht in deutscher oder englischer Sprache offengelegt oder veröffentlicht ist.

(3) ¹Ein Mutterunternehmen im Sinne des Absatzes 1 ist auch dann von der Pflicht zur Erweiterung des Konzernlageberichts um eine nichtfinanzielle Konzernerklärung befreit, wenn das Mutterunternehmen für dasselbe Geschäftsjahr einen gesonderten nichtfinanziellen Konzernbericht außerhalb des Konzernlageberichts erstellt und folgende Voraussetzungen erfüllt:
1. der gesonderte nichtfinanzielle Konzernbericht erfüllt zumindest die inhaltlichen Vorgaben nach § 315c in Verbindung mit § 289c und
2. das Mutterunternehmen macht den gesonderten nichtfinanziellen Konzernbericht öffentlich zugänglich durch
   a) Offenlegung zusammen mit dem Konzernlagebericht nach § 325 oder
   b) Veröffentlichung auf der Internetseite des Mutterunternehmens spätestens vier Monate nach dem Abschlussstichtag und mindestens für zehn Jahre, sofern der Konzernlagebericht auf diese Veröffentlichung unter Angabe der Internetseite Bezug nimmt.

²Absatz 1 Satz 3, die §§ 289d und 289e sowie § 298 Absatz 2 sind auf den gesonderten nichtfinanziellen Konzernbericht entsprechend anzuwenden.

---

1) **Anm. d. Red.:** § 315b i. d. F. des Gesetzes v. 11.4.2017 (BGBl I S. 802) mit Wirkung v. 1.1.2019. – Zur Anwendung siehe Art. 81 EGHGB.

XII. Handelsgesetzbuch §§ 315c – 315e

(4) Ist die nichtfinanzielle Konzernerklärung oder der gesonderte nichtfinanzielle Konzernbericht inhaltlich überprüft worden, ist auch die Beurteilung des Prüfungsergebnisses in gleicher Weise wie die nichtfinanzielle Konzernerklärung oder der gesonderte nichtfinanzielle Konzernbericht öffentlich zugänglich zu machen.

§ 315c Inhalt der nichtfinanziellen Konzernerklärung[1)]

(1) Auf den Inhalt der nichtfinanziellen Konzernerklärung ist § 289c entsprechend anzuwenden.

(2) § 289c Absatz 3 gilt mit der Maßgabe, dass diejenigen Angaben zu machen sind, die für das Verständnis des Geschäftsverlaufs, des Geschäftsergebnisses, der Lage des Konzerns sowie der Auswirkungen seiner Tätigkeit auf die in § 289c Absatz 2 genannten Aspekte erforderlich sind.

(3) Die §§ 289d und 289e sind entsprechend anzuwenden.

§ 315d Konzernerklärung zur Unternehmensführung[2)]

¹Ein Mutterunternehmen, das eine Gesellschaft im Sinne des § 289f Absatz 1 oder Absatz 3 ist, hat für den Konzern eine Erklärung zur Unternehmensführung zu erstellen und als gesonderten Abschnitt in den Konzernlagebericht aufzunehmen. ²§ 289f ist entsprechend anzuwenden.

Zehnter Titel: Konzernabschluss nach internationalen Rechnungslegungsstandards[3)]

§ 315e Konzernabschluss nach internationalen Rechnungslegungsstandards[4)]

(1) Ist ein Mutterunternehmen, das nach den Vorschriften des Ersten Titels einen Konzernabschluss aufzustellen hat, nach Artikel 4 der Verordnung (EG) Nr. 1606/2002 des Europäischen Parlaments und des Rates vom 19. Juli 2002 in der jeweils geltenden Fassung verpflichtet, die nach den Artikeln 2, 3 und 6 der genannten Verordnung übernommenen internationalen Rechnungslegungsstandards anzuwenden, so sind von den Vorschriften des Zweiten bis Achten Titels nur § 294 Abs. 3, § 297 Absatz 1a, 2 Satz 4, § 298 Abs. 1, dieser jedoch nur in Verbindung mit den §§ 244 und 245, ferner § 313 Abs. 2 und 3, § 314 Abs. 1 Nr. 4, 6, 8 und 9, Absatz 3 sowie die Bestimmungen des Neunten Titels und die Vorschriften außerhalb dieses Unterabschnitts, die den Konzernabschluss oder den Konzernlagebericht betreffen, entsprechend anzuwenden.

(2) Mutterunternehmen, die nicht unter Absatz 1 fallen, haben ihren Konzernabschluss nach den dort genannten internationalen Rechnungslegungsstandards und Vorschriften aufzustellen, wenn für sie bis zum jeweiligen Bilanzstichtag die Zulassung eines Wertpapiers im Sinne des § 2 Absatz 1 des Wertpapierhandelsgesetzes zum Handel an einem organisierten Markt im Sinne des § 2 Absatz 11 des Wertpapierhandelsgesetzes im Inland beantragt worden ist.

(3) ¹Mutterunternehmen, die nicht unter Absatz 1 oder 2 fallen, dürfen ihren Konzernabschluss nach den in Absatz 1 genannten internationalen Rechnungslegungsstandards und Vorschriften aufstellen. ²Ein Unternehmen, das von diesem Wahlrecht Gebrauch macht, hat die in Absatz 1 genannten Standards und Vorschriften vollständig zu befolgen.

---

1) **Anm. d. Red.:** § 315c eingefügt gem. Gesetz v. 11. 4. 2017 (BGBl I S. 802) mit Wirkung v. 19. 4. 2017. – Zur Anwendung siehe Art. 80 EGHGB.
2) **Anm. d. Red.:** § 315d eingefügt gem. Gesetz v. 11. 4. 2017 (BGBl I S. 802) mit Wirkung v. 19. 4. 2017. – Zur Anwendung siehe Art. 80 EGHGB.
3) **Anm. d. Red.:** Zehnter Titel eingefügt gem. Gesetz v. 4. 12. 2004 (BGBl I S. 3166) mit Wirkung v. 10. 12. 2004.
4) **Anm. d. Red.:** § 315e i. d. F. des Gesetzes v. 10.7.2018 (BGBl I S. 1102) mit Wirkung v. 14.7.2018.

Dritter Unterabschnitt: Prüfung

§ 316 Pflicht zur Prüfung[1]

(1) ¹Der Jahresabschluss und der Lagebericht von Kapitalgesellschaften, die nicht kleine im Sinne des § 267 Abs. 1 sind, sind durch einen Abschlussprüfer zu prüfen. ²Hat keine Prüfung stattgefunden, so kann der Jahresabschluss nicht festgestellt werden.

(2) ¹Der Konzernabschluss und der Konzernlagebericht von Kapitalgesellschaften sind durch einen Abschlussprüfer zu prüfen. ²Hat keine Prüfung stattgefunden, so kann der Konzernabschluss nicht gebilligt werden.

(3) ¹Werden der Jahresabschluss, der Konzernabschluss, der Lagebericht oder der Konzernlagebericht nach Vorlage des Prüfungsberichts geändert, so hat der Abschlussprüfer diese Unterlagen erneut zu prüfen, soweit es die Änderung erfordert. ²Über das Ergebnis der Prüfung ist zu berichten; der Bestätigungsvermerk ist entsprechend zu ergänzen. ³Die Sätze 1 und 2 gelten entsprechend für diejenige Wiedergabe des Jahresabschlusses, des Lageberichts, des Konzernabschlusses und des Konzernlageberichts, welche eine Kapitalgesellschaft, die als Inlandsemittent (§ 2 Absatz 14 des Wertpapierhandelsgesetzes) Wertpapiere (§ 2 Absatz 1 des Wertpapierhandelsgesetzes) begibt und keine Kapitalgesellschaft im Sinne des § 327a ist, für Zwecke der Offenlegung erstellt hat.

§ 317 Gegenstand und Umfang der Prüfung[2]

(1) ¹In die Prüfung des Jahresabschlusses ist die Buchführung einzubeziehen. ²Die Prüfung des Jahresabschlusses und des Konzernabschlusses hat sich darauf zu erstrecken, ob die gesetzlichen Vorschriften und sie ergänzende Bestimmungen des Gesellschaftsvertrags oder der Satzung beachtet worden sind. ³Die Prüfung ist so anzulegen, dass Unrichtigkeiten und Verstöße gegen die in Satz 2 aufgeführten Bestimmungen, die sich auf die Darstellung des sich nach § 264 Abs. 2 ergebenden Bildes der Vermögens-, Finanz- und Ertragslage des Unternehmens wesentlich auswirken, bei gewissenhafter Berufsausübung erkannt werden.

(2) ¹Der Lagebericht und der Konzernlagebericht sind darauf zu prüfen, ob der Lagebericht mit dem Jahresabschluss, gegebenenfalls auch mit dem Einzelabschluss nach § 325 Abs. 2a, und der Konzernlagebericht mit dem Konzernabschluss sowie mit den bei der Prüfung gewonnenen Erkenntnissen des Abschlussprüfers in Einklang stehen und ob der Lagebericht insgesamt ein zutreffendes Bild von der Lage des Unternehmens und der Konzernlagebericht insgesamt ein zutreffendes Bild von der Lage des Konzerns vermittelt. ²Dabei ist auch zu prüfen, ob die Chancen und Risiken der künftigen Entwicklung zutreffend dargestellt sind. ³Die Prüfung des Lageberichts und des Konzernlageberichts hat sich auch darauf zu erstrecken, ob die gesetzlichen Vorschriften zur Aufstellung des Lage- oder Konzernlageberichts beachtet worden sind. ⁴Im Hinblick auf die Vorgaben nach den §§ 289b bis 289e und den §§ 315b und 315c ist nur zu prüfen, ob die nichtfinanzielle Erklärung oder der gesonderte nichtfinanzielle Bericht, die nichtfinanzielle Konzernerklärung oder der gesonderte nichtfinanzielle Konzernbericht vorgelegt wurde. ⁵Im Fall des § 289b Absatz 3 Satz 1 Nummer 2 Buchstabe b ist vier Monate nach dem Abschlussstichtag eine ergänzende Prüfung durch denselben Abschlussprüfer durchzuführen, ob der gesonderte nichtfinanzielle Bericht oder der gesonderte nichtfinanzielle Konzernbericht vorgelegt wurde; § 316 Absatz 3 Satz 2 gilt entsprechend mit der Maßgabe, dass der Bestätigungsvermerk nur dann zu ergänzen ist, wenn der gesonderte nichtfinanzielle Bericht oder der gesonderte nichtfinanzielle Konzernbericht nicht innerhalb von vier Monaten nach dem Abschlussstichtag vorgelegt worden ist. ⁶Die Prüfung der Angaben nach § 289f Absatz 2 und 5 sowie § 315d ist darauf zu beschränken, ob die Angaben gemacht wurden.

---

1) **Anm. d. Red.:** § 316 i. d. F. des Gesetzes v. 12.8.2020 (BGBl I S. 1874) mit Wirkung v. 19.8.2020. – Zur Anwendung siehe Art. 84 EGHGB.

2) **Anm. d. Red.:** § 317 i. d. F. des Gesetzes v. 12.8.2020 (BGBl I S. 1874) mit Wirkung v. 19.8.2020. – Zur Anwendung siehe Art. 84 EGHGB.

(3) ¹Der Abschlussprüfer des Konzernabschlusses hat auch die im Konzernabschluss zusammengefassten Jahresabschlüsse, insbesondere die konsolidierungsbedingten Anpassungen, in entsprechender Anwendung des Absatzes 1 zu prüfen. ²Sind diese Jahresabschlüsse von einem anderen Abschlussprüfer geprüft worden, hat der Konzernabschlussprüfer dessen Arbeit zu überprüfen und dies zu dokumentieren.

(3a) Auf die Abschlussprüfung bei Unternehmen, die kapitalmarktorientiert im Sinne des § 264d sind, sind die Vorschriften dieses Unterabschnitts nur insoweit anzuwenden, als nicht die Verordnung (EU) Nr. 537/2014 des Europäischen Parlaments und des Rates vom 16. April 2014 über spezifische Anforderungen an die Abschlussprüfung bei Unternehmen von öffentlichem Interesse und zur Aufhebung des Beschlusses 2005/909/EG der Kommission (ABl L 158 vom 27. 5. 2014, S. 77, L 170 vom 11. 6. 2014, S. 66) anzuwenden ist.

(3b) ¹Bei einer Kapitalgesellschaft, die als Inlandsemittent (§ 2 Absatz 14 des Wertpapierhandelsgesetzes) Wertpapiere (§ 2 Absatz 1 des Wertpapierhandelsgesetzes) begibt und keine Kapitalgesellschaft im Sinne des § 327a ist, hat der Abschlussprüfer im Rahmen der Prüfung auch zu beurteilen, ob die für Zwecke der Offenlegung erstellte Wiedergabe des Jahresabschlusses und die für Zwecke der Offenlegung erstellte Wiedergabe des Lageberichts den Vorgaben des § 328 Absatz 1 entsprechen. ²Bei einer Kapitalgesellschaft im Sinne des Satzes 1 hat der Abschlussprüfer des Konzernabschlusses im Rahmen der Prüfung auch zu beurteilen, ob die für Zwecke der Offenlegung erstellte Wiedergabe des Konzernabschlusses und die für Zwecke der Offenlegung erstellte Wiedergabe des Konzernlageberichts den Vorgaben des § 328 Absatz 1 entsprechen.

(4) Bei einer börsennotierten Aktiengesellschaft ist außerdem im Rahmen der Prüfung zu beurteilen, ob der Vorstand die ihm nach § 91 Abs. 2 des Aktiengesetzes obliegenden Maßnahmen in einer geeigneten Form getroffen hat und ob das danach einzurichtende Überwachungssystem seine Aufgaben erfüllen kann.

(4a) Soweit nichts anderes bestimmt ist, hat die Prüfung sich nicht darauf zu erstrecken, ob der Fortbestand des geprüften Unternehmens oder die Wirksamkeit und Wirtschaftlichkeit der Geschäftsführung zugesichert werden kann.

(5) Bei der Durchführung einer Prüfung hat der Abschlussprüfer die internationalen Prüfungsstandards anzuwenden, die von der Europäischen Kommission in dem Verfahren nach Artikel 26 Absatz 3 der Richtlinie 2006/43/EG des Europäischen Parlaments und des Rates vom 17. Mai 2006 über Abschlussprüfungen von Jahresabschlüssen und konsolidierten Abschlüssen, zur Änderung der Richtlinien 78/660/EWG und 83/349/EWG des Rates und zur Aufhebung der Richtlinie 84/253/EWG des Rates (ABl EU Nr. L 157 S. 87), die zuletzt durch die Richtlinie 2014/56/EU (ABl L 158 vom 27. 5. 2014, S. 196) geändert worden ist, angenommen worden sind.

(6) Das Bundesministerium der Justiz und für Verbraucherschutz wird ermächtigt, im Einvernehmen mit dem Bundesministerium für Wirtschaft und Energie durch Rechtsverordnung, die nicht der Zustimmung des Bundesrates bedarf, zusätzlich zu den bei der Durchführung der Abschlussprüfung nach Absatz 5 anzuwendenden internationalen Prüfungsstandards weitere Abschlussprüfungsanforderungen vorzuschreiben, wenn dies durch den Umfang der Abschlussprüfung bedingt ist und den in den Absätzen 1 bis 4 genannten Prüfungszielen dient.

§ 318 Bestellung und Abberufung des Abschlussprüfers[1)]

(1) ¹Der Abschlussprüfer des Jahresabschlusses wird von den Gesellschaftern gewählt; den Abschlussprüfer des Konzernabschlusses wählen die Gesellschafter des Mutterunternehmens. ²Bei Gesellschaften mit beschränkter Haftung und bei offenen Handelsgesellschaften und Kommanditgesellschaften im Sinne des § 264a Abs. 1 kann der Gesellschaftsvertrag etwas anderes bestimmen. ³Der Abschlussprüfer soll jeweils vor Ablauf des Geschäftsjahrs gewählt werden, auf das sich seine Prüfungstätigkeit erstreckt. ⁴Die gesetzlichen Vertreter, bei Zuständigkeit des Aufsichtsrats dieser, haben unverzüglich nach der Wahl den Prüfungsauftrag zu erteilen. ⁵Der

---

1) **Anm. d. Red.:** § 318 i. d. F. des Gesetzes v. 10. 5. 2016 (BGBl I S. 1142) mit Wirkung v. 17. 6. 2016.

§ 318 XII. Handelsgesetzbuch

Prüfungsauftrag kann nur widerrufen werden, wenn nach Absatz 3 ein anderer Prüfer bestellt worden ist.

(1a) ¹Die Höchstlaufzeit des Prüfungsmandats nach Artikel 17 Absatz 1 Unterabsatz 2 der Verordnung (EU) Nr. 537/2014 verlängert sich auf 20 Jahre, wenn der Wahl für das elfte Geschäftsjahr in Folge, auf das sich die Prüfungstätigkeit des Abschlussprüfers erstreckt, ein im Einklang mit Artikel 16 Absatz 2 bis 5 der Verordnung (EU) Nr. 537/2014 durchgeführtes Auswahl- und Vorschlagsverfahren vorausgeht. ²Werden ab dem in Satz 1 genannten elften Geschäftsjahr mehrere Wirtschaftsprüfer oder Wirtschaftsprüfungsgesellschaften gemeinsam zum Abschlussprüfer bestellt, verlängert sich die Höchstlaufzeit des Prüfungsmandats gemäß Artikel 17 Absatz 1 Unterabsatz 2 der Verordnung (EU) Nr. 537/2014 auf 24 Jahre.

(1b) Eine Vereinbarung, die die Wahlmöglichkeiten nach Absatz 1 auf bestimmte Kategorien oder Listen von Prüfern oder Prüfungsgesellschaften beschränkt, ist nichtig.

(2) ¹Als Abschlussprüfer des Konzernabschlusses gilt, wenn kein anderer Prüfer bestellt wird, der Prüfer als bestellt, der für die Prüfung des in den Konzernabschluss einbezogenen Jahresabschlusses des Mutterunternehmens bestellt worden ist. ²Erfolgt die Einbeziehung aufgrund eines Zwischenabschlusses, so gilt, wenn kein anderer Prüfer bestellt wird, der Prüfer als bestellt, der für die Prüfung des letzten vor dem Konzernabschlussstichtag aufgestellten Jahresabschlusses des Mutterunternehmens bestellt worden ist.

(3) ¹Auf Antrag der gesetzlichen Vertreter, des Aufsichtsrats oder von Gesellschaftern, deren Anteile bei Antragstellung zusammen den zwanzigsten Teil der Stimmrechte oder des Grundkapitals oder einen Börsenwert von 500 000 Euro erreichen, hat das Gericht nach Anhörung der Beteiligten und des gewählten Prüfers einen anderen Abschlussprüfer zu bestellen, wenn

1. dies aus einem in der Person des gewählten Prüfers liegenden Grund geboten erscheint, insbesondere, wenn ein Ausschlussgrund nach § 319 Absatz 2 bis 5 oder nach den §§ 319a und 319b besteht oder ein Verstoß gegen Artikel 5 Absatz 4 Unterabsatz 1 oder Absatz 5 Unterabsatz 2 Satz 2 der Verordnung (EU) Nr. 537/2014 vorliegt, oder
2. die Vorschriften zur Bestellung des Prüfers nach Artikel 16 der Verordnung (EU) Nr. 537/2014 oder die Vorschriften zur Laufzeit des Prüfungsmandats nach Artikel 17 der Verordnung (EU) Nr. 527/2014 nicht eingehalten worden sind.

²Der Antrag ist binnen zwei Wochen nach dem Tag der Wahl des Abschlussprüfers zu stellen; Aktionäre können den Antrag nur stellen, wenn sie gegen die Wahl des Abschlussprüfers bei der Beschlussfassung Widerspruch erklärt haben. ³Wird ein Befangenheitsgrund erst nach der Wahl bekannt oder tritt ein Befangenheitsgrund erst nach der Wahl ein, ist der Antrag binnen zwei Wochen nach dem Tag zu stellen, an dem der Antragsberechtigte Kenntnis von den befangenheitsbegründenden Umständen erlangt hat oder ohne grobe Fahrlässigkeit hätte erlangen müssen. ⁴Stellen Aktionäre den Antrag, so haben sie glaubhaft zu machen, dass sie seit mindestens drei Monaten vor dem Tag der Wahl des Abschlussprüfers Inhaber der Aktien sind. ⁵Zur Glaubhaftmachung genügt eine eidesstattliche Versicherung vor einem Notar. ⁶Unterliegt die Gesellschaft einer staatlichen Aufsicht, so kann auch die Aufsichtsbehörde den Antrag stellen. ⁷Der Antrag kann nach Erteilung des Bestätigungsvermerks, im Fall einer Nachtragsprüfung nach § 316 Abs. 3 nach Ergänzung des Bestätigungsvermerks nicht mehr gestellt werden. ⁸Gegen die Entscheidung ist die Beschwerde zulässig.

(4) ¹Ist der Abschlussprüfer bis zum Ablauf des Geschäftsjahrs nicht gewählt worden, so hat das Gericht auf Antrag der gesetzlichen Vertreter, des Aufsichtsrats oder eines Gesellschafters den Abschlussprüfer zu bestellen. ²Gleiches gilt, wenn ein gewählter Abschlussprüfer die Annahme des Prüfungsauftrags abgelehnt hat, weggefallen ist oder am rechtzeitigen Abschluss der Prüfung verhindert ist und ein anderer Abschlussprüfer nicht gewählt worden ist. ³Die gesetzlichen Vertreter sind verpflichtet, den Antrag zu stellen. ⁴Gegen die Entscheidung des Gerichts findet die Beschwerde statt; die Bestellung des Abschlussprüfers ist unanfechtbar.

(5) ¹Der vom Gericht bestellte Abschlussprüfer hat Anspruch auf Ersatz angemessener barer Auslagen und auf Vergütung für seine Tätigkeit. ²Die Auslagen und die Vergütung setzt das Gericht fest. ³Gegen die Entscheidung findet die Beschwerde statt; die Rechtsbeschwerde ist aus-

geschlossen. ⁴Aus der rechtskräftigen Entscheidung findet die Zwangsvollstreckung nach der Zivilprozessordnung statt.

(6) ¹Ein von dem Abschlussprüfer angenommener Prüfungsauftrag kann von dem Abschlussprüfer nur aus wichtigem Grund gekündigt werden. ²Als wichtiger Grund ist es nicht anzusehen, wenn Meinungsverschiedenheiten über den Inhalt des Bestätigungsvermerks, seine Einschränkung oder Versagung bestehen. ³Die Kündigung ist schriftlich zu begründen. ⁴Der Abschlussprüfer hat über das Ergebnis seiner bisherigen Prüfung zu berichten; § 321 ist entsprechend anzuwenden.

(7) ¹Kündigt der Abschlussprüfer den Prüfungsauftrag nach Absatz 6, so haben die gesetzlichen Vertreter die Kündigung dem Aufsichtsrat, der nächsten Hauptversammlung oder bei Gesellschaften mit beschränkter Haftung den Gesellschaftern mitzuteilen. ²Den Bericht des bisherigen Abschlussprüfers haben die gesetzlichen Vertreter unverzüglich dem Aufsichtsrat vorzulegen. ³Jedes Aufsichtsratsmitglied hat das Recht, von dem Bericht Kenntnis zu nehmen. ⁴Der Bericht ist auch jedem Aufsichtsratsmitglied oder, soweit der Aufsichtsrat dies beschlossen hat, den Mitgliedern eines Ausschusses auszuhändigen. ⁵Ist der Prüfungsauftrag vom Aufsichtsrat erteilt worden, obliegen die Pflichten der gesetzlichen Vertreter dem Aufsichtsrat einschließlich der Unterrichtung der gesetzlichen Vertreter.

(8) Die Wirtschaftsprüferkammer ist unverzüglich und schriftlich begründet durch den Abschlussprüfer und die gesetzlichen Vertreter der geprüften Gesellschaft von der Kündigung oder dem Widerruf des Prüfungsauftrages zu unterrichten.

§ 319 Auswahl der Abschlussprüfer und Ausschlussgründe[1]

(1) ¹Abschlussprüfer können Wirtschaftsprüfer und Wirtschaftsprüfungsgesellschaften sein. ²Abschlussprüfer von Jahresabschlüssen und Lageberichten mittelgroßer Gesellschaften mit beschränkter Haftung (§ 267 Abs. 2) oder von mittelgroßen Personenhandelsgesellschaften im Sinne des § 264a Abs. 1 können auch vereidigte Buchprüfer und Buchprüfungsgesellschaften sein. ³Die Abschlussprüfer nach den Sätzen 1 und 2 müssen über einen Auszug aus dem Berufsregister verfügen, aus dem sich ergibt, dass die Eintragung nach § 38 Nummer 1 Buchstabe h oder Nummer 2 Buchstabe f der Wirtschaftsprüferordnung vorgenommen worden ist; Abschlussprüfer, die erstmalig eine gesetzlich vorgeschriebene Abschlussprüfung nach § 316 des Handelsgesetzbuchs durchführen, müssen spätestens sechs Wochen nach Annahme eines Prüfungsauftrages über den Auszug aus dem Berufsregister verfügen. ⁴Die Abschlussprüfer sind während einer laufenden Abschlussprüfung verpflichtet, eine Löschung der Eintragung unverzüglich gegenüber der Gesellschaft anzuzeigen.

(2) Ein Wirtschaftsprüfer oder vereidigter Buchprüfer ist als Abschlussprüfer ausgeschlossen, wenn während des Geschäftsjahres, für dessen Schluss der zu prüfende Jahresabschluss aufgestellt wird, oder während der Abschlussprüfung Gründe, insbesondere Beziehungen geschäftlicher, finanzieller oder persönlicher Art, vorliegen, nach denen die Besorgnis der Befangenheit besteht.

(3) ¹Ein Wirtschaftsprüfer oder vereidigter Buchprüfer ist insbesondere von der Abschlussprüfung ausgeschlossen, wenn er oder eine Person, mit der er seinen Beruf gemeinsam ausübt,
1. Anteile oder andere nicht nur unwesentliche finanzielle Interessen an der zu prüfenden Kapitalgesellschaft oder eine Beteiligung an einem Unternehmen besitzt, das mit der zu prüfenden Kapitalgesellschaft verbunden ist oder von dieser mehr als zwanzig vom Hundert der Anteile besitzt;
2. gesetzlicher Vertreter, Mitglied des Aufsichtsrats oder Arbeitnehmer der zu prüfenden Kapitalgesellschaft oder eines Unternehmens ist, das mit der zu prüfenden Kapitalgesellschaft verbunden ist oder von dieser mehr als zwanzig vom Hundert der Anteile besitzt;

---

[1] **Anm. d. Red.:** § 319 i. d. F. des Gesetzes v. 10. 5. 2016 (BGBl I S. 1142) mit Wirkung v. 17. 6. 2016.

3. über die Prüfungstätigkeit hinaus bei der zu prüfenden oder für die zu prüfende Kapitalgesellschaft in dem zu prüfenden Geschäftsjahr oder bis zur Erteilung des Bestätigungsvermerks
   a) bei der Führung der Bücher oder der Aufstellung des zu prüfenden Jahresabschlusses mitgewirkt hat,
   b) bei der Durchführung der internen Revision in verantwortlicher Position mitgewirkt hat,
   c) Unternehmensleitungs- oder Finanzdienstleistungen erbracht hat oder
   d) eigenständige versicherungsmathematische oder Bewertungsleistungen erbracht hat, die sich auf den zu prüfenden Jahresabschluss nicht nur unwesentlich auswirken,

   sofern diese Tätigkeiten nicht von untergeordneter Bedeutung sind; dies gilt auch, wenn eine dieser Tätigkeiten von einem Unternehmen für die zu prüfende Kapitalgesellschaft ausgeübt wird, bei dem der Wirtschaftsprüfer oder vereidigte Buchprüfer gesetzlicher Vertreter, Arbeitnehmer, Mitglied des Aufsichtsrats oder Gesellschafter, der mehr als zwanzig vom Hundert der den Gesellschaftern zustehenden Stimmrechte besitzt, ist;
4. bei der Prüfung eine Person beschäftigt, die nach den Nummern 1 bis 3 nicht Abschlussprüfer sein darf;
5. in den letzten fünf Jahren jeweils mehr als dreißig vom Hundert der Gesamteinnahmen aus seiner beruflichen Tätigkeit von der zu prüfenden Kapitalgesellschaft und von Unternehmen, an denen die zu prüfende Kapitalgesellschaft mehr als zwanzig vom Hundert der Anteile besitzt, bezogen hat und dies auch im laufenden Geschäftsjahr zu erwarten ist; zur Vermeidung von Härtefällen kann die Wirtschaftsprüferkammer befristete Ausnahmegenehmigungen erteilen.

²Dies gilt auch, wenn der Ehegatte oder der Lebenspartner einen Ausschlussgrund nach Satz 1 Nr. 1, 2 oder 3 erfüllt.

(4) ¹Wirtschaftsprüfungsgesellschaften und Buchprüfungsgesellschaften sind von der Abschlussprüfung ausgeschlossen, wenn sie selbst, einer ihrer gesetzlichen Vertreter, ein Gesellschafter, der mehr als zwanzig vom Hundert der den Gesellschaftern zustehenden Stimmrechte besitzt, ein verbundenes Unternehmen, ein bei der Prüfung in verantwortlicher Position beschäftigter Gesellschafter oder eine andere von ihr beschäftigte Person, die das Ergebnis der Prüfung beeinflussen kann, nach Absatz 2 oder Absatz 3 ausgeschlossen sind. ²Satz 1 gilt auch, wenn ein Mitglied des Aufsichtsrats nach Absatz 3 Satz 1 Nr. 2 ausgeschlossen ist oder wenn mehrere Gesellschafter, die zusammen mehr als zwanzig vom Hundert der den Gesellschaftern zustehenden Stimmrechte besitzen, jeweils einzeln oder zusammen nach Absatz 2 oder Absatz 3 ausgeschlossen sind.

(5) Absatz 1 Satz 3 sowie die Absätze 2 bis 4 sind auf den Abschlussprüfer des Konzernabschlusses entsprechend anzuwenden.

§ 319a Besondere Ausschlussgründe bei Unternehmen von öffentlichem Interesse[1]

(1) ¹Ein Wirtschaftsprüfer ist über die in § 319 Abs. 2 und 3 genannten Gründe hinaus auch dann von der Abschlussprüfung eines Unternehmens, das kapitalmarktorientiert im Sinn des § 264d, das CRR-Kreditinstitut im Sinne des § 1 Absatz 3d Satz 1 des Kreditwesengesetzes, mit Ausnahme der in § 2 Absatz 1 Nummer 1 und 2 des Kreditwesengesetzes genannten Institute, oder das Versicherungsunternehmen im Sinne des Artikels 2 Absatz 1 der Richtlinie 91/674/EWG ist, ausgeschlossen, wenn er
1. (weggefallen)
2. in dem Geschäftsjahr, für dessen Schluss der zu prüfende Jahresabschluss aufzustellen ist, über die Prüfungstätigkeit hinaus Steuerberatungsleistungen im Sinne des Artikels 5 Absatz 1 Unterabsatz 2 Buchstabe a Ziffer i und iv bis vii der Verordnung (EU) Nr. 537/2014

---

1) **Anm. d. Red.:** § 319a i. d. F. des Gesetzes v. 10. 5. 2016 (BGBl I S. 1142) mit Wirkung v. 17. 6. 2016.

erbracht hat, die sich einzeln oder zusammen auf den zu prüfenden Jahresabschluss unmittelbar und nicht nur unwesentlich auswirken; eine nicht nur unwesentliche Auswirkung liegt insbesondere dann vor, wenn die Erbringung der Steuerberatungsleistungen im zu prüfenden Geschäftsjahr den für steuerliche Zwecke zu ermittelnden Gewinn im Inland erheblich gekürzt hat oder ein erheblicher Teil des Gewinns ins Ausland verlagert worden ist, ohne dass eine über die steuerliche Vorteilserlangung hinausgehende wirtschaftliche Notwendigkeit für das Unternehmen besteht, oder

3. in dem zu prüfenden Geschäftsjahr oder bis zur Erteilung des Bestätigungsvermerks über die Prüfungstätigkeit hinaus bei der zu prüfenden oder für die zu prüfende Kapitalgesellschaft Bewertungsleistungen im Sinne des Artikels 5 Absatz 1 Unterabsatz 2 Buchstabe f der Verordnung (EU) Nr. 537/2014 erbracht hat, die sich einzeln oder zusammen auf den zu prüfenden Jahresabschluss unmittelbar und nicht nur unwesentlich auswirken.

²§ 319 Abs. 3 Satz 1 Nr. 3 letzter Teilsatz, Satz 2 und Abs. 4 gilt für die in Satz 1 genannten Ausschlussgründe entsprechend. ³Satz 1 Nummer 2 und 3 gilt auch, wenn Personen, mit denen der Wirtschaftsprüfer seinen Beruf gemeinsam ausübt, die dort genannten Ausschlussgründe erfüllen; erbringt der Wirtschaftsprüfer Steuerberatungsleistungen im Sinne des Artikels 5 Absatz 1 Unterabsatz 2 Buchstabe a Ziffer i und iv bis vii der Verordnung (EU) Nr. 537/2014 oder Bewertungsleistungen im Sinne des Artikels 5 Absatz 1 Unterabsatz 2 Buchstabe f der Verordnung (EU) Nr. 537/2014, so hat er deren Auswirkungen auf den zu prüfenden Jahresabschluss im Prüfungsbericht darzustellen und zu erläutern. ⁴Verantwortlicher Prüfungspartner ist, wer den Bestätigungsvermerk nach § 322 unterzeichnet oder als Wirtschaftsprüfer von einer Wirtschaftsprüfungsgesellschaft als für die Durchführung einer Abschlussprüfung vorrangig verantwortlich bestimmt worden ist.

(1a) Auf Antrag des Abschlussprüfers kann die Abschlussprüferaufsichtsstelle beim Bundesamt für Wirtschaft und Ausfuhrkontrolle diesen von den Anforderungen des Artikels 4 Absatz 2 Unterabsatz 1 der Verordnung (EU) Nr. 537/2014 ausnahmsweise für höchstens ein Geschäftsjahr ausnehmen, allerdings nur bis zu 140 Prozent des Durchschnitts der in Artikel 4 Absatz 2 Unterabsatz 1 der Verordnung (EU) Nr. 537/2014 genannten Honorare.

(2) ¹Absatz 1 ist auf den Abschlussprüfer des Konzernabschlusses entsprechend anzuwenden. ²Als verantwortlicher Prüfungspartner gilt auf Konzernebene auch, wer als Wirtschaftsprüfer auf der Ebene bedeutender Tochterunternehmen als für die Durchführung von deren Abschlussprüfung vorrangig verantwortlich bestimmt worden ist.

(3) ¹Der Prüfungsausschuss des Unternehmens muss der Erbringung von Steuerberatungsleistungen im Sinne des Artikels 5 Absatz 1 Unterabsatz 2 Buchstabe a Ziffer i und iv bis vii der Verordnung (EU) Nr. 537/2014 durch den Abschlussprüfer vorher zustimmen. ²Falls das Unternehmen keinen Prüfungsausschuss eingerichtet hat, muss die Zustimmung durch seinen Aufsichts- oder Verwaltungsrat erfolgen.

§ 319b Netzwerk[1)]

(1) ¹Ein Abschlussprüfer ist von der Abschlussprüfung ausgeschlossen, wenn ein Mitglied seines Netzwerks einen Ausschlussgrund nach § 319 Abs. 2, 3 Satz 1 Nr. 1, 2 oder Nr. 4, Abs. 3 Satz 2 oder Abs. 4 erfüllt, es sei denn, dass das Netzwerkmitglied auf das Ergebnis der Abschlussprüfung keinen Einfluss nehmen kann. ²Er ist ausgeschlossen, wenn ein Mitglied seines Netzwerks einen Ausschlussgrund nach § 319 Abs. 3 Satz 1 Nr. 3 oder § 319a Abs. 1 Satz 1 Nr. 2 oder 3 erfüllt. ³Ein Netzwerk liegt vor, wenn Personen bei ihrer Berufsausübung zur Verfolgung gemeinsamer wirtschaftlicher Interessen für eine gewisse Dauer zusammenwirken.

(2) Absatz 1 ist auf den Abschlussprüfer des Konzernabschlusses entsprechend anzuwenden.

---

1) **Anm. d. Red.:** § 319b eingefügt gem. Gesetz v. 25. 5. 2009 (BGBl I S. 1102) mit Wirkung v. 29. 5. 2009.

§ 320 Vorlagepflicht, Auskunftsrecht[1]

(1) ¹Die gesetzlichen Vertreter der Kapitalgesellschaft haben dem Abschlussprüfer den Jahresabschluss, den Lagebericht und den gesonderten nichtfinanziellen Bericht unverzüglich nach der Aufstellung vorzulegen. ²Sie haben ihm zu gestatten, die Bücher und Schriften der Kapitalgesellschaft sowie die Vermögensgegenstände und Schulden, namentlich die Kasse und die Bestände an Wertpapieren und Waren, zu prüfen. ³Die gesetzlichen Vertreter einer Kapitalgesellschaft, die als Inlandsemittent (§ 2 Absatz 14 des Wertpapierhandelsgesetzes) Wertpapiere (§ 2 Absatz 1 des Wertpapierhandelsgesetzes) begibt und keine Kapitalgesellschaft im Sinne des § 327a ist, haben dem Abschlussprüfer auch die für Zwecke der Offenlegung nach den Vorgaben des § 328 Absatz 1 erstellte Wiedergabe des Jahresabschlusses und die nach diesen Vorgaben erstellte Wiedergabe des Lageberichts vorzulegen.

(2) ¹Der Abschlussprüfer kann von den gesetzlichen Vertretern alle Aufklärungen und Nachweise verlangen, die für eine sorgfältige Prüfung notwendig sind. ²Soweit es die Vorbereitung der Abschlussprüfung erfordert, hat der Abschlussprüfer die Rechte nach Absatz 1 Satz 2 und nach Satz 1 auch schon vor Aufstellung des Jahresabschlusses. ³Soweit es für eine sorgfältige Prüfung notwendig ist, hat der Abschlussprüfer die Rechte nach den Sätzen 1 und 2 auch gegenüber Mutter- und Tochterunternehmen.

(3) ¹Die gesetzlichen Vertreter einer Kapitalgesellschaft, die einen Konzernabschluss aufzustellen hat, haben dem Abschlussprüfer des Konzernabschlusses den Konzernabschluss, den Konzernlagebericht, den gesonderten nichtfinanziellen Konzernbericht, die Jahresabschlüsse, Lageberichte, die gesonderten nichtfinanziellen Berichte und, wenn eine Prüfung stattgefunden hat, die Prüfungsberichte des Mutterunternehmens und der Tochterunternehmen vorzulegen. ²Der Abschlussprüfer hat die Rechte nach Absatz 1 Satz 2 und nach Absatz 2 bei dem Mutterunternehmen und den Tochterunternehmen, die Rechte nach Absatz 2 auch gegenüber den Abschlussprüfern des Mutterunternehmens und der Tochterunternehmen. ³Die gesetzlichen Vertreter einer Kapitalgesellschaft, die als Inlandsemittent (§ 2 Absatz 14 des Wertpapierhandelsgesetzes) Wertpapiere (§ 2 Absatz 1 des Wertpapierhandelsgesetzes) begibt und keine Kapitalgesellschaft im Sinne des § 327a ist, haben dem Abschlussprüfer auch die für Zwecke der Offenlegung nach den Vorgaben des § 328 Absatz 1 erstellte Wiedergabe des Konzernabschlusses und die nach diesen Vorgaben erstellte Wiedergabe des Konzernlageberichts vorzulegen.

(4) Der bisherige Abschlussprüfer hat dem neuen Abschlussprüfer auf schriftliche Anfrage über das Ergebnis der bisherigen Prüfung zu berichten; § 321 ist entsprechend anzuwenden.

(5) ¹Ist die Kapitalgesellschaft als Tochterunternehmen in den Konzernabschluss eines Mutterunternehmens einbezogen, das seinen Sitz nicht in einem Mitgliedstaat der Europäischen Union oder einem anderen Vertragsstaat des Abkommens über den Europäischen Wirtschaftsraum hat, kann der Prüfer nach Absatz 2 zur Verfügung gestellte Unterlagen an den Abschlussprüfer des Konzernabschlusses weitergeben, soweit diese für die Prüfung des Konzernabschlusses des Mutterunternehmens erforderlich sind. ²Die Übermittlung personenbezogener Daten muss im Einklang mit den Vorgaben der Verordnung (EU) 2016/679 und den allgemeinen datenschutzrechtlichen Vorschriften stehen.

§ 321 Prüfungsbericht[2]

(1) ¹Der Abschlussprüfer hat über Art und Umfang sowie über das Ergebnis der Prüfung zu berichten; auf den Bericht sind die Sätze 2 und 3 sowie die Absätze 2 bis 4a anzuwenden. ²Der Bericht ist schriftlich und mit der gebotenen Klarheit abzufassen; in ihm ist vorweg zu der Beurteilung der Lage des Unternehmens oder Konzerns durch die gesetzlichen Vertreter Stellung zu nehmen, wobei insbesondere auf die Beurteilung des Fortbestandes und der künftigen Entwicklung des Unternehmens unter Berücksichtigung des Lageberichts und bei der Prüfung des Kon-

---

1) **Anm. d. Red.:** § 320 i. d. F. des Gesetzes v. 12.8.2020 (BGBl I S. 1874) mit Wirkung v. 19.8.2020. – Zur Anwendung siehe Art. 84 EGHGB.

2) **Anm. d. Red.:** § 321 i. d. F. des Gesetzes v. 10. 5. 2016 (BGBl I S. 1142) mit Wirkung v. 17. 6. 2016.

zernabschlusses von Mutterunternehmen auch des Konzerns unter Berücksichtigung des Konzernlageberichts einzugehen ist, soweit die geprüften Unterlagen und der Lagebericht oder der Konzernlagebericht eine solche Beurteilung erlauben. ³Außerdem hat der Abschlussprüfer über bei Durchführung der Prüfung festgestellte Unrichtigkeiten oder Verstöße gegen gesetzliche Vorschriften sowie Tatsachen zu berichten, die den Bestand des geprüften Unternehmens oder des Konzerns gefährden oder seine Entwicklung wesentlich beeinträchtigen können oder die schwerwiegende Verstöße der gesetzlichen Vertreter oder von Arbeitnehmern gegen Gesetz, Gesellschaftsvertrag oder die Satzung erkennen lassen.

(2) ¹Im Hauptteil des Prüfungsberichts ist festzustellen, ob die Buchführung und die weiteren geprüften Unterlagen, der Jahresabschluss, der Lagebericht, der Konzernabschluss und der Konzernlagebericht den gesetzlichen Vorschriften und den ergänzenden Bestimmungen des Gesellschaftsvertrags oder der Satzung entsprechen. ²In diesem Rahmen ist auch über Beanstandungen zu berichten, die nicht zur Einschränkung oder Versagung des Bestätigungsvermerks geführt haben, soweit dies für die Überwachung der Geschäftsführung und des geprüften Unternehmens von Bedeutung ist. ³Es ist auch darauf einzugehen, ob der Abschluss insgesamt unter Beachtung der Grundsätze ordnungsmäßiger Buchführung oder sonstiger maßgeblicher Rechnungslegungsgrundsätze ein den tatsächlichen Verhältnissen entsprechendes Bild der Vermögens-, Finanz- und Ertragslage der Kapitalgesellschaft oder des Konzerns vermittelt. ⁴Dazu ist auch auf wesentliche Bewertungsgrundlagen sowie darauf einzugehen, welchen Einfluss Änderungen in den Bewertungsgrundlagen einschließlich der Ausübung von Bilanzierungs- und Bewertungswahlrechten und der Ausnutzung von Ermessensspielräumen sowie sachverhaltsgestaltende Maßnahmen insgesamt auf die Darstellung der Vermögens-, Finanz- und Ertragslage haben. ⁵Hierzu sind die Posten des Jahres- und des Konzernabschlusses aufzugliedern und ausreichend zu erläutern, soweit diese Angaben nicht im Anhang enthalten sind. ⁶Es ist darzustellen, ob die gesetzlichen Vertreter die verlangten Aufklärungen und Nachweise erbracht haben.

(3) ¹In einem besonderen Abschnitt des Prüfungsberichts sind Gegenstand, Art und Umfang der Prüfung zu erläutern. ²Dabei ist auch auf die angewandten Rechnungslegungs- und Prüfungsgrundsätze einzugehen.

(4) ¹Ist im Rahmen der Prüfung eine Beurteilung nach § 317 Abs. 4 abgegeben worden, so ist deren Ergebnis in einem besonderen Teil des Prüfungsberichts darzustellen. ²Es ist darauf einzugehen, ob Maßnahmen erforderlich sind, um das interne Überwachungssystem zu verbessern.

(4a) Der Abschlussprüfer hat im Prüfungsbericht seine Unabhängigkeit zu bestätigen.

(5) ¹Der Abschlussprüfer hat den Bericht unter Angabe des Datums zu unterzeichnen und den gesetzlichen Vertretern vorzulegen; § 322 Absatz 7 Satz 3 und 4 gilt entsprechend. ²Hat der Aufsichtsrat den Auftrag erteilt, so ist der Bericht ihm und gleichzeitig einem eingerichteten Prüfungsausschuss vorzulegen. ³Im Fall des Satzes 2 ist der Bericht unverzüglich nach Vorlage dem Geschäftsführungsorgan mit Gelegenheit zur Stellungnahme zuzuleiten.

§ 321a Offenlegung des Prüfungsberichts in besonderen Fällen[1)]

(1) ¹Wird über das Vermögen der Gesellschaft ein Insolvenzverfahren eröffnet oder wird der Antrag auf Eröffnung des Insolvenzverfahrens mangels Masse abgewiesen, so hat ein Gläubiger oder Gesellschafter die Wahl, selbst oder durch einen von ihm zu bestimmenden Wirtschaftsprüfer oder im Fall des § 319 Abs. 1 Satz 2 durch einen vereidigten Buchprüfer Einsicht in die Prüfungsberichte des Abschlussprüfers über die aufgrund gesetzlicher Vorschriften durchzuführende Prüfung des Jahresabschlusses der letzten drei Geschäftsjahre zu nehmen, soweit sich diese auf die nach § 321 geforderte Berichterstattung beziehen. ²Der Anspruch richtet sich gegen denjenigen, der die Prüfungsberichte in seinem Besitz hat.

---

1) **Anm. d. Red.:** § 321a eingefügt gem. Gesetz v. 4. 12. 2004 (BGBl I S. 3166) mit Wirkung v. 10. 12. 2004.

(2) ¹Bei einer Aktiengesellschaft oder einer Kommanditgesellschaft auf Aktien stehen den Gesellschaftern die Rechte nach Absatz 1 Satz 1 nur zu, wenn ihre Anteile bei Geltendmachung des Anspruchs zusammen den einhundertsten Teil des Grundkapitals oder einen Börsenwert von 100 000 Euro erreichen. ²Dem Abschlussprüfer ist die Erläuterung des Prüfungsberichts gegenüber den in Absatz 1 Satz 1 aufgeführten Personen gestattet.

(3) ¹Der Insolvenzverwalter oder ein gesetzlicher Vertreter des Schuldners kann einer Offenlegung von Geheimnissen, namentlich Betriebs- oder Geschäftsgeheimnissen, widersprechen, wenn die Offenlegung geeignet ist, der Gesellschaft einen erheblichen Nachteil zuzufügen. ²§ 323 Abs. 1 und 3 bleibt im Übrigen unberührt. ³Unbeschadet des Satzes 1 sind die Berechtigten nach Absatz 1 Satz 1 zur Verschwiegenheit über den Inhalt der von ihnen eingesehenen Unterlagen nach Absatz 1 Satz 1 verpflichtet.

(4) Die Absätze 1 bis 3 gelten entsprechend, wenn der Schuldner zur Aufstellung eines Konzernabschlusses und Konzernlageberichts verpflichtet ist.

§ 322 Bestätigungsvermerk¹⁾

(1) ¹Der Abschlussprüfer hat das Ergebnis der Prüfung schriftlich in einem Bestätigungsvermerk zum Jahresabschluss oder zum Konzernabschluss zusammenzufassen. ²Der Bestätigungsvermerk hat Gegenstand, Art und Umfang der Prüfung zu beschreiben und dabei die angewandten Rechnungslegungs- und Prüfungsgrundsätze anzugeben; er hat ferner eine Beurteilung des Prüfungsergebnisses zu enthalten. ³In einem einleitenden Abschnitt haben zumindest die Beschreibung des Gegenstands der Prüfung und die Angabe zu den angewandten Rechnungslegungsgrundsätzen zu erfolgen. ⁴Über das Ergebnis der Prüfung nach § 317 Absatz 3b ist in einem besonderen Abschnitt zu berichten.

(1a) Bei der Erstellung des Bestätigungsvermerks hat der Abschlussprüfer die internationalen Prüfungsstandards anzuwenden, die von der Europäischen Kommission in dem Verfahren nach Artikel 26 Absatz 3 der Richtlinie 2006/43/EG angenommen worden sind.

(2) ¹Die Beurteilung des Prüfungsergebnisses muss zweifelsfrei ergeben, ob
1. ein uneingeschränkter Bestätigungsvermerk erteilt,
2. ein eingeschränkter Bestätigungsvermerk erteilt,
3. der Bestätigungsvermerk aufgrund von Einwendungen versagt oder
4. der Bestätigungsvermerk deshalb versagt wird, weil der Abschlussprüfer nicht in der Lage ist, ein Prüfungsurteil abzugeben.

²Die Beurteilung des Prüfungsergebnisses soll allgemein verständlich und problemorientiert unter Berücksichtigung des Umstandes erfolgen, dass die gesetzlichen Vertreter den Abschluss zu verantworten haben. ³Auf Risiken, die den Fortbestand des Unternehmens oder eines Konzernunternehmens gefährden, ist gesondert einzugehen. ⁴Auf Risiken, die den Fortbestand eines Tochterunternehmens gefährden, braucht im Bestätigungsvermerk zum Konzernabschluss des Mutterunternehmens nicht eingegangen zu werden, wenn das Tochterunternehmen für die Vermittlung eines den tatsächlichen Verhältnissen entsprechenden Bildes der Vermögens-, Finanz- und Ertragslage des Konzerns nur von untergeordneter Bedeutung ist.

(3) ¹In einem uneingeschränkten Bestätigungsvermerk (Absatz 2 Satz 1 Nr. 1) hat der Abschlussprüfer zu erklären, dass die von ihm nach § 317 durchgeführte Prüfung zu keinen Einwendungen geführt hat und dass der von den gesetzlichen Vertretern der Gesellschaft aufgestellte Jahres- oder Konzernabschluss aufgrund der bei der Prüfung gewonnenen Erkenntnisse des Abschlussprüfers nach seiner Beurteilung den gesetzlichen Vorschriften entspricht und unter Beachtung der Grundsätze ordnungsmäßiger Buchführung oder sonstiger maßgeblicher Rechnungslegungsgrundsätze ein den tatsächlichen Verhältnissen entsprechendes Bild der Vermögens-, Finanz- und Ertragslage des Unternehmens oder des Konzerns vermittelt. ²Der Ab-

---

1) **Anm. d. Red.:** § 322 i. d. F. des Gesetzes v. 12.8.2020 (BGBl I S. 1874) mit Wirkung v. 19.8.2020. – Zur Anwendung siehe Art. 84 EGHGB.

schlussprüfer kann zusätzlich einen Hinweis auf Umstände aufnehmen, auf die er in besonderer Weise aufmerksam macht, ohne den Bestätigungsvermerk einzuschränken.

(4) ¹Sind Einwendungen zu erheben, so hat der Abschlussprüfer seine Erklärung nach Absatz 3 Satz 1 einzuschränken (Absatz 2 Satz 1 Nr. 2) oder zu versagen (Absatz 2 Satz 1 Nr. 3). ²Die Versagung ist in den Vermerk, der nicht mehr als Bestätigungsvermerk zu bezeichnen ist, aufzunehmen. ³Die Einschränkung oder Versagung ist zu begründen; Absatz 3 Satz 2 findet Anwendung. ⁴Ein eingeschränkter Bestätigungsvermerk darf nur erteilt werden, wenn der geprüfte Abschluss unter Beachtung der vom Abschlussprüfer vorgenommenen, in ihrer Tragweite erkennbaren Einschränkung ein den tatsächlichen Verhältnissen im Wesentlichen entsprechendes Bild der Vermögens-, Finanz- und Ertragslage vermittelt.

(5) ¹Der Bestätigungsvermerk ist auch dann zu versagen, wenn der Abschlussprüfer nach Ausschöpfung aller angemessenen Möglichkeiten zur Klärung des Sachverhalts nicht in der Lage ist, ein Prüfungsurteil abzugeben (Absatz 2 Satz 1 Nr. 4). ²Absatz 4 Satz 2 und 3 gilt entsprechend.

(6) ¹Die Beurteilung des Prüfungsergebnisses hat sich auch darauf zu erstrecken, ob der Lagebericht oder der Konzernlagebericht nach dem Urteil des Abschlussprüfers mit dem Jahresabschluss und gegebenenfalls mit dem Einzelabschluss nach § 325 Abs. 2a oder mit dem Konzernabschluss in Einklang steht, die gesetzlichen Vorschriften zur Aufstellung des Lage- oder Konzernlageberichts beachtet worden sind und der Lage- oder Konzernlagebericht insgesamt ein zutreffendes Bild von der Lage des Unternehmens oder des Konzerns vermittelt. ²Dabei ist auch darauf einzugehen, ob die Chancen und Risiken der zukünftigen Entwicklung zutreffend dargestellt sind.

(6a) ¹Wurden mehrere Prüfer oder Prüfungsgesellschaften gemeinsam zum Abschlussprüfer bestellt, soll die Beurteilung des Prüfungsergebnisses einheitlich erfolgen. ²Ist eine einheitliche Beurteilung ausnahmsweise nicht möglich, sind die Gründe hierfür darzulegen; die Beurteilung ist jeweils in einem gesonderten Absatz vorzunehmen. ³Die Sätze 1 und 2 gelten im Fall der gemeinsamen Bestellung von
1. Wirtschaftsprüfern oder Wirtschaftsprüfungsgesellschaften,
2. vereidigten Buchprüfern oder Buchprüfungsgesellschaften sowie
3. Prüfern oder Prüfungsgesellschaften nach den Nummern 1 und 2.

(7) ¹Der Abschlussprüfer hat den Bestätigungsvermerk oder den Vermerk über seine Versagung unter Angabe des Ortes der Niederlassung des Abschlussprüfers und des Tages der Unterzeichnung zu unterzeichnen; im Fall des Absatzes 6a hat die Unterzeichnung durch alle bestellten Personen zu erfolgen. ²Der Bestätigungsvermerk oder der Vermerk über seine Versagung ist auch in den Prüfungsbericht aufzunehmen. ³Ist der Abschlussprüfer eine Wirtschaftsprüfungsgesellschaft, so hat die Unterzeichnung zumindest durch den Wirtschaftsprüfer zu erfolgen, welcher die Abschlussprüfung für die Prüfungsgesellschaft durchgeführt hat. ⁴Satz 3 ist auf Buchprüfungsgesellschaften entsprechend anzuwenden.

§ 323 Verantwortlichkeit des Abschlussprüfers[1]

(1) ¹Der Abschlussprüfer, seine Gehilfen und die bei der Prüfung mitwirkenden gesetzlichen Vertreter einer Prüfungsgesellschaft sind zur gewissenhaften und unparteiischen Prüfung und zur Verschwiegenheit verpflichtet; § 57b der Wirtschaftsprüferordnung bleibt unberührt. ²Sie dürfen nicht unbefugt Geschäfts- und Betriebsgeheimnisse verwerten, die sie bei ihrer Tätigkeit erfahren haben. ³Wer vorsätzlich oder fahrlässig seine Pflichten verletzt, ist der Kapitalgesellschaft und, wenn ein verbundenes Unternehmen geschädigt worden ist, auch diesem zum Ersatz des daraus entstehenden Schadens verpflichtet. ⁴Mehrere Personen haften als Gesamtschuldner.

(2) ¹Die Ersatzpflicht von Personen, die fahrlässig gehandelt haben, beschränkt sich auf eine Million Euro für eine Prüfung. ²Bei Prüfung einer Aktiengesellschaft, deren Aktien zum Handel

---
1) **Anm. d. Red.:** § 323 i. d. F. des Gesetzes v. 16. 7. 2007 (BGBl I S. 1330) mit Wirkung v. 1. 11. 2007.

im regulierten Markt zugelassen sind, beschränkt sich die Ersatzpflicht von Personen, die fahrlässig gehandelt haben, abweichend von Satz 1 auf vier Millionen Euro für eine Prüfung. ³Dies gilt auch, wenn an der Prüfung mehrere Personen beteiligt gewesen oder mehrere zum Ersatz verpflichtende Handlungen begangen worden sind, und ohne Rücksicht darauf, ob andere Beteiligte vorsätzlich gehandelt haben.

(3) Die Verpflichtung zur Verschwiegenheit besteht, wenn eine Prüfungsgesellschaft Abschlussprüfer ist, auch gegenüber dem Aufsichtsrat und den Mitgliedern des Aufsichtsrats der Prüfungsgesellschaft.

(4) Die Ersatzpflicht nach diesen Vorschriften kann durch Vertrag weder ausgeschlossen noch beschränkt werden.

§ 324 Prüfungsausschuss[1)]

(1) ¹Unternehmen, die kapitalmarktorientiert im Sinne des § 264d sind, die keinen Aufsichts- oder Verwaltungsrat haben, der die Voraussetzungen des § 100 Abs. 5 des Aktiengesetzes erfüllen muss, sind verpflichtet, einen Prüfungsausschuss im Sinn des Absatzes 2 einzurichten, der sich insbesondere mit den in § 107 Abs. 3 Satz 2 und 3 des Aktiengesetzes beschriebenen Aufgaben befasst. ²Dies gilt nicht für

1. Kapitalgesellschaften im Sinn des Satzes 1, deren ausschließlicher Zweck in der Ausgabe von Wertpapieren im Sinn des § 2 Absatz 1 des Wertpapierhandelsgesetzes besteht, die durch Vermögensgegenstände besichert sind; im Anhang ist darzulegen, weshalb ein Prüfungsausschuss nicht eingerichtet wird;

2. Kreditinstitute im Sinn des § 340 Abs. 1, die einen organisierten Markt im Sinn des § 2 Absatz 11 des Wertpapierhandelsgesetzes nur durch die Ausgabe von Schuldtiteln im Sinn des § 2 Absatz 1 Nummer 3 Buchstabe a des Wertpapierhandelsgesetzes in Anspruch nehmen, soweit deren Nominalwert 100 Millionen Euro nicht übersteigt und keine Verpflichtung zur Veröffentlichung eines Prospekts nach der Verordnung (EU) 2017/1129 des Europäischen Parlaments und des Rates vom 14. Juni 2017 über den Prospekt, der beim öffentlichen Angebot von Wertpapieren oder bei deren Zulassung zum Handel an einem geregelten Markt zu veröffentlichen ist und zur Aufhebung der Richtlinie 2003/71/EG (ABl L 168 vom 30.6.2017, S. 12) besteht;

3. Investmentvermögen im Sinne des § 1 Absatz 1 des Kapitalanlagegesetzbuchs.

(2) ¹Die Mitglieder des Prüfungsausschusses sind von den Gesellschaftern zu wählen. ²Die Mitglieder müssen in ihrer Gesamtheit mit dem Sektor, in dem das Unternehmen tätig ist, vertraut sein; die Mehrheit der Mitglieder, darunter der Vorsitzende, muss unabhängig sein und mindestens ein Mitglied muss über Sachverstand auf den Gebieten Rechnungslegung oder Abschlussprüfung verfügen. ³Der Vorsitzende des Prüfungsausschusses darf nicht mit der Geschäftsführung betraut sein. ⁴§ 107 Absatz 3 Satz 8, § 124 Abs. 3 Satz 2 und § 171 Abs. 1 Satz 2 und 3 des Aktiengesetzes sind entsprechend anzuwenden.

(3) ¹Die Abschlussprüferaufsichtsstelle beim Bundesamt für Wirtschaft und Ausfuhrkontrolle kann zur Erfüllung ihrer Aufgaben gemäß Artikel 27 Absatz 1 Buchstabe c der Verordnung (EU) Nr. 537/2014 von einem Unternehmen, das kapitalmarktorientiert im Sinne des § 264d, das CRR-Kreditinstitut im Sinne des § 1 Absatz 3d Satz 1 des Kreditwesengesetzes, mit Ausnahme der in § 2 Absatz 1 Nummer 1 und 2 des Kreditwesengesetzes genannten Institute, oder das Versicherungsunternehmen im Sinne des Artikels 2 Absatz 1 der Richtlinie 91/674/EWG ist, eine Darstellung und Erläuterung des Ergebnisses sowie der Durchführung der Tätigkeit seines Prüfungsausschusses verlangen. ²Die Abschlussprüferaufsichtsstelle soll zunächst auf Informationen aus öffentlich zugänglichen Quellen zurückgreifen. ³Satz 1 findet keine Anwendung, wenn

---

1) **Anm. d. Red.:** § 324 i. d. F. des Gesetzes v. 12.12.2019 (BGBl I S. 2637) mit Wirkung v. 1.1.2020. – Zur Anwendung siehe Art. 83 Abs. 1 EGHGB.

das Unternehmen eine Genossenschaft, eine Sparkasse oder ein sonstiges landesrechtliches öffentlich-rechtliches Kreditinstitut ist.

§ 324a Anwendung auf den Einzelabschluss nach § 325 Abs. 2a[1)]

(1) ¹Die Bestimmungen dieses Unterabschnitts, die sich auf den Jahresabschluss beziehen, sind auf einen Einzelabschluss nach § 325 Abs. 2a entsprechend anzuwenden. ²An Stelle des § 316 Abs. 1 Satz 2 gilt § 316 Abs. 2 Satz 2 entsprechend.

(2) ¹Als Abschlussprüfer des Einzelabschlusses nach § 325 Abs. 2a gilt der für die Prüfung des Jahresabschlusses bestellte Prüfer als bestellt. ²Der Prüfungsbericht zum Einzelabschluss nach § 325 Abs. 2a kann mit dem Prüfungsbericht zum Jahresabschluss zusammengefasst werden.

Vierter Unterabschnitt: Offenlegung, Prüfung durch den Betreiber des Bundesanzeigers[2)]

§ 325 Offenlegung[3)]

(1) ¹Die Mitglieder des vertretungsberechtigten Organs von Kapitalgesellschaften haben für die Gesellschaft folgende Unterlagen in deutscher Sprache offenzulegen:
1. den festgestellten oder gebilligten Jahresabschluss, den Lagebericht, die Erklärungen nach § 264 Absatz 2 Satz 3 und § 289 Absatz 1 Satz 5 und den Bestätigungsvermerk oder den Vermerk über dessen Versagung sowie
2. den Bericht des Aufsichtsrats und die nach § 161 des Aktiengesetzes vorgeschriebene Erklärung.

²Die Unterlagen sind elektronisch beim Betreiber des Bundesanzeigers in einer Form einzureichen, die ihre Bekanntmachung ermöglicht.

(1a) ¹Die Unterlagen nach Absatz 1 Satz 1 sind spätestens ein Jahr nach dem Abschlussstichtag des Geschäftsjahrs einzureichen, auf das sie sich beziehen. ²Liegen die Unterlagen nach Absatz 1 Satz 1 Nummer 2 nicht innerhalb der Frist vor, sind sie unverzüglich nach ihrem Vorliegen nach Absatz 1 offenzulegen.

(1b) ¹Wird der Jahresabschluss oder der Lagebericht geändert, so ist auch die Änderung nach Absatz 1 Satz 1 offenzulegen. ²Ist im Jahresabschluss nur der Vorschlag für die Ergebnisverwendung enthalten, ist der Beschluss über die Ergebnisverwendung nach seinem Vorliegen nach Absatz 1 Satz 1 offenzulegen.

(2) Die Mitglieder des vertretungsberechtigten Organs der Kapitalgesellschaft haben für diese die in Absatz 1 bezeichneten Unterlagen jeweils unverzüglich nach der Einreichung im Bundesanzeiger bekannt machen zu lassen.

(2a) ¹Bei der Offenlegung nach Absatz 2 kann an die Stelle des Jahresabschlusses ein Einzelabschluss treten, der nach den in § 315e Absatz 1 bezeichneten internationalen Rechnungslegungsstandards aufgestellt worden ist. ²Ein Unternehmen, das von diesem Wahlrecht Gebrauch macht, hat die dort genannten Standards vollständig zu befolgen. ³Auf einen solchen Abschluss sind § 243 Abs. 2, die §§ 244, 245, 257, 264 Absatz 1a, 2 Satz 3, § 285 Nr. 7, 8 Buchstabe b, Nr. 9 bis 11a, 14 bis 17, § 286 Absatz 1 und 3 anzuwenden. ⁴Die Verpflichtung, einen Lagebericht offenzulegen, bleibt unberührt; der Lagebericht nach § 289 muss in dem erforderlichen Umfang auch auf den Einzelabschluss nach Satz 1 Bezug nehmen. ⁵Die übrigen Vorschriften des Zweiten Unterabschnitts des Ersten Abschnitts und des Ersten Unterabschnitts des Zweiten Abschnitts gelten insoweit nicht. ⁶Kann wegen der Anwendung des § 286 Abs. 1 auf den Anhang

---

1) **Anm. d. Red.:** § 324a eingefügt gem. Gesetz v. 4.12.2004 (BGBl I S. 3166) mit Wirkung v. 10.12.2004.
2) **Anm. d. Red.:** Überschrift i. d. F. des Gesetzes v. 22.12.2011 (BGBl I S. 3044) mit Wirkung v. 1.4.2012.
3) **Anm. d. Red.:** § 325 i. d. F. des Gesetzes v. 12.8.2020 (BGBl I S. 1874) mit Wirkung v. 19.8.2020. – Zur Anwendung siehe Art. 83 Abs. 1 EGHGB und Art. 84 EGHGB.

die in Satz 2 genannte Voraussetzung nicht eingehalten werden, entfällt das Wahlrecht nach Satz 1.

(2b) Die befreiende Wirkung der Offenlegung des Einzelabschlusses nach Absatz 2a tritt ein, wenn

1. statt des vom Abschlussprüfer zum Jahresabschluss erteilten Bestätigungsvermerks oder des Vermerks über dessen Versagung der entsprechende Vermerk zum Abschluss nach Absatz 2a in die Offenlegung nach Absatz 2 einbezogen wird,
2. der Vorschlag für die Verwendung des Ergebnisses und gegebenenfalls der Beschluss über seine Verwendung unter Angabe des Jahresüberschusses oder Jahresfehlbetrags in die Offenlegung nach Absatz 2 einbezogen werden und
3. der Jahresabschluss mit dem Bestätigungsvermerk oder dem Vermerk über dessen Versagung nach Absatz 1 und 1a Satz 1 offen gelegt wird.

(3) Die Absätze 1 bis 2 und 4 Satz 1 gelten entsprechend für die Mitglieder des vertretungsberechtigten Organs einer Kapitalgesellschaft, die einen Konzernabschluss und einen Konzernlagebericht aufzustellen haben.

(3a) Wird der Konzernabschluss zusammen mit dem Jahresabschluss des Mutterunternehmens oder mit einem von diesem aufgestellten Einzelabschluss nach Absatz 2a bekannt gemacht, können die Vermerke des Abschlussprüfers nach § 322 zu beiden Abschlüssen zusammengefasst werden; in diesem Fall können auch die jeweiligen Prüfungsberichte zusammengefasst werden.

(4) ¹Bei einer Kapitalgesellschaft im Sinn des § 264d, die keine Kapitalgesellschaft im Sinn des § 327a ist, beträgt die Frist nach Absatz 1a Satz 1 längstens vier Monate. ²Für die Wahrung der Fristen nach Satz 1 und Absatz 1a Satz 1 ist der Zeitpunkt der Einreichung der Unterlagen maßgebend.

(5) Auf Gesetz, Gesellschaftsvertrag oder Satzung beruhende Pflichten der Gesellschaft, den Jahresabschluss, den Einzelabschluss nach Absatz 2a, den Lagebericht, den Konzernabschluss oder den Konzernlagebericht in anderer Weise bekannt zu machen, einzureichen oder Personen zugänglich zu machen, bleiben unberührt.

(6) Die §§ 11 und 12 Abs. 2 gelten für die beim Betreiber des Bundesanzeigers einzureichenden Unterlagen entsprechend; § 325a Absatz 1 Satz 5 und § 340l Absatz 2 Satz 6 bleiben unberührt.

§ 325a Zweigniederlassungen von Kapitalgesellschaften mit Sitz im Ausland[1]

(1) ¹Bei inländischen Zweigniederlassungen von Kapitalgesellschaften mit Sitz in einem anderen Mitgliedstaat der Europäischen Union oder Vertragsstaat des Abkommens über den Europäischen Wirtschaftsraum haben die in § 13e Abs. 2 Satz 4 Nr. 3 genannten Personen oder, wenn solche nicht angemeldet sind, die gesetzlichen Vertreter der Gesellschaft für diese die Unterlagen der Rechnungslegung der Hauptniederlassung, die nach dem für die Hauptniederlassung maßgeblichen Recht erstellt, geprüft und offengelegt oder hinterlegt worden sind, nach den §§ 325, 328, 329 Abs. 1 und 4 offen zu legen. ²Bestehen mehrere inländische Zweigniederlassungen derselben Gesellschaft, brauchen die Unterlagen der Rechnungslegung der Hauptniederlassung nur von den nach Satz 1 verpflichteten Personen einer dieser Zweigniederlassungen offengelegt zu werden. ³In diesem Fall beschränkt sich die Offenlegungspflicht der übrigen Zweigniederlassungen auf die Angabe des Namens der Zweigniederlassung, des Registers sowie der Registernummer der Zweigniederlassung, für die die Offenlegung gemäß Satz 2 bewirkt worden ist. ⁴Die Unterlagen sind in deutscher Sprache einzureichen. ⁵Soweit dies nicht die

---

1) **Anm. d. Red.:** § 325a i. d. F. des Gesetzes v. 12.12.2019 (BGBl I S. 2637) mit Wirkung v. 1.1.2020. – Zur Anwendung siehe Art. 83 Abs. 1 EGHGB.

Amtssprache am Sitz der Hauptniederlassung ist, können die Unterlagen der Hauptniederlassung auch
1. in englischer Sprache oder
2. in einer von dem Register der Hauptniederlassung beglaubigten Abschrift oder,
3. wenn eine dem Register vergleichbare Einrichtung nicht vorhanden oder diese nicht zur Beglaubigung befugt ist, in einer von einem Wirtschaftsprüfer bescheinigten Abschrift, verbunden mit der Erklärung, dass entweder eine dem Register vergleichbare Einrichtung nicht vorhanden oder diese nicht zur Beglaubigung befugt ist,

eingereicht werden; von der Beglaubigung des Registers ist eine beglaubigte Übersetzung in deutscher Sprache einzureichen.

(2) Diese Vorschrift gilt nicht für Zweigniederlassungen, die von Kreditinstituten im Sinne des § 340 oder von Versicherungsunternehmen im Sinne des § 341 errichtet werden.

(3) [1]Bei der Anwendung von Absatz 1 ist für die Einstufung einer Kapitalgesellschaft als Kleinstkapitalgesellschaft (§ 267a) und für die Geltung von Erleichterungen bei der Rechnungslegung das Recht des anderen Mitgliedstaates der Europäischen Union oder das Recht des Vertragsstaates des Abkommens über den Europäischen Wirtschaftsraum maßgeblich. [2]Darf eine Kleinstkapitalgesellschaft nach dem für sie maßgeblichen Recht die Offenlegungspflicht durch die Hinterlegung der Bilanz erfüllen, darf sie die Offenlegung nach Absatz 1 ebenfalls durch Hinterlegung bewirken. [3]§ 326 Absatz 2 gilt entsprechend.

§ 326 Größenabhängige Erleichterungen für kleine Kapitalgesellschaften und Kleinstkapitalgesellschaften bei der Offenlegung[1]

(1) [1]Auf kleine Kapitalgesellschaften (§ 267 Abs. 1) ist § 325 Abs. 1 mit der Maßgabe anzuwenden, dass die gesetzlichen Vertreter nur die Bilanz und den Anhang einzureichen haben. [2]Der Anhang braucht die die Gewinn- und Verlustrechnung betreffenden Angaben nicht zu enthalten.

(2) [1]Die gesetzlichen Vertreter von Kleinstkapitalgesellschaften (§ 267a) können ihre sich aus § 325 Absatz 1 bis 2 ergebenden Pflichten auch dadurch erfüllen, dass sie die Bilanz in elektronischer Form zur dauerhaften Hinterlegung beim Betreiber des Bundesanzeigers einreichen und einen Hinterlegungsauftrag erteilen. [2]§ 325 Absatz 1 Satz 2, Absatz 1a und 1b ist entsprechend anzuwenden. [3]Kleinstkapitalgesellschaften dürfen von dem in Satz 1 geregelten Recht nur Gebrauch machen, wenn sie gegenüber dem Betreiber des Bundesanzeigers mitteilen, dass sie zwei der drei in § 267a Absatz 1 genannten Merkmale für die nach § 267 Absatz 4 maßgeblichen Abschlussstichtage nicht überschreiten.

§ 327 Größenabhängige Erleichterungen für mittelgroße Kapitalgesellschaften bei der Offenlegung[2]

Auf mittelgroße Kapitalgesellschaften (§ 267 Abs. 2) ist § 325 Abs. 1 mit der Maßgabe anzuwenden, dass die gesetzlichen Vertreter
1. die Bilanz nur in der für kleine Kapitalgesellschaften nach § 266 Abs. 1 Satz 3 vorgeschriebenen Form beim Betreiber des Bundesanzeigers einreichen müssen. [2]In der Bilanz oder im Anhang sind jedoch die folgenden Posten des § 266 Abs. 2 und 3 zusätzlich gesondert anzugeben:

---

1) **Anm. d. Red.:** § 326 i. d. F. des Gesetzes v. 17. 7. 2015 (BGBl I S. 1245) mit Wirkung v. 23. 7. 2015.
2) **Anm. d. Red.:** § 327 i. d. F. des Gesetzes v. 22. 12. 2011 (BGBl I S. 3044) mit Wirkung v. 1. 4. 2012.

§§ 327a, 328 XII. Handelsgesetzbuch

Auf der Aktivseite
A I 1	Selbst geschaffene gewerbliche Schutzrechte und ähnliche Rechte und Werte;
A I 2	Geschäfts- oder Firmenwert;
A II 1	Grundstücke, grundstücksgleiche Rechte und Bauten einschließlich der Bauten auf fremden Grundstücken;
A II 2	technische Anlagen und Maschinen;
A II 3	andere Anlagen, Betriebs- und Geschäftsausstattung;
A II 4	geleistete Anzahlungen und Anlagen im Bau;
A III 1	Anteile an verbundenen Unternehmen;
A III 2	Ausleihungen an verbundene Unternehmen;
A III 3	Beteiligungen;
A III 4	Ausleihungen an Unternehmen, mit denen ein Beteiligungsverhältnis besteht;
B II 2	Forderungen gegen verbundene Unternehmen;
B II 3	Forderungen gegen Unternehmen, mit denen ein Beteiligungsverhältnis besteht;
B III 1	Anteile an verbundenen Unternehmen.

Auf der Passivseite
C 1	Anleihen, davon konvertibel;
C 2	Verbindlichkeiten gegenüber Kreditinstituten;
C 6	Verbindlichkeiten gegenüber verbundenen Unternehmen;
C 7	Verbindlichkeiten gegenüber Unternehmen, mit denen ein Beteiligungsverhältnis besteht;

2. den Anhang ohne die Angaben nach § 285 Nr. 2 und 8 Buchstabe a, Nr. 12 beim Betreiber des Bundesanzeigers einreichen dürfen.

§ 327a Erleichterung für bestimmte kapitalmarktorientierte Kapitalgesellschaften[1]

§ 325 Abs. 4 Satz 1 ist auf eine Kapitalgesellschaft nicht anzuwenden, wenn sie ausschließlich zum Handel an einem organisierten Markt zugelassene Schuldtitel im Sinn des § 2 Absatz 1 Nummer 3 des Wertpapierhandelsgesetzes mit einer Mindeststückelung von 100 000 Euro oder dem am Ausgabetag entsprechenden Gegenwert einer anderen Währung begibt.

§ 328 Form, Format und Inhalt der Unterlagen bei der Offenlegung, Veröffentlichung und Vervielfältigung[2]

(1) ¹Bei der Offenlegung des Jahresabschlusses, des Einzelabschlusses nach § 325 Absatz 2a, des Konzernabschlusses, des Lage- oder Konzernlageberichts oder der Erklärungen nach § 264 Absatz 2 Satz 3, § 289 Absatz 1 Satz 5, § 297 Absatz 2 Satz 4 oder § 315 Absatz 1 Satz 5 sind diese Abschlüsse, Lageberichte und Erklärungen so wiederzugeben, dass sie den für ihre Aufstellung maßgeblichen Vorschriften entsprechen, soweit nicht Erleichterungen nach den §§ 326 und 327 in Anspruch genommen werden oder eine Rechtsverordnung des Bundesministeriums der Justiz und für Verbraucherschutz nach Absatz 4 hiervon Abweichungen ermöglicht. ²Sie haben in diesem Rahmen vollständig und richtig zu sein. ³Die Sätze 1 und 2 gelten auch für die teilweise Offenlegung sowie für die Veröffentlichung oder Vervielfältigung in anderer Form auf Grund

---

1) **Anm. d. Red.:** § 327a i. d. F. des Gesetzes v. 20. 11. 2015 (BGBl I S. 2029) mit Wirkung v. 26. 11. 2015.

2) **Anm. d. Red.:** § 328 i. d. F. des Gesetzes v. 12.8.2020 (BGBl I S. 1874) mit Wirkung v. 19.8.2020. – Zur Anwendung siehe Art. 84 EGHGB.

des Gesellschaftsvertrages oder der Satzung. ⁴Eine Kapitalgesellschaft, die als Inlandsemittent (§ 2 Absatz 14 des Wertpapierhandelsgesetzes) Wertpapiere (§ 2 Absatz 1 des Wertpapierhandelsgesetzes) begibt und keine Kapitalgesellschaft im Sinne des § 327a ist, hat offenzulegen:

1. die in Absatz 1 Satz 1 bezeichneten Unterlagen in dem einheitlichen elektronischen Berichtsformat nach Maßgabe des Artikels 3 der Delegierten Verordnung (EU) 2019/815 der Kommission vom 17. Dezember 2018 zur Ergänzung der Richtlinie 2004/109/EG des Europäischen Parlaments und des Rates im Hinblick auf technische Regulierungsstandards für die Spezifikation eines einheitlichen elektronischen Berichtsformats (ABl L 143 vom 29.5.2019, S. 1; L 145 vom 4.6.2019, S. 85) in der jeweils geltenden Fassung;
2. den Konzernabschluss mit Auszeichnungen nach Maßgabe der Artikel 4 und 6 der Delegierten Verordnung (EU) 2019/815.

(1a) ¹Das Datum der Feststellung oder der Billigung der in Absatz 1 Satz 1 bezeichneten Abschlüsse ist anzugeben. ²Wurde der Abschluss auf Grund gesetzlicher Vorschriften durch einen Abschlussprüfer geprüft, so ist jeweils der vollständige Wortlaut des Bestätigungsvermerks oder des Vermerks über dessen Versagung wiederzugeben; wird der Jahresabschluss wegen der Inanspruchnahme von Erleichterungen nur teilweise offengelegt und bezieht sich der Bestätigungsvermerk auf den vollständigen Jahresabschluss, ist hierauf hinzuweisen. ³Bei der Offenlegung von Jahresabschluss, Einzelabschluss nach § 325 Absatz 2a oder Konzernabschluss ist gegebenenfalls darauf hinzuweisen, dass die Offenlegung nicht gleichzeitig mit allen anderen nach § 325 offenzulegenden Unterlagen erfolgt.

(2) ¹Werden Abschlüsse in Veröffentlichungen und Vervielfältigungen, die nicht durch Gesetz, Gesellschaftsvertrag oder Satzung vorgeschrieben sind, nicht in der nach Absatz 1 vorgeschriebenen Form oder dem vorgeschriebenen Format wiedergegeben, so ist jeweils in einer Überschrift darauf hinzuweisen, dass es sich nicht um eine der gesetzlichen Form oder dem gesetzlichen Format entsprechende Veröffentlichung handelt. ²Ein Bestätigungsvermerk darf nicht beigefügt werden, wenn die Abschlüsse nicht in der nach Absatz 1 vorgeschriebenen Form wiedergegeben werden. ³Ist jedoch aufgrund gesetzlicher Vorschriften eine Prüfung durch einen Abschlussprüfer erfolgt, so ist anzugeben, zu welcher der in § 322 Abs. 2 Satz 1 genannten zusammenfassenden Beurteilungen des Prüfungsergebnisses der Abschlussprüfer in Bezug auf den in gesetzlicher Form erstellten Abschluss gelangt ist und ob der Bestätigungsvermerk einen Hinweis nach § 322 Abs. 3 Satz 2 enthält. ⁴Ferner ist anzugeben, ob die Unterlagen bei dem Betreiber des Bundesanzeigers eingereicht worden sind.

(3) ¹Absatz 1 Satz 1 bis 3 ist auf den Vorschlag für die Verwendung des Ergebnisses und den Beschluss über seine Verwendung entsprechend anzuwenden. ²Werden die in Satz 1 bezeichneten Unterlagen oder der Lage- oder Konzernlagebericht nicht gleichzeitig mit dem Jahresabschluss oder dem Konzernabschluss offen gelegt, so ist bei ihrer nachträglichen Offenlegung jeweils anzugeben, auf welchen Abschluss sie sich beziehen und wo dieser offen gelegt worden ist; dies gilt auch für die nachträgliche Offenlegung des Bestätigungsvermerks oder des Vermerks über seine Versagung.

(4) Die Rechtsverordnung nach § 330 Abs. 1 Satz 1, 4 und 5 kann dem Betreiber des Bundesanzeigers Abweichungen von der Kontoform nach § 266 Abs. 1 Satz 1 gestatten.

(5) Für die Hinterlegung der Bilanz einer Kleinstkapitalgesellschaft (§ 326 Absatz 2) gelten Absatz 1 Satz 1 bis 3 und Absatz 1a Satz 1 entsprechend.

§ 329 Prüfungs- und Unterrichtungspflicht des Betreibers des Bundesanzeigers[1]

(1) ¹Der Betreiber des Bundesanzeigers prüft, ob die einzureichenden Unterlagen fristgemäß und vollzählig eingereicht worden sind. ²Der Betreiber des Unternehmensregisters stellt dem Betreiber des Bundesanzeigers die nach § 8b Abs. 3 Satz 2 von den Landesjustizverwaltungen

---

1) **Anm. d. Red.:** § 329 i. d. F. des Gesetzes v. 12.12.2019 (BGBl I S. 2637) mit Wirkung v. 1.1.2020. – Zur Anwendung siehe Art. 83 Abs. 1 EGHGB.

übermittelten Daten zur Verfügung, soweit dies für die Erfüllung der Aufgaben nach Satz 1 erforderlich ist. ³Die Daten dürfen vom Betreiber des Bundesanzeigers nur für die in Satz 1 genannten Zwecke verwendet werden.

(2) ¹Gibt die Prüfung Anlass zu der Annahme, dass von der Größe der Kapitalgesellschaft abhängige Erleichterungen oder die Erleichterung nach § 327a nicht hätten in Anspruch genommen werden dürfen, kann der Betreiber des Bundesanzeigers von der Kapitalgesellschaft innerhalb einer angemessenen Frist die Mitteilung der Umsatzerlöse (§ 277 Abs. 1) und der durchschnittlichen Zahl der Arbeitnehmer (§ 267 Abs. 5) oder Angaben zur Eigenschaft als Kapitalgesellschaft im Sinn des § 327a verlangen. ²Unterlässt die Kapitalgesellschaft die fristgemäße Mitteilung, gelten die Erleichterungen als zu Unrecht in Anspruch genommen.

(3) In den Fällen des § 325a Absatz 1 Satz 5 und des § 340l Absatz 2 Satz 6 kann im Einzelfall die Vorlage einer Übersetzung in die deutsche Sprache verlangt werden.

(4) Ergibt die Prüfung nach Absatz 1 Satz 1, dass die offen zu legenden Unterlagen nicht oder unvollständig eingereicht wurden, wird die jeweils für die Durchführung von Ordnungsgeldverfahren nach den §§ 335, 340o und 341o zuständige Verwaltungsbehörde unterrichtet.

Fünfter Unterabschnitt: Verordnungsermächtigung für Formblätter und andere Vorschriften

§ 330 Formvorschriften[1]

(1) ¹Das Bundesministerium der Justiz und für Verbraucherschutz wird ermächtigt, im Einvernehmen mit dem Bundesministerium der Finanzen und dem Bundesministerium für Wirtschaft und Energie durch Rechtsverordnung, die nicht der Zustimmung des Bundesrates bedarf, für Kapitalgesellschaften Formblätter vorzuschreiben oder andere Vorschriften für die Gliederung des Jahresabschlusses oder des Konzernabschlusses oder den Inhalt des Anhangs, des Konzernanhangs, des Lageberichts oder des Konzernlageberichts zu erlassen, wenn der Geschäftszweig eine von den §§ 266, 275 abweichende Gliederung des Jahresabschlusses oder des Konzernabschlusses oder von den Vorschriften des Ersten Abschnitts und des Ersten und Zweiten Unterabschnitts des Zweiten Abschnitts abweichende Regelungen erfordert. ²Die sich aus den abweichenden Vorschriften ergebenden Anforderungen an die in Satz 1 bezeichneten Unterlagen sollen den Anforderungen gleichwertig sein, die sich für große Kapitalgesellschaften (§ 267 Abs. 3) aus den Vorschriften des Ersten Abschnitts und des Ersten und Zweiten Unterabschnitts des Zweiten Abschnitts sowie den für den Geschäftszweig geltenden Vorschriften ergeben. ³Über das geltende Recht hinausgehende Anforderungen dürfen nur gestellt werden, soweit sie auf Rechtsakten des Rates der Europäischen Union beruhen. ⁴Die Rechtsverordnung nach Satz 1 kann auch Abweichungen von der Kontoform nach § 266 Abs. 1 Satz 1 gestatten. ⁵Satz 4 gilt auch in den Fällen, in denen ein Geschäftszweig eine von den §§ 266 und 275 abweichende Gliederung nicht erfordert.

(2) ¹Absatz 1 ist auf Kreditinstitute im Sinne des § 1 Abs. 1 des Gesetzes über das Kreditwesen, soweit sie nach dessen § 2 Abs. 1, 4 oder 5 von der Anwendung nicht ausgenommen sind, und auf Finanzdienstleistungsinstitute im Sinne des § 1 Abs. 1a des Gesetzes über das Kreditwesen, soweit sie nach dessen § 2 Abs. 6 oder 10 von der Anwendung nicht ausgenommen sind, sowie auf Institute im Sinne des § 1 Absatz 3 des Zahlungsdiensteaufsichtsgesetzes, nach Maßgabe der Sätze 3 und 4 ungeachtet ihrer Rechtsform anzuwenden. ²Satz 1 ist auch auf Zweigstellen von Unternehmen mit Sitz in einem Staat anzuwenden, der nicht Mitglied der Europäischen Gemeinschaft und auch nicht Vertragsstaat des Abkommens über den Europäischen Wirtschaftsraum ist, sofern die Zweigstelle nach § 53 Abs. 1 des Gesetzes über das Kreditwesen als Kreditinstitut oder als Finanzinstitut gilt. ³Die Rechtsverordnung bedarf nicht der Zustimmung des Bundesrates; sie ist im Einvernehmen mit dem Bundesministerium der Finanzen und im Benehmen mit der Deutschen Bundesbank zu erlassen. ⁴In die Rechtsverordnung nach Satz 1 können

---

[1] **Anm. d. Red.:** § 330 i. d. F. des Gesetzes v. 17. 7. 2017 (BGBl I S. 2446) mit Wirkung v. 13. 1. 2018.

auch nähere Bestimmungen über die Aufstellung des Jahresabschlusses und des Konzernabschlusses im Rahmen der vorgeschriebenen Formblätter für die Gliederung des Jahresabschlusses und des Konzernabschlusses sowie des Zwischenabschlusses gemäß § 340a Abs. 3 und des Konzernzwischenabschlusses gemäß § 340i Abs. 4 aufgenommen werden, soweit dies zur Erfüllung der Aufgaben der Bundesanstalt für Finanzdienstleistungsaufsicht oder der Deutschen Bundesbank erforderlich ist, insbesondere um einheitliche Unterlagen zur Beurteilung der von den Kreditinstituten und Finanzdienstleistungsinstituten durchgeführten Bankgeschäfte und erbrachten Finanzdienstleistungen zu erhalten.

(3) ¹Absatz 1 ist auf Versicherungsunternehmen nach Maßgabe der Sätze 3 und 4 ungeachtet ihrer Rechtsform anzuwenden. ²Satz 1 ist auch auf Niederlassungen im Geltungsbereich dieses Gesetzes von Versicherungsunternehmen mit Sitz in einem anderen Staat anzuwenden, wenn sie zum Betrieb des Direktversicherungsgeschäfts der Erlaubnis durch die deutsche Versicherungsaufsichtsbehörde bedürfen. ³Die Rechtsverordnung bedarf der Zustimmung des Bundesrates und ist im Einvernehmen mit dem Bundesministerium der Finanzen zu erlassen. ⁴In die Rechtsverordnung nach Satz 1 können auch nähere Bestimmungen über die Aufstellung des Jahresabschlusses und des Konzernabschlusses im Rahmen der vorgeschriebenen Formblätter für die Gliederung des Jahresabschlusses und des Konzernabschlusses sowie Vorschriften über den Ansatz und die Bewertung von versicherungstechnischen Rückstellungen, insbesondere die Näherungsverfahren, aufgenommen werden. ⁵Die Zustimmung des Bundesrates ist nicht erforderlich, soweit die Verordnung ausschließlich dem Zweck dient, Abweichungen nach Absatz 1 Satz 4 und 5 zu gestatten.

(4) ¹In der Rechtsverordnung nach Absatz 1 in Verbindung mit Absatz 3 kann bestimmt werden, dass Versicherungsunternehmen, auf die die Richtlinie 91/674/EWG nach deren Artikel 2 in Verbindung mit den Artikeln 4, 7 und 9 Nummer 1 und 2 sowie Artikel 10 Nummer 1 der Richtlinie 2009/138/EG des Europäischen Parlaments und des Rates vom 25. November 2009 betreffend die Aufnahme und Ausübung der Versicherungs- und der Rückversicherungstätigkeit (Solvabilität II) (ABl L 335 vom 17.12.2009, S.1) nicht anzuwenden ist, von den Regelungen des Zweiten Unterabschnitts des Vierten Abschnitts ganz oder teilweise befreit werden, soweit dies erforderlich ist, um eine im Verhältnis zur Größe der Versicherungsunternehmen unangemessene Belastung zu vermeiden; Absatz 1 Satz 2 ist insoweit nicht anzuwenden. ²In der Rechtsverordnung dürfen diesen Versicherungsunternehmen auch für die Gliederung des Jahresabschlusses und des Konzernabschlusses, für die Erstellung von Anhang und Lagebericht und Konzernanhang und Konzernlagebericht sowie für die Offenlegung ihrer Größe angemessene Vereinfachungen gewährt werden.

(5) Die Absätze 3 und 4 sind auf Pensionsfonds (§ 236 Absatz 1 des Versicherungsaufsichtsgesetzes) entsprechend anzuwenden.

Sechster Unterabschnitt: Straf- und Bußgeldvorschriften, Ordnungsgelder[1]

Erster Titel: Straf- und Bußgeldvorschriften[2]

§ 331 Unrichtige Darstellung[3]

Mit Freiheitsstrafe bis zu drei Jahren oder mit Geldstrafe wird bestraft, wer
1. als Mitglied des vertretungsberechtigten Organs oder des Aufsichtsrats einer Kapitalgesellschaft die Verhältnisse der Kapitalgesellschaft in der Eröffnungsbilanz, im Jahresabschluss, im Lagebericht einschließlich der nichtfinanziellen Erklärung, im gesonderten nichtfinan-

---

1) **Anm. d. Red.:** Überschrift i. d. F. des Gesetzes v. 1.3.2011 (BGBl I S. 288) mit Wirkung v. 30.4.2011.
2) **Anm. d. Red.:** Überschrift eingefügt gem. Gesetz v. 11.4.2017 (BGBl I S. 802) mit Wirkung v. 19.4.2017.
3) **Anm. d. Red.:** § 331 i. d. F. des Gesetzes v. 11.4.2017 (BGBl I S. 802) mit Wirkung v. 19.4.2017. – Zur Anwendung siehe Art. 80 EGHGB.

ziellen Bericht oder im Zwischenabschluss nach § 340a Abs. 3 unrichtig wiedergibt oder verschleiert,

1a. als Mitglied des vertretungsberechtigten Organs einer Kapitalgesellschaft zum Zwecke der Befreiung nach § 325 Abs. 2a Satz 1, Abs. 2b einen Einzelabschluss nach den in § 315e Absatz 1 genannten internationalen Rechnungslegungsstandards, in dem die Verhältnisse der Kapitalgesellschaft unrichtig wiedergegeben oder verschleiert worden sind, vorsätzlich oder leichtfertig offen legt,

2. als Mitglied des vertretungsberechtigten Organs oder des Aufsichtsrats einer Kapitalgesellschaft die Verhältnisse des Konzerns im Konzernabschluss, im Konzernlagebericht einschließlich der nichtfinanziellen Konzernerklärung, im gesonderten nichtfinanziellen Konzernbericht oder im Konzernzwischenabschluss nach § 340i Abs. 4 unrichtig wiedergibt oder verschleiert,

3. als Mitglied des vertretungsberechtigten Organs einer Kapitalgesellschaft zum Zwecke der Befreiung nach § 291 Abs. 1 und 2 oder nach § 292 einen Konzernabschluss oder Konzernlagebericht, in dem die Verhältnisse des Konzerns unrichtig wiedergegeben oder verschleiert worden sind, vorsätzlich oder leichtfertig offen legt,

3a. entgegen § 264 Abs. 2 Satz 3, § 289 Abs. 1 Satz 5, § 297 Abs. 2 Satz 4 oder § 315 Absatz 1 Satz 5 eine Versicherung nicht richtig abgibt,

4. als Mitglied des vertretungsberechtigten Organs einer Kapitalgesellschaft oder als Mitglied des vertretungsberechtigten Organs oder als vertretungsberechtigter Gesellschafter eines ihrer Tochterunternehmen (§ 290 Abs. 1, 2) in Aufklärungen oder Nachweisen, die nach § 320 einem Abschlussprüfer der Kapitalgesellschaft eines verbundenen Unternehmens oder des Konzerns zu geben sind, unrichtige Angaben macht oder die Verhältnisse der Kapitalgesellschaft, eines Tochterunternehmens oder des Konzerns unrichtig wiedergibt oder verschleiert.

§ 332 Verletzung der Berichtspflicht[1]

(1) Mit Freiheitsstrafe bis zu drei Jahren oder mit Geldstrafe wird bestraft, wer als Abschlussprüfer oder Gehilfe eines Abschlussprüfers über das Ergebnis der Prüfung eines Jahresabschlusses, eines Einzelabschlusses nach § 325 Abs. 2a, eines Lageberichts, eines Konzernabschlusses, eines Konzernlageberichts einer Kapitalgesellschaft oder eines Zwischenabschlusses nach § 340a Abs. 3 oder eines Konzernzwischenabschlusses gemäß § 340i Abs. 4 unrichtig berichtet, im Prüfungsbericht (§ 321) erhebliche Umstände verschweigt oder einen inhaltlich unrichtigen Bestätigungsvermerk (§ 322) erteilt.

(2) Handelt der Täter gegen Entgelt oder in der Absicht, sich oder einen anderen zu bereichern oder einen anderen zu schädigen, so ist die Strafe Freiheitsstrafe bis zu fünf Jahren oder Geldstrafe.

§ 333 Verletzung der Geheimhaltungspflicht[2]

(1) Mit Freiheitsstrafe bis zu einem Jahr oder mit Geldstrafe wird bestraft, wer ein Geheimnis der Kapitalgesellschaft, eines Tochterunternehmens (§ 290 Abs. 1, 2), eines gemeinsam geführten Unternehmens (§ 310) oder eines assoziierten Unternehmens (§ 311), namentlich ein Betriebs- oder Geschäftsgeheimnis, das ihm in seiner Eigenschaft als Abschlussprüfer oder Gehilfe eines Abschlussprüfers bei Prüfung des Jahresabschlusses, eines Einzelabschlusses nach § 325 Abs. 2a oder des Konzernabschlusses bekannt geworden ist, oder wer ein Geschäfts- oder Betriebsgeheimnis oder eine Erkenntnis über das Unternehmen, das ihm als Beschäftigter bei einer Prüfstelle im Sinne von § 342b Abs. 1 bei der Prüftätigkeit bekannt geworden ist, unbefugt offenbart.

---

1) **Anm. d. Red.:** § 332 i. d. F. des Gesetzes v. 4. 12. 2004 (BGBl I S. 3166) mit Wirkung v. 10. 12. 2004.
2) **Anm. d. Red.:** § 333 i. d. F. des Gesetzes v. 15. 12. 2004 (BGBl I S. 3408) mit Wirkung v. 21. 12. 2004.

(2) ¹Handelt der Täter gegen Entgelt oder in der Absicht, sich oder einen anderen zu bereichern oder einen anderen zu schädigen, so ist die Strafe Freiheitsstrafe bis zu zwei Jahren oder Geldstrafe. ²Ebenso wird bestraft, wer ein Geheimnis der in Absatz 1 bezeichneten Art, namentlich ein Betriebs- oder Geschäftsgeheimnis, das ihm unter den Voraussetzungen des Absatzes 1 bekannt geworden ist, unbefugt verwertet.

(3) Die Tat wird nur auf Antrag der Kapitalgesellschaft verfolgt.

§ 333a Verletzung der Pflichten bei Abschlussprüfungen[1]

Mit Freiheitsstrafe bis zu einem Jahr oder mit Geldstrafe wird bestraft, wer als Mitglied eines nach § 324 Absatz 1 Satz 1 eingerichteten Prüfungsausschusses
1. eine in § 334 Absatz 2a bezeichnete Handlung begeht und dafür einen Vermögensvorteil erhält oder sich versprechen lässt oder
2. eine in § 334 Absatz 2a bezeichnete Handlung beharrlich wiederholt.

§ 334 Bußgeldvorschriften[2]

(1) Ordnungswidrig handelt, wer als Mitglied des vertretungsberechtigten Organs oder des Aufsichtsrats einer Kapitalgesellschaft
1. bei der Aufstellung oder Feststellung des Jahresabschlusses einer Vorschrift
    a) des § 243 Abs. 1 oder 2, der §§ 244, 245, 246, 247, 248, 249 Abs. 1 Satz 1 oder Abs. 2, des § 250 Abs. 1 oder 2, des § 251 oder des § 264 Absatz 1a oder Absatz 2 über Form oder Inhalt,
    b) des § 253 Absatz 1 Satz 1, 2, 3, 4, 5 oder Satz 6, Abs. 2 Satz 1, auch in Verbindung mit Satz 2, Absatz 3 Satz 1, 2, 3, 4 oder Satz 5, Abs. 4 oder 5, des § 254 oder des § 256a über die Bewertung,
    c) des § 265 Abs. 2, 3, 4 oder 6, der §§ 266, 268 Absatz 3, 4, 5, 6 oder Absatz 7, der §§ 272, 274, 275 oder des § 277 über die Gliederung oder
    d) des § 284 oder des § 285 über die in der Bilanz, unter der Bilanz oder im Anhang zu machenden Angaben,
2. bei der Aufstellung des Konzernabschlusses einer Vorschrift
    a) des § 294 Abs. 1 über den Konsolidierungskreis,
    b) des § 297 Absatz 1a, 2 oder 3 oder des § 298 Abs. 1 in Verbindung mit den §§ 244, 245, 246, 247, 248, 249 Abs. 1 Satz 1 oder Abs. 2, dem § 250 Abs. 1 oder dem § 251 über Inhalt oder Form,
    c) des § 300 über die Konsolidierungsgrundsätze oder das Vollständigkeitsgebot,
    d) des § 308 Abs. 1 Satz 1 in Verbindung mit den in Nummer 1 Buchstabe b bezeichneten Vorschriften, des § 308 Abs. 2 oder des § 308a über die Bewertung,
    e) des § 311 Abs. 1 Satz 1 in Verbindung mit § 312 über die Behandlung assoziierter Unternehmen oder
    f) des § 308 Abs. 1 Satz 3, des § 313 oder des § 314 über die im Konzernanhang zu machenden Angaben,
3. bei der Aufstellung des Lageberichts oder der Erstellung eines gesonderten nichtfinanziellen Berichts einer Vorschrift der §§ 289 bis 289b Absatz 1, §§ 289c, 289d, 289e Absatz 2, auch in Verbindung mit § 289b Absatz 2 oder 3, oder des § 289f über den Inhalt des Lageberichts oder des gesonderten nichtfinanziellen Berichts,

---

1) **Anm. d. Red.:** § 333a eingefügt gem. Gesetz v. 10. 5. 2016 (BGBl I S. 1142) mit Wirkung v. 17. 6. 2016.
2) **Anm. d. Red.:** § 334 i. d. F. des Gesetzes v. 12.8.2020 (BGBl I S. 1874) mit Wirkung v. 19.8.2020. – Zur anwendung siehe Art. 84 EGHGB.

§ 334

4. bei der Aufstellung des Konzernlageberichts oder der Erstellung eines gesonderten nichtfinanziellen Konzernberichts einer Vorschrift der §§ 315 bis 315b Absatz 1, des § 315c, auch in Verbindung mit § 315b Absatz 2 oder 3, oder des § 315d über den Inhalt des Konzernlageberichts oder des gesonderten nichtfinanziellen Konzernberichts,
5. bei der Offenlegung, Hinterlegung, Veröffentlichung oder Vervielfältigung einer Vorschrift des § 328 über Form, Format oder Inhalt oder
6. einer aufgrund des § 330 Abs. 1 Satz 1 erlassenen Rechtsverordnung, soweit sie für einen bestimmten Tatbestand auf diese Bußgeldvorschrift verweist,

zuwiderhandelt.

(2) Ordnungswidrig handelt, wer zu einem Jahresabschluss, zu einem Einzelabschluss nach § 325 Abs. 2a oder zu einem Konzernabschluss, der aufgrund gesetzlicher Vorschriften zu prüfen ist, einen Vermerk nach § 322 Abs. 1 erteilt, obwohl nach § 319 Abs. 2, 3, 5, § 319a Abs. 1 Satz 1, Abs. 2, § 319b Abs. 1 Satz 1 oder 2 er oder nach § 319 Abs. 4, auch in Verbindung mit § 319a Abs. 1 Satz 2, oder § 319b Abs. 1 die Wirtschaftsprüfungsgesellschaft oder die Buchprüfungsgesellschaft, für die er tätig wird, nicht Abschlussprüfer sein darf.

(2a) Ordnungswidrig handelt, wer als Mitglied eines nach § 324 Absatz 1 Satz 1 eingerichteten Prüfungsausschusses
1. die Unabhängigkeit des Abschlussprüfers oder der Prüfungsgesellschaft nicht nach Maßgabe des Artikels 4 Absatz 3 Unterabsatz 2, des Artikels 5 Absatz 4 Unterabsatz 1 Satz 1 oder des Artikels 6 Absatz 2 der Verordnung (EU) Nr. 537/2014 des Europäischen Parlaments und des Rates vom 16. April 2014 über spezifische Anforderungen an die Abschlussprüfung bei Unternehmen von öffentlichem Interesse und zur Aufhebung des Beschlusses 2005/909/EG der Kommission (ABl L 158 vom 27. 5. 2014, S. 77, L 170 vom 11. 6. 2014, S. 66) überwacht,
2. eine Empfehlung für die Bestellung eines Abschlussprüfers oder einer Prüfungsgesellschaft vorlegt, die den Anforderungen nach Artikel 16 Absatz 2 Unterabsatz 2 oder 3 der Verordnung (EU) Nr. 537/2014 nicht entspricht oder der ein Auswahlverfahren nach Artikel 16 Absatz 3 Unterabsatz 1 der Verordnung (EU) Nr. 537/2014 nicht vorangegangen ist, oder
3. den Gesellschaftern einen Vorschlag für die Bestellung eines Abschlussprüfers oder einer Prüfungsgesellschaft vorlegt, der den Anforderungen nach Artikel 16 Absatz 5 Unterabsatz 1 der Verordnung (EU) Nr. 537/2014 nicht entspricht.

(3) ¹Die Ordnungswidrigkeit kann mit einer Geldbuße bis zu fünfzigtausend Euro geahndet werden. ²Ist die Kapitalgesellschaft kapitalmarktorientiert im Sinne des § 264d, beträgt die Geldbuße in den Fällen des Absatzes 1 höchstens den höheren der folgenden Beträge:
1. zwei Millionen Euro oder
2. das Zweifache des aus der Ordnungswidrigkeit gezogenen wirtschaftlichen Vorteils, wobei der wirtschaftliche Vorteil erzielte Gewinne und vermiedene Verluste umfasst und geschätzt werden kann.

(3a) Wird gegen eine kapitalmarktorientierte Kapitalgesellschaft im Sinne des § 264d in den Fällen des Absatzes 1 eine Geldbuße nach § 30 des Gesetzes über Ordnungswidrigkeiten verhängt, beträgt diese Geldbuße höchstens den höchsten der folgenden Beträge:
1. zehn Millionen Euro,
2. 5 Prozent des jährlichen Gesamtumsatzes, den die Kapitalgesellschaft in dem der Behördenentscheidung vorausgegangenen Geschäftsjahr erzielt hat oder
3. das Zweifache des aus der Ordnungswidrigkeit gezogenen wirtschaftlichen Vorteils, wobei der wirtschaftliche Vorteil erzielte Gewinne und vermiedene Verluste umfasst und geschätzt werden kann.

(3b) ¹Gesamtumsatz im Sinne des Absatzes 3a Nummer 2 ist der Betrag der Umsatzerlöse nach § 277 Absatz 1 oder der Betrag der Nettoumsatzerlöse nach Maßgabe des auf das Unternehmen anwendbaren nationalen Rechts im Einklang mit Artikel 2 Nummer 5 der Richtlinie

2013/34/EU. ²Handelt es sich bei der Kapitalgesellschaft um ein Mutterunternehmen oder um ein Tochterunternehmen im Sinne des § 290, ist anstelle des Gesamtumsatzes der Kapitalgesellschaft der Gesamtumsatz im Konzernabschluss des Mutterunternehmens maßgeblich, der für den größten Kreis von Unternehmen aufgestellt wird. ³Wird der Konzernabschluss für den größten Kreis von Unternehmen nicht nach den in Satz 1 genannten Vorschriften aufgestellt, ist der Gesamtumsatz nach Maßgabe der den Umsatzerlösen vergleichbaren Posten des Konzernabschlusses zu ermitteln. ⁴Ist ein Jahres- oder Konzernabschluss für das maßgebliche Geschäftsjahr nicht verfügbar, ist der Jahres- oder Konzernabschluss für das unmittelbar vorausgehende Geschäftsjahr maßgeblich; ist auch dieser nicht verfügbar, kann der Gesamtumsatz geschätzt werden.

(4) ¹Verwaltungsbehörde im Sinne des § 36 Absatz 1 Nummer 1 des Gesetzes über Ordnungswidrigkeiten ist in den Fällen des Absatzes 1 bei Kapitalgesellschaften, die einen organisierten Markt im Sinne des § 2 Absatz 11 des Wertpapierhandelsgesetzes durch von ihnen ausgegebene Wertpapiere im Sinne des § 2 Absatz 1 des Wertpapierhandelsgesetzes in Anspruch nehmen, die Bundesanstalt für Finanzdienstleistungsaufsicht, im Übrigen das Bundesamt für Justiz. ²In den Fällen des Absatzes 2 ist die Abschlussprüferaufsichtsstelle beim Bundesamt für Wirtschaft und Ausfuhrkontrolle zuständig, in den Fällen des Absatzes 2a das Bundesamt für Justiz.

(5) Die Absätze 1 bis 4 sind auf Kreditinstitute im Sinn des § 340 und auf Versicherungsunternehmen im Sinn des § 341 Abs. 1 nicht anzuwenden.

Zweiter Titel: Ordnungsgelder[1)]

§ 335 Festsetzung von Ordnungsgeld; Verordnungsermächtigungen[2)]

(1) ¹Gegen die Mitglieder des vertretungsberechtigten Organs einer Kapitalgesellschaft, die
1. § 325 über die Pflicht zur Offenlegung des Jahresabschlusses, des Lageberichts, des Konzernabschlusses, des Konzernlageberichts und anderer Unterlagen der Rechnungslegung oder
2. § 325a über die Pflicht zur Offenlegung der Rechnungslegungsunterlagen der Hauptniederlassung

nicht befolgen, ist wegen des pflichtwidrigen Unterlassens der rechtzeitigen Offenlegung vom Bundesamt für Justiz (Bundesamt) ein Ordnungsgeldverfahren nach den Absätzen 2 bis 6 durchzuführen; im Fall der Nummer 2 treten die in § 13e Absatz 2 Satz 5 Nummer 3 genannten Personen, sobald sie angemeldet sind, an die Stelle der Mitglieder des vertretungsberechtigten Organs der Kapitalgesellschaft. ²Das Ordnungsgeldverfahren kann auch gegen die Kapitalgesellschaft durchgeführt werden, für die die Mitglieder des vertretungsberechtigten Organs die in Satz 1 Nr. 1 und 2 genannten Pflichten zu erfüllen haben. ³Dem Verfahren steht nicht entgegen, dass eine der Offenlegung vorausgehende Pflicht, insbesondere die Aufstellung des Jahres- oder Konzernabschlusses oder die unverzügliche Erteilung des Prüfauftrags, noch nicht erfüllt ist. ⁴Das Ordnungsgeld beträgt mindestens zweitausendfünfhundert und höchstens fünfundzwanzigtausend Euro. ⁵Eingenommene Ordnungsgelder fließen dem Bundesamt zu.

(1a) ¹Ist die Kapitalgesellschaft kapitalmarktorientiert im Sinne des § 264d, beträgt das Ordnungsgeld höchstens den höheren der folgenden Beträge:
1. zehn Millionen Euro,
2. 5 Prozent des jährlichen Gesamtumsatzes, den die Kapitalgesellschaft im der Behördenentscheidung vorausgegangenen Geschäftsjahr erzielt hat, oder

---

1) **Anm. d. Red.:** Überschrift eingefügt gem. Gesetz v. 11.4.2017 (BGBl I S. 802) mit Wirkung v. 19.4.2017.
2) **Anm. d. Red.:** § 335 i.d.F. des Gesetzes v. 21.6.2019 (BGBl I S. 846), i.d.F. des Art. 154a Nr. 3 Buchst. a Gesetz v. 20.11.2019 (BGBl I S. 1626), mit Wirkung v. 1.11.2020.

§ 335 XII. Handelsgesetzbuch

3. das Zweifache des aus der unterlassenen Offenlegung gezogenen wirtschaftlichen Vorteils; der wirtschaftliche Vorteil umfasst erzielte Gewinne und vermiedene Verluste und kann geschätzt werden.

²Wird das Ordnungsgeld einem Mitglied des gesetzlichen Vertretungsorgans der Kapitalgesellschaft angedroht, beträgt das Ordnungsgeld abweichend von Satz 1 höchstens den höheren der folgenden Beträge:
1. zwei Millionen Euro oder
2. das Zweifache des aus der unterlassenen Offenlegung gezogenen Vorteils; der wirtschaftliche Vorteil umfasst erzielte Gewinne und vermiedene Verluste und kann geschätzt werden.

(1b) ¹Gesamtumsatz im Sinne des Absatzes 1a Satz 1 Nummer 2 ist
1. im Falle von Kreditinstituten, Zahlungsinstituten und Finanzdienstleistungsinstituten im Sinne des § 340 der sich aus dem auf das Institut anwendbaren nationalen Recht im Einklang mit Artikel 27 Nummer 1, 3, 4, 6 und 7 oder Artikel 28 Nummer B1, B2, B3, B4 und B7 der Richtlinie 86/635/EWG des Rates vom 8. Dezember 1986 über den Jahresabschluss und den konsolidierten Abschluss von Banken und anderen Finanzinstituten (ABl L 372 vom 31. 12. 1986, S. 1) ergebende Gesamtbetrag, abzüglich der Umsatzsteuer und sonstiger direkt auf diese Erträge erhobener Steuern,
2. im Falle von Versicherungsunternehmen der sich aus dem auf das Versicherungsunternehmen anwendbaren nationalen Recht im Einklang mit Artikel 63 der Richtlinie 91/674/EWG des Rates vom 19. Dezember 1991 über den Jahresabschluss und den konsolidierten Abschluss von Versicherungsunternehmen (ABl L 374 vom 31. 12. 1991, S. 7) ergebende Gesamtbetrag, abzüglich der Umsatzsteuer und sonstiger direkt auf diese Erträge erhobener Steuern,
3. im Übrigen der Betrag der Umsatzerlöse nach § 277 Absatz 1 oder der Nettoumsatzerlöse nach Maßgabe des auf das Unternehmen anwendbaren nationalen Rechts im Einklang mit Artikel 2 Nummer 5 der Richtlinie 2013/34/EU.

²Handelt es sich bei der Kapitalgesellschaft um ein Mutterunternehmen oder um ein Tochterunternehmen im Sinne von § 290, ist anstelle des Gesamtumsatzes der Kapitalgesellschaft der Gesamtumsatz im Konzernabschluss des Mutterunternehmens maßgeblich, der für den größten Kreis von Unternehmen aufgestellt wird. ³Wird der Konzernabschluss für den größten Kreis von Unternehmen nicht nach den in Satz 1 genannten Vorschriften aufgestellt, ist der Gesamtumsatz nach Maßgabe der den in Satz 1 Nummer 1 bis 3 vergleichbaren Posten des Konzernabschlusses zu ermitteln. ⁴Ist ein Jahresabschluss oder Konzernabschluss für das maßgebliche Geschäftsjahr nicht verfügbar, ist der Jahres- oder Konzernabschluss für das unmittelbar vorausgehende Geschäftsjahr maßgeblich; ist auch dieser nicht verfügbar, kann der Gesamtumsatz geschätzt werden.

(1c) Soweit dem Bundesamt Ermessen bei der Höhe eines Ordnungsgeldes zusteht, hat es auch frühere Verstöße der betroffenen Person zu berücksichtigen.

(1d) ¹Das Bundesamt unterrichtet die Bundesanstalt für Finanzdienstleistungsaufsicht unverzüglich über jedes Ordnungsgeld, das gemäß Absatz 1 gegen eine Kapitalgesellschaft im Sinne des § 264d oder gegen ein Mitglied ihrer Vertretungsorgane festgesetzt wird. ²Wird gegen eine solche Ordnungsgeldfestsetzung Beschwerde eingelegt, unterrichtet das Bundesamt die Bundesanstalt für Finanzdienstleistungsaufsicht über diesen Umstand sowie über den Ausgang des Beschwerdeverfahrens.

(2) ¹Auf das Verfahren sind die §§ 15 bis 19, § 40 Abs. 1, § 388 Abs. 1, § 389 Abs. 3, § 390 Abs. 2 bis 6 des Gesetzes über das Verfahren in Familiensachen und in den Angelegenheiten der freiwilligen Gerichtsbarkeit sowie im Übrigen § 11 Nr. 1 und 2, § 12 Abs. 1 Nr. 1 bis 3, Abs. 2 und 3, §§ 14, 15, 20 Abs. 1 und 3, § 21 Abs. 1, §§ 23 und 26 des Verwaltungsverfahrensgesetzes nach Maßgabe der nachfolgenden Absätze entsprechend anzuwenden. ²Das Ordnungsgeldverfahren ist ein Justizverwaltungsverfahren. ³Zur Vertretung der Beteiligten sind auch Wirtschaftsprüfer und vereidigte Buchprüfer, Steuerberater, Steuerbevollmächtigte, Personen und Vereinigungen

im Sinn des § 3 Nr. 4 des Steuerberatungsgesetzes sowie Gesellschaften im Sinn des § 3 Nr. 2 und 3 des Steuerberatungsgesetzes, die durch Personen im Sinn des § 3 Nr. 1 des Steuerberatungsgesetzes handeln, befugt.

(2a) ¹Die Akten einschließlich der Verfahrensakten in der Zwangsvollstreckung werden elektronisch geführt. ²Auf die elektronische Aktenführung und die elektronische Kommunikation ist § 110c des Gesetzes über Ordnungswidrigkeiten entsprechend anzuwenden, jedoch dessen Satz 1

1. nicht in Verbindung mit dessen Satz 2 und § 32b der Strafprozessordnung auf
   a) die Androhung eines Ordnungsgeldes nach Absatz 3 Satz 1,
   b) die Kostenentscheidung nach Absatz 3 Satz 2 und
   c) den Erlass von Zwischenverfügungen;
2. nicht in Verbindung mit den §§ 32d und 32e Absatz 3 Satz 1 und 2 der Strafprozessordnung auf das Verfahren insgesamt sowie
3. einschließlich dessen Sätze 2 und 3 nicht auf die Beitreibung nach dem Justizbeitreibungsgesetz.

³Satz 2 gilt entsprechend auch für Verfügungen im Sinne der Absätze 3 und 4, die automatisiert erlassen werden können.

(3) ¹Den in Absatz 1 Satz 1 und 2 bezeichneten Beteiligten ist unter Androhung eines Ordnungsgeldes in bestimmter Höhe aufzugeben, innerhalb einer Frist von sechs Wochen vom Zugang der Androhung an ihrer gesetzlichen Verpflichtung nachzukommen oder die Unterlassung mittels Einspruchs gegen die Verfügung zu rechtfertigen. ²Mit der Androhung des Ordnungsgeldes sind den Beteiligten zugleich die Kosten des Verfahrens aufzuerlegen. ³Der Einspruch kann auf Einwendungen gegen die Entscheidung über die Kosten beschränkt werden. ⁴Der Einspruch gegen die Androhung des Ordnungsgeldes und gegen die Entscheidung über die Kosten hat keine aufschiebende Wirkung. ⁵Führt der Einspruch zu einer Einstellung des Verfahrens, ist zugleich auch die Kostenentscheidung nach Satz 2 aufzuheben.

(4) ¹Wenn die Beteiligten nicht spätestens sechs Wochen nach dem Zugang der Androhung der gesetzlichen Pflicht entsprochen oder die Unterlassung mittels Einspruchs gerechtfertigt haben, ist das Ordnungsgeld festzusetzen und zugleich die frühere Verfügung unter Androhung eines erneuten Ordnungsgeldes zu wiederholen. ²Haben die Beteiligten die gesetzliche Pflicht erst nach Ablauf der Sechswochenfrist erfüllt, hat das Bundesamt das Ordnungsgeld wie folgt herabzusetzen:

1. auf einen Betrag von 500 Euro, wenn die Beteiligten von dem Recht einer Kleinstkapitalgesellschaft nach § 326 Absatz 2 Gebrauch gemacht haben;
2. auf einen Betrag von 1 000 Euro, wenn es sich um eine kleine Kapitalgesellschaft im Sinne des § 267 Absatz 1 handelt;
3. auf einen Betrag von 2 500 Euro, wenn ein höheres Ordnungsgeld angedroht worden ist und die Voraussetzungen der Nummern 1 und 2 nicht vorliegen, oder
4. jeweils auf einen geringeren Betrag, wenn die Beteiligten die Sechswochenfrist nur geringfügig überschritten haben.

³Bei der Herabsetzung sind nur Umstände zu berücksichtigen, die vor der Entscheidung des Bundesamtes eingetreten sind.

(5) ¹Waren die Beteiligten unverschuldet gehindert, in der Sechswochenfrist nach Absatz 4 Einspruch einzulegen oder ihrer gesetzlichen Verpflichtung nachzukommen, hat ihnen das Bundesamt auf Antrag Wiedereinsetzung in den vorigen Stand zu gewähren. ²Das Verschulden eines Vertreters ist der vertretenen Person zuzurechnen. ³Ein Fehlen des Verschuldens wird vermutet, wenn eine Rechtsbehelfsbelehrung unterblieben ist oder fehlerhaft ist. ⁴Der Antrag auf Wiedereinsetzung ist binnen zwei Wochen nach Wegfall des Hindernisses schriftlich beim Bundesamt zu stellen. ⁵Die Tatsachen zur Begründung des Antrags sind bei der Antragstellung oder im Verfahren über den Antrag glaubhaft zu machen. ⁶Die versäumte Handlung ist spätestens

sechs Wochen nach Wegfall des Hindernisses nachzuholen. ⁷Ist innerhalb eines Jahres seit dem Ablauf der Sechswochenfrist nach Absatz 4 weder Wiedereinsetzung beantragt noch die versäumte Handlung nachgeholt worden, kann Wiedereinsetzung nicht mehr gewährt werden. ⁸Die Wiedereinsetzung ist nicht anfechtbar. ⁹Haben die Beteiligten Wiedereinsetzung nicht beantragt oder ist die Ablehnung des Wiedereinsetzungsantrags bestandskräftig geworden, können sich die Beteiligten mit der Beschwerde nicht mehr darauf berufen, dass sie unverschuldet gehindert waren, in der Sechswochenfrist Einspruch einzulegen oder ihrer gesetzlichen Verpflichtung nachzukommen.

(6) ¹Liegen dem Bundesamt in einem Verfahren nach den Absätzen 1 bis 5 keine Anhaltspunkte über die Einstufung einer Gesellschaft im Sinne des § 267 Absatz 1 bis 3 oder des § 267a vor, kann es den in Absatz 1 Satz 1 und 2 bezeichneten Beteiligten aufgeben, die Bilanzsumme nach Abzug eines auf der Aktivseite ausgewiesenen Fehlbetrags (§ 268 Absatz 3), die Umsatzerlöse (§ 277 Absatz 1) und die durchschnittliche Zahl der Arbeitnehmer (§ 267 Absatz 5) für das betreffende Geschäftsjahr und für diejenigen Geschäftsjahre, die für die Einstufung erforderlich sind, anzugeben. ²Unterbleiben die Angaben nach Satz 1, so wird für das weitere Verfahren vermutet, dass die Erleichterungen der §§ 326 und 327 nicht in Anspruch genommen werden können. ³Die Sätze 1 und 2 gelten für den Konzernabschluss und den Konzernlagebericht entsprechend mit der Maßgabe, dass an die Stelle der §§ 267, 326 und 327 der § 293 tritt.

(7) ¹Das Bundesministerium der Justiz und für Verbraucherschutz kann zur näheren Ausgestaltung der elektronischen Aktenführung und elektronischen Kommunikation nach Absatz 2a in der ab dem 1. Januar 2018 geltenden Fassung durch Rechtsverordnung, die nicht der Zustimmung des Bundesrates bedarf,
1. die Weiterführung von Akten in Papierform gestatten, die bereits vor Einführung der elektronischen Aktenführung in Papierform angelegt wurden,
2. die organisatorischen und dem Stand der Technik entsprechenden technischen Rahmenbedingungen für die elektronische Aktenführung einschließlich der einzuhaltenden Anforderungen des Datenschutzes, der Datensicherheit und der Barrierefreiheit festlegen,
3. die Standards für die Übermittlung elektronischer Akten zwischen dem Bundesamt und einer anderen Behörde oder einem Gericht näher bestimmen,
4. die Standards für die Einsicht in elektronische Akten vorgeben,
5. elektronische Formulare einführen und
    a) bestimmen, dass die in den Formularen enthaltenen Angaben ganz oder teilweise in strukturierter maschinenlesbarer Form zu übermitteln sind,
    b) eine Kommunikationsplattform vorgeben, auf der die Formulare im Internet zur Nutzung bereitzustellen sind, und
    c) bestimmen, dass eine Identifikation des Formularverwenders abweichend von Absatz 2a in Verbindung mit § 110c des Gesetzes über Ordnungswidrigkeiten und § 32a Absatz 3 der Strafprozessordnung durch Nutzung des elektronischen Identitätsnachweises nach § 18 des Personalausweisgesetzes, § 12 des eID-Karte-Gesetzes oder § 78 Absatz 5 des Aufenthaltsgesetzes erfolgen kann,
6. Formanforderungen und weitere Einzelheiten für den automatisierten Erlass von Entscheidungen festlegen,
7. die Einreichung elektronischer Dokumente, abweichend von Absatz 2a in Verbindung mit § 110c des Gesetzes über Ordnungswidrigkeiten und § 32a der Strafprozessordnung, erst zum 1. Januar des Jahres 2019 oder 2020 zulassen und
8. die Weiterführung der Akten in der bisherigen elektronischen Form bis zu einem bestimmten Zeitpunkt vor dem 1. Januar 2026 gestatten.

²Das Bundesministerium der Justiz und für Verbraucherschutz kann die Ermächtigungen des Satzes 1 durch Rechtsverordnung ohne Zustimmung des Bundesrates auf das Bundesamt für Justiz übertragen.

§ 335a Beschwerde gegen die Festsetzung von Ordnungsgeld; Rechtsbeschwerde; Verordnungsermächtigung[1)]

(1) ¹Gegen die Entscheidung, durch die das Ordnungsgeld festgesetzt oder der Einspruch oder der Antrag auf Wiedereinsetzung in den vorigen Stand verworfen wird, sowie gegen die Entscheidung nach § 335 Absatz 3 Satz 5 findet die Beschwerde nach den Vorschriften des Gesetzes über das Verfahren in Familiensachen und in den Angelegenheiten der freiwilligen Gerichtsbarkeit statt, soweit sich aus Satz 2 oder den nachstehenden Absätzen nichts anderes ergibt. ²Die Beschwerde hat aufschiebende Wirkung, wenn sie die Festsetzung eines Ordnungsgeldes zum Gegenstand hat.

(2) ¹Die Beschwerde ist binnen einer Frist von zwei Wochen einzulegen; über sie entscheidet das für den Sitz des Bundesamtes zuständige Landgericht. ²Zur Vermeidung von erheblichen Verfahrensrückständen oder zum Ausgleich einer übermäßigen Geschäftsbelastung wird die Landesregierung des Landes, in dem das Bundesamt seinen Sitz unterhält, ermächtigt, durch Rechtsverordnung die Entscheidung über die Rechtsmittel nach Satz 1 einem anderen Landgericht oder weiteren Landgerichten zu übertragen. ³Die Landesregierung kann diese Ermächtigung auf die Landesjustizverwaltung übertragen. ⁴Ist bei dem Landgericht eine Kammer für Handelssachen gebildet, so tritt diese Kammer an die Stelle der Zivilkammer. ⁵Entscheidet über die Beschwerde die Zivilkammer, so sind die §§ 348 und 348a der Zivilprozessordnung entsprechend anzuwenden; über eine bei der Kammer für Handelssachen anhängige Beschwerde entscheidet der Vorsitzende. ⁶Das Landgericht kann nach billigem Ermessen bestimmen, dass den Beteiligten die außergerichtlichen Kosten, die zur zweckentsprechenden Rechtsverfolgung notwendig waren, ganz oder teilweise aus der Staatskasse zu erstatten sind. ⁷Satz 6 gilt entsprechend, wenn das Bundesamt der Beschwerde abhilft. ⁸§ 91 Absatz 1 Satz 2 und die §§ 103 bis 107 der Zivilprozessordnung gelten entsprechend. ⁹§ 335 Absatz 2 Satz 3 ist anzuwenden.

(3) ¹Gegen die Beschwerdeentscheidung ist die Rechtsbeschwerde statthaft, wenn das Landgericht sie zugelassen hat. ²Für die Rechtsbeschwerde gelten die Vorschriften des Gesetzes über das Verfahren in Familiensachen und in den Angelegenheiten der freiwilligen Gerichtsbarkeit entsprechend, soweit sich aus diesem Absatz nichts anderes ergibt. ³Über die Rechtsbeschwerde entscheidet das für den Sitz des Landgerichts zuständige Oberlandesgericht. ⁴Die Rechtsbeschwerde steht auch dem Bundesamt zu. ⁵Vor dem Oberlandesgericht müssen sich die Beteiligten durch einen Rechtsanwalt vertreten lassen; dies gilt nicht für das Bundesamt. ⁶Absatz 1 Satz 2 und Absatz 2 Satz 6 und 8 gelten entsprechend.

(4) Auf die elektronische Aktenführung des Gerichts und die Kommunikation mit dem Gericht nach den Absätzen 1 bis 3 sind die folgenden Vorschriften entsprechend anzuwenden:
1. § 110a Absatz 1 Satz 1 und § 110c des Gesetzes über Ordnungswidrigkeiten sowie
2. § 110a Absatz 1 Satz 2 und 3, Absatz 2 Satz 1 und § 134 Satz 1 des Gesetzes über Ordnungswidrigkeiten mit der Maßgabe, dass die Landesregierung des Landes, in dem das Bundesamt seinen Sitz hat, die Rechtsverordnung erlässt und die Ermächtigungen durch Rechtsverordnung auf die Landesjustizverwaltung übertragen kann.

---

1) **Anm. d. Red.:** § 335a i. d. F. des Gesetzes v. 12.8.2020 (BGBl I S. 1874) mit Wirkung v. 19.8.2020.

Dritter Titel: Gemeinsame Vorschriften für Straf-, Bußgeld- und Ordnungsgeldverfahren[1)]

§ 335b Anwendung der Straf- und Bußgeld- sowie der Ordnungsgeldvorschriften auf bestimmte offene Handelsgesellschaften und Kommanditgesellschaften[2)]

¹Die Strafvorschriften der §§ 331 bis 333a, die Bußgeldvorschrift des § 334 sowie die Ordnungsgeldvorschrift des § 335 gelten auch für offene Handelsgesellschaften und Kommanditgesellschaften im Sinn des § 264a Abs. 1. ²Das Verfahren nach § 335 ist in diesem Fall gegen die persönlich haftenden Gesellschafter oder gegen die Mitglieder der vertretungsberechtigten Organe der persönlich haftenden Gesellschafter zu richten. ³Es kann auch gegen die offene Handelsgesellschaft oder gegen die Kommanditgesellschaft gerichtet werden. ⁴§ 335a ist entsprechend anzuwenden.

§ 335c Mitteilungen an die Abschlussprüferaufsichtsstelle[3)]

(1) Das Bundesamt für Justiz übermittelt der Abschlussprüferaufsichtsstelle beim Bundesamt für Wirtschaft und Ausfuhrkontrolle alle Bußgeldentscheidungen nach § 334 Absatz 2a.

(2) ¹In Strafverfahren, die eine Straftat nach § 333a zum Gegenstand haben, übermittelt die Staatsanwaltschaft im Falle der Erhebung der öffentlichen Klage der Abschlussprüferaufsichtsstelle die das Verfahren abschließende Entscheidung. ²Ist gegen die Entscheidung ein Rechtsmittel eingelegt worden, ist die Entscheidung unter Hinweis auf das eingelegte Rechtsmittel zu übermitteln.

Dritter Abschnitt: Ergänzende Vorschriften für eingetragene Genossenschaften

§ 336 Pflicht zur Aufstellung von Jahresabschluss und Lagebericht[4)]

(1) ¹Der Vorstand einer Genossenschaft hat den Jahresabschluss (§ 242) um einen Anhang zu erweitern, der mit der Bilanz und der Gewinn- und Verlustrechnung eine Einheit bildet, sowie einen Lagebericht aufzustellen. ²Der Jahresabschluss und der Lagebericht sind in den ersten fünf Monaten des Geschäftsjahrs für das vergangene Geschäftsjahr aufzustellen. ³Ist die Genossenschaft kapitalmarktorientiert im Sinne des § 264d und begibt sie nicht ausschließlich die von § 327a erfassten Schuldtitel, beträgt die Frist nach Satz 2 vier Monate.

(2) ¹Auf den Jahresabschluss und den Lagebericht sind, soweit in diesem Abschnitt nichts anderes bestimmt ist, die folgenden Vorschriften entsprechend anzuwenden:
1. § 264 Absatz 1 Satz 4 erster Halbsatz und Absatz 1a, 2,
2. die §§ 265 bis 289e, mit Ausnahme von § 277 Absatz 3 Satz 1 und § 285 Nummer 17,
3. § 289f Absatz 4 nach Maßgabe des § 9 Absatz 3 und 4 des Genossenschaftsgesetzes.

²Sonstige Vorschriften, die durch den Geschäftszweig bedingt sind, bleiben unberührt. ³Genossenschaften, die die Merkmale für Kleinstkapitalgesellschaften nach § 267a Absatz 1 erfüllen (Kleinstgenossenschaften), dürfen auch die Erleichterungen für Kleinstkapitalgesellschaften nach näherer Maßgabe des § 337 Absatz 4 und § 338 Absatz 4 anwenden.

(3) § 330 Abs. 1 über den Erlass von Rechtsverordnungen ist entsprechend anzuwenden.

---

1) **Anm. d. Red.:** Überschrift eingefügt gem. Gesetz v. 11.4.2017 (BGBl I S. 802) mit Wirkung v. 19.4.2017.
2) **Anm. d. Red.:** § 335b i. d. F. des Gesetzes v. 10.5.2016 (BGBl I S. 1142) mit Wirkung v. 17.6.2016.
3) **Anm. d. Red.:** § 335c eingefügt gem. Gesetz v. 10.5.2016 (BGBl I S. 1142) mit Wirkung v. 17.6.2016.
4) **Anm. d. Red.:** § 336 i. d. F. des Gesetzes v. 12.8.2020 (BGBl I S. 1874) mit Wirkung v. 19.8.2020. – Zur Anwendung siehe Art. 84 EGHGB.

§ 337 Vorschriften zur Bilanz[1]

(1) ¹An Stelle des gezeichneten Kapitals ist der Betrag der Geschäftsguthaben der Mitglieder auszuweisen. ²Dabei ist der Betrag der Geschäftsguthaben der mit Ablauf des Geschäftsjahrs ausgeschiedenen Mitglieder gesondert anzugeben. ³Werden rückständige fällige Einzahlungen auf Geschäftsanteile in der Bilanz als Geschäftsguthaben ausgewiesen, so ist der entsprechende Betrag auf der Aktivseite unter der Bezeichnung „Rückständige fällige Einzahlungen auf Geschäftsanteile" einzustellen. ⁴Werden rückständige fällige Einzahlungen nicht als Geschäftsguthaben ausgewiesen, so ist der Betrag bei dem Posten „Geschäftsguthaben" zu vermerken. ⁵In beiden Fällen ist der Betrag mit dem Nennwert anzusetzen. ⁶Ein in der Satzung bestimmtes Mindestkapital ist gesondert anzugeben.

(2) An Stelle der Gewinnrücklagen sind die Ergebnisrücklagen auszuweisen und wie folgt aufzugliedern:
1. Gesetzliche Rücklage;
2. andere Ergebnisrücklagen; die Ergebnisrücklage nach § 73 Abs. 3 des Genossenschaftsgesetzes und die Beträge, die aus dieser Ergebnisrücklage an ausgeschiedene Mitglieder auszuzahlen sind, müssen vermerkt werden.

(3) Bei den Ergebnisrücklagen sind in der Bilanz oder im Anhang gesondert aufzuführen:
1. Die Beträge, welche die Generalversammlung aus dem Bilanzgewinn des Vorjahres eingestellt hat;
2. die Beträge, die aus dem Jahresüberschuss des Geschäftsjahrs eingestellt werden;
3. die Beträge, die für das Geschäftsjahr entnommen werden.

(4) Kleinstgenossenschaften, die von der Erleichterung für Kleinstkapitalgesellschaften nach § 266 Absatz 1 Satz 4 Gebrauch machen, haben den Betrag der Geschäftsguthaben der Mitglieder sowie die gesetzliche Rücklage in der Bilanz im Passivposten A Eigenkapital wie folgt auszuweisen:
Davon:
Geschäftsguthaben der Mitglieder
gesetzliche Rücklage.

§ 338 Vorschriften zum Anhang[2]

(1) ¹Im Anhang sind auch Angaben zu machen über die Zahl der im Laufe des Geschäftsjahrs eingetretenen oder ausgeschiedenen sowie die Zahl der am Schluss des Geschäftsjahrs der Genossenschaft angehörenden Mitglieder. ²Ferner sind der Gesamtbetrag, um welchen in diesem Jahr die Geschäftsguthaben sowie die Haftsummen der Mitglieder sich vermehrt oder vermindert haben, und der Betrag der Haftsumme anzugeben, für welche am Jahresschluss alle Mitglieder zusammen aufzukommen haben.

(2) Im Anhang sind ferner anzugeben:
1. Name und Anschrift des zuständigen Prüfungsverbandes, dem die Genossenschaft angehört;
2. alle Mitglieder des Vorstands und des Aufsichtsrats, auch wenn sie im Geschäftsjahr oder später ausgeschieden sind, mit dem Familiennamen und mindestens einem ausgeschriebenen Vornamen; ein etwaiger Vorsitzender des Aufsichtsrats ist als solcher zu bezeichnen.

(3) ¹An Stelle der in § 285 Nr. 9 vorgeschriebenen Angaben über die an Mitglieder von Organen geleisteten Bezüge, Vorschüsse und Kredite sind lediglich die Forderungen anzugeben, die der Genossenschaft gegen Mitglieder des Vorstands oder Aufsichtsrats zustehen. ²Die Beträge dieser Forderungen können für jedes Organ in einer Summe zusammengefasst werden.

---

1) **Anm. d. Red.:** § 337 i. d. F. des Gesetzes v. 17. 7. 2015 (BGBl I S. 1245) mit Wirkung v. 23. 7. 2015.
2) **Anm. d. Red.:** § 338 i. d. F. des Gesetzes v. 17. 7. 2015 (BGBl I S. 1245) mit Wirkung v. 23. 7. 2015.

(4) Kleinstgenossenschaften brauchen den Jahresabschluss nicht um einen Anhang zu erweitern, wenn sie unter der Bilanz angeben:
1. die in den §§ 251 und 268 Absatz 7 genannten Angaben und
2. die in den Absätzen 1, 2 Nummer 1 und Absatz 3 genannten Angaben.

§ 339 Offenlegung[1]

(1) ¹Der Vorstand hat unverzüglich nach der Generalversammlung über den Jahresabschluss, jedoch spätestens vor Ablauf des zwölften Monats des dem Abschlussstichtag nachfolgenden Geschäftsjahrs, den festgestellten Jahresabschluss, den Lagebericht, die Erklärungen nach § 264 Absatz 2 Satz 3 und § 289 Absatz 1 Satz 5 und den Bericht des Aufsichtsrats beim Betreiber des Bundesanzeigers elektronisch einzureichen. ²Ist die Erteilung eines Bestätigungsvermerks nach § 58 Abs. 2 des Genossenschaftsgesetzes oder nach Artikel 10 Absatz 1 der Verordnung (EU) Nr. 537/2014 vorgeschrieben, so ist dieser mit dem Jahresabschluss einzureichen; hat der Prüfungsverband die Bestätigung des Jahresabschlusses versagt, so muss dies auf dem eingereichten Jahresabschluss vermerkt und der Vermerk vom Prüfungsverband unterschrieben sein. ³Ist die Prüfung des Jahresabschlusses im Zeitpunkt der Einreichung der Unterlagen nach Satz 1 nicht abgeschlossen, so ist der Bestätigungsvermerk oder der Vermerk über seine Versagung unverzüglich nach Abschluss der Prüfung einzureichen. ⁴Wird der Jahresabschluss oder der Lagebericht nach der Erreichung geändert, so ist auch die geänderte Fassung einzureichen.

(2) ¹§ 325 Absatz 1 Satz 2, Absatz 2, 2a, 4 und 6 sowie die §§ 326 bis 329 sind entsprechend anzuwenden. ²Hat eine Kleinstgenossenschaft von der Erleichterung für Kleinstkapitalgesellschaften nach § 326 Absatz 2 Gebrauch gemacht, gilt § 9 Absatz 6 Satz 3 entsprechend.

(3) ¹Die §§ 335 und 335a finden mit den Maßgaben entsprechende Anwendung, dass sich das Ordnungsgeldverfahren gegen die Mitglieder des Vorstands der Genossenschaft richtet und nur auf Antrag des Prüfungsverbandes, dem die Genossenschaft angehört, oder eines Mitglieds, Gläubigers oder Arbeitnehmers der Genossenschaft durchzuführen ist. ²Das Ordnungsgeldverfahren kann auch gegen die Genossenschaft durchgeführt werden, für die die Mitglieder des Vorstands die in Absatz 1 genannten Pflichten zu erfüllen haben.

Vierter Abschnitt: Ergänzende Vorschriften für Unternehmen bestimmter Geschäftszweige[2]

Erster Unterabschnitt: Ergänzende Vorschriften für Kreditinstitute und Finanzdienstleistungsinstitute[3]

Erster Titel: Anwendungsbereich

§ 340 Anwendungsbereich[4]

(1) ¹Dieser Unterabschnitt ist auf Kreditinstitute im Sinne des § 1 Abs. 1 des Gesetzes über das Kreditwesen anzuwenden, soweit sie nach dessen § 2 Abs. 1, 4 oder 5 von der Anwendung nicht ausgenommen sind, sowie auf CRR-Kreditinstitute im Sinne des § 1 Absatz 3d Satz 1 des Kreditwesengesetzes, soweit sie nicht nach § 2 Absatz 1 Nummer 1 und 2 des Kreditwesengesetzes von der Anwendung ausgenommen sind, und auf Zweigniederlassungen von Unternehmen mit Sitz in einem Staat, der nicht Mitglied der Europäischen Gemeinschaft und auch nicht Vertragsstaat des Abkommens über den Europäischen Wirtschaftsraum ist, sofern die Zweignie-

---

1) **Anm. d. Red.:** § 339 i. d. F. des Gesetzes v. 12.8.2020 (BGBl I S. 1874) mit Wirkung v. 19.8.2020. – Zur Anwendung siehe Art. 84 EGHGB.
2) **Anm. d. Red.:** Überschrift i. d. F. des Gesetzes v. 24.6.1994 (BGBl I S. 1377) mit Wirkung v. 1.7.1994.
3) **Anm. d. Red.:** Überschrift i. d. F. des Gesetzes v. 22.10.1997 (BGBl I S. 2567) mit Wirkung v. 1.1.1998.
4) **Anm. d. Red.:** § 340 i. d. F. des Gesetzes v. 17.7.2017 (BGBl I S. 2446) mit Wirkung v. 13.1.2018.

derlassung nach § 53 Abs. 1 des Gesetzes über das Kreditwesen als Kreditinstitut gilt. ²§ 340l Abs. 2 und 3 ist außerdem auf Zweigniederlassungen im Sinne des § 53b Abs. 1 Satz 1 und Abs. 7 des Gesetzes über das Kreditwesen, auch in Verbindung mit einer Rechtsverordnung nach § 53c Nr. 1 dieses Gesetzes, anzuwenden, sofern diese Zweigniederlassungen Bankgeschäfte im Sinne des § 1 Abs. 1 Satz 2 Nr. 1 bis 5 und 7 bis 12 dieses Gesetzes betreiben. ³Zusätzliche Anforderungen aufgrund von Vorschriften, die wegen der Rechtsform oder für Zweigniederlassungen bestehen, bleiben unberührt.

(2) Dieser Unterabschnitt ist auf Unternehmen der in § 2 Abs. 1 Nr. 4 und 5 des Gesetzes über das Kreditwesen bezeichneten Art insoweit ergänzend anzuwenden, als sie Bankgeschäfte betreiben, die nicht zu den ihnen eigentümlichen Geschäften gehören.

(3) Dieser Unterabschnitt ist auf Wohnungsunternehmen mit Spareinrichtung nicht anzuwenden.

(4) ¹Dieser Unterabschnitt ist auch auf Finanzdienstleistungsinstitute im Sinne des § 1 Abs. 1a des Gesetzes über das Kreditwesen anzuwenden, soweit sie nicht nach dessen § 2 Abs. 6 oder 10 von der Anwendung ausgenommen sind, sowie auf Zweigniederlassungen von Unternehmen mit Sitz in einem anderen Staat, der nicht Mitglied der Europäischen Gemeinschaft und auch nicht Vertragsstaat des Abkommens über den Europäischen Wirtschaftsraum ist, sofern die Zweigniederlassung nach § 53 Abs. 1 des Gesetzes über das Kreditwesen als Finanzdienstleistungsinstitut gilt. ²§ 340c Abs. 1 ist nicht anzuwenden auf Finanzdienstleistungsinstitute und Kreditinstitute, soweit letztere Skontroführer im Sinne des § 27 Abs. 1 Satz 1 des Börsengesetzes und nicht CRR-Kreditinstitute im Sinne des § 1 Abs. 3d Satz 1 des Gesetzes über das Kreditwesen sind. ³Zusätzliche Anforderungen aufgrund von Vorschriften, die wegen der Rechtsform oder für Zweigniederlassungen bestehen, bleiben unberührt.

(5) ¹Dieser Unterabschnitt ist auch auf Institute im Sinne des § 1 Absatz 3 des Zahlungsdiensteaufsichtsgesetzes anzuwenden. ²Zusätzliche Anforderungen auf Grund von Vorschriften, die wegen der Rechtsform oder für Zweigniederlassungen bestehen, bleiben unberührt.

Zweiter Titel: Jahresabschluss, Lagebericht, Zwischenabschluss¹⁾

§ 340a Anzuwendende Vorschriften²⁾

(1) ¹Kreditinstitute, auch wenn sie nicht in der Rechtsform einer Kapitalgesellschaft betrieben werden, haben auf ihren Jahresabschluss die für große Kapitalgesellschaften geltenden Vorschriften des Ersten Unterabschnitts des Zweiten Abschnitts anzuwenden, soweit in den Vorschriften dieses Unterabschnitts nichts anderes bestimmt ist. ²Kreditinstitute haben außerdem einen Lagebericht nach den für große Kapitalgesellschaften geltenden Bestimmungen aufzustellen.

(1a) ¹Ein Kreditinstitut hat seinen Lagebericht um eine nichtfinanzielle Erklärung zu erweitern, wenn es in entsprechender Anwendung des § 267 Absatz 3 Satz 1 und Absatz 4 bis 5 als groß gilt und im Jahresdurchschnitt mehr als 500 Arbeitnehmer beschäftigt. ²Wenn die nichtfinanzielle Erklärung einen besonderen Abschnitt des Lageberichts bildet, darf das Kreditinstitut auf die an anderer Stelle im Lagebericht enthaltenen nichtfinanziellen Angaben verweisen. ³§ 289b Absatz 2 bis 4 und die §§ 289c bis 289e sind entsprechend anzuwenden.

(1b) Ein Kreditinstitut, das nach Absatz 1 in Verbindung mit § 289f Absatz 1 eine Erklärung zur Unternehmensführung zu erstellen hat, hat darin Angaben nach § 289f Absatz 2 Nummer 6 aufzunehmen, wenn es in entsprechender Anwendung des § 267 Absatz 3 Satz 1 und Absatz 4 bis 5 als groß gilt.

---

1) **Anm. d. Red.:** Überschrift i. d. F. des Gesetzes v. 21. 12. 1992 (BGBl I S. 2211) mit Wirkung v. 1. 1. 1993.
2) **Anm. d. Red.:** § 340a i. d. F. des Gesetzes v. 11. 4. 2017 (BGBl I S. 802) mit Wirkung v. 19. 4. 2017. – Zur Anwendung siehe Art. 80 EGHGB.

§ 340b XII. Handelsgesetzbuch

(2) ¹§ 265 Abs. 6 und 7, §§ 267, 268 Abs. 4 Satz 1, Abs. 5 Satz 1 und 2, §§ 276, 277 Abs. 1, 2, 3 Satz 1, § 284 Absatz 2 Nummer 3, § 285 Nr. 8 und 12, § 288 sind nicht anzuwenden. ²An Stelle von § 247 Abs. 1, §§ 251, 266, 268 Absatz 7, §§ 275, 284 Absatz 3, § 285 Nummer 1, 2, 4, 9 Buchstabe c und Nummer 27 sind die durch Rechtsverordnung erlassenen Formblätter und anderen Vorschriften anzuwenden. ³§ 246 Abs. 2 ist nicht anzuwenden, soweit abweichende Vorschriften bestehen. ⁴§ 264 Abs. 3 und § 264b sind mit der Maßgabe anzuwenden, dass das Kreditinstitut unter den genannten Voraussetzungen die Vorschriften des Vierten Unterabschnitts des Zweiten Abschnitts nicht anzuwenden braucht. ⁵§ 285 Nummer 31 ist nicht anzuwenden; unter den Posten „außerordentliche Erträge" und „außerordentliche Aufwendungen" sind Erträge und Aufwendungen auszuweisen, die außerhalb der gewöhnlichen Geschäftstätigkeit anfallen. ⁶Im Anhang sind diese Posten hinsichtlich ihres Betrags und ihrer Art zu erläutern, soweit die ausgewiesenen Beträge für die Beurteilung der Ertragslage nicht von untergeordneter Bedeutung sind.

(3) ¹Sofern Kreditinstitute einer prüferischen Durchsicht zu unterziehende Zwischenabschlüsse zur Ermittlung von Zwischenergebnissen im Sinne des Artikels 26 Absatz 2 der Verordnung (EU) Nr. 575/2013 des Europäischen Parlaments und des Rates vom 26. Juni 2013 über Aufsichtsanforderungen an Kreditinstitute und Wertpapierfirmen und zur Änderung der Verordnung (EU) Nr. 646/2012 (ABl L 176 vom 27. 6. 2013, S. 1) aufstellen, sind auf diese die für den Jahresabschluss geltenden Rechnungslegungsgrundsätze anzuwenden. ²Die Vorschriften über die Bestellung des Abschlussprüfers sind auf die prüferische Durchsicht entsprechend anzuwenden. ³Die prüferische Durchsicht ist so anzulegen, dass bei gewissenhafter Berufsausübung ausgeschlossen werden kann, dass der Zwischenabschluss in wesentlichen Belangen den anzuwendenden Rechnungslegungsgrundsätzen widerspricht. ⁴Der Abschlussprüfer hat das Ergebnis der prüferischen Durchsicht in einer Bescheinigung zusammenzufassen. ⁵§ 320 und § 323 gelten entsprechend.

(4) Zusätzlich haben Kreditinstitute im Anhang zum Jahresabschluss anzugeben:
1. alle Mandate in gesetzlich zu bildenden Aufsichtsgremien von großen Kapitalgesellschaften (§ 267 Abs. 3), die von gesetzlichen Vertretern oder anderen Mitarbeitern wahrgenommen werden;
2. alle Beteiligungen an großen Kapitalgesellschaften, die fünf vom Hundert der Stimmrechte überschreiten.

§ 340b Pensionsgeschäfte[1)]

(1) Pensionsgeschäfte sind Verträge, durch die ein Kreditinstitut oder der Kunde eines Kreditinstituts (Pensionsgeber) ihm gehörende Vermögensgegenstände einem anderen Kreditinstitut oder einem seiner Kunden (Pensionsnehmer) gegen Zahlung eines Betrags überträgt und in denen gleichzeitig vereinbart wird, dass die Vermögensgegenstände später gegen Entrichtung des empfangenen oder eines im Voraus vereinbarten anderen Betrags an den Pensionsgeber zurückübertragen werden müssen oder können.

(2) Übernimmt der Pensionsnehmer die Verpflichtung, die Vermögensgegenstände zu einem bestimmten oder vom Pensionsgeber zu bestimmenden Zeitpunkt zurückzuübertragen, so handelt es sich um ein echtes Pensionsgeschäft.

(3) Ist der Pensionsnehmer lediglich berechtigt, die Vermögensgegenstände zu einem vorher bestimmten oder von ihm noch zu bestimmenden Zeitpunkt zurückzuübertragen, so handelt es sich um ein unechtes Pensionsgeschäft.

(4) ¹Im Falle von echten Pensionsgeschäften sind die übertragenen Vermögensgegenstände in der Bilanz des Pensionsgebers weiterhin auszuweisen. ²Der Pensionsgeber hat in Höhe des für die Übertragung erhaltenen Betrags eine Verbindlichkeit gegenüber dem Pensionsnehmer auszuweisen. ³Ist für die Rückübertragung ein höherer oder ein niedrigerer Betrag vereinbart, so ist

---

1) **Anm. d. Red.:** § 340b i. d. F. des Gesetzes v. 21. 6. 2002 (BGBl I S. 2010) mit Wirkung v. 1. 7. 2002.

der Unterschiedsbetrag über die Laufzeit des Pensionsgeschäfts zu verteilen. ⁴Außerdem hat der Pensionsgeber den Buchwert der in Pension gegebenen Vermögensgegenstände im Anhang anzugeben. ⁵Der Pensionsnehmer darf die ihm in Pension gegebenen Vermögensgegenstände nicht in seiner Bilanz ausweisen; er hat in Höhe des für die Übertragung gezahlten Betrags eine Forderung an den Pensionsgeber in seiner Bilanz auszuweisen. ⁶Ist für die Rückübertragung ein höherer oder ein niedrigerer Betrag vereinbart, so ist der Unterschiedsbetrag über die Laufzeit des Pensionsgeschäfts zu verteilen.

(5) ¹Im Falle von unechten Pensionsgeschäften sind die Vermögensgegenstände nicht in der Bilanz des Pensionsgebers, sondern in der Bilanz des Pensionsnehmers auszuweisen. ²Der Pensionsgeber hat unter der Bilanz den für den Fall der Rückübertragung vereinbarten Betrag anzugeben.

(6) Devisentermingeschäfte, Finanztermingeschäfte und ähnliche Geschäfte sowie die Ausgabe eigener Schuldverschreibungen auf abgekürzte Zeit gelten nicht als Pensionsgeschäfte im Sinne dieser Vorschrift.

§ 340c Vorschriften zur Gewinn- und Verlustrechnung und zum Anhang[1)]

(1) ¹Als Ertrag oder Aufwand des Handelsbestands ist der Unterschiedsbetrag aller Erträge und Aufwendungen aus Geschäften mit Finanzinstrumenten des Handelsbestands und dem Handel mit Edelmetallen sowie der zugehörigen Erträge aus Zuschreibungen und Aufwendungen aus Abschreibungen auszuweisen. ²In die Verrechnung sind außerdem die Aufwendungen für die Bildung von Rückstellungen für drohende Verluste aus den in Satz 1 bezeichneten Geschäften und die Erträge aus der Auflösung dieser Rückstellungen einzubeziehen.

(2) ¹Die Aufwendungen aus Abschreibungen auf Beteiligungen, Anteile an verbundenen Unternehmen und wie Anlagevermögen behandelte Wertpapiere dürfen mit den Erträgen aus Zuschreibungen zu solchen Vermögensgegenständen verrechnet und in einem Aufwand- oder Ertragsposten ausgewiesen werden. ²In die Verrechnung nach Satz 1 dürfen auch die Aufwendungen und Erträge aus Geschäften mit solchen Vermögensgegenständen einbezogen werden.

(3) Kreditinstitute, die dem haftenden Eigenkapital nicht realisierte Reserven nach § 10 Abs. 2b Satz 1 Nr. 6 oder 7 des Gesetzes über das Kreditwesen in der bis zum 31. Dezember 2013 geltenden Fassung zurechnen, haben den Betrag, mit dem diese Reserven dem haftenden Eigenkapital zugerechnet werden, im Anhang zur Bilanz und zur Gewinn- und Verlustrechnung anzugeben.

§ 340d Fristengliederung

¹Die Forderungen und Verbindlichkeiten sind im Anhang nach der Fristigkeit zu gliedern. ²Für die Gliederung nach der Fristigkeit ist die Restlaufzeit am Bilanzstichtag maßgebend.

Dritter Titel: Bewertungsvorschriften

§ 340e Bewertung von Vermögensgegenständen[2)]

(1) ¹Kreditinstitute haben Beteiligungen einschließlich der Anteile an verbundenen Unternehmen, Konzessionen, gewerbliche Schutzrechte und ähnliche Rechte und Werte sowie Lizenzen an solchen Rechten und Werten, Grundstücke, grundstücksgleiche Rechte und Bauten einschließlich der Bauten auf fremden Grundstücken, technische Anlagen und Maschinen, andere Anlagen, Betriebs- und Geschäftsausstattung sowie Anlagen im Bau nach den für das Anlagevermögen geltenden Vorschriften zu bewerten, es sei denn, dass sie nicht dazu bestimmt sind, dauernd dem Geschäftsbetrieb zu dienen; in diesem Falle sind sie nach Satz 2 zu bewerten. ²Andere Vermögensgegenstände, insbesondere Forderungen und Wertpapiere, sind nach den für

---

1) **Anm. d. Red.:** § 340c i. d. F. des Gesetzes v. 28. 8. 2013 (BGBl I S. 3395) mit Wirkung v. 1. 1. 2014.
2) **Anm. d. Red.:** § 340e i. d. F. des Gesetzes v. 17. 7. 2015 (BGBl I S. 1245) mit Wirkung v. 23. 7. 2015.

das Umlaufvermögen geltenden Vorschriften zu bewerten, es sei denn, dass sie dazu bestimmt werden, dauernd dem Geschäftsbetrieb zu dienen; in diesem Falle sind sie nach Satz 1 zu bewerten. ³§ 253 Absatz 3 Satz 6 ist nur auf Beteiligungen und Anteile an verbundenen Unternehmen im Sinn des Satzes 1 sowie Wertpapiere und Forderungen im Sinn des Satzes 2, die dauernd dem Geschäftsbetrieb zu dienen bestimmt sind, anzuwenden.

(2) ¹Abweichend von § 253 Abs. 1 Satz 1 dürfen Hypothekendarlehen und andere Forderungen mit ihrem Nennbetrag angesetzt werden, soweit der Unterschiedsbetrag zwischen dem Nennbetrag und dem Auszahlungsbetrag oder den Anschaffungskosten Zinscharakter hat. ²Ist der Nennbetrag höher als der Auszahlungsbetrag oder die Anschaffungskosten, so ist der Unterschiedsbetrag in den Rechnungsabgrenzungsposten auf der Passivseite aufzunehmen; er ist planmäßig aufzulösen und in seiner jeweiligen Höhe in der Bilanz oder im Anhang gesondert anzugeben. ³Ist der Nennbetrag niedriger als der Auszahlungsbetrag oder die Anschaffungskosten, so darf der Unterschiedsbetrag in den Rechnungsabgrenzungsposten auf der Aktivseite aufgenommen werden; er ist planmäßig aufzulösen und in seiner jeweiligen Höhe in der Bilanz oder im Anhang gesondert anzugeben.

(3) ¹Finanzinstrumente des Handelsbestands sind zum beizulegenden Zeitwert abzüglich eines Risikoabschlags zu bewerten. ²Eine Umgliederung in den Handelsbestand ist ausgeschlossen. ³Das Gleiche gilt für eine Umgliederung aus dem Handelsbestand, es sei denn, außergewöhnliche Umstände, insbesondere schwerwiegende Beeinträchtigungen der Handelbarkeit der Finanzinstrumente, führen zu einer Aufgabe der Handelsabsicht durch das Kreditinstitut. ⁴Finanzinstrumente des Handelsbestands können nachträglich in eine Bewertungseinheit einbezogen werden; sie sind bei Beendigung der Bewertungseinheit wieder in den Handelsbestand umzugliedern.

(4) ¹In der Bilanz ist dem Sonderposten „Fonds für allgemeine Bankrisiken" nach § 340g in jedem Geschäftsjahr ein Betrag, der mindestens zehn vom Hundert der Nettoerträge des Handelsbestands entspricht, zuzuführen und dort gesondert auszuweisen. ²Dieser Posten darf nur aufgelöst werden:

1. zum Ausgleich von Nettoaufwendungen des Handelsbestands, sowie
2. zum Ausgleich eines Jahresfehlbetrags, soweit er nicht durch einen Gewinnvortrag aus dem Vorjahr gedeckt ist,
3. zum Ausgleich eines Verlustvortrags aus dem Vorjahr, soweit er nicht durch einen Jahresüberschuss gedeckt ist, oder
4. soweit er 50 vom Hundert des Durchschnitts der letzten fünf jährlichen Nettoerträge des Handelsbestands übersteigt.

³Auflösungen, die nach Satz 2 erfolgen, sind im Anhang anzugeben und zu erläutern.

§ 340f Vorsorge für allgemeine Bankrisiken[1]

(1) ¹Kreditinstitute dürfen Forderungen an Kreditinstitute und Kunden, Schuldverschreibungen und andere festverzinsliche Wertpapiere sowie Aktien und andere nicht festverzinsliche Wertpapiere, die weder wie Anlagevermögen behandelt werden noch Teil des Handelsbestands sind, mit einem niedrigeren als dem nach § 253 Abs. 1 Satz 1, Abs. 4 vorgeschriebenen oder zugelassenen Wert ansetzen, soweit dies nach vernünftiger kaufmännischer Beurteilung zur Sicherung gegen die besonderen Risiken des Geschäftszweigs der Kreditinstitute notwendig ist. ²Der Betrag der auf diese Weise gebildeten Vorsorgereserven darf vier vom Hundert des Gesamtbetrags der in Satz 1 bezeichneten Vermögensgegenstände, der sich bei deren Bewertung nach § 253 Abs. 1 Satz 1, Abs. 4 ergibt, nicht übersteigen. ³Ein niedrigerer Wertansatz darf beibehalten werden.

(2) (weggefallen)

---

1) **Anm. d. Red.:** § 340f i. d. F. des Gesetzes v. 25. 5. 2009 (BGBl I S. 1102) mit Wirkung v. 29. 5. 2009.

(3) Aufwendungen und Erträge aus der Anwendung von Absatz 1 und aus Geschäften mit in Absatz 1 bezeichneten Wertpapieren und Aufwendungen aus Abschreibungen sowie Erträge aus Zuschreibungen zu diesen Wertpapieren dürfen mit den Aufwendungen aus Abschreibungen auf Forderungen, Zuführungen zu Rückstellungen für Eventualverbindlichkeiten und für Kreditrisiken sowie mit den Erträgen aus Zuschreibungen zu Forderungen oder aus deren Eingang nach teilweiser oder vollständiger Abschreibung und aus Auflösungen von Rückstellungen für Eventualverbindlichkeiten und für Kreditrisiken verrechnet und in der Gewinn- und Verlustrechnung in einem Aufwand- oder Ertragsposten ausgewiesen werden.

(4) Angaben über die Bildung und Auflösung von Vorsorgereserven nach Absatz 1 sowie über vorgenommene Verrechnungen nach Absatz 3 brauchen im Jahresabschluss, Lagebericht, Konzernabschluss und Konzernlagebericht nicht gemacht zu werden.

§ 340g Sonderposten für allgemeine Bankrisiken

(1) Kreditinstitute dürfen auf der Passivseite ihrer Bilanz zur Sicherung gegen allgemeine Bankrisiken einen Sonderposten „Fonds für allgemeine Bankrisiken" bilden, soweit dies nach vernünftiger kaufmännischer Beurteilung wegen der besonderen Risiken des Geschäftszweigs der Kreditinstitute notwendig ist.

(2) Die Zuführungen zum Sonderposten oder die Erträge aus der Auflösung des Sonderpostens sind in der Gewinn- und Verlustrechnung gesondert auszuweisen.

Vierter Titel: Währungsumrechnung

§ 340h Währungsumrechnung[1)]

§ 256a gilt mit der Maßgabe, dass Erträge, die sich aus der Währungsumrechnung ergeben, in der Gewinn- und Verlustrechnung zu berücksichtigen sind, soweit die Vermögensgegenstände, Schulden oder Termingeschäfte durch Vermögensgegenstände, Schulden oder andere Termingeschäfte in derselben Währung besonders gedeckt sind.

Fünfter Titel: Konzernabschluss, Konzernlagebericht, Konzernzwischenabschluss[2)]

§ 340i Pflicht zur Aufstellung[3)]

(1) ¹Kreditinstitute, auch wenn sie nicht in der Rechtsform einer Kapitalgesellschaft betrieben werden, haben unabhängig von ihrer Größe einen Konzernabschluss und einen Konzernlagebericht nach den Vorschriften des Zweiten Unterabschnitts des Zweiten Abschnitts über den Konzernabschluss und Konzernlagebericht aufzustellen, soweit in den Vorschriften dieses Unterabschnitts nichts anderes bestimmt ist. ²Zusätzliche Anforderungen aufgrund von Vorschriften, die wegen der Rechtsform bestehen, bleiben unberührt.

(2) ¹Auf den Konzernabschluss sind, soweit seine Eigenart keine Abweichung bedingt, die §§ 340a bis 340g über den Jahresabschluss und die für die Rechtsform und den Geschäftszweig der in den Konzernabschluss einbezogenen Unternehmen mit Sitz im Geltungsbereich dieses Gesetzes geltenden Vorschriften entsprechend anzuwenden, soweit sie für große Kapitalgesellschaften gelten. ²Die §§ 293, 298 Absatz 1, § 314 Abs. 1 Nr. 1, 3, 6 Buchstabe c und Nummer 23 sind nicht anzuwenden. ³In den Fällen des 315e Abs. 1 finden von den in Absatz 1 genannten Vorschriften nur die §§ 290 bis 292, 315e Anwendung; die Sätze 1 und 2 dieses Absatzes sowie § 340j sind nicht anzuwenden. ⁴Soweit § 315e Absatz 1 auf § 314 Absatz 1 Nummer 6 Buchstabe c verweist, tritt an dessen Stelle § 34 Absatz 2 Nummer 2 in Verbindung mit § 37 der Kreditinstituts-Rechnungslegungsverordnung in der Fassung der Bekanntmachung vom 11. Dezember

---

1) **Anm. d. Red.:** § 340h i. d. F. des Gesetzes v. 25. 5. 2009 (BGBl I S. 1102) mit Wirkung v. 29. 5. 2009.
2) **Anm. d. Red.:** Überschrift i. d. F. des Gesetzes v. 21. 12. 1992 (BGBl I S. 2211) mit Wirkung v. 1. 1. 1993.
3) **Anm. d. Red.:** § 340i i. d. F. des Gesetzes v. 12.12.2019 (BGBl I S. 2637) mit Wirkung v. 1.1.2020. – Zur Anwendung siehe Art. 83 Abs. 2 EGHGB.

1998 (BGBl I S. 3658), die zuletzt durch Artikel 8 Absatz 13 des Gesetzes vom 17. Juli 2015 (BGBl I S. 1245) geändert worden ist, in der jeweils geltenden Fassung. ⁵Im Übrigen findet die Kreditinstituts-Rechnungslegungsverordnung in den Fällen des § 315e Absatz 1 keine Anwendung.

(3) Als Kreditinstitute im Sinne dieses Titels gelten auch Mutterunternehmen, deren einziger Zweck darin besteht, Beteiligungen an Tochterunternehmen zu erwerben sowie die Verwaltung und Verwertung dieser Beteiligungen wahrzunehmen, sofern diese Tochterunternehmen ausschließlich oder überwiegend Kreditinstitute sind.

(4) ¹Sofern Kreditinstitute einer prüferischen Durchsicht zu unterziehende Konzernzwischenabschlüsse zur Ermittlung von Konzernzwischenergebnissen im Sinne des Artikels 26 Absatz 2 in Verbindung mit Artikel 11 der Verordnung (EU) Nr. 575/2013 aufstellen, sind auf diese die für den Konzernabschluss geltenden Rechnungslegungsgrundsätze anzuwenden. ²Die Vorschriften über die Bestellung des Abschlussprüfers sind auf die prüferische Durchsicht entsprechend anzuwenden. ³Die prüferische Durchsicht ist so anzulegen, dass bei gewissenhafter Berufsausübung ausgeschlossen werden kann, dass der Zwischenabschluss in wesentlichen Belangen den anzuwendenden Rechnungslegungsgrundsätzen widerspricht. ⁴Der Abschlussprüfer hat das Ergebnis der prüferischen Durchsicht in einer Bescheinigung zusammenzufassen. ⁵§ 320 und § 323 gelten entsprechend.

(5) ¹Ein Kreditinstitut, das ein Mutterunternehmen (§ 290) ist, hat den Konzernlagebericht um eine nichtfinanzielle Konzernerklärung zu erweitern, wenn auf die in den Konzernabschluss einzubeziehenden Unternehmen die folgenden Merkmale zutreffen:
1. sie erfüllen die in § 293 Absatz 1 Satz 1 Nummer 1 oder 2 geregelten Voraussetzungen für eine größenabhängige Befreiung nicht und
2. bei ihnen sind insgesamt im Jahresdurchschnitt mehr als 500 Arbeitnehmer beschäftigt.

²§ 267 Absatz 4 bis 5, § 298 Absatz 2, § 315b Absatz 2 bis 4 und § 315c sind entsprechend anzuwenden. ³Wenn die nichtfinanzielle Konzernerklärung einen besonderen Abschnitt des Konzernlageberichts bildet, darf das Kreditinstitut auf die an anderer Stelle im Konzernlagebericht enthaltenen nichtfinanziellen Angaben verweisen.

(6) Ein Kreditinstitut, das nach Absatz 1 in Verbindung mit § 315d eine Konzernerklärung zur Unternehmensführung zu erstellen hat, hat darin Angaben nach § 315d in Verbindung mit § 289f Absatz 2 Nummer 6 aufzunehmen, wenn die in den Konzernabschluss einzubeziehenden Unternehmen die in § 293 Absatz 1 Satz 1 Nummer 1 oder 2 geregelten Voraussetzungen für eine Befreiung nicht erfüllen.

§ 340j Einzubeziehende Unternehmen[1]

Bezieht ein Kreditinstitut ein Tochterunternehmen, das Kreditinstitut ist, nach § 296 Abs. 1 Nr. 3 in seinen Konzernabschluss nicht ein und ist der vorübergehende Besitz von Aktien oder Anteilen dieses Unternehmens auf eine finanzielle Stützungsaktion zur Sanierung oder Rettung des genannten Unternehmens zurückzuführen, so hat es den Jahresabschluss dieses Unternehmens seinem Konzernabschluss beizufügen und im Konzernanhang zusätzliche Angaben über die Art und die Bedingungen der finanziellen Stützungsaktion zu machen.

Sechster Titel: Prüfung

§ 340k Prüfungsvorschriften[2]

(1) ¹Kreditinstitute haben unabhängig von ihrer Größe ihren Jahresabschluss und Lagebericht sowie ihren Konzernabschluss und Konzernlagebericht unbeschadet der Vorschriften der §§ 28 und 29 des Gesetzes über das Kreditwesen nach den Vorschriften des Dritten Unterabschnitts des Zweiten Abschnitts über die Prüfung prüfen zu lassen; § 318 Absatz 1a und § 319 Absatz 1

---

1) **Anm. d. Red.:** § 340j i. d. F. des Gesetzes v. 4. 12. 2004 (BGBl I S. 3166) mit Wirkung v. 10. 12. 2004.
2) **Anm. d. Red.:** § 340k i. d. F. des Gesetzes v. 10. 5. 2016 (BGBl I S. 1142) mit Wirkung v. 17. 6. 2016.

XII. Handelsgesetzbuch § 340k

Satz 2 sind nicht anzuwenden. ²Die Prüfung ist spätestens vor Ablauf des fünften Monats des dem Abschlussstichtag nachfolgenden Geschäftsjahrs vorzunehmen. ³Der Jahresabschluss ist nach der Prüfung unverzüglich festzustellen. ⁴Auf CRR-Kreditinstitute im Sinne des § 1 Absatz 3d Satz 1 des Kreditwesengesetzes, mit Ausnahme der in § 2 Absatz 1 Nummer 1 und 2 des Kreditwesengesetzes genannten Institute, sind die Vorschriften des Dritten Unterabschnitts des Zweiten Abschnitts nur insoweit anzuwenden, als nicht die Verordnung (EU) Nr. 537/2014 anzuwenden ist.

(2) ¹Ist das Kreditinstitut eine Genossenschaft oder ein rechtsfähiger wirtschaftlicher Verein, so ist die Prüfung abweichend von § 319 Abs. 1 Satz 1 von dem Prüfungsverband durchzuführen, dem das Kreditinstitut als Mitglied angehört, sofern mehr als die Hälfte der geschäftsführenden Mitglieder des Vorstands dieses Prüfungsverbands Wirtschaftsprüfer sind. ²Hat der Prüfungsverband nur zwei Vorstandsmitglieder, so muss einer von ihnen Wirtschaftsprüfer sein. ³§ 319 Abs. 2 und 3 sowie § 319a Abs. 1 sind auf die gesetzlichen Vertreter des Prüfungsverbandes und auf alle vom Prüfungsverband beschäftigten Personen, die das Ergebnis der Prüfung beeinflussen können, entsprechend anzuwenden; § 319 Abs. 3 Satz 1 Nr. 2 ist auf Mitglieder des Aufsichtsorgans des Prüfungsverbandes nicht anzuwenden, sofern sichergestellt ist, dass der Abschlussprüfer die Prüfung unabhängig von den Weisungen durch das Aufsichtsorgan durchführen kann. ⁴§ 319 Absatz 1 Satz 3 und 4 gilt entsprechend mit der Maßgabe, dass der Prüfungsverband über einen Auszug hinsichtlich seiner Eintragung nach § 40a der Wirtschaftsprüferordnung verfügen muss, bei erstmaliger Durchführung einer Prüfung nach Absatz 1 Satz 1 spätestens sechs Wochen nach deren Beginn. ⁵Ist das Mutterunternehmen eine Genossenschaft, so ist der Prüfungsverband, dem die Genossenschaft angehört, unter den Voraussetzungen der Sätze 1 bis 4 auch Abschlussprüfer des Konzernabschlusses und des Konzernlageberichts.

(2a) ¹Bei der Prüfung des Jahresabschlusses der in Absatz 2 bezeichneten Kreditinstitute durch einen Prüfungsverband darf der gesetzlich vorgeschriebene Bestätigungsvermerk nur von Wirtschaftsprüfern unterzeichnet werden. ²Die im Prüfungsverband tätigen Wirtschaftsprüfer haben ihre Prüfungstätigkeit unabhängig, gewissenhaft, verschwiegen und eigenverantwortlich auszuüben. ³Sie haben sich insbesondere bei der Erstattung von Prüfungsberichten unparteiisch zu verhalten. ⁴Weisungen dürfen ihnen hinsichtlich ihrer Prüfungstätigkeit von Personen, die nicht Wirtschaftsprüfer sind, nicht erteilt werden. ⁵Die Zahl der im Verband tätigen Wirtschaftsprüfer muss so bemessen sein, dass die den Bestätigungsvermerk unterschreibenden Wirtschaftsprüfer die Prüfung verantwortlich durchführen können.

(3) ¹Ist das Kreditinstitut eine Sparkasse, so dürfen die nach Absatz 1 vorgeschriebenen Prüfungen abweichend von § 319 Abs. 1 Satz 1 von der Prüfungsstelle eines Sparkassen- und Giroverbands durchgeführt werden. ²Die Prüfung darf von der Prüfungsstelle jedoch nur durchgeführt werden, wenn der Leiter der Prüfungsstelle die Voraussetzungen des § 319 Abs. 1 Satz 1 und 2 erfüllt; § 319 Abs. 2, 3 und 5, § 319a Absatz 1 und 2 sowie Artikel 5 Absatz 1, 4 Unterabsatz 1 und Absatz 5 der Verordnung (EU) Nr. 537/2014 sind auf alle vom Sparkassen- und Giroverband beschäftigten Personen, die das Ergebnis der Prüfung beeinflussen können, entsprechend anzuwenden. ³Auf die Prüfungsstellen findet Artikel 5 der Verordnung (EU) Nr. 537/2014 keine Anwendung. ⁴Außerdem muss sichergestellt sein, dass der Abschlussprüfer die Prüfung unabhängig von den Weisungen der Organe des Sparkassen- und Giroverbands durchführen kann. ⁵Soweit das Landesrecht nichts anderes vorsieht, findet § 319 Absatz 1 Satz 3 und 4 mit der Maßgabe Anwendung, dass die Prüfungsstelle über einen Auszug hinsichtlich ihrer Eintragung nach § 40a der Wirtschaftsprüferordnung verfügen muss, bei erstmaliger Durchführung einer Prüfung nach Absatz 1 Satz 1 spätestens sechs Wochen nach deren Beginn.

(4) ¹Ist das Kreditinstitut eine Sparkasse, finden Artikel 4 Absatz 3 Unterabsatz 2 sowie die Artikel 16, 17 und 19 der Verordnung (EU) Nr. 537/2014 keine Anwendung. ²Artikel 4 Absatz 3 Unterabsatz 1 sowie Artikel 10 Absatz 2 Buchstabe g der Verordnung (EU) Nr. 537/2014 finden auf alle vom Sparkassen- und Giroverband beschäftigten Personen, die das Ergebnis der Prüfung beeinflussen können, entsprechende Anwendung. ³Auf die Prüfungsstellen finden Artikel 4 Absatz 2 und 3 Unterabsatz 1 sowie Artikel 10 Absatz 2 Buchstabe g der Verordnung (EU) Nr. 537/2014 keine Anwendung.

(5) ¹CRR-Kreditinstitute im Sinne des § 1 Absatz 3d Satz 1 des Kreditwesengesetzes, mit Ausnahme der in § 2 Absatz 1 Nummer 1 und 2 des Kreditwesengesetzes genannten Institute, haben, auch wenn sie nicht kapitalmarktorientiert im Sinne des § 264d sind, § 324 Absatz 1 und 2 anzuwenden, wenn sie keinen Aufsichts- oder Verwaltungsrat haben, der die Voraussetzungen des § 100 Absatz 5 des Aktiengesetzes erfüllen muss. ²Dies gilt für Sparkassen im Sinn des Absatzes 3 sowie sonstige landesrechtliche öffentlich-rechtliche Kreditinstitute nur, soweit das Landesrecht nichts anderes vorsieht.

Siebenter Titel: Offenlegung

§ 340l Offenlegungsvorschriften[1]

(1) ¹Kreditinstitute haben den Jahresabschluss und den Lagebericht sowie den Konzernabschluss und den Konzernlagebericht und die anderen in § 325 bezeichneten Unterlagen nach § 325 Abs. 2 bis 5, §§ 328, 329 Abs. 1 und 4 offen zu legen. ²Kreditinstitute, die nicht Zweigniederlassungen sind, haben die in Satz 1 bezeichneten Unterlagen außerdem in jedem anderen Mitgliedstaat der Europäischen Gemeinschaft und in jedem anderen Vertragsstaat des Abkommens über den Europäischen Wirtschaftsraum offen zu legen, in dem sie eine Zweigniederlassung errichtet haben. ³Die Offenlegung nach Satz 2 richtet sich nach dem Recht des jeweiligen Mitgliedstaats oder Vertragsstaats.

(2) ¹Zweigniederlassungen im Geltungsbereich dieses Gesetzes von Unternehmen mit Sitz in einem anderen Staat haben die in Absatz 1 Satz 1 bezeichneten Unterlagen ihrer Hauptniederlassung, die nach deren Recht aufgestellt und geprüft worden sind, nach § 325 Abs. 2 bis 5, §§ 328, 329 Abs. 1, 3 und 4 offen zu legen. ²Unternehmen mit Sitz in einem Drittstaat im Sinn des § 3 Abs. 1 Satz 1 der Wirtschaftsprüferordnung, deren Wertpapiere im Sinn des 2 Absatz 1 des Wertpapierhandelsgesetzes an einer inländischen Börse zum Handel am regulierten Markt zugelassen sind, haben zudem eine Bescheinigung der Wirtschaftsprüferkammer gemäß § 134 Abs. 2a der Wirtschaftsprüferordnung über die Eintragung des Abschlussprüfers oder eine Bestätigung der Wirtschaftsprüferkammer gemäß § 134 Abs. 4 Satz 8 der Wirtschaftsprüferordnung über die Befreiung von der Eintragungsverpflichtung offenzulegen. ³Satz 2 ist nicht anzuwenden, soweit ausschließlich Schuldtitel im Sinne des § 2 Absatz 1 Nummer 3 des Wertpapierhandelsgesetzes

1. mit einer Mindeststückelung zu je 100 000 Euro oder einem entsprechenden Betrag anderer Währung an einer inländischen Börse zum Handel am regulierten Markt zugelassen sind oder
2. mit einer Mindeststückelung zu je 50 000 Euro oder einem entsprechenden Betrag anderer Währung an einer inländischen Börse zum Handel am regulierten Markt zugelassen sind und diese Schuldtitel vor dem 31. Dezember 2010 begeben worden sind.

⁴Zweigniederlassungen im Geltungsbereich dieses Gesetzes von Unternehmen mit Sitz in einem Staat, der nicht Mitglied der Europäischen Gemeinschaft und auch nicht Vertragsstaat des Abkommens über den Europäischen Wirtschaftsraum ist, brauchen auf ihre eigene Geschäftstätigkeit bezogene gesonderte Rechnungslegungsunterlagen nach Absatz 1 Satz 1 nicht offen zu legen, sofern die nach den Sätzen 1 und 2 offenzulegenden Unterlagen nach einem an die Richtlinie 86/635/EWG angepassten Recht aufgestellt und geprüft worden oder den nach einem dieser Rechte aufgestellten Unterlagen gleichwertig sind. ⁵Die Unterlagen sind in deutscher Sprache einzureichen. ⁶Soweit dies nicht die Amtssprache am Sitz der Hauptniederlassung ist, können die Unterlagen der Hauptniederlassung auch

1. in englischer Sprache oder
2. in einer von dem Register der Hauptniederlassung beglaubigten Abschrift oder,

---

1) **Anm. d. Red.:** § 340l i. d. F. des Gesetzes v. 12.8.2020 (BGBl I S. 1874) mit Wirkung v. 19.8.2020.

3. wenn eine dem Register vergleichbare Einrichtung nicht vorhanden oder diese nicht zur Beglaubigung befugt ist, in einer von einem Wirtschaftsprüfer bescheinigten Abschrift, verbunden mit der Erklärung, dass entweder eine dem Register vergleichbare Einrichtung nicht vorhanden oder diese nicht zur Beglaubigung befugt ist,

eingereicht werden; von der Beglaubigung des Registers ist eine beglaubigte Übersetzung in deutscher Sprache einzureichen.

(3) § 339 ist auf Kreditinstitute, die Genossenschaften sind, nicht anzuwenden.

(4) Macht ein Kreditinstitut von dem Wahlrecht nach § 325 Absatz 2a Satz 1 Gebrauch, sind § 325 Absatz 2a Satz 3 und 5 mit folgenden Maßgaben anzuwenden:
1. Die in § 325 Abs. 2a Satz 3 genannten Vorschriften des Ersten Unterabschnitts des Zweiten Abschnitts des Dritten Buchs sind auch auf Kreditinstitute anzuwenden, die nicht in der Rechtsform einer Kapitalgesellschaft betrieben werden.
2. § 285 Nummer 8 Buchstabe b findet keine Anwendung; der Personalaufwand des Geschäftsjahrs ist jedoch im Anhang zum Einzelabschluss nach § 325 Absatz 2a gemäß der Gliederung nach Formblatt 3 im Posten Allgemeine Verwaltungsaufwendungen Unterposten Buchstabe a Personalaufwand der Kreditinstituts-Rechnungslegungsverordnung in der Fassung der Bekanntmachung vom 11. Dezember 1998 (BGBl I S. 3658) in der jeweils geltenden Fassung anzugeben, sofern diese Angaben nicht gesondert in der Gewinn- und Verlustrechnung erscheinen.
3. An Stelle des § 285 Nr. 9 Buchstabe c gilt § 34 Abs. 2 Nr. 2 der Kreditinstituts-Rechnungslegungsverordnung in der Fassung der Bekanntmachung vom 11. Dezember 1998 (BGBl I S. 3658) in der jeweils geltenden Fassung.
4. Für den Anhang gilt zusätzlich die Vorschrift des § 340a Abs. 4.
5. Im Übrigen finden die Bestimmungen des Zweiten bis Vierten Titels dieses Unterabschnitts sowie der Kreditinstituts-Rechnungslegungsverordnung keine Anwendung.

Achter Titel: Straf- und Bußgeldvorschriften, Ordnungsgelder[1)]

§ 340m Strafvorschriften[2)]

(1) ¹Die Strafvorschriften der §§ 331 bis 333 sind auch auf nicht in der Rechtsform einer Kapitalgesellschaft betriebene Kreditinstitute, auf Finanzdienstleistungsinstitute im Sinne des § 340 Absatz 4 sowie auf Institute im Sinne des § 340 Absatz 5 anzuwenden. ²§ 331 ist darüber hinaus auch anzuwenden auf die Verletzung von Pflichten durch
1. den Geschäftsleiter (§ 1 Absatz 2 Satz 1 des Kreditwesengesetzes) eines nicht in der Rechtsform der Kapitalgesellschaft betriebenen Kreditinstituts oder Finanzdienstleistungsinstituts im Sinne des § 340 Absatz 4 Satz 1,
2. den Geschäftsleiter (§ 1 Absatz 8 Satz 1 und 2 des Zahlungsdiensteaufsichtsgesetzes) eines nicht in der Rechtsform der Kapitalgesellschaft betriebenen Instituts im Sinne des § 340 Absatz 5,
3. den Inhaber eines in der Rechtsform des Einzelkaufmanns betriebenen Kreditinstituts oder Finanzdienstleistungsinstituts im Sinne des § 340 Absatz 4 Satz 1 und
4. den Geschäftsleiter im Sinne des § 53 Absatz 2 Nummer 1 des Kreditwesengesetzes.

(2) Mit Freiheitsstrafe bis zu einem Jahr oder mit Geldstrafe wird bestraft, wer als Mitglied eines nach § 340k Absatz 5 Satz 1 in Verbindung mit § 324 Absatz 1 Satz 1 eingerichteten Prüfungsausschusses eines dort genannten CRR-Kreditinstituts
1. eine in § 340n Absatz 2a bezeichnete Handlung begeht und dafür einen Vermögensvorteil erhält oder sich versprechen lässt oder

---

1) **Anm. d. Red.:** Überschrift i. d. F. des Gesetzes v. 1. 3. 2011 (BGBl I S. 288) mit Wirkung v. 30. 4. 2011.
2) **Anm. d. Red.:** § 340m i. d. F. des Gesetzes v. 10. 5. 2016 (BGBl I S. 1142) mit Wirkung v. 17. 6. 2016.

2. eine in § 340n Absatz 2a bezeichnete Handlung beharrlich wiederholt.

(3) § 335c Absatz 2 gilt in den Fällen des Absatzes 2 entsprechend.

§ 340n Bußgeldvorschriften[1)]

(1) Ordnungswidrig handelt, wer als Geschäftsleiter im Sinne des § 1 Abs. 2 Satz 1 oder des § 53 Abs. 2 Nr. 1 des Kreditwesengesetzes oder als Inhaber eines in der Rechtsform des Einzelkaufmanns betriebenen Kreditinstituts oder Finanzdienstleistungsinstituts im Sinne des § 340 Abs. 4 Satz 1 oder als Geschäftsleiter im Sinne des § 1 Absatz 8 Satz 1 und 2 des Zahlungsdiensteaufsichtsgesetzes eines Instituts im Sinne des § 340 Absatz 5 oder als Mitglied des Aufsichtsrats eines der vorgenannten Unternehmen

1. bei der Aufstellung oder Feststellung des Jahresabschlusses oder bei der Aufstellung des Zwischenabschlusses gemäß § 340a Abs. 3 einer Vorschrift
   a) des § 243 Abs. 1 oder 2, der §§ 244, 245, 246 Abs. 1 oder 2, dieser in Verbindung mit § 340a Abs. 2 Satz 3, des § 246 Abs. 3 Satz 1, des § 247 Abs. 2 oder 3, der §§ 248, 249 Abs. 1 Satz 1 oder Abs. 2, des § 250 Abs. 1 oder Abs. 2, des § 264 Absatz 1a oder Absatz 2, des § 340b Abs. 4 oder 5 oder des § 340c Abs. 1 über Form oder Inhalt,
   b) des § 253 Abs. 1 Satz 1, 2, 3 oder 4, Abs. 2 Satz 1, auch in Verbindung mit Satz 2, Absatz 3 Satz 1, 2, 3, 4 oder Satz 5, Abs. 4 oder 5, der §§ 254, 256a, 340e Abs. 1 Satz 1 oder 2, Abs. 3 Satz 1, 2, 3 oder 4 Halbsatz 2, Abs. 4 Satz 1 oder 2, des § 340f Abs. 1 Satz 2 oder des § 340g Abs. 2 über die Bewertung,
   c) des § 265 Abs. 2, 3 oder 4, des § 268 Abs. 3 oder 6, der §§ 272, 274 oder des § 277 Abs. 3 Satz 2 über die Gliederung,
   d) des § 284 Absatz 1, 2 Nummer 1, 2 oder Nummer 4, Absatz 3 oder des § 285 Nummer 3, 3a, 7, 9 Buchstabe a oder Buchstabe b, Nummer 10 bis 11b, 13 bis 15a, 16 bis 26, 28 bis 33 oder Nummer 34 über die im Anhang zu machenden Angaben,
2. bei der Aufstellung des Konzernabschlusses oder des Konzernzwischenabschlusses gemäß § 340i Abs. 4 einer Vorschrift
   a) des § 294 Abs. 1 über den Konsolidierungskreis,
   b) des § 297 Absatz 1a, 2 oder Absatz 3 oder des § 340i Abs. 2 Satz 1 in Verbindung mit einer der in Nummer 1 Buchstabe a bezeichneten Vorschriften über Form oder Inhalt,
   c) des § 300 über die Konsolidierungsgrundsätze oder das Vollständigkeitsgebot,
   d) des § 308 Abs. 1 Satz 1 in Verbindung mit den in Nummer 1 Buchstabe b bezeichneten Vorschriften, des § 308 Abs. 2 oder des § 308a über die Bewertung,
   e) des § 311 Abs. 1 Satz 1 in Verbindung mit § 312 über die Behandlung assoziierter Unternehmen oder
   f) des § 308 Abs. 1 Satz 3, des § 313 oder des § 314 über die im Konzernanhang zu machenden Angaben,
3. bei der Aufstellung des Lageberichts oder der Erstellung eines gesonderten nichtfinanziellen Berichts einer Vorschrift der §§ 289, 289a, 340a Absatz 1a, auch in Verbindung mit § 289b Absatz 2 oder 3 oder mit den §§ 289c, 289d oder § 289e Absatz 2, oder des § 340a Absatz 1b in Verbindung mit § 289f über den Inhalt des Lageberichts oder des gesonderten nichtfinanziellen Berichts,
4. bei der Aufstellung des Konzernlageberichts oder der Erstellung eines gesonderten nichtfinanziellen Konzernberichts einer Vorschrift der §§ 315, 315a, 340i Absatz 5, auch in Verbindung mit § 315b Absatz 2 oder 3 oder § 315c, oder des § 340i Absatz 6 in Verbindung mit § 315d über den Inhalt des Konzernlageberichts oder des gesonderten nichtfinanziellen Konzernberichts,

---

1) **Anm. d. Red.:** § 340n i. d. F. des Gesetzes v. 12.8.2020 (BGBl I S. 1874) mit Wirkung v. 19.8.2020. – Zur Anwendung siehe Art. 84 EGHGB.

5. bei der Offenlegung, Veröffentlichung oder Vervielfältigung einer Vorschrift des § 328 über Form, Format oder Inhalt oder

6. einer aufgrund des § 330 Abs. 2 in Verbindung mit Abs. 1 Satz 1 erlassenen Rechtsverordnung, soweit sie für einen bestimmten Tatbestand auf diese Bußgeldvorschrift verweist,

zuwiderhandelt.

(2) Ordnungswidrig handelt, wer zu einem Jahresabschluss, zu einem Einzelabschluss nach § 325 Abs. 2a oder zu einem Konzernabschluss, der aufgrund gesetzlicher Vorschriften zu prüfen ist, einen Vermerk nach § 322 Abs. 1 erteilt, obwohl nach § 319 Abs. 2, 3, 5, § 319a Abs. 1 Satz 1, Abs. 2, § 319b Abs. 1 er, nach § 319 Abs. 4, auch in Verbindung mit § 319a Abs. 1 Satz 2, oder § 319b Abs. 1 die Wirtschaftsprüfungsgesellschaft oder nach § 340k Abs. 2 oder Abs. 3 der Prüfungsverband oder die Prüfungsstelle, für die oder für den er tätig wird, nicht Abschlussprüfer sein darf.

(2a) Ordnungswidrig handelt, wer

1. als Mitglied eines nach § 340k Absatz 5 Satz 1 in Verbindung mit § 324 Absatz 1 Satz 1 eingerichteten Prüfungsausschusses eines CRR-Kreditinstituts im Sinne des § 1 Absatz 3d Satz 1 des Kreditwesengesetzes, mit Ausnahme der in § 2 Absatz 1 Nummer 1 und 2 des Kreditwesengesetzes genannten Institute, das keine Sparkasse ist,

   a) die Unabhängigkeit des Abschlussprüfers oder der Prüfungsgesellschaft nicht nach Maßgabe des Artikels 4 Absatz 3 Unterabsatz 2, des Artikels 5 Absatz 4 Unterabsatz 1 Satz 1 oder des Artikels 6 Absatz 2 der Verordnung (EU) Nr. 537/2014 des Europäischen Parlaments und des Rates vom 16. April 2014 über spezifische Anforderungen an die Abschlussprüfung bei Unternehmen von öffentlichem Interesse und zur Aufhebung des Beschlusses 2005/909/EG der Kommission (ABl L 158 vom 27. 5. 2014, S. 77, L 170 vom 11. 6. 2014, S. 66) überwacht,

   b) eine Empfehlung für die Bestellung eines Abschlussprüfers oder einer Prüfungsgesellschaft vorlegt, die den Anforderungen nach Artikel 16 Absatz 2 Unterabsatz 2 oder 3 der Verordnung (EU) Nr. 537/2014 nicht entspricht oder der ein Auswahlverfahren nach Artikel 16 Absatz 3 Unterabsatz 1 der Verordnung (EU) Nr. 537/2014 nicht vorangegangen ist, oder

   c) den Gesellschaftern oder der sonst für die Bestellung des Abschlussprüfers zuständigen Stelle einen Vorschlag für die Bestellung eines Abschlussprüfers oder einer Prüfungsgesellschaft vorlegt, der den Anforderungen nach Artikel 16 Absatz 5 Unterabsatz 1 der Verordnung (EU) Nr. 537/2014 nicht entspricht, oder

2. als Mitglied eines nach § 340k Absatz 5 in Verbindung mit § 324 Absatz 1 Satz 1 eingerichteten Prüfungsausschusses eines CRR-Kreditinstituts im Sinne des § 1 Absatz 3d Satz 1 des Kreditwesengesetzes, mit Ausnahme der in § 2 Absatz 1 Nummer 1 und 2 des Kreditwesengesetzes genannten Institute, das eine Sparkasse ist, die Unabhängigkeit der in § 340k Absatz 3 Satz 2 zweiter Halbsatz genannten Personen nicht nach Maßgabe des Artikels 5 Absatz 4 Unterabsatz 1 Satz 1 der Verordnung (EU) Nr. 537/2014 in Verbindung mit § 340k Absatz 3 Satz 2 oder nach Maßgabe des Artikels 6 Absatz 2 der Verordnung (EU) Nr. 537/2014 überwacht.

(3) [1]Die Ordnungswidrigkeit kann mit einer Geldbuße bis zu fünfzigtausend Euro geahndet werden. [2]Ist das Kreditinstitut kapitalmarktorientiert im Sinne des § 264d, beträgt die Geldbuße in den Fällen des Absatzes 1 höchstens den höheren der folgenden Beträge:

1. zwei Millionen Euro oder

2. das Zweifache des aus der Ordnungswidrigkeit gezogenen wirtschaftlichen Vorteils, wobei der wirtschaftliche Vorteil erzielte Gewinne und vermiedene Verluste umfasst und geschätzt werden kann.

§ 340o XII. Handelsgesetzbuch

(3a) Wird gegen ein Kreditinstitut, das kapitalmarktorientiert im Sinne des § 264d ist, in den Fällen des Absatzes 1 eine Geldbuße nach § 30 des Gesetzes über Ordnungswidrigkeiten verhängt, beträgt diese Geldbuße höchstens den höchsten der folgenden Beträge:
1. zehn Millionen Euro,
2. 5 Prozent des jährlichen Gesamtumsatzes, den das Kreditinstitut im der Behördenentscheidung vorausgegangenen Geschäftsjahr erzielt hat oder
3. das Zweifache des aus der Ordnungswidrigkeit gezogenen wirtschaftlichen Vorteils, wobei der wirtschaftliche Vorteil erzielte Gewinne und vermiedene Verluste umfasst und geschätzt werden kann.

(3b) ¹Als Gesamtumsatz ist anstelle des Betrags der Umsatzerlöse der sich aus dem auf das Kreditinstitut anwendbaren nationalen Recht im Einklang mit Artikel 27 Nummer 1, 3, 4, 6 und 7 oder Artikel 28 Buchstabe B Nummer 1, 2, 3, 4 und 7 der Richtlinie 86/635/EWG des Rates vom 8. Dezember 1986 über den Jahresabschluss und den konsolidierten Abschluss von Banken und anderen Finanzinstituten (ABl L 372 vom 31.12.1986, S. 1; L 316 vom 23.11.1988, S. 51), die zuletzt durch die Richtlinie 2006/46/EG (ABl L 224 vom 16.8.2006, S. 1) geändert worden ist, ergebende Gesamtbetrag, abzüglich der Umsatzsteuer und sonstiger direkt auf diese Erträge erhobener Steuern, maßgeblich. ²Handelt es sich bei dem Kreditinstitut um ein Mutterunternehmen oder um ein Tochterunternehmen im Sinne des § 290, ist anstelle des Gesamtumsatzes des Kreditinstituts der jeweilige Gesamtbetrag im Konzernabschluss des Mutterunternehmens maßgeblich, der für den größten Kreis von Unternehmen aufgestellt wird. ³Wird der Konzernabschluss für den größten Kreis von Unternehmen nicht nach den in Satz 1 genannten Vorschriften aufgestellt, ist der Gesamtumsatz nach Maßgabe der Posten des Konzernabschlusses zu ermitteln, die mit den von Satz 1 erfassten Posten vergleichbar sind. ⁴Ist ein Jahres- oder Konzernabschluss für das maßgebliche Geschäftsjahr nicht verfügbar, ist der Jahres- oder Konzernabschluss für das unmittelbar vorausgehende Geschäftsjahr maßgeblich; ist auch dieser nicht verfügbar, kann der Gesamtumsatz geschätzt werden.

(4) Verwaltungsbehörde im Sinn des § 36 Abs. 1 Nr. 1 des Gesetzes über Ordnungswidrigkeiten ist in den Fällen der Absätze 1 und 2a die Bundesanstalt für Finanzdienstleistungsaufsicht, in den Fällen des Absatzes 2 die Abschlussprüferaufsichtsstelle beim Bundesamt für Wirtschaft und Ausfuhrkontrolle.

(5) Die Bundesanstalt für Finanzdienstleistungsaufsicht übermittelt der Abschlussprüferaufsichtsstelle beim Bundesamt für Wirtschaft und Ausfuhrkontrolle alle Bußgeldentscheidungen nach Absatz 2a.

§ 340o Festsetzung von Ordnungsgeld[1)]

¹Personen, die
1. als Geschäftsleiter im Sinne des § 1 Absatz 2 Satz 1 des Kreditwesengesetzes eines Kreditinstituts oder Finanzdienstleistungsinstituts im Sinne des § 340 Absatz 4 Satz 1 oder als Geschäftsleiter im Sinne des § 1 Absatz 8 Satz 1 und 2 des Zahlungsdiensteaufsichtsgesetzes eines Instituts im Sinne des § 340 Absatz 5 oder als Inhaber eines in der Rechtsform des Einzelkaufmanns betriebenen Kreditinstituts oder Finanzdienstleistungsinstituts im Sinne des § 340 Absatz 4 Satz 1, den § 340l Absatz 1 Satz 1 in Verbindung mit § 325 Absatz 2 bis 5, die §§ 328, 329 Absatz 1 über die Pflicht zur Offenlegung des Jahresabschlusses, des Lageberichts, des Konzernabschlusses, des Konzernlageberichts und anderer Unterlagen der Rechnungslegung oder
2. als Geschäftsleiter von Zweigniederlassungen im Sinn des § 53 Abs. 1 des Kreditwesengesetzes § 340l Abs. 1 oder Abs. 2 über die Offenlegung der Rechnungslegungsunterlagen

nicht befolgen, sind hierzu vom Bundesamt für Justiz durch Festsetzung von Ordnungsgeld anzuhalten. ²Die §§ 335 bis 335b sind entsprechend anzuwenden.

---

1) **Anm. d. Red.:** § 340o i. d. F. des Gesetzes v. 4.10.2013 (BGBl I S. 3746) mit Wirkung v. 10.10.2013.

Zweiter Unterabschnitt: Ergänzende Vorschriften für Versicherungsunternehmen und Pensionsfonds[1)]

Erster Titel: Anwendungsbereich

§ 341 Anwendungsbereich[2)]

(1) ¹Dieser Unterabschnitt ist, soweit nichts anderes bestimmt ist, auf Unternehmen, die den Betrieb von Versicherungsgeschäften zum Gegenstand haben und nicht Träger der Sozialversicherung sind (Versicherungsunternehmen), anzuwenden. ²Dies gilt nicht für solche Versicherungsunternehmen, die aufgrund von Gesetz, Tarifvertrag oder Satzung ausschließlich für ihre Mitglieder oder die durch Gesetz oder Satzung begünstigten Personen Leistungen erbringen oder als nicht rechtsfähige Einrichtungen ihre Aufwendungen im Umlageverfahren decken, es sei denn, sie sind Aktiengesellschaften, Versicherungsvereine auf Gegenseitigkeit oder rechtsfähige kommunale Schadenversicherungsunternehmen.

(2) ¹Versicherungsunternehmen im Sinne des Absatzes 1 sind auch Niederlassungen im Geltungsbereich dieses Gesetzes von Versicherungsunternehmen mit Sitz in einem anderen Staat, wenn sie zum Betrieb des Direktversicherungsgeschäfts der Erlaubnis durch die deutsche Versicherungsaufsichtsbehörde bedürfen. ²Niederlassungen von Versicherungsunternehmen mit Sitz in einem Mitgliedstaat der Europäischen Union oder einem anderen Vertragsstaat des Abkommens über den Europäischen Wirtschaftsraum, die keiner Erlaubnis zum Betrieb des Direktversicherungsgeschäfts durch die deutsche Versicherungsaufsichtsbehörde bedürfen, haben die ergänzenden Vorschriften über den Ansatz und die Bewertung von Vermögensgegenständen und Schulden des Ersten bis Vierten Titels dieses Unterabschnitts und der Versicherungsunternehmens-Rechnungslegungsverordnung in ihrer jeweils geltenden Fassung anzuwenden.

(3) Zusätzliche Anforderungen aufgrund von Vorschriften, die wegen der Rechtsform oder für Niederlassungen bestehen, bleiben unberührt.

(4) ¹Die Vorschriften des Ersten bis Siebenten Titels dieses Unterabschnitts sind mit Ausnahme von Absatz 1 Satz 2 auf Pensionsfonds (§ 236 Absatz 1 des Versicherungsaufsichtsgesetzes) entsprechend anzuwenden. ²§ 341d ist mit der Maßgabe anzuwenden, dass Kapitalanlagen für Rechnung und Risiko von Arbeitnehmern und Arbeitgebern mit dem Zeitwert unter Berücksichtigung des Grundsatzes der Vorsicht zu bewerten sind; §§ 341b, 341c sind insoweit nicht anzuwenden.

Zweiter Titel: Jahresabschluss, Lagebericht

§ 341a Anzuwendende Vorschriften[3)]

(1) ¹Versicherungsunternehmen haben einen Jahresabschluss und einen Lagebericht nach den für große Kapitalgesellschaften geltenden Vorschriften des Ersten Unterabschnitts des Zweiten Abschnitts in den ersten vier Monaten des Geschäftsjahres für das vergangene Geschäftsjahr aufzustellen und dem Abschlussprüfer zur Durchführung der Prüfung vorzulegen; die Frist des § 264 Abs. 1 Satz 3 gilt nicht. ²Ist das Versicherungsunternehmen eine Kapitalgesellschaft im Sinne des § 325 Abs. 4 Satz 1 und nicht zugleich im Sinn des § 327a, beträgt die Frist nach Satz 1 vier Monate.

(1a) ¹Ein Versicherungsunternehmen hat seinen Lagebericht um eine nichtfinanzielle Erklärung zu erweitern, wenn es in entsprechender Anwendung des § 267 Absatz 3 Satz 1 und Absatz 4 bis 5 als groß gilt und im Jahresdurchschnitt mehr als 500 Arbeitnehmer beschäftigt.

---

1) **Anm. d. Red.:** Überschrift i. d. F. des Gesetzes v. 26. 6. 2001 (BGBl I S. 1310) mit Wirkung v. 1. 1. 2002.

2) **Anm. d. Red.:** § 341 i. d. F. des Gesetzes v. 17. 7. 2015 (BGBl I S. 12451) mit Wirkung v. 23. 7. 2015; Abs. 4 i. d. F. des Gesetzes v. 1. 4. 2015 (BGBl I S. 434) mit Wirkung v. 1. 1. 2016.

3) **Anm. d. Red.:** § 341a i. d. F. des Gesetzes v. 11. 4. 2017 (BGBl I S. 802) mit Wirkung v. 19. 4. 2017. – Zur Anwendung siehe Art. 80 EGHGB.

²Wenn die nichtfinanzielle Erklärung einen besonderen Abschnitt des Lageberichts bildet, darf das Versicherungsunternehmen auf die an anderer Stelle im Lagebericht enthaltenen nichtfinanziellen Angaben verweisen. ³§ 289b Absatz 2 bis 4 und die §§ 289c bis 289e sind entsprechend anzuwenden.

(1b) Ein Versicherungsunternehmen, das nach Absatz 1 in Verbindung mit § 289f Absatz 1 eine Erklärung zur Unternehmensführung zu erstellen hat, hat darin Angaben nach § 289f Absatz 2 Nummer 6 aufzunehmen, wenn es in entsprechender Anwendung des § 267 Absatz 3 Satz 1 und Absatz 4 bis 5 als groß gilt.

(2) ¹§ 265 Abs. 6, §§ 267, 268 Abs. 4 Satz 1, Abs. 5 Satz 1 und 2, §§ 276, 277 Abs. 1 und 2, § 285 Nr. 8 Buchstabe a und § 288 sind nicht anzuwenden. ²Anstelle von § 247 Abs. 1, §§ 251, 265 Abs. 7, §§ 266, 268 Absatz 7, §§ 275, 284 Absatz 3, § 285 Nummer 4 und 8 Buchstabe b sowie § 286 Abs. 2 sind die durch Rechtsverordnung erlassenen Formblätter und anderen Vorschriften anzuwenden. ³§ 246 Abs. 2 ist nicht anzuwenden, soweit abweichende Vorschriften bestehen. ⁴§ 264 Abs. 3 und § 264b sind mit der Maßgabe anzuwenden, dass das Versicherungsunternehmen unter den genannten Voraussetzungen die Vorschriften des Vierten Unterabschnitts des Zweiten Abschnitts nicht anzuwenden braucht. ⁵§ 285 Nr. 3a gilt mit der Maßgabe, dass die Angaben für solche finanzielle Verpflichtungen nicht zu machen sind, die im Rahmen des Versicherungsgeschäfts entstehen. ⁶§ 285 Nummer 31 ist nicht anzuwenden; unter den Posten „außerordentliche Erträge" und „außerordentliche Aufwendungen" sind Erträge und Aufwendungen auszuweisen, die außerhalb der gewöhnlichen Geschäftstätigkeit anfallen. ⁷Im Anhang sind diese Posten hinsichtlich ihres Betrags und ihrer Art zu erläutern, soweit die ausgewiesenen Beträge für die Beurteilung der Ertragslage nicht von untergeordneter Bedeutung sind.

(3) Auf Krankenversicherungsunternehmen, die das Krankenversicherungsgeschäft ausschließlich oder überwiegend nach Art der Lebensversicherung betreiben, sind die für die Rechnungslegung der Lebensversicherungsunternehmen geltenden Vorschriften entsprechend anzuwenden.

(4) Auf Versicherungsunternehmen, die nicht Aktiengesellschaften, Kommanditgesellschaften auf Aktien oder kleinere Vereine sind, sind § 152 Abs. 2 und 3 sowie die §§ 170 bis 176 des Aktiengesetzes entsprechend anzuwenden.

(5) ¹Bei Versicherungsunternehmen, die ausschließlich die Rückversicherung betreiben oder deren Beiträge aus in Rückdeckung übernommenen Versicherungen die übrigen Beiträge übersteigen, verlängert sich die in Absatz 1 Satz 1 erster Halbsatz genannte Frist von vier Monaten auf zehn Monate, sofern das Geschäftsjahr mit dem Kalenderjahr übereinstimmt; die Hauptversammlung oder die Versammlung der obersten Vertretung, die den Jahresabschluss entgegennimmt oder festzustellen hat, muss abweichend von § 175 Abs. 1 Satz 2 des Aktiengesetzes spätestens 14 Monate nach dem Ende des vergangenen Geschäftsjahres stattfinden. ²Die Frist von vier Monaten nach Absatz 1 Satz 2 verlängert sich in den Fällen des Satzes 1 nicht.

Dritter Titel: Bewertungsvorschriften

§ 341b Bewertung von Vermögensgegenständen[1)]

(1) ¹Versicherungsunternehmen haben immaterielle Vermögensgegenstände, soweit sie entgeltlich erworben wurden, Grundstücke, grundstücksgleiche Rechte und Bauten einschließlich der Bauten auf fremden Grundstücken, technische Anlagen und Maschinen, andere Anlagen, Betriebs- und Geschäftsausstattung, Anlagen im Bau und Vorräte nach den für das Anlagevermögen geltenden Vorschriften zu bewerten. ²Satz 1 ist vorbehaltlich Absatz 2 und § 341c auch auf Kapitalanlagen anzuwenden, soweit es sich hierbei um Beteiligungen, Anteile an verbundenen Unternehmen, Ausleihungen an verbundene Unternehmen oder an Unternehmen, mit denen ein Beteiligungsverhältnis besteht, Namensschuldverschreibungen, Hypothekendarlehen und andere Forderungen und Rechte, sonstige Ausleihungen und Depotforderungen aus dem in

---

1) **Anm. d. Red.:** § 341b i. d. F. des Gesetzes v. 17. 7. 2015 (BGBl I S. 1245) mit Wirkung v. 23. 7. 2015.

Rückdeckung übernommenen Versicherungsgeschäft handelt. ³§ 253 Absatz 3 Satz 6 ist nur auf die in Satz 2 bezeichneten Vermögensgegenstände anzuwenden.

(2) Auf Kapitalanlagen, soweit es sich hierbei um Aktien einschließlich der eigenen Anteile, Anteile oder Aktien an Investmentvermögen sowie sonstige festverzinsliche und nicht festverzinsliche Wertpapiere handelt, sind die für das Umlaufvermögen geltenden § 253 Abs. 1 Satz 1, Abs. 4 und 5, § 256 anzuwenden, es sei denn, dass sie dazu bestimmt werden, dauernd dem Geschäftsbetrieb zu dienen; in diesem Fall sind sie nach den für das Anlagevermögen geltenden Vorschriften zu bewerten.

(3) § 256 Satz 2 in Verbindung mit § 240 Abs. 3 über die Bewertung zum Festwert ist auf Grundstücke, Bauten und im Bau befindliche Anlagen nicht anzuwenden.

(4) Verträge, die von Pensionsfonds bei Lebensversicherungsunternehmen zur Deckung von Verpflichtungen gegenüber Versorgungsberechtigten eingegangen werden, sind mit dem Zeitwert unter Berücksichtigung des Grundsatzes der Vorsicht zu bewerten; die Absätze 1 bis 3 sind insoweit nicht anzuwenden.

§ 341c Namensschuldverschreibungen, Hypothekendarlehen und andere Forderungen[1]

(1) Abweichend von § 253 Abs. 1 Satz 1 dürfen Namensschuldverschreibungen mit ihrem Nennbetrag angesetzt werden.

(2) ¹Ist der Nennbetrag höher als die Anschaffungskosten, so ist der Unterschiedsbetrag in den Rechnungsabgrenzungsposten auf der Passivseite aufzunehmen, planmäßig aufzulösen und in seiner jeweiligen Höhe in der Bilanz oder im Anhang gesondert anzugeben. ²Ist der Nennbetrag niedriger als die Anschaffungskosten, darf der Unterschiedsbetrag in den Rechnungsabgrenzungsposten auf der Aktivseite aufgenommen werden; er ist planmäßig aufzulösen und in seiner jeweiligen Höhe in der Bilanz oder im Anhang gesondert anzugeben.

(3) Bei Hypothekendarlehen und anderen Forderungen dürfen die Anschaffungskosten zuzüglich oder abzüglich der kumulierten Amortisation einer Differenz zwischen den Anschaffungskosten und dem Rückzahlungsbetrag unter Anwendung der Effektivzinsmethode angesetzt werden.

§ 341d Anlagestock der fondsgebundenen Lebensversicherung[2]

Kapitalanlagen für Rechnung und Risiko von Inhabern von Lebensversicherungsverträgen, bei denen das Anlagerisiko vom Versicherungsnehmer getragen wird, sind mit dem Zeitwert unter Berücksichtigung des Grundsatzes der Vorsicht zu bewerten; die §§ 341b, 341c sind nicht anzuwenden.

Vierter Titel: Versicherungstechnische Rückstellungen

§ 341e Allgemeine Bilanzierungsgrundsätze[3]

(1) ¹Versicherungsunternehmen haben versicherungstechnische Rückstellungen auch insoweit zu bilden, wie dies nach vernünftiger kaufmännischer Beurteilung notwendig ist, um die dauernde Erfüllbarkeit der Verpflichtungen aus den Versicherungsverträgen sicherzustellen. ²Dabei sind mit Ausnahme der Vorschriften der §§ 74 bis 87 des Versicherungsaufsichtsgesetzes die im Interesse der Versicherten erlassenen aufsichtsrechtlichen Vorschriften über die bei der Berechnung der Rückstellungen zu verwendenden Rechnungsgrundlagen einschließlich des dafür anzusetzenden Rechnungszinsfußes und über die Zuweisung bestimmter Kapitalerträge zu

---

1) **Anm. d. Red.:** § 341c i. d. F. des Gesetzes v. 19.11.2010 (BGBl I S. 1592) mit Wirkung v. 25.11.2010.
2) **Anm. d. Red.:** § 341d i. d. F. des Gesetzes v. 1.4.2015 (BGBl I S. 434) mit Wirkung v. 1.1.2016.
3) **Anm. d. Red.:** § 341e i. d. F. des Gesetzes v. 1.4.2015 (BGBl I S. 434) mit Wirkung v. 1.1.2016.

den Rückstellungen zu berücksichtigen. ³Die Rückstellungen sind nach den Wertverhältnissen am Abschlussstichtag zu bewerten und nicht nach § 253 Abs. 2 abzuzinsen.

(2) Versicherungstechnische Rückstellungen sind außer in den Fällen der §§ 341f bis 341h insbesondere zu bilden

1. für den Teil der Beiträge, der Ertrag für eine bestimmte Zeit nach dem Abschlussstichtag darstellt (Beitragsüberträge);
2. für erfolgsabhängige und erfolgsunabhängige Beitragsrückerstattungen, soweit die ausschließliche Verwendung der Rückstellung zu diesem Zweck durch Gesetz, Satzung, geschäftsplanmäßige Erklärung oder vertragliche Vereinbarung gesichert ist (Rückstellung für Beitragsrückerstattung);
3. für Verluste, mit denen nach dem Abschlussstichtag aus bis zum Ende des Geschäftsjahres geschlossenen Verträgen zu rechnen ist (Rückstellung für drohende Verluste aus dem Versicherungsgeschäft).

(3) Soweit eine Bewertung nach § 252 Abs. 1 Nr. 3 oder § 240 Abs. 4 nicht möglich ist oder der damit verbundene Aufwand unverhältnismäßig wäre, können die Rückstellungen aufgrund von Näherungsverfahren geschätzt werden, wenn anzunehmen ist, dass diese zu annähernd gleichen Ergebnissen wie Einzelberechnungen führen.

§ 341f Deckungsrückstellung

(1) ¹Deckungsrückstellungen sind für die Verpflichtungen aus dem Lebensversicherungs- und dem nach Art der Lebensversicherung betriebenen Versicherungsgeschäft in Höhe ihres versicherungsmathematisch errechneten Wertes einschließlich bereits zugeteilter Überschussanteile mit Ausnahme der verzinslich angesammelten Überschussanteile und nach Abzug des versicherungsmathematisch ermittelten Barwerts der künftigen Beiträge zu bilden (prospektive Methode). ²Ist eine Ermittlung des Wertes der künftigen Verpflichtungen und der künftigen Beiträge nicht möglich, hat die Berechnung aufgrund der aufgezinsten Einnahmen und Ausgaben der vorangegangenen Geschäftsjahre zu erfolgen (retrospektive Methode).

(2) Bei der Bildung der Deckungsrückstellung sind auch gegenüber den Versicherten eingegangene Zinssatzverpflichtungen zu berücksichtigen, sofern die derzeitigen oder zu erwartenden Erträge der Vermögenswerte des Unternehmens für die Deckung dieser Verpflichtungen nicht ausreichen.

(3) ¹In der Krankenversicherung, die nach Art der Lebensversicherung betrieben wird, ist als Deckungsrückstellung eine Alterungsrückstellung zu bilden; hierunter fallen auch der Rückstellung bereits zugeführte Beträge aus der Rückstellung für Beitragsrückerstattung sowie Zuschreibungen, die dem Aufbau einer Anwartschaft auf Beitragsermäßigung im Alter dienen. ²Bei der Berechnung sind die für die Berechnung der Prämien geltenden aufsichtsrechtlichen Bestimmungen zu berücksichtigen.

§ 341g Rückstellung für noch nicht abgewickelte Versicherungsfälle

(1) ¹Rückstellungen für noch nicht abgewickelte Versicherungsfälle sind für die Verpflichtungen aus den bis zum Ende des Geschäftsjahres eingetretenen, aber noch nicht abgewickelten Versicherungsfällen zu bilden. ²Hierbei sind die gesamten Schadenregulierungsaufwendungen zu berücksichtigen.

(2) ¹Für bis zum Abschlussstichtag eingetretene, aber bis zur inventurmäßigen Erfassung noch nicht gemeldete Versicherungsfälle ist die Rückstellung pauschal zu bewerten. ²Dabei sind die bisherigen Erfahrungen in Bezug auf die Anzahl der nach dem Abschlussstichtag gemeldeten Versicherungsfälle und die Höhe der damit verbundenen Aufwendungen zu berücksichtigen.

(3) ¹Bei Krankenversicherungsunternehmen ist die Rückstellung anhand eines statistischen Näherungsverfahrens zu ermitteln. ²Dabei ist von den in den ersten Monaten des nach dem Ab-

schlussstichtag folgenden Geschäftsjahres erfolgten Zahlungen für die bis zum Abschlussstichtag eingetretenen Versicherungsfälle auszugehen.

(4) Bei Mitversicherungen muss die Rückstellung der Höhe nach anteilig zumindest derjenigen entsprechen, die der führende Versicherer nach den Vorschriften oder der Übung in dem Land bilden muss, von dem aus er tätig wird.

(5) Sind die Versicherungsleistungen aufgrund rechtskräftigen Urteils, Vergleichs oder Anerkenntnisses in Form einer Rente zu erbringen, so müssen die Rückstellungsbeträge nach anerkannten versicherungsmathematischen Methoden berechnet werden.

§ 341h Schwankungsrückstellung und ähnliche Rückstellungen

(1) Schwankungsrückstellungen sind zum Ausgleich der Schwankungen im Schadenverlauf künftiger Jahre zu bilden, wenn insbesondere
1. nach den Erfahrungen in dem betreffenden Versicherungszweig mit erheblichen Schwankungen der jährlichen Aufwendungen für Versicherungsfälle zu rechnen ist,
2. die Schwankungen nicht jeweils durch Beiträge ausgeglichen werden und
3. die Schwankungen nicht durch Rückversicherungen gedeckt sind.

(2) Für Risiken gleicher Art, bei denen der Ausgleich von Leistung und Gegenleistung wegen des hohen Schadenrisikos im Einzelfall nach versicherungsmathematischen Grundsätzen nicht im Geschäftsjahr, sondern nur in einem am Abschlussstichtag nicht bestimmbaren Zeitraum gefunden werden kann, ist eine Rückstellung zu bilden und in der Bilanz als „ähnliche Rückstellung" unter den Schwankungsrückstellungen auszuweisen.

Fünfter Titel: Konzernabschluss, Konzernlagebericht

§ 341i Aufstellung, Fristen[1)]

(1) ¹Versicherungsunternehmen, auch wenn sie nicht in der Rechtsform einer Kapitalgesellschaft betrieben werden, haben unabhängig von ihrer Größe einen Konzernabschluss und einen Konzernlagebericht aufzustellen. ²Zusätzliche Anforderungen aufgrund von Vorschriften, die wegen der Rechtsform bestehen, bleiben unberührt.

(2) Als Versicherungsunternehmen im Sinne dieses Titels gelten auch Mutterunternehmen, deren einziger oder hauptsächlicher Zweck darin besteht, Beteiligungen an Tochterunternehmen zu erwerben, diese Beteiligungen zu verwalten und rentabel zu machen, sofern diese Tochterunternehmen ausschließlich oder überwiegend Versicherungsunternehmen sind.

(3) ¹Die gesetzlichen Vertreter eines Mutterunternehmens haben den Konzernabschluss und den Konzernlagebericht abweichend von § 290 Abs. 1 innerhalb von zwei Monaten nach Ablauf der Aufstellungsfrist für den zuletzt aufzustellenden und in den Konzernabschluss einzubeziehenden Abschluss, spätestens jedoch innerhalb von zwölf Monaten nach dem Stichtag des Konzernabschlusses, für das vergangene Konzerngeschäftsjahr aufzustellen und dem Abschlussprüfer des Konzernabschlusses vorzulegen; ist das Mutterunternehmen eine Kapitalgesellschaft im Sinn des § 325 Abs. 4 Satz 1 und nicht zugleich im Sinn des § 327a, tritt an die Stelle der Frist von längstens zwölf eine Frist von längstens vier Monaten. ²§ 299 Abs. 2 Satz 2 ist mit der Maßgabe anzuwenden, dass der Stichtag des Jahresabschlusses eines Unternehmens nicht länger als sechs Monate vor dem Stichtag des Konzernabschlusses liegen darf.

(4) Der Konzernabschluss und der Konzernlagebericht sind abweichend von § 175 Abs. 1 Satz 1 des Aktiengesetzes spätestens der nächsten nach Ablauf der Aufstellungsfrist für den Konzernabschluss und Konzernlagebericht einzuberufenden Hauptversammlung, die einen Jahresabschluss des Mutterunternehmens entgegennimmt oder festzustellen hat, vorzulegen.

---

1) **Anm. d. Red.:** § 341i i. d. F. des Gesetzes v. 10. 11. 2006 (BGBl I S. 2553) mit Wirkung v. 1. 1. 2007.

§ 341j Anzuwendende Vorschriften[1)]

(1) ¹Auf den Konzernabschluss und den Konzernlagebericht sind die Vorschriften des Zweiten Unterabschnitts des Zweiten Abschnitts über den Konzernabschluss und den Konzernlagebericht und, soweit die Eigenart des Konzernabschlusses keine Abweichungen bedingt, die §§ 341a bis 341h über den Jahresabschluss sowie die für die Rechtsform und den Geschäftszweig der in den Konzernabschluss einbezogenen Unternehmen mit Sitz im Geltungsbereich dieses Gesetzes geltenden Vorschriften entsprechend anzuwenden, soweit sie für große Kapitalgesellschaften gelten. ²Die §§ 293, 298 Absatz 1 sowie § 314 Absatz 1 Nummer 3 und 23 sind nicht anzuwenden. ³§ 314 Abs. 1 Nr. 2a gilt mit der Maßgabe, dass die Angaben für solche finanzielle Verpflichtungen nicht zu machen sind, die im Rahmen des Versicherungsgeschäfts entstehen. ⁴In den Fällen des § 315e Abs. 1 finden abweichend von Satz 1 nur die §§ 290 bis 292, § 315e Anwendung; die Sätze 2 und 3 dieses Absatzes und Absatz 2, § 341i Abs. 3 Satz 2 sowie die Bestimmungen der Versicherungsunternehmens-Rechnungslegungsverordnung vom 8. November 1994 (BGBl I S. 3378) und der Pensionsfonds-Rechnungslegungsverordnung vom 25. Februar 2003 (BGBl I S. 246) in ihren jeweils geltenden Fassungen sind nicht anzuwenden.

(2) § 304 Abs. 1 braucht nicht angewendet zu werden, wenn die Lieferungen oder Leistungen zu üblichen Marktbedingungen vorgenommen worden sind und Rechtsansprüche der Versicherungsnehmer begründet haben.

(3) Auf Versicherungsunternehmen, die nicht Aktiengesellschaften, Kommanditgesellschaften auf Aktien oder kleinere Vereine sind, ist § 170 Abs. 1 und 3 des Aktiengesetzes entsprechend anzuwenden.

(4) ¹Ein Versicherungsunternehmen, das ein Mutterunternehmen (§ 290) ist, hat den Konzernlagebericht um eine nichtfinanzielle Konzernerklärung zu erweitern, wenn auf die in den Konzernabschluss einzubeziehenden Unternehmen die folgenden Merkmale zutreffen:

1. sie erfüllen die in § 293 Absatz 1 Satz 1 Nummer 1 oder 2 geregelten Voraussetzungen für eine größenabhängige Befreiung nicht und
2. bei ihnen sind insgesamt im Jahresdurchschnitt mehr als 500 Arbeitnehmer beschäftigt.

²§ 267 Absatz 4 bis 5, § 298 Absatz 2, § 315b Absatz 2 bis 4 und § 315c sind entsprechend anzuwenden. ³Wenn die nichtfinanzielle Erklärung einen besonderen Abschnitt des Konzernlageberichts bildet, darf das Versicherungsunternehmen auf die an anderer Stelle im Konzernlagebericht enthaltenen nichtfinanziellen Angaben verweisen.

(5) Ein Versicherungsunternehmen, das nach Absatz 1 in Verbindung mit § 315d eine Konzernerklärung zur Unternehmensführung zu erstellen hat, hat darin Angaben nach § 315d in Verbindung mit § 289f Absatz 2 Nummer 6 aufzunehmen, wenn die in den Konzernabschluss einzubeziehenden Unternehmen die in § 293 Absatz 1 Satz 1 Nummer 1 oder 2 geregelten Voraussetzungen für eine Befreiung nicht erfüllen.

Sechster Titel: Prüfung

§ 341k Prüfung[2)]

(1) ¹Versicherungsunternehmen haben unabhängig von ihrer Größe ihren Jahresabschluss und Lagebericht sowie ihren Konzernabschluss und Konzernlagebericht nach den Vorschriften des Dritten Unterabschnitts des Zweiten Abschnitts prüfen zu lassen. ²§ 318 Absatz 1a und § 319 Absatz 1 Satz 2 sind nicht anzuwenden. ³Hat keine Prüfung stattgefunden, so kann der Jahresabschluss nicht festgestellt werden. ⁴Auf Versicherungsunternehmen im Sinne des Artikels 2 Absatz 1 der Richtlinie 91/674/EWG sind die Vorschriften des Dritten Unterabschnitts des

---

1) **Anm. d. Red.:** § 341j i. d. F. des Gesetzes v. 12.12.2019 (BGBl I S. 2637) mit Wirkung v. 1.1.2020. – Zur Anwendung siehe Art. 83 Abs. 2 EGHGB.

2) **Anm. d. Red.:** § 341k i. d. F. des Gesetzes v. 10. 5. 2016 (BGBl I S. 1142) mit Wirkung v. 17. 6. 2016.

Zweiten Abschnitts nur insoweit anzuwenden, als nicht die Verordnung (EU) Nr. 537/2014 anzuwenden ist.

(2) ¹§ 318 Abs. 1 Satz 1 ist mit der Maßgabe anzuwenden, dass der Abschlussprüfer des Jahresabschlusses und des Konzernabschlusses vom Aufsichtsrat bestimmt wird. ²§ 318 Abs. 1 Satz 3 und 4 gilt entsprechend.

(3) In den Fällen des § 321 Abs. 1 Satz 3 hat der Abschlussprüfer die Aufsichtsbehörde unverzüglich zu unterrichten.

(4) ¹Versicherungsunternehmen im Sinne des Artikels 2 Absatz 1 der Richtlinie 91/674/EWG haben, auch wenn sie nicht kapitalmarktorientiert im Sinne des § 264d sind, § 324 Absatz 1 und 2 anzuwenden, wenn sie keinen Aufsichts- oder Verwaltungsrat haben, der die Voraussetzungen des § 100 Absatz 5 des Aktiengesetzes erfüllen muss. ²Dies gilt für landesrechtliche öffentlich-rechtliche Versicherungsunternehmen nur, soweit das Landesrecht nichts anderes vorsieht.

Siebenter Titel: Offenlegung

§ 341l Offenlegung[1)]

(1) ¹Versicherungsunternehmen haben den Jahresabschluss und den Lagebericht sowie den Konzernabschluss und den Konzernlagebericht und die anderen in § 325 bezeichneten Unterlagen nach § 325 Abs. 2 bis 5, §§ 328, 329 Abs. 1 und 4 offen zu legen. ²Von den in § 341a Abs. 5 genannten Versicherungsunternehmen ist § 325 Abs. 1 mit der Maßgabe anzuwenden, dass die Frist für die Einreichung der Unterlagen beim Betreiber des Bundesanzeigers 15 Monate, im Fall des § 325 Abs. 4 Satz 1 vier Monate beträgt; § 327a ist anzuwenden.

(2) Die gesetzlichen Vertreter eines Mutterunternehmens haben abweichend von § 325 Abs. 3 unverzüglich nach der Hauptversammlung oder der dieser entsprechenden Versammlung der obersten Vertretung, welcher der Konzernabschluss und der Konzernlagebericht vorzulegen sind, jedoch spätestens vor Ablauf des dieser Versammlung folgenden Monats den Konzernabschluss mit dem Bestätigungsvermerk oder dem Vermerk über dessen Versagung und den Konzernlagebericht mit Ausnahme der Aufstellung des Anteilsbesitzes beim Betreiber des Bundesanzeigers elektronisch einzureichen.

(3) Soweit Absatz 1 Satz 1 auf § 325 Abs. 2a Satz 3 und 5 verweist, gelten die folgenden Maßgaben und ergänzenden Bestimmungen:
1. Die in § 325 Abs. 2a Satz 3 genannten Vorschriften des Ersten Unterabschnitts des Zweiten Abschnitts des Dritten Buchs sind auch auf Versicherungsunternehmen anzuwenden, die nicht in der Rechtsform einer Kapitalgesellschaft betrieben werden.
2. An Stelle des § 285 Nr. 8 Buchstabe b gilt die Vorschrift des § 51 Abs. 5 in Verbindung mit Muster 2 der Versicherungsunternehmens-Rechnungslegungsverordnung vom 8. November 1994 (BGBl I S. 3378) in der jeweils geltenden Fassung.
3. § 341a Abs. 4 ist anzuwenden, soweit er auf die Bestimmungen der §§ 170, 171 und 175 des Aktiengesetzes über den Einzelabschluss nach § 325 Abs. 2a dieses Gesetzes verweist.
4. Im Übrigen finden die Bestimmungen des Zweiten bis Vierten Titels dieses Unterabschnitts sowie der Versicherungsunternehmens-Rechnungslegungsverordnung keine Anwendung.

---

1) **Anm. d. Red.:** § 341l i. d. F. des Gesetzes v. 17. 7. 2015 (BGBl I S. 1245) mit Wirkung v. 23. 7. 2015.

Achter Titel: Straf- und Bußgeldvorschriften, Ordnungsgelder[1)]

§ 341m Strafvorschriften[2)]

(1) ¹Die Strafvorschriften der §§ 331 bis 333 sind auch auf nicht in der Rechtsform einer Kapitalgesellschaft betriebene Versicherungsunternehmen und Pensionsfonds anzuwenden. ²§ 331 ist darüber hinaus auch anzuwenden auf die Verletzung von Pflichten durch den Hauptbevollmächtigten (§ 68 Absatz 2 des Versicherungsaufsichtsgesetzes).

(2) Mit Freiheitsstrafe bis zu einem Jahr oder mit Geldstrafe wird bestraft, wer als Mitglied eines nach § 341k Absatz 4 Satz 1 in Verbindung mit § 324 Absatz 1 Satz 1 eingerichteten Prüfungsausschusses

1. eine in § 341n Absatz 2a bezeichnete Handlung begeht und dafür einen Vermögensvorteil erhält oder sich versprechen lässt oder
2. eine in § 341n Absatz 2a bezeichnete Handlung beharrlich wiederholt.

(3) § 335c Absatz 2 gilt in den Fällen des Absatzes 2 entsprechend.

§ 341n Bußgeldvorschriften[3)]

(1) Ordnungswidrig handelt, wer als Mitglied des vertretungsberechtigten Organs oder des Aufsichtsrats eines Versicherungsunternehmens oder eines Pensionsfonds oder als Hauptbevollmächtigter (§ 68 Absatz 2 des Versicherungsaufsichtsgesetzes)

1. bei der Aufstellung oder Feststellung des Jahresabschlusses einer Vorschrift
   a) des § 243 Abs. 1 oder 2, der §§ 244, 245, 246 Abs. 1 oder 2, dieser in Verbindung mit § 341a Abs. 2 Satz 3, des § 246 Abs. 3 Satz 1, des § 247 Abs. 3, der §§ 248, 249 Abs. 1 Satz 1 oder Abs. 2, des § 250 Abs. 1 oder Abs. 2, des § 264 Absatz 1a oder Absatz 2, des § 341e Abs. 1 oder 2 oder der §§ 341f, 341g oder 341h über Form oder Inhalt,
   b) des § 253 Abs. 1 Satz 1, 2, 3 oder Satz 4, Abs. 2 Satz 1, auch in Verbindung mit Satz 2, Absatz 3 Satz 1, 2, 3, 4 oder Satz 5, Abs. 4, 5, der §§ 254, 256a, 341b Abs. 1 Satz 1 oder § 341d über die Bewertung,
   c) des § 265 Abs. 2, 3 oder 4, des § 268 Abs. 3 oder 6, der §§ 272, 274 oder des § 277 Abs. 3 Satz 2 über die Gliederung,
   d) der §§ 284, 285 Nr. 1, 2 oder Nr. 3, auch in Verbindung mit § 341a Abs. 2 Satz 5, oder des § 285 Nummer 3a, 7, 9 bis 14a, 15a, 16 bis 33 oder Nummer 34 über die im Anhang zu machenden Angaben,
2. bei der Aufstellung des Konzernabschlusses einer Vorschrift
   a) des § 294 Abs. 1 über den Konsolidierungskreis,
   b) des § 297 Absatz 1a, 2 oder Absatz 3 oder des § 341j Abs. 1 Satz 1 in Verbindung mit einer der in Nummer 1 Buchstabe a bezeichneten Vorschriften über Form oder Inhalt,
   c) des § 300 über die Konsolidierungsgrundsätze oder das Vollständigkeitsgebot,
   d) des § 308 Abs. 1 Satz 1 in Verbindung mit den in Nummer 1 Buchstabe b bezeichneten Vorschriften, des § 308 Abs. 2 oder des § 308a über die Bewertung,
   e) des § 311 Abs. 1 Satz 1 in Verbindung mit § 312 über die Behandlung assoziierter Unternehmen oder
   f) des § 308 Abs. 1 Satz 3, des § 313 oder des § 314 in Verbindung mit § 341j Abs. 1 Satz 2 oder 3 über die im Konzernanhang zu machenden Angaben,

---

1) **Anm. d. Red.:** Überschrift i. d. F. des Gesetzes v. 1. 3. 2011 (BGBl I S. 288) mit Wirkung v. 30. 4. 2011.

2) **Anm. d. Red.:** § 341m i. d. F. des Gesetzes v. 10. 5. 2016 (BGBl I S. 1142) mit Wirkung v. 17. 6. 2016.

3) **Anm. d. Red.:** § 341n i. d. F. des Gesetzes v. 12.8.2020 (BGBl I S. 1874) mit Wirkung v. 19.8.2020. – Zur Anwendung siehe Art. 84 EGHGB.

3. bei der Aufstellung des Lageberichts oder der Erstellung eines gesonderten nichtfinanziellen Berichts einer Vorschrift der §§ 289, 289a, 341a Absatz 1a, auch in Verbindung mit § 289b Absatz 2 oder 3 oder mit den §§ 289c, 289d oder § 289e Absatz 2, oder des § 341a Absatz 1b in Verbindung mit § 289f über den Inhalt des Lageberichts oder des gesonderten nichtfinanziellen Berichts,
4. bei der Aufstellung des Konzernlageberichts oder der Erstellung eines gesonderten nichtfinanziellen Konzernberichts einer Vorschrift der §§ 315, 315a, 341j Absatz 4, auch in Verbindung mit § 315b Absatz 2 oder 3 oder § 315c, oder des § 341j Absatz 5 in Verbindung mit § 315d über den Inhalt des Konzernlageberichts oder des gesonderten nichtfinanziellen Konzernberichts,
5. bei der Offenlegung, Veröffentlichung oder Vervielfältigung einer Vorschrift des § 328 über Form, Format oder Inhalt oder
6. einer aufgrund des § 330 Abs. 3 und 4 in Verbindung mit Abs. 1 Satz 1 erlassenen Rechtsverordnung, soweit sie für einen bestimmten Tatbestand auf diese Bußgeldvorschrift verweist,

zuwiderhandelt.

(2) Ordnungswidrig handelt, wer zu einem Jahresabschluss, zu einem Einzelabschluss nach § 325 Abs. 2a oder zu einem Konzernabschluss, der aufgrund gesetzlicher Vorschriften zu prüfen ist, einen Vermerk nach § 322 Abs. 1 erteilt, obwohl nach § 319 Abs. 2, 3, 5, § 319a Abs. 1 Satz 1, Abs. 2, § 319b Abs. 1 er oder nach § 319 Abs. 4, auch in Verbindung mit § 319a Abs. 1 Satz 2, oder § 319b Abs. 1 die Wirtschaftsprüfungsgesellschaft, für die er tätig wird, nicht Abschlussprüfer sein darf.

(2a) Ordnungswidrig handelt, wer als Mitglied eines nach § 341k Absatz 4 Satz 1 in Verbindung mit § 324 Absatz 1 Satz 1 eingerichteten Prüfungsausschusses
1. die Unabhängigkeit des Abschlussprüfers oder der Prüfungsgesellschaft nicht nach Maßgabe des Artikels 4 Absatz 3 Unterabsatz 2, des Artikels 5 Absatz 4 Unterabsatz 1 Satz 1 oder des Artikels 6 Absatz 2 der Verordnung (EU) Nr. 537/2014 des Europäischen Parlaments und des Rates vom 16. April 2014 über spezifische Anforderungen an die Abschlussprüfung bei Unternehmen von öffentlichem Interesse und zur Aufhebung des Beschlusses 2005/909/EG der Kommission (ABl L 158 vom 27. 5. 2014, S. 77, L 170 vom 11. 6. 2014, S. 66) überwacht oder
2. eine Empfehlung für die Bestellung eines Abschlussprüfers oder einer Prüfungsgesellschaft vorlegt, die nicht auf einem Verlangen der Aufsichtsbehörde nach § 36 Absatz 1 Satz 2 des Versicherungsaufsichtsgesetzes beruht und
   a) die den Anforderungen nach Artikel 16 Absatz 2 Unterabsatz 2 oder 3 der Verordnung (EU) Nr. 537/2014 nicht entspricht oder
   b) der ein Auswahlverfahren nach Artikel 16 Absatz 3 Unterabsatz 1 der Verordnung (EU) Nr. 537/2014 nicht vorangegangen ist.

(3) ¹Die Ordnungswidrigkeit kann mit einer Geldbuße bis zu fünfzigtausend Euro geahndet werden. ²Ist das Versicherungsunternehmen kapitalmarktorientiert im Sinne des § 264d, beträgt die Geldbuße in den Fällen des Absatzes 1 höchstens den höheren der folgenden Beträge:
1. zwei Millionen Euro oder
2. das Zweifache des aus der Ordnungswidrigkeit gezogenen wirtschaftlichen Vorteils, wobei der wirtschaftliche Vorteil erzielte Gewinne und vermiedene Verluste umfasst und geschätzt werden kann.

(3a) Wird gegen ein Versicherungsunternehmen, das kapitalmarktorientiert im Sinne des § 264d ist, in den Fällen des Absatzes 1 eine Geldbuße nach § 30 des Gesetzes über Ordnungswidrigkeiten verhängt, beträgt diese Geldbuße höchstens den höchsten der folgenden Beträge:
1. zehn Millionen Euro,
2. 5 Prozent des jährlichen Gesamtumsatzes, den das Versicherungsunternehmen im der Behördenentscheidung vorausgegangenen Geschäftsjahr erzielt hat oder

3. das Zweifache des aus der Ordnungswidrigkeit gezogenen wirtschaftlichen Vorteils, wobei der wirtschaftliche Vorteil erzielte Gewinne und vermiedene Verluste umfasst und geschätzt werden kann.

(3b) ¹Als Gesamtumsatz ist anstelle des Betrags der Umsatzerlöse der sich aus dem auf das Versicherungsunternehmen anwendbaren nationalen Recht im Einklang mit Artikel 63 der Richtlinie 91/674/EWG des Rates vom 19. Dezember 1991 über den Jahresabschluss und den konsolidierten Abschluss von Versicherungsunternehmen (ABl L 374 vom 31.12.1991, S. 7), die zuletzt durch die Richtlinie 2006/46/EG (ABl L 224 vom 16.8.2006, S. 1) geändert worden ist, ergebende Gesamtbetrag, abzüglich der Umsatzsteuer und sonstiger direkt auf diese Erträge erhobener Steuern, maßgeblich. ²Handelt es sich bei dem Versicherungsunternehmen um ein Mutterunternehmen oder um ein Tochterunternehmen im Sinne des § 290, ist anstelle des Gesamtumsatzes des Versicherungsunternehmens der jeweilige Gesamtbetrag im Konzernabschluss des Mutterunternehmens maßgeblich, der für den größten Kreis von Unternehmen aufgestellt wird. ³Wird der Konzernabschluss für den größten Kreis von Unternehmen nicht nach der in Satz 1 genannten Vorschrift aufgestellt, ist der Gesamtumsatz nach Maßgabe der Posten des Konzernabschlusses zu ermitteln, die mit den von Satz 1 erfassten Posten vergleichbar sind. ⁴Ist ein Jahres- oder Konzernabschluss für das maßgebliche Geschäftsjahr nicht verfügbar, ist der Jahres- oder Konzernabschluss für das unmittelbar vorausgehende Geschäftsjahr maßgeblich; ist auch dieser nicht verfügbar, kann der Gesamtumsatz geschätzt werden.

(4) ¹Verwaltungsbehörde im Sinne des § 36 Abs. 1 Nr. 1 des Gesetzes über Ordnungswidrigkeiten ist in den Fällen der Absätze 1 und 2a die Bundesanstalt für Finanzdienstleistungsaufsicht für die ihrer Aufsicht unterliegenden Versicherungsunternehmen und Pensionsfonds. ²Unterliegt ein Versicherungsunternehmen und Pensionsfonds der Aufsicht einer Landesbehörde, so ist diese in den Fällen der Absätze 1 und 2a zuständig. ³In den Fällen des Absatzes 2 ist die Abschlussprüferaufsichtsstelle beim Bundesamt für Wirtschaft und Ausfuhrkontrolle zuständig.

(5) Die nach Absatz 4 Satz 1 oder 2 zuständige Verwaltungsbehörde übermittelt der Abschlussprüferaufsichtsstelle beim Bundesamt für Wirtschaft und Ausfuhrkontrolle alle Bußgeldentscheidungen nach Absatz 2a.

§ 341o Festsetzung von Ordnungsgeld[1]

¹Personen, die

1. als Mitglieder des vertretungsberechtigten Organs eines Versicherungsunternehmens oder eines Pensionsfonds § 341l in Verbindung mit § 325 über die Pflicht zur Offenlegung des Jahresabschlusses, des Lageberichts, des Konzernabschlusses, des Konzernlageberichts und anderer Unterlagen der Rechnungslegung oder
2. als Hauptbevollmächtigter (§ 68 Absatz 2 des Versicherungsaufsichtsgesetzes) § 341l Abs. 1 über die Offenlegung der Rechnungslegungsunterlagen

nicht befolgen, sind hierzu vom Bundesamt für Justiz durch Festsetzung von Ordnungsgeld anzuhalten. ²Die §§ 335 bis 335b sind entsprechend anzuwenden.

§ 341p Anwendung der Straf- und Bußgeld- sowie der Ordnungsgeldvorschriften auf Pensionsfonds[2]

Die Strafvorschriften des § 341m Absatz 1, die Bußgeldvorschrift des § 341n Absatz 1 und 2 sowie die Ordnungsgeldvorschrift des § 341o gelten auch für Pensionsfonds im Sinn des § 341 Abs. 4 Satz 1.

---

1) **Anm. d. Red.:** § 341o i. d. F. des Gesetzes v. 17.7.2015 (BGBl I S. 1245) mit Wirkung v. 23.7.2015; Nr. 2 i. d. F. des Gesetzes v. 1.4.2015 (BGBl I S. 434) mit Wirkung v. 1.1.2016.

2) **Anm. d. Red.:** § 341p i. d. F. des Gesetzes v. 10.5.2016 (BGBl I S. 1142) mit Wirkung v. 17.6.2016.

Dritter Unterabschnitt: Ergänzende Vorschriften für bestimmte Unternehmen des Rohstoffsektors[1)]

Erster Titel: Anwendungsbereich; Begriffsbestimmungen

§ 341q Anwendungsbereich[2)]

¹Dieser Unterabschnitt gilt für Kapitalgesellschaften mit Sitz im Inland, die in der mineralgewinnenden Industrie tätig sind oder Holzeinschlag in Primärwäldern betreiben, wenn auf sie nach den Vorschriften des Dritten Buchs die für große Kapitalgesellschaften geltenden Vorschriften des Zweiten Abschnitts anzuwenden sind. ²Satz 1 gilt entsprechend für Personenhandelsgesellschaften im Sinne des § 264a Absatz 1.

§ 341r Begriffsbestimmungen[3)]

Im Sinne dieses Unterabschnitts sind

1. Tätigkeiten in der mineralgewinnenden Industrie: Tätigkeiten auf dem Gebiet der Exploration, Prospektion, Entdeckung, Weiterentwicklung und Gewinnung von Mineralien, Erdöl-, Erdgasvorkommen oder anderen Stoffen in den Wirtschaftszweigen, die in Anhang I Abschnitt B Abteilung 05 bis 08 der Verordnung (EG) Nr. 1893/2006 des Europäischen Parlaments und des Rates vom 20. Dezember 2006 zur Aufstellung der statistischen Systematik der Wirtschaftszweige NACE Revision 2 und zur Änderung der Verordnung (EWG) Nr. 3037/90 des Rates sowie einiger Verordnungen der EG über bestimmte Bereiche der Statistik (ABl L 393 vom 30. 12. 2006, S. 1) aufgeführt sind;

2. Kapitalgesellschaften, die Holzeinschlag in Primärwäldern betreiben: Kapitalgesellschaften, die auf den in Anhang I Abschnitt A Abteilung 02 Gruppe 02.2 der Verordnung (EG) Nr. 1893/2006 aufgeführten Gebieten in natürlich regenerierten Wäldern mit einheimischen Arten, in denen es keine deutlich sichtbaren Anzeichen für menschliche Eingriffe gibt und die ökologischen Prozesse nicht wesentlich gestört sind, tätig sind;

3. Zahlungen: als Geldleistung oder Sachleistung entrichtete Beträge im Zusammenhang mit Tätigkeiten in der mineralgewinnenden Industrie oder dem Betrieb des Holzeinschlags in Primärwäldern, wenn sie auf einem der nachfolgend bezeichneten Gründen beruhen:

    a) Produktionszahlungsansprüche,

    b) Steuern, die auf die Erträge, die Produktion oder die Gewinne von Kapitalgesellschaften erhoben werden; ausgenommen sind Verbrauchsteuern, Umsatzsteuern, Mehrwertsteuern sowie Lohnsteuern der in Kapitalgesellschaften beschäftigten Arbeitnehmer und vergleichbare Steuern,

    c) Nutzungsentgelte,

    d) Dividenden und andere Gewinnausschüttungen aus Gesellschaftsanteilen,

    e) Unterzeichnungs-, Entdeckungs- und Produktionsboni,

    f) Lizenz-, Miet- und Zugangsgebühren sowie sonstige Gegenleistungen für Lizenzen oder Konzessionen sowie

    g) Zahlungen für die Verbesserung der Infrastruktur;

4. staatliche Stellen: nationale, regionale oder lokale Behörden eines Mitgliedstaats der Europäischen Union, eines anderen Vertragsstaats des Abkommens über den Europäischen Wirtschaftsraum oder eines Drittstaats einschließlich der von einer Behörde kontrollierten

---

1) **Anm. d. Red.:** Dritter Unterabschnitt (§§ 341q bis 341y) eingefügt gem. Gesetz v. 17. 7. 2015 (BGBl I S. 1245) mit Wirkung v. 23. 7. 2015.
2) **Anm. d. Red.:** § 341q eingefügt gem. Gesetz v. 17. 7. 2015 (BGBl I S. 1245) mit Wirkung v. 23. 7. 2015.
3) **Anm. d. Red.:** § 341r i. d. F. des Gesetzes v. 20. 11. 2015 (BGBl I S. 2029) mit Wirkung v. 26. 11. 2015.

Abteilungen oder Agenturen sowie Unternehmen, auf die eine dieser Behörden im Sinne von § 290 beherrschenden Einfluss ausüben kann;

5. Projekte: die Zusammenfassung operativer Tätigkeiten, die die Grundlage für Zahlungsverpflichtungen gegenüber einer staatlichen Stelle bilden und sich richten nach
   a) einem Vertrag, einer Lizenz, einem Mietvertrag, einer Konzession oder einer ähnlichen rechtlichen Vereinbarung oder
   b) einer Gesamtheit von operativ und geografisch verbundenen Verträgen, Lizenzen, Mietverträgen oder Konzessionen oder damit verbundenen Vereinbarungen mit einer staatlichen Stelle, die im Wesentlichen ähnliche Bedingungen vorsehen;
6. Zahlungsberichte: Berichte über Zahlungen von Kapitalgesellschaften an staatliche Stellen im Zusammenhang mit ihrer Tätigkeit in der mineralgewinnenden Industrie oder mit dem Betrieb des Holzeinschlags in Primärwäldern;
7. Konzernzahlungsberichte: Zahlungsberichte von Mutterunternehmen über Zahlungen aller einbezogenen Unternehmen an staatliche Stellen auf konsolidierter Ebene, die im Zusammenhang mit ihrer Tätigkeit in der mineralgewinnenden Industrie oder mit dem Betrieb des Holzeinschlags in Primärwäldern stehen;
8. Berichtszeitraum: das Geschäftsjahr der Kapitalgesellschaft oder des Mutterunternehmens, das den Zahlungsbericht oder Konzernzahlungsbericht zu erstellen hat.

Zweiter Titel: Zahlungsbericht, Konzernzahlungsbericht und Offenlegung

§ 341s Pflicht zur Erstellung des Zahlungsberichts; Befreiungen[1]

(1) Kapitalgesellschaften im Sinne des § 341q haben jährlich einen Zahlungsbericht zu erstellen.

(2) ¹Ist die Kapitalgesellschaft in den von ihr oder einem anderen Unternehmen mit Sitz in einem Mitgliedstaat der Europäischen Union oder einem anderen Vertragsstaat des Abkommens über den Europäischen Wirtschaftsraum erstellten Konzernzahlungsbericht einbezogen, braucht sie keinen Zahlungsbericht zu erstellen. ²In diesem Fall hat die Kapitalgesellschaft im Anhang des Jahresabschlusses anzugeben, bei welchem Unternehmen sie in den Konzernzahlungsbericht einbezogen ist und wo dieser erhältlich ist.

(3) ¹Hat die Kapitalgesellschaft einen Bericht im Einklang mit den Rechtsvorschriften eines Drittstaats, dessen Berichtspflichten die Europäische Kommission im Verfahren nach Artikel 47 der Richtlinie 2013/34/EU als gleichwertig bewertet hat, erstellt und diesen Bericht nach § 341w offengelegt, braucht sie den Zahlungsbericht nicht zu erstellen. ²Auf die Offenlegung dieses Berichts ist § 325a Absatz 1 Satz 5 entsprechend anzuwenden.

§ 341t Inhalt des Zahlungsberichts[2]

(1) ¹In dem Zahlungsbericht hat die Kapitalgesellschaft anzugeben, welche Zahlungen sie im Berichtszeitraum an staatliche Stellen im Zusammenhang mit ihrer Geschäftstätigkeit in der mineralgewinnenden Industrie oder mit dem Betrieb des Holzeinschlags in Primärwäldern geleistet hat. ²Andere Zahlungen dürfen in den Zahlungsbericht nicht einbezogen werden. ³Hat eine zur Erstellung eines Zahlungsberichts verpflichtete Kapitalgesellschaft in einem Berichtszeitraum an keine staatliche Stelle berichtspflichtige Zahlungen geleistet, hat sie im Zahlungsbericht für den betreffenden Berichtszeitraum nur anzugeben, dass eine Geschäftstätigkeit in der mineralgewinnenden Industrie ausgeübt oder Holzeinschlag in Primärwäldern betrieben wurde, ohne dass Zahlungen geleistet wurden. ·

---

1) **Anm. d. Red.:** § 341s i. d. F. des Gesetzes v. 12.12.2019 (BGBl I S. 2637) mit Wirkung v. 1.1.2020. – Zur Anwendung siehe Art. 83 Abs. 1 EGHGB.

2) **Anm. d. Red.:** § 341t eingefügt gem. Gesetz v. 17.7.2015 (BGBl I S. 1245) mit Wirkung v. 23.7.2015.

(2) Die Kapitalgesellschaft hat nur über staatliche Stellen zu berichten, an die sie Zahlungen unmittelbar erbracht hat; das gilt auch dann, wenn eine staatliche Stelle die Zahlung für mehrere verschiedene staatliche Stellen einzieht.

(3) Ist eine staatliche Stelle stimmberechtigter Gesellschafter oder Aktionär der Kapitalgesellschaft, so müssen gezahlte Dividenden oder Gewinnanteile nur berücksichtigt werden, wenn sie
1. nicht unter denselben Bedingungen wie an andere Gesellschafter oder Aktionäre mit vergleichbaren Anteilen oder Aktien gleicher Gattung gezahlt wurden oder
2. anstelle von Produktionsrechten oder Nutzungsentgelten gezahlt wurden.

(4) ¹Die Kapitalgesellschaft braucht Zahlungen unabhängig davon, ob sie als eine Einmalzahlung oder als eine Reihe verbundener Zahlungen geleistet werden, nicht in dem Zahlungsbericht zu berücksichtigen, wenn sie im Berichtszeitraum 100 000 Euro unterschreiten. ²Im Falle einer bestehenden Vereinbarung über regelmäßige Zahlungen ist der Gesamtbetrag der verbundenen regelmäßigen Zahlungen oder Raten im Berichtszeitraum zu betrachten. ³Eine staatliche Stelle, an die im Berichtszeitraum insgesamt weniger als 100 000 Euro gezahlt worden sind, braucht im Zahlungsbericht nicht berücksichtigt zu werden.

(5) ¹Werden Zahlungen als Sachleistungen getätigt, werden sie ihrem Wert und gegebenenfalls ihrem Umfang nach berücksichtigt. ²Im Zahlungsbericht ist gegebenenfalls zu erläutern, wie der Wert festgelegt worden ist.

(6) ¹Bei der Angabe von Zahlungen wird auf den Inhalt der betreffenden Zahlung oder Tätigkeit und nicht auf deren Form Bezug genommen. ²Zahlungen und Tätigkeiten dürfen nicht künstlich mit dem Ziel aufgeteilt oder zusammengefasst werden, die Anwendung dieses Unterabschnitts zu umgehen.

§ 341u Gliederung des Zahlungsberichts[1]

(1) ¹Der Zahlungsbericht ist nach Staaten zu gliedern. ²Für jeden Staat hat die Kapitalgesellschaft diejenigen staatlichen Stellen zu bezeichnen, an die sie innerhalb des Berichtszeitraums Zahlungen geleistet hat. ³Die Bezeichnung der staatlichen Stelle muss eine eindeutige Zuordnung ermöglichen. ⁴Dazu genügt es in der Regel, die amtliche Bezeichnung der staatlichen Stelle zu verwenden und zusätzlich anzugeben, an welchem Ort und in welcher Region des Staates die Stelle ansässig ist. ⁵Die Kapitalgesellschaft braucht die Zahlungen nicht danach aufzugliedern, auf welche Rohstoffe sie sich beziehen.

(2) Zu jeder staatlichen Stelle hat die Kapitalgesellschaft folgende Angaben zu machen:
1. den Gesamtbetrag aller an diese staatliche Stelle geleisteten Zahlungen und
2. die Gesamtbeträge getrennt nach den in § 341r Nummer 3 Buchstabe a bis g benannten Zahlungsgründen; zur Bezeichnung der Zahlungsgründe genügt die Angabe des nach § 341r Nummer 3 maßgeblichen Buchstabens.

(3) Wenn Zahlungen an eine staatliche Stelle für mehr als ein Projekt geleistet wurden, sind für jedes Projekt ergänzend folgende Angaben zu machen:
1. eine eindeutige Bezeichnung des Projekts,
2. den Gesamtbetrag aller in Bezug auf das Projekt an diese staatliche Stelle geleisteten Zahlungen und
3. die Gesamtbeträge getrennt nach den in § 341r Nummer 3 Buchstabe a bis g benannten Zahlungsgründen, die an diese staatliche Stelle in Bezug auf das Projekt geleistet wurden; zur Bezeichnung der Zahlungsgründe genügt die Angabe des nach § 341r Nummer 3 maßgeblichen Buchstabens.

---

[1] Anm. d. Red.: § 341u eingefügt gem. Gesetz v. 17. 7. 2015 (BGBl I S. 1245) mit Wirkung v. 23. 7. 2015.

(4) Angaben nach Absatz 3 sind nicht erforderlich für Zahlungen zur Erfüllung von Verpflichtungen, die der Kapitalgesellschaft ohne Zuordnung zu einem bestimmten Projekt auferlegt werden.

§ 341v Konzernzahlungsbericht; Befreiung[1]

(1) ¹Kapitalgesellschaften im Sinne des § 341q, die Mutterunternehmen (§ 290) sind, haben jährlich einen Konzernzahlungsbericht zu erstellen. ²Mutterunternehmen sind auch dann in der mineralgewinnenden Industrie tätig oder betreiben Holzeinschlag in Primärwäldern, wenn diese Voraussetzungen nur auf eines ihrer Tochterunternehmen zutreffen.

(2) Ein Mutterunternehmen ist nicht zur Erstellung eines Konzernzahlungsberichts verpflichtet, wenn es zugleich ein Tochterunternehmen eines anderen Mutterunternehmens mit Sitz in einem Mitgliedstaat der Europäischen Union oder in einem anderen Vertragsstaat des Abkommens über den Europäischen Wirtschaftsraum ist.

(3) In den Konzernzahlungsbericht sind das Mutterunternehmen und alle Tochterunternehmen unabhängig von deren Sitz einzubeziehen; die auf den Konzernabschluss angewandten Vorschriften sind entsprechend anzuwenden, soweit in den nachstehenden Absätzen nichts anderes bestimmt ist.

(4) ¹Unternehmen, die nicht in der mineralgewinnenden Industrie tätig sind und keinen Holzeinschlag in Primärwäldern betreiben, sind nicht nach Absatz 3 einzubeziehen. ²Ein Unternehmen braucht nicht in den Konzernzahlungsbericht einbezogen zu werden, wenn es

1. nach § 296 Absatz 1 Nummer 1 oder 3 nicht in den Konzernabschluss einbezogen wurde,
2. nach § 296 Absatz 1 Nummer 2 nicht in den Konzernabschluss einbezogen wurde und die für die Erstellung des Konzernzahlungsberichts erforderlichen Angaben ebenfalls nur mit unverhältnismäßig hohen Kosten oder ungebührlichen Verzögerungen zu erhalten sind.

(5) ¹Auf den Konzernzahlungsbericht sind die §§ 341s bis 341u entsprechend anzuwenden. ²Im Konzernzahlungsbericht sind konsolidierte Angaben über alle Zahlungen an staatliche Stellen zu machen, die von den einbezogenen Unternehmen im Zusammenhang mit ihrer Tätigkeit in der mineralgewinnenden Industrie oder mit dem Holzeinschlag in Primärwäldern geleistet worden sind. ³Das Mutterunternehmen braucht die Zahlungen nicht danach aufzugliedern, auf welche Rohstoffe sie sich beziehen.

§ 341w Offenlegung[2]

(1) ¹Die gesetzlichen Vertreter von Kapitalgesellschaften haben für diese den Zahlungsbericht spätestens ein Jahr nach dem Abschlussstichtag elektronisch in deutscher Sprache beim Betreiber des Bundesanzeigers einzureichen und unverzüglich nach Einreichung im Bundesanzeiger bekannt machen zu lassen. ²Im Falle einer Kapitalgesellschaft im Sinne des § 264d beträgt die Frist abweichend von Satz 1 sechs Monate nach dem Abschlussstichtag; § 327a gilt entsprechend.

(2) Absatz 1 gilt entsprechend für die gesetzlichen Vertreter von Mutterunternehmen, die einen Konzernzahlungsbericht zu erstellen haben.

(3) § 325 Absatz 1 Satz 2 und Absatz 6 sowie § 328 Absatz 1 Satz 1 bis 3, Absatz 1a bis 4 und § 329 Absatz 1, 3 und 4 gelten entsprechend.

---

1) **Anm. d. Red.:** § 341v eingefügt gem. Gesetz v. 17.7.2015 (BGBl I S. 1245) mit Wirkung v. 23.7.2015.

2) **Anm. d. Red.:** § 341w i. d. F. des Gesetzes v. 12.8.2020 (BGBl I S. 1874) mit Wirkung v. 19.8.2020. – Zur Anwendung siehe Art. 84 EGHGB.

Dritter Titel: Bußgeldvorschriften, Ordnungsgelder

§ 341x Bußgeldvorschriften[1)]

(1) Ordnungswidrig handelt, wer als Mitglied des vertretungsberechtigten Organs oder des Aufsichtsrats einer Kapitalgesellschaft

1. bei der Erstellung eines Zahlungsberichts einer Vorschrift des § 341t Absatz 1, 2, 3, 5 oder Absatz 6 oder des § 341u Absatz 1, 2 oder Absatz 3 über den Inhalt oder die Gliederung des Zahlungsberichts zuwiderhandelt oder
2. bei der Erstellung eines Konzernzahlungsberichts einer Vorschrift des § 341v Absatz 4 Satz 1 in Verbindung mit § 341t Absatz 1, 2, 3, 5 oder Absatz 6 oder mit § 341u Absatz 1, 2 oder Absatz 3 über den Inhalt oder die Gliederung des Konzernzahlungsberichts zuwiderhandelt.

(2) Die Ordnungswidrigkeit kann mit einer Geldbuße bis fünfzigtausend Euro geahndet werden.

(3) Verwaltungsbehörde im Sinne des § 36 Absatz 1 Nummer 1 des Gesetzes über Ordnungswidrigkeiten ist in den Fällen des Absatzes 1 das Bundesamt für Justiz.

(4) Die Bestimmungen der Absätze 1 bis 3 gelten auch für die Mitglieder der gesetzlichen Vertretungsorgane von Personenhandelsgesellschaften im Sinne des § 341q Satz 2.

§ 341y Ordnungsgeldvorschriften[2)]

(1) ¹Gegen die Mitglieder des vertretungsberechtigten Organs einer Kapitalgesellschaft im Sinne des § 341q oder eines Mutterunternehmens im Sinne des § 341v, die § 341w hinsichtlich der Pflicht zur Offenlegung des Zahlungsberichts oder Konzernzahlungsberichts nicht befolgen, hat das Bundesamt für Justiz in entsprechender Anwendung der §§ 335 bis 335b ein Ordnungsgeldverfahren durchzuführen. ²Das Verfahren kann auch gegen die Kapitalgesellschaft gerichtet werden.

(2) ¹Das Bundesamt für Justiz kann eine Kapitalgesellschaft zur Erklärung auffordern, ob sie im Sinne des § 341q in der mineralgewinnenden Industrie tätig ist oder Holzeinschlag in Primärwäldern betreibt, und eine angemessene Frist setzen. ²Die Aufforderung ist zu begründen. ³Gibt die Kapitalgesellschaft innerhalb der Frist keine Erklärung ab, wird für die Einleitung des Verfahrens nach Absatz 1 vermutet, dass die Gesellschaft in den Anwendungsbereich des § 341q fällt. ⁴Die Sätze 1 bis 3 sind entsprechend anzuwenden, wenn das Bundesamt für Justiz Anlass für die Annahme hat, dass eine Kapitalgesellschaft ein Mutterunternehmen im Sinne des § 341v Absatz 1 ist.

(3) Die vorstehenden Absätze gelten entsprechend für Personenhandelsgesellschaften im Sinne des § 341q Satz 2.

Fünfter Abschnitt: Privates Rechnungslegungsgremium; Rechnungslegungsbeirat[3)]

§ 342 Privates Rechnungslegungsgremium[4)]

(1) ¹Das Bundesministerium der Justiz und für Verbraucherschutz kann eine privatrechtlich organisierte Einrichtung durch Vertrag anerkennen und ihr folgende Aufgaben übertragen:

---

1) **Anm. d. Red.:** § 341x eingefügt gem. Gesetz v. 17. 7. 2015 (BGBl I S. 1245) mit Wirkung v. 23. 7. 2015.
2) **Anm. d. Red.:** § 341y eingefügt gem. Gesetz v. 17. 7. 2015 (BGBl I S. 1245) mit Wirkung v. 23. 7. 2015.
3) **Anm. d. Red.:** Fünfter Abschnitt eingefügt gem. Gesetz v. 27. 4. 1998 (BGBl I S. 786) mit Wirkung v. 1. 5. 1998.
4) **Anm. d. Red.:** § 342 i. d. F. des Gesetzes v. 11. 4. 2017 (BGBl I S. 802) mit Wirkung v. 19. 4. 2017. – Zur Anwendung siehe Art. 80 EGHGB.

1. Entwicklung von Empfehlungen zur Anwendung der Grundsätze über die Konzernrechnungslegung,
2. Beratung des Bundesministeriums der Justiz und für Verbraucherschutz bei Gesetzgebungsvorhaben zu Rechnungslegungsvorschriften,
3. Vertretung der Bundesrepublik Deutschland in internationalen Standardisierungsgremien und
4. Erarbeitung von Interpretationen der internationalen Rechnungslegungsstandards im Sinn des § 315e Absatz 1.

²Es darf jedoch nur eine solche Einrichtung anerkannt werden, die aufgrund ihrer Satzung gewährleistet, dass die Empfehlungen und Interpretationen unabhängig und ausschließlich von Rechnungslegern in einem Verfahren entwickelt und beschlossen werden, das die fachlich interessierte Öffentlichkeit einbezieht. ³Soweit Unternehmen oder Organisationen von Rechnungslegern Mitglied einer solchen Einrichtung sind, dürfen die Mitgliedschaftsrechte nur von Rechnungslegern ausgeübt werden.

(2) Die Beachtung der die Konzernrechnungslegung betreffenden Grundsätze ordnungsmäßiger Buchführung wird vermutet, soweit vom Bundesministerium der Justiz und für Verbraucherschutz bekannt gemachte Empfehlungen einer nach Absatz 1 Satz 1 anerkannten Einrichtung beachtet worden sind.

§ 342a Rechnungslegungsbeirat[1)]

(1) Beim Bundesministerium der Justiz und für Verbraucherschutz wird vorbehaltlich Absatz 9 ein Rechnungslegungsbeirat mit den Aufgaben nach § 342 Abs. 1 Satz 1 gebildet.

(2) Der Rechnungslegungsbeirat setzt sich zusammen aus

1. einem Vertreter des Bundesministeriums der Justiz und für Verbraucherschutz als Vorsitzendem sowie je einem Vertreter des Bundesministeriums der Finanzen und des Bundesministeriums für Wirtschaft und Energie,
2. vier Vertretern von Unternehmen,
3. vier Vertretern der wirtschaftsprüfenden Berufe,
4. zwei Vertretern der Hochschulen.

(3) ¹Die Mitglieder des Rechnungslegungsbeirats werden durch das Bundesministerium der Justiz und für Verbraucherschutz berufen. ²Als Mitglieder sollen nur Rechnungsleger berufen werden.

(4) ¹Die Mitglieder des Rechnungslegungsbeirats sind unabhängig und nicht weisungsgebunden. ²Ihre Tätigkeit im Beirat ist ehrenamtlich.

(5) Das Bundesministerium der Justiz und für Verbraucherschutz kann eine Geschäftsordnung für den Beirat erlassen.

(6) Der Beirat kann für bestimmte Sachgebiete Fachausschüsse und Arbeitskreise einsetzen.

(7) ¹Der Beirat, seine Fachausschüsse und Arbeitskreise sind beschlussfähig, wenn mindestens zwei Drittel der Mitglieder anwesend sind. ²Bei Abstimmungen entscheidet die Stimmenmehrheit, bei Stimmengleichheit die Stimme des Vorsitzenden.

(8) Für die Empfehlungen des Rechnungslegungsbeirats gilt § 342 Abs. 2 entsprechend.

(9) Die Bildung eines Rechnungslegungsbeirats nach Absatz 1 unterbleibt, soweit das Bundesministerium der Justiz und für Verbraucherschutz eine Einrichtung nach § 342 Abs. 1 anerkennt.

---

1) **Anm. d. Red.:** § 342a i. d. F. der VO v. 31. 8. 2015 (BGBl I S. 1474) mit Wirkung v. 8. 9. 2015.

Sechster Abschnitt: Prüfstelle für Rechnungslegung[1)]

§ 342b Prüfstelle für Rechnungslegung[2)]

(1) [1]Das Bundesministerium der Justiz und für Verbraucherschutz kann im Einvernehmen mit dem Bundesministerium der Finanzen eine privatrechtlich organisierte Einrichtung zur Prüfung von Verstößen gegen Rechnungslegungsvorschriften durch Vertrag anerkennen (Prüfstelle) und ihr die in den folgenden Absätzen festgelegten Aufgaben übertragen. [2]Es darf nur eine solche Einrichtung anerkannt werden, die aufgrund ihrer Satzung, ihrer personellen Zusammensetzung und der von ihr vorgelegten Verfahrensordnung gewährleistet, dass die Prüfung unabhängig, sachverständig, vertraulich und unter Einhaltung eines festgelegten Verfahrensablaufs erfolgt. [3]Änderungen der Satzung und der Verfahrensordnung sind vom Bundesministerium der Justiz und für Verbraucherschutz im Einvernehmen mit dem Bundesministerium der Finanzen zu genehmigen. [4]Die Prüfstelle kann sich bei der Durchführung ihrer Aufgaben anderer Personen bedienen. [5]Das Bundesministerium der Justiz und für Verbraucherschutz macht die Anerkennung einer Prüfstelle sowie eine Beendigung der Anerkennung im amtlichen Teil des Bundesanzeigers bekannt.

(2) [1]Die Prüfstelle prüft, ob folgende Abschlüsse und Berichte, jeweils einschließlich der zugrundeliegenden Buchführung, eines Unternehmens im Sinne des Satzes 2 den gesetzlichen Vorschriften einschließlich der Grundsätze ordnungsmäßiger Buchführung oder den sonstigen durch Gesetz zugelassenen Rechnungslegungsstandards entsprechen:

1. der zuletzt festgestellte Jahresabschluss und der zugehörige Lagebericht,
2. der zuletzt offengelegte Jahresabschluss und der zugehörige Lagebericht,
3. der zuletzt offengelegte Einzelabschluss nach § 325 Absatz 2a und der zugehörige Lagebericht,
4. der zuletzt gebilligte Konzernabschluss und der zugehörige Konzernlagebericht,
5. der zuletzt offengelegte Konzernabschluss und der zugehörige Konzernlagebericht,
6. der zuletzt veröffentlichte verkürzte Abschluss und der zugehörige Zwischenlagebericht sowie
7. der zuletzt veröffentlichte Zahlungsbericht oder Konzernzahlungsbericht.

[2]Geprüft werden die Abschlüsse und Berichte von Unternehmen, die als Emittenten von zugelassenen Wertpapieren im Sinne des § 2 Absatz 1 des Wertpapierhandelsgesetzes die Bundesrepublik Deutschland als Herkunftsstaat haben; unberücksichtigt bleiben hierbei Anteile und Aktien an offenen Investmentvermögen im Sinne des § 1 Absatz 4 des Kapitalanlagegesetzbuchs. [3]Die Prüfstelle prüft,

1. soweit konkrete Anhaltspunkte für einen Verstoß gegen Rechnungslegungsvorschriften vorliegen,
2. auf Verlangen der Bundesanstalt für Finanzdienstleistungsaufsicht oder
3. ohne besonderen Anlass (stichprobenartige Prüfung).

[4]Im Fall des Satzes 3 Nr. 1 unterbleibt die Prüfung, wenn offensichtlich kein öffentliches Interesse an der Prüfung besteht; Satz 3 Nr. 3 ist auf die Prüfung des verkürzten Abschlusses und des zugehörigen Zwischenlageberichts sowie des Zahlungsberichts und des Konzernzahlungsberichts nicht anzuwenden. [5]Die stichprobenartige Prüfung erfolgt nach der von der Prüfstelle im Einvernehmen mit dem Bundesministerium der Justiz und für Verbraucherschutz und dem Bundesministerium der Finanzen festgelegten Grundsätzen. [6]Das Bundesministerium der Finanzen kann die Ermächtigung zur Erteilung seines Einvernehmens auf die Bundesanstalt für Fi-

---

1) **Anm. d. Red.:** Sechster Abschnitt eingefügt gem. Gesetz v. 15.12.2004 (BGBl I S. 3408) mit Wirkung v. 21.12.2004.

2) **Anm. d. Red.:** § 342b i. d. F. des Gesetzes v. 12.8.2020 (BGBl I S. 1874) mit Wirkung v. 19.8.2020. – Zur Anwendung siehe Art. 84 EGHGB.

§ 342b XII. Handelsgesetzbuch

nanzdienstleistungsaufsicht übertragen. [7]Die Prüfung kann trotz Wegfalls der Zulassung der Wertpapiere zum Handel im organisierten Markt fortgesetzt werden, insbesondere dann, wenn Gegenstand der Prüfung ein Fehler ist, an dessen Bekanntmachung ein öffentliches Interesse besteht.

(2a) [1]Prüfungsgegenstand nach Absatz 2 können auch die Abschlüsse und Berichte sein, die das Geschäftsjahr zum Gegenstand haben, das dem Geschäftsjahr vorausgeht, auf das Absatz 2 Satz 1 Bezug nimmt. [2]Eine stichprobenartige Prüfung ist hierbei nicht zulässig.

(3) [1]Eine Prüfung des Jahresabschlusses und des zugehörigen Lageberichts durch die Prüfstelle findet nicht statt, solange eine Klage auf Nichtigkeit gemäß § 256 Abs. 7 des Aktiengesetzes anhängig ist. [2]Wenn nach § 142 Abs. 1 oder Abs. 2 oder § 258 Abs. 1 des Aktiengesetzes ein Sonderprüfer bestellt worden ist, findet eine Prüfung ebenfalls nicht statt, soweit der Gegenstand der Sonderprüfung, der Prüfungsbericht oder eine gerichtliche Entscheidung über die abschließenden Feststellungen der Sonderprüfer nach § 260 des Aktiengesetzes reichen.

(4) [1]Wenn das Unternehmen bei einer Prüfung durch die Prüfstelle mitwirkt, sind die gesetzlichen Vertreter des Unternehmens und die sonstigen Personen, derer sich die gesetzlichen Vertreter bei der Mitwirkung bedienen, verpflichtet, richtige und vollständige Auskünfte zu erteilen und richtige und vollständige Unterlagen vorzulegen. [2]Die Auskunft und die Vorlage von Unterlagen kann verweigert werden, soweit diese den Verpflichteten oder einen seiner in § 52 Abs. 1 der Strafprozessordnung bezeichneten Angehörigen der Gefahr strafgerichtlicher Verfolgung oder eines Verfahrens nach dem Gesetz über Ordnungswidrigkeiten aussetzen würde. [3]Der Verpflichtete ist über sein Recht zur Verweigerung zu belehren.

(5) [1]Die Prüfstelle teilt dem Unternehmen das Ergebnis der Prüfung mit. [2]Ergibt die Prüfung, dass die Rechnungslegung fehlerhaft ist, so hat sie ihre Entscheidung zu begründen und dem Unternehmen unter Bestimmung einer angemessenen Frist Gelegenheit zur Äußerung zu geben, ob es mit dem Ergebnis der Prüfstelle einverstanden ist.

(6) [1]Die Prüfstelle berichtet der Bundesanstalt für Finanzdienstleistungsaufsicht über

1. die Absicht, eine Prüfung einzuleiten,
2. die Weigerung des betroffenen Unternehmens, an einer Prüfung mitzuwirken,
3. das Ergebnis der Prüfung und gegebenenfalls darüber, ob sich das Unternehmen mit dem Prüfungsergebnis einverstanden erklärt hat.

[2]Ein Rechtsbehelf dagegen ist nicht statthaft.

(7) Die Prüfstelle und ihre Beschäftigten sind zur gewissenhaften und unparteiischen Prüfung verpflichtet; sie haften für durch die Prüfungstätigkeit verursachte Schäden nur bei Vorsatz.

(8) [1]Die Prüfstelle zeigt Tatsachen, die den Verdacht einer Straftat im Zusammenhang mit der Rechnungslegung eines Unternehmens begründen, der für die Verfolgung zuständigen Behörde an. [2]Tatsachen, die auf das Vorliegen einer Berufspflichtverletzung durch den Abschlussprüfer schließen lassen, übermittelt sie der Abschlussprüferaufsichtsstelle beim Bundesamt für Wirtschaft und Ausfuhrkontrolle.

(9) Die Prüfstelle stellt der Europäischen Wertpapier- und Marktaufsichtsbehörde gemäß Artikel 35 der Verordnung (EU) Nr. 1095/2010 des Europäischen Parlaments und des Rates vom 24. November 2010 zur Errichtung einer Europäischen Aufsichtsbehörde (Europäische Wertpapier- und Marktaufsichtsbehörde), zur Änderung des Beschlusses Nr. 716/2009/EG und zur Aufhebung des Beschlusses 2009/77/EG der Kommission (ABl L 331 vom 15.12.2010, S. 84; L 115 vom 27.4.2012, S. 35), die zuletzt durch die Richtlinie 2014/51/EU (ABl L 153 vom 22.5.2014, S. 1) geändert worden ist, auf Verlangen unverzüglich alle für die Erfüllung ihrer Aufgaben erforderlichen Informationen zur Verfügung.

§ 342c Verschwiegenheitspflicht[1)]

(1) ¹Die bei der Prüfstelle Beschäftigten sind verpflichtet, über die Geschäfts- und Betriebsgeheimnisse des Unternehmens und die bei ihrer Prüftätigkeit bekannt gewordenen Erkenntnisse über das Unternehmen Verschwiegenheit zu bewahren. ²Dies gilt nicht im Fall von gesetzlich begründeten Mitteilungspflichten. ³Die bei der Prüfstelle Beschäftigten dürfen nicht unbefugt Geschäfts- und Betriebsgeheimnisse verwerten, die sie bei ihrer Tätigkeit erfahren haben. ⁴Wer vorsätzlich oder fahrlässig diese Pflichten verletzt, ist dem geprüften Unternehmen und, wenn ein verbundenes Unternehmen geschädigt worden ist, auch diesem zum Ersatz des daraus entstehenden Schadens verpflichtet. ⁵Mehrere Personen haften als Gesamtschuldner.

(2) ¹Die Ersatzpflicht von Personen, die fahrlässig gehandelt haben, beschränkt sich für eine Prüfung und die damit im Zusammenhang stehenden Pflichtverletzungen auf den in § 323 Abs. 2 Satz 2 genannten Betrag. ²Dies gilt auch, wenn an der Prüfung mehrere Personen beteiligt gewesen oder mehrere zum Ersatz verpflichtende Handlungen begangen worden sind, und ohne Rücksicht darauf, ob andere Beteiligte vorsätzlich gehandelt haben. ³Sind im Fall des Satzes 1 durch eine zum Schadensersatz verpflichtende Handlung mehrere Unternehmen geschädigt worden, beschränkt sich die Ersatzpflicht insgesamt auf das Zweifache der Höchstgrenze des Satzes 1. ⁴Übersteigen in diesem Fall mehrere nach Absatz 1 Satz 4 zu leistende Entschädigungen das Zweifache der Höchstgrenze des Satzes 1, so verringern sich die einzelnen Entschädigungen in dem Verhältnis, in dem ihr Gesamtbetrag zum Zweifachen der Höchstgrenze des Satzes 1 steht.

(3) ¹Die §§ 93 und 97 der Abgabenordnung gelten nicht für die in Absatz 1 Satz 1 bezeichneten Personen, soweit sie zur Durchführung des § 342b tätig werden. ²Sie finden Anwendung, soweit die Finanzbehörden die Kenntnisse für die Durchführung eines Verfahrens wegen einer Steuerstraftat sowie eines damit zusammenhängenden Besteuerungsverfahrens benötigen, an deren Verfolgung ein zwingendes öffentliches Interesse besteht, und nicht Tatsachen betroffen sind, die von einer ausländischen Stelle mitgeteilt worden sind, die mit der Prüfung von Rechnungslegungsverstößen betraut ist.

§ 342d Finanzierung der Prüfstelle[2)]

¹Die Prüfstelle hat über die zur Finanzierung der Erfüllung ihrer Aufgaben erforderlichen Mittel einen Wirtschaftsplan für das Folgejahr im Einvernehmen mit der Bundesanstalt für Finanzdienstleistungsaufsicht aufzustellen. ²Der Wirtschaftsplan ist dem Bundesministerium der Justiz und für Verbraucherschutz und dem Bundesministerium der Finanzen zur Genehmigung vorzulegen. ³Die Bundesanstalt für Finanzdienstleistungsaufsicht schießt der Prüfstelle die dieser nach dem Wirtschaftsplan voraussichtlich entstehenden Kosten aus der gemäß § 17d Absatz 1 Satz 4 des Finanzdienstleistungsaufsichtsgesetzes eingezogenen Umlageauszahlung vor, wobei etwaige Fehlbeträge nicht eingegangene Beträge nach dem Verhältnis von Wirtschaftsplan zu dem betreffenden Teil des Haushaltsplanes der Bundesanstalt für Finanzdienstleistungsaufsicht anteilig zu berücksichtigen sind. ⁴Nach Ende des Haushaltsjahres hat die Prüfstelle ihren Jahresabschluss aufzustellen. ⁵Die Entlastung erteilt das zuständige Organ der Prüfstelle mit Zustimmung des Bundesministeriums der Justiz und für Verbraucherschutz und des Bundesministeriums der Finanzen.

§ 342e Bußgeldvorschriften[3)]

(1) Ordnungswidrig handelt, wer vorsätzlich oder fahrlässig entgegen § 342b Abs. 4 Satz 1 der Prüfstelle eine Auskunft nicht richtig oder nicht vollständig erteilt oder eine Unterlage nicht richtig oder nicht vollständig vorlegt.

---

1) **Anm. d. Red.:** § 342c eingefügt gem. Gesetz v. 15.12.2004 (BGBl I S. 3408) mit Wirkung v. 21.12.2004.
2) **Anm. d. Red.:** § 342d i. d. F. des Gesetzes v. 20.11.2015 (BGBl I S. 2029) mit Wirkung v. 26.11.2015.
3) **Anm. d. Red.:** § 342e eingefügt gem. Gesetz v. 15.12.2004 (BGBl I S. 3408) mit Wirkung v. 21.12.2004.

(2) Die Ordnungswidrigkeit kann mit einer Geldbuße bis zu fünfzigtausend Euro geahndet werden.

(3) Verwaltungsbehörde im Sinne des § 36 Abs. 1 Nr. 1 des Gesetzes über Ordnungswidrigkeiten ist bei Ordnungswidrigkeiten nach Absatz 1 die Bundesanstalt für Finanzdienstleistungsaufsicht.

Viertes Buch: Handelsgeschäfte[1]

Erster Abschnitt: Allgemeine Vorschriften

§ 343 Begriff und Umfang[2]

(1) Handelsgeschäfte sind alle Geschäfte eines Kaufmanns, die zum Betriebe seines Handelsgewerbes gehören.

(2) (weggefallen)

§ 344 Vermutung für Zugehörigkeit zum Handelsgewerbe

(1) Die von einem Kaufmanne vorgenommenen Rechtsgeschäfte gelten im Zweifel als zum Betriebe seines Handelsgewerbes gehörig.

(2) Die von einem Kaufmanne gezeichneten Schuldscheine gelten als im Betriebe seines Handelsgewerbes gezeichnet, sofern nicht aus der Urkunde sich das Gegenteil ergibt.

§ 345 Einseitige Handelsgeschäfte

Auf ein Rechtsgeschäft, das für einen der beiden Teile ein Handelsgeschäft ist, kommen die Vorschriften über Handelsgeschäfte für beide Teile gleichmäßig zur Anwendung, soweit nicht aus diesen Vorschriften sich ein anderes ergibt.

§ 346 Auslegung unter Berücksichtigung von Handelsbräuchen und Handelsusancen

Unter Kaufleuten ist in Ansehung der Bedeutung und Wirkung von Handlungen und Unterlassungen auf die im Handelsverkehr geltenden Gewohnheiten und Gebräuche Rücksicht zu nehmen.

§ 347 Haftungsmaßstab

(1) Wer aus einem Geschäfte, das auf seiner Seite ein Handelsgeschäft ist, einem anderen zur Sorgfalt verpflichtet ist, hat für die Sorgfalt eines ordentlichen Kaufmanns einzustehen.

(2) Unberührt bleiben die Vorschriften des Bürgerlichen Gesetzbuchs, nach welchen der Schuldner in bestimmten Fällen nur grobe Fahrlässigkeit zu vertreten oder nur für diejenige Sorgfalt einzustehen hat, welche er in eigenen Angelegenheiten anzuwenden pflegt.

§ 348 Versprechen und Herabsetzung einer Vertragsstrafe

Eine Vertragsstrafe, die von einem Kaufmann im Betriebe seines Handelsgewerbes versprochen ist, kann nicht aufgrund der Vorschriften des § 343 des Bürgerlichen Gesetzbuchs herabgesetzt werden.

---

1) **Anm. d. Red.:** Überschrift i. d. F. des Gesetzes v. 19. 12. 1985 (BGBl I S. 2355) mit Wirkung v. 1. 1. 1986.

2) **Anm. d. Red.:** § 343 i. d. F. des Gesetzes v. 22. 6. 1998 (BGBl I S. 1474) mit Wirkung v. 1. 7. 1998.

§ 349 Keine Einrede der Vorausklage bei Vorliegen eines Handelsgeschäfts

¹Dem Bürgen steht, wenn die Bürgschaft für ihn ein Handelsgeschäft ist, die Einrede der Vorausklage nicht zu. ²Das Gleiche gilt unter der bezeichneten Voraussetzung für denjenigen, welcher aus einem Kreditauftrag als Bürge haftet.

§ 350 Form einer Bürgschaft oder eines Schuldversprechens[1]

Auf eine Bürgschaft, ein Schuldversprechen oder ein Schuldanerkenntnis finden, sofern die Bürgschaft auf der Seite des Bürgen, das Versprechen oder das Anerkenntnis auf der Seite des Schuldners ein Handelsgeschäft ist, die Formvorschriften des § 766 Satz 1 und 2, des § 780 und des § 781 Satz 1 und 2 des Bürgerlichen Gesetzbuchs keine Anwendung.

§ 351 (weggefallen)[2]

§ 352 Zinsen[3]

(1) ¹Die Höhe der gesetzlichen Zinsen, mit Ausnahme der Verzugszinsen, ist bei beiderseitigen Handelsgeschäften fünf vom Hundert für das Jahr. ²Das Gleiche gilt, wenn für eine Schuld aus einem solchen Handelsgeschäfte Zinsen ohne Bestimmung des Zinsfußes versprochen sind.

(2) Ist in diesem Gesetzbuche die Verpflichtung zur Zahlung von Zinsen ohne Bestimmung der Höhe ausgesprochen, so sind darunter Zinsen zu fünf vom Hundert für das Jahr zu verstehen.

§ 353 Zinsen vom Tage der Fälligkeit an

¹Kaufleute untereinander sind berechtigt, für ihre Forderungen aus beiderseitigen Handelsgeschäften vom Tage der Fälligkeit an Zinsen zu fordern. ²Zinsen von Zinsen können aufgrund dieser Vorschrift nicht gefordert werden.

§ 354 Anspruch auf Provision und Lagergeld

(1) Wer in Ausübung seines Handelsgewerbes einem anderen Geschäfte besorgt oder Dienste leistet, kann dafür auch ohne Verabredung Provision und, wenn es sich um Aufbewahrung handelt, Lagergeld nach den an dem Orte üblichen Sätzen fordern.

(2) Für Darlehen, Vorschüsse, Auslagen und andere Verwendungen kann er vom Tage der Leistung an Zinsen berechnen.

§ 354a Forderungsabtretung[4]

(1) ¹Ist die Abtretung einer Geldforderung durch Vereinbarung mit dem Schuldner gemäß § 399 des Bürgerlichen Gesetzbuchs ausgeschlossen und ist das Rechtsgeschäft, das diese Forderung begründet hat, für beide Teile ein Handelsgeschäft, oder ist der Schuldner eine juristische Person des öffentlichen Rechts oder ein öffentlich-rechtliches Sondervermögen, so ist die Abtretung gleichwohl wirksam. ²Der Schuldner kann jedoch mit befreiender Wirkung an den bisherigen Gläubiger leisten. ³Abweichende Vereinbarungen sind unwirksam.

(2) Absatz 1 ist nicht auf eine Forderung aus einem Darlehensvertrag anzuwenden, deren Gläubiger ein Kreditinstitut im Sinne des Kreditwesengesetzes ist.

---

1) **Anm. d. Red.:** § 350 i. d. F. des Gesetzes v. 13. 7. 2001 (BGBl I S. 1542) mit Wirkung v. 1. 8. 2001.
2) **Anm. d. Red.:** § 351 weggefallen gem. Gesetz v. 22. 6. 1998 (BGBl I S. 1474) mit Wirkung v. 1. 7. 1998.
3) **Anm. d. Red.:** § 352 i. d. F. des Gesetzes v. 30. 3. 2000 (BGBl I S. 330) mit Wirkung v. 1. 5. 2000.
4) **Anm. d. Red.:** § 354a i. d. F. des Gesetzes v. 12. 8. 2008 (BGBl I S. 1666) mit Wirkung v. 19. 8. 2008.

§ 355 Laufende Rechnung, Kontokorrent

(1) Steht jemand mit einem Kaufmanne derart in Geschäftsverbindung, dass die aus der Verbindung entspringenden beiderseitigen Ansprüche und Leistungen nebst Zinsen in Rechnung gestellt und in regelmäßigen Zeitabschnitten durch Verrechnung und Feststellung des für den einen oder anderen Teil sich ergebenden Überschusses ausgeglichen werden (laufende Rechnung, Kontokorrent), so kann derjenige, welchem bei dem Rechnungsabschluss ein Überschuss gebührt, von dem Tage des Abschlusses an Zinsen von dem Überschusse verlangen, auch soweit in der Rechnung Zinsen enthalten sind.

(2) Der Rechnungsabschluss geschieht jährlich einmal, sofern nicht ein anderes bestimmt ist.

(3) Die laufende Rechnung kann im Zweifel auch während der Dauer einer Rechnungsperiode jederzeit mit der Wirkung gekündigt werden, dass derjenige, welchem nach der Rechnung ein Überschuss gebührt, dessen Zahlung beanspruchen kann.

§ 356 Gesicherte Forderungen im Kontokorrent

(1) Wird eine Forderung, die durch Pfand, Bürgschaft oder in anderer Weise gesichert ist, in die laufende Rechnung aufgenommen, so wird der Gläubiger durch die Anerkennung des Rechnungsabschlusses nicht gehindert, aus der Sicherheit insoweit Befriedigung zu suchen, als sein Guthaben aus der laufenden Rechnung und die Forderung sich decken.

(2) Haftet ein Dritter für eine in die laufende Rechnung aufgenommene Forderung als Gesamtschuldner, so findet auf die Geltendmachung der Forderung gegen ihn die Vorschrift des Abs. 1 entsprechende Anwendung.

§ 357 Pfändung der Saldogutschrift

¹Hat der Gläubiger eines Beteiligten die Pfändung und Überweisung des Anspruchs auf dasjenige erwirkt, was seinem Schuldner als Überschuss aus der laufenden Rechnung zukommt, so können dem Gläubiger gegenüber Schuldposten, die nach der Pfändung durch neue Geschäfte entstehen, nicht in Rechnung gestellt werden. ²Geschäfte, die aufgrund eines schon vor der Pfändung bestehenden Rechtes oder einer schon vor diesem Zeitpunkt bestehenden Verpflichtung des Drittschuldners vorgenommen werden, gelten nicht als neue Geschäfte im Sinne dieser Vorschrift.

§ 358 Leistung nur während der gewöhnlichen Geschäftszeit

Bei Handelsgeschäften kann die Leistung nur während der gewöhnlichen Geschäftszeit bewirkt und gefordert werden.

§ 359 Zeitpunkt für Leistung

(1) Ist als Zeit der Leistung das Frühjahr oder der Herbst oder ein in ähnlicher Weise bestimmter Zeitpunkt vereinbart, so entscheidet im Zweifel der Handelsgebrauch des Ortes der Leistung.

(2) Ist eine Frist von acht Tagen vereinbart, so sind hierunter im Zweifel volle acht Tage zu verstehen.

§ 360 Gattungsschulden

Wird eine nur der Gattung nach bestimmte Ware geschuldet, so ist Handelsgut mittlerer Art und Güte zu leisten.

§ 361 Vereinbartes Maß und Gewicht, vereinbarte Währung

Maß, Gewicht, Währung, Zeitrechnung und Entfernungen, die an dem Orte gelten, wo der Vertrag erfüllt werden soll, sind im Zweifel als die vertragsmäßigen zu betrachten.

§ 362 Wirkungen des Schweigens im Geschäftsverkehr

(1) ¹Geht einem Kaufmann, dessen Gewerbebetrieb die Besorgung von Geschäften für andere mit sich bringt, ein Antrag über die Besorgung solcher Geschäfte von jemand zu, mit dem er in Geschäftsverbindung steht, so ist er verpflichtet, unverzüglich zu antworten; sein Schweigen gilt als Annahme des Antrags. ²Das Gleiche gilt, wenn einem Kaufmann ein Antrag über die Besorgung von Geschäften von jemandem zugeht, dem gegenüber er sich zur Besorgung solcher Geschäfte erboten hat.

(2) Auch wenn der Kaufmann den Antrag ablehnt, hat er die mitgesendeten Waren auf Kosten des Antragstellers, soweit er für diese Kosten gedeckt ist und soweit es ohne Nachteil für ihn geschehen kann, einstweilen vor Schaden zu bewahren.

§ 363 Orderpapiere[1]

(1) ¹Anweisungen, die auf einen Kaufmann über die Leistung von Geld, Wertpapieren oder anderen vertretbaren Sachen ausgestellt sind, ohne dass darin die Leistung von einer Gegenleistung abhängig gemacht ist, können durch Indossament übertragen werden, wenn sie an Order lauten. ²Dasselbe gilt von Verpflichtungsscheinen, die von einem Kaufmann über Gegenstände der bezeichneten Art an Order ausgestellt sind, ohne dass darin die Leistung von einer Gegenleistung abhängig gemacht ist.

(2) Ferner können Konnossemente der Verfrachter, Ladescheine der Frachtführer, Lagerscheine sowie Transportversicherungspolicen durch Indossament übertragen werden, wenn sie an Order lauten.

§ 364 Wirkungen des Indossaments

(1) Durch das Indossament gehen alle Rechte aus dem indossierten Papier auf den Indossatar über.

(2) Dem legitimierten Besitzer der Urkunde kann der Schuldner nur solche Einwendungen entgegensetzen, welche die Gültigkeit seiner Erklärung in der Urkunde betreffen oder sich aus dem Inhalt der Urkunde ergeben oder ihm unmittelbar gegen den Besitzer zustehen.

(3) Der Schuldner ist nur gegen Aushändigung der quittierten Urkunde zur Leistung verpflichtet.

§ 365 Form des Indossaments, Kraftloserklärung im Aufgebotsverfahren

(1) In Betreff der Form des Indossaments, in Betreff der Legitimation des Besitzers und der Prüfung der Legitimation sowie in Betreff der Verpflichtung des Besitzers zur Herausgabe, finden die Vorschriften der Artikel 11 bis 13, 36, 74 der Wechselordnung[2] entsprechende Anwendung.

(2) ¹Ist die Urkunde vernichtet oder abhanden gekommen, so unterliegt sie der Kraftloserklärung im Wege des Aufgebotsverfahrens. ²Ist das Aufgebotsverfahren eingeleitet, so kann der Berechtigte, wenn er bis zur Kraftloserklärung Sicherheit bestellt, Leistung nach Maßgabe der Urkunde von dem Schuldner verlangen.

§ 366 Gutglaubensschutz[3]

(1) Veräußert oder verpfändet ein Kaufmann im Betriebe seines Handelsgewerbes eine ihm nicht gehörige bewegliche Sache, so finden die Vorschriften des Bürgerlichen Gesetzbuchs zugunsten derjenigen, welche Rechte von einem Nichtberechtigten herleiten, auch dann Anwen-

---

1) **Anm. d. Red.:** § 363 i. d. F. des Gesetzes v. 25. 6. 1998 (BGBl I S. 1588) mit Wirkung v. 1. 7. 1998.
2) **Anm. d. Red.:** Jetzt Art. 13, 14 Abs. 2, 16, 40 Abs. 3 Satz 2 Wechselgesetz.
3) **Anm. d. Red.:** § 366 i. d. F. des Gesetzes v. 20. 4. 2013 (BGBl I S. 831) mit Wirkung v. 25. 4. 2013.

dung, wenn der gute Glaube des Erwerbers die Befugnis des Veräußerers oder Verpfänders, über die Sache für den Eigentümer zu verfügen, betrifft.

(2) Ist die Sache mit dem Rechte eines Dritten belastet, so finden die Vorschriften des Bürgerlichen Gesetzbuchs zugunsten derjenigen, welche Rechte von einem Nichtberechtigten herleiten, auch dann Anwendung, wenn der gute Glaube die Befugnis des Veräußerers oder Verpfänders, ohne Vorbehalt des Rechtes über die Sache zu verfügen, betrifft.

(3) ¹Das gesetzliche Pfandrecht des Kommissionärs, des Frachtführers oder Verfrachters, des Spediteurs und des Lagerhalters steht hinsichtlich des Schutzes des guten Glaubens einem gemäß Absatz 1 durch Vertrag erworbenen Pfandrecht gleich. ²Satz 1 gilt jedoch nicht für das gesetzliche Pfandrecht an Gut, das nicht Gegenstand des Vertrages ist, aus dem die durch das Pfandrecht zu sichernde Forderung herrührt.

§ 367 Gutglaubensschutz bei Erwerb durch Bankier[1]

(1) ¹Wird ein Inhaberpapier, das dem Eigentümer gestohlen worden, verloren gegangen oder sonst abhanden gekommen ist, an einen Kaufmann, der Bankier- oder Geldwechslergeschäfte betreibt, veräußert oder verpfändet, so gilt dessen guter Glaube als ausgeschlossen, wenn zur Zeit der Veräußerung oder Verpfändung der Verlust des Papiers im Bundesanzeiger bekannt gemacht und seit dem Ablauf des Jahres, in dem die Veröffentlichung erfolgt ist, nicht mehr als ein Jahr verstrichen war. ²Für Veröffentlichungen vor dem 1. Januar 2007 tritt an die Stelle des Bundesanzeigers der Bundesanzeiger in Papierform. ³Inhaberpapieren stehen an Order lautende Anleiheschuldverschreibungen sowie Namensaktien und Zwischenscheine gleich, falls sie mit einem Blankoindossament versehen sind.

(2) Der gute Glaube des Erwerbers wird durch die Veröffentlichung nach Absatz 1 nicht ausgeschlossen, wenn der Erwerber die Veröffentlichung infolge besonderer Umstände nicht kannte und seine Unkenntnis nicht auf grober Fahrlässigkeit beruht.

(3) Auf Zins-, Renten- und Gewinnanteilscheine, die nicht später als in dem nächsten auf die Veräußerung oder Verpfändung folgenden Einlösungstermin fällig werden, auf unverzinsliche Inhaberpapiere, die auf Sicht zahlbar sind, und auf Banknoten sind diese Vorschriften nicht anzuwenden.

§ 368 Androhungsfrist bei Verkauf eines Pfandes[2]

(1) Bei dem Verkauf eines Pfandes tritt, wenn die Verpfändung auf der Seite des Pfandgläubigers und des Verpfänders ein Handelsgeschäft ist, an die Stelle der in § 1234 des Bürgerlichen Gesetzbuchs bestimmten Frist von einem Monat eine solche von einer Woche.

(2) Diese Vorschrift ist auf das gesetzliche Pfandrecht des Kommissionärs, des Frachtführers oder Verfrachters, des Spediteurs und des Lagerhalters entsprechend anzuwenden, auf das Pfandrecht des Frachtführers, Verfrachters und Spediteurs auch dann, wenn nur auf ihrer Seite der Vertrag ein Handelsgeschäft ist.

§ 369 Zurückbehaltungsrecht des Kaufmanns

(1) ¹Ein Kaufmann hat wegen der fälligen Forderungen, welche ihm gegen einen anderen Kaufmann aus den zwischen ihnen geschlossenen beiderseitigen Handelsgeschäften zustehen, ein Zurückbehaltungsrecht an den beweglichen Sachen und Wertpapieren des Schuldners, welche mit dessen Willen aufgrund von Handelsgeschäften in seinen Besitz gelangt sind, sofern er sie noch im Besitze hat, insbesondere mittels Konnossements, Ladescheins oder Lagerscheins darüber verfügen kann. ²Das Zurückbehaltungsrecht ist auch dann begründet, wenn das Eigentum an dem Gegenstande von dem Schuldner auf den Gläubiger übergegangen oder von einem

---

1) **Anm. d. Red.:** § 367 i. d. F. des Gesetzes v. 22. 12. 2011 (BGBl I S. 3044) mit Wirkung v. 1. 4. 2012.
2) **Anm. d. Red.:** § 368 i. d. F. des Gesetzes v. 20. 4. 2013 (BGBl I S. 831) mit Wirkung v. 25. 4. 2013.

Dritten für den Schuldner auf den Gläubiger übertragen, aber auf den Schuldner zurück zu übertragen ist.

(2) Einem Dritten gegenüber besteht das Zurückbehaltungsrecht insoweit, als dem Dritten die Einwendungen gegen den Anspruch des Schuldners auf Herausgabe des Gegenstandes entgegengesetzt werden können.

(3) Das Zurückbehaltungsrecht ist ausgeschlossen, wenn die Zurückbehaltung des Gegenstandes der von dem Schuldner vor oder bei der Übergabe erteilten Anweisung oder der von dem Gläubiger übernommenen Verpflichtung, in einer bestimmten Weise mit dem Gegenstande zu verfahren, widerstreitet.

(4) [1]Der Schuldner kann die Ausübung des Zurückbehaltungsrechts durch Sicherheitsleistung abwenden. [2]Die Sicherheitsleistung durch Bürgen ist ausgeschlossen.

§ 370 (weggefallen)[1)]

§ 371 Recht auf Befriedigung aus dem zurückbehaltenen Gegenstand

(1) [1]Der Gläubiger ist kraft des Zurückbehaltungsrechts befugt, sich aus dem zurückbehaltenen Gegenstande für seine Forderung zu befriedigen. [2]Steht einem Dritten ein Recht an dem Gegenstand zu, gegen welches das Zurückbehaltungsrecht nach § 369 Abs. 2 geltend gemacht werden kann, so hat der Gläubiger in Ansehung der Befriedigung aus dem Gegenstande den Vorrang.

(2) [1]Die Befriedigung erfolgt nach den für das Pfandrecht geltenden Vorschriften des Bürgerlichen Gesetzbuchs. [2]An die Stelle der in § 1234 des Bürgerlichen Gesetzbuchs bestimmten Frist von einem Monate tritt eine solche von einer Woche.

(3) [1]Sofern die Befriedigung nicht im Wege der Zwangsvollstreckung stattfindet, ist sie erst zulässig, nachdem der Gläubiger einen vollstreckbaren Titel für sein Recht auf Befriedigung gegen den Eigentümer oder, wenn der Gegenstand ihm selbst gehört, gegen den Schuldner erlangt hat; in dem letzteren Falle finden die den Eigentümer betreffenden Vorschriften des Bürgerlichen Gesetzbuchs über die Befriedigung auf den Schuldner entsprechende Anwendung. [2]In Ermangelung des vollstreckbaren Titels ist der Verkauf des Gegenstandes nicht rechtmäßig.

(4) Die Klage auf Gestattung der Befriedigung kann bei dem Gericht, in dessen Bezirke der Gläubiger seinen allgemeinen Gerichtsstand oder den Gerichtsstand der Niederlassung hat, erhoben werden.

§ 372 Recht auf Befriedigung bei Wechsel des Eigentums

(1) In Ansehung der Befriedigung aus dem zurückbehaltenen Gegenstande gilt zugunsten des Gläubigers der Schuldner, sofern er bei dem Besitzerwerbe des Gläubigers der Eigentümer des Gegenstandes war, auch weiter als Eigentümer, sofern nicht der Gläubiger weiß, dass der Schuldner nicht mehr Eigentümer ist.

(2) Erwirbt ein Dritter nach dem Besitzerwerbe des Gläubigers von dem Schuldner das Eigentum, so muss er ein rechtskräftiges Urteil, das in einem zwischen dem Gläubiger und dem Schuldner wegen Gestattung der Befriedigung geführten Rechtsstreit ergangen ist, gegen sich gelten lassen, sofern nicht der Gläubiger bei dem Eintritte der Rechtshängigkeit gewusst hat, dass der Schuldner nicht mehr Eigentümer war.

---

1) **Anm. d. Red.:** § 370 weggefallen gem. Gesetz v. 5. 10. 1994 (BGBl I S. 2911) mit Wirkung v. 1. 1. 1999.

Zweiter Abschnitt: Handelskauf

§ 373 Rechtsfolgen bei Annahmeverzug, Selbsthilfeverkauf

(1) Ist der Käufer mit der Annahme der Ware im Verzuge, so kann der Verkäufer die Ware auf Gefahr und Kosten des Käufers in einem öffentlichen Lagerhaus oder sonst in sicherer Weise hinterlegen.

(2) ¹Er ist ferner befugt, nach vorgängiger Androhung die Ware öffentlich versteigern zu lassen; er kann, wenn die Ware einen Börsen- oder Marktpreis hat, nach vorgängiger Androhung den Verkauf auch aus freier Hand durch einen zu solchen Verkäufen öffentlich ermächtigten Handelsmakler oder durch eine zur öffentlichen Versteigerung befugte Person zum laufenden Preise bewirken. ²Ist die Ware dem Verderb ausgesetzt und Gefahr im Verzug, so bedarf es der vorgängigen Androhung nicht; dasselbe gilt, wenn die Androhung aus anderen Gründen untunlich ist.

(3) Der Selbsthilfeverkauf erfolgt für Rechnung des säumigen Käufers.

(4) Der Verkäufer und der Käufer können bei der öffentlichen Versteigerung mitbieten.

(5) ¹Im Falle der öffentlichen Versteigerung hat der Verkäufer den Käufer von der Zeit und dem Orte der Versteigerung vorher zu benachrichtigen; von dem vollzogenen Verkaufe hat er bei jeder Art des Verkaufs dem Käufer unverzüglich Nachricht zu geben. ²Im Falle der Unterlassung ist er zum Schadensersatz verpflichtet. ³Die Benachrichtigungen dürfen unterbleiben, wenn sie untunlich sind.

§ 374 Anwendbarkeit von BGB-Vorschriften

Durch die Vorschriften des § 373 werden die Befugnisse nicht berührt, welche dem Verkäufer nach dem Bürgerlichen Gesetzbuche zustehen, wenn der Käufer im Verzuge der Annahme ist.

§ 375 Bestimmungskauf[1)]

(1) Ist bei dem Kaufe einer beweglichen Sache dem Käufer die nähere Bestimmung über Form, Maß oder ähnliche Verhältnisse vorbehalten, so ist der Käufer verpflichtet, die vorbehaltene Bestimmung zu treffen.

(2) ¹Ist der Käufer mit der Erfüllung dieser Verpflichtung in Verzug, so kann der Verkäufer die Bestimmung statt des Käufers vornehmen oder gemäß den §§ 280, 281 des Bürgerlichen Gesetzbuchs Schadensersatz statt der Leistung verlangen oder gemäß § 323 des Bürgerlichen Gesetzbuchs vom Vertrag zurücktreten. ²Im ersteren Falle hat der Verkäufer die von ihm getroffene Bestimmung dem Käufer mitzuteilen und ihm zugleich eine angemessene Frist zur Vornahme einer anderweitigen Bestimmung zu setzen. ³Wird eine solche innerhalb der Frist von dem Käufer nicht vorgenommen, so ist die von dem Verkäufer getroffene Bestimmung maßgebend.

§ 376 Rechtsfolgen beim Fixgeschäft

(1) ¹Ist bedungen, dass die Leistung des einen Teiles genau zu einer festbestimmten Zeit oder innerhalb einer festbestimmten Frist bewirkt werden soll, so kann der andere Teil, wenn die Leistung nicht zu der bestimmten Zeit oder nicht innerhalb der bestimmten Frist erfolgt, von dem Vertrage zurücktreten oder, falls der Schuldner im Verzug ist, statt der Erfüllung Schadensersatz wegen Nichterfüllung verlangen. ²Erfüllung kann er nur beanspruchen, wenn er sofort nach dem Ablaufe der Zeit oder der Frist dem Gegner anzeigt, dass er auf Erfüllung bestehe.

(2) Wird Schadensersatz wegen Nichterfüllung verlangt und hat die Ware einen Börsen- oder Marktpreis, so kann der Unterschied des Kaufpreises und des Börsen- oder Marktpreises zurzeit und am Orte der geschuldeten Leistung gefordert werden.

(3) ¹Das Ergebnis eines anderweit vorgenommenen Verkaufs oder Kaufes kann, falls die Ware einen Börsen- oder Marktpreis hat, dem Ersatzanspruche nur zugrunde gelegt werden, wenn

---

1) **Anm. d. Red.:** § 375 i. d. F. des Gesetzes v. 26. 11. 2001 (BGBl I S. 3138) mit Wirkung v. 1. 1. 2002.

der Verkauf oder Kauf sofort nach dem Ablaufe der bedungenen Leistungszeit oder Leistungsfrist bewirkt ist. ²Der Verkauf oder Kauf muss, wenn er nicht in öffentlicher Versteigerung geschieht, durch einen zu solchen Verkäufen oder Käufen öffentlich ermächtigten Handelsmakler oder eine zur öffentlichen Versteigerung befugte Person zum laufenden Preise erfolgen.

(4) ¹Auf den Verkauf mittels öffentlicher Versteigerung findet die Vorschrift des § 373 Abs. 4 Anwendung. ²Von dem Verkauf oder Kaufe hat der Gläubiger den Schuldner unverzüglich zu benachrichtigen; im Falle der Unterlassung ist er zum Schadensersatze verpflichtet.

§ 377 Unverzügliche Mängelrüge

(1) Ist der Kauf für beide Teile ein Handelsgeschäft, so hat der Käufer die Ware unverzüglich nach der Ablieferung durch den Verkäufer, soweit dies nach ordnungsmäßigem Geschäftsgange tunlich ist, zu untersuchen und, wenn sich ein Mangel zeigt, dem Verkäufer unverzüglich Anzeige zu machen.

(2) Unterlässt der Käufer die Anzeige, so gilt die Ware als genehmigt, es sei denn, dass es sich um einen Mangel handelt, der bei der Untersuchung nicht erkennbar war.

(3) Zeigt sich später ein solcher Mangel, so muss die Anzeige unverzüglich nach der Entdeckung gemacht werden; andernfalls gilt die Ware auch in Ansehung dieses Mangels als genehmigt.

(4) Zur Erhaltung der Rechte des Käufers genügt die rechtzeitige Absendung der Anzeige.

(5) Hat der Verkäufer den Mangel arglistig verschwiegen, so kann er sich auf diese Vorschriften nicht berufen.

§ 378 (weggefallen)¹⁾

§ 379 Pflicht zu einstweiliger Aufbewahrung, Notverkauf

(1) Ist der Kauf für beide Teile ein Handelsgeschäft, so ist der Käufer, wenn er die ihm von einem anderen Orte übersendete Ware beanstandet, verpflichtet, für ihre einstweilige Aufbewahrung zu sorgen.

(2) Er kann die Ware, wenn sie dem Verderb ausgesetzt und Gefahr im Verzug ist, unter Beobachtung der Vorschriften des § 373 verkaufen lassen.

§ 380 Taragewicht, Refaktie

(1) Ist der Kaufpreis nach dem Gewichte der Ware zu berechnen, so kommt das Gewicht der Verpackung (Taragewicht) in Abzug, wenn nicht aus dem Vertrag oder dem Handelsgebrauche des Ortes, an welchem der Verkäufer zu erfüllen hat, sich ein anderes ergibt.

(2) Ob und in welcher Höhe das Taragewicht nach einem bestimmten Ansatz oder Verhältnisse statt nach genauer Ausmittelung abzuziehen ist, sowie, ob und wie viel als Gutgewicht zugunsten des Käufers zu berechnen ist oder als Vergütung für schadhafte oder unbrauchbare Teile (Refaktie) gefordert werden kann, bestimmt sich nach dem Vertrag oder dem Handelsbrauche des Ortes, an welchem der Verkäufer zu erfüllen hat.

§ 381 Wertpapiere, nicht vertretbare Sachen²⁾

(1) Die in diesem Abschnitte für den Kauf von Waren getroffenen Vorschriften gelten auch für den Kauf von Wertpapieren.

(2) Sie finden auch auf einen Vertrag Anwendung, der die Lieferung herzustellender oder zu erzeugender beweglicher Sachen zum Gegenstand hat.

---

1) **Anm. d. Red.:** § 378 weggefallen gem. Gesetz v. 26.11.2001 (BGBl I S. 3138) mit Wirkung v. 1.1.2002.
2) **Anm. d. Red.:** § 381 i. d. F. des Gesetzes v. 26.11.2001 (BGBl I S. 3138) mit Wirkung v. 1.1.2002.

§ 382 (weggefallen)[1]

Dritter Abschnitt: Kommissionsgeschäft

§ 383 Begriff des Kommissionärs[2]

(1) Kommissionär ist, wer es gewerbsmäßig übernimmt, Waren oder Wertpapiere für Rechnung eines anderen (des Kommittenten) in eigenem Namen zu kaufen oder zu verkaufen.

(2) ¹Die Vorschriften dieses Abschnittes finden auch Anwendung, wenn das Unternehmen des Kommissionärs nach Art oder Umfang einen in kaufmännischer Weise eingerichteten Geschäftsbetrieb nicht erfordert und die Firma des Unternehmens nicht nach § 2 in das Handelsregister eingetragen ist. ²In diesem Fall finden in Ansehung des Kommissionsgeschäfts auch die Vorschriften des Ersten Abschnittes des Vierten Buches mit Ausnahme der §§ 348 bis 350 Anwendung.

§ 384 Pflichten des Kommissionärs

(1) Der Kommissionär ist verpflichtet, das übernommene Geschäft mit der Sorgfalt eines ordentlichen Kaufmanns auszuführen; er hat hierbei das Interesse des Kommittenten wahrzunehmen und dessen Weisungen zu befolgen.

(2) Er hat dem Kommittenten die erforderlichen Nachrichten zu geben, insbesondere von der Ausführung der Kommission unverzüglich Anzeige zu machen; er ist verpflichtet, dem Kommittenten über das Geschäft Rechenschaft abzulegen und ihm dasjenige herauszugeben, was er aus der Geschäftsbesorgung erlangt hat.

(3) Der Kommissionär haftet dem Kommittenten für die Erfüllung des Geschäfts, wenn er ihm nicht zugleich mit der Anzeige von der Ausführung der Kommission den Dritten namhaft macht, mit dem er das Geschäft abgeschlossen hat.

§ 385 Missachtung der Weisungen des Kommittenten

(1) Handelt der Kommissionär nicht gemäß den Weisungen des Kommittenten, so ist er diesem zum Ersatze des Schadens verpflichtet; der Kommittent braucht das Geschäft nicht für seine Rechnung gelten zu lassen.

(2) Die Vorschriften des § 665 des Bürgerlichen Gesetzbuchs bleiben unberührt.

§ 386 Preisbegrenzung

(1) Hat der Kommissionär unter dem ihm gesetzten Preise verkauft oder hat er den ihm für den Einkauf gesetzten Preis überschritten, so muss der Kommittent, falls er das Geschäft als nicht für seine Rechnung abgeschlossen zurückweisen will, dies unverzüglich auf die Anzeige von der Ausführung des Geschäfts erklären; anderenfalls gilt die Abweichung von der Preisbestimmung als genehmigt.

(2) ¹Erbietet sich der Kommissionär zugleich mit der Anzeige von der Ausführung des Geschäfts zur Deckung des Preisunterschieds, so ist der Kommittent zur Zurückweisung nicht berechtigt. ²Der Anspruch des Kommittenten auf den Ersatz eines den Preisunterschied übersteigenden Schadens bleibt unberührt.

§ 387 Vorteilhafterer Abschluss

(1) Schließt der Kommissionär zu vorteilhafteren Bedingungen ab, als sie ihm von dem Kommittenten gesetzt worden sind, so kommt dies dem Kommittenten zustatten.

---

1) **Anm. d. Red.:** § 382 weggefallen gem. Gesetz v. 26. 11. 2001 (BGBl I S. 3138) mit Wirkung v. 1. 1. 2002.
2) **Anm. d. Red.:** § 383 i. d. F. des Gesetzes v. 22. 6. 1998 (BGBl I S. 1474) mit Wirkung v. 1. 7. 1998.

(2) Dies gilt insbesondere, wenn der Preis, für welchen der Kommissionär verkauft, den von dem Kommittenten bestimmten niedrigsten Preis übersteigt, oder wenn der Preis, für welchen er einkauft, den von dem Kommittenten bestimmten höchsten Preis nicht erreicht.

§ 388 Mangelhaftes Kommissionsgut, Notverkauf

(1) Befindet sich das Gut, welches dem Kommissionär zugesendet ist, bei der Ablieferung in einem beschädigten oder mangelhaften Zustande, der äußerlich erkennbar ist, so hat der Kommissionär die Rechte gegen den Frachtführer oder Schiffer zu wahren, für den Beweis des Zustandes zu sorgen und dem Kommittenten unverzüglich Nachricht zu geben; im Falle der Unterlassung ist er zum Schadensersatze verpflichtet.

(2) Ist das Gut dem Verderb ausgesetzt oder treten später Veränderungen an dem Gute ein, die dessen Entwertung befürchten lassen, und ist keine Zeit vorhanden, die Verfügung des Kommittenten einzuholen, oder ist der Kommittent in der Erteilung der Verfügung säumig, so kann der Kommissionär den Verkauf des Gutes nach Maßgabe der Vorschriften des § 373 bewirken.

§ 389 Hinterlegung, Selbsthilfeverkauf

Unterlässt der Kommittent über das Gut zu verfügen, obwohl er dazu nach Lage der Sache verpflichtet ist, so hat der Kommissionär die nach § 373 dem Verkäufer zustehenden Rechte.

§ 390 Haftung bei Verlust und Beschädigung

(1) Der Kommissionär ist für den Verlust und die Beschädigung des in seiner Verwahrung befindlichen Gutes verantwortlich, es sei denn, dass der Verlust oder die Beschädigung auf Umständen beruht, die durch die Sorgfalt eines ordentlichen Kaufmanns nicht abgewendet werden konnten.

(2) Der Kommissionär ist wegen der Unterlassung der Versicherung des Gutes nur verantwortlich, wenn er von dem Kommittenten angewiesen war, die Versicherung zu bewirken.

§ 391 Mängelrüge bei Einkaufskommission

¹Ist eine Einkaufskommission erteilt, die für beide Teile ein Handelsgeschäft ist, so finden in Bezug auf die Verpflichtung des Kommittenten, das Gut zu untersuchen und dem Kommissionär von den entdeckten Mängeln Anzeige zu machen, sowie in Bezug auf die Sorge für die Aufbewahrung des beanstandeten Gutes und auf den Verkauf bei drohendem Verderbe die für den Käufer geltenden Vorschriften der §§ 377 bis 379 entsprechende Anwendung. ²Der Anspruch des Kommittenten auf Abtretung der Rechte, die dem Kommissionär gegen den Dritten zustehen, von welchem er das Gut für Rechnung des Kommittenten gekauft hat, wird durch eine verspätete Anzeige des Mangels nicht berührt.

§ 392 Forderungen aus dem Ausführungsgeschäft

(1) Forderungen aus einem Geschäfte, das der Kommissionär abgeschlossen hat, kann der Kommittent dem Schuldner gegenüber erst nach der Abtretung geltend machen.

(2) Jedoch gelten solche Forderungen, auch wenn sie nicht abgetreten sind, im Verhältnisse zwischen dem Kommittenten und dem Kommissionär oder dessen Gläubigern als Forderungen des Kommittenten.

§ 393 Vorschuss, Kredit

(1) Wird von dem Kommissionär ohne Zustimmung des Kommittenten einem Dritten ein Vorschuss geleistet oder Kredit gewährt, so handelt der Kommissionär auf eigene Gefahr.

(2) Insoweit jedoch der Handelsgebrauch am Orte des Geschäfts die Stundung des Kaufpreises mit sich bringt, ist in Ermangelung einer anderen Bestimmung des Kommittenten auch der Kommissionär dazu berechtigt.

(3) ¹Verkauft der Kommissionär unbefugt auf Kredit, so ist er verpflichtet, dem Kommittenten sofort als Schuldner des Kaufpreises die Zahlung zu leisten. ²Wäre beim Verkaufe gegen bar der Preis geringer gewesen, so hat der Kommissionär nur den geringeren Preis und, wenn dieser niedriger ist als der ihm gesetzte Preis, auch den Unterschied nach § 386 zu vergüten.

§ 394 Delkredere

(1) Der Kommissionär hat für die Erfüllung der Verbindlichkeit des Dritten, mit dem er das Geschäft für Rechnung des Kommittenten abschließt, einzustehen, wenn dies von ihm übernommen oder am Orte seiner Niederlassung Handelsgebrauch ist.

(2) ¹Der Kommissionär, der für den Dritten einzustehen hat, ist dem Kommittenten für die Erfüllung im Zeitpunkte des Verfalls unmittelbar insoweit verhaftet, als die Erfüllung aus dem Vertragsverhältnisse gefordert werden kann. ²Er kann eine besondere Vergütung (Delkredereprovision) beanspruchen.

§ 395 Wechselankauf

Ein Kommissionär, der den Ankauf eines Wechsels übernimmt, ist verpflichtet, den Wechsel, wenn er ihn indossiert, in üblicher Weise und ohne Vorbehalt zu indossieren.

§ 396 Provision, Aufwendungen

(1) ¹Der Kommissionär kann die Provision fordern, wenn das Geschäft zur Ausführung gekommen ist. ²Ist das Geschäft nicht zur Ausführung gekommen, so hat er gleichwohl den Anspruch auf die Auslieferungsprovision, sofern eine solche ortsgebräuchlich ist; auch kann er die Provision verlangen, wenn die Ausführung des von ihm abgeschlossenen Geschäfts nur aus einem in der Person des Kommittenten liegenden Grunde unterblieben ist.

(2) Zu dem von dem Kommittenten für Aufwendungen des Kommissionärs nach den §§ 670 und 675 des Bürgerlichen Gesetzbuchs zu leistenden Ersatze gehört auch die Vergütung für die Benutzung der Lagerräume und der Beförderungsmittel des Kommissionärs.

§ 397 Pfandrecht des Kommissionärs[1]

¹Der Kommissionär hat wegen der auf das Gut verwendeten Kosten, der Provision, der auf das Gut gegebenen Vorschüsse und Darlehen sowie der mit Rücksicht auf das Gut gezeichneten Wechsel oder in anderer Weise eingegangenen Verbindlichkeiten ein Pfandrecht an dem Kommissionsgut des Kommittenten oder eines Dritten, der dem Kauf oder Verkauf des Gutes zugestimmt hat. ²An dem Gut des Kommittenten hat der Kommissionär auch ein Pfandrecht wegen aller Forderungen aus laufender Rechnung in Kommissionsgeschäften. ³Das Pfandrecht nach den Sätzen 1 und 2 besteht jedoch nur an Kommissionsgut, das der Kommissionär im Besitz hat oder über das er mittels Konnossements, Ladescheins oder Lagerscheins verfügen kann.

§ 398 Befriedigungsrecht aus dem Kommissionsgut

Der Kommissionär kann sich, auch wenn er Eigentümer des Kommissionsguts ist, für die im § 397 bezeichneten Ansprüche nach Maßgabe der für das Pfandrecht geltenden Vorschriften aus dem Gut befriedigen.

§ 399 Vorzugsrecht des Kommissionärs

Aus den Forderungen, welche durch das für Rechnung des Kommittenten geschlossene Geschäft begründet sind, kann sich der Kommissionär für die im § 397 bezeichneten Ansprüche vor dem Kommittenten und dessen Gläubigern befriedigen.

---

1) **Anm. d. Red.:** § 397 i. d. F. des Gesetzes v. 20. 4. 2013 (BGBl I S. 831) mit Wirkung v. 25. 4. 2013.

§ 400 Selbsteintritt des Kommissionärs

(1) Die Kommission zum Einkauf oder zum Verkaufe von Waren, die einen Börsen- oder Marktpreis haben, sowie von Wertpapieren, bei denen ein Börsen- oder Marktpreis amtlich festgestellt wird, kann, wenn der Kommittent nicht ein anderes bestimmt hat, von dem Kommissionär dadurch ausgeführt werden, dass er das Gut, welches er einkaufen soll, selbst als Verkäufer liefert, oder das Gut, welches er verkaufen soll, selbst als Käufer übernimmt.

(2) ¹Im Falle einer solchen Ausführung der Kommission beschränkt sich die Pflicht des Kommissionärs, Rechenschaft über die Abschließung des Kaufes oder Verkaufs abzulegen, auf den Nachweis, dass bei dem berechneten Preis der zurzeit der Ausführung der Kommission bestehende Börsen- oder Marktpreis eingehalten ist. ²Als Zeit der Ausführung gilt der Zeitpunkt, in welchem der Kommissionär die Anzeige von der Ausführung zur Absendung an den Kommittenten abgegeben hat.

(3) Ist bei einer Kommission, die während der Börsen- oder Marktzeit auszuführen war, die Ausführungsanzeige erst nach dem Schlusse der Börse oder des Marktes zur Absendung abgegeben, so darf der berechnete Preis für den Kommittenten nicht ungünstiger sein als der Preis, der am Schlusse der Börse oder des Marktes bestand.

(4) Bei einer Kommission, die zu einem bestimmten Kurse (erster Kurs, Mittelkurs, letzter Kurs) ausgeführt werden soll, ist der Kommissionär ohne Rücksicht auf den Zeitpunkt der Absendung der Ausführungsanzeige berechtigt und verpflichtet, diesen Kurs dem Kommittenten in Rechnung zu stellen.

(5) Bei Wertpapieren und Waren, für welche der Börsen- oder Marktpreis amtlich festgestellt wird, kann der Kommissionär im Falle der Ausführung der Kommission durch Selbsteintritt dem Kommittenten keinen ungünstigeren Preis als den amtlich festgestellten in Rechnung stellen.

§ 401 Recht des Kommittenten auf den günstigeren Preis

(1) Auch im Falle der Ausführung der Kommission durch Selbsteintritt hat der Kommissionär, wenn er bei Anwendung pflichtgemäßer Sorgfalt die Kommission zu einem günstigeren als dem nach § 400 sich ergebenden Preise ausführen konnte, dem Kommittenten den günstigeren Preis zu berechnen.

(2) Hat der Kommissionär vor der Absendung der Ausführungsanzeige aus Anlass der erteilten Kommission an der Börse oder am Markte ein Geschäft mit einem Dritten abgeschlossen, so darf er dem Kommittenten keinen ungünstigeren als den hierbei vereinbarten Preis berechnen.

§ 402 Unabdingbarkeit

Die Vorschriften des § 400 Abs. 2 bis 5 und des § 401 können nicht durch Vertrag zum Nachteile des Kommittenten abgeändert werden.

§ 403 Vergütung des Selbsteintretenden

Der Kommissionär, der das Gut selbst als Verkäufer liefert oder als Käufer übernimmt, ist zu der gewöhnlichen Provision berechtigt und kann die bei Kommissionsgeschäften sonst regelmäßig vorkommenden Kosten berechnen.

§ 404 Pfand- und Befriedigungsrecht bei Selbsteintritt

Die Vorschriften der §§ 397 und 398 finden auch im Falle der Ausführung der Kommission durch Selbsteintritt Anwendung.

§ 405 Erklärung des Selbsteintritts

(1) Zeigt der Kommissionär die Ausführung der Kommission an, ohne ausdrücklich zu bemerken, dass er selbst eintreten wolle, so gilt dies als Erklärung, dass die Ausführung durch Abschluss des Geschäfts mit einem Dritten für Rechnung des Kommittenten erfolgt sei.

(2) Eine Vereinbarung zwischen dem Kommittenten und dem Kommissionär, dass die Erklärung darüber, ob die Kommission durch Selbsteintritt oder durch Abschluss mit einem Dritten ausgeführt sei, später als am Tage der Ausführungsanzeige abgegeben werden dürfe, ist nichtig.

(3) Widerruft der Kommittent die Kommission und geht der Widerruf dem Kommissionär zu, bevor die Ausführungsanzeige zur Absendung abgegeben ist, so steht dem Kommissionär das Recht des Selbsteintritts nicht mehr zu.

§ 406 Ausdehnung auf ähnliche Geschäfte

(1) ¹Die Vorschriften dieses Abschnitts kommen auch zur Anwendung, wenn ein Kommissionär im Betriebe seines Handelsgewerbes ein Geschäft anderer als der im § 383 bezeichneten Art für Rechnung eines anderen in eigenem Namen zu schließen übernimmt. ²Das Gleiche gilt, wenn ein Kaufmann, der nicht Kommissionär ist, im Betriebe seines Handelsgewerbes ein Geschäft in der bezeichneten Weise zu schließen übernimmt.

(2) Als Einkaufs- und Verkaufskommission im Sinne dieses Abschnitts gilt auch eine Kommission, welche die Lieferung einer nicht vertretbaren beweglichen Sache, die aus einem von dem Unternehmer zu beschaffenden Stoffe herzustellen ist, zum Gegenstande hat.

Vierter Abschnitt: Frachtgeschäft[1]
Erster Unterabschnitt: Allgemeine Vorschriften
§ 407 Frachtvertrag

(1) Durch den Frachtvertrag wird der Frachtführer verpflichtet, das Gut zum Bestimmungsort zu befördern und dort an den Empfänger abzuliefern.

(2) Der Absender wird verpflichtet, die vereinbarte Fracht zu zahlen.

(3) ¹Die Vorschriften dieses Unterabschnitts gelten, wenn

1. das Gut zu Lande, auf Binnengewässern oder mit Luftfahrzeugen befördert werden soll und
2. die Beförderung zum Betrieb eines gewerblichen Unternehmens gehört.

²Erfordert das Unternehmen nach Art oder Umfang einen in kaufmännischer Weise eingerichteten Geschäftsbetrieb nicht und ist die Firma des Unternehmens auch nicht nach § 2 in das Handelsregister eingetragen, so sind in Ansehung des Frachtgeschäfts auch insoweit die Vorschriften des Ersten Abschnitts des Vierten Buches ergänzend anzuwenden; dies gilt jedoch nicht für die §§ 348 bis 350.

§ 408 Frachtbrief. Verordnungsermächtigung[2]

(1) ¹Der Frachtführer kann die Ausstellung eines Frachtbriefs mit folgenden Angaben verlangen:
1. Ort und Tag der Ausstellung;
2. Name und Anschrift des Absenders;
3. Name und Anschrift des Frachtführers;
4. Stelle und Tag der Übernahme des Gutes sowie die für die Ablieferung vorgesehene Stelle;
5. Name und Anschrift des Empfängers und eine etwaige Meldeadresse;
6. die übliche Bezeichnung der Art des Gutes und die Art der Verpackung, bei gefährlichen Gütern ihre nach den Gefahrgutvorschriften vorgesehene, sonst ihre allgemein anerkannte Bezeichnung;

---

1) **Anm. d. Red.:** Der Vierte bis Siebente Abschnitt des Vierten Buches zu neuem Vierten bis Sechsten Abschnitt geworden gem. Gesetz v. 25.6.1998 (BGBl I S. 1588) mit Wirkung v. 1.7.1998.

2) **Anm. d. Red.:** § 408 i. d. F. der VO v. 19.6.2020 (BGBl I S. 1328) mit Wirkung v. 27.6.2020.

7. Anzahl, Zeichen und Nummern der Frachtstücke;
8. das Rohgewicht oder die anders angegebene Menge des Gutes;
9. die bei Ablieferung geschuldete Fracht und die bis zur Ablieferung anfallenden Kosten sowie einen Vermerk über die Frachtzahlung;
10. den Betrag einer bei der Ablieferung des Gutes einzuziehenden Nachnahme;
11. Weisungen für die Zoll- und sonstige amtliche Behandlung des Gutes;
12. eine Vereinbarung über die Beförderung in offenem, nicht mit Planen gedecktem Fahrzeug oder auf Deck.

²In den Frachtbrief können weitere Angaben eingetragen werden, die die Parteien für zweckmäßig halten.

(2) ¹Der Frachtbrief wird in drei Originalausfertigungen ausgestellt, die vom Absender unterzeichnet werden. ²Der Absender kann verlangen, dass auch der Frachtführer den Frachtbrief unterzeichnet. ³Nachbildungen der eigenhändigen Unterschriften durch Druck oder Stempel genügen. ⁴Eine Ausfertigung ist für den Absender bestimmt, eine begleitet das Gut, eine behält der Frachtführer.

(3) ¹Dem Frachtbrief gleichgestellt ist eine elektronische Aufzeichnung, die dieselben Funktionen erfüllt wie der Frachtbrief, sofern sichergestellt ist, dass die Authentizität und die Integrität der Aufzeichnung gewahrt bleiben (elektronischer Frachtbrief). ²Das Bundesministerium der Justiz und für Verbraucherschutz wird ermächtigt, im Einvernehmen mit dem Bundesministerium des Innern, für Bau und Heimat durch Rechtsverordnung, die nicht der Zustimmung des Bundesrates bedarf, die Einzelheiten der Ausstellung, des Mitführens und der Vorlage eines elektronischen Frachtbriefs sowie des Verfahrens einer nachträglichen Eintragung in einen elektronischen Frachtbrief zu regeln.

§ 409 Beweiskraft des Frachtbriefs

(1) Der von beiden Parteien unterzeichnete Frachtbrief dient bis zum Beweis des Gegenteils als Nachweis für Abschluss und Inhalt des Frachtvertrages sowie für die Übernahme des Gutes durch den Frachtführer.

(2) ¹Der von beiden Parteien unterzeichnete Frachtbrief begründet ferner die Vermutung, dass das Gut und seine Verpackung bei der Übernahme durch den Frachtführer in äußerlich gutem Zustand waren und dass die Anzahl der Frachtstücke und ihre Zeichen und Nummern mit den Angaben im Frachtbrief übereinstimmen. ²Der Frachtbrief begründet diese Vermutung jedoch nicht, wenn der Frachtführer einen begründeten Vorbehalt in den Frachtbrief eingetragen hat; der Vorbehalt kann auch damit begründet werden, dass dem Frachtführer keine angemessenen Mittel zur Verfügung standen, die Richtigkeit der Angaben zu überprüfen.

(3) ¹Ist das Rohgewicht oder die anders angegebene Menge des Gutes oder der Inhalt der Frachtstücke vom Frachtführer überprüft und das Ergebnis der Überprüfung in den von beiden Parteien unterzeichneten Frachtbrief eingetragen worden, so begründet dieser auch die Vermutung, dass Gewicht, Menge oder Inhalt mit den Angaben im Frachtbrief übereinstimmen. ²Der Frachtführer ist verpflichtet, Gewicht, Menge oder Inhalt zu überprüfen, wenn der Absender dies verlangt und dem Frachtführer angemessene Mittel zur Überprüfung zur Verfügung stehen; der Frachtführer hat Anspruch auf Ersatz seiner Aufwendungen für die Überprüfung.

§ 410 Gefährliches Gut[1)]

(1) Soll gefährliches Gut befördert werden, so hat der Absender dem Frachtführer rechtzeitig in Textform die genaue Art der Gefahr und, soweit erforderlich, zu ergreifende Vorsichtsmaßnahmen mitzuteilen.

---

1) **Anm. d. Red.:** § 410 i. d. F. des Gesetzes v. 13. 7. 2001 (BGBl I S. 1542) mit Wirkung v. 1. 8. 2001.

(2) Der Frachtführer kann, sofern ihm nicht bei Übernahme des Gutes die Art der Gefahr bekannt war oder jedenfalls mitgeteilt worden ist,
1. gefährliches Gut ausladen, einlagern, zurückbefördern oder, soweit erforderlich, vernichten oder unschädlich machen, ohne dem Absender deshalb ersatzpflichtig zu werden, und
2. vom Absender wegen dieser Maßnahmen Ersatz der erforderlichen Aufwendungen verlangen.

§ 411 Verpackung, Kennzeichnung[1)]

¹Der Absender hat das Gut, soweit dessen Natur unter Berücksichtigung der vereinbarten Beförderung eine Verpackung erfordert, so zu verpacken, dass es vor Verlust und Beschädigung geschützt ist und dass auch dem Frachtführer keine Schäden entstehen. ²Soll das Gut in einem Container, auf einer Palette oder in oder auf einem sonstigen Lademittel, das zur Zusammenfassung von Frachtstücken verwendet wird, zur Beförderung übergeben werden, hat der Absender das Gut auch in oder auf dem Lademittel beförderungssicher zu stauen und zu sichern. ³Der Absender hat das Gut ferner, soweit dessen vertragsgemäße Behandlung dies erfordert, zu kennzeichnen.

§ 412 Verladen und Entladen. Verordnungsermächtigung[2)]

(1) ¹Soweit sich aus den Umständen oder der Verkehrssitte nicht etwas anderes ergibt, hat der Absender das Gut beförderungssicher zu laden, zu stauen und zu befestigen (verladen) sowie zu entladen. ²Der Frachtführer hat für die betriebssichere Verladung zu sorgen.

(2) Für die Lade- und Entladezeit, die sich mangels abweichender Vereinbarung nach einer den Umständen des Falles angemessenen Frist bemisst, kann keine besondere Vergütung verlangt werden.

(3) Wartet der Frachtführer aufgrund vertraglicher Vereinbarung oder aus Gründen, die nicht seinem Risikobereich zuzurechnen sind, über die Lade- oder Entladezeit hinaus, so hat er Anspruch auf eine angemessene Vergütung (Standgeld).

(4) Das Bundesministerium der Justiz und für Verbraucherschutz wird ermächtigt, im Einvernehmen mit dem Bundesministerium für Verkehr und digitale Infrastruktur durch Rechtsverordnung, die nicht der Zustimmung des Bundesrates bedarf, für die Binnenschifffahrt unter Berücksichtigung der Art der zur Beförderung bestimmten Fahrzeuge, der Art und Menge der umzuschlagenden Güter, der beim Güterumschlag zur Verfügung stehenden technischen Mittel und der Erfordernisse eines beschleunigten Verkehrsablaufs die Voraussetzungen für den Beginn der Lade- und Entladezeit, deren Dauer sowie die Höhe des Standgeldes zu bestimmen.

§ 413 Begleitpapiere[3)]

(1) Der Absender hat dem Frachtführer alle Urkunden zur Verfügung zu stellen und Auskünfte zu erteilen, die für eine amtliche Behandlung, insbesondere eine Zollabfertigung, vor der Ablieferung des Gutes erforderlich sind.

(2) ¹Der Frachtführer ist für den Schaden verantwortlich, der durch Verlust oder Beschädigung der ihm übergebenen Urkunden oder durch deren unrichtige Verwendung verursacht worden ist, es sei denn, dass der Verlust, die Beschädigung oder die unrichtige Verwendung auf Umständen beruht, die der Frachtführer nicht vermeiden und deren Folgen er nicht abwenden konnte. ²Seine Haftung ist jedoch auf den Betrag begrenzt, der bei Verlust des Gutes zu zahlen wäre.

---

1) **Anm. d. Red.:** § 411 i. d. F. des Gesetzes v. 20. 4. 2013 (BGBl I S. 831) mit Wirkung v. 25. 4. 2013.
2) **Anm. d. Red.:** § 412 i. d. F. der VO v. 31. 8. 2015 (BGBl I S. 1474) mit Wirkung v. 8. 9. 2015.
3) **Anm. d. Red.:** § 413 i. d. F. des Gesetzes v. 20. 4. 2013 (BGBl I S. 831) mit Wirkung v. 25. 4. 2013.

§ 414 Verschuldensunabhängige Haftung des Absenders in besonderen Fällen[1]

(1) Der Absender hat, auch wenn ihn kein Verschulden trifft, dem Frachtführer Schäden und Aufwendungen zu ersetzen, die verursacht werden durch
1. ungenügende Verpackung oder Kennzeichnung,
2. Unrichtigkeit oder Unvollständigkeit der in den Frachtbrief aufgenommenen Angaben,
3. Unterlassen der Mitteilung über die Gefährlichkeit des Gutes oder
4. Fehlen, Unvollständigkeit oder Unrichtigkeit der in § 413 Abs. 1 genannten Urkunden oder Auskünfte.

(2) Hat bei der Verursachung der Schäden oder Aufwendungen ein Verhalten des Frachtführers mitgewirkt, so hängen die Verpflichtung zum Ersatz sowie der Umfang des zu leistenden Ersatzes davon ab, inwieweit dieses Verhalten zu den Schäden und Aufwendungen beigetragen hat.

(3) Ist der Absender ein Verbraucher, so hat er dem Frachtführer Schäden und Aufwendungen nach den Absätzen 1 und 2 nur zu ersetzen, soweit ihn ein Verschulden trifft.

§ 415 Kündigung durch den Absender

(1) Der Absender kann den Frachtvertrag jederzeit kündigen.

(2) ¹Kündigt der Absender, so kann der Frachtführer entweder
1. die vereinbarte Fracht, das etwaige Standgeld sowie zu ersetzende Aufwendungen unter Anrechnung dessen, was er infolge der Aufhebung des Vertrages an Aufwendungen erspart oder anderweitig erwirbt oder zu erwerben böswillig unterlässt, oder
2. ein Drittel der vereinbarten Fracht (Fautfracht)

verlangen. ²Beruht die Kündigung auf Gründen, die dem Risikobereich des Frachtführers zuzurechnen sind, so entfällt der Anspruch auf Fautfracht nach Satz 1 Nr. 2; in diesem Falle entfällt auch der Anspruch nach Satz 1 Nr. 1, soweit die Beförderung für den Absender nicht von Interesse ist.

(3) ¹Wurde vor der Kündigung bereits Gut verladen, so kann der Frachtführer auf Kosten des Absenders Maßnahmen entsprechend § 419 Abs. 3 Satz 2 bis 4 ergreifen oder vom Absender verlangen, dass dieser das Gut unverzüglich entlädt. ²Der Frachtführer braucht das Entladen des Gutes nur zu dulden, soweit dies ohne Nachteile für seinen Betrieb und ohne Schäden für die Absender oder Empfänger anderer Sendungen möglich ist. ³Beruht die Kündigung auf Gründen, die dem Risikobereich des Frachtführers zuzurechnen sind, so ist abweichend von den Sätzen 1 und 2 der Frachtführer verpflichtet, das Gut, das bereits verladen wurde, unverzüglich auf eigene Kosten zu entladen.

§ 416 Anspruch auf Teilbeförderung[2]

¹Wird das Gut nur teilweise verladen, so kann der Absender jederzeit verlangen, dass der Frachtführer mit der Beförderung des bereits verladenen Teils des Gutes beginnt. ²In diesem Fall gebührt dem Frachtführer die volle Fracht, das etwaige Standgeld sowie Ersatz der Aufwendungen, die ihm durch das Fehlen eines Teils des Gutes entstehen; von der vollen Fracht kommt jedoch die Fracht für dasjenige Gut in Abzug, welches der Frachtführer mit demselben Beförderungsmittel anstelle des nicht verladenen Gutes befördert. ³Der Frachtführer ist außerdem berechtigt, soweit ihm durch das Fehlen eines Teils des Gutes die Sicherheit für die volle Fracht entgeht, die Bestellung einer anderweitigen Sicherheit zu fordern. ⁴Beruht die Unvollständigkeit der Verladung auf Gründen, die dem Risikobereich des Frachtführers zuzurechnen sind, so steht diesem der Anspruch nach den Sätzen 2 und 3 nur insoweit zu, als tatsächlich Gut befördert wird.

---

1) **Anm. d. Red.:** § 414 i. d. F. des Gesetzes v. 20. 4. 2013 (BGBl I S. 831) mit Wirkung v. 25. 4. 2013.
2) **Anm. d. Red.:** § 416 i. d. F. des Gesetzes v. 20. 4. 2013 (BGBl I S. 831) mit Wirkung v. 25. 4. 2013.

§ 417 Rechte des Frachtführers bei Nichteinhaltung der Ladezeit[1]

(1) Verlädt der Absender das Gut nicht innerhalb der Ladezeit oder stellt er, wenn ihm das Verladen nicht obliegt, das Gut nicht innerhalb der Ladezeit zur Verfügung, so kann ihm der Frachtführer eine angemessene Frist setzen, innerhalb derer das Gut verladen oder zur Verfügung gestellt werden soll.

(2) Wird bis zum Ablauf der nach Absatz 1 gesetzten Frist kein Gut verladen oder zur Verfügung gestellt oder ist offensichtlich, dass innerhalb dieser Frist kein Gut verladen oder zur Verfügung gestellt wird, so kann der Frachtführer den Vertrag kündigen und die Ansprüche nach § 415 Abs. 2 geltend machen.

(3) Wird das Gut bis zum Ablauf der nach Absatz 1 gesetzten Frist nur teilweise verladen oder zur Verfügung gestellt, so kann der Frachtführer mit der Beförderung des bereits verladenen Teils des Gutes beginnen und die Ansprüche nach § 416 Satz 2 und 3 geltend machen.

(4) ¹Der Frachtführer kann die Rechte nach Absatz 2 oder 3 auch ohne Fristsetzung ausüben, wenn der Absender sich ernsthaft und endgültig weigert, das Gut zu verladen oder zur Verfügung zu stellen. ²Er kann ferner den Vertrag nach Absatz 2 auch ohne Fristsetzung kündigen, wenn besondere Umstände vorliegen, die ihm unter Abwägung der beiderseitigen Interessen die Fortsetzung des Vertragsverhältnisses unzumutbar machen.

(5) Dem Frachtführer stehen die Rechte nicht zu, wenn die Nichteinhaltung der Ladezeit auf Gründen beruht, die seinem Risikobereich zuzurechnen sind.

§ 418 Nachträgliche Weisungen[2]

(1) ¹Der Absender ist berechtigt, über das Gut zu verfügen. ²Er kann insbesondere verlangen, dass der Frachtführer das Gut nicht weiterbefördert oder es an einem anderen Bestimmungsort, an einer anderen Ablieferungsstelle oder an einen anderen Empfänger abliefert. ³Der Frachtführer ist nur insoweit zur Befolgung solcher Weisungen verpflichtet, als deren Ausführung weder Nachteile für den Betrieb seines Unternehmens noch Schäden für die Absender oder Empfänger anderer Sendungen mit sich zu bringen droht. ⁴Er kann vom Absender Ersatz seiner durch die Ausführung der Weisung entstehenden Aufwendungen sowie eine angemessene Vergütung verlangen; der Frachtführer kann die Befolgung der Weisung von einem Vorschuss abhängig machen.

(2) ¹Das Verfügungsrecht des Absenders erlischt nach Ankunft des Gutes an der Ablieferungsstelle. ²Von diesem Zeitpunkt an steht das Verfügungsrecht nach Absatz 1 dem Empfänger zu. ³Macht der Empfänger von diesem Recht Gebrauch, so hat er dem Frachtführer die entstehenden Mehraufwendungen zu ersetzen sowie eine angemessene Vergütung zu zahlen; der Frachtführer kann die Befolgung der Weisung von einem Vorschuss abhängig machen.

(3) Hat der Empfänger in Ausübung seines Verfügungsrechts die Ablieferung des Gutes an einen Dritten angeordnet, so ist dieser nicht berechtigt, seinerseits einen anderen Empfänger zu bestimmen.

(4) Ist ein Frachtbrief ausgestellt und von beiden Parteien unterzeichnet worden, so kann der Absender sein Verfügungsrecht nur gegen Vorlage der Absenderausfertigung des Frachtbriefs ausüben, sofern dies im Frachtbrief vorgeschrieben ist.

(5) Beabsichtigt der Frachtführer, eine ihm erteilte Weisung nicht zu befolgen, so hat er denjenigen, der die Weisung gegeben hat, unverzüglich zu benachrichtigen.

(6) ¹Ist die Ausübung des Verfügungsrechts von der Vorlage des Frachtbriefs abhängig gemacht worden und führt der Frachtführer eine Weisung aus, ohne sich die Absenderausfertigung des Frachtbriefs vorlegen zu lassen, so haftet er dem Berechtigten für den daraus entste-

---

[1] **Anm. d. Red.:** § 417 i. d. F. des Gesetzes v. 20. 4. 2013 (BGBl I S. 831) mit Wirkung v. 25. 4. 2013.
[2] **Anm. d. Red.:** § 418 i. d. F. des Gesetzes v. 20. 4. 2013 (BGBl I S. 831) mit Wirkung v. 25. 4. 2013.

henden Schaden. ²Die Haftung ist auf den Betrag begrenzt, der bei Verlust des Gutes zu zahlen wäre.

§ 419 Beförderungs- und Ablieferungshindernisse[1)]

(1) ¹Wird nach Übernahme des Gutes erkennbar, dass die Beförderung oder Ablieferung nicht vertragsgemäß durchgeführt werden kann, so hat der Frachtführer Weisungen des nach § 418 oder § 446 Verfügungsberechtigten einzuholen. ²Ist der Empfänger verfügungsberechtigt und ist er nicht zu ermitteln oder verweigert er die Annahme des Gutes, so ist, wenn ein Ladeschein nicht ausgestellt ist, Verfügungsberechtigter nach Satz 1 der Absender; ist die Ausübung des Verfügungsrechts von der Vorlage eines Frachtbriefs abhängig gemacht worden, so bedarf es in diesem Fall der Vorlage des Frachtbriefs nicht. ³Der Frachtführer ist, wenn ihm Weisungen erteilt worden sind und das Hindernis nicht seinem Risikobereich zuzurechnen ist, berechtigt, Ansprüche nach § 418 Abs. 1 Satz 4 geltend zu machen.

(2) Tritt das Beförderungs- oder Ablieferungshindernis ein, nachdem der Empfänger aufgrund seiner Verfügungsbefugnis nach § 418 die Weisung erteilt hat, das Gut an einen Dritten abzuliefern, so nimmt bei der Anwendung des Absatzes 1 der Empfänger die Stelle des Absenders und der Dritte die des Empfängers ein.

(3) ¹Kann der Frachtführer Weisungen, die er nach § 418 Abs. 1 Satz 3 befolgen müsste, innerhalb angemessener Zeit nicht erlangen, so hat er die Maßnahmen zu ergreifen, die im Interesse des Verfügungsberechtigten die besten zu sein scheinen. ²Er kann etwa das Gut entladen und verwahren, für Rechnung des nach § 418 oder § 446 Verfügungsberechtigten einem Dritten zur Verwahrung anvertrauen oder zurückbefördern; vertraut der Frachtführer das Gut einem Dritten an, so haftet er nur für die sorgfältige Auswahl des Dritten. ³Der Frachtführer kann das Gut auch gemäß § 373 Abs. 2 bis 4 verkaufen lassen, wenn es sich um verderbliche Ware handelt oder der Zustand des Gutes eine solche Maßnahme rechtfertigt oder wenn die andernfalls entstehenden Kosten in keinem angemessenen Verhältnis zum Wert des Gutes stehen. ⁴Unverwertbares Gut darf der Frachtführer vernichten. ⁵Nach dem Entladen des Gutes gilt die Beförderung als beendet.

(4) Der Frachtführer hat wegen der nach Absatz 3 ergriffenen Maßnahmen Anspruch auf Ersatz der erforderlichen Aufwendungen und auf angemessene Vergütung, es sei denn, dass das Hindernis seinem Risikobereich zuzurechnen ist.

§ 420 Zahlung, Frachtberechnung[2)]

(1) ¹Die Fracht ist bei Ablieferung des Gutes zu zahlen. ²Der Frachtführer hat über die Fracht hinaus einen Anspruch auf Ersatz von Aufwendungen, soweit diese für das Gut gemacht wurden und er sie den Umständen nach für erforderlich halten durfte.

(2) ¹Der Anspruch auf die Fracht entfällt, soweit die Beförderung unmöglich ist. ²Wird die Beförderung infolge eines Beförderungs- oder Ablieferungshindernisses vorzeitig beendet, so gebührt dem Frachtführer die anteilige Fracht für den zurückgelegten Teil der Beförderung, wenn diese für den Absender von Interesse ist.

(3) ¹Abweichend von Absatz 2 behält der Frachtführer den Anspruch auf die Fracht, wenn die Beförderung aus Gründen unmöglich ist, die dem Risikobereich des Absenders zuzurechnen sind oder die zu einer Zeit eintreten, zu welcher der Absender im Verzug der Annahme ist. ²Der Frachtführer muss sich jedoch das, was er an Aufwendungen erspart oder anderweitig erwirbt oder zu erwerben böswillig unterlässt, anrechnen lassen.

(4) Tritt nach Beginn der Beförderung und vor Ankunft an der Ablieferungsstelle eine Verzögerung ein und beruht die Verzögerung auf Gründen, die dem Risikobereich des Absenders zuzurechnen sind, so gebührt dem Frachtführer neben der Fracht eine angemessene Vergütung.

---

1) **Anm. d. Red.:** § 419 i. d. F. des Gesetzes v. 20. 4. 2013 (BGBl I S. 831) mit Wirkung v. 25. 4. 2013.
2) **Anm. d. Red.:** § 420 i. d. F. des Gesetzes v. 20. 4. 2013 (BGBl I S. 831) mit Wirkung v. 25. 4. 2013.

(5) Ist die Fracht nach Zahl, Gewicht oder anders angegebener Menge des Gutes vereinbart, so wird für die Berechnung der Fracht vermutet, dass Angaben hierzu im Frachtbrief oder Ladeschein zutreffen; dies gilt auch dann, wenn zu diesen Angaben ein Vorbehalt eingetragen ist, der damit begründet ist, dass keine angemessenen Mittel zur Verfügung standen, die Richtigkeit der Angaben zu überprüfen.

§ 421 Rechte des Empfängers, Zahlungspflicht[1)]

(1) [1]Nach Ankunft des Gutes an der Ablieferungsstelle ist der Empfänger berechtigt, vom Frachtführer zu verlangen, ihm das Gut gegen Erfüllung der Verpflichtungen aus dem Frachtvertrag abzuliefern. [2]Ist das Gut beschädigt oder verspätet abgeliefert worden oder verloren gegangen, so kann der Empfänger die Ansprüche aus dem Frachtvertrag im eigenen Namen gegen den Frachtführer geltend machen; der Absender bleibt zur Geltendmachung dieser Ansprüche befugt. [3]Dabei macht es keinen Unterschied, ob Empfänger oder Absender im eigenen oder fremden Interesse handeln.

(2) [1]Der Empfänger, der sein Recht nach Absatz 1 Satz 1 geltend macht, hat die noch geschuldete Fracht bis zu dem Betrag zu zahlen, der aus dem Frachtbrief hervorgeht. [2]Ist ein Frachtbrief nicht ausgestellt oder dem Empfänger nicht vorgelegt worden oder ergibt sich aus dem Frachtbrief nicht die Höhe der zu zahlenden Fracht, so hat der Empfänger die mit dem Absender vereinbarte Fracht zu zahlen, soweit diese nicht unangemessen ist.

(3) Der Empfänger, der sein Recht nach Absatz 1 Satz 1 geltend macht, hat ferner ein Standgeld oder eine Vergütung nach § 420 Absatz 4 zu zahlen, ein Standgeld wegen Überschreitung der Ladezeit und eine Vergütung nach § 420 Absatz 4 jedoch nur, wenn ihm der geschuldete Betrag bei Ablieferung des Gutes mitgeteilt worden ist.

(4) Der Absender bleibt zur Zahlung der nach dem Vertrag geschuldeten Beträge verpflichtet.

§ 422 Nachnahme

(1) Haben die Parteien vereinbart, dass das Gut nur gegen Einziehung einer Nachnahme an den Empfänger abgeliefert werden darf, so ist anzunehmen, dass der Betrag in bar oder in Form eines gleichwertigen Zahlungsmittels einzuziehen ist.

(2) Das aufgrund der Einziehung Erlangte gilt im Verhältnis zu den Gläubigern des Frachtführers als auf den Absender übertragen.

(3) Wird das Gut dem Empfänger ohne Einziehung der Nachnahme abgeliefert, so haftet der Frachtführer, auch wenn ihn kein Verschulden trifft, dem Absender für den daraus entstehenden Schaden, jedoch nur bis zur Höhe des Betrages der Nachnahme.

§ 423 Lieferfrist

Der Frachtführer ist verpflichtet, das Gut innerhalb der vereinbarten Frist oder mangels Vereinbarung innerhalb der Frist abzuliefern, die einem sorgfältigen Frachtführer unter Berücksichtigung der Umstände vernünftigerweise zuzubilligen ist (Lieferfrist).

§ 424 Verlustvermutung

(1) Der Anspruchsberechtigte kann das Gut als verloren betrachten, wenn es weder innerhalb der Lieferfrist noch innerhalb eines weiteren Zeitraums abgeliefert wird, der der Lieferfrist entspricht, mindestens aber zwanzig Tage, bei einer grenzüberschreitenden Beförderung dreißig Tage beträgt.

(2) Erhält der Anspruchsberechtigte eine Entschädigung für den Verlust des Gutes, so kann er bei deren Empfang verlangen, dass er unverzüglich benachrichtigt wird, wenn das Gut wiederaufgefunden wird.

---

1) **Anm. d. Red.:** § 421 i. d. F. des Gesetzes v. 20. 4. 2013 (BGBl I S. 831) mit Wirkung v. 25. 4. 2013.

(3) ¹Der Anspruchsberechtigte kann innerhalb eines Monats nach Empfang der Benachrichtigung von dem Wiederauffinden des Gutes verlangen, dass ihm das Gut Zug um Zug gegen Erstattung der Entschädigung, gegebenenfalls abzüglich der in der Entschädigung enthaltenen Kosten, abgeliefert wird. ²Eine etwaige Pflicht zur Zahlung der Fracht sowie Ansprüche auf Schadenersatz bleiben unberührt.

(4) Wird das Gut nach Zahlung einer Entschädigung wiederaufgefunden und hat der Anspruchsberechtigte eine Benachrichtigung nicht verlangt oder macht er nach Benachrichtigung seinen Anspruch auf Ablieferung nicht geltend, so kann der Frachtführer über das Gut frei verfügen.

§ 425 Haftung für Güter- und Verspätungsschäden, Schadensteilung

(1) Der Frachtführer haftet für den Schaden, der durch Verlust oder Beschädigung des Gutes in der Zeit von der Übernahme zur Beförderung bis zur Ablieferung oder durch Überschreitung der Lieferfrist entsteht.

(2) Hat bei der Entstehung des Schadens ein Verhalten des Absenders oder des Empfängers oder ein besonderer Mangel des Gutes mitgewirkt, so hängen die Verpflichtung zum Ersatz sowie der Umfang des zu leistenden Ersatzes davon ab, inwieweit diese Umstände zu dem Schaden beigetragen haben.

§ 426 Haftungsausschluss

Der Frachtführer ist von der Haftung befreit, soweit der Verlust, die Beschädigung oder die Überschreitung der Lieferfrist auf Umständen beruht, die der Frachtführer auch bei größter Sorgfalt nicht vermeiden und deren Folgen er nicht abwenden konnte.

§ 427 Besondere Haftungsausschlussgründe

(1) Der Frachtführer ist von seiner Haftung befreit, soweit der Verlust, die Beschädigung oder die Überschreitung der Lieferfrist auf eine der folgenden Gefahren zurückzuführen ist:
1. vereinbarte oder der Übung entsprechende Verwendung von offenen, nicht mit Planen gedeckten Fahrzeugen oder Verladung auf Deck;
2. ungenügende Verpackung durch den Absender;
3. Behandeln, Verladen oder Entladen des Gutes durch den Absender oder den Empfänger;
4. natürliche Beschaffenheit des Gutes, die besonders leicht zu Schäden, insbesondere durch Bruch, Rost, inneren Verderb, Austrocknen, Auslaufen, normalen Schwund, führt;
5. ungenügende Kennzeichnung der Frachtstücke durch den Absender;
6. Beförderung lebender Tiere.

(2) ¹Ist ein Schaden eingetreten, der nach den Umständen des Falles aus einer der in Absatz 1 bezeichneten Gefahren entstehen konnte, so wird vermutet, dass der Schaden aus dieser Gefahr entstanden ist. ²Diese Vermutung gilt im Falle des Absatzes 1 Nr. 1 nicht bei außergewöhnlich großem Verlust.

(3) Der Frachtführer kann sich auf Absatz 1 Nr. 1 nur berufen, soweit der Verlust, die Beschädigung oder die Überschreitung der Lieferfrist nicht darauf zurückzuführen ist, dass der Frachtführer besondere Weisungen des Absenders im Hinblick auf die Beförderung des Gutes nicht beachtet hat.

(4) Ist der Frachtführer nach dem Frachtvertrag verpflichtet, das Gut gegen die Einwirkung von Hitze, Kälte, Temperaturschwankungen, Luftfeuchtigkeit, Erschütterungen oder ähnlichen Einflüssen besonders zu schützen, so kann er sich auf Absatz 1 Nr. 4 nur berufen, wenn er alle ihm nach den Umständen obliegenden Maßnahmen, insbesondere hinsichtlich der Auswahl, Instandhaltung und Verwendung besonderer Einrichtungen, getroffen und besondere Weisungen beachtet hat.

(5) Der Frachtführer kann sich auf Absatz 1 Nr. 6 nur berufen, wenn er alle ihm nach den Umständen obliegenden Maßnahmen getroffen und besondere Weisungen beachtet hat.

§ 428 Haftung für andere

¹Der Frachtführer hat Handlungen und Unterlassungen seiner Leute in gleichem Umfange zu vertreten wie eigene Handlungen und Unterlassungen, wenn die Leute in Ausübung ihrer Verrichtungen handeln. ²Gleiches gilt für Handlungen und Unterlassungen anderer Personen, deren er sich bei Ausführung der Beförderung bedient.

§ 429 Wertersatz

(1) Hat der Frachtführer für gänzlichen oder teilweisen Verlust des Gutes Schadenersatz zu leisten, so ist der Wert am Ort und zurzeit der Übernahme zur Beförderung zu ersetzen.

(2) ¹Bei Beschädigung des Gutes ist der Unterschied zwischen dem Wert des unbeschädigten Gutes am Ort und zurzeit der Übernahme zur Beförderung und dem Wert zu ersetzen, den das beschädigte Gut am Ort und zurzeit der Übernahme gehabt hätte. ²Es wird vermutet, dass die zur Schadensminderung und Schadensbehebung aufzuwendenden Kosten dem nach Satz 1 zu ermittelnden Unterschiedsbetrag entsprechen.

(3) ¹Der Wert des Gutes bestimmt sich nach dem Marktpreis, sonst nach dem gemeinen Wert von Gütern gleicher Art und Beschaffenheit. ²Ist das Gut unmittelbar vor Übernahme zur Beförderung verkauft worden, so wird vermutet, dass der in der Rechnung des Verkäufers ausgewiesene Kaufpreis abzüglich darin enthaltener Beförderungskosten der Marktpreis ist.

§ 430 Schadensfeststellungskosten

Bei Verlust oder Beschädigung des Gutes hat der Frachtführer über den nach § 429 zu leistenden Ersatz hinaus die Kosten der Feststellung des Schadens zu tragen.

§ 431 Haftungshöchstbetrag[1)]

(1) Die nach den §§ 429 und 430 zu leistende Entschädigung wegen Verlust oder Beschädigung ist auf einen Betrag von 8,33 Rechnungseinheiten für jedes Kilogramm des Rohgewichts des Gutes begrenzt.

(2) Besteht das Gut aus mehreren Frachtstücken (Sendung) und sind nur einzelne Frachtstücke verloren oder beschädigt worden, so ist der Berechnung nach Absatz 1
1. die gesamte Sendung zu Grunde zu legen, wenn die gesamte Sendung entwertet ist, oder
2. der entwertete Teil der Sendung zu Grunde zu legen, wenn nur ein Teil der Sendung entwertet ist.

(3) Die Haftung des Frachtführers wegen Überschreitung der Lieferfrist ist auf den dreifachen Betrag der Fracht begrenzt.

(4) ¹Die in den Absätzen 1 und 2 genannte Rechnungseinheit ist das Sonderziehungsrecht des Internationalen Währungsfonds. ²Der Betrag wird in Euro entsprechend dem Wert des Euro gegenüber dem Sonderziehungsrecht am Tag der Übernahme des Gutes zur Beförderung oder an dem von den Parteien vereinbarten Tag umgerechnet. ³Der Wert des Euro gegenüber dem Sonderziehungsrecht wird nach der Berechnungsmethode ermittelt, die der Internationale Währungsfonds an dem betreffenden Tag für seine Operationen und Transaktionen anwendet.

§ 432 Ersatz sonstiger Kosten

¹Haftet der Frachtführer wegen Verlust oder Beschädigung, so hat er über den nach den §§ 429 bis 431 zu leistenden Ersatz hinaus die Fracht, öffentliche Abgaben und sonstige Kosten

---

1) **Anm. d. Red.:** § 431 i. d. F. des Gesetzes v. 20. 4. 2013 (BGBl I S. 831) mit Wirkung v. 25. 4. 2013.

aus Anlass der Beförderung des Gutes zu erstatten, im Fall der Beschädigung jedoch nur in dem nach § 429 Abs. 2 zu ermittelnden Wertverhältnis. ²Weiteren Schaden hat er nicht zu ersetzen.

§ 433 Haftungshöchstbetrag bei sonstigen Vermögensschäden

Haftet der Frachtführer wegen der Verletzung einer mit der Ausführung der Beförderung des Gutes zusammenhängenden vertraglichen Pflicht für Schäden, die nicht durch Verlust oder Beschädigung des Gutes oder durch Überschreitung der Lieferfrist entstehen, und handelt es sich um andere Schäden als Sach- oder Personenschäden, so ist auch in diesem Falle die Haftung begrenzt, und zwar auf das Dreifache des Betrages, der bei Verlust des Gutes zu zahlen wäre.

§ 434 Außervertragliche Ansprüche[1]

(1) Die in diesem Unterabschnitt und im Frachtvertrag vorgesehenen Haftungsbefreiungen und Haftungsbegrenzungen gelten auch für einen außervertraglichen Anspruch des Absenders oder des Empfängers gegen den Frachtführer wegen Verlust oder Beschädigung des Gutes oder wegen Überschreitung der Lieferfrist.

(2) ¹Der Frachtführer kann auch gegenüber außervertraglichen Ansprüchen Dritter wegen Verlust oder Beschädigung des Gutes die Einwendungen nach Absatz 1 geltend machen. ²Die Einwendungen können jedoch nicht geltend gemacht werden, wenn

1. sie auf eine Vereinbarung gestützt werden, die von den in § 449 Absatz 1 Satz 1 genannten Vorschriften zu Lasten des Absenders abweicht,
2. der Dritte der Beförderung nicht zugestimmt hat und der Frachtführer die fehlende Befugnis des Absenders, das Gut zu versenden, kannte oder infolge grober Fahrlässigkeit nicht kannte oder
3. das Gut vor Übernahme zur Beförderung dem Dritten oder einer Person, die von diesem ihr Recht zum Besitz ableitet, abhanden gekommen ist.

³Satz 2 Nummer 1 gilt jedoch nicht für eine nach § 449 zulässige Vereinbarung über die Begrenzung der vom Frachtführer zu leistenden Entschädigung wegen Verlust oder Beschädigung des Gutes auf einen niedrigeren als den gesetzlich vorgesehenen Betrag, wenn dieser den Betrag von 2 Rechnungseinheiten nicht unterschreitet.

§ 435 Wegfall der Haftungsbefreiungen und -begrenzungen

Die in diesem Unterabschnitt und im Frachtvertrag vorgesehenen Haftungsbefreiungen und Haftungsbegrenzungen gelten nicht, wenn der Schaden auf eine Handlung oder Unterlassung zurückzuführen ist, die der Frachtführer oder eine in § 428 genannte Person vorsätzlich oder leichtfertig und in dem Bewusstsein, dass ein Schaden mit Wahrscheinlichkeit eintreten werde, begangen hat.

§ 436 Haftung der Leute

¹Werden Ansprüche aus außervertraglicher Haftung wegen Verlust oder Beschädigung des Gutes oder wegen Überschreitung der Lieferfrist gegen einen der Leute des Frachtführers erhoben, so kann sich auch jener auf die in diesem Unterabschnitt und im Frachtvertrag vorgesehenen Haftungsbefreiungen und -begrenzungen berufen. ²Dies gilt nicht, wenn er vorsätzlich oder leichtfertig und in dem Bewusstsein, dass ein Schaden mit Wahrscheinlichkeit eintreten werde, gehandelt hat.

§ 437 Ausführender Frachtführer[2]

(1) ¹Wird die Beförderung ganz oder teilweise durch einen Dritten ausgeführt (ausführender Frachtführer), so haftet dieser für den Schaden, der durch Verlust oder Beschädigung des Gutes

---

1) **Anm. d. Red.:** § 434 i. d. F. des Gesetzes v. 20. 4. 2013 (BGBl I S. 831) mit Wirkung v. 25. 4. 2013.
2) **Anm. d. Red.:** § 437 i. d. F. des Gesetzes v. 20. 4. 2013 (BGBl I S. 831) mit Wirkung v. 25. 4. 2013.

oder durch Überschreitung der Lieferfrist während der durch ihn ausgeführten Beförderung entsteht, so, als wäre er der Frachtführer. ²Vertragliche Vereinbarungen mit dem Absender oder Empfänger, durch die der Frachtführer seine Haftung erweitert, wirken gegen den ausführenden Frachtführer nur, soweit er ihnen schriftlich zugestimmt hat.

(2) Der ausführende Frachtführer kann alle Einwendungen und Einreden geltend machen, die dem Frachtführer aus dem Frachtvertrag zustehen.

(3) Frachtführer und ausführender Frachtführer haften als Gesamtschuldner.

(4) Werden die Leute des ausführenden Frachtführers in Anspruch genommen, so gilt für diese § 436 entsprechend.

§ 438 Schadensanzeige[1]

(1) ¹Ist ein Verlust oder eine Beschädigung des Gutes äußerlich erkennbar und zeigt der Empfänger oder der Absender dem Frachtführer Verlust oder Beschädigung nicht spätestens bei Ablieferung des Gutes an, so wird vermutet, dass das Gut vollständig und unbeschädigt abgeliefert worden ist. ²Die Anzeige muss den Verlust oder die Beschädigung hinreichend deutlich kennzeichnen.

(2) Die Vermutung nach Absatz 1 gilt auch, wenn der Verlust oder die Beschädigung äußerlich nicht erkennbar war und nicht innerhalb von sieben Tagen nach Ablieferung angezeigt worden ist.

(3) Ansprüche wegen Überschreitung der Lieferfrist erlöschen, wenn der Empfänger dem Frachtführer die Überschreitung der Lieferfrist nicht innerhalb von einundzwanzig Tagen nach Ablieferung anzeigt.

(4) ¹Eine Schadensanzeige nach Ablieferung ist in Textform zu erstatten. ²Zur Wahrung der Frist genügt die rechtzeitige Absendung.

(5) Werden Verlust, Beschädigung oder Überschreitung der Lieferfrist bei Ablieferung angezeigt, so genügt die Anzeige gegenüber demjenigen, der das Gut abliefert.

§ 439 Verjährung[2]

(1) ¹Ansprüche aus einer Beförderung, die den Vorschriften dieses Unterabschnitts unterliegt, verjähren in einem Jahr. ²Bei Vorsatz oder bei einem dem Vorsatz nach § 435 gleichstehenden Verschulden beträgt die Verjährungsfrist drei Jahre.

(2) ¹Die Verjährung beginnt mit Ablauf des Tages, an dem das Gut abgeliefert wurde. ²Ist das Gut nicht abgeliefert worden, beginnt die Verjährung mit dem Ablauf des Tages, an dem das Gut hätte abgeliefert werden müssen. ³Abweichend von den Sätzen 1 und 2 beginnt die Verjährung von Rückgriffsansprüchen mit dem Tag des Eintritts der Rechtskraft des Urteils gegen den Rückgriffsgläubiger oder, wenn kein rechtskräftiges Urteil vorliegt, mit dem Tag, an dem der Rückgriffsgläubiger den Anspruch befriedigt hat, es sei denn, der Rückgriffsschuldner wurde nicht innerhalb von drei Monaten, nachdem der Rückgriffsgläubiger Kenntnis von dem Schaden und der Person des Rückgriffsschuldners erlangt hat, über diesen Schaden unterrichtet.

(3) ¹Die Verjährung eines Anspruchs gegen den Frachtführer wird auch durch eine Erklärung des Absenders oder Empfängers, mit der dieser Ersatzansprüche erhebt, bis zu dem Zeitpunkt gehemmt, in dem der Frachtführer die Erfüllung des Anspruchs ablehnt. ²Die Erhebung der Ansprüche sowie die Ablehnung bedürfen der Textform. ³Eine weitere Erklärung, die denselben Ersatzanspruch zum Gegenstand hat, hemmt die Verjährung nicht erneut.

(4) Die Verjährung von Schadensersatzansprüchen wegen Verlust oder Beschädigung des Gutes oder wegen Überschreitung der Lieferfrist kann nur durch Vereinbarung, die im einzelnen

---

1) **Anm. d. Red.:** § 438 i. d. F. des Gesetzes v. 20. 4. 2013 (BGBl I S. 831) mit Wirkung v. 25. 4. 2013.
2) **Anm. d. Red.:** § 439 i. d. F. des Gesetzes v. 20. 4. 2013 (BGBl I S. 831) mit Wirkung v. 25. 4. 2013.

ausgehandelt ist, auch wenn sie für eine Mehrzahl von gleichartigen Verträgen zwischen denselben Vertragsparteien getroffen ist, erleichtert oder erschwert werden.

§ 440 Pfandrecht des Frachtführers[1]

(1) ¹Der Frachtführer hat für alle Forderungen aus dem Frachtvertrag ein Pfandrecht an dem ihm zur Beförderung übergebenen Gut des Absenders oder eines Dritten, der der Beförderung des Gutes zugestimmt hat. ²An dem Gut des Absenders hat der Frachtführer auch ein Pfandrecht für alle unbestrittenen Forderungen aus anderen mit dem Absender abgeschlossenen Fracht-, Seefracht-, Speditions- und Lagerverträgen. ³Das Pfandrecht nach den Sätzen 1 und 2 erstreckt sich auf die Begleitpapiere.

(2) Das Pfandrecht besteht, solange der Frachtführer das Gut in seinem Besitz hat, insbesondere solange er mittels Konnossements, Ladescheins oder Lagerscheins darüber verfügen kann.

(3) Das Pfandrecht besteht auch nach der Ablieferung fort, wenn der Frachtführer es innerhalb von drei Tagen nach der Ablieferung gerichtlich geltend macht und das Gut noch im Besitz des Empfängers ist.

(4) ¹Die in § 1234 Abs. 1 des Bürgerlichen Gesetzbuchs bezeichnete Androhung des Pfandverkaufs sowie die in den §§ 1237 und 1241 des Bürgerlichen Gesetzbuchs vorgesehenen Benachrichtigungen sind an den nach § 418 oder § 446 verfügungsberechtigten Empfänger zu richten. ²Ist dieser nicht zu ermitteln oder verweigert er die Annahme des Gutes, so haben die Androhung und die Benachrichtigung gegenüber dem Absender zu erfolgen.

§ 441 Nachfolgender Frachtführer[2]

(1) ¹Hat im Falle der Beförderung durch mehrere Frachtführer der letzte bei der Ablieferung die Forderungen der vorhergehenden Frachtführer einzuziehen, so hat er die Rechte der vorhergehenden Frachtführer, insbesondere auch das Pfandrecht, auszuüben. ²Das Pfandrecht jedes vorhergehenden Frachtführers bleibt so lange bestehen wie das Pfandrecht des letzten Frachtführers.

(2) Wird ein vorhergehender Frachtführer von einem nachgehenden befriedigt, so gehen Forderung und Pfandrecht des Ersteren auf den Letzteren über.

(3) Die Absätze 1 und 2 gelten auch für die Forderungen und Rechte eines Spediteurs, der an der Beförderung mitgewirkt hat.

§ 442 Rang mehrerer Pfandrechte[3]

(1) Bestehen an demselben Gut mehrere nach den §§ 397, 440, 464, 475b und 495 begründete Pfandrechte, so geht unter denjenigen Pfandrechten, die durch die Versendung oder durch die Beförderung des Gutes entstanden sind, das später entstandene dem früher entstandenen vor.

(2) Diese Pfandrechte haben Vorrang vor dem nicht aus der Versendung entstandenen Pfandrecht des Kommissionärs und des Lagerhalters sowie vor dem Pfandrecht des Spediteurs, des Frachtführers und des Verfrachters für Vorschüsse.

---

1) **Anm. d. Red.:** Bisheriger § 441 zu neuem § 440 geworden und geändert gem. Gesetz v. 20. 4. 2013 (BGBl I S. 831) mit Wirkung v. 25. 4. 2013.

2) **Anm. d. Red.:** Bisheriger § 442 zu neuem § 441 geworden gem. Gesetz v. 20. 4. 2013 (BGBl I S. 831) mit Wirkung v. 25. 4. 2013.

3) **Anm. d. Red.:** Bisheriger § 443 zu neuem § 442 geworden und geändert gem. Gesetz v. 20. 4. 2013 (BGBl I S. 831) mit Wirkung v. 25. 4. 2013.

§ 443 Ladeschein. Verordnungsermächtigung[1]

(1) ¹Über die Verpflichtung zur Ablieferung des Gutes kann von dem Frachtführer ein Ladeschein ausgestellt werden, der die in § 408 Abs. 1 genannten Angaben enthalten soll. ²Der Ladeschein ist vom Frachtführer zu unterzeichnen; eine Nachbildung der eigenhändigen Unterschrift durch Druck oder durch Stempel genügt.

(2) ¹Ist der Ladeschein an Order gestellt, so soll er den Namen desjenigen enthalten, an dessen Order das Gut abgeliefert werden soll. ²Wird der Name nicht angegeben, so ist der Ladeschein als an Order des Absenders gestellt anzusehen.

(3) ¹Dem Ladeschein gleichgestellt ist eine elektronische Aufzeichnung, die dieselben Funktionen erfüllt wie der Ladeschein, sofern sichergestellt ist, dass die Authentizität und die Integrität der Aufzeichnung gewahrt bleiben (elektronischer Ladeschein). ²Das Bundesministerium der Justiz und für Verbraucherschutz wird ermächtigt, im Einvernehmen mit dem Bundesministerium des Innern, für Bau und Heimat durch Rechtsverordnung, die nicht der Zustimmung des Bundesrates bedarf, die Einzelheiten der Ausstellung, Vorlage, Rückgabe und Übertragung eines elektronischen Ladescheins sowie die Einzelheiten des Verfahrens einer nachträglichen Eintragung in einen elektronischen Ladeschein zu regeln.

§ 444 Wirkung des Ladescheins. Legitimation[2]

(1) Der Ladeschein begründet die Vermutung, dass der Frachtführer das Gut so übernommen hat, wie es im Ladeschein beschrieben ist; § 409 Absatz 2 und 3 Satz 1 gilt entsprechend.

(2) ¹Gegenüber einem im Ladeschein benannten Empfänger, an den der Ladeschein begeben wurde, kann der Frachtführer die Vermutung nach Absatz 1 nicht widerlegen, es sei denn, dem Empfänger war im Zeitpunkt der Begebung des Ladescheins bekannt oder infolge grober Fahrlässigkeit unbekannt, dass die Angaben im Ladeschein unrichtig sind. ²Gleiches gilt gegenüber einem Dritten, dem der Ladeschein übertragen wurde. ³Die Sätze 1 und 2 gelten nicht, wenn der aus dem Ladeschein Berechtigte den ausführenden Frachtführer nach § 437 in Anspruch nimmt und der Ladeschein weder vom ausführenden Frachtführer noch von einem für ihn zur Zeichnung von Ladescheinen Befugten ausgestellt wurde.

(3) ¹Die im Ladeschein verbrieften frachtvertraglichen Ansprüche können nur von dem aus dem Ladeschein Berechtigten geltend gemacht werden. ²Zugunsten des legitimierten Besitzers des Ladescheins wird vermutet, dass er der aus dem Ladeschein Berechtigte ist. ³Legitimierter Besitzer des Ladescheins ist, wer einen Ladeschein besitzt, der

1. auf den Inhaber lautet,
2. an Order lautet und den Besitzer als Empfänger benennt oder durch eine ununterbrochene Reihe von Indossamenten ausweist oder
3. auf den Namen des Besitzers lautet.

§ 445 Ablieferung gegen Rückgabe des Ladescheins[3]

(1) ¹Nach Ankunft des Gutes an der Ablieferungsstelle ist der legitimierte Besitzer des Ladescheins berechtigt, vom Frachtführer die Ablieferung des Gutes zu verlangen. ²Macht er von diesem Recht Gebrauch, ist er entsprechend § 421 Absatz 2 und 3 zur Zahlung der Fracht und einer sonstigen Vergütung verpflichtet.

(2) ¹Der Frachtführer ist zur Ablieferung des Gutes nur gegen Rückgabe des Ladescheins, auf dem die Ablieferung bescheinigt ist, und gegen Leistung der noch ausstehenden, nach § 421 Absatz 2 und 3 geschuldeten Zahlungen verpflichtet. ²Er darf das Gut jedoch nicht dem legitimierten Besitzer des Ladescheins abliefern, wenn ihm bekannt oder infolge grober Fahrlässigkeit un-

---

1) **Anm. d. Red.:** § 443 i. d. F. der VO v. 19.6.2020 (BGBl I S. 1328) mit Wirkung v. 27.6.2020.
2) **Anm. d. Red.:** § 444 eingefügt gem. Gesetz v. 20.4.2013 (BGBl I S. 831) mit Wirkung v. 25.4.2013.
3) **Anm. d. Red.:** § 445 i. d. F. des Gesetzes v. 20.4.2013 (BGBl I S. 831) mit Wirkung v. 25.4.2013.

bekannt ist, dass der legitimierte Besitzer des Ladescheins nicht der aus dem Ladeschein Berechtigte ist.

(3) ¹Liefert der Frachtführer das Gut einem anderen als dem legitimierten Besitzer des Ladescheins oder, im Falle des Absatzes 2 Satz 2, einem anderen als dem aus dem Ladeschein Berechtigten ab, haftet er für den Schaden, der dem aus dem Ladeschein Berechtigten daraus entsteht. ²Die Haftung ist auf den Betrag begrenzt, der bei Verlust des Gutes zu zahlen wäre.

§ 446 Befolgung von Weisungen[1]

(1) ¹Das Verfügungsrecht nach den §§ 418 und 419 steht, wenn ein Ladeschein ausgestellt worden ist, ausschließlich dem legitimierten Besitzer des Ladescheins zu. ²Der Frachtführer darf Weisungen nur gegen Vorlage des Ladescheins ausführen. ³Weisungen des legitimierten Besitzers des Ladescheins darf er jedoch nicht ausführen, wenn ihm bekannt oder infolge grober Fahrlässigkeit unbekannt ist, dass der legitimierte Besitzer des Ladescheins nicht der aus dem Ladeschein Berechtigte ist.

(2) ¹Befolgt der Frachtführer Weisungen, ohne sich den Ladeschein vorlegen zu lassen, haftet er dem aus dem Ladeschein Berechtigten für den Schaden, der diesem daraus entsteht. ²Die Haftung ist auf den Betrag begrenzt, der bei Verlust des Gutes zu zahlen wäre.

§ 447 Einwendungen[2]

(1) ¹Dem aus dem Ladeschein Berechtigten kann der Frachtführer nur solche Einwendungen entgegensetzen, die die Gültigkeit der Erklärungen im Ladeschein betreffen oder sich aus dem Inhalt des Ladescheins ergeben oder dem Frachtführer unmittelbar gegenüber dem aus dem Ladeschein Berechtigten zustehen. ²Eine Vereinbarung, auf die im Ladeschein lediglich verwiesen wird, ist nicht Inhalt des Ladescheins.

(2) Wird ein ausführender Frachtführer nach § 437 von dem aus dem Ladeschein Berechtigten in Anspruch genommen, kann auch der ausführende Frachtführer die Einwendungen nach Absatz 1 geltend machen.

§ 448 Traditionswirkung des Ladescheins[3]

¹Die Begebung des Ladescheins an den darin benannten Empfänger hat, sofern der Frachtführer das Gut im Besitz hat, für den Erwerb von Rechten an dem Gut dieselben Wirkungen wie die Übergabe des Gutes. ²Gleiches gilt für die Übertragung des Ladescheins an Dritte.

§ 449 Abweichende Vereinbarungen über die Haftung[4]

(1) ¹Soweit der Frachtvertrag nicht die Beförderung von Briefen oder briefähnlichen Sendungen zum Gegenstand hat, kann von den Haftungsvorschriften in § 413 Absatz 2, den §§ 414, 418 Absatz 6, § 422 Absatz 3, den §§ 425 bis 438, 445 Absatz 3 und § 446 Absatz 2 nur durch Vereinbarung abgewichen werden, die im Einzelnen ausgehandelt wird, auch wenn sie für eine Mehrzahl von gleichartigen Verträgen zwischen denselben Vertragsparteien getroffen wird. ²Der Frachtführer kann sich jedoch auf eine Bestimmung im Ladeschein, die von den in Satz 1 genannten Vorschriften zu Lasten des aus dem Ladeschein Berechtigten abweicht, nicht gegenüber einem im Ladeschein benannten Empfänger, an den der Ladeschein begeben wurde, sowie gegenüber einem Dritten, dem der Ladeschein übertragen wurde, berufen.

(2) ¹Abweichend von Absatz 1 kann die vom Frachtführer zu leistende Entschädigung wegen Verlust oder Beschädigung des Gutes auch durch vorformulierte Vertragsbedingungen auf ei-

---

1) **Anm. d. Red.:** § 446 i. d. F. des Gesetzes v. 20. 4. 2013 (BGBl I S. 831) mit Wirkung v. 25. 4. 2013.
2) **Anm. d. Red.:** § 447 i. d. F. des Gesetzes v. 20. 4. 2013 (BGBl I S. 831) mit Wirkung v. 25. 4. 2013.
3) **Anm. d. Red.:** § 448 i. d. F. des Gesetzes v. 20. 4. 2013 (BGBl I S. 831) mit Wirkung v. 25. 4. 2013.
4) **Anm. d. Red.:** § 449 i. d. F. des Gesetzes v. 20. 4. 2013 (BGBl I S. 831) mit Wirkung v. 25. 4. 2013.

nen anderen als den in § 431 Absatz 1 und 2 vorgesehenen Betrag begrenzt werden, wenn dieser Betrag

1. zwischen 2 und 40 Rechnungseinheiten liegt und der Verwender der vorformulierten Vertragsbedingungen seinen Vertragspartner in geeigneter Weise darauf hinweist, dass diese einen anderen als den gesetzlich vorgesehenen Betrag vorsehen, oder
2. für den Verwender der vorformulierten Vertragsbedingungen ungünstiger ist als der in § 431 Absatz 1 und 2 vorgesehene Betrag.

²Ferner kann abweichend von Absatz 1 durch vorformulierte Vertragsbedingungen die vom Absender nach § 414 zu leistende Entschädigung der Höhe nach beschränkt werden.

(3) Ist der Absender ein Verbraucher, so kann in keinem Fall zu seinem Nachteil von den in Absatz 1 Satz 1 genannten Vorschriften abgewichen werden, es sei denn, der Frachtvertrag hat die Beförderung von Briefen oder briefähnlichen Sendungen zum Gegenstand.

(4) Unterliegt der Frachtvertrag ausländischem Recht, so sind die Absätze 1 bis 3 gleichwohl anzuwenden, wenn nach dem Vertrag sowohl der Ort der Übernahme als auch der Ort der Ablieferung des Gutes im Inland liegen.

§ 450 Anwendung von Seefrachtrecht[1]

Hat der Frachtvertrag die Beförderung des Gutes ohne Umladung sowohl auf Binnen- als auch auf Seegewässern zum Gegenstand, so ist auf den Vertrag Seefrachtrecht anzuwenden, wenn

1. ein Konnossement ausgestellt ist oder
2. die auf Seegewässern zurückzulegende Strecke die größere ist.

Zweiter Unterabschnitt: Beförderung von Umzugsgut

§ 451 Umzugsvertrag

Hat der Frachtvertrag die Beförderung von Umzugsgut zum Gegenstand, so sind auf den Vertrag die Vorschriften des Ersten Unterabschnitts anzuwenden, soweit die folgenden besonderen Vorschriften oder anzuwendende internationale Übereinkommen nichts anderes bestimmen.

§ 451a Pflichten des Frachtführers[2]

(1) Die Pflichten des Frachtführers umfassen auch das Ab- und Aufbauen der Möbel sowie das Ver- und Entladen des Umzugsgutes.

(2) Ist der Absender ein Verbraucher, so zählt zu den Pflichten des Frachtführers ferner die Ausführung sonstiger auf den Umzug bezogener Leistungen wie die Verpackung und Kennzeichnung des Umzugsgutes.

§ 451b Frachtbrief, Gefährliches Gut, Begleitpapiere, Mitteilungs- und Auskunftspflichten[3]

(1) Abweichend von § 408 ist der Absender nicht verpflichtet, einen Frachtbrief auszustellen.

(2) ¹Zählt zu dem Umzugsgut gefährliches Gut und ist der Absender ein Verbraucher, so ist er abweichend von § 410 lediglich verpflichtet, den Frachtführer über die von dem Gut ausgehen-

---

1) **Anm. d. Red.:** Gem. Art. 1 Nr. 27 i.V. mit Art. 15 Abs. 2 Gesetz v. 20.4.2013 (BGBl I S. 831) werden in § 450 die Wörter „1. ein Konnossement ausgestellt ist oder 2." gestrichen. Diese Änderung tritt in Kraft, an dem das Internationale Abkommen vom 25. August 1924 zur Vereinheitlichung von Regeln über Konnossemente (RGBl 1939 II S. 1049) für die Bundesrepublik Deutschland außer Kraft tritt. Das Bundesministerium der Justiz gibt diesen Tag im Bundesgesetzblatt bekannt.

2) **Anm. d. Red.:** § 451a i. d. F. des Gesetzes v. 27.6.2000 (BGBl I S. 897) mit Wirkung v. 30.6.2000.

3) **Anm. d. Red.:** § 451b i. d. F. des Gesetzes v. 27.6.2000 (BGBl I S. 897) mit Wirkung v. 30.6.2000.

de Gefahr allgemein zu unterrichten; die Unterrichtung bedarf keiner Form. ²Der Frachtführer hat den Absender über dessen Pflicht nach Satz 1 zu unterrichten.

(3) ¹Der Frachtführer hat den Absender, wenn dieser ein Verbraucher ist, über die zu beachtenden Zoll- und sonstigen Verwaltungsvorschriften zu unterrichten. ²Er ist jedoch nicht verpflichtet zu prüfen, ob vom Absender zur Verfügung gestellte Urkunden und erteilte Auskünfte richtig und vollständig sind.

§ 451c (weggefallen)[1]

§ 451d Besondere Haftungsausschlussgründe

(1) Abweichend von § 427 ist der Frachtführer von seiner Haftung befreit, soweit der Verlust oder die Beschädigung auf eine der folgenden Gefahren zurückzuführen ist:
1. Beförderung von Edelmetallen, Juwelen, Edelsteinen, Geld, Briefmarken, Münzen, Wertpapieren oder Urkunden;
2. ungenügende Verpackung oder Kennzeichnung durch den Absender;
3. Behandeln, Verladen oder Entladen des Gutes durch den Absender;
4. Beförderung von nicht vom Frachtführer verpacktem Gut in Behältern;
5. Verladen oder Entladen von Gut, dessen Größe oder Gewicht den Raumverhältnissen an der Ladestelle oder Entladestelle nicht entspricht, sofern der Frachtführer den Absender auf die Gefahr einer Beschädigung vorher hingewiesen und der Absender auf der Durchführung der Leistung bestanden hat;
6. Beförderung lebender Tiere oder von Pflanzen;
7. natürliche oder mangelhafte Beschaffenheit des Gutes, derzufolge es besonders leicht Schäden, insbesondere durch Bruch, Funktionsstörungen, Rost, inneren Verderb oder Auslaufen, erleidet.

(2) Ist ein Schaden eingetreten, der nach den Umständen des Falles aus einer der in Absatz 1 bezeichneten Gefahren entstehen konnte, so wird vermutet, dass der Schaden aus dieser Gefahr entstanden ist.

(3) Der Frachtführer kann sich auf Absatz 1 nur berufen, wenn er alle ihm nach den Umständen obliegenden Maßnahmen getroffen und besondere Weisungen beachtet hat.

§ 451e Haftungshöchstbetrag[2]

Abweichend von § 431 Abs. 1 und 2 ist die Haftung des Frachtführers wegen Verlust oder Beschädigung auf einen Betrag von 620 Euro je Kubikmeter Laderaum, der zur Erfüllung des Vertrages benötigt wird, beschränkt.

§ 451f Schadensanzeige

Abweichend von § 438 Abs. 1 und 2 erlöschen Ansprüche wegen Verlust oder Beschädigung des Gutes,
1. wenn der Verlust oder die Beschädigung des Gutes äußerlich erkennbar war und dem Frachtführer nicht spätestens am Tag nach der Ablieferung angezeigt worden ist,
2. wenn der Verlust oder die Beschädigung äußerlich nicht erkennbar war und dem Frachtführer nicht innerhalb von vierzehn Tagen nach Ablieferung angezeigt worden ist.

---

1) **Anm. d. Red.:** § 451c weggefallen gem. Gesetz v. 20. 4. 2013 (BGBl I S. 831) mit Wirkung v. 25. 4. 2013.
2) **Anm. d. Red.:** § 451e i. d. F. des Gesetzes v. 19. 7. 2002 (BGBl I S. 2674) mit Wirkung v. 1. 8. 2002.

§ 451g Wegfall der Haftungsbefreiungen und -begrenzungen[1]

¹Ist der Absender ein Verbraucher, so kann sich der Frachtführer oder eine in § 428 genannte Person
1. auf die in den §§ 451d und 451e sowie in dem Ersten Unterabschnitt vorgesehenen Haftungsbefreiungen und Haftungsbegrenzungen nicht berufen, soweit der Frachtführer es unterlässt, den Absender bei Abschluss des Vertrages über die Haftungsbestimmungen zu unterrichten und auf die Möglichkeiten hinzuweisen, eine weitergehende Haftung zu vereinbaren oder das Gut zu versichern,
2. auf § 451f in Verbindung mit § 438 nicht berufen, soweit der Frachtführer es unterlässt, den Empfänger spätestens bei der Ablieferung des Gutes über die Form und Frist der Schadensanzeige sowie die Rechtsfolgen bei Unterlassen der Schadensanzeige zu unterrichten.

²Die Unterrichtung nach Satz 1 Nr. 1 muss in drucktechnisch deutlicher Gestaltung besonders hervorgehoben sein.

§ 451h Abweichende Vereinbarungen[2]

(1) Ist der Absender ein Verbraucher, so kann von den die Haftung des Frachtführers und des Absenders regelnden Vorschriften dieses Unterabschnitts sowie den danach auf den Umzugsvertrag anzuwendenden Vorschriften des Ersten Unterabschnitts nicht zum Nachteil des Absenders abgewichen werden.

(2) ¹In allen anderen als den in Absatz 1 genannten Fällen kann von den darin genannten Vorschriften nur durch Vereinbarung abgewichen werden, die im Einzelnen ausgehandelt ist, auch wenn sie für eine Mehrzahl von gleichartigen Verträgen zwischen denselben Vertragsparteien getroffen ist. ²Die vom Frachtführer zu leistende Entschädigung wegen Verlust oder Beschädigung des Gutes kann jedoch auch durch vorformulierte Vertragsbedingungen auf einen anderen als den in § 451e vorgesehenen Betrag begrenzt werden, wenn der Verwender der vorformulierten Vertragsbedingungen seinen Vertragspartner in geeigneter Weise darauf hinweist, dass diese einen anderen als den gesetzlich vorgesehenen Betrag vorsehen. ³Ferner kann durch vorformulierte Vertragsbedingungen die vom Absender nach § 414 zu leistende Entschädigung der Höhe nach beschränkt werden.

(3) Unterliegt der Umzugsvertrag ausländischem Recht, so sind die Absätze 1 und 2 gleichwohl anzuwenden, wenn nach dem Vertrag der Ort der Übernahme und der Ort der Ablieferung des Gutes im Inland liegen.

Dritter Unterabschnitt: Beförderung mit verschiedenartigen Beförderungsmitteln

§ 452 Frachtvertrag über eine Beförderung mit verschiedenartigen Beförderungsmitteln[3]

¹Wird die Beförderung des Gutes aufgrund eines einheitlichen Frachtvertrags mit verschiedenartigen Beförderungsmitteln durchgeführt und wären, wenn über jeden Teil der Beförderung mit jeweils einem Beförderungsmittel (Teilstrecke) zwischen den Vertragsparteien ein gesonderter Vertrag abgeschlossen worden wäre, mindestens zwei dieser Verträge verschiedenen Rechtsvorschriften unterworfen, so sind auf den Vertrag die Vorschriften des Ersten Unterabschnitts anzuwenden, soweit die folgenden besonderen Vorschriften oder anzuwendende internationale Übereinkommen nichts anderes bestimmen. ²Dies gilt auch dann, wenn ein Teil der Beförderung über See durchgeführt wird.

---

1) **Anm. d. Red.:** § 451g i. d. F. des Gesetzes v. 27. 6. 2000 (BGBl I S. 897) mit Wirkung v. 30. 6. 2000.
2) **Anm. d. Red.:** § 451h i. d. F. des Gesetzes v. 20. 4. 2013 (BGBl I S. 831) mit Wirkung v. 25. 4. 2013.
3) **Anm. d. Red.:** § 452 i. d. F. des Gesetzes v. 20. 4. 2013 (BGBl I S. 831) mit Wirkung v. 25. 4. 2013.

§ 452a Bekannter Schadensort

[1]Steht fest, dass der Verlust, die Beschädigung oder das Ereignis, das zu einer Überschreitung der Lieferfrist geführt hat, auf einer bestimmten Teilstrecke eingetreten ist, so bestimmt sich die Haftung des Frachtführers abweichend von den Vorschriften des Ersten Unterabschnitts nach den Rechtsvorschriften, die auf einen Vertrag über eine Beförderung auf dieser Teilstrecke anzuwenden wären. [2]Der Beweis dafür, dass der Verlust, die Beschädigung oder das zu einer Überschreitung der Lieferfrist führende Ereignis auf einer bestimmten Teilstrecke eingetreten ist, obliegt demjenigen, der dies behauptet.

§ 452b Schadensanzeige, Verjährung

(1) [1]§ 438 ist unabhängig davon anzuwenden, ob der Schadensort unbekannt ist, bekannt ist oder später bekannt wird. [2]Die für die Schadensanzeige vorgeschriebene Form und Frist ist auch gewahrt, wenn die Vorschriften eingehalten werden, die auf einen Vertrag über eine Beförderung auf der letzten Teilstrecke anzuwenden wären.

(2) [1]Für den Beginn der Verjährung des Anspruchs wegen Verlust, Beschädigung oder Überschreitung der Lieferfrist ist, wenn auf den Ablieferungszeitpunkt abzustellen ist, der Zeitpunkt der Ablieferung an den Empfänger maßgebend. [2]Der Anspruch verjährt auch bei bekanntem Schadensort frühestens nach Maßgabe des § 439.

§ 452c Umzugsvertrag über eine Beförderung mit verschiedenartigen Beförderungsmitteln

[1]Hat der Frachtvertrag die Beförderung von Umzugsgut mit verschiedenartigen Beförderungsmitteln zum Gegenstand, so sind auf den Vertrag die Vorschriften des Zweiten Unterabschnitts anzuwenden. [2]§ 452a ist nur anzuwenden, soweit für die Teilstrecke, auf der der Schaden eingetreten ist, Bestimmungen eines für die Bundesrepublik Deutschland verbindlichen internationalen Übereinkommens gelten.

§ 452d Abweichende Vereinbarungen

(1) [1]Von der Regelung des § 452b Abs. 2 Satz 1 kann nur durch Vereinbarung abgewichen werden, die im Einzelnen ausgehandelt ist, auch wenn diese für eine Mehrzahl von gleichartigen Verträgen zwischen denselben Vertragsparteien getroffen ist. [2]Von den übrigen Regelungen dieses Unterabschnitts kann nur insoweit durch vertragliche Vereinbarung abgewichen werden, als die darin in Bezug genommenen Vorschriften abweichende Vereinbarungen zulassen.

(2) Abweichend von Absatz 1 kann jedoch auch durch vorformulierte Vertragsbedingungen vereinbart werden, dass sich die Haftung bei bekanntem Schadensort (§ 452a)
1. unabhängig davon, auf welcher Teilstrecke der Schaden eintreten wird, oder
2. für den Fall des Schadenseintritts auf einer in der Vereinbarung genannten Teilstrecke

nach den Vorschriften des Ersten Unterabschnitts bestimmt.

(3) Vereinbarungen, die die Anwendung der für eine Teilstrecke zwingend geltenden Bestimmungen eines für die Bundesrepublik Deutschland verbindlichen internationalen Übereinkommens ausschließen, sind unwirksam.

Fünfter Abschnitt: Speditionsgeschäft

§ 453 Speditionsvertrag

(1) Durch den Speditionsvertrag wird der Spediteur verpflichtet, die Versendung des Gutes zu besorgen.

(2) Der Versender wird verpflichtet, die vereinbarte Vergütung zu zahlen.

(3) [1]Die Vorschriften dieses Abschnitts gelten nur, wenn die Besorgung der Versendung zum Betrieb eines gewerblichen Unternehmens gehört. [2]Erfordert das Unternehmen nach Art oder

Umfang einen in kaufmännischer Weise eingerichteten Geschäftsbetrieb nicht und ist die Firma des Unternehmens auch nicht nach § 2 in das Handelsregister eingetragen, so sind in Ansehung des Speditionsgeschäfts auch insoweit die Vorschriften des Ersten Abschnitts des Vierten Buches ergänzend anzuwenden; dies gilt jedoch nicht für die §§ 348 bis 350.

§ 454 Besorgung der Versendung

(1) Die Pflicht, die Versendung zu besorgen, umfasst die Organisation der Beförderung, insbesondere

1. die Bestimmung des Beförderungsmittels und des Beförderungsweges,
2. die Auswahl ausführender Unternehmer, den Abschluss der für die Versendung erforderlichen Fracht-, Lager- und Speditionsverträge sowie die Erteilung von Informationen und Weisungen an die ausführenden Unternehmer und
3. die Sicherung von Schadenersatzansprüchen des Versenders.

(2) ¹Zu den Pflichten des Spediteurs zählt ferner die Ausführung sonstiger vereinbarter auf die Beförderung bezogener Leistungen wie die Versicherung und Verpackung des Gutes, seine Kennzeichnung und die Zollbehandlung. ²Der Spediteur schuldet jedoch nur den Abschluss der zur Erbringung dieser Leistungen erforderlichen Verträge, wenn sich dies aus der Vereinbarung ergibt.

(3) Der Spediteur schließt die erforderlichen Verträge im eigenen Namen oder, sofern er hierzu bevollmächtigt ist, im Namen des Versenders ab.

(4) Der Spediteur hat bei Erfüllung seiner Pflichten das Interesse des Versenders wahrzunehmen und dessen Weisungen zu befolgen.

§ 455 Behandlung des Gutes, Begleitpapiere, Mitteilungs- und Auskunftspflichten[1)]

(1) ¹Der Versender ist verpflichtet, das Gut, soweit erforderlich, zu verpacken und zu kennzeichnen und Urkunden zur Verfügung zu stellen sowie alle Auskünfte zu erteilen, deren der Spediteur zur Erfüllung seiner Pflichten bedarf. ²Soll gefährliches Gut versendet werden, so hat der Versender dem Spediteur rechtzeitig in Textform die genaue Art der Gefahr und, soweit erforderlich, zu ergreifende Vorsichtsmaßnahmen mitzuteilen.

(2) ¹Der Versender hat, auch wenn ihn kein Verschulden trifft, dem Spediteur Schäden und Aufwendungen zu ersetzen, die verursacht werden durch

1. ungenügende Verpackung oder Kennzeichnung,
2. Unterlassen der Mitteilung über die Gefährlichkeit des Gutes oder
3. Fehlen, Unvollständigkeit oder Unrichtigkeit der Urkunden oder Auskünfte, die für eine amtliche Behandlung des Gutes erforderlich sind.

²§ 414 Absatz 2 ist entsprechend anzuwenden.

(3) Ist der Versender ein Verbraucher, so hat er dem Spediteur Schäden und Aufwendungen nach Absatz 2 nur zu ersetzen, soweit ihn ein Verschulden trifft.

§ 456 Fälligkeit der Vergütung

Die Vergütung ist zu zahlen, wenn das Gut dem Frachtführer oder Verfrachter übergeben worden ist.

§ 457 Forderungen des Versenders

¹Der Versender kann Forderungen aus einem Vertrag, den der Spediteur für Rechnung des Versenders im eigenen Namen abgeschlossen hat, erst nach der Abtretung geltend machen.

---

1) **Anm. d. Red.:** § 455 i. d. F. des Gesetzes v. 20. 4. 2013 (BGBl I S. 831) mit Wirkung v. 25. 4. 2013.

²Solche Forderungen sowie das in Erfüllung solcher Forderungen Erlangte gelten jedoch im Verhältnis zu den Gläubigern des Spediteurs als auf den Versender übertragen.

§ 458 Selbsteintritt

¹Der Spediteur ist befugt, die Beförderung des Gutes durch Selbsteintritt auszuführen. ²Macht er von dieser Befugnis Gebrauch, so hat er hinsichtlich der Beförderung die Rechte und Pflichten eines Frachtführers oder Verfrachters. ³In diesem Fall kann er neben der Vergütung für seine Tätigkeit als Spediteur die gewöhnliche Fracht verlangen.

§ 459 Spedition zu festen Kosten

¹Soweit als Vergütung ein bestimmter Betrag vereinbart ist, der Kosten für die Beförderung einschließt, hat der Spediteur hinsichtlich der Beförderung die Rechte und Pflichten eines Frachtführers oder Verfrachters. ²In diesem Fall hat er Anspruch auf Ersatz seiner Aufwendungen nur, soweit dies üblich ist.

§ 460 Sammelladung

(1) Der Spediteur ist befugt, die Versendung des Gutes zusammen mit Gut eines anderen Versenders aufgrund eines für seine Rechnung über eine Sammelladung geschlossenen Frachtvertrages zu bewirken.

(2) ¹Macht der Spediteur von dieser Befugnis Gebrauch, so hat er hinsichtlich der Beförderung in Sammelladung die Rechte und Pflichten eines Frachtführers oder Verfrachters. ²In diesem Fall kann der Spediteur eine den Umständen nach angemessene Vergütung verlangen, höchstens aber die für die Beförderung des einzelnen Gutes gewöhnliche Fracht.

§ 461 Haftung des Spediteurs

(1) ¹Der Spediteur haftet für den Schaden, der durch Verlust oder Beschädigung des in seiner Obhut befindlichen Gutes entsteht. ²Die §§ 426, 427, 429, 430, 431 Abs. 1, 2 und 4, die §§ 432, 434 bis 436 sind entsprechend anzuwenden.

(2) ¹Für Schaden, der nicht durch Verlust oder Beschädigung des in der Obhut des Spediteurs befindlichen Gutes entstanden ist, haftet der Spediteur, wenn er eine ihm nach § 454 obliegende Pflicht verletzt. ²Von dieser Haftung ist er befreit, wenn der Schaden durch die Sorgfalt eines ordentlichen Kaufmanns nicht abgewendet werden konnte.

(3) Hat bei der Entstehung des Schadens ein Verhalten des Versenders oder ein besonderer Mangel des Gutes mitgewirkt, so hängen die Verpflichtung zum Ersatz sowie der Umfang des zu leistenden Ersatzes davon ab, inwieweit diese Umstände zu dem Schaden beigetragen haben.

§ 462 Haftung für andere

¹Der Spediteur hat Handlungen und Unterlassungen seiner Leute in gleichem Umfang zu vertreten wie eigene Handlungen und Unterlassungen, wenn die Leute in Ausübung ihrer Verrichtungen handeln. ²Gleiches gilt für Handlungen und Unterlassungen anderer Personen, deren er sich bei Erfüllung seiner Pflicht, die Versendung zu besorgen, bedient.

§ 463 Verjährung

Auf die Verjährung der Ansprüche aus einer Leistung, die den Vorschriften dieses Abschnitts unterliegt, ist § 439 entsprechend anzuwenden.

§ 464 Pfandrecht des Spediteurs[1]

¹Der Spediteur hat für alle Forderungen aus dem Speditionsvertrag ein Pfandrecht an dem ihm zur Versendung übergebenen Gut des Versenders oder eines Dritten, der der Versendung des Gutes zugestimmt hat. ²An dem Gut des Versenders hat der Spediteur auch ein Pfandrecht für alle unbestrittenen Forderungen aus anderen mit dem Versender abgeschlossenen Speditions-, Fracht-, Seefracht- und Lagerverträgen. ³§ 440 Absatz 1 Satz 3 und Absatz 2 bis 4 ist entsprechend anzuwenden.

§ 465 Nachfolgender Spediteur[2]

(1) Wirkt an einer Beförderung neben dem Frachtführer auch ein Spediteur mit und hat dieser die Ablieferung zu bewirken, so ist auf den Spediteur § 441 Absatz 1 entsprechend anzuwenden.

(2) Wird ein vorhergehender Frachtführer oder Spediteur von einem nachfolgenden Spediteur befriedigt, so gehen Forderung und Pfandrecht des Ersteren auf den Letzteren über.

§ 466 Abweichende Vereinbarungen über die Haftung[3]

(1) Soweit der Speditionsvertrag nicht die Versendung von Briefen oder briefähnlichen Sendungen zum Gegenstand hat, kann von den Haftungsvorschriften in § 455 Absatz 2 und 3, § 461 Absatz 1 sowie in den §§ 462 und 463 nur durch Vereinbarung abgewichen werden, die im Einzelnen ausgehandelt wird, auch wenn sie für eine Mehrzahl von gleichartigen Verträgen zwischen denselben Vertragsparteien getroffen wird.

(2) ¹Abweichend von Absatz 1 kann die vom Spediteur zu leistende Entschädigung wegen Verlust oder Beschädigung des Gutes auch durch vorformulierte Vertragsbedingungen auf einen anderen als den in § 431 Absatz 1 und 2 vorgesehenen Betrag begrenzt werden, wenn dieser Betrag

1. zwischen 2 und 40 Rechnungseinheiten liegt und der Verwender der vorformulierten Vertragsbedingungen seinen Vertragspartner in geeigneter Weise darauf hinweist, dass diese einen anderen als den gesetzlich vorgesehenen Betrag vorsehen, oder
2. für den Verwender der vorformulierten Vertragsbedingungen ungünstiger ist als der in § 431 Absatz 1 und 2 vorgesehene Betrag.

²Ferner kann durch vorformulierte Vertragsbedingungen die vom Versender nach § 455 Absatz 2 oder 3 zu leistende Entschädigung der Höhe nach beschränkt werden.

(3) Von § 458 Satz 2, § 459 Satz 1 und § 460 Absatz 2 Satz 1 kann nur insoweit durch vertragliche Vereinbarung abgewichen werden, als die darin in Bezug genommenen Vorschriften abweichende Vereinbarungen zulassen.

(4) Ist der Versender ein Verbraucher, so kann in keinem Fall zu seinem Nachteil von den in Absatz 1 genannten Vorschriften abgewichen werden, es sei denn, der Speditionsvertrag hat die Beförderung von Briefen oder briefähnlichen Sendungen zum Gegenstand.

(5) Unterliegt der Speditionsvertrag ausländischem Recht, so sind die Absätze 1 bis 4 gleichwohl anzuwenden, wenn nach dem Vertrag sowohl der Ort der Übernahme als auch der Ort der Ablieferung des Gutes im Inland liegen.

Sechster Abschnitt: Lagergeschäft

§ 467 Lagervertrag

(1) Durch den Lagervertrag wird der Lagerhalter verpflichtet, das Gut zu lagern und aufzubewahren.

---

1) **Anm. d. Red.:** § 464 i. d. F. des Gesetzes v. 20. 4. 2013 (BGBl I S. 831) mit Wirkung v. 25. 4. 2013.
2) **Anm. d. Red.:** § 465 i. d. F. des Gesetzes v. 20. 4. 2013 (BGBl I S. 831) mit Wirkung v. 25. 4. 2013.
3) **Anm. d. Red.:** § 466 i. d. F. des Gesetzes v. 20. 4. 2013 (BGBl I S. 831) mit Wirkung v. 25. 4. 2013.

(2) Der Einlagerer wird verpflichtet, die vereinbarte Vergütung zu zahlen.

(3) ¹Die Vorschriften dieses Abschnitts gelten nur, wenn die Lagerung und Aufbewahrung zum Betrieb eines gewerblichen Unternehmens gehören. ²Erfordert das Unternehmen nach Art oder Umfang einen in kaufmännischer Weise eingerichteten Geschäftsbetrieb nicht und ist die Firma des Unternehmens auch nicht nach § 2 in das Handelsregister eingetragen, so sind in Ansehung des Lagergeschäfts auch insoweit die Vorschriften des Ersten Abschnitts des Vierten Buches ergänzend anzuwenden; dies gilt jedoch nicht für die §§ 348 bis 350.

§ 468 Behandlung des Gutes, Begleitpapiere, Mitteilungs- und Auskunftspflichten[1]

(1) ¹Der Einlagerer ist verpflichtet, dem Lagerhalter, wenn gefährliches Gut eingelagert werden soll, rechtzeitig in Textform die genaue Art der Gefahr und, soweit erforderlich, zu ergreifende Vorsichtsmaßnahmen mitzuteilen. ²Er hat ferner das Gut, soweit erforderlich, zu verpacken und zu kennzeichnen und Urkunden zur Verfügung zu stellen sowie alle Auskünfte zu erteilen, die der Lagerhalter zur Erfüllung seiner Pflichten benötigt.

(2) ¹Ist der Einlagerer ein Verbraucher, so ist abweichend von Absatz 1
1. der Lagerhalter verpflichtet, das Gut, soweit erforderlich, zu verpacken und zu kennzeichnen,
2. der Einlagerer lediglich verpflichtet, den Lagerhalter über die von dem Gut ausgehende Gefahr allgemein zu unterrichten; die Unterrichtung bedarf keiner Form.

²Der Lagerhalter hat in diesem Falle den Einlagerer über dessen Pflicht nach Satz 1 Nr. 2 sowie über die von ihm zu beachtenden Verwaltungsvorschriften über eine amtliche Behandlung des Gutes zu unterrichten.

(3) ¹Der Einlagerer hat, auch wenn ihn kein Verschulden trifft, dem Lagerhalter Schäden und Aufwendungen zu ersetzen, die verursacht werden durch
1. ungenügende Verpackung oder Kennzeichnung,
2. Unterlassen der Mitteilung über die Gefährlichkeit des Gutes oder
3. Fehlen, Unvollständigkeit oder Unrichtigkeit der in § 413 Abs. 1 genannten Urkunden oder Auskünfte.

²§ 414 Absatz 2 ist entsprechend anzuwenden.

(4) Ist der Einlagerer ein Verbraucher, so hat er dem Lagerhalter Schäden und Aufwendungen nach Absatz 3 nur zu ersetzen, soweit ihn ein Verschulden trifft.

§ 469 Sammellagerung

(1) Der Lagerhalter ist nur berechtigt, vertretbare Sachen mit anderen Sachen gleicher Art und Güte zu vermischen, wenn die beteiligten Einlagerer ausdrücklich einverstanden sind.

(2) Ist der Lagerhalter berechtigt, Gut zu vermischen, so steht vom Zeitpunkt der Einlagerung ab den Eigentümern der eingelagerten Sachen Miteigentum nach Bruchteilen zu.

(3) Der Lagerhalter kann jedem Einlagerer den ihm gebührenden Anteil ausliefern, ohne dass er hierzu der Genehmigung der übrigen Beteiligten bedarf.

§ 470 Empfang des Gutes

Befindet sich Gut, das dem Lagerhalter zugesandt ist, beim Empfang in einem beschädigten oder mangelhaften Zustand, der äußerlich erkennbar ist, so hat der Lagerhalter Schadenersatzansprüche des Einlagerers zu sichern und dem Einlagerer unverzüglich Nachricht zu geben.

---

1) **Anm. d. Red.:** § 468 i. d. F. des Gesetzes v. 20. 4. 2013 (BGBl I S. 831) mit Wirkung v. 25. 4. 2013.

§ 471 Erhaltung des Gutes

(1) ¹Der Lagerhalter hat dem Einlagerer die Besichtigung des Gutes, die Entnahme von Proben und die zur Erhaltung des Gutes notwendigen Handlungen während der Geschäftsstunden zu gestatten. ²Er ist jedoch berechtigt und im Falle der Sammellagerung auch verpflichtet, die zur Erhaltung des Gutes erforderlichen Arbeiten selbst vorzunehmen.

(2) ¹Sind nach dem Empfang Veränderungen an dem Gut entstanden oder zu befürchten, die den Verlust oder die Beschädigung des Gutes oder Schäden des Lagerhalters erwarten lassen, so hat der Lagerhalter dies dem Einlagerer oder, wenn ein Lagerschein ausgestellt ist, dem letzten ihm bekannt gewordenen legitimierten Besitzer des Scheins unverzüglich anzuzeigen und dessen Weisungen einzuholen. ²Kann der Lagerhalter innerhalb angemessener Zeit Weisungen nicht erlangen, so hat er die angemessen erscheinenden Maßnahmen zu ergreifen. ³Er kann insbesondere das Gut gemäß § 373 verkaufen lassen; macht er von dieser Befugnis Gebrauch, so hat der Lagerhalter, wenn ein Lagerschein ausgestellt ist, die in § 373 Abs. 3 vorgesehene Androhung des Verkaufs sowie die in Absatz 5 derselben Vorschriften vorgesehenen Benachrichtigungen an den letzten ihm bekannt gewordenen legitimierten Besitzer des Lagerscheins zu richten.

§ 472 Versicherung, Einlagerung bei einem Dritten[1]

(1) ¹Der Lagerhalter ist verpflichtet, das Gut auf Verlangen des Einlagerers zu versichern. ²Ist der Einlagerer ein Verbraucher, so hat ihn der Lagerhalter auf die Möglichkeit hinzuweisen, das Gut zu versichern.

(2) Der Lagerhalter ist nur berechtigt, das Gut bei einem Dritten einzulagern, wenn der Einlagerer ihm dies ausdrücklich gestattet hat.

§ 473 Dauer der Lagerung

(1) ¹Der Einlagerer kann das Gut jederzeit herausverlangen. ²Ist der Lagervertrag auf unbestimmte Zeit geschlossen, so kann er den Vertrag jedoch nur unter Einhaltung einer Kündigungsfrist von einem Monat kündigen, es sei denn, es liegt ein wichtiger Grund vor, der zur Kündigung des Vertrags ohne Einhaltung der Kündigungsfrist berechtigt.

(2) ¹Der Lagerhalter kann die Rücknahme des Gutes nach Ablauf der vereinbarten Lagerzeit oder bei Einlagerung auf unbestimmte Zeit nach Kündigung des Vertrags unter Einhaltung einer Kündigungsfrist von einem Monat verlangen. ²Liegt ein wichtiger Grund vor, so kann der Lagerhalter auch vor Ablauf der Lagerzeit und ohne Einhaltung einer Kündigungsfrist die Rücknahme des Gutes verlangen.

(3) Ist ein Lagerschein ausgestellt, so sind die Kündigung und das Rücknahmeverlangen an den letzten dem Lagerhalter bekannt gewordenen legitimierten Besitzer des Lagerscheins zu richten.

§ 474 Aufwendungsersatz

Der Lagerhalter hat Anspruch auf Ersatz seiner für das Gut gemachten Aufwendungen, soweit er sie den Umständen nach für erforderlich halten durfte.

§ 475 Haftung für Verlust oder Beschädigung

¹Der Lagerhalter haftet für den Schaden, der durch Verlust oder Beschädigung des Gutes in der Zeit von der Übernahme zur Lagerung bis zur Auslieferung entsteht, es sei denn, dass der Schaden durch die Sorgfalt eines ordentlichen Kaufmanns nicht abgewendet werden konnte. ²Dies gilt auch dann, wenn der Lagerhalter gemäß § 472 Abs. 2 das Gut bei einem Dritten einlagert.

---

1) **Anm. d. Red.:** § 472 i. d. F. des Gesetzes v. 27. 6. 2000 (BGBl I S. 897) mit Wirkung v. 30. 6. 2000.

§ 475a Verjährung

¹Auf die Verjährung von Ansprüchen aus einer Lagerung, die den Vorschriften dieses Abschnitts unterliegt, findet § 439 entsprechende Anwendung. ²Im Falle des gänzlichen Verlusts beginnt die Verjährung mit Ablauf des Tages, an dem der Lagerhalter dem Einlagerer oder, wenn ein Lagerschein ausgestellt ist, dem letzten ihm bekannt gewordenen legitimierten Besitzer des Lagerscheins den Verlust anzeigt.

§ 475b Pfandrecht des Lagerhalters[1]

(1) ¹Der Lagerhalter hat für alle Forderungen aus dem Lagervertrag ein Pfandrecht an dem ihm zur Lagerung übergebenen Gut des Einlagerers oder eines Dritten, der der Lagerung zugestimmt hat. ²An dem Gut des Einlagerers hat der Lagerhalter auch ein Pfandrecht für alle unbestrittenen Forderungen aus anderen mit dem Einlagerer abgeschlossenen Lager-, Fracht-, Seefracht- und Speditionsverträgen. ³Das Pfandrecht erstreckt sich auch auf die Forderung aus einer Versicherung sowie auf die Begleitpapiere.

(2) Ist ein Orderlagerschein durch Indossament übertragen worden, so besteht das Pfandrecht dem legitimierten Besitzer des Lagerscheins gegenüber nur wegen der Vergütungen und Aufwendungen, die aus dem Lagerschein ersichtlich sind oder ihm bei Erwerb des Lagerscheins bekannt oder infolge grober Fahrlässigkeit unbekannt waren.

(3) Das Pfandrecht besteht, solange der Lagerhalter das Gut in seinem Besitz hat, insbesondere, solange er mittels Konnossements, Ladescheins oder Lagerscheins darüber verfügen kann.

§ 475c Lagerschein. Verordnungsermächtigung[2]

(1) Über die Verpflichtung zur Auslieferung des Gutes kann von dem Lagerhalter, nachdem er das Gut erhalten hat, ein Lagerschein ausgestellt werden, der die folgenden Angaben enthalten soll:
1. Ort und Tag der Ausstellung des Lagerscheins;
2. Name und Anschrift des Einlagerers;
3. Name und Anschrift des Lagerhalters;
4. Ort und Tag der Einlagerung;
5. die übliche Bezeichnung der Art des Gutes und die Art der Verpackung, bei gefährlichen Gütern ihre nach den Gefahrgutvorschriften vorgesehene, sonst ihre allgemein anerkannte Bezeichnung;
6. Anzahl, Zeichen und Nummern der Packstücke;
7. Rohgewicht oder die anders angegebene Menge des Gutes;
8. im Falle der Sammellagerung einen Vermerk hierüber.

(2) In den Lagerschein können weitere Angaben eingetragen werden, die der Lagerhalter für zweckmäßig hält.

(3) ¹Der Lagerschein ist vom Lagerhalter zu unterzeichnen. ²Eine Nachbildung der eigenhändigen Unterschrift durch Druck oder Stempel genügt.

(4) ¹Dem Lagerschein gleichgestellt ist eine elektronische Aufzeichnung, die dieselben Funktionen erfüllt wie der Lagerschein, sofern sichergestellt ist, dass die Authentizität und die Integrität der Aufzeichnung gewahrt bleiben (elektronischer Lagerschein). ²Das Bundesministerium der Justiz und für Verbraucherschutz wird ermächtigt, im Einvernehmen mit dem Bundesministerium des Innern, für Bau und Heimat durch Rechtsverordnung, die nicht der Zustimmung des Bundesrates bedarf, die Einzelheiten der Ausstellung, Vorlage, Rückgabe und Übertragung eines

---

1) Anm. d. Red.: § 475b i. d. F. des Gesetzes v. 20. 4. 2013 (BGBl I S. 831) mit Wirkung v. 25. 4. 2013.
2) Anm. d. Red.: § 475c i. d. F. der VO v. 19.6.2020 (BGBl I S. 1328) mit Wirkung v. 27.6.2020.

elektronischen Lagerscheins sowie die Einzelheiten des Verfahrens über nachträgliche Eintragungen in einen elektronischen Lagerschein zu regeln.

§ 475d Wirkung des Lagerscheins. Legitimation[1]

(1) ¹Der Lagerschein begründet die Vermutung, dass das Gut und seine Verpackung in Bezug auf den äußerlich erkennbaren Zustand sowie auf Anzahl, Zeichen und Nummern der Packstücke wie im Lagerschein beschrieben übernommen worden sind. ²Ist das Rohgewicht oder die anders angegebene Menge des Gutes oder der Inhalt vom Lagerhalter überprüft und das Ergebnis der Überprüfung in den Lagerschein eingetragen worden, so begründet dieser auch die Vermutung, dass Gewicht, Menge oder Inhalt mit den Angaben im Lagerschein übereinstimmt.

(2) ¹Wird der Lagerschein an eine Person begeben, die darin als zum Empfang des Gutes berechtigt benannt ist, kann der Lagerhalter ihr gegenüber die Vermutung nach Absatz 1 nicht widerlegen, es sei denn, der Person war im Zeitpunkt der Begebung des Lagerscheins bekannt oder infolge grober Fahrlässigkeit unbekannt, dass die Angaben im Lagerschein unrichtig sind. ²Gleiches gilt gegenüber einem Dritten, dem der Lagerschein übertragen wird.

(3) ¹Die im Lagerschein verbrieften lagervertraglichen Ansprüche können nur von dem aus dem Lagerschein Berechtigten geltend gemacht werden. ²Zugunsten des legitimierten Besitzers des Lagerscheins wird vermutet, dass er der aus dem Lagerschein Berechtigte ist. ³Legitimierter Besitzer des Lagerscheins ist, wer einen Lagerschein besitzt, der

1. auf den Inhaber lautet,
2. an Order lautet und den Besitzer als denjenigen, der zum Empfang des Gutes berechtigt ist, benennt oder durch eine ununterbrochene Reihe von Indossamenten ausweist oder
3. auf den Namen des Besitzers lautet.

§ 475e Auslieferung gegen Rückgabe des Lagerscheins[2]

(1) Der legitimierte Besitzer des Lagerscheins ist berechtigt, vom Lagerhalter die Auslieferung des Gutes zu verlangen.

(2) ¹Ist ein Lagerschein ausgestellt, so ist der Lagerhalter zur Auslieferung des Gutes nur gegen Rückgabe des Lagerscheins, auf dem die Auslieferung bescheinigt ist, verpflichtet. ²Der Lagerhalter ist nicht verpflichtet, die Echtheit der Indossamente zu prüfen. ³Er darf das Gut jedoch nicht dem legitimierten Besitzer des Lagerscheins ausliefern, wenn ihm bekannt oder infolge grober Fahrlässigkeit unbekannt ist, dass der legitimierte Besitzer des Lagerscheins nicht der aus dem Lagerschein Berechtigte ist.

(3) ¹Die Auslieferung eines Teils des Gutes erfolgt gegen Abschreibung auf dem Lagerschein. ²Der Abschreibungsvermerk ist vom Lagerhalter zu unterschreiben.

(4) Der Lagerhalter haftet dem aus dem Lagerschein Berechtigten für den Schaden, der daraus entsteht, dass er das Gut ausgeliefert hat, ohne sich den Lagerschein zurückgeben zu lassen oder ohne einen Abschreibungsvermerk einzutragen.

§ 475f Einwendungen[3]

¹Dem aus dem Lagerschein Berechtigten kann der Lagerhalter nur solche Einwendungen entgegensetzen, die die Gültigkeit der Erklärungen im Lagerschein betreffen oder sich aus dem Inhalt des Lagerscheins ergeben oder dem Lagerhalter unmittelbar gegenüber dem aus dem Lagerschein Berechtigten zustehen. ²Eine Vereinbarung, auf die im Lagerschein lediglich verwiesen wird, ist nicht Inhalt des Lagerscheins.

---

1) **Anm. d. Red.:** § 475d i. d. F. des Gesetzes v. 20. 4. 2013 (BGBl I S. 831) mit Wirkung v. 25. 4. 2013.
2) **Anm. d. Red.:** § 475e i. d. F. des Gesetzes v. 20. 4. 2013 (BGBl I S. 831) mit Wirkung v. 25. 4. 2013.
3) **Anm. d. Red.:** § 475f i. d. F. des Gesetzes v. 20. 4. 2013 (BGBl I S. 831) mit Wirkung v. 25. 4. 2013.

§ 475g Traditionswirkung des Lagerscheins[1)]

¹Die Begebung des Lagerscheins an denjenigen, der darin als der zum Empfang des Gutes Berechtigte benannt ist, hat, sofern der Lagerhalter das Gut im Besitz hat, für den Erwerb von Rechten an dem Gut dieselben Wirkungen wie die Übergabe des Gutes. ²Gleiches gilt für die Übertragung des Lagerscheins an Dritte.

§ 475h Abweichende Vereinbarungen[2)]

Ist der Einlagerer ein Verbraucher, so kann nicht zu dessen Nachteil von den §§ 475a und 475e Absatz 4 abgewichen werden.

Fünftes Buch: Seehandel (hier nicht wiedergegeben)[3)]

§§ 476 bis 619 (hier nicht wiedergegeben)

Anlage (weggefallen)[4)]

---

1) **Anm. d. Red.:** § 475g i. d. F. des Gesetzes v. 20. 4. 2013 (BGBl I S. 831) mit Wirkung v. 25. 4. 2013.
2) **Anm. d. Red.:** § 475h i. d. F. des Gesetzes v. 20. 4. 2013 (BGBl I S. 831) mit Wirkung v. 25. 4. 2013.
3) **Anm. d. Red.:** Fünftes Buch i. d. F. des Gesetzes v. 20. 4. 2013 (BGBl I S. 831) mit Wirkung v. 25. 4. 2013.
4) **Anm. d. Red.:** Anlage weggefallen gem. Gesetz v. 20. 4. 2013 (BGBl I S. 831) mit Wirkung v. 25. 4. 2013.

XIII. Einführungsgesetz zum Handelsgesetzbuch (EGHGB)
v. 10.5.1897 (RGBl S. 437) mit späteren Änderungen

Das Einführungsgesetz zum Handelsgesetzbuch v. 10.5.1897 (RGBl S. 437) ist geändert worden durch Art. 2 Gesetz zur weiteren Umsetzung der Transparenzrichtlinie-Änderungsrichtlinie im Hinblick auf ein einheitliches elektronisches Format für Jahresfinanzberichte*) v. 12.8.2020 (BGBl I S. 1874).

Auszug

Erster Abschnitt: Einführung des Handelsgesetzbuchs[1]

Art. 1 Zeitpunkt des Inkrafttretens[2]

(1) Das Handelsgesetzbuch tritt gleichzeitig mit dem Bürgerlichen Gesetzbuch in Kraft.

(2) Der sechste Abschnitt des ersten Buches des Handelsgesetzbuchs tritt mit Ausnahme des § 65 am 1. Januar 1898 in Kraft.

(3) (gegenstandslos)

Art. 2 Anwendung von Bundesrecht[3]

(1) In Handelssachen kommen die Vorschriften des Bürgerlichen Gesetzbuchs nur insoweit zur Anwendung, als nicht im Handelsgesetzbuch oder in diesem Gesetz ein anderes bestimmt ist.

(2) (weggefallen)

Art. 3 Verweise auf das Allgemeine Deutsche Handelsgesetzbuch

Soweit in Reichsgesetzen oder in Landesgesetzen auf Vorschriften des Allgemeinen Deutschen Handelsgesetzbuchs verwiesen ist, treten die entsprechenden Vorschriften des Handelsgesetzbuchs an deren Stelle.

Art. 4 Eintragungen im Güterrechtsregister[4]

(1) ¹Die nach dem bürgerlichen Rechte mit einer Eintragung in das Güterrechtsregister verbundenen Wirkungen treten, sofern ein Ehegatte Kaufmann ist und seine Handelsniederlassung sich nicht in dem Bezirke eines für den gewöhnlichen Aufenthalt auch nur eines der Ehegatten zuständigen Registergerichts befindet, in Ansehung der auf den Betrieb des Handelsgewerbes sich beziehenden Rechtsverhältnisse nur ein, wenn die Eintragung auch in das Güterrechtsregister des für den Ort der Handelsniederlassung zuständigen Gerichts erfolgt ist. ²Bei mehreren Niederlassungen genügt die Eintragung in das Register des Ortes der Hauptniederlassung.

(2) Wird die Niederlassung verlegt, so finden die Vorschriften des § 1559 des Bürgerlichen Gesetzbuchs entsprechende Anwendung.

---

*) **Amtl. Anm.:** Dieses Gesetz dient der weiteren Umsetzung der Richtlinie 2013/50/EU des Europäischen Parlaments und des Rates vom 22. Oktober 2013 zur Änderung der Richtlinie 2004/109/EG des Europäischen Parlaments und des Rates zur Harmonisierung der Transparenzanforderungen in Bezug auf Informationen über Emittenten, deren Wertpapiere zum Handel auf einem geregelten Markt zugelassen sind, der Richtlinie 2003/71/EG des Europäischen Parlaments und des Rates betreffend den Prospekt, der beim öffentlichen Angebot von Wertpapieren oder bei deren Zulassung zum Handel zu veröffentlichen ist, sowie der Richtlinie 2007/14/EG der Kommission mit Durchführungsbestimmungen zu bestimmten Vorschriften der Richtlinie 2004/109/EG (ABl L 294 vom 6.11.2013, S. 13; L 14 vom 18.1.2014, S. 35).

1) **Anm. d. Red.:** Überschrift eingefügt gem. Gesetz v. 19.12.1985 (BGBl I S. 2355) mit Wirkung v. 1.1.1986.

2) **Anm. d. Red.:** Die Überschriften wurden teilweise von der Redaktion hinzugefügt.

3) **Anm. d. Red.:** Art. 2 i. d. F. des Gesetzes v. 8.12.2010 (BGBl I S. 1864) mit Wirkung v. 15.12.2010.

4) **Anm. d. Red.:** Art. 4 i. d. F. des Gesetzes v. 23.10.1989 (BGBl I S. 910) mit Wirkung v. 1.1.1990.

Art. 5 Bergwerksgesellschaften[1]

Auf Bergwerksgesellschaften, die nach den Vorschriften der Landesgesetze nicht die Rechte einer juristischen Person besitzen, findet der § 1 des Handelsgesetzbuchs keine Anwendung.

Art. 6 bis 14 (hier nicht wiedergegeben)

Art. 15 Vorrang von Landesgesetzen

(1) Die privatrechtlichen Vorschriften der Landesgesetze bleiben insoweit unberührt, als es in diesem Gesetze bestimmt oder als im Handelsgesetzbuch auf die Landesgesetze verwiesen ist.

(2) Soweit die Landesgesetze unberührt bleiben, können auch neue landesgesetzliche Vorschriften erlassen werden.

Art. 16 (weggefallen)

Art. 17 (gegenstandslos)

Art. 18 Bierlieferungsverträge

Unberührt bleiben die landesgesetzlichen Vorschriften über den Vertrag zwischen dem Brauer und dem Wirte über die Lieferung von Bier, soweit sie das aus dem Vertrage sich ergebende Schuldverhältnis für den Fall regeln, dass nicht besondere Vereinbarungen getroffen werden.

Art. 19 bis 21 (gegenstandslos)

Art. 22 Weiterführung alter Firmen

(1) Die zur Zeit des Inkrafttretens des Handelsgesetzbuchs im Handelsregister eingetragenen Firmen können weitergeführt werden, soweit sie nach den bisherigen Vorschriften geführt werden durften.

(2) (gegenstandslos)

Zweiter bis Siebenunddreißigster Abschnitt: Übergangsvorschriften (hier nicht wiedergegeben)

Art. 23 bis 75 (hier nicht wiedergegeben)

Achtunddreißigster Abschnitt: Übergangsvorschrift zum Bürokratieentlastungsgesetz[2]

Art. 76[3]

[1]§ 241a Satz 1 des Handelsgesetzbuchs in der Fassung des Bürokratieentlastungsgesetzes vom 28. Juli 2015 (BGBl I S. 1400) ist erstmals auf das nach dem 31. Dezember 2015 beginnende Geschäftsjahr anzuwenden. [2]§ 241a Satz 1 des Handelsgesetzbuchs in der bis zum 31. Dezember 2015 geltenden Fassung ist letztmals auf das vor dem 1. Januar 2016 beginnende Geschäftsjahr anzuwenden.

---

1) **Anm. d. Red.:** Art. 5 i. d. F. des Gesetzes v. 22. 6. 1998 (BGBl I S. 1474) mit Wirkung v. 1. 7. 1998.
2) **Anm. d. Red.:** Achtunddreißigster Abschnitt angefügt gem. Gesetz v. 28. 7. 2015 (BGBl I S. 1400) mit Wirkung v. 1. 1. 2016.
3) **Anm. d. Red.:** Art. 76 angefügt gem. Gesetz v. 28. 7. 2015 (BGBl I S. 1400) mit Wirkung v. 1. 1. 2016.

Neununddreißigster Abschnitt: Übergangsvorschriften zum Transparenzrichtlinie-Umsetzungsgesetz[1)]

Art. 77[2)]

§ 342b des Handelsgesetzbuches in der vom 26. November 2015 geltenden Fassung findet ab dem 1. Januar 2016 Anwendung.

Vierzigster Abschnitt: Übergangsvorschrift zum Abschlussprüferaufsichtsreformgesetz[3)]

Art. 78[4)]

Für die Anwendung des § 319 Absatz 1 Satz 3 des Handelsgesetzbuchs in der ab dem 17. Juni 2016 geltenden Fassung gilt eine für den Abschlussprüfer geltende Teilnahmebescheinigung oder Ausnahmegenehmigung nach dem bis zum 16. Juni 2016 geltenden § 57a Absatz 1 der Wirtschaftsprüferordnung als Nachweis der Eintragung gemäß § 319 Absatz 1 Satz 3 des Handelsgesetzbuchs in der ab dem 17. Juni 2016 geltenden Fassung, solange der Registerauszug über die Eintragung nach § 40 Absatz 3 oder § 40a Absatz 1 Satz 3 der Wirtschaftsprüferordnung noch nicht erteilt worden ist.

Einundvierzigster Abschnitt: Übergangsvorschrift zum Abschlussprüfungsreformgesetz[5)]

Art. 79[6)]

(1) [1]§ 319a Absatz 1, 2 und 3 sowie die §§ 321 und 322 des Handelsgesetzbuchs jeweils in der Fassung des Abschlussprüfungsreformgesetzes vom 10. Mai 2016 (BGBl I S. 1142) sind erstmals auf Jahres- und Konzernabschlüsse für das nach dem 16. Juni 2016 beginnende Geschäftsjahr anzuwenden. [2]§ 319a Absatz 1 und 2 sowie die §§ 321 und 322 des Handelsgesetzbuchs in der bis zum 16. Juni 2016 geltenden Fassung sind letztmals auf Jahres- und Konzernabschlüsse für vor dem 17. Juni 2016 beginnende Geschäftsjahre anzuwenden.

(2) § 324 Absatz 2 Satz 2 des Handelsgesetzbuchs in der Fassung des Abschlussprüfungsreformgesetzes vom 10. Mai 2016 (BGBl I S. 1142) muss so lange nicht angewandt werden, wie alle Mitglieder des Prüfungsausschusses vor dem 17. Juni 2016 bestellt worden sind.

(3) [1]Prüfungsmandate können entsprechend § 318 Absatz 1a Satz 1 des Handelsgesetzbuchs auch verlängert werden, wenn die Wahl des Abschlussprüfers für das zwölfte oder dreizehnte Geschäftsjahr erfolgt, auf das sich die Prüfungstätigkeit des Abschlussprüfers erstreckt, und die Wahl des Abschlussprüfers für das nächste nach dem 16. Juni 2016 beginnende Geschäftsjahr erfolgt. [2]Prüfungsmandate entsprechend § 318 Absatz 1a Satz 2 des Handelsgesetzbuchs können auch verlängert werden, wenn mehrere Wirtschaftsprüfer oder Wirtschaftsprüfungsgesellschaften gemeinsam im zwölften oder dreizehnten Geschäftsjahr, auf das sich die Prüfungs-

---

1) **Anm. d. Red.:** Neununddreißigster Abschnitt angefügt gem. Gesetz v. 20. 11. 2015 (BGBl I S. 2029) mit Wirkung v. 26. 11. 2015.

2) **Anm. d. Red.:** Art. 76 angefügt gem. Gesetz v. 20. 11. 2015 (BGBl I S. 2029) mit Wirkung v. 26. 11. 2015.

3) **Anm. d. Red.:** Vierzigster Abschnitt angefügt gem. Gesetz v. 31. 3. 2016 (BGBl I S. 518) mit Wirkung v. 17. 6. 2016.

4) **Anm. d. Red.:** Art. 78 angefügt gem. Gesetz v. 31. 3. 2016 (BGBl I S. 518) und geändert durch Gesetz v. 10. 5. 2016 (BGBl I S. 1142) mit Wirkung v. 17. 6. 2016.

5) **Anm. d. Red.:** Einundvierzigster Abschnitt angefügt gem. Gesetz v. 10. 5. 2016 (BGBl I S. 1142) mit Wirkung v. 17. 6. 2016.

6) **Anm. d. Red.:** § 79 angefügt gem. Gesetz v. 10. 5. 2016 (BGBl I S. 1142) mit Wirkung v. 17. 6. 2016.

tätigkeit des Abschlussprüfers erstreckt, zum Abschlussprüfer bestellt werden und die gemeinsame Bestellung für das nächste nach dem 16. Juni 2016 beginnende Geschäftsjahr erfolgt.

Zweiundvierzigster Abschnitt: Übergangsvorschriften zum CSR-Richtlinie-Umsetzungsgesetz[1)]

Art. 80[2)]

[1]Die §§ 264, 285, 289 bis 289f, 291, 292, 294, 314 bis 315e, 317, 320, 325, 331, 334, 335, 336, 340a, 340i, 340n, 341a, 341j, 341n und 342 des Handelsgesetzbuchs in der Fassung des CSR-Richtlinie-Umsetzungsgesetzes vom 11. April 2017 (BGBl I S. 802) sind erstmals auf Jahres- und Konzernabschlüsse, Lage- und Konzernlageberichte für das nach dem 31. Dezember 2016 beginnende Geschäftsjahr anzuwenden. [2]Die in Satz 1 bezeichneten Vorschriften in der bis zum 18. April 2017 geltenden Fassung sind letztmals anzuwenden auf Lage- und Konzernlageberichte für das vor dem 1. Januar 2017 beginnende Geschäftsjahr.

Art. 81[3)]

§ 289b Absatz 4 und § 315b Absatz 4 des Handelsgesetzbuchs in der ab dem 1. Januar 2019 geltenden Fassung sind erstmals auf Jahres- und Konzernabschlüsse, Lage- und Konzernlageberichte für das nach dem 31. Dezember 2018 beginnende Geschäftsjahr anzuwenden.

Dreiundvierzigster Abschnitt: Übergangsvorschriften zum Gesetz zum Bürokratieabbau und zur Förderung der Transparenz bei Genossenschaften[4)]

Art. 82[5)]

[1]§ 339 Absatz 3 des Handelsgesetzbuchs in der Fassung des Gesetzes zum Bürokratieabbau und zur Förderung der Transparenz bei Genossenschaften vom 17. Juli 2017 (BGBl I S. 2434) ist erstmals anzuwenden auf Jahresabschlüsse für nach dem 31. Dezember 2016 beginnende Geschäftsjahre. [2]Ein Prüfungsverband kann einen Antrag im Sinne des § 339 Absatz 3 Satz 1 auch im Hinblick auf vor dem 31. Dezember 2016 begonnene Geschäftsjahre stellen.

Vierundvierzigster Abschnitt: Übergangsvorschrift zum Gesetz zur Umsetzung der zweiten Aktionärsrechterichtlinie[6)]

Art. 83[7)]

(1) [1]Die §§ 285, 286, 289a, 289f, 314, 315a, 324 und 325 Absatz 2a des Handelsgesetzbuchs in der ab dem 1. Januar 2020 geltenden Fassung sind erstmals auf Jahres- und Konzernabschlüsse sowie Lage- und Konzernlageberichte für das nach dem 31. Dezember 2020 beginnende Geschäftsjahr anzuwenden. [2]Die in Satz 1 bezeichneten Vorschriften in der bis einschließlich

---

1) **Anm. d. Red.:** Überschrift i. d. F. des Gesetzes v. 11.4.2017 (BGBl I S. 802) mit Wirkung v. 1.1.2019.
2) **Anm. d. Red.:** Art. 80 angefügt gem. Gesetz v. 11.4.2017 (BGBl I S. 802) mit Wirkung v. 19.4.2017.
3) **Anm. d. Red.:** Art. 81 angefügt gem. Gesetz v. 11.4.2017 (BGBl I S. 802) mit Wirkung v. 1.1.2019.
4) **Anm. d. Red.:** Dreiundvierzigster Abschnitt angefügt gem. Gesetz v. 17.7.2017 (BGBl I S. 2434) mit Wirkung v. 22.7.2017.
5) **Anm. d. Red.:** Art. 82 angefügt gem. Gesetz v. 17.7.2017 (BGBl I S. 2434) mit Wirkung v. 22.7.2017.
6) **Anm. d. Red.:** Vierundvierzigster Abschnitt angefügt gem. Gesetz v. 12.12.2019 (BGBl I S. 2637) mit Wirkung v. 1.1.2020.
7) **Anm. d. Red.:** Art. 83 i. d. F. des Gesetzes v. 12.8.2020 (BGBl I S. 1874) mit Wirkung v. 19.8.2020.

31. Dezember 2019 geltenden Fassung sind letztmals anzuwenden auf Jahres- und Konzernabschlüsse sowie Lage- und Konzernlageberichte für das vor dem 1. Januar 2021 beginnende Geschäftsjahr. ³Wurde für das in Satz 2 bezeichnete Geschäftsjahr oder für ein diesem vorausgehendes Geschäftsjahr bereits ein Vergütungsbericht nach § 162 des Aktiengesetzes erstellt, so sind für dieses Geschäftsjahr nicht die in Satz 2 bezeichneten Vorschriften, sondern die in Satz 1 bezeichneten Vorschriften anzuwenden.

(2) ¹§ 340i Absatz 6 und § 341j Absatz 5 des Handelsgesetzbuchs in der ab dem 1. Januar 2020 geltenden Fassung sind erstmals auf Konzernerklärungen zur Unternehmensführung für das nach dem 31. Dezember 2018 beginnende Geschäftsjahr anzuwenden. ²Die in Satz 1 bezeichneten Vorschriften können bereits auf Konzernerklärungen zur Unternehmensführung für die nach dem 31. Dezember 2016 beginnenden Geschäftsjahre angewendet werden.

Fünfundvierzigster Abschnitt: Übergangsvorschrift zum Gesetz zur weiteren Umsetzung der Transparenzrichtlinie-Änderungsrichtlinie im Hinblick auf ein einheitliches elektronisches Format für Jahresfinanzberichte[1]

Art. 84[2]

¹Die §§ 264, 289, 297, 315, 316, 317, 320, 322, 325, 328, 334, 336, 339, 340n, 341n, 341w und 342b des Handelsgesetzbuchs in der ab dem 19. August 2020 geltenden Fassung sind erstmals auf Jahres-, Einzel- und Konzernabschlüsse, Lage- und Konzernlageberichte sowie Erklärungen nach § 264 Absatz 2 Satz 3, § 289 Absatz 1 Satz 5, § 297 Absatz 2 Satz 4 und § 315 Absatz 1 Satz 5 des Handelsgesetzbuchs für das nach dem 31. Dezember 2019 beginnende Geschäftsjahr anzuwenden. ²Die in Satz 1 bezeichneten Vorschriften in der bis einschließlich 18. August 2020 geltenden Fassung sind letztmals anzuwenden auf Jahres-, Einzel- und Konzernabschlüsse, Lage- und Konzernlageberichte sowie Erklärungen nach § 264 Absatz 2 Satz 3, § 289 Absatz 1 Satz 5, § 297 Absatz 2 Satz 4 und § 315 Absatz 1 Satz 5 des Handelsgesetzbuchs für das vor dem 1. Januar 2020 beginnende Geschäftsjahr.

---

1) **Anm. d. Red.:** Fünfundvierzigster Abschnitt angefügt gem. Gesetz v. 12.8.2020 (BGBl I S. 1874) mit Wirkung v. 19.8.2020.

2) **Anm. d. Red.:** Art. 84 angefügt gem. Gesetz v. 12.8.2020 (BGBl I S. 1874) mit Wirkung v. 19.8.2020.

XIV. Insolvenzordnung
v. 5.10.1994 (BGBl I S. 2866) mit späteren Änderungen

Die Insolvenzordnung (InsO) v. 5.10.1994 (BGBl I S. 2866) ist zuletzt geändert worden durch Art. 2 und 6 Gesetz zur weiteren Verkürzung des Restschuldbefreiungsverfahrens und zur Anpassung pandemiebedingter Vorschriften im Gesellschafts-, Genossenschafts-, Vereins- und Stiftungsrecht sowie im Miet- und Pachtrecht v. 22.12.2020 (BGBl I S. 3328)[*]; die Änderung, die erst zu einem späteren Zeitpunkt in Kraft tritt, ist in einer Fußnote entsprechend gekennzeichnet – Zur Anwendung siehe auch Art. 103k bis 130m und Art. 107a EGInsO, hier abgedruckt als Anhang.

Nichtamtliche Fassung

Inhaltsübersicht[1]

	§§
Erster Teil: Allgemeine Vorschriften	1-10a
Zweiter Teil: Eröffnung des Insolvenzverfahrens. Erfasstes Vermögen und Verfahrensbeteiligte	11-79
Erster Abschnitt: Eröffnungsvoraussetzungen und Eröffnungsverfahren	11-34
Zweiter Abschnitt: Insolvenzmasse. Einteilung der Gläubiger	35-55
Dritter Abschnitt: Insolvenzverwalter. Organe der Gläubiger	56-79
Dritter Teil: Wirkungen der Eröffnung des Insolvenzverfahrens	80-147
Erster Abschnitt: Allgemeine Wirkungen	80-102
Zweiter Abschnitt: Erfüllung der Rechtsgeschäfte. Mitwirkung des Betriebsrats	103-128
Dritter Abschnitt: Insolvenzanfechtung	129-147
Vierter Teil: Verwaltung und Verwertung der Insolvenzmasse	148-173
Erster Abschnitt: Sicherung der Insolvenzmasse	148-155
Zweiter Abschnitt: Entscheidung über die Verwertung	156-164
Dritter Abschnitt: Gegenstände mit Absonderungsrechten	165-173
Fünfter Teil: Befriedigung der Insolvenzgläubiger. Einstellung des Verfahrens	174-216
Erster Abschnitt: Feststellung der Forderungen	174-186
Zweiter Abschnitt: Verteilung	187-206
Dritter Abschnitt: Einstellung des Verfahrens	207-216
Sechster Teil: Insolvenzplan	217-269
Erster Abschnitt: Aufstellung des Plans	217-234
Zweiter Abschnitt: Annahme und Bestätigung des Plans	235-253
Dritter Abschnitt: Wirkungen des bestätigten Plans. Überwachung der Planerfüllung	254-269
Siebter Teil: Koordinierung der Verfahren von Schuldnern, die derselben Unternehmensgruppe angehören	269a-269i
Erster Abschnitt: Allgemeine Bestimmungen	269a-269c
Zweiter Abschnitt: Koordinationsverfahren	269d-269i
Achter Teil: Eigenverwaltung	270-285

---

[*] **Amtl. Anm.:** Artikel 2 dieses Gesetzes dient der Umsetzung der Richtlinie (EU) 2019/1023 des Europäischen Parlaments und des Rates vom 20. Juni 2019 über präventive Restrukturierungsrahmen, über Entschuldung und über Tätigkeitsverbote sowie über Maßnahmen zur Steigerung der Effizienz von Restrukturierungs-, Insolvenz- und Entschuldungsverfahren und zur Änderung der Richtlinie (EU) 2017/1132 (Richtlinie über Restrukturierung und Insolvenz) (ABl. L 172 vom 26.6.2019, S. 18).

[1] **Anm. d. Red.:** Inhaltsübersicht i. d. F. des Gesetzes v. 22.12.2020 (BGBl I S. 3328) mit Wirkung v. 31.12.2020; i. d. F. des Gesetzes v. 22.12.2020 (BGBl I S. 3256) mit Wirkung v. 1.1.2021.

Neunter Teil: Restschuldbefreiung	286-303a
Zehnter Teil: Verbraucherinsolvenzverfahren	304-314
Elfter Teil: Besondere Arten des Insolvenzverfahrens	315-334
Erster Abschnitt: Nachlassinsolvenzverfahren	315-331
Zweiter Abschnitt: Insolvenzverfahren über das Gesamtgut einer fortgesetzten Gütergemeinschaft	332
Dritter Abschnitt: Insolvenzverfahren über das gemeinschaftlich verwaltete Gesamtgut einer Gütergemeinschaft	333, 334
Zwölfter Teil: Internationales Insolvenzrecht	335-358
Erster Abschnitt: Allgemeine Vorschriften	335-342
Zweiter Abschnitt: Ausländisches Insolvenzverfahren	343-353
Dritter Abschnitt: Partikularverfahren über das Inlandsvermögen	354-358
Dreizehnter Teil: Inkrafttreten	359

Erster Teil: Allgemeine Vorschriften

§ 1 Ziele des Insolvenzverfahrens

¹Das Insolvenzverfahren dient dazu, die Gläubiger eines Schuldners gemeinschaftlich zu befriedigen, indem das Vermögen des Schuldners verwertet und der Erlös verteilt oder in einem Insolvenzplan eine abweichende Regelung insbesondere zum Erhalt des Unternehmens getroffen wird. ²Dem redlichen Schuldner wird Gelegenheit gegeben, sich von seinen restlichen Verbindlichkeiten zu befreien.

§ 2 Amtsgericht als Insolvenzgericht[1]

(1) Für das Insolvenzverfahren ist das Amtsgericht, in dessen Bezirk ein Landgericht seinen Sitz hat, als Insolvenzgericht für den Bezirk dieses Landgerichts ausschließlich zuständig.

(2) ¹Die Landesregierungen werden ermächtigt, zur sachdienlichen Förderung oder schnelleren Erledigung der Verfahren durch Rechtsverordnung andere oder zusätzliche Amtsgerichte zu Insolvenzgerichten zu bestimmen und die Bezirke der Insolvenzgerichte abweichend festzulegen. ²Die Landesregierungen können die Ermächtigung auf die Landesjustizverwaltungen übertragen.

(3) ¹Rechtsverordnungen nach Absatz 2 sollen je Bezirk eines Oberlandesgerichts ein Insolvenzgericht bestimmen, an dem ein Gruppen-Gerichtsstand nach § 3a begründet werden kann. ²Die Zuständigkeit des bestimmten Insolvenzgerichts kann innerhalb eines Landes auch über den Bezirk eines Oberlandesgerichts erstreckt werden.

§ 3 Örtliche Zuständigkeit[2]

(1) ¹Örtlich zuständig ist ausschließlich das Insolvenzgericht, in dessen Bezirk der Schuldner seinen allgemeinen Gerichtsstand hat. ²Liegt der Mittelpunkt einer selbständigen wirtschaftlichen Tätigkeit des Schuldners an einem anderen Ort, so ist ausschließlich das Insolvenzgericht zuständig, in dessen Bezirk dieser Ort liegt.

(2) Hat der Schuldner in den letzten sechs Monaten vor der Antragstellung Instrumente gemäß § 29 des Unternehmensstabilisierungs- und -restrukturierungsgesetzes in Anspruch genommen, ist auch das Gericht örtlich zuständig, das als Restrukturierungsgericht für die Maßnahmen zuständig war.

(3) Sind mehrere Gerichte zuständig, so schließt das Gericht, bei dem zuerst die Eröffnung des Insolvenzverfahrens beantragt worden ist, die übrigen aus.

---

1) **Anm. d. Red.:** § 2 i. d. F. des Gesetzes v. 13. 4. 2017 (BGBl I S. 886) mit Wirkung v. 21. 4. 2018.
2) **Anm. d. Red.:** § 3 i. d. F. des Gesetzes v. 22.12.2020 (BGBl I S. 3256) mit Wirkung v. 1.1.2021.

§ 3a Gruppen-Gerichtsstand[1)]

(1) ¹Auf Antrag eines Schuldners, der einer Unternehmensgruppe im Sinne von § 3e angehört (gruppenangehöriger Schuldner), erklärt sich das angerufene Insolvenzgericht für die Insolvenzverfahren über die anderen gruppenangehörigen Schuldner (Gruppen-Folgeverfahren) für zuständig, wenn in Bezug auf den Schuldner ein zulässiger Eröffnungsantrag vorliegt und der Schuldner nicht offensichtlich von untergeordneter Bedeutung für die gesamte Unternehmensgruppe ist. ²Eine untergeordnete Bedeutung ist in der Regel nicht anzunehmen, wenn im vorangegangenen abgeschlossenen Geschäftsjahr die Zahl der vom Schuldner im Jahresdurchschnitt beschäftigten Arbeitnehmer mehr als 15 Prozent der in der Unternehmensgruppe im Jahresdurchschnitt beschäftigten Arbeitnehmer ausmachte und

1. die Bilanzsumme des Schuldners mehr als 15 Prozent der zusammengefassten Bilanzsumme der Unternehmensgruppe betrug oder
2. die Umsatzerlöse des Schuldners mehr als 15 Prozent der zusammengefassten Umsatzerlöse der Unternehmensgruppe betrugen.

³Haben mehrere gruppenangehörige Schuldner zeitgleich einen Antrag nach Satz 1 gestellt oder ist bei mehreren Anträgen unklar, welcher Antrag zuerst gestellt worden ist, ist der Antrag des Schuldners maßgeblich, der im vergangenen abgeschlossenen Geschäftsjahr die meisten Arbeitnehmer beschäftigt hat; die anderen Anträge sind unzulässig. ⁴Erfüllt keiner der gruppenangehörigen Schuldner die Voraussetzungen des Satzes 2, kann der Gruppen-Gerichtsstand jedenfalls bei dem Gericht begründet werden, das für die Eröffnung des Verfahrens für den gruppenangehörigen Schuldner zuständig ist, der im vorangegangenen abgeschlossenen Geschäftsjahr im Jahresdurchschnitt die meisten Arbeitnehmer beschäftigt hat.

(2) Bestehen Zweifel daran, dass eine Verfahrenskonzentration am angerufenen Insolvenzgericht im gemeinsamen Interesse der Gläubiger liegt, kann das Gericht den Antrag nach Absatz 1 Satz 1 ablehnen.

(3) Das Antragsrecht des Schuldners geht mit der Eröffnung des Insolvenzverfahrens auf den Insolvenzverwalter und mit der Bestellung eines vorläufigen Insolvenzverwalters, auf den die Verwaltungs- und Verfügungsbefugnis über das Vermögen des Schuldners übergeht, auf diesen über.

(4) Auf Antrag des Schuldners erklärt sich unter den Voraussetzungen des Absatzes 1 das für Gruppen-Folgeverfahren zuständige Gericht, sofern es nach § 34 des Unternehmensstabilisierungs- und -restrukturierungsgesetzes für Entscheidungen in Restrukturierungssachen zuständig ist, als Restrukturierungsgericht auch für Gruppen-Folgeverfahren in Insolvenzsachen nach Absatz 1 für zuständig.

§ 3b Fortbestehen des Gruppen-Gerichtsstands[2)]

Ein nach § 3a begründeter Gruppen-Gerichtsstand bleibt von der Nichteröffnung, Aufhebung oder Einstellung des Insolvenzverfahrens über den antragstellenden Schuldner unberührt, solange an diesem Gerichtsstand ein Verfahren über einen anderen gruppenangehörigen Schuldner anhängig ist.

§ 3c Zuständigkeit für Gruppen-Folgeverfahren[3)]

(1) Am Gericht des Gruppen-Gerichtsstands ist für Gruppen-Folgeverfahren die Abteilung zuständig, die für das Verfahren zuständig ist, in dem der Gruppen-Gerichtsstand begründet wurde.

---

1) **Anm. d. Red.:** § 3a i. d. F. des Gesetzes v. 22.12.2020 (BGBl I S. 3256) mit Wirkung v. 1.1.2021.
2) **Anm. d. Red.:** § 3b eingefügt gem. Gesetz v. 13. 4. 2017 (BGBl I S. 886) mit Wirkung v. 21. 4. 2018.
3) **Anm. d. Red.:** § 3c i. d. F. des Gesetzes v. 22.12.2020 (BGBl I S. 3256) mit Wirkung v. 1.1.2021.

(2) Der Antrag auf Eröffnung eines Gruppen-Folgeverfahrens kann auch bei dem nach § 3 Absatz 1 zuständigen Gericht gestellt werden.

§ 3d Verweisung an den Gruppen-Gerichtsstand[1)]

(1) ¹Wird die Eröffnung eines Insolvenzverfahrens über das Vermögen eines gruppenangehörigen Schuldners bei einem anderen Insolvenzgericht als dem Gericht des Gruppen-Gerichtsstands beantragt, kann das angerufene Gericht das Verfahren an das Gericht des Gruppen-Gerichtsstands verweisen. ²Eine Verweisung hat auf Antrag zu erfolgen, wenn der Schuldner unverzüglich nachdem er Kenntnis von dem Eröffnungsantrag eines Gläubigers erlangt hat, einen zulässigen Eröffnungsantrag bei dem Gericht des Gruppen-Gerichtsstands stellt.

(2) ¹Antragsberechtigt ist der Schuldner. ²§ 3a Absatz 3 gilt entsprechend.

(3) Das Gericht des Gruppen-Gerichtsstands kann den vom Erstgericht bestellten vorläufigen Insolvenzverwalter entlassen, wenn dies erforderlich ist, um nach § 56b eine Person zum Insolvenzverwalter in mehreren oder allen Verfahren über die gruppenangehörigen Schuldner zu bestellen.

§ 3e Unternehmensgruppe[2)]

(1) Eine Unternehmensgruppe im Sinne dieses Gesetzes besteht aus rechtlich selbständigen Unternehmen, die den Mittelpunkt ihrer hauptsächlichen Interessen im Inland haben und die unmittelbar oder mittelbar miteinander verbunden sind durch
1. die Möglichkeit der Ausübung eines beherrschenden Einflusses oder
2. eine Zusammenfassung unter einheitlicher Leitung.

(2) Als Unternehmensgruppe im Sinne des Absatzes 1 gelten auch eine Gesellschaft und ihre persönlich haftenden Gesellschafter, wenn zu diesen weder eine natürliche Person noch eine Gesellschaft zählt, an der eine natürliche Person als persönlich haftender Gesellschafter beteiligt ist, oder sich die Verbindung von Gesellschaften in dieser Art fortsetzt.

§ 4 Anwendbarkeit der Zivilprozessordnung[3)]

¹Für das Insolvenzverfahren gelten, soweit dieses Gesetz nichts anderes bestimmt, die Vorschriften der Zivilprozessordnung entsprechend. ²§ 128a der Zivilprozessordnung gilt mit der Maßgabe, dass bei Gläubigerversammlungen sowie sonstigen Versammlungen und Terminen die Beteiligten in der Ladung auf die Verpflichtung hinzuweisen sind, wissentliche Ton- und Bildaufzeichnungen zu unterlassen und durch geeignete Maßnahmen sicherzustellen, dass Dritte die Ton- und Bildübertragung nicht wahrnehmen können.

§ 4a Stundung der Kosten des Insolvenzverfahrens[4)]

(1) ¹Ist der Schuldner eine natürliche Person und hat er einen Antrag auf Restschuldbefreiung gestellt, so werden ihm auf Antrag die Kosten des Insolvenzverfahrens bis zur Erteilung der Restschuldbefreiung gestundet, soweit sein Vermögen voraussichtlich nicht ausreichen wird, um diese Kosten zu decken. ²Die Stundung nach Satz 1 umfasst auch die Kosten des Verfahrens über den Schuldenbereinigungsplan und des Verfahrens zur Restschuldbefreiung. ³Der Schuldner hat dem Antrag eine Erklärung beizufügen, ob ein Versagungsgrund des § 290 Absatz 1 Nummer 1 vorliegt. ⁴Liegt ein solcher Grund vor, ist eine Stundung ausgeschlossen.

(2) ¹Werden dem Schuldner die Verfahrenskosten gestundet, so wird ihm auf Antrag ein zur Vertretung bereiter Rechtsanwalt seiner Wahl beigeordnet, wenn die Vertretung durch einen

---

1) **Anm. d. Red.:** § 3d eingefügt gem. Gesetz v. 13. 4. 2017 (BGBl I S. 886) mit Wirkung v. 21. 4. 2018.
2) **Anm. d. Red.:** § 3e eingefügt gem. Gesetz v. 13. 4. 2017 (BGBl I S. 886) mit Wirkung v. 21. 4. 2018.
3) **Anm. d. Red.:** § 4 i. d. F. des Gesetzes v. 22.12.2020 (BGBl I S. 3256) mit Wirkung v. 1.1.2021.
4) **Anm. d. Red.:** § 4a i. d. F. des Gesetzes v. 15. 7. 2013 (BGBl I S. 2379) mit Wirkung v. 1. 7. 2014.

Rechtsanwalt trotz der dem Gericht obliegenden Fürsorge erforderlich erscheint. ²§ 121 Abs. 3 bis 5 der Zivilprozessordnung gilt entsprechend.

(3) ¹Die Stundung bewirkt, dass
1. die Bundes- oder Landeskasse
   a) die rückständigen und die entstehenden Gerichtskosten,
   b) die auf sie übergegangenen Ansprüche des beigeordneten Rechtsanwalts
   nur nach den Bestimmungen, die das Gericht trifft, gegen den Schuldner geltend machen kann;
2. der beigeordnete Rechtsanwalt Ansprüche auf Vergütung gegen den Schuldner nicht geltend machen kann.

²Die Stundung erfolgt für jeden Verfahrensabschnitt besonders. ³Bis zur Entscheidung über die Stundung treten die in Satz 1 genannten Wirkungen einstweilig ein. ⁴§ 4b Abs. 2 gilt entsprechend.

§ 4b Rückzahlung und Anpassung der gestundeten Beträge[1]

(1) ¹Ist der Schuldner nach Erteilung der Restschuldbefreiung nicht in der Lage, den gestundeten Betrag aus seinem Einkommen und seinem Vermögen zu zahlen, so kann das Gericht die Stundung verlängern und die zu zahlenden Monatsraten festsetzen. ²§ 115 Absatz 1 bis 3 sowie § 120 Absatz 2 der Zivilprozessordnung gelten entsprechend.

(2) ¹Das Gericht kann die Entscheidung über die Stundung und die Monatsraten jederzeit ändern, soweit sich die für sie maßgebenden persönlichen oder wirtschaftlichen Verhältnisse wesentlich geändert haben. ²Der Schuldner ist verpflichtet, dem Gericht eine wesentliche Änderung dieser Verhältnisse unverzüglich anzuzeigen. ³§ 120a Absatz 1 Satz 2 und 3 der Zivilprozessordnung gilt entsprechend. ⁴Eine Änderung zum Nachteil des Schuldners ist ausgeschlossen, wenn seit der Beendigung des Verfahrens vier Jahre vergangen sind.

§ 4c Aufhebung der Stundung[2]

Das Gericht kann die Stundung aufheben, wenn
1. der Schuldner vorsätzlich oder grob fahrlässig unrichtige Angaben über Umstände gemacht hat, die für die Eröffnung des Insolvenzverfahrens oder die Stundung maßgebend sind, oder eine vom Gericht verlangte Erklärung über seine Verhältnisse nicht abgegeben hat;
2. die persönlichen oder wirtschaftlichen Voraussetzungen für die Stundung nicht vorgelegen haben; in diesem Fall ist die Aufhebung ausgeschlossen, wenn seit der Beendigung des Verfahrens vier Jahre vergangen sind;
3. der Schuldner länger als drei Monate mit der Zahlung einer Monatsrate oder mit der Zahlung eines sonstigen Betrages schuldhaft in Rückstand ist;
4. der Schuldner keine angemessene Erwerbstätigkeit ausübt und, wenn er ohne Beschäftigung ist, sich nicht um eine solche bemüht oder eine zumutbare Tätigkeit ablehnt und dadurch die Befriedigung der Insolvenzgläubiger beeinträchtigt; dies gilt nicht, wenn den Schuldner kein Verschulden trifft; § 296 Absatz 2 Satz 2 und 3 gilt entsprechend;
5. die Restschuldbefreiung versagt oder widerrufen wird.

§ 4d Rechtsmittel[3]

(1) Gegen die Ablehnung der Stundung oder deren Aufhebung sowie gegen die Ablehnung der Beiordnung eines Rechtsanwalts steht dem Schuldner die sofortige Beschwerde zu.

---

1) **Anm. d. Red.:** § 4b i. d. F. des Gesetzes v. 31. 8. 2013 (BGBl I S. 3533) mit Wirkung v. 1. 1. 2014.
2) **Anm. d. Red.:** § 4c i. d. F. des Gesetzes v. 15. 7. 2013 (BGBl I S. 2379) mit Wirkung v. 1. 7. 2014.
3) **Anm. d. Red.:** § 4d eingefügt gem. Gesetz v. 26. 10. 2001 (BGBl I S. 2710) mit Wirkung v. 1. 12. 2001.

(2) ¹Wird die Stundung bewilligt, so steht der Staatskasse die sofortige Beschwerde zu. ²Diese kann nur darauf gestützt werden, dass nach den persönlichen oder wirtschaftlichen Verhältnissen des Schuldners die Stundung hätte abgelehnt werden müssen.

§ 5 Verfahrensgrundsätze[1]

(1) ¹Das Insolvenzgericht hat von Amts wegen alle Umstände zu ermitteln, die für das Insolvenzverfahren von Bedeutung sind. ²Es kann zu diesem Zweck insbesondere Zeugen und Sachverständige vernehmen.

(2) ¹Sind die Vermögensverhältnisse des Schuldners überschaubar und ist die Zahl der Gläubiger oder die Höhe der Verbindlichkeiten gering, wird das Verfahren schriftlich durchgeführt. ²Das Insolvenzgericht kann anordnen, dass das Verfahren oder einzelne seiner Teile mündlich durchgeführt werden, wenn dies zur Förderung des Verfahrensablaufs angezeigt ist. ³Es kann diese Anordnung jederzeit aufheben oder ändern. ⁴Die Anordnung, ihre Aufhebung oder Abänderung sind öffentlich bekannt zu machen.

(3) ¹Die Entscheidungen des Gerichts können ohne mündliche Verhandlung ergehen. ²Findet eine mündliche Verhandlung statt, so ist § 227 Abs. 3 Satz 1 der Zivilprozessordnung nicht anzuwenden.

(4) ¹Tabellen und Verzeichnisse können maschinell hergestellt und bearbeitet werden. ²Die Landesregierungen werden ermächtigt, durch Rechtsverordnung nähere Bestimmungen über die Führung der Tabellen und Verzeichnisse, ihre elektronische Einreichung sowie die elektronische Einreichung der dazugehörigen Dokumente und deren Aufbewahrung zu treffen. ³Dabei können sie auch Vorgaben für die Datenformate der elektronischen Einreichung machen. ⁴Die Landesregierungen können die Ermächtigung auf die Landesjustizverwaltungen übertragen.

(5) ¹Insolvenzverwalter sollen ein elektronisches Gläubigerinformationssystem vorhalten, mit dem jedem Insolvenzgläubiger, der eine Forderung angemeldet hat, alle Entscheidungen des Insolvenzgerichts, alle an das Insolvenzgericht übersandten Berichte, welche nicht ausschließlich die Forderungen anderer Gläubiger betreffen, sowie die eigenen Forderungen betreffenden Unterlagen in einem gängigen Dateiformat zur Verfügung gestellt werden können. ²Hat der Schuldner im vorangegangenen Geschäftsjahr mindestens zwei der drei in § 22a Absatz 1 genannten Merkmale erfüllt, muss der Insolvenzverwalter ein elektronisches Gläubigerinformationssystem vorhalten und die in Satz 1 genannten Dokumente unverzüglich zum elektronischen Abruf zur Verfügung stellen. ³Den Einsichtsberechtigten stellt der Verwalter die für den Zugang erforderlichen Daten unverzüglich zur Verfügung.

§ 6 Sofortige Beschwerde[2]

(1) ¹Die Entscheidungen des Insolvenzgerichts unterliegen nur in den Fällen einem Rechtsmittel, in denen dieses Gesetz die sofortige Beschwerde vorsieht. ²Die sofortige Beschwerde ist bei dem Insolvenzgericht einzulegen.

(2) Die Beschwerdefrist beginnt mit der Verkündung der Entscheidung oder, wenn diese nicht verkündet wird, mit deren Zustellung.

(3) ¹Die Entscheidung über die Beschwerde wird erst mit der Rechtskraft wirksam. ²Das Beschwerdegericht kann jedoch die sofortige Wirksamkeit der Entscheidung anordnen.

---

1) **Anm. d. Red.:** § 5 i. d. F. des Gesetzes v. 22.12.2020 (BGBl I S. 3256) mit Wirkung v. 1.1.2021.
2) **Anm. d. Red.:** § 6 i. d. F. des Gesetzes v. 7.12.2011 (BGBl I S. 2582) mit Wirkung v. 1.3.2012.

§ 7 (weggefallen)[1]

§ 8 Zustellungen[2]

(1) ¹Die Zustellungen erfolgen von Amts wegen, ohne dass es einer Beglaubigung des zuzustellenden Schriftstücks bedarf. ²Sie können dadurch bewirkt werden, dass das Schriftstück unter der Anschrift des Zustellungsadressaten zur Post gegeben wird; § 184 Abs. 2 Satz 1, 2 und 4 der Zivilprozessordnung gilt entsprechend. ³Soll die Zustellung im Inland bewirkt werden, gilt das Schriftstück drei Tage nach Aufgabe zur Post als zugestellt.

(2) ¹An Personen, deren Aufenthalt unbekannt ist, wird nicht zugestellt. ²Haben sie einen zur Entgegennahme von Zustellungen berechtigten Vertreter, so wird dem Vertreter zugestellt.

(3) ¹Das Insolvenzgericht kann den Insolvenzverwalter beauftragen, die Zustellungen nach Absatz 1 durchzuführen. ²Zur Durchführung der Zustellung und zur Erfassung in den Akten kann er sich Dritter, insbesondere auch eigenen Personals, bedienen. ³Der Insolvenzverwalter hat die von ihm nach § 184 Abs. 2 Satz 4 der Zivilprozessordnung angefertigten Vermerke unverzüglich zu den Gerichtsakten zu reichen.

§ 9 Öffentliche Bekanntmachung[3]

(1) ¹Die öffentliche Bekanntmachung erfolgt durch eine zentrale und länderübergreifende Veröffentlichung im Internet[*]; diese kann auszugsweise geschehen. ²Dabei ist der Schuldner genau zu bezeichnen, insbesondere sind seine Anschrift und sein Geschäftszweig anzugeben. ³Die Bekanntmachung gilt als bewirkt, sobald nach dem Tag der Veröffentlichung zwei weitere Tage verstrichen sind.

(2) ¹Das Insolvenzgericht kann weitere Veröffentlichungen veranlassen, soweit dies landesrechtlich bestimmt ist. ²Das Bundesministerium der Justiz und für Verbraucherschutz wird ermächtigt, durch Rechtsverordnung mit Zustimmung des Bundesrates die Einzelheiten der zentralen und länderübergreifenden Veröffentlichung im Internet zu regeln. ³Dabei sind insbesondere Löschungsfristen vorzusehen sowie Vorschriften, die sicherstellen, dass die Veröffentlichungen
1. unversehrt, vollständig und aktuell bleiben,
2. jederzeit ihrem Ursprung nach zugeordnet werden können.

(3) Die öffentliche Bekanntmachung genügt zum Nachweis der Zustellung an alle Beteiligten, auch wenn dieses Gesetz neben ihr eine besondere Zustellung vorschreibt.

§ 10 Anhörung des Schuldners[4]

(1) ¹Soweit in diesem Gesetz eine Anhörung des Schuldners vorgeschrieben ist, kann sie unterbleiben, wenn sich der Schuldner im Ausland aufhält und die Anhörung das Verfahren übermäßig verzögern würde oder wenn der Aufenthalt des Schuldners unbekannt ist. ²In diesem Fall soll ein Vertreter oder Angehöriger des Schuldners gehört werden.

(2) ¹Ist der Schuldner keine natürliche Person, so gilt Absatz 1 entsprechend für die Anhörung von Personen, die zur Vertretung des Schuldners berechtigt oder an ihm beteiligt sind. ²Ist der Schuldner eine juristische Person und hat diese keinen organschaftlichen Vertreter (Führungslosigkeit), so können die an ihm beteiligten Personen gehört werden; Absatz 1 Satz 1 gilt entsprechend.

---

[*] **Amtl. Anm.:** www.insolvenzbekanntmachungen.de
[1] **Anm. d. Red.:** § 7 weggefallen gem. Gesetz v. 21. 10. 2011 (BGBl I S. 2082) mit Wirkung v. 27. 10. 2011.
[2] **Anm. d. Red.:** § 8 i. d. F. des Gesetzes v. 13. 4. 2007 (BGBl I S. 509) mit Wirkung v. 1. 7. 2007.
[3] **Anm. d. Red.:** § 9 i. d. F. der VO v. 31. 8. 2015 (BGBl I S. 1474) mit Wirkung v. 8. 9. 2015.
[4] **Anm. d. Red.:** § 10 i. d. F. des Gesetzes v. 23. 10. 2008 (BGBl I S. 2026) mit Wirkung v. 1. 11. 2008.

§ 10a Vorgespräch[1)]

(1) [1]Ein Schuldner, der mindestens zwei der drei in § 22a Absatz 1 genannten Voraussetzungen erfüllt, hat an dem für ihn zuständigen Insolvenzgericht Anspruch auf ein Vorgespräch über die für das Verfahren relevanten Gegenstände, insbesondere die Voraussetzungen für eine Eigenverwaltung, die Eigenverwaltungsplanung, die Besetzung des vorläufigen Gläubigerausschusses, die Person des vorläufigen Insolvenzverwalters oder Sachwalters, etwaige weitere Sicherungsanordnungen und die Ermächtigung zur Begründung von Masseverbindlichkeiten. [2]Wenn der Schuldner nach Satz 1 keinen Anspruch auf ein Vorgespräch hat, liegt das Angebot eines Vorgesprächs im Ermessen des Gerichts.

(2) Mit Zustimmung des Schuldners kann das Gericht Gläubiger anhören, insbesondere, um deren Bereitschaft für eine Mitgliedschaft in einem vorläufigen Gläubigerausschuss zu erörtern.

(3) Die Abteilung, für die der Richter das Vorgespräch nach Absatz 1 Satz 1 führt, ist in den sechs Monaten nach dem Vorgespräch für das Insolvenzverfahren über das Vermögen des Schuldners zuständig.

Zweiter Teil: Eröffnung des Insolvenzverfahrens. Erfasstes Vermögen und Verfahrensbeteiligte

Erster Abschnitt: Eröffnungsvoraussetzungen und Eröffnungsverfahren

§ 11 Zulässigkeit des Insolvenzverfahrens[2)]

(1) [1]Ein Insolvenzverfahren kann über das Vermögen jeder natürlichen und jeder juristischen Person eröffnet werden. [2]Der nicht rechtsfähige Verein steht insoweit einer juristischen Person gleich.

(2) Ein Insolvenzverfahren kann ferner eröffnet werden:
1. über das Vermögen einer Gesellschaft ohne Rechtspersönlichkeit (offene Handelsgesellschaft, Kommanditgesellschaft, Partnerschaftsgesellschaft, Gesellschaft des Bürgerlichen Rechts, Partenreederei, Europäische wirtschaftliche Interessenvereinigung);
2. nach Maßgabe der §§ 315 bis 334 über einen Nachlass, über das Gesamtgut einer fortgesetzten Gütergemeinschaft oder über das Gesamtgut einer Gütergemeinschaft, das von den Ehegatten oder Lebenspartnern gemeinschaftlich verwaltet wird.

(3) Nach Auflösung einer juristischen Person oder einer Gesellschaft ohne Rechtspersönlichkeit ist die Eröffnung des Insolvenzverfahrens zulässig, solange die Verteilung des Vermögens nicht vollzogen ist.

§ 12 Juristische Personen des öffentlichen Rechts[3)]

(1) Unzulässig ist das Insolvenzverfahren über das Vermögen
1. des Bundes oder eines Landes;
2. einer juristischen Person des öffentlichen Rechts, die der Aufsicht eines Landes untersteht, wenn das Landesrecht dies bestimmt.

(2) Hat ein Land nach Absatz 1 Nr. 2 das Insolvenzverfahren über das Vermögen einer juristischen Person für unzulässig erklärt, so können im Falle der Zahlungsunfähigkeit oder der Überschuldung dieser juristischen Person deren Arbeitnehmer von dem Land die Leistungen verlangen, die sie im Falle der Eröffnung eines Insolvenzverfahrens nach den Vorschriften des Dritten Buches Sozialgesetzbuch über das Insolvenzgeld von der Agentur für Arbeit und nach den Vor-

---

1) **Anm. d. Red.:** § 10a eingefügt gem. Gesetz v. 22.12.2020 (BGBl I S. 3256) mit Wirkung v. 1.1.2021.
2) **Anm. d. Red.:** § 11 i. d. F. des Gesetzes v. 20. 11. 2015 (BGBl I S. 2010) mit Wirkung v. 26. 11. 2015.
3) **Anm. d. Red.:** § 12 i. d. F. des Gesetzes v. 23. 12. 2003 (BGBl I S. 2848) mit Wirkung v. 1. 1. 2004.

schriften des Gesetzes zur Verbesserung der betrieblichen Altersversorgung vom Träger der Insolvenzsicherung beanspruchen könnten.

§ 13 Eröffnungsantrag[1]

(1) ¹Das Insolvenzverfahren wird nur auf schriftlichen Antrag eröffnet. ²Antragsberechtigt sind die Gläubiger und der Schuldner. ³Dem Antrag des Schuldners ist ein Verzeichnis der Gläubiger und ihrer Forderungen beizufügen. ⁴Wenn der Schuldner einen Geschäftsbetrieb hat, der nicht eingestellt ist, sollen in dem Verzeichnis besonders kenntlich gemacht werden
1. die höchsten Forderungen,
2. die höchsten gesicherten Forderungen,
3. die Forderungen der Finanzverwaltung,
4. die Forderungen der Sozialversicherungsträger sowie
5. die Forderungen aus betrieblicher Altersversorgung.

⁵Der Schuldner hat in diesem Fall auch Angaben zur Bilanzsumme, zu den Umsatzerlösen und zur durchschnittlichen Zahl der Arbeitnehmer des vorangegangenen Geschäftsjahres zu machen. ⁶Die Angaben nach Satz 4 sind verpflichtend, wenn
1. der Schuldner Eigenverwaltung beantragt,
2. der Schuldner die Merkmale des § 22a Absatz 1 erfüllt oder
3. die Einsetzung eines vorläufigen Gläubigerausschusses beantragt wurde.

⁷Dem Verzeichnis nach Satz 3 und den Angaben nach den Sätzen 4 und 5 ist die Erklärung beizufügen, dass die enthaltenen Angaben richtig und vollständig sind.

(2) Der Antrag kann zurückgenommen werden, bis das Insolvenzverfahren eröffnet oder der Antrag rechtskräftig abgewiesen ist.

(3) Ist der Eröffnungsantrag unzulässig, so fordert das Insolvenzgericht den Antragsteller unverzüglich auf, den Mangel zu beheben und räumt ihm hierzu eine angemessene Frist ein.

(4) ¹Das Bundesministerium der Justiz und für Verbraucherschutz wird ermächtigt, durch Rechtsverordnung mit Zustimmung des Bundesrates für die Antragstellung durch den Schuldner ein Formular einzuführen. ²Soweit nach Satz 1 ein Formular eingeführt ist, muss der Schuldner dieses benutzen. ³Für Verfahren, die von den Gerichten maschinell bearbeitet, und für solche, die nicht maschinell bearbeitet werden, können unterschiedliche Formulare eingeführt werden.

§ 13a Antrag zur Begründung eines Gruppen-Gerichtsstands[2]

(1) In einem Antrag nach § 3a Absatz 1 sind anzugeben:
1. Name, Sitz, Unternehmensgegenstand sowie Bilanzsumme, Umsatzerlöse und die durchschnittliche Zahl der Arbeitnehmer des letzten Geschäftsjahres der anderen gruppenangehörigen Unternehmen, die nicht lediglich von untergeordneter Bedeutung für die Unternehmensgruppe sind; für die übrigen gruppenangehörigen Unternehmen sollen entsprechende Angaben gemacht werden,
2. aus welchen Gründen eine Verfahrenskonzentration am angerufenen Insolvenzgericht im gemeinsamen Interesse der Gläubiger liegt,
3. ob eine Fortführung oder Sanierung der Unternehmensgruppe oder eines Teils davon angestrebt wird,
4. welche gruppenangehörigen Unternehmen Institute im Sinne des § 1 Absatz 1b des Kreditwesengesetzes, Finanzholding-Gesellschaften im Sinne des § 1 Absatz 3a des Kreditwesengesetzes, Kapitalverwaltungsgesellschaften im Sinne des § 17 Absatz 1 des Kapitalanlage-

---

1) **Anm. d. Red.:** § 13 i. d. F. des Gesetzes v. 5. 6. 2017 (BGBl I S. 1476) mit Wirkung v. 26. 6. 2017.
2) **Anm. d. Red.:** § 13a eingefügt gem. Gesetz v. 13. 4. 2017 (BGBl I S. 886) mit Wirkung v. 21. 4. 2018.

gesetzbuches, Zahlungsdienstleister im Sinne des § 1 Absatz 1 des Zahlungsdiensteaufsichtsgesetzes oder Versicherungsunternehmen im Sinne des § 7 Nummer 33 des Versicherungsaufsichtsgesetzes sind, und

5. die gruppenangehörigen Schuldner, über deren Vermögen die Eröffnung eines Insolvenzverfahrens beantragt oder ein Verfahren eröffnet wurde, einschließlich des zuständigen Insolvenzgerichts und des Aktenzeichens.

(2) ¹Dem Antrag nach § 3a Absatz 1 ist der letzte konsolidierte Abschluss der Unternehmensgruppe beizufügen. ²Liegt ein solcher nicht vor, sind die letzten Jahresabschlüsse der gruppenangehörigen Unternehmen beizufügen, die nicht lediglich von untergeordneter Bedeutung für die Unternehmensgruppe sind. ³Die Jahresabschlüsse der übrigen gruppenangehörigen Unternehmen sollen beigefügt werden.

§ 14 Antrag eines Gläubigers[1]

(1) ¹Der Antrag eines Gläubigers ist zulässig, wenn der Gläubiger ein rechtliches Interesse an der Eröffnung des Insolvenzverfahrens hat und seine Forderung und den Eröffnungsgrund glaubhaft macht. ²Der Antrag wird nicht allein dadurch unzulässig, dass die Forderung erfüllt wird.

(2) Ist der Antrag zulässig, so hat das Insolvenzgericht den Schuldner zu hören.

(3) ¹Wird die Forderung des Gläubigers nach Antragstellung erfüllt, so hat der Schuldner die Kosten des Verfahrens zu tragen, wenn der Antrag als unbegründet abgewiesen wird. ²Der Schuldner hat die Kosten auch dann zu tragen, wenn der Antrag eines Gläubigers wegen einer zum Zeitpunkt der Antragstellung wirksamen nichtöffentlichen Stabilisierungsanordnung nach dem Unternehmensstabilisierungs- und -restrukturierungsgesetz abgewiesen wird und der Gläubiger von der Stabilisierungsanordnung keine Kenntnis haben konnte.

§ 15 Antragsrecht bei juristischen Personen und Gesellschaften ohne Rechtspersönlichkeit[2]

(1) ¹Zum Antrag auf Eröffnung eines Insolvenzverfahrens über das Vermögen einer juristischen Person oder einer Gesellschaft ohne Rechtspersönlichkeit ist außer den Gläubigern jedes Mitglied des Vertretungsorgans, bei einer Gesellschaft ohne Rechtspersönlichkeit oder bei einer Kommanditgesellschaft auf Aktien jeder persönlich haftende Gesellschafter, sowie jeder Abwickler berechtigt. ²Bei einer juristischen Person ist im Fall der Führungslosigkeit auch jeder Gesellschafter, bei einer Aktiengesellschaft oder einer Genossenschaft zudem auch jedes Mitglied des Aufsichtsrats zur Antragstellung berechtigt.

(2) ¹Wird der Antrag nicht von allen Mitgliedern des Vertretungsorgans, allen persönlich haftenden Gesellschaftern, allen Gesellschaftern der juristischen Person, allen Mitgliedern des Aufsichtsrats oder allen Abwicklern gestellt, so ist er zulässig, wenn der Eröffnungsgrund glaubhaft gemacht wird. ²Zusätzlich ist bei Antragstellung durch Gesellschafter einer juristischen Person oder Mitglieder des Aufsichtsrats auch die Führungslosigkeit glaubhaft zu machen. ³Das Insolvenzgericht hat die übrigen Mitglieder des Vertretungsorgans, persönlich haftenden Gesellschafter, Gesellschafter der juristischen Person, Mitglieder des Aufsichtsrats oder Abwickler zu hören.

(3) ¹Ist bei einer Gesellschaft ohne Rechtspersönlichkeit kein persönlich haftender Gesellschafter eine natürliche Person, so gelten die Absätze 1 und 2 entsprechend für die organschaftlichen Vertreter und die Abwickler der zur Vertretung der Gesellschaft ermächtigten Gesellschafter. ²Entsprechendes gilt, wenn sich die Verbindung von Gesellschaften in dieser Art fortsetzt.

---

1) **Anm. d. Red.:** § 14 i. d. F. des Gesetzes v. 22.12.2020 (BGBl I S. 3256) mit Wirkung v. 1.1.2021.
2) **Anm. d. Red.:** § 15 i. d. F. des Gesetzes v. 23.10.2008 (BGBl I S. 2026) mit Wirkung v. 1.11.2008.

§ 15a Antragspflicht bei juristischen Personen und Gesellschaften ohne Rechtspersönlichkeit[1)]

(1) ¹Wird eine juristische Person zahlungsunfähig oder überschuldet, haben die Mitglieder des Vertretungsorgans oder die Abwickler ohne schuldhaftes Zögern einen Eröffnungsantrag zu stellen. ²Der Antrag ist spätestens drei Wochen nach Eintritt der Zahlungsunfähigkeit und sechs Wochen nach Eintritt der Überschuldung zu stellen. ³Das Gleiche gilt für die organschaftlichen Vertreter der zur Vertretung der Gesellschaft ermächtigten Gesellschafter oder die Abwickler bei einer Gesellschaft ohne Rechtspersönlichkeit, bei der kein persönlich haftender Gesellschafter eine natürliche Person ist; dies gilt nicht, wenn zu den persönlich haftenden Gesellschaftern eine andere Gesellschaft gehört, bei der ein persönlich haftender Gesellschafter eine natürliche Person ist.

(2) Bei einer Gesellschaft im Sinne des Absatzes 1 Satz 3 gilt Absatz 1 sinngemäß, wenn die organschaftlichen Vertreter der zur Vertretung der Gesellschaft ermächtigten Gesellschafter ihrerseits Gesellschaften sind, bei denen kein persönlich haftender Gesellschafter eine natürliche Person ist, oder sich die Verbindung von Gesellschaften in dieser Art fortsetzt.

(3) Im Fall der Führungslosigkeit einer Gesellschaft mit beschränkter Haftung ist auch jeder Gesellschafter, im Fall der Führungslosigkeit einer Aktiengesellschaft oder einer Genossenschaft ist auch jedes Mitglied des Aufsichtsrats zur Stellung des Antrags verpflichtet, es sei denn, diese Person hat von der Zahlungsunfähigkeit und der Überschuldung oder der Führungslosigkeit keine Kenntnis.

(4) Mit Freiheitsstrafe bis zu drei Jahren oder mit Geldstrafe wird bestraft, wer entgegen Absatz 1 Satz 1 und 2, auch in Verbindung mit Satz 3 oder Absatz 2 oder Absatz 3, einen Eröffnungsantrag
1. nicht oder nicht rechtzeitig stellt oder
2. nicht richtig stellt.

(5) Handelt der Täter in den Fällen des Absatzes 4 fahrlässig, ist die Strafe Freiheitsstrafe bis zu einem Jahr oder Geldstrafe.

(6) Im Falle des Absatzes 4 Nummer 2, auch in Verbindung mit Absatz 5, ist die Tat nur strafbar, wenn der Eröffnungsantrag rechtskräftig als unzulässig zurückgewiesen wurde.

(7) Auf Vereine und Stiftungen, für die § 42 Absatz 2 des Bürgerlichen Gesetzbuchs gilt, sind die Absätze 1 bis 6 nicht anzuwenden.

§ 15b Zahlungen bei Zahlungsunfähigkeit und Überschuldung; Verjährung[2)]

(1) ¹Die nach § 15a Absatz 1 Satz 1 antragspflichtigen Mitglieder des Vertretungsorgans und Abwickler einer juristischen Person dürfen nach dem Eintritt der Zahlungsunfähigkeit oder der Überschuldung der juristischen Person keine Zahlungen mehr für diese vornehmen. ²Dies gilt nicht für Zahlungen, die mit der Sorgfalt eines ordentlichen und gewissenhaften Geschäftsleiters vereinbar sind.

(2) ¹Zahlungen, die im ordnungsgemäßen Geschäftsgang erfolgen, insbesondere solche Zahlungen, die der Aufrechterhaltung des Geschäftsbetriebs dienen, gelten vorbehaltlich des Absatzes 3 als mit der Sorgfalt eines ordentlichen und gewissenhaften Geschäftsleiters vereinbar. ²Im Rahmen des für eine rechtzeitige Antragstellung maßgeblichen Zeitraums nach § 15a Absatz 1 Satz 1 und 2 gilt dies nur, solange die Antragspflichtigen Maßnahmen zur nachhaltigen Beseitigung der Insolvenzreife oder zur Vorbereitung eines Insolvenzantrags mit der Sorgfalt eines ordentlichen und gewissenhaften Geschäftsleiters betreiben. ³Zahlungen, die im Zeitraum zwischen der Stellung des Antrags und der Eröffnung des Verfahrens geleistet werden, gelten auch

---

1) **Anm. d. Red.:** § 15a i. d. F. des Gesetzes v. 22.12.2020 (BGBl I S. 3256) mit Wirkung v. 1.1.2021.
2) **Anm. d. Red.:** § 15b eingefügt gem. Gesetz v. 22.12.2020 (BGBl I S. 3256) mit Wirkung v. 1.1.2021.

dann als mit der Sorgfalt eines ordentlichen und gewissenhaften Geschäftsleiters vereinbar, wenn diese mit Zustimmung eines vorläufigen Insolvenzverwalters vorgenommen wurden.

(3) Ist der nach § 15a Absatz 1 Satz 1 und 2 für eine rechtzeitige Antragstellung maßgebliche Zeitpunkt verstrichen und hat der Antragspflichtige keinen Antrag gestellt, sind Zahlungen in der Regel nicht mit der Sorgfalt eines ordentlichen und gewissenhaften Geschäftsleiters vereinbar.

(4) ¹Werden entgegen Absatz 1 Zahlungen geleistet, sind die Antragspflichtigen der juristischen Person zur Erstattung verpflichtet. ²Ist der Gläubigerschaft der juristischen Person ein geringerer Schaden entstanden, beschränkt sich die Ersatzpflicht auf den Ausgleich dieses Schadens. ³Soweit die Erstattung oder der Ersatz zur Befriedigung der Gläubiger der juristischen Person erforderlich ist, wird die Pflicht nicht dadurch ausgeschlossen, dass dieselben in Befolgung eines Beschlusses eines Organs der juristischen Person gehandelt haben. ⁴Ein Verzicht der juristischen Person auf Erstattungs- oder Ersatzansprüche oder ein Vergleich der juristischen Person über diese Ansprüche ist unwirksam. ⁵Dies gilt nicht, wenn der Erstattungs- oder Ersatzpflichtige zahlungsunfähig ist und sich zur Abwendung des Insolvenzverfahrens mit seinen Gläubigern vergleicht, wenn die Erstattungs- oder Ersatzpflicht in einem Insolvenzplan geregelt wird oder wenn ein Insolvenzverwalter für die juristische Person handelt.

(5) ¹Absatz 1 Satz 1 und Absatz 4 gelten auch für Zahlungen an Personen, die an der juristischen Person beteiligt sind, soweit diese zur Zahlungsunfähigkeit der juristischen Person führen mussten, es sei denn, dies war auch bei Beachtung der in Absatz 1 Satz 2 bezeichneten Sorgfalt nicht erkennbar. ²Satz 1 ist auf Genossenschaften nicht anwendbar.

(6) Die Absätze 1 bis 5 gelten auch für die nach § 15a Absatz 1 Satz 3 und Absatz 2 zur Stellung des Antrags verpflichteten organschaftlichen Vertreter der zur Vertretung der Gesellschaft ermächtigten Gesellschafter.

(7) ¹Die Ansprüche aufgrund der vorstehenden Bestimmungen verjähren in fünf Jahren. ²Besteht zum Zeitpunkt der Pflichtverletzung eine Börsennotierung, verjähren die Ansprüche in zehn Jahren.

(8) ¹Eine Verletzung steuerrechtlicher Zahlungspflichten liegt nicht vor, wenn zwischen dem Eintritt der Zahlungsunfähigkeit nach § 17 oder der Überschuldung nach § 19 und der Entscheidung des Insolvenzgerichts über den Insolvenzantrag Ansprüche aus dem Steuerschuldverhältnis nicht oder nicht rechtzeitig erfüllt werden, sofern die Antragspflichtigen ihren Verpflichtungen nach § 15a nachkommen. ²Wird entgegen der Verpflichtung nach § 15a ein Insolvenzantrag verspätet gestellt, gilt dies nur für die nach Bestellung eines vorläufigen Insolvenzverwalters oder Anordnung der vorläufigen Eigenverwaltung fällig werdenden Ansprüche aus dem Steuerschuldverhältnis. ³Wird das Insolvenzverfahren nicht eröffnet und ist dies auf eine Pflichtverletzung der Antragspflichtigen zurückzuführen, gelten die Sätze 1 und 2 nicht.

§ 16 Eröffnungsgrund

Die Eröffnung des Insolvenzverfahrens setzt voraus, dass ein Eröffnungsgrund gegeben ist.

§ 17 Zahlungsunfähigkeit

(1) Allgemeiner Eröffnungsgrund ist die Zahlungsunfähigkeit.

(2) ¹Der Schuldner ist zahlungsunfähig, wenn er nicht in der Lage ist, die fälligen Zahlungspflichten zu erfüllen. ²Zahlungsunfähigkeit ist in der Regel anzunehmen, wenn der Schuldner seine Zahlungen eingestellt hat.

§ 18 Drohende Zahlungsunfähigkeit[1)]

(1) Beantragt der Schuldner die Eröffnung des Insolvenzverfahrens, so ist auch die drohende Zahlungsunfähigkeit Eröffnungsgrund.

---

1) **Anm. d. Red.:** § 18 i. d. F. des Gesetzes v. 22.12.2020 (BGBl I S. 3256) mit Wirkung v. 1.1.2021.

(2) ¹Der Schuldner droht zahlungsunfähig zu werden, wenn er voraussichtlich nicht in der Lage sein wird, die bestehenden Zahlungspflichten im Zeitpunkt der Fälligkeit zu erfüllen. ²In aller Regel ist ein Prognosezeitraum von 24 Monaten zugrunde zu legen.

(3) Wird bei einer juristischen Person oder einer Gesellschaft ohne Rechtspersönlichkeit der Antrag nicht von allen Mitgliedern des Vertretungsorgans, allen persönlich haftenden Gesellschaftern oder allen Abwicklern gestellt, so ist Absatz 1 nur anzuwenden, wenn der oder die Antragsteller zur Vertretung der juristischen Person oder der Gesellschaft berechtigt sind.

§ 19 Überschuldung[1]

(1) Bei einer juristischen Person ist auch die Überschuldung Eröffnungsgrund.

(2) ¹Überschuldung liegt vor, wenn das Vermögen des Schuldners die bestehenden Verbindlichkeiten nicht mehr deckt, es sei denn, die Fortführung des Unternehmens in den nächsten zwölf Monaten ist nach den Umständen überwiegend wahrscheinlich. ²Forderungen auf Rückgewähr von Gesellschafterdarlehen oder aus Rechtshandlungen, die einem solchen Darlehen wirtschaftlich entsprechen, für die gemäß § 39 Abs. 2 zwischen Gläubiger und Schuldner der Nachrang im Insolvenzverfahren hinter den in § 39 Abs. 1 Nr. 1 bis 5 bezeichneten Forderungen vereinbart worden ist, sind nicht bei den Verbindlichkeiten nach Satz 1 zu berücksichtigen.

(3) ¹Ist bei einer Gesellschaft ohne Rechtspersönlichkeit kein persönlich haftender Gesellschafter eine natürliche Person, so gelten die Absätze 1 und 2 entsprechend. ²Dies gilt nicht, wenn zu den persönlich haftenden Gesellschaftern eine andere Gesellschaft gehört, bei der ein persönlich haftender Gesellschafter eine natürliche Person ist.

§ 20 Auskunfts- und Mitwirkungspflicht im Eröffnungsverfahren. Hinweis auf Restschuldbefreiung[2]

(1) ¹Ist der Antrag zulässig, so hat der Schuldner dem Insolvenzgericht die Auskünfte zu erteilen, die zur Entscheidung über den Antrag erforderlich sind, und es auch sonst bei der Erfüllung seiner Aufgaben zu unterstützen. ²Die §§ 97, 98, 101 Abs. 1 Satz 1, 2, Abs. 2 gelten entsprechend.

(2) Ist der Schuldner eine natürliche Person, so soll er darauf hingewiesen werden, dass er nach Maßgabe der §§ 286 bis 303a Restschuldbefreiung erlangen kann.

§ 21 Anordnung vorläufiger Maßnahmen[3]

(1) ¹Das Insolvenzgericht hat alle Maßnahmen zu treffen, die erforderlich erscheinen, um bis zur Entscheidung über den Antrag eine den Gläubigern nachteilige Veränderung in der Vermögenslage des Schuldners zu verhüten. ²Gegen die Anordnung der Maßnahme steht dem Schuldner die sofortige Beschwerde zu.

(2) ¹Das Gericht kann insbesondere
1. einen vorläufigen Insolvenzverwalter bestellen, für den § 8 Absatz 3 und die §§ 56 bis 56b, 58 bis 66 und 269a entsprechend gelten;
1a. einen vorläufigen Gläubigerausschuss einsetzen, für den § 67 Absatz 2, 3 und die §§ 69 bis 73 entsprechend gelten; zu Mitgliedern des Gläubigerausschusses können auch Personen bestellt werden, die erst mit Eröffnung des Verfahrens Gläubiger werden;
2. dem Schuldner ein allgemeines Verfügungsverbot auferlegen oder anordnen, dass Verfügungen des Schuldners nur mit Zustimmung des vorläufigen Insolvenzverwalters wirksam sind;

---

1) **Anm. d. Red.:** § 19 i. d. F. des Gesetzes v. 22.12.2020 (BGBl I S. 3256) mit Wirkung v. 1.1.2021.
2) **Anm. d. Red.:** § 20 i. d. F. des Gesetzes v. 15. 7. 2013 (BGBl I S. 2379) mit Wirkung v. 1. 7. 2014.
3) **Anm. d. Red.:** § 21 i. d. F. des Gesetzes v. 22.12.2020 (BGBl I S. 3256) mit Wirkung v. 1.1.2021.

3. Maßnahmen der Zwangsvollstreckung gegen den Schuldner untersagen oder einstweilen einstellen, soweit nicht unbewegliche Gegenstände betroffen sind;
4. eine vorläufige Postsperre anordnen, für die die §§ 99, 101 Abs. 1 Satz 1 entsprechend gelten;
5. anordnen, dass Gegenstände, die im Falle der Eröffnung des Verfahrens von § 166 erfasst würden oder deren Aussonderung verlangt werden könnte, vom Gläubiger nicht verwertet oder eingezogen werden dürfen und dass solche Gegenstände zur Fortführung des Unternehmens des Schuldners eingesetzt werden können, soweit sie hierfür von erheblicher Bedeutung sind; § 169 Satz 2 und 3 gilt entsprechend; ein durch die Nutzung eingetretener Wertverlust ist durch laufende Zahlungen an den Gläubiger auszugleichen. ²Die Verpflichtung zu Ausgleichszahlungen besteht nur, soweit der durch die Nutzung entstehende Wertverlust die Sicherung des absonderungsberechtigten Gläubigers beeinträchtigt. ³Zieht der vorläufige Insolvenzverwalter eine zur Sicherung eines Anspruchs abgetretene Forderung anstelle des Gläubigers ein, so gelten die §§ 170, 171 entsprechend.

²Die Anordnung von Sicherungsmaßnahmen berührt nicht die Wirksamkeit von Verfügungen über Finanzsicherheiten nach § 1 Abs. 17 des Kreditwesengesetzes und die Wirksamkeit der Verrechnung von Ansprüchen und Leistungen aus Zahlungsaufträgen, Aufträgen zwischen Zahlungsdienstleistern oder zwischengeschalteten Stellen oder Aufträgen zur Übertragung von Wertpapieren, die in Systeme nach § 1 Abs. 16 des Kreditwesengesetzes eingebracht wurden. ³Dies gilt auch dann, wenn ein solches Rechtsgeschäft des Schuldners am Tag der Anordnung getätigt und verrechnet oder eine Finanzsicherheit bestellt wird und der andere Teil nachweist, dass er die Anordnung weder kannte noch hätte kennen müssen; ist der andere Teil ein Systembetreiber oder Teilnehmer in dem System, bestimmt sich der Tag der Anordnung nach dem Geschäftstag im Sinne des § 1 Absatz 16b des Kreditwesengesetzes.

(3) ¹Reichen andere Maßnahmen nicht aus, so kann das Gericht den Schuldner zwangsweise vorführen und nach Anhörung in Haft nehmen lassen. ²Ist der Schuldner keine natürliche Person, so gilt Entsprechendes für seine organschaftlichen Vertreter. ³Für die Anordnung von Haft gilt § 98 Abs. 3 entsprechend.

§ 22 Rechtsstellung des vorläufigen Insolvenzverwalters[1]

(1) ¹Wird ein vorläufiger Insolvenzverwalter bestellt und dem Schuldner ein allgemeines Verfügungsverbot auferlegt, so geht die Verwaltungs- und Verfügungsbefugnis über das Vermögen des Schuldners auf den vorläufigen Insolvenzverwalter über. ²In diesem Fall hat der vorläufige Insolvenzverwalter:
1. das Vermögen des Schuldners zu sichern und zu erhalten;
2. ein Unternehmen, das der Schuldner betreibt, bis zur Entscheidung über die Eröffnung des Insolvenzverfahrens fortzuführen, soweit nicht das Insolvenzgericht einer Stilllegung zustimmt, um eine erhebliche Verminderung des Vermögens zu vermeiden;
3. zu prüfen, ob das Vermögen des Schuldners die Kosten des Verfahrens decken wird; das Gericht kann ihn zusätzlich beauftragen, als Sachverständiger zu prüfen, ob ein Eröffnungsgrund vorliegt und welche Aussichten für eine Fortführung des Unternehmens des Schuldners bestehen.

(2) ¹Wird ein vorläufiger Insolvenzverwalter bestellt, ohne dass dem Schuldner ein allgemeines Verfügungsverbot auferlegt wird, so bestimmt das Gericht die Pflichten des vorläufigen Insolvenzverwalters. ²Sie dürfen nicht über die Pflichten nach Absatz 1 Satz 2 hinausgehen.

(3) ¹Der vorläufige Insolvenzverwalter ist berechtigt, die Geschäftsräume des Schuldners zu betreten und dort Nachforschungen anzustellen. ²Der Schuldner hat dem vorläufigen Insolvenzverwalter Einsicht in seine Bücher und Geschäftspapiere zu gestatten. ³Er hat ihm alle erforder-

---

1) **Anm. d. Red.:** § 22 i. d. F. des Gesetzes v. 13. 4. 2007 (BGBl I S. 509) mit Wirkung v. 1. 7. 2007.

§ 22a Bestellung eines vorläufigen Gläubigerausschusses[1]

(1) Das Insolvenzgericht hat einen vorläufigen Gläubigerausschuss nach § 21 Absatz 2 Nummer 1a einzusetzen, wenn der Schuldner im vorangegangenen Geschäftsjahr mindestens zwei der drei nachstehenden Merkmale erfüllt hat:
1. mindestens 6 000 000 Euro Bilanzsumme nach Abzug eines auf der Aktivseite ausgewiesenen Fehlbetrags im Sinne des § 268 Absatz 3 des Handelsgesetzbuchs;
2. mindestens 12 000 000 Euro Umsatzerlöse in den zwölf Monaten vor dem Abschlussstichtag;
3. im Jahresdurchschnitt mindestens fünfzig Arbeitnehmer.

(2) Das Gericht soll auf Antrag des Schuldners, des vorläufigen Insolvenzverwalters oder eines Gläubigers einen vorläufigen Gläubigerausschuss nach § 21 Absatz 2 Nummer 1a einsetzen, wenn Personen benannt werden, die als Mitglieder des vorläufigen Gläubigerausschusses in Betracht kommen und dem Antrag Einverständniserklärungen der benannten Personen beigefügt werden.

(3) Ein vorläufiger Gläubigerausschuss ist nicht einzusetzen, wenn der Geschäftsbetrieb des Schuldners eingestellt ist, die Einsetzung des vorläufigen Gläubigerausschusses im Hinblick auf die zu erwartende Insolvenzmasse unverhältnismäßig ist oder die mit der Einsetzung verbundene Verzögerung zu einer nachteiligen Veränderung der Vermögenslage des Schuldners führt.

(4) Auf Aufforderung des Gerichts hat der Schuldner oder der vorläufige Insolvenzverwalter Personen zu benennen, die als Mitglieder des vorläufigen Gläubigerausschusses in Betracht kommen.

§ 23 Bekanntmachung der Verfügungsbeschränkungen[2]

(1) ¹Der Beschluss, durch den eine der in § 21 Abs. 2 Nr. 2 vorgesehenen Verfügungsbeschränkungen angeordnet und ein vorläufiger Insolvenzverwalter bestellt wird, ist öffentlich bekannt zu machen. ²Er ist dem Schuldner, den Personen, die Verpflichtungen gegenüber dem Schuldner haben, und dem vorläufigen Insolvenzverwalter besonders zuzustellen. ³Die Schuldner des Schuldners sind zugleich aufzufordern, nur noch unter Beachtung des Beschlusses zu leisten.

(2) Ist der Schuldner im Handels-, Genossenschafts-, Partnerschafts- oder Vereinsregister eingetragen, so hat die Geschäftsstelle des Insolvenzgerichts dem Registergericht eine Ausfertigung des Beschlusses zu übermitteln.

(3) Für die Eintragung der Verfügungsbeschränkung im Grundbuch, im Schiffsregister, im Schiffsbauregister und im Register über Pfandrechte an Luftfahrzeugen gelten die §§ 32, 33 entsprechend.

§ 24 Wirkungen der Verfügungsbeschränkungen

(1) Bei einem Verstoß gegen eine der in § 21 Abs. 2 Nr. 2 vorgesehenen Verfügungsbeschränkungen gelten die §§ 81, 82 entsprechend.

(2) Ist die Verfügungsbefugnis über das Vermögen des Schuldners auf einen vorläufigen Insolvenzverwalter übergegangen, so gelten für die Aufnahme anhängiger Rechtsstreitigkeiten § 85 Abs. 1 Satz 1 und § 86 entsprechend.

---

1) **Anm. d. Red.:** § 22a i. d. F. des Gesetzes v. 17. 7. 2015 (BGBl I S. 1245) mit Wirkung v. 23. 7. 2015.
2) **Anm. d. Red.:** § 23 i. d. F. des Gesetzes v. 19. 12. 1998 (BGBl I S. 3836) mit Wirkung v. 1. 1. 1999.

§ 25 Aufhebung der Sicherungsmaßnahmen

(1) Werden die Sicherungsmaßnahmen aufgehoben, so gilt für die Bekanntmachung der Aufhebung einer Verfügungsbeschränkung § 23 entsprechend.

(2) ¹Ist die Verfügungsbefugnis über das Vermögen des Schuldners auf einen vorläufigen Insolvenzverwalter übergegangen, so hat dieser vor der Aufhebung seiner Bestellung aus dem von ihm verwalteten Vermögen die entstandenen Kosten zu berichtigen und die von ihm begründeten Verbindlichkeiten zu erfüllen. ²Gleiches gilt für die Verbindlichkeiten aus einem Dauerschuldverhältnis, soweit der vorläufige Insolvenzverwalter für das von ihm verwaltete Vermögen die Gegenleistung in Anspruch genommen hat.

§ 26 Abweisung mangels Masse[1]

(1) ¹Das Insolvenzgericht weist den Antrag auf Eröffnung des Insolvenzverfahrens ab, wenn das Vermögen des Schuldners voraussichtlich nicht ausreichen wird, um die Kosten des Verfahrens zu decken. ²Die Abweisung unterbleibt, wenn ein ausreichender Geldbetrag vorgeschossen wird oder die Kosten nach § 4a gestundet werden. ³Der Beschluss ist unverzüglich öffentlich bekannt zu machen.

(2) ¹Das Gericht ordnet die Eintragung des Schuldners, bei dem der Eröffnungsantrag mangels Masse abgewiesen worden ist, in das Schuldnerverzeichnis nach § 882b der Zivilprozessordnung an und übermittelt die Anordnung unverzüglich elektronisch dem zentralen Vollstreckungsgericht nach § 882h Abs. 1 der Zivilprozessordnung. ²§ 882c Abs. 3 der Zivilprozessordnung gilt entsprechend.

(3) ¹Wer nach Absatz 1 Satz 2 einen Vorschuss geleistet hat, kann die Erstattung des vorgeschossenen Betrages von jeder Person verlangen, die entgegen den Vorschriften des Insolvenz- oder Gesellschaftsrechts den Antrag auf Eröffnung des Insolvenzverfahrens pflichtwidrig und schuldhaft nicht gestellt hat. ²Ist streitig, ob die Person pflichtwidrig und schuldhaft gehandelt hat, so trifft sie die Beweislast.

(4) ¹Zur Leistung eines Vorschusses nach Absatz 1 Satz 2 ist jede Person verpflichtet, die entgegen den Vorschriften des Insolvenz- oder Gesellschaftsrechts pflichtwidrig und schuldhaft keinen Antrag auf Eröffnung des Insolvenzverfahrens gestellt hat. ²Ist streitig, ob die Person pflichtwidrig und schuldhaft gehandelt hat, so trifft sie die Beweislast. ³Die Zahlung des Vorschusses kann der vorläufige Insolvenzverwalter sowie jede Person verlangen, die einen begründeten Vermögensanspruch gegen den Schuldner hat.

§ 26a Vergütung des vorläufigen Insolvenzverwalters[2]

(1) Wird das Insolvenzverfahren nicht eröffnet, setzt das Insolvenzgericht die Vergütung und die zu erstattenden Auslagen des vorläufigen Insolvenzverwalters durch Beschluss fest.

(2) ¹Die Festsetzung erfolgt gegen den Schuldner, es sei denn, der Eröffnungsantrag ist unzulässig oder unbegründet und den antragstellenden Gläubiger trifft ein grobes Verschulden. ²In diesem Fall sind die Vergütung und die zu erstattenden Auslagen des vorläufigen Insolvenzverwalters ganz oder teilweise dem Gläubiger aufzuerlegen und gegen ihn festzusetzen. ³Ein grobes Verschulden ist insbesondere dann anzunehmen, wenn der Antrag von vornherein keine Aussicht auf Erfolg hatte und der Gläubiger dies erkennen musste. ⁴Der Beschluss ist dem vorläufigen Verwalter und demjenigen, der die Kosten des vorläufigen Insolvenzverwalters zu tragen hat, zuzustellen. ⁵Die Vorschriften der Zivilprozessordnung über die Zwangsvollstreckung aus Kostenfestsetzungsbeschlüssen gelten entsprechend.

---

1) **Anm. d. Red.:** § 26 i. d. F. des Gesetzes v. 7.12.2011 (BGBl I S. 2582) mit Wirkung v. 1.3.2012; Abs. 2 i. d. F. des Gesetzes v. 29.7.2009 (BGBl I S. 2258) mit Wirkung v. 1.1.2013.

2) **Anm. d. Red.:** § 26a i. d. F. des Gesetzes v. 15.7.2013 (BGBl I S. 2379) mit Wirkung v. 1.7.2014.

(3) ¹Gegen den Beschluss steht dem vorläufigen Verwalter und demjenigen, der die Kosten des vorläufigen Insolvenzverwalters zu tragen hat, die sofortige Beschwerde zu. ²§ 567 Absatz 2 der Zivilprozessordnung gilt entsprechend.

§ 27 Eröffnungsbeschluss[1]

(1) ¹Wird das Insolvenzverfahren eröffnet, so ernennt das Insolvenzgericht einen Insolvenzverwalter. ²§ 270 bleibt unberührt.

(2) Der Eröffnungsbeschluss enthält:
1. Firma oder Namen und Vornamen, Geburtsdatum, Registergericht und Registernummer, unter der der Schuldner in das Handelsregister eingetragen ist, Geschäftszweig oder Beschäftigung, gewerbliche Niederlassung oder Wohnung des Schuldners;
2. Namen und Anschrift des Insolvenzverwalters;
3. die Stunde der Eröffnung;
4. die Gründe, aus denen das Gericht von einem einstimmigen Vorschlag des vorläufigen Gläubigerausschusses zur Person des Verwalters abgewichen ist; dabei ist der Name der vorgeschlagenen Person nicht zu nennen;
5. eine abstrakte Darstellung der für personenbezogene Daten geltenden Löschungsfristen nach § 3 der Verordnung zu öffentlichen Bekanntmachungen in Insolvenzverfahren im Internet vom 12. Februar 2002 (BGBl I S. 677), die zuletzt durch Artikel 2 des Gesetzes vom 13. April 2007 (BGBl I S. 509) geändert worden ist.

(3) Ist die Stunde der Eröffnung nicht angegeben, so gilt als Zeitpunkt der Eröffnung die Mittagsstunde des Tages, an dem der Beschluss erlassen worden ist.

§ 28 Aufforderungen an die Gläubiger und die Schuldner

(1) ¹Im Eröffnungsbeschluss sind die Gläubiger aufzufordern, ihre Forderungen innerhalb einer bestimmten Frist unter Beachtung des § 174 beim Insolvenzverwalter anzumelden. ²Die Frist ist auf einen Zeitraum von mindestens zwei Wochen und höchstens drei Monaten festzusetzen.

(2) ¹Im Eröffnungsbeschluss sind die Gläubiger aufzufordern, dem Verwalter unverzüglich mitzuteilen, welche Sicherungsrechte sie an beweglichen Sachen oder an Rechten des Schuldners in Anspruch nehmen. ²Der Gegenstand, an dem das Sicherungsrecht beansprucht wird, die Art und der Entstehungsgrund des Sicherungsrechts sowie die gesicherte Forderung sind zu bezeichnen. ³Wer die Mitteilung schuldhaft unterlässt oder verzögert, haftet für den daraus entstehenden Schaden.

(3) Im Eröffnungsbeschluss sind die Personen, die Verpflichtungen gegenüber dem Schuldner haben, aufzufordern, nicht mehr an den Schuldner zu leisten, sondern an den Verwalter.

§ 29 Terminbestimmungen[2]

(1) Im Eröffnungsbeschluss bestimmt das Insolvenzgericht Termine für:
1. eine Gläubigerversammlung, in der auf der Grundlage eines Berichts des Insolvenzverwalters über den Fortgang des Insolvenzverfahrens beschlossen wird (Berichtstermin); der Termin soll nicht über sechs Wochen und darf nicht über drei Monate hinaus angesetzt werden;
2. eine Gläubigerversammlung, in der die angemeldeten Forderungen geprüft werden (Prüfungstermin); der Zeitraum zwischen dem Ablauf der Anmeldefrist und dem Prüfungstermin soll mindestens eine Woche und höchstens zwei Monate betragen.

---

1) **Anm. d. Red.:** § 27 i. d. F. des Gesetzes v. 5. 6. 2017 (BGBl I S. 1476) mit Wirkung v. 26. 6. 2017.
2) **Anm. d. Red.:** § 29 i. d. F. des Gesetzes v. 15. 7. 2013 (BGBl I S. 2379) mit Wirkung v. 1. 7. 2014.

(2) ¹Die Termine können verbunden werden. ²Das Gericht soll auf den Berichtstermin verzichten, wenn die Vermögensverhältnisse des Schuldners überschaubar sind und die Zahl der Gläubiger oder die Höhe der Verbindlichkeiten gering ist.

§ 30 Bekanntmachung des Eröffnungsbeschlusses[1]

(1) Die Geschäftsstelle des Insolvenzgerichts hat den Eröffnungsbeschluss sofort öffentlich bekannt zu machen.

(2) Den Gläubigern und Schuldnern des Schuldners und dem Schuldner selbst ist der Beschluss besonders zuzustellen.

(3) (weggefallen)

§ 31 Handels-, Genossenschafts-, Partnerschafts- und Vereinsregister[2]

Ist der Schuldner im Handels-, Genossenschafts-, Partnerschafts- oder Vereinsregister eingetragen, so hat die Geschäftsstelle des Insolvenzgerichts dem Registergericht zu übermitteln:
1. im Falle der Eröffnung des Insolvenzverfahrens eine Ausfertigung des Eröffnungsbeschlusses;
2. im Falle der Abweisung des Eröffnungsantrags mangels Masse eine Ausfertigung des abweisenden Beschlusses, wenn der Schuldner eine juristische Person oder eine Gesellschaft ohne Rechtspersönlichkeit ist, die durch die Abweisung mangels Masse aufgelöst wird.

§ 32 Grundbuch

(1) Die Eröffnung des Insolvenzverfahrens ist in das Grundbuch einzutragen:
1. bei Grundstücken, als deren Eigentümer der Schuldner eingetragen ist;
2. bei den für den Schuldner eingetragenen Rechten an Grundstücken und an eingetragenen Rechten, wenn nach der Art des Rechts und den Umständen zu befürchten ist, dass ohne die Eintragung die Insolvenzgläubiger benachteiligt würden.

(2) ¹Soweit dem Insolvenzgericht solche Grundstücke oder Rechte bekannt sind, hat es das Grundbuchamt von Amts wegen um die Eintragung zu ersuchen. ²Die Eintragung kann auch vom Insolvenzverwalter beim Grundbuchamt beantragt werden.

(3) ¹Werden ein Grundstück oder ein Recht, bei denen die Eröffnung des Verfahrens eingetragen worden ist, vom Verwalter freigegeben oder veräußert, so hat das Insolvenzgericht auf Antrag das Grundbuchamt um Löschung der Eintragung zu ersuchen. ²Die Löschung kann auch vom Verwalter beim Grundbuchamt beantragt werden.

§ 33 Register für Schiffe und Luftfahrzeuge

¹Für die Eintragung der Eröffnung des Insolvenzverfahrens in das Schiffsregister, das Schiffsbauregister und das Register für Pfandrechte an Luftfahrzeugen gilt § 32 entsprechend. ²Dabei treten an die Stelle der Grundstücke die in diese Register eingetragenen Schiffe, Schiffsbauwerke und Luftfahrzeuge, an die Stelle des Grundbuchamts das Registergericht.

§ 34 Rechtsmittel[3]

(1) Wird die Eröffnung des Insolvenzverfahrens abgelehnt, so steht dem Antragsteller und, wenn die Abweisung des Antrags nach § 26 erfolgt, dem Schuldner die sofortige Beschwerde zu.

(2) Wird das Insolvenzverfahren eröffnet, so steht dem Schuldner die sofortige Beschwerde zu.

---

1) **Anm. d. Red.:** § 30 i. d. F. des Gesetzes v. 15. 7. 2013 (BGBl I S. 2379) mit Wirkung v. 1. 7. 2014.
2) **Anm. d. Red.:** § 31 i. d. F. des Gesetzes v. 19. 12. 1998 (BGBl I S. 3836) mit Wirkung v. 1. 1. 1999.
3) **Anm. d. Red.:** § 34 i. d. F. des Gesetzes v. 13. 4. 2007 (BGBl I S. 509) mit Wirkung v. 1. 7. 2007.

XIV. Insolvenzordnung **§§ 35, 36**

(3) ¹Sobald eine Entscheidung, die den Eröffnungsbeschluss aufhebt, Rechtskraft erlangt hat, ist die Aufhebung des Verfahrens öffentlich bekannt zu machen. ²§ 200 Abs. 2 Satz 2 gilt entsprechend. ³Die Wirkungen der Rechtshandlungen, die vom Insolvenzverwalter oder ihm gegenüber vorgenommen worden sind, werden durch die Aufhebung nicht berührt.

Zweiter Abschnitt: Insolvenzmasse. Einteilung der Gläubiger

§ 35 Begriff der Insolvenzmasse[1)]

(1) Das Insolvenzverfahren erfasst das gesamte Vermögen, das dem Schuldner zur Zeit der Eröffnung des Verfahrens gehört und das er während des Verfahrens erlangt (Insolvenzmasse).

(2) ¹Übt der Schuldner eine selbstständige Tätigkeit aus oder beabsichtigt er, demnächst eine solche Tätigkeit auszuüben, hat der Insolvenzverwalter ihm gegenüber zu erklären, ob Vermögen aus der selbstständigen Tätigkeit zur Insolvenzmasse gehört und ob Ansprüche aus dieser Tätigkeit im Insolvenzverfahren geltend gemacht werden können. ²§ 295a gilt entsprechend. ³Auf Antrag des Gläubigerausschusses oder, wenn ein solcher nicht bestellt ist, der Gläubigerversammlung ordnet das Insolvenzgericht die Unwirksamkeit der Erklärung an.

(3) ¹Der Schuldner hat den Verwalter unverzüglich über die Aufnahme oder Fortführung einer selbständigen Tätigkeit zu informieren. ²Ersucht der Schuldner den Verwalter um die Freigabe einer solchen Tätigkeit, hat sich der Verwalter unverzüglich, spätestens nach einem Monat zu dem Ersuchen zu erklären.

(4) ¹Die Erklärung des Insolvenzverwalters ist dem Gericht gegenüber anzuzeigen. ²Das Gericht hat die Erklärung und den Beschluss über ihre Unwirksamkeit öffentlich bekannt zu machen.

§ 36 Unpfändbare Gegenstände[2)3)]

(1) ¹Gegenstände, die nicht der Zwangsvollstreckung unterliegen, gehören nicht zur Insolvenzmasse. ²Die §§ 850, 850a, 850c, 850e, 850f Abs. 1, §§ 850g bis 850k, 851c und 851d der Zivilprozessordnung gelten entsprechend.

(2) Zur Insolvenzmasse gehören jedoch
1. die Geschäftsbücher des Schuldners; gesetzliche Pflichten zur Aufbewahrung von Unterlagen bleiben unberührt;
2. die Sachen, die nach § 811 Abs. 1 Nr. 4 und 9 der Zivilprozessordnung nicht der Zwangsvollstreckung unterliegen.

(3) Sachen, die zum gewöhnlichen Hausrat gehören und im Haushalt des Schuldners gebraucht werden, gehören nicht zur Insolvenzmasse, wenn ohne weiteres ersichtlich ist, dass durch ihre Verwertung nur ein Erlös erzielt werden würde, der zu dem Wert außer allem Verhältnis steht.

(4) ¹Für Entscheidungen, ob ein Gegenstand nach den in Absatz 1 Satz 2 genannten Vorschriften der Zwangsvollstreckung unterliegt, ist das Insolvenzgericht zuständig. ²Anstelle eines Gläubigers ist der Insolvenzverwalter antragsberechtigt. ³Für das Eröffnungsverfahren gelten die Sätze 1 und 2 entsprechend.

---

1) **Anm. d. Red.:** § 35 i. d. F. des Gesetzes v. 22.12.2020 (BGBl I S. 3328) mit Wirkung v. 31.12.2020.
2) **Anm. d. Red.:** § 36 i. d. F. des Gesetzes v. 7. 7. 2009 (BGBl I S. 1707) mit Wirkung v. 1. 1. 2012.
3) **Anm. d. Red.:** Gemäß Art. 2 i.V. mit Art. 4 Abs. 1 Gesetz v. 22.11.2020 (BGBl I S. 2466) wird § 36 Abs. 1 mit Wirkung v. 1.12.2021 wie folgt geändert:
1. In Satz 2 werden die Wörter „850g bis 850k, 851c und 851d" durch die Wörter „850g bis 850l, 851c, 851d, 899 bis 904, 905 Satz 1 und 3 sowie § 906 Absatz 2 bis 4" ersetzt.
2. Folgender Satz wird angefügt:
„Verfügungen des Schuldners über Guthaben, das nach den Vorschriften der Zivilprozessordnung über die Wirkungen des Pfändungsschutzkontos nicht von der Pfändung erfasst wird, bedürfen zu ihrer Wirksamkeit nicht der Freigabe dieses Kontoguthabens durch den Insolvenzverwalter."

§ 37 Gesamtgut bei Gütergemeinschaft[1]

(1) ¹Wird bei dem Güterstand der Gütergemeinschaft das Gesamtgut von einem Ehegatten allein verwaltet und über das Vermögen dieses Ehegatten das Insolvenzverfahren eröffnet, so gehört das Gesamtgut zur Insolvenzmasse. ²Eine Auseinandersetzung des Gesamtguts findet nicht statt. ³Durch das Insolvenzverfahren über das Vermögen des anderen Ehegatten wird das Gesamtgut nicht berührt.

(2) Verwalten die Ehegatten das Gesamtgut gemeinschaftlich, so wird das Gesamtgut durch das Insolvenzverfahren über das Vermögen eines Ehegatten nicht berührt.

(3) Absatz 1 ist bei der fortgesetzten Gütergemeinschaft mit der Maßgabe anzuwenden, dass an die Stelle des Ehegatten, der das Gesamtgut allein verwaltet, der überlebende Ehegatte, an die Stelle des anderen Ehegatten die Abkömmlinge treten.

(4) Die Absätze 1 bis 3 gelten für Lebenspartner entsprechend.

§ 38 Begriff der Insolvenzgläubiger

Die Insolvenzmasse dient zur Befriedigung der persönlichen Gläubiger, die einen zur Zeit der Eröffnung des Insolvenzverfahrens begründeten Vermögensanspruch gegen den Schuldner haben (Insolvenzgläubiger).

§ 39 Nachrangige Insolvenzgläubiger[2]

(1) ¹Im Rang nach den übrigen Forderungen der Insolvenzgläubiger werden in folgender Rangfolge, bei gleichem Rang nach dem Verhältnis ihrer Beträge, berichtigt:
1. die seit der Eröffnung des Insolvenzverfahrens laufenden Zinsen und Säumniszuschläge auf Forderungen der Insolvenzgläubiger;
2. die Kosten, die den einzelnen Insolvenzgläubigern durch ihre Teilnahme am Verfahren erwachsen;
3. Geldstrafen, Geldbußen, Ordnungsgelder und Zwangsgelder sowie solche Nebenfolgen einer Straftat oder Ordnungswidrigkeit, die zu einer Geldzahlung verpflichten;
4. Forderungen auf eine unentgeltliche Leistung des Schuldners;
5. nach Maßgabe der Absätze 4 und 5 Forderungen auf Rückgewähr eines Gesellschafterdarlehens oder Forderungen aus Rechtshandlungen, die einem solchen Darlehen wirtschaftlich entsprechen.

²Satz 1 Nummer 5 ist nicht anzuwenden, wenn eine staatliche Förderbank oder eines ihrer Tochterunternehmen einem Unternehmen, an dem die staatliche Förderbank oder eines ihrer Tochterunternehmen beteiligt ist, ein Darlehen gewährt oder eine andere einer Darlehensgewährung wirtschaftlich entsprechende Rechtshandlung vorgenommen hat.

(2) Forderungen, für die zwischen Gläubiger und Schuldner der Nachrang im Insolvenzverfahren vereinbart worden ist, werden im Zweifel nach den in Absatz 1 bezeichneten Forderungen berichtigt.

(3) Die Zinsen der Forderungen nachrangiger Insolvenzgläubiger und die Kosten, die diesen Gläubigern durch ihre Teilnahme am Verfahren entstehen, haben den gleichen Rang wie die Forderungen dieser Gläubiger.

(4) ¹Absatz 1 Nr. 5 gilt für Gesellschaften, die weder eine natürliche Person noch eine Gesellschaft als persönlich haftenden Gesellschafter haben, bei der ein persönlich haftender Gesellschafter eine natürliche Person ist. ²Erwirbt ein Gläubiger bei drohender oder eingetretener Zahlungsunfähigkeit der Gesellschaft oder bei Überschuldung Anteile zum Zweck ihrer Sanierung, führt dies bis zur nachhaltigen Sanierung nicht zur Anwendung von Absatz 1 Nr. 5 auf seine For-

---

1) **Anm. d. Red.:** § 37 i. d. F. des Gesetzes v. 20. 11. 2015 (BGBl I S. 2010) mit Wirkung v. 26. 11. 2015.
2) **Anm. d. Red.:** § 39 i. d. F. des Gesetzes v. 22.12.2020 (BGBl I S. 3256) mit Wirkung v. 1.1.2021.

derungen aus bestehenden oder neu gewährten Darlehen oder auf Forderungen aus Rechtshandlungen, die einem solchen Darlehen wirtschaftlich entsprechen.

(5) Absatz 1 Nr. 5 gilt nicht für den nicht geschäftsführenden Gesellschafter einer Gesellschaft im Sinne des Absatzes 4 Satz 1, der mit 10 Prozent oder weniger am Haftkapital beteiligt ist.

§ 40 Unterhaltsansprüche[1]

¹Familienrechtliche Unterhaltsansprüche gegen den Schuldner können im Insolvenzverfahren für die Zeit nach der Eröffnung nur geltend gemacht werden, soweit der Schuldner als Erbe des Verpflichteten haftet. ²§ 100 bleibt unberührt.

§ 41 Nicht fällige Forderungen

(1) Nicht fällige Forderungen gelten als fällig.

(2) ¹Sind sie unverzinslich, so sind sie mit dem gesetzlichen Zinssatz abzuzinsen. ²Sie vermindern sich dadurch auf den Betrag, der bei Hinzurechnung der gesetzlichen Zinsen für die Zeit von der Eröffnung des Insolvenzverfahrens bis zur Fälligkeit dem vollen Betrag der Forderung entspricht.

§ 42 Auflösend bedingte Forderungen

Auflösend bedingte Forderungen werden, solange die Bedingung nicht eingetreten ist, im Insolvenzverfahren wie unbedingte Forderungen berücksichtigt.

§ 43 Haftung mehrerer Personen

Ein Gläubiger, dem mehrere Personen für dieselbe Leistung auf das Ganze haften, kann im Insolvenzverfahren gegen jeden Schuldner bis zu seiner vollen Befriedigung den ganzen Betrag geltend machen, den er zur Zeit der Eröffnung des Verfahrens zu fordern hatte.

§ 44 Rechte der Gesamtschuldner und Bürgen

Der Gesamtschuldner und der Bürge können die Forderung, die sie durch eine Befriedigung des Gläubigers künftig gegen den Schuldner erwerben könnten, im Insolvenzverfahren nur dann geltend machen, wenn der Gläubiger seine Forderung nicht geltend macht.

§ 44a Gesicherte Darlehen[2]

In dem Insolvenzverfahren über das Vermögen einer Gesellschaft kann ein Gläubiger nach Maßgabe des § 39 Abs. 1 Nr. 5 für eine Forderung auf Rückgewähr eines Darlehens oder für eine gleichgestellte Forderung, für die ein Gesellschafter eine Sicherheit bestellt oder für die er sich verbürgt hat, nur anteilsmäßige Befriedigung aus der Insolvenzmasse verlangen, soweit er bei der Inanspruchnahme der Sicherheit oder des Bürgen ausgefallen ist.

§ 45 Umrechnung von Forderungen

¹Forderungen, die nicht auf Geld gerichtet sind oder deren Geldbetrag unbestimmt ist, sind mit dem Wert geltend zu machen, der für die Zeit der Eröffnung des Insolvenzverfahrens geschätzt werden kann. ²Forderungen, die in ausländischer Währung oder in einer Rechnungseinheit ausgedrückt sind, sind nach dem Kurswert, der zur Zeit der Verfahrenseröffnung für den Zahlungsort maßgeblich ist, in inländische Währung umzurechnen.

---

1) **Anm. d. Red.:** § 40 i. d. F. des Gesetzes v. 6. 4. 1998 (BGBl I S. 666) mit Wirkung v. 1. 7. 1998.
2) **Anm. d. Red.:** § 44a eingefügt gem. Gesetz v. 23. 10. 2008 (BGBl I S. 2026) mit Wirkung v. 1. 11. 2008.

§ 46 Wiederkehrende Leistungen

¹Forderungen auf wiederkehrende Leistungen, deren Betrag und Dauer bestimmt sind, sind mit dem Betrag geltend zu machen, der sich ergibt, wenn die noch ausstehenden Leistungen unter Abzug des in § 41 bezeichneten Zwischenzinses zusammengerechnet werden. ²Ist die Dauer der Leistungen unbestimmt, so gilt § 45 Satz 1 entsprechend.

§ 47 Aussonderung

¹Wer aufgrund eines dinglichen oder persönlichen Rechts geltend machen kann, dass ein Gegenstand nicht zur Insolvenzmasse gehört, ist kein Insolvenzgläubiger. ²Sein Anspruch auf Aussonderung des Gegenstands bestimmt sich nach den Gesetzen, die außerhalb des Insolvenzverfahrens gelten.

§ 48 Ersatzaussonderung

¹Ist ein Gegenstand, dessen Aussonderung hätte verlangt werden können, vor der Eröffnung des Insolvenzverfahrens vom Schuldner oder nach der Eröffnung vom Insolvenzverwalter unberechtigt veräußert worden, so kann der Aussonderungsberechtigte die Abtretung des Rechts auf die Gegenleistung verlangen, soweit diese noch aussteht. ²Er kann die Gegenleistung aus der Insolvenzmasse verlangen, soweit sie in der Masse unterscheidbar vorhanden ist.

§ 49 Abgesonderte Befriedigung aus unbeweglichen Gegenständen

Gläubiger, denen ein Recht auf Befriedigung aus Gegenständen zusteht, die der Zwangsvollstreckung in das unbewegliche Vermögen unterliegen (unbewegliche Gegenstände), sind nach Maßgabe des Gesetzes über die Zwangsversteigerung und die Zwangsverwaltung zur abgesonderten Befriedigung berechtigt.

§ 50 Abgesonderte Befriedigung der Pfandgläubiger[1)]

(1) Gläubiger, die an einem Gegenstand der Insolvenzmasse ein rechtsgeschäftliches Pfandrecht, ein durch Pfändung erlangtes Pfandrecht oder ein gesetzliches Pfandrecht haben, sind nach Maßgabe der §§ 166 bis 173 für Hauptforderung, Zinsen und Kosten zur abgesonderten Befriedigung aus dem Pfandgegenstand berechtigt.

(2) ¹Das gesetzliche Pfandrecht des Vermieters oder Verpächters kann im Insolvenzverfahren wegen der Miete oder Pacht für eine frühere Zeit als die letzten zwölf Monate vor der Eröffnung des Verfahrens sowie wegen der Entschädigung, die infolge einer Kündigung des Insolvenzverwalters zu zahlen ist, nicht geltend gemacht werden. ²Das Pfandrecht des Verpächters eines landwirtschaftlichen Grundstücks unterliegt wegen der Pacht nicht dieser Beschränkung.

§ 51 Sonstige Absonderungsberechtigte

Den in § 50 genannten Gläubigern stehen gleich:
1. Gläubiger, denen der Schuldner zur Sicherung eines Anspruchs eine bewegliche Sache übereignet oder ein Recht übertragen hat;
2. Gläubiger, denen ein Zurückbehaltungsrecht an einer Sache zusteht, weil sie etwas zum Nutzen der Sache verwendet haben, soweit ihre Forderung aus der Verwendung den noch vorhandenen Vorteil nicht übersteigt;
3. Gläubiger, denen nach dem Handelsgesetzbuch ein Zurückbehaltungsrecht zusteht;
4. Bund, Länder, Gemeinden und Gemeindeverbände, soweit ihnen zoll- und steuerpflichtige Sachen nach gesetzlichen Vorschriften als Sicherheit für öffentliche Abgaben dienen.

---

1) Anm. d. Red.: § 50 i. d. F. des Gesetzes v. 19. 6. 2001 (BGBl I S. 1149) mit Wirkung v. 1. 9. 2001.

§ 52 Ausfall der Absonderungsberechtigten

¹Gläubiger, die abgesonderte Befriedigung beanspruchen können, sind Insolvenzgläubiger, soweit ihnen der Schuldner auch persönlich haftet. ²Sie sind zur anteilsmäßigen Befriedigung aus der Insolvenzmasse jedoch nur berechtigt, soweit sie auf eine abgesonderte Befriedigung verzichten oder bei ihr ausgefallen sind.

§ 53 Massegläubiger

Aus der Insolvenzmasse sind die Kosten des Insolvenzverfahrens und die sonstigen Masseverbindlichkeiten vorweg zu berichtigen.

§ 54 Kosten des Insolvenzverfahrens

Kosten des Insolvenzverfahrens sind:
1. die Gerichtskosten für das Insolvenzverfahren;
2. die Vergütungen und die Auslagen des vorläufigen Insolvenzverwalters, des Insolvenzverwalters und der Mitglieder des Gläubigerausschusses.

§ 55 Sonstige Masseverbindlichkeiten[1)]

(1) Masseverbindlichkeiten sind weiter die Verbindlichkeiten:
1. die durch Handlungen des Insolvenzverwalters oder in anderer Weise durch die Verwaltung, Verwertung und Verteilung der Insolvenzmasse begründet werden, ohne zu den Kosten des Insolvenzverfahrens zu gehören;
2. aus gegenseitigen Verträgen, soweit deren Erfüllung zur Insolvenzmasse verlangt wird oder für die Zeit nach der Eröffnung des Insolvenzverfahrens erfolgen muss;
3. aus einer ungerechtfertigten Bereicherung der Masse.

(2) ¹Verbindlichkeiten, die von einem vorläufigen Insolvenzverwalter begründet worden sind, auf den die Verfügungsbefugnis über das Vermögen des Schuldners übergegangen ist, gelten nach der Eröffnung des Verfahrens als Masseverbindlichkeiten. ²Gleiches gilt für Verbindlichkeiten aus einem Dauerschuldverhältnis, soweit der vorläufige Insolvenzverwalter für das von ihm verwaltete Vermögen die Gegenleistung in Anspruch genommen hat.

(3) ¹Gehen nach Absatz 2 begründete Ansprüche auf Arbeitsentgelt nach § 169 des Dritten Buches Sozialgesetzbuch auf die Bundesagentur für Arbeit über, so kann die Bundesagentur diese nur als Insolvenzgläubiger geltend machen. ²Satz 1 gilt entsprechend für die in § 175 Absatz 1 des Dritten Buches Sozialgesetzbuch bezeichneten Ansprüche, soweit diese gegenüber dem Schuldner bestehen bleiben.

(4) ¹Umsatzsteuerverbindlichkeiten des Insolvenzschuldners, die von einem vorläufigen Insolvenzverwalter oder vom Schuldner mit Zustimmung eines vorläufigen Insolvenzverwalters oder vom Schuldner nach Bestellung eines vorläufigen Sachwalters begründet worden sind, gelten nach Eröffnung des Insolvenzverfahrens als Masseverbindlichkeit. ²Den Umsatzsteuerverbindlichkeiten stehen die folgenden Verbindlichkeiten gleich:
1. sonstige Ein- und Ausfuhrabgaben,
2. bundesgesetzlich geregelte Verbrauchsteuern,
3. die Luftverkehr- und die Kraftfahrzeugsteuer und
4. die Lohnsteuer.

---

1) Anm. d. Red.: § 55 i. d. F. des Gesetzes v. 22.12.2020 (BGBl I S. 3256) mit Wirkung v. 1.1.2021.

Dritter Abschnitt: Insolvenzverwalter. Organe der Gläubiger

§ 56 Bestellung des Insolvenzverwalters[1]

(1) ¹Zum Insolvenzverwalter ist eine für den jeweiligen Einzelfall geeignete, insbesondere geschäftskundige und von den Gläubigern und dem Schuldner unabhängige natürliche Person zu bestellen, die aus dem Kreis aller zur Übernahme von Insolvenzverwaltungen bereiten Personen auszuwählen ist. ²Wer als Restrukturierungsbeauftragter oder Sanierungsmoderator in einer Restrukturierungssache des Schuldners tätig war, kann, wenn der Schuldner mindestens zwei der drei in § 22a Absatz 1 genannten Voraussetzungen erfüllt, nur dann zum Insolvenzverwalter bestellt werden, wenn der vorläufige Gläubigerausschuss zustimmt. ³Die Bereitschaft zur Übernahme von Insolvenzverwaltungen kann auf bestimmte Verfahren beschränkt werden. ⁴Die erforderliche Unabhängigkeit wird nicht schon dadurch ausgeschlossen, dass die Person
1. vom Schuldner oder von einem Gläubiger vorgeschlagen worden ist oder
2. den Schuldner vor dem Eröffnungsantrag in allgemeiner Form über den Ablauf eines Insolvenzverfahrens und dessen Folgen beraten hat.

(2) ¹Der Verwalter erhält eine Urkunde über seine Bestellung. ²Bei Beendigung seines Amtes hat er die Urkunde dem Insolvenzgericht zurückzugeben.

§ 56a Gläubigerbeteiligung bei der Verwalterbestellung[2]

(1) Vor der Bestellung des Verwalters ist dem vorläufigen Gläubigerausschuss Gelegenheit zu geben, sich zu den Anforderungen, die an den Verwalter zu stellen sind, und zur Person des Verwalters zu äußern, soweit dies nicht innerhalb von zwei Werktagen offensichtlich zu einer nachteiligen Veränderung der Vermögenslage des Schuldners führt.

(2) ¹Das Gericht darf von einem einstimmigen Vorschlag des vorläufigen Gläubigerausschusses zur Person des Verwalters nur abweichen, wenn die vorgeschlagene Person für die Übernahme des Amtes nicht geeignet ist. ²Das Gericht hat bei der Auswahl des Verwalters die vom vorläufigen Gläubigerausschuss beschlossenen Anforderungen an die Person des Verwalters zugrunde zu legen.

(3) ¹Sieht das Gericht mit Rücksicht auf eine nachteilige Veränderung der Vermögenslage des Schuldners von einer Anhörung nach Absatz 1 ab, hat es seine Entscheidung schriftlich zu begründen. ²Der vorläufige Gläubigerausschuss kann in seiner ersten Sitzung einstimmig eine andere Person als die bestellte zum Insolvenzverwalter wählen.

§ 56b Verwalterbestellung bei Schuldnern derselben Unternehmensgruppe[3]

(1) ¹Wird über das Vermögen von gruppenangehörigen Schuldnern die Eröffnung eines Insolvenzverfahrens beantragt, so haben die angegangenen Insolvenzgerichte sich darüber abzustimmen, ob es im Interesse der Gläubiger liegt, lediglich eine Person zum Insolvenzverwalter zu bestellen. ²Bei der Abstimmung ist insbesondere zu erörtern, ob diese Person alle Verfahren über die gruppenangehörigen Schuldner mit der gebotenen Unabhängigkeit wahrnehmen kann und ob mögliche Interessenkonflikte durch die Bestellung von Sonderinsolvenzverwaltern ausgeräumt werden können.

(2) ¹Von dem Vorschlag oder den Vorgaben eines vorläufigen Gläubigerausschusses nach § 56a kann das Gericht abweichen, wenn der für einen anderen gruppenangehörigen Schuldner bestellte vorläufige Gläubigerausschuss eine andere Person einstimmig vorschlägt, die sich für eine Tätigkeit nach Absatz 1 Satz 1 eignet. ²Vor der Bestellung dieser Person ist der vorläufige Gläubigerausschuss anzuhören. ³Ist zur Auflösung von Interessenkonflikten ein Sonderinsolvenzverwalter zu bestellen, findet § 56a entsprechende Anwendung.

---

1) **Anm. d. Red.:** § 56 i. d. F. des Gesetzes v. 22.12.2020 (BGBl I S. 3256) mit Wirkung v. 1.1.2021.
2) **Anm. d. Red.:** § 56a i. d. F. des Gesetzes v. 22.12.2020 (BGBl I S. 3256) mit Wirkung v. 1.1.2021.
3) **Anm. d. Red.:** § 56b eingefügt gem. Gesetz v. 13. 4. 2017 (BGBl I S. 886) mit Wirkung v. 21. 4. 2018.

§ 57 Wahl eines anderen Insolvenzverwalters[1]

¹In der ersten Gläubigerversammlung, die auf die Bestellung des Insolvenzverwalters folgt, können die Gläubiger an dessen Stelle eine andere Person wählen. ²Die andere Person ist gewählt, wenn neben der in § 76 Abs. 2 genannten Mehrheit auch die Mehrheit der abstimmenden Gläubiger für sie gestimmt hat. ³Das Gericht kann die Bestellung des Gewählten nur versagen, wenn dieser für die Übernahme des Amtes nicht geeignet ist. ⁴Gegen die Versagung steht jedem Insolvenzgläubiger die sofortige Beschwerde zu.

§ 58 Aufsicht des Insolvenzgerichts[2]

(1) ¹Der Insolvenzverwalter steht unter der Aufsicht des Insolvenzgerichts. ²Das Gericht kann jederzeit einzelne Auskünfte oder einen Bericht über den Sachstand und die Geschäftsführung von ihm verlangen.

(2) ¹Erfüllt der Verwalter seine Pflichten nicht, so kann das Gericht nach vorheriger Androhung Zwangsgeld gegen ihn festsetzen. ²Das einzelne Zwangsgeld darf den Betrag von fünfundzwanzigtausend Euro nicht übersteigen. ³Gegen den Beschluss steht dem Verwalter die sofortige Beschwerde zu.

(3) Absatz 2 gilt entsprechend für die Durchsetzung der Herausgabepflichten eines entlassenen Verwalters.

§ 59 Entlassung des Insolvenzverwalters[3]

(1) ¹Das Insolvenzgericht kann den Insolvenzverwalter aus wichtigem Grund aus dem Amt entlassen. ²Die Entlassung kann von Amts wegen oder auf Antrag des Verwalters, des Schuldners, des Gläubigerausschusses, der Gläubigerversammlung oder eines Insolvenzgläubigers erfolgen. ³Auf Antrag des Schuldners oder eines Insolvenzgläubigers erfolgt die Entlassung nur, wenn dies innerhalb von sechs Monaten nach der Bestellung beantragt wird und der Verwalter nicht unabhängig ist; dies ist von dem Antragsteller glaubhaft zu machen. ⁴Vor der Entscheidung des Gerichts ist der Verwalter zu hören.

(2) ¹Gegen die Entlassung steht dem Verwalter die sofortige Beschwerde zu. ²Gegen die Ablehnung des Antrags steht dem Antragsteller die sofortige Beschwerde zu. ³Hat die Gläubigerversammlung den Antrag gestellt, steht auch jedem Insolvenzgläubiger die sofortige Beschwerde zu.

§ 60 Haftung des Insolvenzverwalters

(1) ¹Der Insolvenzverwalter ist allen Beteiligten zum Schadenersatz verpflichtet, wenn er schuldhaft die Pflichten verletzt, die ihm nach diesem Gesetz obliegen. ²Er hat für die Sorgfalt eines ordentlichen und gewissenhaften Insolvenzverwalters einzustehen.

(2) Soweit er zur Erfüllung der ihm als Verwalter obliegenden Pflichten Angestellte des Schuldners im Rahmen ihrer bisherigen Tätigkeit einsetzen muss und diese Angestellten nicht offensichtlich ungeeignet sind, hat der Verwalter ein Verschulden dieser Personen nicht gemäß § 278 des Bürgerlichen Gesetzbuchs zu vertreten, sondern ist nur für deren Überwachung und für Entscheidungen von besonderer Bedeutung verantwortlich.

§ 61 Nichterfüllung von Masseverbindlichkeiten

¹Kann eine Masseverbindlichkeit, die durch eine Rechtshandlung des Insolvenzverwalters begründet worden ist, aus der Insolvenzmasse nicht voll erfüllt werden, so ist der Verwalter dem Massegläubiger zum Schadenersatz verpflichtet. ²Dies gilt nicht, wenn der Verwalter bei der Be-

---

1) **Anm. d. Red.:** § 57 i. d. F. des Gesetzes v. 26.10.2001 (BGBl I S. 2710) mit Wirkung v. 1.12.2001.
2) **Anm. d. Red.:** § 58 i. d. F. des Gesetzes v. 13.12.2001 (BGBl I S. 3574) mit Wirkung v. 1.1.2002.
3) **Anm. d. Red.:** § 59 i. d. F. des Gesetzes v. 22.12.2020 (BGBl I S. 3256) mit Wirkung v. 1.1.2021.

gründung der Verbindlichkeit nicht erkennen konnte, dass die Masse voraussichtlich zur Erfüllung nicht ausreichen würde.

§ 62 Verjährung[1]

[1]Die Verjährung des Anspruchs auf Ersatz des Schadens, der aus einer Pflichtverletzung des Insolvenzverwalters entstanden ist, richtet sich nach den Regelungen über die regelmäßige Verjährung nach dem Bürgerlichen Gesetzbuch. [2]Der Anspruch verjährt spätestens in drei Jahren von der Aufhebung oder der Rechtskraft der Einstellung des Insolvenzverfahrens an. [3]Für Pflichtverletzungen, die im Rahmen einer Nachtragsverteilung (§ 203) oder einer Überwachung der Planerfüllung (§ 260) begangen worden sind, gilt Satz 2 mit der Maßgabe, dass an die Stelle der Aufhebung des Insolvenzverfahrens der Vollzug der Nachtragsverteilung oder die Beendigung der Überwachung tritt.

§ 63 Vergütung des Insolvenzverwalters[2]

(1) [1]Der Insolvenzverwalter hat Anspruch auf Vergütung für seine Geschäftsführung und auf Erstattung angemessener Auslagen. [2]Der Regelsatz der Vergütung wird nach dem Wert der Insolvenzmasse zur Zeit der Beendigung des Insolvenzverfahrens berechnet. [3]Dem Umfang und der Schwierigkeit der Geschäftsführung des Verwalters wird durch Abweichungen vom Regelsatz Rechnung getragen.

(2) Sind die Kosten des Verfahrens nach § 4a gestundet, steht dem Insolvenzverwalter für seine Vergütung und seine Auslagen ein Anspruch gegen die Staatskasse zu, soweit die Insolvenzmasse dafür nicht ausreicht.

(3) [1]Die Tätigkeit des vorläufigen Insolvenzverwalters wird gesondert vergütet. [2]Er erhält in der Regel 25 Prozent der Vergütung des Insolvenzverwalters bezogen auf das Vermögen, auf das sich seine Tätigkeit während des Eröffnungsverfahrens erstreckt. [3]Maßgebend für die Wertermittlung ist der Zeitpunkt der Beendigung der vorläufigen Verwaltung oder der Zeitpunkt, ab dem der Gegenstand nicht mehr der vorläufigen Verwaltung unterliegt. [4]Beträgt die Differenz des tatsächlichen Werts der Berechnungsgrundlage der Vergütung zu dem der Vergütung zugrunde gelegten Wert mehr als 20 Prozent, so kann das Gericht den Beschluss über die Vergütung des vorläufigen Insolvenzverwalters bis zur Rechtskraft der Entscheidung über die Vergütung des Insolvenzverwalters ändern.

§ 64 Festsetzung durch das Gericht

(1) Das Insolvenzgericht setzt die Vergütung und die zu erstattenden Auslagen des Insolvenzverwalters durch Beschluss fest.

(2) [1]Der Beschluss ist öffentlich bekannt zu machen und dem Verwalter, dem Schuldner und, wenn ein Gläubigerausschuss bestellt ist, den Mitgliedern des Ausschusses besonders zuzustellen. [2]Die festgesetzten Beträge sind nicht zu veröffentlichen; in der öffentlichen Bekanntmachung ist darauf hinzuweisen, dass der vollständige Beschluss in der Geschäftsstelle eingesehen werden kann.

(3) [1]Gegen den Beschluss steht dem Verwalter, dem Schuldner und jedem Insolvenzgläubiger die sofortige Beschwerde zu. [2]§ 567 Abs. 2 der Zivilprozessordnung gilt entsprechend.

§ 65 Verordnungsermächtigung[3]

Das Bundesministerium der Justiz und für Verbraucherschutz wird ermächtigt, die Vergütung und die Erstattung der Auslagen des vorläufigen Insolvenzverwalters und des Insolvenzverwalters sowie das hierfür maßgebliche Verfahren durch Rechtsverordnung zu regeln.

---

1) **Anm. d. Red.:** § 62 i. d. F. des Gesetzes v. 9. 12. 2004 (BGBl I S. 3214) mit Wirkung v. 15. 12. 2004.

2) **Anm. d. Red.:** § 63 i. d. F. des Gesetzes v. 15. 7. 2013 (BGBl I S. 2379) mit Wirkung v. 19. 7. 2013.

3) **Anm. d. Red.:** § 65 i. d. F. der VO v. 31. 8. 2015 (BGBl I S. 1474) mit Wirkung v. 8. 9. 2015.

§ 66 Rechnungslegung[1]

(1) Der Insolvenzverwalter hat bei der Beendigung seines Amtes einer Gläubigerversammlung Rechnung zu legen.

(2) ¹Vor der Gläubigerversammlung prüft das Insolvenzgericht die Schlussrechnung des Verwalters. ²Es legt die Schlussrechnung mit den Belegen, mit einem Vermerk über die Prüfung und, wenn ein Gläubigerausschuss bestellt ist, mit dessen Bemerkungen zur Einsicht der Beteiligten aus; es kann dem Gläubigerausschuss für dessen Stellungnahme eine Frist setzen. ³Der Zeitraum zwischen der Auslegung der Unterlagen und dem Termin der Gläubigerversammlung soll mindestens eine Woche betragen.

(3) ¹Die Gläubigerversammlung kann dem Verwalter aufgeben, zu bestimmten Zeitpunkten während des Verfahrens Zwischenrechnung zu legen. ²Die Absätze 1 und 2 gelten entsprechend.

(4) Der Insolvenzplan kann eine abweichende Regelung treffen.

§ 67 Einsetzung des Gläubigerausschusses[2]

(1) Vor der ersten Gläubigerversammlung kann das Insolvenzgericht einen Gläubigerausschuss einsetzen.

(2) ¹Im Gläubigerausschuss sollen die absonderungsberechtigten Gläubiger, die Insolvenzgläubiger mit den höchsten Forderungen und die Kleingläubiger vertreten sein. ²Dem Ausschuss soll ein Vertreter der Arbeitnehmer angehören.

(3) Zu Mitgliedern des Gläubigerausschusses können auch Personen bestellt werden, die keine Gläubiger sind.

§ 68 Wahl anderer Mitglieder

(1) ¹Die Gläubigerversammlung beschließt, ob ein Gläubigerausschuss eingesetzt werden soll. ²Hat das Insolvenzgericht bereits einen Gläubigerausschuss eingesetzt, so beschließt sie, ob dieser beibehalten werden soll.

(2) Sie kann vom Insolvenzgericht bestellte Mitglieder abwählen und andere oder zusätzliche Mitglieder des Gläubigerausschusses wählen.

§ 69 Aufgaben des Gläubigerausschusses

¹Die Mitglieder des Gläubigerausschusses haben den Insolvenzverwalter bei seiner Geschäftsführung zu unterstützen und zu überwachen. ²Sie haben sich über den Gang der Geschäfte zu unterrichten sowie die Bücher und Geschäftspapiere einsehen und den Geldverkehr und -bestand prüfen zu lassen.

§ 70 Entlassung

¹Das Insolvenzgericht kann ein Mitglied des Gläubigerausschusses aus wichtigem Grund aus dem Amt entlassen. ²Die Entlassung kann von Amts wegen, auf Antrag des Mitglieds des Gläubigerausschusses oder auf Antrag der Gläubigerversammlung erfolgen. ³Vor der Entscheidung des Gerichts ist das Mitglied des Gläubigerausschusses zu hören; gegen die Entscheidung steht ihm die sofortige Beschwerde zu.

§ 71 Haftung der Mitglieder des Gläubigerausschusses

¹Die Mitglieder des Gläubigerausschusses sind den absonderungsberechtigten Gläubigern und den Insolvenzgläubigern zum Schadenersatz verpflichtet, wenn sie schuldhaft die Pflichten verletzen, die ihnen nach diesem Gesetz obliegen. ²§ 62 gilt entsprechend.

---

1) **Anm. d. Red.:** § 66 i. d. F. des Gesetzes v. 22.12.2020 (BGBl I S. 3256) mit Wirkung v. 1.1.2021.
2) **Anm. d. Red.:** § 67 i. d. F. des Gesetzes v. 7.12.2011 (BGBl I S. 2582) mit Wirkung v. 1.3.2012.

§ 72 Beschlüsse des Gläubigerausschusses

Ein Beschluss des Gläubigerausschusses ist gültig, wenn die Mehrheit der Mitglieder an der Beschlussfassung teilgenommen hat und der Beschluss mit der Mehrheit der abgegebenen Stimmen gefasst worden ist.

§ 73 Vergütung der Mitglieder des Gläubigerausschusses[1]

(1) ¹Die Mitglieder des Gläubigerausschusses haben Anspruch auf Vergütung für ihre Tätigkeit und auf Erstattung angemessener Auslagen. ²Dabei ist dem Zeitaufwand und dem Umfang der Tätigkeit Rechnung zu tragen.

(2) § 63 Abs. 2 sowie die §§ 64 und 65 gelten entsprechend.

§ 74 Einberufung der Gläubigerversammlung[2]

(1) ¹Die Gläubigerversammlung wird vom Insolvenzgericht einberufen. ²Zur Teilnahme an der Versammlung sind alle absonderungsberechtigten Gläubiger, alle Insolvenzgläubiger, der Insolvenzverwalter, die Mitglieder des Gläubigerausschusses und der Schuldner berechtigt.

(2) ¹Die Zeit, der Ort und die Tagesordnung der Gläubigerversammlung sind öffentlich bekannt zu machen. ²Die öffentliche Bekanntmachung kann unterbleiben, wenn in einer Gläubigerversammlung die Verhandlung vertagt wird.

§ 75 Antrag auf Einberufung[3]

(1) Die Gläubigerversammlung ist einzuberufen, wenn dies beantragt wird:
1. vom Insolvenzverwalter;
2. vom Gläubigerausschuss;
3. von mindestens fünf absonderungsberechtigten Gläubigern oder nicht nachrangigen Insolvenzgläubigern, deren Absonderungsrechte und Forderungen nach der Schätzung des Insolvenzgerichts zusammen ein Fünftel der Summe erreichen, die sich aus dem Wert aller Absonderungsrechte und den Forderungsbeträgen aller nicht nachrangigen Insolvenzgläubiger ergibt;
4. von einem oder mehreren absonderungsberechtigten Gläubigern oder nicht nachrangigen Insolvenzgläubigern, deren Absonderungsrechte und Forderungen nach der Schätzung des Gerichts zwei Fünftel der in Nummer 3 bezeichneten Summe erreichen.

(2) Der Zeitraum zwischen dem Eingang des Antrags und dem Termin der Gläubigerversammlung soll höchstens drei Wochen betragen.

(3) Wird die Einberufung abgelehnt, so steht dem Antragsteller die sofortige Beschwerde zu.

§ 76 Beschlüsse der Gläubigerversammlung

(1) Die Gläubigerversammlung wird vom Insolvenzgericht geleitet.

(2) Ein Beschluss der Gläubigerversammlung kommt zustande, wenn die Summe der Forderungsbeträge der zustimmenden Gläubiger mehr als die Hälfte der Summe der Forderungsbeträge der abstimmenden Gläubiger beträgt; bei absonderungsberechtigten Gläubigern, denen der Schuldner nicht persönlich haftet, tritt der Wert des Absonderungsrechts an die Stelle des Forderungsbetrags.

---

1) **Anm. d. Red.:** § 73 i. d. F. des Gesetzes v. 26. 10. 2001 (BGBl I S. 2710) mit Wirkung v. 1. 12. 2001.
2) **Anm. d. Red.:** § 74 i. d. F. des Gesetzes v. 19. 12. 1998 (BGBl I S. 3836) mit Wirkung v. 1. 1. 1999.
3) **Anm. d. Red.:** § 75 i. d. F. des Gesetzes v. 19. 12. 1998 (BGBl I S. 3836) mit Wirkung v. 1. 1. 1999.

§ 77 Feststellung des Stimmrechts

(1) ¹Ein Stimmrecht gewähren die Forderungen, die angemeldet und weder vom Insolvenzverwalter noch von einem stimmberechtigten Gläubiger bestritten worden sind. ²Nachrangige Gläubiger sind nicht stimmberechtigt.

(2) ¹Die Gläubiger, deren Forderungen bestritten werden, sind stimmberechtigt, soweit sich in der Gläubigerversammlung der Verwalter und die erschienenen stimmberechtigten Gläubiger über das Stimmrecht geeinigt haben. ²Kommt es nicht zu einer Einigung, so entscheidet das Insolvenzgericht. ³Es kann seine Entscheidung auf den Antrag des Verwalters oder eines in der Gläubigerversammlung erschienenen Gläubigers ändern.

(3) Absatz 2 gilt entsprechend
1. für die Gläubiger aufschiebend bedingter Forderungen;
2. für die absonderungsberechtigten Gläubiger.

§ 78 Aufhebung eines Beschlusses der Gläubigerversammlung

(1) Widerspricht ein Beschluss der Gläubigerversammlung dem gemeinsamen Interesse der Insolvenzgläubiger, so hat das Insolvenzgericht den Beschluss aufzuheben, wenn ein absonderungsberechtigter Gläubiger, ein nicht nachrangiger Insolvenzgläubiger oder der Insolvenzverwalter dies in der Gläubigerversammlung beantragt.

(2) ¹Die Aufhebung des Beschlusses ist öffentlich bekannt zu machen. ²Gegen die Aufhebung steht jedem absonderungsberechtigten Gläubiger und jedem nicht nachrangigen Insolvenzgläubiger die sofortige Beschwerde zu. ³Gegen die Ablehnung des Antrags auf Aufhebung steht dem Antragsteller die sofortige Beschwerde zu.

§ 79 Unterrichtung der Gläubigerversammlung

¹Die Gläubigerversammlung ist berechtigt, vom Insolvenzverwalter einzelne Auskünfte und einen Bericht über den Sachstand und die Geschäftsführung zu verlangen. ²Ist ein Gläubigerausschuss nicht bestellt, so kann die Gläubigerversammlung den Geldverkehr und -bestand des Verwalters prüfen lassen.

Dritter Teil: Wirkungen der Eröffnung des Insolvenzverfahrens
Erster Abschnitt: Allgemeine Wirkungen

§ 80 Übergang des Verwaltungs- und Verfügungsrechts

(1) Durch die Eröffnung des Insolvenzverfahrens geht das Recht des Schuldners, das zur Insolvenzmasse gehörende Vermögen zu verwalten und über es zu verfügen, auf den Insolvenzverwalter über.

(2) ¹Ein gegen den Schuldner bestehendes Veräußerungsverbot, das nur den Schutz bestimmter Personen bezweckt (§§ 135, 136 des Bürgerlichen Gesetzbuchs), hat im Verfahren keine Wirkung. ²Die Vorschriften über die Wirkungen einer Pfändung oder einer Beschlagnahme im Wege der Zwangsvollstreckung bleiben unberührt.

§ 81 Verfügungen des Schuldners[1]

(1) ¹Hat der Schuldner nach der Eröffnung des Insolvenzverfahrens über einen Gegenstand der Insolvenzmasse verfügt, so ist diese Verfügung unwirksam. ²Unberührt bleiben die §§ 892, 893 des Bürgerlichen Gesetzbuchs, §§ 16, 17 des Gesetzes über Rechte an eingetragenen Schiffen und Schiffsbauwerken und §§ 16, 17 des Gesetzes über Rechte an Luftfahrzeugen. ³Dem anderen Teil ist die Gegenleistung aus der Insolvenzmasse zurückzugewähren, soweit die Masse durch sie bereichert ist.

---

1) **Anm. d. Red.:** § 81 i. d. F. des Gesetzes v. 5. 4. 2004 (BGBl I S. 502) mit Wirkung v. 9. 4. 2004.

(2) ¹Für eine Verfügung über künftige Forderungen auf Bezüge aus einem Dienstverhältnis des Schuldners oder an deren Stelle tretende laufende Bezüge gilt Absatz 1 auch insoweit, als die Bezüge für die Zeit nach der Beendigung des Insolvenzverfahrens betroffen sind. ²Das Recht des Schuldners zur Abtretung dieser Bezüge an einen Treuhänder mit dem Ziel der gemeinschaftlichen Befriedigung der Insolvenzgläubiger bleibt unberührt.

(3) ¹Hat der Schuldner am Tag der Eröffnung des Verfahrens verfügt, so wird vermutet, dass er nach der Eröffnung verfügt hat. ²Eine Verfügung des Schuldners über Finanzsicherheiten im Sinne des § 1 Abs. 17 des Kreditwesengesetzes nach der Eröffnung ist, unbeschadet der §§ 129 bis 147, wirksam, wenn sie am Tag der Eröffnung erfolgt und der andere Teil nachweist, dass er die Eröffnung des Verfahrens weder kannte noch kennen musste.

§ 82 Leistungen an den Schuldner

¹Ist nach der Eröffnung des Insolvenzverfahrens zur Erfüllung einer Verbindlichkeit an den Schuldner geleistet worden, obwohl die Verbindlichkeit zur Insolvenzmasse zu erfüllen war, so wird der Leistende befreit, wenn er zur Zeit der Leistung die Eröffnung des Verfahrens nicht kannte. ²Hat er vor der öffentlichen Bekanntmachung der Eröffnung geleistet, so wird vermutet, dass er die Eröffnung nicht kannte.

§ 83 Erbschaft. Fortgesetzte Gütergemeinschaft

(1) ¹Ist dem Schuldner vor der Eröffnung des Insolvenzverfahrens eine Erbschaft oder ein Vermächtnis angefallen oder geschieht dies während des Verfahrens, so steht die Annahme oder Ausschlagung nur dem Schuldner zu. ²Gleiches gilt von der Ablehnung der fortgesetzten Gütergemeinschaft.

(2) Ist der Schuldner Vorerbe, so darf der Insolvenzverwalter über die Gegenstände der Erbschaft nicht verfügen, wenn die Verfügung im Falle des Eintritts der Nacherbfolge nach § 2115 des Bürgerlichen Gesetzbuchs dem Nacherben gegenüber unwirksam ist.

§ 84 Auseinandersetzung einer Gesellschaft oder Gemeinschaft

(1) ¹Besteht zwischen dem Schuldner und Dritten eine Gemeinschaft nach Bruchteilen, eine andere Gemeinschaft oder eine Gesellschaft ohne Rechtspersönlichkeit, so erfolgt die Teilung oder sonstige Auseinandersetzung außerhalb des Insolvenzverfahrens. ²Aus dem dabei ermittelten Anteil des Schuldners kann für Ansprüche aus dem Rechtsverhältnis abgesonderte Befriedigung verlangt werden.

(2) ¹Eine Vereinbarung, durch die bei einer Gemeinschaft nach Bruchteilen das Recht, die Aufhebung der Gemeinschaft zu verlangen, für immer oder auf Zeit ausgeschlossen oder eine Kündigungsfrist bestimmt worden ist, hat im Verfahren keine Wirkung. ²Gleiches gilt für eine Anordnung dieses Inhalts, die ein Erblasser für die Gemeinschaft seiner Erben getroffen hat, und für eine entsprechende Vereinbarung der Miterben.

§ 85 Aufnahme von Aktivprozessen

(1) ¹Rechtsstreitigkeiten über das zur Insolvenzmasse gehörende Vermögen, die zur Zeit der Eröffnung des Insolvenzverfahrens für den Schuldner anhängig sind, können in der Lage, in der sie sich befinden, vom Insolvenzverwalter aufgenommen werden. ²Wird die Aufnahme verzögert, so gilt § 239 Abs. 2 bis 4 der Zivilprozessordnung entsprechend.

(2) Lehnt der Verwalter die Aufnahme des Rechtsstreits ab, so können sowohl der Schuldner als auch der Gegner den Rechtsstreit aufnehmen.

§ 86 Aufnahme bestimmter Passivprozesse

(1) Rechtsstreitigkeiten, die zur Zeit der Eröffnung des Insolvenzverfahrens gegen den Schuldner anhängig sind, können sowohl vom Insolvenzverwalter als auch vom Gegner aufgenommen werden, wenn sie betreffen:

1. die Aussonderung eines Gegenstands aus der Insolvenzmasse,
2. die abgesonderte Befriedigung oder
3. eine Masseverbindlichkeit.

(2) Erkennt der Verwalter den Anspruch sofort an, so kann der Gegner einen Anspruch auf Erstattung der Kosten des Rechtsstreits nur als Insolvenzgläubiger geltend machen.

§ 87 Forderungen der Insolvenzgläubiger

Die Insolvenzgläubiger können ihre Forderungen nur nach den Vorschriften über das Insolvenzverfahren verfolgen.

§ 88 Vollstreckung vor Verfahrenseröffnung[1)]

(1) Hat ein Insolvenzgläubiger im letzten Monat vor dem Antrag auf Eröffnung des Insolvenzverfahrens oder nach diesem Antrag durch Zwangsvollstreckung eine Sicherung an dem zur Insolvenzmasse gehörenden Vermögen des Schuldners erlangt, so wird diese Sicherung mit der Eröffnung des Verfahrens unwirksam.

(2) Die in Absatz 1 genannte Frist beträgt drei Monate, wenn ein Verbraucherinsolvenzverfahren nach § 304 eröffnet wird.

§ 89 Vollstreckungsverbot

(1) Zwangsvollstreckungen für einzelne Insolvenzgläubiger sind während der Dauer des Insolvenzverfahrens weder in die Insolvenzmasse noch in das sonstige Vermögen des Schuldners zulässig.

(2) ¹Zwangsvollstreckungen in künftige Forderungen auf Bezüge aus einem Dienstverhältnis des Schuldners oder an deren Stelle tretende laufende Bezüge sind während der Dauer des Verfahrens auch für Gläubiger unzulässig, die keine Insolvenzgläubiger sind. ²Dies gilt nicht für die Zwangsvollstreckung wegen eines Unterhaltsanspruchs oder einer Forderung aus einer vorsätzlichen unerlaubten Handlung in den Teil der Bezüge, der für andere Gläubiger nicht pfändbar ist.

(3) ¹Über Einwendungen, die aufgrund des Absatzes 1 oder 2 gegen die Zulässigkeit einer Zwangsvollstreckung erhoben werden, entscheidet das Insolvenzgericht. ²Das Gericht kann vor der Entscheidung eine einstweilige Anordnung erlassen; es kann insbesondere anordnen, dass die Zwangsvollstreckung gegen oder ohne Sicherheitsleistung einstweilen einzustellen oder nur gegen Sicherheitsleistung fortzusetzen sei.

§ 90 Vollstreckungsverbot bei Masseverbindlichkeiten

(1) Zwangsvollstreckungen wegen Masseverbindlichkeiten, die nicht durch eine Rechtshandlung des Insolvenzverwalters begründet worden sind, sind für die Dauer von sechs Monaten seit der Eröffnung des Insolvenzverfahrens unzulässig.

(2) Nicht als derartige Masseverbindlichkeiten gelten die Verbindlichkeiten:
1. aus einem gegenseitigen Vertrag, dessen Erfüllung der Verwalter gewählt hat;
2. aus einem Dauerschuldverhältnis für die Zeit nach dem ersten Termin, zu dem der Verwalter kündigen konnte;
3. aus einem Dauerschuldverhältnis, soweit der Verwalter für die Insolvenzmasse die Gegenleistung in Anspruch nimmt.

---

1) **Anm. d. Red.:** § 88 i. d. F. des Gesetzes v. 15. 7. 2013 (BGBl I S. 2379) mit Wirkung v. 1. 7. 2014.

§ 91 Ausschluss sonstigen Rechtserwerbs[1]

(1) Rechte an den Gegenständen der Insolvenzmasse können nach der Eröffnung des Insolvenzverfahrens nicht wirksam erworben werden, auch wenn keine Verfügung des Schuldners und keine Zwangsvollstreckung für einen Insolvenzgläubiger zugrunde liegt.

(2) Unberührt bleiben die §§ 878, 892, 893 des Bürgerlichen Gesetzbuchs, § 3 Abs. 3, §§ 16, 17 des Gesetzes über Rechte an eingetragenen Schiffen und Schiffsbauwerken, § 5 Abs. 3, §§ 16, 17 des Gesetzes über Rechte an Luftfahrzeugen und § 20 Abs. 3 der Schifffahrtsrechtlichen Verteilungsordnung.

§ 92 Gesamtschaden

¹Ansprüche der Insolvenzgläubiger auf Ersatz eines Schadens, den diese Gläubiger gemeinschaftlich durch eine Verminderung des zur Insolvenzmasse gehörenden Vermögens vor oder nach der Eröffnung des Insolvenzverfahrens erlitten haben (Gesamtschaden), können während der Dauer des Insolvenzverfahrens nur vom Insolvenzverwalter geltend gemacht werden. ²Richten sich die Ansprüche gegen den Verwalter, so können sie nur von einem neu bestellten Insolvenzverwalter geltend gemacht werden.

§ 93 Persönliche Haftung der Gesellschafter

Ist das Insolvenzverfahren über das Vermögen einer Gesellschaft ohne Rechtspersönlichkeit oder einer Kommanditgesellschaft auf Aktien eröffnet, so kann die persönliche Haftung eines Gesellschafters für die Verbindlichkeiten der Gesellschaft während der Dauer des Insolvenzverfahrens nur vom Insolvenzverwalter geltend gemacht werden.

§ 94 Erhaltung einer Aufrechnungslage

Ist ein Insolvenzgläubiger zur Zeit der Eröffnung des Insolvenzverfahrens kraft Gesetzes oder aufgrund einer Vereinbarung zur Aufrechnung berechtigt, so wird dieses Recht durch das Verfahren nicht berührt.

§ 95 Eintritt der Aufrechnungslage im Verfahren

(1) ¹Sind zur Zeit der Eröffnung des Insolvenzverfahrens die aufzurechnenden Forderungen oder eine von ihnen noch aufschiebend bedingt oder nicht fällig oder die Forderungen noch nicht auf gleichartige Leistungen gerichtet, so kann die Aufrechnung erst erfolgen, wenn ihre Voraussetzungen eingetreten sind. ²Die §§ 41, 45 sind nicht anzuwenden. ³Die Aufrechnung ist ausgeschlossen, wenn die Forderung, gegen die aufgerechnet werden soll, unbedingt und fällig wird, bevor die Aufrechnung erfolgen kann.

(2) ¹Die Aufrechnung wird nicht dadurch ausgeschlossen, dass die Forderungen auf unterschiedliche Währungen oder Rechnungseinheiten lauten, wenn diese Währungen oder Rechnungseinheiten am Zahlungsort der Forderung, gegen die aufgerechnet wird, frei getauscht werden können. ²Die Umrechnung erfolgt nach dem Kurswert, der für diesen Ort zur Zeit des Zugangs der Aufrechnungserklärung maßgeblich ist.

§ 96 Unzulässigkeit der Aufrechnung[2]

(1) Die Aufrechnung ist unzulässig,
1. wenn ein Insolvenzgläubiger erst nach der Eröffnung des Insolvenzverfahrens etwas zur Insolvenzmasse schuldig geworden ist,
2. wenn ein Insolvenzgläubiger seine Forderung erst nach der Eröffnung des Verfahrens von einem anderen Gläubiger erworben hat,

---

1) **Anm. d. Red.:** § 91 i. d. F. des Gesetzes v. 25. 8. 1998 (BGBl I S. 2489) mit Wirkung v. 1. 9. 1998.
2) **Anm. d. Red.:** § 96 i. d. F. des Gesetzes v. 19. 11. 2010 (BGBl I S. 1592) mit Wirkung v. 30. 6. 2011.

3. wenn ein Insolvenzgläubiger die Möglichkeit der Aufrechnung durch eine anfechtbare Rechtshandlung erlangt hat,
4. wenn ein Gläubiger, dessen Forderung aus dem freien Vermögen des Schuldners zu erfüllen ist, etwas zur Insolvenzmasse schuldet.

(2) Absatz 1 sowie § 95 Abs. 1 Satz 3 stehen nicht der Verfügung über Finanzsicherheiten im Sinne des § 1 Abs. 17 des Kreditwesengesetzes oder der Verrechnung von Ansprüchen und Leistungen aus Zahlungsaufträgen, Aufträgen zwischen Zahlungsdienstleistern oder zwischengeschalteten Stellen oder Aufträgen zur Übertragung von Wertpapieren entgegen, die in Systeme im Sinne des § 1 Abs. 16 des Kreditwesengesetzes eingebracht wurden, das der Ausführung solcher Verträge dient, sofern die Verrechnung spätestens am Tage der Eröffnung des Insolvenzverfahrens erfolgt; ist der andere Teil ein Systembetreiber oder Teilnehmer in dem System, bestimmt sich der Tag der Eröffnung nach dem Geschäftstag im Sinne des § 1 Absatz 16b des Kreditwesengesetzes.

§ 97 Auskunfts- und Mitwirkungspflichten des Schuldners

(1) ¹Der Schuldner ist verpflichtet, dem Insolvenzgericht, dem Insolvenzverwalter, dem Gläubigerausschuss und auf Anordnung des Gerichts der Gläubigerversammlung über alle das Verfahren betreffenden Verhältnisse Auskunft zu geben. ²Er hat auch Tatsachen zu offenbaren, die geeignet sind, eine Verfolgung wegen einer Straftat oder einer Ordnungswidrigkeit herbeizuführen. ³Jedoch darf eine Auskunft, die der Schuldner gemäß seiner Verpflichtung nach Satz 1 erteilt, in einem Strafverfahren oder in einem Verfahren nach dem Gesetz über Ordnungswidrigkeiten gegen den Schuldner oder einen in § 52 Abs. 1 der Strafprozessordnung bezeichneten Angehörigen des Schuldners nur mit Zustimmung des Schuldners verwendet werden.

(2) Der Schuldner hat den Verwalter bei der Erfüllung von dessen Aufgaben zu unterstützen.

(3) ¹Der Schuldner ist verpflichtet, sich auf Anordnung des Gerichts jederzeit zur Verfügung zu stellen, um seine Auskunfts- und Mitwirkungspflichten zu erfüllen. ²Er hat alle Handlungen zu unterlassen, die der Erfüllung dieser Pflichten zuwiderlaufen.

§ 98 Durchsetzung der Pflichten des Schuldners[1]

(1) ¹Wenn es zur Herbeiführung wahrheitsgemäßer Aussagen erforderlich erscheint, ordnet das Insolvenzgericht an, dass der Schuldner zu Protokoll an Eides Statt versichert, er habe die von ihm verlangte Auskunft nach bestem Wissen und Gewissen richtig und vollständig erteilt. ²Die §§ 478 bis 480, 483 der Zivilprozessordnung gelten entsprechend.

(2) Das Gericht kann den Schuldner zwangsweise vorführen und nach Anhörung in Haft nehmen lassen,
1. wenn der Schuldner eine Auskunft oder die eidesstattliche Versicherung oder die Mitwirkung bei der Erfüllung der Aufgaben des Insolvenzverwalters verweigert;
2. wenn der Schuldner sich der Erfüllung seiner Auskunfts- und Mitwirkungspflichten entziehen will, insbesondere Anstalten zur Flucht trifft, oder
3. wenn dies zur Vermeidung von Handlungen des Schuldners, die der Erfüllung seiner Auskunfts- und Mitwirkungspflichten zuwiderlaufen, insbesondere zur Sicherung der Insolvenzmasse, erforderlich ist.

(3) ¹Für die Anordnung von Haft gelten die § 802g Abs. 2, §§ 802h und 802j Abs. 1 der Zivilprozessordnung entsprechend. ²Der Haftbefehl ist von Amts wegen aufzuheben, sobald die Voraussetzungen für die Anordnung von Haft nicht mehr vorliegen. ³Gegen die Anordnung der Haft und gegen die Abweisung eines Antrags auf Aufhebung des Haftbefehls wegen Wegfalls seiner Voraussetzungen findet die sofortige Beschwerde statt.

---

1) **Anm. d. Red.:** § 98 i. d. F. des Gesetzes v. 29. 7. 2009 (BGBl I S. 2258) mit Wirkung v. 1. 1. 2013.

§ 99 Postsperre[1]

(1) ¹Soweit dies erforderlich erscheint, um für die Gläubiger nachteilige Rechtshandlungen des Schuldners aufzuklären oder zu verhindern, ordnet das Insolvenzgericht auf Antrag des Insolvenzverwalters oder von Amts wegen durch begründeten Beschluss an, dass die in dem Beschluss bezeichneten Unternehmen bestimmte oder alle Postsendungen für den Schuldner dem Verwalter zuzuleiten haben. ²Die Anordnung ergeht nach Anhörung des Schuldners, sofern dadurch nicht wegen besonderer Umstände des Einzelfalls der Zweck der Anordnung gefährdet wird. ³Unterbleibt die vorherige Anhörung des Schuldners, so ist dies in dem Beschluss gesondert zu begründen und die Anhörung unverzüglich nachzuholen.

(2) ¹Der Verwalter ist berechtigt, die ihm zugeleiteten Sendungen zu öffnen. ²Sendungen, deren Inhalt nicht die Insolvenzmasse betrifft, sind dem Schuldner unverzüglich zuzuleiten. ³Die übrigen Sendungen kann der Schuldner einsehen.

(3) ¹Gegen die Anordnung der Postsperre steht dem Schuldner die sofortige Beschwerde zu. ²Das Gericht hat die Anordnung nach Anhörung des Verwalters aufzuheben, soweit ihre Voraussetzungen fortfallen.

§ 100 Unterhalt aus der Insolvenzmasse[2]

(1) Die Gläubigerversammlung beschließt, ob und in welchem Umfang dem Schuldner und seiner Familie Unterhalt aus der Insolvenzmasse gewährt werden soll.

(2) ¹Bis zur Entscheidung der Gläubigerversammlung kann der Insolvenzverwalter mit Zustimmung des Gläubigerausschusses, wenn ein solcher bestellt ist, dem Schuldner den notwendigen Unterhalt gewähren. ²In gleicher Weise kann den minderjährigen unverheirateten Kindern des Schuldners, seinem Ehegatten, seinem früheren Ehegatten, seinem Lebenspartner, seinem früheren Lebenspartner und dem anderen Elternteil seines Kindes hinsichtlich des Anspruchs nach den §§ 1615l, 1615n des Bürgerlichen Gesetzbuchs Unterhalt gewährt werden.

§ 101 Organschaftliche Vertreter. Angestellte[3]

(1) ¹Ist der Schuldner keine natürliche Person, so gelten die §§ 97 bis 99 entsprechend für die Mitglieder des Vertretungs- oder Aufsichtsorgans und die vertretungsberechtigten persönlich haftenden Gesellschafter des Schuldners. ²§ 97 Abs. 1 und § 98 gelten außerdem entsprechend für Personen, die nicht früher als zwei Jahre vor dem Antrag auf Eröffnung des Insolvenzverfahrens aus einer in Satz 1 genannten Stellung ausgeschieden sind; verfügt der Schuldner über keinen Vertreter, gilt dies auch für die Personen, die an ihm beteiligt sind. ³§ 100 gilt entsprechend für die vertretungsberechtigten persönlich haftenden Gesellschafter des Schuldners.

(2) § 97 Abs. 1 Satz 1 gilt entsprechend für Angestellte und frühere Angestellte des Schuldners, sofern diese nicht früher als zwei Jahre vor dem Eröffnungsantrag ausgeschieden sind.

(3) Kommen die in den Absätzen 1 und 2 genannten Personen ihrer Auskunfts- und Mitwirkungspflicht nicht nach, können ihnen im Fall der Abweisung des Antrags auf Eröffnung des Insolvenzverfahrens die Kosten des Verfahrens auferlegt werden.

§ 102 Einschränkung eines Grundrechts[4]

Durch § 21 Abs. 2 Nr. 4 und die §§ 99, 101 Abs. 1 Satz 1 wird das Grundrecht des Briefgeheimnisses sowie des Post- und Fernmeldegeheimnisses (Artikel 10 Grundgesetz) eingeschränkt.

---

1) **Anm. d. Red.:** § 99 i. d. F. des Gesetzes v. 13. 4. 2007 (BGBl I S. 509) mit Wirkung v. 1. 7. 2007.
2) **Anm. d. Red.:** § 100 i. d. F. des Gesetzes v. 15. 12. 2004 (BGBl I S. 3396) mit Wirkung v. 1. 1. 2005.
3) **Anm. d. Red.:** § 101 i. d. F. des Gesetzes v. 23. 10. 2008 (BGBl I S. 2026) mit Wirkung v. 1. 11. 2008.
4) **Anm. d. Red.:** § 102 i. d. F. des Gesetzes v. 19. 12. 1998 (BGBl I S. 3836) mit Wirkung v. 1. 1. 1999.

Zweiter Abschnitt: Erfüllung der Rechtsgeschäfte. Mitwirkung des Betriebsrats

§ 103 Wahlrecht des Insolvenzverwalters

(1) Ist ein gegenseitiger Vertrag zur Zeit der Eröffnung des Insolvenzverfahrens vom Schuldner und vom anderen Teil nicht oder nicht vollständig erfüllt, so kann der Insolvenzverwalter anstelle des Schuldners den Vertrag erfüllen und die Erfüllung vom anderen Teil verlangen.

(2) ¹Lehnt der Verwalter die Erfüllung ab, so kann der andere Teil eine Forderung wegen der Nichterfüllung nur als Insolvenzgläubiger geltend machen. ²Fordert der andere Teil den Verwalter zur Ausübung seines Wahlrechts auf, so hat der Verwalter unverzüglich zu erklären, ob er die Erfüllung verlangen will. ³Unterlässt er dies, so kann er auf der Erfüllung nicht bestehen.

§ 104 Fixgeschäfte, Finanzleistungen, vertragliches Liquidationsnetting[1]

(1) ¹War die Lieferung von Waren, die einen Markt- oder Börsenpreis haben, genau zu einer festbestimmten Zeit oder innerhalb einer festbestimmten Frist vereinbart und tritt die Zeit oder der Ablauf der Frist erst nach Eröffnung des Insolvenzverfahrens ein, so kann nicht Erfüllung verlangt, sondern nur eine Forderung wegen Nichterfüllung geltend gemacht werden. ²Dies gilt auch für Geschäfte über Finanzleistungen, die einen Markt- oder Börsenpreis haben und für die eine bestimmte Zeit oder eine bestimmte Frist vereinbart war, die nach der Eröffnung des Verfahrens eintritt oder abläuft. ³Als Finanzleistungen gelten insbesondere

1. die Lieferung von Edelmetallen,
2. die Lieferung von Finanzinstrumenten oder vergleichbaren Rechten, soweit nicht der Erwerb einer Beteiligung an einem Unternehmen zur Herstellung einer dauernden Verbindung beabsichtigt ist,
3. Geldleistungen,
   a) die in ausländischer Währung oder in einer Rechnungseinheit zu erbringen sind oder
   b) deren Höhe unmittelbar oder mittelbar durch den Kurs einer ausländischen Währung oder einer Rechnungseinheit, durch den Zinssatz von Forderungen oder durch den Preis anderer Güter oder Leistungen bestimmt wird,
4. von Nummer 2 nicht ausgeschlossene Lieferungen und Geldleistungen aus derivativen Finanzinstrumenten,
5. Optionen und andere Rechte auf Lieferungen nach Satz 1 oder auf Lieferungen, Geldleistungen, Optionen und Rechte im Sinne der Nummern 1 bis 5,
6. Finanzsicherheiten im Sinne des § 1 Absatz 17 des Kreditwesengesetzes.

⁴Finanzinstrumente im Sinne von Satz 3 Nummer 2 und 4 sind die in Anhang I Abschnitt C der Richtlinie 2014/65/EU des Europäischen Parlaments und des Rates vom 15. Mai 2014 über Märkte für Finanzinstrumente sowie zur Änderung der Richtlinien 2002/92/EG und 2011/61/EU (ABl L 173 vom 12.6.2014, S. 349; L 74 vom 18.3.2015, S. 38; L 188 vom 13.7.2016, S. 28; L 273 vom 8.10.2016, S. 35), die zuletzt durch die Richtlinie (EU) 2016/1034 (ABl L 175 vom 30.6.2016, S. 8) geändert worden ist, genannten Instrumente.

(2) ¹Die Forderung wegen Nichterfüllung bestimmt sich nach dem Markt- oder Börsenwert des Geschäfts. ²Als Markt- oder Börsenwert gilt

1. der Markt- oder Börsenpreis für ein Ersatzgeschäft, das unverzüglich, spätestens jedoch am fünften Werktag nach der Eröffnung des Verfahrens abgeschlossen wird, oder
2. falls kein Ersatzgeschäft nach Nummer 1 abgeschlossen wird, der Markt- oder Börsenpreis für ein Ersatzgeschäft, das am zweiten Werktag nach der Verfahrenseröffnung hätte abgeschlossen werden können.

---

1) **Anm. d. Red.:** § 104 i. d. F. des Gesetzes v. 22.12.2016 (BGBl I S. 3147) mit Wirkung v. 29.12.2016.

³Sofern das Marktgeschehen den Abschluss eines Ersatzgeschäfts nach Satz 2 Nummer 1 oder 2 nicht zulässt, ist der Markt- und Börsenwert nach Methoden und Verfahren zu bestimmen, die Gewähr für eine angemessene Bewertung des Geschäfts bieten.

(3) ¹Werden Geschäfte nach Absatz 1 durch einen Rahmenvertrag oder das Regelwerk einer zentralen Gegenpartei im Sinne von § 1 Absatz 31 des Kreditwesengesetzes zu einem einheitlichen Vertrag zusammengefasst, der vorsieht, dass die einbezogenen Geschäfte bei Vorliegen bestimmter Gründe nur einheitlich beendet werden können, gilt die Gesamtheit der einbezogenen Geschäfte als ein Geschäft im Sinne des Absatzes 1. ²Dies gilt auch dann, wenn zugleich andere Geschäfte einbezogen werden; für letztere gelten die allgemeinen Bestimmungen.

(4) ¹Die Vertragsparteien können abweichende Bestimmungen treffen, sofern diese mit den wesentlichen Grundgedanken der jeweiligen gesetzlichen Regelung vereinbar sind, von der abgewichen wird. ²Sie können insbesondere vereinbaren,
1. dass die Wirkungen nach Absatz 1 auch vor der Verfahrenseröffnung eintreten, insbesondere bei Stellung des Antrags einer Vertragspartei auf Eröffnung eines Insolvenzverfahrens über das eigene Vermögen oder bei Vorliegen eines Eröffnungsgrundes (vertragliche Beendigung),
2. dass einer vertraglichen Beendigung auch solche Geschäfte nach Absatz 1 unterliegen, bei denen die Ansprüche auf die Lieferung der Ware oder die Erbringung der Finanzleistung vor der Verfahrenseröffnung, aber nach dem für die vertragliche Beendigung vorgesehenen Zeitpunkt fällig werden,
3. dass zwecks Bestimmung des Markt- oder Börsenwerts des Geschäfts
   a) der Zeitpunkt der vertraglichen Beendigung an die Stelle der Verfahrenseröffnung tritt,
   b) die Vornahme des Ersatzgeschäfts nach Absatz 2 Satz 2 Nummer 1 bis zum Ablauf des 20. Werktags nach der vertraglichen Beendigung erfolgen kann, soweit dies für eine wertschonende Abwicklung erforderlich ist,
   c) anstelle des in Absatz 2 Satz 2 Nummer 2 genannten Zeitpunkts ein Zeitpunkt oder Zeitraum zwischen der vertraglichen Beendigung und dem Ablauf des fünften darauf folgenden Werktags maßgeblich ist.

(5) Der andere Teil kann die Forderung wegen Nichterfüllung nur als Insolvenzgläubiger geltend machen.

§ 105 Teilbare Leistungen

¹Sind die geschuldeten Leistungen teilbar und hat der andere Teil die ihm obliegende Leistung zur Zeit der Eröffnung des Insolvenzverfahrens bereits teilweise erbracht, so ist er mit dem der Teilleistung entsprechenden Betrag seines Anspruchs auf die Gegenleistung Insolvenzgläubiger, auch wenn der Insolvenzverwalter wegen der noch ausstehenden Leistung Erfüllung verlangt. ²Der andere Teil ist nicht berechtigt, wegen der Nichterfüllung seines Anspruchs auf die Gegenleistung die Rückgabe einer vor der Eröffnung des Verfahrens in das Vermögen des Schuldners übergegangenen Teilleistung aus der Insolvenzmasse zu verlangen.

§ 106 Vormerkung

(1) ¹Ist zur Sicherung eines Anspruchs auf Einräumung oder Aufhebung eines Rechts an einem Grundstück des Schuldners oder an einem für den Schuldner eingetragenen Recht oder zur Sicherung eines Anspruchs auf Änderung des Inhalts oder des Ranges eines solchen Rechts eine Vormerkung im Grundbuch eingetragen, so kann der Gläubiger für seinen Anspruch Befriedigung aus der Insolvenzmasse verlangen. ²Dies gilt auch, wenn der Schuldner dem Gläubiger gegenüber weitere Verpflichtungen übernommen hat und diese nicht oder nicht vollständig erfüllt sind.

(2) Für eine Vormerkung, die im Schiffsregister, Schiffsbauregister oder Register für Pfandrechte an Luftfahrzeugen eingetragen ist, gilt Absatz 1 entsprechend.

§ 107 Eigentumsvorbehalt

(1) ¹Hat vor der Eröffnung des Insolvenzverfahrens der Schuldner eine bewegliche Sache unter Eigentumsvorbehalt verkauft und dem Käufer den Besitz an der Sache übertragen, so kann der Käufer die Erfüllung des Kaufvertrages verlangen. ²Dies gilt auch, wenn der Schuldner dem Käufer gegenüber weitere Verpflichtungen übernommen hat und diese nicht oder nicht vollständig erfüllt sind.

(2) ¹Hat vor der Eröffnung des Insolvenzverfahrens der Schuldner eine bewegliche Sache unter Eigentumsvorbehalt gekauft und vom Verkäufer den Besitz an der Sache erlangt, so braucht der Insolvenzverwalter, den der Verkäufer zur Ausübung des Wahlrechts aufgefordert hat, die Erklärung nach § 103 Abs. 2 Satz 2 erst unverzüglich nach dem Berichtstermin abzugeben. ²Dies gilt nicht, wenn in der Zeit bis zum Berichtstermin eine erhebliche Verminderung des Wertes der Sache zu erwarten ist und der Gläubiger den Verwalter auf diesen Umstand hingewiesen hat.

§ 108 Fortbestehen bestimmter Schuldverhältnisse[1]

(1) ¹Miet- und Pachtverhältnisse des Schuldners über unbewegliche Gegenstände oder Räume sowie Dienstverhältnisse des Schuldners bestehen mit Wirkung für die Insolvenzmasse fort. ²Dies gilt auch für Miet- und Pachtverhältnisse, die der Schuldner als Vermieter oder Verpächter eingegangen war und die sonstige Gegenstände betreffen, die einem Dritten, der ihre Anschaffung oder Herstellung finanziert hat, zur Sicherheit übertragen wurden.

(2) Ein vom Schuldner als Darlehensgeber eingegangenes Darlehensverhältnis besteht mit Wirkung für die Masse fort, soweit dem Darlehensnehmer der geschuldete Gegenstand zur Verfügung gestellt wurde.

(3) Ansprüche für die Zeit vor der Eröffnung des Insolvenzverfahrens kann der andere Teil nur als Insolvenzgläubiger geltend machen.

§ 109 Schuldner als Mieter oder Pächter[2]

(1) ¹Ein Miet- oder Pachtverhältnis über einen unbeweglichen Gegenstand oder über Räume, das der Schuldner als Mieter oder Pächter eingegangen war, kann der Insolvenzverwalter ohne Rücksicht auf die vereinbarte Vertragsdauer oder einen vereinbarten Ausschluss des Rechts zur ordentlichen Kündigung kündigen; die Kündigungsfrist beträgt drei Monate zum Monatsende, wenn nicht eine kürzere Frist maßgeblich ist. ²Ist Gegenstand des Mietverhältnisses die Wohnung des Schuldners, so tritt an die Stelle der Kündigung das Recht des Insolvenzverwalters zu erklären, dass Ansprüche, die nach Ablauf der in Satz 1 genannten Frist fällig werden, nicht im Insolvenzverfahren geltend gemacht werden können. ³Kündigt der Verwalter nach Satz 1 oder gibt er die Erklärung nach Satz 2 ab, so kann der andere Teil wegen der vorzeitigen Beendigung des Vertragsverhältnisses oder wegen der Folgen der Erklärung als Insolvenzgläubiger Schadenersatz verlangen.

(2) ¹Waren dem Schuldner der unbewegliche Gegenstand oder die Räume zur Zeit der Eröffnung des Verfahrens noch nicht überlassen, so kann sowohl der Verwalter als auch der andere Teil vom Vertrag zurücktreten. ²Tritt der Verwalter zurück, so kann der andere Teil wegen der vorzeitigen Beendigung des Vertragsverhältnisses als Insolvenzgläubiger Schadenersatz verlangen. ³Jeder Teil hat dem anderen auf dessen Verlangen binnen zwei Wochen zu erklären, ob er vom Vertrag zurücktreten will; unterlässt er dies, so verliert er das Rücktrittsrecht.

§ 110 Schuldner als Vermieter oder Verpächter[3]

(1) ¹Hatte der Schuldner als Vermieter oder Verpächter eines unbeweglichen Gegenstands oder von Räumen vor der Eröffnung des Insolvenzverfahrens über die Miet- oder Pachtforderung

---

1) **Anm. d. Red.:** § 108 i. d. F. des Gesetzes v. 13. 4. 2007 (BGBl I S. 509) mit Wirkung v. 1. 7. 2007.
2) **Anm. d. Red.:** § 109 i. d. F. des Gesetzes v. 13. 4. 2007 (BGBl I S. 509) mit Wirkung v. 1. 7. 2007.
3) **Anm. d. Red.:** § 110 i. d. F. des Gesetzes v. 19. 6. 2001 (BGBl I S. 1149) mit Wirkung v. 1. 9. 2001.

für die spätere Zeit verfügt, so ist diese Verfügung nur wirksam, soweit sie sich auf die Miete oder Pacht für den zur Zeit der Eröffnung des Verfahrens laufenden Kalendermonat bezieht. ²Ist die Eröffnung nach dem fünfzehnten Tag des Monats erfolgt, so ist die Verfügung auch für den folgenden Kalendermonat wirksam.

(2) ¹Eine Verfügung im Sinne des Absatzes 1 ist insbesondere die Einziehung der Miete oder Pacht. ²Einer rechtsgeschäftlichen Verfügung steht eine Verfügung gleich, die im Wege der Zwangsvollstreckung erfolgt.

(3) ¹Der Mieter oder der Pächter kann gegen die Miet- oder Pachtforderung für den in Absatz 1 bezeichneten Zeitraum eine Forderung aufrechnen, die ihm gegen den Schuldner zusteht. ²Die §§ 95 und 96 Nr. 2 bis 4 bleiben unberührt.

§ 111 Veräußerung des Miet- oder Pachtobjekts[1]

¹Veräußert der Insolvenzverwalter einen unbeweglichen Gegenstand oder Räume, die der Schuldner vermietet oder verpachtet hatte, und tritt der Erwerber anstelle des Schuldners in das Miet- oder Pachtverhältnis ein, so kann der Erwerber das Miet- oder Pachtverhältnis unter Einhaltung der gesetzlichen Frist kündigen. ²Die Kündigung kann nur für den ersten Termin erfolgen, für den sie zulässig ist.

§ 112 Kündigungssperre[2]

Ein Miet- oder Pachtverhältnis, das der Schuldner als Mieter oder Pächter eingegangen war, kann der andere Teil nach dem Antrag auf Eröffnung des Insolvenzverfahrens nicht kündigen:
1. wegen eines Verzugs mit der Entrichtung der Miete oder Pacht, der in der Zeit vor dem Eröffnungsantrag eingetreten ist;
2. wegen einer Verschlechterung der Vermögensverhältnisse des Schuldners.

§ 113 Kündigung eines Dienstverhältnisses[3]

¹Ein Dienstverhältnis, bei dem der Schuldner der Dienstberechtigte ist, kann vom Insolvenzverwalter und vom anderen Teil ohne Rücksicht auf eine vereinbarte Vertragsdauer oder einen vereinbarten Ausschluss des Rechts zur ordentlichen Kündigung gekündigt werden. ²Die Kündigungsfrist beträgt drei Monate zum Monatsende, wenn nicht eine kürzere Frist maßgeblich ist. ³Kündigt der Verwalter, so kann der andere Teil wegen der vorzeitigen Beendigung des Dienstverhältnisses als Insolvenzgläubiger Schadenersatz verlangen.

§ 114 (weggefallen)[4]

§ 115 Erlöschen von Aufträgen

(1) Ein vom Schuldner erteilter Auftrag, der sich auf das zur Insolvenzmasse gehörende Vermögen bezieht, erlischt durch die Eröffnung des Insolvenzverfahrens.

(2) ¹Der Beauftragte hat, wenn mit dem Aufschub Gefahr verbunden ist, die Besorgung des übertragenen Geschäfts fortzusetzen, bis der Insolvenzverwalter anderweitig Fürsorge treffen kann. ²Der Auftrag gilt insoweit als fortbestehend. ³Mit seinen Ersatzansprüchen aus dieser Fortsetzung ist der Beauftragte Massegläubiger.

(3) ¹Solange der Beauftragte die Eröffnung des Verfahrens ohne Verschulden nicht kennt, gilt der Auftrag zu seinen Gunsten als fortbestehend. ²Mit den Ersatzansprüchen aus dieser Fortsetzung ist der Beauftragte Insolvenzgläubiger.

---

1) **Anm. d. Red.:** § 111 i. d. F. des Gesetzes v. 22. 12. 2006 (BGBl I S. 3416) mit Wirkung v. 31. 12. 2006.
2) **Anm. d. Red.:** § 112 i. d. F. des Gesetzes v. 19. 6. 2001 (BGBl I S. 1149) mit Wirkung v. 1. 9. 2001.
3) **Anm. d. Red.:** § 113 i. d. F. des Gesetzes v. 24. 12. 2003 (BGBl I S. 3002) mit Wirkung v. 1. 1. 2004.
4) **Anm. d. Red.:** § 114 weggefallen gem. Gesetz v. 15. 7. 2013 (BGBl I S. 2379) mit Wirkung v. 1. 7. 2014.

§ 116 Erlöschen von Geschäftsbesorgungsverträgen[1)]

¹Hat sich jemand durch einen Dienst- oder Werkvertrag mit dem Schuldner verpflichtet, ein Geschäft für diesen zu besorgen, so gilt § 115 entsprechend. ²Dabei gelten die Vorschriften für die Ersatzansprüche aus der Fortsetzung der Geschäftsbesorgung auch für die Vergütungsansprüche. ³Satz 1 findet keine Anwendung auf Zahlungsaufträge sowie auf Aufträge zwischen Zahlungsdienstleistern oder zwischengeschalteten Stellen und Aufträge zur Übertragung von Wertpapieren; diese bestehen mit Wirkung für die Masse fort.

§ 117 Erlöschen von Vollmachten

(1) Eine vom Schuldner erteilte Vollmacht, die sich auf das zur Insolvenzmasse gehörende Vermögen bezieht, erlischt durch die Eröffnung des Insolvenzverfahrens.

(2) Soweit ein Auftrag oder ein Geschäftsbesorgungsvertrag nach § 115 Abs. 2 fortbesteht, gilt auch die Vollmacht als fortbestehend.

(3) Solange der Bevollmächtigte die Eröffnung des Verfahrens ohne Verschulden nicht kennt, haftet er nicht nach § 179 des Bürgerlichen Gesetzbuchs.

§ 118 Auflösung von Gesellschaften

¹Wird eine Gesellschaft ohne Rechtspersönlichkeit oder eine Kommanditgesellschaft auf Aktien durch die Eröffnung des Insolvenzverfahrens über das Vermögen eines Gesellschafters aufgelöst, so ist der geschäftsführende Gesellschafter mit den Ansprüchen, die ihm aus der einstweiligen Fortführung eilbedürftiger Geschäfte zustehen, Massegläubiger. ²Mit den Ansprüchen aus der Fortführung der Geschäfte während der Zeit, in der er die Eröffnung des Insolvenzverfahrens ohne sein Verschulden nicht kannte, ist er Insolvenzgläubiger; § 84 Abs. 1 bleibt unberührt.

§ 119 Unwirksamkeit abweichender Vereinbarungen

Vereinbarungen, durch die im voraus die Anwendung der §§ 103 bis 118 ausgeschlossen oder beschränkt wird, sind unwirksam.

§ 120 Kündigung von Betriebsvereinbarungen

(1) ¹Sind in Betriebsvereinbarungen Leistungen vorgesehen, welche die Insolvenzmasse belasten, so sollen Insolvenzverwalter und Betriebsrat über eine einvernehmliche Herabsetzung der Leistungen beraten. ²Diese Betriebsvereinbarungen können auch dann mit einer Frist von drei Monaten gekündigt werden, wenn eine längere Frist vereinbart ist.

(2) Unberührt bleibt das Recht, eine Betriebsvereinbarung aus wichtigem Grund ohne Einhaltung einer Kündigungsfrist zu kündigen.

§ 121 Betriebsänderungen und Vermittlungsverfahren[2)]

Im Insolvenzverfahren über das Vermögen des Unternehmers gilt § 112 Abs. 2 Satz 1 des Betriebsverfassungsgesetzes mit der Maßgabe, dass dem Verfahren vor der Einigungsstelle nur dann ein Vermittlungsversuch vorangeht, wenn der Insolvenzverwalter und der Betriebsrat gemeinsam um eine solche Vermittlung ersuchen.

§ 122 Gerichtliche Zustimmung zur Durchführung einer Betriebsänderung

(1) ¹Ist eine Betriebsänderung geplant und kommt zwischen Insolvenzverwalter und Betriebsrat der Interessenausgleich nach § 112 des Betriebsverfassungsgesetzes nicht innerhalb von drei Wochen nach Verhandlungsbeginn oder schriftlicher Aufforderung zur Aufnahme von Ver-

---

1) **Anm. d. Red.:** § 116 i. d. F. des Gesetzes v. 29. 7. 2009 (BGBl I S. 2355) mit Wirkung v. 31. 10. 2009.
2) **Anm. d. Red.:** § 121 i. d. F. des Gesetzes v. 23. 12. 2003 (BGBl I S. 2848) mit Wirkung v. 1. 1. 2004.

handlungen zustande, obwohl der Verwalter den Betriebsrat rechtzeitig und umfassend unterrichtet hat, so kann der Verwalter die Zustimmung des Arbeitsgerichts dazu beantragen, dass die Betriebsänderung durchgeführt wird, ohne dass das Verfahren nach § 112 Abs. 2 des Betriebsverfassungsgesetzes vorangegangen ist. ²§ 113 Abs. 3 des Betriebsverfassungsgesetzes ist insoweit nicht anzuwenden. ³Unberührt bleibt das Recht des Verwalters, einen Interessenausgleich nach § 125 zustande zu bringen oder einen Feststellungsantrag nach § 126 zu stellen.

(2) ¹Das Gericht erteilt die Zustimmung, wenn die wirtschaftliche Lage des Unternehmens auch unter Berücksichtigung der sozialen Belange der Arbeitnehmer erfordert, dass die Betriebsänderung ohne vorheriges Verfahren nach § 112 Abs. 2 des Betriebsverfassungsgesetzes durchgeführt wird. ²Die Vorschriften des Arbeitsgerichtsgesetzes über das Beschlussverfahren gelten entsprechend; Beteiligte sind der Insolvenzverwalter und der Betriebsrat. ³Der Antrag ist nach Maßgabe des § 61a Abs. 3 bis 6 des Arbeitsgerichtsgesetzes vorrangig zu erledigen.

(3) ¹Gegen den Beschluss des Gerichts findet die Beschwerde an das Landesarbeitsgericht nicht statt. ²Die Rechtsbeschwerde an das Bundesarbeitsgericht findet statt, wenn sie in dem Beschluss des Arbeitsgerichts zugelassen wird; § 72 Abs. 2 und 3 des Arbeitsgerichtsgesetzes gilt entsprechend. ³Die Rechtsbeschwerde ist innerhalb eines Monats nach Zustellung der in vollständiger Form abgefassten Entscheidung des Arbeitsgerichts beim Bundesarbeitsgericht einzulegen und zu begründen.

§ 123 Umfang des Sozialplans

(1) In einem Sozialplan, der nach der Eröffnung des Insolvenzverfahrens aufgestellt wird, kann für den Ausgleich oder die Milderung der wirtschaftlichen Nachteile, die den Arbeitnehmern infolge der geplanten Betriebsänderung entstehen, ein Gesamtbetrag von bis zu zweieinhalb Monatsverdiensten (§ 10 Abs. 3 des Kündigungsschutzgesetzes) der von einer Entlassung betroffenen Arbeitnehmer vorgesehen werden.

(2) ¹Die Verbindlichkeiten aus einem solchen Sozialplan sind Masseverbindlichkeiten. ²Jedoch darf, wenn nicht ein Insolvenzplan zustande kommt, für die Berichtigung von Sozialplanforderungen nicht mehr als ein Drittel der Masse verwendet werden, die ohne einen Sozialplan für die Verteilung an die Insolvenzgläubiger zur Verfügung stünde. ³Übersteigt der Gesamtbetrag aller Sozialplanforderungen diese Grenze, so sind die einzelnen Forderungen anteilig zu kürzen.

(3) ¹Sooft hinreichende Barmittel in der Masse vorhanden sind, soll der Insolvenzverwalter mit Zustimmung des Insolvenzgerichts Abschlagszahlungen auf die Sozialplanforderungen leisten. ²Eine Zwangsvollstreckung in die Masse wegen einer Sozialplanforderung ist unzulässig.

§ 124 Sozialplan vor Verfahrenseröffnung

(1) Ein Sozialplan, der vor der Eröffnung des Insolvenzverfahrens, jedoch nicht früher als drei Monate vor dem Eröffnungsantrag aufgestellt worden ist, kann sowohl vom Insolvenzverwalter als auch vom Betriebsrat widerrufen werden.

(2) Wird der Sozialplan widerrufen, so können die Arbeitnehmer, denen Forderungen aus dem Sozialplan zustanden, bei der Aufstellung eines Sozialplans im Insolvenzverfahren berücksichtigt werden.

(3) ¹Leistungen, die ein Arbeitnehmer vor der Eröffnung des Verfahrens auf seine Forderung aus dem widerrufenen Sozialplan erhalten hat, können nicht wegen des Widerrufs zurückgefordert werden. ²Bei der Aufstellung eines neuen Sozialplans sind derartige Leistungen an einen von einer Entlassung betroffenen Arbeitnehmer bei der Berechnung des Gesamtbetrags der Sozialplanforderungen nach § 123 Abs. 1 bis zur Höhe von zweieinhalb Monatsverdiensten abzusetzen.

§ 125 Interessenausgleich und Kündigungsschutz

(1) ¹Ist eine Betriebsänderung (§ 111 des Betriebsverfassungsgesetzes) geplant und kommt zwischen Insolvenzverwalter und Betriebsrat ein Interessenausgleich zustande, in dem die Ar-

beitnehmer, denen gekündigt werden soll, namentlich bezeichnet sind, so ist § 1 des Kündigungsschutzgesetzes mit folgenden Maßgaben anzuwenden:
1. es wird vermutet, dass die Kündigung der Arbeitsverhältnisse der bezeichneten Arbeitnehmer durch dringende betriebliche Erfordernisse, die einer Weiterbeschäftigung in diesem Betrieb oder einer Weiterbeschäftigung zu unveränderten Arbeitsbedingungen entgegenstehen, bedingt ist;
2. die soziale Auswahl der Arbeitnehmer kann nur im Hinblick auf die Dauer der Betriebszugehörigkeit, das Lebensalter und die Unterhaltspflichten und auch insoweit nur auf grobe Fehlerhaftigkeit nachgeprüft werden; sie ist nicht als grob fehlerhaft anzusehen, wenn eine ausgewogene Personalstruktur erhalten oder geschaffen wird.

²Satz 1 gilt nicht, soweit sich die Sachlage nach Zustandekommen des Interessenausgleichs wesentlich geändert hat.

(2) Der Interessenausgleich nach Absatz 1 ersetzt die Stellungnahme des Betriebsrats nach § 17 Abs. 3 Satz 2 des Kündigungsschutzgesetzes.

§ 126 Beschlussverfahren zum Kündigungsschutz

(1) ¹Hat der Betrieb keinen Betriebsrat oder kommt aus anderen Gründen innerhalb von drei Wochen nach Verhandlungsbeginn oder schriftlicher Aufforderung zur Aufnahme von Verhandlungen ein Interessenausgleich nach § 125 Abs. 1 nicht zustande, obwohl der Verwalter den Betriebsrat rechtzeitig und umfassend unterrichtet hat, so kann der Insolvenzverwalter beim Arbeitsgericht beantragen festzustellen, dass die Kündigung der Arbeitsverhältnisse bestimmter, im Antrag bezeichneter Arbeitnehmer durch dringende betriebliche Erfordernisse bedingt und sozial gerechtfertigt ist. ²Die soziale Auswahl der Arbeitnehmer kann nur im Hinblick auf die Dauer der Betriebszugehörigkeit, das Lebensalter und die Unterhaltspflichten nachgeprüft werden.

(2) ¹Die Vorschriften des Arbeitsgerichtsgesetzes über das Beschlussverfahren gelten entsprechend; Beteiligte sind der Insolvenzverwalter, der Betriebsrat und die bezeichneten Arbeitnehmer, soweit sie nicht mit der Beendigung der Arbeitsverhältnisse oder mit den geänderten Arbeitsbedingungen einverstanden sind. ²§ 122 Abs. 2 Satz 3, Abs. 3 gilt entsprechend.

(3) ¹Für die Kosten, die den Beteiligten im Verfahren des ersten Rechtszugs entstehen, gilt § 12a Abs. 1 Satz 1 und 2 des Arbeitsgerichtsgesetzes entsprechend. ²Im Verfahren vor dem Bundesarbeitsgericht gelten die Vorschriften der Zivilprozessordnung über die Erstattung der Kosten des Rechtsstreits entsprechend.

§ 127 Klage des Arbeitnehmers

(1) ¹Kündigt der Insolvenzverwalter einem Arbeitnehmer, der in dem Antrag nach § 126 Abs. 1 bezeichnet ist, und erhebt der Arbeitnehmer Klage auf Feststellung, dass das Arbeitsverhältnis durch die Kündigung nicht aufgelöst oder die Änderung der Arbeitsbedingungen sozial ungerechtfertigt ist, so ist die rechtskräftige Entscheidung im Verfahren nach § 126 für die Parteien bindend. ²Dies gilt nicht, soweit sich die Sachlage nach dem Schluss der letzten mündlichen Verhandlung wesentlich geändert hat.

(2) Hat der Arbeitnehmer schon vor der Rechtskraft der Entscheidung im Verfahren nach § 126 Klage erhoben, so ist die Verhandlung über die Klage auf Antrag des Verwalters bis zu diesem Zeitpunkt auszusetzen.

§ 128 Betriebsveräußerung

(1) ¹Die Anwendung der §§ 125 bis 127 wird nicht dadurch ausgeschlossen, dass die Betriebsänderung, die dem Interessenausgleich oder dem Feststellungsantrag zugrunde liegt, erst nach einer Betriebsveräußerung durchgeführt werden soll. ²An dem Verfahren nach § 126 ist der Erwerber des Betriebs beteiligt.

(2) Im Falle eines Betriebsübergangs erstreckt sich die Vermutung nach § 125 Abs. 1 Satz 1 Nr. 1 oder die gerichtliche Feststellung nach § 126 Abs. 1 Satz 1 auch darauf, dass die Kündigung der Arbeitsverhältnisse nicht wegen des Betriebsübergangs erfolgt.

Dritter Abschnitt: Insolvenzanfechtung

§ 129 Grundsatz

(1) Rechtshandlungen, die vor der Eröffnung des Insolvenzverfahrens vorgenommen worden sind und die Insolvenzgläubiger benachteiligen, kann der Insolvenzverwalter nach Maßgabe der §§ 130 bis 146 anfechten.

(2) Eine Unterlassung steht einer Rechtshandlung gleich.

§ 130 Kongruente Deckung[1]

(1) ¹Anfechtbar ist eine Rechtshandlung, die einem Insolvenzgläubiger eine Sicherung oder Befriedigung gewährt oder ermöglicht hat,

1. wenn sie in den letzten drei Monaten vor dem Antrag auf Eröffnung des Insolvenzverfahrens vorgenommen worden ist, wenn zur Zeit der Handlung der Schuldner zahlungsunfähig war und wenn der Gläubiger zu dieser Zeit die Zahlungsunfähigkeit kannte oder
2. wenn sie nach dem Eröffnungsantrag vorgenommen worden ist und wenn der Gläubiger zur Zeit der Handlung die Zahlungsunfähigkeit oder den Eröffnungsantrag kannte.

²Dies gilt nicht, soweit die Rechtshandlung auf einer Sicherungsvereinbarung beruht, die die Verpflichtung enthält, eine Finanzsicherheit, eine andere oder eine zusätzliche Finanzsicherheit im Sinne des § 1 Abs. 17 des Kreditwesengesetzes zu bestellen, um das in der Sicherungsvereinbarung festgelegte Verhältnis zwischen dem Wert der gesicherten Verbindlichkeiten und dem Wert der geleisteten Sicherheiten wiederherzustellen (Margensicherheit).

(2) Der Kenntnis der Zahlungsunfähigkeit oder des Eröffnungsantrags steht die Kenntnis von Umständen gleich, die zwingend auf die Zahlungsunfähigkeit oder den Eröffnungsantrag schließen lassen.

(3) Gegenüber einer Person, die dem Schuldner zur Zeit der Handlung nahe stand (§ 138), wird vermutet, dass sie die Zahlungsunfähigkeit oder den Eröffnungsantrag kannte.

§ 131 Inkongruente Deckung

(1) Anfechtbar ist eine Rechtshandlung, die einem Insolvenzgläubiger eine Sicherung oder Befriedigung gewährt oder ermöglicht hat, die er nicht oder nicht in der Art oder nicht zu der Zeit zu beanspruchen hatte,

1. wenn die Handlung im letzten Monat vor dem Antrag auf Eröffnung des Insolvenzverfahrens oder nach diesem Antrag vorgenommen worden ist,
2. wenn die Handlung innerhalb des zweiten oder dritten Monats vor dem Eröffnungsantrag vorgenommen worden ist und der Schuldner zur Zeit der Handlung zahlungsunfähig war oder
3. wenn die Handlung innerhalb des zweiten oder dritten Monats vor dem Eröffnungsantrag vorgenommen worden ist und dem Gläubiger zur Zeit der Handlung bekannt war, dass sie die Insolvenzgläubiger benachteiligte.

(2) ¹Für die Anwendung des Absatzes 1 Nr. 3 steht der Kenntnis der Benachteiligung der Insolvenzgläubiger die Kenntnis von Umständen gleich, die zwingend auf die Benachteiligung schließen lassen. ²Gegenüber einer Person, die dem Schuldner zur Zeit der Handlung nahe stand (§ 138), wird vermutet, dass sie die Benachteiligung der Insolvenzgläubiger kannte.

---

1) **Anm. d. Red.:** § 130 i. d. F. des Gesetzes v. 5. 4. 2004 (BGBl I S. 502) mit Wirkung v. 9. 4. 2004.

§ 132 Unmittelbar nachteilige Rechtshandlungen

(1) Anfechtbar ist ein Rechtsgeschäft des Schuldners, das die Insolvenzgläubiger unmittelbar benachteiligt,
1. wenn es in den letzten drei Monaten vor dem Antrag auf Eröffnung des Insolvenzverfahrens vorgenommen worden ist, wenn zur Zeit des Rechtsgeschäfts der Schuldner zahlungsunfähig war und wenn der andere Teil zu dieser Zeit die Zahlungsunfähigkeit kannte oder
2. wenn es nach dem Eröffnungsantrag vorgenommen worden ist und wenn der andere Teil zur Zeit des Rechtsgeschäfts die Zahlungsunfähigkeit oder den Eröffnungsantrag kannte.

(2) Einem Rechtsgeschäft, das die Insolvenzgläubiger unmittelbar benachteiligt, steht eine andere Rechtshandlung des Schuldners gleich, durch die der Schuldner ein Recht verliert oder nicht mehr geltend machen kann oder durch die ein vermögensrechtlicher Anspruch gegen ihn erhalten oder durchsetzbar wird.

(3) § 130 Abs. 2 und 3 gilt entsprechend.

§ 133 Vorsätzliche Benachteiligung[1)]

(1) ¹Anfechtbar ist eine Rechtshandlung, die der Schuldner in den letzten zehn Jahren vor dem Antrag auf Eröffnung des Insolvenzverfahrens oder nach diesem Antrag mit dem Vorsatz, seine Gläubiger zu benachteiligen, vorgenommen hat, wenn der andere Teil zur Zeit der Handlung den Vorsatz des Schuldners kannte. ²Diese Kenntnis wird vermutet, wenn der andere Teil wusste, dass die Zahlungsunfähigkeit des Schuldners drohte und dass die Handlung die Gläubiger benachteiligte.

(2) Hat die Rechtshandlung dem anderen Teil eine Sicherung oder Befriedigung gewährt oder ermöglicht, beträgt der Zeitraum nach Absatz 1 Satz 1 vier Jahre.

(3) ¹Hat die Rechtshandlung dem anderen Teil eine Sicherung oder Befriedigung gewährt oder ermöglicht, welche dieser in der Art und zu der Zeit beanspruchen konnte, tritt an die Stelle der drohenden Zahlungsunfähigkeit des Schuldners nach Absatz 1 Satz 2 die eingetretene. ²Hatte der andere Teil mit dem Schuldner eine Zahlungsvereinbarung getroffen oder diesem in sonstiger Weise eine Zahlungserleichterung gewährt, wird vermutet, dass er zur Zeit der Handlung die Zahlungsunfähigkeit des Schuldners nicht kannte.

(4) ¹Anfechtbar ist ein vom Schuldner mit einer nahe stehenden Person (§ 138) geschlossener entgeltlicher Vertrag, durch den die Insolvenzgläubiger unmittelbar benachteiligt werden. ²Die Anfechtung ist ausgeschlossen, wenn der Vertrag früher als zwei Jahre vor dem Eröffnungsantrag geschlossen worden ist oder wenn dem anderen Teil zur Zeit des Vertragsschlusses ein Vorsatz des Schuldners, die Gläubiger zu benachteiligen, nicht bekannt war.

§ 134 Unentgeltliche Leistung

(1) Anfechtbar ist eine unentgeltliche Leistung des Schuldners, es sei denn, sie ist früher als vier Jahre vor dem Antrag auf Eröffnung des Insolvenzverfahrens vorgenommen worden.

(2) Richtet sich die Leistung auf ein gebräuchliches Gelegenheitsgeschenk geringen Werts, so ist sie nicht anfechtbar.

§ 135 Gesellschafterdarlehen[2)]

(1) Anfechtbar ist eine Rechtshandlung, die für die Forderung eines Gesellschafters auf Rückgewähr eines Darlehens im Sinne des § 39 Abs. 1 Nr. 5 oder für eine gleichgestellte Forderung
1. Sicherung gewährt hat, wenn die Handlung in den letzten zehn Jahren vor dem Antrag auf Eröffnung des Insolvenzverfahrens oder nach diesem Antrag vorgenommen worden ist, oder

---

1) **Anm. d. Red.:** § 133 i. d. F. des Gesetzes v. 29. 3. 2017 (BGBl I S. 654) mit Wirkung v. 5, 4. 2017.
2) **Anm. d. Red.:** § 135 i. d. F. des Gesetzes v. 23. 10. 2008 (BGBl I S. 2026) mit Wirkung v. 1. 11. 2008.

2. Befriedigung gewährt hat, wenn die Handlung im letzten Jahr vor dem Eröffnungsantrag oder nach diesem Antrag vorgenommen worden ist.

(2) Anfechtbar ist eine Rechtshandlung, mit der eine Gesellschaft einem Dritten für eine Forderung auf Rückgewähr eines Darlehens innerhalb der in Absatz 1 Nr. 2 genannten Fristen Befriedigung gewährt hat, wenn ein Gesellschafter für die Forderung eine Sicherheit bestellt hatte oder als Bürge haftete; dies gilt sinngemäß für Leistungen auf Forderungen, die einem Darlehen wirtschaftlich entsprechen.

(3) ¹Wurde dem Schuldner von einem Gesellschafter ein Gegenstand zum Gebrauch oder zur Ausübung überlassen, so kann der Aussonderungsanspruch während der Dauer des Insolvenzverfahrens, höchstens aber für eine Zeit von einem Jahr ab der Eröffnung des Insolvenzverfahrens nicht geltend gemacht werden, wenn der Gegenstand für die Fortführung des Unternehmens des Schuldners von erheblicher Bedeutung ist. ²Für den Gebrauch oder die Ausübung des Gegenstandes gebührt dem Gesellschafter ein Ausgleich; bei der Berechnung ist der Durchschnitt der im letzten Jahr vor Verfahrenseröffnung geleisteten Vergütung in Ansatz zu bringen, bei kürzerer Dauer der Überlassung ist der Durchschnitt während dieses Zeitraums maßgebend.

(4) § 39 Abs. 4 und 5 gilt entsprechend.

§ 136 Stille Gesellschaft

(1) ¹Anfechtbar ist eine Rechtshandlung, durch die einem stillen Gesellschafter die Einlage ganz oder teilweise zurückgewährt oder sein Anteil an dem entstandenen Verlust ganz oder teilweise erlassen wird, wenn die zugrunde liegende Vereinbarung im letzten Jahr vor dem Antrag auf Eröffnung des Insolvenzverfahrens über das Vermögen des Inhabers des Handelsgeschäfts oder nach diesem Antrag getroffen worden ist. ²Dies gilt auch dann, wenn im Zusammenhang mit der Vereinbarung die stille Gesellschaft aufgelöst worden ist.

(2) Die Anfechtung ist ausgeschlossen, wenn ein Eröffnungsgrund erst nach der Vereinbarung eingetreten ist.

§ 137 Wechsel- und Scheckzahlungen

(1) Wechselzahlungen des Schuldners können nicht aufgrund des § 130 vom Empfänger zurückgefordert werden, wenn nach Wechselrecht der Empfänger bei einer Verweigerung der Annahme der Zahlung den Wechselanspruch gegen andere Wechselverpflichtete verloren hätte.

(2) ¹Die gezahlte Wechselsumme ist jedoch vom letzten Rückgriffsverpflichteten oder, wenn dieser den Wechsel für Rechnung eines Dritten begeben hatte, von dem Dritten zu erstatten, wenn der letzte Rückgriffsverpflichtete oder der Dritte zu der Zeit, als er den Wechsel begab oder begeben ließ, die Zahlungsunfähigkeit des Schuldners oder den Eröffnungsantrag kannte. ²§ 130 Abs. 2 und 3 gilt entsprechend.

(3) Die Absätze 1 und 2 gelten entsprechend für Scheckzahlungen des Schuldners.

§ 138 Nahe stehende Personen[1]

(1) Ist der Schuldner eine natürliche Person, so sind nahe stehende Personen:
1. der Ehegatte des Schuldners, auch wenn die Ehe erst nach der Rechtshandlung geschlossen oder im letzten Jahr vor der Handlung aufgelöst worden ist;
1a. der Lebenspartner des Schuldners, auch wenn die Lebenspartnerschaft erst nach der Rechtshandlung eingegangen oder im letzten Jahr vor der Handlung aufgelöst worden ist;
2. Verwandte des Schuldners oder des in Nummer 1 bezeichneten Ehegatten oder des in Nummer 1a bezeichneten Lebenspartners in auf- und absteigender Linie und voll- und halbbürtige Geschwister des Schuldners oder des in Nummer 1 bezeichneten Ehegatten oder des in

---

[1] **Anm. d. Red.:** § 138 i. d. F. des Gesetzes v. 13. 4. 2007 (BGBl I S. 509) mit Wirkung v. 1. 7. 2007.

Nummer 1a bezeichneten Lebenspartners sowie die Ehegatten oder Lebenspartner dieser Personen;

3. Personen, die in häuslicher Gemeinschaft mit dem Schuldner leben oder im letzten Jahr vor der Handlung in häuslicher Gemeinschaft mit dem Schuldner gelebt haben sowie Personen, die sich auf Grund einer dienstvertraglichen Verbindung zum Schuldner über dessen wirtschaftliche Verhältnisse unterrichten können;

4. eine juristische Person oder eine Gesellschaft ohne Rechtspersönlichkeit, wenn der Schuldner oder eine der in den Nummern 1 bis 3 genannten Personen Mitglied des Vertretungs- oder Aufsichtsorgans, persönlich haftender Gesellschafter oder zu mehr als einem Viertel an deren Kapital beteiligt ist oder auf Grund einer vergleichbaren gesellschaftsrechtlichen oder dienstvertraglichen Verbindung die Möglichkeit hat, sich über die wirtschaftlichen Verhältnisse des Schuldners zu unterrichten.

(2) Ist der Schuldner eine juristische Person oder eine Gesellschaft ohne Rechtspersönlichkeit, so sind nahe stehende Personen:

1. die Mitglieder des Vertretungs- oder Aufsichtsorgans und persönlich haftende Gesellschafter des Schuldners sowie Personen, die zu mehr als einem Viertel am Kapital des Schuldners beteiligt sind;

2. eine Person oder eine Gesellschaft, die aufgrund einer vergleichbaren gesellschaftsrechtlichen oder dienstvertraglichen Verbindung zum Schuldner die Möglichkeit haben, sich über dessen wirtschaftliche Verhältnisse zu unterrichten;

3. eine Person, die zu einer der in Nummer 1 oder 2 bezeichneten Personen in einer in Absatz 1 bezeichneten persönlichen Verbindung steht; dies gilt nicht, soweit die in Nummer 1 oder 2 bezeichneten Personen kraft Gesetzes in den Angelegenheiten des Schuldners zur Verschwiegenheit verpflichtet sind.

§ 139 Berechnung der Fristen vor dem Eröffnungsantrag

(1) ¹Die in den §§ 88, 130 bis 136 bestimmten Fristen beginnen mit dem Anfang des Tages, der durch seine Zahl dem Tag entspricht, an dem der Antrag auf Eröffnung des Insolvenzverfahrens beim Insolvenzgericht eingegangen ist. ²Fehlt ein solcher Tag, so beginnt die Frist mit dem Anfang des folgenden Tages.

(2) ¹Sind mehrere Eröffnungsanträge gestellt worden, so ist der erste zulässige und begründete Antrag maßgeblich, auch wenn das Verfahren aufgrund eines späteren Antrags eröffnet worden ist. ²Ein rechtskräftig abgewiesener Antrag wird nur berücksichtigt, wenn er mangels Masse abgewiesen worden ist.

§ 140 Zeitpunkt der Vornahme einer Rechtshandlung

(1) Eine Rechtshandlung gilt als in dem Zeitpunkt vorgenommen, in dem ihre rechtlichen Wirkungen eintreten.

(2) ¹Ist für das Wirksamwerden eines Rechtsgeschäfts eine Eintragung im Grundbuch, im Schiffsregister, im Schiffsbauregister oder im Register für Pfandrechte an Luftfahrzeugen erforderlich, so gilt das Rechtsgeschäft als vorgenommen, sobald die übrigen Voraussetzungen für das Wirksamwerden erfüllt sind, die Willenserklärung des Schuldners für ihn bindend geworden ist und der andere Teil den Antrag auf Eintragung der Rechtsänderung gestellt hat. ²Ist der Antrag auf Eintragung einer Vormerkung zur Sicherung des Anspruchs auf die Rechtsänderung gestellt worden, so gilt Satz 1 mit der Maßgabe, dass dieser Antrag an die Stelle des Antrags auf Eintragung der Rechtsänderung tritt.

(3) Bei einer bedingten oder befristeten Rechtshandlung bleibt der Eintritt der Bedingung oder des Termins außer Betracht.

§ 141 Vollstreckbarer Titel

Die Anfechtung wird nicht dadurch ausgeschlossen, dass für die Rechtshandlung ein vollstreckbarer Schuldtitel erlangt oder dass die Handlung durch Zwangsvollstreckung erwirkt worden ist.

§ 142 Bargeschäft[1]

(1) Eine Leistung des Schuldners, für die unmittelbar eine gleichwertige Gegenleistung in sein Vermögen gelangt, ist nur anfechtbar, wenn die Voraussetzungen des § 133 ¹Absatz 1 bis 3 gegeben sind und der andere Teil erkannt hat, dass der Schuldner unlauter handelte.

(2) ¹Der Austausch von Leistung und Gegenleistung ist unmittelbar, wenn er nach Art der ausgetauschten Leistungen und unter Berücksichtigung der Gepflogenheiten des Geschäftsverkehrs in einem engen zeitlichen Zusammenhang erfolgt. ²Gewährt der Schuldner seinem Arbeitnehmer Arbeitsentgelt, ist ein enger zeitlicher Zusammenhang gegeben, wenn der Zeitraum zwischen Arbeitsleistung und Gewährung des Arbeitsentgelts drei Monate nicht übersteigt. ³Der Gewährung des Arbeitsentgelts durch den Schuldner steht die Gewährung dieses Arbeitsentgelts durch einen Dritten nach § 267 des Bürgerlichen Gesetzbuchs gleich, wenn für den Arbeitnehmer nicht erkennbar war, dass ein Dritter die Leistung bewirkt hat.

§ 143 Rechtsfolgen[2]

(1) ¹Was durch die anfechtbare Handlung aus dem Vermögen des Schuldners veräußert, weggegeben oder aufgegeben ist, muss zur Insolvenzmasse zurückgewährt werden. ²Die Vorschriften über die Rechtsfolgen einer ungerechtfertigten Bereicherung, bei der dem Empfänger der Mangel des rechtlichen Grundes bekannt ist, gelten entsprechend. ³Eine Geldschuld ist nur zu verzinsen, wenn die Voraussetzungen des Schuldnerverzugs oder des § 291 des Bürgerlichen Gesetzbuchs vorliegen; ein darüber hinausgehender Anspruch auf Herausgabe von Nutzungen eines erlangten Geldbetrags ist ausgeschlossen.

(2) ¹Der Empfänger einer unentgeltlichen Leistung hat diese nur zurückzugewähren, soweit er durch sie bereichert ist. ²Dies gilt nicht, sobald er weiß oder den Umständen nach wissen muss, dass die unentgeltliche Leistung die Gläubiger benachteiligt.

(3) ¹Im Fall der Anfechtung nach § 135 Abs. 2 hat der Gesellschafter, der die Sicherheit bestellt hatte oder als Bürge haftete, die dem Dritten gewährte Leistung zur Insolvenzmasse zu erstatten. ²Die Verpflichtung besteht nur bis zur Höhe des Betrags, mit dem der Gesellschafter als Bürge haftete oder der dem Wert der von ihm bestellten Sicherheit im Zeitpunkt der Rückgewähr des Darlehens oder der Leistung auf die gleichgestellte Forderung entspricht. ³Der Gesellschafter wird von der Verpflichtung frei, wenn er die Gegenstände, die dem Gläubiger als Sicherheit gedient hatten, der Insolvenzmasse zur Verfügung stellt.

§ 144 Ansprüche des Anfechtungsgegners

(1) Gewährt der Empfänger einer anfechtbaren Leistung das Erlangte zurück, so lebt seine Forderung wieder auf.

(2) ¹Eine Gegenleistung ist aus der Insolvenzmasse zu erstatten, soweit sie in dieser noch unterscheidbar vorhanden ist oder soweit die Masse um ihren Wert bereichert ist. ²Darüber hinaus kann der Empfänger der anfechtbaren Leistung die Forderung auf Rückgewähr der Gegenleistung nur als Insolvenzgläubiger geltend machen.

§ 145 Anfechtung gegen Rechtsnachfolger

(1) Die Anfechtbarkeit kann gegen den Erben oder einen anderen Gesamtrechtsnachfolger des Anfechtungsgegners geltend gemacht werden.

---

1) **Anm. d. Red.:** § 142 i. d. F. des Gesetzes v. 29. 3. 2017 (BGBl I S. 654) mit Wirkung v. 5. 4. 2017.
2) **Anm. d. Red.:** § 143 i. d. F. des Gesetzes v. 29. 3. 2017 (BGBl I S. 654) mit Wirkung v. 5. 4. 2017.

(2) Gegen einen sonstigen Rechtsnachfolger kann die Anfechtbarkeit geltend gemacht werden:
1. wenn dem Rechtsnachfolger zur Zeit seines Erwerbs die Umstände bekannt waren, welche die Anfechtbarkeit des Erwerbs seines Rechtsvorgängers begründen;
2. wenn der Rechtsnachfolger zur Zeit seines Erwerbs zu den Personen gehörte, die dem Schuldner nahe stehen (§ 138), es sei denn, dass ihm zu dieser Zeit die Umstände unbekannt waren, welche die Anfechtbarkeit des Erwerbs seines Rechtsvorgängers begründen;
3. wenn dem Rechtsnachfolger das Erlangte unentgeltlich zugewendet worden ist.

§ 146 Verjährung des Anfechtungsanspruchs[1)]

(1) Die Verjährung des Anfechtungsanspruchs richtet sich nach den Regelungen über die regelmäßige Verjährung nach dem Bürgerlichen Gesetzbuch.

(2) Auch wenn der Anfechtungsanspruch verjährt ist, kann der Insolvenzverwalter die Erfüllung einer Leistungspflicht verweigern, die auf einer anfechtbaren Handlung beruht.

§ 147 Rechtshandlungen nach Verfahrenseröffnung[2)]

¹Eine Rechtshandlung, die nach der Eröffnung des Insolvenzverfahrens vorgenommen worden ist und die nach § 81 Abs. 3 Satz 2, §§ 892, 893 des Bürgerlichen Gesetzbuchs, §§ 16, 17 des Gesetzes über Rechte an eingetragenen Schiffen und Schiffsbauwerken und §§ 16, 17 des Gesetzes über Rechte an Luftfahrzeugen wirksam ist, kann nach den Vorschriften angefochten werden, die für die Anfechtung einer vor der Verfahrenseröffnung vorgenommenen Rechtshandlung gelten. ²Satz 1 findet auf die den in § 96 Abs. 2 genannten Ansprüchen und Leistungen zugrunde liegenden Rechtshandlungen mit der Maßgabe Anwendung, dass durch die Anfechtung nicht die Verrechnung einschließlich des Saldenausgleichs rückgängig gemacht wird oder die betreffenden Zahlungsaufträge, Aufträge zwischen Zahlungsdienstleistern oder zwischengeschalteten Stellen oder Aufträge zur Übertragung von Wertpapieren unwirksam werden.

Vierter Teil: Verwaltung und Verwertung der Insolvenzmasse

Erster Abschnitt: Sicherung der Insolvenzmasse

§ 148 Übernahme der Insolvenzmasse

(1) Nach der Eröffnung des Insolvenzverfahrens hat der Insolvenzverwalter das gesamte zur Insolvenzmasse gehörende Vermögen sofort in Besitz und Verwaltung zu nehmen.

(2) ¹Der Verwalter kann aufgrund einer vollstreckbaren Ausfertigung des Eröffnungsbeschlusses die Herausgabe der Sachen, die sich im Gewahrsam des Schuldners befinden, im Wege der Zwangsvollstreckung durchsetzen. ²§ 766 der Zivilprozessordnung gilt mit der Maßgabe, dass an die Stelle des Vollstreckungsgerichts das Insolvenzgericht tritt.

§ 149 Wertgegenstände[3)]

(1) ¹Der Gläubigerausschuss kann bestimmen, bei welcher Stelle und zu welchen Bedingungen Geld, Wertpapiere und Kostbarkeiten hinterlegt oder angelegt werden sollen. ²Ist kein Gläubigerausschuss bestellt oder hat der Gläubigerausschuss noch keinen Beschluss gefasst, so kann das Insolvenzgericht entsprechendes anordnen.

(2) Die Gläubigerversammlung kann abweichende Regelungen beschließen.

---

1) **Anm. d. Red.:** § 146 i. d. F. des Gesetzes v. 9. 12. 2004 (BGBl I S. 3214) mit Wirkung v. 15. 12. 2004.
2) **Anm. d. Red.:** § 147 i. d. F. des Gesetzes v. 29. 7. 2009 (BGBl I S. 2355) mit Wirkung v. 31. 10. 2009.
3) **Anm. d. Red.:** § 149 i. d. F. des Gesetzes v. 13. 4. 2007 (BGBl I S. 509) mit Wirkung v. 1. 7. 2007.

§ 150 Siegelung

¹Der Insolvenzverwalter kann zur Sicherung der Sachen, die zur Insolvenzmasse gehören, durch den Gerichtsvollzieher oder eine andere dazu gesetzlich ermächtigte Person Siegel anbringen lassen. ²Das Protokoll über eine Siegelung oder Entsiegelung hat der Verwalter auf der Geschäftsstelle zur Einsicht der Beteiligten niederzulegen.

§ 151 Verzeichnis der Massegegenstände

(1) ¹Der Insolvenzverwalter hat ein Verzeichnis der einzelnen Gegenstände der Insolvenzmasse aufzustellen. ²Der Schuldner ist hinzuzuziehen, wenn dies ohne eine nachteilige Verzögerung möglich ist.

(2) ¹Bei jedem Gegenstand ist dessen Wert anzugeben. ²Hängt der Wert davon ab, ob das Unternehmen fortgeführt oder stillgelegt wird, sind beide Werte anzugeben. ³Besonders schwierige Bewertungen können einem Sachverständigen übertragen werden.

(3) ¹Auf Antrag des Verwalters kann das Insolvenzgericht gestatten, dass die Aufstellung des Verzeichnisses unterbleibt; der Antrag ist zu begründen. ²Ist ein Gläubigerausschuss bestellt, so kann der Verwalter den Antrag nur mit Zustimmung des Gläubigerausschusses stellen.

§ 152 Gläubigerverzeichnis

(1) Der Insolvenzverwalter hat ein Verzeichnis aller Gläubiger des Schuldners aufzustellen, die ihm aus den Büchern und Geschäftspapieren des Schuldners, durch sonstige Angaben des Schuldners, durch die Anmeldung ihrer Forderungen oder auf andere Weise bekannt geworden sind.

(2) ¹In dem Verzeichnis sind die absonderungsberechtigten Gläubiger und die einzelnen Rangklassen der nachrangigen Insolvenzgläubiger gesondert aufzuführen. ²Bei jedem Gläubiger sind die Anschrift sowie der Grund und der Betrag seiner Forderung anzugeben. ³Bei den absonderungsberechtigten Gläubigern sind zusätzlich der Gegenstand, an dem das Absonderungsrecht besteht, und die Höhe des mutmaßlichen Ausfalls zu bezeichnen; § 151 Abs. 2 Satz 2 gilt entsprechend.

(3) ¹Weiter ist anzugeben, welche Möglichkeiten der Aufrechnung bestehen. ²Die Höhe der Masseverbindlichkeiten im Falle einer zügigen Verwertung des Vermögens des Schuldners ist zu schätzen.

§ 153 Vermögensübersicht

(1) ¹Der Insolvenzverwalter hat auf den Zeitpunkt der Eröffnung des Insolvenzverfahrens eine geordnete Übersicht aufzustellen, in der die Gegenstände der Insolvenzmasse und die Verbindlichkeiten des Schuldners aufgeführt und einander gegenübergestellt werden. ²Für die Bewertung der Gegenstände gilt § 151 Abs. 2 entsprechend, für die Gliederung der Verbindlichkeiten § 152 Abs. 2 Satz 1.

(2) ¹Nach der Aufstellung der Vermögensübersicht kann das Insolvenzgericht auf Antrag des Verwalters oder eines Gläubigers dem Schuldner aufgeben, die Vollständigkeit der Vermögensübersicht eidesstattlich zu versichern. ²Die §§ 98, 101 Abs. 1 Satz 1, 2 gelten entsprechend.

§ 154 Niederlegung in der Geschäftsstelle

Das Verzeichnis der Massegegenstände, das Gläubigerverzeichnis und die Vermögensübersicht sind spätestens eine Woche vor dem Berichtstermin in der Geschäftsstelle zur Einsicht der Beteiligten niederzulegen.

§ 155 Handels- und steuerrechtliche Rechnungslegung

(1) ¹Handels- und steuerrechtliche Pflichten des Schuldners zur Buchführung und zur Rechnungslegung bleiben unberührt. ²In Bezug auf die Insolvenzmasse hat der Insolvenzverwalter diese Pflichten zu erfüllen.

(2) ¹Mit der Eröffnung des Insolvenzverfahrens beginnt ein neues Geschäftsjahr. ²Jedoch wird die Zeit bis zum Berichtstermin in gesetzliche Fristen für die Aufstellung oder die Offenlegung eines Jahresabschlusses nicht eingerechnet.

(3) ¹Für die Bestellung des Abschlussprüfers im Insolvenzverfahren gilt § 318 des Handelsgesetzbuchs mit der Maßgabe, dass die Bestellung ausschließlich durch das Registergericht auf Antrag des Verwalters erfolgt. ²Ist für das Geschäftsjahr vor der Eröffnung des Verfahrens bereits ein Abschlussprüfer bestellt, so wird die Wirksamkeit dieser Bestellung durch die Eröffnung nicht berührt.

Zweiter Abschnitt: Entscheidung über die Verwertung

§ 156 Berichtstermin

(1) ¹Im Berichtstermin hat der Insolvenzverwalter über die wirtschaftliche Lage des Schuldners und ihre Ursachen zu berichten. ²Er hat darzulegen, ob Aussichten bestehen, das Unternehmen des Schuldners im ganzen oder in Teilen zu erhalten, welche Möglichkeiten für einen Insolvenzplan bestehen und welche Auswirkungen jeweils für die Befriedigung der Gläubiger eintreten würden.

(2) ¹Dem Schuldner, dem Gläubigerausschuss, dem Betriebsrat und dem Sprecherausschuss der leitenden Angestellten ist im Berichtstermin Gelegenheit zu geben, zu dem Bericht des Verwalters Stellung zu nehmen. ²Ist der Schuldner Handels- oder Gewerbetreibender oder Landwirt, so kann auch der zuständigen amtlichen Berufsvertretung der Industrie, des Handels, des Handwerks oder der Landwirtschaft im Termin Gelegenheit zur Äußerung gegeben werden.

§ 157 Entscheidung über den Fortgang des Verfahrens

¹Die Gläubigerversammlung beschließt im Berichtstermin, ob das Unternehmen des Schuldners stillgelegt oder vorläufig fortgeführt werden soll. ²Sie kann den Verwalter beauftragen, einen Insolvenzplan auszuarbeiten, und ihm das Ziel des Plans vorgeben. ³Sie kann ihre Entscheidungen in späteren Terminen ändern.

§ 158 Maßnahmen vor der Entscheidung[1)]

(1) Will der Insolvenzverwalter vor dem Berichtstermin das Unternehmen des Schuldners stilllegen oder veräußern, so hat er die Zustimmung des Gläubigerausschusses einzuholen, wenn ein solcher bestellt ist.

(2) ¹Vor der Beschlussfassung des Gläubigerausschusses oder, wenn ein solcher nicht bestellt ist, vor der Stilllegung oder Veräußerung des Unternehmens hat der Verwalter den Schuldner zu unterrichten. ²Das Insolvenzgericht untersagt auf Antrag des Schuldners und nach Anhörung des Verwalters die Stilllegung oder Veräußerung, wenn diese ohne eine erhebliche Verminderung der Insolvenzmasse bis zum Berichtstermin aufgeschoben werden kann.

§ 159 Verwertung der Insolvenzmasse

Nach dem Berichtstermin hat der Insolvenzverwalter unverzüglich das zur Insolvenzmasse gehörende Vermögen zu verwerten, soweit die Beschlüsse der Gläubigerversammlung nicht entgegenstehen.

§ 160 Besonders bedeutsame Rechtshandlungen[2)]

(1) ¹Der Insolvenzverwalter hat die Zustimmung des Gläubigerausschusses einzuholen, wenn er Rechtshandlungen vornehmen will, die für das Insolvenzverfahren von besonderer Bedeutung sind. ²Ist ein Gläubigerausschuss nicht bestellt, so ist die Zustimmung der Gläubigerversamm-

---

1) **Anm. d. Red.:** § 158 i. d. F. des Gesetzes v. 13. 4. 2007 (BGBl I S. 509) mit Wirkung v. 1. 7. 2007.
2) **Anm. d. Red.:** § 160 i. d. F. des Gesetzes v. 13. 4. 2007 (BGBl I S. 509) mit Wirkung v. 1. 7. 2007.

lung einzuholen. ³Ist die einberufene Gläubigerversammlung beschlussunfähig, gilt die Zustimmung als erteilt; auf diese Folgen sind die Gläubiger bei der Einladung zur Gläubigerversammlung hinzuweisen.

(2) Die Zustimmung nach Absatz 1 ist insbesondere erforderlich,
1. wenn das Unternehmen oder ein Betrieb, das Warenlager im ganzen, ein unbeweglicher Gegenstand aus freier Hand, die Beteiligung des Schuldners an einem anderen Unternehmen, die der Herstellung einer dauernden Verbindung zu diesem Unternehmen dienen soll, oder das Recht auf den Bezug wiederkehrender Einkünfte veräußert werden soll;
2. wenn ein Darlehen aufgenommen werden soll, das die Insolvenzmasse erheblich belasten würde;
3. wenn ein Rechtsstreit mit erheblichem Streitwert anhängig gemacht oder aufgenommen, die Aufnahme eines solchen Rechtsstreits abgelehnt oder zur Beilegung oder zur Vermeidung eines solchen Rechtsstreits ein Vergleich oder ein Schiedsvertrag geschlossen werden soll.

§ 161 Vorläufige Untersagung der Rechtshandlung

¹In den Fällen des § 160 hat der Insolvenzverwalter vor der Beschlussfassung des Gläubigerausschusses oder der Gläubigerversammlung den Schuldner zu unterrichten, wenn dies ohne nachteilige Verzögerung möglich ist. ²Sofern nicht die Gläubigerversammlung ihre Zustimmung erteilt hat, kann das Insolvenzgericht auf Antrag des Schuldners oder einer in § 75 Abs. 1 Nr. 3 bezeichneten Mehrzahl von Gläubigern und nach Anhörung des Verwalters die Vornahme der Rechtshandlung vorläufig untersagen und eine Gläubigerversammlung einberufen, die über die Vornahme beschließt.

§ 162 Betriebsveräußerung an besonders Interessierte

(1) Die Veräußerung des Unternehmens oder eines Betriebs ist nur mit Zustimmung der Gläubigerversammlung zulässig, wenn der Erwerber oder eine Person, die an seinem Kapital zu mindestens einem Fünftel beteiligt ist,
1. zu den Personen gehört, die dem Schuldner nahe stehen (§ 138),
2. ein absonderungsberechtigter Gläubiger oder ein nicht nachrangiger Insolvenzgläubiger ist, dessen Absonderungsrechte und Forderungen nach der Schätzung des Insolvenzgerichts zusammen ein Fünftel der Summe erreichen, die sich aus dem Wert aller Absonderungsrechte und den Forderungsbeträgen aller nicht nachrangigen Insolvenzgläubiger ergibt.

(2) Eine Person ist auch insoweit im Sinne des Absatzes 1 am Erwerber beteiligt, als ein von der Person abhängiges Unternehmen oder ein Dritter für Rechnung der Person oder des abhängigen Unternehmens am Erwerber beteiligt ist.

§ 163 Betriebsveräußerung unter Wert

(1) Auf Antrag des Schuldners oder einer in § 75 Abs. 1 Nr. 3 bezeichneten Mehrzahl von Gläubigern und nach Anhörung des Insolvenzverwalters kann das Insolvenzgericht anordnen, dass die geplante Veräußerung des Unternehmens oder eines Betriebs nur mit Zustimmung der Gläubigerversammlung zulässig ist, wenn der Antragsteller glaubhaft macht, dass eine Veräußerung an einen anderen Erwerber für die Insolvenzmasse günstiger wäre.

(2) Sind dem Antragsteller durch den Antrag Kosten entstanden, so ist er berechtigt, die Erstattung dieser Kosten aus der Insolvenzmasse zu verlangen, sobald die Anordnung des Gerichts ergangen ist.

§ 164 Wirksamkeit der Handlung

Durch einen Verstoß gegen die §§ 160 bis 163 wird die Wirksamkeit der Handlung des Insolvenzverwalters nicht berührt.

Dritter Abschnitt: Gegenstände mit Absonderungsrechten

§ 165 Verwertung unbeweglicher Gegenstände

Der Insolvenzverwalter kann beim zuständigen Gericht die Zwangsversteigerung oder die Zwangsverwaltung eines unbeweglichen Gegenstands der Insolvenzmasse betreiben, auch wenn an dem Gegenstand ein Absonderungsrecht besteht.

§ 166 Verwertung beweglicher Gegenstände[1]

(1) Der Insolvenzverwalter darf eine bewegliche Sache, an der ein Absonderungsrecht besteht, freihändig verwerten, wenn er die Sache in seinem Besitz hat.

(2) Der Verwalter darf eine Forderung, die der Schuldner zur Sicherung eines Anspruchs abgetreten hat, einziehen oder in anderer Weise verwerten.

(3) Die Absätze 1 und 2 finden keine Anwendung
1. auf Gegenstände, an denen eine Sicherheit zu Gunsten des Betreibers oder des Teilnehmers eines Systems nach § 1 Abs. 16 des Kreditwesengesetzes zur Sicherung seiner Ansprüche aus dem System besteht,
2. auf Gegenstände, an denen eine Sicherheit zu Gunsten der Zentralbank eines Mitgliedstaats der Europäischen Union oder Vertragsstaats des Europäischen Wirtschaftsraums oder zu Gunsten der Europäischen Zentralbank besteht, und
3. auf eine Finanzsicherheit im Sinne des § 1 Abs. 17 des Kreditwesengesetzes.

§ 167 Unterrichtung des Gläubigers

(1) ¹Ist der Insolvenzverwalter nach § 166 Abs. 1 zur Verwertung einer beweglichen Sache berechtigt, so hat er dem absonderungsberechtigten Gläubiger auf dessen Verlangen Auskunft über den Zustand der Sache zu erteilen. ²Anstelle der Auskunft kann er dem Gläubiger gestatten, die Sache zu besichtigen.

(2) ¹Ist der Verwalter nach § 166 Abs. 2 zur Einziehung einer Forderung berechtigt, so hat er dem absonderungsberechtigten Gläubiger auf dessen Verlangen Auskunft über die Forderung zu erteilen. ²Anstelle der Auskunft kann er dem Gläubiger gestatten, Einsicht in die Bücher und Geschäftspapiere des Schuldners zu nehmen.

§ 168 Mitteilung der Veräußerungsabsicht

(1) ¹Bevor der Insolvenzverwalter einen Gegenstand, zu dessen Verwertung er nach § 166 berechtigt ist, an einen Dritten veräußert, hat er dem absonderungsberechtigten Gläubiger mitzuteilen, auf welche Weise der Gegenstand veräußert werden soll. ²Er hat dem Gläubiger Gelegenheit zu geben, binnen einer Woche auf eine andere, für den Gläubiger günstigere Möglichkeit der Verwertung des Gegenstands hinzuweisen.

(2) Erfolgt ein solcher Hinweis innerhalb der Wochenfrist oder rechtzeitig vor der Veräußerung, so hat der Verwalter die vom Gläubiger genannte Verwertungsmöglichkeit wahrzunehmen oder den Gläubiger so zu stellen, wie wenn er sie wahrgenommen hätte.

(3) ¹Die andere Verwertungsmöglichkeit kann auch darin bestehen, dass der Gläubiger den Gegenstand selbst übernimmt. ²Günstiger ist eine Verwertungsmöglichkeit auch dann, wenn Kosten eingespart werden.

§ 169 Schutz des Gläubigers vor einer Verzögerung der Verwertung

¹Solange ein Gegenstand, zu dessen Verwertung der Insolvenzverwalter nach § 166 berechtigt ist, nicht verwertet wird, sind dem Gläubiger vom Berichtstermin an laufend die geschuldeten Zinsen aus der Insolvenzmasse zu zahlen. ²Ist der Gläubiger schon vor der Eröffnung des Insol-

---

1) **Anm. d. Red.:** § 166 i. d. F. des Gesetzes v. 19. 11. 2010 (BGBl I S. 1592) mit Wirkung v. 30. 6. 2011.

venzverfahrens aufgrund einer Anordnung nach § 21 an der Verwertung des Gegenstands gehindert worden, so sind die geschuldeten Zinsen spätestens von dem Zeitpunkt an zu zahlen, der drei Monate nach dieser Anordnung liegt. ³Die Sätze 1 und 2 gelten nicht, soweit nach der Höhe der Forderung sowie dem Wert und der sonstigen Belastung des Gegenstands nicht mit einer Befriedigung des Gläubigers aus dem Verwertungserlös zu rechnen ist.

§ 170 Verteilung des Erlöses

(1) ¹Nach der Verwertung einer beweglichen Sache oder einer Forderung durch den Insolvenzverwalter sind aus dem Verwertungserlös die Kosten der Feststellung und der Verwertung des Gegenstands vorweg für die Insolvenzmasse zu entnehmen. ²Aus dem verbleibenden Betrag ist unverzüglich der absonderungsberechtigte Gläubiger zu befriedigen.

(2) Überlässt der Insolvenzverwalter einen Gegenstand, zu dessen Verwertung er nach § 166 berechtigt ist, dem Gläubiger zur Verwertung, so hat dieser aus dem von ihm erzielten Verwertungserlös einen Betrag in Höhe der Kosten der Feststellung sowie des Umsatzsteuerbetrages (§ 171 Abs. 2 Satz 3) vorweg an die Masse abzuführen.

§ 171 Berechnung des Kostenbeitrags

(1) ¹Die Kosten der Feststellung umfassen die Kosten der tatsächlichen Feststellung des Gegenstands und der Feststellung der Rechte an diesem. ²Sie sind pauschal mit vier vom Hundert des Verwertungserlöses anzusetzen.

(2) ¹Als Kosten der Verwertung sind pauschal fünf vom Hundert des Verwertungserlöses anzusetzen. ²Lagen die tatsächlich entstandenen, für die Verwertung erforderlichen Kosten erheblich niedriger oder erheblich höher, so sind diese Kosten anzusetzen. ³Führt die Verwertung zu einer Belastung der Masse mit Umsatzsteuer, so ist der Umsatzsteuerbetrag zusätzlich zu der Pauschale nach Satz 1 oder den tatsächlich entstandenen Kosten nach Satz 2 anzusetzen.

§ 172 Sonstige Verwendung beweglicher Sachen

(1) ¹Der Insolvenzverwalter darf eine bewegliche Sache, zu deren Verwertung er berechtigt ist, für die Insolvenzmasse benutzen, wenn er den dadurch entstehenden Wertverlust von der Eröffnung des Insolvenzverfahrens an durch laufende Zahlungen an den Gläubiger ausgleicht. ²Die Verpflichtung zu Ausgleichszahlungen besteht nur, soweit der durch die Nutzung entstehende Wertverlust die Sicherung des absonderungsberechtigten Gläubigers beeinträchtigt.

(2) ¹Der Verwalter darf eine solche Sache verbinden, vermischen und verarbeiten, soweit dadurch die Sicherung des absonderungsberechtigten Gläubigers nicht beeinträchtigt wird. ²Setzt sich das Recht des Gläubigers an einer anderen Sache fort, so hat der Gläubiger die neue Sicherheit insoweit freizugeben, als sie den Wert der bisherigen Sicherheit übersteigt.

§ 173 Verwertung durch den Gläubiger

(1) Soweit der Insolvenzverwalter nicht zur Verwertung einer beweglichen Sache oder einer Forderung berechtigt ist, an denen ein Absonderungsrecht besteht, bleibt das Recht des Gläubigers zur Verwertung unberührt.

(2) ¹Auf Antrag des Verwalters und nach Anhörung des Gläubigers kann das Insolvenzgericht eine Frist bestimmen, innerhalb welcher der Gläubiger den Gegenstand zu verwerten hat. ²Nach Ablauf der Frist ist der Verwalter zur Verwertung berechtigt.

Fünfter Teil: Befriedigung der Insolvenzgläubiger. Einstellung des Verfahrens

Erster Abschnitt: Feststellung der Forderungen

§ 174 Anmeldung der Forderungen[1)]

(1) ¹Die Insolvenzgläubiger haben ihre Forderungen schriftlich beim Insolvenzverwalter anzumelden. ²Der Anmeldung sollen die Urkunden, aus denen sich die Forderung ergibt, in Abdruck beigefügt werden. ³Zur Vertretung des Gläubigers im Verfahren nach diesem Abschnitt sind auch Personen befugt, die Inkassodienstleistungen erbringen (registrierte Personen nach § 10 Abs. 1 Satz 1 Nr. 1 des Rechtsdienstleistungsgesetzes).

(2) Bei der Anmeldung sind der Grund und der Betrag der Forderung anzugeben sowie die Tatsachen, aus denen sich nach Einschätzung des Gläubigers ergibt, dass ihr eine vorsätzlich begangene unerlaubte Handlung, eine vorsätzliche pflichtwidrige Verletzung einer gesetzlichen Unterhaltspflicht oder eine Steuerstraftat des Schuldners nach den §§ 370, 373 oder § 374 der Abgabenordnung zugrunde liegt.

(3) ¹Die Forderungen nachrangiger Gläubiger sind nur anzumelden, soweit das Insolvenzgericht besonders zur Anmeldung dieser Forderungen auffordert. ²Bei der Anmeldung solcher Forderungen ist auf den Nachrang hinzuweisen und die dem Gläubiger zustehende Rangstelle zu bezeichnen.

(4) ¹Die Anmeldung kann durch Übermittlung eines elektronischen Dokuments erfolgen, wenn der Insolvenzverwalter der Übermittlung elektronischer Dokumente ausdrücklich zugestimmt hat. ²Als Urkunde im Sinne des Absatzes 1 Satz 2 kann in diesem Fall auch eine elektronische Rechnung übermittelt werden. ³Auf Verlangen des Insolvenzverwalters oder des Insolvenzgerichts sind Ausdrucke, Abschriften oder Originale von Urkunden einzureichen.

§ 175 Tabelle[2)]

(1) ¹Der Insolvenzverwalter hat jede angemeldete Forderung mit den in § 174 Abs. 2 und 3 genannten Angaben in eine Tabelle einzutragen. ²Die Tabelle ist mit den Anmeldungen sowie den beigefügten Urkunden innerhalb des ersten Drittels des Zeitraums, der zwischen dem Ablauf der Anmeldefrist und dem Prüfungstermin liegt, in der Geschäftsstelle des Insolvenzgerichts zur Einsicht der Beteiligten niederzulegen.

(2) Hat ein Gläubiger eine Forderung aus einer vorsätzlich begangenen unerlaubten Handlung, aus einer vorsätzlich pflichtwidrig verletzten gesetzlichen Unterhaltspflicht oder aus einer Steuerstraftat nach den §§ 370, 373 oder § 374 der Abgabenordnung angemeldet, so hat das Insolvenzgericht den Schuldner auf die Rechtsfolgen des § 302 und auf die Möglichkeit des Widerspruchs hinzuweisen.

§ 176 Verlauf des Prüfungstermins

¹Im Prüfungstermin werden die angemeldeten Forderungen ihrem Betrag und ihrem Rang nach geprüft. ²Die Forderungen, die vom Insolvenzverwalter, vom Schuldner oder von einem Insolvenzgläubiger bestritten werden, sind einzeln zu erörtern.

§ 177 Nachträgliche Anmeldungen[3)]

(1) ¹Im Prüfungstermin sind auch die Forderungen zu prüfen, die nach dem Ablauf der Anmeldefrist angemeldet worden sind. ²Widerspricht jedoch der Insolvenzverwalter oder ein Insolvenzgläubiger dieser Prüfung oder wird eine Forderung erst nach dem Prüfungstermin angemel-

---

1) **Anm. d. Red.:** § 174 i. d. F. des Gesetzes v. 22.12.2020 (BGBl I S. 3256) mit Wirkung v. 1.1.2021.
2) **Anm. d. Red.:** § 175 i. d. F. des Gesetzes v. 15. 7. 2013 (BGBl I S. 2379) mit Wirkung v. 1. 7. 2014.
3) **Anm. d. Red.:** § 177 i. d. F. des Gesetzes v. 19. 12. 1998 (BGBl I S. 3836) mit Wirkung v. 1. 1. 1999.

det, so hat das Insolvenzgericht auf Kosten des Säumigen entweder einen besonderen Prüfungstermin zu bestimmen oder die Prüfung im schriftlichen Verfahren anzuordnen. ³Für nachträgliche Änderungen der Anmeldung gelten die Sätze 1 und 2 entsprechend.

(2) Hat das Gericht nachrangige Gläubiger nach § 174 Abs. 3 zur Anmeldung ihrer Forderungen aufgefordert und läuft die für diese Anmeldung gesetzte Frist später als eine Woche vor dem Prüfungstermin ab, so ist auf Kosten der Insolvenzmasse entweder ein besonderer Prüfungstermin zu bestimmen oder die Prüfung im schriftlichen Verfahren anzuordnen.

(3) ¹Der besondere Prüfungstermin ist öffentlich bekannt zu machen. ²Zu dem Termin sind die Insolvenzgläubiger, die eine Forderung angemeldet haben, der Verwalter und der Schuldner besonders zu laden. ³§ 74 Abs. 2 Satz 2 gilt entsprechend.

§ 178 Voraussetzungen und Wirkungen der Feststellung

(1) ¹Eine Forderung gilt als festgestellt, soweit gegen sie im Prüfungstermin oder im schriftlichen Verfahren (§ 177) ein Widerspruch weder vom Insolvenzverwalter noch von einem Insolvenzgläubiger erhoben wird oder soweit ein erhobener Widerspruch beseitigt ist. ²Ein Widerspruch des Schuldners steht der Feststellung der Forderung nicht entgegen.

(2) ¹Das Insolvenzgericht trägt für jede angemeldete Forderung in die Tabelle ein, inwieweit die Forderung ihrem Betrag und ihrem Rang nach festgestellt ist oder wer der Feststellung widersprochen hat. ²Auch ein Widerspruch des Schuldners ist einzutragen. ³Auf Wechseln und sonstigen Schuldurkunden ist vom Urkundsbeamten der Geschäftsstelle die Feststellung zu vermerken.

(3) Die Eintragung in die Tabelle wirkt für die festgestellten Forderungen ihrem Betrag und ihrem Rang nach wie ein rechtskräftiges Urteil gegenüber dem Insolvenzverwalter und allen Insolvenzgläubigern.

§ 179 Streitige Forderungen

(1) Ist eine Forderung vom Insolvenzverwalter oder von einem Insolvenzgläubiger bestritten worden, so bleibt es dem Gläubiger überlassen, die Feststellung gegen den Bestreitenden zu betreiben.

(2) Liegt für eine solche Forderung ein vollstreckbarer Schuldtitel oder ein Endurteil vor, so obliegt es dem Bestreitenden, den Widerspruch zu verfolgen.

(3) ¹Das Insolvenzgericht erteilt dem Gläubiger, dessen Forderung bestritten worden ist, einen beglaubigten Auszug aus der Tabelle. ²Im Falle des Absatzes 2 erhält auch der Bestreitende einen solchen Auszug. ³Die Gläubiger, deren Forderungen festgestellt worden sind, werden nicht benachrichtigt; hierauf sollen die Gläubiger vor dem Prüfungstermin hingewiesen werden.

§ 180 Zuständigkeit für die Feststellung

(1) ¹Auf die Feststellung ist im ordentlichen Verfahren Klage zu erheben. ²Für die Klage ist das Amtsgericht ausschließlich zuständig, bei dem das Insolvenzverfahren anhängig ist oder anhängig war. ³Gehört der Streitgegenstand nicht zur Zuständigkeit der Amtsgerichte, so ist das Landgericht ausschließlich zuständig, zu dessen Bezirk das Insolvenzgericht gehört.

(2) War zur Zeit der Eröffnung des Insolvenzverfahrens ein Rechtsstreit über die Forderung anhängig, so ist die Feststellung durch Aufnahme des Rechtsstreits zu betreiben.

§ 181 Umfang der Feststellung

Die Feststellung kann nach Grund, Betrag und Rang der Forderung nur in der Weise begehrt werden, wie die Forderung in der Anmeldung oder im Prüfungstermin bezeichnet worden ist.

§ 182 Streitwert

Der Wert des Streitgegenstands einer Klage auf Feststellung einer Forderung, deren Bestand vom Insolvenzverwalter oder von einem Insolvenzgläubiger bestritten worden ist, bestimmt sich nach dem Betrag, der bei der Verteilung der Insolvenzmasse für die Forderung zu erwarten ist.

§ 183 Wirkung der Entscheidung

(1) Eine rechtskräftige Entscheidung, durch die eine Forderung festgestellt oder ein Widerspruch für begründet erklärt wird, wirkt gegenüber dem Insolvenzverwalter und allen Insolvenzgläubigern.

(2) Der obsiegenden Partei obliegt es, beim Insolvenzgericht die Berichtigung der Tabelle zu beantragen.

(3) Haben nur einzelne Gläubiger, nicht der Verwalter, den Rechtsstreit geführt, so können diese Gläubiger die Erstattung ihrer Kosten aus der Insolvenzmasse insoweit verlangen, als der Masse durch die Entscheidung ein Vorteil erwachsen ist.

§ 184 Klage gegen einen Widerspruch des Schuldners[1]

(1) ¹Hat der Schuldner im Prüfungstermin oder im schriftlichen Verfahren (§ 177) eine Forderung bestritten, so kann der Gläubiger Klage auf Feststellung der Forderung gegen den Schuldner erheben. ²War zur Zeit der Eröffnung des Insolvenzverfahrens ein Rechtsstreit über die Forderung anhängig, so kann der Gläubiger diesen Rechtsstreit gegen den Schuldner aufnehmen.

(2) ¹Liegt für eine solche Forderung ein vollstreckbarer Schuldtitel oder ein Endurteil vor, so obliegt es dem Schuldner binnen einer Frist von einem Monat, die mit dem Prüfungstermin oder im schriftlichen Verfahren mit dem Bestreiten der Forderung beginnt, den Widerspruch zu verfolgen. ²Nach fruchtlosem Ablauf dieser Frist gilt ein Widerspruch als nicht erhoben. ³Das Insolvenzgericht erteilt dem Schuldner und dem Gläubiger, dessen Forderung bestritten worden ist, einen beglaubigten Auszug aus der Tabelle und weist den Schuldner auf die Folgen einer Fristversäumung hin. ⁴Der Schuldner hat dem Gericht die Verfolgung des Anspruchs nachzuweisen.

§ 185 Besondere Zuständigkeiten

¹Ist für die Feststellung einer Forderung der Rechtsweg zum ordentlichen Gericht nicht gegeben, so ist die Feststellung bei dem zuständigen anderen Gericht zu betreiben oder von der zuständigen Verwaltungsbehörde vorzunehmen. ²§ 180 Abs. 2 und die §§ 181, 183 und 184 gelten entsprechend. ³Ist die Feststellung bei einem anderen Gericht zu betreiben, so gilt auch § 182 entsprechend.

§ 186 Wiedereinsetzung in den vorigen Stand

(1) ¹Hat der Schuldner den Prüfungstermin versäumt, so hat ihm das Insolvenzgericht auf Antrag die Wiedereinsetzung in den vorigen Stand zu gewähren. ²§ 51 Abs. 2, § 85 Abs. 2, §§ 233 bis 236 der Zivilprozessordnung gelten entsprechend.

(2) ¹Die den Antrag auf Wiedereinsetzung betreffenden Schriftsätze sind dem Gläubiger zuzustellen, dessen Forderung nachträglich bestritten werden soll. ²Das Bestreiten in diesen Schriftsätzen steht, wenn die Wiedereinsetzung erteilt wird, dem Bestreiten im Prüfungstermin gleich.

Zweiter Abschnitt: Verteilung

§ 187 Befriedigung der Insolvenzgläubiger

(1) Mit der Befriedigung der Insolvenzgläubiger kann erst nach dem allgemeinen Prüfungstermin begonnen werden.

---

1) **Anm. d. Red.:** § 184 i. d. F. des Gesetzes v. 13. 4. 2007 (BGBl I S. 509) mit Wirkung v. 1. 7. 2007.

(2) ¹Verteilungen an die Insolvenzgläubiger können stattfinden, sooft hinreichende Barmittel in der Insolvenzmasse vorhanden sind. ²Nachrangige Insolvenzgläubiger sollen bei Abschlagsverteilungen nicht berücksichtigt werden.

(3) ¹Die Verteilungen werden vom Insolvenzverwalter vorgenommen. ²Vor jeder Verteilung hat er die Zustimmung des Gläubigerausschusses einzuholen, wenn ein solcher bestellt ist.

§ 188 Verteilungsverzeichnis[1)]

¹Vor einer Verteilung hat der Insolvenzverwalter ein Verzeichnis der Forderungen aufzustellen, die bei der Verteilung zu berücksichtigen sind. ²Das Verzeichnis ist auf der Geschäftsstelle zur Einsicht der Beteiligten niederzulegen. ³Der Verwalter zeigt dem Gericht die Summe der Forderungen und den für die Verteilung verfügbaren Betrag aus der Insolvenzmasse an; das Gericht hat die angezeigte Summe der Forderungen und den für die Verteilung verfügbaren Betrag öffentlich bekannt zu machen.

§ 189 Berücksichtigung bestrittener Forderungen

(1) Ein Insolvenzgläubiger, dessen Forderung nicht festgestellt ist und für dessen Forderung ein vollstreckbarer Titel oder ein Endurteil nicht vorliegt, hat spätestens innerhalb einer Ausschlussfrist von zwei Wochen nach der öffentlichen Bekanntmachung dem Insolvenzverwalter nachzuweisen, dass und für welchen Betrag die Feststellungsklage erhoben oder das Verfahren in dem früher anhängigen Rechtsstreit aufgenommen ist.

(2) Wird der Nachweis rechtzeitig geführt, so wird der auf die Forderung entfallende Anteil bei der Verteilung zurückbehalten, solange der Rechtsstreit anhängig ist.

(3) Wird der Nachweis nicht rechtzeitig geführt, so wird die Forderung bei der Verteilung nicht berücksichtigt.

§ 190 Berücksichtigung absonderungsberechtigter Gläubiger

(1) ¹Ein Gläubiger, der zur abgesonderten Befriedigung berechtigt ist, hat spätestens innerhalb der in § 189 Abs. 1 vorgesehenen Ausschlussfrist dem Insolvenzverwalter nachzuweisen, dass und für welchen Betrag er auf abgesonderte Befriedigung verzichtet hat oder bei ihr ausgefallen ist. ²Wird der Nachweis nicht rechtzeitig geführt, so wird die Forderung bei der Verteilung nicht berücksichtigt.

(2) ¹Zur Berücksichtigung bei einer Abschlagsverteilung genügt es, wenn der Gläubiger spätestens innerhalb der Ausschlussfrist dem Verwalter nachweist, dass die Verwertung des Gegenstands betrieben wird, an dem das Absonderungsrecht besteht, und den Betrag des mutmaßlichen Ausfalls glaubhaft macht. ²In diesem Fall wird der auf die Forderung entfallende Anteil bei der Verteilung zurückbehalten. ³Sind die Voraussetzungen des Absatzes 1 bei der Schlussverteilung nicht erfüllt, so wird der zurückbehaltene Anteil für die Schlussverteilung frei.

(3) ¹Ist nur der Verwalter zur Verwertung des Gegenstands berechtigt, an dem das Absonderungsrecht besteht, so sind die Absätze 1 und 2 nicht anzuwenden. ²Bei einer Abschlagsverteilung hat der Verwalter, wenn er den Gegenstand noch nicht verwertet hat, den Ausfall des Gläubigers zu schätzen und den auf die Forderung entfallenden Anteil zurückzuhalten.

§ 191 Berücksichtigung aufschiebend bedingter Forderungen

(1) ¹Eine aufschiebend bedingte Forderung wird bei einer Abschlagsverteilung mit ihrem vollen Betrag berücksichtigt. ²Der auf die Forderung entfallende Anteil wird bei der Verteilung zurückbehalten.

(2) ¹Bei der Schlussverteilung wird eine aufschiebend bedingte Forderung nicht berücksichtigt, wenn die Möglichkeit des Eintritts der Bedingung so fern liegt, dass die Forderung zur Zeit

---

1) **Anm. d. Red.:** § 188 i. d. F. des Gesetzes v. 13. 4. 2007 (BGBl I S. 509) mit Wirkung v. 1. 7. 2007.

der Verteilung keinen Vermögenswert hat. ²In diesem Fall wird ein gemäß Absatz 1 Satz 2 zurückbehaltener Anteil für die Schlussverteilung frei.

§ 192 Nachträgliche Berücksichtigung

Gläubiger, die bei einer Abschlagsverteilung nicht berücksichtigt worden sind und die Voraussetzungen der §§ 189, 190 nachträglich erfüllen, erhalten bei der folgenden Verteilung aus der restlichen Insolvenzmasse vorab einen Betrag, der sie mit den übrigen Gläubigern gleichstellt.

§ 193 Änderung des Verteilungsverzeichnisses

Der Insolvenzverwalter hat die Änderungen des Verzeichnisses, die aufgrund der §§ 189 bis 192 erforderlich werden, binnen drei Tagen nach Ablauf der in § 189 Abs. 1 vorgesehenen Ausschlussfrist vorzunehmen.

§ 194 Einwendungen gegen das Verteilungsverzeichnis

(1) Bei einer Abschlagsverteilung sind Einwendungen eines Gläubigers gegen das Verzeichnis bis zum Ablauf einer Woche nach dem Ende der in § 189 Abs. 1 vorgesehenen Ausschlussfrist bei dem Insolvenzgericht zu erheben.

(2) ¹Eine Entscheidung des Gerichts, durch die Einwendungen zurückgewiesen werden, ist dem Gläubiger und dem Insolvenzverwalter zuzustellen. ²Dem Gläubiger steht gegen den Beschluss die sofortige Beschwerde zu.

(3) ¹Eine Entscheidung des Gerichts, durch die eine Berichtigung des Verzeichnisses angeordnet wird, ist dem Gläubiger und dem Verwalter zuzustellen und in der Geschäftsstelle zur Einsicht der Beteiligten niederzulegen. ²Dem Verwalter und den Insolvenzgläubigern steht gegen den Beschluss die sofortige Beschwerde zu. ³Die Beschwerdefrist beginnt mit dem Tag, an dem die Entscheidung niedergelegt worden ist.

§ 195 Festsetzung des Bruchteils

(1) ¹Für eine Abschlagsverteilung bestimmt der Gläubigerausschuss auf Vorschlag des Insolvenzverwalters den zu zahlenden Bruchteil. ²Ist kein Gläubigerausschuss bestellt, so bestimmt der Verwalter den Bruchteil.

(2) Der Verwalter hat den Bruchteil den berücksichtigten Gläubigern mitzuteilen.

§ 196 Schlussverteilung[1]

(1) Die Schlussverteilung erfolgt, sobald die Verwertung der Insolvenzmasse mit Ausnahme eines laufenden Einkommens beendet ist.

(2) Die Schlussverteilung darf nur mit Zustimmung des Insolvenzgerichts vorgenommen werden.

§ 197 Schlusstermin[2]

(1) ¹Bei der Zustimmung zur Schlussverteilung bestimmt das Insolvenzgericht den Termin für eine abschließende Gläubigerversammlung. ²Dieser Termin dient
1. zur Erörterung der Schlussrechnung des Insolvenzverwalters,
2. zur Erhebung von Einwendungen gegen das Schlussverzeichnis und
3. zur Entscheidung der Gläubiger über die nicht verwertbaren Gegenstände der Insolvenzmasse.

(2) Zwischen der öffentlichen Bekanntmachung des Termins und dem Termin soll eine Frist von mindestens einem Monat und höchstens zwei Monaten liegen.

---

1) **Anm. d. Red.:** § 196 i. d. F. des Gesetzes v. 26. 10. 2001 (BGBl I S. 2710) mit Wirkung v. 1. 12. 2001.
2) **Anm. d. Red.:** § 197 i. d. F. des Gesetzes v. 19. 12. 1998 (BGBl I S. 3836) mit Wirkung v. 1. 1. 1999.

(3) Für die Entscheidung des Gerichts über Einwendungen eines Gläubigers gilt § 194 Abs. 2 und 3 entsprechend.

§ 198 Hinterlegung zurückbehaltener Beträge[1]

Beträge, die bei der Schlussverteilung zurückzubehalten sind, hat der Insolvenzverwalter für Rechnung der Beteiligten bei einer geeigneten Stelle zu hinterlegen.

§ 199 Überschuss bei der Schlussverteilung

¹Können bei der Schlussverteilung die Forderungen aller Insolvenzgläubiger in voller Höhe berichtigt werden, so hat der Insolvenzverwalter einen verbleibenden Überschuss dem Schuldner herauszugeben. ²Ist der Schuldner keine natürliche Person, so hat der Verwalter jeder am Schuldner beteiligten Person den Teil des Überschusses herauszugeben, der ihr bei einer Abwicklung außerhalb des Insolvenzverfahrens zustünde.

§ 200 Aufhebung des Insolvenzverfahrens[2]

(1) Sobald die Schlussverteilung vollzogen ist, beschließt das Insolvenzgericht die Aufhebung des Insolvenzverfahrens.

(2) ¹Der Beschluss und der Grund der Aufhebung sind öffentlich bekannt zu machen. ²Die §§ 31 bis 33 gelten entsprechend.

§ 201 Rechte der Insolvenzgläubiger nach Verfahrensaufhebung[3]

(1) Die Insolvenzgläubiger können nach der Aufhebung des Insolvenzverfahrens ihre restlichen Forderungen gegen den Schuldner unbeschränkt geltend machen.

(2) ¹Die Insolvenzgläubiger, deren Forderungen festgestellt und nicht vom Schuldner im Prüfungstermin bestritten worden sind, können aus der Eintragung in die Tabelle wie aus einem vollstreckbaren Urteil die Zwangsvollstreckung gegen den Schuldner betreiben. ²Einer nicht bestrittenen Forderung steht eine Forderung gleich, bei der ein erhobener Widerspruch beseitigt ist. ³Der Antrag auf Erteilung einer vollstreckbaren Ausfertigung aus der Tabelle kann erst nach Aufhebung des Insolvenzverfahrens gestellt werden.

(3) Die Vorschriften über die Restschuldbefreiung bleiben unberührt.

§ 202 Zuständigkeit bei der Vollstreckung

(1) Im Falle des § 201 ist das Amtsgericht, bei dem das Insolvenzverfahren anhängig ist oder anhängig war, ausschließlich zuständig für Klagen:
1. auf Erteilung der Vollstreckungsklausel;
2. durch die nach der Erteilung der Vollstreckungsklausel bestritten wird, dass die Voraussetzungen für die Erteilung eingetreten waren;
3. durch die Einwendungen geltend gemacht werden, die den Anspruch selbst betreffen.

(2) Gehört der Streitgegenstand nicht zur Zuständigkeit der Amtsgerichte, so ist das Landgericht ausschließlich zuständig, zu dessen Bezirk das Insolvenzgericht gehört.

§ 203 Anordnung der Nachtragsverteilung

(1) Auf Antrag des Insolvenzverwalters oder eines Insolvenzgläubigers oder von Amts wegen ordnet das Insolvenzgericht eine Nachtragsverteilung an, wenn nach dem Schlusstermin
1. zurückbehaltene Beträge für die Verteilung frei werden,

---

1) **Anm. d. Red.:** § 198 i. d. F. des Gesetzes v. 19. 12. 1998 (BGBl I S. 3836) mit Wirkung v. 1. 1. 1999.

2) **Anm. d. Red.:** § 200 i. d. F. des Gesetzes v. 13. 4. 2007 (BGBl I S. 509) mit Wirkung v. 1. 7. 2007.

3) **Anm. d. Red.:** § 201 i. d. F. des Gesetzes v. 19. 12. 1998 (BGBl I S. 3836) mit Wirkung v. 1. 1. 1999.

2. Beträge, die aus der Insolvenzmasse gezahlt sind, zurückfließen oder
3. Gegenstände der Masse ermittelt werden.

(2) Die Aufhebung des Verfahrens steht der Anordnung einer Nachtragsverteilung nicht entgegen.

(3) ¹Das Gericht kann von der Anordnung absehen und den zur Verfügung stehenden Betrag oder den ermittelten Gegenstand dem Schuldner überlassen, wenn dies mit Rücksicht auf die Geringfügigkeit des Betrags oder den geringen Wert des Gegenstands und die Kosten einer Nachtragsverteilung angemessen erscheint. ²Es kann die Anordnung davon abhängig machen, dass ein Geldbetrag vorgeschossen wird, der die Kosten der Nachtragsverteilung deckt.

§ 204 Rechtsmittel

(1) ¹Der Beschluss, durch den der Antrag auf Nachtragsverteilung abgelehnt wird, ist dem Antragsteller zuzustellen. ²Gegen den Beschluss steht dem Antragsteller die sofortige Beschwerde zu.

(2) ¹Der Beschluss, durch den eine Nachtragsverteilung angeordnet wird, ist dem Insolvenzverwalter, dem Schuldner und, wenn ein Gläubiger die Verteilung beantragt hatte, diesem Gläubiger zuzustellen. ²Gegen den Beschluss steht dem Schuldner die sofortige Beschwerde zu.

§ 205 Vollzug der Nachtragsverteilung

¹Nach der Anordnung der Nachtragsverteilung hat der Insolvenzverwalter den zur Verfügung stehenden Betrag oder den Erlös aus der Verwertung des ermittelten Gegenstands aufgrund des Schlussverzeichnisses zu verteilen. ²Er hat dem Insolvenzgericht Rechnung zu legen.

§ 206 Ausschluss von Massegläubigern

Massegläubiger, deren Ansprüche dem Insolvenzverwalter
1. bei einer Abschlagsverteilung erst nach der Festsetzung des Bruchteils,
2. bei der Schlussverteilung erst nach der Beendigung des Schlusstermins oder
3. bei einer Nachtragsverteilung erst nach der öffentlichen Bekanntmachung

bekannt geworden sind, können Befriedigung nur aus den Mitteln verlangen, die nach der Verteilung in der Insolvenzmasse verbleiben.

Dritter Abschnitt: Einstellung des Verfahrens

§ 207 Einstellung mangels Masse[1]

(1) ¹Stellt sich nach der Eröffnung des Insolvenzverfahrens heraus, dass die Insolvenzmasse nicht ausreicht, um die Kosten des Verfahrens zu decken, so stellt das Insolvenzgericht das Verfahren ein. ²Die Einstellung unterbleibt, wenn ein ausreichender Geldbetrag vorgeschossen wird oder die Kosten nach § 4a gestundet werden; § 26 Abs. 3 gilt entsprechend.

(2) Vor der Einstellung sind die Gläubigerversammlung, der Insolvenzverwalter und die Massegläubiger zu hören.

(3) ¹Soweit Barmittel in der Masse vorhanden sind, hat der Verwalter vor der Einstellung die Kosten des Verfahrens, von diesen zuerst die Auslagen, nach dem Verhältnis ihrer Beträge zu berichtigen. ²Zur Verwertung von Massegegenständen ist er nicht mehr verpflichtet.

§ 208 Anzeige der Masseunzulänglichkeit

(1) ¹Sind die Kosten des Insolvenzverfahrens gedeckt, reicht die Insolvenzmasse jedoch nicht aus, um die fälligen sonstigen Masseverbindlichkeiten zu erfüllen, so hat der Insolvenzverwalter

---
1) **Anm. d. Red.:** § 207 i. d. F. des Gesetzes v. 26. 10. 2001 (BGBl I S. 2710) mit Wirkung v. 1. 12. 2001.

dem Insolvenzgericht anzuzeigen, dass Masseunzulänglichkeit vorliegt. ²Gleiches gilt, wenn die Masse voraussichtlich nicht ausreichen wird, um die bestehenden sonstigen Masseverbindlichkeiten im Zeitpunkt der Fälligkeit zu erfüllen.

(2) ¹Das Gericht hat die Anzeige der Masseunzulänglichkeit öffentlich bekannt zu machen. ²Den Massegläubigern ist sie besonders zuzustellen.

(3) Die Pflicht des Verwalters zur Verwaltung und zur Verwertung der Masse besteht auch nach der Anzeige der Masseunzulänglichkeit fort.

§ 209 Befriedigung der Massegläubiger

(1) Der Insolvenzverwalter hat die Masseverbindlichkeiten nach folgender Rangordnung zu berichtigen, bei gleichem Rang nach dem Verhältnis ihrer Beträge:
1. die Kosten des Insolvenzverfahrens;
2. die Masseverbindlichkeiten, die nach der Anzeige der Masseunzulänglichkeit begründet worden sind, ohne zu den Kosten des Verfahrens zu gehören;
3. die übrigen Masseverbindlichkeiten, unter diesen zuletzt der nach den §§ 100, 101 Abs. 1 Satz 3 bewilligte Unterhalt.

(2) Als Masseverbindlichkeiten im Sinne des Absatzes 1 Nr. 2 gelten auch die Verbindlichkeiten
1. aus einem gegenseitigen Vertrag, dessen Erfüllung der Verwalter gewählt hat, nachdem er die Masseunzulänglichkeit angezeigt hatte;
2. aus einem Dauerschuldverhältnis für die Zeit nach dem ersten Termin, zu dem der Verwalter nach der Anzeige der Masseunzulänglichkeit kündigen konnte;
3. aus einem Dauerschuldverhältnis, soweit der Verwalter nach der Anzeige der Masseunzulänglichkeit für die Insolvenzmasse die Gegenleistung in Anspruch genommen hat.

§ 210 Vollstreckungsverbot

Sobald der Insolvenzverwalter die Masseunzulänglichkeit angezeigt hat, ist die Vollstreckung wegen einer Masseverbindlichkeit im Sinne des § 209 Abs. 1 Nr. 3 unzulässig.

§ 210a Insolvenzplan bei Masseunzulänglichkeit[1]

Bei Anzeige der Masseunzulänglichkeit gelten die Vorschriften über den Insolvenzplan mit der Maßgabe, dass
1. an die Stelle der nicht nachrangigen Insolvenzgläubiger die Massegläubiger mit dem Rang des § 209 Absatz 1 Nummer 3 treten und
2. an die Stelle der nachrangigen Insolvenzgläubiger die nicht nachrangigen Insolvenzgläubiger treten.

§ 211 Einstellung nach Anzeige der Masseunzulänglichkeit

(1) Sobald der Insolvenzverwalter die Insolvenzmasse nach Maßgabe des § 209 verteilt hat, stellt das Insolvenzgericht das Insolvenzverfahren ein.

(2) Der Verwalter hat für seine Tätigkeit nach der Anzeige der Masseunzulänglichkeit gesondert Rechnung zu legen.

(3) ¹Werden nach der Einstellung des Verfahrens Gegenstände der Insolvenzmasse ermittelt, so ordnet das Gericht auf Antrag des Verwalters oder eines Massegläubigers oder von Amts wegen eine Nachtragsverteilung an. ²§ 203 Abs. 3 und die §§ 204 und 205 gelten entsprechend.

---

1) **Anm. d. Red.:** § 210a i. d. F. des Gesetzes v. 22.12.2020 (BGBl I S. 3256) mit Wirkung v. 1.1.2021.

§ 212 Einstellung wegen Wegfalls des Eröffnungsgrunds

¹Das Insolvenzverfahren ist auf Antrag des Schuldners einzustellen, wenn gewährleistet ist, dass nach der Einstellung beim Schuldner weder Zahlungsunfähigkeit noch drohende Zahlungsunfähigkeit noch, soweit die Überschuldung Grund für die Eröffnung des Insolvenzverfahrens ist, Überschuldung vorliegt. ²Der Antrag ist nur zulässig, wenn das Fehlen der Eröffnungsgründe glaubhaft gemacht wird.

§ 213 Einstellung mit Zustimmung der Gläubiger

(1) ¹Das Insolvenzverfahren ist auf Antrag des Schuldners einzustellen, wenn er nach Ablauf der Anmeldefrist die Zustimmung aller Insolvenzgläubiger beibringt, die Forderungen angemeldet haben. ²Bei Gläubigern, deren Forderungen vom Schuldner oder vom Insolvenzverwalter bestritten werden, und bei absonderungsberechtigten Gläubigern entscheidet das Insolvenzgericht nach freiem Ermessen, inwieweit es einer Zustimmung dieser Gläubiger oder einer Sicherheitsleistung gegenüber ihnen bedarf.

(2) Das Verfahren kann auf Antrag des Schuldners vor dem Ablauf der Anmeldefrist eingestellt werden, wenn außer den Gläubigern, deren Zustimmung der Schuldner beibringt, andere Gläubiger nicht bekannt sind.

§ 214 Verfahren bei der Einstellung[1]

(1) ¹Der Antrag auf Einstellung des Insolvenzverfahrens nach § 212 oder § 213 ist öffentlich bekannt zu machen. ²Er ist in der Geschäftsstelle zur Einsicht der Beteiligten niederzulegen; im Falle des § 213 sind die zustimmenden Erklärungen der Gläubiger beizufügen. ³Die Insolvenzgläubiger können binnen einer Woche nach der öffentlichen Bekanntmachung schriftlich Widerspruch gegen den Antrag erheben.

(2) ¹Das Insolvenzgericht beschließt über die Einstellung nach Anhörung des Antragstellers, des Insolvenzverwalters und des Gläubigerausschusses, wenn ein solcher bestellt ist. ²Im Falle eines Widerspruchs ist auch der widersprechende Gläubiger zu hören.

(3) Vor der Einstellung hat der Verwalter die unstreitigen Masseansprüche zu berichtigen und für die streitigen Sicherheit zu leisten.

§ 215 Bekanntmachung und Wirkungen der Einstellung[2]

(1) ¹Der Beschluss, durch den das Insolvenzverfahren nach §§ 207, 211, 212 oder 213 eingestellt wird, und der Grund der Einstellung sind öffentlich bekannt zu machen. ²Der Schuldner, der Insolvenzverwalter und die Mitglieder des Gläubigerausschusses sind vorab über den Zeitpunkt des Wirksamwerdens der Einstellung (§ 9 Abs. 1 Satz 3) zu unterrichten. ³§ 200 Abs. 2 Satz 2 gilt entsprechend.

(2) ¹Mit der Einstellung des Insolvenzverfahrens erhält der Schuldner das Recht zurück, über die Insolvenzmasse frei zu verfügen. ²Die §§ 201, 202 gelten entsprechend.

§ 216 Rechtsmittel

(1) Wird das Insolvenzverfahren nach §§ 207, 212 oder 213 eingestellt, so steht jedem Insolvenzgläubiger und, wenn die Einstellung nach § 207 erfolgt, dem Schuldner die sofortige Beschwerde zu.

(2) Wird ein Antrag nach § 212 oder § 213 abgelehnt, so steht dem Schuldner die sofortige Beschwerde zu.

---

1) **Anm. d. Red.:** § 214 i. d. F. des Gesetzes v. 7. 12. 2011 (BGBl I S. 2582) mit Wirkung v. 1. 3. 2012.
2) **Anm. d. Red.:** § 215 i. d. F. des Gesetzes v. 13. 4. 2007 (BGBl I S. 509) mit Wirkung v. 1. 7. 2007.

Sechster Teil: Insolvenzplan

Erster Abschnitt: Aufstellung des Plans

§ 217 Grundsatz[1)]

(1) ¹Die Befriedigung der absonderungsberechtigten Gläubiger und der Insolvenzgläubiger, die Verwertung der Insolvenzmasse und deren Verteilung an die Beteiligten sowie die Verfahrensabwicklung und die Haftung des Schuldners nach der Beendigung des Insolvenzverfahrens können in einem Insolvenzplan abweichend von den Vorschriften dieses Gesetzes geregelt werden. ²Ist der Schuldner keine natürliche Person, so können auch die Anteils- oder Mitgliedschaftsrechte der am Schuldner beteiligten Personen in den Plan einbezogen werden.

(2) Der Insolvenzplan kann ferner die Rechte der Inhaber von Insolvenzforderungen gestalten, die diesen aus einer von einem verbundenen Unternehmen im Sinne des § 15 des Aktiengesetzes als Bürge, Mitschuldner oder aufgrund einer anderweitig übernommenen Haftung oder an Gegenständen des Vermögens dieses Unternehmens (gruppeninterne Drittsicherheit) zustehen.

§ 218 Vorlage des Insolvenzplans

(1) ¹Zur Vorlage eines Insolvenzplans an das Insolvenzgericht sind der Insolvenzverwalter und der Schuldner berechtigt. ²Die Vorlage durch den Schuldner kann mit dem Antrag auf Eröffnung des Insolvenzverfahrens verbunden werden. ³Ein Plan, der erst nach dem Schlusstermin beim Gericht eingeht, wird nicht berücksichtigt.

(2) Hat die Gläubigerversammlung den Verwalter beauftragt, einen Insolvenzplan auszuarbeiten, so hat der Verwalter den Plan binnen angemessener Frist dem Gericht vorzulegen.

(3) Bei der Aufstellung des Plans durch den Verwalter wirken der Gläubigerausschuss, wenn ein solcher bestellt ist, der Betriebsrat, der Sprecherausschuss der leitenden Angestellten und der Schuldner beratend mit.

§ 219 Gliederung des Plans

¹Der Insolvenzplan besteht aus dem darstellenden Teil und dem gestaltenden Teil. ²Ihm sind die in den §§ 229 und 230 genannten Anlagen beizufügen.

§ 220 Darstellender Teil[2)]

(1) Im darstellenden Teil des Insolvenzplans wird beschrieben, welche Maßnahmen nach der Eröffnung des Insolvenzverfahrens getroffen worden sind oder noch getroffen werden sollen, um die Grundlagen für die geplante Gestaltung der Rechte der Beteiligten zu schaffen.

(2) ¹Der darstellende Teil muss alle sonstigen Angaben zu den Grundlagen und den Auswirkungen des Plans enthalten, die für die Entscheidung der Beteiligten über die Zustimmung zum Plan und für dessen gerichtliche Bestätigung erheblich sind. ²Er enthält insbesondere eine Vergleichsrechnung, in der die Auswirkungen des Plans auf die voraussichtliche Befriedigung der Gläubiger dargestellt werden. ³Sieht der Plan eine Fortführung des Unternehmens vor, ist für die Ermittlung der voraussichtlichen Befriedigung ohne Plan in der Regel zu unterstellen, dass das Unternehmen fortgeführt wird. ⁴Dies gilt nicht, wenn ein Verkauf des Unternehmens oder eine anderweitige Fortführung aussichtslos ist.

(3) Sieht der Insolvenzplan Eingriffe in die Rechte von Insolvenzgläubigern aus gruppeninternen Drittsicherheiten (§ 217 Absatz 2) vor, sind in die Darstellung auch die Verhältnisse des die Sicherheit gewährenden verbundenen Unternehmens und die Auswirkungen des Plans auf dieses Unternehmen einzubeziehen.

---

1) **Anm. d. Red.:** § 217 i. d. F. des Gesetzes v. 22.12.2020 (BGBl I S. 3256) mit Wirkung v. 1.1.2021.
2) **Anm. d. Red.:** § 220 i. d. F. des Gesetzes v. 22.12.2020 (BGBl I S. 3256) mit Wirkung v. 1.1.2021.

§ 221 Gestaltender Teil[1)]

¹Im gestaltenden Teil des Insolvenzplans wird festgelegt, wie die Rechtsstellung der Beteiligten durch den Plan geändert werden soll. ²Der Insolvenzverwalter kann durch den Plan bevollmächtigt werden, die zur Umsetzung notwendigen Maßnahmen zu ergreifen und offensichtliche Fehler des Plans zu berichtigen.

§ 222 Bildung von Gruppen[2)]

(1) ¹Bei der Festlegung der Rechte der Beteiligten im Insolvenzplan sind Gruppen zu bilden, soweit Beteiligte mit unterschiedlicher Rechtsstellung betroffen sind. ²Es ist zu unterscheiden zwischen

1. den absonderungsberechtigten Gläubigern, wenn durch den Plan in deren Rechte eingegriffen wird;
2. den nicht nachrangigen Insolvenzgläubigern;
3. den einzelnen Rangklassen der nachrangigen Insolvenzgläubiger, soweit deren Forderungen nicht nach § 225 als erlassen gelten sollen;
4. den am Schuldner beteiligten Personen, wenn deren Anteils- oder Mitgliedschaftsrechte in den Plan einbezogen werden;
5. den Inhabern von Rechten aus gruppeninternen Drittsicherheiten.

(2) ¹Aus den Beteiligten mit gleicher Rechtsstellung können Gruppen gebildet werden, in denen Beteiligte mit gleichartigen wirtschaftlichen Interessen zusammengefasst werden. ²Die Gruppen müssen sachgerecht voneinander abgegrenzt werden. ³Die Kriterien für die Abgrenzung sind im Plan anzugeben.

(3) ¹Die Arbeitnehmer sollen eine besondere Gruppe bilden, wenn sie als Insolvenzgläubiger mit nicht unerheblichen Forderungen beteiligt sind. ²Für Kleingläubiger und geringfügig beteiligte Anteilsinhaber mit einer Beteiligung am Haftkapital von weniger als 1 Prozent oder weniger als 1 000 Euro können besondere Gruppen gebildet werden.

§ 223 Rechte der Absonderungsberechtigten[3)]

(1) ¹Ist im Insolvenzplan nichts anderes bestimmt, so wird das Recht der absonderungsberechtigten Gläubiger zur Befriedigung aus den Gegenständen, an denen Absonderungsrechte bestehen, vom Plan nicht berührt. ²Eine abweichende Bestimmung ist hinsichtlich der Finanzsicherheiten im Sinne von § 1 Abs. 17 des Kreditwesengesetzes sowie der Sicherheiten ausgeschlossen, die

1. dem Betreiber oder dem Teilnehmer eines Systems nach § 1 Abs. 16 des Kreditwesengesetzes zur Sicherung seiner Ansprüche aus dem System oder
2. der Zentralbank eines Mitgliedstaats der Europäischen Union oder der Europäischen Zentralbank

gestellt wurden.

(2) Soweit im Plan eine abweichende Regelung getroffen wird, ist im gestaltenden Teil für die absonderungsberechtigten Gläubiger anzugeben, um welchen Bruchteil die Rechte gekürzt, für welchen Zeitraum sie gestundet oder welchen sonstigen Regelungen sie unterworfen werden sollen.

---

1) **Anm. d. Red.:** § 221 i. d. F. des Gesetzes v. 7. 12. 2011 (BGBl I S. 2582) mit Wirkung v. 1. 3. 2012.
2) **Anm. d. Red.:** § 222 i. d. F. des Gesetzes v. 22.12.2020 (BGBl I S. 3256) mit Wirkung v. 1.1.2021.
3) **Anm. d. Red.:** § 223 i. d. F. des Gesetzes v. 19. 11. 2010 (BGBl I S. 1592) mit Wirkung v. 30. 6. 2011.

§ 223a Gruppeninterne Drittsicherheiten[1]

¹Ist im Insolvenzplan nichts anderes bestimmt, so wird das Recht eines Insolvenzgläubigers aus einer gruppeninternen Drittsicherheit (§ 217 Absatz 2) durch den Insolvenzplan nicht berührt. ²Wird eine Regelung getroffen, ist der Eingriff angemessen zu entschädigen. ³§ 223 Absatz 1 Satz 2 und Absatz 2 gilt entsprechend.

§ 224 Rechte der Insolvenzgläubiger

Für die nicht nachrangigen Gläubiger ist im gestaltenden Teil des Insolvenzplans anzugeben, um welchen Bruchteil die Forderungen gekürzt, für welchen Zeitraum sie gestundet, wie sie gesichert oder welchen sonstigen Regelungen sie unterworfen werden sollen.

§ 225 Rechte der nachrangigen Insolvenzgläubiger

(1) Die Forderungen nachrangiger Insolvenzgläubiger gelten, wenn im Insolvenzplan nichts anderes bestimmt ist, als erlassen.

(2) Soweit im Plan eine abweichende Regelung getroffen wird, sind im gestaltenden Teil für jede Gruppe der nachrangigen Gläubiger die in § 224 vorgeschriebenen Angaben zu machen.

(3) Die Haftung des Schuldners nach der Beendigung des Insolvenzverfahrens für Geldstrafen und die diesen in § 39 Abs. 1 Nr. 3 gleichgestellten Verbindlichkeiten kann durch einen Plan weder ausgeschlossen noch eingeschränkt werden.

§ 225a Rechte der Anteilsinhaber[2]

(1) Die Anteils- oder Mitgliedschaftsrechte der am Schuldner beteiligten Personen bleiben vom Insolvenzplan unberührt, es sei denn, dass der Plan etwas anderes bestimmt.

(2) ¹Im gestaltenden Teil des Plans kann vorgesehen werden, dass Forderungen von Gläubigern in Anteils- oder Mitgliedschaftsrechte am Schuldner umgewandelt werden. ²Eine Umwandlung gegen den Willen der betroffenen Gläubiger ist ausgeschlossen. ³Insbesondere kann der Plan eine Kapitalherabsetzung oder -erhöhung, die Leistung von Sacheinlagen, den Ausschluss von Bezugsrechten oder die Zahlung von Abfindungen an ausscheidende Anteilsinhaber vorsehen.

(3) Im Plan kann jede Regelung getroffen werden, die gesellschaftsrechtlich zulässig ist, insbesondere die Fortsetzung einer aufgelösten Gesellschaft oder die Übertragung von Anteils- oder Mitgliedschaftsrechten.

(4) ¹Maßnahmen nach Absatz 2 oder 3 berechtigen nicht zum Rücktritt oder zur Kündigung von Verträgen, an denen der Schuldner beteiligt ist. ²Sie führen auch nicht zu einer anderweitigen Beendigung der Verträge. ³Entgegenstehende vertragliche Vereinbarungen sind unwirksam. ⁴Von den Sätzen 1 und 2 bleiben Vereinbarungen unberührt, welche an eine Pflichtverletzung des Schuldners anknüpfen, sofern sich diese nicht darin erschöpft, dass eine Maßnahme nach Absatz 2 oder 3 in Aussicht genommen oder durchgeführt wird.

(5) ¹Stellt eine Maßnahme nach Absatz 2 oder 3 für eine am Schuldner beteiligte Person einen wichtigen Grund zum Austritt aus der juristischen Person oder Gesellschaft ohne Rechtspersönlichkeit dar und wird von diesem Austrittsrecht Gebrauch gemacht, so ist für die Bestimmung der Höhe eines etwaigen Abfindungsanspruches die Vermögenslage maßgeblich, die sich bei einer Abwicklung des Schuldners eingestellt hätte. ²Die Auszahlung des Abfindungsanspruches kann zur Vermeidung einer unangemessenen Belastung der Finanzlage des Schuldners über einen Zeitraum von bis zu drei Jahren gestundet werden. ³Nicht ausgezahlte Abfindungsguthaben sind zu verzinsen.

---

1) **Anm. d. Red.:** § 223a eingefügt gem. Gesetz v. 22.12.2020 (BGBl I S. 3256) mit Wirkung v. 1.1.2021.

2) **Anm. d. Red.:** § 225a eingefügt gem. Gesetz v. 7. 12. 2011 (BGBl I S. 2582) mit Wirkung v. 1. 3. 2012.

§ 226 Gleichbehandlung der Beteiligten

(1) Innerhalb jeder Gruppe sind allen Beteiligten gleiche Rechte anzubieten.

(2) ¹Eine unterschiedliche Behandlung der Beteiligten einer Gruppe ist nur mit Zustimmung aller betroffenen Beteiligten zulässig. ²In diesem Fall ist dem Insolvenzplan die zustimmende Erklärung eines jeden betroffenen Beteiligten beizufügen.

(3) Jedes Abkommen des Insolvenzverwalters, des Schuldners oder anderer Personen mit einzelnen Beteiligten, durch das diesen für ihr Verhalten bei Abstimmungen oder sonst im Zusammenhang mit dem Insolvenzverfahren ein nicht im Plan vorgesehener Vorteil gewährt wird, ist nichtig.

§ 227 Haftung des Schuldners

(1) Ist im Insolvenzplan nichts anderes bestimmt, so wird der Schuldner mit der im gestaltenden Teil vorgesehenen Befriedigung der Insolvenzgläubiger von seinen restlichen Verbindlichkeiten gegenüber diesen Gläubigern befreit.

(2) Ist der Schuldner eine Gesellschaft ohne Rechtspersönlichkeit oder eine Kommanditgesellschaft auf Aktien, so gilt Absatz 1 entsprechend für die persönliche Haftung der Gesellschafter.

§ 228 Änderung sachenrechtlicher Verhältnisse

¹Sollen Rechte an Gegenständen begründet, geändert, übertragen oder aufgehoben werden, so können die erforderlichen Willenserklärungen der Beteiligten in den gestaltenden Teil des Insolvenzplans aufgenommen werden. ²Sind im Grundbuch eingetragene Rechte an einem Grundstück oder an eingetragenen Rechten betroffen, so sind diese Rechte unter Beachtung des § 28 der Grundbuchordnung genau zu bezeichnen. ³Für Rechte, die im Schiffsregister, im Schiffsbauregister oder im Register für Pfandrechte an Luftfahrzeugen eingetragen sind, gilt Satz 2 entsprechend.

§ 229 Vermögensübersicht. Ergebnis- und Finanzplan[1]

¹Sollen die Gläubiger aus den Erträgen des vom Schuldner oder von einem Dritten fortgeführten Unternehmens befriedigt werden, so ist dem Insolvenzplan eine Vermögensübersicht beizufügen, in der die Vermögensgegenstände und die Verbindlichkeiten, die sich bei einem Wirksamwerden des Plans gegenüberstünden, mit ihren Werten aufgeführt werden. ²Ergänzend ist darzustellen, welche Aufwendungen und Erträge für den Zeitraum, während dessen die Gläubiger befriedigt werden sollen, zu erwarten sind und durch welche Abfolge von Einnahmen und Ausgaben die Zahlungsfähigkeit des Unternehmens während dieses Zeitraums gewährleistet werden soll. ³Dabei sind auch die Gläubiger zu berücksichtigen, die zwar ihre Forderungen nicht angemeldet haben, jedoch bei der Ausarbeitung des Plans bekannt sind.

§ 230 Weitere Anlagen[2]

(1) ¹Ist im Insolvenzplan vorgesehen, dass der Schuldner sein Unternehmen fortführt, und ist der Schuldner eine natürliche Person, so ist dem Plan die Erklärung des Schuldners beizufügen, dass er zur Fortführung des Unternehmens auf der Grundlage des Plans bereit ist. ²Ist der Schuldner eine Gesellschaft ohne Rechtspersönlichkeit oder eine Kommanditgesellschaft auf Aktien, so ist dem Plan eine entsprechende Erklärung der Personen beizufügen, die nach dem Plan persönlich haftende Gesellschafter des Unternehmens sein sollen. ³Die Erklärung des Schuldners nach Satz 1 ist nicht erforderlich, wenn dieser selbst den Plan vorlegt.

(2) Sollen Gläubiger Anteils- oder Mitgliedschaftsrechte oder Beteiligungen an einer juristischen Person, einem nicht rechtsfähigen Verein oder einer Gesellschaft ohne Rechtspersönlich-

---

1) **Anm. d. Red.:** § 229 i. d. F. des Gesetzes v. 7.12.2011 (BGBl I S. 2582) mit Wirkung v. 1.3.2012.
2) **Anm. d. Red.:** § 230 i. d. F. des Gesetzes v. 22.12.2020 (BGBl I S. 3256) mit Wirkung v. 1.1.2021.

keit übernehmen, so ist dem Plan die zustimmende Erklärung eines jeden dieser Gläubiger beizufügen.

(3) Hat ein Dritter für den Fall der Bestätigung des Plans Verpflichtungen gegenüber den Gläubigern übernommen, so ist dem Plan die Erklärung des Dritten beizufügen.

(4) Sieht der Insolvenzplan Eingriffe in die Rechte von Gläubigern aus gruppeninternen Drittsicherheiten vor, so ist dem Plan die Zustimmung des verbundenen Unternehmens beizufügen, das die Sicherheit gestellt hat.

§ 231 Zurückweisung des Plans[1]

(1) ¹Das Insolvenzgericht weist den Insolvenzplan von Amts wegen zurück,
1. wenn die Vorschriften über das Recht zur Vorlage und den Inhalt des Plans, insbesondere zur Bildung von Gruppen, nicht beachtet sind und der Vorlegende den Mangel nicht beheben kann oder innerhalb einer angemessenen, vom Gericht gesetzten Frist nicht behebt,
2. wenn ein vom Schuldner vorgelegter Plan offensichtlich keine Aussicht auf Annahme durch die Beteiligten oder auf Bestätigung durch das Gericht hat oder
3. wenn die Ansprüche, die den Beteiligten nach dem gestaltenden Teil eines vom Schuldner vorgelegten Plans zustehen, offensichtlich nicht erfüllt werden können.

²Die Entscheidung des Gerichts soll innerhalb von zwei Wochen nach Vorlage des Plans erfolgen.

(2) Hatte der Schuldner in dem Insolvenzverfahren bereits einen Plan vorgelegt, der von den Beteiligten abgelehnt, vom Gericht nicht bestätigt oder vom Schuldner nach der öffentlichen Bekanntmachung des Erörterungstermins zurückgezogen worden ist, so hat das Gericht einen neuen Plan des Schuldners zurückzuweisen, wenn der Insolvenzverwalter mit Zustimmung des Gläubigerausschusses, wenn ein solcher bestellt ist, die Zurückweisung beantragt.

(3) Gegen den Beschluss, durch den der Plan zurückgewiesen wird, steht dem Vorlegenden die sofortige Beschwerde zu.

§ 232 Stellungnahmen zum Plan[2]

(1) Wird der Insolvenzplan nicht zurückgewiesen, so leitet das Insolvenzgericht ihn zur Stellungnahme, insbesondere zur Vergleichsrechnung, zu:
1. dem Gläubigerausschuss, wenn ein solcher bestellt ist, dem Betriebsrat und dem Sprecherausschuss der leitenden Angestellten;
2. dem Schuldner, wenn der Insolvenzverwalter den Plan vorgelegt hat;
3. dem Verwalter, wenn der Schuldner den Plan vorgelegt hat.

(2) Das Gericht kann auch der für den Schuldner zuständigen amtlichen Berufsvertretung der Industrie, des Handels, des Handwerks oder der Landwirtschaft oder anderen sachkundigen Stellen Gelegenheit zur Äußerung geben.

(3) ¹Das Gericht bestimmt eine Frist für die Abgabe der Stellungnahmen. ²Die Frist soll zwei Wochen nicht überschreiten.

(4) ¹Das Gericht kann den in den Absätzen 1 und 2 Genannten den Plan bereits vor der Entscheidung nach § 231 zur Stellungnahme zuleiten. ²Enthält eine daraufhin eingehende Stellungnahme neuen Tatsachenvortrag, auf den das Gericht eine Zurückweisungsentscheidung stützen will, hat das Gericht die Stellungnahme dem Planvorleger und den anderen nach Absatz 1 zur Stellungnahme Berechtigten zur Stellungnahme binnen einer Frist von höchstens einer Woche zuzuleiten.

---

1) **Anm. d. Red.:** § 231 i. d. F. des Gesetzes v. 7.12.2011 (BGBl I S. 2582) mit Wirkung v. 1.3.2012.
2) **Anm. d. Red.:** § 232 i. d. F. des Gesetzes v. 22.12.2020 (BGBl I S. 3256) mit Wirkung v. 1.1.2021.

§ 233 Aussetzung von Verwertung und Verteilung

¹Soweit die Durchführung eines vorgelegten Insolvenzplans durch die Fortsetzung der Verwertung und Verteilung der Insolvenzmasse gefährdet würde, ordnet das Insolvenzgericht auf Antrag des Schuldners oder des Insolvenzverwalters die Aussetzung der Verwertung und Verteilung an. ²Das Gericht sieht von der Aussetzung ab oder hebt sie auf, soweit mit ihr die Gefahr erheblicher Nachteile für die Masse verbunden ist oder soweit der Verwalter mit Zustimmung des Gläubigerausschusses oder der Gläubigerversammlung die Fortsetzung der Verwertung und Verteilung beantragt.

§ 234 Niederlegung des Plans

Der Insolvenzplan ist mit seinen Anlagen und den eingegangenen Stellungnahmen in der Geschäftsstelle zur Einsicht der Beteiligten niederzulegen.

Zweiter Abschnitt: Annahme und Bestätigung des Plans

§ 235 Erörterungs- und Abstimmungstermin[1]

(1) ¹Das Insolvenzgericht bestimmt einen Termin, in dem der Insolvenzplan und das Stimmrecht der Beteiligten erörtert werden und anschließend über den Plan abgestimmt wird (Erörterungs- und Abstimmungstermin). ²Der Termin soll nicht über einen Monat hinaus angesetzt werden. ³Er kann gleichzeitig mit der Einholung der Stellungnahmen nach § 232 anberaumt werden.

(2) ¹Der Erörterungs- und Abstimmungstermin ist öffentlich bekannt zu machen. ²Dabei ist darauf hinzuweisen, dass der Plan und die eingegangenen Stellungnahmen in der Geschäftsstelle eingesehen werden können. ³§ 74 Abs. 2 Satz 2 gilt entsprechend.

(3) ¹Die Insolvenzgläubiger, die Forderungen angemeldet haben, die absonderungsberechtigten Gläubiger, der Insolvenzverwalter, der Schuldner, der Betriebsrat und der Sprecherausschuss der leitenden Angestellten sind besonders zu laden. ²Mit der Ladung ist ein Abdruck des Plans oder eine Zusammenfassung seines wesentlichen Inhalts, die der Vorlegende auf Aufforderung einzureichen hat, zu übersenden. ³Sind die Anteils- oder Mitgliedschaftsrechte der am Schuldner beteiligten Personen in den Plan einbezogen, so sind auch diese Personen gemäß den Sätzen 1 und 2 zu laden; dies gilt nicht für Aktionäre oder Kommanditaktionäre. ⁴§ 8 Absatz 3 gilt entsprechend. ⁵Für börsennotierte Gesellschaften findet § 121 Absatz 4a des Aktiengesetzes entsprechende Anwendung; sie haben eine Zusammenfassung des wesentlichen Inhalts des Plans über ihre Internetseite zugänglich zu machen.

§ 236 Verbindung mit dem Prüfungstermin

¹Der Erörterungs- und Abstimmungstermin darf nicht vor dem Prüfungstermin stattfinden. ²Beide Termine können jedoch verbunden werden.

§ 237 Stimmrecht der Insolvenzgläubiger

(1) ¹Für das Stimmrecht der Insolvenzgläubiger bei der Abstimmung über den Insolvenzplan gilt § 77 Abs. 1 Satz 1, Abs. 2 und 3 Nr. 1 entsprechend. ²Absonderungsberechtigte Gläubiger sind nur insoweit zur Abstimmung als Insolvenzgläubiger berechtigt, als ihnen der Schuldner auch persönlich haftet und sie auf die abgesonderte Befriedigung verzichten oder bei ihr ausfallen; solange der Ausfall nicht feststeht, sind sie mit dem mutmaßlichen Ausfall zu berücksichtigen.

(2) Gläubiger, deren Forderungen durch den Plan nicht beeinträchtigt werden, haben kein Stimmrecht.

---

1) **Anm. d. Red.:** § 235 i. d. F. des Gesetzes v. 22.12.2020 (BGBl I S. 3256) mit Wirkung v. 1.1.2021.

§ 238 Stimmrecht der absonderungsberechtigten Gläubiger

(1) ¹Soweit im Insolvenzplan auch die Rechtsstellung absonderungsberechtigter Gläubiger geregelt wird, sind im Termin die Rechte dieser Gläubiger einzeln zu erörtern. ²Ein Stimmrecht gewähren die Absonderungsrechte, die weder vom Insolvenzverwalter noch von einem absonderungsberechtigten Gläubiger noch von einem Insolvenzgläubiger bestritten werden. ³Für das Stimmrecht bei streitigen, aufschiebend bedingten oder nicht fälligen Rechten gelten die §§ 41, 77 Abs. 2, 3 Nr. 1 entsprechend.

(2) § 237 Abs. 2 gilt entsprechend.

§ 238a Stimmrecht der Anteilsinhaber[1]

(1) ¹Das Stimmrecht der Anteilsinhaber des Schuldners bestimmt sich allein nach deren Beteiligung am gezeichneten Kapital oder Vermögen des Schuldners. ²Stimmrechtsbeschränkungen, Sonder- oder Mehrstimmrechte bleiben außer Betracht.

(2) § 237 Absatz 2 gilt entsprechend.

§ 238b Stimmrecht der Berechtigten aus gruppeninternen Drittsicherheiten[2]

Sieht der Plan Eingriffe in Rechte aus gruppeninternen Drittsicherheiten vor, richtet sich das Stimmrecht nach dem Befriedigungsbeitrag, der aus der Geltendmachung der Rechte aus der Drittsicherheit mutmaßlich zu erwarten ist.

§ 239 Stimmliste[3]

Der Urkundsbeamte der Geschäftsstelle hält in einem Verzeichnis fest, welche Stimmrechte den Beteiligten nach dem Ergebnis der Erörterung im Termin zustehen.

§ 240 Änderung des Plans

¹Der Vorlegende ist berechtigt, einzelne Regelungen des Insolvenzplans aufgrund der Erörterung im Termin inhaltlich zu ändern. ²Über den geänderten Plan kann noch in demselben Termin abgestimmt werden.

§ 241 Gesonderter Abstimmungstermin[4]

(1) ¹Das Insolvenzgericht kann einen gesonderten Termin zur Abstimmung über den Insolvenzplan bestimmen. ²In diesem Fall soll der Zeitraum zwischen dem Erörterungstermin und dem Abstimmungstermin nicht mehr als einen Monat betragen.

(2) ¹Zum Abstimmungstermin sind die stimmberechtigten Beteiligten und der Schuldner zu laden. ²Dies gilt nicht für Aktionäre oder Kommanditaktionäre. ³Für diese reicht es aus, den Termin öffentlich bekannt zu machen. ⁴Für börsennotierte Gesellschaften findet § 121 Absatz 4a des Aktiengesetzes entsprechende Anwendung. ⁵Im Fall einer Änderung des Plans ist auf die Änderung besonders hinzuweisen.

§ 242 Schriftliche Abstimmung[5]

(1) Ist ein gesonderter Abstimmungstermin bestimmt, so kann das Stimmrecht schriftlich ausgeübt werden.

(2) ¹Das Insolvenzgericht übersendet den stimmberechtigten Beteiligten nach dem Erörterungstermin den Stimmzettel und teilt ihnen dabei ihr Stimmrecht mit. ²Die schriftliche Stimm-

---

1) **Anm. d. Red.:** § 238a eingefügt gem. Gesetz v. 7. 12. 2011 (BGBl I S. 2582) mit Wirkung v. 1. 3. 2012.
2) **Anm. d. Red.:** § 238b eingefügt gem. Gesetz v. 22.12.2020 (BGBl I S. 3256) mit Wirkung v. 1.1.2021.
3) **Anm. d. Red.:** § 239 i. d. F. des Gesetzes v. 7. 12. 2011 (BGBl I S. 2582) mit Wirkung v. 1. 3. 2012.
4) **Anm. d. Red.:** § 241 i. d. F. des Gesetzes v. 7. 12. 2011 (BGBl I S. 2582) mit Wirkung v. 1. 3. 2012.
5) **Anm. d. Red.:** § 242 i. d. F. des Gesetzes v. 7. 12. 2011 (BGBl I S. 2582) mit Wirkung v. 1. 3. 2012.

abgabe wird nur berücksichtigt, wenn sie dem Gericht spätestens am Tag vor dem Abstimmungstermin zugegangen ist; darauf ist bei der Übersendung des Stimmzettels hinzuweisen.

§ 243 Abstimmung in Gruppen[1)]
Jede Gruppe der stimmberechtigten Beteiligten stimmt gesondert über den Insolvenzplan ab.

§ 244 Erforderliche Mehrheiten[2)]
(1) Zur Annahme des Insolvenzplans durch die Gläubiger ist erforderlich, dass in jeder Gruppe
1. die Mehrheit der abstimmenden Gläubiger dem Plan zustimmt und
2. die Summe der Ansprüche der zustimmenden Gläubiger mehr als die Hälfte der Summe der Ansprüche der abstimmenden Gläubiger beträgt.

(2) ¹Gläubiger, denen ein Recht gemeinschaftlich zusteht oder deren Rechte bis zum Eintritt des Eröffnungsgrunds ein einheitliches Recht gebildet haben, werden bei der Abstimmung als ein Gläubiger gerechnet. ²Entsprechendes gilt, wenn an einem Recht ein Pfandrecht oder ein Nießbrauch besteht.

(3) Für die am Schuldner beteiligten Personen gilt Absatz 1 Nummer 2 entsprechend mit der Maßgabe, dass an die Stelle der Summe der Ansprüche die Summe der Beteiligungen tritt.

§ 245 Obstruktionsverbot[3)]
(1) Auch wenn die erforderlichen Mehrheiten nicht erreicht worden sind, gilt die Zustimmung einer Abstimmungsgruppe als erteilt, wenn
1. die Angehörigen dieser Gruppe durch den Insolvenzplan voraussichtlich nicht schlechter gestellt werden, als sie ohne einen Plan stünden,
2. die Angehörigen dieser Gruppe angemessen an dem wirtschaftlichen Wert beteiligt werden, der auf der Grundlage des Plans den Beteiligten zufließen soll, und
3. die Mehrheit der abstimmenden Gruppen dem Plan mit den erforderlichen Mehrheiten zugestimmt hat.

(2) ¹Für eine Gruppe der Gläubiger liegt eine angemessene Beteiligung im Sinne des Absatzes 1 Nummer 2 vor, wenn nach dem Plan
1. kein anderer Gläubiger wirtschaftliche Werte erhält, die den vollen Betrag seines Anspruchs übersteigen,
2. weder ein Gläubiger, der ohne einen Plan mit Nachrang gegenüber den Gläubigern der Gruppe zu befriedigen wäre, noch der Schuldner oder eine an ihm beteiligte Person einen durch Leistung in das Vermögen des Schuldners nicht vollständig ausgeglichenen wirtschaftlichen Wert erhält und
3. kein Gläubiger, der ohne einen Plan gleichrangig mit den Gläubigern der Gruppe zu befriedigen wäre, bessergestellt wird als diese Gläubiger.

²Handelt es sich bei dem Schuldner um eine natürliche Person, deren Mitwirkung bei der Fortführung des Unternehmens infolge besonderer, in der Person des Schuldners liegender Umstände unerlässlich ist, um den Planmehrwert zu verwirklichen, und hat sich der Schuldner im Plan zur Fortführung des Unternehmens sowie dazu verpflichtet, die wirtschaftlichen Werte, die er erhält oder behält, zu übertragen, wenn seine Mitwirkung aus von ihm zu vertretenden Gründen vor Ablauf von fünf Jahren oder einer kürzeren, für den Planvollzug vorgesehenen Frist endet, kann eine angemessene Beteiligung der Gläubigergruppe auch dann vorliegen, wenn der Schuldner in Abweichung von Satz 1 Nummer 2 wirtschaftliche Werte erhält. ³Satz 2 gilt ent-

---

1) **Anm. d. Red.:** § 243 i. d. F. des Gesetzes v. 7.12.2011 (BGBl I S. 2582) mit Wirkung v. 1.3.2012.
2) **Anm. d. Red.:** § 244 i. d. F. des Gesetzes v. 7.12.2011 (BGBl I S. 2582) mit Wirkung v. 1.3.2012.
3) **Anm. d. Red.:** § 245 i. d. F. des Gesetzes v. 22.12.2020 (BGBl I S. 3256) mit Wirkung v. 1.1.2021.

sprechend für an der Geschäftsführung beteiligte Inhaber von Anteils- oder Mitgliedschaftsrechten.

(2a) Wird die erforderliche Mehrheit in der nach § 222 Absatz 1 Satz 2 Nummer 5 zu bildenden Gruppe nicht erreicht, gelten die Absätze 1 und 2 für diese Gruppe nur, wenn die für den Eingriff vorgesehene Entschädigung die Inhaber der Rechte aus der gruppeninternen Drittsicherheit für den zu erleidenden Rechtsverlust angemessen entschädigt.

(3) Für eine Gruppe der Anteilsinhaber liegt eine angemessene Beteiligung im Sinne des Absatzes 1 Nummer 2 vor, wenn nach dem Plan
1. kein Gläubiger wirtschaftliche Werte erhält, die den vollen Betrag seines Anspruchs übersteigen, und
2. kein Anteilsinhaber, der ohne einen Plan den Anteilsinhabern der Gruppe gleichgestellt wäre, bessergestellt wird als diese.

§ 245a Schlechterstellung bei natürlichen Personen[1]

¹Ist der Schuldner eine natürliche Person, ist für die Prüfung einer voraussichtlichen Schlechterstellung nach § 245 Absatz 1 Nummer 1 im Zweifel davon auszugehen, dass die Einkommens-, Vermögens- und Familienverhältnisse des Schuldners zum Zeitpunkt der Abstimmung über den Insolvenzplan für die Verfahrensdauer und den Zeitraum, in dem die Insolvenzgläubiger ihre restlichen Forderungen gegen den Schuldner unbeschränkt geltend machen können, maßgeblich bleiben. ²Hat der Schuldner einen zulässigen Antrag auf Restschuldbefreiung gestellt, ist im Zweifel zudem anzunehmen, dass die Restschuldbefreiung zum Ablauf der Abtretungsfrist des § 287 Absatz 2 erteilt wird.

§ 246 Zustimmung nachrangiger Insolvenzgläubiger[2]

Für die Annahme des Insolvenzplans durch die nachrangigen Insolvenzgläubiger gelten ergänzend folgende Bestimmungen:
1. Die Zustimmung der Gruppen mit einem Rang hinter § 39 Abs. 1 Nr. 3 gilt als erteilt, wenn kein Insolvenzgläubiger durch den Plan besser gestellt wird als die Gläubiger dieser Gruppen.
2. Beteiligt sich kein Gläubiger einer Gruppe an der Abstimmung, so gilt die Zustimmung der Gruppe als erteilt.

§ 246a Zustimmung der Anteilsinhaber[3]

Beteiligt sich keines der Mitglieder einer Gruppe der Anteilsinhaber an der Abstimmung, so gilt die Zustimmung der Gruppe als erteilt.

§ 247 Zustimmung des Schuldners[4]

(1) Die Zustimmung des Schuldners zum Plan gilt als erteilt, wenn der Schuldner dem Plan nicht spätestens im Abstimmungstermin schriftlich widerspricht.

(2) Ein Widerspruch ist im Rahmen des Absatzes 1 unbeachtlich, wenn
1. der Schuldner durch den Plan voraussichtlich nicht schlechter gestellt wird, als er ohne einen Plan stünde, und
2. kein Gläubiger einen wirtschaftlichen Wert erhält, der den vollen Betrag seines Anspruchs übersteigt.

---

1) **Anm. d. Red.:** § 245a eingefügt gem. Gesetz v. 22.12.2020 (BGBl I S. 3256) mit Wirkung v. 1.1.2021.
2) **Anm. d. Red.:** § 246 i. d. F. des Gesetzes v. 7.12.2011 (BGBl I S. 2582) mit Wirkung v. 1.3.2012.
3) **Anm. d. Red.:** § 246a eingefügt gem. Gesetz v. 7.12.2011 (BGBl I S. 2582) mit Wirkung v. 1.3.2012.
4) **Anm. d. Red.:** § 247 i. d. F. des Gesetzes v. 7.12.2011 (BGBl I S. 2582) mit Wirkung v. 1.3.2012.

§ 248 Gerichtliche Bestätigung[1]

(1) Nach der Annahme des Insolvenzplans durch die Beteiligten (§§ 244 bis 246a) und der Zustimmung des Schuldners bedarf der Plan der Bestätigung durch das Insolvenzgericht.

(2) Das Gericht soll vor der Entscheidung über die Bestätigung den Insolvenzverwalter, den Gläubigerausschuss, wenn ein solcher bestellt ist, und den Schuldner hören.

§ 248a Gerichtliche Bestätigung einer Planberichtigung[2]

(1) Eine Berichtigung des Insolvenzplans durch den Insolvenzverwalter nach § 221 Satz 2 bedarf der Bestätigung durch das Insolvenzgericht.

(2) Das Gericht soll vor der Entscheidung über die Bestätigung den Insolvenzverwalter, den Gläubigerausschuss, wenn ein solcher bestellt ist, die Gläubiger und die Anteilsinhaber, sofern ihre Rechte betroffen sind, sowie den Schuldner hören.

(3) Die Bestätigung ist auf Antrag zu versagen, wenn ein Beteiligter durch die mit der Berichtigung einhergehende Planänderung voraussichtlich schlechtergestellt wird, als er nach den mit dem Plan beabsichtigten Wirkungen stünde.

(4) ¹Gegen den Beschluss, durch den die Berichtigung bestätigt oder versagt wird, steht den in Absatz 2 genannten Gläubigern und Anteilsinhabern sowie dem Verwalter die sofortige Beschwerde zu. ²§ 253 Absatz 4 gilt entsprechend.

§ 249 Bedingter Plan

¹Ist im Insolvenzplan vorgesehen, dass vor der Bestätigung bestimmte Leistungen erbracht oder andere Maßnahmen verwirklicht werden sollen, so darf der Plan nur bestätigt werden, wenn diese Voraussetzungen erfüllt sind. ²Die Bestätigung ist von Amts wegen zu versagen, wenn die Voraussetzungen auch nach Ablauf einer angemessenen, vom Insolvenzgericht gesetzten Frist nicht erfüllt sind.

§ 250 Verstoß gegen Verfahrensvorschriften[3]

Die Bestätigung ist von Amts wegen zu versagen,

1. wenn die Vorschriften über den Inhalt und die verfahrensmäßige Behandlung des Insolvenzplans sowie über die Annahme durch die Beteiligten und die Zustimmung des Schuldners in einem wesentlichen Punkt nicht beachtet worden sind und der Mangel nicht behoben werden kann oder
2. wenn die Annahme des Plans unlauter, insbesondere durch Begünstigung eines Beteiligten, herbeigeführt worden ist.

§ 251 Minderheitenschutz[4]

(1) Auf Antrag eines Gläubigers oder, wenn der Schuldner keine natürliche Person ist, einer am Schuldner beteiligten Person ist die Bestätigung des Insolvenzplans zu versagen, wenn
1. der Antragsteller dem Plan spätestens im Abstimmungstermin schriftlich oder zu Protokoll widersprochen hat und
2. der Antragsteller durch den Plan voraussichtlich schlechtergestellt wird, als er ohne einen Plan stünde; ist der Schuldner eine natürliche Person, gilt § 245a entsprechend.

(2) Der Antrag ist nur zulässig, wenn der Antragsteller spätestens im Abstimmungstermin glaubhaft macht, dass er durch den Plan voraussichtlich schlechtergestellt wird.

---

1) **Anm. d. Red.:** § 248 i. d. F. des Gesetzes v. 7. 12. 2011 (BGBl I S. 2582) mit Wirkung v. 1. 3. 2012.
2) **Anm. d. Red.:** § 248a eingefügt gem. Gesetz v. 7. 12. 2011 (BGBl I S. 2582) mit Wirkung v. 1. 3. 2012.
3) **Anm. d. Red.:** § 250 i. d. F. des Gesetzes v. 7. 12. 2011 (BGBl I S. 2582) mit Wirkung v. 1. 3. 2012.
4) **Anm. d. Red.:** § 251 i. d. F. des Gesetzes v. 22.12.2020 (BGBl I S. 3256) mit Wirkung v. 1.1.2021.

(3) ¹Der Antrag ist abzuweisen, wenn im gestaltenden Teil des Plans Mittel für den Fall bereitgestellt werden, dass ein Beteiligter eine Schlechterstellung nachweist. ²Ob der Beteiligte einen Ausgleich aus diesen Mitteln erhält, ist außerhalb des Insolvenzverfahrens zu klären.

§ 252 Bekanntgabe der Entscheidung[1]

(1) ¹Der Beschluss, durch den der Insolvenzplan bestätigt oder seine Bestätigung versagt wird, ist im Abstimmungstermin oder in einem alsbald zu bestimmenden besonderen Termin zu verkünden. ²§ 74 Abs. 2 Satz 2 gilt entsprechend.

(2) ¹Wird der Plan bestätigt, so ist den Insolvenzgläubigern, die Forderungen angemeldet haben, und den absonderungsberechtigten Gläubigern unter Hinweis auf die Bestätigung ein Abdruck des Plans oder eine Zusammenfassung seines wesentlichen Inhalts zu übersenden. ²Sind die Anteils- oder Mitgliedschaftsrechte der am Schuldner beteiligten Personen in den Plan einbezogen, so sind auch diesen die Unterlagen zu übersenden; dies gilt nicht für Aktionäre oder Kommanditaktionäre. ³Die Übersendung eines Abdrucks des Plans oder eine Zusammenfassung seines wesentlichen Inhalts nach den Sätzen 1 und 2 kann unterbleiben, wenn ein Abdruck des Plans mit der Ladung nach § 235 Absatz 2 Satz 2 übersendet und der Plan unverändert angenommen wurde. ⁴§ 8 Absatz 3 gilt entsprechend. ⁵Börsennotierte Gesellschaften haben eine Zusammenfassung des wesentlichen Inhalts des Plans über ihre Internetseite zugänglich zu machen.

§ 253 Rechtsmittel[2]

(1) Gegen den Beschluss, durch den der Insolvenzplan bestätigt oder durch den die Bestätigung versagt wird, steht den Gläubigern, dem Schuldner und, wenn dieser keine natürliche Person ist, den am Schuldner beteiligten Personen die sofortige Beschwerde zu.

(2) Die sofortige Beschwerde gegen die Bestätigung ist nur zulässig, wenn der Beschwerdeführer

1. dem Plan spätestens im Abstimmungstermin schriftlich oder zu Protokoll widersprochen hat,
2. gegen den Plan gestimmt hat und
3. glaubhaft macht, dass er durch den Plan wesentlich schlechtergestellt wird, als er ohne einen Plan stünde, und dass dieser Nachteil nicht durch eine Zahlung aus den in § 251 Absatz 3 genannten Mitteln ausgeglichen werden kann; ist der Schuldner eine natürliche Person, gilt § 245a entsprechend.

(3) Absatz 2 Nummer 1 und 2 gilt nur, wenn in der öffentlichen Bekanntmachung des Termins (§ 235 Absatz 2) und in den Ladungen zum Termin (§ 235 Absatz 3) auf die Notwendigkeit des Widerspruchs und der Ablehnung des Plans besonders hingewiesen wurde.

(4) ¹Auf Antrag des Insolvenzverwalters weist das Landgericht die Beschwerde unverzüglich zurück, wenn das alsbaldige Wirksamwerden des Insolvenzplans vorrangig erscheint, weil die Nachteile einer Verzögerung des Planvollzugs nach freier Überzeugung des Gerichts die Nachteile für den Beschwerdeführer überwiegen; ein Abhilfeverfahren nach § 572 Absatz 1 Satz 1 der Zivilprozessordnung findet nicht statt. ²Dies gilt nicht, wenn ein besonders schwerer Rechtsverstoß vorliegt. ³Weist das Gericht die Beschwerde nach Satz 1 zurück, ist dem Beschwerdeführer aus der Masse der Schaden zu ersetzen, der ihm durch den Planvollzug entsteht; die Rückgängigmachung der Wirkungen des Insolvenzplans kann nicht als Schadensersatz verlangt werden. ⁴Für Klagen, mit denen Schadensersatzansprüche nach Satz 3 geltend gemacht werden, ist das Landgericht ausschließlich zuständig, das die sofortige Beschwerde zurückgewiesen hat.

---

1) **Anm. d. Red.:** § 252 i. d. F. des Gesetzes v. 22.12.2020 (BGBl I S. 3256) mit Wirkung v. 1.1.2021.
2) **Anm. d. Red.:** § 253 i. d. F. des Gesetzes v. 22.12.2020 (BGBl I S. 3256) mit Wirkung v. 1.1.2021.

Dritter Abschnitt: Wirkungen des bestätigten Plans. Überwachung der Planerfüllung

§ 254 Allgemeine Wirkungen des Plans[1)]

(1) Mit der Rechtskraft der Bestätigung des Insolvenzplans treten die im gestaltenden Teil festgelegten Wirkungen für und gegen alle Beteiligten ein.

(2) ¹Die Rechte der Insolvenzgläubiger gegen Mitschuldner und Bürgen des Schuldners sowie die Rechte dieser Gläubiger an Gegenständen, die nicht zur Insolvenzmasse gehören, oder aus einer Vormerkung, die sich auf solche Gegenstände bezieht, werden mit Ausnahme der nach § 223a gestalteten Rechte aus gruppeninternen Drittsicherheiten (§ 217 Absatz 2) durch den Plan nicht berührt. ²Der Schuldner wird jedoch durch den Plan gegenüber dem Mitschuldner, dem Bürgen oder anderen Rückgriffsberechtigten in gleicher Weise befreit wie gegenüber dem Gläubiger.

(3) Ist ein Gläubiger weitergehend befriedigt worden, als er nach dem Plan zu beanspruchen hat, so begründet dies keine Pflicht zur Rückgewähr des Erlangten.

(4) Werden Forderungen von Gläubigern in Anteils- oder Mitgliedschaftsrechte am Schuldner umgewandelt, kann der Schuldner nach der gerichtlichen Bestätigung keine Ansprüche wegen einer Überbewertung der Forderungen im Plan gegen die bisherigen Gläubiger geltend machen.

§ 254a Rechte an Gegenständen. Sonstige Wirkungen des Plans[2)]

(1) Wenn Rechte an Gegenständen begründet, geändert, übertragen oder aufgehoben oder Geschäftsanteile an einer Gesellschaft mit beschränkter Haftung abgetreten werden sollen, gelten die in den Insolvenzplan aufgenommenen Willenserklärungen der Beteiligten als in der vorgeschriebenen Form abgegeben.

(2) ¹Wenn die Anteils- oder Mitgliedschaftsrechte der am Schuldner beteiligten Personen in den Plan einbezogen sind (§ 225a), gelten die in den Plan aufgenommenen Beschlüsse der Anteilsinhaber oder sonstigen Willenserklärungen der Beteiligten als in der vorgeschriebenen Form abgegeben. ²Gesellschaftsrechtlich erforderliche Ladungen, Bekanntmachungen und sonstige Maßnahmen zur Vorbereitung von Beschlüssen der Anteilsinhaber gelten als in der vorgeschriebenen Form bewirkt. ³Der Insolvenzverwalter ist berechtigt, die erforderlichen Anmeldungen beim jeweiligen Registergericht vorzunehmen.

(3) Entsprechendes gilt für die in den Plan aufgenommenen Verpflichtungserklärungen, die einer Maßnahme nach Absatz 1 oder 2 zugrunde liegen.

§ 254b Wirkung für alle Beteiligten[3)]

Die §§ 254 und 254a gelten auch für Insolvenzgläubiger, die ihre Forderungen nicht angemeldet haben, und für Beteiligte, die dem Insolvenzplan widersprochen haben.

§ 255 Wiederauflebensklausel

(1) ¹Sind aufgrund des gestaltenden Teils des Insolvenzplans Forderungen von Insolvenzgläubigern gestundet oder teilweise erlassen worden, so wird die Stundung oder der Erlass für den Gläubiger hinfällig, gegenüber dem der Schuldner mit der Erfüllung des Plans erheblich in Rückstand gerät. ²Ein erheblicher Rückstand ist erst anzunehmen, wenn der Schuldner eine fällige Verbindlichkeit nicht bezahlt hat, obwohl der Gläubiger ihn schriftlich gemahnt und ihm dabei eine mindestens zweiwöchige Nachfrist gesetzt hat.

---

1) **Anm. d. Red.:** § 254 i. d. F. des Gesetzes v. 22.12.2020 (BGBl I S. 3256) mit Wirkung v. 1.1.2021.
2) **Anm. d. Red.:** § 254a eingefügt gem. Gesetz v. 7. 12. 2011 (BGBl I S. 2582) mit Wirkung v. 1. 3. 2012.
3) **Anm. d. Red.:** § 254b eingefügt gem. Gesetz v. 7. 12. 2011 (BGBl I S. 2582) mit Wirkung v. 1. 3. 2012.

(2) Wird vor vollständiger Erfüllung des Plans über das Vermögen des Schuldners ein neues Insolvenzverfahren eröffnet, so ist die Stundung oder der Erlass für alle Insolvenzgläubiger hinfällig.

(3) ¹Im Plan kann etwas anderes vorgesehen werden. ²Jedoch kann von Absatz 1 nicht zum Nachteil des Schuldners abgewichen werden.

§ 256 Streitige Forderungen. Ausfallforderungen

(1) ¹Ist eine Forderung im Prüfungstermin bestritten worden oder steht die Höhe der Ausfallforderung eines absonderungsberechtigten Gläubigers noch nicht fest, so ist ein Rückstand mit der Erfüllung des Insolvenzplans im Sinne des § 255 Abs. 1 nicht anzunehmen, wenn der Schuldner die Forderung bis zur endgültigen Feststellung ihrer Höhe in dem Ausmaß berücksichtigt, das der Entscheidung des Insolvenzgerichts über das Stimmrecht des Gläubigers bei der Abstimmung über den Plan entspricht. ²Ist keine Entscheidung über das Stimmrecht getroffen worden, so hat das Gericht auf Antrag des Schuldners oder des Gläubigers nachträglich festzustellen, in welchem Ausmaß der Schuldner vorläufig die Forderung zu berücksichtigen hat.

(2) ¹Ergibt die endgültige Feststellung, dass der Schuldner zuwenig gezahlt hat, so hat er das Fehlende nachzuzahlen. ²Ein erheblicher Rückstand mit der Erfüllung des Plans ist erst anzunehmen, wenn der Schuldner das Fehlende nicht nachzahlt, obwohl der Gläubiger ihn schriftlich gemahnt und ihm dabei eine mindestens zweiwöchige Nachfrist gesetzt hat.

(3) Ergibt die endgültige Feststellung, dass der Schuldner zuviel gezahlt hat, so kann er den Mehrbetrag nur insoweit zurückfordern, als dieser auch den nicht fälligen Teil der Forderung übersteigt, die dem Gläubiger nach dem Insolvenzplan zusteht.

§ 257 Vollstreckung aus dem Plan

(1) ¹Aus dem rechtskräftig bestätigten Insolvenzplan in Verbindung mit der Eintragung in die Tabelle können die Insolvenzgläubiger, deren Forderungen festgestellt und nicht vom Schuldner im Prüfungstermin bestritten worden sind, wie aus einem vollstreckbaren Urteil die Zwangsvollstreckung gegen den Schuldner betreiben. ²Einer nicht bestrittenen Forderung steht eine Forderung gleich, bei der ein erhobener Widerspruch beseitigt ist. ³§ 202 gilt entsprechend.

(2) Gleiches gilt für die Zwangsvollstreckung gegen einen Dritten, der durch eine dem Insolvenzgericht eingereichte schriftliche Erklärung für die Erfüllung des Plans neben dem Schuldner ohne Vorbehalt der Einrede der Vorausklage Verpflichtungen übernommen hat.

(3) Macht ein Gläubiger die Rechte geltend, die ihm im Falle eines erheblichen Rückstands des Schuldners mit der Erfüllung des Plans zustehen, so hat er zur Erteilung der Vollstreckungsklausel für diese Rechte und zur Durchführung der Vollstreckung die Mahnung und den Ablauf der Nachfrist glaubhaft zu machen, jedoch keinen weiteren Beweis für den Rückstand des Schuldners zu führen.

§ 258 Aufhebung des Insolvenzverfahrens[1]

(1) Sobald die Bestätigung des Insolvenzplans rechtskräftig ist und der Insolvenzplan nicht etwas anderes vorsieht, beschließt das Insolvenzgericht die Aufhebung des Insolvenzverfahrens.

(2) ¹Vor der Aufhebung hat der Verwalter die unstreitigen fälligen Masseansprüche zu berichtigen und für die streitigen oder nicht fälligen Sicherheit zu leisten. ²Für die nicht fälligen Masseansprüche kann auch ein Finanzplan vorgelegt werden, aus dem sich ergibt, dass ihre Erfüllung gewährleistet ist.

(3) ¹Der Beschluss enthält den Zeitpunkt der Aufhebung, der frühestens zwei Tage nach der Beschlussfassung liegen soll. ²Der Beschluss und der Grund der Aufhebung sind öffentlich bekanntzumachen. ³Der Schuldner, der Insolvenzverwalter und die Mitglieder des Gläubigerausschusses sind vorab über den Zeitpunkt der Aufhebung zu unterrichten. ⁴Die §§ 31 bis 33 gelten

---

1) **Anm. d. Red.:** § 258 i. d. F. des Gesetzes v. 22.12.2020 (BGBl I S. 3256) mit Wirkung v. 1.1.2021.

entsprechend. ⁵Ist der Zeitpunkt der Aufhebung nicht angegeben, wird die Aufhebung wirksam, sobald nach dem Tag der Veröffentlichung zwei weitere Tage verstrichen sind.

§ 259 Wirkungen der Aufhebung

(1) ¹Mit der Aufhebung des Insolvenzverfahrens erlöschen die Ämter des Insolvenzverwalters und der Mitglieder des Gläubigerausschusses. ²Der Schuldner erhält das Recht zurück, über die Insolvenzmasse frei zu verfügen.

(2) Die Vorschriften über die Überwachung der Planerfüllung bleiben unberührt.

(3) ¹Einen anhängigen Rechtsstreit, der die Insolvenzanfechtung zum Gegenstand hat, kann der Verwalter auch nach der Aufhebung des Verfahrens fortführen, wenn dies im gestaltenden Teil des Plans vorgesehen ist. ²In diesem Fall wird der Rechtsstreit für Rechnung des Schuldners geführt, wenn im Plan keine abweichende Regelung getroffen wird.

§ 259a Vollstreckungsschutz[1)]

(1) ¹Gefährden nach der Aufhebung des Verfahrens Zwangsvollstreckungen einzelner Insolvenzgläubiger, die ihre Forderungen bis zum Abstimmungstermin nicht angemeldet haben, die Durchführung des Insolvenzplans, kann das Insolvenzgericht auf Antrag des Schuldners eine Maßnahme der Zwangsvollstreckung ganz oder teilweise aufheben oder längstens für drei Jahre untersagen. ²Der Antrag ist nur zulässig, wenn der Schuldner die tatsächlichen Behauptungen, die die Gefährdung begründen, glaubhaft macht.

(2) Ist die Gefährdung glaubhaft gemacht, kann das Gericht die Zwangsvollstreckung auch einstweilen einstellen.

(3) Das Gericht hebt seinen Beschluss auf Antrag auf oder ändert ihn ab, wenn dies mit Rücksicht auf eine Änderung der Sachlage geboten ist.

§ 259b Besondere Verjährungsfrist[2)]

(1) Die Forderung eines Insolvenzgläubigers, die nicht bis zum Abstimmungstermin angemeldet worden ist, verjährt in einem Jahr.

(2) Die Verjährungsfrist beginnt, wenn die Forderung fällig und der Beschluss rechtskräftig ist, durch den der Insolvenzplan bestätigt wurde.

(3) Die Absätze 1 und 2 sind nur anzuwenden, wenn dadurch die Verjährung einer Forderung früher vollendet wird als bei Anwendung der ansonsten geltenden Verjährungsvorschriften.

(4) ¹Die Verjährung einer Forderung eines Insolvenzgläubigers ist gehemmt, solange wegen Vollstreckungsschutzes nach § 259a nicht vollstreckt werden darf. ²Die Hemmung endet drei Monate nach Beendigung des Vollstreckungsschutzes.

§ 260 Überwachung der Planerfüllung

(1) Im gestaltenden Teil des Insolvenzplans kann vorgesehen werden, dass die Erfüllung des Plans überwacht wird.

(2) Im Falle des Absatzes 1 wird nach der Aufhebung des Insolvenzverfahrens überwacht, ob die Ansprüche erfüllt werden, die den Gläubigern nach dem gestaltenden Teil gegen den Schuldner zustehen.

(3) Wenn dies im gestaltenden Teil vorgesehen ist, erstreckt sich die Überwachung auf die Erfüllung der Ansprüche, die den Gläubigern nach dem gestaltenden Teil gegen eine juristische Person oder Gesellschaft ohne Rechtspersönlichkeit zustehen, die nach der Eröffnung des Insolvenzverfahrens gegründet worden ist, um das Unternehmen oder einen Betrieb des Schuldners zu übernehmen und weiterzuführen (Übernahmegesellschaft).

---

1) **Anm. d. Red.:** § 259a eingefügt gem. Gesetz v. 7. 12. 2011 (BGBl I S. 2582) mit Wirkung v. 1. 3. 2012.
2) **Anm. d. Red.:** § 259b eingefügt gem. Gesetz v. 7. 12. 2011 (BGBl I S. 2582) mit Wirkung v. 1. 3. 2012.

§ 261 Aufgaben und Befugnisse des Insolvenzverwalters

(1) ¹Die Überwachung ist Aufgabe des Insolvenzverwalters. ²Die Ämter des Verwalters und der Mitglieder des Gläubigerausschusses und die Aufsicht des Insolvenzgerichts bestehen insoweit fort. ³§ 22 Abs. 3 gilt entsprechend.

(2) ¹Während der Zeit der Überwachung hat der Verwalter dem Gläubigerausschuss, wenn ein solcher bestellt ist, und dem Gericht jährlich über den jeweiligen Stand und die weiteren Aussichten der Erfüllung des Insolvenzplans zu berichten. ²Unberührt bleibt das Recht des Gläubigerausschusses und des Gerichts, jederzeit einzelne Auskünfte oder einen Zwischenbericht zu verlangen.

§ 262 Anzeigepflicht des Insolvenzverwalters

¹Stellt der Insolvenzverwalter fest, dass Ansprüche, deren Erfüllung überwacht wird, nicht erfüllt werden oder nicht erfüllt werden können, so hat er dies unverzüglich dem Gläubigerausschuss und dem Insolvenzgericht anzuzeigen. ²Ist ein Gläubigerausschuss nicht bestellt, so hat der Verwalter an dessen Stelle alle Gläubiger zu unterrichten, denen nach dem gestaltenden Teil des Insolvenzplans Ansprüche gegen den Schuldner oder die Übernahmegesellschaft zustehen.

§ 263 Zustimmungsbedürftige Geschäfte

¹Im gestaltenden Teil des Insolvenzplans kann vorgesehen werden, dass bestimmte Rechtsgeschäfte des Schuldners oder der Übernahmegesellschaft während der Zeit der Überwachung nur wirksam sind, wenn der Insolvenzverwalter ihnen zustimmt. ²§ 81 Abs. 1 und § 82 gelten entsprechend.

§ 264 Kreditrahmen

(1) ¹Im gestaltenden Teil des Insolvenzplans kann vorgesehen werden, dass die Insolvenzgläubiger nachrangig sind gegenüber Gläubigern mit Forderungen aus Darlehen und sonstigen Krediten, die der Schuldner oder die Übernahmegesellschaft während der Zeit der Überwachung aufnimmt oder die ein Massegläubiger in die Zeit der Überwachung hinein stehen lässt. ²In diesem Fall ist zugleich ein Gesamtbetrag für derartige Kredite festzulegen (Kreditrahmen). ³Dieser darf den Wert der Vermögensgegenstände nicht übersteigen, die in der Vermögensübersicht des Plans (§ 229 Satz 1) aufgeführt sind.

(2) Der Nachrang der Insolvenzgläubiger gemäß Absatz 1 besteht nur gegenüber Gläubigern, mit denen vereinbart wird, dass und in welcher Höhe der von ihnen gewährte Kredit nach Hauptforderung, Zinsen und Kosten innerhalb des Kreditrahmens liegt, und gegenüber denen der Insolvenzverwalter diese Vereinbarung schriftlich bestätigt.

(3) § 39 Abs. 1 Nr. 5 bleibt unberührt.

§ 265 Nachrang von Neugläubigern

¹Gegenüber den Gläubigern mit Forderungen aus Krediten, die nach Maßgabe des § 264 aufgenommen oder stehen gelassen werden, sind nachrangig auch die Gläubiger mit sonstigen vertraglichen Ansprüchen, die während der Zeit der Überwachung begründet werden. ²Als solche Ansprüche gelten auch die Ansprüche aus einem vor der Überwachung vertraglich begründeten Dauerschuldverhältnis für die Zeit nach dem ersten Termin, zu dem der Gläubiger nach Beginn der Überwachung kündigen konnte.

§ 266 Berücksichtigung des Nachrangs

(1) Der Nachrang der Insolvenzgläubiger und der in § 265 bezeichneten Gläubiger wird nur in einem Insolvenzverfahren berücksichtigt, das vor der Aufhebung der Überwachung eröffnet wird.

(2) In diesem neuen Insolvenzverfahren gehen diese Gläubiger den übrigen nachrangigen Gläubigern im Range vor.

§ 267 Bekanntmachung der Überwachung

(1) Wird die Erfüllung des Insolvenzplans überwacht, so ist dies zusammen mit dem Beschluss über die Aufhebung des Insolvenzverfahrens öffentlich bekannt zu machen.

(2) Ebenso ist bekannt zu machen:
1. im Falle des § 260 Abs. 3 die Erstreckung der Überwachung auf die Übernahmegesellschaft;
2. im Falle des § 263, welche Rechtsgeschäfte an die Zustimmung des Insolvenzverwalters gebunden werden;
3. im Falle des § 264, in welcher Höhe ein Kreditrahmen vorgesehen ist.

(3) ¹§ 31 gilt entsprechend. ²Soweit im Falle des § 263 das Recht zur Verfügung über ein Grundstück, ein eingetragenes Schiff, Schiffsbauwerk oder Luftfahrzeug, ein Recht an einem solchen Gegenstand oder ein Recht an einem solchen Recht beschränkt wird, gelten die §§ 32 und 33 entsprechend.

§ 268 Aufhebung der Überwachung

(1) Das Insolvenzgericht beschließt die Aufhebung der Überwachung,
1. wenn die Ansprüche, deren Erfüllung überwacht wird, erfüllt sind oder die Erfüllung dieser Ansprüche gewährleistet ist oder
2. wenn seit der Aufhebung des Insolvenzverfahrens drei Jahre verstrichen sind und kein Antrag auf Eröffnung eines neuen Insolvenzverfahrens vorliegt.

(2) ¹Der Beschluss ist öffentlich bekannt zu machen. ²§ 267 Abs. 3 gilt entsprechend.

§ 269 Kosten der Überwachung

¹Die Kosten der Überwachung trägt der Schuldner. ²Im Falle des § 260 Abs. 3 trägt die Übernahmegesellschaft die durch ihre Überwachung entstehenden Kosten.

Siebter Teil: Koordinierung der Verfahren von Schuldnern, die derselben Unternehmensgruppe angehören[1]

Erster Abschnitt: Allgemeine Bestimmungen[2]

§ 269a Zusammenarbeit der Insolvenzverwalter[3]

¹Die Insolvenzverwalter gruppenangehöriger Schuldner sind untereinander zur Unterrichtung und Zusammenarbeit verpflichtet, soweit hierdurch nicht die Interessen der Beteiligten des Verfahrens beeinträchtigt werden, für das sie bestellt sind. ²Insbesondere haben sie auf Anforderung unverzüglich alle Informationen mitzuteilen, die für das andere Verfahren von Bedeutung sein können.

§ 269b Zusammenarbeit der Gerichte[4]

¹Werden die Insolvenzverfahren über das Vermögen von gruppenangehörigen Schuldnern bei verschiedenen Insolvenzgerichten geführt, sind die Gerichte zur Zusammenarbeit und insbeson-

---

1) **Anm. d. Red.:** Siebter Teil eingefügt gem. Gesetz v. 13. 4. 2017 (BGBl I S. 886) mit Wirkung v. 21. 4. 2018.
2) **Anm. d. Red.:** Erster Abschnitt eingefügt gem. Gesetz v. 13. 4. 2017 (BGBl I S. 886) mit Wirkung v. 21. 4. 2018.
3) **Anm. d. Red.:** § 269a eingefügt gem. Gesetz v. 13. 4. 2017 (BGBl I S. 886) mit Wirkung v. 21. 4. 2018.
4) **Anm. d. Red.:** § 269b eingefügt gem. Gesetz v. 13. 4. 2017 (BGBl I S. 886) mit Wirkung v. 21. 4. 2018.

dere zum Austausch der Informationen verpflichtet, die für das andere Verfahren von Bedeutung sein können. ²Dies gilt insbesondere für:
1. die Anordnung von Sicherungsmaßnahmen,
2. die Eröffnung des Verfahrens,
3. die Bestellung eines Insolvenzverwalters,
4. wesentliche verfahrensleitende Entscheidungen,
5. den Umfang der Insolvenzmasse und
6. die Vorlage von Insolvenzplänen sowie sonstige Maßnahmen zur Beendigung des Insolvenzverfahrens.

§ 269c Zusammenarbeit der Gläubigerausschüsse[1]

(1) ¹Auf Antrag eines Gläubigerausschusses, der in einem Verfahren über das Vermögen eines gruppenangehörigen Schuldners bestellt ist, kann das Gericht des Gruppen-Gerichtsstands nach Anhörung der anderen Gläubigerausschüsse einen Gruppen-Gläubigerausschuss einsetzen. ²Jeder Gläubigerausschuss oder vorläufige Gläubigerausschuss eines gruppenangehörigen Schuldners, der nicht von offensichtlich untergeordneter Bedeutung für die gesamte Unternehmensgruppe ist, stellt ein Mitglied des Gruppen-Gläubigerausschusses. ³Ein weiteres Mitglied dieses Ausschusses wird aus dem Kreis der Vertreter der Arbeitnehmer bestimmt.

(2) ¹Der Gruppen-Gläubigerausschuss unterstützt die Insolvenzverwalter und die Gläubigerausschüsse in den einzelnen Verfahren, um eine abgestimmte Abwicklung dieser Verfahren zu erleichtern. ²Die §§ 70 bis 73 gelten entsprechend. ³Hinsichtlich der Vergütung gilt die Tätigkeit als Mitglied im Gruppen-Gläubigerausschuss als Tätigkeit in dem Gläubigerausschuss, den das Mitglied im Gruppen-Gläubigerausschuss vertritt.

(3) Dem Gläubigerausschuss steht in den Fällen der Absätze 1 und 2 ein vorläufiger Gläubigerausschuss gleich.

Zweiter Abschnitt: Koordinationsverfahren[2]

§ 269d Koordinationsgericht[3]

(1) Wird über die Vermögen von gruppenangehörigen Schuldnern die Eröffnung von Insolvenzverfahren beantragt oder wurden solche Verfahren eröffnet, kann das für die Eröffnung von Gruppen-Folgeverfahren zuständige Gericht (Koordinationsgericht) auf Antrag ein Koordinationsverfahren einleiten.

(2) ¹Antragsberechtigt ist jeder gruppenangehörige Schuldner. ²§ 3a Absatz 3 findet entsprechende Anwendung. ³Antragsberechtigt ist auch jeder Gläubigerausschuss oder vorläufige Gläubigerausschuss eines gruppenangehörigen Schuldners auf der Grundlage eines einstimmigen Beschlusses.

§ 269e Verfahrenskoordinator[4]

(1) ¹Das Koordinationsgericht bestellt eine von den gruppenangehörigen Schuldnern und deren Gläubigern unabhängige Person zum Verfahrenskoordinator. ²Die zu bestellende Person soll von den Insolvenzverwaltern und Sachwaltern der gruppenangehörigen Schuldner unabhängig sein. ³Die Bestellung eines gruppenangehörigen Schuldners ist ausgeschlossen.

---

1) **Anm. d. Red.:** § 269c eingefügt gem. Gesetz v. 13. 4. 2017 (BGBl I S. 886) mit Wirkung v. 21. 4. 2018.
2) **Anm. d. Red.:** Zweiter Abschnitt eingefügt gem. Gesetz v. 13. 4. 2017 (BGBl I S. 886) mit Wirkung v. 21. 4. 2018.
3) **Anm. d. Red.:** § 269d eingefügt gem. Gesetz v. 13. 4. 2017 (BGBl I S. 886) mit Wirkung v. 21. 4. 2018.
4) **Anm. d. Red.:** § 269e eingefügt gem. Gesetz v. 13. 4. 2017 (BGBl I S. 886) mit Wirkung v. 21. 4. 2018.

(2) Vor der Bestellung des Verfahrenskoordinators gibt das Koordinationsgericht einem bestellten Gruppen-Gläubigerausschuss Gelegenheit, sich zu der Person des Verfahrenskoordinators und den an ihn zu stellenden Anforderungen zu äußern.

§ 269f Aufgaben und Rechtsstellung des Verfahrenskoordinators[1)]

(1) ¹Der Verfahrenskoordinator hat für eine abgestimmte Abwicklung der Verfahren über die gruppenangehörigen Schuldner zu sorgen, soweit dies im Interesse der Gläubiger liegt. ²Zu diesem Zweck kann er insbesondere einen Koordinationsplan vorlegen. ³Er kann diesen in den jeweiligen Gläubigerversammlungen erläutern oder durch eine von ihm bevollmächtigte Person erläutern lassen.

(2) ¹Die Insolvenzverwalter und vorläufigen Insolvenzverwalter der gruppenangehörigen Schuldner sind zur Zusammenarbeit mit dem Verfahrenskoordinator verpflichtet. ²Sie haben ihm auf Aufforderung insbesondere die Informationen mitzuteilen, die er für eine zweckentsprechende Ausübung seiner Tätigkeit benötigt.

(3) Soweit in diesem Teil nichts anderes bestimmt ist, gelten für die Bestellung des Verfahrenskoordinators, für die Aufsicht durch das Insolvenzgericht sowie für die Haftung und Vergütung § 27 Absatz 2 Nummer 4 und die §§ 56 bis 60, 62 bis 65 entsprechend.

§ 269g Vergütung des Verfahrenskoordinators[2)]

(1) ¹Der Verfahrenskoordinator hat Anspruch auf Vergütung für seine Tätigkeit und auf Erstattung angemessener Auslagen. ²Der Regelsatz der Vergütung wird nach dem Wert der zusammengefassten Insolvenzmassen der in das Koordinationsverfahren einbezogenen Verfahren über gruppenangehörige Schuldner berechnet. ³Dem Umfang und der Schwierigkeit der Koordinationsaufgabe wird durch Abweichungen vom Regelsatz Rechnung getragen. ⁴Die §§ 64 und 65 gelten entsprechend.

(2) Die Vergütung des Verfahrenskoordinators ist anteilig aus den Insolvenzmassen der gruppenangehörigen Schuldner zu berichten, wobei im Zweifel das Verhältnis des Werts der einzelnen Massen zueinander maßgebend ist.

§ 269h Koordinationsplan[3)]

(1) ¹Zur abgestimmten Abwicklung der Insolvenzverfahren über das Vermögen von gruppenangehörigen Schuldnern können der Verfahrenskoordinator und, wenn ein solcher noch nicht bestellt ist, die Insolvenzverwalter der gruppenangehörigen Schuldner gemeinsam dem Koordinationsgericht einen Koordinationsplan zur Bestätigung vorlegen. ²Der Koordinationsplan bedarf der Zustimmung eines bestellten Gruppen-Gläubigerausschusses. ³Das Gericht weist den Plan von Amts wegen zurück, wenn die Vorschriften über das Recht zur Vorlage, den Inhalt des Plans oder über die verfahrensmäßige Behandlung nicht beachtet worden sind und die Vorlegenden den Mangel nicht beheben können oder innerhalb einer angemessenen vom Gericht gesetzten Frist nicht beheben.

(2) ¹In dem Koordinationsplan können alle Maßnahmen beschrieben werden, die für eine abgestimmte Abwicklung der Verfahren sachdienlich sind. ²Insbesondere kann der Plan Vorschläge enthalten:
1. zur Wiederherstellung der wirtschaftlichen Leistungsfähigkeit der einzelnen gruppenangehörigen Schuldner und der Unternehmensgruppe,
2. zur Beilegung gruppeninterner Streitigkeiten,
3. zu vertraglichen Vereinbarungen zwischen den Insolvenzverwaltern.

---

1) **Anm. d. Red.:** § 269f i. d. F. des Gesetzes v. 22.12.2020 (BGBl I S. 3256) mit Wirkung v. 1.1.2021.
2) **Anm. d. Red.:** § 269g eingefügt gem. Gesetz v. 13. 4. 2017 (BGBl I S. 886) mit Wirkung v. 21. 4. 2018.
3) **Anm. d. Red.:** § 269h eingefügt gem. Gesetz v. 13. 4. 2017 (BGBl I S. 886) mit Wirkung v. 21. 4. 2018.

(3) ¹Gegen den Beschluss, durch den die Bestätigung des Koordinationsplans versagt wird, steht jedem Vorlegenden die sofortige Beschwerde zu. ²Die übrigen Vorlegenden sind in dem Verfahren zuzuziehen.

§ 269i Abweichungen vom Koordinationsplan[1]

(1) ¹Der Insolvenzverwalter eines gruppenangehörigen Schuldners hat im Berichtstermin den Koordinationsplan zu erläutern, wenn dies nicht durch den Verfahrenskoordinator oder eine von diesem bevollmächtigte Person erfolgt. ²Der Insolvenzverwalter hat im Anschluss an die Erläuterung zu begründen, von welchen im Plan beschriebenen Maßnahmen er abweichen will. ³Liegt zum Zeitpunkt des Berichtstermins noch kein Koordinationsplan vor, so kommt der Insolvenzverwalter seinen Pflichten nach den Sätzen 1 und 2 in einer Gläubigerversammlung nach, für die das Insolvenzgericht alsbald einen Termin bestimmt.

(2) Auf Beschluss der Gläubigerversammlung ist der Koordinationsplan einem vom Insolvenzverwalter auszuarbeitenden Insolvenzplan zugrunde zu legen.

Achter Teil: Eigenverwaltung[2]

§ 270 Grundsatz[3]

(1) ¹Der Schuldner ist berechtigt, unter der Aufsicht eines Sachwalters die Insolvenzmasse zu verwalten und über sie zu verfügen, wenn das Insolvenzgericht in dem Beschluss über die Eröffnung des Insolvenzverfahrens die Eigenverwaltung anordnet. ²Für das Verfahren gelten die allgemeinen Vorschriften, soweit in diesem Teil nichts anderes bestimmt ist.

(2) Die Vorschriften dieses Teils sind auf Verbraucherinsolvenzverfahren nach § 304 nicht anzuwenden.

§ 270a Antrag; Eigenverwaltungsplanung[4]

(1) Der Schuldner fügt dem Antrag auf Anordnung der Eigenverwaltung eine Eigenverwaltungsplanung bei, welche umfasst:
1. einen Finanzplan, der den Zeitraum von sechs Monaten abdeckt und eine fundierte Darstellung der Finanzierungsquellen enthält, durch welche die Fortführung des gewöhnlichen Geschäftsbetriebes und die Deckung der Kosten des Verfahrens in diesem Zeitraum sichergestellt werden soll,
2. ein Konzept für die Durchführung des Insolvenzverfahrens, welches auf Grundlage einer Darstellung von Art, Ausmaß und Ursachen der Krise das Ziel der Eigenverwaltung und die Maßnahmen beschreibt, welche zur Erreichung des Ziels in Aussicht genommen werden,
3. eine Darstellung des Stands von Verhandlungen mit Gläubigern, den am Schuldner beteiligten Personen und Dritten zu den in Aussicht genommenen Maßnahmen,
4. eine Darstellung der Vorkehrungen, die der Schuldner getroffen hat, um seine Fähigkeit sicherzustellen, insolvenzrechtliche Pflichten zu erfüllen, und
5. eine begründete Darstellung etwaiger Mehr- oder Minderkosten, die im Rahmen der Eigenverwaltung im Vergleich zu einem Regelverfahren und im Verhältnis zur Insolvenzmasse voraussichtlich anfallen werden.

(2) Des Weiteren hat der Schuldner zu erklären,

---

1) **Anm. d. Red.:** § 269i eingefügt gem. Gesetz v. 13. 4. 2017 (BGBl I S. 886) mit Wirkung v. 21. 4. 2018.

2) **Anm. d. Red.:** Bisheriger Siebter Teil zu neuem Achten Teil geworden gem. Gesetz v. 13. 4. 2017 (BGBl I S. 886) mit Wirkung v. 21. 4. 2018.

3) **Anm. d. Red.:** § 270 i. d. F. des Gesetzes v. 22.12.2020 (BGBl I S. 3256) mit Wirkung v. 1.1.2021.

4) **Anm. d. Red.:** § 270a i. d. F. des Gesetzes v. 22.12.2020 (BGBl I S. 3256) mit Wirkung v. 1.1.2021.

XIV. Insolvenzordnung **§§ 270b, 270c**

1. ob, in welchem Umfang und gegenüber welchen Gläubigern er sich mit der Erfüllung von Verbindlichkeiten aus Arbeitsverhältnissen, Pensionszusagen oder dem Steuerschuldverhältnis, gegenüber Sozialversicherungsträgern oder Lieferanten in Verzug befindet,
2. ob und in welchen Verfahren zu seinen Gunsten innerhalb der letzten drei Jahre vor dem Antrag Vollstreckungs- oder Verwertungssperren nach diesem Gesetz oder nach dem Unternehmensstabilisierungs- und -restrukturierungsgesetz angeordnet wurden und
3. ob er für die letzten drei Geschäftsjahre seinen Offenlegungspflichten, insbesondere nach den §§ 325 bis 328 oder 339 des Handelsgesetzbuchs nachgekommen ist.

§ 270b Anordnung der vorläufigen Eigenverwaltung[1)]

(1) ¹Das Gericht bestellt einen vorläufigen Sachwalter, auf den die §§ 274 und 275 anzuwenden sind (vorläufige Eigenverwaltung), wenn
1. die Eigenverwaltungsplanung des Schuldners vollständig und schlüssig ist und
2. keine Umstände bekannt sind, aus denen sich ergibt, dass die Eigenverwaltungsplanung in wesentlichen Punkten auf unzutreffenden Tatsachen beruht.

²Weist die Eigenverwaltungsplanung behebbare Mängel auf, kann das Gericht die vorläufige Eigenverwaltung einstweilen anordnen; in diesem Fall setzt es dem Schuldner eine Frist zur Nachbesserung, die 20 Tage nicht übersteigt.

(2) Sind nach dem gemäß § 270a Absatz 1 Nummer 1 übermittelten Finanzplan die Kosten der Eigenverwaltung und der Fortführung des gewöhnlichen Geschäftsbetriebs nicht gedeckt, übersteigen die nach § 270a Absatz 1 Nummer 5 ausgewiesenen voraussichtlichen Kosten der Eigenverwaltung in wesentlicher Weise die voraussichtlichen Kosten des Regelverfahrens oder sind Umstände bekannt, aus denen sich ergibt, dass
1. Zahlungsrückstände gegenüber Arbeitnehmern oder erhebliche Zahlungsrückstände gegenüber den weiteren in § 270a Absatz 2 Nummer 1 genannten Gläubigern bestehen,
2. zugunsten des Schuldners in den letzten drei Jahren vor der Stellung des Antrags Vollstreckungs- oder Verwertungssperren nach diesem Gesetz oder nach dem Unternehmensstabilisierungs- und -restrukturierungsgesetz angeordnet worden sind oder
3. der Schuldner in einem der letzten drei Jahre vor der Antragstellung gegen die Offenlegungsverpflichtungen, insbesondere nach den §§ 325 bis 328 oder 339 des Handelsgesetzbuchs verstoßen hat,

erfolgt die Bestellung des vorläufigen Sachwalters nur, wenn trotz dieser Umstände zu erwarten ist, dass der Schuldner bereit und in der Lage ist, seine Geschäftsführung an den Interessen der Gläubiger auszurichten.

(3) ¹Einem vorläufigen Gläubigerausschuss ist vor Erlass der Entscheidung nach Absatz 2 Gelegenheit zur Äußerung zu geben. ²Ohne Äußerung des Gläubigerausschusses darf eine Entscheidung nur ergehen, wenn seit der Antragstellung zwei Werktage vergangen sind oder wenn offensichtlich mit nachteiligen Veränderungen der Vermögenslage des Schuldners zu rechnen ist, die sich nicht anders als durch Bestellung eines vorläufigen Insolvenzverwalters abwenden lassen. ³An einen die vorläufige Eigenverwaltung unterstützenden einstimmigen Beschluss des vorläufigen Gläubigerausschusses ist das Gericht gebunden. ⁴Stimmt der vorläufige Gläubigerausschuss einstimmig gegen die vorläufige Eigenverwaltung, unterbleibt die Anordnung.

(4) ¹Bestellt das Gericht einen vorläufigen Insolvenzverwalter, sind die Gründe hierfür schriftlich darzulegen. ²§ 27 Absatz 2 Nummer 4 gilt entsprechend.

§ 270c Vorläufiges Eigenverwaltungsverfahren[2)]

(1) Das Gericht kann den vorläufigen Sachwalter beauftragen, Bericht zu erstatten über

---
1) **Anm. d. Red.:** § 270b i. d. F. des Gesetzes v. 22.12.2020 (BGBl I S. 3256) mit Wirkung v. 1.1.2021.
2) **Anm. d. Red.:** § 270c i. d. F. des Gesetzes v. 22.12.2020 (BGBl I S. 3256) mit Wirkung v. 1.1.2021.

1. die vom Schuldner vorgelegte Eigenverwaltungsplanung, insbesondere, ob diese von den erkannten und erkennbaren tatsächlichen Gegebenheiten ausgeht, schlüssig ist und durchführbar erscheint,
2. die Vollständigkeit und Geeignetheit der Rechnungslegung und Buchführung als Grundlage für die Eigenverwaltungsplanung, insbesondere für die Finanzplanung,
3. das Bestehen von Haftungsansprüchen des Schuldners gegen amtierende oder ehemalige Mitglieder der Organe.

(2) Der Schuldner hat dem Gericht und dem vorläufigen Sachwalter unverzüglich wesentliche Änderungen mitzuteilen, welche die Eigenverwaltungsplanung betreffen.

(3) ¹Das Gericht kann vorläufige Maßnahmen nach § 21 Absatz 1 und 2 Satz 1 Nummer 1a, 3 bis 5 anordnen. ²Ordnet das Gericht die vorläufige Eigenverwaltung nach § 270b Absatz 1 Satz 2 an, kann es zudem anordnen, dass Verfügungen des Schuldners der Zustimmung durch den vorläufigen Sachwalter bedürfen.

(4) ¹Auf Antrag des Schuldners hat das Gericht anzuordnen, dass der Schuldner Masseverbindlichkeiten begründet. ²Soll sich die Ermächtigung auf Verbindlichkeiten erstrecken, die im Finanzplan nicht berücksichtigt sind, bedarf dies einer besonderen Begründung. ³§ 55 Absatz 2 gilt entsprechend.

(5) Hat der Schuldner den Eröffnungsantrag bei drohender Zahlungsunfähigkeit gestellt und die Eigenverwaltung beantragt, sieht das Gericht jedoch die Voraussetzungen der Eigenverwaltung als nicht gegeben an, so hat es seine Bedenken dem Schuldner mitzuteilen und diesem Gelegenheit zu geben, den Eröffnungsantrag vor der Entscheidung über die Eröffnung zurückzunehmen.

§ 270d Vorbereitung einer Sanierung; Schutzschirm[1]

(1) ¹Hat der Schuldner mit dem Antrag eine mit Gründen versehene Bescheinigung eines in Insolvenzsachen erfahrenen Steuerberaters, Wirtschaftsprüfers oder Rechtsanwalts oder einer Person mit vergleichbarer Qualifikation vorgelegt, aus der sich ergibt, dass drohende Zahlungsunfähigkeit oder Überschuldung, aber keine Zahlungsunfähigkeit vorliegt und die angestrebte Sanierung nicht offensichtlich aussichtslos ist, so bestimmt das Insolvenzgericht auf Antrag des Schuldners eine Frist zur Vorlage eines Insolvenzplans. ²Die Frist darf höchstens drei Monate betragen.

(2) ¹Der Aussteller der Bescheinigung nach Absatz 1 darf nicht zum vorläufigen Sachwalter bestellt werden. ²Der Schuldner kann dem Gericht Vorschläge für die Person des vorläufigen Sachwalters unterbreiten. ³Das Gericht kann von einem Vorschlag des Schuldners nur abweichen, wenn die vorgeschlagene Person offensichtlich für die Übernahme des Amtes nicht geeignet ist; dies ist vom Gericht schriftlich zu begründen.

(3) Das Gericht hat Maßnahmen nach § 21 Absatz 2 Satz 1 Nummer 3 anzuordnen, wenn der Schuldner dies beantragt.

(4) ¹Der Schuldner oder der vorläufige Sachwalter haben dem Gericht den Eintritt der Zahlungsunfähigkeit unverzüglich anzuzeigen. ²Nach Aufhebung der Anordnung nach Absatz 1 oder nach Ablauf der Frist entscheidet das Gericht über die Eröffnung des Insolvenzverfahrens.

§ 270e Aufhebung der vorläufigen Eigenverwaltung[2]

(1) Die vorläufige Eigenverwaltung wird durch Bestellung eines vorläufigen Insolvenzverwalters aufgehoben, wenn

---

1) **Anm. d. Red.:** § 270d eingefügt gem. Gesetz v. 22.12.2020 (BGBl I S. 3256) mit Wirkung v. 1.1.2021.
2) **Anm. d. Red.:** § 270e eingefügt gem. Gesetz v. 22.12.2020 (BGBl I S. 3256) mit Wirkung v. 1.1.2021.

1. der Schuldner in schwerwiegender Weise gegen insolvenzrechtliche Pflichten verstößt oder sich auf sonstige Weise zeigt, dass er nicht bereit oder in der Lage ist, seine Geschäftsführung am Interesse der Gläubiger auszurichten, insbesondere, wenn sich erweist, dass
   a) der Schuldner die Eigenverwaltungsplanung in wesentlichen Punkten auf unzutreffende Tatsachen gestützt hat oder seinen Pflichten nach § 270c Absatz 2 nicht nachkommt,
   b) die Rechnungslegung und Buchführung so unvollständig oder mangelhaft sind, dass sie keine Beurteilung der Eigenverwaltungsplanung, insbesondere des Finanzplans, ermöglichen,
   c) Haftungsansprüche des Schuldners gegen amtierende oder ehemalige Mitglieder seiner Organe bestehen, deren Durchsetzung in der Eigenverwaltung erschwert werden könnte,
2. Mängel der Eigenverwaltungsplanung nicht innerhalb der gemäß § 270b Absatz 1 Satz 2 gesetzten Frist behoben werden,
3. die Erreichung des Eigenverwaltungsziels, insbesondere eine angestrebte Sanierung sich als aussichtslos erweist,
4. der vorläufige Sachwalter dies mit Zustimmung des vorläufigen Gläubigerausschusses oder der vorläufige Gläubigerausschuss dies beantragt,
5. der Schuldner dies beantragt.

(2) ¹Die vorläufige Eigenverwaltung wird durch Bestellung eines vorläufigen Insolvenzverwalters zudem aufgehoben, wenn ein absonderungsberechtigter Gläubiger oder Insolvenzgläubiger die Aufhebung beantragt und glaubhaft macht, dass die Voraussetzungen für eine Anordnung der vorläufigen Eigenverwaltung nicht vorliegen und ihm durch die Eigenverwaltung erhebliche Nachteile drohen. ²Vor der Entscheidung über den Antrag ist der Schuldner zu hören. ³Gegen die Entscheidung steht dem Gläubiger und dem Schuldner die sofortige Beschwerde zu.

(3) Zum vorläufigen Insolvenzverwalter kann der bisherige vorläufige Sachwalter bestellt werden.

(4) ¹Dem vorläufigen Gläubigerausschuss ist vor Erlass der Entscheidung nach Absatz 1 Nummer 1 oder 3 Gelegenheit zur Äußerung zu geben. ²§ 270b Absatz 3 Satz 2 gilt entsprechend. ³Bestellt das Gericht einen vorläufigen Insolvenzverwalter, sind die Gründe hierfür schriftlich darzulegen. ⁴§ 27 Absatz 2 Nummer 4 gilt entsprechend.

§ 270f Anordnung der Eigenverwaltung[1]

(1) Die Eigenverwaltung wird auf Antrag des Schuldners angeordnet, es sei denn, eine vorläufige Eigenverwaltung wäre nach § 270b nicht anzuordnen oder nach § 270e aufzuheben.

(2) ¹Anstelle eines Insolvenzverwalters wird ein Sachwalter bestellt. ²Die Forderungen der Insolvenzgläubiger sind beim Sachwalter anzumelden. ³Die §§ 32 und 33 sind nicht anzuwenden.

(3) § 270b Absatz 1 Satz 1, Absatz 2 und 3 ist entsprechend anzuwenden.

§ 270g Eigenverwaltung bei gruppenangehörigen Schuldnern[2]

¹Wird die Eigenverwaltung oder die vorläufige Eigenverwaltung bei einem gruppenangehörigen Schuldner angeordnet, unterliegt der Schuldner den Kooperationspflichten des § 269a. ²Dem eigenverwaltenden Schuldner stehen nach Verfahrenseröffnung die Antragsrechte nach § 3a Absatz 1, § 3d Absatz 2 und § 269d Absatz 2 Satz 2 zu.

---

1) **Anm. d. Red.:** § 270f eingefügt gem. Gesetz v. 22.12.2020 (BGBl I S. 3256) mit Wirkung v. 1.1.2021.
2) **Anm. d. Red.:** Bisheriger § 270d zu § 270g geworden gem. Gesetz v. 22.12.2020 (BGBl I S. 3256) mit Wirkung v. 1.1.2021.

§ 271 Nachträgliche Anordnung[1]

¹Beantragt die Gläubigerversammlung mit der in § 76 Absatz 2 genannten Mehrheit und der Mehrheit der abstimmenden Gläubiger die Eigenverwaltung, so ordnet das Gericht diese an, sofern der Schuldner zustimmt. ²Zum Sachwalter kann der bisherige Insolvenzverwalter bestellt werden.

§ 272 Aufhebung der Anordnung[2]

(1) Das Insolvenzgericht hebt die Anordnung der Eigenverwaltung auf, wenn

1. der Schuldner in schwerwiegender Weise gegen insolvenzrechtliche Pflichten verstößt oder sich auf sonstige Weise zeigt, dass er nicht bereit oder in der Lage ist, seine Geschäftsführung am Interesse der Gläubiger auszurichten; dies gilt auch dann, wenn sich erweist, dass

   a) der Schuldner die Eigenverwaltungsplanung in wesentlichen Punkten auf unzutreffende Tatsachen gestützt hat,

   b) die Rechnungslegung und Buchführung so unvollständig oder mangelhaft sind, dass sie keine Beurteilung der Eigenverwaltungsplanung, insbesondere des Finanzplans, ermöglichen,

   c) Haftungsansprüche des Schuldners gegen amtierende oder ehemalige Mitglieder des vertretungsberechtigten Organs bestehen, deren Durchsetzung in der Eigenverwaltung erschwert werden könnte,

2. die Erreichung des Eigenverwaltungsziels, insbesondere eine angestrebte Sanierung sich als aussichtslos erweist,

3. dies von der Gläubigerversammlung mit der in § 76 Absatz 2 genannten Mehrheit und der Mehrheit der abstimmenden Gläubiger beantragt wird,

4. dies von einem absonderungsberechtigten Gläubiger oder von einem Insolvenzgläubiger beantragt wird, die Voraussetzungen der Anordnung der Eigenverwaltung des § 270f Absatz 1 in Verbindung mit § 270b Absatz 1 Satz 1 weggefallen sind und dem Antragsteller durch die Eigenverwaltung erhebliche Nachteile drohen,

5. dies vom Schuldner beantragt wird.

(2) ¹Der Antrag eines Gläubigers ist nur zulässig, wenn die in Absatz 1 Nummer 4 genannten Voraussetzungen glaubhaft gemacht werden. ²Vor der Entscheidung über den Antrag ist der Schuldner zu hören. ³Gegen die Entscheidung steht dem Gläubiger und dem Schuldner die sofortige Beschwerde zu.

(3) Zum Insolvenzverwalter kann der bisherige Sachwalter bestellt werden.

§ 273 Öffentliche Bekanntmachung

Der Beschluss des Insolvenzgerichts, durch den nach der Eröffnung des Insolvenzverfahrens die Eigenverwaltung angeordnet oder die Anordnung aufgehoben wird, ist öffentlich bekannt zu machen.

§ 274 Rechtsstellung des Sachwalters[3]

(1) Für die Bestellung des Sachwalters, für die Aufsicht des Insolvenzgerichts sowie für die Haftung und die Vergütung des Sachwalters gelten § 27 Absatz 2 Nummer 4, § 54 Nummer 2 und die §§ 56 bis 60, 62 bis 65 entsprechend.

(2) ¹Der Sachwalter hat die wirtschaftliche Lage des Schuldners zu prüfen und die Geschäftsführung sowie die Ausgaben für die Lebensführung zu überwachen. ²Das Gericht kann anord-

---

1) **Anm. d. Red.:** § 271 i. d. F. des Gesetzes v. 7.12.2011 (BGBl I S. 2582) mit Wirkung v. 1.3.2012.
2) **Anm. d. Red.:** § 272 i. d. F. des Gesetzes v. 22.12.2020 (BGBl I S. 3256) mit Wirkung v. 1.1.2021.
3) **Anm. d. Red.:** § 274 i. d. F. des Gesetzes v. 22.12.2020 (BGBl I S. 3256) mit Wirkung v. 1.1.2021.

nen, dass der Sachwalter den Schuldner im Rahmen der Insolvenzgeldvorfinanzierung, der insolvenzrechtlichen Buchführung und der Verhandlungen mit Kunden und Lieferanten unterstützen kann. ³§ 22 Abs. 3 gilt entsprechend.

(3) ¹Stellt der Sachwalter Umstände fest, die erwarten lassen, dass die Fortsetzung der Eigenverwaltung zu Nachteilen für die Gläubiger führen wird, so hat er dies unverzüglich dem Gläubigerausschuss und dem Insolvenzgericht anzuzeigen. ²Ist ein Gläubigerausschuss nicht bestellt, so hat der Sachwalter an dessen Stelle die Insolvenzgläubiger, die Forderungen angemeldet haben, und die absonderungsberechtigten Gläubiger zu unterrichten.

§ 275 Mitwirkung des Sachwalters

(1) ¹Verbindlichkeiten, die nicht zum gewöhnlichen Geschäftsbetrieb gehören, soll der Schuldner nur mit Zustimmung des Sachwalters eingehen. ²Auch Verbindlichkeiten, die zum gewöhnlichen Geschäftsbetrieb gehören, soll er nicht eingehen, wenn der Sachwalter widerspricht.

(2) Der Sachwalter kann vom Schuldner verlangen, dass alle eingehenden Gelder nur vom Sachwalter entgegengenommen und Zahlungen nur vom Sachwalter geleistet werden.

§ 276 Mitwirkung des Gläubigerausschusses

¹Der Schuldner hat die Zustimmung des Gläubigerausschusses einzuholen, wenn er Rechtshandlungen vornehmen will, die für das Insolvenzverfahren von besonderer Bedeutung sind. ²§ 160 Abs. 1 Satz 2, Abs. 2, § 161 Satz 2 und § 164 gelten entsprechend.

§ 276a Mitwirkung der Überwachungsorgane[1]

(1) ¹Ist der Schuldner eine juristische Person oder eine Gesellschaft ohne Rechtspersönlichkeit, so haben der Aufsichtsrat, die Gesellschafterversammlung oder entsprechende Organe keinen Einfluss auf die Geschäftsführung des Schuldners. ²Die Abberufung und Neubestellung von Mitgliedern der Geschäftsleitung ist nur wirksam, wenn der Sachwalter zustimmt. ³Die Zustimmung ist zu erteilen, wenn die Maßnahme nicht zu Nachteilen für die Gläubiger führt.

(2) ¹Ist der Schuldner als juristische Person verfasst, so haften auch die Mitglieder des Vertretungsorgans nach Maßgabe der §§ 60 bis 62. ²Bei einer Gesellschaft ohne Rechtspersönlichkeit gilt dies für die zur Vertretung der Gesellschaft ermächtigten Gesellschafter. ³Ist kein zur Vertretung der Gesellschaft ermächtigter Gesellschafter eine natürliche Person, gilt dies für die organschaftlichen Vertreter der zur Vertretung ermächtigten Gesellschafter. ⁴Satz 3 gilt sinngemäß, wenn es sich bei den organschaftlichen Vertretern um Gesellschaften ohne Rechtspersönlichkeit handelt, bei denen keine natürliche Person zur organschaftlichen Vertretung ermächtigt ist, oder wenn sich die Verbindung von Gesellschaften in dieser Art fortsetzt.

(3) Die Absätze 1 und 2 finden im Zeitraum zwischen der Anordnung der vorläufigen Eigenverwaltung oder der Anordnung vorläufiger Maßnahmen nach § 270c Absatz 3 und der Verfahrenseröffnung entsprechende Anwendung.

§ 277 Anordnung der Zustimmungsbedürftigkeit

(1) ¹Auf Antrag der Gläubigerversammlung ordnet das Insolvenzgericht an, dass bestimmte Rechtsgeschäfte des Schuldners nur wirksam sind, wenn der Sachwalter ihnen zustimmt. ²§ 81 Abs. 1 Satz 2 und 3 und § 82 gelten entsprechend. ³Stimmt der Sachwalter der Begründung einer Masseverbindlichkeit zu, so gilt § 61 entsprechend.

(2) ¹Die Anordnung kann auch auf den Antrag eines absonderungsberechtigten Gläubigers oder eines Insolvenzgläubigers ergehen, wenn sie unaufschiebbar erforderlich ist, um Nachteile für die Gläubiger zu vermeiden. ²Der Antrag ist nur zulässig, wenn diese Voraussetzung der Anordnung glaubhaft gemacht wird.

---

1) **Anm. d. Red.:** § 276a i. d. F. des Gesetzes v. 22.12.2020 (BGBl I S. 3256) mit Wirkung v. 1.1.2021.

(3) ¹Die Anordnung ist öffentlich bekannt zu machen. ²§ 31 gilt entsprechend. ³Soweit das Recht zur Verfügung über ein Grundstück, ein eingetragenes Schiff, Schiffsbauwerk oder Luftfahrzeug, ein Recht an einem solchen Gegenstand oder ein Recht an einem solchen Recht beschränkt wird, gelten die §§ 32 und 33 entsprechend.

§ 278 Mittel zur Lebensführung des Schuldners

(1) Der Schuldner ist berechtigt, für sich und die in § 100 Abs. 2 Satz 2 genannten Familienangehörigen aus der Insolvenzmasse die Mittel zu entnehmen, die unter Berücksichtigung der bisherigen Lebensverhältnisse des Schuldners eine bescheidene Lebensführung gestatten.

(2) Ist der Schuldner keine natürliche Person, so gilt Absatz 1 entsprechend für die vertretungsberechtigten persönlich haftenden Gesellschafter des Schuldners.

§ 279 Gegenseitige Verträge

¹Die Vorschriften über die Erfüllung der Rechtsgeschäfte und die Mitwirkung des Betriebsrats (§§ 103 bis 128) gelten mit der Maßgabe, dass an die Stelle des Insolvenzverwalters der Schuldner tritt. ²Der Schuldner soll seine Rechte nach diesen Vorschriften im Einvernehmen mit dem Sachwalter ausüben. ³Die Rechte nach den §§ 120, 122 und 126 kann er wirksam nur mit Zustimmung des Sachwalters ausüben.

§ 280 Haftung. Insolvenzanfechtung

Nur der Sachwalter kann die Haftung nach den §§ 92 und 93 für die Insolvenzmasse geltend machen und Rechtshandlungen nach den §§ 129 bis 147 anfechten.

§ 281 Unterrichtung der Gläubiger

(1) ¹Das Verzeichnis der Massegegenstände, das Gläubigerverzeichnis und die Vermögensübersicht (§§ 151 bis 153) hat der Schuldner zu erstellen. ²Der Sachwalter hat die Verzeichnisse und die Vermögensübersicht zu prüfen und jeweils schriftlich zu erklären, ob nach dem Ergebnis seiner Prüfung Einwendungen zu erheben sind.

(2) ¹Im Berichtstermin hat der Schuldner den Bericht zu erstatten. ²Der Sachwalter hat zu dem Bericht Stellung zu nehmen.

(3) ¹Zur Rechnungslegung (§§ 66, 155) ist der Schuldner verpflichtet. ²Für die Schlussrechnung des Schuldners gilt Absatz 1 Satz 2 entsprechend.

§ 282 Verwertung von Sicherungsgut

(1) ¹Das Recht des Insolvenzverwalters zur Verwertung von Gegenständen, an denen Absonderungsrechte bestehen, steht dem Schuldner zu. ²Kosten der Feststellung der Gegenstände und der Rechte an diesen werden jedoch nicht erhoben. ³Als Kosten der Verwertung können nur die tatsächlich entstandenen, für die Verwertung erforderlichen Kosten und der Umsatzsteuerbetrag angesetzt werden.

(2) Der Schuldner soll sein Verwertungsrecht im Einvernehmen mit dem Sachwalter ausüben.

§ 283 Befriedigung der Insolvenzgläubiger

(1) ¹Bei der Prüfung der Forderungen können außer den Insolvenzgläubigern der Schuldner und der Sachwalter angemeldete Forderungen bestreiten. ²Eine Forderung, die ein Insolvenzgläubiger, der Schuldner oder der Sachwalter bestritten hat, gilt nicht als festgestellt.

(2) ¹Die Verteilungen werden vom Schuldner vorgenommen. ²Der Sachwalter hat die Verteilungsverzeichnisse zu prüfen und jeweils schriftlich zu erklären, ob nach dem Ergebnis seiner Prüfung Einwendungen zu erheben sind.

§ 284 Insolvenzplan[1]

(1) ¹Ein Auftrag der Gläubigerversammlung zur Ausarbeitung eines Insolvenzplans ist an den Sachwalter oder an den Schuldner zu richten. ²Der vorläufige Gläubigerausschuss kann einen Auftrag zur Ausarbeitung eines Insolvenzplans an den vorläufigen Sachwalter oder den Schuldner richten. ³Wird der Auftrag an den Schuldner gerichtet, so wirkt der vorläufige Sachwalter oder der Sachwalter beratend mit.

(2) Eine Überwachung der Planerfüllung ist Aufgabe des Sachwalters.

§ 285 Masseunzulänglichkeit

Masseunzulänglichkeit ist vom Sachwalter dem Insolvenzgericht anzuzeigen.

Neunter Teil: Restschuldbefreiung[2]

§ 286 Grundsatz[3]

Ist der Schuldner eine natürliche Person, so wird er nach Maßgabe der §§ 287 bis 303a von den im Insolvenzverfahren nicht erfüllten Verbindlichkeiten gegenüber den Insolvenzgläubigern befreit.

§ 287 Antrag des Schuldners[4]

(1) ¹Die Restschuldbefreiung setzt einen Antrag des Schuldners voraus, der mit seinem Antrag auf Eröffnung des Insolvenzverfahrens verbunden werden soll. ²Wird er nicht mit diesem verbunden, so ist er innerhalb von zwei Wochen nach dem Hinweis gemäß § 20 Abs. 2 zu stellen. ³Der Schuldner hat dem Antrag eine Erklärung beizufügen, ob ein Fall des § 287a Absatz 2 Satz 1 Nummer 1 oder 2 vorliegt. ⁴Die Richtigkeit und Vollständigkeit der Erklärung nach Satz 3 hat der Schuldner zu versichern.

(2) ¹Dem Antrag ist die Erklärung des Schuldners beizufügen, dass dieser seine pfändbaren Forderungen auf Bezüge aus einem Dienstverhältnis oder auf an deren Stelle tretende laufende Bezüge für den Zeitraum von drei Jahren nach der Eröffnung des Insolvenzverfahrens (Abtretungsfrist) an einen vom Gericht zu bestimmenden Treuhänder abtritt. ²Ist dem Schuldner auf Grundlage eines nach dem 30. September 2020 gestellten Antrags bereits einmal Restschuldbefreiung erteilt worden, so beträgt die Abtretungsfrist in einem erneuten Verfahren fünf Jahre; der Schuldner hat dem Antrag eine entsprechende Abtretungserklärung beizufügen.

(3) Vereinbarungen des Schuldners sind insoweit unwirksam, als sie die Abtretungserklärung nach Absatz 2 vereiteln oder beeinträchtigen würden.

(4) Die Insolvenzgläubiger, die Forderungen angemeldet haben, sind bis zum Schlusstermin zu dem Antrag des Schuldners zu hören.

§ 287a Entscheidung des Insolvenzgerichts[5]

(1) ¹Ist der Antrag auf Restschuldbefreiung zulässig, so stellt das Insolvenzgericht durch Beschluss fest, dass der Schuldner Restschuldbefreiung erlangt, wenn er den Obliegenheiten nach den §§ 295 und 295a nachkommt und die Voraussetzungen für eine Versagung nach den §§ 290, 297 bis 298 nicht vorliegen. ²Der Beschluss ist öffentlich bekannt zu machen. ³Gegen den Beschluss steht dem Schuldner die sofortige Beschwerde zu.

---

1) **Anm. d. Red.:** § 284 i. d. F. des Gesetzes v. 22.12.2020 (BGBl I S. 3256) mit Wirkung v. 1.1.2021.
2) **Anm. d. Red.:** Bisheriger Achter Teil zu neuem Neunten Teil geworden gem. Gesetz v. 13. 4. 2017 (BGBl I S. 886) mit Wirkung v. 21. 4. 2018.
3) **Anm. d. Red.:** § 286 i. d. F. des Gesetzes v. 22.12.2020 (BGBl I S. 3328) mit Wirkung v. 1.10.2020.
4) **Anm. d. Red.:** § 287 i. d. F. des Gesetzes v. 22.12.2020 (BGBl I S. 3328) mit Wirkung v. 1.10.2020.
5) **Anm. d. Red.:** § 287a i. d. F. des Gesetzes v. 22.12.2020 (BGBl I S. 3328) mit Wirkung v. 31.12.2020.

(2) ¹Der Antrag auf Restschuldbefreiung ist unzulässig, wenn
1. dem Schuldner in den letzten elf Jahren vor dem Antrag auf Eröffnung des Insolvenzverfahrens oder nach diesem Antrag Restschuldbefreiung erteilt oder wenn ihm die Restschuldbefreiung in den letzten fünf Jahren vor dem Antrag auf Eröffnung des Insolvenzverfahrens oder nach diesem Antrag nach § 297 versagt worden ist oder
2. dem Schuldner in den letzten drei Jahren vor dem Antrag auf Eröffnung des Insolvenzverfahrens oder nach diesem Antrag Restschuldbefreiung nach § 290 Absatz 1 Nummer 5, 6 oder 7 oder nach § 296 versagt worden ist; dies gilt auch im Falle des § 297a, wenn die nachträgliche Versagung auf Gründe nach § 290 Absatz 1 Nummer 5, 6 oder 7 gestützt worden ist.

²In diesen Fällen hat das Gericht dem Schuldner Gelegenheit zu geben, den Eröffnungsantrag vor der Entscheidung über die Eröffnung zurückzunehmen.

§ 287b Erwerbsobliegenheit des Schuldners[1]

Ab Beginn der Abtretungsfrist bis zur Beendigung des Insolvenzverfahrens obliegt es dem Schuldner, eine angemessene Erwerbstätigkeit auszuüben und, wenn er ohne Beschäftigung ist, sich um eine solche zu bemühen und keine zumutbare Tätigkeit abzulehnen.

§ 288 Bestimmung des Treuhänders[2]

¹Der Schuldner und die Gläubiger können dem Insolvenzgericht als Treuhänder eine für den jeweiligen Einzelfall geeignete natürliche Person vorschlagen. ²Wenn noch keine Entscheidung über die Restschuldbefreiung ergangen ist, bestimmt das Gericht zusammen mit der Entscheidung, mit der es die Aufhebung oder die Einstellung des Insolvenzverfahrens wegen Masseunzulänglichkeit beschließt, den Treuhänder, auf den die pfändbaren Bezüge des Schuldners nach Maßgabe der Abtretungserklärung (§ 287 Absatz 2) übergehen.

§ 289 Einstellung des Insolvenzverfahrens[3]

Im Fall der Einstellung des Insolvenzverfahrens kann Restschuldbefreiung nur erteilt werden, wenn nach Anzeige der Masseunzulänglichkeit die Insolvenzmasse nach § 209 verteilt worden ist und die Einstellung nach § 211 erfolgt.

§ 290 Versagung der Restschuldbefreiung[4]

(1) Die Restschuldbefreiung ist durch Beschluss zu versagen, wenn dies von einem Insolvenzgläubiger, der seine Forderung angemeldet hat, beantragt worden ist und wenn
1. der Schuldner in den letzten fünf Jahren vor dem Antrag auf Eröffnung des Insolvenzverfahrens oder nach diesem Antrag wegen einer Straftat nach den §§ 283 bis 283c des Strafgesetzbuchs rechtskräftig zu einer Geldstrafe von mehr als 90 Tagessätzen oder einer Freiheitsstrafe von mehr als drei Monaten verurteilt worden ist,
2. der Schuldner in den letzten drei Jahren vor dem Antrag auf Eröffnung des Insolvenzverfahrens oder nach diesem Antrag vorsätzlich oder grob fahrlässig schriftlich unrichtige oder unvollständige Angaben über seine wirtschaftlichen Verhältnisse gemacht hat, um einen Kredit zu erhalten, Leistungen aus öffentlichen Mitteln zu beziehen oder Leistungen an öffentliche Kassen zu vermeiden,
3. (weggefallen)
4. der Schuldner in den letzten drei Jahren vor dem Antrag auf Eröffnung des Insolvenzverfahrens oder nach diesem Antrag vorsätzlich oder grob fahrlässig die Befriedigung der Insol-

---

1) **Anm. d. Red.:** § 287b eingefügt gem. Gesetz v. 15. 7. 2013 (BGBl I S. 2379) mit Wirkung v. 1. 7. 2014.
2) **Anm. d. Red.:** § 288 i. d. F. des Gesetzes v. 15. 7. 2013 (BGBl I S. 2379) mit Wirkung v. 1. 7. 2014.
3) **Anm. d. Red.:** § 289 i. d. F. des Gesetzes v. 15. 7. 2013 (BGBl I S. 2379) mit Wirkung v. 1. 7. 2014.
4) **Anm. d. Red.:** § 290 i. d. F. des Gesetzes v. 15. 7. 2013 (BGBl I S. 2379) mit Wirkung v. 1. 7. 2014.

venzgläubiger dadurch beeinträchtigt hat, dass er unangemessene Verbindlichkeiten begründet oder Vermögen verschwendet oder ohne Aussicht auf eine Besserung seiner wirtschaftlichen Lage die Eröffnung des Insolvenzverfahrens verzögert hat,
5. der Schuldner Auskunfts- oder Mitwirkungspflichten nach diesem Gesetz vorsätzlich oder grob fahrlässig verletzt hat,
6. der Schuldner in der nach § 287 Absatz 1 Satz 3 vorzulegenden Erklärung und in den nach § 305 Absatz 1 Nummer 3 vorzulegenden Verzeichnissen seines Vermögens und seines Einkommens, seiner Gläubiger und der gegen ihn gerichteten Forderungen vorsätzlich oder grob fahrlässig unrichtige oder unvollständige Angaben gemacht hat,
7. der Schuldner seine Erwerbsobliegenheit nach § 287b verletzt und dadurch die Befriedigung der Insolvenzgläubiger beeinträchtigt; dies gilt nicht, wenn den Schuldner kein Verschulden trifft; § 296 Absatz 2 Satz 2 und 3 gilt entsprechend.

(2) ¹Der Antrag des Gläubigers kann bis zum Schlusstermin oder bis zur Entscheidung nach § 211 Absatz 1 schriftlich gestellt werden; er ist nur zulässig, wenn ein Versagungsgrund glaubhaft gemacht wird. ²Die Entscheidung über den Versagungsantrag erfolgt nach dem gemäß Satz 1 maßgeblichen Zeitpunkt.

(3) ¹Gegen den Beschluss steht dem Schuldner und jedem Insolvenzgläubiger, der die Versagung der Restschuldbefreiung beantragt hat, die sofortige Beschwerde zu. ²Der Beschluss ist öffentlich bekannt zu machen.

§ 291 (weggefallen)[1]

§ 292 Rechtsstellung des Treuhänders[2]

(1) ¹Der Treuhänder hat den zur Zahlung der Bezüge Verpflichteten über die Abtretung zu unterrichten. ²Er hat die Beträge, die er durch die Abtretung erlangt, und sonstige Leistungen des Schuldners oder Dritter von seinem Vermögen getrennt zu halten und einmal jährlich aufgrund des Schlussverzeichnisses an die Insolvenzgläubiger zu verteilen, sofern die nach § 4a gestundeten Verfahrenskosten abzüglich der Kosten für die Beiordnung eines Rechtsanwalts berichtigt sind. ³§ 36 Abs. 1 Satz 2, Abs. 4 gilt entsprechend. ⁴Der Treuhänder kann die Verteilung längstens bis zum Ende der Abtretungsfrist aussetzen, wenn dies angesichts der Geringfügigkeit der zu verteilenden Beträge angemessen erscheint; er hat dies dem Gericht einmal jährlich unter Angabe der Höhe der erlangten Beträge mitzuteilen.

(2) ¹Die Gläubigerversammlung kann dem Treuhänder zusätzlich die Aufgabe übertragen, die Erfüllung der Obliegenheiten des Schuldners zu überwachen. ²In diesem Fall hat der Treuhänder die Gläubiger unverzüglich zu benachrichtigen, wenn er einen Verstoß gegen diese Obliegenheiten feststellt. ³Der Treuhänder ist nur zur Überwachung verpflichtet, soweit die ihm dafür zustehende zusätzliche Vergütung gedeckt ist oder vorgeschossen wird.

(3) ¹Der Treuhänder hat bei der Beendigung seines Amtes dem Insolvenzgericht Rechnung zu legen. ²Die §§ 58 und 59 gelten entsprechend, § 59 jedoch mit der Maßgabe, dass die Entlassung auch wegen anderer Entlassungsgründe als der fehlenden Unabhängigkeit von jedem Insolvenzgläubiger beantragt werden kann und dass die sofortige Beschwerde jedem Insolvenzgläubiger zusteht.

§ 293 Vergütung des Treuhänders[3]

(1) ¹Der Treuhänder hat Anspruch auf Vergütung für seine Tätigkeit und auf Erstattung angemessener Auslagen. ²Dabei ist dem Zeitaufwand des Treuhänders und dem Umfang seiner Tätigkeit Rechnung zu tragen.

(2) § 63 Abs. 2 sowie die §§ 64 und 65 gelten entsprechend.

---

1) **Anm. d. Red.:** § 291 weggefallen gem. Gesetz v. 15.7.2013 (BGBl I S. 2379) mit Wirkung v. 1.7.2014.
2) **Anm. d. Red.:** § 292 i. d. F. des Gesetzes v. 22.12.2020 (BGBl I S. 3256) mit Wirkung v. 1.1.2021.
3) **Anm. d. Red.:** § 293 i. d. F. des Gesetzes v. 26.10.2001 (BGBl I S. 2710) mit Wirkung v. 1.12.2001.

§ 294 Gleichbehandlung der Gläubiger[1]

(1) Zwangsvollstreckungen für einzelne Insolvenzgläubiger in das Vermögen des Schuldners sind in dem Zeitraum zwischen Beendigung des Insolvenzverfahrens und dem Ende der Abtretungsfrist nicht zulässig.

(2) Jedes Abkommen des Schuldners oder anderer Personen mit einzelnen Insolvenzgläubigern, durch das diesen ein Sondervorteil verschafft wird, ist nichtig.

(3) Eine Aufrechnung gegen die Forderung auf die Bezüge, die von der Abtretungserklärung erfasst werden, ist nicht zulässig.

§ 295 Obliegenheiten des Schuldners[2]

¹Dem Schuldner obliegt es, in dem Zeitraum zwischen Beendigung des Insolvenzverfahrens und dem Ende der Abtretungsfrist

1. eine angemessene Erwerbstätigkeit auszuüben und, wenn er ohne Beschäftigung ist, sich um eine solche zu bemühen und keine zumutbare Tätigkeit abzulehnen;
2. Vermögen, das er von Todes wegen oder mit Rücksicht auf ein künftiges Erbrecht oder durch Schenkung erwirbt, zur Hälfte des Wertes sowie Vermögen, das er als Gewinn in einer Lotterie, Ausspielung oder in einem anderen Spiel mit Gewinnmöglichkeit erwirbt, zum vollen Wert an den Treuhänder herauszugeben; von der Herausgabepflicht sind gebräuchliche Gelegenheitsgeschenke und Gewinne von geringerem Wert ausgenommen;
3. jeden Wechsel des Wohnsitzes oder der Beschäftigungsstelle unverzüglich dem Insolvenzgericht und dem Treuhänder anzuzeigen, keine von der Abtretungserklärung erfassten Bezüge und kein von Nummer 2 erfasstes Vermögen zu verheimlichen und dem Gericht und dem Treuhänder auf Verlangen Auskunft über seine Erwerbstätigkeit oder seine Bemühungen um eine solche sowie über seine Bezüge und sein Vermögen zu erteilen;
4. Zahlungen zur Befriedigung der Insolvenzgläubiger nur an den Treuhänder zu leisten und keinem Insolvenzgläubiger einen Sondervorteil zu verschaffen;
5. keine unangemessenen Verbindlichkeiten im Sinne des § 290 Absatz 1 Nummer 4 zu begründen.

²Auf Antrag des Schuldners stellt das Insolvenzgericht fest, ob ein Vermögenserwerb nach Satz 1 Nummer 2 von der Herausgabeobliegenheit ausgenommen ist.

§ 295a Obliegenheiten des Schuldners bei selbständiger Tätigkeit[3]

(1) ¹Soweit der Schuldner eine selbständige Tätigkeit ausübt, obliegt es ihm, die Insolvenzgläubiger durch Zahlungen an den Treuhänder so zu stellen, als wenn er ein angemessenes Dienstverhältnis eingegangen wäre. ²Die Zahlungen sind kalenderjährlich bis zum 31. Januar des Folgejahres zu leisten.

(2) ¹Auf Antrag des Schuldners stellt das Gericht den Betrag fest, der den Bezügen aus dem nach Absatz 1 zugrunde zu legenden Dienstverhältnis entspricht. ²Der Schuldner hat die Höhe der Bezüge, die er aus einem angemessenen Dienstverhältnis erzielen könnte, glaubhaft zu machen. ³Der Treuhänder und die Insolvenzgläubiger sind vor der Entscheidung anzuhören. ⁴Gegen die Entscheidung steht dem Schuldner und jedem Insolvenzgläubiger die sofortige Beschwerde zu.

§ 296 Verstoß gegen Obliegenheiten[4]

(1) ¹Das Insolvenzgericht versagt die Restschuldbefreiung auf Antrag eines Insolvenzgläubigers, wenn der Schuldner in dem Zeitraum zwischen Beendigung des Insolvenzverfahrens und

---

1) **Anm. d. Red.:** § 294 i. d. F. des Gesetzes v. 15. 7. 2013 (BGBl I S. 2379) mit Wirkung v. 1. 7. 2014.
2) **Anm. d. Red.:** § 295 i. d. F. des Gesetzes v. 22.12.2020 (BGBl I S. 3328) mit Wirkung v. 31.12.2020.
3) **Anm. d. Red.:** § 295a eingefügt gem. Gesetz v. 22.12.2020 (BGBl I S. 3328) mit Wirkung v. 31.12.2020.
4) **Anm. d. Red.:** § 296 i. d. F. des Gesetzes v. 22.12.2020 (BGBl I S. 3328) mit Wirkung v. 31.12.2020.

dem Ende der Abtretungsfrist eine seiner Obliegenheiten verletzt und dadurch die Befriedigung der Insolvenzgläubiger beeinträchtigt; dies gilt nicht, wenn den Schuldner kein Verschulden trifft; im Fall des § 295 Satz 1 Nummer 5 bleibt einfache Fahrlässigkeit außer Betracht. ²Der Antrag kann nur binnen eines Jahres nach dem Zeitpunkt gestellt werden, in dem die Obliegenheitsverletzung dem Gläubiger bekannt geworden ist. ³Er ist nur zulässig, wenn die Voraussetzungen der Sätze 1 und 2 glaubhaft gemacht werden.

(2) ¹Vor der Entscheidung über den Antrag sind der Treuhänder, der Schuldner und die Insolvenzgläubiger zu hören. ²Der Schuldner hat über die Erfüllung seiner Obliegenheiten Auskunft zu erteilen und, wenn es der Gläubiger beantragt, die Richtigkeit dieser Auskunft an Eides Statt zu versichern. ³Gibt er die Auskunft oder die eidesstattliche Versicherung ohne hinreichende Entschuldigung nicht innerhalb der ihm gesetzten Frist ab oder erscheint er trotz ordnungsgemäßer Ladung ohne hinreichende Entschuldigung nicht zu einem Termin, den das Gericht für die Erteilung der Auskunft oder die eidesstattliche Versicherung anberaumt hat, so ist die Restschuldbefreiung zu versagen.

(3) ¹Gegen die Entscheidung steht dem Antragsteller und dem Schuldner die sofortige Beschwerde zu. ²Die Versagung der Restschuldbefreiung ist öffentlich bekannt zu machen.

§ 297 Insolvenzstraftaten[1)]

(1) Das Insolvenzgericht versagt die Restschuldbefreiung auf Antrag eines Insolvenzgläubigers, wenn der Schuldner in dem Zeitraum zwischen Schlusstermin und Aufhebung des Insolvenzverfahrens oder in dem Zeitraum zwischen Beendigung des Insolvenzverfahrens und dem Ende der Abtretungsfrist wegen einer Straftat nach den §§ 283 bis 283c des Strafgesetzbuchs rechtskräftig zu einer Geldstrafe von mehr als 90 Tagessätzen oder einer Freiheitsstrafe von mehr als drei Monaten verurteilt wird.

(2) § 296 Absatz 1 Satz 2 und 3, Absatz 3 gilt entsprechend.

§ 297a Nachträglich bekannt gewordene Versagungsgründe[2)]

(1) ¹Das Insolvenzgericht versagt die Restschuldbefreiung auf Antrag eines Insolvenzgläubigers, wenn sich nach dem Schlusstermin oder im Falle des § 211 nach der Einstellung herausstellt, dass ein Versagungsgrund nach § 290 Absatz 1 vorgelegen hat. ²Der Antrag kann nur binnen sechs Monaten nach dem Zeitpunkt gestellt werden, zu dem der Versagungsgrund dem Gläubiger bekannt geworden ist. ³Er ist nur zulässig, wenn glaubhaft gemacht wird, dass die Voraussetzungen der Sätze 1 und 2 vorliegen und dass der Gläubiger bis zu dem gemäß Satz 1 maßgeblichen Zeitpunkt keine Kenntnis von ihnen hatte.

(2) § 296 Absatz 3 gilt entsprechend.

§ 298 Deckung der Mindestvergütung des Treuhänders[3)]

(1) ¹Das Insolvenzgericht versagt die Restschuldbefreiung auf Antrag des Treuhänders, wenn die an diesen abgeführten Beträge für das vorangegangene Jahr seiner Tätigkeit die Mindestvergütung nicht decken und der Schuldner den fehlenden Betrag nicht einzahlt, obwohl ihn der Treuhänder schriftlich zur Zahlung binnen einer Frist von mindestens zwei Wochen aufgefordert und ihn dabei auf die Möglichkeit der Versagung der Restschuldbefreiung hingewiesen hat. ²Dies gilt nicht, wenn die Kosten des Insolvenzverfahrens nach § 4a gestundet wurden.

(2) ¹Vor der Entscheidung ist der Schuldner zu hören. ²Die Versagung unterbleibt, wenn der Schuldner binnen zwei Wochen nach Aufforderung durch das Gericht den fehlenden Betrag einzahlt oder ihm dieser entsprechend § 4a gestundet wird.

(3) § 296 Abs. 3 gilt entsprechend.

---

1) **Anm. d. Red.:** § 297 i. d. F. des Gesetzes v. 15. 7. 2013 (BGBl I S. 2379) mit Wirkung v. 1. 7. 2014.
2) **Anm. d. Red.:** § 297a eingefügt gem. Gesetz v. 15. 7. 2013 (BGBl I S. 2379) mit Wirkung v. 1. 7. 2014.
3) **Anm. d. Red.:** § 298 i. d. F. des Gesetzes v. 26. 10. 2001 (BGBl I S. 2710) mit Wirkung v. 1. 12. 2001.

§ 299 Vorzeitige Beendigung[1]

Wird die Restschuldbefreiung nach den §§ 296, 297, 297a oder 298 versagt, so enden die Abtretungsfrist, das Amt des Treuhänders und die Beschränkung der Rechte der Gläubiger mit der Rechtskraft der Entscheidung.

§ 300 Entscheidung über die Restschuldbefreiung[2]

(1) ¹Das Insolvenzgericht entscheidet nach dem regulären Ablauf der Abtretungsfrist über die Erteilung der Restschuldbefreiung. ²Der Beschluss ergeht nach Anhörung der Insolvenzgläubiger, des Insolvenzverwalters oder Treuhänders und des Schuldners. ³Eine nach Satz 1 erteilte Restschuldbefreiung gilt als mit Ablauf der Abtretungsfrist erteilt.

(2) ¹Wurden im Insolvenzverfahren keine Forderungen angemeldet oder sind die Insolvenzforderungen befriedigt worden und hat der Schuldner die Kosten des Verfahrens und die sonstigen Masseverbindlichkeiten berichtigt, so entscheidet das Gericht auf Antrag des Schuldners schon vor Ablauf der Abtretungsfrist über die Erteilung der Restschuldbefreiung. ²Absatz 1 Satz 2 gilt entsprechend. ³Das Vorliegen der Voraussetzungen nach Satz 1 ist vom Schuldner glaubhaft zu machen. ⁴Wird die Restschuldbefreiung nach Satz 1 erteilt, so gelten die §§ 299 und 300a entsprechend.

(3) Das Insolvenzgericht versagt die Restschuldbefreiung auf Antrag eines Insolvenzgläubigers, wenn die Voraussetzungen des § 290 Absatz 1, des § 296 Absatz 1 oder Absatz 2 Satz 3, des § 297 oder des § 297a vorliegen, oder auf Antrag des Treuhänders, wenn die Voraussetzungen des § 298 vorliegen.

(4) ¹Der Beschluss ist öffentlich bekannt zu machen. ²Gegen den Beschluss steht dem Schuldner und jedem Insolvenzgläubiger, der bei der Anhörung nach Absatz 1 oder Absatz 2 die Versagung der Restschuldbefreiung beantragt oder der das Nichtvorliegen der Voraussetzungen einer vorzeitigen Restschuldbefreiung nach Absatz 2 geltend gemacht hat, die sofortige Beschwerde zu.

§ 300a Neuerwerb im laufenden Insolvenzverfahren[3]

(1) ¹Wird dem Schuldner Restschuldbefreiung erteilt, gehört das Vermögen, das der Schuldner nach Ende der Abtretungsfrist oder nach Eintritt der Voraussetzungen des § 300 Absatz 2 Satz 1 erwirbt, nicht mehr zur Insolvenzmasse. ²Satz 1 gilt nicht für Vermögensbestandteile, die auf Grund einer Anfechtung des Insolvenzverwalters zur Insolvenzmasse zurückgewährt werden oder die auf Grund eines vom Insolvenzverwalter geführten Rechtsstreits oder auf Grund Verwertungshandlungen des Insolvenzverwalters zur Insolvenzmasse gehören.

(2) ¹Bis zur rechtskräftigen Erteilung der Restschuldbefreiung hat der Verwalter den Neuerwerb, dem dem Schuldner zusteht, treuhänderisch zu vereinnahmen und zu verwalten. ²Nach rechtskräftiger Erteilung der Restschuldbefreiung findet die Vorschrift des § 89 keine Anwendung. ³Der Insolvenzverwalter hat bei Rechtskraft der Erteilung der Restschuldbefreiung dem Schuldner den Neuerwerb herauszugeben und über die Verwaltung des Neuerwerbs Rechnung zu legen.

(3) ¹Der Insolvenzverwalter hat für seine Tätigkeit nach Absatz 2, sofern Restschuldbefreiung rechtskräftig erteilt wird, gegenüber dem Schuldner Anspruch auf Vergütung und auf Erstattung angemessener Auslagen. ²§ 293 gilt entsprechend.

---

1) **Anm. d. Red.:** § 299 i. d. F. des Gesetzes v. 15. 7. 2013 (BGBl I S. 2379) mit Wirkung v. 1. 7. 2014.
2) **Anm. d. Red.:** § 300 i. d. F. des Gesetzes v. 22.12.2020 (BGBl I S. 3328) mit Wirkung v. 1.10.2020.
3) **Anm. d. Red.:** § 300a i. d. F. des Gesetzes v. 22.12.2020 (BGBl I S. 3328) mit Wirkung v. 1.10.2020.

§ 301 Wirkung der Restschuldbefreiung[1)]

(1) ¹Wird die Restschuldbefreiung erteilt, so wirkt sie gegen alle Insolvenzgläubiger. ²Dies gilt auch für Gläubiger, die ihre Forderungen nicht angemeldet haben.

(2) ¹Die Rechte der Insolvenzgläubiger gegen Mitschuldner und Bürgen des Schuldners sowie die Rechte dieser Gläubiger aus einer zu ihrer Sicherung eingetragenen Vormerkung oder aus einem Recht, das im Insolvenzverfahren zur abgesonderten Befriedigung berechtigt, werden durch die Restschuldbefreiung nicht berührt. ²Der Schuldner wird jedoch gegenüber dem Mitschuldner, dem Bürgen oder anderen Rückgriffsberechtigten in gleicher Weise befreit wie gegenüber den Insolvenzgläubigern.

(3) Wird ein Gläubiger befriedigt, obwohl er aufgrund der Restschuldbefreiung keine Befriedigung zu beanspruchen hat, so begründet dies keine Pflicht zur Rückgewähr des Erlangten.

(4) ¹Ein allein aufgrund der Insolvenz des Schuldners erlassenes Verbot, eine gewerbliche, geschäftliche, handwerkliche oder freiberufliche Tätigkeit aufzunehmen oder auszuüben, tritt mit Rechtskraft der Erteilung der Restschuldbefreiung außer Kraft. ²Satz 1 gilt nicht für die Versagung und die Aufhebung einer Zulassung zu einer erlaubnispflichtigen Tätigkeit.

§ 302 Ausgenommene Forderungen[2)]

Von der Erteilung der Restschuldbefreiung werden nicht berührt:
1. Verbindlichkeiten des Schuldners aus einer vorsätzlich begangenen unerlaubten Handlung, aus rückständigem gesetzlichen Unterhalt, den der Schuldner vorsätzlich pflichtwidrig nicht gewährt hat, oder aus einem Steuerschuldverhältnis, sofern der Schuldner im Zusammenhang damit wegen einer Steuerstraftat nach den §§ 370, 373 oder § 374 der Abgabenordnung rechtskräftig verurteilt worden ist; der Gläubiger hat die entsprechende Forderung unter Angabe dieses Rechtsgrundes nach § 174 Absatz 2 anzumelden;
2. Geldstrafen und die diesen in § 39 Abs. 1 Nr. 3 gleichgestellten Verbindlichkeiten des Schuldners;
3. Verbindlichkeiten aus zinslosen Darlehen, die dem Schuldner zur Begleichung der Kosten des Insolvenzverfahrens gewährt wurden.

§ 303 Widerruf der Restschuldbefreiung[3)]

(1) Auf Antrag eines Insolvenzgläubigers widerruft das Insolvenzgericht die Erteilung der Restschuldbefreiung, wenn
1. sich nachträglich herausstellt, dass der Schuldner eine seiner Obliegenheiten vorsätzlich verletzt und dadurch die Befriedigung der Insolvenzgläubiger erheblich beeinträchtigt hat,
2. sich nachträglich herausstellt, dass der Schuldner während der Abtretungsfrist nach Maßgabe von § 297 Absatz 1 verurteilt worden ist, oder wenn der Schuldner erst nach Erteilung der Restschuldbefreiung wegen einer bis zum Ende der Abtretungsfrist begangenen Straftat nach Maßgabe von § 297 Absatz 1 verurteilt wird oder
3. der Schuldner nach Erteilung der Restschuldbefreiung Auskunfts- oder Mitwirkungspflichten vorsätzlich oder grob fahrlässig verletzt hat, die ihm nach diesem Gesetz während des Insolvenzverfahrens obliegen.

(2) ¹Der Antrag des Gläubigers ist nur zulässig, wenn er innerhalb eines Jahres nach der Rechtskraft der Entscheidung über die Restschuldbefreiung gestellt wird; ein Widerruf nach Absatz 1 Nummer 3 kann bis zu sechs Monate nach rechtskräftiger Aufhebung des Insolvenzverfahrens beantragt werden. ²Der Gläubiger hat die Voraussetzungen des Widerrufsgrundes glaubhaft zu machen. ³In den Fällen des Absatzes 1 Nummer 1 hat der Gläubiger zudem glaub-

---
1) **Anm. d. Red.:** § 301 i. d. F. des Gesetzes v. 22.12.2020 (BGBl I S. 3328) mit Wirkung v. 1.10.2020.
2) **Anm. d. Red.:** § 302 i. d. F. des Gesetzes v. 15. 7. 2013 (BGBl I S. 2379) mit Wirkung v. 1. 7. 2014.
3) **Anm. d. Red.:** § 303 i. d. F. des Gesetzes v. 15. 7. 2013 (BGBl I S. 2379) mit Wirkung v. 1. 7. 2014.

haft zu machen, dass er bis zur Rechtskraft der Entscheidung keine Kenntnis vom Widerrufsgrund hatte.

(3) ¹Vor der Entscheidung sind der Schuldner und in den Fällen des Absatzes 1 Nummer 1 und 3 auch der Treuhänder oder Insolvenzverwalter zu hören. ²Gegen die Entscheidung steht dem Antragsteller und dem Schuldner die sofortige Beschwerde zu. ³Die Entscheidung, durch welche die Restschuldbefreiung widerrufen wird, ist öffentlich bekannt zu machen.

§ 303a Eintragung in das Schuldnerverzeichnis[1]

¹Das Insolvenzgericht ordnet die Eintragung in das Schuldnerverzeichnis nach § 882b der Zivilprozessordnung an. ²Eingetragen werden Schuldner,

1. denen die Restschuldbefreiung nach den §§ 290, 296, 297 oder 297a oder auf Antrag eines Insolvenzgläubigers nach § 300 Absatz 3 versagt worden ist,
2. deren Restschuldbefreiung widerrufen worden ist.

³Es übermittelt die Anordnung unverzüglich elektronisch dem zentralen Vollstreckungsgericht nach § 882h Absatz 1 der Zivilprozessordnung. ⁴§ 882c Absatz 2 und 3 der Zivilprozessordnung gilt entsprechend.

Zehnter Teil: Verbraucherinsolvenzverfahren[2]

§ 304 Grundsatz[3]

(1) ¹Ist der Schuldner eine natürliche Person, die keine selbständige wirtschaftliche Tätigkeit ausübt oder ausgeübt hat, so gelten für das Verfahren die allgemeinen Vorschriften, soweit in diesem Teil nichts anderes bestimmt ist. ²Hat der Schuldner eine selbständige wirtschaftliche Tätigkeit ausgeübt, so findet Satz 1 Anwendung, wenn seine Vermögensverhältnisse überschaubar sind und gegen ihn keine Forderungen aus Arbeitsverhältnissen bestehen.

(2) Überschaubar sind die Vermögensverhältnisse im Sinne von Absatz 1 Satz 2 nur, wenn der Schuldner zu dem Zeitpunkt, zu dem der Antrag auf Eröffnung des Insolvenzverfahrens gestellt wird, weniger als 20 Gläubiger hat.

§ 305 Eröffnungsantrag des Schuldners[4]

(1) Mit dem schriftlich einzureichenden Antrag auf Eröffnung des Insolvenzverfahrens oder unverzüglich nach diesem Antrag hat der Schuldner vorzulegen:

1. eine Bescheinigung, die von einer geeigneten Person oder Stelle auf der Grundlage persönlicher Beratung und eingehender Prüfung der Einkommens- und Vermögensverhältnisse des Schuldners ausgestellt ist und aus der sich ergibt, dass eine außergerichtliche Einigung mit den Gläubigern über die Schuldenbereinigung auf der Grundlage eines Plans innerhalb der letzten sechs Monate vor dem Eröffnungsantrag erfolglos versucht worden ist; der Plan ist beizufügen und die wesentlichen Gründe für sein Scheitern sind darzulegen; die Länder können bestimmen, welche Personen oder Stellen als geeignet anzusehen sind;
2. den Antrag auf Erteilung von Restschuldbefreiung (§ 287) oder die Erklärung, dass Restschuldbefreiung nicht beantragt werden soll;
3. ein Verzeichnis des vorhandenen Vermögens und des Einkommens (Vermögensverzeichnis), eine Zusammenfassung des wesentlichen Inhalts dieses Verzeichnisses (Vermögensübersicht), ein Verzeichnis der Gläubiger und ein Verzeichnis der gegen ihn gerichteten Forde-

---

1) **Anm. d. Red.:** § 303a i. d. F. des Gesetzes v. 5. 6. 2017 (BGBl I S. 1476) mit Wirkung v. 26. 6. 2017.

2) **Anm. d. Red.:** Bisheriger Neunter Teil zu neuem Zehnten Teil geworden gem. Gesetz v. 13. 4. 2017 (BGBl I S. 886) mit Wirkung v. 21. 4. 2018.

3) **Anm. d. Red.:** § 304 i. d. F. des Gesetzes v. 26. 10. 2001 (BGBl I S. 2710) mit Wirkung v. 1. 12. 2001.

4) **Anm. d. Red.:** § 305 i. d. F. des Gesetzes v. 5. 6. 2017 (BGBl I S. 1476) mit Wirkung v. 26. 6. 2017.

rungen; den Verzeichnissen und der Vermögensübersicht ist die Erklärung beizufügen, dass die enthaltenen Angaben richtig und vollständig sind;

4. einen Schuldenbereinigungsplan; dieser kann alle Regelungen enthalten, die unter Berücksichtigung der Gläubigerinteressen sowie der Vermögens-, Einkommens- und Familienverhältnisse des Schuldners geeignet sind, zu einer angemessenen Schuldbereinigung zu führen; in den Plan ist aufzunehmen, ob und inwieweit Bürgschaften, Pfandrechte und andere Sicherheiten der Gläubiger vom Plan berührt werden sollen.

(2) ¹In dem Verzeichnis der Forderungen nach Absatz 1 Nr. 3 kann auch auf beigefügte Forderungsaufstellungen der Gläubiger Bezug genommen werden. ²Auf Aufforderung des Schuldners sind die Gläubiger verpflichtet, auf ihre Kosten dem Schuldner zur Vorbereitung des Forderungsverzeichnisses eine schriftliche Aufstellung ihrer gegen diesen gerichteten Forderungen zu erteilen; insbesondere haben sie ihm die Höhe ihrer Forderungen und deren Aufgliederung in Hauptforderung, Zinsen und Kosten anzugeben. ³Die Aufforderung des Schuldners muss einen Hinweis auf einen bereits bei Gericht eingereichten oder in naher Zukunft beabsichtigten Antrag auf Eröffnung eines Insolvenzverfahrens enthalten.

(3) ¹Hat der Schuldner die amtlichen Formulare nach Absatz 5 nicht vollständig ausgefüllt abgegeben, fordert ihn das Insolvenzgericht auf, das Fehlende unverzüglich zu ergänzen. ²Kommt der Schuldner dieser Aufforderung nicht binnen eines Monats nach, so gilt sein Antrag auf Eröffnung des Insolvenzverfahrens als zurückgenommen. ³Im Falle des § 306 Abs. 3 Satz 3 beträgt die Frist drei Monate.

(4) ¹Der Schuldner kann sich vor dem Insolvenzgericht von einer geeigneten Person oder einem Angehörigen einer als geeignet anerkannten Stelle im Sinne des Absatzes 1 Nr. 1 vertreten lassen. ²Für die Vertretung des Gläubigers gilt § 174 Abs. 1 Satz 3 entsprechend.

(5) ¹Das Bundesministerium der Justiz und für Verbraucherschutz wird ermächtigt, durch Rechtsverordnung mit Zustimmung des Bundesrates zur Vereinfachung des Verbraucherinsolvenzverfahrens für die Beteiligten Formulare für die nach Absatz 1 Nummer 1 bis 4 vorzulegenden Bescheinigungen, Anträge und Verzeichnisse einzuführen. ²Soweit nach Satz 1 Formulare eingeführt sind, muss sich der Schuldner ihrer bedienen. ³Für Verfahren bei Gerichten, die die Verfahren maschinell bearbeiten und für Verfahren bei Gerichten, die die Verfahren nicht maschinell bearbeiten, können unterschiedliche Formulare eingeführt werden.

§ 305a Scheitern der außergerichtlichen Schuldenbereinigung[1]

Der Versuch, eine außergerichtliche Einigung mit den Gläubigern über die Schuldenbereinigung herbeizuführen, gilt als gescheitert, wenn ein Gläubiger die Zwangsvollstreckung betreibt, nachdem die Verhandlungen über die außergerichtliche Schuldenbereinigung aufgenommen wurden.

§ 306 Ruhen des Verfahrens[2]

(1) ¹Das Verfahren über den Antrag auf Eröffnung des Insolvenzverfahrens ruht bis zur Entscheidung über den Schuldenbereinigungsplan. ²Dieser Zeitraum soll drei Monate nicht überschreiten. ³Das Gericht ordnet nach Anhörung des Schuldners die Fortsetzung des Verfahrens über den Eröffnungsantrag an, wenn nach seiner freien Überzeugung der Schuldenbereinigungsplan voraussichtlich nicht angenommen wird.

(2) ¹Absatz 1 steht der Anordnung von Sicherungsmaßnahmen nicht entgegen. ²Ruht das Verfahren, so hat der Schuldner in der für die Zustellung erforderlichen Zahl Abschriften des Schuldenbereinigungsplans und der Vermögensübersicht innerhalb von zwei Wochen nach Aufforderung durch das Gericht nachzureichen. ³§ 305 Abs. 3 Satz 2 gilt entsprechend.

---

1) **Anm. d. Red.:** § 305a eingefügt gem. Gesetz v. 26. 10. 2001 (BGBl I S. 2710) mit Wirkung v. 1. 12. 2001.
2) **Anm. d. Red.:** § 306 i. d. F. des Gesetzes v. 26. 10. 2001 (BGBl I S. 2710) mit Wirkung v. 1. 12. 2001.

(3) ¹Beantragt ein Gläubiger die Eröffnung des Verfahrens, so hat das Insolvenzgericht vor der Entscheidung über die Eröffnung dem Schuldner Gelegenheit zu geben, ebenfalls einen Antrag zu stellen. ²Stellt der Schuldner einen Antrag, so gilt Absatz 1 auch für den Antrag des Gläubigers. ³In diesem Fall hat der Schuldner zunächst eine außergerichtliche Einigung nach § 305 Abs. 1 Nr. 1 zu versuchen.

§ 307 Zustellung an die Gläubiger[1]

(1) ¹Das Insolvenzgericht stellt den vom Schuldner genannten Gläubigern den Schuldenbereinigungsplan sowie die Vermögensübersicht zu und fordert die Gläubiger zugleich auf, binnen einer Notfrist von einem Monat zu den in § 305 Abs. 1 Nr. 3 genannten Verzeichnissen und zu dem Schuldenbereinigungsplan Stellung zu nehmen; die Gläubiger sind darauf hinzuweisen, dass die Verzeichnisse beim Insolvenzgericht zur Einsicht niedergelegt sind. ²Zugleich ist jedem Gläubiger mit ausdrücklichem Hinweis auf die Rechtsfolgen des § 308 Abs. 3 Satz 2 Gelegenheit zu geben, binnen der Frist nach Satz 1 die Angaben über seine Forderungen in dem beim Insolvenzgericht zur Einsicht niedergelegten Forderungsverzeichnis zu überprüfen und erforderlichenfalls zu ergänzen. ³Auf die Zustellung nach Satz 1 ist § 8 Abs. 1 Satz 2, 3, Abs. 2 und 3 nicht anzuwenden.

(2) ¹Geht binnen der Frist nach Absatz 1 Satz 1 bei Gericht die Stellungnahme eines Gläubigers nicht ein, so gilt dies als Einverständnis mit dem Schuldenbereinigungsplan. ²Darauf ist in der Aufforderung hinzuweisen.

(3) ¹Nach Ablauf der Frist nach Absatz 1 Satz 1 ist dem Schuldner Gelegenheit zu geben, den Schuldenbereinigungsplan binnen einer vom Gericht zu bestimmenden Frist zu ändern oder zu ergänzen, wenn dies aufgrund der Stellungnahme eines Gläubigers erforderlich oder zur Förderung einer einverständlichen Schuldenbereinigung sinnvoll erscheint. ²Die Änderungen oder Ergänzungen sind den Gläubigern zuzustellen, soweit dies erforderlich ist. ³Absatz 1 Satz 1, 3 und Absatz 2 gelten entsprechend.

§ 308 Annahme des Schuldenbereinigungsplans[2]

(1) ¹Hat kein Gläubiger Einwendungen gegen den Schuldenbereinigungsplan erhoben oder wird die Zustimmung nach § 309 ersetzt, so gilt der Schuldenbereinigungsplan als angenommen; das Insolvenzgericht stellt dies durch Beschluss fest. ²Der Schuldenbereinigungsplan hat die Wirkung eines Vergleichs im Sinne des § 794 Abs. 1 Nr. 1 der Zivilprozessordnung. ³Den Gläubigern und dem Schuldner ist eine Ausfertigung des Schuldenbereinigungsplans und des Beschlusses nach Satz 1 zuzustellen.

(2) Die Anträge auf Eröffnung des Insolvenzverfahrens und auf Erteilung von Restschuldbefreiung gelten als zurückgenommen.

(3) ¹Soweit Forderungen in dem Verzeichnis des Schuldners nicht enthalten sind und auch nicht nachträglich bei dem Zustandekommen des Schuldenbereinigungsplans berücksichtigt worden sind, können die Gläubiger von dem Schuldner Erfüllung verlangen. ²Dies gilt nicht, soweit ein Gläubiger die Angaben über seine Forderung in dem beim Insolvenzgericht zur Einsicht niedergelegten Forderungsverzeichnis nicht innerhalb der gesetzten Frist ergänzt hat, obwohl ihm der Schuldenbereinigungsplan übersandt wurde und die Forderung vor dem Ablauf der Frist entstanden war; insoweit erlischt die Forderung.

§ 309 Ersetzung der Zustimmung[3]

(1) ¹Hat dem Schuldenbereinigungsplan mehr als die Hälfte der benannten Gläubiger zugestimmt und beträgt die Summe der Ansprüche der zustimmenden Gläubiger mehr als die Hälfte der Summe der Ansprüche der benannten Gläubiger, so ersetzt das Insolvenzgericht auf Antrag

---

1) **Anm. d. Red.:** § 307 i. d. F. des Gesetzes v. 26. 10. 2001 (BGBl I S. 2710) mit Wirkung v. 1. 12. 2001.

2) **Anm. d. Red.:** § 308 i. d. F. des Gesetzes v. 26. 10. 2001 (BGBl I S. 2710) mit Wirkung v. 1. 12. 2001.

3) **Anm. d. Red.:** § 309 i. d. F. des Gesetzes v. 26. 10. 2001 (BGBl I S. 2710) mit Wirkung v. 1. 12. 2001.

eines Gläubigers oder des Schuldners die Einwendungen eines Gläubigers gegen den Schuldenbereinigungsplan durch eine Zustimmung. ²Dies gilt nicht, wenn
1. der Gläubiger, der Einwendungen erhoben hat, im Verhältnis zu den übrigen Gläubigern nicht angemessen beteiligt wird oder
2. dieser Gläubiger durch den Schuldenbereinigungsplan voraussichtlich wirtschaftlich schlechter gestellt wird, als er bei Durchführung des Verfahrens über die Anträge auf Eröffnung des Insolvenzverfahrens und Erteilung von Restschuldbefreiung stünde; hierbei ist im Zweifel zugrunde zu legen, dass die Einkommens-, Vermögens- und Familienverhältnisse des Schuldners zum Zeitpunkt des Antrags nach Satz 1 während der gesamten Dauer des Verfahrens maßgeblich bleiben.

(2) ¹Vor der Entscheidung ist der Gläubiger zu hören. ²Die Gründe, die gemäß Absatz 1 Satz 2 einer Ersetzung seiner Einwendungen durch eine Zustimmung entgegenstehen, hat er glaubhaft zu machen. ³Gegen den Beschluss steht dem Antragsteller und dem Gläubiger, dessen Zustimmung ersetzt wird, die sofortige Beschwerde zu. ⁴§ 4a Abs. 2 gilt entsprechend.

(3) Macht ein Gläubiger Tatsachen glaubhaft, aus denen sich ernsthafte Zweifel ergeben, ob eine vom Schuldner angegebene Forderung besteht oder sich auf einen höheren oder niedrigeren Betrag richtet als angegeben, und hängt vom Ausgang des Streits ab, ob der Gläubiger im Verhältnis zu den übrigen Gläubigern angemessen beteiligt wird (Absatz 1 Satz 2 Nr. 1), so kann die Zustimmung dieses Gläubigers nicht ersetzt werden.

§ 310 Kosten

Die Gläubiger haben gegen den Schuldner keinen Anspruch auf Erstattung der Kosten, die ihnen im Zusammenhang mit dem Schuldenbereinigungsplan entstehen.

§ 311 Aufnahme des Verfahrens über den Eröffnungsantrag

Werden Einwendungen gegen den Schuldenbereinigungsplan erhoben, die nicht gemäß § 309 durch gerichtliche Zustimmung ersetzt werden, so wird das Verfahren über den Eröffnungsantrag von Amts wegen wieder aufgenommen.

§§ 312 bis 314 (weggefallen)[1]

Elfter Teil: Besondere Arten des Insolvenzverfahrens[2]
Erster Abschnitt: Nachlassinsolvenzverfahren
§ 315 Örtliche Zuständigkeit

¹Für das Insolvenzverfahren über einen Nachlass ist ausschließlich das Insolvenzgericht örtlich zuständig, in dessen Bezirk der Erblasser zur Zeit seines Todes seinen allgemeinen Gerichtsstand hatte. ²Lag der Mittelpunkt einer selbständigen wirtschaftlichen Tätigkeit des Erblassers an einem anderen Ort, so ist ausschließlich das Insolvenzgericht zuständig, in dessen Bezirk dieser Ort liegt.

§ 316 Zulässigkeit der Eröffnung

(1) Die Eröffnung des Insolvenzverfahrens wird nicht dadurch ausgeschlossen, dass der Erbe die Erbschaft noch nicht angenommen hat oder dass er für die Nachlassverbindlichkeiten unbeschränkt haftet.

---

1) **Anm. d. Red.:** §§ 312 bis 314 weggefallen gem. Gesetz v. 15. 7. 2013 (BGBl I S. 2379) mit Wirkung v. 1. 7. 2014.

2) **Anm. d. Red.:** Bisheriger Zehnter Teil zu neuem Elften Teil geworden gem. Gesetz v. 13. 4. 2017 (BGBl I S. 886) mit Wirkung v. 21. 4. 2018.

(2) Sind mehrere Erben vorhanden, so ist die Eröffnung des Verfahrens auch nach der Teilung des Nachlasses zulässig.

(3) Über einen Erbteil findet ein Insolvenzverfahren nicht statt.

§ 317 Antragsberechtigte

(1) Zum Antrag auf Eröffnung des Insolvenzverfahrens über einen Nachlass ist jeder Erbe, der Nachlaßverwalter sowie ein anderer Nachlasspfleger, ein Testamentsvollstrecker, dem die Verwaltung des Nachlasses zusteht, und jeder Nachlassgläubiger berechtigt.

(2) ¹Wird der Antrag nicht von allen Erben gestellt, so ist er zulässig, wenn der Eröffnungsgrund glaubhaft gemacht wird. ²Das Insolvenzgericht hat die übrigen Erben zu hören.

(3) Steht die Verwaltung des Nachlasses einem Testamentsvollstrecker zu, so ist, wenn der Erbe die Eröffnung beantragt, der Testamentsvollstrecker, wenn der Testamentsvollstrecker den Antrag stellt, der Erbe zu hören.

§ 318 Antragsrecht beim Gesamtgut[1]

(1) ¹Gehört der Nachlass zum Gesamtgut einer Gütergemeinschaft, so kann sowohl der Ehegatte, der Erbe ist, als auch der Ehegatte, der nicht Erbe ist, aber das Gesamtgut allein oder mit seinem Ehegatten gemeinschaftlich verwaltet, die Eröffnung des Insolvenzverfahrens über den Nachlass beantragen. ²Die Zustimmung des anderen Ehegatten ist nicht erforderlich. ³Die Ehegatten behalten das Antragsrecht, wenn die Gütergemeinschaft endet.

(2) ¹Wird der Antrag nicht von beiden Ehegatten gestellt, so ist er zulässig, wenn der Eröffnungsgrund glaubhaft gemacht wird. ²Das Insolvenzgericht hat den anderen Ehegatten zu hören.

(3) Die Absätze 1 und 2 gelten für Lebenspartner entsprechend.

§ 319 Antragsfrist

Der Antrag eines Nachlassgläubigers auf Eröffnung des Insolvenzverfahrens ist unzulässig, wenn seit der Annahme der Erbschaft zwei Jahre verstrichen sind.

§ 320 Eröffnungsgründe

¹Gründe für die Eröffnung des Insolvenzverfahrens über einen Nachlass sind die Zahlungsunfähigkeit und die Überschuldung. ²Beantragt der Erbe, der Nachlassverwalter oder ein anderer Nachlasspfleger oder ein Testamentsvollstrecker die Eröffnung des Verfahrens, so ist auch die drohende Zahlungsunfähigkeit Eröffnungsgrund.

§ 321 Zwangsvollstreckung nach Erbfall

Maßnahmen der Zwangsvollstreckung in den Nachlass, die nach dem Eintritt des Erbfalls erfolgt sind, gewähren kein Recht zur abgesonderten Befriedigung.

§ 322 Anfechtbare Rechtshandlungen des Erben

Hat der Erbe vor der Eröffnung des Insolvenzverfahrens aus dem Nachlass Pflichtteilsansprüche, Vermächtnisse oder Auflagen erfüllt, so ist diese Rechtshandlung in gleicher Weise anfechtbar wie eine unentgeltliche Leistung des Erben.

§ 323 Aufwendungen des Erben

Dem Erben steht wegen der Aufwendungen, die ihm nach den §§ 1978, 1979 des Bürgerlichen Gesetzbuchs aus dem Nachlass zu ersetzen sind, ein Zurückbehaltungsrecht nicht zu.

---

1) **Anm. d. Red.:** § 318 i. d. F. des Gesetzes v. 15. 12. 2004 (BGBl I S. 3396) mit Wirkung v. 1. 1. 2005.

§ 324 Masseverbindlichkeiten

(1) Masseverbindlichkeiten sind außer den in den §§ 54, 55 bezeichneten Verbindlichkeiten:
1. die Aufwendungen, die dem Erben nach den §§ 1978, 1979 des Bürgerlichen Gesetzbuchs aus dem Nachlass zu ersetzen sind;
2. die Kosten der Beerdigung des Erblassers;
3. die im Falle der Todeserklärung des Erblassers dem Nachlass zur Last fallenden Kosten des Verfahrens;
4. die Kosten der Eröffnung einer Verfügung des Erblassers von Todes wegen, der gerichtlichen Sicherung des Nachlasses, einer Nachlasspflegschaft, des Aufgebots der Nachlassgläubiger und der Inventarerrichtung;
5. die Verbindlichkeiten aus den von einem Nachlasspfleger oder einem Testamentsvollstrecker vorgenommenen Rechtsgeschäften;
6. die Verbindlichkeiten, die für den Erben gegenüber einem Nachlasspfleger, einem Testamentsvollstrecker oder einem Erben, der die Erbschaft ausgeschlagen hat, aus der Geschäftsführung dieser Personen entstanden sind, soweit die Nachlassgläubiger verpflichtet wären, wenn die bezeichneten Personen die Geschäfte für sie zu besorgen gehabt hätten.

(2) Im Falle der Masseunzulänglichkeit haben die in Absatz 1 bezeichneten Verbindlichkeiten den Rang des § 209 Abs. 1 Nr. 3.

§ 325 Nachlassverbindlichkeiten

Im Insolvenzverfahren über einen Nachlass können nur die Nachlassverbindlichkeiten geltend gemacht werden.

§ 326 Ansprüche des Erben

(1) Der Erbe kann die ihm gegen den Erblasser zustehenden Ansprüche geltend machen.

(2) Hat der Erbe eine Nachlassverbindlichkeit erfüllt, so tritt er, soweit nicht die Erfüllung nach § 1979 des Bürgerlichen Gesetzbuchs als für Rechnung des Nachlasses erfolgt gilt, an die Stelle des Gläubigers, es sei denn, dass er für die Nachlassverbindlichkeiten unbeschränkt haftet.

(3) Haftet der Erbe einem einzelnen Gläubiger gegenüber unbeschränkt, so kann er dessen Forderung für den Fall geltend machen, dass der Gläubiger sie nicht geltend macht.

§ 327 Nachrangige Verbindlichkeiten[1)]

(1) Im Rang nach den in § 39 bezeichneten Verbindlichkeiten und in folgender Rangfolge, bei gleichem Rang nach dem Verhältnis ihrer Beträge, werden erfüllt:
1. die Verbindlichkeiten gegenüber Pflichtteilsberechtigten;
2. die Verbindlichkeiten aus den vom Erblasser angeordneten Vermächtnissen und Auflagen.
3. (weggefallen)

(2) ¹Ein Vermächtnis, durch welches das Recht des Bedachten auf den Pflichtteil nach § 2307 des Bürgerlichen Gesetzbuchs ausgeschlossen wird, steht, soweit es den Pflichtteil nicht übersteigt, im Rang den Pflichtteilsrechten gleich. ²Hat der Erblasser durch Verfügung von Todes wegen angeordnet, dass ein Vermächtnis oder eine Auflage vor einem anderen Vermächtnis oder einer anderen Auflage erfüllt werden soll, so hat das Vermächtnis oder die Auflage den Vorrang.

(3) ¹Eine Verbindlichkeit, deren Gläubiger im Wege des Aufgebotsverfahrens ausgeschlossen ist oder nach § 1974 des Bürgerlichen Gesetzbuchs einem ausgeschlossenen Gläubiger gleichsteht, wird erst nach den in § 39 bezeichneten Verbindlichkeiten und, soweit sie zu den in Absatz 1 bezeichneten Verbindlichkeiten gehört, erst nach den Verbindlichkeiten erfüllt, mit denen

---

1) **Anm. d. Red.:** § 327 i. d. F. des Gesetzes v. 16.12.1997 (BGBl I S. 2968) mit Wirkung v. 1.4.1998.

sie ohne die Beschränkung gleichen Rang hätte. ²Im Übrigen wird durch die Beschränkungen an der Rangordnung nichts geändert.

§ 328 Zurückgewährte Gegenstände

(1) Was infolge der Anfechtung einer vom Erblasser oder ihm gegenüber vorgenommenen Rechtshandlung zur Insolvenzmasse zurückgewährt wird, darf nicht zur Erfüllung der in § 327 Abs. 1 bezeichneten Verbindlichkeiten verwendet werden.

(2) Was der Erbe aufgrund der §§ 1978 bis 1980 des Bürgerlichen Gesetzbuchs zur Masse zu ersetzen hat, kann von den Gläubigern, die im Wege des Aufgebotsverfahrens ausgeschlossen sind oder nach § 1974 des Bürgerlichen Gesetzbuchs einem ausgeschlossenen Gläubiger gleichstehen, nur insoweit beansprucht werden, als der Erbe auch nach den Vorschriften über die Herausgabe einer ungerechtfertigten Bereicherung ersatzpflichtig wäre.

§ 329 Nacherbfolge

Die §§ 323, 324 Abs. 1 Nr. 1 und § 326 Abs. 2, 3 gelten für den Vorerben auch nach dem Eintritt der Nacherbfolge.

§ 330 Erbschaftskauf

(1) Hat der Erbe die Erbschaft verkauft, so tritt für das Insolvenzverfahren der Käufer an seine Stelle.

(2) ¹Der Erbe ist wegen einer Nachlassverbindlichkeit, die im Verhältnis zwischen ihm und dem Käufer diesem zur Last fällt, wie ein Nachlassgläubiger zum Antrag auf Eröffnung des Verfahrens berechtigt. ²Das gleiche Recht steht ihm auch wegen einer anderen Nachlassverbindlichkeit zu, es sei denn, dass er unbeschränkt haftet oder dass eine Nachlassverwaltung angeordnet ist. ³Die §§ 323, 324 Abs. 1 Nr. 1 und § 326 gelten für den Erben auch nach dem Verkauf der Erbschaft.

(3) Die Absätze 1 und 2 gelten entsprechend für den Fall, dass jemand eine durch Vertrag erworbene Erbschaft verkauft oder sich in sonstiger Weise zur Veräußerung einer ihm angefallenen oder anderweitig von ihm erworbenen Erbschaft verpflichtet hat.

§ 331 Gleichzeitige Insolvenz des Erben[1]

(1) Im Insolvenzverfahren über das Vermögen des Erben gelten, wenn auch über den Nachlass das Insolvenzverfahren eröffnet oder wenn eine Nachlassverwaltung angeordnet ist, die §§ 52, 190, 192, 198, 237 Abs. 1 Satz 2 entsprechend für Nachlassgläubiger, denen gegenüber der Erbe unbeschränkt haftet.

(2) ¹Gleiches gilt, wenn ein Ehegatte der Erbe ist und der Nachlass zum Gesamtgut gehört, das vom anderen Ehegatten allein verwaltet wird, auch im Insolvenzverfahren über das Vermögen des anderen Ehegatten und, wenn das Gesamtgut von den Ehegatten gemeinschaftlich verwaltet wird, auch im Insolvenzverfahren über das Gesamtgut und im Insolvenzverfahren über das sonstige Vermögen des Ehegatten, der nicht Erbe ist. ²Satz 1 gilt für Lebenspartner entsprechend.

Zweiter Abschnitt: Insolvenzverfahren über das Gesamtgut einer fortgesetzten Gütergemeinschaft

§ 332 Verweisung auf das Nachlassinsolvenzverfahren

(1) Im Falle der fortgesetzten Gütergemeinschaft gelten die §§ 315 bis 331 entsprechend für das Insolvenzverfahren über das Gesamtgut.

---

[1] **Anm. d. Red.:** § 331 i. d. F. des Gesetzes v. 20. 11. 2015 (BGBl I S. 2010) mit Wirkung v. 26. 11. 2015.

(2) Insolvenzgläubiger sind nur die Gläubiger, deren Forderungen schon zur Zeit des Eintritts der fortgesetzten Gütergemeinschaft als Gesamtgutsverbindlichkeiten bestanden.

(3) ¹Die anteilsberechtigten Abkömmlinge sind nicht berechtigt, die Eröffnung des Verfahrens zu beantragen. ²Sie sind jedoch vom Insolvenzgericht zu einem Eröffnungsantrag zu hören.

Dritter Abschnitt: Insolvenzverfahren über das gemeinschaftlich verwaltete Gesamtgut einer Gütergemeinschaft

§ 333 Antragsrecht. Eröffnungsgründe[1]

(1) Zum Antrag auf Eröffnung des Insolvenzverfahrens über das Gesamtgut einer Gütergemeinschaft, das von den Ehegatten gemeinschaftlich verwaltet wird, ist jeder Gläubiger berechtigt, der die Erfüllung einer Verbindlichkeit aus dem Gesamtgut verlangen kann.

(2) ¹Antragsberechtigt ist auch jeder Ehegatte. ²Wird der Antrag nicht von beiden Ehegatten gestellt, so ist er zulässig, wenn die Zahlungsunfähigkeit des Gesamtguts glaubhaft gemacht wird; das Insolvenzgericht hat den anderen Ehegatten zu hören. ³Wird der Antrag von beiden Ehegatten gestellt, so ist auch die drohende Zahlungsunfähigkeit Eröffnungsgrund.

(3) Die Absätze 1 und 2 gelten für Lebenspartner entsprechend.

§ 334 Persönliche Haftung der Ehegatten[2]

(1) Die persönliche Haftung der Ehegatten oder Lebenspartner für die Verbindlichkeiten, deren Erfüllung aus dem Gesamtgut verlangt werden kann, kann während der Dauer des Insolvenzverfahrens nur vom Insolvenzverwalter oder vom Sachwalter geltend gemacht werden.

(2) Im Falle eines Insolvenzplans gilt für die persönliche Haftung der Ehegatten oder Lebenspartner § 227 Abs. 1 entsprechend.

Zwölfter Teil: Internationales Insolvenzrecht[3]

Erster Abschnitt: Allgemeine Vorschriften

§ 335 Grundsatz[4]

Das Insolvenzverfahren und seine Wirkungen unterliegen, soweit nichts anderes bestimmt ist, dem Recht des Staats, in dem das Verfahren eröffnet worden ist.

§ 336 Vertrag über einen unbeweglichen Gegenstand[5]

¹Die Wirkungen des Insolvenzverfahrens auf einen Vertrag, der ein dingliches Recht an einem unbeweglichen Gegenstand oder ein Recht zur Nutzung eines unbeweglichen Gegenstandes betrifft, unterliegen dem Recht des Staats, in dem der Gegenstand belegen ist. ²Bei einem im Schiffsregister, Schiffsbauregister oder Register für Pfandrechte an Luftfahrzeugen eingetragenen Gegenstand ist das Recht des Staats maßgebend, unter dessen Aufsicht das Register geführt wird.

---

1) **Anm. d. Red.:** § 333 i. d. F. des Gesetzes v. 20. 11. 2015 (BGBl I S. 2010) mit Wirkung v. 26. 11. 2015.
2) **Anm. d. Red.:** § 334 i. d. F. des Gesetzes v. 20. 11. 2015 (BGBl I S. 2010) mit Wirkung v. 26. 11. 2015.
3) **Anm. d. Red.:** Bisheriger Elfter Teil zu neuem Zwölften Teil geworden gem. Gesetz v. 13. 4. 2017 (BGBl I S. 886) mit Wirkung v. 21. 4. 2018.
4) **Anm. d. Red.:** § 335 eingefügt gem. Gesetz v. 14. 3. 2003 (BGBl I S. 345) mit Wirkung v. 20. 3. 2003.
5) **Anm. d. Red.:** § 336 eingefügt gem. Gesetz v. 14. 3. 2003 (BGBl I S. 345) mit Wirkung v. 20. 3. 2003.

§ 337 Arbeitsverhältnis[1]

Die Wirkungen des Insolvenzverfahrens auf ein Arbeitsverhältnis unterliegen dem Recht, das nach der Verordnung (EG) Nr. 593/2008 des Europäischen Parlaments und des Rates vom 17. Juni 2008 über das auf vertragliche Schuldverhältnisse anzuwendende Recht (Rom I) (ABl L 177 vom 4. 7. 2008, S. 6) für das Arbeitsverhältnis maßgebend ist.

§ 338 Aufrechnung[2]

Das Recht eines Insolvenzgläubigers zur Aufrechnung wird von der Eröffnung des Insolvenzverfahrens nicht berührt, wenn er nach dem für die Forderung des Schuldners maßgebenden Recht zur Zeit der Eröffnung des Insolvenzverfahrens zur Aufrechnung berechtigt ist.

§ 339 Insolvenzanfechtung[3]

Eine Rechtshandlung kann angefochten werden, wenn die Voraussetzungen der Insolvenzanfechtung nach dem Recht des Staats der Verfahrenseröffnung erfüllt sind, es sei denn, der Anfechtungsgegner weist nach, dass für die Rechtshandlung das Recht eines anderen Staats maßgebend und die Rechtshandlung nach diesem Recht in keiner Weise angreifbar ist.

§ 340 Organisierte Märkte. Pensionsgeschäfte[4]

(1) Die Wirkungen des Insolvenzverfahrens auf die Rechte und Pflichten der Teilnehmer an einem organisierten Markt nach § 2 Absatz 11 des Wertpapierhandelsgesetzes unterliegen dem Recht des Staats, das für diesen Markt gilt.

(2) Die Wirkungen des Insolvenzverfahrens auf Pensionsgeschäfte im Sinne des § 340b des Handelsgesetzbuchs sowie auf Schuldumwandlungsverträge und Aufrechnungsvereinbarungen unterliegen dem Recht des Staats, das für diese Verträge maßgebend ist.

(3) Für die Teilnehmer an einem System im Sinne von § 1 Abs. 16 des Kreditwesengesetzes gilt Absatz 1 entsprechend.

§ 341 Ausübung von Gläubigerrechten[5]

(1) Jeder Gläubiger kann seine Forderungen im Hauptinsolvenzverfahren und in jedem Sekundärinsolvenzverfahren anmelden.

(2) [1]Der Insolvenzverwalter ist berechtigt, eine in dem Verfahren, für das er bestellt ist, angemeldete Forderung in einem anderen Insolvenzverfahren über das Vermögen des Schuldners anzumelden. [2]Das Recht des Gläubigers, die Anmeldung abzulehnen oder zurückzunehmen, bleibt unberührt.

(3) Der Verwalter gilt als bevollmächtigt, das Stimmrecht aus einer Forderung, die in dem Verfahren, für das er bestellt ist, angemeldet worden ist, in einem anderen Insolvenzverfahren über das Vermögen des Schuldners auszuüben, sofern der Gläubiger keine anderweitige Bestimmung trifft.

§ 342 Herausgabepflicht. Anrechnung[6]

(1) [1]Erlangt ein Insolvenzgläubiger durch Zwangsvollstreckung, durch eine Leistung des Schuldners oder in sonstiger Weise etwas auf Kosten der Insolvenzmasse aus dem Vermögen, das nicht im Staat der Verfahrenseröffnung belegen ist, so hat er das Erlangte dem Insolvenz-

---

1) **Anm. d. Red.:** § 337 i. d. F. des Gesetzes v. 7. 12. 2011 (BGBl I S. 2582) mit Wirkung v. 1. 3. 2012.
2) **Anm. d. Red.:** § 338 eingefügt gem. Gesetz v. 14. 3. 2003 (BGBl I S. 345) mit Wirkung v. 20. 3. 2003.
3) **Anm. d. Red.:** § 339 eingefügt gem. Gesetz v. 14. 3. 2003 (BGBl I S. 345) mit Wirkung v. 20. 3. 2003.
4) **Anm. d. Red.:** § 340 i. d. F. des Gesetzes v. 23. 6. 2017 (BGBl I S. 1693) mit Wirkung v. 3. 1. 2018.
5) **Anm. d. Red.:** § 341 eingefügt gem. Gesetz v. 14. 3. 2003 (BGBl I S. 345) mit Wirkung v. 20. 3. 2003.
6) **Anm. d. Red.:** § 342 eingefügt gem. Gesetz v. 14. 3. 2003 (BGBl I S. 345) mit Wirkung v. 20. 3. 2003.

verwalter herauszugeben. ²Die Vorschriften über die Rechtsfolgen einer ungerechtfertigten Bereicherung gelten entsprechend.

(2) ¹Der Insolvenzgläubiger darf behalten, was er in einem Insolvenzverfahren erlangt hat, das in einem anderen Staat eröffnet worden ist. ²Er wird jedoch bei den Verteilungen erst berücksichtigt, wenn die übrigen Gläubiger mit ihm gleichgestellt sind.

(3) Der Insolvenzgläubiger hat auf Verlangen des Insolvenzverwalters Auskunft über das Erlangte zu geben.

Zweiter Abschnitt: Ausländisches Insolvenzverfahren

§ 343 Anerkennung[1)]

(1) ¹Die Eröffnung eines ausländischen Insolvenzverfahrens wird anerkannt. ²Dies gilt nicht,
1. wenn die Gerichte des Staats der Verfahrenseröffnung nach deutschem Recht nicht zuständig sind;
2. soweit die Anerkennung zu einem Ergebnis führt, das mit wesentlichen Grundsätzen des deutschen Rechts offensichtlich unvereinbar ist, insbesondere soweit sie mit den Grundrechten unvereinbar ist.

(2) Absatz 1 gilt entsprechend für Sicherungsmaßnahmen, die nach dem Antrag auf Eröffnung des Insolvenzverfahrens getroffen werden, sowie für Entscheidungen, die zur Durchführung oder Beendigung des anerkannten Insolvenzverfahrens ergangen sind.

§ 344 Sicherungsmaßnahmen[2)]

(1) Wurde im Ausland vor Eröffnung eines Hauptinsolvenzverfahrens ein vorläufiger Verwalter bestellt, so kann auf seinen Antrag das zuständige Insolvenzgericht die Maßnahmen nach § 21 anordnen, die zur Sicherung des von einem inländischen Sekundärinsolvenzverfahren erfassten Vermögens erforderlich erscheinen.

(2) Gegen den Beschluss steht auch dem vorläufigen Verwalter die sofortige Beschwerde zu.

§ 345 Öffentliche Bekanntmachung[3)]

(1) ¹Sind die Voraussetzungen für die Anerkennung der Verfahrenseröffnung gegeben, so hat das Insolvenzgericht auf Antrag des ausländischen Insolvenzverwalters den wesentlichen Inhalt der Entscheidung über die Verfahrenseröffnung und der Entscheidung über die Bestellung des Insolvenzverwalters im Inland bekannt zu machen. ²§ 9 Abs. 1 und 2 und § 30 Abs. 1 gelten entsprechend. ³Ist die Eröffnung des Insolvenzverfahrens bekannt gemacht worden, so ist die Beendigung in gleicher Weise bekannt zu machen.

(2) ¹Hat der Schuldner im Inland eine Niederlassung, so erfolgt die öffentliche Bekanntmachung von Amts wegen. ²Der Insolvenzverwalter oder ein ständiger Vertreter nach § 13e Abs. 2 Satz 5 Nr. 3 des Handelsgesetzbuchs unterrichtet das nach § 348 Abs. 1 zuständige Insolvenzgericht.

(3) ¹Der Antrag ist nur zulässig, wenn glaubhaft gemacht wird, dass die tatsächlichen Voraussetzungen für die Anerkennung der Verfahrenseröffnung vorliegen. ²Dem Verwalter ist eine Ausfertigung des Beschlusses, durch den die Bekanntmachung angeordnet wird, zu erteilen. ³Gegen die Entscheidung des Insolvenzgerichts, mit der die öffentliche Bekanntmachung abgelehnt wird, steht dem ausländischen Verwalter die sofortige Beschwerde zu.

---

1) **Anm. d. Red.:** § 343 eingefügt gem. Gesetz v. 14. 3. 2003 (BGBl I S. 345) mit Wirkung v. 20. 3. 2003.
2) **Anm. d. Red.:** § 344 eingefügt gem. Gesetz v. 14. 3. 2003 (BGBl I S. 345) mit Wirkung v. 20. 3. 2003.
3) **Anm. d. Red.:** § 345 i. d. F. des Gesetzes v. 15. 7. 2013 (BGBl I S. 2379) mit Wirkung v. 1. 7. 2014.

§ 346 Grundbuch[1)]

(1) Wird durch die Verfahrenseröffnung oder durch Anordnung von Sicherungsmaßnahmen nach § 343 Abs. 2 oder § 344 Abs. 1 die Verfügungsbefugnis des Schuldners eingeschränkt, so hat das Insolvenzgericht auf Antrag des ausländischen Insolvenzverwalters das Grundbuchamt zu ersuchen, die Eröffnung des Insolvenzverfahrens und die Art der Einschränkung der Verfügungsbefugnis des Schuldners in das Grundbuch einzutragen:
1. bei Grundstücken, als deren Eigentümer der Schuldner eingetragen ist;
2. bei den für den Schuldner eingetragenen Rechten an Grundstücken und an eingetragenen Rechten, wenn nach der Art des Rechts und den Umständen zu befürchten ist, dass ohne die Eintragung die Insolvenzgläubiger benachteiligt würden.

(2) [1]Der Antrag nach Absatz 1 ist nur zulässig, wenn glaubhaft gemacht wird, dass die tatsächlichen Voraussetzungen für die Anerkennung der Verfahrenseröffnung vorliegen. [2]Gegen die Entscheidung des Insolvenzgerichts steht dem ausländischen Verwalter die sofortige Beschwerde zu. [3]Für die Löschung der Eintragung gilt § 32 Abs. 3 Satz 1 entsprechend.

(3) Für die Eintragung der Verfahrenseröffnung in das Schiffsregister, das Schiffsbauregister und das Register für Pfandrechte an Luftfahrzeugen gelten die Absätze 1 und 2 entsprechend.

§ 347 Nachweis der Verwalterbestellung. Unterrichtung des Gerichts[2)]

(1) [1]Der ausländische Insolvenzverwalter weist seine Bestellung durch eine beglaubigte Abschrift der Entscheidung, durch die er bestellt worden ist, oder durch eine andere von der zuständigen Stelle ausgestellte Bescheinigung nach. [2]Das Insolvenzgericht kann eine Übersetzung verlangen, die von einer hierzu im Staat der Verfahrenseröffnung befugten Person zu beglaubigen ist.

(2) Der ausländische Insolvenzverwalter, der einen Antrag nach den §§ 344 bis 346 gestellt hat, unterrichtet das Insolvenzgericht über alle wesentlichen Änderungen in dem ausländischen Verfahren und über alle ihm bekannten weiteren ausländischen Insolvenzverfahren über das Vermögen des Schuldners.

§ 348 Zuständiges Insolvenzgericht. Zusammenarbeit der Insolvenzgerichte[3)]

(1) [1]Für die Entscheidungen nach den §§ 344 bis 346 ist ausschließlich das Insolvenzgericht zuständig, in dessen Bezirk die Niederlassung oder, wenn eine Niederlassung fehlt, Vermögen des Schuldners belegen ist. [2]§ 3 Absatz 3 gilt entsprechend.

(2) Sind die Voraussetzungen für die Anerkennung eines ausländischen Insolvenzverfahrens gegeben oder soll geklärt werden, ob die Voraussetzungen vorliegen, so kann das Insolvenzgericht mit dem ausländischen Insolvenzgericht zusammenarbeiten, insbesondere Informationen weitergeben, die für das ausländische Verfahren von Bedeutung sind.

(3) [1]Die Landesregierungen werden ermächtigt, zur sachdienlichen Förderung oder schnelleren Erledigung der Verfahren durch Rechtsverordnung die Entscheidungen nach den §§ 344 bis 346 für die Bezirke mehrerer Insolvenzgerichte einem von diesen zuzuweisen. [2]Die Landesregierungen können die Ermächtigungen auf die Landesjustizverwaltungen übertragen.

(4) [1]Die Länder können vereinbaren, dass die Entscheidungen nach den §§ 344 bis 346 für mehrere Länder den Gerichten eines Landes zugewiesen werden. [2]Geht ein Antrag nach den §§ 344 bis 346 bei einem unzuständigen Gericht ein, so leitet dieses den Antrag unverzüglich an das zuständige Gericht weiter und unterrichtet hierüber den Antragsteller.

---

1) **Anm. d. Red.:** § 346 eingefügt gem. Gesetz v. 14. 3. 2003 (BGBl I S. 345) mit Wirkung v. 20. 3. 2003.
2) **Anm. d. Red.:** § 347 eingefügt gem. Gesetz v. 14. 3. 2003 (BGBl I S. 345) mit Wirkung v. 20. 3. 2003.
3) **Anm. d. Red.:** § 348 i. d. F. des Gesetzes v. 22.12.2020 (BGBl I S. 3256) mit Wirkung v. 1.1.2021.

§ 349 Verfügungen über unbewegliche Gegenstände[1]

(1) Hat der Schuldner über einen Gegenstand der Insolvenzmasse, der im Inland im Grundbuch, Schiffsregister, Schiffsbauregister oder Register für Pfandrechte an Luftfahrzeugen eingetragen ist, oder über ein Recht an einem solchen Gegenstand verfügt, so sind die §§ 878, 892, 893 des Bürgerlichen Gesetzbuchs, § 3 Abs. 3, §§ 16, 17 des Gesetzes über Rechte an eingetragenen Schiffen und Schiffsbauwerken und § 5 Abs. 3, §§ 16, 17 des Gesetzes über Rechte an Luftfahrzeugen anzuwenden.

(2) Ist zur Sicherung eines Anspruchs im Inland eine Vormerkung im Grundbuch, Schiffsregister, Schiffsbauregister oder Register für Pfandrechte an Luftfahrzeugen eingetragen, so bleibt § 106 unberührt.

§ 350 Leistung an den Schuldner[2]

¹Ist im Inland zur Erfüllung einer Verbindlichkeit an den Schuldner geleistet worden, obwohl die Verbindlichkeit zur Insolvenzmasse des ausländischen Insolvenzverfahrens zu erfüllen war, so wird der Leistende befreit, wenn er zur Zeit der Leistung die Eröffnung des Verfahrens nicht kannte. ²Hat er vor der öffentlichen Bekanntmachung nach § 345 geleistet, so wird vermutet, dass er die Eröffnung nicht kannte.

§ 351 Dingliche Rechte[3]

(1) Das Recht eines Dritten an einem Gegenstand der Insolvenzmasse, der zur Zeit der Eröffnung des ausländischen Insolvenzverfahrens im Inland belegen war, und das nach inländischem Recht einen Anspruch auf Aussonderung oder auf abgesonderte Befriedigung gewährt, wird von der Eröffnung des ausländischen Insolvenzverfahrens nicht berührt.

(2) Die Wirkungen des ausländischen Insolvenzverfahrens auf Rechte des Schuldners an unbeweglichen Gegenständen, die im Inland belegen sind, bestimmen sich, unbeschadet des § 336 Satz 2, nach deutschem Recht.

§ 352 Unterbrechung und Aufnahme eines Rechtsstreits[4]

(1) ¹Durch die Eröffnung des ausländischen Insolvenzverfahrens wird ein Rechtsstreit unterbrochen, der zur Zeit der Eröffnung anhängig ist und die Insolvenzmasse betrifft. ²Die Unterbrechung dauert an, bis der Rechtsstreit von einer Person aufgenommen wird, die nach dem Recht des Staats der Verfahrenseröffnung zur Fortführung des Rechtsstreits berechtigt ist, oder bis das Insolvenzverfahren beendet ist.

(2) Absatz 1 gilt entsprechend, wenn die Verwaltungs- und Verfügungsbefugnis über das Vermögen des Schuldners durch die Anordnung von Sicherungsmaßnahmen nach § 343 Abs. 2 auf einen vorläufigen Insolvenzverwalter übergeht.

§ 353 Vollstreckbarkeit ausländischer Entscheidungen[5]

(1) ¹Aus einer Entscheidung, die in dem ausländischen Insolvenzverfahren ergeht, findet die Zwangsvollstreckung nur statt, wenn ihre Zulässigkeit durch ein Vollstreckungsurteil ausgesprochen ist. ²§ 722 Abs. 2 und § 723 Abs. 1 der Zivilprozessordnung gelten entsprechend.

(2) Für die in § 343 Abs. 2 genannten Sicherungsmaßnahmen gilt Absatz 1 entsprechend.

---

1) **Anm. d. Red.:** § 349 eingefügt gem. Gesetz v. 14. 3. 2003 (BGBl I S. 345) mit Wirkung v. 20. 3. 2003.
2) **Anm. d. Red.:** § 350 eingefügt gem. Gesetz v. 14. 3. 2003 (BGBl I S. 345) mit Wirkung v. 20. 3. 2003.
3) **Anm. d. Red.:** § 351 eingefügt gem. Gesetz v. 14. 3. 2003 (BGBl I S. 345) mit Wirkung v. 20. 3. 2003.
4) **Anm. d. Red.:** § 352 eingefügt gem. Gesetz v. 14. 3. 2003 (BGBl I S. 345) mit Wirkung v. 20. 3. 2003.
5) **Anm. d. Red.:** § 353 eingefügt gem. Gesetz v. 14. 3. 2003 (BGBl I S. 345) mit Wirkung v. 20. 3. 2003.

Dritter Abschnitt: Partikularverfahren über das Inlandsvermögen

§ 354 Voraussetzungen des Partikularverfahrens[1)]

(1) Ist die Zuständigkeit eines deutschen Gerichts zur Eröffnung eines Insolvenzverfahrens über das gesamte Vermögen des Schuldners nicht gegeben, hat der Schuldner jedoch im Inland eine Niederlassung oder sonstiges Vermögen, so ist auf Antrag eines Gläubigers ein besonderes Insolvenzverfahren über das inländische Vermögen des Schuldners (Partikularverfahren) zulässig.

(2) ¹Hat der Schuldner im Inland keine Niederlassung, so ist der Antrag eines Gläubigers auf Eröffnung eines Partikularverfahrens nur zulässig, wenn dieser ein besonderes Interesse an der Eröffnung des Verfahrens hat, insbesondere, wenn er in einem ausländischen Verfahren voraussichtlich erheblich schlechter stehen wird als in einem inländischen Verfahren. ²Das besondere Interesse ist vom Antragsteller glaubhaft zu machen.

(3) ¹Für das Verfahren ist ausschließlich das Insolvenzgericht zuständig, in dessen Bezirk die Niederlassung oder, wenn eine Niederlassung fehlt, Vermögen des Schuldners belegen ist. ²§ 3 Absatz 3 gilt entsprechend.

§ 355 Restschuldbefreiung. Insolvenzplan[2)]

(1) Im Partikularverfahren sind die Vorschriften über die Restschuldbefreiung nicht anzuwenden.

(2) Ein Insolvenzplan, in dem eine Stundung, ein Erlass oder sonstige Einschränkungen der Rechte der Gläubiger vorgesehen sind, kann in diesem Verfahren nur bestätigt werden, wenn alle betroffenen Gläubiger dem Plan zugestimmt haben.

§ 356 Sekundärinsolvenzverfahren[3)]

(1) ¹Die Anerkennung eines ausländischen Hauptinsolvenzverfahrens schließt ein Sekundärinsolvenzverfahren über das inländische Vermögen nicht aus. ²Für das Sekundärinsolvenzverfahren gelten ergänzend die §§ 357 und 358.

(2) Zum Antrag auf Eröffnung des Sekundärinsolvenzverfahrens ist auch der ausländische Insolvenzverwalter berechtigt.

(3) Das Verfahren wird eröffnet, ohne dass ein Eröffnungsgrund festgestellt werden muss.

§ 357 Zusammenarbeit der Insolvenzverwalter[4)]

(1) ¹Der Insolvenzverwalter hat dem ausländischen Verwalter unverzüglich alle Umstände mitzuteilen, die für die Durchführung des ausländischen Verfahrens Bedeutung haben können. ²Er hat dem ausländischen Verwalter Gelegenheit zu geben, Vorschläge für die Verwertung oder sonstige Verwendung des inländischen Vermögens zu unterbreiten.

(2) Der ausländische Verwalter ist berechtigt, an den Gläubigerversammlungen teilzunehmen.

(3) ¹Ein Insolvenzplan ist dem ausländischen Verwalter zur Stellungnahme zuzuleiten. ²Der ausländische Verwalter ist berechtigt, selbst einen Plan vorzulegen. ³§ 218 Abs. 1 Satz 2 und 3 gilt entsprechend.

---

1) **Anm. d. Red.:** § 354 i. d. F. des Gesetzes v. 22.12.2020 (BGBl I S. 3256) mit Wirkung v. 1.1.2021.
2) **Anm. d. Red.:** § 355 eingefügt gem. Gesetz v. 14. 3. 2003 (BGBl I S. 345) mit Wirkung v. 20. 3. 2003.
3) **Anm. d. Red.:** § 356 eingefügt gem. Gesetz v. 14. 3. 2003 (BGBl I S. 345) mit Wirkung v. 20. 3. 2003.
4) **Anm. d. Red.:** § 357 eingefügt gem. Gesetz v. 14. 3. 2003 (BGBl I S. 345) mit Wirkung v. 20. 3. 2003.

§ 358 Überschuss bei der Schlussverteilung[1)]

Können bei der Schlussverteilung im Sekundärinsolvenzverfahren alle Forderungen in voller Höhe berichtigt werden, so hat der Insolvenzverwalter einen verbleibenden Überschuss dem ausländischen Verwalter des Hauptinsolvenzverfahrens herauszugeben.

Dreizehnter Teil: Inkrafttreten[2)]

§ 359 Verweisung auf das Einführungsgesetz[3)]

Dieses Gesetz tritt an dem Tage in Kraft, der durch das Einführungsgesetz zur Insolvenzordnung bestimmt wird.

Anhang: Übergangsvorschriften (EGInsO)

Art. 103k Überleitungsvorschrift zu Artikel 2 des Gesetzes zur weiteren Verkürzung des Restschuldbefreiungsverfahrens und zur Anpassung pandemiebedingter Vorschriften im Gesellschafts-, Genossenschafts-, Vereins- und Stiftungsrecht sowie im Miet- und Pachtrecht[4)]

(1) Auf Insolvenzverfahren, die vor dem 1. Oktober 2020 beantragt worden sind, sind vorbehaltlich des Absatzes 2 die bis dahin geltenden Vorschriften weiter anzuwenden.

(2) ¹Auf Insolvenzverfahren, die im Zeitraum vom 17. Dezember 2019 bis einschließlich 30. September 2020 beantragt worden sind, verkürzt sich die Abtretungsfrist im Sinne des § 287 Absatz 2 der Insolvenzordnung für jeden vollen Monat, der seit dem 16. Juli 2019 bis zur Stellung des Insolvenzantrages vergangen ist, um denselben Zeitraum. ²Demgemäß beträgt die Abtretungsfrist:

Datum der Stellung des Insolvenzantrages:	Abtretungsfrist:
zwischen dem 17. Dezember 2019 und 16. Januar 2020	fünf Jahre und sieben Monate
zwischen dem 17. Januar 2020 und 16. Februar 2020	fünf Jahre und sechs Monate
zwischen dem 17. Februar 2020 und 16. März 2020	fünf Jahre und fünf Monate
zwischen dem 17. März 2020 und 16. April 2020	fünf Jahre und vier Monate
zwischen dem 17. April 2020 und 16. Mai 2020	fünf Jahre und drei Monate
zwischen dem 17. Mai 2020 und 16. Juni 2020	fünf Jahre und zwei Monate
zwischen dem 17. Juni 2020 und 16. Juli 2020	fünf Jahre und ein Monat
zwischen dem 17. Juli 2020 und 16. August 2020	fünf Jahre
zwischen dem 17. August 2020 und 16. September 2020	vier Jahre und elf Monate
zwischen dem 17. September 2020 und 30. September 2020	vier Jahre und zehn Monate

³In Verfahren nach Satz 1 ist eine in der Abtretungserklärung erklärte, anderslautende Abtretungsfrist insoweit unbeachtlich.

(3) Wurde dem Schuldner letztmalig nach den bis einschließlich 30. September 2020 geltenden Vorschriften eine Restschuldbefreiung erteilt, so ist § 287a Absatz 2 Satz 1 Nummer 1 der Insolvenzordnung in der bis einschließlich 30. September 2020 geltenden Fassung weiter anzuwenden.

---

1) **Anm. d. Red.:** § 358 eingefügt gem. Gesetz v. 14. 3. 2003 (BGBl I S. 345) mit Wirkung v. 20. 3. 2003.

2) **Anm. d. Red.:** Bisheriger Zwölfter Teil zu neuem Dreizehnten Teil geworden gem. Gesetz v. 13. 4. 2017 (BGBl I S. 886) mit Wirkung v. 21. 4. 2018.

3) **Anm. d. Red.:** Früherer § 335 zu neuem § 359 geworden gem. Gesetz v. 14. 3. 2003 (BGBl I S. 345) mit Wirkung v. 20. 3. 2003.

4) **Anm. d. Red.:** Art. 103k eingefügt gem. Gesetz 22.12.2020 (BGBl I S. 3328) mit Wirkung v. 1.10.2020.

(4) Wird ein Antrag auf Eröffnung eines Verbraucherinsolvenzverfahrens zwischen dem 31. Dezember 2020 und dem 30. Juni 2021 gestellt, genügt die vom Schuldner vorzulegende Bescheinigung auch dann den in § 305 Absatz 1 Nummer 1 der Insolvenzordnung genannten Anforderungen, wenn sich aus ihr ergibt, dass eine außergerichtliche Einigung mit den Gläubigern über die Schuldenbereinigung auf der Grundlage eines Plans innerhalb der letzten zwölf Monate vor dem Eröffnungsantrag erfolglos versucht worden ist.

Art. 103l Überleitungsvorschrift zu Artikel 6 des Gesetzes zur weiteren Verkürzung des Restschuldbefreiungsverfahrens und zur Anpassung pandemiebedingter Vorschriften im Gesellschafts-, Genossenschafts-, Vereins- und Stiftungsrecht sowie im Miet- und Pachtrecht[1]

Auf Insolvenzverfahren, die vor dem 31. Dezember 2020 beantragt worden sind, sind die bis dahin geltenden Vorschriften weiter anzuwenden.

Art. 103m Überleitungsvorschrift zum Sanierungs- und Insolvenzrechtsfortentwicklungsgesetz[2]

Auf Insolvenzverfahren, die vor dem 1. Januar 2021 beantragt worden sind, sind die bis dahin geltenden Vorschriften weiter anzuwenden.

Art. 107a Evaluationsvorschrift zum Gesetz zur weiteren Verkürzung des Restschuldbefreiungsverfahrens und zur Anpassung pandemiebedingter Vorschriften im Gesellschafts-, Genossenschafts-, Vereins- und Stiftungsrecht sowie im Miet- und Pachtrecht[3]

(1) ¹Die Bundesregierung berichtet dem Deutschen Bundestag bis zum 30. Juni 2024, wie sich die Verkürzung des Restschuldbefreiungsverfahrens auf das Antrags-, Zahlungs- und Wirtschaftsverhalten von Verbraucherinnen und Verbrauchern ausgewirkt hat. ²Der Bericht geht auch auf etwaige Hindernisse ein, die von den bestehenden Möglichkeiten der Speicherung insolvenzbezogener Informationen durch Auskunfteien für einen wirtschaftlichen Neustart nach Erteilung der Restschuldbefreiung ausgehen.

(2) Sofern sich aus dem Bericht die Notwendigkeit gesetzgeberischer Maßnahmen ergibt, soll die Bundesregierung diese vorschlagen.

---

1) **Anm. d. Red.:** Art. 103l eingefügt gem. Gesetz 22.12.2020 (BGBl I S. 3328) mit Wirkung v. 31.12.2020.
2) **Anm. d. Red.:** Art. 103m eingefügt gem. Gesetz 22.12.2020 (BGBl I S. 3256) mit Wirkung v. 1.1.2021.
3) **Anm. d. Red.:** Art. 107a eingefügt gem. Gesetz 22.12.2020 (BGBl I S. 3328) mit Wirkung v. 1.10.2020.

XV. Gesetz über die Mitbestimmung der Arbeitnehmer bei einer grenzüberschreitenden Verschmelzung (MgVG)

v. 21.12.2006 (BGBl I S. 3332) mit späterer Änderung

Das Gesetz über die Mitbestimmung der Arbeitnehmer bei einer grenzüberschreitenden Verschmelzung (MgVG) ist als Art. 1 des Gesetzes zur Umsetzung der Regelungen über die Mitbestimmung der Arbeitnehmer bei einer Verschmelzung von Kapitalgesellschaften aus verschiedenen Mitgliedstaaten v. 21.12.2006 (BGBl I S. 3332) verkündet worden und am 29.12.2006 in Kraft getreten. Es ist geändert worden durch Art. 11 Gesetz zur Umsetzung der Aktionärsrechterichtlinie (ARUG) v. 30.7.2009 (BGBl I S. 2479).

Nichtamtliche Fassung

Inhaltsübersicht

Teil 1: Allgemeine Vorschriften

- § 1 Zielsetzung des Gesetzes
- § 2 Begriffsbestimmungen
- § 3 Geltungsbereich
- § 4 Anwendung des Rechts des Sitzstaats
- § 5 Anwendung der Regelungen über die Mitbestimmung der Arbeitnehmer kraft Vereinbarung oder kraft Gesetzes

Teil 2: Besonderes Verhandlungsgremium

Kapitel 1: Bildung und Zusammensetzung

- § 6 Information der Leitungen
- § 7 Zusammensetzung des besonderen Verhandlungsgremiums
- § 8 Persönliche Voraussetzungen der auf das Inland entfallenden Mitglieder des besonderen Verhandlungsgremiums
- § 9 Verteilung der auf das Inland entfallenden Sitze des besonderen Verhandlungsgremiums

Kapitel 2: Wahlgremium

- § 10 Zusammensetzung des Wahlgremiums; Urwahl
- § 11 Einberufung des Wahlgremiums
- § 12 Wahl der Mitglieder des besonderen Verhandlungsgremiums

Kapitel 3: Verhandlungsverfahren

- § 13 Information über die Mitglieder des besonderen Verhandlungsgremiums
- § 14 Sitzungen; Geschäftsordnung
- § 15 Zusammenarbeit zwischen besonderem Verhandlungsgremium und Leitungen
- § 16 Sachverständige und Vertreter von geeigneten außenstehenden Organisationen
- § 17 Beschlussfassung im besonderen Verhandlungsgremium
- § 18 Nichtaufnahme oder Abbruch der Verhandlungen
- § 19 Niederschrift
- § 20 Kosten des besonderen Verhandlungsgremiums
- § 21 Dauer der Verhandlungen

Teil 3: Mitbestimmung der Arbeitnehmer

Kapitel 1: Mitbestimmung kraft Vereinbarung

- § 22 Inhalt der Vereinbarung

Kapitel 2: Mitbestimmung kraft Gesetzes

- § 23 Voraussetzung
- § 24 Umfang der Mitbestimmung

§§ 1, 2   XV. Mitbestimmung bei grenzüberschreitender Verschmelzung

§ 25 Sitzverteilung
§ 26 Abberufung und Anfechtung
§ 27 Rechtsstellung; Innere Ordnung
§ 28 Tendenzunternehmen

Kapitel 3: Verhältnis zum nationalen Recht
§ 29 Fortbestehen nationaler Arbeitnehmervertretungsstrukturen
§ 30 Nachfolgende innerstaatliche Verschmelzungen

Teil 4: Schutzbestimmungen
§ 31 Geheimhaltung; Vertraulichkeit
§ 32 Schutz der Arbeitnehmervertreter
§ 33 Errichtungs- und Tätigkeitsschutz

Teil 5: Straf- und Bußgeldvorschriften
§ 34 Strafvorschriften
§ 35 Bußgeldvorschriften

Teil 1: Allgemeine Vorschriften

§ 1 Zielsetzung des Gesetzes

(1) ¹Das Gesetz regelt die Mitbestimmung der Arbeitnehmer (Arbeitnehmerinnen und Arbeitnehmer) in den Unternehmensorganen der aus einer grenzüberschreitenden Verschmelzung hervorgehenden Gesellschaft. ²Ziel des Gesetzes ist, die in den an der Verschmelzung beteiligten Gesellschaften erworbenen Mitbestimmungsrechte der Arbeitnehmer zu sichern. ³Diese Rechte sind maßgeblich für die Ausgestaltung der Mitbestimmung in der aus einer grenzüberschreitenden Verschmelzung hervorgehenden Gesellschaft.

(2) ¹Wenn das nationale Recht des Mitgliedstaats, in dem die aus einer grenzüberschreitenden Verschmelzung hervorgehende Gesellschaft ihren Sitz hat, keinen ausreichenden Schutz zur Sicherung der Mitbestimmung der Arbeitnehmer gewährt, wird eine Vereinbarung über die Mitbestimmung der Arbeitnehmer in der aus einer grenzüberschreitenden Verschmelzung hervorgehenden Gesellschaft getroffen. ²Kommt es nicht zu einer Vereinbarung, wird die Mitbestimmung der Arbeitnehmer kraft Gesetzes sichergestellt.

(3) Die Vorschriften dieses Gesetzes sowie die nach Absatz 2 zu treffende Vereinbarung sind so auszulegen, dass das Ziel der Europäischen Gemeinschaft, die Mitbestimmung der Arbeitnehmer in der aus einer grenzüberschreitenden Verschmelzung hervorgehenden Gesellschaft sicherzustellen, gefördert wird.

§ 2 Begriffsbestimmungen

(1) ¹Der Begriff des Arbeitnehmers richtet sich nach den Rechtsvorschriften und Gepflogenheiten der jeweiligen Mitgliedstaaten. ²Arbeitnehmer eines inländischen Unternehmens oder Betriebes sind Arbeiter und Angestellte einschließlich der zu ihrer Berufsausbildung Beschäftigten und der in § 5 Abs. 3 Satz 2 des Betriebsverfassungsgesetzes genannten leitenden Angestellten, unabhängig davon, ob sie im Betrieb, im Außendienst oder mit Telearbeit beschäftigt werden. ³Als Arbeitnehmer gelten auch die in Heimarbeit Beschäftigten, die in der Hauptsache für das Unternehmen oder den Betrieb arbeiten.

(2) Beteiligte Gesellschaften sind die Kapitalgesellschaften, die unmittelbar an der Verschmelzung beteiligt sind.

(3) ¹Tochtergesellschaften sind rechtlich selbstständige Unternehmen, auf die eine andere Gesellschaft einen beherrschenden Einfluss im Sinne von Artikel 3 Abs. 2 bis 7 der Richtlinie 94/45/EG des Rates vom 22. September 1994 über die Einsetzung eines Europäischen Betriebsrates

oder die Schaffung eines Verfahrens zur Unterrichtung und Anhörung der Arbeitnehmer in gemeinschaftsweit operierenden Unternehmen und Unternehmensgruppen (ABl EG Nr. L 254 S. 64) ausüben kann. ²§ 6 Abs. 2 bis 4 des Europäische Betriebsräte-Gesetzes vom 28. Oktober 1996 (BGBl I S. 1548, 2022) ist anzuwenden.

(4) Betroffene Tochtergesellschaften oder betroffene Betriebe sind Tochtergesellschaften oder Betriebe einer beteiligten Gesellschaft, die zu Tochtergesellschaften oder Betrieben der aus einer grenzüberschreitenden Verschmelzung hervorgehenden Gesellschaft werden sollen.

(5) Leitung bezeichnet das Organ der unmittelbar an der Verschmelzung beteiligten Gesellschaften oder der aus einer grenzüberschreitenden Verschmelzung hervorgehenden Gesellschaft selbst, das die Geschäfte der Gesellschaft führt und zu ihrer Vertretung berechtigt ist.

(6) Arbeitnehmervertretung bezeichnet jede Vertretung der Arbeitnehmer nach dem Betriebsverfassungsgesetz (Betriebsrat, Gesamtbetriebsrat, Konzernbetriebsrat oder eine nach § 3 Abs. 1 Nr. 1 bis 3 des Betriebsverfassungsgesetzes gebildete Vertretung).

(7) Mitbestimmung bedeutet die Einflussnahme der Arbeitnehmer auf die Angelegenheiten einer Gesellschaft durch
1. die Wahrnehmung des Rechts, einen Teil der Mitglieder des Aufsichts- oder Verwaltungsorgans der Gesellschaft zu wählen oder zu bestellen, oder
2. die Wahrnehmung des Rechts, die Bestellung eines Teils oder aller Mitglieder des Aufsichts- oder Verwaltungsorgans der Gesellschaft zu empfehlen oder abzulehnen.

§ 3 Geltungsbereich

(1) ¹Dieses Gesetz gilt für eine aus einer grenzüberschreitenden Verschmelzung hervorgehende Gesellschaft mit Sitz im Inland. ²Es gilt unabhängig vom Sitz dieser Gesellschaft auch für Arbeitnehmer der aus einer grenzüberschreitenden Verschmelzung hervorgehenden Gesellschaft, die im Inland beschäftigt sind, sowie für inländische beteiligte Gesellschaften, betroffene Tochtergesellschaften und betroffene Betriebe.

(2) Mitgliedstaaten im Sinne dieses Gesetzes sind die Mitgliedstaaten der Europäischen Union und die anderen Vertragsstaaten des Abkommens über den Europäischen Wirtschaftsraum.

§ 4 Anwendung des Rechts des Sitzstaats

Vorbehaltlich des § 5 finden auf die aus einer grenzüberschreitenden Verschmelzung hervorgehende Gesellschaft die Regelungen über die Mitbestimmung der Arbeitnehmer in den Unternehmensorganen des Mitgliedstaats Anwendung, in dem diese Gesellschaft ihren Sitz hat.

§ 5 Anwendung der Regelungen über die Mitbestimmung der Arbeitnehmer kraft Vereinbarung oder kraft Gesetzes

Die nachfolgenden Regelungen über die Mitbestimmung der Arbeitnehmer kraft Vereinbarung oder in den Fällen des § 23 die Regelungen über die Mitbestimmung kraft Gesetzes finden Anwendung, wenn
1. in den sechs Monaten vor der Veröffentlichung des Verschmelzungsplans mindestens eine der beteiligten Gesellschaften durchschnittlich mehr als 500 Arbeitnehmer beschäftigt und in dieser Gesellschaft ein System der Mitbestimmung im Sinne des § 2 Abs. 7 besteht;
2. das für die aus einer grenzüberschreitenden Verschmelzung hervorgehende Gesellschaft maßgebende innerstaatliche Recht nicht mindestens den gleichen Umfang an Mitbestimmung der Arbeitnehmer vorsieht, wie er in den jeweiligen an der Verschmelzung beteiligten Gesellschaften bestand; der Umfang an Mitbestimmung der Arbeitnehmer bemisst sich nach dem Anteil der Arbeitnehmervertreter
   a) im Verwaltungs- oder Aufsichtsorgan,
   b) in Ausschüssen, in denen die Mitbestimmung der Arbeitnehmer erfolgt oder
   c) im Leitungsgremium, das für die Ergebniseinheiten der Gesellschaften zuständig ist;

oder

3. das für die aus einer grenzüberschreitenden Verschmelzung hervorgehende Gesellschaft maßgebende innerstaatliche Recht für Arbeitnehmer in Betrieben dieser Gesellschaft, die sich in anderen Mitgliedstaaten befinden, nicht den gleichen Anspruch auf Ausübung von Mitbestimmung vorsieht, wie sie den Arbeitnehmern in demjenigen Mitgliedstaat gewährt werden, in dem die aus der grenzüberschreitenden Verschmelzung hervorgehende Gesellschaft ihren Sitz hat.

Teil 2: Besonderes Verhandlungsgremium

Kapitel 1: Bildung und Zusammensetzung

§ 6 Information der Leitungen

(1) ¹Das besondere Verhandlungsgremium ist auf Grund einer schriftlichen Aufforderung der Leitungen zu bilden. ²Es hat die Aufgabe, mit den Leitungen eine schriftliche Vereinbarung über die Mitbestimmung der Arbeitnehmer in der aus einer grenzüberschreitenden Verschmelzung hervorgehenden Gesellschaft abzuschließen.

(2) ¹Wenn die Leitungen eine grenzüberschreitende Verschmelzung planen, informieren sie die Arbeitnehmervertretungen und Sprecherausschüsse in den beteiligten Gesellschaften, betroffenen Tochtergesellschaften und betroffenen Betrieben über das Verschmelzungsvorhaben. ²Besteht keine Arbeitnehmervertretung, erfolgt die Information gegenüber den Arbeitnehmern. ³Die Information erfolgt unaufgefordert und unverzüglich nach Offenlegung des Verschmelzungsplans.

(3) Die Information erstreckt sich insbesondere auf

1. die Identität und Struktur der beteiligten Gesellschaften, betroffenen Tochtergesellschaften und betroffenen Betriebe und deren Verteilung auf die Mitgliedstaaten,
2. die in diesen Gesellschaften und Betrieben bestehenden Arbeitnehmervertretungen,
3. die Zahl der in diesen Gesellschaften und Betrieben jeweils beschäftigten Arbeitnehmer sowie die daraus zu errechnende Gesamtzahl der in einem Mitgliedstaat beschäftigten Arbeitnehmer und
4. die Zahl der Arbeitnehmer, denen Mitbestimmungsrechte in den Organen dieser Gesellschaften zustehen.

(4) Maßgeblicher Zeitpunkt für die Ermittlung der Zahl der Arbeitnehmer ist der Zeitpunkt der Information nach Absatz 2.

§ 7 Zusammensetzung des besonderen Verhandlungsgremiums

(1) ¹Für die in jedem Mitgliedstaat beschäftigten Arbeitnehmer der beteiligten Gesellschaften, betroffenen Tochtergesellschaften und betroffenen Betriebe werden Mitglieder für das besondere Verhandlungsgremium gewählt oder bestellt. ²Für jeden Anteil der in einem Mitgliedstaat beschäftigten Arbeitnehmer, der 10 Prozent der Gesamtzahl der in allen Mitgliedstaaten beschäftigten Arbeitnehmer der beteiligten Gesellschaften und der betroffenen Tochtergesellschaften oder betroffenen Betriebe oder einen Bruchteil davon beträgt, ist ein Mitglied aus diesem Mitgliedstaat in das besondere Verhandlungsgremium zu wählen oder zu bestellen.

(2) ¹Es sind so viele zusätzliche Mitglieder in das besondere Verhandlungsgremium zu wählen oder zu bestellen, wie erforderlich sind, um zu gewährleisten, dass jede eingetragene beteiligte Gesellschaft durch mindestens ein Mitglied in dem besonderen Verhandlungsgremium vertreten ist. ²Diese Gesellschaft muss Arbeitnehmer in dem betreffenden Mitgliedstaat beschäftigen und als Folge der geplanten grenzüberschreitenden Verschmelzung als eigene Rechtspersönlichkeit erlöschen. ³Die Wahl oder Bestellung darf nicht zu einer Doppelvertretung der betroffenen Arbeitnehmer führen.

(3) ¹Die Zahl der zusätzlichen Mitglieder darf 20 Prozent der sich aus Absatz 1 ergebenden Mitgliederzahl nicht überschreiten. ²Kann danach nicht jede nach Absatz 2 besonders zu berücksichtigende Gesellschaft durch ein zusätzliches Mitglied im besonderen Verhandlungsgremium vertreten werden, so werden diese Gesellschaften in absteigender Reihenfolge der Zahl der bei ihnen beschäftigten Arbeitnehmer berücksichtigt. ³Dabei ist zu gewährleisten, dass ein Mitgliedstaat nicht mehrere zusätzliche Sitze erhält, solange nicht alle anderen Mitgliedstaaten, aus denen die nach Absatz 2 besonders zu berücksichtigenden Gesellschaften stammen, einen Sitz erhalten haben.

(4) ¹Treten während der Tätigkeitsdauer des besonderen Verhandlungsgremiums solche Änderungen in der Struktur oder Arbeitnehmerzahl der beteiligten Gesellschaften, der betroffenen Tochtergesellschaften oder der betroffenen Betriebe ein, dass sich die konkrete Zusammensetzung des besonderen Verhandlungsgremiums ändern würde, so ist das besondere Verhandlungsgremium entsprechend neu zusammenzusetzen. ²Über solche Änderungen haben die zuständigen Leitungen unverzüglich das besondere Verhandlungsgremium zu informieren. ³§ 6 Abs. 2 bis 4 gilt entsprechend.

§ 8 Persönliche Voraussetzungen der auf das Inland entfallenden Mitglieder des besonderen Verhandlungsgremiums

(1) Die persönlichen Voraussetzungen der Mitglieder des besonderen Verhandlungsgremiums richten sich nach den jeweiligen Bestimmungen der Mitgliedstaaten, in denen sie gewählt oder bestellt werden.

(2) ¹Zu Mitgliedern des besonderen Verhandlungsgremiums wählbar sind im Inland Arbeitnehmer der Gesellschaften und Betriebe sowie Gewerkschaftsvertreter. ²Frauen und Männer sollen entsprechend ihrem zahlenmäßigen Verhältnis gewählt werden. ³Für jedes Mitglied ist ein Ersatzmitglied zu wählen.

(3) Gehören dem besonderen Verhandlungsgremium mehr als zwei Mitglieder aus dem Inland an, ist jedes dritte Mitglied ein Vertreter einer Gewerkschaft, die in einer an der Verschmelzung beteiligten Gesellschaft, betroffenen Tochtergesellschaft oder einem betroffenen Betrieb vertreten ist.

(4) Gehören dem besonderen Verhandlungsgremium mehr als sechs Mitglieder aus dem Inland an, ist mindestens jedes siebte Mitglied ein leitender Angestellter.

§ 9 Verteilung der auf das Inland entfallenden Sitze des besonderen Verhandlungsgremiums

(1) Die Wahl oder Bestellung der Mitglieder des besonderen Verhandlungsgremiums nach § 7 erfolgt nach den jeweiligen Bestimmungen der Mitgliedstaaten.

(2) Bei der Wahl der auf das Inland entfallenden Mitglieder des besonderen Verhandlungsgremiums sollen alle an der Verschmelzung beteiligten Gesellschaften mit Sitz im Inland, die Arbeitnehmer im Inland beschäftigen, durch mindestens ein Mitglied im besonderen Verhandlungsgremium vertreten sein.

(3) Ist die Anzahl der auf das Inland entfallenden Mitglieder des besonderen Verhandlungsgremiums geringer als die Anzahl der an der Verschmelzung beteiligten Gesellschaften mit Sitz im Inland, die Arbeitnehmer im Inland beschäftigen, so erhalten die Gesellschaften in absteigender Reihenfolge der Zahl der Arbeitnehmer jeweils einen Sitz.

(4) Ist die Anzahl der auf das Inland entfallenden Mitglieder des besonderen Verhandlungsgremiums höher als die Anzahl der an der Verschmelzung beteiligten Gesellschaften mit Sitz im Inland, die Arbeitnehmer im Inland beschäftigen, so sind die nach erfolgter Verteilung nach Absatz 2 verbleibenden Sitze nach dem d'Hondtschen Höchstzahlverfahren auf die beteiligten Gesellschaften, die betroffenen Tochtergesellschaften oder die betroffenen Betriebe zu verteilen.

(5) Sind keine Gesellschaften mit Sitz im Inland an der Verschmelzung beteiligt, sondern von ihr nur Tochtergesellschaften oder Betriebe ausländischer Gesellschaften betroffen, gelten die Absätze 2 bis 4 entsprechend.

Kapitel 2: Wahlgremium

§ 10 Zusammensetzung des Wahlgremiums; Urwahl

(1) [1]Die nach diesem Gesetz oder dem Gesetz eines anderen Mitgliedstaats auf die im Inland beschäftigten Arbeitnehmer der an der Verschmelzung beteiligten Gesellschaften, betroffenen Tochtergesellschaften und betroffenen Betriebe entfallenden Mitglieder des besonderen Verhandlungsgremiums werden von einem Wahlgremium in geheimer und unmittelbarer Wahl gewählt. [2]Im Fall des § 8 Abs. 3 ist jedes dritte Mitglied auf Vorschlag einer Gewerkschaft zu wählen, die in einer an der Verschmelzung beteiligten Gesellschaft, einer betroffenen Tochtergesellschaft oder einem betroffenen Betrieb vertreten ist. [3]Wird nur ein Wahlvorschlag gemacht, muss dieser mindestens doppelt so viele Bewerber enthalten wie Vertreter von Gewerkschaften zu wählen sind. [4]Jeder Wahlvorschlag einer Gewerkschaft muss von einem Vertreter der Gewerkschaft unterzeichnet sein. [5]Im Fall des § 8 Abs. 4 ist jedes siebte Mitglied auf Vorschlag der Sprecherausschüsse zu wählen; Satz 3 gilt entsprechend. [6]Besteht in einer beteiligten Gesellschaft oder in einer der beteiligten Tochtergesellschaften oder den betroffenen Betrieben kein Sprecherausschuss, können die leitenden Angestellten Wahlvorschläge machen; ein Wahlvorschlag muss von einem Zwanzigstel oder 50 der wahlberechtigten leitenden Angestellten unterzeichnet sein.

(2) [1]Ist aus dem Inland nur eine Unternehmensgruppe an der Verschmelzung beteiligt, besteht das Wahlgremium aus den Mitgliedern des Konzernbetriebsrates oder, sofern ein solcher nicht besteht, aus den Mitgliedern der Gesamtbetriebsräte oder, sofern ein solcher in einem Unternehmen nicht besteht, aus den Mitgliedern des Betriebsrates. [2]Betriebsratslose Betriebe und Unternehmen einer Unternehmensgruppe werden vom Konzernbetriebsrat, Gesamtbetriebsrat oder Betriebsrat mit vertreten.

(3) [1]Ist aus dem Inland nur ein Unternehmen an der Verschmelzung beteiligt, besteht das Wahlgremium aus den Mitgliedern des Gesamtbetriebsrates oder, sofern ein solcher nicht besteht, aus den Mitgliedern des Betriebsrates. [2]Betriebsratslose Betriebe eines Unternehmens werden vom Gesamtbetriebsrat oder Betriebsrat mit vertreten.

(4) Ist aus dem Inland nur ein Betrieb von der Verschmelzung betroffen, besteht das Wahlgremium aus den Mitgliedern des Betriebsrates.

(5) [1]Sind an der Verschmelzung eine oder mehrere Unternehmensgruppen oder nicht verbundene Unternehmen beteiligt oder sind von der Gründung unternehmensunabhängige Betriebe betroffen, setzt sich das Wahlgremium aus den jeweiligen Arbeitnehmervertretungen auf Konzernebene, Unternehmensebene oder Betriebsebene zusammen. [2]Die Absätze 2 bis 4 gelten entsprechend. [3]Ist in den Fällen des Satzes 1 eine entsprechende Arbeitnehmervertretung nicht vorhanden, werden diese Mitglieder des Wahlgremiums von den Arbeitnehmern in Urwahl gewählt. [4]Die Wahl wird von einem Wahlvorstand eingeleitet und durchgeführt, der in einer Versammlung der Arbeitnehmer gewählt wird, zu der die inländische Konzernleitung, Unternehmensleitung oder Betriebsleitung einlädt. [5]Es sind so viele Mitglieder des Wahlgremiums zu wählen, wie eine bestehende Arbeitnehmervertretung in den Fällen der Absätze 2 bis 4 an gesetzlichen Mitgliedern hätte; für das Wahlverfahren gilt Absatz 7 Satz 3 bis 5 entsprechend.

(6) [1]Das Wahlgremium besteht aus höchstens 40 Mitgliedern. [2]Würde diese Höchstzahl überschritten, ist die Anzahl der Mitglieder in dem Wahlgremium entsprechend ihrem zahlenmäßigen Verhältnis nach dem d'Hondtschen Höchstzahlverfahren zu verringern.

(7) [1]Besteht in den Fällen der Absätze 2 bis 5 keine Arbeitnehmervertretung, wählen die Arbeitnehmer die Mitglieder des besonderen Verhandlungsgremiums in geheimer und unmittelbarer Wahl. [2]Die Wahl wird von einem Wahlvorstand eingeleitet und durchgeführt, der in einer Versammlung der Arbeitnehmer gewählt wird, zu der die inländische Konzernleitung, Unter-

nehmensleitung oder Betriebsleitung einlädt. ³Die Wahl der Mitglieder des besonderen Verhandlungsgremiums erfolgt nach den Grundsätzen der Verhältniswahl. ⁴Sie erfolgt nach den Grundsätzen der Mehrheitswahl, wenn nur ein Wahlvorschlag eingereicht wird. ⁵Jeder Wahlvorschlag der Arbeitnehmer muss von mindestens einem Zwanzigstel der wahlberechtigten Arbeitnehmer, mindestens jedoch von drei Wahlberechtigten, höchstens aber von 50 Wahlberechtigten unterzeichnet sein; in Betrieben mit in der Regel bis zu 20 wahlberechtigten Arbeitnehmern genügt die Unterzeichnung durch zwei Wahlberechtigte. ⁶Absatz 1 Satz 2 bis 6 gilt entsprechend.

§ 11 Einberufung des Wahlgremiums

(1) Auf der Grundlage der von den Leitungen erhaltenen Informationen hat der Vorsitzende der Arbeitnehmervertretung auf Konzernebene oder, sofern eine solche nicht besteht, auf Unternehmensebene oder, sofern eine solche nicht besteht, auf Betriebsebene

1. Ort, Tag und Zeit der Versammlung des Wahlgremiums festzulegen;
2. die Anzahl der Mitglieder aus den jeweiligen Arbeitnehmervertretungen nach § 10 Abs. 6 festzulegen;
3. zur Versammlung des Wahlgremiums einzuladen.

(2) Bestehen auf einer Ebene mehrere Arbeitnehmervertretungen, treffen die Verpflichtungen nach Absatz 1 den Vorsitzenden der Arbeitnehmervertretung, die die meisten Arbeitnehmer vertritt.

§ 12 Wahl der Mitglieder des besonderen Verhandlungsgremiums

(1) ¹Bei der Wahl müssen mindestens zwei Drittel der Mitglieder des Wahlgremiums, die mindestens zwei Drittel der Arbeitnehmer vertreten, anwesend sein. ²Die Mitglieder des Wahlgremiums haben jeweils so viele Stimmen, wie sie Arbeitnehmer vertreten. ³Die Wahl erfolgt mit einfacher Mehrheit der abgegebenen Stimmen.

(2) ¹Im Wahlgremium vertreten die Arbeitnehmervertretungen und die in Urwahl gewählten Mitglieder jeweils alle Arbeitnehmer der organisatorischen Einheit, für die sie nach § 10 Abs. 2 bis 5 zuständig sind. ²Nicht nach Satz 1 vertretene Arbeitnehmer werden den Arbeitnehmervertretungen innerhalb der jeweiligen Unternehmensgruppe zu gleichen Teilen zugerechnet.

(3) ¹Sind für eine Arbeitnehmervertretung mehrere Mitglieder im Wahlgremium vertreten, werden die entsprechend der von ihnen vertretenen Arbeitnehmer bestehenden Stimmenanteile gleichmäßig aufgeteilt. ²Dies gilt auch für die nach § 10 Abs. 5 Satz 3 gewählten Mitglieder des Wahlgremiums.

Kapitel 3: Verhandlungsverfahren

§ 13 Information über die Mitglieder des besonderen Verhandlungsgremiums

(1) ¹Die Wahl oder Bestellung der Mitglieder des besonderen Verhandlungsgremiums soll innerhalb von zehn Wochen nach der in § 6 Abs. 2 und 3 vorgeschriebenen Information erfolgen. ²Den Leitungen sind unverzüglich die Namen der Mitglieder des besonderen Verhandlungsgremiums, ihre Anschriften sowie die jeweilige Betriebszugehörigkeit mitzuteilen. ³Die Leitungen haben die örtlichen Betriebs- und Unternehmensleitungen, die dort bestehenden Arbeitnehmervertretungen und Sprecherausschüsse sowie die in inländischen Betrieben vertretenen Gewerkschaften über diese Angaben zu informieren.

(2) ¹Das Verhandlungsverfahren nach den §§ 14 bis 19 findet auch dann statt, wenn die in Absatz 1 Satz 1 genannte Frist aus Gründen, die die Arbeitnehmer zu vertreten haben, überschritten wird. ²Nach Ablauf der Frist gewählte oder bestellte Mitglieder können sich jederzeit an dem Verhandlungsverfahren beteiligen.

§ 14 Sitzungen; Geschäftsordnung

(1) ¹Die Leitungen laden unverzüglich nach Benennung der Mitglieder oder im Fall des § 13 nach Ablauf der in § 13 Abs. 1 Satz 1 genannten Frist zur konstituierenden Sitzung des besonderen Verhandlungsgremiums ein und informieren die örtlichen Betriebs- und Unternehmensleitungen. ²Das besondere Verhandlungsgremium wählt aus seiner Mitte einen Vorsitzenden und mindestens zwei Stellvertreter. ³Es kann sich eine schriftliche Geschäftsordnung geben.

(2) Der Vorsitzende kann weitere Sitzungen einberufen.

§ 15 Zusammenarbeit zwischen besonderem Verhandlungsgremium und Leitungen

(1) ¹Das besondere Verhandlungsgremium schließt mit den Leitungen eine schriftliche Vereinbarung über die Mitbestimmung der Arbeitnehmer in der aus der grenzüberschreitenden Verschmelzung hervorgehenden Gesellschaft ab. ²Zur Erfüllung dieser Aufgabe arbeiten sie vertrauensvoll zusammen.

(2) ¹Die Leitungen haben dem besonderen Verhandlungsgremium rechtzeitig alle erforderlichen Auskünfte zu erteilen und die erforderlichen Unterlagen zur Verfügung zu stellen. ²Das besondere Verhandlungsgremium ist insbesondere über das Verschmelzungsvorhaben und den Verlauf des Verfahrens bis zur Eintragung der aus der grenzüberschreitenden Verschmelzung hervorgehenden Gesellschaft zu unterrichten. ³Zeitpunkt, Häufigkeit und Ort der Verhandlungen werden zwischen den Leitungen und dem Verhandlungsgremium einvernehmlich festgelegt.

§ 16 Sachverständige und Vertreter von geeigneten außenstehenden Organisationen

(1) ¹Das besondere Verhandlungsgremium kann bei den Verhandlungen Sachverständige seiner Wahl, zu denen auch Vertreter von einschlägigen Gewerkschaftsorganisationen auf Gemeinschaftsebene zählen können, hinzuziehen, um sich von ihnen bei seiner Arbeit unterstützen zu lassen. ²Diese Sachverständigen können, wenn das besondere Verhandlungsgremium es wünscht, an den Verhandlungen in beratender Funktion teilnehmen.

(2) Das besondere Verhandlungsgremium kann beschließen, die Vertreter von geeigneten außenstehenden Organisationen vom Beginn der Verhandlungen zu unterrichten.

§ 17 Beschlussfassung im besonderen Verhandlungsgremium

(1) ¹Die Mitglieder des besonderen Verhandlungsgremiums, die in einem Mitgliedstaat gewählt oder bestellt werden, vertreten alle in dem jeweiligen Mitgliedstaat beschäftigten Arbeitnehmer. ²Solange aus einem Mitgliedstaat keine Mitglieder in das besondere Verhandlungsgremium gewählt oder bestellt sind (§ 13 Abs. 2), gelten die betroffenen Arbeitnehmer als nicht vertreten.

(2) ¹Das besondere Verhandlungsgremium beschließt vorbehaltlich des Absatzes 3 und § 18 Abs. 1 mit der Mehrheit seiner Mitglieder, in der zugleich die Mehrheit der vertretenen Arbeitnehmer enthalten sein muss. ²Jedes auf das Inland entfallende Mitglied vertritt gleich viele Arbeitnehmer.

(3) ¹Hätten die Verhandlungen eine Minderung der Mitbestimmungsrechte zur Folge, so ist für einen Beschluss zur Billigung einer solchen Vereinbarung eine Mehrheit von zwei Dritteln der Mitglieder des besonderen Verhandlungsgremiums erforderlich, die mindestens zwei Drittel der Arbeitnehmer in mindestens zwei Mitgliedstaaten vertreten. ²Dies gilt, sofern sich die Mitbestimmung auf mindestens 25 Prozent der Gesamtzahl der Arbeitnehmer der beteiligten Gesellschaften und der betroffenen Tochtergesellschaften erstreckt.

(4) Minderung der Mitbestimmungsrechte bedeutet, dass
1. der Anteil der Arbeitnehmervertreter
   a) im Verwaltungs- oder Aufsichtsorgan,

b) in Ausschüssen, in denen die Mitbestimmung der Arbeitnehmer erfolgt, oder

c) im Leitungsgremium, das für die Ergebniseinheiten der Gesellschaften zuständig ist, geringer ist als der höchste in den beteiligten Gesellschaften bestehende Anteil oder

2. das Recht, Mitglieder des Aufsichts- oder Verwaltungsorgans der Gesellschaft zu wählen, zu bestellen, zu empfehlen oder abzulehnen, beseitigt oder eingeschränkt wird.

§ 18 Nichtaufnahme oder Abbruch der Verhandlungen

[1]Das besondere Verhandlungsgremium kann beschließen, keine Verhandlungen aufzunehmen oder bereits aufgenommene Verhandlungen abzubrechen. [2]Für diesen Beschluss ist eine Mehrheit von zwei Dritteln der Mitglieder erforderlich, die mindestens zwei Drittel der Arbeitnehmer in mindestens zwei Mitgliedstaaten vertreten. [3]Die Vorschriften über die Mitbestimmung der Arbeitnehmer, die in dem Mitgliedstaat gelten, in dem die aus der grenzüberschreitenden Verschmelzung hervorgehende Gesellschaft ihren Sitz haben wird, finden Anwendung.

§ 19 Niederschrift

[1]In eine Niederschrift, die vom Vorsitzenden und einem weiteren Mitglied des besonderen Verhandlungsgremiums zu unterzeichnen ist, sind aufzunehmen

1. ein Beschluss über den Abschluss einer Vereinbarung nach § 15 Abs. 1,
2. ein Beschluss über die Nichtaufnahme oder den Abbruch der Verhandlungen nach § 18 und
3. die jeweiligen Mehrheiten, mit denen die Beschlüsse gefasst worden sind.

[2]Eine Abschrift der Niederschrift ist den Leitungen zu übermitteln.

§ 20 Kosten des besonderen Verhandlungsgremiums

[1]Die durch die Bildung und Tätigkeit des besonderen Verhandlungsgremiums entstehenden erforderlichen Kosten tragen die beteiligten Gesellschaften und nach ihrer Verschmelzung die aus der grenzüberschreitenden Verschmelzung hervorgehende Gesellschaft als Gesamtschuldner. [2]Insbesondere sind für die Sitzungen in erforderlichem Umfang Räume, sachliche Mittel, Dolmetscher und Büropersonal zur Verfügung zu stellen sowie die erforderlichen Reise- und Aufenthaltskosten der Mitglieder des besonderen Verhandlungsgremiums zu tragen.

§ 21 Dauer der Verhandlungen

(1) [1]Die Verhandlungen beginnen mit der Einsetzung des besonderen Verhandlungsgremiums und können bis zu sechs Monate dauern. [2]Einsetzung bezeichnet den Tag, zu dem die Leitungen zur konstituierenden Sitzung des besonderen Verhandlungsgremiums eingeladen haben.

(2) Die Parteien können einvernehmlich beschließen, die Verhandlungen über den in Absatz 1 genannten Zeitraum hinaus bis zu insgesamt einem Jahr ab der Einsetzung des besonderen Verhandlungsgremiums fortzusetzen.

Teil 3: Mitbestimmung der Arbeitnehmer

Kapitel 1: Mitbestimmung kraft Vereinbarung

§ 22 Inhalt der Vereinbarung

(1) In der schriftlichen Vereinbarung zwischen den Leitungen und dem besonderen Verhandlungsgremium wird, unbeschadet der Autonomie der Parteien im Übrigen, festgelegt:

1. der Geltungsbereich der Vereinbarung, einschließlich der außerhalb des Hoheitsgebietes der Mitgliedstaaten liegenden Unternehmen und Betriebe, sofern diese in den Geltungsbereich einbezogen werden;

2. der Zeitpunkt des Inkrafttretens der Vereinbarung und ihre Laufzeit; ferner die Fälle, in denen die Vereinbarung neu ausgehandelt werden soll, und das dabei anzuwendende Verfahren;
3. die Zahl der Mitglieder des Aufsichts- oder Verwaltungsorgans der aus der grenzüberschreitenden Verschmelzung hervorgehenden Gesellschaft, welche die Arbeitnehmer wählen oder bestellen können oder deren Bestellung sie empfehlen oder ablehnen können;
4. das Verfahren, nach dem die Arbeitnehmer diese Mitglieder wählen oder bestellen oder deren Bestellung empfehlen oder ablehnen können, und
5. die Rechte dieser Mitglieder.

(2) ¹In der Vereinbarung soll festgelegt werden, dass auch vor strukturellen Änderungen der aus der grenzüberschreitenden Verschmelzung hervorgehenden Gesellschaft Verhandlungen über die Mitbestimmung der Arbeitnehmer aufgenommen werden. ²Die Parteien können das dabei anzuwendende Verfahren regeln.

(3) Die Vereinbarung kann bestimmen, dass die Regelungen der §§ 23 bis 27 über die Mitbestimmung kraft Gesetzes ganz oder in Teilen gelten.

(4) Steht die Satzung der aus einer grenzüberschreitenden Verschmelzung hervorgehenden Gesellschaft im Widerspruch zu den Regelungen über die Mitbestimmung kraft Vereinbarung, ist die Satzung anzupassen.

Kapitel 2: Mitbestimmung kraft Gesetzes

§ 23 Voraussetzung

(1) ¹Die Regelungen dieses Kapitels finden ab dem Zeitpunkt der Eintragung der aus der grenzüberschreitenden Verschmelzung hervorgehenden Gesellschaft Anwendung, wenn
1. die Parteien dies vereinbaren oder
2. bis zum Ende des in § 21 angegebenen Zeitraums keine Vereinbarung zustande gekommen ist und das besondere Verhandlungsgremium keinen Beschluss nach § 18 gefasst hat oder
3. die Leitungen der an der Verschmelzung beteiligten Gesellschaften entscheiden, diese Regelungen ohne vorhergehende Verhandlung unmittelbar ab dem Zeitpunkt der Eintragung anzuwenden.

²In den Fällen des Satzes 1 Nr. 2 und 3 muss vor der Eintragung der aus der grenzüberschreitenden Verschmelzung hervorgehenden Gesellschaft in einer oder mehreren der beteiligten Gesellschaften eine oder mehrere Formen der Mitbestimmung bestanden haben, die
1. sich auf mindestens ein Drittel der Gesamtzahl der Arbeitnehmer aller beteiligten Gesellschaften und betroffenen Tochtergesellschaften erstreckte oder
2. sich auf weniger als ein Drittel der Gesamtzahl der Arbeitnehmer aller beteiligten Gesellschaften und betroffenen Tochtergesellschaften erstreckte und das besondere Verhandlungsgremium einen entsprechenden Beschluss fasst.

(2) ¹Bestand in den Fällen von Absatz 1 mehr als eine Form der Mitbestimmung im Sinne des § 2 Abs. 7 in den verschiedenen beteiligten Gesellschaften, so entscheidet das besondere Verhandlungsgremium, welche von ihnen in der aus der grenzüberschreitenden Verschmelzung hervorgehenden Gesellschaft eingeführt wird. ²Wenn das besondere Verhandlungsgremium keinen solchen Beschluss fasst und eine inländische Gesellschaft, deren Arbeitnehmern Mitbestimmungsrechte zustehen, an der Verschmelzung beteiligt ist, ist die Mitbestimmung nach § 2 Abs. 7 Nr. 1 maßgeblich. ³Ist keine inländische Gesellschaft, deren Arbeitnehmern Mitbestimmungsrechte zustehen, beteiligt, findet die Form der Mitbestimmung nach § 2 Abs. 7 Anwendung, die sich auf die höchste Zahl der in den beteiligten Gesellschaften beschäftigten Arbeitnehmer erstreckt.

(3) Das besondere Verhandlungsgremium unterrichtet die Leitungen über die Beschlüsse, die es nach Absatz 1 Satz 2 Nr. 2 und Absatz 2 Satz 1 gefasst hat.

§ 24 Umfang der Mitbestimmung[1]

(1) ¹Die Arbeitnehmer der aus der grenzüberschreitenden Verschmelzung hervorgehenden Gesellschaft, ihrer Tochtergesellschaften und Betriebe oder ihr Vertretungsorgan haben das Recht, einen Teil der Mitglieder des Aufsichts- oder Verwaltungsorgans der aus der grenzüberschreitenden Verschmelzung hervorgehenden Gesellschaft zu wählen oder zu bestellen oder deren Bestellung zu empfehlen oder abzulehnen. ²Die Zahl dieser Arbeitnehmervertreter im Aufsichts- oder Verwaltungsorgan der aus der grenzüberschreitenden Verschmelzung hervorgehenden Gesellschaft bemisst sich nach dem höchsten Anteil an Arbeitnehmervertretern, der in den Organen der beteiligten Gesellschaften vor der Eintragung der aus der grenzüberschreitenden Verschmelzung hervorgehenden Gesellschaft bestanden hat.

(2) ¹Handelt es sich bei der aus einer grenzüberschreitenden Verschmelzung hervorgehenden Gesellschaft nach Absatz 1 um eine Gesellschaft mit beschränkter Haftung, so ist in dieser Gesellschaft ein Aufsichtsrat zu bilden. ²§ 90 Abs. 3, 4, 5 Satz 1 und 2, §§ 95 bis 116, 118 Abs. 3, § 125 Abs. 3 und 4 und §§ 170, 171, 268 Abs. 2 des Aktiengesetzes sind entsprechend anzuwenden, soweit nicht in den Vorschriften dieses Gesetzes ein anderes bestimmt ist.

(3) Steht die Satzung der aus einer grenzüberschreitenden Verschmelzung hervorgehenden Gesellschaft im Widerspruch zu den Regelungen über die Mitbestimmung kraft Gesetzes, ist die Satzung anzupassen.

§ 25 Sitzverteilung

(1) ¹Das besondere Verhandlungsgremium verteilt die Zahl der Sitze im Aufsichts- oder Verwaltungsorgan auf die Mitgliedstaaten, in denen Mitglieder zu wählen oder zu bestellen sind. ²Die Verteilung richtet sich nach dem jeweiligen Anteil der in den einzelnen Mitgliedstaaten beschäftigten Arbeitnehmer der aus der grenzüberschreitenden Verschmelzung hervorgehenden Gesellschaft, ihrer Tochtergesellschaften und Betriebe. ³Können bei dieser anteiligen Verteilung die Arbeitnehmer aus einem oder mehreren Mitgliedstaaten keinen Sitz erhalten, so hat das besondere Verhandlungsgremium den letzten zu verteilenden Sitz einem bisher unberücksichtigten Mitgliedstaat zuzuweisen. ⁴Dieser Sitz soll, soweit angemessen, dem Mitgliedstaat zugewiesen werden, in dem die aus der grenzüberschreitenden Verschmelzung hervorgehende Gesellschaft ihren Sitz haben wird. ⁵Dieses Verteilungsverfahren gilt auch in dem Fall, in dem die Arbeitnehmer der aus der grenzüberschreitenden Verschmelzung hervorgehenden Gesellschaft Mitglieder dieser Organe empfehlen oder ablehnen können.

(2) Soweit die Mitgliedstaaten über die Besetzung der ihnen zugewiesenen Sitze keine eigenen Regelungen treffen, bestimmt das besondere Verhandlungsgremium die Arbeitnehmervertreter im Aufsichts- oder Verwaltungsorgan der aus der grenzüberschreitenden Verschmelzung hervorgehenden Gesellschaft.

(3) ¹Die Ermittlung der auf das Inland entfallenden Arbeitnehmervertreter des Aufsichts- oder Verwaltungsorgans der aus einer grenzüberschreitenden Verschmelzung hervorgehenden Gesellschaft erfolgt durch ein Wahlgremium, das sich aus den Arbeitnehmervertretungen der aus einer grenzüberschreitenden Verschmelzung hervorgehenden Gesellschaft, ihrer Tochtergesellschaften und Betriebe zusammensetzt. ²Für das Wahlverfahren gelten § 8 Abs. 2 bis 4, § 10 Abs. 1 Satz 2 bis 5, Abs. 2 bis 7 und die §§ 11 und 12 entsprechend mit der Maßgabe, dass an die Stelle der beteiligten Gesellschaften, betroffenen Tochtergesellschaften und betroffenen Betriebe die aus der grenzüberschreitenden Verschmelzung hervorgehende Gesellschaft, ihre Tochtergesellschaften und Betriebe treten. ³Das Wahlergebnis ist der Leitung der aus der grenzüberschreitenden Verschmelzung hervorgehenden Gesellschaft, den Arbeitnehmervertretungen, den Gewählten, den Sprecherausschüssen und Gewerkschaften mitzuteilen. ⁴Die Leitung hat die Namen der Gewählten in den Betrieben des Unternehmens bekannt zu machen.

---

1) **Anm. d. Red.:** § 24 i. d. F. des Gesetzes v. 30. 7. 2009 (BGBl I S. 2479) mit Wirkung v. 5. 8. 2009.

§ 26 Abberufung und Anfechtung

(1) ¹Ein Mitglied oder ein Ersatzmitglied der Arbeitnehmer aus dem Inland im Aufsichts- oder Verwaltungsorgan kann vor Ablauf der Amtszeit abberufen werden. ²Antragsberechtigt sind
1. die Arbeitnehmervertretungen, die das Wahlgremium gebildet haben;
2. in den Fällen der Urwahl mindestens drei wahlberechtigte Arbeitnehmer;
3. für ein Mitglied nach § 8 Abs. 3 nur die Gewerkschaft, die das Mitglied vorgeschlagen hat;
4. für ein Mitglied nach § 8 Abs. 4 nur der Sprecherausschuss, der das Mitglied vorgeschlagen hat.

³Für das Abberufungsverfahren gelten die §§ 10 bis 12 entsprechend mit der Maßgabe, dass an die Stelle der beteiligten Gesellschaften, betroffenen Tochtergesellschaften und betroffenen Betriebe die aus der grenzüberschreitenden Verschmelzung hervorgehende Gesellschaft, ihre Tochtergesellschaften und Betriebe treten; abweichend von § 10 Abs. 5 und § 12 Abs. 1 Satz 3 bedarf der Beschluss einer Mehrheit von drei Vierteln der abgegebenen Stimmen.

(2) ¹Die Wahl eines Mitglieds oder eines Ersatzmitglieds der Arbeitnehmer aus dem Inland im Aufsichts- oder Verwaltungsorgan kann angefochten werden, wenn gegen wesentliche Vorschriften über das Wahlrecht, die Wählbarkeit oder das Wahlverfahren verstoßen worden und eine Berichtigung nicht erfolgt ist, es sei denn, dass durch den Verstoß das Wahlergebnis nicht geändert oder beeinflusst werden konnte. ²Zur Anfechtung berechtigt sind die in Absatz 1 Satz 2 Genannten und die Leitung der aus der grenzüberschreitenden Verschmelzung hervorgegangenen Gesellschaft. ³Die Klage muss innerhalb eines Monats nach der Bekanntgabe gemäß § 25 Abs. 3 Satz 2 oder 3 erhoben werden.

§ 27 Rechtsstellung; Innere Ordnung

(1) Die Arbeitnehmervertreter im Aufsichts- oder Verwaltungsorgan der aus der grenzüberschreitenden Verschmelzung hervorgehenden Gesellschaft haben die gleichen Rechte und Pflichten wie die Mitglieder, die die Anteilseigner vertreten.

(2) ¹Die Zahl der Mitglieder der Leitung beträgt mindestens zwei. ²Einer von ihnen ist für den Bereich Arbeit und Soziales zuständig. ³Dies gilt nicht für die Kommanditgesellschaft auf Aktien.

(3) Besteht in einer der beteiligten Gesellschaften das Aufsichtsorgan aus derselben Zahl von Anteilseigner- und Arbeitnehmervertretern sowie einem weiteren Mitglied, so ist auch im Aufsichts- oder Verwaltungsorgan der aus der grenzüberschreitenden Verschmelzung hervorgehenden Gesellschaft ein weiteres Mitglied auf gemeinsamen Vorschlag der Anteilseigner- und der Arbeitnehmervertreter zu wählen.

§ 28 Tendenzunternehmen

Auf eine aus einer grenzüberschreitenden Verschmelzung hervorgehende Gesellschaft, die unmittelbar und überwiegend
1. politischen, koalitionspolitischen, konfessionellen, karitativen, erzieherischen, wissenschaftlichen oder künstlerischen Bestimmungen oder
2. Zwecken der Berichterstattung oder Meinungsäußerung, auf die Artikel 5 Abs. 1 Satz 2 des Grundgesetzes anzuwenden ist,

dient, finden Kapitel 2 und § 30 keine Anwendung.

Kapitel 3: Verhältnis zum nationalen Recht

§ 29 Fortbestehen nationaler Arbeitnehmervertretungsstrukturen

¹Regelungen über die Arbeitnehmervertretungen und deren Strukturen in einer beteiligten Gesellschaft mit Sitz im Inland, die durch die Verschmelzung als eigenständige juristische Person erlischt, bestehen nach Eintragung der aus der grenzüberschreitenden Verschmelzung her-

vorgehenden Gesellschaft fort. ²Die Leitung der aus der grenzüberschreitenden Verschmelzung hervorgegangenen Gesellschaft stellt sicher, dass diese Arbeitnehmervertretungen ihre Aufgaben weiterhin wahrnehmen können.

§ 30 Nachfolgende innerstaatliche Verschmelzungen

¹Bei innerstaatlichen Verschmelzungen, die einer grenzüberschreitenden Verschmelzung nachfolgen, richtet sich die Mitbestimmung der Arbeitnehmer entsprechend § 4 nach den nationalen Regelungen. ²Sehen diese Regelungen nicht mindestens den in der aus der grenzüberschreitenden Verschmelzung hervorgegangenen Gesellschaft bestehenden Umfang an Mitbestimmung im Sinne des § 5 Nr. 2 vor, gelten die für diese Gesellschaft maßgeblichen Regelungen über die Mitbestimmung für die Dauer von drei Jahren ab deren Eintragung in der aus der innerstaatlichen Verschmelzung hervorgehenden Gesellschaft fort.

Teil 4: Schutzbestimmungen

§ 31 Geheimhaltung; Vertraulichkeit

(1) Informationspflichten der Leitungen und der Leitung der aus einer grenzüberschreitenden Verschmelzung hervorgehenden Gesellschaft nach diesem Gesetz bestehen nur, soweit bei Zugrundelegung objektiver Kriterien dadurch nicht Betriebs- oder Geschäftsgeheimnisse der an der Verschmelzung beteiligten Gesellschaften, der aus der grenzüberschreitenden Verschmelzung hervorgehenden Gesellschaft oder deren jeweiliger Tochtergesellschaften und Betriebe gefährdet werden.

(2) ¹Die Mitglieder und Ersatzmitglieder eines besonderen Verhandlungsgremiums sind unabhängig von ihrem Aufenthaltsort verpflichtet, Betriebs- oder Geschäftsgeheimnisse, die ihnen wegen ihrer Zugehörigkeit zum besonderen Verhandlungsgremium bekannt geworden und von der Leitung ausdrücklich als geheimhaltungsbedürftig bezeichnet worden sind, nicht zu offenbaren und nicht zu verwerten. ²Dies gilt auch nach dem Ausscheiden aus dem besonderen Verhandlungsgremium.

(3) Die Pflicht zur Vertraulichkeit der Mitglieder und Ersatzmitglieder eines besonderen Verhandlungsgremiums nach Absatz 2 gilt nicht gegenüber

1. den Mitgliedern und Ersatzmitgliedern des besonderen Verhandlungsgremiums,
2. den Arbeitnehmervertretern im Aufsichts- oder Verwaltungsorgan der aus der grenzüberschreitenden Verschmelzung hervorgehenden Gesellschaft sowie
3. den Dolmetschern und Sachverständigen, die zur Unterstützung herangezogen werden.

(4) Die Pflicht zur Vertraulichkeit nach Absatz 2 gilt entsprechend für die Sachverständigen und Dolmetscher.

§ 32 Schutz der Arbeitnehmervertreter

¹Bei der Wahrnehmung ihrer Aufgaben genießen
1. die Mitglieder des besonderen Verhandlungsgremiums und
2. die Arbeitnehmervertreter im Aufsichts- oder Verwaltungsorgan der aus der grenzüberschreitenden Verschmelzung hervorgehenden Gesellschaft,

die Beschäftigte der aus einer grenzüberschreitenden Verschmelzung hervorgehenden Gesellschaft, ihrer Tochtergesellschaften oder Betriebe oder einer der beteiligten Gesellschaften, betroffenen Tochtergesellschaften oder betroffenen Betriebe sind, den gleichen Schutz und die gleichen Sicherheiten wie die Arbeitnehmervertreter nach den Gesetzen und Gepflogenheiten des Mitgliedstaats, in dem sie beschäftigt sind. ²Dies gilt insbesondere für

1. den Kündigungsschutz,
2. die Teilnahme an den Sitzungen der jeweiligen in Satz 1 genannten Gremien und
3. die Entgeltfortzahlung.

§ 33 Errichtungs- und Tätigkeitsschutz

Niemand darf
1. die Bildung des besonderen Verhandlungsgremiums oder die Wahl, Bestellung, Empfehlung oder Ablehnung der Arbeitnehmervertreter im Aufsichts- oder Verwaltungsorgan behindern oder durch Zufügung oder Androhung von Nachteilen oder durch Gewährung oder Versprechen von Vorteilen beeinflussen;
2. die Tätigkeit des besonderen Verhandlungsgremiums oder die Tätigkeit der Arbeitnehmervertreter im Aufsichts- oder Verwaltungsorgan behindern oder stören oder
3. ein Mitglied oder Ersatzmitglied des besonderen Verhandlungsgremiums oder einen Arbeitnehmervertreter im Aufsichts- oder Verwaltungsorgan wegen seiner Tätigkeit benachteiligen oder begünstigen.

Teil 5: Straf- und Bußgeldvorschriften

§ 34 Strafvorschriften

(1) Mit Freiheitsstrafe bis zu zwei Jahren oder mit Geldstrafe wird bestraft, wer entgegen § 31 Abs. 2, auch in Verbindung mit Abs. 4, ein Betriebs- oder Geschäftsgeheimnis verwertet.

(2) Mit Freiheitsstrafe bis zu einem Jahr oder mit Geldstrafe wird bestraft, wer
1. entgegen § 31 Abs. 2, auch in Verbindung mit Abs. 4, ein Betriebs- oder Geschäftsgeheimnis offenbart,
2. entgegen § 33 Nr. 1 oder 2 eine dort genannte Tätigkeit behindert, beeinflusst oder stört oder
3. entgegen § 33 Nr. 3 eine dort genannte Person benachteiligt oder begünstigt.

(3) Handelt der Täter in den Fällen des Absatzes 2 Nr. 1 gegen Entgelt oder in der Absicht, sich oder einen anderen zu bereichern oder einen anderen zu schädigen, so ist die Strafe Freiheitsstrafe bis zu zwei Jahren oder Geldstrafe.

(4) [1]Die Tat wird nur auf Antrag verfolgt. [2]In den Fällen des Absatzes 2 Nr. 2 und 3 sind das besondere Verhandlungsgremium, jedes Mitglied des Aufsichts- oder Verwaltungsorgans, eine im Unternehmen vertretene Gewerkschaft sowie die Leitungen antragsberechtigt.

§ 35 Bußgeldvorschriften

(1) Ordnungswidrig handelt, wer entgegen § 6 Abs. 2 oder § 7 Abs. 4 Satz 2 eine Information nicht, nicht richtig, nicht vollständig oder nicht rechtzeitig gibt.

(2) Die Ordnungswidrigkeit kann mit einer Geldbuße bis zu zwanzigtausend Euro geahndet werden.

XVI. Gesetz über die Mitbestimmung der Arbeitnehmer (Mitbestimmungsgesetz – MitbestG)

v. 4.5.1976 (BGBl I S. 1153) mit späteren Änderungen

Das Gesetz über die Mitbestimmung der Arbeitnehmer (Mitbestimmungsgesetz – MitbestG) v. 4.5.1976 (BGBl I S. 1153) ist zuletzt geändert worden durch Art. 7 Gesetz für die gleichberechtigte Teilhabe von Frauen und Männern an Führungspositionen in der Privatwirtschaft und im öffentlichen Dienst v. 24.4.2015 (BGBl I S. 642).

Nichtamtliche Fassung

Erster Teil: Geltungsbereich

§ 1 Erfasste Unternehmen[1]

(1) In Unternehmen, die
1. in der Rechtsform einer Aktiengesellschaft, einer Kommanditgesellschaft auf Aktien, einer Gesellschaft mit beschränkter Haftung oder einer Genossenschaft betrieben werden und
2. in der Regel mehr als 2 000 Arbeitnehmer beschäftigen,

haben die Arbeitnehmer ein Mitbestimmungsrecht nach Maßgabe dieses Gesetzes.

(2) Dieses Gesetz ist nicht anzuwenden auf die Mitbestimmung in Organen von Unternehmen, in denen die Arbeitnehmer nach
1. dem Gesetz über die Mitbestimmung der Arbeitnehmer in den Aufsichtsräten und Vorständen der Unternehmen des Bergbaus und der Eisen und Stahl erzeugenden Industrie vom 21. Mai 1951 (Bundesgesetzbl. I S. 347) – Montan-Mitbestimmungsgesetz –, oder
2. dem Gesetz zur Ergänzung des Gesetzes über die Mitbestimmung der Arbeitnehmer in den Aufsichtsräten und Vorständen der Unternehmen des Bergbaus und der Eisen und Stahl erzeugenden Industrie vom 7. August 1956 (Bundesgesetzbl. I S. 707) – Mitbestimmungsergänzungsgesetz –,

ein Mitbestimmungsrecht haben.

(3) Die Vertretung der Arbeitnehmer in den Aufsichtsräten von Unternehmen, in denen die Arbeitnehmer nicht nach Absatz 1 oder nach den in Absatz 2 bezeichneten Gesetzen ein Mitbestimmungsrecht haben, bestimmt sich nach den Vorschriften des Drittelbeteiligungsgesetzes (BGBl 2004 I S. 974).

(4) ¹Dieses Gesetz ist nicht anzuwenden auf Unternehmen, die unmittelbar und überwiegend
1. politischen, koalitionspolitischen, konfessionellen, karitativen, erzieherischen, wissenschaftlichen oder künstlerischen Bestimmungen oder
2. Zwecken der Berichterstattung oder Meinungsäußerung, auf die Artikel 5 Abs. 1 Satz 2 des Grundgesetzes anzuwenden ist,

dienen. ²Dieses Gesetz ist nicht anzuwenden auf Religionsgemeinschaften und ihre karitativen und erzieherischen Einrichtungen unbeschadet deren Rechtsform.

§ 2 Anteilseigner[2]

Anteilseigner im Sinne dieses Gesetzes sind je nach der Rechtsform der in § 1 Abs. 1 Nr. 1 bezeichneten Unternehmen Aktionäre, Gesellschafter oder Mitglieder einer Genossenschaft.

---

1) **Anm. d. Red.:** § 1 i. d. F. des Gesetzes v. 14.8.2006 (BGBl I S. 1911) mit Wirkung v. 18.8.2006.
2) **Anm. d. Red.:** § 2 i. d. F. des Gesetzes v. 14.8.2006 (BGBl I S. 1911) mit Wirkung v. 18.8.2006.

§ 3 Arbeitnehmer und Betrieb[1)]

(1) ¹Arbeitnehmer im Sinne dieses Gesetzes sind
1. die in § 5 Abs. 1 des Betriebsverfassungsgesetzes bezeichneten Personen mit Ausnahme der in § 5 Abs. 3 des Betriebsverfassungsgesetzes bezeichneten leitenden Angestellten,
2. die in § 5 Abs. 3 des Betriebsverfassungsgesetzes bezeichneten leitenden Angestellten.

²Keine Arbeitnehmer im Sinne dieses Gesetzes sind die in § 5 Abs. 2 des Betriebsverfassungsgesetzes bezeichneten Personen.

(2) ¹Betriebe im Sinne dieses Gesetzes sind solche des Betriebsverfassungsgesetzes. ²§ 4 Abs. 2 des Betriebsverfassungsgesetzes ist anzuwenden.

§ 4 Kommanditgesellschaft

(1) ¹Ist ein in § 1 Abs. 1 Nr. 1 bezeichnetes Unternehmen persönlich haftender Gesellschafter einer Kommanditgesellschaft und hat die Mehrheit der Kommanditisten dieser Kommanditgesellschaft, berechnet nach der Mehrheit der Anteile oder der Stimmen, die Mehrheit der Anteile oder der Stimmen in dem Unternehmen des persönlich haftenden Gesellschafters inne, so gelten für die Anwendung dieses Gesetzes auf den persönlich haftenden Gesellschafter die Arbeitnehmer der Kommanditgesellschaft als Arbeitnehmer des persönlich haftenden Gesellschafters, sofern nicht der persönlich haftende Gesellschafter einen eigenen Geschäftsbetrieb mit in der Regel mehr als 500 Arbeitnehmern hat. ²Ist die Kommanditgesellschaft persönlich haftender Gesellschafter einer anderen Kommanditgesellschaft, so gelten auch deren Arbeitnehmer als Arbeitnehmer des in § 1 Abs. 1 Nr. 1 bezeichneten Unternehmens. ³Dies gilt entsprechend, wenn sich die Verbindung von Kommanditgesellschaften in dieser Weise fortsetzt.

(2) Das Unternehmen kann von der Führung der Geschäfte der Kommanditgesellschaft nicht ausgeschlossen werden.

§ 5 Konzern

(1) ¹Ist ein in § 1 Abs. 1 Nr. 1 bezeichnetes Unternehmen herrschendes Unternehmen eines Konzerns (§ 18 Abs. 1 des Aktiengesetzes), so gelten für die Anwendung dieses Gesetzes auf das herrschende Unternehmen die Arbeitnehmer der Konzernunternehmen als Arbeitnehmer des herrschenden Unternehmens. ²Dies gilt auch für die Arbeitnehmer eines in § 1 Abs. 1 Nr. 1 bezeichneten Unternehmens, das persönlich haftender Gesellschafter eines abhängigen Unternehmens (§ 18 Abs. 1 des Aktiengesetzes) in der Rechtsform einer Kommanditgesellschaft ist.

(2) ¹Ist eine Kommanditgesellschaft, bei der für die Anwendung dieses Gesetzes auf den persönlich haftenden Gesellschafter die Arbeitnehmer der Kommanditgesellschaft nach § 4 Abs. 1 als Arbeitnehmer des persönlich haftenden Gesellschafters gelten, herrschendes Unternehmen eines Konzerns (§ 18 Abs. 1 des Aktiengesetzes), so gelten für die Anwendung dieses Gesetzes auf den persönlich haftenden Gesellschafter der Kommanditgesellschaft die Arbeitnehmer der Konzernunternehmen als Arbeitnehmer des persönlich haftenden Gesellschafters. ²Absatz 1 Satz 2 sowie § 4 Abs. 2 sind entsprechend anzuwenden.

(3) Stehen in einem Konzern die Konzernunternehmen unter der einheitlichen Leitung eines anderen als eines in Absatz 1 oder 2 bezeichneten Unternehmens, beherrscht aber die Konzernleitung über ein in Absatz 1 oder 2 bezeichnetes Unternehmen oder über mehrere solcher Unternehmen andere Konzernunternehmen, so gelten die in Absatz 1 oder 2 bezeichneten und der Konzernleitung am nächsten stehenden Unternehmen, über die die Konzernleitung andere Konzernunternehmen beherrscht, für die Anwendung dieses Gesetzes als herrschende Unternehmen.

---

1) **Anm. d. Red.:** § 3 i. d. F. des Gesetzes v. 23. 7. 2001 (BGBl I S. 1852) mit Wirkung v. 28. 7. 2001.

Zweiter Teil: Aufsichtsrat
Erster Abschnitt: Bildung und Zusammensetzung
§ 6 Grundsatz[1)]

(1) Bei den in § 1 Abs. 1 bezeichneten Unternehmen ist ein Aufsichtsrat zu bilden, soweit sich dies nicht schon aus anderen gesetzlichen Vorschriften ergibt.

(2) ¹Die Bildung und die Zusammensetzung des Aufsichtsrats sowie die Bestellung und die Abberufung seiner Mitglieder bestimmen sich nach den §§ 7 bis 24 dieses Gesetzes und, soweit sich dies nicht schon aus anderen gesetzlichen Vorschriften ergibt, nach § 96 Abs. 4, den §§ 97 bis 101 Abs. 1. und 3 und den §§ 102 bis 106 des Aktiengesetzes mit der Maßgabe, dass die Wählbarkeit eines Prokuristen als Aufsichtsratsmitglied der Arbeitnehmer nur ausgeschlossen ist, wenn dieser dem zur gesetzlichen Vertretung des Unternehmens befugten Organ unmittelbar unterstellt und zur Ausübung der Prokura für den gesamten Geschäftsbereich des Organs ermächtigt ist. ²Andere gesetzliche Vorschriften und Bestimmungen der Satzung (des Gesellschaftsvertrags, des Statuts) über die Zusammensetzung des Aufsichtsrats sowie über die Bestellung und die Abberufung seiner Mitglieder bleiben unberührt, soweit Vorschriften dieses Gesetzes dem nicht entgegenstehen.

(3) ¹Auf Genossenschaften sind die §§ 100, 101 Abs. 1 und 3 und die §§ 103 und 106 des Aktiengesetzes nicht anzuwenden. ²Auf die Aufsichtsratsmitglieder der Arbeitnehmer ist § 9 Abs. 2 des Genossenschaftsgesetzes nicht anzuwenden.

§ 7 Zusammensetzung des Aufsichtsrats[2)]

(1) ¹Der Aufsichtsrat eines Unternehmens
1. mit in der Regel nicht mehr als 10 000 Arbeitnehmern setzt sich zusammen aus je sechs Aufsichtsratsmitgliedern der Anteilseigner und der Arbeitnehmer;
2. mit in der Regel mehr als 10 000, jedoch nicht mehr als 20 000 Arbeitnehmern setzt sich zusammen aus je acht Aufsichtsratsmitgliedern der Anteilseigner und der Arbeitnehmer;
3. mit in der Regel mehr als 20 000 Arbeitnehmern setzt sich zusammen aus je zehn Aufsichtsratsmitgliedern der Anteilseigner und der Arbeitnehmer.

²Bei den in Satz 1 Nr. 1 bezeichneten Unternehmen kann die Satzung (der Gesellschaftsvertrag) bestimmen, dass Satz 1 Nr. 2 oder 3 anzuwenden ist. ³Bei den in Satz 1 Nr. 2 bezeichneten Unternehmen kann die Satzung (der Gesellschaftsvertrag) bestimmen, dass Satz 1 Nr. 3 anzuwenden ist.

(2) Unter den Aufsichtsratsmitgliedern der Arbeitnehmer müssen sich befinden
1. in einem Aufsichtsrat, dem sechs Aufsichtsratsmitglieder der Arbeitnehmer angehören, vier Arbeitnehmer des Unternehmens und zwei Vertreter von Gewerkschaften;
2. in einem Aufsichtsrat, dem acht Aufsichtsratsmitglieder der Arbeitnehmer angehören, sechs Arbeitnehmer des Unternehmens und zwei Vertreter von Gewerkschaften;
3. in einem Aufsichtsrat, dem zehn Aufsichtsratsmitglieder der Arbeitnehmer angehören, sieben Arbeitnehmer des Unternehmens und drei Vertreter von Gewerkschaften.

(3) Unter den Aufsichtsratsmitgliedern der Arbeitnehmer eines in § 1 Absatz 1 genannten, börsennotierten Unternehmens müssen sich im Fall des § 96 Absatz 2 Satz 3 des Aktiengesetzes Frauen und Männer jeweils mit einem Anteil von mindestens 30 Prozent vertreten sein.

(4) ¹Die in Absatz 2 bezeichneten Arbeitnehmer des Unternehmens müssen das 18. Lebensjahr vollendet haben und ein Jahr dem Unternehmen angehören. ²Auf die einjährige Unternehmensangehörigkeit werden Zeiten der Angehörigkeit zu einem anderen Unternehmen, dessen

---
1) **Anm. d. Red.:** § 6 i. d. F. des Gesetzes v. 24. 4. 2015 (BGBl I S. 642) mit Wirkung v. 1. 5. 2015.
2) **Anm. d. Red.:** § 7 i. d. F. des Gesetzes v. 24. 4. 2015 (BGBl I S. 642) mit Wirkung v. 1. 5. 2015.

Arbeitnehmer nach diesem Gesetz an der Wahl von Aufsichtsratsmitgliedern des Unternehmens teilnehmen, angerechnet. ³Diese Zeiten müssen unmittelbar vor dem Zeitpunkt liegen, ab dem die Arbeitnehmer zur Wahl von Aufsichtsratsmitgliedern des Unternehmens berechtigt sind. ⁴Die weiteren Wählbarkeitsvoraussetzungen des § 8 Abs. 1 des Betriebsverfassungsgesetzes müssen erfüllt sein.

(5) Die in Absatz 2 bezeichneten Gewerkschaften müssen in dem Unternehmen selbst oder in einem anderen Unternehmen vertreten sein, dessen Arbeitnehmer nach diesem Gesetz an der Wahl von Aufsichtsratsmitgliedern des Unternehmens teilnehmen.

Zweiter Abschnitt: Bestellung der Aufsichtsratsmitglieder

Erster Unterabschnitt: Aufsichtsratsmitglieder der Anteilseigner

§ 8[1)]

(1) Die Aufsichtsratsmitglieder der Anteilseigner werden durch das nach Gesetz, Satzung oder Gesellschaftsvertrag zur Wahl von Mitgliedern des Aufsichtsrats befugte Organ (Wahlorgan) und, soweit gesetzliche Vorschriften dem nicht entgegenstehen, nach Maßgabe der Satzung oder des Gesellschaftsvertrags bestellt.

(2) § 101 Abs. 2 des Aktiengesetzes bleibt unberührt.

Zweiter Unterabschnitt: Aufsichtsratsmitglieder der Arbeitnehmer, Grundsatz

§ 9[2)]

(1) Die Aufsichtsratsmitglieder der Arbeitnehmer (§ 7 Abs. 2) eines Unternehmens mit in der Regel mehr als 8 000 Arbeitnehmern werden durch Delegierte gewählt, sofern nicht die wahlberechtigten Arbeitnehmer die unmittelbare Wahl beschließen.

(2) Die Aufsichtsratsmitglieder der Arbeitnehmer (§ 7 Abs. 2) eines Unternehmens mit in der Regel nicht mehr als 8 000 Arbeitnehmern werden in unmittelbarer Wahl gewählt, sofern nicht die wahlberechtigten Arbeitnehmer die Wahl durch Delegierte beschließen.

(3) ¹Zur Abstimmung darüber, ob die Wahl durch Delegierte oder unmittelbar erfolgen soll, bedarf es eines Antrags, der von einem Zwanzigstel der wahlberechtigten Arbeitnehmer des Unternehmens unterzeichnet sein muss. ²Die Abstimmung ist geheim. ³Ein Beschluss nach Absatz 1 oder 2 kann nur unter Beteiligung von mindestens der Hälfte der wahlberechtigten Arbeitnehmer und nur mit der Mehrheit der abgegebenen Stimmen gefasst werden.

Dritter Unterabschnitt: Wahl der Aufsichtsratsmitglieder der Arbeitnehmer durch Delegierte[3)]

§ 10 Wahl der Delegierten[4)]

(1) In jedem Betrieb des Unternehmens wählen die Arbeitnehmer in geheimer Wahl und nach den Grundsätzen der Verhältnisse Delegierte.

(2) ¹Wahlberechtigt für die Wahl von Delegierten sind die Arbeitnehmer des Unternehmens, die das 18. Lebensjahr vollendet haben. ²§ 7 Satz 2 des Betriebsverfassungsgesetzes gilt entsprechend.

---

1) **Anm. d. Red.:** § 8 i. d. F. des Gesetzes v. 14. 8. 2006 (BGBl I S. 1911) mit Wirkung v. 18. 8. 2006.
2) **Anm. d. Red.:** § 9 i. d. F. des Gesetzes v. 26. 6. 1990 (BGBl I S. 1206) mit Wirkung v. 1. 7. 1990.
3) **Anm. d. Red.:** Überschrift i. d. F. des Gesetzes v. 26. 6. 1990 (BGBl I S. 1206) mit Wirkung v. 1. 7. 1990.
4) **Anm. d. Red.:** § 10 i. d. F. des Gesetzes v. 23. 7. 2001 (BGBl I S. 1852) mit Wirkung v. 28. 7. 2001.

(3) Zu Delegierten wählbar sind die in Absatz 2 Satz 1 bezeichneten Arbeitnehmer, die die weiteren Wählbarkeitsvoraussetzungen des § 8 des Betriebsverfassungsgesetzes erfüllen.

(4) ¹Wird für einen Wahlgang nur ein Wahlvorschlag gemacht, so gelten die darin aufgeführten Arbeitnehmer in der angegebenen Reihenfolge als gewählt. ²§ 11 Abs. 2 ist anzuwenden.

§ 11 Errechnung der Zahl der Delegierten[1)]

(1) ¹In jedem Betrieb entfällt auf je 90 wahlberechtigte Arbeitnehmer ein Delegierter. ²Ergibt die Errechnung nach Satz 1 in einem Betrieb mehr als

1. 25 Delegierte, so vermindert sich die Zahl der zu wählenden Delegierten auf die Hälfte; diese Delegierten erhalten je zwei Stimmen;
2. 50 Delegierte, so vermindert sich die Zahl der zu wählenden Delegierten auf ein Drittel; diese Delegierten erhalten je drei Stimmen;
3. 75 Delegierte, so vermindert sich die Zahl der zu wählenden Delegierten auf ein Viertel; diese Delegierten erhalten je vier Stimmen;
4. 100 Delegierte, so vermindert sich die Zahl der zu wählenden Delegierten auf ein Fünftel; diese Delegierten erhalten je fünf Stimmen;
5. 125 Delegierte, so vermindert sich die Zahl der zu wählenden Delegierten auf ein Sechstel; diese Delegierten erhalten je sechs Stimmen;
6. 150 Delegierte, so vermindert sich die Zahl der zu wählenden Delegierten auf ein Siebtel; diese Delegierten erhalten je sieben Stimmen.

³Bei der Errechnung der Zahl der Delegierten werden Teilzahlen voll gezählt, wenn sie mindestens die Hälfte der vollen Zahl betragen.

(2) ¹Unter den Delegierten müssen in jedem Betrieb die in § 3 Abs. 1 Nr. 1 bezeichneten Arbeitnehmer und die leitenden Angestellten entsprechend ihrem zahlenmäßigen Verhältnis vertreten sein. ²Sind in einem Betrieb mindestens neun Delegierte zu wählen, so entfällt auf die in § 3 Abs. 1 Nr. 1 bezeichneten Arbeitnehmer und die leitenden Angestellten mindestens je ein Delegierter; dies gilt nicht, soweit in dem Betrieb nicht mehr als fünf in § 3 Abs. 1 Nr. 1 bezeichnete Arbeitnehmer oder leitende Angestellte wahlberechtigt sind. ³Soweit auf die in § 3 Abs. 1 Nr. 1 bezeichneten Arbeitnehmer und die leitenden Angestellten lediglich nach Satz 2 Delegierte entfallen, vermehrt sich die nach Absatz 1 errechnete Zahl der Delegierten des Betriebs entsprechend.

(3) ¹Soweit nach Absatz 2 auf die in § 3 Abs. 1 Nr. 1 bezeichneten Arbeitnehmer und die leitenden Angestellten eines Betriebs nicht mindestens je ein Delegierter entfällt, gelten diese für die Wahl der Delegierten als Arbeitnehmer des Betriebs der Hauptniederlassung. ²Soweit nach Absatz 2 und nach Satz 1 auf die Arbeiter, die in § 3 Abs. 2 Nr. 1 bezeichneten Angestellten und die leitenden Angestellten des Betriebs der Hauptniederlassung nicht mindestens je ein Delegierter entfällt, gelten diese für die Wahl der Delegierten als Arbeitnehmer des nach der Zahl der wahlberechtigten Arbeitnehmer größten Betriebs des Unternehmens.

(4) Entfällt auf einen Betrieb oder auf ein Unternehmen, dessen Arbeitnehmer nach diesem Gesetz an der Wahl von Aufsichtsratsmitgliedern des Unternehmens teilnehmen, kein Delegierter, so ist Absatz 3 entsprechend anzuwenden.

(5) Die Eigenschaft eines Delegierten als Delegierter der Arbeitnehmer nach § 3 Abs. 1 Nr. 1 oder § 3 Abs. 1 Nr. 2 bleibt bei einem Wechsel der Eigenschaft als Arbeitnehmer nach § 3 Abs. 1 Nr. 1 oder § 3 Abs. 1 Nr. 2 erhalten.

---

1) **Anm. d. Red.:** § 11 i. d. F. des Gesetzes v. 23. 3. 2002 (BGBl I S. 1130) mit Wirkung v. 27. 3. 2002.

§ 12 Wahlvorschläge für Delegierte[1]

(1) ¹Zur Wahl der Delegierten können die wahlberechtigten Arbeitnehmer des Betriebs Wahlvorschläge machen. ²Jeder Wahlvorschlag muss von einem Zwanzigstel oder 50 der jeweils wahlberechtigten in § 3 Abs. 1 Nr. 1 bezeichneten Arbeitnehmer oder der leitenden Angestellten des Betriebs unterzeichnet sein.

(2) Jeder Wahlvorschlag soll mindestens doppelt so viele Bewerber enthalten, wie in dem Wahlgang Delegierte zu wählen sind.

§ 13 Amtszeit der Delegierten[2]

(1) ¹Die Delegierten werden für eine Zeit gewählt, die der Amtszeit der von ihnen zu wählenden Aufsichtsratsmitglieder entspricht. ²Sie nehmen die ihnen nach den Vorschriften dieses Gesetzes zustehenden Aufgaben und Befugnisse bis zur Einleitung der Neuwahl der Aufsichtsratsmitglieder der Arbeitnehmer wahr.

(2) In den Fällen des § 9 Abs. 1 endet die Amtszeit der Delegierten, wenn
1. die wahlberechtigten Arbeitnehmer nach § 9 Abs. 1 die unmittelbare Wahl beschließen;
2. das Unternehmen nicht mehr die Voraussetzungen für die Anwendung des § 9 Abs. 1 erfüllt, es sei denn, die wahlberechtigten Arbeitnehmer beschließen, dass die Amtszeit bis zu dem in Absatz 1 genannten Zeitpunkt fortdauern soll; § 9 Abs. 3 ist entsprechend anzuwenden.

(3) In den Fällen des § 9 Abs. 2 endet die Amtszeit der Delegierten, wenn die wahlberechtigten Arbeitnehmer die unmittelbare Wahl beschließen; § 9 Abs. 3 ist anzuwenden.

(4) Abweichend von Absatz 1 endet die Amtszeit der Delegierten eines Betriebs, wenn nach Eintreten aller Ersatzdelegierten des Wahlvorschlags, dem die zu ersetzenden Delegierten angehören, die Gesamtzahl der Delegierten des Betriebs unter die im Zeitpunkt ihrer Wahl vorgeschriebene Zahl der auf den Betrieb entfallenden Wahlmänner gesunken ist.

§ 14 Vorzeitige Beendigung der Amtszeit oder Verhinderung von Delegierten[3]

(1) Die Amtszeit eines Delegierten endet vor dem in § 13 bezeichneten Zeitpunkt
1. durch Niederlegung des Amtes,
2. durch Beendigung der Beschäftigung des Delegierten in dem Betrieb, dessen Delegierter er ist,
3. durch Verlust der Wählbarkeit.

(2) ¹Endet die Amtszeit eines Delegierten vorzeitig oder ist er verhindert, so tritt an seine Stelle ein Ersatzdelegierter. ²Die Ersatzdelegierten werden der Reihe nach aus den nicht gewählten Arbeitnehmern derjenigen Wahlvorschläge entnommen, denen die zu ersetzenden Delegierten angehören.

§ 15 Wahl der unternehmensangehörigen Aufsichtsratsmitglieder der Arbeitnehmer[4]

(1) ¹Die Delegierten wählen die Aufsichtsratsmitglieder, die nach § 7 Abs. 2 Arbeitnehmer des Unternehmens sein müssen, geheim und nach den Grundsätzen der Verhältniswahl für die Zeit, die im Gesetz oder in der Satzung (im Gesellschaftsvertrag) für die durch das Wahlorgan der Anteilseigner zu wählenden Mitglieder des Aufsichtsrats bestimmt ist. ²Dem Aufsichtsrat muss ein leitender Angestellter angehören.

---

1) **Anm. d. Red.:** § 12 i. d. F. des Gesetzes v. 8. 6. 2005 (BGBl I S. 1530) mit Wirkung v. 1. 7. 2005.
2) **Anm. d. Red.:** § 13 i. d. F. des Gesetzes v. 26. 6. 1990 (BGBl I S. 1206) mit Wirkung v. 1. 7. 1990.
3) **Anm. d. Red.:** § 14 i. d. F. des Gesetzes v. 26. 6. 1990 (BGBl I S. 1206) mit Wirkung v. 1. 7. 1990.
4) **Anm. d. Red.:** § 15 i. d. F. des Gesetzes v. 14. 8. 2006 (BGBl I S. 1911) mit Wirkung v. 18. 8. 2006.

(2) ¹Die Wahl erfolgt aufgrund von Wahlvorschlägen. ²Jeder Wahlvorschlag für
1. Aufsichtsratsmitglieder der Arbeitnehmer nach § 3 Abs. 1 Nr. 1 muss von einem Fünftel oder 100 der wahlberechtigten Arbeitnehmer des Unternehmens unterzeichnet sein;
2. das Aufsichtsratsmitglied der leitenden Angestellten wird aufgrund von Abstimmungsvorschlägen durch Beschluss der wahlberechtigten leitenden Angestellten aufgestellt. ²Jeder Abstimmungsvorschlag muss von einem Zwanzigstel oder 50 der wahlberechtigten leitenden Angestellten unterzeichnet sein. ³Der Beschluss wird in geheimer Abstimmung gefasst. ⁴Jeder leitende Angestellte hat so viele Stimmen, wie für den Wahlvorschlag nach Absatz 3 Satz 2 Bewerber zu benennen sind. ⁵In den Wahlvorschlag ist die nach Absatz 3 Satz 2 vorgeschriebene Anzahl von Bewerbern in der Reihenfolge der auf sie entfallenden Stimmenzahlen aufzunehmen.

(3) ¹Abweichend von Absatz 1 findet Mehrheitswahl statt, soweit nur ein Wahlvorschlag gemacht wird. ²In diesem Fall muss der Wahlvorschlag doppelt so viele Bewerber enthalten, wie Aufsichtsratsmitglieder auf die Arbeitnehmer nach § 3 Abs. 1 Nr. 1 und auf die leitenden Angestellten entfallen.

§ 16 Wahl der Vertreter von Gewerkschaften in den Aufsichtsrat¹⁾

(1) Die Delegierten wählen die Aufsichtsratsmitglieder, die nach § 7 Abs. 2 Vertreter von Gewerkschaften sind, in geheimer Wahl und nach den Grundsätzen der Verhältniswahl für die in § 15 Abs. 1 bestimmte Zeit.

(2) ¹Die Wahl erfolgt aufgrund von Wahlvorschlägen der Gewerkschaften, die in dem Unternehmen selbst oder in einem anderen Unternehmen vertreten sind, dessen Arbeitnehmer nach diesem Gesetz an der Wahl von Aufsichtsratsmitgliedern des Unternehmens teilnehmen. ²Wird nur ein Wahlvorschlag gemacht, so findet abweichend von Absatz 1 Mehrheitswahl statt. ³In diesem Falle muss der Wahlvorschlag mindestens doppelt so viele Bewerber enthalten, wie Vertreter von Gewerkschaften in den Aufsichtsrat zu wählen sind.

§ 17 Ersatzmitglieder²⁾

(1) ¹In jedem Wahlvorschlag kann zusammen mit jedem Bewerber für diesen ein Ersatzmitglied des Aufsichtsrats vorgeschlagen werden. ²Für einen Bewerber, der Arbeitnehmer nach § 3 Abs. 1 Nr. 1 ist, kann nur ein Arbeitnehmer nach § 3 Abs. 1 Nr. 1 und für einen leitenden Angestellten nach § 3 Abs. 1 Nr. 2 nur ein leitender Angestellter als Ersatzmitglied vorgeschlagen werden. ³Ein Bewerber kann nicht zugleich als Ersatzmitglied vorgeschlagen werden.

(2) Wird ein Bewerber als Aufsichtsratsmitglied gewählt, so ist auch das zusammen mit ihm vorgeschlagene Ersatzmitglied gewählt.

(3) Im Fall des § 96 Absatz 2 Satz 3 des Aktiengesetzes ist das Nachrücken eines Ersatzmitgliedes ausgeschlossen, wenn dadurch der Anteil von Frauen und Männern unter den Aufsichtsratsmitgliedern der Arbeitnehmer nicht mehr den Vorgaben des § 7 Absatz 3 entspricht; § 18a Absatz 2 Satz 2 gilt entsprechend.

Vierter Unterabschnitt: Unmittelbare Wahl der Aufsichtsratsmitglieder der Arbeitnehmer

§ 18³⁾

¹Sind nach § 9 die Aufsichtsratsmitglieder der Arbeitnehmer in unmittelbarer Wahl zu wählen, so sind die Arbeitnehmer des Unternehmens, die das 18. Lebensjahr vollendet haben, wahl-

---

1) **Anm. d. Red.:** § 16 i. d. F. des Gesetzes v. 24. 4. 2015 (BGBl I S. 642) mit Wirkung v. 1. 5. 2015.
2) **Anm. d. Red.:** § 17 i. d. F. des Gesetzes v. 24. 4. 2015 (BGBl I S. 642) mit Wirkung v. 1. 5. 2015.
3) **Anm. d. Red.:** § 18 i. d. F. des Gesetzes v. 23. 7. 2001 (BGBl I S. 1852) mit Wirkung v. 28. 7. 2001.

berechtigt. ²§ 7 Satz 2 des Betriebsverfassungsgesetzes gilt entsprechend. ³Für die Wahl sind die §§ 15 bis 17 mit der Maßgabe anzuwenden, dass an die Stelle der Delegierten die wahlberechtigten Arbeitnehmer des Unternehmens treten.

Fünfter Unterabschnitt: Nichterreichen des Geschlechteranteils durch die Wahl[1)]

§ 18a[2)]

(1) Ergibt im Fall des § 96 Absatz 2 Satz 3 des Aktiengesetzes die Auszählung der Stimmen und ihre Verteilung auf die Bewerber, dass die Vorgaben des § 7 Absatz 3 nicht erreicht worden sind, ist folgendes Geschlechterverhältnis für die Aufsichtsratsitze der Arbeitnehmer herzustellen:

1. in Aufsichtsräten nach § 7 Absatz 2 Nummer 1 und 2 müssen unter den Aufsichtsratsmitgliedern der Arbeitnehmer nach § 3 Absatz 1 Nummer 1 jeweils mindestens eine Frau und mindestens ein Mann und unter den Aufsichtsratsmitgliedern der Gewerkschaften jeweils eine Frau und ein Mann vertreten sein;
2. in einem Aufsichtsrat nach § 7 Absatz 2 Nummer 3 müssen unter den Aufsichtsratsmitgliedern der Arbeitnehmer nach § 3 Absatz 1 Nummer 1 mindestens zwei Frauen und mindestens zwei Männer und unter den Aufsichtsratsmitgliedern der Gewerkschaften eine Frau und ein Mann vertreten sein.

(2) ¹Um die Verteilung der Geschlechter nach Absatz 1 zu erreichen, ist die Wahl derjenigen Bewerber um einen Aufsichtsratssitz der Arbeitnehmer unwirksam, deren Geschlecht in dem jeweiligen Wahlgang nach der Verteilung der Stimmen auf die Bewerber mehrheitlich vertreten ist und die

1. bei einer Mehrheitswahl in dem jeweiligen Wahlgang nach der Reihenfolge der auf die Bewerber entfallenden Stimmenzahlen die niedrigsten Stimmenzahlen erhalten haben oder
2. bei einer Verhältniswahl in dem jeweiligen Wahlgang nach der Reihenfolge der auf die Bewerber entfallenden Höchstzahlen die niedrigsten Höchstzahlen erhalten haben.

²Die durch unwirksame Wahl nach Satz 1 nicht besetzten Aufsichtsratssitze werden im Wege der gerichtlichen Ersatzbestellung nach § 104 des Aktiengesetzes oder der Nachwahl besetzt.

Sechster Unterabschnitt: Weitere Vorschriften über das Wahlverfahren sowie über die Bestellung und Abberufung von Aufsichtsratsmitgliedern[3)]

§ 19 Bekanntmachung der Mitglieder des Aufsichtsrats[4)]

¹Das zur gesetzlichen Vertretung des Unternehmens befugte Organ hat die Namen der Mitglieder und der Ersatzmitglieder des Aufsichtsrats unverzüglich nach ihrer Bestellung in den Betrieben des Unternehmens bekannt zu machen und im Bundesanzeiger zu veröffentlichen. ²Nehmen an der Wahl der Aufsichtsratsmitglieder des Unternehmens auch die Arbeitnehmer eines anderen Unternehmens teil, so ist daneben das zur gesetzlichen Vertretung des anderen Unternehmens befugte Organ zur Bekanntmachung in seinen Betrieben verpflichtet.

---

1) **Anm. d. Red.:** Fünfter Unterabschnitt eingefügt gem. Gesetz v. 24. 4. 2015 (BGBl I S. 642) mit Wirkung v. 1. 5. 2015.
2) **Anm. d. Red.:** § 18a eingefügt gem. Gesetz v. 24. 4. 2015 (BGBl I S. 642) mit Wirkung v. 1. 5. 2015.
3) **Anm. d. Red.:** Bisheriger Fünfter Unterabschnitt zu Sechstem Unterabschnitt geworden gem. Gesetz v. 24. 4. 2015 (BGBl I S. 642) mit Wirkung v. 1. 5. 2015.
4) **Anm. d. Red.:** § 19 i. d. F. des Gesetzes v. 22. 12. 2011 (BGBl I S. 3044) mit Wirkung v. 1. 4. 2012.

§ 20 Wahlschutz und Wahlkosten

(1) ¹Niemand darf die Wahl nach den §§ 10, 15, 16 und 18 behindern. ²Insbesondere darf niemand in der Ausübung des aktiven und passiven Wahlrechts beschränkt werden.

(2) Niemand darf die Wahlen durch Zufügung oder Androhung von Nachteilen oder durch Gewährung oder Versprechen von Vorteilen beeinflussen.

(3) ¹Die Kosten der Wahlen trägt das Unternehmen. ²Versäumnis von Arbeitszeit, die zur Ausübung des Wahlrechts oder der Betätigung im Wahlvorstand erforderlich ist, berechtigt den Arbeitgeber nicht zur Minderung des Arbeitsentgelts.

§ 21 Anfechtung der Wahl von Delegierten[1)]

(1) Die Wahl der Delegierten eines Betriebs kann beim Arbeitsgericht angefochten werden, wenn gegen wesentliche Vorschriften über das Wahlrecht, die Wählbarkeit oder das Wahlverfahren verstoßen worden und eine Berichtigung nicht erfolgt ist, es sei denn, dass durch den Verstoß das Wahlergebnis nicht geändert oder beeinflusst werden konnte.

(2) ¹Zur Anfechtung berechtigt sind
1. mindestens drei wahlberechtigte Arbeitnehmer des Betriebs,
2. der Betriebsrat,
3. der Sprecherausschuss,
4. das zur gesetzlichen Vertretung des Unternehmens befugte Organ.

²Die Anfechtung ist nur binnen einer Frist von zwei Wochen, vom Tage der Bekanntgabe des Wahlergebnisses an gerechnet, zulässig.

§ 22 Anfechtung der Wahl von Aufsichtsratsmitgliedern der Arbeitnehmer[2)]

(1) Die Wahl eines Aufsichtsratsmitglieds oder eines Ersatzmitglieds der Arbeitnehmer kann beim Arbeitsgericht angefochten werden, wenn gegen wesentliche Vorschriften über das Wahlrecht, die Wählbarkeit oder das Wahlverfahren verstoßen worden und eine Berichtigung nicht erfolgt ist, es sei denn, dass durch den Verstoß das Wahlergebnis nicht geändert oder beeinflusst werden konnte.

(2) ¹Zur Anfechtung berechtigt sind
1. mindestens drei wahlberechtigte Arbeitnehmer des Unternehmens,
2. der Gesamtbetriebsrat des Unternehmens oder, wenn in dem Unternehmen nur ein Betriebsrat besteht, der Betriebsrat sowie, wenn das Unternehmen herrschendes Unternehmen eines Konzerns ist, der Konzernbetriebsrat, soweit ein solcher besteht,
3. der Gesamt- oder Unternehmenssprecherausschuss des Unternehmens oder, wenn in dem Unternehmen nur ein Sprecherausschuss besteht, der Sprecherausschuss sowie, wenn das Unternehmen herrschendes Unternehmen eines Konzerns ist, der Konzernsprecherausschuss, soweit ein solcher besteht,
4. der Gesamtbetriebsrat eines anderen Unternehmens, dessen Arbeitnehmer nach diesem Gesetz an der Wahl der Aufsichtsratsmitglieder des Unternehmens teilnehmen, oder, wenn in dem anderen Unternehmen nur ein Betriebsrat besteht, der Betriebsrat,
5. der Gesamt- oder Unternehmenssprecherausschuss eines anderen Unternehmens, dessen Arbeitnehmer nach diesem Gesetz an der Wahl der Aufsichtsratsmitglieder des Unternehmens teilnehmen, oder, wenn in dem anderen Unternehmen nur ein Sprecherausschuss besteht, der Sprecherausschuss,

---

1) **Anm. d. Red.:** § 21 i. d. F. des Gesetzes v. 23. 3. 2002 (BGBl I S. 1130) mit Wirkung v. 27. 3. 2002.
2) **Anm. d. Red.:** § 22 i. d. F. des Gesetzes v. 22. 12. 2011 (BGBl I S. 3044) mit Wirkung v. 1. 4. 2012.

6. jede nach § 16 Abs. 2 vorschlagsberechtigte Gewerkschaft,
7. das zur gesetzlichen Vertretung des Unternehmens befugte Organ.

²Die Anfechtung ist nur binnen einer Frist von zwei Wochen, vom Tage der Veröffentlichung im Bundesanzeiger an gerechnet, zulässig.

§ 23 Abberufung von Aufsichtsratsmitgliedern der Arbeitnehmer[1]

(1) ¹Ein Aufsichtsratsmitglied der Arbeitnehmer kann vor Ablauf der Amtszeit auf Antrag abberufen werden. ²Antragsberechtigt sind für die Abberufung eines

1. Aufsichtsratsmitglieds der Arbeitnehmer nach § 3 Abs. 1 Nr. 1 drei Viertel der wahlberechtigten Arbeitnehmer nach § 3 Abs. 1 Nr. 1,
2. Aufsichtsratsmitglieds der leitenden Angestellten, drei Viertel der wahlberechtigten leitenden Angestellten,
3. Aufsichtsratsmitglieds, das nach § 7 Abs. 2 Vertreter einer Gewerkschaft ist, die Gewerkschaft, die das Mitglied vorgeschlagen hat.

(2) ¹Ein durch Delegierte gewähltes Aufsichtsratsmitglied wird durch Beschluss der Delegierten abberufen. ²Dieser Beschluss wird in geheimer Abstimmung gefasst; er bedarf einer Mehrheit von drei Vierteln der abgegebenen Stimmen.

(3) ¹Ein von den Arbeitnehmern unmittelbar gewähltes Aufsichtsratsmitglied wird durch Beschluss der wahlberechtigten Arbeitnehmer abberufen. ²Dieser Beschluss wird in geheimer, unmittelbarer Abstimmung gefasst; er bedarf einer Mehrheit von drei Vierteln der abgegebenen Stimmen.

(4) Die Absätze 1 bis 3 sind für die Abberufung von Ersatzmitgliedern entsprechend anzuwenden.

§ 24 Verlust der Wählbarkeit und Änderung der Zuordnung unternehmensangehöriger Aufsichtsratsmitglieder[2]

(1) Verliert ein Aufsichtsratsmitglied, das nach § 7 Abs. 2 Arbeitnehmer des Unternehmens sein muss, die Wählbarkeit, so erlischt sein Amt.

(2) Die Änderung der Zuordnung eines Aufsichtsratsmitglieds zu den in § 3 Abs. 1 Nr. 1 oder § 3 Abs. 1 Nr. 2 genannten Arbeitnehmern führt nicht zum Erlöschen seines Amtes.

Dritter Abschnitt: Innere Ordnung, Rechte und Pflichten des Aufsichtsrats

§ 25 Grundsatz[3]

(1) ¹Die innere Ordnung, die Beschlussfassung sowie die Rechte und Pflichten des Aufsichtsrats bestimmen sich nach den §§ 27 bis 29, den §§ 31 und 32 und, soweit diese Vorschriften dem nicht entgegenstehen,

1. für Aktiengesellschaften und Kommanditgesellschaften auf Aktien nach dem Aktiengesetz,
2. für Gesellschaften mit beschränkter Haftung nach § 90 Abs. 3, 4 und 5 Satz 1 und 2, den §§ 107 bis 116, 118 Abs. 3, § 125 Abs. 3 und 4 und den §§ 170, 171 und 268 Abs. 2 des Aktiengesetzes,
3. für Genossenschaften nach dem Genossenschaftsgesetz.

²§ 4 Abs. 2 des Gesetzes über die Überführung der Anteilsrechte an der Volkswagenwerk Gesellschaft mit beschränkter Haftung in private Hand vom 21. Juli 1960 (Bundesgesetzbl. I S. 585), zuletzt geändert durch das Zweite Gesetz zur Änderung des Gesetzes über die Überführung der

---

1) **Anm. d. Red.:** § 23 i. d. F. des Gesetzes v. 23. 7. 2001 (BGBl I S. 1852) mit Wirkung v. 28. 7. 2001.
2) **Anm. d. Red.:** § 24 i. d. F. des Gesetzes v. 23. 7. 2001 (BGBl I S. 1852) mit Wirkung v. 28. 7. 2001.
3) **Anm. d. Red.:** § 25 i. d. F. des Gesetzes v. 30. 7. 2009 (BGBl I S. 2479) mit Wirkung v. 1. 9. 2009.

Anteilsrechte an der Volkswagenwerk Gesellschaft mit beschränkter Haftung in private Hand vom 31. Juli 1970 (Bundesgesetzbl. I S. 1149), bleibt unberührt.

(2) Andere gesetzliche Vorschriften und Bestimmungen der Satzung (des Gesellschaftsvertrags) oder der Geschäftsordnung des Aufsichtsrats über die innere Ordnung, die Beschlussfassung sowie die Rechte und Pflichten des Aufsichtsrats bleiben unberührt, soweit Absatz 1 dem nicht entgegensteht.

§ 26 Schutz von Aufsichtsratsmitgliedern vor Benachteiligung

[1]Aufsichtsratsmitglieder der Arbeitnehmer dürfen in der Ausübung ihrer Tätigkeit nicht gestört oder behindert werden. [2]Sie dürfen wegen ihrer Tätigkeit im Aufsichtsrat eines Unternehmens, dessen Arbeitnehmer sie sind oder als dessen Arbeitnehmer sie nach § 4 oder § 5 gelten, nicht benachteiligt werden. [3]Dies gilt auch für ihre berufliche Entwicklung.

§ 27 Vorsitz im Aufsichtsrat

(1) Der Aufsichtsrat wählt mit einer Mehrheit von zwei Dritteln der Mitglieder, aus denen er insgesamt zu bestehen hat, aus seiner Mitte einen Aufsichtsratsvorsitzenden und einen Stellvertreter.

(2) [1]Wird bei der Wahl des Aufsichtsratsvorsitzenden oder seines Stellvertreters die nach Absatz 1 erforderliche Mehrheit nicht erreicht, so findet für die Wahl des Aufsichtsratsvorsitzenden und seines Stellvertreters ein zweiter Wahlgang statt. [2]In diesem Wahlgang wählen die Aufsichtsratsmitglieder der Anteilseigner den Aufsichtsratsvorsitzenden und die Aufsichtsratsmitglieder der Arbeitnehmer den Stellvertreter jeweils mit der Mehrheit der abgegebenen Stimmen.

(3) Unmittelbar nach der Wahl des Aufsichtsratsvorsitzenden und seines Stellvertreters bildet der Aufsichtsrat zur Wahrnehmung der in § 31 Abs. 3 Satz 1 bezeichneten Aufgabe einen Ausschuss, dem der Aufsichtsratsvorsitzende, sein Stellvertreter sowie je ein von den Aufsichtsratsmitgliedern der Arbeitnehmer und von den Aufsichtsratsmitgliedern der Anteilseigner mit der Mehrheit der abgegebenen Stimmen gewähltes Mitglied angehören.

§ 28 Beschlussfähigkeit

[1]Der Aufsichtsrat ist nur beschlussfähig, wenn mindestens die Hälfte der Mitglieder, aus denen er insgesamt zu bestehen hat, an der Beschlussfassung teilnimmt. [2]§ 108 Abs. 2 Satz 4 des Aktiengesetzes ist anzuwenden.

§ 29 Abstimmungen

(1) Beschlüsse des Aufsichtsrats bedürfen der Mehrheit der abgegebenen Stimmen, soweit nicht in Absatz 2 und in den §§ 27, 31 und 32 etwas anderes bestimmt ist.

(2) [1]Ergibt eine Abstimmung im Aufsichtsrat Stimmengleichheit, so hat bei einer erneuten Abstimmung über denselben Gegenstand, wenn auch sie Stimmengleichheit ergibt, der Aufsichtsratsvorsitzende zwei Stimmen. [2]§ 108 Abs. 3 des Aktiengesetzes ist auch auf die Abgabe der zweiten Stimme anzuwenden. [3]Dem Stellvertreter steht die zweite Stimme nicht zu.

Dritter Teil: Gesetzliches Vertretungsorgan

§ 30 Grundsatz

Die Zusammensetzung, die Rechte und Pflichten des zur gesetzlichen Vertretung des Unternehmens befugten Organs sowie die Bestellung seiner Mitglieder bestimmen sich nach den für die Rechtsform des Unternehmens geltenden Vorschriften, soweit sich aus den §§ 31 bis 33 nichts anderes ergibt.

§ 31 Bestellung und Widerruf

(1) ¹Die Bestellung der Mitglieder des zur gesetzlichen Vertretung des Unternehmens befugten Organs und der Widerruf der Bestellung bestimmen sich nach den §§ 84 und 85 des Aktiengesetzes, soweit sich nicht aus den Absätzen 2 bis 5 etwas anderes ergibt. ²Dies gilt nicht für Kommanditgesellschaften auf Aktien.

(2) Der Aufsichtsrat bestellt die Mitglieder des zur gesetzlichen Vertretung des Unternehmens befugten Organs mit einer Mehrheit, die mindestens zwei Drittel der Stimmen seiner Mitglieder umfasst.

(3) ¹Kommt eine Bestellung nach Absatz 2 nicht zustande, so hat der in § 27 Abs. 3 bezeichnete Ausschuss des Aufsichtsrats innerhalb eines Monats nach der Abstimmung, in der die in Absatz 2 vorgeschriebenen Mehrheit nicht erreicht worden ist, dem Aufsichtsrat einen Vorschlag für die Bestellung zu machen; dieser Vorschlag schließt andere Vorschläge nicht aus. ²Der Aufsichtsrat bestellt die Mitglieder des zur gesetzlichen Vertretung des Unternehmens befugten Organs mit der Mehrheit der Stimmen seiner Mitglieder.

(4) ¹Kommt eine Bestellung nach Absatz 3 nicht zustande, so hat bei einer erneuten Abstimmung der Aufsichtsratsvorsitzende zwei Stimmen; Absatz 3 Satz 2 ist anzuwenden. ²Auf die Abgabe der zweiten Stimme ist § 108 Abs. 3 des Aktiengesetzes anzuwenden. ³Dem Stellvertreter steht die zweite Stimme nicht zu.

(5) Die Absätze 2 bis 4 sind für den Widerruf der Bestellung eines Mitglieds des zur gesetzlichen Vertretung des Unternehmens befugten Organs entsprechend anzuwenden.

§ 32 Ausübung von Beteiligungsrechten[1)]

(1) ¹Die einem Unternehmen, in dem die Arbeitnehmer nach diesem Gesetz ein Mitbestimmungsrecht haben, aufgrund von Beteiligungen an einem anderen Unternehmen, in dem die Arbeitnehmer nach diesem Gesetz ein Mitbestimmungsrecht haben, zustehenden Rechte bei der Bestellung, dem Widerruf der Bestellung oder der Entlastung von Verwaltungsträgern sowie bei der Beschlussfassung über die Auflösung oder Umwandlung des anderen Unternehmens, den Abschluss von Unternehmensverträgen (§§ 291, 292 des Aktiengesetzes) mit dem anderen Unternehmen, über dessen Fortsetzung nach seiner Auflösung oder über die Übertragung seines Vermögens können durch das zur gesetzlichen Vertretung des Unternehmens befugte Organ nur aufgrund von Beschlüssen des Aufsichtsrats ausgeübt werden. ²Diese Beschlüsse bedürfen nur der Mehrheit der Stimmen der Aufsichtsratsmitglieder der Anteilseigner; sie sind für das zur gesetzlichen Vertretung des Unternehmens befugte Organ verbindlich.

(2) Absatz 1 ist nicht anzuwenden, wenn die Beteiligung des Unternehmens an dem anderen Unternehmen weniger als ein Viertel beträgt.

§ 33 Arbeitsdirektor[2)]

(1) ¹Als gleichberechtigtes Mitglied des zur gesetzlichen Vertretung des Unternehmens befugten Organs wird ein Arbeitsdirektor bestellt. ²Dies gilt nicht für Kommanditgesellschaften auf Aktien.

(2) ¹Der Arbeitsdirektor hat wie die übrigen Mitglieder des zur gesetzlichen Vertretung des Unternehmens befugten Organs seine Aufgaben im engsten Einvernehmen mit dem Gesamtorgan auszuüben. ²Das Nähere bestimmt die Geschäftsordnung.

(3) Bei Genossenschaften ist auf den Arbeitsdirektor § 9 Abs. 2 des Genossenschaftsgesetzes nicht anzuwenden.

---

1) **Anm. d. Red.:** § 32 i. d. F. des Gesetzes v. 28. 10. 1994 (BGBl I S. 3210) mit Wirkung v. 1. 1. 1995.
2) **Anm. d. Red.:** § 33 i. d. F. des Gesetzes v. 14. 8. 2006 (BGBl I S. 1911) mit Wirkung v. 18. 8. 2006.

Vierter Teil: Seeschifffahrt

§ 34[1)]

(1) Die Gesamtheit der Schiffe eines Unternehmens gilt für die Anwendung dieses Gesetzes als ein Betrieb.

(2) ¹Schiffe im Sinne dieses Gesetzes sind Kauffahrteischiffe, die nach dem Flaggenrechtsgesetz die Bundesflagge führen. ²Schiffe, die in der Regel binnen 48 Stunden nach dem Auslaufen an den Sitz eines Landbetriebs zurückkehren, gelten als Teil dieses Landbetriebs.

(3) Leitende Angestellte im Sinne des § 3 Abs. 1 Nr. 2 dieses Gesetzes sind in einem in Absatz 1 bezeichneten Betrieb nur die Kapitäne.

(4) Die Arbeitnehmer eines in Absatz 1 bezeichneten Betriebs nehmen an einer Abstimmung nach § 9 nicht teil und bleiben für die Errechnung der für die Antragstellung und für die Beschlussfassung erforderlichen Zahl von Arbeitnehmern außer Betracht.

(5) ¹Werden die Aufsichtsratsmitglieder der Arbeitnehmer durch Delegierte gewählt, so werden abweichend von § 10 in einem in Absatz 1 bezeichneten Betrieb keine Delegierten gewählt. ²Abweichend von § 15 Abs. 1 nehmen die Arbeitnehmer dieses Betriebs unmittelbar an der Wahl der Aufsichtsratsmitglieder der Arbeitnehmer teil mit der Maßgabe, dass die Stimme eines dieser Arbeitnehmer als ein Neunzigstel der Stimme eines Delegierten zu zählen ist; § 11 Abs. 1 Satz 3 ist entsprechend anzuwenden.

(6) (weggefallen)

Fünfter Teil: Übergangs- und Schlussvorschriften

§ 35 (weggefallen)[2)]

§ 36 Verweisungen[3)]

(1) Soweit in anderen Vorschriften auf Vorschriften des Betriebsverfassungsgesetzes 1952 über die Vertretung der Arbeitnehmer in den Aufsichtsräten von Unternehmen verwiesen wird, gelten diese Verweisung für die in § 1 Abs. 1 dieses Gesetzes bezeichneten Unternehmen als Verweisungen auf dieses Gesetz.

(2) Soweit in anderen Vorschriften für das Gesetz über die Mitbestimmung der Arbeitnehmer in den Aufsichtsräten und Vorständen der Unternehmen des Bergbaus und der Eisen und Stahl erzeugenden Industrie vom 21. Mai 1951 (Bundesgesetzbl. I S. 347), die Bezeichnung „Mitbestimmungsgesetz" verwendet wird, tritt an ihre Stelle die Bezeichnung „Montan-Mitbestimmungsgesetz".

§ 37 Erstmalige Anwendungen des Gesetzes auf ein Unternehmen[4)]

(1) ¹Andere als die in § 97 Abs. 2 Satz 2 des Aktiengesetzes bezeichneten Bestimmungen der Satzung (des Gesellschaftsvertrags), die mit den Vorschriften dieses Gesetzes nicht vereinbar sind, treten mit dem in § 97 Abs. 2 Satz 2 des Aktiengesetzes bezeichneten Zeitpunkt oder, im Falle einer gerichtlichen Entscheidung, mit dem in § 98 Abs. 4 Satz 2 des Aktiengesetzes bezeichneten Zeitpunkt außer Kraft. ²Eine Hauptversammlung (Gesellschafterversammlung, Generalversammlung), die bis zu diesem Zeitpunkt stattfindet, kann an Stelle der außer Kraft tretenden Satzungsbestimmungen mit einfacher Mehrheit neue Satzungsbestimmungen beschließen.

(2) Die §§ 25 bis 29, 31 bis 33 sind erstmalig anzuwenden, wenn der Aufsichtsrat nach den Vorschriften dieses Gesetzes zusammengesetzt ist.

---

1) **Anm. d. Red.:** § 34 i. d. F. des Gesetzes v. 18. 5. 2004 (BGBl I S. 974) mit Wirkung v. 28. 5. 2004.
2) **Anm. d. Red.:** § 35 weggefallen gem. Gesetz v. 23. 7. 2001 (BGBl I S. 1852) mit Wirkung v. 28. 7. 2001.
3) **Anm. d. Red.:** § 36 i. d. F. des Gesetzes v. 23. 7. 2001 (BGBl I S. 1852) mit Wirkung v. 28. 7. 2001.
4) **Anm. d. Red.:** § 37 i. d. F. des Gesetzes v. 14. 8. 2006 (BGBl I S. 1911) mit Wirkung v. 18. 8. 2006.

(3) ¹Die Bestellung eines vor dem Inkrafttreten dieses Gesetzes bestellten Mitglieds des zur gesetzlichen Vertretung befugten Organs eines Unternehmens, auf das dieses Gesetz bereits bei seinem Inkrafttreten anzuwenden ist, kann, sofern die Amtszeit dieses Mitglieds nicht aus anderen Gründen früher endet, nach Ablauf von fünf Jahren seit dem Inkrafttreten dieses Gesetzes von dem nach diesem Gesetz gebildeten Aufsichtsrat jederzeit widerrufen werden. ²Für den Widerruf bedarf es der Mehrheit der abgegebenen Stimmen der Aufsichtsratsmitglieder, aller Stimmen der Aufsichtsratsmitglieder der Anteilseigner oder aller Stimmen der Aufsichtsratsmitglieder der Arbeitnehmer. ³Für die Ansprüche aus dem Anstellungsvertrag gelten die allgemeinen Vorschriften. ⁴Bis zum Widerruf bleiben für diese Mitglieder Satzungsbestimmungen über die Amtszeit abweichend von Absatz 1 Satz 1 in Kraft. ⁵Diese Vorschriften sind entsprechend anzuwenden, wenn dieses Gesetz auf ein Unternehmen erst nach dem Zeitpunkt des Inkrafttretens dieses Gesetzes erstmalig anzuwenden ist.

(4) Absatz 3 gilt nicht für persönlich haftende Gesellschafter einer Kommanditgesellschaft auf Aktien.

§ 38 (weggefallen)[1)]

§ 39 Ermächtigung zum Erlass von Rechtsverordnungen[2)]

Die Bundesregierung wird ermächtigt, durch Rechtsverordnung Vorschriften über das Verfahren für die Wahl und die Abberufung von Aufsichtsratsmitgliedern der Arbeitnehmer zu erlassen, insbesondere über

1. die Vorbereitung der Wahl oder Abstimmung, die Bestellung der Wahlvorstände und Abstimmungsvorstände sowie die Aufstellung der Wählerlisten,
2. die Abstimmungen darüber, ob die Wahl der Aufsichtsratsmitglieder in unmittelbarer Wahl oder durch Delegierte erfolgen soll,
3. die Frist für die Einsichtnahme in die Wählerlisten und die Erhebung von Einsprüchen,
4. die Errechnung der Zahl der Aufsichtsratsmitglieder der Arbeitnehmer sowie ihre Verteilung auf die in § 3 Abs. 1 Nr. 1 bezeichneten Arbeitnehmer, die leitenden Angestellten und die Gewerkschaftsvertreter sowie das Verfahren zur Berücksichtigung der Geschlechter,
5. die Errechnung der Zahl der Delegierten,
6. die Wahlvorschläge und die Frist für ihre Einrichtung,
7. die Ausschreibung der Wahl oder der Abstimmung und die Fristen für die Bekanntmachung des Ausschreibens,
8. die Teilnahme von Arbeitnehmern eines in § 34 Abs. 1 bezeichneten Betriebs an Wahlen und Abstimmungen,
9. die Stimmabgabe,
10. die Feststellung des Ergebnisses der Wahl oder der Abstimmung und die Fristen für seine Bekanntmachung,
11. die Aufbewahrung der Wahlakten und der Abstimmungsakten.

§ 40 Übergangsregelung[3)]

(1) Auf Wahlen von Aufsichtsratsmitgliedern der Arbeitnehmer, die bis zum 31. Dezember 2015 abgeschlossen sind, ist das Mitbestimmungsgesetz vom 4. Mai 1976 (BGBl I S. 1153) in der Fassung des Artikels 2 Absatz 113 des Gesetzes vom 22. Dezember 2011 (BGBl I S 3044) anzuwenden.

---

1) **Anm. d. Red.:** § 38 weggefallen gem. Gesetz v. 23. 7. 2001 (BGBl I S. 1852) mit Wirkung v. 28. 7. 2001.
2) **Anm. d. Red.:** § 39 i. d. F. des Gesetzes v. 24. 4. 2015 (BGBl I S. 642) mit Wirkung v. 1. 5. 2015.
3) **Anm. d. Red.:** § 40 i. d. F. des Gesetzes v. 24. 4. 2015 (BGBl I S. 642) mit Wirkung v. 1. 5. 2015.

(2) Auf Wahlen von Aufsichtsratsmitgliedern der Arbeitnehmer, die bis zum 31. Dezember 2015 nicht abgeschlossen sind, ist im Fall des § 96 Absatz 2 Satz 3 des Aktiengesetzes das Mitbestimmungsgesetz in der durch Artikel 7 des Gesetzes vom 24. April 2015 (BGBl I S. 642) geänderten Fassung anzuwenden.

(3) Eine Wahl von Aufsichtsratsmitgliedern der Arbeitnehmer gilt als abgeschlossen, wenn die Bekanntmachung der Mitglieder des Aufsichtsrates nach § 19 Satz 1 durch das zur gesetzlichen Vertretung des Unternehmens befugte Organ erfolgt ist.

§ 41 Inkrafttreten

Dieses Gesetz tritt am 1. Juli 1976 in Kraft.

XVII. Gesetz über Partnerschaftsgesellschaften Angehöriger Freier Berufe (Partnerschaftsgesellschaftsgesetz – PartGG)

v. 25. 7. 1994 (BGBl I S. 1744) mit späteren Änderungen

Das Partnerschaftsgesellschaftsgesetz (PartGG) ist als Art. 1 Gesetz zur Schaffung von Partnerschaftsgesellschaften und zur Änderung anderer Gesetze v. 25. 7. 1994 (BGBl I S. 1744) verkündet worden und am 1. 7. 1995 in Kraft getreten. Es ist zuletzt geändert worden durch Art. 7 Gesetz zur Änderung des Aktiengesetzes (Aktienrechtsnovelle 2016) v. 22. 12. 2015 (BGBl I S. 2565).

Nichtamtliche Fassung

§ 1 Voraussetzungen der Partnerschaft[1]

(1) ¹Die Partnerschaft ist eine Gesellschaft, in der sich Angehörige Freier Berufe zusammenschließen. ²Sie übt kein Handelsgewerbe aus. ³Angehörige einer Partnerschaft können nur natürliche Personen sein.

(2) ¹Die Freien Berufe haben im Allgemeinen auf der Grundlage besonderer beruflicher Qualifikation oder schöpferischer Begabung die persönliche, eigenverantwortliche und fachlich unabhängige Erbringung von Dienstleistungen höherer Art im Interesse der Auftraggeber und der Allgemeinheit zum Inhalt. ²Ausübung eines Freien Berufs im Sinne dieses Gesetzes ist die selbständige Berufstätigkeit der Ärzte, Zahnärzte, Tierärzte, Heilpraktiker, Krankengymnasten, Hebammen, Heilmasseure, Diplom-Psychologen, Mitglieder der Rechtsanwaltskammern, Patentanwälte, Wirtschaftsprüfer, Steuerberater, beratenden Volks- und Betriebswirte, vereidigten Buchprüfer (vereidigte Buchrevisoren), Steuerbevollmächtigten, Ingenieure, Architekten, Handelschemiker, Lotsen, hauptberuflichen Sachverständigen, Journalisten, Bildberichterstatter, Dolmetscher, Übersetzer und ähnlicher Berufe sowie der Wissenschaftler, Künstler, Schriftsteller, Lehrer und Erzieher.

(3) Die Berufsausübung in der Partnerschaft kann in Vorschriften über einzelne Berufe ausgeschlossen oder von weiteren Voraussetzungen abhängig gemacht werden.

(4) Auf die Partnerschaft finden, soweit in diesem Gesetz nichts anderes bestimmt ist, die Vorschriften des Bürgerlichen Gesetzbuchs über die Gesellschaft Anwendung.

§ 2 Name der Partnerschaft[2]

(1) ¹Der Name der Partnerschaft muss den Namen mindestens eines Partners, den Zusatz „und Partner" oder „Partnerschaft" sowie die Berufsbezeichnungen aller in der Partnerschaft vertretenen Berufe enthalten. ²Die Beifügung von Vornamen ist nicht erforderlich. ³Die Namen anderer Personen als der Partner dürfen nicht in den Namen der Partnerschaft aufgenommen werden.

(2) § 18 Abs. 2, §§ 21, 22 Abs. 1, §§ 23, 24, 30, 31 Abs. 2, §§ 32 und 37 des Handelsgesetzbuchs sind entsprechend anzuwenden; § 24 Abs. 2 des Handelsgesetzbuchs gilt auch bei Umwandlung einer Gesellschaft bürgerlichen Rechts in eine Partnerschaft.

§ 3 Partnerschaftsvertrag

(1) Der Partnerschaftsvertrag bedarf der Schriftform.

(2) Der Partnerschaftsvertrag muss enthalten

1. den Namen und den Sitz der Partnerschaft;
2. den Namen und den Vornamen sowie den in der Partnerschaft ausgeübten Beruf und den Wohnort jedes Partners;
3. den Gegenstand der Partnerschaft.

---

1) **Anm. d. Red.:** § 1 i. d. F. des Gesetzes v. 22. 7. 1998 (BGBl I S. 1878) mit Wirkung v. 1. 8. 1998.
2) **Anm. d. Red.:** § 2 i. d. F. des Gesetzes v. 22. 6. 1998 (BGBl I S. 1474) mit Wirkung v. 1. 7. 1998.

§ 4 Anmeldung der Partnerschaft[1)]

(1) ¹Auf die Anmeldung der Partnerschaft in das Partnerschaftsregister sind § 106 Abs. 1 und § 108 Satz 1 des Handelsgesetzbuchs entsprechend anzuwenden. ²Die Anmeldung hat die in § 3 Abs. 2 vorgeschriebenen Angaben, das Geburtsdatum jedes Partners und die Vertretungsmacht der Partner zu enthalten. ³Änderungen dieser Angaben sind gleichfalls zur Eintragung in das Partnerschaftsregister anzumelden.

(2) ¹In der Anmeldung ist die Zugehörigkeit jedes Partners zu dem Freien Beruf, den er in der Partnerschaft ausübt, anzugeben. ²Das Registergericht legt bei der Eintragung die Angaben der Partner zugrunde, es sei denn, ihm ist deren Unrichtigkeit bekannt.

(3) Der Anmeldung einer Partnerschaft mit beschränkter Berufshaftung nach § 8 Absatz 4 muss eine Versicherungsbescheinigung gemäß § 113 Absatz 2 des Gesetzes über den Versicherungsvertrag beigefügt sein.

§ 5 Inhalt der Eintragung; anzuwendende Vorschriften[2)]

(1) Die Eintragung hat die in § 3 Abs. 2 genannten Angaben, das Geburtsdatum jedes Partners und die Vertretungsmacht der Partner zu enthalten.

(2) Auf das Partnerschaftsregister und die registerrechtliche Behandlung von Zweigniederlassungen sind die §§ 8, 8a, 9, 10 bis 12, 13, 13d, 13h und 14 bis 16 des Handelsgesetzbuchs über das Handelsregister entsprechend anzuwenden; eine Pflicht zur Anmeldung einer inländischen Geschäftsanschrift besteht nicht.

§ 6 Rechtsverhältnis der Partner untereinander

(1) Die Partner erbringen ihre beruflichen Leistungen unter Beachtung des für sie geltenden Berufsrechts.

(2) Einzelne Partner können im Partnerschaftsvertrag nur von der Führung der sonstigen Geschäfte ausgeschlossen werden.

(3) ¹Im Übrigen richtet sich das Rechtsverhältnis der Partner untereinander nach dem Partnerschaftsvertrag. ²Soweit der Partnerschaftsvertrag keine Bestimmungen enthält, sind die §§ 110 bis 116 Abs. 2, §§ 117 bis 119 des Handelsgesetzbuchs entsprechend anzuwenden.

§ 7 Wirksamkeit im Verhältnis zu Dritten; rechtliche Selbständigkeit; Vertretung[3)]

(1) Die Partnerschaft wird im Verhältnis zu Dritten mit ihrer Eintragung in das Partnerschaftsregister wirksam.

(2) § 124 des Handelsgesetzbuchs ist entsprechend anzuwenden.

(3) Auf die Vertretung der Partnerschaft sind die Vorschriften des § 125 Abs. 1 und 2 sowie der §§ 126 und 127 des Handelsgesetzbuchs entsprechend anzuwenden.

(4) ¹Die Partnerschaft kann als Prozess- oder Verfahrensbevollmächtigte beauftragt werden. ²Sie handelt durch ihre Partner und Vertreter, in deren Person die für die Erbringung rechtsbesorgender Leistungen gesetzlich vorgeschriebenen Voraussetzungen im Einzelfalle vorliegen müssen, und ist in gleichem Umfang wie diese postulationsfähig. ³Verteidiger im Sinne der §§ 137 ff. der Strafprozessordnung ist nur die für die Partnerschaft handelnde Person.

(5) Für die Angabe auf Geschäftsbriefen der Partnerschaft ist § 125a Absatz 1 Satz 1, Absatz 2 des Handelsgesetzbuchs mit der Maßgabe entsprechend anzuwenden, dass bei einer Partnerschaft mit beschränkter Berufshaftung auch der von dieser gewählte Namenszusatz im Sinne des § 8 Absatz 4 Satz 3 anzugeben ist.

---

1) **Anm. d. Red.:** § 4 i. d. F. des Gesetzes v. 22. 12. 2015 (BGBl I S. 2565) mit Wirkung v. 31. 12. 2015.
2) **Anm. d. Red.:** § 5 i. d. F. des Gesetzes v. 23. 10. 2008 (BGBl I S. 2026) mit Wirkung v. 1. 11. 2008.
3) **Anm. d. Red.:** § 7 i. d. F. des Gesetzes v. 15. 7. 2013 (BGBl I S. 2386) mit Wirkung v. 19. 7. 2013.

§ 8 Haftung für Verbindlichkeiten der Partnerschaft[1]

(1) ¹Für Verbindlichkeiten der Partnerschaft haften den Gläubigern neben dem Vermögen der Partnerschaft die Partner als Gesamtschuldner. ²Die §§ 129 und 130 des Handelsgesetzbuchs sind entsprechend anzuwenden.

(2) Waren nur einzelne Partner mit der Bearbeitung eines Auftrags befasst, so haften nur sie gemäß Absatz 1 für berufliche Fehler neben der Partnerschaft; ausgenommen sind Bearbeitungsbeiträge von untergeordneter Bedeutung.

(3) Durch Gesetz kann für einzelne Berufe eine Beschränkung der Haftung für Ansprüche aus Schäden wegen fehlerhafter Berufsausübung auf einen bestimmten Höchstbetrag zugelassen werden, wenn zugleich eine Pflicht zum Abschluss einer Berufshaftpflichtversicherung der Partner oder der Partnerschaft begründet wird.

(4) ¹Für Verbindlichkeiten der Partnerschaft aus Schäden wegen fehlerhafter Berufsausübung haftet den Gläubigern nur das Gesellschaftsvermögen, wenn die Partnerschaft eine zu diesem Zweck durch Gesetz vorgegebene Berufshaftpflichtversicherung unterhält. ²Für die Berufshaftpflichtversicherung gelten § 113 Absatz 3 und die §§ 114 bis 124 des Versicherungsvertragsgesetzes entsprechend. ³Der Name der Partnerschaft muss den Zusatz „mit beschränkter Berufshaftung" oder die Abkürzung „mbB" oder eine andere allgemein verständliche Abkürzung dieser Bezeichnung enthalten; anstelle der Namenszusätze nach § 2 Absatz 1 Satz 1 kann der Name der Partnerschaft mit beschränkter Berufshaftung den Zusatz „Part" oder „PartG" enthalten.

§ 9 Ausscheiden eines Partners; Auflösung der Partnerschaft[2]

(1) Auf das Ausscheiden eines Partners und die Auflösung der Partnerschaft sind, soweit im folgenden nichts anderes bestimmt ist, die §§ 131 bis 144 des Handelsgesetzbuchs entsprechend anzuwenden.

(2) (weggefallen)

(3) Verliert ein Partner eine erforderliche Zulassung zu dem Freien Beruf, den er in der Partnerschaft ausübt, so scheidet er mit deren Verlust aus der Partnerschaft aus.

(4) ¹Die Beteiligung an einer Partnerschaft ist nicht vererblich. ²Der Partnerschaftsvertrag kann jedoch bestimmen, dass sie an Dritte vererblich ist, die Partner im Sinne des § 1 Abs. 1 und 2 sein können. ³§ 139 des Handelsgesetzbuchs ist nur insoweit anzuwenden, als der Erbe der Beteiligung befugt ist, seinen Austritt aus der Partnerschaft zu erklären.

§ 10 Liquidation der Partnerschaft; Nachhaftung

(1) Für die Liquidation der Partnerschaft sind die Vorschriften über die Liquidation der offenen Handelsgesellschaft entsprechend anwendbar.

(2) Nach der Auflösung der Partnerschaft oder nach dem Ausscheiden des Partners bestimmt sich die Haftung der Partner aus Verbindlichkeiten der Partnerschaft nach §§ 159, 160 des Handelsgesetzbuchs.

---

1) **Anm. d. Red.:** § 8 i. d. F. des Gesetzes v. 15. 7. 2013 (BGBl I S. 2386) mit Wirkung v. 19. 7. 2013.
2) **Anm. d. Red.:** § 9 i. d. F. des Gesetzes v. 22. 6. 1998 (BGBl I S. 1474) mit Wirkung v. 1. 7. 1998.

§ 11 Übergangsvorschriften[1]

(1) ¹Den Zusatz „Partnerschaft" oder „und Partner" dürfen nur Partnerschaften nach diesem Gesetz führen. ²Gesellschaften, die eine solche Bezeichnung bei Inkrafttreten dieses Gesetzes in ihrem Namen führen, ohne Partnerschaft im Sinne dieses Gesetzes zu sein, dürfen diese Bezeichnung noch bis zum Ablauf von zwei Jahren nach Inkrafttreten dieses Gesetzes weiterverwenden. ³Nach Ablauf dieser Frist dürfen sie eine solche Bezeichnung nur noch weiterführen, wenn sie in ihrem Namen der Bezeichnung „Partnerschaft" oder „und Partner" einen Hinweis auf die andere Rechtsform hinzufügen.

(2) ¹Die Anmeldung und Eintragung einer dem gesetzlichen Regelfall entsprechenden Vertretungsmacht der Partner und der Abwickler muss erst erfolgen, wenn eine vom gesetzlichen Regelfall abweichende Bestimmung des Partnerschaftsvertrages über die Vertretungsmacht angemeldet und eingetragen wird oder wenn erstmals die Abwickler zur Eintragung angemeldet und eingetragen werden. ²Das Registergericht kann die Eintragung einer dem gesetzlichen Regelfall entsprechenden Vertretungsmacht auch von Amts wegen vornehmen. ³Die Anmeldung und Eintragung des Geburtsdatums bereits eingetragener Partner muss erst bei einer Anmeldung und Eintragung bezüglich eines der Partner erfolgen.

(3) ¹Die Landesregierungen können durch Rechtsverordnung bestimmen, dass Anmeldungen und alle oder einzelne Dokumente bis zum 31. Dezember 2009 auch in Papierform zum Partnerschaftsregister eingereicht werden können. ²Soweit eine Rechtsverordnung nach Satz 1 erlassen wird, gelten die Vorschriften über die Anmeldung und die Einreichung von Dokumenten zum Partnerschaftsregister in ihrer bis zum Inkrafttreten des Gesetzes über elektronische Handelsregister und Genossenschaftsregister sowie das Unternehmensregister vom 10. November 2006 (BGBl I S. 2553) am 1. Januar 2007 geltenden Fassung. ³Die Landesregierungen können durch Rechtsverordnung die Ermächtigung nach Satz 1 auf die Landesjustizverwaltungen übertragen.

---

[1] **Anm. d. Red.:** § 11 i. d. F. des Gesetzes v. 10. 11. 2006 (BGBl I S. 2553) mit Wirkung v. 16. 11. 2006.

XVIII. Gesetz über die Rechnungslegung von bestimmten Unternehmen und Konzernen (Publizitätsgesetz – PublG)[1)]

v. 15.8.1969 (BGBl I S. 1189, ber. 1970 I S. 1113) mit späteren Änderungen

Das Gesetz über die Rechnungslegung von bestimmten Unternehmen und Konzernen (Publizitätsgesetz – PublG) v. 15.8.1969 (BGBl I S. 1189, ber. 1970 S. 1113) ist zuletzt geändert worden durch Art. 15 Gesetz zur Umsetzung der zweiten Aktionärsrechterichtlinie (ARUG II)[*)] v. 12.12.2019 (BGBl I S. 2637).

Nichtamtliche Fassung

Erster Abschnitt: Rechnungslegung von Unternehmen

§ 1 Zur Rechnungslegung verpflichtete Unternehmen[2)]

(1) Ein Unternehmen hat nach diesem Abschnitt Rechnung zu legen, wenn für den Tag des Ablaufs eines Geschäftsjahrs (Abschlussstichtag) und für die zwei darauf folgenden Abschlussstichtage jeweils mindestens zwei der drei nachstehenden Merkmale zutreffen:
1. Die Bilanzsumme einer auf den Abschlussstichtag aufgestellten Jahresbilanz übersteigt 65 Millionen Euro.
2. Die Umsatzerlöse des Unternehmens in den zwölf Monaten vor dem Abschlussstichtag übersteigen 130 Millionen Euro.
3. Das Unternehmen hat in den zwölf Monaten vor dem Abschlussstichtag durchschnittlich mehr als fünftausend Arbeitnehmer beschäftigt.

(2) [1]Bilanzsumme nach Absatz 1 Nr. 1 ist die Bilanzsumme einer gemäß § 5 Abs. 2 aufgestellten Jahresbilanz; bei Unternehmen, die in ihrer Jahresbilanz Beträge für von ihnen geschuldete Verbrauchsteuern oder Monopolabgaben unter Rückstellungen oder Verbindlichkeiten angesetzt haben, ist die Bilanzsumme um diese Beträge zu kürzen. [2]Trifft für den Abschlussstichtag das Merkmal nach Absatz 1 Nr. 2 oder das Merkmal nach Absatz 1 Nr. 3 zu, hat das Unternehmen zur Feststellung, ob auch das Merkmal nach Absatz 1 Nr. 1 zutrifft, eine Jahresbilanz nach § 5 Abs. 2 aufzustellen. [3]Für die Ermittlung der Umsatzerlöse nach Absatz 1 Nr. 2 gilt § 277 Abs. 1 des Handelsgesetzbuchs mit der Maßgabe, dass auch die in den Umsatzerlösen enthaltenen Verbrauchsteuern oder Monopolabgaben abzusetzen sind. [4]Umsatzerlöse in fremder Währung sind nach dem amtlichen Kurs in Euro umzurechnen. [5]Durchschnittliche Zahl der Arbeitnehmer nach Absatz 1 Nr. 3 ist der zwölfte Teil der Summe aus den Zahlen der am Ende eines jeden Monats beschäftigten Arbeitnehmer einschließlich der zu ihrer Berufsausbildung Beschäftigten sowie der im Ausland beschäftigten Arbeitnehmer.

(3) und (4) (weggefallen)

(5) Mehrere Handelsgeschäfte eines Einzelkaufmanns sind, auch wenn sie nicht unter der gleichen Firma betrieben werden, nur ein Unternehmen im Sinne dieses Gesetzes.

[*)] **Amt. Anm.:** Dieses Gesetz dient der Umsetzung der Richtlinie (EU) 2017/828 des Europäischen Parlaments und des Rates vom 17. Mai 2017 zur Änderung der Richtlinie 2007/36/EG im Hinblick auf die Förderung der langfristigen Mitwirkung der Aktionäre (ABl L 132 vom 20.5.2017, S. 1).

1) **Anm. d. Red.:** Gesetzeskurzbezeichnung und Abkürzung eingefügt gem. Gesetz v. 24.2.2000 (BGBl I S. 154).

2) **Anm. d. Red.:** § 1 i. d. F. des Gesetzes v. 10.12.2001 (BGBl I S. 3414) mit Wirkung v. 1.1.2002.

§ 2 Beginn und Dauer der Pflicht zur Rechnungslegung[1]

(1) ¹Das Unternehmen hat erstmals für den dritten der aufeinander folgenden Abschlussstichtage, für die mindestens zwei der drei Merkmale des § 1 Abs. 1 zutreffen, Rechnung zu legen. ²Es hat jedoch bereits für den ersten Abschlussstichtag Rechnung zu legen, für den mindestens zwei der drei Merkmale des § 1 Abs. 1 zutreffen, wenn auf das Unternehmen während des Geschäftsjahrs das Vermögen eines anderen Unternehmens durch Umwandlung oder in anderer Weise als Ganzes übergegangen ist und auf das andere Unternehmen an den beiden letzten Abschlussstichtagen mindestens zwei der drei Merkmale des § 1 Abs. 1 zutrafen; dies gilt auch, wenn das andere Unternehmen nicht nach diesem Abschnitt Rechnung zu legen brauchte. ³Ein Unternehmen braucht nicht mehr nach diesem Abschnitt Rechnung zu legen, wenn für drei aufeinander folgende Abschlussstichtage mindestens zwei der drei Merkmale des § 1 Abs. 1 nicht mehr zutreffen.

(2) ¹Die gesetzlichen Vertreter eines Unternehmens, auf das erstmals für einen Abschlussstichtag mindestens zwei der drei Merkmale des § 1 Abs. 1 oder die Merkmale des § 1 Abs. 3 zutreffen, haben unverzüglich beim Betreiber des Bundesanzeigers elektronisch (§ 12 Abs. 2 des Handelsgesetzbuchs) die Erklärung einzureichen, dass für diesen Abschlussstichtag zwei der drei Merkmale des § 1 Abs. 1 oder die Merkmale des § 1 Abs. 3 oder 4 zutreffen. ²Eine entsprechende Erklärung haben die gesetzlichen Vertreter auch für jeden der beiden folgenden Abschlussstichtage unverzüglich beim Betreiber des Bundesanzeigers elektronisch einzureichen, wenn die Merkmale auch für diesen Abschlussstichtag zutreffen. ³Die gesetzlichen Vertreter haben die Erklärungen nach den Sätzen 1 und 2 unverzüglich nach ihrer Einreichung im Bundesanzeiger bekannt machen zu lassen.

(3) ¹Das Gericht hat zur Prüfung der Frage, ob ein Unternehmen nach diesem Abschnitt Rechnung zu legen hat, Prüfer zu bestellen, wenn Anlass für die Annahme besteht, dass das Unternehmen zur Rechnungslegung nach diesem Abschnitt verpflichtet ist. ²Hat das Unternehmen einen Aufsichtsrat, ist vor der Bestellung außer den gesetzlichen Vertretern auch dieser zu hören. ³Gegen die Entscheidung ist die Beschwerde zulässig. ⁴Für die Auswahl der Prüfer, den Ersatz angemessener barer Auslagen und die Vergütung der Prüfer, die Verantwortlichkeit und die Rechte der Prüfer und die Kosten gelten § 142 Abs. 6, §§ 143, 145 Abs. 1 bis 3, § 146 des Aktiengesetzes und § 323 des Handelsgesetzbuchs sinngemäß; die Kosten trägt jedoch die Staatskasse, wenn eine Verpflichtung zur Rechnungslegung nach diesem Abschnitt nicht besteht. ⁵Die Prüfer haben über das Ergebnis der Prüfung schriftlich zu berichten und den Bericht zu unterzeichnen. ⁶Sie haben ihn unverzüglich dem Gericht und den gesetzlichen Vertretern einzureichen; kommt der Bericht zu dem Ergebnis, dass das Unternehmen zur Rechnungslegung nach diesem Abschnitt verpflichtet ist, ist der Bericht auch beim Betreiber des Bundesanzeigers elektronisch einzureichen; Absatz 2 Satz 3 gilt entsprechend. ⁷Auf Verlangen haben die gesetzlichen Vertreter jedem Gesellschafter eine Abschrift des Berichts zu erteilen.

§ 3 Geltungsbereich[2]

(1) Dieser Abschnitt ist nur anzuwenden auf Unternehmen in der Rechtsform
1. einer Personenhandelsgesellschaft, für die kein Abschluss nach § 264a oder § 264b des Handelsgesetzbuchs aufgestellt wird, oder des Einzelkaufmanns,
2. (weggefallen)
3. des Vereins, dessen Zweck auf einen wirtschaftlichen Geschäftsbetrieb gerichtet ist,
4. der rechtsfähigen Stiftung des bürgerlichen Rechts, wenn sie ein Gewerbe betreibt,
5. einer Körperschaft, Stiftung oder Anstalt des öffentlichen Rechts, die Kaufmann nach § 1 des Handelsgesetzbuchs sind oder als Kaufmann im Handelsregister eingetragen sind.

---

1) **Anm. d. Red.:** § 2 i. d. F. des Gesetzes v. 22. 12. 2011 (BGBl I S. 3044) mit Wirkung v. 1. 4. 2012.
2) **Anm. d. Red.:** § 3 i. d. F. des Gesetzes v. 24. 5. 2016 (BGBl I S. 1190) mit Wirkung v. 1. 6. 2016.

(2) ¹Dieser Abschnitt gilt nicht für
1. Unternehmen in der Rechtsform der Genossenschaft,
1a. Unternehmen ohne eigene Rechtspersönlichkeit einer Gemeinde, eines Gemeindeverbandes oder eines Zweckverbandes,
2. Verwertungsgesellschaften nach dem Verwertungsgesellschaftengesetz.
²Dieser Abschnitt ist ferner auf Kreditinstitute im Sinne des § 340 des Handelsgesetzbuchs und auf die in § 2 Abs. 1 Nr. 1, 2 und 4 des Gesetzes über das Kreditwesen genannten Personen sowie auf Versicherungsunternehmen im Sinne des § 341 des Handelsgesetzbuchs nicht anzuwenden.

(3) Dieser Abschnitt gilt nicht für Unternehmen in Abwicklung.

§ 4 Gesetzliche Vertreter, Aufsichtsrat, Feststellung, Gericht

(1) ¹Im Sinne dieses Gesetzes sind gesetzliche Vertreter eines Unternehmens
1. bei einer juristischen Person die Mitglieder des vertretungsberechtigten Organs,
2. bei einer Personenhandelsgesellschaft der oder die vertretungsberechtigten Gesellschafter.

²Die Vorschriften für die gesetzlichen Vertreter des Unternehmens gelten, wenn es sich um das Unternehmen eines Einzelkaufmanns handelt, sinngemäß für den Einzelkaufmann oder seinen gesetzlichen Vertreter.

(2) Die Vorschriften dieses Gesetzes für den Aufsichtsrat gelten sinngemäß für ein entsprechendes Überwachungsorgan.

(3) Als Feststellung des Jahresabschlusses ist die Billigung des Jahresabschlusses durch die zuständige Stelle, und wenn es sich um das Unternehmen eines Einzelkaufmanns handelt, die Billigung des Jahresabschlusses durch den Inhaber anzusehen.

(4) Gericht im Sinne dieses Gesetzes ist das Gericht des Sitzes (der Hauptniederlassung) des Unternehmens.

§ 5 Aufstellung von Jahresabschluss und Lagebericht[1]

(1) ¹Die gesetzlichen Vertreter des Unternehmens haben den Jahresabschluss (§ 242 des Handelsgesetzbuchs) in den ersten drei Monaten des Geschäftsjahrs für das vergangene Geschäftsjahr aufzustellen. ²Für den Inhalt des Jahresabschlusses, seine Gliederung und für die einzelnen Posten des Jahresabschlusses gelten die § 264 Absatz 1a sowie die §§ 265, 266, 268 bis 275 und 277 des Handelsgesetzbuchs sinngemäß. ³Sonstige Vorschriften, die durch die Rechtsform oder den Geschäftszweig bedingt sind, bleiben unberührt.

(2) ¹Die gesetzlichen Vertreter eines Unternehmens, das nicht in der Rechtsform einer Personenhandelsgesellschaft oder des Einzelkaufmanns geführt wird, haben den Jahresabschluss um einen Anhang zu erweitern, der mit der Bilanz und der Gewinn- und Verlustrechnung eine Einheit bildet, sowie einen Lagebericht aufzustellen. ²Für den Anhang gelten die §§ 284, 285 Nummer 1 bis 4, 7 bis 13, 15a, 17 bis 34, § 286 des Handelsgesetzbuchs und für den Lagebericht § 289 des Handelsgesetzbuchs sinngemäß.

(2a) ¹Unternehmen, die in sinngemäßer Anwendung des § 264d des Handelsgesetzbuchs kapitalmarktorientiert sind, haben den Jahresabschluss um einen Anhang nach Absatz 2 zu ergänzen. ²§ 264 Abs. 1 Satz 2 des Handelsgesetzbuchs ist sinngemäß anzuwenden.

(3) § 330 des Handelsgesetzbuchs über den Erlass von Rechtsverordnungen gilt auch für Unternehmen, auf die dieser Abschnitt nach § 3 Abs. 1 anzuwenden ist.

(4) Handelt es sich um das Unternehmen einer Personenhandelsgesellschaft oder eines Einzelkaufmanns, so dürfen das sonstige Vermögen des Einzelkaufmanns oder der Gesellschafter (Privatvermögen) nicht in die Bilanz und die auf das Privatvermögen entfallenden Aufwendungen und Erträge nicht in die Gewinn- und Verlustrechnung aufgenommen werden.

---

1) **Anm. d. Red.:** § 5 i. d. F. des Gesetzes v. 17. 7. 2015 (BGBl I S. 1245) mit Wirkung v. 23. 7. 2015.

(5) ¹Personenhandelsgesellschaften und Einzelkaufleute können die Gewinn- und Verlustrechnung nach den für ihr Unternehmen geltenden Bestimmungen aufstellen. ²Bei Anwendung einer Gliederung nach § 275 des Handelsgesetzbuchs dürfen die Steuern, die Personenhandelsgesellschaften und Einzelkaufleute als Steuerschuldner zu entrichten haben, unter den sonstigen Aufwendungen ausgewiesen werden. ³Soll die Gewinn- und Verlustrechnung nicht nach § 9 offen gelegt werden, sind außerdem in einer Anlage zur Bilanz folgende Angaben zu machen:

1. Die Umsatzerlöse im Sinne des § 277 Abs. 1 des Handelsgesetzbuchs,
2. die Erträge aus Beteiligungen,
3. die Löhne, Gehälter, sozialen Abgaben sowie Aufwendungen für Altersversorgung und Unterstützung,
4. die Bewertungs- und Abschreibungsmethoden einschließlich wesentlicher Änderungen,
5. die durchschnittliche Zahl der in den letzten zwölf Monaten vor dem Abschlussstichtag beschäftigten Arbeitnehmer.

(6) Unternehmen im Sinne des § 3 Abs. 1 sind von den Anforderungen dieses Gesetzes befreit, wenn sie in den Konzernabschluss eines Mutterunternehmens im Sinne des § 11 dieses Gesetzes oder des § 290 des Handelsgesetzbuchs einbezogen sind und sie im Übrigen die entsprechend geltenden Voraussetzungen des § 264 Abs. 3 des Handelsgesetzbuchs erfüllen.

§ 6 Prüfung durch die Abschlussprüfer[1]

(1) ¹Der Jahresabschluss und der Lagebericht sind durch einen Abschlussprüfer zu prüfen. ²Soweit in den Absätzen 2 bis 4 nichts anderes bestimmt ist, gelten § 316 Abs. 3, § 317 Abs. 1, 2, 4a, 5 und 6, § 318 Abs. 1 bis 1b, 3 bis 8, § 319 Abs. 1, 1a und 3 bis 4, § 319a Abs. 1, § 319b Abs. 1, § 320 Abs. 1, 2 und 4 sowie die §§ 321 bis 324 des Handelsgesetzbuchs über die Prüfung des Jahresabschlusses sinngemäß, bei einem Unternehmen, das kapitalmarktorientiert im Sinne des § 264d des Handelsgesetzbuchs ist, jedoch nur insoweit, als nicht die Verordnung (EU) Nr. 537/2014 anzuwenden ist.

(2) Handelt es sich um das Unternehmen einer Personenhandelsgesellschaft oder eines Einzelkaufmanns, so hat sich die Prüfung auch darauf zu erstrecken, ob § 5 Abs. 4 beachtet worden ist.

(3) ¹Der Abschlussprüfer wird bei Personenhandelsgesellschaften, soweit nicht das Gesetz, die Satzung oder der Gesellschaftsvertrag etwas anderes vorsehen, von den Gesellschaftern gewählt. ²Handelt es sich um das Unternehmen eines Einzelkaufmanns, so bestellt dieser den Abschlussprüfer. ³Bei anderen Unternehmen wird der Abschlussprüfer, sofern über seine Bestellung nichts anderes bestimmt ist, vom Aufsichtsrat gewählt; hat das Unternehmen keinen Aufsichtsrat, so bestellen die gesetzlichen Vertreter den Abschlussprüfer. ⁴Bei einem Unternehmen, das kapitalmarktorientiert im Sinne des § 264d des Handelsgesetzbuchs ist, ist der Vorschlag zur Wahl des Abschlussprüfers auf die Empfehlung des Prüfungsausschusses zu stützen.

§ 7 Prüfung durch den Aufsichtsrat[2]

¹Hat das Unternehmen einen Aufsichtsrat, so haben die gesetzlichen Vertreter unverzüglich nach Eingang des Prüfungsberichts der Abschlussprüfer den Jahresabschluss, den Lagebericht und den Prüfungsbericht der Abschlussprüfer dem Aufsichtsrat vorzulegen. ²Der Aufsichtsrat hat den Jahresabschluss und den Lagebericht zu prüfen; er hat über das Ergebnis seiner Prüfung schriftlich zu berichten. ³§ 170 Abs. 3, § 171 Abs. 1 Satz 2 und 3, Abs. 2 Satz 2 bis 5, Abs. 3 des

---

1) **Anm. d. Red.:** § 6 i. d. F. des Gesetzes v. 10. 5. 2016 (BGBl I S. 1142) mit Wirkung v. 17. 6. 2016.
2) **Anm. d. Red.:** § 7 i. d. F. des Gesetzes v. 10. 5. 2016 (BGBl I S. 1142) mit Wirkung v. 17. 6. 2016.

Aktiengesetzes gelten sinngemäß. ⁴Die Sätze 1 bis 3 gelten auch für einen Einzelabschluss nach § 9 Abs. 1 Satz 1 dieses Gesetzes in Verbindung mit § 325 Abs. 2a des Handelsgesetzbuchs; für einen solchen Abschluss gilt ferner § 171 Abs. 4 Satz 1 des Aktiengesetzes sinngemäß. ⁵Hat das Unternehmen, das kapitalmarktorientiert im Sinne des § 264d des Handelsgesetzbuchs ist, einen Aufsichtsrat, gelten auch § 100 Absatz 5 und § 107 Absatz 3 Satz 1 und 2 des Aktiengesetzes entsprechend. ⁶Richtet der Aufsichtsrat einen Prüfungsausschuss ein, so gelten für diesen § 100 Absatz 5 und § 107 Absatz 3 Satz 2 und 3 des Aktiengesetzes entsprechend.

§ 8 Feststellung des Jahresabschlusses[1)]

(1) ¹Bedarf es zur Feststellung des Jahresabschlusses der Entscheidung oder Mitwirkung einer anderen Stelle als der gesetzlichen Vertreter und des Aufsichtsrats, so haben die gesetzlichen Vertreter den Jahresabschluss, wenn das Unternehmen einen Aufsichtsrat hat, unverzüglich nach Eingang seines Prüfungsberichts (§ 7), wenn das Unternehmen keinen Aufsichtsrat hat, unverzüglich nach Eingang des Prüfungsberichts der Abschlussprüfer der zuständigen Stelle vorzulegen. ²Bedarf es zur Feststellung des Jahresabschlusses einer Versammlung der Gesellschafter, so ist die Versammlung unverzüglich nach dem Eingang des Prüfungsberichts des Aufsichtsrats oder der Abschlussprüfer einzuberufen; berufen die für die Einberufung zuständigen Stellen die Versammlung nicht unverzüglich ein, so haben die gesetzlichen Vertreter sie einzuberufen.

(2) Auf den Jahresabschluss sind bei der Feststellung die für seine Aufstellung geltenden Vorschriften anzuwenden.

(3) ¹Wird der Jahresabschluss nach Vorlage des Prüfungsberichts geändert, so hat der Abschlussprüfer diese Unterlagen erneut zu prüfen, soweit es die Änderung erfordert. ²Über das Ergebnis der Prüfung ist zu berichten; der Bestätigungsvermerk ist entsprechend zu ergänzen. ³Eine vor der erneuten Prüfung getroffene Entscheidung über die Feststellung des Jahresabschlusses wird erst wirksam, wenn aufgrund der erneuten Prüfung ein hinsichtlich der Änderung uneingeschränkter Bestätigungsvermerk erteilt worden ist. ⁴Sie wird nichtig, wenn nicht binnen zwei Wochen seit der Entscheidung ein hinsichtlich der Änderung uneingeschränkter Bestätigungsvermerk erteilt wird.

(4) Der festgestellte Jahresabschluss ist der Jahresabschluss im Sinne der für die Rechtsform des Unternehmens geltenden Vorschriften.

§ 9 Offenlegung des Jahresabschlusses und des Lageberichts
Prüfung durch den Betreiber des Bundesanzeigers[2)]

(1) ¹Die gesetzlichen Vertreter des Unternehmens haben für dieses den Jahresabschluss und die sonst in § 325 Abs. 1 des Handelsgesetzbuchs bezeichneten Unterlagen, soweit sie aufzustellen sind, in sinngemäßer Anwendung des § 325 Absatz 1 bis 2b, 4 bis 6, § 328 des Handelsgesetzbuchs offen zu legen. ²§ 329 Abs. 1 und 4 des Handelsgesetzbuchs gilt sinngemäß.

(2) Personenhandelsgesellschaften und Einzelkaufleute brauchen die Gewinn- und Verlustrechnung und den Beschluss über die Verwendung des Ergebnisses nicht offen zu legen, wenn sie in einer Anlage zur Bilanz die nach § 5 Abs. 5 Satz 3 erforderlichen Angaben aufnehmen.

(3) In der Bilanz von Personenhandelsgesellschaften dürfen bei der Offenlegung die Kapitalanteile der Gesellschafter, die Rücklagen, ein Gewinnvortrag und ein Gewinn unter Abzug der nicht durch Vermögenseinlagen gedeckten Verlustanteile von Gesellschaftern, eines Verlustvortrags und eines Verlustes in einem Posten „Eigenkapital" ausgewiesen werden.

---

1) **Anm. d. Red.:** § 8 i. d. F. des Gesetzes v. 24. 2. 2000 (BGBl I S. 154) mit Wirkung v. 9. 3. 2000.
2) **Anm. d. Red.:** § 9 i. d. F. des Gesetzes v. 17. 7. 2015 (BGBl I S. 1245) mit Wirkung v. 23. 7. 2015.

§ 10 Nichtigkeit des Jahresabschlusses[1)]

¹Der Jahresabschluss ist nichtig, wenn er
1. nicht nach § 6 Abs. 1 Satz 1 und 2 dieses Gesetzes in Verbindung mit § 316 Abs. 3 des Handelsgesetzbuchs geprüft worden ist oder
2. von Personen geprüft worden ist, die nicht zum Abschlussprüfer bestellt sind oder nach § 6 Abs. 1 Satz 2 dieses Gesetzes in Verbindung mit § 319 Abs. 1 des Handelsgesetzbuchs nicht Abschlussprüfer sind.

²Die Nichtigkeit nach Nummer 2 kann nicht mehr geltend gemacht werden, wenn seit der Bekanntmachung des Jahresabschlusses im Bundesanzeiger sechs Monate verstrichen sind. ³§ 256 Abs. 6 Satz 2 des Aktiengesetzes gilt sinngemäß.

Zweiter Abschnitt: Rechnungslegung von Konzernen

§ 11 Zur Rechnungslegung verpflichtete Mutterunternehmen[2)]

(1) Kann ein Unternehmen mit Sitz (Hauptniederlassung) im Inland unmittelbar oder mittelbar einen beherrschenden Einfluss auf ein anderes Unternehmen ausüben, so hat dieses Unternehmen (Mutterunternehmen) nach den folgenden Vorschriften Rechnung zu legen, wenn für drei aufeinander folgende Konzernabschlussstichtage jeweils mindestens zwei der drei folgenden Merkmale zutreffen:
1. Die Bilanzsumme einer auf den Konzernabschlussstichtag aufgestellten Konzernbilanz übersteigt 65 Millionen Euro.
2. Die Umsatzerlöse einer auf den Konzernabschlussstichtag aufgestellten Konzern-Gewinn- und Verlustrechnung in den zwölf Monaten vor dem Abschlussstichtag übersteigen 130 Millionen Euro.
3. Die Konzernunternehmen mit Sitz im Inland haben in den zwölf Monaten vor dem Konzernabschlussstichtag insgesamt durchschnittlich mehr als fünftausend Arbeitnehmer beschäftigt.

(2) ¹Bilanzsumme nach Absatz 1 Nr. 1 ist die Bilanzsumme einer nach § 13 Abs. 2 aufgestellten Konzernbilanz; § 1 Abs. 2 Satz 2 bis 5 gilt sinngemäß. ²Braucht das Mutterunternehmen einen Jahresabschluss nicht aufzustellen, so ist der Abschlussstichtag des größten Unternehmens mit Sitz im Inland maßgebend.

(3) ¹Kann ein Unternehmen mit Sitz (Hauptniederlassung) im Ausland unmittelbar oder mittelbar einen beherrschenden Einfluss auf ein anderes Unternehmen ausüben und beherrscht dieses Unternehmen über ein oder mehrere zum Konzern gehörende Unternehmen mit Sitz (Hauptniederlassung) im Inland andere Unternehmen, so haben die Unternehmen mit Sitz im Inland, die der Konzernleitung am nächsten stehen (Mutterunternehmen), für ihren Konzernbereich (Teilkonzern) nach diesem Abschnitt Rechnung zu legen, wenn für drei aufeinander folgende Abschlussstichtage des Mutterunternehmens mindestens zwei der drei Merkmale des Absatzes 1 für den Teilkonzern zutreffen. ²Absatz 2 gilt sinngemäß.

(4) (weggefallen)

(5) ¹Dieser Abschnitt ist nicht anzuwenden, wenn das Mutterunternehmen eine Aktiengesellschaft, eine Kommanditgesellschaft auf Aktien, eine Gesellschaft mit beschränkter Haftung, ein Kreditinstitut im Sinne des § 340 des Handelsgesetzbuchs oder eine in § 2 Abs. 1 Nr. 1, 2 und 4 des Gesetzes über das Kreditwesen genannte Person oder ein Versicherungsunternehmen im Sinne des § 341 des Handelsgesetzbuchs ist oder als Personenhandelsgesellschaft nach § 3 Abs. 1 Satz 1 Nr. 1 den ersten Abschnitt nicht anzuwenden hat. ²Weiterhin sind Personenhan-

---

1) **Anm. d. Red.:** § 10 i. d. F. des Gesetzes v. 19. 12. 1985 (BGBl I S. 2355) mit Wirkung v. 1. 1. 1986.
2) **Anm. d. Red.:** § 11 i. d. F. des Gesetzes v. 11. 4. 2017 (BGBl I S. 802) mit Wirkung v. 19. 4. 2017. – Zur Anwendung siehe § 22 Abs. 7.

delsgesellschaften und Einzelkaufleute zur Aufstellung eines Konzernabschlusses nach diesem Abschnitt nicht verpflichtet, wenn sich ihr Gewerbebetrieb auf die Vermögensverwaltung beschränkt und sie nicht die Aufgaben der Konzernleitung wahrnehmen.

(6) ¹Folgende Bestimmungen des Handelsgesetzbuchs gelten sinngemäß:
1. § 290 Abs. 2 bis 5 über die Pflicht zur Aufstellung sowie die §§ 291 und 292 über befreiende Konzernabschlüsse und Konzernlageberichte;
2. § 315e über den Konzernabschluss nach internationalen Rechnungslegungsstandards, Absatz 2 der Vorschrift jedoch nur, wenn das Mutterunternehmen seiner Rechtsform nach in den Anwendungsbereich der Verordnung (EG) Nr. 1606/2002 des Europäischen Parlaments und des Rates vom 19. Juli 2002 betreffend die Anwendung internationaler Rechnungslegungsstandards (ABl EG Nr. L 243 S. 1) in ihrer jeweils geltenden Fassung fällt.

²Sind die Voraussetzungen des § 315e des Handelsgesetzbuchs erfüllt, so gilt § 13 Abs. 2 Satz 1 und 2, Abs. 3 Satz 1 und 2 in Verbindung mit § 5 Abs. 5 dieses Gesetzes nicht.

§ 12 Beginn und Dauer der Pflicht zur Konzernrechnungslegung[1]

(1) Für den Beginn und die Dauer der Pflicht, nach diesem Abschnitt Rechnung zu legen, gilt § 2 Abs. 1 Satz 1 und 3 sinngemäß.

(2) ¹Die gesetzlichen Vertreter eines Mutterunternehmens, für dessen Abschlussstichtag mindestens zwei der drei Merkmale des § 11 Abs. 1 zutreffen, haben unverzüglich beim Betreiber des Bundesanzeigers elektronisch (§ 12 Abs. 2 des Handelsgesetzbuchs) die Erklärung einzureichen, dass für diesen Abschlussstichtag zwei der drei Merkmale des § 11 Abs. 1 zutreffen; § 11 Abs. 2 Satz 2 gilt entsprechend. ²Eine entsprechende Erklärung haben die gesetzlichen Vertreter des Mutterunternehmens auch für jeden der beiden folgenden Abschlussstichtage unverzüglich beim Betreiber des Bundesanzeigers elektronisch einzureichen, wenn die Merkmale auch für diesen Abschlussstichtag zutreffen. ³§ 2 Abs. 2 Satz 3 gilt entsprechend.

(3) ¹Das Gericht hat zur Prüfung der Frage, ob ein Mutterunternehmen nach diesem Abschnitt Rechnung zu legen hat, Prüfer zu bestellen, wenn Anlass für die Annahme besteht, dass das Mutterunternehmen zur Rechnungslegung nach diesem Abschnitt verpflichtet ist. ²Hat das Mutterunternehmen einen Aufsichtsrat, so ist vor der Bestellung außer den gesetzlichen Vertretern des Mutterunternehmens auch dieser zu hören. ³§ 2 Abs. 3 Satz 3 bis 8 gilt sinngemäß.

§ 13 Aufstellung von Konzernabschluss und Konzernlagebericht[2]

(1) ¹Die gesetzlichen Vertreter des Mutterunternehmens haben in den ersten fünf Monaten des Konzerngeschäftsjahrs für das vergangene Konzerngeschäftsjahr einen Konzernabschluss sowie einen Konzernlagebericht oder einen Teilkonzernabschluss oder einen Teilkonzernlagebericht aufzustellen. ²Ist das Mutterunternehmen kapitalmarktorientiert im Sinn des § 264d des Handelsgesetzbuchs, sind der Konzernabschluss sowie der Konzernlagebericht in den ersten vier Monaten des Konzerngeschäftsjahres für das vergangene Konzerngeschäftsjahr aufzustellen; dies gilt nicht, wenn es ausschließlich zum Handel an einem organisierten Markt zugelassene Schuldtitel im Sinn des § 2 Absatz 1 Nummer 3 des Wertpapierhandelsgesetzes mit einer Mindeststückelung von 100 000 Euro oder dem am Ausgabetag entsprechenden Gegenwert einer anderen Währung begibt.

(2) ¹Für den Konzernabschluss oder Teilkonzernabschluss gelten die §§ 294 bis 314 des Handelsgesetzbuchs sinngemäß; soweit eine abweichende Gliederung zulässig ist, kann diese auch für den Konzernabschluss oder den Teilkonzernabschluss verwendet werden. ²Sonstige Vorschriften, die durch die Rechtsform oder den Geschäftszweig bedingt sind, bleiben unberührt.

---

1) **Anm. d. Red.:** § 12 i. d. F. des Gesetzes v. 22.12.2011 (BGBl I S. 3044) mit Wirkung v. 1.4.2012.
2) **Anm. d. Red.:** § 13 i. d. F. des Gesetzes v. 11.4.2017 (BGBl I S. 802) mit Wirkung v. 19.4.2017. – Zur Anwendung siehe § 22 Abs. 7.

³Für den Konzernlagebericht oder den Teilkonzernlagebericht gilt § 315 des Handelsgesetzbuchs sinngemäß.

(3) ¹Auf den Konzernabschluss oder den Teilkonzernabschluss braucht § 314 Abs. 1 Nr. 6 des Handelsgesetzbuchs nicht angewendet zu werden. ²Ist das Mutterunternehmen eine Personenhandelsgesellschaft oder ein Einzelkaufmann, so gilt § 5 Abs. 4, 5 für den Konzernabschluss sinngemäß; dieser braucht Kapitalflussrechnung und Eigenkapitalspiegel nicht zu umfassen, soweit das Mutterunternehmen nicht kapitalmarktorientiert im Sinn des § 264d des Handelsgesetzbuchs ist. ³Bei Anwendung des Satzes 1 oder des § 5 Abs. 5 haben der Konzernabschluss oder der Teilkonzernabschluss befreiende Wirkung nach den §§ 291 und 292 des Handelsgesetzbuchs nur, wenn das befreite Tochterunternehmen, das gleichzeitig Mutterunternehmen ist, diese Erleichterungen für seinen Konzernabschluss oder Teilkonzernabschluss hätte in Anspruch nehmen können.

(4) § 330 des Handelsgesetzbuchs über den Erlass von Rechtsverordnungen gilt auch für Konzernabschlüsse, Teilkonzernabschlüsse, Konzernlageberichte und Teilkonzernlageberichte nach diesem Abschnitt.

§ 14 Prüfung des Konzernabschlusses[1)]

(1) ¹Der Konzernabschluss oder Teilkonzernabschluss ist unter Einbeziehung des Konzernlageberichts oder des Teilkonzernlageberichts durch einen Abschlussprüfer zu prüfen. ²§ 316 Abs. 3, §§ 317 bis 324 des Handelsgesetzbuchs über die Prüfung sowie § 6 Abs. 2, 3 dieses Gesetzes gelten sinngemäß.

(2) ¹Ist das Mutterunternehmen eine Genossenschaft, so ist der Prüfungsverband, dem die Genossenschaft angehört, auch Abschlussprüfer des Konzernabschlusses. ²Der von einem Prüfungsverband geprüfte Konzernabschluss oder Teilkonzernabschluss hat befreiende Wirkung nach nach den §§ 291 und 292 des Handelsgesetzbuchs nur, wenn das befreite Tochterunternehmen, das gleichzeitig Mutterunternehmen ist, seinen Konzernabschluss oder Teilkonzernabschluss von dieser Person hätte prüfen lassen können.

(3) ¹Hat das Mutterunternehmen einen Aufsichtsrat, so haben die gesetzlichen Vertreter den Konzernabschluss oder den Teilkonzernabschluss, den Konzernlagebericht oder den Teilkonzernlagebericht und den Prüfungsbericht des Abschlussprüfers des Konzernabschlusses unverzüglich nach Eingang des Prüfungsberichts dem Aufsichtsrat zur Kenntnisnahme vorzulegen. ²Jedes Aufsichtsratsmitglied hat das Recht, von den Vorlagen Kenntnis zu nehmen. ³Die Vorlagen sind auch jedem Aufsichtsratsmitglied auf Verlangen auszuhändigen, soweit der Aufsichtsrat nichts anderes beschlossen hat.

§ 15 Offenlegung des Konzernabschlusses[2)]

(1) Die gesetzlichen Vertreter des Mutterunternehmens haben für dieses den Konzernabschluss oder Teilkonzernabschluss mit dem Bestätigungsvermerk oder dem Vermerk über dessen Versagung und den Konzernlagebericht oder Teilkonzernlagebericht in sinngemäßer Anwendung des § 325 Abs. 3 bis 6 des Handelsgesetzbuchs offen zu legen.

(2) Für die Offenlegung, Veröffentlichung und Vervielfältigung des Konzernabschlusses, Teilkonzernabschlusses, Konzernlageberichts und des Teilkonzernlageberichts gilt § 328, für die Prüfungspflicht des Betreibers des Bundesanzeigers § 329 Abs. 1 und 4 des Handelsgesetzbuchs sinngemäß.

§ 16 (weggefallen)[3)]

---

1) **Anm. d. Red.:** § 14 i. d. F. des Gesetzes v. 17. 7. 2015 (BGBl I S. 1245) mit Wirkung v. 23. 7. 2015.
2) **Anm. d. Red.:** § 15 i. d. F. des Gesetzes v. 22. 12. 2011 (BGBl I S. 3044) mit Wirkung v. 1. 4. 2012.
3) **Anm. d. Red.:** § 16 weggefallen gem. Gesetz v. 19. 12. 1985 (BGBl I S. 2355) mit Wirkung v. 1. 1. 1986.

Dritter Abschnitt: Straf-, Bußgeld- und Schlussvorschriften

§ 17 Unrichtige Darstellung[1]

Mit Freiheitsstrafe bis zu drei Jahren oder mit Geldstrafe wird bestraft, wer als gesetzlicher Vertreter (§ 4 Abs. 1 Satz 1) eines Unternehmens oder eines Mutterunternehmens, beim Einzelkaufmann als Inhaber oder dessen gesetzlicher Vertreter,

1. die Verhältnisse des Unternehmens im Jahresabschluss oder Lagebericht unrichtig wiedergibt oder verschleiert,

1a. zum Zwecke der Befreiung nach § 9 Abs. 1 Satz 1 in Verbindung mit § 325 Abs. 2a Satz 1, Abs. 2b des Handelsgesetzbuchs einen Einzelabschluss nach den in § 315e Absatz 1 des Handelsgesetzbuchs genannten internationalen Rechnungslegungsstandards, in dem die Verhältnisse des Unternehmens unrichtig wiedergegeben oder verschleiert worden sind, vorsätzlich oder leichtfertig offen legt,

2. die Verhältnisse des Konzerns oder Teilkonzerns im Konzernabschluss, Konzernlagebericht, Teilkonzernabschluss oder Teilkonzernlagebericht unrichtig wiedergibt oder verschleiert,

3. zum Zwecke der Befreiung nach § 11 Abs. 6 Satz 1 Nr. 1 in Verbindung mit den §§ 291 und 292 des Handelsgesetzbuchs einen Konzernabschluss, Konzernlagebericht, Teilkonzernabschluss oder Teilkonzernlagebericht, in dem die Verhältnisse des Konzerns oder Teilkonzerns unrichtig wiedergegeben oder verschleiert worden sind, vorsätzlich oder leichtfertig offen legt oder

4. in Aufklärungen oder Nachweisen, die nach § 2 Abs. 3 Satz 4 in Verbindung mit § 145 Abs. 2 und 3 des Aktiengesetzes, § 6 Abs. 1 Satz 2 in Verbindung mit § 320 Abs. 1, 2 des Handelsgesetzbuchs, § 12 Abs. 3 Satz 3 in Verbindung mit § 2 Abs. 3 Satz 4 und § 145 Abs. 2 und 3 des Aktiengesetzes oder § 14 Abs. 1 Satz 2 in Verbindung mit § 320 Abs. 3 des Handelsgesetzbuchs einem Abschlussprüfer des Unternehmens, eines verbundenen Unternehmens, des Konzerns oder des Teilkonzerns zu geben sind, unrichtige Angaben macht oder die Verhältnisse des Unternehmens, eines Tochterunternehmens, des Konzerns oder des Teilkonzerns unrichtig wiedergibt oder verschleiert.

§ 18 Verletzung der Berichtspflicht[2]

(1) Mit Freiheitsstrafe bis zu drei Jahren oder mit Geldstrafe wird bestraft, wer als Prüfer nach diesem Gesetz oder als Gehilfe eines solchen Prüfers über das Ergebnis der Prüfung falsch berichtet oder erhebliche Umstände im Bericht verschweigt.

(2) Handelt der Täter gegen Entgelt oder in der Absicht, sich oder einen anderen zu bereichern oder einen anderen zu schädigen, so ist die Strafe Freiheitsstrafe bis zu fünf Jahren oder Geldstrafe.

§ 19 Verletzung der Geheimhaltungspflicht[3]

(1) Mit Freiheitsstrafe bis zu einem Jahr oder mit Geldstrafe wird bestraft, wer ein Geheimnis des Unternehmens (Konzernleitung, Teilkonzernleitung), namentlich ein Betriebs- oder Geschäftsgeheimnis, das ihm in seiner Eigenschaft als Prüfer nach diesem Gesetz oder als Gehilfe eines solchen Prüfers bekannt geworden ist, unbefugt offenbart.

(2) ¹Handelt der Täter gegen Entgelt oder in der Absicht, sich oder einen anderen zu bereichern oder einen anderen zu schädigen, so ist die Strafe Freiheitsstrafe bis zu zwei Jahren oder Geldstrafe. ²Ebenso wird bestraft, wer ein Geheimnis der in Absatz 1 bezeichneten Art, nament-

---

1) **Anm. d. Red.:** § 17 i. d. F. des Gesetzes v. 11. 4. 2017 (BGBl I S. 802) mit Wirkung v. 19. 4. 2017. – Zur Anwendung siehe § 22 Abs. 7.

2) **Anm. d. Red.:** § 18 i. d. F. des Gesetzes v. 2. 3. 1974 (BGBl I S. 469) mit Wirkung v. 1. 1. 1975.

3) **Anm. d. Red.:** § 19 i. d. F. des Gesetzes v. 2. 3. 1974 (BGBl I S. 469) mit Wirkung v. 1. 1. 1975.

lich ein Betriebs- oder Geschäftsgeheimnis, das ihm unter den Voraussetzungen des Absatzes 1 bekannt geworden ist, unbefugt verwertet.

(3) Die Tat wird nur auf Antrag des Unternehmens (Konzernleitung, Teilkonzernleitung) verfolgt.

§ 19a Verletzung der Pflichten bei Abschlussprüfungen[1]

Mit Freiheitsstrafe bis zu einem Jahr oder mit Geldstrafe wird bestraft, wer als Mitglied eines Aufsichtsrats nach § 7 Satz 5 oder als Mitglied eines nach § 6 Absatz 1 Satz 2 in Verbindung mit § 324 Absatz 1 Satz 1 des Handelsgesetzbuchs oder nach § 7 Satz 6 eingerichteten Prüfungsausschusses eines Unternehmens, das kapitalmarktorientiert im Sinne des § 264d des Handelsgesetzbuchs ist,

1. eine in § 20 Absatz 2a, 2b oder Absatz 2c bezeichnete Handlung begeht und dafür einen Vermögensvorteil erhält oder sich versprechen lässt oder
2. eine in § 20 Absatz 2a, 2b oder Absatz 2c bezeichnete Handlung beharrlich wiederholt.

§ 20 Bußgeldvorschriften[2]

(1) Ordnungswidrig handelt, wer als gesetzlicher Vertreter (§ 4 Abs. 1 Satz 1) eines Unternehmens oder eines Mutterunternehmens, beim Einzelkaufmann als Inhaber oder dessen gesetzlicher Vertreter,

1. bei der Aufstellung oder Feststellung des Jahresabschlusses einer Vorschrift
   a) des § 243 Abs. 1 oder 2, der §§ 244, 245, 246, 247, 248, 249 Abs. 1 Satz 1 oder Abs. 2, des § 250 Abs. 1 oder Abs. 2 oder des § 251 des Handelsgesetzbuchs über Form oder Inhalt,
   b) des § 253 Abs. 1 Satz 1, 2, 3 oder Satz 4, Abs. 2 Satz 1, auch in Verbindung mit Satz 2, Absatz 3 Satz 1, 2, 3, 4 oder Satz 5, Abs. 4 oder Abs. 5 des Handelsgesetzbuchs über die Bewertung;
   c) (weggefallen)
   d) des § 5 Abs. 1 Satz 2 in Verbindung mit einer Vorschrift des § 264 Absatz 1a, des § 265 Abs. 2, 3, 4 oder 6, der §§ 266, 268 Absatz 3, 4, 5, 6 oder Absatz 7, der §§ 272, 274 oder des § 275 oder des § 277 des Handelsgesetzbuchs über die Gliederung oder
   e) des § 5 Abs. 2 Satz 2 in Verbindung mit § 284 oder des § 285 Nummer 1 bis 4, 7 bis 13, 15a, 17 bis 33 oder Nummer 34 des Handelsgesetzbuchs über die im Anhang zu machenden Angaben,
2. bei der Aufstellung des Konzernabschlusses oder Teilkonzernabschlusses einer Vorschrift des § 13 Abs. 2 Satz 1 in Verbindung mit einer Vorschrift
   a) des § 294 Abs. 1 des Handelsgesetzbuchs über den Konsolidierungskreis,
   b) des § 297 Absatz 1a, 2 oder 3 oder des § 298 Abs. 1 in Verbindung mit den §§ 244, 245, 246, 247, 248, 249 Abs. 1 Satz 1 oder Abs. 2, des § 250 Abs. 1 oder Abs. 2 oder dem § 251 des Handelsgesetzbuchs über Inhalt oder Form des Konzernabschlusses,
   c) des § 300 des Handelsgesetzbuchs über die Konsolidierungsgrundsätze oder das Vollständigkeitsgebot,
   d) des § 308 Abs. 1 Satz 1 in Verbindung mit den in Nummer 1 Buchstabe b bezeichneten Vorschriften des Handelsgesetzbuchs, des § 308 Abs. 2 oder des § 308a des Handelsgesetzbuchs über die Bewertung,
   e) des § 311 Abs. 1 Satz 1 in Verbindung mit § 312 des Handelsgesetzbuchs über die Behandlung assoziierter Unternehmen oder

---

1) **Anm. d. Red.:** § 19a eingefügt gem. Gesetz v. 10. 5. 2016 (BGBl I S. 1142) mit Wirkung v. 17. 6. 2016.
2) **Anm. d. Red.:** § 20 i. d. F. des Gesetzes v. 11. 4. 2017 (BGBl I S. 802) mit Wirkung v. 19. 4. 2017. – Zur Anwendung siehe § 22 Abs. 7.

§ 20 XVIII. Publizitätsgesetz

    f) des § 308 Abs. 1 Satz 3, des § 313 oder des § 314 des Handelsgesetzbuchs über die im Konzernanhang zu machenden Angaben,

3. bei der Aufstellung des Lageberichts der Vorschrift des § 5 Abs. 2 Satz 2 in Verbindung mit § 289 Abs. 1 des Handelsgesetzbuchs über den Inhalt des Lageberichts,
4. bei der Aufstellung des Konzernlageberichts oder des Teilkonzernlageberichts der Vorschrift des § 13 Abs. 2 Satz 3 in Verbindung mit § 315 Absatz 1, auch in Verbindung mit Absatz 3, des Handelsgesetzbuchs über den Inhalt des Konzernlageberichts,
5. bei der Offenlegung, Veröffentlichung oder Vervielfältigung einer Vorschrift des § 9 Abs. 1 oder des § 15 Abs. 2, jeweils in Verbindung mit § 328 des Handelsgesetzbuchs über Form oder Inhalt, oder
6. einer aufgrund des § 5 Abs. 3 oder des § 13 Abs. 4, jeweils in Verbindung mit § 330 Satz 1 des Handelsgesetzbuchs, erlassenen Rechtsverordnung, soweit sie für einen bestimmten Tatbestand auf diese Bußgeldvorschrift verweist,

zuwiderhandelt.

(2) Ordnungswidrig handelt auch, wer entgegen § 2 Abs. 2 oder § 12 Abs. 2 die dort vorgeschriebene Erklärung beim Betreiber des Bundesanzeigers oder der Aufsichtsbehörde nicht oder nicht rechtzeitig einreicht.

(2a) Ordnungswidrig handelt, wer als Mitglied eines Aufsichtsrats nach § 7 Satz 5 oder als Mitglied eines nach § 6 Absatz 1 Satz 2 in Verbindung mit § 324 Absatz 1 Satz 1 des Handelsgesetzbuchs oder nach § 7 Satz 6 eingerichteten Prüfungsausschusses eines Unternehmens, das kapitalmarktorientiert im Sinne des § 264d des Handelsgesetzbuchs ist,

1. die Unabhängigkeit des Abschlussprüfers oder der Prüfungsgesellschaft nicht nach Maßgabe des Artikels 4 Absatz 3 Unterabsatz 2, des Artikels 5 Absatz 4 Unterabsatz 1 Satz 1 oder des Artikels 6 Absatz 2 der Verordnung (EU) Nr. 537/2014 des Europäischen Parlaments und des Rates vom 16. April 2014 über spezifische Anforderungen an die Abschlussprüfung bei Unternehmen von öffentlichem Interesse und zur Aufhebung des Beschlusses 2005/909/EG der Kommission (ABl L 158 vom 27. 5. 2014, S. 77, L 170 vom 11. 6. 2014, S. 66) überwacht oder
2. eine Empfehlung für die Bestellung eines Abschlussprüfers oder einer Prüfungsgesellschaft vorlegt, die den Anforderungen nach Artikel 16 Absatz 2 Unterabsatz 2 oder 3 der Verordnung (EU) Nr. 537/2014 nicht entspricht oder der ein Auswahlverfahren nach Artikel 16 Absatz 3 Unterabsatz 1 der Verordnung (EU) Nr. 537/2014 nicht vorangegangen ist.

(2b) Ordnungswidrig handelt, wer als Mitglied eines Aufsichtsrats nach § 7 Satz 5, der keinen Prüfungsausschuss eingerichtet hat, oder als Mitglied eines nach § 6 Absatz 1 Satz 2 in Verbindung mit § 324 Absatz 1 Satz 1 des Handelsgesetzbuchs eingerichteten Prüfungsausschusses eines in Absatz 2a genannten Unternehmens den Gesellschaftern oder der sonst für die Bestellung des Abschlussprüfers zuständigen Stelle einen Vorschlag für die Bestellung eines Abschlussprüfers oder einer Prüfungsgesellschaft vorlegt, der den Anforderungen nach Artikel 16 Absatz 5 Unterabsatz 1 der Verordnung (EU) Nr. 537/2014 nicht entspricht.

(2c) Ordnungswidrig handelt, wer als Mitglied eines Aufsichtsrats nach § 7 Satz 5, der einen Prüfungsausschuss eingerichtet hat, eines in Absatz 2a genannten Unternehmens den Gesellschaftern oder der sonst für die Bestellung des Abschlussprüfers zuständigen Stelle einen Vorschlag für die Bestellung eines Abschlussprüfers oder einer Prüfungsgesellschaft vorlegt, der den Anforderungen nach Artikel 16 Absatz 5 Unterabsatz 1 oder Unterabsatz 2 Satz 1 oder Satz 2 der Verordnung (EU) Nr. 537/2014 nicht entspricht.

(3) Die Ordnungswidrigkeit kann mit einer Geldbuße bis zu fünfzigtausend Euro geahndet werden.

(4) Verwaltungsbehörde im Sinne des § 36 Abs. 1 Nr. 1 des Gesetzes über Ordnungswidrigkeiten ist das Bundesamt für Justiz.

§ 21 Festsetzung von Ordnungsgeld[1]

¹Gegen die gesetzlichen Vertreter (§ 4 Abs. 1 Satz 1) eines Unternehmens oder eines Mutterunternehmens, beim Einzelkaufmann gegen die Inhaber oder deren gesetzliche Vertreter, die § 9 Abs. 1, § 15 Abs. 1 hinsichtlich der Pflicht zur Offenlegung des Jahresabschlusses, des Lageberichts, des Konzernabschlusses, des Konzernlageberichts, des Teilkonzernabschlusses oder des Teilkonzernlageberichts im Bundesanzeiger nicht befolgen, ist wegen des pflichtwidrigen Unterlassens der Offenlegung vom Bundesamt für Justiz ein Ordnungsgeld festzusetzen. ²Die §§ 335 bis 335b des Handelsgesetzbuchs sind entsprechend anzuwenden.

§ 21a Mitteilungen an die Abschlussprüferaufsichtsstelle[2]

(1) Das Bundesamt für Justiz übermittelt der Abschlussprüferaufsichtsstelle beim Bundesamt für Wirtschaft und Ausfuhrkontrolle alle Bußgeldentscheidungen nach § 20 Absatz 2a bis 2c.

(2) ¹In Strafverfahren, die eine Straftat nach § 19a zum Gegenstand haben, übermittelt die Staatsanwaltschaft im Falle der Erhebung der öffentlichen Klage der Abschlussprüferaufsichtsstelle die das Verfahren abschließende Entscheidung. ²Ist gegen die Entscheidung ein Rechtsmittel eingelegt worden, ist die Entscheidung unter Hinweis auf das eingelegte Rechtsmittel zu übermitteln.

§ 22 Erstmalige Anwendung geänderter Vorschriften[3]

(1) ¹Die §§ 7, 9, 11, 13 Abs. 3 Satz 2 und § 21 in der Fassung des Bilanzrechtsreformgesetzes vom 4. Dezember 2004 (BGBl I S. 3166) finden erstmals auf das nach dem 31. Dezember 2004 beginnende Geschäftsjahr Anwendung. ²§ 315a Abs. 2 des Handelsgesetzbuchs in der Fassung des Bilanzrechtsreformgesetzes vom 4. Dezember 2004 (BGBl I S. 3166) in Verbindung mit § 11 Abs. 6 Satz 1 Nr. 2 dieses Gesetzes in der Fassung des Bilanzrechtsreformgesetzes vom 4. Dezember 2004 (BGBl I S. 3166) ist erstmals auf das nach dem 31. Dezember 2006 beginnende Geschäftsjahr anzuwenden. ³Die bis zum 9. Dezember 2004 geltenden Fassungen des § 11 Abs. 6 Satz 1 Nr. 2 dieses Gesetzes und des § 292a des Handelsgesetzbuchs sind letztmals auf das vor dem 1. Januar 2005 beginnende Geschäftsjahr anzuwenden; Artikel 58 Abs. 5 Satz 2 des Einführungsgesetzes zum Handelsgesetzbuch gilt entsprechend. ⁴Soweit § 5 Abs. 1 Satz 2, § 6 Abs. 1, § 9 Abs. 1 Satz 1, § 10 Satz 1 Nr. 2, § 13 Abs. 2, § 14 Abs. 1 und § 15 dieses Gesetzes auf Bestimmungen des Handelsgesetzbuchs verweisen, die in Artikel 58 Abs. 2 bis 4 des Einführungsgesetzes zum Handelsgesetzbuch aufgeführt sind, gelten die in der letztgenannten Vorschrift getroffenen Übergangsregelungen entsprechend. ⁵Soweit § 13 Abs. 2 Satz 1 dieses Gesetzes auf § 297 Abs. 1 des Handelsgesetzbuchs verweist, ist Artikel 58 Abs. 5 Satz 1 des Einführungsgesetzes zum Handelsgesetzbuch entsprechend anzuwenden; dies gilt nicht, wenn das Mutterunternehmen eine Personengesellschaft oder ein Einzelkaufmann ist.

(2) ¹Die §§ 2, 9, 12, 15, 20 und 21 in der Fassung des Gesetzes über elektronische Handelsregister und Genossenschaftsregister sowie das Unternehmensregister vom 10. November 2006 (BGBl I S. 2553) in der vom 1. Januar 2007 an geltenden Fassung finden erstmals auf das nach dem 31. Dezember 2005 beginnende Geschäftsjahr Anwendung. ²Die §§ 2, 9, 12, 15, 20 und 21 in der bis zum Inkrafttreten des Gesetzes über elektronische Handelsregister und Genossenschaftsregister sowie das Unternehmensregister am 1. Januar 2007 geltenden Fassung sind letztmals auf das vor dem 1. Januar 2006 beginnende Geschäftsjahr anzuwenden. ³Soweit die §§ 2, 9, 15, 20 und 21 auf Bestimmungen des Handelsgesetzbuchs verweisen, die in Artikel 61 des Einführungsgesetzes zum Handelsgesetzbuch genannt sind, gelten die in der letztgenannten Vorschrift getroffenen Übergangsregelungen im Übrigen entsprechend.

---

1) **Anm. d. Red.:** § 21 i. d. F. des Gesetzes v. 4.10.2013 (BGBl I S. 3746) mit Wirkung v. 10.10.2013.
2) **Anm. d. Red.:** § 21a eingefügt gem. Gesetz v. 10.5.2016 (BGBl I S. 1142) mit Wirkung v. 17.6.2016.
3) **Anm. d. Red.:** § 22 i. d. F. des Gesetzes v. 12.12.2019 (BGBl I S. 2637) mit Wirkung v. 1.1.2020.

(3) ¹Soweit die §§ 5, 6, 13 und 20 in der Fassung des Bilanzrechtsmodernisierungsgesetzes vom 25. 5. 2009 (BGBl I S. 1102) sowie in der zuvor geltenden Fassung, und soweit durch das Bilanzrechtsmodernisierungsgesetz nicht geänderte Bestimmungen dieses Gesetzes auf Bestimmungen des Handelsgesetzbuchs verweisen, sind die hierauf bezogenen Übergangsregelungen der Artikel 66 und 67 des Einführungsgesetzes zum Handelsgesetzbuch entsprechend anzuwenden. ²In Bezug auf § 11 dieses Gesetzes sind die auf § 290 des Handelsgesetzbuchs bezogenen Übergangsregelungen des Artikels 66 Abs. 3 und 5 des Einführungsgesetzes zum Handelsgesetzbuch entsprechend anzuwenden. ³Das Gleiche gilt für Artikel 66 Abs. 3 Satz 6 des Einführungsgesetzes zum Handelsgesetzbuch.

(4) Für § 21 in der durch das Gesetz zur Änderung des Handelsgesetzbuchs vom 4. Oktober 2013 (BGBl I S. 3746) geänderten Fassung gilt Artikel 70 Absatz 3 des Einführungsgesetzes zum Handelsgesetzbuch entsprechend.

(5) ¹Die §§ 5, 9, 11, 13 Absatz 3 und 4 sowie die §§ 14, 17 und 20 in der Fassung des Bilanzrichtlinie-Umsetzungsgesetzes vom 17. 7. 2015 (BGBl I S. 1245) sind erstmals auf Jahres- und Konzernabschlüsse für Geschäftsjahre anzuwenden, die nach dem 31. Dezember 2015 beginnen. ²Auf vor dem 1. Januar 2016 beginnende Geschäftsjahre bleiben die §§ 5, 9, 11, 13, 14, 17 und 20 in der bis zum 22. Juli 2015 geltenden Fassung anwendbar.

(6) § 7 Satz 5 und 6 muss so lange nicht angewandt werden, wie alle Mitglieder des Aufsichtsrats und des Prüfungsausschusses vor dem 17. Juni 2016 bestellt worden sind.

(7) ¹Die §§ 11, 13, 17 und 20 in der Fassung des CSR-Richtlinie-Umsetzungsgesetzes vom 11. April 2017 (BGBl I S. 802) sind erstmals auf Jahres- und Konzernabschlüsse, Lage- und Konzernlageberichte für das nach dem 31. Dezember 2016 beginnende Geschäftsjahr anzuwenden. ²Die in Satz 1 bezeichneten Vorschriften in der bis zum 18. April 2017 geltenden Fassung sind letztmals anzuwenden auf Lage- und Konzernlageberichte für das vor dem 1. Januar 2017 beginnende Geschäftsjahr.

§ 23 Inkrafttreten[1)2)]

Dieses Gesetz tritt am Tage nach seiner Verkündung in Kraft.

---

1) **Anm. d. Red.:** Bisheriger § 25 zu neuem § 23 geworden gem. Gesetz v. 4. 12. 2004 (BGBl I S. 3166) mit Wirkung v. 10. 12. 2004.

2) **Anm. d. Red.:** Das Gesetz wurde am 20. 8. 1969 verkündet.

XIX. Scheckgesetz (SchG)

v. 14. 8. 1933 (RGBl I S. 597) mit späteren Änderungen

Das Scheckgesetz (SchG) v. 14. 8. 1933 (RGBl I S. 597) ist zuletzt geändert worden durch Art. 200 Zehnte Zuständigkeitsanpassungsverordnung v. 31. 8. 2015 (BGBl I S. 1474).

Nichtamtliche Fassung

Erster Abschnitt: Ausstellung und Form des Schecks

Art. 1 Wesentliche Bestandteile[1)]

Der Scheck enthält:
1. die Bezeichnung als Scheck im Texte der Urkunde, und zwar in der Sprache, in der sie ausgestellt ist;
2. die unbedingte Anweisung, eine bestimmte Geldsumme zu zahlen;
3. den Namen dessen, der zahlen soll (Bezogener);
4. die Angabe des Zahlungsortes;
5. die Angabe des Tages und des Ortes der Ausstellung;
6. die Unterschrift des Ausstellers.

Art. 2 Fehlen von Bestandteilen

(1) Eine Urkunde, in der einer der im vorstehenden Artikel bezeichneten Bestandteile fehlt, gilt nicht als Scheck, vorbehaltlich der in den folgenden Absätzen bezeichneten Fälle.

(2) [1]Mangels einer besonderen Angabe gilt der bei dem Namen des Bezogenen angegebene Ort als Zahlungsort. [2]Sind mehrere Orte bei dem Namen des Bezogenen angegeben, so ist der Scheck an dem an erster Stelle angegebenen Orte zahlbar.

(3) Fehlt eine solche und jede andere Angabe, so ist der Scheck an dem Orte zahlbar, an dem der Bezogene seine Hauptniederlassung hat.

(4) Ein Scheck ohne Angabe des Ausstellungsortes gilt als ausgestellt an dem Orte, der bei dem Namen des Ausstellers angegeben ist.

Art. 3 Bezogene Bank

[1]Der Scheck darf nur auf einen Bankier gezogen werden, bei dem der Aussteller ein Guthaben hat, und gemäß einer ausdrücklichen oder stillschweigenden Vereinbarung, wonach der Aussteller das Recht hat, über dieses Guthaben mittels Schecks zu verfügen. [2]Die Gültigkeit der Urkunde als Scheck wird jedoch durch die Nichtbeachtung dieser Vorschriften nicht berührt.

Art. 4 Annahmevermerk

[1]Der Scheck kann nicht angenommen werden. [2]Ein auf den Scheck gesetzter Annahmevermerk gilt als nicht geschrieben.

Art. 5 Zahlungsempfänger

(1) Der Scheck kann zahlbar gestellt werden:
an eine bestimmte Person, mit oder ohne den ausdrücklichen Vermerk „an Order";
an eine bestimmte Person, mit dem Vermerk „nicht an Order" oder mit einem gleichbedeutenden Vermerk;
an den Inhaber.

---

1) **Anm. d. Red.:** Die Überschriften zu den einzelnen Artikeln sind nicht amtlich.

(2) Ist im Scheck eine bestimmte Person mit dem Zusatz „oder Überbringer" oder mit einem gleichbedeutenden Vermerk als Zahlungsempfänger bezeichnet, so gilt der Scheck als auf den Inhaber gestellt.

(3) Ein Scheck ohne Angabe des Nehmers gilt als zahlbar an den Inhaber.

Art. 6 Besondere Scheckarten

(1) Der Scheck kann an die eigene Order des Ausstellers lauten.

(2) Der Scheck kann für Rechnung eines Dritten gezogen werden.

(3) Der Scheck kann nicht auf den Aussteller selbst gezogen werden, es sei denn, dass es sich um einen Scheck handelt, der von einer Niederlassung auf eine andere Niederlassung des Ausstellers gezogen wird.

Art. 7 Zinsvermerk

Ein in den Scheck aufgenommener Zinsvermerk gilt als nicht geschrieben.

Art. 8 Zahlungsort

Der Scheck kann bei einem Dritten, am Wohnort des Bezogenen oder an einem anderen Orte, zahlbar gestellt werden, sofern der Dritte Bankier ist.

Art. 9 Maßgebliche Schecksumme

(1) Ist die Schecksumme in Buchstaben und in Ziffern angegeben, so gilt bei Abweichungen die in Buchstaben angegebene Summe.

(2) Ist die Schecksumme mehrmals in Buchstaben oder mehrmals in Ziffern angegeben, so gilt bei Abweichungen die geringste Summe.

Art. 10 Unzulässige Unterschriften

Trägt ein Scheck Unterschriften von Personen, die eine Scheckverbindlichkeit nicht eingehen können, gefälschte Unterschriften, Unterschriften erdichteter Personen oder Unterschriften, die aus irgendeinem anderen Grunde für die Personen, die unterschrieben haben oder mit deren Namen unterschrieben worden ist, keine Verbindlichkeit begründen, so hat dies auf die Gültigkeit der übrigen Unterschriften keinen Einfluss.

Art. 11 Vertreter ohne Vertretungsmacht

[1]Wer auf einen Scheck seine Unterschrift als Vertreter eines anderen setzt, ohne hierzu ermächtigt zu sein, haftet selbst scheckmäßig und hat, wenn er den Scheck einlöst, dieselben Rechte, die der angeblich Vertretene haben würde. [2]Das Gleiche gilt von einem Vertreter, der seine Vertretungsbefugnis überschritten hat.

Art. 12 Haftung

[1]Der Aussteller haftet für die Zahlung des Schecks. [2]Jeder Vermerk, durch den er diese Haftung ausschließt, gilt als nicht geschrieben.

Art. 13 Blankoscheck

Wenn ein Scheck, der bei der Begebung unvollständig war, den getroffenen Vereinbarungen zuwider ausgefüllt worden ist, so kann die Nichteinhaltung dieser Vereinbarungen dem Inhaber nicht entgegengesetzt werden, es sei denn, dass er den Scheck in bösem Glauben erworben hat oder ihm beim Erwerb eine große Fahrlässigkeit zur Last fällt.

Zweiter Abschnitt: Übertragung

Art. 14 Indossament

(1) Der auf eine bestimmte Person zahlbar gestellte Scheck mit oder ohne den ausdrücklichen Vermerk „an Order" kann durch Indossament übertragen werden.

(2) Der auf eine bestimmte Person zahlbar gestellte Scheck mit dem Vermerk „nicht an Order" oder mit einem gleichbedeutenden Vermerk kann nur in der Form und mit den Wirkungen einer gewöhnlichen Abtretung übertragen werden.

(3) ¹Das Indossament kann auch auf den Aussteller oder jeden anderen Scheckverpflichteten lauten. ²Diese Personen können den Scheck weiter indossieren.

Art. 15 Besondere Indossamente

(1) ¹Das Indossament muss unbedingt sein. ²Bedingungen, von denen es abhängig gemacht wird, gelten als nicht geschrieben.

(2) Ein Teilindossament ist nichtig.

(3) Ebenso ist ein Indossament des Bezogenen nichtig.

(4) Ein Indossament an den Inhaber gilt als Blankoindossament.

(5) Das Indossament an den Bezogenen gilt nur als Quittung, es sei denn, dass der Bezogene mehrere Niederlassungen hat und das Indossament auf eine andere Niederlassung lautet als diejenige, auf die der Scheck gezogen worden ist.

Art. 16 Form des Indossaments, Blankoindossament

(1) ¹Das Indossament muss auf den Scheck oder ein mit dem Scheck verbundenes Blatt (Anhang) gesetzt werden. ²Es muss von dem Indossanten unterschrieben werden.

(2) ¹Das Indossament braucht den Indossatar nicht zu bezeichnen und kann selbst in der bloßen Unterschrift des Indossanten bestehen (Blankoindossament). ²In diesem letzteren Falle muss das Indossament, um gültig zu sein, auf die Rückseite des Schecks oder auf den Anhang gesetzt werden.

Art. 17 Transportfunktion

(1) Das Indossament überträgt alle Rechte aus dem Scheck.

(2) Ist es ein Blankoindossament, so kann der Inhaber
1. das Indossament mit seinem Namen oder mit dem Namen eines anderen ausfüllen;
2. den Scheck durch ein Blankoindossament oder an eine bestimmte Person weiter indossieren;
3. den Scheck weiterbegeben, ohne das Blankoindossament auszufüllen und ohne ihn zu indossieren.

Art. 18 Garantiefunktion

(1) Der Indossant haftet mangels eines entgegenstehenden Vermerks für die Zahlung.

(2) Er kann untersagen, dass der Scheck weiter indossiert wird; in diesem Falle haftet er denen nicht, an die der Scheck weiter indossiert wird.

Art. 19 Inhabervermutung

¹Wer einen durch Indossament übertragbaren Scheck in Händen hat, gilt als rechtmäßiger Inhaber, sofern er sein Recht durch eine ununterbrochene Reihe von Indossamenten nachweist, und zwar auch dann, wenn das letzte ein Blankoindossament ist. ²Ausgestrichene Indossamente gelten hierbei als nicht geschrieben. ³Folgt auf ein Blankoindossament ein weiteres Indos-

sament, so wird angenommen, dass der Aussteller dieses Indossaments den Scheck durch das Blankoindossament erworben hat.

Art. 20 Indossament auf Inhaberscheck

Ein Indossament auf einem Inhaberscheck macht den Indossanten nach den Vorschriften über den Rückgriff haftbar, ohne aber die Urkunde in einen Orderscheck umzuwandeln.

Art. 21 Gutgläubiger Erwerb

Ist der Scheck einem früheren Inhaber irgendwie abhanden gekommen, so ist der Inhaber, in dessen Hände der Scheck gelangt ist – sei es, dass es sich um einen Inhaberscheck handelt, sei es, dass es sich um einen durch Indossament übertragbaren Scheck handelt und der Inhaber sein Recht gemäß Artikel 19 nachweist –, zur Herausgabe des Schecks nur verpflichtet, wenn er ihn in bösem Glauben erworben hat oder ihm beim Erwerb eine große Fahrlässigkeit zur Last fällt.

Art. 22 Einwendungen des Bezogenen

Wer aus dem Scheck in Anspruch genommen wird, kann dem Inhaber keine Einwendungen entgegensetzen, die sich auf seine unmittelbaren Beziehungen zu dem Aussteller oder zu einem früheren Inhaber gründen, es sei denn, dass der Inhaber beim Erwerb des Schecks bewusst zum Nachteil des Schuldners gehandelt hat.

Art. 23 Vollmachtsindossament

(1) Enthält das Indossament den Vermerk „Wert zur Einziehung", „zum Inkasso", „in Prokura" oder einen anderen nur eine Bevollmächtigung ausdrückenden Vermerk, so kann der Inhaber alle Rechte aus dem Scheck geltend machen; aber er kann ihn nur durch ein weiteres Vollmachtsindossament übertragen.

(2) Die Scheckverpflichteten können in diesem Falle dem Inhaber nur solche Einwendungen entgegensetzen, die ihnen gegen den Indossanten zustehen.

(3) Die in dem Vollmachtsindossament enthaltene Vollmacht erlischt weder mit dem Tode noch mit dem Eintritt der Handlungsunfähigkeit des Vollmachtgebers.

Art. 24 Indossament nach Protest oder Fristablauf

(1) Ein Indossament, das nach Erhebung des Protestes oder nach Vornahme einer gleichbedeutenden Feststellung oder nach Ablauf der Vorlegungsfrist auf den Scheck gesetzt wird, hat nur die Wirkungen einer gewöhnlichen Abtretung.

(2) Bis zum Beweis des Gegenteils wird vermutet, dass ein nicht datiertes Indossament vor Erhebung des Protestes oder vor der Vornahme einer gleichbedeutenden Feststellung oder vor Ablauf der Vorlegungsfrist auf den Scheck gesetzt worden ist.

Dritter Abschnitt: Scheckbürgschaft

Art. 25 Zweck

(1) Die Zahlung der Schecksumme kann ganz oder teilweise durch Scheckbürgschaft gesichert werden.

(2) Diese Sicherheit kann von einem Dritten, mit Ausnahme des Bezogenen, oder auch von einer Person geleistet werden, deren Unterschrift sich schon auf dem Scheck befindet.

Art. 26 Angaben

(1) Die Bürgschaftserklärung wird auf den Scheck oder auf einen Anhang gesetzt.

(2) Sie wird durch die Worte „als Bürge" oder einen gleichbedeutenden Vermerk ausgedrückt; sie ist von dem Scheckbürgen zu unterschreiben.

(3) Die bloße Unterschrift auf der Vorderseite des Schecks gilt als Bürgschaftserklärung, soweit es sich nicht um die Unterschrift des Ausstellers handelt.

(4) In der Erklärung ist anzugeben, für wen die Bürgschaft geleistet wird; mangels einer solchen Angabe gilt sie für den Aussteller.

Art. 27 Haftung des Scheckbürgen

(1) Der Scheckbürge haftet in der gleichen Weise wie derjenige, für den er sich verbürgt hat.

(2) Seine Verpflichtungserklärung ist auch gültig, wenn die Verbindlichkeit, für die er sich verbürgt hat, aus einem anderen Grunde als wegen eines Formfehlers nichtig ist.

(3) Der Scheckbürge, der den Scheck bezahlt, erwirbt die Rechte aus dem Scheck gegen denjenigen, für den er sich verbürgt hat, und gegen alle, die diesem scheckmäßig haften.

Vierter Abschnitt: Vorlegung und Zahlung

Art. 28 Fälligkeit

(1) ¹Der Scheck ist bei Sicht zahlbar. ²Jede gegenteilige Angabe gilt als nicht geschrieben.

(2) Ein Scheck, der vor Eintritt des auf ihm angegebenen Ausstellungstages zur Zahlung vorgelegt wird, ist am Tage der Vorlegung zahlbar.

Art. 29 Vorlegungsfristen[1]

(1) Ein Scheck, der in dem Lande der Ausstellung zahlbar ist, muss binnen acht Tagen zur Zahlung vorgelegt werden.

(2) Ein Scheck, der in einem anderen Lande als dem der Ausstellung zahlbar ist, muss binnen zwanzig Tagen vorgelegt werden, wenn Ausstellungsort und Zahlungsort sich in demselben Erdteil befinden, und binnen siebzig Tagen, wenn Ausstellungsort und Zahlungsort sich in verschiedenen Erdteilen befinden.

(3) Hierbei gelten die in einem Lande Europas ausgestellten und in einem an das Mittelmeer grenzenden Lande zahlbaren Schecks ebenso wie die in einem an das Mittelmeer grenzenden Lande ausgestellten und in einem Lande Europas zahlbaren Schecks als Schecks, die in demselben Erdteile ausgestellt und zahlbar sind.

(4) Die vorstehend erwähnten Fristen beginnen an dem Tage zu laufen, der in dem Scheck als Ausstellungstag angegeben ist.

Art. 30 Unterschiedliche Kalender

Ist ein Scheck auf einen Ort gezogen, dessen Kalender von dem des Ausstellungsortes abweicht, so wird der Tag der Ausstellung in den nach dem Kalender des Zahlungsortes entsprechenden Tag umgerechnet.

Art. 31 Abrechnungsstelle[2]

(1) Die Einlieferung in eine Abrechnungsstelle steht der Vorlegung zur Zahlung gleich.

(2) Das Bundesministerium der Justiz und für Verbraucherschutz bestimmt, welche Einrichtungen als Abrechnungsstellen anzusehen sind und unter welchen Voraussetzungen die Einlieferung erfolgen kann[3].

---

1) **Anm. d. Red.:** Art. 29 i. d. F. des Gesetzes v. 17. 7. 1985 (BGBl I S. 1507) mit Wirkung v. 26. 7. 1985.
2) **Anm. d. Red.:** Art. 31 i. d. F. der VO v. 31. 8. 2015 (BGBl I S. 1474) mit Wirkung v. 8. 9. 2015.
3) **Anm. d. Red.:** Vgl. dazu die VO über Abrechnungsstellen im Scheckverkehr v. 5. 10. 2005 (BGBl I S. 2926).

Art. 32 Widerruf des Schecks

(1) Ein Widerruf des Schecks ist erst nach Ablauf der Vorlegungsfrist wirksam.

(2) Wenn der Scheck nicht widerrufen ist, kann der Bezogene auch nach Ablauf der Vorlegungsfrist Zahlung leisten.

Art. 33 Tod des Ausstellers

Auf die Wirksamkeit des Schecks ist es ohne Einfluss, wenn der Aussteller nach der Begebung des Schecks stirbt oder handlungsunfähig wird.

Art. 34 Zahlung gegen Quittung

(1) Der Bezogene kann vom Inhaber gegen Zahlung die Aushändigung des quittierten Schecks verlangen.

(2) Der Inhaber darf eine Teilzahlung nicht zurückweisen.

(3) Im Falle der Teilzahlung kann der Bezogene verlangen, dass sie auf dem Scheck vermerkt und ihm eine Quittung erteilt wird.

Art. 35 Prüfung der Indossamente

Der Bezogene, der einen durch Indossament übertragbaren Scheck einlöst, ist verpflichtet, die Ordnungsmäßigkeit der Reihe der Indossamente, aber nicht die Unterschriften der Indossanten zu prüfen.

Art. 36 Ausländische Währung

(1) ¹Lautet der Scheck auf eine Währung, die am Zahlungsorte nicht gilt, so kann die Schecksumme in der Landeswährung nach dem Werte gezahlt werden, den sie am Tage der Vorlegung besitzt. ²Wenn die Zahlung bei Vorlegung nicht erfolgt ist, so kann der Inhaber wählen, ob die Schecksumme nach dem Kurs des Vorlegungstages oder nach dem Kurs des Zahlungstages in die Landeswährung umgerechnet werden soll.

(2) ¹Der Wert der fremden Währung bestimmt sich nach den Handelsgebräuchen des Zahlungsortes. ²Der Aussteller kann jedoch im Scheck für die zu zahlende Summe einen Umrechnungskurs bestimmen.

(3) Die Vorschriften der beiden ersten Absätze finden keine Anwendung, wenn der Aussteller die Zahlung in einer bestimmten Währung vorgeschrieben hat (Effektivvermerk).

(4) Lautet der Scheck auf eine Geldsorte, die im Lande der Ausstellung dieselbe Bezeichnung, aber einen anderen Wert hat als in dem der Zahlung, so wird vermutet, dass die Geldsorte des Zahlungsortes gemeint ist.

Fünfter Abschnitt: Gekreuzter Scheck und Verrechnungsscheck

Art. 37 Gekreuzter Scheck (noch nicht in Kraft getreten)[1]

Art. 38 Wirkung des gekreuzten Schecks (noch nicht in Kraft getreten)[1]

Art. 38a[2]

Im Ausland ausgestellte gekreuzte Schecks werden im Inland als Verrechnungsschecks behandelt.

---

1) **Anm. d. Red.:** Die Art. 37 und 38 sind noch nicht in Kraft getreten; vgl. dazu Art. 1 Abs. 1 Satz 2 EGSchG v. 14. 8. 1933 (RGBl I S. 605) i. d. F. v. 17. 7. 1985 (BGBl I S. 1507), i. V. mit VO v. 28. 11. 1933 (RGBl I S. 1019).

2) **Anm. d. Red.:** Art. 38a eingefügt gem. Gesetz v. 19. 4. 2006 (BGBl I S. 866) mit Wirkung v. 25. 4. 2006.

Art. 39 Verrechnungsscheck

(1) Der Aussteller sowie jeder Inhaber eines Schecks kann durch den quer über die Vorderseite gesetzten Vermerk „nur zur Verrechnung" oder durch einen gleichbedeutenden Vermerk untersagen, dass der Scheck bar ausgezahlt wird.

(2) ¹Der Bezogene darf in diesem Falle den Scheck nur im Wege der Gutschrift einlösen (Verrechnung, Überweisung, Ausgleichung). ²Die Gutschrift gilt als Zahlung.

(3) Die Streichung des Vermerks „nur zur Verrechnung" gilt als nicht erfolgt.

(4) Der Bezogene, der den vorstehenden Vorschriften zuwiderhandelt, haftet für den entstandenen Schaden, jedoch nur bis zur Höhe der Schecksumme.

Sechster Abschnitt: Rückgriff mangels Zahlung

Art. 40 Voraussetzungen des Rückgriffs

Der Inhaber kann gegen die Indossanten, den Aussteller und die anderen Scheckverpflichteten Rückgriff nehmen, wenn der rechtzeitig vorgelegte Scheck nicht eingelöst und die Verweigerung der Zahlung festgestellt worden ist:

1. durch eine öffentliche Urkunde (Protest) oder
2. durch eine schriftliche, datierte Erklärung des Bezogenen auf dem Scheck, die den Tag der Vorlegung angibt, oder
3. durch eine datierte Erklärung einer Abrechnungsstelle, dass der Scheck rechtzeitig eingeliefert und nicht bezahlt worden ist.

Art. 41 Zeitpunkt für Protest

(1) Der Protest oder die gleichbedeutende Feststellung muss vor Ablauf der Vorlegungsfrist vorgenommen werden.

(2) Ist die Vorlegung am letzten Tage der Frist erfolgt, so kann der Protest oder die gleichbedeutende Feststellung auch noch an dem folgenden Werktage vorgenommen werden.

Art. 42 Informationspflichten

(1) ¹Der Inhaber muss seinen unmittelbaren Vormann und den Aussteller von dem Unterbleiben der Zahlung innerhalb der vier Werktage benachrichtigen, die auf den Tag der Protesterhebung oder der Vornahme der gleichbedeutenden Feststellung oder, im Falle des Vermerks „ohne Kosten", auf den Tag der Vorlegung folgen. ²Jeder Indossant muss innerhalb zweier Werktage nach Empfang der Nachricht seinem unmittelbaren Vormanne von der Nachricht, die er erhalten hat, Kenntnis geben und ihm die Namen und Adressen derjenigen mitteilen, die vorher Nachricht gegeben haben, und so weiter in der Reihenfolge bis zum Aussteller. ³Die Fristen laufen vom Empfang der vorhergehenden Nachricht.

(2) Wird nach Maßgabe des vorhergehenden Absatzes einer Person, deren Unterschrift sich auf dem Scheck befindet, Nachricht gegeben, so muss die gleiche Nachricht in derselben Frist ihrem Scheckbürgen gegeben werden.

(3) Hat ein Indossant seine Adresse nicht oder in unleserlicher Form angegeben, so genügt es, dass sein unmittelbarer Vormann benachrichtigt wird.

(4) Die Nachricht kann in jeder Form gegeben werden, auch durch die bloße Rücksendung des Schecks.

(5) ¹Der zur Benachrichtigung Verpflichtete hat zu beweisen, dass er in der vorgeschriebenen Frist benachrichtigt hat. ²Die Frist gilt als eingehalten, wenn ein Schreiben, das die Benachrichtigung enthält, innerhalb der Frist zur Post gegeben worden ist.

(6) Wer die rechtzeitige Benachrichtigung versäumt, verliert nicht den Rückgriff; er haftet für den etwa durch seine Nachlässigkeit entstandenen Schaden, jedoch nur bis zur Höhe der Schecksumme.

Art. 43 Befreiung vom Protest

(1) Der Aussteller sowie jeder Indossant oder Scheckbürge kann durch den Vermerk „ohne Kosten", „ohne Protest" oder einen gleichbedeutenden auf den Scheck gesetzten und unterzeichneten Vermerk den Inhaber von der Verpflichtung befreien, zum Zwecke der Ausübung des Rückgriffs Protest erheben oder eine gleichbedeutende Feststellung vornehmen zu lassen.

(2) ¹Der Vermerk befreit den Inhaber nicht von der Verpflichtung, den Scheck rechtzeitig vorzulegen und die erforderlichen Nachrichten zu geben. ²Der Beweis, dass die Frist nicht eingehalten worden ist, liegt demjenigen ob, der sich dem Inhaber gegenüber darauf beruft.

(3) ¹Ist der Vermerk vom Aussteller beigefügt, so wirkt er gegenüber allen Scheckverpflichteten; ist er von einem Indossanten oder einem Scheckbürgen beigefügt, so wirkt er nur diesen gegenüber. ²Lässt der Inhaber ungeachtet des vom Aussteller beigefügten Vermerks Protest erheben oder eine gleichbedeutende Feststellung vornehmen, so fallen ihm die Kosten zur Last. ³Ist der Vermerk von einem Indossanten oder einem Scheckbürgen beigefügt, so sind alle Scheckverpflichteten zum Ersatz der Kosten eines dennoch erhobenen Protestes oder einer gleichbedeutenden Feststellung verpflichtet.

Art. 44 Haftung als Gesamtschuldner

(1) Alle Scheckverpflichteten haften dem Inhaber als Gesamtschuldner.

(2) Der Inhaber kann jeden einzeln oder mehrere oder alle zusammen in Anspruch nehmen, ohne an die Reihenfolge gebunden zu sein, in der sie sich verpflichtet haben.

(3) Das gleiche Recht steht jedem Scheckverpflichteten zu, der den Scheck eingelöst hat.

(4) Durch die Geltendmachung des Anspruchs gegen einen Scheckverpflichteten verliert der Inhaber nicht seine Rechte gegen die anderen Scheckverpflichteten, auch nicht gegen die Nachmänner desjenigen, der zuerst in Anspruch genommen worden ist.

Art. 45 Rückgriff des Inhabers[1]

Der Inhaber kann im Wege des Rückgriffs verlangen:
1. die Schecksumme, soweit der Scheck nicht eingelöst worden ist;
2. Zinsen zu sechs vom Hundert seit dem Tage der Vorlegung. ²Bei einem Scheck, der im Inland sowohl ausgestellt als auch zahlbar ist, beträgt der Zinssatz zwei vom Hundert über dem jeweiligen Basiszinssatz nach § 247 des Bürgerlichen Gesetzbuchs, mindestens aber sechs vom Hundert;
3. die Kosten des Protestes oder der gleichbedeutenden Feststellung und der Nachrichten sowie die anderen Auslagen;
4. eine Vergütung, die mangels besonderer Vereinbarung ein Drittel vom Hundert der Hauptsumme des Schecks beträgt und diesen Satz keinesfalls überschreiten darf.

Art. 46 Rückgriff des Einlösers[2]

Wer den Scheck eingelöst hat, kann von seinen Vormännern verlangen:
1. den vollen Betrag, den er gezahlt hat;
2. die Zinsen dieses Betrages zu sechs vom Hundert seit dem Tage der Einlösung. ²Bei einem Scheck, der im Inland sowohl ausgestellt als auch zahlbar ist, beträgt der Zinssatz zwei vom Hundert über dem jeweiligen Basiszinssatz nach § 247 des Bürgerlichen Gesetzbuchs, mindestens aber sechs vom Hundert;
3. seine Auslagen;
4. eine Vergütung, die nach den Vorschriften des Artikels 45 Nr. 4 berechnet wird.

---

1) **Anm. d. Red.:** Art. 45 i. d. F. des Gesetzes v. 23. 7. 2002 (BGBl I S. 2850) mit Wirkung v. 1. 8. 2002.
2) **Anm. d. Red.:** Art. 46 i. d. F. des Gesetzes v. 23. 7. 2002 (BGBl I S. 2850) mit Wirkung v. 23. 7. 2002.

Art. 47 Aushändigung der Scheckpapiere

(1) Jeder Scheckverpflichtete, gegen den Rückgriff genommen wird oder genommen werden kann, ist berechtigt, zu verlangen, dass ihm gegen Entrichtung der Rückgriffssumme der Scheck mit dem Protest oder der gleichbedeutenden Feststellung und eine quittierte Rechnung ausgehändigt werden.

(2) Jeder Indossant, der den Scheck eingelöst hat, kann sein Indossament und die Indossamente seiner Nachmänner ausstreichen.

Art. 48 Fristversäumung wegen höherer Gewalt

(1) Steht der rechtzeitigen Vorlegung des Schecks oder der rechtzeitigen Erhebung des Protestes oder der Vornahme einer gleichbedeutenden Feststellung ein unüberwindliches Hindernis entgegen (gesetzliche Vorschrift eines Staates oder ein anderer Fall höherer Gewalt), so werden die für diese Handlungen bestimmten Fristen verlängert.

(2) Der Inhaber ist verpflichtet, seinen unmittelbaren Vormann von dem Fall der höheren Gewalt unverzüglich zu benachrichtigen und die Benachrichtigung unter Beifügung des Tages und Ortes sowie seiner Unterschrift auf dem Scheck oder einem Anhang zu vermerken; im Übrigen finden die Vorschriften des Artikels 42 Anwendung.

(3) Fällt die höhere Gewalt weg, so muss der Inhaber den Scheck unverzüglich zur Zahlung vorlegen und gegebenenfalls Protest erheben oder eine gleichbedeutende Feststellung vornehmen lassen.

(4) Dauert die höhere Gewalt länger als fünfzehn Tage seit dem Tage, an dem der Inhaber, selbst vor Ablauf der Vorlegungsfrist, seinen Vormann von dem Falle der höheren Gewalt benachrichtigt hat, so kann Rückgriff genommen werden, ohne dass es der Vorlegung oder der Protesterhebung oder einer gleichbedeutenden Feststellung bedarf.

(5) Tatsachen, die rein persönlich den Inhaber oder denjenigen betreffen, den er mit der Vorlegung des Schecks oder mit der Erhebung des Protestes oder mit der Herbeiführung einer gleichbedeutenden Feststellung beauftragt hat, gelten nicht als Fälle höherer Gewalt.

Siebenter Abschnitt: Ausfertigung mehrerer Stücke eines Schecks

Art. 49 Voraussetzungen

¹Schecks, die nicht auf den Inhaber gestellt sind und in einem anderen Lande als dem der Ausstellung oder in einem überseeischen Gebiet des Landes der Ausstellung zahlbar sind, und umgekehrt, oder in dem überseeischen Gebiet eines Landes ausgestellt und zahlbar sind oder in dem überseeischen Gebiet eines Landes ausgestellt und in einem anderen überseeischen Gebiet desselben Landes zahlbar sind, können in mehreren gleichen Ausfertigungen ausgestellt werden. ²Diese Ausfertigungen müssen im Text der Urkunde mit fortlaufenden Nummern versehen sein; andernfalls gilt jede Ausfertigung als besonderer Scheck.

Art. 50 Zahlung, Haftung

(1) Wird eine Ausfertigung bezahlt, so erlöschen die Rechte aus allen Ausfertigungen, auch wenn diese nicht den Vermerk tragen, dass durch die Zahlung auf eine Ausfertigung die anderen ihre Gültigkeit verlieren.

(2) Hat ein Indossant die Ausfertigungen an verschiedene Personen übertragen, so haften er und seine Nachmänner aus allen Ausfertigungen, die ihre Unterschrift tragen und nicht herausgegeben worden sind.

Achter Abschnitt: Änderungen

Art. 51 Haftung bei Textänderungen

Wird der Text eines Schecks geändert, so haften diejenigen, die ihre Unterschrift nach der Änderung auf den Scheck gesetzt haben, entsprechend dem geänderten Text; wer früher unterschrieben hat, haftet nach dem ursprünglichen Text.

Neunter Abschnitt: Verjährung

Art. 52 Verjährungsfrist

(1) Die Rückgriffsansprüche des Inhabers gegen die Indossanten, den Aussteller und die anderen Scheckverpflichteten verjähren in sechs Monaten vom Ablauf der Vorlegungsfrist.

(2) Die Rückgriffsansprüche eines Verpflichteten gegen einen anderen Scheckverpflichteten verjähren in sechs Monaten von dem Tage, an dem der Scheck von dem Verpflichteten eingelöst oder ihm gegenüber gerichtlich geltend gemacht worden ist.

Art. 53 Neubeginn und Hemmung der Verjährung[1]

Der Neubeginn der Verjährung und ihre Hemmung nach § 204 des Bürgerlichen Gesetzbuchs wirken nur gegen den Scheckverpflichteten, in Ansehung dessen die Tatsache eingetreten ist, welche den Neubeginn oder die Hemmung bewirkt.

Zehnter Abschnitt: Allgemeine Vorschriften

Art. 54 Begriff des Bankiers

Als Bankiers im Sinne dieses Gesetzes sind anzusehen:
1. diejenigen Anstalten des öffentlichen Rechtes, diejenigen unter staatlicher Aufsicht stehenden Anstalten sowie diejenigen in das Genossenschaftsregister eingetragenen Genossenschaften, die sich nach den für ihren Geschäftsbetrieb maßgebenden Bestimmungen mit der Annahme von Geld und der Leistung von Zahlungen für fremde Rechnung befassen, ferner die unter amtlicher Aufsicht stehenden Sparkassen, wenn sie die nach Landesrecht für sie geltenden Aufsichtsbestimmungen erfüllen;
2. die in das Handelsregister eingetragenen Firmen, die gewerbsmäßig Bankiergeschäfte betreiben.

Art. 55 Vorlage und Protest nur an Werktagen[2]

(1) Die Vorlegung und der Protest eines Schecks können nur an einem Werktage, jedoch nicht an einem Sonnabend, stattfinden.

(2) ¹Fällt der letzte Tag einer Frist, innerhalb derer eine auf den Scheck bezügliche Handlung, insbesondere die Vorlegung, der Protest oder eine gleichbedeutende Feststellung vorgenommen werden muss, auf einen gesetzlichen Feiertag oder einen Sonnabend, so wird die Frist bis zum nächsten Werktage verlängert. ²Feiertage, die in den Lauf einer Frist fallen, werden bei der Berechnung der Frist mitgezählt.

(3) Im Übrigen finden auf die Vorlegung des Schecks und den Protest die Vorschriften der Artikel 79 bis 87 des Wechselgesetzes entsprechende Anwendung.

---

1) **Anm. d. Red.:** Art. 53 i. d. F. des Gesetzes v. 26. 11. 2001 (BGBl I S. 3138) mit Wirkung v. 1. 1. 2002.
2) **Anm. d. Red.:** Art. 55 i. d. F. des Gesetzes v. 17. 7. 1985 (BGBl I S. 1507) mit Wirkung v. 26. 7. 1985.

Art. 56 Fristberechnung
Bei der Berechnung der in diesem Gesetz vorgesehenen Fristen wird der Tag, an dem sie zu laufen beginnen, nicht mitgezählt.

Art. 57 Keine Respekttage
Weder gesetzliche noch richterliche Respekttage werden anerkannt.

Elfter Abschnitt: Ergänzende Vorschriften

Art. 58 Verjährung bei Bereicherung
(1) Der Aussteller, dessen Rückgriffsverbindlichkeit durch Unterlassung rechtzeitiger Vorlegung oder Verjährung erloschen ist, bleibt dem Inhaber des Schecks so weit verpflichtet, als er sich mit dessen Schaden bereichern würde.

(2) Der Anspruch verjährt in einem Jahre seit der Ausstellung des Schecks.

Art. 59 Abhanden gekommene oder vernichtete Schecks und Protesturkunden
(1) [1]Ein abhanden gekommener oder vernichteter Scheck kann im Wege des Aufgebotsverfahrens für kraftlos erklärt werden. [2]Die Aufgebotsfrist muss mindestens zwei Monate betragen. [3]Nach Einleitung des Aufgebotsverfahrens kann der Berechtigte, falls der Scheck rechtzeitig zur Zahlung vorgelegt, von dem Bezogenen aber nicht eingelöst worden war, von dem Aussteller Zahlung fordern, wenn er bis zur Kraftloserklärung Sicherheit leistet.

(2) [1]Eine abhanden gekommene oder vernichtete Protesturkunde kann durch ein Zeugnis über die Protesterhebung ersetzt werden, das von der beglaubigte Abschrift der Urkunde verwahrenden Stelle zu erteilen ist. [2]In dem Zeugnis muss der Inhalt des Protestes und des gemäß Artikel 55 Abs. 3 in Verbindung mit Artikel 85 Abs. 2 des Wechselgesetzes aufgenommenen Vermerks angegeben sein.

Zwölfter Abschnitt: Geltungsbereich der Gesetze

Art. 60 Scheckfähigkeit
(1) [1]Die Fähigkeit einer Person, eine Scheckverbindlichkeit einzugehen, bestimmt sich nach dem Recht des Landes, dem sie angehört. [2]Erklärt dieses Recht das Recht eines anderen Landes für maßgebend, so ist das letztere Recht anzuwenden.

(2) [1]Wer nach dem in vorstehendem Absatz bezeichneten Recht eine Scheckverbindlichkeit nicht eingehen kann, wird gleichwohl gültig verpflichtet, wenn die Unterschrift in dem Gebiet eines Landes abgegeben worden ist, nach dessen Recht er scheckfähig wäre. [2]Diese Vorschrift findet keine Anwendung, wenn die Verbindlichkeit von einem Inländer im Ausland übernommen worden ist.

Art. 61 Bezogener
(1) Das Recht des Landes, in dem der Scheck zahlbar ist, bestimmt die Personen, auf die ein Scheck gezogen werden kann.

(2) Ist nach diesem Recht der Scheck im Hinblick auf die Person des Bezogenen nichtig, so sind gleichwohl die Verpflichtungen aus Unterschriften gültig, die in Ländern auf den Scheck gesetzt worden sind, deren Recht die Nichtigkeit aus einem solchen Grunde nicht vorsieht.

Art. 62 Form der Scheckerklärung
(1) [1]Die Form einer Scheckerklärung bestimmt sich nach dem Recht des Landes, in dessen Gebiete die Erklärung unterschrieben worden ist. [2]Es genügt jedoch die Beobachtung der Form, die das Recht des Zahlungsortes vorschreibt.

(2) Wenn eine Scheckerklärung, die nach Vorschriften des vorstehenden Absatzes ungültig ist, dem Recht des Landes entspricht, in dessen Gebiet eine spätere Scheckerklärung unterschrieben worden ist, so wird durch Mängel in der Form der ersten Scheckerklärung die Gültigkeit der späteren Scheckerklärung nicht berührt.

(3) Eine Scheckerklärung, die ein Inländer im Ausland abgegeben hat, ist im Inland gegenüber anderen Inländern gültig, wenn die Erklärung den Formerfordernissen des inländischen Rechts genügt.

Art. 63 Wirkung der Scheckerklärungen

Die Wirkungen der Scheckerklärungen bestimmen sich nach dem Recht des Landes, in dessen Gebiete die Erklärungen unterschrieben worden sind.

Art. 64 Fristen für Rückgriff

Die Fristen für die Ausübung der Rückgriffsrechte werden für alle Scheckverpflichteten durch das Recht des Ortes bestimmt, an dem der Scheck ausgestellt worden ist.

Art. 65 Besondere Regelungen

Das Recht des Landes, in dessen Gebiete der Scheck zahlbar ist, bestimmt:
1. ob der Scheck notwendigerweise bei Sicht zahlbar ist oder ob er auf eine bestimmte Zeit nach Sicht gezogen werden kann und welches die Wirkungen sind, wenn auf dem Scheck ein späterer als der wirkliche Ausstellungstag angegeben worden ist;
2. die Vorlegungsfrist;
3. ob ein Scheck angenommen, zertifiziert, bestätigt oder mit einem Visum versehen werden kann und welches die Wirkungen dieser Vermerke sind;
4. ob der Inhaber eine Teilzahlung verlangen kann und ob er eine solche annehmen muss;
5. ob ein Scheck gekreuzt oder mit dem Vermerk „nur zur Verrechnung" oder mit einem gleichbedeutenden Vermerk versehen werden kann und welches die Wirkungen der Kreuzung oder des Verrechnungsvermerks oder eines gleichbedeutenden Vermerks sind;
6. ob der Inhaber besondere Rechte auf die Deckung hat und welches der Inhalt dieser Rechte ist;
7. ob der Aussteller den Scheck widerrufen oder gegen die Einlösung des Schecks Widerspruch erheben kann;
8. die Maßnahmen, die im Falle des Verlustes oder des Diebstahls des Schecks zu ergreifen sind;
9. ob ein Protest oder eine gleichbedeutende Feststellung zur Erhaltung des Rückgriffs gegen die Indossanten, den Aussteller und die anderen Scheckverpflichteten notwendig ist.

Art. 66 Form und Frist des Protestes

Die Form des Protestes und die Fristen für die Protesterhebung sowie die Form der übrigen Handlungen, die zur Ausübung oder Erhaltung der Scheckrechte erforderlich sind, bestimmen sich nach dem Recht des Landes, in dessen Gebiete der Protest zu erheben oder die Handlung vorzunehmen ist.

XX. Verordnung (EG) Nr. 2157/2001 des Rates über das Statut der Europäischen Gesellschaft (SE) (SE-VO)

v. 8. 10. 2001 (ABl Nr. L 294 S. 1) mit späteren Änderungen

Die Verordnung (EG) Nr. 2157/2001 des Rates über das Statut der Europäischen Gesellschaft (SE) v. 8. 10. 2001 (ABl Nr. L 294 S. 1) wurde zuletzt geändert durch die Verordnung (EU) Nr. 517/2013 des Rates vom 13. Mai 2013 zur Anpassung einiger Verordnungen und Beschlüsse in den Bereichen freier Warenverkehr, Freizügigkeit, Gesellschaftsrecht, Wettbewerbspolitik, Landwirtschaft, Lebensmittelsicherheit, Tier- und Pflanzengesundheit, Verkehrspolitik, Energie, Steuern, Statistik, transeuropäische Netze, Justiz und Grundrechte, Recht, Freiheit und Sicherheit, Umwelt, Zollunion, Außenbeziehungen, Außen-, Sicherheits- und Verteidigungspolitik und Organe aufgrund des Beitritts der Republik Kroatien v. 13. 5. 2013 (ABl L 158 S. 1).

Nichtamtliche Fassung

DER RAT DER EUROPÄISCHEN UNION –

gestützt auf den Vertrag zur Gründung der Europäischen Gemeinschaft, insbesondere auf Artikel 308,

auf Vorschlag der Kommission*),

nach Stellungnahme des Europäischen Parlaments**),

nach Stellungnahme des Wirtschafts- und Sozialausschusses***),

in Erwägung nachstehender Gründe:

(1) Voraussetzung für die Verwirklichung des Binnenmarkts und für die damit angestrebte Verbesserung der wirtschaftlichen und sozialen Lage in der gesamten Gemeinschaft ist außer der Beseitigung der Handelshemmnisse eine gemeinschaftsweite Reorganisation der Produktionsfaktoren. Dazu ist es unerlässlich, dass die Unternehmen, deren Tätigkeit sich nicht auf die Befriedigung rein örtlicher Bedürfnisse beschränkt, die Neuordnung ihrer Tätigkeiten auf Gemeinschaftsebene planen und betreiben können.

(2) Eine solche Umgestaltung setzt die Möglichkeit voraus, das Wirtschaftspotential bereits bestehender Unternehmen mehrerer Mitgliedstaaten durch Konzentrations- und Fusionsmaßnahmen zusammenzufassen. Dies darf jedoch nur unter Beachtung der Wettbewerbsregeln des Vertrags geschehen.

(3) Die Verwirklichung der Umstrukturierungs- und Kooperationsmaßnahmen, an denen Unternehmen verschiedener Mitgliedstaaten beteiligt sind, stößt auf rechtliche, steuerliche und psychologische Schwierigkeiten. Einige davon konnten mit der Angleichung des Gesellschaftsrechts der Mitgliedstaaten durch aufgrund von Artikel 44 des Vertrags erlassene Richtlinien ausgeräumt werden. Dies erspart Unternehmen, die verschiedenen Rechtsordnungen unterliegen, jedoch nicht die Wahl einer Gesellschaftsform, für die ein bestimmtes nationales Recht gilt.

(4) Somit entspricht der rechtliche Rahmen, in dem sich die Unternehmen in der Gemeinschaft noch immer bewegen müssen und der hauptsächlich von innerstaatlichem Recht bestimmt wird, nicht mehr dem wirtschaftlichen Rahmen, in dem sie sich entfalten sollen, um die Erreichung der in Artikel 18 des Vertrags genannten Ziele zu ermöglichen. Dieser Zustand ist geeignet, Zusammenschlüsse zwischen Gesellschaften verschiedener Mitgliedstaaten erheblich zu behindern.

(5) Die Mitgliedstaaten sind verpflichtet, dafür zu sorgen, dass die Bestimmungen, die auf Europäische Gesellschaften aufgrund dieser Verordnung anwendbar sind, weder zu einer Diskriminierung dadurch führen, dass die Europäischen Gesellschaften ungerechtfertigterweise anders

---

*) **Amtl. Anm.:** ABl C 263 vom 16. 10. 1989, S. 41 und ABl C 176 vom 8. 7. 1991, S. 1.

) **Amtl. Anm.: Stellungnahme vom 4. September 2001 (noch nicht im Amtsblatt veröffentlicht).

***) **Amtl. Anm.:** ABl C 124 vom 21. 5. 1990, S. 34.

behandelt werden als die Aktiengesellschaften, noch unverhältnismäßig strenge Auflagen für die Errichtung einer Europäischen Gesellschaft oder die Verlegung ihres Sitzes mit sich bringen.

(6) Die juristische Einheitlichkeit der europäischen Unternehmen muss ihrer wirtschaftlichen weitestgehend entsprechen. Neben den bisherigen Gesellschaftsformen nationalen Rechts ist daher die Schaffung von Gesellschaften vorzusehen, deren Struktur und Funktionsweise durch eine in allen Mitgliedstaaten unmittelbar geltende gemeinschaftsrechtliche Verordnung geregelt werden.

(7) Dadurch werden sowohl die Gründung als auch die Leitung von Gesellschaften europäischen Zuschnitts ermöglicht, ohne dass die bestehenden Unterschiede zwischen den für die Handelsgesellschaften geltenden einzelstaatlichen Rechtsvorschriften und ihr räumlich begrenzter Geltungsbereich dafür ein Hindernis darstellten.

(8) Das Statut der Europäischen Aktiengesellschaft (nachfolgend „SE" genannt) zählt zu jenen Rechtsakten, die der Rat gemäß dem Weißbuch der Kommission über die Vollendung des Binnenmarkts, das der Europäische Rat von Mailand im Juni 1985 angenommen hat, vor dem Jahre 1992 erlassen musste. 1987 äußerte der Europäische Rat auf seiner Tagung in Brüssel den Wunsch, dass ein solches Statut rasch geschaffen wird.

(9) Seit der Vorlage des Kommissionsvorschlags für eine Verordnung über das Statut der Europäischen Aktiengesellschaften im Jahre 1970 und der Vorlage des 1975 geänderten Vorschlags sind bei der Angleichung des nationalen Gesellschaftsrechts beachtliche Fortschritte erzielt worden, so dass in Bereichen, in denen es für das Funktionieren der SE keiner einheitlichen Gemeinschaftsregelung bedarf, auf das Aktienrecht des Sitzmitgliedstaats verwiesen werden kann.

(10) Das wichtigste mit der Rechtsform einer SE verfolgte Ziel erfordert jedenfalls – unbeschadet wirtschaftlicher Erfordernisse, die sich in der Zukunft ergeben können –, dass eine SE gegründet werden kann, um es Gesellschaften verschiedener Mitgliedstaaten zu ermöglichen, zu fusionieren oder eine Holdinggesellschaft zu errichten, und damit Gesellschaften und andere juristische Personen aus verschiedenen Mitgliedstaaten, die eine Wirtschaftstätigkeit betreiben, gemeinsame Tochtergesellschaften gründen können.

(11) Im gleichen Sinne sollte es Aktiengesellschaften, die ihren satzungsmäßigen Sitz und ihre Hauptverwaltung in der Gemeinschaft haben, ermöglicht werden, eine SE durch Umwandlung ohne vorherige Auflösung zu gründen, wenn sie eine Tochtergesellschaft in einem anderen Mitgliedstaat als dem ihres Sitzes haben.

(12) Die für öffentlich zur Zeichnung auffordernde Aktiengesellschaften und für Wertpapiergeschäfte geltenden einzelstaatlichen Bestimmungen müssen auch dann, wenn die Gründung der SE durch eine öffentliche Aufforderung zur Zeichnung erfolgt, gelten sowie für SE, die diese Finanzierungsinstrumente in Anspruch nehmen möchten.

(13) Die SE selbst muss eine Kapitalgesellschaft in Form einer Aktiengesellschaft sein, die sowohl von der Finanzierung als auch von der Geschäftsführung her am besten den Bedürfnissen der gemeinschaftsweit tätigen Unternehmen entspricht. Um eine sinnvolle Unternehmensgröße dieser Gesellschaften zu gewährleisten, empfiehlt es sich, ein Mindestkapital festzusetzen, das die Gewähr dafür bietet, dass diese Gesellschaften über eine ausreichende Vermögensgrundlage verfügen, ohne dass dadurch kleinen und mittleren Unternehmen die Gründung von SE erschwert wird.

(14) Es ist erforderlich, der SE alle Möglichkeiten einer leistungsfähigen Geschäftsführung an die Hand zu geben und gleichzeitig deren wirksame Überwachung sicherzustellen. Dabei ist dem Umstand Rechnung zu tragen, dass in der Gemeinschaft hinsichtlich der Verwaltung der Aktiengesellschaften derzeit zwei verschiedene Systeme bestehen. Die Wahl des Systems bleibt der SE überlassen, jedoch ist eine klare Abgrenzung der Verantwortungsbereiche jener Personen, denen die Geschäftsführung obliegt, und der Personen, die mit der Aufsicht betraut sind, wünschenswert.

(15) Die Rechte und Pflichten hinsichtlich des Schutzes von Minderheitsaktionären und von Dritten, die sich für ein Unternehmen aus der Kontrolle durch ein anderes Unternehmen, das einer

anderen Rechtsordnung unterliegt, ergeben, bestimmen sich gemäß den Vorschriften und allgemeinen Grundsätzen des internationalen Privatrechts nach dem für das kontrollierte Unternehmen geltenden Recht, unbeschadet der sich für das herrschende Unternehmen aus den geltenden Rechtsvorschriften ergebenden Pflichten, beispielsweise bei der Aufstellung der konsolidierten Abschlüsse.

(16) Unbeschadet des sich möglicherweise aus einer späteren Koordinierung des Rechts der Mitgliedstaaten ergebenden Handlungsbedarfs ist eine Sonderregelung für die SE hier gegenwärtig nicht erforderlich. Es empfiehlt sich daher, sowohl für den Fall, dass die SE die Kontrolle ausübt, als auch für den Fall, dass die SE das kontrollierte Unternehmen ist, auf die allgemeinen Vorschriften und Grundsätze zurückzugreifen.

(17) Wird die SE von einem anderen Unternehmen beherrscht, so ist anzugeben, welches Recht anwendbar ist; hierzu ist auf die Rechtsvorschriften zu verweisen, die für Aktiengesellschaften gelten, die dem Recht des Sitzstaates der SE unterliegen.

(18) Es muss sichergestellt werden, dass jeder Mitgliedstaat bei Verstößen gegen Bestimmungen dieser Verordnung die für die seiner Rechtsordnung unterliegenden Aktiengesellschaften geltenden Sanktionen anwendet.

(19) Die Stellung der Arbeitnehmer in der SE wird durch die Richtlinie 2001/86/EG des Rates vom 8. Oktober 2001 zur Ergänzung des Statuts der Europäischen Gesellschaft hinsichtlich der Beteiligung der Arbeitnehmer auf der Grundlage von Artikel 308 des Vertrags geregelt. Diese Bestimmungen stellen somit eine untrennbare Ergänzung der vorliegenden Verordnung dar und müssen zum gleichen Zeitpunkt anwendbar sein.

(20) Andere Rechtsbereiche wie das Steuerrecht, das Wettbewerbsrecht, der gewerbliche Rechtsschutz und das Konkursrecht werden nicht von dieser Verordnung erfasst. Die Rechtsvorschriften der Mitgliedstaaten und das Gemeinschaftsrecht gelten in den oben genannten sowie in anderen nicht von dieser Verordnung erfassten Bereichen.

(21) Mit der Richtlinie 2001/86/EG soll ein Recht der Arbeitnehmer auf Beteiligung bei den den Geschäftsverlauf der SE betreffenden Fragen und Entscheidungen gewährleistet werden. Die übrigen arbeits- und sozialrechtlichen Fragen, insbesondere das in den Mitgliedstaaten geltende Recht auf Information und Anhörung der Arbeitnehmer, unterliegen hingegen den einzelstaatlichen Vorschriften, die unter denselben Bedingungen für die Aktiengesellschaften gelten.

(22) Das Inkrafttreten dieser Verordnung muss zeitlich aufgeschoben erfolgen, um alle Mitgliedstaaten in die Lage zu versetzen, die Richtlinie 2001/86/EG in innerstaatliches Recht umzusetzen und die für die Gründung und den Geschäftsbetrieb von SE mit Sitz in ihrem Hoheitsgebiet notwendigen Verfahren rechtzeitig einzuführen, dergestalt, dass die Verordnung und die Richtlinie gleichzeitig zur Anwendung gebracht werden können.

(23) Eine Gesellschaft, deren Hauptverwaltung sich außerhalb der Gemeinschaft befindet, kann sich an der Gründung einer SE beteiligen, sofern die betreffende Gesellschaft nach dem Recht eines Mitgliedstaats gegründet wurde, ihren Sitz in diesem Mitgliedstaat hat und in tatsächlicher und dauerhafter Verbindung mit der Wirtschaft eines Mitgliedstaats im Sinne der Grundsätze des allgemeinen Programms zur Aufhebung der Beschränkungen der Niederlassungsfreiheit von 1962 steht. Eine solche Verbindung besteht, wenn die Gesellschaft in dem Mitgliedstaat eine Niederlassung hat, von dem aus sie ihre Geschäfte betreibt.

(24) Die SE sollte ihren Sitz in einen anderen Mitgliedstaat verlegen können. Ein angemessener Schutz der Interessen der Minderheitsaktionäre, die sich gegen die Verlegung ausgesprochen haben, sowie der Interessen der Gläubiger und der sonstigen Forderungsberechtigten sollte in einem ausgewogenen Verhältnis stehen. Vor der Verlegung entstandene Ansprüche dürfen durch eine solche Verlegung nicht berührt werden.

(25) Bestimmungen, die die zuständige Gerichtsbarkeit im Falle der Sitzverlegung einer Aktiengesellschaft von einem Mitgliedstaat in einen anderen betreffen und die in das Brüsseler Übereinkommen von 1968 oder in einen Rechtsakt der Mitgliedstaaten oder des Rates zur Ersetzung dieses Übereinkommens aufgenommen werden, werden von dieser Verordnung nicht berührt.

(26) Für die Tätigkeiten von Finanzinstituten gelten Einzelrichtlinien, und das einzelstaatliche Recht zur Umsetzung dieser Richtlinien sowie ergänzende einzelstaatliche Vorschriften zur Regelung der betreffenden Tätigkeiten finden auf eine SE uneingeschränkt Anwendung.

(27) In Anbetracht des spezifischen und gemeinschaftlichen Charakters der SE lässt die in dieser Verordnung für die SE gewählte Regelung des tatsächlichen Sitzes die Rechtsvorschriften der Mitgliedstaaten unberührt und greift der Entscheidung bei anderen Gemeinschaftstexten im Bereich des Gesellschaftsrechts nicht vor.

(28) Der Vertrag enthält Befugnisse für die Annahme dieser Verordnung nur in Artikel 308.

(29) Da die Ziele der beabsichtigten Maßnahme – wie oben ausgeführt – nicht hinreichend von den Mitgliedstaaten erreicht werden können, weil es darum geht, die SE auf europäischer Ebene zu errichten, und da die Ziele daher wegen des Umfangs und der Wirkungen der Maßnahme besser auf Gemeinschaftsebene erreicht werden können, kann die Gemeinschaft im Einklang mit dem Subsidiaritätsprinzip nach Artikel 5 des Vertrags Maßnahmen ergreifen. Im Einklang mit dem Verhältnismäßigkeitsprinzip nach jenem Artikel geht diese Verordnung nicht über das für die Erreichung dieser Ziele erforderliche Maß hinaus –

HAT FOLGENDE VERORDNUNG ERLASSEN:

Titel I: Allgemeine Vorschriften

Artikel 1

(1) Handelsgesellschaften können im Gebiet der Gemeinschaft in der Form europäischer Aktiengesellschaften (Societas Europaea, nachfolgend „SE" genannt) unter den Voraussetzungen und in der Weise gegründet werden, die in dieser Verordnung vorgesehen sind.

(2) Die SE ist eine Gesellschaft, deren Kapital in Aktien zerlegt ist. Jeder Aktionär haftet nur bis zur Höhe des von ihm gezeichneten Kapitals.

(3) Die SE besitzt Rechtspersönlichkeit.

(4) Die Beteiligung der Arbeitnehmer in der SE wird durch die Richtlinie 2001/86/EG geregelt.

Artikel 2

(1) Aktiengesellschaften im Sinne des Anhangs I, die nach dem Recht eines Mitgliedstaats gegründet worden sind und ihren Sitz sowie ihre Hauptverwaltung in der Gemeinschaft haben, können eine SE durch Verschmelzung gründen, sofern mindestens zwei von ihnen dem Recht verschiedener Mitgliedstaaten unterliegen.

(2) Aktiengesellschaften und Gesellschaften mit beschränkter Haftung im Sinne des Anhangs II, die nach dem Recht eines Mitgliedstaats gegründet worden sind und ihren Sitz sowie ihre Hauptverwaltung in der Gemeinschaft haben, können die Gründung einer Holding-SE anstreben, sofern mindestens zwei von ihnen

a) dem Recht verschiedener Mitgliedstaaten unterliegen oder

b) seit mindestens zwei Jahren eine dem Recht eines anderen Mitgliedstaats unterliegende Tochtergesellschaft oder eine Zweigniederlassung in einem anderen Mitgliedstaat haben.

(3) Gesellschaften im Sinne des Artikels 48 Absatz 2 des Vertrags sowie juristische Personen des öffentlichen oder privaten Rechts, die nach dem Recht eines Mitgliedstaats gegründet worden sind und ihren Sitz sowie ihre Hauptverwaltung in der Gemeinschaft haben, können eine Tochter-SE durch Zeichnung ihrer Aktien gründen, sofern mindestens zwei von ihnen

a) dem Recht verschiedener Mitgliedstaaten unterliegen oder

b) seit mindestens zwei Jahren eine dem Recht eines anderen Mitgliedstaats unterliegende Tochtergesellschaft oder eine Zweigniederlassung in einem anderen Mitgliedstaat haben.

(4) Eine Aktiengesellschaft, die nach dem Recht eines Mitgliedstaats gegründet worden ist und ihren Sitz sowie ihre Hauptverwaltung in der Gemeinschaft hat, kann in eine SE umgewan-

delt werden, wenn sie seit mindestens zwei Jahren eine dem Recht eines anderen Mitgliedstaats unterliegende Tochtergesellschaft hat.

(5) Ein Mitgliedstaat kann vorsehen, dass sich eine Gesellschaft, die ihre Hauptverwaltung nicht in der Gemeinschaft hat, an der Gründung einer SE beteiligen kann, sofern sie nach dem Recht eines Mitgliedstaats gegründet wurde, ihren Sitz in diesem Mitgliedstaat hat und mit der Wirtschaft eines Mitgliedstaats in tatsächlicher und dauerhafter Verbindung steht.

Artikel 3

(1) Die SE gilt als Aktiengesellschaft, die zum Zwecke der Anwendung des Artikels 2 Absätze 1, 2 und 3 dem Recht des Sitzmitgliedstaats unterliegt.

(2) Eine SE kann selbst eine oder mehrere Tochtergesellschaften in Form einer SE gründen. Bestimmungen des Sitzmitgliedstaats der Tochter-SE, gemäß denen eine Aktiengesellschaft mehr als einen Aktionär haben muss, gelten nicht für die Tochter-SE. Die einzelstaatlichen Bestimmungen, die aufgrund der Zwölften Richtlinie 89/667/EWG des Rates vom 21. Dezember 1989 auf dem Gebiet des Gesellschaftsrechts betreffend Gesellschaften mit beschränkter Haftung mit einem einzigen Gesellschafter[*)] angenommen wurden, gelten sinngemäß für die SE.

Artikel 4

(1) Das Kapital der SE lautet auf Euro.

(2) Das gezeichnete Kapital muss mindestens 120 000 EUR betragen.

(3) Die Rechtsvorschriften eines Mitgliedstaats, die ein höheres gezeichnetes Kapital für Gesellschaften vorsehen, die bestimmte Arten von Tätigkeiten ausüben, gelten auch für SE mit Sitz in dem betreffenden Mitgliedstaat.

Artikel 5

Vorbehaltlich des Artikels 4 Absätze 1 und 2 gelten für das Kapital der SE, dessen Erhaltung und dessen Änderungen sowie die Aktien, die Schuldverschreibungen und sonstige vergleichbare Wertpapiere der SE die Vorschriften, die für eine Aktiengesellschaft mit Sitz in dem Mitgliedstaat, in dem die SE eingetragen ist, gelten würden.

Artikel 6

Für die Zwecke dieser Verordnung bezeichnet der Ausdruck „Satzung der SE" zugleich die Gründungsurkunde und, falls sie Gegenstand einer getrennten Urkunde ist, die Satzung der SE im eigentlichen Sinne.

Artikel 7

Der Sitz der SE muss in der Gemeinschaft liegen, und zwar in dem Mitgliedstaat, in dem sich die Hauptverwaltung der SE befindet. Jeder Mitgliedstaat kann darüber hinaus den in seinem Hoheitsgebiet eingetragenen SE vorschreiben, dass sie ihren Sitz und ihre Hauptverwaltung am selben Ort haben müssen.

Artikel 8

(1) Der Sitz der SE kann gemäß den Absätzen 2 bis 13 in einen anderen Mitgliedstaat verlegt werden. Diese Verlegung führt weder zur Auflösung der SE noch zur Gründung einer neuen juristischen Person.

(2) Ein Verlegungsplan ist von dem Leitungs- oder dem Verwaltungsorgan zu erstellen und unbeschadet etwaiger vom Sitzmitgliedstaat vorgesehener zusätzlicher Offenlegungsformen

---

[*)] **Amtl. Anm.:** ABl L 395 vom 30. 12. 1989, S. 40. Zuletzt geändert durch die Beitrittsakte von 1994.

gemäß Artikel 13 offen zu legen. Dieser Plan enthält die bisherige Firma, den bisherigen Sitz und die bisherige Registriernummer der SE sowie folgende Angaben:
a) den vorgesehenen neuen Sitz der SE,
b) die für die SE vorgesehene Satzung sowie gegebenenfalls die neue Firma,
c) die etwaigen Folgen der Verlegung für die Beteiligung der Arbeitnehmer,
d) den vorgesehenen Zeitplan für die Verlegung,
e) etwaige zum Schutz der Aktionäre und/oder Gläubiger vorgesehene Rechte.

(3) Das Leitungs- oder das Verwaltungsorgan erstellt einen Bericht, in dem die rechtlichen und wirtschaftlichen Aspekte der Verlegung erläutert und begründet und die Auswirkungen der Verlegung für die Aktionäre, die Gläubiger sowie die Arbeitnehmer im Einzelnen dargelegt werden.

(4) Die Aktionäre und die Gläubiger der SE haben vor der Hauptversammlung, die über die Verlegung befinden soll, mindestens einen Monat lang das Recht, am Sitz der SE den Verlegungsplan und den Bericht nach Absatz 3 einzusehen und die unentgeltliche Aushändigung von Abschriften dieser Unterlagen zu verlangen.

(5) Die Mitgliedstaaten können in Bezug auf die in ihrem Hoheitsgebiet eingetragenen SE Vorschriften erlassen, um einen angemessenen Schutz der Minderheitsaktionäre, die sich gegen die Verlegung ausgesprochen haben, zu gewährleisten.

(6) Der Verlegungsbeschluss kann erst zwei Monate nach der Offenlegung des Verlegungsplans gefasst werden. Er muss unter den in Artikel 59 vorgesehenen Bedingungen gefasst werden.

(7) Bevor die zuständige Behörde die Bescheinigung gemäß Absatz 8 ausstellt, hat die SE gegenüber der Behörde den Nachweis zu erbringen, dass die Interessen ihrer Gläubiger und sonstigen Forderungsberechtigten (einschließlich der öffentlich-rechtlichen Körperschaften) in Bezug auf alle vor der Offenlegung des Verlegungsplans entstandenen Verbindlichkeiten im Einklang mit den Anforderungen des Mitgliedstaats, in dem die SE vor der Verlegung ihren Sitz hat, angemessen geschützt sind.

Die einzelnen Mitgliedstaaten können die Anwendung von Unterabsatz 1 auf Verbindlichkeiten ausdehnen, die bis zum Zeitpunkt der Verlegung entstehen (oder entstehen können).

Die Anwendung der einzelstaatlichen Rechtsvorschriften über das Leisten oder Absichern von Zahlungen an öffentlich-rechtliche Körperschaften auf die SE wird von den Unterabsätzen 1 und 2 nicht berührt.

(8) Im Sitzstaat der SE stellt das zuständige Gericht, der Notar oder eine andere zuständige Behörde eine Bescheinigung aus, aus der zweifelsfrei hervorgeht, dass die der Verlegung vorangehenden Rechtshandlungen und Formalitäten durchgeführt wurden.

(9) Die neue Eintragung kann erst vorgenommen werden, wenn die Bescheinigung nach Absatz 8 vorgelegt und die Erfüllung der für die Eintragung in dem neuen Sitzstaat erforderlichen Formalitäten nachgewiesen wurde.

(10) Die Sitzverlegung der SE sowie die sich daraus ergebenden Satzungsänderungen werden zu dem Zeitpunkt wirksam, zu dem die SE gemäß Artikel 12 im Register des neuen Sitzes eingetragen wird.

(11) Das Register des neuen Sitzes meldet dem Register des früheren Sitzes die neue Eintragung der SE, sobald diese vorgenommen worden ist. Die Löschung der früheren Eintragung der SE erfolgt erst nach Eingang dieser Meldung.

(12) Die neue Eintragung und die Löschung der früheren Eintragung werden gemäß Artikel 13 in den betreffenden Mitgliedstaaten offen gelegt.

(13) Mit der Offenlegung der neuen Eintragung der SE ist der neue Sitz Dritten gegenüber wirksam. Jedoch können sich Dritte, solange die Löschung der Eintragung im Register des früheren Sitzes nicht offen gelegt worden ist, weiterhin auf den alten Sitz berufen, es sei denn, die SE beweist, dass den Dritten der neue Sitz bekannt war.

(14) Die Rechtsvorschriften eines Mitgliedstaats können bestimmen, dass eine Sitzverlegung, die einen Wechsel des maßgeblichen Rechts zur Folge hätte, im Falle der in dem betreffenden Mitgliedstaat eingetragenen SE nicht wirksam wird, wenn eine zuständige Behörde dieses Staates innerhalb der in Absatz 6 genannten Frist von zwei Monaten dagegen Einspruch erhebt. Dieser Einspruch ist nur aus Gründen des öffentlichen Interesses zulässig.

Untersteht eine SE nach Maßgabe von Gemeinschaftsrichtlinien der Aufsicht einer einzelstaatlichen Finanzaufsichtsbehörde, so gilt das Recht auf Erhebung von Einspruch gegen die Sitzverlegung auch für die genannte Behörde.

Gegen den Einspruch muss ein Rechtsmittel vor einem Gericht eingelegt werden können.

(15) Eine SE kann ihren Sitz nicht verlegen, wenn gegen sie ein Verfahren wegen Auflösung, Liquidation, Zahlungsunfähigkeit oder vorläufiger Zahlungseinstellung oder ein ähnliches Verfahren eröffnet worden ist.

(16) Eine SE, die ihren Sitz in einen anderen Mitgliedstaat verlegt hat, gilt in Bezug auf alle Forderungen, die vor dem Zeitpunkt der Verlegung gemäß Absatz 10 entstanden sind, als SE mit Sitz in dem Mitgliedstaat, in dem sie vor der Verlegung eingetragen war, auch wenn sie erst nach der Verlegung verklagt wird.

Artikel 9

(1) Die SE unterliegt

a) den Bestimmungen dieser Verordnung,

b) sofern die vorliegende Verordnung dies ausdrücklich zulässt, den Bestimmungen der Satzung der SE,

c) in Bezug auf die nicht durch diese Verordnung geregelten Bereiche oder, sofern ein Bereich nur teilweise geregelt ist, in Bezug auf die nicht von dieser Verordnung erfassten Aspekte

    i. den Rechtsvorschriften, die die Mitgliedstaaten in Anwendung der speziell die SE betreffenden Gemeinschaftsmaßnahmen erlassen,

    ii. den Rechtsvorschriften der Mitgliedstaaten, die auf eine nach dem Recht des Sitzstaats der SE gegründete Aktiengesellschaft Anwendung finden würden,

    iii. den Bestimmungen ihrer Satzung unter den gleichen Voraussetzungen wie im Falle einer nach dem Recht des Sitzstaats der SE gegründeten Aktiengesellschaft.

(2) Von den Mitgliedstaaten eigens für die SE erlassene Rechtsvorschriften müssen mit den für Aktiengesellschaften im Sinne des Anhangs I maßgeblichen Richtlinien im Einklang stehen.

(3) Gelten für die von der SE ausgeübte Geschäftstätigkeit besondere Vorschriften des einzelstaatlichen Rechts, so finden diese Vorschriften auf die SE uneingeschränkt Anwendung.

Artikel 10

Vorbehaltlich der Bestimmungen dieser Verordnung wird eine SE in jedem Mitgliedstaat wie eine Aktiengesellschaft behandelt, die nach dem Recht des Sitzstaats der SE gegründet wurde.

Artikel 11

(1) Die SE muss ihrer Firma den Zusatz „SE" voran- oder nachstellen.

(2) Nur eine SE darf ihrer Firma den Zusatz „SE" hinzufügen.

(3) Die in einem Mitgliedstaat vor dem Zeitpunkt des Inkrafttretens dieser Verordnung eingetragenen Gesellschaften oder sonstigen juristischen Personen, deren Firma den Zusatz „SE" enthält, brauchen ihre Namen jedoch nicht zu ändern.

Artikel 12

(1) Jede SE wird gemäß Artikel 3 der Ersten Richtlinie 68/151/EWG des Rates vom 9. März 1968 zur Koordinierung der Schutzbestimmungen, die in den Mitgliedstaaten den Gesellschaf-

ten im Sinne des Artikels 58 Absatz 2 des Vertrages im Interesse der Gesellschafter sowie Dritter vorgeschrieben sind, um diese Bestimmungen gleichwertig zu gestalten*), im Sitzstaat in ein nach dem Recht dieses Staates bestimmtes Register eingetragen.

(2) Eine SE kann erst eingetragen werden, wenn eine Vereinbarung über die Beteiligung der Arbeitnehmer gemäß Artikel 4 der Richtlinie 2001/86/EG geschlossen worden ist, ein Beschluss nach Artikel 3 Absatz 6 der genannten Richtlinie gefasst worden ist oder die Verhandlungsfrist nach Artikel 5 der genannten Richtlinie abgelaufen ist, ohne dass eine Vereinbarung zustande gekommen ist.

(3) Voraussetzung dafür, dass eine SE in einem Mitgliedstaat, der von der in Artikel 7 Absatz 3 der Richtlinie 2001/86/EG vorgesehenen Möglichkeit Gebrauch gemacht hat, registriert werden kann, ist, dass eine Vereinbarung im Sinne von Artikel 4 der genannten Richtlinie über die Modalitäten der Beteiligung der Arbeitnehmer – einschließlich der Mitbestimmung – geschlossen wurde oder dass für keine der teilnehmenden Gesellschaften vor der Registrierung der SE Mitbestimmungsvorschriften galten.

(4) Die Satzung der SE darf zu keinem Zeitpunkt im Widerspruch zu der ausgehandelten Vereinbarung stehen. Steht eine neue gemäß der Richtlinie 2001/86/EG geschlossene Vereinbarung im Widerspruch zur geltenden Satzung, ist diese – soweit erforderlich – zu ändern.

In diesem Fall kann ein Mitgliedstaat vorsehen, dass das Leitungs- oder das Verwaltungsorgan der SE befugt ist, die Satzungsänderung ohne weiteren Beschluss der Hauptversammlung vorzunehmen.

Artikel 13

Die die SE betreffenden Urkunden und Angaben, die nach dieser Verordnung der Offenlegungspflicht unterliegen, werden gemäß der Richtlinie 68/151/EWG nach Maßgabe der Rechtsvorschriften des Sitzstaats der SE offen gelegt.

Artikel 14

(1) Die Eintragung und die Löschung der Eintragung einer SE werden mittels einer Bekanntmachung zu Informationszwecken im Amtsblatt der Europäischen Gemeinschaften veröffentlicht, nachdem die Offenlegung gemäß Artikel 13 erfolgt ist. Diese Bekanntmachung enthält die Firma der SE, Nummer, Datum und Ort der Eintragung der SE, Datum, Ort und Titel der Veröffentlichung sowie den Sitz und den Geschäftszweig der SE.

(2) Bei der Verlegung des Sitzes der SE gemäß Artikel 8 erfolgt eine Bekanntmachung mit den Angaben gemäß Absatz 1 sowie mit denjenigen im Falle einer Neueintragung.

(3) Die Angaben gemäß Absatz 1 werden dem Amt für amtliche Veröffentlichungen der Europäischen Gemeinschaften innerhalb eines Monats nach der Offenlegung gemäß Artikel 13 übermittelt.

Titel II: Gründung

Abschnitt 1: Allgemeines

Artikel 15

(1) Vorbehaltlich der Bestimmungen dieser Verordnung findet auf die Gründung einer SE das für Aktiengesellschaften geltende Recht des Staates Anwendung, in dem die SE ihren Sitz begründet.

(2) Die Eintragung einer SE wird gemäß Artikel 13 offen gelegt.

---

*) **Amtl. Anm.:** ABl L 65 vom 14. 3. 1968, S. 8. Zuletzt geändert durch die Beitrittsakte von 1994.

Artikel 16

(1) Die SE erwirbt die Rechtspersönlichkeit am Tag ihrer Eintragung in das in Artikel 12 genannte Register.

(2) Wurden im Namen der SE vor ihrer Eintragung gemäß Artikel 12 Rechtshandlungen vorgenommen und übernimmt die SE nach der Eintragung die sich aus diesen Rechtshandlungen ergebenden Verpflichtungen nicht, so haften die natürlichen Personen, die Gesellschaften oder anderen juristischen Personen, die diese Rechtshandlungen vorgenommen haben, vorbehaltlich anders lautender Vereinbarungen unbegrenzt und gesamtschuldnerisch.

Abschnitt 2: Gründung einer SE durch Verschmelzung

Artikel 17

(1) Eine SE kann gemäß Artikel 2 Absatz 1 durch Verschmelzung gegründet werden.

(2) Die Verschmelzung erfolgt

a) entweder nach dem Verfahren der Verschmelzung durch Aufnahme gemäß Artikel 3 Absatz 1 der Richtlinie 78/855/EWG*)

b) oder nach dem Verfahren der Verschmelzung durch Gründung einer neuen Gesellschaft gemäß Artikel 4 Absatz 1 der genannten Richtlinie.

Im Falle einer Verschmelzung durch Aufnahme nimmt die aufnehmende Gesellschaft bei der Verschmelzung die Form einer SE an. Im Falle einer Verschmelzung durch Gründung einer neuen Gesellschaft ist die neue Gesellschaft eine SE.

Artikel 18

In den von diesem Abschnitt nicht erfassten Bereichen sowie in den nicht erfassten Teilbereichen eines von diesem Abschnitt nur teilweise abgedeckten Bereichs sind bei der Gründung einer SE durch Verschmelzung auf jede Gründungsgesellschaft die mit der Richtlinie 78/855/EWG in Einklang stehenden, für die Verschmelzung von Aktiengesellschaften geltenden Rechtsvorschriften des Mitgliedstaats anzuwenden, dessen Recht sie unterliegt.

Artikel 19

Die Rechtsvorschriften eines Mitgliedstaates können vorsehen, dass die Beteiligung einer Gesellschaft, die dem Recht dieses Mitgliedstaates unterliegt, an der Gründung einer SE durch Verschmelzung nur möglich ist, wenn keine zuständige Behörde dieses Mitgliedstaats vor der Erteilung der Bescheinigung gemäß Artikel 25 Absatz 2 dagegen Einspruch erhebt.

Dieser Einspruch ist nur aus Gründen des öffentlichen Interesses zulässig. Gegen ihn muss ein Rechtsmittel eingelegt werden können.

Artikel 20

(1) Die Leitungs- oder die Verwaltungsorgane der sich verschmelzenden Gesellschaften stellen einen Verschmelzungsplan auf. Dieser Verschmelzungsplan enthält

a) die Firma und den Sitz der sich verschmelzenden Gesellschaften sowie die für die SE vorgesehene Firma und ihren geplanten Sitz,

b) das Umtauschverhältnis der Aktien und gegebenenfalls die Höhe der Ausgleichsleistung,

c) die Einzelheiten hinsichtlich der Übertragung der Aktien der SE,

d) den Zeitpunkt, von dem an diese Aktien das Recht auf Beteiligung am Gewinn gewähren, sowie alle Besonderheiten in Bezug auf dieses Recht,

---

*) **Amtl. Anm.:** Dritte Richtlinie 78/855/EWG des Rates vom 9. Oktober 1978 gemäß Artikel 54 Absatz 3 Buchstabe g des Vertrages betreffend die Verschmelzung von Aktiengesellschaften (ABl L 295 vom 20.10.1978, S. 36). Zuletzt geändert durch die Beitrittsakte von 1994.

e) den Zeitpunkt, von dem an die Handlungen der sich verschmelzenden Gesellschaften unter dem Gesichtspunkt der Rechnungslegung als für Rechnung der SE vorgenommen gelten,

f) die Rechte, welche die SE den mit Sonderrechten ausgestatteten Aktionären der Gründungsgesellschaften und den Inhabern anderer Wertpapiere als Aktien gewährt, oder die für diese Personen vorgeschlagenen Maßnahmen,

g) jeder besondere Vorteil, der den Sachverständigen, die den Verschmelzungsplan prüfen, oder den Mitgliedern der Verwaltungs-, Leitungs-, Aufsichts- oder Kontrollorgane der sich verschmelzenden Gesellschaften gewährt wird,

h) die Satzung der SE,

i) Angaben zu dem Verfahren, nach dem die Vereinbarung über die Beteiligung der Arbeitnehmer gemäß der Richtlinie 2001/86/EG geschlossen wird.

(2) Die sich verschmelzenden Gesellschaften können dem Verschmelzungsplan weitere Punkte hinzufügen.

Artikel 21

Für jede der sich verschmelzenden Gesellschaften und vorbehaltlich weiterer Auflagen seitens des Mitgliedstaates, dessen Recht die betreffende Gesellschaft unterliegt, sind im Amtsblatt dieses Mitgliedstaats nachstehende Angaben bekannt zu machen:

a) Rechtsform, Firma und Sitz der sich verschmelzenden Gesellschaften,

b) das Register, bei dem die in Artikel 3 Absatz 2 der Richtlinie 68/151/EWG genannten Urkunden für jede der sich verschmelzenden Gesellschaften hinterlegt worden sind, sowie die Nummer der Eintragung in das Register,

c) einen Hinweis auf die Modalitäten für die Ausübung der Rechte der Gläubiger der betreffenden Gesellschaft gemäß Artikel 24 sowie die Anschrift, unter der erschöpfende Auskünfte über diese Modalitäten kostenlos eingeholt werden können,

d) einen Hinweis auf die Modalitäten für die Ausübung der Rechte der Minderheitsaktionäre der betreffenden Gesellschaft gemäß Artikel 24 sowie die Anschrift, unter der erschöpfende Auskünfte über diese Modalitäten kostenlos eingeholt werden können,

e) die für die SE vorgesehene Firma und ihr künftiger Sitz.

Artikel 22

Als Alternative zur Heranziehung von Sachverständigen, die für Rechnung jeder der sich verschmelzenden Gesellschaften tätig sind, können ein oder mehrere unabhängige Sachverständige im Sinne des Artikels 10 der Richtlinie 78/855/EWG, die auf gemeinsamen Antrag dieser Gesellschaften von einem Gericht oder einer Verwaltungsbehörde des Mitgliedstaats, dessen Recht eine der sich verschmelzenden Gesellschaften oder die künftige SE unterliegt, dazu bestellt wurden, den Verschmelzungsplan prüfen und einen für alle Aktionäre bestimmten einheitlichen Bericht erstellen.

Die Sachverständigen haben das Recht, von jeder der sich verschmelzenden Gesellschaften alle Auskünfte zu verlangen, die sie zur Erfüllung ihrer Aufgabe für erforderlich halten.

Artikel 23

(1) Die Hauptversammlung jeder der sich verschmelzenden Gesellschaften stimmt dem Verschmelzungsplan zu.

(2) Die Beteiligung der Arbeitnehmer in der SE wird gemäß der Richtlinie 2001/86/EG festgelegt. Die Hauptversammlung jeder der sich verschmelzenden Gesellschaften kann sich das Recht vorbehalten, die Eintragung der SE davon abhängig zu machen, dass die geschlossene Vereinbarung von ihr ausdrücklich genehmigt wird.

Artikel 24

(1) Das Recht des Mitgliedstaats, das jeweils für die sich verschmelzenden Gesellschaften gilt, findet wie bei einer Verschmelzung von Aktiengesellschaften unter Berücksichtigung des grenzüberschreitenden Charakters der Verschmelzung Anwendung zum Schutz der Interessen

   a) der Gläubiger der sich verschmelzenden Gesellschaften,

   b) der Anleihegläubiger der sich verschmelzenden Gesellschaften,

   c) der Inhaber von mit Sonderrechten gegenüber den sich verschmelzenden Gesellschaften ausgestatteten Wertpapieren mit Ausnahme von Aktien.

(2) Jeder Mitgliedstaat kann in Bezug auf die sich verschmelzenden Gesellschaften, die seinem Recht unterliegen, Vorschriften erlassen, um einen angemessenen Schutz der Minderheitsaktionäre, die sich gegen die Verschmelzung ausgesprochen haben, zu gewährleisten.

Artikel 25

(1) Die Rechtmäßigkeit der Verschmelzung wird, was die die einzelnen sich verschmelzenden Gesellschaften betreffenden Verfahrensabschnitte anbelangt, nach den für die Verschmelzung von Aktiengesellschaften geltenden Rechtsvorschriften des Mitgliedstaats kontrolliert, dessen Recht die jeweilige verschmelzende Gesellschaft unterliegt.

(2) In jedem der betreffenden Mitgliedstaaten stellt das zuständige Gericht, der Notar oder eine andere zuständige Behörde eine Bescheinigung aus, aus der zweifelsfrei hervorgeht, dass die der Verschmelzung vorangehenden Rechtshandlungen und Formalitäten durchgeführt wurden.

(3) Ist nach dem Recht eines Mitgliedstaats, dem eine sich verschmelzende Gesellschaft unterliegt, ein Verfahren zur Kontrolle und Änderung des Umtauschverhältnisses der Aktien oder zur Abfindung von Minderheitsaktionären vorgesehen, das jedoch der Eintragung der Verschmelzung nicht entgegensteht, so findet ein solches Verfahren nur dann Anwendung, wenn die anderen sich verschmelzenden Gesellschaften in Mitgliedstaaten, in denen ein derartiges Verfahren nicht besteht, bei der Zustimmung zu dem Verschmelzungsplan gemäß Artikel 23 Absatz 1 ausdrücklich akzeptieren, dass die Aktionäre der betreffenden sich verschmelzenden Gesellschaft auf ein solches Verfahren zurückgreifen können. In diesem Fall kann das zuständige Gericht, der Notar oder eine andere zuständige Behörde die Bescheinigung gemäß Absatz 2 ausstellen, auch wenn ein derartiges Verfahren eingeleitet wurde. Die Bescheinigung muss allerdings einen Hinweis auf das anhängige Verfahren enthalten. Die Entscheidung in dem Verfahren ist für die übernehmende Gesellschaft und ihre Aktionäre bindend.

Artikel 26

(1) Die Rechtmäßigkeit der Verschmelzung wird, was den Verfahrensabschnitt der Durchführung der Verschmelzung und der Gründung der SE anbelangt, von dem/der im künftigen Sitzstaat der SE für die Kontrolle dieses Aspekts der Rechtmäßigkeit der Verschmelzung von Aktiengesellschaften zuständigen Gericht, Notar oder sonstigen Behörde kontrolliert.

(2) Hierzu legt jede der sich verschmelzenden Gesellschaften dieser zuständigen Behörde die in Artikel 25 Absatz 2 genannte Bescheinigung binnen sechs Monaten nach ihrer Ausstellung sowie eine Ausfertigung des Verschmelzungsplans, dem sie zugestimmt hat, vor.

(3) Die gemäß Absatz 1 zuständige Behörde kontrolliert insbesondere, ob die sich verschmelzenden Gesellschaften einem gleich lautenden Verschmelzungsplan zugestimmt haben und ob eine Vereinbarung über die Beteiligung der Arbeitnehmer gemäß der Richtlinie 2001/86/EG geschlossen wurde.

(4) Diese Behörde kontrolliert ferner, ob gemäß Artikel 15 die Gründung der SE den gesetzlichen Anforderungen des Sitzstaates genügt.

Artikel 27

(1) Die Verschmelzung und die gleichzeitige Gründung der SE werden mit der Eintragung der SE gemäß Artikel 12 wirksam.

(2) Die SE kann erst nach Erfüllung sämtlicher in den Artikeln 25 und 26 vorgesehener Formalitäten eingetragen werden.

Artikel 28

Für jede sich verschmelzende Gesellschaft wird die Durchführung der Verschmelzung nach den in den Rechtsvorschriften des jeweiligen Mitgliedstaats vorgesehenen Verfahren in Übereinstimmung mit Artikel 3 der Richtlinie 68/151/EWG offen gelegt.

Artikel 29

(1) Die nach Artikel 17 Absatz 2 Buchstabe a vollzogene Verschmelzung bewirkt ipso jure gleichzeitig Folgendes:

a) Das gesamte Aktiv- und Passivvermögen jeder übertragenden Gesellschaft geht auf die übernehmende Gesellschaft über;

b) die Aktionäre der übertragenden Gesellschaft werden Aktionäre der übernehmenden Gesellschaft;

c) die übertragende Gesellschaft erlischt;

d) die übernehmende Gesellschaft nimmt die Rechtsform einer SE an.

(2) Die nach Artikel 17 Absatz 2 Buchstabe b vollzogene Verschmelzung bewirkt ipso jure gleichzeitig Folgendes:

a) Das gesamte Aktiv- und Passivvermögen der sich verschmelzenden Gesellschaften geht auf die SE über;

b) die Aktionäre der sich verschmelzenden Gesellschaften werden Aktionäre der SE;

c) die sich verschmelzenden Gesellschaften erlöschen.

(3) Schreibt ein Mitgliedstaat im Falle einer Verschmelzung von Aktiengesellschaften besondere Formalitäten für die Rechtswirksamkeit der Übertragung bestimmter von den sich verschmelzenden Gesellschaften eingebrachter Vermögensgegenstände, Rechte und Verbindlichkeiten gegenüber Dritten vor, so gelten diese fort und sind entweder von den sich verschmelzenden Gesellschaften oder von der SE nach deren Eintragung zu erfüllen.

(4) Die zum Zeitpunkt der Eintragung aufgrund der einzelstaatlichen Rechtsvorschriften und Gepflogenheiten sowie aufgrund individueller Arbeitsverträge oder Arbeitsverhältnisse bestehenden Rechte und Pflichten der beteiligten Gesellschaften hinsichtlich der Beschäftigungsbedingungen gehen mit der Eintragung der SE auf diese über.

Artikel 30

Eine Verschmelzung im Sinne des Artikels 2 Absatz 1 kann nach der Eintragung der SE nicht mehr für nichtig erklärt werden.

Das Fehlen einer Kontrolle der Rechtmäßigkeit der Verschmelzung gemäß Artikel 25 und 26 kann einen Grund für die Auflösung der SE darstellen.

Artikel 31

(1) Wird eine Verschmelzung nach Artikel 17 Absatz 2 Buchstabe a durch eine Gesellschaft vollzogen, die Inhaberin sämtlicher Aktien und sonstiger Wertpapiere ist, die Stimmrechte in der Hauptversammlung einer anderen Gesellschaft gewähren, so finden Artikel 20 Absatz 1 Buchstaben b, c und d, Artikel 22 und Artikel 29 Absatz 1 Buchstabe b keine Anwendung. Die jeweiligen einzelstaatlichen Vorschriften, denen die einzelnen sich verschmelzenden Gesellschaf-

ten unterliegen und die für die Verschmelzungen von Aktiengesellschaften nach Artikel 24 der Richtlinie 78/855/EWG maßgeblich sind, sind jedoch anzuwenden.

(2) Vollzieht eine Gesellschaft, die Inhaberin von mindestens 90%, nicht aber aller der in der Hauptversammlung einer anderen Gesellschaft Stimmrecht verleihenden Aktien und sonstigen Wertpapiere ist, eine Verschmelzung durch Aufnahme, so sind die Berichte des Leitungs- oder des Verwaltungsorgans, die Berichte eines oder mehrerer unabhängiger Sachverständiger sowie die zur Kontrolle notwendigen Unterlagen nur insoweit erforderlich, als dies entweder in den einzelstaatlichen Rechtsvorschriften, denen die übernehmende Gesellschaft unterliegt, oder in den für die übertragende Gesellschaft maßgeblichen einzelstaatlichen Rechtsvorschriften vorgesehen ist.

Die Mitgliedstaaten können jedoch vorsehen, dass dieser Absatz Anwendung auf eine Gesellschaft findet, die Inhaberin von Aktien ist, welche mindestens 90% der Stimmrechte, nicht aber alle verleihen.

Abschnitt 3: Gründung einer Holding-SE

Artikel 32

(1) Eine SE kann gemäß Artikel 2 Absatz 2 gegründet werden.

Die die Gründung einer SE im Sinne des Artikels 2 Absatz 2 anstrebenden Gesellschaften bestehen fort.

(2) Die Leitungs- oder die Verwaltungsorgane der die Gründung anstrebenden Gesellschaften erstellen einen gleich lautenden Gründungsplan für die SE. Dieser Plan enthält einen Bericht, der die Gründung aus rechtlicher und wirtschaftlicher Sicht erläutert und begründet sowie darlegt, welche Auswirkungen der Übergang zur Rechtsform einer SE für die Aktionäre und für die Arbeitnehmer hat. Er enthält ferner die in Artikel 20 Absatz 1 Buchstaben a, b, c, f, g, h und i vorgesehenen Angaben und setzt von jeder die Gründung anstrebenden Gesellschaft den Mindestprozentsatz der Aktien oder sonstigen Anteile fest, der von den Aktionären eingebracht werden muss, damit die SE gegründet werden kann. Dieser Prozentsatz muss mehr als 50% der durch Aktien verliehenen ständigen Stimmrechte betragen.

(3) Der Gründungsplan ist mindestens einen Monat vor der Hauptversammlung, die über die Gründung zu beschließen hat, für jede der die Gründung anstrebenden Gesellschaften nach dem in den Rechtsvorschriften der einzelnen Mitgliedstaaten gemäß Artikel 3 der Richtlinie 68/151/EWG vorgesehenen Verfahren offen zu legen.

(4) Ein oder mehrere von den die Gründung anstrebenden Gesellschaften unabhängige Sachverständige, die von einem Gericht oder einer Verwaltungsbehörde des Mitgliedstaats, dessen Recht die einzelnen Gesellschaften gemäß den nach Maßgabe der Richtlinie 78/855/EWG erlassenen einzelstaatlichen Vorschriften unterliegen, bestellt oder zugelassen sind, prüfen den gemäß Absatz 2 erstellten Gründungsplan und erstellen einen schriftlichen Bericht für die Aktionäre der einzelnen Gesellschaften. Im Einvernehmen zwischen den die Gründung anstrebenden Gesellschaften kann durch einen oder mehrere unabhängige Sachverständige, der/die von einem Gericht oder einer Verwaltungsbehörde des Mitgliedstaats, dessen Recht eine der die Gründung anstrebenden Gesellschaften oder die künftige SE gemäß den nach Maßgabe der Richtlinie 78/855/EWG erlassenen einzelstaatlichen Rechtsvorschriften unterliegt, bestellt oder zugelassen ist/sind, ein schriftlicher Bericht für die Aktionäre aller Gesellschaften erstellt werden.

(5) Der Bericht muss auf besondere Bewertungsschwierigkeiten hinweisen und erklären, ob das Umtauschverhältnis der Aktien oder Anteile angemessen ist, sowie angeben, nach welchen Methoden es bestimmt worden ist und ob diese Methoden im vorliegenden Fall angemessen sind.

(6) Die Hauptversammlung jeder der die Gründung anstrebenden Gesellschaften stimmt dem Gründungsplan für die SE zu.

Die Beteiligung der Arbeitnehmer in der SE wird gemäß der Richtlinie 2001/86/EG festgelegt. Die Hauptversammlung jeder der die Gründung anstrebenden Gesellschaften kann sich das Recht vorbehalten, die Eintragung der SE davon abhängig zu machen, dass die geschlossene Vereinbarung von ihr ausdrücklich genehmigt wird.

(7) Dieser Artikel gilt sinngemäß auch für Gesellschaften mit beschränkter Haftung.

Artikel 33

(1) Die Gesellschafter der die Gründung anstrebenden Gesellschaften verfügen über eine Frist von drei Monaten, um diesen Gesellschaften mitzuteilen, ob sie beabsichtigen, ihre Gesellschaftsanteile bei der Gründung der SE einzubringen. Diese Frist beginnt mit dem Zeitpunkt, zu dem der Gründungsplan für die SE gemäß Artikel 32 endgültig festgelegt worden ist.

(2) Die SE ist nur dann gegründet, wenn die Gesellschafter der die Gründung anstrebenden Gesellschaften innerhalb der in Absatz 1 genannten Frist den nach dem Gründungsplan für jede Gesellschaft festgelegten Mindestprozentsatz der Gesellschaftsanteile eingebracht haben und alle übrigen Bedingungen erfüllt sind.

(3) Sind alle Bedingungen für die Gründung der SE gemäß Absatz 2 erfüllt, so hat jede der die Gründung anstrebenden Gesellschaften diese Tatsache gemäß den nach Artikel 3 der Richtlinie 68/151/EWG erlassenen Vorschriften des einzelstaatlichen Rechts, dem sie unterliegt, offen zu legen.

Die Gesellschafter der die Gründung anstrebenden Gesellschaften, die nicht innerhalb der Frist nach Absatz 1 mitgeteilt haben, ob sie die Absicht haben, ihre Gesellschaftsanteile diesen Gesellschaften im Hinblick auf die Gründung der künftigen SE zur Verfügung zu stellen, verfügen über eine weitere Frist von einem Monat, um dies zu tun.

(4) Die Gesellschafter, die ihre Wertpapiere im Hinblick auf die Gründung der SE einbringen, erhalten Aktien der SE.

(5) Die SE kann erst dann eingetragen werden, wenn die Formalitäten gemäß Artikel 32 und die in Absatz 2 genannten Voraussetzungen nachweislich erfüllt sind.

Artikel 34

Ein Mitgliedstaat kann für die eine Gründung anstrebenden Gesellschaften Vorschriften zum Schutz der die Gründung ablehnenden Minderheitsgesellschafter, der Gläubiger und der Arbeitnehmer erlassen.

Abschnitt 4: Gründung einer Tochter-SE

Artikel 35

Eine SE kann gemäß Artikel 2 Absatz 3 gegründet werden.

Artikel 36

Auf die an der Gründung beteiligten Gesellschaften oder sonstigen juristischen Personen finden die Vorschriften über deren Beteiligung an der Gründung einer Tochtergesellschaft in Form einer Aktiengesellschaft nationalen Rechts Anwendung.

Abschnitt 5: Umwandlung einer bestehenden Aktiengesellschaft in eine SE

Artikel 37

(1) Eine SE kann gemäß Artikel 2 Absatz 4 gegründet werden.

(2) Unbeschadet des Artikels 12 hat die Umwandlung einer Aktiengesellschaft in eine SE weder die Auflösung der Gesellschaft noch die Gründung einer neuen juristischen Person zur Folge.

(3) Der Sitz der Gesellschaft darf anlässlich der Umwandlung nicht gemäß Artikel 8 in einen anderen Mitgliedstaat verlegt werden.

(4) Das Leitungs- oder das Verwaltungsorgan der betreffenden Gesellschaft erstellt einen Umwandlungsplan und einen Bericht, in dem die rechtlichen und wirtschaftlichen Aspekte der Umwandlung erläutert und begründet sowie die Auswirkungen, die der Übergang zur Rechtsform einer SE für die Aktionäre und für die Arbeitnehmer hat, dargelegt werden.

(5) Der Umwandlungsplan ist mindestens einen Monat vor dem Tag der Hauptversammlung, die über die Umwandlung zu beschließen hat, nach den in den Rechtsvorschriften der einzelnen Mitgliedstaaten gemäß Artikel 3 der Richtlinie 68/151/EWG vorgesehenen Verfahren offen zu legen.

(6) Vor der Hauptversammlung nach Absatz 7 ist von einem oder mehreren unabhängigen Sachverständigen, die nach den einzelstaatlichen Durchführungsbestimmungen zu Artikel 10 der Richtlinie 78/855/EWG durch ein Gericht oder eine Verwaltungsbehörde des Mitgliedstaates, dessen Recht die sich in eine SE umwandelnde Aktiengesellschaft unterliegt, bestellt oder zugelassen sind, gemäß der Richtlinie 77/91/EWG*⁾ sinngemäß zu bescheinigen, dass die Gesellschaft über Nettovermögenswerte mindestens in Höhe ihres Kapitals zuzüglich der kraft Gesetzes oder Statut nicht ausschüttungsfähigen Rücklagen verfügt.

(7) Die Hauptversammlung der betreffenden Gesellschaft stimmt dem Umwandlungsplan zu und genehmigt die Satzung der SE. Die Beschlussfassung der Hauptversammlung erfolgt nach Maßgabe der einzelstaatlichen Durchführungsbestimmungen zu Artikel 7 der Richtlinie 78/855/EWG.

(8) Ein Mitgliedstaat kann die Umwandlung davon abhängig machen, dass das Organ der umzuwandelnden Gesellschaft, in dem die Mitbestimmung der Arbeitnehmer vorgesehen ist, der Umwandlung mit qualifizierter Mehrheit oder einstimmig zustimmt.

(9) Die zum Zeitpunkt der Eintragung aufgrund der einzelstaatlichen Rechtsvorschriften und Gepflogenheiten sowie aufgrund individueller Arbeitsverträge oder Arbeitsverhältnisse bestehenden Rechte und Pflichten der umzuwandelnden Gesellschaft hinsichtlich der Beschäftigungsbedingungen gehen mit der Eintragung der SE auf diese über.

Titel III: Aufbau der SE

Artikel 38

Die SE verfügt nach Maßgabe dieser Verordnung über
a) eine Hauptversammlung der Aktionäre und
b) entweder ein Aufsichtsorgan und ein Leitungsorgan (dualistisches System) oder ein Verwaltungsorgan (monistisches System), entsprechend der in der Satzung gewählten Form.

Abschnitt 1: Dualistisches System

Artikel 39

(1) Das Leitungsorgan führt die Geschäfte der SE in eigener Verantwortung. Ein Mitgliedstaat kann vorsehen, dass ein oder mehrere Geschäftsführer die laufenden Geschäfte in eigener Verantwortung unter denselben Voraussetzungen, wie sie für Aktiengesellschaften mit Sitz im Hoheitsgebiet des betreffenden Mitgliedstaates gelten, führt bzw. führen.

---

*) **Amtl. Anm.:** Zweite Richtlinie 77/91/EWG des Rates vom 13. Dezember 1976 zur Koordinierung der Schutzbestimmungen, die in den Mitgliedstaaten den Gesellschaften im Sinne des Artikels 58 Absatz 2 des Vertrages im Interesse der Gesellschafter sowie Dritter für die Gründung der Aktiengesellschaft sowie für die Erhaltung und Änderung ihres Kapitals vorgeschrieben sind, um diese Bestimmungen gleichwertig zu gestalten (ABl L 26 vom 31. 1. 1977, S. 1). Zuletzt geändert durch die Beitrittsakte von 1994.

(2) Das Mitglied/die Mitglieder des Leitungsorgans wird/werden vom Aufsichtsorgan bestellt und abberufen. Die Mitgliedstaaten können jedoch vorschreiben oder vorsehen, dass in der Satzung festgelegt werden kann, dass das Mitglied/die Mitglieder des Leitungsorgans von der Hauptversammlung unter den Bedingungen, die für Aktiengesellschaften mit Sitz in ihrem Hoheitsgebiet gelten, bestellt und abberufen wird/werden.

(3) Niemand darf zugleich Mitglied des Leitungsorgans und Mitglied des Aufsichtsorgans der SE sein. Das Aufsichtsorgan kann jedoch eines seiner Mitglieder zur Wahrnehmung der Aufgaben eines Mitglieds des Leitungsorgans abstellen, wenn der betreffende Posten nicht besetzt ist. Während dieser Zeit ruht das Amt der betreffenden Person als Mitglied des Aufsichtsorgans. Die Mitgliedstaaten können eine zeitliche Begrenzung hierfür vorsehen.

(4) Die Zahl der Mitglieder des Leitungsorgans oder die Regeln für ihre Festlegung werden durch die Satzung der SE bestimmt. Die Mitgliedstaaten können jedoch eine Mindest- und/oder Höchstzahl festsetzen.

(5) Enthält das Recht eines Mitgliedstaats in Bezug auf Aktiengesellschaften mit Sitz in seinem Hoheitsgebiet keine Vorschriften über ein dualistisches System, kann dieser Mitgliedstaat entsprechende Vorschriften in Bezug auf SE erlassen.

Artikel 40

(1) Das Aufsichtsorgan überwacht die Führung der Geschäfte durch das Leitungsorgan. Es ist nicht berechtigt, die Geschäfte der SE selbst zu führen.

(2) Die Mitglieder des Aufsichtsorgans werden von der Hauptversammlung bestellt. Die Mitglieder des ersten Aufsichtsorgans können jedoch durch die Satzung bestellt werden. Artikel 47 Absatz 4 oder eine etwaige nach Maßgabe der Richtlinie 2001/86/EG geschlossene Vereinbarung über die Mitbestimmung der Arbeitnehmer bleibt hiervon unberührt.

(3) Die Zahl der Mitglieder des Aufsichtsorgans oder die Regeln für ihre Festlegung werden durch die Satzung bestimmt. Die Mitgliedstaaten können jedoch für die in ihrem Hoheitsgebiet eingetragenen SE die Zahl der Mitglieder des Aufsichtsorgans oder deren Höchst- und/oder Mindestzahl festlegen.

Artikel 41

(1) Das Leitungsorgan unterrichtet das Aufsichtsorgan mindestens alle drei Monate über den Gang der Geschäfte der SE und deren voraussichtliche Entwicklung.

(2) Neben der regelmäßigen Unterrichtung gemäß Absatz 1 teilt das Leitungsorgan dem Aufsichtsorgan rechtzeitig alle Informationen über Ereignisse mit, die sich auf die Lage der SE spürbar auswirken können.

(3) Das Aufsichtsorgan kann vom Leitungsorgan jegliche Information verlangen, die für die Ausübung der Kontrolle gemäß Artikel 40 Absatz 1 erforderlich ist. Die Mitgliedstaaten können vorsehen, dass jedes Mitglied des Aufsichtsorgans von dieser Möglichkeit Gebrauch machen kann.

(4) Das Aufsichtsorgan kann alle zur Erfüllung seiner Aufgaben erforderlichen Überprüfungen vornehmen oder vornehmen lassen.

(5) Jedes Mitglied des Aufsichtsorgans kann von allen Informationen, die diesem Organ übermittelt werden, Kenntnis nehmen.

Artikel 42

Das Aufsichtsorgan wählt aus seiner Mitte einen Vorsitzenden. Wird die Hälfte der Mitglieder des Aufsichtsorgans von den Arbeitnehmern bestellt, so darf nur ein von der Hauptversammlung der Aktionäre bestelltes Mitglied zum Vorsitzenden gewählt werden.

Abschnitt 2: Monistisches System

Artikel 43

(1) Das Verwaltungsorgan führt die Geschäfte der SE. Ein Mitgliedstaat kann vorsehen, dass ein oder mehrere Geschäftsführer die laufenden Geschäfte in eigener Verantwortung unter denselben Voraussetzungen, wie sie für Aktiengesellschaften mit Sitz im Hoheitsgebiet des betreffenden Mitgliedstaates gelten, führt bzw. führen.

(2) Die Zahl der Mitglieder des Verwaltungsorgans oder die Regeln für ihre Festlegung sind in der Satzung der SE festgelegt. Die Mitgliedstaaten können jedoch eine Mindestzahl und erforderlichenfalls eine Höchstzahl festsetzen.

Ist jedoch die Mitbestimmung der Arbeitnehmer in der SE gemäß der Richtlinie geregelt, so muss das Verwaltungsorgan aus mindestens drei Mitgliedern bestehen.

(3) Das Mitglied/die Mitglieder des Verwaltungsorgans wird/werden von der Hauptversammlung bestellt. Die Mitglieder des ersten Verwaltungsorgans können jedoch durch die Satzung bestellt werden. Artikel 47 Absatz 4 oder eine etwaige nach Maßgabe der Richtlinie 2001/86/EG geschlossene Vereinbarung über die Mitbestimmung der Arbeitnehmer bleibt hiervon unberührt.

(4) Enthält das Recht eines Mitgliedstaats in Bezug auf Aktiengesellschaften mit Sitz in seinem Hoheitsgebiet keine Vorschriften über ein monistisches System, kann dieser Mitgliedstaat entsprechende Vorschriften in Bezug auf SE erlassen.

Artikel 44

(1) Das Verwaltungsorgan tritt in den durch die Satzung bestimmten Abständen, mindestens jedoch alle drei Monate, zusammen, um über den Gang der Geschäfte der SE und deren voraussichtliche Entwicklung zu beraten.

(2) Jedes Mitglied des Verwaltungsorgans kann von allen Informationen, die diesem Organ übermittelt werden, Kenntnis nehmen.

Artikel 45

Das Verwaltungsorgan wählt aus seiner Mitte einen Vorsitzenden. Wird die Hälfte der Mitglieder des Verwaltungsorgans von den Arbeitnehmern bestellt, so darf nur ein von der Hauptversammlung der Aktionäre bestelltes Mitglied zum Vorsitzenden gewählt werden.

Abschnitt 3: Gemeinsame Vorschriften für das monistische und das dualistische System

Artikel 46

(1) Die Mitglieder der Organe der Gesellschaft werden für einen in der Satzung festgelegten Zeitraum, der sechs Jahre nicht überschreiten darf, bestellt.

(2) Vorbehaltlich in der Satzung festgelegter Einschränkungen können die Mitglieder einmal oder mehrmals für den gemäß Absatz 1 festgelegten Zeitraum wiederbestellt werden.

Artikel 47

(1) Die Satzung der SE kann vorsehen, dass eine Gesellschaft oder eine andere juristische Person Mitglied eines Organs sein kann, sofern das für Aktiengesellschaften maßgebliche Recht des Sitzstaats der SE nichts anderes bestimmt.

Die betreffende Gesellschaft oder sonstige juristische Person hat zur Wahrnehmung ihrer Befugnisse in dem betreffenden Organ eine natürliche Person als Vertreter zu bestellen.

(2) Personen, die

a) nach dem Recht des Sitzstaats der SE dem Leitungs-, Aufsichts- oder Verwaltungsorgan einer dem Recht dieses Mitgliedstaats unterliegenden Aktiengesellschaft nicht angehören dürfen oder

b) infolge einer Gerichts- oder Verwaltungsentscheidung, die in einem Mitgliedstaat ergangen ist, dem Leitungs-, Aufsichts- oder Verwaltungsorgan einer dem Recht eines Mitgliedstaats unterliegenden Aktiengesellschaft nicht angehören dürfen,

können weder Mitglied eines Organs der SE noch Vertreter eines Mitglieds im Sinne von Absatz 1 sein.

(3) Die Satzung der SE kann für Mitglieder, die die Aktionäre vertreten, in Anlehnung an die für Aktiengesellschaften geltenden Rechtsvorschriften des Sitzstaats der SE besondere Voraussetzungen für die Mitgliedschaft festlegen.

(4) Einzelstaatliche Rechtsvorschriften, die auch einer Minderheit von Aktionären oder anderen Personen oder Stellen die Bestellung eines Teils der Organmitglieder erlauben, bleiben von dieser Verordnung unberührt.

Artikel 48

(1) In der Satzung der SE werden die Arten von Geschäften aufgeführt, für die im dualistischen System das Aufsichtsorgan dem Leitungsorgan seine Zustimmung erteilen muss und im monistischen System ein ausdrücklicher Beschluss des Verwaltungsorgans erforderlich ist.

Die Mitgliedstaaten können jedoch vorsehen, dass im dualistischen System das Aufsichtsorgan selbst bestimmte Arten von Geschäften von seiner Zustimmung abhängig machen kann.

(2) Die Mitgliedstaaten können für die in ihrem Hoheitsgebiet eingetragenen SE festlegen, welche Arten von Geschäften auf jeden Fall in die Satzung aufzunehmen sind.

Artikel 49

Die Mitglieder der Organe der SE dürfen Informationen über die SE, die im Falle ihrer Verbreitung den Interessen der Gesellschaft schaden könnten, auch nach Ausscheiden aus ihrem Amt nicht weitergeben; dies gilt nicht in Fällen, in denen eine solche Informationsweitergabe nach den Bestimmungen des für Aktiengesellschaften geltenden einzelstaatlichen Rechts vorgeschrieben oder zulässig ist oder im öffentlichen Interesse liegt.

Artikel 50

(1) Sofern in dieser Verordnung oder der Satzung nichts anderes bestimmt ist, gelten für die Beschlussfähigkeit und die Beschlussfassung der Organe der SE die folgenden internen Regeln:

a) Beschlussfähigkeit: mindestens die Hälfte der Mitglieder muss anwesend oder vertreten sein;

b) Beschlussfassung: mit der Mehrheit der anwesenden oder vertretenen Mitglieder.

(2) Sofern die Satzung keine einschlägige Bestimmung enthält, gibt die Stimme des Vorsitzenden des jeweiligen Organs bei Stimmengleichheit den Ausschlag. Eine anders lautende Satzungsbestimmung ist jedoch nicht möglich, wenn sich das Aufsichtsorgan zur Hälfte aus Arbeitnehmervertretern zusammensetzt.

(3) Ist die Mitbestimmung der Arbeitnehmer gemäß der Richtlinie 2001/86/EG vorgesehen, so kann ein Mitgliedstaat vorsehen, dass sich abweichend von den Absätzen 1 und 2 Beschlussfähigkeit und Beschlussfassung des Aufsichtsorgans nach den Vorschriften richten, die unter denselben Bedingungen für die Aktiengesellschaften gelten, die dem Recht des betreffenden Mitgliedstaats unterliegen.

Artikel 51

Die Mitglieder des Leitungs-, Aufsichts- oder Verwaltungsorgans haften gemäß den im Sitzstaat der SE für Aktiengesellschaften maßgeblichen Rechtsvorschriften für den Schaden, welcher der SE durch eine Verletzung der ihnen bei der Ausübung ihres Amtes obliegenden gesetzlichen, satzungsmäßigen oder sonstigen Pflichten entsteht.

Abschnitt 4: Hauptversammlung

Artikel 52

Die Hauptversammlung beschließt über die Angelegenheiten, für die ihr
a) durch diese Verordnung oder
b) durch in Anwendung der Richtlinie 2001/86/EG erlassene Rechtsvorschriften des Sitzstaats der SE

die alleinige Zuständigkeit übertragen wird.

Außerdem beschließt die Hauptversammlung in Angelegenheiten, für die der Hauptversammlung einer dem Recht des Sitzstaats der SE unterliegenden Aktiengesellschaft die Zuständigkeit entweder aufgrund der Rechtsvorschriften dieses Mitgliedstaats oder aufgrund der mit diesen Rechtsvorschriften in Einklang stehenden Satzung übertragen worden ist.

Artikel 53

Für die Organisation und den Ablauf der Hauptversammlung sowie für die Abstimmungsverfahren gelten unbeschadet der Bestimmungen dieses Abschnitts die im Sitzstaat der SE für Aktiengesellschaften maßgeblichen Rechtsvorschriften.

Artikel 54

(1) Die Hauptversammlung tritt mindestens einmal im Kalenderjahr binnen sechs Monaten nach Abschluss des Geschäftsjahres zusammen, sofern die im Sitzstaat der SE für Aktiengesellschaften, die dieselbe Art von Aktivitäten wie die SE betreiben, maßgeblichen Rechtsvorschriften nicht häufigere Versammlungen vorsehen. Die Mitgliedstaaten können jedoch vorsehen, dass die erste Hauptversammlung bis zu 18 Monate nach Gründung der SE abgehalten werden kann.

(2) Die Hauptversammlung kann jederzeit vom Leitungs-, Aufsichts- oder Verwaltungsorgan oder von jedem anderen Organ oder jeder zuständigen Behörde nach den für Aktiengesellschaften im Sitzstaat der SE maßgeblichen einzelstaatlichen Rechtsvorschriften einberufen werden.

Artikel 55

(1) Die Einberufung der Hauptversammlung und die Aufstellung ihrer Tagesordnung können von einem oder mehreren Aktionären beantragt werden, sofern sein/ihr Anteil am gezeichneten Kapital mindestens 10 % beträgt; die Satzung oder einzelstaatliche Rechtsvorschriften können unter denselben Voraussetzungen, wie sie für Aktiengesellschaften gelten, einen niedrigeren Prozentsatz vorsehen.

(2) Der Antrag auf Einberufung muss die Punkte für die Tagesordnung enthalten.

(3) Wird die Hauptversammlung nicht rechtzeitig bzw. nicht spätestens zwei Monate nach dem Zeitpunkt, zu dem der in Absatz 1 genannte Antrag gestellt worden ist, abgehalten, so kann das am Sitz der SE zuständige Gericht oder die am Sitz der SE zuständige Verwaltungsbehörde anordnen, dass sie innerhalb einer bestimmten Frist einzuberufen ist, oder die Aktionäre, die den Antrag gestellt haben, oder deren Vertreter dazu ermächtigen. Hiervon unberührt bleiben einzelstaatliche Bestimmungen, aufgrund deren die Aktionäre gegebenenfalls die Möglichkeit haben, selbst die Hauptversammlung einzuberufen.

Artikel 56

Die Ergänzung der Tagesordnung für eine Hauptversammlung durch einen oder mehrere Punkte kann von einem oder mehreren Aktionären beantragt werden, sofern sein/ihr Anteil am gezeichneten Kapital mindestens 10 % beträgt. Die Verfahren und Fristen für diesen Antrag werden nach dem einzelstaatlichen Recht des Sitzstaats der SE oder, sofern solche Vorschriften nicht vorhanden sind, nach der Satzung der SE festgelegt. Die Satzung oder das Recht des Sitzstaats können unter denselben Voraussetzungen, wie sie für Aktiengesellschaften gelten, einen niedrigeren Prozentsatz vorsehen.

Artikel 57

Die Beschlüsse der Hauptversammlung werden mit der Mehrheit der abgegebenen gültigen Stimmen gefasst, sofern diese Verordnung oder gegebenenfalls das im Sitzstaat der SE für Aktiengesellschaften maßgebliche Recht nicht eine größere Mehrheit vorschreibt.

Artikel 58

Zu den abgegebenen Stimmen zählen nicht die Stimmen, die mit Aktien verbunden sind, deren Inhaber nicht an der Abstimmung teilgenommen oder sich der Stimme enthalten oder einen leeren oder ungültigen Stimmzettel abgegeben haben.

Artikel 59

(1) Die Änderung der Satzung bedarf eines Beschlusses der Hauptversammlung, der mit der Mehrheit von nicht weniger als zwei Dritteln der abgegebenen Stimmen gefasst worden ist, sofern die Rechtsvorschriften für Aktiengesellschaften im Sitzstaat der SE keine größere Mehrheit vorsehen oder zulassen.

(2) Jeder Mitgliedstaat kann jedoch bestimmen, dass die einfache Mehrheit der Stimmen im Sinne von Absatz 1 ausreicht, sofern mindestens die Hälfte des gezeichneten Kapitals vertreten ist.

(3) Jede Änderung der Satzung wird gemäß Artikel 13 offen gelegt.

Artikel 60

(1) Sind mehrere Gattungen von Aktien vorhanden, so erfordert jeder Beschluss der Hauptversammlung noch eine gesonderte Abstimmung durch jede Gruppe von Aktionären, deren spezifische Rechte durch den Beschluss berührt werden.

(2) Bedarf der Beschluss der Hauptversammlung der Mehrheit der Stimmen gemäß Artikel 59 Absätze 1 oder 2, so ist diese Mehrheit auch für die gesonderte Abstimmung jeder Gruppe von Aktionären erforderlich, deren spezifische Rechte durch den Beschluss berührt werden.

Titel IV: Jahresabschluss und konsolidierter Abschluss

Artikel 61

Vorbehaltlich des Artikels 62 unterliegt die SE hinsichtlich der Aufstellung ihres Jahresabschlusses und gegebenenfalls ihres konsolidierten Abschlusses einschließlich des dazugehörigen Lageberichts sowie der Prüfung und der Offenlegung dieser Abschlüsse den Vorschriften, die für dem Recht des Sitzstaates der SE unterliegende Aktiengesellschaften gelten.

Artikel 62

(1) Handelt es sich bei der SE um ein Kreditinstitut oder ein Finanzinstitut, so unterliegt sie hinsichtlich der Aufstellung ihres Jahresabschlusses und gegebenenfalls ihres konsolidierten Abschlusses einschließlich des dazugehörigen Lageberichts sowie der Prüfung und der Offenlegung dieser Abschlüsse den gemäß der Richtlinie 2000/12/EG des Europäischen Parlaments

und des Rates vom 20. März 2000 über die Aufnahme und Ausübung der Tätigkeit der Kreditinstitute*⁾ erlassenen einzelstaatlichen Rechtsvorschriften des Sitzstaats.

(2) Handelt es sich bei der SE um ein Versicherungsunternehmen, so unterliegt sie hinsichtlich der Aufstellung ihres Jahresabschlusses und gegebenenfalls ihres konsolidierten Abschlusses einschließlich des dazugehörigen Lageberichts sowie der Prüfung und der Offenlegung dieser Abschlüsse den gemäß der Richtlinie 91/674/EWG des Rates vom 19. Dezember 1991 über den Jahresabschluss und den konsolidierten Abschluss von Versicherungsunternehmen**⁾ erlassenen einzelstaatlichen Rechtsvorschriften des Sitzstaats.

Titel V: Auflösung, Liquidation, Zahlungsunfähigkeit und Zahlungseinstellung

Artikel 63

Hinsichtlich der Auflösung, Liquidation, Zahlungsunfähigkeit, Zahlungseinstellung und ähnlicher Verfahren unterliegt die SE den Rechtsvorschriften, die für eine Aktiengesellschaft maßgeblich wären, die nach dem Recht des Sitzstaats der SE gegründet worden ist; dies gilt auch für die Vorschriften hinsichtlich der Beschlussfassung durch die Hauptversammlung.

Artikel 64

(1) Erfüllt eine SE nicht mehr die Verpflichtung nach Artikel 7, so trifft der Mitgliedstaat, in dem die SE ihren Sitz hat, geeignete Maßnahmen, um die SE zu verpflichten, innerhalb einer bestimmten Frist den vorschriftswidrigen Zustand zu beenden, indem sie

a) entweder ihre Hauptverwaltung wieder im Sitzstaat errichtet

b) oder ihren Sitz nach dem Verfahren des Artikels 8 verlegt.

(2) Der Sitzstaat trifft die erforderlichen Maßnahmen, um zu gewährleisten, dass eine SE, die den vorschriftswidrigen Zustand nicht gemäß Absatz 1 beendet, liquidiert wird.

(3) Der Sitzstaat sieht vor, dass ein Rechtsmittel gegen die Feststellung des Verstoßes gegen Artikel 7 eingelegt werden kann. Durch dieses Rechtsmittel werden die in den Absätzen 1 und 2 vorgesehenen Verfahren ausgesetzt.

(4) Wird auf Veranlassung der Behörden oder einer betroffenen Partei festgestellt, dass sich die Hauptverwaltung einer SE unter Verstoß gegen Artikel 7 im Hoheitsgebiet eines Mitgliedstaats befindet, so teilen die Behörden dieses Mitgliedstaats dies unverzüglich dem Mitgliedstaat mit, in dem die SE ihren Sitz hat.

Artikel 65

Die Eröffnung eines Auflösungs-, Liquidations-, Zahlungsunfähigkeits- und Zahlungseinstellungsverfahrens und sein Abschluss sowie die Entscheidung über die Weiterführung der Geschäftstätigkeit werden unbeschadet einzelstaatlicher Bestimmungen, die zusätzliche Anforderungen in Bezug auf die Offenlegung enthalten, gemäß Artikel 13 offen gelegt.

Artikel 66

(1) Eine SE kann in eine dem Recht ihres Sitzstaats unterliegende Aktiengesellschaft umgewandelt werden. Ein Umwandlungsbeschluss darf erst zwei Jahre nach Eintragung der SE oder nach Genehmigung der ersten beiden Jahresabschlüsse gefasst werden.

(2) Die Umwandlung einer SE in eine Aktiengesellschaft führt weder zur Auflösung der Gesellschaft noch zur Gründung einer neuen juristischen Person.

---

*) **Amtl. Anm.:** ABl L 126 vom 26. 5. 2000, S. 1.
) **Amtl. Anm.: ABl L 374 vom 31. 12. 1991, S. 7.

(3) Das Leitungs- oder das Verwaltungsorgan der SE erstellt einen Umwandlungsplan sowie einen Bericht, in dem die rechtlichen und wirtschaftlichen Aspekte der Umwandlung erläutert und begründet sowie die Auswirkungen, die der Übergang zur Rechtsform der Aktiengesellschaft für die Aktionäre und die Arbeitnehmer hat, dargelegt werden.

(4) Der Umwandlungsplan ist mindestens einen Monat vor dem Tag der Hauptversammlung, die über die Umwandlung zu beschließen hat, nach den in den Rechtsvorschriften der einzelnen Mitgliedstaaten gemäß Artikel 3 der Richtlinie 68/151/EWG vorgesehenen Verfahren offen zu legen.

(5) Vor der Hauptversammlung nach Absatz 6 ist von einem oder mehreren unabhängigen Sachverständigen, der/die nach den einzelstaatlichen Durchführungsbestimmungen zu Artikel 10 der Richtlinie 78/855/EWG durch ein Gericht oder eine Verwaltungsbehörde des Mitgliedstaates, dem die sich in eine Aktiengesellschaft umwandelnde SE unterliegt, bestellt oder zugelassen ist/sind, zu bescheinigen, dass die Gesellschaft über Vermögenswerte mindestens in Höhe ihres Kapitals verfügt.

(6) Die Hauptversammlung der SE stimmt dem Umwandlungsplan zu und genehmigt die Satzung der Aktiengesellschaft. Die Beschlussfassung der Hauptversammlung erfolgt nach Maßgabe der einzelstaatlichen Bestimmungen im Einklang mit Artikel 7 der Richtlinie 78/855/EWG.

Titel VI: Ergänzungs- und Übergangsbestimmungen

Artikel 67

(1) Jeder Mitgliedstaat kann, sofern und solange für ihn die dritte Stufe der Wirtschafts- und Währungsunion (WWU) nicht gilt, auf die SE mit Sitz in seinem Hoheitsgebiet in der Frage, auf welche Währung ihr Kapital zu lauten hat, dieselben Bestimmungen anwenden wie auf die Aktiengesellschaften, für die seine Rechtsvorschriften gelten. Die SE kann ihr Kapital auf jeden Fall auch in Euro ausdrücken. In diesem Fall wird für die Umrechnung zwischen Landeswährung und Euro der Satz zugrunde gelegt, der am letzten Tag des Monats vor der Gründung der SE galt.

(2) Sofern und solange für den Sitzstaat der SE die dritte Stufe der WWU nicht gilt, kann die SE jedoch die Jahresabschlüsse und gegebenenfalls die konsolidierten Abschlüsse in Euro erstellen und offen legen. Der Mitgliedstaat kann verlangen, dass die Jahresabschlüsse und gegebenenfalls die konsolidierten Abschlüsse nach denselben Bedingungen, wie sie für die dem Recht dieses Mitgliedstaats unterliegenden Aktiengesellschaften vorgesehen sind, in der Landeswährung erstellt und offen gelegt werden. Dies gilt unbeschadet der der SE zusätzlich eingeräumten Möglichkeit, ihre Jahresabschlüsse und gegebenenfalls ihre konsolidierten Abschlüsse entsprechend der Richtlinie 90/604/EWG[*)] in Euro offen zu legen.

Titel VII: Schlussbestimmungen

Artikel 68

(1) Die Mitgliedstaaten treffen alle geeigneten Vorkehrungen, um das Wirksamwerden dieser Verordnung zu gewährleisten.

(2) Jeder Mitgliedstaat benennt die zuständigen Behörden im Sinne der Artikel 8, 25, 26, 54, 55 und 64. Er setzt die Kommission und die anderen Mitgliedstaaten davon in Kenntnis.

Artikel 69

Spätestens fünf Jahre nach Inkrafttreten dieser Verordnung legt die Kommission dem Rat und dem Europäischen Parlament einen Bericht über die Anwendung der Verordnung sowie ge-

---

[*)] **Amtl. Anm.:** Richtlinie 90/604/EWG des Rates vom 8. November 1990 zur Änderung der Richtlinie 78/660/EWG über den Jahresabschluss und der Richtlinie 83/349/EWG über den konsolidierten Abschluss hinsichtlich der Ausnahme für kleine und mittlere Gesellschaften sowie der Offenlegung von Abschlüssen in Ecu (ABl L 317 vom 16.11.1990, S. 57).

gebenenfalls Vorschläge für Änderungen vor. In dem Bericht wird insbesondere geprüft, ob es zweckmäßig ist,
a) zuzulassen, dass sich die Hauptverwaltung und der Sitz der SE in verschiedenen Mitgliedstaaten befinden,
b) den Begriff der Verschmelzung in Artikel 17 Absatz 2 auszuweiten, um auch andere als die in Artikel 3 Absatz 1 und Artikel 4 Absatz 1 der Richtlinie 78/855/EWG definierten Formen der Verschmelzung zuzulassen,
c) die Gerichtsstandsklausel des Artikels 8 Absatz 16 im Lichte von Bestimmungen, die in das Brüsseler Übereinkommen von 1968 oder in einen Rechtsakt der Mitgliedstaaten oder des Rates zur Ersetzung dieses Übereinkommens aufgenommen wurden, zu überprüfen,
d) vorzusehen, dass ein Mitgliedstaat in den Rechtsvorschriften, die er in Ausübung der durch diese Verordnung übertragenen Befugnisse oder zur Sicherstellung der tatsächlichen Anwendung dieser Verordnung auf eine SE erlässt, Bestimmungen in der Satzung der SE zulassen kann, die von diesen Rechtsvorschriften abweichen oder diese ergänzen, auch wenn derartige Bestimmungen in der Satzung einer Aktiengesellschaft mit Sitz in dem betreffenden Mitgliedstaat nicht zulässig wären.

Artikel 70
Diese Verordnung tritt am 8. Oktober 2004 in Kraft.

Diese Verordnung ist in allen ihren Teilen verbindlich und gilt unmittelbar in jedem Mitgliedstaat.

Geschehen zu Luxemburg am 8. Oktober 2001.

Anhang I: Aktiengesellschaften gemäß Artikel 2 Absatz 1[1)]

BELGIEN:
la société anonyme/de naamloze vennootschap
BULGARIEN:
акционерно дружество
TSCHECHISCHE REPUBLIK:
akciová společnost'
DÄNEMARK:
aktieselskaber
DEUTSCHLAND:
die Aktiengesellschaft
ESTLAND:
aktsiaselts
GRIECHENLAND:
ανώνυμη εταιρία
SPANIEN:
la sociedad anónima
FRANKREICH:
la société anonyme
KROATIEN:
dioničko društvo

---

1) **Anm. d. Red.:** Anhang I i. d. F. des Gesetzes v. 13. 5. 2013 (ABl Nr. L 158, S. 1).

Anhang I XX. VO EG Nr. 2157/2001 (SE-VO)

IRLAND:

public companies limited by shares

public companies limited by guarantee having a share capital

ITALIEN:

società per azioni

ZYPERN:

Δημόσια Εταιρεία περιορισμένησ ευθύνησ με μετοχέσ, Δημόσια Εταιρεία περιορισμένησ ευ θύνησ με εγγύηση

LETTLAND:

akciju sabiedrība

LITAUEN:

akcinės bendrovės

LUXEMBURG:

la société anonyme

UNGARN:

részvénytársaság

MALTA:

kumpaniji pubblici/public limited liability companies

NIEDERLANDE:

de naamloze vennootschap

ÖSTERREICH:

die Aktiengesellschaft

POLEN:

spółka akcyjna

PORTUGAL:

a sociedade anónima de responsabilidade limitada

RUMÄNIEN:

societate pe acţiuni

SLOWENIEN:

delniška družba

SLOWAKEI:

akciová spoločnos

FINNLAND:

julkinen osakeyhtiö/publikt aktiebolag

SCHWEDEN:

publikt aktiebolag

VEREINIGTES KÖNIGREICH:

public companies limited by shares

public companies limited by guarantee having a share capital

Anhang II: Aktiengesellschaften und Gesellschaften mit beschränkter Haftung gemäß Artikel 2 Absatz 2[1)]

BELGIEN:
la société anonyme/de naamloze vennootschap,
la société privée à responsabilité limitée/besloten vennootschap met beperkte aansprakelijkheid
BULGARIEN:
акционерно дружество, дружество с ограничена отговорност
TSCHECHISCHE REPUBLIK:
akciová společnost,
společnost s ručením omezeným
DÄNEMARK:
aktieselskaber,
anpartselskaber
DEUTSCHLAND:
die Aktiengesellschaft,
die Gesellschaft mit beschränkter Haftung
ESTLAND:
aktsiaselts ja osaühing
GRIECHENLAND:
ανώνυμη εταιρία
εταιρία περιοριομένησ ευθύνησ
SPANIEN:
la sociedad anónima,
la sociedad de responsabilidad limitada
FRANKREICH:
la société anonyme
la société à responsabilité limitée
KROATIEN:
dioničko društvo,
društvo s ograničenom odgovornošću
IRLAND:
public companies limited by shares
public companies limited by guarantee having a share capital
private companies limited by shares
private companies limited by guarantee having a share capital
ITALIEN:
società per azioni,
società a responsabilità limitata
ZYPERN:
Δημόσια εταιρεία περιορισμένησ ευθύνησ με μετοχέσ,
δημόσια Εταιρεία περιορισμένησ ευθύνησ με εγγύηση,
ιδιωτική εταιρεία

---

1) **Anm. d. Red.:** Anhang II i. d. F. des Gesetzes v. 13. 5. 2013 (ABl Nr. L 158, S. 1).

LETTLAND:
akciju sabiedrība,
un sabiedrība ar ierobežotu atbildību
LITAUEN:
akcinės bendrovės,
uždarosios akcinės bendrovės
LUXEMBURG:
la société anonyme,
la société à responsabilité limitée
UNGARN:
részvénytársaság,
korlátolt felelősségű társaság
MALTA:
kumpaniji pubblici/public limited liability companies
kumpaniji privati/private limited liability companies
NIEDERLANDE:
de naamloze vennootschap,
de besloten vennootschap met beperkte aansprakelijkheid
ÖSTERREICH:
die Aktiengesellschaft,
die Gesellschaft mit beschränkter Haftung
POLEN:
spółka akcyjna,
spółka z ograniczoną odpowiedzialnością
PORTUGAL:
a sociedade anónima de responsabilidade limitada,
a sociedade por quotas de responsabilidade limitada
RUMÄNIEN:
societate pe acțiuni, societate cu răspundere limitată
SLOWENIEN:
delniška družba,
družba z omejeno odgovornostjo
SLOWAKEI:
akciová spoločnos',
spoločnosť s ručením obmedzeným
FINNLAND:
osakeyhtiö/aktiebolag
SCHWEDEN:
aktiebolag
VEREINIGTES KÖNIGREICH:
public companies limited by shares
public companies limited by guarantee having a share capital
private companies limited by shares
private companies limited by guarantee having a share capital

XXI. Gesetz zur Ausführung der Verordnung (EG) Nr. 2157/2001 des Rates vom 8. Oktober 2001 über das Statut der Europäischen Gesellschaft (SE) (SE-Ausführungsgesetz – SEAG)

v. 22. 12. 2004 (BGBl I S. 3675) mit späteren Änderungen

Das Gesetz zur Ausführung der Verordnung (EG) Nr. 2157/2001 des Rates vom 8. Oktober 2001 über das Statut der Europäischen Gesellschaft (SE) (SE-Ausführungsgesetz – SEAG) ist als Art. 1 Gesetz zur Einführung der Europäischen Gesellschaft (SEEG) v. 22. 12. 2004 (BGBl I S. 3675) verkündet worden und am 29. 12. 2004 in Kraft getreten. Es ist zuletzt geändert worden durch Art. 9 Gesetz zur Umsetzung der zweiten Aktionärsrechterichtlinie (ARUG II)*) v. 12.12.2019 (BGBl I S. 2637).

Nichtamtliche Fassung

Inhaltsübersicht[1]

Abschnitt 1: Allgemeine Vorschriften

§ 1 Anzuwendende Vorschriften
§ 2 (weggefallen)
§ 3 Eintragung
§ 4 Zuständigkeiten

Abschnitt 2: Gründung einer SE
Unterabschnitt 1: Verschmelzung

§ 5 Bekanntmachung
§ 6 Verbesserung des Umtauschverhältnisses
§ 7 Abfindungsangebot im Verschmelzungsplan
§ 8 Gläubigerschutz

Unterabschnitt 2: Gründung einer Holding-SE

§ 9 Abfindungsangebot im Gründungsplan
§ 10 Zustimmungsbeschluss; Negativerklärung
§ 11 Verbesserung des Umtauschverhältnisses

Abschnitt 3: Sitzverlegung

§ 12 Abfindungsangebot im Verlegungsplan
§ 13 Gläubigerschutz
§ 14 Negativerklärung

Abschnitt 4: Aufbau der SE
Unterabschnitt 1: Dualistisches System

§ 15 Wahrnehmung der Geschäftsleitung durch Mitglieder des Aufsichtsorgans
§ 16 Zahl der Mitglieder des Leitungsorgans
§ 17 Zahl der Mitglieder und Zusammensetzung des Aufsichtsorgans
§ 18 Informationsverlangen einzelner Mitglieder des Aufsichtsorgans
§ 19 Festlegung zustimmungsbedürftiger Geschäfte durch das Aufsichtsorgan

---

*) **Amtl. Anm.:** Dieses Gesetz dient der Umsetzung der Richtlinie (EU) 2017/828 des Europäischen Parlaments und des Rates vom 17. Mai 2017 zur Änderung der Richtlinie 2007/36/EG im Hinblick auf die Förderung der langfristigen Mitwirkung der Aktionäre (ABl L 132 vom 20.5.2017, S. 1).

1) **Anm. d. Red.:** Inhaltsübersicht i. d. F. des Gesetzes v. 10.5.2016 (BGBl I S. 1142) mit Wirkung v. 17.6.2016.

Unterabschnitt 2: Monistisches System

§ 20 Anzuwendende Vorschriften
§ 21 Anmeldung und Eintragung
§ 22 Aufgaben und Rechte des Verwaltungsrats
§ 23 Zahl der Mitglieder des Verwaltungsrats
§ 24 Zusammensetzung des Verwaltungsrats
§ 25 Bekanntmachung über die Zusammensetzung des Verwaltungsrats
§ 26 Gerichtliche Entscheidung über die Zusammensetzung des Verwaltungsrats
§ 27 Persönliche Voraussetzungen der Mitglieder des Verwaltungsrats
§ 28 Bestellung der Mitglieder des Verwaltungsrats
§ 29 Abberufung der Mitglieder des Verwaltungsrats
§ 30 Bestellung durch das Gericht
§ 31 Nichtigkeit der Wahl von Verwaltungsratsmitgliedern
§ 32 Anfechtung der Wahl von Verwaltungsratsmitgliedern
§ 33 Wirkung des Urteils
§ 34 Innere Ordnung des Verwaltungsrats
§ 35 Beschlussfassung
§ 36 Teilnahme an Sitzungen des Verwaltungsrats und seiner Ausschüsse
§ 37 Einberufung des Verwaltungsrats
§ 38 Rechtsverhältnisse der Mitglieder des Verwaltungsrats
§ 39 Sorgfaltspflicht und Verantwortlichkeit der Verwaltungsratsmitglieder
§ 40 Geschäftsführende Direktoren
§ 41 Vertretung
§ 42 (weggefallen)
§ 43 Angaben auf Geschäftsbriefen
§ 44 Beschränkungen der Vertretungs- und Geschäftsführungsbefugnis
§ 45 Bestellung durch das Gericht
§ 46 Anmeldung von Änderungen
§ 47 Prüfung und Feststellung des Jahresabschlusses
§ 48 Ordentliche Hauptversammlung
§ 49 Leitungsmacht und Verantwortlichkeit bei Abhängigkeit von Unternehmen

Unterabschnitt 3: Hauptversammlung

§ 50 Einberufung und Ergänzung der Tagesordnung auf Verlangen einer Minderheit
§ 51 Satzungsänderungen

Abschnitt 5: Auflösung

§ 52 Auflösung der SE bei Auseinanderfallen von Sitz und Hauptverwaltung

Abschnitt 6: Straf- und Bußgeldvorschriften

§ 53 Straf- und Bußgeldvorschriften

Abschnitt 7: Schlussbestimmungen

§ 54 Übergangsvorschrift zum Bilanzrechtsmodernisierungsgesetz
§ 55 Übergangsvorschrift zum Gesetz zur Umsetzung der Aktionärsrechterichtlinie
§ 56 Übergangsvorschrift zum Abschlussprüfungsreformgesetz

Abschnitt 1: Allgemeine Vorschriften

§ 1 Anzuwendende Vorschriften

Soweit nicht die Verordnung (EG) Nr. 2157/2001 des Rates vom 8. Oktober 2001 über das Statut der Europäischen Gesellschaft (SE) (ABl EG Nr. L 294 S. 1) (Verordnung) gilt, sind auf eine Europäische Gesellschaft (SE) mit Sitz im Inland und auf die an der Gründung einer Europäischen Gesellschaft beteiligten Gesellschaften mit Sitz im Inland die folgenden Vorschriften anzuwenden.

§ 2 (weggefallen)[1]

---

[1] **Anm. d. Red.:** § 2 weggefallen gem. Gesetz v. 23. 10. 2008 (BGBl I S. 2026) mit Wirkung v. 1. 11. 2008.

§ 3 Eintragung

Die SE wird gemäß den für Aktiengesellschaften geltenden Vorschriften im Handelsregister eingetragen.

§ 4 Zuständigkeiten[1]

¹Für die Eintragung der SE und für die in Artikel 8 Abs. 8, Artikel 25 Abs. 2 sowie den Artikeln 26 und 64 Abs. 4 der Verordnung bezeichneten Aufgaben ist das nach den §§ 376 und 377 des Gesetzes über das Verfahren in Familiensachen und in den Angelegenheiten der freiwilligen Gerichtsbarkeit bestimmte Gericht zuständig. ²Das zuständige Gericht im Sinne des Artikels 55 Abs. 3 Satz 1 der Verordnung bestimmt sich nach § 375 Nr. 4, §§ 376 und 377 des Gesetzes über das Verfahren in Familiensachen und in den Angelegenheiten der freiwilligen Gerichtsbarkeit.

Abschnitt 2: Gründung einer SE

Unterabschnitt 1: Verschmelzung

§ 5 Bekanntmachung

¹Die nach Artikel 21 der Verordnung bekannt zu machenden Angaben sind dem Register bei Einreichung des Verschmelzungsplans mitzuteilen. ²Das Gericht hat diese Angaben zusammen mit dem nach § 61 Satz 2 des Umwandlungsgesetzes vorgeschriebenen Hinweis bekannt zu machen.

§ 6 Verbesserung des Umtauschverhältnisses[2]

(1) Unter den Voraussetzungen des Artikels 25 Abs. 3 Satz 1 der Verordnung kann eine Klage gegen den Verschmelzungsbeschluss einer übertragenden Gesellschaft nicht darauf gestützt werden, dass das Umtauschverhältnis der Anteile nicht angemessen ist.

(2) Ist bei der Gründung einer SE durch Verschmelzung nach dem Verfahren der Verordnung das Umtauschverhältnis der Anteile nicht angemessen, so kann jeder Aktionär einer übertragenden Gesellschaft, dessen Recht, gegen die Wirksamkeit des Verschmelzungsbeschlusses Klage zu erheben, nach Absatz 1 ausgeschlossen ist, von der SE einen Ausgleich durch bare Zuzahlung verlangen.

(3) ¹Die bare Zuzahlung ist nach Ablauf des Tages, an dem die Verschmelzung im Sitzstaat der SE nach den dort geltenden Vorschriften eingetragen und bekannt gemacht worden ist, mit jährlich 5 Prozentpunkten über dem jeweiligen Basiszinssatz nach § 247 des Bürgerlichen Gesetzbuchs zu verzinsen. ²Die Geltendmachung eines weiteren Schadens ist nicht ausgeschlossen.

(4) ¹Macht ein Aktionär einer übertragenden Gesellschaft unter den Voraussetzungen des Artikels 25 Abs. 3 Satz 1 der Verordnung geltend, dass das Umtauschverhältnis der Anteile nicht angemessen sei, so hat auf seinen Antrag das Gericht nach dem Spruchverfahrensgesetz vom 12. Juni 2003 (BGBl I S. 838) eine angemessene bare Zuzahlung zu bestimmen. ²Satz 1 findet auch auf Aktionäre einer übertragenden Gesellschaft mit Sitz in einem anderen Mitgliedstaat der Europäischen Union oder in einem anderen Vertragsstaat des Abkommens über den Europäischen Wirtschaftsraum Anwendung, sofern nach dem Recht dieses Staates ein Verfahren zur Kontrolle und Änderung des Umtauschverhältnisses der Aktien vorgesehen ist und deutsche Gerichte für die Durchführung eines solchen Verfahrens international zuständig sind.

---

1) **Anm. d. Red.:** § 4 i. d. F. des Gesetzes v. 17.12.2008 (BGBl I S. 2586) mit Wirkung v. 1.9.2009.
2) **Anm. d. Red.:** § 6 i. d. F. des Gesetzes v. 30.7.2009 (BGBl I S. 2479) mit Wirkung v. 1.9.2009.

§ 7 Abfindungsangebot im Verschmelzungsplan[1]

(1) ¹Bei der Gründung einer SE, die ihren Sitz im Ausland haben soll, durch Verschmelzung nach dem Verfahren der Verordnung hat eine übertragende Gesellschaft im Verschmelzungsplan oder in seinem Entwurf jedem Aktionär, der gegen den Verschmelzungsbeschluss der Gesellschaft Widerspruch zur Niederschrift erklärt, den Erwerb seiner Aktien gegen eine angemessene Barabfindung anzubieten. ²Die Vorschriften des Aktiengesetzes über den Erwerb eigener Aktien gelten entsprechend, jedoch ist § 71 Abs. 4 Satz 2 des Aktiengesetzes insoweit nicht anzuwenden. ³Die Bekanntmachung des Verschmelzungsplans als Gegenstand der Beschlussfassung muss den Wortlaut dieses Angebots enthalten. ⁴Die Gesellschaft hat die Kosten für eine Übertragung zu tragen. ⁵§ 29 Abs. 2 des Umwandlungsgesetzes findet entsprechende Anwendung.

(2) ¹Die Barabfindung muss die Verhältnisse der Gesellschaft im Zeitpunkt der Beschlussfassung über die Verschmelzung berücksichtigen. ²Die Barabfindung ist nach Ablauf des Tages, an dem die Verschmelzung im Sitzstaat der SE nach den dort geltenden Vorschriften eingetragen und bekannt gemacht worden ist, mit jährlich 5 Prozentpunkten über dem jeweiligen Basiszinssatz nach § 247 des Bürgerlichen Gesetzbuchs zu verzinsen. ³Die Geltendmachung eines weiteren Schadens ist nicht ausgeschlossen.

(3) ¹Die Angemessenheit einer anzubietenden Barabfindung ist stets durch Verschmelzungsprüfer zu prüfen. ²Die §§ 10 bis 12 des Umwandlungsgesetzes sind entsprechend anzuwenden. ³Die Berechtigten können auf die Prüfung oder den Prüfungsbericht verzichten; die Verzichtserklärungen sind notariell zu beurkunden.

(4) ¹Das Angebot nach Absatz 1 kann nur binnen zwei Monaten nach dem Tage angenommen werden, an dem die Verschmelzung im Sitzstaat der SE nach den dort geltenden Vorschriften eingetragen und bekannt gemacht worden ist. ²Ist nach Absatz 7 dieser Vorschrift ein Antrag auf Bestimmung der Barabfindung durch das Gericht gestellt worden, so kann das Angebot binnen zwei Monaten nach dem Tage angenommen werden, an dem die Entscheidung im Bundesanzeiger bekannt gemacht worden ist.

(5) Unter den Voraussetzungen des Artikels 25 Abs. 3 Satz 1 der Verordnung kann eine Klage gegen die Wirksamkeit des Verschmelzungsbeschlusses einer übertragenden Gesellschaft nicht darauf gestützt werden, dass das Angebot nach Absatz 1 zu niedrig bemessen oder dass die Barabfindung im Verschmelzungsplan nicht oder nicht ordnungsgemäß angeboten worden ist.

(6) Einer anderweitigen Veräußerung des Anteils durch den Aktionär stehen nach Fassung des Verschmelzungsbeschlusses bis zum Ablauf der in Absatz 4 bestimmten Frist Verfügungsbeschränkungen bei den beteiligten Rechtsträgern nicht entgegen.

(7) ¹Macht ein Aktionär einer übertragenden Gesellschaft unter den Voraussetzungen des Artikels 25 Abs. 3 Satz 1 der Verordnung geltend, dass eine im Verschmelzungsplan bestimmte Barabfindung, die ihm nach Absatz 1 anzubieten war, zu niedrig bemessen sei, so hat auf seinen Antrag das Gericht nach dem Spruchverfahrensgesetz vom 12. Juni 2003 (BGBl I S. 838) die angemessene Barabfindung zu bestimmen. ²Das Gleiche gilt, wenn die Barabfindung nicht oder nicht ordnungsgemäß angeboten worden ist. ³Die Sätze 1 und 2 finden auch auf Aktionäre einer übertragenden Gesellschaft mit Sitz in einem anderen Mitgliedstaat der Europäischen Union oder in einem anderen Vertragsstaat des Abkommens über den Europäischen Wirtschaftsraum Anwendung, sofern nach dem Recht dieses Staates ein Verfahren zur Abfindung von Minderheitsaktionären vorgesehen ist und deutsche Gerichte für die Durchführung eines solchen Verfahrens international zuständig sind.

§ 8 Gläubigerschutz

¹Liegt der künftige Sitz der SE im Ausland, ist § 13 Abs. 1 und 2 entsprechend anzuwenden. ²Das zuständige Gericht stellt die Bescheinigung nach Artikel 25 Abs. 2 der Verordnung nur aus, wenn die Vorstandsmitglieder einer übertragenden Gesellschaft die Versicherung abgeben,

---

[1] **Anm. d. Red.:** § 7 i. d. F. des Gesetzes v. 30. 7. 2009 (BGBl I S. 2479) mit Wirkung v. 1. 9. 2009.

dass allen Gläubigern, die nach Satz 1 einen Anspruch auf Sicherheitsleistung haben, eine angemessene Sicherheit geleistet wurde.

Unterabschnitt 2: Gründung einer Holding-SE

§ 9 Abfindungsangebot im Gründungsplan

(1) [1]Bei der Gründung einer Holding-SE nach dem Verfahren der Verordnung, die ihren Sitz im Ausland haben soll oder die ihrerseits abhängig im Sinne des § 17 des Aktiengesetzes ist, hat eine die Gründung anstrebende Aktiengesellschaft im Gründungsplan jedem Anteilsinhaber, der gegen den Zustimmungsbeschluss dieser Gesellschaft zum Gründungsplan Widerspruch zur Niederschrift erklärt, den Erwerb seiner Anteile gegen eine angemessene Barabfindung anzubieten. [2]Die Vorschriften des Aktiengesetzes über den Erwerb eigener Aktien gelten entsprechend, jedoch ist § 71 Abs. 4 Satz 2 des Aktiengesetzes insoweit nicht anzuwenden. [3]Die Bekanntmachung des Gründungsplans als Gegenstand der Beschlussfassung muss den Wortlaut dieses Angebots enthalten. [4]Die Gesellschaft hat die Kosten für eine Übertragung zu tragen. [5]§ 29 Abs. 2 des Umwandlungsgesetzes findet entsprechende Anwendung.

(2) § 7 Abs. 2 bis 7 findet entsprechende Anwendung, wobei an die Stelle der Eintragung und Bekanntmachung der Verschmelzung die Eintragung und Bekanntmachung der neu gegründeten Holding-SE tritt.

§ 10 Zustimmungsbeschluss; Negativerklärung

(1) Der Zustimmungsbeschluss gemäß Artikel 32 Abs. 6 der Verordnung bedarf einer Mehrheit, die bei einer Aktiengesellschaft mindestens drei Viertel des bei der Beschlussfassung vertretenen Grundkapitals und bei einer Gesellschaft mit beschränkter Haftung mindestens drei Viertel der abgegebenen Stimmen umfasst.

(2) Bei der Anmeldung der Holding-SE haben ihre Vertretungsorgane zu erklären, dass eine Klage gegen die Wirksamkeit der Zustimmungsbeschlüsse gemäß Artikel 32 Abs. 6 der Verordnung nicht oder nicht fristgemäß erhoben oder eine solche Klage rechtskräftig abgewiesen oder zurückgenommen worden ist.

§ 11 Verbesserung des Umtauschverhältnisses

(1) Ist bei der Gründung einer Holding-SE nach dem Verfahren der Verordnung das Umtauschverhältnis der Anteile nicht angemessen, so kann jeder Anteilsinhaber der die Gründung anstrebenden Gesellschaft von der Holding-SE einen Ausgleich durch bare Zuzahlung verlangen.

(2) § 6 Abs. 1, 3 und 4 findet entsprechende Anwendung, wobei an die Stelle der Eintragung und Bekanntmachung der Verschmelzung die Eintragung und Bekanntmachung der Gründung der Holding-SE tritt.

Abschnitt 3: Sitzverlegung

§ 12 Abfindungsangebot im Verlegungsplan

(1) [1]Verlegt eine SE nach Maßgabe von Artikel 8 der Verordnung ihren Sitz, hat sie jedem Aktionär, der gegen den Verlegungsbeschluss Widerspruch zur Niederschrift erklärt, den Erwerb seiner Aktien gegen eine angemessene Barabfindung anzubieten. [2]Die Vorschriften des Aktiengesetzes über den Erwerb eigener Aktien gelten entsprechend, jedoch ist § 71 Abs. 4 Satz 2 des Aktiengesetzes insoweit nicht anzuwenden. [3]Die Bekanntmachung des Verlegungsplans als Gegenstand der Beschlussfassung muss den Wortlaut dieses Angebots enthalten. [4]Die Gesellschaft hat die Kosten für eine Übertragung zu tragen. [5]§ 29 Abs. 2 des Umwandlungsgesetzes findet entsprechende Anwendung.

(2) § 7 Abs. 2 bis 7 findet entsprechende Anwendung, wobei an die Stelle der Eintragung und Bekanntmachung der Verschmelzung die Eintragung und Bekanntmachung der SE im neuen Sitzstaat tritt.

§ 13 Gläubigerschutz

(1) ¹Verlegt eine SE nach Maßgabe von Artikel 8 der Verordnung ihren Sitz, ist den Gläubigern der Gesellschaft, wenn sie binnen zwei Monaten nach dem Tag, an dem der Verlegungsplan offen gelegt worden ist, ihren Anspruch nach Grund und Höhe schriftlich anmelden, Sicherheit zu leisten, soweit sie nicht Befriedigung verlangen können. ²Dieses Recht steht den Gläubigern jedoch nur zu, wenn sie glaubhaft machen, dass durch die Sitzverlegung die Erfüllung ihrer Forderungen gefährdet wird. ³Die Gläubiger sind im Verlegungsplan auf dieses Recht hinzuweisen.

(2) Das Recht auf Sicherheitsleistung nach Absatz 1 steht Gläubigern nur im Hinblick auf solche Forderungen zu, die vor oder bis zu 15 Tage nach Offenlegung des Verlegungsplans entstanden sind.

(3) Das zuständige Gericht stellt die Bescheinigung nach Artikel 8 Abs. 8 der Verordnung nur aus, wenn bei einer SE mit dualistischem System die Mitglieder des Leitungsorgans und bei einer SE mit monistischem System die geschäftsführenden Direktoren die Versicherung abgeben, dass allen Gläubigern, die nach den Absätzen 1 und 2 einen Anspruch auf Sicherheitsleistung haben, eine angemessene Sicherheit geleistet wurde.

§ 14 Negativerklärung

Das zuständige Gericht stellt die Bescheinigung nach Artikel 8 Abs. 8 der Verordnung nur aus, wenn die Vertretungsorgane einer SE, die nach Maßgabe des Artikels 8 der Verordnung ihren Sitz verlegt, erklären, dass eine Klage gegen die Wirksamkeit des Verlegungsbeschlusses nicht oder nicht fristgemäß erhoben oder eine solche Klage rechtskräftig abgewiesen oder zurückgenommen worden ist.

Abschnitt 4: Aufbau der SE
Unterabschnitt 1: Dualistisches System

§ 15 Wahrnehmung der Geschäftsleitung durch Mitglieder des Aufsichtsorgans

¹Die Abstellung eines Mitglieds des Aufsichtsorgans zur Wahrnehmung der Aufgaben eines Mitglieds des Leitungsorgans nach Artikel 39 Abs. 3 Satz 2 der Verordnung ist nur für einen im Voraus begrenzten Zeitraum, höchstens für ein Jahr, zulässig. ²Eine wiederholte Bestellung oder Verlängerung der Amtszeit ist zulässig, wenn dadurch die Amtszeit insgesamt ein Jahr nicht übersteigt.

§ 16 Zahl der Mitglieder des Leitungsorgans

¹Bei Gesellschaften mit einem Grundkapital von mehr als 3 Millionen Euro hat das Leitungsorgan aus mindestens zwei Personen zu bestehen, es sei denn, die Satzung bestimmt, dass es aus einer Person bestehen soll. ²§ 38 Abs. 2 des SE-Beteiligungsgesetzes bleibt unberührt.

§ 17 Zahl der Mitglieder und Zusammensetzung des Aufsichtsorgans[1)]

(1) ¹Das Aufsichtsorgan besteht aus drei Mitgliedern. ²Die Satzung kann eine bestimmte höhere Zahl festsetzen. ³Die Zahl muss durch drei teilbar sein, wenn dies für die Beteiligung der Arbeitnehmer auf Grund des SE-Beteiligungsgesetzes erforderlich ist. ⁴Die Höchstzahl beträgt bei Gesellschaften mit einem Grundkapital

bis zu	1 500 000 Euro	neun,
von mehr als	1 500 000 Euro	fünfzehn,
von mehr als	10 000 000 Euro	einundzwanzig.

---

1) **Anm. d. Red.:** § 17 i. d. F. des Gesetzes v. 10. 5. 2016 (BGBl I S. 1142) mit Wirkung v. 18. 5. 2016.

(2) ¹Besteht bei einer börsennotierten SE das Aufsichtsorgan aus derselben Zahl von Anteilseigner- und Arbeitnehmervertretern, müssen in dem Aufsichtsorgan Frauen und Männer jeweils mit einem Anteil von mindestens 30 Prozent vertreten sein. ²Der Mindestanteil von jeweils 30 Prozent an Frauen und Männern im Aufsichtsorgan ist bei erforderlich werdenden Neubesetzungen einzelner oder mehrerer Sitze im Aufsichtsorgan zu beachten. ³Reicht die Zahl der neu zu besetzenden Sitze nicht aus, um den Mindestanteil zu erreichen, sind die Sitze mit Personen des unterrepräsentierten Geschlechts zu besetzen, um dessen Anteil sukzessive zu steigern. ⁴Bestehende Mandate können bis zu ihrem regulären Ende wahrgenommen werden.

(3) Die Beteiligung der Arbeitnehmer nach dem SE-Beteiligungsgesetz bleibt unberührt.

(4) ¹Für Verfahren entsprechend den §§ 98, 99 oder 104 des Aktiengesetzes ist auch der SE-Betriebsrat antragsberechtigt. ²Für Klagen entsprechend § 250 des Aktiengesetzes ist auch der SE-Betriebsrat parteifähig; § 252 des Aktiengesetzes gilt entsprechend.

(5) ¹§ 251 des Aktiengesetzes findet mit der Maßgabe Anwendung, dass das gesetzeswidrige Zustandekommen von Wahlvorschlägen für die Arbeitnehmervertreter im Aufsichtsorgan nur nach den Vorschriften der Mitgliedstaaten über die Besetzung der ihnen zugewiesenen Sitze geltend gemacht werden kann. ²Für die Arbeitnehmervertreter aus dem Inland gilt § 37 Abs. 2 des SE-Beteiligungsgesetzes.

§ 18 Informationsverlangen einzelner Mitglieder des Aufsichtsorgans

Jedes einzelne Mitglied des Aufsichtsorgans kann vom Leitungsorgan jegliche Information nach Artikel 41 Abs. 3 Satz 1 der Verordnung, jedoch nur an das Aufsichtsorgan, verlangen.

§ 19 Festlegung zustimmungsbedürftiger Geschäfte durch das Aufsichtsorgan

Das Aufsichtsorgan kann selbst bestimmte Arten von Geschäften von seiner Zustimmung abhängig machen.

Unterabschnitt 2: Monistisches System

§ 20 Anzuwendende Vorschriften

Wählt eine SE gemäß Artikel 38 Buchstabe b der Verordnung in ihrer Satzung das monistische System mit einem Verwaltungsorgan (Verwaltungsrat), so gelten anstelle der §§ 76 bis 116 des Aktiengesetzes die nachfolgenden Vorschriften.

§ 21 Anmeldung und Eintragung[1]

(1) Die SE ist bei Gericht von allen Gründern, Mitgliedern des Verwaltungsrats und geschäftsführenden Direktoren zur Eintragung in das Handelsregister anzumelden.

(2) ¹In der Anmeldung haben die geschäftsführenden Direktoren zu versichern, dass keine Umstände vorliegen, die ihrer Bestellung nach § 40 Abs. 1 Satz 4 entgegenstehen und dass sie über ihre unbeschränkte Auskunftspflicht gegenüber dem Gericht belehrt worden sind. ²In der Anmeldung sind Art und Umfang der Vertretungsbefugnis der geschäftsführenden Direktoren anzugeben. ³Der Anmeldung sind die Urkunden über die Bestellung des Verwaltungsrats und der geschäftsführenden Direktoren sowie die Prüfungsberichte der Mitglieder des Verwaltungsrats beizufügen.

(3) Das Gericht kann die Anmeldung ablehnen, wenn für den Prüfungsbericht der Mitglieder des Verwaltungsrats die Voraussetzungen des § 38 Abs. 2 des Aktiengesetzes gegeben sind.

(4) Bei der Eintragung sind die geschäftsführenden Direktoren sowie deren Vertretungsbefugnis anzugeben.

---

1) **Anm. d. Red.:** § 21 i. d. F. des Gesetzes v. 23. 10. 2008 (BGBl I S. 2026) mit Wirkung v. 1. 11. 2008.

§ 22 Aufgaben und Rechte des Verwaltungsrats[1]

(1) Der Verwaltungsrat leitet die Gesellschaft, bestimmt die Grundlinien ihrer Tätigkeit und überwacht deren Umsetzung.

(2) ¹Der Verwaltungsrat hat eine Hauptversammlung einzuberufen, wenn das Wohl der Gesellschaft es fordert. ²Für den Beschluss genügt die einfache Mehrheit. ³Für die Vorbereitung und Ausführung von Hauptversammlungsbeschlüssen gilt § 83 des Aktiengesetzes entsprechend; der Verwaltungsrat kann einzelne damit verbundene Aufgaben auf die geschäftsführenden Direktoren übertragen.

(3) ¹Der Verwaltungsrat hat dafür zu sorgen, dass die erforderlichen Handelsbücher geführt werden. ²Der Verwaltungsrat hat geeignete Maßnahmen zu treffen, insbesondere ein Überwachungssystem einzurichten, damit den Fortbestand der Gesellschaft gefährdende Entwicklungen früh erkannt werden.

(4) ¹Der Verwaltungsrat kann die Bücher und Schriften der Gesellschaft sowie die Vermögensgegenstände, namentlich die Gesellschaftskasse und die Bestände an Wertpapieren und Waren, einsehen und prüfen. ²Er kann damit auch einzelne Mitglieder oder für bestimmte Aufgaben besondere Sachverständige beauftragen. ³Er erteilt dem Abschlussprüfer den Prüfungsauftrag für den Jahres- und Konzernabschluss gemäß § 290 des Handelsgesetzbuchs.

(5) ¹Ergibt sich bei Aufstellung der Jahresbilanz oder einer Zwischenbilanz oder ist bei pflichtmäßigem Ermessen anzunehmen, dass ein Verlust in der Hälfte des Grundkapitals besteht, so hat der Verwaltungsrat unverzüglich die Hauptversammlung einzuberufen und ihr dies anzuzeigen. ²Bei Zahlungsunfähigkeit oder Überschuldung der Gesellschaft hat der Verwaltungsrat den Insolvenzantrag nach § 15a Abs. 1 der Insolvenzordnung zu stellen; § 92 Abs. 2 des Aktiengesetzes gilt entsprechend.

(6) Rechtsvorschriften, die außerhalb dieses Gesetzes dem Vorstand oder dem Aufsichtsrat einer Aktiengesellschaft Rechte oder Pflichten zuweisen, gelten sinngemäß für den Verwaltungsrat, soweit nicht in diesem Gesetz für den Verwaltungsrat und für geschäftsführende Direktoren besondere Regelungen enthalten sind.

§ 23 Zahl der Mitglieder des Verwaltungsrats

(1) ¹Der Verwaltungsrat besteht aus drei Mitgliedern. ²Die Satzung kann etwas anderes bestimmen; bei Gesellschaften mit einem Grundkapital von mehr als 3 Millionen Euro hat der Verwaltungsrat jedoch aus mindestens drei Personen zu bestehen. ³Die Höchstzahl der Mitglieder des Verwaltungsrats beträgt bei Gesellschaften mit einem Grundkapital

bis zu	1 500 000 Euro	neun,
von mehr als	1 500 000 Euro	fünfzehn,
von mehr als	10 000 000 Euro	einundzwanzig.

(2) Die Beteiligung der Arbeitnehmer nach dem SE-Beteiligungsgesetz bleibt unberührt.

§ 24 Zusammensetzung des Verwaltungsrats[2]

(1) Der Verwaltungsrat setzt sich zusammen aus Verwaltungsratsmitgliedern der Aktionäre und, soweit eine Vereinbarung nach § 21 oder die §§ 34 bis 38 des SE-Beteiligungsgesetzes dies vorsehen, auch aus Verwaltungsratsmitgliedern der Arbeitnehmer.

(2) Nach anderen als den zuletzt angewandten vertraglichen oder gesetzlichen Vorschriften kann der Verwaltungsrat nur zusammengesetzt werden, wenn nach § 25 oder nach § 26 die in der Bekanntmachung des Vorsitzenden des Verwaltungsrats oder in der gerichtlichen Entscheidung angegebenen vertraglichen oder gesetzlichen Vorschriften anzuwenden sind.

---

1) **Anm. d. Red.:** § 22 i. d. F. des Gesetzes v. 30. 7. 2009 (BGBl I S. 2479) mit Wirkung v. 1. 9. 2009.
2) **Anm. d. Red.:** § 24 i. d. F. des Gesetzes v. 24. 4. 2015 (BGBl I S. 642) mit Wirkung v. 1. 1. 2016.

(3) ¹Besteht bei einer börsennotierten SE der Verwaltungsrat aus derselben Zahl von Anteilseigner- und Arbeitnehmervertretern, müssen in dem Verwaltungsrat Frauen und Männer jeweils mit einem Anteil von mindestens 30 Prozent vertreten sein. ²Der Mindestanteil von jeweils 30 Prozent an Frauen und Männern im Verwaltungsrat ist bei erforderlich werdenden Neubesetzungen einzelner oder mehrerer Sitze im Verwaltungsrat zu beachten. ³Reicht die Zahl der neu zu besetzenden Sitze nicht aus, um den Mindestanteil zu erreichen, sind die Sitze mit Personen des unterrepräsentierten Geschlechts zu besetzen, um dessen Anteil sukzessive zu steigern. ⁴Bestehende Mandate können bis zu ihrem regulären Ende wahrgenommen werden.

§ 25 Bekanntmachung über die Zusammensetzung des Verwaltungsrats

(1) ¹Ist der Vorsitzende des Verwaltungsrats der Ansicht, dass der Verwaltungsrat nicht nach den maßgeblichen vertraglichen oder gesetzlichen Vorschriften zusammengesetzt ist, so hat er dies unverzüglich in den Gesellschaftsblättern und gleichzeitig durch Aushang in sämtlichen Betrieben der Gesellschaft und ihrer Konzernunternehmen bekannt zu machen. ²Der Aushang kann auch in elektronischer Form erfolgen. ³In der Bekanntmachung sind die nach Ansicht des Vorsitzenden des Verwaltungsrats maßgeblichen vertraglichen oder gesetzlichen Vorschriften anzugeben. ⁴Es ist darauf hinzuweisen, dass der Verwaltungsrat nach diesen Vorschriften zusammengesetzt wird, wenn nicht Antragsberechtigte nach § 26 Abs. 2 innerhalb eines Monats nach der Bekanntmachung im Bundesanzeiger das nach § 26 Abs. 1 zuständige Gericht anrufen.

(2) ¹Wird das nach § 26 Abs. 1 zuständige Gericht nicht innerhalb eines Monats nach der Bekanntmachung im Bundesanzeiger angerufen, so ist der neue Verwaltungsrat nach den in der Bekanntmachung angegebenen Vorschriften zusammenzusetzen. ²Die Bestimmungen der Satzung über die Zusammensetzung des Verwaltungsrats, über die Zahl der Mitglieder des Verwaltungsrats sowie über die Wahl, Abberufung und Entsendung von Mitgliedern des Verwaltungsrats treten mit der Beendigung der ersten Hauptversammlung, die nach Ablauf der Anrufungsfrist einberufen wird, spätestens sechs Monate nach Ablauf dieser Frist insoweit außer Kraft, als sie den nunmehr anzuwendenden Vorschriften widersprechen. ³Mit demselben Zeitpunkt erlischt das Amt der bisherigen Mitglieder des Verwaltungsrats. ⁴Eine Hauptversammlung, die innerhalb der Frist von sechs Monaten stattfindet, kann an Stelle der außer Kraft tretenden Satzungsbestimmungen mit einfacher Stimmenmehrheit neue Satzungsbestimmungen beschließen.

(3) Solange ein gerichtliches Verfahren nach § 26 anhängig ist, kann eine Bekanntmachung über die Zusammensetzung des Verwaltungsrats nicht erfolgen.

§ 26 Gerichtliche Entscheidung über die Zusammensetzung des Verwaltungsrats[1)]

(1) Ist streitig oder ungewiss, nach welchen Vorschriften der Verwaltungsrat zusammenzusetzen ist, so entscheidet darüber auf Antrag ausschließlich das Landgericht, in dessen Bezirk die Gesellschaft ihren Sitz hat.

(2) Antragsberechtigt sind
1. jedes Mitglied des Verwaltungsrats,
2. jeder Aktionär,
3. die nach § 98 Abs. 2 Satz 1 Nr. 4 bis 10 des Aktiengesetzes Antragsberechtigten,
4. der SE-Betriebsrat.

(3) ¹Entspricht die Zusammensetzung des Verwaltungsrats nicht der gerichtlichen Entscheidung, so ist der neue Verwaltungsrat nach den in der Entscheidung angegebenen Vorschriften zusammenzusetzen. ²§ 25 Abs. 2 gilt entsprechend mit der Maßgabe, dass die Frist von sechs Monaten mit dem Eintritt der Rechtskraft beginnt.

---

1) **Anm. d. Red.:** § 26 i. d. F. des Gesetzes v. 17. 12. 2008 (BGBl I S. 2586) mit Wirkung v. 1. 9. 2009.

(4) Für das Verfahren gilt § 99 des Aktiengesetzes entsprechend mit der Maßgabe, dass die nach Absatz 5 der Vorschrift vorgesehene Einreichung der rechtskräftigen Entscheidung durch den Vorsitzenden des Verwaltungsrats erfolgt.

§ 27 Persönliche Voraussetzungen der Mitglieder des Verwaltungsrats[1)]

(1) ¹Mitglied des Verwaltungsrats kann nicht sein, wer

1. bereits in zehn Handelsgesellschaften, die gesetzlich einen Aufsichtsrat oder einen Verwaltungsrat zu bilden haben, Mitglied des Aufsichtsrats oder des Verwaltungsrats ist,
2. gesetzlicher Vertreter eines von der Gesellschaft abhängigen Unternehmens ist oder
3. gesetzlicher Vertreter einer anderen Kapitalgesellschaft ist, deren Aufsichtsrat oder Verwaltungsrat ein Vorstandsmitglied oder ein geschäftsführender Direktor der Gesellschaft angehört.

²Auf die Höchstzahl nach Satz 1 Nr. 1 sind bis zu fünf Sitze in Aufsichts- oder Verwaltungsräten nicht anzurechnen, die ein gesetzlicher Vertreter (beim Einzelkaufmann der Inhaber) des herrschenden Unternehmens eines Konzerns in zum Konzern gehörenden Handelsgesellschaften, die gesetzlich einen Aufsichtsrat oder einen Verwaltungsrat zu bilden haben, inne hat. ³Auf die Höchstzahl nach Satz 1 Nr. 1 sind Aufsichtsrats- oder Verwaltungsratsämter im Sinne der Nummer 1 doppelt anzurechnen, für die das Mitglied zum Vorsitzenden gewählt worden ist. ⁴Bei einer SE, die kapitalmarktorientiert im Sinne des § 264d des Handelsgesetzbuchs, die CRR-Kreditinstitut im Sinne des § 1 Absatz 3d Satz 1 des Kreditwesengesetzes, mit Ausnahme der in § 2 Absatz 1 Nummer 1 und 2 des Kreditwesengesetzes genannten Institute, oder die Versicherungsunternehmen ist im Sinne des Artikels 2 Absatz 1 der Richtlinie 91/674/EWG des Rates vom 19. Dezember 1991 über den Jahresabschluß und den konsolidierten Abschluß von Versicherungsunternehmen (ABl L 374 vom 31. 12. 1991, S. 7), die zuletzt durch die Richtlinie 2006/46/EG (ABl L 224 vom 16. 8. 2006, S. 1) geändert worden ist, müssen die Voraussetzungen des § 100 Absatz 5 des Aktiengesetzes erfüllt sein.

(2) § 36 Abs. 3 Satz 2 in Verbindung mit § 6 Abs. 2 bis 4 des SE-Beteiligungsgesetzes oder eine Vereinbarung nach § 21 des SE-Beteiligungsgesetzes über weitere persönliche Voraussetzungen der Mitglieder der Arbeitnehmer bleibt unberührt.

(3) Eine juristische Person kann nicht Mitglied des Verwaltungsrats sein.

§ 28 Bestellung der Mitglieder des Verwaltungsrats

(1) Die Bestellung der Mitglieder des Verwaltungsrats richtet sich nach der Verordnung.

(2) § 101 Abs. 2 des Aktiengesetzes gilt entsprechend.

(3) ¹Stellvertreter von Mitgliedern des Verwaltungsrats können nicht bestellt werden. ²Jedoch kann für jedes Mitglied ein Ersatzmitglied bestellt werden, das Mitglied des Verwaltungsrats wird, wenn das Mitglied vor Ablauf seiner Amtszeit wegfällt. ³Das Ersatzmitglied kann nur gleichzeitig mit dem Mitglied bestellt werden. ⁴Auf seine Bestellung sowie die Nichtigkeit und Anfechtung seiner Bestellung sind die für das Mitglied geltenden Vorschriften anzuwenden. ⁵Das Amt des Ersatzmitglieds erlischt spätestens mit Ablauf der Amtszeit des weggefallenen Mitglieds.

§ 29 Abberufung der Mitglieder des Verwaltungsrats[2)]

(1) ¹Mitglieder des Verwaltungsrats, die von der Hauptversammlung ohne Bindung an einen Wahlvorschlag gewählt worden sind, können von ihr vor Ablauf der Amtszeit abberufen werden. ²Der Beschluss bedarf einer Mehrheit, die mindestens drei Viertel der abgegebenen Stimmen umfasst. ³Die Satzung kann eine andere Mehrheit und weitere Erfordernisse bestimmen.

---

1) **Anm. d. Red.:** § 27 i. d. F. des Gesetzes v. 10. 5. 2016 (BGBl I S. 1142) mit Wirkung v. 17. 6. 2016.
2) **Anm. d. Red.:** § 29 i. d. F. des Gesetzes v. 17. 12. 2008 (BGBl I S. 2586) mit Wirkung v. 1. 9. 2009.

(2) ¹Ein Mitglied des Verwaltungsrats, das auf Grund der Satzung in den Verwaltungsrat entsandt ist, kann von dem Entsendungsberechtigten jederzeit abberufen und durch ein anderes ersetzt werden. ²Sind die in der Satzung bestimmten Voraussetzungen des Entsendungsrechts weggefallen, so kann die Hauptversammlung das entsandte Mitglied mit einfacher Stimmenmehrheit abberufen.

(3) ¹Das Gericht hat auf Antrag des Verwaltungsrats ein Mitglied abzuberufen, wenn in dessen Person ein wichtiger Grund vorliegt. ²Der Verwaltungsrat beschließt über die Antragstellung mit einfacher Mehrheit. ³Ist das Mitglied auf Grund der Satzung in den Verwaltungsrat entsandt worden, so können auch Aktionäre, deren Anteile zusammen den zehnten Teil des Grundkapitals oder den anteiligen Betrag von 1 Million Euro erreichen, den Antrag stellen. ⁴Gegen die Entscheidung ist die Beschwerde zulässig.

(4) Für die Abberufung eines Ersatzmitglieds gelten die Vorschriften über die Abberufung des Mitglieds, für das es bestellt ist.

§ 30 Bestellung durch das Gericht[1]

(1) ¹Gehört dem Verwaltungsrat die zur Beschlussfähigkeit nötige Zahl von Mitgliedern nicht an, so hat ihn das Gericht auf Antrag eines Mitglieds des Verwaltungsrats oder eines Aktionärs auf diese Zahl zu ergänzen. ²Mitglieder des Verwaltungsrats sind verpflichtet, den Antrag unverzüglich zu stellen, es sei denn, dass die rechtzeitige Ergänzung vor der nächsten Sitzung des Verwaltungsrats zu erwarten ist. ³Hat der Verwaltungsrat auch aus Mitgliedern der Arbeitnehmer zu bestehen, so können auch den Antrag stellen

1. die nach § 104 Abs. 1 Satz 3 des Aktiengesetzes Antragsberechtigten,
2. der SE-Betriebsrat.

⁴Gegen die Entscheidung ist die Beschwerde zulässig.

(2) ¹Gehören dem Verwaltungsrat länger als drei Monate weniger Mitglieder als die durch Vereinbarung, Gesetz oder Satzung festgelegte Zahl an, so hat ihn das Gericht auf Antrag auf diese Zahl zu ergänzen. ²In dringenden Fällen hat das Gericht auf Antrag den Verwaltungsrat auch vor Ablauf der Frist zu ergänzen. ³Das Antragsrecht bestimmt sich nach Absatz 1. ⁴Gegen die Entscheidung ist die Beschwerde zulässig.

(3) Das Amt des gerichtlich bestellten Mitglieds erlischt in jedem Fall, sobald der Mangel behoben ist.

(4) ¹Das gerichtlich bestellte Mitglied hat Anspruch auf Ersatz angemessener barer Auslagen und, wenn den Mitgliedern der Gesellschaft eine Vergütung gewährt wird, auf Vergütung für seine Tätigkeit. ²Auf Antrag des Mitglieds setzt das Gericht die Vergütung und die Auslagen fest. ³Gegen die Entscheidung ist die Beschwerde zulässig; die Rechtsbeschwerde ist ausgeschlossen. ⁴Aus der rechtskräftigen Entscheidung findet die Zwangsvollstreckung nach der Zivilprozessordnung statt.

§ 31 Nichtigkeit der Wahl von Verwaltungsratsmitgliedern[2]

(1) Die Wahl eines Verwaltungsratsmitglieds durch die Hauptversammlung ist außer im Fall des § 241 Nr. 1, 2 und 5 des Aktiengesetzes nur dann nichtig, wenn
1. der Verwaltungsrat unter Verstoß gegen § 24 Abs. 2, § 25 Abs. 2 Satz 1 oder § 26 Abs. 3 zusammengesetzt wird;
2. durch die Wahl die gesetzliche Höchstzahl der Verwaltungsratsmitglieder überschritten wird (§ 23);
3. die gewählte Person nach Artikel 47 Abs. 2 der Verordnung bei Beginn ihrer Amtszeit nicht Verwaltungsratsmitglied sein kann.

---

1) **Anm. d. Red.:** § 30 i. d. F. des Gesetzes v. 17. 12. 2008 (BGBl I S. 2586) mit Wirkung v. 1. 9. 2009.
2) **Anm. d. Red.:** § 31 i. d. F. des Gesetzes v. 22. 9. 2005 (BGBl I S. 2802) mit Wirkung v. 1. 11. 2005.

(2) ¹Für die Parteifähigkeit für die Klage auf Feststellung, dass die Wahl eines Verwaltungsratsmitglieds nichtig ist, gilt § 250 Abs. 2 des Aktiengesetzes entsprechend. ²Parteifähig ist auch der SE-Betriebsrat.

(3) ¹Erhebt ein Aktionär, ein Mitglied des Verwaltungsrats oder ein nach Absatz 2 Parteifähiger gegen die Gesellschaft Klage auf Feststellung, dass die Wahl eines Verwaltungsratsmitglieds nichtig ist, so gelten § 246 Abs. 2, 3 Satz 1 bis 4, Abs. 4, die §§ 247, 248 Abs. 1 Satz 2, die §§ 248a und 249 Abs. 2 des Aktiengesetzes entsprechend. ²Es ist nicht ausgeschlossen, die Nichtigkeit auf andere Weise als durch Erhebung der Klage geltend zu machen.

§ 32 Anfechtung der Wahl von Verwaltungsratsmitgliedern

¹Für die Anfechtung der Wahl von Verwaltungsratsmitgliedern findet § 251 des Aktiengesetzes mit der Maßgabe Anwendung, dass das gesetzwidrige Zustandekommen von Wahlvorschlägen für die Arbeitnehmervertreter im Verwaltungsrat nur nach den Vorschriften der Mitgliedstaaten über die Besetzung der ihnen zugewiesenen Sitze geltend gemacht werden kann. ²Für die Arbeitnehmervertreter aus dem Inland gilt § 37 Abs. 2 des SE-Beteiligungsgesetzes.

§ 33 Wirkung des Urteils

Für die Urteilswirkung gilt § 252 des Aktiengesetzes entsprechend.

§ 34 Innere Ordnung des Verwaltungsrats[1]

(1) ¹Der Verwaltungsrat hat neben dem Vorsitzenden nach näherer Bestimmung der Satzung aus seiner Mitte mindestens einen Stellvertreter zu wählen. ²Der Stellvertreter hat nur dann die Rechte und Pflichten des Vorsitzenden, wenn dieser verhindert ist. ³Besteht der Verwaltungsrat nur aus einer Person, nimmt diese die dem Vorsitzenden des Verwaltungsrats gesetzlich zugewiesenen Aufgaben wahr.

(2) ¹Der Verwaltungsrat kann sich eine Geschäftsordnung geben. ²Die Satzung kann Einzelfragen der Geschäftsordnung bindend regeln.

(3) ¹Über die Sitzungen des Verwaltungsrats ist eine Niederschrift anzufertigen, die der Vorsitzende zu unterzeichnen hat. ²In der Niederschrift sind der Ort und der Tag der Sitzung, die Teilnehmer, die Gegenstände der Tagesordnung, der wesentliche Inhalt der Verhandlungen und die Beschlüsse des Verwaltungsrats anzugeben. ³Ein Verstoß gegen Satz 1 oder Satz 2 macht einen Beschluss nicht unwirksam. ⁴Jedem Mitglied des Verwaltungsrats ist auf Verlangen eine Abschrift der Sitzungsniederschrift auszuhändigen. ⁵Die Sätze 1 bis 4 finden auf einen Verwaltungsrat, der nur aus einer Person besteht, keine Anwendung.

(4) ¹Der Verwaltungsrat kann aus seiner Mitte einen oder mehrere Ausschüsse bestellen, namentlich, um seine Verhandlungen und Beschlüsse vorzubereiten oder die Ausführung seiner Beschlüsse zu überwachen. ²Die Aufgaben nach Absatz 1 Satz 1 und nach § 22 Abs. 1 und 3, § 40 Abs. 1 Satz 1 und § 47 Abs. 3 dieses Gesetzes sowie nach § 68 Abs. 2 Satz 2, § 87 Absatz 1 und 2 Satz 1 und 2, § 203 Abs. 2, § 204 Abs. 1 Satz 1, § 205 Abs. 2 Satz 1 und § 314 Abs. 2 und 3 des Aktiengesetzes können einem Ausschuss nicht an Stelle des Verwaltungsrats zur Beschlussfassung überwiesen werden. ³Dem Verwaltungsrat ist regelmäßig über die Arbeit der Ausschüsse zu berichten. ⁴Der Verwaltungsrat kann einen Prüfungsausschuss einrichten, dem insbesondere die Aufgaben nach § 107 Abs. 3 Satz 2 des Aktiengesetzes übertragen werden können. ⁵Richtet der Verwaltungsrat einer SE, die kapitalmarktorientiert im Sinne des § 264d des Handelsgesetzbuchs, die CRR-Kreditinstitut im Sinne des § 1 Absatz 3d Satz 1 des Kreditwesengesetzes, mit Ausnahme der in § 2 Absatz 1 Nummer 1 und 2 des Kreditwesengesetzes genannten Institute, oder die Versicherungsunternehmen im Sinne des Artikels 2 Absatz 1 der Richtlinie 91/674/EWG ist, einen Prüfungsausschuss ein, so muss dieser die Voraussetzungen des § 100 Absatz 5 des Aktiengesetzes erfüllen. ⁶Der Verwaltungsrat kann ferner einen Ausschuss einrichten, dem

---

1) **Anm. d. Red.:** § 34 i. d. F. des Gesetzes v. 12.12.2019 (BGBl I S. 2637) mit Wirkung v. 1.1.2020.

die Aufgaben nach § 107 Absatz 3 Satz 4 des Aktiengesetzes übertragen werden. [7]Der Ausschuss muss mehrheitlich mit nicht geschäftsführenden Mitgliedern besetzt sein. [8]Im Übrigen gilt § 107 Absatz 3 Satz 4 bis 6 des Aktiengesetzes hinsichtlich der Besetzung des Ausschusses entsprechend.

§ 35 Beschlussfassung

(1) [1]Abwesende Mitglieder können dadurch an der Beschlussfassung des Verwaltungsrats und seiner Ausschüsse teilnehmen, dass sie schriftliche Stimmabgaben überreichen lassen. [2]Die schriftlichen Stimmabgaben können durch andere Mitglieder überreicht werden. [3]Sie können auch durch Personen, die nicht dem Verwaltungsrat angehören, übergeben werden, wenn diese nach § 109 Abs. 3 des Aktiengesetzes zur Teilnahme an der Sitzung berechtigt sind.

(2) Schriftliche, fernmündliche oder andere vergleichbare Formen der Beschlussfassung des Verwaltungsrats und seiner Ausschüsse sind vorbehaltlich einer näheren Regelung durch die Satzung oder eine Geschäftsordnung des Verwaltungsrats nur zulässig, wenn kein Mitglied diesem Verfahren widerspricht.

(3) Ist ein geschäftsführender Direktor, der zugleich Mitglied des Verwaltungsrats ist, aus rechtlichen Gründen gehindert, an der Beschlussfassung im Verwaltungsrat teilzunehmen, hat insoweit der Vorsitzende des Verwaltungsrats eine zusätzliche Stimme.

§ 36 Teilnahme an Sitzungen des Verwaltungsrats und seiner Ausschüsse

(1) [1]An den Sitzungen des Verwaltungsrats und seiner Ausschüsse sollen Personen, die dem Verwaltungsrat nicht angehören, nicht teilnehmen. [2]Sachverständige und Auskunftspersonen können zur Beratung über einzelne Gegenstände zugezogen werden.

(2) Mitglieder des Verwaltungsrats, die dem Ausschuss nicht angehören, können an den Ausschusssitzungen teilnehmen, wenn der Vorsitzende des Verwaltungsrats nichts anderes bestimmt.

(3) Die Satzung kann zulassen, dass an den Sitzungen des Verwaltungsrats und seiner Ausschüsse Personen, die dem Verwaltungsrat nicht angehören, an Stelle von verhinderten Mitgliedern teilnehmen können, wenn diese sie in Textform ermächtigt haben.

(4) Abweichende gesetzliche Bestimmungen bleiben unberührt.

§ 37 Einberufung des Verwaltungsrats

(1) [1]Jedes Verwaltungsratsmitglied kann unter Angabe des Zwecks und der Gründe verlangen, dass der Vorsitzende des Verwaltungsrats unverzüglich den Verwaltungsrat einberuft. [2]Die Sitzung muss binnen zwei Wochen nach der Einberufung stattfinden.

(2) Wird dem Verlangen nicht entsprochen, so kann das Verwaltungsratsmitglied unter Mitteilung des Sachverhalts und der Angabe einer Tagesordnung selbst den Verwaltungsrat einberufen.

§ 38 Rechtsverhältnisse der Mitglieder des Verwaltungsrats

(1) Für die Vergütung der Mitglieder des Verwaltungsrats gilt § 113 des Aktiengesetzes entsprechend.

(2) Für die Gewährung von Krediten an Mitglieder des Verwaltungsrats und für sonstige Verträge mit Mitgliedern des Verwaltungsrats gelten die §§ 114 und 115 des Aktiengesetzes entsprechend.

§ 39 Sorgfaltspflicht und Verantwortlichkeit der Verwaltungsratsmitglieder

Für die Sorgfaltspflicht und Verantwortlichkeit der Verwaltungsratsmitglieder gilt § 93 des Aktiengesetzes entsprechend.

§ 40 Geschäftsführende Direktoren

(1) ¹Der Verwaltungsrat bestellt einen oder mehrere geschäftsführende Direktoren. ²Mitglieder des Verwaltungsrats können zu geschäftsführenden Direktoren bestellt werden, sofern die Mehrheit des Verwaltungsrats weiterhin aus nicht geschäftsführenden Mitgliedern besteht. ³Die Bestellung ist zur Eintragung in das Handelsregister anzumelden. ⁴Werden Dritte zu geschäftsführenden Direktoren bestellt, gilt für sie § 76 Abs. 3 des Aktiengesetzes entsprechend. ⁵Die Satzung kann Regelungen über die Bestellung eines oder mehrerer geschäftsführender Direktoren treffen. ⁶§ 38 Abs. 2 des SE-Beteiligungsgesetzes bleibt unberührt.

(2) ¹Die geschäftsführenden Direktoren führen die Geschäfte der Gesellschaft. ²Sind mehrere geschäftsführende Direktoren bestellt, so sind sie nur gemeinschaftlich zur Geschäftsführung befugt; die Satzung oder eine vom Verwaltungsrat erlassene Geschäftsordnung kann Abweichendes bestimmen. ³Gesetzlich dem Verwaltungsrat zugewiesene Aufgaben können nicht auf die geschäftsführenden Direktoren übertragen werden. ⁴Soweit nach den für Aktiengesellschaften geltenden Rechtsvorschriften der Vorstand Anmeldungen und die Einreichung von Unterlagen zum Handelsregister vorzunehmen hat, treten an die Stelle des Vorstands die geschäftsführenden Direktoren.

(3) ¹Ergibt sich bei der Aufstellung der Jahresbilanz oder einer Zwischenbilanz oder ist bei pflichtgemäßem Ermessen anzunehmen, dass ein Verlust in der Hälfte des Grundkapitals besteht, so haben die geschäftsführenden Direktoren dem Vorsitzenden des Verwaltungsrats unverzüglich darüber zu berichten. ²Dasselbe gilt, wenn die Gesellschaft zahlungsunfähig wird oder sich eine Überschuldung der Gesellschaft ergibt.

(4) ¹Sind mehrere geschäftsführende Direktoren bestellt, können sie sich eine Geschäftsordnung geben, wenn nicht die Satzung den Erlass einer Geschäftsordnung dem Verwaltungsrat übertragen hat oder der Verwaltungsrat eine Geschäftsordnung erlässt. ²Die Satzung kann Einzelfragen der Geschäftsordnung bindend regeln. ³Beschlüsse der geschäftsführenden Direktoren über die Geschäftsordnung müssen einstimmig gefasst werden.

(5) ¹Geschäftsführende Direktoren können jederzeit durch Beschluss des Verwaltungsrats abberufen werden, sofern die Satzung nichts anderes regelt. ²Für die Ansprüche aus dem Anstellungsvertrag gelten die allgemeinen Vorschriften.

(6) Geschäftsführende Direktoren berichten dem Verwaltungsrat entsprechend § 90 des Aktiengesetzes, sofern die Satzung oder die Geschäftsordnung nichts anderes vorsieht.

(7) Die §§ 87 bis 89 des Aktiengesetzes gelten entsprechend.

(8) Für Sorgfaltspflicht und Verantwortlichkeit der geschäftsführenden Direktoren gilt § 93 des Aktiengesetzes entsprechend.

(9) Die Vorschriften über die geschäftsführenden Direktoren gelten auch für ihre Stellvertreter.

§ 41 Vertretung[1)]

(1) ¹Die geschäftsführenden Direktoren vertreten die Gesellschaft gerichtlich und außergerichtlich. ²Hat eine Gesellschaft keine geschäftsführende Direktoren (Führungslosigkeit), wird die Gesellschaft für den Fall, dass ihr gegenüber Willenserklärungen abgegeben oder Schriftstücke zugestellt werden, durch den Verwaltungsrat vertreten.

(2) ¹Mehrere geschäftsführende Direktoren sind, wenn die Satzung nichts anderes bestimmt, nur gemeinschaftlich zur Vertretung der Gesellschaft befugt. ²Ist eine Willenserklärung gegenüber der Gesellschaft abzugeben, so genügt die Abgabe gegenüber einem geschäftsführenden Direktor oder im Fall des Absatzes 1 Satz 2 gegenüber einem Mitglied des Verwaltungsrats. ³§ 78 Abs. 2 Satz 3 und 4 des Aktiengesetzes gilt entsprechend.

---

1) **Anm. d. Red.:** § 41 i. d. F. des Gesetzes v. 23. 10. 2008 (BGBl I S. 2026) mit Wirkung v. 1. 11. 2008.

(3) ¹Die Satzung kann auch bestimmen, dass einzelne geschäftsführende Direktoren allein oder in Gemeinschaft mit einem Prokuristen zur Vertretung der Gesellschaft befugt sind. ²Absatz 2 Satz 2 gilt in diesen Fällen entsprechend.

(4) ¹Zur Gesamtvertretung befugte geschäftsführende Direktoren können einzelne von ihnen zur Vornahme bestimmter Geschäfte oder bestimmter Arten von Geschäften ermächtigen. ²Dies gilt entsprechend, wenn ein einzelner geschäftsführender Direktor in Gemeinschaft mit einem Prokuristen zur Vertretung der Gesellschaft befugt ist.

(5) Den geschäftsführenden Direktoren gegenüber vertritt der Verwaltungsrat die Gesellschaft gerichtlich und außergerichtlich.

§ 42 (weggefallen)[1]

§ 43 Angaben auf Geschäftsbriefen[2]

(1) ¹Auf allen Geschäftsbriefen gleichviel welcher Form, die an einen bestimmten Empfänger gerichtet werden, müssen die Rechtsform und der Sitz der Gesellschaft, das Registergericht des Sitzes der Gesellschaft und die Nummer, unter der die Gesellschaft in das Handelsregister eingetragen ist, sowie alle geschäftsführenden Direktoren und der Vorsitzende des Verwaltungsrats mit dem Familiennamen und mindestens einem ausgeschriebenen Vornamen angegeben werden. ²§ 80 Abs. 1 Satz 3 des Aktiengesetzes gilt entsprechend.

(2) § 80 Abs. 2 bis 4 des Aktiengesetzes gilt entsprechend.

§ 44 Beschränkungen der Vertretungs- und Geschäftsführungsbefugnis

(1) Die Vertretungsbefugnis der geschäftsführenden Direktoren kann nicht beschränkt werden.

(2) Im Verhältnis zur Gesellschaft sind die geschäftsführenden Direktoren verpflichtet, die Anweisungen und Beschränkungen zu beachten, die im Rahmen der für die SE geltenden Vorschriften die Satzung, der Verwaltungsrat, die Hauptversammlung und die Geschäftsordnungen des Verwaltungsrats und der geschäftsführenden Direktoren für die Geschäftsführungsbefugnis getroffen haben.

§ 45 Bestellung durch das Gericht

¹Fehlt ein erforderlicher geschäftsführender Direktor, so hat in dringenden Fällen das Gericht auf Antrag eines Beteiligten das Mitglied zu bestellen. ²§ 85 Abs. 1 Satz 2, Abs. 2 und 3 des Aktiengesetzes gilt entsprechend.

§ 46 Anmeldung von Änderungen[3]

(1) ¹Die geschäftsführenden Direktoren haben jeden Wechsel der Verwaltungsratsmitglieder unverzüglich in den Gesellschaftsblättern bekannt zu machen und die Bekanntmachung zum Handelsregister einzureichen. ²Sie haben jede Änderung der geschäftsführenden Direktoren oder der Vertretungsbefugnis eines geschäftsführenden Direktors zur Eintragung in das Handelsregister anzumelden. ³Sie haben weiterhin die Wahl des Verwaltungsratsvorsitzenden und seines Stellvertreters sowie jede Änderung in der Person des Verwaltungsratsvorsitzenden oder seines Stellvertreters zum Handelsregister anzumelden.

(2) ¹Die neuen geschäftsführenden Direktoren haben in der Anmeldung zu versichern, dass keine Umstände vorliegen, die ihrer Bestellung nach § 40 Abs. 1 Satz 4 entgegenstehen und dass

---

1) **Anm. d. Red.:** § 42 weggefallen gem. Gesetz v. 23.10.2008 (BGBl I S. 2026) mit Wirkung v. 1.11.2008.
2) **Anm. d. Red.:** § 43 i.d. F. des Gesetzes v. 10.11.2006 (BGBl I S. 2553) mit Wirkung v. 1.1.2007.
3) **Anm. d. Red.:** § 46 i.d. F. des Gesetzes v. 10.11.2006 (BGBl I S. 2553) mit Wirkung v. 1.1.2007.

sie über ihre unbeschränkte Auskunftspflicht gegenüber dem Gericht belehrt worden sind. ²§ 37 Abs. 2 Satz 2 des Aktiengesetzes ist anzuwenden.

(3) § 81 Abs. 2 des Aktiengesetzes gilt für die geschäftsführenden Direktoren entsprechend.

§ 47 Prüfung und Feststellung des Jahresabschlusses

(1) ¹Die geschäftsführenden Direktoren haben den Jahresabschluss und den Lagebericht unverzüglich nach ihrer Aufstellung dem Verwaltungsrat vorzulegen. ²Zugleich haben die geschäftsführenden Direktoren einen Vorschlag vorzulegen, den der Verwaltungsrat der Hauptversammlung für die Verwendung des Bilanzgewinns machen soll; § 170 Abs. 2 Satz 2 des Aktiengesetzes gilt entsprechend.

(2) ¹Jedes Verwaltungsratsmitglied hat das Recht, von den Vorlagen und Prüfungsberichten Kenntnis zu nehmen. ²Die Vorlagen und Prüfungsberichte sind auch jedem Verwaltungsratsmitglied oder, soweit der Verwaltungsrat dies beschlossen hat und ein Bilanzausschuss besteht, den Mitgliedern des Ausschusses auszuhändigen.

(3) Für die Prüfung durch den Verwaltungsrat gilt § 171 Abs. 1 und 2 des Aktiengesetzes entsprechend.

(4) ¹Absatz 1 Satz 1 und Absatz 3 gelten entsprechend für einen Einzelabschluss nach § 325 Abs. 2a Satz 1 des Handelsgesetzbuchs sowie bei Mutterunternehmen (§ 290 Abs. 1, 2 des Handelsgesetzbuchs) für den Konzernabschluss und den Konzernlagebericht. ²Der Einzelabschluss nach § 325 Abs. 2a Satz 1 des Handelsgesetzbuchs darf erst nach Billigung durch den Verwaltungsrat offen gelegt werden.

(5) ¹Billigt der Verwaltungsrat den Jahresabschluss, so ist dieser festgestellt, sofern nicht der Verwaltungsrat beschließt, die Feststellung des Jahresabschlusses der Hauptversammlung zu überlassen. ²Die Beschlüsse des Verwaltungsrats sind in den Bericht des Verwaltungsrats an die Hauptversammlung aufzunehmen.

(6) ¹Hat der Verwaltungsrat beschlossen, die Feststellung des Jahresabschlusses der Hauptversammlung zu überlassen, oder hat der Verwaltungsrat den Jahresabschluss nicht gebilligt, so stellt die Hauptversammlung den Jahresabschluss fest. ²Hat der Verwaltungsrat eines Mutterunternehmens (§ 290 Abs. 1, 2 des Handelsgesetzbuchs) den Konzernabschluss nicht gebilligt, so entscheidet die Hauptversammlung über die Billigung. ³Für die Feststellung des Jahresabschlusses oder die Billigung des Konzernabschlusses durch die Hauptversammlung gilt § 173 Abs. 2 und 3 des Aktiengesetzes entsprechend.

§ 48 Ordentliche Hauptversammlung[1]

(1) Unverzüglich nach der Zuleitung des Berichts an die geschäftsführenden Direktoren hat der Verwaltungsrat die Hauptversammlung zur Entgegennahme des festgestellten Jahresabschlusses und des Lageberichts, eines vom Verwaltungsrat gebilligten Einzelabschlusses nach § 325 Abs. 2a Satz 1 des Handelsgesetzbuchs sowie zur Beschlussfassung über die Verwendung des Bilanzgewinns, bei einem Mutterunternehmen (§ 290 Abs. 1, 2 des Handelsgesetzbuchs) auch zur Entgegennahme des vom Verwaltungsrat gebilligten Konzernabschlusses und des Konzernlageberichts, einzuberufen.

(2) ¹Die Vorschriften des § 175 Abs. 2 bis 4 und des § 176 Abs. 2 des Aktiengesetzes gelten entsprechend. ²Der Verwaltungsrat hat der Hauptversammlung die in § 176 Abs. 1 Satz 1 des Aktiengesetzes angegebenen Vorlagen zugänglich zu machen. ³Zu Beginn der Verhandlung soll der Verwaltungsrat seine Vorlagen erläutern. ⁴Er soll dabei auch zu einem Jahresfehlbetrag oder einem Verlust Stellung nehmen, der das Jahresergebnis wesentlich beeinträchtigt hat. ⁵Satz 4 ist auf Kreditinstitute nicht anzuwenden.

---

1) **Anm. d. Red.:** § 48 i. d. F. des Gesetzes v. 30. 7. 2009 (BGBl I S. 2479) mit Wirkung v. 1. 9. 2009.

§ 49 Leitungsmacht und Verantwortlichkeit bei Abhängigkeit von Unternehmen

(1) Für die Anwendung der Vorschriften der §§ 308 bis 318 des Aktiengesetzes treten an die Stelle des Vorstands der Gesellschaft die geschäftsführenden Direktoren.

(2) Für die Anwendung der Vorschriften der §§ 319 bis 327 des Aktiengesetzes treten an die Stelle des Vorstands der eingegliederten Gesellschaft die geschäftsführenden Direktoren.

Unterabschnitt 3: Hauptversammlung

§ 50 Einberufung und Ergänzung der Tagesordnung auf Verlangen einer Minderheit

(1) Die Einberufung der Hauptversammlung und die Aufstellung ihrer Tagesordnung nach Artikel 55 der Verordnung kann von einem oder mehreren Aktionären beantragt werden, sofern sein oder ihr Anteil am Grundkapital mindestens 5 Prozent beträgt.

(2) Die Ergänzung der Tagesordnung für eine Hauptversammlung durch einen oder mehrere Punkte kann von einem oder mehreren Aktionären beantragt werden, sofern sein oder ihr Anteil 5 Prozent des Grundkapitals oder den anteiligen Betrag von 500 000 Euro erreicht.

§ 51 Satzungsänderungen

¹Die Satzung kann bestimmen, dass für einen Beschluss der Hauptversammlung über die Änderung der Satzung die einfache Mehrheit der abgegebenen Stimmen ausreicht, sofern mindestens die Hälfte des Grundkapitals vertreten ist. ²Dies gilt nicht für die Änderung des Gegenstands des Unternehmens, für einen Beschluss gemäß Artikel 8 Abs. 6 der Verordnung sowie für Fälle, für die eine höhere Kapitalmehrheit gesetzlich zwingend vorgeschrieben ist.

Abschnitt 5: Auflösung

§ 52 Auflösung der SE bei Auseinanderfallen von Sitz und Hauptverwaltung[1]

(1) ¹Erfüllt eine SE nicht mehr die Verpflichtung nach Artikel 7 der Verordnung, so gilt dies als Mangel der Satzung im Sinne des § 262 Abs. 1 Nr. 5 des Aktiengesetzes. ²Das Registergericht fordert die SE auf, innerhalb einer bestimmten Frist den vorschriftswidrigen Zustand zu beenden, indem sie

1. entweder ihre Hauptverwaltung wieder im Sitzstaat errichtet oder
2. ihren Sitz nach dem Verfahren des Artikels 8 der Verordnung verlegt.

(2) Wird innerhalb der nach Absatz 1 bestimmten Frist der Aufforderung nicht genügt, so hat das Gericht den Mangel der Satzung festzustellen.

(3) Gegen Verfügungen, durch welche eine Feststellung nach Absatz 2 getroffen wird, findet die Beschwerde statt.

Abschnitt 6: Straf- und Bußgeldvorschriften

§ 53 Straf- und Bußgeldvorschriften[2]

(1) ¹Die Strafvorschriften des § 399 Abs. 1 Nr. 1 bis 5 und Abs. 2, des § 400 und der §§ 402 bis 404 des Aktiengesetzes, der §§ 331 bis 333 des Handelsgesetzbuchs und der §§ 313 bis 315 des Umwandlungsgesetzes sowie die Bußgeldvorschriften des § 405 des Aktiengesetzes und des § 334 des Handelsgesetzbuchs gelten auch für die SE im Sinne des Artikels 9 Abs. 1 Buchstabe c Doppelbuchstabe ii der Verordnung. ²Soweit sie

1. Mitglieder des Vorstands,

---

1) **Anm. d. Red.:** § 52 i. d. F. des Gesetzes v. 17. 12. 2008 (BGBl I S. 2586) mit Wirkung v. 1. 9. 2009.
2) **Anm. d. Red.:** § 53 i. d. F. des Gesetzes v. 10. 5. 2016 (BGBl I S. 1142) mit Wirkung v. 17. 6. 2016.

2. Mitglieder des Aufsichtsrats oder

3. Mitglieder des vertretungsberechtigten Organs einer Kapitalgesellschaft

betreffen, gelten sie bei der SE mit dualistischem System in den Fällen der Nummern 1 und 3 für die Mitglieder des Leitungsorgans und in den Fällen der Nummer 2 für die Mitglieder des Aufsichtsorgans. ³Bei der SE mit monistischem System gelten sie in den Fällen der Nummern 1 und 3 für die geschäftsführenden Direktoren und in den Fällen der Nummer 2 für die Mitglieder des Verwaltungsrats. ⁴§ 407a des Aktiengesetzes gilt bei Anwendung der Strafvorschriften des § 404a des Aktiengesetzes sowie der Bußgeldvorschriften des § 405 Absatz 3b bis 3d des Aktiengesetzes entsprechend.

(2) ¹Die Strafvorschriften des § 399 Abs. 1 Nr. 6 und des § 401 des Aktiengesetzes gelten im Sinne des Artikels 9 Abs. 1 Buchstabe c Doppelbuchstabe ii der Verordnung auch für die SE mit dualistischem System. ²Soweit sie Mitglieder des Vorstands betreffen, gelten sie für die Mitglieder des Leitungsorgans.

(3) Mit Freiheitsstrafe bis zu drei Jahren oder mit Geldstrafe wird bestraft, wer

1. als Vorstandsmitglied entgegen § 8 Satz 2,

2. als Mitglied des Leitungsorgans einer SE mit dualistischem System oder als geschäftsführender Direktor einer SE mit monistischem System entgegen § 13 Abs. 3,

3. als geschäftsführender Direktor einer SE mit monistischem System entgegen § 21 Abs. 2 Satz 1 oder § 46 Abs. 2 Satz 1 oder

4. als Abwickler einer SE mit monistischem System entgegen Artikel 9 Abs. 1 Buchstabe c Doppelbuchstabe ii der Verordnung in Verbindung mit § 266 Abs. 3 Satz 1 des Aktiengesetzes

eine Versicherung nicht richtig abgibt.

(4) Ebenso wird bestraft, wer bei einer SE mit monistischem System

1. als Mitglied des Verwaltungsrats entgegen § 22 Abs. 5 Satz 1 die Hauptversammlung nicht oder nicht rechtzeitig einberuft oder ihr den Verlust nicht, nicht richtig, nicht vollständig oder nicht rechtzeitig anzeigt oder

2. als Mitglied des Verwaltungsrats entgegen § 22 Abs. 5 Satz 2 in Verbindung mit § 15a Abs. 1 Satz 1 der Insolvenzordnung

die Eröffnung des Insolvenzverfahrens nicht oder nicht rechtzeitig beantragt.

(5) Handelt der Täter in den Fällen des Absatzes 4 fahrlässig, so ist die Strafe Freiheitsstrafe bis zu einem Jahr oder Geldstrafe.

Abschnitt 7: Schlussbestimmungen[1)]

§ 54 Übergangsvorschrift zum Bilanzrechtsmodernisierungsgesetz[2)]

§ 27 Abs. 1 Satz 4 und § 34 Abs. 4 Satz 2 und 3 in der Fassung des Bilanzrechtsmodernisierungsgesetzes vom 25. Mai 2009 (BGBl I S. 1102) finden keine Anwendung, solange alle Mitglieder des Verwaltungsrats und des Prüfungsausschusses vor dem 29. Mai 2009 bestellt worden sind.

§ 55 Übergangsvorschrift zum Gesetz zur Umsetzung der Aktionärsrecherichtlinie[3)]

In den Fällen des § 6 Abs. 3 Satz 1 und des § 7 Abs. 2 Satz 2 bleibt es für die Zeit vor dem 1. September 2009 bei dem bis dahin geltenden Zinssatz.

---

1) **Anm. d. Red.:** Abschnitt 7 angefügt gem. Gesetz v. 25. 5. 2009 (BGBl I S. 1102) mit Wirkung v. 29. 5. 2009.

2) **Anm. d. Red.:** § 54 angefügt gem. Gesetz v. 25. 5. 2009 (BGBl I S. 1102) mit Wirkung v. 29. 5. 2009.

3) **Anm. d. Red.:** § 55 angefügt gem. Gesetz v. 30. 7. 2009 (BGBl I S. 2479) mit Wirkung v. 1. 9. 2009.

§ 56 Übergangsvorschrift zum Abschlussprüfungsreformgesetz[1)]

§ 27 Absatz 1 Satz 4 und § 34 Absatz 4 Satz 5 jeweils in der Fassung des Abschlussprüfungsreformgesetzes vom 10. Mai 2016 (BGBl I S. 1142) müssen so lange nicht angewandt werden, wie alle Mitglieder des Verwaltungsrates und des Prüfungsausschusses vor dem 17. Juni 2016 bestellt worden sind.

[1)] **Anm. d. Red.:** § 56 angefügt gem. Gesetz v. 10. 5. 2016 (BGBl I S. 1142) mit Wirkung v. 17. 6. 2016.

XXII. Gesetz über das gesellschaftsrechtliche Spruchverfahren (Spruchverfahrensgesetz – SpruchG)
v. 12. 6. 2003 (BGBl I S. 838) mit späteren Änderungen

Das Gesetz über das gesellschaftsrechtliche Spruchverfahren (Spruchverfahrensgesetz – SpruchG) ist als Art. 1 Gesetz zur Neuordnung des gesellschaftsrechtlichen Spruchverfahrens – Spruchverfahrensneuordnungsgesetz v. 12. 6. 2003 (BGBl I S. 838) verkündet worden und im Wesentlichen am 1. 9. 2003 in Kraft getreten. Es ist zuletzt geändert worden durch Art. 16 Zweites Gesetz zur Modernisierung des Kostenrechts (2. Kostenrechtsmodernisierungsgesetz – 2. KostRMoG) v. 23. 7. 2013 (BGBl I S. 2586).

Nichtamtliche Fassung

§ 1 Anwendungsbereich[1]

Dieses Gesetz ist anzuwenden auf das gerichtliche Verfahren für die Bestimmung

1. des Ausgleichs für außenstehende Aktionäre und der Abfindung solcher Aktionäre bei Beherrschungs- und Gewinnabführungsverträgen (§§ 304 und 305 des Aktiengesetzes);
2. der Abfindung von ausgeschiedenen Aktionären bei der Eingliederung von Aktiengesellschaften (§ 320b des Aktiengesetzes);
3. der Barabfindung von Minderheitsaktionären, deren Aktien durch Beschluss der Hauptversammlung auf den Hauptaktionär übertragen worden sind (§§ 327a bis 327f des Aktiengesetzes);
4. der Zuzahlung an Anteilsinhaber oder der Barabfindung von Anteilsinhabern anlässlich der Umwandlung von Rechtsträgern (§§ 15, 34, 122h, 122i, 176 bis 181, 184, 186, 196 oder § 212 des Umwandlungsgesetzes);
5. der Zuzahlung an Anteilsinhaber oder der Barabfindung von Anteilsinhabern bei der Gründung oder Sitzverlegung einer SE (§§ 6, 7, 9, 11 und 12 des SE-Ausführungsgesetzes);
6. der Zuzahlung an Mitglieder bei der Gründung einer Europäischen Genossenschaft (§ 7 des SCE-Ausführungsgesetzes).

§ 2 Zuständigkeit[2]

(1) ¹Zuständig ist das Landgericht, in dessen Bezirk der Rechtsträger, dessen Anteilsinhaber antragsberechtigt sind, seinen Sitz hat. ²Sind nach Satz 1 mehrere Landgerichte zuständig oder sind bei verschiedenen Landgerichten Spruchverfahren nach Satz 1 anhängig, die in einem sachlichen Zusammenhang stehen, so ist § 2 Abs. 1 des Gesetzes über das Verfahren in Familiensachen und in den Angelegenheiten der freiwilligen Gerichtsbarkeit entsprechend anzuwenden. ³Besteht Streit oder Ungewissheit über das zuständige Gericht nach Satz 2, so ist § 5 des Gesetzes über das Verfahren in Familiensachen und in den Angelegenheiten der freiwilligen Gerichtsbarkeit entsprechend anzuwenden.

(2) ¹Der Vorsitzende einer Kammer für Handelssachen entscheidet
1. über die Abgabe von Verfahren;
2. im Zusammenhang mit öffentlichen Bekanntmachungen;
3. über Fragen, welche die Zulässigkeit des Antrags betreffen;
4. über alle vorbereitenden Maßnahmen für die Beweisaufnahme und in den Fällen des § 7;
5. in den Fällen des § 6;
6. über Geschäftswert, Kosten, Gebühren und Auslagen.

---

1) **Anm. d. Red.:** § 1 i. d. F. des Gesetzes v. 19. 4. 2007 (BGBl I S. 542) mit Wirkung v. 25. 4. 2007.
2) **Anm. d. Red.:** § 2 i. d. F. des Gesetzes v. 17. 12. 2008 (BGBl I S. 2586) mit Wirkung v. 1. 9. 2009.

7. über die einstweilige Einstellung der Zwangsvollstreckung;
8. über die Verbindung von Verfahren.

²Im Einverständnis der Beteiligten kann der Vorsitzende auch im Übrigen an Stelle der Kammer entscheiden.

§ 3 Antragsberechtigung[1]

¹Antragsberechtigt für Verfahren nach § 1 ist in den Fällen
1. der Nummer 1 jeder außenstehende Aktionär;
2. der Nummern 2 und 3 jeder ausgeschiedene Aktionär;
3. der Nummer 4 jeder in den dort angeführten Vorschriften des Umwandlungsgesetzes bezeichnete Anteilsinhaber;
4. der Nummer 5 jeder in den dort angeführten Vorschriften des SE-Ausführungsgesetzes bezeichnete Anteilsinhaber;
5. der Nummer 6 jedes in der dort angeführten Vorschrift des SCE-Ausführungsgesetzes bezeichnete Mitglied.

²In den Fällen der Nummern 1, 3, 4 und 5 ist die Antragsberechtigung nur gegeben, wenn der Antragsteller zum Zeitpunkt der Antragstellung Anteilsinhaber ist. ³Die Stellung als Aktionär ist dem Gericht ausschließlich durch Urkunden nachzuweisen.

§ 4 Antragsfrist und Antragsbegründung[2]

(1) ¹Der Antrag auf gerichtliche Entscheidung in einem Verfahren nach § 1 kann nur binnen drei Monaten seit dem Tag gestellt werden, an dem in den Fällen
1. der Nummer 1 die Eintragung des Bestehens oder einer unter § 295 Abs. 2 des Aktiengesetzes fallenden Änderung des Unternehmensvertrags im Handelsregister nach § 10 des Handelsgesetzbuchs;
2. der Nummer 2 die Eintragung der Eingliederung im Handelsregister nach § 10 des Handelsgesetzbuchs;
3. der Nummer 3 die Eintragung des Übertragungsbeschlusses im Handelsregister nach § 10 des Handelsgesetzbuchs;
4. der in Nummer 4 genannten §§ 15, 34, 176 bis 181, 184, 186, 196 und 212 des Umwandlungsgesetzes die Eintragung der Umwandlung im Handelsregister nach den Vorschriften des Umwandlungsgesetzes;
5. der in Nummer 4 genannten §§ 122h und 122i des Umwandlungsgesetzes die Eintragung der grenzüberschreitenden Verschmelzung nach den Vorschriften des Staates, dessen Recht die übertragende oder neue Gesellschaft unterliegt;
6. der Nummer 5 die Eintragung der SE nach den Vorschriften des Sitzstaates;
7. der Nummer 6 die Eintragung der Europäischen Genossenschaft nach den Vorschriften des Sitzstaates

bekannt gemacht worden ist. ²Die Frist wird in den Fällen des § 2 Abs. 1 Satz 2 und 3 durch Einreichung bei jedem zunächst zuständigen Gericht gewahrt.

(2) ¹Der Antragsteller muss den Antrag innerhalb der Frist nach Absatz 1 begründen. ²Die Antragsbegründung hat zu enthalten:
1. die Bezeichnung des Antragsgegners;
2. die Darlegung der Antragsberechtigung nach § 3;

---

1) **Anm. d. Red.:** § 3 i. d. F. des Gesetzes v. 14. 8. 2006 (BGBl I S. 1911) mit Wirkung v. 18. 8. 2006.
2) **Anm. d. Red.:** § 4 i. d. F. des Gesetzes v. 19. 4. 2007 (BGBl I S. 542) mit Wirkung v. 25. 4. 2007.

3. Angaben zur Art der Strukturmaßnahme und der vom Gericht zu bestimmenden Kompensation nach § 1;
4. konkrete Einwendungen gegen die Angemessenheit der Kompensation nach § 1 oder gegebenenfalls gegen den als Grundlage für die Kompensation ermittelten Unternehmenswert, soweit hierzu Angaben in den in § 7 Abs. 3 genannten Unterlagen enthalten sind. ²Macht der Antragsteller glaubhaft, dass er im Zeitpunkt der Antragstellung aus Gründen, die er nicht zu vertreten hat, über diese Unterlagen nicht verfügt, so kann auf Antrag die Frist zur Begründung angemessen verlängert werden, wenn er gleichzeitig Abschrifterteilung gemäß § 7 Abs. 3 verlangt.

³Aus der Antragsbegründung soll sich außerdem die Zahl der von dem Antragsteller gehaltenen Anteile ergeben.

§ 5 Antragsgegner[1]

Der Antrag auf gerichtliche Entscheidung in einem Verfahren nach § 1 ist in den Fällen
1. der Nummer 1 gegen den anderen Vertragsteil des Unternehmensvertrags;
2. der Nummer 2 gegen die Hauptgesellschaft;
3. der Nummer 3 gegen den Hauptaktionär;
4. der Nummer 4 gegen die übernehmenden oder neuen Rechtsträger oder gegen den Rechtsträger neuer Rechtsform;
5. der Nummer 5 gegen die SE, aber im Fall des § 9 des SE-Ausführungsgesetzes gegen die die Gründung anstrebende Gesellschaft;
6. der Nummer 6 gegen die Europäische Genossenschaft

zu richten.

§ 6 Gemeinsamer Vertreter[2]

(1) ¹Das Gericht hat den Antragsberechtigten, die nicht selbst Antragsteller sind, zur Wahrung ihrer Rechte frühzeitig einen gemeinsamen Vertreter zu bestellen; dieser hat die Stellung eines gesetzlichen Vertreters. ²Werden die Festsetzung des angemessenen Ausgleichs und die Festsetzung der angemessenen Abfindung beantragt, so hat es für jeden Antrag einen gemeinsamen Vertreter zu bestellen, wenn aufgrund der konkreten Umstände davon auszugehen ist, dass die Wahrung der Rechte aller betroffenen Antragsberechtigten durch einen einzigen gemeinsamen Vertreter nicht sichergestellt ist. ³Die Bestellung eines gemeinsamen Vertreters kann vollständig unterbleiben, wenn die Wahrung der Rechte der Antragsberechtigten auf andere Weise sichergestellt ist. ⁴Das Gericht hat die Bestellung des gemeinsamen Vertreters im Bundesanzeiger bekannt zu machen. ⁵Wenn in den Fällen des § 1 Nr. 1 bis 3 die Satzung der Gesellschaft, deren außenstehende oder ausgeschiedene Aktionäre antragsberechtigt sind, oder in den Fällen des § 1 Nr. 4 der Gesellschaftsvertrag, der Partnerschaftsvertrag, die Satzung oder das Statut des übertragenden oder formwechselnden Rechtsträgers noch andere Blätter oder elektronische Informationsmedien für die öffentlichen Bekanntmachungen bestimmt hatte, so hat es die Bestellung auch dort bekannt zu machen.

(2) ¹Der gemeinsame Vertreter kann von dem Antragsgegner in entsprechender Anwendung des Rechtsanwaltsvergütungsgesetzes den Ersatz seiner Auslagen und eine Vergütung für seine Tätigkeit verlangen; mehrere Antragsgegner haften als Gesamtschuldner. ²Die Auslagen und die Vergütung setzt das Gericht fest. ³Gegenstandswert ist der für die Gerichtsgebühren maßgebliche Geschäftswert. ⁴Das Gericht kann den Zahlungsverpflichteten auf Verlangen des Vertreters die Leistung von Vorschüssen aufgeben. ⁵Aus der Festsetzung findet die Zwangsvollstreckung nach der Zivilprozessordnung statt.

---

1) **Anm. d. Red.:** § 5 i. d. F. des Gesetzes v. 14. 8. 2006 (BGBl I S. 1911) mit Wirkung v. 18. 8. 2006.
2) **Anm. d. Red.:** § 6 i. d. F. des Gesetzes v. 22. 12. 2011 (BGBl I S. 3044) mit Wirkung v. 1. 4. 2012.

(3) ¹Der gemeinsame Vertreter kann das Verfahren auch nach Rücknahme eines Antrags fortführen. ²Er steht in diesem Falle einem Antragsteller gleich.

§ 6a Gemeinsamer Vertreter bei Gründung einer SE[1)]

¹Wird bei der Gründung einer SE durch Verschmelzung oder bei der Gründung einer Holding-SE nach dem Verfahren der Verordnung (EG) Nr. 2157/2001 des Rates vom 8. Oktober 2001 über das Statut der Europäischen Gesellschaft (SE) (ABl EG Nr. L 294 S. 1) gemäß den Vorschriften des SE-Ausführungsgesetzes ein Antrag auf Bestimmung einer Zuzahlung oder Barabfindung gestellt, bestellt das Gericht auf Antrag eines oder mehrerer Anteilsinhaber einer sich verschmelzenden oder die Gründung einer SE anstrebenden Gesellschaft, die selbst nicht antragsberechtigt sind, zur Wahrung ihrer Interessen einen gemeinsamen Vertreter, der am Spruchverfahren beteiligt ist. ²§ 6 Abs. 1 Satz 4 und Abs. 2 gilt entsprechend.

§ 6b Gemeinsamer Vertreter bei Gründung einer Europäischen Genossenschaft[2)]

¹Wird bei der Gründung einer Europäischen Genossenschaft durch Verschmelzung nach dem Verfahren der Verordnung (EG) Nr. 1435/2003 des Rates vom 22. Juli 2003 über das Statut der Europäischen Genossenschaft (SCE) (ABl EU Nr. L 207 S. 1) nach den Vorschriften des SCE-Ausführungsgesetzes ein Antrag auf Bestimmung einer baren Zuzahlung gestellt, bestellt das Gericht auf Antrag eines oder mehrerer Mitglieder einer sich verschmelzenden Genossenschaft, die selbst nicht antragsberechtigt sind, zur Wahrung ihrer Interessen einen gemeinsamen Vertreter, der am Spruchverfahren beteiligt ist. ²§ 6 Abs. 1 Satz 4 und Abs. 2 gilt entsprechend.

§ 6c Gemeinsamer Vertreter bei grenzüberschreitender Verschmelzung[3)]

¹Wird bei einer grenzüberschreitenden Verschmelzung (§ 122a des Umwandlungsgesetzes) gemäß § 122h oder § 122i des Umwandlungsgesetzes ein Antrag auf Bestimmung einer Zuzahlung oder Barabfindung gestellt, bestellt das Gericht auf Antrag eines oder mehrerer Anteilsinhaber einer beteiligten Gesellschaft, die selbst nicht antragsberechtigt sind, zur Wahrung ihrer Interessen einen gemeinsamen Vertreter, der am Spruchverfahren beteiligt ist. ²§ 6 Abs. 1 Satz 4 und Abs. 2 gilt entsprechend.

§ 7 Vorbereitung der mündlichen Verhandlung[4)]

(1) Das Gericht stellt dem Antragsgegner und dem gemeinsamen Vertreter die Anträge der Antragsteller unverzüglich zu.

(2) ¹Das Gericht fordert den Antragsgegner zugleich zu einer schriftlichen Erwiderung auf. ²Darin hat der Antragsgegner insbesondere zur Höhe des Ausgleichs, der Zuzahlung oder der Barabfindung oder sonstigen Abfindung Stellung zu nehmen. ³Für die Stellungnahme setzt das Gericht eine Frist, die mindestens einen Monat beträgt und drei Monate nicht überschreiten soll.

(3) ¹Außerdem hat der Antragsgegner den Bericht über den Unternehmensvertrag, den Eingliederungsbericht, den Bericht über die Übertragung der Aktien auf den Hauptaktionär oder den Umwandlungsbericht nach Zustellung der Anträge bei Gericht einzureichen. ²In den Fällen, in denen der Beherrschungs- oder Gewinnabführungsvertrag, die Eingliederung, die Übertragung der Aktien auf den Hauptaktionär oder die Umwandlung durch sachverständige Prüfer geprüft worden ist, ist auch der jeweilige Prüfungsbericht einzureichen. ³Auf Verlangen des Antragstellers oder des gemeinsamen Vertreters gibt das Gericht dem Antragsgegner auf, dem An-

---

1) **Anm. d. Red.:** § 6a i. d. F. des Gesetzes v. 19. 4. 2007 (BGBl I S. 542) mit Wirkung v. 25. 4. 2007.
2) **Anm. d. Red.:** § 6b eingefügt gem. Gesetz v. 14. 8. 2006 (BGBl I S. 1911) mit Wirkung v. 18. 8. 2006.
3) **Anm. d. Red.:** § 6c eingefügt gem. Gesetz v. 19. 4. 2007 (BGBl I S. 542) mit Wirkung v. 25. 4. 2007.
4) **Anm. d. Red.:** § 7 i. d. F. des Gesetzes v. 17. 12. 2008 (BGBl I S. 2586) mit Wirkung v. 1. 9. 2009.

tragsteller oder dem gemeinsamen Vertreter unverzüglich und kostenlos eine Abschrift der genannten Unterlagen zu erteilen.

(4) ¹Die Stellungnahme nach Absatz 2 wird dem Antragsteller und dem gemeinsamen Vertreter zugeleitet. ²Sie haben Einwendungen gegen die Erwiderung und die in Absatz 3 genannten Unterlagen binnen einer vom Gericht gesetzten Frist, die mindestens einen Monat beträgt und drei Monate nicht überschreiten soll, schriftlich vorzubringen.

(5) ¹Das Gericht kann weitere vorbereitende Maßnahmen erlassen. ²Es kann den Beteiligten die Ergänzung oder Erläuterung ihres schriftlichen Vorbringens sowie die Vorlage von Aufzeichnungen aufgeben, insbesondere eine Frist zur Erklärung über bestimmte klärungsbedürftige Punkte setzen. ³In jeder Lage des Verfahrens ist darauf hinzuwirken, dass sich die Beteiligten rechtzeitig und vollständig erklären. ⁴Die Beteiligten sind von jeder Anordnung zu benachrichtigen.

(6) Das Gericht kann bereits vor dem ersten Termin eine Beweisaufnahme durch Sachverständige zur Klärung von Vorfragen, insbesondere zu Art und Umfang einer folgenden Beweisaufnahme, für die Vorbereitung der mündlichen Verhandlung anordnen oder dazu eine schriftliche Stellungnahme des sachverständigen Prüfers einholen.

(7) ¹Sonstige Unterlagen, die für die Entscheidung des Gerichts erheblich sind, hat der Antragsgegner auf Verlangen des Antragstellers oder des Vorsitzenden dem Gericht und gegebenenfalls einem vom Gericht bestellten Sachverständigen unverzüglich vorzulegen. ²Der Vorsitzende kann auf Antrag des Antragsgegners anordnen, dass solche Unterlagen den Antragstellern nicht zugänglich gemacht werden dürfen, wenn die Geheimhaltung aus wichtigen Gründen, insbesondere zur Wahrung von Fabrikations-, Betriebs- oder Geschäftsgeheimnissen, nach Abwägung mit den Interessen des Antragsteller, sich zu den Unterlagen äußern zu können, geboten ist. ³Gegen die Entscheidung des Vorsitzenden kann das Gericht angerufen werden; dessen Entscheidung ist nicht anfechtbar.

(8) Für die Durchsetzung der Verpflichtung des Antragsgegners nach Absatz 3 und 7 ist § 35 des Gesetzes über das Verfahren in Familiensachen und in den Angelegenheiten der freiwilligen Gerichtsbarkeit entsprechend anzuwenden.

§ 8 Mündliche Verhandlung

(1) ¹Das Gericht soll aufgrund mündlicher Verhandlung entscheiden. ²Sie soll so früh wie möglich stattfinden.

(2) ¹In den Fällen des § 7 Abs. 3 Satz 2 soll das Gericht das persönliche Erscheinen der sachverständigen Prüfer anordnen, wenn nicht nach seiner freien Überzeugung deren Anhörung als sachverständige Zeugen zur Aufklärung des Sachverhalts entbehrlich erscheint. ²Den sachverständigen Prüfern sind mit der Ladung die Anträge der Antragsteller, die Erwiderung des Antragsgegners sowie das weitere schriftliche Vorbringen der Beteiligten mitzuteilen. ³In geeigneten Fällen kann das Gericht die mündliche oder schriftliche Beantwortung von einzelnen Fragen durch den sachverständigen Prüfer anordnen.

(3) Die §§ 138 und 139 sowie für die Durchführung der mündlichen Verhandlung § 279 Abs. 2 und 3 und § 283 der Zivilprozessordnung gelten entsprechend.

§ 9 Verfahrensförderungspflicht

(1) Jeder Beteiligte hat in der mündlichen Verhandlung und bei deren schriftlicher Vorbereitung seine Anträge sowie sein weiteres Vorbringen so zeitig vorzubringen, wie es nach der Verfahrenslage einer sorgfältigen und auf Förderung des Verfahrens bedachten Verfahrensführung entspricht.

(2) Vorbringen, auf das andere Beteiligte oder in den Fällen des § 8 Abs. 2 die in der mündlichen Verhandlung anwesenden sachverständigen Prüfer voraussichtlich ohne vorhergehende Erkundigung keine Erklärungen abgeben können, ist vor der mündlichen Verhandlung durch

vorbereitenden Schriftsatz so zeitig mitzuteilen, dass die Genannten die erforderliche Erkundigung noch einziehen können.

(3) Rügen, welche die Zulässigkeit der Anträge betreffen, hat der Antragsgegner innerhalb der ihm nach § 7 Abs. 2 gesetzten Frist geltend zu machen.

§ 10 Verletzung der Verfahrensförderungspflicht[1)]

(1) Stellungnahmen oder Einwendungen, die erst nach Ablauf einer hierfür gesetzten Frist (§ 7 Abs. 2 Satz 3, Abs. 4) vorgebracht werden, sind nur zuzulassen, wenn nach der freien Überzeugung des Gerichts ihre Zulassung die Erledigung des Rechtsstreits nicht verzögern würde oder wenn der Beteiligte die Verspätung entschuldigt.

(2) Vorbringen, das entgegen § 9 Abs. 1 oder 2 nicht rechtzeitig erfolgt, kann zurückgewiesen werden, wenn die Zulassung nach der freien Überzeugung des Gerichts die Erledigung des Verfahrens verzögern würde und die Verspätung nicht entschuldigt wird.

(3) § 26 des Gesetzes über das Verfahren in Familiensachen und in den Angelegenheiten der freiwilligen Gerichtsbarkeit ist insoweit nicht anzuwenden.

(4) Verspätete Rügen, die die Zulässigkeit der Anträge betreffen und nicht von Amts wegen zu berücksichtigen sind, sind nur zuzulassen, wenn der Beteiligte die Verspätung genügend entschuldigt.

§ 11 Gerichtliche Entscheidung; Gütliche Einigung

(1) Das Gericht entscheidet durch einen mit Gründen versehenen Beschluss.

(2) [1]Das Gericht soll in jeder Lage des Verfahrens auf eine gütliche Einigung bedacht sein. [2]Kommt eine solche Einigung aller Beteiligten zustande, so ist hierüber eine Niederschrift aufzunehmen; die Vorschriften, die für die Niederschrift über einen Vergleich in bürgerlichen Rechtsstreitigkeiten gelten, sind entsprechend anzuwenden. [3]Die Vollstreckung richtet sich nach den Vorschriften der Zivilprozessordnung.

(3) Das Gericht hat seine Entscheidung oder die Niederschrift über einen Vergleich den Beteiligten zuzustellen.

(4) [1]Ein gerichtlicher Vergleich kann auch dadurch geschlossen werden, dass die Beteiligten einen schriftlichen Vergleichsvorschlag des Gerichts durch Schriftsatz gegenüber dem Gericht annehmen. [2]Das Gericht stellt das Zustandekommen und den Inhalt eines nach Satz 1 geschlossenen Vergleichs durch Beschluss fest. [3]§ 164 der Zivilprozessordnung gilt entsprechend. [4]Der Beschluss ist den Beteiligten zuzustellen.

§ 12 Beschwerde[2)]

(1) [1]Gegen die Entscheidung nach § 11 findet die Beschwerde statt. [2]Die Beschwerde kann nur durch Einreichung einer von einem Rechtsanwalt unterzeichneten Beschwerdeschrift eingelegt werden.

(2) [1]Die Landesregierung kann die Entscheidung über die Beschwerde durch Rechtsverordnung für die Bezirke mehrerer Oberlandesgerichte einem der Oberlandesgerichte oder dem Obersten Landesgericht übertragen, wenn dies zur Sicherung einer einheitlichen Rechtsprechung dient. [2]Die Landesregierung kann die Ermächtigung auf die Landesjustizverwaltung übertragen.

§ 13 Wirkung der Entscheidung

[1]Die Entscheidung wird erst mit der Rechtskraft wirksam. [2]Sie wirkt für und gegen alle, einschließlich derjenigen Anteilsinhaber, die bereits gegen die ursprünglich angebotene Barabfindung oder sonstige Abfindung aus dem betroffenen Rechtsträger ausgeschieden sind.

---

1) **Anm. d. Red.:** § 10 i. d. F. des Gesetzes v. 17.12.2008 (BGBl I S. 2586) mit Wirkung v. 1.9.2009.
2) **Anm. d. Red.:** § 12 i. d. F. des Gesetzes v. 17.12.2008 (BGBl I S. 2586) mit Wirkung v. 1.9.2009.

§ 14 Bekanntmachung der Entscheidung[1]

Die rechtskräftige Entscheidung in einem Verfahren nach § 1 ist ohne Gründe nach Maßgabe des § 6 Abs. 1 Satz 4 und 5 in den Fällen

1. der Nummer 1 durch den Vorstand der Gesellschaft, deren außenstehende Aktionäre antragsberechtigt waren;
2. der Nummer 2 durch den Vorstand der Hauptgesellschaft;
3. der Nummer 3 durch den Hauptaktionär der Gesellschaft;
4. der Nummer 4 durch die gesetzlichen Vertreter jedes übernehmenden oder neuen Rechtsträgers oder des Rechtsträgers neuer Rechtsform;
5. der Nummer 5 durch die gesetzlichen Vertreter der SE, aber im Fall des § 9 des SE-Ausführungsgesetzes durch die gesetzlichen Vertreter der die Gründung anstrebenden Gesellschaft, und
6. der Nummer 6 durch die gesetzlichen Vertreter der Europäischen Genossenschaft

bekannt zu machen.

§ 15 Kosten[2]

(1) Die Gerichtskosten können ganz oder zum Teil den Antragstellern auferlegt werden, wenn dies der Billigkeit entspricht.

(2) Das Gericht ordnet an, dass die Kosten der Antragsteller, die zur zweckentsprechenden Erledigung der Angelegenheit notwendig waren, ganz oder zum Teil vom Antragsgegner zu erstatten sind, wenn dies unter Berücksichtigung des Ausgangs des Verfahrens der Billigkeit entspricht.

§ 16 Zuständigkeit bei Leistungsklage

Für Klagen auf Leistung des Ausgleichs, der Zuzahlung oder der Abfindung, die im Spruchverfahren bestimmt worden sind, ist das Gericht des ersten Rechtszuges und der gleiche Spruchkörper ausschließlich zuständig, der gemäß § 2 mit dem Verfahren zuletzt inhaltlich befasst war.

§ 17 Allgemeine Bestimmungen; Übergangsvorschrift[3]

(1) Sofern in diesem Gesetz nichts anderes bestimmt ist, finden auf das Verfahren die Vorschriften des Gesetzes über das Verfahren in Familiensachen und in den Angelegenheiten der freiwilligen Gerichtsbarkeit Anwendung.

(2) ¹Für Verfahren, in denen ein Antrag auf gerichtliche Entscheidung vor dem 1. September 2003 gestellt worden ist, sind weiter die entsprechenden bis zu diesem Tag geltenden Vorschriften des Aktiengesetzes und des Umwandlungsgesetzes anzuwenden. ²Auf Beschwerdeverfahren, in denen die Beschwerde nach dem 1. September 2003 eingelegt wird, sind die Vorschriften dieses Gesetzes anzuwenden.

---

1) **Anm. d. Red.:** § 14 i. d. F. des Gesetzes v. 14. 8. 2006 (BGBl I S. 1911) mit Wirkung v. 18. 8. 2006.
2) **Anm. d. Red.:** § 15 i. d. F. des Gesetzes v. 23. 7. 2013 (BGBl I S. 2586) mit Wirkung v. 1. 8. 2013.
3) **Anm. d. Red.:** § 17 i. d. F. des Gesetzes v. 17. 12. 2008 (BGBl I S. 2586) mit Wirkung v. 1. 9. 2009.

XXIII. Umwandlungsgesetz (UmwG)
v. 28. 10. 1994 (BGBl I S. 3210, ber. 1995 I S. 428) mit späteren Änderungen

Das Umwandlungsgesetz (UmwG) ist als Art. 1 Gesetz zur Bereinigung des Umwandlungsrechts (UmwBerG)[*] v. 28. 10. 1994 (BGBl I S. 3210, ber. 1995 I S. 428) verkündet worden und am 1. 1. 1995 in Kraft getreten. — Die hier wiedergegebene (nichtamtliche) Fassung ist zuletzt geändert worden durch Art. 1 Viertes Gesetz zur Änderung des Umwandlungsgesetzes v. 19. 12. 2018 (BGBl I S. 2694).

Nichtamtliche Fassung
Inhaltsübersicht[1]

§§

Erstes Buch:	
Möglichkeiten von Umwandlungen	1
Zweites Buch:	
Verschmelzung	2 bis 122m
Erster Teil:	
Allgemeine Vorschriften	2 bis 38
Erster Abschnitt:	
Möglichkeit der Verschmelzung	2 und 3
Zweiter Abschnitt:	
Verschmelzung durch Aufnahme	4 bis 35
Dritter Abschnitt:	
Verschmelzung durch Neugründung	36 bis 38
Zweiter Teil:	
Besondere Vorschriften	39 bis 122m
Erster Abschnitt:	
Verschmelzung unter Beteiligung von Personengesellschaften	39 bis 45e
Erster Unterabschnitt:	
Verschmelzung unter Beteiligung von Personenhandelsgesellschaften	39 bis 45
Zweiter Unterabschnitt:	
Verschmelzung unter Beteiligung von Partnerschaftsgesellschaften	45a bis 45e
Zweiter Abschnitt:	
Verschmelzung unter Beteiligung von Gesellschaften mit beschränkter Haftung	46 bis 59
Erster Unterabschnitt:	
Verschmelzung durch Aufnahme	46 bis 55
Zweiter Unterabschnitt:	
Verschmelzung durch Neugründung	56 bis 59

---

*) **Amtl. Anm.:** Artikel 1 dieses Gesetzes dient, soweit er Regelungen über Umwandlungen unter Beteiligung von Aktiengesellschaften enthält, der Umsetzung folgender Richtlinien der Europäischen Gemeinschaft:
1. Artikel 13 der Zweiten Richtlinie (77/91/EWG) des Rates vom 13. Dezember 1976 zur Koordinierung der Schutzbestimmungen, die in den Mitgliedstaaten den Gesellschaften im Sinne des Artikels 58 Abs. 2 des Vertrages im Interesse der Gesellschafter sowie Dritter für die Gründung der Aktiengesellschaft sowie für die Erhaltung und Änderung ihres Kapitals vorgeschrieben sind, um diese Bestimmungen gleichwertig zu gestalten (ABl EG Nr. L 26 S. 1 v. 31. Januar 1977);
2. Dritte Richtlinie (78/855/EWG) des Rates vom 9. Oktober 1978 gemäß Artikel 54 Abs. 3 Buchstabe g des Vertrages betreffend die Verschmelzung von Aktiengesellschaften (ABl EG Nr. L 295 S. 36 v. 20. Oktober 1978);
3. Sechste Richtlinie (82/891/EWG) des Rates vom 17. Dezember 1982 gemäß Artikel 54 Abs. 3 Buchstabe g des Vertrages betreffend die Spaltung von Aktiengesellschaften (ABl EG Nr. L 378 S. 47 v. 31. Dezember 1982).

1) **Anm. d. Red.:** Inhaltsübersicht i. d. F. des Gesetzes v. 19. 12. 2018 (BGBl I S. 2694) mit Wirkung v. 1. 1. 2019.

Dritter Abschnitt: Verschmelzung unter Beteiligung von Aktiengesellschaften	60 bis 77
Erster Unterabschnitt: Verschmelzung durch Aufnahme	60 bis 72
Zweiter Unterabschnitt: Verschmelzung durch Neugründung	73 bis 77
Vierter Abschnitt: Verschmelzung unter Beteiligung von Kommanditgesellschaften auf Aktien	78
Fünfter Abschnitt: Verschmelzung unter Beteiligung eingetragener Genossenschaften	79 bis 98
Erster Unterabschnitt: Verschmelzung durch Aufnahme	79 bis 95
Zweiter Unterabschnitt: Verschmelzung durch Neugründung	96 bis 98
Sechster Abschnitt: Verschmelzung unter Beteiligung rechtsfähiger Vereine	99 bis 104a
Siebenter Abschnitt: Verschmelzung genossenschaftlicher Prüfungsverbände	105 bis 108
Achter Abschnitt: Verschmelzung von Versicherungsvereinen auf Gegenseitigkeit	109 bis 119
Erster Unterabschnitt: Möglichkeit der Verschmelzung	109
Zweiter Unterabschnitt: Verschmelzung durch Aufnahme	110 bis 113
Dritter Unterabschnitt: Verschmelzung durch Neugründung	114 bis 117
Vierter Unterabschnitt: Verschmelzung kleinerer Vereine	118 und 119
Neunter Abschnitt: Verschmelzung von Kapitalgesellschaften mit dem Vermögen eines Alleingesellschafters	120 bis 122
Zehnter Abschnitt: Grenzüberschreitende Verschmelzung	122a bis 122m
Drittes Buch: **Spaltung**	123 bis 173
Erster Teil: **Allgemeine Vorschriften**	123 bis 137
Erster Abschnitt: Möglichkeit der Spaltung	123 bis 125
Zweiter Abschnitt: Spaltung zur Aufnahme	126 bis 134
Dritter Abschnitt: Spaltung zur Neugründung	135 bis 137
Zweiter Teil: **Besondere Vorschriften**	138 bis 173
Erster Abschnitt: Spaltung unter Beteiligung von Gesellschaften mit beschränkter Haftung	138 bis 140
Zweiter Abschnitt: Spaltung unter Beteiligung von Aktiengesellschaften und Kommanditgesellschaften auf Aktien	141 bis 146
Dritter Abschnitt: Spaltung unter Beteiligung eingetragener Genossenschaften	147 und 148

XXIII. Umwandlungsgesetz

Vierter Abschnitt: Spaltung unter Beteiligung rechtsfähiger Vereine	149
Fünfter Abschnitt: Spaltung unter Beteiligung genossenschaftlicher Prüfungsverbände	150
Sechster Abschnitt: Spaltung unter Beteiligung von Versicherungsvereinen auf Gegenseitigkeit	151
Siebenter Abschnitt: Ausgliederung aus dem Vermögen eines Einzelkaufmanns	152 bis 160
Erster Unterabschnitt: Möglichkeit der Ausgliederung	152
Zweiter Unterabschnitt: Ausgliederung zur Aufnahme	153 bis 157
Dritter Unterabschnitt: Ausgliederung zur Neugründung	158 bis 160
Achter Abschnitt: Ausgliederung aus dem Vermögen rechtsfähiger Stiftungen	161 bis 167
Neunter Abschnitt: Ausgliederung aus dem Vermögen von Gebietskörperschaften oder Zusammenschlüssen von Gebietskörperschaften	168 bis 173
Viertes Buch: **Vermögensübertragung**	174 bis 189
Erster Teil: **Möglichkeit der Vermögensübertragung**	174 und 175
Zweiter Teil: **Übertragung des Vermögens oder von Vermögensteilen einer Kapitalgesellschaft auf die öffentliche Hand**	176 und 177
Erster Abschnitt: Vollübertragung	176
Zweiter Abschnitt: Teilübertragung	177
Dritter Teil: **Vermögensübertragung unter Versicherungsunternehmen**	178 bis 189
Erster Abschnitt: Übertragung des Vermögens einer Aktiengesellschaft auf Versicherungsvereine auf Gegenseitigkeit oder öffentlich-rechtliche Versicherungsunternehmen	178 und 179
Erster Unterabschnitt: Vollübertragung	178
Zweiter Unterabschnitt: Teilübertragung	179
Zweiter Abschnitt: Übertragung des Vermögens eines Versicherungsvereins auf Gegenseitigkeit auf Aktiengesellschaften oder öffentlich-rechtliche Versicherungsunternehmen	180 bis 184
Erster Unterabschnitt: Vollübertragung	180 bis 183
Zweiter Unterabschnitt: Teilübertragung	184
Dritter Abschnitt: Übertragung des Vermögens eines kleineren Versicherungsvereins auf Gegenseitigkeit auf eine Aktiengesellschaft oder auf ein öffentlich-rechtliches Versicherungsunternehmen	185 bis 187

XXIII. Umwandlungsgesetz

Vierter Abschnitt: Übertragung des Vermögens eines öffentlich-rechtlichen Versicherungsunternehmens auf Aktiengesellschaften oder Versicherungsvereine auf Gegenseitigkeit	188 und 189
Erster Unterabschnitt: Vollübertragung	188
Zweiter Unterabschnitt: Teilübertragung	189
Fünftes Buch: **Formwechsel**	190 bis 312
Erster Teil: **Allgemeine Vorschriften**	190 bis 213
Zweiter Teil: **Besondere Vorschriften**	214 bis 312
Erster Abschnitt: Formwechsel von Personengesellschaften	214 bis 225c
Erster Unterabschnitt: Formwechsel von Personenhandelsgesellschaften	214 bis 225
Zweiter Unterabschnitt: Formwechsel von Partnerschaftsgesellschaften	225a bis 225c
Zweiter Abschnitt: Formwechsel von Kapitalgesellschaften	226 bis 257
Erster Unterabschnitt: Allgemeine Vorschriften	226 und 227
Zweiter Unterabschnitt: Formwechsel in eine Personengesellschaft	228 bis 237
Dritter Unterabschnitt: Formwechsel in eine Kapitalgesellschaft anderer Rechtsform	238 bis 250
Vierter Unterabschnitt: Formwechsel in eine eingetragene Genossenschaft	251 bis 257
Dritter Abschnitt: Formwechsel eingetragener Genossenschaften	258 bis 271
Vierter Abschnitt: Formwechsel rechtsfähiger Vereine	272 bis 290
Erster Unterabschnitt: Allgemeine Vorschriften	272
Zweiter Unterabschnitt: Formwechsel in eine Kapitalgesellschaft	273 bis 282
Dritter Unterabschnitt: Formwechsel in eine eingetragene Genossenschaft	283 bis 290
Fünfter Abschnitt: Formwechsel von Versicherungsvereinen auf Gegenseitigkeit	291 bis 300
Sechster Abschnitt: Formwechsel von Körperschaften und Anstalten des öffentlichen Rechts	301 bis 312
Sechstes Buch: **Strafvorschriften und Zwangsgelder**	313 bis 316
Siebentes Buch: **Übergangs- und Schlussvorschriften**	317 bis 325

Erstes Buch: Möglichkeiten von Umwandlungen

§ 1 Arten der Umwandlung; gesetzliche Beschränkungen[1]

(1) Rechtsträger mit Sitz im Inland können umgewandelt werden
1. durch Verschmelzung;
2. durch Spaltung (Aufspaltung, Abspaltung, Ausgliederung);
3. durch Vermögensübertragung;
4. durch Formwechsel.

(2) Eine Umwandlung im Sinne des Absatzes 1 ist außer in den in diesem Gesetz geregelten Fällen nur möglich, wenn sie durch ein anderes Bundesgesetz oder ein Landesgesetz ausdrücklich vorgesehen ist.

(3) ¹Von den Vorschriften dieses Gesetzes kann nur abgewichen werden, wenn dies ausdrücklich zugelassen ist. ²Ergänzende Bestimmungen in Verträgen, Satzungen oder Willenserklärungen sind zulässig, es sei denn, dass dieses Gesetz eine abschließende Regelung enthält.

Zweites Buch: Verschmelzung

Erster Teil: Allgemeine Vorschriften

Erster Abschnitt: Möglichkeit der Verschmelzung

§ 2 Arten der Verschmelzung[2]

Rechtsträger können unter Auflösung ohne Abwicklung verschmolzen werden
1. im Wege der Aufnahme durch Übertragung des Vermögens eines Rechtsträgers oder mehrerer Rechtsträger (übertragende Rechtsträger) als Ganzes auf einen anderen bestehenden Rechtsträger (übernehmender Rechtsträger) oder
2. im Wege der Neugründung durch Übertragung der Vermögen zweier oder mehrerer Rechtsträger (übertragende Rechtsträger) jeweils als Ganzes auf einen neuen, von ihnen dadurch gegründeten Rechtsträger

gegen Gewährung von Anteilen oder Mitgliedschaften des übernehmenden oder neuen Rechtsträgers an die Anteilsinhaber (Gesellschafter, Partner, Aktionäre oder Mitglieder) der übertragenden Rechtsträger.

§ 3 Verschmelzungsfähige Rechtsträger[3]

(1) An Verschmelzungen können als übertragende, übernehmende oder neue Rechtsträger beteiligt sein:
1. Personenhandelsgesellschaften (offene Handelsgesellschaften, Kommanditgesellschaften) und Partnerschaftsgesellschaften;
2. Kapitalgesellschaften (Gesellschaften mit beschränkter Haftung, Aktiengesellschaften, Kommanditgesellschaften auf Aktien);
3. eingetragene Genossenschaften;
4. eingetragene Vereine (§ 21 des Bürgerlichen Gesetzbuchs);
5. genossenschaftliche Prüfungsverbände;
6. Versicherungsvereine auf Gegenseitigkeit.

---

1) **Anm. d. Red.:** § 1 i. d. F. des Gesetzes v. 14. 8. 2006 (BGBl I S. 1911) mit Wirkung v. 18. 8. 2006.
2) **Anm. d. Red.:** § 2 i. d. F. des Gesetzes v. 14. 8. 2006 (BGBl I S. 1911) mit Wirkung v. 18. 8. 2006.
3) **Anm. d. Red.:** § 3 i. d. F. des Gesetzes v. 22. 7. 1998 (BGBl I S. 1878) mit Wirkung v. 1. 8. 1998.

(2) An einer Verschmelzung können ferner beteiligt sein:
1. wirtschaftliche Vereine (§ 22 des Bürgerlichen Gesetzbuchs), soweit sie übertragender Rechtsträger sind;
2. natürliche Personen, die als Alleingesellschafter einer Kapitalgesellschaft deren Vermögen übernehmen.

(3) An der Verschmelzung können als übertragende Rechtsträger auch aufgelöste Rechtsträger beteiligt sein, wenn die Fortsetzung dieser Rechtsträger beschlossen werden könnte.

(4) Die Verschmelzung kann sowohl unter gleichzeitiger Beteiligung von Rechtsträgern derselben Rechtsform als auch von Rechtsträgern unterschiedlicher Rechtsform erfolgen, soweit nicht etwas anderes bestimmt ist.

Zweiter Abschnitt: Verschmelzung durch Aufnahme

§ 4 Verschmelzungsvertrag[1]

(1) ¹Die Vertretungsorgane der an der Verschmelzung beteiligten Rechtsträger schließen einen Verschmelzungsvertrag. ²§ 311b Abs. 2 des Bürgerlichen Gesetzbuchs gilt für ihn nicht.

(2) Soll der Vertrag nach einem der nach § 13 erforderlichen Beschlüsse geschlossen werden, so ist vor diesem Beschluss ein schriftlicher Entwurf des Vertrags aufzustellen.

§ 5 Inhalt des Verschmelzungsvertrags[2]

(1) Der Vertrag oder sein Entwurf muss mindestens folgende Angaben enthalten:
1. den Namen oder die Firma und den Sitz der an der Verschmelzung beteiligten Rechtsträger;
2. die Vereinbarung über die Übertragung des Vermögens jedes übertragenden Rechtsträgers als Ganzes gegen Gewährung von Anteilen oder Mitgliedschaften an dem übernehmenden Rechtsträger;
3. das Umtauschverhältnis der Anteile und gegebenenfalls die Höhe der baren Zuzahlung oder Angaben über die Mitgliedschaft bei dem übernehmenden Rechtsträger;
4. die Einzelheiten für die Übertragung der Anteile des übernehmenden Rechtsträgers oder über den Erwerb der Mitgliedschaft bei dem übernehmenden Rechtsträger;
5. den Zeitpunkt, von dem an diese Anteile oder die Mitgliedschaften einen Anspruch auf einen Anteil am Bilanzgewinn gewähren, sowie alle Besonderheiten in Bezug auf diesen Anspruch;
6. den Zeitpunkt, von dem an die Handlungen der übertragenden Rechtsträger als für Rechnung des übernehmenden Rechtsträgers vorgenommen gelten (Verschmelzungsstichtag);
7. die Rechte, die der übernehmende Rechtsträger einzelnen Anteilsinhabern sowie den Inhabern besonderer Rechte wie Anteile ohne Stimmrecht, Vorzugsaktien, Mehrstimmrechtsaktien, Schuldverschreibungen und Genussrechte gewährt, oder die für diese Personen vorgesehenen Maßnahmen;
8. jeden besonderen Vorteil, der einem Mitglied eines Vertretungsorgans oder eines Aufsichtsorgans der an der Verschmelzung beteiligten Rechtsträger, einem geschäftsführenden Gesellschafter, einem Partner, einem Abschlussprüfer oder einem Verschmelzungsprüfer gewährt wird;
9. die Folgen der Verschmelzung für die Arbeitnehmer und ihre Vertretungen sowie die insoweit vorgesehenen Maßnahmen.

---

1) **Anm. d. Red.:** § 4 i. d. F. des Gesetzes v. 19. 4. 2007 (BGBl I S. 542) mit Wirkung v. 25. 4. 2007.
2) **Anm. d. Red.:** § 5 i. d. F. des Gesetzes v. 22. 7. 1998 (BGBl I S. 1878) mit Wirkung v. 1. 8. 1998.

(2) Befinden sich alle Anteile eines übertragenden Rechtsträgers in der Hand des übernehmenden Rechtsträgers, so entfallen die Angaben über den Umtausch der Anteile (Absatz 1 Nr. 2 bis 5), soweit sie die Aufnahme dieses Rechtsträgers betreffen.

(3) Der Vertrag oder sein Entwurf ist spätestens einen Monat vor dem Tage der Versammlung der Anteilsinhaber jedes beteiligten Rechtsträgers, die gemäß § 13 Abs. 1 über die Zustimmung zum Verschmelzungsvertrag beschließen soll, dem zuständigen Betriebsrat dieses Rechtsträgers zuzuleiten.

§ 6 Form des Verschmelzungsvertrags

Der Verschmelzungsvertrag muss notariell beurkundet werden.

§ 7 Kündigung des Verschmelzungsvertrags

[1]Ist der Verschmelzungsvertrag unter einer Bedingung geschlossen worden und ist diese binnen fünf Jahren nach Abschluss des Vertrags nicht eingetreten, so kann jeder Teil den Vertrag nach fünf Jahren mit halbjähriger Frist kündigen; im Verschmelzungsvertrag kann eine kürzere Zeit als fünf Jahre vereinbart werden. [2]Die Kündigung kann stets nur für den Schluss des Geschäftsjahres des Rechtsträgers, dem gegenüber sie erklärt wird, ausgesprochen werden.

§ 8 Verschmelzungsbericht

(1) [1]Die Vertretungsorgane jedes der an der Verschmelzung beteiligten Rechtsträger haben einen ausführlichen schriftlichen Bericht zu erstatten, in dem die Verschmelzung, der Verschmelzungsvertrag oder sein Entwurf im Einzelnen und insbesondere das Umtauschverhältnis der Anteile oder die Angaben über die Mitgliedschaft bei dem übernehmenden Rechtsträger sowie die Höhe einer anzubietenden Barabfindung rechtlich und wirtschaftlich erläutert und begründet werden (Verschmelzungsbericht); der Bericht kann von den Vertretungsorganen auch gemeinsam erstattet werden. [2]Auf besondere Schwierigkeiten bei der Bewertung der Rechtsträger sowie auf die Folgen für die Beteiligung der Anteilsinhaber ist hinzuweisen. [3]Ist ein an der Verschmelzung beteiligter Rechtsträger ein verbundenes Unternehmen im Sinne des § 15 des Aktiengesetzes, so sind in dem Bericht auch Angaben über alle für die Verschmelzung wesentlichen Angelegenheiten der anderen verbundenen Unternehmen zu machen. [4]Auskunftspflichten der Vertretungsorgane erstrecken sich auch auf diese Angelegenheiten.

(2) [1]In den Bericht brauchen Tatsachen nicht aufgenommen zu werden, deren Bekanntwerden geeignet ist, einem der beteiligten Rechtsträger oder einem verbundenen Unternehmen einen nicht unerheblichen Nachteil zuzufügen. [2]In diesem Falle sind in dem Bericht die Gründe, aus denen die Tatsachen nicht aufgenommen worden sind, darzulegen.

(3) [1]Der Bericht ist nicht erforderlich, wenn alle Anteilsinhaber aller beteiligten Rechtsträger auf seine Erstattung verzichten oder sich alle Anteile des übertragenden Rechtsträgers in der Hand des übernehmenden Rechtsträgers befinden. [2]Die Verzichtserklärungen sind notariell zu beurkunden.

§ 9 Prüfung der Verschmelzung

(1) Soweit in diesem Gesetz vorgeschrieben, ist der Verschmelzungsvertrag oder sein Entwurf durch einen oder mehrere sachverständige Prüfer (Verschmelzungsprüfer) zu prüfen.

(2) Befinden sich alle Anteile eines übertragenden Rechtsträgers in der Hand des übernehmenden Rechtsträgers, so ist eine Verschmelzungsprüfung nach Absatz 1 nicht erforderlich, soweit sie die Aufnahme dieses Rechtsträgers betrifft.

(3) § 8 Abs. 3 ist entsprechend anzuwenden.

§ 10 Bestellung der Verschmelzungsprüfer[1]

(1) ¹Die Verschmelzungsprüfer werden auf Antrag des Vertretungsorgans vom Gericht ausgewählt und bestellt. ²Sie können auf gemeinsamen Antrag der Vertretungsorgane für mehrere oder alle beteiligten Rechtsträger gemeinsam bestellt werden. ³Für den Ersatz von Auslagen und für die Vergütung der vom Gericht bestellten Prüfer gilt § 318 Abs. 5 des Handelsgesetzbuchs.

(2) ¹Zuständig ist jedes Landgericht, in dessen Bezirk ein übertragender Rechtsträger seinen Sitz hat. ²Ist bei dem Landgericht eine Kammer für Handelssachen gebildet, so entscheidet deren Vorsitzender an Stelle der Zivilkammer.

(3) Auf das Verfahren ist das Gesetz über das Verfahren in Familiensachen und in den Angelegenheiten der freiwilligen Gerichtsbarkeit anzuwenden, soweit in den folgenden Absätzen nichts anderes bestimmt ist.

(4) ¹Gegen die Entscheidung findet die Beschwerde statt. ²Sie kann nur durch Einreichung einer von einem Rechtsanwalt unterzeichneten Beschwerdeschrift eingelegt werden.

(5) ¹Die Landesregierung kann die Entscheidung über die Beschwerde durch Rechtsverordnung für die Bezirke mehrerer Oberlandesgerichte einem der Oberlandesgerichte oder dem Obersten Landesgericht übertragen, wenn dies der Sicherung einer einheitlichen Rechtsprechung dient. ²Die Landesregierung kann die Ermächtigung auf die Landesjustizverwaltung übertragen.

§ 11 Stellung und Verantwortlichkeit der Verschmelzungsprüfer[2]

(1) ¹Für die Auswahl und das Auskunftsrecht der Verschmelzungsprüfer gelten § 319 Abs. 1 bis 4, § 319a Abs. 1, § 319b Abs. 1, § 320 Abs. 1 Satz 2 und Abs. 2 Satz 1 und 2 des Handelsgesetzbuchs entsprechend. ²Soweit Rechtsträger betroffen sind, für die keine Pflicht zur Prüfung des Jahresabschlusses besteht, gilt Satz 1 entsprechend. ³Dabei findet § 267 Abs. 1 bis 3 des Handelsgesetzbuchs für die Umschreibung der Größenklassen entsprechende Anwendung. ⁴Das Auskunftsrecht besteht gegenüber allen an der Verschmelzung beteiligten Rechtsträgern und gegenüber einem Konzernunternehmen sowie einem abhängigen und einem herrschenden Unternehmen.

(2) ¹Für die Verantwortlichkeit der Verschmelzungsprüfer, ihrer Gehilfen und der bei der Prüfung mitwirkenden gesetzlichen Vertreter einer Prüfungsgesellschaft gilt § 323 des Handelsgesetzbuchs entsprechend. ²Die Verantwortlichkeit besteht gegenüber den an der Verschmelzung beteiligten Rechtsträgern und deren Anteilsinhabern.

§ 12 Prüfungsbericht

(1) ¹Die Verschmelzungsprüfer haben über das Ergebnis der Prüfung schriftlich zu berichten. ²Der Prüfungsbericht kann auch gemeinsam erstattet werden.

(2) ¹Der Prüfungsbericht ist mit einer Erklärung darüber abzuschließen, ob das vorgeschlagene Umtauschverhältnis der Anteile, gegebenenfalls die Höhe der baren Zuzahlung oder die Mitgliedschaft bei dem übernehmenden Rechtsträger als Gegenwert angemessen ist. ²Dabei ist anzugeben,
1. nach welchen Methoden das vorgeschlagene Umtauschverhältnis ermittelt worden ist;
2. aus welchen Gründen die Anwendung dieser Methoden angemessen ist;
3. welches Umtauschverhältnis oder welcher Gegenwert sich bei der Anwendung verschiedener Methoden, sofern mehrere angewandt worden sind, jeweils ergeben würde; zugleich ist darzulegen, welches Gewicht den verschiedenen Methoden bei der Bestimmung des vorgeschlagenen Umtauschverhältnisses oder des Gegenwerts und der ihnen zugrunde liegen-

---

1) **Anm. d. Red.:** § 10 i. d. F. des Gesetzes v. 17.12.2008 (BGBl I S. 2586) mit Wirkung v. 1.9.2009.
2) **Anm. d. Red.:** § 11 i. d. F. des Gesetzes v. 25.5.2009 (BGBl I S. 1102) mit Wirkung v. 29.5.2009.

den Werte beigemessen worden ist und welche besonderen Schwierigkeiten bei der Bewertung der Rechtsträger aufgetreten sind.

(3) § 8 Abs. 2 und 3 ist entsprechend anzuwenden.

§ 13 Beschlüsse über den Verschmelzungsvertrag

(1) ¹Der Verschmelzungsvertrag wird nur wirksam, wenn die Anteilsinhaber der beteiligten Rechtsträger ihm durch Beschluss (Verschmelzungsbeschluss) zustimmen. ²Der Beschluss kann nur in einer Versammlung der Anteilsinhaber gefasst werden.

(2) Ist die Abtretung der Anteile eines übertragenden Rechtsträgers von der Genehmigung bestimmter einzelner Anteilsinhaber abhängig, so bedarf der Verschmelzungsbeschluss dieses Rechtsträgers zu seiner Wirksamkeit ihrer Zustimmung.

(3) ¹Der Verschmelzungsbeschluss und die nach diesem Gesetz erforderlichen Zustimmungserklärungen einzelner Anteilsinhaber einschließlich der erforderlichen Zustimmungserklärungen nicht erschienener Anteilsinhaber müssen notariell beurkundet werden. ²Der Vertrag oder sein Entwurf ist dem Beschluss als Anlage beizufügen. ³Auf Verlangen hat der Rechtsträger jedem Anteilsinhaber auf dessen Kosten unverzüglich eine Abschrift des Vertrags oder seines Entwurfs und der Niederschrift des Beschlusses zu erteilen.

§ 14 Befristung und Ausschluss von Klagen gegen den Verschmelzungsbeschluss

(1) Eine Klage gegen die Wirksamkeit eines Verschmelzungsbeschlusses muss binnen eines Monats nach der Beschlussfassung erhoben werden.

(2) Eine Klage gegen die Wirksamkeit des Verschmelzungsbeschlusses eines übertragenden Rechtsträgers kann nicht darauf gestützt werden, dass das Umtauschverhältnis der Anteile zu niedrig bemessen ist oder dass die Mitgliedschaft bei dem übernehmenden Rechtsträger kein ausreichender Gegenwert für die Anteile oder die Mitgliedschaft bei dem übertragenden Rechtsträger ist.

§ 15 Verbesserung des Umtauschverhältnisses[1]

(1) ¹Ist das Umtauschverhältnis der Anteile zu niedrig bemessen oder ist die Mitgliedschaft bei dem übernehmenden Rechtsträger kein ausreichender Gegenwert für den Anteil oder die Mitgliedschaft bei einem übertragenden Rechtsträger, so kann jeder Anteilsinhaber dieses übertragenden Rechtsträgers, dessen Recht, gegen die Wirksamkeit des Verschmelzungsbeschlusses Klage zu erheben, nach § 14 Abs. 2 ausgeschlossen ist, von dem übernehmenden Rechtsträger einen Ausgleich durch bare Zuzahlung verlangen; die Zuzahlungen können den zehnten Teil des auf die gewährten Anteile entfallenden Betrags des Grund- oder Stammkapitals übersteigen. ²Die angemessene Zuzahlung wird auf Antrag durch das Gericht nach den Vorschriften des Spruchverfahrensgesetzes bestimmt.

(2) ¹Die bare Zuzahlung ist nach Ablauf des Tages, an dem die Eintragung der Verschmelzung in das Register des Sitzes des übernehmenden Rechtsträgers nach § 19 Abs. 3 bekannt gemacht worden ist, mit jährlich 5 Prozentpunkten über dem jeweiligen Basiszinssatz nach § 247 des Bürgerlichen Gesetzbuchs zu verzinsen. ²Die Geltendmachung eines weiteren Schadens ist nicht ausgeschlossen.

§ 16 Anmeldung der Verschmelzung[2]

(1) ¹Die Vertretungsorgane jedes der an der Verschmelzung beteiligten Rechtsträger haben die Verschmelzung zur Eintragung in das Register (Handelsregister, Partnerschaftsregister, Genossenschaftsregister oder Vereinsregister) des Sitzes ihres Rechtsträgers anzumelden. ²Das

---

1) **Anm. d. Red.:** § 15 i. d. F. des Gesetzes v. 30. 7. 2009 (BGBl I S. 2479) mit Wirkung v. 1. 9. 2009.
2) **Anm. d. Red.:** § 16 i. d. F. des Gesetzes v. 30. 7. 2009 (BGBl I S. 2479) mit Wirkung v. 1. 9. 2009.

Vertretungsorgan des übernehmenden Rechtsträgers ist berechtigt, die Verschmelzung auch zur Eintragung in das Register des Sitzes jedes der übertragenden Rechtsträger anzumelden.

(2) ¹Bei der Anmeldung haben die Vertretungsorgane zu erklären, dass eine Klage gegen die Wirksamkeit eines Verschmelzungsbeschlusses nicht oder nicht fristgemäß erhoben oder eine solche Klage rechtskräftig abgewiesen oder zurückgenommen worden ist; hierüber haben die Vertretungsorgane dem Registergericht auch nach der Anmeldung Mitteilung zu machen. ²Liegt die Erklärung nicht vor, so darf die Verschmelzung nicht eingetragen werden, es sei denn, dass die klageberechtigten Anteilsinhaber durch notariell beurkundete Verzichtserklärung auf die Klage gegen die Wirksamkeit des Verschmelzungsbeschlusses verzichten.

(3) ¹Der Erklärung nach Absatz 2 Satz 1 steht es gleich, wenn nach Erhebung einer Klage gegen die Wirksamkeit eines Verschmelzungsbeschlusses das Gericht auf Antrag des Rechtsträgers, gegen dessen Verschmelzungsbeschluss sich die Klage richtet, durch Beschluss festgestellt hat, dass die Erhebung der Klage der Eintragung nicht entgegensteht. ²Auf das Verfahren sind § 247 des Aktiengesetzes, die §§ 82, 83 Abs. 1 und § 84 der Zivilprozessordnung sowie die im ersten Rechtszug für das Verfahren vor den Landgerichten geltenden Vorschriften der Zivilprozessordnung entsprechend anzuwenden, soweit nichts Abweichendes bestimmt ist. ³Ein Beschluss nach Satz 1 ergeht, wenn

1. die Klage unzulässig oder offensichtlich unbegründet ist oder
2. der Kläger nicht binnen einer Woche nach Zustellung des Antrags durch Urkunden nachgewiesen hat, dass er seit Bekanntmachung der Einberufung einen anteiligen Betrag von mindestens 1 000 Euro hält oder
3. das alsbaldige Wirksamwerden der Verschmelzung vorrangig erscheint, weil die vom Antragsteller dargelegten wesentlichen Nachteile für die an der Verschmelzung beteiligten Rechtsträger und ihre Anteilsinhaber nach freier Überzeugung des Gerichts die Nachteile für den Antragsgegner überwiegen, es sei denn, es liegt eine besondere Schwere des Rechtsverstoßes vor.

⁴Der Beschluss kann in dringenden Fällen ohne mündliche Verhandlung ergehen. ⁵Der Beschluss soll spätestens drei Monate nach Antragstellung ergehen; Verzögerungen der Entscheidung sind durch unanfechtbaren Beschluss zu begründen. ⁶Die vorgebrachten Tatsachen, auf Grund derer der Beschluss nach Satz 3 ergehen kann, sind glaubhaft zu machen. ⁷Über den Antrag entscheidet ein Senat des Oberlandesgerichts, in dessen Bezirk die Gesellschaft ihren Sitz hat. ⁸Eine Übertragung auf den Einzelrichter ist ausgeschlossen; einer Güteverhandlung bedarf es nicht. ⁹Der Beschluss ist unanfechtbar. ¹⁰Erweist sich die Klage als begründet, so ist der Rechtsträger, der den Beschluss erwirkt hat, verpflichtet, dem Antragsgegner den Schaden zu ersetzen, der ihm aus einer auf dem Beschluss beruhenden Eintragung der Verschmelzung entstanden ist; als Ersatz des Schadens kann nicht die Beseitigung der Wirkungen der Eintragung der Verschmelzung im Register des Sitzes des übernehmenden Rechtsträgers verlangt werden.

§ 17 Anlagen der Anmeldung[1]

(1) Der Anmeldung sind in Ausfertigung oder öffentlich beglaubigter Abschrift oder, soweit sie nicht notariell zu beurkunden sind, in Urschrift oder Abschrift der Verschmelzungsvertrag, die Niederschriften der Verschmelzungsbeschlüsse, die nach diesem Gesetz erforderlichen Zustimmungserklärungen einzelner Anteilsinhaber einschließlich der Zustimmungserklärungen nicht erschienener Anteilsinhaber, der Verschmelzungsbericht, der Prüfungsbericht oder die Verzichtserklärungen nach § 8 Abs. 3, § 9 Abs. 3, § 12 Abs. 3, § 54 Abs. 1 Satz 3 oder § 68 Abs. 1 Satz 3, ein Nachweis über die rechtzeitige Zuleitung des Verschmelzungsvertrages oder seines Entwurfs an den zuständigen Betriebsrat beizufügen.

(2) ¹Der Anmeldung zum Register des Sitzes jedes der übertragenden Rechtsträger ist ferner eine Bilanz dieses Rechtsträgers beizufügen (Schlussbilanz). ²Für diese Bilanz gelten die Vor-

---

[1] **Anm. d. Red.:** § 17 i. d. F. des Gesetzes v. 30. 7. 2009 (BGBl I S. 2479) mit Wirkung v. 1. 9. 2009.

schriften über die Jahresbilanz und deren Prüfung entsprechend. ³Sie braucht nicht bekannt gemacht zu werden. ⁴Das Registergericht darf die Verschmelzung nur eintragen, wenn die Bilanz auf einen höchstens acht Monate vor der Anmeldung liegenden Stichtag aufgestellt worden ist.

§ 18 Firma oder Name des übernehmenden Rechtsträgers[1]

(1) Der übernehmende Rechtsträger darf die Firma eines der übertragenden Rechtsträger, dessen Handelsgeschäft er durch die Verschmelzung erwirbt, mit oder ohne Beifügung eines das Nachfolgeverhältnis andeutenden Zusatzes fortführen.

(2) Ist an einem der übertragenden Rechtsträger eine natürliche Person beteiligt, die an dem übernehmenden Rechtsträger nicht beteiligt wird, so darf der übernehmende Rechtsträger den Namen dieses Anteilsinhabers nur dann in der nach Absatz 1 fortgeführten oder in der neu gebildeten Firma verwenden, wenn der betroffene Anteilsinhaber oder dessen Erben ausdrücklich in die Verwendung einwilligen.

(3) ¹Ist eine Partnerschaftsgesellschaft an der Verschmelzung beteiligt, gelten für die Fortführung der Firma oder des Namens die Absätze 1 und 2 entsprechend. ²Eine Firma darf als Name einer Partnerschaftsgesellschaft nur unter den Voraussetzungen des § 2 Abs. 1 des Partnerschaftsgesellschaftsgesetzes fortgeführt werden. ³§ 1 Abs. 3 und § 11 des Partnerschaftsgesellschaftsgesetzes sind entsprechend anzuwenden.

§ 19 Eintragung und Bekanntmachung der Verschmelzung[2]

(1) ¹Die Verschmelzung darf in das Register des Sitzes des übernehmenden Rechtsträgers erst eingetragen werden, nachdem sie im Register des Sitzes jedes der übertragenden Rechtsträger eingetragen worden ist. ²Die Eintragung im Register des Sitzes jedes der übertragenden Rechtsträger ist mit dem Vermerk zu versehen, dass die Verschmelzung erst mit der Eintragung im Register des Sitzes des übernehmenden Rechtsträgers wirksam wird, sofern die Eintragungen in den Registern aller beteiligten Rechtsträger nicht am selben Tag erfolgen.

(2) ¹Das Gericht des Sitzes des übernehmenden Rechtsträgers hat von Amts wegen dem Gericht des Sitzes jedes der übertragenden Rechtsträger den Tag der Eintragung der Verschmelzung mitzuteilen. ²Nach Eingang der Mitteilung hat das Gericht des Sitzes jedes der übertragenden Rechtsträger von Amts wegen den Tag der Eintragung der Verschmelzung im Register des Sitzes des übernehmenden Rechtsträgers im Register des Sitzes des übertragenden Rechtsträgers zu vermerken und die bei ihm aufbewahrten Dokumente dem Gericht des Sitzes des übernehmenden Rechtsträgers zur Aufbewahrung zu übermitteln.

(3) Das Gericht des Sitzes jedes der an der Verschmelzung beteiligten Rechtsträger hat jeweils die von ihm vorgenommene Eintragung der Verschmelzung von Amts wegen nach § 10 des Handelsgesetzbuchs ihrem ganzen Inhalt nach bekannt zu machen.

§ 20 Wirkungen der Eintragung

(1) Die Eintragung der Verschmelzung in das Register des Sitzes des übernehmenden Rechtsträgers hat folgende Wirkungen:

1. Das Vermögen der übertragenden Rechtsträger geht einschließlich der Verbindlichkeiten auf den übernehmenden Rechtsträger über.
2. ¹Die übertragenden Rechtsträger erlöschen. ²Einer besonderen Löschung bedarf es nicht.
3. ¹Die Anteilsinhaber der übertragenden Rechtsträger werden Anteilsinhaber des übernehmenden Rechtsträgers; dies gilt nicht, soweit der übernehmende Rechtsträger oder ein Dritter, der im eigenen Namen, jedoch für Rechnung dieses Rechtsträgers handelt, Anteilsinhaber des übertragenden Rechtsträgers ist oder der übertragende Rechtsträger eigene Anteile innehat oder ein Dritter, der im eigenen Namen, jedoch für Rechnung dieses Rechtsträgers

---

[1] **Anm. d. Red.:** § 18 i. d. F. des Gesetzes v. 22. 7. 1998 (BGBl I S. 1878) mit Wirkung v. 1. 8. 1998.
[2] **Anm. d. Red.:** § 19 i. d. F. des Gesetzes v. 19. 4. 2007 (BGBl I S. 542) mit Wirkung v. 25. 4. 2007.

handelt, dessen Anteilsinhaber ist. ²Rechte Dritter an den Anteilen oder Mitgliedschaften der übertragenden Rechtsträger bestehen an den an ihre Stelle tretenden Anteilen oder Mitgliedschaften des übernehmenden Rechtsträgers weiter.

4. Der Mangel der notariellen Beurkundung des Verschmelzungsvertrags und gegebenenfalls erforderlicher Zustimmungs- oder Verzichtserklärungen einzelner Anteilsinhaber wird geheilt.

(2) Mängel der Verschmelzung lassen die Wirkungen der Eintragung nach Absatz 1 unberührt.

§ 21 Wirkung auf gegenseitige Verträge

Treffen bei einer Verschmelzung aus gegenseitigen Verträgen, die zur Zeit der Verschmelzung von keiner Seite vollständig erfüllt sind, Abnahme-, Lieferungs- oder ähnliche Verpflichtungen zusammen, die miteinander unvereinbar sind oder die beide zu erfüllen eine schwere Unbilligkeit für den übernehmenden Rechtsträger bedeuten würde, so bestimmt sich der Umfang der Verpflichtungen nach Billigkeit unter Würdigung der vertraglichen Rechte aller Beteiligten.

§ 22 Gläubigerschutz[1]

(1) ¹Den Gläubigern der an der Verschmelzung beteiligten Rechtsträger ist, wenn sie binnen sechs Monaten nach dem Tag, an dem die Eintragung der Verschmelzung in das Register des Sitzes desjenigen Rechtsträgers, dessen Gläubiger sie sind, nach § 19 Abs. 3 bekannt gemacht worden ist, ihren Anspruch nach Grund und Höhe schriftlich anmelden, Sicherheit zu leisten, soweit sie nicht Befriedigung verlangen können. ²Dieses Recht steht den Gläubigern jedoch nur zu, wenn sie glaubhaft machen, dass durch die Verschmelzung die Erfüllung ihrer Forderung gefährdet wird. ³Die Gläubiger sind in der Bekanntmachung der jeweiligen Eintragung auf dieses Recht hinzuweisen.

(2) Das Recht, Sicherheitsleistung zu verlangen, steht Gläubigern nicht zu, die im Falle der Insolvenz ein Recht auf vorzugsweise Befriedigung aus einer Deckungsmasse haben, die nach gesetzlicher Vorschrift zu ihrem Schutz errichtet und staatlich überwacht ist.

§ 23 Schutz der Inhaber von Sonderrechten

Den Inhabern von Rechten in einem übertragenden Rechtsträger, die kein Stimmrecht gewähren, insbesondere den Inhabern von Anteilen ohne Stimmrecht, von Wandelschuldverschreibungen, von Gewinnschuldverschreibungen und von Genussrechten, sind gleichwertige Rechte in dem übernehmenden Rechtsträger zu gewähren.

§ 24 Wertansätze des übernehmenden Rechtsträgers

In den Jahresbilanzen des übernehmenden Rechtsträgers können als Anschaffungskosten im Sinne des § 253 Abs. 1 des Handelsgesetzbuchs auch die in der Schlussbilanz eines übertragenden Rechtsträgers angesetzten Werte angesetzt werden.

§ 25 Schadenersatzpflicht der Verwaltungsträger der übertragenden Rechtsträger[2]

(1) ¹Die Mitglieder des Vertretungsorgans und, wenn ein Aufsichtsorgan vorhanden ist, des Aufsichtsorgans eines übertragenden Rechtsträgers sind als Gesamtschuldner zum Ersatz des Schadens verpflichtet, den dieser Rechtsträger, seine Anteilsinhaber oder seine Gläubiger durch die Verschmelzung erleiden. ²Mitglieder der Organe, die bei der Prüfung der Vermögenslage der Rechtsträger und beim Abschluss des Verschmelzungsvertrags ihre Sorgfaltspflicht beobachtet haben, sind von der Ersatzpflicht befreit.

---

1) **Anm. d. Red.:** § 22 i. d. F. des Gesetzes v. 10. 11. 2006 (BGBl I S. 2553) mit Wirkung v. 1. 1. 2007.
2) **Anm. d. Red.:** § 25 i. d. F. des Gesetzes v. 10. 11. 2006 (BGBl I S. 2553) mit Wirkung v. 1. 1. 2007.

(2) ¹Für diese Ansprüche sowie weitere Ansprüche, die sich für und gegen den übertragenden Rechtsträger nach den allgemeinen Vorschriften auf Grund der Verschmelzung ergeben, gilt dieser Rechtsträger als fortbestehend. ²Forderungen und Verbindlichkeiten vereinigen sich insoweit durch die Verschmelzung nicht.

(3) Die Ansprüche aus Absatz 1 verjähren in fünf Jahren seit dem Tage, an dem die Eintragung der Verschmelzung in das Register des Sitzes des übernehmenden Rechtsträgers nach § 19 Abs. 3 bekannt gemacht worden ist.

§ 26 Geltendmachung des Schadenersatzanspruchs[1]

(1) ¹Die Ansprüche nach § 25 Abs. 1 und 2 können nur durch einen besonderen Vertreter geltend gemacht werden. ²Das Gericht des Sitzes eines übertragenden Rechtsträgers hat einen solchen Vertreter auf Antrag eines Anteilsinhabers oder eines Gläubigers dieses Rechtsträgers zu bestellen. ³Gläubiger sind nur antragsberechtigt, wenn sie von dem übernehmenden Rechtsträger keine Befriedigung erlangen können. ⁴Gegen die Entscheidung findet die Beschwerde statt.

(2) ¹Der Vertreter hat unter Hinweis auf den Zweck seiner Bestellung die Anteilsinhaber und Gläubiger des betroffenen übertragenden Rechtsträgers aufzufordern, die Ansprüche nach § 25 Abs. 1 und 2 binnen einer angemessenen Frist, die mindestens einen Monat betragen soll, anzumelden. ²Die Aufforderung ist im Bundesanzeiger und, wenn der Gesellschaftsvertrag, der Partnerschaftsvertrag oder die Satzung andere Blätter für die öffentlichen Bekanntmachungen des übertragenden Rechtsträgers bestimmt hatte, auch in diesen Blättern bekannt zu machen.

(3) ¹Der Vertreter hat den Betrag, der aus der Geltendmachung der Ansprüche eines übertragenden Rechtsträgers erzielt wird, zur Befriedigung der Gläubiger dieses Rechtsträgers zu verwenden, soweit die Gläubiger nicht durch den übernehmenden Rechtsträger befriedigt oder sichergestellt sind. ²Für die Verteilung gelten die Vorschriften über die Verteilung, die im Falle der Abwicklung eines Rechtsträgers in der Rechtsform des übertragenden Rechtsträgers anzuwenden sind, entsprechend. ³Gläubiger und Anteilsinhaber, die sich nicht fristgemäß gemeldet haben, werden bei der Verteilung nicht berücksichtigt.

(4) ¹Der Vertreter hat Anspruch auf Ersatz angemessener barer Auslagen und auf Vergütung für seine Tätigkeit. ²Die Auslagen und die Vergütung setzt das Gericht fest. ³Es bestimmt nach den gesamten Verhältnissen des einzelnen Falles nach freiem Ermessen, in welchem Umfange die Auslagen und die Vergütung von beteiligten Anteilsinhabern und Gläubigern zu tragen sind. ⁴Gegen die Entscheidung findet die Beschwerde statt; die Rechtsbeschwerde ist ausgeschlossen. ⁵Aus der rechtskräftigen Entscheidung findet die Zwangsvollstreckung nach der Zivilprozessordnung statt.

§ 27 Schadenersatzpflicht der Verwaltungsträger des übernehmenden Rechtsträgers[2]

Ansprüche auf Schadenersatz, die sich auf Grund der Verschmelzung gegen ein Mitglied des Vertretungsorgans oder, wenn ein Aufsichtsorgan vorhanden ist, des Aufsichtsorgans des übernehmenden Rechtsträgers ergeben, verjähren in fünf Jahren seit dem Tage, an dem die Eintragung der Verschmelzung in das Register des Sitzes des übernehmenden Rechtsträgers nach § 19 Abs. 3 bekannt gemacht worden ist.

§ 28 Unwirksamkeit des Verschmelzungsbeschlusses eines übertragenden Rechtsträgers

Nach Eintragung der Verschmelzung in das Register des Sitzes des übernehmenden Rechtsträgers ist eine Klage gegen die Wirksamkeit des Verschmelzungsbeschlusses eines übertragenden Rechtsträgers gegen den übernehmenden Rechtsträger zu richten.

---

1) **Anm. d. Red.:** § 26 i. d. F. des Gesetzes v. 22.12.2011 (BGBl I S. 3044) mit Wirkung v. 1.4.2012.
2) **Anm. d. Red.:** § 27 i. d. F. des Gesetzes v. 10.11.2006 (BGBl I S. 2553) mit Wirkung v. 1.1.2007.

§ 29 Abfindungsangebot im Verschmelzungsvertrag[1]

(1) ¹Bei der Verschmelzung eines Rechtsträgers im Wege der Aufnahme durch einen Rechtsträger anderer Rechtsform oder bei der Verschmelzung einer börsennotierten Aktiengesellschaft auf eine nicht börsennotierte Aktiengesellschaft hat der übernehmende Rechtsträger im Verschmelzungsvertrag oder in seinem Entwurf jedem Anteilsinhaber, der gegen den Verschmelzungsbeschluss des übertragenden Rechtsträgers Widerspruch zur Niederschrift erklärt, den Erwerb seiner Anteile oder Mitgliedschaften gegen eine angemessene Barabfindung anzubieten; § 71 Abs. 4 Satz 2 des Aktiengesetzes und § 33 Abs. 2 Satz 3 zweiter Halbsatz erste Alternative des Gesetzes betreffend die Gesellschaften mit beschränkter Haftung sind insoweit nicht anzuwenden. ²Das Gleiche gilt, wenn bei einer Verschmelzung von Rechtsträgern derselben Rechtsform die Anteile oder Mitgliedschaften an dem übernehmenden Rechtsträger Verfügungsbeschränkungen unterworfen sind. ³Kann der übernehmende Rechtsträger auf Grund seiner Rechtsform eigene Anteile oder Mitgliedschaften nicht erwerben, so ist die Barabfindung für den Fall anzubieten, dass der Anteilsinhaber sein Ausscheiden aus dem Rechtsträger erklärt. ⁴Eine erforderliche Bekanntmachung des Verschmelzungsvertrags oder seines Entwurfs als Gegenstand der Beschlussfassung muss den Wortlaut dieses Angebots enthalten. ⁵Der übernehmende Rechtsträger hat die Kosten für eine Übertragung zu tragen.

(2) Dem Widerspruch zur Niederschrift im Sinne des Absatzes 1 steht es gleich, wenn ein nicht erschienener Anteilsinhaber zu der Versammlung der Anteilsinhaber zu Unrecht nicht zugelassen worden ist oder die Versammlung nicht ordnungsgemäß einberufen oder der Gegenstand der Beschlussfassung nicht ordnungsgemäß bekannt gemacht worden ist.

§ 30 Inhalt des Anspruchs auf Barabfindung und Prüfung der Barabfindung

(1) ¹Die Barabfindung muss die Verhältnisse des übertragenden Rechtsträgers im Zeitpunkt der Beschlussfassung über die Verschmelzung berücksichtigen. ²§ 15 Abs. 2 ist auf die Barabfindung entsprechend anzuwenden.

(2) ¹Die Angemessenheit einer anzubietenden Barabfindung ist stets durch Verschmelzungsprüfer zu prüfen. ²Die §§ 10 bis 12 sind entsprechend anzuwenden. ³Die Berechtigten können auf die Prüfung oder den Prüfungsbericht verzichten; die Verzichtserklärungen sind notariell zu beurkunden.

§ 31 Annahme des Angebots[2]

¹Das Angebot nach § 29 kann nur binnen zwei Monaten nach dem Tage angenommen werden, an dem die Eintragung der Verschmelzung in das Register des Sitzes des übernehmenden Rechtsträgers nach § 19 Abs. 3 bekannt gemacht worden ist. ²Ist nach § 34 ein Antrag auf Bestimmung der Barabfindung durch das Gericht gestellt worden, so kann das Angebot binnen zwei Monaten nach dem Tage angenommen werden, an dem die Entscheidung im Bundesanzeiger bekannt gemacht worden ist.

§ 32 Ausschluss von Klagen gegen den Verschmelzungsbeschluss

Eine Klage gegen die Wirksamkeit des Verschmelzungsbeschlusses eines übertragenden Rechtsträgers kann nicht darauf gestützt werden, dass das Angebot nach § 29 zu niedrig bemessen oder dass die Barabfindung im Verschmelzungsvertrag nicht oder nicht ordnungsgemäß angeboten worden ist.

---

1) **Anm. d. Red.:** § 29 i. d. F. des Gesetzes v. 19. 4. 2007 (BGBl I S. 542) mit Wirkung v. 25. 4. 2007.
2) **Anm. d. Red.:** § 31 i. d. F. des Gesetzes v. 22. 12. 2011 (BGBl I S. 3044) mit Wirkung v. 1. 4. 2012.

§ 33 Anderweitige Veräußerung[1]

Einer anderweitigen Veräußerung des Anteils durch den Anteilsinhaber stehen nach Fassung des Verschmelzungsbeschlusses bis zum Ablauf der in § 31 bestimmten Frist Verfügungsbeschränkungen bei den beteiligten Rechtsträgern nicht entgegen.

§ 34 Gerichtliche Nachprüfung der Abfindung[2]

¹Macht ein Anteilsinhaber geltend, dass eine im Verschmelzungsvertrag oder in seinem Entwurf bestimmte Barabfindung, die ihm nach § 29 anzubieten war, zu niedrig bemessen sei, so hat auf seinen Antrag das Gericht nach den Vorschriften des Spruchverfahrensgesetzes die angemessene Barabfindung zu bestimmen. ²Das Gleiche gilt, wenn die Barabfindung nicht oder nicht ordnungsgemäß angeboten worden ist.

§ 35 Bezeichnung unbekannter Aktionäre; Ruhen des Stimmrechts[3]

¹Unbekannte Aktionäre einer übertragenden Aktiengesellschaft oder Kommanditgesellschaft auf Aktien sind im Verschmelzungsvertrag, bei Anmeldungen zur Eintragung in ein Register oder bei der Eintragung in eine Liste von Anteilsinhabern durch die Angabe des insgesamt auf sie entfallenden Teils des Grundkapitals der Gesellschaft und der auf sie nach der Verschmelzung entfallenden Anteile zu bezeichnen, soweit eine Benennung der Anteilsinhaber für den übernehmenden Rechtsträger gesetzlich vorgeschrieben ist; eine Bezeichnung in dieser Form ist nur zulässig für Anteilsinhaber, deren Anteile zusammen den zwanzigsten Teil des Grundkapitals der übertragenden Gesellschaft nicht überschreiten. ²Werden solche Anteilsinhaber später bekannt, so sind Register oder Listen von Amts wegen zu berichtigen. ³Bis zu diesem Zeitpunkt kann das Stimmrecht aus den betreffenden Anteilen in dem übernehmenden Rechtsträger nicht ausgeübt werden.

Dritter Abschnitt: Verschmelzung durch Neugründung

§ 36 Anzuwendende Vorschriften

(1) ¹Auf die Verschmelzung durch Neugründung sind die Vorschriften des Zweiten Abschnitts mit Ausnahme des § 16 Abs. 1 und des § 27 entsprechend anzuwenden. ²An die Stelle des übernehmenden Rechtsträgers tritt der neue Rechtsträger, an die Stelle der Eintragung der Verschmelzung in das Register des Sitzes des übernehmenden Rechtsträgers tritt die Eintragung des neuen Rechtsträgers in das Register.

(2) ¹Auf die Gründung des neuen Rechtsträgers sind die für dessen Rechtsform geltenden Gründungsvorschriften anzuwenden, soweit sich aus diesem Buch nichts anderes ergibt. ²Den Gründern stehen die übertragenden Rechtsträger gleich. ³Vorschriften, die für die Gründung eine Mindestzahl der Gründer vorschreiben, sind nicht anzuwenden.

§ 37 Inhalt des Verschmelzungsvertrags[4]

In dem Verschmelzungsvertrag muss der Gesellschaftsvertrag, der Partnerschaftsvertrag oder die Satzung des neuen Rechtsträgers enthalten sein oder festgestellt werden.

§ 38 Anmeldung der Verschmelzung und des neuen Rechtsträgers

(1) Die Vertretungsorgane jedes der übertragenden Rechtsträger haben die Verschmelzung zur Eintragung in das Register des Sitzes ihres Rechtsträgers anzumelden.

---

1) **Anm. d. Red.:** § 33 i. d. F. des Gesetzes v. 22. 7. 1998 (BGBl I S. 1878) mit Wirkung v. 1. 8. 1998.
2) **Anm. d. Red.:** § 34 i. d. F. des Gesetzes v. 12. 6. 2003 (BGBl I S. 838) mit Wirkung v. 1. 9. 2003.
3) **Anm. d. Red.:** § 35 i. d. F. des Gesetzes v. 19. 4. 2007 (BGBl I S. 542) mit Wirkung v. 25. 4. 2007.
4) **Anm. d. Red.:** § 37 i. d. F. des Gesetzes v. 14. 8. 2006 (BGBl I S. 1911) mit Wirkung v. 18. 8. 2006.

(2) Die Vertretungsorgane aller übertragenden Rechtsträger haben den neuen Rechtsträger bei dem Gericht, in dessen Bezirk er seinen Sitz haben soll, zur Eintragung in das Register anzumelden.

Zweiter Teil: Besondere Vorschriften

Erster Abschnitt: Verschmelzung unter Beteiligung von Personengesellschaften[1)]

Erster Unterabschnitt: Verschmelzung unter Beteiligung von Personenhandelsgesellschaften[1)]

§ 39 Ausschluss der Verschmelzung

Eine aufgelöste Personenhandelsgesellschaft kann sich nicht als übertragender Rechtsträger an einer Verschmelzung beteiligen, wenn die Gesellschafter nach § 145 des Handelsgesetzbuchs eine andere Art der Auseinandersetzung als die Abwicklung oder als die Verschmelzung vereinbart haben.

§ 40 Inhalt des Verschmelzungsvertrags

(1) [1]Der Verschmelzungsvertrag oder sein Entwurf hat zusätzlich für jeden Anteilsinhaber eines übertragenden Rechtsträgers zu bestimmen, ob ihm in der übernehmenden oder der neuen Personenhandelsgesellschaft die Stellung eines persönlich haftenden Gesellschafters oder eines Kommanditisten gewährt wird. [2]Dabei ist der Betrag der Einlage jedes Gesellschafters festzusetzen.

(2) [1]Anteilsinhabern eines übertragenden Rechtsträgers, die für dessen Verbindlichkeiten nicht als Gesamtschuldner persönlich unbeschränkt haften, ist die Stellung eines Kommanditisten zu gewähren. [2]Abweichende Bestimmungen sind nur wirksam, wenn die betroffenen Anteilsinhaber dem Verschmelzungsbeschluss des übertragenden Rechtsträgers zustimmen.

§ 41 Verschmelzungsbericht

Ein Verschmelzungsbericht ist für eine an der Verschmelzung beteiligte Personenhandelsgesellschaft nicht erforderlich, wenn alle Gesellschafter dieser Gesellschaft zur Geschäftsführung berechtigt sind.

§ 42 Unterrichtung der Gesellschafter

Der Verschmelzungsvertrag oder sein Entwurf und der Verschmelzungsbericht sind den Gesellschaftern, die von der Geschäftsführung ausgeschlossen sind, spätestens zusammen mit der Einberufung der Gesellschafterversammlung, die gemäß § 13 Abs. 1 über die Zustimmung zum Verschmelzungsvertrag beschließen soll, zu übersenden.

§ 43 Beschluss der Gesellschafterversammlung[2)]

(1) Der Verschmelzungsbeschluss der Gesellschafterversammlung bedarf der Zustimmung aller anwesenden Gesellschafter; ihm müssen auch die nicht erschienenen Gesellschafter zustimmen.

(2) [1]Der Gesellschaftsvertrag kann eine Mehrheitsentscheidung der Gesellschafter vorsehen. [2]Die Mehrheit muss mindestens drei Viertel der abgegebenen Stimmen betragen. [3]Widerspricht ein Anteilsinhaber eines übertragenden Rechtsträgers, der für dessen Verbindlichkeiten persönlich unbeschränkt haftet, der Verschmelzung, so ist ihm in der übernehmenden oder der neuen

---

1) **Anm. d. Red.:** Überschrift i. d. F. des Gesetzes v. 22. 7. 1998 (BGBl I S. 1878) mit Wirkung v. 1. 8. 1998.
2) **Anm. d. Red.:** § 43 i. d. F. des Gesetzes v. 22. 7. 1998 (BGBl I S. 1878) mit Wirkung v. 1. 8. 1998.

Personenhandelsgesellschaft die Stellung eines Kommanditisten zu gewähren; das Gleiche gilt für einen Anteilsinhaber der übernehmenden Personenhandelsgesellschaft, der für deren Verbindlichkeiten persönlich unbeschränkt haftet, wenn er der Verschmelzung widerspricht.

§ 44 Prüfung der Verschmelzung[1)]

¹Im Fall des § 43 Abs. 2 ist der Verschmelzungsvertrag oder sein Entwurf für eine Personenhandelsgesellschaft nach den §§ 9 bis 12 zu prüfen, wenn dies einer ihrer Gesellschafter innerhalb einer Frist von einer Woche verlangt, nachdem er die in § 42 genannten Unterlagen erhalten hat. ²Die Kosten der Prüfung trägt die Gesellschaft.

§ 45 Zeitliche Begrenzung der Haftung persönlich haftender Gesellschafter[2)]

(1) Überträgt eine Personenhandelsgesellschaft ihr Vermögen durch Verschmelzung auf einen Rechtsträger anderer Rechtsform, dessen Anteilsinhaber für die Verbindlichkeiten dieses Rechtsträgers nicht unbeschränkt haften, so haftet ein Gesellschafter der Personenhandelsgesellschaft für ihre Verbindlichkeiten, wenn sie vor Ablauf von fünf Jahren nach der Verschmelzung fällig und daraus Ansprüche gegen ihn in einer in § 197 Abs. 1 Nr. 3 bis 5 des Bürgerlichen Gesetzbuchs bezeichneten Art festgestellt sind oder eine gerichtliche oder behördliche Vollstreckungshandlung vorgenommen oder beantragt wird; bei öffentlich-rechtlichen Verbindlichkeiten genügt der Erlass eines Verwaltungsakts.

(2) ¹Die Frist beginnt mit dem Tage, an dem die Eintragung der Verschmelzung in das Register des Sitzes des übernehmenden Rechtsträgers nach § 19 Abs. 3 bekannt gemacht worden ist. ²Die für die Verjährung geltenden §§ 204, 206, 210, 211 und 212 Abs. 2 und 3 des Bürgerlichen Gesetzbuchs sind entsprechend anzuwenden.

(3) Einer Feststellung in einer in § 197 Abs. 1 Nr. 3 bis 5 des Bürgerlichen Gesetzbuchs bezeichneten Art bedarf es nicht, soweit der Gesellschafter den Anspruch schriftlich anerkannt hat.

(4) Die Absätze 1 bis 3 sind auch anzuwenden, wenn der Gesellschafter in dem Rechtsträger anderer Rechtsform geschäftsführend tätig wird.

Zweiter Unterabschnitt: Verschmelzung unter Beteiligung von Partnerschaftsgesellschaften[3)]

§ 45a Möglichkeit der Verschmelzung

¹Eine Verschmelzung auf eine Partnerschaftsgesellschaft ist nur möglich, wenn im Zeitpunkt ihres Wirksamwerdens alle Anteilsinhaber übertragender Rechtsträger natürliche Personen sind, die einen Freien Beruf ausüben (§ 1 Abs. 1 und 2 des Partnerschaftsgesellschaftsgesetzes). ²§ 1 Abs. 3 des Partnerschaftsgesellschaftsgesetzes bleibt unberührt.

§ 45b Inhalt des Verschmelzungsvertrages

(1) Der Verschmelzungsvertrag oder sein Entwurf hat zusätzlich für jeden Anteilsinhaber eines übertragenden Rechtsträgers den Namen und den Vornamen sowie den in der übernehmenden Partnerschaftsgesellschaft ausgeübten Beruf und den Wohnort jedes Partners zu enthalten.

(2) § 35 ist nicht anzuwenden.

---

1) **Anm. d. Red.:** § 44 i. d. F. des Gesetzes v. 19. 4. 2007 (BGBl I S. 542) mit Wirkung v. 25. 4. 2007.
2) **Anm. d. Red.:** § 45 i. d. F. des Gesetzes v. 10. 11. 2006 (BGBl I S. 2553) mit Wirkung v. 1. 1. 2007.
3) **Anm. d. Red.:** Zweiter Unterabschnitt eingefügt gem. Gesetz v. 22. 7. 1998 (BGBl I S. 1878) mit Wirkung v. 1. 8. 1998.

§ 45c Verschmelzungsbericht und Unterrichtung der Partner

¹Ein Verschmelzungsbericht ist für eine an der Verschmelzung beteiligte Partnerschaftsgesellschaft nur erforderlich, wenn ein Partner gemäß § 6 Abs. 2 des Partnerschaftsgesellschaftsgesetzes von der Geschäftsführung ausgeschlossen ist. ²Von der Geschäftsführung ausgeschlossene Partner sind entsprechend § 42 zu unterrichten.

§ 45d Beschluss der Gesellschafterversammlung

(1) Der Verschmelzungsbeschluss der Gesellschafterversammlung bedarf der Zustimmung aller anwesenden Partner; ihm müssen auch die nicht erschienenen Partner zustimmen.

(2) ¹Der Partnerschaftsvertrag kann eine Mehrheitsentscheidung der Partner vorsehen. ²Die Mehrheit muss mindestens drei Viertel der abgegebenen Stimmen betragen.

§ 45e Anzuwendende Vorschriften

¹Die §§ 39 und 45 sind entsprechend anzuwenden. ²In den Fällen des § 45d Abs. 2 ist auch § 44 entsprechend anzuwenden.

Zweiter Abschnitt: Verschmelzung unter Beteiligung von Gesellschaften mit beschränkter Haftung

Erster Unterabschnitt: Verschmelzung durch Aufnahme

§ 46 Inhalt des Verschmelzungsvertrags[1]

(1) ¹Der Verschmelzungsvertrag oder sein Entwurf hat zusätzlich für jeden Anteilsinhaber eines übertragenden Rechtsträgers den Nennbetrag des Geschäftsanteils zu bestimmen, den die übernehmende Gesellschaft mit beschränkter Haftung ihm zu gewähren hat. ²Der Nennbetrag kann abweichend von dem Betrag festgesetzt werden, der auf die Aktien einer übertragenden Aktiengesellschaft oder Kommanditgesellschaft auf Aktien als anteiliger Betrag ihres Grundkapitals entfällt. ³Er muss auf volle Euro lauten.

(2) Sollen die zu gewährenden Geschäftsanteile im Wege der Kapitalerhöhung geschaffen und mit anderen Rechten und Pflichten als sonstige Geschäftsanteile der übernehmenden Gesellschaft mit beschränkter Haftung ausgestattet werden, so sind auch die Abweichungen im Verschmelzungsvertrag oder in seinem Entwurf festzusetzen.

(3) Sollen Anteilsinhaber eines übertragenden Rechtsträgers schon vorhandene Geschäftsanteile der übernehmenden Gesellschaft erhalten, so müssen die Anteilsinhaber und die Nennbeträge der Geschäftsanteile, die sie erhalten sollen, im Verschmelzungsvertrag oder in seinem Entwurf besonders bestimmt werden.

§ 47 Unterrichtung der Gesellschafter

Der Verschmelzungsvertrag oder sein Entwurf und der Verschmelzungsbericht sind den Gesellschaftern spätestens zusammen mit der Einberufung der Gesellschafterversammlung, die gemäß § 13 Abs. 1 über die Zustimmung beschließen soll, zu übersenden.

§ 48 Prüfung der Verschmelzung[2]

¹Der Verschmelzungsvertrag oder sein Entwurf ist für eine Gesellschaft mit beschränkter Haftung nach den §§ 9 bis 12 zu prüfen, wenn dies einer ihrer Gesellschafter innerhalb einer Frist von einer Woche verlangt, nachdem er die in § 47 genannten Unterlagen erhalten hat. ²Die Kosten der Prüfung trägt die Gesellschaft.

---

1) **Anm. d. Red.:** § 46 i. d. F. des Gesetzes v. 23. 10. 2008 (BGBl I S. 2026) mit Wirkung v. 1. 11. 2008.
2) **Anm. d. Red.:** § 48 i. d. F. des Gesetzes v. 19. 4. 2007 (BGBl I S. 542) mit Wirkung v. 25. 4. 2007.

§ 49 Vorbereitung der Gesellschafterversammlung

(1) Die Geschäftsführer haben in der Einberufung der Gesellschafterversammlung, die gemäß § 13 Abs. 1 über die Zustimmung zum Verschmelzungsvertrag beschließen soll, die Verschmelzung als Gegenstand der Beschlussfassung anzukündigen.

(2) Von der Einberufung an sind in dem Geschäftsraum der Gesellschaft die Jahresabschlüsse und die Lageberichte der an der Verschmelzung beteiligten Rechtsträger für die letzten drei Geschäftsjahre zur Einsicht durch die Gesellschafter auszulegen.

(3) Die Geschäftsführer haben jedem Gesellschafter auf Verlangen jederzeit Auskunft auch über alle für die Verschmelzung wesentlichen Angelegenheiten der anderen beteiligten Rechtsträger zu geben.

§ 50 Beschluss der Gesellschafterversammlung

(1) ¹Der Verschmelzungsbeschluss der Gesellschafterversammlung bedarf einer Mehrheit von mindestens drei Vierteln der abgegebenen Stimmen. ²Der Gesellschaftsvertrag kann eine größere Mehrheit und weitere Erfordernisse bestimmen.

(2) Werden durch die Verschmelzung auf dem Gesellschaftsvertrag beruhende Minderheitsrechte eines einzelnen Gesellschafters einer übertragenden Gesellschaft oder die einzelnen Gesellschaftern einer solchen Gesellschaft nach dem Gesellschaftsvertrag zustehenden besonderen Rechte in der Geschäftsführung der Gesellschaft, bei der Bestellung der Geschäftsführer oder hinsichtlich eines Vorschlagsrechts für die Geschäftsführung beeinträchtigt, so bedarf der Verschmelzungsbeschluss dieser übertragenden Gesellschaft der Zustimmung dieser Gesellschafter.

§ 51 Zustimmungserfordernisse in Sonderfällen[1]

(1) ¹Ist an der Verschmelzung eine Gesellschaft mit beschränkter Haftung, auf deren Geschäftsanteile nicht alle zu leistenden Einlagen in voller Höhe bewirkt sind, als übernehmender Rechtsträger beteiligt, so bedarf der Verschmelzungsbeschluss eines übertragenden Rechtsträgers der Zustimmung aller bei der Beschlussfassung anwesenden Anteilsinhaber dieses Rechtsträgers. ²Ist der übertragende Rechtsträger eine Personenhandelsgesellschaft, eine Partnerschaftsgesellschaft oder eine Gesellschaft mit beschränkter Haftung, so bedarf der Verschmelzungsbeschluss auch der Zustimmung der nicht erschienenen Gesellschafter. ³Wird eine Gesellschaft mit beschränkter Haftung, auf deren Geschäftsanteile nicht alle zu leistenden Einlagen in voller Höhe bewirkt sind, von einer Gesellschaft mit beschränkter Haftung durch Verschmelzung aufgenommen, bedarf der Verschmelzungsbeschluss der Zustimmung aller Gesellschafter der übernehmenden Gesellschaft.

(2) Wird der Nennbetrag der Geschäftsanteile nach § 46 Abs. 1 Satz 2 abweichend vom Betrag der Aktien festgesetzt, so muss der Festsetzung jeder Aktionär zustimmen, der sich nicht mit seinem gesamten Anteil beteiligen kann.

§ 52 Anmeldung der Verschmelzung[2]

¹Bei der Anmeldung der Verschmelzung zur Eintragung in das Register haben die Vertretungsorgane der an der Verschmelzung beteiligten Rechtsträger im Falle des § 51 Abs. 1 auch zu erklären, dass dem Verschmelzungsbeschluss jedes der übertragenden Rechtsträger alle bei der Beschlussfassung anwesenden Anteilsinhaber dieses Rechtsträgers und, sofern der übertragende Rechtsträger eine Personenhandelsgesellschaft, eine Partnerschaftsgesellschaft oder eine Gesellschaft mit beschränkter Haftung ist, auch die nicht erschienenen Gesellschafter dieser Gesellschaft zugestimmt haben. ²Wird eine Gesellschaft mit beschränkter Haftung, auf deren Geschäftsanteile nicht alle zu leistenden Einlagen in voller Höhe bewirkt sind, von einer Gesell-

---

1) **Anm. d. Red.:** § 51 i. d. F. des Gesetzes v. 23. 10. 2008 (BGBl I S. 2026) mit Wirkung v. 1. 11. 2008.
2) **Anm. d. Red.:** § 52 i. d. F. des Gesetzes v. 11. 7. 2011 (BGBl I S. 1338) mit Wirkung v. 15. 7. 2011.

schaft mit beschränkter Haftung durch Verschmelzung aufgenommen, so ist auch zu erklären, dass alle Gesellschafter dieser Gesellschaft dem Verschmelzungsbeschluss zugestimmt haben.

§ 53 Eintragung bei Erhöhung des Stammkapitals

Erhöht die übernehmende Gesellschaft zur Durchführung der Verschmelzung ihr Stammkapital, so darf die Verschmelzung erst eingetragen werden, nachdem die Erhöhung des Stammkapitals im Register eingetragen worden ist.

§ 54 Verschmelzung ohne Kapitalerhöhung[1)]

(1) ¹Die übernehmende Gesellschaft darf zur Durchführung der Verschmelzung ihr Stammkapital nicht erhöhen, soweit

1. sie Anteile eines übertragenden Rechtsträgers innehat;
2. ein übertragender Rechtsträger eigene Anteile innehat oder
3. ein übertragender Rechtsträger Geschäftsanteile dieser Gesellschaft innehat, auf welche die Einlagen nicht in voller Höhe bewirkt sind.

²Die übernehmende Gesellschaft braucht ihr Stammkapital nicht zu erhöhen, soweit

1. sie eigene Geschäftsanteile innehat oder
2. ein übertragender Rechtsträger Geschäftsanteile dieser Gesellschaft innehat, auf welche die Einlagen bereits in voller Höhe bewirkt sind.

³Die übernehmende Gesellschaft darf von der Gewährung von Geschäftsanteilen absehen, wenn alle Anteilsinhaber eines übertragenden Rechtsträgers darauf verzichten; die Verzichtserklärungen sind notariell zu beurkunden.

(2) Absatz 1 gilt entsprechend, wenn Inhaber der dort bezeichneten Anteile ein Dritter ist, der im eigenen Namen, jedoch in einem Fall des Absatzes 1 Satz 1 Nr. 1 oder des Absatzes 1 Satz 2 Nr. 1 für Rechnung der übernehmenden Gesellschaft oder in einem der anderen Fälle des Absatzes 1 für Rechnung des übertragenden Rechtsträgers handelt.

(3) ¹Soweit zur Durchführung der Verschmelzung Geschäftsanteile der übernehmenden Gesellschaft, die sie selbst oder ein übertragender Rechtsträger innehat, geteilt werden müssen, um sie den Anteilsinhabern eines übertragenden Rechtsträgers gewähren zu können, sind Bestimmungen des Gesellschaftsvertrags, welche die Teilung der Geschäftsanteile der übernehmenden Gesellschaft ausschließen oder erschweren, nicht anzuwenden; jedoch muss der Nennbetrag jedes Teils der Geschäftsanteile auf volle Euro lauten. ²Satz 1 gilt entsprechend, wenn Inhaber der Geschäftsanteile ein Dritter ist, der im eigenen Namen, jedoch für Rechnung der übernehmenden Gesellschaft oder eines übertragenden Rechtsträgers handelt.

(4) Im Verschmelzungsvertrag festgesetzte bare Zuzahlungen dürfen nicht den zehnten Teil des Gesamtnennbetrags der gewährten Geschäftsanteile der übernehmenden Gesellschaft übersteigen.

§ 55 Verschmelzung mit Kapitalerhöhung[2)]

(1) Erhöht die übernehmende Gesellschaft zur Durchführung der Verschmelzung ihr Stammkapital, so sind § 55 Abs. 1, §§ 56a, 57 Abs. 2, Abs. 3 Nr. 1 des Gesetzes betreffend die Gesellschaften mit beschränkter Haftung nicht anzuwenden.

(2) Der Anmeldung der Kapitalerhöhung zum Register sind außer den in § 57 Abs. 3 Nr. 2 und 3 des Gesetzes betreffend die Gesellschaften mit beschränkter Haftung bezeichneten Schriftstücken der Verschmelzungsvertrag und die Niederschriften der Verschmelzungsbeschlüsse in Ausfertigung oder öffentlich beglaubigter Abschrift beizufügen.

---

1) **Anm. d. Red.:** § 54 i. d. F. des Gesetzes v. 23. 10. 2008 (BGBl I S. 2026) mit Wirkung v. 1. 11. 2008.
2) **Anm. d. Red.:** § 55 i. d. F. des Gesetzes v. 23. 10. 2008 (BGBl I S. 2026) mit Wirkung v. 1. 11. 2008.

Zweiter Unterabschnitt: Verschmelzung durch Neugründung

§ 56 Anzuwendende Vorschriften[1]

Auf die Verschmelzung durch Neugründung sind die Vorschriften des Ersten Unterabschnitts mit Ausnahme der §§ 51 bis 53, 54 Absatz 1 bis 3 sowie des § 55 entsprechend anzuwenden.

§ 57 Inhalt des Gesellschaftsvertrags[2]

In den Gesellschaftsvertrag sind Festsetzungen über Sondervorteile, Gründungsaufwand, Sacheinlagen und Sachübernahmen, die in den Gesellschaftsverträgen, Partnerschaftsverträgen oder Satzungen übertragender Rechtsträger enthalten waren, zu übernehmen.

§ 58 Sachgründungsbericht

(1) In dem Sachgründungsbericht (§ 5 Abs. 4 des Gesetzes betreffend die Gesellschaften mit beschränkter Haftung) sind auch der Geschäftsverlauf und die Lage der übertragenden Rechtsträger darzulegen.

(2) Ein Sachgründungsbericht ist nicht erforderlich, soweit eine Kapitalgesellschaft oder eine eingetragene Genossenschaft übertragender Rechtsträger ist.

§ 59 Verschmelzungsbeschlüsse[3]

¹Der Gesellschaftsvertrag der neuen Gesellschaft wird nur wirksam, wenn ihm die Anteilsinhaber jedes der übertragenden Rechtsträger durch Verschmelzungsbeschluss zustimmen. ²Dies gilt entsprechend für die Bestellung der Geschäftsführer und der Mitglieder des Aufsichtsrats der neuen Gesellschaft, soweit sie von den Anteilsinhabern der übertragenden Rechtsträger zu wählen sind.

Dritter Abschnitt: Verschmelzung unter Beteiligung von Aktiengesellschaften

Erster Unterabschnitt: Verschmelzung durch Aufnahme

§ 60 Prüfung der Verschmelzung; Bestellung der Verschmelzungsprüfer[4]

Der Verschmelzungsvertrag oder sein Entwurf ist für jede Aktiengesellschaft nach den §§ 9 bis 12 zu prüfen.

§ 61 Bekanntmachung des Verschmelzungsvertrags[5]

¹Der Verschmelzungsvertrag oder sein Entwurf ist vor der Einberufung der Hauptversammlung, die gemäß § 13 Abs. 1 über die Zustimmung beschließen soll, zum Register einzureichen. ²Das Gericht hat in der Bekanntmachung nach § 10 des Handelsgesetzbuchs einen Hinweis darauf bekannt zu machen, dass der Vertrag oder sein Entwurf beim Handelsregister eingereicht worden ist.

§ 62 Konzernverschmelzungen[6]

(1) ¹Befinden sich mindestens neun Zehntel des Stammkapitals oder des Grundkapitals einer übertragenden Kapitalgesellschaft in der Hand einer übernehmenden Aktiengesellschaft, so ist

---

1) **Anm. d. Red.:** § 56 i. d. F. des Gesetzes v. 11. 7. 2011 (BGBl I S. 1338) mit Wirkung v. 15. 7. 2011.
2) **Anm. d. Red.:** § 57 i. d. F. des Gesetzes v. 14. 8. 2006 (BGBl I S. 1911) mit Wirkung v. 18. 8. 2006.
3) **Anm. d. Red.:** § 59 i. d. F. des Gesetzes v. 19. 4. 2007 (BGBl I S. 542) mit Wirkung v. 25. 4. 2007.
4) **Anm. d. Red.:** § 60 i. d. F. des Gesetzes v. 12. 6. 2003 (BGBl I S. 838) mit Wirkung v. 1. 9. 2003.
5) **Anm. d. Red.:** § 61 i. d. F. des Gesetzes v. 10. 11. 2006 (BGBl I S. 2553) mit Wirkung v. 1. 1. 2007.
6) **Anm. d. Red.:** § 62 i. d. F. des Gesetzes v. 11. 7. 2011 (BGBl I S. 1338) mit Wirkung v. 15. 7. 2011.

§ 62

ein Verschmelzungsbeschluss der übernehmenden Aktiengesellschaft zur Aufnahme dieser übertragenden Gesellschaft nicht erforderlich. ²Eigene Anteile der übertragenden Gesellschaft und Anteile, die einem anderen für Rechnung dieser Gesellschaft gehören, sind vom Stammkapital oder Grundkapital abzusetzen.

(2) ¹Absatz 1 gilt nicht, wenn Aktionäre der übernehmenden Gesellschaft, deren Anteile zusammen den zwanzigsten Teil des Grundkapitals dieser Gesellschaft erreichen, die Einberufung einer Hauptversammlung verlangen, in der über die Zustimmung zu der Verschmelzung beschlossen wird. ²Die Satzung kann das Recht, die Einberufung der Hauptversammlung zu verlangen, an den Besitz eines geringeren Teils am Grundkapital der übernehmenden Gesellschaft knüpfen.

(3) ¹Einen Monat vor dem Tage der Gesellschafterversammlung oder der Hauptversammlung der übertragenden Gesellschaft, die gemäß § 13 Abs. 1 über die Zustimmung zum Verschmelzungsvertrag beschließen soll, sind in dem Geschäftsraum der übernehmenden Gesellschaft zur Einsicht der Aktionäre die in § 63 Abs. 1 bezeichneten Unterlagen auszulegen. ²Gleichzeitig hat der Vorstand der übernehmenden Gesellschaft einen Hinweis auf die bevorstehende Verschmelzung in den Gesellschaftsblättern der übernehmenden Gesellschaft bekannt zu machen und den Verschmelzungsvertrag oder seinen Entwurf zum Register der übernehmenden Gesellschaft einzureichen; § 61 Satz 2 ist entsprechend anzuwenden. ³Die Aktionäre sind in der Bekanntmachung nach Satz 2 erster Halbsatz auf ihr Recht nach Absatz 2 hinzuweisen. ⁴Der Anmeldung der Verschmelzung zur Eintragung in das Handelsregister ist der Nachweis der Bekanntmachung beizufügen. ⁵Der Vorstand hat bei der Anmeldung zu erklären, ob ein Antrag nach Absatz 2 gestellt worden ist. ⁶Auf Verlangen ist jedem Aktionär der übernehmenden Gesellschaft unverzüglich und kostenlos eine Abschrift der in Satz 1 bezeichneten Unterlagen zu erteilen. ⁷Die Unterlagen können dem Aktionär mit dessen Einwilligung auf dem Wege elektronischer Kommunikation übermittelt werden. ⁸Die Verpflichtungen nach den Sätzen 1 und 6 entfallen, wenn die in Satz 1 bezeichneten Unterlagen für denselben Zeitraum über die Internetseite der Gesellschaft zugänglich sind.

(4) ¹Befindet sich das gesamte Stamm- oder Grundkapital einer übertragenden Kapitalgesellschaft in der Hand einer übernehmenden Aktiengesellschaft, so ist ein Verschmelzungsbeschluss des Anteilsinhabers der übertragenden Kapitalgesellschaft nicht erforderlich. ²In solcher Beschluss ist auch nicht erforderlich in Fällen, in denen nach Absatz 5 Satz 1 ein Übertragungsbeschluss gefasst und mit einem Vermerk nach Absatz 5 Satz 7 in das Handelsregister eingetragen wurde. ³Absatz 3 gilt mit der Maßgabe, dass die dort genannten Verpflichtungen nach Abschluss des Verschmelzungsvertrages für die Dauer eines Monats zu erfüllen sind. ⁴Spätestens bei Beginn dieser Frist ist die in § 5 Absatz 3 genannte Zuleitungsverpflichtung zu erfüllen.

(5) ¹In Fällen des Absatzes 1 kann die Hauptversammlung einer übertragenden Aktiengesellschaft innerhalb von drei Monaten nach Abschluss des Verschmelzungsvertrages einen Beschluss nach § 327a Absatz 1 Satz 1 des Aktiengesetzes fassen, wenn der übernehmenden Gesellschaft (Hauptaktionär) Aktien in Höhe von neun Zehnteln des Grundkapitals gehören. ²Der Verschmelzungsvertrag oder sein Entwurf muss die Angabe enthalten, dass im Zusammenhang mit der Verschmelzung ein Ausschluss der Minderheitsaktionäre der übertragenden Gesellschaft erfolgen soll. ³Absatz 3 gilt mit der Maßgabe, dass die dort genannten Verpflichtungen nach Abschluss des Verschmelzungsvertrages für die Dauer eines Monats zu erfüllen sind. ⁴Spätestens bei Beginn dieser Frist ist die in § 5 Absatz 3 genannte Zuleitungsverpflichtung zu erfüllen. ⁵Der Verschmelzungsvertrag oder sein Entwurf ist gemäß § 327c Absatz 3 des Aktiengesetzes zur Einsicht der Aktionäre auszulegen. ⁶Der Anmeldung des Übertragungsbeschlusses (§ 327e Absatz 1 des Aktiengesetzes) ist der Verschmelzungsvertrag in Ausfertigung oder öffentlich beglaubigter Abschrift oder sein Entwurf beizufügen. ⁷Die Eintragung des Übertragungsbeschlusses ist mit dem Vermerk zu versehen, dass er erst gleichzeitig mit der Eintragung der Verschmelzung im Register des Sitzes der übernehmenden Aktiengesellschaft wirksam wird. ⁸Im Übrigen bleiben die §§ 327a bis 327f des Aktiengesetzes unberührt.

§ 63 Vorbereitung der Hauptversammlung[1)]

(1) Von der Einberufung der Hauptversammlung an, die gemäß § 13 Abs. 1 über die Zustimmung zum Verschmelzungsvertrag beschließen soll, sind in dem Geschäftsraum der Gesellschaft zur Einsicht der Aktionäre auszulegen

1. der Verschmelzungsvertrag oder sein Entwurf;
2. die Jahresabschlüsse und die Lageberichte der an der Verschmelzung beteiligten Rechtsträger für die letzten drei Geschäftsjahre;
3. falls sich der letzte Jahresabschluss auf ein Geschäftsjahr bezieht, das mehr als sechs Monate vor dem Abschluss des Verschmelzungsvertrags oder der Aufstellung des Entwurfs abgelaufen ist, eine Bilanz auf einen Stichtag, der nicht vor dem ersten Tag des dritten Monats liegt, der dem Abschluss oder der Aufstellung vorausgeht (Zwischenbilanz);
4. die nach § 8 erstatteten Verschmelzungsberichte;
5. die nach § 60 in Verbindung mit § 12 erstatteten Prüfungsberichte.

(2) ¹Die Zwischenbilanz (Absatz 1 Nr. 3) ist nach den Vorschriften aufzustellen, die auf die letzte Jahresbilanz des Rechtsträgers angewendet worden sind. ²Eine körperliche Bestandsaufnahme ist nicht erforderlich. ³Die Wertansätze der letzten Jahresbilanz dürfen übernommen werden. ⁴Dabei sind jedoch Abschreibungen, Wertberichtigungen und Rückstellungen sowie wesentliche, aus den Büchern nicht ersichtliche Veränderungen der wirklichen Werte von Vermögensgegenständen bis zum Stichtag der Zwischenbilanz zu berücksichtigen. ⁵§ 8 Absatz 3 Satz 1 erste Alternative und Satz 2 ist entsprechend anzuwenden. ⁶Die Zwischenbilanz muss auch dann nicht aufgestellt werden, wenn die Gesellschaft seit dem letzten Jahresabschluss einen Halbjahresfinanzbericht gemäß § 115 des Wertpapierhandelsgesetzes veröffentlicht hat. ⁷Der Halbjahresfinanzbericht tritt zum Zwecke der Vorbereitung der Hauptversammlung an die Stelle der Zwischenbilanz.

(3) ¹Auf Verlangen ist jedem Aktionär unverzüglich und kostenlos eine Abschrift der in Absatz 1 bezeichneten Unterlagen zu erteilen. ²Die Unterlagen können dem Aktionär mit dessen Einwilligung auf dem Wege elektronischer Kommunikation übermittelt werden.

(4) Die Verpflichtungen nach den Absätzen 1 und 3 entfallen, wenn die in Absatz 1 bezeichneten Unterlagen für denselben Zeitraum über die Internetseite der Gesellschaft zugänglich sind.

§ 64 Durchführung der Hauptversammlung[2)]

(1) ¹In der Hauptversammlung sind die in § 63 Absatz 1 bezeichneten Unterlagen zugänglich zu machen. ²Der Vorstand hat den Verschmelzungsvertrag oder seinen Entwurf zu Beginn der Verhandlung mündlich zu erläutern und über jede wesentliche Veränderung des Vermögens der Gesellschaft zu unterrichten, die seit dem Abschluss des Verschmelzungsvertrages oder der Aufstellung des Entwurfs eingetreten ist. ³Der Vorstand hat über solche Veränderungen auch die Vertretungsorgane der anderen beteiligten Rechtsträger zu unterrichten; diese haben ihrerseits die Anteilsinhaber des von ihnen vertretenen Rechtsträgers vor der Beschlussfassung zu unterrichten. ⁴§ 8 Absatz 3 Satz 1 erste Alternative und Satz 2 ist entsprechend anzuwenden.

(2) Jedem Aktionär ist auf Verlangen in der Hauptversammlung Auskunft auch über alle für die Verschmelzung wesentlichen Angelegenheiten der anderen beteiligten Rechtsträger zu geben.

§ 65 Beschluss der Hauptversammlung

(1) ¹Der Verschmelzungsbeschluss der Hauptversammlung bedarf einer Mehrheit, die mindestens drei Viertel des bei der Beschlussfassung vertretenen Grundkapitals umfasst. ²Die Satzung kann eine größere Kapitalmehrheit und weitere Erfordernisse bestimmen.

---

1) **Anm. d. Red.:** § 63 i. d. F. des Gesetzes v. 23. 6. 2017 (BGBl I S. 1693) mit Wirkung v. 3. 1. 2018.
2) **Anm. d. Red.:** § 64 i. d. F. des Gesetzes v. 11. 7. 2011 (BGBl I S. 1338) mit Wirkung v. 15. 7. 2011.

(2) ¹Sind mehrere Gattungen von Aktien vorhanden, so bedarf der Beschluss der Hauptversammlung zu seiner Wirksamkeit der Zustimmung der stimmberechtigten Aktionäre jeder Gattung. ²Über die Zustimmung haben die Aktionäre jeder Gattung einen Sonderbeschluss zu fassen. ³Für diesen gilt Absatz 1.

§ 66 Eintragung bei Erhöhung des Grundkapitals

Erhöht die übernehmende Gesellschaft zur Durchführung der Verschmelzung ihr Grundkapital, so darf die Verschmelzung erst eingetragen werden, nachdem die Durchführung der Erhöhung des Grundkapitals im Register eingetragen worden ist.

§ 67 Anwendung der Vorschriften über die Nachgründung[1)]

¹Wird der Verschmelzungsvertrag in den ersten zwei Jahren seit Eintragung der übernehmenden Gesellschaft in das Register geschlossen, so ist § 52 Abs. 3, 4, 6 bis 9 des Aktiengesetzes über die Nachgründung entsprechend anzuwenden. ²Dies gilt nicht, wenn auf die zu gewährenden Aktien nicht mehr als der zehnte Teil des Grundkapitals dieser Gesellschaft entfällt oder wenn diese Gesellschaft ihre Rechtsform durch Formwechsel einer Gesellschaft mit beschränkter Haftung erlangt hat, die zuvor bereits seit mindestens zwei Jahren im Handelsregister eingetragen war. ³Wird zur Durchführung der Verschmelzung das Grundkapital erhöht, so ist der Berechnung das erhöhte Grundkapital zugrunde zu legen.

§ 68 Verschmelzung ohne Kapitalerhöhung[2)]

(1) ¹Die übernehmende Gesellschaft darf zur Durchführung der Verschmelzung ihr Grundkapital nicht erhöhen, soweit
1. sie Anteile eines übertragenden Rechtsträgers innehat;
2. ein übertragender Rechtsträger eigene Anteile innehat oder
3. ein übertragender Rechtsträger Aktien dieser Gesellschaft besitzt, auf die der Ausgabebetrag nicht voll geleistet ist.

²Die übernehmende Gesellschaft braucht ihr Grundkapital nicht zu erhöhen, soweit
1. sie eigene Aktien besitzt oder
2. ein übertragender Rechtsträger Aktien dieser Gesellschaft besitzt, auf die der Ausgabebetrag bereits voll geleistet ist.

³Die übernehmende Gesellschaft darf von der Gewährung von Aktien absehen, wenn alle Anteilsinhaber eines übertragenden Rechtsträgers darauf verzichten; die Verzichtserklärungen sind notariell zu beurkunden.

(2) Absatz 1 gilt entsprechend, wenn Inhaber der dort bezeichneten Anteile ein Dritter ist, der im eigenen Namen, jedoch in einem Fall des Absatzes 1 Satz 1 Nr. 1 oder des Absatzes 1 Satz 2 Nr. 1 für Rechnung der übernehmenden Gesellschaft oder in einem der anderen Fälle des Absatzes 1 für Rechnung des übertragenden Rechtsträgers handelt.

(3) Im Verschmelzungsvertrag festgesetzte bare Zuzahlungen dürfen nicht den zehnten Teil des auf die gewährten Aktien der übernehmenden Gesellschaft entfallenden anteiligen Betrags ihres Grundkapitals übersteigen.

§ 69 Verschmelzung mit Kapitalerhöhung[3)]

(1) ¹Erhöht die übernehmende Gesellschaft zur Durchführung der Verschmelzung ihr Grundkapital, so sind § 182 Abs. 4, § 184 Abs. 1 Satz 2, §§ 185, 186, 187 Abs. 1, § 188 Abs. 2 und 3 Nr. 1 des Aktiengesetzes nicht anzuwenden; eine Prüfung der Sacheinlage nach § 183 Abs. 3 des Ak-

---

1) **Anm. d. Red.:** § 67 i. d. F. des Gesetzes v. 19. 4. 2007 (BGBl I S. 542) mit Wirkung v. 25. 4. 2007.
2) **Anm. d. Red.:** § 68 i. d. F. des Gesetzes v. 25. 3. 1998 (BGBl I S. 590) mit Wirkung v. 1. 4. 1998.
3) **Anm. d. Red.:** § 69 i. d. F. des Gesetzes v. 11. 7. 2011 (BGBl I S. 1338) mit Wirkung v. 15. 7. 2011.

tiengesetzes findet nur statt, soweit übertragende Rechtsträger die Rechtsform einer Personenhandelsgesellschaft, einer Partnerschaftsgesellschaft oder eines rechtsfähigen Vereins haben, wenn Vermögensgegenstände in der Schlussbilanz eines übertragenden Rechtsträgers höher bewertet worden sind als in dessen letzter Jahresbilanz, wenn die in einer Schlussbilanz angesetzten Werte nicht als Anschaffungskosten in den Jahresbilanzen der übernehmenden Gesellschaft angesetzt werden oder wenn das Gericht Zweifel hat, ob der Wert der Sacheinlage den geringsten Ausgabebetrag der dafür zu gewährenden Aktien erreicht. ²Dies gilt auch dann, wenn das Grundkapital durch Ausgabe neuer Aktien auf Grund der Ermächtigung nach § 202 des Aktiengesetzes erhöht wird. ³In diesem Fall ist außerdem § 203 Abs. 3 des Aktiengesetzes nicht anzuwenden. ⁴Zum Prüfer kann der Verschmelzungsprüfer bestellt werden.

(2) Der Anmeldung der Kapitalerhöhung zum Register sind außer den in § 188 Abs. 3 Nr. 2 und 3 des Aktiengesetzes bezeichneten Schriftstücken der Verschmelzungsvertrag und die Niederschriften der Verschmelzungsbeschlüsse in Ausfertigung oder öffentlich beglaubigter Abschrift beizufügen.

§ 70 Geltendmachung eines Schadenersatzanspruchs

Die Bestellung eines besonderen Vertreters nach § 26 Abs. 1 Satz 2 können nur solche Aktionäre einer übertragenden Gesellschaft beantragen, die ihre Aktien bereits gegen Anteile des übernehmenden Rechtsträgers umgetauscht haben.

§ 71 Bestellung eines Treuhänders

(1) ¹Jeder übertragende Rechtsträger hat für den Empfang der zu gewährenden Aktien und der baren Zuzahlungen einen Treuhänder zu bestellen. ²Die Verschmelzung darf erst eingetragen werden, wenn der Treuhänder dem Gericht angezeigt hat, dass er im Besitz der Aktien und der im Verschmelzungsvertrag festgesetzten baren Zuzahlungen ist.

(2) § 26 Abs. 4 ist entsprechend anzuwenden.

§ 72 Umtausch von Aktien

(1) ¹Für den Umtausch der Aktien einer übertragenden Gesellschaft gilt § 73 Abs. 1 und 2 des Aktiengesetzes, bei Zusammenlegung von Aktien dieser Gesellschaft § 226 Abs. 1 und 2 des Aktiengesetzes über die Kraftloserklärung von Aktien entsprechend. ²Einer Genehmigung des Gerichts bedarf es nicht.

(2) Ist der übernehmende Rechtsträger ebenfalls eine Aktiengesellschaft, so gelten ferner § 73 Abs. 3 des Aktiengesetzes sowie bei Zusammenlegung von Aktien § 73 Abs. 4 und § 226 Abs. 3 des Aktiengesetzes entsprechend.

Zweiter Unterabschnitt: Verschmelzung durch Neugründung

§ 73 Anzuwendende Vorschriften

Auf die Verschmelzung durch Neugründung sind die Vorschriften des Ersten Unterabschnitts mit Ausnahme der §§ 66, 67, 68 Abs. 1 und 2 und des § 69 entsprechend anzuwenden.

§ 74 Inhalt der Satzung[1]

¹In die Satzung sind Festsetzungen über Sondervorteile, Gründungsaufwand, Sacheinlagen und Sachübernahmen, die in den Gesellschaftsverträgen, Partnerschaftsverträgen oder Satzungen übertragender Rechtsträger enthalten waren, zu übernehmen. ²§ 26 Abs. 4 und 5 des Aktiengesetzes bleibt unberührt.

---

1) **Anm. d. Red.:** § 74 i. d. F. des Gesetzes v. 14. 8. 2006 (BGBl I S. 1911) mit Wirkung v. 18. 8. 2006.

§ 75 Gründungsbericht und Gründungsprüfung[1)]

(1) ¹In dem Gründungsbericht (§ 32 des Aktiengesetzes) sind auch der Geschäftsverlauf und die Lage der übertragenden Rechtsträger darzustellen. ²Zum Gründungsprüfer (§ 33 Absatz 2 des Aktiengesetzes) kann der Verschmelzungsprüfer bestellt werden.

(2) Ein Gründungsbericht und eine Gründungsprüfung sind nicht erforderlich, soweit eine Kapitalgesellschaft oder eine eingetragene Genossenschaft übertragender Rechtsträger ist.

§ 76 Verschmelzungsbeschlüsse[2)]

(1) Eine übertragende Aktiengesellschaft darf die Verschmelzung erst beschließen, wenn sie und jede andere übertragende Aktiengesellschaft bereits zwei Jahre im Register eingetragen sind.

(2) ¹Die Satzung der neuen Gesellschaft wird nur wirksam, wenn ihr die Anteilsinhaber jedes der übertragenden Rechtsträger durch Verschmelzungsbeschluss zustimmen. ²Dies gilt entsprechend für die Bestellung der Mitglieder des Aufsichtsrats der neuen Gesellschaft, soweit diese nach § 31 des Aktiengesetzes zu wählen sind. ³Auf eine übertragende Aktiengesellschaft ist § 124 Abs. 2 Satz 3, Abs. 3 Satz 1 und 3 des Aktiengesetzes entsprechend anzuwenden.

§ 77 (weggefallen)[3)]

Vierter Abschnitt: Verschmelzung unter Beteiligung von Kommanditgesellschaften auf Aktien

§ 78 Anzuwendende Vorschriften

¹Auf Verschmelzungen unter Beteiligung von Kommanditgesellschaften auf Aktien sind die Vorschriften des Dritten Abschnitts entsprechend anzuwenden. ²An die Stelle der Aktiengesellschaft und ihres Vorstands treten die Kommanditgesellschaft auf Aktien und die zu ihrer Vertretung ermächtigten persönlich haftenden Gesellschafter. ³Der Verschmelzungsbeschluss bedarf auch der Zustimmung der persönlich haftenden Gesellschafter; die Satzung der Kommanditgesellschaft auf Aktien kann eine Mehrheitsentscheidung dieser Gesellschafter vorsehen. ⁴Im Verhältnis zueinander gelten Aktiengesellschaften und Kommanditgesellschaften auf Aktien nicht als Rechtsträger anderer Rechtsform im Sinne der §§ 29 und 34.

Fünfter Abschnitt: Verschmelzung unter Beteiligung eingetragener Genossenschaften

Erster Unterabschnitt: Verschmelzung durch Aufnahme

§ 79 Möglichkeit der Verschmelzung[4)]

Ein Rechtsträger anderer Rechtsform kann im Wege der Aufnahme mit einer eingetragenen Genossenschaft nur verschmolzen werden, wenn eine erforderliche Änderung der Satzung der übernehmenden Genossenschaft gleichzeitig mit der Verschmelzung beschlossen wird.

---

1) **Anm. d. Red.:** § 75 i. d. F. des Gesetzes v. 11. 7. 2011 (BGBl I S. 1338) mit Wirkung v. 15. 7. 2011.
2) **Anm. d. Red.:** § 76 i. d. F. des Gesetzes v. 24. 4. 2015 (BGBl I S. 642) mit Wirkung v. 1. 5. 2015.
3) **Anm. d. Red.:** § 77 weggefallen gem. Gesetz v. 10. 11. 2006 (BGBl I S. 2553) mit Wirkung v. 1. 1. 2007.
4) **Anm. d. Red.:** § 79 i. d. F. des Gesetzes v. 14. 8. 2006 (BGBl I S. 1911) mit Wirkung v. 18. 8. 2006.

§ 80 Inhalt des Verschmelzungsvertrags bei Aufnahme durch eine Genossenschaft[1)]

(1) ¹Der Verschmelzungsvertrag oder sein Entwurf hat bei Verschmelzungen im Wege der Aufnahme durch eine eingetragene Genossenschaft für die Festlegung des Umtauschverhältnisses der Anteile (§ 5 Abs. 1 Nr. 3) die Angabe zu enthalten,

1. dass jedes Mitglied einer übertragenden Genossenschaft mit einem Geschäftsanteil bei der übernehmenden Genossenschaft beteiligt wird, sofern die Satzung dieser Genossenschaft die Beteiligung mit mehr als einem Geschäftsanteil nicht zulässt, oder
2. dass jedes Mitglied einer übertragenden Genossenschaft mit mindestens einem und im Übrigen mit so vielen Geschäftsanteilen bei der übernehmenden Genossenschaft beteiligt wird, wie durch Anrechnung seines Geschäftsguthabens bei der übertragenden Genossenschaft als voll eingezahlt anzusehen sind, sofern die Satzung der übernehmenden Genossenschaft die Beteiligung eines Mitglieds mit mehreren Geschäftsanteilen zulässt oder die Mitglieder zur Übernahme mehrerer Geschäftsanteile verpflichtet; der Verschmelzungsvertrag oder sein Entwurf kann eine andere Berechnung der Zahl der zu gewährenden Geschäftsanteile vorsehen.

²Bei Verschmelzungen im Wege der Aufnahme eines Rechtsträgers anderer Rechtsform durch eine eingetragene Genossenschaft hat der Verschmelzungsvertrag oder sein Entwurf zusätzlich für jeden Anteilsinhaber eines solchen Rechtsträgers den Betrag des Geschäftsanteils und die Zahl der Geschäftsanteile anzugeben, mit denen er bei der Genossenschaft beteiligt wird.

(2) Der Verschmelzungsvertrag oder sein Entwurf hat für jede übertragende Genossenschaft den Stichtag der Schlussbilanz anzugeben.

§ 81 Gutachten des Prüfungsverbandes[2)]

(1) ¹Vor der Einberufung der Generalversammlung, die gemäß § 13 Abs. 1 über die Zustimmung zum Verschmelzungsvertrag beschließen soll, ist für jede beteiligte Genossenschaft eine gutachtliche Äußerung des Prüfungsverbandes einzuholen, ob die Verschmelzung mit den Belangen der Mitglieder und der Gläubiger der Genossenschaft vereinbar ist (Prüfungsgutachten). ²Das Prüfungsgutachten kann für mehrere beteiligte Genossenschaften auch gemeinsam erstattet werden.

(2) Liegen die Voraussetzungen des Artikels 25 Abs. 1 des Einführungsgesetzes zum Handelsgesetzbuche in der Fassung des Artikels 21 § 5 Abs. 2 des Gesetzes vom 25. Juli 1988 (BGBl I S. 1093) vor, so kann die Prüfung der Verschmelzung (§§ 9 bis 12) für die dort bezeichneten Rechtsträger auch von dem zuständigen Prüfungsverband durchgeführt werden.

§ 82 Vorbereitung der Generalversammlung[3)]

(1) ¹Von der Einberufung der Generalversammlung an, die gemäß § 13 Abs. 1 über die Zustimmung zum Verschmelzungsvertrag beschließen soll, sind auch in dem Geschäftsraum jeder beteiligten Genossenschaft die in § 63 Abs. 1 Nr. 1 bis 4 bezeichneten Unterlagen sowie die nach § 81 erstatteten Prüfungsgutachten zur Einsicht der Mitglieder auszulegen. ²Dazu erforderliche Zwischenbilanzen sind gemäß § 63 Absatz 2 Satz 1 bis 4 aufzustellen.

(2) Auf Verlangen ist jedem Mitglied unverzüglich und kostenlos eine Abschrift der in Absatz 1 bezeichneten Unterlagen zu erteilen.

(3) Die Verpflichtungen nach Absatz 1 Satz 1 und Absatz 2 entfallen, wenn die in Absatz 1 Satz 1 bezeichneten Unterlagen für denselben Zeitraum über die Internetseite der Genossenschaft zugänglich sind.

---

1) **Anm. d. Red.:** § 80 i. d. F. des Gesetzes v. 14. 8. 2006 (BGBl I S. 1911) mit Wirkung v. 18. 8. 2006.
2) **Anm. d. Red.:** § 81 i. d. F. des Gesetzes v. 14. 8. 2006 (BGBl I S. 1911) mit Wirkung v. 18. 8. 2006.
3) **Anm. d. Red.:** § 82 i. d. F. des Gesetzes v. 17. 7. 2017 (BGBl I S. 2434) mit Wirkung v. 22. 7. 2017.

§ 83 Durchführung der Generalversammlung

(1) ¹In der Generalversammlung sind die in § 63 Abs. 1 Nr. 1 bis 4 bezeichneten Unterlagen sowie die nach § 81 erstatteten Prüfungsgutachten auszulegen. ²Der Vorstand hat den Verschmelzungsvertrag oder seinen Entwurf zu Beginn der Verhandlung mündlich zu erläutern. ³§ 64 Abs. 2 ist entsprechend anzuwenden.

(2) ¹Das für die beschließende Genossenschaft erstattete Prüfungsgutachten ist in der Generalversammlung zu verlesen. ²Der Prüfungsverband ist berechtigt, an der Generalversammlung beratend teilzunehmen.

§ 84 Beschluss der Generalversammlung[1]

¹Der Verschmelzungsbeschluss der Generalversammlung bedarf einer Mehrheit von drei Vierteln der abgegebenen Stimmen. ²Die Satzung kann eine größere Mehrheit und weitere Erfordernisse bestimmen.

§ 85 Verbesserung des Umtauschverhältnisses[2]

(1) Bei der Verschmelzung von Genossenschaften miteinander ist § 15 nur anzuwenden, wenn und soweit das Geschäftsguthaben eines Mitglieds in der übernehmenden Genossenschaft niedriger als das Geschäftsguthaben in der übertragenden Genossenschaft ist.

(2) Der Anspruch nach § 15 kann auch durch Zuschreibung auf das Geschäftsguthaben erfüllt werden, soweit nicht der Gesamtbetrag der Geschäftsanteile des Mitglieds bei der übernehmenden Genossenschaft überschritten wird.

§ 86 Anlagen der Anmeldung

(1) Der Anmeldung der Verschmelzung ist außer den sonst erforderlichen Unterlagen auch das für die anmeldende Genossenschaft erstattete Prüfungsgutachten in Urschrift oder in öffentlich beglaubigter Abschrift beizufügen.

(2) Der Anmeldung zur Eintragung in das Register des Sitzes des übernehmenden Rechtsträgers ist ferner jedes andere für eine übertragende Genossenschaft erstattete Prüfungsgutachten in Urschrift oder in öffentlich beglaubigter Abschrift beizufügen.

§ 87 Anteilstausch[3]

(1) ¹Auf Grund der Verschmelzung ist jedes Mitglied einer übertragenden Genossenschaft entsprechend dem Verschmelzungsvertrag an dem übernehmenden Rechtsträger beteiligt. ²Eine Verpflichtung, bei einer übernehmenden Genossenschaft weitere Geschäftsanteile zu übernehmen, bleibt unberührt. ³Rechte Dritter an den Geschäftsguthaben bei einer übertragenden Genossenschaft bestehen an den Anteilen oder Mitgliedschaften des übernehmenden Rechtsträgers anderer Rechtsform weiter, die an die Stelle der Geschäftsanteile der übertragenden Genossenschaft treten. ⁴Rechte Dritter an den Anteilen oder Mitgliedschaften des übertragenden Rechtsträgers bestehen an den bei der übernehmenden Genossenschaft erlangten Geschäftsguthaben weiter.

(2) ¹Übersteigt das Geschäftsguthaben, das das Mitglied bei einer übertragenden Genossenschaft hatte, den Gesamtbetrag der Geschäftsanteile, mit denen es nach Absatz 1 bei einer übernehmenden Genossenschaft beteiligt ist, so ist der übersteigende Betrag nach Ablauf von sechs Monaten seit dem Tage, an dem die Eintragung der Verschmelzung in das Register des Sitzes der übernehmenden Genossenschaft nach § 19 Abs. 3 bekannt gemacht worden ist, an das Mitglied auszuzahlen; die Auszahlung darf jedoch nicht erfolgen, bevor die Gläubiger, die sich nach § 22 gemeldet haben, befriedigt oder sichergestellt sind. ²Im Verschmelzungsvertrag

---

1) **Anm. d. Red.:** § 84 i. d. F. des Gesetzes v. 14. 8. 2006 (BGBl I S. 1911) mit Wirkung v. 18. 8. 2006.
2) **Anm. d. Red.:** § 85 i. d. F. des Gesetzes v. 14. 8. 2006 (BGBl I S. 1911) mit Wirkung v. 18. 8. 2006.
3) **Anm. d. Red.:** § 87 i. d. F. des Gesetzes v. 30. 7. 2009 (BGBl I S. 2479) mit Wirkung v. 1. 9. 2009.

festgesetzte bare Zuzahlungen dürfen nicht den zehnten Teil des Gesamtnennbetrags der gewährten Geschäftsanteile der übernehmenden Genossenschaft übersteigen.

(3) Für die Berechnung des Geschäftsguthabens, das dem Mitglied bei einer übertragenden Genossenschaft zugestanden hat, ist deren Schlussbilanz maßgebend.

§ 88 Geschäftsguthaben bei der Aufnahme von Kapitalgesellschaften und rechtsfähigen Vereinen[1)]

(1) ¹Ist an der Verschmelzung eine Kapitalgesellschaft als übertragender Rechtsträger beteiligt, so ist jedem Anteilsinhaber dieser Gesellschaft als Geschäftsguthaben bei der übernehmenden Genossenschaft der Wert der Geschäftsanteile oder der Aktien gutzuschreiben, mit denen er an der übertragenden Gesellschaft beteiligt war. ²Für die Feststellung des Wertes dieser Beteiligung ist die Schlussbilanz der übertragenden Gesellschaft maßgebend. ³Übersteigt das durch die Verschmelzung erlangte Geschäftsguthaben eines Mitglieds den Gesamtbetrag der Geschäftsanteile, mit denen es bei der übernehmenden Genossenschaft beteiligt ist, so ist der übersteigende Betrag nach Ablauf von sechs Monaten seit dem Tage, an dem die Eintragung der Verschmelzung in das Register des Sitzes der übernehmenden Genossenschaft nach § 19 Abs. 3 bekannt gemacht worden ist, an das Mitglied auszuzahlen; die Auszahlung darf jedoch nicht erfolgen, bevor die Gläubiger, die sich nach § 22 gemeldet haben, befriedigt oder sichergestellt sind.

(2) Ist an der Verschmelzung ein rechtsfähiger Verein als übertragender Rechtsträger beteiligt, so kann jedem Mitglied dieses Vereins als Geschäftsguthaben bei der übernehmenden Genossenschaft höchstens der Nennbetrag der Geschäftsanteile gutgeschrieben werden, mit denen es an der übernehmenden Genossenschaft beteiligt ist.

§ 89 Eintragung der Genossen in die Mitgliederliste; Benachrichtigung[2)]

(1) ¹Die übernehmende Genossenschaft hat jedes neue Mitglied nach der Eintragung der Verschmelzung in das Register des Sitzes der übernehmenden Genossenschaft unverzüglich in die Mitgliederliste einzutragen und hiervon unverzüglich zu benachrichtigen. ²Sie hat ferner die Zahl der Geschäftsanteile des Mitglieds einzutragen, sofern das Mitglied mit mehr als einem Geschäftsanteil beteiligt ist.

(2) Die übernehmende Genossenschaft hat jedem Anteilsinhaber eines übertragenden Rechtsträgers, bei unbekannten Aktionären dem Treuhänder der übertragenden Gesellschaft, unverzüglich in Textform mitzuteilen:
1. den Betrag des Geschäftsguthabens bei der übernehmenden Genossenschaft;
2. den Betrag des Geschäftsanteils bei der übernehmenden Genossenschaft;
3. die Zahl der Geschäftsanteile, mit denen der Anteilsinhaber bei der übernehmenden Genossenschaft beteiligt ist;
4. den Betrag der von dem Mitglied nach Anrechnung seines Geschäftsguthabens noch zu leistenden Einzahlung oder den Betrag, der ihm nach § 87 Abs. 2 oder nach § 88 Abs. 1 auszuzahlen ist, sowie
5. den Betrag der Haftsumme der übernehmenden Genossenschaft, sofern deren Mitglieder Nachschüsse bis zu einer Haftsumme zu leisten haben.

§ 90 Ausschlagung durch einzelne Anteilsinhaber[3)]

(1) Die §§ 29 bis 34 sind auf die Mitglieder einer übertragenden Genossenschaft nicht anzuwenden.

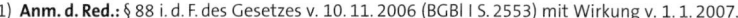

---

1) **Anm. d. Red.:** § 88 i. d. F. des Gesetzes v. 10. 11. 2006 (BGBl I S. 2553) mit Wirkung v. 1. 1. 2007.
2) **Anm. d. Red.:** § 89 i. d. F. des Gesetzes v. 14. 8. 2006 (BGBl I S. 1911) mit Wirkung v. 18. 8. 2006.
3) **Anm. d. Red.:** § 90 i. d. F. des Gesetzes v. 14. 8. 2006 (BGBl I S. 1911) mit Wirkung v. 18. 8. 2006.

(2) Auf der Verschmelzungswirkung beruhende Anteile und Mitgliedschaften an dem übernehmenden Rechtsträger gelten als nicht erworben, wenn sie ausgeschlagen werden.

(3) ¹Das Recht zur Ausschlagung hat jedes Mitglied einer übertragenden Genossenschaft, wenn es in der Generalversammlung oder als Vertreter in der Vertreterversammlung, die gemäß § 13 Abs. 1 über die Zustimmung zum Verschmelzungsvertrag beschließen soll,
1. erscheint und gegen den Verschmelzungsbeschluss Widerspruch zur Niederschrift erklärt oder
2. nicht erscheint, sofern es zu der Versammlung zu Unrecht nicht zugelassen worden ist oder die Versammlung nicht ordnungsgemäß einberufen oder der Gegenstand der Beschlussfassung nicht ordnungsgemäß bekannt gemacht worden ist.

²Wird der Verschmelzungsbeschluss einer übertragenden Genossenschaft von einer Vertreterversammlung gefasst, so steht das Recht zur Ausschlagung auch jedem anderen Mitglied dieser Genossenschaft zu, das im Zeitpunkt der Beschlussfassung nicht Vertreter ist.

§ 91 Form und Frist der Ausschlagung[1]

(1) Die Ausschlagung ist gegenüber dem übernehmenden Rechtsträger schriftlich zu erklären.

(2) Die Ausschlagung kann nur binnen sechs Monaten nach dem Tage erklärt werden, an dem die Eintragung der Verschmelzung in das Register des Sitzes des übernehmenden Rechtsträgers nach § 19 Abs. 3 bekannt gemacht worden ist.

(3) Die Ausschlagung kann nicht unter einer Bedingung oder einer Zeitbestimmung erklärt werden.

§ 92 Eintragung der Ausschlagung in die Mitgliederliste[2]

(1) Die übernehmende Genossenschaft hat jede Ausschlagung unverzüglich in die Mitgliederliste einzutragen und das Mitglied von der Eintragung unverzüglich zu benachrichtigen.

(2) Die Ausschlagung wird in dem Zeitpunkt wirksam, in dem die Ausschlagungserklärung dem übernehmenden Rechtsträger zugeht.

§ 93 Auseinandersetzung[3]

(1) ¹Mit einem früheren Mitglied, dessen Beteiligung an dem übernehmenden Rechtsträger nach § 90 Abs. 2 als nicht erworben gilt, hat der übernehmende Rechtsträger sich auseinander zu setzen. ²Maßgebend ist die Schlussbilanz der übertragenden Genossenschaft.

(2) Dieses Mitglied kann die Auszahlung des Geschäftsguthabens, das es bei der übertragenden Genossenschaft hatte, verlangen; an den Rücklagen und dem sonstigen Vermögen der übertragenden Genossenschaft hat es vorbehaltlich des § 73 Abs. 3 des Genossenschaftsgesetzes keinen Anteil, auch wenn sie bei der Verschmelzung den Geschäftsguthaben anderer Mitglieder, die von dem Recht zur Ausschlagung keinen Gebrauch machen, zugerechnet werden.

(3) ¹Reichen die Geschäftsguthaben und die in der Schlussbilanz einer übertragenden Genossenschaft ausgewiesenen Rücklagen zur Deckung eines in dieser Bilanz ausgewiesenen Verlustes nicht aus, so kann der übernehmende Rechtsträger von dem früheren Mitglied, dessen Beteiligung als nicht erworben gilt, die Zahlung des anteiligen Fehlbetrags verlangen, wenn und soweit dieses Mitglied im Falle der Insolvenz Nachschüsse an die übertragende Genossenschaft zu leisten gehabt hätte. ²Der anteilige Fehlbetrag wird, falls die Satzung der übertragenden Genossenschaft nichts anderes bestimmt, nach der Zahl ihrer Mitglieder berechnet.

(4) (weggefallen)

---

1) **Anm. d. Red.:** § 91 i. d. F. des Gesetzes v. 10. 11. 2006 (BGBl I S. 2553) mit Wirkung v. 1. 1. 2007.
2) **Anm. d. Red.:** § 92 i. d. F. des Gesetzes v. 14. 8. 2006 (BGBl I S. 1911) mit Wirkung v. 18. 8. 2006.
3) **Anm. d. Red.:** § 93 i. d. F. des Gesetzes v. 14. 8. 2006 (BGBl I S. 1911) mit Wirkung v. 18. 8. 2006.

§ 94 Auszahlung des Auseinandersetzungsguthabens[1]

Ansprüche auf Auszahlung des Geschäftsguthabens nach § 93 Abs. 2 sind binnen sechs Monaten seit der Ausschlagung zu befriedigen; die Auszahlung darf jedoch nicht erfolgen, bevor die Gläubiger, die sich nach § 22 gemeldet haben, befriedigt oder sichergestellt sind, und nicht vor Ablauf von sechs Monaten seit dem Tag, an dem die Eintragung der Verschmelzung in das Register des Sitzes des übernehmenden Rechtsträgers nach § 19 Abs. 3 bekannt gemacht worden ist.

§ 95 Fortdauer der Nachschusspflicht[2]

(1) ¹Ist die Haftsumme bei einer übernehmenden Genossenschaft geringer, als sie bei einer übertragenden Genossenschaft war, oder haften den Gläubigern eines übernehmenden Rechtsträgers nicht alle Anteilsinhaber dieses Rechtsträgers unbeschränkt, so haben zur Befriedigung der Gläubiger der übertragenden Genossenschaft diejenigen Anteilsinhaber, die Mitglieder der übertragenden Genossenschaft waren, weitere Nachschüsse bis zur Höhe der Haftsumme bei der übertragenden Genossenschaft zu leisten, sofern die Gläubiger, die sich nach § 22 gemeldet haben, wegen ihrer Forderung Befriedigung oder Sicherstellung auch nicht aus den von den Mitgliedern eingezogenen Nachschüssen erlangen können. ²Für die Einziehung der Nachschüsse gelten die §§ 105 bis 115a des Genossenschaftsgesetzes entsprechend.

(2) Absatz 1 ist nur anzuwenden, wenn das Insolvenzverfahren über das Vermögen des übernehmenden Rechtsträgers binnen zwei Jahren nach dem Tage eröffnet wird, an dem die Eintragung der Verschmelzung in das Register des Sitzes dieses Rechtsträgers nach § 19 Abs. 3 bekannt gemacht worden ist.

Zweiter Unterabschnitt: Verschmelzung durch Neugründung

§ 96 Anzuwendende Vorschriften

Auf die Verschmelzung durch Neugründung sind die Vorschriften des Ersten Unterabschnitts entsprechend anzuwenden.

§ 97 Pflichten der Vertretungsorgane der übertragenden Rechtsträger[3]

(1) Die Satzung der neuen Genossenschaft ist durch sämtliche Mitglieder des Vertretungsorgans jedes der übertragenden Rechtsträger aufzustellen und zu unterzeichnen.

(2) ¹Die Vertretungsorgane aller übertragenden Rechtsträger haben den ersten Aufsichtsrat der neuen Genossenschaft zu bestellen. ²Das Gleiche gilt für die Bestellung des ersten Vorstands, sofern nicht durch die Satzung der neuen Genossenschaft anstelle der Wahl durch die Generalversammlung eine andere Art der Bestellung des Vorstands festgesetzt ist.

§ 98 Verschmelzungsbeschlüsse[4]

¹Die Satzung der neuen Genossenschaft wird nur wirksam, wenn ihr die Anteilsinhaber jedes der übertragenden Rechtsträger durch Verschmelzungsbeschluss zustimmen. ²Dies gilt entsprechend für die Bestellung der Mitglieder des Vorstands und des Aufsichtsrats der neuen Genossenschaft, für die Bestellung des Vorstands jedoch nur, wenn dieser von den Vertretungsorganen aller übertragenden Rechtsträger bestellt worden ist.

---

1) **Anm. d. Red.:** § 94 i. d. F. des Gesetzes v. 10.11.2006 (BGBl I S. 2553) mit Wirkung v. 1.1.2007.
2) **Anm. d. Red.:** § 95 i. d. F. des Gesetzes v. 10.11.2006 (BGBl I S. 2553) mit Wirkung v. 1.1.2007.
3) **Anm. d. Red.:** § 97 i. d. F. des Gesetzes v. 14.8.2006 (BGBl I S. 1911) mit Wirkung v. 18.8.2006.
4) **Anm. d. Red.:** § 98 i. d. F. des Gesetzes v. 14.8.2006 (BGBl I S. 1911) mit Wirkung v. 18.8.2006.

Sechster Abschnitt: Verschmelzung unter Beteiligung rechtsfähiger Vereine

§ 99 Möglichkeit der Verschmelzung[1)]

(1) Ein rechtsfähiger Verein kann sich an einer Verschmelzung nur beteiligen, wenn die Satzung des Vereins oder Vorschriften des Landesrechts nicht entgegenstehen.

(2) Ein eingetragener Verein darf im Wege der Verschmelzung Rechtsträger anderer Rechtsform nicht aufnehmen und durch die Verschmelzung solcher Rechtsträger nicht gegründet werden.

§ 100 Prüfung der Verschmelzung

[1]Der Verschmelzungsvertrag oder sein Entwurf ist für einen wirtschaftlichen Verein nach den §§ 9 bis 12 zu prüfen. [2]Bei einem eingetragenen Verein ist diese Prüfung nur erforderlich, wenn mindestens zehn vom Hundert der Mitglieder sie schriftlich verlangen.

§ 101 Vorbereitung der Mitgliederversammlung[2)]

(1) [1]Von der Einberufung der Mitgliederversammlung an, die gemäß § 13 Abs. 1 über die Zustimmung zum Verschmelzungsvertrag beschließen soll, sind in dem Geschäftsraum des Vereins die in § 63 Abs. 1 Nr. 1 bis 4 bezeichneten Unterlagen sowie ein nach § 100 erforderlicher Prüfungsbericht zur Einsicht der Mitglieder auszulegen. [2]Dazu erforderliche Zwischenbilanzen sind gemäß § 63 Absatz 2 Satz 1 bis 4 aufzustellen.

(2) Auf Verlangen ist jedem Mitglied unverzüglich und kostenlos eine Abschrift der in Absatz 1 bezeichneten Unterlagen zu erteilen.

§ 102 Durchführung der Mitgliederversammlung

[1]In der Mitgliederversammlung sind die in § 63 Abs. 1 Nr. 1 bis 4 bezeichneten Unterlagen sowie ein nach § 100 erforderlicher Prüfungsbericht auszulegen. [2]§ 64 Abs. 1 Satz 2 und Abs. 2 ist entsprechend anzuwenden.

§ 103 Beschluss der Mitgliederversammlung[3)]

[1]Der Verschmelzungsbeschluss der Mitgliederversammlung bedarf einer Mehrheit von drei Vierteln der abgegebenen Stimmen. [2]Die Satzung kann eine größere Mehrheit und weitere Erfordernisse bestimmen.

§ 104 Bekanntmachung der Verschmelzung[4)]

(1) [1]Ist ein übertragender wirtschaftlicher Verein nicht in ein Handelsregister eingetragen, so hat sein Vorstand die bevorstehende Verschmelzung durch den Bundesanzeiger bekannt zu machen. [2]Die Bekanntmachung im Bundesanzeiger tritt an die Stelle der Eintragung im Register. [3]Sie ist mit einem Vermerk zu versehen, dass die Verschmelzung erst mit der Eintragung im Register des Sitzes des übernehmenden Rechtsträgers wirksam wird. [4]Die §§ 16 und 17 Abs. 1 und § 19 Abs. 1 Satz 2, Abs. 2 und Abs. 3 sind nicht anzuwenden, soweit sie sich auf die Anmeldung und Eintragung dieses übertragenden Vereins beziehen.

(2) Die Schlussbilanz eines solchen übertragenden Vereins ist der Anmeldung zum Register des Sitzes des übernehmenden Rechtsträgers beizufügen.

---

1) **Anm. d. Red.:** § 99 i. d. F. des Gesetzes v. 22. 7. 1998 (BGBl I S. 1878) mit Wirkung v. 1. 8. 1998.
2) **Anm. d. Red.:** § 101 i. d. F. des Gesetzes v. 11. 7. 2011 (BGBl I S. 1338) mit Wirkung v. 15. 7. 2011.
3) **Anm. d. Red.:** § 103 i. d. F. des Gesetzes v. 24. 9. 2009 (BGBl I S. 3145) mit Wirkung v. 30. 9. 2009.
4) **Anm. d. Red.:** § 104 i. d. F. des Gesetzes v. 22. 12. 2011 (BGBl I S. 3044) mit Wirkung v. 1. 4. 2012.

§ 104a Ausschluss der Barabfindung in bestimmten Fällen

Die §§ 29 bis 34 sind auf die Verschmelzung eines eingetragenen Vereins, der nach § 5 Abs. 1 Nr. 9 des Körperschaftsteuergesetzes von der Körperschaftsteuer befreit ist, nicht anzuwenden.

Siebenter Abschnitt: Verschmelzung genossenschaftlicher Prüfungsverbände

§ 105 Möglichkeit der Verschmelzung[1]

[1]Genossenschaftliche Prüfungsverbände können nur miteinander verschmolzen werden. [2]Ein genossenschaftlicher Prüfungsverband kann ferner als übernehmender Verband einen rechtsfähigen Verein aufnehmen, wenn bei diesem die Voraussetzungen des § 63b Absatz 2 des Genossenschaftsgesetzes bestehen und die in § 107 Abs. 2 genannte Behörde dem Verschmelzungsvertrag zugestimmt hat.

§ 106 Vorbereitung, Durchführung und Beschluss der Mitgliederversammlung

Auf die Vorbereitung, die Durchführung und den Beschluss der Mitgliederversammlung sind die §§ 101 bis 103 entsprechend anzuwenden.

§ 107 Pflichten der Vorstände[2]

(1) [1]Die Vorstände beider Verbände haben die Verschmelzung gemeinschaftlich unverzüglich zur Eintragung in die Register des Sitzes jedes Verbandes anzumelden, soweit der Verband eingetragen ist. [2]Ist der übertragende Verband nicht eingetragen, so ist § 104 entsprechend anzuwenden.

(2) Die Vorstände haben ferner gemeinschaftlich den für die Verleihung des Prüfungsrechts zuständigen obersten Landesbehörden die Eintragung unverzüglich mitzuteilen.

(3) Der Vorstand des übernehmenden Verbandes hat die Mitglieder unverzüglich von der Eintragung zu benachrichtigen.

§ 108 Austritt von Mitgliedern des übertragenden Verbandes

Tritt ein ehemaliges Mitglied des übertragenden Verbandes gemäß § 39 des Bürgerlichen Gesetzbuchs aus dem übernehmenden Verband aus, so sind Bestimmungen der Satzung des übernehmenden Verbandes, die gemäß § 39 Abs. 2 des Bürgerlichen Gesetzbuchs eine längere Kündigungsfrist als zum Schlusse des Geschäftsjahres vorsehen, nicht anzuwenden.

Achter Abschnitt: Verschmelzung von Versicherungsvereinen auf Gegenseitigkeit

Erster Unterabschnitt: Möglichkeit der Verschmelzung

§ 109 Verschmelzungsfähige Rechtsträger

[1]Versicherungsvereine auf Gegenseitigkeit können nur miteinander verschmolzen werden. [2]Sie können ferner im Wege der Verschmelzung durch eine Aktiengesellschaft, die den Betrieb von Versicherungsgeschäften zum Gegenstand hat (Versicherungs-Aktiengesellschaft), aufgenommen werden.

---

1) **Anm. d. Red.:** § 105 i. d. F. des Gesetzes v. 17. 7. 2017 (BGBl I S. 2434) mit Wirkung v. 22. 7. 2017.
2) **Anm. d. Red.:** § 107 i. d. F. des Gesetzes v. 14. 8. 2006 (BGBl I S. 1911) mit Wirkung v. 18. 8. 2006.

Zweiter Unterabschnitt: Verschmelzung durch Aufnahme

§ 110 Inhalt des Verschmelzungsvertrags

Sind nur Versicherungsvereine auf Gegenseitigkeit an der Verschmelzung beteiligt, braucht der Verschmelzungsvertrag oder sein Entwurf die Angaben nach § 5 Abs. 1 Nr. 3 bis 5 und 7 nicht zu enthalten.

§ 111 Bekanntmachung des Verschmelzungsvertrags[1)]

¹Der Verschmelzungsvertrag oder sein Entwurf ist vor der Einberufung der obersten Vertretung, die gemäß § 13 Abs. 1 über die Zustimmung zum Verschmelzungsvertrag beschließen soll, zum Register einzureichen. ²Das Gericht hat in der Bekanntmachung nach § 10 des Handelsgesetzbuchs einen Hinweis darauf bekannt zu machen, dass der Vertrag oder sein Entwurf beim Handelsregister eingereicht worden ist.

§ 112 Vorbereitung, Durchführung und Beschluss der Versammlung der obersten Vertretung[2)]

(1) ¹Von der Einberufung der Versammlung der obersten Vertretung an, die gemäß § 13 Abs. 1 über die Zustimmung zum Verschmelzungsvertrag beschließen soll, sind in dem Geschäftsraum des Vereins die in § 63 Abs. 1 bezeichneten Unterlagen zur Einsicht der Mitglieder auszulegen. ²Dazu erforderliche Zwischenbilanzen sind gemäß § 63 Absatz 2 Satz 1 bis 4 aufzustellen.

(2) ¹In der Versammlung der obersten Vertretung sind die in § 63 Abs. 1 bezeichneten Unterlagen auszulegen. ²§ 64 Abs. 1 Satz 2 und Abs. 2 ist entsprechend anzuwenden.

(3) ¹Der Verschmelzungsbeschluss der obersten Vertretung bedarf einer Mehrheit von drei Vierteln der abgegebenen Stimmen. ²Die Satzung kann eine größere Mehrheit und weitere Erfordernisse bestimmen.

§ 113 Keine gerichtliche Nachprüfung

Sind nur Versicherungsvereine auf Gegenseitigkeit an der Verschmelzung beteiligt, findet eine gerichtliche Nachprüfung des Umtauschverhältnisses der Mitgliedschaften nicht statt.

Dritter Unterabschnitt: Verschmelzung durch Neugründung

§ 114 Anzuwendende Vorschriften

Auf die Verschmelzung durch Neugründung sind die Vorschriften des Zweiten Unterabschnitts entsprechend anzuwenden, soweit sich aus den folgenden Vorschriften nichts anderes ergibt.

§ 115 Bestellung der Vereinsorgane

¹Die Vorstände der übertragenden Vereine haben den ersten Aufsichtsrat des neuen Rechtsträgers und den Abschlussprüfer für das erste Voll- oder Rumpfgeschäftsjahr zu bestellen. ²Die Bestellung bedarf notarieller Beurkundung. ³Der Aufsichtsrat bestellt den ersten Vorstand.

§ 116 Beschlüsse der obersten Vertretungen

(1) ¹Die Satzung des neuen Rechtsträgers und die Bestellung seiner Aufsichtsratsmitglieder bedürfen der Zustimmung der übertragenden Vereine durch Verschmelzungsbeschlüsse. ²§ 76 Abs. 2 und § 112 Abs. 3 sind entsprechend anzuwenden.

(2) ¹In der Bekanntmachung der Tagesordnung eines Vereins ist der wesentliche Inhalt des Verschmelzungsvertrags bekannt zu machen. ²In der Bekanntmachung haben der Vorstand und

---

1) **Anm. d. Red.:** § 111 i. d. F. des Gesetzes v. 10. 11. 2006 (BGBl I S. 2553) mit Wirkung v. 1. 1. 2007.

2) **Anm. d. Red.:** § 112 i. d. F. des Gesetzes v. 11. 7. 2011 (BGBl I S. 1338) mit Wirkung v. 15. 7. 2011.

der Aufsichtsrat, zur Wahl von Aufsichtsratsmitgliedern und Prüfern nur der Aufsichtsrat, Vorschläge zur Beschlussfassung zu machen. ³Hat der Aufsichtsrat auch aus Aufsichtsratsmitgliedern der Arbeitnehmer zu bestehen, so bedürfen Beschlüsse des Aufsichtsrats über Vorschläge zur Wahl von Aufsichtsratsmitgliedern nur der Mehrheit der Stimmen der Aufsichtsratsmitglieder der Mitglieder des Vereins.

§ 117 Entstehung und Bekanntmachung des neuen Vereins[1]

¹Vor der Eintragung in das Register besteht ein neuer Verein als solcher nicht. ²Wer vor der Eintragung des Vereins in seinem Namen handelt, haftet persönlich; handeln mehrere, so haften sie als Gesamtschuldner.

Vierter Unterabschnitt: Verschmelzung kleinerer Vereine

§ 118 Anzuwendende Vorschriften[2]

¹Auf die Verschmelzung kleinerer Vereine im Sinne des § 210 des Versicherungsaufsichtsgesetzes sind die Vorschriften des Zweiten und des Dritten Unterabschnitts entsprechend anzuwenden. ²Dabei treten bei kleineren Vereinen an die Stelle der Anmeldung zur Eintragung in das Register der Antrag an die Aufsichtsbehörde auf Genehmigung, an die Stelle der Eintragung in das Register und ihrer Bekanntmachung die Bekanntmachung im Bundesanzeiger nach § 119.

§ 119 Bekanntmachung der Verschmelzung[3]

Sobald die Verschmelzung von allen beteiligten Aufsichtsbehörden genehmigt worden ist, macht die für den übernehmenden kleineren Verein zuständige Aufsichtsbehörde, bei einer Verschmelzung durch Neugründung eines kleineren Vereins die für den neuen Verein zuständige Aufsichtsbehörde die Verschmelzung und ihre Genehmigung im Bundesanzeiger bekannt.

Neunter Abschnitt: Verschmelzung von Kapitalgesellschaften mit dem Vermögen eines Alleingesellschafters

§ 120 Möglichkeit der Verschmelzung

(1) Ist eine Verschmelzung nach den Vorschriften des Ersten bis Achten Abschnitts nicht möglich, so kann eine Kapitalgesellschaft im Wege der Aufnahme mit dem Vermögen eines Gesellschafters oder eines Aktionärs verschmolzen werden, sofern sich alle Geschäftsanteile oder alle Aktien der Gesellschaft in der Hand des Gesellschafters oder Aktionärs befinden.

(2) Befinden sich eigene Anteile in der Hand der Kapitalgesellschaft, so werden sie bei der Feststellung der Voraussetzungen der Verschmelzung dem Gesellschafter oder Aktionär zugerechnet.

§ 121 Anzuwendende Vorschriften

Auf die Kapitalgesellschaft sind die für ihre Rechtsform geltenden Vorschriften des Ersten und Zweiten Teils anzuwenden.

§ 122 Eintragung in das Handelsregister[4]

(1) Ein noch nicht in das Handelsregister eingetragener Alleingesellschafter oder Alleinaktionär ist nach den Vorschriften des Handelsgesetzbuchs in das Handelsregister einzutragen; § 18 Abs. 1 bleibt unberührt.

---

1) **Anm. d. Red.:** § 117 i. d. F. des Gesetzes v. 10. 11. 2006 (BGBl I S. 2553) mit Wirkung v. 1. 1. 2007.
2) **Anm. d. Red.:** § 118 i. d. F. des Gesetzes v. 1. 4. 2015 (BGBl I S. 434) mit Wirkung v. 1. 1. 2016.
3) **Anm. d. Red.:** § 119 i. d. F. des Gesetzes v. 22. 12. 2011 (BGBl I S. 3044) mit Wirkung v. 1. 4. 2012.
4) **Anm. d. Red.:** § 122 i. d. F. des Gesetzes v. 22. 6. 1998 (BGBl I S. 1474) mit Wirkung v. 1. 7. 1998.

(2) Kommt eine Eintragung nicht in Betracht, treten die in § 20 genannten Wirkungen durch die Eintragung der Verschmelzung in das Register des Sitzes der übertragenden Kapitalgesellschaft ein.

Zehnter Abschnitt: Grenzüberschreitende Verschmelzung[1)]

§ 122a Grenzüberschreitende Verschmelzung[2)]

(1) Eine grenzüberschreitende Verschmelzung ist eine Verschmelzung, bei der mindestens eine der beteiligten Gesellschaften dem Recht eines anderen Mitgliedstaats der Europäischen Union oder eines anderen Vertragsstaats des Abkommens über den Europäischen Wirtschaftsraum unterliegt.

(2) ¹Auf die Beteiligung einer Kapitalgesellschaft (§ 3 Abs. 1 Nr. 2) an einer grenzüberschreitenden Verschmelzung sind die Vorschriften des Ersten Teils und des Zweiten, Dritten und Vierten Abschnitts des Zweiten Teils entsprechend anzuwenden, soweit sich aus diesem Abschnitt nichts anderes ergibt. ²Auf die Beteiligung einer Personenhandelsgesellschaft (§ 3 Absatz 1 Nummer 1) an einer grenzüberschreitenden Verschmelzung sind die Vorschriften des Ersten Teils und des Ersten Unterabschnitts des Ersten Abschnitts des Zweiten Teils entsprechend anzuwenden, soweit sich aus diesem Abschnitt nichts anderes ergibt.

§ 122b Verschmelzungsfähige Gesellschaften[3)]

(1) An einer grenzüberschreitenden Verschmelzung können beteiligt sein

1. als übertragende, übernehmende oder neue Gesellschaften Kapitalgesellschaften im Sinne des Artikels 119 Nummer 1 der Richtlinie (EU) 2017/1132 des Europäischen Parlaments und des Rates vom 14. Juni 2017 über bestimmte Aspekte des Gesellschaftsrechts (ABl L 169 vom 30.6.2017, S. 46), die nach dem Recht eines Mitgliedstaats der Europäischen Union oder eines anderen Vertragsstaats des Abkommens über den Europäischen Wirtschaftsraum gegründet worden sind und ihren satzungsmäßigen Sitz, ihre Hauptverwaltung oder ihre Hauptniederlassung in einem Mitgliedstaat der Europäischen Union oder einem anderen Vertragsstaat des Abkommens über den Europäischen Wirtschaftsraum haben,

2. als übernehmende oder neue Gesellschaften Personenhandelsgesellschaften im Sinne des § 3 Absatz 1 Nummer 1 mit in der Regel nicht mehr als 500 Arbeitnehmern.

(2) An einer grenzüberschreitenden Verschmelzung können nicht beteiligt sein:

1. Genossenschaften, selbst wenn sie nach dem Recht eines anderen Mitgliedstaats der Europäischen Union oder eines anderen Vertragsstaats des Abkommens über den Europäischen Wirtschaftsraum unter die Definition des Artikels 2 Nr. 1 der Richtlinie fallen;

2. Gesellschaften, deren Zweck es ist, die vom Publikum bei ihnen eingelegten Gelder nach dem Grundsatz der Risikostreuung gemeinsam anzulegen und deren Anteile auf Verlangen der Anteilsinhaber unmittelbar oder mittelbar zulasten des Vermögens dieser Gesellschaft zurückgenommen oder ausgezahlt werden. ²Diesen Rücknahmen oder Auszahlungen gleichgestellt sind Handlungen, mit denen eine solche Gesellschaft sicherstellen will, dass der Börsenwert ihrer Anteile nicht erheblich von deren Nettoinventarwert abweicht.

---

1) **Anm. d. Red.:** Zehnter Abschnitt i. d. F. des Gesetzes v. 19.12.2018 (BGBl I S. 2694) mit Wirkung v. 1.1.2019.

2) **Anm. d. Red.:** § 122a i. d. F. des Gesetzes v. 19.12.2018 (BGBl I S. 2694) mit Wirkung v. 1.1.2019.

3) **Anm. d. Red.:** § 122b i. d. F. des Gesetzes v. 19.12.2018 (BGBl I S. 2694) mit Wirkung v. 1.1.2019.

§ 122c Verschmelzungsplan[1)]

(1) Das Vertretungsorgan einer beteiligten Gesellschaft stellt zusammen mit den Vertretungsorganen der übrigen beteiligten Gesellschaften einen gemeinsamen Verschmelzungsplan auf.

(2) Der Verschmelzungsplan oder sein Entwurf muss mindestens folgende Angaben enthalten:
1. Rechtsform, Firma und Sitz der übertragenden und übernehmenden oder neuen Gesellschaft,
2. das Umtauschverhältnis der Gesellschaftsanteile und gegebenenfalls die Höhe der baren Zuzahlungen,
3. die Einzelheiten hinsichtlich der Übertragung der Gesellschaftsanteile der übernehmenden oder neuen Gesellschaft,
4. die voraussichtlichen Auswirkungen der Verschmelzung auf die Beschäftigung,
5. den Zeitpunkt, von dem an die Gesellschaftsanteile deren Inhabern das Recht auf Beteiligung am Gewinn gewähren, sowie alle Besonderheiten, die eine Auswirkung auf dieses Recht haben,
6. den Zeitpunkt, von dem an die Handlungen der übertragenden Gesellschaften unter dem Gesichtspunkt der Rechnungslegung als für Rechnung der übernehmenden oder neuen Gesellschaft vorgenommen gelten (Verschmelzungsstichtag),
7. die Rechte, die die übernehmende oder neue Gesellschaft den mit Sonderrechten ausgestatteten Gesellschaftern und den Inhabern von anderen Wertpapieren als Gesellschaftsanteilen gewährt, oder die für diese Personen vorgeschlagenen Maßnahmen,
8. etwaige besondere Vorteile, die den Sachverständigen, die den Verschmelzungsplan prüfen, oder den Mitgliedern der Verwaltungs-, Leitungs-, Aufsichts- oder Kontrollorgane der an der Verschmelzung beteiligten Gesellschaften gewährt werden,
9. die Satzung oder den Gesellschaftsvertrag der übernehmenden oder neuen Gesellschaft,
10. gegebenenfalls Angaben zu dem Verfahren, nach dem die Einzelheiten über die Beteiligung der Arbeitnehmer an der Festlegung ihrer Mitbestimmungsrechte in der aus der grenzüberschreitenden Verschmelzung hervorgehenden Gesellschaft geregelt werden,
11. Angaben zur Bewertung des Aktiv- und Passivvermögens, das auf die übernehmende oder neue Gesellschaft übertragen wird,
12. den Stichtag der Bilanzen der an der Verschmelzung beteiligten Gesellschaften, die zur Festlegung der Bedingungen der Verschmelzung verwendet werden,
13. im Fall der Verschmelzung auf eine Personenhandelsgesellschaft gemäß § 122b Absatz 1 Nummer 2
    a) für jeden Anteilsinhaber eines übertragenden Rechtsträgers die Bestimmung, ob ihm in der übernehmenden oder der neuen Personenhandelsgesellschaft die Stellung eines persönlich haftenden Gesellschafters oder eines Kommanditisten gewährt wird,
    b) der festgesetzte Betrag der Einlage jedes Gesellschafters.

(3) Befinden sich alle Anteile einer übertragenden Gesellschaft in der Hand der übernehmenden Gesellschaft, so entfallen die Angaben über den Umtausch der Anteile (Absatz 2 Nr. 2, 3 und 5), soweit sie die Aufnahme dieser Gesellschaft betreffen.

(4) Der Verschmelzungsplan muss notariell beurkundet werden.

[1)] **Anm. d. Red.:** § 122c i. d. F. des Gesetzes v. 19. 12. 2018 (BGBl I S. 2694) mit Wirkung v. 1. 1. 2019.

§ 122d Bekanntmachung des Verschmelzungsplans

¹Der Verschmelzungsplan oder sein Entwurf ist spätestens einen Monat vor der Versammlung der Anteilsinhaber, die nach § 13 über die Zustimmung zum Verschmelzungsplan beschließen soll, zum Register einzureichen. ²Das Gericht hat in der Bekanntmachung nach § 10 des Handelsgesetzbuchs unverzüglich die folgenden Angaben bekannt zu machen:

1. einen Hinweis darauf, dass der Verschmelzungsplan oder sein Entwurf beim Handelsregister eingereicht worden ist,
2. Rechtsform, Firma und Sitz der an der grenzüberschreitenden Verschmelzung beteiligten Gesellschaften,
3. die Register, bei denen die an der grenzüberschreitenden Verschmelzung beteiligten Gesellschaften eingetragen sind, sowie die jeweilige Nummer der Eintragung,
4. einen Hinweis auf die Modalitäten für die Ausübung der Rechte der Gläubiger und der Minderheitsgesellschafter der an der grenzüberschreitenden Verschmelzung beteiligten Gesellschaften sowie die Anschrift, unter der vollständige Auskünfte über diese Modalitäten kostenlos eingeholt werden können.

³Die bekannt zu machenden Angaben sind dem Register bei Einreichung des Verschmelzungsplans oder seines Entwurfs mitzuteilen.

§ 122e Verschmelzungsbericht[1)]

¹Im Verschmelzungsbericht nach § 8 sind auch die Auswirkungen der grenzüberschreitenden Verschmelzung auf die Gläubiger und Arbeitnehmer der an der Verschmelzung beteiligten Gesellschaft zu erläutern. ²Der Verschmelzungsbericht ist den Anteilsinhabern sowie dem zuständigen Betriebsrat oder, falls es keinen Betriebsrat gibt, den Arbeitnehmern der an der grenzüberschreitenden Verschmelzung beteiligten Gesellschaft spätestens einen Monat vor der Versammlung der Anteilsinhaber, die nach § 13 über die Zustimmung zum Verschmelzungsplan beschließen soll, nach § 63 Abs. 1 Nr. 4 zugänglich zumachen. ³§ 8 Abs. 3 ist nicht anzuwenden, es sei denn, an der Verschmelzung ist als übernehmende oder neue Gesellschaft eine Personenhandelsgesellschaft gemäß § 122b Absatz 1 Nummer 2 beteiligt.

§ 122f Verschmelzungsprüfung[2)]

¹Der Verschmelzungsplan oder sein Entwurf ist nach den §§ 9 bis 12 zu prüfen; die §§ 44 und 48 sind nicht anzuwenden. ²Der Prüfungsbericht muss spätestens einen Monat vor der Versammlung der Anteilsinhaber, die nach § 13 über die Zustimmung zum Verschmelzungsplan beschließen soll, vorliegen.

§ 122g Zustimmung der Anteilsinhaber

(1) Die Anteilsinhaber können ihre Zustimmung nach § 13 davon abhängig machen, dass die Art und Weise der Mitbestimmung der Arbeitnehmer der übernehmenden oder neuen Gesellschaft ausdrücklich von ihnen bestätigt wird.

(2) Befinden sich alle Anteile einer übertragenden Gesellschaft in der Hand der übernehmenden Gesellschaft, so ist ein Verschmelzungsbeschluss der Anteilsinhaber der übertragenden Gesellschaft nicht erforderlich.

§ 122h Verbesserung des Umtauschverhältnisses

(1) § 14 Abs. 2 und § 15 gelten für die Anteilsinhaber einer übertragenden Gesellschaft nur, sofern die Anteilsinhaber der an der grenzüberschreitenden Verschmelzung beteiligten Gesellschaften, die dem Recht eines anderen Mitgliedstaats der Europäischen Union oder eines ande-

---

1) **Anm. d. Red.:** § 122e i. d. F. des Gesetzes v. 19.12.2018 (BGBl I S. 2694) mit Wirkung v. 1.1.2019.
2) **Anm. d. Red.:** § 122f i. d. F. des Gesetzes v. 19.12.2018 (BGBl I S. 2694) mit Wirkung v. 1.1.2019.

ren Vertragsstaats des Abkommens über den Europäischen Wirtschaftsraum unterliegen, dessen Rechtsvorschriften ein Verfahren zur Kontrolle und Änderung des Umtauschverhältnisses der Anteile nicht vorsehen, im Verschmelzungsbeschluss ausdrücklich zustimmen.

(2) § 15 gilt auch für Anteilsinhaber einer übertragenden Gesellschaft, die dem Recht eines anderen Mitgliedstaats der Europäischen Union oder eines anderen Vertragsstaats des Abkommens über den Europäischen Wirtschaftsraum unterliegt, wenn nach dem Recht dieses Staates ein Verfahren zur Kontrolle und Änderung des Umtauschverhältnisses der Anteile vorgesehen ist und deutsche Gerichte für die Durchführung eines solchen Verfahrens international zuständig sind.

§ 122i Abfindungsangebot im Verschmelzungsplan

(1) ¹Unterliegt die übernehmende oder neue Gesellschaft nicht dem deutschen Recht, hat die übertragende Gesellschaft im Verschmelzungsplan oder in seinem Entwurf jedem Anteilsinhaber, der gegen den Verschmelzungsbeschluss der Gesellschaft Widerspruch zur Niederschrift erklärt, den Erwerb seiner Anteile gegen eine angemessene Barabfindung anzubieten. ²Die Vorschriften des Aktiengesetzes über den Erwerb eigener Aktien sowie des Gesetzes betreffend die Gesellschaften mit beschränkter Haftung über den Erwerb eigener Geschäftsanteile gelten entsprechend, jedoch sind § 71 Abs. 4 Satz 2 des Aktiengesetzes und § 33 Abs. 2 Satz 3 zweiter Halbsatz erste Alternative des Gesetzes betreffend die Gesellschaften mit beschränkter Haftung insoweit nicht anzuwenden. ³§ 29 Abs. 1 Satz 4 und 5 sowie Abs. 2 und die §§ 30, 31 und 33 gelten entsprechend.

(2) ¹Die §§ 32 und 34 gelten für die Anteilsinhaber einer übertragenden Gesellschaft nur, sofern die Anteilsinhaber der an der grenzüberschreitenden Verschmelzung beteiligten Gesellschaften, die dem Recht eines anderen Mitgliedstaats der Europäischen Union oder eines anderen Vertragsstaats des Abkommens über den Europäischen Wirtschaftsraum unterliegen, dessen Rechtsvorschriften ein Verfahren zur Abfindung von Minderheitsgesellschaftern nicht vorsehen, im Verschmelzungsbeschluss ausdrücklich zustimmen. ²§ 34 gilt auch für Anteilsinhaber einer übertragenden Gesellschaft, die dem Recht eines anderen Mitgliedstaats der Europäischen Union oder eines anderen Vertragsstaats des Abkommens über den Europäischen Wirtschaftsraum unterliegt, wenn nach dem Recht dieses Staates ein Verfahren zur Abfindung von Minderheitsgesellschaftern vorgesehen ist und deutsche Gerichte für die Durchführung eines solchen Verfahrens international zuständig sind.

§ 122j Schutz der Gläubiger der übertragenden Gesellschaft

(1) ¹Unterliegt die übernehmende oder neue Gesellschaft nicht dem deutschen Recht, ist den Gläubigern einer übertragenden Gesellschaft Sicherheit zu leisten, soweit sie nicht Befriedigung verlangen können. ²Dieses Recht steht den Gläubigern jedoch nur zu, wenn sie binnen zwei Monaten nach dem Tag, an dem der Verschmelzungsplan oder sein Entwurf bekannt gemacht worden ist, ihren Anspruch nach Grund und Höhe schriftlich anmelden und glaubhaft machen, dass durch die Verschmelzung die Erfüllung ihrer Forderung gefährdet wird.

(2) Das Recht auf Sicherheitsleistung nach Absatz 1 steht Gläubigern nur im Hinblick auf solche Forderungen zu, die vor oder bis zu 15 Tage nach Bekanntmachung des Verschmelzungsplans oder seines Entwurfs entstanden sind.

§ 122k Verschmelzungsbescheinigung

(1) ¹Das Vertretungsorgan einer übertragenden Gesellschaft hat das Vorliegen der sie betreffenden Voraussetzungen für die grenzüberschreitende Verschmelzung zur Eintragung bei dem Register des Sitzes der Gesellschaft anzumelden. ²§ 16 Abs. 2 und 3 und § 17 gelten entsprechend. ³Die Mitglieder des Vertretungsorgans haben eine Versicherung abzugeben, dass allen Gläubigern, die nach § 122j einen Anspruch auf Sicherheitsleistung haben, eine angemessene Sicherheit geleistet wurde.

(2) ¹Das Gericht prüft, ob für die Gesellschaft die Voraussetzungen für die grenzüberschreitende Verschmelzung vorliegen, und stellt hierüber unverzüglich eine Bescheinigung (Verschmelzungsbescheinigung) aus. ²Als Verschmelzungsbescheinigung gilt die Nachricht über die Eintragung der Verschmelzung im Register. ³Die Eintragung ist mit dem Vermerk zu versehen, dass die grenzüberschreitende Verschmelzung unter den Voraussetzungen des Rechts des Staates, dem die übernehmende oder neue Gesellschaft unterliegt, wirksam wird. ⁴Die Verschmelzungsbescheinigung darf nur ausgestellt werden, wenn eine Versicherung nach Absatz 1 Satz 3 vorliegt. ⁵Ist ein Spruchverfahren anhängig, ist dies in der Verschmelzungsbescheinigung anzugeben.

(3) Das Vertretungsorgan der Gesellschaft hat die Verschmelzungsbescheinigung innerhalb von sechs Monaten nach ihrer Ausstellung zusammen mit dem Verschmelzungsplan der zuständigen Stelle des Staates vorzulegen, dessen Recht die übernehmende oder neue Gesellschaft unterliegt.

(4) Nach Eingang einer Mitteilung des Registers, in dem die übernehmende oder neue Gesellschaft eingetragen ist, über das Wirksamwerden der Verschmelzung hat das Gericht des Sitzes der übertragenden Gesellschaft den Tag des Wirksamwerdens zu vermerken und die bei ihm aufbewahrten elektronischen Dokumente diesem Register zu übermitteln.

§ 122l Eintragung der grenzüberschreitenden Verschmelzung

(1) ¹Bei einer Verschmelzung durch Aufnahme hat das Vertretungsorgan der übernehmenden Gesellschaft die Verschmelzung und bei einer Verschmelzung durch Neugründung haben die Vertretungsorgane der übertragenden Gesellschaften die neue Gesellschaft zur Eintragung in das Register des Sitzes der Gesellschaft anzumelden. ²Der Anmeldung sind die Verschmelzungsbescheinigungen aller übertragenden Gesellschaften, der gemeinsame Verschmelzungsplan und gegebenenfalls die Vereinbarung über die Beteiligung der Arbeitnehmer beizufügen. ³Die Verschmelzungsbescheinigungen dürfen nicht älter als sechs Monate sein; § 16 Abs. 2 und 3 und § 17 finden auf die übertragenden Gesellschaften keine Anwendung.

(2) Die Prüfung der Eintragungsvoraussetzungen erstreckt sich insbesondere darauf, ob die Anteilsinhaber aller an der grenzüberschreitenden Verschmelzung beteiligten Gesellschaften einem gemeinsamen, gleichlautenden Verschmelzungsplan zugestimmt haben und ob gegebenenfalls eine Vereinbarung über die Beteiligung der Arbeitnehmer geschlossen worden ist.

(3) Das Gericht des Sitzes der übernehmenden oder neuen Gesellschaft hat den Tag der Eintragung der Verschmelzung von Amts wegen jedem Register mitzuteilen, bei dem eine der übertragenden Gesellschaften ihre Unterlagen zu hinterlegen hatte.

§ 122m Austritt des Vereinigten Königreichs Großbritannien und Nordirland aus der Europäischen Union[1)]

Unterliegt die übernehmende oder die neue Gesellschaft dem deutschen Recht, gilt als grenzüberschreitende Verschmelzung im Sinne dieses Abschnitts auch eine solche, an der eine übertragende Gesellschaft beteiligt ist, die dem Recht des Vereinigten Königreichs Großbritannien und Nordirland (Vereinigtes Königreich) unterliegt, sofern der Verschmelzungsplan nach § 122c Absatz 4 vor dem Ausscheiden des Vereinigten Königreichs aus der Europäischen Union oder vor dem Ablauf eines Übergangszeitraums, innerhalb dessen das Vereinigte Königreich in der Bundesrepublik Deutschland weiterhin als Mitgliedstaat der Europäischen Union gilt, notariell beurkundet worden ist, und die Verschmelzung unverzüglich, spätestens aber zwei Jahre nach diesem Zeitpunkt mit den erforderlichen Unterlagen zur Registereintragung angemeldet wird.

---

1) **Anm. d. Red.:** § 122m eingefügt gem. Gesetz v. 19.12.2018 (BGBl I S. 2694) mit Wirkung v. 1.1.2019.

Drittes Buch: Spaltung

Erster Teil: Allgemeine Vorschriften

Erster Abschnitt: Möglichkeit der Spaltung

§ 123 Arten der Spaltung

(1) Ein Rechtsträger (übertragender Rechtsträger) kann unter Auflösung ohne Abwicklung sein Vermögen aufspalten

1. zur Aufnahme durch gleichzeitige Übertragung der Vermögensteile jeweils als Gesamtheit auf andere bestehende Rechtsträger (übernehmende Rechtsträger) oder
2. zur Neugründung durch gleichzeitige Übertragung der Vermögensteile jeweils als Gesamtheit auf andere, von ihm dadurch gegründete neue Rechtsträger

gegen Gewährung von Anteilen oder Mitgliedschaften dieser Rechtsträger an die Anteilsinhaber des übertragenden Rechtsträgers (Aufspaltung).

(2) Ein Rechtsträger (übertragender Rechtsträger) kann von seinem Vermögen einen Teil oder mehrere Teile abspalten

1. zur Aufnahme durch Übertragung dieses Teils oder dieser Teile jeweils als Gesamtheit auf einen bestehenden oder mehrere bestehende Rechtsträger (übernehmende Rechtsträger) oder
2. zur Neugründung durch Übertragung dieses Teils oder dieser Teile jeweils als Gesamtheit auf einen oder mehrere, von ihm dadurch gegründeten neuen oder gegründete neue Rechtsträger

gegen Gewährung von Anteilen oder Mitgliedschaften dieses Rechtsträgers oder dieser Rechtsträger an die Anteilsinhaber des übertragenden Rechtsträgers (Abspaltung).

(3) Ein Rechtsträger (übertragender Rechtsträger) kann aus seinem Vermögen einen Teil oder mehrere Teile ausgliedern

1. zur Aufnahme durch Übertragung dieses Teils oder dieser Teile jeweils als Gesamtheit auf einen bestehenden oder mehrere bestehende Rechtsträger (übernehmende Rechtsträger) oder
2. zur Neugründung durch Übertragung dieses Teils oder dieser Teile jeweils als Gesamtheit auf einen oder mehrere, von ihm dadurch gegründeten neuen oder gegründete neue Rechtsträger

gegen Gewährung von Anteilen oder Mitgliedschaften dieses Rechtsträgers oder dieser Rechtsträger an den übertragenden Rechtsträger (Ausgliederung).

(4) Die Spaltung kann auch durch gleichzeitige Übertragung auf bestehende und neue Rechtsträger erfolgen.

§ 124 Spaltungsfähige Rechtsträger

(1) An einer Aufspaltung oder einer Abspaltung können als übertragende, übernehmende oder neue Rechtsträger die in § 3 Abs. 1 genannten Rechtsträger sowie als übertragende Rechtsträger wirtschaftliche Vereine, an einer Ausgliederung können als übertragende, übernehmende oder neue Rechtsträger die in § 3 Abs. 1 genannten Rechtsträger sowie als übertragende Rechtsträger wirtschaftliche Vereine, Einzelkaufleute, Stiftungen sowie Gebietskörperschaften oder Zusammenschlüsse von Gebietskörperschaften, die nicht Gebietskörperschaften sind, beteiligt sein.

(2) § 3 Abs. 3 und 4 ist auf die Spaltung entsprechend anzuwenden.

§ 125 Anwendende Vorschriften[1]

¹Auf die Spaltung sind die Vorschriften des Ersten Teils und des Ersten bis Neunten Abschnitts des Zweiten Teils des Zweiten Buches mit Ausnahme des § 9 Absatz 2 und des § 62 Absatz 5, bei Abspaltung und Ausgliederung mit Ausnahme des § 18 sowie bei Ausgliederung mit Ausnahme des § 14 Abs. 2 und der §§ 15, 29 bis 34, 54, 68 und 71 entsprechend anzuwenden, soweit sich aus diesem Buch nichts anderes ergibt. ²Eine Prüfung im Sinne der §§ 9 bis 12 findet bei Ausgliederung nicht statt. ³An die Stelle der übertragenden Rechtsträger tritt der übertragende Rechtsträger, an die Stelle des übernehmenden oder neuen Rechtsträgers treten gegebenenfalls die übernehmenden oder neuen Rechtsträger.

Zweiter Abschnitt: Spaltung zur Aufnahme

§ 126 Inhalt des Spaltungs- und Übernahmevertrags[2]

(1) Der Spaltungs- und Übernahmevertrag oder sein Entwurf muss mindestens folgende Angaben enthalten:

1. den Namen oder die Firma und den Sitz der an der Spaltung beteiligten Rechtsträger;
2. die Vereinbarung über die Übertragung der Teile des Vermögens des übertragenden Rechtsträgers jeweils als Gesamtheit gegen Gewährung von Anteilen oder Mitgliedschaften an den übernehmenden Rechtsträgern;
3. bei Aufspaltung und Abspaltung das Umtauschverhältnis der Anteile und gegebenenfalls die Höhe der baren Zuzahlung oder Angaben über die Mitgliedschaft bei den übernehmenden Rechtsträgern;
4. bei Aufspaltung und Abspaltung die Einzelheiten für die Übertragung der Anteile der übernehmenden Rechtsträger oder über den Erwerb der Mitgliedschaft bei den übernehmenden Rechtsträgern;
5. den Zeitpunkt, von dem an diese Anteile oder die Mitgliedschaft einen Anspruch auf einen Anteil am Bilanzgewinn gewähren, sowie alle Besonderheiten in Bezug auf diesen Anspruch;
6. den Zeitpunkt, von dem an die Handlungen des übertragenden Rechtsträgers als für Rechnung jedes der übernehmenden Rechtsträger vorgenommen gelten (Spaltungsstichtag);
7. die Rechte, welche die übernehmenden Rechtsträger einzelnen Anteilsinhabern sowie den Inhabern besonderer Rechte wie Anteile ohne Stimmrecht, Vorzugsaktien, Mehrstimmrechtsaktien, Schuldverschreibungen und Genussrechte gewähren, oder die für diese Personen vorgesehenen Maßnahmen;
8. jeden besonderen Vorteil, der einem Mitglied eines Vertretungsorgans oder eines Aufsichtsorgans der an der Spaltung beteiligten Rechtsträger, einem geschäftsführenden Gesellschafter, einem Partner, einem Abschlussprüfer oder einem Spaltungsprüfer gewährt wird;
9. die genaue Bezeichnung und Aufteilung der Gegenstände des Aktiv- und Passivvermögens, die an jeden der übernehmenden Rechtsträger übertragen werden, sowie der übergehenden Betriebe und Betriebsteile unter Zuordnung zu den übernehmenden Rechtsträgern;
10. bei Aufspaltung und Abspaltung die Aufteilung der Anteile oder Mitgliedschaften jedes der beteiligten Rechtsträger auf die Anteilsinhaber des übertragenden Rechtsträgers sowie den Maßstab für die Aufteilung;
11. die Folgen der Spaltung für die Arbeitnehmer und ihre Vertretungen sowie die insoweit vorgesehenen Maßnahmen.

(2) ¹Soweit für die Übertragung von Gegenständen im Falle der Einzelrechtsnachfolge in den allgemeinen Vorschriften eine besondere Art der Bezeichnung bestimmt ist, sind diese Regelun-

---

1) **Anm. d. Red.:** § 125 i. d. F. des Gesetzes v. 11. 7. 2011 (BGBl I S. 1338) mit Wirkung v. 15. 7. 2011.
2) **Anm. d. Red.:** § 126 i. d. F. des Gesetzes v. 22. 7. 1998 (BGBl I S. 1878) mit Wirkung v. 1. 8. 1998.

gen auch für die Bezeichnung der Gegenstände des Aktiv- und Passivvermögens (Absatz 1 Nr. 9) anzuwenden. ²§ 28 der Grundbuchordnung ist zu beachten. ³Im Übrigen kann auf Urkunden wie Bilanzen und Inventare Bezug genommen werden, deren Inhalt eine Zuweisung des einzelnen Gegenstandes ermöglicht; die Urkunden sind dem Spaltungs- und Übernahmevertrag als Anlagen beizufügen.

(3) Der Vertrag oder sein Entwurf ist spätestens einen Monat vor dem Tag der Versammlung der Anteilsinhaber jedes beteiligten Rechtsträgers, die gemäß § 125 in Verbindung mit § 13 Abs. 1 über die Zustimmung zum Spaltungs- und Übernahmevertrag beschließen soll, dem zuständigen Betriebsrat dieses Rechtsträgers zuzuleiten.

§ 127 Spaltungsbericht

¹Die Vertretungsorgane jedes der an der Spaltung beteiligten Rechtsträger haben einen ausführlichen schriftlichen Bericht zu erstatten, in dem die Spaltung, der Vertrag oder sein Entwurf im Einzelnen und bei Aufspaltung und Abspaltung insbesondere das Umtauschverhältnis der Anteile oder die Angaben über die Mitgliedschaften bei den übernehmenden Rechtsträgern, der Maßstab für ihre Aufteilung sowie die Höhe einer anzubietenden Barabfindung rechtlich und wirtschaftlich erläutert und begründet werden (Spaltungsbericht); der Bericht kann von den Vertretungsorganen auch gemeinsam erstattet werden. ²§ 8 Abs. 1 Satz 2 bis 4, Abs. 2 und 3 ist entsprechend anzuwenden.

§ 128 Zustimmung zur Spaltung in Sonderfällen

¹Werden bei Aufspaltung oder Abspaltung die Anteile oder Mitgliedschaften der übernehmenden Rechtsträger den Anteilsinhabern des übertragenden Rechtsträgers nicht in dem Verhältnis zugeteilt, das ihrer Beteiligung an dem übertragenden Rechtsträger entspricht, so wird der Spaltungs- und Übernahmevertrag nur wirksam, wenn ihm alle Anteilsinhaber des übertragenden Rechtsträgers zustimmen. ²Bei einer Spaltung zur Aufnahme ist der Berechnung des Beteiligungsverhältnisses der jeweils zu übertragende Teil des Vermögens zugrunde zu legen.

§ 129 Anmeldung der Spaltung

Zur Anmeldung der Spaltung ist auch das Vertretungsorgan jedes der übernehmenden Rechtsträger berechtigt.

§ 130 Eintragung der Spaltung[1]

(1) ¹Die Spaltung darf in das Register des Sitzes des übertragenden Rechtsträgers erst eingetragen werden, nachdem sie im Register des Sitzes jedes der übernehmenden Rechtsträger eingetragen worden ist. ²Die Eintragung im Register des Sitzes jedes der übernehmenden Rechtsträger ist mit dem Vermerk zu versehen, dass die Spaltung erst mit der Eintragung im Register des Sitzes des übertragenden Rechtsträgers wirksam wird, sofern die Eintragungen in den Registern aller beteiligten Rechtsträger nicht am selben Tag erfolgen.

(2) ¹Das Gericht des Sitzes des übertragenden Rechtsträgers hat von Amts wegen dem Gericht des Sitzes jedes der übernehmenden Rechtsträger den Tag der Eintragung der Spaltung mitzuteilen sowie einen Registerauszug und den Gesellschaftsvertrag, den Partnerschaftsvertrag oder die Satzung des übertragenden Rechtsträgers in Abschrift, als Ausdruck oder elektronisch zu übermitteln. ²Nach Eingang der Mitteilung hat das Gericht des Sitzes jedes der übernehmenden Rechtsträger von Amts wegen den Tag der Eintragung der Spaltung im Register des Sitzes des übertragenden Rechtsträgers zu vermerken.

---

1) **Anm. d. Red.:** § 130 i. d. F. des Gesetzes v. 19. 4. 2007 (BGBl I S. 542) mit Wirkung v. 25. 4. 2007.

§ 131 Wirkungen der Eintragung[1]

(1) Die Eintragung der Spaltung in das Register des Sitzes des übertragenden Rechtsträgers hat folgende Wirkungen:
1. Das Vermögen des übertragenden Rechtsträgers, bei Abspaltung und Ausgliederung der abgespaltene oder ausgegliederte Teil oder die abgespaltenen oder ausgegliederten Teile des Vermögens einschließlich der Verbindlichkeiten gehen entsprechend der im Spaltungs- und Übernahmevertrag vorgesehenen Aufteilung jeweils als Gesamtheit auf die übernehmenden Rechtsträger über.
2. ¹Bei der Aufspaltung erlischt der übertragende Rechtsträger. ²Einer besonderen Löschung bedarf es nicht.
3. ¹Bei Aufspaltung und Abspaltung werden die Anteilsinhaber des übertragenden Rechtsträgers entsprechend der im Spaltungs- und Übernahmevertrag vorgesehenen Aufteilung Anteilsinhaber der beteiligten Rechtsträger; dies gilt nicht, soweit der übernehmende Rechtsträger oder ein Dritter, der im eigenen Namen, jedoch für Rechnung dieses Rechtsträgers handelt, Anteilsinhaber des übertragenden Rechtsträgers ist oder der übertragende Rechtsträger eigene Anteile innehat oder ein Dritter, der im eigenen Namen, jedoch für Rechnung dieses Rechtsträgers handelt, dessen Anteilsinhaber ist. ²Rechte Dritter an den Anteilen oder Mitgliedschaften des übertragenden Rechtsträgers bestehen an den an ihre Stelle tretenden Anteilen oder Mitgliedschaften der übernehmenden Rechtsträger weiter. ³Bei Ausgliederung wird der übertragende Rechtsträger entsprechend dem Ausgliederungs- und Übernahmevertrag Anteilsinhaber der übernehmenden Rechtsträger.
4. Der Mangel der notariellen Beurkundung des Spaltungs- und Übernahmevertrags und gegebenenfalls erforderlicher Zustimmungs- oder Verzichtserklärungen einzelner Anteilsinhaber wird geheilt.

(2) Mängel der Spaltung lassen die Wirkungen der Eintragung nach Absatz 1 unberührt.

(3) Ist bei einer Aufspaltung ein Gegenstand im Vertrag keinem der übernehmenden Rechtsträger zugeteilt worden und lässt sich die Zuteilung auch nicht durch Auslegung des Vertrags ermitteln, so geht der Gegenstand auf alle übernehmenden Rechtsträger in dem Verhältnis über, das sich aus dem Vertrag für die Aufteilung des Überschusses der Aktivseite der Schlussbilanz über deren Passivseite ergibt; ist eine Zuteilung des Gegenstandes an mehrere Rechtsträger nicht möglich, so ist sein Gegenwert in dem bezeichneten Verhältnis zu verteilen.

§ 132 (weggefallen)[2]

§ 133 Schutz der Gläubiger und der Inhaber von Sonderrechten[3]

(1) ¹Für die Verbindlichkeiten des übertragenden Rechtsträgers, die vor dem Wirksamwerden der Spaltung begründet worden sind, haften die an der Spaltung beteiligten Rechtsträger als Gesamtschuldner. ²Die §§ 25, 26 und 28 des Handelsgesetzbuchs sowie § 125 in Verbindung mit § 22 bleiben unberührt; zur Sicherheitsleistung ist nur der an der Spaltung beteiligte Rechtsträger verpflichtet, gegen den sich der Anspruch richtet.

(2) ¹Für die Erfüllung der Verpflichtung nach § 125 in Verbindung mit § 23 haften die an der Spaltung beteiligten Rechtsträger als Gesamtschuldner. ²Bei Abspaltung und Ausgliederung können die gleichwertigen Rechte im Sinne des § 125 in Verbindung mit § 23 auch in dem übertragenden Rechtsträger gewährt werden.

(3) ¹Diejenigen Rechtsträger, denen die Verbindlichkeiten nach Absatz 1 Satz 1 im Spaltungs- und Übernahmevertrag nicht zugewiesen worden sind, haften für diese Verbindlichkeiten, wenn sie vor Ablauf von fünf Jahren nach der Spaltung fällig und daraus Ansprüche gegen sie in

---

1) **Anm. d. Red.:** § 131 i. d. F. des Gesetzes v. 19. 4. 2007 (BGBl I S. 542) mit Wirkung v. 25. 4. 2007.
2) **Anm. d. Red.:** § 132 weggefallen gem. Gesetz v. 19. 4. 2007 (BGBl I S. 542) mit Wirkung v. 25. 4. 2007.
3) **Anm. d. Red.:** § 133 i. d. F. des Gesetzes v. 19. 4. 2007 (BGBl I S. 542) mit Wirkung v. 25. 4. 2007.

einer in § 197 Abs. 1 Nr. 3 bis 5 des Bürgerlichen Gesetzbuchs bezeichneten Art festgestellt sind oder eine gerichtliche oder behördliche Vollstreckungshandlung vorgenommen oder beantragt wird; bei öffentlich-rechtlichen Verbindlichkeiten genügt der Erlass eines Verwaltungsakts. ²Für vor dem Wirksamwerden der Spaltung begründete Versorgungsverpflichtungen auf Grund des Betriebsrentengesetzes beträgt die in Satz 1 genannte Frist zehn Jahre.

(4) ¹Die Frist beginnt mit dem Tage, an dem die Eintragung der Spaltung in das Register des Sitzes des übertragenden Rechtsträgers nach § 125 in Verbindung mit § 19 Abs. 3 bekannt gemacht worden ist. ²Die für die Verjährung geltenden §§ 204, 206, 210, 211 und 212 Abs. 2 und 3 des Bürgerlichen Gesetzbuchs sind entsprechend anzuwenden.

(5) Einer Feststellung in einer in § 197 Abs. 1 Nr. 3 bis 5 des Bürgerlichen Gesetzbuchs bezeichneten Art bedarf es nicht, soweit die in Absatz 3 bezeichneten Rechtsträger den Anspruch schriftlich anerkannt haben.

(6) ¹Die Ansprüche nach Absatz 2 verjähren in fünf Jahren. ²Für den Beginn der Verjährung gilt Absatz 4 Satz 1 entsprechend.

§ 134 Schutz der Gläubiger in besonderen Fällen[1]

(1) ¹Spaltet ein Rechtsträger sein Vermögen in der Weise, dass die zur Führung eines Betriebes notwendigen Vermögensteile im Wesentlichen auf einen übernehmenden oder mehrere übernehmende oder auf einen neuen oder mehrere neue Rechtsträger übertragen werden und die Tätigkeit dieses Rechtsträgers oder dieser Rechtsträger sich im Wesentlichen auf die Verwaltung dieser Vermögensteile beschränkt (Anlagegesellschaft), während dem übertragenden Rechtsträger diese Vermögensteile bei der Führung seines Betriebes zur Nutzung überlassen werden (Betriebsgesellschaft), und sind an den an der Spaltung beteiligten Rechtsträgern im Wesentlichen dieselben Personen beteiligt, so haftet die Anlagegesellschaft auch für die Forderungen der Arbeitnehmer der Betriebsgesellschaft als Gesamtschuldner, die binnen fünf Jahren nach dem Wirksamwerden der Spaltung auf Grund der §§ 111 bis 113 des Betriebsverfassungsgesetzes begründet werden. ²Dies gilt auch dann, wenn die Vermögensteile bei dem übertragenden Rechtsträger verbleiben und dem übernehmenden oder neuen Rechtsträger oder den übernehmenden oder neuen Rechtsträgern zur Nutzung überlassen werden.

(2) Die gesamtschuldnerische Haftung nach Absatz 1 gilt auch für vor dem Wirksamwerden der Spaltung begründete Versorgungsverpflichtungen auf Grund des Betriebsrentengesetzes.

(3) Für die Ansprüche gegen die Anlagegesellschaft nach den Absätzen 1 und 2 gilt § 133 Abs. 3 Satz 1, Abs. 4 und 5 entsprechend mit der Maßgabe, dass die Frist fünf Jahre nach dem in § 133 Abs. 4 Satz 1 bezeichneten Tage beginnt.

Dritter Abschnitt: Spaltung zur Neugründung

§ 135 Anzuwendende Vorschriften

(1) ¹Auf die Spaltung eines Rechtsträgers zur Neugründung sind die Vorschriften des Zweiten Abschnitts entsprechend anzuwenden, jedoch mit Ausnahme der §§ 129 und 130 Abs. 2 sowie der nach § 125 entsprechend anzuwendenden §§ 4, 7 und 16 Abs. 1 und des § 27. ²An die Stelle der übernehmenden Rechtsträger treten die neuen Rechtsträger, an die Stelle der Eintragung der Spaltung im Register des Sitzes jeder der übernehmenden Rechtsträger tritt die Eintragung jedes der neuen Rechtsträger in das Register.

(2) ¹Auf die Gründung der neuen Rechtsträger sind die für die jeweilige Rechtsform des neuen Rechtsträgers geltenden Gründungsvorschriften anzuwenden, soweit sich aus diesem Buch nichts anderes ergibt. ²Den Gründern steht der übertragende Rechtsträger gleich. ³Vorschriften, die für die Gründung eine Mindestzahl der Gründer vorschreiben, sind nicht anzuwenden.

---

[1] **Anm. d. Red.:** § 134 i. d. F. des Gesetzes v. 19. 4. 2007 (BGBl I S. 542) mit Wirkung v. 25. 4. 2007.

§ 136 Spaltungsplan

¹Das Vertretungsorgan des übertragenden Rechtsträgers hat einen Spaltungsplan aufzustellen. ²Der Spaltungsplan tritt an die Stelle des Spaltungs- und Übernahmevertrags.

§ 137 Anmeldung und Eintragung der neuen Rechtsträger und der Spaltung[1]

(1) Das Vertretungsorgan des übertragenden Rechtsträgers hat jeden der neuen Rechtsträger bei dem Gericht, in dessen Bezirk er seinen Sitz haben soll, zur Eintragung in das Register anzumelden.

(2) Das Vertretungsorgan des übertragenden Rechtsträgers hat die Spaltung zur Eintragung in das Register des Sitzes des übertragenden Rechtsträgers anzumelden.

(3) ¹Das Gericht des Sitzes jedes der neuen Rechtsträger hat von Amts wegen dem Gericht des Sitzes des übertragenden Rechtsträgers den Tag der Eintragung des neuen Rechtsträgers mitzuteilen. ²Nach Eingang der Mitteilungen für alle neuen Rechtsträger hat das Gericht des Sitzes des übertragenden Rechtsträgers die Spaltung einzutragen sowie von Amts wegen den Zeitpunkt der Eintragung den Gerichten des Sitzes jedes der neuen Rechtsträger mitzuteilen sowie ihnen einen Registerauszug und den Gesellschaftsvertrag, den Partnerschaftsvertrag oder die Satzung des übertragenden Rechtsträgers in Abschrift, als Ausdruck oder elektronisch zu übermitteln. ³Der Zeitpunkt der Eintragung der Spaltung ist in den Registern des Sitzes jedes der neuen Rechtsträger von Amts wegen einzutragen; gesetzlich vorgesehene Bekanntmachungen über die Eintragung der neuen Rechtsträger sind erst danach zulässig.

Zweiter Teil: Besondere Vorschriften

Erster Abschnitt: Spaltung unter Beteiligung von Gesellschaften mit beschränkter Haftung

§ 138 Sachgründungsbericht

Ein Sachgründungsbericht (§ 5 Abs. 4 des Gesetzes betreffend die Gesellschaften mit beschränkter Haftung) ist stets erforderlich.

§ 139 Herabsetzung des Stammkapitals

¹Ist zur Durchführung der Abspaltung oder der Ausgliederung eine Herabsetzung des Stammkapitals einer übertragenden Gesellschaft mit beschränkter Haftung erforderlich, so kann diese auch in vereinfachter Form vorgenommen werden. ²Wird das Stammkapital herabgesetzt, so darf die Abspaltung oder die Ausgliederung erst eingetragen werden, nachdem die Herabsetzung des Stammkapitals im Register eingetragen worden ist.

§ 140 Anmeldung der Abspaltung oder der Ausgliederung

Bei der Anmeldung der Abspaltung oder der Ausgliederung zur Eintragung in das Register des Sitzes einer übertragenden Gesellschaft mit beschränkter Haftung haben deren Geschäftsführer auch zu erklären, dass die durch Gesetz und Gesellschaftsvertrag vorgesehenen Voraussetzungen für die Gründung dieser Gesellschaft unter Berücksichtigung der Abspaltung oder der Ausgliederung im Zeitpunkt der Anmeldung vorliegen.

---

1) **Anm. d. Red.:** § 137 i. d. F. des Gesetzes v. 10. 11. 2006 (BGBl I S. 2553) mit Wirkung v. 1. 1. 2007.

Zweiter Abschnitt: Spaltung unter Beteiligung von Aktiengesellschaften und Kommanditgesellschaften auf Aktien

§ 141 Ausschluss der Spaltung[1]

Eine Aktiengesellschaft oder eine Kommanditgesellschaft auf Aktien, die noch nicht zwei Jahre im Register eingetragen ist, kann außer durch Ausgliederung zur Neugründung nicht gespalten werden.

§ 142 Spaltung mit Kapitalerhöhung; Spaltungsbericht

(1) § 69 ist mit der Maßgabe anzuwenden, dass eine Prüfung der Sacheinlage nach § 183 Abs. 3 des Aktiengesetzes stets stattzufinden hat.

(2) In dem Spaltungsbericht ist gegebenenfalls auf den Bericht über die Prüfung von Sacheinlagen bei einer übernehmenden Aktiengesellschaft nach § 183 Abs. 3 des Aktiengesetzes sowie auf das Register, bei dem dieser Bericht zu hinterlegen ist, hinzuweisen.

§ 143 Verhältniswahrende Spaltung zur Neugründung[2]

Erfolgt die Gewährung von Aktien an der neu gegründeten Aktiengesellschaft oder an den neu gegründeten Aktiengesellschaften (§ 123 Absatz 1 Nummer 2, Absatz 2 Nummer 2) im Verhältnis zur Beteiligung der Aktionäre an der übertragenden Aktiengesellschaft, so sind die §§ 8 bis 12 sowie 63 Absatz 1 Nummer 3 bis 5 nicht anzuwenden.

§ 144 Gründungsbericht und Gründungsprüfung

Ein Gründungsbericht (§ 32 des Aktiengesetzes) und eine Gründungsprüfung (§ 33 Abs. 2 des Aktiengesetzes) sind stets erforderlich.

§ 145 Herabsetzung des Grundkapitals

¹Ist zur Durchführung der Abspaltung oder der Ausgliederung eine Herabsetzung des Grundkapitals einer übertragenden Aktiengesellschaft oder Kommanditgesellschaft auf Aktien erforderlich, so kann diese auch in vereinfachter Form vorgenommen werden. ²Wird das Grundkapital herabgesetzt, so darf die Abspaltung oder die Ausgliederung erst eingetragen werden, nachdem die Durchführung der Herabsetzung des Grundkapitals im Register eingetragen worden ist.

§ 146 Anmeldung der Abspaltung oder der Ausgliederung

(1) Bei der Anmeldung der Abspaltung oder der Ausgliederung zur Eintragung in das Register des Sitzes einer übertragenden Aktiengesellschaft hat deren Vorstand oder einer Kommanditgesellschaft auf Aktien haben deren zu ihrer Vertretung ermächtigte persönlich haftende Gesellschafter auch zu erklären, dass die durch Gesetz und Satzung vorgesehenen Voraussetzungen für die Gründung dieser Gesellschaft unter Berücksichtigung der Abspaltung oder der Ausgliederung im Zeitpunkt der Anmeldung vorliegen.

(2) Der Anmeldung der Abspaltung oder der Ausgliederung sind außer den sonst erforderlichen Unterlagen auch beizufügen:
1. der Spaltungsbericht nach § 127;
2. bei Abspaltung der Prüfungsbericht nach § 125 in Verbindung mit § 12.

---

1) **Anm. d. Red.:** § 141 i. d. F. des Gesetzes v. 19. 4. 2007 (BGBl I S. 542) mit Wirkung v. 25. 4. 2007.
2) **Anm. d. Red.:** § 143 i. d. F. des Gesetzes v. 11. 7. 2011 (BGBl I S. 1338) mit Wirkung v. 15. 7. 2011.

Dritter Abschnitt: Spaltung unter Beteiligung eingetragener Genossenschaften

§ 147 Möglichkeit der Spaltung[1]

Die Spaltung eines Rechtsträgers anderer Rechtsform zur Aufnahme von Teilen seines Vermögens durch eine eingetragene Genossenschaft kann nur erfolgen, wenn eine erforderliche Änderung der Satzung der übernehmenden Genossenschaft gleichzeitig mit der Spaltung beschlossen wird.

§ 148 Anmeldung der Abspaltung oder der Ausgliederung[2]

(1) Bei der Anmeldung der Abspaltung oder der Ausgliederung zur Eintragung in das Register des Sitzes einer übertragenden Genossenschaft hat deren Vorstand auch zu erklären, dass die durch Gesetz und Satzung vorgesehenen Voraussetzungen für die Gründung dieser Genossenschaft unter Berücksichtigung der Abspaltung oder der Ausgliederung im Zeitpunkt der Anmeldung vorliegen.

(2) Der Anmeldung der Abspaltung oder der Ausgliederung sind außer den sonst erforderlichen Unterlagen auch beizufügen:
1. der Spaltungsbericht nach § 127;
2. das Prüfungsgutachten nach § 125 in Verbindung mit § 81.

Vierter Abschnitt: Spaltung unter Beteiligung rechtsfähiger Vereine

§ 149 Möglichkeit der Spaltung

(1) Ein rechtsfähiger Verein kann sich an einer Spaltung nur beteiligen, wenn die Satzung des Vereins oder Vorschriften des Landesrechts nicht entgegenstehen.

(2) Ein eingetragener Verein kann als übernehmender Rechtsträger im Wege der Spaltung nur andere eingetragene Vereine aufnehmen oder mit ihnen einen eingetragenen Verein gründen.

Fünfter Abschnitt: Spaltung unter Beteiligung genossenschaftlicher Prüfungsverbände

§ 150 Möglichkeit der Spaltung

Die Aufspaltung genossenschaftlicher Prüfungsverbände oder die Abspaltung oder Ausgliederung von Teilen eines solchen Verbandes kann nur zur Aufnahme der Teile eines Verbandes (übertragender Verband) durch einen anderen Verband (übernehmender Verband), die Ausgliederung auch zur Aufnahme von Teilen des Verbandes durch eine oder zur Neugründung einer Kapitalgesellschaft erfolgen.

Sechster Abschnitt: Spaltung unter Beteiligung von Versicherungsvereinen auf Gegenseitigkeit

§ 151 Möglichkeit der Spaltung[3]

¹Die Spaltung unter Beteiligung von Versicherungsvereinen auf Gegenseitigkeit kann nur durch Aufspaltung oder Abspaltung und nur in der Weise erfolgen, dass die Teile eines übertragenden Vereins auf andere bestehende oder neue Versicherungsvereine auf Gegenseitigkeit oder auf Versicherungs-Aktiengesellschaften übergehen. ²Ein Versicherungsverein auf Gegensei-

---

1) **Anm. d. Red.:** § 147 i. d. F. des Gesetzes v. 14. 8. 2006 (BGBl I S. 1911) mit Wirkung v. 18. 8. 2006.
2) **Anm. d. Red.:** § 148 i. d. F. des Gesetzes v. 14. 8. 2006 (BGBl I S. 1911) mit Wirkung v. 18. 8. 2006.
3) **Anm. d. Red.:** § 151 i. d. F. des Gesetzes v. 19. 4. 2007 (BGBl I S. 542) mit Wirkung v. 25. 4. 2007.

tigkeit kann ferner im Wege der Ausgliederung einen Vermögensteil auf eine bestehende oder neue Gesellschaft mit beschränkter Haftung oder eine bestehende oder neue Aktiengesellschaft übertragen, sofern damit keine Übertragung von Versicherungsverträgen verbunden ist.

Siebenter Abschnitt: Ausgliederung aus dem Vermögen eines Einzelkaufmanns

Erster Unterabschnitt: Möglichkeit der Ausgliederung

§ 152 Übernehmende oder neue Rechtsträger

[1]Die Ausgliederung des von einem Einzelkaufmann betriebenen Unternehmens, dessen Firma im Handelsregister eingetragen ist, oder von Teilen desselben aus dem Vermögen dieses Kaufmanns kann nur zur Aufnahme dieses Unternehmens oder von Teilen dieses Unternehmens durch Personenhandelsgesellschaften, Kapitalgesellschaften oder eingetragene Genossenschaften oder zur Neugründung von Kapitalgesellschaften erfolgen. [2]Sie kann nicht erfolgen, wenn die Verbindlichkeiten des Einzelkaufmanns sein Vermögen übersteigen.

Zweiter Unterabschnitt: Ausgliederung zur Aufnahme

§ 153 Ausgliederungsbericht

Ein Ausgliederungsbericht ist für den Einzelkaufmann nicht erforderlich.

§ 154 Eintragung der Ausgliederung

Das Gericht des Sitzes des Einzelkaufmanns hat die Eintragung der Ausgliederung auch dann abzulehnen, wenn offensichtlich ist, dass die Verbindlichkeiten des Einzelkaufmanns sein Vermögen übersteigen.

§ 155 Wirkungen der Ausgliederung

[1]Erfasst die Ausgliederung das gesamte Unternehmen des Einzelkaufmanns, so bewirkt die Eintragung der Ausgliederung nach § 131 das Erlöschen der von dem Einzelkaufmann geführten Firma. [2]Das Erlöschen der Firma ist von Amts wegen in das Register einzutragen.

§ 156 Haftung des Einzelkaufmanns

[1]Durch den Übergang der Verbindlichkeiten auf übernehmende oder neue Gesellschaften wird der Einzelkaufmann von der Haftung für die Verbindlichkeiten nicht befreit. [2]§ 418 des Bürgerlichen Gesetzbuchs ist nicht anzuwenden.

§ 157 Zeitliche Begrenzung der Haftung für übertragene Verbindlichkeiten[1)]

(1) [1]Der Einzelkaufmann haftet für die im Ausgliederungs- und Übernahmevertrag aufgeführten Verbindlichkeiten, wenn sie vor Ablauf von fünf Jahren nach der Ausgliederung fällig und daraus Ansprüche gegen ihn in einer in § 197 Abs. 1 Nr. 3 bis 5 des Bürgerlichen Gesetzbuchs bezeichneten Art festgestellt sind oder eine gerichtliche oder behördliche Vollstreckungshandlung vorgenommen oder beantragt wird; bei öffentlich-rechtlichen Verbindlichkeiten genügt der Erlass eines Verwaltungsakts. [2]Eine Haftung des Einzelkaufmanns als Gesellschafter des aufnehmenden Rechtsträgers nach § 128 des Handelsgesetzbuchs bleibt unberührt.

(2) [1]Die Frist beginnt mit dem Tage, an dem die Eintragung der Ausgliederung in das Register des Sitzes des Einzelkaufmanns nach § 125 in Verbindung mit § 19 Abs. 3 bekannt gemacht worden ist. [2]Die für die Verjährung geltenden §§ 204, 206, 210, 211 und 212 Abs. 2 und 3 des Bürgerlichen Gesetzbuchs sind entsprechend anzuwenden.

---

1) **Anm. d. Red.:** § 157 i. d. F. des Gesetzes v. 10. 11. 2006 (BGBl I S. 2553) mit Wirkung v. 1. 1. 2007.

(3) Einer Feststellung in einer in § 197 Abs. 1 Nr. 3 bis 5 des Bürgerlichen Gesetzbuchs bezeichneten Art bedarf es nicht, soweit der Einzelkaufmann den Anspruch schriftlich anerkannt hat.

(4) Die Absätze 1 bis 3 sind auch anzuwenden, wenn der Einzelkaufmann in dem Rechtsträger anderer Rechtsform geschäftsführend tätig wird.

Dritter Unterabschnitt: Ausgliederung zur Neugründung

§ 158 Anzuwendende Vorschriften

Auf die Ausgliederung zur Neugründung sind die Vorschriften des Zweiten Unterabschnitts entsprechend anzuwenden, soweit sich aus diesem Unterabschnitt nichts anderes ergibt.

§ 159 Sachgründungsbericht, Gründungsbericht und Gründungsprüfung

(1) Auf den Sachgründungsbericht (§ 5 Abs. 4 des Gesetzes betreffend die Gesellschaften mit beschränkter Haftung) ist § 58 Abs. 1, auf den Gründungsbericht (§ 32 des Aktiengesetzes) § 75 Abs. 1 entsprechend anzuwenden.

(2) Im Falle der Gründung einer Aktiengesellschaft oder einer Kommanditgesellschaft auf Aktien haben die Prüfung durch die Mitglieder des Vorstands und des Aufsichtsrats (§ 33 Abs. 1 des Aktiengesetzes) sowie die Prüfung durch einen oder mehrere Prüfer (§ 33 Abs. 2 des Aktiengesetzes) sich auch darauf zu erstrecken, ob die Verbindlichkeiten des Einzelkaufmanns sein Vermögen übersteigen.

(3) ¹Zur Prüfung, ob die Verbindlichkeiten des Einzelkaufmanns sein Vermögen übersteigen, hat der Einzelkaufmann den Prüfern eine Aufstellung vorzulegen, in der sein Vermögen seinen Verbindlichkeiten gegenübergestellt ist. ²Die Aufstellung ist zu gliedern, soweit das für die Prüfung notwendig ist. ³§ 320 Abs. 1 Satz 2 und Abs. 2 Satz 1 des Handelsgesetzbuchs gilt entsprechend, wenn Anlass für die Annahme besteht, dass in der Aufstellung aufgeführte Vermögensgegenstände überbewertet oder Verbindlichkeiten nicht oder nicht vollständig aufgeführt worden sind.

§ 160 Anmeldung und Eintragung

(1) Die Anmeldung nach § 137 Abs. 1 ist von dem Einzelkaufmann und den Geschäftsführern oder den Mitgliedern des Vorstands und des Aufsichtsrats einer neuen Gesellschaft vorzunehmen.

(2) Die Eintragung der Gesellschaft ist abzulehnen, wenn die Verbindlichkeiten des Einzelkaufmanns sein Vermögen übersteigen.

Achter Abschnitt: Ausgliederung aus dem Vermögen rechtsfähiger Stiftungen

§ 161 Möglichkeit der Ausgliederung

Die Ausgliederung des von einer rechtsfähigen Stiftung (§ 80 des Bürgerlichen Gesetzbuchs) betriebenen Unternehmens oder von Teilen desselben aus dem Vermögen dieser Stiftung kann nur zur Aufnahme dieses Unternehmens oder von Teilen dieses Unternehmens durch Personenhandelsgesellschaften oder Kapitalgesellschaften oder zur Neugründung von Kapitalgesellschaften erfolgen.

§ 162 Ausgliederungsbericht

(1) Ein Ausgliederungsbericht ist nur erforderlich, wenn die Ausgliederung nach § 164 Abs. 1 der staatlichen Genehmigung bedarf oder wenn sie bei Lebzeiten des Stifters von dessen Zustimmung abhängig ist.

(2) Soweit nach § 164 Abs. 1 die Ausgliederung der staatlichen Genehmigung oder der Zustimmung des Stifters bedarf, ist der Ausgliederungsbericht der zuständigen Behörde und dem Stifter zu übermitteln.

§ 163 Beschluss über den Vertrag

(1) Auf den Ausgliederungsbeschluss sind die Vorschriften des Stiftungsrechts für die Beschlussfassung über Satzungsänderungen entsprechend anzuwenden.

(2) Sofern das nach Absatz 1 anzuwendende Stiftungsrecht nicht etwas anderes bestimmt, muss der Ausgliederungsbeschluss von dem für die Beschlussfassung über Satzungsänderungen nach der Satzung zuständigen Organ oder, wenn ein solches Organ nicht bestimmt ist, vom Vorstand der Stiftung einstimmig gefasst werden.

(3) Der Beschluss und die Zustimmung nach den Absätzen 1 und 2 müssen notariell beurkundet werden.

§ 164 Genehmigung der Ausgliederung

(1) Die Ausgliederung bedarf der staatlichen Genehmigung, sofern das Stiftungsrecht dies vorsieht.

(2) Soweit die Ausgliederung nach Absatz 1 der staatlichen Genehmigung nicht bedarf, hat das Gericht des Sitzes der Stiftung die Eintragung der Ausgliederung auch dann abzulehnen, wenn offensichtlich ist, dass die Verbindlichkeiten der Stiftung ihr Vermögen übersteigen.

§ 165 Sachgründungsbericht und Gründungsbericht

Auf den Sachgründungsbericht (§ 5 Abs. 4 des Gesetzes betreffend die Gesellschaften mit beschränkter Haftung) ist § 58 Abs. 1, auf den Gründungsbericht (§ 32 des Aktiengesetzes) § 75 Abs. 1 entsprechend anzuwenden.

§ 166 Haftung der Stiftung

[1]Durch den Übergang der Verbindlichkeiten auf übernehmende oder neue Gesellschaften wird die Stiftung von der Haftung für die Verbindlichkeiten nicht befreit. [2]§ 418 des Bürgerlichen Gesetzbuchs ist nicht anzuwenden.

§ 167 Zeitliche Begrenzung der Haftung für übertragene Verbindlichkeiten

Auf die zeitliche Begrenzung der Haftung der Stiftung für die im Ausgliederungs- und Übernahmevertrag aufgeführten Verbindlichkeiten ist § 157 entsprechend anzuwenden.

Neunter Abschnitt: Ausgliederung aus dem Vermögen von Gebietskörperschaften oder Zusammenschlüssen von Gebietskörperschaften

§ 168 Möglichkeit der Ausgliederung

Die Ausgliederung eines Unternehmens, das von einer Gebietskörperschaft oder von einem Zusammenschluss von Gebietskörperschaften, der nicht Gebietskörperschaft ist, betrieben wird, aus dem Vermögen dieser Körperschaft oder dieses Zusammenschlusses kann nur zur Aufnahme dieses Unternehmens durch eine Personenhandelsgesellschaft, eine Kapitalgesellschaft oder eine eingetragene Genossenschaft oder zur Neugründung einer Kapitalgesellschaft oder einer eingetragenen Genossenschaft sowie nur dann erfolgen, wenn das für die Körperschaft oder den Zusammenschluss maßgebende Bundes- oder Landesrecht einer Ausgliederung nicht entgegensteht.

§ 169 Ausgliederungsbericht; Ausgliederungsbeschluss

¹Ein Ausgliederungsbericht ist für die Körperschaft oder den Zusammenschluss nicht erforderlich. ²Das Organisationsrecht der Körperschaft oder des Zusammenschlusses bestimmt, ob und unter welchen Voraussetzungen ein Ausgliederungsbeschluss erforderlich ist.

§ 170 Sachgründungsbericht und Gründungsbericht

Auf den Sachgründungsbericht (§ 5 Abs. 4 des Gesetzes betreffend die Gesellschaften mit beschränkter Haftung) ist § 58 Abs. 1, auf den Gründungsbericht (§ 32 des Aktiengesetzes) § 75 Abs. 1 entsprechend anzuwenden.

§ 171 Wirksamwerden der Ausgliederung

Die Wirkungen der Ausgliederung nach § 131 treten mit deren Eintragung in das Register des Sitzes des übernehmenden Rechtsträgers oder mit der Eintragung des neuen Rechtsträgers ein.

§ 172 Haftung der Körperschaft oder des Zusammenschlusses

¹Durch den Übergang der Verbindlichkeiten auf den übernehmenden oder neuen Rechtsträger wird die Körperschaft oder der Zusammenschluss von der Haftung für die Verbindlichkeiten nicht befreit. ²§ 418 des Bürgerlichen Gesetzbuchs ist nicht anzuwenden.

§ 173 Zeitliche Begrenzung der Haftung für übertragene Verbindlichkeiten

Auf die zeitliche Begrenzung der Haftung für die im Ausgliederungs- und Übernahmevertrag aufgeführten Verbindlichkeiten ist § 157 entsprechend anzuwenden.

Viertes Buch: Vermögensübertragung

Erster Teil: Möglichkeit der Vermögensübertragung

§ 174 Arten der Vermögensübertragung

(1) Ein Rechtsträger (übertragender Rechtsträger) kann unter Auflösung ohne Abwicklung sein Vermögen als Ganzes auf einen anderen bestehenden Rechtsträger (übernehmender Rechtsträger) gegen Gewährung einer Gegenleistung an die Anteilsinhaber des übertragenden Rechtsträgers, die nicht in Anteilen oder Mitgliedschaften besteht, übertragen (Vollübertragung).

(2) Ein Rechtsträger (übertragender Rechtsträger) kann
1. unter Auflösung ohne Abwicklung sein Vermögen aufspalten durch gleichzeitige Übertragung der Vermögensteile jeweils als Gesamtheit auf andere bestehende Rechtsträger,
2. von seinem Vermögen einen Teil oder mehrere Teile abspalten durch Übertragung dieses Teils oder dieser Teile jeweils als Gesamtheit auf einen oder mehrere bestehende Rechtsträger oder
3. aus seinem Vermögen einen Teil oder mehrere Teile ausgliedern durch Übertragung dieses Teils oder dieser Teile jeweils als Gesamtheit auf einen oder mehrere bestehende Rechtsträger

gegen Gewährung der in Absatz 1 bezeichneten Gegenleistung in den Fällen der Nummer 1 oder 2 an die Anteilsinhaber des übertragenden Rechtsträgers, im Falle der Nummer 3 an den übertragenden Rechtsträger (Teilübertragung).

§ 175 Beteiligte Rechtsträger

Eine Vollübertragung ist oder Teilübertragungen sind jeweils nur möglich
1. von einer Kapitalgesellschaft auf den Bund, ein Land, eine Gebietskörperschaft oder einen Zusammenschluss von Gebietskörperschaften;

2. a) von einer Versicherungs-Aktiengesellschaft auf Versicherungsvereine auf Gegenseitigkeit oder auf öffentlich-rechtliche Versicherungsunternehmen;
   b) von einem Versicherungsverein auf Gegenseitigkeit auf Versicherungs-Aktiengesellschaften oder auf öffentlich-rechtliche Versicherungsunternehmen;
   c) von einem öffentlich-rechtlichen Versicherungsunternehmen auf Versicherungs-Aktiengesellschaften oder auf Versicherungsvereine auf Gegenseitigkeit.

Zweiter Teil: Übertragung des Vermögens oder von Vermögensteilen einer Kapitalgesellschaft auf die öffentliche Hand

Erster Abschnitt: Vollübertragung

§ 176 Anwendung der Verschmelzungsvorschriften

(1) Bei einer Vollübertragung nach § 175 Nr. 1 sind auf die übertragende Kapitalgesellschaft die für die Verschmelzung durch Aufnahme einer solchen übertragenden Gesellschaft jeweils geltenden Vorschriften des Zweiten Buches entsprechend anzuwenden, soweit sich aus den folgenden Vorschriften nichts anderes ergibt.

(2) ¹Die Angaben im Übertragungsvertrag nach § 5 Abs. 1 Nr. 4, 5 und 7 entfallen. ²An die Stelle des Registers des Sitzes des übernehmenden Rechtsträgers tritt das Register des Sitzes der übertragenden Gesellschaft. ³An die Stelle des Umtauschverhältnisses der Anteile treten Art und Höhe der Gegenleistung. ⁴An die Stelle des Anspruchs nach § 23 tritt ein Anspruch auf Barabfindung; auf diesen sind § 29 Abs. 1, § 30 und § 34 entsprechend anzuwenden.

(3) ¹Mit der Eintragung der Vermögensübertragung in das Handelsregister des Sitzes der übertragenden Gesellschaft geht deren Vermögen einschließlich der Verbindlichkeiten auf den übernehmenden Rechtsträger über. ²Die übertragende Gesellschaft erlischt; einer besonderen Löschung bedarf es nicht.

(4) Die Beteiligung des übernehmenden Rechtsträgers an der Vermögensübertragung richtet sich nach den für ihn geltenden Vorschriften.

Zweiter Abschnitt: Teilübertragung

§ 177 Anwendung der Spaltungsvorschriften

(1) Bei einer Teilübertragung nach § 175 Nr. 1 sind auf die übertragende Kapitalgesellschaft die für die Aufspaltung, Abspaltung oder Ausgliederung zur Aufnahme von Teilen einer solchen übertragenden Gesellschaft geltenden Vorschriften des Dritten Buches sowie die dort für entsprechend anwendbar erklärten Vorschriften des Zweiten Buches auf den vergleichbaren Vorgang entsprechend anzuwenden, soweit sich aus den folgenden Vorschriften nichts anderes ergibt.

(2) ¹§ 176 Abs. 2 bis 4 ist entsprechend anzuwenden. ²An die Stelle des § 5 Abs. 1 Nr. 4, 5 und 7 tritt § 126 Abs. 1 Nr. 4, 5, 7 und 10.

Dritter Teil: Vermögensübertragung unter Versicherungsunternehmen

Erster Abschnitt: Übertragung des Vermögens einer Aktiengesellschaft auf Versicherungsvereine auf Gegenseitigkeit oder öffentlich-rechtliche Versicherungsunternehmen

Erster Unterabschnitt: Vollübertragung

§ 178 Anwendung der Verschmelzungsvorschriften

(1) Bei einer Vollübertragung nach § 175 Nr. 2 Buchstabe a sind auf die beteiligten Rechtsträger die für die Verschmelzung durch Aufnahme einer Aktiengesellschaft und die für einen übernehmenden Versicherungsverein im Falle der Verschmelzung jeweils geltenden Vorschriften des Zweiten Buches entsprechend anzuwenden, soweit sich aus den folgenden Vorschriften nichts anderes ergibt.

(2) § 176 Abs. 2 bis 4 ist entsprechend anzuwenden.

(3) Das für ein übernehmendes öffentlich-rechtliches Versicherungsunternehmen maßgebende Bundes- oder Landesrecht bestimmt, ob der Vertrag über die Vermögensübertragung zu seiner Wirksamkeit auch der Zustimmung eines anderen als des zur Vertretung befugten Organs des öffentlich-rechtlichen Versicherungsunternehmens oder einer anderen Stelle und welcher Erfordernisse die Zustimmung bedarf.

Zweiter Unterabschnitt: Teilübertragung

§ 179 Anwendung der Spaltungsvorschriften

(1) Bei einer Teilübertragung nach § 175 Nr. 2 Buchstabe a sind auf die beteiligten Rechtsträger die für die Aufspaltung, Abspaltung oder Ausgliederung zur Aufnahme von Teilen einer Aktiengesellschaft und die für übernehmende Versicherungsvereine auf Gegenseitigkeit im Falle der Aufspaltung, Abspaltung oder Ausgliederung von Vermögensteilen geltenden Vorschriften des Dritten Buches und die dort für entsprechend anwendbar erklärten Vorschriften des Zweiten Buches auf den vergleichbaren Vorgang entsprechend anzuwenden, soweit sich aus den folgenden Vorschriften nichts anderes ergibt.

(2) § 176 Abs. 2 bis 4 sowie § 178 Abs. 3 sind entsprechend anzuwenden.

Zweiter Abschnitt: Übertragung des Vermögens eines Versicherungsvereins auf Gegenseitigkeit auf Aktiengesellschaften oder öffentlich-rechtliche Versicherungsunternehmen

Erster Unterabschnitt: Vollübertragung

§ 180 Anwendung der Verschmelzungsvorschriften

(1) Bei einer Vollübertragung nach § 175 Nr. 2 Buchstabe b sind auf die beteiligten Rechtsträger die für die Verschmelzung durch Aufnahme eines Versicherungsvereins und die für eine übernehmende Aktiengesellschaft im Falle der Verschmelzung jeweils geltenden Vorschriften des Zweiten Buches entsprechend anzuwenden, soweit sich aus den folgenden Vorschriften nichts anderes ergibt.

(2) § 176 Abs. 2 bis 4 sowie § 178 Abs. 3 sind entsprechend anzuwenden.

(3) Hat ein Mitglied oder ein Dritter nach der Satzung des Vereins ein unentziehbares Recht auf den Abwicklungsüberschuss oder einen Teil davon, so bedarf der Beschluss über die Vermögensübertragung der Zustimmung des Mitglieds oder des Dritten; die Zustimmung muss notariell beurkundet werden.

§ 181 Gewährung der Gegenleistung

(1) Der übernehmende Rechtsträger ist zur Gewährung einer angemessenen Gegenleistung verpflichtet, wenn dies unter Berücksichtigung der Vermögens- und Ertragslage des übertragenden Vereins im Zeitpunkt der Beschlussfassung der obersten Vertretung gerechtfertigt ist.

(2) ¹In dem Beschluss, durch den dem Übertragungsvertrag zugestimmt wird, ist zu bestimmen, dass bei der Verteilung der Gegenleistung jedes Mitglied zu berücksichtigen ist, das dem Verein seit mindestens drei Monaten vor dem Beschluss angehört hat. ²Ferner sind in dem Beschluss die Maßstäbe festzusetzen, nach denen die Gegenleistung auf die Mitglieder zu verteilen ist.

(3) ¹Jedes berechtigte Mitglied erhält eine Gegenleistung in gleicher Höhe. ²Eine andere Verteilung kann nur nach einem oder mehreren der folgenden Maßstäbe festgesetzt werden:
1. die Höhe der Versicherungssumme,
2. die Höhe der Beiträge,
3. die Höhe der Deckungsrückstellung in der Lebensversicherung,
4. der in der Satzung des Vereins bestimmte Maßstab für die Verteilung des Überschusses,
5. der in der Satzung des Vereins bestimmte Maßstab für die Verteilung des Vermögens,
6. die Dauer der Mitgliedschaft.

(4) Ist eine Gegenleistung entgegen Absatz 1 nicht vereinbart worden, so ist sie auf Antrag vom Gericht zu bestimmen; § 30 Abs. 1 und § 34 sind entsprechend anzuwenden.

§ 182 Unterrichtung der Mitglieder[1]

¹Sobald die Vermögensübertragung wirksam geworden ist, hat das Vertretungsorgan des übernehmenden Rechtsträgers allen Mitgliedern, die dem Verein seit mindestens drei Monaten vor dem Beschluss der obersten Vertretung über die Vermögensübertragung angehört haben, den Wortlaut des Vertrags in Textform mitzuteilen. ²In der Mitteilung ist auf die Möglichkeit hinzuweisen, die gerichtliche Bestimmung der angemessenen Gegenleistung zu verlangen.

§ 183 Bestellung eines Treuhänders

(1) ¹Ist für die Vermögensübertragung eine Gegenleistung vereinbart worden, so hat der übertragende Verein einen Treuhänder für deren Empfang zu bestellen. ²Die Vermögensübertragung darf erst eingetragen werden, wenn der Treuhänder dem Gericht angezeigt hat, dass er im Besitz der Gegenleistung ist.

(2) ¹Bestimmt das Gericht nach § 181 Abs. 4 die Gegenleistung, so hat es von Amts wegen einen Treuhänder für deren Empfang zu bestellen. ²Die Gegenleistung steht zu gleichen Teilen den Mitgliedern zu, die dem Verein seit mindestens drei Monaten vor dem Beschluss der obersten Vertretung über die Vermögensübertragung angehört haben. ³§ 26 Abs. 4 ist entsprechend anzuwenden.

Zweiter Unterabschnitt: Teilübertragung

§ 184 Anwendung der Spaltungsvorschriften

(1) Bei einer Teilübertragung nach § 175 Nr. 2 Buchstabe b sind auf die beteiligten Rechtsträger die für die Aufspaltung, Abspaltung oder Ausgliederung zur Aufnahme von Teilen eines Versicherungsvereins auf Gegenseitigkeit und die für übernehmende Aktiengesellschaften im Falle der Aufspaltung, Abspaltung oder Ausgliederung geltenden Vorschriften des Dritten Buches und die dort für entsprechend anwendbar erklärten Vorschriften des Zweiten Buches auf den vergleichbaren Vorgang entsprechend anzuwenden, soweit sich aus den folgenden Vorschriften nichts anderes ergibt.

(2) § 176 Abs. 2 bis 4 sowie § 178 Abs. 3 sind entsprechend anzuwenden.

---

1) **Anm. d. Red.:** § 182 i. d. F. des Gesetzes v. 13. 7. 2001 (BGBl I S. 1542) mit Wirkung v. 1. 8. 2001.

Dritter Abschnitt: Übertragung des Vermögens eines kleineren Versicherungsvereins auf Gegenseitigkeit auf eine Aktiengesellschaft oder auf ein öffentlich-rechtliches Versicherungsunternehmen

§ 185 Möglichkeit der Vermögensübertragung

Ein kleinerer Versicherungsverein auf Gegenseitigkeit kann sein Vermögen nur im Wege der Vollübertragung auf eine Versicherungs-Aktiengesellschaft oder auf ein öffentlich-rechtliches Versicherungsunternehmen übertragen.

§ 186 Anzuwendende Vorschriften[1]

¹Auf die Vermögensübertragung sind die Vorschriften des Zweiten Abschnitts entsprechend anzuwenden. ²Dabei treten bei kleineren Vereinen an die Stelle der Anmeldung zur Eintragung in das Register der Antrag an die Aufsichtsbehörde auf Genehmigung, an die Stelle der Eintragung in das Register und ihrer Bekanntmachung die Bekanntmachung im Bundesanzeiger nach § 187.

§ 187 Bekanntmachung der Vermögensübertragung[2]

Sobald die Vermögensübertragung von allen beteiligten Aufsichtsbehörden genehmigt worden ist, macht bei einer Vermögensübertragung auf ein öffentlich-rechtliches Versicherungsunternehmen die für den übertragenden kleineren Verein zuständige Aufsichtsbehörde die Vermögensübertragung und ihre Genehmigung im Bundesanzeiger bekannt.

Vierter Abschnitt: Übertragung des Vermögens eines öffentlich-rechtlichen Versicherungsunternehmens auf Aktiengesellschaften oder Versicherungsvereine auf Gegenseitigkeit

Erster Unterabschnitt: Vollübertragung

§ 188 Anwendung der Verschmelzungsvorschriften[3]

(1) Bei einer Vollübertragung nach § 175 Nr. 2 Buchstabe c sind auf die übernehmenden Rechtsträger die für die Verschmelzung durch Aufnahme geltenden Vorschriften des Zweiten Buches sowie auf das übertragende Versicherungsunternehmen § 176 Abs. 3 entsprechend anzuwenden, soweit sich aus den folgenden Vorschriften nichts anderes ergibt.

(2) § 176 Abs. 2 und 4 sowie § 178 Abs. 3 sind entsprechend anzuwenden.

(3) ¹An die Stelle der Anmeldung zur Eintragung in das Register treten bei den öffentlich-rechtlichen Versicherungsunternehmen der Antrag an die Aufsichtsbehörde auf Genehmigung, an die Stelle der Eintragung in das Register und ihrer Bekanntmachung die Bekanntmachung nach Satz 2. ²Die für das öffentlich-rechtliche Versicherungsunternehmen zuständige Aufsichtsbehörde macht, sobald die Vermögensübertragung von allen beteiligten Aufsichtsbehörden genehmigt worden ist, die Übertragung und ihre Genehmigung im Bundesanzeiger bekannt.

---

1) **Anm. d. Red.:** § 186 i. d. F. des Gesetzes v. 22.12.2011 (BGBl I S. 3044) mit Wirkung v. 1.4.2012.
2) **Anm. d. Red.:** § 187 i. d. F. des Gesetzes v. 22.12.2011 (BGBl I S. 3044) mit Wirkung v. 1.4.2012.
3) **Anm. d. Red.:** § 188 i. d. F. des Gesetzes v. 22.12.2011 (BGBl I S. 3044) mit Wirkung v. 1.4.2012.

Zweiter Unterabschnitt: Teilübertragung

§ 189 Anwendung der Spaltungsvorschriften

(1) Bei einer Teilübertragung nach § 175 Nr. 2 Buchstabe c sind auf die übernehmenden Rechtsträger die für die Aufspaltung, Abspaltung oder Ausgliederung zur Aufnahme geltenden Vorschriften des Dritten Buches und die dort für entsprechend anwendbar erklärten Vorschriften des Zweiten Buches auf den vergleichbaren Vorgang sowie auf das übertragende Versicherungsunternehmen § 176 Abs. 3 entsprechend anzuwenden, soweit sich aus den folgenden Vorschriften nichts anderes ergibt.

(2) § 176 Abs. 2 und 4, § 178 Abs. 3 sowie § 188 Abs. 3 sind entsprechend anzuwenden.

Fünftes Buch: Formwechsel

Erster Teil: Allgemeine Vorschriften

§ 190 Allgemeiner Anwendungsbereich

(1) Ein Rechtsträger kann durch Formwechsel eine andere Rechtsform erhalten.

(2) Soweit nicht in diesem Buch etwas anderes bestimmt ist, gelten die Vorschriften über den Formwechsel nicht für Änderungen der Rechtsform, die in anderen Gesetzen vorgesehen oder zugelassen sind.

§ 191 Einbezogene Rechtsträger[1]

(1) Formwechselnde Rechtsträger können sein:
1. Personenhandelsgesellschaften (§ 3 Abs. 1 Nr. 1) und Partnerschaftsgesellschaften;
2. Kapitalgesellschaften (§ 3 Abs. 1 Nr. 2);
3. eingetragene Genossenschaften;
4. rechtsfähige Vereine;
5. Versicherungsvereine auf Gegenseitigkeit;
6. Körperschaften und Anstalten des öffentlichen Rechts.

(2) Rechtsträger neuer Rechtsform können sein:
1. Gesellschaften des bürgerlichen Rechts;
2. Personenhandelsgesellschaften und Partnerschaftsgesellschaften;
3. Kapitalgesellschaften;
4. eingetragene Genossenschaften.

(3) Der Formwechsel ist auch bei aufgelösten Rechtsträgern möglich, wenn ihre Fortsetzung in der bisherigen Rechtsform beschlossen werden könnte.

§ 192 Umwandlungsbericht[2]

(1) ¹Das Vertretungsorgan des formwechselnden Rechtsträgers hat einen ausführlichen schriftlichen Bericht zu erstatten, in dem der Formwechsel und insbesondere die künftige Beteiligung der Anteilsinhaber an dem Rechtsträger rechtlich und wirtschaftlich erläutert und begründet werden (Umwandlungsbericht). ²§ 8 Abs. 1 Satz 2 bis 4 und Abs. 2 ist entsprechend anzuwenden. ³Der Umwandlungsbericht muss einen Entwurf des Umwandlungsbeschlusses enthalten.

---

1) **Anm. d. Red.:** § 191 i. d. F. des Gesetzes v. 22. 7. 1998 (BGBl I S. 1878) mit Wirkung v. 1. 8. 1998.
2) **Anm. d. Red.:** § 192 i. d. F. des Gesetzes v. 19. 4. 2007 (BGBl I S. 542) mit Wirkung v. 25. 4. 2007.

(2) ¹Ein Umwandlungsbericht ist nicht erforderlich, wenn an dem formwechselnden Rechtsträger nur ein Anteilsinhaber beteiligt ist oder wenn alle Anteilsinhaber auf seine Erstattung verzichten. ²Die Verzichtserklärungen sind notariell zu beurkunden.

§ 193 Umwandlungsbeschluss

(1) ¹Für den Formwechsel ist ein Beschluss der Anteilsinhaber des formwechselnden Rechtsträgers (Umwandlungsbeschluss) erforderlich. ²Der Beschluss kann nur in einer Versammlung der Anteilsinhaber gefasst werden.

(2) Ist die Abtretung der Anteile des formwechselnden Rechtsträgers von der Genehmigung einzelner Anteilsinhaber abhängig, so bedarf der Umwandlungsbeschluss zu seiner Wirksamkeit ihrer Zustimmung.

(3) ¹Der Umwandlungsbeschluss und die nach diesem Gesetz erforderlichen Zustimmungserklärungen einzelner Anteilsinhaber einschließlich der erforderlichen Zustimmungserklärungen nicht erschienener Anteilsinhaber müssen notariell beurkundet werden. ²Auf Verlangen ist jedem Anteilsinhaber auf seine Kosten unverzüglich eine Abschrift der Niederschrift des Beschlusses zu erteilen.

§ 194 Inhalt des Umwandlungsbeschlusses

(1) In dem Umwandlungsbeschluss müssen mindestens bestimmt werden:
1. die Rechtsform, die der Rechtsträger durch den Formwechsel erlangen soll;
2. der Name oder die Firma des Rechtsträgers neuer Rechtsform;
3. eine Beteiligung der bisherigen Anteilsinhaber an dem Rechtsträger nach den für die neue Rechtsform geltenden Vorschriften, soweit ihre Beteiligung nicht nach diesem Buch entfällt;
4. Zahl, Art und Umfang der Anteile oder der Mitgliedschaften, welche die Anteilsinhaber durch den Formwechsel erlangen sollen oder die einem beitretenden persönlich haftenden Gesellschafter eingeräumt werden sollen;
5. die Rechte, die einzelnen Anteilsinhabern sowie den Inhabern besonderer Rechte wie Anteile ohne Stimmrecht, Vorzugsaktien, Mehrstimmrechtsaktien, Schuldverschreibungen und Genussrechte in dem Rechtsträger gewährt werden sollen, oder die Maßnahmen, die für diese Personen vorgesehen sind;
6. ein Abfindungsangebot nach § 207, sofern nicht der Umwandlungsbeschluss zu seiner Wirksamkeit der Zustimmung aller Anteilsinhaber bedarf oder an dem formwechselnden Rechtsträger nur ein Anteilsinhaber beteiligt ist;
7. die Folgen des Formwechsels für die Arbeitnehmer und ihre Vertretungen sowie die insoweit vorgesehenen Maßnahmen.

(2) Der Entwurf des Umwandlungsbeschlusses ist spätestens einen Monat vor dem Tage der Versammlung der Anteilsinhaber, die den Formwechsel beschließen soll, dem zuständigen Betriebsrat des formwechselnden Rechtsträgers zuzuleiten.

§ 195 Befristung und Ausschluss von Klagen gegen den Umwandlungsbeschluss

(1) Eine Klage gegen die Wirksamkeit des Umwandlungsbeschlusses muss binnen eines Monats nach der Beschlussfassung erhoben werden.

(2) Eine Klage gegen die Wirksamkeit des Umwandlungsbeschlusses kann nicht darauf gestützt werden, dass die in dem Beschluss bestimmten Anteile an dem Rechtsträger neuer Rechtsform zu niedrig bemessen sind oder dass die Mitgliedschaft kein ausreichender Gegenwert für die Anteile oder die Mitgliedschaft bei dem formwechselnden Rechtsträger ist.

§ 196 Verbesserung des Beteiligungsverhältnisses[1]

¹Sind die in dem Umwandlungsbeschluss bestimmten Anteile an dem Rechtsträger neuer Rechtsform zu niedrig bemessen oder ist die Mitgliedschaft bei diesem kein ausreichender Gegenwert für die Anteile oder die Mitgliedschaft bei dem formwechselnden Rechtsträger, so kann jeder Anteilsinhaber, dessen Recht, gegen die Wirksamkeit des Umwandlungsbeschlusses Klage zu erheben, nach § 195 Abs. 2 ausgeschlossen ist, von dem Rechtsträger einen Ausgleich durch bare Zuzahlung verlangen. ²Die angemessene Zuzahlung wird auf Antrag durch das Gericht nach den Vorschriften des Spruchverfahrensgesetzes bestimmt. ³§ 15 Abs. 2 ist entsprechend anzuwenden.

§ 197 Anzuwendende Gründungsvorschriften[2]

¹Auf den Formwechsel sind die für die neue Rechtsform geltenden Gründungsvorschriften anzuwenden, soweit sich aus diesem Buch nichts anderes ergibt. ²Vorschriften, die für die Gründung eine Mindestzahl der Gründer vorschreiben, sowie die Vorschriften über die Bildung und Zusammensetzung des ersten Aufsichtsrats sind nicht anzuwenden. ³Beim Formwechsel eines Rechtsträgers in eine Aktiengesellschaft ist § 31 des Aktiengesetzes anwendbar.

§ 198 Anmeldung des Formwechsels[3]

(1) Die neue Rechtsform des Rechtsträgers ist zur Eintragung in das Register, in dem der formwechselnde Rechtsträger eingetragen ist, anzumelden.

(2) ¹Ist der formwechselnde Rechtsträger nicht in einem Register eingetragen, so ist der Rechtsträger neuer Rechtsform bei dem zuständigen Gericht zur Eintragung in das für die neue Rechtsform maßgebende Register anzumelden. ²Das Gleiche gilt, wenn sich durch den Formwechsel die Art des für den Rechtsträger maßgebenden Registers ändert oder durch eine mit dem Formwechsel verbundene Sitzverlegung die Zuständigkeit eines anderen Registergerichts begründet wird. ³Im Falle des Satzes 2 ist die Umwandlung auch zur Eintragung in das Register anzumelden, in dem der formwechselnde Rechtsträger eingetragen ist. ⁴Diese Eintragung ist mit dem Vermerk zu versehen, dass die Umwandlung erst mit der Eintragung des Rechtsträgers neuer Rechtsform in das für diese maßgebende Register wirksam wird, sofern die Eintragungen in den Registern aller beteiligten Rechtsträger nicht am selben Tag erfolgen. ⁵Der Rechtsträger neuer Rechtsform darf erst eingetragen werden, nachdem die Umwandlung nach den Sätzen 3 und 4 eingetragen worden ist.

(3) § 16 Abs. 2 und 3 ist entsprechend anzuwenden.

§ 199 Anlagen der Anmeldung[4]

Der Anmeldung der neuen Rechtsform oder des Rechtsträgers neuer Rechtsform sind in Ausfertigung oder öffentlich beglaubigter Abschrift oder, soweit sie nicht notariell zu beurkunden sind, in Urschrift oder Abschrift außer den sonst erforderlichen Unterlagen auch die Niederschrift des Umwandlungsbeschlusses, die nach diesem Gesetz erforderlichen Zustimmungserklärungen einzelner Anteilsinhaber einschließlich der Zustimmungserklärungen nicht erschienener Anteilsinhaber, der Umwandlungsbericht oder die Erklärungen über den Verzicht auf seine Erstellung, ein Nachweis über die Zuleitung nach § 194 Abs. 2 beizufügen.

---

1) **Anm. d. Red.:** § 196 i. d. F. des Gesetzes v. 12. 6. 2003 (BGBl I S. 838) mit Wirkung v. 1. 9. 2003.
2) **Anm. d. Red.:** § 197 i. d. F. des Gesetzes v. 19. 4. 2007 (BGBl I S. 542) mit Wirkung v. 25. 4. 2007.
3) **Anm. d. Red.:** § 198 i. d. F. des Gesetzes v. 19. 4. 2007 (BGBl I S. 542) mit Wirkung v. 25. 4. 2007.
4) **Anm. d. Red.:** § 199 i. d. F. des Gesetzes v. 30. 7. 2009 (BGBl I S. 2479) mit Wirkung v. 1. 9. 2009.

§ 200 Firma oder Name des Rechtsträgers[1]

(1) ¹Der Rechtsträger neuer Rechtsform darf seine bisher geführte Firma beibehalten, soweit sich aus diesem Buch nichts anderes ergibt. ²Zusätzliche Bezeichnungen, die auf die Rechtsform der formwechselnden Gesellschaft hinweisen, dürfen auch dann nicht verwendet werden, wenn der Rechtsträger die bisher geführte Firma beibehält.

(2) Auf eine nach dem Formwechsel beibehaltene Firma ist § 19 des Handelsgesetzbuchs, § 4 des Gesetzes betreffend die Gesellschaften mit beschränkter Haftung, §§ 4, 279 des Aktiengesetzes oder § 3 des Genossenschaftsgesetzes entsprechend anzuwenden.

(3) War an dem formwechselnden Rechtsträger eine natürliche Person beteiligt, deren Beteiligung an dem Rechtsträger neuer Rechtsform entfällt, so darf der Name dieses Anteilsinhabers nur dann in der beibehaltenen bisherigen oder in der neu gebildeten Firma verwendet werden, wenn der betroffene Anteilsinhaber oder dessen Erben ausdrücklich in die Verwendung des Namens einwilligen.

(4) ¹Ist formwechselnder Rechtsträger oder Rechtsträger neuer Rechtsform eine Partnerschaftsgesellschaft, gelten für die Beibehaltung oder Bildung der Firma oder des Namens die Absätze 1 und 3 entsprechend. ²Eine Firma darf als Name einer Partnerschaftsgesellschaft nur unter den Voraussetzungen des § 2 Abs. 1 des Partnerschaftsgesellschaftsgesetzes beibehalten werden. ³§ 1 Abs. 3 und § 11 des Partnerschaftsgesellschaftsgesetzes sind entsprechend anzuwenden.

(5) Durch den Formwechsel in eine Gesellschaft des bürgerlichen Rechts erlischt die Firma der formwechselnden Gesellschaft.

§ 201 Bekanntmachung des Formwechsels[2]

Das für die Anmeldung der neuen Rechtsform oder des Rechtsträgers neuer Rechtsform zuständige Gericht hat die Eintragung der neuen Rechtsform oder des Rechtsträgers neuer Rechtsform nach § 10 des Handelsgesetzbuchs ihrem ganzen Inhalt nach bekannt zu machen.

§ 202 Wirkungen der Eintragung

(1) Die Eintragung der neuen Rechtsform in das Register hat folgende Wirkungen:
1. Der formwechselnde Rechtsträger besteht in der in dem Umwandlungsbeschluss bestimmten Rechtsform weiter.
2. ¹Die Anteilsinhaber des formwechselnden Rechtsträgers sind an dem Rechtsträger nach den für die neue Rechtsform geltenden Vorschriften beteiligt, soweit ihre Beteiligung nicht nach diesem Buch entfällt. ²Rechte Dritter an den Anteilen oder Mitgliedschaften des formwechselnden Rechtsträgers bestehen an den an ihre Stelle tretenden Anteilen oder Mitgliedschaften des Rechtsträgers neuer Rechtsform weiter.
3. Der Mangel der notariellen Beurkundung des Umwandlungsbeschlusses und gegebenenfalls erforderlicher Zustimmungs- oder Verzichtserklärungen einzelner Anteilsinhaber wird geheilt.

(2) Die in Absatz 1 bestimmten Wirkungen treten in den Fällen des § 198 Abs. 2 mit der Eintragung des Rechtsträgers neuer Rechtsform in das Register ein.

(3) Mängel des Formwechsels lassen die Wirkungen der Eintragung der neuen Rechtsform oder des Rechtsträgers neuer Rechtsform in das Register unberührt.

§ 203 Amtsdauer von Aufsichtsratsmitgliedern

¹Wird bei einem Formwechsel bei dem Rechtsträger neuer Rechtsform in gleicher Weise wie bei dem formwechselnden Rechtsträger ein Aufsichtsrat gebildet und zusammengesetzt, so

---

1) **Anm. d. Red.:** § 200 i. d. F. des Gesetzes v. 14. 8. 2006 (BGBl I S. 1911) mit Wirkung v. 18. 8. 2006.
2) **Anm. d. Red.:** § 201 i. d. F. des Gesetzes v. 10. 11. 2006 (BGBl I S. 2553) mit Wirkung v. 1. 1. 2007.

bleiben die Mitglieder des Aufsichtsrats für den Rest ihrer Wahlzeit als Mitglieder des Aufsichtsrats des Rechtsträgers neuer Rechtsform im Amt. ²Die Anteilsinhaber des formwechselnden Rechtsträgers können im Umwandlungsbeschluss für ihre Aufsichtsratsmitglieder die Beendigung des Amtes bestimmen.

§ 204 Schutz der Gläubiger und der Inhaber von Sonderrechten

Auf den Schutz der Gläubiger ist § 22, auf den Schutz der Inhaber von Sonderrechten § 23 entsprechend anzuwenden.

§ 205 Schadenersatzpflicht der Verwaltungsträger des formwechselnden Rechtsträgers[1]

(1) ¹Die Mitglieder des Vertretungsorgans und, wenn ein Aufsichtsorgan vorhanden ist, des Aufsichtsorgans des formwechselnden Rechtsträgers sind als Gesamtschuldner zum Ersatz des Schadens verpflichtet, den der Rechtsträger, seine Anteilsinhaber oder seine Gläubiger durch den Formwechsel erleiden. ²§ 25 Abs. 1 Satz 2 ist entsprechend anzuwenden.

(2) Die Ansprüche nach Absatz 1 verjähren in fünf Jahren seit dem Tage, an dem die anzumeldende Eintragung der neuen Rechtsform oder des Rechtsträgers neuer Rechtsform in das Register bekannt gemacht worden ist.

§ 206 Geltendmachung des Schadenersatzanspruchs

¹Die Ansprüche nach § 205 Abs. 1 können nur durch einen besonderen Vertreter geltend gemacht werden. ²Das Gericht des Sitzes des Rechtsträgers neuer Rechtsform hat einen solchen Vertreter auf Antrag eines Anteilsinhabers oder eines Gläubigers des formwechselnden Rechtsträgers zu bestellen. ³§ 26 Abs. 1 Satz 3 und 4, Abs. 2, Abs. 3 Satz 2 und 3 und Abs. 4 ist entsprechend anzuwenden; an die Stelle der Blätter für die öffentlichen Bekanntmachungen des übertragenden Rechtsträgers treten die entsprechenden Blätter des Rechtsträgers neuer Rechtsform.

§ 207 Angebot der Barabfindung

(1) ¹Der formwechselnde Rechtsträger hat jedem Anteilsinhaber, der gegen den Umwandlungsbeschluss Widerspruch zur Niederschrift erklärt, den Erwerb seiner umgewandelten Anteile oder Mitgliedschaften gegen eine angemessene Barabfindung anzubieten; § 71 Abs. 4 Satz 2 des Aktiengesetzes ist insoweit nicht anzuwenden. ²Kann der Rechtsträger auf Grund seiner neuen Rechtsform eigene Anteile oder Mitgliedschaften nicht erwerben, so ist die Barabfindung für den Fall anzubieten, dass der Anteilsinhaber sein Ausscheiden aus dem Rechtsträger erklärt. ³Der Rechtsträger hat die Kosten für eine Übertragung zu tragen.

(2) § 29 Abs. 2 ist entsprechend anzuwenden.

§ 208 Inhalt des Anspruchs auf Barabfindung und Prüfung der Barabfindung

Auf den Anspruch auf Barabfindung ist § 30 entsprechend anzuwenden.

§ 209 Annahme des Angebots[2]

¹Das Angebot nach § 207 kann nur binnen zwei Monaten nach dem Tage angenommen werden, an dem die Eintragung der neuen Rechtsform oder des Rechtsträgers neuer Rechtsform in das Register bekannt gemacht worden ist. ²Ist nach § 212 ein Antrag auf Bestimmung der Barabfindung durch das Gericht gestellt worden, so kann das Angebot binnen zwei Monaten nach dem Tage angenommen werden, an dem die Entscheidung im Bundesanzeiger bekannt gemacht worden ist.

---

1) **Anm. d. Red.:** § 205 i. d. F. des Gesetzes v. 10. 11. 2006 (BGBl I S. 2553) mit Wirkung v. 1. 1. 2007.
2) **Anm. d. Red.:** § 209 i. d. F. des Gesetzes v. 22. 12. 2011 (BGBl I S. 3044) mit Wirkung v. 1. 4. 2012.

§ 210 Ausschluss von Klagen gegen den Umwandlungsbeschluss

Eine Klage gegen die Wirksamkeit des Umwandlungsbeschlusses kann nicht darauf gestützt werden, dass das Angebot nach § 207 zu niedrig bemessen oder dass die Barabfindung im Umwandlungsbeschluss nicht oder nicht ordnungsgemäß angeboten worden ist.

§ 211 Anderweitige Veräußerung[1]

Einer anderweitigen Veräußerung des Anteils durch den Anteilsinhaber stehen nach Fassung des Umwandlungsbeschlusses bis zum Ablauf der in § 209 bestimmten Frist Verfügungsbeschränkungen nicht entgegen.

§ 212 Gerichtliche Nachprüfung der Abfindung[2]

¹Macht ein Anteilsinhaber geltend, dass eine im Umwandlungsbeschluss bestimmte Barabfindung, die ihm nach § 207 Abs. 1 anzubieten war, zu niedrig bemessen sei, so hat auf seinen Antrag das Gericht nach den Vorschriften des Spruchverfahrensgesetzes die angemessene Barabfindung zu bestimmen. ²Das Gleiche gilt, wenn die Barabfindung nicht oder nicht ordnungsgemäß angeboten worden ist.

§ 213 Unbekannte Aktionäre[3]

Auf unbekannte Aktionäre ist § 35 entsprechend anzuwenden.

Zweiter Teil: Besondere Vorschriften

Erster Abschnitt: Formwechsel von Personengesellschaften[4]

Erster Unterabschnitt: Formwechsel von Personenhandelsgesellschaften[4]

§ 214 Möglichkeit des Formwechsels

(1) Eine Personenhandelsgesellschaft kann auf Grund eines Umwandlungsbeschlusses nach diesem Gesetz nur die Rechtsform einer Kapitalgesellschaft oder einer eingetragenen Genossenschaft erlangen.

(2) Eine aufgelöste Personenhandelsgesellschaft kann die Rechtsform nicht wechseln, wenn die Gesellschafter nach § 145 des Handelsgesetzbuchs eine andere Art der Auseinandersetzung als die Abwicklung oder als den Formwechsel vereinbart haben.

§ 215 Umwandlungsbericht

Ein Umwandlungsbericht ist nicht erforderlich, wenn alle Gesellschafter der formwechselnden Gesellschaft zur Geschäftsführung berechtigt sind.

§ 216 Unterrichtung der Gesellschafter[5]

Das Vertretungsorgan der formwechselnden Gesellschaft hat allen von der Geschäftsführung ausgeschlossenen Gesellschaftern spätestens zusammen mit der Einberufung der Gesellschafterversammlung, die den Formwechsel beschließen soll, diesen Formwechsel als Gegenstand der Beschlussfassung in Textform anzukündigen und einen nach diesem Buch erforderlichen Umwandlungsbericht sowie ein Abfindungsangebot nach § 207 zu übersenden.

---

1) **Anm. d. Red.:** § 211 i. d. F. des Gesetzes v. 22. 7. 1998 (BGBl I S. 1878) mit Wirkung v. 1. 8. 1998.
2) **Anm. d. Red.:** § 212 i. d. F. des Gesetzes v. 12. 6. 2003 (BGBl I S. 838) mit Wirkung v. 1. 9. 2003.
3) **Anm. d. Red.:** § 213 i. d. F. des Gesetzes v. 19. 4. 2007 (BGBl I S. 542) mit Wirkung v. 25. 4. 2007.
4) **Anm. d. Red.:** Überschrift i. d. F. des Gesetzes v. 22. 7. 1998 (BGBl I S. 1878) mit Wirkung v. 1. 8. 1998.
5) **Anm. d. Red.:** § 216 i. d. F. des Gesetzes v. 13. 7. 2001 (BGBl I S. 1542) mit Wirkung v. 1. 8. 2001.

§ 217 Beschluss der Gesellschafterversammlung[1]

(1) ¹Der Umwandlungsbeschluss der Gesellschafterversammlung bedarf der Zustimmung aller anwesenden Gesellschafter; ihm müssen auch die nicht erschienenen Gesellschafter zustimmen. ²Der Gesellschaftsvertrag der formwechselnden Gesellschaft kann eine Mehrheitsentscheidung der Gesellschafter vorsehen. ³Die Mehrheit muss mindestens drei Viertel der abgegebenen Stimmen betragen.

(2) Die Gesellschafter, die im Falle einer Mehrheitsentscheidung für den Formwechsel gestimmt haben, sind in der Niederschrift über den Umwandlungsbeschluss namentlich aufzuführen.

(3) Dem Formwechsel in eine Kommanditgesellschaft auf Aktien müssen alle Gesellschafter zustimmen, die in dieser Gesellschaft die Stellung eines persönlich haftenden Gesellschafters haben sollen.

§ 218 Inhalt des Umwandlungsbeschlusses[2]

(1) ¹In dem Umwandlungsbeschluss muss auch der Gesellschaftsvertrag der Gesellschaft mit beschränkter Haftung oder die Satzung der Genossenschaft enthalten sein oder die Satzung der Aktiengesellschaft oder der Kommanditgesellschaft auf Aktien festgestellt werden. ²Eine Unterzeichnung der Satzung durch die Mitglieder ist nicht erforderlich.

(2) Der Beschluss zur Umwandlung in eine Kommanditgesellschaft auf Aktien muss vorsehen, dass sich an dieser Gesellschaft mindestens ein Gesellschafter der formwechselnden Gesellschaft als persönlich haftender Gesellschafter beteiligt oder dass der Gesellschaft mindestens ein persönlich haftender Gesellschafter beitritt.

(3) ¹Der Beschluss zur Umwandlung in eine Genossenschaft muss die Beteiligung jedes Mitglieds mit mindestens einem Geschäftsanteil vorsehen. ²In dem Beschluss kann auch bestimmt werden, dass jedes Mitglied bei der Genossenschaft mit mindestens einem und im Übrigen mit so vielen Geschäftsanteilen, wie sie durch Anrechnung seines Geschäftsguthabens bei dieser Genossenschaft als voll eingezahlt anzusehen sind, beteiligt wird.

§ 219 Rechtsstellung als Gründer

¹Bei der Anwendung der Gründungsvorschriften stehen den Gründern die Gesellschafter der formwechselnden Gesellschaft gleich. ²Im Falle einer Mehrheitsentscheidung treten an die Stelle der Gründer die Gesellschafter, die für den Formwechsel gestimmt haben, sowie beim Formwechsel in eine Kommanditgesellschaft auf Aktien auch beitretende persönlich haftende Gesellschafter.

§ 220 Kapitalschutz

(1) Der Nennbetrag des Stammkapitals einer Gesellschaft mit beschränkter Haftung oder des Grundkapitals einer Aktiengesellschaft oder einer Kommanditgesellschaft auf Aktien darf das nach Abzug der Schulden verbleibende Vermögen der formwechselnden Gesellschaft nicht übersteigen.

(2) In dem Sachgründungsbericht beim Formwechsel in eine Gesellschaft mit beschränkter Haftung oder in dem Gründungsbericht beim Formwechsel in eine Aktiengesellschaft oder in eine Kommanditgesellschaft auf Aktien sind auch der bisherige Geschäftsverlauf und die Lage der formwechselnden Gesellschaft darzulegen.

(3) ¹Beim Formwechsel in eine Aktiengesellschaft oder in eine Kommanditgesellschaft auf Aktien hat die Gründungsprüfung durch einen oder mehrere Prüfer (§ 33 Abs. 2 des Aktiengesetzes) in jedem Fall stattzufinden. ²Die für Nachgründungen in § 52 Abs. 1 des Aktiengesetzes bestimmte Frist von zwei Jahren beginnt mit dem Wirksamwerden des Formwechsels.

---

1) **Anm. d. Red.:** § 217 i. d. F. des Gesetzes v. 22. 7. 1998 (BGBl I S. 1878) mit Wirkung v. 1. 8. 1998.
2) **Anm. d. Red.:** § 218 i. d. F. des Gesetzes v. 14. 8. 2006 (BGBl I S. 1911) mit Wirkung v. 18. 8. 2006.

§ 221 Beitritt persönlich haftender Gesellschafter

¹Der in einem Beschluss zur Umwandlung in eine Kommanditgesellschaft auf Aktien vorgesehene Beitritt eines Gesellschafters, welcher der formwechselnden Gesellschaft nicht angehört hat, muss notariell beurkundet werden. ²Die Satzung der Kommanditgesellschaft auf Aktien ist von jedem beitretenden persönlich haftenden Gesellschafter zu genehmigen.

§ 222 Anmeldung des Formwechsels[1]

(1) ¹Die Anmeldung nach § 198 einschließlich der Anmeldung der Satzung der Genossenschaft ist durch alle Mitglieder des künftigen Vertretungsorgans sowie, wenn der Rechtsträger nach den für die neue Rechtsform geltenden Vorschriften einen Aufsichtsrat haben muss, auch durch alle Mitglieder dieses Aufsichtsrats vorzunehmen. ²Zugleich mit der Genossenschaft sind die Mitglieder ihres Vorstandes zur Eintragung in das Register anzumelden.

(2) Ist der Rechtsträger neuer Rechtsform eine Aktiengesellschaft oder eine Kommanditgesellschaft auf Aktien, so haben die Anmeldung nach Absatz 1 auch alle Gesellschafter vorzunehmen, die nach § 219 den Gründern dieser Gesellschaft gleichstehen.

(3) Die Anmeldung der Umwandlung zur Eintragung in das Register nach § 198 Abs. 2 Satz 3 kann auch von den zur Vertretung der formwechselnden Gesellschaft ermächtigten Gesellschaftern vorgenommen werden.

§ 223 Anlagen der Anmeldung

Der Anmeldung der neuen Rechtsform oder des Rechtsträgers neuer Rechtsform sind beim Formwechsel in eine Kommanditgesellschaft auf Aktien außer den sonst erforderlichen Unterlagen auch die Urkunden über den Beitritt aller beitretenden persönlich haftenden Gesellschafter in Ausfertigung oder öffentlich beglaubigter Abschrift beizufügen.

§ 224 Fortdauer und zeitliche Begrenzung der persönlichen Haftung[2]

(1) Der Formwechsel berührt nicht die Ansprüche der Gläubiger der Gesellschaft gegen einen ihrer Gesellschafter aus Verbindlichkeiten der formwechselnden Gesellschaft, für die dieser im Zeitpunkt des Formwechsels nach § 128 des Handelsgesetzbuchs persönlich haftet.

(2) Der Gesellschafter haftet für diese Verbindlichkeiten, wenn sie vor Ablauf von fünf Jahren nach dem Formwechsel fällig und daraus Ansprüche gegen ihn in einer in § 197 Abs. 1 Nr. 3 bis 5 des Bürgerlichen Gesetzbuchs bezeichneten Art festgestellt sind oder eine gerichtliche oder behördliche Vollstreckungshandlung vorgenommen oder beantragt wird; bei öffentlich-rechtlichen Verbindlichkeiten genügt der Erlass eines Verwaltungsakts.

(3) ¹Die Frist beginnt mit dem Tage, an dem die Eintragung der neuen Rechtsform oder des Rechtsträgers neuer Rechtsform in das Register bekannt gemacht worden ist. ²Die für die Verjährung geltenden §§ 204, 206, 210, 211 und 212 Abs. 2 und 3 des Bürgerlichen Gesetzbuchs sind entsprechend anzuwenden.

(4) Einer Feststellung in einer in § 197 Abs. 1 Nr. 3 bis 5 des Bürgerlichen Gesetzbuchs bezeichneten Art bedarf es nicht, soweit der Gesellschafter den Anspruch schriftlich anerkannt hat.

(5) Die Absätze 1 bis 4 sind auch anzuwenden, wenn der Gesellschafter in dem Rechtsträger anderer Rechtsform geschäftsführend tätig wird.

§ 225 Prüfung des Abfindungsangebots

¹Im Falle des § 217 Abs. 1 Satz 2 ist die Angemessenheit der angebotenen Barabfindung nach § 208 in Verbindung mit § 30 Abs. 2 nur auf Verlangen eines Gesellschafters zu prüfen. ²Die Kosten trägt die Gesellschaft.

---

1) **Anm. d. Red.:** § 222 i. d. F. des Gesetzes v. 14. 8. 2006 (BGBl I S. 1911) mit Wirkung v. 18. 8. 2006.
2) **Anm. d. Red.:** § 224 i. d. F. des Gesetzes v. 10. 11. 2006 (BGBl I S. 2553) mit Wirkung v. 1. 1. 2007.

Zweiter Unterabschnitt: Formwechsel von Partnerschaftsgesellschaften[1]

§ 225a Möglichkeit des Formwechsels

Eine Partnerschaftsgesellschaft kann auf Grund eines Umwandlungsbeschlusses nach diesem Gesetz nur die Rechtsform einer Kapitalgesellschaft oder einer eingetragenen Genossenschaft erlangen.

§ 225b Umwandlungsbericht und Unterrichtung der Partner

¹Ein Umwandlungsbericht ist nur erforderlich, wenn ein Partner der formwechselnden Partnerschaft gemäß § 6 Abs. 2 des Partnerschaftsgesellschaftsgesetzes von der Geschäftsführung ausgeschlossen ist. ²Von der Geschäftsführung ausgeschlossene Partner sind entsprechend § 216 zu unterrichten.

§ 225c Anzuwendende Vorschriften

Auf den Formwechsel einer Partnerschaftsgesellschaft sind § 214 Abs. 2 und die §§ 217 bis 225 entsprechend anzuwenden.

Zweiter Abschnitt: Formwechsel von Kapitalgesellschaften

Erster Unterabschnitt: Allgemeine Vorschriften

§ 226 Möglichkeit des Formwechsels[2]

Eine Kapitalgesellschaft kann auf Grund eines Umwandlungsbeschlusses nach diesem Gesetz nur die Rechtsform einer Gesellschaft des bürgerlichen Rechts, einer Personenhandelsgesellschaft, einer Partnerschaftsgesellschaft, einer anderen Kapitalgesellschaft oder einer eingetragenen Genossenschaft erlangen.

§ 227 Nicht anzuwendende Vorschriften

Die §§ 207 bis 212 sind beim Formwechsel einer Kommanditgesellschaft auf Aktien nicht auf deren persönlich haftende Gesellschafter anzuwenden.

Zweiter Unterabschnitt: Formwechsel in eine Personengesellschaft

§ 228 Möglichkeit des Formwechsels[3]

(1) Durch den Formwechsel kann eine Kapitalgesellschaft die Rechtsform einer Personenhandelsgesellschaft nur erlangen, wenn der Unternehmensgegenstand im Zeitpunkt des Wirksamwerdens des Formwechsels den Vorschriften über die Gründung einer offenen Handelsgesellschaft (§ 105 Abs. 1 und 2 des Handelsgesetzbuchs) genügt.

(2) ¹Ein Formwechsel in eine Partnerschaftsgesellschaft ist nur möglich, wenn im Zeitpunkt seines Wirksamwerdens alle Anteilsinhaber des formwechselnden Rechtsträgers natürliche Personen sind, die einen Freien Beruf ausüben (§ 1 Abs. 1 und 2 des Partnerschaftsgesellschaftsgesetzes). ²§ 1 Abs. 3 des Partnerschaftsgesellschaftsgesetzes bleibt unberührt.

§ 229 (weggefallen)[4]

---

1) **Anm. d. Red.:** Zweiter Unterabschnitt eingefügt gem. Gesetz v. 22. 7. 1998 (BGBl I S. 1878) mit Wirkung v. 1. 8. 1998.
2) **Anm. d. Red.:** § 226 i. d. F. des Gesetzes v. 22. 7. 1998 (BGBl I S. 1878) mit Wirkung v. 1. 8. 1998.
3) **Anm. d. Red.:** § 228 i. d. F. des Gesetzes v. 19. 4. 2007 (BGBl I S. 542) mit Wirkung v. 25. 4. 2007.
4) **Anm. d. Red.:** § 229 weggefallen gem. Gesetz v. 19. 4. 2007 (BGBl I S. 542) mit Wirkung v. 25. 4. 2007.

§ 230 Vorbereitung der Versammlung der Anteilsinhaber[1]

(1) Die Geschäftsführer einer formwechselnden Gesellschaft mit beschränkter Haftung haben allen Gesellschaftern spätestens zusammen mit der Einberufung der Gesellschafterversammlung, die den Formwechsel beschließen soll, diesen Formwechsel als Gegenstand der Beschlussfassung in Textform anzukündigen und den Umwandlungsbericht zu übersenden.

(2) ¹Der Umwandlungsbericht einer Aktiengesellschaft oder einer Kommanditgesellschaft auf Aktien ist von der Einberufung der Hauptversammlung an, die den Formwechsel beschließen soll, in dem Geschäftsraum der Gesellschaft zur Einsicht der Aktionäre auszulegen. ²Auf Verlangen ist jedem Aktionär und jedem von der Geschäftsführung ausgeschlossenen persönlich haftenden Gesellschafter unverzüglich und kostenlos eine Abschrift des Umwandlungsberichts zu erteilen. ³Der Umwandlungsbericht kann dem Aktionär und dem von der Geschäftsführung ausgeschlossenen persönlich haftenden Gesellschafter mit seiner Einwilligung auf dem Wege elektronischer Kommunikation übermittelt werden. ⁴Die Verpflichtungen nach den Sätzen 1 und 2 entfallen, wenn der Umwandlungsbericht für denselben Zeitraum über die Internetseite der Gesellschaft zugänglich ist.

§ 231 Mitteilung des Abfindungsangebots[2]

¹Das Vertretungsorgan der formwechselnden Gesellschaft hat den Gesellschaftern oder Aktionären spätestens zusammen mit der Einberufung der Gesellschafterversammlung oder der Hauptversammlung, die den Formwechsel beschließen soll, das Abfindungsangebot nach § 207 zu übersenden. ²Der Übersendung steht es gleich, wenn das Abfindungsangebot im Bundesanzeiger und den sonst bestimmten Gesellschaftsblättern bekannt gemacht wird.

§ 232 Durchführung der Versammlung der Anteilsinhaber[3]

(1) ¹In der Gesellschafterversammlung oder in der Hauptversammlung, die den Formwechsel beschließen soll, ist der Umwandlungsbericht auszulegen. ²In der Hauptversammlung kann der Umwandlungsbericht auch auf andere Weise zugänglich gemacht werden.

(2) Der Entwurf des Umwandlungsbeschlusses einer Aktiengesellschaft oder einer Kommanditgesellschaft auf Aktien ist von deren Vertretungsorgan zu Beginn der Verhandlung mündlich zu erläutern.

§ 233 Beschluss der Versammlung der Anteilsinhaber[4]

(1) Der Umwandlungsbeschluss der Gesellschafterversammlung oder der Hauptversammlung bedarf, wenn die formwechselnde Gesellschaft die Rechtsform einer Gesellschaft des bürgerlichen Rechts, einer offenen Handelsgesellschaft oder einer Partnerschaftsgesellschaft erlangen soll, der Zustimmung aller anwesenden Gesellschafter oder Aktionäre; ihm müssen auch die nicht erschienenen Anteilsinhaber zustimmen.

(2) ¹Soll die formwechselnde Gesellschaft in eine Kommanditgesellschaft umgewandelt werden, so bedarf der Umwandlungsbeschluss einer Mehrheit von mindestens drei Vierteln der bei der Gesellschafterversammlung einer Gesellschaft mit beschränkter Haftung abgegebenen Stimmen oder des bei der Beschlussfassung einer Aktiengesellschaft oder einer Kommanditgesellschaft auf Aktien vertretenen Grundkapitals; § 50 Abs. 2 und § 65 Abs. 2 sind entsprechend anzuwenden. ²Der Gesellschaftsvertrag oder die Satzung der formwechselnden Gesellschaft kann eine größere Mehrheit und weitere Erfordernisse bestimmen. ³Dem Formwechsel müssen alle Gesellschafter oder Aktionäre zustimmen, die in der Kommanditgesellschaft die Stellung eines persönlich haftenden Gesellschafters haben sollen.

---

1) **Anm. d. Red.:** § 230 i. d. F. des Gesetzes v. 11. 7. 2011 (BGBl I S. 1338) mit Wirkung v. 15. 7. 2011.
2) **Anm. d. Red.:** § 231 i. d. F. des Gesetzes v. 22. 12. 2011 (BGBl I S. 3044) mit Wirkung v. 1. 4. 2012.
3) **Anm. d. Red.:** § 232 i. d. F. des Gesetzes v. 30. 7. 2009 (BGBl I S. 2479) mit Wirkung v. 1. 9. 2009.
4) **Anm. d. Red.:** § 233 i. d. F. des Gesetzes v. 22. 7. 1998 (BGBl I S. 1878) mit Wirkung v. 1. 8. 1998.

(3) ¹Dem Formwechsel einer Kommanditgesellschaft auf Aktien müssen ferner deren persönlich haftende Gesellschafter zustimmen. ²Die Satzung der formwechselnden Gesellschaft kann für den Fall des Formwechsels in eine Kommanditgesellschaft eine Mehrheitsentscheidung dieser Gesellschafter vorsehen. ³Jeder dieser Gesellschafter kann sein Ausscheiden aus dem Rechtsträger für den Zeitpunkt erklären, in dem der Formwechsel wirksam wird.

§ 234 Inhalt des Umwandlungsbeschlusses[1]

In dem Umwandlungsbeschluss müssen auch enthalten sein:
1. die Bestimmung des Sitzes der Personengesellschaft;
2. beim Formwechsel in eine Kommanditgesellschaft die Angabe der Kommanditisten sowie des Betrages der Einlage eines jeden von ihnen;
3. der Gesellschaftsvertrag der Personengesellschaft. ²Beim Formwechsel in eine Partnerschaftsgesellschaft ist § 213 auf den Partnerschaftsvertrag nicht anzuwenden.

§ 235 Anmeldung des Formwechsels

(1) ¹Beim Formwechsel in eine Gesellschaft des bürgerlichen Rechts ist statt der neuen Rechtsform die Umwandlung der Gesellschaft zur Eintragung in das Register, in dem die formwechselnde Gesellschaft eingetragen ist, anzumelden. ²§ 198 Abs. 2 ist nicht anzuwenden.

(2) Die Anmeldung nach Absatz 1 oder nach § 198 ist durch das Vertretungsorgan der formwechselnden Gesellschaft vorzunehmen.

§ 236 Wirkungen des Formwechsels

Mit dem Wirksamwerden des Formwechsels einer Kommanditgesellschaft auf Aktien scheiden persönlich haftende Gesellschafter, die nach § 233 Abs. 3 Satz 3 ihr Ausscheiden aus dem Rechtsträger erklärt haben, aus der Gesellschaft aus.

§ 237 Fortdauer und zeitliche Begrenzung der persönlichen Haftung

Erlangt ein persönlich haftender Gesellschafter einer formwechselnden Kommanditgesellschaft auf Aktien beim Formwechsel in eine Kommanditgesellschaft die Rechtsstellung eines Kommanditisten, so ist auf seine Haftung für die im Zeitpunkt des Formwechsels begründeten Verbindlichkeiten der formwechselnden Gesellschaft § 224 entsprechend anzuwenden.

Dritter Unterabschnitt: Formwechsel in eine Kapitalgesellschaft anderer Rechtsform

§ 238 Vorbereitung der Versammlung der Anteilsinhaber[2]

¹Auf die Vorbereitung der Gesellschafterversammlung oder der Hauptversammlung, die den Formwechsel beschließen soll, sind die §§ 230 und 231 entsprechend anzuwenden. ²§ 192 Abs. 2 bleibt unberührt.

§ 239 Durchführung der Versammlung der Anteilsinhaber[3]

(1) ¹In der Gesellschafterversammlung oder in der Hauptversammlung, die den Formwechsel beschließen soll, ist der Umwandlungsbericht auszulegen. ²In der Hauptversammlung kann der Umwandlungsbericht auch auf andere Weise zugänglich gemacht werden.

---

1) **Anm. d. Red.:** § 234 i. d. F. des Gesetzes v. 19. 4. 2007 (BGBl I S. 542) mit Wirkung v. 25. 4. 2007.
2) **Anm. d. Red.:** § 238 i. d. F. des Gesetzes v. 19. 4. 2007 (BGBl I S. 542) mit Wirkung v. 25. 4. 2007.
3) **Anm. d. Red.:** § 239 i. d. F. des Gesetzes v. 30. 7. 2009 (BGBl I S. 2479) mit Wirkung v. 1. 9. 2009.

(2) Der Entwurf des Umwandlungsbeschlusses einer Aktiengesellschaft oder einer Kommanditgesellschaft auf Aktien ist von deren Vertretungsorgan zu Beginn der Verhandlung mündlich zu erläutern.

§ 240 Beschluss der Versammlung der Anteilsinhaber

(1) ¹Der Umwandlungsbeschluss bedarf einer Mehrheit von mindestens drei Vierteln der bei der Gesellschafterversammlung einer Gesellschaft mit beschränkter Haftung abgegebenen Stimmen oder des bei der Beschlussfassung einer Aktiengesellschaft oder einer Kommanditgesellschaft auf Aktien vertretenen Grundkapitals; § 65 Abs. 2 ist entsprechend anzuwenden. ²Der Gesellschaftsvertrag oder die Satzung der formwechselnden Gesellschaft kann eine größere Mehrheit und weitere Erfordernisse, beim Formwechsel einer Kommanditgesellschaft auf Aktien in eine Aktiengesellschaft auch eine geringere Mehrheit bestimmen.

(2) ¹Dem Formwechsel einer Gesellschaft mit beschränkter Haftung oder einer Aktiengesellschaft in eine Kommanditgesellschaft auf Aktien müssen alle Gesellschafter oder Aktionäre zustimmen, die in der Gesellschaft neuer Rechtsform die Stellung eines persönlich haftenden Gesellschafters haben sollen. ²Auf den Beitritt persönlich haftender Gesellschafter ist § 221 entsprechend anzuwenden.

(3) ¹Dem Formwechsel einer Kommanditgesellschaft auf Aktien müssen ferner deren persönlich haftende Gesellschafter zustimmen. ²Die Satzung der formwechselnden Gesellschaft kann eine Mehrheitsentscheidung dieser Gesellschafter vorsehen.

§ 241 Zustimmungserfordernisse beim Formwechsel einer Gesellschaft mit beschränkter Haftung[1]

(1) Werden durch den Umwandlungsbeschluss einer formwechselnden Gesellschaft mit beschränkter Haftung die Aktien in der Satzung der Aktiengesellschaft oder der Kommanditgesellschaft auf Aktien auf einen höheren als den Mindestbetrag nach § 8 Abs. 2 oder 3 des Aktiengesetzes und abweichend vom Nennbetrag der Geschäftsanteile der formwechselnden Gesellschaft gestellt, so muss dem jeder Gesellschafter zustimmen, der sich nicht dem Gesamtnennbetrag seiner Geschäftsanteile entsprechend beteiligen kann.

(2) Auf das Erfordernis der Zustimmung einzelner Gesellschafter ist ferner § 50 Abs. 2 entsprechend anzuwenden.

(3) Sind einzelnen Gesellschaftern außer der Leistung von Kapitaleinlagen noch andere Verpflichtungen gegenüber der Gesellschaft auferlegt und können diese wegen der einschränkenden Bestimmung des § 55 des Aktiengesetzes bei dem Formwechsel nicht aufrechterhalten werden, so bedarf der Formwechsel auch der Zustimmung dieser Gesellschafter.

§ 242 Zustimmungserfordernis beim Formwechsel einer Aktiengesellschaft oder einer Kommanditgesellschaft auf Aktien[2]

Wird durch den Umwandlungsbeschluss einer formwechselnden Aktiengesellschaft oder Kommanditgesellschaft auf Aktien der Nennbetrag der Geschäftsanteile in dem Gesellschaftsvertrag der Gesellschaft mit beschränkter Haftung abweichend vom Betrag der Aktien festgesetzt, so muss der Festsetzung jeder Aktionär zustimmen, der sich nicht mit seinem gesamten Anteil beteiligen kann.

§ 243 Inhalt des Umwandlungsbeschlusses[3]

(1) ¹Auf den Umwandlungsbeschluss ist § 218 entsprechend anzuwenden. ²Festsetzungen über Sondervorteile, Gründungsaufwand, Sacheinlagen und Sachübernahmen, die in dem Ge-

---

1) **Anm. d. Red.:** § 241 i. d. F. des Gesetzes v. 23. 10. 2008 (BGBl I S. 2026) mit Wirkung v. 1. 11. 2008.
2) **Anm. d. Red.:** § 242 i. d. F. des Gesetzes v. 23. 10. 2008 (BGBl I S. 2026) mit Wirkung v. 1. 11. 2008.
3) **Anm. d. Red.:** § 243 i. d. F. des Gesetzes v. 23. 10. 2008 (BGBl I S. 2026) mit Wirkung v. 1. 11. 2008.

sellschaftsvertrag oder in der Satzung der formwechselnden Gesellschaft enthalten sind, sind in den Gesellschaftsvertrag oder in die Satzung der Gesellschaft neuer Rechtsform zu übernehmen. ³§ 26 Abs. 4 und 5 des Aktiengesetzes bleibt unberührt.

(2) Vorschriften anderer Gesetze über die Änderung des Stammkapitals oder des Grundkapitals bleiben unberührt.

(3) ¹In dem Gesellschaftsvertrag oder in der Satzung der Gesellschaft neuer Rechtsform kann der auf die Anteile entfallende Betrag des Stamm- oder Grundkapitals abweichend vom Betrag der Anteile der formwechselnden Gesellschaft festgesetzt werden. ²Bei einer Gesellschaft mit beschränkter Haftung muss er auf volle Euro lauten.

§ 244 Niederschrift über den Umwandlungsbeschluss; Gesellschaftsvertrag

(1) In der Niederschrift über den Umwandlungsbeschluss sind die Personen, die nach § 245 Abs. 1 bis 3 den Gründern der Gesellschaft gleichstehen, namentlich aufzuführen.

(2) Beim Formwechsel einer Aktiengesellschaft oder einer Kommanditgesellschaft auf Aktien in eine Gesellschaft mit beschränkter Haftung braucht der Gesellschaftsvertrag von den Gesellschaftern nicht unterzeichnet zu werden.

§ 245 Rechtsstellung als Gründer; Kapitalschutz[1)]

(1) ¹Bei einem Formwechsel einer Gesellschaft mit beschränkter Haftung in eine Aktiengesellschaft oder in eine Kommanditgesellschaft auf Aktien treten bei der Anwendung der Gründungsvorschriften des Aktiengesetzes an die Stelle der Gründer die Gesellschafter, die für den Formwechsel gestimmt haben, sowie beim Formwechsel einer Gesellschaft mit beschränkter Haftung in eine Kommanditgesellschaft auf Aktien auch beitretende persönlich haftende Gesellschafter. ²§ 220 ist entsprechend anzuwenden. ³§ 52 des Aktiengesetzes ist nicht anzuwenden, wenn die Gesellschaft mit beschränkter Haftung vor dem Wirksamwerden des Formwechsels bereits länger als zwei Jahre in das Register eingetragen war.

(2) ¹Beim Formwechsel einer Aktiengesellschaft in eine Kommanditgesellschaft auf Aktien treten bei der Anwendung der Gründungsvorschriften des Aktiengesetzes an die Stelle der Gründer die persönlich haftenden Gesellschafter der Gesellschaft neuer Rechtsform. ²§ 220 ist entsprechend anzuwenden. ³§ 52 des Aktiengesetzes ist nicht anzuwenden.

(3) ¹Beim Formwechsel einer Kommanditgesellschaft auf Aktien in eine Aktiengesellschaft treten bei der Anwendung der Gründungsvorschriften des Aktiengesetzes an die Stelle der Gründer die persönlich haftenden Gesellschafter der formwechselnden Gesellschaft. ²§ 220 ist entsprechend anzuwenden. ³§ 52 des Aktiengesetzes ist nicht anzuwenden.

(4) Beim Formwechsel einer Aktiengesellschaft oder einer Kommanditgesellschaft auf Aktien in eine Gesellschaft mit beschränkter Haftung ist ein Sachgründungsbericht nicht erforderlich.

§ 246 Anmeldung des Formwechsels

(1) Die Anmeldung nach § 198 ist durch das Vertretungsorgan der formwechselnden Gesellschaft vorzunehmen.

(2) Zugleich mit der neuen Rechtsform oder mit dem Rechtsträger neuer Rechtsform sind die Geschäftsführer der Gesellschaft mit beschränkter Haftung, die Vorstandsmitglieder der Aktiengesellschaft oder die persönlich haftenden Gesellschafter der Kommanditgesellschaft auf Aktien zur Eintragung in das Register anzumelden.

(3) § 8 Abs. 2 des Gesetzes betreffend die Gesellschaften mit beschränkter Haftung und § 37 Abs. 1 des Aktiengesetzes sind auf die Anmeldung nach § 198 nicht anzuwenden.

---

1) **Anm. d. Red.:** § 245 i. d. F. des Gesetzes v. 19. 4. 2007 (BGBl I S. 542) mit Wirkung v. 25. 4. 2007.

§ 247 Wirkungen des Formwechsels[1)]

(1) Durch den Formwechsel wird das bisherige Stammkapital einer formwechselnden Gesellschaft mit beschränkter Haftung zum Grundkapital der Gesellschaft neuer Rechtsform oder das bisherige Grundkapital einer formwechselnden Aktiengesellschaft oder Kommanditgesellschaft auf Aktien zum Stammkapital der Gesellschaft neuer Rechtsform.

(2) Durch den Formwechsel einer Kommanditgesellschaft auf Aktien scheiden deren persönlich haftende Gesellschafter als solche aus der Gesellschaft aus.

§ 248 Umtausch der Anteile

(1) Auf den Umtausch der Geschäftsanteile einer formwechselnden Gesellschaft mit beschränkter Haftung gegen Aktien ist § 73 des Aktiengesetzes, bei Zusammenlegung von Geschäftsanteilen § 226 des Aktiengesetzes über die Kraftloserklärung von Aktien entsprechend anzuwenden.

(2) Auf den Umtausch der Aktien einer formwechselnden Aktiengesellschaft oder Kommanditgesellschaft auf Aktien gegen Geschäftsanteile einer Gesellschaft mit beschränkter Haftung ist § 73 Abs. 1 und 2 des Aktiengesetzes, bei Zusammenlegung von Aktien § 226 Abs. 1 und 2 des Aktiengesetzes über die Kraftloserklärung von Aktien entsprechend anzuwenden.

(3) Einer Genehmigung des Gerichts bedarf es nicht.

§ 249 Gläubigerschutz

Auf den Formwechsel einer Kommanditgesellschaft auf Aktien in eine Gesellschaft mit beschränkter Haftung oder in eine Aktiengesellschaft ist auch § 224 entsprechend anzuwenden.

§ 250 Nicht anzuwendende Vorschriften

Die §§ 207 bis 212 sind auf den Formwechsel einer Aktiengesellschaft in eine Kommanditgesellschaft auf Aktien oder einer Kommanditgesellschaft auf Aktien in eine Aktiengesellschaft nicht anzuwenden.

Vierter Unterabschnitt: Formwechsel in eine eingetragene Genossenschaft

§ 251 Vorbereitung und Durchführung der Versammlung der Anteilsinhaber[2)]

(1) ¹Auf die Vorbereitung der Gesellschafterversammlung oder der Hauptversammlung, die den Formwechsel beschließen soll, sind die §§ 229 bis 231 entsprechend anzuwenden. ²§ 192 Abs. 2 bleibt unberührt.

(2) Auf die Gesellschafterversammlung oder die Hauptversammlung, die den Formwechsel beschließen soll, ist § 239 Abs. 1 Satz 1, auf die Hauptversammlung auch § 239 Abs. 1 Satz 2 und Abs. 2 entsprechend anzuwenden.

§ 252 Beschluss der Versammlung der Anteilsinhaber[3)]

(1) Der Umwandlungsbeschluss der Gesellschafterversammlung oder der Hauptversammlung bedarf, wenn die Satzung der Genossenschaft eine Verpflichtung der Mitglieder zur Leistung von Nachschüssen vorsieht, der Zustimmung aller anwesenden Gesellschafter oder Aktionäre; ihm müssen auch die nicht erschienenen Anteilsinhaber zustimmen.

(2) ¹Sollen die Mitglieder nicht zur Leistung von Nachschüssen verpflichtet werden, so bedarf der Umwandlungsbeschluss einer Mehrheit von mindestens drei Vierteln der bei der Gesellschafterversammlung einer Gesellschaft mit beschränkter Haftung abgegebenen Stimmen oder

---

1) **Anm. d. Red.:** § 247 i. d. F. des Gesetzes v. 19. 4. 2007 (BGBl I S. 542) mit Wirkung v. 25. 4. 2007.
2) **Anm. d. Red.:** § 251 i. d. F. des Gesetzes v. 30. 7. 2009 (BGBl I S. 2479) mit Wirkung v. 1. 9. 2009.
3) **Anm. d. Red.:** § 252 i. d. F. des Gesetzes v. 14. 8. 2006 (BGBl I S. 1911) mit Wirkung v. 18. 8. 2006.

des bei der Beschlussfassung einer Aktiengesellschaft oder einer Kommanditgesellschaft auf Aktien vertretenen Grundkapitals; § 50 Abs. 2 und § 65 Abs. 2 sind entsprechend anzuwenden.
²Der Gesellschaftsvertrag oder die Satzung der formwechselnden Gesellschaft kann eine größere Mehrheit und weitere Erfordernisse bestimmen.

(3) Auf den Formwechsel einer Kommanditgesellschaft auf Aktien ist § 240 Abs. 3 entsprechend anzuwenden.

§ 253 Inhalt des Umwandlungsbeschlusses[1)]

(1) ¹In dem Umwandlungsbeschluss muss auch die Satzung der Genossenschaft enthalten sein. ²Eine Unterzeichnung der Satzung durch die Mitglieder ist nicht erforderlich.

(2) ¹Der Umwandlungsbeschluss muss die Beteiligung jedes Mitglieds mit mindestens einem Geschäftsanteil vorsehen. ²In dem Beschluss kann auch bestimmt werden, dass jedes Mitglied bei der Genossenschaft mit mindestens einem und im Übrigen mit so vielen Geschäftsanteilen, wie sie durch Anrechnung seines Geschäftsguthabens bei dieser Genossenschaft als voll eingezahlt anzusehen sind, beteiligt wird.

§ 254 Anmeldung des Formwechsels[2)]

(1) Die Anmeldung nach § 198 einschließlich der Anmeldung der Satzung der Genossenschaft ist durch das Vertretungsorgan der formwechselnden Gesellschaft vorzunehmen.

(2) Zugleich mit der Genossenschaft sind die Mitglieder ihres Vorstandes zur Eintragung in das Register anzumelden.

§ 255 Wirkungen des Formwechsels[3)]

(1) ¹Jeder Anteilsinhaber, der die Rechtsstellung eines Mitglieds erlangt, ist bei der Genossenschaft nach Maßgabe des Umwandlungsbeschlusses beteiligt. ²Eine Verpflichtung zur Übernahme weiterer Geschäftsanteile bleibt unberührt. ³§ 202 Abs. 1 Nr. 2 Satz 2 ist mit der Maßgabe anzuwenden, dass die an den bisherigen Anteilen bestehenden Rechte Dritter an den durch den Formwechsel erlangten Geschäftsguthaben weiterbestehen.

(2) Das Gericht darf eine Auflösung der Genossenschaft von Amts wegen nach § 80 des Genossenschaftsgesetzes nicht vor Ablauf eines Jahres seit dem Wirksamwerden des Formwechsels aussprechen.

(3) Durch den Formwechsel einer Kommanditgesellschaft auf Aktien scheiden deren persönlich haftende Gesellschafter als solche aus dem Rechtsträger aus.

§ 256 Geschäftsguthaben; Benachrichtigung der Mitglieder[4)]

(1) Jedem Mitglied ist als Geschäftsguthaben der Wert der Geschäftsanteile oder der Aktien gutzuschreiben, mit denen es an der formwechselnden Gesellschaft beteiligt war.

(2) ¹Übersteigt das durch den Formwechsel erlangte Geschäftsguthaben eines Mitglieds den Gesamtbetrag der Geschäftsanteile, mit denen es bei der Genossenschaft beteiligt ist, so ist der übersteigende Betrag nach Ablauf von sechs Monaten seit dem Tage, an dem die Eintragung der Genossenschaft in das Register bekannt gemacht worden ist, an das Mitglied auszuzahlen. ²Die Auszahlung darf jedoch nicht erfolgen, bevor die Gläubiger, die sich nach § 204 in Verbindung mit § 22 gemeldet haben, befriedigt oder sichergestellt sind.

---

1) **Anm. d. Red.:** § 253 i. d. F. des Gesetzes v. 14. 8. 2006 (BGBl I S. 1911) mit Wirkung v. 18. 8. 2006.
2) **Anm. d. Red.:** § 254 i. d. F. des Gesetzes v. 14. 8. 2006 (BGBl I S. 1911) mit Wirkung v. 18. 8. 2006.
3) **Anm. d. Red.:** § 255 i. d. F. des Gesetzes v. 14. 8. 2006 (BGBl I S. 1911) mit Wirkung v. 18. 8. 2006.
4) **Anm. d. Red.:** § 256 i. d. F. des Gesetzes v. 30. 7. 2009 (BGBl I S. 2479) mit Wirkung v. 1. 9. 2009.

(3) Die Genossenschaft hat jedem Mitglied unverzüglich nach der Bekanntmachung der Eintragung der Genossenschaft in das Register in Textform mitzuteilen:
1. den Betrag seines Geschäftsguthabens;
2. den Betrag und die Zahl der Geschäftsanteile, mit denen es bei der Genossenschaft beteiligt ist;
3. den Betrag der von dem Mitglied nach Anrechnung seines Geschäftsguthabens noch zu leistenden Einzahlung oder den Betrag, der nach Absatz 2 an das Mitglied auszuzahlen ist;
4. den Betrag der Haftsumme der Genossenschaft, sofern die Mitglieder Nachschüsse bis zu einer Haftsumme zu leisten haben.

§ 257 Gläubigerschutz

Auf den Formwechsel einer Kommanditgesellschaft auf Aktien ist auch § 224 entsprechend anzuwenden.

Dritter Abschnitt: Formwechsel eingetragener Genossenschaften

§ 258 Möglichkeit des Formwechsels[1]

(1) Eine eingetragene Genossenschaft kann auf Grund eines Umwandlungsbeschlusses nach diesem Gesetz nur die Rechtsform einer Kapitalgesellschaft erlangen.

(2) Der Formwechsel ist nur möglich, wenn auf jedes Mitglied, das an der Gesellschaft neuer Rechtsform beteiligt wird, als beschränkt haftender Gesellschafter ein Geschäftsanteil, dessen Nennbetrag auf volle Euro lautet, oder als Aktionär mindestens eine volle Aktie entfällt.

§ 259 Gutachten des Prüfungsverbandes[2]

Vor der Einberufung der Generalversammlung, die den Formwechsel beschließen soll, ist eine gutachtliche Äußerung des Prüfungsverbandes einzuholen, ob der Formwechsel mit den Belangen der Mitglieder und der Gläubiger der Genossenschaft vereinbar ist, insbesondere ob bei der Festsetzung des Stammkapitals oder des Grundkapitals § 263 Abs. 2 Satz 2 und § 264 Abs. 1 beachtet sind (Prüfungsgutachten).

§ 260 Vorbereitung der Generalversammlung[3]

(1) ¹Der Vorstand der formwechselnden Genossenschaft hat allen Mitgliedern spätestens zusammen mit der Einberufung der Generalversammlung, die den Formwechsel beschließen soll, diesen Formwechsel als Gegenstand der Beschlussfassung in Textform anzukündigen. ²In der Ankündigung ist auf die für die Beschlussfassung nach § 262 Abs. 1 erforderlichen Mehrheiten sowie auf die Möglichkeit der Erhebung eines Widerspruchs und die sich daraus ergebenden Rechte hinzuweisen.

(2) ¹Auf die Vorbereitung der Generalversammlung sind § 230 Absatz 2 und § 231 Satz 1 entsprechend anzuwenden. ²§ 192 Abs. 2 bleibt unberührt.

(3) ¹In dem Geschäftsraum der formwechselnden Genossenschaft ist von der Einberufung der Generalversammlung an, die den Formwechsel beschließen soll, außer den sonst erforderlichen Unterlagen auch das nach § 259 erstattete Prüfungsgutachten zur Einsicht der Mitglieder auszulegen. ²Auf Verlangen ist jedem Mitglied unverzüglich und kostenlos eine Abschrift dieses Prüfungsgutachtens zu erteilen. ³Die Verpflichtungen nach den Sätzen 1 und 2 entfallen, wenn das Prüfungsgutachten für denselben Zeitraum über die Internetseite der Genossenschaft zugänglich ist.

---

1) **Anm. d. Red.:** § 258 i. d. F. des Gesetzes v. 23. 10. 2008 (BGBl I S. 2026) mit Wirkung v. 1. 11. 2008.
2) **Anm. d. Red.:** § 259 i. d. F. des Gesetzes v. 14. 8. 2006 (BGBl I S. 1911) mit Wirkung v. 18. 8. 2006.
3) **Anm. d. Red.:** § 260 i. d. F. des Gesetzes v. 17. 7. 2017 (BGBl I S. 2434) mit Wirkung v. 22. 7. 2017.

§ 261 Durchführung der Generalversammlung

(1) ¹In der Generalversammlung, die den Formwechsel beschließen soll, ist der Umwandlungsbericht, sofern er nach diesem Buch erforderlich ist, und das nach § 259 erstattete Prüfungsgutachten auszulegen. ²Der Vorstand hat den Umwandlungsbeschluss zu Beginn der Verhandlung mündlich zu erläutern.

(2) ¹Das Prüfungsgutachten ist in der Generalversammlung zu verlesen. ²Der Prüfungsverband ist berechtigt, an der Generalversammlung beratend teilzunehmen.

§ 262 Beschluss der Generalversammlung[1]

(1) ¹Der Umwandlungsbeschluss der Generalversammlung bedarf einer Mehrheit von mindestens drei Vierteln der abgegebenen Stimmen. ²Er bedarf einer Mehrheit von neun Zehnteln der abgegebenen Stimmen, wenn spätestens bis zum Ablauf des dritten Tages vor der Generalversammlung mindestens 100 Mitglieder, bei Genossenschaften mit weniger als 1 000 Mitgliedern ein Zehntel der Mitglieder, durch eingeschriebenen Brief Widerspruch gegen den Formwechsel erhoben haben. ³Die Satzung kann größere Mehrheiten und weitere Erfordernisse bestimmen.

(2) Auf den Formwechsel in eine Kommanditgesellschaft auf Aktien ist § 240 Abs. 2 entsprechend anzuwenden.

§ 263 Inhalt des Umwandlungsbeschlusses[2]

(1) Auf den Umwandlungsbeschluss sind auch die §§ 218, 243 Abs. 3 und § 244 Abs. 2 entsprechend anzuwenden.

(2) ¹In dem Beschluss ist bei der Festlegung von Zahl, Art und Umfang der Anteile (§ 194 Abs. 1 Nr. 4) zu bestimmen, dass an dem Stammkapital oder an dem Grundkapital der Gesellschaft neuer Rechtsform jedes Mitglied, das die Rechtsstellung eines beschränkt haftenden Gesellschafters oder eines Aktionärs erlangt, in dem Verhältnis beteiligt wird, in dem am Ende des letzten vor der Beschlussfassung über den Formwechsel abgelaufenen Geschäftsjahres sein Geschäftsguthaben zur Summe der Geschäftsguthaben aller Mitglieder gestanden hat, die durch den Formwechsel Gesellschafter oder Aktionäre geworden sind. ²Der Nennbetrag des Grundkapitals ist so zu bemessen, dass auf jedes Mitglied möglichst volle Aktien entfallen.

(3) ¹Die Geschäftsanteile einer Gesellschaft mit beschränkter Haftung sollen auf einen höheren Nennbetrag als hundert Euro nur gestellt werden, soweit auf die Mitglieder der formwechselnden Genossenschaft volle Geschäftsanteile mit dem höheren Nennbetrag entfallen. ²Aktien können auf einen höheren Betrag als den Mindestbetrag nach § 8 Abs. 2 und 3 des Aktiengesetzes nur gestellt werden, soweit volle Aktien mit dem höheren Betrag auf die Mitglieder entfallen. ³Wird das Vertretungsorgan der Aktiengesellschaft oder der Kommanditgesellschaft auf Aktien in der Satzung ermächtigt, das Grundkapital bis zu einem bestimmten Nennbetrag durch Ausgabe neuer Aktien gegen Einlagen zu erhöhen, so darf die Ermächtigung nicht vorsehen, dass das Vertretungsorgan über den Ausschluss des Bezugsrechts entscheidet.

§ 264 Kapitalschutz[3]

(1) Der Nennbetrag des Stammkapitals einer Gesellschaft mit beschränkter Haftung oder des Grundkapitals einer Aktiengesellschaft oder einer Kommanditgesellschaft auf Aktien darf das nach Abzug der Schulden verbleibende Vermögen der formwechselnden Genossenschaft nicht übersteigen.

(2) Beim Formwechsel in eine Gesellschaft mit beschränkter Haftung sind die Mitglieder der formwechselnden Genossenschaft nicht verpflichtet, einen Sachgründungsbericht zu erstatten.

---

1) **Anm. d. Red.:** § 262 i. d. F. des Gesetzes v. 14. 8. 2006 (BGBl I S. 1911) mit Wirkung v. 18. 8. 2006.
2) **Anm. d. Red.:** § 263 i. d. F. des Gesetzes v. 14. 8. 2006 (BGBl I S. 1911) mit Wirkung v. 18. 8. 2006.
3) **Anm. d. Red.:** § 264 i. d. F. des Gesetzes v. 14. 8. 2006 (BGBl I S. 1911) mit Wirkung v. 18. 8. 2006.

(3) ¹Beim Formwechsel in eine Aktiengesellschaft oder in eine Kommanditgesellschaft auf Aktien hat die Gründungsprüfung durch einen oder mehrere Prüfer (§ 33 Abs. 2 des Aktiengesetzes) in jedem Fall stattzufinden. ²Jedoch sind die Mitglieder der formwechselnden Genossenschaft nicht verpflichtet, einen Gründungsbericht zu erstatten; die §§ 32, 35 Abs. 1 und 2 und § 46 des Aktiengesetzes sind nicht anzuwenden. ³Die für Nachgründungen in § 52 Abs. 1 des Aktiengesetzes bestimmte Frist von zwei Jahren beginnt mit dem Wirksamwerden des Formwechsels.

§ 265 Anmeldung des Formwechsels

¹Auf die Anmeldung nach § 198 ist § 222 Abs. 1 Satz 1 und Abs. 3 entsprechend anzuwenden. ²Der Anmeldung ist das nach § 259 erstattete Prüfungsgutachten in Urschrift oder in öffentlich beglaubigter Abschrift beizufügen.

§ 266 Wirkungen des Formwechsels

(1) ¹Durch den Formwechsel werden die bisherigen Geschäftsanteile zu Anteilen an der Gesellschaft neuer Rechtsform und zu Teilrechten. ²§ 202 Abs. 1 Nr. 2 Satz 2 ist mit der Maßgabe anzuwenden, dass die an den bisherigen Geschäftsguthaben bestehenden Rechte Dritter an den durch den Formwechsel erlangten Anteilen und Teilrechten weiterbestehen.

(2) Teilrechte, die durch den Formwechsel entstehen, sind selbständig veräußerlich und vererblich.

(3) ¹Die Rechte aus einer Aktie einschließlich des Anspruchs auf Ausstellung einer Aktienurkunde können nur ausgeübt werden, wenn Teilrechte, die zusammen eine volle Aktie ergeben, in einer Hand vereinigt sind oder wenn mehrere Berechtigte, deren Teilrechte zusammen eine volle Aktie ergeben, sich zur Ausübung der Rechte zusammenschließen. ²Der Rechtsträger soll die Zusammenführung von Teilrechten zu vollen Aktien vermitteln.

§ 267 Benachrichtigung der Anteilsinhaber[1)]

(1) ¹Das Vertretungsorgan der Gesellschaft neuer Rechtsform hat jedem Anteilsinhaber unverzüglich nach der Bekanntmachung der Eintragung der Gesellschaft in das Register deren Inhalt sowie die Zahl und, mit Ausnahme von Stückaktien, den Nennbetrag der Anteile und des Teilrechts, die auf ihn entfallen sind, in Textform mitzuteilen. ²Dabei soll auf die Vorschriften über Teilrechte in § 266 hingewiesen werden.

(2) ¹Zugleich mit der Mitteilung ist deren wesentlicher Inhalt in den Gesellschaftsblättern bekannt zu machen. ²Der Hinweis nach Absatz 1 Satz 2 braucht in die Bekanntmachung nicht aufgenommen zu werden.

§ 268 Aufforderung an die Aktionäre; Veräußerung von Aktien

(1) ¹In der Mitteilung nach § 267 sind Aktionäre aufzufordern, die ihnen zustehenden Aktien abzuholen. ²Dabei ist darauf hinzuweisen, dass die Gesellschaft berechtigt ist, Aktien, die nicht binnen sechs Monaten seit der Bekanntmachung der Aufforderung in den Gesellschaftsblättern abgeholt werden, nach dreimaliger Androhung für Rechnung der Beteiligten zu veräußern. ³Dieser Hinweis braucht nicht in die Bekanntmachung der Aufforderung in den Gesellschaftsblättern aufgenommen zu werden.

(2) ¹Nach Ablauf von sechs Monaten seit der Bekanntmachung der Aufforderung in den Gesellschaftsblättern hat die Gesellschaft neuer Rechtsform die Veräußerung der nicht abgeholten Aktien anzudrohen. ²Die Androhung ist dreimal in Abständen von mindestens einem Monat in den Gesellschaftsblättern bekannt zu machen. ³Die letzte Bekanntmachung muss vor dem Ablauf von einem Jahr seit der Bekanntmachung der Aufforderung ergehen.

---

1) **Anm. d. Red.:** § 267 i. d. F. des Gesetzes v. 13. 7. 2001 (BGBl I S. 1542) mit Wirkung v. 1. 8. 2001.

(3) ¹Nach Ablauf von sechs Monaten seit der letzten Bekanntmachung der Androhung hat die Gesellschaft die nicht abgeholten Aktien für Rechnung der Beteiligten zum amtlichen Börsenpreis durch Vermittlung eines Kursmaklers und beim Fehlen eines Börsenpreises durch öffentliche Versteigerung zu veräußern. ²§ 226 Abs. 3 Satz 2 bis 6 des Aktiengesetzes ist entsprechend anzuwenden.

§ 269 Hauptversammlungsbeschlüsse; genehmigtes Kapital[1]

¹Solange beim Formwechsel in eine Aktiengesellschaft oder in eine Kommanditgesellschaft auf Aktien die abgeholten oder nach § 268 Abs. 3 veräußerten Aktien nicht insgesamt mindestens sechs Zehntel des Grundkapitals erreichen, kann die Hauptversammlung der Gesellschaft neuer Rechtsform keine Beschlüsse fassen, die nach Gesetz oder Satzung einer Kapitalmehrheit bedürfen. ²Das Vertretungsorgan der Gesellschaft darf während dieses Zeitraums von einer Ermächtigung zu einer Erhöhung des Grundkapitals keinen Gebrauch machen.

§ 270 Abfindungsangebot[2]

(1) Das Abfindungsangebot nach § 207 Abs. 1 Satz 1 gilt auch für jedes Mitglied, das dem Formwechsel bis zum Ablauf des dritten Tages vor dem Tage, an dem der Umwandlungsbeschluss gefasst worden ist, durch eingeschriebenen Brief widersprochen hat.

(2) ¹Zu dem Abfindungsangebot ist eine gutachtliche Äußerung des Prüfungsverbandes einzuholen. ²§ 30 Abs. 2 Satz 2 und 3 ist nicht anzuwenden.

§ 271 Fortdauer der Nachschusspflicht[3]

¹Wird über das Vermögen der Gesellschaft neuer Rechtsform binnen zwei Jahren nach dem Tage, an dem ihre Eintragung in das Register bekannt gemacht worden ist, das Insolvenzverfahren eröffnet, so ist jedes Mitglied, das durch den Formwechsel die Rechtsstellung eines beschränkt haftenden Gesellschafters oder eines Aktionärs erlangt hat, im Rahmen der Satzung der formwechselnden Genossenschaft (§ 6 Nr. 3 des Genossenschaftsgesetzes) zu Nachschüssen verpflichtet, auch wenn es seinen Geschäftsanteil oder seine Aktie veräußert hat. ²Die §§ 105 bis 115a des Genossenschaftsgesetzes sind mit der Maßgabe entsprechend anzuwenden, dass nur solche Verbindlichkeiten der Gesellschaft zu berücksichtigen sind, die bereits im Zeitpunkt des Formwechsels begründet waren.

Vierter Abschnitt: Formwechsel rechtsfähiger Vereine

Erster Unterabschnitt: Allgemeine Vorschriften

§ 272 Möglichkeit des Formwechsels

(1) Ein rechtsfähiger Verein kann auf Grund eines Umwandlungsbeschlusses nur die Rechtsform einer Kapitalgesellschaft oder einer eingetragenen Genossenschaft erlangen.

(2) Ein Verein kann die Rechtsform nur wechseln, wenn seine Satzung oder Vorschriften des Landesrechts nicht entgegenstehen.

---

1) **Anm. d. Red.:** § 269 i. d. F. des Gesetzes v. 25. 3. 1998 (BGBl I S. 590) mit Wirkung v. 1. 4. 1998.
2) **Anm. d. Red.:** § 270 i. d. F. des Gesetzes v. 14. 8. 2006 (BGBl I S. 1911) mit Wirkung v. 18. 8. 2006.
3) **Anm. d. Red.:** § 271 i. d. F. des Gesetzes v. 10. 11. 2006 (BGBl I S. 2553) mit Wirkung v. 1. 1. 2007.

Zweiter Unterabschnitt: Formwechsel in eine Kapitalgesellschaft

§ 273 Möglichkeit des Formwechsels[1)]

Der Formwechsel ist nur möglich, wenn auf jedes Mitglied, das an der Gesellschaft neuer Rechtsform beteiligt wird, als beschränkt haftender Gesellschafter ein Geschäftsanteil, dessen Nennbetrag auf volle Euro lautet, oder als Aktionär mindestens eine volle Aktie entfällt.

§ 274 Vorbereitung und Durchführung der Mitgliederversammlung[2)]

(1) ¹Auf die Vorbereitung der Mitgliederversammlung, die den Formwechsel beschließen soll, sind die §§ 229, 230 Abs. 2 Satz 1 und 2, § 231 Satz 1 und § 260 Abs. 1 entsprechend anzuwenden. ²§ 192 Abs. 2 bleibt unberührt.

(2) Auf die Mitgliederversammlung, die den Formwechsel beschließen soll, ist § 239 Abs. 1 Satz 1 und Abs. 2 entsprechend anzuwenden.

§ 275 Beschluss der Mitgliederversammlung[3)]

(1) Der Umwandlungsbeschluss der Mitgliederversammlung bedarf, wenn der Zweck des Rechtsträgers geändert werden soll (§ 33 Abs. 1 Satz 2 des Bürgerlichen Gesetzbuchs), der Zustimmung aller anwesenden Mitglieder; ihm müssen auch die nicht erschienenen Mitglieder zustimmen.

(2) ¹In anderen Fällen bedarf der Umwandlungsbeschluss einer Mehrheit von mindestens drei Vierteln der abgegebenen Stimmen. ²Er bedarf einer Mehrheit von mindestens neun Zehnteln der abgegebenen Stimmen, wenn spätestens bis zum Ablauf des dritten Tages vor der Mitgliederversammlung wenigstens hundert Mitglieder, bei Vereinen mit weniger als tausend Mitgliedern ein Zehntel der Mitglieder, durch eingeschriebenen Brief Widerspruch gegen den Formwechsel erhoben haben. ³Die Satzung kann größere Mehrheiten und weitere Erfordernisse bestimmen.

(3) Auf den Formwechsel in eine Kommanditgesellschaft auf Aktien ist § 240 Abs. 2 entsprechend anzuwenden.

§ 276 Inhalt des Umwandlungsbeschlusses[4)]

(1) Auf den Umwandlungsbeschluss sind auch die §§ 218, 243 Abs. 3, § 244 Abs. 2 und § 263 Abs. 2 Satz 2, Abs. 3 entsprechend anzuwenden.

(2) Die Beteiligung der Mitglieder am Stammkapital oder am Grundkapital der Gesellschaft neuer Rechtsform darf, wenn nicht alle Mitglieder einen gleich hohen Anteil erhalten sollen, nur nach einem oder mehreren der folgenden Maßstäbe festgesetzt werden:
1. bei Vereinen, deren Vermögen in übertragbare Anteile zerlegt ist, der Nennbetrag oder der Wert dieser Anteile;
2. die Höhe der Beiträge;
3. bei Vereinen, die zu ihren Mitgliedern oder einem Teil der Mitglieder in vertraglichen Geschäftsbeziehungen stehen, der Umfang der Inanspruchnahme von Leistungen des Vereins durch die Mitglieder oder der Umfang der Inanspruchnahme von Leistungen der Mitglieder durch den Verein;
4. ein in der Satzung bestimmter Maßstab für die Verteilung des Überschusses;
5. ein in der Satzung bestimmter Maßstab für die Verteilung des Vermögens;
6. die Dauer der Mitgliedschaft.

---

1) **Anm. d. Red.:** § 273 i. d. F. des Gesetzes v. 23. 10. 2008 (BGBl I S. 2026) mit Wirkung v. 1. 11. 2008.
2) **Anm. d. Red.:** § 274 i. d. F. des Gesetzes v. 30. 7. 2009 (BGBl I S. 2479) mit Wirkung v. 1. 9. 2009.
3) **Anm. d. Red.:** § 275 i. d. F. des Gesetzes v. 24. 9. 2009 (BGBl I S. 3145) mit Wirkung v. 30. 9. 2009.
4) **Anm. d. Red.:** § 276 i. d. F. des Gesetzes v. 25. 3. 1998 (BGBl I S. 590) mit Wirkung v. 1. 4. 1998.

§ 277 Kapitalschutz
Bei der Anwendung der für die neue Rechtsform maßgebenden Gründungsvorschriften ist auch § 264 entsprechend anzuwenden.

§ 278 Anmeldung des Formwechsels
(1) Auf die Anmeldung nach § 198 ist § 222 Abs. 1 und 3 entsprechend anzuwenden.

(2) ¹Ist der formwechselnde Verein nicht in ein Handelsregister eingetragen, so hat sein Vorstand den bevorstehenden Formwechsel durch das in der Vereinssatzung für Veröffentlichungen bestimmte Blatt, in Ermangelung eines solchen durch dasjenige Blatt bekannt zu machen, das für Bekanntmachungen des Amtsgerichts bestimmt ist, in dessen Bezirk der formwechselnde Verein seinen Sitz hat. ²Die Bekanntmachung tritt an die Stelle der Eintragung der Umwandlung in das Register nach § 198 Abs. 2 Satz 3. ³§ 50 Abs. 1 Satz 4 des Bürgerlichen Gesetzbuchs ist entsprechend anzuwenden.

§ 279 (weggefallen)[1]

§ 280 Wirkungen des Formwechsels
¹Durch den Formwechsel werden die bisherigen Mitgliedschaften zu Anteilen an der Gesellschaft neuer Rechtsform und zu Teilrechten. ²§ 266 Abs. 1 Satz 2, Abs. 2 und 3 ist entsprechend anzuwenden.

§ 281 Benachrichtigung der Anteilsinhaber; Veräußerung von Aktien; Hauptversammlungsbeschlüsse
(1) Auf die Benachrichtigung der Anteilsinhaber durch die Gesellschaft, auf die Aufforderung von Aktionären zur Abholung der ihnen zustehenden Aktien und auf die Veräußerung nicht abgeholter Aktien sind die §§ 267 und 268 entsprechend anzuwenden.

(2) Auf Beschlüsse der Hauptversammlung der Gesellschaft neuer Rechtsform sowie auf eine Ermächtigung des Vertretungsorgans zur Erhöhung des Grundkapitals ist § 269 entsprechend anzuwenden.

§ 282 Abfindungsangebot[2]
(1) Auf das Abfindungsangebot nach § 207 Abs. 1 Satz 1 ist § 270 Abs. 1 entsprechend anzuwenden.

(2) Absatz 1 und die §§ 207 bis 212 sind auf den Formwechsel eines eingetragenen Vereins, der nach § 5 Abs. 1 Nr. 9 des Körperschaftsteuergesetzes von der Körperschaftsteuer befreit ist, nicht anzuwenden.

Dritter Unterabschnitt: Formwechsel in eine eingetragene Genossenschaft

§ 283 Vorbereitung und Durchführung der Mitgliederversammlung[3]
(1) ¹Auf die Vorbereitung der Mitgliederversammlung, die den Formwechsel beschließen soll, sind die §§ 229 und 230 Abs. 2 Satz 1 und 2, § 231 Satz 1 und § 260 Abs. 1 entsprechend anzuwenden. ²§ 192 Abs. 2 bleibt unberührt.

(2) Auf die Mitgliederversammlung, die den Formwechsel beschließen soll, ist § 239 Abs. 1 Satz 1 und Abs. 2 entsprechend anzuwenden.

---

1) **Anm. d. Red.:** § 279 weggefallen gem. Gesetz v. 10. 11. 2006 (BGBl I S. 2553) mit Wirkung v. 1. 1. 2007.
2) **Anm. d. Red.:** § 282 i. d. F. des Gesetzes v. 22. 7. 1998 (BGBl I S. 1878) mit Wirkung v. 1. 8. 1998.
3) **Anm. d. Red.:** § 283 i. d. F. des Gesetzes v. 30. 7. 2009 (BGBl I S. 2479) mit Wirkung v. 1. 9. 2009.

§ 284 Beschluss der Mitgliederversammlung[1]

¹Der Umwandlungsbeschluss der Mitgliederversammlung bedarf, wenn der Zweck des Rechtsträgers geändert werden soll (§ 33 Abs. 1 Satz 2 des Bürgerlichen Gesetzbuchs) oder wenn die Satzung der Genossenschaft eine Verpflichtung der Mitglieder der Genossenschaft zur Leistung von Nachschüssen vorsieht, der Zustimmung aller anwesenden Mitglieder; ihm müssen auch die nicht erschienenen Mitglieder zustimmen. ²Im Übrigen ist § 275 Abs. 2 entsprechend anzuwenden.

§ 285 Inhalt des Umwandlungsbeschlusses

(1) Auf den Umwandlungsbeschluss ist auch § 253 Abs. 1 und Abs. 2 Satz 1 entsprechend anzuwenden.

(2) Sollen bei der Genossenschaft nicht alle Mitglieder mit der gleichen Zahl von Geschäftsanteilen beteiligt werden, so darf die unterschiedlich hohe Beteiligung nur nach einem oder mehreren der in § 276 Abs. 2 Satz 1 bezeichneten Maßstäbe festgesetzt werden.

§ 286 Anmeldung des Formwechsels

Auf die Anmeldung nach § 198 sind die §§ 254 und 278 Abs. 2 entsprechend anzuwenden.

§ 287 (weggefallen)[2]

§ 288 Wirkungen des Formwechsels[3]

(1) ¹Jedes Mitglied, das die Rechtsstellung eines Mitglieds der Genossenschaft erlangt, ist bei der Genossenschaft nach Maßgabe des Umwandlungsbeschlusses beteiligt. ²Eine Verpflichtung zur Übernahme weiterer Geschäftsanteile bleibt unberührt. ³§ 255 Abs. 1 Satz 3 ist entsprechend anzuwenden.

(2) Das Gericht darf eine Auflösung der Genossenschaft von Amts wegen nach § 80 des Genossenschaftsgesetzes nicht vor Ablauf eines Jahres seit dem Wirksamwerden des Formwechsels aussprechen.

§ 289 Geschäftsguthaben; Benachrichtigung der Mitglieder[4]

(1) Jedem Mitglied der Genossenschaft kann als Geschäftsguthaben auf Grund des Formwechsels höchstens der Nennbetrag der Geschäftsanteile gutgeschrieben werden, mit denen es bei der Genossenschaft beteiligt ist.

(2) § 256 Abs. 3 ist entsprechend anzuwenden.

§ 290 Abfindungsangebot[5]

Auf das Abfindungsangebot nach § 207 Abs. 1 Satz 2 sind § 270 Abs. 1 sowie § 282 Abs. 2 entsprechend anzuwenden.

---

1) **Anm. d. Red.:** § 284 i. d. F. des Gesetzes v. 14. 8. 2006 (BGBl I S. 1911) mit Wirkung v. 18. 8. 2006.
2) **Anm. d. Red.:** § 287 weggefallen gem. Gesetz v. 10. 11. 2006 (BGBl I S. 2553) mit Wirkung v. 1. 1. 2007.
3) **Anm. d. Red.:** § 288 i. d. F. des Gesetzes v. 14. 8. 2006 (BGBl I S. 1911) mit Wirkung v. 18. 8. 2006.
4) **Anm. d. Red.:** § 289 1 i. d. F. des Gesetzes v. 14. 8. 2006 (BGBl I S. 1911) mit Wirkung v. 18. 8. 2006.
5) **Anm. d. Red.:** § 290 i. d. F. des Gesetzes v. 22. 7. 1998 (BGBl I S. 1878) mit Wirkung v. 1. 8. 1998.

Fünfter Abschnitt: Formwechsel von Versicherungsvereinen auf Gegenseitigkeit

§ 291 Möglichkeit des Formwechsels[1]

(1) Ein Versicherungsverein auf Gegenseitigkeit, der kein kleinerer Verein im Sinne des § 210 des Versicherungsaufsichtsgesetzes ist, kann auf Grund eines Umwandlungsbeschlusses nur die Rechtsform einer Aktiengesellschaft erlangen.

(2) Der Formwechsel ist nur möglich, wenn auf jedes Mitglied des Vereins, das an der Aktiengesellschaft beteiligt wird, mindestens eine volle Aktie entfällt.

§ 292 Vorbereitung und Durchführung der Versammlung der obersten Vertretung[2]

(1) Auf die Vorbereitung der Versammlung der obersten Vertretung, die den Formwechsel beschließen soll, sind die §§ 229 und 230 Abs. 2 Satz 1 und 2, § 231 Satz 1 und § 260 Abs. 1 entsprechend anzuwenden.

(2) Auf die Durchführung der Versammlung der obersten Vertretung, die den Formwechsel beschließen soll, ist § 239 Abs. 1 Satz 1 und Abs. 2 entsprechend anzuwenden.

§ 293 Beschluss der obersten Vertretung

¹Der Umwandlungsbeschluss der obersten Vertretung bedarf einer Mehrheit von mindestens drei Vierteln der abgegebenen Stimmen. ²Er bedarf einer Mehrheit von neun Zehnteln der abgegebenen Stimmen, wenn spätestens bis zum Ablauf des dritten Tages vor der Versammlung der obersten Vertretung wenigstens hundert Mitglieder des Vereins durch eingeschriebenen Brief Widerspruch gegen den Formwechsel erhoben haben. ³Die Satzung kann größere Mehrheiten und weitere Erfordernisse bestimmen.

§ 294 Inhalt des Umwandlungsbeschlusses[3]

(1) ¹Auf den Umwandlungsbeschluss sind auch § 218 Abs. 1 und § 263 Abs. 3 Satz 2 und 3 entsprechend anzuwenden. ²In dem Umwandlungsbeschluss kann bestimmt werden, dass Mitglieder, die dem formwechselnden Verein weniger als drei Jahre vor der Beschlussfassung über den Formwechsel angehören, von der Beteiligung an der Aktiengesellschaft ausgeschlossen sind.

(2) ¹Das Grundkapital der Aktiengesellschaft ist in der Höhe des Grundkapitals vergleichbarer Versicherungsunternehmen in der Rechtsform der Aktiengesellschaft festzusetzen. ²Würde die Aufsichtsbehörde einer neu zu gründenden Versicherungs-Aktiengesellschaft die Erlaubnis zum Geschäftsbetrieb nur bei Festsetzung eines höheren Grundkapitals erteilen, so ist das Grundkapital auf diesen Betrag festzusetzen, soweit dies nach den Vermögensverhältnissen des formwechselnden Vereins möglich ist. ³Ist eine solche Festsetzung nach den Vermögensverhältnissen des Vereins nicht möglich, so ist der Nennbetrag des Grundkapitals so zu bemessen, dass auf jedes Mitglied, das die Rechtsstellung eines Aktionärs erlangt, möglichst volle Aktien entfallen.

(3) Die Beteiligung der Mitglieder am Grundkapital der Aktiengesellschaft darf, wenn nicht alle Mitglieder einen gleich hohen Anteil erhalten sollen, nur nach einem oder mehreren der folgenden Maßstäbe festgesetzt werden:
1. die Höhe der Versicherungssumme;
2. die Höhe der Beiträge;
3. die Höhe der Deckungsrückstellung in der Lebensversicherung;
4. der in der Satzung bestimmte Maßstab für die Verteilung des Überschusses;

---

1) **Anm. d. Red.:** § 291 i. d. F. des Gesetzes v. 1. 4. 2015 (BGBl I S. 434) mit Wirkung v. 1. 1. 2016.
2) **Anm. d. Red.:** § 292 i. d. F. des Gesetzes v. 30. 7. 2009 (BGBl I S. 2479) mit Wirkung v. 1. 9. 2009.
3) **Anm. d. Red.:** § 294 i. d. F. des Gesetzes v. 25. 3. 1998 (BGBl I S. 590) mit Wirkung v. 1. 4. 1998.

5. ein in der Satzung bestimmter Maßstab für die Verteilung des Vermögens;
6. die Dauer der Mitgliedschaft.

§ 295 Kapitalschutz
Bei der Anwendung der Gründungsvorschriften des Aktiengesetzes ist auch § 264 Abs. 1 und 3 entsprechend anzuwenden.

§ 296 Anmeldung des Formwechsels
Auf die Anmeldung nach § 198 ist § 246 Abs. 1 und 2 entsprechend anzuwenden.

§ 297 (weggefallen)[1)]

§ 298 Wirkungen des Formwechsels
[1]Durch den Formwechsel werden die bisherigen Mitgliedschaften zu Aktien und Teilrechten. [2]§ 266 Abs. 1 Satz 2, Abs. 2 und 3 ist entsprechend anzuwenden.

§ 299 Benachrichtigung der Aktionäre; Veräußerung von Aktien; Hauptversammlungsbeschlüsse
(1) Auf die Benachrichtigung der Aktionäre durch die Gesellschaft ist § 267, auf die Aufforderung zur Abholung der ihnen zustehenden Aktien und auf die Veräußerung nicht abgeholter Aktien ist § 268 entsprechend anzuwenden.

(2) [1]Auf Beschlüsse der Hauptversammlung der Aktiengesellschaft sowie auf eine Ermächtigung des Vorstandes zur Erhöhung des Grundkapitals ist § 269 entsprechend anzuwenden. [2]Die Aufsichtsbehörde kann Ausnahmen von der entsprechenden Anwendung des § 269 Satz 1 zulassen, wenn dies erforderlich ist, um zu verhindern, dass der Aktiengesellschaft erhebliche Nachteile entstehen.

§ 300 Abfindungsangebot[2)]
Auf das Abfindungsangebot nach § 207 Abs. 1 Satz 1 ist § 270 Abs. 1 entsprechend anzuwenden.

Sechster Abschnitt: Formwechsel von Körperschaften und Anstalten des öffentlichen Rechts

§ 301 Möglichkeit des Formwechsels
(1) Soweit gesetzlich nichts anderes bestimmt ist, kann eine Körperschaft oder Anstalt des öffentlichen Rechts durch Formwechsel nur die Rechtsform einer Kapitalgesellschaft erlangen.

(2) Der Formwechsel ist nur möglich, wenn die Körperschaft oder Anstalt rechtsfähig ist und das für sie maßgebende Bundes- oder Landesrecht einen Formwechsel vorsieht oder zulässt.

§ 302 Anzuwendende Vorschriften
[1]Die Vorschriften des Ersten Teils sind auf den Formwechsel nur anzuwenden, soweit sich aus dem für die formwechselnde Körperschaft oder Anstalt maßgebenden Bundes- oder Landesrecht nichts anderes ergibt. [2]Nach diesem Recht richtet es sich insbesondere, auf welche Weise der Gesellschaftsvertrag oder die Satzung der Gesellschaft neuer Rechtsform abgeschlossen oder festgestellt wird, wer an dieser Gesellschaft als Anteilsinhaber beteiligt wird und welche Person oder welche Personen den Gründern der Gesellschaft gleichstehen; die §§ 28 und 29 des Aktiengesetzes sind nicht anzuwenden.

---

1) **Anm. d. Red.:** § 297 weggefallen gem. Gesetz v. 10. 11. 2006 (BGBl I S. 2553) mit Wirkung v. 1. 1. 2007.
2) **Anm. d. Red.:** § 300 i. d. F. des Gesetzes v. 22. 7. 1998 (BGBl I S. 1878) mit Wirkung v. 1. 8. 1998.

§ 303 Kapitalschutz; Zustimmungserfordernisse

(1) Außer den für die neue Rechtsform maßgebenden Gründungsvorschriften ist auch § 220 entsprechend anzuwenden.

(2) ¹Ein Formwechsel in eine Kommanditgesellschaft auf Aktien bedarf der Zustimmung aller Anteilsinhaber, die in dieser Gesellschaft die Stellung eines persönlich haftenden Gesellschafters haben sollen. ²Auf den Beitritt persönlich haftender Gesellschafter ist § 221 entsprechend anzuwenden.

§ 304 Wirksamwerden des Formwechsels

¹Der Formwechsel wird mit der Eintragung der Kapitalgesellschaft in das Handelsregister wirksam. ²Mängel des Formwechsels lassen die Wirkungen der Eintragung unberührt.

§§ 305 bis 312 (weggefallen)[1]

Sechstes Buch: Strafvorschriften und Zwangsgelder[2]

§ 313 Unrichtige Darstellung[3]

(1) Mit Freiheitsstrafe bis zu drei Jahren oder mit Geldstrafe wird bestraft, wer als Mitglied eines Vertretungsorgans, als vertretungsberechtigter Gesellschafter oder Partner, als Mitglied eines Aufsichtsrats oder als Abwickler eines an einer Umwandlung beteiligten Rechtsträgers bei dieser Umwandlung
1. die Verhältnisse des Rechtsträgers einschließlich seiner Beziehungen zu verbundenen Unternehmen in einem in diesem Gesetz vorgesehenen Bericht (Verschmelzungsbericht, Spaltungsbericht, Übertragungsbericht, Umwandlungsbericht), in Darstellungen oder Übersichten über den Vermögensstand, in Vorträgen oder Auskünften in der Versammlung der Anteilsinhaber unrichtig wiedergibt oder verschleiert, wenn die Tat nicht in § 331 Nr. 1 oder Nr. 1a des Handelsgesetzbuchs mit Strafe bedroht ist, oder
2. in Aufklärungen und Nachweisen, die nach den Vorschriften dieses Gesetzes einem Verschmelzungs-, Spaltungs- oder Übertragungsprüfer zu geben sind, unrichtige Angaben macht oder die Verhältnisse des Rechtsträgers einschließlich seiner Beziehungen zu verbundenen Unternehmen unrichtig wiedergibt oder verschleiert.

(2) Ebenso wird bestraft, wer als Geschäftsführer einer Gesellschaft mit beschränkter Haftung, als Mitglied des Vorstands einer Aktiengesellschaft, als zur Vertretung ermächtigter persönlich haftender Gesellschafter einer Kommanditgesellschaft auf Aktien oder als Abwickler einer solchen Gesellschaft in einer Erklärung nach § 52 über die Zustimmung der Anteilsinhaber dieses Rechtsträgers oder in einer Erklärung nach § 140 oder § 146 Abs. 1 über die Deckung des Stammkapitals oder Grundkapitals der übertragenden Gesellschaft unrichtige Angaben macht oder seiner Erklärung zugrunde legt.

§ 314 Verletzung der Berichtspflicht

(1) Mit Freiheitsstrafe bis zu drei Jahren oder mit Geldstrafe wird bestraft, wer als Verschmelzungs-, Spaltungs- oder Übertragungsprüfer oder als Gehilfe eines solchen Prüfers über das Ergebnis einer aus Anlass einer Umwandlung erforderlichen Prüfung falsch berichtet oder erhebliche Umstände in dem Prüfungsbericht verschweigt.

(2) Handelt der Täter gegen Entgelt oder in der Absicht, sich oder einen anderen zu bereichern oder einen anderen zu schädigen, so ist die Strafe Freiheitsstrafe bis zu fünf Jahren oder Geldstrafe.

---

1) **Anm. d. Red.:** §§ 305 bis 312 (bisheriges Sechstes Buch) weggefallen gem. Gesetz v. 12. 6. 2003 (BGBl I S. 838) mit Wirkung v. 1. 9. 2003.

2) **Anm. d. Red.:** Bisheriges Siebentes Buch jetzt Sechstes Buch gem. Gesetz v. 12. 6. 2003 (BGBl I S. 838) mit Wirkung v. 1. 9. 2003.

3) **Anm. d. Red.:** § 313 i. d. F. des Gesetzes v. 11. 7. 2011 (BGBl I S. 1338) mit Wirkung v. 15. 7. 2011.

§ 314a Falsche Angaben[1)]

Mit Freiheitsstrafe bis zu drei Jahren oder mit Geldstrafe wird bestraft, wer entgegen § 122k Abs. 1 Satz 3 eine Versicherung nicht richtig abgibt.

§ 315 Verletzung der Geheimhaltungspflicht[2)]

(1) Mit Freiheitsstrafe bis zu einem Jahr oder mit Geldstrafe wird bestraft, wer ein Geheimnis eines an einer Umwandlung beteiligten Rechtsträgers, namentlich ein Betriebs- oder Geschäftsgeheimnis, das ihm in seiner Eigenschaft als

1. Mitglied des Vertretungsorgans, vertretungsberechtigter Gesellschafter oder Partner, Mitglied eines Aufsichtsrats oder Abwickler dieses oder eines anderen an der Umwandlung beteiligten Rechtsträgers,

2. Verschmelzungs-, Spaltungs- oder Übertragungsprüfer oder Gehilfe eines solchen Prüfers

bekannt geworden ist, unbefugt offenbart, wenn die Tat im Falle der Nummer 1 nicht in § 85 des Gesetzes betreffend die Gesellschaften mit beschränkter Haftung, § 404 des Aktiengesetzes oder § 151 des Genossenschaftsgesetzes, im Falle der Nummer 2 nicht in § 333 des Handelsgesetzbuchs mit Strafe bedroht ist.

(2) ¹Handelt der Täter gegen Entgelt oder in der Absicht, sich oder einen anderen zu bereichern oder einen anderen zu schädigen, so ist die Strafe Freiheitsstrafe bis zu zwei Jahren oder Geldstrafe. ²Ebenso wird bestraft, wer ein Geheimnis der in Absatz 1 bezeichneten Art, namentlich ein Betriebs- oder Geschäftsgeheimnis, das ihm unter den Voraussetzungen des Absatzes 1 bekannt geworden ist, unbefugt verwertet.

(3) ¹Die Tat wird nur auf Antrag eines der an der Umwandlung beteiligten Rechtsträger verfolgt. ²Hat ein Mitglied eines Vertretungsorgans, ein vertretungsberechtigter Gesellschafter oder Partner oder ein Abwickler die Tat begangen, so sind auch ein Aufsichtsrat oder ein nicht vertretungsberechtigter Gesellschafter oder Partner antragsberechtigt. ³Hat ein Mitglied eines Aufsichtsrats die Tat begangen, sind auch die Mitglieder des Vorstands, die vertretungsberechtigten Gesellschafter oder Partner oder die Abwickler antragsberechtigt.

§ 316 Zwangsgelder[3)]

(1) ¹Mitglieder eines Vertretungsorgans, vertretungsberechtigte Gesellschafter, vertretungsberechtigte Partner oder Abwickler, die § 13 Abs. 3 Satz 3 sowie § 125 Satz 1, § 176 Abs. 1, § 177 Abs. 1, § 178 Abs. 1, § 179 Abs. 1, § 180 Abs. 1, § 184 Abs. 1, § 186 Satz 1, § 188 Abs. 1 und § 189 Abs. 1, jeweils in Verbindung mit § 13 Abs. 3 Satz 3, sowie § 193 Abs. 3 Satz 2 nicht befolgen, sind hierzu von dem zuständigen Registergericht durch Festsetzung von Zwangsgeld anzuhalten; § 14 des Handelsgesetzbuchs bleibt unberührt. ²Das einzelne Zwangsgeld darf den Betrag von fünftausend Euro nicht übersteigen.

(2) Die Anmeldungen einer Umwandlung zu dem zuständigen Register nach § 16 Abs. 1, den §§ 38, 122k Abs. 1, § 122l Abs. 1, §§ 129 und 137 Abs. 1 und 2, § 176 Abs. 1, § 177 Abs. 1, § 178 Abs. 1, § 179 Abs. 1, § 180 Abs. 1, § 184 Abs. 1, §§ 186, 188 Abs. 1, § 189 Abs. 1, §§ 198, 222, 235, 246, 254, 265, 278 Abs. 1, §§ 286 und 296 werden durch Festsetzung von Zwangsgeld nicht erzwungen.

---

1) **Anm. d. Red.:** § 314a eingefügt gem. Gesetz v. 19. 4. 2007 (BGBl I S. 542) mit Wirkung v. 25. 4. 2007.
2) **Anm. d. Red.:** § 315 i. d. F. des Gesetzes v. 1. 4. 2015 (BGBl I S. 434) mit Wirkung v. 1. 1. 2016.
3) **Anm. d. Red.:** § 316 i. d. F. des Gesetzes v. 19. 4. 2007 (BGBl I S. 542) mit Wirkung v. 25. 4. 2007.

Siebentes Buch: Übergangs- und Schlussvorschriften[1)]

§ 317 Umwandlung alter juristischer Personen

¹Eine juristische Person im Sinne des Artikels 163 des Einführungsgesetzes zum Bürgerlichen Gesetzbuche kann nach den für wirtschaftliche Vereine geltenden Vorschriften dieses Gesetzes umgewandelt werden. ²Hat eine solche juristische Person keine Mitglieder, so kann sie nach den für Stiftungen geltenden Vorschriften dieses Gesetzes umgewandelt werden.

§ 318 Eingeleitete Umwandlungen; Umstellung auf den Euro[2)]

(1) ¹Die Vorschriften dieses Gesetzes sind nicht auf solche Umwandlungen anzuwenden, zu deren Vorbereitung bereits vor dem 1. Januar 1995 ein Vertrag oder eine Erklärung beurkundet oder notariell beglaubigt oder eine Versammlung der Anteilsinhaber einberufen worden ist. ²Für diese Umwandlungen bleibt es bei der Anwendung der bis zu diesem Tage geltenden Vorschriften.

(2) ¹Wird eine Umwandlung nach dem 31. Dezember 1998 in das Handelsregister eingetragen, so erfolgt eine Neufestsetzung der Nennbeträge von Anteilen einer Kapitalgesellschaft als übernehmendem Rechtsträger, deren Anteile noch der bis dahin gültigen Nennbetragseinteilung entsprechen, nach den bis zu diesem Zeitpunkt geltenden Vorschriften. ²Wo dieses Gesetz für einen neuen Rechtsträger oder einen Rechtsträger neuer Rechtsform auf die jeweils geltenden Gründungsvorschriften verweist oder bei dem Formwechsel in eine Kapitalgesellschaft anderer Rechtsform die Vorschriften anderer Gesetze über die Änderung des Stammkapitals oder des Grundkapitals unberührt lässt, gilt dies jeweils auch für die entsprechenden Überleitungsvorschriften zur Einführung des Euro im Einführungsgesetz zum Aktiengesetz und im Gesetz betreffend die Gesellschaften mit beschränkter Haftung; ist ein neuer Rechtsträger oder ein Rechtsträger neuer Rechtsform bis zum 31. Dezember 1998 zur Eintragung in das Handelsregister angemeldet worden, bleibt es bei der Anwendung der bis zu diesem Tage geltenden Gründungsvorschriften.

§ 319 Enthaftung bei Altverbindlichkeiten[3)]

¹Die §§ 45, 133 Abs. 1, 3 bis 5, §§ 157, 167, 173, 224, 237, 249 und 257 sind auch auf vor dem 1. Januar 1995 entstandene Verbindlichkeiten anzuwenden, wenn

1. die Umwandlung danach in das Register eingetragen wird und
2. die Verbindlichkeiten nicht später als vier Jahre nach dem Zeitpunkt, an dem die Eintragung der Umwandlung in das Register bekannt gemacht worden ist, fällig werden oder nach Inkrafttreten des Gesetzes zur zeitlichen Begrenzung der Nachhaftung von Gesellschaftern vom 18. März 1994 (BGBl I S. 560) begründet worden sind.

²Auf später fällig werdende und vor Inkrafttreten des Gesetzes zur zeitlichen Begrenzung der Nachhaftung von Gesellschaftern vom 18. März 1994 (BGBl I S. 560) entstandene Verbindlichkeiten sind die §§ 45, 49 Abs. 4, §§ 56, 56f Abs. 2, § 57 Abs. 2 und § 58 Abs. 2 des Umwandlungsgesetzes in der durch Artikel 10 Abs. 8 des Gesetzes vom 19. Dezember 1985 (BGBl I S. 2355) geänderten Fassung der Bekanntmachung vom 6. November 1969 (BGBl I S. 2081) mit der Maßgabe anwendbar, dass die Verjährungsfrist ein Jahr beträgt. ³In den Fällen, in denen das bisher geltende Recht eine Umwandlungsmöglichkeit nicht vorsah, verjähren die in Satz 2 genannten Verbindlichkeiten entsprechend den dort genannten Vorschriften.

---

1) **Anm. d. Red.:** Bisheriges Achtes Buch jetzt Siebentes Buch gem. Gesetz v. 12. 6. 2003 (BGBl I S. 838) mit Wirkung v. 1. 9. 2003.
2) **Anm. d. Red.:** § 318 i. d. F. des Gesetzes v. 9. 6. 1998 (BGBl I S. 1242) mit Wirkung v. 1. 1. 1999.
3) **Anm. d. Red.:** § 319 i. d. F. des Gesetzes v. 10. 11. 2006 (BGBl I S. 2553) mit Wirkung v. 1. 1. 2007.

§ 320 Aufhebung des Umwandlungsgesetzes 1969

Das Umwandlungsgesetz in der Fassung der Bekanntmachung vom 6. November 1969 (BGBl I S. 2081), zuletzt geändert durch Artikel 2 des Gesetzes vom 18. März 1994 (BGBl I S. 560), wird aufgehoben.

§ 321 Übergangsvorschrift zum Gesetz zur Umsetzung der Aktionärsrechterichtlinie und zum Dritten Gesetz zur Änderung des Umwandlungsgesetzes[1]

(1) Im Fall des § 15 Abs. 2 Satz 1 bleibt es für die Zeit vor dem 1. September 2009 bei dem bis dahin geltenden Zinssatz.

(2) § 16 Abs. 3 Satz 3 Nr. 2 in der Fassung des Gesetzes zur Umsetzung der Aktionärsrechterichtlinie vom 30. Juli 2009 (BGBl I S. 2479) ist nicht auf Freigabeverfahren und Beschwerdeverfahren anzuwenden, die vor dem 1. September 2009 anhängig waren.

(3) § 62 Absatz 4 und 5, § 63 Absatz 2 Satz 5 bis 7, § 64 Absatz 1 sowie § 143 in der Fassung des Dritten Gesetzes zur Änderung des Umwandlungsgesetzes vom 11. Juli 2011 (BGBl I S. 1338) sind erstmals auf Umwandlungen anzuwenden, bei denen der Verschmelzungs- oder Spaltungsvertrag nach dem 14. Juli 2011 geschlossen worden ist.

§ 322 Gemeinsamer Betrieb[2]

Führen an einer Spaltung oder an einer Teilübertragung nach dem Dritten oder Vierten Buch beteiligte Rechtsträger nach dem Wirksamwerden der Spaltung oder der Teilübertragung einen Betrieb gemeinsam, gilt dieser als Betrieb im Sinne des Kündigungsschutzrechts.

§ 323 Kündigungsrechtliche Stellung

(1) Die kündigungsrechtliche Stellung eines Arbeitnehmers, der vor dem Wirksamwerden einer Spaltung oder Teilübertragung nach dem Dritten oder Vierten Buch zu dem übertragenden Rechtsträger in einem Arbeitsverhältnis steht, verschlechtert sich auf Grund der Spaltung oder Teilübertragung für die Dauer von zwei Jahren ab dem Zeitpunkt ihres Wirksamwerdens nicht.

(2) Kommt bei einer Verschmelzung, Spaltung oder Vermögensübertragung ein Interessenausgleich zustande, in dem diejenigen Arbeitnehmer namentlich bezeichnet werden, die nach der Umwandlung einem bestimmten Betrieb oder Betriebsteil zugeordnet werden, so kann die Zuordnung der Arbeitnehmer durch das Arbeitsgericht nur auf grobe Fehlerhaftigkeit überprüft werden.

§ 324 Rechte und Pflichten bei Betriebsübergang[3]

§ 613a Abs. 1, 4 bis 6 des Bürgerlichen Gesetzbuchs bleibt durch die Wirkungen der Eintragung einer Verschmelzung, Spaltung oder Vermögensübertragung unberührt.

§ 325 Mitbestimmungsbeibehaltung

(1) ¹Entfallen durch Abspaltung oder Ausgliederung im Sinne des § 123 Abs. 2 und 3 bei einem übertragenden Rechtsträger die gesetzlichen Voraussetzungen für die Beteiligung der Arbeitnehmer im Aufsichtsrat, so finden die vor der Spaltung geltenden Vorschriften noch für einen Zeitraum von fünf Jahren nach dem Wirksamwerden der Abspaltung oder Ausgliederung Anwendung. ²Dies gilt nicht, wenn die betreffenden Vorschriften eine Mindestzahl von Arbeitnehmern voraussetzen und die danach berechnete Zahl der Arbeitnehmer des übertragenden Rechtsträgers auf weniger als in der Regel ein Viertel dieser Mindestzahl sinkt.

---

1) **Anm. d. Red.:** § 321 i. d. F. des Gesetzes v. 11. 7. 2011 (BGBl I S. 1338) mit Wirkung v. 15. 7. 2011.
2) **Anm. d. Red.:** § 322 i. d. F. des Gesetzes v. 23. 7. 2001 (BGBl I S. 1852) mit Wirkung v. 28. 7. 2001.
3) **Anm. d. Red.:** § 324 i. d. F. des Gesetzes v. 23. 3. 2002 (BGBl I S. 1163) mit Wirkung v. 1. 4. 2002.

(2) ¹Hat die Spaltung oder Teilübertragung eines Rechtsträgers die Spaltung eines Betriebes zur Folge und entfallen für die aus der Spaltung hervorgegangenen Betriebe Rechte oder Beteiligungsrechte des Betriebsrats, so kann durch Betriebsvereinbarung oder Tarifvertrag die Fortgeltung dieser Rechte und Beteiligungsrechte vereinbart werden. ²Die §§ 9 und 27 des Betriebsverfassungsgesetzes bleiben unberührt.

XXIV. Wechselgesetz (WG)
v. 21. 6. 1933 (RGBl I S. 399) mit späteren Änderungen

Das Wechselgesetz (WG) v. 21. 6. 1933 (RGBl I S. 399) ist zuletzt geändert worden durch Art. 201 Zehnte Zuständigkeitsanpassungsverordnung v. 31. 8. 2015 (BGBl I S. 1474).

Nichtamtliche Fassung

Erster Teil: Gezogener Wechsel
Erster Abschnitt: Ausstellung und Form des gezogenen Wechsels

Art. 1 Notwendige Wechselangaben[1)]
Der gezogene Wechsel enthält:
1. die Bezeichnung als Wechsel im Texte der Urkunde, und zwar in der Sprache, in der sie ausgestellt ist;
2. die unbedingte Anweisung, eine bestimmte Geldsumme zu zahlen;
3. den Namen dessen, der zahlen soll (Bezogener);
4. die Angabe der Verfallzeit;
5. die Angabe des Zahlungsortes;
6. den Namen dessen, an den oder an dessen Order gezahlt werden soll;
7. die Angabe des Tages und des Ortes der Ausstellung;
8. die Unterschrift des Ausstellers.

Art. 2 Fehlen notwendiger Wechselangaben
(1) Eine Urkunde, der einer der im vorstehenden Artikel bezeichneten Bestandteile fehlt, gilt nicht als gezogener Wechsel, vorbehaltlich der in den folgenden Absätzen bezeichneten Fälle.

(2) Ein Wechsel ohne Angabe der Verfallzeit gilt als Sichtwechsel.

(3) Mangels einer besonderen Angabe gilt der bei dem Namen des Bezogenen angegebene Ort als Zahlungsort und zugleich als Wohnort des Bezogenen.

(4) Ein Wechsel ohne Angabe des Ausstellungsortes gilt als ausgestellt an dem Orte, der bei dem Namen des Ausstellers angegeben ist.

Art. 3 Besondere Arten des Wechsels
(1) Der Wechsel kann an die eigene Order des Ausstellers lauten.

(2) Er kann auf den Aussteller selbst gezogen werden.

(3) Er kann für Rechnung eines Dritten gezogen werden.

Art. 4 Zahlungsort
Der Wechsel kann bei einem Dritten, am Wohnort des Bezogenen oder an einem anderen Orte, zahlbar gestellt werden.

Art. 5 Verzinsung
(1) ¹In einem Wechsel, der auf Sicht oder auf eine bestimmte Zeit nach Sicht lautet, kann der Aussteller bestimmen, dass die Wechselsumme zu verzinsen ist. ²Bei jedem anderen Wechsel gilt der Zinsvermerk als nicht geschrieben.

---

1) **Anm. d. Red.:** Die Überschriften zu den einzelnen Artikeln sind nicht amtlich.

(2) Der Zinsfuß ist im Wechsel anzugeben; fehlt diese Angabe, so gilt der Zinsvermerk als nicht geschrieben.

(3) Die Zinsen laufen vom Tage der Ausstellung des Wechsels, sofern nicht ein anderer Tag bestimmt ist.

Art. 6 Angabe der Wechselsumme

(1) Ist die Wechselsumme in Buchstaben und in Ziffern angegeben, so gilt bei Abweichungen die in Buchstaben angegebene Summe.

(2) Ist die Wechselsumme mehrmals in Buchstaben oder mehrmals in Ziffern angegeben, so gilt bei Abweichungen die geringste Summe.

Art. 7 Gültigkeit des Wechsels bei unwirksamen Unterschriften

Trägt ein Wechsel Unterschriften von Personen, die eine Wechselverbindlichkeit nicht eingehen können, gefälschte Unterschriften, Unterschriften erdichteter Personen oder Unterschriften, die aus irgendeinem anderen Grunde für die Personen, die unterschrieben haben oder mit deren Namen unterschrieben worden ist, keine Verbindlichkeit begründen, so hat dies auf die Gültigkeit der übrigen Unterschriften keinen Einfluss.

Art. 8 Wechselmäßige Haftung des vollmachtlosen Vertreters

[1]Wer auf einen Wechsel seine Unterschrift als Vertreter eines andern setzt, ohne hierzu ermächtigt zu sein, haftet selbst wechselmäßig und hat, wenn er den Wechsel einlöst, dieselben Rechte, die der angeblich Vertretene haben würde. [2]Das Gleiche gilt von einem Vertreter, der seine Vertretungsbefugnis überschritten hat.

Art. 9 Ausstellerhaftung

(1) Der Aussteller haftet für die Annahme und die Zahlung des Wechsels.

(2) Er kann die Haftung für die Annahme ausschließen; jeder Vermerk, durch den er die Haftung für die Zahlung ausschließt, gilt als nicht geschrieben.

Art. 10 Abredewidrige Ausfüllung des Blankowechsels

Wenn ein Wechsel, der bei der Begebung unvollständig war, den getroffenen Vereinbarungen zuwider ausgefüllt worden ist, so kann die Nichteinhaltung dieser Vereinbarungen dem Inhaber nicht entgegengesetzt werden, es sei denn, dass er den Wechsel in bösem Glauben erworben hat oder ihm beim Erwerb eine grobe Fahrlässigkeit zur Last fällt.

Zweiter Abschnitt: Indossament

Art. 11 Wechselübertragung durch Indossament

(1) Jeder Wechsel kann durch Indossament übertragen werden, auch wenn er nicht ausdrücklich an Order lautet.

(2) Hat der Aussteller in den Wechsel die Worte „nicht an Order" oder einen gleichbedeutenden Vermerk aufgenommen, so kann der Wechsel nur in der Form und mit den Wirkungen einer gewöhnlichen Abtretung übertragen werden.

(3) [1]Das Indossament kann auch auf den Bezogenen, gleichviel ob er den Wechsel angenommen hat oder nicht, auf den Aussteller oder auf jeden anderen Wechselverpflichteten lauten. [2]Diese Personen können den Wechsel weiter indossieren.

Art. 12 Bedingungsfeindlichkeit des Indossaments, Indossament an den Inhaber

(1) [1]Das Indossament muss unbedingt sein. [2]Bedingungen, von denen es abhängig gemacht wird, gelten als nicht geschrieben.

(2) Ein Teilindossament ist nichtig.

(3) Ein Indossament an den Inhaber gilt als Blankoindossament.

Art. 13 Form des Indossaments, Blankoindossament

(1) ¹Das Indossament muss auf den Wechsel oder auf ein mit dem Wechsel verbundenes Blatt (Anhang) gesetzt werden. ²Es muss von dem Indossanten unterschrieben werden.

(2) ¹Das Indossament braucht den Indossatar nicht zu bezeichnen und kann selbst in der bloßen Unterschrift des Indossanten bestehen (Blankoindossament). ²In diesem letzteren Falle muss das Indossament, um gültig zu sein, auf die Rückseite des Wechsels oder auf den Anhang gesetzt werden.

Art. 14 Übertragungswirkung

(1) Das Indossament überträgt alle Rechte aus dem Wechsel.

(2) Ist es ein Blankoindossament, so kann der Inhaber

1. das Indossament mit seinem Namen oder mit dem Namen eines anderen ausfüllen;
2. den Wechsel durch ein Blankoindossament oder an eine bestimmte Person weiter indossieren;
3. den Wechsel weiterbegeben, ohne das Blankoindossament auszufüllen und ohne ihn zu indossieren.

Art. 15 Haftung des Indossanten

(1) Der Indossant haftet mangels eines entgegenstehenden Vermerkes für die Annahme und die Zahlung.

(2) Er kann untersagen, dass der Wechsel weiter indossiert wird; in diesem Falle haftet er denen nicht, an die der Wechsel weiter indossiert wird.

Art. 16 Vermutung für rechtmäßige Inhaberschaft, Gutglaubensschutz

(1) ¹Wer den Wechsel in Händen hat, gilt als rechtmäßiger Inhaber, sofern er sein Recht durch eine ununterbrochene Reihe von Indossamenten nachweist, und zwar auch dann, wenn das letzte ein Blankoindossament ist. ²Ausgestrichene Indossamente gelten hierbei als nicht geschrieben. ³Folgt auf ein Blankoindossament ein weiteres Indossament, so wird angenommen, dass der Aussteller dieses Indossaments den Wechsel durch das Blankoindossament erworben hat.

(2) Ist der Wechsel einem früheren Inhaber irgendwie abhanden gekommen, so ist der neue Inhaber, der sein Recht nach den Vorschriften des vorstehenden Absatzes nachweist, zur Herausgabe des Wechsels verpflichtet, wenn er ihn in bösem Glauben erworben hat oder ihm beim Erwerb eine grobe Fahrlässigkeit zur Last fällt.

Art. 17 Einwendungen gegenüber Wechselinhaber bei Inanspruchnahme aus Wechsel

Wer aus dem Wechsel in Anspruch genommen wird, kann dem Inhaber keine Einwendungen entgegensetzen, die sich auf seine unmittelbaren Beziehungen zu dem Aussteller oder zu einem früheren Inhaber gründen, es sei denn, dass der Inhaber bei dem Erwerbe des Wechsels bewusst zum Nachteil des Schuldners gehandelt hat.

Art. 18 Rechte des Wechselinhabers bei Vollmachtsindossament

(1) Enthält das Indossament den Vermerk „Wert zur Einziehung", „zum Inkasso", „in Prokura" oder einen anderen nur eine Bevollmächtigung ausdrückenden Vermerk, so kann der Inhaber alle Rechte aus dem Wechsel geltend machen; aber er kann ihn nur durch ein weiteres Vollmachtsindossament übertragen.

(2) Die Wechselverpflichteten können in diesem Falle dem Inhaber nur solche Einwendungen entgegensetzen, die ihnen gegen den Indossanten zustehen.

(3) Die in dem Vollmachtsindossament enthaltene Vollmacht erlischt weder mit dem Tode noch mit dem Eintritt der Handlungsunfähigkeit des Vollmachtgebers.

Art. 19 Pfandindossament

(1) Enthält das Indossament den Vermerk „Wert zur Sicherheit", „Wert zum Pfande" oder einen anderen eine Verpfändung ausdrückenden Vermerk, so kann der Inhaber alle Rechte aus dem Wechsel geltend machen; ein von ihm ausgestelltes Indossament hat aber nur die Wirkung eines Vollmachtsindossaments.

(2) Die Wechselverpflichteten können dem Inhaber keine Einwendungen entgegensetzen, die sich auf ihre unmittelbaren Beziehungen zu dem Indossanten gründen, es sei denn, dass der Inhaber bei dem Erwerbe des Wechsels bewusst zum Nachteil des Schuldners gehandelt hat.

Art. 20 Indossament nach Verfall

(1) ¹Ein Indossament nach Verfall hat dieselben Wirkungen wie ein Indossament vor Verfall. ²Ist jedoch der Wechsel erst nach Erhebung des Protestes mangels Zahlung oder nach Ablauf der hierfür bestimmten Frist indossiert worden, so hat das Indossament nur die Wirkungen einer gewöhnlichen Abtretung.

(2) Bis zum Beweis des Gegenteils wird vermutet, dass ein nicht datiertes Indossament vor Ablauf der für die Erhebung des Protestes bestimmten Frist auf den Wechsel gesetzt worden ist.

Dritter Abschnitt: Annahme

Art. 21 Vorlegung zur Annahme

Der Wechsel kann von dem Inhaber oder von jedem, der den Wechsel auch nur in Händen hat, bis zum Verfall dem Bezogenen an seinem Wohnort zur Annahme vorgelegt werden.

Art. 22 Vorlagepflicht

(1) Der Aussteller kann in jedem Wechsel mit oder ohne Bestimmung einer Frist vorschreiben, dass der Wechsel zur Annahme vorgelegt werden muss.

(2) Er kann im Wechsel die Vorlegung zur Annahme untersagen, wenn es sich nicht um einen Wechsel handelt, der bei einem Dritten oder an einem von dem Wohnort des Bezogenen verschiedenen Ort zahlbar ist oder der auf eine bestimmte Zeit nach Sicht lautet.

(3) Er kann auch vorschreiben, dass der Wechsel nicht vor einem bestimmten Tage zur Annahme vorgelegt werden darf.

(4) Jeder Indossant kann, wenn nicht der Aussteller die Vorlegung zur Annahme untersagt hat, mit oder ohne Bestimmung einer Frist vorschreiben, dass der Wechsel zur Annahme vorgelegt werden muss.

Art. 23 Nachsichtwechsel

(1) Wechsel, die auf eine bestimmte Zeit nach Sicht lauten, müssen binnen einem Jahre nach dem Tage der Ausstellung zur Annahme vorgelegt werden.

(2) Der Aussteller kann eine kürzere oder längere Frist bestimmen.

(3) Die Indossanten können die Vorlegungsfristen abkürzen.

Art. 24 Anspruch auf nochmalige Vorlegung

(1) ¹Der Bezogene kann verlangen, dass ihm der Wechsel am Tage nach der ersten Vorlegung nochmals vorgelegt wird. ²Die Beteiligten können sich darauf, dass diesem Verlangen nicht entsprochen worden ist, nur berufen, wenn das Verlangen im Protest vermerkt ist.

(2) Der Inhaber ist nicht verpflichtet, den zur Annahme vorgelegten Wechsel in der Hand des Bezogenen zu lassen.

Art. 25 Annahmeerklärung

(1) ¹Die Annahmeerklärung wird auf den Wechsel gesetzt. ²Sie wird durch das Wort „angenommen" oder ein gleichbedeutendes Wort ausgedrückt; sie ist vom Bezogenen zu unterschreiben. ³Die bloße Unterschrift des Bezogenen auf der Vorderseite des Wechsels gilt als Annahme.

(2) ¹Lautet der Wechsel auf eine bestimmte Zeit nach Sicht oder ist er infolge eines besonderen Vermerks innerhalb einer bestimmten Frist zur Annahme vorzulegen, so muss die Annahmeerklärung den Tag bezeichnen, an dem sie erfolgt ist, sofern nicht der Inhaber die Angabe des Tages der Vorlegung verlangt. ²Ist kein Tag angegeben, so muss der Inhaber, um seine Rückgriffsrechte gegen die Indossanten und den Aussteller zu wahren, diese Unterlassung rechtzeitig durch einen Protest feststellen lassen.

Art. 26 Annahme ohne Bedingung

(1) Die Annahme muss unbedingt sein; der Bezogene kann sie aber auf einen Teil der Wechselsumme beschränken.

(2) ¹Wenn die Annahmeerklärung irgendeine andere Abweichung von den Bestimmungen des Wechsels enthält, so gilt die Annahme als verweigert. ²Der Annehmende haftet jedoch nach dem Inhalt seiner Annahmeerklärung.

Art. 27 Domizilwechsel, Zahlstellenwechsel

(1) ¹Hat der Aussteller im Wechsel einen von dem Wohnort des Bezogenen verschiedenen Zahlungsort angegeben, ohne einen Dritten zu bezeichnen, bei dem die Zahlung geleistet werden soll, so kann der Bezogene bei der Annahmeerklärung einen Dritten bezeichnen. ²Mangels einer solchen Bezeichnung wird angenommen, dass sich der Annehmer verpflichtet hat, selbst am Zahlungsorte zu zahlen.

(2) Ist der Wechsel beim Bezogenen selbst zahlbar, so kann dieser in der Annahmeerklärung eine am Zahlungsorte befindliche Stelle bezeichnen, wo die Zahlung geleistet werden soll.

Art. 28 Zahlungsverpflichtung bei Annahme

(1) Der Bezogene wird durch die Annahme verpflichtet, den Wechsel bei Verfall zu bezahlen.

(2) Mangels Zahlung hat der Inhaber, auch wenn er der Aussteller ist, gegen den Annehmer einen unmittelbaren Anspruch aus dem Wechsel auf alles, was aufgrund der Artikel 48 und 49 gefordert werden kann.

Art. 29 Durchgestrichene Annahmeerklärung

(1) ¹Hat der Bezogene die auf den Wechsel gesetzte Annahmeerklärung vor der Rückgabe des Wechsels gestrichen, so gilt die Annahme als verweigert. ²Bis zum Beweis des Gegenteils wird vermutet, dass die Streichung vor der Rückgabe des Wechsels erfolgt ist.

(2) Hat der Bezogene jedoch dem Inhaber oder einer Person, deren Unterschrift sich auf dem Wechsel befindet, die Annahme schriftlich mitgeteilt, so haftet er diesen nach dem Inhalt seiner Annahmeerklärung.

Vierter Abschnitt: Wechselbürgschaft

Art. 30 Sicherung der Wechselsumme durch Wechselbürgschaft

(1) Die Zahlung der Wechselsumme kann ganz oder teilweise durch Wechselbürgschaft gesichert werden.

(2) Diese Sicherheit kann von einem Dritten oder auch von einer Person geleistet werden, deren Unterschrift sich schon auf dem Wechsel befindet.

Art. 31 Form der Wechselbürgschaft

(1) Die Bürgschaftserklärung wird auf den Wechsel oder auf einen Anhang gesetzt.

(2) Sie wird durch die Worte „als Bürge" oder einen gleichbedeutenden Vermerk ausgedrückt; sie ist von dem Wechselbürgen zu unterschreiben.

(3) Die bloße Unterschrift auf der Vorderseite des Wechsels gilt als Bürgschaftserklärung, soweit es sich nicht um die Unterschrift des Bezogenen oder des Ausstellers handelt.

(4) In der Erklärung ist anzugeben, für wen die Bürgschaft geleistet wird; mangels einer solchen Angabe gilt sie für den Aussteller.

Art. 32 Haftung des Wechselbürgen

(1) Der Wechselbürge haftet in der gleichen Weise wie derjenige, für den er sich verbürgt hat.

(2) Seine Verpflichtungserklärung ist auch gültig, wenn die Verbindlichkeit, für die er sich verbürgt hat, aus einem anderen Grund als wegen eines Formfehlers nichtig ist.

(3) Der Wechselbürge, der den Wechsel bezahlt, erwirbt die Rechte aus dem Wechsel gegen denjenigen, für den er sich verbürgt hat, und gegen alle, die diesem wechselmäßig haften.

Fünfter Abschnitt: Verfall

Art. 33 Verfallzeiten

(1) Ein Wechsel kann gezogen werden

auf Sicht;
auf eine bestimmte Zeit nach Sicht;
auf eine bestimmte Zeit nach der Ausstellung;
auf einen bestimmten Tag.

(2) Wechsel mit anderen oder mit mehreren aufeinander folgenden Verfallzeiten sind nichtig.

Art. 34 Fälligkeit des Sichtwechsels

(1) [1]Der Sichtwechsel ist bei der Vorlegung fällig. [2]Er muss binnen einem Jahre nach der Ausstellung zur Zahlung vorgelegt werden. [3]Der Aussteller kann eine kürzere oder eine längere Frist bestimmen. [4]Die Indossanten können die Vorlegungsfristen abkürzen.

(2) [1]Der Aussteller kann vorschreiben, dass der Sichtwechsel nicht vor einem bestimmten Tage zur Zahlung vorgelegt werden darf. [2]In diesem Falle beginnt die Vorlegungsfrist mit diesem Tage.

Art. 35 Verfall des Wechsels nach Sicht

(1) Der Verfall eines Wechsels, der auf eine bestimmte Zeit nach Sicht lautet, richtet sich nach dem in der Annahmeerklärung angegebenen Tage oder nach dem Tage des Protestes.

(2) Ist in der Annahmeerklärung ein Tag nicht angegeben und ein Protest nicht erhoben worden, so gilt dem Annehmer gegenüber der Wechsel als am letzten Tage der für die Vorlegung zur Annahme vorgesehenen Frist angenommen.

Art. 36 Auslegungsregeln

(1) ¹Ein Wechsel, der auf einen oder mehrere Monate nach der Ausstellung oder nach Sicht lautet, verfällt an dem entsprechenden Tage des Zahlungsmonats. ²Fehlt dieser Tag, so ist der Wechsel am letzten Tage des Monats fällig.

(2) Lautet der Wechsel auf einen oder mehrere Monate und einen halben Monat nach der Ausstellung oder nach Sicht, so werden die ganzen Monate zuerst gezählt.

(3) Ist als Verfallzeit der Anfang, die Mitte oder das Ende eines Monats angegeben, so ist darunter der erste, der fünfzehnte oder letzte Tag des Monats zu verstehen.

(4) Die Ausdrücke „acht Tage" oder „fünfzehn Tage" bedeuten nicht eine oder zwei Wochen, sondern volle acht oder fünfzehn Tage.

(5) Der Ausdruck „halber Monat" bedeutet fünfzehn Tage.

Art. 37 Kalenderabweichungen

(1) Ist ein Wechsel an einem bestimmten Tag an einem Orte zahlbar, dessen Kalender von dem des Ausstellungsorts abweicht, so ist für den Verfalltag der Kalender des Zahlungsorts maßgebend.

(2) Ist ein zwischen zwei Orten mit verschiedenem Kalender gezogener Wechsel eine bestimmte Zeit nach der Ausstellung zahlbar, so wird der Tag der Ausstellung in den nach dem Kalender des Zahlungsorts entsprechenden Tag umgerechnet und hiernach der Verfalltag ermittelt.

(3) Auf die Berechnung der Fristen für die Vorlegung von Wechseln findet die Vorschrift des vorstehenden Absatzes entsprechende Anwendung.

(4) Die Vorschriften dieses Artikels finden keine Anwendung, wenn sich aus einem Vermerk im Wechsel oder sonst aus dessen Inhalt ergibt, dass etwas anderes beabsichtigt war.

Sechster Abschnitt: Zahlung

Art. 38 Pflicht zur Vorlegung des Wechsels[1]

(1) Der Inhaber eines Wechsels, der an einem bestimmten Tage oder bestimmte Zeit nach der Ausstellung oder nach Sicht zahlbar ist, hat den Wechsel am Zahlungstag oder an einem der beiden folgenden Werktage zur Zahlung vorzulegen.

(2) Die Einlieferung in eine Abrechnungsstelle steht der Vorlegung zur Zahlung gleich.

(3) Das Bundesministerium der Justiz und für Verbraucherschutz bestimmt, welche Einrichtungen als Abrechnungsstellen anzusehen sind und unter welchen Voraussetzungen die Einlieferung erfolgen kann.

Art. 39 Quittung, Teilzahlung

(1) Der Bezogene kann vom Inhaber gegen Zahlung die Aushändigung des quittierten Wechsels verlangen.

(2) Der Inhaber darf eine Teilzahlung nicht zurückweisen.

(3) Im Falle der Teilzahlung kann der Bezogene verlangen, dass sie auf dem Wechsel vermerkt und ihm eine Quittung erteilt wird.

Art. 40 Keine Zahlungspflicht vor Verfall

(1) Der Inhaber des Wechsels ist nicht verpflichtet, die Zahlung vor Verfall anzunehmen.

(2) Der Bezogene, der vor Verfall zahlt, handelt auf eigene Gefahr.

---

1) **Anm. d. Red.:** Art. 38 i. d. F. der VO v. 31. 8. 2015 (BGBl I S. 1474) mit Wirkung v. 8. 9. 2015.

(3) ¹Wer bei Verfall zahlt, wird von seiner Verbindlichkeit befreit, wenn ihm nicht Arglist oder grobe Fahrlässigkeit zur Last fällt. ²Er ist verpflichtet, die Ordnungsmäßigkeit der Reihe der Indossamente, aber nicht die Unterschriften der Indossanten zu prüfen.

Art. 41 Wechselsumme in fremder Währung

(1) ¹Lautet der Wechsel auf eine Währung, die am Zahlungsorte nicht gilt, so kann die Wechselsumme in der Landeswährung nach dem Werte gezahlt werden, den sie am Verfalltage besitzt. ²Wenn der Schuldner die Zahlung verzögert, so kann der Inhaber wählen, ob die Wechselsumme nach dem Kurs des Verfalltages oder nach dem Kurs des Zahlungstages in die Landeswährung umgerechnet werden soll.

(2) ¹Der Wert der fremden Währung bestimmt sich nach den Handelsgebräuchen des Zahlungsortes. ²Der Aussteller kann jedoch im Wechsel für die zu zahlende Summe einen Umrechnungskurs bestimmen.

(3) Die Vorschriften der beiden ersten Absätze finden keine Anwendung, wenn der Aussteller die Zahlung in einer bestimmten Währung vorgeschrieben hat (Effektivvermerk).

(4) Lautet der Wechsel auf eine Geldsorte, die im Lande der Ausstellung dieselbe Bezeichnung, aber einen anderen Wert hat als in dem der Zahlung, so wird vermutet, dass die Geldsorte des Zahlungsortes gemeint ist.

Art. 42 Hinterlegung der Wechselsumme durch Wechselschuldner

Wird der Wechsel nicht innerhalb der im Artikel 38 bestimmten Frist zur Zahlung vorgelegt, so kann der Schuldner die Wechselsumme bei der zuständigen Behörde auf Gefahr und Kosten des Inhabers hinterlegen.

Siebenter Abschnitt: Rückgriff mangels Annahme und mangels Zahlung

Art. 43 Rückgriff des Wechselinhabers[1]

(1) Der Inhaber kann gegen die Indossanten, den Aussteller und die anderen Wechselverpflichteten bei Verfall des Wechsels Rückgriff nehmen, wenn der Wechsel nicht bezahlt worden ist.

(2) Das gleiche Recht steht dem Inhaber schon vor Verfall zu,

1. wenn die Annahme ganz oder teilweise verweigert worden ist;
2. wenn über das Vermögen des Bezogenen, gleichviel ob er den Wechsel angenommen hat oder nicht, das Insolvenzverfahren eröffnet worden ist oder wenn der Bezogene auch nur seine Zahlungen eingestellt hat oder wenn eine Zwangsvollstreckung in sein Vermögen fruchtlos verlaufen ist;
3. wenn über das Vermögen des Ausstellers eines Wechsels, dessen Vorlegung zur Annahme untersagt ist, das Insolvenzverfahren eröffnet worden ist.

Art. 44 Protest mangels Annahme oder Zahlung[2]

(1) Die Verweigerung der Annahme oder der Zahlung muss durch eine öffentliche Urkunde (Protest mangels Annahme oder mangels Zahlung) festgestellt werden.

(2) ¹Der Protest mangels Annahme muss innerhalb der Frist erhoben werden, die für die Vorlegung zur Annahme gilt. ²Ist im Falle des Artikels 24 Abs. 1 der Wechsel am letzten Tage der Frist zum ersten Male vorgelegt worden, so kann der Protest noch am folgenden Tage erhoben werden.

---

1) **Anm. d. Red.:** Art. 43 i. d. F. des Gesetzes v. 5. 10. 1994 (BGBl I S. 2911) mit Wirkung v. 1. 1. 1999.
2) **Anm. d. Red.:** Art. 44 i. d. F. des Gesetzes v. 10. 10. 2013 (BGBl I S. 3786) mit Wirkung v. 1. 7. 2014.

(3) ¹Der Protest mangels Zahlung muss bei einem Wechsel, der an einem bestimmten Tag oder bestimmte Zeit nach der Ausstellung oder nach Sicht zahlbar ist, an einem der beiden auf den Zahlungstag folgenden Werktage erhoben werden. ²Bei einem Sichtwechsel muss der Protest mangels Zahlung in den gleichen Fristen erhoben werden, wie sie im vorhergehenden Absatz für den Protest mangels Annahme vorgesehen sind.

(4) Ist Protest mangels Annahme erhoben worden, so bedarf es weder der Vorlegung zur Zahlung noch des Protestes mangels Zahlung.

(5) Hat der Bezogene, gleichviel ob er den Wechsel angenommen hat oder nicht, seine Zahlungen eingestellt, oder ist eine Zwangsvollstreckung in sein Vermögen fruchtlos verlaufen, so kann der Inhaber nur Rückgriff nehmen, nachdem der Wechsel dem Bezogenen zur Zahlung vorgelegt und Protest erhoben worden ist.

(6) ¹Ist über das Vermögen des Bezogenen, gleichviel ob er den Wechsel angenommen hat oder nicht, oder über das Vermögen des Ausstellers eines Wechsels, dessen Vorlegung zur Annahme untersagt ist, das Insolvenzverfahren eröffnet worden, so genügt es zur Ausübung des Rückgriffsrechts, dass der gerichtliche Beschluss über die Eröffnung des Insolvenzverfahrens vorgelegt wird. ²Die Vorlegung der Bekanntmachung des gerichtlichen Beschlusses im Internet oder der Veröffentlichung nach § 9 Absatz 2 Satz 1 der Insolvenzordnung ist der Vorlegung des gerichtlichen Beschlusses gleichzuachten.

Art. 45 Benachrichtigung bei Verweigerung der Annahme oder Zahlung

(1) ¹Der Inhaber muss seinen unmittelbaren Vormann und den Aussteller von dem Unterbleiben der Annahme oder der Zahlung innerhalb der vier Werktage benachrichtigen, die auf den Tag der Protesterhebung oder, im Falle des Vermerks, „ohne Kosten", auf den Tag der Vorlegung folgen. ²Jeder Indossant muss innerhalb zweier Werktage nach Empfang der Nachricht seinem unmittelbaren Vormanne von der Nachricht, die er erhalten hat, Kenntnis geben und ihm die Namen und Adressen derjenigen mitteilen, die vorher Nachricht gegeben haben, und so weiter in der Reihenfolge, bis zum Aussteller. ³Die Fristen laufen vom Empfang der vorhergehenden Nachricht.

(2) Wird nach Maßgabe des vorhergehenden Absatzes eine Person, deren Unterschrift sich auf dem Wechsel befindet, Nachricht gegeben, so muss die gleiche Nachricht in derselben Frist ihrem Wechselbürgen gegeben werden.

(3) Hat ein Indossant seine Adresse nicht oder in unleserlicher Form angegeben, so genügt es, dass sein unmittelbarer Vormann benachrichtigt wird.

(4) Die Nachricht kann in jeder Form gegeben werden, auch durch die bloße Rücksendung des Wechsels.

(5) ¹Der zur Benachrichtigung Verpflichtete hat zu beweisen, dass er in der vorgeschriebenen Frist benachrichtigt hat. ²Die Frist gilt als eingehalten, wenn ein Schreiben, das die Benachrichtigung enthält, innerhalb der Frist zur Post gegeben worden ist.

(6) Wer die rechtzeitige Benachrichtigung versäumt, verliert nicht den Rückgriff; er haftet für den etwa durch seine Nachlässigkeit entstandenen Schaden, jedoch nur bis zur Höhe der Wechselsumme.

Art. 46 Befreiung von der Verpflichtung zur Protesterhebung

(1) Der Aussteller sowie jeder Indossant oder Wechselbürge kann durch den Vermerk „ohne Kosten", „ohne Protest" oder einen gleichbedeutenden auf den Wechsel gesetzten und unterzeichneten Vermerk den Inhaber von der Verpflichtung befreien, zum Zwecke der Ausübung des Rückgriffs Protest mangels Annahme oder mangels Zahlung erheben zu lassen.

(2) ¹Der Vermerk befreit den Inhaber nicht von der Verpflichtung, den Wechsel rechtzeitig vorzulegen und die erforderlichen Nachrichten zu geben. ²Der Beweis, dass die Frist nicht eingehalten worden ist, liegt demjenigen ob, der sich dem Inhaber gegenüber darauf beruft.

(3) ¹Ist der Vermerk vom Aussteller beigefügt, so wirkt er gegenüber allen Wechselverpflichteten; ist er von einem Indossanten oder einem Wechselbürgen beigefügt, so wirkt er nur diesen gegenüber. ²Lässt der Inhaber ungeachtet des vom Aussteller beigefügten Vermerks Protest erheben, so fallen ihm die Kosten zur Last. ³Ist der Vermerk von einem Indossanten oder einem Wechselbürgen beigefügt, so sind alle Wechselverpflichteten zum Ersatze der Kosten eines dennoch erhobenen Protestes verpflichtet.

Art. 47 Gesamtschuldnerische Haftung

(1) Alle, die einen Wechsel ausgestellt, angenommen, indossiert oder mit einer Bürgschaftserklärung versehen haben, haften dem Inhaber als Gesamtschuldner.

(2) Der Inhaber kann jeden einzelnen oder mehrere oder alle zusammen in Anspruch nehmen, ohne an die Reihenfolge gebunden zu sein, in der sie sich verpflichtet haben.

(3) Das gleiche Recht steht jedem Wechselverpflichteten zu, der den Wechsel eingelöst hat.

(4) Durch die Geltendmachung des Anspruchs gegen einen Wechselverpflichteten verliert der Inhaber nicht seine Rechte gegen die anderen Wechselverpflichteten, auch nicht gegen die Nachmänner desjenigen, der zuerst in Anspruch genommen worden ist.

Art. 48 Umfang des Rückgriffsanspruchs[1)]

(1) Der Inhaber kann im Wege des Rückgriffs verlangen:
1. die Wechselsumme, soweit der Wechsel nicht angenommen oder nicht eingelöst worden ist, mit den etwa bedungenen Zinsen;
2. Zinsen zu sechs vom Hundert seit dem Verfalltage. ²Bei einem Wechsel, der im Inland sowohl ausgestellt als auch zahlbar ist, beträgt der Zinssatz zwei vom Hundert über dem jeweiligen Basiszinssatz nach § 247 des Bürgerlichen Gesetzbuchs, mindestens aber sechs vom Hundert;
3. die Kosten des Protestes und der Nachrichten sowie die anderen Auslagen;
4. eine Vergütung, die mangels besonderer Vereinbarung ein Drittel vom Hundert der Hauptsumme des Wechsels beträgt und diesen Satz keinesfalls überschreiten darf.

(2) ¹Wird der Rückgriff vor Verfall genommen, so werden von der Wechselsumme Zinsen abgezogen. ²Diese Zinsen werden aufgrund des öffentlich bekannt gemachten Diskontsatzes (Satz der Zentralnotenbank) berechnet, der am Tage des Rückgriffs am Wohnort des Inhabers gilt.

Art. 49 Rückgriffsanspruch nach Einlösung des Wechsels[2)]

Wer den Wechsel eingelöst hat, kann von seinen Vormännern verlangen:
1. den vollen Betrag, den er gezahlt hat;
2. die Zinsen dieses Betrags zu sechs vom Hundert seit dem Tage der Einlösung. ²Bei einem Wechsel, der im Inland sowohl ausgestellt als auch zahlbar ist, beträgt der Zinssatz zwei vom Hundert über dem jeweiligen Basiszinssatz nach § 247 des Bürgerlichen Gesetzbuchs, mindestens aber sechs vom Hundert;
3. seine Auslagen;
4. eine Vergütung, die nach den Vorschriften des Artikels 48 Abs. 1 Nr. 4 berechnet wird.

Art. 50 Aushändigung des Wechsels gegen Entrichtung der Rückgriffssumme

(1) Jeder Wechselverpflichtete, gegen den Rückgriff genommen wird oder genommen werden kann, ist berechtigt, zu verlangen, dass ihm gegen Entrichtung der Rückgriffssumme der Wechsel mit dem Protest und eine quittierte Rechnung ausgehändigt werden.

---

1) **Anm. d. Red.:** Art. 48 i. d. F. des Gesetzes v. 23. 7. 2002 (BGBl I S. 2850) mit Wirkung v. 1. 8. 2002.
2) **Anm. d. Red.:** Art. 49 i. d. F. des Gesetzes v. 23. 7. 2002 (BGBl I S. 2850) mit Wirkung v. 1. 8. 2002.

(2) Jeder Indossant, der den Wechsel eingelöst hat, kann sein Indossament und die Indossaments seiner Nachmänner ausstreichen.

Art. 51 Rückgriff nach Teilnahme

[1]Bei dem Rückgriff nach einer Teilnahme kann derjenige, der den nicht angenommenen Teil der Wechselsumme entrichtet, verlangen, dass dies auf dem Wechsel vermerkt und ihm darüber Quittung erteilt wird. [2]Der Inhaber muss ihm ferner eine beglaubigte Abschrift des Wechsels und den Protest aushändigen, um den weiteren Rückgriff zu ermöglichen.

Art. 52 Ausstellung eines Rückwechsels

(1) Wer zum Rückgriff berechtigt ist, kann mangels eines entgegenstehenden Vermerkes den Rückgriff dadurch nehmen, dass er auf einen seiner Vormänner einen neuen Wechsel (Rückwechsel) zieht, der auf Sicht lautet und am Wohnort dieses Vormannes zahlbar ist.

(2) Der Rückwechsel umfasst, außer den in den Artikeln 48 und 49 angegebenen Beträgen, die Mäklergebühr und die Stempelsteuer für den Rückwechsel.

(3) [1]Wird der Rückwechsel vom Inhaber gezogen, so richtet sich die Höhe der Wechselsumme nach dem Kurse, den ein vom Zahlungsorte des ursprünglichen Wechsels auf den Wohnort des Vormannes gezogener Sichtwechsel hat. [2]Wird der Rückwechsel von einem Indossanten gezogen, so richtet sich die Höhe der Wechselsumme nach dem Kurse, den ein vom Wohnorte des Ausstellers des Rückwechsels auf den Wohnort des Vormannes gezogener Sichtwechsel hat.

Art. 53 Folgen der Fristversäumnis

(1) Mit der Versäumung der Fristen

für die Vorlegung eines Wechsels, der auf Sicht oder auf eine bestimmte Zeit nach Sicht lautet,

für die Erhebung des Protestes mangels Annahme oder mangels Zahlung,

für die Vorlegung zur Zahlung im Falle des Vermerkes „ohne Kosten"

verliert der Inhaber seine Rechte gegen die Indossanten, den Aussteller und alle anderen Wechselverpflichteten, mit Ausnahme des Annehmers.

(2) Versäumt der Inhaber die vom Aussteller für die Vorlegung zur Annahme vorgeschriebene Frist, so verliert er das Recht, mangels Annahme und mangels Zahlung Rückgriff zu nehmen, sofern nicht der Wortlaut des Vermerkes ergibt, dass der Aussteller nur die Haftung für die Annahme hat ausschließen wollen.

(3) Ist die Frist für die Vorlegung in einem Indossament enthalten, so kann sich nur der Indossant darauf berufen.

Art. 54 Unmöglichkeit der rechtzeitigen Vorlegung des Wechsels oder Protesterhebung

(1) Steht der rechtzeitigen Vorlegung des Wechsels oder der rechtzeitigen Erhebung des Protestes ein unüberwindliches Hindernis entgegen (gesetzliche Vorschrift eines Staates oder ein anderer Fall höherer Gewalt), so werden die für diese Handlungen bestimmten Fristen verlängert.

(2) Der Inhaber ist verpflichtet, seinen unmittelbaren Vormann von dem Falle der höheren Gewalt unverzüglich zu benachrichtigen und die Benachrichtigung unter Beifügung des Tages und Ortes sowie seiner Unterschrift auf dem Wechsel oder einem Anhang zu vermerken; im Übrigen finden die Vorschriften des Artikels 45 Anwendung.

(3) Fällt die höhere Gewalt weg, so muss der Inhaber den Wechsel unverzüglich zur Annahme oder zur Zahlung vorlegen und gegebenenfalls Protest erheben lassen.

(4) Dauert die höhere Gewalt länger als dreißig Tage nach Verfall, so kann Rückgriff genommen werden, ohne dass es der Vorlegung oder der Protesterhebung bedarf.

(5) ¹Bei Wechseln, die auf Sicht oder auf eine bestimmte Zeit nach Sicht lauten, läuft die dreißigtägige Frist von dem Tage, an dem der Inhaber seinen Vormann von dem Falle der höheren Gewalt benachrichtigt hat; diese Nachricht kann schon vor Ablauf der Vorlegungsfrist gegeben werden. ²Bei Wechseln, die auf bestimmte Zeit nach Sicht lauten, verlängert sich die dreißigtägige Frist um die im Wechsel angegebene Nachsichtfrist.

(6) Tatsachen, die rein persönlich den Inhaber oder denjenigen betreffen, den er mit der Vorlegung des Wechsels oder mit der Protesterhebung beauftragt hat, gelten nicht als Fälle höherer Gewalt.

Achter Abschnitt: Ehreneintritt

1. Allgemeine Vorschriften

Art. 55 Notadresse, Ehrenannahme, Ehrenzahlung

(1) Der Aussteller sowie jeder Indossant oder Wechselbürge kann eine Person angeben, die im Notfall annehmen oder zahlen soll.

(2) Der Wechsel kann unter den nachstehend bezeichneten Voraussetzungen zu Ehren eines jeden Wechselverpflichteten, gegen den Rückgriff genommen werden kann, angenommen oder bezahlt werden.

(3) Jeder Dritte, auch der Bezogene, sowie jeder aus dem Wechsel bereits Verpflichtete, mit Ausnahme des Annehmers, kann einen Wechsel zu Ehren annehmen oder bezahlen.

(4) ¹Wer zu Ehren annimmt oder zahlt, ist verpflichtet, den Wechselverpflichteten, für den er eintritt, innerhalb zweier Werktage hiervon zu benachrichtigen. ²Hält er die Frist nicht ein, so haftet er für den etwa durch seine Nachlässigkeit entstandenen Schaden, jedoch nur bis zur Höhe der Wechselsumme.

2. Ehrenannahme

Art. 56 Zulässigkeit und Wirkung

(1) Die Ehrenannahme ist in allen Fällen zulässig, in denen der Inhaber vor Verfall Rückgriff nehmen kann, es sei denn, dass es sich um einen Wechsel handelt, dessen Vorlegung zur Annahme untersagt ist.

(2) Ist auf dem Wechsel eine Person angegeben, die im Notfall am Zahlungsort annehmen oder zahlen soll, so kann der Inhaber vor Verfall gegen denjenigen, der die Notadresse beigefügt hat, und gegen seine Nachmänner nur Rückgriff nehmen, wenn er den Wechsel der in der Notadresse bezeichneten Person vorgelegt hat und im Falle der Verweigerung der Ehrenannahme die Verweigerung durch einen Protest hat feststellen lassen.

(3) ¹In den anderen Fällen des Ehreneintritts kann der Inhaber die Ehrenannahme zurückweisen. ²Lässt er sie aber zu, so verliert er den Rückgriff vor Verfall gegen denjenigen, zu dessen Ehren die Annahme erklärt worden ist, und gegen dessen Nachmänner.

Art. 57 Form der Ehrenannahme

¹Die Ehrenannahme wird auf dem Wechsel vermerkt; sie ist von demjenigen, der zu Ehren annimmt, zu unterschreiben. ²In der Annahmeerklärung ist anzugeben, für wen die Ehrenannahme stattfindet; mangels einer solchen Angabe gilt sie für den Aussteller.

Art. 58 Haftung und Rückgriffsrecht

(1) Wer zu Ehren annimmt, haftet dem Inhaber und den Nachmännern desjenigen, für den er eingetreten ist, in der gleichen Weise wie dieser selbst.

(2) Trotz der Ehrenannahme können der Wechselverpflichtete, zu dessen Ehren der Wechsel angenommen worden ist, und seine Vormänner vom Inhaber gegen Erstattung des im Artikel 48

3. Ehrenzahlung

Art. 59 Zulässigkeit der Ehrenzahlung

(1) Die Ehrenzahlung ist in allen Fällen zulässig, in denen der Inhaber bei Verfall oder vor Verfall Rückgriff nehmen kann.

(2) Die Ehrenzahlung muss den vollen Betrag umfassen, den der Wechselverpflichtete, für den sie stattfindet, zahlen müsste.

(3) Sie muss spätestens am Tage nach Ablauf der Frist für die Erhebung des Protestes mangels Zahlung stattfinden.

Art. 60 Vorlage am Zahlungsort

(1) Ist der Wechsel von Personen zu Ehren angenommen, die ihren Wohnsitz am Zahlungsort haben, oder sind am Zahlungsort wohnende Personen angegeben, die im Notfall zahlen sollen, so muss der Inhaber spätestens am Tage nach Ablauf der Frist für die Erhebung des Protestes mangels Zahlung den Wechsel allen diesen Personen vorlegen und gegebenenfalls Protest wegen unterbliebener Ehrenzahlung erheben lassen.

(2) Wird der Protest nicht rechtzeitig erhoben, so werden derjenige, der die Notadresse angegeben hat oder zu dessen Ehren der Wechsel angenommen worden ist, und die Nachmänner frei.

Art. 61 Zurückweisung der Ehrenzahlung

Weist der Inhaber die Ehrenzahlung zurück, so verliert er den Rückgriff gegen diejenigen, die frei geworden wären.

Art. 62 Quittung und Aushändigung

(1) [1]Über die Ehrenzahlung ist auf dem Wechsel eine Quittung auszustellen, die denjenigen bezeichnet, für den gezahlt wird. [2]Fehlt die Bezeichnung, so gilt die Zahlung für den Aussteller.

(2) Der Wechsel und der etwa erhobene Protest sind dem Ehrenzahler auszuhändigen.

Art. 63 Rechte des Ehrenzahlers

(1) [1]Der Ehrenzahler erwirbt die Rechte aus dem Wechsel gegen den Wechselverpflichteten, für den er gezahlt hat, und gegen die Personen, die diesem aus dem Wechsel haften. [2]Er kann jedoch den Wechsel nicht weiter indossieren.

(2) Die Nachmänner des Wechselverpflichteten, für den gezahlt worden ist, werden frei.

(3) [1]Sind mehrere Ehrenzahlungen angeboten, so gebührt derjenigen der Vorzug, durch welche die meisten Wechselverpflichteten frei werden. [2]Wer entgegen dieser Vorschrift in Kenntnis der Sachlage zu Ehren zahlt, verliert den Rückgriff gegen diejenigen, die sonst frei geworden wären.

Neunter Abschnitt: Ausfertigung mehrerer Stücke eines Wechsels, Wechselabschriften

1. Ausfertigungen

Art. 64 Mehrere gleiche Ausfertigungen des Wechsels

(1) Der Wechsel kann in mehreren gleichen Ausfertigungen ausgestellt werden.

(2) Diese Ausfertigungen müssen im Texte der Urkunde mit fortlaufenden Nummern versehen sein; andernfalls gilt jede Ausfertigung als besonderer Wechsel.

(3) [1]Jeder Inhaber eines Wechsels kann auf seine Kosten die Übergabe mehrerer Ausfertigungen verlangen, sofern nicht aus dem Wechsel zu ersehen ist, dass er in einer einzigen Ausfertigung ausgestellt worden ist. [2]Zu diesem Zwecke hat sich der Inhaber an seinen unmittelbaren Vormann zu wenden, der wieder an seinen Vormann zurückgehen muss, und so weiter in der Reihenfolge bis zum Aussteller. [3]Die Indossanten sind verpflichtet, ihre Indossamente auf den neuen Ausfertigungen zu wiederholen.

Art. 65 Bezahlung

(1) [1]Wird eine Ausfertigung bezahlt, so erlöschen die Rechte aus allen Ausfertigungen, auch wenn diese nicht den Vermerk tragen, dass durch die Zahlung auf eine Ausfertigung die anderen ihre Gültigkeit verlieren. [2]Jedoch bleibt der Bezogene aus jeder angenommenen Ausfertigung, die ihm nicht zurückgegeben worden ist, verpflichtet.

(2) Hat ein Indossant die Ausfertigungen an verschiedene Personen übertragen, so haften er und seine Nachmänner aus allen Ausfertigungen, die ihre Unterschrift tragen und nicht herausgegeben worden sind.

Art. 66 Versendung zur Annahme

(1) [1]Wer eine Ausfertigung zur Annahme versendet, hat auf den anderen Ausfertigungen den Namen dessen anzugeben, bei dem sich die versendete Ausfertigung befindet. [2]Dieser ist verpflichtet, sie dem rechtmäßigen Inhaber einer anderen Ausfertigung auszuhändigen.

(2) Wird die Aushändigung verweigert, so kann der Inhaber nur Rückgriff nehmen, nachdem er durch einen Protest hat feststellen lassen:
1. dass ihm die zur Annahme versendete Ausfertigung auf sein Verlangen nicht ausgehändigt worden ist;
2. dass die Annahme oder die Zahlung auch nicht auf eine andere Ausfertigung zu erlangen war.

2. Abschriften

Art. 67 Befugnis zur Herstellung von Abschriften

(1) Jeder Inhaber eines Wechsels ist befugt, Abschriften davon herzustellen.

(2) [1]Die Abschrift muss die Urschrift mit den Indossamenten und allen anderen darauf befindlichen Vermerken genau wiedergeben. [2]Es muss angegeben sein, wie weit die Abschrift reicht.

(3) Die Abschrift kann auf dieselbe Weise und mit denselben Wirkungen indossiert und mit einer Bürgschaftserklärung versehen werden wie die Urschrift.

Art. 68 Wechselurschrift

(1) [1]In der Abschrift ist der Verwahrer der Urschrift zu bezeichnen. [2]Dieser ist verpflichtet, die Urschrift dem rechtmäßigen Inhaber der Abschrift auszuhändigen.

(2) Wird die Aushändigung verweigert, so kann der Inhaber gegen die Indossanten der Abschrift und gegen diejenigen, die eine Bürgschaftserklärung auf die Abschrift gesetzt haben, nur Rückgriff nehmen, nachdem er durch einen Protest hat feststellen lassen, dass ihm die Urschrift auf sein Verlangen nicht ausgehändigt worden ist.

(3) Enthält die Urschrift nach dem letzten, vor Anfertigung der Abschrift darauf gesetzten Indossament den Vermerk „von hier ab gelten Indossamente nur noch auf der Abschrift" oder einen gleichbedeutenden Vermerk, so ist ein später auf die Urschrift gesetztes Indossament nichtig.

Zehnter Abschnitt: Änderungen

Art. 69 Änderungen des Wechseltextes

Wird der Text eines Wechsels geändert, so haften diejenigen, die nach der Änderung ihre Unterschrift auf den Wechsel gesetzt haben, entsprechend dem geänderten Texte, wer früher unterschrieben hat, haftet nach dem ursprünglichen Texte.

Elfter Abschnitt: Verjährung

Art. 70 Verjährungsfrist

(1) Die wechselmäßigen Ansprüche gegen den Annehmer verjähren in drei Jahren vom Verfalltage.

(2) Die Ansprüche des Inhabers gegen die Indossanten und gegen den Aussteller verjähren in einem Jahre vom Tage des rechtzeitig erhobenen Protestes oder im Falle des Vermerkes „ohne Kosten" vom Verfalltage.

(3) Die Ansprüche eines Indossanten gegen andere Indossanten und gegen den Aussteller verjähren in sechs Monaten von dem Tage, an dem der Wechsel vom Indossanten eingelöst oder ihm gegenüber gerichtlich geltend gemacht worden ist.

Art. 71 Neubeginn und Hemmung der Verjährung[1]

Der Neubeginn der Verjährung und ihre Hemmung nach § 204 des Bürgerlichen Gesetzbuchs wirken nur gegen den Wechselverpflichteten, in Ansehung dessen die Tatsache eingetreten ist, welche den Neubeginn oder die Hemmung bewirkt.

Zwölfter Abschnitt: Allgemeine Vorschriften

Art. 72 Vornahme von Wechselhandlungen an einem Feiertag oder Sonnabend[2]

(1) ¹Verfällt der Wechsel an einem gesetzlichen Feiertage oder einem Sonnabend, so kann die Zahlung erst am nächsten Werktage verlangt werden. ²Auch alle anderen auf den Wechsel bezüglichen Handlungen, insbesondere die Vorlegung zur Annahme und die Protesterhebung, können nur an einem Werktage, jedoch nicht an einem Sonnabend, stattfinden.

(2) ¹Fällt der letzte Tag einer Frist, innerhalb deren eine dieser Handlungen vorgenommen werden muss, auf einen gesetzlichen Feiertag oder einen Sonnabend, so wird die Frist bis zum nächsten Werktage verlängert. ²Feiertage, die in den Lauf einer Frist fallen, werden bei der Berechnung der Frist mitgezählt.

Art. 73 Fristberechnung

Bei der Berechnung der gesetzlichen oder im Wechsel bestimmten Fristen wird der Tag, von dem sie zu laufen beginnen, nicht mitgezählt.

Art. 74 Keine Respekttage

Weder gesetzliche noch richterliche Respekttage werden anerkannt.

---

1) **Anm. d. Red.:** Art. 71 i. d. F. des Gesetzes v. 26. 11. 2001 (BGBl I S. 3138) mit Wirkung v. 1. 1. 2002.
2) **Anm. d. Red.:** Art. 72 i. d. F. des Gesetzes v. 10. 9. 1965 (BGBl I S. 753) mit Wirkung v. 1. 10. 1965.

Zweiter Teil: Eigener Wechsel

Art. 75 Wechselangaben
Der eigene Wechsel enthält:
1. die Bezeichnung als Wechsel im Texte der Urkunde, und zwar in der Sprache, in der sie ausgestellt ist;
2. das unbedingte Versprechen, eine bestimmte Geldsumme zu zahlen;
3. die Angabe der Verfallzeit;
4. die Angabe des Zahlungsortes;
5. den Namen dessen, an den oder dessen Order gezahlt werden soll;
6. die Angabe des Tages und des Ortes der Ausstellung;
7. die Unterschrift des Ausstellers.

Art. 76 Fehlen notwendiger Wechselangaben
(1) Eine Urkunde, der einer der im vorstehenden Artikel bezeichneten Bestandteile fehlt, gilt nicht als eigener Wechsel, vorbehaltlich der in den folgenden Absätzen bezeichneten Fälle.

(2) Ein eigener Wechsel ohne Angabe der Verfallzeit gilt als Sichtwechsel.

(3) Mangels einer besonderen Angabe gilt der Ausstellungsort als Zahlungsort und zugleich als Wohnort des Ausstellers.

(4) Ein eigener Wechsel ohne Angabe des Ausstellungsortes gilt als ausgestellt an dem Orte, der bei dem Namen des Ausstellers angegeben ist.

Art. 77 Anwendung von Vorschriften
(1) Für den eigenen Wechsel gelten, soweit sie nicht mit seinem Wesen in Widerspruch stehen, die für den gezogenen Wechsel gegebenen Vorschriften über

das Indossament (Artikel 11 bis 20),

den Verfall (Artikel 33 bis 37),

die Zahlung (Artikel 38 bis 42),

den Rückgriff mangels Zahlung (Artikel 43 bis 50, 52 bis 54),

die Ehrenzahlung (Artikel 55, 59 bis 63),

die Abschriften (Artikel 67 und 68),

die Änderungen (Artikel 69),

die Verjährung (Artikel 70 und 71),

die Feiertage, die Fristenberechnung und das Verbot der Respekttage (Artikel 72 bis 74).

(2) Ferner gelten für den eigenen Wechsel die Vorschriften über gezogene Wechsel, die bei einem Dritten oder an einem von dem Wohnort des Bezogenen verschiedenen Ort zahlbar sind (Artikel 4 und 27), über den Zinsvermerk (Artikel 5), über die Abweichungen bei der Angabe der Wechselsumme (Artikel 6), über die Folgen einer ungültigen Unterschrift (Artikel 7) oder die Unterschrift einer Person, die ohne Vertretungsbefugnis handelt oder ihre Vertretungsbefugnis überschreitet (Artikel 8), und über den Blankowechsel (Artikel 10).

(3) Ebenso finden auf den eigenen Wechsel die Vorschriften über die Wechselbürgschaft Anwendung (Artikel 30 bis 32); im Falle des Artikels 31 Abs. 4 die Wechselbürgschaft, wenn die Erklärung nicht angibt, für wen sie geleistet wird, für den Aussteller des eigenen Wechsels.

Art. 78 Haftung
(1) Der Aussteller eines eigenen Wechsels haftet in der gleichen Weise wie der Annehmer eines gezogenen Wechsels.

(2) ¹Eigene Wechsel, die auf eine bestimmte Zeit nach Sicht lauten, müssen dem Aussteller innerhalb der im Artikel 23 bezeichneten Fristen zur Sicht vorgelegt werden. ²Die Sicht ist von dem Aussteller auf dem Wechsel unter Angabe des Tages und Beifügung der Unterschrift zu bestätigen. ³Die Nachsichtfrist läuft vom Tage des Sichtvermerkes. ⁴Weigert sich der Aussteller, die Sicht unter Angabe des Tages zu bestätigen, so ist dies durch einen Protest festzustellen (Artikel 25); die Nachsichtfrist läuft dann vom Tage des Protestes.

Dritter Teil: Ergänzende Vorschriften

Erster Abschnitt: Protest

Art. 79 Protestaufnahme durch Notar, Gerichts- oder Postbeamten[1]

(1) Jeder Protest muss durch einen Notar oder Gerichtsbeamten aufgenommen werden.

(2) (weggefallen)

Art. 80 In den Protest aufzunehmende Angaben

(1) In dem Protest ist aufzunehmen:
1. der Name dessen, für den protestiert wird, sowie der Name dessen, gegen den protestiert wird;
2. die Angabe, dass derjenige, gegen den protestiert wird, ohne Erfolg zur Vornahme der wechselrechtlichen Leistung aufgefordert worden oder nicht anzutreffen gewesen ist oder dass seine Geschäftsräume oder seine Wohnung sich nicht haben ermitteln lassen;
3. die Angabe des Ortes und des Tages, an dem die Aufforderung geschehen oder ohne Erfolg versucht worden ist.

(2) Verlangt der Bezogene, dem ein Wechsel zur Annahme vorgelegt wird, die nochmalige Vorlegung am nächsten Tage, so ist dies im Proteste zu vermerken.

(3) Der Protest ist von dem Protestbeamten zu unterschreiben und mit dem Amtssiegel oder dem Amtsstempel zu versehen.

Art. 81 Form des Protestes

(1) Der Protest ist auf den Wechsel oder auf ein mit dem Wechsel zu verbindendes Blatt zu setzen.

(2) Er soll unmittelbar hinter den letzten auf der Rückseite des Wechsels befindlichen Vermerk, in Ermangelung eines solchen unmittelbar an einen Rand der Rückseite gesetzt werden.

(3) ¹Wird der Protest auf ein Blatt gesetzt, das mit dem Wechsel verbunden wird, so soll die Verbindungsstelle mit dem Amtssiegel oder dem Amtsstempel versehen werden. ²Ist dies geschehen, so braucht der Unterschrift des Protestbeamten ein Siegel oder Stempel nicht beigefügt zu werden.

(4) ¹Wird der Protest unter Vorlegung mehrerer Ausfertigungen desselben Wechsels oder unter Vorlegung der Urschrift und einer Abschrift erhoben, so genügt die Beurkundung auf einer der Ausfertigungen oder auf der Urschrift. ²Auf den anderen Ausfertigungen oder auf der Abschrift ist zu vermerken, auf welche Ausfertigung der Protest gesetzt worden ist oder dass er sich auf der Urschrift befindet. ³Auf den Vermerk finden die Vorschriften des Abs. 2 und des Abs. 3 Satz 1 entsprechende Anwendung. ⁴Der Protestbeamte hat den Vermerk zu unterschreiben.

---

[1] **Anm. d. Red.:** Art. 79 i. d. F. des Gesetzes v. 14. 9. 1994 (BGBl I S. 2325) mit Wirkung v. 1. 1. 1995.

Art. 82 Protest in Sonderfällen

(1) Der Protest, den der Inhaber einer Abschrift nach Artikel 68 Abs. 2 gegen den Verwahrer der Urschrift erheben lässt, ist auf die Abschrift oder auf ein damit zu verbindendes Blatt zu setzen.

(2) ¹Wird Protest erhoben, weil die Annahme auf einen Teil der Wechselsumme beschränkt worden ist, so ist eine Abschrift des Wechsels anzufertigen und der Protest auf diese Abschrift oder auf ein damit zu verbindendes Blatt zu setzen. ²Die Abschrift hat auch die auf dem Wechsel befindlichen Indossamente und anderen Vermerke zu enthalten.

(3) Die Vorschriften des Artikel 81 Abs. 2 und Abs. 3 finden entsprechende Anwendung.

Art. 83 Mehrfache Aufforderung

Muss eine wechselrechtliche Leistung von mehreren Personen oder von derselben Person mehrfach verlangt werden, so ist über die mehrfache Aufforderung nur eine Protesturkunde erforderlich.

Art. 84 Zahlung an Protestbeamten

¹Der Wechsel kann an den Protestbeamten bezahlt werden. ²Die Befugnis des Protestbeamten zur Annahme der Zahlung kann nicht ausgeschlossen werden.

Art. 85 Berichtigung durch Protestbeamten[1)]

(1) ¹Schreibfehler, Auslassungen und sonstige Mängel der Protesturkunde können bis zur Aushändigung der Urkunde an denjenigen, für den der Protest erhoben worden ist, von dem Protestbeamten berichtigt werden. ²Die Berichtigung ist als solche unter Beifügung der Unterschrift kenntlich zu machen.

(2) ¹Von dem Protest ist eine beglaubigte Abschrift zurückzubehalten. ²Über den Inhalt des Wechsels oder der Wechselabschrift ist ein Vermerk aufzunehmen. ³Der Vermerk hat zu enthalten:
1. den Betrag des Wechsels;
2. die Verfallzeit;
3. den Ort und den Tag der Ausstellung;
4. den Namen des Ausstellers, den Namen dessen, an den oder an dessen Order gezahlt werden soll, und den Namen des Bezogenen;
5. falls eine vom Bezogenen oder bei eigenen Wechseln vom Aussteller verschiedene Person angegeben ist, bei der die Zahlung geleistet werden soll, den Namen dieser Person sowie die Namen der etwaigen Notadressen und derjenigen, die den Wechsel zu Ehren angenommen haben.

(3) Die Abschriften und Vermerke sind geordnet aufzubewahren.

Art. 86 Zeit für Protesterhebung

Proteste sollen in der Zeit von neun Uhr vormittags bis sechs Uhr abends erhoben werden, außerhalb dieser Zeit nur dann, wenn derjenige, gegen den protestiert wird, ausdrücklich einwilligt.

Art. 87 Ort des Protestes

(1) ¹Die Vorlegung zur Annahme oder Zahlung, die Protesterhebung, die Abforderung einer Ausfertigung sowie alle sonstigen bei einer bestimmten Person vorzunehmenden Handlungen müssen in deren Geschäftsräumen oder, wenn sich solche nicht ermitteln lassen, in deren Woh-

---

1) **Anm. d. Red.:** Art. 85 i. d. F. des Gesetzes v. 5. 7. 1934 (RGBl I S. 571).

nung vorgenommen werden. ²An einer anderen Stelle, insbesondere an der Börse, kann dies nur mit beiderseitigem Einverständnis geschehen.

(2) Ist in dem Protest vermerkt, dass sich die Geschäftsräume oder die Wohnung nicht haben ermitteln lassen, so ist der Protest nicht deshalb unwirksam, weil die Ermittlung möglich war.

(3) ¹Die Verantwortlichkeit des Protestbeamten, der es unterlässt, geeignete Ermittlungen anzustellen, wird durch die Vorschrift des zweiten Absatzes nicht berührt. ²Ist eine Nachfrage bei der Polizeibehörde des Ortes ohne Erfolg geblieben, so ist der Protestbeamte zu weiteren Nachforschungen nicht verpflichtet.

Art. 88 (weggefallen)[1)]

Zweiter Abschnitt: Bereicherung

Art. 89

(1) ¹Ist die wechselmäßige Verbindlichkeit des Ausstellers oder Annehmers durch Verjährung oder dadurch erloschen, dass eine zur Erhaltung des Wechselrechts notwendige Handlung versäumt worden ist, so bleiben sie dem Inhaber des Wechsels so weit verpflichtet, als sie sich mit dessen Schaden bereichern würden. ²Der Anspruch auf Herausgabe der Bereicherung verjährt in drei Jahren nach dem Erlöschen der wechselmäßigen Verbindlichkeit.

(2) Gegen die Indossanten, deren wechselmäßige Verbindlichkeit erloschen ist, findet ein solcher Anspruch nicht statt.

Dritter Abschnitt: Abhanden gekommene Wechsel und Protesturkunden

Art. 90

(1) ¹Ein abhanden gekommener oder vernichteter Wechsel kann im Wege des Aufgebotsverfahrens für kraftlos erklärt werden. ²Nach Einleitung des Verfahrens kann der Berechtigte von dem Annehmer des gezogenen oder dem Aussteller des eigenen Wechsels bei der Fälligkeit Zahlung fordern, wenn er bis zur Kraftloserklärung Sicherheit leistet.

(2) ¹Eine abhanden gekommene oder vernichtete Protesturkunde kann durch ein Zeugnis über die Protesterhebung ersetzt werden, das von der die beglaubigte Abschrift der Urkunde verwahrenden Stelle zu erteilen ist. ²In dem Zeugnis muss der Inhalt des Protestes und des gemäß Artikel 85 Abs. 2 aufgenommenen Vermerkes angegeben sein.

Vierter Teil: Geltungsbereich der Gesetze

Art. 91 Fähigkeit zur Eingehung von Wechselverbindlichkeiten

(1) ¹Die Fähigkeit einer Person, eine Wechselverbindlichkeit einzugehen, bestimmt sich nach dem Rechte des Landes, dem sie angehört. ²Erklärt dieses Recht das Recht eines anderen Landes für maßgebend, so ist das letztere Recht anzuwenden.

(2) ¹Wer nach dem im vorstehenden Absatz bezeichneten Rechte nicht wechselfähig ist, wird gleichwohl gültig verpflichtet, wenn die Unterschrift in dem Gebiet eines Landes abgegeben worden ist, nach dessen Recht er wechselfähig wäre. ²Diese Vorschrift findet keine Anwendung, wenn die Verbindlichkeit von einem Inländer im Ausland übernommen worden ist.

Art. 92 Form einer Wechselerklärung

(1) Die Form einer Wechselerklärung bestimmt sich nach dem Rechte des Landes, in dessen Gebiete die Erklärung unterschrieben worden ist.

---

1) **Anm. d. Red.:** Art. 88 weggefallen gem. Gesetz v. 17. 7. 1985 (BGBl I S. 1507) mit Wirkung v. 26. 7. 1985.

(2) Wenn jedoch eine Wechselerklärung, die nach den Vorschriften des vorstehenden Absatzes ungültig ist, dem Rechte des Landes entspricht, in dessen Gebiet eine spätere Wechselerklärung unterschrieben worden ist, so wird durch Mängel in der Form der ersten Wechselerklärung die Gültigkeit der späteren Wechselerklärung nicht berührt.

(3) Eine Wechselerklärung, die ein Inländer im Ausland abgegeben hat, ist im Inland gegenüber anderen Inländern gültig, wenn die Erklärung den Formerfordernissen des inländischen Rechtes genügt.

Art. 93 Bestimmung der Wirkung der Verpflichtungserklärungen

(1) Die Wirkungen der Verpflichtungserklärungen des Annehmers eines gezogenen Wechsels und des Ausstellers eines eigenen Wechsels bestimmen sich nach dem Rechte des Zahlungsortes.

(2) Die Wirkungen der übrigen Wechselerklärungen bestimmen sich nach dem Rechte des Landes, in dessen Gebiete die Erklärungen unterschrieben worden sind.

Art. 94 Fristen für Ausübung der Rückgriffsrechte

Die Fristen für die Ausübung der Rückgriffsrechte werden für alle Wechselverpflichteten durch das Recht des Ortes bestimmt, an dem der Wechsel ausgestellt worden ist.

Art. 95 Erwerb der zugrunde liegenden Forderung

Das Recht des Ausstellungsortes bestimmt, ob der Inhaber eines gezogenen Wechsels die seiner Ausstellung zugrunde liegende Forderung erwirbt.

Art. 96 Beschränkung der Wechselannahme

(1) Das Recht des Zahlungsortes bestimmt, ob die Annahme eines gezogenen Wechsels auf einen Teil der Summe beschränkt werden kann und ob der Inhaber verpflichtet oder nicht verpflichtet ist, eine Teilzahlung anzunehmen.

(2) Dasselbe gilt für die Zahlung bei einem eigenen Wechsel.

Art. 97 Form und Frist des Protestes

Die Form des Protestes und die Fristen für die Protesterhebung sowie die Form der übrigen Handlungen, die zur Ausübung oder Erhaltung der Wechselrechte erforderlich sind, bestimmen sich nach dem Rechte des Landes, in dessen Gebiete der Protest zu erheben oder die Handlung vorzunehmen ist.

Art. 98 Verlust oder Diebstahl des Wechsels

Das Recht des Zahlungsortes bestimmt die Maßnahmen, die bei Verlust oder Diebstahl eines Wechsels zu ergreifen sind.

XXV. Gesetz über den Wertpapierhandel (Wertpapierhandelsgesetz – WpHG)

v. 9.9.1998 (BGBl I S. 2708) mit späteren Änderungen

Das Gesetz über den Wertpapierhandel (Wertpapierhandelsgesetz – WpHG) v. 9.9.1998 (BGBl I S. 2709) ist zuletzt geändert worden durch Art. 4 Gesetz zur weiteren Umsetzung der Transparenzrichtlinie-Änderungsrichtlinie im Hinblick auf ein einheitliches elektronisches Format für Jahresfinanzberichte*) v. 12.8.2020 (BGBl I S. 1874).

Nichtamtliche Fassung

Inhaltsübersicht[1]

Abschnitt 1: Anwendungsbereich, Begriffsbestimmungen

- § 1 Anwendungsbereich
- § 2 Begriffsbestimmungen
- § 3 Ausnahmen; Verordnungsermächtigung
- § 4 Wahl des Herkunftsstaates; Verordnungsermächtigung
- § 5 Veröffentlichung des Herkunftsstaates; Verordnungsermächtigung

Abschnitt 2: Bundesanstalt für Finanzdienstleistungsaufsicht

- § 6 Aufgaben und allgemeine Befugnisse der Bundesanstalt
- § 7 Herausgabe von Kommunikationsdaten
- § 8 Übermittlung und Herausgabe marktbezogener Daten; Verordnungsermächtigung
- § 9 Verringerung und Einschränkung von Positionen oder offenen Forderungen
- § 10 Besondere Befugnisse nach der Verordnung (EU) Nr. 1286/2014 und der Verordnung (EU) 2016/1011
- § 11 Anzeige straftatbegründender Tatsachen
- § 12 Adressaten einer Maßnahme wegen möglichen Verstoßes gegen Artikel 14 oder 15 der Verordnung (EU) Nr. 596/2014
- § 13 Sofortiger Vollzug
- § 14 Befugnisse zur Sicherung des Finanzsystems
- § 15 Produktintervention
- § 16 Wertpapierrat
- § 17 Zusammenarbeit mit anderen Behörden im Inland
- § 18 Zusammenarbeit mit zuständigen Stellen im Ausland; Verordnungsermächtigung
- § 19 Zusammenarbeit mit der Europäischen Wertpapier- und Marktaufsichtsbehörde
- § 20 Zusammenarbeit mit der Europäischen Kommission im Rahmen des Energiewirtschaftsgesetzes
- § 21 Verschwiegenheitspflicht
- § 22 Meldepflichten
- § 23 Anzeige von Verdachtsfällen
- § 24 Verpflichtung des Insolvenzverwalters

Abschnitt 3: Marktmissbrauchsüberwachung

- § 25 Anwendung der Verordnung (EU) Nr. 596/2014 auf Waren und ausländische Zahlungsmittel

---

*) **Amtl. Anm.:** Dieses Gesetz dient der weiteren Umsetzung der Richtlinie 2013/50/EU des Europäischen Parlaments und des Rates vom 22. Oktober 2013 zur Änderung der Richtlinie 2004/109/EG des Europäischen Parlaments und des Rates zur Harmonisierung der Transparenzanforderungen in Bezug auf Informationen über Emittenten, deren Wertpapiere zum Handel auf einem geregelten Markt zugelassen sind, der Richtlinie 2003/71/EG des Europäischen Parlaments und des Rates betreffend den Prospekt, der beim öffentlichen Angebot von Wertpapieren oder bei deren Zulassung zum Handel zu veröffentlichen ist, sowie der Richtlinie 2007/14/EG der Kommission mit Durchführungsbestimmungen zu bestimmten Vorschriften der Richtlinie 2004/109/EG (ABl L 294 vom 6.11.2013, S. 13; L 14 vom 18.1.2014, S. 35).

1) **Anm. d. Red.:** Inhaltsübersicht i. d. F. des Gesetzes 12.8.2020 (BGBl I S. 1874) mit Wirkung v. 19.8.2020.

§ 26 Übermittlung von Insiderinformationen und von Eigengeschäften; Verordnungsermächtigung
§ 27 Aufzeichnungspflichten
§ 28 Überwachung der Geschäfte der bei der Bundesanstalt Beschäftigten

Abschnitt 4: Ratingagenturen
§ 29 Zuständigkeit im Sinne der Verordnung (EG) Nr. 1060/2009

Abschnitt 5: OTC-Derivate und Transaktionsregister
§ 30 Überwachung des Clearings von OTC-Derivaten und Aufsicht über Transaktionsregister
§ 31 Verordnungsermächtigung zu den Mitteilungspflichten nach der Verordnung (EU) Nr. 648/2012
§ 32 Prüfung der Einhaltung bestimmter Pflichten der Verordnung (EU) Nr. 648/2012 und der Verordnung (EU) Nr. 600/2014

Abschnitt 6: Mitteilung, Veröffentlichung und Übermittlung von Veränderungen des Stimmrechtsanteils an das Unternehmensregister
§ 33 Mitteilungspflichten des Meldepflichtigen; Verordnungsermächtigung
§ 34 Zurechnung von Stimmrechten
§ 35 Tochterunternehmenseigenschaft; Verordnungsermächtigung
§ 36 Nichtberücksichtigung von Stimmrechten
§ 37 Mitteilung durch Mutterunternehmen; Verordnungsermächtigung
§ 38 Mitteilungspflichten beim Halten von Instrumenten; Verordnungsermächtigung
§ 39 Mitteilungspflichten bei Zusammenrechnung; Verordnungsermächtigung
§ 40 Veröffentlichungspflichten des Emittenten und Übermittlung an das Unternehmensregister
§ 41 Veröffentlichung der Gesamtzahl der Stimmrechte und Übermittlung an das Unternehmensregister
§ 42 Nachweis mitgeteilter Beteiligungen
§ 43 Mitteilungspflichten für Inhaber wesentlicher Beteiligungen
§ 44 Rechtsverlust
§ 45 Richtlinien der Bundesanstalt
§ 46 Befreiungen; Verordnungsermächtigung
§ 47 Handelstage

Abschnitt 7: Notwendige Informationen für die Wahrnehmung von Rechten aus Wertpapieren
§ 48 Pflichten der Emittenten gegenüber Wertpapierinhabern
§ 49 Veröffentlichung von Mitteilungen und Übermittlung im Wege der Datenfernübertragung
§ 50 Veröffentlichung zusätzlicher Angaben und Übermittlung an das Unternehmensregister; Verordnungsermächtigung
§ 51 Befreiung
§ 52 Ausschluss der Anfechtung

Abschnitt 8: Leerverkäufe und Geschäfte in Derivaten
§ 53 Überwachung von Leerverkäufen; Verordnungsermächtigung

Abschnitt 9: Positionslimits und Positionsmanagementkontrollen bei Warenderivaten und Positionsmeldungen
§ 54 Positionslimits und Positionsmanagementkontrollen
§ 55 Positionslimits bei europaweit gehandelten Derivaten
§ 56 Anwendung von Positionslimits
§ 57 Positionsmeldungen; Verordnungsermächtigung

Abschnitt 10: Organisationspflichten von Datenbereitstellungsdiensten
§ 58 Organisationspflichten für genehmigte Veröffentlichungssysteme

XXV. Wertpapierhandelsgesetz

§ 59 Organisationspflichten für Bereitsteller konsolidierter Datenticker
§ 60 Organisationspflichten für genehmigte Meldemechanismen
§ 61 Überwachung der Organisationspflichten
§ 62 Prüfung der Organisationspflichten; Verordnungsermächtigung

Abschnitt 11: Verhaltenspflichten, Organisationspflichten, Transparenzpflichten
§ 63 Allgemeine Verhaltensregeln; Verordnungsermächtigung
§ 64 Besondere Verhaltensregeln bei der Erbringung von Anlageberatung und Finanzportfolioverwaltung; Verordnungsermächtigung
§ 65 Selbstauskunft bei der Vermittlung des Vertragsschlusses über eine Vermögensanlage im Sinne des § 2a des Vermögensanlagengesetzes
§ 65a Selbstauskunft bei der Vermittlung des Vertragsschlusses über Wertpapiere im Sinne des § 6 des Wertpapierprospektgesetzes
§ 66 Ausnahmen für Immobiliar-Verbraucherdarlehensverträge
§ 67 Kunden; Verordnungsermächtigung
§ 68 Geschäfte mit geeigneten Gegenparteien; Verordnungsermächtigung
§ 69 Bearbeitung von Kundenaufträgen; Verordnungsermächtigung
§ 70 Zuwendungen und Gebühren; Verordnungsermächtigung
§ 71 Erbringung von Wertpapierdienstleistungen und Wertpapiernebendienstleistungen über ein anderes Wertpapierdienstleistungsunternehmen
§ 72 Betrieb eines multilateralen Handelssystems oder eines organisierten Handelssystems
§ 73 Aussetzung des Handels und Ausschluss von Finanzinstrumenten
§ 74 Besondere Anforderungen an multilaterale Handelssysteme
§ 75 Besondere Anforderungen an organisierte Handelssysteme
§ 76 KMU-Wachstumsmärkte; Verordnungsermächtigung
§ 77 Direkter elektronischer Zugang
§ 78 Handeln als General-Clearing-Mitglied
§ 79 Mitteilungspflicht von systematischen Internalisierern
§ 80 Organisationspflichten; Verordnungsermächtigung
§ 81 Geschäftsleiter
§ 82 Bestmögliche Ausführung von Kundenaufträgen
§ 83 Aufzeichnungs- und Aufbewahrungspflicht
§ 84 Vermögensverwahrung und Finanzsicherheiten; Verordnungsermächtigung
§ 85 Anlagestrategieempfehlungen und Anlageempfehlungen; Verordnungsermächtigung
§ 86 Anzeigepflicht
§ 87 Einsatz von Mitarbeitern in der Anlageberatung, als Vertriebsbeauftragte, in der Finanzportfolioverwaltung oder als Compliance-Beauftragte; Verordnungsermächtigung
§ 88 Überwachung der Meldepflichten und Verhaltensregeln
§ 89 Prüfung der Meldepflichten und Verhaltensregeln; Verordnungsermächtigung
§ 90 Unternehmen, organisierte Märkte und multilaterale Handelssysteme mit Sitz in einem anderen Mitgliedstaat der Europäischen Union oder in einem anderen Vertragsstaat des Abkommens über den Europäischen Wirtschaftsraum
§ 91 Unternehmen mit Sitz in einem Drittstaat
§ 92 Werbung der Wertpapierdienstleistungsunternehmen
§ 93 Register Unabhängiger Honorar-Anlageberater; Verordnungsermächtigung
§ 94 Bezeichnungen zur Unabhängigen Honorar-Anlageberatung
§ 95 Ausnahmen
§ 96 Strukturierte Einlagen

Abschnitt 12: Haftung für falsche und unterlassene Kapitalmarktinformationen
§ 97 Schadenersatz wegen unterlassener unverzüglicher Veröffentlichung von Insiderinformationen
§ 98 Schadenersatz wegen Veröffentlichung unwahrer Insiderinformationen

Abschnitt 13: Finanztermingeschäfte
§ 99 Ausschluss des Einwands nach § 762 des Bürgerlichen Gesetzbuchs
§ 100 Verbotene Finanztermingeschäfte

Abschnitt 14: Schiedsvereinbarungen

§ 101 Schiedsvereinbarungen

Abschnitt 15: Märkte für Finanzinstrumente mit Sitz außerhalb der Europäischen Union

§ 102 Erlaubnis; Verordnungsermächtigung
§ 103 Versagung der Erlaubnis
§ 104 Aufhebung der Erlaubnis
§ 105 Untersagung

Abschnitt 16: Überwachung von Unternehmensabschlüssen, Veröffentlichung von Finanzberichten

§ 106 Prüfung von Unternehmensabschlüssen und -berichten
§ 107 Anordnung einer Prüfung der Rechnungslegung und Ermittlungsbefugnisse der Bundesanstalt
§ 108 Befugnisse der Bundesanstalt im Falle der Anerkennung einer Prüfstelle
§ 109 Ergebnis der Prüfung von Bundesanstalt oder Prüfstelle
§ 110 Mitteilungen an andere Stellen
§ 111 Internationale Zusammenarbeit
§ 112 Widerspruchsverfahren
§ 113 Beschwerde
§ 114 Jahresfinanzbericht; Verordnungsermächtigung
§ 115 Halbjahresfinanzbericht; Verordnungsermächtigung
§ 116 Zahlungsbericht; Verordnungsermächtigung
§ 117 Konzernabschluss
§ 118 Ausnahmen; Verordnungsermächtigung

Abschnitt 17: Straf- und Bußgeldvorschriften

§ 119 Strafvorschriften
§ 120 Bußgeldvorschriften; Verordnungsermächtigung
§ 121 Zuständige Verwaltungsbehörde
§ 122 Beteiligung der Bundesanstalt und Mitteilungen in Strafsachen
§ 123 Bekanntmachung von Maßnahmen
§ 124 Bekanntmachung von Maßnahmen und Sanktionen wegen Verstößen gegen Transparenzpflichten
§ 125 Bekanntmachung von Maßnahmen und Sanktionen wegen Verstößen gegen die Verordnung (EU) Nr. 596/2014, die Verordnung (EU) 2015/2365 und die Verordnung (EU) 2016/1011
§ 126 Bekanntmachung von Maßnahmen und Sanktionen wegen Verstößen gegen Vorschriften der Abschnitte 9 bis 11 und gegen die Verordnung (EU) Nr. 600/2014

Abschnitt 18: Übergangsbestimmungen

§ 127 Erstmalige Mitteilungs- und Veröffentlichungspflichten
§ 128 Übergangsregelung für die Mitteilungs- und Veröffentlichungspflichten zur Wahl des Herkunftsstaats
§ 129 (weggefallen)
§ 130 Übergangsregelung für die Mitteilungs- und Veröffentlichungspflichten für Inhaber von Netto-Leerverkaufspositionen nach § 30i in der Fassung dieses Gesetzes vom 6. Dezember 2011 (BGBl I S. 2481)
§ 131 Übergangsregelung für die Verjährung von Ersatzansprüchen nach § 37a der bis zum 4. August 2009 gültigen Fassung dieses Gesetzes
§ 132 Anwendungsbestimmung für das Transparenzrichtlinie-Umsetzungsgesetz
§ 133 Anwendungsbestimmung für § 34 der bis zum 2. Januar 2018 gültigen Fassung dieses Gesetzes
§ 134 Anwendungsbestimmung für das Gesetz zur Umsetzung der Transparenzrichtlinie-Änderungsrichtlinie
§ 135 Übergangsvorschriften zur Verordnung (EU) Nr. 596/2014
§ 136 Übergangsregelung zum CSR-Richtlinie-Umsetzungsgesetz

§ 137 Übergangsvorschrift für Verstöße gegen die §§ 38 und 39 in der bis zum Ablauf des 1. Juli 2016 geltenden Fassung dieses Gesetzes
§ 138 Übergangsvorschrift zur Richtlinie 2014/65/EU über Märkte für Finanzinstrumente
§ 139 Übergangsvorschriften zum Gesetz zur weiteren Ausführung der EU-Prospektverordnung und zur Änderung von Finanzmarktgesetzen
§ 140 Übergangsvorschrift zum Gesetz zur weiteren Umsetzung der Transparenzrichtlinie-Änderungsrichtlinie im Hinblick auf ein einheitliches elektronisches Format für Jahresfinanzberichte

Abschnitt 1: Anwendungsbereich, Begriffsbestimmungen

§ 1 Anwendungsbereich[1]

(1) Dieses Gesetz enthält Regelungen in Bezug auf
1. die Erbringung von Wertpapierdienstleistungen und Wertpapiernebendienstleistungen,
2. die Erbringung von Datenbereitstellungsdiensten und die Organisation von Datenbereitstellungsdienstleistern,
3. das marktmissbräuchliche Verhalten im börslichen und außerbörslichen Handel mit Finanzinstrumenten,
4. die Vermarktung, den Vertrieb und den Verkauf von Finanzinstrumenten und strukturierten Einlagen,
5. die Konzeption von Finanzinstrumenten zum Vertrieb,
6. die Überwachung von Unternehmensabschlüssen und die Veröffentlichung von Finanzberichten, die den Vorschriften dieses Gesetzes unterliegen,
7. die Veränderungen der Stimmrechtsanteile von Aktionären an börsennotierten Gesellschaften sowie
8. die Zuständigkeiten und Befugnisse der Bundesanstalt für Finanzdienstleistungsaufsicht (Bundesanstalt) und die Ahndung von Verstößen hinsichtlich
   a) der Vorschriften dieses Gesetzes,
   b) der Verordnung (EG) Nr. 1060/2009 des Europäischen Parlaments und des Rates vom 16. September 2009 über Ratingagenturen (ABl L 302 vom 17. 11. 2009, S. 1; L 350 vom 29. 12. 2009, S. 59; L 145 vom 31. 5. 2011, S. 57; L 267 vom 6. 9. 2014, S. 30), die zuletzt durch die Richtlinie 2014/51/EU (ABl L 153 vom 22. 5. 2014, S. 1; L 108 vom 28. 4. 2015, S. 8) geändert worden ist, in der jeweils geltenden Fassung,
   c) der Verordnung (EU) Nr. 236/2012 des Europäischen Parlaments und des Rates vom 14. März 2012 über Leerverkäufe und bestimmte Aspekte von Credit Default Swaps (ABl L 86 vom 24. 3. 2012, S. 1), die zuletzt durch die Verordnung (EU) Nr. 909/2014 (ABl L 257 vom 28. 8. 2014, S. 1) geändert worden ist, in der jeweils geltenden Fassung,
   d) der Verordnung (EU) Nr. 648/2012 des Europäischen Parlaments und des Rates vom 4. Juli 2012 über OTC-Derivate, zentrale Gegenparteien und Transaktionsregister (ABl L 201 vom 27. 7. 2012, S. 1; L 321 vom 30. 11. 2013, S. 6), die zuletzt durch die Verordnung (EU) 2019/834 (ABl L 141 vom 28.5.2019, S. 42) geändert worden ist, in der jeweils geltenden Fassung,
   e) der Verordnung (EU) Nr. 596/2014 des Europäischen Parlaments und des Rates vom 16. April 2014 über Marktmissbrauch (Marktmissbrauchsverordnung) und zur Aufhebung der Richtlinie 2003/6/EG des Europäischen Parlaments und des Rates und der Richtlinien 2003/124/EG, 2003/125/EG und 2004/72/EG der Kommission (ABl L 173 vom 12. 6. 2014, S. 1; L 287 vom 21. 10. 2016, S. 320; L 306 vom 15. 11. 2016, S. 43; L 348

---

[1] **Anm. d. Red.:** § 1 i. d. F. des Gesetzes v. 19.3.2020 (BGBl I S. 529) mit Wirkung v. 28.3.2020.

vom 21.12.2016, S.83), die zuletzt durch die Verordnung (EU) 2016/1033 (ABl L 175 vom 30.6.2016, S.1) geändert worden ist, in der jeweils geltenden Fassung,

f) der Verordnung (EU) Nr. 600/2014 des Europäischen Parlaments und des Rats vom 15. Mai 2014 über Märkte für Finanzinstrumente und zur Änderung der Verordnung (EU) Nr. 648/2012 (ABl L 173 vom 12.6.2014, S.84; L 6 vom 10.1.2015, S.6; L 270 vom 15.10.2015, S.4) in der jeweils geltenden Fassung,

g) der Verordnung (EU) Nr. 909/2014 des Europäischen Parlaments und des Rates vom 23. Juli 2014 zur Verbesserung der Wertpapierlieferungen und -abrechnungen in der Europäischen Union und über Zentralverwahrer sowie zur Änderung der Richtlinien 98/26/EG und 2014/65/EU und der Verordnung (EU) Nr. 236/2012 (ABl L 257 vom 28.8.2014, S.1; L 349 vom 21.12.2016, S.5), die zuletzt durch die Verordnung (EU) 2016/1033 (ABl L 175 vom 30.6.2016, S.1) geändert worden ist, in der jeweils geltenden Fassung,

h) der Verordnung (EU) Nr. 1286/2014 des Europäischen Parlaments und des Rates vom 26. November 2014 über Basisinformationsblätter für verpackte Anlageprodukte für Kleinanleger und Versicherungsanlageprodukte (PRIIP) (ABl L 352 vom 9.12.2014, S.1; L 358 vom 13.12.2014, S.50), in der jeweils geltenden Fassung,

i) der Verordnung (EU) 2015/2365 des Europäischen Parlaments und des Rates vom 25. November 2015 über die Transparenz von Wertpapierfinanzierungsgeschäften und der Weiterverwendung sowie zur Änderung der Verordnung (EU) Nr. 648/2012 (ABl L 337 vom 23.12.2015, S.1), in der jeweils geltenden Fassung,

j) der Verordnung (EU) 2016/1011 des Europäischen Parlaments und des Rates vom 8. Juni 2016 über Indizes, die bei Finanzinstrumenten und Finanzkontrakten als Referenzwert oder zur Messung der Wertentwicklung eines Investmentfonds verwendet werden, und zur Änderung der Richtlinien 2008/48/EG und 2014/17/EU sowie der Verordnung (EU) Nr. 596/2014 (ABl L 171 vom 29.6.2016, S.1), in der jeweils geltenden Fassung.

(2) ¹Soweit nicht abweichend geregelt, sind die Vorschriften des Abschnitts 11 sowie die §§ 54 bis 57 auch anzuwenden auf Handlungen und Unterlassungen, die im Ausland vorgenommen werden, sofern sie

1. einen Emittenten mit Sitz im Inland,
2. Finanzinstrumente, die an einem inländischen organisierten Markt, einem inländischen multilateralen Handelssystem oder einem inländischen organisierten Handelssystem gehandelt werden oder
3. Wertpapierdienstleistungen oder Wertpapiernebendienstleistungen, die im Inland angeboten werden,

betreffen. ²Die §§ 54 bis 57 gelten auch für im Ausland außerhalb eines Handelsplatzes gehandelte Warenderivate, die wirtschaftlich gleichwertig mit Warenderivaten sind, die an Handelsplätzen im Inland gehandelt werden.

(3) ¹Bei Anwendung der Vorschriften der Abschnitte 6, 7 und 16 unberücksichtigt bleiben Anteile und Aktien an offenen Investmentvermögen im Sinne des § 1 Absatz 4 des Kapitalanlagegesetzbuchs. ²Für Abschnitt 6 gilt dies nur, soweit es sich nicht um Spezial-AIF im Sinne des § 1 Absatz 6 des Kapitalanlagegesetzbuchs handelt.

§ 2 Begriffsbestimmungen[1)]

(1) Wertpapiere im Sinne dieses Gesetzes sind, auch wenn keine Urkunden über sie ausgestellt sind, alle Gattungen von übertragbaren Wertpapieren mit Ausnahme von Zahlungsinstrumenten, die ihrer Art nach auf den Finanzmärkten handelbar sind, insbesondere

1. Aktien,

---

1) **Anm. d. Red.:** § 2 i. d. F. des Gesetzes v. 19.3.2020 (BGBl I S. 529) mit Wirkung v. 28.3.2020.

2. andere Anteile an in- oder ausländischen juristischen Personen, Personengesellschaften und sonstigen Unternehmen, soweit sie Aktien vergleichbar sind, sowie Hinterlegungsscheine, die Aktien vertreten,

3. Schuldtitel,

   a) insbesondere Genussscheine und Inhaberschuldverschreibungen und Orderschuldverschreibungen sowie Hinterlegungsscheine, die Schuldtitel vertreten,

   b) sonstige Wertpapiere, die zum Erwerb oder zur Veräußerung von Wertpapieren nach den Nummern 1 und 2 berechtigen oder zu einer Barzahlung führen, die in Abhängigkeit von Wertpapieren, von Währungen, Zinssätzen oder anderen Erträgen, von Waren, Indices oder Messgrößen bestimmt wird; nähere Bestimmungen enthält die Delegierte Verordnung (EU) 2017/565 der Kommission vom 25. April 2016 zur Ergänzung der Richtlinie 2014/65/EU des Europäischen Parlaments und des Rates in Bezug auf die organisatorischen Anforderungen an Wertpapierfirmen und die Bedingungen für die Ausübung ihrer Tätigkeit sowie in Bezug auf die Definition bestimmter Begriffe für die Zwecke der genannten Richtlinie (ABl L 87 vom 31. 3. 2017, S. 1), in der jeweils geltenden Fassung.

(2) Geldmarktinstrumente im Sinne dieses Gesetzes sind Instrumente, die üblicherweise auf dem Geldmarkt gehandelt werden, insbesondere Schatzanweisungen, Einlagenzertifikate, Commercial Papers und sonstige vergleichbare Instrumente, sofern im Einklang mit Artikel 11 der Delegierten Verordnung (EU) 2017/565

1. ihr Wert jederzeit bestimmt werden kann,
2. es sich nicht um Derivate handelt und
3. ihre Fälligkeit bei Emission höchstens 397 Tage beträgt,

es sei denn, es handelt sich um Zahlungsinstrumente.

(3) Derivative Geschäfte im Sinne dieses Gesetzes sind

1. als Kauf, Tausch oder anderweitig ausgestaltete Festgeschäfte oder Optionsgeschäfte, die zeitlich verzögert zu erfüllen sind und deren Wert sich unmittelbar oder mittelbar vom Preis oder Maß eines Basiswertes ableitet (Termingeschäfte) mit Bezug auf die folgenden Basiswerte:

   a) Wertpapiere oder Geldmarktinstrumente,

   b) Devisen, soweit das Geschäft nicht die in Artikel 10 der Delegierten Verordnung (EU) 2017/565 genannten Voraussetzungen erfüllt, oder Rechnungseinheiten,

   c) Zinssätze oder andere Erträge,

   d) Indices der Basiswerte der Buchstaben a, b, c oder f, andere Finanzindizes oder Finanzmessgrößen,

   e) derivative Geschäfte oder

   f) Berechtigungen nach § 3 Nummer 3 des Treibhausgas-Emissionshandelsgesetzes, Emissionsreduktionseinheiten nach § 2 Nummer 20 des Projekt-Mechanismen-Gesetzes und zertifizierte Emissionsreduktionen nach § 2 Nummer 21 des Projekt-Mechanismen-Gesetzes, soweit diese jeweils im Emissionshandelsregister gehalten werden dürfen (Emissionszertifikate);

2. Termingeschäfte mit Bezug auf Waren, Frachtsätze, Klima- oder andere physikalische Variablen, Inflationsraten oder andere volkswirtschaftliche Variablen oder sonstige Vermögenswerte, Indices oder Messwerte als Basiswerte, sofern sie

   a) durch Barausgleich zu erfüllen sind oder einer Vertragspartei das Recht geben, einen Barausgleich zu verlangen, ohne dass dieses Recht durch Ausfall oder ein anderes Beendigungsereignis begründet ist,

   b) auf einem organisierten Markt oder in einem multilateralen oder organisierten Handelssystem geschlossen werden und nicht über ein organisiertes Handelssystem gehandelte

Energiegroßhandelsprodukte im Sinne von Absatz 20 sind, die effektiv geliefert werden müssen, oder

c) die Merkmale anderer Derivatekontrakte im Sinne des Artikels 7 der Delegierten Verordnung (EU) 2017/565 aufweisen und nichtkommerziellen Zwecken dienen,

und sofern sie keine Kassageschäfte im Sinne des Artikels 7 der Delegierten Verordnung (EU) 2017/565 sind;

3. finanzielle Differenzgeschäfte;
4. als Kauf, Tausch oder anderweitig ausgestaltete Festgeschäfte oder Optionsgeschäfte, die zeitlich verzögert zu erfüllen sind und dem Transfer von Kreditrisiken dienen (Kreditderivate);
5. Termingeschäfte mit Bezug auf die in Artikel 8 der Delegierten Verordnung (EU) 2017/565 genannten Basiswerte, sofern sie die Bedingungen der Nummer 2 erfüllen.

(4) Finanzinstrumente im Sinne dieses Gesetzes sind
1. Wertpapiere im Sinne des Absatzes 1,
2. Anteile an Investmentvermögen im Sinne des § 1 Absatz 1 des Kapitalanlagegesetzbuchs,
3. Geldmarktinstrumente im Sinne des Absatzes 2,
4. derivative Geschäfte im Sinne des Absatzes 3,
5. Emissionszertifikate,
6. Rechte auf Zeichnung von Wertpapieren und
7. Vermögensanlagen im Sinne des § 1 Absatz 2 des Vermögensanlagengesetzes mit Ausnahme von Anteilen an einer Genossenschaft im Sinne des § 1 des Genossenschaftsgesetzes sowie Namensschuldverschreibungen, die mit einer vereinbarten festen Laufzeit, einem unveränderlich vereinbarten festen positiven Zinssatz ausgestattet sind, bei denen das investierte Kapital ohne Anrechnung von Zinsen ungemindert zum Zeitpunkt der Fälligkeit zum vollen Nennwert zurückgezahlt wird, und die von einem CRR-Kreditinstitut im Sinne des § 1 Absatz 3d Satz 1 des Kreditwesengesetzes, dem eine Erlaubnis nach § 32 Absatz 1 des Kreditwesengesetzes erteilt worden ist, ausgegeben werden, wenn das darauf eingezahlte Kapital im Falle des Insolvenzverfahrens über das Vermögen des Instituts oder der Liquidation des Instituts nicht erst nach Befriedigung aller nicht nachrangigen Gläubiger zurückgezahlt wird.

(5) Waren im Sinne dieses Gesetzes sind fungible Wirtschaftsgüter, die geliefert werden können; dazu zählen auch Metalle, Erze und Legierungen, landwirtschaftliche Produkte und Energien wie Strom.

(6) Waren-Spot-Kontrakt im Sinne dieses Gesetzes ist ein Vertrag im Sinne des Artikels 3 Absatz 1 Nummer 15 der Verordnung (EU) Nr. 596/2014.

(7) Referenzwert im Sinne dieses Gesetzes ist ein Kurs, Index oder Wert im Sinne des Artikels 3 Absatz 1 Nummer 29 der Verordnung (EU) Nr. 596/2014.

(8) [1]Wertpapierdienstleistungen im Sinne dieses Gesetzes sind
1. die Anschaffung oder Veräußerung von Finanzinstrumenten im eigenen Namen für fremde Rechnung (Finanzkommissionsgeschäft),
2. das
   a) kontinuierliche Anbieten des An- und Verkaufs von Finanzinstrumenten an den Finanzmärkten zu selbst gestellten Preisen für eigene Rechnung unter Einsatz des eigenen Kapitals (Market-Making),
   b) häufige organisierte und systematische Betreiben von Handel für eigene Rechnung in erheblichem Umfang außerhalb eines organisierten Marktes oder eines multilateralen oder organisierten Handelssystems, wenn Kundenaufträge außerhalb eines geregelten Marktes oder eines multilateralen oder organisierten Handelssystems ausgeführt wer-

den, ohne dass ein multilaterales Handelssystem betrieben wird (systematische Internalisierung),

c) Anschaffen oder Veräußern von Finanzinstrumenten für eigene Rechnung als Dienstleistung für andere (Eigenhandel) oder

d) Kaufen oder Verkaufen von Finanzinstrumenten für eigene Rechnung als unmittelbarer oder mittelbarer Teilnehmer eines inländischen organisierten Marktes oder eines multilateralen oder organisierten Handelssystems mittels einer hochfrequenten algorithmischen Handelstechnik im Sinne von Absatz 44, auch ohne Dienstleistung für andere (Hochfrequenzhandel),

3. die Anschaffung oder Veräußerung von Finanzinstrumenten in fremdem Namen für fremde Rechnung (Abschlussvermittlung),

4. die Vermittlung von Geschäften über die Anschaffung und die Veräußerung von Finanzinstrumenten (Anlagevermittlung),

5. die Übernahme von Finanzinstrumenten für eigenes Risiko zur Platzierung oder die Übernahme gleichwertiger Garantien (Emissionsgeschäft),

6. die Platzierung von Finanzinstrumenten ohne feste Übernahmeverpflichtung (Platzierungsgeschäft),

7. die Verwaltung einzelner oder mehrerer in Finanzinstrumenten angelegter Vermögen für andere mit Entscheidungsspielraum (Finanzportfolioverwaltung),

8. der Betrieb eines multilateralen Systems, das die Interessen einer Vielzahl von Personen am Kauf und Verkauf von Finanzinstrumenten innerhalb des Systems und nach nichtdiskretionären Bestimmungen in einer Weise zusammenbringt, die zu einem Vertrag über den Kauf dieser Finanzinstrumente führt (Betrieb eines multilateralen Handelssystems),

9. der Betrieb eines multilateralen Systems, bei dem es sich nicht um einen organisierten Markt oder ein multilaterales Handelssystem handelt und das die Interessen einer Vielzahl Dritter am Kauf und Verkauf von Schuldverschreibungen, strukturierten Finanzprodukten, Emissionszertifikaten oder Derivaten innerhalb des Systems auf eine Weise zusammenführt, die zu einem Vertrag über den Kauf dieser Finanzinstrumente führt (Betrieb eines organisierten Handelssystems),

10. die Abgabe von persönlichen Empfehlungen im Sinne des Artikels 9 der Delegierten Verordnung (EU) 2017/565 an Kunden oder deren Vertreter, die sich auf Geschäfte mit bestimmten Finanzinstrumenten beziehen, sofern die Empfehlung auf eine Prüfung der persönlichen Umstände des Anlegers gestützt oder als für ihn geeignet dargestellt wird und nicht ausschließlich über Informationsverbreitungskanäle oder für die Öffentlichkeit bekannt gegeben wird (Anlageberatung).

²Das Finanzkommissionsgeschäft, der Eigenhandel und die Abschlussvermittlung umfassen den Abschluss von Vereinbarungen über den Verkauf von Finanzinstrumenten, die von einem Wertpapierdienstleistungsunternehmen oder einem Kreditinstitut ausgegeben werden, im Zeitpunkt ihrer Emission. ³Ob ein häufiger systematischer Handel vorliegt, bemisst sich nach der Zahl der Geschäfte außerhalb eines Handelsplatzes (OTC-Handel) mit einem Finanzinstrument zur Ausführung von Kundenaufträgen, die von dem Wertpapierdienstleistungsunternehmen für eigene Rechnung durchgeführt werden. ⁴Ob ein Handel in erheblichem Umfang vorliegt, bemisst sich entweder nach dem Anteil des OTC-Handels an dem Gesamthandelsvolumen des Wertpapierdienstleistungsunternehmens in einem bestimmten Finanzinstrument oder nach dem Verhältnis des OTC-Handels des Wertpapierdienstleistungsunternehmens zum Gesamthandelsvolumen in einem bestimmten Finanzinstrument in der Europäischen Union; nähere Bestimmungen enthalten die Artikel 12 bis 17 der Delegierten Verordnung (EU) 2017/565. ⁵Die Voraussetzungen der systematischen Internalisierung sind erst dann erfüllt, wenn sowohl die Obergrenze für den häufigen systematischen Handel als auch die Obergrenze für den Handel in erheblichem Umfang überschritten werden oder wenn ein Unternehmen sich freiwillig den für die systematische Internalisierung geltenden Regelungen unterworfen und eine Erlaubnis zum Betreiben

der systematischen Internalisierung bei der Bundesanstalt beantragt hat. ⁶Als Wertpapierdienstleistung gilt auch die Anschaffung und Veräußerung von Finanzinstrumenten für eigene Rechnung, die keine Dienstleistung für andere im Sinne des Satzes 1 Nr. 2 darstellt (Eigengeschäft). ⁷Der Finanzportfolioverwaltung gleichgestellt ist hinsichtlich der §§ 63 bis 83 und 85 bis 92 dieses Gesetzes sowie des Artikels 20 Absatz 1 der Verordnung (EU) Nr. 596/2014, des Artikels 26 der Verordnung (EU) Nr. 600/2014 und der Artikel 72 bis 76 der Delegierten Verordnung (EU) 2017/565 die erlaubnispflichtige Anlageverwaltung nach § 1 Absatz 1a Satz 2 Nummer 11 des Kreditwesengesetzes.

(9) Wertpapiernebendienstleistungen im Sinne dieses Gesetzes sind
1. die Verwahrung und die Verwaltung von Finanzinstrumenten für andere, einschließlich Depotverwahrung und verbundener Dienstleistungen wie Cash-Management oder die Verwaltung von Sicherheiten mit Ausnahme der Bereitstellung und Führung von Wertpapierkonten auf oberster Ebene (zentrale Kontenführung) gemäß Abschnitt A Nummer 2 des Anhangs zur Verordnung (EU) Nr. 909/2014 (Depotgeschäft),
2. die Gewährung von Krediten oder Darlehen an andere für die Durchführung von Wertpapierdienstleistungen, sofern das Unternehmen, das den Kredit oder das Darlehen gewährt, an diesen Geschäften beteiligt ist,
3. die Beratung von Unternehmen über die Kapitalstruktur, die industrielle Strategie sowie die Beratung und das Angebot von Dienstleistungen bei Unternehmenskäufen und Unternehmenszusammenschlüssen,
4. Devisengeschäfte, die in Zusammenhang mit Wertpapierdienstleistungen stehen,
5. das Erstellen oder Verbreiten von Empfehlungen oder Vorschlägen von Anlagestrategien im Sinne des Artikels 3 Absatz 1 Nummer 34 der Verordnung (EU) Nr. 596/2014 (Anlagestrategieempfehlung) oder von Anlageempfehlungen im Sinne des Artikels 3 Absatz 1 Nummer 35 der Verordnung (EU) Nr. 596/2014 (Anlageempfehlung),
6. Dienstleistungen, die im Zusammenhang mit dem Emissionsgeschäft stehen,
7. Dienstleistungen, die sich auf einen Basiswert im Sinne des Absatzes 2 Nr. 2 oder Nr. 5 beziehen und im Zusammenhang mit Wertpapierdienstleistungen oder Wertpapiernebendienstleistungen stehen.

(10) Wertpapierdienstleistungsunternehmen im Sinne dieses Gesetzes sind Kreditinstitute, Finanzdienstleistungsinstitute und nach § 53 Abs. 1 Satz 1 des Kreditwesengesetzes tätige Unternehmen, die Wertpapierdienstleistungen allein oder zusammen mit Wertpapiernebendienstleistungen gewerbsmäßig oder in einem Umfang erbringen, der einen in kaufmännischer Weise eingerichteten Geschäftsbetrieb erfordert.

(11) Organisierter Markt im Sinne dieses Gesetzes ist ein im Inland, in einem anderen Mitgliedstaat der Europäischen Union oder einem anderen Vertragsstaat des Abkommens über den Europäischen Wirtschaftsraum betriebenes oder verwaltetes, durch staatliche Stellen genehmigtes, geregeltes und überwachtes multilaterales System, das die Interessen einer Vielzahl von Personen am Kauf und Verkauf von dort zum Handel zugelassenen Finanzinstrumenten innerhalb des Systems und nach nichtdiskretionären Bestimmungen in einer Weise zusammenbringt oder das Zusammenbringen fördert, die zu einem Vertrag über den Kauf dieser Finanzinstrumente führt.

(12) Drittstaat im Sinne dieses Gesetzes ist ein Staat, der weder Mitgliedstaat der Europäischen Union (Mitgliedstaat) noch Vertragsstaat des Abkommens über den Europäischen Wirtschaftsraum ist.

(13) Emittenten, für die die Bundesrepublik Deutschland der Herkunftsstaat ist, sind
1. Emittenten von Schuldtiteln mit einer Stückelung von weniger als 1 000 Euro oder dem am Ausgabetag entsprechenden Gegenwert in einer anderen Währung oder von Aktien,
   a) die ihren Sitz im Inland haben und deren Wertpapiere zum Handel an einem organisierten Markt im Inland oder in einem anderen Mitgliedstaat der Europäischen Union oder

einem anderen Vertragsstaat des Abkommens über den Europäischen Wirtschaftsraum zugelassen sind oder

b) die ihren Sitz in einem Drittstaat haben, deren Wertpapiere zum Handel an einem organisierten Markt im Inland zugelassen sind und die die Bundesrepublik Deutschland als Herkunftsstaat nach § 4 Absatz 1 gewählt haben,

2. Emittenten, die andere als die in Nummer 1 genannten Finanzinstrumente begeben und

a) die ihren Sitz im Inland haben und deren Finanzinstrumente zum Handel an einem organisierten Markt im Inland oder in anderen Mitgliedstaaten der Europäischen Union oder in anderen Vertragsstaaten des Abkommens über den Europäischen Wirtschaftsraum zugelassen sind oder

b) die ihren Sitz nicht im Inland haben und deren Finanzinstrumente zum Handel an einem organisierten Markt im Inland zugelassen sind

und die die Bundesrepublik Deutschland nach Maßgabe des § 4 Absatz 2 als Herkunftsstaat gewählt haben,

3. Emittenten, die nach Nummer 1 Buchstabe b oder Nummer 2 die Bundesrepublik Deutschland als Herkunftsstaat wählen können und deren Finanzinstrumente zum Handel an einem organisierten Markt im Inland zugelassen sind, solange sie nicht wirksam einen Herkunftsmitgliedstaat gewählt haben nach § 4 in Verbindung mit § 5 oder nach entsprechenden Vorschriften anderer Mitgliedstaaten der Europäischen Union oder anderer Vertragsstaaten des Abkommens über den Europäischen Wirtschaftsraum.

(14) Inlandsemittenten sind

1. Emittenten, für die die Bundesrepublik Deutschland der Herkunftsstaat ist, mit Ausnahme solcher Emittenten, deren Wertpapiere nicht im Inland, sondern lediglich in einem anderen Mitgliedstaat der Europäischen Union oder einem anderen Vertragsstaat des Abkommens über den Europäischen Wirtschaftsraum zugelassen sind, soweit sie in diesem anderen Staat Veröffentlichungs- und Mitteilungspflichten nach Maßgabe der Richtlinie 2004/109/ EG des Europäischen Parlaments und des Rates vom 15. Dezember 2004 zur Harmonisierung der Transparenzanforderungen in Bezug auf Informationen über Emittenten, deren Wertpapiere zum Handel auf einem geregelten Markt zugelassen sind, und zur Änderung der Richtlinie 2001/34/EG (ABl EU Nr. L 390 S. 38) unterliegen, und

2. Emittenten, für die nicht die Bundesrepublik Deutschland, sondern ein anderer Mitgliedstaat der Europäischen Union oder ein anderer Vertragsstaat des Abkommens über den Europäischen Wirtschaftsraum der Herkunftsstaat ist, deren Wertpapiere aber nur im Inland zum Handel an einem organisierten Markt zugelassen sind.

(15) MTF-Emittenten im Sinne dieses Gesetzes sind Emittenten von Finanzinstrumenten,

1. die ihren Sitz im Inland haben und die für ihre Finanzinstrumente eine Zulassung zum Handel an einem multilateralen Handelssystem im Inland oder in einem anderen Mitgliedstaat der Europäischen Union (Mitgliedstaat) oder einem anderen Vertragsstaat des Abkommens über den Europäischen Wirtschaftsraum beantragt oder genehmigt haben, wenn diese Finanzinstrumente nur auf multilateralen Handelssystemen gehandelt werden, mit Ausnahme solcher Emittenten, deren Finanzinstrumente nicht im Inland, sondern lediglich in einem anderen Mitgliedstaat oder einem anderen Vertragsstaat des Abkommens über den Europäischen Wirtschaftsraum zugelassen sind, oder

2. die ihren Sitz nicht im Inland haben und die für ihre Finanzinstrumente eine Zulassung zum Handel auf einem multilateralen Handelssystem im Inland beantragt oder genehmigt haben, wenn diese Finanzinstrumente nur an multilateralen Handelssystemen im Inland gehandelt werden.

(16) OTF-Emittenten im Sinne dieses Gesetzes sind Emittenten von Finanzinstrumenten,

1. die ihren Sitz im Inland haben und die für ihre Finanzinstrumente eine Zulassung zum Handel an einem organisierten Handelssystem im Inland oder in einem anderen Mitgliedstaat oder einem anderen Vertragsstaat des Abkommens über den Europäischen Wirtschafts-

raum beantragt oder genehmigt haben, wenn diese Finanzinstrumente nur auf organisierten Handelssystemen gehandelt werden, mit Ausnahme solcher Emittenten, deren Finanzinstrumente nicht im Inland, sondern lediglich in einem anderen Mitgliedstaat oder einem anderen Vertragsstaat des Abkommens über den Europäischen Wirtschaftsraum zugelassen sind, soweit sie in diesem Staat den Anforderungen des Artikels 21 der Richtlinie 2004/109/EG unterliegen, oder

2. die ihren Sitz nicht im Inland haben und die für ihre Finanzinstrumente nur eine Zulassung zum Handel an einem organisierten Handelssystem im Inland beantragt oder genehmigt haben.

(17) Herkunftsmitgliedstaat im Sinne dieses Gesetzes ist
1. im Falle eines Wertpapierdienstleistungsunternehmens,
   a) sofern es sich um eine natürliche Person handelt, der Mitgliedstaat, in dem sich die Hauptverwaltung des Wertpapierdienstleistungsunternehmens befindet;
   b) sofern es sich um eine juristische Person handelt, der Mitgliedstaat, in dem sich ihr Sitz befindet;
   c) sofern es sich um eine juristische Person handelt, für die nach dem nationalen Recht, das für das Wertpapierdienstleistungsunternehmen maßgeblich ist, kein Sitz bestimmt ist, der Mitgliedstaat, in dem sich die Hauptverwaltung befindet;
2. im Falle eines organisierten Marktes der Mitgliedstaat, in dem dieser registriert oder zugelassen ist, oder, sofern für ihn nach dem Recht dieses Mitgliedstaats kein Sitz bestimmt ist, der Mitgliedstaat, in dem sich die Hauptverwaltung befindet;
3. im Falle eines Datenbereitstellungsdienstes,
   a) sofern es sich um eine natürliche Person handelt, der Mitgliedstaat, in dem sich die Hauptverwaltung des Datenbereitstellungsdienstes befindet;
   b) sofern es sich um eine juristische Person handelt, der Mitgliedstaat, in dem sich der Sitz des Datenbereitstellungsdienstes befindet;
   c) sofern es sich um eine juristische Person handelt, für die nach dem nationalen Recht, das für den Datenbereitstellungsdienst maßgeblich ist, kein Sitz bestimmt ist, der Mitgliedstaat, in dem sich die Hauptverwaltung befindet.

(18) Aufnahmemitgliedstaat im Sinne dieses Gesetzes ist
1. für ein Wertpapierdienstleistungsunternehmen der Mitgliedstaat, in dem es eine Zweigniederlassung unterhält oder Wertpapierdienstleistungen im Wege des grenzüberschreitenden Dienstleistungsverkehrs erbringt;
2. für einen organisierten Markt der Mitgliedstaat, in dem er geeignete Vorkehrungen bietet, um in diesem Mitgliedstaat niedergelassenen Marktteilnehmern den Zugang zum Handel über sein System zu erleichtern.

(19) [1]Eine strukturierte Einlage ist eine Einlage im Sinne des § 2 Absatz 3 Satz 1 und 2 des Einlagensicherungsgesetzes, die bei Fälligkeit in voller Höhe zurückzuzahlen ist, wobei sich die Zahlung von Zinsen oder einer Prämie, das Zinsrisiko oder das Prämienrisiko aus einer Formel ergibt, die insbesondere abhängig ist von
1. einem Index oder einer Indexkombination,
2. einem Finanzinstrument oder einer Kombination von Finanzinstrumenten,
3. einer Ware oder einer Kombination von Waren oder anderen körperlichen oder nicht körperlichen nicht übertragbaren Vermögenswerten oder
4. einem Wechselkurs oder einer Kombination von Wechselkursen.

[2]Keine strukturierten Einlagen stellen variabel verzinsliche Einlagen dar, deren Ertrag unmittelbar an einen Zinsindex, insbesondere den Euribor oder den Libor, gebunden ist.

(20) Energiegroßhandelsprodukt im Sinne dieses Gesetzes ist ein Energiegroßhandelsprodukt im Sinne des Artikels 2 Nummer 4 der Verordnung (EU) Nr. 1227/2011 des Europäischen Par-

laments und des Rates vom 25. Oktober 2011 über die Integrität und Transparenz des Energiegroßhandelsmarkts (ABl L 326 vom 8.12.2011, S.1), sowie der Artikel 5 und 6 der Delegierten Verordnung (EU) 2017/565.

(21) Multilaterales System im Sinne dieses Gesetzes ist ein System oder ein Mechanismus, der die Interessen einer Vielzahl Dritter am Kauf und Verkauf von Finanzinstrumenten innerhalb des Systems zusammenführt.

(22) Handelsplatz im Sinne dieses Gesetzes ist ein organisierter Markt, ein multilaterales Handelssystem oder ein organisiertes Handelssystem.

(23) ¹Liquider Markt im Sinne dieses Gesetzes ist ein Markt für ein Finanzinstrument oder für eine Kategorie von Finanzinstrumenten,
1. auf dem kontinuierlich kauf- oder verkaufsbereite vertragswillige Käufer oder Verkäufer verfügbar sind und
2. der unter Berücksichtigung der speziellen Marktstrukturen des betreffenden Finanzinstruments oder der betreffenden Kategorie von Finanzinstrumenten nach den folgenden Kriterien bewertet wird:
   a) Durchschnittsfrequenz und -volumen der Geschäfte bei einer bestimmten Bandbreite von Marktbedingungen unter Berücksichtigung der Art und des Lebenszyklus von Produkten innerhalb der Kategorie von Finanzinstrumenten;
   b) Zahl und Art der Marktteilnehmer, einschließlich des Verhältnisses der Marktteilnehmer zu den gehandelten Finanzinstrumenten in Bezug auf ein bestimmtes Finanzinstrument;
   c) durchschnittlicher Spread, sofern verfügbar.

²Nähere Bestimmungen enthalten die Artikel 1 bis 4 der Delegierten Verordnung (EU) 2017/567 der Kommission vom 18. Mai 2016 zur Ergänzung der Verordnung (EU) Nr. 600/2014 des Europäischen Parlaments und des Rates im Hinblick auf Begriffsbestimmungen, Transparenz, Portfoliokomprimierung und Aufsichtsmaßnahmen zur Produktintervention und zu den Positionen (ABl L 87 vom 31.3.2017, S. 90), in der jeweils geltenden Fassung.

(24) ¹Zweigniederlassung im Sinne dieses Gesetzes ist eine Betriebsstelle, die
1. nicht die Hauptverwaltung ist,
2. einen rechtlich unselbstständigen Teil eines Wertpapierdienstleistungsunternehmens bildet und
3. Wertpapierdienstleistungen, gegebenenfalls auch Wertpapiernebendienstleistungen, erbringt, für die dem Wertpapierdienstleistungsunternehmen eine Zulassung erteilt wurde.

²Alle Betriebsstellen eines Wertpapierdienstleistungsunternehmens mit Hauptverwaltung in einem anderen Mitgliedstaat, die sich in demselben Mitgliedstaat befinden, gelten als eine einzige Zweigniederlassung.

(25) Mutterunternehmen im Sinne dieses Gesetzes ist, sofern nicht die Abschnitte 6 und 16 besondere Regelungen enthalten, ein Mutterunternehmen im Sinne des Artikels 2 Nummer 9 und des Artikels 22 der Richtlinie 2013/34/EU des Europäischen Parlaments und des Rates vom 26. Juni 2013 über den Jahresabschluss, den konsolidierten Abschluss und damit verbundene Berichte von Unternehmen bestimmter Rechtsformen und zur Änderung der Richtlinie 2006/43/EG des Europäischen Parlaments und des Rates und zur Aufhebung der Richtlinien 78/660/EWG und 83/349/EWG des Rates (ABl L 182 vom 29.6.2013, S.19), die zuletzt durch die Richtlinie 2014/102/EU (ABl L 334 vom 21.11.2014, S. 86) geändert worden ist.

(26) Tochterunternehmen im Sinne dieses Gesetzes ist, sofern nicht die Abschnitte 6 und 16 besondere Regelungen enthalten, ein Tochterunternehmen im Sinne des Artikels 2 Nummer 10 und des Artikels 22 der Richtlinie 2013/34/EU, einschließlich aller Tochterunternehmen eines Tochterunternehmens des an der Spitze stehenden Mutterunternehmens.

(27) Gruppe im Sinne dieses Gesetzes ist eine Gruppe im Sinne des Artikels 2 Nummer 11 der Richtlinie 2013/34/EU.

(28) Eine enge Verbindung im Sinne dieses Gesetzes liegt vor, wenn zwei oder mehr natürliche oder juristische Personen wie folgt miteinander verbunden sind:
1. durch eine Beteiligung in Form des direkten Haltens oder des Haltens im Wege der Kontrolle von mindestens 20 Prozent der Stimmrechte oder der Anteile an einem Unternehmen,
2. durch Kontrolle in Form eines Verhältnisses zwischen Mutter- und Tochterunternehmen, wie in allen Fällen des Artikels 22 Absatz 1 und 2 der Richtlinie 2013/34/EU oder einem vergleichbaren Verhältnis zwischen einer natürlichen oder juristischen Person und einem Unternehmen; Tochterunternehmen von Tochterunternehmen gelten ebenfalls als Tochterunternehmen des Mutterunternehmens, das an der Spitze dieser Unternehmen steht oder
3. durch ein dauerhaftes Kontrollverhältnis beider oder aller Personen, das zu derselben dritten Person besteht.

(29) Zusammenführung sich deckender Kundenaufträge (Matched Principal Trading) im Sinne dieses Gesetzes ist ein Geschäft, bei dem
1. zwischen Käufer und Verkäufer ein Vermittler zwischengeschaltet ist, der während der gesamten Ausführung des Geschäfts zu keiner Zeit einem Marktrisiko ausgesetzt ist,
2. Kauf- und Verkaufsgeschäfte gleichzeitig ausgeführt werden und
3. das zu Preisen abgeschlossen wird, durch die der Vermittler abgesehen von einer vorab offengelegten Provision, Gebühr oder sonstigen Vergütung weder Gewinn noch Verlust macht.

(30) ¹Direkter elektronischer Zugang im Sinne dieses Gesetzes ist eine Vereinbarung, in deren Rahmen ein Mitglied, ein Teilnehmer oder ein Kunde eines Handelsplatzes einer anderen Person die Nutzung seines Handelscodes gestattet, damit diese Person Aufträge in Bezug auf Finanzinstrumente elektronisch direkt an den Handelsplatz übermitteln kann, mit Ausnahme der in Artikel 20 der Delegierten Verordnung (EU) 2017/565 genannten Fälle. ²Der direkte elektronische Zugang umfasst auch Vereinbarungen, die die Nutzung der Infrastruktur oder eines anderweitigen Verbindungssystems des Mitglieds, des Teilnehmers oder des Kunden durch diese Person zur Übermittlung von Aufträgen beinhalten (direkter Marktzugang), sowie diejenigen Vereinbarungen, bei denen eine solche Infrastruktur nicht durch diese Person genutzt wird (geförderter Zugang).

(31) Hinterlegungsscheine im Sinne dieses Gesetzes sind Wertpapiere, die auf dem Kapitalmarkt handelbar sind und die ein Eigentumsrecht an Wertpapieren von Emittenten mit Sitz im Ausland verbriefen, zum Handel auf einem organisierten Markt zugelassen sind und unabhängig von den Wertpapieren des jeweiligen Emittenten mit Sitz im Ausland gehandelt werden können.

(32) Börsengehandeltes Investmentvermögen im Sinne dieses Gesetzes ist ein Investmentvermögen im Sinne des Kapitalanlagegesetzbuchs, bei dem mindestens eine Anteilsklasse oder Aktiengattung ganztägig an mindestens einem Handelsplatz und mit mindestens einem Market Maker, der tätig wird, um sicherzustellen, dass der Preis seiner Anteile oder Aktien an diesem Handelsplatz nicht wesentlich von ihrem Nettoinventarwert und, sofern einschlägig, von ihrem indikativen Nettoinventarwert abweicht, gehandelt wird.

(33) Zertifikat im Sinne dieses Gesetzes ist ein Wertpapier, das auf dem Kapitalmarkt handelbar ist und das im Falle der durch den Emittenten vorgenommenen Rückzahlung einer Anlage bei dem Emittenten Vorrang vor Aktien hat, aber nicht besicherten Anleiheinstrumenten und anderen vergleichbaren Instrumenten nachgeordnet ist.

(34) Strukturiertes Finanzprodukt im Sinne dieses Gesetzes ist ein Wertpapier, das zur Verbriefung und Übertragung des mit einer ausgewählten Palette an finanziellen Vermögenswerten einhergehenden Kreditrisikos geschaffen wurde und das den Wertpapierinhaber zum Empfang regelmäßiger Zahlungen berechtigt, die vom Geldfluss der Basisvermögenswerte abhängen.

(35) Derivate im Sinne dieses Gesetzes sind derivative Geschäfte im Sinne des Absatzes 3 sowie Wertpapiere im Sinne des Absatzes 1 Nummer 3 Buchstabe b.

(36) Warenderivate im Sinne dieses Gesetzes sind Finanzinstrumente im Sinne des Artikels 2 Absatz 1 Nummer 30 der Verordnung (EU) Nr. 600/2014.

(37) Genehmigtes Veröffentlichungssystem im Sinne dieses Gesetzes ist ein Unternehmen, das im Namen von Wertpapierdienstleistungsunternehmen Handelsveröffentlichungen im Sinne der Artikel 20 und 21 der Verordnung (EU) Nr. 600/2014 vornimmt.

(38) Bereitsteller konsolidierter Datenticker im Sinne dieses Gesetzes ist ein Unternehmen, das zur Einholung von Handelsveröffentlichungen nach den Artikeln 6, 7, 10, 12, 13, 20 und 21 der Verordnung (EU) Nr. 600/2014 auf geregelten Märkten, multilateralen und organisierten Handelssystemen und bei genehmigten Veröffentlichungssystemen berechtigt ist und diese Handelsveröffentlichungen in einem kontinuierlichen elektronischen Echtzeitdatenstrom konsolidiert, über den Preis- und Handelsvolumendaten für jedes einzelne Finanzinstrument abrufbar sind.

(39) Genehmigter Meldemechanismus im Sinne dieses Gesetzes ist ein Unternehmen, das dazu berechtigt ist, im Namen des Wertpapierdienstleistungsunternehmens Einzelheiten zu Geschäften an die zuständigen Behörden oder die Europäische Wertpapier- und Marktaufsichtsbehörde zu melden.

(40) Datenbereitstellungsdienst im Sinne dieses Gesetzes ist

1. ein genehmigtes Veröffentlichungssystem,
2. ein Bereitsteller konsolidierter Datenticker oder
3. ein genehmigter Meldemechanismus.

(41) Drittlandunternehmen im Sinne dieses Gesetzes ist ein Unternehmen, das ein Wertpapierdienstleistungsunternehmen wäre, wenn es seinen Sitz im Europäischen Wirtschaftsraum hätte.

(42) Öffentliche Emittenten im Sinne dieses Gesetzes sind folgende Emittenten von Schuldtiteln:

1. die Europäische Union,
2. ein Mitgliedstaat einschließlich eines Ministeriums, einer Behörde oder einer Zweckgesellschaft dieses Mitgliedstaats,
3. im Falle eines bundesstaatlich organisierten Mitgliedstaats einer seiner Gliedstaaten,
4. eine für mehrere Mitgliedstaaten tätige Zweckgesellschaft,
5. ein von mehreren Mitgliedstaaten gegründetes internationales Finanzinstitut, das dem Zweck dient, Finanzmittel zu mobilisieren und seinen Mitgliedern Finanzhilfen zu gewähren, sofern diese von schwerwiegenden Finanzierungsproblemen betroffen oder bedroht sind,
6. die Europäische Investitionsbank.

(43) [1]Ein dauerhafter Datenträger ist jedes Medium, das

1. es dem Kunden gestattet, an ihn persönlich gerichtete Informationen derart zu speichern, dass er sie in der Folge für eine Dauer, die für die Zwecke der Informationen angemessen ist, einsehen kann, und
2. die unveränderte Wiedergabe der gespeicherten Informationen ermöglicht.

[2]Nähere Bestimmungen enthält Artikel 3 der Delegierten Verordnung (EU) 2017/565.

(44) Hochfrequente algorithmische Handelstechnik im Sinne dieses Gesetzes ist ein algorithmischer Handel im Sinne des § 80 Absatz 2 Satz 1, der gekennzeichnet ist durch

1. eine Infrastruktur zur Minimierung von Netzwerklatenzen und anderen Verzögerungen bei der Orderübertragung (Latenzen), die mindestens eine der folgenden Vorrichtungen für die Eingabe algorithmischer Aufträge aufweist: Kollokation, Proximity Hosting oder einen direkten elektronischen Hochgeschwindigkeitszugang,

2. die Fähigkeit des Systems, einen Auftrag ohne menschliche Intervention im Sinne des Artikels 18 der Delegierten Verordnung (EU) 2017/565 einzuleiten, zu erzeugen, weiterzuleiten oder auszuführen und
3. ein hohes untertägiges Mitteilungsaufkommen im Sinne des Artikels 19 der Delegierten Verordnung (EU) 2017/565 in Form von Aufträgen, Kursangaben oder Stornierungen.

(45) Zentrale Gegenpartei im Sinne dieses Gesetzes ist ein Unternehmen im Sinne des Artikels 2 Nummer 1 der Verordnung (EU) Nr. 648/2012 in der jeweils geltenden Fassung.

(46) ¹Kleine und mittlere Unternehmen im Sinne dieses Gesetzes sind Unternehmen, deren durchschnittliche Marktkapitalisierung auf der Grundlage der Notierungen zum Jahresende in den letzten drei Kalenderjahren weniger als 200 Millionen Euro betrug. ²Nähere Bestimmungen enthalten die Artikel 77 bis 79 der Delegierten Verordnung (EU) 2017/565.

(47) Öffentlicher Schuldtitel im Sinne dieses Gesetzes ist ein Schuldtitel, der von einem öffentlichen Emittenten begeben wird.

(48) PRIP im Sinne dieses Gesetzes ist ein Produkt im Sinne des Artikels 4 Nummer 1 der Verordnung (EU) Nr. 1286/2014.

(49) PRIIP im Sinne dieses Gesetzes ist ein Produkt im Sinne des Artikels 4 Nummer 3 der Verordnung (EU) Nr. 1286/2014.

§ 3 Ausnahmen; Verordnungsermächtigung[1)]

(1) ¹Als Wertpapierdienstleistungsunternehmen gelten nicht
1. Unternehmen, die Wertpapierdienstleistungen im Sinne des § 2 Absatz 8 Satz 1 ausschließlich für ihr Mutterunternehmen oder ihre Tochter- oder Schwesterunternehmen im Sinne des Artikels 4 Absatz 1 Nummer 15 und 16 der Verordnung (EU) Nr. 575/2013 des Europäischen Parlaments und des Rates vom 26. Juni 2013 über Aufsichtsanforderungen an Kreditinstitute und Wertpapierfirmen und zur Änderung der Verordnung (EU) Nr. 646/2012 (ABl L 176 vom 27. 6. 2013, S. 1) und des § 1 Absatz 7 des Kreditwesengesetzes erbringen,
2. Unternehmen, deren Wertpapierdienstleistung für andere ausschließlich in der Verwaltung eines Systems von Arbeitnehmerbeteiligungen an den eigenen oder an mit ihnen verbundenen Unternehmen besteht,
3. Unternehmen, die ausschließlich Wertpapierdienstleistungen sowohl nach Nummer 1 als auch nach Nummer 2 erbringen,
4. private und öffentlich-rechtliche Versicherungsunternehmen, soweit sie die Tätigkeiten ausüben, die in der Richtlinie 2009/138/EG des Europäischen Parlaments und des Rates vom 25. November 2009 betreffend die Aufnahme und Ausübung der Versicherungs- und der Rückversicherungstätigkeit (Solvabilität II) (ABl L 335 vom 17. 12. 2009, S. 1; L 219 vom 25. 7. 2014, S. 66; L 108 vom 28. 4. 2015, S. 8), die zuletzt durch die Richtlinie 2014/51/EU (ABl L 153 vom 22. 5. 2014, S. 1; L 108 vom 28. 4. 2015, S. 8) geändert worden ist, genannt sind,
5. die öffentliche Schuldenverwaltung des Bundes oder eines Landes, eines ihrer Sondervermögen, eines anderen Mitgliedstaates der Europäischen Union oder eines anderen Vertragsstaates des Abkommens über den Europäischen Wirtschaftsraum, die Deutsche Bundesbank und andere Mitglieder des Europäischen Systems der Zentralbanken sowie die Zentralbanken der anderen Vertragsstaaten und internationale Finanzinstitute, die von zwei oder mehreren Staaten gemeinsam errichtet werden, um zugunsten dieser Staaten Finanzierungsmittel zu beschaffen und Finanzhilfen zu geben, wenn Mitgliedstaaten von schwerwiegenden Finanzierungsproblemen betroffen oder bedroht sind,
6. Angehörige freier Berufe, die Wertpapierdienstleistungen nur gelegentlich im Sinne des Artikels 4 der Delegierten Verordnung (EU) 2017/565 und im Rahmen eines Mandatsverhält-

---

1) **Anm. d. Red.:** § 3 i. d. F. des Gesetzes v. 27.3.2020 (BGBl I S. 543) mit Wirkung v. 28.3.2020.

nisses als Freiberufler erbringen und einer Berufskammer in der Form der Körperschaft des öffentlichen Rechts angehören, deren Berufsrecht die Erbringung von Wertpapierdienstleistungen nicht ausschließt,

7. Unternehmen, die als Wertpapierdienstleistung für andere ausschließlich die Anlageberatung und die Anlagevermittlung zwischen Kunden und

a) Instituten im Sinne des Kreditwesengesetzes,

b) Instituten oder Finanzunternehmen mit Sitz in einem anderen Staat des Europäischen Wirtschaftsraums, die die Voraussetzungen nach § 53b Abs. 1 Satz 1 oder Abs. 7 des Kreditwesengesetzes erfüllen,

c) Unternehmen, die aufgrund einer Rechtsverordnung nach § 53c des Kreditwesengesetzes gleichgestellt oder freigestellt sind,

d) Kapitalverwaltungsgesellschaften, extern verwalteten Investmentgesellschaften, EU-Verwaltungsgesellschaften oder ausländischen AIF-Verwaltungsgesellschaften oder

e) Anbietern oder Emittenten von Vermögensanlagen im Sinne des § 1 Absatz 2 des Vermögensanlagengesetzes, die erstmals öffentlich angeboten werden,

betreiben, sofern sich diese Wertpapierdienstleistungen auf Anteile oder Aktien von inländischen Investmentvermögen, die von einer Kapitalverwaltungsgesellschaft ausgegeben werden, die eine Erlaubnis nach § 7 oder § 97 Absatz 1 des Investmentgesetzes in der bis zum 21. Juli 2013 geltenden Fassung hat, die für den in § 345 Absatz 2 Satz 1, Absatz 3 Satz 2, in Verbindung mit Absatz 2 Satz 1, oder Absatz 4 Satz 1 des Kapitalanlagegesetzbuchs vorgesehenen Zeitraum noch fortbesteht, oder die eine Erlaubnis nach den §§ 20, 21 oder den §§ 20, 22 des Kapitalanlagegesetzbuchs hat, oder die von einer EU-Verwaltungsgesellschaft ausgegeben werden, die eine Erlaubnis nach Artikel 6 der Richtlinie 2009/65/EG des Europäischen Parlaments und des Rates vom 13. Juli 2009 zur Koordinierung der Rechts- und Verwaltungsvorschriften betreffend bestimmte Organismen für gemeinsame Anlagen in Wertpapieren (OGAW) (ABl L 302 vom 17. 11. 2009, S. 32, L 269 vom 13. 10. 2010, S. 27), die zuletzt durch die Richtlinie 2014/91/EU (ABl L 257 vom 28. 8. 2014, S. 186) geändert worden ist, oder nach Artikel 6 der Richtlinie 2011/61/EU des Europäischen Parlaments und des Rates vom 8. Juni 2011 über die Verwalter alternativer Investmentfonds und zur Änderung der Richtlinien 2003/41/EG und 2009/65/EG und der Verordnungen (EG) Nr. 1060/2009 und (EU) Nr. 1095/2010 (ABl L 174 vom 1. 7. 2011, S. 1, L 115 vom 27. 4. 2012, S. 35), die zuletzt durch die Richtlinie 2014/65/EU (ABl L 173 vom 12. 6. 2014, S. 349, L 74 vom 18. 3. 2015, S. 38) geändert worden ist, hat, oder auf Anteile oder Aktien an EU-Investmentvermögen oder ausländischen AIF, die nach dem Kapitalanlagegesetzbuch vertrieben werden dürfen, mit Ausnahme solcher AIF, die nach § 330a des Kapitalanlagegesetzbuchs vertrieben werden dürfen, oder auf Vermögensanlagen im Sinne des § 1 Absatz 2 des Vermögensanlagengesetzes beschränken und die Unternehmen nicht befugt sind, sich bei der Erbringung dieser Finanzdienstleistungen Eigentum oder Besitz an Geldern oder Anteilen von Kunden zu verschaffen, es sei denn, das Unternehmen beantragt und erhält eine entsprechende Erlaubnis nach § 32 Abs. 1 des Kreditwesengesetzes; Anteile oder Aktien an Hedgefonds im Sinne des § 283 des Kapitalanlagegesetzbuchs gelten nicht als Anteile an Investmentvermögen im Sinne dieser Vorschrift,

8. Unternehmen, die bezüglich Warenderivaten, Emissionszertifikaten oder Derivaten auf Emissionszertifikate Eigengeschäft oder Market-Making betreiben oder ausschließlich Wertpapierdienstleistungen im Sinne des § 2 Absatz 8 Nummer 1 und 3 bis 10 gegenüber den Kunden und Zulieferern ihrer Haupttätigkeit erbringen, sofern

a) diese Tätigkeiten in jedem dieser Fälle auf sowohl individueller als auch aggregierter Basis auf der Ebene der Unternehmensgruppe eine Nebentätigkeit im Sinne der Delegierten Verordnung (EU) 2017/592 der Kommission vom 1. Dezember 2016 zur Ergänzung der Richtlinie 2014/65/EU des Europäischen Parlaments und des Rates durch technische Regulierungsstandards zur Festlegung der Kriterien, nach denen eine Tätigkeit als Nebentätigkeit zur Haupttätigkeit gilt (ABl L 87 vom 31.3.2017, S. 492), in der jeweils geltenden Fassung, darstellen,

b) die Haupttätigkeit des Unternehmens weder in der Erbringung von Wertpapierdienstleistungen im Sinne des § 2 Absatz 8 Satz 1 Nummer 1, 2 Buchstabe b bis d, Nummer 3 bis 10 oder Satz 2, noch in der Tätigkeit als Market Maker in Bezug auf Warenderivate noch in der Erbringung von Bankgeschäften im Sinne des § 1 Absatz 1 Satz 2 des Kreditwesengesetzes besteht,

c) das Unternehmen keine hochfrequente algorithmische Handelstechnik anwendet und

d) das Unternehmen der Bundesanstalt gemäß § 2 Absatz 1 Satz 3 und 4 oder Absatz 6 Satz 3 und 4 des Kreditwesengesetzes angezeigt hat, dass es von der Ausnahme nach dieser Nummer Gebrauch macht,

9. Unternehmen, die Wertpapierdienstleistungen ausschließlich in Bezug auf Warenderivate, Emissionszertifikate oder Derivate auf Emissionszertifikate mit dem alleinigen Ziel der Absicherung der Geschäftsrisiken ihrer Kunden erbringen, sofern diese Kunden

a) ausschließlich lokale Elektrizitätsunternehmen im Sinne des Artikels 2 Nummer 35 der Richtlinie 2009/72/EG des Europäischen Parlaments und des Rates vom 13. Juli 2009 über gemeinsame Vorschriften für den Elektrizitätsbinnenmarkt und zur Aufhebung der Richtlinie 2003/54/EG (ABl L 211 vom 14.8.2009, S. 55) oder Erdgasunternehmen im Sinne des Artikels 2 Nummer 1 der Richtlinie 2009/73/EG des Europäischen Parlaments und des Rates vom 13. Juli 2009 über gemeinsame Vorschriften für den Erdgasbinnenmarkt und zur Aufhebung der Richtlinie 2003/55/EG (ABl L 211 vom 14.8.2009, S. 94) sind,

b) zusammen 100 Prozent des Kapitals oder der Stimmrechte der betreffenden Unternehmen halten und dieses gemeinsam kontrollieren und

c) nach Nummer 8 ausgenommen wären, wenn sie die betreffenden Wertpapierdienstleistungen selbst erbrächten,

10. Unternehmen, die Wertpapierdienstleistungen ausschließlich in Bezug auf Emissionszertifikate oder Derivate auf Emissionszertifikate mit dem alleinigen Ziel der Absicherung der Geschäftsrisiken ihrer Kunden erbringen, sofern diese Kunden

a) ausschließlich Anlagenbetreiber im Sinne des § 3 Nummer 2 des Treibhausgas-Emissionshandelsgesetzes sind,

b) zusammen 100 Prozent des Kapitals oder der Stimmrechte der betreffenden Unternehmen halten und dieses gemeinsam kontrollieren und

c) nach Nummer 8 ausgenommen wären, wenn sie die betreffenden Wertpapierdienstleistungen selbst erbrächten,

11. Unternehmen, die ausschließlich Eigengeschäft mit anderen Finanzinstrumenten als Warenderivaten, Emissionszertifikaten oder Derivaten auf Emissionszertifikate betreiben, die keine anderen Wertpapierdienstleistungen erbringen, einschließlich keiner anderen Anlagetätigkeiten, in anderen Finanzinstrumenten als Warenderivaten, Emissionszertifikaten oder Derivaten auf Emissionszertifikate, es sei denn,

a) es handelt sich bei diesen Unternehmen um Market Maker,

b) die Unternehmen sind entweder Mitglied oder Teilnehmer eines organisierten Marktes oder multilateralen Handelssystems oder haben einen direkten elektronischen Zugang zu einem Handelsplatz, mit Ausnahme von nichtfinanziellen Stellen, die an einem Handelsplatz Geschäfte tätigen, die in objektiv messbarer Weise die direkt mit der Geschäftstätigkeit oder dem Liquiditäts- und Finanzmanagement verbundenen Risiken dieser nichtfinanziellen Stellen oder ihrer Gruppen verringern,

c) die Unternehmen wenden eine hochfrequente algorithmische Handelstechnik an oder

d) die Unternehmen betreiben Eigengeschäft bei der Ausführung von Kundenaufträgen,

12. Unternehmen, die als Wertpapierdienstleistung ausschließlich die Anlageberatung im Rahmen einer anderen beruflichen Tätigkeit erbringen, ohne sich die Anlageberatung gesondert vergüten zu lassen,
13. Börsenträger oder Betreiber organisierter Märkte, die neben dem Betrieb eines multilateralen oder organisierten Handelssystems keine anderen Wertpapierdienstleistungen im Sinne des § 2 Absatz 8 Satz 1 erbringen,
14. Unternehmen, die das Platzierungsgeschäft ausschließlich für Anbieter oder für Emittenten von Vermögensanlagen im Sinne des § 1 Absatz 2 des Vermögensanlagengesetzes erbringen,
15. Betreiber im Sinne des § 3 Nummer 4 des Treibhausgas-Emissionshandelsgesetzes, wenn sie beim Handel mit Emissionszertifikaten
    a) ausschließlich Eigengeschäft betreiben,
    b) keine Anlagevermittlung und keine Abschlussvermittlung betreiben,
    c) keine hochfrequente algorithmische Handelstechnik anwenden und
    d) keine anderen Wertpapierdienstleistungen erbringen,
16. Übertragungsnetzbetreiber im Sinne des Artikels 2 Nummer 4 der Richtlinie 2009/72/EG oder des Artikels 2 Nummer 4 der Richtlinie 2009/73/EG, wenn sie ihre Aufgaben gemäß diesen Richtlinien, gemäß der Verordnung (EG) Nr. 714/2009 des Europäischen Parlaments und des Rates vom 13. Juli 2009 über die Netzzugangsbedingungen für den grenzüberschreitenden Stromhandel und zur Aufhebung der Verordnung (EG) Nr. 1228/2003 (ABl L 211 vom 14. 8. 2009, S. 15), die zuletzt durch die Verordnung (EU) Nr. 543/2013 (ABl L 163 vom 15. 6. 2013, S. 1) geändert worden ist, gemäß der Verordnung (EG) Nr. 715/2009 des Europäischen Parlaments und des Rates vom 13. Juli 2009 über die Bedingungen für den Zugang zu den Erdgasfernleitungsnetzen und zur Aufhebung der Verordnung (EG) Nr. 1775/2005 (ABl L 211 vom 14. 8. 2009, S. 36; L 229 vom 1. 9. 2009, S. 29; L 309 vom 24. 11. 2009, S. 87), die zuletzt durch den Beschluss (EU) 2015/715 (ABl L 114 vom 5. 5. 2015, S. 9) geändert worden ist, sowie gemäß den nach diesen Verordnungen erlassenen Netzcodes oder Leitlinien wahrnehmen, Personen, die in ihrem Namen als Dienstleister handeln, um die Aufgaben eines Übertragungsnetzbetreibers gemäß diesen Gesetzgebungsakten sowie gemäß den nach diesen Verordnungen erlassenen Netzcodes oder Leitlinien wahrzunehmen, sowie Betreiber oder Verwalter eines Energieausgleichssystems, eines Rohrleitungsnetzes oder eines Systems zum Ausgleich von Energieangebot und -verbrauch bei der Wahrnehmung solcher Aufgaben, sofern sie die Wertpapierdienstleistung in Bezug auf Warenderivate, die mit dieser Tätigkeit in Zusammenhang stehen, erbringen und sofern sie weder einen Sekundärmarkt noch eine Plattform für den Sekundärhandel mit finanziellen Übertragungsrechten betreiben,
17. Zentralverwahrer im Sinne des Artikels 2 Absatz 1 Nummer 1 der Verordnung (EU) Nr. 909/2014, soweit sie die in den Abschnitten A und B des Anhangs dieser Verordnung genannten Dienstleistungen erbringen und
18. Kapitalverwaltungsgesellschaften, EU-Verwaltungsgesellschaften und extern verwaltete Investmentgesellschaften, sofern sie nur die kollektive Vermögensverwaltung oder neben der kollektiven Vermögensverwaltung ausschließlich die in § 20 Absatz 2 und 3 des Kapitalanlagegesetzbuchs aufgeführten Dienstleistungen oder Nebendienstleistungen erbringen.

[2]Unternehmen, die die Voraussetzungen des Satzes 1 Nummer 8 bis 10 erfüllen, haben dies der Bundesanstalt jährlich anzuzeigen.

(2) [1]Ein Unternehmen, das als vertraglich gebundener Vermittler im Sinne des § 2 Absatz 10 1 des Kreditwesengesetzes als Wertpapierdienstleistung nur die Anlagevermittlung, das Platzieren von Finanzinstrumenten ohne feste Übernahmeverpflichtung oder Anlageberatung erbringt, gilt nicht als Wertpapierdienstleistungsunternehmen. [2]Seine Tätigkeit wird dem Institut oder Unternehmen zugerechnet, für dessen Rechnung und unter dessen Haftung es seine Tätigkeit erbringt.

(3) ¹Für Unternehmen, die Mitglieder oder Teilnehmer von organisierten Märkten oder multilateralen Handelssystemen sind und die von der Ausnahme nach Absatz 1 Nummer 4, 8 oder 15 Gebrauch machen, gelten die §§ 77, 78 und 80 Absatz 2 und 3 entsprechend. ²Für Unternehmen, die von einer Ausnahme nach Absatz 1 Nummer 9 oder 10 Gebrauch machen, gelten die §§ 63 bis 83 und 85 bis 92 sowie Artikel 26 der Verordnung (EU) Nr. 600/2014 entsprechend.

(4) ¹Das Bundesministerium der Finanzen kann durch Rechtsverordnung nähere Bestimmungen über Zeitpunkt, Inhalt und Form der Einreichung der Anzeige nach Absatz 1 Satz 2 sowie die Führung eines öffentlichen Registers über die anzeigenden Unternehmen erlassen. ²Das Bundesministerium der Finanzen kann die Ermächtigung durch Rechtsverordnung auf die Bundesanstalt übertragen.

§ 4 Wahl des Herkunftsstaates; Verordnungsermächtigung[1)]

(1) ¹Ein Emittent im Sinne des § 2 Absatz 13 Nummer 1 Buchstabe b kann die Bundesrepublik Deutschland als Herkunftsstaat wählen, wenn

1. er nicht bereits einen anderen Staat als Herkunftsstaat gewählt hat oder
2. er zwar zuvor einen anderen Staat als Herkunftsstaat gewählt hatte, aber seine Wertpapiere in diesem Staat an keinem organisierten Markt mehr zum Handel zugelassen sind.

²Die Wahl gilt so lange, bis

1. die Wertpapiere des Emittenten an keinem inländischen organisierten Markt mehr zugelassen sind, sondern stattdessen in einem anderen Mitgliedstaat der Europäischen Union oder in einem anderen Vertragsstaat des Abkommens über den Europäischen Wirtschaftsraum zum Handel an einem organisierten Markt zugelassen sind und der Emittent einen neuen Herkunftsstaat wählt, oder
2. die Wertpapiere des Emittenten an keinem organisierten Markt in einem Mitgliedstaat der Europäischen Union oder in einem anderen Vertragsstaat des Abkommens über den Europäischen Wirtschaftsraum mehr zum Handel zugelassen sind.

(2) ¹Ein Emittent im Sinne des § 2 Absatz 13 Nummer 2 kann die Bundesrepublik Deutschland als Herkunftsstaat wählen, wenn

1. er nicht innerhalb der letzten drei Jahre einen anderen Staat als Herkunftsstaat gewählt hat oder
2. er zwar bereits einen anderen Staat als Herkunftsstaat gewählt hatte, aber seine Finanzinstrumente in diesem Staat an keinem organisierten Markt mehr zum Handel zugelassen sind.

²Die Wahl gilt so lange, bis

1. der Emittent Wertpapiere im Sinne des § 2 Absatz 6 Nummer 1, die zum Handel an einem organisierten Markt in einem Mitgliedstaat der Europäischen Union oder in einem anderen Vertragsstaat des Abkommens über den Europäischen Wirtschaftsraum zugelassen sind, begibt,
2. die Finanzinstrumente des Emittenten an keinem organisierten Markt in einem Mitgliedstaat der Europäischen Union oder in einem anderen Vertragsstaat des Abkommens über den Europäischen Wirtschaftsraum mehr zum Handel zugelassen sind oder
3. der Emittent nach Satz 3 einen neuen Herkunftsstaat wählt.

³Ein Emittent im Sinne des § 2 Absatz 6 Nummer 2, der die Bundesrepublik Deutschland als Herkunftsstaat gewählt hat, kann einen neuen Herkunftsstaat wählen, wenn

1. die Finanzinstrumente des Emittenten an keinem inländischen organisierten Markt mehr zugelassen sind, aber stattdessen in einem anderen Mitgliedstaat der Europäischen Union

---

1) **Anm. d. Red.:** Bisheriger § 2b zu § 4 geworden und geändert gem. Gesetz v. 23.6.2017 (BGBl I S. 1693) mit Wirkung v. 3.1.2018.

oder in einem anderen Vertragsstaat des Abkommens über den Europäischen Wirtschaftsraum zum Handel an einem organisierten Markt zugelassen sind, oder

2. die Finanzinstrumente des Emittenten zum Handel an einem organisierten Markt in einem anderen Mitgliedstaat der Europäischen Union oder in einem anderen Vertragsstaat des Abkommens über den Europäischen Wirtschaftsraum zugelassen sind und seit der Wahl der Bundesrepublik Deutschland als Herkunftsstaat mindestens drei Jahre vergangen sind.

(3) Die Wahl des Herkunftsstaates wird mit der Veröffentlichung nach § 5 wirksam.

(4) Das Bundesministerium der Finanzen kann durch Rechtsverordnung, die nicht der Zustimmung des Bundesrates bedarf, nähere Bestimmungen zur Wahl des Herkunftsstaates erlassen.

§ 5 Veröffentlichung des Herkunftsstaates; Verordnungsermächtigung[1]

(1) ¹Ein Emittent, dessen Herkunftsstaat nach § 2 Absatz 11 Nummer 1 Buchstabe a die Bundesrepublik Deutschland ist oder der nach § 2c Absatz 1 oder Absatz 2 die Bundesrepublik Deutschland als Herkunftsstaat wählt, hat dies unverzüglich zu veröffentlichen. ²Außerdem muss er die Information, dass die Bundesrepublik Deutschland sein Herkunftsstaat ist,

1. unverzüglich dem Unternehmensregister gemäß § 8b des Handelsgesetzbuchs zur Speicherung übermitteln und
2. unverzüglich den folgenden Behörden mitteilen:
   a) der Bundesanstalt für Finanzdienstleistungsaufsicht (Bundesanstalt),
   b) wenn er seinen Sitz in einem anderen Mitgliedstaat der Europäischen Union oder einem anderen Vertragsstaat des Abkommens über den Europäischen Wirtschaftsraum hat, auch der dort zuständigen Behörde im Sinne des Artikels 24 der Richtlinie 2004/109/EG des Europäischen Parlaments und des Rates vom 15. Dezember 2004 zur Harmonisierung der Transparenzanforderungen in Bezug auf Informationen über Emittenten, deren Wertpapiere zum Handel auf einem geregelten Markt zugelassen sind, und zur Änderung der Richtlinie 2001/34/EG (ABl L 390 vom 31.12.2004, S. 38), die durch die Richtlinie 2013/50/EU (ABl L 294 vom 6.11.2013, S. 13) geändert worden ist, und,
   c) wenn seine Finanzinstrumente zum Handel an einem organisierten Markt in einem anderen Mitgliedstaat der Europäischen Union oder einem anderen Vertragsstaat des Abkommens über den Europäischen Wirtschaftsraum zugelassen sind, auch der dort zuständigen Behörde im Sinne des Artikels 24 der Richtlinie 2004/109/EG.

(2) Das Bundesministerium der Finanzen kann durch Rechtsverordnung, die nicht der Zustimmung des Bundesrates bedarf, nähere Bestimmungen zur Veröffentlichung des Herkunftsstaates erlassen.

Abschnitt 2: Bundesanstalt für Finanzdienstleistungsaufsicht[2]

§ 6 Aufgaben und allgemeine Befugnisse der Bundesanstalt[3]

(1) ¹Die Bundesanstalt übt die Aufsicht nach den Vorschriften dieses Gesetzes aus. ²Sie hat im Rahmen der ihr zugewiesenen Aufgaben Missständen entgegenzuwirken, welche die ordnungsgemäße Durchführung des Handels mit Finanzinstrumenten oder von Wertpapierdienstleistungen, Wertpapiernebendienstleistungen oder Datenbereitstellungsdienstleistungen beeinträchtigen oder erhebliche Nachteile für den Finanzmarkt bewirken können. ³Sie kann Anordnungen treffen, die geeignet und erforderlich sind, diese Missstände zu beseitigen oder zu verhindern.

---

1) **Anm. d. Red.:** Bisheriger § 2c zu § 5 geworden und geändert gem. Gesetzes v. 23.6.2017 (BGBl I S. 1693) mit Wirkung v. 3.1.2018.
2) **Anm. d. Red.:** Überschrift i. d. F. des Gesetzes v. 23.6.2017 (BGBl I S. 1693) mit Wirkung v. 3.1.2018.
3) **Anm. d. Red.:** § 6 i. d. F. des Gesetzes v. 19.3.2020 (BGBl I S. 529) mit Wirkung v. 28.3.2020.

(2) ¹Die Bundesanstalt überwacht im Rahmen der ihr jeweils zugewiesenen Zuständigkeit die Einhaltung der Verbote und Gebote dieses Gesetzes, der auf Grund dieses Gesetzes erlassenen Rechtsverordnungen, der in § 1 Absatz 1 Nummer 8 aufgeführten europäischen Verordnungen einschließlich der auf Grund dieser Verordnungen erlassenen delegierten Rechtsakte und Durchführungsrechtsakte der Europäischen Kommission. ²Sie kann Anordnungen treffen, die zu ihrer Durchsetzung geeignet und erforderlich sind. ³Sie kann insbesondere auf ihrer Internetseite öffentlich Warnungen aussprechen, soweit dies für die Erfüllung ihrer Aufgaben erforderlich ist. ⁴Sie kann den Handel mit einzelnen oder mehreren Finanzinstrumenten vorübergehend untersagen oder die Aussetzung des Handels in einzelnen oder mehreren Finanzinstrumenten an Märkten, an denen Finanzinstrumente gehandelt werden, anordnen, soweit dies zur Durchsetzung der Verbote und Gebote dieses Gesetzes, der Verordnung (EU) Nr. 596/2014 oder der Verordnung (EU) Nr. 600/2014 oder zur Beseitigung oder Verhinderung von Missständen nach Absatz 1 geboten ist.

(2a) ¹Hat die Bundesanstalt einen hinreichend begründeten Verdacht, dass gegen Bestimmungen der Verordnung (EU) 2017/1129 des Europäischen Parlaments und des Rates vom 14. Juni 2017 über den Prospekt, der beim öffentlichen Angebot von Wertpapieren oder bei deren Zulassung zum Handel an einem geregelten Markt zu veröffentlichen ist und zur Aufhebung der Richtlinie 2003/71/EG (ABl L 168 vom 30.6.2017, S. 12), insbesondere Artikel 3, auch in Verbindung mit Artikel 5, sowie die Artikel 12, 20, 23, 25 oder 27 verstoßen wurde, kann sie
1. die Zulassung zum Handel an einem geregelten Markt oder
2. den Handel
   a) an einem geregelten Markt,
   b) an einem multilateralen Handelssystem oder
   c) an einem organisierten Handelssystem

für jeweils höchstens zehn aufeinander folgende Arbeitstage aussetzen oder gegenüber den Betreibern der betreffenden geregelten Märkte oder Handelssysteme die Aussetzung des Handels für einen entsprechenden Zeitraum anordnen. ²Wurde gegen die in Satz 1 genannten Bestimmungen verstoßen, so kann die Bundesanstalt den Handel an dem betreffenden geregelten Markt, multilateralen Handelssystem oder organisierten Handelssystem untersagen. ³Wurde gegen die in Satz 1 genannten Bestimmungen verstoßen oder besteht ein hinreichend begründeter Verdacht, dass dagegen verstoßen würde, so kann die Bundesanstalt eine Zulassung zum Handel an einem geregelten Markt untersagen. ⁴Die Bundesanstalt kann ferner den Handel der Wertpapiere aussetzen oder von dem Betreiber des betreffenden multilateralen Handelssystems oder organisierten Handelssystems die Aussetzung des Handels verlangen, wenn der Handel angesichts der Lage des Emittenten den Anlegerinteressen abträglich wäre.

(2b) Verhängt die Europäische Wertpapier- und Marktaufsichtsbehörde nach Artikel 42 der Verordnung (EU) Nr. 600/2014 oder die Europäische Wertpapier- und Marktaufsichtsbehörde nach Artikel 40 der Verordnung (EU) Nr. 600/2014 ein Verbot oder eine Beschränkung, so kann die Bundesanstalt zudem anordnen, dass die Zulassung zum Handel an einem geregelten Markt ausgesetzt oder eingeschränkt wird, solange dieses Verbot oder diese Beschränkungen gelten.

(2c) In Ausübung der in Absatz 2 Satz 4 und den Absätzen 2a und 2b genannten Befugnisse kann sie Anordnungen auch gegenüber einem öffentlich-rechtlichen Rechtsträger oder gegenüber einer Börse erlassen.

(2d) Die Bundesanstalt kann den Vertrieb oder Verkauf von Finanzinstrumenten oder strukturierten Einlagen aussetzen, wenn ein Wertpapierdienstleistungsunternehmen kein wirksames Produktfreigabeverfahren nach § 80 Absatz 9 entwickelt hat oder anwendet oder in anderer Weise gegen § 80 Absatz 1 Satz 2 Nummer 2 oder Absatz 9 bis 11 verstoßen hat.

(3) ¹Die Bundesanstalt kann, um zu überwachen, ob die Verbote oder Gebote dieses Gesetzes oder der Verordnung (EU) Nr. 596/2014, der Verordnung (EU) Nr. 600/2014, der Verordnung (EU) Nr. 1286/2014, der Verordnung (EU) 2015/2365, der Verordnung (EU) 2016/1011 eingehalten werden, oder um zu prüfen, ob die Voraussetzungen für eine Maßnahme nach § 15 oder

nach Artikel 42 der Verordnung (EU) Nr. 600/2014 vorliegen, von jedermann Auskünfte, die Vorlage von Unterlagen oder sonstigen Daten und die Überlassung von Kopien verlangen sowie Personen laden und vernehmen. ²Sie kann insbesondere folgende Angaben verlangen:

1. über Veränderungen im Bestand in Finanzinstrumenten,
2. über die Identität weiterer Personen, insbesondere der Auftraggeber und der aus Geschäften berechtigten oder verpflichteten Personen,
3. über Volumen und Zweck einer mittels eines Warenderivats eingegangenen Position oder offenen Forderung sowie
4. über alle Vermögenswerte oder Verbindlichkeiten am Basismarkt.

³Gesetzliche Auskunfts- oder Aussageverweigerungsrechte sowie gesetzliche Verschwiegenheitspflichten bleiben unberührt. ⁴Im Hinblick auf die Verbote und Gebote der Verordnung (EU) 2016/1011 gelten die Sätze 1 und 3 bezüglich der Erteilung von Auskünften, der Vorladung und der Vernehmung jedoch nur gegenüber solchen Personen, die an der Bereitstellung eines Referenzwertes im Sinne der Verordnung (EU) 2016/1011 beteiligt sind oder die dazu beitragen.

(4) ¹Von einem Wertpapierdienstleistungsunternehmen, das algorithmischen Handel im Sinne des § 80 Absatz 2 Satz 1 betreibt, kann die Bundesanstalt insbesondere jederzeit Informationen über seinen algorithmischen Handel und die für diesen Handel eingesetzten Systeme anfordern, soweit dies auf Grund von Anhaltspunkten für die Überwachung der Einhaltung eines Verbots oder Gebots dieses Gesetzes erforderlich ist. ²Die Bundesanstalt kann insbesondere eine Beschreibung der algorithmischen Handelsstrategien, von Einzelheiten der Handelsparameter oder Handelsobergrenzen, denen das System unterliegt, von den wichtigsten Verfahren zur Überprüfung der Risiken und Einhaltung der Vorgaben des § 80 sowie von Einzelheiten über seine Systemprüfung verlangen.

(5) ¹Die Bundesanstalt ist unbeschadet des § 3 Absatz 5, 11 und 12 sowie des § 15 Absatz 7 des Börsengesetzes zuständige Behörde im Sinne des Artikels 22 der Verordnung (EU) Nr. 596/2014 und im Sinne des Artikels 2 Absatz 1 Nummer 18 der Verordnung (EU) Nr. 600/2014. ²Die Bundesanstalt ist zuständige Behörde für die Zwecke des Artikels 25 Absatz 4 Buchstabe a Unterabsatz 3 der Richtlinie 2014/65/EU des Europäischen Parlaments und des Rates vom 15. Mai 2014 über Märkte für Finanzinstrumente sowie zur Änderung der Richtlinien 2002/92/EG und 2011/61/EU (ABl L 173 vom 12.6.2014, S. 349; L 74 vom 18.3.2015, S. 38; L 188 vom 13.7.2016, S. 28; L 273 vom 8.10.2016, S. 35; L 64 vom 10.3.2017, S. 116; L 278 vom 27.10.2017, S. 56), die zuletzt durch die Richtlinie (EU) 2016/1034 (ABl L 175 vom 30.6.2016, S. 8) geändert worden ist, in der jeweils geltenden Fassung.

(6) ¹Im Falle eines Verstoßes gegen

1. Vorschriften des Abschnitts 3 dieses Gesetzes sowie die zur Durchführung dieser Vorschriften erlassenen Rechtsverordnungen,
2. Vorschriften der Verordnung (EU) Nr. 596/2014, insbesondere gegen deren Artikel 4 und 14 bis 21, sowie die auf Grundlage dieser Artikel erlassenen delegierten Rechtsakte und Durchführungsrechtsakte der Europäischen Kommission,
3. Vorschriften der Abschnitte 9 bis 11 dieses Gesetzes sowie die zur Durchführung dieser Vorschriften erlassenen Rechtsverordnungen,
4. Vorschriften der Verordnung (EU) Nr. 600/2014, insbesondere die in den Titeln II bis VI enthaltenen Artikel sowie die auf Grundlage dieser Artikel erlassenen delegierten Rechtsakte und Durchführungsrechtsakte der Europäischen Kommission,
5. die Artikel 4 und 15 der Verordnung (EU) 2015/2365 sowie die auf Grundlage des Artikels 4 erlassenen delegierten Rechtsakte und Durchführungsrechtsakte der Europäischen Kommission,
6. Vorschriften der Verordnung (EU) 2016/1011 sowie die auf deren Grundlage erlassenen delegierten Rechtsakte und Durchführungsrechtsakte der Europäischen Kommission oder

7. eine Anordnung der Bundesanstalt, die sich auf eine der in den Nummern 1 bis 6 genannte Vorschrift bezieht,

kann die Bundesanstalt zur Verhinderung weiterer Verstöße für einen Zeitraum von bis zu zwei Jahren die Einstellung der den Verstoß begründenden Handlungen oder Verhaltensweisen verlangen. ²Bei Verstößen gegen die in Satz 1 Nummer 3 und 4 genannten Vorschriften sowie gegen Anordnungen der Bundesanstalt, die sich hierauf beziehen, kann sie verlangen, dass die den Verstoß begründenden Handlungen oder Verhaltensweisen dauerhaft eingestellt werden sowie deren Wiederholung verhindern.

(7) Die Bundesanstalt kann es einer natürlichen Person, die verantwortlich ist für einen Verstoß gegen die Artikel 14, 15, 16 Absatz 1 und 2, Artikel 17 Absatz 1, 2, 4, 5 und 8, Artikel 18 Absatz 1 bis 6, Artikel 19 Absatz 1 bis 3, 5 bis 7 und 11 sowie Artikel 20 Absatz 1 der Verordnung (EU) Nr. 596/2014 oder gegen eine Anordnung der Bundesanstalt, die sich auf diese Vorschriften bezieht, für einen Zeitraum von bis zu zwei Jahren untersagen, Geschäfte für eigene Rechnung in den in Artikel 2 Absatz 1 der Verordnung (EU) Nr. 596/2014 genannten Finanzinstrumenten und Produkten zu tätigen.

(8) ¹Die Bundesanstalt kann einer Person, die bei einem von der Bundesanstalt beaufsichtigten Unternehmen tätig ist, für einen Zeitraum von bis zu zwei Jahren die Ausübung der Berufstätigkeit untersagen, wenn diese Person vorsätzlich gegen eine der in Absatz 6 Satz 1 Nummer 1 bis 4 und 6 genannten Vorschriften oder gegen eine Anordnung der Bundesanstalt, die sich auf diese Vorschriften bezieht, verstoßen hat und dieses Verhalten trotz Verwarnung durch die Bundesanstalt fortsetzt. ²Bei einem Verstoß gegen eine der in Absatz 6 Satz 1 Nummer 5 genannten Vorschriften oder eine sich auf diese Vorschriften beziehende Anordnung der Bundesanstalt kann die Bundesanstalt einer Person für einen Zeitraum von bis zu zwei Jahren die Wahrnehmung von Führungsaufgaben untersagen, wenn diese den Verstoß vorsätzlich begangen hat und das Verhalten trotz Verwarnung durch die Bundesanstalt fortsetzt.

(9) ¹Bei einem Verstoß gegen eine der in Absatz 6 Satz 1 Nummer 1 bis 5 genannten Vorschriften oder eine vollziehbare Anordnung der Bundesanstalt, die sich auf diese Vorschriften bezieht, kann die Bundesanstalt auf ihrer Internetseite eine Warnung unter Nennung der natürlichen oder juristischen Person oder der Personenvereinigung, die den Verstoß begangen hat, sowie der Art des Verstoßes veröffentlichen. ²§ 125 Absatz 3 und 5 gilt entsprechend.

(10) Die Bundesanstalt kann es einem Wertpapierdienstleistungsunternehmen, das gegen eine der in Absatz 6 Satz 1 Nummer 3 und 4 genannten Vorschriften oder gegen eine vollziehbare Anordnung der Bundesanstalt, die sich auf diese Vorschriften bezieht, verstoßen hat, für einen Zeitraum von bis zu drei Monaten untersagen, am Handel eines Handelsplatzes teilzunehmen.

(11) ¹Während der üblichen Arbeitszeit ist Bediensteten der Bundesanstalt und den von ihr beauftragten Personen, soweit dies zur Wahrnehmung ihrer Aufgaben erforderlich ist, das Betreten der Grundstücke und Geschäftsräume der nach Absatz 3 auskunftspflichtigen Personen zu gestatten. ²Das Betreten außerhalb dieser Zeit oder wenn die Geschäftsräume sich in einer Wohnung befinden, ist ohne Einverständnis nur zulässig und insoweit zu dulden, wie dies zur Verhütung von dringenden Gefahren für die öffentliche Sicherheit und Ordnung erforderlich ist und Anhaltspunkte vorliegen, dass die auskunftspflichtige Person gegen ein Verbot oder Gebot dieses Gesetzes verstoßen hat. ³Das Grundrecht des Artikels 13 des Grundgesetzes wird insoweit eingeschränkt.

(12) ¹Bedienstete der Bundesanstalt dürfen Geschäfts- und Wohnräume durchsuchen, soweit dies zur Verfolgung von Verstößen gegen die Artikel 14 und 15 der Verordnung (EU) Nr. 596/2014 geboten ist. ²Das Grundrecht des Artikels 13 des Grundgesetzes wird insoweit eingeschränkt. ³Im Rahmen der Durchsuchung dürfen Bedienstete der Bundesanstalt Gegenstände sicherstellen, die als Beweismittel für die Ermittlung des Sachverhalts von Bedeutung sein können. ⁴Befinden sich die Gegenstände im Gewahrsam einer Person und werden sie nicht freiwillig herausgegeben, können Bedienstete der Bundesanstalt die Gegenstände beschlagnahmen. ⁵Durchsuchungen und Beschlagnahmen sind, außer bei Gefahr im Verzug, durch den Richter an-

zuordnen. ⁶Zuständig ist das Amtsgericht Frankfurt am Main. ⁷Gegen die richterliche Entscheidung ist die Beschwerde zulässig. ⁸Die §§ 306 bis 310 und 311a der Strafprozessordnung gelten entsprechend. ⁹Bei Beschlagnahmen ohne gerichtliche Anordnung gilt § 98 Absatz 2 der Strafprozessordnung entsprechend. ¹⁰Zuständiges Gericht für die nachträglich eingeholte gerichtliche Entscheidung ist das Amtsgericht Frankfurt am Main. ¹¹Über die Durchsuchung ist eine Niederschrift zu fertigen. ¹²Sie muss die verantwortliche Dienststelle, Grund, Zeit und Ort der Durchsuchung und ihr Ergebnis enthalten. ¹³Die Sätze 1 bis 11 gelten für die Räumlichkeiten juristischer Personen entsprechend, soweit dies zur Verfolgung von Verstößen gegen die Verordnung (EU) 2016/1011 geboten ist.

(13) ¹Die Bundesanstalt kann die Beschlagnahme von Vermögenswerten beantragen, soweit dies zur Durchsetzung der Verbote und Gebote der in Absatz 6 Satz 1 Nummer 3, 4 und 6 genannten Vorschriften und der Verordnung (EU) Nr. 596/2014 geboten ist. ²Maßnahmen nach Satz 1 sind durch den Richter anzuordnen. ³Zuständig ist das Amtsgericht Frankfurt am Main. ⁴Gegen eine richterliche Entscheidung ist die Beschwerde zulässig; die §§ 306 bis 310 und 311a der Strafprozessordnung gelten entsprechend.

(14) Die Bundesanstalt kann eine nach den Vorschriften dieses Gesetzes oder nach der Verordnung (EU) Nr. 596/2014 gebotene Veröffentlichung oder Mitteilung auf Kosten des Pflichtigen vornehmen, wenn die Veröffentlichungs- oder Mitteilungspflicht nicht, nicht richtig, nicht vollständig oder nicht in der vorgeschriebenen Weise erfüllt wird.

(15) ¹Der zur Erteilung einer Auskunft Verpflichtete kann die Auskunft auf solche Fragen verweigern, deren Beantwortung ihn selbst oder einen der in § 383 Absatz 1 Nummer 1 bis 3 der Zivilprozessordnung bezeichneten Angehörigen der Gefahr strafgerichtlicher Verfolgung oder eines Verfahrens nach dem Gesetz über Ordnungswidrigkeiten aussetzen würde. ²Der Verpflichtete ist über sein Recht zur Verweigerung der Auskunft oder Aussage zu belehren und darauf hinzuweisen, dass es ihm nach dem Gesetz freistehe, jederzeit, auch schon vor seiner Vernehmung, einen von ihm zu wählenden Verteidiger zu befragen.

(16) Die Bundesanstalt darf ihr mitgeteilte personenbezogene Daten nur zur Erfüllung ihrer aufsichtlichen Aufgaben und für Zwecke der internationalen Zusammenarbeit nach Maßgabe des § 18 speichern, verändern und nutzen.

(17) Bei der Durchführung ihrer Aufgaben kann sich die Bundesanstalt anderer sachverständiger Personen und Einrichtungen bedienen.

§ 7 Herausgabe von Kommunikationsdaten[1]

(1) ¹Die Bundesanstalt kann von einem Telekommunikationsbetreiber die Herausgabe von in dessen Besitz befindlichen bereits existierenden Verkehrsdaten im Sinne des § 96 Absatz 1 des Telekommunikationsgesetzes verlangen, wenn bestimmte Tatsachen den Verdacht begründen, dass jemand gegen Artikel 14 oder 15 der Verordnung (EU) Nr. 596/2014 oder eine der in § 6 Absatz 6 Satz 1 Nummer 3 und 4 genannten Vorschriften verstoßen hat, soweit dies zur Erforschung des Sachverhalts erforderlich ist. ²§ 100a Absatz 3 und 4, § 100e Absatz 1, 3 und 5 Satz 1 der Strafprozessordnung gelten entsprechend mit der Maßgabe, dass die Bundesanstalt antragsberechtigt ist. ³Zuständig ist das Amtsgericht Frankfurt am Main. ⁴Gegen die richterliche Entscheidung ist die Beschwerde zulässig; die §§ 306 bis 310 und 311a der Strafprozessordnung gelten entsprechend. ⁵Das Briefgeheimnis sowie das Post- und Fernmeldegeheimnis nach Artikel 10 des Grundgesetzes werden insoweit eingeschränkt.

(2) ¹Die Bundesanstalt kann von Wertpapierdienstleistungsunternehmen, Datenbereitstellungsdiensten, Kreditinstituten im Sinne des Artikels 4 Absatz 1 Nummer 1 der Verordnung (EU) Nr. 575/2013, beaufsichtigten Unternehmen im Sinne des Artikels 3 Absatz 1 Nummer 17 der

---

1) **Anm. d. Red.:** § 7 i. d. F. des Gesetzes v. 8.7.2019 (BGBl I S. 1002) mit Wirkung v. 16.7.2019.

Verordnung (EU) 2016/1011 und Finanzinstituten im Sinne des Artikels 4 Absatz 1 Nummer 26 der Verordnung (EU) Nr. 575/2013 die Herausgabe von bereits existierenden
1. Aufzeichnungen von Telefongesprächen,
2. elektronischen Mitteilungen oder
3. Verkehrsdaten im Sinne des § 96 Absatz 1 des Telekommunikationsgesetzes,

die sich im Besitz dieser Unternehmen befinden, verlangen, soweit dies auf Grund von Anhaltspunkten für die Überwachung der Einhaltung eines Verbots nach den Artikeln 14 und 15 der Verordnung (EU) Nr. 596/2014 oder einer in § 6 Absatz 6 Satz 1 Nummer 3 und 4 genannten Vorschriften oder eines Verbots oder Gebots nach der Verordnung (EU) 2016/1011 erforderlich ist. ²Das Briefgeheimnis sowie das Post- und Fernmeldegeheimnis nach Artikel 10 des Grundgesetzes werden insoweit eingeschränkt.

§ 8 Übermittlung und Herausgabe marktbezogener Daten; Verordnungsermächtigung[1]

(1) ¹Von Börsen und Betreibern von Märkten, an denen Finanzinstrumente gehandelt werden, kann die Bundesanstalt insbesondere verlangen, dass die Daten, die zur Erfüllung der Aufgaben der Bundesanstalt nach § 54, nach Artikel 4 der Verordnung (EU) Nr. 596/2014, nach Artikel 27 der Verordnung (EU) Nr. 600/2014 und den auf Grundlage dieser Artikel sowie den auf Grundlage von Artikel 57 der Richtlinie 2014/65/EU erlassenen delegierten Rechtsakten und Durchführungsrechtsakten erforderlich sind, in standardisierter und elektronischer Form übermittelt werden. ²Die Bundesanstalt kann, insbesondere auf Grund der Meldungen, die sie nach Artikel 4 der Verordnung (EU) Nr. 596/2014 erhält, auf ihrer Internetseite Informationen dazu veröffentlichen, welcher Emittent beantragt oder genehmigt hat, dass seine Finanzinstrumente auf einem Handelsplatz gehandelt oder zum Handel zugelassen werden und welche Finanzinstrumente dies betrifft.

(2) ¹Von Marktteilnehmern, die an Spotmärkten im Sinne des Artikels 3 Absatz 1 Nummer 16 der Verordnung (EU) Nr. 596/2014 tätig sind, kann die Bundesanstalt insbesondere Auskünfte und die Meldung von Geschäften in Warenderivaten verlangen, soweit dies auf Grund von Anhaltspunkten für die Überwachung der Einhaltung eines Verbots nach den Artikeln 14 und 15 der Verordnung (EU) Nr. 596/2014 in Bezug auf Warenderivate erforderlich ist. ²Der Bundesanstalt ist unter den Voraussetzungen des Satzes 1 ferner der direkte Zugriff auf die Handelssysteme von Händlern zu gewähren. ³Die Bundesanstalt kann verlangen, dass die Informationen nach Satz 1 in standardisierter Form übermittelt werden. ⁴§ 6 Absatz 15 gilt entsprechend.

§ 9 Verringerung und Einschränkung von Positionen oder offenen Forderungen[2]

(1) Die Bundesanstalt kann von jedermann verlangen, die Größe der Positionen oder offenen Forderungen in Finanzinstrumenten zu verringern, soweit dies zur Durchsetzung der Verbote und Gebote der in § 6 Absatz 6 Satz 1 Nummer 3 und 4 genannten Vorschriften geboten ist.

(2) Die Bundesanstalt kann für jedermann die Möglichkeit einschränken, eine Position in Warenderivaten einzugehen, soweit dies zur Durchsetzung der Verbote und Gebote der in § 6 Absatz 6 Satz 1 Nummer 3 und 4 genannten Vorschriften erforderlich ist.

§ 10 Besondere Befugnisse nach der Verordnung (EU) Nr. 1286/2014 und der Verordnung (EU) 2016/1011[3]

(1) ¹Die Bundesanstalt überwacht die Einhaltung der Verbote und Gebote der Verordnung (EU) Nr. 1286/2014 sowie der auf deren Grundlage erlassenen delegierten Rechtsakte und Durchführungsrechtsakte der Europäischen Kommission. ²Gegenüber einem Wertpapierdienst-

---

1) **Anm. d. Red.:** § 8 eingefügt gem. Gesetz v. 23.6.2017 (BGBl I S. 1693) mit Wirkung v. 3.1.2018.
2) **Anm. d. Red.:** § 9 eingefügt gem. Gesetz v. 23.6.2017 (BGBl I S. 1693) mit Wirkung v. 3.1.2018.
3) **Anm. d. Red.:** § 10 i. d. F. des Gesetzes v. 19.3.2020 (BGBl I S. 529) mit Wirkung v. 28.3.2020.

leistungsunternehmen, das über ein PRIIP berät, es verkauft oder Hersteller von PRIIP ist, kann sie Anordnungen treffen, die zur Durchsetzung der in Satz 1 genannten Verbote und Gebote geeignet und erforderlich sind. ³Insbesondere kann sie

1. die Vermarktung, den Vertrieb oder den Verkauf des PRIIP vorübergehend oder dauerhaft untersagen, wenn ein Verstoß gegen Artikel 5 Absatz 1, die Artikel 6, 7 und 8 Absatz 1 bis 3, die Artikel 9, 10 Absatz 1, Artikel 13 Absatz 1, 3 und 4 oder die Artikel 14 oder 19 der Verordnung (EU) Nr. 1286/2014 vorliegt,
2. die Bereitstellung eines Basisinformationsblattes untersagen, das nicht den Anforderungen der Artikel 6 bis 8 oder 10 der Verordnung (EU) Nr. 1286/2014 genügt,
3. den Hersteller eines PRIIP verpflichten, eine neue Fassung des Basisinformationsblattes zu veröffentlichen, sofern die veröffentlichte Fassung nicht den Anforderungen der Artikel 6 bis 8 oder 10 der Verordnung (EU) Nr. 1286/2014 genügt, und
4. bei einem Verstoß gegen eine der in Nummer 1 genannten Vorschriften auf ihrer Internetseite eine Warnung unter Nennung des verantwortlichen Wertpapierdienstleistungsunternehmens sowie der Art des Verstoßes veröffentlichen; § 125 Absatz 3 und 5 gilt entsprechend.

⁴Die in Satz 2 genannten Befugnisse stehen der Bundesanstalt vorbehaltlich von § 34d Absatz 8 Nummer 5, § 34e Absatz 2 und § 34g Absatz 1 Satz 2 Nummer 5 der Gewerbeordnung, jeweils in Verbindung mit einer hierzu erlassenen Rechtsverordnung, § 5 Absatz 6a des Kapitalanlagegesetzbuchs, § 308a des Versicherungsaufsichtsgesetzes und § 47 des Kreditwesengesetzes auch gegenüber sonstigen Personen oder Personenvereinigungen zu, die über ein PRIIP beraten, es verkaufen oder Hersteller von PRIIP sind.

(2) ¹Außer für Versicherungsunternehmen unter Landesaufsicht ist die Bundesanstalt zuständige Behörde im Sinne des Artikels 40 Absatz 1 der Verordnung (EU) 2016/1011. ²Sie überwacht die Einhaltung der Verbote und Gebote der Verordnung (EU) 2016/1011 sowie der delegierten Rechtsakte und Durchführungsrechtsakte der Europäischen Kommission, die auf der Grundlage dieser Verordnung erlassen worden sind, und kann Anordnungen treffen, die zu ihrer Durchsetzung geeignet und erforderlich sind. ³Insbesondere kann sie

1. Maßnahmen zur korrekten Information der Öffentlichkeit über die Bereitstellung eines Referenzwertes treffen und Richtigstellungen verlangen,
2. von Kontributoren, die an Spotmärkten tätig sind und dabei Daten zur Erstellung eines Rohstoff-Referenzwertes bereitstellen, Auskünfte und die Meldung von Geschäften verlangen, soweit dies erforderlich ist, um die Einhaltung der Gebote und Verbote der Verordnung (EU) 2016/1011 in Bezug auf diese Rohstoff-Referenzwerte zu überwachen; hierbei gelten § 8 Absatz 2 Satz 2 und 3 und die Vorschriften einer nach § 8 Absatz 3 erlassenen Rechtsverordnung entsprechend,
3. bei einem Verstoß gegen die Artikel 4 bis 16, 21, 23 bis 29 und 34 der Verordnung (EU) 2016/1011 oder gegen eine vollziehbare Anordnung der Bundesanstalt, die im Zusammenhang mit einer Untersuchung betreffend die Einhaltung der Pflichten nach dieser Verordnung gemäß Nummer 1 oder 2, § 6 Absatz 3 Satz 4, Absatz 6 Satz 1, Absatz 8, 11 bis 13, § 7 Absatz 2 ergangen ist

    a) von einem beaufsichtigten Unternehmen im Sinne des Artikels 3 Absatz 1 Nummer 17 dieser Verordnung eine dauerhafte Einstellung der den Verstoß begründenden Handlungen oder Verhaltensweisen verlangen,
    b) bezüglich eines beaufsichtigten Unternehmens im Sinne des Artikels 3 Absatz 1 Nummer 17 dieser Verordnung eine Warnung gemäß § 6 Absatz 9 unter Nennung der natürlichen oder juristischen Person oder Personenvereinigung, die den Verstoß begangen hat, veröffentlichen,
    c) die Zulassung oder Registrierung eines Administrators entziehen oder aussetzen,
    d) einer Person für einen Zeitraum von bis zu zwei Jahren die Wahrnehmung von Führungsaufgaben bei einem Administrator oder beaufsichtigten Kontributor untersagen,

wenn die Person den Verstoß vorsätzlich oder grob fahrlässig begangen hat und dieses Verhalten trotz Verwarnung durch die Bundesanstalt fortsetzt.

§ 11 Anzeige straftatbegründender Tatsachen[1)]

¹Die Bundesanstalt hat Tatsachen, die den Verdacht einer Straftat nach § 119 begründen, der zuständigen Staatsanwaltschaft unverzüglich anzuzeigen. ²Sie kann die personenbezogenen Daten betroffenen Personen, gegen die sich der Verdacht richtet oder die als Zeugen in Betracht kommen, der Staatsanwaltschaft übermitteln, soweit dies für Zwecke der Strafverfolgung erforderlich ist. ³Die Staatsanwaltschaft entscheidet über die Vornahme der erforderlichen Ermittlungsmaßnahmen, insbesondere über Durchsuchungen, nach den Vorschriften der Strafprozessordnung. ⁴Die Befugnisse der Bundesanstalt nach § 6 Absatz 2 bis 13 sowie den §§ 7 bis 9 und 10 Absatz 2 bleiben hiervon unberührt, soweit dies für die Vornahme von Verwaltungsmaßnahmen oder zur Erfüllung von Ersuchen ausländischer Stellen nach § 18 Absatz 2, 4 Satz 1 oder Absatz 10 erforderlich ist und soweit eine Gefährdung des Untersuchungszwecks von Ermittlungen der Strafverfolgungsbehörden oder der für Strafsachen zuständigen Gerichte nicht zu besorgen ist.

§ 12 Adressaten einer Maßnahme wegen möglichen Verstoßes gegen Artikel 14 oder 15 der Verordnung (EU) Nr. 596/2014[2)]

Die Adressaten von Maßnahmen nach § 6 Absatz 2 bis 4, 6 bis 8 und 10 bis 13 sowie den §§ 7 bis 9, die von der Bundesanstalt wegen eines möglichen Verstoßes gegen ein Verbot nach Artikel 14 oder 15 der Verordnung (EU) Nr. 596/2014 ergriffen werden, dürfen andere Personen als Mitarbeiter staatlicher Stellen und solche, die auf Grund ihres Berufs einer gesetzlichen Verschwiegenheitspflicht unterliegen, von diesen Maßnahmen oder von einem daraufhin eingeleiteten Ermittlungsverfahren nicht in Kenntnis setzen.

§ 13 Sofortiger Vollzug[3)]

Widerspruch und Anfechtungsklage gegen Maßnahmen nach § 6 Absatz 1 bis 14 und den §§ 7 bis 10 und 54 Absatz 1 haben keine aufschiebende Wirkung.

§ 14 Befugnisse zur Sicherung des Finanzsystems[4)]

(1) ¹Die Bundesanstalt kann im Benehmen mit der Deutschen Bundesbank Anordnungen treffen, die geeignet und erforderlich sind, Missstände, die Nachteile für die Stabilität der Finanzmärkte bewirken oder das Vertrauen in die Funktionsfähigkeit der Finanzmärkte erschüttern können, zu beseitigen oder zu verhindern. ²Insbesondere kann die Bundesanstalt vorübergehend
1. den Handel mit einzelnen oder mehreren Finanzinstrumenten untersagen, insbesondere ein Verbot des Erwerbs von Rechten aus Währungsderivaten im Sinne des § 2 Absatz 2 Nummer 1 Buchstabe b, d oder e anordnen, deren Wert sich unmittelbar oder mittelbar vom Devisenpreis des Euro ableitet, soweit zu erwarten ist, dass der Marktwert dieser Rechte bei einem Kursrückgang des Euro steigt, und wenn der Erwerb der Rechte nicht der Absicherung eigener bestehender oder erwarteter Währungsrisiken dient, wobei das Verbot auch auf den rechtsgeschäftlichen Eintritt in solche Geschäfte erstreckt werden kann,
2. die Aussetzung des Handels mit einzelnen oder mehreren Finanzinstrumenten an Märkten, an denen Finanzinstrumente gehandelt werden, anordnen oder

---

1) **Anm. d. Red.:** § 11 i. d. F. des Gesetzes v. 20.11.2019 (BGBl I S. 1626) mit Wirkung v. 26.11.2019.
2) **Anm. d. Red.:** § 12 i. d. F. des Gesetzes v. 19.3.2020 (BGBl I S. 529) mit Wirkung v. 28.3.2020.
3) **Anm. d. Red.:** § 13 i. d. F. des Gesetzes v. 19.3.2020 (BGBl I S. 529) mit Wirkung v. 28.3.2020.
4) **Anm. d. Red.:** Bisheriger § 4a zu § 14 geworden und geändert gem. Gesetz v. 23.6.2017 (BGBl I S. 1693) mit Wirkung v. 3.1.2018.

3. anordnen, dass Märkte, an denen Finanzinstrumente gehandelt werden, mit Ausnahme von Börsen im Sinne des § 2 des Börsengesetzes, schließen oder geschlossen bleiben oder die Tätigkeit der systematischen Internalisierung eingestellt wird.

³Die Bundesanstalt kann Anordnungen nach Satz 2 Nummer 1 und 2 auch gegenüber einem öffentlich-rechtlichen Rechtsträger oder gegenüber einer Börse erlassen.

(2) ¹Die Bundesanstalt kann anordnen, dass Personen, die Geschäfte in Finanzinstrumenten tätigen, ihre Positionen in diesen Finanzinstrumenten veröffentlichen und gleichzeitig der Bundesanstalt mitteilen müssen. ²Die Bundesanstalt kann Mitteilungen nach Satz 1 auf ihrer Internetseite öffentlich bekannt machen.

(3) § 6 Absatz 3, 11, 14 und 16 ist entsprechend anzuwenden.

(4) ¹Maßnahmen nach den Absätzen 1 bis 3 sind auf höchstens zwölf Monate zu befristen. ²Eine Verlängerung über diesen Zeitraum hinaus um bis zu zwölf weitere Monate ist zulässig. ³In diesem Falle legt das Bundesministerium der Finanzen dem Deutschen Bundestag innerhalb eines Monates nach erfolgter Verlängerung einen Bericht vor. ⁴Widerspruch und Anfechtungsklage gegen Maßnahmen nach den Absätzen 1 bis 3 haben keine aufschiebende Wirkung.

§ 15 Produktintervention[1)]

(1) ¹Der Bundesanstalt stehen die Befugnisse nach Artikel 42 der Verordnung (EU) Nr. 600/2014 unter den dort genannten Voraussetzungen, mit Ausnahme der Voraussetzungen nach Artikel 42 Absatz 3 und 4 der Verordnung (EU) Nr. 600/2014, entsprechend für Vermögensanlagen im Sinne des § 1 Absatz 2 des Vermögensanlagengesetzes zu. ²Die Bundesanstalt kann Maßnahmen nach Satz 1 und Artikel 42 der Verordnung (EU) Nr. 600/2014 gegenüber jedermann treffen, soweit die Verordnung nicht unmittelbar anwendbar ist.

(2) Widerspruch und Anfechtungsklage gegen Maßnahmen nach Absatz 1 und Artikel 42 der Verordnung (EU) Nr. 600/2014 haben keine aufschiebende Wirkung.

§ 16 Wertpapierrat[2)]

(1) ¹Bei der Bundesanstalt wird ein Wertpapierrat gebildet. ²Er besteht aus Vertretern der Länder. ³Die Mitgliedschaft ist nicht personengebunden. ⁴Jedes Land entsendet einen Vertreter. ⁵An den Sitzungen können Vertreter der Bundesministerien der Finanzen, der Justiz und für Verbraucherschutz und für Wirtschaft und Energie sowie der Deutschen Bundesbank teilnehmen. ⁶Der Wertpapierrat kann Sachverständige insbesondere aus dem Bereich der Börsen, der Marktteilnehmer, der Wirtschaft und der Wissenschaft anhören. ⁷Der Wertpapierrat gibt sich eine Geschäftsordnung.

(2) ¹Der Wertpapierrat wirkt bei der Aufsicht mit. ²Er berät die Bundesanstalt, insbesondere

1. bei dem Erlass von Rechtsverordnungen und der Aufstellung von Richtlinien für die Aufsichtstätigkeit der Bundesanstalt,
2. hinsichtlich der Auswirkungen von Aufsichtsfragen auf die Börsen- und Marktstrukturen sowie den Wettbewerb im Handel mit Finanzinstrumenten,
3. bei der Abgrenzung von Zuständigkeiten zwischen der Bundesanstalt und den Börsenaufsichtsbehörden sowie bei Fragen der Zusammenarbeit.

³Der Wertpapierrat kann bei der Bundesanstalt Vorschläge zur allgemeinen Weiterentwicklung der Aufsichtspraxis einbringen. ⁴Die Bundesanstalt berichtet dem Wertpapierrat mindestens einmal jährlich über die Aufsichtstätigkeit, die Weiterentwicklung der Aufsichtspraxis sowie über die internationale Zusammenarbeit.

---

1) **Anm. d. Red.:** Bisheriger § 4b zu § 15 geworden und neu gefasst gem. Gesetz v. 23.6.2017 (BGBl I S. 1693) mit Wirkung v. 3.1.2018.

2) **Anm. d. Red.:** Bisheriger § 5 zu § 16 geworden gem. Gesetz v. 23.6.2017 (BGBl I S. 1693) mit Wirkung v. 3.1.2018.

(3) ¹Der Wertpapierrat wird mindestens einmal jährlich vom Präsidenten der Bundesanstalt einberufen. ²Er ist ferner auf Verlangen von einem Drittel seiner Mitglieder einzuberufen. ³Jedes Mitglied hat das Recht, Beratungsvorschläge einzubringen.

§ 17 Zusammenarbeit mit anderen Behörden im Inland[1)]

(1) ¹Die Börsenaufsichtsbehörden werden im Wege der Organleihe für die Bundesanstalt bei der Durchführung von eilbedürftigen Maßnahmen im Rahmen der Überwachung der Verbote von Insidergeschäften nach Artikel 14 der Verordnung (EU) Nr. 596/2014 und des Verbots der Marktmanipulation nach Artikel 15 der Verordnung (EU) Nr. 596/2014 an den ihrer Aufsicht unterliegenden Börsen tätig. ²Das Nähere regelt ein Verwaltungsabkommen zwischen dem Bund und den börsenaufsichtsführenden Ländern.

(2) Die Bundesanstalt, die Deutsche Bundesbank im Rahmen ihrer Tätigkeit nach Maßgabe des Kreditwesengesetzes, das Bundeskartellamt, die Börsenaufsichtsbehörden, die Handelsüberwachungsstellen, die zuständigen Behörden für die Durchführung der Verordnung (EU) Nr. 1308/2013 des Europäischen Parlaments und des Rates vom 17. Dezember 2013 über eine gemeinsame Marktorganisation für landwirtschaftliche Erzeugnisse und zur Aufhebung der Verordnungen (EWG) Nr. 922/72, (EWG) Nr. 234/79, (EG) Nr. 1037/2001 und (EG) Nr. 1234/2007 (ABl L 347 vom 20.12.2013, S. 671; L 189 vom 27.6.2014, S. 261; L 130 vom 19.5.2016, S. 18; L 34 vom 9.2.2017, S. 41), die zuletzt durch die Delegierte Verordnung (EU) 2016/1226 (ABl L 202 vom 28.7.2016, S. 5) geändert worden ist, im Rahmen ihrer Tätigkeiten nach Maßgabe des Energiewirtschaftsgesetzes die Bundesnetzagentur und die Landeskartellbehörden sowie die für die Aufsicht über Versicherungsvermittler und die Unternehmen im Sinne des § 3 Absatz 1 Nummer 7 zuständigen Stellen haben einander Beobachtungen und Feststellungen einschließlich personenbezogener Daten mitzuteilen, die für die Erfüllung ihrer Aufgaben erforderlich sind.

(3) Die Bundesanstalt arbeitet mit den Börsenaufsichtsbehörden, den Handelsüberwachungsstellen sowie mit den nach § 19 Absatz 1 des Treibhausgas-Emissionshandelsgesetzes zuständigen Behörden zusammen, um sicherzustellen, dass sie sich einen Gesamtüberblick über die Emissionszertifikatemärkte verschaffen kann.

(4) ¹Die Bundesanstalt darf zur Erfüllung ihrer Aufgaben die nach § 2 Abs. 10, §§ 2c, 24 Abs. 1 Nr. 1, 2, 5, 7 und 10 und Abs. 3, § 25b Absatz 1 bis 3, § 32 Abs. 1 Satz 1 und 2 Nr. 2 und 6 Buchstabe a und b des Kreditwesengesetzes bei der Deutschen Bundesbank gespeicherten Daten im automatisierten Verfahren abrufen. ²Die Deutsche Bundesbank hat für Zwecke der Datenschutzkontrolle den Zeitpunkt, die Angaben, welche die Feststellung der aufgerufenen Datensätze ermöglichen, sowie die für den Abruf verantwortliche Person zu protokollieren. ³Die protokollierten Daten dürfen nur für Zwecke der Datenschutzkontrolle, der Datensicherung oder zur Sicherstellung eines ordnungsmäßigen Betriebs der Datenverarbeitungsanlage verarbeitet werden. ⁴Die Protokolldaten sind am Ende des auf die Speicherung folgenden Kalenderjahres zu löschen.

§ 18 Zusammenarbeit mit zuständigen Stellen im Ausland; Verordnungsermächtigung[2)]

(1) ¹Der Bundesanstalt obliegt die Zusammenarbeit mit den für die Überwachung von Verhaltens- und Organisationspflichten von Unternehmen, die Wertpapierdienstleistungen erbringen, von Finanzinstrumenten und von Märkten, an denen Finanzinstrumente oder Waren gehandelt werden, zuständigen Stellen der Europäischen Union, der anderen Mitgliedstaaten der Europäischen Union und der anderen Vertragsstaaten des Abkommens über den Europäischen Wirtschaftsraum. ²Die Bundesanstalt kann im Rahmen ihrer Zusammenarbeit zum Zwecke der Überwachung der Einhaltung der Verbote und Gebote dieses Gesetzes und der Verordnung (EU)

---

1) **Anm. d. Red.:** § 17 i. d. F. des Gesetzes v. 20.11.2019 (BGBl I S. 1626) mit Wirkung v. 26.11.2019.
2) **Anm. d. Red.:** § 18 i. d. F. des Gesetzes v. 19.3.2020 (BGBl I S. 529) mit Wirkung v. 28.3.2020.

Nr. 600/2014 sowie der Verbote und Gebote der in Satz 1 genannten Staaten, die denen dieses Gesetzes, des Börsengesetzes oder der genannten Verordnungen entsprechen, von allen ihr nach diesem Gesetz und der Verordnung (EU) Nr. 600/2014 zustehenden Befugnissen Gebrauch machen, soweit dies geeignet und erforderlich ist, um den Ersuchen der in Satz 1 genannten Stellen nachzukommen. ³Sie kann auf ein Ersuchen der in Satz 1 genannten Stellen die Untersagung oder Aussetzung des Handels nach § 6 Absatz 2 Satz 4 an einem inländischen Markt nur anordnen, sofern die Interessen der Anleger oder der ordnungsgemäße Handel an dem betreffenden Markt nicht erheblich gefährdet werden. ⁴Die Vorschriften des Börsengesetzes über die Zusammenarbeit der Handelsüberwachungsstellen mit entsprechenden Stellen oder Börsengeschäftsführungen anderer Staaten bleiben hiervon unberührt.

(2) ¹Auf Ersuchen der in Absatz 1 Satz 1 genannten zuständigen Stellen führt die Bundesanstalt nach Maßgabe der auf Grundlage von Artikel 80 Absatz 4 und Artikel 81 Absatz 4 der Richtlinie 2014/65/EU erlassenen Durchführungsverordnung Untersuchungen durch und übermittelt unverzüglich alle Informationen, soweit dies für die Überwachung von organisierten Märkten oder anderen Märkten für Finanzinstrumente, von Kreditinstituten, Finanzdienstleistungsinstituten, Kapitalverwaltungsgesellschaften, extern verwaltete Investmentgesellschaften, EU-Verwaltungsgesellschaften, ausländische AIF-Verwaltungsgesellschaften, Finanzunternehmen oder Versicherungsunternehmen oder damit zusammenhängender Verwaltungs- oder Gerichtsverfahren erforderlich ist. ²Bei der Übermittlung von Informationen hat die Bundesanstalt den Empfänger darauf hinzuweisen, dass er unbeschadet seiner Verpflichtungen im Rahmen von Strafverfahren die übermittelten Informationen einschließlich personenbezogener Daten nur zur Erfüllung von Überwachungsaufgaben nach Satz 1 und für damit zusammenhängende Verwaltungs- und Gerichtsverfahren verarbeiten darf.

(3) Die Bundesanstalt trifft angemessene Vorkehrungen für eine wirksame Zusammenarbeit insbesondere gegenüber solchen Mitgliedstaaten, in denen die Geschäfte eines inländischen Handelsplatzes eine wesentliche Bedeutung für das Funktionieren der Finanzmärkte und den Anlegerschutz nach Maßgabe des Artikels 90 der Delegierten Verordnung (EU) 2017/565 haben oder deren Handelsplätze eine solche Bedeutung im Inland haben.

(4) ¹Die Bundesanstalt kann Bediensteten der zuständigen Stellen anderer Staaten auf Ersuchen die Teilnahme an den von der Bundesanstalt durchgeführten Untersuchungen gestatten. ²Nach vorheriger Unterrichtung der Bundesanstalt sind die zuständigen Stellen im Sinne des Absatzes 1 Satz 1 befugt, selbst oder durch ihre Beauftragten die Informationen, die für eine Überwachung der Einhaltung der Meldepflichten nach Artikel 26 der Verordnung (EU) Nr. 600/2014, der Verhaltens-, Organisations- und Transparenzpflichten nach den §§ 63 bis 83 oder entsprechender ausländischer Vorschriften durch eine Zweigniederlassung im Sinne des § 53b Absatz 1 Satz 1 des Kreditwesengesetzes erforderlich sind, bei dieser Zweigniederlassung zu prüfen. ³Bedienstete der Europäischen Wertpapier- und Marktaufsichtsbehörde können an Untersuchungen nach Satz 1 teilnehmen.

(5) Die Bundesanstalt kann in Bezug auf die Erleichterung der Einziehung von Geldbußen mit den in Absatz 1 Satz 1 genannten Stellen zusammenarbeiten.

(6) ¹Die Bundesanstalt kann eine Untersuchung, die Übermittlung von Informationen oder die Teilnahme von Bediensteten zuständiger ausländischer Stellen im Sinne von Absatz 1 Satz 1 verweigern, wenn auf Grund desselben Sachverhalts gegen die betreffenden Personen bereits ein gerichtliches Verfahren eingeleitet worden oder eine unanfechtbare Entscheidung ergangen ist. ²Kommt die Bundesanstalt einem Ersuchen nicht nach oder macht sie von ihrem Recht nach Satz 1 Gebrauch, so teilt sie ihre Entscheidung einschließlich ihrer Gründe der ersuchenden Stelle und der Europäischen Wertpapier- und Marktaufsichtsbehörde unverzüglich mit und übermittelt diesen genaue Informationen über das gerichtliche Verfahren oder die unanfechtbare Entscheidung.

(7) ¹Die Bundesanstalt ersucht die in Absatz 1 genannten zuständigen Stellen nach Maßgabe der auf Grundlage von Artikel 80 Absatz 4 und Artikel 81 Absatz 4 der Richtlinie 2014/65/EU erlassenen Durchführungsverordnung um die Durchführung von Untersuchungen und die Über-

mittlung von Informationen, die für die Erfüllung ihrer Aufgaben nach den Vorschriften dieses Gesetzes geeignet und erforderlich sind. ²Sie kann die zuständigen Stellen ersuchen, Bediensteten der Bundesanstalt die Teilnahme an den Untersuchungen zu gestatten. ³Mit Einverständnis der zuständigen Stellen kann die Bundesanstalt Untersuchungen im Ausland durchführen und hierfür Wirtschaftsprüfer oder Sachverständige beauftragen; bei Untersuchung einer Zweigniederlassung eines inländischen Wertpapierdienstleistungsunternehmens in einem Aufnahmemitgliedstaat durch die Bundesanstalt genügt eine vorherige Unterrichtung der zuständigen Stelle im Ausland. ⁴Trifft die Bundesanstalt Anordnungen gegenüber Unternehmen mit Sitz im Ausland, die Mitglieder inländischer organisierter Märkte sind, unterrichtet sie die für die Überwachung dieser Unternehmen zuständigen Stellen. ⁵Werden der Bundesanstalt von einer Stelle eines anderen Staates Informationen mitgeteilt, so darf sie diese unbeschadet ihrer Verpflichtungen in strafrechtlichen Angelegenheiten, die den Verdacht einer Straftat nach den Strafvorschriften dieses Gesetzes zum Gegenstand haben, nur zur Erfüllung von Überwachungsaufgaben nach Absatz 2 Satz 1 und für damit zusammenhängende Verwaltungs- und Gerichtsverfahren verarbeiten. ⁶Die Bundesanstalt darf diese Informationen unter Beachtung der Zweckbestimmung der übermittelnden Stelle den in § 17 Absatz 2 genannten Stellen mitteilen, sofern dies für die Erfüllung ihrer Aufgaben erforderlich ist. ⁷Eine anderweitige Verarbeitung der Informationen ist nur mit Zustimmung der übermittelnden Stelle zulässig. ⁸Außer bei Informationen im Zusammenhang mit Insiderhandel oder Marktmanipulation kann in begründeten Ausnahmefällen auf diese Zustimmung verzichtet werden, sofern dieses der übermittelnden Stelle unverzüglich unter Angabe der Gründe mitgeteilt wird. ⁹Wird einem Ersuchen der Bundesanstalt nach den Sätzen 1 bis 3 nicht innerhalb angemessener Frist Folge geleistet oder wird es ohne hinreichende Gründe abgelehnt, kann die Bundesanstalt die Europäische Wertpapier- und Marktaufsichtsbehörde nach Maßgabe des Artikels 19 der Verordnung (EU) Nr. 1095/2010 des Europäischen Parlaments und des Rates vom 24. November 2010 zur Errichtung einer Europäischen Aufsichtsbehörde (Europäische Wertpapier- und Marktaufsichtsbehörde), zur Änderung des Beschlusses Nr. 716/2009/EG und zur Aufhebung des Beschlusses 2009/77/EG der Kommission (ABl L 331 vom 15. 12. 2010, S. 84) um Hilfe ersuchen.

(8) ¹Hat die Bundesanstalt hinreichende Anhaltspunkte für einen Verstoß gegen Verbote oder Gebote nach den Vorschriften dieses Gesetzes oder nach entsprechenden ausländischen Vorschriften der in Absatz 1 Satz 1 genannten Staaten, teilt sie diese Anhaltspunkte der Europäischen Wertpapier- und Marktaufsichtsbehörde und den nach Absatz 1 Satz 1 zuständigen Stellen des Staates mit, auf dessen Gebiet die vorschriftswidrige Handlung stattfindet oder stattgefunden hat oder auf dessen Gebiet die betroffenen Finanzinstrumente an einem organisierten Markt gehandelt werden oder der nach dem Recht der Europäischen Union für die Verfolgung des Verstoßes zuständig ist. ²Sind die daraufhin getroffenen Maßnahmen der zuständigen ausländischen Stellen unzureichend oder wird weiterhin gegen die Vorschriften dieses Gesetzes oder gegen die entsprechenden ausländischen Vorschriften verstoßen, ergreift die Bundesanstalt nach vorheriger Unterrichtung der zuständigen Stellen alle für den Schutz der Anleger erforderlichen Maßnahmen und unterrichtet davon die Europäische Kommission und die Europäische Wertpapier- und Marktaufsichtsbehörde. ³Erhält die Bundesanstalt eine entsprechende Mitteilung von zuständigen ausländischen Stellen, unterrichtet sie diese sowie die Europäische Wertpapier- und Marktaufsichtsbehörde über Ergebnisse daraufhin eingeleiteter Untersuchungen. ⁴Die Bundesanstalt unterrichtet ferner

1. die zuständigen Stellen nach Satz 1 und die Europäische Wertpapier- und Marktaufsichtsbehörde über Anordnungen zur Aussetzung, Untersagung oder Einstellung des Handels nach § 6 Absatz 2 Satz 4 dieses Gesetzes sowie § 3 Absatz 5 Satz 3 Nummer 1 und § 25 Absatz 1 des Börsengesetzes,

2. die zuständigen Stellen nach Satz 1 innerhalb eines Monats nach Erhalt einer Mitteilung nach § 19 Absatz 10 des Börsengesetzes von der Absicht der Geschäftsführung einer Börse, Handelsteilnehmern aus den betreffenden Staaten einen unmittelbaren Zugang zu ihrem Handelssystem zu gewähren,

3. die zuständigen Stellen nach Satz 1 und die Europäische Wertpapier- und Marktaufsichtsbehörde über Anordnungen nach § 9 Absatz 1 zur Verringerung von Positionsgrößen oder offenen Forderungen sowie
4. die zuständigen Stellen nach Satz 1 und die Europäische Wertpapier- und Marktaufsichtsbehörde über Anordnungen nach § 9 Absatz 2 zur Beschränkung von Positionen in Warenderivaten.

⁵Die Unterrichtung nach Satz 4 Nummer 3 und 4 muss mindestens 24 Stunden vor Bekanntgabe der Anordnung erfolgen; wenn dies im Ausnahmefall nicht möglich ist, muss die Unterrichtung spätestens vor der Bekanntgabe erfolgen. ⁶Die Unterrichtung nach Satz 4 Nummer 3 und 4 umfasst Angaben über Auskunfts- und Vorlageersuchen gemäß § 6 Absatz 3 Satz 2 Nummer 1 einschließlich ihrer Begründung und den Adressaten sowie über den Umfang von Anordnungen gemäß § 9 Absatz 2 einschließlich ihres Adressatenkreises, der betroffenen Finanzinstrumente, Positionsschranken und Ausnahmen, die nach § 56 Absatz 3 gewährt wurden. ⁷Betrifft eine in Satz 4 Nummer 3 und 4 genannte Maßnahme Energiegroßhandelsprodukte, so unterrichtet die Bundesanstalt auch die durch die Verordnung (EG) Nr. 713/2009 gegründete Agentur für die Zusammenarbeit der Energieregulierungsbehörden.

(9) Die Regelungen über die internationale Rechtshilfe in Strafsachen bleiben unberührt.

(10) ¹Die Bundesanstalt kann mit den zuständigen Stellen anderer als der in Absatz 1 genannten Staaten entsprechend den Absätzen 1 bis 9 zusammenarbeiten und Vereinbarungen über den Informationsaustausch abschließen. ²Absatz 7 Satz 5 und 6 findet mit der Maßgabe Anwendung, dass Informationen, die von diesen Stellen übermittelt werden, nur unter Beachtung einer Zweckbestimmung der übermittelnden Stelle verarbeitet und nur mit ausdrücklicher Zustimmung der übermittelnden Stelle der Deutschen Bundesbank oder dem Bundeskartellamt mitgeteilt werden dürfen, sofern dies für die Erfüllung ihrer Aufgaben erforderlich ist. ³Absatz 7 Satz 8 findet keine Anwendung. ⁴Die Übermittlung personenbezogener Daten muss im Einklang mit Kapitel V der Verordnung (EU) 2016/679 des Europäischen Parlaments und des Rates vom 27. April 2016 zum Schutz natürlicher Personen bei der Verarbeitung personenbezogener Daten, zum freien Datenverkehr und zur Aufhebung der Richtlinie 95/46/EG (Datenschutz-Grundverordnung) (ABl L 119 vom 4.5.2016, S. 1; L 314 vom 22.11.2016, S. 72; L 127 vom 23.5.2018, S. 2) in der jeweils geltenden Fassung und mit den sonstigen allgemeinen datenschutzrechtlichen Vorschriften stehen. ⁵Die Bundesanstalt unterrichtet die Europäische Wertpapier- und Marktaufsichtsbehörde über den Abschluss von Vereinbarungen nach Satz 1.

(11) Für Zwecke der Zusammenarbeit im Zusammenhang mit der Verordnung (EU) Nr. 596/2014 stehen der Bundesanstalt die Befugnisse nach diesem Gesetz zu, um den einschlägigen Ersuchen der zuständigen Behörden nach der Verordnung (EU) Nr. 596/2014 sowie der für die Überwachung entsprechender ausländischer Bestimmungen zuständigen Behörden anderer Vertragsstaaten des Abkommens über den Europäischen Wirtschaftsraum oder von Drittstaaten nachzukommen.

(12) ¹Das Bundesministerium der Finanzen kann durch Rechtsverordnung, die nicht der Zustimmung des Bundesrates bedarf, zu den in den Absätzen 2, 3 und 7 genannten Zwecken nähere Bestimmungen über die Übermittlung von Informationen an ausländische Stellen, die Durchführung von Untersuchungen auf Ersuchen ausländischer Stellen sowie Ersuchen der Bundesanstalt an ausländische Stellen erlassen. ²Das Bundesministerium der Finanzen kann die Ermächtigung durch Rechtsverordnung auf die Bundesanstalt für Finanzdienstleistungsaufsicht übertragen.

§ 19 Zusammenarbeit mit der Europäischen Wertpapier- und Marktaufsichtsbehörde[1]

(1) Die Bundesanstalt stellt der Europäischen Wertpapier- und Marktaufsichtsbehörde gemäß den Artikeln 35 und 36 der Verordnung (EU) Nr. 1095/2010 auf Verlangen unverzüglich alle für die Erfüllung ihrer Aufgaben erforderlichen Informationen zur Verfügung.

(2) Die Bundesanstalt übermittelt der Europäischen Wertpapier- und Marktaufsichtsbehörde jährlich eine Zusammenfassung von Informationen zu allen im Zusammenhang mit der Überwachung nach den Abschnitten 9 bis 11 ergriffenen Verwaltungsmaßnahmen und verhängten Sanktionen.

(3) Die Bundesanstalt unterrichtet die Europäische Wertpapier- und Marktaufsichtsbehörde über das Erlöschen einer Erlaubnis nach § 4 Absatz 4 des Börsengesetzes und die Aufhebung einer Erlaubnis nach § 4 Absatz 5 des Börsengesetzes oder nach den Vorschriften der Verwaltungsverfahrensgesetze der Länder.

§ 20 Zusammenarbeit mit der Europäischen Kommission im Rahmen des Energiewirtschaftsgesetzes[2]

Die Bundesanstalt übermittelt der Europäischen Kommission auf Verlangen diejenigen Angaben zu Geschäften in Finanzinstrumenten einschließlich personenbezogenen Daten, die ihr nach Artikel 26 der Verordnung (EU) Nr. 600/2014 mitgeteilt worden sind, soweit die Europäische Kommission deren Überlassung gemäß § 5a Absatz 1 des Energiewirtschaftsgesetzes auch unmittelbar von den mitteilungspflichtigen Unternehmen verlangen könnte und die Europäische Kommission diese Informationen zur Erfüllung ihrer im Energiewirtschaftsgesetz näher beschriebenen Aufgaben benötigt.

§ 21 Verschwiegenheitspflicht[3]

(1) ¹Die bei der Bundesanstalt Beschäftigten und die nach § 4 Abs. 3 des Finanzdienstleistungsaufsichtsgesetzes beauftragten Personen dürfen die ihnen bei ihrer Tätigkeit bekannt gewordenen Tatsachen, deren Geheimhaltung im Interesse eines nach diesem Gesetz Verpflichteten oder eines Dritten liegt, insbesondere Geschäfts- und Betriebsgeheimnisse sowie personenbezogene Daten, nicht unbefugt offenbaren oder verwenden, auch wenn sie nicht mehr im Dienst sind oder ihre Tätigkeit beendet ist. ²Dies gilt auch für andere Personen, die durch dienstliche Berichterstattung Kenntnis von den in Satz 1 bezeichneten Tatsachen erhalten. ³Ein unbefugtes Offenbaren oder Verwenden im Sinne des Satzes 1 liegt insbesondere nicht vor, wenn Tatsachen weitergegeben werden an

1. Strafverfolgungsbehörden oder für Straf- und Bußgeldsachen zuständige Gerichte,
2. kraft Gesetzes oder im öffentlichen Auftrag mit der Überwachung von Börsen oder anderen Märkten, an denen Finanzinstrumente gehandelt werden, des Handels mit Finanzinstrumenten oder Devisen, von Kreditinstituten, Finanzdienstleistungsinstituten, Kapitalverwaltungsgesellschaften, extern verwaltete Investmentgesellschaften, EU-Verwaltungsgesellschaften oder ausländische AIF-Verwaltungsgesellschaften, Finanzunternehmen, Versicherungsunternehmen, Versicherungsvermittlern, Unternehmen im Sinne von § 3 Absatz 1 Nummer 7 oder Mitarbeitern im Sinne des § 87 Absatz 1 bis 5 betraute Stellen sowie von diesen beauftragte Personen,

---

1) **Anm. d. Red.:** Bisheriger § 7a zu § 19 geworden und geändert gem. Gesetz v. 23.6.2017 (BGBl I S. 1693) mit Wirkung v. 3.1.2018.

2) **Anm. d. Red.:** Bisheriger § 7b zu § 20 geworden und geändert gem. Gesetz v. 23.6.2017 (BGBl I S. 1693) mit Wirkung v. 3.1.2018.

3) **Anm. d. Red.:** Bisheriger § 8 zu § 21 geworden und geändert gem. Gesetz v. 23.6.2017 (BGBl I S. 1693) mit Wirkung v. 3.1.2018.

3. Zentralbanken in ihrer Eigenschaft als Währungsbehörden sowie an andere staatliche Behörden, die mit der Überwachung der Zahlungssysteme betraut sind,
4. mit der Liquidation oder dem Insolvenzverfahren über das Vermögen eines Wertpapierdienstleistungsunternehmens, eines organisierten Marktes oder des Betreibers eines organisierten Marktes befasste Stellen,
5. die Europäische Zentralbank, das Europäische System der Zentralbanken, die Europäische Wertpapier- und Marktaufsichtsbehörde, die Europäische Aufsichtsbehörde für das Versicherungswesen und die betriebliche Altersversorgung, die Europäische Bankenaufsichtsbehörde, den Gemeinsamen Ausschuss der Europäischen Finanzaufsichtsbehörden, den Europäischen Ausschuss für Systemrisiken oder die Europäische Kommission,

soweit diese Stellen die Informationen zur Erfüllung ihrer Aufgaben benötigen. ⁴Für die bei den in Satz 3 Nummer 1 bis 4 genannten Stellen beschäftigten Personen sowie von diesen Stellen beauftragten Personen gilt die Verschwiegenheitspflicht nach Satz 1 entsprechend. ⁵Befindet sich eine in Satz 3 Nummer 1 bis 4 genannte Stelle in einem anderen Staat, so dürfen die Tatsachen nur weitergegeben werden, wenn die bei dieser Stelle beschäftigten und die von dieser Stelle beauftragten Personen einer dem Satz 1 entsprechenden Verschwiegenheitspflicht unterliegen.

(2) ¹Die §§ 93, 97 und 105 Absatz 1, § 111 Absatz 5 in Verbindung mit § 105 Absatz 1 sowie § 116 Absatz 1 der Abgabenordnung gelten für die in Absatz 1 Satz 1 und 2 bezeichneten Personen nur, soweit die Finanzbehörden die Kenntnisse für die Durchführung eines Verfahrens wegen einer Steuerstraftat sowie eines damit zusammenhängenden Besteuerungsverfahrens benötigen. ²Die in Satz 1 genannten Vorschriften sind jedoch nicht anzuwenden, soweit Tatsachen betroffen sind,
1. die den in Absatz 1 Satz 1 oder Satz 2 bezeichneten Personen durch eine Stelle eines anderen Staates im Sinne von Absatz 1 Satz 3 Nummer 2 oder durch von dieser Stelle beauftragte Personen mitgeteilt worden sind oder
2. von denen bei der Bundesanstalt beschäftigte Personen dadurch Kenntnis erlangen, dass sie an der Aufsicht über direkt von der Europäischen Zentralbank beaufsichtigte Institute mitwirken, insbesondere in gemeinsamen Aufsichtsteams nach Artikel 2 Nummer 6 der Verordnung (EU) Nr. 468/2014 der Europäischen Zentralbank vom 16. April 2014 zur Einrichtung eines Rahmenwerks für die Zusammenarbeit zwischen der Europäischen Zentralbank und den nationalen zuständigen Behörden und den nationalen benannten Behörden innerhalb des einheitlichen Aufsichtsmechanismus (SSM-Rahmenverordnung) (EZB/2014/17) (ABl L 141 vom 14. 5. 2014, S. 1), und die nach den Regeln der Europäischen Zentralbank geheim sind.

(3) ¹Das Bundesministerium der Finanzen kann durch Rechtsverordnung, die nicht der Zustimmung des Bundesrates bedarf, nähere Bestimmungen über Inhalt, Art, Umfang und Form der nach Absatz 1 Satz 1 und Absatz 2 zu übermittelnden Mitteilungen und über die zulässigen Datenträger und Übertragungswege sowie zu Form, Inhalt, Umfang und Darstellung der Veröffentlichung nach Absatz 1 Satz 2 erlassen. ²Das Bundesministerium der Finanzen kann die Ermächtigung durch Rechtsverordnung auf die Bundesanstalt übertragen.

§ 22 Meldepflichten[1)]

(1) ¹Die Bundesanstalt ist zuständige Behörde im Sinne der Artikel 26 und 27 der Verordnung (EU) Nr. 600/2014. ²Dies gilt insbesondere auch für die Mitteilung von Referenzdaten, die von Handelsplätzen nach Artikel 27 Absatz 1 der Verordnung (EU) Nr. 600/2014 zu übermitteln sind. ³Sie ist zuständig für die Übermittlung von Mitteilungen nach Artikel 26 Absatz 1 der Verordnung (EU) Nr. 600/2014 an die zuständige Behörde eines anderen Mitgliedstaates oder eines

---

1) **Anm. d. Red.:** Bisheriger § 9 zu § 22 geworden und neu gefasst gem. Gesetz v. 23.6.2017 (BGBl I S. 1693) mit Wirkung v. 3.1.2018.

anderen Vertragsstaates des Abkommens über den Europäischen Wirtschaftsraum, wenn sich in diesem Staat der unter Liquiditätsaspekten relevanteste Markt für das gemeldete Finanzinstrument im Sinne des Artikels 26 Absatz 1 der Verordnung (EU) Nr. 600/2014 befindet.

(2) ¹Ein inländischer Handelsplatz, der im Namen eines Wertpapierdienstleistungsunternehmens Meldungen nach Artikel 26 Absatz 1 der Verordnung (EU) Nr. 600/2014 vornimmt, muss Sicherheitsmechanismen einrichten, die die Sicherheit und Authentifizierung der Informationsübermittlungswege gewährleisten sowie eine Verfälschung der Daten und einen unberechtigten Zugriff und ein Bekanntwerden von Informationen verhindern und so jederzeit die Vertraulichkeit der Daten wahren. ²Der Handelsplatz muss ausreichende Mittel vorhalten und Notfallsysteme einrichten, um seine diesbezüglichen Dienste jederzeit anbieten und aufrechterhalten zu können.

(3) ¹Die Verpflichtung nach Artikel 26 Absatz 1 bis 3 sowie 6 und 7 der Verordnung (EU) Nr. 600/2014 in Verbindung mit der Delegierten Verordnung (EU) 2017/590 der Kommission vom 28. Juli 2016 zur Ergänzung der Verordnung (EU) Nr. 600/2014 des Europäischen Parlaments und des Rates durch technische Regulierungsstandards für die Meldung von Geschäften an die zuständigen Behörden (ABl L 87 vom 31. 3. 2017, S. 449), in der jeweils geltenden Fassung, gilt entsprechend für inländische zentrale Gegenparteien im Sinne des § 1 Absatz 31 des Kreditwesengesetzes hinsichtlich der Informationen, über die sie auf Grund der von ihnen abgeschlossenen Geschäfte verfügen. ²Diese Informationen umfassen Inhalte, die gemäß Anhang 1 Tabelle 2 Meldefelder Nummer 1 bis 4, 6, 7, 16, 28 bis 31, 33 bis 36 und 38 bis 56 der Delegierten Verordnung (EU) 2017/590 anzugeben sind. ³Die übrigen Meldefelder sind so zu befüllen, dass sie den technischen Validierungsregeln, die von der Europäischen Wertpapier- und Marktaufsichtsbehörde vorgegeben sind, entsprechen.

§ 23 Anzeige von Verdachtsfällen[1)]

(1) ¹Wertpapierdienstleistungsunternehmen, andere Kreditinstitute, Kapitalverwaltungsgesellschaften und Betreiber von außerbörslichen Märkten, an denen Finanzinstrumente gehandelt werden, haben bei der Feststellung von Tatsachen, die den Verdacht begründen, dass mit einem Geschäft über Finanzinstrumente, für die die Bundesanstalt die zuständige Behörde im Sinne des Artikels 2 Absatz 1 Buchstabe j der Verordnung (EU) Nr. 236/2012 ist, gegen die Artikel 12, 13 oder 14 der Verordnung (EU) Nr. 236/2012 verstoßen wird, diese unverzüglich der Bundesanstalt mitzuteilen. ²Sie dürfen andere Personen als staatliche Stellen und solche, die auf Grund ihres Berufs einer gesetzlichen Verschwiegenheitspflicht unterliegen, von der Anzeige oder von einer daraufhin eingeleiteten Untersuchung nicht in Kenntnis setzen.

(2) ¹Der Inhalt einer Anzeige nach Absatz 1 darf von der Bundesanstalt nur zur Erfüllung ihrer Aufgaben verwendet werden. ²Die Bundesanstalt darf die Identität einer anzeigenden Person nach Absatz 1 anderen als staatlichen Stellen nicht zugänglich machen. ³Das Recht der Bundesanstalt nach § 123 bleibt unberührt.

(3) Wer eine Anzeige nach Absatz 1 erstattet, darf wegen dieser Anzeige nicht verantwortlich gemacht werden, es sei denn, die Anzeige ist vorsätzlich oder grob fahrlässig unwahr erstattet worden.

(4) ¹Das Bundesministerium der Finanzen kann durch Rechtsverordnung, die nicht der Zustimmung des Bundesrates bedarf, nähere Bestimmungen erlassen über
1. die Form und den Inhalt einer Anzeige nach Absatz 1 und
2. die Art und Weise der Übermittlung einer Mitteilung nach Artikel 16 Absatz 1 und 2 der Verordnung (EU) Nr. 596/2014.

²Das Bundesministerium der Finanzen kann die Ermächtigung durch Rechtsverordnung auf die Bundesanstalt übertragen.

1) **Anm. d. Red.:** Bisheriger § 10 zu § 23 geworden und geändert gem. Gesetz v. 23.6.2017 (BGBl I S. 1693) mit Wirkung v. 3.1.2018.

§ 24 Verpflichtung des Insolvenzverwalters[1]

(1) Wird über das Vermögen eines nach diesem Gesetz zu einer Handlung Verpflichteten ein Insolvenzverfahren eröffnet, hat der Insolvenzverwalter den Schuldner bei der Erfüllung der Pflichten nach diesem Gesetz zu unterstützen, insbesondere indem er aus der Insolvenzmasse die hierfür erforderlichen Mittel bereitstellt.

(2) Wird vor Eröffnung des Insolvenzverfahrens ein vorläufiger Insolvenzverwalter bestellt, hat dieser den Schuldner bei der Erfüllung seiner Pflichten zu unterstützen, insbesondere indem er der Verwendung der Mittel durch den Verpflichteten zustimmt oder, wenn dem Verpflichteten ein allgemeines Verfügungsverbot auferlegt wurde, indem er die Mittel aus dem von ihm verwalteten Vermögen zur Verfügung stellt.

Abschnitt 3: Marktmissbrauchsüberwachung[2]

§ 25 Anwendung der Verordnung (EU) Nr. 596/2014 auf Waren und ausländische Zahlungsmittel[3]

Artikel 15 in Verbindung mit Artikel 12 Absatz 1 bis 4 der Verordnung (EU) Nr. 596/2014 gilt entsprechend für

1. Waren im Sinne des § 2 Absatz 5 und
2. ausländische Zahlungsmittel im Sinne des § 51 des Börsengesetzes,

die an einer inländischen Börse oder einem vergleichbaren Markt in einem anderen Mitgliedstaat der Europäischen Union oder in einem anderen Vertragsstaat des Abkommens über den Europäischen Wirtschaftsraum gehandelt werden.

§ 26 Übermittlung von Insiderinformationen und von Eigengeschäften; Verordnungsermächtigung[4]

(1) Ein Inlandsemittent, ein MTF-Emittent oder ein OTF-Emittent, der gemäß Artikel 17 Absatz 1, 7 oder 8 der Verordnung (EU) Nr. 596/2014 verpflichtet ist, Insiderinformationen zu veröffentlichen, hat diese vor ihrer Veröffentlichung der Bundesanstalt und den Geschäftsführungen der Handelsplätze, an denen seine Finanzinstrumente zum Handel zugelassen oder in den Handel einbezogen sind, mitzuteilen sowie unverzüglich nach ihrer Veröffentlichung dem Unternehmensregister im Sinne des § 8b des Handelsgesetzbuchs zur Speicherung zu übermitteln.

(2) Ein Inlandsemittent, ein MTF-Emittent oder ein OTF-Emittent, der gemäß Artikel 19 Absatz 3 der Verordnung (EU) Nr. 596/2014 verpflichtet ist, Informationen zu Eigengeschäften von Führungskräften zu veröffentlichen, hat diese Informationen unverzüglich, jedoch nicht vor ihrer Veröffentlichung, dem Unternehmensregister im Sinne des § 8b des Handelsgesetzbuchs zur Speicherung zu übermitteln sowie die Veröffentlichung der Bundesanstalt mitzuteilen.

(3) ¹Verstößt der Emittent gegen die Verpflichtungen nach Absatz 1 oder nach Artikel 17 Absatz 1, 7 oder 8 der Verordnung (EU) Nr. 596/2014, so ist er einem anderen nur unter den Voraussetzungen der §§ 97 und 98 zum Ersatz des daraus entstehenden Schadens verpflichtet. ²Schadensersatzansprüche, die auf anderen Rechtsgrundlagen beruhen, bleiben unberührt.

---

1) **Anm. d. Red.:** Bisheriger § 11 zu § 24 geworden gem. Gesetz v. 23.6.2017 (BGBl I S. 1693) mit Wirkung v. 3.1.2018.

2) **Anm. d. Red.:** Überschrift i. d. F. des Gesetzes v. 30.6.2016 (BGBl I S. 1514) mit Wirkung v. 2.7.2016.

3) **Anm. d. Red.:** Bisheriger § 12 zu § 25 geworden und geändert gem. Gesetz v. 23.6.2017 (BGBl I S. 1693) mit Wirkung v. 3.1.2018.

4) **Anm. d. Red.:** § 26 i. d. F. des Gesetzes v. 10.7.2018 (BGBl I S. 1102) mit Wirkung v. 14.7.2018.

(4) ¹Das Bundesministerium der Finanzen kann durch Rechtsverordnung, die nicht der Zustimmung des Bundesrates bedarf, nähere Bestimmungen erlassen über
1. den Mindestinhalt, die Art, die Sprache, den Umfang und die Form einer Mitteilung nach Absatz 1 oder Absatz 2,
2. den Mindestinhalt, die Art, die Sprache, den Umfang und die Form einer Veröffentlichung nach Artikel 17 Absatz 1, 2 und 6 bis 9 der Verordnung (EU) Nr. 596/2014,
3. die Bedingungen, die ein Emittent oder Teilnehmer am Markt für Emissionszertifikate nach Artikel 17 Absatz 4 Unterabsatz 1 der Verordnung (EU) Nr. 596/2014 erfüllen muss, um die Offenlegung von Insiderinformationen aufzuschieben,
4. die Art und Weise der Übermittlung sowie den Mindestinhalt einer Mitteilung nach Artikel 17 Absatz 4 Unterabsatz 3 Satz 1 und Absatz 6 Unterabsatz 1 Satz 1 der Verordnung (EU) Nr. 596/2014,
5. die Art und Weise der Übermittlung einer Insiderliste nach Artikel 18 Absatz 1 Buchstabe c der Verordnung (EU) Nr. 596/2014,
6. die Art und Weise der Übermittlung sowie der Sprache einer Meldung nach Artikel 19 Absatz 1 der Verordnung (EU) Nr. 596/2014 und
7. den Inhalt, die Art, den Umfang und die Form einer zusätzlichen Veröffentlichung der Informationen nach Artikel 19 Absatz 3 der Verordnung (EU) Nr. 596/2014 durch die Bundesanstalt gemäß Artikel 19 Absatz 3 Unterabsatz 3 der Verordnung (EU) Nr. 596/2014.

²Das Bundesministerium der Finanzen kann die Ermächtigung durch Rechtsverordnung auf die Bundesanstalt übertragen.

§ 27 Aufzeichnungspflichten[1)]

¹Wertpapierdienstleistungsunternehmen sowie Unternehmen mit Sitz im Inland, die an einer inländischen Börse zur Teilnahme am Handel zugelassen sind, haben vor Durchführung von Aufträgen, die Finanzinstrumente im Sinne des Artikels 2 Absatz 1 Unterabsatz 1 der Verordnung (EU) Nr. 596/2014 oder Handlungen oder Geschäfte im Sinne des Artikels 2 Absatz 1 Unterabsatz 2 Satz 1 der Verordnung (EU) Nr. 596/2014 zum Gegenstand haben, bei natürlichen Personen den Namen, das Geburtsdatum und die Anschrift, bei Unternehmen die Firma und die Anschrift der Auftraggeber und der berechtigten oder verpflichteten Personen oder Unternehmen festzustellen und diese Angaben aufzuzeichnen. ²Die Aufzeichnungen nach Satz 1 sind mindestens sechs Jahre aufzubewahren. ³Für die Aufbewahrung gilt § 257 Abs. 3 und 5 des Handelsgesetzbuchs entsprechend.

§ 28 Überwachung der Geschäfte der bei der Bundesanstalt Beschäftigten[2)]

(1) Die Bundesanstalt muss über angemessene interne Kontrollverfahren verfügen, die geeignet sind, Verstößen der bei der Bundesanstalt Beschäftigten gegen die Verbote nach Artikel 14 der Verordnung (EU) Nr. 596/2014 entgegenzuwirken.

(2) ¹Der Dienstvorgesetzte oder die von ihm beauftragte Person kann von den bei der Bundesanstalt Beschäftigten die Erteilung von Auskünften und die Vorlage von Unterlagen über Geschäfte in Finanzinstrumenten im Sinne des Artikels 2 Absatz 1 Unterabsatz 1 der Verordnung (EU) Nr. 596/2014 und Handlungen und Geschäfte im Sinne des Artikels 2 Absatz 1 Unterabsatz 2 Satz 1 der Verordnung (EU) Nr. 596/2014 verlangen, die sie für eigene oder fremde Rechnung oder für einen anderen abgeschlossen haben. ²§ 6 Absatz 15 ist anzuwenden. ³Beschäftigte, die bei ihren Dienstgeschäften bestimmungsgemäß Kenntnis von Insiderinformationen haben oder haben können, sind verpflichtet, Geschäfte in Finanzinstrumenten im Sinne des Artikels 2 Absatz 1 Unterabsatz 1 der Verordnung (EU) Nr. 596/2014 und Handlungen und Geschäfte im Sin-

---

1) **Anm. d. Red.:** Bisheriger § 16 zu § 27 geworden gem. Gesetz v. 23.6.2017 (BGBl I S. 1693) mit Wirkung v. 3.1.2018.
2) **Anm. d. Red.:** § 28 i. d. F. des Gesetzes v. 19.3.2020 (BGBl I S. 529) mit Wirkung v. 28.3.2020.

ne des Artikels 2 Absatz 1 Unterabsatz 2 Satz 1 der Verordnung (EU) Nr. 596/2014, die sie für eigene oder fremde Rechnung oder für einen anderen abgeschlossen haben, unverzüglich dem Dienstvorgesetzten oder der von ihm beauftragten Person schriftlich oder elektronisch anzuzeigen. ⁴Der Dienstvorgesetzte oder die von ihm beauftragte Person bestimmt die in Satz 3 genannten Beschäftigten.

Abschnitt 4: Ratingagenturen[1]

§ 29 Zuständigkeit im Sinne der Verordnung (EG) Nr. 1060/2009[2]

(1) Die Bundesanstalt ist zuständige Behörde im Sinne des Artikels 22 der Verordnung (EG) Nr. 1060/2009 des Europäischen Parlaments und des Rates vom 16. September 2009 über Ratingagenturen (ABl L 302 vom 17.11.2009, S. 1), die zuletzt durch die Verordnung (EU) Nr. 462/2013 (ABl L 146 vom 31.5.2013, S. 1) geändert worden ist, in der jeweils geltenden Fassung.

(2) Für Wertpapierdienstleistungsunternehmen ist die Bundesanstalt nach diesem Gesetz sektoral zuständige Behörde im Sinne des Artikels 25a der Verordnung (EG) Nr. 1060/2009 in der jeweils geltenden Fassung, soweit diese Unternehmen bei der Erbringung von Wertpapierdienstleistungen oder Wertpapiernebendienstleistungen Ratings verwenden.

(3) Soweit in der Verordnung (EG) Nr. 1060/2009 in der jeweils geltenden Fassung oder den auf ihrer Grundlage erlassenen Rechtsakten nichts Abweichendes geregelt ist, sind die §§ 2, 3, 6 bis 13, 17 Absatz 2, § 18 mit Ausnahme von Absatz 7 Satz 5 bis 8, § 21 mit Ausnahme von Absatz 1 Satz 3 bis 5 für die Ausübung der Aufsicht durch die Bundesanstalt nach den Absätzen 1, 2 und 5 entsprechend anzuwenden.

(4) Widerspruch und Anfechtungsklage gegen Maßnahmen der Bundesanstalt nach den Absätzen 1 und 2, auch aufgrund oder in Verbindung mit der Verordnung (EG) Nr. 1060/2009 in der jeweils geltenden Fassung oder den auf ihrer Grundlage erlassenen Rechtsakten, haben keine aufschiebende Wirkung.

(5) ¹Zulassungsantragsteller im Sinne von § 2 Nummer 7 und Anbieter im Sinne von § 2 Nummer 6 des Wertpapierprospektgesetzes, die einen Antrag auf Billigung eines Prospekts im Sinne der Verordnung (EU) 2017/1129 für ein öffentliches Angebot oder die Zulassung zum Handel von strukturierten Finanzinstrumenten im Sinne der Artikel 8b oder Artikel 8c der Verordnung (EG) Nr. 1060/2009 in der jeweils geltenden Fassung oder einer Emission im Sinne des Artikels 8d der Verordnung (EG) Nr. 1060/2009 in der jeweils geltenden Fassung bei der Bundesanstalt stellen und zugleich Emittent dieses strukturierten Finanzinstruments oder dieser Emission sind, haben der Bundesanstalt mit der Stellung des Billigungsantrags eine Erklärung beizufügen, dass sie die auf sie anwendbaren Pflichten aus den Artikeln 8b, 8c oder Artikel 8d der Verordnung (EG) Nr. 1060/2009 in der jeweils geltenden Fassung erfüllen. ²Die Wirksamkeit des Billigungsantrags bleibt von der ordnungsgemäßen Abgabe dieser Erklärung unberührt.

Abschnitt 5: OTC-Derivate und Transaktionsregister[3]

§ 30 Überwachung des Clearings von OTC-Derivaten und Aufsicht über Transaktionsregister[4]

(1) ¹Die Bundesanstalt ist unbeschadet des § 6 des Kreditwesengesetzes nach diesem Gesetz zuständig für die Einhaltung der Vorschriften nach den Artikeln 4, 4a, 5 und 7 bis 13 der Verordnung (EU) Nr. 648/2012 des Europäischen Parlaments und des Rates vom 4. Juli 2012 über OTC-

---

1) **Anm. d. Red.:** Abschnitt 3a zu Abschnitt 4 geworden gem. Gesetz v. 23.6.2017 (BGBl I S. 1693) mit Wirkung v. 3.1.2018.

2) **Anm. d. Red.:** § 29 i. d. F. des Gesetzes v. 8.7.2019 (BGBl I S. 1002) mit Wirkung v. 21.7.2019.

3) **Anm. d. Red.:** Abschnitt 4 zu Abschnitt 5 geworden gem. Gesetz v. 23.6.2017 (BGBl I S. 1693) mit Wirkung v. 3.1.2018.

4) **Anm. d. Red.:** § 30 i. d. F. des Gesetzes v. 19.3.2020 (BGBl I S. 529) mit Wirkung v. 28.3.2020.

Derivate, zentrale Gegenparteien und Transaktionsregister (ABl L 201 vom 27. 7. 2012, S. 1), soweit sich nicht aus § 3 Absatz 5 oder § 5 Absatz 6 des Börsengesetzes etwas anderes ergibt. ²Die Bundesanstalt ist zuständige Behörde im Sinne des Artikels 62 Absatz 4, des Artikels 63 Absatz 3 bis 7, des Artikels 68 Absatz 3 und des Artikels 74 Absatz 1 bis 3 der Verordnung (EU) Nr. 648/2012. ³Soweit in der Verordnung (EU) Nr. 648/2012 nichts Abweichendes geregelt ist, gelten die Vorschriften der Abschnitte 1 und 2 dieses Gesetzes, mit Ausnahme der §§ 22 und 23, entsprechend.

(2) Eine inländische finanzielle Gegenpartei im Sinne des Artikels 2 Nummer 8 der Verordnung (EU) Nr. 648/2012 hat, wenn sie eine Garantie im Sinne der Artikel 1 und 2 Absatz 1 der Delegierten Verordnung (EU) Nr. 285/2014 der Kommission vom 13. Februar 2014 zur Ergänzung der Verordnung (EU) Nr. 648/2012 des Europäischen Parlaments und des Rates im Hinblick auf technische Regulierungsstandards in Bezug auf unmittelbare, wesentliche und vorhersehbare Auswirkungen von Kontrakten innerhalb der Union und die Verhinderung der Umgehung von Vorschriften und Pflichten (ABl L 85 vom 21. 3. 2014, S. 1) in der jeweils geltenden Fassung gewährt oder erweitert, durch geeignete Maßnahmen, insbesondere durch Vertragsgestaltung und Kontrollen, sicherzustellen, dass die an garantierten OTC-Derivatekontrakten beteiligten, in einem Drittstaat ansässigen Einrichtungen nicht gegen auf diese garantierten OTC-Derivatekontrakte anwendbare Bestimmungen der Verordnung (EU) Nr. 648/2012 verstoßen.

(3) Inländische Clearingmitglieder im Sinne des Artikels 2 Nummer 14 der Verordnung (EU) Nr. 648/2012 sowie Handelsplätze im Sinne des Artikels 2 Nummer 4 der Verordnung (EU) Nr. 648/2012 dürfen Clearingdienste einer in einem Drittstaat ansässigen zentralen Gegenpartei im Sinne des Artikels 25 Absatz 1 der Verordnung (EU) Nr. 648/2012 nur nutzen, wenn diese von der Europäischen Wertpapier- und Marktaufsichtsbehörde anerkannt wurde.

(4) Die Bundesanstalt übt die ihr nach Absatz 1 in Verbindung mit der Verordnung (EU) Nr. 648/2012 übertragenen Befugnisse aus, soweit dies für die Wahrnehmung ihrer Aufgaben und die Überwachung der Einhaltung der in der Verordnung (EU) Nr. 648/2012 geregelten Pflichten erforderlich ist.

(5) ¹Sofern die Bundesanstalt als zuständige Behörde nach Absatz 1 tätig wird oder Befugnisse nach Absatz 4 ausübt, sind die vorzulegenden Unterlagen in deutscher Sprache und auf Verlangen der Bundesanstalt zusätzlich in englischer Sprache zu erstellen und vorzulegen. ²Die Bundesanstalt kann gestatten, dass die Unterlagen ausschließlich in englischer Sprache erstellt und vorgelegt werden.

(6) ¹Die Bundesanstalt kann von Unternehmen Auskünfte, die Vorlage von Unterlagen und die Überlassung von Kopien verlangen, soweit dies für die Überwachung der Einhaltung der Vorschriften nach Absatz 1 erforderlich ist. ²Gesetzliche Auskunfts- oder Aussageverweigerungsrechte sowie gesetzliche Verschwiegenheitspflichten bleiben unberührt.

(7) Widerspruch und Anfechtungsklage gegen Maßnahmen der Bundesanstalt nach den Absätzen 4 und 6, auch in Verbindung mit der Verordnung (EU) Nr. 648/2012, haben keine aufschiebende Wirkung.

§ 31 Verordnungsermächtigung zu den Mitteilungspflichten nach der Verordnung (EU) Nr. 648/2012[1)]

¹Das Bundesministerium der Finanzen kann durch Rechtsverordnung, die nicht der Zustimmung des Bundesrates bedarf, nähere Bestimmungen erlassen über den Inhalt, die Art, die Sprache, den Umfang und die Form der Unterrichtung nach Artikel 4a Absatz 1 Unterabsatz 2 Buchstabe a oder nach Artikel 10 Absatz 1 Unterabsatz 2 Buchstabe a sowie der Nachweise nach Artikel 4a Absatz 2 Unterabsatz 1 oder nach Artikel 10 Absatz 2 Unterabsatz 1 der Verordnung (EU) Nr. 648/2012. ²Das Bundesministerium der Finanzen kann die Ermächtigung durch Rechtsverordnung auf die Bundesanstalt übertragen.

---

1) **Anm. d. Red.:** § 31 i. d. F. des Gesetzes v. 19.3.2020 (BGBl I S. 529) mit Wirkung v. 28.3.2020.

§ 32 Prüfung der Einhaltung bestimmter Pflichten der Verordnung (EU) Nr. 648/2012 und der Verordnung (EU) Nr. 600/2014[1)]

(1) ¹Kapitalgesellschaften, die weder kleine Kapitalgesellschaften im Sinne des § 267 Absatz 1 des Handelsgesetzbuchs noch finanzielle Gegenparteien im Sinne des Artikels 2 Nummer 8 der Verordnung (EU) Nr. 648/2012 sind und die im abgelaufenen Geschäftsjahr entweder

1. OTC-Derivate im Sinne des Artikels 2 Nummer 7 der Verordnung (EU) Nr. 648/2012 mit einem Gesamtnominalvolumen von mehr als 100 Millionen Euro oder
2. mehr als 100 OTC-Derivatekontrakte im Sinne des Artikels 2 Nummer 7 der Verordnung (EU) Nr. 648/2012

eingegangen sind, haben durch einen geeigneten Prüfer innerhalb von neun Monaten nach Ablauf des Geschäftsjahres prüfen und bescheinigen zu lassen, dass sie über geeignete Systeme verfügen, die die Einhaltung der Anforderungen nach Artikel 4 Absatz 1, 2 und 3 Unterabsatz 2, Artikel 9 Absatz 1 bis 3, Artikel 10 Absatz 1 bis 3 sowie Artikel 11 Absatz 1, 2 und 3 Satz 2 und Absatz 5 bis 11 Unterabsatz 1 der Verordnung (EU) Nr. 648/2012, nach Artikel 28 Absatz 1 bis 3 der Verordnung (EU) Nr. 600/2014 sowie nach einer auf Grund des § 31 dieses Gesetzes erlassenen Rechtsverordnung sicherstellen. ²Für die Zwecke der Berechnung der Schwelle nach Satz 1 Nummer 1 und 2 sind solche Geschäfte nicht zu berücksichtigen, die als gruppeninterne Geschäfte der Ausnahme des Artikels 4 Absatz 2 der Verordnung (EU) Nr. 648/2012 unterliegen oder von den Anforderungen des Artikels 11 Absatz 3 der Verordnung (EU) Nr. 648/2012 befreit sind. ³Die Pflichten nach Satz 1 gelten nicht für solche Unternehmen, die den Prüfungspflichten nach § 35 des Versicherungsaufsichtsgesetzes oder den Prüfungspflichten nach § 29 des Kreditwesengesetzes unterliegen.

(2) ¹Geeignete Prüfer im Sinne des Absatzes 1 Satz 1 sind Wirtschaftsprüfer, vereidigte Buchprüfer sowie Wirtschaftsprüfungs- und Buchprüfungsgesellschaften, die hinsichtlich des Prüfungsgegenstandes über ausreichende Kenntnisse verfügen. ²Die Kapitalgesellschaft hat den Prüfer spätestens 15 Monate nach Beginn des Geschäftsjahres, auf das sich die Prüfung erstreckt, zu bestellen.

(3) ¹Der Prüfer hat die Bescheinigung zu unterzeichnen und innerhalb von neun Monaten nach Ablauf des Geschäftsjahres, auf das sich die Prüfung erstreckt, den gesetzlichen Vertretern und dem Aufsichtsrat vorzulegen, falls die Kapitalgesellschaft über einen solchen verfügt. ²Vor der Zuleitung der Bescheinigung an den Aufsichtsrat ist der Geschäftsleitung Gelegenheit zur Stellungnahme zu geben. ³In der Bescheinigung hat der Prüfer über die Ergebnisse der Prüfung schriftlich zu berichten. ⁴Werden dem Prüfer bei der Prüfung schwerwiegende Verstöße gegen die Anforderungen des Absatzes 1 bekannt, hat er die Bundesanstalt unverzüglich zu unterrichten. ⁵§ 323 des Handelsgesetzbuches gilt entsprechend.

(4) ¹Enthält die Bescheinigung des Prüfers die Feststellung von Mängeln, hat die Kapitalgesellschaft die Bescheinigung unverzüglich der Bundesanstalt zu übermitteln. ²Stellt ein Prüfer fest, dass die Geschäftsleitung eine entsprechende Übermittlung an die Bundesanstalt in einem Geschäftsjahr, das vor dem Prüfungszeitraum liegt, unterlassen hat, hat er dies der Bundesanstalt unverzüglich mitzuteilen. ³Tatsachen, die auf das Vorliegen einer Berufspflichtverletzung durch den Prüfer schließen lassen, übermittelt die Bundesanstalt der Wirtschaftsprüferkammer. ⁴§ 110 Absatz 1 Satz 2 gilt entsprechend.

(5) ¹Die Pflichten nach Absatz 1 in Verbindung mit den Absätzen 2 bis 4 gelten auch für offene Handelsgesellschaften und Kommanditgesellschaften im Sinne des § 264a Absatz 1 des Handelsgesetzbuchs. ²§ 264a Absatz 2 des Handelsgesetzbuchs gilt entsprechend.

(6) ¹Das Bundesministerium der Finanzen kann durch Rechtsverordnung, die nicht der Zustimmung des Bundesrates bedarf, im Einvernehmen mit dem Bundesministerium der Justiz und für Verbraucherschutz nähere Bestimmungen über Art, Umfang und Zeitpunkt der Prüfung nach Absatz 1 sowie über Art und Umfang der Bescheinigungen nach Absatz 3 erlassen, soweit dies

---

1) **Anm. d. Red.:** § 32 i. d. F. des Gesetzes v. 19.3.2020 (BGBl I S. 529) mit Wirkung v. 28.3.2020.

zur Erfüllung der Aufgaben der Bundesanstalt erforderlich ist, insbesondere um auf die Einhaltung der in Absatz 1 Satz 1 genannten Pflichten und Anforderungen hinzuwirken und um einheitliche Unterlagen zu erhalten. ²Das Bundesministerium der Finanzen kann die Ermächtigung durch Rechtsverordnung im Einvernehmen mit dem Bundesministerium der Justiz und für Verbraucherschutz auf die Bundesanstalt übertragen.

Abschnitt 6: Mitteilung, Veröffentlichung und Übermittlung von Veränderungen des Stimmrechtsanteils an das Unternehmensregister[1)]

§ 33 Mitteilungspflichten des Meldepflichtigen; Verordnungsermächtigung[2)]

(1) ¹Wer durch Erwerb, Veräußerung oder auf sonstige Weise 3 Prozent, 5 Prozent, 10 Prozent, 15 Prozent, 20 Prozent, 25 Prozent, 30 Prozent, 50 Prozent oder 75 Prozent der Stimmrechte aus ihm gehörenden Aktien an einem Emittenten, für den die Bundesrepublik Deutschland der Herkunftsstaat ist, erreicht, überschreitet oder unterschreitet (Meldepflichtiger), hat dies unverzüglich dem Emittenten und gleichzeitig der Bundesanstalt, spätestens innerhalb von vier Handelstagen unter Beachtung von § 34 Absatz 1 und 2 mitzuteilen. ²Bei Hinterlegungsscheinen, die Aktien vertreten, trifft die Mitteilungspflicht ausschließlich den Inhaber der Hinterlegungsscheine. ³Die Frist des Satzes 1 beginnt mit dem Zeitpunkt, zu dem der Meldepflichtige Kenntnis davon hat oder nach den Umständen haben musste, dass sein Stimmrechtsanteil die genannten Schwellen erreicht, überschreitet oder unterschreitet. ⁴Hinsichtlich des Fristbeginns wird unwiderleglich vermutet, dass der Meldepflichtige spätestens zwei Handelstage nach dem Erreichen, Überschreiten oder Unterschreiten der genannten Schwellen Kenntnis hat. ⁵Kommt es infolge von Ereignissen, die die Gesamtzahl der Stimmrechte verändern, zu einer Schwellenberührung, so beginnt die Frist abweichend von Satz 3, sobald der Meldepflichtige von der Schwellenberührung Kenntnis erlangt, spätestens jedoch mit der Veröffentlichung des Emittenten nach § 41 Absatz 1.

(2) ¹Wem im Zeitpunkt der erstmaligen Zulassung der Aktien zum Handel an einem organisierten Markt 3 Prozent oder mehr der Stimmrechte an einem Emittenten zustehen, für den die Bundesrepublik Deutschland der Herkunftsstaat ist, hat diesem Emittenten sowie der Bundesanstalt eine Mitteilung entsprechend Absatz 1 Satz 1 zu machen. ²Absatz 1 Satz 2 gilt entsprechend.

(3) Als Gehören im Sinne dieses Abschnitts gilt bereits das Bestehen eines auf die Übertragung von Aktien gerichteten unbedingten und ohne zeitliche Verzögerung zu erfüllenden Anspruchs oder einer entsprechenden Verpflichtung.

(4) Inlandsemittenten und Emittenten, für die die Bundesrepublik Deutschland der Herkunftsstaat ist, sind im Sinne dieses Abschnitts nur solche, deren Aktien zum Handel an einem organisierten Markt zugelassen sind.

(5) ¹Das Bundesministerium der Finanzen kann durch Rechtsverordnung, die nicht der Zustimmung des Bundesrates bedarf, nähere Bestimmungen erlassen über den Inhalt, die Art, die Sprache, den Umfang und die Form der Mitteilung nach Absatz 1 Satz 1 und Absatz 2. ²Das Bundesministerium der Finanzen kann die Ermächtigung durch Rechtsverordnung auf die Bundesanstalt übertragen, soweit die Art und die Form der Mitteilung nach Absatz 1 oder Absatz 2, insbesondere die Nutzung eines elektronischen Verfahrens, betroffen sind.

---

1) **Anm. d. Red.:** Abschnitt 5 zu Abschnitt 6 geworden gem. Gesetz v. 23.6.2017 (BGBl I S. 1693) mit Wirkung v. 3.1.2018.

2) **Anm. d. Red.:** Bisheriger § 21 zu § 33 geworden und geändert gem. Gesetz v. 23.6.2017 (BGBl I S. 1693) mit Wirkung v. 3.1.2018.

§ 34 Zurechnung von Stimmrechten[1]

(1) ¹Für die Mitteilungspflichten nach § 33 Absatz 1 und 2 stehen den Stimmrechten des Meldepflichtigen Stimmrechte aus Aktien des Emittenten, für den die Bundesrepublik Deutschland der Herkunftsstaat ist, gleich,

1. die einem Tochterunternehmen des Meldepflichtigen gehören,
2. die einem Dritten gehören und von ihm für Rechnung des Meldepflichtigen gehalten werden,
3. die der Meldepflichtige einem Dritten als Sicherheit übertragen hat, es sei denn, der Dritte ist zur Ausübung der Stimmrechte aus diesen Aktien befugt und bekundet die Absicht, die Stimmrechte unabhängig von den Weisungen des Meldepflichtigen auszuüben,
4. an denen zugunsten des Meldepflichtigen ein Nießbrauch bestellt ist,
5. die der Meldepflichtige durch eine Willenserklärung erwerben kann,
6. die dem Meldepflichtigen anvertraut sind oder aus denen er die Stimmrechte als Bevollmächtigter ausüben kann, sofern er die Stimmrechte aus diesen Aktien nach eigenem Ermessen ausüben kann, wenn keine besonderen Weisungen des Aktionärs vorliegen,
7. aus denen der Meldepflichtige die Stimmrechte ausüben kann auf Grund einer Vereinbarung, die eine zeitweilige Übertragung der Stimmrechte ohne die damit verbundenen Aktien gegen Gegenleistung vorsieht,
8. die bei dem Meldepflichtigen als Sicherheit verwahrt werden, sofern der Meldepflichtige die Stimmrechte hält und die Absicht bekundet, diese Stimmrechte auszuüben.

²Für die Zurechnung nach Satz 1 Nummer 2 bis 8 stehen dem Meldepflichtigen Tochterunternehmen des Meldepflichtigen gleich. ³Stimmrechte des Tochterunternehmens werden dem Meldepflichtigen in voller Höhe zugerechnet.

(2) ¹Dem Meldepflichtigen werden auch Stimmrechte eines Dritten aus Aktien des Emittenten, für den die Bundesrepublik Deutschland der Herkunftsstaat ist, in voller Höhe zugerechnet, mit dem der Meldepflichtige oder sein Tochterunternehmen sein Verhalten in Bezug auf diesen Emittenten auf Grund einer Vereinbarung oder in sonstiger Weise abstimmt; ausgenommen sind Vereinbarungen in Einzelfällen. ²Ein abgestimmtes Verhalten setzt voraus, dass der Meldepflichtige oder sein Tochterunternehmen und der Dritte sich über die Ausübung von Stimmrechten verständigen oder mit dem Ziel einer dauerhaften und erheblichen Änderung der unternehmerischen Ausrichtung des Emittenten in sonstiger Weise zusammenwirken. ³Für die Berechnung des Stimmrechtsanteils des Dritten gilt Absatz 1 entsprechend.

(3) ¹Wird eine Vollmacht im Falle des Absatzes 1 Satz 1 Nummer 6 nur zur Ausübung der Stimmrechte für eine Hauptversammlung erteilt, ist es für die Erfüllung der Mitteilungspflicht nach § 33 Absatz 1 und 2 in Verbindung mit Absatz 1 Satz 1 Nummer 6 ausreichend, wenn die Mitteilung lediglich bei Erteilung der Vollmacht abgegeben wird. ²Die Mitteilung muss die Angabe enthalten, wann die Hauptversammlung stattfindet und wie hoch nach Erlöschen der Vollmacht oder des Ausübungsermessens der Stimmrechtsanteil sein wird, der dem Bevollmächtigten zugerechnet wird.

§ 35 Tochterunternehmenseigenschaft; Verordnungsermächtigung[2]

(1) Vorbehaltlich der Absätze 2 bis 4 sind Tochterunternehmen im Sinne dieses Abschnitts Unternehmen,

1. die als Tochterunternehmen im Sinne des § 290 des Handelsgesetzbuchs gelten oder
2. auf die ein beherrschender Einfluss ausgeübt werden kann,

ohne dass es auf die Rechtsform oder den Sitz ankommt.

---

1) **Anm. d. Red.:** Bisheriger § 22 zu § 34 geworden und geändert gem. Gesetz v. 23.6.2017 (BGBl I S. 1693) mit Wirkung v. 3.1.2018.

2) **Anm. d. Red.:** Bisheriger § 22a zu § 35 geworden und geändert gem. Gesetz v. 23.6.2017 (BGBl I S. 1693) mit Wirkung v. 3.1.2018.

(2) Nicht als Tochterunternehmen im Sinne dieses Abschnitts gilt ein Wertpapierdienstleistungsunternehmen hinsichtlich der Beteiligungen, die von ihm im Rahmen einer Wertpapierdienstleistung nach § 2 Absatz 3 Satz 1 Nummer 7 verwaltet werden, wenn

1. das Wertpapierdienstleistungsunternehmen die Stimmrechte, die mit den betreffenden Aktien verbunden sind, unabhängig vom Mutterunternehmen ausübt,
2. das Wertpapierdienstleistungsunternehmen
   a) die Stimmrechte nur auf Grund von in schriftlicher Form oder über elektronische Hilfsmittel erteilten Weisungen ausüben darf oder
   b) durch geeignete Vorkehrungen sicherstellt, dass die Finanzportfolioverwaltung unabhängig von anderen Dienstleistungen und unter Bedingungen erfolgt, die gleichwertig sind denen der Richtlinie 2009/65/EG des Europäischen Parlaments und des Rates vom 13. Juli 2009 zur Koordinierung der Rechts- und Verwaltungsvorschriften betreffend bestimmte Organismen für gemeinsame Anlagen in Wertpapieren (OGAW) (ABl L 302 vom 17.11.2009, S. 32) in der jeweils geltenden Fassung,
3. das Mutterunternehmen der Bundesanstalt den Namen des Wertpapierdienstleistungsunternehmens und die für dessen Überwachung zuständige Behörde oder das Fehlen einer solchen Behörde mitteilt und
4. das Mutterunternehmen gegenüber der Bundesanstalt erklärt, dass die Voraussetzungen der Nummer 1 erfüllt sind.

(3) Nicht als Tochterunternehmen im Sinne dieses Abschnitts gelten Kapitalverwaltungsgesellschaften im Sinne des § 17 Absatz 1 des Kapitalanlagegesetzbuchs und EU-Verwaltungsgesellschaften im Sinne des § 1 Absatz 17 des Kapitalanlagegesetzbuchs hinsichtlich der Beteiligungen, die zu den von ihnen verwalteten Investmentvermögen gehören, wenn

1. die Verwaltungsgesellschaft die Stimmrechte, die mit den betreffenden Aktien verbunden sind, unabhängig vom Mutterunternehmen ausübt,
2. die Verwaltungsgesellschaft die zu dem Investmentvermögen gehörenden Beteiligungen im Sinne der §§ 33 und 34 nach Maßgabe der Richtlinie 2009/65/EG verwaltet,
3. das Mutterunternehmen der Bundesanstalt den Namen der Verwaltungsgesellschaft und die für deren Überwachung zuständige Behörde oder das Fehlen einer solchen Behörde mitteilt und
4. das Mutterunternehmen gegenüber der Bundesanstalt erklärt, dass die Voraussetzungen der Nummer 1 erfüllt sind.

(4) Ein Unternehmen mit Sitz in einem Drittstaat, das nach § 32 Absatz 1 Satz 1 in Verbindung mit § 1 Absatz 1a Satz 2 Nummer 3 des Kreditwesengesetzes einer Zulassung für die Finanzportfolioverwaltung oder einer Erlaubnis nach § 20 oder § 113 des Kapitalanlagegesetzbuchs bedürfte, wenn es seinen Sitz oder seine Hauptverwaltung im Inland hätte, gilt nicht als Tochterunternehmen im Sinne dieses Abschnitts, wenn

1. das Unternehmen bezüglich seiner Unabhängigkeit Anforderungen genügt, die denen nach Absatz 2 oder Absatz 3, auch in Verbindung mit einer Rechtsverordnung nach Absatz 6, jeweils gleichwertig sind,
2. das Mutterunternehmen der Bundesanstalt den Namen dieses Unternehmens und die für dessen Überwachung zuständige Behörde oder das Fehlen einer solchen Behörde mitteilt und
3. das Mutterunternehmen gegenüber der Bundesanstalt erklärt, dass die Voraussetzungen der Nummer 1 erfüllt sind.

(5) Abweichend von den Absätzen 2 bis 4 gelten Wertpapierdienstleistungsunternehmen und Verwaltungsgesellschaften jedoch dann als Tochterunternehmen im Sinne dieses Abschnitts, wenn

1. das Mutterunternehmen oder ein anderes Tochterunternehmen des Mutterunternehmens seinerseits Anteile an der von dem Unternehmen verwalteten Beteiligung hält und

2. das Unternehmen die Stimmrechte, die mit diesen Beteiligungen verbunden sind, nicht nach freiem Ermessen, sondern nur auf Grund unmittelbarer oder mittelbarer Weisungen ausüben kann, die ihm vom Mutterunternehmen oder von einem anderen Tochterunternehmen des Mutterunternehmens erteilt werden.

(6) Das Bundesministerium der Finanzen wird ermächtigt, durch Rechtsverordnung, die nicht der Zustimmung des Bundesrates bedarf, nähere Bestimmungen zu erlassen über die Umstände, unter denen in den Fällen der Absätze 2 bis 5 eine Unabhängigkeit vom Mutterunternehmen gegeben ist.

§ 36 Nichtberücksichtigung von Stimmrechten[1]

(1) Stimmrechte aus Aktien eines Emittenten, für den die Bundesrepublik Deutschland der Herkunftsstaat ist, bleiben bei der Berechnung des Stimmrechtsanteils unberücksichtigt, wenn ihr Inhaber

1. ein Kreditinstitut oder ein Wertpapierdienstleistungsunternehmen mit Sitz in einem Mitgliedstaat der Europäischen Union oder in einem anderen Vertragsstaat des Abkommens über den Europäischen Wirtschaftsraum ist,
2. die betreffenden Aktien im Handelsbuch hält und dieser Anteil nicht mehr als 5 Prozent der Stimmrechte beträgt und
3. sicherstellt, dass die Stimmrechte aus den betreffenden Aktien nicht ausgeübt und nicht anderweitig genutzt werden, um auf die Geschäftsführung des Emittenten Einfluss zu nehmen.

(2) Unberücksichtigt bei der Berechnung des Stimmrechtsanteils bleiben Stimmrechte aus Aktien, die gemäß der Verordnung (EG) Nr. 2273/2003 zu Stabilisierungszwecken erworben wurden, wenn der Aktieninhaber sicherstellt, dass die Stimmrechte aus den betreffenden Aktien nicht ausgeübt und nicht anderweitig genutzt werden, um auf die Geschäftsführung des Emittenten Einfluss zu nehmen.

(3) Stimmrechte aus Aktien eines Emittenten, für den die Bundesrepublik Deutschland der Herkunftsstaat ist, bleiben bei der Berechnung des Stimmrechtsanteils unberücksichtigt, sofern

1. die betreffenden Aktien ausschließlich für den Zweck der Abrechnung und Abwicklung von Geschäften für höchstens drei Handelstage gehalten werden, selbst wenn die Aktien auch außerhalb eines organisierten Marktes gehandelt werden, oder
2. eine mit der Verwahrung von Aktien betraute Stelle die Stimmrechte aus den verwahrten Aktien nur aufgrund von Weisungen, die schriftlich oder über elektronische Hilfsmittel erteilt wurden, ausüben darf.

(4) [1]Stimmrechte aus Aktien, die die Mitglieder des Europäischen Systems der Zentralbanken bei der Wahrnehmung ihrer Aufgaben als Währungsbehörden zur Verfügung gestellt bekommen oder die sie bereitstellen, bleiben bei der Berechnung des Stimmrechtsanteils am Emittenten, für den die Bundesrepublik Deutschland der Herkunftsstaat ist, unberücksichtigt, soweit es sich bei den Transaktionen um kurzfristige Geschäfte handelt und die Stimmrechte aus den betreffenden Aktien nicht ausgeübt werden. [2]Satz 1 gilt insbesondere für Stimmrechte aus Aktien, die einem oder von einem Mitglied im Sinne des Satzes 1 zur Sicherheit übertragen werden, und für Stimmrechte aus Aktien, die dem Mitglied als Pfand oder im Rahmen eines Pensionsgeschäfts oder einer ähnlichen Vereinbarung gegen Liquidität für geldpolitische Zwecke oder innerhalb eines Zahlungssystems zur Verfügung gestellt oder von diesem bereitgestellt werden.

(5) [1]Für die Meldeschwellen von 3 Prozent und 5 Prozent bleiben Stimmrechte aus solchen Aktien eines Emittenten, für den die Bundesrepublik Deutschland der Herkunftsstaat ist, unberücksichtigt, die von einer Person erworben oder veräußert werden, die an einem Markt dauer-

---

1) **Anm. d. Red.:** Bisheriger § 23 zu § 36 geworden und geändert gem. Gesetz v. 23.6.2017 (BGBl I S. 1693) mit Wirkung v. 3.1.2018.

haft anbietet, Finanzinstrumente im Wege des Eigenhandels zu selbst gestellten Preisen zu kaufen oder zu verkaufen, wenn
1. diese Person dabei in ihrer Eigenschaft als Market Maker handelt,
2. sie eine Zulassung nach der Richtlinie 2004/39/EG hat,
3. sie nicht in die Geschäftsführung des Emittenten eingreift und keinen Einfluss auf ihn dahingehend ausübt, die betreffenden Aktien zu kaufen oder den Preis der Aktien zu stützen und
4. sie der Bundesanstalt unverzüglich, spätestens innerhalb von vier Handelstagen mitteilt, dass sie hinsichtlich der betreffenden Aktien als Market Maker tätig ist; für den Beginn der Frist gilt § 33 Absatz 1 Satz 3 und 4 entsprechend.

²Die Person kann die Mitteilung auch schon zu dem Zeitpunkt abgeben, an dem sie beabsichtigt, hinsichtlich der betreffenden Aktien als Market Maker tätig zu werden.

(6) Stimmrechte aus Aktien, die nach den Absätzen 1 bis 5 bei der Berechnung des Stimmrechtsanteils unberücksichtigt bleiben, können mit Ausnahme von Absatz 3 Nummer 2 nicht ausgeübt werden.

(7) Das Bundesministerium der Finanzen kann durch Rechtsverordnung, die nicht der Zustimmung des Bundesrates bedarf,
1. eine geringere Höchstdauer für das Halten der Aktien nach Absatz 3 Nummer 1 festlegen,
2. nähere Bestimmungen erlassen über die Nichtberücksichtigung der Stimmrechte eines Market Maker nach Absatz 5 und
3. nähere Bestimmungen erlassen über elektronische Hilfsmittel, mit denen Weisungen nach Absatz 3 Nummer 2 erteilt werden können.

(8) Die Berechnung der Stimmrechte, die nach den Absätzen 1 bis 5 nicht zu berücksichtigen sind, bestimmt sich nach den in Artikel 9 Absatz 6b und Artikel 13 Absatz 4 der Richtlinie 2004/109/EG des Europäischen Parlaments und des Rates vom 15. Dezember 2004 zur Harmonisierung der Transparenzanforderungen in Bezug auf Informationen über Emittenten, deren Wertpapiere zum Handel auf einem geregelten Markt zugelassen sind, und zur Änderung der Richtlinie 2001/34/EG (ABl L 390 vom 31.12.2004, S. 38) benannten technischen Regulierungsstandards.

§ 37 Mitteilung durch Mutterunternehmen; Verordnungsermächtigung[1]

(1) Ein Meldepflichtiger ist von den Meldepflichten nach § 33 Absatz 1 und 2, § 38 Absatz 1 und § 39 Absatz 1 befreit, wenn die Mitteilung von seinem Mutterunternehmen erfolgt oder, falls das Mutterunternehmen selbst ein Tochterunternehmen ist, durch dessen Mutterunternehmen erfolgt.

(2) Das Bundesministerium der Finanzen kann durch Rechtsverordnung, die nicht der Zustimmung des Bundesrates bedarf, nähere Bestimmungen erlassen über den Inhalt, die Art, die Sprache, den Umfang und die Form der Mitteilung nach Absatz 1.

§ 38 Mitteilungspflichten beim Halten von Instrumenten; Verordnungsermächtigung[2]

(1) ¹Die Mitteilungspflicht nach § 33 Absatz 1 und 2 gilt bei Erreichen, Überschreiten oder Unterschreiten der in § 33 Absatz 1 Satz 1 genannten Schwellen mit Ausnahme der Schwelle von 3 Prozent entsprechend für unmittelbare oder mittelbare Inhaber von Instrumenten, die

---

1) **Anm. d. Red.:** Bisheriger § 24 zu § 37 geworden und geändert gem. Gesetz v. 23.6.2017 (BGBl I S. 1693) mit Wirkung v. 3.1.2018.
2) **Anm. d. Red.:** Bisheriger § 25 zu § 38 geworden und geändert gem. Gesetz v. 23.6.2017 (BGBl I S. 1693) mit Wirkung v. 3.1.2018.

1. dem Inhaber entweder
    a) bei Fälligkeit ein unbedingtes Recht auf Erwerb mit Stimmrechten verbundener und bereits ausgegebener Aktien eines Emittenten, für den die Bundesrepublik Deutschland der Herkunftsstaat ist, oder
    b) ein Ermessen in Bezug auf sein Recht auf Erwerb dieser Aktien verleihen, oder
2. sich auf Aktien im Sinne der Nummer 1 beziehen und eine vergleichbare wirtschaftliche Wirkung haben wie die in Nummer 1 genannten Instrumente, unabhängig davon, ob sie einen Anspruch auf physische Lieferung einräumen oder nicht.

²Die §§ 36 und 37 gelten entsprechend.

(2) Instrumente im Sinne des Absatzes 1 können insbesondere sein:
1. übertragbare Wertpapiere,
2. Optionen,
3. Terminkontrakte,
4. Swaps,
5. Zinsausgleichsvereinbarungen und
6. Differenzgeschäfte.

(3) ¹Die Anzahl der für die Mitteilungspflicht nach Absatz 1 maßgeblichen Stimmrechte ist anhand der vollen nominalen Anzahl der dem Instrument zugrunde liegenden Aktien zu berechnen. ²Sieht das Instrument ausschließlich einen Barausgleich vor, ist die Anzahl der Stimmrechte abweichend von Satz 1 auf einer Delta-angepassten Basis zu berechnen, wobei die nominale Anzahl der zugrunde liegenden Aktien mit dem Delta des Instruments zu multiplizieren ist. ³Die Einzelheiten der Berechnung bestimmen sich nach den in Artikel 13 Absatz 1a der Richtlinie 2004/109/EG des Europäischen Parlaments und des Rates vom 15. Dezember 2004 zur Harmonisierung der Transparenzanforderungen in Bezug auf Informationen über Emittenten, deren Wertpapiere zum Handel auf einem geregelten Markt zugelassen sind, und zur Änderung der Richtlinie 2001/34/EG (ABl L 390 vom 31. 12. 2004, S. 38) benannten technischen Regulierungsstandards. ⁴Bei Instrumenten, die sich auf einen Aktienkorb oder einen Index beziehen, bestimmt sich die Berechnung ebenfalls nach den technischen Regulierungsstandards gemäß Satz 2.

(4) ¹Beziehen sich verschiedene der in Absatz 1 genannten Instrumente auf Aktien desselben Emittenten, sind die Stimmrechte aus diesen Aktien zusammenzurechnen. ²Erwerbspositionen dürfen nicht mit Veräußerungspositionen verrechnet werden.

(5) ¹Das Bundesministerium der Finanzen kann durch Rechtsverordnung, die nicht der Zustimmung des Bundesrates bedarf, nähere Bestimmungen erlassen über den Inhalt, die Art, die Sprache, den Umfang und die Form der Mitteilung nach Absatz 1. ²Das Bundesministerium der Finanzen kann die Ermächtigung durch Rechtsverordnung auf die Bundesanstalt übertragen, soweit die Art und die Form der Mitteilung nach Absatz 1, insbesondere die Nutzung eines elektronischen Verfahrens, betroffen sind.

§ 39 Mitteilungspflichten bei Zusammenrechnung; Verordnungsermächtigung[1)]

(1) Die Mitteilungspflicht nach § 33 Absatz 1 und 2 gilt entsprechend für Inhaber von Stimmrechten im Sinne des § 33 und Instrumenten im Sinne des § 25, wenn die Summe der nach § 33 Absatz 1 Satz 1 oder Absatz 1a und § 38 Absatz 1 Satz 1 zu berücksichtigenden Stimmrechte an demselben Emittenten die in § 33 Absatz 1 Satz 1 genannten Schwellen mit Ausnahme der Schwelle von 3 Prozent erreicht, überschreitet oder unterschreitet.

---

1) **Anm. d. Red.:** Bisheriger § 25a zu § 39 geworden und geändert gem. Gesetz v. 23.6.2017 (BGBl I S. 1693) mit Wirkung v. 3.1.2018.

(2) ¹Das Bundesministerium der Finanzen kann durch Rechtsverordnung, die nicht der Zustimmung des Bundesrates bedarf, nähere Bestimmungen erlassen über den Inhalt, die Art, die Sprache, den Umfang und die Form der Mitteilung nach Absatz 1. ²Das Bundesministerium der Finanzen kann die Ermächtigung durch Rechtsverordnung auf die Bundesanstalt übertragen, soweit die Art und die Form der Mitteilung nach Absatz 1, insbesondere die Nutzung eines elektronischen Verfahrens, betroffen sind.

§ 40 Veröffentlichungspflichten des Emittenten und Übermittlung an das Unternehmensregister[1)]

(1) ¹Ein Inlandsemittent hat Informationen nach § 33 Absatz 1 Satz 1, Absatz 2 und § 38 Absatz 1 Satz 1 sowie § 39 Absatz 1 Satz 1 oder nach entsprechenden Vorschriften anderer Mitgliedstaaten der Europäischen Union oder anderer Vertragsstaaten des Abkommens über den Europäischen Wirtschaftsraum unverzüglich, spätestens drei Handelstage nach Zugang der Mitteilung zu veröffentlichen; er übermittelt sie außerdem unverzüglich, jedoch nicht vor ihrer Veröffentlichung dem Unternehmensregister im Sinne des § 8b des Handelsgesetzbuchs zur Speicherung. ²Erreicht, überschreitet oder unterschreitet ein Inlandsemittent in Bezug auf eigene Aktien entweder selbst, über ein Tochterunternehmen oder über eine in eigenem Namen, aber für Rechnung dieses Emittenten handelnde Person die Schwellen von 5 Prozent oder 10 Prozent durch Erwerb, Veräußerung oder auf sonstige Weise, gilt Satz 1 entsprechend mit der Maßgabe, dass abweichend von Satz 1 eine Erklärung zu veröffentlichen ist, deren Inhalt sich nach § 33 Absatz 1 Satz 1, auch in Verbindung mit einer Rechtsverordnung nach § 33 Absatz 5 bestimmt, und die Veröffentlichung spätestens vier Handelstage nach Erreichen, Überschreiten oder Unterschreiten der genannten Schwellen zu erfolgen hat; wenn für den Emittenten die Bundesrepublik Deutschland der Herkunftsstaat ist, ist außerdem die Schwelle von 3 Prozent maßgeblich.

(2) Der Inlandsemittent hat gleichzeitig mit der Veröffentlichung nach Absatz 1 Satz 1 und 2 diese der Bundesanstalt mitzuteilen.

(3) Das Bundesministerium der Finanzen kann durch Rechtsverordnung, die nicht der Zustimmung des Bundesrates bedarf, nähere Bestimmungen erlassen über
1. den Inhalt, die Art, die Sprache, den Umfang und die Form sowie die elektronische Verarbeitung der Angaben der Veröffentlichung nach Absatz 1 Satz 1 einschließlich enthaltener personenbezogener Daten und
2. den Inhalt, die Art, die Sprache, den Umfang, die Form sowie die elektronische Verarbeitung der Angaben der Mitteilung nach Absatz 2 einschließlich enthaltener personenbezogener Daten.

§ 41 Veröffentlichung der Gesamtzahl der Stimmrechte und Übermittlung an das Unternehmensregister[2)]

(1) ¹Ist es bei einem Inlandsemittenten zu einer Zu- oder Abnahme von Stimmrechten gekommen, so ist er verpflichtet, die Gesamtzahl der Stimmrechte und das Datum der Wirksamkeit der Zu- oder Abnahme in der in § 40 Absatz 1 Satz 1, auch in Verbindung mit einer Rechtsverordnung nach Absatz 3 Nummer 1, vorgesehenen Weise unverzüglich, spätestens innerhalb von zwei Handelstagen zu veröffentlichen. ²Er hat die Veröffentlichung gleichzeitig der Bundesanstalt entsprechend § 40 Absatz 2, auch in Verbindung mit einer Rechtsverordnung nach Absatz 3 Nummer 2, mitzuteilen. ³Er übermittelt die Informationen außerdem unverzüglich, jedoch nicht vor ihrer Veröffentlichung, dem Unternehmensregister nach § 8b des Handelsgesetzbuchs zur Speicherung.

---

1) **Anm. d. Red.:** Bisheriger § 26 zu § 40 geworden und geändert gem. Gesetz v. 23.6.2017 (BGBl I S. 1693) mit Wirkung v. 3.1.2018.

2) **Anm. d. Red.:** Bisheriger § 26a zu § 41 geworden und geändert gem. Gesetz v. 23.6.2017 (BGBl I S. 1693) mit Wirkung v. 3.1.2018.

(2) ¹Bei der Ausgabe von Bezugsaktien ist die Gesamtzahl der Stimmrechte abweichend von Absatz 1 Satz 1 nur im Zusammenhang mit einer ohnehin erforderlichen Veröffentlichung nach Absatz 1, spätestens jedoch am Ende des Kalendermonats, in dem es zu einer Zu- oder Abnahme von Stimmrechten gekommen ist, zu veröffentlichen. ²Der Veröffentlichung des Datums der Wirksamkeit der Zu- oder Abnahme bedarf es nicht.

§ 42 Nachweis mitgeteilter Beteiligungen[1]

Wer eine Mitteilung nach § 33 Absatz 1 oder 2, § 38 Absatz 1 oder § 39 Absatz 1 abgegeben hat, muss auf Verlangen der Bundesanstalt oder des Emittenten, für den die Bundesrepublik Deutschland der Herkunftsstaat ist, das Bestehen der mitgeteilten Beteiligung nachweisen.

§ 43 Mitteilungspflichten für Inhaber wesentlicher Beteiligungen[2]

(1) ¹Ein Meldepflichtiger im Sinne der §§ 33 und 34, der die Schwelle von 10 Prozent der Stimmrechte aus Aktien oder eine höhere Schwelle erreicht oder überschreitet, muss dem Emittenten, für den die Bundesrepublik Deutschland Herkunftsstaat ist, die mit dem Erwerb der Stimmrechte verfolgten Ziele und die Herkunft der für den Erwerb verwendeten Mittel innerhalb von 20 Handelstagen nach Erreichen oder Überschreiten dieser Schwellen mitteilen. ²Eine Änderung der Ziele im Sinne des Satzes 1 ist innerhalb von 20 Handelstagen mitzuteilen. ³Hinsichtlich der mit dem Erwerb der Stimmrechte verfolgten Ziele hat der Meldepflichtige anzugeben, ob

1. die Investition der Umsetzung strategischer Ziele oder der Erzielung von Handelsgewinnen dient,
2. er innerhalb der nächsten zwölf Monate weitere Stimmrechte durch Erwerb oder auf sonstige Weise zu erlangen beabsichtigt,
3. er eine Einflussnahme auf die Besetzung von Verwaltungs-, Leitungs- und Aufsichtsorganen des Emittenten anstrebt und
4. er eine wesentliche Änderung der Kapitalstruktur der Gesellschaft, insbesondere im Hinblick auf das Verhältnis von Eigen- und Fremdfinanzierung und die Dividendenpolitik anstrebt.

⁴Hinsichtlich der Herkunft der verwendeten Mittel hat der Meldepflichtige anzugeben, ob es sich um Eigen- oder Fremdmittel handelt, die der Meldepflichtige zur Finanzierung des Erwerbs der Stimmrechte aufgenommen hat. ⁵Eine Mitteilungspflicht nach Satz 1 besteht nicht, wenn der Schwellenwert auf Grund eines Angebots im Sinne des § 2 Absatz 1 des Wertpapiererwerbs- und Übernahmegesetzes erreicht oder überschritten wurde. ⁶Die Mitteilungspflicht besteht ferner nicht für Kapitalverwaltungsgesellschaften sowie ausländische Verwaltungsgesellschaften und Investmentgesellschaften im Sinne der Richtlinie 2009/65/EG, die einem Artikel 56 Absatz 1 Satz 1 der Richtlinie 2009/65/EG entsprechenden Verbot unterliegen, sofern eine Anlagegrenze von 10 Prozent oder weniger festgelegt worden ist; eine Mitteilungspflicht besteht auch dann nicht, wenn eine Artikel 57 Absatz 1 Satz 1 und Absatz 2 der Richtlinie 2009/65/EG entsprechende zulässige Ausnahme bei der Überschreitung von Anlagegrenzen vorliegt.

(2) Der Emittent hat die erhaltene Information oder die Tatsache, dass die Mitteilungspflicht nach Absatz 1 nicht erfüllt wurde, entsprechend § 40 Absatz 1 Satz 1 in Verbindung mit der Rechtsverordnung nach § 40 Absatz 3 Nummer 1 zu veröffentlichen; er übermittelt diese Informationen außerdem unverzüglich, jedoch nicht vor ihrer Veröffentlichung dem Unternehmensregister nach § 8b des Handelsgesetzbuchs zur Speicherung.

---

1) **Anm. d. Red.:** Bisheriger § 27 zu § 42 geworden und geändert gem. Gesetz v. 23.6.2017 (BGBl I S. 1693) mit Wirkung v. 3.1.2018.

2) **Anm. d. Red.:** Bisheriger § 27a zu § 43 geworden und geändert gem. Gesetz v. 23.6.2017 (BGBl I S. 1693) mit Wirkung v. 3.1.2018.

(3) ¹Die Satzung eines Emittenten mit Sitz im Inland kann vorsehen, dass Absatz 1 keine Anwendung findet. ²Absatz 1 findet auch keine Anwendung auf Emittenten mit Sitz im Ausland, deren Satzung oder sonstige Bestimmungen eine Nichtanwendung vorsehen.

(4) Das Bundesministerium der Finanzen kann durch Rechtsverordnung, die nicht der Zustimmung des Bundesrates bedarf, nähere Bestimmungen über den Inhalt, die Art, die Sprache, den Umfang und die Form der Mitteilungen nach Absatz 1 erlassen.

§ 44 Rechtsverlust[1]

(1) ¹Rechte aus Aktien, die einem Meldepflichtigen gehören oder aus denen ihm Stimmrechte gemäß § 34 zugerechnet werden, bestehen nicht für die Zeit, für welche die Mitteilungspflichten nach § 33 Absatz 1 oder 2 nicht erfüllt werden. ²Dies gilt nicht für Ansprüche nach § 58 Abs. 4 des Aktiengesetzes und § 271 des Aktiengesetzes, wenn die Mitteilung nicht vorsätzlich unterlassen wurde und nachgeholt worden ist. ³Sofern die Höhe des Stimmrechtsanteils betroffen ist, verlängert sich die Frist nach Satz 1 bei vorsätzlicher oder grob fahrlässiger Verletzung der Mitteilungspflichten um sechs Monate. ⁴Satz 3 gilt nicht, wenn die Abweichung bei der Höhe der in der vorangegangenen Mitteilung angegebenen Stimmrechte weniger als 10 Prozent des tatsächlichen Stimmrechtsanteils beträgt und keine Mitteilung über das Erreichen, Überschreiten oder Unterschreiten einer der in § 33 genannten Schwellen unterlassen wird.

(2) Kommt der Meldepflichtige seinen Mitteilungspflichten nach § 38 Absatz 1 oder § 39 Absatz 1 nicht nach, so ist Absatz 1 auf Aktien desselben Emittenten anzuwenden, die dem Meldepflichtigen gehören.

§ 45 Richtlinien der Bundesanstalt[2]

¹Die Bundesanstalt kann Richtlinien aufstellen, nach denen sie für den Regelfall beurteilt, ob die Voraussetzungen für einen mitteilungspflichtigen Vorgang oder eine Befreiung von den Mitteilungspflichten nach § 33 Absatz 1 gegeben sind. ²Die Richtlinien sind im Bundesanzeiger zu veröffentlichen.

§ 46 Befreiungen; Verordnungsermächtigung[3]

(1) ¹Die Bundesanstalt kann Inlandsemittenten mit Sitz in einem Drittstaat von den Pflichten nach § 40 Absatz 1 und § 41 freistellen, soweit diese Emittenten gleichwertigen Regeln eines Drittstaates unterliegen oder sich solchen Regeln unterwerfen. ²Die Bundesanstalt unterrichtet die Europäische Wertpapier- und Marktaufsichtsbehörde über die erteilte Freistellung. ³Satz 1 gilt nicht für Pflichten dieser Emittenten nach § 40 Absatz 1 und § 41 auf Grund von Mitteilungen nach § 39.

(2) ¹Emittenten, denen die Bundesanstalt eine Befreiung nach Absatz 1 erteilt hat, müssen Informationen über Umstände, die denen des § 33 Absatz 1 Satz 1 und Absatz 2, § 38 Absatz 1 Satz 1, § 40 Absatz 1 Satz 1 und 2 sowie § 41 entsprechen und die nach den gleichwertigen Regeln eines Drittstaates der Öffentlichkeit zur Verfügung zu stellen sind, in der in § 40 Absatz 1 Satz 1, auch in Verbindung mit einer Rechtsverordnung nach Absatz 3, geregelten Weise veröffentlichen und gleichzeitig der Bundesanstalt mitteilen. ²Die Informationen sind außerdem unverzüglich, jedoch nicht vor ihrer Veröffentlichung dem Unternehmensregister im Sinne des § 8b des Handelsgesetzbuchs zur Speicherung zu übermitteln.

---

1) **Anm. d. Red.:** Bisheriger § 28 zu § 44 geworden und geändert gem. Gesetz v. 23.6.2017 (BGBl I S. 1693) mit Wirkung v. 3.1.2018.

2) **Anm. d. Red.:** Bisheriger § 29 zu § 45 geworden und geändert gem. Gesetz v. 23.6.2017 (BGBl I S. 1693) mit Wirkung v. 3.1.2018.

3) **Anm. d. Red.:** Bisheriger § 29a zu § 46 geworden und geändert gem. Gesetz v. 23.6.2017 (BGBl I S. 1693) mit Wirkung v. 3.1.2018.

(3) Das Bundesministerium der Finanzen wird ermächtigt, durch Rechtsverordnung, die nicht der Zustimmung des Bundesrates bedarf, nähere Bestimmungen über die Gleichwertigkeit von Regeln eines Drittstaates und die Freistellung von Emittenten nach Absatz 1 zu erlassen.

§ 47 Handelstage[1]

(1) Für die Berechnung der Mitteilungs- und Veröffentlichungsfristen nach diesem Abschnitt gelten als Handelstage alle Kalendertage, die nicht Sonnabende, Sonntage oder zumindest in einem Land landeseinheitliche gesetzlich anerkannte Feiertage sind.

(2) Die Bundesanstalt stellt im Internet unter ihrer Adresse einen Kalender der Handelstage zur Verfügung.

Abschnitt 7: Notwendige Informationen für die Wahrnehmung von Rechten aus Wertpapieren[2]

§ 48 Pflichten der Emittenten gegenüber Wertpapierinhabern[3]

(1) Emittenten, für die die Bundesrepublik Deutschland der Herkunftsstaat ist, müssen sicherstellen, dass

1. alle Inhaber der zugelassenen Wertpapiere unter gleichen Voraussetzungen gleich behandelt werden;
2. alle Einrichtungen und Informationen, die die Inhaber der zugelassenen Wertpapiere zur Ausübung ihrer Rechte benötigen, im Inland öffentlich zur Verfügung stehen;
3. Daten zu Inhabern zugelassener Wertpapiere vor einer Kenntnisnahme durch Unbefugte geschützt sind;
4. für die gesamte Dauer der Zulassung der Wertpapiere mindestens ein Finanzinstitut als Zahlstelle im Inland bestimmt ist, bei der alle erforderlichen Maßnahmen hinsichtlich der Wertpapiere, im Falle der Vorlegung der Wertpapiere bei dieser Stelle kostenfrei, bewirkt werden können;
5. im Falle zugelassener Aktien jeder stimmberechtigten Person zusammen mit der Einladung zur Hauptversammlung oder nach deren Anberaumung auf Verlangen in Textform ein Formular für die Erteilung einer Vollmacht für die Hauptversammlung übermittelt wird;
6. im Falle zugelassener Schuldtitel im Sinne des § 2 Absatz 1 Nummer 3 mit Ausnahme von Wertpapieren, die zugleich unter § 2 Absatz 1 Nummer 2 fallen oder die ein zumindest bedingtes Recht auf den Erwerb von Wertpapieren nach § 2 Absatz 1 Nummer 1 oder Nummer 2 begründen, jeder stimmberechtigten Person zusammen mit der Einladung zur Gläubigerversammlung oder nach deren Anberaumung auf Verlangen rechtzeitig in Textform ein Formular für die Erteilung einer Vollmacht für die Gläubigerversammlung übermittelt wird.

(2) ¹Ein Emittent von zugelassenen Schuldtiteln im Sinne des Absatzes 1 Nummer 6, für den die Bundesrepublik Deutschland der Herkunftsstaat ist, kann die Gläubigerversammlung in jedem Mitgliedstaat der Europäischen Union oder in jedem anderen Vertragsstaat des Abkommens über den Europäischen Wirtschaftsraum abhalten. ²Das setzt voraus, dass in dem Staat alle für die Ausübung der Rechte erforderlichen Einrichtungen und Informationen für die

---

1) **Anm. d. Red.:** Bisheriger § 30 zu § 47 geworden gem. Gesetz v. 23.6.2017 (BGBl I S. 1693) mit Wirkung v. 3.1.2018.

2) **Anm. d. Red.:** Abschnitt 5a zu Abschnitt 7 geworden gem. Gesetz v. 23.6.2017 (BGBl I S. 1693) mit Wirkung v. 3.1.2018.

3) **Anm. d. Red.:** Bisheriger § 30a zu § 48 geworden und geändert gem. Gesetz v. 23.6.2017 (BGBl I S. 1693) mit Wirkung v. 3.1.2018.

Schuldtitelinhaber verfügbar sind und zur Gläubigerversammlung ausschließlich Inhaber von folgenden Schuldtiteln eingeladen werden:
1. Schuldtiteln mit einer Mindeststückelung von 100 000 Euro oder dem am Ausgabetag entsprechenden Gegenwert in einer anderen Währung oder
2. noch ausstehenden Schuldtiteln mit einer Mindeststückelung von 50 000 Euro oder dem am Ausgabetag entsprechenden Gegenwert in einer anderen Währung, wenn die Schuldtitel bereits vor dem 31. Dezember 2010 zum Handel an einem organisierten Markt im Inland oder in einem anderen Mitgliedstaat der Europäischen Union oder einem anderen Vertragsstaat des Abkommens über den Europäischen Wirtschaftsraum zugelassen worden sind.

(3) Für die Bestimmungen nach Absatz 1 Nr. 1 bis 5 sowie nach § 49 Absatz 3 Nummer 1 stehen die Inhaber Aktien vertretender Hinterlegungsscheine den Inhabern der vertretenen Aktien gleich.

§ 49 Veröffentlichung von Mitteilungen und Übermittlung im Wege der Datenfernübertragung[1)]

(1) ¹Der Emittent von zugelassenen Aktien, für den die Bundesrepublik Deutschland der Herkunftsstaat ist, muss
1. die Einberufung der Hauptversammlung einschließlich der Tagesordnung, die Gesamtzahl der Aktien und Stimmrechte im Zeitpunkt der Einberufung der Hauptversammlung und die Rechte der Aktionäre bezüglich der Teilnahme an der Hauptversammlung sowie
2. Mitteilungen über die Ausschüttung und Auszahlung von Dividenden, die Ankündigung der Ausgabe neuer Aktien und die Vereinbarung oder Ausübung von Umtausch-, Bezugs-, Einziehungs- und Zeichnungsrechten sowie die Beschlussfassung über diese Rechte

unverzüglich im Bundesanzeiger veröffentlichen. ²Soweit eine entsprechende Veröffentlichung im Bundesanzeiger auch durch sonstige Vorschriften vorgeschrieben wird, ist eine einmalige Veröffentlichung ausreichend.

(2) ¹Der Emittent zugelassener Schuldtitel im Sinne von § 48 Absatz 1 Nummer 6, für den die Bundesrepublik Deutschland der Herkunftsstaat ist, muss
1. den Ort, den Zeitpunkt und die Tagesordnung der Gläubigerversammlung und Mitteilungen über das Recht der Schuldtitelinhaber zur Teilnahme daran sowie
2. Mitteilungen über die Ausübung von Umtausch-, Zeichnungs- und Kündigungsrechten sowie über die Zinszahlungen, die Rückzahlungen, die Auslosungen und die bisher gekündigten oder ausgelosten, noch nicht eingelösten Stücke

unverzüglich im Bundesanzeiger veröffentlichen. ²Absatz 1 Satz 2 gilt entsprechend.

(3) ¹Unbeschadet der Veröffentlichungspflichten nach den Absätzen 1 und 2 dürfen Emittenten, für die die Bundesrepublik Deutschland der Herkunftsstaat ist, Informationen an die Inhaber zugelassener Wertpapiere im Wege der Datenfernübertragung übermitteln, wenn die dadurch entstehenden Kosten nicht unter Verletzung des Gleichbehandlungsgrundsatzes nach § 48 Absatz 1 Nummer 1 den Wertpapierinhabern auferlegt werden und
1. im Falle zugelassener Aktien
   a) die Hauptversammlung zugestimmt hat,
   b) die Wahl der Art der Datenfernübertragung nicht vom Sitz oder Wohnsitz der Aktionäre oder der Personen, denen Stimmrechte in den Fällen des § 34 zugerechnet werden, abhängt,

---

1) **Anm. d. Red.:** Bisheriger § 30b zu § 49 geworden und geändert gem. Gesetz v. 23.6.2017 (BGBl I S. 1693) mit Wirkung v. 3.1.2018.

c) Vorkehrungen zur sicheren Identifizierung und Adressierung der Aktionäre oder derjenigen, die Stimmrechte ausüben oder Weisungen zu deren Ausübung erteilen dürfen, getroffen worden sind und

d) die Aktionäre oder in Fällen des § 34 Absatz 1 Satz 1 Nummer 1, 3, 4 und Absatz 2 die zur Ausübung von Stimmrechten Berechtigten in die Übermittlung im Wege der Datenfernübertragung ausdrücklich eingewilligt haben oder einer Bitte in Textform um Zustimmung nicht innerhalb eines angemessenen Zeitraums widersprochen und die dadurch als erteilt geltende Zustimmung nicht zu einem späteren Zeitpunkt widerrufen haben,

2. im Falle zugelassener Schuldtitel im Sinne von § 48 Absatz 1 Nummer 6

a) eine Gläubigerversammlung zugestimmt hat,

b) die Wahl der Art der Datenfernübertragung nicht vom Sitz oder Wohnsitz der Schuldtitelinhaber oder deren Bevollmächtigten abhängt,

c) Vorkehrungen zur sicheren Identifizierung und Adressierung der Schuldtitelinhaber getroffen worden sind,

d) die Schuldtitelinhaber in die Übermittlung im Wege der Datenfernübertragung ausdrücklich eingewilligt haben oder einer Bitte in Textform um Zustimmung nicht innerhalb eines angemessenen Zeitraums widersprochen und die dadurch als erteilt geltende Zustimmung nicht zu einem späteren Zeitpunkt widerrufen haben.

²Ist eine Datenfernübertragung unter diesen Voraussetzungen nicht möglich, erfolgt die Übermittlung ohne Rücksicht auf anderweitige Satzungsregelungen des Emittenten auf schriftlichem Wege.

§ 50 Veröffentlichung zusätzlicher Angaben und Übermittlung an das Unternehmensregister; Verordnungsermächtigung[1)]

(1) ¹Ein Inlandsemittent muss

1. jede Änderung der mit den zugelassenen Wertpapieren verbundenen Rechte sowie

a) im Falle zugelassener Aktien der Rechte, die mit derivativen vom Emittenten selbst begebenen Wertpapieren verbunden sind, sofern sie ein Umtausch- oder Erwerbsrecht auf die zugelassenen Aktien des Emittenten verschaffen,

b) im Falle anderer Wertpapiere als Aktien Änderungen der Ausstattung dieser Wertpapiere, insbesondere von Zinssätzen, oder der damit verbundenen Bedingungen, soweit die mit den Wertpapieren verbundenen Rechte hiervon indirekt betroffen sind, und

2. Informationen, die er in einem Drittstaat veröffentlicht und die für die Öffentlichkeit in der Europäischen Union und dem Europäischen Wirtschaftsraum Bedeutung haben können,

unverzüglich veröffentlichen und gleichzeitig der Bundesanstalt diese Veröffentlichung mitteilen. ²Er übermittelt diese Informationen außerdem unverzüglich, jedoch nicht vor ihrer Veröffentlichung dem Unternehmensregister im Sinne des § 8b des Handelsgesetzbuchs zur Speicherung.

(2) Das Bundesministerium der Finanzen wird ermächtigt, durch Rechtsverordnung, die nicht der Zustimmung des Bundesrates bedarf, nähere Bestimmungen zu erlassen über den Mindestinhalt, die Art, die Sprache, den Umfang und die Form der Veröffentlichung und der Mitteilung nach Absatz 1 Satz 1.

---

1) **Anm. d. Red.:** Bisheriger § 30e zu § 50 geworden gem. Gesetz v. 23.6.2017 (BGBl I S. 1693) mit Wirkung v. 3.1.2018.

§ 51 Befreiung[1]

(1) ¹Die Bundesanstalt kann Inlandsemittenten mit Sitz in einem Drittstaat von den Pflichten nach den §§ 48, 49 und 50 Absatz 1 Satz 1 Nummer 1 und 2 freistellen, soweit diese Emittenten gleichwertigen Regeln eines Drittstaates unterliegen oder sich solchen Regeln unterwerfen. ²Die Bundesanstalt unterrichtet die Europäische Wertpapier- und Marktaufsichtsbehörde über die erteilte Freistellung.

(2) Emittenten, denen die Bundesanstalt eine Befreiung nach Absatz 1 erteilt hat, müssen Informationen über Umstände im Sinne des § 50 Absatz 1 Satz 1 Nummer 1 und 2, die nach den gleichwertigen Regeln eines Drittstaates der Öffentlichkeit zur Verfügung zu stellen sind, nach Maßgabe des § 50 Absatz 1 in Verbindung mit einer Rechtsverordnung nach § 50 Absatz 2 veröffentlichen und die Veröffentlichung gleichzeitig der Bundesanstalt mitteilen; sie müssen die Informationen außerdem unverzüglich, jedoch nicht vor der Veröffentlichung dem Unternehmensregister im Sinne des § 8b des Handelsgesetzbuchs zur Speicherung übermitteln.

(3) Das Bundesministerium der Finanzen wird ermächtigt, durch Rechtsverordnung, die nicht der Zustimmung des Bundesrates bedarf, nähere Bestimmungen über die Gleichwertigkeit von Regeln eines Drittstaates und die Freistellung von Emittenten nach Absatz 1 zu erlassen.

§ 52 Ausschluss der Anfechtung[2]

Die Anfechtung eines Hauptversammlungsbeschlusses kann nicht auf eine Verletzung der Vorschriften dieses Abschnitts gestützt werden.

Abschnitt 8: Leerverkäufe und Geschäfte in Derivaten[3]

§ 53 Überwachung von Leerverkäufen; Verordnungsermächtigung[4]

(1) ¹Die Bundesanstalt ist zuständige Behörde im Sinne der Verordnung (EU) Nr. 236/2012. ²§ 15 Absatz 7 des Börsengesetzes bleibt unberührt. ³Soweit in der Verordnung (EU) Nr. 236/2012 nichts Abweichendes geregelt ist, gelten die Vorschriften der Abschnitte 1 und 2 dieses Gesetzes, mit Ausnahme des § 18 Absatz 7 Satz 5 bis 8, des § 21 Absatz 1 Satz 3 und des § 22, entsprechend.

(2) ¹Die Bundesanstalt übt die ihr nach Absatz 1 Satz 1 in Verbindung mit der Verordnung (EU) Nr. 236/2012 übertragenen Befugnisse aus, soweit dies für die Wahrnehmung ihrer Aufgaben und die Überwachung der Einhaltung der in der Verordnung (EU) Nr. 236/2012 geregelten Pflichten erforderlich ist. ²Für die Zwecke des Artikels 9 Absatz 4 Satz 2 der Verordnung (EU) Nr. 236/2012 beaufsichtigt die Bundesanstalt die entsprechenden Internetseiten des Bundesanzeigers.

(3) Widerspruch und Anfechtungsklage gegen Maßnahmen der Bundesanstalt nach Absatz 2, auch in Verbindung mit der Verordnung (EU) Nr. 236/2012, haben keine aufschiebende Wirkung.

(4) ¹Das Bundesministerium der Finanzen kann durch Rechtsverordnung, die nicht der Zustimmung des Bundesrates bedarf, nähere Bestimmungen über
1. Art, Umfang und Form von Mitteilungen und Veröffentlichungen von Netto-Leerverkaufspositionen nach den Artikeln 5 bis 8 der Verordnung (EU) Nr. 236/2012,

---

1) **Anm. d. Red.:** Bisheriger § 30f zu § 51 geworden und geändert gem. Gesetz v. 23.6.2017 (BGBl I S. 1693) mit Wirkung v. 3.1.2018.
2) **Anm. d. Red.:** Bisheriger § 30g zu § 52 geworden gem. Gesetz v. 23.6.2017 (BGBl I S. 1693) mit Wirkung v. 3.1.2018.
3) **Anm. d. Red.:** Abschnitt 5b zu Abschnitt 8 geworden gem. Gesetz v. 23.6.2017 (BGBl I S. 1693) mit Wirkung v. 3.1.2018.
4) **Anm. d. Red.:** § 53 i. d. F. des Gesetzes v. 19.3.2020 (BGBl I S. 529) mit Wirkung v. 28.3.2020.

2. die Beaufsichtigung der Internetseiten des Bundesanzeigers für die Zwecke des Artikels 9 Absatz 4 Satz 2 der Verordnung (EU) Nr. 236/2012 sowie

3. Art, Umfang und Form der Mitteilungen, Übermittlungen und Benachrichtigungen gemäß Artikel 17 Absatz 5, 6 und 8 bis 10 der Verordnung (EU) Nr. 236/2012

erlassen.

²Das Bundesministerium der Finanzen kann die Ermächtigung des Satzes 1 durch Rechtsverordnung ohne Zustimmung des Bundesrates auf die Bundesanstalt übertragen.

Abschnitt 9: Positionslimits und Positionsmanagementkontrollen bei Warenderivaten und Positionsmeldungen[1]

§ 54 Positionslimits und Positionsmanagementkontrollen[2]

(1) Die Bundesanstalt legt vorbehaltlich des § 55 für jedes Warenderivat, das an einem inländischen Handelsplatz gehandelt wird, einen quantitativen Schwellenwert für die maximale Größe einer Position in diesem Derivat, die eine Person halten darf (Positionslimit), fest.

(2) ¹Das Positionslimit ist so festzulegen, dass es

1. Marktmissbrauch im Sinne des Artikels 1 der Verordnung (EU) Nr. 596/2014 verhindert und
2. zu geordneten Preisbildungs- und Abwicklungsbedingungen beiträgt.

²Insbesondere trägt das Positionslimit zu Preisbildungs- und Abwicklungsbedingungen im Sinne des Satzes 1 Nummer 2 bei, wenn es

1. marktverzerrende Positionen verhindert und
2. eine Konvergenz zwischen dem Preis des Derivats im Monat der Lieferung und dem Preis für die zugrunde liegende Ware an den entsprechenden Spotmärkten sicherstellt, ohne dass die Preisbildung am Markt für die zugrunde liegende Ware davon berührt wird.

(3) ¹Die Bundesanstalt kann in Ausnahmefällen Positionslimits festlegen, die strenger sind als die nach den Absätzen 1 und 2 berechneten, wenn dies unter Berücksichtigung der Liquidität in dem betreffenden Derivat und im Interesse einer geordneten Funktionsweise des betreffenden Marktes geboten und verhältnismäßig ist. ²Eine Festlegung nach Satz 1 ist auf der Internetseite der Bundesanstalt zu veröffentlichen und auf höchstens sechs Monate ab dem Zeitpunkt der Veröffentlichung befristet. ³Liegen die Gründe nach Satz 1 auch nach Ablauf dieser Frist weiter vor, kann die Festlegung jeweils für einen Zeitraum von höchstens sechs Monaten verlängert werden. ⁴Absatz 4 gilt entsprechend.

(4) ¹Vor Festlegung eines Positionslimits nach Absatz 1 teilt die Bundesanstalt der Europäischen Wertpapier- und Marktaufsichtsbehörde das beabsichtigte Positionslimit mit. ²Verlangt diese binnen zwei Monaten nach Erhalt der Mitteilung nach Satz 1 eine Änderung an dem Positionslimit und kommt die Bundesanstalt diesem Verlangen nicht nach, teilt sie ihre Entscheidung einschließlich ihrer Gründe der Europäischen Wertpapier- und Marktaufsichtsbehörde mit und veröffentlicht ihre begründete Entscheidung auf ihrer Internetseite. ³Die Bundesanstalt übermittelt die Einzelheiten der von ihr festgelegten Positionslimits an die Europäische Wertpapier- und Marktaufsichtsbehörde.

(5) ¹Ändert sich die lieferbare Menge eines Derivats oder die Anzahl oder das Volumen offener Kontraktpositionen in einem Derivat in erheblichem Umfang oder treten sonstige erhebliche Änderungen auf dem Markt auf, legt die Bundesanstalt die Positionslimits nach Maßgabe der Absätze 1 bis 4 neu fest. ²Die Betreiber von Handelsplätzen unterrichten die Bundesanstalt über nach Satz 1 erhebliche Änderungen an ihrem Handelsplatz.

(6) ¹Der Betreiber eines multilateralen oder organisierten Handelssystems, an dem Warenderivate gehandelt werden, muss Verfahren zur Überwachung der Einhaltung der nach den Absät-

---

1) **Anm. d. Red.:** Abschnitt 9 eingefügt gem. Gesetz v. 23.6.2017 (BGBl I S. 1693) mit Wirkung v. 3.1.2018.

2) **Anm. d. Red.:** § 54 eingefügt gem. Gesetz v. 23.6.2017 (BGBl I S. 1693) mit Wirkung v. 3.1.2018.

zen 1 bis 5 und § 55 festgelegten Positionslimits (Positionsmanagementkontrollen) einrichten. ²Diese müssen transparent und diskriminierungsfrei ausgestaltet werden, festlegen, wie sie anzuwenden sind und der Art und Zusammensetzung der Marktteilnehmer sowie deren Nutzung der zum Handel zugelassenen Kontrakte Rechnung tragen. ³Im Rahmen von Kontrollen nach den Sätzen 1 und 2 hat der Betreiber eines Handelsplatzes insbesondere sicherzustellen, dass er das Recht hat,

1. die offenen Kontraktpositionen jeder Person zu überwachen,
2. von jeder Person Zugang zu Informationen, einschließlich aller einschlägigen Unterlagen, über Größe und Zweck einer von ihr eingegangenen Position oder offenen Forderung, über wirtschaftliche oder tatsächliche Eigentümer, etwaige Absprachen sowie über alle zugehörigen Vermögenswerte oder Verbindlichkeiten am Basismarkt zu erhalten,
3. von jeder Person die zeitweilige oder dauerhafte Auflösung oder Reduzierung einer von ihr eingegangenen Position zu verlangen und, falls der Betreffende dem nicht nachkommt, einseitig geeignete Maßnahmen zu ergreifen, um die Auflösung oder Reduzierung sicherzustellen, und
4. von jeder Person zu verlangen, zeitweilig Liquidität zu einem vereinbarten Preis und in vereinbartem Umfang eigens zu dem Zweck in den Markt zurückfließen zu lassen, die Auswirkungen einer großen oder marktbeherrschenden Position abzumildern.

⁴Der Betreiber unterrichtet die Bundesanstalt über Einzelheiten der Positionsmanagementkontrollen nach den Sätzen 1 bis 3. ⁵Die Bundesanstalt übermittelt diese Informationen an die Europäische Wertpapier- und Marktaufsichtsbehörde.

§ 55 Positionslimits bei europaweit gehandelten Derivaten[1)]

(1) ¹Wird dasselbe Warenderivat auch an einem Handelsplatz in einem anderen Mitgliedstaat oder einem anderen Vertragsstaat des Abkommens über den Europäischen Wirtschaftsraum in erheblichem Volumen gehandelt, legt die Bundesanstalt ein Positionslimit nach § 54 Absatz 1 nur dann fest, wenn sie für dieses Derivat zentrale zuständige Behörde ist. ²Die Bundesanstalt ist für ein Derivat zentrale zuständige Behörde, wenn das größte Volumen dieses Derivats an einem inländischen Handelsplatz gehandelt wird. ³Nähere Bestimmungen dazu, wann es sich um dasselbe Warenderivat im Sinne des Satzes 1 handelt und wie Volumina im Sinne der Sätze 1 und 2 berechnet werden, ergeben sich aus Artikel 5 der Delegierten Verordnung (EU) 2017/591 der Kommission vom 1. Dezember 2016 zur Ergänzung der Richtlinie 2014/65/EU des Europäischen Parlaments und des Rates durch technische Regulierungsstandards für die Anwendung von Positionslimits für Warenderivate (ABl L 87 vom 31. 3. 2017, S. 479), in der jeweils geltenden Fassung.

(2) ¹Ist die Bundesanstalt im Falle des Absatzes 1 Satz 1 zentrale zuständige Behörde für das betreffende Derivat, teilt sie ein beabsichtigtes Positionslimit für dieses Derivat vor seiner Festlegung auch den zuständigen Behörden der anderen Handelsplätze, an denen große Volumina dieses Derivats gehandelt werden, mit. ²Verlangt eine dieser Behörden binnen zwei Monaten nach Erhalt der Mitteilung nach Satz 1 eine Änderung an dem Positionslimit und kommt die Bundesanstalt diesem Verlangen nicht nach, teilt sie ihre Entscheidung einschließlich ihrer Gründe der Europäischen Wertpapier- und Marktaufsichtsbehörde mit.

(3) ¹Ist die Bundesanstalt im Falle des Absatzes 1 Satz 1 nicht zentrale zuständige Behörde für das betreffende Derivat, ist das von der zentralen zuständigen Behörde für dieses Derivat festgelegte Positionslimit auch im Inland maßgeblich. ²Die Bundesanstalt teilt in diesem Fall der zentralen zuständigen Behörde für dieses Derivat binnen zwei Monaten nach Erhalt der Mitteilung über ein von dieser Behörde beabsichtigtes Positionslimit mit, ob sie mit dem beabsichtigten Positionslimit einverstanden ist. ³Kommt die zentrale zuständige Behörde einem Verlangen der Bundesanstalt zur Änderung des Positionslimits nicht nach, teilt die Bundesanstalt ihr Ver-

---

1) **Anm. d. Red.:** § 55 eingefügt gem. Gesetz v. 23.6.2017 (BGBl I S. 1693) mit Wirkung v. 3.1.2018.

langen einschließlich ihrer Gründe der Europäischen Wertpapier- und Marktaufsichtsbehörde mit.

§ 56 Anwendung von Positionslimits[1)]

(1) ¹Bei der Anwendung der nach den §§ 54 und 55 festgelegten Positionslimits werden alle Positionen berücksichtigt, die von einer natürlichen oder juristischen Person oder einer Personenvereinigung selbst oder aggregiert auf Gruppenebene gehalten werden. ²Nähere Bestimmungen zur Berechnung der Position ergeben sich aus den Artikeln 3, 4 und 9 bis 20 der Delegierten Verordnung (EU) 2017/591.

(2) ¹Die nach den §§ 54 und 55 festgelegten Positionslimits gelten auch für OTC-Kontrakte, die wirtschaftlich gleichwertig mit Warenderivaten im Sinne des Absatzes 1 sind. ²Nähere Bestimmungen zur wirtschaftlichen Gleichwertigkeit ergeben sich aus Artikel 6 der Delegierten Verordnung (EU) 2017/591.

(3) ¹Die nach den §§ 54 und 55 festgelegten Positionslimits gelten nicht für Positionen, für die die Bundesanstalt oder die zuständige Behörde eines anderen Mitgliedstaats auf Antrag festgestellt hat, dass sie von einer oder für eine nichtfinanzielle Partei gehalten werden und die die Risiken, die mit deren Geschäftstätigkeit verbunden sind, objektiv messbar verringern. ²Nähere Bestimmungen zu risikoverringernden Positionen und dem Verfahren nach Satz 1 ergeben sich aus den Artikeln 7 und 8 der Delegierten Verordnung (EU) 2017/591.

§ 57 Positionsmeldungen; Verordnungsermächtigung[2)]

(1) ¹Mitglieder und Teilnehmer von Handelsplätzen sind verpflichtet, dem jeweiligen Betreiber des Handelsplatzes einmal täglich die Einzelheiten ihrer eigenen Positionen in Warenderivaten, die an diesem Handelsplatz gehandelt werden, wie auch die Positionen ihrer Kunden und der Kunden dieser Kunden bis zum Endkunden zu melden. ²Kunden und deren Kunden bis zum Endkunden haben den zur Meldung verpflichteten Teilnehmern an Handelsplätzen die für die Meldung notwendigen Informationen zur Verfügung zu stellen.

(2) ¹Der Betreiber eines Handelsplatzes, an dem Warenderivate, Emissionszertifikate oder Derivate davon gehandelt werden, muss wöchentlich eine Aufstellung der aggregierten Positionen in den verschiedenen an dem Handelsplatz gehandelten Warenderivaten oder Emissionszertifikaten oder Derivaten davon, die von Personenkategorien nach Satz 4 in diesen Finanzinstrumenten gehalten werden, veröffentlichen und der Bundesanstalt sowie der Europäischen Wertpapier- und Marktaufsichtsbehörde übermitteln. ²Die Aufstellung muss enthalten:

1. die Zahl der Kauf- und Verkaufspositionen, aufgeteilt nach den in den Sätzen 4 und 5 genannten Kategorien,
2. diesbezügliche Änderungen seit dem letzten Bericht,
3. den prozentualen Anteil der gesamten offenen Kontraktpositionen in jeder Kategorie sowie
4. die Anzahl der Positionsinhaber in jeder Kategorie.

³Bei den Angaben nach Satz 2 sind jeweils Positionen getrennt darzustellen, die objektiv messbar die unmittelbar mit einer Geschäftstätigkeit in Zusammenhang stehenden Risiken verringern, und andere Positionen. ⁴Für die Zwecke des Satzes 1 hat der Betreiber des Handelsplatzes die Inhaber einer Position entsprechend ihrer Haupttätigkeit, für die sie zugelassen sind, einer der folgenden Kategorien zuzuordnen:

1. Wertpapierdienstleistungsunternehmen und Kreditinstitute,
2. Investmentvermögen im Sinne des § 1 Absatz 1 des Kapitalanlagegesetzbuchs,

---

1) **Anm. d. Red.:** § 56 eingefügt gem. Gesetz v. 23.6.2017 (BGBl I S. 1693) mit Wirkung v. 3.1.2018.
2) **Anm. d. Red.:** § 57 eingefügt gem. Gesetz v. 23.6.2017 (BGBl I S. 1693) mit Wirkung v. 3.1.2018.

3. sonstige Finanzinstitute, einschließlich Versicherungsunternehmen oder Rückversicherungsunternehmen im Sinne der Richtlinie 2009/138/EG und Einrichtungen der betrieblichen Altersversorgung im Sinne der Richtlinie 2003/41/EG,
4. sonstige kommerzielle Unternehmen.

⁵Im Falle eines Emissionszertifikats oder eines Derivats davon ist ergänzend zu Satz 4 eine weitere Kategorie für Betreiber mit der Verpflichtung zur Einhaltung der Anforderungen der Richtlinie 2003/87/EG bei Emissionszertifikaten oder Derivaten davon zu bilden. ⁶Die Pflicht nach Satz 1 gilt nur für Warenderivate, Emissionszertifikate und Derivate davon, bei denen die in Artikel 83 der Delegierten Verordnung (EU) 2017/565 festgelegten Mindestschwellen überschritten werden.

(3) Betreiber eines Handelsplatzes, an dem Warenderivate, Emissionszertifikate oder Derivate davon gehandelt werden, müssen der Bundesanstalt darüber hinaus einmal täglich eine vollständige Aufstellung der Positionen aller Mitglieder oder Teilnehmer an diesem Handelsplatz sowie deren Kunden in Warenderivaten, Emissionszertifikaten oder Derivaten davon übermitteln.

(4) ¹Wertpapierdienstleistungsunternehmen, die außerhalb eines Handelsplatzes mit Warenderivaten, Emissionszertifikaten oder Derivaten davon handeln, die auch an einem Handelsplatz gehandelt werden, sind verpflichtet, der in Satz 2 genannten Behörde mindestens einmal täglich eine vollständige Aufstellung ihrer Positionen in diesen Finanzinstrumenten und in wirtschaftlich gleichwertigen OTC-Kontrakten sowie der entsprechenden Positionen ihrer Kunden und der Kunden dieser Kunden bis zum Endkunden gemäß Artikel 26 der Verordnung (EU) Nr. 600/2014 oder Artikel 8 der Verordnung (EU) Nr. 1227/2011 zu übermitteln. ²Die Aufstellung nach Satz 1 ist zu übermitteln
1. bei Warenderivaten, Emissionszertifikaten oder Derivaten davon, die in erheblichem Volumen nur an inländischen Handelsplätzen gehandelt werden, an die Bundesanstalt,
2. bei Warenderivaten, Emissionszertifikaten oder Derivaten davon, die in erheblichem Volumen nur vollständig oder teilweise an einem Handelsplatz in einem anderen Mitgliedstaat oder einem Vertragsstaat des Abkommens über den Europäischen Wirtschaftsraum gehandelt werden, an die zuständige Behörde der entsprechenden Handelsplätze und
3. bei Warenderivaten, Emissionszertifikaten oder Derivaten davon, die in erheblichem Volumen an Handelsplätzen in mehr als einem Mitgliedstaat oder Vertragsstaat des Abkommens über den Europäischen Wirtschaftsraum gehandelt werden, der entsprechenden zentralen zuständigen Behörde im Sinne des § 55.

³Kunden und deren Kunden bis zum Endkunden haben den zur Übermittlung verpflichteten Wertpapierdienstleistungsunternehmen die für die Übermittlung notwendigen Informationen zur Verfügung zu stellen.

(5) Die Bundesanstalt kann in kritischen Marktsituationen verlangen, dass die Mitteilungen nach den Absätzen 1, 3 und 4 mehrfach innerhalb eines Tages erfolgen müssen.

(6) ¹Das Bundesministerium der Finanzen kann durch Rechtsverordnung, die nicht der Zustimmung des Bundesrates bedarf,
1. nähere Bestimmungen über Inhalt, Art, Umfang, Form und Häufigkeit der Mitteilungen nach den Absätzen 1 und 3 bis 5 und über die zulässigen Datenträger und Übertragungswege erlassen sowie
2. vorschreiben, dass in den in den Absätzen 1, 3 und 4 genannten Fällen über die dort genannten Angaben hinaus zusätzliche Angaben zu übermitteln sind, wenn die zusätzlichen Angaben auf Grund der besonderen Eigenschaften des Finanzinstruments, das Gegenstand der Mitteilung ist, oder der besonderen Bedingungen an dem Handelsplatz, an dem das Geschäft ausgeführt wurde, zur Überwachung der Positionslimits nach § 54 durch die Bundesanstalt erforderlich sind.

²Das Bundesministerium der Finanzen kann die Ermächtigung durch Rechtsverordnung auf die Bundesanstalt übertragen.

Abschnitt 10: Organisationspflichten von Datenbereitstellungsdiensten[1)]

§ 58 Organisationspflichten für genehmigte Veröffentlichungssysteme[2)]

(1) ¹Ein genehmigtes Veröffentlichungssystem muss angemessene Grundsätze aufstellen und Vorkehrungen treffen, um mindestens die nachfolgenden Informationen über Geschäfte in Finanzinstrumenten zu angemessenen kaufmännischen Bedingungen und, soweit technisch möglich, auf Echtzeitbasis veröffentlichen zu können:

1. Kennung des Finanzinstruments;
2. Kurs, zu dem das Geschäft abgeschlossen wurde;
3. Volumen des Geschäfts;
4. Zeitpunkt des Geschäfts;
5. Zeitpunkt, zu dem das Geschäft gemeldet wurde;
6. Kurszusatz des Geschäfts;
7. Code für den Handelsplatz, an dem das Geschäft ausgeführt wurde, oder, wenn das Geschäft über einen systematischen Internalisierer ausgeführt wurde, den Code „SI" oder andernfalls den Code „OTC";
8. sofern anwendbar, einen Hinweis, dass das Geschäft besonderen Bedingungen unterlag.

²Die Informationen nach Satz 1 sind spätestens 15 Minuten nach der Veröffentlichung kostenlos zur Verfügung zu stellen.

(2) ¹Ein genehmigtes Veröffentlichungssystem muss die Informationen effizient und konsistent in einer Weise verbreiten, die einen raschen diskriminierungsfreien Zugang zu den betreffenden Informationen sicherstellt. ²Die Informationen sind in einem Format zu veröffentlichen, das die Konsolidierung der Daten mit vergleichbaren Daten aus anderen Quellen erleichtert.

(3) ¹Ein genehmigtes Veröffentlichungssystem muss organisatorische Vorkehrungen treffen, um Interessenkonflikte mit seinen Kunden zu vermeiden. ²Insbesondere muss es, wenn es zugleich auch Börsenbetreiber oder Wertpapierdienstleistungsunternehmen ist, alle erhobenen Informationen in nichtdiskriminierender Weise behandeln und auf Dauer geeignete Vorkehrungen treffen, um diese unterschiedlichen Unternehmensfunktionen voneinander zu trennen.

(4) ¹Ein genehmigtes Veröffentlichungssystem muss Mechanismen einrichten, die die Sicherheit der Informationsübermittlungswege gewährleisten, das Risiko der unbefugten Datenveränderung und des unberechtigten Zugriffs minimieren und ein Bekanntwerden noch nicht veröffentlichter Informationen verhindern. ²Es muss über ausreichende Mittel und Notfallsysteme verfügen, um seine Dienste jederzeit anbieten und aufrechterhalten zu können.

(5) Ein genehmigtes Veröffentlichungssystem muss über wirksame Mechanismen verfügen, um die zu veröffentlichenden Informationen auf Vollständigkeit prüfen zu können, Lücken und offensichtliche Fehler zu erkennen und es zu ermöglichen, bei fehlerhaften Auskünften eine Neuübermittlung anfordern zu können.

(6) Ein genehmigtes Veröffentlichungssystem muss über ein Hinweisgeberverfahren in entsprechender Anwendung von § 25a Absatz 1 Satz 6 Nummer 3 des Kreditwesengesetzes verfügen.

(7) Näheres zu den Organisationspflichten nach den Absätzen 1 bis 6 regelt die Delegierte Verordnung (EU) 2017/571 der Kommission vom 2. Juni 2016 zur Ergänzung der Richtlinie 2014/65/EU des Europäischen Parlaments und des Rates durch technische Regulierungsstandards für die Zulassung, die organisatorischen Anforderungen und die Veröffentlichung von Geschäften für Datenbereitstellungsdienste (ABl L 87 vom 31. 3. 2017, S. 126), in der jeweils geltenden Fassung.

---

1) **Anm. d. Red.:** Abschnitt 10 eingefügt gem. Gesetz v. 23.6.2017 (BGBl I S. 1693) mit Wirkung v. 3.1.2018.
2) **Anm. d. Red.:** § 58 eingefügt gem. Gesetz v. 23.6.2017 (BGBl I S. 1693) mit Wirkung v. 3.1.2018.

§ 59 Organisationspflichten für Bereitsteller konsolidierter Datenticker[1)]

(1) ¹Ein Bereitsteller konsolidierter Datenticker ist dazu verpflichtet, die bereitgestellten Daten von allen Handelsplätzen und genehmigten Veröffentlichungssystemen zu konsolidieren. ²Er muss angemessene Grundsätze aufstellen und Vorkehrungen treffen, um mindestens die folgenden Informationen über Geschäfte in Finanzinstrumenten zu erheben, zu einem kontinuierlichen elektronischen Datenstrom zu konsolidieren und diesen der Öffentlichkeit zu angemessenen kaufmännischen Bedingungen und, soweit technisch möglich, auf Echtzeitbasis zur Verfügung zu stellen:

1. Kennung des Finanzinstruments;
2. Kurs, zu dem das Geschäft abgeschlossen wurde;
3. Volumen des Geschäfts;
4. Zeitpunkt des Geschäfts;
5. Zeitpunkt, zu dem das Geschäft gemeldet wurde;
6. Kurszusatz des Geschäfts;
7. den Code für den Handelsplatz, an dem das Geschäft ausgeführt wurde, oder, wenn das Geschäft über einen systematischen Internalisierer ausgeführt wurde, den Code „SI" oder andernfalls den Code „OTC";
8. sofern anwendbar, einen Hinweis, dass die Anlageentscheidung und Ausführung des Geschäfts durch das Wertpapierdienstleistungsunternehmen auf einem Computeralgorithmus beruhte;
9. sofern anwendbar, einen Hinweis, dass das Geschäft besonderen Bedingungen unterlag;
10. falls für die Pflicht zur Veröffentlichung der Informationen gemäß Artikel 3 Absatz 1 der Verordnung (EU) Nr. 600/2014 eine Ausnahme gemäß Artikel 4 Absatz 1 Buchstabe a oder b der Verordnung (EU) Nr. 600/2014 gewährt wurde, eine Kennzeichnung dieser Ausnahme.

³Die Informationen nach Satz 2 sind binnen 15 Minuten nach der Veröffentlichung kostenlos zur Verfügung zu stellen.

(2) ¹Ein Bereitsteller konsolidierter Datenticker muss die Informationen nach Absatz 1 effizient und konsistent in einer Weise verbreiten, die einen raschen diskriminierungsfreien Zugang zu den betreffenden Informationen sicherstellt. ²Die Informationen sind in einem Format zu veröffentlichen, das für die Marktteilnehmer leicht zugänglich und nutzbar ist.

(3) ¹Ein Bereitsteller konsolidierter Datenticker muss organisatorische Vorkehrungen treffen, um Interessenkonflikte mit seinen Kunden zu vermeiden. ²Insbesondere muss er, wenn er zugleich auch ein Börsenbetreiber oder ein genehmigtes Veröffentlichungssystem ist, alle erhobenen Informationen in nichtdiskriminierender Weise behandeln und auf Dauer geeignete Vorkehrungen treffen, um die unterschiedlichen Unternehmensfunktionen voneinander zu trennen.

(4) ¹Ein Bereitsteller konsolidierter Datenticker muss Mechanismen einrichten, die die Sicherheit der Informationsübermittlungswege gewährleisten und das Risiko der unbefugten Datenveränderung und des unberechtigten Zugriffs minimieren. ²Es muss über ausreichende Mittel und über Notfallsysteme verfügen, um seine Dienste jederzeit anbieten und aufrechterhalten zu können.

(5) Ein Bereitsteller muss über ein Hinweisgeberverfahren in entsprechender Anwendung des § 25a Absatz 1 Satz 6 Nummer 3 des Kreditwesengesetzes verfügen.

(6) Näheres zu den Organisationspflichten nach den Absätzen 1 bis 5 regelt die Delegierte Verordnung (EU) 2017/571.

[1)] **Anm. d. Red.:** § 59 eingefügt gem. Gesetz v. 23.6.2017 (BGBl I S. 1693) mit Wirkung v. 3.1.2018.

§ 60 Organisationspflichten für genehmigte Meldemechanismen[1)]

(1) ¹Ein genehmigter Meldemechanismus muss angemessene Grundsätze aufstellen und Vorkehrungen treffen, um die nach Artikel 26 der Verordnung (EU) Nr. 600/2014 zu meldenden Informationen für die meldepflichtigen Wertpapierdienstleistungsunternehmen so schnell wie möglich, spätestens jedoch bei Geschäftsschluss des auf den Vertragsabschluss des Geschäfts über das Finanzinstrument folgenden Arbeitstages, zu melden. ²Näheres zur Meldung dieser Informationen regelt Artikel 26 der Verordnung (EU) Nr. 600/2014.

(2) ¹Ein genehmigter Meldemechanismus muss organisatorische Vorkehrungen treffen, um Interessenkonflikte mit seinen Kunden zu vermeiden. ²Insbesondere muss er, wenn er zugleich auch Börsenbetreiber oder ein Wertpapierdienstleistungsunternehmen ist, alle erhobenen Informationen in nichtdiskriminierender Weise behandeln und auf Dauer geeignete Vorkehrungen treffen, um die unterschiedlichen Unternehmensfunktionen voneinander zu trennen.

(3) ¹Ein genehmigter Meldemechanismus muss wirksame Mechanismen einrichten, die die Sicherheit der Informationsübermittlungswege gewährleisten, um das Risiko der unbefugten Datenveränderung und des unberechtigten Zugriffs zu minimieren und ein Bekanntwerden noch nicht veröffentlichter Informationen zu verhindern. ²Er muss über ausreichende Mittel und Notfallsysteme verfügen, um seine Dienste jederzeit anbieten und aufrechterhalten zu können.

(4) Ein genehmigter Meldemechanismus muss Vorkehrungen treffen, um

1. die Meldungen von Geschäften auf Vollständigkeit prüfen zu können, durch das Wertpapierdienstleistungsunternehmen verschuldete Lücken und offensichtliche Fehler zu erkennen und diesem in diesen Fällen genaue Angaben hierzu zu übermitteln und eine Neuübermittlung anzufordern und
2. selbst verschuldete Fehler oder Lücken zu erkennen, diese zu berichten und der Bundesanstalt korrigierte und vollständige Meldungen der Geschäfte zu übermitteln.

(5) Ein genehmigter Meldemechanismus muss über ein Hinweisgeberverfahren in entsprechender Anwendung des § 25a Absatz 1 Satz 6 Nummer 3 des Kreditwesengesetzes verfügen.

(6) Das Nähere zu den Organisationspflichten nach den Absätzen 1 bis 5 regelt die Delegierte Verordnung (EU) 2017/571.

§ 61 Überwachung der Organisationspflichten[2)]

¹Die Bundesanstalt kann zur Überwachung der in diesem Abschnitt geregelten Pflichten bei den Datenbereitstellungsdiensten auch ohne besonderen Anlass Prüfungen vornehmen. ²§ 88 Absatz 3 gilt entsprechend. ³Hinsichtlich des Umfangs der Prüfungen gilt § 88 Absatz 2 entsprechend. ⁴Widerspruch und Anfechtungsklage gegen Maßnahmen nach Satz 1 haben keine aufschiebende Wirkung.

§ 62 Prüfung der Organisationspflichten; Verordnungsermächtigung[3)]

(1) ¹Unbeschadet des § 61 ist die Einhaltung der in diesem Abschnitt geregelten Pflichten sowie der sich aus der Delegierten Verordnung (EU) 2017/565, der Delegierten Verordnung (EU) 2017/571 und der gemäß Artikel 61 Absatz 5 der Richtlinie 2014/65/EU erlassenen Durchführungsverordnung, in der jeweils geltenden Fassung, ergebenden Pflichten einmal jährlich durch einen geeigneten Prüfer zu prüfen. ²§ 89 Absatz 1 Satz 4 und 6, Absatz 2 Satz 1 und 2, Absatz 3 und 4 gilt entsprechend.

(2) ¹Das Bundesministerium der Finanzen kann durch Rechtsverordnung, die nicht der Zustimmung des Bundesrates bedarf, nähere Bestimmungen über Art, Umfang und Zeitpunkt der Prüfung nach Absatz 1 sowie den Inhalt der Prüfungsberichte erlassen. ²Das Bundesministerium

---

1) **Anm. d. Red.:** § 60 eingefügt gem. Gesetz v. 23.6.2017 (BGBl I S. 1693) mit Wirkung v. 3.1.2018.
2) **Anm. d. Red.:** § 61 eingefügt gem. Gesetz v. 23.6.2017 (BGBl I S. 1693) mit Wirkung v. 3.1.2018.
3) **Anm. d. Red.:** § 62 eingefügt gem. Gesetz v. 23.6.2017 (BGBl I S. 1693) mit Wirkung v. 3.1.2018.

der Finanzen kann die Ermächtigung durch Rechtsverordnung auf die Bundesanstalt übertragen.

Abschnitt 11: Verhaltenspflichten, Organisationspflichten, Transparenzpflichten[1)]

§ 63 Allgemeine Verhaltensregeln; Verordnungsermächtigung[2)]

(1) Ein Wertpapierdienstleistungsunternehmen ist verpflichtet, Wertpapierdienstleistungen und Wertpapiernebendienstleistungen ehrlich, redlich und professionell im bestmöglichen Interesse seiner Kunden zu erbringen.

(2) [1]Ein Wertpapierdienstleistungsunternehmen hat einem Kunden, bevor es Geschäfte für ihn durchführt, die allgemeine Art und Herkunft von Interessenkonflikten und die zur Begrenzung der Risiken der Beeinträchtigung der Kundeninteressen unternommenen Schritte eindeutig darzulegen, soweit die organisatorischen Vorkehrungen nach § 80 Absatz 1 Satz 2 Nummer 2 nicht ausreichen, um nach vernünftigem Ermessen zu gewährleisten, dass das Risiko der Beeinträchtigung von Kundeninteressen vermieden wird. [2]Die Darlegung nach Satz 1 muss
1. mittels eines dauerhaften Datenträgers erfolgen und
2. unter Berücksichtigung der Einstufung des Kunden im Sinne des § 67 so detailliert sein, dass der Kunde in die Lage versetzt wird, seine Entscheidung über die Wertpapierdienstleistung oder Wertpapiernebendienstleistung, in deren Zusammenhang der Interessenkonflikt auftritt, in Kenntnis der Sachlage zu treffen.

(3) [1]Ein Wertpapierdienstleistungsunternehmen muss sicherstellen, dass es die Leistung seiner Mitarbeiter nicht in einer Weise vergütet oder bewertet, die mit seiner Pflicht, im bestmöglichen Interesse der Kunden zu handeln, kollidiert. [2]Insbesondere darf es bei seinen Mitarbeitern weder durch Vergütungsvereinbarungen noch durch Verkaufsziele oder in sonstiger Weise Anreize dafür setzen, einem Privatkunden ein bestimmtes Finanzinstrument zu empfehlen, obwohl das Wertpapierdienstleistungsunternehmen dem Privatkunden ein anderes Finanzinstrument anbieten könnte, das den Bedürfnissen des Privatkunden besser entspricht.

(4) [1]Ein Wertpapierdienstleistungsunternehmen, das Finanzinstrumente zum Verkauf an Kunden konzipiert, muss sicherstellen, dass diese Finanzinstrumente so ausgestaltet sind, dass
1. sie den Bedürfnissen eines bestimmten Zielmarktes im Sinne des § 80 Absatz 9 entsprechen und
2. die Strategie für den Vertrieb der Finanzinstrumente mit diesem Zielmarkt vereinbar ist.

[2]Das Wertpapierdienstleistungsunternehmen muss zumutbare Schritte unternehmen, um zu gewährleisten, dass das Finanzinstrument an den bestimmten Zielmarkt vertrieben wird.

(5) [1]Ein Wertpapierdienstleistungsunternehmen muss die von ihm angebotenen oder empfohlenen Finanzinstrumente verstehen. [2]Es muss deren Vereinbarkeit mit den Bedürfnissen der Kunden, denen gegenüber es Wertpapierdienstleistungen erbringt, beurteilen, auch unter Berücksichtigung des in § 80 Absatz 9 genannten Zielmarktes, und sicherstellen, dass es Finanzinstrumente nur anbietet oder empfiehlt, wenn dies im Interesse der Kunden liegt.

(6) [1]Alle Informationen, die Wertpapierdienstleistungsunternehmen Kunden zugänglich machen, einschließlich Marketingmitteilungen, müssen redlich und eindeutig sein und dürfen nicht irreführend sein. [2]Marketingmitteilungen müssen eindeutig als solche erkennbar sein. [3]§ 302 des Kapitalanlagegesetzbuchs, Artikel 22 der Verordnung (EU) 2017/1129 und § 7 des Wertpapierprospektgesetzes bleiben unberührt.

---

1) **Anm. d. Red.:** Abschnitt 6 zu Abschnitt 11 geworden gem. Gesetz v. 23.6.2017 (BGBl I S. 1693) mit Wirkung v. 3.1.2018.
2) **Anm. d. Red.:** § 63 i. d. F. des Gesetzes v. 8.7.2019 (BGBl I S. 1002) mit Wirkung v. 21.7.2019.

§ 63

(7) ¹Wertpapierdienstleistungsunternehmen sind verpflichtet, ihren Kunden rechtzeitig und in verständlicher Form angemessene Informationen über das Wertpapierdienstleistungsunternehmen und seine Dienstleistungen, über die Finanzinstrumente und die vorgeschlagenen Anlagestrategien, über Ausführungsplätze und alle Kosten und Nebenkosten zur Verfügung zu stellen, die erforderlich sind, damit die Kunden nach vernünftigem Ermessen die Art und die Risiken der ihnen angebotenen oder von ihnen nachgefragten Arten von Finanzinstrumenten oder Wertpapierdienstleistungen verstehen und auf dieser Grundlage ihre Anlageentscheidung treffen können. ²Die Informationen können auch in standardisierter Form zur Verfügung gestellt werden. ³Die Informationen nach Satz 1 müssen folgende Angaben enthalten:

1. hinsichtlich der Arten von Finanzinstrumenten und der vorgeschlagenen Anlagestrategie unter Berücksichtigung des Zielmarktes im Sinne des Absatzes 3 oder 4:
   a) geeignete Leitlinien zur Anlage in solche Arten von Finanzinstrumenten oder zu den einzelnen Anlagestrategien,
   b) geeignete Warnhinweise zu den Risiken, die mit dieser Art von Finanzinstrumenten oder den einzelnen Anlagestrategien verbunden sind, und
   c) ob die Art des Finanzinstruments für Privatkunden oder professionelle Kunden bestimmt ist;
2. hinsichtlich aller Kosten und Nebenkosten:
   a) Informationen in Bezug auf Kosten und Nebenkosten sowohl der Wertpapierdienstleistungen als auch der Wertpapiernebendienstleistungen, einschließlich eventueller Beratungskosten,
   b) Kosten der Finanzinstrumente, die dem Kunden empfohlen oder an ihn vermarktet werden sowie
   c) Zahlungsmöglichkeiten des Kunden einschließlich etwaiger Zahlungen durch Dritte.

⁴Informationen zu Kosten und Nebenkosten, einschließlich solchen Kosten und Nebenkosten im Zusammenhang mit der Wertpapierdienstleistung und dem Finanzinstrument, die nicht durch ein zugrunde liegendes Marktrisiko verursacht werden, muss das Wertpapierdienstleistungsunternehmen in zusammengefasster Weise darstellen, damit der Kunde sowohl die Gesamtkosten als auch die kumulative Wirkung der Kosten auf die Rendite der Anlage verstehen kann. ⁵Auf Verlangen des Kunden muss das Wertpapierdienstleistungsunternehmen eine Aufstellung, die nach den einzelnen Posten aufgegliedert ist, zur Verfügung stellen. ⁶Solche Informationen sollen dem Kunden unter den in Artikel 50 Absatz 9 der Delegierten Verordnung (EU) 2017/565 genannten Voraussetzungen regelmäßig, mindestens jedoch jährlich während der Laufzeit der Anlage zur Verfügung gestellt werden. ⁷Die §§ 293 bis 297, 303 bis 307 des Kapitalanlagegesetzbuchs bleiben unberührt. ⁸Bei zertifizierten Altersvorsorge- und Basisrentenverträgen im Sinne des Altersvorsorgeverträge-Zertifizierungsgesetzes gilt die Informationspflicht nach diesem Absatz durch Bereitstellung des individuellen Produktinformationsblattes nach § 7 des Altersvorsorgeverträge-Zertifizierungsgesetzes als erfüllt. ⁹Dem Kunden sind auf Nachfrage die nach diesem Absatz erforderlichen Informationen über Kosten und Nebenkosten zur Verfügung zu stellen. ¹⁰Der Kunde ist bei Bereitstellung des individuellen Produktinformationsblattes nach § 7 des Altersvorsorgeverträge-Zertifizierungsgesetzes ausdrücklich auf dieses Recht hinzuweisen. ¹¹Wird einem Kunden ein standardisiertes Informationsblatt nach § 64 Absatz 2 Satz 3 zur Verfügung gestellt, sind dem Kunden die Informationen hinsichtlich aller Kosten und Nebenkosten nach den Sätzen 4 und 5 unverlangt unter Verwendung einer formalisierten Kostenaufstellung zur Verfügung zu stellen.

(8) Die Absätze 6 und 7 gelten nicht für Wertpapierdienstleistungen, die als Teil eines Finanzprodukts angeboten werden, das in Bezug auf die Informationspflichten bereits anderen Bestimmungen des Europäischen Gemeinschaftsrechts, die Kreditinstitute und Verbraucherkredite betreffen, unterliegt.

(9) ¹Bietet ein Wertpapierdienstleistungsunternehmen Wertpapierdienstleistungen verbunden mit anderen Dienstleistungen oder anderen Produkten als Gesamtpaket oder in der Form

an, dass die Erbringung der Wertpapierdienstleistungen, der anderen Dienstleistungen oder der Geschäfte über die anderen Produkte Bedingung für die Durchführung der jeweils anderen Bestandteile oder des Abschlusses der anderen Vereinbarungen ist, muss es den Kunden darüber informieren, ob die einzelnen Bestandteile auch getrennt voneinander bezogen werden können und dem Kunden für jeden Bestandteil getrennt Kosten und Gebühren nachweisen. ²Besteht die Wahrscheinlichkeit, dass die mit dem Gesamtpaket oder der Gesamtvereinbarung verknüpften Risiken von den mit den einzelnen Bestandteilen verknüpften Risiken abweichen, hat es Privatkunden in angemessener Weise über die einzelnen Bestandteile, die mit ihnen verknüpften Risiken und die Art und Weise, wie ihre Wechselwirkung das Risiko beeinflusst, zu informieren.

(10) ¹Vor der Erbringung anderer Wertpapierdienstleistungen als der Anlageberatung oder der Finanzportfolioverwaltung hat ein Wertpapierdienstleistungsunternehmen von den Kunden Informationen einzuholen über Kenntnisse und Erfahrungen der Kunden in Bezug auf Geschäfte mit bestimmten Arten von Finanzinstrumenten oder Wertpapierdienstleistungen, soweit diese Informationen erforderlich sind, um die Angemessenheit der Finanzinstrumente oder Wertpapierdienstleistungen für die Kunden beurteilen zu können. ²Sind verbundene Dienstleistungen oder Produkte im Sinne des Absatzes 9 Gegenstand des Kundenauftrages, muss das Wertpapierdienstleistungsunternehmen beurteilen, ob das gesamte verbundene Geschäft für den Kunden angemessen ist. ³Gelangt ein Wertpapierdienstleistungsunternehmen auf Grund der nach Satz 1 erhaltenen Informationen zu der Auffassung, dass das vom Kunden gewünschte Finanzinstrument oder die Wertpapierdienstleistung für den Kunden nicht angemessen ist, hat es den Kunden darauf hinzuweisen. ⁴Erlangt das Wertpapierdienstleistungsunternehmen nicht die erforderlichen Informationen, hat es den Kunden darüber zu informieren, dass eine Beurteilung der Angemessenheit im Sinne des Satzes 1 nicht möglich ist. ⁵Näheres zur Angemessenheit und zu den Pflichten, die im Zusammenhang mit der Beurteilung der Angemessenheit geltenden Pflichten regeln die Artikel 55 und 56 der Delegierten Verordnung (EU) 2017/565. ⁶Der Hinweis nach Satz 3 und die Information nach Satz 4 können in standardisierter Form erfolgen.

(11) Die Pflichten nach Absatz 10 gelten nicht, soweit das Wertpapierdienstleistungsunternehmen

1. auf Veranlassung des Kunden Finanzkommissionsgeschäft, Eigenhandel, Abschlussvermittlung oder Anlagevermittlung erbringt in Bezug auf

   a) Aktien, die zum Handel an einem organisierten Markt, an einem diesem gleichwertigen Markt eines Drittlandes oder an einem multilateralen Handelssystem zugelassen sind, mit Ausnahme von Aktien an AIF im Sinne von § 1 Absatz 3 des Kapitalanlagegesetzbuchs, und von Aktien, in die ein Derivat eingebettet ist,

   b) Schuldverschreibungen und andere verbriefte Schuldtitel, die zum Handel an einem organisierten Markt, einem diesem gleichwertigen Markt eines Drittlandes oder einem multilateralen Handelssystem zugelassen sind, mit Ausnahme solcher, in die ein Derivat eingebettet ist und solcher, die eine Struktur aufweisen, die es dem Kunden erschwert, die mit ihnen einhergehenden Risiken zu verstehen,

   c) Geldmarktinstrumente, mit Ausnahme solcher, in die ein Derivat eingebettet ist, und solcher, die eine Struktur aufweisen, die es dem Kunden erschwert, die mit ihnen einhergehenden Risiken zu verstehen,

   d) Anteile oder Aktien an OGAW im Sinne von § 1 Absatz 2 des Kapitalanlagegesetzbuchs, mit Ausnahme der in Artikel 36 Absatz 1 Unterabsatz 2 der Verordnung (EU) Nr. 583/2010 genannten strukturierten OGAW,

   e) strukturierte Einlagen, mit Ausnahme solcher, die eine Struktur aufweisen, die es dem Kunden erschwert, das Ertragsrisiko oder die Kosten des Verkaufs des Produkts vor Fälligkeit zu verstehen oder

   f) andere nicht komplexe Finanzinstrumente für Zwecke dieses Absatzes, die die in Artikel 57 der Delegierten Verordnung (EU) 2017/565 genannten Kriterien erfüllen,

2. diese Wertpapierdienstleistung nicht gemeinsam mit der Gewährung eines Darlehens als Wertpapiernebendienstleistung im Sinne des § 2 Absatz 7 Nummer 2 erbringt, außer sie besteht in der Ausnutzung einer Kreditobergrenze eines bereits bestehenden Darlehens oder eines bereits bestehenden Darlehens, das in der Weise gewährt wurde, dass der Darlehensgeber in einem Vertragsverhältnis über ein laufendes Konto dem Darlehensnehmer das Recht einräumt, sein Konto in bestimmter Höhe zu überziehen (Überziehungsmöglichkeit) oder darin, dass der Darlehensgeber im Rahmen eines Vertrages über ein laufendes Konto, ohne eingeräumte Überziehungsmöglichkeit die Überziehung des Kontos durch den Darlehensnehmer duldet und hierfür vereinbarungsgemäß ein Entgelt verlangt, und
3. den Kunden ausdrücklich darüber informiert, dass keine Angemessenheitsprüfung im Sinne des Absatzes 10 vorgenommen wird, wobei diese Information in standardisierter Form erfolgen kann.

(12) ¹Wertpapierdienstleistungsunternehmen müssen ihren Kunden in geeigneter Weise auf einem dauerhaften Datenträger über die erbrachten Wertpapierdienstleistungen berichten; insbesondere müssen sie nach Ausführung eines Geschäftes mitteilen, wo sie den Auftrag ausgeführt haben. ²Die Pflicht nach Satz 1 beinhaltet einerseits nach den in den Artikeln 59 bis 63 der Delegierten Verordnung (EU) 2017/565 näher bestimmten Fällen regelmäßige Berichte an den Kunden, wobei die Art und Komplexität der jeweiligen Finanzinstrumente sowie die Art der erbrachten Wertpapierdienstleistungen zu berücksichtigen ist, und andererseits, sofern relevant, Informationen zu den angefallenen Kosten. ³Bei zertifizierten Altersvorsorge- und Basisrentenverträgen im Sinne des Altersvorsorgeverträge-Zertifizierungsgesetzes gilt die Informationspflicht gemäß Satz 1 bei Beachtung der jährlichen Informationspflicht nach § 7a des Altersvorsorgeverträge-Zertifizierungsgesetzes als erfüllt. ⁴Dem Kunden sind auf Nachfrage die nach diesem Absatz erforderlichen Informationen über Kosten und Nebenkosten zur Verfügung zu stellen. ⁵Der Kunde ist bei Bereitstellung der jährlichen Information nach § 7a des Altersvorsorgeverträge-Zertifizierungsgesetzes ausdrücklich auf dieses Recht hinzuweisen.

(13) Nähere Bestimmungen zu den Absätzen 1 bis 3, 6, 7, 10 und 12 ergeben sich aus der Delegierten Verordnung (EU) 2017/565, insbesondere zu
1. der Verpflichtung nach Absatz 1 aus den Artikeln 58, 64, 65 und 67 bis 69,
2. Art, Umfang und Form der Offenlegung nach Absatz 2 aus den Artikeln 34 und 41 bis 43,
3. der Vergütung oder Bewertung nach Absatz 3 aus Artikel 27,
4. den Voraussetzungen, unter denen Informationen im Sinne von Absatz 6 Satz 1 als redlich, eindeutig und nicht irreführend angesehen werden aus den Artikeln 36 und 44,
5. Art, Inhalt, Gestaltung und Zeitpunkt der nach Absatz 7 notwendigen Informationen für die Kunden aus den Artikeln 38, 39, 41, 45 bis 53, 61 und 65,
6. Art, Umfang und Kriterien der nach Absatz 10 von den Kunden einzuholenden Informationen aus den Artikeln 54 bis 56,
7. Art, Inhalt und Zeitpunkt der Berichtspflichten nach Absatz 12 aus den Artikeln 59 bis 63.

(14) ¹Das Bundesministerium der Finanzen kann im Einvernehmen mit dem Bundesministerium der Justiz und für Verbraucherschutz durch Rechtsverordnung, die nicht der Zustimmung des Bundesrates bedarf, nähere Bestimmungen zu Inhalt und Aufbau der formalisierten Kostenaufstellung nach Absatz 7 Satz 11 erlassen. ²Das Bundesministerium der Finanzen kann die Ermächtigung durch Rechtsverordnung auf die Bundesanstalt übertragen.

§ 64 Besondere Verhaltensregeln bei der Erbringung von Anlageberatung und Finanzportfolioverwaltung; Verordnungsermächtigung[1)]

(1) ¹Erbringt ein Wertpapierdienstleistungsunternehmen Anlageberatung, muss es den Kunden zusätzlich zu den Informationen nach § 63 Absatz 7 rechtzeitig vor der Beratung und in verständlicher Form darüber informieren

1. ob die Anlageberatung unabhängig erbracht wird (Unabhängige Honorar-Anlageberatung) oder nicht;
2. ob sich die Anlageberatung auf eine umfangreiche oder eine eher beschränkte Analyse verschiedener Arten von Finanzinstrumenten stützt, insbesondere, ob die Palette an Finanzinstrumenten auf Finanzinstrumente beschränkt ist, die von Anbietern oder Emittenten stammen, die in einer engen Verbindung zum Wertpapierdienstleistungsunternehmen stehen oder zu denen in sonstiger Weise rechtliche oder wirtschaftliche Verbindungen bestehen, die so eng sind, dass das Risiko besteht, dass die Unabhängigkeit der Anlageberatung beeinträchtigt wird, und
3. ob das Wertpapierdienstleistungsunternehmen dem Kunden regelmäßig eine Beurteilung der Geeignetheit der empfohlenen Finanzinstrumente zur Verfügung stellt.

²§ 63 Absatz 7 Satz 2 und bei Vorliegen der dort genannten Voraussetzungen die Ausnahme nach § 63 Absatz 8 gelten entsprechend.

(2) ¹Im Falle einer Anlageberatung hat das Wertpapierdienstleistungsunternehmen einem Privatkunden rechtzeitig vor dem Abschluss eines Geschäfts über Finanzinstrumente, für die kein Basisinformationsblatt nach der Verordnung (EU) Nr. 1286/2014 erstellt werden muss,

1. über jedes Finanzinstrument, auf das sich eine Kaufempfehlung bezieht, ein kurzes und leicht verständliches Informationsblatt,
2. in den Fällen des Satzes 3 ein in Nummer 1 genanntes Informationsblatt oder wahlweise ein standardisiertes Informationsblatt oder
3. in den Fällen des Satzes 4 ein dort genanntes Dokument anstelle des in Nummer 1 genannten Informationsblatts

zur Verfügung zu stellen. ²Die Angaben in den Informationsblättern nach Satz 1 dürfen weder unrichtig noch irreführend sein und müssen mit den Angaben des Prospekts vereinbar sein. ³Für Aktien, die zum Zeitpunkt der Anlageberatung an einem organisierten Markt gehandelt werden, kann anstelle des Informationsblattes nach Satz 1 Nummer 1 ein standardisiertes Informationsblatt verwendet werden. ⁴An die Stelle des Informationsblattes treten

1. bei Anteilen oder Aktien an OGAW oder an offenen Publikums-AIF die wesentlichen Anlegerinformationen nach den §§ 164 und 166 des Kapitalanlagegesetzbuchs,
2. bei Anteilen oder Aktien an geschlossenen Publikums-AIF die wesentlichen Anlegerinformationen nach den §§ 268 und 270 des Kapitalanlagegesetzbuchs,
3. bei Anteilen oder Aktien an Spezial-AIF die wesentlichen Anlegerinformationen nach § 166 oder § 270 des Kapitalanlagegesetzbuchs, sofern die AIF-Kapitalverwaltungsgesellschaft solche gemäß § 307 Absatz 5 des Kapitalanlagegesetzbuchs erstellt hat,
4. bei EU-AIF und ausländischen AIF die wesentlichen Anlegerinformationen nach § 318 Absatz 5 des Kapitalanlagegesetzbuchs,
5. bei EU-OGAW die wesentlichen Anlegerinformationen, die nach § 298 Absatz 1 Satz 2 des Kapitalanlagegesetzbuchs in deutscher Sprache veröffentlicht worden sind,
6. bei inländischen Investmentvermögen im Sinne des Investmentgesetzes in der bis zum 21. Juli 2013 geltenden Fassung, die für den in § 345 Absatz 6 Satz 1 des Kapitalanlagegesetzbuchs genannten Zeitraum noch weiter vertrieben werden dürfen, die wesentlichen An-

---

1) **Anm. d. Red.:** § 64 i. d. F. des Gesetzes v. 8.7.2019 (BGBl I S. 1002) mit Wirkung v. 21.7.2019.

legerinformationen, die nach § 42 Absatz 2 des Investmentgesetzes in der bis zum 21. Juli 2013 geltenden Fassung erstellt worden sind,

7. bei ausländischen Investmentvermögen im Sinne des Investmentgesetzes in der bis zum 21. Juli 2013 geltenden Fassung, die für den in § 345 Absatz 8 Satz 2 oder § 355 Absatz 2 Satz 10 des Kapitalanlagegesetzbuchs genannten Zeitraum noch weiter vertrieben werden dürfen, die wesentlichen Anlegerinformationen, die nach § 137 Absatz 2 des Investmentgesetzes in der bis zum 21. Juli 2013 geltenden Fassung erstellt worden sind,

8. bei Vermögensanlagen im Sinne des § 1 Absatz 2 des Vermögensanlagengesetzes das Vermögensanlagen-Informationsblatt nach § 13 des Vermögensanlagengesetzes, soweit der Anbieter der Vermögensanlagen zur Erstellung eines solchen Vermögensanlagen-Informationsblatts verpflichtet ist,

9. bei zertifizierten Altersvorsorge- und Basisrentenverträgen im Sinne des Altersvorsorgeverträge-Zertifizierungsgesetzes das individuelle Produktinformationsblatt nach § 7 Absatz 1 des Altersvorsorgeverträge-Zertifizierungsgesetzes sowie zusätzlich die wesentlichen Anlegerinformationen nach Nummer 1, 3 oder Nummer 4, sofern es sich um Anteile an den in Nummer 1, 3 oder Nummer 4 genannten Organismen für gemeinsame Anlagen handelt, und

10. bei Wertpapieren im Sinne des § 2 Nummer 1 des Wertpapierprospektgesetzes das Wertpapier-Informationsblatt nach § 4 des Wertpapierprospektgesetzes, soweit der Anbieter der Wertpapiere zur Erstellung eines solchen Wertpapier-Informationsblatts verpflichtet ist.

(3) ¹Das Wertpapierdienstleistungsunternehmen muss von einem Kunden alle Informationen

1. über Kenntnisse und Erfahrungen des Kunden in Bezug auf Geschäfte mit bestimmten Arten von Finanzinstrumenten oder Wertpapierdienstleistungen,

2. über die finanziellen Verhältnisse des Kunden, einschließlich seiner Fähigkeit, Verluste zu tragen, und

3. über seine Anlageziele, einschließlich seiner Risikotoleranz,

einholen, die erforderlich sind, um dem Kunden ein Finanzinstrument oder eine Wertpapierdienstleistung empfehlen zu können, das oder die für ihn geeignet ist und insbesondere seiner Risikotoleranz und seiner Fähigkeit, Verluste zu tragen, entspricht. ²Ein Wertpapierdienstleistungsunternehmen darf seinen Kunden nur Finanzinstrumente und Wertpapierdienstleistungen empfehlen oder Geschäfte im Rahmen der Finanzportfolioverwaltung tätigen, die nach den eingeholten Informationen für den Kunden geeignet sind. ³Näheres zur Geeignetheit und den im Zusammenhang mit der Beurteilung der Geeignetheit geltenden Pflichten regeln die Artikel 54 und 55 der Delegierten Verordnung (EU) 2017/565. ⁴Näheres zur Geeignetheit von Verbriefungen und den im Zusammenhang mit der Beurteilung der Geeignetheit geltenden Pflichten regelt Artikel 3 der Verordnung (EU) 2017/2402 des Europäischen Parlaments und des Rates vom 12. Dezember 2017 zur Festlegung eines allgemeinen Rahmens für Verbriefungen und zur Schaffung eines spezifischen Rahmens für einfache, transparente und standardisierte Verbriefung und zur Änderung der Richtlinien 2009/65/EG, 2009/138/EG, 2011/61/EU und der Verordnungen (EG) Nr. 1060/2009 und (EU) Nr. 648/2012 (ABl L 347 vom 28.12.2017, S. 35). ⁵Erbringt ein Wertpapierdienstleistungsunternehmen eine Anlageberatung, bei der verbundene Produkte oder Dienstleistungen im Sinne des § 63 Absatz 9 empfohlen werden, gilt Satz 2 für das gesamte verbundene Geschäft entsprechend.

(4) ¹Ein Wertpapierdienstleistungsunternehmen, das Anlageberatung erbringt, muss dem Privatkunden auf einem dauerhaften Datenträger vor Vertragsschluss eine Erklärung über die Geeignetheit der Empfehlung (Geeignetheitserklärung) zur Verfügung stellen. ²Die Geeignetheitserklärung muss die erbrachte Beratung nennen sowie erläutern, wie sie auf die Präferenzen, Anlageziele und die sonstigen Merkmale des Kunden abgestimmt wurde. ³Näheres regelt Artikel 54 Absatz 12 der Delegierten Verordnung (EU) 2017/565. ⁴Wird die Vereinbarung über den Kauf oder Verkauf eines Finanzinstruments mittels eines Fernkommunikationsmittels geschlossen, das die vorherige Übermittlung der Geeignetheitserklärung nicht erlaubt, darf das Wert-

papierdienstleistungsunternehmen die Geeignetheitserklärung ausnahmsweise unmittelbar nach dem Vertragsschluss zur Verfügung stellen, wenn der Kunde zugestimmt hat, dass ihm die Geeignetheitserklärung unverzüglich nach Vertragsschluss zur Verfügung gestellt wird und das Wertpapierdienstleistungsunternehmen dem Kunden angeboten hat, die Ausführung des Geschäfts zu verschieben, damit der Kunde die Möglichkeit hat, die Geeignetheitserklärung zuvor zu erhalten.

(5) ¹Ein Wertpapierdienstleistungsunternehmen, das Unabhängige Honorar-Anlageberatung erbringt,

1. muss bei der Beratung eine ausreichende Palette von auf dem Markt angebotenen Finanzinstrumenten berücksichtigen, die

    a) hinsichtlich ihrer Art und des Emittenten oder Anbieters hinreichend gestreut sind und

    b) nicht beschränkt sind auf Finanzinstrumente, die das Wertpapierdienstleistungsunternehmen selbst emittiert oder anbietet oder deren Anbieter oder Emittenten in einer engen Verbindung zum Wertpapierdienstleistungsunternehmen stehen oder in sonstiger Weise so enge rechtliche oder wirtschaftliche Verbindung zu diesem unterhalten, dass die Unabhängigkeit der Beratung dadurch gefährdet werden könnte;

2. darf sich die Unabhängige Honorar-Anlageberatung allein durch den Kunden vergüten lassen.

²Es dürfen nach Satz 1 Nummer 2 im Zusammenhang mit der Unabhängigen Honorar-Anlageberatung keinerlei nichtmonetäre Zuwendungen von einem Dritten, der nicht Kunde dieser Dienstleistung ist oder von den Kunden dazu beauftragt worden ist, angenommen werden. ³Monetäre Zuwendungen dürfen nur dann angenommen werden, wenn das empfohlene Finanzinstrument oder ein in gleicher Weise geeignetes Finanzinstrument ohne Zuwendung nicht erhältlich ist. ⁴In diesem Fall sind die monetären Zuwendungen so schnell wie nach vernünftigem Ermessen möglich, nach Erhalt und in vollem Umfang an den Kunden auszukehren. ⁵Vorschriften über die Entrichtung von Steuern und Abgaben bleiben davon unberührt. ⁶Das Wertpapierdienstleistungsunternehmen muss Kunden über die ausgekehrten monetären Zuwendungen unterrichten. ⁶Im Übrigen gelten die allgemeinen Anforderungen für die Anlageberatung.

(6) ¹Bei der Empfehlung von Geschäftsabschlüssen in Finanzinstrumenten, die auf einer Unabhängigen Honorar-Anlageberatung beruhen, deren Anbieter oder Emittent das Wertpapierdienstleistungsunternehmen selbst ist oder zu deren Anbieter oder Emittenten eine enge Verbindung oder sonstige wirtschaftliche Verflechtung besteht, muss das Wertpapierdienstleistungsunternehmen den Kunden rechtzeitig vor der Empfehlung und in verständlicher Form informieren über

1. die Tatsache, dass es selbst Anbieter oder Emittent der Finanzinstrumente ist,

2. das Bestehen einer engen Verbindung oder einer sonstigen wirtschaftlichen Verflechtung zum Anbieter oder Emittenten sowie

3. das Bestehen eines eigenen Gewinninteresses oder des Interesses eines mit ihm verbundenen oder wirtschaftlich verflochtenen Emittenten oder Anbieters an dem Geschäftsabschluss.

²Ein Wertpapierdienstleistungsunternehmen darf einen auf seiner Unabhängigen Honorar-Anlageberatung beruhenden Geschäftsabschluss nicht als Geschäft mit dem Kunden zu einem festen oder bestimmbaren Preis für eigene Rechnung (Festpreisgeschäft) ausführen. ³Ausgenommen sind Festpreisgeschäfte in Finanzinstrumenten, deren Anbieter oder Emittent das Wertpapierdienstleistungsunternehmen selbst ist.

(7) ¹Ein Wertpapierdienstleistungsunternehmen, das Finanzportfolioverwaltung erbringt, darf im Zusammenhang mit der Finanzportfolioverwaltung keine Zuwendungen von Dritten oder für Dritte handelnder Personen annehmen und behalten. ²Abweichend von Satz 1 dürfen nicht-

monetäre Vorteile nur angenommen werden, wenn es sich um geringfügige nichtmonetäre Vorteile handelt,

1. die geeignet sind, die Qualität der für den Kunden erbrachten Wertpapierdienstleistung und Wertpapiernebendienstleistungen zu verbessern und
2. die hinsichtlich ihres Umfangs, wobei die Gesamthöhe der von einem einzelnen Unternehmen oder einer einzelnen Unternehmensgruppe gewährten Vorteile zu berücksichtigen ist, und ihrer Art vertretbar und verhältnismäßig sind und daher nicht vermuten lassen, dass sie die Pflicht des Wertpapierdienstleistungsunternehmens, im bestmöglichen Interesse ihrer Kunden zu handeln, beeinträchtigen,

wenn diese Zuwendungen dem Kunden unmissverständlich offengelegt werden, bevor die betreffende Wertpapierdienstleistung oder Wertpapiernebendienstleistung für die Kunden erbracht wird. ³Die Offenlegung kann in Form einer generischen Beschreibung erfolgen. ⁴Monetäre Zuwendungen, die im Zusammenhang mit der Finanzportfolioverwaltung angenommen werden, sind so schnell wie nach vernünftigem Ermessen möglich nach Erhalt und in vollem Umfang an den Kunden auszukehren. ⁵Vorschriften über die Entrichtung von Steuern und Abgaben bleiben davon unberührt. ⁶Das Wertpapierdienstleistungsunternehmen muss den Kunden über die ausgekehrten monetären Zuwendungen unterrichten.

(8) Erbringt ein Wertpapierdienstleistungsunternehmen Finanzportfolioverwaltung oder hat es den Kunden nach Absatz 1 Satz 1 Nummer 3 darüber informiert, dass es die Geeignetheit der empfohlenen Finanzinstrumente regelmäßig beurteilt, so müssen die regelmäßigen Berichte gegenüber Privatkunden nach § 63 Absatz 12 insbesondere eine Erklärung darüber enthalten, wie die Anlage den Präferenzen, den Anlagezielen und den sonstigen Merkmalen des Kunden entspricht.

(9) Nähere Bestimmungen zu den Absätzen 1, 3, 5 und 8 ergeben sich aus der Delegierten Verordnung (EU) 2017/565, insbesondere zu

1. Art, Inhalt, Gestaltung und Zeitpunkt der nach den Absätzen 1 und 5, auch in Verbindung mit § 63 Absatz 7, notwendigen Informationen für die Kunden aus den Artikeln 52 und 53,
2. der Geeignetheit nach Absatz 3, den im Zusammenhang mit der Beurteilung der Geeignetheit geltenden Pflichten sowie zu Art, Umfang und Kriterien der nach Absatz 3 von den Kunden einzuholenden Informationen aus den Artikeln 54 und 55,
3. der Erklärung nach Absatz 4 aus Artikel 54 Absatz 12,
4. der Anlageberatung nach Absatz 5 aus Artikel 53,
5. Art, Inhalt und Zeitpunkt der Berichtspflichten nach Absatz 8, auch in Verbindung mit § 63 Absatz 12, aus den Artikeln 60 und 62.

(10) ¹Das Bundesministerium der Finanzen kann durch Rechtsverordnung, die nicht der Zustimmung des Bundesrates bedarf, nähere Bestimmungen erlassen

1. im Einvernehmen mit dem Bundesministerium der Justiz und für Verbraucherschutz zu Inhalt und Aufbau sowie zu Art und Weise der Zurverfügungstellung der Informationsblätter im Sinne des Absatzes 2 Satz 1 und zu Inhalt und Aufbau sowie Art und Weise der Zurverfügungstellung des standardisierten Informationsblattes im Sinne des Absatzes 2 Satz 3,
2. zu Art, inhaltlicher Gestaltung, Zeitpunkt und Datenträger der nach Absatz 6 notwendigen Informationen für die Kunden,
3. zu Kriterien dazu, wann geringfügige nichtmonetäre Vorteile im Sinne des Absatzes 7 vorliegen.

²Das Bundesministerium der Finanzen kann die Ermächtigung durch Rechtsverordnung auf die Bundesanstalt übertragen.

§ 65 Selbstauskunft bei der Vermittlung des Vertragsschlusses über eine Vermögensanlage im Sinne des § 2a des Vermögensanlagengesetzes[1]

(1) ¹Ein Wertpapierdienstleistungsunternehmen hat vor der Vermittlung des Vertragsschlusses über eine Vermögensanlage im Sinne des § 2a des Vermögensanlagengesetzes von dem Kunden insoweit eine Selbstauskunft über dessen Vermögen oder dessen Einkommen einzuholen, wie dies erforderlich ist, um prüfen zu können, ob der Gesamtbetrag der Vermögensanlagen desselben Emittenten, die von dem Kunden erworben werden, folgende Beträge nicht übersteigt:

1. 25 000 Euro, sofern der jeweilige Anleger nach seiner Selbstauskunft über ein frei verfügbares Vermögen in Form von Bankguthaben und Finanzinstrumenten von mindestens 100 000 Euro verfügt, oder
2. den zweifachen Betrag des durchschnittlichen monatlichen Nettoeinkommens des jeweiligen Anlegers, höchstens jedoch 10 000 Euro.

²Satz 1 gilt nicht, wenn der Gesamtbetrag der Vermögensanlagen desselben Emittenten, die von dem Kunden erworben werden, 1 000 Euro nicht überschreitet. ³Ein Wertpapierdienstleistungsunternehmen darf einen Vertragsschluss über eine Vermögensanlage im Sinne des § 2a des Vermögensanlagengesetzes nur vermitteln, wenn es geprüft hat, dass der Gesamtbetrag der Vermögensanlagen desselben Emittenten, die von dem Kunden erworben werden, 1 000 Euro oder die in Satz 1 Nummer 1 und 2 genannten Beträge nicht übersteigt. ⁴Die Sätze 1 und 3 gelten nicht, wenn der Anleger eine Kapitalgesellschaft ist oder eine GmbH & Co. KG, deren Kommanditisten gleichzeitig Gesellschafter der GmbH oder an der Entscheidungsfindung der GmbH beteiligt sind, sofern die GmbH & Co. KG kein Investmentvermögen und keine Verwaltungsgesellschaft nach dem Kapitalanlagegesetzbuch ist.

(2) Soweit die in Absatz 1 genannten Informationen auf Angaben des Kunden beruhen, hat das Wertpapierdienstleistungsunternehmen die Fehlerhaftigkeit oder Unvollständigkeit der Angaben seines Kunden nicht zu vertreten, es sei denn, die Unvollständigkeit oder Unrichtigkeit der Kundenangaben ist ihm bekannt oder infolge grober Fahrlässigkeit unbekannt.

§ 65a Selbstauskunft bei der Vermittlung des Vertragsschlusses über Wertpapiere im Sinne des § 6 des Wertpapierprospektgesetzes[2]

(1) ¹Ein Wertpapierdienstleistungsunternehmen hat vor der Vermittlung des Vertragsschlusses über Wertpapiere im Sinne des § 6 des Wertpapierprospektgesetzes von dem nicht qualifizierten Anleger eine Selbstauskunft über dessen Vermögen oder dessen Einkommen in dem Umfang einzuholen, wie dies erforderlich ist, um prüfen zu können, ob der Gesamtbetrag der Wertpapiere, die von dem nicht qualifizierten Anleger erworben werden, folgende Beträge nicht übersteigt:

1. 10 000 Euro, sofern der jeweilige nicht qualifizierte Anleger nach seiner Selbstauskunft über ein frei verfügbares Vermögen in Form von Bankguthaben und Finanzinstrumenten von mindestens 100 000 Euro verfügt, oder
2. den zweifachen Betrag des durchschnittlichen monatlichen Nettoeinkommens des jeweiligen nicht qualifizierten Anlegers, höchstens jedoch 25 000 Euro.

²Satz 1 gilt nicht, wenn der Gesamtbetrag der Wertpapiere, die von dem nicht qualifizierten Anleger erworben werden, 1 000 Euro nicht überschreitet. ³Ein Wertpapierdienstleistungsunternehmen darf einen Vertragsschluss über Wertpapiere im Sinne des § 6 des Wertpapierprospektgesetzes nur vermitteln, wenn es geprüft hat, dass der Gesamtbetrag der Wertpapiere, die von dem nicht qualifizierten Anleger erworben werden, 1 000 Euro oder die in Satz 1 genannten Beträge nicht übersteigt.

---

1) Anm. d. Red.: § 65 i. d. F. des Gesetzes v. 8.7.2019 (BGBl I S. 1002) mit Wirkung v. 21.7.2019.
2) Anm. d. Red.: § 65a i. d. F. des Gesetzes v. 8.7.2019 (BGBl I S. 1002) mit Wirkung v. 21.7.2019.

(2) Soweit die in Absatz 1 genannten Informationen auf Angaben des nicht qualifizierten Anlegers beruhen, hat das Wertpapierdienstleistungsunternehmen die Fehlerhaftigkeit oder Unvollständigkeit der Angaben seines nicht qualifizierten Anlegers nicht zu vertreten, es sei denn, die Unvollständigkeit oder Unrichtigkeit der Angaben des nicht qualifizierten Anlegers ist ihm bekannt oder infolge grober Fahrlässigkeit unbekannt.

§ 66 Ausnahmen für Immobiliar-Verbraucherdarlehensverträge[1]

§ 63 Absatz 10 und 12 sowie § 64 Absatz 3, 4 und 8 gelten nicht für Immobiliar-Verbraucherdarlehensverträge, die an die Vorbedingung geknüpft sind, dass dem Verbraucher eine Wertpapierdienstleistung in Bezug auf gedeckte Schuldverschreibungen, die zur Besicherung der Finanzierung des Kredits begeben worden sind und denen dieselben Konditionen wie dem Immobiliar-Verbraucherdarlehensvertrag zugrunde liegen, erbracht wird, und wenn damit das Darlehen ausgezahlt, refinanziert oder abgelöst werden kann.

§ 67 Kunden; Verordnungsermächtigung[2]

(1) Kunden im Sinne dieses Gesetzes sind alle natürlichen oder juristischen Personen, für die Wertpapierdienstleistungsunternehmen Wertpapierdienstleistungen oder Wertpapiernebendienstleistungen erbringen oder anbahnen.

(2) ¹Professionelle Kunden im Sinne dieses Gesetzes sind Kunden, die über ausreichende Erfahrungen, Kenntnisse und Sachverstand verfügen, um ihre Anlageentscheidungen zu treffen und die damit verbundenen Risiken angemessen beurteilen zu können. ²Professionelle Kunden im Sinne des Satzes 1 sind

1. Unternehmen, die als
   a) Wertpapierdienstleistungsunternehmen,
   b) sonstige zugelassene oder beaufsichtigte Finanzinstitute,
   c) Versicherungsunternehmen,
   d) Organismen für gemeinsame Anlagen und ihre Verwaltungsgesellschaften,
   e) Pensionsfonds und ihre Verwaltungsgesellschaften,
   f) Börsenhändler und Warenderivatehändler,
   g) sonstige institutionelle Anleger, deren Haupttätigkeit nicht von den Buchstaben a bis f erfasst wird,

   im Inland oder Ausland zulassungs- oder aufsichtspflichtig sind, um auf den Finanzmärkten tätig werden zu können;

2. nicht im Sinne der Nummer 1 zulassungs- oder aufsichtspflichtige Unternehmen, die mindestens zwei der drei nachfolgenden Merkmale überschreiten:
   a) 20 000 000 Euro Bilanzsumme,
   b) 40 000 000 Euro Umsatzerlöse,
   c) 2 000 000 Euro Eigenmittel;

3. nationale und regionale Regierungen sowie Stellen der öffentlichen Schuldenverwaltung auf nationaler oder regionaler Ebene;

4. Zentralbanken, internationale und überstaatliche Einrichtungen wie die Weltbank, der Internationale Währungsfonds, die Europäische Zentralbank, die Europäische Investmentbank und andere vergleichbare internationale Organisationen;

5. andere nicht im Sinne der Nummer 1 zulassungs- oder aufsichtspflichtige institutionelle Anleger, deren Haupttätigkeit in der Investition in Finanzinstrumente besteht, und Einrich-

---

[1] **Anm. d. Red.:** § 66 eingefügt gem. Gesetz v. 23.6.2017 (BGBl I S. 1693) mit Wirkung v. 3.1.2018.

[2] **Anm. d. Red.:** Bisheriger § 31a zu § 67 geworden und geändert gem. Gesetz v. 23.6.2017 (BGBl I S. 1693) mit Wirkung v. 3.1.2018.

tungen, die die Verbriefung von Vermögenswerten und andere Finanzierungsgeschäfte betreiben.
³Sie werden in Bezug auf alle Finanzinstrumente, Wertpapierdienstleistungen und Wertpapiernebendienstleistungen als professionelle Kunden angesehen.

(3) Privatkunden im Sinne dieses Gesetzes sind Kunden, die keine professionellen Kunden sind.

(4) ¹Geeignete Gegenparteien sind Unternehmen im Sinne des Absatzes 2 Satz 2 Nummer 1 Buchstabe a bis e sowie Einrichtungen nach Absatz 2 Nummer 3 und 4. ²Den geeigneten Gegenparteien stehen gleich

1. Unternehmen im Sinne des Absatzes 2 Nummer 2 mit Sitz im In- oder Ausland,
2. Unternehmen mit Sitz in einem anderen Mitgliedstaat der Europäischen Union oder einem anderen Vertragsstaat des Abkommens über den Europäischen Wirtschaftsraum, die nach dem Recht des Herkunftsmitgliedstaates als geeignete Gegenparteien im Sinne des Artikels 30 Absatz 3 Satz 1 der Richtlinie 2014/65/EU anzusehen sind,

wenn diese zugestimmt haben, für alle oder einzelne Geschäfte als geeignete Gegenpartei behandelt zu werden.

(5) ¹Ein professioneller Kunde kann mit dem Wertpapierdienstleistungsunternehmen eine Einstufung als Privatkunde vereinbaren. ²Die Vereinbarung über die Änderung der Einstufung bedarf der Schriftform. ³Soll die Änderung nicht alle Wertpapierdienstleistungen, Wertpapiernebendienstleistungen und Finanzinstrumente betreffen, ist dies ausdrücklich festzulegen. ⁴Ein Wertpapierdienstleistungsunternehmen muss professionelle Kunden im Sinne des Absatzes 2 Satz 2 Nummer 2 und des Absatzes 6 am Anfang einer Geschäftsbeziehung darauf hinweisen, dass sie als professionelle Kunden eingestuft sind und die Möglichkeit einer Änderung der Einstufung nach Satz 1 besteht. ⁵Hat ein Wertpapierdienstleistungsunternehmen Kunden vor dem 1. November 2007 auf der Grundlage eines Bewertungsverfahrens, das auf den Sachverstand, die Erfahrungen und Kenntnisse der Kunden abstellt, im Sinne des Absatzes 2 Satz 1 eingestuft, hat die Einstufung nach dem 1. November 2007 Bestand. ⁶Diese Kunden sind über die Voraussetzungen der Einstufung nach den Absätzen 2 und 5 und die Möglichkeit der Änderung der Einstufung nach Absatz 5 Satz 4 zu informieren.

(6) ¹Ein Privatkunde kann auf Antrag oder durch Festlegung des Wertpapierdienstleistungsunternehmens als professioneller Kunde eingestuft werden. ²Der Änderung der Einstufung hat eine Bewertung durch das Wertpapierdienstleistungsunternehmen vorauszugehen, ob der Kunde aufgrund seiner Erfahrungen, Kenntnisse und seines Sachverstandes in der Lage ist, generell oder für eine bestimmte Art von Geschäften eine Anlageentscheidung zu treffen und die damit verbundenen Risiken angemessen zu beurteilen. ³Eine Änderung der Einstufung kommt nur in Betracht, wenn der Privatkunde mindestens zwei der drei folgenden Kriterien erfüllt:

1. der Kunde hat an dem Markt, an dem die Finanzinstrumente gehandelt werden, für die er als professioneller Kunde eingestuft werden soll, während des letzten Jahres durchschnittlich zehn Geschäfte von erheblichem Umfang im Quartal getätigt;
2. der Kunde verfügt über Bankguthaben und Finanzinstrumente im Wert von mehr als 500 000 Euro;
3. der Kunde hat mindestens für ein Jahr einen Beruf am Kapitalmarkt ausgeübt, der Kenntnisse über die in Betracht kommenden Geschäfte, Wertpapierdienstleistungen und Wertpapiernebendienstleistungen voraussetzt.

⁴Das Wertpapierdienstleistungsunternehmen muss den Privatkunden schriftlich darauf hinweisen, dass mit der Änderung der Einstufung die Schutzvorschriften dieses Gesetzes für Privatkunden nicht mehr gelten. ⁵Der Kunde muss schriftlich bestätigen, dass er diesen Hinweis zur Kenntnis genommen hat. ⁶Informiert ein professioneller Kunde im Sinne des Satzes 1 oder des Absatzes 2 Satz 2 Nr. 2 das Wertpapierdienstleistungsunternehmen nicht über alle Änderungen, die seine Einstufung als professioneller Kunde beeinflussen können, begründet eine darauf be-

ruhende fehlerhafte Einstufung keinen Pflichtverstoß des Wertpapierdienstleistungsunternehmens.

(7) ¹Das Bundesministerium der Finanzen kann durch Rechtsverordnung, die nicht der Zustimmung des Bundesrates bedarf, nähere Bestimmungen erlassen zu den Vorgaben an eine Einstufung gemäß Absatz 2 Satz 2 Nummer 2 und zu den Kriterien, dem Verfahren und den organisatorischen Vorkehrungen bei einer Änderung oder Beibehaltung der Einstufung nach den Absätzen 5 und 6. ²Das Bundesministerium der Finanzen kann die Ermächtigung durch Rechtsverordnung auf die Bundesanstalt übertragen.

§ 68 Geschäfte mit geeigneten Gegenparteien; Verordnungsermächtigung[1]

(1) ¹Wertpapierdienstleistungsunternehmen, die das Finanzkommissionsgeschäft, die Anlage- und Abschlussvermittlung und den Eigenhandel sowie damit in direktem Zusammenhang stehende Wertpapiernebendienstleistungen gegenüber geeigneten Gegenparteien erbringen, sind nicht an die Vorgaben von § 63 Absatz 1, 3 bis 7, 9, 10, § 64 Absatz 3, 5 und 7, § 69 Absatz 1, der §§ 70, 82, 83 Absatz 2 und § 87 Absatz 1 und 2 gebunden. ²Satz 1 ist nicht anwendbar, sofern die geeignete Gegenpartei mit dem Wertpapierdienstleistungsunternehmen für alle oder für einzelne Geschäfte vereinbart hat, als professioneller Kunde oder als Privatkunde behandelt zu werden. ³Wertpapierdienstleistungsunternehmen müssen in ihrer Beziehung mit geeigneten Gegenparteien auf eine Art und Weise kommunizieren, die redlich, eindeutig und nicht irreführend ist und müssen dabei der Form der geeigneten Gegenpartei und deren Geschäftstätigkeit Rechnung tragen.

(2) Nähere Bestimmungen zu Absatz 1, insbesondere zu der Form und dem Inhalt einer Vereinbarung nach Absatz 1 Satz 2 und zur Art und Weise der Zustimmung nach § 67 Absatz 4 Satz 2 ergeben sich aus Artikel 71 der Delegierten Verordnung (EU) 2017/565.

§ 69 Bearbeitung von Kundenaufträgen; Verordnungsermächtigung[2]

(1) Ein Wertpapierdienstleistungsunternehmen muss geeignete Vorkehrungen treffen, um
1. Kundenaufträge unverzüglich und redlich im Verhältnis zu anderen Kundenaufträgen und den Handelsinteressen des Wertpapierdienstleistungsunternehmens auszuführen oder an Dritte weiterzuleiten und
2. vergleichbare Kundenaufträge der Reihenfolge ihres Eingangs nach auszuführen oder an Dritte zum Zwecke der Ausführung weiterzuleiten.

(2) ¹Können limitierte Kundenaufträge in Bezug auf Aktien, die zum Handel an einem organisierten Markt zugelassen sind oder die an einem Handelsplatz gehandelt werden, aufgrund der Marktbedingungen nicht unverzüglich ausgeführt werden, muss das Wertpapierdienstleistungsunternehmen diese Aufträge unverzüglich so bekannt machen, dass sie anderen Marktteilnehmern leicht zugänglich sind, soweit der Kunde keine andere Weisung erteilt. ²Die Verpflichtung nach Satz 1 gilt als erfüllt, wenn die Aufträge an einen Handelsplatz weitergeleitet worden sind oder werden, der den Vorgaben des Artikels 70 Absatz 1 der Delegierten Verordnung (EU) 2017/565 entspricht. ³Die Bundesanstalt kann die Pflicht nach Satz 1 in Bezug auf solche Aufträge, die den marktüblichen Geschäftsumfang erheblich überschreiten, aufheben.

(3) Nähere Bestimmungen zu den Verpflichtungen nach den Absätzen 1 und 2 ergeben sich aus den Artikeln 67 bis 70 der Delegierten Verordnung (EU) 2017/565.

(4) ¹Das Bundesministerium der Finanzen kann durch Rechtsverordnung, die nicht der Zustimmung des Bundesrates bedarf, nähere Bestimmungen zu den Voraussetzungen erlassen, unter denen die Bundesanstalt nach Absatz 2 Satz 3 die Pflicht nach Absatz 2 Satz 1 aufheben kann.

---

1) **Anm. d. Red.:** Bisheriger § 31b zu § 68 geworden und geändert gem. Gesetz v. 23.6.2017 (BGBl I S. 1693) mit Wirkung v. 3.1.2018.

2) **Anm. d. Red.:** Bisheriger § 31c zu § 69 geworden und geändert gem. Gesetz v. 23.6.2017 (BGBl I S. 1693) mit Wirkung v. 3.1.2018.

²Das Bundesministerium der Finanzen kann die Ermächtigung durch Rechtsverordnung auf die Bundesanstalt übertragen.

§ 70 Zuwendungen und Gebühren; Verordnungsermächtigung[1]

(1) ¹Ein Wertpapierdienstleistungsunternehmen darf im Zusammenhang mit der Erbringung von Wertpapierdienstleistungen oder Wertpapiernebendienstleistungen keine Zuwendungen von Dritten annehmen oder an Dritte gewähren, die nicht Kunden dieser Dienstleistung sind oder nicht im Auftrag des Kunden tätig werden, es sei denn,

1. die Zuwendung ist darauf ausgelegt, die Qualität der für den Kunden erbrachten Dienstleistung zu verbessern und steht der ordnungsgemäßen Erbringung der Dienstleistung im bestmöglichen Interesse des Kunden im Sinne des § 63 Absatz 1 nicht entgegen und
2. Existenz, Art und Umfang der Zuwendung oder, soweit sich der Umfang noch nicht bestimmen lässt, die Art und Weise seiner Berechnung, wird dem Kunden vor der Erbringung der Wertpapierdienstleistung oder Wertpapiernebendienstleistung in umfassender, zutreffender und verständlicher Weise deutlichunmissverständlich offen gelegt.

²Wertpapierdienstleistungsunternehmen müssen nachweisen können, dass jegliche von ihnen erhaltenen oder gewährten Zuwendungen dazu bestimmt sind, die Qualität der jeweiligen Dienstleistung für den Kunden zu verbessern. ³Konnte ein Wertpapierdienstleistungsunternehmen den Umfang der Zuwendung noch nicht bestimmen und hat es dem Kunden statt dessen die Art und Weise der Berechnung offengelegt, so muss es den Kunden nachträglich auch über den genauen Betrag der Zuwendung, die es erhalten oder gewährt hat, unterrichten. ⁴Solange das Wertpapierdienstleistungsunternehmen im Zusammenhang mit den für die betreffenden Kunden erbrachten Wertpapierdienstleistungen fortlaufend Zuwendungen erhält, muss es seine Kunden mindestens einmal jährlich individuell über die tatsächliche Höhe der angenommenen oder gewährten Zuwendungen unterrichten.

(2) ¹Zuwendungen im Sinne dieser Vorschrift sind Provisionen, Gebühren oder sonstige Geldleistungen sowie alle nichtmonetären Vorteile. ²Die Bereitstellung von Analysen durch Dritte an das Wertpapierdienstleistungsunternehmen stellt keine Zuwendung dar, wenn sie die Gegenleistung ist für

1. eine direkte Zahlung des Wertpapierdienstleistungsunternehmens aus seinen eigenen Mitteln oder
2. Zahlungen von einem durch das Wertpapierdienstleistungsunternehmen kontrollierten separaten Analysekonto, wenn
   a) auf diesem vom Kunden entrichtete spezielle Analysegebühren verbucht werden,
   b) das Wertpapierdienstleistungsunternehmen ein Analysebudget als Bestandteil der Einrichtung eines Analysekontos festlegt und dieses einer regelmäßigen Bewertung unterzieht,
   c) das Wertpapierdienstleistungsunternehmen für das Analysekonto haftbar ist und
   d) das Wertpapierdienstleistungsunternehmen die Analysen regelmäßig anhand belastbarer Qualitätskriterien und dahingehend bewertet, ob sie zu besseren Anlageentscheidungen beitragen können.

³Hat ein Wertpapierdienstleistungsunternehmen ein Analysekonto eingerichtet, muss es den jeweiligen Kunden vor der Erbringung einer Wertpapierdienstleistung Informationen über die für Analysen veranschlagten Mittel und die Höhe der geschätzten Gebühren sowie jährlich Informationen über die Gesamtkosten, die auf jeden Kunden für die Analysen Dritter entfallen, übermitteln. ⁴Für die Bewertung nach Satz 2 Nummer 2 Buchstabe d müssen Wertpapierdienstleistungsunternehmen über alle erforderlichen Bestandteile schriftliche Grundsätze aufstellen und diese ihren Kunden übermitteln.

---

1) **Anm. d. Red.:** Bisheriger § 31d zu § 70 geworden und geändert gem. Gesetz v. 23.6.2017 (BGBl I S. 1693) mit Wirkung v. 3.1.2018.

§ 70

(3) Führt ein Wertpapierdienstleistungsunternehmen ein Analysekonto, ist es verpflichtet, auf Verlangen des Kunden oder der Bundesanstalt eine Zusammenstellung vorzulegen, die Folgendes beinhaltet:
1. die von einem Analysekonto im Sinne des Absatzes 2 Satz 2 Nummer 2 vergüteten Anbieter,
2. den an die Anbieter von Analysen in einem bestimmten Zeitraum gezahlten Gesamtbetrag,
3. die von dem Wertpapierdienstleistungsunternehmen erhaltenen Vorteile und Dienstleistungen und
4. eine Gegenüberstellung des von dem Analysekonto gezahlten Gesamtbetrages mit dem von dem Unternehmen für diesen Zeitraum veranschlagten Analysebudget,

wobei jede Rückerstattung oder jeder Übertrag, falls Mittel auf dem Konto verbleiben, auszuweisen ist.

(4) ¹Die Offenlegung nach Absatz 1 Satz 1 Nummer 2 und Satz 4 kann im Falle geringfügiger nichtmonetärer Vorteile in Form einer generischen Beschreibung erfolgen. ²Andere nichtmonetäre Vorteile, die das Wertpapierdienstleistungsunternehmen im Zusammenhang mit der für einen Kunden erbrachten Wertpapierdienstleistung oder Wertpapiernebendienstleistung annimmt oder gewährt, sind der Höhe nach anzugeben und separat offenzulegen. ³Nähere Einzelheiten zu den Anforderungen nach diesem Absatz sowie nach Absatz 1 Satz 1 Nummer 2 und Satz 3 und 4 ergeben sich aus Artikel 50 der Delegierten Verordnung (EU) 2017/565; darüber hinaus haben Wertpapierdienstleistungsunternehmen den Vorgaben des § 63 Absatz 7 Satz 3 Nummer 2 Rechnung zu tragen.

(5) Ist ein Wertpapierdienstleistungsunternehmen dazu verpflichtet, Zuwendungen, die es im Zusammenhang mit der Erbringung von Wertpapierdienstleistungen oder Wertpapiernebendienstleistungen erhält, an den Kunden auszukehren, muss es ihn über die diesbezüglichen Verfahren informieren.

(6) ¹Ein Wertpapierdienstleistungsunternehmen muss für jede Wertpapierdienstleistung, durch die Aufträge von Kunden ausgeführt werden, separate Gebühren ausweisen, die nur den Kosten für die Ausführung des Geschäfts entsprechen. ²Die Gewährung jedes anderen Vorteils oder die Erbringung jeder anderen Dienstleistung durch dasselbe Wertpapierdienstleistungsunternehmen für ein anderes Wertpapierdienstleistungsunternehmen, das seinen Sitz in der Europäischen Union hat, wird mit einer separat erkennbaren Gebühr ausgewiesen. ³Die Gewährung eines anderen Vorteils oder die Erbringung einer anderen Dienstleistung nach Satz 2 und die dafür verlangten Gebühren dürfen nicht beeinflusst sein oder abhängig gemacht werden von der Höhe der Zahlungen für Wertpapierdienstleistungen, durch die Aufträge von Kunden ausgeführt werden.

(7) Gebühren und Entgelte, die die Erbringung von Wertpapierdienstleistungen erst ermöglichen oder dafür notwendig sind, und die ihrer Art nach nicht geeignet sind, die Erfüllung der Pflicht nach § 63 Absatz 1 zu gefährden, sind von dem Verbot nach Absatz 1 ausgenommen.

(8) Nähere Bestimmungen betreffend die Annahme von Zuwendungen nach Absatz 1 ergeben sich aus Artikel 40 der Delegierten Verordnung (EU) 2017/565.

(9) ¹Das Bundesministerium der Finanzen kann durch Rechtsverordnung, die nicht der Zustimmung des Bundesrates bedarf, nähere Bestimmungen erlassen zu
1. Kriterien für die Art und Bestimmung einer Verbesserung der Qualität im Sinne des Absatzes 1 Satz 1 Nummer 1,
2. Art und Inhalt des Nachweises nach Absatz 1 Satz 2,
3. Art, Inhalt und Verfahren zur Erhebung einer Analysegebühr sowie der Festlegung, Verwaltung und Verwendung des Analysebudgets nach Absatz 2 Satz 2 Nummer 2 Buchstabe a und b,
4. Art, Inhalt und Verfahren betreffend die Verwaltung und Verwendung des von Wertpapierdienstleistungsunternehmen geführten Analysekontos nach Absatz 2 Nummer 2,
5. Art und Inhalt der schriftlichen Grundsätze nach Absatz 2 Satz 4.

²Das Bundesministerium der Finanzen kann die Ermächtigung durch Rechtsverordnung auf die Bundesanstalt übertragen.

§ 71 Erbringung von Wertpapierdienstleistungen und Wertpapiernebendienstleistungen über ein anderes Wertpapierdienstleistungsunternehmen[1)]

Erhält ein Wertpapierdienstleistungsunternehmen über ein anderes Wertpapierdienstleistungsunternehmen einen Auftrag, Wertpapierdienstleistungen oder Wertpapiernebendienstleistungen für einen Kunden zu erbringen, ist das entgegennehmende Unternehmen mit folgenden Maßgaben verantwortlich für die Durchführung der Wertpapierdienstleistung oder Wertpapiernebendienstleistung im Einklang mit den Bestimmungen dieses Abschnitts:

1. das entgegennehmende Wertpapierdienstleistungsunternehmen ist nicht verpflichtet, Kundenangaben und Kundenanweisungen, die ihm von dem anderen Wertpapierdienstleistungsunternehmen übermittelt werden, auf ihre Vollständigkeit und Richtigkeit zu überprüfen,
2. das entgegennehmende Wertpapierdienstleistungsunternehmen darf sich darauf verlassen, dass Empfehlungen in Bezug auf die Wertpapierdienstleistung oder Wertpapiernebendienstleistung dem Kunden von dem anderen Wertpapierdienstleistungsunternehmen im Einklang mit den gesetzlichen Vorschriften gegeben wurden.

§ 72 Betrieb eines multilateralen Handelssystems oder eines organisierten Handelssystems[2)]

(1) ¹Der Betreiber eines multilateralen oder organisierten Handelssystems ist dazu verpflichtet,

1. nichtdiskriminierende Regelungen für den Zugang zu dem multilateralen oder organisierten Handelssystem festzulegen, die kein Ermessen des Betreibers vorsehen;
2. Regelungen für die Einbeziehung von Finanzinstrumenten in den Handel, für die ordnungsgemäße Durchführung des Handels und der Preisermittlung, für die Verwendung von einbezogenen Referenzpreisen und für die vertragsgemäße Abwicklung der abgeschlossenen Geschäfte festzulegen;
3. über angemessene Verfahren zur Überwachung der Einhaltung der Regelungen nach Nummer 2 und der Verordnung (EU) Nr. 596/2014 zu verfügen;
4. alle Informationen zu veröffentlichen, die unter Berücksichtigung der Art der Nutzer und der gehandelten Finanzinstrumente für die Nutzung des multilateralen oder organisierten Handelssystems erforderlich und zweckdienlich sind;
5. separate Entgelte zu verlangen für die übermäßige Nutzung des multilateralen oder organisierten Handelssystems, insbesondere durch unverhältnismäßig viele Auftragseingaben, -änderungen und -löschungen; die Höhe dieser Entgelte ist so zu bemessen, dass einer übermäßigen Nutzung und den damit verbundenen negativen Auswirkungen auf die Systemstabilität oder die Marktintegrität wirksam begegnet wird;
6. geeignete Vorkehrungen zu treffen, um auch bei erheblichen Preisschwankungen eine ordnungsgemäße Preisermittlung sicherzustellen; geeignete Vorkehrungen sind insbesondere kurzfristige Änderungen des Marktmodells, kurzzeitige Volatilitätsunterbrechungen unter Berücksichtigung statischer oder dynamischer Preiskorridore und Limitsysteme der mit der Preisfeststellung betrauten Handelsteilnehmer, wobei es dem Betreiber in Ausnahmefällen möglich sein muss, jedes Geschäft aufzuheben, zu ändern oder zu berichtigen; die Parame-

---

1) **Anm. d. Red.:** Bisheriger § 31e zu § 71 geworden gem. Gesetz v. 23.6.2017 (BGBl I S. 1693) mit Wirkung v. 3.1.2018.

2) **Anm. d. Red.:** Bisheriger § 31f zu § 72 geworden und neu gefasst gem. Gesetz v. 23.6.2017 (BGBl I S. 1693) mit Wirkung v. 3.1.2018.

ter für solche Volatilitätsunterbrechungen müssen der Liquidität der einzelnen Kategorien und Teilkategorien der betreffenden Finanzinstrumente, der Art des Marktmodells und der Art der Nutzer Rechnung tragen und ermöglichen, dass wesentliche Störungen eines ordnungsgemäßen Handels unterbunden werden; der Betreiber hat der Bundesanstalt diese Parameter mitzuteilen;

7. sicherzustellen, dass ein angemessenes Verhältnis zwischen Auftragseingaben, -änderungen und -löschungen und den tatsächlich ausgeführten Geschäften (Order-Transaktions-Verhältnis) besteht, um Risiken für den ordnungsgemäßen Handel im multilateralen oder organisierten Handelssystem zu vermeiden; das Order-Transaktions-Verhältnis ist dabei jeweils für ein Finanzinstrument und anhand des zahlenmäßigen Volumens der Aufträge und Geschäfte innerhalb eines Tages zu bestimmen; ein Order-Transaktions-Verhältnis ist insbesondere angemessen, wenn es auf Grund der Liquidität des betroffenen Finanzinstruments, der konkreten Marktlage oder der Funktion des Handelsteilnehmers wirtschaftlich nachvollziehbar ist;

8. eine angemessene Größe der kleinstmöglichen Preisänderung bei den gehandelten Aktien, Aktienzertifikaten, Exchange Traded Funds, Zertifikaten und anderen vergleichbaren Finanzinstrumenten sowie allen anderen Finanzinstrumenten, die von dem auf der Grundlage von Artikel 49 Absatz 4 der Richtlinie 2014/65/EU erlassenen delegierten Rechtsakt der Europäischen Kommission erfasst werden, festzulegen, um negative Auswirkungen auf die Marktintegrität und -liquidität zu verringern; dabei ist insbesondere zu berücksichtigen, dass diese den Preisfindungsmechanismus und das Ziel eines angemessenen Order-Transaktions-Verhältnisses nicht beeinträchtigt; wegen der einzelnen Anforderungen an die Festlegung der Mindestpreisänderungsgröße wird auf die Delegierte Verordnung (EU) 2017/588 der Kommission vom 14. Juli 2016 zur Ergänzung der Richtlinie 2014/65/EU des Europäischen Parlaments und des Rates durch technische Regulierungsstandards für das Tick-Größen-System für Aktien, Aktienzertifikate und börsengehandelte Fonds (ABl L 87 vom 31. 3. 2017, S. 411), in der jeweils geltenden Fassung, verwiesen;

9. angemessene Risikokontrollen und Schwellen für den Handel über den direkten elektronischen Zugang festzulegen, insbesondere Regelungen festzulegen über

    a) die Kennzeichnung von Aufträgen, die über einen direkten elektronischen Zugang erteilt werden, und

    b) die Möglichkeit einer jederzeitigen Sperrung oder Beendigung eines direkten elektronischen Zugangs bei Verstößen des Inhabers des direkten Zugangs gegen geltende Rechtsvorschriften;

10. Regelungen festzulegen für die Kennzeichnung aller Aufträge, die durch den algorithmischen Handel im Sinne des § 80 Absatz 2 Satz 1 erzeugt werden, durch die Handelsteilnehmer und für die Offenlegung der hierfür jeweils verwendeten Handelsalgorithmen sowie der Personen, die diese Aufträge initiiert haben;

11. eine zuverlässige Verwaltung der technischen Abläufe des Handelssystems sicherzustellen, insbesondere

    a) wirksame Notfallmaßnahmen bei einem Systemausfall oder bei Störungen in seinen Handelssystemen vorzusehen, um die Kontinuität des Geschäftsbetriebs gewährleisten zu können,

    b) sicherzustellen, dass die Handelssysteme belastbar sind und über ausreichende Kapazitäten für Spitzenvolumina an Aufträgen und Mitteilungen verfügen und

    c) sicherzustellen, dass die Systeme in der Lage sind, auch unter extremen Stressbedingungen auf den Märkten einen ordnungsgemäßen Handel zu gewährleisten, und dass sie für diese Zwecke vollständig geprüft sind;

12. Vorkehrungen zu treffen, mit denen sich mögliche nachteilige Auswirkungen von Interessenkonflikten zwischen dem multilateralen oder organisierten Handelssystem und seinem Eigentümer oder Betreiber einerseits und dem einwandfreien Funktionieren des multilate-

ralen oder organisierten Handelssystems andererseits auf dessen Betrieb oder auf seine Handelsteilnehmer klar erkennen und regeln lassen;

13. sicherzustellen, dass das multilaterale oder organisierte Handelssystem über mindestens drei aktive Mitglieder oder Nutzer verfügt, denen es jeweils möglich ist, mit allen übrigen Mitgliedern und Nutzern zum Zwecke der Preisbildung zu interagieren.

²§ 5 Absatz 4a, die §§ 22a, 26c und 26d des Börsengesetzes gelten entsprechend.

(2) ¹Die Gebührenstrukturen, einschließlich der Ausführungsgebühren, Nebengebühren und möglichen Rabatte, müssen transparent und diskriminierungsfrei ausgestaltet sein. ²Die Gebühren dürfen keine Anreize schaffen, Aufträge so zu platzieren, zu ändern oder zu stornieren oder Geschäfte so zu tätigen, dass dies zu marktstörenden Handelsbedingungen oder Marktmissbrauch beiträgt. ³Insbesondere dürfen Rabatte in Bezug auf einzelne Aktien oder Aktienportfolios nur als Gegenleistung für die Übernahme von Market-Making-Pflichten gewährt werden.

(3) ¹Der Betreiber eines multilateralen oder organisierten Handelssystems hat der Bundesanstalt eine ausführliche Beschreibung der Funktionsweise des Handelssystems vorzulegen. ²Diese hat auch etwaige Verbindungen des Handelssystems zu Börsen, anderen multilateralen oder organisierten Handelssystemen oder systematischen Internalisierern, deren Träger oder Betreiber im Eigentum des Betreibers des Handelssystems stehen, sowie eine Liste der Mitglieder, Teilnehmer und Nutzer des Handelssystems zu umfassen. ³Die Bundesanstalt stellt diese Informationen auf Verlangen der Europäischen Wertpapier- und Marktaufsichtsbehörde zur Verfügung. ⁴Sie hat der Europäischen Wertpapier- und Marktaufsichtsbehörde jede Erteilung einer Erlaubnis zum Betrieb eines multilateralen oder organisierten Handelssystems mitzuteilen.

(4) Emittenten, deren Finanzinstrumente ohne ihre Zustimmung in den Handel in einem multilateralen oder organisierten Handelssystem einbezogen worden sind, können nicht dazu verpflichtet werden, Informationen in Bezug auf diese Finanzinstrumente für dieses multilaterale oder organisierte Handelssystem zu veröffentlichen.

(5) Der Betreiber eines multilateralen oder organisierten Handelssystems kann von einem Emittenten die Übermittlung von Referenzdaten in Bezug auf dessen Finanzinstrumente verlangen, soweit dies zur Erfüllung der Anforderungen aus Artikel 4 der Verordnung (EU) Nr. 596/2014 erforderlich ist.

(6) ¹Der Betreiber eines multilateralen oder organisierten Handelssystems hat der Bundesanstalt schwerwiegende Verstöße gegen die Handelsregeln, Störungen der Marktintegrität und Anhaltspunkte für einen Verstoß gegen die Vorschriften der Verordnung (EU) Nr. 596/2014 unverzüglich mitzuteilen und diese bei ihren Untersuchungen umfassend zu unterstützen. ²Die Bundesanstalt hat die Informationen nach Satz 1 der Europäischen Wertpapier- und Marktaufsichtsbehörde und den zuständigen Behörden der anderen Mitgliedstaaten und der Vertragsstaaten des Abkommens über den Europäischen Wirtschaftsraum zu übermitteln. ³Im Falle von Anhaltspunkten für Verstöße gegen die Vorschriften der Verordnung (EU) Nr. 596/2014 übermittelt die Bundesanstalt Informationen erst dann, wenn sie von einem Verstoß überzeugt ist.

(7) Darüber hinaus hat der Betreiber eines multilateralen oder organisierten Handelssystems der Bundesanstalt unverzüglich mitzuteilen, wenn bei einem an seinem Handelssystem gehandelten Finanzinstrument ein signifikanter Kursverfall im Sinne des Artikels 23 der Verordnung (EU) Nr. 236/2012 eintritt.

(8) ¹Der Betreiber eines multilateralen oder organisierten Handelssystems hat die Bundesanstalt über den Eingang von Anträgen auf Zugang nach den Artikeln 7 und 8 der Verordnung (EU) Nr. 648/2012 unverzüglich schriftlich zu unterrichten. ²Die Bundesanstalt kann

1. unter den in Artikel 7 Absatz 4 der Verordnung (EU) Nr. 648/2012 genannten Voraussetzungen dem Betreiber eines multilateralen oder organisierten Handelssystems den Zugang zu einer zentralen Gegenpartei im Sinne der genannten Verordnung untersagen sowie
2. unter den in Artikel 8 Absatz 4 der Verordnung (EU) Nr. 648/2012 genannten Voraussetzungen dem Betreiber eines multilateralen oder organisierten Handelssystems untersagen, einer zentralen Gegenpartei im Sinne der genannten Verordnung Zugang zu gewähren.

§ 73 Aussetzung des Handels und Ausschluss von Finanzinstrumenten[1]

(1) ¹Der Betreiber eines multilateralen oder organisierten Handelssystems kann den Handel mit einem Finanzinstrument aussetzen oder dieses Instrument vom Handel ausschließen, wenn dies zur Sicherung eines ordnungsgemäßen Handels oder zum Schutz des Publikums geboten erscheint, insbesondere, wenn

1. das Finanzinstrument den Regeln des Handelssystems nicht mehr entspricht,
2. der Verdacht eines Marktmissbrauchs im Sinne des Artikels 1 der Verordnung (EU) Nr. 596/2014 oder einer Nichtveröffentlichung von Insiderinformationen entgegen Artikel 17 der Verordnung (EU) Nr. 596/2014 in Bezug auf das Finanzinstrument besteht oder
3. ein Übernahmeangebot in Bezug auf den Emittenten des Finanzinstruments veröffentlicht wurde.

²Im Falle einer Maßnahme nach Satz 1 setzt der Betreiber auch den Handel mit Derivaten, die mit diesem Finanzinstrument verbunden sind oder sich auf dieses beziehen, aus oder stellt den Handel mit diesen Finanzinstrumenten ein, wenn dies zur Verwirklichung der Ziele der Maßnahme nach Satz 1 erforderlich ist. ³Eine Maßnahme nach Satz 1 oder Satz 2 unterbleibt, wenn sie die Interessen der betroffenen Anleger oder das ordnungsgemäße Funktionieren des Marktes erheblich beeinträchtigen könnte. ⁴Der Betreiber veröffentlicht Entscheidungen nach den Sätzen 1 und 2 und teilt sie unverzüglich der Bundesanstalt mit.

(2) ¹Wird ein Finanzinstrument, das in den in Absatz 1 Satz 1 Nummer 2 oder Nummer 3 genannten Fällen Gegenstand einer Maßnahme nach Absatz 1 Satz 1 oder Satz 2 ist, oder ein Derivat, das mit einem solchen Finanzinstrument verbunden ist oder sich auf dieses bezieht, auch an einem anderen inländischen multilateralen oder organisierten Handelssystem oder durch einen systematischen Internalisierer gehandelt, so ordnet die Bundesanstalt ebenfalls Maßnahmen nach Absatz 1 Satz 1 oder Satz 2 an. ²Absatz 1 Satz 3 gilt entsprechend.

(3) ¹Die Bundesanstalt veröffentlicht Maßnahmen nach den Absätzen 1 und 2 unverzüglich und übermittelt diese der Europäischen Wertpapier- und Marktaufsichtsbehörde sowie den zuständigen Behörden der anderen Mitgliedstaaten der Europäischen Union und der Vertragsstaaten des Abkommens über den Europäischen Wirtschaftsraum. ²Erhält die Bundesanstalt ihrerseits eine solche Mitteilung von einer zuständigen Behörde eines anderen Mitgliedstaats der Europäischen Union oder eines Vertragsstaats des Abkommens über den Europäischen Wirtschaftsraum, teilt sie dies den Geschäftsführungen der Börsen, an denen die betreffenden Finanzinstrumente gehandelt werden, und der jeweiligen Börsenaufsichtsbehörde mit. ³Sie ordnet gegenüber den Betreibern inländischer multilateraler und organisierter Handelssysteme sowie gegenüber systematischen Internalisierern, die die betreffenden Finanzinstrumente handeln, ebenfalls Maßnahmen nach Absatz 1 Satz 1 oder Satz 2 an. ⁴Absatz 1 Satz 3 gilt entsprechend. ⁵Die Bundesanstalt informiert die Europäische Wertpapier- und Marktaufsichtsbehörde und die zuständigen Behörden der anderen Mitgliedstaaten der Europäischen Union und der Vertragsstaaten des Abkommens über den Europäischen Wirtschaftsraum über Maßnahmen, die sie nach Satz 3 angeordnet hat, einschließlich einer Erläuterung, falls keine Handelsaussetzung oder Handelseinstellung erfolgt ist. ⁶Die Sätze 1 bis 5 gelten entsprechend für die Aufhebung einer Handelsaussetzung.

§ 74 Besondere Anforderungen an multilaterale Handelssysteme[2]

(1) Die Regeln für den Zugang zu einem multilateralen Handelssystem müssen mindestens den Anforderungen nach § 19 Absatz 2 und 4 Satz 1 und 2 des Börsengesetzes entsprechen.

(2) Die Regeln für den Handel und die Preisermittlung dürfen dem Betreiber eines multilateralen Handelssystems keinen Ermessensspielraum einräumen; dabei müssen die Preise im multi-

---

1) **Anm. d. Red.:** § 73 i. d. F. des Gesetzes v. 10.7.2018 (BGBl I S. 1102) mit Wirkung v. 14.7.2018.

2) **Anm. d. Red.:** Bisheriger § 31g zu § 74 geworden und neu gefasst gem. Gesetz v. 23.6.2017 (BGBl I S. 1693) mit Wirkung v. 3.1.2018.

lateralen Handelssystem entsprechend den Regelungen des § 24 Absatz 2 des Börsengesetzes zustande kommen.

(3) Der Betreiber eines multilateralen Handelssystems hat Vorkehrungen zu treffen, um
1. die Risiken, denen das System ausgesetzt ist, angemessen steuern zu können, insbesondere alle für den Betrieb des Handelssystems wesentlichen Risiken ermitteln und wirksam begrenzen zu können, und
2. einen reibungslosen und rechtzeitigen Abschluss der innerhalb seiner Systeme ausgeführten Geschäfte zu erleichtern.

(4) Der Betreiber eines multilateralen Handelssystems muss fortlaufend über ausreichende Finanzmittel verfügen, um ein ordnungsgemäßes Funktionieren des Systems sicherzustellen, wobei der Art und dem Umfang der an dem Handelssystem abgeschlossenen Geschäfte sowie der Art und der Höhe der Risiken, denen es ausgesetzt ist, Rechnung zu tragen ist.

(5) Dem Betreiber eines multilateralen Handelssystems ist es nicht gestattet, an einem multilateralen Handelssystem Kundenaufträge unter Einsatz seines eigenen Kapitals auszuführen oder auf die Zusammenführung sich deckender Kundenaufträge im Sinne von § 2 Absatz 29 zurückzugreifen.

§ 75 Besondere Anforderungen an organisierte Handelssysteme[1)]

(1) Der Betreiber eines organisierten Handelssystems hat geeignete Vorkehrungen zu treffen, durch die die Ausführung von Kundenaufträgen in dem organisierten Handelssystem unter Einsatz des eigenen Kapitals des Betreibers oder eines Mitglieds derselben Unternehmensgruppe verhindert wird.

(2) ¹Der Betreiber eines organisierten Handelssystems darf auf die Zusammenführung sich deckender Kundenaufträge im Sinne von § 2 Absatz 29 für Schuldverschreibungen, strukturierte Finanzprodukte, Emissionszertifikate und bestimmte Derivate zurückgreifen, wenn der Kunde dem zugestimmt hat. ²Er darf auf die Zusammenführung sich deckender Kundenaufträge über Derivate nicht zurückgreifen, wenn diese der Verpflichtung zum Clearing nach Artikel 4 der Verordnung (EU) Nr. 648/2012 unterliegen.

(3) Der Handel für eigene Rechnung ist einem Betreiber eines organisierten Handelssystems nur gestattet, soweit es sich nicht um die Zusammenführung sich deckender Kundenaufträge im Sinne von § 2 Absatz 29 handelt und nur in Bezug auf öffentliche Schuldtitel, für die kein liquider Markt besteht.

(4) ¹Ein organisiertes Handelssystem darf nicht innerhalb derselben rechtlichen Einheit mit einer systematischen Internalisierung betrieben werden. ²Ein organisiertes Handelssystem darf keine Verbindung zu einem systematischen Internalisierer oder einem anderen organisierten Handelssystem in einer Weise herstellen, die eine Interaktion von Aufträgen in dem organisierten Handelssystem mit den Aufträgen oder Angeboten des systematischen Internalisierers oder in dem organisierten Handelssystem ermöglicht.

(5) ¹Der Betreiber eines organisierten Handelssystems kann ein anderes Wertpapierdienstleistungsunternehmen beauftragen, unabhängig von dem Betreiber an dem organisierten Handelssystem Market-Making zu betreiben. ²Ein unabhängiges Betreiben liegt nur dann vor, wenn keine enge Verbindung des Wertpapierdienstleistungsunternehmens zu dem Betreiber des organisierten Handelssystems besteht.

(6) ¹Der Betreiber eines organisierten Handelssystems hat die Entscheidung über die Ausführung eines Auftrags in dem organisierten Handelssystem nach Ermessen zu treffen, wenn er darüber entscheidet,
1. einen Auftrag zu platzieren oder zurückzunehmen oder

---

1) **Anm. d. Red.:** § 75 eingefügt gem. Gesetz v. 23.6.2017 (BGBl I S. 1693) mit Wirkung v. 3.1.2018.

²2. einen bestimmten Kundenauftrag nicht mit anderen zu einem bestimmten Zeitpunkt im System vorhandenen Aufträgen zusammenzuführen.

²Im Falle des Satzes 1 Nummer 2 darf eine Zusammenführung nur dann unterbleiben, wenn dies mit etwaigen Anweisungen des Kunden sowie der Verpflichtung zur bestmöglichen Ausführung von Kundenaufträgen im Sinne von § 82 vereinbar ist. ³Bei einem System, bei dem gegenläufige Kundenaufträge eingehen, kann der Betreiber entscheiden, ob, wann und in welchem Umfang er zwei oder mehr Aufträge innerhalb des Systems zusammenführt. ⁴Im Einklang mit den Absätzen 1, 2, 4 und 5 und unbeschadet des Absatzes 3 kann der Betreiber bei einem System, über das Geschäfte mit Nichteigenkapitalinstrumenten in die Wege geleitet werden, die Verhandlungen zwischen den Kunden erleichtern, um so zwei oder mehr möglicherweise kompatible Handelsinteressen in einem Geschäft zusammenzuführen. ⁵Diese Verpflichtung gilt unbeschadet der §§ 72 und 82 dieses Gesetzes.

(7) ¹Die Bundesanstalt kann von dem Betreiber eines organisierten Handelssystems jederzeit, insbesondere bei Antrag auf Zulassung des Betriebs, eine ausführliche Erklärung darüber verlangen, warum das organisierte Handelssystem keinem regulierten Markt, multilateralen Handelssystem oder systematischen Internalisierer entspricht und nicht in dieser Form betrieben werden kann. ²Die Erklärung hat eine ausführliche Beschreibung zu enthalten, wie der Ermessensspielraum genutzt wird, insbesondere, wann ein Auftrag im organisierten Handelssystem zurückgezogen werden kann und wann und wie zwei oder mehr sich deckende Kundenaufträge innerhalb des organisierten Handelssystems zusammengeführt werden. ³Außerdem hat der Betreiber eines organisierten Handelssystems der Bundesanstalt Informationen zur Verfügung zu stellen, mit denen der Rückgriff auf die Zusammenführung sich deckender Kundenaufträge erklärt wird.

(8) Die Bundesanstalt überwacht den Handel durch Zusammenführung sich deckender Aufträge durch den Betreiber des organisierten Handelssystems, damit sichergestellt ist, dass dieser die hierfür geltenden Anforderungen einhält und dass der von ihm betriebene Handel durch Zusammenführung sich deckender Aufträge nicht zu Interessenkonflikten zwischen dem Betreiber und seinen Kunden führt.

(9) § 63 Absatz 1, 3 bis 7 und 9, § 64 Absatz 1 sowie die §§ 69, 70 und 82 gelten entsprechend für Geschäfte, die über ein organisiertes Handelssystem abgeschlossen wurden.

§ 76 KMU-Wachstumsmärkte; Verordnungsermächtigung[1)]

(1) ¹Der Betreiber eines multilateralen Handelssystems kann dieses bei der Bundesanstalt als Wachstumsmarkt für kleine und mittlere Unternehmen (KMU-Wachstumsmarkt) registrieren lassen, sofern folgende Anforderungen erfüllt sind:
1. bei mindestens 50 Prozent der Emittenten, deren Finanzinstrumente zum Handel auf dem multilateralen Handelssystem zugelassen sind, handelt es sich um kleine und mittlere Unternehmen;
2. der Betreiber hat geeignete Kriterien für die Zulassung der Finanzinstrumente zum Handel an dem Markt festgelegt;
3. der Betreiber macht die Zulassung von Finanzinstrumenten zum Handel an dem Markt davon abhängig, dass bei der Zulassung ausreichende Informationen veröffentlicht werden, um dem Publikum eine zutreffende Beurteilung des Emittenten und der Finanzinstrumente zu ermöglichen; bei diesen Informationen handelt es sich entweder um ein Zulassungsdokument oder einen Prospekt, falls auf Basis der Verordnung (EU) 2017/1129 festgelegte Anforderungen im Hinblick auf ein öffentliches Angebot im Zusammenhang mit der ursprünglichen Zulassung des Finanzinstruments zum Handel auf dem multilateralen Handelssystem Anwendung finden;

---

1) **Anm. d. Red.:** § 76 i. d. F. des Gesetzes v. 8.7.2019 (BGBl I S. 1002) mit Wirkung v. 21.7.2019. – Zur Anwendung siehe § 139 Abs. 1.

4. der Betreiber stellt sicher, dass eine geeignete regelmäßige Finanzberichterstattung durch den Emittenten am Markt stattfindet, dessen Finanzinstrumente zum Handel an dem multilateralen Handelssystem zugelassen sind, insbesondere durch geprüfte Jahresberichte;
5. die in Artikel 3 Absatz 1 Nummer 21 der Verordnung (EU) Nr. 596/2014 definierten Emittenten und die in Artikel 3 Absatz 1 Nummer 25 der Verordnung (EU) Nr. 596/2014 definierten Personen, die bei einem Emittenten Führungsaufgaben wahrnehmen, sowie die in Artikel 3 Absatz 1 Nummer 26 der Verordnung (EU) Nr. 596/2014 definierten Personen, die in enger Beziehung zu diesen stehen, erfüllen die jeweiligen Anforderungen, die für sie gemäß der Verordnung (EU) Nr. 596/2014 gelten;
6. der Betreiber erfasst Informationen, die von einem Emittenten auf Grund einer rechtlichen Verpflichtung veröffentlicht wurden, und stellt diese öffentlich zur Verfügung und
7. der Betreiber richtet wirksame Systeme und Kontrollen ein, die geeignet sind, einen Marktmissbrauch an dem betreffenden Markt gemäß der Verordnung (EU) Nr. 596/2014 zu erkennen und zu verhindern.

²Die Möglichkeit des Betreibers, zusätzliche Anforderungen festzulegen, bleibt unberührt.

(2) ¹Die Bundesanstalt hebt die Registrierung eines KMU-Wachstumsmarktes auf, wenn dessen Betreiber dies beantragt oder wenn die Voraussetzungen für eine Registrierung nach Absatz 1 nicht mehr vorliegen. ²Die Bundesanstalt unterrichtet die Europäische Wertpapier- und Marktaufsichtsbehörde unverzüglich über die Registrierung eines KMU-Wachstumsmarktes und über deren Aufhebung.

(3) ¹Ein Finanzinstrument, das zum Handel an einem KMU-Wachstumsmarkt zugelassen ist, kann nur dann in einem anderen KMU-Wachstumsmarkt gehandelt werden, wenn der Emittent des Finanzinstruments hierüber unterrichtet wurde und dem nicht widersprochen hat. ²In einem solchen Fall entstehen dem Emittenten im Hinblick auf diesen anderen KMU-Wachstumsmarkt keine Verpflichtungen in Bezug auf die Unternehmensführung und -kontrolle oder erstmalige, laufende oder punktuelle Veröffentlichungspflichten.

(4) ¹Das Bundesministerium der Finanzen kann durch Rechtsverordnung, die nicht der Zustimmung des Bundesrates bedarf, nähere Bestimmungen treffen
1. zur Art der Kriterien nach Absatz 1 Nummer 2,
2. zu Inhalt, Art, Umfang und Form der bei Zulassung zu veröffentlichenden Informationen nach Absatz 1 Nummer 3 und
3. zu Inhalt, Art, Umfang und Form der Berichterstattung nach Absatz 1 Nummer 4.

²Das Bundesministerium der Finanzen kann die Ermächtigung durch Rechtsverordnung auf die Bundesanstalt übertragen.

§ 77 Direkter elektronischer Zugang[1)]

(1) Ein Wertpapierdienstleistungsunternehmen, das einen direkten elektronischen Zugang zu einem Handelsplatz anbietet, muss
1. die Eignung der Kunden, die diesen Dienst nutzen, vor Gewährung des Zugangs beurteilen und regelmäßig überprüfen,
2. die im Zusammenhang mit diesem Dienst bestehenden Rechte und Pflichten des Kunden und des Wertpapierdienstleistungsunternehmens in einem schriftlichen Vertrag festlegen, wobei die Verantwortlichkeit des Wertpapierdienstleistungsunternehmens nach diesem Gesetz nicht auf den Kunden übertragen werden darf,
3. angemessene Handels- und Kreditschwellen für den Handel dieser Kunden festlegen,

---

1) **Anm. d. Red.:** § 77 eingefügt gem. Gesetz v. 23.6.2017 (BGBl I S. 1693) mit Wirkung v. 3.1.2018.

4. den Handel dieser Kunden überwachen, um
   a) sicherzustellen, dass die Kunden die nach Nummer 3 festgelegten Schwellen nicht überschreiten,
   b) sicherzustellen, dass der Handel den Anforderungen der Verordnung (EU) Nr. 596/2014, dieses Gesetzes sowie der Vorschriften des Handelsplatzes entspricht,
   c) marktstörende Handelsbedingungen oder auf Marktmissbrauch hindeutende Verhaltensweisen, die an die zuständige Behörde zu melden sind, erkennen zu können und
   d) sicherzustellen, dass durch den Handel keine Risiken für das Wertpapierdienstleistungsunternehmen selbst entstehen.

(2) ¹Ein Wertpapierdienstleistungsunternehmen, das einen direkten elektronischen Zugang zu einem Handelsplatz anbietet, teilt dies der Bundesanstalt und den zuständigen Behörden des Handelsplatzes, an dem sie den direkten elektronischen Zugang anbietet, mit. ²Die Bundesanstalt kann dem Wertpapierdienstleistungsunternehmen vorschreiben, regelmäßig oder jederzeit auf Anforderung eine Beschreibung der in Absatz 1 genannten Systeme und Kontrollen sowie Nachweise für ihre Anwendung vorzulegen. ³Auf Ersuchen einer zuständigen Behörde des Handelsplatzes, zu dem ein Wertpapierdienstleistungsunternehmen direkten elektronischen Zugang bietet, leitet die Bundesanstalt diese Informationen unverzüglich an diese Behörde weiter.

(3) Das Wertpapierdienstleistungsunternehmen sorgt dafür, dass Aufzeichnungen zu den in diesem Paragrafen genannten Angelegenheiten mindestens für fünf Jahre aufbewahrt werden, und stellt sicher, dass diese ausreichend sind, um der Bundesanstalt zu ermöglichen, die Einhaltung der Anforderungen dieses Gesetzes zu überprüfen.

§ 78 Handeln als General-Clearing-Mitglied[1)]

¹Ein Wertpapierdienstleistungsunternehmen, das als General-Clearing-Mitglied für andere Personen handelt, muss über wirksame Systeme und Kontrollen verfügen, um sicherzustellen, dass die Clearing-Dienste nur für solche Personen erbracht werden, die dafür geeignet sind und die von dem Wertpapierdienstleistungsunternehmen vorher festgelegte eindeutige Kriterien erfüllen. ²Es muss diesen Personen geeignete Anforderungen auferlegen, die dafür sorgen, dass die Risiken für das Wertpapierdienstleistungsunternehmen und den Markt verringert werden. ³Es muss ein schriftlicher Vertrag zwischen dem Wertpapierdienstleistungsunternehmen und der jeweiligen Person bestehen, der die im Zusammenhang mit diesem Dienst bestehenden Rechte und Pflichten regelt.

§ 79 Mitteilungspflicht von systematischen Internalisierern[2)]

¹Wertpapierdienstleistungsunternehmen, die als systematischer Internalisierer tätig sind, haben dies der Bundesanstalt unverzüglich mitzuteilen. ²Die Bundesanstalt übermittelt diese Information an die Europäische Wertpapier- und Marktaufsichtsbehörde.

§ 80 Organisationspflichten; Verordnungsermächtigung[3)]

(1) ¹Ein Wertpapierdienstleistungsunternehmen muss die organisatorischen Pflichten nach § 25a Absatz 1 und § 25e des Kreditwesengesetzes einhalten. ²Darüber hinaus muss es
1. angemessene Vorkehrungen treffen, um die Kontinuität und Regelmäßigkeit der Wertpapierdienstleistungen und Wertpapiernebendienstleistungen zu gewährleisten;

---

1) **Anm. d. Red.:** § 78 eingefügt gem. Gesetz v. 23.6.2017 (BGBl I S. 1693) mit Wirkung v. 3.1.2018.

2) **Anm. d. Red.:** Bisheriger § 32 zu § 79 geworden und neu gefasst gem. Gesetz v. 23.6.2017 (BGBl I S. 1693) mit Wirkung v. 3.1.2018.

3) **Anm. d. Red.:** Bisheriger § 33 zu § 80 geworden und geändert gem. Gesetz v. 23.6.2017 (BGBl I S. 1693) mit Wirkung v. 3.1.2018.

XXV. Wertpapierhandelsgesetz § 80

2. auf Dauer wirksame Vorkehrungen für angemessene Maßnahmen treffen, um Interessenkonflikte bei der Erbringung von Wertpapierdienstleistungen und Wertpapiernebendienstleistungen oder einer Kombination davon zwischen einerseits ihm selbst einschließlich seiner Geschäftsleitung, seiner Mitarbeiter, seiner vertraglich gebundenen Vermittler und der mit ihm direkt oder indirekt durch Kontrolle im Sinne des Artikels 4 Absatz 1 Nummer 37 der Verordnung (EU) Nr. 575/2013 verbundenen Personen und Unternehmen und andererseits seinen Kunden oder zwischen seinen Kunden untereinander zu erkennen und zu vermeiden oder zu regeln; dies umfasst auch solche Interessenkonflikte, die durch die Annahme von Zuwendungen Dritter sowie durch die eigene Vergütungsstruktur oder sonstige Anreizstrukturen des Wertpapierdienstleistungsunternehmens verursacht werden;
3. im Rahmen der Vorkehrungen nach Nummer 2 Grundsätze oder Ziele, die den Umsatz, das Volumen oder den Ertrag der im Rahmen der Anlageberatung empfohlenen Geschäfte unmittelbar oder mittelbar betreffen (Vertriebsvorgaben), derart ausgestalten, umsetzen und überwachen, dass Kundeninteressen nicht beeinträchtigt werden;
4. über solide Sicherheitsmechanismen verfügen, die die Sicherheit und Authentifizierung der Informationsübermittlungswege gewährleisten, das Risiko der Datenverfälschung und des unberechtigten Zugriffs minimieren und verhindern, dass Informationen bekannt werden, so dass die Vertraulichkeit der Daten jederzeit gewährleistet ist.

³Nähere Bestimmungen zur Organisation der Wertpapierdienstleistungsunternehmen enthalten die Artikel 21 bis 26 der Delegierten Verordnung (EU) 2017/565.

(2) ¹Ein Wertpapierdienstleistungsunternehmen muss zusätzlich die in diesem Absatz genannten Bestimmungen einhalten, wenn es in der Weise Handel mit Finanzinstrumenten betreibt, dass ein Computeralgorithmus die einzelnen Auftragsparameter automatisch bestimmt, ohne dass es sich um ein System handelt, das nur zur Weiterleitung von Aufträgen zu einem oder mehreren Handelsplätzen, zur Bearbeitung von Aufträgen ohne die Bestimmung von Auftragsparametern, zur Bestätigung von Aufträgen oder zur Nachhandelsbearbeitung ausgeführter Aufträge verwendet wird (algorithmischer Handel). ²Auftragsparameter im Sinne des Satzes 1 sind insbesondere Entscheidungen, ob der Auftrag eingeleitet werden soll, über Zeitpunkt, Preis oder Quantität des Auftrags oder wie der Auftrag nach seiner Einreichung mit eingeschränkter oder überhaupt keiner menschlichen Beteiligung bearbeitet wird. ³Ein Wertpapierdienstleistungsunternehmen, das algorithmischen Handel betreibt, muss über Systeme und Risikokontrollen verfügen, die sicherstellen, dass

1. seine Handelssysteme belastbar sind, über ausreichende Kapazitäten verfügen und angemessenen Handelsschwellen und Handelsobergrenzen unterliegen;
2. die Übermittlung von fehlerhaften Aufträgen oder eine Funktionsweise des Systems vermieden wird, durch die Störungen auf dem Markt verursacht werden oder ein Beitrag zu diesen geleistet werden könnten;
3. seine Handelssysteme nicht für einen Zweck verwendet werden können, der gegen die europäischen und nationalen Vorschriften gegen Marktmissbrauch oder die Vorschriften des Handelsplatzes verstößt, mit dem es verbunden ist.

⁴Ein Wertpapierdienstleistungsunternehmen, das algorithmischen Handel betreibt, muss ferner über wirksame Notfallvorkehrungen verfügen, um mit unvorgesehenen Störungen in seinen Handelssystemen umzugehen, und sicherstellen, dass seine Systeme vollständig geprüft sind und ordnungsgemäß überwacht werden. ⁵Das Wertpapierdienstleistungsunternehmen zeigt der Bundesanstalt und den zuständigen Behörden des Handelsplatzes, dessen Mitglied oder Teilnehmer es ist, an, dass es algorithmischen Handel betreibt.

(3) ¹Ein Wertpapierdienstleistungsunternehmen, das algorithmischen Handel im Sinne des Artikels 18 der Delegierten Verordnung (EU) 2017/565 betreibt, hat ausreichende Aufzeichnungen zu den in Absatz 2 genannten Angelegenheiten für mindestens fünf Jahre aufzubewahren. ²Nutzt das Wertpapierdienstleistungsunternehmen eine hochfrequente algorithmische Handelstechnik, müssen diese Aufzeichnungen insbesondere alle von ihm platzierten Aufträge einschließlich Auftragsstornierungen, ausgeführten Aufträge und Kursnotierungen an Handelsplät-

zen umfassen und chronologisch geordnet aufbewahrt werden. ³Auf Verlangen der Bundesanstalt sind diese Aufzeichnungen herauszugeben.

(4) Betreibt ein Wertpapierdienstleistungsunternehmen algorithmischen Handel im Sinne des Absatzes 2 unter Verfolgung einer Market-Making-Strategie, hat es unter Berücksichtigung der Liquidität, des Umfangs und der Art des konkreten Marktes und der konkreten Merkmale des gehandelten Instruments

1. dieses Market-Making während eines festgelegten Teils der Handelszeiten des Handelsplatzes kontinuierlich zu betreiben, abgesehen von außergewöhnlichen Umständen, so dass der Handelsplatz regelmäßig und verlässlich mit Liquidität versorgt wird,
2. einen schriftlichen Vertrag mit dem Handelsplatz zu schließen, in dem zumindest die Verpflichtungen nach Nummer 1 festgelegt werden; sofern es nicht den Vorschriften des § 26c des Börsengesetzes unterliegt, und
3. über wirksame Systeme und Kontrollen zu verfügen, durch die gewährleistet wird, dass es jederzeit diesen Verpflichtungen nachkommt.

(5) Ein Wertpapierdienstleistungsunternehmen, das algorithmischen Handel betreibt, verfolgt eine Market-Making-Strategie im Sinne des Absatzes 4, wenn es Mitglied oder Teilnehmer eines oder mehrerer Handelsplätze ist und seine Strategie beim Handel auf eigene Rechnung beinhaltet, dass es in Bezug auf ein oder mehrere Finanzinstrumente an einem einzelnen Handelsplatz oder an verschiedenen Handelsplätzen feste, zeitgleiche Geld- und Briefkurse vergleichbarer Höhe zu wettbewerbsfähigen Preisen stellt.

(6) ¹Ein Wertpapierdienstleistungsunternehmen muss bei einer Auslagerung von Aktivitäten und Prozessen sowie von Finanzdienstleistungen die Anforderungen nach § 25b des Kreditwesengesetzes einhalten. ²Die Auslagerung darf nicht die Rechtsverhältnisse des Unternehmens zu seinen Kunden und seine Pflichten, die nach diesem Abschnitt gegenüber den Kunden bestehen, verändern. ³Die Auslagerung darf die Voraussetzungen, unter denen dem Wertpapierdienstleistungsunternehmen eine Erlaubnis nach § 32 des Kreditwesengesetzes erteilt worden ist, nicht verändern. ⁴Nähere Bestimmungen zu den Anforderungen an die Auslagerung ergeben sich aus den Artikeln 30 bis 32 der Delegierten Verordnung (EU) 2017/565.

(7) ¹Ein Wertpapierdienstleistungsunternehmen darf die Anlageberatung nur dann als Unabhängige Honorar-Anlageberatung erbringen, wenn es ausschließlich Unabhängige Honorar-Anlageberatung erbringt oder wenn es die Unabhängige Honorar-Anlageberatung organisatorisch, funktional und personell von der übrigen Anlageberatung trennt. ²Wertpapierdienstleistungsunternehmen müssen Vertriebsvorgaben im Sinne des Absatzes 1 Nummer 3 für die Unabhängige Honorar-Anlageberatung so ausgestalten, dass in keinem Falle Interessenkonflikte mit Kundeninteressen entstehen können. ³Ein Wertpapierdienstleistungsunternehmen, das Unabhängige Honorar-Anlageberatung erbringt, muss auf seiner Internetseite angeben, ob die Unabhängige Honorar-Anlageberatung in der Hauptniederlassung und in welchen inländischen Zweigniederlassungen angeboten wird.

(8) Ein Wertpapierdienstleistungsunternehmen, das Finanzportfolioverwaltung oder Unabhängige Honorar-Anlageberatung erbringt, muss durch entsprechende Grundsätze sicherstellen, dass alle monetären Zuwendungen, die im Zusammenhang mit der Finanzportfolioverwaltung oder Unabhängigen Honorar-Anlageberatung von Dritten oder von für Dritte handelnden Personen angenommen werden, dem jeweiligen Kunden zugewiesen und an diesen weitergegeben werden.

(9) ¹Ein Wertpapierdienstleistungsunternehmen, das Finanzinstrumente zum Verkauf konzipiert, hat ein Verfahren für die Freigabe jedes einzelnen Finanzinstruments und jeder wesentlichen Anpassung bestehender Finanzinstrumente zu unterhalten, zu betreiben und zu überprüfen, bevor das Finanzinstrument an Kunden vermarktet oder vertrieben wird (Produktfreigabeverfahren). ²Das Verfahren muss sicherstellen, dass für jedes Finanzinstrument für Endkunden innerhalb der jeweiligen Kundengattung ein bestimmter Zielmarkt festgelegt wird. ³Dabei sind alle einschlägigen Risiken für den Zielmarkt zu bewerten. ⁴Darüber hinaus ist sicherzustellen, dass die beabsichtigte Vertriebsstrategie dem nach Satz 2 bestimmten Zielmarkt entspricht.

(10) ¹Ein Wertpapierdienstleistungsunternehmen hat von ihm angebotene oder vermarktete Finanzinstrumente regelmäßig zu überprüfen und dabei alle Ereignisse zu berücksichtigen, die wesentlichen Einfluss auf das potentielle Risiko für den bestimmten Zielmarkt haben könnten. ²Zumindest ist regelmäßig zu beurteilen, ob das Finanzinstrument den Bedürfnissen des nach Absatz 9 Satz 2 bestimmten Zielmarkts weiterhin entspricht und ob die beabsichtigte Vertriebsstrategie zur Erreichung dieses Zielmarkts weiterhin geeignet ist.

(11) ¹Ein Wertpapierdienstleistungsunternehmen, das Finanzinstrumente konzipiert, hat allen Vertriebsunternehmen sämtliche erforderlichen und sachdienlichen Informationen zu dem Finanzinstrument und dem Produktfreigabeverfahren nach Absatz 9 Satz 1, einschließlich des nach Absatz 9 Satz 2 bestimmten Zielmarkts, zur Verfügung zu stellen. ²Vertreibt ein Wertpapierdienstleistungsunternehmen Finanzinstrumente oder empfiehlt es diese, ohne sie zu konzipieren, muss es über angemessene Vorkehrungen verfügen, um sich die in Satz 1 genannten Informationen vom konzipierenden Wertpapierdienstleistungsunternehmen oder vom Emittenten zu verschaffen und die Merkmale sowie den Zielmarkt des Finanzinstruments zu verstehen.

(12) ¹Ein Wertpapierdienstleistungsunternehmen, das Finanzinstrumente anzubieten oder zu empfehlen beabsichtigt und das von einem anderen Wertpapierdienstleistungsunternehmen konzipierte Finanzinstrumente vertreibt, hat geeignete Verfahren aufrechtzuerhalten und Maßnahmen zu treffen, um sicherzustellen, dass die Anforderungen nach diesem Gesetz eingehalten werden. ²Dies umfasst auch solche Anforderungen, die für die Offenlegung, für die Bewertung der Eignung und der Angemessenheit, für Anreize und für den ordnungsgemäßen Umgang mit Interessenkonflikten gelten. ³Das Wertpapierdienstleistungsunternehmen ist zu besonderer Sorgfalt verpflichtet, wenn es als Vertriebsunternehmen ein neues Finanzprodukt anzubieten oder zu empfehlen beabsichtigt oder wenn sich die Dienstleistungen ändern, die es als Vertriebsunternehmen anzubieten oder zu empfehlen beabsichtigt.

(13) ¹Das Wertpapierdienstleistungsunternehmen hat seine Produktfreigabevorkehrungen regelmäßig zu überprüfen, um sicherzustellen, dass diese belastbar und zweckmäßig sind und zur Umsetzung erforderlicher Änderungen geeignete Maßnahmen zu treffen. ²Es hat sicherzustellen, dass seine gemäß Artikel 22 Absatz 2 der Delegierten Verordnung (EU) 2017/565 eingerichtete Compliance-Funktion die Entwicklung und regelmäßige Überprüfung der Produktfreigabevorkehrungen überwacht und etwaige Risiken, dass Anforderungen an den Produktüberwachungsprozess nicht erfüllt werden, frühzeitig erkennt.

(14) ¹Das Bundesministerium der Finanzen kann durch Rechtsverordnung, die nicht der Zustimmung des Bundesrates bedarf, nähere Bestimmungen zur Anwendung der Delegierten Verordnung (EU) 2017/565 sowie zur Umsetzung der Delegierten Richtlinie (EU) 2017/593 der Kommission vom 7. April 2016 zur Ergänzung der Richtlinie 2014/65/EU des Europäischen Parlaments und des Rates im Hinblick auf den Schutz der Finanzinstrumente und Gelder von Kunden, Produktüberwachungspflichten und Vorschriften für die Entrichtung beziehungsweise Gewährung oder Entgegennahme von Gebühren, Provisionen oder anderen monetären oder nichtmonetären Vorteilen (ABl L 87 vom 31.3.2017, S. 500), in der jeweils geltenden Fassung, und den organisatorischen Anforderungen nach Absatz 1 Satz 2 und Absatz 7, den Anforderungen an das Produktfreigabeverfahren und den Produktvertrieb nach Absatz 9 und das Überprüfungsverfahren nach Absatz 10 sowie den nach Absatz 11 zur Verfügung zu stellenden Informationen und damit zusammenhängenden Pflichten der Wertpapierdienstleistungsunternehmen erlassen. ²Das Bundesministerium der Finanzen kann die Ermächtigung durch Rechtsverordnung auf die Bundesanstalt übertragen.

§ 81 Geschäftsleiter[1)]

(1) ¹Die Geschäftsleiter eines Wertpapierdienstleistungsunternehmens haben im Rahmen der Pflichten aus § 25c Absatz 3 des Kreditwesengesetzes ihre Aufgaben in einer Art und Weise wahrzunehmen, die die Integrität des Marktes wahrt und durch die die Interessen der Kunden

---

1) **Anm. d. Red.:** § 81 eingefügt gem. Gesetz v. 23.6.2017 (BGBl I S. 1693) mit Wirkung v. 3.1.2018.

gefördert werden. ²Insbesondere müssen die Geschäftsleiter Folgendes festlegen, umsetzen und überwachen:

1. unter Berücksichtigung von Art, Umfang und Komplexität der Geschäftstätigkeit des Wertpapierdienstleistungsunternehmens sowie aller von dem Wertpapierdienstleistungsunternehmen einzuhaltenden Anforderungen

    a) die Organisation zur Erbringung von Wertpapierdienstleistungen und Wertpapiernebendienstleistungen, einschließlich der hierfür erforderlichen Mittel, und organisatorischen Regelungen sowie

    b) ob das Personal über die erforderlichen Fähigkeiten, Kenntnisse und Erfahrungen verfügt,

2. die Geschäftspolitik hinsichtlich

    a) der angebotenen oder erbrachten Wertpapierdienstleistungen und Wertpapiernebendienstleistungen und

    b) der angebotenen oder vertriebenen Produkte,

    die in Einklang stehen muss mit der Risikotoleranz des Wertpapierdienstleistungsunternehmens und etwaigen Besonderheiten und Bedürfnissen seiner Kunden, wobei erforderlichenfalls geeignete Stresstests durchzuführen sind, sowie

3. die Vergütungsregelungen für Personen, die an der Erbringung von Wertpapierdienstleistungen oder Wertpapiernebendienstleistungen für Kunden beteiligt sind, und die ausgerichtet sein müssen auf

    a) eine verantwortungsvolle Unternehmensführung,

    b) die faire Behandlung der Kunden und

    c) die Vermeidung von Interessenkonflikten im Verhältnis zu den Kunden.

(2) ¹Die Geschäftsleiter eines Wertpapierdienstleistungsunternehmens müssen regelmäßig Folgendes überwachen und überprüfen:

1. die Eignung und die Umsetzung der strategischen Ziele des Wertpapierdienstleistungsunternehmens bei der Erbringung von Wertpapierdienstleistungen und Wertpapiernebendienstleistungen,

2. die Wirksamkeit der Unternehmensführungsregelungen des Wertpapierdienstleistungsunternehmens und

3. die Angemessenheit der Unternehmensstrategie hinsichtlich der Erbringung von Wertpapierdienstleistungen und Wertpapiernebendienstleistungen an die Kunden.

²Bestehen Mängel, müssen die Geschäftsleiter unverzüglich die erforderlichen Schritte unternehmen, um diese zu beseitigen.

(3) Das Wertpapierdienstleistungsunternehmen hat sicherzustellen, dass die Geschäftsleiter einen angemessenen Zugang zu den Informationen und Dokumenten haben, die für die Beaufsichtigung und Überwachung erforderlich sind.

(4) ¹Die Geschäftsleiter haben den Produktfreigabeprozess wirksam zu überwachen. ²Sie haben sicherzustellen, dass die Compliance-Berichte an die Geschäftsleiter systematisch Informationen über die von dem Wertpapierdienstleistungsunternehmen konzipierten und empfohlenen Finanzinstrumente enthalten, insbesondere über die jeweilige Vertriebsstrategie. ³Auf Verlangen sind die Compliance-Berichte der Bundesanstalt zur Verfügung zu stellen.

(5) ¹Das Wertpapierdienstleistungsunternehmen hat einen Beauftragten zu ernennen, der die Verantwortung dafür trägt, dass das Wertpapierdienstleistungsunternehmen seine Verpflichtungen in Bezug auf den Schutz von Finanzinstrumenten und Geldern von Kunden einhält. ²Der Beauftragte kann daneben auch weitere Aufgaben wahrnehmen.

§ 82 Bestmögliche Ausführung von Kundenaufträgen[1)]

(1) Ein Wertpapierdienstleistungsunternehmen, das Aufträge seiner Kunden für den Kauf oder Verkauf von Finanzinstrumenten im Sinne des § 2 Absatz 8 Satz 1 Nummer 1 bis 3 ausführt, muss

1. alle hinreichenden Vorkehrungen treffen, insbesondere Grundsätze zur Auftragsausführung festlegen und regelmäßig, insbesondere unter Berücksichtigung der nach den Absätzen 9 bis 12 und § 26e des Börsengesetzes veröffentlichten Informationen, überprüfen, um das bestmögliche Ergebnis für seine Kunden zu erreichen und
2. sicherstellen, dass die Ausführung jedes einzelnen Kundenauftrags nach Maßgabe dieser Grundsätze vorgenommen wird.

(2) Das Wertpapierdienstleistungsunternehmen muss bei der Aufstellung der Ausführungsgrundsätze alle relevanten Kriterien zur Erzielung des bestmöglichen Ergebnisses, insbesondere die Preise der Finanzinstrumente, die mit der Auftragsausführung verbundenen Kosten, die Geschwindigkeit, die Wahrscheinlichkeit der Ausführung und die Abwicklung des Auftrags sowie den Umfang und die Art des Auftrags berücksichtigen und die Kriterien unter Berücksichtigung der Merkmale des Kunden, des Kundenauftrags, des Finanzinstrumentes und des Ausführungsplatzes gewichten.

(3) [1]Führt das Wertpapierdienstleistungsunternehmen Aufträge von Privatkunden aus, müssen die Ausführungsgrundsätze Vorkehrungen dafür enthalten, dass sich das bestmögliche Ergebnis am Gesamtentgelt orientiert. [2]Das Gesamtentgelt ergibt sich aus dem Preis für das Finanzinstrument und sämtlichen mit der Auftragsausführung verbundenen Kosten. [3]Kann ein Auftrag über ein Finanzinstrument nach Maßgabe der Ausführungsgrundsätze des Wertpapierdienstleistungsunternehmens an mehreren konkurrierenden Plätzen ausgeführt werden, zählen zu den Kosten auch die eigenen Provisionen oder Gebühren, die das Wertpapierdienstleistungsunternehmen dem Kunden für eine Wertpapierdienstleistung in Rechnung stellt. [4]Zu den bei der Berechnung des Gesamtentgelts zu berücksichtigenden Kosten zählen Gebühren und Entgelte des Ausführungsplatzes, an dem das Geschäft ausgeführt wird, Kosten für Clearing und Abwicklung und alle sonstigen Entgelte, die an Dritte gezahlt werden, die an der Auftragsausführung beteiligt sind.

(4) Führt das Wertpapierdienstleistungsunternehmen einen Auftrag gemäß einer ausdrücklichen Kundenweisung aus, gilt die Pflicht zur Erzielung des bestmöglichen Ergebnisses entsprechend dem Umfang der Weisung als erfüllt.

(5) [1]Die Grundsätze zur Auftragsausführung müssen

1. Angaben zu den verschiedenen Ausführungsplätzen in Bezug auf jede Gattung von Finanzinstrumenten und die ausschlaggebenden Faktoren für die Auswahl eines Ausführungsplatzes,
2. mindestens die Ausführungsplätze, an denen das Wertpapierdienstleistungsunternehmen gleichbleibend die bestmöglichen Ergebnisse bei der Ausführung von Kundenaufträgen erzielen kann,

enthalten. [2]Lassen die Ausführungsgrundsätze im Sinne des Absatzes 1 Nummer 1 auch eine Auftragsausführung außerhalb von Handelsplätzen im Sinne von § 2 Absatz 22 zu, muss das Wertpapierdienstleistungsunternehmen seine Kunden auf diesen Umstand gesondert hinweisen und deren ausdrückliche Einwilligung generell oder in Bezug auf jedes Geschäft einholen, bevor die Kundenaufträge an diesen Ausführungsplätzen ausgeführt werden.

(6) [1]Das Wertpapierdienstleistungsunternehmen muss

1. seine Kunden vor der erstmaligen Erbringung von Wertpapierdienstleistungen über seine Ausführungsgrundsätze informieren und ihre Zustimmung zu diesen Grundsätzen einholen, und

---

1) **Anm. d. Red.:** § 82 i. d. F. des Gesetzes v. 10.7.2018 (BGBl I S. 1102) mit Wirkung v. 14.7.2018.

2. seinen Kunden wesentliche Änderungen der Vorkehrungen nach Absatz 1 Nummer 1 unverzüglich mitteilen.

²Die Informationen über die Ausführungsgrundsätze müssen klar, ausführlich und auf eine für den Kunden verständliche Weise erläutern, wie das Wertpapierdienstleistungsunternehmen die Kundenaufträge ausführt.

(7) Das Wertpapierdienstleistungsunternehmen muss in der Lage sein, einem Kunden auf Anfrage darzulegen, dass sein Auftrag entsprechend den Ausführungsgrundsätzen ausgeführt wurde.

(8) Ein Wertpapierdienstleistungsunternehmen darf sowohl für die Ausführung von Kundenaufträgen an einem bestimmten Handelsplatz oder Ausführungsplatz als auch für die Weiterleitung von Kundenaufträgen an einen bestimmten Handelsplatz oder Ausführungsplatz weder eine Vergütung noch einen Rabatt oder einen nichtmonetären Vorteil annehmen, wenn dies einen Verstoß gegen die Anforderungen nach § 63 Absatz 1 bis 7 und 9, § 64 Absatz 1 und 5, den §§ 70, 80 Absatz 1 Satz 2 Nummer 2, Absatz 9 bis 11 oder die Absätze 1 bis 4 darstellen würde.

(9) Das Wertpapierdienstleistungsunternehmen muss einmal jährlich für jede Gattung von Finanzinstrumenten die fünf Ausführungsplätze, die ausgehend vom Handelsvolumen am wichtigsten sind, auf denen es Kundenaufträge im Vorjahr ausgeführt hat, und Informationen über die erreichte Ausführungsqualität zusammenfassen und nach den Vorgaben der Delegierten Verordnung (EU) 2017/576 der Kommission vom 8. Juni 2016 zur Ergänzung der Richtlinie 2014/65/EU des Europäischen Parlaments und des Rates durch technische Regulierungsstandards für die jährliche Veröffentlichung von Informationen durch Wertpapierfirmen zur Identität von Handelsplätzen und zur Qualität der Ausführung (ABl L 87 vom 31. 3. 2017, S. 166), in der jeweils geltenden Fassung, veröffentlichen.

(10) Vorbehaltlich des § 26e des Börsengesetzes müssen Handelsplätze und systematische Internalisierer für jedes Finanzinstrument, das der Handelspflicht nach Artikel 23 oder Artikel 28 der Verordnung (EU) Nr. 600/2014 unterliegt, mindestens einmal jährlich gebührenfrei Informationen über die Ausführungsqualität von Aufträgen veröffentlichen.

(11) Vorbehaltlich des § 26e des Börsengesetzes müssen Ausführungsplätze für jedes Finanzinstrument, das nicht von Absatz 10 erfasst wird, mindestens einmal jährlich gebührenfrei Informationen über die Ausführungsqualität von Aufträgen veröffentlichen.

(12) ¹Die Veröffentlichungen nach den Absätzen 10 und 11 müssen ausführliche Angaben zum Preis, zu den mit einer Auftragsausführung verbundenen Kosten, der Geschwindigkeit und der Wahrscheinlichkeit der Ausführung sowie der Abwicklung eines Auftrags in den einzelnen Finanzinstrumenten enthalten. ²Das Nähere regelt die Delegierte Verordnung (EU) 2017/575 der Kommission vom 8. Juni 2016 zur Ergänzung der Richtlinie 2014/65/EU des Europäischen Parlaments und des Rates über Märkte für Finanzinstrumente durch technische Regulierungsstandards bezüglich der Daten, die Ausführungsplätze zur Qualität der Ausführung von Geschäften veröffentlichen müssen (ABl L 87 vom 31. 3. 2017, S. 152), in der jeweils geltenden Fassung.

(13) Nähere Bestimmungen ergeben sich aus der Delegierten Verordnung (EU) 2017/565, insbesondere zu

1. der Aufstellung der Ausführungsgrundsätze nach den Absätzen 1 bis 5 aus Artikel 64,
2. der Überprüfung der Vorkehrungen nach Absatz 1 aus Artikel 66,
3. Art, Umfang und Datenträger der Informationen über die Ausführungsgrundsätze nach Absatz 6 aus Artikel 66 und
4. den Pflichten von Wertpapierdienstleistungsunternehmen, die Aufträge ihrer Kunden an Dritte zur Ausführung weiterleiten oder die Finanzportfolioverwaltung betreiben, ohne die Aufträge oder Entscheidungen selbst auszuführen, im bestmöglichen Interesse ihrer Kunden zu handeln, aus Artikel 65.

§ 83 Aufzeichnungs- und Aufbewahrungspflicht[1)]

(1) Ein Wertpapierdienstleistungsunternehmen muss, unbeschadet der Aufzeichnungspflichten nach den Artikeln 74 und 75 der Delegierten Verordnung (EU) 2017/565, über die von ihm erbrachten Wertpapierdienstleistungen und Wertpapiernebendienstleistungen sowie die von ihm getätigten Geschäfte Aufzeichnungen erstellen, die es der Bundesanstalt ermöglichen, die Einhaltung der in diesem Abschnitt, in der Verordnung (EU) Nr. 600/2014 und der Verordnung (EU) Nr. 596/2014 geregelten Pflichten zu prüfen und durchzusetzen.

(2) [1]Das Wertpapierdienstleistungsunternehmen hat Aufzeichnungen zu erstellen über Vereinbarungen mit Kunden, die die Rechte und Pflichten der Vertragsparteien sowie die sonstigen Bedingungen festlegen, zu denen das Wertpapierdienstleistungsunternehmen Wertpapierdienstleistungen oder Wertpapiernebendienstleistungen für den Kunden erbringt. [2]In anderen Dokumenten oder Rechtstexten normierte oder vereinbarte Rechte und Pflichten können durch Verweis in die Vereinbarungen einbezogen werden. [3]Nähere Bestimmungen zur Aufzeichnungspflicht nach Satz 1 ergeben sich aus Artikel 58 der Delegierten Verordnung (EU) 2017/565.

(3) [1]Hinsichtlich der beim Handel für eigene Rechnung getätigten Geschäfte und der Erbringung von Dienstleistungen, die sich auf die Annahme, Übermittlung und Ausführung von Kundenaufträgen beziehen, hat das Wertpapierdienstleistungsunternehmen für Zwecke der Beweissicherung die Inhalte der Telefongespräche und der elektronischen Kommunikation aufzuzeichnen. [2]Die Aufzeichnung hat insbesondere diejenigen Teile der Telefongespräche und der elektronischen Kommunikation zu beinhalten, in welchen die Risiken, die Ertragschancen oder die Ausgestaltung von Finanzinstrumenten oder Wertpapierdienstleistungen erörtert werden. [3]Hierzu darf das Wertpapierdienstleistungsunternehmen personenbezogene Daten verarbeiten. [4]Dies gilt auch, wenn das Telefongespräch oder die elektronische Kommunikation nicht zum Abschluss eines solchen Geschäftes oder zur Erbringung einer solchen Dienstleistung führt.

(4) [1]Das Wertpapierdienstleistungsunternehmen hat alle angemessenen Maßnahmen zu ergreifen, um einschlägige Telefongespräche und elektronische Kommunikation aufzuzeichnen, die über Geräte erstellt oder von Geräten gesendet oder empfangen werden, die das Wertpapierdienstleistungsunternehmen seinen Mitarbeitern oder beauftragten Personen zur Verfügung stellt oder deren Nutzung das Wertpapierdienstleistungsunternehmen billigt oder gestattet. [2]Telefongespräche und elektronische Kommunikation, die nach Absatz 3 Satz 1 aufzuzeichnen sind, dürfen über private Geräte oder private elektronische Kommunikation der Mitarbeiter nur geführt werden, wenn das Wertpapierdienstleistungsunternehmen diese mit Zustimmung der Mitarbeiter aufzeichnen oder nach Abschluss des Gesprächs auf einen eigenen Datenspeicher kopieren kann.

(5) [1]Das Wertpapierdienstleistungsunternehmen hat Neu- und Altkunden sowie seine Mitarbeiter und beauftragten Personen vorab in geeigneter Weise über die Aufzeichnung von Telefongesprächen nach Absatz 3 Satz 1 zu informieren. [2]Hat ein Wertpapierdienstleistungsunternehmen seine Kunden nicht vorab über die Aufzeichnung der Telefongespräche oder der elektronischen Kommunikation informiert oder hat der Kunde einer Aufzeichnung widersprochen, darf das Wertpapierdienstleistungsunternehmen für den Kunden keine telefonisch oder mittels elektronischer Kommunikation veranlassten Wertpapierdienstleistungen erbringen, wenn sich diese auf die Annahme, Übermittlung und Ausführung von Kundenaufträgen beziehen. [3]Näheres regelt Artikel 76 der Delegierten Verordnung (EU) 2017/565.

(6) [1]Erteilt der Kunde dem Wertpapierdienstleistungsunternehmen seinen Auftrag im Rahmen eines persönlichen Gesprächs, hat das Wertpapierdienstleistungsunternehmen die Erteilung des Auftrags mittels eines dauerhaften Datenträgers zu dokumentieren. [2]Zu diesem Zweck dürfen auch schriftliche Protokolle oder Vermerke über den Inhalt des persönlichen Gesprächs angefertigt werden. [3]Erteilt der Kunde seinen Auftrag auf andere Art und Weise, müssen solche Mitteilungen auf einem dauerhaften Datenträger erfolgen. [4]Näheres regelt Artikel 76 Absatz 9 der Delegierten Verordnung (EU) 2017/565.

---

1) **Anm. d. Red.:** § 83 i. d. F. des Gesetzes v. 19.3.2020 (BGBl I S. 529) mit Wirkung v. 28.3.2020.

(7) Der Kunde kann von dem Wertpapierdienstleistungsunternehmen bis zur Löschung oder Vernichtung nach Absatz 8 jederzeit verlangen, dass ihm die Aufzeichnungen nach Absatz 3 Satz 1 und der Dokumentation nach Absatz 6 Satz 1 oder eine Kopie zur Verfügung gestellt werden.

(8) ¹Die Aufzeichnungen nach den Absätzen 3 und 6 sind für fünf Jahre aufzubewahren, soweit sie für die dort genannten Zwecke erforderlich sind. ²Sie sind nach Ablauf der in Satz 1 genannten Frist zu löschen oder zu vernichten. ³Die Löschung oder Vernichtung ist zu dokumentieren. ⁴Erhält die Bundesanstalt vor Ablauf der in Satz 1 genannten Frist Kenntnis von Umständen, die eine über die in Satz 1 genannte Höchstfrist hinausgehende Speicherung der Aufzeichnung insbesondere zur Beweissicherung erfordern, kann die Bundesanstalt die in Satz 1 genannte Höchstfrist zur Speicherung der Aufzeichung um zwei Jahre verlängern.

(9) ¹Die nach den Absätzen 3 und 6 erstellten Aufzeichnungen sind gegen nachträgliche Verfälschung und unbefugte Verwendung zu sichern und dürfen nicht für andere Zwecke genutzt werden, insbesondere nicht zur Überwachung der Mitarbeiter durch das Wertpapierdienstleistungsunternehmen. ²Sie dürfen nur unter bestimmten Voraussetzungen, insbesondere zur Erfüllung eines Kundenauftrags, der Anforderung durch die Bundesanstalt oder eine andere Aufsichts- oder eine Strafverfolgungsbehörde und nur durch einen oder mehrere vom Wertpapierdienstleistungsunternehmen gesondert zu benennende Mitarbeiter ausgewertet werden.

(10) ¹Das Bundesministerium der Finanzen kann durch Rechtsverordnung, die nicht der Zustimmung des Bundesrates bedarf, nähere Bestimmungen zu den Aufzeichnungspflichten und zu der Geeignetheit von Datenträgern nach den Absätzen 1 bis 7 erlassen. ²Das Bundesministerium der Finanzen kann die Ermächtigung durch Rechtsverordnung auf die Bundesanstalt übertragen.

(11) Die Bundesanstalt veröffentlicht auf ihrer Internetseite ein Verzeichnis der Mindestaufzeichnungen, die die Wertpapierdienstleistungsunternehmen nach diesem Gesetz in Verbindung mit einer Rechtsverordnung nach Absatz 10 vorzunehmen haben.

(12) Absatz 2 gilt nicht für Immobiliar-Verbraucherdarlehensverträge nach § 491 Absatz 3 des Bürgerlichen Gesetzbuchs, die an die Vorbedingung geknüpft sind, dass dem Verbraucher eine Wertpapierdienstleistung in Bezug auf gedeckte Schuldverschreibungen, die zur Besicherung der Finanzierung des Kredits begeben worden sind und denen dieselben Konditionen wie dem Immobiliar-Verbraucherdarlehensvertrag zugrunde liegen, erbracht wird, und wenn damit das Darlehen ausgezahlt, refinanziert oder abgelöst werden kann.

§ 84 Vermögensverwahrung und Finanzsicherheiten; Verordnungsermächtigung[1)]

(1) Ein Wertpapierdienstleistungsunternehmen, das nicht über eine Erlaubnis für das Einlagengeschäft nach § 1 Absatz 1 Satz 2 Nummer 1 des Kreditwesengesetzes verfügt und das Gelder von Kunden hält, hat geeignete Vorkehrungen zu treffen, um die Rechte der Kunden zu schützen und zu verhindern, dass die Gelder des Kunden ohne dessen ausdrückliche Zustimmung für eigene Rechnung oder für Rechnung einer anderen Person verwendet werden.

(2) ¹Ein Wertpapierdienstleistungsunternehmen, das über keine Erlaubnis für das Einlagengeschäft im Sinne des § 1 Abs. 1 Satz 2 Nr. 1 des Kreditwesengesetzes verfügt, hat Kundengelder, die es im Zusammenhang mit einer Wertpapierdienstleistung oder einer Wertpapiernebendienstleistung entgegennimmt, unverzüglich getrennt von den Geldern des Unternehmens und von anderen Kundengeldern auf Treuhandkonten bei solchen Kreditinstituten, Unternehmen im Sinne des § 53b Abs. 1 Satz 1 des Kreditwesengesetzes oder vergleichbaren Instituten mit Sitz in einem Drittstaat, welche zum Betreiben des Einlagengeschäftes befugt sind, einer Zentralbank oder einem qualifizierten Geldmarktfonds zu verwahren, bis die Gelder zum vereinbarten Zweck verwendet werden. ²Der Kunde kann im Wege individueller Vertragsabrede hinsichtlich der Trennung der Kundengelder voneinander anderweitige Weisung erteilen, wenn er über den mit

---

1) **Anm. d. Red.:** Bisheriger § 34a zu § 84 geworden und geändert gem. Gesetz v. 23.6.2017 (BGBl I S. 1693) mit Wirkung v. 3.1.2018.

der Trennung der Kundengelder verfolgten Schutzweck informiert wurde. ³Zur Verwahrung bei einem qualifizierten Geldmarktfonds hat das Wertpapierdienstleistungsunternehmen die vorherige Zustimmung des Kunden einzuholen. ⁴Die Zustimmung ist nur dann wirksam, wenn das Wertpapierdienstleistungsunternehmen den Kunden vor Erteilung der Zustimmung darüber unterrichtet hat, dass die bei dem qualifizierten Geldmarktfonds verwahrten Gelder nicht entsprechend den Schutzstandards dieses Gesetzes und nicht entsprechend der Verordnung zur Konkretisierung der Verhaltensregeln und Organisationsanforderungen für Wertpapierdienstleistungsunternehmen gehalten werden. ⁵Das Wertpapierdienstleistungsunternehmen hat dem verwahrenden Institut vor der Verwahrung offen zu legen, dass die Gelder treuhänderisch eingelegt werden. ⁶Es hat den Kunden unverzüglich darüber zu unterrichten, bei welchem Institut und auf welchem Konto die Kundengelder verwahrt werden und ob das Institut, bei dem die Kundengelder verwahrt werden, einer Einrichtung zur Sicherung der Ansprüche von Einlegern und Anlegern angehört und in welchem Umfang die Kundengelder durch diese Einrichtung gesichert sind.

(3) ¹Werden die Kundengelder bei einem Kreditinstitut, einem vergleichbaren Institut mit Sitz in einem Drittstaat oder einem Geldmarktfonds, die zur Unternehmensgruppe des Wertpapierdienstleistungsunternehmens gehören, gehalten, dürfen die bei einem solchen Unternehmen oder einer Gemeinschaft von solchen Unternehmen verwahrten Gelder 20 Prozent aller Kundengelder des Wertpapierdienstleistungsunternehmens nicht übersteigen. ²Die Bundesanstalt kann dem Wertpapierdienstleistungsunternehmen auf Antrag erlauben, die Obergrenze nach Satz 1 zu überschreiten, wenn es nachweist, dass die gemäß Satz 1 geltende Anforderung angesichts der Art, des Umfangs und der Komplexität seiner Tätigkeit sowie angesichts der Sicherheit, die die Verwahrstellen nach Satz 1 bieten sowie angesichts des geringen Saldos an Kundengeldern, das das Wertpapierdienstleistungsunternehmen hält, unverhältnismäßig ist. ³Das Wertpapierdienstleistungsunternehmen überprüft die nach Satz 2 durchgeführte Bewertung jährlich und leitet der Bundesanstalt seine Ausgangsbewertung sowie die überprüften Bewertungen zur Prüfung zu.

(4) ¹Ein Wertpapierdienstleistungsunternehmen, das Finanzinstrumente von Kunden hält, hat geeignete Vorkehrungen zu treffen, um die Eigentumsrechte der Kunden an diesen Finanzinstrumenten zu schützen. ²Dies gilt insbesondere für den Fall der Insolvenz des Wertpapierdienstleistungsunternehmens. ³Das Wertpapierdienstleistungsunternehmen hat durch geeignete Vorkehrungen zu verhindern, dass die Finanzinstrumente eines Kunden ohne dessen ausdrückliche Zustimmung für eigene Rechnung oder für Rechnung einer anderen Person verwendet werden.

(5) ¹Ein Wertpapierdienstleistungsunternehmen ohne eine Erlaubnis zum Betreiben des Depotgeschäftes im Sinne des § 1 Absatz 1 Satz 2 Nummer 5 des Kreditwesengesetzes hat Wertpapiere, die es in Zusammenhang mit einer Wertpapierdienstleistung oder einer Wertpapiernebendienstleistung entgegennimmt, unverzüglich einem Kreditinstitut, das im Inland zum Betreiben des Depotgeschäftes befugt ist, oder einem Institut mit Sitz im Ausland, das zum Betreiben des Depotgeschäftes befugt ist und bei welchem dem Kunden eine Rechtsstellung eingeräumt wird, die derjenigen nach dem Depotgesetz gleichwertig ist, zur Verwahrung weiterzuleiten. ²Absatz 2 Satz 6 gilt entsprechend.

(6) ¹Das Wertpapierdienstleistungsunternehmen darf die Finanzinstrumente eines Kunden nur unter genau festgelegten Bedingungen für eigene Rechnung oder für Rechnung einer anderen Person verwenden und hat geeignete Vorkehrungen zu treffen, um die unbefugte Verwendung der Finanzinstrumente des Kunden für eigene Rechnung oder für Rechnung einer anderen Person zu verhindern. ²Der Kunde muss den Bedingungen im Voraus ausdrücklich zugestimmt haben und seine Zustimmung muss durch seine Unterschrift oder eine gleichwertige schriftliche Bestätigung eindeutig dokumentiert sein. ³Werden die Finanzinstrumente auf Sammeldepots bei einem Dritten verwahrt, sind für eine Verwendung nach Satz 1 zusätzlich die ausdrückliche Zustimmung aller anderen Kunden des Sammeldepots oder Systeme und Kontrolleinrichtungen erforderlich, mit denen die Beschränkung der Verwendung auf Finanzinstrumente gewährleistet ist, für die eine Zustimmung nach Satz 2 vorliegt. ⁴In den Fällen des Satzes 3 muss

das Wertpapierdienstleistungsunternehmen über Kunden, auf deren Weisung hin eine Nutzung der Finanzinstrumente erfolgt, und über die Zahl der von jedem einzelnen Kunden mit dessen Zustimmung verwendeten Finanzinstrumente Aufzeichnungen führen, die eine eindeutige und zutreffende Zuordnung der im Rahmen der Verwendung eingetretenen Verluste ermöglichen.

(7) Ein Wertpapierdienstleistungsunternehmen darf sich von Privatkunden zur Besicherung oder Deckung von Verpflichtungen der Kunden, auch soweit diese noch nicht bestehen, keine Finanzsicherheiten in Form von Vollrechtsübertragungen im Sinne des Artikels 2 Absatz 1 Buchstabe b der Richtlinie 2002/47/EG des Europäischen Parlaments und des Rates vom 6. Juni 2002 über Finanzsicherheiten (ABl L 168 vom 27. 6. 2002, S. 43), die zuletzt durch die Richtlinie 2014/59/EU (ABl L 173 vom 12. 6. 2014, S. 190) geändert worden ist, in der jeweils geltenden Fassung, gewähren lassen.

(8) ¹Soweit eine Vollrechtsübertragung zulässig ist, hat das Wertpapierdienstleistungsunternehmen die Angemessenheit der Verwendung eines Finanzinstruments als Finanzsicherheit ordnungsgemäß vor dem Hintergrund der Vertragsbeziehung des Kunden mit dem Wertpapierdienstleistungsunternehmen und den Vermögensgegenständen des Kunden zu prüfen und diese Prüfung zu dokumentieren. ²Professionelle Kunden und geeignete Gegenparteien sind auf die Risiken und die Folgen der Stellung einer Finanzsicherheit in Form der Vollrechtsübertragung hinzuweisen.

(9) ¹Ein Wertpapierdienstleistungsunternehmen hat im Rahmen von Wertpapierleihgeschäften mit Dritten, die Finanzinstrumente von Kunden zum Gegenstand haben, durch entsprechende Vereinbarungen sicherzustellen, dass der Entleiher der Kundenfinanzinstrumente angemessene Sicherheiten stellt. ²Das Wertpapierdienstleistungsunternehmen hat die Angemessenheit der gestellten Sicherheiten durch geeignete Vorkehrungen sicherzustellen sowie fortlaufend zu überwachen und das Gleichgewicht zwischen dem Wert der Sicherheit und dem Wert des Finanzinstruments des Kunden aufrechtzuerhalten.

(10) ¹Das Bundesministerium der Finanzen kann durch Rechtsverordnung, die nicht der Zustimmung des Bundesrates bedarf, zum Schutz der einem Wertpapierdienstleistungsunternehmen anvertrauten Gelder oder Wertpapiere der Kunden nähere Bestimmungen über den Umfang der Verpflichtungen nach den Absätzen 1 bis 9 sowie zu den Anforderungen an qualifizierte Geldmarktfonds im Sinne des Absatzes 2 erlassen. ²Das Bundesministerium der Finanzen kann die Ermächtigung durch Rechtsverordnung auf die Bundesanstalt übertragen.

§ 85 Anlagestrategieempfehlungen und Anlageempfehlungen; Verordnungsermächtigung[1)]

(1) ¹Unternehmen, die Anlagestrategieempfehlungen im Sinne des Artikels 3 Absatz 1 Nummer 34 der Verordnung (EU) Nr. 596/2014 oder Anlageempfehlungen im Sinne des Artikels 3 Absatz 1 Nummer 35 der Verordnung (EU) Nr. 596/2014 erstellen oder verbreiten, müssen so organisiert sein, dass Interessenkonflikte im Sinne des Artikels 20 Absatz 1 der Verordnung (EU) Nr. 596/2014 möglichst gering sind. ²Sie müssen insbesondere über angemessene Kontrollverfahren verfügen, die geeignet sind, Verstößen gegen die Verpflichtungen nach Artikel 20 Absatz 1 der Verordnung (EU) Nr. 596/2014 entgegenzuwirken.

(2) Die Befugnisse der Bundesanstalt nach § 88 gelten hinsichtlich der Einhaltung der in Absatz 1 genannten Pflichten und der Pflichten, die sich aus Artikel 20 Absatz 1 der Verordnung (EU) Nr. 596/2014 in Verbindung mit einem auf der Grundlage von Artikel 20 Absatz 3 der Verordnung (EU) Nr. 596/2014 erlassenen delegierten Rechtsakt ergeben, entsprechend.

(3) ¹Das Bundesministerium der Finanzen kann durch Rechtsverordnung, die nicht der Zustimmung des Bundesrates bedarf, nähere Bestimmungen über die angemessene Organisation nach Absatz 1 Satz 1 erlassen. ²Das Bundesministerium der Finanzen kann die Ermächtigung durch Rechtsverordnung auf die Bundesanstalt übertragen.

---

1) **Anm. d. Red.:** Bisheriger § 34b zu § 85 geworden und geändert gem. Gesetz v. 23.6.2017 (BGBl I S. 1693) mit Wirkung v. 3.1.2018.

§ 86 Anzeigepflicht[1]

(1) ¹Andere Personen als Wertpapierdienstleistungsunternehmen, Kapitalverwaltungsgesellschaften, EU-Verwaltungsgesellschaften oder Investmentgesellschaften, die in Ausübung ihres Berufes oder im Rahmen ihrer Geschäftstätigkeit für die Erstellung von Anlagestrategieempfehlungen im Sinne des Artikels 3 Absatz 1 Nummer 34 der Verordnung (EU) Nr. 596/2014 oder von Anlageempfehlungen im Sinne des Artikels 3 Absatz 1 Nummer 35 der Verordnung (EU) Nr. 596/2014 oder deren Weitergabe verantwortlich sind, haben dies der Bundesanstalt vor Erstellung oder Weitergabe der Empfehlungen anzuzeigen. ²Die Anzeige muss folgende Angaben enthalten:

1. bei einer natürlichen Person Name, Geburtsort, Geburtsdatum, Wohn- und Geschäftsanschrift sowie telefonische und elektronische Kontaktdaten;
2. bei einer juristischen Person oder einer Personenvereinigung Firma, Name oder Bezeichnung, Rechtsform, Registernummer wenn vorhanden, Anschrift des Sitzes oder der Hauptniederlassung, Namen der Mitglieder des Vertretungsorgans oder der gesetzlichen Vertreter und telefonische und elektronische Kontaktdaten; ist ein Mitglied des Vertretungsorgans oder der gesetzliche Vertreter eine juristische Person, so sind deren Firma, Name oder Bezeichnung, Rechtsform, Registernummer wenn vorhanden und Anschrift des Sitzes oder der Hauptniederlassung ebenfalls anzugeben.

³Die Angaben nach Satz 2 sind glaubhaft zu machen. ⁴Beabsichtigt der Anzeigepflichtige die Verbreitung der Empfehlungen, muss die Anzeige auch eine detaillierte Beschreibung der beabsichtigen Verbreitungswege enthalten. ⁵Der Anzeigepflichtige hat weiterhin anzuzeigen, inwiefern bei mit ihm verbundenen Unternehmen Tatsachen vorliegen, die Interessenkonflikte begründen können. ⁶Veränderungen der angezeigten Daten und Sachverhalte sowie die Einstellung der in Satz 1 genannten Tätigkeiten sind der Bundesanstalt innerhalb von vier Wochen anzuzeigen.

(2) Die Bundesanstalt veröffentlicht auf ihrer Internetseite den Namen, die Firma oder die Bezeichnung der nach Absatz 1 Satz 2 Nummer 2 ordnungsgemäß angezeigten Personen und Personenvereinigungen sowie den Ort und das Land der Wohn- und Geschäftsanschrift oder des Sitzes oder der Hauptniederlassung.

§ 87 Einsatz von Mitarbeitern in der Anlageberatung, als Vertriebsbeauftragte, in der Finanzportfolioverwaltung oder als Compliance-Beauftragte; Verordnungsermächtigung[2]

(1) ¹Ein Wertpapierdienstleistungsunternehmen darf einen Mitarbeiter nur dann mit der Anlageberatung betrauen, wenn dieser sachkundig ist und über die für die Tätigkeit erforderliche Zuverlässigkeit verfügt. ²Das Wertpapierdienstleistungsunternehmen muss der Bundesanstalt

1. den Mitarbeiter und,
2. sofern das Wertpapierdienstleistungsunternehmen über Vertriebsbeauftragte im Sinne des Absatzes 4 verfügt, den auf Grund der Organisation des Wertpapierdienstleistungsunternehmens für den Mitarbeiter unmittelbar zuständigen Vertriebsbeauftragten

anzeigen, bevor der Mitarbeiter die Tätigkeit nach Satz 1 aufnimmt. ³Ändern sich die von dem Wertpapierdienstleistungsunternehmen nach Satz 2 angezeigten Verhältnisse, sind die neuen Verhältnisse unverzüglich der Bundesanstalt anzuzeigen. ⁴Ferner sind der Bundesanstalt, wenn auf Grund der Tätigkeit des Mitarbeiters eine oder mehrere Beschwerden im Sinne des Arti-

---

1) **Anm. d. Red.:** Bisheriger § 34c zu § 86 geworden und geändert gem. Gesetz v. 23.6.2017 (BGBl I S. 1693) mit Wirkung v. 3.1.2018.
2) **Anm. d. Red.:** § 87 i. d. F. des Gesetzes v. 19.3.2020 (BGBl I S. 529) mit Wirkung v. 28.3.2020.

kels 26 der Delegierten Verordnung (EU) 2017/565 durch Privatkunden gegenüber dem Wertpapierdienstleistungsunternehmen erhoben werden,
1. jede Beschwerde,
2. der Name des Mitarbeiters, auf Grund dessen Tätigkeit die Beschwerde erhoben wird, sowie,
3. sofern das Wertpapierdienstleistungsunternehmen mehrere Zweigstellen, Zweigniederlassungen oder sonstige Organisationseinheiten hat, die Zweigstelle, Zweigniederlassung oder Organisationseinheit, welcher der Mitarbeiter zugeordnet ist oder für welche er überwiegend oder in der Regel die nach Satz 1 anzuzeigende Tätigkeit ausübt,

anzuzeigen.

(2) Ein Wertpapierdienstleistungsunternehmen darf einen Mitarbeiter nur dann damit betrauen, Kunden über Finanzinstrumente, strukturierte Einlagen, Wertpapierdienstleistungen oder Wertpapiernebendienstleistungen zu informieren (Vertriebsmitarbeiter), wenn dieser sachkundig ist und über die für die Tätigkeit erforderliche Zuverlässigkeit verfügt.

(3) Ein Wertpapierdienstleistungsunternehmen darf einen Mitarbeiter nur dann mit der Finanzportfolioverwaltung betrauen, wenn dieser sachkundig ist und über die für die Tätigkeit erforderliche Zuverlässigkeit verfügt.

(4) [1]Ein Wertpapierdienstleistungsunternehmen darf einen Mitarbeiter mit der Ausgestaltung, Umsetzung oder Überwachung von Vertriebsvorgaben im Sinne des § 80 Absatz 1 Satz 2 Nummer 3 nur dann betrauen (Vertriebsbeauftragter), wenn dieser sachkundig ist und über die für die Tätigkeit erforderliche Zuverlässigkeit verfügt. [2]Das Wertpapierdienstleistungsunternehmen muss der Bundesanstalt den Mitarbeiter anzeigen, bevor dieser die Tätigkeit nach Satz 1 aufnimmt. [3]Ändern sich die von dem Wertpapierdienstleistungsunternehmen nach Satz 2 angezeigten Verhältnisse, sind die neuen Verhältnisse unverzüglich der Bundesanstalt anzuzeigen.

(5) [1]Ein Wertpapierdienstleistungsunternehmen darf einen Mitarbeiter nur dann mit der Verantwortlichkeit für die Compliance-Funktion im Sinne des Artikels 22 Absatz 2 der Delegierten Verordnung (EU) 2017/565 und für die Berichte an die Geschäftsleitung nach Artikel 25 Absatz 2 der Delegierten Verordnung (EU) 2017/565 betrauen (Compliance-Beauftragter), wenn dieser sachkundig ist und über die für die Tätigkeit erforderliche Zuverlässigkeit verfügt. [2]Das Wertpapierdienstleistungsunternehmen muss der Bundesanstalt den Mitarbeiter anzeigen, bevor der Mitarbeiter die Tätigkeit nach Satz 1 aufnimmt. [3]Ändern sich die von dem Wertpapierdienstleistungsunternehmen nach Satz 2 angezeigten Verhältnisse, sind die neuen Verhältnisse unverzüglich der Bundesanstalt anzuzeigen.

(6) [1]Liegen Tatsachen vor, aus denen sich ergibt, dass ein Mitarbeiter
1. nicht oder nicht mehr die Anforderungen nach Absatz 1 Satz 1, Absatz 2, 3, 4 Satz 1, jeweils auch in Verbindung mit § 96, oder Absatz 5 Satz 1 erfüllt, kann die Bundesanstalt unbeschadet ihrer Befugnisse nach § 6 dem Wertpapierdienstleistungsunternehmen untersagen, den Mitarbeiter in der angezeigten Tätigkeit einzusetzen, solange dieser die gesetzlichen Anforderungen nicht erfüllt, oder
2. gegen Bestimmungen dieses Abschnittes verstoßen hat, deren Einhaltung bei der Durchführung seiner Tätigkeit zu beachten sind, kann die Bundesanstalt unbeschadet ihrer Befugnisse nach § 6
   a) das Wertpapierdienstleistungsunternehmen und den Mitarbeiter verwarnen oder
   b) dem Wertpapierdienstleistungsunternehmen für eine Dauer von bis zu zwei Jahren untersagen, den Mitarbeiter in der angezeigten Tätigkeit einzusetzen.

[2]Die Bundesanstalt kann unanfechtbar gewordene Anordnungen im Sinne des Satzes 1 auf ihrer Internetseite öffentlich bekannt machen, es sei denn, diese Veröffentlichung wäre geeignet, den berechtigten Interessen des Unternehmens zu schaden. [3]Die öffentliche Bekanntmachung nach Satz 2 hat ohne Nennung des Namens des betroffenen Mitarbeiters zu erfolgen. [4]Widerspruch und Anfechtungsklage gegen Maßnahmen nach Satz 1 haben keine aufschiebende Wirkung.

(7) Die Bundesanstalt führt über die nach den Absätzen 1, 4 und 5 anzuzeigenden Mitarbeiter sowie die ihnen zugeordneten Beschwerdeanzeigen nach Absatz 1 und die ihre Tätigkeit betreffenden Anordnungen nach Absatz 6 eine interne Datenbank.

(8) Die Absätze 1 bis 7 sind nicht anzuwenden auf diejenigen Mitarbeiter eines Wertpapierdienstleistungsunternehmens, die ausschließlich in einer Zweigniederlassung im Sinne des § 24a des Kreditwesengesetzes oder in mehreren solcher Zweigniederlassungen tätig sind.

(9) ¹Das Bundesministerium der Finanzen kann durch Rechtsverordnung, die nicht der Zustimmung des Bundesrates bedarf, die näheren Anforderungen an
1. den Inhalt, die Art, die Sprache, den Umfang und die Form der Anzeigen nach den Absätzen 1, 4 oder 5,
2. die Sachkunde und die Zuverlässigkeit nach Absatz 1 Satz 1, den Absätzen 2, 3, 4 Satz 1, jeweils auch in Verbindung mit § 96, sowie Absatz 5 Satz 1 sowie
3. den Inhalt der Datenbank nach Absatz 7 und die Dauer der Speicherung der Einträge

einschließlich des jeweiligen Verfahrens regeln. ²In der Rechtsverordnung nach Satz 1 kann insbesondere bestimmt werden, dass dem jeweiligen Wertpapierdienstleistungsunternehmen ein schreibender Zugriff auf die für das Unternehmen einzurichtenden Einträge in die Datenbank nach Absatz 7 eingeräumt und ihm die Verantwortlichkeit für die Richtigkeit und Aktualität dieser Einträge übertragen wird. ³Das Bundesministerium der Finanzen kann die Ermächtigung durch Rechtsverordnung ohne Zustimmung des Bundesrates auf die Bundesanstalt übertragen.

(10) Die Absätze 1 bis 3 gelten nicht für Immobiliar-Verbraucherdarlehensverträge, die an die Vorbedingung geknüpft sind, dass dem Verbraucher eine Wertpapierdienstleistung in Bezug auf gedeckte Schuldverschreibungen, die zur Besicherung der Finanzierung des Kredits begeben worden sind und denen dieselben Konditionen wie dem Immobiliar-Verbraucherdarlehensvertrag zugrunde liegen, erbracht wird, und wenn damit das Darlehen ausgezahlt, refinanziert oder abgelöst werden kann.

§ 88 Überwachung der Meldepflichten und Verhaltensregeln[1)]

(1) Die Bundesanstalt kann zur Überwachung der Einhaltung
1. der Meldepflichten nach Artikel 26 der Verordnung (EU) Nr. 600/2014, auch in Verbindung mit gemäß den diesen Artikeln erlassenen technischen Regulierungsstandards,
2. der Verpflichtung zu Positionsmeldungen nach § 57 Absatz 1 bis 4,
3. der Anzeigepflichten nach § 23,
4. der in diesem Abschnitt geregelten Pflichten, auch in Verbindung mit technischen Regulierungsstandards, die gemäß Artikel 17 Absatz 7, Artikel 27 Absatz 10 und Artikel 32 Absatz 2 der Richtlinie 2014/65/EU erlassen wurden, sowie
5. der Pflichten aus
   a) den Artikeln 4, 16 und 20 der Verordnung (EU) Nr. 596/2014, auch in Verbindung mit gemäß diesen Artikeln erlassenen technischen Regulierungsstandards,
   b) den Artikeln 3 bis 15, 17, 18, 20 bis 23, 25, 27 und 31 der Verordnung (EU) Nr. 600/2014, auch in Verbindung mit gemäß diesen Artikeln erlassenen technischen Regulierungsstandards,
   c) der Delegierten Verordnung (EU) 2017/565,
   d) der Delegierten Verordnung (EU) 2017/567,
   e) § 29 Absatz 2 in Verbindung mit Artikel 4 Absatz 1 Unterabsatz 1 sowie Artikel 5a Absatz 1 der Verordnung (EG) Nr. 1060/2009

---

1) **Anm. d. Red.:** Bisheriger § 35 zu § 88 geworden und geändert gem. Gesetz v. 23.6.2017 (BGBl I S. 1693) mit Wirkung v. 3.1.2018.

in der jeweils geltenden Fassung, auch ohne besonderen Anlass Prüfungen vornehmen bei den Wertpapierdienstleistungsunternehmen, den mit diesen verbundenen Unternehmen, den Zweigniederlassungen im Sinne des § 53b des Kreditwesengesetzes, den Unternehmen, mit denen eine Auslagerungsvereinbarung im Sinne des § 25b des Kreditwesengesetzes besteht oder bestand, und sonstigen zur Durchführung eingeschalteten dritten Personen oder Unternehmen.

(2) Die Bundesanstalt kann zur Überwachung der Einhaltung der in diesem Abschnitt geregelten Pflichten Auskünfte und die Vorlage von Unterlagen auch von Unternehmen mit Sitz in einem Drittstaat verlangen, die Wertpapierdienstleistungen gegenüber Kunden erbringen, die ihren gewöhnlichen Aufenthalt oder ihre Geschäftsleitung im Inland haben, sofern nicht die Wertpapierdienstleistung einschließlich der damit im Zusammenhang stehenden Wertpapiernebendienstleistungen ausschließlich in einem Drittstaat erbracht wird.

(3) Widerspruch und Anfechtungsklage gegen Maßnahmen nach den Absätzen 1 und 2 haben keine aufschiebende Wirkung.

(4) ¹Die Bundesanstalt kann Richtlinien aufstellen, nach denen sie nach Maßgabe der Richtlinie 2014/65/EU und der Delegierten Richtlinie (EU) 2017/593 für den Regelfall beurteilt, ob die Anforderungen dieses Abschnitts erfüllt sind. ²Die Deutsche Bundesbank sowie die Spitzenverbände der betroffenen Wirtschaftskreise sind vor dem Erlass der Richtlinien anzuhören. ³Die Richtlinien sind im Bundesanzeiger zu veröffentlichen.

§ 89 Prüfung der Meldepflichten und Verhaltensregeln; Verordnungsermächtigung[1)]

(1) ¹Unbeschadet des § 88 ist einmal jährlich durch einen geeigneten Prüfer zu prüfen, ob die folgenden Pflichten eingehalten werden:
1. die Meldepflichten nach Artikel 26 der Verordnung (EU) Nr. 600/2014, auch in Verbindung mit den gemäß diesen Artikeln erlassenen technischen Regulierungsstandards,
2. die Verpflichtung zu Positionsmeldungen nach § 57 Absatz 1 bis 4,
3. die Anzeigepflichten nach § 23,
4. die in diesem Abschnitt geregelten Pflichten, auch in Verbindung mit technischen Regulierungsstandards, die gemäß Artikel 17 Absatz 7, Artikel 27 Absatz 10 und Artikel 32 Absatz 2 der Richtlinie 2014/65/EU erlassen wurden, sowie
5. die Pflichten aus
   a) den Artikeln 4, 16 und 20 der Verordnung (EU) Nr. 596/2014, auch in Verbindung mit den gemäß diesen Artikeln erlassenen technischen Regulierungsstandards,
   b) den Artikeln 3 bis 15, 17, 18, 20 bis 23, 25, 27 und 31 der Verordnung (EU) Nr. 600/2014, auch in Verbindung mit den gemäß diesen Artikeln erlassenen technischen Regulierungsstandards,
   c) der Delegierten Verordnung (EU) 2017/565,
   d) der Delegierten Verordnung (EU) 2017/567,
   e) § 29 Absatz 2 in Verbindung mit Artikel 4 Absatz 1 Unterabsatz 1 sowie Artikel 5a Absatz 1 der Verordnung (EG) Nr. 1060/2009

in der jeweils geltenden Fassung. ²Bei Kreditinstituten, die das Depotgeschäft im Sinne von § 1 Absatz 1 Satz 2 Nummer 5 des Kreditwesengesetzes betreiben, und bei Finanzdienstleistungsinstituten, die das eingeschränkte Verwahrgeschäft im Sinne des § 1 Absatz 1a Satz 2 Nummer 12 des Kreditwesengesetzes erbringen, hat der Prüfer auch diese Geschäfte besonders zu prüfen; diese Prüfung hat sich auch auf die Einhaltung des § 67a Absatz 3 und des § 67b, jeweils auch in Verbindung mit § 125 Absatz 1, 2 und 5 des Aktiengesetzes über Mitteilungspflichten und des § 135 des Aktiengesetzes über die Ausübung des Stimmrechts zu erstrecken. ³Die Bundesanstalt kann auf Antrag von der jährlichen Prüfung, mit Ausnahme der Prüfung der Einhal-

---

1) **Anm. d. Red.:** § 89 i. d. F. des Gesetzes v. 12.12.2019 (BGBl I S. 2637) mit Wirkung v. 1.1.2020.

tung der Anforderungen nach § 84, auch in Verbindung mit einer Rechtsverordnung nach § 84 Abs. 5, ganz oder teilweise absehen, soweit dies aus besonderen Gründen, insbesondere wegen der Art und des Umfangs der betriebenen Geschäfte angezeigt ist. ⁴Das Wertpapierdienstleistungsunternehmen hat den Prüfer jeweils spätestens zum Ablauf des Geschäftsjahres zu bestellen, auf das sich die Prüfung erstreckt. ⁵Bei Kreditinstituten, die einem genossenschaftlichen Prüfungsverband angehören oder durch die Prüfungsstelle eines Sparkassen- und Giroverbandes geprüft werden, wird die Prüfung durch den zuständigen Prüfungsverband oder die zuständige Prüfungsstelle, soweit hinsichtlich letzterer das Landesrecht dies vorsieht, vorgenommen. ⁶Geeignete Prüfer sind darüber hinaus Wirtschaftsprüfer, vereidigte Buchprüfer sowie Wirtschaftsprüfungs- und Buchprüfungsgesellschaften, die hinsichtlich des Prüfungsgegenstandes über ausreichende Kenntnisse verfügen.

(2) ¹Der Prüfer oder die Prüfungsverbände oder Prüfungsstellen, soweit Prüfungen nach Absatz 1 Satz 5 von genossenschaftlichen Prüfungsverbänden oder Prüfungsstellen von Sparkassen- und Giroverbänden durchgeführt werden, haben über die Prüfung nach Absatz 1 einen Prüfungsbericht zu erstellen und auf Anforderung der Bundesanstalt oder der Deutschen Bundesbank der Bundesanstalt und der Deutschen Bundesbank einzureichen. ²Die wesentlichen Prüfungsergebnisse sind in einem Fragebogen zusammenzufassen, der dem Prüfungsbericht beizufügen ist. ³Der Fragebogen ist auch dann bei der Bundesanstalt und der zuständigen Hauptverwaltung der Deutschen Bundesbank einzureichen, wenn ein Prüfungsbericht nach Satz 1 nicht angefordert wird. ⁴Der Prüfer hat den Fragebogen unverzüglich nach Beendigung der Prüfung einzureichen.

(3) ¹Das Wertpapierdienstleistungsunternehmen hat vor Erteilung des Prüfungsauftrags der Bundesanstalt den Prüfer anzuzeigen. ²Die Bundesanstalt kann innerhalb eines Monats nach Zugang der Anzeige die Bestellung eines anderen Prüfers verlangen, wenn dies zur Erreichung des Prüfungszweckes geboten ist; Widerspruch und Anfechtungsklage hiergegen haben keine aufschiebende Wirkung. ³Die Sätze 1 und 2 gelten nicht für Kreditinstitute, die einem genossenschaftlichen Prüfungsverband angehören oder durch die Prüfungsstelle eines Sparkassen- und Giroverbandes geprüft werden.

(4) ¹Die Bundesanstalt kann gegenüber dem Wertpapierdienstleistungsunternehmen Bestimmungen über den Inhalt der Prüfung treffen, die vom Prüfer zu berücksichtigen sind. ²Sie kann insbesondere Schwerpunkte für die Prüfungen festlegen. ³Bei schwerwiegenden Verstößen gegen die Pflichten, deren Einhaltung nach Absatz 1 Satz 1 zu prüfen ist, hat der Prüfer die Bundesanstalt unverzüglich zu unterrichten. ⁴Die Bundesanstalt kann an den Prüfungen teilnehmen. ⁵Hierfür ist der Bundesanstalt der Beginn der Prüfung rechtzeitig mitzuteilen.

(5) ¹Die Bundesanstalt kann die Prüfung nach Absatz 1 auch ohne besonderen Anlass anstelle des Prüfers selbst oder durch beauftragte durchführen. ²Das Wertpapierdienstleistungsunternehmen ist hierüber rechtzeitig zu informieren.

(6) ¹Das Bundesministerium der Finanzen kann durch Rechtsverordnung, die nicht der Zustimmung des Bundesrates bedarf, nähere Bestimmungen über Aufbau, Inhalt und Art und Weise der Einreichung der Prüfungsberichte nach Absatz 2 sowie nähere Bestimmungen über Art, Umfang und Zeitpunkt der Prüfung nach den Absätzen 1 und 2 erlassen, soweit dies zur Erfüllung der Aufgaben der Bundesanstalt erforderlich ist, insbesondere, um Missständen im Handel mit Finanzinstrumenten entgegenzuwirken, um auf die Einhaltung der der Prüfung nach Absatz 1 Satz 1 unterliegenden Pflichten hinzuwirken und um zu diesem Zweck einheitliche Unterlagen zu erhalten. ²Das Bundesministerium der Finanzen kann die Ermächtigung durch Rechtsverordnung auf die Bundesanstalt übertragen.

§ 90 Unternehmen, organisierte Märkte und multilaterale Handelssysteme mit Sitz in einem anderen Mitgliedstaat der Europäischen Union oder in einem anderen Vertragsstaat des Abkommens über den Europäischen Wirtschaftsraum[1]

(1) ¹Die in diesem Abschnitt und den Artikeln 14 bis 26 der Verordnung (EU) Nr. 600/2014 geregelten Rechte und Pflichten sind mit Ausnahme von § 63 Absatz 2, den §§ 72 bis 78, 80 Absatz 1 bis 6 und 9 bis 13, den §§ 81, 84 bis § 87 Absatz 1 Satz 2 bis 4 und Absatz 3 bis 8 entsprechend anzuwenden auf Zweigniederlassungen und vertraglich gebundene Vermittler mit Sitz oder gewöhnlichem Aufenthalt im Inland im Sinne des § 53b des Kreditwesengesetzes, die Wertpapierdienstleistungen erbringen. ²Ein Unternehmen mit Sitz in einem anderen Mitgliedstaat der Europäischen Union oder in einem anderen Vertragsstaat des Abkommens über den Europäischen Wirtschaftsraum, das Wertpapierdienstleistungen allein oder zusammen mit Wertpapiernebendienstleistungen erbringt oder erbringen will, das beabsichtigt, im Inland eine Zweigniederlassung im Sinne des § 53b des Kreditwesengesetzes zu errichten, ist von der Bundesanstalt innerhalb der in § 53b Absatz 2 Satz 1 des Kreditwesengesetzes bestimmten Frist auf die Meldepflichten nach § 22 und die nach Satz 1 für die Zweigniederlassung geltenden Rechte und Pflichten hinzuweisen.

(2) ¹Die Bundesanstalt kann von der Zweigniederlassung Änderungen der getroffenen Vorkehrungen zur Einhaltung der für sie geltenden Pflichten verlangen, soweit die Änderungen notwendig und verhältnismäßig sind, um der Bundesanstalt die Prüfung der Einhaltung der Pflichten zu ermöglichen. ²Stellt die Bundesanstalt fest, dass das Unternehmen die nach Absatz 1 Satz 1 für seine Zweigniederlassung geltenden Pflichten nicht beachtet, fordert es das Unternehmen auf, seine Verpflichtungen innerhalb einer von der Bundesanstalt zu bestimmenden Frist zu erfüllen. ³Kommt das Unternehmen der Aufforderung nicht nach, trifft die Bundesanstalt alle geeigneten Maßnahmen, um die Erfüllung der Verpflichtungen sicherzustellen und unterrichtet die zuständigen Behörden des Herkunftsmitgliedstaates über die Art der getroffenen Maßnahmen. ⁴Falls das betroffene Unternehmen den Mangel nicht behebt, kann die Bundesanstalt nach Unterrichtung der zuständigen Behörde des Herkunftsmitgliedstaates alle Maßnahmen ergreifen, um weitere Verstöße zu verhindern oder zu ahnden. ⁵Soweit erforderlich, kann die Bundesanstalt dem betroffenen Unternehmen die Durchführung neuer Geschäfte im Inland untersagen. ⁶Die Bundesanstalt unterrichtet die Europäische Kommission und die Europäische Wertpapier- und Marktaufsichtsbehörde unverzüglich von Maßnahmen nach den Sätzen 4 und 5.

(3) ¹Stellt die Bundesanstalt fest, dass ein Unternehmen im Sinne des Absatzes 1 Satz 2, das im Inland eine Zweigniederlassung errichtet hat, gegen andere als die in Absatz 1 Satz 1 genannten Bestimmungen dieses Gesetzes oder entsprechende ausländische Vorschriften verstößt, so teilt sie dies der zuständigen Stelle des Herkunftsmitgliedstaates nach Maßgabe des § 18 Absatz 8 mit. ²Sind die daraufhin getroffenen Maßnahmen der zuständigen Behörde des Herkunftsmitgliedstaates unzureichend oder verstößt das Unternehmen aus anderen Gründen weiter gegen die sonstigen Bestimmungen dieses Abschnitts und sind dadurch Anlegerinteressen oder die ordnungsgemäße Funktion des Marktes gefährdet, ergreift die Bundesanstalt nach vorheriger Unterrichtung der zuständigen Behörde des Herkunftsmitgliedstaates alle erforderlichen Maßnahmen, um den Anlegerschutz und die ordnungsgemäße Funktion der Märkte zu gewährleisten. ³Absatz 2 Satz 4 bis 6 gilt entsprechend.

(4) Absatz 3 gilt entsprechend für ein Unternehmen mit Sitz in einem anderen Mitgliedstaat der Europäischen Union oder in einem anderen Vertragsstaat des Abkommens über den Europäischen Wirtschaftsraum, das Wertpapierdienstleistungen oder Wertpapiernebendienstleistungen im Wege des grenzüberschreitenden Dienstleistungsverkehrs gegenüber Kunden erbringt, die ihren gewöhnlichen Aufenthalt oder ihre Geschäftsleitung im Inland haben, wenn

---

1) **Anm. d. Red.:** Bisheriger § 36a zu § 90 geworden und geändert gem. Gesetz v. 23.6.2017 (BGBl I S. 1693) mit Wirkung v. 3.1.2018.

das Unternehmen gegen Bestimmungen dieses Abschnitts oder entsprechende ausländische Vorschriften verstößt.

(5) Absatz 3 gilt für Betreiber organisierter Märkte, multilateraler Handelssysteme und organisierter Handelssysteme entsprechend mit der Maßgabe, dass für Maßnahmen der Bundesanstalt gegenüber einem solchen Betreiber Verstöße gegen Bestimmungen dieses Abschnitts, des Börsengesetzes oder gegen entsprechende ausländische Vorschriften vorliegen müssen und dass zu den Maßnahmen nach Absatz 3 Satz 2 insbesondere auch gehören kann, dem Betreiber des organisierten Marktes, des multilateralen Handelssystems oder des organisierten Handelssystems zu untersagen, sein System Mitgliedern im Inland zugänglich zu machen.

(6) Die Bundesanstalt unterrichtet die betroffenen Unternehmen oder Märkte von den jeweils nach den Absätzen 2 bis 5 getroffenen Maßnahmen unter Nennung der Gründe.

(7) Die Bundesanstalt kann in den Fällen des Absatzes 2 Satz 2, des Absatzes 3 Satz 1 und des Absatzes 5 die Europäische Wertpapier- und Marktaufsichtsbehörde nach Maßgabe des Artikels 19 der Verordnung (EU) Nr. 1095/2010 um Hilfe ersuchen.

§ 91 Unternehmen mit Sitz in einem Drittstaat[1)]

¹Vorbehaltlich der Regelungen in Titel VIII der Verordnung (EU) Nr. 600/2014 kann die Bundesanstalt im Einzelfall bestimmen, dass auf ein Unternehmen mit Sitz in einem Drittstaat, das im Inland im Wege des grenzüberschreitenden Dienstleistungsverkehrs gewerbsmäßig oder in einem Umfang, der einen in kaufmännischer Weise eingerichteten Geschäftsbetrieb erfordert, Wertpapierdienstleistungen erbringen will, § 63 Absatz 2, die §§ 72 bis 78, 80 Absatz 1 bis 6 sowie 9 bis 13, die §§ 81, 84 bis 87 Absatz 1 Satz 2 bis 4 und Absatz 3 bis 8 dieses Gesetzes nicht anzuwenden sind, solange das Unternehmen im Hinblick auf seine im Inland betriebenen Wertpapierdienstleistungen wegen seiner Aufsicht durch die zuständige Herkunftsstaatsbehörde insoweit nicht zusätzlich der Aufsicht durch die Bundesanstalt bedarf. ²Die Befreiung kann mit Auflagen verbunden werden, insbesondere mit der Auflage, dass das Unternehmen eine Überwachung und Prüfung der Einhaltung der Vorschriften ermöglicht, die den §§ 6 bis 15, 88 und 89 gleichwertig ist.

§ 92 Werbung der Wertpapierdienstleistungsunternehmen[2)]

(1) ¹Um Missständen bei der Werbung für Wertpapierdienstleistungen und Wertpapiernebendienstleistungen zu begegnen, kann die Bundesanstalt den Wertpapierdienstleistungsunternehmen bestimmte Arten der Werbung untersagen. ²Ein Missstand liegt insbesondere vor, wenn das Wertpapierdienstleistungsunternehmen

1. nicht oder nicht ausreichend auf die mit der von ihm erbrachten Wertpapierdienstleistung verbundenen Risiken hinweist,
2. mit der Sicherheit einer Anlage wirbt, obwohl die Rückzahlung der Anlage nicht oder nicht vollständig gesichert ist,
3. die Werbung mit Angaben insbesondere zu Kosten und Ertrag sowie zur Abhängigkeit vom Verhalten Dritter versieht, durch die in irreführender Weise der Anschein eines besonders günstigen Angebots entsteht,
4. die Werbung mit irreführenden Angaben über die Befugnisse der Bundesanstalt nach diesem Gesetz oder über die Befugnisse der für die Aufsicht zuständigen Stellen in anderen Mitgliedstaaten des Europäischen Wirtschaftsraums oder Drittstaaten versieht.

(2) Vor allgemeinen Maßnahmen nach Absatz 1 sind die Spitzenverbände der betroffenen Wirtschaftskreise und des Verbraucherschutzes anzuhören.

---

1) **Anm. d. Red.:** § 91 eingefügt gem. Gesetz v. 23.6.2017 (BGBl I S. 1693) mit Wirkung v. 3.1.2018.
2) **Anm. d. Red.:** Bisheriger § 36b zu § 92 geworden gem. Gesetz v. 23.6.2017 (BGBl I S. 1693) mit Wirkung v. 3.1.2018.

§ 93 Register Unabhängiger Honorar-Anlageberater; Verordnungsermächtigung[1]

(1) Die Bundesanstalt führt auf ihrer Internetseite ein öffentliches Register Unabhängiger Honorar-Anlageberater über alle Wertpapierdienstleistungsunternehmen, die die Unabhängige Anlageberatung erbringen wollen.

(2) ¹Die Bundesanstalt hat ein Wertpapierdienstleistungsunternehmen auf Antrag in das Register Unabhängiger Honorar-Anlageberater einzutragen, wenn es
1. eine Erlaubnis nach § 32 des Kreditwesengesetzes besitzt oder Zweigniederlassung eines Unternehmens nach § 53b Absatz 1 Satz 1 und 2 oder Absatz 7 des Kreditwesengesetzes ist,
2. die Anlageberatung im Sinne des § 2 Absatz 8 Satz 1 Nummer 10 erbringen darf und
3. der Bundesanstalt durch Bescheinigung eines geeigneten Prüfers nachweist, dass es in der Lage ist, die Anforderungen nach § 80 Absatz 7 zu erfüllen.

²Die Prüfung nach Absatz 2 Nummer 3 wird bei Kreditinstituten, die einem genossenschaftlichen Prüfungsverband angehören oder durch die Prüfungsstelle eines Sparkassen- und Giroverbandes geprüft werden, durch den zuständigen Prüfungsverband oder die zuständige Prüfungsstelle, soweit hinsichtlich Letzterer das Landesrecht dies vorsieht, vorgenommen. ³Geeignete Prüfer sind darüber hinaus Wirtschaftsprüfer, vereidigte Buchprüfer sowie Wirtschaftsprüfungs- und Buchprüfungsgesellschaften, die hinsichtlich des Prüfungsgegenstandes über ausreichende Kenntnisse verfügen.

(3) Die Bundesanstalt hat die Eintragung im Register Unabhängiger Honorar-Anlageberater zu löschen, wenn
1. das Wertpapierdienstleistungsunternehmen gegenüber der Bundesanstalt auf die Eintragung verzichtet oder
2. die Erlaubnis eines Wertpapierdienstleistungsunternehmens nach § 32 des Kreditwesengesetzes insgesamt oder die Erlaubnis zum Erbringen der Anlageberatung erlischt oder aufgehoben wird.

(4) Ein Wertpapierdienstleistungsunternehmen, das die Unabhängige Honorar-Anlageberatung nicht mehr erbringen will, muss dies der Bundesanstalt anzeigen.

(5) Das Bundesministerium der Finanzen wird ermächtigt, durch Rechtsverordnung, die nicht der Zustimmung des Bundesrates bedarf, nähere Bestimmungen zu erlassen
1. zum Inhalt des Registers Unabhängiger Honorar-Anlageberater,
2. zu den Mitwirkungspflichten der Institute bei der Führung des Registers Unabhängiger Honorar-Anlageberater und
3. zum Nachweis nach Absatz 2 Satz 1 Nummer 3.

(6) Das Bundesministerium der Finanzen kann die Ermächtigung durch Rechtsverordnung auf die Bundesanstalt übertragen.

§ 94 Bezeichnungen zur Unabhängigen Honorar-Anlageberatung[2]

(1) Die Bezeichnungen „Unabhängiger Honorar-Anlageberater", „Unabhängige Honorar-Anlageberaterin", „Unabhängige Honorar-Anlageberatung" oder „Unabhängiger Honoraranlageberater", „Unabhängige Honoraranlageberaterin", „Unabhängige Honoraranlageberatung" auch in abweichender Schreibweise oder eine Bezeichnung, in der diese Wörter enthalten sind, dürfen, soweit durch Gesetz nichts anderes bestimmt ist, in der Firma, als Zusatz zur Firma, zur Bezeichnung des Geschäftszwecks oder zu Werbezwecken nur Wertpapierdienstleistungsunternehmen führen, die im Register Unabhängiger Anlageberater nach § 93 eingetragen sind.

---

1) **Anm. d. Red.:** § 93 i. d. F. des Gesetzes v. 10.7.2018 (BGBl I S. 1102) mit Wirkung v. 14.7.2018.
2) **Anm. d. Red.:** Bisheriger § 36d zu § 94 geworden und geändert gem. Gesetz v. 23.6.2017 (BGBl I S. 1693) mit Wirkung v. 3.1.2018.

(2) ¹Absatz 1 gilt nicht für Unternehmen, die die dort genannten Bezeichnungen in einem Zusammenhang führen, der den Anschein ausschließt, dass sie Wertpapierdienstleistungen erbringen. ²Wertpapierdienstleistungsunternehmen mit Sitz im Ausland dürfen bei ihrer Tätigkeit im Inland die in Absatz 1 genannten Bezeichnungen in der Firma, als Zusatz zur Firma, zur Bezeichnung des Geschäftszwecks oder zu Werbezwecken führen, wenn sie zur Führung dieser Bezeichnung in ihrem Sitzstaat berechtigt sind und sie die Bezeichnung um einen auf ihren Sitzstaat hinweisenden Zusatz ergänzen.

(3) ¹Die Bundesanstalt entscheidet in Zweifelsfällen, ob ein Wertpapierdienstleistungsunternehmen zur Führung der in Absatz 1 genannten Bezeichnungen befugt ist. ²Sie hat ihre Entscheidungen dem Registergericht mitzuteilen.

(4) Die Vorschrift des § 43 des Kreditwesengesetzes ist entsprechend anzuwenden mit der Maßgabe, dass an die Stelle der Erlaubnis nach § 32 des Kreditwesengesetzes die Eintragung in das Register Unabhängiger Honorar-Anlageberater nach § 93 tritt.

§ 95 Ausnahmen[1)]

¹§ 63 Absatz 1 und 3 bis 7 und 9, § 56 Absatz 1 sowie der §§ 69, 70 und 82 gelten nicht für Geschäfte, die an organisierten Märkten oder in multilateralen Handelssystemen zwischen Wertpapierdienstleistungsunternehmen oder zwischen diesen und sonstigen Mitgliedern oder Teilnehmern dieser Märkte oder Systeme geschlossen werden. ²Wird ein Geschäft im Sinne des Satzes 1 in Ausführung eines Kundenauftrags abgeschlossen, muss das Wertpapierdienstleistungsunternehmen jedoch den Verpflichtungen des § 63 Absatz 1 und 3 bis 7 und 9, § 56 Absatz 1 sowie der §§ 69, 70 und 82 gegenüber dem Kunden nachkommen.

§ 96 Strukturierte Einlagen[2)]

Die §§ 63 und 64, mit Ausnahme von § 64 Absatz 2, § 67 Absatz 4, die §§ 68 bis 71, 80 Absatz 1 Satz 2 Nummer 2 und 3 und Absatz 7 bis 13, § 81 Absatz 1 bis 4, § 83 Absatz 1 und 2, § 87 Absatz 1 Satz 1, Absatz 2, 3, 4 Satz 1 und Absatz 6 sind auf Wertpapierdienstleistungsunternehmen und Kreditinstitute entsprechend anzuwenden, wenn sie strukturierte Einlagen verkaufen oder über diese beraten.

Abschnitt 12: Haftung für falsche und unterlassene Kapitalmarktinformationen[3)]

§ 97 Schadenersatz wegen unterlassener unverzüglicher Veröffentlichung von Insiderinformationen[4)]

(1) Unterlässt es ein Emittent, der für seine Finanzinstrumente die Zulassung zum Handel an einem inländischen Handelsplatz genehmigt oder an einem inländischen regulierten Markt oder multilateralen Handelssystem beantragt hat, unverzüglich eine Insiderinformation, die ihn unmittelbar betrifft, nach Artikel 17 der Verordnung (EU) Nr. 596/2014 zu veröffentlichen, ist er einem Dritten zum Ersatz des durch die Unterlassung entstandenen Schadens verpflichtet, wenn der Dritte
1. die Finanzinstrumente nach der Unterlassung erwirbt und er bei Bekanntwerden der Insiderinformation noch Inhaber der Finanzinstrumente ist oder

---

1) **Anm. d. Red.:** Bisheriger § 37 zu § 95 geworden und geändert gem. Gesetz v. 23.6.2017 (BGBl I S. 1693) mit Wirkung v. 3.1.2018.
2) **Anm. d. Red.:** § 96 eingefügt gem. Gesetz v. 23.6.2017 (BGBl I S. 1693) mit Wirkung v. 3.1.2018.
3) **Anm. d. Red.:** Abschnitt 7 zu Abschnitt 12 geworden gem. Gesetz v. 23.6.2017 (BGBl I S. 1693) mit Wirkung v. 3.1.2018.
4) **Anm. d. Red.:** Bisheriger § 37b zu § 97 geworden und geändert gem. Gesetz v. 23.6.2017 (BGBl I S. 1693) mit Wirkung v. 3.1.2018.

2. die Finanzinstrumente vor dem Entstehen der Insiderinformation erwirbt und nach der Unterlassung veräußert.

(2) Nach Absatz 1 kann nicht in Anspruch genommen werden, wer nachweist, dass die Unterlassung nicht auf Vorsatz oder grober Fahrlässigkeit beruht.

(3) Der Anspruch nach Absatz 1 besteht nicht, wenn der Dritte die Insiderinformation im Falle des Absatzes 1 Nr. 1 bei dem Erwerb oder im Falle des Absatzes 1 Nr. 2 bei der Veräußerung kannte.

(4) Weitergehende Ansprüche, die nach Vorschriften des bürgerlichen Rechts auf Grund von Verträgen oder vorsätzlichen unerlaubten Handlungen erhoben werden können, bleiben unberührt.

(5) Eine Vereinbarung, durch die Ansprüche des Emittenten gegen Vorstandsmitglieder wegen der Inanspruchnahme des Emittenten nach Absatz 1 im Voraus ermäßigt oder erlassen werden, ist unwirksam.

§ 98 Schadenersatz wegen Veröffentlichung unwahrer Insiderinformationen[1]

(1) Veröffentlicht ein Emittent, der für seine Finanzinstrumente die Zulassung zum Handel an einem inländischen Handelsplatz genehmigt oder an einem inländischen regulierten Markt oder multilateralen Handelssystem beantragt hat, in einer Mitteilung nach Artikel 17 der Verordnung (EU) Nr. 596/2014 eine unwahre Insiderinformation, die ihn unmittelbar betrifft, ist er einem Dritten zum Ersatz des Schadens verpflichtet, der dadurch entsteht, dass der Dritte auf die Richtigkeit der Insiderinformation vertraut, wenn der Dritte

1. die Finanzinstrumente nach der Veröffentlichung erwirbt und er bei dem Bekanntwerden der Unrichtigkeit der Insiderinformation noch Inhaber der Finanzinstrumente ist oder
2. die Finanzinstrumente vor der Veröffentlichung erwirbt und vor dem Bekanntwerden der Unrichtigkeit der Insiderinformation veräußert.

(2) Nach Absatz 1 kann nicht in Anspruch genommen werden, wer nachweist, dass er die Unrichtigkeit der Insiderinformation nicht gekannt hat und die Unkenntnis nicht auf grober Fahrlässigkeit beruht.

(3) Der Anspruch nach Absatz 1 besteht nicht, wenn der Dritte die Unrichtigkeit der Insiderinformation im Falle des Absatzes 1 Nr. 1 bei dem Erwerb oder im Falle des Absatzes 1 Nr. 2 bei der Veräußerung kannte.

(4) Weitergehende Ansprüche, die nach Vorschriften des bürgerlichen Rechts auf Grund von Verträgen oder vorsätzlichen unerlaubten Handlungen erhoben werden können, bleiben unberührt.

(5) Eine Vereinbarung, durch die Ansprüche des Emittenten gegen Vorstandsmitglieder wegen der Inanspruchnahme des Emittenten nach Absatz 1 im Voraus ermäßigt oder erlassen werden, ist unwirksam.

Abschnitt 13: Finanztermingeschäfte[2]

§ 99 Ausschluss des Einwands nach § 762 des Bürgerlichen Gesetzbuchs[3]

¹Gegen Ansprüche aus Finanztermingeschäften, bei denen mindestens ein Vertragsteil ein Unternehmen ist, das gewerbsmäßig oder in einem Umfang, der einen in kaufmännischer Wei-

---

1) **Anm. d. Red.:** Bisheriger § 37c zu § 98 geworden und geändert gem. Gesetz v. 23.6.2017 (BGBl I S. 1693) mit Wirkung v. 3.1.2018.

2) **Anm. d. Red.:** Abschnitt 8 zu Abschnitt 13 geworden gem. Gesetz v. 23.6.2017 (BGBl I S. 1693) mit Wirkung v. 3.1.2018.

3) **Anm. d. Red.:** Bisheriger § 37e zu § 99 geworden und geändert gem. Gesetz v. 23.6.2017 (BGBl I S. 1693) mit Wirkung v. 3.1.2018.

se eingerichteten Geschäftsbetrieb erfordert, Finanztermingeschäfte abschließt oder deren Abschluss vermittelt oder die Anschaffung, Veräußerung oder Vermittlung von Finanztermingeschäften betreibt, kann der Einwand des § 762 des Bürgerlichen Gesetzbuchs nicht erhoben werden. ²Finanztermingeschäfte im Sinne des Satzes 1 und der §§ 100 und 101 sind die derivativen Geschäfte im Sinne des § 2 Absatz 3 und Optionsscheine.

§ 100 Verbotene Finanztermingeschäfte[1)]

(1) Unbeschadet der Befugnisse der Bundesanstalt nach § 15 kann das Bundesministerium der Finanzen durch Rechtsverordnung Finanztermingeschäfte verbieten oder beschränken, soweit dies zum Schutz der Anleger erforderlich ist.

(2) ¹Ein Finanztermingeschäft, das einer Rechtsverordnung nach Absatz 1 widerspricht (verbotenes Finanztermingeschäft), ist nichtig. ²Satz 1 gilt entsprechend für

1. die Bestellung einer Sicherheit für ein verbotenes Finanztermingeschäft,
2. eine Vereinbarung, durch die der eine Teil zum Zwecke der Erfüllung einer Schuld aus einem verbotenen Finanztermingeschäft dem anderen Teil gegenüber eine Verbindlichkeit eingeht, insbesondere für ein Schuldanerkenntnis,
3. die Erteilung und Übernahme von Aufträgen zum Zwecke des Abschlusses von verbotenen Finanztermingeschäften,
4. Vereinigungen zum Zwecke des Abschlusses von verbotenen Finanztermingeschäften.

Abschnitt 14: Schiedsvereinbarungen[2)]

§ 101 Schiedsvereinbarungen[3)]

Schiedsvereinbarungen über künftige Rechtsstreitigkeiten aus Wertpapierdienstleistungen, Wertpapiernebendienstleistungen oder Finanztermingeschäften sind nur verbindlich, wenn beide Vertragsteile Kaufleute oder juristische Personen des öffentlichen Rechts sind.

Abschnitt 15: Märkte für Finanzinstrumente mit Sitz außerhalb der Europäischen Union[4)]

§ 102 Erlaubnis; Verordnungsermächtigung[5)]

(1) ¹Vorbehaltlich der Regelungen in Titel VIII der Verordnung (EU) Nr. 600/2014 sowie von Beschlüssen der Europäischen Kommission gemäß Artikel 25 Absatz 4 Unterabsatz 3 der Richtlinie 2014/65/EU und Artikel 28 Absatz 4 Unterabsatz 1 der Verordnung (EU) Nr. 600/2014 bedürfen Märkte für Finanzinstrumente mit Sitz im Ausland, die keine Handelsplätze im Sinne dieses Gesetzes sind, oder ihre Betreiber der schriftlichen Erlaubnis der Bundesanstalt, wenn sie Handelsteilnehmern mit Sitz im Inland über ein elektronisches Handelssystem einen unmittel-

---

1) **Anm. d. Red.:** Bisheriger § 37g zu § 100 geworden und geändert gem. Gesetz v. 23.6.2017 (BGBl I S. 1693) mit Wirkung v. 3.1.2018.
2) **Anm. d. Red.:** Abschnitt 9 zu Abschnitt 14 geworden gem. Gesetz v. 23.6.2017 (BGBl I S. 1693) mit Wirkung v. 3.1.2018.
3) **Anm. d. Red.:** Bisheriger § 37h zu § 101 geworden gem. Gesetz v. 23.6.2017 (BGBl I S. 1693) mit Wirkung v. 3.1.2018.
4) **Anm. d. Red.:** Abschnitt 10 zu Abschnitt 15 geworden gem. Gesetz v. 23.6.2017 (BGBl I S. 1693) mit Wirkung v. 3.1.2018.
5) **Anm. d. Red.:** § 102 i. d. F. des Gesetzes v. 19.3.2020 (BGBl I S. 529) mit Wirkung v. 28.3.2020.

baren Marktzugang gewähren und sie diesbezüglich nicht einer Erlaubnispflicht nach dem Kreditwesengesetz unterliegen. ²Der Erlaubnisantrag muss enthalten:
1. Name und Anschrift der Geschäftsleitung des Marktes oder des Betreibers,
2. Angaben, die für die Beurteilung der Zuverlässigkeit der Geschäftsleitung erforderlich sind,
3. einen Geschäftsplan, aus dem die Art des geplanten Marktzugangs für die Handelsteilnehmer, der organisatorische Aufbau und die internen Kontrollverfahren des Marktes hervorgehen,
4. Name und Anschrift eines Zustellungsbevollmächtigten im Inland,
5. die Angabe der für die Überwachung des Marktes und seiner Handelsteilnehmer zuständigen Stellen des Herkunftsstaates und deren Überwachungs- und Eingriffskompetenzen,
6. die Angabe der Art der Finanzinstrumente, die von den Handelsteilnehmern über den unmittelbaren Marktzugang gehandelt werden sollen, sowie
7. Namen und Anschrift der Handelsteilnehmer mit Sitz im Inland, denen der unmittelbare Marktzugang gewährt werden soll.

³Das Nähere über die nach Satz 2 erforderlichen Angaben und vorzulegenden Unterlagen bestimmt das Bundesministerium der Finanzen durch Rechtsverordnung, die nicht der Zustimmung des Bundesrates bedarf. ⁴Das Bundesministerium der Finanzen kann die Ermächtigung durch Rechtsverordnung auf die Bundesanstalt für Finanzdienstleistungsaufsicht übertragen.

(2) ¹Die Bundesanstalt kann die Erlaubnis unter Auflagen erteilen, die sich im Rahmen des mit diesem Gesetz verfolgten Zweckes halten müssen. ²Vor Erteilung der Erlaubnis gibt die Bundesanstalt den Börsenaufsichtsbehörden der Länder Gelegenheit, innerhalb von vier Wochen zum Antrag Stellung zu nehmen.

(3) Die Bundesanstalt hat die Erlaubnis im Bundesanzeiger bekannt zu machen.

(4) ¹Wird der Austritt des Vereinigten Königreichs Großbritannien und Nordirland aus der Europäischen Union wirksam, ohne dass bis zu diesem Zeitpunkt ein Austrittsabkommen im Sinne von Artikel 50 Absatz 2 Satz 2 des Vertrages über die Europäische Union in Kraft getreten ist, so kann die Bundesanstalt zur Vermeidung von Nachteilen für die Funktionsfähigkeit oder die Stabilität der Finanzmärkte anordnen, dass Märkte für Finanzinstrumente mit Sitz im Vereinigten Königreich Großbritannien und Nordirland, die zum Zeitpunkt des Austritts des Vereinigten Königreichs Großbritannien und Nordirland aus der Europäischen Union als Handelsplätze im Register der Europäischen Wertpapier- und Marktaufsichtsbehörde verzeichnet sind, während eines Übergangszeitraum nach dem Austritt als Handelsplätze im Sinne dieses Gesetzes gelten. ²Der im Zeitpunkt des Austritts beginnende Übergangszeitraum darf eine Dauer von 21 Monaten nicht überschreiten. ³Die Anordnung kann auch durch Allgemeinverfügung ohne vorherige Anhörung getroffen und öffentlich bekannt gegeben werden.

§ 103 Versagung der Erlaubnis[1)]

Die Erlaubnis ist zu versagen, wenn
1. Tatsachen vorliegen, aus denen sich ergibt, dass die Geschäftsleitung nicht zuverlässig ist,
2. Handelsteilnehmern mit Sitz im Inland der unmittelbare Marktzugang gewährt werden soll, die nicht die Voraussetzungen des § 19 Abs. 2 des Börsengesetzes erfüllen,
3. die Überwachung des Marktes oder der Anlegerschutz im Herkunftsstaat nicht dem deutschen Recht gleichwertig ist oder
4. der Informationsaustausch mit den für die Überwachung des Marktes zuständigen Stellen des Herkunftsstaates nicht gewährleistet erscheint.

---

1) **Anm. d. Red.:** Bisheriger § 37j zu § 103 geworden und geändert gem. Gesetz v. 23.6.2017 (BGBl I S. 1693) mit Wirkung v. 3.1.2018.

§ 104 Aufhebung der Erlaubnis[1]

(1) Die Bundesanstalt kann die Erlaubnis außer nach den Vorschriften des Verwaltungsverfahrensgesetzes aufheben, wenn

1. ihr Tatsachen bekannt werden, welche die Versagung der Erlaubnis nach § 103 rechtfertigen würden, oder
2. der Markt oder sein Betreiber nachhaltig gegen Bestimmungen dieses Gesetzes, der auf Grund dieses Gesetzes erlassenen Rechtsverordnungen, der in § 1 Absatz 1 Nummer 8 aufgeführten europäischen Verordnungen einschließlich der hierzu erlassenen delegierten Rechtsakte und Durchführungsrechtsakte sowie auf Grund dieser Rechtsvorschriften erlassenen Anordnungen verstoßen hat.

(2) Die Bundesanstalt hat die Aufhebung der Erlaubnis im Bundesanzeiger bekannt zu machen.

§ 105 Untersagung[2]

Die Bundesanstalt kann Handelsteilnehmern mit Sitz im Inland, die Wertpapierdienstleistungen im Inland erbringen, untersagen, Aufträge für Kunden über ein elektronisches Handelssystem eines ausländischen Marktes auszuführen, wenn diese Märkte oder ihre Betreiber Handelsteilnehmern im Inland einen unmittelbaren Marktzugang über dieses elektronische Handelssystem ohne Erlaubnis gewähren.

Abschnitt 16: Überwachung von Unternehmensabschlüssen, Veröffentlichung von Finanzberichten[3]

§ 106 Prüfung von Unternehmensabschlüssen und -berichten[4]

Die Bundesanstalt hat die Aufgabe, nach den Vorschriften dieses Abschnitts und vorbehaltlich § 342b Absatz 2 Satz 3 Nummer 1 und 3 des Handelsgesetzbuchs zu prüfen, ob folgende Abschlüsse und Berichte, jeweils einschließlich der zugrunde liegenden Buchführung, von Unternehmen, für die als Emittenten von zugelassenen Wertpapieren die Bundesrepublik Deutschland der Herkunftsstaat ist, den gesetzlichen Vorschriften einschließlich der Grundsätze ordnungsmäßiger Buchführung oder den sonstigen durch Gesetz zugelassenen Rechnungslegungsstandards entsprechen:

1. festgestellte Jahresabschlüsse und zugehörige Lageberichte, offengelegte Jahresabschlüsse und zugehörige Lageberichte, offengelegte Einzelabschlüsse nach § 325 Absatz 2a des Handelsgesetzbuchs und zugehörige Lageberichte, gebilligte Konzernabschlüsse und zugehörige Konzernlageberichte oder offengelegte Konzernabschlüsse und zugehörige Konzernlageberichte,
2. veröffentlichte verkürzte Abschlüsse und zugehörige Zwischenlageberichte sowie
3. veröffentlichte Zahlungs- oder Konzernzahlungsberichte.

---

1) **Anm. d. Red.:** § 104 i. d. F. des Gesetzes v. 19.3.2020 (BGBl I S. 529) mit Wirkung v. 28.3.2020.

2) **Anm. d. Red.:** Bisheriger § 37l zu § 105 geworden und geändert gem. Gesetz v. 23.6.2017 (BGBl I S. 1693) mit Wirkung v. 3.1.2018.

3) **Anm. d. Red.:** Abschnitt 11 zu Abschnitt 16 geworden gem. Gesetz v. 23.6.2017 (BGBl I S. 1693) mit Wirkung v. 3.1.2018.

4) **Anm. d. Red.:** § 106 i. d. F. des Gesetzes v. 12.8.2020 (BGBl I S. 1874) mit Wirkung v. 19.8.2020. – Zur Anwendung siehe Paragraph 140.

§ 107 Anordnung einer Prüfung der Rechnungslegung und Ermittlungsbefugnisse der Bundesanstalt[1]

(1) ¹Die Bundesanstalt ordnet eine Prüfung der Rechnungslegung an, soweit konkrete Anhaltspunkte für einen Verstoß gegen Rechnungslegungsvorschriften vorliegen; die Anordnung unterbleibt, wenn ein öffentliches Interesse an der Klärung offensichtlich nicht besteht. ²Die Bundesanstalt kann eine Prüfung der Rechnungslegung auch ohne besonderen Anlass anordnen (stichprobenartige Prüfung). ³Der Umfang der einzelnen Prüfung soll in der Prüfungsanordnung festgelegt werden. ⁴Geprüft werden nur folgende Abschlüsse und Berichte:
1. der zuletzt festgestellte Jahresabschluss und der zugehörige Lagebericht,
2. der zuletzt offengelegte Jahresabschluss und der zugehörige Lagebericht,
3. der zuletzt offengelegte Einzelabschluss nach § 325 Absatz 2a des Handelsgesetzbuchs und der zugehörige Lagebericht,
4. der zuletzt gebilligte Konzernabschluss und der zugehörige Konzernlagebericht,
5. der zuletzt offengelegte Konzernabschluss und der zugehörige Konzernlagebericht,
6. der zuletzt veröffentlichte verkürzte Abschluss und der zugehörige Zwischenlagebericht sowie
7. der zuletzt veröffentlichte Zahlungsbericht oder Konzernzahlungsbericht.

⁵Unbeschadet dessen darf die Bundesanstalt im Fall des § 108 Absatz 1 Satz 2 den Abschluss prüfen, der Gegenstand der Prüfung durch die Prüfstelle im Sinne des § 342b Absatz 1 des Handelsgesetzbuchs (Prüfstelle) gewesen ist.⁶Ordnet die Bundesanstalt eine Prüfung der Rechnungslegung an, nachdem sie von der Prüfstelle einen Bericht gemäß § 108 Absatz 1 Satz 2 Nummer 1 erhalten hat, so kann sie ihre Anordnung und den Grund nach § 108 Absatz 1 Satz 2 Nummer 1 im Bundesanzeiger bekannt machen. ⁷Auf die Prüfung des verkürzten Abschlusses und des zugehörigen Zwischenlageberichts sowie des Zahlungsberichts und Konzernzahlungsberichts ist Satz 2 nicht anzuwenden. ⁸Die Prüfung kann trotz Wegfalls der Zulassung der Wertpapiere zum Handel im organisierten Markt fortgesetzt werden, insbesondere dann, wenn Gegenstand der Prüfung ein Fehler ist, an dessen Bekanntmachung ein öffentliches Interesse besteht.

(2) ¹Prüfungsgegenstand nach Absatz 1 können auch die Abschlüsse und Berichte sein, die dasjenige Geschäftsjahr zum Gegenstand haben, das demjenigen Geschäftsjahr vorausgeht, auf das Absatz 1 Satz 4 Bezug nimmt. ²Eine stichprobenartige Prüfung ist hierbei nicht zulässig.

(3) ¹Eine Prüfung des Jahresabschlusses und des zugehörigen Lageberichts durch die Bundesanstalt findet nicht statt, solange eine Klage auf Nichtigkeit gemäß § 256 Abs. 7 des Aktiengesetzes anhängig ist. ²Wenn nach § 142 Abs. 1 oder Abs. 2 oder § 258 Abs. 1 des Aktiengesetzes ein Sonderprüfer bestellt worden ist, findet eine Prüfung ebenfalls nicht statt, soweit der Gegenstand der Sonderprüfung, der Prüfungsbericht oder eine gerichtliche Entscheidung über die abschließenden Feststellungen der Sonderprüfer nach § 260 des Aktiengesetzes reichen.

(4) Bei der Durchführung der Prüfung kann sich die Bundesanstalt der Prüfstelle sowie anderer Einrichtungen und Personen bedienen.

(5) ¹Das Unternehmen im Sinne des § 106 Satz 2, die Mitglieder seiner Organe, seine Beschäftigten sowie seine Abschlussprüfer haben der Bundesanstalt und den Personen, derer sich die Bundesanstalt bei der Durchführung ihrer Aufgaben bedient, auf Verlangen Auskünfte zu erteilen und Unterlagen vorzulegen, soweit dies zur Prüfung erforderlich ist; die Auskunftspflicht der Abschlussprüfer beschränkt sich auf Tatsachen, die ihnen im Rahmen der Abschlussprüfung bekannt geworden sind. ²Satz 1 gilt auch für die nach den Vorschriften des Handelsgesetzbuchs in den Konzernabschluss einzubeziehenden Tochterunternehmen. ³Für das Recht zur Auskunftsverweigerung und die Belehrungspflicht gilt § 6 Absatz 15 entsprechend.

---

1) **Anm. d. Red.:** § 107 i. d. F. des Gesetzes v. 12.8.2020 (BGBl I S. 1874) mit Wirkung v. 19.8.2020. – Zur Anwendung siehe Paragraph 140.

(6) ¹Die zur Auskunft und Vorlage von Unterlagen nach Absatz 5 Verpflichteten haben den Bediensteten der Bundesanstalt oder den von ihr beauftragten Personen, soweit dies zur Wahrnehmung ihrer Aufgaben erforderlich ist, während der üblichen Arbeitszeit das Betreten ihrer Grundstücke und Geschäftsräume zu gestatten. ²§ 6 Absatz 11 Satz 2 gilt entsprechend. ³Das Grundrecht der Unverletzlichkeit der Wohnung (Artikel 13 des Grundgesetzes) wird insoweit eingeschränkt.

§ 108 Befugnisse der Bundesanstalt im Falle der Anerkennung einer Prüfstelle[1]

(1) ¹Ist nach § 342b Abs. 1 des Handelsgesetzbuchs eine Prüfstelle anerkannt, so finden stichprobenartige Prüfungen nur auf Veranlassung der Prüfstelle statt. ²Im Übrigen stehen der Bundesanstalt die Befugnisse nach § 107 erst zu, wenn

1. ihr die Prüfstelle berichtet, dass ein Unternehmen seine Mitwirkung bei einer Prüfung verweigert oder mit dem Ergebnis der Prüfung nicht einverstanden ist, oder
2. erhebliche Zweifel an der Richtigkeit des Prüfungsergebnisses der Prüfstelle oder an der ordnungsgemäßen Durchführung der Prüfung durch die Prüfstelle bestehen.

³Auf Verlangen der Bundesanstalt hat die Prüfstelle das Ergebnis und die Durchführung der Prüfung zu erläutern und einen Prüfbericht vorzulegen. ⁴Unbeschadet von Satz 2 kann die Bundesanstalt die Prüfung jederzeit an sich ziehen, wenn sie auch eine Prüfung nach § 44 Abs. 1 Satz 2 des Kreditwesengesetzes, § 14 Satz 2 des Kapitalanlagegesetzbuchs oder § 306 Absatz 1 Nummer 1 des Versicherungsaufsichtsgesetzes durchführt oder durchgeführt hat und die Prüfungen denselben Gegenstand betreffen.

(2) Die Bundesanstalt kann von der Prüfstelle unter den Voraussetzungen des § 107 Absatz 1 Satz 1 die Einleitung einer Prüfung verlangen.

(3) Die Bundesanstalt setzt die Prüfstelle von Mitteilungen nach § 142 Abs. 7, § 256 Abs. 7 Satz 2 und § 261a des Aktiengesetzes in Kenntnis, wenn die Prüfstelle die Prüfung eines von der Mitteilung betroffenen Unternehmens beabsichtigt oder eingeleitet hat.

§ 109 Ergebnis der Prüfung von Bundesanstalt oder Prüfstelle[2]

(1) Ergibt die Prüfung durch die Bundesanstalt, dass die Rechnungslegung fehlerhaft ist, so stellt die Bundesanstalt den Fehler fest.

(2) ¹Die Bundesanstalt ordnet an, dass das Unternehmen den von der Bundesanstalt oder den von der Prüfstelle im Einvernehmen mit dem Unternehmen festgestellten Fehler samt den wesentlichen Teilen der Begründung der Feststellung bekannt zu machen hat. ²Die Bundesanstalt sieht von einer Anordnung nach Satz 1 ab, wenn kein öffentliches Interesse an der Veröffentlichung besteht. ³Auf Antrag des Unternehmens kann die Bundesanstalt von einer Anordnung nach Satz 1 absehen, wenn die Veröffentlichung geeignet ist, den berechtigten Interessen des Unternehmens zu schaden. ⁴Die Bekanntmachung hat unverzüglich im Bundesanzeiger sowie entweder in einem überregionalen Börsenpflichtblatt oder über ein elektronisch betriebenes Informationsverbreitungssystem, das bei Kreditinstituten, nach § 53 Abs. 1 Satz 1 des Kreditwesengesetzes tätigen Unternehmen, anderen Unternehmen, die ihren Sitz im Inland haben und die an einer inländischen Börse zur Teilnahme am Handel zugelassen sind, und Versicherungsunternehmen weit verbreitet ist, zu erfolgen.

(3) Ergibt die Prüfung durch die Bundesanstalt keine Beanstandungen, so teilt die Bundesanstalt dies dem Unternehmen mit.

---

1) **Anm. d. Red.:** Bisheriger § 37p zu § 108 geworden und geändert gem. Gesetz v. 23.6.2017 (BGBl I S. 1693) mit Wirkung v. 3.1.2018.
2) **Anm. d. Red.:** Bisheriger § 37q zu § 109 geworden gem. Gesetz v. 23.6.2017 (BGBl I S. 1693) mit Wirkung v. 3.1.2018.

§ 110 Mitteilungen an andere Stellen[1]

(1) ¹Die Bundesanstalt hat Tatsachen, die den Verdacht einer Straftat im Zusammenhang mit der Rechnungslegung eines Unternehmens begründen, der für die Verfolgung zuständigen Behörde anzuzeigen. ²Sie darf diesen Behörden personenbezogene Daten der betroffenen Personen, gegen die sich der Verdacht richtet oder die als Zeugen in Betracht kommen, übermitteln.

(2) ¹Tatsachen, die auf das Vorliegen einer Berufspflichtverletzung durch den Abschlussprüfer schließen lassen, übermittelt die Bundesanstalt der Abschlussprüferaufsichtsstelle beim Bundesamt für Wirtschaft und Ausfuhrkontrolle. ²Tatsachen, die auf das Vorliegen eines Verstoßes des Unternehmens gegen börsenrechtliche Vorschriften schließen lassen, übermittelt sie der zuständigen Börsenaufsichtsbehörde. ³Absatz 1 Satz 2 gilt entsprechend.

§ 111 Internationale Zusammenarbeit[2]

(1) ¹Der Bundesanstalt obliegt die Zusammenarbeit mit den Stellen im Ausland, die zuständig sind für die Untersuchung möglicher Verstöße gegen Rechnungslegungsvorschriften durch Unternehmen, deren Wertpapiere zum Handel an einem organisierten Markt zugelassen sind. ²Sie kann diesen Stellen zur Erfüllung dieser Aufgabe Informationen nach Maßgabe des § 18 Absatz 2 Satz 1 und 2, auch in Verbindung mit Absatz 10 übermitteln. ³§ 107 Absatz 5 und 6 findet mit der Maßgabe entsprechende Anwendung, dass die dort geregelten Befugnisse sich auf alle Unternehmen, die von der Zusammenarbeit nach Satz 1 umfasst sind, sowie auf alle Unternehmen, die in den Konzernabschluss eines solchen Unternehmens einbezogen sind, erstrecken.

(2) ¹Die Bundesanstalt kann mit den zuständigen Stellen von Mitgliedstaaten der Europäischen Union oder von Vertragsstaaten des Abkommens über den Europäischen Wirtschaftsraum zusammenarbeiten, um eine einheitliche Durchsetzung internationaler Rechnungslegungsvorschriften grenzüberschreitend gewährleisten zu können. ²Dazu kann sie diesen Stellen auch den Wortlaut von Entscheidungen zur Verfügung stellen, die sie oder die Prüfstelle in Einzelfällen getroffen haben. ³Der Wortlaut der Entscheidungen darf nur in anonymisierter Form zur Verfügung gestellt werden.

(3) Die internationale Zusammenarbeit durch die Bundesanstalt nach den Absätzen 1 und 2 erfolgt im Benehmen mit der Prüfstelle.

§ 112 Widerspruchsverfahren[3]

(1) ¹Vor Einlegung der Beschwerde sind Rechtmäßigkeit und Zweckmäßigkeit der Verfügungen, welche die Bundesanstalt nach den Vorschriften dieses Abschnitts erlässt, in einem Widerspruchsverfahren nachzuprüfen. ²Einer solchen Nachprüfung bedarf es nicht, wenn der Abhilfebescheid oder der Widerspruchsbescheid erstmalig eine Beschwer enthält. ³Für das Widerspruchsverfahren gelten die §§ 68 bis 73 und 80 Abs. 1 der Verwaltungsgerichtsordnung entsprechend, soweit in diesem Abschnitt nichts Abweichendes geregelt ist.

(2) Der Widerspruch gegen Maßnahmen der Bundesanstalt nach § 107 Absatz 1 Satz 1, 2 und 6 sowie Absatz 5 und 6, § 108 Absatz 1 Satz 3 und 4, Absatz 2 und § 109 Absatz 1 und 2 Satz 1 hat keine aufschiebende Wirkung.

---

1) **Anm. d. Red.:** § 110 i. d. F. des Gesetzes v. 20.11.2019 (BGBl I S. 1626) mit Wirkung v. 26.11.2019.

2) **Anm. d. Red.:** Bisheriger § 37s zu § 111 geworden und geändert gem. Gesetz v. 23.6.2017 (BGBl I S. 1693) mit Wirkung v. 3.1.2018.

3) **Anm. d. Red.:** § 112 i. d. F. des Gesetzes v. 12.8.2020 (BGBl I S. 1874) mit Wirkung v. 19.8.2020.

§ 113 Beschwerde[1)]

(1) ¹Gegen Verfügungen der Bundesanstalt nach diesem Abschnitt ist die Beschwerde statthaft. ²Die Beschwerde hat keine aufschiebende Wirkung.

(2) Die §§ 43 und 48 Abs. 2 bis 4, § 50 Abs. 3 bis 5 sowie die §§ 51 bis 58 des Wertpapiererwerbs- und Übernahmegesetzes gelten entsprechend.

§ 114 Jahresfinanzbericht; Verordnungsermächtigung[2)]

(1) ¹Ein Unternehmen, das als Inlandsemittent Wertpapiere begibt, hat für den Schluss eines jeden Geschäftsjahrs einen Jahresfinanzbericht nach Maßgabe der Delegierten Verordnung (EU) 2019/815 der Kommission vom 17. Dezember 2018 zur Ergänzung der Richtlinie 2004/109/EG des Europäischen Parlaments und des Rates im Hinblick auf technische Regulierungsstandards für die Spezifikation eines einheitlichen elektronischen Berichtsformats (ABl L 143 vom 29.5.2019, S. 1; L 145 vom 4.6.2019, S. 85) in der jeweils geltenden Fassung zu erstellen und spätestens vier Monate nach Ablauf eines jeden Geschäftsjahrs der Öffentlichkeit zur Verfügung zu stellen, wenn es nicht nach den handelsrechtlichen Vorschriften zur Offenlegung der in Absatz 2 Nummer 1 bis 3 genannten Rechnungslegungsunterlagen verpflichtet ist. ²Außerdem muss jedes Unternehmen, das als Inlandsemittent Wertpapiere begibt, spätestens vier Monate nach Ablauf eines jeden Geschäftsjahres und vor dem Zeitpunkt, zu dem die in Absatz 2 genannten Rechnungslegungsunterlagen erstmals der Öffentlichkeit zur Verfügung stehen, eine Bekanntmachung darüber veröffentlichen, ab welchem Zeitpunkt und unter welcher Internetadresse die in Absatz 2 genannten Rechnungslegungsunterlagen zusätzlich zu ihrer Verfügbarkeit im Unternehmensregister öffentlich zugänglich sind. ³Das Unternehmen teilt die Bekanntmachung gleichzeitig mit ihrer Veröffentlichung der Bundesanstalt mit und übermittelt sie unverzüglich, jedoch nicht vor ihrer Veröffentlichung dem Unternehmensregister im Sinne des § 8b des Handelsgesetzbuchs zur Speicherung. ⁴Ein Unternehmen, das als Inlandsemittent Wertpapiere begibt und der Verpflichtung nach Satz 1 unterliegt, hat außerdem unverzüglich, jedoch nicht vor Veröffentlichung der Bekanntmachung nach Satz 2, den Jahresfinanzbericht an das Unternehmensregister zur Speicherung zu übermitteln.

(2) Der Jahresfinanzbericht hat mindestens zu enthalten
1. den Jahresabschluss, der
    a) im Falle eines Unternehmens, das seinen Sitz in einem Mitgliedstaat der Europäischen Union oder einem Vertragsstaat des Abkommens über den Europäischen Wirtschaftsraum hat, gemäß dem nationalen Recht des Sitzstaats des Unternehmens aufgestellt und geprüft wurde oder
    b) im Falle eines Unternehmens, das seinen Sitz in einem Drittstaat hat, nach den Vorgaben des Handelsgesetzbuchs aufgestellt und geprüft wurde und mit dem Bestätigungsvermerk oder dem Vermerk über dessen Versagung versehen ist,
2. den Lagebericht, der
    a) im Falle eines Unternehmens, das seinen Sitz in einem Mitgliedstaat der Europäischen Union oder einem Vertragsstaat des Abkommens über den Europäischen Wirtschaftsraum hat, gemäß dem nationalen Recht des Sitzstaats des Unternehmens aufgestellt und geprüft wurde oder
    b) im Falle eines Unternehmens, das seinen Sitz in einem Drittstaat hat, nach den Vorgaben des Handelsgesetzbuchs aufgestellt und geprüft wurde,
3. eine den Vorgaben von § 264 Absatz 2 Satz 3, § 289 Absatz 1 Satz 5 des Handelsgesetzbuchs entsprechende Erklärung und

---

1) **Anm. d. Red.:** Bisheriger § 37u zu § 113 geworden gem. Gesetz v. 23.6.2017 (BGBl I S. 1693) mit Wirkung v. 3.1.2018.
2) **Anm. d. Red.:** § 114 i. d. F. des Gesetzes v. 12.8.2020 (BGBl I S. 1874) mit Wirkung v. 19.8.2020. – Zur Anwendung siehe Paragraph 140.

4. eine Bescheinigung der Wirtschaftsprüferkammer gemäß § 134 Absatz 2a der Wirtschaftsprüferordnung über die Eintragung des Abschlussprüfers oder eine Bestätigung der Wirtschaftsprüferkammer gemäß § 134 Absatz 4 Satz 8 der Wirtschaftsprüferordnung über die Befreiung von der Eintragungspflicht.

(3) Das Bundesministerium der Finanzen kann im Einvernehmen mit dem Bundesministerium der Justiz und für Verbraucherschutz durch Rechtsverordnung, die nicht der Zustimmung des Bundesrates bedarf, nähere Bestimmungen erlassen über

1. den Mindestinhalt, die Art, die Sprache, den Umfang und die Form der Veröffentlichung nach Absatz 1 Satz 2,
2. den Mindestinhalt, die Art, die Sprache, den Umfang und die Form der Mitteilung nach Absatz 1 Satz 3,
3. die Sprache, in der die Informationen nach Absatz 2 abzufassen sind, sowie den Zeitraum, für den diese Informationen im Unternehmensregister allgemein zugänglich bleiben müssen und den Zeitpunkt, zu dem diese Informationen zu löschen sind.

§ 115 Halbjahresfinanzbericht; Verordnungsermächtigung[1]

(1) ¹Ein Unternehmen, das als Inlandsemittent Aktien oder Schuldtitel im Sinne des § 2 Absatz 1 begibt, hat für die ersten sechs Monate eines jeden Geschäftsjahrs einen Halbjahresfinanzbericht zu erstellen und diesen unverzüglich, spätestens drei Monate nach Ablauf des Berichtszeitraums der Öffentlichkeit zur Verfügung zu stellen, es sei denn, es handelt sich bei den zugelassenen Wertpapieren um Schuldtitel, die unter § 2 Absatz 1 Nummer 2 fallen oder die ein zumindest bedingtes Recht auf den Erwerb von Wertpapieren nach § 2 Absatz 1 Nummer 1 oder Nummer 2 begründen. ²Außerdem muss das Unternehmen spätestens drei Monate nach Ablauf des Berichtszeitraums und vor dem Zeitpunkt, zu dem der Halbjahresfinanzbericht erstmals der Öffentlichkeit zur Verfügung steht, eine Bekanntmachung darüber veröffentlichen, ab welchem Zeitpunkt und unter welcher Internetadresse der Bericht zusätzlich zu seiner Verfügbarkeit im Unternehmensregister öffentlich zugänglich ist. ³Das Unternehmen teilt die Bekanntmachung gleichzeitig mit ihrer Veröffentlichung der Bundesanstalt mit und übermittelt sie unverzüglich, jedoch nicht vor ihrer Veröffentlichung dem Unternehmensregister im Sinne des § 8b des Handelsgesetzbuchs zur Speicherung. ⁴Es hat außerdem unverzüglich, jedoch nicht vor Veröffentlichung der Bekanntmachung nach Satz 2 den Halbjahresfinanzbericht an das Unternehmensregister zur Speicherung zu übermitteln.

(2) Der Halbjahresfinanzbericht hat mindestens

1. einen verkürzten Abschluss,
2. einen Zwischenlagebericht und
3. eine den Vorgaben des § 264 Abs. 2 Satz 3, § 289 Abs. 1 Satz 5 des Handelsgesetzbuchs entsprechende Erklärung

zu enthalten.

(3) ¹Der verkürzte Abschluss hat mindestens eine verkürzte Bilanz, eine verkürzte Gewinn- und Verlustrechnung und einen Anhang zu enthalten. ²Auf den verkürzten Abschluss sind die für den Jahresabschluss geltenden Rechnungslegungsgrundsätze anzuwenden. ³Tritt bei der Offenlegung an die Stelle des Jahresabschlusses ein Einzelabschluss im Sinne des § 325 Abs. 2a des Handelsgesetzbuchs, sind auf den verkürzten Abschluss die in § 315e Absatz 1 des Handelsgesetzbuchs bezeichneten internationalen Rechnungslegungsstandards und Vorschriften anzuwenden.

(4) ¹Im Zwischenlagebericht sind mindestens die wichtigen Ereignisse des Berichtszeitraums im Unternehmen des Emittenten und ihre Auswirkungen auf den verkürzten Abschluss anzugeben sowie die wesentlichen Chancen und Risiken für die dem Berichtszeitraum folgenden sechs

---

1) **Anm. d. Red.:** Bisheriger § 37w zu § 115 geworden gem. Gesetz v. 23.6.2017 (BGBl I S. 1693) mit Wirkung v. 3.1.2018.

Monate des Geschäftsjahrs zu beschreiben. ²Ferner sind bei einem Unternehmen, das als Inlandsemittent Aktien begibt, die wesentlichen Geschäfte des Emittenten mit nahe stehenden Personen anzugeben; die Angaben können stattdessen im Anhang des Halbjahresfinanzberichts gemacht werden.

(5) ¹Der verkürzte Abschluss und der Zwischenlagebericht kann einer prüferischen Durchsicht durch einen Abschlussprüfer unterzogen werden. ²Die Vorschriften über die Bestellung des Abschlussprüfers sind auf die prüferische Durchsicht entsprechend anzuwenden. ³Die prüferische Durchsicht ist so anzulegen, dass bei gewissenhafter Berufsausübung ausgeschlossen werden kann, dass der verkürzte Abschluss und der Zwischenlagebericht in wesentlichen Belangen den anzuwendenden Rechnungslegungsgrundsätzen widersprechen. ⁴Der Abschlussprüfer hat das Ergebnis der prüferischen Durchsicht in einer Bescheinigung zum Halbjahresfinanzbericht zusammenzufassen, die mit dem Halbjahresfinanzbericht zu veröffentlichen ist. ⁵Sind der verkürzte Abschluss und der Zwischenlagebericht entsprechend § 317 des Handelsgesetzbuchs geprüft worden, ist der Bestätigungsvermerk oder der Vermerk über seine Versagung vollständig wiederzugeben und mit dem Halbjahresfinanzbericht zu veröffentlichen. ⁶Sind der verkürzte Abschluss und der Zwischenlagebericht weder einer prüferischen Durchsicht unterzogen noch entsprechend § 317 des Handelsgesetzbuchs geprüft worden, ist dies im Halbjahresfinanzbericht anzugeben. ⁷§ 320 und § 323 des Handelsgesetzbuchs gelten entsprechend.

(6) Das Bundesministerium der Finanzen kann im Einvernehmen mit dem Bundesministerium der Justiz und für Verbraucherschutz durch Rechtsverordnung, die nicht der Zustimmung des Bundesrates bedarf, nähere Bestimmungen erlassen über
1. den Inhalt und die prüferische Durchsicht des Halbjahresfinanzberichts,
2. den Mindestinhalt, die Art, die Sprache, den Umfang und die Form der Veröffentlichung nach Absatz 1 Satz 2,
3. den Mindestinhalt, die Art, die Sprache, den Umfang und die Form der Mitteilung nach Absatz 1 Satz 3 und
4. die Sprache, in der der Halbjahresfinanzbericht abzufassen ist, sowie den Zeitraum, für den der Halbjahresfinanzbericht im Unternehmensregister allgemein zugänglich bleiben muss, und den Zeitpunkt, zu dem er zu löschen ist.

(7) Erstellt und veröffentlicht ein Unternehmen zusätzliche unterjährige Finanzinformationen, die den Vorgaben des Absatzes 2 Nummer 1 und 2 und der Absätze 3 und 4 entsprechen, gilt für die Prüfung oder prüferische Durchsicht dieser Finanzinformationen durch einen Abschlussprüfer Absatz 5 entsprechend.

§ 116 Zahlungsbericht; Verordnungsermächtigung[1)]

(1) ¹Ein Unternehmen, das als Inlandsemittent Wertpapiere begibt, hat unter entsprechender Anwendung der §§ 341r bis 341v des Handelsgesetzbuchs einen Zahlungsbericht beziehungsweise Konzernzahlungsbericht zu erstellen und diesen spätestens sechs Monate nach Ablauf des Berichtszeitraums der Öffentlichkeit zur Verfügung zu stellen, wenn
1. das Unternehmen oder eines seiner Tochterunternehmen im Sinne des § 341r Nummer 1 des Handelsgesetzbuchs in der mineralgewinnenden Industrie tätig ist oder Holzeinschlag in Primärwäldern im Sinne des § 341r Nummer 2 des Handelsgesetzbuchs betreibt und
2. auf das Unternehmen § 341q des Handelsgesetzbuchs nicht anzuwenden ist.

²Im Falle eines Unternehmens im Sinne des Satzes 1 mit Sitz in einem anderen Mitgliedstaat der Europäischen Union oder in einem anderen Vertragsstaat des Abkommens über den Europäischen Wirtschaftsraum treten anstelle der entsprechenden Anwendung der §§ 341s bis 341v des Handelsgesetzbuchs die in Umsetzung von Kapitel 10 der Richtlinie 2013/34/EU des Europäischen Parlaments und des Rates vom 26. Juni 2013 über den Jahresabschluss, den konsoli-

---

1) **Anm. d. Red.**: Bisheriger § 37x zu § 116 geworden gem. Gesetz v. 23.6.2017 (BGBl I S. 1693) mit Wirkung v. 3.1.2018.

dierten Abschluss und damit verbundene Berichte von Unternehmen bestimmter Rechtsformen und zur Änderung der Richtlinie 2006/43/EG des Europäischen Parlaments und des Rates und zur Aufhebung der Richtlinien 78/660/EWG und 83/349/EWG des Rates (ABl L 182 vom 29.6.2013, S. 19) erlassenen nationalen Rechtsvorschriften des Sitzstaats.

(2) ¹Außerdem muss jedes Unternehmen im Sinne des Absatzes 1 Satz 1 Nummer 1 spätestens sechs Monate nach Ablauf des Berichtszeitraums und vor dem Zeitpunkt, zu dem der Zahlungsbericht oder Konzernzahlungsbericht erstmals der Öffentlichkeit zur Verfügung steht, eine Bekanntmachung darüber veröffentlichen, ab welchem Zeitpunkt und unter welcher Internetadresse der Zahlungsbericht oder Konzernzahlungsbericht zusätzlich zu seiner Verfügbarkeit im Unternehmensregister öffentlich zugänglich ist. ²Das Unternehmen teilt die Bekanntmachung gleichzeitig mit ihrer Veröffentlichung der Bundesanstalt mit und übermittelt sie unverzüglich, jedoch nicht vor ihrer Veröffentlichung dem Unternehmensregister im Sinne des § 8b des Handelsgesetzbuchs zur Speicherung. ²Ein Unternehmen im Sinne von Satz 1 hat außerdem unverzüglich, jedoch nicht vor Veröffentlichung der Bekanntmachung nach Satz 2 den Zahlungsbericht oder Konzernzahlungsbericht an das Unternehmensregister zur Speicherung zu übermitteln, es sei denn, die Übermittlung erfolgt nach § 8b Absatz 2 Nummer 4 in Verbindung mit Absatz 3 Satz 1 Nummer 1 des Handelsgesetzbuchs.

(3) ¹Die Bundesanstalt kann ein Unternehmen zur Erklärung auffordern, ob es im Sinne des § 341r des Handelsgesetzbuchs in der mineralgewinnenden Industrie tätig ist oder Holzeinschlag in Primärwäldern betreibt, und eine angemessene Frist setzen. ²Die Aufforderung ist zu begründen. ³Gibt das Unternehmen innerhalb der Frist keine Erklärung ab, so wird vermutet, dass das Unternehmen in den Anwendungsbereich des Absatzes 1 Satz 1 Nummer 1 fällt. ⁴Die Sätze 1 und 2 sind entsprechend anzuwenden, wenn die Bundesanstalt Anlass zur Annahme hat, dass ein Tochterunternehmen des Unternehmens in der mineralgewinnenden Industrie tätig ist oder Holzeinschlag in Primärwäldern betreibt.

(4) Das Bundesministerium der Finanzen kann im Einvernehmen mit dem Bundesministerium der Justiz und für Verbraucherschutz durch Rechtsverordnung, die nicht der Zustimmung des Bundesrates bedarf, nähere Bestimmungen erlassen über

1. den Mindestinhalt, die Art, die Sprache, den Umfang und die Form der Veröffentlichung nach Absatz 2 Satz 1,
2. den Mindestinhalt, die Art, die Sprache, den Umfang und die Form der Bekanntmachung nach Absatz 2 Satz 2,
3. die Sprache, in der der Zahlungsbericht oder Konzernzahlungsbericht abzufassen ist, sowie den Zeitraum, für den der Zahlungsbericht oder Konzernzahlungsbericht im Unternehmensregister allgemein zugänglich bleiben muss, und den Zeitpunkt, zu dem er zu löschen ist.

§ 117 Konzernabschluss[1]

Ist ein Mutterunternehmen verpflichtet, einen Konzernabschluss und einen Konzernlagebericht aufzustellen, gelten die §§ 114 und 115 mit der folgenden Maßgabe:

1. Der Jahresfinanzbericht hat auch den geprüften, im Einklang mit der Verordnung (EG) Nr. 1606/2002 des Europäischen Parlaments und des Rates vom 19. Juli 2002 betreffend die Anwendung internationaler Rechnungslegungsstandards (ABl EG Nr. L 243 S. 1) aufgestellten Konzernabschluss, den Konzernlagebericht, eine den Vorgaben des § 297 Absatz 2 Satz 4, § 315 Absatz 1 Satz 5 des Handelsgesetzbuchs entsprechende Erklärung und eine Bescheinigung der Wirtschaftsprüferkammer gemäß § 134 Abs. 2a der Wirtschaftsprüferordnung über die Eintragung des Abschlussprüfers oder eine Bestätigung der Wirtschaftsprüferkammer gemäß § 134 Abs. 4 Satz 8 der Wirtschaftsprüferordnung über die Befreiung von der Eintragungspflicht zu enthalten.

---

1) **Anm. d. Red.:** § 117 i. d. F. des Gesetzes v. 19.3.2020 (BGBl I S. 529) mit Wirkung v. 28.3.2020.

2. Das Mutterunternehmen hat den Halbjahresfinanzbericht für das Mutterunternehmen und die Gesamtheit der einzubeziehenden Tochterunternehmen zu erstellen und zu veröffentlichen. ²§ 115 Absatz 3 gilt entsprechend, wenn das Mutterunternehmen verpflichtet ist, den Konzernabschluss nach den in § 315e Absatz 1 des Handelsgesetzbuchs bezeichneten internationalen Rechnungslegungsstandards und Vorschriften aufzustellen.

§ 118 Ausnahmen; Verordnungsermächtigung[1)]

(1) ¹Die §§ 114, 115 und 117 sind nicht anzuwenden auf Unternehmen, die ausschließlich

1. zum Handel an einem organisierten Markt zugelassene Schuldtitel mit einer Mindeststückelung von 100 000 Euro oder dem am Ausgabetag entsprechenden Gegenwert einer anderen Währung begeben oder

2. noch ausstehende bereits vor dem 31. Dezember 2010 zum Handel an einem organisierten Markt im Inland oder in einem anderen Mitgliedstaat der Europäischen Union oder einem anderen Vertragsstaat des Abkommens über den Europäischen Wirtschaftsraum zugelassene Schuldtitel mit einer Mindeststückelung von 50 000 Euro oder dem am Ausgabetag entsprechenden Gegenwert einer anderen Währung begeben haben.

²Die Ausnahmen nach Satz 1 sind auf Emittenten von Wertpapieren im Sinne des § 2 Absatz 1 Nummer 2 nicht anzuwenden.

(2) § 115 findet keine Anwendung auf Kreditinstitute, die als Inlandsemittenten Wertpapiere begeben, wenn ihre Aktien nicht an einem organisierten Markt zugelassen sind und sie dauernd oder wiederholt ausschließlich Schuldtitel begeben haben, deren Gesamtnennbetrag 100 Millionen Euro nicht erreicht und für die kein Prospekt nach der Verordnung (EU) 2017/1129 veröffentlicht wurde.

(3) § 115 findet ebenfalls keine Anwendung auf Unternehmen, die als Inlandsemittenten Wertpapiere begeben, wenn sie zum 31. Dezember 2003 bereits existiert haben und ausschließlich zum Handel an einem organisierten Markt zugelassene Schuldtitel begeben, die vom Bund, von einem Land oder von einer seiner Gebietskörperschaften unbedingt und unwiderruflich garantiert werden.

(4) ¹Die Bundesanstalt kann ein Unternehmen mit Sitz in einem Drittstaat, das als Inlandsemittent Wertpapiere begibt, von den Anforderungen der §§ 114, 115 und 117, auch in Verbindung mit einer Rechtsverordnung nach § 114 Absatz 3 oder § 115 Absatz 6, ausnehmen, soweit diese Emittenten gleichwertigen Regeln eines Drittstaates unterliegen oder sich solchen Regeln unterwerfen. ²Die Bundesanstalt unterrichtet die Europäische Wertpapier- und Marktaufsichtsbehörde über die erteilte Freistellung. ³Die nach den Vorschriften des Drittstaates zu erstellenden Informationen sind jedoch in der in § 114 Absatz 1 Satz 1 und 2 und § 115 Absatz 1 Satz 1 und 2, jeweils auch in Verbindung mit einer Rechtsverordnung nach § 114 Absatz 3 oder § 115 Absatz 6, geregelten Weise der Öffentlichkeit zur Verfügung zu stellen, zu veröffentlichen und gleichzeitig der Bundesanstalt mitzuteilen. ⁴Die Informationen sind außerdem unverzüglich, jedoch nicht vor ihrer Veröffentlichung dem Unternehmensregister im Sinne des § 8b des Handelsgesetzbuchs zur Speicherung zu übermitteln. ⁵Das Bundesministerium der Finanzen kann durch Rechtsverordnung, die nicht der Zustimmung des Bundesrates bedarf, nähere Bestimmungen über die Gleichwertigkeit von Regeln eines Drittstaates und die Freistellung von Unternehmen nach Satz 1 erlassen.

---

1) **Anm. d. Red.:** § 118 i. d. F. des Gesetzes v. 8.7.2019 (BGBl I S. 1002) mit Wirkung v. 21.7.2019. – Zur Anwendung siehe § 139 Abs. 2.

Abschnitt 17: Straf- und Bußgeldvorschriften[1]

§ 119 Strafvorschriften[2]

(1) Mit Freiheitsstrafe bis zu fünf Jahren oder mit Geldstrafe wird bestraft, wer eine in § 120 Absatz 2 Nummer 3 oder Absatz 15 Nummer 2 bezeichnete vorsätzliche Handlung begeht und dadurch einwirkt auf

1. den inländischen Börsen- oder Marktpreis eines Finanzinstruments, eines damit verbundenen Waren-Spot-Kontrakts, einer Ware im Sinne des § 2 Absatz 5 oder eines ausländischen Zahlungsmittels im Sinne des § 51 des Börsengesetzes,
2. den Preis eines Finanzinstruments oder eines damit verbundenen Waren-Spot-Kontrakts an einem organisierten Markt, einem multilateralen oder organisierten Handelssystem in einem anderen Mitgliedstaat oder in einem anderen Vertragsstaat des Abkommens über den Europäischen Wirtschaftsraum,
3. den Preis einer Ware im Sinne des § 2 Absatz 5 oder eines ausländischen Zahlungsmittels im Sinne des § 51 des Börsengesetzes an einem mit einer inländischen Börse vergleichbaren Markt in einem anderen Mitgliedstaat oder in einem anderen Vertragsstaat des Abkommens über den Europäischen Wirtschaftsraum oder
4. die Berechnung eines Referenzwertes im Inland oder in einem anderen Mitgliedstaat oder in einem anderen Vertragsstaat des Abkommens über den Europäischen Wirtschaftsraum.

(2) Ebenso wird bestraft, wer gegen die Verordnung (EU) Nr. 1031/2010 der Kommission vom 12. November 2010 über den zeitlichen und administrativen Ablauf sowie sonstige Aspekte der Versteigerung von Treibhausgasemissionszertifikaten gemäß der Richtlinie 2003/87/EG des Europäischen Parlaments und des Rates über ein System für den Handel mit Treibhausgasemissionszertifikaten in der Gemeinschaft (ABl L 302 vom 18. 11. 2010, S. 1), die zuletzt durch die Verordnung (EU) Nr. 176/2014 (ABl L 56 vom 26. 2. 2014, S. 11) geändert worden ist, verstößt, indem er

1. entgegen Artikel 38 Absatz 1 Unterabsatz 1, auch in Verbindung mit Absatz 2 oder Artikel 40, ein Gebot einstellt, ändert oder zurückzieht oder
2. als Person nach Artikel 38 Absatz 1 Unterabsatz 2, auch in Verbindung mit Absatz 2,
   a) entgegen Artikel 39 Buchstabe a eine Insiderinformation weitergibt oder
   b) entgegen Artikel 39 Buchstabe b die Einstellung, Änderung oder Zurückziehung eines Gebotes empfiehlt oder eine andere Person hierzu verleitet.

(3) Ebenso wird bestraft, wer gegen die Verordnung (EU) Nr. 596/2014 des Europäischen Parlaments und des Rates vom 16. April 2014 über Marktmissbrauch (Marktmissbrauchsverordnung) und zur Aufhebung der Richtlinie 2003/6/EG des Europäischen Parlaments und des Rates und der Richtlinien 2003/124/EG, 2003/125/EG und 2004/72/EG der Kommission (ABl L 173 vom 12. 6. 2014, S. 1; L 287 vom 21. 10. 2016, S. 320; L 306 vom 15. 11. 2016, S. 43; L 348 vom 21. 12. 2016, S. 83), die zuletzt durch die Verordnung (EU) 2016/1033 (ABl L 175 vom 30. 6. 2016, S. 1) geändert worden ist, verstößt, indem er

1. entgegen Artikel 14 Buchstabe a ein Insidergeschäft tätigt,
2. entgegen Artikel 14 Buchstabe b einem Dritten empfiehlt, ein Insidergeschäft zu tätigen, oder einen Dritten dazu verleitet oder
3. entgegen Artikel 14 Buchstabe c eine Insiderinformation offenlegt.

(4) Der Versuch ist strafbar.

---

[1] **Anm. d. Red.:** Abschnitt 12 zu Abschnitt 17 geworden gem. Gesetz v. 23.6.2017 (BGBl I S. 1693) mit Wirkung v. 3.1.2018.

[2] **Anm. d. Red.:** Bisheriger § 38 zu § 119 geworden und neu gefasst gem. Gesetz v. 23.6.2017 (BGBl I S. 1693) mit Wirkung v. 3.1.2018.

(5) Mit Freiheitsstrafe von einem Jahr bis zu zehn Jahren wird bestraft, wer in den Fällen des Absatzes 1
1. gewerbsmäßig oder als Mitglied einer Bande, die sich zur fortgesetzten Begehung solcher Taten verbunden hat, handelt oder
2. in Ausübung seiner Tätigkeit für eine inländische Finanzaufsichtsbehörde, ein Wertpapierdienstleistungsunternehmen, eine Börse oder einen Betreiber eines Handelsplatzes handelt.

(6) In minder schweren Fällen des Absatzes 5 Nummer 2 ist die Strafe Freiheitsstrafe von sechs Monaten bis zu fünf Jahren.

(7) Handelt der Täter in den Fällen des Absatzes 2 Nummer 1 leichtfertig, so ist die Strafe Freiheitsstrafe bis zu einem Jahr oder Geldstrafe.

§ 120 Bußgeldvorschriften; Verordnungsermächtigung[1]

(1) Ordnungswidrig handelt, wer
1. einer vollziehbaren Anordnung nach § 8 Absatz 2 Satz 1 oder Satz 2 zuwiderhandelt,
2. eine Information entgegen § 26 Absatz 1 oder Absatz 2 nicht oder nicht rechtzeitig übermittelt,
3. eine Mitteilung entgegen § 26 Absatz 1 nicht, nicht richtig, nicht vollständig oder nicht rechtzeitig macht,
4. eine Mitteilung entgegen § 26 Absatz 2 nicht oder nicht rechtzeitig macht oder
5. entgegen § 30 Absatz 3 Clearing-Dienste nutzt.

(2) Ordnungswidrig handelt, wer vorsätzlich oder leichtfertig
1. eine Information entgegen § 5 Absatz 1 Satz 2 nicht oder nicht rechtzeitig übermittelt,
2. entgegen
   a) § 5 Absatz 1 Satz 2,
   b) § 22 Absatz 3,
   c) § 23 Absatz 1 Satz 1, auch in Verbindung mit einer Rechtsverordnung nach Absatz 4 Satz 1,
   d) § 33 Absatz 1 Satz 1 oder 2 oder Absatz 2, jeweils auch in Verbindung mit einer Rechtsverordnung nach § 33 Absatz 5,
   e) § 38 Absatz 1 Satz 1, auch in Verbindung mit einer Rechtsverordnung nach § 38 Absatz 5, oder § 39 Absatz 1, auch in Verbindung mit einer Rechtsverordnung nach § 39 Absatz 2,
   f) § 40 Absatz 2, auch in Verbindung mit einer Rechtsverordnung nach § 40 Absatz 3 Nummer 2,
   g) § 41 Absatz 1 Satz 2, auch in Verbindung mit § 41 Absatz 2,
   h) § 46 Absatz 2 Satz 1,
   i) § 50 Absatz 1 Satz 1, auch in Verbindung mit einer Rechtsverordnung nach § 50 Absatz 2,
   j) § 51 Absatz 2,
   k) § 114 Absatz 1 Satz 3, auch in Verbindung mit § 117, jeweils auch in Verbindung mit einer Rechtsverordnung nach § 114 Absatz 3 Nummer 2,
   l) § 115 Absatz 1 Satz 3, auch in Verbindung mit § 117, jeweils auch in Verbindung mit einer Rechtsverordnung nach § 115 Absatz 6 Nummer 3,
   m) § 116 Absatz 2 Satz 2, auch in Verbindung mit einer Rechtsverordnung nach § 116 Absatz 4 Nummer 2 oder
   n) § 118 Absatz 4 Satz 3

[1] **Anm. d. Red.:** § 120 i. d. F. des Gesetzes v. 12.8.2020 (BGBl I S. 1874) mit Wirkung v. 19.8.2020. – Zur Anwendung siehe Paragraph 140.

§ 120

XXV. Wertpapierhandelsgesetz

eine Mitteilung nicht, nicht richtig, nicht vollständig, nicht in der vorgeschriebenen Weise oder nicht rechtzeitig macht,

2a. entgegen § 12 oder § 23 Absatz 1 Satz 2 eine Person über eine Anzeige, eine eingeleitete Untersuchung oder eine Maßnahme in Kenntnis setzt,

2b. einer vollziehbaren Anordnung nach § 15 Absatz 1 zuwiderhandelt,

3. entgegen § 25 in Verbindung mit Artikel 15 der Verordnung (EU) Nr. 596/2014 eine Marktmanipulation begeht,

4. entgegen
   a) § 40 Absatz 1 Satz 1, auch in Verbindung mit einer Rechtsverordnung nach § 40 Absatz 3 Nummer 1, oder entgegen § 41 Absatz 1 Satz 1, auch in Verbindung mit § 41 Absatz 2, oder § 46 Absatz 2 Satz 1,
   b) § 40 Absatz 1 Satz 2, in Verbindung mit § 40 Absatz 1 Satz 1, auch in Verbindung mit einer Rechtsverordnung nach § 40 Absatz 3,
   c) § 49 Absatz 1 oder 2,
   d) § 50 Absatz 1 Satz 1 in Verbindung mit einer Rechtsverordnung nach § 50 Absatz 2 oder entgegen § 51 Absatz 2,
   e) § 114 Absatz 1 Satz 2 in Verbindung mit einer Rechtsverordnung nach § 114 Absatz 3 Nummer 1, jeweils auch in Verbindung mit § 117, oder entgegen § 118 Absatz 4 Satz 3,
   f) § 115 Absatz 1 Satz 2 in Verbindung mit einer Rechtsverordnung nach § 115 Absatz 6 Nummer 2, jeweils auch in Verbindung mit § 117, oder
   g) § 116 Absatz 2 Satz 1 in Verbindung mit einer Rechtsverordnung nach § 116 Absatz 4 Nummer 1

   eine Veröffentlichung nicht, nicht richtig, nicht vollständig, nicht in der vorgeschriebenen Weise oder nicht rechtzeitig vornimmt oder nicht oder nicht rechtzeitig nachholt,

5. entgegen § 27 Satz 1 eine Aufzeichnung nicht, nicht richtig, nicht vollständig oder nicht rechtzeitig erstellt,

6. entgegen § 29 Absatz 5 Satz 1 der Stellung eines Billigungsantrags nicht eine dort genannte Erklärung beifügt,

7. (weggefallen)

8. entgegen § 32 Absatz 1 Satz 1 die dort genannten Tatsachen nicht oder nicht rechtzeitig prüfen und bescheinigen lässt,

9. entgegen § 32 Absatz 4 Satz 1 eine Bescheinigung nicht oder nicht rechtzeitig übermittelt,

10. entgegen § 40 Absatz 1 Satz 1, § 41 Absatz 1 Satz 3, § 46 Absatz 2 Satz 2, § 50 Absatz 1 Satz 2, § 51 Absatz 2, § 114 Absatz 1 Satz 3, § 115 Absatz 1 Satz 3, § 116 Absatz 2 Satz 2 oder § 118 Absatz 4 Satz 3 eine Information oder eine Bekanntmachung nicht oder nicht rechtzeitig übermittelt,

11. entgegen § 48 Absatz 1 Nummer 2, auch in Verbindung mit § 48 Absatz 3, nicht sicherstellt, dass Einrichtungen und Informationen im Inland öffentlich zur Verfügung stehen,

12. entgegen § 48 Absatz 1 Nummer 3, auch in Verbindung mit § 48 Absatz 3, nicht sicherstellt, dass Daten vor der Kenntnisnahme durch Unbefugte geschützt sind,

13. entgegen § 48 Absatz 1 Nummer 4, auch in Verbindung mit § 48 Absatz 3, nicht sicherstellt, dass eine dort genannte Stelle bestimmt ist,

14. entgegen § 86 Absatz 1 Satz 1, 5 oder 6 eine Anzeige nicht, nicht richtig, nicht vollständig oder nicht rechtzeitig erstattet,

15. entgegen § 114 Absatz 1 Satz 4, § 115 Absatz 1 Satz 4, jeweils auch in Verbindung mit § 117, einen Jahresfinanzbericht einschließlich der Erklärung gemäß § 114 Absatz 2 Nummer 3 und der Eintragungsbescheinigung oder Bestätigung gemäß § 114 Absatz 2 Nummer 4 oder einen Halbjahresfinanzbericht einschließlich der Erklärung gemäß § 115 Absatz 2 Num-

mer 3 oder entgegen § 116 Absatz 2 Satz 3 einen Zahlungs- oder Konzernzahlungsbericht nicht, nicht in der vorgeschriebenen Weise oder nicht rechtzeitig übermittelt oder

16. einer unmittelbar geltenden Vorschrift in delegierten Rechtsakten der Europäischen Union, die die Verordnung (EG) Nr. 1060/2009 des Europäischen Parlaments und des Rates vom 16. September 2009 über Ratingagenturen (ABl L 302 vom 17. 11. 2009, S. 1; L 350 vom 29. 12. 2009, S. 59, L 145 vom 31. 5. 2011, S. 57, L 267 vom 6. 9. 2014, S. 30), die zuletzt durch die Richtlinie 2014/51/EU (ABl L 153 vom 22. 5. 2014, S. 1) geändert worden ist, ergänzen, im Anwendungsbereich dieses Gesetzes zuwiderhandelt, soweit eine Rechtsverordnung nach Absatz 28 für einen bestimmten Tatbestand auf diese Bußgeldvorschrift verweist.

(3) Ordnungswidrig handelt, wer vorsätzlich oder leichtfertig entgegen Artikel 74 oder Artikel 75 der Delegierten Verordnung (EU) 2017/565 der Kommission vom 25. April 2016 zur Ergänzung der Richtlinie 2014/65/EU des Europäischen Parlaments und des Rates in Bezug auf die organisatorischen Anforderungen an Wertpapierfirmen und die Bedingungen für die Ausübung ihrer Tätigkeit sowie in Bezug auf die Definition bestimmter Begriffe für die Zwecke der genannten Richtlinie (ABl L 87 vom 31. 3. 2017, S. 1) eine Aufzeichnung nicht, nicht richtig, nicht vollständig oder nicht rechtzeitig erstellt.

(4) Ordnungswidrig handelt, wer als Person, die für ein Wertpapierdienstleistungsunternehmen handelt, gegen die Verordnung (EG) Nr. 1060/2009 verstößt, indem er vorsätzlich oder leichtfertig

1. entgegen Artikel 4 Absatz 1 Unterabsatz 1 ein Rating verwendet,
2. entgegen Artikel 5a Absatz 1 nicht dafür Sorge trägt, dass das Wertpapierdienstleistungsunternehmen eigene Kreditrisikobewertungen vornimmt,
3. entgegen Artikel 8c Absatz 1 einen Auftrag nicht richtig erteilt,
4. entgegen Artikel 8c Absatz 2 nicht dafür Sorge trägt, dass die beauftragten Ratingagenturen die dort genannten Voraussetzungen erfüllen oder
5. entgegen Artikel 8d Absatz 1 Satz 2 eine dort genannte Dokumentation nicht richtig vornimmt.

(5) Ordnungswidrig handelt, wer gegen die Verordnung (EU) Nr. 1031/2010 verstößt, indem er vorsätzlich oder leichtfertig

1. als Person nach Artikel 40
   a) entgegen Artikel 39 Buchstabe a eine Insiderinformation weitergibt oder
   b) entgegen Artikel 39 Buchstabe b die Einstellung, Änderung oder Zurückziehung eines Gebotes empfiehlt oder eine andere Person hierzu verleitet,
2. entgegen Artikel 42 Absatz 1 Satz 2 oder Satz 3 das Verzeichnis nicht, nicht richtig, nicht vollständig oder nicht rechtzeitig übermittelt,
3. entgegen Artikel 42 Absatz 2 eine Unterrichtung nicht, nicht richtig oder nicht innerhalb von fünf Werktagen vornimmt oder
4. entgegen Artikel 42 Absatz 5 die Behörde nicht, nicht richtig, nicht vollständig oder nicht rechtzeitig informiert.

(6) Ordnungswidrig handelt, wer gegen die Verordnung (EU) Nr. 236/2012 des Europäischen Parlaments und des Rates vom 14. März 2012 über Leerverkäufe und bestimmte Aspekte von Credit Default Swaps (ABl L 86 vom 24. 3. 2012, S. 1), die durch die Verordnung (EU) Nr. 909/2014 (ABl L 257 vom 28. 8. 2014, S. 1) geändert worden ist, verstößt, indem er vorsätzlich oder leichtfertig

1. entgegen Artikel 5 Absatz 1, Artikel 7 Absatz 1 oder Artikel 8 Absatz 1, jeweils auch in Verbindung mit Artikel 9 Absatz 1 Unterabsatz 1 oder Artikel 10, eine Meldung nicht, nicht richtig, nicht vollständig oder nicht rechtzeitig macht,
2. entgegen Artikel 6 Absatz 1, auch in Verbindung mit Artikel 9 Absatz 1 Unterabsatz 1 oder Artikel 10, eine Einzelheit nicht, nicht richtig, nicht vollständig oder nicht rechtzeitig offenlegt,

3. entgegen Artikel 12 Absatz 1 oder Artikel 13 Absatz 1 eine Aktie oder einen öffentlichen Schuldtitel leer verkauft,
4. entgegen Artikel 14 Absatz 1 eine Transaktion vornimmt oder
5. entgegen Artikel 15 Absatz 1 nicht sicherstellt, dass er über ein dort genanntes Verfahren verfügt.

(7) Ordnungswidrig handelt, wer gegen die Verordnung (EU) Nr. 648/2012 des Europäischen Parlaments und des Rates vom 4. Juli 2012 über OTC-Derivate, zentrale Gegenparteien und Transaktionsregister (ABl L 201 vom 27. 7. 2012, S. 1; L 321 vom 30. 11. 2013, S. 6), die zuletzt durch die Verordnung (EU) 2019/834 (ABl L 141 vom 28.5.2019, S. 42) geändert worden ist, verstößt, indem er vorsätzlich oder leichtfertig

1. entgegen Artikel 4 Absatz 1 und 3 einen OTC-Derivatekontrakt nicht oder nicht in. der vorgeschriebenen Weise cleart,
1a. entgegen Artikel 4a Absatz 1 Unterabsatz 2 Buchstabe a eine Unterrichtung nicht oder nicht rechtzeitig vornimmt,
2. als Betreiber eines multilateralen Handelssystems im Sinne des § 72 Absatz 1 entgegen Artikel 8 Absatz 1 in Verbindung mit Absatz 4 Unterabsatz 1 Handelsdaten nicht, nicht richtig, nicht vollständig, nicht in der vorgeschriebenen Weise oder nicht rechtzeitig zur Verfügung stellt,
3. entgegen Artikel 9 Absatz 1 Satz 2 eine Meldung nicht, nicht richtig, nicht vollständig oder nicht rechtzeitig macht,
4. entgegen Artikel 9 Absatz 2 eine Aufzeichnung nicht oder nicht mindestens fünf Jahre aufbewahrt,
5. entgegen Artikel 10 Absatz 1 Unterabsatz 2 Buchstabe a eine Unterrichtung nicht oder nicht rechtzeitig vornimmt,
6. entgegen Artikel 11 Absatz 1 nicht gewährleistet, dass ein dort genanntes Verfahren oder eine dort genannte Vorkehrung besteht,
7. entgegen Artikel 11 Absatz 2 Satz 1 den Wert ausstehender Kontrakte nicht, nicht richtig oder nicht rechtzeitig ermittelt,
8. entgegen Artikel 11 Absatz 3 kein dort beschriebenes Risikomanagement betreibt,
9. entgegen Artikel 11 Absatz 4 nicht gewährleistet, dass zur Abdeckung der dort genannten Risiken eine geeignete und angemessene Eigenkapitalausstattung vorgehalten wird, oder
10. entgegen Artikel 11 Absatz 11 Satz 1 die Information über eine Befreiung von den Anforderungen des Artikels 11 Absatz 3 nicht oder nicht richtig veröffentlicht.

(8) Ordnungswidrig handelt, wer vorsätzlich oder leichtfertig

1. im Zusammenhang mit einer Untersuchung betreffend die Einhaltung der Pflichten nach den Abschnitten 9 bis 11 einer vollziehbaren Anordnung der Bundesanstalt nach den §§ 6 bis 9 zuwiderhandelt,
2. einer vollziehbaren Anordnung der Bundesanstalt nach § 9 Absatz 2 zuwiderhandelt, auch wenn im Ausland gehandelt wird,
3. als Betreiber eines inländischen Handelsplatzes, der im Namen eines Wertpapierdienstleistungsunternehmens Meldungen nach Artikel 26 Absatz 1 der Verordnung (EU) Nr. 600/2014 des Europäischen Parlaments und des Rates vom 15. Mai 2014 über Märkte für Finanzinstrumente und zur Änderung der Verordnung (EU) Nr. 648/2012 (ABl L 173 vom 12. 6. 2014, S. 84; L 6 vom 10. 1. 2015, S. 6; L 270 vom 15. 10. 2015, S. 4), die zuletzt durch die Verordnung (EU) 2016/1033 (ABl L 175 vom 30. 6. 2016, S. 1) geändert worden ist, vornimmt,
   a) entgegen § 22 Absatz 2 Satz 1 dort genannte Sicherheitsmaßnahmen nicht einrichtet oder

b) entgegen § 22 Absatz 2 Satz 2 dort genannte Mittel nicht vorhält oder dort genannte Notfallsysteme nicht einrichtet,

4. ein von der Bundesanstalt für ein Warenderivat gemäß § 54 Absatz 1, 3, 5 festgelegtes Positionslimit überschreitet,
5. ein von einer ausländischen zuständigen Behörde eines Mitgliedstaates für ein Warenderivat festgelegtes Positionslimit überschreitet,
6. entgegen § 54 Absatz 6 Satz 1 nicht über angemessene Kontrollverfahren zur Überwachung des Positionsmanagements verfügt,
7. entgegen § 54 Absatz 6 Satz 4 eine Unterrichtung nicht, nicht richtig oder nicht vollständig vornimmt,
8. entgegen § 57 Absatz 2, 3 und 4 eine Übermittlung nicht, nicht richtig oder nicht vollständig vornimmt,
9. entgegen § 57 Absatz 1 eine Meldung nicht, nicht richtig, nicht vollständig oder nicht rechtzeitig vornimmt,
10. entgegen § 58 Absatz 1 Satz 1 nicht über die dort genannten Grundsätze und Vorkehrungen verfügt,
11. entgegen § 58 Absatz 2 Satz 1 eine Information nicht, nicht richtig, nicht vollständig, nicht in der vorgeschriebenen Weise oder nicht rechtzeitig zur Verfügung stellt,
12. entgegen § 58 Absatz 2 Satz 2 nicht in der Lage ist, Informationen in der vorgeschriebenen Weise zu verbreiten,
13. entgegen § 58 Absatz 3 Satz 1 nicht die dort genannten Vorkehrungen trifft,
14. entgegen § 58 Absatz 3 Satz 2, § 59 Absatz 3 Satz 2 oder § 60 Absatz 2 Satz 2 Informationen in diskriminierender Weise behandelt oder keine geeigneten Vorkehrungen zur Trennung unterschiedlicher Unternehmensfunktionen trifft,
15. entgegen § 58 Absatz 4 Satz 1 oder § 60 Absatz 3 Satz 1 dort genannte Mechanismen nicht einrichtet,
16. entgegen § 58 Absatz 4 Satz 2 oder § 60 Absatz 3 Satz 2 nicht über dort genannte Mittel und Notfallsysteme verfügt,
17. entgegen § 58 Absatz 5 nicht über dort genannte Systeme verfügt,
18. entgegen § 59 Absatz 1 Satz 2 nicht über dort genannte Grundsätze oder Vorkehrungen verfügt,
19. entgegen § 59 Absatz 1 Satz 2 nicht die genannten Grundsätze und Vorkehrungen trifft,
20. entgegen § 59 Absatz 1 Satz 3 nicht in der Lage ist, Informationen in der vorgeschriebenen Weise zur Verfügung zu stellen,
21. entgegen § 59 Absatz 2 Informationen nicht in der vorgeschriebenen Weise verbreitet,
22. entgegen § 59 Absatz 3 Satz 1 dort genannte Vorkehrungen nicht trifft,
23. entgegen § 59 Absatz 4 Satz 1 dort genannte Mechanismen nicht einrichtet,
24. entgegen § 59 Absatz 4 Satz 2 nicht über die dort genannten Mittel und Notfallsysteme verfügt,
25. entgegen § 60 Absatz 1 Satz 1 nicht über die dort genannten Grundsätze und Vorkehrungen verfügt,
26. entgegen § 60 Absatz 2 Satz 1 oder Absatz 4 keine Vorkehrungen trifft,
27. entgegen § 63 Absatz 2 Satz 1 in Verbindung mit Satz 2, auch in Verbindung mit dem auf Grundlage von Artikel 23 Absatz 4 in Verbindung mit Artikel 89 der Richtlinie 2014/65/EU des Europäischen Parlaments und des Rates vom 15. Mai 2014 über Märkte für Finanzinstrumente sowie zur Änderung der Richtlinien 2002/92/EG und 2011/61/EU (ABl L 273 vom 12. 6. 2014, S. 349; L 74 vom 18. 3. 2015, S. 38; L 188 vom 13. 7. 2016, S. 28; L 273 vom 8. 10. 2016, S. 35; L 64 vom 10. 3. 2017, S. 116), die zuletzt durch die Richtlinie (EU) 2016/

1034 (ABl L 175 vom 30. 6. 2016, S. 8) geänderten worden ist, erlassenen delegierten Rechtsakt der Europäischen Kommission, eine Darlegung nicht, nicht richtig, nicht vollständig, nicht in der vorgeschriebenen Weise oder nicht rechtzeitig vornimmt,

28. als Wertpapierdienstleistungsunternehmen entgegen § 63 Absatz 3 Satz 1, auch in Verbindung mit dem auf Grundlage von Artikel 24 Absatz 13 in Verbindung mit Artikel 89 der Richtlinie 2014/65/EU erlassenen delegierten Rechtsakt der Europäischen Kommission, keine Sicherstellung trifft,

29. als Wertpapierdienstleistungsunternehmen entgegen § 63 Absatz 3 Satz 2, auch in Verbindung mit dem auf Grundlage von Artikel 24 Absatz 13 in Verbindung mit Artikel 89 der Richtlinie 2014/65/EU erlassenen delegierten Rechtsakt der Europäischen Kommission, einen Anreiz setzt,

30. als Wertpapierdienstleistungsunternehmen ein Finanzinstrument vertreibt, das nicht gemäß den Anforderungen des § 63 Absatz 4, auch in Verbindung mit einer Rechtsverordnung nach § 80 Absatz 14 sowie dem auf Grundlage von Artikel 24 Absatz 13 in Verbindung mit Artikel 89 der Richtlinie 2014/65/EU erlassenen delegierten Rechtsakt der Europäischen Kommission, konzipiert wurde,

31. als Wertpapierdienstleistungsunternehmen entgegen § 63 Absatz 6 Satz 1, auch in Verbindung mit dem auf Grundlage von Artikel 24 Absatz 13 in Verbindung mit Artikel 89 der Richtlinie 2014/65/EU erlassenen delegierten Rechtsakt der Europäischen Kommission, Informationen zugänglich macht, die nicht redlich, nicht eindeutig oder irreführend sind,

32. als Wertpapierdienstleistungsunternehmen einer anderen Person eine Marketingmitteilung zugänglich macht, die entgegen § 63 Absatz 6 Satz 2 nicht eindeutig als solche erkennbar ist,

33. entgegen § 63 Absatz 7 Satz 1 in Verbindung mit den Sätzen 3 und 4, auch in Verbindung mit Satz 11, auch in Verbindung mit einer Rechtsverordnung nach Absatz 14 und auch in Verbindung mit dem auf Grundlage von Artikel 24 Absatz 13 in Verbindung mit Artikel 89 der Richtlinie 2014/65/EU erlassenen delegierten Rechtsakt der Europäischen Kommission, Informationen nicht, nicht richtig, nicht vollständig, nicht in der vorgeschriebenen Weise oder nicht rechtzeitig zur Verfügung stellt,

34. entgegen § 63 Absatz 7 Satz 5, auch in Verbindung mit dem auf Grundlage von Artikel 24 Absatz 13 in Verbindung mit Artikel 89 der Richtlinie 2014/65/EU erlassenen delegierten Rechtsakt der Europäischen Kommission, eine Aufstellung nicht, nicht richtig oder nicht vollständig zur Verfügung stellt,

35. entgegen § 64 Absatz 1, auch in Verbindung mit dem auf Grundlage von Artikel 24 Absatz 3 in Verbindung mit Artikel 89 der Richtlinie 2014/65/EU erlassenen delegierten Rechtsakt der Europäischen Kommission, einen Kunden nicht, nicht richtig, nicht vollständig, nicht in der vorgeschriebenen Weise oder nicht rechtzeitig informiert,

36. entgegen § 63 Absatz 9 Satz 1, auch in Verbindung mit dem auf Grundlage von Artikel 24 Absatz 3 in Verbindung mit Artikel 89 der Richtlinie 2014/65/EU erlassenen delegierten Rechtsakt der Europäischen Kommission, einen Kunden nicht oder nicht richtig informiert oder ihm nicht für jeden Bestandteil getrennt Kosten und Gebühren nachweist,

37. entgegen § 63 Absatz 9 Satz 2, auch in Verbindung mit dem auf Grundlage von Artikel 24 Absatz 3 in Verbindung mit Artikel 89 der Richtlinie 2014/65/EU erlassenen delegierten Rechtsakt der Europäischen Kommission, einen Privatkunden nicht oder nicht in angemessener Weise informiert,

38. entgegen § 64 Absatz 2 Satz 1 in Verbindung mit einer Rechtsverordnung nach § 64 Absatz 10 Satz 1 Nummer 1 ein dort genanntes Dokument nicht, nicht richtig, nicht vollständig oder nicht rechtzeitig zur Verfügung stellt,

39. entgegen § 64 Absatz 3 Satz 1, auch in Verbindung mit dem auf Grundlage von Artikel 25 Absatz 8 in Verbindung mit Artikel 89 der Richtlinie 2014/65/EU erlassenen delegierten

Rechtsakt der Europäischen Kommission, die dort genannten Informationen nicht oder nicht vollständig einholt,

40. entgegen § 64 Absatz 3 Satz 2 bis 4 ein Finanzinstrument oder eine Wertpapierdienstleistung empfiehlt oder ein Geschäft tätigt,

41. entgegen § 64 Absatz 4 Satz 1 in Verbindung mit Satz 2, auch in Verbindung mit dem auf Grundlage von Artikel 25 Absatz 8 in Verbindung mit Artikel 89 der Richtlinie 2014/65/EU erlassenen delegierten Rechtsakt der Europäischen Kommission, eine Geeignetheitserklärung nicht, nicht richtig, nicht vollständig, nicht in der vorgeschriebenen Weise oder nicht rechtzeitig zur Verfügung stellt,

42. als Wertpapierdienstleistungsunternehmen, das einem Kunden im Verlauf einer Anlageberatung mitgeteilt hat, dass eine Unabhängige Honorar-Anlageberatung erbracht wird, dem Kunden gegenüber eine Empfehlung eines Finanzinstruments ausspricht, der nicht eine im Sinne von § 64 Absatz 5 Nummer 1, auch in Verbindung mit dem auf Grundlage von Artikel 24 Absatz 3 in Verbindung mit Artikel 89 der Richtlinie 2014/65/EU erlassenen delegierten Rechtsakt der Europäischen Kommission, ausreichende Palette von Finanzinstrumenten zugrunde liegt,

43. entgegen § 64 Absatz 6 Satz 1, auch in Verbindung mit einer Rechtsverordnung nach § 64 Absatz 10 Nummer 2, eine Information nicht, nicht richtig oder nicht vollständig oder nicht rechtzeitig gibt,

44. entgegen § 64 Absatz 6 Satz 2 einen Vertragsschluss als Festpreisgeschäft ausführt,

45. entgegen § 64 Absatz 7, auch in Verbindung mit einer Rechtsverordnung nach § 64 Absatz 10 Nummer 3, eine Zuwendung annimmt oder behält,

45a. entgegen § 65 Absatz 1 Satz 3 oder § 65a Absatz 1 Satz 3 einen Vertragsschluss vermittelt,

46. entgegen § 63 Absatz 10 Satz 1, auch in Verbindung mit Satz 2, jeweils auch in Verbindung mit dem auf Grundlage von Artikel 25 Absatz 8 in Verbindung mit Artikel 89 der Richtlinie 2014/65/EU erlassenen delegierten Rechtsakt der Europäischen Kommission, die dort genannten Informationen nicht oder nicht vollständig einholt,

47. entgegen § 63 Absatz 10 Satz 3 oder 4, auch in Verbindung mit dem auf Grundlage von Artikel 25 Absatz 8 in Verbindung mit Artikel 89 der Richtlinie 2014/65/EU erlassenen delegierten Rechtsakt der Europäischen Kommission, einen Hinweis oder eine Information nicht oder nicht rechtzeitig gibt,

48. entgegen § 63 Absatz 12 Satz 1 in Verbindung mit Satz 2, auch in Verbindung mit § 64 Absatz 8, jeweils auch in Verbindung mit dem auf Grundlage von Artikel 25 Absatz 8 in Verbindung mit Artikel 89 der Richtlinie 2014/65/EU erlassenen delegierten Rechtsakt der Europäischen Kommission, einem Kunden nicht regelmäßig berichtet oder nicht den Ausführungsort eines Auftrags mitteilt,

49. entgegen § 68 Absatz 1 Satz 2 mit einer geeigneten Gegenpartei nicht in der dort beschriebenen Weise kommuniziert,

50. entgegen § 69 Absatz 1 Nummer 1 oder Nummer 2, auch in Verbindung mit dem auf Grundlage von Artikel 28 Absatz 3 in Verbindung mit Artikel 89 der Richtlinie 2014/65/EU erlassenen delegierten Rechtsakt der Europäischen Kommission, keine geeigneten Vorkehrungen in Bezug auf die Ausführung und Weiterleitung von Kundenaufträgen trifft,

51. entgegen § 69 Absatz 2 Satz 1, auch in Verbindung mit dem auf Grundlage von Artikel 28 Absatz 3 in Verbindung mit Artikel 89 der Richtlinie 2014/65/EU erlassenen delegierten Rechtsakt der Europäischen Kommission, einen Auftrag nicht, nicht in der vorgeschriebenen Weise oder nicht rechtzeitig bekannt macht,

52. entgegen § 70 Absatz 1 Satz 1, auch in Verbindung mit einer Rechtsverordnung nach § 70 Absatz 9 Nummer 1, eine Zuwendung annimmt oder gewährt,

53. entgegen § 70 Absatz 5, auch in Verbindung mit dem auf Grundlage von Artikel 24 Absatz 13 in Verbindung mit Artikel 89 der Richtlinie 2014/65/EU erlassenen delegierten

Rechtsakt der Europäischen Kommission, einen Kunden nicht über Verfahren betreffend die Auskehrung von Zuwendungen an Kunden informiert,

54. entgegen § 72 Absatz 1 Nummer 1 die dort genannten Regelungen nicht oder nicht im vorgeschriebenen Umfang festlegt,
55. entgegen § 72 Absatz 1 Nummer 2 die dort genannten Regelungen nicht oder nicht im vorgeschriebenen Umfang festlegt,
56. entgegen § 72 Absatz 1 Nummer 3 nicht über angemessene Verfahren verfügt,
57. entgegen § 72 Absatz 1 Nummer 4 eine Veröffentlichung nicht, nicht richtig oder nicht vollständig vornimmt,
58. entgegen § 72 Absatz 1 Nummer 5 Entgelte nicht oder nicht im vorgeschriebenen Umfang verlangt,
59. entgegen § 72 Absatz 1 Nummer 6 die dort benannten Vorkehrungen nicht oder nicht im vorgeschriebenen Umfang trifft,
60. entgegen § 72 Absatz 1 Nummer 7 kein angemessenes Order-Transaktions-Verhältnis sicherstellt,
61. entgegen § 72 Absatz 1 Nummer 8 keine Festlegung über die angemessene Größe der kleinstmöglichen Preisänderung trifft,
62. entgegen § 72 Absatz 1 Nummer 9 die dort genannten Risikokontrollen, Schwellen und Regelungen nicht festlegt,
63. entgegen § 72 Absatz 1 Nummer 10 die dort genannten Regelungen nicht festlegt,
64. entgegen § 72 Absatz 1 Nummer 11 keine zuverlässige Verwaltung der technischen Abläufe des Handelssystems sicherstellt,
65. entgegen § 72 Absatz 1 Nummer 12 die dort genannten Vorkehrungen nicht trifft,
66. entgegen § 72 Absatz 1 Nummer 13 ein multilaterales oder organisiertes Handelssystem betreibt, ohne über mindestens drei Nutzer zu verfügen, die mit allen übrigen Nutzern zum Zwecke der Preisbildung in Verbindung treten können,
67. ein multilaterales oder organisiertes Handelssystem betreibt, ohne über die Systeme im Sinne von § 5 Absatz 4a des Börsengesetzes in Verbindung mit § 72 Absatz 1 zu verfügen,
68. als Betreiber eines multilateralen oder eines organisierten Handelssystems entgegen § 26c Absatz 2 Satz 1 des Börsengesetzes in Verbindung mit § 72 Absatz 1 nicht eine ausreichende Teilnehmerzahl sicherstellt,
69. als Betreiber eines multilateralen oder organisierten Handelssystems einen Vertrag im Sinne des § 26c Absatz 1 des Börsengesetzes in Verbindung mit § 72 Absatz 1 schließt, der nicht sämtliche in § 26c Absatz 3 des Börsengesetzes genannten Bestandteile enthält,
70. entgegen § 72 Absatz 2 Gebührenstrukturen nicht gemäß den dort genannten Anforderungen gestaltet,
71. entgegen § 72 Absatz 3 eine Beschreibung nicht, nicht richtig oder nicht vollständig vorlegt,
72. entgegen § 72 Absatz 6 Satz 1 eine Mitteilung an die Bundesanstalt über schwerwiegende Verstöße gegen Handelsregeln, über Störungen der Marktintegrität und über Anhaltspunkte für einen Verstoß gegen die Vorschriften der Verordnung (EU) Nr. 596/2014 nicht oder nicht rechtzeitig macht,
73. entgegen § 73 Absatz 1 Satz 2, den Handel mit einem Finanzinstrument nicht aussetzt oder einstellt,
74. entgegen § 73 Absatz 1 Satz 4 eine Entscheidung nicht oder nicht richtig veröffentlicht oder die Bundesanstalt über eine Veröffentlichung nicht oder nicht rechtzeitig informiert,
74a. einer vollziehbaren Anordnung nach § 73 Absatz 2 Satz 1 oder Absatz 3 Satz 3 zuwiderhandelt,

75. entgegen § 74 Absatz 1 und 2 als Betreiber eines multilateralen Systems nicht dort genannte Regeln vorhält,
76. entgegen § 74 Absatz 3 die dort genannten Vorkehrungen nicht oder nicht im vorgeschriebenen Umfang trifft,
77. entgegen § 74 Absatz 5 einen Kundenauftrag unter Einsatz des Eigenkapitals ausführt,
78. entgegen § 75 Absatz 1 die dort genannten Vorkehrungen nicht trifft,
79. entgegen § 75 Absatz 2 Satz 1 ohne Zustimmung des Kunden auf die Zusammenführung sich deckender Kundenaufträge zurückgreift,
80. entgegen § 75 Absatz 2 Satz 2 Kundenaufträge zusammenführt,
81. entgegen § 75 Absatz 2 Satz 3 bei der Ausführung eines Geschäfts nicht sicherstellt, dass
    a) er während der gesamten Ausführung eines Geschäfts zu keiner Zeit einem Marktrisiko ausgesetzt ist,
    b) beide Vorgänge gleichzeitig ausgeführt werden oder
    c) das Geschäft zu einem Preis abgeschlossen wird, bei dem er, abgesehen von einer vorab offengelegten Provision, Gebühr oder sonstigen Vergütung, weder Gewinn noch Verlust macht,
82. entgegen § 75 Absatz 3 als Betreiber eines organisierten Handelssystems bei dessen Betrieb ein Geschäft für eigene Rechnung abschließt, das nicht in der Zusammenführung von Kundenaufträgen besteht und das ein Finanzinstrument zum Gegenstand hat, bei dem es sich nicht um einen öffentlichen Schuldtitel handelt, für den es keinen liquiden Markt gibt,
83. entgegen § 75 Absatz 4 Satz 1 innerhalb derselben rechtlichen Einheit ein organisiertes Handelssystem und die systematische Internalisierung betreibt,
84. entgegen § 75 Absatz 4 Satz 2 ein organisiertes Handelssystem betreibt, das eine Verbindung zu einem systematischen Internalisierer in einer Weise herstellt, dass die Interaktion von Aufträgen in dem organisierten Handelssystem und Aufträgen oder Offerten in dem systematischen Internalisierer ermöglicht wird,
85. als Betreiber eines organisierten Handelssystems beim Umgang mit Aufträgen in anderen als den in § 75 Absatz 6 Satz 2 genannten Fällen ein Ermessen ausübt,
86. einem vollziehbaren Erklärungsverlangen nach § 75 Absatz 7 Satz 1 zuwiderhandelt,
87. entgegen § 75 Absatz 7 Satz 3 die dort genannten Informationen nicht, nicht richtig oder nicht vollständig zur Verfügung stellt,
88. entgegen § 77 Absatz 1 einen direkten elektronischen Zugang zu einem Handelsplatz anbietet, ohne über die dort genannten Systeme und Kontrollen zu verfügen,
89. entgegen § 77 Absatz 1 nicht sicherstellt, dass seine Kunden die dort genannten Anforderungen erfüllen oder die dort genannten Vorschriften einhalten,
90. entgegen § 77 Absatz 1 Nummer 4 Buchstabe c Geschäfte nicht überwacht, um Verstöße gegen die Regeln des Handelsplatzes, marktstörende Handelsbedingungen oder auf Marktmissbrauch hindeutende Verhaltensweisen zu erkennen,
91. als Wertpapierdienstleistungsunternehmen einem Kunden einen direkten elektronischen Zugang zu einem Handelsplatz anbietet, ohne zuvor einen schriftlichen Vertrag mit dem Kunden geschlossen zu haben, der den inhaltlichen Anforderungen des § 77 Absatz 1 Nummer 2 entspricht,
92. entgegen § 77 Absatz 2 Satz 1 eine Mitteilung nicht oder nicht richtig macht,
93. einer vollziehbaren Anordnung nach § 77 Absatz 2 Satz 2 zuwiderhandelt,
94. entgegen § 77 Absatz 3 nicht für die Aufbewahrung von Aufzeichnungen sorgt oder nicht sicherstellt, dass die Aufzeichnungen ausreichend sind,

95. als Wertpapierdienstleistungsunternehmen als allgemeines Clearing-Mitglied für andere Personen handelt, ohne über die in § 78 Satz 1 genannten Systeme und Kontrollen zu verfügen,

96. als Wertpapierdienstleistungsunternehmen als allgemeines Clearing-Mitglied für eine andere Person handelt, ohne zuvor mit dieser Person eine nach § 78 Satz 3 erforderliche schriftliche Vereinbarung hinsichtlich der wesentlichen Rechte und Pflichten geschlossen zu haben,

97. entgegen § 80 Absatz 1 Satz 2 Nummer 1, auch in Verbindung mit dem auf Grundlage von Artikel 23 Absatz 4 in Verbindung mit Artikel 89 der Richtlinie 2014/65/EU erlassenen delegierten Rechtsakt der Europäischen Kommission, keine Vorkehrungen trifft,

98. als Wertpapierdienstleistungsunternehmen algorithmischen Handel betreibt, ohne über die in § 80 Absatz 2 Satz 3 genannten Systeme und Risikokontrollen zu verfügen,

99. als Wertpapierdienstleistungsunternehmen algorithmischen Handel betreibt, ohne über die in § 80 Absatz 2 Satz 4 genannten Notfallvorkehrungen zu verfügen,

100. entgegen § 80 Absatz 2 Satz 5 eine Anzeige nicht macht,

101. einer vollziehbaren Anordnung nach § 80 Absatz 3 Satz 3 zuwiderhandelt,

102. entgegen § 80 Absatz 3 Satz 1 in Verbindung mit Satz 2 eine Aufzeichnung nicht, nicht richtig, nicht vollständig oder nicht in der vorgeschriebenen Weise macht oder nicht für die Dauer von fünf Jahren aufbewahrt,

103. entgegen § 80 Absatz 4 Nummer 1 das Market-Making nicht im dort vorgeschriebenen Umfang betreibt,

104. als Wertpapierdienstleistungsunternehmen algorithmischen Handel unter Verfolgung einer Market-Making-Strategie im Sinne des § 80 Absatz 5 betreibt, ohne zuvor einen schriftlichen Vertrag mit dem Handelsplatz geschlossen zu haben, der zumindest die Verpflichtungen im Sinne des § 80 Absatz 4 Nummer 1 beinhaltet,

105. als Wertpapierdienstleistungsunternehmen algorithmischen Handel unter Verfolgung einer Market-Making-Strategie im Sinne des § 80 Absatz 5 betreibt, ohne über die in § 80 Absatz 4 Nummer 3 genannten Systeme und Kontrollen zu verfügen,

106. entgegen § 80 Absatz 9 Satz 1, auch in Verbindung mit einer Rechtsverordnung nach § 80 Absatz 14 Satz 1, ein Produktfreigabeverfahren nicht oder nicht in der vorgeschriebenen Weise unterhält oder betreibt oder nicht regelmäßig überprüft,

107. entgegen § 80 Absatz 10 Satz 1, auch in Verbindung mit einer Rechtsverordnung nach § 80 Absatz 14 Satz 1, die Festlegung eines Zielmarkts nicht regelmäßig überprüft,

108. entgegen § 80 Absatz 11 Satz 1, auch in Verbindung mit einer Rechtsverordnung nach § 80 Absatz 14 Satz 1, die dort genannten Informationen nicht, nicht richtig, nicht vollständig oder nicht in der vorgeschriebenen Weise zur Verfügung stellt,

109. entgegen § 80 Absatz 11 Satz 2, auch in Verbindung mit einer Rechtsverordnung nach § 80 Absatz 14 Satz 1, nicht über angemessene Vorkehrungen verfügt, um sich die in § 80 Absatz 11 Satz 1 genannten Informationen vom konzipierenden Wertpapierdienstleistungsunternehmen oder vom Emittenten zu verschaffen und die Merkmale und den Zielmarkt des Finanzinstruments zu verstehen,

110. entgegen § 81 Absatz 1 nicht die Organisation, Eignung des Personals, Mittel und Regelungen zur Erbringung von Wertpapierdienstleistungen und Wertpapiernebendienstleistungen, die Firmenpolitik und die Vergütungspolitik festlegt, umsetzt und überwacht,

111. entgegen § 81 Absatz 2 nicht die Eignung und die Umsetzung der strategischen Ziele des Wertpapierdienstleistungsunternehmens, die Wirksamkeit der Unternehmensführungsregelungen und die Angemessenheit der Firmenpolitik überwacht und überprüft oder nicht unverzüglich Schritte einleitet, um bestehende Mängel zu beseitigen,

112. entgegen § 81 Absatz 3 keinen angemessenen Zugang sicherstellt,

113. entgegen § 82 Absatz 1, auch in Verbindung mit dem auf Grundlage von Artikel 27 Absatz 9 in Verbindung mit Artikel 89 der Richtlinie 2014/65/EU erlassenen delegierten Rechtsakt der Europäischen Kommission, nicht sicherstellt, dass ein Kundenauftrag nach den dort benannten Grundsätzen ausgeführt wird,

114. entgegen § 82 Absatz 1 Nummer 1, auch in Verbindung mit dem auf Grundlage von Artikel 27 Absatz 9 in Verbindung mit Artikel 89 der Richtlinie 2014/65/EU erlassenen delegierten Rechtsakt der Europäischen Kommission, keine regelmäßige Überprüfung vornimmt,

115. entgegen § 82 Absatz 5 Satz 2, auch in Verbindung mit dem auf Grundlage von Artikel 27 Absatz 9 in Verbindung mit Artikel 89 der Richtlinie 2014/65/EU erlassenen delegierten Rechtsakt der Europäischen Kommission, einen dort genannten Hinweis nicht oder nicht rechtzeitig gibt oder eine dort genannte Einwilligung nicht oder nicht rechtzeitig einholt,

116. entgegen § 82 Absatz 6 Nummer 1, auch in Verbindung mit dem auf Grundlage von Artikel 27 Absatz 9 in Verbindung mit Artikel 89 der Richtlinie 2014/65/EU erlassenen delegierten Rechtsakt der Europäischen Kommission, einen Kunden nicht, nicht richtig, nicht in der vorgeschriebenen Weise oder nicht rechtzeitig informiert,

117. entgegen § 82 Absatz 6 Nummer 1 eine dort genannte Zustimmung nicht oder nicht rechtzeitig einholt,

118. entgegen § 82 Absatz 6 Nummer 2, auch in Verbindung mit dem auf Grundlage von Artikel 27 Absatz 9 in Verbindung mit Artikel 89 der Richtlinie 2014/65/EU erlassenen delegierten Rechtsakt der Europäischen Kommission, eine dort genannte Mitteilung nicht, nicht richtig, nicht in der vorgeschriebenen Weise oder nicht rechtzeitig macht,

119. entgegen § 82 Absatz 8 eine Vergütung, einen Rabatt oder einen nicht monetären Vorteil annimmt,

120. entgegen § 82 Absatz 9, auch in Verbindung mit einem technischen Regulierungsstandard nach Artikel 27 Absatz 10 Buchstabe b der Richtlinie 2014/65/EU, eine dort genannte Veröffentlichung nicht mindestens einmal jährlich vornimmt,

121. als Betreiber eines Handelsplatzes oder als systematischer Internalisierer, vorbehaltlich der Regelung zu § 26e des Börsengesetzes, entgegen § 82 Absatz 10, auch in Verbindung mit einer delegierten Verordnung nach Artikel 27 Absatz 9 sowie einem technischen Regulierungsstandard nach Artikel 27 Absatz 10 Buchstabe a der Richtlinie 2014/65/EU, eine dort genannte Veröffentlichung nicht mindestens einmal jährlich vornimmt,

122. als Betreiber eines Ausführungsplatzes, vorbehaltlich der Regelung zu § 26e des Börsengesetzes, entgegen § 82 Absatz 11, auch in Verbindung mit einer delegierten Verordnung nach Artikel 27 Absatz 9 sowie einem technischen Regulierungsstandard nach Artikel 27 Absatz 10 Buchstabe a der Richtlinie 2014/65/EU, eine Veröffentlichung nicht mindestens einmal jährlich vornimmt,

123. entgegen § 83 Absatz 1 oder Absatz 2 Satz 1, auch in Verbindung mit einer Rechtsverordnung nach § 83 Absatz 10 Satz 1 und den Artikeln 58 sowie 72 bis 74 der Delegierten Verordnung (EU) 2017/565, eine dort genannte Aufzeichnung nicht, nicht richtig oder nicht vollständig erstellt,

124. entgegen § 83 Absatz 3 Satz 1, auch in Verbindung mit einer Rechtsverordnung nach § 83 Absatz 10 Satz 1 und Artikel 76 der Delegierten Verordnung (EU) 2017/565, ein Telefongespräch oder eine elektronische Kommunikation nicht, nicht richtig, nicht vollständig oder nicht in der vorgeschriebenen Weise aufzeichnet,

125. entgegen § 83 Absatz 4 Satz 1, auch in Verbindung mit einer Rechtsverordnung nach § 83 Absatz 10 Satz 1, nicht alle angemessenen Maßnahmen ergreift, um einschlägige Telefongespräche und elektronische Kommunikation aufzuzeichnen,

126. entgegen § 83 Absatz 5, auch in Verbindung mit einer Rechtsverordnung nach § 83 Absatz 10 Satz 1 und Artikel 76 Absatz 8 der Delegierten Verordnung (EU) 2017/565, einen

Kunden nicht oder nicht rechtzeitig vorab in geeigneter Weise über die Aufzeichnung von Telefongesprächen nach § 83 Absatz 3 Satz 1 informiert,

127. entgegen § 84 Absatz 1 Satz 1 oder Absatz 4 Satz 1 keine geeigneten Vorkehrungen trifft, um die Rechte der Kunden an ihnen gehörenden Finanzinstrumenten oder Geldern zu schützen und zu verhindern, dass diese ohne ausdrückliche Zustimmung für eigene Rechnung verwendet werden,

128. entgegen § 84 Absatz 2 Satz 3 die Zustimmung des Kunden zur Verwahrung seiner Vermögensgegenstände bei einem qualifizierten Geldmarktfonds nicht oder nicht rechtzeitig einholt,

129. entgegen § 84 Absatz 2 Satz 5 eine treuhänderische Einlage nicht offenlegt,

130. entgegen § 84 Absatz 2 Satz 6 den Kunden nicht, nicht richtig oder nicht rechtzeitig darüber unterrichtet, bei welchem Institut und auf welchem Konto seine Gelder verwahrt werden,

131. entgegen § 84 Absatz 5 Satz 1 ein Wertpapier nicht oder nicht rechtzeitig zur Verwahrung weiterleitet,

132. entgegen § 84 Absatz 7 mit einem Privatkunden eine Finanzsicherheit in Form einer Vollrechtsübertragung nach Artikel 2 Absatz 1 Buchstabe b der Richtlinie 2002/47/EG abschließt,

133. entgegen § 84 Absatz 6 Satz 1, auch in Verbindung mit § 84 Absatz 6 Satz 2, ein Wertpapier für eigene Rechnung oder für Rechnung eines anderen Kunden nutzt,

134. entgegen § 87 Absatz 1 Satz 1, Absatz 2, 3, 4 Satz 1 oder Absatz 5 Satz 1, jeweils auch in Verbindung mit einer Rechtsverordnung nach § 87 Absatz 9 Satz 1 Nummer 2, einen Mitarbeiter mit einer dort genannten Tätigkeit betraut,

135. entgegen

   a) § 87 Absatz 1 Satz 2 oder Satz 3, Absatz 4 Satz 2 oder Satz 3 oder Absatz 5 Satz 2 oder Satz 3, jeweils auch in Verbindung mit einer Rechtsverordnung nach § 87 Absatz 9 Satz 1 Nummer 1, oder

   b) § 87 Absatz 1 Satz 4 in Verbindung mit einer Rechtsverordnung nach § 87 Absatz 9 Satz 1 Nummer 1

   eine Anzeige nicht, nicht richtig, nicht vollständig oder nicht rechtzeitig erstattet,

136. einer vollziehbaren Anordnung nach § 87 Absatz 6 Satz 1 Nummer 1 oder Nummer 2 Buchstabe b zuwiderhandelt oder

137. entgegen § 94 Absatz 1 eine dort genannte Bezeichnung führt.

(9) Ordnungswidrig handelt, wer gegen die Verordnung (EU) Nr. 600/2014 des Europäischen Parlaments und des Rates vom 15. Mai 2014 über Märkte für Finanzinstrumente und zur Änderung der Verordnung (EU) Nr. 648/2012 (ABl L 173 vom 12. 6. 2014, S. 84) verstößt, indem er vorsätzlich oder leichtfertig

1. als Wertpapierdienstleistungsunternehmen im Sinne dieses Gesetzes entgegen

   a) Artikel 3 Absatz 1,

   b) Artikel 6 Absatz 1,

   c) Artikel 8 Absatz 1 Satz 2,

   d) Artikel 8 Absatz 4 Satz 2,

   e) Artikel 10 Absatz 1,

   f) Artikel 11 Absatz 3 Unterabsatz 3 in Verbindung mit Artikel 10 Absatz 1,

   g) Artikel 31 Absatz 2

   eine Veröffentlichung nicht, nicht richtig, nicht vollständig, nicht in der vorgeschriebenen Weise oder nicht rechtzeitig vornimmt,

2. als Wertpapierdienstleistungsunternehmen im Sinne dieses Gesetzes entgegen
   a) Artikel 3 Absatz 3,
   b) Artikel 6 Absatz 2
   nicht in der dort beschriebenen Weise Zugang zu den betreffenden Systemen gewährt,
3. als Wertpapierdienstleistungsunternehmen im Sinne dieses Gesetzes entgegen
   a) Artikel 8 Absatz 3,
   b) Artikel 10 Absatz 2
   nicht in der dort beschriebenen Weise Zugang zu den betreffenden Einrichtungen gewährt,
4. als Wertpapierdienstleistungsunternehmen im Sinne dieses Gesetzes entgegen
   a) Artikel 7 Absatz 1 Unterabsatz 3 Satz 1 eine Genehmigung nicht rechtzeitig einholt oder auf geplante Regelungen für eine Veröffentlichung nicht, nicht richtig, nicht vollständig, nicht in der vorgeschriebenen Weise oder nicht rechtzeitig hinweist,
   b) Artikel 11 Absatz 1 Unterabsatz 3 Satz 1 auf geplante Regelungen für eine Veröffentlichung nicht, nicht richtig, nicht vollständig, nicht in der vorgeschriebenen Weise oder nicht rechtzeitig hinweist,
   c) Artikel 12 Absatz 1 eine Information nicht, nicht richtig, nicht vollständig, nicht in der vorgeschriebenen Weise oder nicht rechtzeitig offenlegt,
   d) Artikel 13 Absatz 1 Satz 1 in Verbindung mit Satz 2 eine Angabe oder Information nicht, nicht richtig, nicht in der vorgeschriebenen Weise oder nicht rechtzeitig offenlegt oder bereitstellt oder keinen diskriminierungsfreien Zugang zu den Informationen sicherstellt,
   e) Artikel 14 Absatz 1 Unterabsatz 1 in Verbindung mit Artikel 14 Absatz 3, 4, 5 und Artikel 15 Absatz 1 Unterabsatz 1 eine Kursofferte nicht, nicht vollständig, nicht in der vorgeschriebenen Weise, nicht rechtzeitig oder nicht im vorgeschriebenen Umfang offenlegt,
   f) Artikel 25 Absatz 2 Satz 1 die betreffenden Daten eines Auftrags nicht, nicht richtig, nicht vollständig oder nicht in der vorgeschriebenen Weise aufzeichnet oder die aufgezeichneten Daten nicht für mindestens fünf Jahre zur Verfügung der zuständigen Behörde hält,
   g) Artikel 26 Absatz 5 eine Meldung nicht, nicht richtig, nicht vollständig, nicht in der vorgeschriebenen Weise oder nicht rechtzeitig vornimmt,
   h) Artikel 31 Absatz 3 Satz 1 eine Aufzeichnung nicht, nicht richtig, nicht vollständig oder nicht in der vorgeschriebenen Weise führt,
   i) Artikel 31 Absatz 3 Satz 2 der Europäischen Wertpapier- und Marktaufsichtsbehörde eine Aufzeichnung nicht, nicht vollständig oder nicht rechtzeitig zur Verfügung stellt,
   j) Artikel 35 Absatz 1 Unterabsatz 1 Satz 1 das Clearen nicht oder nicht auf nichtdiskriminierender und transparenter Basis übernimmt,
   k) Artikel 35 Absatz 2 Satz 1 einen Antrag nicht in der vorgeschriebenen Form übermittelt,
   l) Artikel 35 Absatz 3 Satz 1 dem Handelsplatz nicht, nicht in der vorgeschriebenen Weise oder nicht rechtzeitig antwortet,
   m) Artikel 35 Absatz 3 Satz 2 einen Antrag ablehnt,
   n) Artikel 35 Absatz 3 Satz 3, auch in Verbindung mit Satz 4, eine Untersagung nicht ausführlich begründet oder eine Unterrichtung oder Mitteilung nicht oder nicht in der vorgeschriebenen Weise vornimmt,
   o) Artikel 35 Absatz 3 Satz 5 einen Zugang nicht oder nicht rechtzeitig ermöglicht,
   p) Artikel 36 Absatz 1 Unterabsatz 1 Satz 1 Handelsdaten nicht auf nichtdiskriminierender und transparenter Basis bereitstellt,

q) Artikel 36 Absatz 3 Satz 1 einer zentralen Gegenpartei nicht, nicht in der vorgeschriebenen Weise oder nicht rechtzeitig antwortet,

r) Artikel 36 Absatz 3 Satz 2 einen Zugang verweigert, ohne dass die dort genannten Voraussetzungen für eine Zugangsverweigerung vorliegen,

s) Artikel 36 Absatz 3 Satz 5 einen Zugang nicht oder nicht rechtzeitig ermöglicht,

5. als Wertpapierdienstleistungsunternehmen im Sinne dieses Gesetzes im Zuge des Betriebs eines multilateralen Handelssystems oder eines organisierten Handelssystems ein System zur Formalisierung ausgehandelter Geschäfte betreibt, das nicht oder nicht vollständig den in Artikel 4 Absatz 3 Unterabsatz 1 beschriebenen Anforderungen entspricht,

6. entgegen Artikel 14 Absatz 1 Unterabsatz 2 in Verbindung mit Artikel 14 Absatz 3, 4 und 5 eine Kursofferte nicht, nicht vollständig, nicht in der vorgeschriebenen Weise oder nicht im vorgeschriebenen Umfang macht,

7. entgegen Artikel 15 Absatz 4 Satz 2 einen Auftrag nicht in der vorgeschriebenen Weise ausführt,

8. als systematischer Internalisierer entgegen Artikel 17 Absatz 1 Satz 2 in Verbindung mit Artikel 17 Absatz 1 Satz 1 nicht über eindeutige Standards für den Zugang zu Kursofferten verfügt,

9. entgegen Artikel 18 Absatz 1 in Verbindung mit Artikel 18 Absatz 9 eine dort genannte Kursofferte nicht veröffentlicht,

10. entgegen Artikel 18 Absatz 2 Satz 1 in Verbindung mit Artikel 18 Absatz 9 keine Kursofferte macht,

11. entgegen Artikel 18 Absatz 5 Satz 1 eine Kursofferte nicht zugänglich macht,

12. entgegen Artikel 18 Absatz 6 Unterabsatz 1 nicht eine Verpflichtung zum Abschluss eines Geschäfts mit einem anderen Kunden eingeht,

13. als systematischer Internalisierer entgegen Artikel 18 Absatz 8 die dort vorgeschriebene Bekanntmachung nicht oder nicht in der dort vorgeschriebenen Weise vornimmt,

14. entgegen

a) Artikel 20 Absatz 1 Satz 1 in Verbindung mit Artikel 20 Absatz 1 Satz 2 und Absatz 2,

b) Artikel 21 Absatz 1 Satz 1 in Verbindung mit Artikel 21 Absatz 1 Satz 2, Absatz 2, 3 und Artikel 10

eine dort vorgeschriebene Veröffentlichung nicht, nicht richtig, nicht vollständig, nicht rechtzeitig oder nicht in der vorgeschriebenen Weise vornimmt,

15. als Wertpapierdienstleistungsunternehmen, als genehmigtes Veröffentlichungssystem oder als Bereitsteller konsolidierter Datenträger entgegen Artikel 22 Absatz 2 erforderliche Daten nicht während eines ausreichenden Zeitraums speichert,

16. entgegen Artikel 23 Absatz 1 ein Handelsgeschäft außerhalb der dort genannten Handelssysteme tätigt,

17. entgegen Artikel 25 Absatz 1 Satz 1 die betreffenden Daten eines Auftrags oder eines Geschäfts nicht, nicht richtig, nicht vollständig oder nicht in der vorgeschriebenen Weise aufzeichnet oder aufgezeichnete Daten nicht für mindestens fünf Jahre zur Verfügung der zuständigen Behörde hält,

18. entgegen Artikel 26 Absatz 1 Unterabsatz 1, auch in Verbindung mit Artikel 26 Absatz 4 Satz 2, eine Meldung nicht, nicht richtig, nicht vollständig, nicht in der vorgeschriebenen Weise oder nicht rechtzeitig vornimmt,

19. entgegen Artikel 26 Absatz 4 Satz 1 einem übermittelten Auftrag nicht sämtliche Einzelheiten beifügt,

20. als genehmigter Meldemechanismus oder als Betreiber eines Handelsplatzes entgegen Artikel 26 Absatz 7 Unterabsatz 1 eine Meldung nicht, nicht richtig oder nicht vollständig übermittelt,

21. als Betreiber eines Handelsplatzes im Sinne des Artikels 4 Absatz 1 Nummer 24 entgegen Artikel 26 Absatz 5 eine Meldung nicht, nicht richtig, nicht vollständig, nicht in der vorgeschriebenen Weise oder nicht rechtzeitig vornimmt,
22. als Wertpapierdienstleistungsunternehmen, systematischer Internalisierer oder Betreiber eines Handelsplatzes entgegen Artikel 27 Absatz 1 Unterabsatz 1, 2 oder 3 Satz 2 identifizierende Referenzdaten in Bezug auf ein Finanzinstrument nicht, nicht richtig, nicht vollständig, nicht in der vorgeschriebenen Weise oder nicht rechtzeitig zur Verfügung stellt oder aktualisiert,
23. entgegen Artikel 28 Absatz 1, auch in Verbindung mit Artikel 28 Absatz 2 Unterabsatz 1, ein Geschäft an einem anderen als den dort bezeichneten Plätzen abschließt,
24. als zentrale Gegenpartei im Sinne des Artikels 2 Absatz 1 der Verordnung (EU) Nr. 648/2012 oder als Wertpapierdienstleistungsunternehmen im Sinne dieses Gesetzes entgegen Artikel 29 Absatz 2 Unterabsatz 1 nicht über die dort bezeichneten Systeme, Verfahren und Vorkehrungen verfügt,
25. entgegen Artikel 36 Absatz 2 einen Antrag nicht oder nicht in der vorgeschriebenen Weise übermittelt,
26. entgegen Artikel 37 Absatz 1 einen Zugang nicht, nicht in der vorgeschriebenen Weise oder nicht rechtzeitig gewährt,
27. als zentrale Gegenpartei im Sinne des Artikels 2 Absatz 1 der Verordnung (EU) Nr. 648/2012 oder als Wertpapierdienstleistungsunternehmen im Sinne dieses Gesetzes oder als mit einem der beiden Erstgenannten verbundenes Unternehmen entgegen Artikel 37 Absatz 3 eine dort genannte Vereinbarung trifft,
28. einem vollziehbaren Beschluss der Europäischen Wertpapier- und Marktaufsichtsbehörde nach Artikel 40 Absatz 1 zuwiderhandelt,
29. einem vollziehbaren Beschluss der Europäischen Bankenaufsichtsbehörde nach Artikel 41 Absatz 1 zuwiderhandelt oder
30. einer vollziehbaren Anordnung der Bundesanstalt nach Artikel 42 Absatz 1 zuwiderhandelt.

(10) Ordnungswidrig handelt, wer gegen die Verordnung (EU) 2015/2365 des Europäischen Parlaments und des Rates vom 25. November 2015 über die Transparenz von Wertpapierfinanzierungsgeschäften und der Weiterverwendung sowie zur Änderung der Verordnung (EU) Nr. 648/2012 (ABl L 337 vom 23.12. 2015, S. 1) verstößt, indem er vorsätzlich oder leichtfertig

1. entgegen Artikel 4 Absatz 1 eine Meldung nicht, nicht richtig, nicht vollständig, nicht in der vorgeschriebenen Weise oder nicht rechtzeitig vornimmt,
2. entgegen Artikel 4 Absatz 4 Aufzeichnungen nicht, nicht vollständig oder nicht mindestens für die vorgeschriebene Dauer aufbewahrt,
3. entgegen Artikel 15 Absatz 1 Finanzinstrumente weiterverwendet, ohne dass die dort genannten Voraussetzungen erfüllt sind oder
4. entgegen Artikel 15 Absatz 2 ein Recht auf Weiterverwendung ausübt, ohne dass die dort genannten Voraussetzungen erfüllt sind.

(11) Ordnungswidrig handelt, wer gegen die Verordnung (EU) 2016/1011 des Europäischen Parlaments und des Rates vom 8. Juni 2016 über Indizes, die bei Finanzinstrumenten und Finanzkontrakten als Referenzwert oder zur Messung der Wertentwicklung eines Investmentfonds verwendet werden, und zur Änderung der Richtlinien 2008/48/EG und 2014/17/EU sowie der Verordnung (EU) Nr. 596/2014 (ABl L 171 vom 29.6.2016, S. 1) verstößt, indem er vorsätzlich oder leichtfertig

1. als Administrator entgegen Artikel 4 Absatz 1 Unterabsatz 1 über keine Regelungen für die Unternehmensführung verfügt oder nur über solche, die nicht den dort genannten Anforderungen entsprechen,
2. als Administrator entgegen Artikel 4 Absatz 1 Unterabsatz 2 keine angemessenen Schritte unternimmt, um Interessenkonflikte zu erkennen, zu vermeiden oder zu regeln,

3. als Administrator entgegen Artikel 4 Absatz 1 Unterabsatz 2 nicht dafür sorgt, dass Beurteilungs- oder Ermessensspielräume unabhängig und redlich ausgeübt werden,
4. als Administrator einen Referenzwert entgegen Artikel 4 Absatz 2 nicht organisatorisch getrennt von den übrigen Geschäftsbereichen bereitstellt,
5. als Administrator einer vollziehbaren Anordnung der Bundesanstalt nach Artikel 4 Absatz 3 oder Absatz 4 zuwiderhandelt,
6. als Administrator Interessenkonflikte entgegen Artikel 4 Absatz 5 nicht, nicht richtig, nicht vollständig oder nicht unverzüglich veröffentlicht oder offenlegt, nachdem er von deren Bestehen Kenntnis erlangt hat,
7. als Administrator entgegen Artikel 4 Absatz 6 die dort genannten Maßnahmen nicht festlegt, nicht anwendet oder nicht regelmäßig überprüft oder aktualisiert,
8. als Administrator entgegen Artikel 4 Absatz 7 nicht dafür sorgt, dass Mitarbeiter und die dort genannten anderen natürlichen Personen die in Artikel 4 Absatz 7 Buchstabe a bis e genannten Anforderungen erfüllen,
9. als Administrator entgegen Artikel 4 Absatz 8 keine spezifischen Verfahren der internen Kontrolle zur Sicherstellung der Integrität und Zuverlässigkeit der Mitarbeiter oder Personen, die den Referenzwert bestimmen, festlegt oder den Referenzwert vor seiner Verbreitung nicht durch die Geschäftsleitung abzeichnen lässt,
10. als Administrator entgegen Artikel 5 Absatz 1 keine ständige und wirksame Aufsichtsfunktion schafft und unterhält,
11. als Administrator entgegen Artikel 5 Absatz 2 keine soliden Verfahren zur Sicherung der Aufsichtsfunktion entwickelt und unterhält oder diese der Bundesanstalt nicht, nicht richtig, nicht vollständig oder nicht unverzüglich nach Fertigstellung der Entwicklung zur Verfügung stellt,
12. als Administrator die Aufsichtsfunktion entgegen Artikel 5 Absatz 3 nicht mit den dort genannten Zuständigkeiten ausstattet oder diese nicht an die Komplexität, Verwendung und Anfälligkeit des Referenzwerts anpasst,
13. als Administrator entgegen Artikel 5 Absatz 4 die Aufsichtsfunktion nicht einem gesonderten Ausschuss überträgt oder durch andere geeignete Regelungen zur Unternehmensführung die Integrität der Funktion sicherstellt und das Auftreten von Interessenkonflikten verhindert,
14. als Administrator entgegen Artikel 6 Absatz 1, 2 oder 3 keinen oder keinen den dort genannten Anforderungen genügenden Kontrollrahmen vorhält,
15. als Administrator entgegen Artikel 6 Absatz 4 die dort genannten Maßnahmen nicht, nicht vollständig oder nicht wirksam trifft,
16. als Administrator entgegen Artikel 6 Absatz 5 den Kontrollrahmen nicht oder nicht vollständig dokumentiert, überprüft oder aktualisiert oder der Bundesanstalt oder seinen Nutzern nicht, nicht richtig, nicht vollständig oder nicht rechtzeitig zur Verfügung stellt,
17. als Administrator entgegen Artikel 7 Absatz 1 nicht über einen den dort genannten Anforderungen genügenden Rahmen für die Rechenschaftslegung verfügt,
18. als Administrator entgegen Artikel 7 Absatz 2 keine interne Stelle benennt, die ausreichend befähigt ist, die Einhaltung der Referenzwert- Methodik und dieser Verordnung durch den Administrator zu überprüfen und darüber Bericht zu erstatten,
19. als Administrator entgegen Artikel 7 Absatz 3 keinen unabhängigen externen Prüfer benennt,
20. als Administrator entgegen Artikel 7 Absatz 4 die dort bestimmten Informationen nicht, nicht richtig, nicht vollständig oder nicht rechtzeitig zur Verfügung stellt oder veröffentlicht,
21. als Administrator entgegen Artikel 8 Absatz 1 eine dort genannte Aufzeichnung nicht oder nicht vollständig führt,

22. als Administrator entgegen Artikel 8 Absatz 2 Satz 1 eine dort genannte Aufzeichnung nicht, nicht vollständig oder nicht mindestens für die Dauer von fünf Jahren aufbewahrt,

23. als Administrator entgegen Artikel 8 Absatz 2 Satz 2 eine dort genannte Aufzeichnung nicht, nicht richtig, nicht vollständig oder nicht rechtzeitig zur Verfügung stellt oder nicht mindestens für die Dauer von drei Jahren aufbewahrt,

24. als Administrator entgegen Artikel 9 Absatz 1 keine geeigneten Beschwerdeverfahren unterhält und diese nicht unverzüglich nach ihrer Bereitstellung veröffentlicht,

25. als Administrator entgegen Artikel 10 Absatz 1 Aufgaben in einer Weise auslagert, die seine Kontrolle über die Bereitstellung des Referenzwertes oder die Möglichkeit der zuständigen Behörde zur Beaufsichtigung des Referenzwertes wesentlich beeinträchtigt,

26. als Administrator entgegen Artikel 10 Absatz 3 Aufgaben auslagert, ohne dafür zu sorgen, dass die in Artikel 10 Absatz 3 Buchstabe a bis h genannten Bedingungen erfüllt sind,

27. als Administrator entgegen Artikel 11 Absatz 1 einen Referenzwert bereitstellt, ohne dass die in Artikel 11 Absatz 1 Buchstabe a bis c und e genannten Anforderungen erfüllt sind,

28. als Administrator entgegen Artikel 11 Absatz 1 einen Referenzwert bereitstellt, ohne dass die in Artikel 11 Absatz 1 Buchstabe d genannten Anforderungen erfüllt sind,

29. als Administrator entgegen Artikel 11 Absatz 2 nicht für Kontrollen im dort genannten Umfang sorgt,

30. als Administrator entgegen Artikel 11 Absatz 3 nicht auch aus anderen Quellen Daten einholt oder die Einrichtung von Aufsichts- und Verifizierungsverfahren bei den Kontributoren nicht sicherstellt,

31. als Administrator entgegen Artikel 11 Absatz 4 nicht die nach seiner Ansicht erforderlichen Änderungen der Eingabedaten oder der Methoden zur Abbildung des Marktes oder der wirtschaftlichen Realität vornimmt oder die Bereitstellung des Referenzwertes nicht einstellt,

32. als Administrator bei der Bestimmung eines Referenzwertes entgegen Artikel 12 Absatz 1 eine Methodik anwendet, die die dort genannten Anforderungen nicht erfüllt,

33. als Administrator bei der Entwicklung einer Referenzwert-Methodik entgegen Artikel 12 Absatz 2 die dort genannten Anforderungen nicht erfüllt,

34. als Administrator entgegen Artikel 12 Absatz 3 nicht über eindeutige, veröffentlichte Regelungen verfügt, die festlegen, wann Menge oder Qualität der Eingabedaten nicht mehr den festgelegten Standards entspricht und keine zuverlässige Bestimmung des Referenzwertes mehr zulässt,

35. als Administrator entgegen Artikel 13 Absatz 1 Satz 2 oder Absatz 2 die dort genannten Informationen zur Entwicklung, Verwendung, Verwaltung und Änderung des Referenzwertes und der Referenzwert-Methodik nicht, nicht richtig, nicht vollständig oder nicht rechtzeitig veröffentlicht oder zur Verfügung stellt,

36. als Administrator entgegen Artikel 14 Absatz 1 keine angemessenen Systeme und wirksamen Kontrollen zur Sicherstellung der Integrität der Eingabedaten schafft,

37. als Administrator Eingabedaten und Kontributoren entgegen Artikel 14 Absatz 2 Unterabsatz 1 nicht oder nicht wirksam überwacht, damit er die zuständige Behörde benachrichtigen und ihr alle relevanten Informationen mitteilen kann,

38. als Administrator der Bundesanstalt entgegen Artikel 14 Absatz 2 Unterabsatz 1 die dort genannten Informationen nicht, nicht richtig, nicht vollständig oder nicht unverzüglich nach dem Auftreten eines Manipulationsverdachts mitteilt,

39. als Administrator entgegen Artikel 14 Absatz 3 nicht über Verfahren verfügt, um Verstöße seiner Führungskräfte, Mitarbeiter sowie aller anderen natürlichen Personen, von denen er Leistungen in Anspruch nehmen kann, gegen die Verordnung (EU) 2016/1011 intern zu melden,

40. als Administrator einen Verhaltenskodex für auf Eingabedaten von Kontributoren beruhende Referenzwerte entgegen Artikel 15 Absatz 1 Satz 1 in Verbindung mit Absatz 2 nicht oder nicht den dort genannten Anforderungen genügend ausarbeitet,
41. als Administrator die Einhaltung eines Verhaltenskodex entgegen Artikel 15 Absatz 1 Satz 2 nicht oder nicht ausreichend überprüft,
42. als Administrator einen Verhaltenskodex entgegen Artikel 15 Absatz 4 Satz 2 oder Absatz 5 Satz 3 in Verbindung mit Absatz 4 nicht rechtzeitig anpasst,
43. als Administrator die Bundesanstalt entgegen Artikel 15 Absatz 5 Satz 1 nicht, nicht richtig, nicht vollständig oder nicht rechtzeitig von dem Verhaltenskodex in Kenntnis setzt,
44. als beaufsichtigter Kontributor entgegen Artikel 16 Absatz 1 die dort genannten Anforderungen an die Unternehmensführung und Kontrolle nicht erfüllt,
45. als beaufsichtigter Kontributor entgegen Artikel 16 Absatz 2 oder Absatz 3 nicht über wirksame Systeme, Kontrollen und Strategien zur Wahrung der Integrität und Zuverlässigkeit aller Beiträge von Eingabedaten oder Expertenschätzungen nach Absatz 3 für den Administrator verfügt,
46. als beaufsichtigter Kontributor entgegen Artikel 16 Absatz 3 Satz 1 Aufzeichnungen nicht, nicht richtig, nicht vollständig oder nicht für die vorgeschriebene Dauer aufbewahrt,
47. als beaufsichtigter Kontributor entgegen Artikel 16 Absatz 4 bei der Prüfung und Beaufsichtigung der Bereitstellung eines Referenzwertes Informationen oder Aufzeichnungen nicht, nicht richtig oder nicht vollständig zur Verfügung stellt oder nicht uneingeschränkt mit dem Administrator und der Bundesanstalt zusammenarbeitet,
48. als Administrator die Bundesanstalt entgegen Artikel 21 Absatz 1 Unterabsatz 1 Buchstabe a nicht oder nicht rechtzeitig über die Absicht der Einstellung eines kritischen Referenzwertes benachrichtigt oder nicht oder nicht rechtzeitig eine in Buchstabe b genannte Einschätzung vorlegt,
49. als Administrator entgegen Artikel 21 Absatz 1 Unterabsatz 2 in dem dort genannten Zeitraum die Bereitstellung des Referenzwertes einstellt,
50. als Administrator einer vollziehbaren Anordnung der Bundesanstalt nach Artikel 21 Absatz 3 zuwiderhandelt,
51. als Administrator entgegen Artikel 23 Absatz 2 eine Einschätzung nicht, nicht richtig, nicht in der vorgeschriebenen Weise oder nicht rechtzeitig bei der Bundesanstalt einreicht,
52. als beaufsichtigter Kontributor dem Administrator eine Benachrichtigung entgegen Artikel 23 Absatz 3 Satz 1 nicht, nicht richtig, nicht in der vorgeschriebenen Weise oder nicht rechtzeitig mitteilt,
53. als Administrator die Bundesanstalt entgegen Artikel 23 Absatz 3 Satz 1 nicht oder nicht rechtzeitig unterrichtet,
54. als Administrator der Bundesanstalt entgegen Artikel 23 Absatz 3 Satz 3 eine dort bestimmte Einschätzung nicht oder nicht rechtzeitig unterbreitet,
55. als Kontributor einer vollziehbaren Anordnung der Bundesanstalt nach Artikel 23 Absatz 5, als beaufsichtigtes Unternehmen nach Artikel 23 Absatz 6 oder als beaufsichtigter Kontributor nach Artikel 23 Absatz 10 zuwiderhandelt,
56. als Kontributor eine Benachrichtigung entgegen Artikel 23 Absatz 11 nicht oder nicht rechtzeitig vornimmt,
57. als Administrator eine Benachrichtigung entgegen Artikel 24 Absatz 3 nicht oder nicht rechtzeitig vornimmt,
58. als Administrator der Bundesanstalt entgegen Artikel 25 Absatz 2 eine Entscheidung oder Informationen nicht, nicht richtig, nicht vollständig oder nicht rechtzeitig mitteilt,
59. als Administrator einer vollziehbaren Anordnung der Bundesanstalt nach Artikel 25 Absatz 3 Satz 1 zuwiderhandelt,

60. als Administrator eine Konformitätserklärung entgegen Artikel 25 Absatz 7 nicht, nicht richtig, nicht vollständig, nicht in der vorgeschriebenen Weise oder nicht rechtzeitig veröffentlicht oder diese nicht aktualisiert,
61. als Administrator entgegen Artikel 26 Absatz 2 Satz 1 die Bundesanstalt nicht, nicht richtig, nicht vollständig oder nicht rechtzeitig von der Überschreitung des in Artikel 24 Absatz 1 Buchstabe a genannten Schwellenwertes unterrichtet oder die in Satz 2 genannte Frist nicht einhält,
62. als Administrator eine Konformitätserklärung entgegen Artikel 26 Absatz 3
    a) nach der Entscheidung, eine oder mehrere in Artikel 26 Absatz 1 genannte Bestimmungen nicht anzuwenden, nicht, nicht richtig, nicht vollständig oder nicht unverzüglich veröffentlicht oder
    b) nach der Entscheidung, eine oder mehrere in Artikel 26 Absatz 1 genannte Bestimmungen nicht anzuwenden, der Bundesanstalt nicht, nicht vollständig oder nicht unverzüglich vorlegt oder diese nicht aktualisiert,
63. als Administrator einer vollziehbaren Anordnung der Bundesanstalt nach Artikel 26 Absatz 4 zuwiderhandelt,
64. als Administrator eine Referenzwert-Erklärung entgegen Artikel 27 Absatz 1 nicht, nicht richtig, nicht vollständig, nicht in der vorgeschriebenen Weise oder nicht rechtzeitig veröffentlicht,
65. als Administrator eine Referenzwert-Erklärung entgegen Artikel 27 Absatz 1 Unterabsatz 3 nicht oder nicht rechtzeitig überprüft und aktualisiert,
66. als Administrator entgegen Artikel 28 Absatz 1 dort genannte Maßnahmen nicht, nicht richtig, nicht vollständig, nicht in der vorgeschriebenen Weise oder nicht rechtzeitig veröffentlicht oder nicht oder nicht rechtzeitig aktualisiert,
67. als beaufsichtigtes Unternehmen entgegen Artikel 28 Absatz 2 einen den dort genannten Anforderungen genügenden Plan nicht, nicht richtig, nicht vollständig oder nicht in der vorgeschriebenen Weise aufstellt, nicht aktualisiert, ihn der Bundesanstalt nicht, nicht vollständig oder nicht rechtzeitig vorlegt oder sich daran nicht orientiert,
68. als beaufsichtigtes Unternehmen entgegen Artikel 29 Absatz 1 einen Referenzwert verwendet, der die dort genannten Anforderungen nicht erfüllt,
69. als Emittent, Anbieter oder Person, die die Zulassung eines Wertpapiers zum Handel an einem geregelten Markt beantragt, entgegen Artikel 29 Absatz 2 nicht sicherstellt, dass ein Prospekt Informationen enthält, aus denen hervorgeht, ob der Referenzwert von einem in das Register nach Artikel 36 eingetragenen Administrator bereitgestellt wird,
70. als Administrator entgegen Artikel 34 Absatz 1 tätig wird, ohne zuvor eine Zulassung oder Registrierung nach Absatz 6 erhalten zu haben,
71. als Administrator entgegen Artikel 34 Absatz 2 weiterhin tätig ist, obwohl die Zulassungsvoraussetzungen der Verordnung (EU) 2016/1011 nicht mehr erfüllt sind,
72. als Administrator der Bundesanstalt entgegen Artikel 34 Absatz 2 wesentliche Änderungen nicht, nicht richtig, nicht vollständig oder nicht unverzüglich nach ihrem Auftreten mitteilt,
73. einen Antrag entgegen Artikel 34 Absatz 3 nicht oder nicht rechtzeitig stellt,
74. entgegen Artikel 34 Absatz 4 unrichtige Angaben zu den zum Nachweis der Einhaltung der Anforderungen der Verordnung (EU) 2016/1011 erforderlichen Informationen macht oder
75. im Zusammenhang mit einer Untersuchung hinsichtlich der Einhaltung der Pflichten nach der Verordnung (EU) 2016/1011 einer vollziehbaren Anordnung der Bundesanstalt nach den §§ 6 bis 10 zuwiderhandelt.

(12) Ordnungswidrig handelt, wer vorsätzlich oder fahrlässig
1. einer vollziehbaren Anordnung nach
   a) § 6 Absatz 2a oder 2b,

b) § 6 Absatz 3 Satz 1,
c) § 87 Absatz 6 Satz 1 Nummer 1 oder Nummer 2 Buchstabe b,
d) § 92 Absatz 1,
e) § 107 Absatz 5 Satz 1 oder § 109 Absatz 2 Satz 1

zuwiderhandelt,

2. entgegen § 6 Absatz 11 Satz 1 oder 2 oder § 107 Absatz 6 Satz 1 ein Betreten nicht gestattet oder nicht duldet,
3. entgegen § 89 Absatz 1 Satz 4 einen Prüfer nicht oder nicht rechtzeitig bestellt,
4. entgegen § 89 Absatz 3 Satz 1 eine Anzeige nicht, nicht richtig, nicht vollständig oder nicht rechtzeitig erstattet oder
5. entgegen § 114 Absatz 1 Satz 1, § 115 Absatz 1 Satz 1, jeweils auch in Verbindung mit § 117, einen Jahresfinanzbericht, einen Halbjahresfinanzbericht oder entgegen § 116 Absatz 1 in Verbindung mit § 341w des Handelsgesetzbuchs einen Zahlungs- oder Konzernzahlungsbericht nicht, nicht in der vorgeschriebenen Weise oder nicht rechtzeitig zur Verfügung stellt.

(13) Ordnungswidrig handelt, wer gegen die Verordnung (EU) Nr. 236/2012 des Europäischen Parlaments und des Rates vom 14. März 2012 über Leerverkäufe und bestimmte Aspekte von Credit Default Swaps (ABl L 86 vom 24. 3. 2012, S. 1), die zuletzt durch die Verordnung (EU) Nr. 909/2014 des Europäischen Parlaments und des Rates vom 23. Juli 2014 zur Verbesserung der Wertpapierlieferungen und -abrechnungen in der Europäischen Union und über Zentralverwahrer sowie zur Änderung der Richtlinien 98/26/EG und 2014/65/EU und der Verordnung (EU) Nr. 236/2012 (ABl L 257 vom 28. 8. 2014, S. 1) geändert worden ist, verstößt, indem er vorsätzlich oder fahrlässig einer vollziehbaren Anordnung nach Artikel 18 Absatz 2 Satz 2 oder Satz 3, Artikel 19 Absatz 2, Artikel 20 Absatz 2 oder Artikel 21 Absatz 1 oder Artikel 23 Absatz 1 zuwiderhandelt.

(14) Ordnungswidrig handelt, wer eine in § 119 Absatz 3 Nummer 1 bis 3 bezeichnete Handlung leichtfertig begeht.

(15) Ordnungswidrig handelt, wer gegen die Verordnung (EU) Nr. 596/2014 verstößt, indem er vorsätzlich oder leichtfertig

1. als Handelsplatzbetreiber entgegen Artikel 4 identifizierende Referenzdaten in Bezug auf ein Finanzinstrument nicht, nicht richtig, nicht vollständig, nicht in der vorgeschriebenen Weise oder nicht rechtzeitig zur Verfügung stellt oder aktualisiert,
2. entgegen Artikel 15 eine Marktmanipulation begeht,
3. entgegen Artikel 16 Absatz 1 Unterabsatz 1 oder Absatz 2 Satz 1 wirksame Regelungen, Systeme und Verfahren nicht schafft oder nicht aufrechterhält,
4. entgegen Artikel 16 Absatz 1 Unterabsatz 2 eine Meldung nicht, nicht richtig, nicht vollständig, nicht in der vorgeschriebenen Weise oder nicht rechtzeitig vornimmt,
5. entgegen Artikel 16 Absatz 2 Satz 2 eine Unterrichtung nicht, nicht richtig, nicht vollständig, nicht in der vorgeschriebenen Weise oder nicht rechtzeitig vornimmt,
6. entgegen Artikel 17 Absatz 1 Unterabsatz 1 oder Artikel 17 Absatz 2 Unterabsatz 1 Satz 1 eine Insiderinformation nicht, nicht richtig, nicht vollständig, nicht in der vorgeschriebenen Weise oder nicht rechtzeitig bekannt gibt,
7. entgegen Artikel 17 Absatz 1 Unterabsatz 2 Satz 1 eine Veröffentlichung nicht sicherstellt,
8. entgegen Artikel 17 Absatz 1 Unterabsatz 2 Satz 2 die Veröffentlichung einer Insiderinformation mit einer Vermarktung seiner Tätigkeiten verbindet,
9. entgegen Artikel 17 Absatz 1 Unterabsatz 2 Satz 3 eine Insiderinformation nicht, nicht richtig, nicht vollständig, nicht in der vorgeschriebenen Weise oder nicht rechtzeitig veröffentlicht oder nicht mindestens fünf Jahre lang auf der betreffenden Website anzeigt,

10. entgegen Artikel 17 Absatz 4 Unterabsatz 3 Satz 1 die zuständige Behörde nicht, nicht richtig, nicht vollständig, nicht in der vorgeschriebenen Weise oder nicht rechtzeitig über den Aufschub einer Offenlegung informiert oder den Aufschub einer Offenlegung nicht, nicht richtig, nicht vollständig, nicht in der vorgeschriebenen Weise oder nicht rechtzeitig erläutert,

11. entgegen Artikel 17 Absatz 8 Satz 1 eine Insiderinformation nicht, nicht richtig, nicht vollständig, nicht in der vorgeschriebenen Weise oder nicht rechtzeitig veröffentlicht,

12. entgegen Artikel 18 Absatz 1 Buchstabe a eine Liste nicht, nicht richtig, nicht vollständig, nicht in der vorgeschriebenen Weise oder nicht rechtzeitig aufstellt,

13. entgegen Artikel 18 Absatz 1 Buchstabe b in Verbindung mit Artikel 18 Absatz 4 eine Insiderliste nicht, nicht richtig, nicht vollständig, nicht in der vorgeschriebenen Weise oder nicht rechtzeitig aktualisiert,

14. entgegen Artikel 18 Absatz 1 Buchstabe c eine Insiderliste nicht, nicht richtig, nicht vollständig, nicht in der vorgeschriebenen Weise oder nicht rechtzeitig zur Verfügung stellt,

15. entgegen Artikel 18 Absatz 2 Unterabsatz 1 nicht die dort genannten Vorkehrungen trifft,

16. entgegen Artikel 18 Absatz 5 eine Insiderliste nach einer Erstellung oder Aktualisierung nicht oder nicht mindestens fünf Jahre aufbewahrt,

17. entgegen Artikel 19 Absatz 1 Unterabsatz 1, auch in Verbindung mit Artikel 19 Absatz 7 Unterabsatz 1, jeweils auch in Verbindung mit einem technischen Durchführungsstandard nach Artikel 19 Absatz 15, eine Meldung nicht, nicht richtig, nicht vollständig, nicht in der vorgeschriebenen Weise oder nicht rechtzeitig vornimmt,

18. entgegen Artikel 19 Absatz 3 Unterabsatz 1 in Verbindung mit Artikel 19 Absatz 4, auch in Verbindung mit einem technischen Durchführungsstandard nach Artikel 19 Absatz 15, eine Veröffentlichung nicht, nicht richtig, nicht vollständig, nicht in der vorgeschriebenen Weise oder nicht rechtzeitig sicherstellt,

19. entgegen Artikel 19 Absatz 5 Unterabsatz 1 Satz 1 oder Unterabsatz 2 eine dort genannte Person nicht, nicht richtig, nicht vollständig oder nicht in der vorgeschriebenen Weise in Kenntnis setzt,

20. entgegen Artikel 19 Absatz 5 Unterabsatz 1 Satz 2 eine Liste nicht, nicht richtig oder nicht vollständig erstellt,

21. entgegen Artikel 19 Absatz 5 Unterabsatz 2 eine Kopie nicht oder nicht mindestens fünf Jahre aufbewahrt,

22. entgegen Artikel 19 Absatz 11 ein Eigengeschäft oder ein Geschäft für Dritte tätigt oder

23. entgegen Artikel 20 Absatz 1, auch in Verbindung mit einem technischen Regulierungsstandard nach Artikel 20 Absatz 3, nicht oder nicht in der vorgeschriebenen Weise dafür Sorge trägt, dass Informationen objektiv dargestellt oder Interessen oder Interessenkonflikte offengelegt werden.

(15a) Ordnungswidrig handelt, wer vorsätzlich oder leichtfertig entgegen Artikel 5 Absatz 5 der Delegierten Verordnung (EU) 2016/957 der Kommission vom 9. März 2016 zur Ergänzung der Verordnung (EU) Nr. 596/2014 des Europäischen Parlaments und des Rates im Hinblick auf technische Regulierungsstandards für die geeigneten Regelungen, Systeme und Verfahren sowie Mitteilungsmuster zur Vorbeugung, Aufdeckung und Meldung von Missbrauchspraktiken oder verdächtigen Aufträgen oder Geschäften (ABl L 160 vom 17.6.2016, S. 1) eine Verdachtsmeldung nicht richtig ausfüllt.

(16) Ordnungswidrig handelt, wer gegen die Verordnung (EU) Nr. 1286/2014 des Europäischen Parlaments und des Rates vom 26. November 2014 über Basisinformationsblätter für verpackte Anlageprodukte für Kleinanleger und Versicherungsanlageprodukte (PRIIP) (ABl L 352

vom 9.12. 2014, S. 1; L 358 vom 13.12. 2014, S. 50) verstößt, indem er vorsätzlich oder leichtfertig
1. entgegen
   a) Artikel 5 Absatz 1,
   b) Artikel 5 Absatz 1 in Verbindung mit Artikel 6,
   c) Artikel 5 Absatz 1 in Verbindung mit Artikel 7 Absatz 2,
   d) Artikel 5 Absatz 1 in Verbindung mit Artikel 8 Absatz 1 bis 3
   ein Basisinformationsblatt nicht, nicht richtig, nicht vollständig, nicht rechtzeitig oder nicht in der vorgeschriebenen Weise abfasst oder veröffentlicht,
2. entgegen Artikel 5 Absatz 1 in Verbindung mit Artikel 7 Absatz 1 ein Basisinformationsblatt nicht in der vorgeschriebenen Weise abfasst oder übersetzt,
3. entgegen Artikel 10 Absatz 1 Satz 1 ein Basisinformationsblatt nicht oder nicht rechtzeitig überprüft,
4. entgegen Artikel 10 Absatz 1 Satz 1 ein Basisinformationsblatt nicht oder nicht vollständig überarbeitet,
5. entgegen Artikel 10 Absatz 1 Satz 2 ein Basisinformationsblatt nicht oder nicht rechtzeitig zur Verfügung stellt,
6. entgegen Artikel 9 Satz 1 in Werbematerialien Aussagen trifft, die im Widerspruch zu den Informationen des Basisinformationsblattes stehen oder dessen Bedeutung herabstufen,
7. entgegen Artikel 9 Satz 2 die erforderlichen Hinweise in Werbematerialien nicht, nicht richtig oder nicht vollständig aufnimmt,
8. entgegen
   a) Artikel 13 Absatz 1, 3 und 4 oder
   b) Artikel 14
   ein Basisinformationsblatt nicht oder nicht rechtzeitig oder nicht in der vorgeschriebenen Weise zur Verfügung stellt,
9. entgegen Artikel 19 Buchstabe a und b nicht oder nicht in der vorgeschriebenen Weise geeignete Verfahren und Vorkehrungen zur Einreichung und Beantwortung von Beschwerden vorsieht oder
10. entgegen Artikel 19 Buchstabe c nicht oder nicht in der vorgeschriebenen Weise geeignete Verfahren und Vorkehrungen vorsieht, durch die gewährleistet wird, dass Kleinanlegern wirksame Beschwerdeverfahren im Falle von grenzüberschreitenden Streitigkeiten zur Verfügung stehen.

(17) ¹Die Ordnungswidrigkeit kann in den Fällen des Absatzes 2 Nummer 2 Buchstabe d und e, Nummer 4 Buchstabe a, b und e bis g und des Absatzes 12 Nummer 5 mit einer Geldbuße bis zu zwei Millionen Euro geahndet werden. ²Gegenüber einer juristischen Person oder Personenvereinigung kann über Satz 1 hinaus eine höhere Geldbuße verhängt werden; die Geldbuße darf den höheren der folgenden Beträge nicht übersteigen:
1. zehn Millionen Euro oder
2. 5 Prozent des Gesamtumsatzes, den die juristische Person oder Personenvereinigung im der Behördenentscheidung vorangegangenen Geschäftsjahr erzielt hat.

³Über die in den Sätzen 1 und 2 genannten Beträge hinaus kann die Ordnungswidrigkeit mit einer Geldbuße bis zum Zweifachen des aus dem Verstoß gezogenen wirtschaftlichen Vorteils geahndet werden. ³Der wirtschaftliche Vorteil umfasst erzielte Gewinne und vermiedene Verluste und kann geschätzt werden.

(18) ¹Die Ordnungswidrigkeit kann in den Fällen der Absätze 14 und 15 Nummer 2 mit einer Geldbuße bis zu fünf Millionen Euro, in den Fällen des Absatzes 2 Nummer 3, des Absatzes 15 Nummer 3 bis 11 sowie des Absatzes 15a mit einer Geldbuße bis zu einer Million Euro und in

den Fällen des Absatzes 15 Nummer 1 und 12 bis 23 mit einer Geldbuße bis zu fünfhunderttausend Euro geahndet werden. ²Gegenüber einer juristischen Person oder Personenvereinigung kann über Satz 1 hinaus eine höhere Geldbuße verhängt werden; diese darf

1. in den Fällen der Absätze 14 und 15 Nummer 2 den höheren der Beträge von fünfzehn Millionen Euro und 15 Prozent des Gesamtumsatzes, den die juristische Person oder Personenvereinigung im der Behördenentscheidung vorangegangenen Geschäftsjahr erzielt hat,
2. in den Fällen des Absatzes 15 Nummer 3 bis 11 und des Absatzes 15a den höheren der Beträge von zweieinhalb Millionen Euro und 2 Prozent des Gesamtumsatzes, den die juristische Person oder Personenvereinigung im der Behördenentscheidung vorangegangenen Geschäftsjahr erzielt hat und
3. in den Fällen des Absatzes 15 Nummer 1 und 12 bis 23 eine Million Euro

nicht überschreiten. ³Über die in den Sätzen 1 und 2 genannten Beträge hinaus kann die Ordnungswidrigkeit mit einer Geldbuße bis zum Dreifachen des aus dem Verstoß gezogenen wirtschaftlichen Vorteils geahndet werden. ⁴Der wirtschaftliche Vorteil umfasst erzielte Gewinne und vermiedene Verluste und kann geschätzt werden.

(19) ¹Die Ordnungswidrigkeit kann in den Fällen des Absatzes 16 mit einer Geldbuße von bis zu siebenhunderttausend Euro geahndet werden. ²Gegenüber einer juristischen Person oder einer Personenvereinigung kann über Satz 1 hinaus eine höhere Geldbuße verhängt werden; diese darf den höheren der Beträge von fünf Millionen Euro und 3 Prozent des Gesamtumsatzes, den die juristische Person oder Personenvereinigung in der Behördenentscheidung vorangegangenen Geschäftsjahr erzielt hat, nicht überschreiten. ³Über die in den Sätzen 1 und 2 genannten Beträge hinaus kann die Ordnungswidrigkeit mit einer Geldbuße bis zum Zweifachen des aus dem Verstoß gezogenen wirtschaftlichen Vorteils geahndet werden. ⁴Der wirtschaftliche Vorteil umfasst erzielte Gewinne und vermiedene Verluste und kann geschätzt werden.

(20) ¹Die Ordnungswidrigkeit kann in den Fällen der Absätze 8 und 9 mit einer Geldbuße bis zu fünf Millionen Euro geahndet werden. ²Gegenüber einer juristischen Person oder Personenvereinigung kann über Satz 1 hinaus eine höhere Geldbuße in Höhe von bis zu 10 Prozent des Gesamtumsatzes, den die juristische Person oder Personenvereinigung in der Behördenentscheidung vorangegangenen Geschäftsjahr erzielt hat, verhängt werden. ³Über die in den Sätzen 1 und 2 genannten Beträge hinaus kann die Ordnungswidrigkeit mit einer Geldbuße bis zum Zweifachen des aus dem Verstoß gezogenen wirtschaftlichen Vorteils geahndet werden. ⁴Der wirtschaftliche Vorteil umfasst erzielte Gewinne und vermiedene Verluste und kann geschätzt werden.

(21) ¹Die Ordnungswidrigkeit kann in den Fällen des Absatzes 10 mit einer Geldbuße bis zu fünf Millionen Euro geahndet werden. ²Gegenüber einer juristischen Person oder Personenvereinigung kann über Satz 1 hinaus eine höhere Geldbuße verhängt werden; diese darf

1. in den Fällen des Absatzes 10 Satz 1 Nummer 1 und 2 den höheren der Beträge von fünf Millionen Euro und 10 Prozent des Gesamtumsatzes, den die juristische Person oder Personenvereinigung im der Behördenentscheidung vorangegangenen Geschäftsjahr erzielt hat,
2. in den Fällen des Absatzes 10 Satz 1 Nummer 3 und 4 den höheren der Beträge von fünfzehn Millionen Euro und 10 Prozent des Gesamtumsatzes, den die juristische Person oder Personenvereinigung im der Behördenentscheidung vorangegangenen Geschäftsjahr erzielt hat,

nicht überschreiten. ³Über die in den Sätzen 1 und 2 genannten Beträge hinaus kann die Ordnungswidrigkeit mit einer Geldbuße bis zum Dreifachen des aus dem Verstoß gezogenen wirtschaftlichen Vorteils geahndet werden. ⁴Der wirtschaftliche Vorteil umfasst erzielte Gewinne und vermiedene Verluste und kann geschätzt werden.

(22) ¹Die Ordnungswidrigkeit kann in den Fällen des Absatzes 11 Satz 1 Nummer 1 bis 27, 29, 30 und 32 bis 74 mit einer Geldbuße bis zu fünfhunderttausend Euro und in den Fällen des Absatzes 11 Satz 1 Nummer 28, 31 und 75 mit einer Geldbuße bis zu einhunderttausend Euro ge-

ahndet werden. ²Gegenüber einer juristischen Person oder Personenvereinigung kann über Satz 1 hinaus eine höhere Geldbuße verhängt werden; diese darf
1. in den Fällen des Absatzes 11 Satz 1 Nummer 27, 29, 30 und 32 bis 74 den höheren der Beträge von einer Million Euro und 10 Prozent des Gesamtumsatzes, den die juristische Person oder Personenvereinigung im der Behördenentscheidung vorangegangenen Geschäftsjahr erzielt hat,
2. in den Fällen des Absatzes 11 Satz 1 Nummer 28, 31 und 75 den höheren der Beträge von zweihundertfünfzigtausend Euro und 2 Prozent des Gesamtumsatzes, den die juristische Person oder Personenvereinigung im der Behördenentscheidung vorangegangenen Geschäftsjahr erzielt hat,

nicht überschreiten. ³Über die in den Sätzen 1 und 2 genannten Beträge hinaus kann die Ordnungswidrigkeit mit einer Geldbuße bis zum Dreifachen des aus dem Verstoß gezogenen wirtschaftlichen Vorteils geahndet werden. ⁴Der wirtschaftliche Vorteil umfasst erzielte Gewinne und vermiedene Verluste und kann geschätzt werden. ⁵Die Sätze 1 bis 4 gelten für sonstige Vereinigungen entsprechend mit der Maßgabe, dass der maßgebliche Gesamtumsatz 10 Prozent des aggregierten Umsatzes der Anteilseigner beträgt, wenn es sich bei der sonstigen Vereinigung um ein Mutterunternehmen oder ein Tochterunternehmen handelt.

(22a) ¹Die Ordnungswidrigkeit kann in den Fällen des Absatzes 12 Nummer 1 Buchstabe a mit einer Geldbuße bis zu siebenhunderttausend Euro geahndet werden. ²Gegenüber einer juristischen Person oder Personenvereinigung kann über Satz 1 hinaus eine höhere Geldbuße verhängt werden; diese darf den höheren der Beträge von fünf Millionen Euro und 3 Prozent des Gesamtumsatzes, den die juristische Person oder Personenvereinigung im der Behördenentscheidung vorangegangenen Geschäftsjahr erzielt hat, nicht überschreiten. ³Über die in den Sätzen 1 und 2 genannten Beträge hinaus kann die Ordnungswidrigkeit mit einer Geldbuße bis zum Zweifachen des aus dem Verstoß gezogenen wirtschaftlichen Vorteils geahndet werden. ⁴Der wirtschaftliche Vorteil umfasst erzielte Gewinne und vermiedene Verluste und kann geschätzt werden.

(23) ¹Gesamtumsatz im Sinne des Absatzes 17 Satz 2 Nummer 2, des Absatzes 18 Satz 2 Nummer 1 und 2, des Absatzes 19 Satz 2, des Absatzes 20 Satz 2, des Absatzes 21 Satz 2, des Absatzes 22 Satz 2 und des Absatzes 22a Satz 2 ist
1. im Falle von Kreditinstituten, Zahlungsinstituten und Finanzdienstleistungsinstituten im Sinne des § 340 des Handelsgesetzbuchs der sich aus dem auf das Institut anwendbaren nationalen Recht im Einklang mit Artikel 27 Nummer 1, 3, 4, 6 und 7 oder Artikel 28 Nummer B1, B2, B3, B4 und B7 der Richtlinie 86/635/EWG des Rates vom 8. Dezember 1986 über den Jahresabschluss und den konsolidierten Abschluss von Banken und anderen Finanzinstituten (ABl L 372 vom 31.12.1986, S. 1) ergebende Gesamtbetrag, abzüglich der Umsatzsteuer und sonstiger direkt auf diese Erträge erhobener Steuern,
2. im Falle von Versicherungsunternehmen der sich aus dem auf das Versicherungsunternehmen anwendbaren nationalen Recht im Einklang mit Artikel 63 der Richtlinie 91/674/EWG des Rates vom 19. Dezember 1991 über den Jahresabschluss und den konsolidierten Abschluss von Versicherungsunternehmen (ABl L 374 vom 31.12.1991, S. 7) ergebende Gesamtbetrag, abzüglich der Umsatzsteuer und sonstiger direkt auf diese Erträge erhobener Steuern,
3. im Übrigen der Betrag der Nettoumsatzerlöse nach Maßgabe des auf das Unternehmen anwendbaren nationalen Rechts im Einklang mit Artikel 2 Nummer 5 der Richtlinie 2013/34/EU.

²Handelt es sich bei der juristischen Person oder Personenvereinigung um ein Mutterunternehmen oder um eine Tochtergesellschaft, so ist anstelle des Gesamtumsatzes der juristischen Person oder Personenvereinigung der jeweilige Gesamtbetrag in dem Konzernabschluss des Mutterunternehmens maßgeblich, der für den größten Kreis von Unternehmen aufgestellt wird. ³Wird der Konzernabschluss für den größten Kreis von Unternehmen nicht nach den in Satz 1 genannten Vorschriften aufgestellt, ist der Gesamtumsatz nach Maßgabe der den in Satz 1

Nummer 1 bis 3 vergleichbaren Posten des Konzernabschlusses zu ermitteln. ⁴Ist ein Jahresabschluss oder Konzernabschluss für das maßgebliche Geschäftsjahr nicht verfügbar, ist der Jahres- oder Konzernabschluss für das unmittelbar vorausgehende Geschäftsjahr maßgeblich; ist auch dieser nicht verfügbar, kann der Gesamtumsatz geschätzt werden.

(24) Die Ordnungswidrigkeit kann in den Fällen des Absatzes 2 Nummer 2 Buchstabe f bis h, Nummer 2b und 4 Buchstabe c, Nummer 10 und 15 sowie des Absatzes 6 Nummer 3 bis 5 sowie des Absatzes 7 Nummer 5, 8 und 9 mit einer Geldbuße bis zu fünfhunderttausend Euro, in den Fällen des Absatzes 1 Nummer 2 und 3, des Absatzes 2 Nummer 1, 2 Buchstabe a, b und k bis n, Nummer 2a, und 16, des Absatzes 4 Nummer 5, des Absatzes 6 Nummer 1 und 2, des Absatzes 7 Nummer 1, 3 und 4 und des Absatzes 12 Nummer 1 Buchstabe b mit einer Geldbuße bis zu zweihunderttausend Euro, in den Fällen des Absatzes 1 Nummer 4, des Absatzes 2 Nummer 6 bis 8, 11 bis 13, des Absatzes 7 Nummer 2, 6 und 7 und des Absatzes 12 Nummer 1 Buchstabe c mit einer Geldbuße bis zu hunderttausend Euro, in den übrigen Fällen mit einer Geldbuße bis zu fünfzigtausend Euro geahndet werden.

(25) ¹§ 17 Absatz 2 des Gesetzes über Ordnungswidrigkeiten ist nicht anzuwenden bei Verstößen gegen Gebote und Verbote, die in den Absätzen 17 bis 22 in Bezug genommen werden. ²Dies gilt nicht für Ordnungswidrigkeiten nach Absatz 2 Nummer 4 Buchstabe a, Absatz 8 Nummer 43 und 44, 134 bis 137 und Absatz 15 Nummer 1. ³§ 30 des Gesetzes über Ordnungswidrigkeiten gilt auch für juristische Personen oder Personenvereinigungen, die über eine Zweigniederlassung oder im Wege des grenzüberschreitenden Dienstleistungsverkehrs im Inland tätig sind.

(26) Die Verfolgung der Ordnungswidrigkeiten nach den Absätzen 17 bis 22 verjährt in drei Jahren.

(27) ¹Absatz 2 Nummer 5 und 14, Absatz 3 sowie Absatz 12 Nummer 1 Buchstabe c, Nummer 3 und 4, jeweils in Verbindung mit Absatz 24, gelten auch für die erlaubnispflichtige Anlageverwaltung im Sinne des § 2 Absatz 13 Satz 3. ²Absatz 8 Nummer 27 bis 37, 39 bis 53, 97 bis 100, 103 bis 112 und 123, jeweils in Verbindung mit Absatz 20, gilt auch für Wertpapierdienstleistungsunternehmen und Kreditinstitute, wenn sie im Sinne des § 96 strukturierte Einlagen verkaufen oder über diese beraten. ³Absatz 8 Nummer 88 bis 96 und 98 bis 102, jeweils in Verbindung mit Absatz 20, gilt auch für Unternehmen im Sinne des § 3 Satz 1. Absatz 8 Nummer 2, 27 bis 126 und 134 bis 136, jeweils in Verbindung mit Absatz 20, gilt auch für Unternehmen im Sinne des § 3 Absatz 3 Satz 1 und 2.

(28) Das Bundesministerium der Finanzen wird ermächtigt, soweit dies zur Durchsetzung der Rechtsakte der Europäischen Union erforderlich ist, durch Rechtsverordnung ohne Zustimmung des Bundesrates die Tatbestände zu bezeichnen, die als Ordnungswidrigkeit nach Absatz 2 Nummer 16 geahndet werden können.

§ 121 Zuständige Verwaltungsbehörde[1)]

Verwaltungsbehörde im Sinne des § 36 Abs. 1 Nr. 1 des Gesetzes über Ordnungswidrigkeiten ist die Bundesanstalt.

§ 122 Beteiligung der Bundesanstalt und Mitteilungen in Strafsachen[2)]

(1) ¹Die Staatsanwaltschaft informiert die Bundesanstalt über die Einleitung eines Ermittlungsverfahrens, welches Straftaten nach § 119 betrifft. ²Werden im Ermittlungsverfahren Sachverständige benötigt, können fachkundige Angehörige der Bundesanstalt herangezogen werden. ³Der Bundesanstalt sind die Anklageschrift, der Antrag auf Erlass eines Strafbefehls und die Einstellung des Verfahrens mitzuteilen. ⁴Erwägt die Staatsanwaltschaft, das Verfahren einzustellen, so hat sie die Bundesanstalt zuvor anzuhören.

---

1) **Anm. d. Red.:** Bisheriger § 40 zu § 121 geworden gem. Gesetz v. 23.6.2017 (BGBl I S. 1693) mit Wirkung v. 3.1.2018.
2) **Anm. d. Red.:** § 122 i. d. F. des Gesetzes v. 8.7.2019 (BGBl I S. 1002) mit Wirkung v. 21.7.2019.

(2) Das Gericht teilt der Bundesanstalt in einem Verfahren, welches Straftaten nach § 119 betrifft, den Termin der Hauptverhandlung und die Entscheidung, mit der das Verfahren abgeschlossen wird, mit.

(3) Der Bundesanstalt ist auf Antrag Akteneinsicht zu gewähren, sofern nicht schutzwürdige Interessen des Betroffenen entgegenstehen oder der Untersuchungserfolg der Ermittlungen gefährdet wird.

(4) ¹In Strafverfahren gegen Inhaber oder Geschäftsleiter von Wertpapierdienstleistungsunternehmen oder deren gesetzliche Vertreter oder persönlich haftende Gesellschafter wegen Straftaten zum Nachteil von Kunden bei oder im Zusammenhang mit dem Betrieb des Wertpapierdienstleistungsunternehmens, ferner in Strafverfahren, die Straftaten nach § 119 zum Gegenstand haben, sind im Falle der Erhebung der öffentlichen Klage der Bundesanstalt

1. die Anklageschrift oder eine an ihre Stelle tretende Antragsschrift,
2. der Antrag auf Erlass eines Strafbefehls und
3. die das Verfahren abschließende Entscheidung mit Begründung

zu übermitteln; ist gegen die Entscheidung ein Rechtsmittel eingelegt worden, ist die Entscheidung unter Hinweis auf das eingelegte Rechtsmittel zu übermitteln. ²In Verfahren wegen fahrlässig begangener Straftaten werden die in den Nummern 1 und 2 bestimmten Übermittlungen nur vorgenommen, wenn aus der Sicht der übermittelnden Stelle unverzüglich Entscheidungen oder andere Maßnahmen der Bundesanstalt geboten sind.

(5) ¹Werden sonst in einem Strafverfahren Tatsachen bekannt, die auf Missstände in dem Geschäftsbetrieb eines Wertpapierdienstleistungsunternehmens hindeuten, und ist deren Kenntnis aus der Sicht der übermittelnden Stelle für Maßnahmen der Bundesanstalt nach diesem Gesetz erforderlich, soll das Gericht, die Strafverfolgungs- oder die Strafvollstreckungsbehörde diese Tatsachen ebenfalls mitteilen, soweit nicht für die übermittelnde Stelle erkennbar ist, dass schutzwürdige Interessen des Betroffenen überwiegen. ²Dabei ist zu berücksichtigen, wie gesichert die zu übermittelnden Erkenntnisse sind.

§ 123 Bekanntmachung von Maßnahmen[1)]

(1) ¹Die Bundesanstalt kann unanfechtbare Maßnahmen, die sie wegen Verstößen gegen Verbote oder Gebote dieses Gesetzes getroffen hat, auf ihrer Internetseite öffentlich bekannt machen, soweit dies zur Beseitigung oder Verhinderung von Missständen nach § 6 Absatz 1 Satz 2 geeignet und erforderlich ist, es sei denn, diese Veröffentlichung würde die Finanzmärkte erheblich gefährden oder zu einem unverhältnismäßigen Schaden bei den Beteiligten führen. ²Anordnungen nach § 6 Absatz 2 Satz 4 hat die Bundesanstalt unverzüglich auf ihrer Internetseite zu veröffentlichen.

(2) Zeitgleich mit der Veröffentlichung nach Absatz 1 Satz 1 oder Satz 2 hat die Bundesanstalt die Europäische Wertpapier- und Marktaufsichtsbehörde über die Veröffentlichung zu unterrichten.

(3) Die Bundesanstalt hat unanfechtbare Maßnahmen, die sie wegen Verstößen gegen Artikel 4 Absatz 1 der Verordnung (EG) Nr. 1060/2009 getroffen hat, unverzüglich auf ihrer Internetseite öffentlich bekannt zu machen, es sei denn, diese Veröffentlichung würde die Finanzmärkte erheblich gefährden oder zu einem unverhältnismäßigen Schaden bei den Beteiligten führen.

(4) ¹Die Bundesanstalt hat jede unanfechtbar gewordene Bußgeldentscheidung nach § 120 Absatz 7 unverzüglich auf ihrer Internetseite öffentlich bekannt zu machen, es sei denn, diese Veröffentlichung würde die Finanzmärkte erheblich gefährden oder zu einem unverhältnismäßigen Schaden bei den Beteiligten führen. ²Die Bekanntmachung darf keine personenbezogenen Daten enthalten.

---

1) **Anm. d. Red.:** Bisheriger § 40b zu § 123 geworden und geändert gem. Gesetz v. 23.6.2017 (BGBl I S. 1693) mit Wirkung v. 3.1.2018.

(5) ¹Eine Bekanntmachung nach den Absätzen 1, 3 und 4 ist fünf Jahre nach ihrer Veröffentlichung zu löschen. ²Abweichend von Satz 1 sind personenbezogene Daten zu löschen, sobald ihre Bekanntmachung nicht mehr erforderlich ist.

§ 124 Bekanntmachung von Maßnahmen und Sanktionen wegen Verstößen gegen Transparenzpflichten[1]

(1) Die Bundesanstalt macht Entscheidungen über Maßnahmen und Sanktionen, die wegen Verstößen gegen Verbote oder Gebote nach den Abschnitten 6, 7 und 16 Unterabschnitt 2 dieses Gesetzes erlassen oder der Bundesanstalt gemäß § 335 Absatz 1d des Handelsgesetzbuchs mitgeteilt wurden, auf ihrer Internetseite unverzüglich bekannt.

(2) ¹In der Bekanntmachung benennt die Bundesanstalt die Vorschrift, gegen die verstoßen wurde, und die für den Verstoß verantwortliche natürliche oder juristische Person oder Personenvereinigung. ²Bei nicht bestands- oder nicht rechtskräftigen Entscheidungen fügt sie einen Hinweis darauf, dass die Entscheidung noch nicht bestandskräftig oder nicht rechtskräftig ist, hinzu. ³Die Bundesanstalt ergänzt die Bekanntmachung unverzüglich um einen Hinweis auf die Einlegung eines Rechtsbehelfes gegen die Maßnahme oder Sanktion sowie auf das Ergebnis des Rechtsbehelfsverfahrens.

(3) Die Bundesanstalt macht die Entscheidung ohne Nennung personenbezogener Daten bekannt oder schiebt die Bekanntmachung der Entscheidung auf, wenn

1. die Bekanntmachung der personenbezogenen Daten unverhältnismäßig wäre,
2. die Bekanntmachung die Stabilität des Finanzsystems ernsthaft gefährden würde,
3. die Bekanntmachung eine laufende Ermittlung ernsthaft gefährden würde oder
4. die Bekanntmachung den Beteiligten einen unverhältnismäßigen Schaden zufügen würde.

(4) ¹Eine Bekanntmachung nach Absatz 1 ist fünf Jahre nach ihrer Veröffentlichung zu löschen. ²Abweichend von Satz 1 sind personenbezogene Daten zu löschen, sobald ihre Bekanntmachung nicht mehr erforderlich ist.

§ 125 Bekanntmachung von Maßnahmen und Sanktionen wegen Verstößen gegen die Verordnung (EU) Nr. 596/2014, die Verordnung (EU) 2015/2365 und die Verordnung (EU) 2016/1011[2]

(1) ¹Die Bundesanstalt macht Entscheidungen über Maßnahmen und Sanktionen, die wegen Verstößen nach den Artikeln 14, 15, 16 Absatz 1 und 2, Artikel 17 Absatz 1, 2, 4, 5 und 8, Artikel 18 Absatz 1 bis 6, Artikel 19 Absatz 1, 2, 3, 5, 6, 7 und 11 und Artikel 20 Absatz 1 der Verordnung (EU) Nr. 596/2014 sowie den Artikeln 4 und 15 der Verordnung (EU) 2015/2365 erlassen wurden, unverzüglich nach Unterrichtung der natürlichen oder juristischen Person, gegen die die Maßnahme oder Sanktion verhängt wurde, auf ihrer Internetseite bekannt. ²Dies gilt nicht für Entscheidungen über Ermittlungsmaßnahmen.

(2) In der Bekanntmachung benennt die Bundesanstalt die Vorschrift, gegen die verstoßen wurde, und die für den Verstoß verantwortliche natürliche oder juristische Person oder Personenvereinigung.

---

1) **Anm. d. Red.:** Bisheriger § 40c zu § 124 geworden und geändert gem. Gesetz v. 23.6.2017 (BGBl I S. 1693) mit Wirkung v. 3.1.2018.

2) **Anm. d. Red.:** Bisheriger § 40d zu § 125 geworden und geändert gem. Gesetz v. 23.6.2017 (BGBl I S. 1693) mit Wirkung v. 3.1.2018.

(3) ¹Ist die Bekanntmachung der Identität einer von der Entscheidung betroffenen juristischen Person oder der personenbezogenen Daten einer natürlichen Person unverhältnismäßig oder würde die Bekanntmachung laufende Ermittlungen oder die Stabilität der Finanzmärkte gefährden, so

1. schiebt die Bundesanstalt die Bekanntmachung der Entscheidung auf, bis die Gründe für das Aufschieben weggefallen sind,
2. macht die Bundesanstalt die Entscheidung ohne Nennung der Identität oder der personenbezogenen Daten bekannt, wenn hierdurch ein wirksamer Schutz der Identität oder der betreffenden personenbezogenen Daten gewährleistet ist oder
3. macht die Bundesanstalt die Entscheidung nicht bekannt, wenn eine Bekanntmachung gemäß den Nummern 1 und 2 nicht ausreichend wäre, um sicherzustellen, dass
   a) die Stabilität der Finanzmärkte nicht gefährdet wird oder
   b) die Verhältnismäßigkeit der Bekanntmachung gewahrt bleibt.

²Im Falle des Satzes 1 Nummer 2 kann die Bundesanstalt die Bekanntmachung der Identität oder der personenbezogenen Daten nachholen, wenn die Gründe für die anonymisierte Bekanntmachung entfallen sind.

(4) ¹Bei nicht bestands- oder nicht rechtskräftigen Entscheidungen fügt die Bundesanstalt einen entsprechenden Hinweis hinzu. ²Wird gegen die bekanntzumachende Entscheidung ein Rechtsbehelf eingelegt, so ergänzt die Bundesanstalt die Bekanntmachung unverzüglich um einen Hinweis auf den Rechtsbehelf sowie um alle weiteren Informationen über das Ergebnis des Rechtsbehelfsverfahrens.

(5) ¹Eine Bekanntmachung nach Absatz 1 ist fünf Jahre nach ihrer Bekanntmachung zu löschen. ²Abweichend von Satz 1 sind personenbezogene Daten zu löschen, sobald ihre Bekanntmachung nicht mehr erforderlich ist.

(6) Bei Entscheidungen über Maßnahmen und Sanktionen, die erlassen wurden wegen eines Verstoßes gegen die Artikel 4 bis 16, 21, 23 bis 29 und 34 der Verordnung (EU) 2016/1011 oder wegen eines Verstoßes gegen eine vollziehbare Anordnung, die die Bundesanstalt im Zusammenhang mit einer Untersuchung betreffend die Pflichten nach dieser Verordnung gemäß § 6 Absatz 3 Satz 4 und Absatz 6, 8, 11 bis 13, § 7 Absatz 2, § 10 Absatz 2 Satz 2 Nummer 1 oder 2 erlassen hat, gelten die Absätze 1 bis 5 entsprechend mit der Maßgabe, dass die Aufhebung einer Entscheidung auch dann veröffentlicht wird, wenn sie nicht auf Grund eines Rechtsbehelfs erfolgt ist.

§ 126 Bekanntmachung von Maßnahmen und Sanktionen wegen Verstößen gegen Vorschriften der Abschnitte 9 bis 11 und gegen die Verordnung (EU) Nr. 600/2014[1)]

(1) ¹Die Bundesanstalt macht Entscheidungen über Maßnahmen und Sanktionen, die erlassen wurden wegen Verstößen gegen

1. die Verbote oder Gebote der Abschnitte 9 bis 11 dieses Gesetzes,
2. die Rechtsverordnungen, die zur Durchführung dieser Vorschriften erlassen wurden, oder
3. die Verbote oder Gebote der in den Titeln II bis VI enthaltenen Artikel der Verordnung (EU) Nr. 600/2014

auf ihrer Internetseite unverzüglich nach Unterrichtung der natürlichen oder juristischen Person, gegen die die Maßnahme oder Sanktion verhängt wurde, bekannt. ²Dies gilt nicht für

1. Entscheidungen über Maßnahmen und Sanktionen, die wegen Verstößen gegen § 64 Absatz 6, die §§ 86, 87, 89 oder § 94 verhängt wurden,
2. Entscheidungen, mit denen Maßnahmen mit Ermittlungscharakter verhängt werden sowie

---

1) **Anm. d. Red.:** § 126 eingefügt gem. Gesetz v. 23.6.2017 (BGBl I S. 1693) mit Wirkung v. 3.1.2018.

3. Entscheidungen, die gemäß § 50a des Börsengesetzes von den Börsenaufsichtsbehörden bekannt zu machen sind.

(2) Die Bundesanstalt hat in der Bekanntmachung die Vorschrift, gegen die verstoßen wurde, und die für den Verstoß verantwortliche natürliche oder juristische Person oder Personenvereinigung zu benennen.

(3) ¹Ist die Bekanntmachung der Identität der juristischen Person oder der personenbezogenen Daten der natürlichen Person unverhältnismäßig oder gefährdet die Bekanntmachung die Stabilität der Finanzmärkte oder laufende Ermittlungen, so kann die Bundesanstalt
1. die Entscheidung, mit der die Maßnahme oder Sanktion verhängt wird, erst dann bekannt machen, wenn die Gründe für einen Verzicht auf ihre Bekanntmachung nicht mehr bestehen, oder
2. die Entscheidung, mit der die Maßnahme oder Sanktion verhängt wird, ohne Nennung personenbezogener Daten bekannt machen, wenn eine anonymisierte Bekanntmachung einen wirksamen Schutz der betreffenden personenbezogenen Daten gewährleistet, oder
3. gänzlich von der Bekanntmachung der Entscheidung, mit der die Maßnahme oder Sanktion verhängt wird, absehen, wenn die in den Nummern 1 und 2 genannten Möglichkeiten nicht ausreichend gewährleisten, dass
    a) die Stabilität der Finanzmärkte nicht gefährdet wird,
    b) die Bekanntmachung von Entscheidungen über Maßnahmen oder Sanktionen, die als geringfügiger eingestuft werden, verhältnismäßig ist.

²Liegen die Voraussetzungen vor, unter denen eine Bekanntmachung nur auf anonymisierter Basis zulässig wäre, kann die Bundesanstalt die Bekanntmachung der einschlägigen Daten auch um einen angemessenen Zeitraum aufschieben, wenn vorhersehbar ist, dass die Gründe für die anonyme Bekanntmachung innerhalb dieses Zeitraums wegfallen werden.

(4) ¹Wird gegen die Entscheidung, mit der die Maßnahme oder Sanktion verhängt wird, ein Rechtsbehelf eingelegt, so macht die Bundesanstalt auch diesen Sachverhalt und alle weiteren Informationen über das Ergebnis des Rechtsbehelfsverfahrens umgehend auf ihrer Internetseite bekannt. ²Ferner wird jede Entscheidung, mit der eine frühere Entscheidung über die Verhängung einer Sanktion oder Maßnahme aufgehoben oder geändert wird, ebenfalls bekannt gemacht.

(5) ¹Eine Bekanntmachung nach Absatz 1 ist fünf Jahre nach ihrer Veröffentlichung zu löschen. ²Abweichend von Satz 1 sind personenbezogene Daten zu löschen, sobald ihre Bekanntmachung nicht mehr erforderlich ist.

(6) ¹Die Bundesanstalt unterrichtet die Europäische Wertpapier- und Marktaufsichtsbehörde über alle Maßnahmen und Sanktionen, die nach Absatz 3 Satz 1 Nummer 3 nicht bekannt gemacht wurden, sowie über alle Rechtsbehelfsmittel in Verbindung mit diesen Maßnahmen und Sanktionen und über die Ergebnisse der Rechtsmittelverfahren. ²Hat die Bundesanstalt eine Maßnahme oder Sanktion bekannt gemacht, so unterrichtet sie die Europäische Wertpapier- und Marktaufsichtsbehörde gleichzeitig darüber.

Abschnitt 18: Übergangsbestimmungen[1)]

§ 127 Erstmalige Mitteilungs- und Veröffentlichungspflichten[2)]

(1) Ein Unternehmen im Sinne des § 9 Absatz 1 Satz 1 in der Fassung dieses Gesetzes vom 26. Juli 1994 (BGBl I S. 1749), das am 1. August 1997 besteht und nicht bereits vor diesem Zeitpunkt der Meldepflicht nach § 9 Absatz 1 in der Fassung dieses Gesetzes vom 26. Juli 1994 (BGBl

---

1) **Anm. d. Red.:** Abschnitt 13 zu Abschnitt 18 geworden gem. Gesetz v. 23. 6. 2017 (BGBl I S. 1693) mit Wirkung v. 3.1.2018.
2) **Anm. d. Red.:** Bisheriger § 41 zu § 127 geworden und neu gefasst gem. Gesetz v. 23.6.2017 (BGBl I S. 1693) mit Wirkung v. 3.1.2018.

I S. 1749) unterlag, muss Mitteilungen nach § 9 Absatz 1 in der Fassung dieses Gesetzes vom 22. Oktober 1997 (BGBl I S. 2518) erstmals am 1. Februar 1998 abgeben.

(2) ¹Wem am 1. April 2002 unter Berücksichtigung des § 22 Absatz 1 und 2 in der Fassung dieses Gesetzes vom 20. Dezember 2001 (BGBl I S. 3822) 5 Prozent oder mehr der Stimmrechte einer börsennotierten Gesellschaft zustehen, hat der Gesellschaft und der Bundesanstalt unverzüglich, spätestens innerhalb von sieben Kalendertagen, die Höhe seines Stimmrechtsanteils unter Angabe seiner Anschrift schriftlich mitzuteilen; in der Mitteilung sind die zuzurechnenden Stimmrechte für jeden Zurechnungstatbestand getrennt anzugeben. ²Eine Verpflichtung nach Satz 1 besteht nicht, sofern nach dem 1. Januar 2002 und vor dem 1. April 2002 bereits eine Mitteilung gemäß § 21 Absatz 1 oder 1a in der Fassung dieses Gesetzes vom 24. März 1998 (BGBl I S. 529) abgegeben worden ist.

(3) Die Gesellschaft hat Mitteilungen nach Absatz 2 innerhalb von einem Monat nach Zugang nach Maßgabe des § 25 Absatz 1 Satz 1 in der Fassung dieses Gesetzes vom 24. März 1998 (BGBl I S. 529) und Satz 2 in der Fassung dieses Gesetzes vom 22. Oktober 1997 (BGBl I S. 2518) sowie Absatz 2 in der Fassung dieses Gesetzes vom 20. Dezember 2001 (BGBl I S. 3822) zu veröffentlichen und der Bundesanstalt unverzüglich einen Beleg über die Veröffentlichung zu übersenden.

(4) Auf die Pflichten nach den Absätzen 2 und 3 sind die §§ 23 und 24 in der Fassung dieses Gesetzes vom 24. März 1998 (BGBl I S. 529), § 25 Absatz 3 Satz 2 und Absatz 4 in der Fassung dieses Gesetzes vom 26. Juli 1994 (BGBl I S. 1749), § 27 in der Fassung dieses Gesetzes vom 24. März 1998 (BGBl I S. 529) und § 28 in der Fassung dieses Gesetzes vom 20. Dezember 2001 (BGBl I S. 3822) sowie die §§ 29 und 30 in der Fassung dieses Gesetzes vom 26. Juli 1994 (BGBl I S. 1749) entsprechend anzuwenden.

(5) ¹Wer am 20. Januar 2007, auch unter Berücksichtigung des § 22 in der Fassung dieses Gesetzes vom 5. Januar 2007 (BGBl I S. 10), einen mit Aktien verbundenen Stimmrechtsanteil hält, der die Schwelle von 15, 20 oder 30 Prozent erreicht, überschreitet oder unterschreitet, hat dem Emittenten, für den die Bundesrepublik Deutschland der Herkunftsstaat ist, spätestens am 20. März 2007 seinen Stimmrechtsanteil mitzuteilen. ²Das gilt nicht, wenn er bereits vor dem 20. Januar 2007 eine Mitteilung mit gleichwertigen Informationen an diesen Emittenten gerichtet hat; der Inhalt der Mitteilung richtet sich nach § 21 Absatz 1 in der Fassung dieses Gesetzes vom 5. Januar 2007 (BGBl I S. 10), auch in Verbindung mit einer Rechtsverordnung nach § 21 Absatz 2. ³Wem am 20. Januar 2007 auf Grund einer Zurechnung nach § 22 Absatz 1 Satz 1 Nummer 6 in der Fassung dieses Gesetzes vom 5. Januar 2007 (BGBl I S. 10) ein Stimmrechtsanteil an einem Emittenten, für den die Bundesrepublik Deutschland der Herkunftsstaat ist, von 5 Prozent oder mehr zusteht, muss diesen dem Emittenten spätestens am 20. März 2007 mitteilen. ⁴Dies gilt nicht, wenn er bereits vor dem 20. Januar 2007 eine Mitteilung mit gleichwertigen Informationen an diesen Emittenten gerichtet hat und ihm die Stimmrechtsanteile nicht bereits nach § 22 Absatz 1 Satz 1 Nummer 6 in der Fassung dieses Gesetzes vom 20. Dezember 2001 (BGBl I S. 3822) zugerechnet werden konnten; der Inhalt der Mitteilung richtet sich nach § 21 Absatz 1 in der Fassung dieses Gesetzes vom 5. Januar 2007 (BGBl I S. 10), auch in Verbindung mit einer Rechtsverordnung nach § 21 Absatz 2. ⁵Wer am 20. Januar 2007 Finanzinstrumente im Sinne des § 25 in der Fassung dieses Gesetzes vom 5. Januar 2007 (BGBl I S. 10) hält, muss dem Emittenten, für den die Bundesrepublik Deutschland der Herkunftsstaat ist, spätestens am 20. März 2007 mitteilen, wie hoch sein Stimmrechtsanteil wäre, wenn er statt der Finanzinstrumente die Aktien hielte, die auf Grund der rechtlich bindenden Vereinbarung erworben werden können, es sei denn, sein Stimmrechtsanteil läge unter 5 Prozent. ⁶Dies gilt nicht, wenn er bereits vor dem 20. Januar 2007 eine Mitteilung mit gleichwertigen Informationen an diesen Emittenten gerichtet hat; der Inhalt der Mitteilung richtet sich nach § 25 Absatz 1 in der Fassung dieses Gesetzes vom 5. Januar 2007 (BGBl I S. 10), auch in Verbindung mit den §§ 17 und 18 der Wertpapierhandelsanzeige- und Insiderverzeichnisverordnung in der Fassung vom 5. Januar 2007 (BGBl I S. 10). ⁷Erhält ein Inlandsemittent eine Mitteilung nach Satz 1, 3 oder 5, so muss er diese bis spätestens zum 20. April 2007 nach § 26 Absatz 1 Satz 1 in der Fassung dieses Gesetzes vom 5. Januar 2007 (BGBl I S. 10), auch in Verbindung mit einer Rechtsverordnung nach § 26 Ab-

satz 3, veröffentlichen. [8]Er übermittelt die Information außerdem unverzüglich, jedoch nicht vor ihrer Veröffentlichung dem Unternehmensregister im Sinne des § 8b des Handelsgesetzbuchs zur Speicherung. [9]Er hat gleichzeitig mit der Veröffentlichung nach Satz 7 diese der Bundesanstalt nach § 26 Absatz 2 in der Fassung dieses Gesetzes vom 5. Januar 2007 (BGBl I S. 10), auch in Verbindung mit einer Rechtsverordnung nach § 26 Absatz 3 Nummer 2, mitzuteilen. [10]Auf die Pflichten nach den Sätzen 1 bis 9 sind § 23 in der Fassung dieses Gesetzes vom 5. Januar 2007 (BGBl I S. 10), § 24 in der Fassung dieses Gesetzes vom 24. März 1998 (BGBl I S. 529), § 27 in der Fassung dieses Gesetzes vom 5. Januar 2007 (BGBl I S. 10), § 28 in der Fassung dieses Gesetzes vom 20. Dezember 2001 (BGBl I S. 3822), § 29 in der Fassung dieses Gesetzes vom 28. Oktober 2004 (BGBl I S. 2630) und § 29a Absatz 3 in der Fassung dieses Gesetzes vom 5. Januar 2007 (BGBl I S. 10) entsprechend anzuwenden. [11]Auf die Pflichten nach Satz 4 ist § 29a Absatz 1 und 2 in der Fassung dieses Gesetzes vom 5. Januar 2007 (BGBl I S. 10) entsprechend anzuwenden.

(6) [1]Wer, auch unter Berücksichtigung des § 22 in der Fassung dieses Gesetzes vom 12. August 2008 (BGBl I S. 1666), einen mit Aktien verbundenen Stimmrechtsanteil sowie Finanzinstrumente im Sinne des § 25 in der Fassung dieses Gesetzes vom 12. August 2008 (BGBl I S. 1666) hält, muss das Erreichen oder Überschreiten der für § 25 in der Fassung dieses Gesetzes vom 12. August 2008 (BGBl I S. 1666) geltenden Schwellen, die er am 1. März 2009 ausschließlich auf Grund der Änderung des § 25 in der Fassung dieses Gesetzes vom 12. August 2008 (BGBl I S. 1666) mit Wirkung vom 1. März 2009 durch Zusammenrechnung nach § 25 Absatz 1 Satz 3 in der Fassung dieses Gesetzes vom 12. August 2008 (BGBl I S. 1666) erreicht oder überschreitet, nicht mitteilen. [2]Eine solche Mitteilung ist erst dann abzugeben, wenn erneut eine der für § 25 in der Fassung dieses Gesetzes vom 12. August 2008 (BGBl I S. 1666) geltenden Schwellen erreicht, überschritten oder unterschritten wird. [3]Mitteilungspflichten nach § 25 in der Fassung dieses Gesetzes vom 5. Januar 2007 (BGBl I S. 10), die nicht, nicht richtig, nicht vollständig oder nicht in der vorgeschriebenen Weise erfüllt wurden, sind unter Berücksichtigung von § 25 Absatz 1 Satz 3 in der Fassung dieses Gesetzes vom 12. August 2008 (BGBl I S. 1666) zu erfüllen.

(7) [1]Wer, auch unter Berücksichtigung des § 22 in der Fassung dieses Gesetzes vom 12. August 2008 (BGBl I S. 1666), einen mit Aktien verbundenen Stimmrechtsanteil hält, muss das Erreichen oder Überschreiten der für § 21 in der Fassung dieses Gesetzes vom 21. Dezember 2007 (BGBl I S. 3089) geltenden Schwellen, die er am 19. August 2008 ausschließlich durch Zurechnung von Stimmrechten auf Grund der Neufassung des § 22 Absatz 2 in der Fassung dieses Gesetzes vom 12. August 2008 (BGBl I S. 1666) mit Wirkung vom 19. August 2008 erreicht oder überschreitet, nicht mitteilen. [2]Eine solche Mitteilung ist erst dann abzugeben, wenn erneut eine der für § 21 in der Fassung dieses Gesetzes vom 21. Dezember 2007 (BGBl I S. 3089) geltenden Schwellen erreicht, überschritten oder unterschritten wird. [3]Die Sätze 1 und 2 gelten für die Mitteilungspflicht nach § 25 in der Fassung dieses Gesetzes vom 12. August 2008 (BGBl I S. 1666) entsprechend mit der Maßgabe, dass die für § 25 in der Fassung dieses Gesetzes vom 12. August 2008 (BGBl I S. 1666) geltenden Schwellen maßgebend sind.

(8) [1]Wer am 1. Februar 2012 Finanzinstrumente oder sonstige Instrumente im Sinne des § 25a Absatz 1 in der Fassung dieses Gesetzes vom 5. April 2011 (BGBl I S. 538) hält, die es ihrem Inhaber auf Grund ihrer Ausgestaltung ermöglichen, 5 Prozent oder mehr der mit Stimmrechten verbundenen und bereits ausgegebenen Aktien eines Emittenten, für den die Bundesrepublik Deutschland der Herkunftsstaat ist, zu erwerben, hat dem Emittenten und gleichzeitig der Bundesanstalt unverzüglich, spätestens jedoch innerhalb von 30 Handelstagen, die Höhe seines Stimmrechtsanteils nach § 25a Absatz 2 entsprechend § 25a Absatz 1, auch in Verbindung mit einer Rechtsverordnung nach § 25a Absatz 4, jeweils in der Fassung dieses Gesetzes vom 5. April 2011 (BGBl I S. 538), mitzuteilen. [2]§ 24 in der Fassung dieses Gesetzes vom 24. März 1998 (BGBl I S. 529) gilt entsprechend. [3]Eine Zusammenrechnung mit den Beteiligungen nach § 21 in der Fassung dieses Gesetzes vom 21. Dezember 2007 (BGBl I S. 3089), § 22 in der Fassung dieses Gesetzes vom 12. August 2008 (BGBl I S. 1666) und § 25 in der Fassung dieses Gesetzes vom 5. April 2011 (BGBl I S. 538) findet statt.

§ 128

(9) ¹Der Inlandsemittent hat die Informationen nach Absatz 8 unverzüglich, spätestens jedoch drei Handelstage nach ihrem Zugang gemäß § 26 Absatz 1 Satz 1 Halbsatz 1 in der Fassung dieses Gesetzes vom 5. April 2011 (BGBl I S. 538) zu veröffentlichen und dem Unternehmensregister im Sinne des § 8b des Handelsgesetzbuchs unverzüglich, jedoch nicht vor ihrer Veröffentlichung zur Speicherung zu übermitteln. ²Gleichzeitig mit der Veröffentlichung hat der Inlandsemittent diese der Bundesanstalt mitzuteilen.

(10) ¹Wer, auch unter Berücksichtigung des § 22 in der Fassung dieses Gesetzes vom 20. November 2015 (BGBl I S. 2029), am 26. November 2015 Stimmrechte im Sinne des § 21 in der Fassung dieses Gesetzes vom 20. November 2015 (BGBl I S. 2029) hält und ausschließlich auf Grund der Änderung des § 21 mit Wirkung zum 26. November 2015 an einem Emittenten, für den die Bundesrepublik Deutschland der Herkunftsstaat ist, eine der für § 21 in der Fassung dieses Gesetzes vom 20. November 2015 (BGBl I S. 2029) geltenden Schwellen erreicht, überschreitet oder unterschreitet, hat dies bis zum 15. Januar 2016 nach Maßgabe des § 21 in der Fassung dieses Gesetzes vom 20. November 2015 (BGBl I S. 2029) mitzuteilen. ²Wer am 26. November 2015 Instrumente im Sinne des § 25 in der Fassung dieses Gesetzes vom 20. November 2015 (BGBl I S. 2029) hält, die sich nach Maßgabe des § 25 Absatz 3 und 4 in der Fassung dieses Gesetzes vom 20. November 2015 (BGBl I S. 2029) auf mindestens 5 Prozent der Stimmrechte an einem Emittenten, für den die Bundesrepublik Deutschland der Herkunftsstaat ist, beziehen, hat dies bis zum 15. Januar 2016 nach Maßgabe des § 25 in der Fassung dieses Gesetzes vom 20. November 2015 (BGBl I S. 2029) mitzuteilen. ³Wer eine der für § 25a in der Fassung dieses Gesetzes vom 20. November 2015 (BGBl I S. 2029) geltenden Schwellen ausschließlich auf Grund der Änderung des § 25a mit Wirkung zum 26. November 2015 erreicht, überschreitet oder unterschreitet, hat dies bis zum 15. Januar 2016 nach Maßgabe des § 25a in der Fassung dieses Gesetzes vom 20. November 2015 (BGBl I S. 2029) mitzuteilen. ⁴Absatz 9 gilt entsprechend.

(11) ¹Wer an einem Emittenten, für den die Bundesrepublik Deutschland der Herkunftsstaat ist, eine der für die §§ 21, 25 oder 25a, jeweils in der Fassung dieses Gesetzes vom 20. November 2015 (BGBl I S. 2029), geltenden Schwellen ausschließlich auf Grund der Änderung des § 1 Absatz 3 mit Wirkung zum 2. Juli 2016 erreicht, überschreitet oder unterschreitet, hat dies bis zum 23. Juli 2016 nach Maßgabe der §§ 21, 25 und 25a, jeweils in der Fassung dieses Gesetzes vom 20. November 2015 (BGBl I S. 2029), mitzuteilen. ²Absatz 10 gilt entsprechend.

(12) Ordnungswidrig handelt, wer vorsätzlich oder leichtfertig
1. entgegen Absatz 5 Satz 7 eine Veröffentlichung nicht, nicht richtig, nicht vollständig, nicht in der vorgeschriebenen Weise oder nicht rechtzeitig vornimmt,
2. entgegen Absatz 5 Satz 8 eine Information nicht oder nicht rechtzeitig übermittelt,
3. entgegen Absatz 5 Satz 1, 3, 5 oder 9, Absatz 8 Satz 1 oder Absatz 10 Satz 1, 2 oder Satz 3 eine Mitteilung nicht, nicht richtig, nicht vollständig, nicht in der vorgeschriebenen Weise oder nicht rechtzeitig macht,
4. entgegen Absatz 9 Satz 1 eine Veröffentlichung nicht, nicht richtig, nicht vollständig, nicht in der vorgeschriebenen Weise oder nicht rechtzeitig vornimmt.

(13) Die Ordnungswidrigkeit kann in den Fällen des Absatzes 12 mit einer Geldbuße bis zu zweihunderttausend Euro geahndet werden.

§ 128 Übergangsregelung für die Mitteilungs- und Veröffentlichungspflichten zur Wahl des Herkunftsstaats[1]

Auf einen Emittenten im Sinne des § 2 Absatz 11 Satz 1 Nummer 1 Buchstabe b oder Nummer 2, für den die Bundesrepublik Deutschland am 27. November 2015 Herkunftsstaat ist und der seine Wahl der Bundesanstalt mitgeteilt hat, ist § 5 nicht anzuwenden.

---

1) **Anm. d. Red.:** Bisheriger § 41a zu § 128 geworden und geändert gem. Gesetz v. 23.6.2017 (BGBl I S. 1693) mit Wirkung v. 3.1.2018.

§ 129 (weggefallen)[1]

§ 130 Übergangsregelung für die Mitteilungs- und Veröffentlichungspflichten für Inhaber von Netto-Leerverkaufspositionen nach § 30i in der Fassung dieses Gesetzes vom 6. Dezember 2011 (BGBl I S. 2481)[2]

(1) ¹Wer am 26. März 2012 Inhaber einer Netto-Leerverkaufsposition nach § 30i Absatz 1 Satz 1 in der Fassung dieses Gesetzes vom 6. Dezember 2011 (BGBl I S. 2481) in Höhe von 0,2 Prozent oder mehr ist, hat diese zum Ablauf des nächsten Handelstages der Bundesanstalt nach § 30i Absatz 3 der vorgenannten Fassung dieses Gesetzes, auch in Verbindung mit einer Rechtsverordnung nach § 30i Absatz 5 der vorgenannten Fassung dieses Gesetzes, mitzuteilen. ²Der Inhaber einer Netto-Leerverkaufsposition nach § 30i Absatz 1 Satz 2 der vorgenannten Fassung dieses Gesetzes in Höhe von 0,5 Prozent oder mehr hat diese zusätzlich zu ihrer Mitteilung nach Satz 1 innerhalb der Frist des Satzes 1 nach § 30i Absatz 3 der vorgenannten Fassung dieses Gesetzes, auch in Verbindung mit einer Rechtsverordnung nach § 30i Absatz 5 der vorgenannten Fassung dieses Gesetzes, im Bundesanzeiger zu veröffentlichen; eine solche Verpflichtung besteht nicht, sofern vor dem 26. März 2012 bereits eine gleichartige Mitteilung abgegeben worden ist.

(2) Ordnungswidrig handelt, wer vorsätzlich oder leichtfertig
1. entgegen Absatz 1 Satz 1 eine Mitteilung nicht, nicht richtig, nicht vollständig, nicht in der vorgeschriebenen Weise oder nicht rechtzeitig macht oder
2. entgegen Absatz 1 Satz 2 erster Halbsatz eine Veröffentlichung nicht, nicht richtig, nicht vollständig, nicht in der vorgeschriebenen Weise oder nicht rechtzeitig vornimmt.

(3) Die Ordnungswidrigkeit kann in den Fällen des Absatzes 2 mit einer Geldbuße bis zu zweihunderttausend Euro geahndet werden.

§ 131 Übergangsregelung für die Verjährung von Ersatzansprüchen nach § 37a der bis zum 4. August 2009 gültigen Fassung dieses Gesetzes[3]

§ 37a in der bis zum 4. August 2009 geltenden Fassung ist auf Ansprüche anzuwenden, die in der Zeit vom 1. April 1998 bis zum Ablauf des 4. August 2009 entstanden sind.

§ 132 Anwendungsbestimmung für das Transparenzrichtlinie-Umsetzungsgesetz[4]

(1) § 37n und § 37o Abs. 1 Satz 4 sowie die Bestimmungen des Abschnitts 11 Unterabschnitt 2 in der Fassung des Gesetzes vom 5. Januar 2007 (BGBl I S. 10) finden erstmals auf Finanzberichte des Geschäftsjahrs Anwendung, das nach dem 31. Dezember 2006 beginnt.

(2) Auf Emittenten, von denen lediglich Schuldtitel zum Handel an einem organisierten Markt im Sinne des Artikels 4 Abs. 1 Nr. 14 der Richtlinie 2004/39/EG des Europäischen Parlaments und des Rates vom 21. April 2004 über Märkte für Finanzinstrumente (ABl EU Nr. L 145 S. 1) in einem Mitgliedstaat der Europäischen Union oder in einem anderen Vertragsstaat des Abkommens über den Europäischen Wirtschaftsraum zugelassen sind, sowie auf Emittenten, deren Wertpapiere zum Handel in einem Drittstaat zugelassen sind und die zu diesem Zweck seit dem Geschäftsjahr, das vor dem 11. September 2002 begann, international anerkannte Rechnungslegungsstandards anwenden, finden § 37w Abs. 3 Satz 2 und § 37y Nr. 2 in der Fassung des Gesetzes vom 5. Januar 2007 (BGBl I S. 10) mit der Maßgabe Anwendung, dass der Emittent

---

1) **Anm. d. Red.:** § 129 weggefallen gem. Gesetz v. 19.3.2020 (BGBl I S. 529) mit Wirkung v. 28.3.2020.

2) **Anm. d. Red.:** Bisheriger § 42b zu § 130 geworden und geändert gem. Gesetz v. 23.6.2017 (BGBl I S. 1693) mit Wirkung v. 3.1.2018.

3) **Anm. d. Red.:** Bisheriger § 43 zu § 131 geworden und geändert gem. Gesetz v. 23.6.2017 (BGBl I S. 1693) mit Wirkung v. 3.1.2018.

4) **Anm. d. Red.:** Bisheriger § 46 zu § 132 geworden und geändert gem. Gesetz v. 23.6.2017 (BGBl I S. 1693) mit Wirkung v. 3.1.2018.

für vor dem 31. Dezember 2007 beginnende Geschäftsjahre die Rechnungslegungsgrundsätze des jeweiligen Vorjahresabschlusses anwenden kann.

(3) § 30b Abs. 3 Nr. 1 Buchstabe a in der Fassung des Gesetzes vom 5. Januar 2007 (BGBl I S. 10) findet erstmals auf Informationen Anwendung, die nach dem 31. Dezember 2007 übermittelt werden.

(4) (weggefallen)

§ 133 Anwendungsbestimmung für § 34 der bis zum 2. Januar 2018 gültigen Fassung dieses Gesetzes[1]

Auf Ansprüche auf Herausgabe einer Ausfertigung des Protokolls nach § 34 Absatz 2a der bis zum 2. Januar 2018 gültigen Fassung dieses Gesetzes, die bis zum Ablauf des 2. Januar 2018 entstanden sind, findet § 34 Absatz 2b in der bis zum 2. Januar 2018 gültigen Fassung dieses Gesetzes weiterhin Anwendung.

§ 134 Anwendungsbestimmung für das Gesetz zur Umsetzung der Transparenzrichtlinie-Änderungsrichtlinie[2]

(1) Die §§ 37n, 37o und 37p in der Fassung des Gesetzes vom 20. November 2015 (BGBl I S. 2029) sind ab dem 1. Januar 2016 anzuwenden.

(2) § 37x in der Fassung des Gesetzes vom 20. November 2015 (BGBl I S. 2029) ist erstmals auf Zahlungsberichte und Konzernzahlungsberichte für ein nach dem 26. November 2015 beginnendes Geschäftsjahr anzuwenden.

§ 135 Übergangsvorschriften zur Verordnung (EU) Nr. 596/2014[3]

¹§ 39 Absatz 3d Nummer 1 in der Fassung dieses Gesetzes vom 30. Juni 2016 (BGBl I S. 1514) ist bis zu dem Tag, ab dem die Richtlinie 2014/65/EU des Europäischen Parlaments und des Rates vom 15. Mai 2014 über Märkte für Finanzinstrumente sowie zur Änderung der Richtlinien 2002/92/EG und 2011/61/EU (ABl L 173 vom 12. 6. 2014, S. 349, L 74 vom 18. 3. 2015, S. 38), die durch die Verordnung (EU) Nr. 909/2014 (ABl L 257 vom 28. 8. 2014, S. 1) geändert worden ist, nach ihrem Artikel 93 angewendet wird, nicht anzuwenden. ²Bis zum Ablauf des 2. Januar 2018 ist für die Vorschriften dieses Gesetzes die Verordnung (EU) Nr. 596/2014 mit folgender Maßgabe anwendbar:

1. Handelsplatz im Sinne des Artikels 3 Absatz 1 Nummer 10 dieser Verordnung ist ein geregelter Markt im Sinne des Artikels 4 Absatz 1 Nummer 14 der Richtlinie 2004/39/EG sowie ein multilaterales Handelssystem im Sinne des Artikels 4 Absatz 1 Nummer 15 der Richtlinie 2004/39/EG;
2. algorithmischer Handel im Sinne des Artikels 3 Absatz 1 Nummer 18 dieser Verordnung ist der Handel mit Finanzinstrumenten in der Weise, dass ein Computeralgorithmus die einzelnen Auftragsparameter automatisch bestimmt, ohne dass es sich um ein System handelt, das nur zur Weiterleitung von Aufträgen zu einem oder mehreren Handelsplätzen oder zur Bestätigung von Aufträgen verwendet wird;
3. Hochfrequenzhandel im Sinne des Artikels 3 Absatz 1 Nummer 33 dieser Verordnung ist eine hochfrequente algorithmische Handelstechnik, die gekennzeichnet ist durch die Nutzung von Infrastrukturen, die darauf abzielen, Latenzzeiten zu minimieren, durch die Entscheidung des Systems über die Einleitung, das Erzeugen, das Weiterleiten oder die Ausfüh-

---

1) **Anm. d. Red.:** Bisheriger § 47 zu § 133 geworden und neu gefasst gem. Gesetz v. 23.6.2017 (BGBl I S. 1693) mit Wirkung v. 3.1.2018.

2) **Anm. d. Red.:** Bisheriger § 49 zu § 134 geworden und geändert gem. Gesetz v. 23.6.2017 (BGBl I S. 1693) mit Wirkung v. 3.1.2018.

3) **Anm. d. Red.:** Bisheriger § 50 zu § 135 geworden und geändert gem. Gesetz v. 23.6.2017 (BGBl I S. 1693) mit Wirkung v. 3.1.2018.

rung eines Auftrags ohne menschliche Intervention für einzelne Geschäfte oder Aufträge und durch ein hohes untertägiges Mitteilungsaufkommen in Form von Aufträgen, Quotes oder Stornierungen.

§ 136 Übergangsregelung zum CSR-Richtlinie-Umsetzungsgesetz[1)]

¹Die §§ 37w und 37y in der Fassung des CSR-Richtlinie-Umsetzungsgesetzes vom 11. April 2017 (BGBl I S. 802) sind erstmals auf Lageberichte und Konzernlageberichte anzuwenden, die sich auf ein nach dem 31. Dezember 2016 beginnendes Geschäftsjahr beziehen. ²Auf Lage- und Konzernlageberichte, die sich auf vor dem 1. Januar 2017 beginnende Geschäftsjahre beziehen, bleiben die §§ 37w und 37y in der bis zum 18. April 2017 geltenden Fassung anwendbar.

§ 137 Übergangsvorschrift für Verstöße gegen die §§ 38 und 39 in der bis zum Ablauf des 1. Juli 2016 geltenden Fassung dieses Gesetzes[2)]

(1) Straftaten nach § 38 in der bis zum Ablauf des 1. Juli 2016 geltenden Fassung werden abweichend von § 2 Absatz 3 des Strafgesetzbuches nach den zum Zeitpunkt der Tat geltenden Bestimmungen geahndet.

(2) Ordnungswidrigkeiten nach § 39 in der bis zum Ablauf des 1. Juli 2016 geltenden Fassung können abweichend von § 4 Absatz 3 des Gesetzes über Ordnungswidrigkeiten nach den zum Zeitpunkt der Tat geltenden Bestimmungen geahndet werden.

§ 138 Übergangsvorschrift zur Richtlinie 2014/65/EU über Märkte für Finanzinstrumente[3)]

(1) C.6-Energiederivatkontrakte, die von einer nichtfinanziellen Gegenpartei im Sinne von Artikel 10 Absatz 1 der Verordnung (EU) Nr. 648/2012 oder von nichtfinanziellen Gegenparteien, die nach dem 3. Januar 2018 erstmals als Wertpapierdienstleistungsunternehmen zugelassen worden sind, eingegangen werden, unterliegen bis zum 3. Januar 2021 weder der Clearing-Pflicht nach Artikel 4 der Verordnung (EU) Nr. 648/2012 noch den Risikominderungstechniken nach Artikel 11 Absatz 3 der vorgenannten Verordnung.

(2) C.6-Energiederivatkontrakte gelten bis zum 3. Januar 2021 nicht als OTC-Derivatkontrakte für die Zwecke des Clearing-Schwellenwerts nach Artikel 10 Absatz 1 der Verordnung (EU) Nr. 648/2012.

(3) C.6-Energiederivatkontrakte unterliegen allen übrigen Anforderungen der Verordnung (EU) Nr. 648/2012.

(4) C.6-Energiederivatkontrakt im Sinne dieser Vorschrift ist eine Option, ein Terminkontrakt (Future), ein Swap oder ein anderer in Anhang I Abschnitt C Nummer 6 der Richtlinie 2014/65/EU, in der jeweils geltenden Fassung, genannter Derivatkontrakt in Bezug auf Kohle oder Öl, der an einem organisierten Handelssystem gehandelt werden und effektiv geliefert werden muss.

(5) ¹Die Ausnahmen nach den Absätzen 1 und 2 sind bei der Bundesanstalt zu beantragen. ²Die Bundesanstalt teilt der Europäischen Wertpapier- und Marktaufsichtsbehörde mit, für welche C.6-Energiederivatkontrakte Ausnahmen nach den Absätzen 1 und 2 gewährt worden sind.

---

1) **Anm. d. Red.:** Bisheriger § 51 zu § 136 geworden und geändert gem. Gesetz v. 23.6.2017 (BGBl I S. 1693), i. d. F. des Gesetzes v. 17.7.2017 (BGBl I S. 2446), mit Wirkung v. 3.1.2018.

2) **Anm. d. Red.:** Bisheriger § 52 zu § 137 geworden und geändert gem. Gesetz v. 23.6.2017 (BGBl I S. 1693), i. d. F. des Gesetzes v. 17.7.2017 (BGBl I S. 2446), mit Wirkung v. 3.1.2018.

3) **Anm. d. Red.:** § 138 eingefügt gem. Gesetz v. 23.6.2017 (BGBl I S. 1693), i. d. F. des Gesetzes v. 17.7.2017 (BGBl I S. 2446), mit Wirkung v. 3.1.2018.

§ 139 Übergangsvorschriften zum Gesetz zur weiteren Ausführung der EU-Prospektverordnung und zur Änderung von Finanzmarktgesetzen[1]

(1) § 76 Absatz 1 Satz 1 Nummer 3 in der bis zum 20. Juli 2019 geltenden Fassung findet weiterhin Anwendung für den Fall eines Prospekts, der nach dem Wertpapierprospektgesetz in der bis zum 20. Juli 2019 geltenden Fassung gebilligt wurde, solange dieser Prospekt Gültigkeit hat.

(2) Hat ein Kreditinstitut vor dem 21. Juli 2019 Schuldtitel begeben, bei denen es nach dem Wertpapierprospektgesetz in der bis zum 20. Juli 2019 geltenden Fassung nicht zur Veröffentlichung eines Prospekts verpflichtet war, findet insoweit § 118 Absatz 2 in der bis zum 20. Juli 2019 geltenden Fassung weiterhin Anwendung.

§ 140 Übergangsvorschrift zum Gesetz zur weiteren Umsetzung der Transparenzrichtlinie-Änderungsrichtlinie im Hinblick auf ein einheitliches elektronisches Format für Jahresfinanzberichte[2]

¹Die §§ 106, 107, 114 und 120 in der ab dem 19. August 2020 geltenden Fassung sind erstmals auf Jahres-, Einzel- und Konzernabschlüsse sowie Jahresfinanzberichte mit Abschlüssen für das nach dem 31. Dezember 2019 beginnende Geschäftsjahr anzuwenden. ²Die in Satz 1 bezeichneten Vorschriften in der bis einschließlich 18. August 2020 geltenden Fassung sind letztmals anzuwenden auf Jahres-, Einzel- und Konzernabschlüsse sowie Jahresfinanzberichte mit Abschlüssen für das vor dem 1. Januar 2020 beginnende Geschäftsjahr.

---

1) **Anm. d. Red.:** § 139 angefügt gem. Gesetz v. 8.7.2019 (BGBl I S. 1002) mit Wirkung v. 21.7.2019.
2) **Anm. d. Red.:** § 140 angefügt gem. Gesetz v. 12.8.2020 (BGBl I S. 1874) mit Wirkung v. 19.8.2020.

Stichwortverzeichnis

Die Zahlen verweisen auf die Paragrafen bzw. Artikel des jeweiligen Gesetzes oder der entsprechenden Verordnung.

A

Abberufung, Abschlussprüfer	HGB	318
Abhängiges Unternehmen	AktG	17
Abhanden gekommene Sache, Gutgläubigkeit	BGB	935
Ablaufhemmung, Verjährung	BGB	210
Ablieferungshindernis, Frachtgeschäft	HGB	419
Ablieferungspflicht, Finder	BGB	967
Ablösungsrecht, Pfand	BGB	1249
Abmahnung, Mietvertrag	BGB	543
Abnahme, Werkvertrag	BGB	640
Abschlagszahlung	BGB	632a
Abschlussprüfer, AG	AktG	30
– Auswahl	HGB	319
– Einzelabschluss	HGB	324a
– Jahresabschluss	HGB	316
– Publizität	PublG	6
Abschrift, Bestätigung	BGB	312f
Absonderung, Insolvenzverfahren	InsO	51
Abspaltung, Umwandlungsrecht	UmwG	123
Abstimmung	GmbHG	47
Abstimmungstermin, Insolvenzplan	InsO	235
Abstimmungsverhalten, institutioneller Anleger	AktG	134b
– Vermögensverwalter	AktG	134b
Abtretung, EWIV-Beteiligung	EWIV-VO	22
– Forderung	BGB	398
– – Ausschluss bei Inhaltsänderung und Verbot	BGB	399
– – Ausschluss bei unpfändbarer Forderung	BGB	400
– – Einwendung des Schuldners	BGB	404
– – Leistung an bisherigen Gläubiger	BGB	407
– – mehrfache Abtretung	BGB	408
Abwehranspruch, Eigentümer, Grundstück	BGB	906
Abweichende Vereinbarung, Beweislast	BGB	312k
Abweisung mangels Masse, Insolvenzverfahren	InsO	26
Abwendung, Mieter, Wegnahmerecht	BGB	552
Abwesender, Willenserklärung, Zugang	BGB	130
Abwicklung, EWIV	EWIV-VO	35
– KGaA	AktG	290
Abwicklung nach Auflösung, AG	AktG	264
Änderungsvorbehalt, AGB	BGB	308
Ärztliche Behandlung	BGB	630a
Aktie	AktG	10
– beschädigte	AktG	74
– Erwerb eigener, durch Dritte	AktG	71d
– Inpfandnahme eigener	AktG	71e
– Kraftloserklärung im Aufgebotsverfahren	AktG	72
– – durch Gesellschaft	AktG	72
– Rechtsgemeinschaft	AktG	69
– Veräußerung und Einziehung eigener	AktG	71c
Aktie besonderer Gattung	AktG	11
Aktienausgabe, verbotene	AktG	41
Aktienbesitzzeit, Berechnung	AktG	70
Aktiengesellschaft, Abschlagzahlung auf Bilanzgewinn	AktG	59
– Abschlussprüfer	AktG	30
– Abwicklung nach Auflösung	AktG	264
– Anmeldung der Gesellschaft	AktG	36
– Auflösung	AktG	262
– Aufsichtsrat	AktG	30
	EGAktG	12
– Bekanntmachungen	AktG	25
– Bericht an den Aufsichtsrat	AktG	90
– Beteiligung, Mitteilungspflicht	EGAktG	7
– Bilanz	AktG	152
– Buchführung	AktG	91
– Einlage	AktG	36a
– Errichtung	AktG	29
– Firma	AktG	4
– Formkaufmann	AktG	3
– Gegenstand des Unternehmens	EGAktG	8
– genehmigtes Kapital	AktG	202
– gerichtliche Auflösung	AktG	396
– Geschäftsbrief	AktG	80
– Geschäftsführung	AktG	77
– Gesellschaftsvertrag	AktG	2
– gesetzliche Rücklage	AktG	150
– Gewinn- und Verlustrechnung, Gliederung	AktG	158
– Gewinnschuldverschreibung	AktG	221
– Gewinnverteilung	AktG	60
– Gewinnverwendung	AktG	174
– Gründer	AktG	28
– Gründerzahl	AktG	2
– Gründungsaufwand	AktG	26
– Gründungsbericht	AktG	32
– Gründungsprüfung	AktG	33 f.
– Grundkapital	AktG	6
	EGAktG	1
– Hauptversammlung	AktG	118
		175
– – ordentliche	AktG	175
– Hauptversammlungsbeschluss, Nichtigkeit	AktG	241
– Jahresabschluss	AktG	150
	HGB	264
– – Feststellung	AktG	172
– – Nichtigkeit	AktG	256
– Jahresüberschuss	AktG	58

1303

Stichwortverzeichnis

– Kapitalbeschaffung.............	AktG	182
– Kapitalerhöhung, bedingte.......	AktG	192
– – Sacheinlage	AktG	183
– Kapitalherabsetzung, Ausweis ...	AktG	240
– – Einziehung, von Aktien.........	AktG	237
– – ordentliche	AktG	222
– – vereinfachte	AktG	229
– Lagebericht	AktG	160
– Leitung.........................	AktG	76
– Mehrstimmrecht	EGAktG	5
– Mindestbetrag, Aktie	EGAktG	3
– – Grundkapital	EGAktG	2
– Mindestnennbetrag	AktG	7
– Mitbestimmung.................	DrittelbG	1
– Mitteilungspflicht	AktG	20
– Nachgründung	AktG	52
– Nichtigerklärung	AktG	262
		275
– Sacheinlage	AktG	27
– Sachübernahme..................	AktG	27
– Satzung........................	AktG	23
– Satzungsänderung	AktG	179
	EGAktG	26b
– Schadensersatzpflicht	AktG	117
– Sitz	AktG	5
– Sitzverlegung	AktG	45
– Spaltung	UmwG	141 ff.
– Stimmrecht	AktG	12
– Unterbewertung, unzulässige....	AktG	258
– verbotene Aktienausgabe........	AktG	41
– Verjährung der Ersatzansprüche .	AktG	51
– Verschmelzung..................	UmwG	60 ff.
– Vertretung	AktG	78
– Verzicht und Vergleich...........	AktG	50
– Vorstand........................	AktG	30
– – Abberufung	AktG	84
– – Bestellung.....................	AktG	84
– Vorstandsmitglieder, Bezüge.....	AktG	87
– Wandelschuldverschreibung.....	AktG	221
– Wesen	AktG	1
Aktiengesetz, Bilanzrechtsreform...	EGAktG	17
Aktienregister, Eintragung.........	AktG	67
Aktionär, Anträge, Hauptversammlung.............................	AktG	126
– Auskunftsrecht	AktG	131
– außenstehender, Sicherung	AktG	304
– Folge nicht rechtzeitiger Einzahlung	AktG	63
– Gleichbehandlung...............	AktG	53a
– Haftung beim Empfang verbotener Leistungen	AktG	62
– Hauptverpflichtung	AktG	54
– Nebenverpflichtung ,..........	AktG	55
	EGAktG	10
– personenbezogene Daten........	AktG	67e
– säumiger, Ausschluss............	AktG	64
– Stimmrecht	AktG	134
– Unverzinslichkeit der Einlagen ...	AktG	57
– Vergütung für Nebenleistungen..	AktG	61
– Vertretung durch Kreditinstitut .	AktG	135
– Wahlvorschlag, Aufsichtsrat	AktG	127

Aktionärsrechterichtlinie, Übergangsvorschrift..................	EGAktG	20
Akzessorietät, Hypothek...........	BGB	1153
Allgemeine Geschäftsbedingung, Klauselverbot, Vorrang der Individualabrede......................	BGB	305b
Allgemeine Geschäftsbedingungen, Anwendungsbereich.............	BGB	310
– Einbeziehung in den Vertrag.....	BGB	305
– Inhaltskontrolle	BGB	307
– Klauselverbot	BGB	308
– – mit Wertungsmöglichkeit......	BGB	309
– – ohne Wertungsmöglichkeit	BGB	308
– – überraschende Klauseln........	BGB	305c
– Nichteinbeziehung	BGB	306
– Rechtsfolgen bei Nichteinbeziehung.......................	BGB	306
– Schuldverhältnis	BGB	305
– überraschende Klauseln	BGB	305c
– Umgehungsverbot	BGB	306a
Allgemeines deutsches Handelsgesetzbuch.....................	EGHGB	3
Amortisation, Geschäftsanteil	GmbHG	34
Amtsermittlung, Insolvenzgericht..	InsO	5
Amtspflichtverletzung, Haftung ...	BGB	839
Aneignung.......................	BGB	958
Anfechtung, Anfechtungsberechtigter........................	AnfG	2
– Aufsichtsratswahl...............	DrittelbG	11
– Einrede	AnfG	9
– Fristberechnung.................	AnfG	7
– Gesellschafterdarlehen	AnfG	6
– gesichertes Darlehen	AnfG	6a
– Grundsatz	AnfG	1
– Hauptversammlungsbeschluss....	AktG	243
– Insolvenzverfahren	AnfG	16
– Irrtum	BGB	119
– Rechtsgeschäft, ex-tunc-Wirkung	BGB	142
– unentgeltliche Leistung..........	AnfG	4
– vollstreckbarer Schuldtitel	AnfG	10
Anfechtungsberechtigter	AnfG	2
Anfechtungsfrist, Irrtum...........	BGB	121
– Täuschung......................	BGB	124
Anfechtungsklage, Hauptversammlungsbeschluss	AktG	246
Anfechtungsverbot, AGB	BGB	309
Anhang.........................	DMBilG	19
– Bilanz...........................	HGB	284
– Jahresabschluss, AG	AktG	160
Anmeldepflicht	GmbHG	7
– AG	AktG	36
– Handelsfirma	HGB	29
– – inländische Geschäftsanschrift.	HGB	29
– Kommanditgesellschaft	HGB	162
– OHG	HGB	106
Annahme an Erfüllungs statt	BGB	364
Annahmefrist, AGB................	BGB	308
– Vertragsangebot	BGB	147 f.

1304

Stichwortverzeichnis

Annahmeverzug	BGB	293
– Dienstvertrag	BGB	615
– Handelskauf	HGB	373
Anordnung der Eigenverwaltung	InsO	270f
Anpassung, Pachtvertrag	BGB	593
Anschaffungskosten, Begriff	HGB	255
Anspruch, Verjährung	BGB	194
Anstandsschenkung	BGB	534
Anteilseigner	MitbestG	2
– Aufsichtsratsmitglieder	MitbestG	8
Anweisung	BGB	783
– auf Schuld	BGB	787
Anwendungsbereich, Verbrauchervertrag	BGB	312
Anzeigepflicht, Fund	BGB	965
Arbeitgeber, Fürsorgepflicht	HGB	62
Arbeitgeberhaftung, Betriebsübergang	BGB	613a
Arbeitnehmer, Aufsichtsratsmitglied	DrittelbG	4
	MitbestG	9 ff.
– Mitbestimmung	MitbestG	3
Arbeitnehmermitbestimmung	MgVG	1
Arbeitnehmervertreter, Anteil	MgVG	5
Arbeitnehmervertretung	MgVG	2
Arbeitsdirektor	MitbestG	33
Arbeitsverhältnis	BGB	611
– Kündigung	BGB	620
– – Form	BGB	623
– – fristlose Kündigung	BGB	626
– Minderjähriger	BGB	113
– ordentliche Kündigung	BGB	622
Arglisteinrede, unerlaubte Handlung	BGB	853
Arglistige Täuschung, Anfechtung	BGB	123
ARUG II, Übergangsrichtlinie	EGAktG	26j
	EGHGB	83
Assoziiertes Unternehmen, Konzernbilanz	HGB	311
Aufbewahrungsfrist, Handelsbuch	HGB	257
Aufbewahrungspflicht, Handelsbuch	HGB	257
– Wertpapierdienstleistungsunternehmen	WpHG	83
Aufgebotsverfahren, Grundstück	BGB	927
– Hypothek	BGB	1170
Aufgelöste Genossenschaft, Fortsetzung	GenG	79a
Aufhebung der vorläufigen Eigenverwaltung	InsO	270e
Aufhebungsanspruch, Gemeinschaft	BGB	749
Auflassung, Grundstück	BGB	925
Auflösende Bedingung	BGB	158
Auflösung	GmbHG	60
– AG	AktG	262
– Europäische Gesellschaft	SEAG	52
– KGaA	AktG	289
– Partnerschaftsgesellschaft	PartGG	9
– Stille Gesellschaft	HGB	235
– Verein	BGB	41
		74
Auflösungsbeschluss, EWIV	EWIV-VO	31
Auflösungsklage	GmbHG	61
Aufrechnung	BGB	387
– Insolvenzverfahren	InsO	94
– Verjährung	BGB	215
Aufschiebende Bedingung	BGB	158
Aufsichtspflicht, Haftung	BGB	832
Aufsichtsrat	GmbHG	52
– Abstimmung	MitbestG	29
– AG	AktG	30
	EGAktG	12
– – Aufgaben und Rechte	AktG	111
– – Beschlussfassung,	AktG	108
– – Einberufung	AktG	110
– – innere Ordnung	AktG	107
– – Prüfung, Jahresabschluss	AktG	170
– – Sitzungen	AktG	109
– – Verantwortlichkeit	AktG	48
– – Zusammensetzung	AktG	96
– Arbeitsdirektor	MitbestG	33
– Beschlussfähigkeit	MitbestG	28
– Genossenschaft	GenG	9
		36
– gesetzliches Vertretungsorgan	MitbestG	30 ff.
– GmbH, Zusammensetzung	EGAktG	27
– Jahresabschluss, Prüfung	PublG	7
– KGaA	AktG	287
– Mitbestimmung	DrittelbG	1
– Prüfungsbericht	HGB	321
– Seeschifffahrt	MitbestG	34
– Vorsitz	MitbestG	27
– Zahl	AktG	95
– Zusammensetzung	DrittelbG	4
	MitbestG	6 f.
Aufsichtsratsmitglied, Abberufung	AktG	103
	DrittelbG	12
– Amtszeit	AktG	102
– Anteilseigner	MitbestG	8
– Arbeitnehmer	MitbestG	9 ff.
– Bekanntmachung	MitbestG	19
– Bestellung	AktG	101
	MitbestG	8
– Dienstvertrag	AktG	114
– Gewerkschaftsvertreter	MitbestG	16
– Kreditgewährung	AktG	115
– persönliche Voraussetzungen	AktG	100
– Schutz	MitbestG	26
– Sorgfaltspflicht/Verantwortlichkeit	AktG	116
– Unvereinbarkeit mit Vorstandszugehörigkeit	AktG	105
– Vergütung	AktG	113
Aufsichtsratswahl	DrittelbG	11
– Wahlschutz/Wahlkosten	MitbestG	20
Aufspaltung, Umwandlungsrecht	UmwG	123
Auftrag	BGB	662
– Herausgabepflicht	BGB	667

1305

Stichwortverzeichnis

Aufwendungsersatz, Auftrag.......	BGB	670
– Finder...........................	BGB	970
– Geschäftsführung	BGB	683
– Handelsvertreter	HGB	87d
– Lagergeschäft	HGB	474
– Makler..........................	BGB	652
– OHG-Gesellschafter	HGB	110
Aufwendungsersatzanspruch, Mieter	BGB	536a
Aufzeichnungspflicht, Wertpapierdienstleistungsunternehmen.....	WpHG	27 83
Auseinandersetzung, Stille Gesellschaft...........................	HGB	235
Ausgabebetrag, Aktie..............	AktG	9
Ausgleichsanspruch, Handelsvertreter	HGB	89b
Ausgleichsverbindlichkeit..........	DMBilG	25
Ausgleichung, Gesamtschuldner ...	BGB	426
Ausgliederung, Einzelkaufmann....	UmwG	152 ff.
Aushilfe, Kündigungsfrist..........	BGB	622
Auskunfts- und Einsichtsrecht, GmbH-Gesellschafter............	GmbHG	51a
Auskunftspflicht, Auftrag..........	BGB	666
– Konzerneröffnungsbilanz	DMBilG	23
Auskunftsrecht, Abschlussprüfer...	HGB	320
– Aktionär	AktG	131
Ausländisches Insolvenzverfahren .	InsO	343
Auslegung, Vertrag................	BGB	157
– Willenserklärung	BGB	133
Auslobung	BGB	657
Ausscheiden, OHG-Gesellschafter..	HGB	131
Ausschließung, Genossenschaft....	GenG	68
Ausschließungsrecht, BGB-Gesellschaft............................	BGB	737
Ausschlussgrund, Abschlussprüfer .	HGB	319
Außenhandelsbetrieb	DMBilG	38 ff.
Außergerichtliche Schuldenbereinigung..........................	InsO	305a
Außerhalb, Geschäftsraum, Vertrag	BGB	312b
Außerordentliche Kündigung, Darlehensvertrag	BGB	490
– Mietrecht	BGB	543
– Mietvertrag	BGB	569
– Schadensersatz.................	BGB	628
– Vertrauensstellung	BGB	627
– wichtiger Grund.................	BGB	626
Aussonderung, Insolvenzverfahren .	InsO	47
Ausspielvertrag	BGB	763
Austritt, Genossenschaft...........	GenG	65
– Verein..........................	BGB	39
Authentifizierung, Zahlungsdienste	BGB	675w

B

Barabfindung, Minderheitsaktionär	AktG	327a
Bareinlage, AG	AktG	36a
Basiszinssatz	BGB	247
– Verzugszinsen...................	BGB	288

Bauliche Maßnahme, Mieterhöhung.............................	BGB	559
Bausparkassenvertreter	HGB	92
Beamter, Haftung.................	BGB	839
Bedingung.......................	BGB	158
Beförderungshindernis, Frachtgeschäft	HGB	419
Beförderungsmittel, Frachtvertrag .	HGB	452
Befriedigung, Insolvenzgläubiger ..	InsO	187
Befriedigungsrecht, Kommissionsgeschäft	HGB	398
Befristeter Arbeitsvertrag	BGB	620
Beginn, Verjährungsfrist...........	BGB	199
Begriffsbestimmung, institutioneller Anleger	AktG	134a
– Stimmrechtsberater.............	AktG	134a
– Vermögensverwalter	AktG	134a
Behandlungsvertrag...............	BGB	630a
– Aufklärungspflicht	BGB	630e
– Beweislast bei Haftung..........	BGB	630h
– Dokumentation	BGB	630f
– Einsicht in Patientenakte	BGB	630g
– Einwilligung	BGB	630d
– Mitwirkungspflicht..............	BGB	630c
Beherbergungsbetrieb, Haftung ...	BGB	701
Beherrschungsvertrag.............	AktG	291
– Leitungsmacht/Verantwortlichkeit..............................	AktG	308
– Verantwortlichkeit bei Fehlen....	AktG	311
Behördliches Veräußerungsverbot .	BGB	136
Beitrittserklärung, Genossenschaft	GenG	15
Benachteiligungsverbot	BGB	612a
Bereicherungsanspruch, Umfang ..	BGB	818
Bergwerksgesellschaften	EGHGB	5
Berichtigung, Grundbuch..........	BGB	894
– Wertansatz	DMBilG	36
Berichtspflicht, Publizität.........	PublG	18
Berichtstermin, Insolvenzverfahren	InsO	29 156
Beschaffenheitsgarantie, Kauf.....	BGB	443
Beschränkte Geschäftsfähigkeit ...	BGB	106
– Vertretung.....................	BGB	165
Beschränkte persönliche Dienstbarkeit.............................	BGB	1090
Besitz............................	BGB	854
– Besitzaufgabe	BGB	856
– Eigenbesitz	BGB	872
– Erwerb des Besitzes	BGB	854
– Fehlerhafter Besitz	BGB	858
Besitzdiener......................	BGB	855
Besitzentziehung, Herausgabeanspruch.......................	BGB	861
Besitzkehr	BGB	859
Besitzkonstitut...................	BGB	930
Besitzrecht, Nießbrauch	BGB	1036
Besitzstörung, Unterlassungsanspruch.......................	BGB	862
Besondere Pflicht, elektronischen Geschäftsverkehr................	BGB	312j

Stichwortverzeichnis

Bestätigung, Abschrift	BGB	312f
Bestätigungsvermerk, Abschlussprüfer	HGB	322
Bestimmungskauf	HGB	375
Beteiligung, AG, Mitteilungspflicht	EGAktG	7
– Jahresabschluss	HGB	271
Betriebsänderung	InsO	120
Betriebsbegriff, Mitbestimmung	DrittelbG	3
Betriebskosten, Abrechnungsmaßstab	BGB	556a
– Miete	BGB	556
– Vorauszahlung	BGB	556
– Wohnfläche	BGB	556a
Betriebskostenabrechnung, Pauschale	BGB	556
Betriebskostenänderung	BGB	560
Betriebskostenermäßigung	BGB	560
Betriebspachtvertrag, AG	AktG	292
Betriebsübergang, Dienstvertrag	BGB	613a
– Kündigung	BGB	613a
– Umwandlung	UmwG	324
Betriebsüberlassungsvertrag, AG	AktG	292
Betriebsvereinbarung, Kündigung	InsO	120
Bewegliche Sache, Eigentumsübertragung	BGB	929
– Verbindung	BGB	947
Beweislast, Abweichende Vereinbarung	BGB	312k
– AGB	BGB	309
– Vertragsstrafe	BGB	345
Beweislastumkehr, Sachmangel	BGB	477
Bewertung	HGB	252
Bewertungseinheit	HGB	254
Bewertungsvereinfachungsverfahren, Bilanz	HGB	256
Bewertungsvorschrift	DMBilG	6 ff.
– Bilanz	HGB	252
– Konzernbilanz	HGB	308
– Kreditinstitut	HGB	340e
Bezugsaktie, Kapitalerhöhung	AktG	199
Bezugserklärung, Kapitalerhöhung	AktG	198
Bezugsrecht, Aktionär	AktG	186
BGB-Gesellschaft	BGB	705
– Ausschließungsrecht	BGB	737
– Gesamthand	BGB	719
– Geschäftsführung	BGB	709
– Gesellschaftertod	BGB	727
– Gesellschaftsvermögen	BGB	718
– Gewinn- und Verlustverteilung	BGB	721
– Kündigung	BGB	723
– Liquidation	BGB	730
– Nachschusspflicht	BGB	735
– Vertretungsmacht	BGB	714
Bienenschwarm	BGB	961
Bierlieferungsvertrag	EGHGB	18
Bilanz	HGB	267a
– Anforderungen	GmbHG	57f
– Anhang	HGB	284
–– Genossenschaft	HGB	338
– Genossenschaft	HGB	337
– größenabhängige Erleichterung	HGB	274a
– Inhalt	HGB	247
Bilanzansatzvorschrift	DMBilG	6 ff.
Bilanzaufstellung, Kaufmann	HGB	242
Bilanzgliederung, Kapitalgesellschaft	HGB	266
Bilanzierungsgrundsatz	GmbHG	42
Bilanzierungsverbot	HGB	248
Bilanzierungswahlrecht	HGB	248
Bilanzrechtsreform	PublG	22
– Aktiengesetz	EGAktG	17
Bilanzsumme, Publizität	PublG	1
Billigkeitsersatz, unerlaubte Handlung	BGB	829
Blankoindossament, Scheck	SchG	16
Blankoscheck	SchG	13
Blankowechsel	WG	10
börsennotierte Gesellschaft, Vergütungssystem	AktG	87a, 120a
Börsennotierung, Aktiengesellschaft	AktG	3
Briefhypothek	BGB	1116
Bruchteilseigentum	BGB	1008
Bruchteilsgemeinschaft	BGB	741
Buchersitzung, Grundstück	BGB	900
Buchführung, Aktiengesellschaft	AktG	91
– Insolvenzverwalter	InsO	155
– ordnungsmäßige	DMBilG	3
Buchführungspflicht	GmbHG	41
	HGB	238
– AG	AktG	91
– Genossenschaft	GenG	33
Buchhypothek	BGB	1116
Buchprüfungsgesellschaft, Abschlussprüfer	HGB	319
Bürge	BGB	239
Bürgschaft	BGB	765
– Abhängigkeit von Hauptschuld	BGB	767
– Einrede	BGB	768
– Formfreie Bürgschaft	BGB	350
– gesetzlicher Forderungsübergang	BGB	774
– Handelsgeschäft	BGB	350
– Schriftform	BGB	766
– Vorausklage	BGB	771
Bundesanzeiger	HGB	329
– Bekanntmachung	GmbHG	12
– Jahresabschluss	HGB	325
–– Prüfung	HGB	329
Bußgeldvorschriften	DMBilG	48
– Wertpapierhandel	WpHG	120

C

Corporate Governance Kodex	AktG	161

1307

Stichwortverzeichnis

D

Darlehensnehmer, Verzug	BGB	497
Darlehensvermittlungsvertrag, Verbraucher	BGB	655a
Darlehensvertrag	BGB	488
– Immobiliardarlehen	BGB	503
– Kündigung	BGB	503
– – außerordentliche Kündigung ...	BGB	490
– – ordentliche Kündigung	BGB	489
– Verbraucherdarlehen	BGB	494
		496
		501 ff.
– – Begriff	BGB	491
– – Form	BGB	492
– – Informationspflicht	BGB	491a
		493
– – Kündigungsrecht	BGB	499 f.
– – Überziehung, geduldete	BGB	505
– – Widerrufsrecht	BGB	495
– – Zahlungsverzug	BGB	497 f.
Dauerschuldverhältnis, Insolvenzverfahren	InsO	108
– Kündigung	BGB	314
– Laufzeit	BGB	309
DDR, Eröffnungsbilanz	DMBilG	1 ff.
Deliktshaftung	BGB	823
Delkredere, Kommissionsgeschäft .	HGB	394
Delkredereprovision, Handelsvertreter	HGB	86b
Derivat, Begriffsbestimmung	WpHG	2
Diebstahl, Wechsel	WG	98
Dienstbarkeit, beschränkte persönliche	BGB	1090
– Grunddienstbarkeit	BGB	1018
Dienstleistung, höchstpersönliche .	BGB	613
– Vergütung	BGB	612
Dienstverhältnis, Insolvenzverfahren, Kündigung	InsO	113
– Minderjähriger	BGB	113
– ordentliche Kündigung	BGB	621
Dienstvertrag	BGB	611
– Annahmeverzug	BGB	615
– Dauer	BGB	620
– Schutzpflicht	BGB	618
– Unabdingbarkeit	BGB	619
– Vergütung bei Erkrankung	BGB	617
– Verhinderung	BGB	616
Dienstzeit, Verlängerung bei Ablauf	BGB	625
Diskriminierungsverbot, Aufsichtsratsmitglied	DrittelbG	9
Dissens, Vertrag	BGB	154
Domizilwechsel	WG	27
Draufgabe, Vertrag	BGB	336
dreijährige Verjährungsfrist	BGB	195
dreißigjährige Verjährungsfrist	BGB	197
Drittbeteiligung	DrittelbG	1
Drittmittel, Wohnungsmodernisierung	BGB	559a
Drittüberlassung, Mietsache	BGB	537

Drohende Zahlungsunfähigkeit	InsO	18
Drohung, Anfechtung	BGB	123

E

Ehevermittlung	BGB	656
Ehrenannahme, Wechsel	WG	56
Ehreneintritt, Wechsel	WG	55
Ehrenzahlung, Wechsel	WG	59
Eidesstattliche Versicherung, Kosten	BGB	261
– Rechenschaftspflicht	BGB	259
Eigenbesitzer	BGB	872
Eigener Wechsel	WG	75
Eigenkapital, Kapitalgesellschaft ...	HGB	272
Eigenkapitalsicherung	DMBilG	26
Eigentümer, Abwehranspruch, Grundstück	BGB	906
– Beseitigungsanspruch	BGB	1004
– Unterlassungsanspruch	BGB	1004
– Verfolgungsrecht	BGB	1005
Eigentümergesamthypothek	BGB	1172
Eigentümergrundpfandrecht	BGB	1163
Eigentümergrundschuld	BGB	1177
		1196
Eigentümerherausgabeanspruch ...	BGB	985
Eigentümerhypothek	BGB	1163
Eigentum, Aneignung, Begriff	BGB	958
– Befugnisse des Eigentümers	BGB	903
– Begrenzung des Eigentums	BGB	905
– Beseitigungs- und Unterlassungsanspruch	BGB	1004
– Bienenschwarm	BGB	961
– Erzeugnis, bewegliche Sache	BGB	953
– Herausgabeanspruch	BGB	985
– herrenlose Sache	BGB	958
– Immissionen	BGB	906
– Inhalt	BGB	903
– Schuldurkunde	BGB	952
– wildes Tier	BGB	960
Eigentumserwerb, Aneignung	BGB	958
– Beseitigungs- und Unterlassungsanspruch durch guten Glauben, bei Grundstücken	BGB	892
– durch guten Glauben, bei beweglichen Sachen	BGB	932
– durch Verarbeitung	BGB	950
– Einigung und Besitzkonstitut	BGB	930
– Einigung und Übergabe	BGB	929
– Ersitzung	BGB	937
– Finder	BGB	973
– Fund	BGB	973
– Gutgläubiger Erwerb	BGB	932
– Verbindung, mit beweglichen Sachen	BGB	947
– – mit einem Grundstück	BGB	946
– Vermischung, beweglicher Sachen	BGB	948
Eigentumsübergang, Mietvertrag ..	BGB	566

Stichwortverzeichnis

Eigentumsübertragung, bewegliche Sache	BGB	929
– Grundstück	BGB	873, 925
Eigentumsverlust, durch Aufgabe des Eigentums	BGB	958
Eigentumsvermutung, bei beweglichen Sachen	BGB	1006
– bei Grundstücken	BGB	891
– Besitzer	BGB	1006
Eigentumsvorbehalt, Insolvenzverfahren	InsO	107
– Kauf	BGB	449
Eigenverwaltung	InsO	270 ff.
– Anordnung	InsO	270f
– Grundsatz	InsO	270
– gruppenangehöriger Schuldner	InsO	270d
– vorläufige	InsO	270b f.
– – Aufhebung	InsO	270e
Eigenverwaltungsplanung, Antrag	InsO	270a
Einberufungsfrist, Hauptversammlung, AG	AktG	123
Eingegliederte Gesellschaft	AktG	319
Eingetragene Genossenschaft	GenG	1
Eingetragener Verein	BGB	55
Eingetragenes Schiff, Mietvertrag	BGB	578a
Einlage	DMBilG	55
Einlagepflicht, Geschäftsanteil	GmbHG	14
Einlageverpflichtung, Haftung, Rechtsvorgänger	GmbHG	22
Einmann-GmbH	GmbHG	1
Einpersonen-Gesellschaft, AG	AktG	42
Einrede, Aufrechnung	BGB	390
– Bereicherung	BGB	821
– Bürgschaft	BGB	768
– nicht erfüllten Vertrag	BGB	320
– Verpfänder	BGB	1211
Einrede des Notbedarfs, Schenkung	BGB	519
Einseitiges Handelsgeschäft	HGB	345
Einseitiges Rechtsgeschäft, Minderjähriger	BGB	111
– Vertretung	BGB	180
– Vollmachtsurkunde	BGB	174
Einsichtsrecht, GmbH-Gesellschafter	GmbHG	51a
Einstellung mangels Masse, Insolvenzverfahren	InsO	207
Eintragung, Grundstücksrecht	BGB	873
– Verein	BGB	59
Eintragungsbewilligung	BGB	874
Einwilligung, gesetzlicher Vertreter	BGB	107
– Rechtsgeschäft, Dritter	BGB	182
Einzelabschluss	GmbHG	42a
– Abschlussprüfer	HGB	324a
– AG	AktG	171
Einzelunternehmen, Haftung	HGB	28
Einziehung, Geschäftsanteil	GmbHG	34
Einziehung von Aktien, Kapitalherabsetzung	AktG	237
Elektronische Form, Schriftform	BGB	126a
Elektronischer Geschäftsverkehr, Pflicht	BGB	312i
Elektronisches Geld, Zahlungsdienst	BGB	675c
Emittent, Begriffsbestimmung	WpHG	2
– Veröffentlichungspflicht	WpHG	40
Entgangener Dienst, Schadensersatz	BGB	842
Entgangener Gewinn, Schadensersatz	BGB	252
Entgeltfortzahlung, Vergütung	BGB	617
Entgeltliche Geschäftsbesorgung	BGB	675
Enthaftung, Umwandlungsrecht	UmwG	319
Entnahmerecht, OHG-Gesellschafter	HGB	122
Entreicherung, ungerechtfertigte Bereicherung	BGB	818
Entschädigung, Wettbewerbsverbot	HGB	74b
Erbe, Handelsgeschäft, Haftung	HGB	27
– Mietvertrag	BGB	564
Erbenbesitz	BGB	857
Erbeneintritt, OHG	HGB	139
Erbenhaftung, Vormerkung	BGB	884
Erbschaft, Nießbrauch	BGB	1089
Erbschaftsbesitzer, Ersitzung	BGB	944
Erfüllungsgehilfe	BGB	278
Erfüllungsübernahme, Auslegung	BGB	329
Ergebnisverwendung	GmbHG	29
Erhaltungsmaßnahme	BGB	555a
Erklärung, nichtfinanzielle	HGB	289b ff.
Erkrankung, Vergütung	BGB	617
Erlass, Gesamtschuldnerschaft	BGB	423
Erlassvertrag	BGB	397
Erlöschen, Schuldverhältnis, durch Erfüllung	BGB	362
– – durch Leistung an Erfüllung statt	BGB	364
– – infolge Aufrechnung	BGB	389
– – infolge Erlass	BGB	397
– – infolge Hinterlegung	BGB	378
Eröffnung, Insolvenzverfahren	InsO	11
Eröffnungsantrag	InsO	13
Eröffnungsbeschluss, Insolvenzverfahren	InsO	27
Eröffnungsbilanz	DMBilG	1 ff.
	HGB	242
– AG	AktG	270
– Feststellung	DMBilG	35
– Geldinstitut	DMBilG	39
– Liquidation	GmbHG	71
– Prüfung	DMBilG	33 f.
Erörterungstermin, Insolvenzplan	InsO	235
Errichtungsschutz, besonderes Verhandlungsgremium, Arbeitnehmermitbestimmung	MgVG	33
Ersatzanspruch, AG	AktG	147
– – Verjährung	AktG	51
– Verzicht	GmbHG	9b
– wegen falscher Angaben	GmbHG	9a

1309

Ersatzaussonderung, Insolvenzverfahren.	InsO	48
Ersatzmitglied, Aufsichtsrat.	DrittelbG	7
Ersitzung.	BGB	937
Erwerb eigener Aktien.	AktG	71
Erwerbsgeschäft, Minderjähriger...	BGB	112
Erwerbsschaden, unerlaubte Handlung.	BGB	842
Erwerbstätigkeit, Restschuldbefreiung.	InsO	295
Euro-Einführung, AG.	EGAktG	4
Europäische Aktiengesellschaft, allgemeine Vorschrift.	SE–VO	1
–– Verschmelzung.	SE–VO	2
– Aufbau.	SE–VO	38
– Auflösung.	SE–VO	63
– dualistisches System.	SE–VO	39
– Gründung.	SE–VO	15 f.
–– Tochter-SE.	SE–VO	35
–– Verschmelzung.	SE–VO	17
– Hauptversammlung.	SE–VO	52
– Jahresabschluss.	SE–VO	61
– konsolidierter Abschluss.	SE–VO	61
– monistisches System.	SE–VO	43
Europäische Genossenschaft, Gründung, Spruchverfahren, gemeinsame Vertreter.	SpruchG	6b
Europäische Gesellschaft, Anmeldung.	SEAG	21
– anzuwendende Vorschrift.	SEAG	1
– Auflösung.	SEAG	52
– Aufsichtsorgan.	SEAG	17
– dualistisches System.	SEAG	15
– Eintragung.	SEAG	21
– Gläubigerschutz.	SEAG	13
– Gründung, Holding-SE.	SE–VO	32
– Handelsregister, Eintragung.	SEAG	3
– Hauptversammlung.	SEAG	50
–– Satzungsänderung.	SEAG	51
– monistisches System, Verwaltungsrat.	SEAG	20
– Sitzverlegung, Verlegungsplan...	SEAG	12
– Verschmelzung, Abfindungsangebot.	SEAG	7
–– Gläubigerschutz.	SEAG	8
– Verschmelzung bei Gründung...	SEAG	5
– Verwaltungsrat.	SEAG	22
–– Beschlussfassung.	SEAG	35
–– Einberufung.	SEAG	37
–– geschäftsführende Direktoren..	SEAG	40
–– Mitgliederabberufung.	SEAG	29
–– Mitgliederbestellung.	SEAG	28
–– Mitgliederzahl.	SEAG	23
–– Zusammensetzung.	SEAG	24
– Zuständigkeiten, Eintragung.	SEAG	4
Europäische Wertpapier- und Marktaufsichtsbehörde.	WpHG	19
Europäische wirtschaftliche Interessenvereinigung.	EWIV-VO	1
– Abwicklung.	EWIV-AG	10

– Ausscheiden, Insolvenz.	EWIV-AG	8
– Bekanntmachungen.	EWIV-AG	4
	EWIV-VO	8
– Geschäftsführung.	EWIV-AG	5
		7
	EWIV-VO	19
– Gründungsvertrag.	EWIV-VO	5
		17
– Handelsregisteranmeldung.	EWIV-AG	2 f.
	EWIV-VO	6
		14
		39
– Jahresabschluss.	EWIV-AG	6
– Mitglieder.	EWIV-VO	4
– Organe.	EWIV-VO	16
– Rechtsanwendung.	EWIV-AG	1
	EWIV-VO	2
		14
– Sitz.	EWIV-VO	12
– Sitzverlegung.	EWIV-VO	14
Existenzgründer, Darlehen.	BGB	513
– Darlehensvermittlung.	BGB	655e

F

Fahrlässigkeit, Begriff.	BGB	276
Falsche Angaben, Ersatzanspruch..	GmbHG	9a
Fehler, der Kaufsache.	BGB	434 f.
Feiertag, Fristablauf.	BGB	193
Fernabsatzvertrag, Informationspflicht.	BGB	312d
– Widerrufsrecht.	BGB	312g
Finanzanlage, Bewertung.	DMBilG	11
Finanzdienstleistungsaufsicht.	WpHG	6
– Europäische Wertpapier- und Marktaufsichtsbehörde.	WpHG	19
– Sicherung des Finanzsystems.	WpHG	14
Finanzdienstleistungsinstitut, Jahresabschluss.	HGB	340
Finanzierungshilfe.	BGB	508
– Teilzahlungsgeschäft.	BGB	507
– Zahlungsaufschub.	BGB	506
Finanzinstrument, Analyse von.	WpHG	85
– Begriffsbestimmung.	WpHG	2
Finanztermingeschäft.	WpHG	99
– Insolvenzverfahren.	InsO	104
– verbotenes.	WpHG	100
Finderlohn.	BGB	971
Fingierte Erklärung, AGB.	BGB	308
Firma.	GmbHG	4
– AG.	AktG	5
	EGAktG	26a
– Anmeldung.	HGB	31
– Begriff.	HGB	17
– Eintragung.	HGB	31
– Erlöschen.	HGB	31
– Genossenschaft.	GenG	3
– KGaA.	AktG	279
– Namensänderung.	HGB	21

Stichwortverzeichnis

– Unterscheidbarkeit	HGB	30
– Weiterführung	EGHGB	22
Firmenbildung	HGB	18
Firmenfortführung	HGB	22
– Nachhaftung	HGB	26
Firmenschutz	HGB	37
Firmenwert, Bilanz	HGB	255
Firmenzusatz	GmbHG	4
	HGB	19
Fiskus, Vereinsvermögen	BGB	46
Fixgeschäft	HGB	376
– Insolvenzverfahren	InsO	104
Folgebewertung	HGB	253
Forderung, Bewertung	DMBilG	13
– Nießbrauch	BGB	1074
– Pfandrecht	BGB	1279
Forderungsabtretung, Handelsgeschäft	HGB	354a
Forderungsanmeldung, Insolvenzgläubiger	InsO	174
Forderungsübergang, Hypothek	BGB	1143
Forderungsübertragung	BGB	398
Formkaufmann	AktG	3
– Genossenschaft	GenG	17
Formmangel, Darlehensvertrag	BGB	494
– Nichtigkeit	BGB	125
Formularvertrag	BGB	305
Formvorschrift, AGB	BGB	309
Formwechsel, Umwandlungsrecht	UmwG	190 ff.
Fortführungsrecht, Verschmelzung	UmwG	18
Fortgesetzte Gütergemeinschaft, Nachlassinsolvenzverfahren	InsO	332
Frachtberechnung	HGB	420
Frachtbrief	HGB	408
– Umzug	HGB	451b
Frachtführer, ausführender	HGB	437
Frachtgeschäft	HGB	407
Frachtvertrag, Kündigung	HGB	415
Freiberufler, Partnerschaftsgesellschaft	PartGG	1
Freihändiger Verkauf, Hinterlegung	BGB	385
Freizeichnung, Vermieter	BGB	536d
Freizeit, Stellungssuche	BGB	629
Fremdwährungsschuld	BGB	244
Frist	BGB	186 ff.
Fristablauf, Wochenende	BGB	193
Fristbeginn	BGB	187
Fristberechnung	BGB	186
Fristende	BGB	188
Fristlose Kündigung, Dienstvertrag	BGB	626
– Mietvertrag	BGB	543
– Pachtvertrag	BGB	594e
Fristsetzung, AGB	BGB	309
– Schadensersatz	BGB	250
Fristverlängerung	BGB	190
Frucht, Recht	BGB	99
– Sache	BGB	99

Fürsorgepflicht, Arbeitgeber	HGB	62
– Dienstvertrag	BGB	617
Fund	BGB	965
– öffentliche Versteigerung	BGB	979
– Schatz	BGB	984

G

Gastwirt, Haftung	BGB	701
– Pfandrecht	BGB	704
Gattungsschuld	BGB	243
– Handelsgeschäft	HGB	360
Gebäude, Bewertung	DMBilG	10
– Überbau, Duldungspflicht	BGB	912
Gebäudebesitzer, Haftung	BGB	837
Gebietskörperschaft, Ausgliederung	UmwG	168 ff.
Gebrauchsüberlassung, Mietsache	BGB	540
Gebühr, DMBilG	DMBilG	56
Gefährliches Gut, Frachtgeschäft	HGB	410
Gefahrenabwehr, Geschäftsführung	BGB	680
Gefahrmeldung, Mietsache	BGB	536c
Gefahrübergang, Kauf	BGB	446
Gegenseitiger Vertrag, Einrede	BGB	320
Gehaltszahlung, Handlungsgehilfe	HGB	64
Geheimhaltungspflicht	GmbHG	85
– Genossenschaft	GenG	151
– Jahresabschluss	HGB	333
– – Publizität	PublG	19
– Umwandlung	UmwG	315
Gelddarlehn	BGB	488
Geldinstitut	DMBilG	38 ff.
Geldmarktinstrument, Begriffsbestimmung	WpHG	2
Geldrente, unerlaubte Handlung	BGB	842
Geldsortenschuld	BGB	245
Geltungsbereich	PublG	3
Gemeinschaft	BGB	741
– Aufhebungsanspruch	BGB	749
– Teilung	BGB	752
– Verwaltung	BGB	744
Gemeinwohlgefährdung	GmbHG	62
Genehmigung, Rückwirkung	BGB	184
Generalklausel, AGB	BGB	307
Generalversammlung, Genossenschaft	GenG	43
Genosse, Haftung	GenG	23
Genossenschaft	GenG	1
– Aufsichtsrat	GenG	36
– Buchführung	GenG	33
– Formwechsel	UmwG	258 ff.
– Jahresabschluss	GenG	33
	HGB	336
– Mitbestimmung	DrittelbG	1
– Sorgfaltspflicht/Verantwortlichkeit des Vorstandsmitglieds	GenG	34
– Spaltung	UmwG	147 f.
– Verschmelzung	UmwG	79 ff.

1311

Stichwortverzeichnis

Genossenschaftlicher Prüfungsverband, Spaltung	UmwG	150
– Verschmelzung	UmwG	105 ff.
Genossenschaftsregister	GenG	10
– Anmeldung	GenG	157
Gerichtlich bestellter Vorstand	AktG	85
Gerichtliche Auflösung, AG	AktG	396
– KGaA	AktG	396
Gerichtlicher Vergleich, Beurkundung	BGB	127a
Gesamteröffnungsbilanz	DMBilG	21 ff.
Gesamtgläubigerschaft	BGB	428
Gesamtgut, Insolvenzverfahren	InsO	37
Gesamthand, BGB-Gesellschaft	BGB	719
Gesamthypothek	BGB	1132
Gesamtschuldner	BGB	421
– Erfüllung durch einen Gesamtschuldner	BGB	422
– interner Ausgleich	BGB	426
– unerlaubte Handlung	BGB	840
Gesamtschuldverhältnis	BGB	421
Gesamtvertretung, OHG	HGB	125
Geschäft mit nahestehender Person	AktG	111a ff.
Geschäfte des täglichen Lebens, Geschäftsunfähiger	BGB	105a
Geschäftsanteil	GmbHG	15
– Einlagepflicht	GmbHG	14
– Genossenschaft	GenG	7
Geschäftsbesorgungsvertrag	BGB	675
Geschäftsbrief, AG, Angaben	AktG	80
– Angaben	HGB	37a
– – OHG	HGB	125a
– EWIV	EWIV-VO	25
– Genossenschaft	GenG	25a
– GmbH, Angaben	GmbHG	35a
– Partnerschaftsgesellschaft	PartGG	7
Geschäftseintritt, Haftung	HGB	28
Geschäftsfähigkeit	BGB	104
Geschäftsführer	GmbHG	6
– Bestellungswiderruf	GmbHG	38
– Handelsregisteranmeldung	GmbHG	39
Geschäftsführung	GmbHG	35
– AG	AktG	77
– BGB-Gesellschaft	BGB	709
– Genossenschaft	GenG	24
– OHG	HGB	114
– Verein	BGB	27
Geschäftsführung ohne Auftrag	BGB	677
– Mieter	BGB	539
Geschäftsführungsbefugnis, Beschränkung	AktG	82
– Beschränkungen, Kommanditgesellschaft	HGB	164
– – OHG-Gesellschafter	HGB	115
Geschäftsgrundlage, Vertragsbeendigung	BGB	313
Geschäftsguthaben, Genossenschaft, Übertragung	GenG	76
– Verzinsung, Genossenschaft	GenG	21

Geschäftsjahr	DMBilG	58
Geschäftsübergang, Haftung	HGB	25
Geschäftsunfähiger, Willenserklärung, Zugang	BGB	131
Geschäftsunfähigkeit	BGB	104
Geschäftswert, Bilanz	HGB	255
Gesellschaft, eingegliederte	AktG	319
Gesellschaft bürgerlichen Rechts	BGB	705
– Auflösung	BGB	727
– Ausscheiden von Gesellschaftern	BGB	730
– Rückerstattung der Einlagen	BGB	733
Gesellschafter, Aufgabenkreis	GmbHG	46
– GmbH, Auskunfts- und Einsichtsrecht	GmbHG	51a
– KGaA	AktG	282
– Leistung der Einlagen	GmbHG	19
– Rechtsverhältnis	HGB	109
– – untereinander	HGB	109
– – zu Dritten	HGB	123
Gesellschafterausschluss	GmbHG	21
Gesellschafteraustritt, Firma	HGB	24
Gesellschafterbeschluss, OHG	HGB	119
Gesellschaftereintritt, Firma	HGB	24
Gesellschafterliste	GmbHG	40
Gesellschafterrecht	GmbHG	45
Gesellschaftertod, BGB-Gesellschaft	BGB	727
Gesellschafterversammlung	GmbHG	48
– Einberufung	GmbHG	49
Gesellschaftsanmeldung	GmbHG	7
– AG	AktG	36
Gesellschaftsauflösung	GmbHG	60
– AG	AktG	262
– OHG	HGB	131
		133
Gesellschaftssitz	GmbHG	4a
Gesellschaftsvermögen, BGB-Gesellschaft	BGB	718
Gesellschaftsvertrag	AktG	2
	GmbHG	2
– AG	AktG	23
– OHG	HGB	109
Gesellschaftszweck	GmbHG	1
– AG	AktG	23
– OHG	HGB	105
Gesetzesverstoß, Genossenschaft	GenG	81
Gesetzliche Rücklage, AG	AktG	150
Gesetzliche Schriftform	BGB	126
Gesetzlicher Forderungsübergang, Abtretungsrecht	BGB	412
Gesetzlicher Zinssatz	BGB	246
Gesetzliches Pfandrecht	BGB	1257
Gesetzliches Veräußerungsverbot, relative Unwirksamkeit	BGB	135
Gesetzliches Verbot, Rechtsgeschäft	BGB	134
Gewährleistungsausschluss, Mieter	BGB	536d
Gewährleistungsrecht, Kaufvertrag	BGB	434
– Reisevertrag	BGB	633
– Werkvertrag	BGB	634
Gewerbebetrieb, Istkaufmann	HGB	1

Stichwortverzeichnis

Gewerbliche Weitervermietung ...	BGB	565
Gewerkschaftsvertreter, Aufsichtsratsmitglied	MitbestG	16
Gewinn- und Verlustrechnung	GmbHG	42a
– AG	AktG	158
– Genossenschaft	GenG	33
– Kapitalgesellschaft	HGB	275
– Kaufmann	HGB	242
– Kommanditgesellschaft	HGB	167
– OHG	HGB	120
– Stille Gesellschaft	HGB	232
Gewinn- und Verlustverteilung, BGB-Gesellschaft	BGB	721
Gewinnabführung, AG	AktG	301
Gewinnabführungsvertrag	AktG	291
Gewinnanteil, Gesellschafter	BGB	722
Gewinnanteilschein, neuer	AktG	75
Gewinnausschüttung	GmbHG	58d
Gewinnbeteiligung, neue Aktie	AktG	217
Gewinnermittlung, steuerliche	DMBilG	50 ff.
Gewinngemeinschaft, AG	AktG	292
Gewinnrücklage, Umwandlung, Grundkapital	AktG	208
Gewinnschuldverschreibung	AktG	221
Gewinnverteilung, AG	AktG	60
– EWIV	EWIV-VO	21
– Genossenschaft	GenG	19
– Kommanditgesellschaft	HGB	168
– OHG	HGB	121
– Stille Gesellschaft	HGB	231
Gewinnverwendung, AG	AktG	174
Gewinnzusage, Unternehmer	BGB	661a
Gläubigerantrag, Insolvenzverfahren	InsO	14
Gläubigerausschuss	InsO	22a 67
Gläubigerschutz, AG, Abwicklung ..	AktG	272
– Europäische Gesellschaft	SEAG	13
– Kapitalherabsetzung	AktG	225
– Verschmelzung	UmwG	22
Gläubigerversammlung, Einberufung	InsO	74
Gläubigerverzeichnis, Insolvenzverfahren	InsO	152
Gläubigerverzug	BGB	293
– Wirkung	BGB	300
Gleichbehandlung, Aktionär	AktG	53a
GmbH, Auflösung, Nichtigkeit	GmbHG	60
– – – Urteil	GmbHG	61
– Aufsichtsrat	GmbHG	52
– Bewertungsgrundsatz	GmbHG	42
– Bilanzaufstellung	GmbHG	41
– Bilanzierungsgrundsatz	GmbHG	42
– Buchführungspflicht	GmbHG	41
– Einmann-GmbH	GmbHG	1
– Ergebnisverwendung	GmbHG	29
– Errichtung	GmbHG	1
– Ersatzanspruch wegen falscher Angaben	GmbHG	9a f.
– Erwerb eigener Geschäftsanteile.	GmbHG	33
– Firma	GmbHG	4
– Gemeinwohlgefährdung, Auflösung	GmbHG	62
– genehmigtes Kapital	GmbHG	55a
– Geschäftsanteile	GmbHG	15
– Geschäftsführer	GmbHG	6
– Geschäftsführung	GmbHG	35
– Gesellschafter, Rechtsverhältnis .	GmbHG	13
– Gesellschafterausschluss	GmbHG	21
– Gesellschafterliste	GmbHG	40
– Gesellschafterrechte	GmbHG	45
– Gesellschafterversammlung	GmbHG	48
– Gesellschaftssitz	GmbHG	4a
– Gesellschaftsvertrag	GmbHG	2
– Haftung, Vorgesellschaft	GmbHG	11
– Handelsregisteranmeldung	GmbHG	7
– Jahresabschluss	HGB	264
– Jahresabschlussprüfung	GmbHG	42a
– Kapitalerhaltung	GmbHG	30
– Kapitalerhöhung	GmbHG	55
– Kapitalherabsetzung	GmbHG	58
– Liquidation	GmbHG	66
– Mitbestimmung	DrittelbG	1
– Nachschusspflicht	GmbHG	26
– Rechtsverhältnis, Gesellschafter .	GmbHG	13
– Sacheinlagen, Überbewertung ...	GmbHG	9c
– Satzungsänderung	GmbHG	53
– Spaltung	UmwG	138 ff.
– Stammeinlage	GmbHG	5
– Stammkapital	GmbHG	5
– – Umstellung auf Euro	EGGmbHG	1
– Stammkapitalerhöhung	GmbHG	55
– Transparenz- und Publizitätsgesetz, Übergangsvorschrift	EGGmbHG	2
– Verschmelzung	UmwG	46 ff.
GmbH-Recht, MoMiG, Übergangsvorschrift	EGGmbHG	3
Grenzanlage, Nutzung	BGB	921
Grober Undank, Schenkungswiderruf	BGB	530
Größenabhängige Erleichterung, Jahresabschluss	HGB	288
Größenklasse, Kapitalgesellschaft .	HGB	267
Große Kapitalgesellschaft	HGB	267
Gründer, AG	AktG	28
– – Verantwortlichkeit	AktG	46
Gründerzahl	AktG	2
Gründungsbericht, AG	AktG	32
Gründungsprüfer, AG, Verantwortlichkeit	AktG	49
– Vergütung	AktG	35
Gründungsprüfung, AG	AktG	33 f.
Grund und Boden, Bewertung	DMBilG	9
Grundbuch, Berichtigungsanspruch	BGB	894
– gesetzliche Vermutung bei Grundbucheintrag	BGB	891
– Insolvenzverfahren	InsO	32

1313

– öffentlicher Glaube des Grundbuchs	BGB	892
– Widerspruch gegen Richtigkeit	BGB	899
Grundbuchberichtigung, Verjährung	BGB	898
Grundbucheintragung, Grundstücksübertragung	BGB	873
– Hypothek	BGB	1115
Grundbuchvermutung	BGB	891
Grunddienstbarkeit	BGB	1018
– herrschendes Grundstück, Vorteil	BGB	1019
Grundkapital	AktG	6
– AG	EGAktG	1
Grundsatz ordnungsmäßiger Buchführung	HGB	238
Grundschuld	BGB	1191
– Eigentümergrundschuld	BGB	1177, 1196
– Kündigung	BGB	1193
– Sicherheitsleistung	BGB	238
Grundstück, Auflassung	BGB	925
– Grenzbaum	BGB	923
– Grenzmarkierung	BGB	919
– Grundschuld	BGB	1191
– Miete	BGB	578
– Mietvertrag	BGB	578
– Notweg	BGB	917
– Reallast	BGB	1105
– Verbindung, bewegliche Sache	BGB	946
– Vorkaufsrecht	BGB	1094 ff.
Grundstücksbesitzer, Haftung	BGB	836
Grundstücksgrenze, Besitzstand	BGB	920
Grundstücksrecht, Rangänderung	BGB	880
– Rangvorbehalt	BGB	881
– Verjährungsfrist	BGB	196
Grundstücksverfügung	BGB	873
Grundstücksvertrag, Beurkundung	BGB	311b
Gütergemeinschaft, Insolvenzverfahren	InsO	37, 333
Güterrechtsregister, Kaufmann	EGHGB	4
Gutgläubiger Erwerb, Nichtberechtigter	BGB	932
Gutglaubensschutz, Handelsgeschäft	HGB	366

H

Haftsumme, Genossenschaft, Insolvenz	GenG	119
Haftung, Abschlussprüfer	HGB	323
– AG	AktG	46
– Auftrag	BGB	664
– Besitzer, Bösgläubigkeit	BGB	990
– Einlageverpflichtung, Rechtsvorgänger	GmbHG	22
– EWIV	EWIV-VO	24
– Finder	BGB	968
– Fiskus	BGB	89
– Frachtgeschäft	HGB	414

– Gastwirt	BGB	701
– Genossenschaft	GenG	2
– Geschäftsführer	GmbHG	43
– Geschäftsübergang	HGB	25
– Gesellschafter	BGB	708
– Gläubigerausschuss	InsO	71
– GmbH, Vorgesellschaft	GmbHG	11
– Handelsmakler	HGB	98
– Insolvenzverwalter	InsO	60
– Kommanditist	HGB	171
– Kommissionsgeschäft	HGB	390
– Lagergeschäft	HGB	475
– Leihe	BGB	599
– OHG-Beitritt	HGB	130
– OHG-Gesellschafter	HGB	128
– Partnerschaftsgesellschaft	PartGG	8
– Scheck	SchG	44
– Scheckaussteller	SchG	12
– Schenker	BGB	521
– Spediteur	HGB	461
– unentgeltliche Verwahrung	BGB	690
– Verein	BGB	31
– Vereinsmitglieder	BGB	31b
– Wechselgeschäft	WG	8
– Zahlungsdienstleister	BGB	675u
Haftungsausschluss, AGB	BGB	309
– Frachtgeschäft	HGB	426
– Kauf	BGB	444
– Vorsatz	BGB	276
– Werkvertrag	BGB	639
Haftungsausschlussgrund, Frachtgeschäft	HGB	427
– Umzugsvertrag	HGB	451d
Haftungsbeschränkung, Gastwirt	BGB	702
Haftungserlass, Gastwirt	BGB	702a
Haftungshöchstbetrag, Frachtgeschäft	HGB	431
– Umzugsvertrag	HGB	451e
Haftungsmaßstab, Handelsgeschäft	HGB	347
Haftungsverhältnis, Bilanz	HGB	251
Halbjahresfinanzbericht	WpHG	115
Handelsbrauch	HGB	346
Handelsbrief, Aufbewahrungspflicht	HGB	257
Handelsbuch	HGB	238
– AG	AktG	91
– Aufbewahrungspflicht	HGB	257
– Einrichtung	HGB	239
– Vorlage im Prozess	HGB	258
Handelsfirma	HGB	17
Handelsgeschäft, Begriff	HGB	343
– einseitiges	HGB	345
– Übertragung	HGB	22
Handelsgesellschaft	EWIV-AG	1
– Formkaufmann	HGB	6
– Kaufmann	HGB	105
Handelsgesetzbuch, Inkrafttreten	EGHGB	1
Handelsgewerbe, Istkaufmann	HGB	1
Handelskauf	HGB	373
Handelsmakler	HGB	93

Stichwortverzeichnis

Handelsregister	HGB	8
– Anmeldung der Eintragung	HGB	12
– Bekanntmachung der Eintragung	HGB	10
– Einsichtnahme	HGB	9
– Eintragung, Kannkaufmann	HGB	2
– – Wirksamkeit	HGB	8a
– Genossenschaft	GenG	10
– Jahresabschluss	HGB	325
– öffentliche Zustellung	HGB	15a
– Partnerschaftsgesellschaft	PartGG	5
Handelssachen, bürgerliches Recht	EGHGB	2
Handelsvertreter	HGB	84
– als Handlungsbevollmächtigter	HGB	55
– ausländischer	HGB	92c
– Bevollmächtigung im Außendienst	HGB	75g
Handlungsgehilfe	HGB	59
Handlungslehrling	HGB	59
Handlungsvollmacht	HGB	48
– Genossenschaft	GenG	42
Handschenkung	BGB	516
Hauptversammlung, AG	AktG	118
– – Einberufungsfrist	AktG	123
– Entlastung	AktG	120
– Europäische Gesellschaft	SEAG	50
– KGaA	AktG	285
– Mehrheitsbeschluss	AktG	133
– ordentliche, AG	AktG	175
– – Einberufung	AktG	175
– Tagesordnung	AktG	124
– Teilnehmerverzeichnis	AktG	129
– Verhandlungsniederschrift	AktG	130
Hauptversammlungsbeschluss, Nichtigkeit	AktG	241
– Vorbereitung/Ausführung	AktG	83
Heiratsvermittlung	BGB	656
– Unklagbarkeit	BGB	656
Hemmung, Verjährung	BGB	203
Herausgabeanspruch, Eigentümer	BGB	985
– unerlaubte Handlung, Verjährung	BGB	852
– ungerechtfertigte Bereicherung	BGB	812
– Vermieter	BGB	562b
Herausgabepflicht, Auftrag	BGB	667
– Haftung	BGB	292
Herrschendes Unternehmen	AktG	17
Herstellungskosten, Begriff	HGB	255
Hinterlegung	BGB	233
		372
– Schlussverteilung	InsO	198
– Verwahrung	BGB	691
Höchstbetragshypothek	BGB	1190
Höchstfrist, Verjährung	BGB	199
Höchststimmrecht, AG	EGAktG	5
Höhere Gewalt, Verjährung	BGB	206
Holding-SE, Gründung, Abfindungsangebot	SEAG	9
– – Negativbeschluss	SEAG	10
– – Zustimmungsbeschluss	SEAG	10
Hypothek, Akzessorietät	BGB	1153
– Bestellung	BGB	1113

– Brief- und Buchhypothek	BGB	1116
– Eigentümerhypothek	BGB	1163
– Eintragung	BGB	1115
– Grundbucheintragung	BGB	1115
– Inhalt	BGB	1113
– Kündigung	BGB	1141
– Löschungsanspruch	BGB	1179a
– Löschungsvormerkung	BGB	1179
– Miet- oder Pachtforderung	BGB	1123
– Nebenforderung	BGB	1118
– Öffenlicher Glaube des Grundbuchs	BGB	1138
– Sicherheitsleistung	BGB	238
– Teilhypothekenbrief	BGB	1152
– Übertragung	BGB	1153
– Unterlassungsklage	BGB	1134
– Versicherung	BGB	1127
– Verzicht	BGB	1168
– Zubehör und Bestandteil	BGB	1120
Hypothekenbrief, Aufgebot	BGB	1162

I

Immaterieller Schaden, Schadensersatz	BGB	253
Immaterieller Vermögensgegenstand, Bewertung	DMBilG	8
Immissionsschutz, Grundstück	BGB	906
Inbesitznahme, Insolvenzmasse	InsO	148
Indexmiete	BGB	557b
Individualabrede, Vorrang	BGB	305b
Indossament	WG	11
		13
– Handelsgeschäft	HGB	364
– nach Verfall	WG	20
– Scheck	SchG	14
		20
		23
		35
Informationsanspruch	AktG	67d
– Intermediär	AktG	67d
Informationspflicht, Fernabsatzvertrag	BGB	312d
– Geschäftsbesorgung	BGB	675a
– Kosten	BGB	312e
Inhaberaktie	AktG	10
Inhabergrundschuld	BGB	1195
Inhaberkarte	BGB	807
Inhabermarke	BGB	807
Inhaberpapier, Pfandrecht	BGB	1292
Inhaltsanfechtung, Willenserklärung	BGB	119
Inkongruente Deckung, Insolvenzanfechtung	InsO	131
Inlandsemittent, Befreiung von Mitteilungspflichten	WpHG	51
– Begriffsbestimmung	WpHG	2
– Mitteilungs- und Veröffentlichungspflicht	WpHG	50
Insichgeschäft	BGB	181

Stichwortverzeichnis

Insiderinformation, Schadensersatz bei unterlassener Veröffentlichung . . . . WpHG 97
– Schadensersatz bei unwahrer . . . . WpHG 98
– Verpflichtung zur Ermittlung an das Unternehmensregister . . . . WpHG 26
Insolvenz, EWIV . . . . EWIV-VO 36
– Genossenschaft . . . . GenG 81a
– Gläubigerbeteiligung, Verwalterbestellung. . . . . InsO 56a
– Handelsregister . . . . HGB 32
– KG . . . . HGB 171
– OHG . . . . HGB 131
– Rechte an Gegenständen . . . . InsO 254a
– Stille Gesellschaft . . . . HGB 236
– Verein. . . . . BGB 42
Insolvenzanfechtung . . . . InsO 129
Insolvenzantrag, OHG . . . . HGB 130a
Insolvenzantragspflicht. . . . . GmbHG 64
Insolvenzgericht. . . . . InsO 2
Insolvenzgläubiger, Begriff . . . . InsO 38
Insolvenzmasse . . . . InsO 35
– Verwertung . . . . InsO 159
Insolvenzordnung, kapitalersetzende Darlehen . . . . InsO 135
Insolvenzplan . . . . InsO 217
– allgemeine Wirkung . . . . InsO 254
– Anteilsinhaber, Rechte . . . . InsO 225a
– Arbeitnehmer . . . . InsO 222
– Genossenschaft . . . . GenG 116
– Masseunzulänglichkeit . . . . InsO 210a
Insolvenzverfahren, BGB-Gesellschaft . . . . BGB 728
– Genossenschaft . . . . GenG 98
– Verein. . . . . BGB 75
– Ziel . . . . InsO 1
Insolvenzverfahrenskosten, Stundung . . . . InsO 4a
Insolvenzverwalter, Bestellung. . . . . InsO 56
– Entlassung . . . . InsO 59
– Pflicht. . . . . WpHG 24
– vorläufiger, Vergütung. . . . . InsO 26a
Instandsetzung, Mietsache . . . . BGB 535
institutioneller Anleger, Abstimmungsverhalten . . . . AktG 134b
– Begriffsbestimmung . . . . AktG 134a
– Mitwirkungsbericht . . . . AktG 134b
– Mitwirkungspolitik . . . . AktG 134b
– Offenlegungspflicht . . . . AktG 134c
Interessenausgleich, Insolvenzverfahren. . . . . InsO 125
Interessenvereinigung, wirtschaftliche, EWG . . . . EWIV-AG 1
                                                    EWIV-VO 1
Intermediär, Informationsanspruch AktG 67d
– Kosten . . . . AktG 67f
– Übermittlung von Informationen AktG 67a ff.
Internationaler Rechnungslegungsstandard, Konzernabschluss . . . . . . HGB 315e
Internationales Insolvenzrecht . . . . InsO 335

Inventar . . . . DMBilG 1 f.
– Kaufmann . . . . HGB 240
Inventar zum Schätzwert . . . . BGB 582a
Inventarerhaltung, Pacht . . . . BGB 582
Inventur . . . . DMBilG 3
– Nachholung. DMBilG 3a
Inventurvereinfachungsverfahren . HGB 241
Irreführung, Firma. . . . . HGB 18
Irrtum, Selbsthilfe . . . . BGB 231
Irrtumsanfechtung, Willenserklärung . . . . BGB 119
Istkaufmann . . . . HGB 1

J

Jahresabschluss, AG . . . . AktG 150
– – Feststellung . . . . AktG 172
– – Nichtigkeit . . . . AktG 256
– – Prüfung, durch Aufsichtsrat . . . . AktG 170
– Europäische Aktiengesellschaft . . SE–VO 61
– Frist . . . . HGB 243
– Genossenschaft . . . . GenG 33
                                                        48
– Heilung der Nichtigkeit . . . . EGAktG 21
– Kapitalgesellschaft . . . . HGB 264
– Kaufmann . . . . HGB 242
– KG . . . . HGB 167
– KGaA . . . . AktG 286
– Nichtigkeit . . . . PublG 10
– Offenlegung . . . . HGB 325
– – Publizität. . . . . PublG 9
– OHG . . . . HGB 120
– Prüfung. . . . . HGB 316
– Publizität . . . . PublG 5
– Stille Gesellschaft . . . . HGB 232
– Vorlage . . . . GmbHG 42a
Jahresfinanzbericht . . . . WpHG 114
Jahresgewinn, OHG . . . . HGB 120
Jahresverlust, OHG . . . . HGB 120
Juristische Person . . . . BGB 21
– des öffentlichen Rechts . . . . BGB 89
– Genossenschaft . . . . GenG 17
– Handelsregistereintragung . . . . . . HGB 33

K

Kapital, genehmigtes, AG . . . . AktG 202
Kapitalausstattung. . . . . DMBilG 24 ff.
Kapitalbeschaffung, AG . . . . AktG 182
Kapitalentwertungskonto . . . . DMBilG 30
Kapitalerhaltung . . . . GmbHG 30
Kapitalerhöhung, AG, Sacheinlage . AktG 183
– aus Gesellschaftsmitteln . . . . AktG 207
                                                        GmbHG 57c
– bedingte, AG . . . . AktG 192
– Sacheinlage . . . . GmbHG 56
Kapitalersetzendes Darlehen, Insolvenz . . . . InsO 135
– Insolvenzanfechtung . . . . InsO 135

Stichwortverzeichnis

Kapitalgesellschaft, Formwechsel.. UmwG	226 ff.
– Gewinn- und Verlustrechnung... HGB	275
– Größenklasse .... HGB	267
– Jahresabschluss .... HGB	264
– Prüfung........................ HGB	316
– Verschmelzung .... UmwG	120 ff.
– – grenzüberschreitende .... UmwG	122a ff.
Kapitalherabsetzung .... GmbHG	58
– Ausweis, AG .... AktG	240
– Beschluss .... GmbHG	58e
– Einziehung von Aktien........... AktG	237
– Kapitalkonsolidierung .... HGB	301
– ordentliche, AG .... AktG	222
– vereinfachte, AG .... AktG	229
Kapitalmarktinformation, Haftung für falsche und unterlassene..... WpHG	97
Kapitalneufestsetzung, Verfahren . DMBilG	56a ff.
Kapitalrücklage .... AktG	150
	232
– Umwandlung, Grundkapital ..... AktG	208
Kapitalverhältnis, Neufestsetzung. DMBilG	27 ff.
Kappungsgrenze, Mieterhöhung... BGB	558
Kauf.............................. BGB	433
– Forderung .... BGB	453
– Garantie........................ BGB	443
– Gewährleistung, s. Mängelanspruch .... BGB	443
– Grundstückskauf................ BGB	311b
– Rechtsmangel................... BGB	435
– Sachmangel .... BGB	434
– Verbrauchsgüterkauf............ BGB	474
– Vorkauf......................... BGB	463 ff.
Kauf auf Probe.................... BGB	454
Kaufmann kraft Eintragung .... HGB	5
Kaufvertrag....................... BGB	433
Kind, Wohnsitz .... BGB	11
Kleinbetrieb, Kündigungsfrist...... BGB	622
Kleine Kapitalgesellschaft .... HGB	267
Kleinstkapitalgesellschaft, Bilanz .. HGB	267a
Kleinstkapitalgesellschaften-Bilanzrechtsänderungsgesetz, Übergangsregelung .... EGAktG	26f
Kommanditgesellschaft, Anmeldung............................. HGB	162
– Begriff.......................... HGB	161
– Gewinnverteilung............... HGB	168
– GuV-Rechnung.................. HGB	167
– Haftung der Kommanditisten.... HGB	171
– Mitbestimmung .... MitbestG	4
Kommanditgesellschaft auf Aktien AktG	278
	EGAktG	26
– Auflösung .... AktG	289
– – gerichtliche .... AktG	396
– Aufsichtsrat..................... AktG	287
– Firma........................... AktG	279
– Geschäftsbericht................ AktG	286
– Gesellschafter................... AktG	282
– – Kreditgewährung .... AktG	288
– – Wettbewerbsverbot .... AktG	284
– Hauptversammlung............. AktG	285

– Jahresabschluss................. AktG	286
	HGB	264
– Mitbestimmung .... DrittelbG	1
– Satzung .... AktG	280
– Verschmelzung .... UmwG	78
Kommanditist, Wettbewerbsverbot HGB	165
Kommissionsgeschäft .... HGB	383
Kongruente Deckung, Insolvenzanfechtung........................ InsO	130
Konkludente Vertragsannahme ... BGB	151
Konsolidierungskreis, Konzernabschluss .... HGB	294
Konsumverein, Genossenschaft ... GenG	1
Kontokorrent, Handelsgeschäft.... HGB	355
Kontrollrecht, Kommanditist ...... HGB	166
Konzern .... AktG	18
– Aufsichtsrat, Wahl .... DrittelbG	2
– Mitbestimmung .... DrittelbG	2
	MitbestG	5
Konzern-Gewinn- und Verlustrechnung .... HGB	297
Konzernabschluss................. HGB	290
	PublG	13
– Abschlussprüfer................. HGB	316
– internationaler Rechnungslegungsstandard................ HGB	315e
– Jahresfinanzbericht .... WpHG	117
Konzernanhang................... HGB	313
Konzernbericht, nichtfinanzieller .. HGB	289b
		294
		315b
		317
		320
		331
		334
Konzernbilanz .... HGB	297
Konzernerklärung, nichtfinanzielle HGB	315b ff.
		331
Konzerneröffnungsbilanz .... DMBilG	21 ff.
Konzernlagebericht .... HGB	290
		315
Konzernrechnungslegung, Publizität PublG	11
Konzernunternehmen.............. AktG	18
Kosten, Aufsichtsratswahl......... DrittelbG	10
– Informationspflicht .... BGB	312e
– Intermediär .... AktG	67f
Kostenanschlag, Werkvertrag...... BGB	649
Kostenersatz, Frachtgeschäft...... HGB	432
Krämermakler .... HGB	104
Kredit, Kommissionsgeschäft...... HGB	393
Kreditauftrag, Haftung............ BGB	778
Kreditgefährdung................. BGB	824
Kreditgewährung, Aufsichtsratsmitglieder........................ AktG	115
– aus Geschäftsvermögen ..... GmbHG	43a
– KGaA-Gesellschafter .... AktG	288
– Vorstandsmitglieder, AG .... AktG	89
Kreditinstitut, Aktionärsvertretung AktG	135
– Jahresabschluss................. HGB	340a

1317

Stichwortverzeichnis

– Prüfung	HGB	340k
– Publizität	PublG	1
Kündigung, Auftrag	BGB	671
– außerordentliche	BGB	627
–– Handelsvertreter	HGB	89a
– BGB-Gesellschaft	BGB	723
– Darlehensvertrag	BGB	490
– Dienstverhältnis	BGB	621
– EWIV	EWIV-VO	27
– Genossenschaft	GenG	65
– Härtefall, Widerspruch	BGB	574
– Hypothek	BGB	1141
– längere Vertragsdauer	BGB	624
– Leihe	BGB	605
– Mietvertrag	BGB	568
		573
–– außerordentliche	BGB	569
– OHG-Gesellschafter	HGB	132
– ordentliche	BGB	622
–– Handelsvertreter	HGB	89
– Pacht	BGB	594a
– Rentenschuld	BGB	1202
– Sachdarlehen	BGB	608
– Schriftform	BGB	623
– Stille Gesellschaft	HGB	234
– Umwandlungsrecht	UmwG	323
– Unternehmensvertrag	AktG	297
– Werkdienstwohnung	BGB	576b
– Werkvertrag	BGB	648
– wichtiger Grund	BGB	626
– Zahlungsdiensterahmenvertrag	BGB	675h
Kündigungsfrist, Arbeitsvertrag	BGB	622
– Pacht	BGB	584
Kündigungsschutz, Insolvenzverfahren	InsO	125
Kündigungssperre, Insolvenzverfahren	InsO	112
Kunde, von Wertpapierdienstleistungsunternehmen, Begriffsbestimmung	WpHG	67

L

Ladenvollmacht	HGB	56
Ladeschein, Frachtgeschäft	HGB	443
Lagebericht	GmbHG	42a
– AG	AktG	160
		270
– Jahresabschluss	HGB	289
– Publizität	PublG	5
Lagergeld, Handelsgeschäft	HGB	354
Lagergeschäft	HGB	467
Lagerschein	HGB	475c
Lagervertrag	HGB	467
Land- und Forstwirtschaft, Kannkaufmann	HGB	3
Landesrecht, Vorrang	EGHGB	15
Landpacht	BGB	585
Lebensalter, Berechnung	BGB	187
Lebenszeitvertrag, Mietrecht	BGB	544

Leibrente	BGB	759
Leibrentenversprechen, Schriftform	BGB	761
Leihe	BGB	598
– Kündigungsrecht	BGB	598
		605
– Rückgabepflicht	BGB	604
Leistung durch Dritte	BGB	267
Leistungsbestimmungsrecht, einseitiges	BGB	315
Leistungsfrist, AGB	BGB	308
Leistungsort	BGB	269
Leistungspflicht, Ausschluss	BGB	275
Leistungsverweigerung, Schadensersatz	BGB	281
– Verjährung	BGB	214
Leistungsverweigerungsrecht, AGB	BGB	309
Leistungsverzögerung, Schadensersatz	BGB	280
Leistungszeit	BGB	271
Lieferfrist, Frachtgeschäft	HGB	423
Liquidation	GmbHG	66
– BGB-Gesellschaft	BGB	730
– Eröffnungsbilanz	GmbHG	71
– Genossenschaft	GenG	83
– OHG	HGB	145
– Partnerschaftsgesellschaft	PartGG	10
– Verein	BGB	47
		76
Löschungsanspruch, Hypothek	BGB	1179a
Löschungsvormerkung, Hypothek	BGB	1179
Lotterievertrag	BGB	763

M

Mängelanspruch, Gewährleistung	BGB	437
– Kaufvertrag, Rechte des Käufers	BGB	437
––– Aufwendungsersatz	BGB	437
––– Minderung	BGB	441
––– Nacherfüllung	BGB	439
––– Rücktritt vom Vertrag	BGB	440
––– Schadensersatz	BGB	440
––– Verjährung	BGB	438
––– Verjährung	BGB	438
– Werkvertrag, Rechte des Bestellers	BGB	634
––– Minderung	BGB	638
––– Nacherfüllung	BGB	635
––– Rücktritt vom Vertrag	BGB	636
––– Schadensersatz	BGB	636
––– Selbstvornahme	BGB	637
––– Verjährung	BGB	634a
Mängelanzeige, Miete	BGB	536c
Mängelbeseitigung, Mieter	BGB	536a
Mängelrüge, Kommissionsgeschäft	HGB	391
– unverzüglich	HGB	377
Mahnbescheid, Verjährung	BGB	204
Mahnung, AGB	BGB	309
– Verzug	BGB	286
Makler	BGB	652
	HGB	93

1318

Stichwortverzeichnis

Maklerlohn	BGB	652
	HGB	99
Maklervertrag	BGB	652
– Darlehensvermittlung	BGB	655a
Markt, organisierter	WpHG	2
Massegläubiger, Insolvenzverfahren	InsO	53
Masseunzulänglichkeit, Insolvenzplan	InsO	210a
Masseverbindlichkeit, Insolvenzverfahren	InsO	55
Maßregelungsverbot, Dienstvertrag	BGB	612a
Mehrdeutige Klausel, AGB	BGB	305c
Mehrheitsbesitz, AG	AktG	16
Mehrheitsbeteiligung, Mitteilungspflicht	AktG	21
Mehrstimmrecht, AG	EGAktG	5
– – Aktie	AktG	12
Mehrwertersatz, Pacht	BGB	591
MicroBilG, Übergangsregelung	EGAktG	26f
Mietdatenbank	BGB	558e
Miete, Abrechnungsmaßstab	BGB	556a
– Aufrechnungsrecht	BGB	556b
– Betriebskosten	BGB	556
– Fälligkeit	BGB	556b
		579
– Hauptpflichten	BGB	535
– Indexmiete	BGB	557b
– Nebenkosten	BGB	556
– Staffelmiete	BGB	557a
– Vermieterpfandrecht	BGB	562
– Vorauszahlung	BGB	547
– Wohnraum-Miete	BGB	549
		551
– Zurückbehaltungsrecht	BGB	556b
Mieter, Mängelanzeigepflicht	BGB	536c
– Rückgabepflicht	BGB	546
– Sicherheitsleistung	BGB	562c
– Tod, Eintrittsrecht	BGB	563
Mieterhöhung, bauliche Maßnahme	BGB	559
– Energieeinsparung	BGB	559
– Kappungsgrenze	BGB	558
– Mieterhöhungsklage	BGB	558b
– Modernisierung	BGB	559
– ortsübliche Vergleichsmiete	BGB	557
– Sonderkündigungsrecht	BGB	561
– Textform	BGB	558a
– Vereinbarung	BGB	557
– Zustimmung	BGB	558b
Mietertod, Kündigungsrecht	BGB	580
Mietkaution	BGB	551
– Teilzahlung	BGB	551
– Zinsen	BGB	551
Mietminderung, Mängel	BGB	536
Mietrecht, Jugendwohnheim	BGB	549
– möblierte Wohnung	BGB	549
– Studentenheim	BGB	549
– Verjährung	BGB	548
– Vertragsstrafe	BGB	555
Mietsache, Abnutzung	BGB	538
– behindertengerechte Nutzung	BGB	554
– E-Mobilität	BGB	554
– Einbruchschutz	BGB	554
– Gebrauchsüberlassung an Dritte	BGB	540
		553
– Grundstücke und Räume	BGB	578
– Sachmangel	BGB	536
– verspätete Rückgabe	BGB	546a
		571
– Werkwohnung	BGB	576 ff.
Mietschulden, Kündigung	BGB	543
Mietspiegel	BGB	558c
– qualifizierter	BGB	558d
Mietverhältnis, Insolvenzverfahren	InsO	109
Mietvertrag	BGB	535
– Eigentumsübergang	BGB	566
– Eintrittsrecht, Ehegatte	BGB	563
– – Kinder	BGB	563
– – Lebenspartner	BGB	563
– Ende	BGB	542
– Erbe	BGB	564
– gewerbliche Weitervermietung	BGB	565
– Kaution	BGB	566a
– Kündigung	BGB	568 f.
– – erleichterte	BGB	573a
– – Schriftform	BGB	568
– Kündigungsfrist	BGB	573c
– Rücktrittsrecht	BGB	572
– Schriftform	BGB	550
– stillschweigende Verlängerung	BGB	545
– über Grundstücke und Räume	BGB	578
– über Schiffe	BGB	578a
– überlebender Mieter	BGB	563
– Vertragsstrafe	BGB	555
Minderheitenschutz, Insolvenzplan	InsO	251
Minderheitsaktionär, Barabfindung	AktG	327a
Minderjähriger, Dienstverhältnis	BGB	113
– Geschäftsfähigkeit	BGB	106
– unerlaubte Handlung	BGB	828
– Vertragsgenehmigung	BGB	108
– Wohnsitz	BGB	8
		11
Minderung, Kaufpreis	BGB	441
– Werkvertrag	BGB	638
Mindestbetrag, Aktie	AktG	8
	EGAktG	3
– – AG	EGAktG	4
– Grundkapital, AG	EGAktG	2
Mindestnennbetrag, Aktiengesellschaft	AktG	7
Mindestzahl, Genossenschaft	GenG	4
Mitbesitz	BGB	866
Mitbestimmung, Anteilsigner	MitbestG	2
– Arbeitnehmer	DrittelbG	1
	MgVG	1
	MitbestG	3
– Aufsichtsrat	MitbestG	6 f.
– Aufsichtsratsmitglied	MitbestG	8
– erfasste Unternehmen	MitbestG	1

1319

Stichwortverzeichnis

– Kommanditgesellschaft.........	MitbestG	4
– Konzerne......................	MitbestG	5
– kraft Gesetzes..................	MgVG	23
– kraft Vereinbarung.............	MgVG	22
– Seeschifffahrt	MitbestG	34
Mitbestimmungsbeibehaltung, Umwandlung......................	UmwG	325
Mitbürge, Haftung	BGB	774
Mitbürgschaft.....................	BGB	769
Miteigentum.....................	BGB	1008
– Nießbrauch	BGB	1066
Miteigentumsanteil, Reallast	BGB	1106
Mitgliederliste, Genossenschaft....	GenG	30
Mitgliederversammlung, Verein....	BGB	32
– – Einberufung	BGB	36
Mitgliederzahl, Verein............	BGB	56
Mittäter, unerlaubte Handlung	BGB	830
Mitteilungsfrist, Berechnung.......	WpHG	47
Mitteilungspflicht, AG............	AktG	20
Mittelbarer Besitz	BGB	868
Mittelgroße Kapitalgesellschaft....	HGB	267
Mitverschulden, Schadensersatz ...	BGB	254
Mitwirkungsbericht, institutioneller Anleger	AktG	134b
– Vermögensverwalter	AktG	134b
Mitwirkungspolitik, institutioneller Anleger	AktG	134b
– Vermögensverwalter	AktG	134b
Modernisierungsmaßnahme.......	BGB	555b
– Ankündigung...................	BGB	555c
– Duldung.......................	BGB	555d
– Sonderkündigungsrecht	BGB	555e
MoMiG, Übergangsvorschrift	EGAktG	18 f.

N

Nachbargrundstück, Früchte, Überfall................................	BGB	911
– gefahrdrohende Anlage.........	BGB	907
– Überhang	BGB	910
– Überwuchs....................	BGB	910
– Vertiefung	BGB	909
Nacherfüllung....................	BGB	475
– Kauf	BGB	439
– Werkvertrag...................	BGB	635
Nachfolgeklausel, OHG...........	HGB	139
Nachfolgender Frachtführer	HGB	441
Nachfolgender Spediteur	HGB	465
Nachfrist, AGB	BGB	308
Nachfristsetzung, Leistung.........	BGB	281
– Leistungsstörung...............	BGB	323
Nachgründung, AG	AktG	52
– – Ersatzanspruch	AktG	53
Nachgründungsgeschäft, AG.......	EGAktG	11
Nachhaftung, BGB-Gesellschafter..	BGB	736
– EWIV	EWIV-VO	34
– Firmenfortführung	HGB	26
– OHG-Gesellschafter	HGB	159
– Partnerschaftsgesellschaft	PartGG	10

Nachlassinsolvenzverfahren	InsO	11
		315
Nachnahme, Frachtgeschäft	HGB	422
Nachschuss, Genossenschaft.......	GenG	22a
Nachschussberechnung, Genossenschaft, Insolvenz.................	GenG	114
Nachschusspflicht................	GmbHG	26
– BGB-Gesellschaft...............	BGB	735
– Genosse, Insolvenz	GenG	105
Nachsichtwechsel	WG	23
Nachtragsverteilung, Genossenschaft, Insolvenz.................	GenG	115
– Insolvenzverfahren	InsO	203
nahestehende Person, Geschäft mit –...........................	AktG	111a ff.
Nahestehende Person, Insolvenzverfahren	InsO	138
Name, Partnerschaftsgesellschaft..	PartGG	2
Namensaktie.....................	AktG	10
– Übertragung...................	AktG	68
Namenspapier, Inhaberklausel.....	BGB	808
Namensrecht.....................	BGB	12
Namenszusatz, eingetragener Verein..............................	BGB	65
Natürliche Person, Restschuldbefreiung............................	InsO	286
Naturalherstellung, Schadensersatz	BGB	249
Nebenleistung, Verjährung	BGB	217
Negatives Schuldanerkenntnis.....	BGB	397
Nennbetragsaktie	AktG	8
Neubeginn, Verjährung...........	BGB	212
Neubewertung	DMBilG	7
Neugründung, Verschmelzung.....	UmwG	36 ff.
Nicht kaufmännischer Angestellter	HGB	83
Nicht rechtsfähiger Verein.........	BGB	54
Nicht wirtschaftlicher Verein	BGB	21
Nichtberechtigter, Verfügung......	BGB	816
Nichtfinanzielle Erklärung	HGB	289b ff.
Nichtfinanzielle Konzernerklärung .	HGB	315b ff.
		331
Nichtfinanzieller Konzernbericht...	HGB	289b
		294
		315b
		317
		320
		331
		334
Nichtigerklärung, AG	AktG	262
		275
Nichtiges Rechtsgeschäft, Bestätigung............................	BGB	141
Nichtigkeit, der Rechtsgeschäfte ...	BGB	119 f.
		123
		125
		134
		138
– Jahresabschluss, Heilung	EGAktG	21

– teilweise . . . . BGB	139	
– von Willenserklärungen . . . . BGB	104 f. 116 ff.	
Nichtigkeitsklage, Genossenschaft. GenG	94	
– Hauptversammlungsbeschluss . . AktG	249	
Nießbrauch, Abnutzung . . . . BGB	1050	
– an beweglichen Sachen . . . . BGB	1032	
– an Grundstück . . . . BGB	1048	
– an Rechten . . . . BGB	1068	
– an Sachen, Bestellung an Grundstücken . . . . BGB	873	
– Erbschaft . . . . BGB	1089	
– Ersitzung . . . . BGB	1033	
– Lastentragung . . . . BGB	1047	
– Leibrente . . . . BGB	1073	
– Recht . . . . BGB	1068	
– Sache . . . . BGB	1030	
– übermäßige Fruchtziehung . . . . . . BGB	1039	
– Übertragbarkeit . . . . BGB	1059	
– Verjährung, Ersatzansprüche . . . . BGB	1057	
– Vermögen . . . . BGB	1085	
– Zubehör . . . . BGB	1031	
Notarielle Beurkundung . . . . BGB	128	
– Grundstücksvertrag . . . . BGB	311b	
Notbestellung, Vereinsvorstand . . . BGB	29	
Notstand . . . . BGB	228	
– Eigentümer . . . . BGB	904	
Notverkauf . . . . HGB	379	
– Kommissionsgut . . . . HGB	388	
Notweg, Grundstück . . . . BGB	917	
Notwehr . . . . BGB	227	
Nutzung, Sache . . . . BGB	100	
Nutzungsersatz, Besitzer . . . . BGB	987	

O

Obstruktionsverbot, Insolvenzplan. InsO	245	
Öffentliche Beglaubigung . . . . BGB	129	
Öffentliche Bekanntmachung, Insolvenzverfahren . . . . InsO	9	
Öffentliche Zustellung, Handelsregister . . . . HGB	15a	
– Willenserklärung . . . . BGB	132	
Öffentlicher Bezug, Abtretung . . . . . BGB	411	
Öffentlicher Glaube, Grundbuch . . . BGB	892	
– Handelsregister . . . . HGB	15	
Öffentliches Recht, Kaufmannseigenschaft . . . . HGB	7	
Offene Handelsgesellschaft . . . . . . HGB	105	
– Anmeldung . . . . HGB	106	
– Auflösung . . . . HGB	131 133	
– Entnahmerecht . . . . HGB	122	
– Europäische wirtschaftliche Interessenvereinigung . . . . EWIV-AG	1	
– Geschäftsführung . . . . HGB	114	
– Gesellschafter-Kündigung . . . . HGB	132	
– Gesellschaftsvertrag . . . . HGB	109	
– Haftung der Gesellschafter . . . . . . HGB	128	
– Jahresgewinn/-verlust . . . . HGB	120	

– Kündigung . . . . HGB	132	
– – Privatgläubiger . . . . HGB	135	
– Liquidation . . . . HGB	145	
Offenlegung . . . . DMBilG	37	
– Erleichterung für kapitalmarktorientierte Kapitalgesellschaften . . . HGB	327a	
– Jahresabschluss . . . . HGB	325 339	
– – AG . . . . AktG	236	
– – Publizität . . . . PublG	9	
– Konzernabschluss . . . . PublG	15	
– Zweigniederlassung, Rechnungslegung . . . . HGB	325a	
Offenlegungspflicht, institutioneller Anleger . . . . AktG	134c	
– Stimmrechtsberater . . . . AktG	134d	
– Vermögensverwalter . . . . AktG	134c	
OHG-Gesellschafter, Nachhaftung . HGB	160	
Ordentliche Kündigung, Darlehensvertrag . . . . BGB	489	
– Mietvertrag . . . . BGB	573	
Orderpapier, Handelsgeschäft . . . . . HGB	363	
Ordnungsgeld . . . . HGB	335 340o 341o	
– Bewertung . . . . DMBilG	49	
Ordnungsmäßige Buchführung . . . . HGB	243	
Ordnungswidrigkeit . . . . AktG	405	
– Buchführungspflicht . . . . HGB	334	
Organisierter Markt . . . . WpHG	2	

P

Pacht . . . . BGB	581	
– Form des Landpachtvertrages . . . BGB	585a	
– Kündigung . . . . BGB	584	
– Kündigungsfristen . . . . BGB	594a	
– Landpacht . . . . BGB	585 f. 586	
– Lasten . . . . BGB	586a	
– Pachtzins . . . . BGB	587	
– Rückgabe nach Kündigung . . . . . . BGB	596	
– Verbesserungsmaßnahme . . . . BGB	588	
– Verpächterpfandrecht . . . . BGB	592	
– Vertragstypische Pflichten . . . . BGB	586	
Pachtsache, Erhaltung . . . . BGB	586	
– Landwirtschaft . . . . BGB	585 f.	
– Mängelhaftung . . . . BGB	586	
– Nutzungsänderung . . . . BGB	590	
– Verbesserungsmaßnahmen . . . . . BGB	588	
– Verwendung auf die Pachtsache . BGB	590b	
Pachtverhältnis, Insolvenzverfahren InsO	109	
Pachtzins, Zahlung . . . . BGB	587	
Parteifähigkeit, OHG . . . . HGB	124	
Partikularverfahren, ausländisches Insolvenzverfahren . . . . InsO	354	
Partnerschaftsgesellschaft . . . . PartGG	1	
– Formwechsel . . . . UmwG	225a ff.	
– Verschmelzung . . . . UmwG	45a ff.	
Partnerschaftsvertrag . . . . PartGG	3	

Pensionsfonds, Jahresabschluss	...	HGB	341	Preisgefahr, Werkvertrag	BGB	644
Pensionsrückstellung		DMBilG	54	Privates Rechnungslegungsgremium	HGB	342
– Bilanz		HGB	249			
Persönliche Verhinderung, Mieter	...	BGB	537	Probenaufbewahrung, Handelsmakler	HGB	96
personenbezogene Daten, Verarbeitung und Berichtigung, Aktionär		AktG	67e	Prokura	HGB	48
Personengesellschaft, Insolvenzverfahren		InsO	11	– Genossenschaft	GenG	42
				Protest, Wechsel	WG	79
Personenhandelsgesellschaft, Formwechsel		UmwG	214 ff.	Protesturkunde, abhanden gekommene	WG	90
– Verschmelzung		UmwG	39 ff.	Provision, Handelsgeschäft	HGB	354
– – grenzüberschreitende		UmwG	122a ff.	– Handlungsgehilfe	HGB	65
Pfand, öffentliche Versteigerung	...	BGB	1235	Provisionsabrechnung, Handelsvertreter	HGB	87c
Pfandgläubiger, Insolvenzverfahren		InsO	50	Provisionsanspruch, Voraussetzung	HGB	87a
Pfandindossament		WG	19	Provisionshöhe, Handelsvertreter	HGB	87b
Pfandrecht		BGB	1204	Provisionspflichtiges Geschäft, Handelsvertreter	HGB	87
			1273			
			1292			
– an beweglicher Sache		BGB	1204	Prozessfähigkeit, OHG	HGB	124
– Erlöschen durch Rückgabe		BGB	1253	Prozesszinsen	BGB	291
– Frachtgeschäft		HGB	440	Prüfstelle, Rechnungslegung	HGB	342b
– Gastwirt		BGB	704	Prüfung, Eröffnungsbilanz	DMBilG	33 f.
– gesetzliches		BGB	1257	– Genossenschaft	GenG	53
– Kommissionsgeschäft		HGB	397	– Jahresabschluss	HGB	316
– Lagervertrag		HGB	475b	Prüfungsbericht	HGB	321
– Miete		BGB	562	Prüfungsverband, Genossenschaft	GenG	54
– Nutzungspfand		BGB	1213			63e
– Pächter		BGB	583	Publizität	PublG	1
– Rang		BGB	1209	– Genossenschaftsregister	GenG	86
– Schutz des Pfandrechts		BGB	1227	– Handelsregister	HGB	15
– Speditionsvertrag		HGB	464			
– Übergabeersatz		BGB	1206	**Q**		
– Verpfändung durch Nichtberechtigten		BGB	1207	Qualitätskontrolle, Prüfungsverband, Genossenschaft	GenG	63e
– Versteigerung		BGB	1235	Quittung	BGB	368
– Verwertung durch Pfandverkauf		BGB	1228			
– Werkvertrag		BGB	647	**R**		
Pfandrechtsübergang		BGB	1251	Rangänderung, Grundstücksrecht	BGB	880
Pfandverkauf		BGB	1228	Rangverhältnis, Grundstücksrecht	BGB	879
			1235	Rangvorbehalt, Grundstücksrecht	BGB	881
– Androhungsfrist		HGB	368	Ratenlieferungsvertrag	BGB	510
Pfandversteigerung, drohender Verderb		BGB	1219	– Rechtsfolgen des Widerrufs	BGB	357c
				– Widerrufsrecht	BGB	356c
Pflicht, Elektronischer Geschäftsverkehr		BGB	312i	Raum, Mietvertrag	BGB	578
Pflicht und Grundsatz, Verbrauchervertrag		BGB	312a	Reallast, gesetzlicher Inhalt	BGB	1105
Pflichtangabe, Anhang		HGB	285	– Inhalt	BGB	1105
Pflichtbeteiligung, Genossenschaft		GenG	7a	– persönliche Haftung des Eigentümers	BGB	1108
Pflichtprüfung, Genossenschaft	...	GenG	53	Rechnung, Zahlungsverzug	BGB	286
Pflichtschenkung		BGB	534	Rechnungsabgrenzungsposten, Bewertung	DMBilG	15
Pflichtverletzung, Schadensersatz		BGB	280	– Bilanz	HGB	250
Positives Interesse, Schadensersatz		BGB	122	Rechnungslegung, Insolvenzverwalter	InsO	66
Postsperre, Insolvenzverfahren		InsO	99			155
Preisanpassung		DMBilG	32	– Prüfstelle	HGB	342b
Preisausschreiben		BGB	661	– Publizität	PublG	1
Preisbegrenzung, Kommissionsgeschäft		HGB	386			5
Preiserhöhung, AGB		BGB	309			

1322

Stichwortverzeichnis

Rechnungslegungsbeirat .... HGB	342a	
Recht, Pfandrecht .... BGB	1273	
Rechtsfähigkeit .... BGB	1	
– Verein .... BGB	21	
– – Entzug .... BGB	43	
	73	
Rechtsfolgen des Widerrufs, Ratenlieferungsvertrag .... BGB	357c	
– Vertrag über Finanzdienstleistung BGB	357a	
– Wohnrechtevertrag .... BGB	357b	
Rechtsgeschäft .... BGB	116	
	125	
	126a f.	
	127 ff.	
	135 ff.	
	145 ff.	
	164 ff.	
– Anfechtbarkeit .... BGB	120 ff.	
	124	
	142 ff.	
– – bei arglistiger Täuschung ...... BGB	123	
– – bei Drohung .... BGB	123	
– – bei Irrtum .... BGB	119	
– Bedingung und Befristung .... BGB	158 ff.	
– fehlende Ernstlichkeit .... BGB	118	
– Scheingeschäft .... BGB	117	
– Schriftform .... BGB	126	
– Sittenwidrigkeit .... BGB	138	
– Störung der Geistestätigkeit ..... BGB	104 ff.	
– Verstoß gegen ein gesetzliches Verbot .... BGB	134	
– von Minderjährigen .... BGB	104 ff.	
	106 ff.	
Rechtsgeschäftliches Verfügungsverbot .... BGB	137	
Rechtskauf .... BGB	453	
Rechtsmangel, Kauf .... BGB	435	
– Schenkung .... BGB	523	
– Werkvertrag .... BGB	633	
Rechtsnachfolge, Ersitzung .... BGB	943	
– Verjährungsfrist .... BGB	198	
Rechtsschein, Vollmacht .... BGB	171	
Refaktie .... HGB	380	
Regelfrist, Verjährungsfrist .... BGB	195	
Register, Verschmelzung .... UmwG	16	
Registerverfahren .... BGB	79a	
Reisevertrag, Verjährung .... BGB	651j	
Rentenschein, Schuldverschreibung BGB	805	
– Zinsschein .... BGB	805	
Rentenschuld .... BGB	1199	
– Kündigung .... BGB	1202	
Rentenversprechen, Erlöschen ..... BGB	520	
Respekttage, Scheck .... SchG	57	
Restschuldbefreiung .... InsO	286	
Reugeld, Rücktrittsrecht .... BGB	353	
Rückforderungsrecht, Schenkung .. BGB	528	
Rückgaberecht, Teilzahlungsgeschäft .... BGB	508	
Rückgriff, Scheck, Einlöser .... SchG	46	

Rückgriffssumme, Wechsel .... WG	50	
Rücksendung, unbestellte Sache ... BGB	241a	
Rückstellung, Bewertung .... DMBilG	17	
– Bilanz .... HGB	249	
Rücktrittsrecht, gegenseitiger Vertrag .... BGB	323	
– Mietvertrag .... BGB	572	
– Pflichtverletzung .... BGB	324	
– Rücktrittserklärung .... BGB	349	
– Schadensersatz .... BGB	325	
– Vermieter .... BGB	572	
– Wirkung .... BGB	346 ff.	
Rücktrittsvorbehalt, AGB .... BGB	308	
– Verbrauchervertrag .... BGB	346	
Rückwechsel .... WG	52	

S

Sachdarlehen .... BGB	607	
Sache .... BGB	90a	
	98	
	101 ff.	
– Begriff .... BGB	90	
– Bestandteil .... BGB	93 ff.	
– Früchte .... BGB	99	
– Nutzungen .... BGB	100	
– verbrauchbare .... BGB	92	
– vertretbare .... BGB	91	
– Zubehör .... BGB	97	
Sacheinlage .... GmbHG	5	
– AG .... AktG	27	
	36a	
– GmbH, Überbewertung .... GmbHG	9c	
– Kapitalerhöhung .... GmbHG	56	
Sachenrecht .... BGB	854 ff.	
	900 ff.	
	926 ff.	
	930 ff.	
	933 ff.	
	1018 ff.	
	1060 ff.	
	1180 ff.	
	1273 ff.	
Sachgründung, Aufsichtsrat .... AktG	31	
Sachmangel, Kauf .... BGB	434	
– Schenkung .... BGB	524	
– Werkvertrag .... BGB	633	
Sachübernahme, AG .... AktG	27	
Sachverständiger, Haftung .... BGB	839a	
Sachwalter, Insolvenzverfahren .... InsO	274	
Saldogutschrift, Pfändung .... HGB	357	
Sammelladung, Speditionsvertrag . HGB	460	
Sammellagerung .... HGB	469	
Sanierung, Vorbereitung .... InsO	270d	
Satzung, AG .... AktG	23	
– besonderer Vertreter .... BGB	30	
– KGaA .... AktG	280	
– Verein .... BGB	25	

Stichwortverzeichnis

Satzungsänderung	GmbHG	53
– AG	AktG	179
	EGAktG	26b
– Verein	BGB	33
		71
Schadensanzeige, Frachtgeschäft	HGB	438
– Umzugsvertrag	HGB	451f
Schadensersatz, Art und Umfang	BGB	249
– entgangener Gewinn	BGB	252
– immaterieller Schaden	BGB	253
– in Geld	BGB	249 ff.
– Mitverschulden	BGB	254
– wegen Pflichtverletzung	BGB	280
– wegen unerlaubter Handlung	BGB	823
Schadensersatz wegen Nichterfüllung, Wettbewerbsverbot, OHG	HGB	113
Schadensersatzanspruch, Mieter	BGB	536a
Schadensersatzpflicht, bei Amtspflichtverletzung	BGB	839
– bei Körperverletzungen	BGB	842
– bei Mängeln der Kaufsache	BGB	437
– bei Mängeln der Mietsache	BGB	536a
– bei Mängeln der Werkleistung	BGB	634
– bei Tötung	BGB	844
– bei Unmöglichkeit	BGB	283
– bei Verzug	BGB	280
		286
Schadensfeststellungskosten, Frachtgeschäft	HGB	430
Schadenspauschalierung, AGB	BGB	309
Schatzfund	BGB	984
Scheck, abhanden gekommener	SchG	59
– Abrechnungsstelle	SchG	31
– Annahmevermerk	SchG	4
– Ausstellung/Form	SchG	1
– Bestandteil	SchG	1
– bezogener	SchG	3
– fremde Währung	SchG	36
– Garantiefunktion	SchG	18
– Indossament	SchG	14
		20
		23
		35
– Protest	SchG	24
		41
		59
– – anwendbares Recht	SchG	66
– – Befreiung	SchG	43
– – Rückgriff	SchG	40
		45
		54
– – Frist	SchG	64
– Tod des Ausstellers	SchG	33
– Übertragung	SchG	14
– Unterschrift, unzulässige	SchG	10
– Verjährung	SchG	52
– Verlust	SchG	59
– Vorlegung/Zahlung	SchG	28
– Vorlegungsfristen	SchG	29
– Widerruf	SchG	32

– Zahlungsempfänger	SchG	5
– Zahlungsort	SchG	8
– Zinsvermerk	SchG	7
Scheckarten	SchG	6
Scheckaussteller, Haftung	SchG	12
Scheckbürgschaft	SchG	25
Scheckeinlösung, anwendbares Recht	SchG	65
Scheckerklärung	SchG	62
Scheckfähigkeit	SchG	60
Schecksumme	SchG	9
Scheckvermutung	SchG	19
Scheckzahlung, Insolvenzanfechtung	InsO	137
Scheingeschäft	BGB	117
Schenkung	BGB	516
– Rechtsmangel	BGB	523
– Rückforderung des Geschenks	BGB	528
– Sachmangel	BGB	524
– Widerruf der Schenkung	BGB	530
Schenkung unter Auflage	BGB	525
Schenkungsversprechen, Form	BGB	518
Schiedsvereinbarung, über künftige Rechtsstreitigkeiten aus Wertpapierdienstleistungen	WpHG	101
Schifffahrtsvertreter	HGB	92c
Schiffskauf	BGB	452
Schikaneverbot	BGB	226
Schikanöse Rechtsausübung	BGB	226
Schlussnote, Handelsmakler	HGB	94
Schlusstermin, Insolvenzverfahren	InsO	197
Schlussverteilung, Insolvenzmasse	InsO	196
Schriftform, Genossenschaftsstatut	GenG	5
– Kündigung	BGB	623
– Landpachtvertrag	BGB	585a
– Verbraucherdarlehen	BGB	492
Schuldanerkenntnis	BGB	781
Schuldenbereinigungsplan	InsO	305
Schuldnermehrheit	BGB	420
Schuldnerverzug	BGB	286
Schuldschein, Rückgabe	BGB	371
Schuldtitel	WpHG	2
Schuldübernahme	BGB	414
– Einwendung des Übernehmers	BGB	417
Schuldurkunde, Eigentum	BGB	952
Schuldverhältnis, aus unerlaubten Handlungen	BGB	823 ff. 836 ff. 840 ff. 848 ff.
– aus ungerechtfertigter Bereicherung	BGB	812 ff.
– aus Verträgen	BGB	311b
– Begriff	BGB	241
– Begründung	BGB	311
– Inhalt	BGB	241 f. 281 ff.

Stichwortverzeichnis

– Recht der Schuldverhältnisse	BGB	241a
		457
– – Einzelne Schuldverhältnisse....	BGB	433 ff.
– – Erlöschen	BGB	362 ff.
– – Forderung	BGB	398 ff.
– – Gestaltung rechtsgeschäftlicher Schuldverhältnisse	BGB	305 ff. 306 f. 307 ff.
– – Mehrheit von Schuldnern und Gläubigern	BGB	420 ff.
– – Schuldübernahme	BGB	414 ff.
– – Schuldverhältnis aus Verträgen	BGB	311 ff.
– – Verpflichtung zur Leistung	BGB	242 ff. 271 f. 272 ff.
– – Verzug des Gläubigers	BGB	293 ff.
– Schadensersatz wegen Pflichtverletzung	BGB	280
Schuldverschreibung, auf den Inhaber	BGB	793
– Einwendung	BGB	796
– Zinsschein	BGB	803
Schuldversprechen, abstraktes.....	BGB	780
– Handelsgeschäft	HGB	350
– Schriftform	BGB	780
Schutzgesetz, unerlaubte Handlung	BGB	823
Schutzpflicht, Dienstvertrag	BGB	618
Schwebender Vertrag	BGB	160
Schwebendes Geschäft, Rückstellung	HGB	249
Schweigen, im Geschäftsverkehr ...	HGB	362
Schweigepflicht, Handelsvertreter .	HGB	90
SE-Gründung, Spruchverfahren, gemeinsame Vertreter	SpruchG	6a
Seefrachtrecht, Frachtvertrag......	HGB	450
Seeschifffahrt.....................	MitbestG	34
– Aufsichtsrat.....................	MitbestG	34
Sekundärinsolvenzverfahren, ausländisches Hauptinsolvenzverfahren	InsO	356
Selbsteintritt, Kommissionär	HGB	400
– Speditionsvertrag	HGB	458
Selbsthilfe	BGB	229
Selbsthilferecht, Besitzer	BGB	859
Selbsthilfeverkauf...............	HGB	373
– Kommissionsgut	HGB	389
Selbstkontrahieren	BGB	181
Selbstvornahme, Werkvertrag	BGB	637
Sicherheitsleistung...............	BGB	232
– Mieter	BGB	562c
Sicherungshypothek	BGB	1184
Sicherungsmaßnahme, Insolvenzgericht	InsO	21
Sichtwechsel.....................	WG	34
Siegelung, Insolvenzmasse	InsO	150
Sittenwidrige Schädigung, Schadensersatz	BGB	826

Sittenwidrigkeit	BGB	826
– Rechtsgeschäft..................	BGB	138
Sitz, AG..........................	AktG	5
– Verein..........................	BGB	24
Sitzverlegung.....................	HGB	13h
– AG	AktG	45
Sofortige Beschwerde, Insolvenzgericht...........................	InsO	6
Soldat, Wohnsitz..................	BGB	9
Sonderkündigungsrecht, Mieterhöhung	BGB	561
– Modernisierungsmaßnahme	BGB	555e
Sonderprüfer, AG	AktG	142
– – Kosten	AktG	146
– – Rechte	AktG	145
– – Verantwortlichkeit	AktG	144
– Prüfungsbericht, AG.............	AktG	259
Sonderprüfung, unzulässige Unterbewertung, AG..................	AktG	258
Sondervorteil, AG.................	AktG	26
Sorgfaltspflicht, Aufsichtsratsmitglieder	AktG	116
– eigene	BGB	277
Sozialplan, Insolvenzverfahren	InsO	123
Spaltung, UmwG	UmwG	123 ff.
Speditionsgeschäft................	HGB	453
Speditionsvertrag.................	HGB	453
Sperrjahr, Genossenschaft, Vermögensverteilung..............	GenG	90
– Verein	BGB	51
Spiel.............................	BGB	762
Spruchverfahren, Antrag, Begründung	SpruchG	4
– – Frist	SpruchG	4
– Antragsberechtigung............	SpruchG	3
– Anwendungsbereich	SpruchG	1
– gemeinsame Vertreter, Gründung, Europäische Genossenschaft	SpruchG	6b
– – SE-Gründung	SpruchG	6a
– sofortige Beschwerde	SpruchG	12
– Zuständigkeit...................	SpruchG	2
Staffelmiete	BGB	557a
Stammeinlage	GmbHG	5
Stammkapital	GmbHG	5
– Leistungen auf..................	GmbHG	56a
Stammkapitalerhöhung...........	GmbHG	55
– Anmeldung.....................	GmbHG	57
– GmbH, Ablehnung	GmbHG	57a
Standgeld, Frachtgeschäft.........	HGB	412
Statut, Genossenschaft	GenG	6
Statutenänderung, Genossenschaft	GenG	16
Stellungssuche, Freizeit	BGB	629
– Sonderurlaub	BGB	629
Stellvertretung	BGB	165 f. 171 ff. 178 180 f.
– Vertreter mit Vertretungsmacht .	BGB	164

1325

– Vertreter ohne Vertretungsmacht	BGB	177
		179
– Vertretung der AG	AktG	78
– Vertretung der GmbH	GmbHG	35
– Vertretung des Vereins	BGB	26
– Vollmacht	BGB	167 ff.
Stiftung	BGB	80
– Ausgliederung	UmwG	161 ff.
Stiftung von Todes wegen	BGB	83
Stiftungsgeschäft	BGB	81
Stiftungsverfassung	BGB	85
Stille Gesellschaft	HGB	230
– GuV-Rechnung	HGB	232
– Insolvenz	HGB	236
	InsO	136
– Kündigung	HGB	234
Stiller Gesellschafter, Einsichts-/Kontrollrechte	HGB	233
– Rechtsstellung	HGB	230
Stimmenkauf, Genossenschaft	GenG	152
Stimmrecht	GmbHG	47
– AG	AktG	12
– Aktionär	AktG	134
– Ausschluss, Hauptversammlung	AktG	136
– Genossenschaft	GenG	43
Stimmrechtsausschluss, Verein	BGB	34
Stimmrechtsberater, Begriffsbestimmung	AktG	134a
– Offenlegungspflicht	AktG	134d
Strafversprechen, Vertrag	BGB	340
Strafvorschrift	DMBilG	47
– Buchführungspflicht	HGB	331
Strafvorschriften, Wertpapierhandel	WpHG	119
Stückaktie	AktG	8
– Kapitalerhöhung	AktG	182
– Stimmrecht	AktG	134

T

Tabelle, Insolvenzforderung	InsO	175
Tätigkeitsschutz, besonderes Verhandlungsgremium, Arbeitnehmermitbestimmung	MgVG	33
Tagebuch, Führung durch Handelsmakler	HGB	100
Taragewicht	HGB	380
Taschengeldparagraf	BGB	110
Tatsächliches Angebot	BGB	294
Tausch	BGB	480
Taxmäßige Vergütung	BGB	612
Teilbeförderung, Frachtgeschäft	HGB	416
Teilbesitz	BGB	865
Teilgewinnabführungsvertrag, AG	AktG	292
Teilhaber-Aufnahme, Firma	HGB	24
Teilhypothekenbrief	BGB	1152
Teilkündigung, Vermieter	BGB	573b
Teilleistung, Schulden	BGB	266
Teilnichtigkeit, Rechtsgeschäft	BGB	139

Teilschuldverhältnis	BGB	420
Teilungsversteigerung, Gemeinschaft	BGB	753
Teilzahlung, Wechsel	WG	39
Teilzahlungsgeschäft, Rücktritt	BGB	508
Teilzahlungspreis	BGB	507
Teilzeit-Wohnrechtevertrag	BGB	481
Tendenzunternehmen	MgVG	28
Terminbestimmung	BGB	186
Textform, Willenserklärung	BGB	126b
Tier, anwendbares Recht	BGB	90a
– Eigentumsrecht	BGB	903
Tieraufsicht, Haftung	BGB	834
Tierhalterhaftung	BGB	833
Tochtergesellschaft	MgVG	2
Tod, EWIV	EWIV-VO	28
– Genosse	GenG	77
– Kommanditist	HGB	177
– Nießbrauch	BGB	1061
– Pächter	BGB	594d
– Stiller Gesellschafter	HGB	234
Tötung, Schadensersatz	BGB	842
Traditionspapier, Ladeschein	HGB	448
Transparenzrichtlinie-Umsetzungsgesetz, Anwendungsbestimmung	WpHG	132
Treu und Glauben	BGB	242
Treuhänder, Restschuldbefreiung	InsO	292
– Vergütung	InsO	293
Treuhandanstalt, Aktienrecht, Anwendung	EGAktG	28a

U

Überbau	BGB	912
– Überbaurente	BGB	913
Übereignung, bei beweglichen Sachen	BGB	929 f.
		930 ff.
		933 ff.
– bei Grundstücken	BGB	873
		925
Übergabeersatz, Pfandrecht	BGB	1206
Übergangsrichtlinie, ARUG II	EGAktG	26j
	EGHGB	83
Übermittlung von Informationen	AktG	67a ff.
– Intermediär	AktG	67a ff.
– Unternehmensereignisse	AktG	67a
Überraschende Klausel, AGB	BGB	305c
Überschuldung	InsO	19
– Genossenschaft	GenG	99
– Haftung	GmbHG	64
– OHG	HGB	130a
		177a
– Vorstandspflicht	AktG	92
Überziehungskredit	BGB	493
Umdeutung, Rechtsgeschäft	BGB	140
Umsatzsteuer, Schadensersatz	BGB	249
Umschuldung, Darlehensvermittler	BGB	655c
Umwandlung, AG	EGAktG	24

Umwandlungsgesetz............	UmwG	1 ff.
Umzugsgut, Beförderung.........	HGB	451
Umzugsvertrag	HGB	451
Unbestellte Sache, Anspruch	BGB	241a
Unbeweglicher Gegenstand, Zwangsversteigerung............	InsO	165
Unechte Geschäftsführung........	BGB	687
Unerlaubte Handlung.............	BGB	823
– Aufrechnung...................	BGB	393
– Ausschluss und Minderung der Verantwortlichkeit...............	BGB	827
– Bestimmung zu sexuellen Handlungen........................	BGB	825
– Ersatzansprüche Dritter bei Tötung...........................	BGB	844
– Haftung bei Amtspflichtverletzung...........................	BGB	839
– Haftung des Aufsichtspflichtigen	BGB	832
– Haftung des Grundstücksbesitzers...........................	BGB	836
– Haftung des Tierhalters	BGB	833
– Haftung für Verrichtungsgehilfen	BGB	831
– Kreditgefährdung	BGB	824
– Minderjährige..................	BGB	828
– Mittäter und Beteiligte..........	BGB	830
– sittenwidrige vorsätzliche Schädigung...........................	BGB	826
Ungerechtfertigte Bereicherung, Herausgabeanspruch...........	BGB	812
Unmöglichkeit	BGB	275
– Gegenleistungspflicht...........	BGB	326
Unpfändbare Forderung, Abtretung	BGB	400
– Aufrechnung...................	BGB	394
Unpfändbarer Gegenstand	InsO	36
Unterbewertung, unzulässige, AG .	AktG	258
Unterhalt, Insolvenzmasse	InsO	100
Unterhaltsanspruch, Insolvenzverfahren	InsO	40
Unterlassungsklage, Vermieter	BGB	541
Untermiete	BGB	540
– allgemeine Erlaubnis	BGB	540
– Erlaubnis	BGB	553
– – bei Teil des Wohnraums	BGB	553
– Rückgabepflicht des Untermieters	BGB	546 f.
Unternehmen, wechselseitig beteiligtes	AktG	328
	EGAktG	6
Unternehmensabschluss, Prüfung durch Bundesanstalt für Finanzdienstleistungsaufsicht...........	WpHG	106
Unternehmensgröße, Publizität....	PublG	1
Unternehmensregister, Einsichtnahme............................	HGB	9
– Internetseite, Inhalte der Eintragungen	HGB	8b
– Mitteilungspflichten bei Erwerb oder Veräußerung von Stimmrechten an Emittenten	WpHG	33
– Übermittlung von Insiderinformationen	WpHG	26
– Übertragung auf juristische Personen des Privatrechts	HGB	9a
– zu übermittelnde Daten.........	HGB	8b
Unternehmensvertrag, AG	EGAktG	22
– verbundene Unternehmen	AktG	291
Unternehmer, Begriff	BGB	14
Unternehmergesellschaft	GmbHG	5a
Unternehmerpfandrecht, Werkvertrag	BGB	647
Unternehmerrückgriff, Verbrauchsgüterkauf......................	BGB	478
Unterrichtungspflicht, Fernabsatzvertrag	BGB	312c
Unterschrift	BGB	126
Untersuchungspflicht, UN-Kaufvertrag, Beim Handelskauf..........	HGB	377
Unterzeichnung, Aktie	AktG	13
Unvermögen, Schuldner..........	BGB	297
– – Subjektive Unmöglichkeit......	BGB	275
Unverzüglichkeit, Begriff..........	BGB	121
Unvollkommene Verbindlichkeit, Wette	BGB	762

V

Veräußerung, durch den Eigentümer............................	BGB	929
– durch den Nichteigentümer	BGB	932
– vermieteter Wohnraum	BGB	566
Veräußerungsverbot, behördliches	BGB	136
– gesetzliches	BGB	135
– rechtsgeschäftliches	BGB	137
Verantwortlichkeit, Aufsichtsratsmitglieder.....................	AktG	116
– des Schuldners.................	BGB	276
– des Schuldners für Dritte........	BGB	278
– Gründer einer AG	AktG	46
– Jahresabschluss.................	HGB	271
– Sonderprüfer, AG	AktG	144
– verbundene Unternehmen	AktG	291
– Vorstandsmitglied, Genossenschaft	GenG	34
Verarbeitung	BGB	950
– Eigentumserwerb	BGB	950
Verarmung, Schenker	BGB	528
Verbindlichkeit, Bewertung	DMBilG	16
Verbindung, von Sachen	BGB	946
Verbotene Eigenmacht...........	BGB	858
Verbrauchbare Sache	BGB	92
Verbraucher, Begriff	BGB	13
– Zahlungsverzug.................	BGB	286
Verbraucherdarlehensvertrag	BGB	491
– Informationspflicht	BGB	491a
– Widerrufsrecht	BGB	356b 495
Verbraucherinsolvenzverfahren ...	InsO	304
Verbrauchervertrag, AGB.........	BGB	310
– Anwendungsbereich	BGB	312
– Rücktritt	BGB	346
– Widerrufsrecht.................	BGB	355

1327

Stichwortverzeichnis

Verbrauchsgüterkauf	BGB	474
Verbundener Vertrag, Darlehensvertrag	BGB	358
– Einwendungen	BGB	359
Verbundenes Unternehmen	AktG	15
– Unternehmensvertrag	AktG	291
Vereidigter Buchprüfer, Abschlussprüfer	HGB	319
Verein, Austritt	BGB	39
– eingetragener	BGB	55
– Formwechsel	UmwG	272 ff.
– Haftung für Organe	BGB	31
– Haftung von Organmitgliedern	BGB	31a
– Insolvenzverfahren	InsO	11
– Liquidation	BGB	47 ff. 74
– Mindestmitgliederzahl	BGB	73
– Name	BGB	57 65
– nicht rechtsfähiger	BGB	54
– Rechtsfähigkeit	BGB	21
– Satzung	BGB	25 57 f.
– Spaltung	UmwG	149
– Verschmelzung	UmwG	99 ff.
– Vertretung	BGB	26
– Vorstand	BGB	26
Vereinbarte Form, Rechtsgeschäft	BGB	127
Vereinbarung, Entgelt	BGB	312a
– Verjährung	BGB	202
Vereinfachte Kapitalherabsetzung, AG	AktG	229
Vereinfachtes Insolvenzverfahren	InsO	311
Vereinsauflösung, Anfall des Vereinsvermögens	BGB	45
– Bekanntmachung	BGB	50 74
– durch Insolvenzverfahren	BGB	42
Vereinsaustritt	BGB	39
Vereinsmitglieder, Haftung	BGB	31b
Vereinsregister, Einsicht	BGB	79
– elektronisches	BGB	55a
– Inhalt	BGB	64
Vereinssatzung, Mindestinhalt	BGB	57
Verfall, Wechsel	WG	33
Verfolgungsrecht, Besitzer	BGB	867
– des Eigentümers	BGB	962 1005
Verfügung, Nichtberechtigter	BGB	185 816 932
Verfügungsbeschränkung	BGB	135 ff.
– Insolvenzverfahren	InsO	23
Verfügungsrecht, Insolvenzverwalter	InsO	80
Vergebliche Aufwendung, Schadensersatz	BGB	284
Vergleich	BGB	779
– AG, Gründung	BGB	50
Vergleichsmiete	BGB	558
Vergütung, Dienstvertrag	BGB	612
– Gläubigerausschuss	InsO	73
– Insolvenzverwalter	InsO	63
– Speditionsvertrag	HGB	456
– Verhinderung	BGB	616
– Werkvertrag	BGB	632
– Zahlung	BGB	614
Vergütungsanspruch, Werkvertrag	BGB	641
Vergütungsbericht	AktG	162
Vergütungssystem, börsennotierte Gesellschaft	AktG	87a 120a
Verhandlungsgremium, besonderes, Mitbestimmung bei grenzüberschreitender Verschmelzung	MgVG	7
Verjährung, Abschlussprüfer	HGB	323
– bei Ansprüchen	BGB	194 ff.
– Ersatzanspruch, AG	AktG	51
– Frachtgeschäft	HGB	439
– Geschäftsverbindlichkeit	HGB	26
– Grundbuchberichtigung	BGB	898
– Grunddienstbarkeit	BGB	1028
– Hemmung der Verjährung	BGB	203 ff.
– Insolvenzverwalter, Pflichtverletzung	InsO	62
– Lagergeschäft	HGB	475a
– Leihe	BGB	606
– nachbarrechtlicher Anspruch	BGB	924
– Neubeginn der Verjährung	BGB	212
– OHG-Anspruch	HGB	159
– Pacht	BGB	591b
– Reisevertrag	BGB	651j
– Scheck	SchG	52
– Speditionsvertrag	HGB	463
– Verbrauchsgüterkauf	BGB	476
– Wettbewerbsverbot	HGB	61
– Wirkung der Verjährung	BGB	214
Verjährungsfolge	BGB	214
Verjährungsfrist	BGB	195 ff.
– AGB	BGB	309
– Beginn	BGB	199
– dreijährige	BGB	195
– dreißigjährige	BGB	197
– Grundstücksrecht	BGB	196
– Rechtsnachfolge	BGB	198
– Regelfrist	BGB	195
– regelmäßige	BGB	195
– Wechsel	WG	70
Verkehrssitte, Vertragsauslegung	BGB	157
Verlust, Wechsel	WG	98
Verlustbeteiligung, Kommanditist	HGB	167
Verlustverteilung, Genossenschaft	GenG	19
Vermieter, Diskriminierungsverbot, Frist bei ordentlicher Kündigung	BGB	573c
– Herausgabeanspruch	BGB	562b
– Kündigungsrecht	BGB	573
– – erleichtertes –	BGB	573a
– – Frist bei ordentlicher Kündigung	BGB	573c
– Rücktrittsrecht	BGB	572

– Vermieterpfandrecht	BGB	562
– – Herausgabeanspruch	BGB	562b
– – Selbsthilferecht	BGB	562b
Vermischung	BGB	948
– bewegliche Sache	BGB	948
Vermögen, Nießbrauch	BGB	1085
Vermögensschaden	BGB	253
Vermögensübersicht, Insolvenzverfahren	InsO	153
Vermögensübertragung, Beurkundung	BGB	311b
– Umwandlungsrecht	UmwG	174 ff.
Vermögensverwalter, Abstimmungsverhalten	AktG	134b
– Begriffsbestimmung	AktG	134a
– Mitwirkungsbericht	AktG	134b
– Mitwirkungspolitik	AktG	134b
– Offenlegungspflicht	AktG	134c
Veröffentlichung, Jahresabschluss	HGB	328
Veröffentlichungsfrist, Berechnung	WpHG	47
Verpackung, Frachtgeschäft	HGB	411
Verpächterpfandrecht	BGB	592
Verrechnungsscheck	SchG	39
– gekreuzter Scheck	SchG	38a
Verrichtungsgehilfe, Haftung	BGB	831
Verschmelzung	UmwG	2 ff.
– Europäische Gesellschaft	SEAG	5
– – Abfindungsangebot	SEAG	7
– – Gläubigerschutz	SEAG	8
– grenzüberschreitende	MgVG	1
– – gemeinsame Vertreter	SpruchG	6c
Verschmelzungsprüfer	UmwG	10
Verschulden, Haftungsmaßstab	BGB	276
– nach Haftungsmaßstab, Erfüllungsgehilfe	BGB	278
Verschwiegenheit, Abschlussprüfer	HGB	323
Versendungskauf, Gefahrübergang	BGB	447
– Verbrauchsgüterkauf	BGB	474
Versicherungsunternehmen	DMBilG	44 ff.
– Jahresabschluss	HGB	341
– Publizität	PublG	1
Versicherungsverein, Mitbestimmung	DrittelbG	1
Versicherungsverein auf Gegenseitigkeit, Formwechsel	UmwG	291 ff.
– Mitbestimmung	DrittelbG	1
– Spaltung	UmwG	151
– Verschmelzung	UmwG	109 ff.
Versicherungsvertreter	HGB	92 f.
Verspätete Annahme	BGB	150
Verspätete Rückgabe, Mietsache	BGB	546a, 571
Verspätungsschaden	BGB	280
– Frachtgeschäft	HGB	425
Versteckter Einigungsmangel, Vertrag	BGB	155
Versteigerung, Fundsache	BGB	979
– Haftungsbegrenzung	BGB	445
– Hinterlegung	BGB	383

– Pfand	BGB	1235
– Vertragsschluss	BGB	156
Verteilungsverzeichnis, Insolvenzgläubiger	InsO	188
Vertrag	BGB	145 ff.
		152 ff.
– Abschluss	BGB	151
– Allgemeine Geschäftsbedingungen	BGB	305 ff.
		306 f.
		307 ff.
– Anpassung bei Störung der Geschäftsgrundlage	BGB	313
– Antragsannahme	BGB	147 ff.
– Auslegung	BGB	133
		157
– Außerhalb von Geschäftsräumen geschlossener	BGB	312b
– – Widerrufsrecht	BGB	312g
		355 ff.
		357 ff.
		358
– Beendigung durch Kündigung	BGB	314
– Form	BGB	126 ff.
		127
– gegenseitiger	BGB	320 ff.
– gesetzwidriger	BGB	134
– Rücktritt	BGB	323
		326
– Schuldverhältnis	BGB	305
		311
– sittenwidriger	BGB	138
– über Grundstücke	BGB	311b
– zugunsten Dritter	BGB	328
– Zustandekommen	BGB	151
Vertrag über Finanzdienstleistung, Rechtsfolgen des Widerrufs	BGB	357a
Vertrag zugunsten Dritter	BGB	328
Vertragsanbahnung, Schuldverhältnis	BGB	311
Vertragsangebot, Bindung	BGB	145
– Erlöschen	BGB	146
Vertragsprüfer, Unternehmensvertrag	AktG	293b
Vertragsschluss, Leistungshindernis	BGB	311a
Vertragsstrafe	BGB	339
– AGB	BGB	309
– Handelsgeschäft	HGB	348
– Herabzetzung	BGB	343
– Mietrecht	BGB	555
– Wettbewerbsverbot	HGB	75c
Vertragswidriger Gebrauch, Mietsache	BGB	541
Vertrauensschutz, Vereinsregister	BGB	68
Vertrauensstellung, Kündigung	BGB	627
Vertretbare Sache	BGB	91
Vertreter, beschränkt Geschäftsfähiger	BGB	165
– Haftung	BGB	278

Stichwortverzeichnis

– Haftung bei fehlender Vertretungsmacht	BGB	177
		179
Vertreter ohne Vertretungsmacht	BGB	177
Vertreterversammlung, Genossenschaft	GenG	43a
Vertretung	BGB	164 ff.
– AG	AktG	78
– BGB-Gesellschaft	BGB	714
– EWIV	EWIV-VO	20
– Genossenschaft	GenG	24
– GmbH	GmbHG	35
– OHG	HGB	125
– ohne Vertretungsmacht	BGB	177 ff.
– Verein	BGB	26
– Vertretungsmacht	BGB	164
Vertretungsbefugnis, AG, Beschränkung	AktG	82
– Kommanditist	HGB	170
– Vorstandsänderung, AG	AktG	81
Vertretungsmacht, BGB-Gesellschaft	BGB	714
– Handlungsbevollmächtigter	HGB	54
– Handlungsgehilfe	HGB	75h
– Handlungsvertreter	HGB	55
– Ladenangestellter	HGB	56
– OHG	HGB	125a
– OHG-Gesellschafter	HGB	126
– Partnerschaftsgesellschaft	PartGG	7
– Vollmachtsindossament	SchG	23
	WG	18
– Vorlagepflicht, Abschlussprüfer	HGB	320
– Wechsel	WG	22
Verwahrung, Hinterlegung	BGB	691
Verwahrungspflicht, Finder	BGB	966
– Pfandgläubiger	BGB	1215
Verwahrungsvertrag, Pflichten	BGB	688
– unregelmäßiger	BGB	700
Verwaltung, Gemeinschaft	BGB	744
Verwaltungsrecht, Insolvenzverwalter	InsO	80
Verwendungsanspruch, des Besitzers	BGB	994
– des Mieters	BGB	536a
– des Nießbrauchers	BGB	1049
– des Pächters	BGB	591
– des Pfandgläubigers	BGB	1216
– des Schuldners	BGB	273
Verwendungsersatz, Nießbrauch	BGB	1049
– Pfandgläubiger	BGB	1216
Verzeichnis, Insolvenzmasse	InsO	151
Verzicht, AG, Gründung	BGB	50
Verzug, Darlehensnehmer	BGB	497
– Gläubiger	BGB	293
– Mieter	BGB	543
– Schuldner	BGB	286
– Vermieter	BGB	536a
Verzugsschaden	BGB	286

Verzugszinsen	BGB	288
– GmbH-Gesellschafter	GmbHG	20
– Schenkung	BGB	522
Vinkulierung, Namensaktie	AktG	68
Volljährigkeit	BGB	2
Vollkonsolidierung, Konzernabschluss	HGB	300
Vollmacht, Erteilung	BGB	167
– Handelsvertreter	HGB	91
– Insolvenzverfahren, Erlöschen	InsO	117
– Widerruf	BGB	168
Vollmachtloser Vertreter, Haftung	BGB	179
Vollmachtsurkunde	BGB	172
Vollstreckungsverbot, Insolvenzverfahren	InsO	89
– Masseunzulänglichkeit	InsO	210
Vorausklage, Bürgschaft	BGB	771
Vorauszahlung, Betriebskosten	BGB	556
Vorbereitung einer Sanierung	InsO	270d
Vorfälligkeitsentschädigung	BGB	502
Vorkauf	BGB	463
Vorkaufsrecht, Grundstücksbelastung	BGB	1094
– Mieter	BGB	577
– – Wohnungseigentum	BGB	577
Vorläufige Eigenverwaltung	InsO	270b f.
– Eigenverwaltungsverfahren	InsO	270c
Vorläufige Gewinnrücklage	DMBilG	31
Vorläufiger Insolvenzverwalter	InsO	22
Vorläufiges Eigenverwaltungsverfahren	InsO	270c
Vorlage des Jahresabschlusses	GmbHG	42a
Vorlagepflicht, Konzerneröffnungsbilanz	DMBilG	23
Vorlegung, der Schuldverschreibung	BGB	797
– des Hypothekenbriefs	BGB	1160
Vormann, Aktienbuch, Einzahlungspflicht	AktG	65
Vormerkung, Begriff	BGB	883
– Eintragungsvoraussetzung	BGB	885
– Erbenhaftung	BGB	884
– Voraussetzung	BGB	883
– Wirkung	BGB	883
		888
Vorrat, Bewertung	DMBilG	12
Vorsatz	BGB	276
– bei Amtspflichtverletzung	BGB	839
– unerlaubte Handlung	BGB	826
Vorschuss, Kommissionsgeschäft	HGB	393
Vorschussberechnung, Genossenschaft, Insolvenz	GenG	106
Vorschusspflicht, Auftrag	BGB	669
Vorstand, AG	AktG	30
– – Abberufung	AktG	84
– – Bericht an Aufsichtsrat	AktG	90
– – Bestellung	AktG	84
– – Verantwortlichkeit	AktG	48

Stichwortverzeichnis

– Genossenschaft	GenG	9
		25
– Verein	BGB	26
Vorstandsmitglied, AG, Bezüge	AktG	87
– – – Kreditgewährung	AktG	89
– – Sorgfaltspflicht	AktG	93
– – Wettbewerbsverbot	AktG	88
– Genossenschaft	GenG	34
– Stellvertreter, AG	AktG	94
Vorstandspflicht, Verlust	AktG	92
Vorstandsvergütung, Angemessenheit, Übergangsvorschrift	EGAktG	23
Vorzeitige Kündigung, Landpacht	BGB	595a
Vorzugsaktie ohne Stimmrecht	AktG	139
Vorzugsaktionär	AktG	140

W

Währung, Handelsgeschäft	HGB	361
Währungsumrechnung	DMBilG	18
	HGB	256a
– Bilanzierung	HGB	340h
Wahlgremium, Mitbestimmung bei grenzüberschreitender Verschmelzung	MgVG	10
Wahlmann, Amtszeit	MitbestG	13 f.
– Aufsichtsratsmitglied	MitbestG	10 ff.
– Errechnung der Zahl	MitbestG	11
– Wahlvorschlag	MitbestG	12
Wahlrecht, Insolvenzverwalter	InsO	103
Wahlschuld	BGB	262
Wahlschutz, Aufsichtsrat	DrittelbG	10
Wahlvorschlag, Abstimmung, Hauptversammlung	AktG	137
– Aktionär, Aufsichtsrat	AktG	127
Wandelschuldverschreibung	AktG	221
Wechsel	WG	1
– abhanden gekommene	WG	90
– Annahme	WG	21
– Auslegungsregel	WG	36
– Ehrenannahme	WG	56
– Ehreneintritt	WG	55
– Ehrenzahlung	WG	55
		59
– eigener	WG	75
– Fristberechnung	WG	73
– Fristversäumnisfolge	WG	51
– Haftung	WG	8
– – gesamtschuldnerische	WG	47
– Indossament	WG	13
– Kalenderabweichung	WG	37
– Nachsichtwechsel	WG	23
– Notadresse	WG	55
– Protest	WG	44
		79
– Quittung	WG	39
– Rückgriff	WG	43
– Rückgriffsumme	WG	50
– Teilzahlung	WG	39
– unwirksame Unterschrift	WG	7

– Verfall	WG	33
– Verjährungsfrist	WG	70
– Verzinsung	WG	5
– Vorlagepflicht	WG	22
– Zahlungsort	WG	4
– Zahlungspflicht	WG	38
Wechselabschrift	WG	64
Wechselangaben	WG	1
Wechselbürgschaft	WG	30
Wechselerklärung	WG	92
Wechselkauf, Kommissionsgeschäft	HGB	395
Wechselprotest, Form	WG	97
– Frist	WG	97
Wechselseitig beteiligtes Unternehmen	AktG	19
		328
	EGAktG	6
Wechselsumme	WG	6
Wechseltext, Änderung	WG	69
Wechselübertragung	WG	11
Wechselurschrift	WG	68
Wechselverbindlichkeit	WG	91
Wechselzahlung, Insolvenzanfechtung	InsO	137
Wegfall, Geschäftsgrundlage	BGB	313
Wegnahmerecht, Mieter	BGB	539
– Pächter	BGB	591a
– Sicherheitsleistung	BGB	258
Werkdienstwohnung, Kündigung	BGB	576b
Werklieferungsvertrag	BGB	650
Werkmietwohnung	BGB	576
– Kündigung, Widerspruch	BGB	576a
– Kündigungsfrist	BGB	576
Werkvertrag	BGB	631
– Abnahme	BGB	640
– Abschlagszahlung	BGB	632a
– Fälligkeit der Vergütung	BGB	641
– Kostenanschlag	BGB	649
– Kündigung durch Besteller	BGB	648
– Mängelrecht	BGB	634
Wertersatz, Frachtgeschäft	HGB	429
Wertpapier, Auftrag zur Übertragung	BGB	675b
– Begriffsbestimmung	WpHG	2
– Handelskauf	HGB	381
– Sicherheitsleistung	BGB	234
Wertpapierdienstleistung, Begriffsbestimmung	WpHG	2
Wertpapierdienstleistungsunternehmen	WpHG	2
– Anlageberatung	WpHG	87
– Aufzeichnungs- und Aufbewahrungspflicht	WpHG	83
– Compliance-Beauftragter	WpHG	87
– Organisationspflicht	WpHG	80
– Vertriebsbeauftragter	WpHG	87
– Werbung	WpHG	92

Stichwortverzeichnis

Wertpapierhandel, Bußgeldvorschriften .... WpHG 120
– Strafvorschriften .... WpHG 119
Wertpapierhypothek .... BGB 1188
Wertpapiernebendienstleistung ... WpHG 2
Wertpapierrat .... WpHG 16
Wertung, durch Wertpapierdienstleistungsunternehmen .... WpHG 92
Wesentlicher Bestandteil, Grundstück .... BGB 94
– Sache .... BGB 93
Wettbewerbsabrede, Handelsvertreter .... HGB 90a
Wettbewerbsverbot, AG, Vorstandsmitglieder .... AktG 88
– Einkunftsanrechnung .... HGB 74c
– Handlungsgehilfe .... HGB 60
– KGaA-Gesellschafter .... AktG 284
– Kommanditist .... HGB 165
– OHG-Gesellschafter .... HGB 112
– Unabdingbarkeit .... HGB 75
– Unwirksamkeit .... HGB 75
– Verjährung .... HGB 61
– Vertragsstrafe .... HGB 75c
– Volontär .... HGB 82a
– Wirksamkeit .... HGB 74a
Wette .... BGB 762
Widerruf, Schenkung .... BGB 530
Widerrufsbelehrung, Verbrauchervertrag .... BGB 360
Widerrufsrecht, Fernabsatzvertrag . BGB 312g
– Folgen des Widerrufs .... BGB 357
– Folgen des Widerrufs bei verbundenen Verträgen .... BGB 358
– Ratenlieferungsvertrag .... BGB 356c
   510
– Verbraucherdarlehen .... BGB 495
– Verbraucherdarlehensvertrag .... BGB 356b
   495
– Verbrauchervertrag .... BGB 355
– Wohnrechtevertrag .... BGB 356a
Widerspruchsrecht, Gesellschafter . BGB 711
– Kündigung, Mieter .... BGB 574
Wiederbeschaffungskosten .... DMBilG 7
Wiederherstellungskosten .... DMBilG 7
Wiederkauf .... BGB 456
Willenserklärung, geheimer Vorbehalt .... BGB 116
– Geschäftsunfähigkeit .... BGB 105
Willensmangel, Vertretung .... BGB 166
Wirtschaftliche Interessenvereinigung, EWG .... EWIV-AG 1
   EWIV-VO 1
Wirtschaftlicher Verein .... BGB 22
Wirtschaftsjahr, DMBilG .... DMBilG 53
Wirtschaftsprüfer, Genossenschaft, Qualitätskontrolle .... GenG 63f
Wörtliches Angebot .... BGB 295

Wohnraummiete, Gebrauchsüberlassung .... BGB 549
Wohnrechtevertrag, Rechtsfolgen des Widerrufs .... BGB 357b
– Widerrufsrecht .... BGB 356a
Wohnsitz .... BGB 7
Wohnungseigentum, Vorkaufsrecht BGB 577
Wohnungsgesellschaft, Genossenschaft .... GenG 1
Wohnungsmodernisierung, Drittmittel .... BGB 559a
– Mieterdarlehen .... BGB 559a
Wohnungsrecht, beschränkte persönliche Dienstbarkeit .... BGB 1093
Wohnungsumwandlung, Kündigungsbeschränkung .... BGB 577a
Wucher, Begriff .... BGB 138

Z

Zahlstellenwechsel .... WG 27
Zahlungsauftrag, Unwiderruflichkeit .... BGB 675p
Zahlungsdienst, Authentifizierung . BGB 675w
– elektronisches Geld .... BGB 675c
– Unterrichtung durch Zahlungsdienstleister .... BGB 675d
Zahlungsdiensterahmenvertrag, Kündigung .... BGB 675h
Zahlungsdienstevertrag .... BGB 675f
Zahlungsdienstleister, Ablehnung von Zahlungsaufträgen .... BGB 675o
– Haftung .... BGB 675u
– Zahlungsvorgang .... BGB 675n
Zahlungsempfänger, Scheck .... SchG 5
Zahlungsempfang, Handelsmakler . HGB 97
Zahlungsinstrument .... BGB 675j
– Nutzungsbegrenzung .... BGB 675k
– Pflichten des Zahlers .... BGB 675l
– Pflichten des Zahlungsdienstleisters .... BGB 675m
Zahlungsort .... BGB 270
– Scheck .... SchG 8
– Wechsel .... WG 4
Zahlungspflicht, Frachtgeschäft .... HGB 421
– Wechsel .... WG 38
Zahlungssperre, Schuldverschreibung .... BGB 802
Zahlungsunfähigkeit .... InsO 17
– AG .... AktG 92
– Genossenschaft .... GenG 99
– Haftung .... GmbHG 64
– KG .... HGB 177a
– OHG .... HGB 130a
– Vorstandspflicht .... AktG 92
Zahlungsverzug, Darlehen .... BGB 498
Zeichnung, Handlungsbevollmächtigter .... HGB 57
Zeitbestimmung, Rechtsgeschäft .. BGB 163
Zeitbürgschaft .... BGB 777

Stichwortverzeichnis

Zeitmietvertrag .... BGB	542	
	575	
– Befristungsgrund .... BGB	575	
Zeitraum, Berechnung............. BGB	191	
Zeugnis, Dienstvertrag .... BGB	630	
Zinsen, Darlehen................. BGB	488	
– Handelsgeschäft .... HGB	352	
Zinseszinsen .... BGB	248	
Zinseszinsverbot .... BGB	289	
Zinssatz, bei Verzug.............. BGB	288	
– nach BGB .... BGB	246	
– nach HGB...................... HGB	352 f.	
Zinsschein, Schuldverschreibung... BGB	803	
Zinsvermerk, Scheck .... SchG	7	
Zinszahlung, OHG-Gesellschafter .. HGB	111	
Zubehör, Grundstücksübertragung BGB	926	
– Sache.......................... BGB	97	
Zug-um-Zug-Leistung .... BGB	298	
– Rücktritt .... BGB	348	
– Urteil.......................... BGB	322	
Zugangsbewertung .... HGB	253	
Zugangsfiktion, AGB .... BGB	308	
Zugesicherte Eigenschaft, Mietsache.............................. BGB	536	
Zurückbehaltungsrecht........... BGB	273	
– Besitzer........................ BGB	1000	
– Finder .... BGB	972	
– Handelsgeschäft .... HGB	369	
– Handelsvertreter............... HGB	88a	
– Mieter......................... BGB	556b	
Zuständigkeit, Insolvenzgericht ... InsO	3	
Zustellung, Insolvenzverfahren.... InsO	8	
Zustimmung, des Mieters zur Mieterhöhung........................ BGB	558b	
– Dritter zu Rechtsgeschäften ..... BGB	182	
Zuwendung, an Wertpapierdienstleistungsunternehmen .... WpHG	68	
Zwangsauflösung................ DMBilG	57	
Zwangsgeld, Handelsregister...... HGB	14	
Zwangsvollstreckung, OHG .... HGB	124
	129	
Zweckänderung, Stiftung .... BGB	87	
Zweckerreichung, Gesellschaft, Auflösung .... BGB	726	
Zweigniederlassung.............. HGB	13	
– Genossenschaft................ GenG	14	
– Geschäftsbrief................. AktG	80	
Zwischenschein, AG.............. AktG	10	
– Aktie .....:................... AktG	8	
– beschädigter................... AktG	74	
Zwischenzins .... BGB	272	